W0171346

Ronald M. Hahn · Volker Jansen

LEXIKON DES SCIENCE FICTION FILMS

1500 Filme von 1902 bis heute

NEUAUSGABE

Unter Mitarbeit von
Wolf Jahnke

WILHELM HEYNE VERLAG
MÜNCHEN

HEYNE SACHBUCH
Nr. 19/93

Ich bin zu alt, um nachzudenken, deshalb schieße ich.

Eddie Constantine in
›Lemmy Caution gegen Alpha 60‹

5. Auflage
1. Ausgabe dieser Auflage

Copyright © 1987 by Wilhelm Heyne Verlag, GmbH & Co. KG, München
Printed in Germany 1992
Umschlagfoto: Stiftung Deutscher Kinemathek, Berlin
Innenfotos: Archiv Lothar Just, München; Norbert Stresau, München
Herstellung: H + G Lidl, München
Umschlaggestaltung: Atelier Ingrid Schütz, München
Gesamtherstellung: Presse-Druck Augsburg

ISBN 3-453-00731-X

Inhaltsverzeichnis

Danksagung

Die Autoren bedanken sich für zahlreiche Hinweise, wertvolle Anregungen sowie jegliche Art von Unterstützung und Aufmunterung während der Arbeit bei

Uwe Anton	Achim Lohkamp
Martin Compart	Bernhard Lohner
Charlotte Elling	Michael Lufen
Rainer Erler	Dieter Momberger
Horst Fösig	Kurt Oelemann
Werner Fuchs	Volker Pantel
Dirk Grebe	Erika Pazofsky
Sabina Haase	Harald Pusch
Karin Hahn	Dirk Raabe
Christa Hackeborn	Herbert Ranft
Ulrike Jansen	Wolfgang Schiemichen
Lothar Just	Thomas Schmitt
Siegfried Koschorke	Gerhard Thorn
Lutz Lachmann	Michael Tiltack

Besonderer Dank gebührt Gerrit Hahn, Marcus Scheepers und Norbert Stresau, die mehr zu unserer Arbeit beigetragen haben, als man auf den ersten Blick vermutet.

Abkürzungen

B	(Dreh-)Buch		*M*	Musik
Ⓑ	Buchausgabe/Buch zum Film		*Ma*	Maske
D	Darsteller		*R*	Regie
F	Farbe		*SpE*	Spezialeffekte
K	Kamera		*St*	Story (unpubliziert)
LV	Literarische Vorlage		Ⓥ	Video

Vorwort zur Neuausgabe

Der Science Fiction-Film.
Sci-Fi. SF. Scientifilm. Imagi-Movie.
Fast so alt wie das Kino selbst, begleiten seine erstaunlichen Produkte die gesamte Filmgeschichte:
Die wundersamen Zelluloid-Trips, die der französische Filmpionier Georges Méliés um die Jahrhundertwende realisierte.
Fritz Langs Zukunftsvision *Metropolis*.
H. G. Wells' Antwort auf Fritz Lang: *Things to Come*.
Viele der anerkanntesten Filmschöpfer haben sich wenigstens einmal mit diesem Genre beschäftigt: Howard Hawks, Robert Wise, Frank Capra, Joseph Losey, Stanley Kubrick, selbst Truffaut und Godard.
Aber es gab auch andere Namen, eine Vielzahl anderer Namen: Ford Beebe, William Witney, William (›One-Shot‹) Beaudine, Phil Tucker, Eddie Cahn, Eddie Wood, Ed Bernds, Bert I. Gordon, Kurt Neumann, Jun Fukuda.
Nicht zuletzt ihretwegen steht der SF-Film bei der ›seriösen‹ Filmpublizistik immer noch nicht hoch im Kurs. In solchen Büchern werden Sie oft vergeblich nach Ihren utopischen Lieblingen forschen. Da müssen dann schon die Fans ran, um der diesbezüglichen Interesselosigkeit unserer Filmgeschichtler mit ›unseriösen‹ Büchern zu begegnen wie dem vorliegenden, das bisweilen mehr Spaß macht als ein Paket mit zehn filmtheoretischen Abhandlungen im Sonderangebot.
Die eigentliche Geburtsstunde des SF-Films als eigenständiges Genre, das wird in diesem Buch einmal mehr deutlich, sind die fünfziger Jahre, eine immer noch vom Eindruck des letzten Weltkriegs überschattete Ära, eine Zeit irrationaler Katastrophenfantasien.
Irrational wie der Kalte Krieg war auch die Spekulation mit den Fliegenden Untertassen, die ihre Todesstrahlen auf der Leinwand versprühten. Und der Behemoth der Atombombe gewann schreckenerregend prähistorische Gestalt in den radioaktiv wiederbelebten Sauriern filmischer Tricksensationen.
Wenn ich in diesem Buch blättere, kommen mir viele Erinnerungen hoch. Kindheitserinnerungen. Puerile Alpträume:
Godzilla kehrt zurück: Zwei Saurier zertrampeln halb Osaka, bis ein Ungeheuer tot ins Meer plumpst und das andere, von den Mut fassenden Japanern verfolgt, unter einer Eislawine begraben wird.
Eine andere japanische Untergangsvision, bereits in Scope und Farbe, hieß *Weltraumbestien*. Darin schicken sich die Bewohner eines infolge jahrhundertelanger Atomkriege verseuchten Planeten an, mit ihrer überlegenen Kriegsmaschinerie (einschließlich Riesenroboter) die damals noch relativ unverseuchte Erde zu erobern und sich gesunde Erdenfrauen zu Weibern zu nehmen.
Die Bestie aus dem Weltenraum, eines von Ray Harryhausens Stop-Motion-Wundern, das laut Drehbuch von der Venus kommt und dank der atmosphärischen Bedingungen hier auf der Erde beängstigend schnell zum Überwesen heranschwillt.
Gorgo, die sentimentale Geschichte eines Saurierjungen, das, nach London verschleppt, von seiner Mutter, sechzig Meter sich auftürmender Liebe, befreit wird.
Kinder scheinen ein besonderes Verhältnis zu Dinosauriern zu haben, wie mein Freund Ray Harryhausen einmal bemerkte. Als Halbwüchsiger telefonierte Ray selbst stundenlang mit seinem jugendlichen Freund Ray Bradbury – und ihr Thema waren nicht die Mädels aus der Nachbarschaft, sondern: Saurier!

Nicht wenige der Unwesen dieser Spezies haben mir, beim preiswerten Besuch tosender Jugendvorstellungen, den Sonntagnachmittag versüßt. In diesem Buch habe ich sie alle wiedergefunden: *Dinosaurus, Das Ungeheuer von Loch Ness, Tumak, der Herr des Urwalds, Eine Million Jahre vor unserer Zeit.*

Schon damals faszinierten mich in besonderer Weise die visuellen Effekte, mit denen das ganze Spektakel in Szene gesetzt wurde – und die, so durchschaubar sie auch aus heutiger Sicht scheinen mögen, den hanebüchenen Stories und hölzernen Darstellern haushoch überlegen waren:

Die im Todeskampf erstarrte Venuszivilisation, die DEFA-Architekt Alfred Hirschmeier für die Stanislaw-Lem-Verfilmung *Der schweigende Stern* (bundesdeutscher Verleihtitel: *Raumschiff Venus antwortet nicht*) ersann.

Der Krieg zweier Planeten, wie ihn Stan Horsley und sein Technikerteam in *Metaluna IV antwortet nicht* realisierten.

Fliegende Untertassen greifen an mit von Ray Harryhausen einbildweise animierten UFOs.

Krieg im Weltenraum, in dessen Verlauf der japanische Filmzauberer Eiji Tsuburaya noch mehr auftrumpfte als bei den vorangegangenen *Weltraumbestien.*

Filme wie diese, so martialisch sie auch waren (oder gerade deswegen?), verfehlten ihre Wirkung nicht auf die Kids im Publikum. Vor allem in Amerika waren Kids darunter, die eines Tages, selbst zu Regisseuren avanciert, einer neuen Generation von Kids das Gruseln lehren sollten:

Als John Carpenter 1953, fünfjährig, Jack Arnolds 3D-Schocker *Gefahr aus dem Weltall* sah, stand für ihn fest: Junge, du mußt auch Filmemacher werden, damit du die Leute so erschrecken kannst!

Und Ray Harryhausen wurde zum heimlichen Paten von John Landis – und einer Gruppe von jungen Leuten, die sich berufen fühlten, als Filmhandwerker und -techniker in seine Fußstapfen zu treten: Dennis Muren, Rick Baker, Jon Berg, David Stipes usw.

Doch was wäre aus den technischen Novizen geworden ohne die visuelle Innovationsgier, die Stanley Kubrick bei seinem Projekt *2001* an den Tag legte, unterstützt durch junge Amerikaner, die unter Lester Novros (Graphic Films) Schulungsfilme für die NASA gemacht hatten: Douglas Trumbull, Con Pederson, Jim Dickson, Colin Cantwell?

Dank seiner technischen Akkuratesse wurde *2001*, im Jahr vor der Mondlandung, ein beachtlicher Propagandaerfolg für die Aktivitäten der NASA – und die Astronautengötter, die es zur selben Zeit auch dem Schweizer Erich von Däniken angetan hatten. (Novros, der das Projekt vorbereiten half, erzählte mir später, Kubrick habe ursprünglich sogar Aliens zeigen wollen, die 18 Meter groß waren und so lange Arme hatten, daß sie damit die Erdlinge umfassen und in die Zukunft ziehen konnten.)

Ein richtiger Kassenknüller aber war *2001* noch nicht. Das schafften erst George Lucas (der in die NASA-Propaganda ebenso kriegerische wie märchenhafte und Comic-Aspekte einbrachte und auf diese Weise den *Krieg der Sterne* vom Zaune brach) und sein Kollege Steven Spielberg (der die Extraterrestrier, in *Unheimliche Begegnung der dritten Art* und *E. T.*, in messianische Weltraumbabies umwandelte). Was niemand voraussehen konnte: Ihre SF-Filme wurden zu den größten Kassenerfolgen der Filmgeschichte, verdrängten die bisherigen Spitzenreiter, wie *Vom Winde verweht* und *Ben Hur*, von den ersten Plätzen. Unübersehbar auch die Flut von Merchandising-Produkten, die im Gefolge dieser Filme über die Spielzeugläden und Kaufhäuser hereinbrach.

Was Lucas und Spielberg boten, war so neu nicht (Lucas imitierte Serials der dreißiger Jahre wie *Flash Gordon* und *Buck Rogers*, Spielberg inhalierte den Geist des ›ufologisch relevanten‹ Filmdramas von 1951: *Der Tag, an dem die Erde stillstand* und von Walt

Disney) – aber es wurde zur Besonderheit stilisiert durch den Einsatz modernster Film-technik à la Kubrick. In die von den Altmeistern geräumten Trickbuden zogen jetzt die genannten jungen Bastler ein, mit ihren computergesteuerten Motion Control Kamera-systemen (Dykstraflex u. ä.).
Doch was ist aus ihren alten Vorbildern geworden? Aus den Leuten, die uns in unserer Kindheit die Alpträume bescherten?
Curt Siodmak, Autor von *F. P. 1 antwortet nicht* und des mehrfach verfilmten *Dono-van's Brain* (in einer dieser Verfilmungen spielte die heutige Mrs. Ronald Reagan!), des *Wolfsmenschen* und der *Invisible Man*-Fortsetzungen bei Universal, *R 3 überfällig* und *Fliegende Untertassen greifen an*. Er zeigte mir seine herrliche Ranch im kalifornischen Three Rivers und die wunderbare Küche seiner reizenden Gattin Henrietta. Dann faßte er, dem man die mehr als acht Jahrzehnte, die er auf dem Buckel hat, nicht ansieht, die ganze Angelegenheit in einem ironischen Kommentar zusammen: Die meisten, die Geld an meinen Filmen verdient haben, liegen heute auf dem Friedhof. Ich bin noch hier. Also! (Ein bißchen aufgebracht war er aber schon, als er später, als Ehrengast der Berli-ner Filmfestspiele 1985, den Film *2010* sah und meinte, da habe man wohl einige Ele-mente aus seinem alten Film *The Magnetic Monster* geklaut.)
Curt tat mir übrigens den Gefallen und führte mich bei seinem Freund Ib Melchior ein. Zwei Melchior-Filme sind mir unvergessen geblieben: *Weltraumschiff MR-1 gibt keine Antwort* (darin gibt es u. a. eine Riesenratte mit Hummerscheren auf Spinnenbeinen und einen dreiäugigen Marsbewohner) und *2071 – Mutan-Bestien gegen Roboter*. Ich war überrascht, feststellen zu müssen, daß sich hinter einem Mann, der für solche Filme ver-antwortlich zeichnete, einer der intelligentesten Menschen verbarg, dem ich begegnet bin, Sohn des dänischen Opernstars Lauritz Melchior und Autor einiger in den USA sehr erfolgreicher, wenn auch spekulativer Bücher. Ein weitaus interessanterer Gesprächs-partner als etwa der eitle *Alien-* und *Blade Runner*-Regisseur Ridley Scott. (Man sollte die Macher der B-Filme eben nicht unterschätzen!)
Traurig war die Begegnung mit Jack Arnold, der einige der wichtigsten SF-Filme der fünfziger Jahre realisierte, den *Schrecken vom Amazonas* und die *Unglaubliche Ge-schichte des Mr. C*. Ich traf ihn in einem kleinen Büro der Universal City, die Wand dekoriert mit zahllosen Storyboard-Entwürfen, die Mentor Huebner für ein Filmprojekt *The Lost World* gezeichnet hatte. Es sollte dies die dritte Verfilmung des Romans von Arthur Conan Doyle werden. Arnold war begeistert. Albert Whitlock, Universals großer Matte Painter, ein persönlicher Freund von Alfred Hitchcock, sei bereits in England, um Locations für den geplanten Film auszuwählen. Darüber hinaus hatte Whitlocks (inzwi-schen aufgelöste) Abteilung auch Tests mit mechanischen Sauriern durchgeführt, die sehr überzeugend verliefen. Für die Universal-Bosse aber wohl nicht überzeugend ge-nug. Sie ließen das Arnold-Projekt fallen und den enttäuschten Regisseur, der seine Beinprothese hinterm Schreibtisch hockend verbarg, spüren, daß man nichts mehr von ihm erwarte. Dankbarkeit in Hollywood.
Überhaupt scheinen einige der besten SF-Filme über das Entwicklungsstadium nie hin-ausgekommen zu sein:
Metropolis als Tonfilm mit Conrad Veidt und Peter Lorre.
Fritz Langs *Tomorrow*.
A Trip to Mars mit Boris Karloff.
Columbias *The Lost Continent*.
Merian C. Coopers *Brave New World* nach dem Roman von Aldous Huxley.
War Eagles von Cooper und Willis O'Brien – mit einer Luftschiff-Attacke gegen New York, die von riesigen Kriegsadlern einer versunkenen Wikingerzivilisation vereitelt wird.

Valley of the Mist, bei dessen Vorbereitung Willis O'Brien, der legendäre Animator King Kongs, von seinem Protegé Ray Harryhausen unterstützt wurde – und *People of the Mist*, ein Projekt von Harryhausen und Regisseur Michael Winner.
Andere SF-Filme dagegen wurden realisiert. Unglücklicherweise. Sie werden in diesem Buch nicht verschwiegen. Glücklicherweise.
Filme wie *Hydra – Verschollen in Galaxis 4, In den Klauen des Giganten, In der Gewalt von Riesenameisen, Kamikaze 1989* (von Wolf Gremm, mit Rainer Werner Fassbinder und Boy Gobert!), *UFOs zerstören die Erde* (beim Besuch dieses Films mußte ich mitanhören, wie jemand den Platzanweiser angrinste: Na, jetzt woll'n wir mal'n bißchen die Erde zerstören), *Rembrandt 7 antwortet nicht* (???) usw. usf.
Wohltuend das Augenzwinkern, mit welchem Ronald Hahn und Volker Jansen, die beiden Autoren, solche Belanglosigkeiten kommentieren. Belanglosigkeiten eines, wie auch deutlich wird, vielfach unterschätzten Genres, das seinen absoluten Höhepunkt allerdings überschritten hat. Einstweilen.

Rolf Giesen

Kurzes Vorwort für alle,
die keine Vorworte lesen

Wer vor dem Abfassen eines Lexikons zum Science Fiction-Film der Meinung ist, er werde hauptsächlich über den sogenannten B-Film schreiben müssen, sieht sich nach einer gewissen Zeit auf dem Holzweg: Der utopische Film war – von ganz wenigen Ausnahmen abgesehen – bis ca. 1969 einwandfrei die Domäne des C- und D-Films: Regisseure mit Rang und Namen haben sich für das Genre ebensowenig hergegeben wie Autoren und Schauspieler. Was Hollywood und diverse andere internationale Filmzentren dem SF-Interessierten bis 1969 vorzusetzen wagten, war – gelinde gesagt – in erster Linie Schund. Aber wir wollen an dieser Stelle nicht über die Gründe spekulieren, warum der SF-Film vergangener Jahrzehnte so jämmerlich, kindisch und blöd war. Viele SF-Macher, die im Medium des Gedruckten zu Hause sind, haben an anderer Stelle über ihre Begegnungen (der dritten Art) mit den Vertretern der Filmindustrie in beredter Form Zeugnis abgelegt: Allein die Erfahrungen, die Harlan Ellison mit den Zaren Hollywoods gemacht hat, reichen aus, einem die Haare permanent zu Berge stehen zu lassen, und es wäre sicher keine schlechte Idee, darüber mal einen Film zu machen.

Wir wollen Ihnen sagen, was Sie in diesem Buch finden und nicht finden werden: Finden werden Sie eine alphabetisch geordnete Vorstellung von über 1400 utopischen und utopisch angehauchten Streifen, die *im deutschen Sprachraum* (also in Deutschland, in Österreich und in der Schweiz) gelaufen sind – egal ob auf der Kinoleinwand, im Fernsehen oder auf Videokassette. Wir haben uns dabei auf den *abendfüllenden Ton-Spielfilm* konzentriert, aber wie allgemein bekannt ist, gibt's ja keine Regel ohne Ausnahme: Sie finden in diesem Buch auch einige Informationen über *Fernsehspiele, Stumm- und Kurzfilme* – und zwar über solche, die entweder von historischem Interesse sind oder uns zu wichtig erschienen, um sie auszuklammern. Wohlgemerkt: Dieses Lexikon enthält keinesfalls Informationen über *alle* Fernseh-, Stumm- und Kurzfilme, die dem SF-Genre zugerechnet werden können, sondern lediglich ausgewählte Beispiele.

Bei den Stab- und Rollenangaben haben wir uns auf die wichtigsten beschränkt: Wichtig schienen uns die Angaben über Trick-Experten und Spezialeffekte-Künstler aller Couleur zu sein. Alle diese Informationen gehen jedoch nicht über das reine Auflisten von Namen hinaus: Um alles zu spezifizieren, was wir gerne spezifiziert hätten, hätten wir mehr Umfang gebraucht, als der entgegenkommendste Verleger allerdings zu gewähren bereit ist.

Was die Produktions- bzw. Erstaufführungsdaten der einzelnen Filme angeht, so haben wir nach bestem Wissen und Gewissen alle greifbaren Quellen abgecheckt und miteinander verglichen. Sollten dennoch Widersprüche auftauchen, sind sie leicht erklärbar: Manche Nachschlagewerke geben Produktions-, andere wiederum Erstaufführungsdaten (und wieder andere eine Mixtur aus beidem) an, ohne jedoch auf das Prinzip der Datierung gesondert hinzuweisen. Da zwischen Produktion und Erstaufführung eines Films nur in den seltensten Fällen mehr als ein Jahr vergeht, betragen die (ganz sicher) vorhandenen Abweichungen in der Regel nicht mehr als plus/minus 1 Jahr. Bei der Laufzeit der Filme haben wir uns auf *die* Länge geeinigt, die der betreffende Film bei der Aufführung im deutschen Sprachraum hatte: Man kann getrost davon ausgehen, daß fast alle ausländischen Produktionen hierzulande gekürzt zur Aufführung gelangen. Es kommt aber auch vor, daß ausländische Filme bei uns ein bis zwei Minuten länger sind als das Original. Dies kann unterschiedliche Gründe haben: etwa daß das Original im Herstellungsland beschnitten wurde, hier aber ungekürzt lief – oder daß der deutsche Verleih einer ausländischen Produktion einen längeren Vorspann gab.

Was oben über die Fernseh-, Stumm- und Kurzfilme gesagt wurde, gilt übrigens auch für alle anderen in diesem Buch aufgeführten Filme: Dieses Lexikon erhebt keinen Anspruch auf Vollständigkeit. Wir wissen, daß es noch einige Dutzend utopische/fantastische Filme gibt, die wir unter Umständen hätten aufnehmen können – aber dem Buchumfang sind Grenzen gesetzt, die wir eh schon überschritten haben, und viele dieser Streifen sind Grenzfälle, die zur Fantasy oder zum reinen Horror tendieren.

Noch ein Wort zur ›Schreibe‹: Wir schließen nicht aus, daß der eine oder andere Leser sich über die ›mangelnde Objektivität‹ dieses Lexikons wundern und der Meinung sein wird, die hier geäußerte Kritik sei teilweise unsachlich, subjektiv und möglicherweise auch gehässig. – Offen gestanden: Wir haben nicht beabsichtigt, ›objektiv‹ zu sein, denn wir sind der Meinung, daß ein persönlich geschriebenes Buch dem SF-interessierten Leser nützlicher sein kann als eine trockene, langweilige Schwarte mit hunderttausend Fußnoten und ›objektivem‹ Gehabe. Ganz davon abgesehen – und das werden Sie bald feststellen – wimmelt es in der ganzen Welt von idiotischen SF-Filmen, daß man schon die Natur eines Nashorns haben muß, um bei ihrem Anblick trocken zu bleiben.

Dieses Buch zu schreiben war eine schreckliche Knochenarbeit, aber sie hat Spaß gemacht, und wir möchten keine Minute, die wir hinter Bücherstapeln und munter drauflosratternden Schreibmaschinen verbracht haben, missen. Wir hoffen, daß Sie den gleichen Spaß beim Lesen haben wie wir beim Schreiben.

Ronald M. Hahn   *Volker Jansen*

Einführung

Es hat viele Versuche gegeben, den Begriff Science Fiction zu definieren. Eine Diskussion der Thesen erübrigt sich, da jede Begriffsbestimmung dahingehend untersucht werden müßte, ob sie auch auf den Science Fiction-*Film* anwendbar wäre. Schon 1965 hat Susan Sontag in ihrem legendären Filmessay ›Die Katastrophenphantasie‹ auf den Unterschied aufmerksam gemacht: »Der Science Fiction-Film hat ohne Zweifel Möglichkeiten, die dem Science Fiction-Roman nicht zu Gebote stehen; eine davon ist die der unmittelbaren Vergegenwärtigung des Außergewöhnlichen: der physischen Difformität und Veränderung, des Kampfes mit Raketen und Fernlenkgeschossen, umstürzender Wolkenkratzer. Natürlich hat der Film genau dort seine Schwächen, wo die Stärke der Science Fiction-Romane (zumindest einiger unter ihnen) liegt: im Bereich des Wissenschaftlichen. Aber als Ersatz für den intellektuellen Kraftakt können sie etwas bieten, was der Roman niemals bieten könnte: den vollkommenen sinnlichen Eindruck.«
Es ist daher der Rahmen abzustecken, in dem sich der Science Fiction-Film bewegt. »Der typische Science Fiction-Film« (Susan Sontag) »hat eine Form, die nicht weniger voraussagbar ist als die des Wildwestfilms; er setzt sich aus Elementen zusammen, die für ein geübtes Auge ebenso klassisch sind wie der Saloon-Krawall, der blonde Lehrer von der Ostküste und das Pistolenduell auf der menschenleeren Hauptstraße.« Was ist aber gerade so typisch für den Science Fiction-Film? Laut Susan Sontag geht es im Science Fiction-Film um die Katastrophe, also um eins der ältesten Themen der Kunst – um die Ästhetik der Destruktion, die seltsame Schönheit der rächenden Verwüstung, die Schaffung eines Chaos: »Und die Bilder der Zerstörung sind es dann auch, die den Kern des guten Science Fiction-Films ausmachen.« Zugegeben, der weitaus größte Teil der Science Fiction-Filme fällt unter diese Definition. Doch gerade in jüngster Zeit sind große Kinoerfolge andere Wege gegangen – z. B. *Unheimliche Begegnung der dritten Art* und *E.T.* – Der Begriff ist daher viel weiter zu fassen. Einen Hinweis dafür liefert der Filmtitel selbst. Der Titel des 1936 nach einem Roman von H. G. Wells gedrehten Films THINGS TO COME bildet gleichsam eine Klammer um alle Filme, die etwas mit Science Fiction zu tun haben. THINGS TO COME (›Dinge, die kommen [werden]‹) sollte so verstanden werden: *Dinge/Geschichten, die unter bestimmten Voraussetzungen auf uns zukommen könnten.* Diese Definition gibt die ganze Bandbreite des Science Fiction-Films wieder und grenzt ab: THINGS – das bedeutet eine konkrete, faßbare Sache; eine wirkliche Grundlage, im Gegensatz zum nicht faßbaren Mystischen, zum Übersinnlichen etwa des Fantasy-Films (wobei Überschneidungen sehr selten, aber möglich sind: ein Beispiel dafür ist *Die Welt in 10 Millionen Jahren*). TO COME ist nicht allein Synonym für das Kommende, Zukünftige, sondern auch für das Spekulative, noch Unbekannte, technisch und/oder gesellschaftlich eventuell Mögliche. Absolute Tatsachen können daher nicht Inhalt eines SF-Films sein, wohl aber Spekulationen, die sich im Laufe der Menschheitsgeschichte erst später bestätigt haben: bestes Beispiel hierfür ist der Mondflug. – Ein SF-Film braucht daher auch nicht in der Zukunft angesiedelt zu sein. Spekulationen hat es zu allen Zeiten gegeben, seit es technischen Fortschritt gibt. Jules Verne-Verfilmungen gehören daher in der Regel zur Science Fiction.
Drei große Themenbereiche zeichnen sich im SF-Film ab: Den weitaus größten Teil nimmt die *Angst vor dem Bevorstehenden*, die *Bedrohung der Menschheit* ein; dazu gehören u. a. die von Susan Sontag so bezeichneten Katastrophen-Filme. Der kleinste Komplex ist der Widerpart zum Bösen, das rein Positive, die *Hoffnung* auf eine bessere Welt, die *Rettung* aus der Gefahr, das Wohl der Menschheit, der *Friede*. Zwischen beiden Extremen ist als dritter Gesichtspunkt der *Fortschritt* einzureihen, der sich sowohl

positiv als auch negativ äußern kann. Auf dieser Grundlage lassen sich alle SF-Filme in das folgende Schaubild einordnen. Wie bei jedem Schaubild ist auch hier zu beachten, daß man – um Zusammenhänge zu verdeutlichen – vereinfachen muß: Die aufgeführten SF-Elemente können einzeln das Merkmal für einen SF-Film darstellen, ein SF-Film kann aber auch aus verschiedenen Elementen kombiniert sein. Dabei sind sämtlichen Kombinationsmöglichkeiten Tür und Tor geöffnet, was ja gerade den Reiz des SF-Films ausmacht. ›Weltmeister‹ im Kombinieren von SF-Elementen dürften die Regisseure George Lucas und Steven Spielberg sein, bei denen man sich den Spaß machen könnte, die wenigen SF-Elemente zu bestimmen, die *nicht* in ihren Filmen enthalten sind.

Das Schaubild

Im Schaubild sind die einzelnen SF-Elemente beziffert. Entsprechend der Bezifferung sollen im folgenden für die einzelnen Merkmale Definitionen und Hinweise auf typische Filmbeispiele gegeben werden, deren Inhaltsangaben und Besprechungen sämtlich im lexikalischen Teil dieses Buches zu finden sind. Dazu noch eine Bemerkung: SF-Filme sind immer ein Spiegelbild gesellschaftlicher Träume und Ängste, sie sind Produkte ihrer Zeit und ihres zeitgeschichtlichen, soziologischen Hintergrundes. Es würde den Rahmen dieser Einführung sprengen, würde darauf in gebührender Ausführlichkeit eingegangen. Wir verweisen daher auf Abhandlungen, die sich konkret mit der Geschichte des Science Fiction-Films befassen: Christian Hellmann, DER SCIENCE FICTION-FILM; Georg Seeßlen, KINO DES UTOPISCHEN; und Rolf Giesen, DER PHANTASTISCHE FILM.

Erläuterungen und Beispiele zum Schaubild

1. Negative Invasionen
Die Bedrohung der Menschheit durch außerirdische Besucher. Monströse Eindringlinge gefährden die irdische Ordnung und richten grausame Verwüstungen an:

Schreckenerregende Monster	*Angriff der Riesenspinne*
	Die Bestie aus dem Weltenraum
Heimtückische biologische und mineralogische Wesen	*Feinde aus dem Nichts*
	Andromeda
parasitäre böse Intelligenzen (in Menschengestalt)	*Die Dämonischen*
	Das Ding aus einer anderen Welt (1982)

und werden schließlich überwunden durch

Konzentration aller Kräfte	*Andromeda*
	Fliegende Untertassen greifen an
durch simple Tricks	*Horror-Expreß*
	Gesandter des Grauens
durch bloßen Zufall	*Kampf der Welten*
	Monster des Grauens greifen an

2. Katastrophen
Die Bedrohung der Menschheit durch Unglücksfälle, SF-Katastrophen unterscheiden sich von den herkömmlichen im wesentlichen durch das Ausmaß oder die Ursache:

2.1 Revolte der Natur
Erde	*Der Untergang Japans*
Wasser	*Die letzte Flut*
Feuer	*Unternehmen Feuergürtel*
(Luft)	*Panik in der Sierra Nova*
Pflanzen	*Blumen des Schreckens*
Tiere	*Die Vögel*

2.2 Revolte der Technik
2.21 *Umweltverschmutzung*
durch Abfälle (führt in der Regel zur   *Frogs*
Naturkatastrophe)   *Das Grauen in der Tiefe*

2.22 *Die Bombe*
Radioaktivität durch Atomversuche   *Formicula*
führt zur Naturkatastrophe meist durch   *Alarm für Sperrzone 7*
Revolte mutierter Wesen

die (versehentliche) *Zündung*   *Zwischenfall im Atlantik*
                                            Angriffsziel Moskau
                                            The Day after

Danach (Überlebende und Verseuchte/   *Die letzten Fünf*
Einzelschicksale)   *Der Omega-Mann*

(Die Post-Doomsday-Gesellschaftsentwick-
lung ist Thema von 5. *Anti-Utopie*)

3. (Welt-)Herrschaft
Die Bedrohung der Menschheit durch Machthaber und Mächte:

3.1 Anonyme Machthaber
Der *Machtkampf*   *Sieben Tage im Mai*

Die *Machtausübung* ist Thema
von 5. Anti-Utopie

3.2 Übermenschliche Mächte
3.21 *Der* Übermenschliche   *Dr. Fu Man Chu*
(oft als übersteigerte Form des 4.1 *Mad*   *Dr. Mabuse, der Spieler*
Scientist)

3.22 *Die* Übermenschliche   *Sumuru, die Tochter des Satans*
(Amazonen und Sirenen)

3.23 *Das* Übermenschliche   *Der Schrecken der Medusa*
(Telepathie und Telekinese)   *Die sechs Verdächtigen*

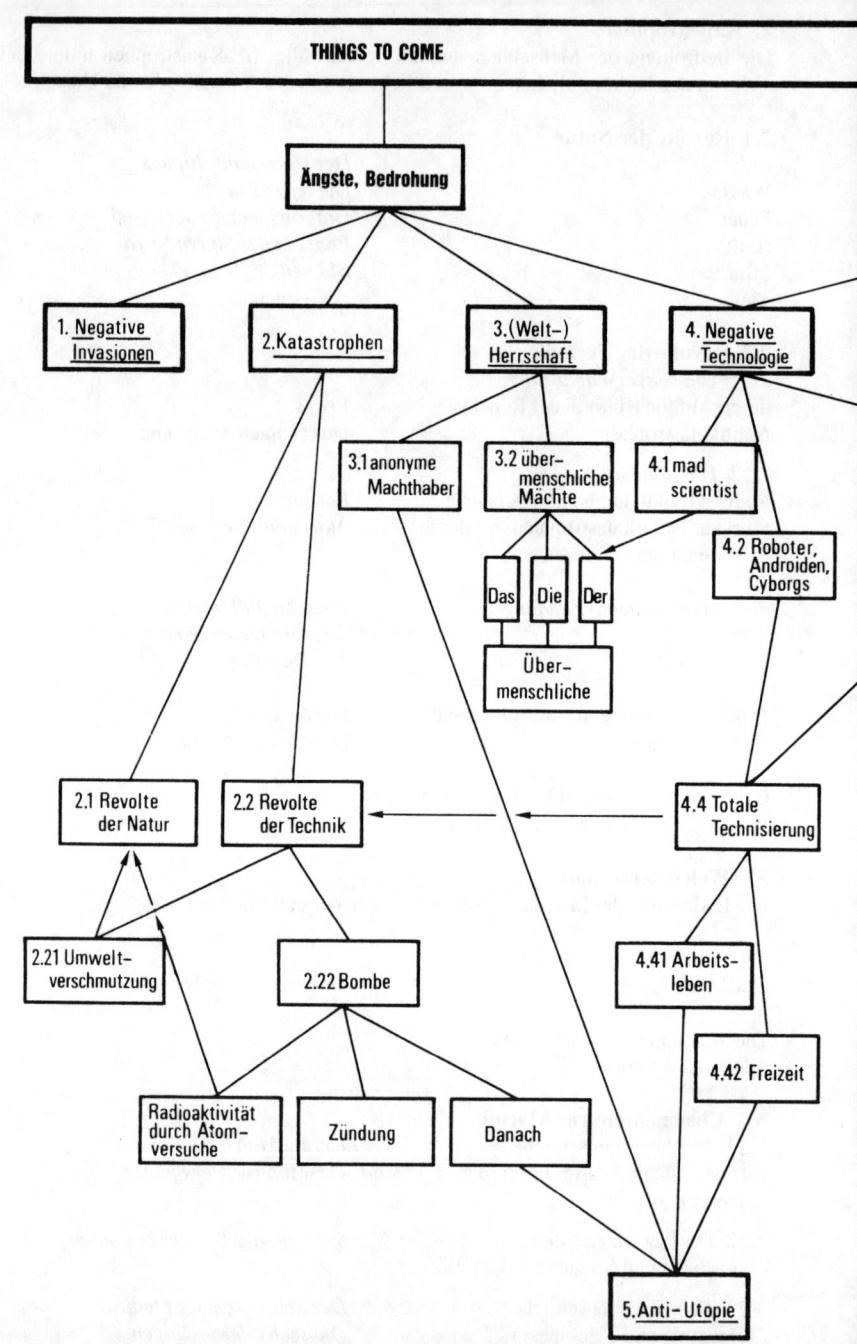

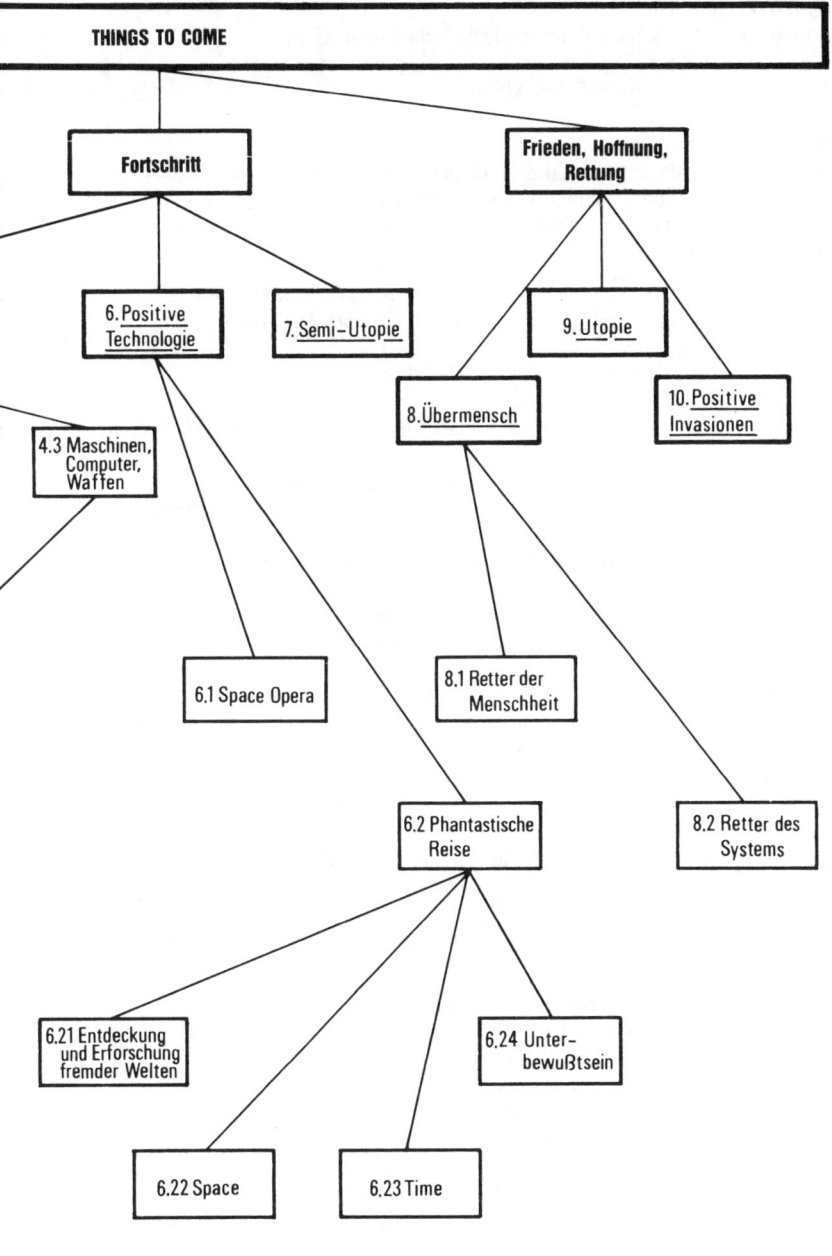

4. Negative Technologie
Die Bedrohung der Menschheit durch die technische Entwicklung
aber auch
Fortschritt durch die technische Entwicklung

4.1 Der Mad Scientist
Das naturwissenschaftliche Genie, dessen Fähigkeiten zu groß sind, als daß sie noch jemand kontrollieren könnte, verfolgt in seinen Untaten eine Utopie, und sei sie noch so unhaltbar, will aber der Menschheit grundsätzlich einen Dienst erweisen. Der Mad Scientist experimentiert

an sich selbst	*Der Mann mit den Röntgenaugen* *Dr. Jekyll und Mr. Hyde*
an Leichen	*Frankenstein etc.*
an Menschen	*Sie sind verdammt; Ssssnake Kobra*
an Tieren	*Insel der verlorenen Seelen* *Die Nacht der unheimlichen Bestien*

Seine Experimente schlagen fehl, so daß es zu ungeahnten Folgen kommt:

Wiedergutmachung durch Selbstopfer	*Der Mann mit den Röntgenaugen* *Der Schrecken schleicht durch die Nacht*
das Monster	*Rabbits* *Die Nacht der unheimlichen Bestien*
der (auf wissenschaftlicher Grundlage) lebende Tote	*Die Rache des Toten* *Der Würger von Sing-Sing*

(Kommen politische Ziele – etwa das Streben nach Herrschaft – hinzu, vgl. 3.21 *Der Übermenschliche*)

4.2 Roboter/Androiden/Cyborgs (Definitionen nach Reclams Science Fiction-Führer)

Roboter: Die denkende Maschine, die dem Menschen nicht unbedingt ähneln muß.	*Westworld* *Futureworld – Das Land von übermorgen*
Androiden: Künstliche Menschen, die überwiegend aus biologischen und evtl. elektronischen/mechanischen Teilen bestehen.	*Der Blade Runner* *Die Frauen von Stepford*
Cyborgs: Kurzform für kybernetischer Organismus. Ein Hybride aus Mensch und Maschine. Menschen mit mechanischen/elektronischen Ersatzteilen, die ihren biologischen Körper bis auf das Gehirn ersetzen können.	*Der Mann aus Metall* *Superboy – Stärker als 1000 Sonnen*

4.3 Maschinen/Computer/Waffen

Zur SF gehört die Welt technischer Abenteuer und Visionen. Thema kann daher nicht das gegenwärtig Machbare, sondern nur das zukünftig Mögliche sein.

Maschinen	*Die Erfindung des Verderbens* *Robur, Herr der 7 Kontinente*
Computer	*Colossus; Alphaville*
Waffen	*Firefox* *Die Todesstrahlen des Dr. Mabuse*

4.4 Totale Technisierung

Die mechanisierte Zukunftswelt schlechthin, die oder deren Bestandteile Amok laufen können, so daß es zur Katastrophe kommt (vgl. 2.2 *Revolte der Technik*), die aber auch zum Trauma der Menschheit werden kann (vgl. 5. *Anti-Utopie*). Die totale Technisierung wirkt sich aus:

4.41 im Arbeitsleben	*Moderne Zeiten; Metropolis*
4.42 in der Freizeit	*Westworld* *Futureworld – Das Land von übermorgen*

5. Anti-Utopie

Als Ausdruck realer Zukunftsängste schildern Anti-Utopien negative (Zukunfts-)Welten. Der SF-Film hat sich mit folgenden pessimistischen Gesellschaftsprognosen befaßt (Einteilung nach Rolf Giesen, DER PHANTASTISCHE FILM):

Post Doomsday: ›Nach dem Großen Knall‹, Beschreibung der nach dem Atomkrieg meist auf eine archaische Stufe zurückgefallenen Menschheit.	*Planet der Affen* *Die Welt, das Fleisch und der Teufel*
Diktatur der totalen Technologie: Der Mensch als Sklave einer Technologie, die sich verselbständigt hat.	*Alphaville* *Geburten verboten*
Aggression und Unterhaltung: Die Pervertierung durch Industrie und/ oder Staat.	*Das zehnte Opfer* *Rollerball*
Vernichtung des kulturellen Erbes: Der kulturelle Verfall durch Unterdrükkung der Gedankenfreiheit.	*Fahrenheit 451* *1984*
Die Unfreiheit des menschlichen Uhrwerks: Die Zerstörung der Individualität.	*Uhrwerk Orange* *THX 1138*

6. *Positive Technologie*
Die Erfüllung von wissenschaftlichen Träumen:

6.1 *Space Opera:* Das Universum als   *Krieg der Sterne*
Tummelplatz aufrechter Helden.   *Star Crash – Sterne im Duell*

6.2 *Fantastische Reisen:* Die Erforschung
anderer Welten.

6.21 Entdeckungen   *Versunkene Welt*
                                                                  Die Reise zum Mittelpunkt der Erde

6.22 Space: Raumfahrt   *2001: Odyssee im Weltraum*
                                                                  Ikarie XB 1

6.23 Zeitreise   *Die Zeitmaschine*
                                                                  Expedition in die Zukunft

6.24 Das Unterbewußtsein   *Letztes Jahr in Marienbad*
                                                                  Ständig in Angst

7. **Semi-Utopie**
Die Grenzen zwischen Wirklichkeit und Fiktion verwischen sich:

                                                                  Network
                                                                  Invasion gegen USA

8. **Der Übermensch**
Der Rächer der Unterdrückten, Retter aus Gefahr und Not:

8.1 Der Retter der Menschheit   *Ein Riß in der Welt*
(ist grundsätzlich Amerikaner)   *Unternehmen Feuergürtel*

8.2 Der Retter des Systems   *Die unverbesserlichen Drei*
(ist grundsätzlich Superagent)   *James Bond 007 jagt Dr. No*

9. **Utopie**
Utopien schildern positive (Zukunfts-)Welten, in denen Friede und Eintracht herrschen.

                                                                  In den Fesseln von Shangri-La
                                                                  Dinge, die kommen werden

10. **Positive Invasionen**
Der fremde, außerirdische Besucher als Freund der Menschheit. Die Hoffnung auf Verständigung mit den Aliens.

                                                                  Unheimliche Begegnung der dritten Art
                                                                  E. T.

Abbott und Costello auf Sherlock Holmes' Spuren

(ABBOTT AND COSTELLO MEET THE INVISIBLE MAN). USA 1950.
R Charles Lamont. *B* Frederick L. Rinaldo/John Grant/Robert Lees. *St* Hugh Wedlock jr./Howard Snyder. *K* George Robinson. *SpE* David S. Horsley. *M* Joseph Gershenson. *D* Bud Abbott (Bud Alexander), Lou Costello (Lou Francis), Nancy Guild (Helen Gray), Arthur Franz (Tommy Nelson), Adele Jergens (Boots Marsden), Sheldon Leonard (Morgan), William Frawley (Detektiv Roberts), Gavin Muir (Dr. Philip Gray), Paul Maxey (Dr. C. Turner). 82 Min.

Ein Boxer wird fälschlicherweise des Mordes angeklagt. Um den wirklichen Übeltäter dingfest zu machen, helfen ihm die beiden depperten Detektive Bud und Lou, indem sie ihn mit einem Mittelchen unsichtbar machen. – Abbott und Costello, amerikanisches Komikerduo, drehten in der Zeit von 1940 bis 1955 zahlreiche zumeist sehr drastische Komödien, in denen sie beliebte Filmgenres wie Western, Horror und Science Fiction, aber auch die Filmbranche selbst kräftig auf die Schippe nahmen. »In der Regel spielte Abbott dabei den etwas kleinkarierten Mann von Welt, der seinen kleinen und so dümmlichen wie dicken Partner beständig ausnutzt. Mit dieser plumpen Simplifizierung des Verhältnisses von Laurel and Hardy und der konsequenten Ausbeutung oft bewährter Komödiensituationen gelang es ihnen in den 40er Jahren mehrfach, in die Liste der zehn erfolgreichsten Filmstars vorzudringen.« (BUCHERS ENZYKLOPÄDIE DES FILMS) – Der einzige Abbott- und Costello-Film, der sich speziell mit dem SF-Genre auseinandersetzte, war ABBOTT AND COSTELLO GO TO MARS, USA 1953, eine der schwächsten Produktionen des Komikerpaares, der nicht in die deutschen Kinos kam. *Abbott und Costello auf Sher-lock Holmes' Spuren* dagegen, dessen deutscher Titel allerdings völlig unzutreffend ist, erhielt durchweg gute Kritiken, wobei besonders die Trickeffekte um den ›Unsichtbaren‹ gelobt wurden.

Abbott und Costello gegen Dr. Jekyll und Mr. Hyde

(ABBOTT AND COSTELLO MEET DR. JEKYLL AND MR. HYDE). USA 1953.
R Charles Lamont. *B* Leo Loeb/John Grant. *St* Sidney Fields/Grant Garrett. *K* George Robinson. *SpE* David Horsley. *Ma* Bud Westmore/Jack Kevan. *M* Joseph Gershenson. *D* Bud Abbott (Slim), Lou Costello (Tubby), Boris Karloff (Dr. Jekyll/Mr. Hyde), Eddie Parker (Mr. Hyde – Stunts), Craig Stevens (Bruce Adams), Helen Westcott (Vicky Edwards), Reginald Denny (Inspektor), John Dierkes. 76 Min.

Anfang des Jahrhunderts studieren zwei völlig beknackte amerikanische Polizisten britische Polizeimethoden und werden in London in die Geschehnisse um Dr. Jekyll und Mr. Hyde verwickelt. – Überdurchschnittlicher Abbott- und Costello-Klamaukfilm, in erster Linie dank eines »sehenswerten Boris Karloff, der seine Mitspieler völlig in den Schatten stellt«. (MONTHLY FILM BULLETIN)

Abbott und Costello treffen Frankenstein

(ABBOTT AND COSTELLO MEET FRANKENSTEIN). USA 1948.
R Charles T. Barton. *B* John Grant/Frederic I. Rinaldo/Robert Lees. *K* Charles van Enger. *SpE* Davis S. Horsley/Jerome H. Ash. *Ma* Bud Westmore. *M* Frank Skinner. *D* Bud Abbott (Chick Young), Lou Costello (Wilbur Gray), Lon Chaney jr. (Lawrence Talbot), Bela Lugosi (Dracula), Glenn Strange (Monster), Lenore Aubert (Andra Mornay), Jane

Randolph (Joan Raymond), Frank Ferguson (Mr. McDougal), Charles Bradstreet (Dr. Stevens), Howard Negley (Mr. Harris), Vincent Price (in der O-Fassung die Stimme des ›Unsichtbaren‹). 92 Min.
Stelldichein der klassischen Horrorgestalten des Films. Der Wolfsmensch will die Hilfe von Abbott und Costello in Anspruch nehmen, Dracula und Frankensteins Monster zu vernichten, aber Dracula will seinerseits Bud Abbotts Gehirn benutzen, um das Monster zu neuem Leben zu erwecken. Dracula zu Costello:»Was wir brauchen, ist junges Blut... und Gehirn...«
Der beste Abbott- und Costello-Film. Für alle Freunde des Schwarzen Humors.

Abenteuer im Weltraum
(STOWAWAY TO THE MOON). USA 1974. *R* Andrew V. McLaglen. *B* William R. Shelton/John Boothe. *K* J. J. Jones. *M* Pat Williams. *D* Lloyd Bridges (Charlie Englehardt), Michael Link (E. J. Mackernutt), Jeremy Slate (Rick Lawrence), John Carradine (Jacob Avril), Kenne Curtis (Tom Estes), Walter Brooke (Whitehead), Jon Cedar (Hans Hartmann), Jim McMullan (Ben Pelhan), Morgan Paull (Dave Anderson), Stephen Rogers (Joey), Jack Callahan (Dr. Jack Smathers), Edward Faulkner (Eli Mackernutt), Barbara Faulkner (Mrs. Mackernutt), Charles Conrad (Nachrichtensprecher). *F* 90 Min.
Ein elfjähriger Junge schleicht sich heimlich an Bord einer Mondrakete und versteckt sich so gut, daß man zwar Übergewicht registriert, ihn aber nicht findet. Er rettet aufgrund seiner Kenntnisse die Astronauten auf dem Erdtrabanten vor einer Katastrophe.

Abenteuer in Atlantis
(THE AMAZING CAPTAIN NEMO). USA 1978. *R* Alex March/Paul Stader. *B* Norman Katkov/Preston Wood/Robert Dennis/

William Keys/Mann Rubin/Robert Bloch/Larry Alexander. *K* Lamar Boren. *Sp* L. B. Abbot/Van der Veer Foto Effects. *M* Arthur La Salle. *D* Jose l Ferrer (Capt. Nemo), Tom Hallick (Tom Franklin), Burr DeBenning (Jim Porter), Burgess Meredith (Prof. Cunningham), Lynda D. George (Kate), Mel Ferrer (Dr. Cook), Warren Stevens (Miller), Horst Buchholz (König Tabor), Med Flory (Tor), Yale Summers (Sirak). *F* 102 Min.
Die amerikanischen Marinetaucher Franklin und Porter entdecken auf dem Meeresgrund das gesunkene, aber unbeschädigte U-Boot *Nautilus* und finden in einem Kühlbehälter den legendären Captain Nemo, der dort im Tiefschlaf hundert Jahre überdauert hat. Ins Leben zurückgekehrt, lädt Nemo die Taucher ein, mit ihm die versunkene Stadt Atlantis zu suchen. Gleichzeitig taucht aber ein MAD SCIENTIST namens Cunningham auf, der mit seinem von Robotern bemannten U-Boot *Raven* die Weltherrschaft anstrebt und Washington ein Ultimatum stellt. Captain Nemo kann den Wahnsinnigen zwar abwehren, aber als man das sagenumwobene Atlantis endlich entdeckt hat, bekommt man es auch hier mit Cunningham zu tun, denn dieser versucht nun, dem friedliebenden König Tabor den Thron streitig zu machen. Keine Frage, daß er von Nemo und den Seinen kräftig eins auf den Deckel kriegt. – Die sieben aufgelisteten Drehbuchautoren deuten bereits an, wo die Ursprünge dieser Produktion zu suchen sind: beim US-Fernsehen. Bei diesem Film handelt es sich um einen aus mehreren Fortsetzungen einer TV-Serie zusammengeschnittenen Abenteuerstreifen, bei dem nicht mal der Titel stimmt: die in Atlantis spielende Episode ist nur eine von mehreren.»Der Film kann höchstens ein sehr junges Publikum unterhalten.« (FANTASY MEDIA)

Abenteuer mit Blasius
DDR/CSSR 1975. *R* Egon Schlegel. *B* Milan Pavlik/Fred

Roboter in Menschengestalt: *Abenteuer mit Blasius* von Egon Schlegel

Rodrian/Gerhard Holtz-Baumert. *K* Günther Jaeuthe/Jiri Simunek. *M* Günter Hauk. *D* Leo Sucharipa (Blasius), Wolfgang Greese (Prof. Brockmann), Norbert Christian (Minister), Mario Wojtyczka (Egon), Petr Stary (Frantik), Dieter Wien (Dr. Prantl), Manfred Zetzsche (Dr. Pirwitz), Jana Gyrová (Franziska). *F* 81 Min.

Der menschlich aussehende Roboter Blasius ist die ängstlich gehütete Entwicklung zweier Ingenieure, die zur Leipziger Messe fahren und ihr elektronisches Superspielzeug unterwegs testen. Der junge Frantisek aus Prag fährt mit der Bahn zu seinem Freund Egon nach Leipzig. Als er Blasius und seine Konstrukteure kennenlernt, kommt ihm der Roboter merkwürdig und gefährlich vor. Er und Egon glauben, einem Verbrecher oder einer Bande auf der Spur zu sein und wollen sie unschädlich machen. Ihre Fehleinschätzung bringt sie und diverse Messebesucher in verzwickte Situationen. – Ein biederer DDR-Film für Kinder, der zu verdeutlichen versucht, daß Maschinen den Menschen nicht ersetzen können.

Abraxas – Retter des Universums
(ABRAXAS). USA 1988.
R Damian Lee. *B* Damian Lee. *K* Curtis Peterson. *SpE* Ron Craig/Stan Zuwela. *M* Carlos Lopes. *D* Jesse Ventura (Abraxas), Marjorie Bransfield (Sonia), Sven-Ole Thorsen (Secundus), James Belushi (Direktor), Michael Copeman, Frances Mitchell. *F* 83 Min.

Auf dem Planeten Sagacila leben die sogenannten Weltraumpolizisten (Stöhn!), deren Aufgabe es ist, alle Lebensformen zu schützen. Der Cop Abraxas jagt den flüchtigen Lumpen Secundus auf der Erde. Vor der Festnahme schwängert Secundus durch Handauflegen (Urgh!) das Mädchen Sonia, das einen Sohn gebärt. Jahre später entflieht der Bösmann wieder. Er will Sohnemann in seine Gewalt bekommen und dessen Kräfte in seinem Körper zu konzentrieren (Argh!), was ihn unbesiegbar machen würde. Abraxas rettet das Kind erfolgreich vor Secundus und entmaterialisiert den Schuft. – Der Streifen bemüht sich stellenweise, komisch zu wirken, um dann wieder in billige Gewalt zu verfallen. Die Ausstrahlung der Darsteller ist so kalt wie die winterliche Landschaft, in der die Geschichte spielt. Ein Film für Leute, die sich an kosmischen Räuber-und-Gendarm-Spielen nicht sattsehen können. Allen anderen sei geraten, anderweitig auf die Zukunft zu bauen. Nur auf Video. ⓥ Empire

Abyss – Der Abgrund
(THE ABYSS). USA 1989.
R James Cameron. *B* James Cameron. *K* Mikael Salomon. *SpE* Industrial Light & Magic/Dream Quest/Wonderworks/Walt Conti/Steve Johnson. *M* Alan Silvestri. *D* Ed Harris (Bud Brigman), Elizabeth Mary Mastrantonio (Lindsay Brigman), Michael Biehn (Lt. Coffin), Leo Burmester (Catfish De Vries), Todd Graff (Alan Carnes), John Bedford Lloyd (Jammer Wllis), J.C. Quinn (Sonny Dawson), Kimberley Scott (Lisa Standing). *F* 136 Min.
Das mit Atomsprengkörpern bewaffnete U-Boot *Montana* wird von einem geheimnisvollen Licht abgelenkt und zerschellt in 600 Metern Tiefe. Die Marine will die Sprengkörper bergen, bevor die Russen kommen. Bud Brigman und die Arbeiter der Unterwasser-Bohrstation Deepcore sollen dabei helfen. Bud erklärt sich bereit, auch wenn er mit seiner Frau Lindsay zusammenarbeiten muß: die Scheidung läuft. Unter Leitung von Lt. Coffey nimmt man in der finsteren Tiefe die Arbeit auf. Das Licht zeigt sich erneut, die Leitung des Unternehmens vermutet hinter ihm ›den Feind‹. Ein Hurrikan bricht los, es kommt zu schweren Zwischenfällen. Ein vom Hauptschiff herabstürzender Verbindungskran verfehlt zwar die Station Deepcore, droht sie aber in einen 6000 Meter tiefen Abgrund zu ziehen. Arbeiter sterben in den eindringenden Wasserfluten. Der Kontakt zur Oberfläche bricht ab. Coffey, ohne Anweisungen von oben, kriegt den Koller und macht einen Sprengkörper scharf, um ihn im Abgrund hochgehen zu lassen, da er dort den Feind vermutet. Lindsay, die zuvor einem offenbar freundlichen Außerirdischen begegnet ist, will Coffey zurückhalten, doch seine Paranoia ist so stark, daß ihn nichts von seinem Plan abbringen kann. Nach einem Zweikampf mit Bud flieht Coffey mit der Bombe in einem Mini-U-Boot; bei einem Kampf mit einem anderen sinkt er in den Abgrund, wo der Druck sein U-Boot zerquetscht. Die Bombe tickt weiter. Bud will in die Tiefe vorstoßen, um sie zu entschärfen. In einem Spezial-Taucheranzug wagt er sich in den Abgrund. Je tiefer er sinkt, desto mehr entgleitet ihm die Kontrolle. Auf dem Meeresgrund kann er die Bombe entschärfen. Leuchtende außerirdische Wesen tauchen auf. Bud geht mit ihnen zu einem großen Schiff, wo man ihn freundlich aufnimmt. Die Außerirdischen sind schon vor Jahrtausenden auf der Erde gelandet. Aus Angst vor einem Atomkrieg haben sie ihre Abreise vorbereitet. Zurück lassen sie eine Friedensbotschaft. – »James Camerons 43-Millionen-Dollar-Produktion spielt zu 40 Prozent unter Wasser. Gefilmt wurde u.a. in zwei eigens gebauten Unterwassertanks, die zu einem nie fertiggestellten AKW gehörten. Eine Reihe neuartiger Erfindungen trug zum Entstehen dieses Films bei. So entwickelte die Firma Western Space & Marine in Santa Barbara ein Kommunikationssystem für die Taucherhelme, die es erstmals in der Kinogeschichte ermöglichten, Dialoge unter Wasser im Originalton aufzunehmen.« (CINEMA). – »Nietzsche unter Wasser: Wenn du lange genug in den Abgrund schaust, schaut auch der Abgrund in dich. Derart sinngemäß am Nietzsche-Spruch sich entlanghangelnd, erzählt James Cameron eine Geschichte, die permanent am Abgrund spielt – und dort auch abstürzt... Unter Wasser ist alles von der blauesten Bläue; schick gestylte Tauchfahrzeuge sausen durchs Dunkel, und alles ist hübsch ausgeleuchtet, meist im Gegenlicht, und effektvoll eingerichtet. Wenn die Crew an Bord des versunkenen U-Bootes kommt, sieht es wirklich schrecklich aus; benutztes Toilettenpapier schwimmt durchs Boot, aus eines toten

Mannes Mund krabbeln Krebse, und die Inneneinrichtung der Tauchstation ist eine stille Hommage an die alte *Nostromo*. – Überhaupt sind die Parellelen zu *Alien* augenfällig... Nur die Außerirdischen sind nett und retten schließlich die Taucher. Sie wirken auch nicht wie Freßmaschinen, sondern wie illuminierte Neonröhren-Engel, die zu kräftiger Kirchenmusik durchs Wasser treiben und irgendwie knuffig aussehen. – James Cameron nimmt das alles tödlich ernst. Und dabei ist alles nur lächerlich bis langweilig. Der ›Eingeschlossenen‹-Plot will nicht in Gang kommen und ist in seiner Grundkonstellation unglaubwürdig, die Liebesgeschichte zwischen Harris und Mastrantonio wird auch nichts, weil die beiden viel zu sehr mit Wassertreten beschäftigt sind, und die frohe Botschaft («Wir sind nicht allein») haben wir auch schon mal gehört. (Victor Lachner, ULTIMO). – Sicher, es hat schon Filme wie diesen gegeben: Stanley Kubricks *2001 – Odyssee im Weltraum* (USA 1968) oder Steven Spielbergs *Unheimliche Begegnung der dritten Art* (USA 1977). *2001* beendete das SF-Kino der sechziger Jahre mit einem epochalen Trommelschlag und brachte erstmals in großem Ausmaß religiöse Motive in den SF-Film ein. Spielbergs Werk läutete das Ende des SF-Kinos der siebziger Jahre ein, wenn auch im Schatten von *Krieg der Sterne* – ein Blick auf ein mögliches Zusammentreffen andersgearteter Intelligenzen in Freundschaft. *Abyss – Der Abgrund* ist eine Art Auskang des SF-Kinos der achtziger Jahre, nicht im Weltraum, und nicht auf dem Boden, sondern näher an den Wurzeln des menschlichen Ursprungs, an einem Ort, dem wir alle entstammen, und den wir erst jetzt von neuem erforschen können: der Tiefe des Ozeans. *Abyss – Der Abgrund* ist mehr als ein Spezialeffekte-Film, auch wenn er als solcher vermarktet wird. *Abyss – Der Abgrund* ist ein Erlebnis, das einem mehr gibt, als nur 136 Minuten packender Unterhaltung. Wer sich Camerons grandiosem Feuerwerk an Eindrük-

ken aussetzt, wird entdecken, daß die Handlung aus einer Reihe von auslösenden Elementen besteht, die den Betrachter auf das Finale und den offensichtlichen ›Anfang‹ vorbereiten. Wer an der Stelle, an der Brigman den Boden des Abgrunds erreicht hat und in eine völlig neue Erfahrungsebene überwechselt, über dramaturgische Unebenheiten urteilen kann, hat die Intention des Films verkannt. – John Bruno und Dennis Muren wurden für ihre Spezialeffekte mit dem Oscar ausgezeichnet.
Ⓑ Orson Scott Card: *Abyss*, Bergisch-Gladbach 1989
Ⓥ CBS/Fox

Accidents – Der Tod kennt keinen Zufall
(ACCIDENTS). USA 1989.
R Gideon Amir. *B* John Eubank.
K Norman Leigh. *M* Bruce Cassidy.
D Edward Albert (Eddie Powers), Leigh Taylor-Young (Beryl Chambers), John Cypher (James Hughes), Candice Hillebrand (Rebecca Powers).
F 86 Min.
Eine neue Wunderwaffe, eine Flugscheibe mit Strahlenkanone, soll für militärische Zwecke genutzt werden. Der Konstrukteur hat etwas dagegen. Andere Fieslinge wollen sein Wunderding an irgendwelche Terroristen verkaufen (die ja bekanntlich viel mehr Knete haben als die US Army). Die Verbrecher sterben im Strahlenfeuer, und die Scheibe gerät in die Hände der GUTEN, die mit der Superkanone wahrscheinlich *friedliche* Dinge treiben werden. – Nur auf Video.
Ⓥ VCL

Ach, jodel mir noch einen
Anderer Titel für **Stoßtrupp Venus bläst zum Angriff**
Ⓥ Toppic

Der achte Tag
BRD 1990.
R Reinhard Münster. *B* Reinhard Münster. *K* Axel Block. *SpE* Harry

Wiessenhahn/Oskar M. Hancke.
M Günter Fischer. *D* Katharina
Thalbach (Vera Pukall), Hanns
Christian Blech (Dr. Richard Svoboda),
Hannelore Elsner (Frau De Vries).
Ulrich Pleitgen (Dittmann), Peter
Simonischek (De Vries), Heinz Hoenig
(Holger), Fritz Schediwy
(Unbekannter), Rosalinde Renn (Carola
Stein), Heinz Werner Kraehkamp
(Hamacher), Klaus Pohl (Brauneck),
Lukas Amman (Prof. Wagner), Hans
Joachim Krietsch (Intendant). *F* 99 Min.
Am Treffpunkt ihrer Verabredung findet
die Journalistin Vera Pukall den Retorten-
mediziener De Vries tot auf: Überdosis.
Von ihm hat sie sich bedeutende Informa-
tionen über Genmanipulationen erhofft.
Offiziell hat De Vries Selbstmord began-
gen. Vera vermutet mehr hinter seinem
mysteriösen Tod. Je mehr sie sich in ihre
Recherchen vertieft, desto bedrohlicher
wird die Angelegenheit: Freunde raten ihr
ab, Fremde bedrohen sie und ihren Sohn
Jan. Ein Zufall führt sie zu einem Berliner
Pharmakonzern, der mit einem amerikanischen Unternehmen unter einer Decke
steckt. Sie erfährt von der Existenz zweier
identischer Retortenkinder, die mit De
Vries' Hilfe aus dem Erbgut seines
Schwiegervaters, eines Nazi-Arztes, erzeugt und von seiner Tochter ausgetragen
wurden. Vera entgeht dem Anschlag eines Killers. Ihr Wissen trägt sie zu spät
vor: der Pharmakonzern präsentiert die
Kinder und ihren Gen-Vater in einer TV-
Sendung. Der Herr Doktor schwadroniert
über eine ›gesunde Rasse‹, die Umgehung
der natürlichen Fortpflanzung durch
›unverschlissenes‹ Genmaterial zu Klon-
Produktion und begeht vor der laufenden
Kamera mit einer Giftkapsel Selbstmord.
Seine Tat sorgt für helle Aufregung; Ve-
ras Enthüllungen, der eigentliche Skandal, scheint niemanden zu interessieren. –
»So ist trotz des formulierten Anspruchs
und der Kraftanstrengungen aller Beteiligten... letztlich nicht mehr als ein am-
bitionierter deutscher Film entstanden,
der seinen Unterhaltungswert wohl eher

im Fernsehen als im Kino wird entfalten
können, denn für dieses Medium wird die
Geschichte erzählt. Für den kleinen Bildschirm sind die Bilder komponiert; im
Kino kommen sie weitgehend kraftlos daher.« (Hans Messias, FILMDIENST).

Achtung! Sondersendung!
(SPECIAL BULLETIN). USA 1983.
R Edward Zwick. *B* Marshall
Herskovitz. *St* Edward Zwick. *K* Hank
Geving/Carl Gibson/Charles Fernandez.
SpE Image West/Pendulum/Carol Lynn.
M N. N. *D* Ed Flanders (John
Woodley), Kathryn Walker (Susan
Myles), David Clennon (Bruce Lyman),
David Rasche (Dr. David McKeeson),
Christopher Allport (Steven Levitt),
Roxanne Hart (Meg Barclay), Rosalind
Cash (Frieda Barton), Roberta Maxwell
(Diane Silverman), Robert Kay
(Takeshima), Ebbe Roe Smith (Jim
Seaver), J. Wesley Huston (Bernard
Frost), Frank Dent (Dr. Halpern).
F 105 Min.
Steven Levitt, Reporter der amerikani-
schen RBS-Fernsehgesellschaft, ist auf
Sendung. Er berichtet für die Nachrich-
tensendung gerade über einen Hafenarbei-
terstreik in Charleston, als Schüsse fallen.
Er wird mit mehreren anderen Passanten
von vier Bewaffneten als Geisel genommen und auf ein Schiff gebracht. Dort
stellen die Geiselnehmer ihre Forderungen: 968 Atomsprengköpfe, die in der
Nähe lagern, sollen ihnen zwecks Vernichtung übergeben werden, anderenfalls
würden sie eine an Bord befindliche Plu-
tonium-Bombe zünden. Ziel der Aktion:
dem Rüstungswettlauf einseitig Einhalt zu
gebieten. Das Ultimatum soll nach 24
Stunden ablaufen, ›RBS-News‹ sind dank
Levitt hart am Geschehen. Bald erfährt
man, daß es sich bei den Kidnappern um
ehemalige Pentagon-Rüstungsexperten
handelt. Ihre Bombe scheint echt, da tatsächlich Monate zuvor entsprechende
Mengen Plutonium verschwunden sind.
Die US-Regierung beschließt, Charleston
zu evakuieren. Dann gibt sie den Befehl

zum Angriff. Drei der vier Erpresser sterben im Kugelhagel der Regierungstruppen, darunter auch der einzige, der die Bombe noch rechtzeitig hätte entschärfen können. Den Regierungsspezialisten gelingt dies nicht mehr, die Stadt verglüht. – Hochgelobt wurde dieser amerikanische TV-Streifen in Gestalt einer Live-Nachrichtensendung hüben wie drüben. »Weit über dem Durchschnitt« (Leonard Maltin in TV MOVIES), bekam der Film vier ›Emmies‹, eine dem Oscar vergleichbare Auszeichnung für Fernsehspiele (bestes Fernsehspiel, bestes Drehbuch, beste Regie, bester Schnitt). Die bundesrepublikanische Fernsehzeitschrift GONG lobte: »Die Idee ist irrwitzig, aber vorstellbar: Pazifisten kämpfen mit der Atombombe gegen die Atombombe. Neben dem Holocaust einer begrenzten, doch in dieser Begrenzung alles vernichtenden Atomzündung hält sich das US-Fernsehen selbst kritisch den Spiegel vor. Journalismus, radikal und überall, wird zum peinlichen Showbusiness, das unter die Haut geht. Daß diese fiktive Horrorvision durchaus eine reale werden könnte, macht den Zuschauer tief betroffen, aber auch hilflos. Wertung: 5 Punkte (von 6 möglichen).« Tief betroffen muß einen auch die in den US-Medien so beliebte Schwarzweißmalerei machen, seit kurzem *Rambo-Mentalität* genannt. Klar, daß alle Atomwaffengegner potentielle Verbrecher sind. Klar, daß, wie in diesem Fernsehspiel, die weltfremde Lyrikerin, der ausgestiegene Atombombenkonstrukteur oder das ehemalige Mitglied einer populären Pazifistenvereinigung sowieso verrückt, d. h. von Natur aus nichts anderes als Terroristen sind. Sleep well, German press!

Achtzigtausend Meilen durch den Weltraum

(SHADO). GB 1974.
R Summers Tomblin. *B* David Tomblin.
K Brendon Stafford. *M* Barry Gray.
D Ed Bishop (Commander Straker), Michael Billington (Col. Foster), George Sewell (Col. Freeman), Wanda Ventham (Col. Lake), Gabrielle Drake (Lt. Ellis). *F* 86 Min.
Blauhäutige außerirdische Lebewesen, die an einer unbekannten Krankheit leiden, landen mit Fliegenden Untertassen auf der Erde und entführen Menschen, um deren Organe für sich zu verwerten. Es obliegt dem in der Maske eines Filmproduzenten (!) für das Pentagon arbeitenden Commanders Straker und seiner Geheimorganisation SHADO, den kosmischen Invasoren das Handwerk zu legen. Nach allerlei kriegerischen Auseinandersetzungen behalten die Erdbewohner die Oberhand, und die UFOnauten ziehen sich zurück. – Zusammenschnitt dreier Episoden der TV-Serie UFO, »ein besonders eklatantes Beispiel für . . . billig produzierte und ebenso billig eingekaufte Serien, die die Programme zunehmend füllen«. (DEUTSCHE VOLKSZEITUNG, 26. 8. 1971) Die Geschichte spielt 1980, atmet aber den Geist der fünfziger (oder besser noch: der dreißiger) Jahre.
Ⓥ UFA

Aelita – Der Flug zum Mars

(AELITA). Stummfilm. UdSSR 1924.
R Jakow Protasanow. *B* Fjodor Ozep/ Alexej Falko/Alexej Tolstoi. *K* Juri Scheljabuschski/Emil Schönemann.
SpE (Bauten/Kostüme) Victor Simow/ Isaac Rabinowitsch/Alexandra Exter.
Ma N. Sorokin. *D* Nikolai Tseretelli (Ingenieur Losj), Nikolai Batalow (Gussew), W. Orlowa (Mascha), Igor Ilinsky (Krasnow), Valentina Kuindschi (Natascha), P. Polj (Ehrlich), N. Tretjakowa (Elena Ehrlich), S. Lewitina (Vorsitzende des Mieterkomitees), G. Wolkonskaja (Dame), Julia Solnzewa (Aelita), Konstantin Eggert (Tuskub), Juri Sawadski (Gor), A. Peregonez (Sklavin Aelitas), A. Toltschanow (Astronom). 45 Min.
Der Ingenieur Losj glaubt Signale vom Mars aufgefangen zu haben und träumt davon, den roten Planeten mit einem Raumschiff zu besuchen. Als man den Schieber Ehrlich in seine Wohnung ein-

weist, mutmaßt er bald, dieser stelle seiner Gattin Natascha nach. Als er in einem Schattenbild zu sehen glaubt, daß die beiden sich umarmen, schießt er auf sie, flüchtet und versinkt in einen Fiebertraum: Er bemächtigt sich mit Hilfe des Rotarmisten Gussew und des ihn verfolgenden Detektivs Krasnow eines Raumschiffs und fliegt damit zum Mars, der von König Tuskub und seiner hübschen Tochter Aelita regiert wird. Während Losj sich in die Königstochter verliebt, agitiert der klassenbewußte Gussew das unterdrückte Volk, wiegelt es gegen den Feudalstaat auf und führt es zur Revolution. Als Losj Aelita töten soll, erwacht er jäh aus seiner Fantasie und liest völlig überrascht auf einem Filmplakat die Worte, die er am Anfang für eine Botschaft der Marsianer gehalten hat. Nach Hause zurückgekehrt, erkennt er seinen Irrtum: Seine Gattin hat weder ein Verhältnis mit Ehrlich, noch hat er mit seinen Schüssen jemanden getroffen. – »Jakow Protasanows Film ist eine nicht überall geglückte Mischung aus Eifersuchtsdrama, Komödie und Science Fiction. Gut gezeichnet sind solche Typen wie Gussew, der Soldat, und Ehrlich, der bürgerliche Spekulant, oder Krasnow, der verhinderte Polizist. Interessant und sehenswert ist auch die Szenerie des Mars, die nicht von ungefähr an die expressionistische ›Caligari‹-Landschaft Robert Wienes aus dem Jahr 1919 erinnert.« (FILMBEOBACHTER) Ⓑ Alexej N. Tolstoi: *Aelita, ein Marsroman*, München 1924

Aftermath
(THE AFTERMATH). USA 1980.
R Steve Barkett. *B* Steve Barkett. *St* Steve Barkett/Stanley Livingston. *K* Dennis Skotak/Tom Denove. *SpE* Robert Skotak/Dennis Skotak/Jim Danforth. *M* John Morgan. *D* Steve Barkett (Newman), Lynne Margulies (Sarah), Sid Haig (Cutter), Christopher Barkett (Chris), Larry Latham (Matthews), Forrest J. Ackerman (Kurator), Alfie Martin (Getman), Jim Danforth (Williams), Linda Stiegler (Helen), Laura Ann Barkett (Laura), Carol Scott (Mrs. Newman), Nelson Ackerman (Newmans Sohn). *F* 95 Min. Die US-Astronauten Newman und Matthews bruchlanden nach einem längeren Raumflug auf der von atomaren Waffen verwüsteten Erde und begegnen in der Umgebung von Los Angeles irren Killern und Mutanten, die man sich mit einer Brutalität vom Halse schafft, die der der Großstadtmeuchler durchaus ebenbürtig ist. – Der einzige, der in diesem Film glaubwürdig wirkt: SF-Fan Forrest J. Akkerman. Wer solche Freunde hat, braucht wahrlich keine Feinde mehr. In der BRD nur auf Video.
Ⓥ All

Aftershock
(AFTER SHOCK). USA 1989.
R Frank Harris. *B* Michael Standing. *K* N.N. *M* Kevin Klingler/Bob Mamet. *D* Jay Roberts jr. (Willie), Elizabeth Kaitan (Sabina), Christopher Mitchum (Col. Slater), Chris de Rose (Greifer Brandt), John Saxon (Oliver Quinn). *F* 88 Min. Das postapokalyptische Zeitalter wird von einer diktatorischen Macht und einer Freiheitskämpfertruppe beherrscht. Die schöne Außerirdische Sabina landet auf dem verfallenen Planeten und wird von der Sicherheitspolizei festgenommen. Zu Forschungszwecken soll sie auf den Seziertisch. Dem zähen Kämpfer Willie gelingt ihre Befreiung. Sie kämpfen sich zu den Rebellen durch. Willie bringt Sabina zum Landeplatz ihres Raumschiffes in einer zerstörten Industrieanlage, und sie tritt den Heimflug an. – Ein Endzeit-Drama wie hundert andere, aber ein Held der Willie heißt, war wirklich noch nie da! – Nur auf Video.
Ⓥ 21st Century

Der Agent, der seinen Leichnam sah
(THE GROUNDSTAR CONSPIRACY). USA 1971.
R Lamont Johnson. *B* Matthew Howard.

LV L. P. Davies. *K* Michael Reed.
Spe Herbert Ewing. *M* Paul Hoffert.
D George Peppard (Tuxan), Michael
Sarrazin (John Welles/Peter Bellamy),
Christine Belford (Nicole Devon), Cliff
Potts (Carl Mosely), James Olson (Sen.
Stanton), Tim O'Connor (Frank
Gossage), James McEachin (Bender),
Alan Oppenheimer (Gen. Hackett),
Roger Dressler (Charlie Kitchen), Ty
Haller (Henshaw), Anna Hagen (Dr.
Plover), Hagen Beggs (Dr. Hager),
John D. Adams (Zabrinski), Milos
Zatovic (Dr. Zahl), Don Granberry
(Techniker), Robin Coller (Sekretär),
Bob Meneray (MP-Sergeant), Ed Collier
(Arzt), John Mitchell, Richard Sergeant,
Martin Moore (MP-Soldaten), Don
Vance, William Nunn, Peter Lavender,
Barry Cahill (Journalisten). *F* 95 Min.
Sechs namhafte Wissenschaftler fallen ei-
nem Sabotageakt auf das Raumfahrtlabo-
ratorium Groundstar zum Opfer. Einziger
Überlebender ist John Welles, doch hat er
dem Anschein nach das Gedächtnis verloren. Sicherheitschef Tuxan hält Welles
für den maßgeblichen Saboteur, läßt ihn
aber auf freiem Fuß, um über ihn an die
Hintermänner des Anschlags heranzukommen. Auf der Suche nach seinem verlorenen Ich gerät Welles bald in die Fänge
der Sabotageclique. Auch diese ist an seinem Erinnerungsvermögen brennend interessiert und läßt ihn erbarmungslos foltern. Endgültige Klarheit, ob er sie noch
verraten kann, erhält man jedoch nicht,
denn Welles kann fliehen. So viel Fürsorge um seine Person erweckt nun endlich
in ihm den Trieb, sich absolute Klarheit
zu verschaffen. Er sucht in der Kranken-
hausabteilung von Groundstar nach Beweisen und findet sie in Form einer Ton-
bandaufnahme. Danach hat Tuxan Welles
einer schocktherapeutischen Behandlung
unterzogen, um seine Erinnerung auszulöschen. Welles stürzt sich auf den Sicherheitschef, der nun mit der Wahrheit
herausrücken muß: Der echte Welles ist
wie die anderen Wissenschaftler bei dem
Anschlag ums Leben gekommen. Ein Er-

satzmann mußte her und wurde in Peter
Bellamy gefunden. Man beraubte ihn des
Erinnerungsvermögens und gab ihm das
Aussehen und die Identität des toten Welles. So konnten die feindlichen Agenten
getäuscht und der eigentliche Drahtzieher
des Anschlags, Senator Stanton, zur
Strecke gebracht werden. Der Köder Wel-
les/Bellamy ist fassungslos. Den lakoni-
schen Rat Tuxans, die Vergangenheit auf
sich beruhen zu lassen und ein neues Leben zu beginnen, beantwortet er mit einem kräftigen Faustschlag nach bester
amerikanischer Tradition. – Ein Hinter-
grundthema wie Orwells *1984!* Die Unmenschlichkeit einer Zukunft, in der der
totalen Manipulierbarkeit des Menschen
und der Macht des Staates keine Grenzen
gesetzt sind. Doch wie kläglich wird das
Thema vertan.»Zwar bestimmt die Warnung vor einer sich abzeichnenden Entwicklung hin zur totalen Manipulation
den Dialog; im Bild herrschen jedoch Kri-
mi-Effekte vor ... die zynische Geistes-
haltung des Vertreters staatlicher Macht
wird nicht als Boden der Unmenschlichkeit entlarvt, im Gegenteil: Nach dem
Motto *Der Zweck heiligt die Mittel* ist er
am Ende gerechtfertigt.« (-er, FILM-
DIENST). Wie vertraut uns das alles heutzutage doch klingt, angesichts solcher
US-Erfolge wie *Rambo* und Konsorten!

Agent 3S3 kennt kein Erbarmen
(AGENTE 3S3: PASSAPORTO PER
L'INFERNO)
Italien/Frankreich/Spanien 1965.
R Simon Sterling (= Sergio Sollima).
B S. Sollima/Sim O'Neill/Jesus M. de
Arozamena. *K* Carlo Carlini. *M* Pietro
Umiliani. *D* George Ardisson (Walter
Ross), Barbara Simon (Irmgard von
Wittstein), George Riviere (Professor),
Seyna Seyn (Jackie), Franco Andrei,
Senta Heller, Loni May, Karl Wirth,
Paul Fabian, Heinrich Rauch, Ferdinand
Bergmann, Frank Wolff, Michel
Lemoine. *F* 101 Min.
Der US-Agent Walter Ross (Deckname:
Agent 3S3), ein ziemlich kümmerlicher

James-Bond-Verschnitt, wird auf eine internationale Terroristenorganisation angesetzt, die in unterirdischen Laborkomplexen ein Gas entwickelt hat, mit dem sie die Weltherrschaft erringen kann.
Ⓥ Arcade

Agent 3S3 pokert mit Moskau

(AGENTE 3S3 MASSACRO AL SOLE/3S3 AGENTE ESPECIAL).
Italien/Spanien/Frankreich 1965.
R Simon Sterling (= Sergio Sollima).
B Simon O'Neill/Simon Sterling.
K Carlo Carlini. *M* Piero Umiliani.
D George Ardisson (Walter Ross), Frank Wolf (Ivan Tereschkoff), Evi Marandi (Melissa), Michel Lemoine (Radek), Fernando Sancho (Gen. Siqueiros), Luz Marquez (Josepha), Eduardo Fajardo (Karlesten), Leontine May (Paquita), Maria Granada (Sara).
F 97 Min.
Ein amerikanischer und ein sowjetischer Geheimagent fliegen in den südamerikanischen Fantasiestaat San Felipe und hindern einen Exilrussen, der in einer unterirdischen Stadt an einer todbringenden Geheimwaffe arbeitet, daran, die lokalen Machthaber an die Weltherrschaft zu bringen. Nebenbei spielen die beiden Geheimagenten noch diverse Rebellen-Fraktionen gegeneinander aus.
Eins der zahllosen James-Bond-Imitate, die immer nach dem gleichen Muster gestrickt sind. Mit einem ziemlich schwachen, episodisch aufgebauten Drehbuch und drittklassigen Darstellern.
Ⓥ Arcade

Agentenfalle Lissabon

(077: INTRIGO A LISBONA/MISION LISBOA).
Italien/Spanien/Frankreich 1965.
R Tullio Demicheli. *B* José Bayonas/ Juan Cobos/Monica Felt. *K* Angelo Lotti. *M* Daniel White. *D* Brett Halsey (George Farrell), Jeanne Valerie (Terry Brown), Fernando Rey (Losky), Alfredo Mayo, Marilu Tolo. *F* 96 Min.
Geheimagenten und Polit-Gangster rangeln sich unter ausgiebigem Gebrauch von futuristischen Gadgets und konventionellen Schießeisen um eine Formel zur ›Neutralisierung elektronischer Strahlen‹, die demjenigen, der sie hat, die Weltherrschaft sichert.
Natürlich gewinnen die *Guten!* Einer der zahllosen Agentenfilme, die sich eines SF-McGuffins bedienen und in den sechziger Jahren – nach den James-Bond-Erfolgen – die europäischen Kinos geradezu überschwemmten. Es ist allerdings kaum zu glauben, in welchen Schundfetzern Fernando Rey mitgespielt hat, bevor Luis Buñuel ihn für die ›Kunscht‹ entdeckte!

Agent 505 – Todesfalle Beirut

(AGENT 505/LA TRAPPOLA SCATTA A BEIRUT).
BRD/Frankreich/Italien 1965.
R Manfred R. Köhler. *B* Manfred R. Köhler. *K* Rolf Kästel. *M* Ennio Morricone. *D* Frederick Stafford (Blacky Blake), Geneviève Cluny (Denise), Chris Howland (Bobby O'Toole), Renate Ewert (Zimmermädchen), Willy Birgel (Omar Abdullah), Giselle Arden (Monique), Pierre Richard (Insp. Bertrand), Renato Lupi (Leandros), Maria Calo (Wirtin), Harald Leipnitz (Fred Kohler).
F 93 Min.
Blacky Blake, »ein mutiger und kompromißloser Draufgänger im Dienste der Gerechtigkeit und Humanität« (ILLUSTRIERTER FILM-KURIER), bewahrt mit Unterstützung seines Assistenten Bobby O'Toole und diverser knackiger Playgirls die Stadt Beirut (und daneben wahrscheinlich auch die ganze ›freie‹ Welt) vor der Machtgier eines mit allerlei technischen Gadgets und vielen schweinischen Superwaffen ausgerüsteten Groß-Terroristen, der mit seinem Kampfgas ganze Städte vergiften kann.
Im Jahre 1965 war das wohl noch utopisch. Oder trinken Sie etwa heutzutage noch Wasser, das nicht aus Flaschen stammt?
Ⓥ CIC

Giselle Arden (r.) in *Agent 505 – Todesfalle Beirut*

Agent 077 – Heißes Pflaster Tanger
(S 077 SPIONAGGIO A TANGERI).
Italien 1965.
R Gregg Tallas. *B* H. H. Curiel/R.
Belgrozo. *K* Rafael Pacheco/Alvaro
Mancori. *M* Benedetto Ghiglia. *D* Luis
Davila (Mike Murphy), José Greci
(Lea), Albert Dalbes (Rigio Orel), Perla
Cristal (Madeleine), Alphonso Rojas

(Prof. Grave), Ann Castor (Mme.
Stanier). *F* 92 Min.
Professor Grave hat einen Todesstrahl
entwickelt, der jegliche Materie auflösen
kann. Eine Organisation, die die Weltherrschaft anstrebt, entwendet die Erfindung des Professors, aber der vom Welt-
sicherheitsrat eingesetzte Agent Mike
Murphy nimmt in Tanger eine Spur der

Verbrecherorganisation auf und haut die Ganoven in die Pfanne. – Ein utopisch angehauchtes Agentenfilmchen, das wie so viele andere auch auf der James-Bond-Welle mitzuschwimmen versuchte.

Agent Pik As – Zeitbombe Orient
(ASSO DI PICCHE – OPERAZIONE CONTROSPIONAGGIO/AS DE PIC – OPERACION CONTRAESPIONAJE).
Italien/Spanien/Frankreich 1965.
R Nick Nostro. *B* Nick Nostro/Giorgio Simonelli/A. Balcazar. *St* G. Maggi.
K Franco delli Colli. *M* Franco Pisano.
D George Ardisson (Lord Moreston), Joaquin Diaz (Oakis), Helene Chanel (Pat), Lena von Martens, Thea Fleming, Emil D. Messina, Angel Gray, Humbert Raho, Tom Felleghy, Corinne Fontaine, Ricardo Rodriguez, Leontine May.
F 105 Min.
Britischer Geheimagent (im Zivilberuf: Lord) legt einem Größenwahnsinnigen das Handwerk, der von einer in der Wüste gelegenen ›Atomzentrale‹ aus die Welt bombardieren will, um anschließend über selbige zu herrschen. Als ob's da noch was zu beherrschen gäbe außer Mutantenkakerlaken und Gewürm! – Dieser Plot kommt uns *mächtig* bekannt vor, und es ist kaum zu glauben, daß er sogar heute (die Beispiele sind Legion) noch zieht. – »Primitiv und verworren.« (FILMDIENST)

Airwolf
(AIRWOLF). USA 1984.
R Donald P. Bellisario. *B* Donald P. Bellisario. *K* Howard Schwartz.
M Silvester Levay. *D* Jan-Michael Vincent (Stringfellow Hawke), Belinda Bauer (Gabrielle), Alex Cord (Michael Archangel), Ernest Borgnine (Dominic Santini), David Hemmings (Dr. Moffet), Eugene Roche (Sen. William Sitz), Helene Phillips (Angela).
F 86 Min.
Mieser Hubschrauberkonstrukteur entführt seine eigene Entwicklung – den ersten Großhubschrauber, der die Schallmauer durchbrechen kann und mit Wahn-

sinnswaffen bestückt ist – in feindliches arabisches Land. Edler Vietnam-Veteran, von Zivilisation enttäuscht und einsam hoch in den Bergen in Hütte am See lebend, wird reaktiviert, nimmt die Verfolgung zusammen mit Freund auf und jagt schließlich die halbe Wüste und den ganzen Übeltäter in die Luft, um mit dem gekaperten Himmelswolf nach Hause zurückzukehren. Fortsetzung folgt. – Dilettantische Schauspielleistungen (Ernest Borgnine und David Hemmings machen inzwischen bei jedem Schrott mit) und absoluter Pyromist singen ein Loblied auf militaristische Waffensysteme, wie es überflüssiger nicht sein kann.
Ⓥ CIC

Akira
(AKIRA). Japan 1987.
R Katsuhiro Otomo. *B* Izo Hasimoto. *K* Katsuji Misawa. *Anim.* Takashi Nakamura. *M* Shoji Yamashiro.
F 124 Min.
(Zeichtrickfilm). Die japanische Armee unterzieht Kinder geheimen Psi-Tests. Eine von unbekannter Hand gezündete Atombombe vernichtet 1988 Tokio und löst den Dritten Weltkrieg aus. Nachdem die Welt am Rand des Untergangs gestanden hat, wird Frieden geschlossen. 2019 ragt ein gigantisches Neo-Tokio in die Höhe. Trotz des Wohlstandes herrscht Zerfall. Arbeitslosigkeit, Drogen und Sekten greifen um sich. Ein Agent flieht mit einem Kind durch Tokio. Das Kind Takashi weist greise Züge auf – eine Folge der Psi-Tests, die die Armee weiter betreibt. Der Agent hat Takashi befreit, stirbt aber im Kugelhagel der Verfolger. Takashi entmaterialisiert und kollidiert mit Tetsuo, einem Mitglied der Motorradgang Kanedas. Das Militär bringt Tetsuo und Takashi in ein Hospital. Durch den Aufprall haben sich Psi-Kräfte auf Tetsuo übertragen, der bald flieht. Tetsuos Kräfte werden unberechenbar, er zerstört, was ihm in den Weg kommt. Ein anderes Psi-Kind prophezeit Oberst Shikima, daß Akira, das Kind, das Tokio einst vernich-

tet hat, bald erwachen wird, um es der Stadt erneut zu zeigen. Shikima sucht seine Geheimbasis auf, das ehemalige Explosionszentrum und die Ruhestätte Akiras. – Die Psi-Kinder bekämpfen Tetsuo, damit Akira nicht erweckt wird. Tetsuo steht im Machtrausch, die Kämpfe stärken seine Kraft. Kaneda und die Rebellin Kay dringen ins Labor ein. Kiyoko nimmt telepathischen Kontakt zu Tetsuo auf und berichtet von Akira, den Tetsuo sucht. Kaneda erkennt das Böse in Tetsuo und will ihn vernichten. Tetsuo mutiert zu einem Geschöpf aus Fleisch und Technologie. Akiras Ruhebehälter zerbricht, er steht wieder auf. Eine Flutwelle zerstört Tokio. In den Strahlen der Morgensonne sehen Kaneda und Kay die Ruinen der Stadt. – »Die Motorradfahrten durch Neo-Tokio sind wirklich so atemberaubend, wie sich das die Regisseure von Action-Filmen stets erträumen, die Perspektiven so verblüffend, daß ihnen keine Kamera folgen könnte... Mag sein, daß das Kino noch für ein paar Überrumpelungen gut ist: der Zeichentrickfilm aber, der nur auf Action und monumentale Kulisse setzt, hat den ganzen Rummel nicht ganz begriffen. Weil wir die Sensation nur ernst nehmen, wenn sie uns real erscheint. Die überbordend gigantische Kulisse der düsteren Überstadt Neo-Tokio imponiert uns. Aber: die Kulisse ist ja nur gemalt.« (Hermann Stange, TIP).

Aktion Abendsonne
(TV-ZDF). BRD 1978.
R Diethard Klante. *B* Diethard Klante. *K* Helmut Trunz/Klaus Dorner. *M* Hans Hammerschmid. *D* Ernst Stankovski, Monika Jetter (Moderatoren), Aenne Bruck (Josephine Wittmann), Aenne Nau (Anna Härtl), Heinrich Gerstetter (Hans Faisbaur), Rudolf Schündler (Roderich Schmidt), Erika Köth, Friedrich Schönfelder, Heidi Kabel. *F* 90 Min.
Eine Unterhaltungssendung des Fernsehens in der nahen Zukunft. In einer Live-Show führt ein Showmaster vier alte, einsame Menschen vor, die Aufnahme in Familien suchen. Vor Millionen von Fernsehzuschauern sollen die Alten zeigen, was sie noch können, wo sie sich nützlich machen wollen und wie pflegeleicht sie doch eigentlich noch sind. Wie die Kandidaten sich dabei auch fühlen mögen, ist allerdings zweitrangig. Es lebe die Show!

Aktion Bororo
(OPERATION BORORO). ČSSR 1973.
R Otakar Fuka. *B* Makovicka/Fuka/Drahonovska. *K* Josef Hanus. *M* Petr Hapka. *D* Svatopluk Matyáš (Dr. Junek), Božidara Turzonovová (Zuzana Ketnerová), Vlastimil Brodský (Dr. Burger), Zita Kabátova (Tonatio), Otakar Brousek, Antonin Broun, J. Pleskot, V. Štádler, J. Ševčik, J. Krampol, F. Paul, O. Lukeš, O. Jungová. *F* 94 Min.
»Utopisches und Reales mischen sich in der Handlung dieser CSSR-Produktion. Zwei kommen von einem anderen Planeten zur Erde, um sich die indianische Wundermedizin Bororo zu beschaffen. Natürlich ist dieser Auftrag nur sehr schwer zu erfüllen. Da fehlt es nicht an Überraschungen. Andererseits verpflichtet ein Titel wie *Aktion Bororo*. Da erwartet der Zuschauer eben auch aktionsreiches Geschehen. Er wird in dieser Hinsicht nicht enttäuscht. Vielleicht hätte die Dosis etwas größer sein können. Aber das mindert ja keineswegs die Spannung. Schließlich dauert es 94 Minuten, bis manches Merkwürdige und Geheimnisvolle enthüllt ist.« (FILMSPIEGEL) – Vielleicht hätte die Inhaltsangabe des FILM-SPIEGEL etwas ausführlicher sein können. »Aber das mindert ja keineswegs die Spannung«, um was es in diesem (leider nur in der DDR gelaufenen) Film nun wirklich geht.

Alarm für Sperrzone 7
(THE MONSTER THAT CHALLENGED THE WORLD). USA 1957.
R Arnold Laven. *B* Patricia Fielder. *St* David Duncan. *K* Lester White/Scott

Welborn. *SpE* Augie Lohman. *M* Heinz
Roemheld. *D* Tim Holt (Commander
Twillinger), Audrey Dalton (Gail
McKenzie), Hans Conreid (Dr. Jess
Rogers), Harlan Warde (Lt. Bob
Clemens), Casey Adams (Tad Johns),
Mimi Gibson (Sandy McKenzie),
Gordon Jones (Josh Peters), Marjorie
Stapp (Connie Blake), Dennis McCarthy
(George Blake), Jody McCrea
(Johnson), William Swan (Sanders).
84 Min.

Am Saltonsee, in der kalifornischen Wüste, befindet sich ein Versuchsgelände der
US-Marine. Als ein Fallschirmspringer in
dem See landet und nicht wieder auftaucht, versucht man erfolglos, ihn zu retten. Einer der Retter bleibt ebenfalls verschwunden, der zweite stirbt an einem
Schock. Am Boot der beiden Retter entdeckt man eine geleeartige Masse, die
Commander Twillinger, der Leiter des
Versuchsgeländes, analysieren läßt. Als
man die zusammengeschrumpften Leichen der beiden Vermißten findet, vermutet man, daß der See radioaktiv verseucht
ist. Nach zwei weiteren Opfern kommt
man dem Geheimnis auf die Spur: Die Radioaktivität hat auf dem Grund des Sees
ein schreckliches, monströses Lebewesen
entstehen lassen. Da man befürchtet, daß
sich die sogenannte Unterwassermolluske
– eine überdimensionale Kreuzung zwischen Wurm und Schnecke – Zugang zum
Meer verschaffen kann, vernichtet man
sie. Trotz der Ruppigkeit, mit der die bundesdeutsche Filmkritik seinerzeit mit diesem Monsterspektakel umsprang (»Zu
verstaubt ist die Mottenkiste, aus der der
Film seine Fantasie entleiht«, FILM-
DIENST – »Mit nur kurzen Erholungspau-
sen ist der Film eine einzige Nervensäge«, FILMBEOBACHTER), glaubt Bill
Warren dennoch einige Werte in ihm zu
erkennen:»Dieser bescheidene Film gehört zu den besseren mit kleinem Budget
hergestellten Monsterstreifen der mittleren fünfziger Jahre. Er wurde mit bemerkenswerter Intelligenz gemacht . . . Ein re-
spektabler kleiner Thriller.«

Alarm im Weltall

(FORBIDDEN PLANET). USA 1956.
R Fred McLeod Wilcox. *B* Cyril Hume.
St Irving Block/Allen Adler. *K* George
Folsey. *SpE* A. Arnold Gillespie/Warren
Newcombe/Irving. G. Ries/Joshua
Meador. *M* Louis und Bebe Barron.
D Walter Pidgeon (Dr. Morbius), Anne
Francis (Altaira), Leslie Nielsen (Capt.
Adams), Warren Stevens (Lt. Dr.
Ostrow), Jack Kelly (Lt. Farman),
Richard Anderson (Quinn), Earl
Holliman (Cookie), George Wallace
(Bootsmann), Bob Dix (Grey), Jimmy
Thompson (Youngerford), James Drury
(Strong), Harry Harvey (Randall),
Roger McGee (Lindström), Peter Miller
(Moran), Morgan Jones (Nichols),
Richard Grant (Silvers). *F* 99 Min.

Captain Adams und seine Crew nähern
sich dem vierten Planeten der Sonne Altair, auf dem zwanzig Jahre zuvor ein
Raumschiff verschollen ist. Er soll dort
nach Überlebenden suchen. Ein Funkspruch des Wissenschaftlers Morbius
warnt ihn vor einer Landung. Adams
ignoriert ihn, denn Morbius hat zur Besatzung des verschollenen Raumers gehört.
Bei ihm befindet sich seine Tochter Altaira, die hier geboren wurde und sich
prompt in den schneidigen Captain verliebt. Nur Morbius ist abweisend. Zögernd läßt er die Raumfahrer an seinen Erkenntnissen über Altair 4 teilhaben. Zwar
sind die Ureinwohner dieser Welt ausgestorben, aber ihre unterirdischen Kraft-
werksanlagen funktionieren noch immer.
Bald bekommen die Raumfahrer es persönlich zu spüren: Ein Mann wird gräßlich zugerichtet und stirbt. Dann versucht
ein unheimliches Energiewesen, sich den
Eindringlingen zu nähern. Adams, der sicher ist, daß Dr. Morbius mehr weiß, als
er zugeben will, verlangt eine Erklärung
und entdeckt schließlich mehr aus Zufall
die schreckliche Wahrheit: Die Krell – so
hießen die Ureinwohner von Altair 4 – haben eine Maschinerie erschaffen, die jeden Gedanken und alle unterbewußten
Wünsche und Emotionen ›materialisie-

ren‹ lassen kann. Morbius, der seinen unterbewußten Haß auf jeden konzentriert, der sich seiner Tochter nähert, erzeugt – ohne es zu wissen – energetische Schreckgespenster von höchster Gefährlichkeit. Die Erkenntnis, daß letztlich er selbst für die monströsen Erscheinungen verantwortlich ist, bringt ihn um. Mit seinem Ableben verschwindet auch die Bedrohung. Adams und Altaira kehren zur Erde zurück.

Obwohl *Alarm im Weltall* nicht gerade ein kommerzieller Erfolg beschieden war (der Film hatte ein Budget von über einer Million Dollar, wovon das meiste für die Spezialeffekte ausgegeben wurde), kam er doch gut an – zumindest bei den etablierten SF-Autoren und Fans, die sich freuten, daß man ihnen endlich mal einen anständigen und glaubwürdigen Plot vorsetzte. Irving Block, von dem die Originalstory stammt, hat nämlich unbekümmerten Herzens von William Shakespeares Stück *Der Sturm* (1611; Erstdruck 1626) geklaut – und dies auch vorher angekündigt. Er verlegte die Handlung von den Bermudas auf den Planeten Altair 4, machte aus Prospero Morbius, aus Miranda Altaira, aus dem Luftgeist Ariel den Roboter Robby und verlegte die Handlung ins Jahr 2200. »Und das tollste ist«, sagte Block zu den MGM-Bossen, »ihr braucht keinen Cent zur Herstellung von Monstern ausgeben!« Recht hatte er – aber das Geld verschlangen dann die von diversen Disney-Tricktechnikern kreierten Spezialeffekte. Glücklicherweise verzichtete man darauf, zur Erzeugung eines ›Horror‹-Gefühls ›Ungeheuer‹ von Altair 4 körperlich werden zu lassen. Droht den Raumfahrern Gefahr, wird dies durch elektronische Klangeffekte angedeutet. Die ›Monster‹ selbst erscheinen nur als verzerrte, energetische Lebensformen, da blitzt und knistert es, daß es eine wahre Freude ist, und das Resultat ist ungleich entsetzlicher. *Alarm im Weltall* ist zweifellos einer der ersten SF-Filme, der von denkenden Wesen gemacht wurde; und es gibt mindestens einen Menschen, der es schwer bedauert hat, an diesem Spektakel nicht beteiligt gewesen zu sein: »Mitte der fünfziger Jahre lud mich mein Verleger Ian Ballantine zum Essen ein und machte mir ein Angebot. Ob ich nicht Lust hätte, die Romanversion eines noch zu drehenden SF-Films zu schreiben, an dem er die Buchrechte besaß? Sag mir, um was es geht, war meine Antwort. Nun, sagte Ian, es geht um ein Raumschiff, das zu einem Planeten kommt, auf dem ein verrückter Wissenschaftler mit seiner hübschen Tochter lebt, und dann ist da noch ein Ungeheuer, das alle abmurkst. Vergiß es, sagte ich weise, nachdem ich mir die Presseinformationen angesehen hatte, die er mir gab, ich habe noch nie etwas von diesem Regisseur gehört, und von dem Produzenten auch nicht. Die Drehbuchautoren haben noch nie etwas mit Science Fiction zu tun gehabt; die können gar nicht wissen, was sie da machen. Der Plot stinkt zum Himmel, ich kann dir nur raten, dich von diesem Heuler fernzuhalten. – Dann kam der Film heraus, und ich sah ihn mir an. Den ersten Schock hatte ich, als ich entdeckte, daß die elektronischen Klangeffekte von Louis und Bebe Barron waren – alten Pokerkumpanen von Horace Golds Freitagabendparties, und allmählich drang es zu mir durch, daß zumindest sie eine Menge von SF verstanden. Und dann der Film selbst; er war, bei Gott, unheimlich spannend. Lester Del Rey war bei mir, und unsere Frauen auch. Als wir das Kino verließen, sagte Lester: ›Das ist der erste originelle SF-Film, aus dem man eine Top-Erzählung für *Astounding* hätte machen können.‹ Damit hatte er es auf den Punkt gebracht. Die Story war wirklich ein echter SF-Hammer. (Frederik Pohl/Frederik Pohl IV, SCIENCE FICTION STUDIES IN FILM)
Ⓥ MGM/UA

Alchimie der Liebe
(UN AMOUR DE POCHE).
Frankreich 1957.
R Pierre Kast. *B* France Roche.

LV Waldemar Kaempfert. *K* Ghislain
Cloquet. *M* Cogo Goragher/Georges
Delerue. *D* Jean Marais, Geneviève
Page, Agnès Laurant. 90 Min.
Ein Biologieprofessor hat ein Präparat
entwickelt, das Menschen zusammen-
schrumpfen läßt. Eine Veräppelung diver-
ser US-Gruselfilme.

Algol
Deutschland 1920.
R Hans Werckmeister. *B* Hans Brennert/
Friedel Köhne. *K* Axel Graatkjaer/
Hermann Kircheldorff. *D* Emil Jannings
(Robert Herne), John Gottowt
(Algolmännchen), Hans Adalbert
Schlettow (Bauernbursche), Hanna
Ralph (Maria Obal), Erna Morena
(Yella Ward), Ernst Hofmann, Gertrud
Welcker, Käthe Haack.
93 Min. (Stummfilm).
Robert Herne arbeitet (nomen est omen)
in einem Kohlebergwerk. Ein geheimnisvolles Männchen in Bergarbeiterkluft offenbart ihm das Geheimnis der Algolwel-
len, die vom Algolstern ausgehen. Mittels
kleiner Spezialapparatur aufgefangen,
entfalten sich daraus ungeheuere Energiereserven. Herne sieht seine Chance. Er errichtet ein Riesenkraftwerk und kann
schon bald die Welt mit Strom versorgen.
Als Salär fordert er im Gegenzug Ländereien und Landesprodukte, so daß er binnen kurzer Zeit Herr auf Erden ist. Glücklich wird er jedoch nicht. Seine Tochter
brennt mit einem Bauernburschen durch,
seine Frau findet durch versehentliche Berührung eines Energiekabels den Tod,
sein Sohn will nichts Geringeres als seine
Macht. Schon hat der Sprößling sich des
Schlüssels zum geheimen Maschinenraum bemächtigt, da zerstört Herne die
Halle der ewigen Kraft und nimmt das
Geheimnis mit ins Grab. – »Der Film ist
eine seltsame Mischung von Realistik und
Fantastik. Bilder von Arbeiterrevolten,
Landleben, Ministerialsitzungen und dergleichen wechseln mit fantastischen Erscheinungen, bizarren Texten und den in
einer Art expressionistischem Stil gehaltenen Bildern aus dem Kraftwerk und der
Häuslichkeit Robert Hernes. Man sieht
den Maschinenraum des Kraftwerks und
die monumentale Halle, die bei aller Ver-
schrobenheit eines grandiosen Zuges
nicht entbehren... Emil Jannings spielt
den Robert Herne, ganz Wille und Kraft,
zügellos im Machttaumel... eine gebän-
digte Kraftnatur, die allen anderen nicht
nur körperlich, sondern auch geistig überlegen ist. Am nächsten steht ihm John
Gottowt, der das Verschlagene, Satani-
sche des Algolmännchens vorzüglich zum
Ausdruck bringt.« (DER KINEMATO-
GRAPH)

Alien Attack
(BREAKAWAY/WAR GAMES).
GB/Italien 1975.
R Lee H. Katzin/Charles Crichton.
B George Bellak/Christopher Penfold.
St Gerry Anderson/Sylvia Anderson.
K Frank Watts. *SpE* Brian Johnson.
M Barry Gray. *D* Martin Landau (John
Koenig), Barbara Bain (Dr. Helena
Russell), Barry Morse (Prof. Victor
Bergman), Nick Tate (Alan Carter),
Roy Dotrice (Simmonds), Philip Madoc
(Gorski), Lou Satton (Ben Ouma), Eric
Carte (Eddie Collins), Anthony
Valentine, Isla Blair (Außerirdische).
F 95 Min.
Auf dem Mond gelagerte radioaktive Ab-
fälle explodieren, reißen den Erdsatelliten
aus seiner Umlaufbahn und lassen ihn
steuerlos ins All hinaustreiben. Für die
Besatzung der Mondbasis Alpha 1 steht
fest, daß an eine Rückkehr zur Erde nicht
mehr zu denken ist. Alsbald muß man
sich mit den Bewohnern eines fremden
Planeten auseinandersetzen, die die Menschen als höchst gefährlich einstufen... –
Zwei Episoden (1975 erstmals gesendet)
aus der TV-Serie *Space 1999*, die im
deutschen Fernsehen unter dem Titel
Mondbasis Alpha 1 lief.
Der Auftakt der Serie hat durchaus recht
spannende Momente. In dieser Form nur
auf Video.
Ⓥ Arcade

Das Alien aus der Tiefe
(ALIEN DEGLI ABISSI). Italien 1989.
R Anthony M. Dawson (= Antonio
Margheriti). *B* Tito Carpi. *K* Fausto
Zuccoli. *M* Andrea Ridolfi. *D* Daniel
Bosch (Lee), Julia McKay (Jane), Alan
Collins (Col. Kovacs), Robert Marius
(Bob).
F 92 Min.
Ein Chemiewerk lagert seinen Giftmüll
im erloschenen Vulkan einer Pazifikinsel
ab. Dieser eruptiert und speit Lava und einen grimmigen Außerirdischen aus, der
sich in seinem Schönheitsschlaf gestört
fühlt. Eine Gruppe von Wissenschaftlern
fühlt sich sowohl von der heißen Lava als
auch von dem schrecklichen Ungetüm bedroht, und das nicht zu Unrecht. – Diese
jämmerliche italienische Z-Produktion ist
nicht einmal an einem verregneten Sonntagnachmittag goutierbar. Signore Dawson zeigt sich von seiner altbekannten
Seite. Ⓥ Ascot

**Alien – das unheimliche Wesen aus
einer fremden Welt**
(ALIEN). GB 1979.
R Ridley Scott. *B* Dan O'Bannon/
Walter Hill/David Giler. *St* Dan
O'Bannon/Ronald Shusett. *K* Derek
Vanlint. *SpE* David Watkins/Phil
Knowles/Roger Nichols/Denis Lowe/
Neil Swan/Guy Hudson u. v. a. *M* Jerry
Goldsmith. *D* Tom Skerritt (Dallas),
Sigourney Weaver (Ripley), Veronica
Cartwright (Lambert), Harry Dean
Stanton (Brett), John Hurt (Kane), Ian
Holm (Ash), Yaphet Kotto (Parker),
Bolaji Badejo (Alien). *F* 116 Min.
Lichtjahre von der Erde entfernt zieht der
über einen Kilometer lange und 200 Mil-
lionen Tonnen schwere Raumschlepper
Nostromo seine Bahn. Die siebenköpfige
Besatzung verbringt einen Großteil der
Reise im Tiefschlaf. Unerwartet wird sie
vom Steuercomputer des Schiffes ge-
weckt: Er hat einen Impuls aufgefangen,

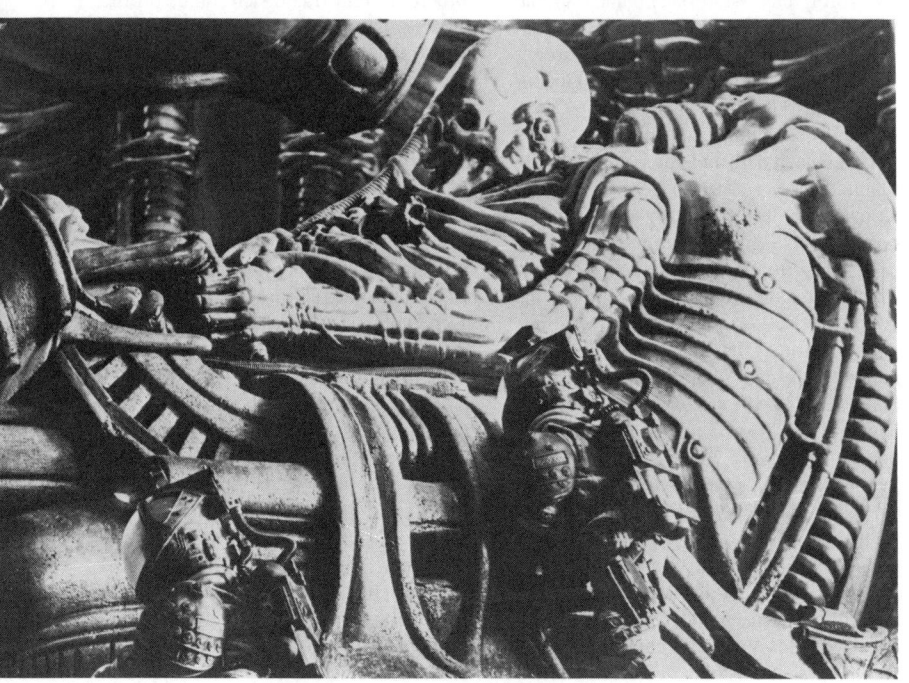

Van Vogt im Kino: *Alien* von Ridley Scott

der der Mannschaft den Auftrag gibt, einen wüsten und finsteren Planeten anzufliegen. Man landet mit einem Beiboot auf dieser Welt und stößt dort auf ein uraltes Raumschiffswrack, den versteinerten Körper eines riesigen, außerirdischen Piloten und eine seltsame Fracht: eiförmige Körper, die eine fremdartige Lebensform enthalten. Einer der Astronauten wird überraschend von dieser parasitären Lebensform angegriffen. Man kann ihn zwar auf die *Nostromo* zurückbringen, aber das auf seinem Gesicht sitzende Monster, das wie ein mittelgroßer Tintenfisch aussieht, läßt sich nicht von ihm lösen. Schließlich verendet es von selbst. Der Astronaut kommt wieder zu sich und verspürt ungeheuren Hunger. Als er Nahrung zu sich nimmt, geschieht das Grauenhafte: Sein Brustkorb zerspringt, aus seinem Leib bricht mit unglaublicher Schnelligkeit die Brut des Alien hervor – ein wurmähnliches, zahnbewehrtes kleines Ungeheuer, das sofort das Weite sucht und laufend Metamorphosen durchläuft. Alle Versuche, des Eindringlings habhaft zu werden, scheitern. Die Bestie, die nur vom Gedanken an das Überleben geleitet wird, verwandelt sich laufend, und ein Besatzungsmitglied nach dem anderen gerät ihr in die Fänge. Dabei stellt sich heraus, daß der Konzern, in dessen Auftrag die *Nostromo* unterwegs ist, großes Interesse daran hat, den Alien in seinen Besitz zu bringen: Man geht davon aus, ihn irgendwie als Waffe verwenden zu können. Als nur noch die dritte Offizierin Ripley übrig ist, nähert sich das Drama seinem Höhepunkt. Ripley will mit einem Beiboot fliehen und die *Nostromo* mit einer Superbombe sprengen. Aber sie wähnt sich kaum gerettet, als sie feststellen muß, daß der Alien schneller war als sie: Er erwartet sie bereits im Boot. Für Ripley gibt es nur noch eine Möglichkeit. Sie steigt in einen Raumzug, öffnet die Schleuse und läßt die Luft ins All entweichen. Das Ungeheuer wird ins Vakuum geblasen, aber es klammert sich bis zuletzt an einen Halt. – Auch wer sich nur ansatzweise mit Scien-

ce Fiction beschäftigt, wird wissen, daß der Plot dieses Films einen Bart hat, der bis in die Urzeit der utopischen Literatur zurückgeht: SF-Stories, in denen körperlose oder andere Monstrositäten sich Zugang zu irdischen Raumschiffen verschaffen und einen Astronauten nach dem anderen umbringen, gibt es wie Sand am Meer. Aber *Alien* war der erste Streifen dieser Art, der den Horror einer solchen ›Invasion‹ wirklich fühlbar machte. Der Aufbau der Geschichte ist größtenteils logisch, und die Akteure sind echte Menschen: Raumfahrer, die sich seit Jahren auf der Pelle hängen und »nur mit einer durchschnittlichen Lastwagenfahrer-Mentalität ausgestattet sind« (SOUNDS). Die etwas schmalbrüstige Motivation, sich den unbekannten Planeten näher anzusehen, war im ursprünglichen Drehbuch besser nachzuvollziehen: Darin fuhr die *Nostromo*-Mannschaft auf eigene Rechnung, fing einen kodierten Funkspruch auf und fragte sich, ob es profitabel sei, sich den Planeten anzusehen. Es dauert eine Weile, bis der Bordcomputer die Funkbotschaft knackt (»Landet nicht!«), aber da ist es schon zu spät. Im fertigen Film sieht es so aus, als sei der Konzern für die Existenz bzw. die Entdeckung des Alien verantwortlich. Sein Motiv: reine Profitgier. Denn das Auftauchen eines scheinbar unüberwindlichen Gegners soll die Entwicklung neuer, tödlicher Superwaffen in die Wege leiten. – »Der Dreh- und Angelpunkt und das imponierendste Element soll der Alien selber sein, und der Zuschauer wird buchstäblich gezwungen, sich auf ihn zu konzentrieren. Fast wie ein hypnotisches Mittel werden hierzu ... auch Herzschläge benutzt, die über weite Strecken ... im Hintergrund dröhnen und nach einiger Zeit nur noch vom Unterbewußtsein aufgenommen werden, ihre Wirkung aber nicht verfehlen. Optische und akustische Reize verschmelzen hier und rufen eine tiefe, kreatürliche, sich steigernde Unruhe hervor.« (SCIENCE FICTION TIMES) – »Das alles ist filmisch intelligent gemacht

und ergibt einen perfekten Science Fiction-Film.« (UNSERE ZEIT) – *Alien* erhielt 1980 einen Oscar für die besten Spezialeffekte.
Ⓥ CBS/Fox
Ⓑ Alan Dean Forster: *Alien*, München 1979

Alien – Die Saat des Grauens kehrt zurück
(ALIEN II SULLA TERRA).
Italien 1980.
R Ciro Ippolito. *B* Angelo Mattei/Mario Olmi. *K* Silvio Fraschetti. *M* Oliver Onions. *D* Belinda Mayne (Telma Joyce), Mark Bodin (Roy), Robert Barrese, Judy Perrin, Benny Aldrich, Michael Shaw. *F* 85 Min.
Eine amerikanische Weltraumkapsel landet bei San Diego. Mit ihr gelangt ein außerirdisches Ungeheuer auf die Erde, das die Form eines Steins hat. Ein paar Höhlenforscher nehmen den Alien, der nicht das geringste mit seinem bekannten Vorläufer zu tun hat, ahnungslos mit auf eine Expedition. In einer Grotte verwandelt er sich in ein nach Blut lechzendes Monstrum, das einen nach dem anderen tötet. Die einzige Überlebende ist die offenbar telepathisch begabte Telma Joyce. Aber als sie sich nach San Diego durchschlägt, ist die ganze Stadt bereits entvölkert. – Dieser billige italienische Rip-Off, der die unverhohlene Dreistigkeit besitzt, sich als Fortsetzung von Ridley Scotts *Alien – das unheimliche Wesen aus einer fremden Welt* auszugeben, ist »nicht annähernd so spannend wie ein Spaziergang im hellen Sonnenschein« (FILMBEOBACHTER).
Ⓥ Greenwood

The Alien Factor
(THE ALIEN FACTOR). USA 1978.
R Donald M. Kohler. *B* Donald M. Kohler. *K* Britt McDonough. *M* Kenneth Walker. *D* Don Leifert (Ben Zachary), Tom Griffith (Sheriff Cinder), Richard Dyszel (Wicker), Mary Mertens (Edie Martin), George Stover (Steven Price), Richard Geiwitz (Pete Evans),
Anne Firth (Ruth Sherman), Johnny Walker (Rex), Eleanor Herman (Mary Jane), Christopher Gummer (Clay).
F 80 Min.
Extraterrestrisches Raumschiff notlandet auf der Erde. Drei an Bord befindliche (offenbar für einen intergalaktischen Zoo bestimmte) Monstren brechen aus dem Raumschiff aus und terrorisieren anschließend ein US-Kaff, bis sie dann von einem intelligenten Alien in menschlicher Maske unschädlich gemacht werden. Jämmerliche SF-Kost, in Originalfassung.
Ⓥ Import

Alien Invasion
Anderer Titel für **Das Loch im Himmel**

Alien Nation – Space Cop L.A. 1991
(ALIEN NATION). USA 1988.
R Graham Baker. *B* Rockne S. O'Bannon. *K* Adam Greenberg. *Ma* Zoltan Elliott/John Elliott. *M* Curt Sobel. *D* James Caan (Andrew Sykes), Mandy Patinkin (Sam Francisco), Terence Stamp (William Harcourt), Kevin M. Howard (Kipling), Leslie Bevis (Cassandra), Peter Jason (Fedorchuck), George Jenesky (Quint), Jeff Kober (Josh Strader). *F* 90 Min.
1988 landeten 300 000 außerirdische Asylanten in einem riesigen Sklaventransporter-UFO in der Mojave-Wüste. Die Ankömmlinge passen sich schnell an jede Gesellschaft an. Die Amerikaner bemühen sich, die Glatzköpfe, die von saurer Milch betrunken werden und auf die Salzwasser wie Säure wirkt, in die Gesellschaft zu integrieren, was 1991 einigermaßen gelungen ist. Die Neulinge passen sich so gut an den American Way of Life an, daß sie nicht nur als Ärzte, Arbeiter und Polizisten tätig sind, sondern auch als Verbrecher. Bei einem Routineeinsatz wird der Partner des Polizisten Sykes von einem dieser Fremden erschossen. Sykes, der die Newcomer nicht leiden kann, muß notgedrungen mit Sam Francisco zusammenarbeiten, dem ersten Alien, der sich

in die Kripo hochgearbeitet hat. Nach einigen Rangeleien werden sie echte Partner und lösen den Fall, in dem es um Drogen geht, die nur Aliens süchtig machen. – Das Drehbuch hat jedes Klischee in diesem mäßigen SF-Cop-Thriller hineingepackt, den das Genre kennt. Die SF-Elemente treten sehr schnell in den Hintergrund und machen Autojagden, Schießereien, den üblichen Kompetenzstreitigkeiten und nötigen Scherzen Platz, die gelegentlich sogar amüsant sind. Es stört der Holzhammer, mit dem hier für Toleranz geworben wird: Auch der Dümmste erkennt, daß die Fremden für jene ethnischen Minderheiten stehen, die in die Staaten einwandern. Doch da sich ihre Andersartigkeit lediglich in ihrer Glatzköpfigkeit manifestiert und sie weder über eine Geschichte noch über eine eigene Kultur verfügen, kommt es zu keinerlei gesellschaftlicher Auseinandersetzung. Daß es der Traum aller Außerirdischen sein soll, Karriere zu machen und sich ein Reihenhaus zuzulegen, beweist höchstens die Phantasielosigkeit jener Autoren, die in Hollywood ›SF‹ machen. Der Film inspirierte auch eine kurzlebige TV-Serie.
Ⓥ CBS/Fox

Alien Outlaw
(ALIEN OUTLAW). USA 1987.
R Phil Smoot. *B* Phil Smoot. *K* N.N.
M Marcus Kearns. *D* Karin Anderson (Jessie Jamieson), Lash La Rue, Eric Berg, Deborah Brady, Sunset Carson.
F 90 Min.
Eine Horde außerirdischer Gesetzloser landet in einem US-Provinznest. Da sie zu keiner Diskussion bereit sind, heißt es sterben und sterben lassen. Nur die Kunstschützin einer Western-Show kann die Bevölkerung vor den kosmischen Schlächtern bewahren. – »Das hätte ein lustiges Filmchen werden können, zumal sich die ›außerirdischen Gesetzlosen‹ als kompromißlose Revolverhelden erweisen. Doch leider, es hat nicht sollen sein. Die ... Schweißerbrillen tragenden Aliens sind mehr als albern. Die Landbe-

völkerung labert, was das Zeug hält, und die Probleme der Revolverlady Jessie Jamison langweilen schnell. Ein Film für Menschen mit Schlafstörungen.« (Frank Neubauer, PHANTASTISCHE ZEITEN). – Nur auf Video.
Ⓥ Rebell

Alien Predators
(ALIEN PREDATORS). USA 1987.
R Deran Sarafian. *B* Deran Sarafian.
K Tote Trenas. *M* Chase/Rucker.
D Dennis Christopher (Damon), Martin Hewitt (Michael), Lynn-Holly Johnson (Samantha), Luis Prendes (Prof. Tracer), J.O. Bossi (Capt. Wells).
F 90 Min.
Mit einer irdischen Sonde gelangen gefährliche Viren in ein spanisches Dorf namens Duarte. Sie gelangen in den Blutkreislauf der Menschen und lassen sie zu Ungeheuern mutieren. Als es drei amerikanische Studenten in das Nest verschlägt, verhält sich die Bevölkerung ihnen gegenüber äußerst *eigenartig*. Nach diversen Attacken finden sie bei einem Wissenschaftler Unterstützung, der jedoch bald das Zeitliche segnet. Als das Kaff mit Napalm bombardiert wird (man will die Invasion geheimhalten), gelingt unseren wackeren Helden die Flucht. Doch wie schon in 100 bis 250 anderen schlechten Filmen hat sich einer von ihnen infiziert – ha! ha! – und trägt den Virus in die Welt hinaus. – Nur auf Video.
Ⓥ Pacific

Alien Seed
(ALIEN SEED). USA 1989.
R Bob James. *B* Bob James. *K* Ken Carmack. *SpE* Patrick Denver/Lynn Cress. *M* John Standish. *D* Heidi Paine (Lisa Jordan), Erik Estrada (Dr. Stone), Steven Blade (Mark Timmons), Shellie Block (Mary Jordan). David Hayes (Rev. Bolam), Terry Phillips (Gen. Dole), Michael Ford (Col. Hobbs), Steve Gellman, Lynn Cress.
F (88) 73 Min.
Irdische Frauen werden von Außerirdi-

schen befruchtet – auch Lisas Schwester, was sie mit dem Leben bezahlen muß. Nun sieht sich Lisa zu allem Übel auch noch vom CIA verfolgt... – »Langatmiges Low-Budget-Produkt der Firma Wirr & Warr.« (FILM-JAHRBUCH 1991). – Nur auf Video.
Ⓥ Empire

Alien Terror
(SINISTER INVASION/INVASION SINIESTRA). USA/Mexiko 1968.
R Juan Ibanez. *B* Karl Schanzer/Luis Enrique Vergara. *K* Raoul Dominguez/Austin McKinney. *M* Enrico Cabiati.
D Boris Karloff (Prof. Meyer), Enrique Guzman (Paul), Christa Linder (Laura), Maura Monti (Isabel), Yerye Beirute (Thomas). *F* 76 Min.
Außerirdische werden durch die radioaktiven Experimente Professor Meyers aufgeschreckt. Sie fühlen sich bedroht, und einer schlüpft in den Körper eines Psychokillers, um dem begnadeten Forscher Einhalt zu gebieten. Meyer wird geläutert und gibt auf. – »Billig, kraftlos, schrecklich, einer von vier Filmen, an denen Karloff 1968 simultan arbeitete... seine letzte Filmarbeit, die er, schwer erkrankt, des Geldes wegen übernahm, bevor er 1969 starb.« (Leonard Maltin, MOVIES AND VIDEO GUIDE). Ⓥ Madison

Alien Terror
(SPACE AVENGER). USA 1988.
R Richard W. Haines. *B* Richard W. Haines. *K* Mustapha Barat. *Ma* John Bisson/Ralph Cirella. *M* Richard Fiocca. *D* Robert Pirchard (Rex), Mike McClerie (Derek), Charity Staley (Karen), Gina Mastrogiacomo (Ginny), Angela Nicholas (Doris), Kirk Fairbanks Fogg (Matt), Marty Roberts (Green). *F* 90 Min.
Vier Außerirdische müssen nach einem Gefecht mit einem Hüter des Gesetzes in den dreißiger Jahren auf der Erde notlanden. Sie dringen in die Körper zweier Liebespärchen ein und ziehen sich in ihr Raumschiff zurück. Fünfzig Jahre später

brauchen sie Plutonium, um ihr Schiff startklar zu machen. Auf der Suche nach Waffen begegnen sie dem Comiczeichner Matt, dem die vier Typen in den altmodischen Klamotten auffallen. Matt spinnt eine Geschichte um sie, die ihrer realen Vergangenheit sehr nahekommt. Die Außerirdischen überfallen ein AKW, erschießen 34 Arbeiter und stehlen Plutonium. Sie entdecken Matts Comic und vermuten hinter ihm einen Mitwisser, den es auszuschalten gilt. Matt erhält die Unterstützung eines interstellaren Polizisten, der sich leihweise im Körper seiner Freundin aufhält. Dann beginnt das große Killen: Der erste Bösling wird verbrannt, der zweite fällt in einen Müllwagen, der dritte wird mit einer Handgranate vernichtet, der letzte stürzt unter die U-Bahn. Aber seine Körperreste regenerieren sich... – Ein zynischer Killerfilm, der sich seines SF-Elements nur bedient, weil die Produzenten glauben, daß man so an der Logik sparen kann. Und auch noch dilettantisch inszeniert. – Nur auf Video.
Ⓥ Ascot

Alien Transformation
(TRANSFORMATIONS). USA 1987.
R Jay Kamen. *B* Mitch Brian. *K* Sergio Salvati. *M* Jonathan Scott Bogner.
D Rex Smith (Wolf Shadduck), Lisa Langlois (Miranda), Patrick MacNee (Pater Christopher), Christopher Neame (Calihan), Michael Hennessy (Stephens), Cec Verell (Antonia).
F 77 Min.
Ein ›Galaxienschmuggler‹ namens Wolf Shadduck muß auf einem Strafplaneten notlanden. In seinem Inneren haust ein Alien, der sich sogleich durch eine ekelhafte Körpertransformation über die dort lebende Mannschaft hermacht. Schwester Miranda schafft es guten Endes, die Kreatur mit einem Flammenwerfer zu vernichten und verläßt mit Shadduck den Planeten. – Ein recht uninspirierter Unfug. – »...vollgestopft mit Humbug, Ekel und Sex; ein Machwerk an der Grenze zwischen Unappetitlichkeit und Beleidigung

der Menschenwürde.« (LEXIKON DES IN-
TERNATIONALEN FILMS). – Nur auf Video. ⓥ VPS

Das Alien vom Highway
(DECEIT). USA 1988.
R Albert Pyun. *B* Kitty Chalmers.
K Philip Alan Waters. *SpE* Ernest
Shaddy. *Ma* Nancy Bates/Terry Blythe.
M James Saad/Tony Riparetti. *D*
Samantha Phillips (Eve Bendibuckle),
Norbert Weisser (Bailey/Farnsworth 3),
Scott Paulin (Brick Bardo), Christian
Andrews (Hiram Whatley), Diane Defoe
(Wilma). *F* 89 Min.
Der Außerirdische Bailey schlüpft in den
Leichnam eines psychisch kranken
Selbstmörders und trampt in seiner neuen
Hülle zu seinem Kollegen Brick, der in ei-
ner alten Lagerhalle wartet. Unterwegs
nimmt ihn das Pärchen Hiram und Wilma
mit. Bailey terrorisiert und tötet sie. Er
nimmt ihre Begleiterin Eve mit in die Lagerhalle und erzählt ihr, Brick und er haben den Auftrag, die Erde zu sprengen, da
sie ›das All verschmutzt‹. Eve muß sich
gegen Brick und Bailey erwehren, die sie
einerseits verführen wollen, dann wieder
quälen und zu erschießen drohen. Wort-
reich kann sie die beiden gegeneinander
ausspielen. In Wilmas Gestalt trifft ein
außerirdischer Polizist ein, der Brick und
Bailey sucht, die einen seltenen Kristall
gestohlen haben. Eve erschießt die beiden
Lumpen. Auf ihre Bitten hin läßt der Polizist die Erde weiter existieren. – Ein hoffnungslos schwachsinnige, billige Zellu-
loid-Vergewaltigung, in der sogar Außerirdische englische Namen tragen. – Nur
auf Video.
ⓥ 21st Century

Alien – Without Warning
(WITHOUT WARNING) USA 1980.
R Greydon Clark. *B* Lynn Freeman/D.
Grodnik. *K* Dean Cundey. *SpE* P. J.
Quinlivian. *M* Dan Wyman. *D* Jack
Palance (Taylor), Martin Landau (Fred),
Cameron Mitchell (Jäger), Tarah Nutter
(Sandy), C. S. Nelson (Greg), Neville

Brand (Leo), Sue Ann Langdon
(Aggie), Ralph Meeker (Dave), Larry
Storch (Fähnleinführer), Kevin Hall
(Alien), Lynn Theel (Beth), Darby
Hinton (Randy), David Caruso (Tom).
F 89 Min.
Eierköpfiges außerirdisches Monstrum
landet auf der Erde und jagt mit Hilfe von
quallenartigen Wurfgeschossen, die sich
an seinen Opfern festkrallen, menschliche
Beute, bis ihm ein Tough Guy der Güte-
klasse A das Handwerk legt. – Einer jener
billigen Schundfilme aus Hollywoods Po-
verty Row, in denen sich Akteure wie
Jack Palance und Cameron Mitchell immer öfter verschleißen. Absolut indisku-
tabel, und (natürlich) nur auf Video.
ⓥ PolyGram

Alienator – Der Vollstrecker
aus dem All
(ALIENATOR). USA 1989.
R Fred Olen Ray. *B* Paul Garson.
K Gary Graver. *M* Chuck Cirina.
D Jean Michael Vincent (Kommandant),
John Philip Law (Kol), P.J. Soles, Jesse
Dabson, Dyana Ortelli, Robert Clarke,
Dawn Wildsmith, Teagan, Leo V.
Gordon. *F* 89 Min.
Der außerirdische Killer Kol entkommt
seinem Exekutionskommando und flieht
auf die Erde, um seinem Hobby auch weiterhin zu frönen. Ein erboster Commander schickt eine Superwaffe hinter ihm
her: den Alienator, einen weiblich aussehenden Superroboter. Er treibt den
scheinbar unbesiegbaren Kol auf und befördert ihn in den Orkus. – Außerirdische
Killer auf der Erde hatten Ende der achtziger Jahre schon deswegen Hochkonjunk-
tur, da sie sich stets auf eine Erde der
achtziger Jahre flüchteten – und das hat
das Budget für futuristische Bauten erheblich entlastet. – Nur auf Video.
ⓥ Splendid

Aliens – Die Rückkehr
(ALIENS). USA 1986.
R James Cameron. *B* James Cameron.
K Adrian Briddle. *SpE* Stan Winston/

John Richardson/Suzanne Benson. *M* James Horner. *D* Sigourney Weaver (Sgt. Ripley), Michael Biehn (Corp. Hicks), Carrie Hehn (Newt), Paul Reiser (Carter Burke), Lance Henrikson (Bishop), Bill Paxton, William Hope, Jenette Goldstein, Al Matthews. *F* 138 Min.

Vorgeschichte siehe *Alien*. – 57 Jahre nachdem die Crew der *Nostromo* von einem Alien aufgerieben wurde, wird Ripley, die einzige Überlebende, in ihrem Rettungsboot von einem Raumer im All treibend gefunden. Die Firma, für die sie tätig ist, beschuldigt sie, die *Nostromo* unnötig gesprengt zu haben und entläßt sie. Vor Ripleys Rückkehr wurde der Planet Acheron kolonialisiert – eben die Welt, auf der die *Nostromo*-Crew den Alien gefunden hat. Doch der Kontakt zu den Siedlerfamilien ist abgebrochen. Ripley sagt zu, an einer Untersuchungsmission teilzunehmen. Ripley, Burke und eine Schar GIs landen mit einer Fähre auf Acheron. Die Bodenstation ist zerstört. Man findet die einzige Überlebende, das Mädchen Newt. Die Soldaten finden weiterhin tote Siedler, die den Aliens als Nährboden für ihre parasitäre Brut dienen. Dann greifen Aliens die GIs in Scharen an. Während der verlustreichen Schlacht wird das Kühlsystem defekt und droht zu explodieren. Auch die Fähre wird zerstört. Der Android Bishop will eine zweite Fähre vom Mutterschiff ordern. Die Überlebenden werden bei ständigen Kämpfen weiter dezimiert. Burke stellt sich gegen die anderen, da er lieber die Mannschaft opfert, statt auf die Aliens zu Forschungszwecken zu verzichten. Er fällt ihnen jedoch zum Opfer. Die Aliens entführen Newt. Ripley, die sie nicht aufgeben will, wagt sich in die Höhle der Alien-Mutter, befreit Newt und vernichtet die Brut. Vom Muttertier verfolgt gelingt ihnen die Flucht mit Bishop und einem GI zum Mutterschiff. Doch das Monster ist an Bord, und der Kampf geht weiter. Mit einem Gabelstapler-Roboter rückt Ripley ihm auf den Leib. – »Bei . . . Cameron . . .

wird diese nur scheinbar simple Mission zu einem doppelbödigen Abenteuer voller Fallen und Widerhaken. Ausgerüstet mit modernsten Laserkanonen, elektronisch gesteuerten Maschinengewehren, Spezial-Flammenwerfern und anderem hochentwickeltem Kriegsgerät, bewegen sich seine Kämpfer durch Gebäudekomplexe voll röhrenartiger Gänge wie einst die US-Marines durch die Dschungelwälder des Mekong-Deltas. Doch im Inneren der symbolhaften weiblichen Architektur wird aus dem geplanten Vernichtungsfeldzug schnell ein verzweifelter Kampf ums eigene Überleben. Die martialische High-Tech-Bewaffnung erweist sich angesichts einer drohenden Beschädigung des thermonuklear betriebenden Kühlsystems als wertlos, und die Kampfmethoden des Spezialkommandos können gegen die nach bewährter Guerillastrategie operierenden Aliens, die unerwartet zuschlagen und sofort wieder verschwinden, nichts ausrichten. Nicht nur in dieser Parabel auf einschlägige Vietnam-Erfahrungen hintergeht James Cameron die genretypischen Klischees und Erzählmuster. Hinter dem vermeintlich trivialen Action-Entertainment seines Films verbirgt sich ein subtil-abgründiges Spiel mit den Erwartungen des Zuschauers. Gewohnte Kräfteverhältnisse verkehren sich in ihr Gegenteil, der Stand der Dinge wird in Frage gestellt, und daraus entsteht jene produktive Beunruhigung, die einen guten Horrorfilm stets auszeichnet . . . Es gehört zur Ironie des Films, daß dieser Kampf – seinem Wesen nach eigentlich Männersache – hier von einer Frau geführt wird, und daß diese Kämpferin gegen die Mutterschaft selbst Mutter werden muß (indem sie ein kleines Mädchen . . . quasi adoptiert), um überleben zu können. Erst als Mutter gelingt es Ripley nämlich, ins Zentrum ihrer und der Zuschauer Ängste vorzudringen. In einem gebärmutterähnlichen, höhlenartigen Raum steht sie – ihr ›Kind‹ in der Linken, einen Flammenwerfer in der Rechten – unverhofft vor der Ur-Mutter der matriarchalisch organisierten Aliens.« (DER SPIE-GEL). Sigourney Weaver wurde als beste Hauptdarstellerin für den Oscar nominiert. Mit einem Oscar ausgezeichnet wurden die Ton- und Spezialeffekte. Ⓑ Alan Dean Foster: *Aliens – Die Rückkehr,* München 1986. Ⓥ CBS/Fox

The Aliens Are Coming
(THE ALIENS ARE COMING). USA 1980. *R* Harvey Hart. *B* Robert W. Lenski. *K* Jacques R. Marquette. *M* William Goldstein. *D* Tom Mason (Scott Gryden), Max Gail (Russ Garner), Caroline McWilliams (Sue Garner), Melinda Fee (Irish O'Brien), Fawne Harriman (Joyce Cummings), Eric Braeden (Leonard Nero), Matthew Laborteaux (Timmy Garner), Ron Masak (Harve Nelson), John Milford (Eldon Gates). *F* 98 Min.
Gefühllose und bösartige Aliens landen auf der Erde, schlüpfen in die Körper der Menschen und hauen auf den Putz. – Ein jämmerliches Unterfangen. – Nur auf Video. Ⓥ Pacific

Alligator II: Die Mutation
(ALLIGATOR 2 – THE MUTATION). USA 1990. *R* Jon Hess. *B* Curt Allen. *K* Joseph Magine. *M* Jack Tiller. *D* Joseph Bologna (David Hodges), Richard Lynch (Hawkins), Woody Brown (Rich Harmon), Dee Wallace Stone (Christine Hodges), Steve Railsback (Vinnie Brown). *F* 92 Min.
Vorgeschichte siehe *Der Horror-Alligator* (mit dem dieser Film aber nicht das geringste zu schaffen hat). – Ein mutierter Alligator tötet unerkannt Menschen. Detektiv Hodges und seine Frau, die Biologin Christine, stellen Vermutungen über die Gefahr an. Doch der Großgrundbesitzer Brown wirft ihnen Knüppel zwischen die Beine, da er durch giftige Abwässer für die Mutation selbst verantwortlich ist

und die Schließung seines Vergnügungsparks verhindern will. Keine Schutzmaßnahme hilft. Brown stirbt bei einer wüsten Alligator-Attacke; erst dann kann man das Tier mit einem Raketenwerfer erledigen. – »...ideal für Video. Jeder kann sich (den Film) nach Belieben portionieren oder gleich auf Bildsuchlauf umschalten. Der war noch nie so wertvoll wie heute.« (Thomas Schweer, SPLATTING IMAGES). – Nur auf Video. Ⓥ Cannon/VMP

Alpha Blue – Liebe im 21. Jahrhundert
(THE SATISFIERS OF ALPHA BLUE). USA 1981. *R* Gerard Damiano. *B* Gerard Damiano. *K* Elroy Brandy/J.M. Calmont. *Ma* Chuck Contreras. *M* N.N. *D* Richard Bolla (Algon), Lysa Thatcher, Jody Maxwell, Herschel Savage, Holly Page, Hillary Summers, Tiffany Clark, Annie Sprinkle, Sharon Mitchell, Jody Maxwell, Mal O'Ree, George Payne, Ron Hudd, Michael Morrison. *F* 82 Min.
In einer perfekten Welt der Zukunft, in der es weder Kriege noch Armut gibt, haben die Menschen auf dem Urlaubsplaneten Alpha Blue nichts anderes mehr zu tun, als den lieben langen Tag zu vögeln. Doch Herr Algon tritt aus der Reihe, denn er entdeckt die ›Liebe‹ und möchte eine der knackigen ›Hostessen‹, die den Urlaubern alle Wünsche erfüllen, für sich allein haben. – Bei Porno-Fans wird der Film eine Menge *in Bewegung* versetzen; der beinharte SF-Gucker in seinem Dachstübchen wird ihn hingegen für ziemlich vorhersehbar halten. Ⓥ VFL

The Alpha Incident
(THE ALPHA INCIDENT). USA 1978. *R* Bill Rebane. *B* Ingrid Neumayer. *K* Bela St. John. *M* N. N. *D* Ralph Meeker, Stafford Morgan, Carol Irene Newell, John Goff, John Alderman. *F* 95 Min.

Die US-Regierung versucht die Existenz eines todbringenden marsianischen Organismus zu vertuschen, der in Form eines Virus über die Menschheit herfällt. Hier trifft's eine Gruppe von Reisenden auf einem abgelegenen Bahnhof. – Billigfilmer Bill Rebane hat noch *nie* einen guten Film gemacht, und dieser ist zum Abgewöhnen. In Originalfassung.
Ⓥ Import

Alpha und Asphalt
(TV-ZDF). BRD 1974.
R Frank Guthke. *B* Hans Kasper.
D Christiane Krüger (Eva Markulis), Manfred Reddemann (Polizist), Jan Niklas (Student), Hans-Michael Rehberg (Anwalt), Robert Naegele (Psychiater), Veronika Faber (Straßenmädchen).
F 50 Min.
Eva Markulis, Professorin der Mathematik, in der Welt unserer Enkel lebend, ist wie alle ihre Zeitgenossen auf das perfekteste genetisch programmiert. Eine Intellektuelle nach Maß, so wie es die Wünsche der Eltern (und die Bedürfnisse der Gesellschaft) vorsahen, eine Musteranfertigung für den speziellen Gebrauch. Durch eine genetische Fehlschaltung führt sie jedoch ein Doppelleben. In ihrer illegalen Zweitexistenz versucht sie sich nachts als Prostituierte. Sie wird verhaftet. Anklage: unwissenschaftliches Verhalten. Sie klagt ebenfalls. Die Freiheit, die ihr irrtümlich eingeräumt wurde, ist ein solch hohes Gut, daß es sich lohnt, sie zu legalisieren. Offenbar gibt es etwas jenseits der Gene. »Die Gesellschaft hat im Menschen nichts zu suchen«, schreit sie den Justiz-Computer an. Als das positive Urteil ergeht, ist es längst zu spät.

Alraune
Stummfilm. Deutschland 1927.
R Henrik Galeen. *B* Henrik Galeen.
LV Hanns Heinz Ewers. *K* Franz Planer. *M* (!) Willy Schmidt-Gentner.
D Brigitte Helm (Alraune), Paul Wegener (Prof. Ten Brinken), Ivan Petrovich (Frank Braun), Mia Pankau,

Georg John, Valeska Gert, John Loder, Heinrich Schroth, Alexander Sascha, Wolfgang Lilzer, Louis Ralph, Hans Trautner. 122 Min.
Bereits 1918 waren zwei Verfilmungen des 1911 erschienenen Romans *Alraune – Die Geschichte eines lebendigen Wesens* von Hanns Heinz Ewers entstanden, eine deutsche und eine ungarische. Regisseur der ungarischen Fassung war Mihály Kertész, später unter dem Namen Michael Curtiz einer der produktivsten Regisseure Hollywoods. Das lebhafte Interesse an dem Stoff kam nicht von ungefähr, hatte der Roman zehn Jahre nach seinem Erscheinen eine Auflage von immerhin 238 000 Exemplaren, war also ein Bestseller, allerdings ohne literarische Ambitionen, sondern reine »Spekulation auf das einträgliche Geschäft mit der lüsternen Fantasie des Lesepublikums«. (KINDLERS LITERATUR LEXIKON) – Wie der Roman nach den Worten des Autors »aus der verruchten Lust absurder Gedanken« entsprungen ist, so auch das Mädchen Alraune. Es ist das Produkt der künstlichen Befruchtung einer Dirne – »nur Geschlecht vom Scheitel bis zur Sohle« – mit dem Sperma eines Lustmörders, das diesem im Augenblick seiner Hinrichtung abgenommen wurde. Professor Ten Brinken, Leiter des Experiments, nennt sein Werk Alraune, nach der Alraunenwurzel, die altem Volksglauben zufolge unter dem Galgen wächst und geheimnisvolle Kräfte in sich birgt. Alraune entfaltet mit zunehmendem Alter immer ungehemmter ihre Geheimniskraft, die absolute erotische Ausstrahlung, und bringt allen Männern, die sie lieben, Liebesrausch, Unglück und Tod. Als sie endlich die Wahrheit über ihre Herkunft erfährt, richtet sie auch ihren Schöpfer Ten Brinken und anschließend sich selbst zugrunde.
»Eine Kolportagegeschichte also, eine Moritat, die als Buch... seinerzeit mit Leidenschaft verschlungen wurde. Den interessanten Stoff vermittelt dieser Alraunenfilm nicht besser als das Buch. Gleichwohl aber ist er mehr als eine bloße

Illustration dazu... Es ist die schauspielerische Leistung von Darstellern wie Wegener, Helm, Petrovich, denen wir diese Verlebendigung (!) des Geschehens verdanken.« (FILMBEOBACHTER) – Gerade Brigitte Helm verkörpert eine »unheimlich bleiche Bedrohung, die einfach grauenerregend ist«. (Ivan Butler, HORROR IN THE CINEMA).
»Ein fantastischer Horrorfilm.« (Siegfried Kracauer) – Ein Kuriosum am Rande: Es gab sogar eine vierte Stummfilmfassung. 1919 entstand ein Film unter dem Titel *Alraune und der Golem*, der die alte jüdische Legende vom Golem mit dem Alraune-Stoff kombinierte.
Künstliche Befruchtung ist im Zeitalter der Samenbank in dieser Form kein SF-Thema mehr. Daß dabei allerdings auch heute noch einiges ›schiefgehen‹ kann, beweist die Meldung aus USA, daß dort durch Samenverwechslung von einer Weißen ein schwarzes Kind zur Welt gebracht wurde. Über etwaige Schadensersatzansprüche haben noch die Gerichte zu entscheiden.
Ⓑ Hanns Heinz Ewers: *Alraune. Die Geschichte eines lebenden Wesens*, München 1911

Alraune
Deutschland 1930.
R Richard Oswald. *B* Charles Röllinghoff, Richard Weisbach. *LV* Hanns Heinz Ewers. *K* Günther Krampf. *M* Bronislaw Kaper. *D* Brigitte Helm (Alraune), Albert Bassermann (Ten Brinken), Harald Paulsen (Frank Braun), Agnes Straub, Käthe Haack, Martin Kosleck, Bernhard Goetzke, E. A. Lichs, Ivan Koval-Samborski, Paul Westermeier, Henry Bender, Liselott Schaak. 104 Min.
»Wenn der Stummfilm *Alraune* (Henrik Galeen, 1928) der *Alraune* von 1930, dem Sprechfilm von Richard Oswald, so sehr überlegen ist, so liegt es nicht nur daran, daß Galeen so weit mehr Talent als Oswald besessen hat. Dem Stummfilm *Alraune* kommt das Schweigen zugute,

das die Spannung und Stimmung eines fantastischen Sujets nicht verletzt... Gewiß, selbst Oswalds schwache *Alraune* steht noch turmhoch über der dritten Fassung der *Alraune*, 1952, von Arthur Maria Rabenalt.« (Lotte H. Eisner, DIE DÄMONISCHE LEINWAND)

Alraune
BRD 1952.
R Arthur Maria Rabenalt. *B* Karl Heuser. *K* Friedl Behn-Grund. *M* Werner Heymann. *D* Hildegard Knef (Alraune), Erich von Stroheim (Ten Brinken), Karlheinz Böhm (Frank Braun), Harry Meyen (Fürst Geroldinger), Harry Halm (Dr. Mohn), Denise Vernac (Gouvernante), Julia Koschka (Prinzessin Wolkowska), Rolf Henninger, Trude Hesterberg. 92 Min.
Trotz Starbesetzung die mit Abstand schwächste Verfilmung. Keine einzige positive Kritik. »Ein weiteres Opfer des Niedergangs.« (Butler, HORROR IN THE CINEMA) – Gemeint ist der deutsche Film der 50er Jahre.

Als der Weltraum zu brennen begann
Anderer Titel für **Unternehmen Feuergürtel**

Als die Erde Feuer fing
Anderer Titel für **Feuer wird vom Himmel fallen**

Als die Frauen noch Schwänze hatten
(QUANDO LE DONNE AVEVANO LA CODA). Italien 1970.
R Pasquale Campanile. *B* Lina Wertmüller/Marcello Coscia. *K* Franco di Giacomo. *M* Ennio Morricone. *D* Giuliano Gemma (Ulli), Senta Berger (Filli), Frank Wolff (Grr), Renzo Montagni (Maluc), Lino Toffolo (Put), Francesco Mulé (Uto), Aldo Giuffré (Zog), Lando Buzzanca (Kao). *F* 95 Min.
Freitagmorgen in der Urzeit: Sieben junge Männer, die allein auf einer kleinen Insel

aufwachsen, sehen sich der Unbill der Natur ausgesetzt. Als ein Blitz ihre Heimat in Flammen aufgehen läßt, treiben sie ans Festland, wo sie das erste weibliche Wesen erblicken. Da es ein wunderliches, freundlich wedelndes Schwänzchen hat, halten sie es für ein Tier. Aber als sie die schöne Filli in die Pfanne hauen wollen, weiß sie sich geschickt aus ihrer mißlichen Lage zu befreien: Sie weiht Ulli in die Kunst des ›Fimmelns‹ ein. Keine Frage, daß der junge Held fortan keine Lust mehr zum Jagen hat. Bald wollen auch Ullis Brüder wissen, was hier vor sich geht – nur Maluc nicht, der ist mehr dem eigenen Geschlecht zugetan. Als man einen ganzen Frauenstamm entdeckt, bricht das Paradies aus. Nebenbei entdeckt man noch das Geheimnis der Fliegerei, die Steinschleuder und die Freuden der Monogamie...
Ⓥ EuroVideo *(Sie suchten das Feuer und fanden den Sex)*

Als Dinosaurier die Erde beherrschten
(WHEN DINOSAURS RULED THE EARTH). GB 1969.
R Val Guest. *B* Val Guest. *LV* John B. Ballard. *K* Dick Bush/Johnny Cabrera. *SpE* Jim Danforth/David Allen/Allan Bryce/Roger Dicken/Brian Johnstock. *M* Mario Nascimbene. *D* Victoria Vetri (Sanna), Robin Hawdon (Tara), Patrick Allen (Kingsor), Drewe Henley (Khaku), Sean Caffrey (Kane), Magda Konopka (Ulido), Imogen Hassell (Ayak), Patrick Holt (Ammon), Carol Anne Hawkins (Yanni), Maria O'Brien (Omah). *F* 100 Min.
Während einer urzeitlichen Opferungszeremonie kommt es zu einem Phänomen: Die Sonne stößt einen Feuerball ins All, aus dem sich der Erdmond formt. Eines der Opfer, die hübsche Sanna, nutzt die Gelegenheit zur Flucht und kommt ans Meer, wo sich der Fischer Tara, Mitglied eines anderen Volkes, ihrer annimmt. Sanna erweckt die Eifersucht des Mädchens Ayak, und als ihr alter Häuptling

Kingsor den Fischern mitteilt, sie sei für das Naturphänomen verantwortlich, muß sie fliehen. Tara geht ihr nach, macht die Bekanntschaft eines Dinosauriers und lebt mit Sanna in einer Höhle. Kingsors Krieger scheuchen ein Heer von Riesenkrebsen auf, denen sie zum Opfer fallen. Im Verlaufe weiterer Auseinandersetzungen wird Sanna gefangen, aber von einem Saurier wieder befreit. Als der Mond in eine Erdumlaufbahn geht, kommt es zu einer Springflut, die außer Sanna und Tara nur noch ein anderes Pärchen lebend zurückläßt. – »Die Urmenschen selbst wirken nicht allzu urtümlich, tragen ungemein gepflegte Bärte. Und selbst die Damenoberbekleidung entspricht heutiger Bademode.« (SCIENCE FICTION TIMES) Ⓥ Warner

Als Hitler den Krieg überlebte
(JA, SPRAVEDLNOST). ČSSR 1967.
R Zbynek Brynych. *B* Milos Macourek/Miroslav Hanus/Zbynek Brynych. *LV* Miroslav Hanus. *K* Josef Vanis. *M* N. N. *D* Karel Höger (Dr. Hermann), Jiri Vrstala (Harting), Fritz Dietz (Adolf Hitler), Angelica Domröse (Inge). 90 Min.
Gegen Kriegsende, noch vor den Nürnberger Prozessen, kidnappen einige deutsche Antifaschisten den Gröfaz und halten ihn versteckt, denn man will ihm alles, was sein verbrecherisches System den Menschen angetan hat, tausendfach heimzahlen. Ein tschechischer Arzt namens Dr. Hermann, der Hitlers Leibarzt zum Verwechseln ähnlich sieht, wird ebenfalls entführt: Er soll für die Rächer eine besonders grausame Foltermethode entwikkeln, die Hitler ständig an den Rand des Todes bringt, ohne ihn jedoch zu töten. Der Arzt freilich entpuppt sich als Humanist. In einem unbeobachteten Augenblick verabreicht er Hitler eine todbringende, schnell wirkende Spritze, um ihn von seinen Qualen zu erlösen. Doch auch der Arzt überlebt nicht. – »Zbynek Brynych... macht aus dem Stoff ein düsteres Kammerspiel mit nur wenigen ironischen

Momenten... (Er) hat leider die Möglichkeiten der Story nur unvollkommen genutzt, und der Schluß, auf den die deutsche Bearbeitung abzielt, der aus Widerstandskämpfern von gestern Faschisten von morgen macht, tut ein übriges, um einem klarzumachen, daß die Chance einer kritischen Auseinandersetzung mit dem Faschismus vertan wurde.« (Rolf Giesen, VAMPIR) – »Auf weiten Strecken stört ein Zuviel an Zufällen und ein Übermaß von pseudotechnischem Klimbim. Unter die Haut geht nur die Sequenz, in der Hitler vor Ausschnitten aus dem Riefenstahl- Film *Triumph des Willens* agiert und brüllt.« (FILMDIENST)

Amazonen des Urwalds
(PREHISTORIC WOMEN). USA 1950.
R Gregg Tallas. *B* Sam X. Abarbanel/
Gregg Tallas. *K* Lionel Lindon.
M Raoul Kraushaar. *D* Laurette Luez
(Tigri), Allan Nixon (Engor), Mara
Lynn (Arva), Joan Shawlee (Lotee),
Judy Landon (Eras), Jo Carol Dennison
(Nika), Kerry Vaughn (Tulle), Tony
Devlin (Ruig), James Summers (Adh),
Dennis Dengate (Kama), Jeanne Sorel
(Tama), Johann Peturrson (Guaddi, der
Riese), John Merrick (Häuptling), Janet
Scott (Alte Frau). *F* 73 Min.
Irgendwann vor vielleicht 100000 Jahren:
Eine weise, alte Frau erklärt einer ohne
Männer im Dschungel lebenden Gruppe
junger Mädchen, daß sie aussterben müssen, wenn sich ihr Stamm nicht mit den
Männern einigt. Die Mütter der Mädchen
waren einst geflohen, weil sie sich
schlecht behandelt fühlten. Man nimmt
eine Gruppe von Jägern gefangen. Engor,
der verletzt entkommt, entdeckt per Zufall das Feuer. Auch er wird überwältigt.
Als der Amazonenstamm von einem fliegenden Urweltmonster und dem Riesen
Guaddi angegriffen wird, erinnert Engor
sich an seine Entdeckung. Mit Hilfe des
Feuers rettet er seine Gefährten und die
Mädchen. Am Ende beschließt man,
künftig zusammenzuleben. – »Die prähistorischen Frauen sind zu jeder Zeit

schicklich gekleidet, ihre Frisuren sehen
gekämmt und zurechtgemacht aus, und
sie benutzen ausnahmslos Lippenstift und
Make-up... *Amazonen des Urwalds* ist
tatsächlich ein sexorientierter EXPLOITATION FILM und gehört zu einem Genre,
das in den frühen fünfziger Jahren allmählich seinen Niedergang erlebte.« (Bill
Warren) – Die Kritiken, die der Streifen
in den USA erhielt, waren danach: »Ein
simples, fantasieloses Stück, das in höchstem Maße die Sex-Thematik ausbeutet.«
Der (katholische) deutsche FILMDIENST
wütete gar: »Kinder muß man davor
schützen, derart abgeschmackte Vorstellungen vom Leben unserer Vorfahren eingeflößt zu bekommen. Für Erwachsene
bleibt eine fragwürdig schwüle Erotik übrig, vor deren Widerlichkeit zu warnen
man die Pflicht hat.«

Ambulance
(AMBULANCE). USA 1990.
R Larry Cohen. *B* Larry Cohen.
K Jacques Haitkin. *M* Jay Chattaway.
D Eric Roberts (Josh Baker), James
Earl Jones (Lt. Baker), Megan
Gallagher (Sandra Malloy), Red Buttons
(Elias Zachrei), Janine Turner (Cheryl).
F 90 Min.
Der Comic-Zeichner Josh entdeckt in
New York seine Traumfrau, spricht sie an
und erhält einen Korb. Gleich darauf
bricht die Dame zusammen, und ein
Krankenwagen nimmt sie mit. Josh will
sie wiedersehen, aber sie ist in keinem
Hospital angekommen. Lt. Spencer von
der Polizei und seine Assistentin Sandra
halten Joshs Geschichte für Spinnerei.
Josh macht sich mit einer Zeichnung der
Frau auf die Suche. Von ihrer Zimmergenossin Jerilyn erfährt er, daß sie Cheryl
heißt und Diabetikerin ist. Auch Jerilyn
wird vom einem Krankenwagen entführt.
Josh gerät in die Fänge der Ambulanz, denen er knapp entfliehen kann. Spencer
wird entführt. Sandra und Josh entdecken
über einer Diskothek eine geheime Krankenstation, in der ein skrupelloser Arzt
Versuche an Diabetikern durchführt. Josh

findet Cheryl, doch die möchte schnellstens zu ihrem Freund. Josh hat das Nachsehen. Aber Sandra ist auch noch da. –
»Ein unterhaltsamer Thriller, der mit einem Minimum an ›Action‹ Spannung erzielt.« (FILMDIENST). – »Für Freunde des
B-Films, die es leid sind, sich im Kino
von 50-Millionen-Dollar-Budgets erschlagen zu lassen, ist *Ambulance* eine
willkommene Abwechslung.« (Dorothee
Lackner, GIG).
Ⓥ Marketing

**Ameisen. Die Rache der schwarzen
Königin**
(ANTS). USA 1977.
R Robert Sheerer. *B* Guerdon
Trueblood. *K* Bernie Abramson. *M* Ken
Richmond. *D* Robert Foxworth (Mike),
Linda Day George (Valerie), Suzanne
Somers (Gloria), Myrna Loy (Ethel
Adams), Tony Fleming (Gerald
Gordon), Bernie Casey, Steve Franken,
Stacy Keach Sr. *F* 92 Min.
Bauarbeiter, die ein abgelegenes altes Ho-
tel renovieren, schrecken mit ihren Bag-
gern ein Ameisenvolk auf, das daraufhin
ausschwärmt, das Hotel umzingelt und
die Inhaber und deren Gäste terrorisiert. –
Sie werden sich kaputtlachen, wenn Sie
sehen, wie bescheuert sich die Darsteller
angesichts der (leicht überspringbaren)
Ameisenmeute verhalten. Und die im Titel zitierte ›schwarze Königin‹ kriegt auch
niemand zu Gesicht. »Ein Film, den Sie
nie vergessen werden!« will uns die Werbung weismachen. In der Tat!
Ⓥ Starlight

America 3000
(AMERICA 3000). USA 1986.
R David Engelbach. *B* David Engel-
bach. *K* David Gurfinkel. *SpE* Carlo
De Marchis. *M* N.N. *D* Laurene
Landon (Vena), Chuck Wagner
(Korvis), William Wallace (Gruss),
Victoria Barrett (Lakella), Galyn Gorg
(Ynka), Shai K. Ophir (Lelz), Camilla
Sparv (Reya), Karen Lee Shepard
(Keva), Ari Sorko-Ram (Relk), Ezra

Dagan (Amie), Joanna Reis (Freyha),
Steve Malovic (Aargh), Anat Zachor
(Bova), Pierre Henry (Troke), Zipora
Peled (Gramma). *F* (92) 88 Min.
Im Jahr 2890 ist die Menschheit nach dem
nuklearen Inferno (und um Kosten für futuristische Bauten zu sparen) wieder mal
in die übliche Barbarei zurückgefallen.
In der Wildnis von Colorado versklaven
dralle junge Weiber muskulöse junge
Burschen und treten ihnen bei jeder Gelegenheit ausgiebig in den Arsch. Korvis
und Gruss, zwei Burschen, die es leid
sind, ewig die Prügelknaben abzugeben,
machen eine Fliege und stoßen auf den
völlig erhalten gebliebenen Atombunker
des letzten US-Präsidenten. Was sie dort
an Waffen und sonstigem Material vorfin-
den, ist funktionsfähig. Und so dauert es
nicht mehr lange, bis die Menschheit wieder von denen ›geführt‹ wird, die die
Knarren haben. – Ein sexistischer Unsinn, ausgedacht und inszeniert von einem Wichtelhirn. – Nur auf Video.
Ⓥ VMP

American Fighter II
Anderer Titel für **Der Auftrag**

American Fighter III
(AMERICAN FIGHTER 3: BLOOD HUNT).
USA 1988.
R Cedric Sundstorm. *B* Cedric
Sundstorm. *K* George Bartels.
M George S. Clinton. *D* David Bradley
(Sean), Steve James (Curtis Jackson),
Marjoe Gortner (Cobra), Michele Chan
(Chan Lee), Yehuda Efroni· (Andreas),
Calvin Tung (Izumo). *F* 90 Min.
Eine Karate-Weltmeisterschaft führt die
mit asiatischen Kampfsportarten vertrau-
ten Kumpane Sean und Curtis auf die
Südseeinsel Triana. Ein Lump namens
Cobra (nebenher ist er auch noch der Mör-
der von Seans Vater), der in seinem For-
schungslabor einen AIDS-ähnlichen Vi-
rus entwickelt hat, um sich die Weltherrschaft anzueignen, will die Kämpfer entführen, um sie als Versuchskaninchen zu
verwenden. Natürlich werden Cobra und

seine Karate-Schergen zur Schnecke gemacht. – »Nach diesem Film hat man das
Bedürfnis, einen langen Urlaub von
schwarzbemützten Kämpfern zu nehmen.« (VARIETY).

American Monster
(THE WINGED SERPENT). USA 1982.
R Larry Cohen. *B* Larry Cohen.
K Armando Crespi. *SpE* Randy Cook/
David Allen/Peter Kuran/Lost Arts, Inc.
M Robert O. Ragland. *D* Michael
Moriarty (Jimmy Quinn), Candy Clark
(Joan), David Carradine (Shepard),
Richard Roundtree (Sgt. Powell), James
Dixon (Lt. Murray), Malachi McCourt
(Commissioner), Peter Hock (Clifford).
F 90 Min.
Auf dem Dach des New Yorker Chrysler
Buildings hat sich ein urzeitlicher Flug-
drache eingenistet, der sich vorwiegend
von Menschenfleisch ernährt und sich sei-
ne Opfer unter Bauarbeitern und auf
Hausdächern sonnenbadenden Mädchen
sucht. Der kleine Gauner Quinn entdeckt
zufällig den Nistplatz der Bestie und
schlägt daraus Kapital: Gegen Straffrei-
heit und eine Million gibt er der Polizei
den entscheidenden Tip. Die Behörden
greifen das Nest buchstäblich im letzten
Augenblick an, denn der Drache brütet
gerade ein Ei aus. Nachdem man dem
Monster mit schweren Waffen den Garaus
gemacht hat, zeigt die Kamera dem Publikum eine ›fortsetzungsträchtige‹ letzte
Szene: In einem verfallenen Gebäude
liegt ein zweites Drachenei, und das platzt
gerade auf . . .
Ⓥ All-Video

Der Amphibienmensch
(CHELOVEK AMFIBIJA). UdSSR 1962.
R Gennadi Kasanski/Wladimir
Tschebotarjow. *B* Alexander
Ksenofontow/Alexej Kapler/Akiba
Golburt. *LV* Alexander Beljajew.
K Eduard Rosowski. *M* A. Petrow.
D Wladimir Korenew (Ichthyander),
Anastasia Wertinskaja (Guttiere),
Michail Kosakow (Don Pedro),

N. Simonow (Salvator), A. Smiranin
(Baltasar), W. Dawydow (Olsen).
F 98 Min.
In den zwanziger Jahren begegnen einige
Fischer im Mittelmeer dem sogenannten
›Seeteufel‹, einem menschlichen Amphi-
bienwesen. Der skrupellose Geschäfte-
macher Don Pedro will das Wesen fangen
und zum Perlentauchen abrichten lassen.
Niemand ahnt jedoch, daß es sich bei dem
Fabelwesen um Ichthyander, den Sohn
des Chirurgen Salvator, handelt: Er wurde
aufgrund einer Lungenkrankheit im Alter
von drei Jahren von seinem Vater an das
Leben im Meer angepaßt. Während der
Gelehrte Salvator von einem von Kiemenmenschen bewohnten klassenlosen Unterwasserreich träumt, verliebt sich sein
Sohn in die schöne Fischerstochter Guttiere, die allerdings den mächtigen Don
Pedro ehelichen soll, denn ihr Vater ist
bei dem Bösewicht ziemlich hoch ver-
schuldet. Als der junge Ichthyander der
Fischerstochter in die Stadt folgt, gerät er
in das Intrigennetz Don Pedros und landet
anschließend im Gefängnis. Guttiere befreit ihn schließlich mit der Hilfe des Journalisten Olsen.
Obwohl die Vorlage dieses Films ein
1928 veröffentlicher SF-Roman des sowjetischen Autors Alexander Beljajew
war, verdankt dieser Streifen doch einiges
der *Frankenstein*-Autorin Mary Wollstonecraft Shelley. Ichthyander ist zwar kein
›Monster‹ im klassischen Sinne, aber er
ist das Produkt eines Wissenschaftlers,
der (wenn auch aus hehren Gründen) der
göttlichen Schöpfung ins Handwerk ge-
pfuscht hat. Und: »So wie Mary Shelleys
Erzählung damit endet, daß das Ungeheuer gegen seinen Schöpfer rebelliert, endet
auch dieser sowjetische Film in Verzweiflung. Die beiden Liebenden müssen sich
trennen, weil die physiologischen Veränderungen im Körper des Amphibienmen-
schen ihn dazu verdammen, sein Leben
fortan gänzlich unter Wasser zu verbringen; während der Wissenschaftler selbst
schmerzliches Bedauern darüber ausdrückt, daß die Forschung nicht versu-

chen soll, gewisse von der Natur gesetzte Grenzen zu überschreiten. Während es noch verständlich ist, daß Mary Shelley vor über einem Jahrhundert in dieser Weise gegen den gewandten Optimismus der Positivisten reagiert und gewisse Strömungen der wissenschaftlichen Entwicklung mißtrauisch beäugt haben mag, ist es nicht im mindesten nachvollziehbar, wie sich die gleiche Ansicht in der Sowjetunion breitmachen konnte, die dermaßen große Bemühungen in die wissenschaftliche Forschung steckte und auf verschiedenen Gebieten das am weitesten entwickelte Land der Welt war.« (Dario Mogno, in FOCUS ON THE SCIENCE FICTION FILM) Ⓑ Alexander Beljajew: *Der Amphibienmensch*, Berlin/DDR 1984

Am Rande des Rollfelds
(LA JETEE). Frankreich 1962.
R Chris Marker. *B* Chris Marker.
K Jean Chiabaud. *SpE* C. S. Olaf.
M Trevor Duncan. *D* Davos Hanich (Mann), Hélène Chatelain (Frau), Jacques Ledaux (Wissenschaftler), William Klein, Ligia Borowski, André Heinrich, Jacques Branchu, Philbert von Lifchitz, Pierre Joffroy, Etiénne Becker, Janine Klein, Germano Facetti. 29 Min.
Paris nach dem Atomkrieg. In den Kellern des Chaillot-Palastes beschäftigt Wissenschaftler die Frage, wie die Überlebenden aus der katastrophalen Gegenwart entkommen können. Durch Manipulation des Erinnerungsvermögens im menschlichen Hirn, ausgelöst durch Drogenbehandlung, hoffen sie, eine Methode zu finden, Zeitreisen in die Vergangenheit, durch Umkehrung sogar in die Zukunft zu ermöglichen. Ein Mann – die Testperson – sieht immer wieder eine Szene aus seiner Kindheit: Am Rande des Rollfelds des Flughafens Orly steht eine wunderschöne Frau; direkt neben ihr wird jemand erschossen. Der Mann trifft die Frau; sie verlieben sich ineinander. Als er in seine Zukunft zurückkehren soll, weigert er sich strikt. Wieder läuft er zum Rollfeld, blickt sich um: ein Wissen-

schaftler, der ihm offenbar nachgereist ist, verfolgt ihn. Bald hat der Mann die Frau, die auf ihn wartet, erreicht. Da wird er erschossen. – LA JETEE ist einer der bekanntesten Kurzfilme mit SF-Elementen. Er wurde geradezu mit Filmpreisen überhäuft (u. a. Triest, Mannheim). Ihn als Science-Fiction-Film zu bezeichnen, weil er sich der Genre-Themen *Endzeit* und *Zeitreise* bedient, ist zwar naheliegend, doch sollte man ihn eher dem Experimental-Film zuordnen. Von Off-Stimmen, Geräuschen und Musik begleitet, besteht der Film bis auf eine Einstellung nur aus Standfotos, ist also so etwas wie ein Foto-Roman. Bei Filmästheten hoch geschätzt (»Eine Meditation über Bilder und ihre Macht, über die Größe und die Grenzen des Menschen und seine Leiden . . ., von einer großen lyrischen Schönheit und der zwingenden Intensität eines Traums . . .«, so BUCHERS ENZYKLOPÄDIE DES FILMS), dürfte der Film beim Gros der SF-Fans auf ziemliches Unverständnis stoßen, da sich mittlerweile die Sehgewohnheiten bei SF-Filmen vereinheitlicht haben: Gefragt sind tricktechnische Glanzleistungen, einfache, unkomplizierte Plots; intellektuelle Gedankenspiele finden dagegen kaum noch Produzenten, so daß sie nur vereinzelt in unseren Kinos auftauchen. Experimental-Filme sind nur noch die Domäne der dritten Fernsehprogramme.

Der Android
(ANDROID). USA 1982.
R Aaron Lippstadt. *B* James Reigle/Don Opper. *K* Tim Suhrstedt. *M* Don Preston. *D* Klaus Kinski (Dr. Daniel), Don Opper (Max 404), Norbert Weisser (Keller), Crofton Hardester (Mendes), Brie Howard (Maggie), Kendra Kirchner (Cassandra).
F 80 Min.
Im Jahre 2036: Der Android Max 404 lebt zusammen mit dem Wissenschaftler Dr. Daniel auf einer verlassenen Raumstation und sehnt sich nach einem Leben auf der Erde, die er nur aus alten Filmen kennt. Sehen lassen darf er sich dort jedoch

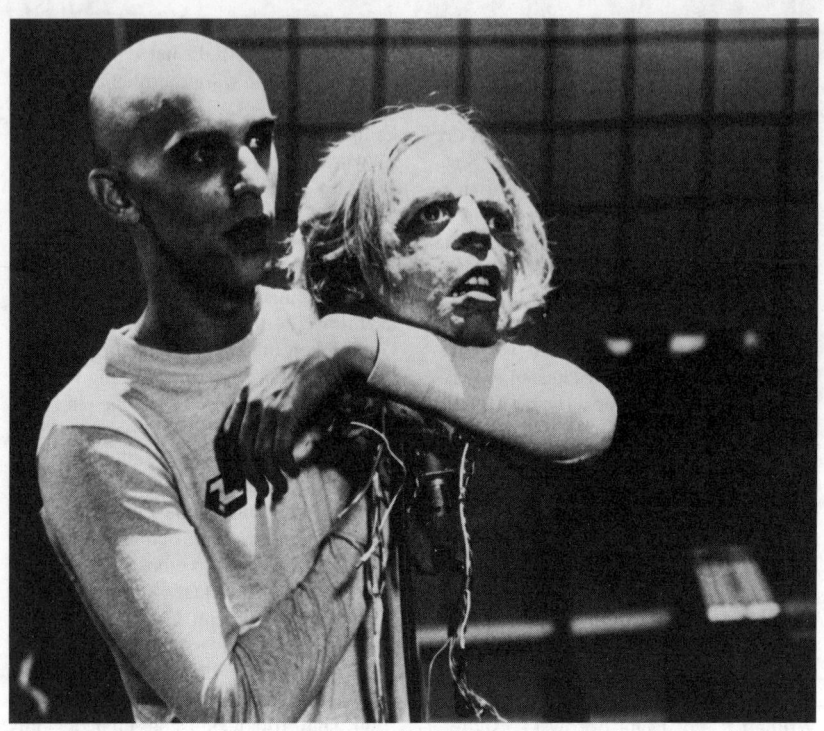

Kopflos im Zitatendschungel:
Don Opper und Klaus Kinski in *Der Android*

nicht, denn nach einem Androidenaufstand ist der Planet für künstliche Lebewesen tabu. Als drei Verbrecher die Station besuchen, verliebt sich Max in die Gangsterbraut Maggie, die er im Labor Dr. Daniels küßt. Er aktiviert dabei aus Versehen die Androidin Cassandra. Dr. Daniel killt daraufhin Maggie. Der Ganove Mendes murkst seinen Kumpan Keller ab, den er für den Täter hält. Max wird von Daniel umprogrammiert, killt daraufhin Mendes und bringt mit Hilfe der hübschen Cassandra Dr. Daniel um. Als sich ein Polizeikreuzer der Station nähert, gibt Max sich als Dr. Daniel aus und fliegt, mit Cassandra als seiner Assistentin, zur Erde. – »Mit hinreißendem Charme und einer durch das Minimal-Budget stimulierten cinéastischen Fantasie variiert der ehemalige Filmkritiker... Aaron Lipp-stadt in seinem Kino-Debüt ein klassisches Thema der Science Fiction.« (DIE ZEIT) – »Mit *Der Android* ist dem... Corman-Assistenten Aaron Lippstadt ein erstklassiger B-Film gelungen, eine witzige und intelligente Abhandlung des klassischen SF-Themas von der Menschwerdung eines Androiden...« (FILMBEOBACHTER) – »Der Geheimtip des Jahres!« (SUNDAY OBSERVER) – Mit einer solchen Idee würde kein Perry-Rhodan-Autor seinen Lesern zu kommen wagen. Ⓥ Warner

Die Androiden
(ANNIHILATOR). USA 1986.
R Michael Chapman. *B* Roderick Taylor/Bruce A. Taylor. *K* Paul Goldsmith. *M* Sylvester Levay. *D* Mark Lindsay Chapman (Robert Almar),

Susan Blakley (Leila), Lisa Blount
(Cindy), Catherine Mary Stewart
(Angela), Geoffrey Lewis (Prof. Alan
Jeffries), Brion James, Carl Boen,
Nicole Eggert, Paul Brinegar, Barry
Pearl. *F* 90 Min.
Robert Almar wird verdächtigt, seine
Freundin Angela umgebracht zu haben.
Von der Polizei gejagt, findet er bei Leila
Schutz und erzählt ihr seine Geschichte:
Als Angela in einem Flugzeug sitzt, ver-
schwindet die Maschine für eine Stunde
vom Radarschirm. Sie kehrt zurück, als
sei nichts geschehen. Nach der Landung
sieht Robert, daß Angelas Persönlichkeit
sich verändert hat. Bei einem Wochen-
endausflug greift sie ihn an. Sie hat seltsame Kräfte, und unter ihrer Haut verbirgt
sich ein Metallgerüst. Robert tötet ›sie‹ –
doch nun verfolgen ihn die restlichen
Flugzeuginsassen und die Polizei. Daß
Leila ihm helfen will, dem Mysterium auf
den Grund zu gehen, hat Gründe, denn sie
gehört selbst zu den sogenannten Dyno-
mataren. Robert verarbeitet mehrere ihrer
Kollegen zu Klump, da man ihn nicht sagen will, was mit Angela geschehen ist.
Leila entkommt. Der Rundfunk meldet,
daß Außerirdische dabei sind, das Vieh
diverser Farmer zu fressen. – Nach einem
ziemlich spannenden Anfang wird aus
dem Film ein Wirrwarr, das zum Ende hin
auf keinen Nenner gebracht wird. – Nur
auf Video.
Ⓥ CIC

**Andromeda –
Tödlicher Staub aus dem All**
(THE ANDROMEDA STRAIN).
USA 1970.
R Robert Wise. *B* Nelson Gidding.
LV Michael Crichton. *K* Richard
H. Kline. *SpE* Douglas Trumbull/James
Shourt. *M* Gil Mellé. *D* Arthur Hill
(Dr. Jeremy Stone), David Wayne
(Dr. Charles Dutton), James Olson
(Dr. Mark Hall), Kate Reid (Dr. Ruth
Leavitt), Richard O'Brien (Grimes),
Paula Kelly (Karen Anson), George
Mitchell (Jackson), Ramon Biere (Major

Manchek), Kermit Murdock
(Dr. Robertson), Peter Hobbs (General
Sparks), Mark Jenkins (Lt. Shawn),
Peter Helm (Sgt. Crane), Ken Swofford
(Toby). *F* 130 Min.
Über einem kleinen Dorf in New Mexico
ist der Satellit Scoop VII abgestürzt, der
einen außerirdischen Krankheitserreger
an Bord hat: Im Nu sterben sämtliche Bewohner der Ortschaft; nur ein Säugling
und ein alter Säufer überleben. Um eine
Ausbreitung des tödlichen Organismus zu
verhindern, will man das verseuchte Gebiet mit einer Atombombe bombardieren.
Ein Team von Wissenschaftlern ist inzwischen in einem von der Außenwelt isolierten unterirdischen Labor fieberhaft dabei,
dem ›Andromeda‹ genannten Erreger auf
die Spur zu kommen. Für den Fall, daß er
sich im Labor ausbreitet, erhält Dr. Hall
einen Schlüssel, der eine Selbstvernichtungsanlage in Betrieb setzen kann. Langsam kommt man dem Erreger auf die
Spur, aber man findet auch heraus, daß
eine Atomexplosion die Ausbreitungsge-
fahr Andromedas nur noch vergrößern
würde. Plötzlich versagt im Labor des Pa-
thologen Dr. Dutton eine Dichtung. Der
Erreger breitet sich aus. Andromeda zerstört sämtliche Dichtungen und löst damit
automatisch die Selbstvernichtungsanlage
aus. Fast gleichzeitig stellen die Wissenschaftler fest, wie man dem Mikro-Orga-
nismus zu Leibe rücken kann – Hinweise
darauf haben sie aufgrund der Untersuchung des Säufers und des Babys erhalten. Dr. Hall hat nur noch fünf Minuten
Zeit, den Countdown der Vernichtungs-
maschinerie zu stoppen. Unter Aufbietung seiner letzten Kräfte gelingt ihm der
Vorstoß in die Kommandozentrale. Die
Rettung gelingt buchstäblich in letzter Sekunde, aber Hall kommt nicht ohne
schwere Verletzungen davon. Andromeda, so erfährt er später, hat aufgrund einer
Mutation seinen gefährlichen, lebensbe-
drohenden Charakter verloren. – »Ein
eindringliches Motiv ist die Isolation der
Außenseiter einer zweck- und leistungs-
bestimmten Gesellschaft: das Tier, das

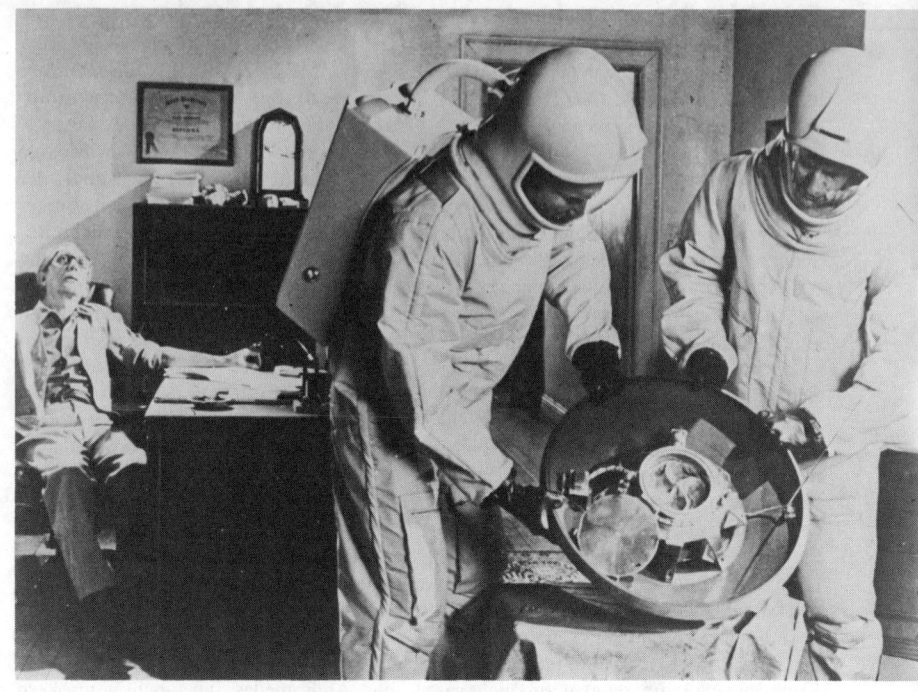

Andromeda – Tödlicher Staub aus dem All von Robert Wise

Kind und der alte Mann. Sie alle sind verloren, hilflos, ausgeliefert. Zugleich aber sind das Kind und der alte Mann die einzigen, die das Verhängnis, das in Form des Mikroorganismus ›Andromeda‹ über das amerikanische Wüstenstädtchen hereinbrach, überlebten. Deswegen überlebten sie, weil beide menschlich, allzu menschlich reagierten; das Kind, weil es vor Hunger schrie, und der Alte, weil er als notorischer Säufer seine Krankheiten mit Alkohol zu heilen pflegte. Bezeichnenderweise lassen solche äußerst unwissenschaftlichen Methoden einen berühmten Mediziner zu der Möglichkeit gelangen, dem geheimnisvollen Organismus zu widerstehen. Natürlich ist dies auch als kleines, aber in der Gesamtstruktur des Films zwielichtiges Kompliment an den knorrigen amerikanischen ›Do-it-your-self‹-Pioniertyp, den der Alte verkörpert und den der Amerikaner als seine bessere Vergangenheit liebt.« (VAMPIR) – Regisseur Wise: »Ich wollte jetzt mal einen zeitgemäßen Film machen. Denn ich kenne keine Themen, die uns mehr auf den Nägeln brennen. Da ist einmal der Stand der Wissenschaft, wie er sich uns gegenwärtig in modernen Laboratorien mit biologisch-chemischen Aufgaben dartut. Dort wird schon heute über die Zukunft der Menschheit von morgen entschieden.« Die SCIENCE FICTION TIMES konstatierte: »Besonders auffallend ist die plausible Charakterisierung der fünf Wissenschaftler, denen die komplizierte Aufgabe obliegt, den geheimnisvollen Andromeda-Virus zu identifizieren, zu lokalisieren und unschädlich zu machen … Jeder dieser drei Männer und zwei Frauen ist eine interessante und diffizile Persönlichkeit, doch das ist für Drehbuchautor Gidding ebensowenig Grund, mit Pseudoproblemchen eingeschliffene Publikumserwartun-

gen zu befriedigen wie für Wise selbst. Hier bleibt keine Zeit für amouröse Techtelmechtel oder überspannte fachliche Rivalitäten. Hier wird hart und konzentriert gearbeitet... Thematisch liegt *Andromeda* zweifelsohne auf der ›Kassandra‹-Linie von *Dr. Seltsam, Angriffsziel Moskau* und *Zwischenfall im Atlantik.* Allerdings kommt nur in einer einzigen Szene mehr oder weniger unverschlüsselt heraus, daß auch die USA schon längst Viren auf Andromeda-Basis züchten und daß daher hauseigene Katastrophen ähnlich der hier geschilderten jederzeit auf dem Programm stehen können.«
Ⓑ Michael Crichton: *Andromeda*, München 1969
Ⓥ CIC

Andy Warhols Frankenstein
(CARNE PER FRANKENSTEIN).
Italien/Frankreich 1973.
R Paul Morrissey. *B* Paul Morrissey.
K Luigi Kuveillier. *SpE* Carlo
Rimbaldi. *M* Claudio Gizzi. *D* Udo
Kier (Baron Frankenstein), Joe
Dallessandro (Nicholas), Monique van
Vooren (Katrin Frankenstein), Arno
Juerging (Otto), Fiorella Masselli,
Imelda Marani, Rosita Torosh
(Prostituierte), Lia Bosiso (Olga),
Aleksic Miomir, Dalila Dewart
(Zombies), Nicoletta Elmi (Monica),
Marco Liofredi (Erik), Carlo Mancini
(Bauer), Carla Mancini, Srdjan
Zelenovic, Dalila Di Lazarro.
F 94 Min.
Der von Standesdünkel getriebene Baron Frankenstein träumt von einem idealen Paar, das ein neues Menschengeschlecht zeugen soll. Mit Hilfe seines trotteligen Gehilfen Otto baut er aus diversen Leichenteilen ein männliches und ein weibliches Monster zusammen. Die von ihm erschaffene Frau übt eine dermaßen erotische Wirkung auf ihn aus, daß er sich gleich auf dem Operationstisch an ihr vergeht. Aber im Hause Frankenstein sind groteske Dinge an der Tagesordnung: Sogar die Kinder des Barons spielen mit Lei-

chenteilen, wenn sie nicht gerade ihre Puppen guillotinieren, und der Hausherr hat auch nichts dagegen, wenn seine Gattin mit dem Diener Nicholas Sexorgien veranstaltet. Als die zusammengenähten Kunstwesen anfangen zu leben, erwecken sie die Begierde der Baronin und des Gehilfen Frankensteins: Aber während das männliche Exemplar die Frau seines Schöpfers zu Tode drückt, löst sich das weibliche unter den Attacken Ottos in seine Bestandteile auf. Und dann ist das schönste Gemetzel im Gange, das nur Nicholas überlebt. Frankensteins Kinder nähern sich ihm – sie haben Skalpelle in der Hand. – Dieser im 3-D-Verfahren hergestellte Spielfilm ist eine Blutorgie ohnegleichen.»Ernst nehmen kann man dieses greuliche Spektakel beim besten Willen nicht. Morrisseys krampfhaftes Bemühen, Frankensteins wissenschaftlichen Fanatismus als Folge sexueller Verdrängungen zu deuten, ist ebenso lächerlich wie unseriös.« (FILMDIENST) – »In einer der ›harmlosesten‹ Szenen des Films zerquetscht Frankensteins künstlicher Mann der geilen Baronesse den Brustkorb. Die Rippen knacken, aber angesichts der sonstigen Greuel geht das unter... So detailliert wie tricktechnisch möglich schneidet Frankenstein einem lebendigen Opfer den Kopf ab. Man sieht die geschliffenen Schneiden der Gartenschere in den Hals eindringen... Sogar im Rahmen der Welle von viehischer Brutalität, die seit einigen Jahren über die Kinoleinwände fegt, haben es Andy Warhol (der Produzent, d. Verf.) und Paul Morrissey geschafft, einen Markstein zu setzen, was die allseitige Verrottung der bürgerlichen Kultur im Zeitalter des niedergehenden Imperialismus anbetrifft.« (SCIENCE FICTION TIMES)
Ⓥ Toppic

Der Angeklagte steht nicht mehr allein
(MONISMANIA 1995). Schweden 1975.
R Kenne Fant. *B* Kenne Fant. *K* Sven
Nykvist. *M* Alvar Piehl. *D* Erland

Josephson, Harriet Andersson, Ingrid Thulin. *F* 90 Min.
In dem nach Orwellschem Muster regierten imaginären Staat Monismania wird 1995 ein Lehrer vor Gericht gezerrt, der sich gegen das ›Ideologie-Gesetz‹ vergangen hat: Er hat die ihm anvertrauten Schüler angehalten, ein eigenes kritisches Bewußtsein zu entwickeln. Da der Staat jedoch allein zu entscheiden wünscht, was die Bürger zu denken haben, wird er schuldig gesprochen. Sein Opfer ist jedoch nicht umsonst, denn durch sein Verhalten vor Gericht hat er dazu beigetragen, daß sich nach und nach auch andere Personen zu seinen Prinzipien bekennen.

Angriff aus dem Weltall
Anderer Titel für **Blob, Schrecken ohne Namen**

Angriff der Killertomaten
(ATTACK OF THE KILLER TOMATOES). USA 1978.
R John De Bello. *B* Costa J. Dillon/ Steve Peace/John De Bello. *K* John K. Culley. *M* Gordon Goodwin/Paul Sundfor. *D* David Miller (Mason Dixon), George Wilson (Jim Richardson), Sharon Taylor (Louise Fairchild), Jack Riley (Beamter), Roch Peace (Wilbur Finletter), Eric Christmas (Sen. Polk), Al Sklar, Ernie Meyers. *F* 95 Min.
Vorsicht vor frischen Tomaten! Wildgewordene überdimensionale Killertomaten sind einer regierungsamtlichen Gemüsefarm entsprungen und treiben mit gurgelnder Freude ihr Unwesen in amerikanischen Supermärkten. Die gefährliche Zucht macht vor Hausfrauen nicht halt, bald müssen badende Mädchen, kleine Jungen und Hunde, zuletzt die Staaten der USA dran glauben. Wo sie nur hinkommen, gibt's bald ein fürchterliches Gemetzel, und man sollte es tunlichst unterlassen, nach Ketchup zu fragen. Bevor es dann Krisenstableiter Mason Dixon gelingt, die Attacken der mutierten Katastrophenbringer zu stoppen (die Schnulze

›Puberty Love‹ läßt die Tomaten wieder schrumpfen), muß er noch die Mordanschläge des größenwahnsinnigen Pressesprechers des Weißen Hauses, dazu trottelige Militärs und einen Harakiri-Fallschirmspringer überstehen. – Angekündigt als einer der ›schlechtesten Gemüsefilme aller Zeiten‹, entpuppt sich der Film trotz der wirklich originellen Grundidee und einiger treffender Sequenzen insgesamt als Fehlzündung. Denn über manchen Schwachsinn kann man wenigstens noch herzhaft lachen. Hier wird das Lachen immer dünner. Die Hersteller des Films konnten sich wohl nicht entscheiden, ob sie nun einen ernsthaften Schokker oder eine witzige Parodie im Sinn hatten. »Es kann ihnen getrost bescheinigt werden, beide Ziele verfehlt zu haben.« (M. H., FILMBEOBACHTER). »Auch die Handvoll ... frecher Einfälle bringen den ... Film nur mühsam über die Zeit. Ein kleiner *joke* für nette Gemüter, die so was gern als *cult* sehen.« (FISCHER FILM ALMANACH 1984)

Angriff der Riesenspinne
(THE GIANT SPIDER INVASION). USA 1975.
R Bille Rebane. *B* Richard L. Huff/ Robert Easton. *St* Robert Easton. *K* Jack Willoughby. *SpE* Richard Albain/Robert Millay. *M* N. N. *D* Steve Brodie (Dr. Vance), Barbara Hale (Dr. Jenny Langer), Robert Easton (Sam Kester), Leslie Parrish (Eve Kester), Alan Hale (Sheriff), Kevin Brodie (Davy Perkins), Bill Williams (Dutch), Diane Lee Hart (Terry), Tain Bodkin (Prediger), Paul Bentzen (Billy), J. Stewart Taylor (Deputy), Christiane Schmidtmer (Helga), William W. Gillett jr. (Rider). *F* 87 Min.
Ein Spinnenrudel aus dem Weltraum terrorisiert eine amerikanische Kleinstadt in Wisconsin, bis zwei Akademiker eingreifen und das Kroppzeug durch Neutronenbeschuß ausrotten. Ein Schwachsinn ohnegleichen.
Ⓥ Constantin

**Der Angriff kommt aus dem All, und
auf der Erde herrscht Terror**
(OCCHI DALLE STELLE). Italien 1978.
R Roy Garrett (= Mario Gariazzo).
B Mario Gariazzo. *K* E. Menczer.
M Marcello Giombini. *D* Robert
Hoffmann, Nathalie Delon, Martin
Balsam, Carlo Hinterman, Giorgio
Ardisson, Sherry Buchanan, Mario
Novelli. *F* 90 Min.
Extraterrestrier und ihre Verbündeten hin-
dern einen mutigen Journalisten daran,
die Wahrheit über die UFOs zu verbrei-
ten: Invasoren einer außerirdischen Macht
sind längst auf der Erde gelandet und be-
reiten heimlich einen Machtwechsel vor.
– Italienisches Routine-Erzeugnis, das
keinen Hund mehr hinter dem Ofen her-
vorlockt. In der BRD nur auf Video.
Ⓥ RCA/Columbia

Angriffsziel Moskau
(FAIL SAFE). USA 1963.
R Sidney Lumet. *B* Walter Bernstein.
LV Eugene Burdick/Harvey F. Wheeler.
K Gerald Hirschfeld. *SpE* Storyboard,
Inc. *D* Dan O'Herlihy (General Black),
Walter Matthau (Groeteschele), Frank
Overton (General Bogan), Edward
Binns (Grady, Pilot), Larry Hagman
(Buck), Fritz Weaver (Col. Cascio),
Nancy Berg (Elsa Wolfe), Henry Fonda
(Präsident), William Hansen (Min.
Swenson), Russell Hardie (Gen. Stark),
Russell Collins (Knapp), Sorrell Brooke
(Raskob), Hildy Parks, Dom DeLuise,
Janet Ward, Stuart Germain. 112 Min.
Ein Passagierflugzeug, vom Kurs abge-
kommen, bringt die amerikanische Ver-
teidigungsmaschinerie auf Trab. Da man
das auf dem Radarschirm sichtbare Objekt nicht identifizieren kann, setzt man
ein Geschwader von Überschall-Atom-
bombern in Marsch. Als der Irrtum aufge-
klärt wird, ist es schon zu spät: Eine Staffel, die irrtümlich per Computer einen
Angriffsbefehl erhalten hat, fliegt weiter
auf die Sowjetunion zu, um über Moskau
eine tödliche Fracht abzuladen. Alle Versuche, den Staffelchef Grady von seinem

Tun abzuhalten, fruchten nichts: Er hält
sogar die ihm über Funk zugespielte Stimme seiner Frau für ein kommunistisches
Täuschungsmanöver. Auch der Präsident
der USA kann ihn nicht davon abhalten,
der versehentlich gegebenen Anweisung
zuwiderzuhandeln. Die US Air Force hat
nun keine andere Wahl mehr, als ihre eigenen Bomber abschießen zu lassen, aber
die der Staffel folgenden Jäger sind zu
langsam und stürzen schließlich aufgrund
von Treibstoffmangel ins Beringmeer.
Col. Cascio, der mit privaten Problemen
zu kämpfen hat (er ist Kind italienischer
Einwanderer und schämt sich seiner ›proletarischen‹ Eltern), dreht durch. Als der
Präsident mit Hilfe des Dolmetschers
Buck über das Rote Telefon den sowjetischen Ministerpräsidenten von der bevorstehenden Katastrophe unterrichtet, wollen die Sowjets die US-Bomber selbst an
der Ausführung ihrer Mission hindern.
Dazu benötigen sie jedoch Geheiminfor-
mationen, die die USA für die Zukunft
ungeschützt machen. Als der Präsident
den Sowjets diese Informationen gibt,
bricht für Cascio eine Welt zusammen.
Aber auch die Abfangjäger der Russen
werden mit dem Problem nicht ganz fertig: Eine der US-Maschinen kann bis nach
Moskau durchbrechen. Um einen Weltkrieg zu verhindern, der den Erdball vernichten würde, bietet der US-Präsident
den Sowjets an, als ›Vergeltung‹ mit den
eigenen Atombomben New York zu zerstören. Ausgerechnet General Black, ein
beinahe pazifistisch eingestellter Mann,
erhält den Befehl, die Millionenstadt zu
bombardieren – in der sich zudem gerade
seine Familie aufhält. Die letzte Sequenz
des Films ist ein einziger Schock: Man
sieht Bilder aus dem alltäglichen New
York – junge Liebende, spielende Kinder,
Spaziergänger. Dann friert die gesamte
Szenerie in einem rasenden Wirbel von
Standfotos förmlich ein. – Sidney Lumets
Film scheint in bestimmten Kreisen – in
jenen nämlich, die es in erster Linie angeht – nur wenig Nachdenklichkeit erzeugt zu haben: Der Nachspann weist den

Zuschauer ausdrücklich darauf hin, daß bestimmte US-Einrichtungen feststellen, eine Katastrophe *dieser* Art könne sich niemals einstellen. Dabei geht es in diesem Streifen vorrangig nicht einmal um die Gefahren, die in der atomaren Aufrüstung stecken. Er äußert nicht einmal primär den Zweifel an der Perfektion der Computertechnik: *Angriffsziel Moskau* beklagt das mangelnde Vertrauen, das auf den Chefetagen der Macht herrscht. Wie der US-Präsident seinem sowjetischen Kollegen klarzumachen versucht, daß jetzt, wo das Kind in den Brunnen gefallen ist, nur noch uneingeschränktes und gegenseitiges Vertrauen helfen kann, ist eine der beeindruckendsten Szenen des ganzen Films. Das beinahe panische Verhalten Col. Cascios und das Entsetzen in den Augen des Staffelchefs Grady, der über Funk die Stimme seiner Frau hört und sie für eine Imitation der Gegenseite hält, zeigt, wie sehr die Befehlsempfänger die Parole verinnerlicht haben, daß die Kommunisten sich für keine Teufelei zu schäbig sind. *Angriffsziel Moskau* ist ein Film, den man gesehen haben muß. – »Brillant gemacht, absolut glaubwürdig und sehr bestürzend.« (FILMS AND FILMING)
Ⓑ Eugene Burdick/Harvey F. Wheeler: *Feuer wird vom Himmel fallen*, Hamburg 1963
Ⓥ RCA/Columbia

Animal Farm
(ANIMAL FARM). GB 1954.
R John Halas/Joy Batchelor. *B* Lothar Wolff/Borden Mace/Philip Stapp/John Halas/Joy Batchelor. *LV* George Orwell. Animation John Reed/Eddy Radage/Arthur Humberstone/Ralph Ayres/Harold Whitaker/R. Moysey. *K* S. G. Griffiths/J. Gurr/W. Traylor/R. Turk. *M* Matyas Seiber. *F* 75 Min.
Der versoffene Farmer Jones läßt seinen Hof immer mehr verkommen und vernachlässigt seine Tiere. Der von allen geachtete Eber Old Major ruft das Vieh in einer Nacht zusammen und macht ihm

klar, daß es ohne Jones auf der Farm an sich viel besser laufen müßte. Die Tiere wollen sich des Tyrannen entledigen, denn sie haben keine Lust mehr, für ein bißchen Futter zu arbeiten und am Ende dann doch noch geschlachtet zu werden. Sie stürmen das Wohnhaus, jagen den Bauern davon und entwickeln aus dem heruntergekommenen Hof ein blühendes Gemeinwesen. Die beiden klügsten Tiere – die Schweine Schneeball und Napoleon – übernehmen die Führung und entwikkeln eine Verfassung, die folgenden Wortlaut hat: 1. Wer auch immer auf zwei Beinen geht, ist ein Feind. 2. Wer auch immer auf vier Beinen geht oder Flügel hat, ist ein Freund. 3. Kein Tier soll Kleider tragen. 4. Kein Tier soll in einem Bett schlafen. 5. Kein Tier soll Alkohol trinken. 6. Kein Tier darf ein anderes töten. 7. Alle Tiere sind gleich. Das Schwein Schneeball entwirft eine Windmühle, um das Problem der Energieversorgung zu lösen, und hält die anderen Tiere an, Wissen zu erwerben, denn Wissen ist Macht, und wer genausoviel weiß wie die anderen, läßt sich nicht hinters Licht führen. Napoleon jedoch gefallen Schneeballs Aktivitäten überhaupt nicht. Er versichert sich der Hilfe einiger Hunde, die er als seine Leibgarde einsetzt, verwirft das Windmühlenprojekt Schneeballs, läßt den unliebsamen Konkurrenten liquidieren und gibt dessen Ideen später als seine eigenen aus. Er zieht mit den anderen Schweinen in Jones' Wohnhaus und errichtet ein bürokratisches System, dem sich die anderen Tiere unterzuordnen haben. Während die Schweine in Saus und Braus leben, müssen die anderen Tiere schuften bis zum Umfallen. Bald wird auch die Verfassung ›reformiert‹: § 4 lautet nun: Kein Tier soll in einem Bett *mit Leintüchern* schlafen. § 5: Kein Tier soll Alkohol *im Übermaß* trinken. § 6: Kein Tier soll ein anderes *grundlos* töten. § 7: Alle Tiere sind gleich, *aber einige sind gleicher als andere.* Die schwer erkämpfte Demokratie wird schrittweise wieder abgeschafft. Die Arbeit häuft sich, das

Animal Farm von John Halas und Joy Batchelor

Futter wird immer knapper. Schließlich nimmt Napoleon sogar Kontakt mit dem verhaßten Mr. Whymper auf und knüpft Handelsbeziehungen mit der Außenwelt an. Als nach einem Überfall der Menschen das Pferd Boxer bei den harten Aufbauarbeiten zusammenbricht, läßt Napoleon es von einem Pferdemetzger abholen, statt es – wie versprochen – in Rente zu schicken. Nun wird den Tieren vollends klar, daß sie ihren alten Unterdrükker lediglich gegen eine Kaste von neuen eingetauscht haben. Eine neue Revolution wird vorbereitet, um sich der parasitären Schweinebande zu entledigen. – Dieser nach George Orwell gedrehte Trickfilm wendet sich an Erwachsene und drückt die Frustration eines ehemaligen Sozialisten demgegenüber aus, was sich politisch nach der Machtergreifung Stalins in der UdSSR entwickelte: Orwell, der im

spanischen Bürgerkrieg auf seiten der POUM-Milizen, einer trotzkistischen Brigade, gekämpft hatte, schrieb später: »Mitte 1937, als die Kommunisten (gemeint sind hier die Stalinisten; d. Verf.) die spanische Regierung unter ihre Kontrolle bekamen und anfingen, auf die Trotzkisten Jagd zu machen, waren wir unter den Opfern. Wir hatten sehr viel Glück, lebend aus Spanien herauszukommen... Viele unserer Freunde wurden erschossen, andere waren lange im Gefängnis oder verschwanden einfach... Mich erschütterten die deutlichen Anzeichen dafür, daß sie (die UdSSR; d. Verf.) sich in eine hierarchische Gesellschaft umwandelte, in der die Herrschenden nicht mehr Grund haben, ihre Macht aufzugeben, als eine andere Klasse...« So trägt denn auch das sympathisch geschilderte Schwein Schneeball die Charakterzüge

Lenins und Trotzkis; Napoleon, das Schwein, das sich zum Diktator aufschwingt, ist unverkennbar Josef Stalin, und die Ereignisse auf Mr. Jones' Farm spiegeln die Geschichte der Sowjetunion jener Zeit wider. *Animal Farm* ist in der BRD unter verschiedenen Titeln gelaufen und hat auch ein anderes Ende als die Romanvorlage: Während Orwells Buch mit den Worten »Die Tiere draußen schauten von Schwein zu Mensch und von Mensch zu Schwein und wieder von Schwein zu Mensch, aber es war bereits unmöglich zu sagen, wer was war« endet, zeichnet sich in Halas/Batchelors Film eine neue, diesmal erfolgverheißendere Revolution ab. Zwei Pressestimmen: »Ein angehängtes Happy-End und der neckische Comics-Stil der Zeichnungen nehmen dem Geschehen die Bitterkeit, der die Vorlage ihre polemische Kraft verdankte.« (FILMKRITIK) – »Eine eindringliche Warnung vor der Korruption der Macht, die zugleich aber mißverstanden werden kann als Warnung vor jeder gesellschaftlichen Veränderung.« (RECLAMS SCIENCE FICTION FÜHRER)
Ⓥ Atlas
Ⓑ George Orwell: *Die Farm der Tiere,* Zürich 1949

A.P.E.
(APE). USA/Korea 1976.
R Paul Leder. *B* Joseph Morgan/ W. Huber. *D* Rod Arrants (Tom), Joanna de Varona (Marilyn Baker), Alex Nicol (Capt. Kim). *F* 87 Min.
Ein zehn Meter großer Gorilla, Ape genannt, wird gefangen, befreit sich aus dem Laderaum eines Schiffes, prügelt sich mit einem weißen Hai, begibt sich nach Korea und murkst und meuchelt, wo er kann. Der Reporter Tom unterstützt seinen alten Kumpel, den Polizisten Kim, bei der Suche nach dem Vieh. Ape entführt die Filmschauspielerin Marilyn und schleppt sie in eine Höhle. Tom kann sie befreien, aber Ape ist nun so sauer, daß er die Stadt Seoul demoliert und Marilyn erneut kidnappt. Natürlich hat er gegen die vereinte Schlagkraft der Armeen Koreas und der USA keine Chance. – *A.P.E.* sollte ursprünglich eine Neuverfilmung von Ernest B. Schoedsacks Klassiker *King Kong und die weiße Frau* werden, mußte den Titel aber aufgrund von Urheberrechtsstreitigkeiten ändern. Der Film, der auf Video-Kassette zu sehen ist, wurde im 3-D-Verfahren hergestellt.
Ⓥ All

Applejuice
(MEET THE APPLEGATES). USA 1989.
R Michael Lehman. *B* Michael Lehman/ Redbeard Simmons. *K* Mitchell Dubin. *SpE* Kevin Yagher. *M* David Newman. *D* Ed Begley jr. (Dick Applegate), Stockard Channing (Jane Applegate), Cami Cooper (Sally Applegate), Bobby Jacoby (Johnny Applegate), Dabney Coleman (Tante Bea), Glenn Shadix (Greg Samson), Adam Biesk (Vince Samson), Susan Barnes (Opal Withers), Savannah Smith Boucher (Dottle), Roger Aaron Brown (Sheriff Heldegger). *F* 86 Min.
Eine menschengroße Käferart, die sich durch die Rodung des südamerikanischen Regenwaldes in ihrer Existenz bedroht sieht, faßt, um sich zu retten, den Plan, die Menschheit zu auszurotten. Die Käferfamilie Applegate geht als Vorhut in die USA und tarnt sich als typische Amerikaner. Vater Dick soll die Sprengung des örtlichen AKWs vorbereiten. Das Leben unter den Menschen hat jedoch fatale Auswirkungen auf die Invasionsvorhut: Dick fängt ein Verhältnis mit seiner Sekretärin an, Mutter Jane verfällt in hemmungslosen Konsumwahn und Alkoholismus, Tocher Sally wird vom Beau ihrer Schule geschwängert, und Sohn Johnny erweitert sein Bewußtsein. Die alltäglichen Probleme lassen die Applegates ihre Mission aus den Augen verlieren. Ihre Königin, Tante Bea, trifft mit der Miliz ein, um das Vorhaben zu beenden. Die Applegates werden entlarvt und sollen gelyncht werden. Dick überzeugt den Mob, die Sprengung gemeinsam zu verhindern.

Als das Kraftwerk explodiert, kann der Schaden halbwegs in Grenzen gehalten werden. Menschen und Insekten beschließen zum Nutzen beider Existenzformen eine gemeinsame Problemlösung. – »Lehmanns Angriffsziel sind einmal mehr die Marotten und (Un-)Sitten des amerikanischen Mittelstandes, die er in aberwitzigen, bisweilen sogar absurden Szenen der Lächerlichkeit preisgibt.« (VIDEOWOCHE). – Nur auf Video. Ⓥ Highlight

Aquanauten
(I AKWANAFTI). UdSSR 1979.
R Igor Wosnessenski. *B* S. Pawlow/Igor Wosnessenski. *K* Alexander Filatow/ Georgi Selenin. *M* J. Krylatow. *D* German Poloskow (Sobolew), Alexander Jakowlew (Ball), Iren Aser (Lotta Kerom), W. Dworshezki (Professor Kerom), Paul Butkewitsch (Dugowski), Arnis Lizitis (Dumont). *F* 72 Min.
»Die Aquanauten des Films leben in einer nicht allzu fernen Zukunft, sie sind jene, die die Weiten des Ozeans zur friedlichen Nutzung für die ganze Menschheit erschließen sollen. Was zu Zeiten Jules Vernes noch kühne Fantasie war, inzwischen zu wissenschaftlich-technischer Pioniertat wurde, wird nach Ansicht der Filmschöpfer in nächster Zukunft schon Alltag sein. Vor den Reiz der Exotik, vor Mut und Entdeckerlust tritt die Routine täglicher Arbeit. Im Film ist eine Anlage zur untermeerischen Gewinnung schweren Wasserstoffs geschildert, die halbe Kontinente mit der Energie versorgen kann. Noch ist dies Utopie. Aber die Frage nach der Verantwortung des Wissenschaftlers für Folgen seiner Experimente ist ganz gegenwärtig und gibt dem Film seine heutige Dimension.« (Text des PROGRESS-Filmprogramms).

Das Arche-Noah-Prinzip
BRD 1983.
R Roland Emmerich. *B* Roland Emmerich. *K* Egon Werdin. *SpE* Thomas Herbrich/Egon Werdin/Hubert Bartolomä/Roland Emmerich. *M* Hubert Bartholomä. *D* Richy Müller (Billy Hayes), Franz Buchrieser (Max Marek), Matthias Fuchs (Felix Kronenberg), Aviva Joel (Eva Thompson), Nikolas Lansky (Gregor Vandenberg). *F* 100 Min.
November 1997: Die euroamerikanische Raumstation ›Florida Arklab‹ umkreist die Erde. Die Besatzung, der Meteorologe Max Marek und Captain Bill Hayes, geht ihren täglichen Routineaufgaben nach, die darin bestehen, Frühwetterdiagnosen zu stellen. Im Zuge eines Forschungsprogramms kann man bestimmte Erdzonen mit Mikrowellen bestrahlen, etwa um Monsune zu steuern oder in trokkenen Gebieten für Regen zu sorgen. Plötzlich jedoch erhält ›Florida Arklab‹ den Befehl, ein Gebiet im Nahen Osten zu bestrahlen: das dortige Wetter soll so beeinflußt werden, daß die Amerikaner eine militärische Operation durchführen können. Marek und Hayes setzen sich zur Wehr, doch man schickt ihnen eine Ersatzmannschaft, mit der es zu einer gewaltsamen Auseinandersetzung kommt. Marek kommt dabei ums Leben, in der Raumstation kommt es zu Explosionen. Captain Bill Hayes kehrt anschließend wieder zur Erde zurück und erzählt seine Geschichte. Man bringt ihm von offizieller Seite ›Verständnis‹ entgegen, doch offenbar nur, um herauszufinden, wieviel er wirklich von der Intrige der Amerikaner mitbekommen hat. Am Ende erfahren wir, daß er zuviel weiß: Die Geheimdienste sorgen dafür, daß er nie darüber reden wird. – »Hätte Roland Emmerich die Geschichte in vielleicht dreißig Minuten erzählt, dann hätte ein Film entstehen können, der in der Verfremdung der Science Fiction einige bittere Wahrheiten über den Mißbrauch der Wissenschaft lakonisch mitteilt. Den Regisseur aber packte der Ehrgeiz nach dem abendfüllenden Spektakel. In die Pausen zwischen Wendepunkten der Handlung stopft er breit ausgespielte, dilettantische Actionszenen und

Im Anflug auf das Legoland: *Das Arche-Noah-Prinzip* von Roland Emmerich

eine sentimentale Liebesgeschichte...
Solche Brechungen aber liegen Emmerich
nicht. Bierernst poltern seine Helden
durch das Raumschiff (sic!) und den
Film.« (Wilhelm Roth, epd FILM) – »Eine
Geschichte gibt das noch nicht; die Menschen scheinen die Filmemacher weniger
interessiert zu haben als die Technik.«
(Michael Sablotni, MARABO)
Ⓑ Martin Eisele: *Das Arche-Noah-Prinzip*, München 1983 Ⓥ Constantin

Arena – Todesmatch der Giganten
(ARENA). USA/Italien 1988.
R Peter Manoogian. *B* Danny Bilson/
Paul DeMeo. *K* Mac Ahlberg. *Ma* John
Buechler. *M* Richard Band. *D* Paul
Satterfield (Steve Armstrong), Claudia
Christian, Hamilton Camp, Marc
Aleimo, Armin Shinerman, Shari
Shattuck, Jack Carter. *F* 94 Min.
Materielle Mißstände zwingen den Gala-
xienbummler Steve Armstrong, sich als
Kämpfer in der ›Arena‹ zu verpflichten.
Im Ring hat sich seit Jahren kein Mensch
gegen außerirdische Gladiatoren behaup-
tet. Er haut sich so lange mit exotischen
Gegnern herum, bis er zum Champion-
kampf antreten kann... und siegt. –
»Manoonigan klaut ganze Einstellungen
aus Stallones Boxer-Serie, trotzdem zieht
Arena einen außerordentlichen Reiz aus
seinem bizarren Schauplatz, der... ungewöhnlich aufwendig und einfallsreich realisiert wurde. Gelungen sind die zahlreichen außerirdischen Kreaturen.« (Kai
Meyer, MOVIESTAR). – Nur auf Video.
Ⓥ VPS

Argoman –
Der phantastische Superman
(COME RUBARE LA CORONA
D'INGHILTERRA). Italien 1978.
R Terence Hathaway. *B* Dino Verde/

Vincenzo Flamini. *K* Tino Santoni.
M Piero Umiliani. *D* Roger Browne (Sir
Reginald Hoover), Dominique Boschero
(Jenabell), Dick Palmer, Nadia
Marlowa, Edoardo Fajardo, Richard
Peters. *F* 86 Min.
Aus dem Londoner Tower wird die St.-
Edwards-Krone gestohlen. Der Verdacht
fällt auf den mit fantastischen Kräften
ausgestatteten Meisterdieb Argoman, der
in diesem Falle aber unschuldig ist. Scotland Yard bittet daraufhin Sir Reginald
Hoover um seine Hilfe – ohne zu wissen,
daß dieser mit Argoman identisch ist. Sel-
biger tritt in Aktion und entlarvt als Diebin der Krone die gutaussehende Jenabell,
die nach der Weltherrschaft strebt. Zu
diesem Zweck hat sie bereits mit Hilfe ihrer Schwarzen Garde und des Wunderap-
parats Muradow-A diverse NATO-Gene-
rale und Diplomaten zu ihren hilflosen
Robotern gemacht. – »Wenn sich der Superheld produziert, in gelbrotschwarzem
Trikot und Maske, kommen einem Tränen.« (FILMBEOBACHTER)

Arzt und Dämon

(DR. JEKYLL AND MR. HYDE).
USA 1941.
R Victor Fleming. *B* John Lee Mahin.
LV Robert Louis Stevenson. *K* Joseph
Ruttenberg. *SpE* Warren Newcombe/
Peter Ballbusch. *Ma* Jack Dawn.
M Frank Waxmann. *D* Spencer Tracy
(Dr. Harry Jekyll/Mr. Edward Hyde),
Ingrid Bergman (Ivy Peterson), Lana
Turner (Beatrix Emery), Donald Crisp
(Sir Charles Emery), Jan Hunter (Dr.
John Lanyon), Barton MacLane (Sam
Higgins), C. Aubrey Smith (Bischof),

Da stöhnt nicht nur der Schaltkreis:
Argoman – Der phantastische Superman von Terence Hathaway

Peter Godfrey (Poole), Sara Allgood (Mrs. Higgins), Frederick Worlock (Dr. Heath), William Tannen (Fenwick), Frances Robinson (Marcia), Denis Green (Freddie), Billy Bevan (Weller), Forrester Harvey, Lumsden Hare, Lawrence Grant, John Barclay. 133 Min.

London, gegen Ende des neunzehnten Jahrhunderts: Der Mediziner Dr. Jekyll ist davon überzeugt, daß es weder völlig ›gute‹ noch völlig ›böse‹ Menschen gibt. Für ihn ist jeder Mensch eine dualistische Persönlichkeit, die beide Eigenschaften in sich vereinigt. Da er an einer Droge arbeitet, mit deren Hilfe er seine Theorie beweisen will, und auch sonst ziemlich konventionelle Umgangsformen pflegt, ist er Sir Charles Emery, seinem zukünftigen Schwiegervater, nicht ganz geheuer. Um Jekyll seine Tochter Beatrix zu entfremden, geht er mit ihr auf eine ausgedehnte Reise. Als Jekyll eines Abends die zwielichtige Ivy Peterson vor einem Unhold rettet, macht diese ihm unverhohlen Avancen. Obwohl Jekyll sich von ihrer erotischen Ausstrahlung angezogen fühlt, läßt es sein Charakter nicht zu, daß er Beatrix betrügt. Er hält diese Entwicklung jedoch für günstig, um das seit langem vorbereitete Drogenexperiment durchzuführen: In einer schreckenerregenden Szene verwandelt er sich in die Karikatur eines Menschen, den bösartigen, skrupellosen und hinterhältigen ›Mr. Hyde‹, der bedenkenlos jene Gefühle auslebt, die Jekyll bisher erfolgreich in sich unterdrückt hat. Als Mr. Hyde nimmt er eine perverse Beziehung zu Ivy auf. Er mißhandelt und quält das Mädchen, bis dieses Hilfe bei dem gutherzigen Dr. Jekyll sucht, denn es hat keine Ahnung, daß die beiden die gleiche Person sind. Jekyll, im Normalzustand eine Seele von Mensch, verspricht Ivy, er werde sie von den Nachstellungen Hydes befreien, aber dann stellt er mit Schrecken fest, daß ihm die Kontrolle über sich selbst entglitten ist: Ohne es zu wollen, verwandelt er sich immer wieder in Mr. Hyde zurück. Als Beatrix nach London zurückkehrt, will er ihr klarmachen, daß er nicht mehr mit ihr zusammenleben kann, aber als er sich unverhofft wieder in Mr. Hyde verwandelt, kehrt er um und tötet Ivy. Jekyll flieht, die Polizei ist ihm auf den Fersen. Da ihn sein Butler Poole nicht ins Haus läßt (er kann seinen Herrn als Hyde nicht erkennen), flieht er zu seinem Freund, dem Arzt John Lanyon. Lanyon kann ihm zeitweise helfen, aber als Jekyll Beatrix aufsucht, um mit ihr ein Gespräch zu führen, verwandelt er sich wieder in Hyde. Er bringt Sir Charles um und flieht. Lanyon alarmiert die Polizei und führt sie zu Jekylls Labor. Dort kommt es zu einem letzten Kampf, bei dem der schreckliche Mr. Hyde getötet wird. Als er stirbt, nimmt er wieder die Gesichtszüge Dr. Jekylls an. – Remake des Mamoulian-Erfolges *Dr. Jekyll und Mr. Hyde* aus dem Jahr 1931. Trotz Starbesetzung und schlüssiger Inszenierung konnte es sein Vorbild nicht erreichen. Das lag zum Teil an den viel strengeren Moralvorschriften des Jahres 1941, so daß die sexuelle Komponente des Themas nur angedeutet werden konnte. Das lag zum anderen an der Fehlbesetzung des Hauptparts durch Spencer Tracy. Als Henry Jekyll, anders als Barrymore (1920) oder March (1931) vor ihm, war Tracy nicht ansehnlich genug; und als Hyde war sein Make-up, gerade in den Schlüsselszenen des Films, nicht genügend bizarr.« (Glut, CLASSIC MOVIE MONSTERS) – Einzig Ingrid Bergman verdiente sich gute Noten. Sie sollte zunächst den Part der Verlobten Dr. Jekylls übernehmen. Auf ihren Wunsch hin durfte sie die Rolle mit Lana Turner tauschen, die als Darstellerin der Ivy vorgesehen war. In dieser Rolle spielte die Bergman alle an die Wand: ». . . die junge schwedische Schauspielerin beweist wieder einmal strahlendes Talent, das auch über ganz unmöglich geschriebene Rollen triumphiert.« (NEW YORK TIMES)

Ⓑ Robert Louis Stevenson: *Der seltsame Fall des Doktor Jekyll und des Herrn Hyde*, Breslau 1889

Astaron – Brut des Schreckens von Luigi Cozzi

Asphalt-Kannibalen
(APOCALISSE DOMANI).
Italien/Spanien 1979.
R Anthony M. Dawson (= Antonio
Margheriti). *B* N. N. *K* Fernando
Arribes. *M* Alessandro Blonksteiner.
D Elizabeth Turner, Giovanni
Lombardo Radice, Cinzia de Carolis,
Ramiro Oliveiros, Tony King, Wallace
Wilkinson, May Heatherley. *F* 95 Min.
US-Soldaten, die sich während des Viet-
nam-Krieges an einem sogenannten ›Kan-
nibalismus-Virus‹ infiziert haben, schla-
gen sich, in die Heimat zurückgekehrt,
beißend und fressend durch eine Groß-
stadt und stecken (wie Werwölfe & Vam-
pire) jeden an, der ihre Bißattacken überlebt. Als die Kannibalenplage immer weitere Kreise zieht, schlägt ein Spezialkom-
mando mit Maschinenpistolen und Flammenwerfern zu und rottet sie aus. – Der
Film ist nichts anderes als eine Ansammlung widerwärtiger Scheußlichkeiten und
der SF-Aufhänger nichts anderes als der
Versuch, dem Thema Zombie eine neue
Wendung zu geben. Eine geschmacklose
Effekthascherei!
Ⓥ Marketing

Astaron – Brut des Schreckens
(CONTAMINAZIONE).
BRD/Italien 1979.
R Lewis Coates (= Luigi Cozzi).
B Lewis Coates. *K* Giuseppe Pinori.
M ›I Goblin‹. *D* Louise Marleau (Stella
Holmes), Ian McCulloch (Hubbard),
Mario Mase (Arras), Siegfried Rauch
(Hamilton), Gisela Hahn (Perla).
F 82 Min.
Ein Geisterschiff treibt im Hafen von
New York, die Mannschaft ist auf bestia-
lische Weise ums Leben gekommen. Im
Laderaum des Frachters werden in Kaf-
feekisten verpackte, eiförmige Gebilde
gefunden. Als selbige platzen und die An-
gehörigen eines Rettungskommandos mit
einer klebrigen Flüssigkeit benetzen, wer-
den die Männer in Stücke gerissen. Stella
Holmes, ein weiblicher Colonel des Si-
cherheitsdienstes, sucht daraufhin den
dem Alkohol verfallenen Ex-Astronauten
Hubbard auf, der – als er noch Herr seiner
Sinne war – behauptet hat, er sei im Weltraum auf ähnliche Gebilde gestoßen.
Hubbard tritt in die Dienste des Pentagon
und macht mit Stellas Hilfe auf einer südamerikanischen Kaffeeplantage das ge-

heime Nest der außerirdischen Invasoren zu einem Trümmerhaufen. – Dieses italienische Billigprodukt ist von der Idee her nichts anderes als ein unverschämtes Plagiat von Ridley Scotts *Alien – das unheimliche Wesen aus einer fremden Welt.* »Derart primitiv, geschmack- und einfallslos ist schon lange kein Film mehr kopiert worden.« (VAMPIR)
Ⓥ VPS

Astro-Zombies, Roboter des Grauens
(THE ASTRO ZOMBIES). USA 1969.
R Ted V. Mikels. *B* Ted V. Mikels/
Wayne M. Rogers. *K* Bob Maxwell.
M Nick Carras. *D* Wendell Corey
(Holman), John Carradine (Dr.
DeMarcos), Tom Pace (Eric Porter),
Rafael Campos (Juan), Joan Patrick
(Janine), William Bagdad (Franchot),
Joe Hoover (Edwards), Victor Izay
(Dr. Petrovich). *F* 90 Min.
Ein *mad scientist* bastelt mit Unterstützung seines mißgestalteten Faktotums in einem Geheimlabor künstliche Menschen, die er nach seinem Willen lenken kann. Diverse Erzhalunken, deren Ziele niemals richtig klar werden, versuchen mit allerlei Metzeleien, die Erfindung des Forschers in die Hand zu bekommen. – »Ein grenzenloser Schwachsinn, zudem miserabel synchronisiert.« (SCIENCE FICTION TIMES)

Atlantis, der verlorene Kontinent
(ATLANTIS, THE LOST CONTINENT).
USA 1960.
R George Pal. *B* Daniel Mainwaring.
LV Sir Gerald Hargreaves *K* Harold E.
Wellman. *SpE* A. Arnold Gillespie/Lee
Le Blanc/Robert R. Hoag. *M* Russell
Garcia. *D* Anthony Hall (Demetrios),
Joyce Taylor (Antillia), John Dall
(Zaren), Bill Smith (Gardehauptmann),
Edward Platt (Azor), Frank DeKova
(Sonoy), Berry Kroeger (Chirurg),
Edgar Stehli (König Kronas), Wolfe
Brazell (Petros), Jay Norvello
(Xandros), Buck Maffei (Andes).
F 90 Min.

Der junge Fischer Demetrios, ein Bewohner des antiken Griechenland, rettet die schiffbrüchige Antillia, die Tochter König Kronas' von Atlantis. Von Heimweh geplagt, reißt sie eines Tages aus, und Demetrios, der ihr folgt, faßt den Entschluß, ihr zu helfen. Als sie sich auf dem Ozean von Unterseebooten umkreist sehen, wissen sie, daß Atlantis nicht mehr fern ist. Aber dort hat der Intrigant Zaren König Kranos entmachtet und strebt die Weltherrschaft an. Dabei soll ihm ein riesiger Kristall helfen, der in einem Vulkan begraben liegt und Todesstrahlen aussenden kann. Kronas will Demetrios beseitigen, aber der junge Fischer gewinnt wider Erwarten das Duell gegen den Schlagetot Andes und wird somit freier Bürger von Atlantis. Zaren läßt jedoch nicht locker. Er hetzt die Atlanter gegen Demetrios auf und begeistert sie für seine Welteroberungspläne. Der junge Grieche schleicht sich schließlich in das Vertrauen seines Widersachers ein, denn er will Zarens Pläne sabotieren. Demetrios verbündet sich mit den Sklaven. Als es zu einer bewaffneten Auseinandersetzung kommt, bricht der Vulkan aus und läßt Atlantis unter den Meeresspiegel absinken. Nur Demetrios, Antillia und die Sklaven entkommen. – Der Film war in jeder Beziehung ein Reinfall: Die verwendeten Tricks unbefriedigend, die Handlung langgezogen, und der Höhepunkt erwies sich als äußerst flach. Man kann allerdings einige hundert Meter Filmabfall aus *Quo Vadis* (Regie: Mervin Le Roy, 1951) in diesem Streifen bewundern.

Atlantis Inferno
(ATLANTIS INTERCEPTORS).
Italien 1983.
R Ruggero Deodato. *B* N. N. *K* Ettore
Piazzoli. *M* Guido de Angelis/Maurizio
de Angelis. *D* Christopher Connelly,
Mike Miller, Tony King, Ivan
Rassimov, Gioia Maria Acola, George
Hilton. *F* 92 Min.
Florida, 1994: Wissenschaftler, die im Bermuda-Dreieck ein gesunkenes sowje-

tisches Atom-U-Boot bergen wollen, werden Zeugen des Auftauchens der legendären Insel Atlantis. Deren Bewohner sind wie zeitgenössische Ultrapunks aufgemacht und ziehen fröhlich metzelnd durch die Lande, was unsere Helden beinahe pausenlos in gefährliche Situationen bringt. – Die Fantasielosigkeit des Drehbuchautors (der seinen Namen gar nicht erst nennt) ist so unglaublich, wie seine Frechheit offensichtlich ist: Daß man uns gewöhnliche Vorstadtpunks als ›Atlantiden‹ verkaufen will, setzt schon allein dem Faß die Krone auf, aber daß man uns weismachen will, eine (hm) Kultur, in der jeder von Beruf Totschläger ist, könne auch nur länger als ein paar Tage existieren, ist schier unfaßlich. Unfreiwillig komisch auch die Dialoge: »Nachdem das pausenlose Gemetzel schon unzählige

Statisten das (Film-)Leben gekostet hat, rückt der Söldner-Anführer mit einer Neuigkeit heraus: ›Es geht um Leben und Tod‹« (Peter Behrens, RHEINISCHE POST).
Ⓥ Thorn EMI

Die Atomente
(MR. DRAKE'S DUCK). GB 1950.
R Val Guest. *B* Val Guest. *LV* Ian Messiter. *K* Jack Cox. *M* Bruce Campbell. *D* Douglas Fairbanks jr. (Don Drake), Howard Marion Crawford (Major Travers), Wilfrid Hyde-White (May), Reginald Beckwith (Boothby), Tom Gill (Capt. White), John Pertwee (Reuben), Yolande Donlan (Penny Drake), Peter Butterworth (Higgins), A. E. Matthews (Brigadier), John Boxer. 81 Min.

Ed Platt und Joyce Taylor in *Atlantis, der verlorene Kontinent*

Die Flitterwochen eines Farmerehepaares werden zum Alptraum, als es unter Enteneiern ein besonderes Exemplar entdeckt. Etwas metallen klingt die Schale, das Eidotter scheint grünlich. Laut wissenschaftlicher Untersuchung enthält es Uran. Das Kriegsministerium bläst Atom-Alarm. Alle drei Waffengattungen, ›zu Land‹, ›zu Wasser‹ und ›in der Luft‹, rükken an, zerstampfen Felder, erklären die Ländereien der Jungvermählten zum militärischen Objekt. Parlamente diskutieren, Noten werden ausgetauscht, die Uran-Ente muß her. Nach fieberhafter Suche findet man endlich das kriegswichtige Federvieh. Unter schwerstem militärischen Begleitschutz wird es abtransportiert. Nun kann endlich der Friede über die ziemlich ramponierte Farm und ihren leidgeprüften Bewohnern einziehen. Doch weit gefehlt. Die Ente war die falsche! – Eine köstliche Persiflage aus der Zeit, als man noch über Atompsychosen lachen konnte. Radioaktive Enteneier sind heutzutage leider gar nicht mehr zum Lachen, eher mögliche Realität. Doch geht es dem Film und seinen Machern weniger um Science Fiction, als vielmehr um die Brandmarkung des Militärs und der Bürokratie. Dabei liefert das Drehbuch Gags am laufenden Band und geistsprühende Dialoge. Douglas Fairbanks glänzt in seiner ureigensten Rolle: Ganz Gentleman, selbst auf dem Melkschemel.

Atomic Hero
(THE TOXIC AVENGER). USA 1985.
R Michael Herz/Samuel Weil. *B* Joe Ritter. *K* James London/Lloyd Kaufman. *Ma* Jennifer Aspinall.
M Deimar Brown/Sandy Farina/Mark Hoffman. *D* Andree Maranda (Sara), Mitchell Cohen (Atomic Hero), Jennifer Baptist (Wanda), Cindy Manion (Julie), Robert Pritchard (Slug). *F* 78 Min.
Der dämliche Melvin arbeitet als Putzmann in einem Fitness-Center, wo er in jedes Fettnäpfchen tritt und den Muskelprotzen auf die Nerven geht. Eines Tages fällt er einem Ulk zum Opfer, stürzt in eine Tonne mit chemischen Abfällen und mutiert zu einem zwei Meter großen Monster. Da er einen sehr extremen Gerechtigkeitssinn hat, räumt er, mit einem Mop bewaffnet, mit dem Bösen auf, lernt bei einem Rachefeldzug die blinde Sara kennen und verliebt sich in sie. Melvin entfernt den schleimigen Bürgermeister aus seinem Amt und verschwindet mit Sara aus der Stadt. – Eine billiger, brutaler, dilettantischer und vor allem unkomischer Quark. – Nur auf Video.
Ⓥ UFA

Atomic Hero II
(THE TOXIC AVENGER 2). USA 1988.
R Michael Herz/Llloyd Kaufman. *B* Gay Partington/Lloyd Kaufman. *K* James London. M Barton Guard. *D* Ron Fazio (Atomic Hero), Phoebe Legere (Claire), Rick Collins (Vorstand), Rikiya Yasuoka (Big Mac), Tsumotu Sekine (Ansager), Shinoburyu (Skockikuyama), Lisa Gaye (Malfaire), Jessica Dublin (Mrs. Junko), Jack Cooper (Junko), Erika Schickel (Psychiaterin). *F* 91 Min.
Vorgeschichte siehe *Atomic Hero*. – Nach der Ermordnung seines Vaters kehrt Atomic Hero in seine Heimatstadt Tromaville zurück, die er vor der Vernichtung durch die Firma Apocalypse, Inc. retten muß, die schon das Blindenheim auf dem Gewissen hat und nun eine Giftmülldeponie errichten will. Und überhaupt steht ein japanisches Konglomerat hinter allem. – »Ein um Humor bemühtes Horrorszenarium, dessen Grundeinfälle sich bereits im ersten Teil verbraucht haben.« (FISCHER FILM ALMANACH). – Nur auf Video.
Ⓥ UFA

Atomic Hero III
(THE TOXIC AVENGER 3: THE LAST TEMPTATION OF TOXIE). USA 1989.
R Michael Herz/Lloyd Kaufman.
B G. D. Terry. *K* James London. *M* Chris De Marco. *D* Ron Fazio, Rikiya Yasuoka, Tsutomu Sekine, Lisa Gaye. *F* 86 Min.

Vorgeschichte siehe *Atomic Hero* und *Atomic Hero II*. – Toxie, der Atomic Hero, ist arbeitslos. Die Firma Apocalypse, Inc., deren Chef der Teufel höchstpersönlich ist, stellt ihn ein, um ihn zum ambitionierten Yuppie umzuformen – ohne Erfolg. – Der gleichzeitig mit *Atomic Hero II* gedrehte Film »zitiert sich zu sehr und ist viel zu lang; eher geistesschwach als blöd-komisch.« (Leonard Maltin, MOVIES AND VIDEO GUIDE).
Ⓥ UFA

Atomic Reporter
(REVENGE OF THE ATOMIC REPORTER). USA 1989.
R Craig Pryce. *B* David Wiechorek/ Craig Pryce. *K* Paul Sarossy. *M* David Bradstreet. *D* David Scammell (Mike Wave), Kathryn Boese (Richelle Darlington), Randy Pearlstein (Joe Wave), Derrick Strange (Richard Swell). *F* 80 Min.
Der Reporter Mike Wave deckt einen Skandal in einem AKW auf, dessen Aufsichtsrat ihn aus Furcht vor Enthüllungen in atomarem Abfall versenkt. Wave überlebt (Wow!) und mutiert, wie es in Filmen, deren Idee man anderswo geklaut hat, nun einmal ist, zu einem schleimigen Racheengel. Er befreit seine Geliebte aus den Fängen seiner Feinde und macht die Bösen alle. – »Nicht ganz so elitär und schwachsinnig wie die einschlägigen Troma-Produkte *(Atomic Hero)*, aber dumm genug.« (FILM-JAHRBUCH). – Nur auf Video.
Ⓥ CIC

Atomic Thrill
(I WAS A TEENAGE ZOMBIE). USA 1986. *R* John Elias Michalakis. *B* James Martin. *K* Peter Lewnes. *M* Jonathan Roberts/Craig Seaman. *D* Michael Ruben (Con Wake), Steve McCoy (Mussolini), Cassie Madden (Cindy Faithful), George Seminara (Gordy), Peter Bush (Rosencrantz). *F* 92 Min.
Der linkische Drogendealer Mussolini wird von ein paar High School-Bubis er-mordet und in einen radioaktiv verseuchten Fluß geworfen. Wie jedermann weiß, wirkt Radioaktivität äußerst belebend auf den Menschen. Alsbald steigt Mussolini, der nun so aussieht wie 500 Pfund Kartoffelsalat, aus dem Wasser und hat nur noch eins im Kopf: RAAACHE!!! Er findet sein erstes Opfer und bläst ihm das Lebenslicht aus. Die High School-Bubis, nicht dumm, werfen den Toten in den Fluß, dem er in voller Lebenskraft entsteigt, um zum großen Mutantenduell anzutreten. – Daß es noch immer Autoren gibt, denen das Erzählen solcher Geschichten nicht peinlich ist, ist schier unglaublich. – Nur auf Video.
Ⓥ IHE

Auch die Kleinen wollen nach oben
(THE MOUSE ON THE MOON). GB 1962.
R Richard Lester. *B* Michael Pertwee. *LV* Leonard Wibberley. *K* Wilkie Cooper. *M* Ron Grainer. *D* Margaret Rutherford (Gloriana), Bernard Cribbins (Vincent), Ron Moody (Mountjoy), David Kossoff (Kokintz), Terry-Thomas (Spender), June Ritchie (Cynthia), Roddy McMillan (Benter), John Le Mesurier (Britischer Delegationschef), Peter Sallis (Sowjetischer Delegationschef). *F* 85 Min.
Das winzige Großherzogtum Grand Fenwick hat Finanzhilfe aus den USA bezogen, aber da niemand weiß, ob die Herzogin und ihre Vasallen das Geld tatsächlich für den Bau sanitärer Anlagen verwenden, hat das kleine Land bald ein Heer von Spionen auf dem Hals, die schnell herausfinden, daß der Grand Fenwicker Wein (der einzige Exportartikel) bestens als Raketentreibstoff verwendet werden kann. Es gelingt dem Großherzogtum sogar, ein Raumschiff zum Mond zu schicken, das wohlbehalten wieder zurückkommt. – *Auch die Kleinen wollen nach oben* ist eine Fortsetzung von Jack Arnolds *Die Maus, die brüllte* (1959), erreichte jedoch die Spritzigkeit des ersten Teils nicht ganz. »Abgesehen von weni-

gen treffenden Pointen wirkt das Ganze wie ein unbegabter Kabarett-Versuch. Weniger der Stoff als die Machart verdarb den Spaß. Die Synchronisation tat ein übriges, die Gags weiter zu vergröbern.« (FILMDIENST)

Ⓑ Leonard Wibberley: THE MOUSE ON THE MOON, New York 1962

Auf dem Kometen
(NA KOMETE). ČSSR 1969/70. *R* Karel Zeman. *B* Jan Procházka, Karel Zeman. *LV* Jules Verne. *K* Rudolf Stahl. *SpE* Arnošt Kupčík, František Krčmár, Josef Zeman, Jaroslav Bařinka, Bohuslav Pikhart. Ausstattung Karel Zeman, Jiri Hlupý, Zdenek Ostrcil. *M* Luboš Fišer. *D* Emil Horváth jr. (Capt. Servadac), Magda Vasáryová (Angelika), František Filipovský, Josef Větrovec, Čestmir Randa, Jiřína Jirásková, Vladimir Menšik, Miroslav Holub, Karel Effa, Josef Hlinomaz, Jaroslav Meres, Eduard Kohout, Idena Bronislavski, Stero Marsalek, Karel Pavlik. *F* 76 Min.

In der Form einer Jugenderinnerung erzählt ein französischer Offizier eines Expeditionskorps rückblickend von der Zeit seiner Stationierung in Nordafrika. Bilder von Wüsten, Palästen, orientalischen Märkten, Moscheen, Forts und Vergnügungsstätten im Postkartenformat umreißen die Welt, in der der Film spielt. Das Jahr 1888 legt den Zeitpunkt des Geschehens fest. Vieles, was sich dann ereignet, paßt in den Rahmen dieser Zeit: Französische Kolonialtruppen vermessen die neuen Gebiete; Mädchenhändler entführen Frauen; Waffenschmuggler machen schmutzige Geschäfte; Großmächte wie Spanien bedienen sich der Agenten, um ihre finsteren Absichten zu verbergen. So ist es dann auch ein im Auftrag der Spanier handelnder Waffenschmuggler, der den französischen Kolonialherren eine als Gastgeschenk getarnte ›trojanische‹ Bombe ins Revier legt, deren Explosion das Zeichen zum Angriff für die verbündeten Araber sein soll. Doch schon vorher hat

sich am Himmel ein riesiges Kometengebilde, zigmal größer als die Sonne, gezeigt, das Blitz und Donner auswirft, von den Menschen aber nicht als unbedingte Bedrohung aufgefaßt wird. Just in dem Augenblick, als die Bombe explodiert, reißt ein Teil der Erde ab, vereinigt sich mit dem Himmelskörper und saust durch den Weltraum. Die Reise auf dem Kometen beginnt. Zunächst verfolgen die Menschen trotz gemeinsamer Gefahr ihre egoistischen Ziele weiter. Dabei kommt es zu den absurdesten Begegnungen mit allerlei Urwelttieren, die auf dem Kometen heimisch sind. Auch diese können die Menschen kaum beeindrucken. Erst als man bedrohlich in die Nähe eines anderen, größeren Planeten – wahrscheinlich des Mars – kommt und der Untergang unmittelbar bevorzustehen scheint, werden sich die ›Schiffbrüchigen im Weltall‹ ihrer Lage bewußt. Geld und Waffen sind nichts mehr wert, die Harmonie zwischen Arabern, Franzosen und allen anderen Menschen ist hergestellt. Friede herrscht auf dem Kometen. Als dann der erwartete Weltuntergang doch ausbleibt, der Komet sich wieder Richtung Erde begibt, da fängt alles wieder von neuem an. Der Waffenschmuggler und der französische Befehlshaber einigen sich auf eine neue ›trojanische‹ Bombe, so daß man wieder aufeinander losgehen kann. »Soldaten haben die Pflicht zu kämpfen, nicht aber, sich darüber Gedanken zu machen«, tönt der Franzose und läßt zum Angriff blasen. Die Vorstellung, in Frieden zu leben, bleibt eine Utopie, was auch die beiden Liebenden (der erzählende Offizier und das Mädchen Angelika), deren Geschichte die Rahmenhandlung abgibt, nicht ändern können. Am Schluß des Films stellt sich allerdings heraus, daß die ganze Geschichte doch nur ein Hirngespinst war, entstanden unter der heißen Sonne Afrikas.

Karel Zeman ist ein Meister seines Fachs. Hatte er in *Die Erfindung des Verderbens* Stiche der Jules-Verne-Zeitgenossen und Illustratoren Benett und Riou als Vorlage benutzt und damit eine außergewöhnliche Nähe zum literarischen Vorbild erzielt, so gelingt ihm das diesmal durch einen anderen Trick: Er läßt die Geschichte in alten Ansichtspostkarten und -bildern (den Eindruck hat man jedenfalls) spielen, die zum Teil, der Zeit entsprechend, unwirklich coloriert bzw. total vergilbt sind. Zusätzlich setzt er durchaus beeindruckende Trickeffekte ein, erweckt märchenhafte Fabelwesen, riesengroße Ungetüme aus grauer Vorzeit und eine noch größere Seeschlange zum Leben. Doch Karel Zeman will mit diesen Monstern seine Zuschauer nicht schocken.

»Wenn die wohnhausgroßen Urtiere aus grauer Vorzeit den Attacken der Artillerie und der Kavallerie mit Interesse und schweifwedelnd zuschauen und ihnen gewachsen sind, rücken sie bei Zeman doch noch aus, weil ihnen das Geschepper von Kochtöpfen auf die Sauriernerven geht.« (ANDROMEDA) – Das zeigt schon im Ansatz, daß auch der Witz in diesem Film nicht zu kurz kommt. So läßt der französische Befehlshaber aufgrund des Kochtopferfolges gegen die Saurier seine Kanonen gegen eben diese neue ›Wunderwaffe‹ austauschen und fällt dabei natürlich kräftig auf die Nase. Gags, Ironie und treffender Wortwitz machen den Film neben seiner Ausstattung zum wahren Vergnügen. Trotzdem sind an einigen Stellen Brüche in der Handlung. Ob da wohl wegen allzu treffender Ironie die Schere, genauer gesagt die Zensur des Heimatlandes ihre Hände im Spiel hatte?

Ⓥ Loyal
Ⓑ Jules Verne: *Das erstaunliche Abenteuer der ›Expedition Barsac‹*, Zürich 1978

Auf der Suche nach dem geheimnisvollen Kristall
(HERO IN THE FAMILY). USA 1986. *R* Mel Damski. *B* John Drimmer/ Geoffrey Loftus. *K* William Goldstein. *M* N.N. *D* Christopher Collet, Cliff de Young, Anabeth Gish, Darleen Carr, Keith Dorman. *F* 87 Min.

Ein Unfall im Weltraum vertauscht den Charakter eines Astronauten mit dem eines Affen. Die Behörden erweisen sich als unfähig, die Sache wieder umzukehren. Da muß der Sohn des Astronauten das Ruder in die Hand nehmen und den Erwachsenen zeigen, wie es geht. – Ein TV-Film. – »Konventionelle Unterhaltung nach Walt Disney-Muster; streckenweise vergnüglich, aber durch den unglaubwürdigen Rahmen im Unterhaltungswert gemindert.« (FILMDIENST). – Nur auf Video.
Ⓥ Euro

Aufstand der Tiere
Anderer Titel für *Animal Farm*

Der Auftrag
(AMERICAN NINJA 2: THE CONFRONTATION). USA 1987. *R* Sam Firstenberg. *B* Gary Conway. *K* Gideon Porath. *M* George S. Clinton. *D* Michael Dudikoff (Joe Armstrong), Steve James (Curtis Jackson), Larry Poindexter (Charlie McDonald), Gary Conway (Leo Burke), Jeff Weston (Woodward), Michelle Botas, Michael Stone. *F* 89 Min.

Im ersten Teil, der inhaltlich in keiner Beziehung zu *Der Auftrag* steht, erfährt man, daß auch ein Amerikaner die ›Kunst des Tötens‹ beherrscht: Joe Armstrong von der US Army. Es geht um nichts geringeres als um die Bewahrung des Weltfriedens. Der Verbrecher Burke läßt Marines entführen. Ein gefangener Genexperte klont sie zu Ninja-Killern. Da er recht viele erschaffen hat, können Joe und sein Freund Curtis auch viele verhauen. – »Was als Stoff für eine Satire geeignet wäre, wird von Regisseur Sam Firstenberg durchaus ernst genommen. Mit grimmiger Steinbeißer-Miene maschieren Joe und Curtis den umgepolten Marine-Herrscharen entgegen. Und Ruck-Zuck beginnt die große Keilerei ... Die Prügelchoreographie ... hält sich im Rahmen des Üblichen, obgleich ein kritischer Betrachter sich fragen wird, warum Leo im-

mer ganze Hundertschaften auf die zwei
Helden ansetzt, wo doch angeblich schon
ein einziger von ihnen unschlagbar ist.«
(CINEMA).

Auf U-17 ist die Hölle los
(THE ATOMIC SUBMARINE).
USA 1959.
R Spencer G. Bennett. *B* Orville
Hampton. *St* Jack Rabin/Irving Block.
K Gill Warrenton. *SpE* Jack Rabin/
Irving Block/Louis de Witt.
M Alexander Laszlo. *D* Arthur Franz
(Commodore Holloway), Dick Foran
(Cap. Dan Wendover), Brett Halsey
(Carl Nelson), Tom Conway (Sir Ian
Hunt), Paul Dubov (Lt. David Milton),
Joi Lansing (Julie), Bob Steele (Griff),
Victor Varconi (Dr. Kent), Selmer
Jackson (Admiral Terhune), Jack
Mulhall (Murdock), Jean Moorhead
(Helen), Richard Tyler (Carney), Sid
Melton (Chester), Ken Becker (Powell).
73 Min.
Ein neues raketenbestücktes Atom-U-
Boot wird getestet und läuft in Richtung
Nordpol aus. Unter dem arktischen Eis
stößt die Besatzung auf ein außerirdisches
Flugobjekt, das den magnetischen Pol an-
zapft, um auf diese Weise Energie zu tanken. Als man das Gefährt untersucht, entdeckt man ein abscheuliches, einäugiges
Krakenwesen, das sich den Marinesolda-
ten gegenüber als äußerst unfreundlich erweist. Die irdischen Recken ergreifen
daraufhin zwar zunächst die Flucht, jagen
den Eindringling aus dem All aber dann
doch mit einem Torpedo in die Luft. –
»Mit dem Enderfolg kann das zur Verteidigung mit Atomwaffen stets bereite Pentagon zufrieden sein.« (FILMDIENST)

Die Augen der Laura Mars
(EYES OF LAURA MARS). USA 1977.
R Irvin Kershner. *B* John Carpenter/
David Z. Goodman. *K* Victor J.
Kempner. *SpE* James Liles/Rebecca
Blake/Edward Drohan. *M* Artie Kane.
D Faye Dunaway (Laura Mars), Tommy
Lee Jones (John Neville), Brad Dourif

(Tommy Ludlow), Lisa Taylor
(Michelle), Darlanne Fluegel (Lulu),
René Auberjonois (Donald Phelps).
F 105 Min.
Die Modefotografin Laura Mars präsentiert ihren Kunden Sex vor einem Hintergrund von Terror und Gewalt: Am liebsten lichtet sie ihre Reizwäsche tragenden
Modelle vor explodierenden Autowracks
ab. Gleichzeitig hat sie so etwas wie ein
›drittes Auge‹: Sie sieht in aller Deutlich-
keit Dinge, die später tatsächlich eintreffen: Morde. Als sie während einer Foto-
Session ›sieht‹, wie ihre Freundin umgebracht wird, eilt sie in deren Wohnung
und erkennt, daß sie keinesfalls einer Halluzination zum Opfer gefallen ist. Zusammen mit dem Polizisten Neville, in den sie
sich im Laufe der Zeit verliebt, versucht
sie ihrer mysteriösen Fähigkeit und dem
unsichtbaren Mörder auf die Spur zu
kommen.
Ⓥ RCA/Columbia

Die Augen des Satans
(THE BRAIN FROM PLANET AROUS).
USA 1958.
R Nathan Hertz (= N. Juran). *B* Ray
Buffum. *K* Jacques Marquette.
M Walter Greene. *D* John Agar (Steve),
Joyce Meadows (Sally Fallon), Robert
Fuller (Dan), Henry Travis (Col.
Frogley), Bill Giorgio (Russe), Thomas
B. Henry (John Fallon), Ken Terrell
(Colonel), E. L. Thomas (General
Brown), Tim Graham (Sheriff). 71 Min.
Ein vom Planeten Arous stammendes We-
sen namens Gor, das aussieht wie ein Ge-
hirn mit Augen, bemächtigt sich des Kör-
pers des Atomforschers Steve, weil es die
Weltherrschaft an sich reißen möchte.
Vol, ein ähnliches Wesen und offenbar
eine Art kosmischer Polizist, ist ihm auf
den Fersen. Während Gor in der Gestalt
Steves seine Macht demonstriert, setzt
Vol ihm in Form eines Hundes nach und
macht ihn unschädlich. – »Auf eine gewisse Weise hat man beim Zuschauen tatsächlich den Eindruck, als sei hier einer
jener zahllosen alten Heuler von SF-Auto-

Faye Dunaway sieht die Welt mit den *Augen der Laura Mars*

ren wie Edmond Hamilton, Ray Cummings oder John Russell Fearn zum Leben erweckt worden. Es ist nur eine Schande, daß keiner dieser Oldtimer zur Stelle war, als Hollywood mal wieder eine ihrer Ideen klaute und verfilmte.« (NEBULA SCIENCE FICTION) – »Die Werbung für diesen Film versprach ›die erstaunlichste Geschichte aus der Welt der Wissenschaft‹... Aber die LOS ANGELES TIMES ordnete diesen Streifen etwas akkurater als ›puren Abfall aus dem Schneideraum‹ ein.« (Harry und Michael Medved, THE GOLDEN TURKEY AWARDS)

Aurora Encounter
(THE AURORA ENCOUNTER). USA 1985. *R* Jim McCullough. *B* Jim McCullough. *K* Joseph Wilcots. *SpE* Cine Visual. *M* Ron F. Dilulio. *D* Jack Elam (Charlie), Peter Brown (Sheriff), Carol Bagdasarian (Alain), Dottie West (Irene), Mickey Hays (Auroraner),

Spanky McFarland (Gouverneur), Mindy Smith (Sue Beth), Carlie McCullough (Ginger), Tracy Kuehnert (Becky). *F* 87 Min.
Im Texas des 19. Jahrhunderts landet ein kleiner, kahlköpfiger Außerirdischer. Die Landung wird von Bewohnern einer kleinen Stadt beobachtet. Mit einigen netten Menschen, z. B. dem Säufer Charlie, freundet der Kleine sich an, und der kleinen Sue Beth rettet er das Leben, als sie in einer Höhle fast verschüttet wird. Doch er findet nicht nur Freunde: Der Gouverneur schickt Kopfgeldjäger aus, um den Marswichtel auszuschalten. Ein Killer schießt ihn zum Entsetzen der Dörfler nieder. Er steigt in sein Raumschiff, stürzt aber kurz darauf ab. Sein Geist geht ins Universum ein, wenn sein Leichnam auch auf der Erde bleibt. – »Nette Mischung aus *E.T.* und »Unsere kleine Farm«. (CINEMA). – Nur auf Video.
Ⓥ VCL

Ausgeburt der Hölle
(THE BEAST WITH A MILLION EYES).
USA 1955.
R David Kramarsky. *B* Tom Filer.
K Everett Baker. *SpE* Paul Blaisdell.
M John Bickford. *D* Paul Birch (Allan
Kelly), Lorna Thayer (Carol Kelly),
Donna Cole (Sandra Kelly), Dick
Sargent (Larry), Leonard Tarver (Him),
Chester Conklin (Webster). 78 Min.
Irgendwo in einem amerikanischen Wü-
stengebiet ist ein Weltraumschiff niedergegangen. Der Pilot, eine bösartige außerirdische Kreatur, die nur aus Augen
und Hirn besteht, übernimmt die geistige
Kontrolle über diverse Tiere der naheliegenden Kelly-Farm und nistet sich
schließlich sogar im Körper des einfälti-
gen Farmgehilfen ein. Allan Kelly und
seine Frau, die private Probleme haben,
stellen sich dem Invasoren aus dem Kosmos zwar mit vereinten Kräften entgegen, können aber nicht verhindern, daß dieser
sich, als es ihm an den Kragen geht, in einer Ratte verkriecht. Als selbige die
Flucht ergreifen will, stürzt sich (Schicksal? Fügung? Heimliches Gebet?) ein Adler aus heiterem Himmel und macht dem
außerirdischen Biest den Garaus. Warum
allerdings der talentierte Eindringling aus
dem All nicht auch ein Adlergehirn kontrollieren kann, hat sich der vortreffliche
Drehbuchautor vorsichtshalber gar nicht
erst gefragt.

Die Außerirdischen
(THE VISITOR). USA 1979.
R Michael J. Paradise (= Ovidio
Assonitis). *B* Lou Comici/Robert
Mundy. *K* Ennio Guarnieri. *M* Franco
Micalizzi. *D* John Huston (Jersey
Colsowitz), Paige Conner (Katie
Collins), Mel Ferrer (Dr. Walker),
Shelley Winters (Jane Phillips), Joanne
Nail (Barbara Collins), Lance Henriksen
(Raymond), Sam Peckinpah (Sam), Jo
Townsend, Jack Dorsey, Johny
Popwell, Steve Somers, Wallace
Williamson, Lew Walker, Walter
Gordon, Hsio Ho Chao, Calvin Fenbry,

Betty Turner, Steve Cunningham, Neal
Bortz, Bill Ash, Charley Hardnett, Jack
H. Gordon, Steve Belzer.
F 108 Min.
Ein Außerirdischer namens Satin, der das
absolut Böse verkörperte, ist einst auf der
Erde gelandet und hat diverse Frauen geschwängert, deren Kinder nun – ausgestattet mit telekinetischen und anderen
Kräften – eine Reihe von Untaten vollbringen. Ein zweiter Besucher aus dem
All, der Satins Spuren zur Erde gefolgt
ist, versucht alles wieder ins rechte Lot zu
bringen, was ihm schließlich auch dadurch gelingt, daß er Satins Anhänger von
einer unter seinem geistigen Befehl stehenden Vogelschar in Fetzen hacken läßt.
Nur die böse Kathy überlebt das Massaker
– sie wird anschließend vom Vorkämpfer
für das Gute in ein Land gebracht, das allem Anschein nach nicht auf der Erde
liegt.
Das Thema von *Die Außerirdischen* ist
der ewige Kampf des Guten gegen das
Böse. Der Film ist ein einziges Zitatenra-
gout und von William Friedkin, Brian de
Palma und Alfred Hitchcock beeinflußt.
»Am ehesten anfechtbar ist der Film dort,
wo er ausnahmsweise eigene Ideen verkauft.« (FILMDIENST)
Ⓥ All

Die Außerirdischen
Anderer Titel für **Gesandter des
Grauens**

Die außerirdischen Besucher
(EXTRA TERRESTRIAL VISITORS).
Spanien 1983.
R J. Piquer Simon. *B* J. Piquer Simon/
Joaquin Grau. *K* Juan Marine/Ricardo
Navarrete. *SpE* Basilio Cortijo. *M* Libra
Pastor. *D* Oscar Martin (Tommy
Stevens), Ian Sera (Rick), Nina Ferrer
(Sharon), Sava Palmer (Tracy), Susan
Blanques (Cathy), Maria Albert (Laura),
Emil Linder (Brian), Concha Cuetos
(Molly Stevens), Manuel Pereiro (Bill
Stevens), Frank Brana (Burt), William
Anton (Matt Collins), Frank Suzman

(Sam), Gery Richardson, Hugo Astar, Luis M. Martin, Marcos Trevino. *F* 90 Min.

In einer nebligen *nuit americaine* stürzt im Cedar National Forest (USA) ein Objekt ab, dessen Insasse auf äußerst unfreundliche Weise erfährt, was einen Erdling ausmacht: Ein Wilderer, der diverse aus dem Objekt gefallene Rieseneier mit einem Knüppel zerschlägt, wird zum Opfer mütterlicher Notwehr. Der kleine Tommy Stevens, ein Tierfreund, findet die Leiche des Erschlagenen und ein noch intaktes Ei, aus dem bald ein bepelztes, eierköpfiges Wesen mit Elefantenrüssel schlüpft. Tommy nennt es ›Trompi‹ und versteckt es vor Mutter und Onkel. Als der Schlagersänger Rick nebst Anhang in Mrs. Stevens' Waldgaststätte auftaucht, eskaliert jedoch die Gewalt. Trompis Mama, von zwei Wilderern bös genasführt, übt Rache an den Menschen. Diverse Erdlinge, die sich angesichts des Rüsselwesens fehl verhalten, segnen das Zeitliche – bis Onkel Bill und Rick erfolgreich zu den Flinten greifen. – Im Andersartigen erst mal den Feind (hier: das ›Monster‹) zu sehen, ist nicht nur in SF-Filmen verbreitet, so muß die Story vom Erstkontakt mit der außerirdischen Intelligenz zwangsläufig tragisch enden. Man hätte sich jedoch etwas mehr Sorgfalt gewünscht: Daß ein E. T., der Telepathie und Telekinese beherrscht (Trompi liefert einen schlagkräftigen Beweis seiner Fähigkeiten), sich mit der Schwerfälligkeit eines Tanzbärs bewegt und sich der Feinde mit bloßen Händen erwehren muß, ist sicher nicht der Logik letzter Schluß; daß Tommy vergißt, seiner Mutter von der Wilderer-Leiche zu erzählen, ist reine

Schlampigkeit. Und daß er seinen Freund am Ende mutterseelenallein im Wald zurückläßt, wirft die Frage auf, welchem Schießwütigen der gute Trompi wohl demnächst vor die Flinte läuft. Der Film weist zwar alle Mängel einer Billigproduktion auf (die ›Spezialeffekte‹ erinnern fatal an Puppentrickfilme der fünfziger Jahre), ist aber ansehbar. Besonders Kinder dürften ihre Freude daran haben, zumal der kleine Oscar Martin sämtliche erwachsenen Kollegen mühelos an die Wand spielt.
Ⓥ Pront

Der Autovampir

(UPIR Z FERATU). ČSSR 1981. *R* Juraj Herz. *B* Juraj Herz/Jan Fleischer. *LV* Josef Nesvadba. *K* Richard Valenta. *M* Petr Hapka. *D* Jiři Menzel (Dr. Marek), Dagmar Veškrnová (Mima), Jana Břežkova (Luisa), Zdenka Prochazková (Mme. Ferat), Jan Schmidt (Dr. Kaplan), Peter Čepek (Křiž), Vit Olmer. *F* 91 Min.

Die Autofirma Ferat hat einen Rennwagen entwickelt, der sich auf vampirische Weise von seinen Fahrern ›ernährt‹. Mit menschlichem Blut betrieben, vollbringt er Rekordleistungen, macht seine Fahrer von sich ›abhängig‹ und entzieht ihnen jede Lebensenergie. Der Unfallarzt Dr. Marek kommt dem Phänomen auf die Spur. – Ein leicht konfuser Streifen nach einer (ausgezeichneten) Erzählung des SF-Autors Josef Nesvadba, der wohl mit ›Das Vampirauto‹ besser betitelt gewesen wäre. Der Film ist aber keineswegs langweilig und weist gelungen inszenierte Alptraumszenen auf. Eine gelungene Satire auf den Auto-Fetischismus.

B

Baby – Das Geheimnis einer verlorenen Legende
(BABY). USA 1985.
R B. W. L. Norton. *B* Clifford Green/ Ellen Green. *K* John Alcott. *SpE* Isidoro Raponi. *M* Jerry Goldsmith. *D* William Katt (George Loomis), Sean Young (Susan Matthews-Loomis), Patrick McGoohan (Dr. Eric Kiviat), Julian Fellowes (Nigel Jenkins), Kyalo Mativo (Cephu), Hugh Quarshie (Kenge Obe), Olu Jacobs (Col. Nsogbu), Eddie Tagoe (Sgt. Gambwe), Edward Hardwicke (Dr. Pierre Dubois), Julian Curry (Etienne). *F* 93 Min.
Profitsüchtiger Altertumsforscher sieht sich im Dschungel von Afrika dicht vor seinem Lebensziel. Nach dreißig Jahren Suche ist er, unterstützt von einer Privatarmee ballernder Söldner, einer übriggebliebenen Saurierfamilie (Vater/Mutter/ ein Baby) auf den Fersen. Ein junges Zoologenehepaar bemüht sich gleichzeitig, hinter das Rätsel einer mysteriösen Fleischvergiftungsepidemie unter Eingeborenen zu kommen. Schon bald wissen die beiden, woran sich ihre Patienten den Magen verdorben haben: Saurierfleisch! Sie entdecken die Saurieridylle noch vor dem Bösewicht und seinen Hilfstruppen. Nach wilder Knallerei, bei der auch Sauriervater sein Leben lassen muß, siegen am Ende die Zoologen und die Vernunft. Das Saurierbaby verschwindet samt Mama im Dschungel. – »Beim Schauplatz Dschungel erwartet man sicher keine hochgeistigen Auseinandersetzungen; aber daß es seit den klassischen *Tarzan*-Filmen immer dümmer und primitiver wird, sollte selbst den bescheidensten Action-Fans zu denken geben.« (R. E., FILMDIENST) – »... ungeheuer klebriger Niedlichkeitssirup ... (mit) äußerst ärgerlichen Tarzan-Attitüden: Afrikaner, das sind für die Macher dieses Streifens entweder blutrünstige Revolutionäre oder doofe Zulukaffer vom Uga-Uga-Typ. Da

ist es im Grunde auch schon egal, daß die Bilder des Kubrick-Kameramanns John Alcott nichts von seiner sonstigen Genialität spüren lassen, die Mattes beständig vor sich hin zittern, Tabletop-Miniaturen herzlich wenig mit den begleitenden Rückpros zu tun haben und die Saurierkostüme an Fastnacht-Zebras erinnern. Filme wie BABY sind so überflüssig wie ein Kropf.« (Norbert Stresau, SCIENCE FICTION TIMES)
Ⓥ Euro

Bad Raiders
(LAND OF DOOM). USA 1985.
R Peter Maris. *B* Craig Rand/Peter Kotis. *K* Orhan Kapai. *M* Mark Governor. *D* Deborah Rennard (Harmony), Garrik Dowhen (Anderson), Aykut Duz (Orland), Daniel Radell, Frank Garrett, Richard Allen.
F 83 Min.
Die Endzeit-Lady Harmony und der verletzte Anderson wollen sich zum Blue Lake durchschlagen, dem einzigen Ort, den die Apokalypse nicht berührt haben soll. Der Endzeit-Lump Slater und seine fiese Motorradbande sorgen dafür, daß dies kein Spaziergang wird. Als die Lage kritisch wird, taucht der Endzeit-Held Orland mit seiner abgesägten Schrotflinte auf. Er befreit Anderson und Harmony aus den Händen der Bösen und befördert die Rowdies ins Jenseits. – »Aus Schrott fabrizierte Phantasiemenschen, die übliche Szenerie zwischen Punk, Mittelalter und Steinzeit.« (FISCHER FILM ALMANACH). – Nur auf Video.
Ⓥ Embassy

Banditen auf dem Mond
(MOON ZERO TWO). GB 1969.
R Roy Ward Baker. *B* Michael Carreras. *St* Gavin Layall/Frank Hardman/Martin Davidson. *K* Paul Beeson. *SpE* Les Bowie. *M* Don Ellis. *D* James Olson (Bill Kemp), Catherina

von Schell (Clementine Taplin), Warren
Mitchell (J. J. Hubbard), Adrienne
Corri (Liz Murphy), Ori Levy
(Kaminski), Dudley Foster (Whitsun),
Bernard Bresslaw (Harry), Neil
McCallum (Captain), Joby Blanshard
(Smith), Michael Ripper, Robert
Tayman, Sam Kydd, Leo Britt, Chrissie
Shrimpton, Carol Ceeveland, Roy
Evans. *F* 100 Min.
Im Jahre 2021 ist der Mond besiedelt. Der
Ex-Mars-Astronaut Kemp führt mit sei-
nem Raumboot *Moon Zero Two* Ber-
gungsflüge durch. Als er dringend Geld
braucht, um sein Fahrzeug überholen zu
lassen, nimmt er von dem etwas zwielich-
tigen J. J. Hubbard den Auftrag an, einen
6000 Tonnen schweren Saphir-Asteroi-
den auf dem Mond abzuladen. Als er den
ersten Teil der Arbeit – das Einbringen
des Asteroiden in eine andere Umlaufbahn – abgeschlossen hat, trifft er in der
Mondstadt auf Clementine Taplin, die ihren Bruder, einen Prospektor, sucht.
Schließlich finden sie ihn tot auf dem
Stützpunkt Farside 5, wo sie von fremden
Männern angegriffen werden. Als Kemp
und Clementine wieder in die Mondstadt
zurückkehren, eskaliert die Situation: Es
stellt sich heraus, daß die Schürfkonzes-
sion des Ermordeten in wenigen Stunden
ausläuft. Wenn es J. J. Hubbard gelingt,
bis dahin den Riesensaphir auf dem Mond
zu landen, ist dieser sein Eigentum. Unter
Zwang geht Kemp auf den Befehl Hub-
bards ein. Aber im letzten Augenblick gelingt es ihm, das Blatt zu wenden. – *Banditen auf dem Mond* wurde groß als
»erster Weltraum-Western« angekündigt.
Tatsache aber ist, daß er weder von der
Idee noch von der Ausstattung her mit einem x-beliebigen B-Western konkurrieren kann: »Weder die Guten noch die
Bösen sind so gezeichnet, daß sie Interesse zu wecken vermögen.« (FILMBE-
OBACHTER) – ». . . ein dümmliches Stück
Pseudo-Science Fiction . . .« (THE OBSER-
VER)
Ⓑ John Burke: MOON ZERO TWO, London
1969

Baraka, Agent X 13

(BARAKA SUR X 13).
Frankreich/Italien/Spanien 1965.
R Maurice Cloche. *B* Maurice Cloche/
Odette Cloche. *LV* Eddy Ghilain.
K Juan Jelpi. *M* Georges Garvarent.
D Gérard Barray, Sylva Koscina, José
Suarez, Angés Spaak, Yvette Lebon.
F 99 Min.
Ein kommunistischer Spionagering ver-
sucht einem französischen Wissenschaft-
ler eine neue Raketentreibstoff-Formel
abzujagen. Doch Agent X 13, der Meister
aller Klassen, ist nicht fern, wenn es gilt,
der Roten Brut eine Abfuhr zu erteilen. –
Semi-utopisches Agentenabenteuer, »ein
höchst ärgerliches, widerwärtiges Produkt«. (FILMDIENST)

Barbarella

(BARBARELLA).
Italien/Frankreich 1967.
R Roger Vadim. *B* Terry Southern/Brian
Degas/Claude Brule/Clement Wood/
Tudor Gates/Vittorio Bonicelli/Jean-
Claude Forest/Roger Vadim. *K* Claude
Renoir. *SpE* Augie Lohman. *M* Maurice
Jarre. *D* Jane Fonda (Barbarella), John
Philip Law (Pygar), Anita Pallenberg
(Schwarze Königin), Milo O'Shea
(Durand-Durand), Marcel Marceau
(Prof. Ping), Claude Dauphin (Präsi-
dent), David Hemmings (Dildano), Ugo
Tognazzi (Mark Hand), Antonio Sabato
(Jean-Paul), Talitha Pol, Serge Mar-
quand, Veronique Vendell. *F* 98 Min.
Im Jahre 40 000 wird die Agentin Barba-
rella auf einen unbekannten Planeten ge-
schickt, um dem Wissenschaftler Durand-
Durand eine Geheimwaffe abzujagen. Be-
vor sie ihn findet, hat sie jedoch viele fantastische Abenteuer zu bestehen: Bei einer
Notlandung auf einer Eiswelt gerät sie in
die Fänge sadistischer Kinder. Ein Trapper rettet sie, und zum Dank erweist sie
ihm einen Liebesdienst. Auf der Welt der
Schwarzen Königin trifft sie den Vogel-
menschen Pygar und eine Reihe anderer
Wunderwesen, soll von einer ›Lustorgel‹
durch permanente Orgasmen hinwegge-

rafft werden und schlägt sich mit der lesbischen Herrscherin herum, deren Heim über dem ›Matmos‹ liegt, einem See, der ein Eigenleben hat und jeden gierig verschlingt, der ihm zu nahe kommt. Als Barbarella in der Stadt, in der ständig neue Perversionen erfunden werden, endlich dem Gesuchten gegenübersteht, entpuppt sich Durand-Durand als Bediensteter der Schwarzen Königin. Er will mit seiner Geheimwaffe das ganze Universum unterjochen. Barbarella gerät in eine Falle, rutscht direkt in das Hauptquartier des Rebellenhauptmanns Dildano und hilft ihm sowohl aus seinen sexuellen wie politischen Frustrationen heraus. Als die Rebellen endlich zum Sturm rüsten, läßt die Schwarze Königin den Matmos aus seinem Gefängnis frei, und der See schickt sich an, die ganze Stadt zu verschlingen. Barbarella wähnt sich verloren, doch da taucht der schwingenbewehrte Pygar auf und rettet sie. Im anderen Arm trägt er die Schwarze Königin, weil Engel stets vergessen, was man ihnen angetan hat. – *Barbarella* war einer der ersten Science Fiction-Filme, der ein breites Publikum ansprach. Basierend auf einem erfolgreichen Comic-Buch von Jean-Claude Forest, vermarktete Regisseur Vadim alle »typischen Merkmale der Leinwand aus dem Jahre '68... Sex und Wunderwaffen, Hitchcocks Vögel und (den) zwischen Gut und Böse trennende(n) Kampf der Agenten, Folterungen und Sadismus.« (FILMDIENST) – Zwar konnte er des Publikumsbeifalls sicher sein (wozu gewiß Jane Fondas und Anita Pallenbergs Kurven beigetragen haben), aber die Kritiker zerrissen ihn ausnahmslos in der Luft: »Aufwendige utopische Vision..., (die) bisweilen die Grenzen des guten Geschmacks überschreitet.« (FILMDIENST) – »Vadim verquickt den Comic von Jean-Claude Forest mit dem Fell-, Plüsch- und Federnkitsch der Vadim-Filme... Wenn er in kitschigen Arrangements schwelgt (die Innenräume des Raumfahrzeugs der Agentin Barbarella etwa), ist er noch am sichersten. Die alten Filmklamotten weiß

er wenigstens zu arrangieren, im Gegensatz zu den Science Fiction-Bauten, für die er nicht einmal einen fand, der das Raumschiff aus dem Jahre 40 000 ordentlich hätte anstreichen können. Der Kampf der Erde-Agentin Barbarella gegen das Schreckensregime der Schwarzen Königin auf dem Planeten Lytheon erinnert im Trick-Niveau ans ARD-Sandmännchen, wo allerdings die Putzigkeit gewollt ist, während Vadim die Show sucht.« (FILM) – »Das Resultat ist enttäuschend. Denn außer einigen alten Bekannten, Bösewichtern aus diversen Zukunfts- und Horrorfilmen kommt nichts Erfreuliches vor. Das ist eigentlich schon das Resümee über ein verschenktes Thema, über einen Film, der nicht einmal lustig ist.« (WESTDEUTSCHE ALLGEMEINE ZEITUNG) Ⓥ CIC Ⓑ Jean-Claude Forest: *Barbarella*, Bremen 1966

Baron Münchhausen
(BARON PRÁŠIL). ČSSR 1961.
R Karel Zeman. *B* Karel Zeman/Josef Kainar. *LV* Gottfried August Bürger/ Gustav Doré. *K* Jírí Tarantik. *SpE* Zdenek Rozkopal. *M* Zdenek Liška. *D* Miloš Kopecky (Baron Münchhausen), Jana Brejchova (Bianka), Rudolf Jelinek (Tonik), Eduard Kohout (General Ellemele), Jan Werich (Kapitän), Karel Höger (Cyrano), Bohus Zahorsky (Admiral). (Farbsequenz) 79 Min.
Verwundert muß Tonik, der erste Astronaut, der den Mond betritt, einsehen, daß ihm andere zuvorgekommen sind. Der Mond, diese graublaue Fabellandschaft voll unbekannten Nebels, wird längst von den Gestalten der menschlichen Fantasie für sich beansprucht, darunter die Mondfahrer Jules Verne, Cyrano de Bergerac und der Lügenbaron Münchhausen. Dieser, der den Neuankömmling für einen Mondmann hält, lädt den Astronauten ein, ihn auf die Erde zu begleiten, auf Münchhausens Erde, die es nur in unseren fantastischen Träumen gibt.

Auf der Suche nach der Lustorgel: Jane Fonda und David Hemmings in *Barbarella*

Eine Gondel, getragen von geflügelten Pferden, bringt die beiden ans Ziel. Es gilt zunächst, die venezianische Prinzessin Bianka aus dem Palast des türkischen Sultans zu befreien. Das Vorhaben gelingt; beide sind ob der Schönheit der Prinzessin hingerissen, doch auch der Sultan will sie nicht kampflos ziehen lassen. Auf der Flucht vor den Verfolgern geraten die drei von einem fantastischen Abenteuer in das andere: zuerst listenreicher Sieg über die türkische Flotte durch Selbstversenkung derselben, dann Rettung aus Seenot und Aufenthalt in einem Walfischbauch zwecks Einstudierung eines Menuetts, Reisen auf dem Meeresgrund in Begleitung von Meerjungfrauen und Haien; Ritt auf der Kanonenkugel (endlich!) und zu guter Letzt Sieg der Technik und des Fortschritts: die drei kehren mit einer improvisierten Rakete zum Mond zurück. Die Liebe der Prinzessin gehört der Zukunft, gehört dem eher fantasielosen Raumfahrer Tonik. Münchhausen, Kavalier der alten Schule, verliert mit Anstand. – »Ein liebenswerter Film aus vergangenen Zeiten (1961), als man noch mit hoffnungsfrohen, pathetischen Worten das beginnende Raumfahrtzeitalter beschwören konnte (Hahn/Jansen/Stresau, LEXIKON DES FANTASY-FILMS), den Aufbruch in eine unmittelbar bevorstehende *neue* Zeit feiern durfte: »Ich wollte mit diesem Film«, so Regisseur Karel Zeman, »einen Beitrag leisten zu den augenblicklich aktuellen Diskussionen in der Wissenschaft und Technik, aber auch einen Beitrag zum Bereich der Poesie und der Fantasie. Es gibt keinen Widerspruch zwischen der Fantasie des Technikers und der des Dich-

ters. Die Fantasie des Dichters ist im Grunde genommen immer der Ausgangspunkt. Ehe der Mensch mit Hilfe der Technik die Möglichkeiten entwickeln konnte, die ihm gestatten, den Mond zu erreichen, hat er ihn bereits in seinen Träumen erobert« (zit. nach ZENTRALE FILMOGRAPHIE. POLITISCHE BILDUNG). Doch was passiert, wenn Träume Wirklichkeit werden? Was findet der erste Mensch auf dem Mond, der US-Astronaut Armstrong, tatsächlich dort? Eine äußerst triste Gesteinsmülldeponie! Wieviel schöner wäre es gewesen, er hätte Münchhausen dort getroffen. Es besteht also doch – zum Glück – ein Widerspruch zwischen der Fantasie des Technikers und der des Dichters. Und nur die letztere kann uns heutzutage noch Vergnügen bereiten! Gerade Zemans Film sprüht nur so von fantastischen Einfällen. Die Trickszenen sind meisterlich in die reale Handlung integriert, reale Personen bewegen sich in gezeichneten Kulissen, die bewußt an Stiche von Gustave Doré erinnern sollen (ähnlich verfuhr Zeman in seinen Filmen *Die Erfindung des Verderbens,* 1958 – Jules-Verne-Illustrationen von Benett und Riou – und *Auf dem Kometen,* 1969/70 – alte Ansichtspostkarten).»So wird die Realität mannigfaltig gebrochen, ergeben sich vielfältige Möglichkeiten zur Irritation. Die unterschiedlichsten Farben der monochromatisch eingefärbten Szenen spiegeln die Handlung oder die Psyche der Personen. Der scheinbar distanzierte Kommentar des Barons sorgt für ständige Brechungen, die seine Handlungen Lügen strafen oder sie in einem anderen Licht erscheinen lassen ... Ein Lobpreis der Fantasie, beeindruckend inszeniert und mit leisem Humor erzählt.« (Hans Messias, FILMDIENST)
Ⓥ VCL

Barracuda
(BARRACUDA). USA 1978.
R Harry Kerwin. *B* Wayne Crawford/ Harry Kerwin. *K* H. Edmund Gibson. *M* Klaus Schulze. *D* Wayne Crawford

(Mike Canfield), Roberta Leighton (Liza Williams), William Kerwin (Sheriff Ben Williams), Bert Freed (Papa Jack), Cliff Emmich (Lester), Jason Evers (Dr. Elliot Snow), Bobbie-Ellyne Kostrin (Maggie Snow), Bob J. Shields (Floyd), Jerry Rhodes (Bubba), Scott Avery (Toby), Harry Kerwin, Rick Rhodes, Matt King, Robert G. Noe, Leigh Walsh, William Roundebush, Denise Taylor.
F 93 Min.
Ein Verhaltensforscher führt in einem Ort in Florida ein wissenschaftliches Experiment durch, das monströse Folgen hat: Er mischt dem örtlichen Trinkwasser eine Chemikalie bei, die Aggressionen auslöst. Nachdem sie in Form von Abwasser im Meer gelandet ist, entwickeln sich die Fische zu mordlüsternen Bestien und greifen Badegäste und Taucher an. Drei pfiffige Leute gehen der Sache nach und decken den Skandal unter Einsatz ihres Lebens auf. – »Der Film ist ein Beleg für die parasitäre Praxis fantasieloser Drehbuchautoren, sich auf den Lorbeeren fremder Einfälle mitauszuruhen.« (FILMDIENST)
Ⓥ Marketing

Batman
(BATMAN). USA 1989.
R Tim Burton. *B* Sam Hamm/Warren Skaaren. *K* Roger Pratt. *M* Danny Elfman. *D* Jack Nicholson (Joker), Michael Keaton (Batman/Bruce Wayne), Kim Basinger (Vicki Vale), Jack Palance (Carl Grissom), Jerry Hall (Alicia Hunt), Billy Dee Williams (Harvey Dent), Pat Hingle (Polizeichef Gordon). *F* 126 Min.
Gotham City: Ein Großstadtmoloch zwischen *Metropolis,* dem L.A. aus *Blade Runner* und *Brazil.* Ein Geschwür der Kriminalität, von den übelsten Verbrechern beherrscht. Als kleiner Junge mußte Bruce Wayne mit ansehen, wie ein Lump seine Eltern erschoß. Erwachsen, stark und stinkreich geworden, zieht es ihn nun nachts in einem Fledermauskostüm als Batman durch die Stadt, um das Böse zu

vernichten. Sein Kampf gegen das Verbrechen gilt besonders dem Psychopathen
Jack Napier, den er in ein Säurebecken
wirft. Von Chemikalien verätzt, von einem Kurpfuscher behandelt, treibt er nun
mit weißer Haut, grünen Haaren und irrem Grinsen als Joker seine makaber-
mörderischen Späße. Batman, ausgerüstet mit einem sogenannten Batmobil und
allerlei anderem Hightech-Schnick-
schnack, heftet sich an die Fersen des Jo-
kers und trägt den Sieg davon. – *Batman*
war schon durch die allein in der BRD 4
Millionen Mark teure Werbekampagne
vor der Premiere zu einem kulturellen
Phänomen geworden. Die Publicity
machte mehr Spaß als der Film. »Batman
ohne Hype ist wie Sex ohne Vorspiel.«
(NEW MUSICAL EXPRESS). Von der Werbekampagne betäubt, sahen »selbst abge-
brühte Kritiker in Batman das Kultur-
ereignis der Dekade und orteten filmische
Qualitäten, wo nicht-kontaminierte Beobachter nur ästhetische Ödnis sehen mochten.« (Barry Graves, TIP). »... man
könnte diesen ganzen faden Bildkrempel
natürlich kulturkritisch hochdeuteln,
könnte sich *Batman,* den introvertierten
Amokläufer, als Gegenentwurf zum Rea-
gan-Jahrzehnt der *Superman-Filme* denken – aber dann ist da wieder das leere
Gesicht von Kim Basinger, das leere
Grinsen von Nicholson, und die leere
Leere von Michael Keaton, und nichts,
aber auch gar nichts verführt zum Nachdenken... (Der Film) schleppt sich mit
der 50-Millionen-Dollar-Investition mühsam über die Runden – man sieht keinen
Film, sondern einem Haufen Geld beim
Wackeln zu.« (Matthias Mattusek, DER
SPIEGEL). – Anton Furst und Peter Young
erhielten einen Oscar für die Ausstattung.
Ⓑ Craig Shaw Gardner: *Batman,* Mün-
chen 1989

Batman hält die Welt in Atem
(BATMAN). USA 1966.
R Leslie H. Martinson/Ray Kellog.
B Lorenzo Semple. *K* Howard
Schwartz/Jack Marta. *M* Nelson Riddle.

D Adam West (Bruce Wayne/Batman),
Burt Ward (Dick Grayson/Robin), Lee
Meriwether (Katzenweib/Kitka),
Burgess Meredith (Pinguin), Frank
Gorshin (Rätselknacker), Alan Napier
(Alfred), Neil Hamilton (Polizei-
präsident Gordon), Stafford Rapp
(O'Hara), Reginald Denny (Commodore
Schmidlapp), Gil Perkins (Blaubart),
Dick Crockett (Morgan), George
Sawaya (Quetch). *F* 105 Min.
Vier Superschurken tun sich zusammen,
um die Weltherrschaft zu übernehmen:
Das Katzenweib, der Pinguin, der Joker
und der Rätselknacker. Nachdem sie
Commodore Schmidlapp und dessen tolle
Erfindung (mit der man Menschen sämtli-
che Flüssigkeiten entziehen und in ein
Häufchen Asche verwandeln kann) in ih-
ren Besitz gebracht haben, schaltet sich
der mit allerlei Superwaffen ausgestattete
Superdetektiv Batman in den Fall ein. Mit
Unterstützung seines Freundes Robin
kommt er dem Verbrecherquartett auf die
Spur und kann auch den ›pulverisierten‹
Mitgliedern des UN-Weltsicherheitsrates
wieder zu ihrer ursprünglichen Form ver-
helfen – daß die Aschehäufchen aufgrund
eines Niesanfalls etwas durcheinanderge-
raten und die Delegierten plötzlich andere
Sprachen sprechen, ist ein Problem, mit
dem sich andere herumschlagen mögen. –
Die Vorlage zu *Batman hält die Welt in
Atem* lieferte ein 1939 von einem Zeichner namens Bob Kane entwickelter Comic
Strip, der ziemlich erfolgreich war. Im
Gegensatz zum Film-Batman war die Zei-
chenfigur ganz anders angelegt: Bruce
Wayne präsentierte sich hier als Men-
schenjäger, der sich die Aufgabe gesetzt
hat, alle Kriminellen auszurotten. – »Der
Film baut sich seine eigene Märchenwelt
auf, in der simplifiziert werden darf, in
der Gut und Böse klar trennbar und schon
äußerlich kenntlich sind. Die ganze Auf-
machung, die Technik, ist sciencefictio-
nell, und die Idee, Leute zu Pulverhäuf-
chen zu ›entwässern‹, ist es ja wohl auch.
Was an dem Film so sympathisch berührt,
ist, daß er sich in keiner Phase ernst

Adam West und Burt Ward in *Batman hält die Welt in Atem*

nimmt. Ein Film für Leute mit Sinn für
Unsinn. Wackeren SF-Fanatikern wird er
freilich auf die Nerven gehen.« (SCIENCE
FICTION TIMES)

Batman und Robin
(BATMAN). USA 1943.
R Lambert Hillyer. *B* Victor MacLeod/
Leslie Wabakker/Harry Fraser. *K* James
S. Brown jr. *M* Lee Zahler. *D* Lewis
Wilson (Bruce Wayne/Batman),
Douglas Croft (Dick Grayson/Robin),
J. Carrol Naish (Dr. Daka), William
Austin (Alfred), Shirley Patterson
(Linda), Charles C. Wilson (Capt.
Arnold), Charles Middleton (Ken
Colton), Robert Fiske (Foster), Michael
Vallon (Preston), Gus Glassmire
(Martin Warren). 100 Min.
Ein Agentenring hat jede Menge Halun-
ken in seinen Dienst gepreßt, denn er ar-
beitet den Japanern in die Hände, die ein

Weltreich aufbauen wollen. Leute, die anderer Meinung sind, werden von Dr. Daka in willenlose Roboter verwandelt. Als er Batmans Freundin Shirley entführt und den Superdetektiv mit Radium vernichten will, kriegt er sein Fett ab und endet in den Fängen gefräßiger Alligatoren. – *Batman und Robin* war ursprünglich ein amerikanisches *serial* und bestand aus 15 Kapiteln. Der unerwartete Erfolg von *Batman hält die Welt in Atem* führte dazu, daß dieser Zusammenschnitt 1967 als Original mit Untertiteln in die westdeutschen Kinos kam.

Beast of Blood – Drakapa, das Monster mit der Krallenhand
(BEAST OF BLOOD).
Philippinen/USA 1970.
R Eddie Romero. *B* Eddie Romero.
St Beverly Miller. *K* Justo Paulino/
Edmund Cupcupin. *SpE* Teofilo Hilario.
M Tito Arevalo. *D* John Ashley (Bill Forster), Celeste Yarnall (Myra), Eddie Garcia (Dr. Lorca), Lisa Belmonte (Laida), Alfonso Carvajal (Ramu), Bruno Punzalan (Razak), Beverly Miller, Angel Buenaventura, Johnny Long. *F* 87 Min.
Die Journalistin Myra und der Abenteurer Forster spüren auf einer einsamen Insel mysteriösen Vorfällen nach und stoßen mit Hilfe diverser Insulaner im Urwald auf das Haus des Dr. Lorca, der in Frankensteinmanier an Menschen herumexperimentiert und ein Monster namens Drakapa in seine Gewalt gebracht hat. Als es zwischen den Eingeborenen und Lorcas Helfershelfern zum Kampf kommt, bricht Drakapa aus und tötet den Arzt. Eine Explosion jagt schließlich seine ganze ›Werkstatt‹ in die Luft. – »Der Film ist nicht in der Lage, einen... Horror-Fan auch nur annähernd zufriedenzustellen.« (PHOTON)

Beastmaster II – Der Zeitspringer
(BEASTMASTER 2: THROUGH THE PORTAL OF TIME). USA 1990.
R Sylvio Tabet. *B* Jim Wynorski/R.J.

Robertson. *K* Ronn Schmidt. *M* Robert Folk. *D* Marc Singer (Dar), Kari Wahrer (Jackie), Sarah Douglas (Lyranna), Wings Hauser (Arklon). *F* 90 Min.
Dar, der Herrscher der Tiere, gerät durch ein magisches Zeitloch in die heutige Zeitsphäre. Die Bösewichter Lyranna und Arklon benutzen dieses Loch ebenfalls, um eine Nuklearwaffe zu stehlen, mit der sie die Menschen ihrer Zeit unterwerfen wollen. Doch Dar, seine Tiere und Jackie aus dem 20. Jahrhundert wissen die Lumpen zu stoppen. – Nur auf Video.
Ⓥ Starlight

Befehl aus dem Dunkel
(KAIJU DAISENSO). Japan 1966.
R Inoshiro Honda. *B* Sinichi Sekizawa.
K K. Koizumi. *SpE* Eiji Tsuburaya.
M Akira Ifukube. *D* Nick Adams (Glenn), Akira Takarada (Fuji), Jun Tazaki (Dr. Sakurai), Kumi Mizuno (Yoki Namihawa), Akira Kubo (Tetsuo Teri), Yoshio Tsuchiya (Nummer Eins). *F* 81 Min.
Auf dem Planeten Alpha 707, der ganz überraschenderweise im irdischen Sonnensystem auftaucht, leiden die Bewohner unter den Angriffen des Monsters Gidorra. Als die Astronauten Glenn und Fuji nach Alpha 707 fliegen, um sich dort umzusehen, werden sie von Nummer Eins, dem Herrscher dieser Welt, gebeten, sich dafür einzusetzen, daß die Erdmonster Radon und Godzilla nach Alpha 707 gebracht werden, um Gidorra in die Knie zu zwingen. Nachdem dies getan ist, stellt sich heraus, daß die Hilfesuchenden in Wahrheit Lumpen sind, die mit Unterstützung der Urweltmonster über die Erde herfallen, da sie Wasser brauchen. Während die Ungeheuer die Erde verwüsten, tüfteln ein paar geniale Wissenschaftler Geheimwaffen aus, mit denen man sich ihrer erwehren kann. Kosmische Naturgewalten machen schließlich dem Planeten Alpha 707 den Garaus. – »Schade, daß dieser japanische SF-Film seine besten Witze nicht verstanden hat: da kommen

Befehl aus dem Dunkel von Inoshiro Honda

Menschen von einem anderen Stern mit Lichtgeschwindigkeit angesaust und schicken sich an, mit Strahlenkanonen und vorzeitlichen Ungeheuern, die sie aus dem Meer und aus einem Felsen befreit haben, die Erde zu vernichten, aber ein kleiner, brotloser Erfinder, der seine Lärmdose für Handtaschen nirgends loswerden konnte, findet ein Mittel gegen die tausendfach überlegenen Alpha-707-Leute: sie können den Krach der Dose einfach nicht ausstehen, sie purzeln, wenn sie dieses Geräusch hören, wie Epileptiker zu Boden. Leider versteht der Film, wie gesagt, den Witz gar nicht, seine Komik ist durchaus unfreiwillig.« (FILM) – *Befehl aus dem Dunkel* wurde als nach einem Roman von Hans Dominik gedreht bezeichnet: Blech!

Begegnung aus dem Nichts
(THE UFO INCIDENT). USA 1975.
R Richard A. Colla. *B* S. Lee Pogostin/ Hesper Anderson. *LV* John G. Fuller.

K Rexford Metz. *M* Billy Goldenberg. *D* James Earl Jones (Barney Hill), Estelle Parsons (Betty Hill), Barnard Hughes (Dr. Ben Simon), Dick O‹Neill (James Davison), Beeson Carroll (Jack McRainy), Terrence O‹Connor (Lisa McRainy), Lou Wagner (Anführer). *F* (100) 92 Min.
1961: Das Ehepaar Hill fährt gegen Mitternacht über eine einsame Landstraße nach Hause und wird von einem mysteriösen Licht verfolgt. Als sie Stunden später verwirrt zu Hause ankommen, hat sie eine Angst erfaßt, die sie auch nach Monaten nicht verläßt. Als der Psychiater Simon sie unter Hypnose setzt, erfährt er, daß die Hills von Außerirdischen entführt und an Bord eines UFOs untersucht wurden. Nachdem sie erfahren haben, was mit ihnen passiert ist, werden sie mit dem Trauma fertig. – Die ›Begegnung der dritten Art‹ basiert auf dem Buch THE INTERRUPTED JOURNEY (1966) von John G. Fuller, dem eine wahre Geschichte zugrunde

liegt. Wer's denn glauben möchte... Ein
TV-Film, der zwar spannenden Seiten
hat, aber auch Längen. – Nur auf Video.
Ⓥ CIC

Begegnung im All

(METSCHTE NAWSTRETSCHU).
UdSSR 1963.
R M. Karjukow/O. Koberidse.
B A. Berdnik/J. Bondin/M. Karjukow.
K A. Gerassimow. *M* W. Muradeli/E.
Artjemjew. *D* L. Gordeitschik (Tanja),
A. Genessin (Paul), O. Koberidse
(Batalow), B. Borissjenok (Andrej),
N. Timofej (Krylow), P. Schmakow
(Kommandeur), W. Janpawlis
(Sprecher). *F* ca. 90 Min.
Angehörige eines außerirdischen Volkes,
die mit einem Raumschiff die Erde besu-
chen wollen, müssen aufgrund eines tech-
nischen Defekts auf dem Mars bzw. dem
Marsmond Phobos landen und kommen
bis auf einen um. Eine sowjetische Ret-
tungsexpedition, die ihnen zu Hilfe eilt,
muß einen ihrer Männer opfern, damit der
interstellare Gast gerettet werden kann. –
Die Geschichte entpuppt sich am Ende als
Tagträumerei einer Möchtegern-Kosmo-
nautin und ist auf Liebe, Herz und
Schmerz abgestellt.

The Being

(THE BEING). USA 1983.
R Jackie Kong. *B* Jackie Kong.
K Robert Ebinger. *M* Don Preston.
D Martin Landau, Jose Ferrer, Dorothy
Malone, Ruth Buzzi, Marianne Gordon
Rogers, Murray Langton, Kinky
Friedman, Johnny Dark, Bill Osco,
Rexx Coltrane.
F 79 Min.
Nuklearer Abfall bringt ein Monster her-
vor, das eine Gemeinde in Idaho terrori-
siert. – »Humor rettet den Film mit An-
stand, aber es reicht nicht, um das Z-
Skript und die Produktion zu meistern.«
(Leonard Maltin, MOVIES AND VIDEO
GUIDE). – Nur auf Video.
Ⓥ Focus/Viaphone

Ben

(BEN). USA 1971.
R Phil Karlson. *B* Gilbert A. Ralston.
K Russell Metty. *SpE* Bud David/Moe
di Sesso (Tiertrainer). *M* Walter Scharf.
D Lee H. Montgomery (Danny
Garrison), Joseph Campanella (Cliff
Kirtland), Arthur O'Connell (Billy
Hatfield), Rosemary Murphy (Beth
Garrison), Meredith Baxter (Eve
Garrison), Kaz Garas (Joe Greer), Paul
Carr (Kelly), Richard van Vleet
(Reade), Kenneth Tobey (Maschinist),
James Luisi (Ed), Lee Paul (Corey),
Norman Alden (Polizist), Scott Garrett
(Henry Gray), Arlen Stuart (Mrs.
Gray), Richard Drasin (George).
F 92 Min.
Unter der Führung des mutierten Ratten-
männchens Ben terrorisiert eine Armee
von Nagetieren einen Villenvorort von
Los Angeles. Obwohl die Polizei weiß,
daß Ben ›Beziehungen‹ zu dem einsamen
und herzkranken Jungen Danny hat, dau-
ert es eine Weile, bis sie dem viertausend
Köpfe starken Rattenheer auf die Spur
kommt und im Abwassersystem der
Großstadt mit Hilfe von Flammenwerfern
ausräuchern kann. Nur Ben überlebt das
Gemetzel: Er flüchtet zu Danny und wird
von diesem gesundgepflegt. – *Ben* ist eine
Fortsetzung von Daniel Manns *Willard*
(1970): Dem Gesetz des Erfolges gehor-
chend, kam er rasend schnell in die Kinos, fing dort an, wo *Willard* endete, und
endet mit dem Versprechen eines dritten
Teils, der nicht realisiert wurde. »Obwohl
Regisseur Phil Karlson mit seinen paar
Schauspielern nicht entfernt so gut umgehen kann wie Trainer Moe di Sesso mit
seinen 4000 Ratten, gelingt ihm ein reiches Sortiment rührender Szenen: Am
Morgen nach dem Überfall auf den Supermarkt liest Danny der Ratte die Zeitungs-
berichte vor und veranstaltet Manöverkri-
tik; am Abend läßt er Ben nebst engster
Verwandtschaft in seiner elektrischen Eisenbahn fahren; dem Rüpel von nebenan
zeigen die Ratten mit sanfter Gewalt, was
es heißt, wenn man einem ihrer Freunde

»Garfield, du kommst jetzt auf der Stelle her!«: Lee Harcourt Montgomery und *Ben*

zu nahe tritt. Bambi ist tot, es lebe Ben! Die Schonzeit für Rehe ist vorbei, das Zeitalter der Ratte ist angebrochen... Trotz miserabler bayrisch-deutscher Synchronisation: tränentreibend schön.« (KONKRET) Ⓥ Atlas

Die Bestie aus dem Weltenraum
(TWENTY MILLION MILES TO EARTH).
USA 1957.
R Nathan Juran. *B* Bob Williams/ Christopher Knopf. *St* Charlotte Knight/ Ray Harryhausen. *K* Irving Lippman/ Charles Ventimilia. *SpE* Ray Harryhausen. *M* Mischa Bakaleinikoff. *D* William Hopper (Capt. Calder), Joan Taylor (Marisa Leonardo), Frank Puglia (Dr. Leonardo), Thomas B. Henry (General MacIntosh), Bart Bradley (Pepe), John Zaremba (Dr. Uhl), Arthur Space (Dr. Sharman), Tito Vuolo (Polizist), Jan Arvan (Contino), George Pelling (Maples), Don Orlando (Mondello), Rollin Moriyama (Dr. Koroku). 82 Min.

Auf dem Rückflug von der Venus bauen die Astronauten Calder und Sharman eine Bruchlandung im Mittelmeer. Dabei geht ein Behälter mit einem rätselhaften venusischen Ei verloren. Ein Junge findet und verkauft ihn an einen Wissenschaftler. Das Ei entwickelt sich zu einem Reptil, das Ymir genannt und mit alarmierender Schnelligkeit größer wird. Man bringt es in den römischen Zoo, wo es zu einem gewaltigen, saurierähnlichen Ungetüm heranwächst und schließlich ausbricht. Nach einem wütenden Kampf mit einem Elefantenbullen zieht Ymir sich nach einem zerstörerischen Amoklauf in das Kolosseum zurück, wo er von der italienischen

Armee mit Granatwerfern erledigt wird. – Obgleich man dem Plot dieser Geschichte zumindest in gedruckter Science Fiction gleich mehrere Dutzendmal begegnen kann, stellte Jurans Außerirdischer im Film, der bis dahin meist nur Tentakelmonster und Blobs gewohnt war, beinahe ein Novum dar. Das drachenartige, auf den Hinterbeinen gehende Geschöpf von der Venus erwacht unter den Händen des Stop-Motion-Spezialisten Ray Harryhausen stellenweise zu wirklichem Leben, und besonders jene Szenen, in denen es noch klein ist und über Dr. Leonardos Tisch wandert, wirken ausgesprochen putzig. Die Gesamtgeschichte krankt aber, wie einige Kritiker monierten, daran, daß dem Venuslurchen die Handlungsmotivation fehlt:»Das Monster hat keine wirkliche Persönlichkeit, wenn man davon absieht, daß es sich querköpfig aufführt. Es hat auch keine Ziele, außer dem, nach Sulphur zu suchen, als es sich in Sizilien aufhält. Als es in Rom ausbricht, wandert es lediglich zerstörend herum, bis es umgebracht wird. Wäre es Harryhausen gelungen, am Anfang so etwas wie eine Beziehung zwischen dem Wissenschaftler und dieser Kreatur in die Handlung einzuflechten... und ihm in Rom etwas zu tun zu geben, wäre der Film dramatischer geworden.« (Bill Warren, KEEP WATCHING THE SKIES!) – Die bundesdeutsche Filmkritik sprang seinerzeit weniger glimpflich mit *Die Bestie aus dem Weltenraum* um:»Amerikanischer Schauerschmarren.« (FILMBEOBACHTER) –»Den Filmleuten kam es natürlich auf handfesten Nervenkitzel an. Diese Wirkung mag das bar jeder logischen Zusammenhänge zusammengestoppelte Filmchen bei einem Teil der Besucher, vor allem bei jüngeren, auch erzielen. Die Nüchternen werden nur lachen.« (FILMDIENST)

Bestie des Grauens
(MISSILE TO THE MOON). USA 1958.
R Richard Cunha. *B* H. E. Barrie/
Vincent Fote. *K* Meredith Nicholson.

SpE Ira Anderson/Harold Banks.
M Nicholas Carras. *D* Richard Travis (Arnold Dayton), Cathy Downs (June Saxton), K. T. Stevens (Königin Lido), Tommy Cook (Gary), Nina Bara (Alpha), Gary Clarke (Lon), Michael Whalen (Dirk Green), Laurie Mitchell (Lambda), Marjorie Hellen (Zeema), Lee Roberts (Henry Hunter). 76 Min.

Mit Hilfe der aus einer Besserungsanstalt entflohenen jungen Männer Lon und Gary startet der Erfinder Dirk Green zur Venus (im Original: zum Mond). Mehr aus Versehen befinden sich auch sein Partner Arnold und dessen Verlobte June an Bord des Raumschiffes. Wie sich herausstellt, ist Green kein Erdbewohner, sondern ein Mondmensch, der sich studienhalber auf unserem Planeten aufgehalten hat. Im Verlauf der Reise kommt er ums Leben. Nach der Landung auf ihrer Zielwelt muß sich der Rest der Besatzung gegen die Königin Lido, ihre hollywoodesken weiblichen Untertanen und eine Horde von steinernen Lebewesen wehren. Als der Felsenpalast der bösen Königin in die Luft gesprengt wird, kann man endlich wieder zur Erde zurück. – Die Kritik war sich diesmal auf beiden Seiten des Atlantiks einig:»Schwachsinn« (FILMDIENST) –»Lächerlich« (CASTLE OF FRANKENSTEIN).»Ein unglaublich kindischer und langweiliger Film.« (FILMBEOBACHTER)

Bestien lauern vor Caracas
(THE LOST CONTINENT). GB 1967.
R Michael Carreras. *B* Michael Nash.
V Dennis Wheatley. *K* Paul Beeson.
SpE Robert A. Mattey/Cliff Richardson.
M Gerard Schurmann. *D* Eric Porter (Capt. Lansen), Hildegard Knef (Eva), Suzanna Leigh (Unity), Tony Beckley (Tyler), Nigel Stock (Webster), Neil McCallum (Hemmings), Benito Carruthers (Ricaldi), Jimmy Hanley (Pat), James Cossins (Maschinist), Dana Gillespie (Sara), Victor Maddern (Maat), Reg Lye (Steuermann), Michael Ripper (Anwalt), Donald Sumpter

(Funker), Norman Eshley, Alf Joint, Charles Houston, Shivendra Sinha, Darryl Read, Eddie Powell. *F* 100 Min. Als der ausgediente Frachter *Carita* unterwegs nach Caracas eine Sturmwarnung erhält und Captain Lansen diese ignoriert (er hat eine hochexplosive Ladung an Bord, mit der er ein Vermögen machen will), meutert die Mannschaft und geht von Bord. Als die Lage immer aussichtsloser wird, verläßt Lansen mit einigen Getreuen und den Passagieren ebenfalls das Schiff. Man übersteht den Sturm, gerät in einen unerklärlichen Nebel und stößt nach einigem Herumirren plötzlich wieder auf die *Carita*. Aber nun sitzt man in einem Tanggebiet fest, das das Schiff nicht wieder freigibt. Als der Schiffskoch über Bord gezogen wird, ist das der Auftakt zu schreckenerregenden Ereignissen: Krieger in den Uniformen der spanischen Eroberer greifen die Gestrandeten an. Es sind Nachkommen derjenigen, die schon vor Jahrhunderten in dem Tanggebiet steckenblieben und nun unter der Fuchtel eines knabenhaften, bösartigen ›Königs‹ leben. Für die Bewohner dieses ›verlorenen Kontinents‹ hat die Zeit buchstäblich seit Jahrhunderten stillgestanden: Sie wissen nichts mehr von der Außenwelt, dafür aber um so mehr von den Gefahren, die in der Umgebung ihres seltsamen, nebelhaften Reiches lauern. Riesenkraken und ähnliches Ungetier machen den Gestrandeten zu schaffen, aber nachdem sie sich erfolgreich gegen den jugendlichen König zur Wehr gesetzt haben, gelingt ihnen mit der *Carita* die Flucht. – Trotz der teilweise in einen billigen Kolportagestil abfallenden Schilderungen des Vorlebens der Passagiere und des Kapitäns, der mit einem schrottreifen Kahn zur letzten gewinnbringenden Fahrt ausläuft, ist der Streifen stellenweise recht fesselnd. »Schade, daß dieser Film so sehr im Stil der B-Filme gemacht wurde und billige Action hochspielt: er hat manchmal eine großartige Atmosphäre, aus der mehr hätte entstehen können.« (SCIENCE FICTION TIMES)

Ⓑ Dennis Wheatley: UNCHARTED SEAS, London 1938

Besuch auf einem kleinen Planeten (TV-ZDF). BRD 1971. *R* Wolfgang Liebeneiner. *B* Gore Vidal (Übersetzung: Eric Burger). *V* Gore Vidal. *M* Artur Sedlmayr. *D* Peter Fricke (Kreton), Peter Pasetti (General Tom Powers), Klaus Schwarzkopf (Robert Spelding), Ursula Dirichs (Bella Spelding), Hildegard Krekel (Ellen Spelding), Michael Hinz, Eckard Rühl, Dieter Borsche, Victoria Voncampe. *F* 95 Min.
Fernsehkommentator Spelding kann es einfach nicht glauben: Sein Freund Tom Powers, der als General eine Wäschereidivision befehligt, berichtet ihm unter dem Siegel strengster Geheimhaltung, daß über Pennsylvania ein UFO beobachtet worden sei. Kurze Zeit später landet in Speldings Garten ein Wesen mit Namen Kreton, das einem Menschen verblüffend ähnlich sieht. Kreton verfügt über sonderbare Talente. Als außerirdischer Experte für Erdgeschichte wollte er eigentlich hundert Jahre früher landen, um den amerikanischen Bürgerkrieg zu studieren. Er entdeckt bald, daß für jemanden, der die Menschen bei ihrem liebsten Spiel, dem Kriegführen, beobachten will, der jetzige Zeitpunkt auch nicht schlecht gewählt ist. – Dieses satirische Theaterstück von Gore Vidal diente dem Kinofilm von 1960 mit Jerry Lewis als Vorlage. Liebeneiners Inszenierung liefert eine Fülle komischer Denkanstöße und glänzt durch schauspielerische Spitzenleistungen.
Ⓑ Gore Vidal: VISIT TO A SMALL PLANET AND OTHER TELEVISION PLAYS, New York 1956

Besuch auf einem kleinen Planeten (VISIT TO A SMALL PLANET).USA 1960. *R* Norman Taurog. *B* Edmund Beloin/ Henry Garson. *V* Gore Vidal. *K* Loyal Griggs. *SpE* John P. Fulton. *M* Leigh Harline. *D* Jerry Lewis (Kreton), Joan Blackman (Ellen Spelding), Earl

Bestien lauern vor Caracas: Jimmy Hanley merkt's zu seinem Leidwesen

Holliman (Conrad), Fred Clark (Roger P. Spelding), Lee Patrick (Rheba Spelding), Gale Gordon (Bob Mayberry), Jerome Cowan (George Abercrombie), John Williams (Delton), Barbara Lawson (Tänzerin). 85 Min. Kreton, ein etwas ausgeflippter Außerirdischer, der die irdische Geschichte studiert hat, landet in der Uniform eines Südstaaten-Offiziers im Garten des TV-Kommentators Roger P. Spelding, der sich kurz zuvor noch über angebliche UFO-Sichtungen lustig gemacht hat. Da man gerade einen Maskenball feiert, lädt man Kreton zu sich ein, aber seine speziellen Fähigkeiten machen dem Hausherrn bald klar, daß er es tatsächlich mit einem Alien zu tun hat. Um sich nicht lächerlich zu machen, lädt er Kreton ein, sein Gast zu sein. Kreton treibt allerlei Schabernack: Er hebt die Schwerkraft auf, macht die Gedanken seiner Mitmenschen für alle hörbar und verliebt sich in Speldings Tochter Ellen, was deren Verlobten Conrad ziemlich wütend macht. Kretons Treiben auf der Erde wird indessen von Delton, seinem Vorgesetzten, mit mißmutigen Blicken betrachtet. Als Kreton es zu toll treibt, werden ihm auf geheimnisvolle Weise seine Superkräfte genommen. Nach einer wilden Auseinandersetzung zwischen Conrad und Kreton schaltet Bob Mayberry vom Zivilschutz die Polizei ein. In die Enge getrieben, fleht Kreton schließlich seinen Vorgesetzten um Hilfe an und wird noch einmal gerettet.

Besuch bei Van Gogh
DDR 1985.
R Horst Seemann. *B* Horst Seemann/Heinz Kahlau. *LV* Sewer Gansowski. *K* Claus Neumann. *SpE* Ingo Baar/Siegfried Wunsch. *M* Horst Seemann. *D* Grazyna Szapolowska (Marie Grafenstein), Christian Grashof (Vincent van Gogh), Rolf Hoppe (Amadeus

Bergk), Dagmar Patrasova (Kati), Hanns-Jörn Weber (Chef-Koordinator), Barbara Dittus (Blondine), Käthe Reichel (Johanna van Gogh), Hartmut Puls (Theo van Gogh), Martin Trettau (Dr. Gachet), Wolfgang Dehler (Ravoux), Kurt Böwe (Roulin), Stefan Lisewski (Präsident), Ernst Kahler (Hartog), Suheer Saleh (Assistentin), Chinyere Unamba Oparah (Eleonore), Horst Hiemer (Peyron), Carola Bläss (Dame), Peter Kalisch (Diener), Gerd Funk (Wirt), Roland Kuchenbuch (Bursche), Gabriele Gysi (Hure), Renate Heymer (Zofe), Susanne Lüning (Blumenmädchen). *F* ca. 104 Min.

Die Welt im 22. Jahrhundert: Technisch ist sie perfekt, ja überperfekt, äußerst komfortabel und luxuriös. Aber sie steckt voller Gefahren. Die natürliche Umwelt ist längst zerstört, Blumen und Pflanzen werden als kostbare Seltenheit gepflegt. Computerberechnungen haben menschliche Gefühle ersetzt und so das seelische Leben verarmen lassen. Unbekannte Krankheiten werden, wenn die Forscher keine Heilmittel gegen sie finden, zu einer allgemeinen Menschheitsdepression führen, rufen Erscheinungen von Impotenz hervor, bedrohen so die weitere Existenz des Menschengeschlechts. Dr. Marie Grafenstein, Ärztin von Beruf, arbeitet an einem Forschungsprojekt, das sich mit solchen Krankheiten befaßt. Die Forschungsarbeiten verschlingen Unsummen, und das Finanzierungsmittel des 22. Jahrhunderts ist Energie, die aber nicht unbegrenzt zur Verfügung steht. Sie ist rationiert und kontingentiert, sie ist aber auch ein Tauschobjekt. Man kann sie beispielsweise gegen berühmte und wertvolle Gemälde einhandeln: ein Bild von van Gogh gleich zwei Millionen Energieeinheiten. Diese Möglichkeit bringt den mit Marie befreundeten Vizechef der oberen Energiebehörde auf eine verwegene Idee. Um Finanzierungsmittel für das Forschungsprojekt zu beschaffen, soll Marie per Zeitschleife in jene Zeit reisen, da van Goghs Bilder noch nichts wert waren. Sie soll einige kaufen und ins 22. Jahrhundert bringen. Technisch zwar ein komplizierter Prozeß, mit Ent- und Rematerialisierung, aber machbar! In die Mode der Zeit gekleidet, in die man möchte, betritt man die Metallkabine, löst sich auf in gleißendem Licht und taucht da auf, wo man sich hingewünscht hat. Bleibt nur noch, sich den entsprechenden Lebensgewohnheiten anzupassen, damit man sich nicht als Mensch einer anderen Zeit verrät. Dr. Marie Grafenstein taucht in die Geschichte ein und versucht als angebliche Miß Miller aus Amerika, zu Lebzeiten van Goghs einige seiner Bilder zu erwerben. Doch die Reisen in die Vergangenheit werden immer mehr Entdeckungsfahrten zu verlorengegangenen Werten. Marie entdeckt die Natur, sieht die Kunst anders als bisher. Und sie wird durch die Begegnung mit van Gogh in einen schweren seelischen Konflikt verstrickt. Sie sieht ihn in Armut und Elend dahinvegetieren, sieht ihn verhöhnt und verspottet, ja für verrückt erklärt, und doch weiß sie, daß er schon bald nach seinem Tod als einer der genialsten Maler der Geschichte anerkannt werden wird, daß seine Bilder in Zukunft ungeheuren Wert besitzen werden. Sie kann sein Ende nicht verhindern, die Regeln der Zeitschleife verbieten es, verändernd in die Vergangenheit einzugreifen. Marie entscheidet sich. Sie bleibt in seiner Zeit.

»So eindrucksvoll die dem Maler nachempfundene Bildgestaltung hier und da ist, so sehr stört der öftere Griff zum optischen Klischee: die Mühlen Hollands, der Eiffelturm Paris... Horst Seemann gelingt es nicht, ... seinen hohen Anspruch durchzuhalten, (dem Film) eine gemäße, angestrebte, Tragödie wie Komödie harmonisch vereinende Erzählweise zu geben. So stellt sich sinnliches Vergnügen, nachwirkendes Betroffensein nur partiell ein, wird allzu oft von Banalem, Ablenkendem und wirklich Ungeformtem überwuchert.« (Hans-Dieter Tok, LEIPZIGER VOLKSZEITUNG)

Ⓑ S. Gansowski: *Vincent van Gogh*, Berlin 1972

Die Besucher
(COMMUNION). USA 1988.
R Philippe Mora. *B* Whitley Strieber.
K Louis Irving. *M* Eric Clapton/Allan
Zavod. *D* Christopher Walken (Whitley
Strieber), Lindsay Crouse (Annie
Strieber), Joel Carlson (Andrew
Strieber), Andreas Katsulas (Alex),
Terri Hanauer (Sarah), Basil Hoffman
(Dr. Friedman), Frances Sternhagen
(Dr. Janet Duffy), John Dennis
Johnston (Feuerwehrmann), Dee Dee
Rescher (Mrs. Greenburg). *F* 104 Min.
An einem Wochenende in seinem Land-
haus hat der Autor Whitley Strieber eine
Begegnung der dritten Art. Kleine grüne
Wesen erscheinen in seinem in gleißendes
Licht getauchten Haus und schleppen ihn
fort. Nach einer Leibesvisitation (Spritze,
rektale Sonde) bringen sie ihn zurück.
Strieber hält das Erlebnis für einen
schlechten Traum, aber seinem Sohn Andrew ist ähnliches widerfahren. Strieber
wird zunehmend verstörter. Als die Familie die Weihnachtszeit erneut im Landhaus verbringt, kehren die kleinen Männer zurück. Strieber dreht durch! Er erschießt beinahe seine Frau Annie! In New
York sucht er auf Annies Bitten einen
Psychiater auf. Dr. Duffy hört sich seine
Geschichten unter Hypnose an; sie erweist sich als *wahr*. Dr. Duffy empfiehlt
ihm eine Gruppe, die ähnliche Erfahrungen gemacht hat. Strieber macht Grup-
pentherapie; um sein Gleichgewicht wiederzuerlangen, sucht er im Wald bei seinem Haus die kleinen Männer in ihrer Station auf. Sie tauschen Freundschaftsge-
sten aus und tanzen. Eine Einladung zum
Mitflug schlägt Strieber aus. Er fährt zu
seiner Familie zurück und beschließt, seine Erlebnisse in einem Roman zu beschreiben. – Was er im wirklichen Leben
denn auch getan hat, woraufhin viele, viele Menschen, die seine anderen Bücher
kannten, angesicht seiner Behauptung, er
habe diese Geschichte *wirklich* erlebt, nur
noch den Kopf schütteln und sich fragen
konnten, ob er noch alle Tassen im
Schrank hat. – »Nicht auf spektakuläre
Spezialeffekt-Orgien, sondern auf Atmosphäre und seinen Hauptdarsteller setzt
Mora in diesem geheimnisvollen (und
langen) Science Fiction-Drama. In langen
Hynosesequenzen und Monologen hat
Walken ausgiebig Gelegenheit, seine beeindruckenden mimischen Fähigkeiten zu
entfalten. Traumhaft im Sinne des Wortes
wirken die bizarren Bilder aus dem Inneren des UFOs, das bemannt ist mit spin-
nengliedrigen, maskierten Mutanten und
koboldhaften E.T.s mit einem Faible für
Doktorspiele.« (TIP). – Nur auf Video.
Ⓑ Whitley Strieber: *Die Besucher*, München 1990
Ⓥ Concorde

Beverly Hills Body Snatchers
(BEVERLY HILLS BODY SNATCHERS).
USA 1988.
R Jon Mostow. *B* P.K. Simonds.
K Zoran Hochstatter. *M* Arthur Barrow.
D Vic Tayback (Vic), Frank Gorshin
(Doc), Art Metrano (Vic), Rodney
Eastman (Freddie), Warren Selko
(Vincent), Keone Young (Don Ho),
Seth Jaffe (Don Carlo), Brooke Bundy
(Mona), Steven Field (Nunz).
F 75 Min.
Zwei Besitzer eines Bestattungsunterneh-
mens testen ein Serum an eingelieferten
Leichen. Die Toten erwachen, unter ih-
nen ein Mafiaboss. Während andere in
dem Serum ein Geschäft wittern, bemü-
hen sich die beiden Helden, den Böse-
wicht wieder loszuwerden. Und das tun
sie, indem sie seine Opfer reaktivieren. –
Und der Zuschauer wandte sich ab und
weinte bitterlich. – Nur auf Video.
Ⓥ Carrera

Bevölkerungszuwachs Null
Anderer Titel für **Geburten verboten**

Big Foot
(BIG FOOT). USA 1971.
R Robert F. Slatzer. *B* Robert F.
Slatzer/James G. White. *K* Wilson S.
Hong. *SpE* Mercy Montello/Harry
Woolman. *M* Richard A. Podolar.

D Chris Mitchum (Rick), John Carradine (Jasper B. Hawks), Joi Lansing (Joi Landis), Lindsay Crosby (Wheels), Judy Jordan (Chris), James Craig (Sheriff Cyrus), John Mitchum (Elmer Briggs), Joy Wilkerson (Peggy), James Stellar (Schneemensch), Ken Maynard (Bennett), Doodles Weaver (Ranger).
F 84 Min.
Die Pilotin Joi muß im Nordwesten Kanadas notlanden und wird von einer haarigen Kreatur entführt. In Carf Creek, einem Ort in den Rocky Mountains, weiß man angeblich von einem Schneemenschen, der in der Wildnis haust. Als auch die Händler Hawks und Briggs von dem Monster entführt werden, bricht eine Suchexpedition auf, die die Vermißten in einer Höhle wiederfindet. Big Foot scheint jedoch auch Kinder zu haben: Vier Wesen, Hybriden zwischen Menschen und Affen, deuten darauf hin, daß er sich hin und wieder mit Menschenfrauen paart. Nachdem man die Gefangenen befreit hat, wird die Höhle mit Dynamit gesprengt. – *Big Foot* beeindruckt wegen seines unfreiwilligen Humors und der schlampigen Kostümierung der haarigen Hybriden: Einer dieser in Felle gesteckten ›Affenmenschen‹ war nicht mal in der Lage, sein ›Hemd‹ in die ›Hose‹ zu stekken.
Ⓥ Cannon/VMP

Der Biggels-Effekt
(BIGGLES – ADVENTURES IN TIME). GB 1988.
R John Hough. *B* John Groves/Kent Walwin. *K* Ernest Vincze/Terry Cole. *SpE* David Harris. *M* Stanislas. *D* Neil Dickson (James Biggelsworth), Alex Hyde-White (Jim Ferguson), Fiona Hutchinson (Debbie Stevens), Peter Cushing (Col. Raymond), Marcus Gilbert (Eric von Stalhein), William Hootkins (Chuck), Alan Polonsky, Francesca Gonshaw, Michael Siberry, James Saxon, Daniel Flynn, Ron Boyd.
F 92 Min.

Jim Ferguson, wohnhaft im heutigen (1988) New York, wird laufend durch einen ›Zeitsplit‹ in die Kämpfe des Ersten Weltkrieges versetzt, und zwar immer dann, wenn sein ›Zeitzwilling‹, das englische Flieger-As James ›Biggels‹ Biggelsworth, in Gefahr gerät und gerettet werden muß. Als Jim helfen muß, den Krieg zu gewinnen, da die Truppen von Kaiser Willi («The Beast of Berlin) eine gefährliche Waffe entwickelt haben, fackelt er nicht lange und bringt einen Hubschrauber mit. – »Die naive Mischung aus Science Fiction und Komödie will nicht immer aufgehen – die Selbstverliebtheit des Regisseurs in technische Gimmicks überlagert den ironischen Unterton. Ganz witzig noch die Schnitte, die die beiden Hauptfiguren in die jeweilige Zeitebene katapultieren, belangloser Indiana Jones-Verschnitt hingegen die Kriegs- und Abenteuersequenzen, in denen dem Regisseur nichts anderes einfiel, als endloses Maschinengewehr-Geknatter. Ganz und gar nicht BACK TO THE FUTURE, sondern eher ein ›Zurück in die Mottenkiste‹.« (Meinolf Zurhorst, SPEKTRUM FILM).
Ⓥ Vestron

Biggels – Der Zeitzwilling
Anderer Titel für **Der Biggels-Effekt**

Bill & Teds verrückte Reise durch die Zeit
(BILL AND TED'S EXCELLENT ADVENTURE). USA 1989.
R Stephen Herek. *B* Chris Matheson/Ed Solomon. *K* Timothy Suhrstedt. *M* David Newman. *D* Alexander Winter (Bill Preston), Keanu Reeves (Ted Logan), George Carlin (Rufus), Terry Camilleri (Napoleon), Dan Shor (Billy the Kid), Tony Steedman (Sokrates), Rod Loomis (Freud), Al Leong (Dschingis Khan), Jane Wiedlin (Jeanne d‹Arc), Robert V. Barron (Abraham Lincoln), Clifford David (Ludwig van Beethoven), Bernie Casey (Ryan).
F 90 Min.
Bill und Ted haben nicht viel drauf. Am

liebsten möchten sie Gitarre spielen können. Heavy Metal ist das einzige, worüber sie Bescheid wissen. In der Schule soll sich ihr Desinteresse rächen. Der Geschichtslehrer droht mit schlechten Noten. (Ted: »Hannibal? Ist das der Onkel von Fußball?«). Ted winkt eine Fahrkarte zur Militärakademie, es sei denn, sie legen ein Geschichtsreferat vor. Da landet in einer als Telefonzelle getarnten Zeitmaschine ein gewisser Rufus aus der Zukunft, der den Jungs helfen will, da die Musik, die sie später machen werden, für Verständigung zwischen den Völkern der

Erde und den Planeten sorgt. Mit der Telefonzelle reisen Bill und Ted durch die Geschichte und sammeln historische Persönlichkeiten ein. Ihre Gäste machen sich mit der Moderne vertraut: Beethoven spielt Syntheziser, Johanna von Orleans macht Aerobic, Dschingis Khan nimmt mit einem Baseballschläger ein Sportgeschäft auseinander, Napoleon begeistert sich fürs Wasserrutschen. Sokrates, Billy the Kid, Lincoln und Freud machen anderen Ulk. Ihr Referat tragen Bill und Ted in einer Rockshow vor. Ihre Gäste tragen zum Thema bei, indem sie die Schönheit der Stadt und ihre Konsumartikel preisen. Das Referat hat einen tollen Erfolg. Bill und Ted bringen ihre Gäste zurück und freuen sich mit Rufus auf eine gute Zukunft. – Das Geschichtsverständnis der Autoren unterscheidet sich nur geringfügig von dem ihrer Protagonisten. Nun wissen wir, daß Sokrates ein heller Kopf war, daß Dschingis Khan immer eine Keule in der Hand hielt, und daß Beethoven etwas mit Musik zu tun hatte. Wenn Sokrates und Billy the Kid sich den Football zuwerfen, ist das schon eine Mordsgaudi. – »Dieser Film ist eine einzige kinematographische Barbarei. Weil er alle Untugenden des Erzählkinos in sich vereinigt, werden ihn all diejenigen lieben, die das amerikanische Kino hassen.« (Lars-Olav Beier, TIP). Ⓥ VCL

Biohazard
(BIOHAZARD). USA 1984.
R Fred Olen Ray. *B* Fred Olen Ray/ Serge Ariotti. *K* Paul Elliot/John McCoy. *SpE* Jon McCallum/Kenneth J. Hall. *M* Eric Rasmussen/Drew Neuman. *D* Aldo Ray (Gen. Rudolph), Angelique Pettyjohn (Lisa Martin), William Fair (Mitchell Carter), Frank McDonald (Michael Hodgson), David Pearson, Charles Roth. *F* 82 Min.
Ein außerirdischer Organismus kommt in einem Behälter zur Erde, der zerbricht und ihn entschlüpfen läßt. Auf der Flucht hinterläßt er diverse Leichen und ebenso

blutrünstige Ableger. – »Naives SF-Spektakel, das eine altvertraute Geschichte variiert.« (LEXIKON DES INTERNATIONALEN FILMS). – Nur auf Video.
Ⓥ Arrow

Bis ans Ende der Welt
(FAR AWAY SO CLOSE).
BRD/Frankreich/Australien 1991.
R Wim Wenders. *B* Peter Carey/Wim Wenders. *K* Robby Müller. *M* Grame Revell/U2/Talking Heads/Lou Reed/ T-Bone Burnett/Peter Gabriel/Can/Elvis Costello. *D* Solveig Dommartin (Claire Tourneur), William Hurt (Trevor McPhee/Sam Farber), Rüdiger Vogler (Philip Winter), Sam Neill (Eugene Fitzpatrick), Max von Sydow (Henry Farber), Jeanne Moreau (Edith Farber), Justine Saunders (Maisie), Chick Ortega (Chico), Eddy Mitchell (Raymond), Ernie Dingo (Burt), Elena Smirnowa (Krasikowa). Lois Chiles (Elsa), David Gulpilil (David), Allen Garfield.
F 179 Min.
1999: Ein indischer Atomsatellit droht auf die Erde zu stürzen. Die Menschen fliehen aus den vom Absturz bedrohten Gebieten. Claire Tourneur gerät in einen Autounfall mit zwei Gangstern, die sie bitten, ihr Geld für einen Anteil aus einem Spielbankraub nach Paris zu bringen. Unterwegs hilft sie dem von dem Kopfgeldjäger Burt verfolgten Sam Farber. In Paris verliert sie ihn und das Geld. Sie fährt zu ihrem Ex-Freund Eugene. Um Sam wiederzufinden, bedient sich Claire der Hilfe des Detektivs Philip Winter. Die Reise führt von Berlin über Lissabon nach Moskau, dann nach China und Tokio und von dort über San Francisco nach Australien. Claire wird von Winter und Eugene, der ihr nachgereist ist, getrennt. Sam trifft und verliert sie immer wieder, bis sie sich in Japan endlich finden. Sams Augenlicht ist fast erloschen, er sucht in den Bergen einen Arzt auf, der ihn mit Kräutern heilt. Er lüftet sein Geheimnis: Sein Vater Henry hat eine Maschine entwickelt, mit der Blinde Bilder sehen können. Er ist um den

Erdball gereist, um Bilder und Aufnahmen von Verwandten für seine erblindete Mutter zu sammeln. In der australischen Wüste findet das Quartett zueinander. Sams Verfolger Burt wird unschädlich gemacht. Man geht zu Sams Eltern, die in der unberührten Natur leben. Der Satellit wird über Australien abgeschossen, doch in der Folge fallen alle elektronischen Instrumente aus. Die Laborgeräte Henry Farbers sind, durch Höhlenwände geschützt, kaum beschädigt worden. Sams Vater beginnt nach der Ankunft der Reisenden mit seinen Experimenten. Ein Computer wertet die mit der Kamera aufgenommenen Bilder der Gehirnströme aus, »und bei einem zweiten Sehen, das zugleich hochkonzentriertes Erinnern des Aufnehmenden ist, lassen sich die Daten wieder in Hirnströme zurückverwandeln, die der blinden Person erlauben, die aufgenommenen Bilder zu sehen.« (Peter Körte, ULTIMO).

Sams Mutter kann sehen, aber sie stirbt, da sie den Kraftakt des Sehens nicht erträgt. Henry, besessen von seiner Arbeit, will die Gehirnströme von Träumen aufzeichnen und auf einen Videoschirm sichtbar machen. Henry, Sam und Claire unterziehen sich einem Experiment und können ihre Träume auf dem Schirm sehen. Die Folgen sind fatal: Eugene und Winter müssen mit ansehen, wie sie zu Süchtigen ihrer Träume werden. Apathisch hängen sie vor ihren Watchmen und betrachten ihre Träume. Eugene reißt Claire mit Gewalt zurück und schreibt die Reiseerlebnisse nieder. Das Buch gibt er Claire zu lesen, damit sie sich eigene Bilder ausdenkt und die Sucht überwindet. Sam wird in einem Schlaf zwischen zwei Aborigines durch deren magische Kraft von seiner Abhängigkeit gelöst. Henry stirbt. Eugene und Claire finden nicht mehr zueinander. Claire arbeitet nun in einem Forschungsraumschiff für Greenpeace! – 14 Jahre Vorbereitungszeit, ein 23-Millionen Dollar-Budget und den Einsatz von neuester HDTV-Technik bedurfte es, um das ›Lebenswerk‹ Wim Wen-

ders zu vollenden. Und was hat er daraus gemacht? Einen SF-Road-Movie-Detektiv-Liebes-Katastrophen-Comic-Flop. Hellmuth Karasek entdeckte »nichtssagende Figuren« (DER SPIEGEL) und hielt Wenders für einen Möchtegern-Philosophen, der Mythen schaffen will, aber in Mythen nur Trivialität findet. Als SF-Film ist *Bis ans Ende der Welt* eine Katastrophe.

»Nur in einer kurzen Szene vermittelt Wenders eine Ahnung von dem Film, den er ursprünglich vielleicht hatte machen wollen. Während Claire und Sam in einer kleinen Propellermaschine über die Wüste fliegen, setzt der Motor aus, und während ihr Schatten über den roten Sand weiterzieht, herrscht Totenstille – immer noch der eindrucksvollste Soundtrack zur Apokalypse.« (Christoph Terhechte, TIP).

The Bite
(CURSE 2: THE BITE).
USA/Italien/Japan 1989.
R Fred Goodwin. *B* Susan Zelouf. Federico Prosperi. *K* Roberto d‹Ettore Piazzoli. *SpE* Screaming Mad George. *M* Carlo Maria Cordio. *D* Jill Schoelen (Lisa), J. Eddie Patrick (Clark), Savina Gersak (Iris), Bo Svenson (Sheriff), Marianne Müllerleile (Big Flo), Al Fann (Gas Jockey), Sydney Lassick (George), Sandra Sexton. *F* 98 Min.
Lisa und Clark, ein junges Pärchen, geraten versehentlich in ein militärisches Sperrgebiet in Texas, in dem Kampfstoffe getestet werden. Clark wird von einer verseuchten Schlange gebissen und verwandelt sich langsam ebenfalls in ein solches Reptil. Ein wackerer Sheriff erschießt das Ungeheuer. – Schund.
Ⓥ Empire

Black Eagle
(ORDER OF THE BLACK EAGLE).
USA 1986.
R Worth Keeter. *B* Phil Behrens. *K* Irv Dixon. *M* Dee Barton. *D* Ian Hunter (Duncan Jax), Charles K. Bibby (Star), William T. Hicks (Baron), Jill

Donnellan (Tiffany), Anna Rapagna (Maxie Ryder), Flo Hyman (Spike), Shan Tai Tuan (Sato), Stephan Crayn (Dr. Brinkmann). *F* 93 Min.
Ein Wahnsinniger bedroht mit modernsten Waffen die Erde. Aber einem aufrechten Recken wie dem irdischen Superagenten Duncan Jax wird schon etwas einfallen, um die drohende Katastrophe zu verhindern. – Nur auf Video.
Ⓥ CBS/Fox

Black Moon
(BLACK MOON). BRD/Frankreich 1975. *R* Louis Malle. *B* Louis Malle. *K* Sven Nykvist. *M* Diego Masson. *D* Cathryn Harrison (Lily), Therese Giehse (Alte Dame), Alexandra Stewart (Schwester), Joe Dallessandro (Bruder). *F* 100 Min.
Das junge Mädchen Lily ist eines Abends auf der Landstraße mit einem Wagen unterwegs. Nachdem sie einen Dachs überfahren hat, gerät sie in die Wirren eines Bürgerkrieges, in dem sich Männer und Frauen bis aufs Blut bekämpfen. Erschreckt sucht sie Zuflucht in einem alten Landhaus, das von einem androgynen Geschwisterpaar, einigen nackten Kindern und einer bettlägerigen alten Dame bewohnt wird, die den Kontakt zur Außenwelt mit einem Funkgerät aufrechterhält und sich mit einer Ratte angefreundet hat. Lily versteht weder das Geschwisterpaar noch die alte Dame, die in einer geheimnisvollen, undechiffrierbaren Sprache redet. – »Schon die erste Hälfte des Films hat mich tief getroffen. Da geht es um die Angst, den Tod, den Schmerz, das Schreckliche, um unsere Welt. Aber all dies ist außergewöhnlich schön: schrecklich und schön zugleich.« (Eugène Ionesco, LE FIGARO)

Black Moon
(BLACK MOON RISING). USA 1985. *R* Harley Cokliss. *B* John Carpenter/ Desmond Nakano/William Gray. *St* John Carpenter. *K* Misha Suslov/ Michael Little. *M* Lalo Schifrin. *D* Tommy Lee Jones (Sam Quint),

Linda Hamilton (Nina), Robert Vaughn (Richard Ryland), Bubba Smith (Johnson), Lee Ving (Ringer), Richard Jaeckel (Earl Windom). *F* 98 Min.
Der Kodeknacker und Einbruchsspezialist Sam Quint wird vom FBI angeheuert, ein bestens bewachtes Computertape zu stehlen. Widrige Umstände zwingen ihn jedoch, seine Beute in einem gerade entwickelten wasserstoffbetriebenen Superauto zu verstecken, das von einer kaum weniger cleveren Diebin gesteuert wird. Die Jagd nach der verlorenen Beute ist das Thema dieses semiutopischen Films, der einmal mehr zeigt, daß das einstige Regie-Talent John Carpenter völlig auf den Hund gekommen ist. Wahrscheinlich werden wir ihn in ein paar Jahren als Ideenlieferant für TV-Serien wiedersehen. »Ein ziemlich lebloses Reißbrett-Konstrukt.« (FILMDIENST)
Ⓥ Marketing

Black Nightfall
(NIGHTFALL). USA 1988. *R* Paul Mayersberg. *B* Paul Mayersberg. *LV* Isaac Asimov. *K* Dariusz Wolski. *M* Frank Seratine. *D* David Birney (Aton), Sarah Douglas (Roa), Alexis Kanner (Sor), Andra Millan (Ana), Starr Andreeff (Bet), Charles Hayward (Kin), Jonathan Emerson (Architekt), Susie Lindeman (Boffin), Russell Wiggins (Zol). *F* 82 Min.
Der Planet des ewigen Lichts ist von drei Sonnen umgeben, so daß seine Bewohner noch nie eine Nacht erlebt haben. Wissenschaftler fragen sich, warum die planetare Zivilisation alle 3000 unerwartet zusammenbricht, bis sie erkennen, daß eine alle 3000 Jahre stattfindende Sonnenfinsternis die Ursache ist: Die Bewohner des Planeten reagieren auf sie mit Panik. Um mit der bevorstehenden Katastrophe fertig zu werden, baut man eine unterirdische Stadt, doch der Wissenschaftler Aton hat seine Probleme, mit dem religiösen Spinner Sor fertig zu werden, der die Katastrophe dazu benutzen möchte, um seine Macht zu festigen. – Ein reichlich müder

Plakatmotiv zu *Black Moon* von Harley Cokliss

und geschwätziger B-Film nach der besten Erzählung des Vielschreibers Isaac Asimov. – Nur auf Video.
Ⓥ MGM/UA

Black Sun – Der Todesplanet greift an
(JOURNEY THROUGH THE BLACK SUN).
GB/Italien 1982.
R Ray Austin/Lee H. Katzin.
B Anthony Terpiloff/David Weir.
St Gerry Anderson/Sylvia Anderson.
K Frank Watts. *SpE* Brian Johnson.
M Barry Gray. *D* Martin Landau (John Koenig), Barbara Bain (Dr. Helena Russell), Barry Borse (Prof. Victor Bergman), Nick Tate (Alan Carter), Paul Jones (Mike Ryan), Margaret Leighton (Arra), Anton Phillips, Jon Laurimore, Prentis Hancock, Clifton Jones, Zienia Morton. *F* 90 Min.

Die Besatzung der steuerlos im All treibenden Mondbasis Alpha will mittels diverser Explosionen einer Kollision mit einem fremden Planeten entgehen, doch eine Außerirdische namens Arra versucht Commander Koenig davon zu überzeugen, ein Zusammenprall sei ratsam – weil sie dadurch ›mutieren‹ und bis in alle Ewigkeit leben würde. Doch falsch gedacht! – Vom Gravitationsfeld einer ›schwarzen Sonne‹ angezogen, ›mutieren‹ anschließend zeitweilig die Alphaner, doch der geniale Professor Victor Bergman weiß, wie man sich am besten aus der Pfanne haut.
Zwei Episoden (›Collision Course‹ und ›The Black Sun‹ – beide aus dem Jahre

1975) aus der TV-Serie *Space 1999*, die im deutschen Fernsehen unter dem Titel *Mondbasis Alpha 1* gezeigt wurde. In dieser Form nur auf Video.
Ⓥ Arcade

Der Blade Runner
(BLADE RUNNER). USA 1982.
R Ridley Scott. *B* Hampton Fancher/ David Peoples. *K* Jordan Cronenweth. *SpE* Douglas Trumbull/Matthew Yuricich/David Dryer. *M* Vangelis. *D* Harrison Ford (Deckard), Rutger Hauer (Batty), Sean Young (Rachael), Edward James Olmos (Gaff), M. Emmett Walsh (Bryant), Daryl Hannah (Pris), William Sanderson (Sebastian), Brion James (Leon), Joe Turkel (Tyrell), Joanna Cassidy (Zhora). *F* 117 Min.

Los Angeles 2019: Die Stadt ist ein Moloch. Sie ist schmutzig, dem Verfall ausgeliefert und platzt aus allen Nähten. Wolkenkratzer recken sich 400 Stockwerke hoch in die Luft, dazwischen schweben Gleiter, die Personen befördern oder die Stadtbewohner unablässig mit Neonwerbung bombardieren. Ganze Häuserwände sind zu gigantischen Videoschirmen umfunktioniert worden. Die engen Straßen gleichen finsteren Canyons. Permanenter Nieselregen beherrscht die Szenerie. Die Luftverschmutzung hat dermaßen zugenommen, daß es nie richtig hell wird. Die Stadtmenschen leben in einem ständigen Zwielicht. Um der Überbevölkerung Herr zu werden, versucht man die Menschen zum Auswandern auf andere Planeten zu bewegen, die von sogenannten Replikanten (Androiden) urbar gemacht werden. Der aller Illusionen entkleidete Ex-Polizist Rick Deckard wird – als er sich im Menschengewimmel von Chinatown gerade einen Imbiß genehmigen will – in einer als ›Cityspeak‹ bekannten Mischmaschsprache von dem zwielichtigen Kriminalbeamten Gaff aufgefordert, seinen ehemaligen Chef Bryant aufzusuchen. Obwohl Deckard seiner Einheit ade gesagt hatte, läßt er sich noch einmal

mit der staatlichen ›Blade Runner‹-Organisation ein. Es gibt Probleme: Diverse Replikanten mit Spezialausbildung haben ein irdisches Raumschiff gekapert und sind nach Los Angeles zurückgekehrt; zweifellos, um das Geheimnis ihres Lebens zu erfahren und eine Möglichkeit zu finden, ihr nur vier Jahre während Dasein zu verlängern. Die Replikanten sind gefährlich, weil sie a) gegen die Zeit kämpfen und b) äußerlich nicht von gewöhnlichen Menschen zu unterscheiden sind. Des weiteren gehören sie der hochentwickelten Nexus-6-Serie an: Sie sind hochintelligent und nicht zu unterschätzen. Deckard läßt sich von Mr. Tyrell, einem Großindustriellen, der Replikanten in Massen herstellt, über die Gesuchten informieren. Als er mit Hilfe eines Spezialgeräts während eines Testverhörs seine Fähigkeiten unter Beweis stellt, entdeckt er, daß Tyrells Sekretärin Rachael ebenfalls ein Replikant ist: Nur weiß sie nichts davon, denn Tyrell hat sie mit einer künstlichen Erinnerung versehen. Als Deckard ihr seine Erkenntnis mitteilt, ist er über die menschliche Reaktion Rachaels entsetzt, denn daß künstlich erzeugte Lebewesen Gefühle haben können, ist ihm noch nicht in den Sinn gekommen. Rachael und Deckard verlieben sich ineinander, und als die Replikantin Deckard fragt, wieso er so sicher sei, kein Replikant mit künstlicher Erinnerung zu sein, haßt er seinen Job noch mehr. Recht bald gerät er in der nächtlichen Stadt mit den vier gesuchten Replikanten aneinander: Die als Schlangentänzerin untergetauchte Zhora erledigt er im Labyrinth der Großstadtstraßen; Sebastian, der Deckard auflauert und beinahe zu Tode prügelt, wird von der überraschend herbeieilenden Rachael getötet. Batty – eine besonders ausgebildete ›Kampfmaschine‹ – und das Replikantenmädchen Pris haben inzwischen bei dem gutmütigen Gentechniker Leon in einem leeren, halbverfallenen Haus Unterschlupf gefunden. Als Batty mit Leon seinen ›Vater‹ Tyrell aufsucht, um zu erfahren, wie er ein Dasein als Mensch führen kann, erfährt er, daß er schon jetzt dem Tode geweiht ist. Batty tötet Tyrell auf bestialische Weise. Als er in Leons Haus zurückkehrt, hat Deckard dort nach einem mörderischen Kampf die Replikantin Pris umgebracht. Batty, dessen Körper inzwischen von ersten Lähmungserscheinungen geplagt wird, besinnt sich seiner gewaltigen Kraft und jagt den verhaßten Blade Runner durch das gespenstische Gebäude. Obwohl Deckard eine Spezialwaffe hat, kann er dem Replikanten nicht die Stirn bieten. Binnen weniger Minuten wird aus dem einsamen Jäger ein Gejagter, der erfährt, wie es ist, wenn einem ein eiskalter Killer an den Fersen klebt. Als Deckard hoch über den Straßenschluchten von Los Angeles an einem Eisenträger hängt und ihn nur noch Sekunden vom Tod trennen, erweist sich der Replikant Batty menschlicher als die Menschen: Er bewahrt ihn vor dem Absturz und haucht

kurz darauf sein eigenes Leben aus. – Durch das Werk des amerikanischen Science Fiction-Autors Philip K. Dick (der kurz vor Beendigung dieses Films starb und die Romanvorlage zu *Blade Runner* lieferte) zieht sich wie ein roter Faden die Frage, ob der Mensch noch ein ›echtes‹ Lebewesen ist oder schon so von der Umwelt geprägt wurde, daß er nur noch das Dasein eines programmierten Androiden führt. Folglich sind die Androiden Dicks menschlicher als die Menschen: sie haben sich die Reinheit ihres Herzens bewahrt, sind weniger manipulierbar und stellen für jene, die das Manipulieren besorgen, eine Gefahr dar. Rick Deckard, ein Mensch, der sich ›auf des Messers Schneide‹ bewegt und in dem die Filmkritiker scharenweise einen Philip Marlowe des nächsten Jahrhunderts erkannt zu haben glauben, hat zu Beginn der Handlung den Dienst quittiert, möglicherweise des-

Der Blade Runner von Ridley Scott

wegen, weil er herausgefunden hat, daß er selbst ein Androide ist: Als die Replikantin Rachael mit ihrer gefälschten Vergangenheit (auch dies ist ein Standardthema Dicks) ihn fragt, ob er sicher ist, selbst ein echter Mensch zu sein, besteht seine Reaktion aus Sprachlosigkeit. Mehr jedoch als die zum großen Teil unbekannten Schauspieler sind die Trickspezialisten die wahren Stars dieses Films: Das futuristische Los Angeles, das Scotts Techniker erschaffen haben, ist ein Stadtmoloch, der den Betrachter förmlich erschlägt. Man merkt *nie*, daß man eine Filmkulisse vor sich hat. Die sich endlos in den schwarzen Himmel schraubenden Wolkenkratzer, die gigantomanischen Werbeflächen, die überall herumsirrenden Helikopter und Gleiter machen einen glauben, da sei jemand mit einer Zeitmaschine in der Zukunft gewesen und habe lediglich die Realität abgefilmt. Über die Detailfreudigkeit der Macher dieses Streifens kann man nur noch staunen: Da sitzt Deckard vor einem Bildbetrachter, in den er ein Foto einspeist, und die Maschine dreht und wendet das Foto so, daß man schließlich gar in das Nebenzimmer des Raumes sehen kann, in dem die Aufnahme gemacht wurde; der an einem sogenannten ›Methusalem-Syndrom‹ leidende Leon (er ist Mitte Zwanzig, sieht aber wie Mitte Fünfzig aus) hat seine in einem riesigen, halbverfallenen Abbruchhaus liegende Wohnung mit allerlei selbstgebastelten mechanischen Geschöpfen bevölkert; die Statisten, die die Straßenszenen beherrschen, bestehen aus Menschen aller Nationen, aus Hare-Krishna-Jüngern, Superpunks und Asiaten, die auch in der zwölften Generation noch kein Wort Englisch beherrschen. Aber trotz der Ödnis und Trostlosigkeit der Welt, in der sich die Akteure bewegen, beschreibt *Blade Runner* keine Weltuntergangsvision. »Was wir sehen, ist die Welt, die nach uns kommt, die zum Teil noch aus dem besteht, was wir jetzt schon haben, sei es von uns geschaffen oder von unseren Vorgängern übernommen, zum Teil aber auch aus dem, was uns die Zukunft erst noch bringen muß. Es ist eine Welt, die (noch) nicht an ihren Problemen zugrunde gegangen ist, sie aber auch nicht gelöst hat. Vieles ist besser, wenngleich nicht unbedingt positiver geworden: Gerätschaften wie Elektronenmikroskope gehören mittlerweile zur Ausstattung besserer Straßenhändler, aber der Fortschritt der Werbeindustrie äußert sich vor allem in größerer Aufdringlichkeit. Vieles ist aber auch schlechter geworden – Unrast, Hektik und die krampfhafte Suche nach Ablenkung haben zugenommen, und der Bevölkerungsdruck, der Eindruck einer hoffnungslos überbevölkerten Stadt, bleibt stets allgegenwärtig, selbst in Szenen, die leere Räume zeigen.« (SCIENCE FICTION TIMES)
ⓑ Philip K. Dick: *Träumen Roboter von elektrischen Schafen?*, Hamburg/Düsseldorf 1969; auch unter dem Titel *Der Blade Runner*, München 1982
ⓥ Warner

Der Blob
(THE BLOB). USA 1988.
R Chuck Russell. *B* Chuck Russell/Frank Daranig. *K* Mark Irvin. *SpE* Lyle Conway. *M* Michael Hoenig.
D Shawnee Smith (Meg Penny), Kevin Dillon (Brian Flagg), Donovan Leitch (Paul Taylor), Jeffrey Demunn (Sheriff Geller), Ricky Paul Goldin (Scott Jescey), Billy Beck (Can Man), Joe Seneca. *F* 95 Min.
Mit einem Kometen gelangt ein Blob zur Erde – eine geleeartige Masse, die sich blitzschnell fortbewegt, am liebsten Menschen frißt und nach jeder Mahlzeit größer wird. Er terrorisiert eine amerikanische Kleinstadt, bis die Bevölkerung in Panik verfällt, das anrückende Militär sich als machtlos erweist und der Außenseiter Brian entdeckt, daß der Blob Kälte fürchtet. Mit dem eiskalten Sprühschaum eines Feuerwehrwagens bereitet er ihm den Garaus. Doch wer weiß? Vielleicht taut er irgendwann wieder auf und schlägt mit den Killertomaten zurück? – »Tech-

nisch zweifelsohne eine Meisterleistung, doch ist es das, was der Film braucht? Vermutlich ja. Denn mit dem naiven Charme des Ur-Blobs, das hat Regisseur Chuck Russell sehr wohl begriffen, kann das Remake nicht konkurrieren.« (TIP). – Neuverfilmung von *Blob – Schrecken ohne Namen* (USA 1958; Regie: Irvin S. Yeaworth). Ⓥ RCA/Columbia

Blob – Schrecken ohne Namen
(THE BLOB). USA 1958.
R Irvin S. Yeaworth jr. *B* Theodore Simonson/Kate Phillips. *K* Thomas Spalding. *SpE* Barton Sloane. *M* Ralph Carmichael. *D* Steve McQueen (Steve Andrews), Aneta Corseaut (Judy Martin), Earl Rowe (Dave, Polizist), Olin Howlin (Alter Mann), Steven Chase (Dr. Hallen), John Benson (Burt), Vince Barbi (George), Audrey Metcalf (Mrs. Martin), Elinor Hammer (Mrs. Porter), Keith Almoney (Danny Martin). *F* 82 Min.
Die Teenager Steve und Judy sehen eines Abends, wie eine unheimliche Leuchterscheinung vom Himmel fällt. Die Sternschnuppe entpuppt sich als ein schwammartiges, außerirdisches Lebewesen, das Menschen angreift und verschlingt. Während Steve und Judy erfolglos die Polizei zu informieren versuchen, erzeugt das Weltallwesen in der Stadt eine Panik. Als Steve und Judy von der Bestie in eine Ecke gedrängt werden, greifen sie in ihrer Verzweiflung zu einem Feuerlöscher. Es stellt sich heraus, daß der ›Blob‹ Kälte nicht ertragen kann. Nachdem man ihn zum Einschrumpfen gebracht hat, wird er von der Armee in die Arktis gebracht. – Ein alter Monsterheuler, in dem man Steve McQueen in einer seiner ersten Filmrollen bewundern kann.
Ⓑ Silwa *(Angriff aus dem Weltall)*

Blondinen sind doch schärfer
(BLONDES HAVE MORE FUN).
USA 1981.
R John Seeman. *B* N.N. K N.N.
M N.N. *D* John Seeman, John Leslie,

Dorothy LeMay, Seka, Jesie St. James, Bianca, Suzannah French, Lisa Loring, Phaery Byrd, Jack Wright, Billy Dee. *F* 88 Min.
Ein bankrotter Unternehmer lernt einen verrückten Wissenschaftler kennen, der ein starkes Gebräu entwickelt hat: Wer es einnimmt, wird vom Virus der Geilheit besessen. Nach einem Schlückchen sucht unser Held ein Bordell in San Francisco auf, erschöpft die dort tätigen Damen und bringt das Serum auf den Markt. Bald hat man in der Stadt nur noch ›das eine‹ im Kopf. – Ein eindeutiger Film mit einem aufgesetzten SF-Thema, der sich nebenher bemüht, komisch zu sein.
Ⓥ Beate Uhse

Blood Beast From Outer Space
(THE NIGHT CALLER). GB 1965.
R John Gilling. *B* Jim O'Connolly. *LV* Frank Crisp. *K* Stephen Dade. *M* Johnny Gregory. *D* John Saxon (Jack Costain), Maurice Denham (Prof. Morley), Patricia Haines (Ann Barlow), Alfred Burke (Hartley), Jack Watson (Sgt. Hawkins), Stanley Meadows (Grant), Warren Mitchell (Lilbum), Marianne Stone (Mrs. Lilbum), Aubrey Morris (Thorburn), John Carson (Major), Geoffrey Lumsden (Col. Davy), Barbara French (Joyce Malone), Tom Gill (Sekretär), John Sherlock (TV-Sprecher), Robert Crewdson (Medra). 84 Min.
Ein schuppenhäutiger, klauenbewehrter Außerirdischer namens Medra, der offenbar vom Jupitermond Ganymed stammt, läßt sich in London nieder und sucht per Annonce hübsche Mädchen – angeblich, um Fotomodelle aus ihnen zu machen. Die Mädchen verschwinden jedoch. Scotland Yard und der Wissenschaftler Jack Costain kommen dem ›Blutbiest‹ freilich bald auf die Spur: Die Entführten sollen dazu dienen, Medras Volk vor dem Aussterben zu bewahren. – Und wie war das mit den Chromosomen? – Originalfassung.
Ⓥ Import

Blue Fever
(ENCOUNTER OF RAVENSGATE).
Australien 1988.
R Rolf De Heer. *B* Marc Rosenberg/
James Michael Vernon. *K* Richard
Michalak. *SpE* John Armstrong/Sue
Richter. *M* Graham Tardif/Roman
Kronen. *D* Steven Vidler (Eddy
Cleary), Celine Griffin (Rachel Cleary),
Ritchie Singer (Richard Cleary),
Vincent Gil (Felix Skinner), Saturday
Rosenberg (Annie), Terry Camilleri
(Dr. Hemmings), Max Cullen (Sgt.
Taylor), Peter Douglas. *F* 86 Min.
Ein UFO landet in der australischen Pro-
vinz und sendet Strahlen aus, die ein Bäu-
erlein zum Bösmann machen. – Nur auf
Video.
Ⓥ Empire

Blumen des Schreckens
(THE DAY OF THE TRIFFIDS).
GB 1962.
R Steve Sekely. *B* Philip Yordan.
LV John Wyndham. *K* Ted Moore.
SpE Wally Veevers. *M* Ron Goodwin.
D Howard Keel (Bill Masen), Nicole
Maurey (Christine Durrant), Janina Faye
(Susan), Mervyn Johns (Prof. Coker),
Kieron Moore (Tom Goodwin), Janette
Scott (Karen Goodwin), Alison Leggat
(Miß Coker), Carol Ann Ford (Bettina),
Geoffrey Matthews (Luis de la Vega),
Ewan Roberts (Dr. Soames), Colette
Wilde (Schwester Jamieson), Gilgi
Hauser (Teresa), Katya Douglas (Mary).
F 94 Min.
Ein plötzlich über die Erde hereinbre-
chender Meteoritenschauer hat den größ-
ten Teil der Menschheit erblinden lassen.
Mit den Meteoriten sind aber auch tödli-
che Sporen aus dem All auf die Erde ge-
kommen, die sich rasend schnell vermeh-
ren, zu gigantischen, fleischfressenden
Pflanzen mutieren und bald die ganze
Erde zu überwuchern drohen. Die Zivilisation ist schnell zusammengebrochen, da
sich niemand dieser schrecklichen Plage
erwehren kann. Nur wenige Menschen
haben die Katastrophe überlebt: das auf

einem Leuchtturm lebende Biologen-Ehepaar Goodwin, der amerikanische Marineoffizier Bill Masen, der gerade eine
Augenoperation hinter sich hat, und das
spanische Ehepaar de la Vega, das sich
auf seinem Gutshof verrammelt. Masen
stößt auf das Mädchen Susan und flieht
mit ihm per Boot nach Frankreich, aber
dort ist die Lage auch nicht besser. Als ein
erneuter Angriff der Pflanzen erfolgt,
schlagen sich Masen, Susan und die Französin Christine nach Spanien durch, wo
sie nach allerlei Abenteuern auf dem Gut
der de la Vegas Unterschlupf finden.
Aber auch ein elektrischer Zaun kann die
ständig weiter vordringenden Pflanzen
nicht lange aufhalten. Das fieberhaft nach
einer Waffe suchende Biologen-Ehepaar
Goodwin hat aber dann Erfolg: Salzwasser hält die unheimlichen Angreifer auf.
Masen lockt während eines verzweifelten
Versuchs das ihn jagende Grünzeug zum
Meer, wo es sich in seine Bestandteile
auflöst. – Dieser auf einem Roman des
englischen SF-Autors John Wyndham basierende Film hatte ein so geringes Budget, daß er nach seiner Fertigstellung nur
55 Min. lang war. Die Produzenten heuerten den Regisseur Freddie Francis an,
der zusätzliche Szenen drehte und sich auf
die Erlebnisse der Goodwins konzentrierte. Roman und Film unterscheiden sich in
zwei wichtigen Punkten: Wyndhams Triffids stammen nicht aus dem All, sondern
sind das Ergebnis eines fehlgeschlagenen
Experiments zur Entwicklung einer neuen
Waffe. Das Buch selbst hat kein Happy-
End: Hier sind die wenigen überlebenden
Menschen den Triffids auf Gnade und
Ungnade ausgeliefert, und ein Ende der
Zivilisation ist abzusehen.
Ⓥ ITT Contrast
Ⓑ John Wyndham, *Die Triffids*, Mün-
chen 1955

Das Blutbiest
(THE BLOOD BEAST TERROR).
GB 1967.
R Vernon Sewell. *B* Peter Bryan/Eve
Wilson. *K* Stanley A. Long. *SpE* Roger

Dicken. *M* Paul Ferris. *D* Peter Cushing (Inspektor Quennell), Robert Flemyng (Prof. Mallinger), Wanda Ventham (Clare), Vanessa Howard (Meg), David Griffin (William), Kevin Stoney (Granger), Glyn Edwards (Sgt. Allan), William Wild (Britewell), John Paul (Warrender), Roy Hudd, Russell Napier, Simon Cain. *F* 82 Min.

Der Biologieprofessor Mallinger hat in seinem Geheimlabor ein monströses Geschöpf erschaffen: eine riesige Totenkopfmotte, die sich hin und wieder auch in das reizende Mädchen Clare verwandelt und dann den Part seiner Tochter spielt. In ihrer Mottengestalt betätigt sie sich vampirisch und saugt Menschen aus, was der örtlichen Polizei weniger gefällt. Als Inspektor Quennell zu viele Fragen stellt, zieht Mallinger um. Aber auch an seinem neuen Wirkungskreis kann Clare es nicht lassen. Nachdem ihr ein Gärtner zum Opfer gefallen ist, gerät sie mit ihrem Erzeuger aneinander. Mallinger gibt den Löffel ab; der clevere Inspektor Quennell lockt die Totenkopfmotte ins Feuer. – »Der Vampirismus wird optisch nur angedeutet, das Erschrecken vor ihm akustisch vermittelt. Trotz dieser Zurückhaltung kommt kein Grusel von der Leinwand. Es fehlen Überraschungsmomente und Spannungsbögen, die den Film auch als Thriller akzeptabel machen konnten.« (FILMBEOBACHTER)

Das Blutbiest des Dr. Frankenstein
Anderer Titel für **Das Blutbiest**

Das Blut des Vampirs
Anderer Titel für **Der Dämon mit den blutigen Händen**

Bob auf Safari
(CALL ME BWANA) GB 1962
R Gordon Douglas. *B* Nate Monaster/ Joanna Harwood. *K* Ted Moore. *M* Monty Norman/Muir Mathieson. *D* Bob Hope (Matt Merriwether), Anita Ekberg (Luba), Edie Adams (Frederica Larsen), Lionel Jeffries (Dr. Ezra

Mungo), Percy Herbert, Al Mulock (Handlanger), Paul Carpenter (Col. Spencer), Peter Dyneley (Williams), Bari Johnson (Uta), Mai Ling (Hyacinth), Mark Heath (Koba), Arnold Palmer (A. P.), Robert Nichols (Major), Orlando Martins (Häuptling), Kevin Scott, Robert Arden (CIA-Agenten), Neville Monroe, Richard Burrell, Michael Moyer (Reporter). *F* 95 Min.

Ein Schriftsteller, der als Afrikaexperte gilt, in Wahrheit jedoch nur die Tagebücher seines verstorbenen Onkels verwertet, wird von der amerikanischen Regierung beauftragt, in einem von Wilden bewohnten Gebiet eine irrtümlich gelandete Mondkapsel zu bergen, bevor die Sowjets sie erwischen. – »Mißglückte Parodie auf den Wettlauf von Amerikanern und Russen um einen Vorsprung im interplanetarischen Rennen.« (FILMDIENST)

Bob Fleming hetzt Professor G
(LE SPIE UCCIDONO A BEIRUT).
Italien/Frankreich 1965.
R Martin Donan. *B* Julian Berry. *K* Richard Thierry. *M* Carlo Savina. *D* Richard Harrison (Bob Fleming), Jim Clay (Iwan Gregorowitsch), Dominique Boschero (Liz), Wandisa Guida (Eileen), Alcide Borik (Der Kleine), Alan Collins (Yuri), Carrol Brown (Jane), Fred Franklyn (Grune), Clement Harari (Geoffrey Home). *F* 96 Min.

Geflohener Sowjet-Wissenschaftler, in dessen Besitz man einen Mikrofilm mit der Formel für eine neue militärische Superwaffe vermutet, wird von russischen und amerikanischen Agenten durch Europa gehetzt und fällt schließlich einem Attentat zum Opfer. US-Agent Fleming verfolgt die Spur der Formel bis nach Beirut und gerät dabei in einen Hexenkessel aus Intrigen und Gewalt. Auch die Chinesen schalten sich ein, aber natürlich landet die todbringende Formel am Ende in der Tasche des *Guten*. – Verworrenes, schmalbrüstiges Agentenabenteuer um einen wenig clever wirkenden Helden, der James

Bond nicht das Wasser reichen kann. Im Jahr seiner Herstellung wirkte der Streifen utopisch; heute ist er antiquiert.

Bob Fleming: Mission Casablanca
(077: SFIDA A KILLERS).
Italien/Frankreich 1966.
R Anthony M. Dawson (= Antonio Margheriti). *B* Julian Berry. *K* Richard Thierry. *M* Carlo Savina. *D* Richard Harrison (Bob Fleming), Susy Andersen (Velka), Janine Reynaud (Sheena Coleman), Wandisa Guida, Marcel Charvey, Mitsouko. *F* 90 Min.
US-Superagent Bob Fleming (Kennziffer: 077) nimmt in Casablanca die Stelle des Wissenschaftlers Coleman ein: Dieser hat ein Verfahren entwickelt, das der Atomkraft ihre Gefährlichkeit nimmt, weswegen er zur Zielscheibe unbekannter Attentäter geworden ist. Ein texanischer Ölmilliardär, der um seine Profite fürchtet, setzt eine Bande gnadenloser Killer auf Fleming an, zieht jedoch den kürzeren. – Als hätten die Gefahren, die AKWs nun mal so mit sich bringen, ihre Betreiber je daran gehindert, immer noch mehr davon zu bauen! Ein Agentenabenteuer mit SF-McGuffin; langweilig und dilettantisch, wie alle James-Bond-Nachzieher aus dem Mittelmeerraum.

Bodo – Eine ganz normale Familie
BRD 1989.
R Gloria Behrens. *B* Christos Constantin/Hauart A. Weber. *K* Leo W. Borchard. *SpE* Magicon. *M* Kambitz Giahi. *D* Martin Forbes (Bodo 1), Gary Forbes (Bodo 2), Heiner Lauterbach (Blinker), Ulrieke Kriener (Frau Blinker), Narcisa Kukavica, Richard Rogler, Andreas Vitasek, Pierre Franckh, Eberhard Feik. *F* 90 Min.
Bodo, der Sproß der überkandidelten Familie Blinker, ist zwar intelligent und technisch begabt, aber halt ein Eierkopf, und so kann er die Forderungen seiner Eltern nicht erfüllen. Bodo will eine niedliche, in einer Band singende Mitschülerin für sich gewinnen: Er klont sich einen

Bodo 2, der Leben in die Bude bringt. Bodo 2 ist kann zwar alles, hat aber keine Seele. Da ist den Blinkers die langweilige Originalausgabe doch schon lieber. Bodo kann seine große Liebe erobern. Bodo 2 beschließt, sich die Welt anzusehen. – »...eine schlampig inszenierte, langweilige Komödie um einen jungen, gestreßten Computer-Boy, der sich einen Doppelgänger klont. Was dieser anstellt, ist weder lustig noch sehenswert.« (TIP).
Ⓥ VCL

The Body Stealers – Invasion der Aliens
Anderer Titel für **Das Loch im Himmel**

Bog
(BOG). USA 1978.
R Don Keeslar. *B* Carl Kitt. *K* Jack Willoughby. *M* Bill Walker. *D* Gloria De Haven, Aldo Ray, Marshall Thompson. *F* 83 Min.
Ein angeblich aus der Eiszeit übriggebliebenes Ungeheuer, das sich von menschlichem Blut ernährt, wird von einem Dynamitfischer aufgeschreckt und versetzt im Süden der USA einen Landstrich in Schrecken, bis ein Medizinerpärchen es in die ewigen Jagdgründe schickt. Doch auf dem Grund des Sees, in dem die Kreatur die Eiszeit überlebt hat, blubbert es schon wieder recht verdächtig. – All das haben wir schon x-mal gesehen, und dabei wollen wir es auch bewenden lassen! In der BRD nur auf Video.
Ⓥ VMP

Bog – Das Ungeheuer aus den Sümpfen
Anderer Titel für **Bog**

Die Bombe fliegt
Anderer Titel für **Zu spät: Die Bombe fliegt**

Das Böse
(PHANTASM). USA 1978.
R Don Coscarelli. *B* Don Coscarelli. *K* Don Coscarelli. *SpE* Paul Pepperman.

Es ist überall. Es sitzt schon neben Dir.
Es ist in der Luft, die Du atmest.
Es dringt durch alle Ritzen.
Du kannst ihm nicht entrinnen.
Wohin Du auch fliehst, es wartet schon auf Dich.
Überall und immer.
Unausweichlich, unbesiegbar.
Es greift nach jedem!

DAS BÖSE

Sie steht überall. Auch hier.
Was Du auch liest,
Sie wartet schon auf Dich.
Unausweichlich, unbeschreiblich
Sie veräppelt jeden!
DIE BILDUNTERSCHRIFT

M Fred Myrow/Malcolm Seagrave.
D Michael Baldwin (Mike), Bill
Thornbury (Jody), Reggie Bannister
(Reggie), Kathy Lester (Dame in
Lavendel), Terrie Kalbus (Enkelin der
Wahrsagerin), Ken Jones (Hausmeister),
Susan Harper (Freundin), Lynn Eastman
(Sally), David Arntzen (Toby), Ralph
Richmond (Barkeeper), Bill Cone
(Tommy), Laura Mann (Doppel-
gängerin), Mary Ellen Shaw
(Wahrsagerin), Myrtle Scotton
(Dienstmädchen), Angus Scrimm (Der
große Mann). *F* 88 Min.

Die Brüder Mick und Jody haben auf tragische Weise ihre Eltern verloren. Der
kleine Mick, der in ständiger Angst lebt,
sein Bruder könne ihn verlassen, folgt
dem Älteren deshalb überall hin. Bei einem seiner Streifzüge erlebt er geheimnisvolle und schreckliche Dinge auf dem
Friedhof Morningside: In einem Mauso-
leum sieht er kapuzentragende Zwerge
und einen von Geisterhand getragenen
Kleinsatelliten, ferner zwei leuchtende
Pfeiler, die ein Tor zu einem anderen Universum darstellen. Des weiteren stößt er
auf einen vermeintlichen Riesen, der ihn
in Angst und Schrecken versetzt. Jody,
der das Gerede Micks für Spinnerei hält,
läßt sich schließlich dazu herab, den Fan-
tastereien des Kleinen nachzuspüren. Als
die Brüder dem Geheimnis des Mausoleums auf die Spur kommen wollen, entdecken sie eine fremdartige, höllische
Welt, deren Herrscher aus einer anderen
Dimension heraus Einfluß auf die Toten
nimmt, sie zu einem neuen Dasein als
Zwerge wiedererweckt und in seinem Sinne Fronarbeit machen läßt. – »Coscarellis
Film ist gespickt mit völlig überraschenden Szenenwechseln, experimentierfreudigen, fast schon surrealen Effekten. Es
gibt in *Das Böse . . .* plötzlich auftauchen-
de schwarze Zauberkästchen, gelbes Blut,
durch die Gänge des Mausoleums rasende
Kugeln, geheimnisvolle Silberpfosten,
abgeschnittene Finger, die sich bewegen,
und etliches andere mehr. Neben dem sicheren Instinkt, das Publikum immer wieder dann mit einem neuen gezielten
Schock zu überfallen, wenn es sich längst
in Sicherheit glaubt, schreckt Coscarelli
nicht einmal davor zurück, plötzlich die
Horror-Story in Science Fiction umkippen
zu lassen.« (SF-BAUSTELLE) – ». . . ein intelligentes Spiel mit Phantasmagorien und
literarisch-filmischen Verweisen, die von
H. P. Lovecraft bis Don Siegel reichen . . . von jener überbordend-ungeord-
neten, wechselvollen Fantasie, die den
speziellen Reiz eines ›Kultfilms‹ ausmacht.« (DIE ZEIT)
Ⓥ Constantin

»Glykol in meinem Wein?? Was hat das zu bedeuten, meine Liebe?«:
Helen Mirren und Peter Sellers in *Das boshafte Spiel des Dr. Fu Man Chu*

Das boshafte Spiel des Dr. Fu Man Chu

(THE FIENDISH PLOT OF DR. FU MAN CHU). USA 1980.
R Piers Haggard. *B* Jim Moloney/Rudy Dochtermann. *K* Jean Tournier. *M* Marc Wilkinson. *D* Peter Sellers (Dr. Fu Man Chu/Nayland Smith), Helen Mirren (Alice Rage), Sid Caesar (Joe Capone), Steve Franken (Pete Williams), David Tomkinson (Sir Roger Avery), Simon Williams (Robert Townsend), Clive Dunn (Schlüsselbewahrer im Tower), John Le Mesurier, Clement Harari, Burt Kwouk. *F* 105 Min.

Im Jahre 1933: Da ein tölpelhafter Diener an Dr. Fu Man Chus 168. Geburtstag dessen Lebenselixier verschüttet, muß schnellstens Ersatz her, aber um die lebenserhaltende Mixtur zu brauen, benötigt man allerlei Zutaten – u. a. einen Diamanten aus einem Washingtoner Museum und die im Londoner Tower gebunkerten Kronjuwelen. Während der geplagte Fu Man Chu sich mit Elektroschocks aus der Steckdose über Wasser hält, schlagen seine Mannen zu. Nayland Smith, des Doktors ewiger Gegner, bereitet indes eine Gegenoffensive vor. Er unterschiebt dem greisen Machtbesessenen ein paar imitierte Klunker und die Polizistin Alice, die Fu Man Chus Männer irrtümlich für die englische Königin halten. Als Smith Dr. Fu Man Chu in seinem Versteck im Himalaja aufsucht, schließt er mit ihm einen Handel ab: den echten Gebräudiamanten gegen die Kronjuwelen. Am Ende zeigt ein verjüngter Fu Man Chu seinem Widersacher, wie er demnächst die Macht über die Erde an sich reißen will: als Rockstar, dem die Massen bereitwillig nachlaufen. – »Der Film ist... vor allen Dingen wegen Peter Sellers sehenswert. Sonst verliert er leider allzuoft an Witz und Tempo, wenn er auch nicht gerade langweilt.« (VAMPIR)

Botschafter der Angst
(THE MANCHURIAN CANDIDATE).
USA 1962.
R John Frankenheimer. *B* George Axelrod. *LV* Richard Condon. *K* Lionel Lindon. *M* David Amran. *D* Frank Sinatra (Major Bennett Marco), Laurence Harvey (Sgt. Raymond Shaw), Janet Leigh (Rosie), Angela Lansbury (Shaws Mutter), Henry Silva (Chunjin), James Gregory (Sen. John Iselin), Leslie Parrish (Jocie Jordan), John McGiver (Sen. Thomas Jordan), Khigh Dhiegh (Yen Lo), James Edwards (Corp. Melvin), Douglas Henderson (Colonel), Albert Paulsen (Zilkow), Barry Kelley (Verteidigungsminister), Lloyd Corrigan (Holborn Gaines). *F* 125 Min.
Wie so häufig in amerikanischen Filmen wollen die Kommunisten das Staatsgefüge der USA langsam, aber sicher unterwandern. Ihr Ziel ist es, einen ihnen hörigen Strohmann zum Präsidenten wählen zu lassen. Konkrete Vorbereitungen treffen sie bereits im Koreakrieg. Dort hat sich ein glatzköpfiger Psychiater auf Feindesseite eines US-Sergeanten angenommen, den er durch Gehirnwäsche zur perfekten Mordmaschine aufbaut. Dieser Raymond Shaw bewährt sich erstmals, als er zwei Mann seiner eigenen Patrouille auf Feindesbefehl kaltblütig lächelnd umbringt. Der Rest der Patrouille wird so dem Psychiater so bearbeitet, daß sie nach ihrer Rückkehr die Heldentaten Shaws publik machen. Das ermöglicht ihm den Aufstieg in eine einflußreiche Position. Shaw soll sich dort so lange ruhig verhalten, bis ihn der Befehl erreicht, eine Patience zu legen. Der Anblick der Karo-Dame als Symbol für seine gehaßte Mutter ist nämlich der ›Auslösemechanis-

mus‹, der ihn in ein willenloses Werkzeug verwandelt. Sein ehemaliger Kampfgenosse Major Marco ahnt zwar einiges, kann sich aber keinen Reim auf die Zusammenhänge machen. Inzwischen hat Shaw auf Befehl seiner Mutter, die sich überraschend als Kontaktperson entpuppt, mehrere Menschen getötet und legt bei einer Großveranstaltung (als Priester getarnt) das Gewehr auf den Präsidentschaftskandidaten an. Dieser soll laut Plan effektvoll in den Armen des kommunistischen Strohmannes sterben und dadurch geeignete PR für eben diesen Herrn liefern, der dann seinerseits zum Kandidaten ausgerufen werden soll. Im letzten Moment macht sich Shaw von dem posthypnotischen Zwang frei: Er erschießt seine Mutter, den Strohmann und sich selbst. Amerika hat wieder einen Helden. Der Major, der nun endlich klarsieht, hält in Großaufnahme eine salbungsvolle Gedenkrede. – Dieses »great work of political fiction, political fantasy« (Bayer, THE GREAT MOVIES) ist ein Tendenzfilm ersten Ranges. »Der Film ist so durch und durch amerikanisch im schlechten Sinne, daß einem förmlich übel werden kann. Versuche kommunistischer Agenten, auf legalem Wege an die Macht zu kommen, auf den Kopf gestellte McCarthy-Methoden, Präparierung von Mittelsleuten wider Willen durch Gehirnwäsche – das alles wird zu einer mysteriösen Kolportagegeschichte vermengt, die Glaubwürdigkeit und Sachlichkeit zugunsten faustdikker Polemik über Bord wirft. Dabei bedient man sich einer Typologie, die bestenfalls für Groschenheft-Niveau reicht...« (FILMDIENST) – Daß die Zeit reif war für einen solchen politischen Schwachsinn, zeigt, daß laut Umfragen viele Amerikaner davon überzeugt waren, Lee Harvey Oswald, der Mörder John F. Kennedys, sei eine Art ›Manchurian Candidate‹ (Originaltitel des Films) gewesen: Sein Aufenthalt in der UdSSR und sein Lebenslauf sprächen dafür.
Ⓑ Richard Condon: *Botschafter der Angst*, Reinbek 1961

The Boys From Brazil
(THE BOYS FROM BRAZIL). USA 1978.
R Franklin J. Schaffner. *B* Heywood
Gould. *LV* Ira Levin. *K* Henri Decae.
SpE Roy Whybrow. *M* Jerry Goldsmith.
D Gregory Peck (Josef Mengele),
Laurence Olivier (Ezra Liebermann),
James Mason (Eduard Siebert), Lilli
Palmer (Esther Liebermann), Uta Hagen
(Frieda Maloney), Steven Guttenberg
(Barry Kohler), Denholm Elliott (Sidney
Beynon), Rosemary Harris (Mr. Doring),
Anne Meara (Mrs. Curry), John Dehner
(Henry Wheelock), David Hurst
(Strasser), John Rubinstein (David
Bennett), Michael Gough (Harrington),
Bruno Ganz (Bruckner), Jeremy Black
(Jack/Simon/Bobby), Wolfgang Preiss
(Lofquist), Joachim Hansen (Fassler),
Linda Hayden (Nancy), Carl Duering
(Trausteiner), Guy Dumont (Hessen),
Richard Marner (Doring), Günter
Meisner (Farnbach), Georg Marischka
(Gunther), Prunella Scales (Mrs.
Harrington), Jurgen Anderson (Kleist),
Raul Faustino Seldenha (Ismael), Wolf
Kahler (Schwimmer), David Brandon
(Schmidt), Gerti Gordon (Bertha),
Monica Gearson (Gertrud), Mervyn
Nelson (Stroop). *F* 100 Min.
Nach dem Ende des Krieges hat er sich im
südamerikanischen Dschungel verkro-
chen: Dr. Josef Mengele, der Nazi-KZ-
Arzt; und auch hier hat er nicht aufgehört,
seine widerwärtigen Genetik-Experimen-
te fortzuführen. Im Bunde mit alten und
neuen Nazis träumt er von der Errichtung
eines ›Vierten Reiches‹, und zu diesem
Zweck ist er erneut bereit, über Leichen
zu gehen, denn er hat es geschafft, aus
den Zellen des »Idioten mit dem Zahn-
bürstlbart« (Oskar Maria Graf) 94 mittlerweile 14 Jahre alte Klein-Hitlers zu klonen und adoptiv unterzubringen, auf daß
sie die gleiche Entwicklung durchlaufen
wie weiland der Anstreicher aus Braunau.
Ein Journalist, der der Verschwörung auf
die Spur kommt, bezahlt mit seinem Leben – doch kann er noch den renommierten Wiener Nazijäger Ezra Liebermann

alarmieren, der sogleich ans Werk geht,
die Sache zu vereiteln. Liebermann reist
um die halbe Welt, und nachdem er einige
Vierzehnjährige gesehen hat, die einander
wie Eier ähneln, wagt er sich in die Höhle
des Löwen vor. Mengele fällt einer Meute
toller Hunde zum Opfer; Liebermann –
Humanist, der er ist – vernichtet die Liste
mit den Namen der Hitler-Klons. – Ira Levin, dessen fantastische Thriller schon die
Vorlagen zu Filmen wie *Rosemaries Baby*
(USA 1967; Regie: Roman Polanski) und
Die Frauen von Stepford (USA 1974; Regie: Bryan Forbes) abgegeben haben,
kommt uns hier mit einem Thema, das
Mitte der siebziger Jahre in der SF ›Mode‹
wurde – dem sogenannten ›Klonen‹ (bzw.
Cloning) von Menschen, die aus der Zelle
eines einzelnen heranwachsen und sämtliche charakterlichen und körperlichen Eigenschaften ihres ›Spenders‹ aufweisen.
Dieses Verfahren ist schon heute durchführbar, wenn auch nur bei Pflanzen und
Fröschen. Die Vision einer ganzen Hitler-
Armee, die nach der Weltherrschaft
strebt, ist dennoch ein Horror, den man
sich ersparen kann: Der Film, 1977 entstanden, doch erst 1986 in der BRD gezeigt (der Tod des realen Mengele machte
gerade Schlagzeilen), ist nämlich ein
Langweiler, dessen zahlreiche Stars nur
deswegen aufgetreten sind, um davon abzulenken, daß der Produzent dieser
Schreckensplotte der berühmt-berüchtigte
Lord Grade ist, der bekanntlich jede zweite Filmstory in den Sand setzt (sein be-
rühmtestes Zelluloid-Fiasko ist *Hebt die
Titanic*, USA 1980; Regie: Jerry Jameson). Gregory Peck kann als Filmschurke
ebensowenig überzeugen wie die Längen,
die dieser Streifen aufweist; Sir Laurence
Olivier ist als Schauspieler (wahrscheinlich krankheitsbedingt) nur noch ein
Schatten seiner selbst. – »Der Nazismus«,
so Pauline Kael in ihrem Buch WHEN THE
LIGHTS GO DOWN, »ist zu einer Comic-
Heft-Mythologie geworden, zu einem
Konsumprodukt. Filme wie dieser machen das Thema nicht wichtiger, sie machen einen Witz daraus. Sie klonen Hitler

zu Tode.« – »Glatte Hollywood-Unterhaltung.« (FILMDIENST)
(B) Ira Levin: THE BOYS FROM BRAZIL, New York/London 1976
(V) CBS/Fox

Brain Check – Das andere Ich
(BRAIN WAVES). USA 1983.
R Ulli Lommel. *B* Ulli Lommel. *K* Jon Kranhouse. *M* Robert O. Ragland.
D Keir Dullea (Julian), Suzanna Love (Kaylie), Vera Miles (Marian), Tony Curtis (Dr. Clavius), Percy Rodrigues, Paul Wilson. *F* (90) 83 Min.
Um das Leben der bei einem Autounfall schwer verletzten Kaylie zu retten, nimmt Dr. Clavius eine Hirntransplantation vor. Als Kaylie ins Alltagsgeschehen zurückkehrt, hat sie Visionen, die andeuten, daß ihre Körperspenderin Opfer eines Mordes wurde. Sie beschließt, den Mörder zu suchen. Mit Hilfe ihres Mannes kommt sie ihm auf die Schliche. In einem tödlichen Zweikampf stürzt er von den Klippen San Franciscos in die Tiefe. – Ein spannender Thriller mit nur wenigen Längen. Als Dr. Clavius das Mördergehirn am Ende für eine weitere Transplantation verwenden will... Was sagt da der geübte Zuschauer: Da muß noch eine Fortsetzung kommen. – Bitte, nicht! – Nur auf Video.
(V) Taurus

Die Braut
(THE BRIDE). USA 1985.
R Franc Roddam. *B* Lloyd Fonvielle. *LV* Mary Shelley. *K* Stephen H. Burum. *Ma* Sarah Monzani. *M* Maurice Jarre.
D Sting (Frankenstein), Jennifer Beals (Eva), Clancy Brown (Viktor), David Rappaport (Rinaldo), Geraldine Page (Frau Baumann), Anthony Higgins (Clerval), Alexei Sayle (Magar), Phil Daniels (Bela), Veruschka von Lehndorff (Gräfin), Quentin Crisp (Dr. Zalhus), Cary Elwes (Josef).
F 119 Min.
Wie Doktor Frankenstein aus Mitleid seinem einsamen Monster eine Gefährtin schuf, diese Story gehört seit James Whales *Frankensteins Braut*, USA 1935, zu den Standards des Horrorgenres. Wie schon damals in der brillanten Erstverfilmung erweckt in dieser Neuauflage ein abgeleiteter Blitz das Weib zum Leben, doch schon bald entwickelt das Drehbuch eigenständige Tendenzen. Frankensteins feminines Geschöpf, Eva genannt, ist von solcher Schönheit, daß es ihr Schöpfer für sich selbst beansprucht. Kurzerhand wirft Frankenstein seine Kreatur Victor im hohen Bogen aus dem Schloß und überläßt sie ihrem Schicksal. Der riesige Victor trifft den kleinwüchsigen Rinaldo. Beide wollen von nun an gemeinsam im Zirkus auftreten, um das Geld zu verdienen, mit dem sie sich ihre Träume verwirklichen können. Victor will dann irgendwann zurück zu seiner einzigen Liebe, Rinaldo hat dabei nur Venedig im Sinn. Inzwischen verbringt die Braut auf Frankensteins Schloß unter Anleitung des Meisters ihre Lehr- und Mädchenjahre. Eines Tages geschieht im Zirkus Unvorstellbares. Der Sohn des Zirkusdirektors schneidet das Seil an, das Rinaldo, die Hauptattraktion, sichern soll. Rinaldo stürzt zu Tode, Victor tötet den Schuldigen und muß fliehen, wird gefangengenommen und in ein Verlies in der Nähe von Frankensteins Schloß geworfen. Eva ist unterdessen zur vielbewunderten Dame herangereift, wird von Frankenstein eifersüchtig behütet. Als ein blonder Schönling aufdringlich wird, will er diesem zuvorkommen. Sie lehnt ihn ab, so daß er ihr ihre Herkunft offenbart, um ihr seine Macht über sie klarzumachen. Victor spürt im Kerker die Gefahr. Er bricht aus und eilt zum Schloß. Nach heftigem Kampf stürzt Frankenstein vom Schloßturm. – »Wenn im Schlußbild Eva und Victor mit Überblende und Weichzeichner in Venedig gezeigt werden, könnte man meinen, der Höhepunkt des Kitsches sei mit dieser Variation des Horrorklassikers erreicht. Doch weit gefehlt. Die Erfüllung von Rinaldos Traum durch die beiden ist so dezent und liebevoll gestaltet wie der Großteil des Films. Lediglich ein paar unnötige Härten zu Anfang

und in der Mitte vereiteln, daß dieses
schöne Kinomärchen auch von jüngeren
Zuschauern gesehen werden könnte...
Die allesamt packenden Hauptdarsteller
sind angenehm häufig in entweder erlese-
nen Settings (der blonde Baron Frankenstein auf einem Rappen und die schwarz-
haarige Eva auf einem Schimmel in einem
Birkenwald) oder herzerfrischende Episoden (Victor, total begeistert beim Kasperle-Theater inmitten von ebenso begeisterten Kindergesichtern) gestellt... Eine
Variante des Horror-Klassikers als fesselndes Kinomärchen; romantisch, mit
meist geschmackvollen Bildern inszeniert.« (Peter Kottlorz, FILMDIENST) –
Liest man diese Kritik, so könnte man
meinen, der FILMDIENST passe sich im
Jahre 3 nach der Wende wieder seinem
Stil der fünfziger Jahre an, als ›begeisterte
Kindergesichter‹ noch jeden filmischen
Tiefflieger zum sehenswerten Kunstwerk
machten. Die Frage, was ›geschmackvol-
le Bilder‹ sind, ist sicherlich umstritten.
Bei der Verbindung von *blond* und *Rappen* auf der einen, *schwarzhaarig* und
Schimmel auf der anderen Seite, inszeniert in einem *Birkenwald*, möchte sich
der Experte melden, der das nicht als trie-
fenden Kitsch bezeichnen würde. Oder
sollte es sich bei dem Kritiker um einen
Satiriker handeln? Dann sei ihm jedoch
verziehen. (Die Einmaligkeit dieses Aus-
rutschers im FILMDIENST-Jahrgang 1985
spricht für die letztere Annahme!)
Zuschauer jedenfalls, die außer geschmackvollen Bildern zumindest eine
genrebedingte Gruselstory erwarten, sehen sich schon bald getäuscht. Nicht der
klassische Schauerroman, sondern der
klassische Entwicklungsroman dürfte hier
Pate gestanden haben, was den Kritiker
Claudius Seidl von EPD FILM (der evangelischen Konkurrenz zum katholischen
FILMDIENST) zu folgenden Überlegungen
veranlaßt hat:
»Während die Braut auf Frankensteins
Schloß noch ihre Lehrjahre verbringt,
folgt das Monster seiner theatralischen
Sendung und erlebt aufregende Wander-

jahre. So verrät (Regisseur) Frank Roddam einen trivialen Kinomythos ans bil-
dungsbürgerliche Denken. Gelangweilt
erwarten wir schon die tiefsinnige Auseinandersetzung mit den Seelennöten der
Zombies, die realistische Biographie von
Flash Gordon und die ungeschminkte
Wahrheit über Dagobert Duck.«

Brazil
(BRAZIL). GB 1984.
R Terry Gilliam. *B* Terry Gilliam/Tom
Stoppard/Charles McKewon. *K* Roger
Pratt. *M* Michael Kamen. *D* Jonathan
Pryce (Sam Lowry), Robert De Niro
(Harry Tuttle), Michael Palin (Jack
Lint), Kim Greist (Jill Layton),
Katherine Helmond (Ida Lowry), Ian
Holm (Kurtzman), Ian Richardson
(Warren), Peter Vaughan (Helfman),
Bob Hoskins (Spoor), Jim Broadbent
(Dr. Jaffe), Barbara Hicks (Mrs.
Terrain). *F* 142 Min.
Wer kennt ihn nicht? ›Brazil‹, den alten
Schlager, den Ohrwurm, der sich im Kopf
hartnäckig halten kann, der südamerikani-
sche Samba-Assoziationen weckt. Seit
Terry Gilliams Film ist das anders! Das
träge gespielte (Hintergrund-)Motiv verhält sich ähnlich wie das Harry-Lime-
Thema zum *Dritten Mann*: Der Kinogänger wird ›Brazil‹ in Zukunft immer nur
mit dem atemberaubenden Bombardement brutal-schöner Bilder dieser gleichnamigen Traum-Groteske in Verbindung
bringen, die auf ›der anderen Seite des
Jetzt, irgendwo im 20. Jahrhundert‹
spielt. Als Grundmuster dient zweifellos
George Orwells Roman *1984* (Gilliam
wollte seinen Film ursprünglich unter
dem Titel *1984 ½* in die Kinos bringen),
und auch so plündert Gilliam hemmungslos die Zitatenschatzkiste der Film- und
Literaturgeschichte aus. Daraus aber ab-
zuleiten, der Film verfüge über einen
halbwegs nacherzählbaren Inhalt, grenzt
bereits an Größenwahn. Einziger ›roter
Faden‹ ist seine Hauptfigur, der kleine
Beamte Sam Lowry, der in einem bizarren, höchst altertümlich technokrati-

Orwell-Achterbahn: *Brazil* von Terry Gilliam

schen, menschenfeindlich bürokratischen, doch erkennbar britischen Überwachungsstaat seinen Beamtenpflichten nachgeht, als winziges Rädchen im großen Getriebe. Lowry träumt viel. Er sieht sich als flügelschwingender Supermann durch Wind und Wolken zu seiner Traumfrau fliegen. Alles würde er tun, sie zu erobern. Doch die Wirklichkeit sieht anders aus: Die Reparatur einer Klimaanlage ohne komplizierten Formularkrieg wird zur lebensgefährlichen ›subversiven‹ Aktion. Mr. Tuttle, freischaffender Heizungsmonteur und daher bei den Bürokraten als Terrorist eingestuft, taucht plötzlich und zur rechten Zeit bei Lowry auf und nimmt sich des aus der Balance geratenen Schläuchewirrwarrs in Lowrys Wohnungswänden liebevoll, aber systemwidrig an, um nach getaner Arbeit tarzangleich in den Tiefen der Straßenschluchten zu verschwinden. Die Klimaanlage ist wieder in Ordnung, was jedoch die Staatsmonteure nicht wahrhaben wollen und deshalb Lowry arg zusetzen. Lowry ist kurz vorher Harry Tuttle bereits ›auf dem Papier‹ begegnet, denn ein Verhaftungsformular für diesen gefürchteten Staatsfeind lag gerade auf Lowrys Schreibtisch, als sich die Überbleibsel einer von Lowry erlegten Fliege auf dem amtlichen Blatt verteilten. So wird aus ›Tuttle‹ versehentlich ›Buttle‹. Die Brachialgewalt des Staates greift ein. Buttle, völlig ahnungslos, wird verhaftet und liquidiert. Lowry bemerkt seinen Irrtum allerdings zu spät. Nach einer fehlgeschlagenen ›Wiedergutmachungsaktion‹ (er überbringt der Witwe Buttles, die kein Bankkonto hat, einen Scheck, den sie beim Kaufmann einlösen soll) will er zu Fuß zur Dienststelle zurückgehen (seinen antiquierten Motorzweisitzer muß er als brennende Fackel zurücklassen), da sieht er plötzlich sie, seine Traumfrau – Jill Layton, eine unerschrockene Lastwagenfahrerin, die energisch dem Schicksal des harmlosen Mr. Buttle nachforscht und allzu neugierigen kybernetischen Überwachungsgeräten auch schon mal eins auf die Nase gibt. Lowry setzt alles daran, seinen Traum vom Glück mit Jill zu erfüllen. Ihr zuliebe läßt er sich auf den geeigneten Bürosessel befördern, wobei seine Mutter, ein wahres Wunderwerk der Kosmetik und Liftkunst, die Beziehungen spielen läßt. Als Verwaltungsbeamter im Ministerium für Folter und Terror kann er negative Daten Jills löschen, wird jedoch dabei erwischt. Die Ereignisse überstürzen sich, ohne eine Antwort darauf zu geben, was noch Realität, was schon (Alp-)Traum ist. Alles wirkt nur noch gestellt, arrangiert, *maschiniert*. Die allgegenwärtigen Kameras, Drucker, Computersichtgeräte, roboterhaften Zeitgenossen bestimmen das Tempo der Handlung. Ein Ende zum Aussuchen? Die Flucht des Paares in eine bessere Zukunft – das Alpträumende Lowrys auf einem Folterstuhl. »Wer von *Brazil* . . . eine locker-leichte Orwell-Travestie in bewährtem Gilliam-Stil erwartet, sieht sich alsbald böse geprellt. Mit Ausnahme einiger grandios inszenierter, wenn auch allzu gewollt metaphorischer Traumsequenzen nämlich, in denen Lowry auf Traumfrausuche als Engel in einem Monolithen-Gefängnis gegen Zombies, Steinmonster und einen riesigen Samurai-Krieger kämpft, erinnert nichts mehr an die ätzend satyrischen Python-Filme der Vergangenheit. Gewiß, die aberwitzig grausamen Schwelgereien in Blut, Gedärmen und Fäkalien *(Jabberwocky; Monty Phytons Der Sinn des Lebens)* spielen auch in diesem Film eine große Rolle. Man lacht in diesem kafkaesken Staatskontroll-Alptraum mit seinem ungeheuer zynischen Ende, aber es ist ein fades Lachen, weil nicht rüpelige Komik-Absicht, sondern abgrundtiefe Depressionen hinter den Bildern stehen . . . *Brazil* bombardiert den Zuschauer mit einem fulminanten Feuerwerk formaler Geniestreiche – rasante Perspektivenwechsel, Kreisblenden aus rosa Betttüchern und alles überwältigende Spezialeffekte allererster Güteklasse tanzen ohne System und Funktion in einem wilden Reigen durcheinander. In schwindelerregende Höhen Überwältigungsdramaturgie, die das überlange Werk für jedes halbwegs sensible Cineasten-Gemüt zu einer Tortur sondergleichen macht.« (Norbert Stresau, RETRO) Ⓥ Thorn EMI

Brennender Tod
(NIGHT OF THE BIG HEAT). GB 1967. *R* Terence Fisher. *B* Ronald Liles. *LV* John Lymington. *K* Reg Wyer. *M* Malcolm Lockyer. *D* Christopher Lee (Hanson), Peter Cushing (Dr. Stone), Patrick Allen (Jeff), Sarah Lawson (Frankie), Jane Merrow (Angela), William Lucas (Ken Stanley), Kenneth Cope (Tinker Mason), Jack Bligh (Ben Siddle), Thomas Heathcote (Bob Hayward), Sidney Bromley (Tramp), Percy Herbert (Gerald Foster), Anna Turner (Stella Haywood), Barry Halliday (Radar-Operator). *F* 94 Min. Die vor der britischen Küste gelegene Insel Fara erlebt mitten im Winter eine Hitzewelle gigantischen Ausmaßes. Menschen verschwinden. Dr. Stone, der den Fall aufklären will, muß schließlich erkennen, daß außerirdische Invasoren (die wie Spiegeleier aussehen) für die Veränderungen und Todesfälle zuständig sind: Sie haben ihren sterbenden Planeten verlassen und können nur in extremer Hitze existieren. Man rückt ihnen mit Sprengstoff zu Leibe – erfolglos. Als die Aliens dazu ansetzen, die gesamte Inselbevölkerung auszurotten, werden sie von einem heftigen Gewitterregen gestoppt. Wasser löst sie auf. – Die Romanvorlage hat schon nichts getaugt; dieser Film hat sie nicht verbessert. In der BRD nur auf Video. Ⓥ Pront

Bride of Re-Animator

(BRIDE OF RE-ANIMATOR). USA 1989.
R Brian Yuzna. *B* Woody Keith/Rick
Frey. *K* Rick Fichter. *Ma* John
Buechler. *M* Richard Band. *D* Bruce
Abbott (Dan Cain), Jeffrey Combs
(Herbert West), Claude Earl Jones (Lt.
Chapman), Fabiana Udenio (Francesca),
Kathleen Kimmont (Gloria). *F* 92 Min.
Vorgeschichte siehe *Re-Animator*. – Der
unmoralische Herbert West hat seine For-
schungen über das Lebensserum beendet.
Mit seinem Kollegen Cain organisiert er
Extremitäten aus dem Krankenhaus und
belebt sie mit seinem Elixier. Ziel des Ex-
periments ist die Wiederbelebung einer
Frau. Ein Körper ist zwar schnell gefunden, doch der Versuch wird von einem
neugierigen Polizisten und einer Zombie-
Meute, die Dr. Hills Kopf befehligt, jäh
behindert. Hill will sich an West rächen,
der ihn fünf Jahre zuvor enthauptet hat.
Nur Cain und seine Geliebte können den
Attacken widerstehen. – »Yuzna begnügt
sich mit einer Aneinanderreihung gänzlich unmotivierter Bluteffekte im dramaturgisch fatalen Wechsel mit bedeutungs-
schwangerem, aber sinnlosem Geschwätz
und deplaziertem Sentiment. Dem unterschwelligen Witz des Vorgängers eifern
einige ärmliche Gags nach – erfolglos.
Was bleibt, ist eine weitere überflüssige
und uneigenständige Fortsetzung ohne jeden Reiz; von dem des Ekelgefühls abgesehen.« (D.S., FILMDIENST).
Ⓥ New Vision

Briefe eines Toten

(PISMA MJRTWOGO CELOWEKA).
UdSSR 1986.
R Konstantin Lopuschanskij. *B* Kon-
stantin Lopuschanskij/Wjatscheslaw
Rybakow/Boris Strugatzki. *K* Nikolai
Pokopkew. *SpE* A. Filaretow/I. Krinski.
M Alexander Zurbin. *D* Rolan Bykow
(Dr. Larsen), Viktor Michailow
(Hümmel jun.), Alexander Sabinin
(Tescher), Swetlana Smirnowa (Teresa),
Vaclav Dworzewski (Pater), Nora
Grjakalowa (Frau Tescher), Vera

Majorowa (Anna Larsen), Josif Ryklin
(Hümmel sen.), Wadim Lobanow
(Arzt). *F* 87 (TV 84) Min.
Nur noch Trümmer und Schlamm erinnern an die Welt, die im atomaren Krieg
untergegangen ist. Ein Computerfehler
hat das Unvorstellbare ausgelöst – nur sieben Sekunden haben für den Widerruf gefehlt, der die Welt hätte retten können.
Zwischen den Ruinen einer Stadt hasten
gasmaskentragende Gespenster umher. In
einem Museum haben sich der Nobelpreisträger Larsen, seine im Sterben liegende Frau und einige Kollegen versammelt. Larsen schreibt in Gedanken ständig
an seinen toten Sohn. Man wartet auf die
Einweisung in den Zentralbunker, »in
dem alle Familien und Gesunden in her-
metischer Abgeschlossenheit das Überleben einer selbstmörderischen Gattung sichern sollen.« (STADTBLATT MÜNSTER).
Ein Kollege Larsens sinniert über die
menschliche Gesellschaft: Die Geschichte
der Menschheit ist der langsame Selbstmord seiner Gesellschaft, da er die einzig-
artige Gabe des Verstandes nicht hat nutzen können. Unzufriedenheit und maßlo-
ser Forscherdrang haben den Menschen in
diese Lage gebracht. Die Einweisung in
den Zentralbunker erfolgt. Larsen bleibt
zurück. Er übernimmt die Verantwortung
für acht Waisen, denen den Eintritt verwehrt wird. Mit ihnen zusammen feiert er
in der traurigen Umgebung ein letztes Mal
Weihnachten. Als er merkt, daß auch er
sterben muß, schickt er die Kinder auf
eine endlose Reise, denn »solange sich
der Mensch fortbewegt, gab es bisher immer eine Hoffnung.« – Im Vergleich mit
Briefe eines Toten werden die Schwächen
von Nicholas Meyers Endzeit-Drama *The
Day After* (USA 1983) deutlich. Der
Atomkrieg ist ein Alptraum, den alle
fürchten, den sich aber niemand ausmalen
kann. Lopuschankijs Film ist sensibel,
aber nicht sentimental. In einer überzeugenden Mischform aus Symbolismus und
Realismus erzeugt er ein eindringliches
Bild vom »Leben nach dem Leben«, vor
dessen suggestiver Kraft es kaum ein Ent-

rinnen gibt. Lopuschanskij ist darauf bedacht, seine Story im politischen Niemandsland zu belassen. In *The Day After* waren selbstredend die Russen schuld am Ausbruch des Dritten Weltkrieges. Wer auf den roten Knopf gedrückt hat, ist in *Briefe eines Toten* bedeutungslos. Die düsteren und klaustrophobischen Kellerszenen sind von ebensolcher Intensität wie die Schreckensbilder der aufgewühlten Erdoberfläche. Am Ende leuchtet ein kleines Hoffnungsfünkchen, personifiziert in den Kindern, die trotz der Verseuchung in die Ferne aufbrechen, in der sie wahrscheinlich der Tod erwartet. – »Lopuschanskij erweist sich als erstaunlicher Filmschöpfer. Man merkt seinem Erstling an, daß er fünf Jahre daran arbeitete, ist er doch von einer ideellen wie ästhetischen Geschlossenheit, wie sie selten ist in dieser Gattung. Der philosophischen Dimension entspricht die formale: Die optisch schonungslose Beschreibung der Apokalypse hat ihre kontrapunktische Entsprechung in den ermunternden, hoffnungsträchtigen Meditationen, die auf Wert und Würde, das Einende und Bestimmende menschlicher Existenz deuten. Welch ein bestürzender, aufrüttelnder Film!« (LEIPZIGER VOLKSZEITUNG). – »Am Anfang war das Wort, heißt es am Ende von Tarkowskijs *Opfer*. Am Schluß von Lopuschanskijs *Briefe eines Toten* steht eine Tat.« (CINEMA).

The Bronx 2001
(EMPIRE OF ASH 3). Kanada 1988.
R Lloyd Simandl/Michael Mazo.
B Chris Manuna. *K* Danny Nowak.
M N.N. *D* William Smith, Pauline Crawford, Ken Farmer, Scott Andersen, Nancy Pataki.
F 91 Min.
Im Jahr 2050 bekämpft eine Gruppe von Rebellen waffenschwingend die kaum weniger zimperlichen religiösen Fanatiker eines sogenannten Gottesstaats. – Fortsetzung des Films *Empire of Ash*. – Nur auf Video.
ⓥ Madison

Brother From Space
(BROTHER FROM SPACE). USA 1988.
R Roy Garrett. *B* Roy Garrett/John L. Martin. *K* Alejandro Ulloa. *M* Franco Campanino. *D* Agostina Belli (Brother), Martin Balsam, Silvia Tortosa Davis, Edward Hamilton, John Donovan, William Berger, Gregory Cutler.
F 90 Min.
Ein Außerirdischer landet in den USA und findet Freunde und Feinde in Militär- und Medienkreisen. – »Man fühlt sich zurückversetzt in die Zeit des Kalten Krieges... Humor geht *Brother From Space* völlig ab. Der Konflikt zwischen Kirche und Militär wird entsprechend halbherzig thematisiert. Der Vergleich zwischen dem Außerirdischen und Jesus Christus ist von nicht zu überbietender Peinlichkeit.« (PHANTASTISCHE ZEITEN). – Nur auf Video.
ⓥ Egmont

Die Brut
(THE BROOD). Kanada 1979.
R David Cronenberg. *B* David Cronenberg. *K* Mark Irwin. *M* Howard Shore. *D* Oliver Reed (Dr. Hal Raglan), Samantha Eggar (Nola Carveth), Art Hindle (Frank Carveth), Cindy Hinds (Candice Carveth), Nuala Fitzgerald (Julianna), Henry Beckerman (Barton Kelly), Susan Hogan (Ruth), Michael McGhee (Inspektor Mrazek), Gary McKeehan (Mike Trellan), Bob Silverman (Jan Hartog), Nicholas Campbell (Chris). *F* 92 Min.
Nola und Frank Carveth leben am Rande der Scheidung. In einem umstrittenen ›psychoplasmischen Institut‹, das von einem Dr. Hal Raglan geleitet wird, unterzieht Nola sich einer Therapie, deren Resultat so aussieht, daß ihre unterdrückten Aggressionen und ihr Haß gegen die Menschen, die sie ihr Leben lang unterdrückt haben, im wahrsten Sinne des Wortes ›Gestalt‹ annehmen. Immer wenn sie nahe daran ist, an die Decke zu gehen, tauchen – scheinbar aus dem Nichts – seltsame, kleinwüchsige Lebewesen auf, die

Cindy Hinds in *Die Brut* von David Cronenberg

das Objekt ihrer Aggressionen vernichten. Auf diese Weise sterben Nolas herrschsüchtige Mutter Julianna und ihr Vater Barton, den sie deswegen haßt, weil er stets zugesehen hat, wenn Nola von ihrer Mutter verprügelt wurde. Ein weiteres Opfer ist die Lehrerin Ruth, die sie fälschlicherweise für ein ›Verhältnis‹ ihres Mannes Frank hält. Als Frank – ein weicher, nachgiebiger Charakter – der geheimnisvollen ›Brut‹ auf die Schliche kommt, ist es fast schon zu spät. Nola traut ihm nicht mehr. Als Frank seine Frau beruhigen will, bekommt sie einen Wutanfall. Die Brut taucht auf. Dr. Raglan kommt ums Leben. Frank tötet Nola, nachdem sie in seinem Beisein ein weiteres dieser entsetzlichen Lebewesen ›geboren‹ hat. Die Brut hört auf zu existieren. – Danny Peary, der eine Menge gegen die Machart der Filme David Cronenbergs einzuwenden hat, zu diesem Film: »*Die Brut* ist Cronenbergs bester Film, sein einziger guter Film. Er versucht uns immer noch mit grotesken Vorstellungen zu schockieren (es gibt hier mehrere Nahaufnahmen von blutigen, zerschmetterten Schädeln)... Aber an diesem Film ist mehreres bemerkenswert: Wir sorgen uns beispielsweise um die Akteure. Wir schlottern mit Frank, als er sein Kind zu retten versucht; Nola tut uns leid wegen ihrer schrecklichen Kindheit und weil ihr unheilbarer Wahnsinn sie davon abhält, die Frau und Mutter zu sein, die sie gern sein möchte; wir verspüren sogar Sympathie für die pathetische Julianna und Barton, die ihre Schuldgefühle im Suff zu vergessen suchen.« (CULT MOVIES) ⓥ Toppic

Die Brut des Teufels: Konga, Godzilla, King Kong
(MEKAGOJIRA NO GYAKUSHU).
Japan 1974.
R Inoshiro Honda. *B* Yukiko Takayama.
K M. Tomioka. *M* Akira Ifukube. *D* K.
Sasaki, Tomoko Ai, Akihiko Hirata,
Kenji Sahara. *F* 83 Min.
Eine außerirdische Rasse, die mal wieder
die Erdbevölkerung ausrotten will
(Gähn!), bastelt sich einen stählernen Dinosaurier. Ein rachsüchtiger Wissenschaftler, der sich nicht anerkannt fühlt,
steht ihnen dabei zur Seite und läßt eine
überdimensionale Meeresechse auf Tokio
los. Aber die Lumpen von den Sternen
und der um Anerkennung ringende Wissenschaftler haben natürlich nicht mit
Godzilla gerechnet. Flugs greift das irdische Monster in den Kampf ein und macht
den Angreifern den Garaus. – Ein aus diversen japanischen Monsterfilmen zu-
sammengeschnippelter Eintopf, den auch
der gutwilligste Zuschauer nur schwer
verdauen kann.
ⓥ ITT Contrast

**Buckaroo Banzai –
Die 8. Dimension**
(THE ADVENTURES OF BUCKAROO
BANZAI: ACROSS THE EIGHTH
DIMENSION). USA 1983.
R W. D. Richter. *B* Earl MacRauch.
K Fred J. Koenekamp. *SpE* Michael
Fink/J. Michael Riva. *M* Michael
Boddicker. *D* Peter Weller (Buckaroo
Banzai), John Lithgow (Dr. Emilio
Lizardo/Lord John Whorfin), Ellen
Barkin (Penny Priddy), Jeff Goldblum
(New Jersey), Christopher Lloyd (John
Bigboote), Lewis Smith (Perfect
Tommy), Rosalind Cash (John Emdall),
Roland Lacey (Präsident Widmark),
Clancy Brown (Rahwide), Pepe Serna
(Reno Nevada), Matt Clark (Vertei-
digungsminister). *F* 102 Min.
Der Ausflug in die 8. Dimension ist den
Machern dieses Streifens genauso
schlecht bekommen wie dem *mad scien-
tist* ihres Films, nur daß sie deshalb nicht

in der Irrenanstalt landen. Um durch diesen Wust von billigen Anspielungen zu
kommen, muß man wohl schon die niede-
ren Weihen überintelligenter Außerirdischer erhalten haben. Selbst ›Europas
größte Filmzeitschrift‹ CINEMA, immer
bereit, aus unverständlichem Vorausma-
terial irgendeinen Inhalt nach eigener Fa-
çon zu stylen (die Wirklichkeit sieht dann
oft anders aus!), kapitulierte und versuchte sich mit einer Art Gebrauchsanwei-
sung: »Buckaroo Banzai – der Gehirnchirurg, Rennfahrer, Präsidentenberater,
Rockmusiker, Atomphysiker und Comic-
Strip-Held. Die einzige Hoffnung der
Menschheit im intergalaktischen
Kampf...! Da die Handlung so kariert ist
wie ein Kreuzworträtsel, müssen erst mal
die Hintergründe erklärt werden: Es gibt
einen Planeten 10, auf dem die braven
Schwarzen leben. Dort gibt es aber auch
die bösen Roten, angeführt von Lord John
Whorfin. Ihn hat man aber auf der Erde
(ein anderer Planet! *Anm. d. Verf.*) in der
8. Dimension eingesperrt. Sowohl die
Roten wie die Schwarzen können jede
Gestalt aller beliebigen Lebewesen annehmen...« Alles klar? Was die 8. Dimension ist, ist genauso klar. Im Film
muß man mit einem Super-Truck auf einen Berg zurasen, schon braust man
durch die 8. Dimension. Dr. Lizardo hatte
vor Jahren eine Antriebsmaschine von unglaublicher Beschleunigungskraft entwikkelt, sie jedoch zu früh ausprobiert, war
mit voller Wucht gegen den Berg, sprich
8. Dimension, geballert und hatte nur
noch kleine rote Männchen gesehen. Lord
John Whorfin nutzte diesen überraschenden Besuch, um in den Körper Dr. Lizardos einzudringen und so die 8. Dimension
zu verlassen. Lizardos seltsame Veränderungen bringen ihn ins Irrenhaus. Von
hier aus will Lizardo/Whorfin die anderen
roten Aliens befreien, um zum Planeten
10 zurückkehren zu können. Diese Aussichten wiederum bringen die Schwarzen,
die von ihrem Planeten aus alles beobachten, in Harnisch. Kurzerhand erklären sie
den Irdischen die Alternative: Entweder

sie machen innerhalb von 24 Stunden dem inzwischen aus der Irrenanstalt entkommenen Lizardo/Whorfin den Garaus oder die Schwarzen sähen sich gezwungen, dasselbe mit der Erde zu tun. Buckaroo Banzai, der selbst schon eine unheimliche Begegnung mit der 8. Dimension aufzuweisen hat, ist gefordert. Wie nicht anders zu erwarten, hat die Erde zum Schluß auch diesen Film überlebt. Ⓥ VPS

Buck Rogers
(BUCK ROGERS IN THE 25TH CENTURY). USA 1978.
R Daniel Haller. *B* Glen A. Larson/ Leslie Stevens. *K* Frank Beascoechio. *SpE* Peter Gibbons-Fly/Alex Funke/ Keith White/Ray Monahan/John Moulds/David Robman u. v. a. *M* Stu Phillips. *D* Gil Gerard (Buck Rogers), Pamela Hensley (Prinzessin Ardala), Erin Gray (Wilma Deering), Henry

Silva (Kane), Tim O'Connor (Dr. Huer), Joseph Wiseman (Draco), Duke Butler (Tigermann), Felix Silla (Twiki). *F* 89 Min.
Cap Kennedy, 1987: Ein Meteoritenschwarm wirft das Raumschiff des Astronauten Buck Rogers aus der Bahn. Als er wieder zu sich kommt, befindet er sich in der Gewalt von Prinzessin Ardala, der 29. Tochter des Weltraumherrschers Draco, die mit einem Superraumschiff zur Erde unterwegs ist. Dort sind inzwischen 500 Jahre vergangen, ein Atomkrieg hat nur noch eine einzige Stadt übriggelassen. Da man Buck weder bei den Draconiern noch auf der Erde glaubt, daß er 500 Jahre lang bewußtlos war, gerät er zwischen die Fronten. Ein menschlicher und ein Computer-Wissenschaftler versuchen ihm auf die Schliche zu kommen, aber Ardala und ihr finsterer Vasall Kane bestreiten nun, daß sie ihn im Weltraum aufgelesen ha-

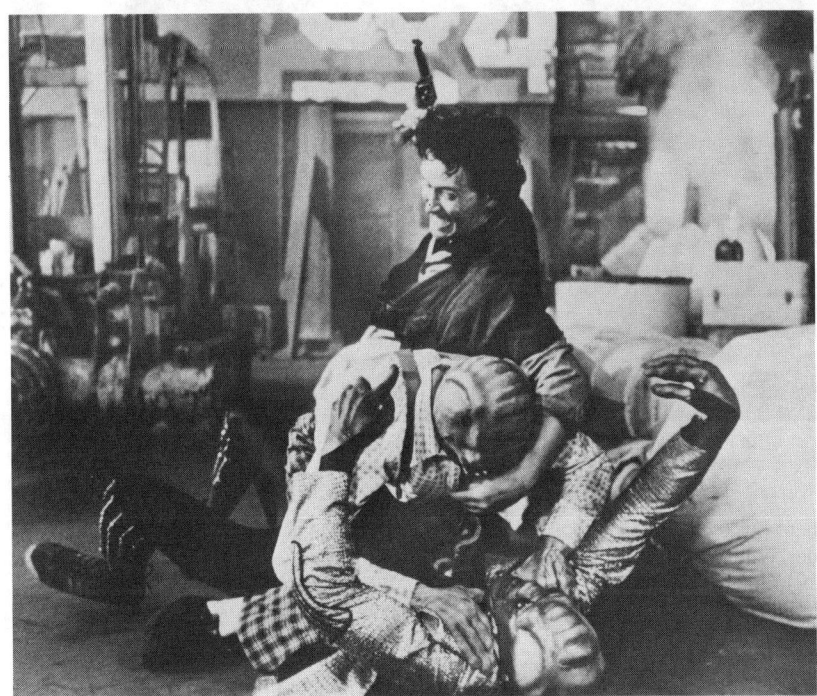

Peter Weller in *Buckaroo Banzai* von W.D.Richter

»Ein größeres Phallussymbol konnte ich leider nicht auftreiben, Euer Majestät!«:
Duke Butler und Pamela Hensley in *Buck Rogers*

ben. Buck wird verbannt, rettet Commander Wilma Deering das Leben und kann sich endgültig rehabilitieren, als er die geheimen Pläne der Draconier (die die Erde natürlich unterwerfen wollen) offenlegt und die Selbstvernichtungsanlagen der Invasorenflotte aktiviert. – Der 1928 von Philip Francis Nowlan erfundene US-Heldencharakter Buck Rogers war ursprünglich zwar eine Figur des gedruckten Worts, erhielt jedoch eine unglaubliche Popularität durch einen von Richard W. Calkins gezeichneten Comic Strip, der bis 1967 lief und in den USA ebenso bekannt ist wie Donald Duck und Superman. Eine erste Verfilmung des Stoffes wurde 1939 als *serial* von Ford Beebe und Saul A. Goodkind realisiert, die Hauptrolle spielte der auch als ›Flash Gordon‹ aufgetretene Larry ›Buster‹ Crabbe. Daniel Hallers Version, die sich nur in dem Punkt an die Originalvorlage hält, daß sein Buck Rogers ebenfalls nach mehreren Jahrhunderten in einer veränderten Umwelt erwacht, entbehrt nicht gewisser komödiantischer Effekte, die ganz im Gegensatz zu Nowlans Hurra-Patriotismus stehen: Sowohl in Nowlans Text als auch im Comic Strip kommt Rogers in einer irdischen Höhle wieder zu sich, sieht die USA von Mongolen regiert und nimmt den Kampf gegen die ›gelbe Gefahr‹ auf. Diese Version wurde ursprünglich als Pilotfilm für eine TV-Serie gemacht, die man dann, aus welchen Gründen auch immer, doch nicht realisierte. Ⓥ CIC

Bud the Chud – C.H.U.D. 2
Anderer Titel für **C.H.U.D. 2**

Buddy haut den Lukas
(CHISSA PERCHE... CAPITANO TUTTE A ME). Italien 1980.
R Michele Lupo. *B* Marcello Fondato/ Francesco Scardamaglia. *K* Franco Di Giacomo. *M* Guido de Angelis/Maurizio de Angelis. *D* Bud Spencer (Sheriff Craft), Cary Guffey (H-7-25/Charlie), John Barta, Ferrucio Amendola, Robert Hundar, Carlo Reali. *F* 86 Min.
Außerirdische Wesen, die sich in der Nähe eines US-Kaffs niederlassen, um mit Hilfe von Robotern die Erde zu unterwerfen, kriegen von einem fettwanstigen Sheriff namens Craft (!) gehörig die Hukke voll. Ihm zur Seite steht der – ebenfalls außerirdische – Junge Charlie, dessen übersinnliche Fähigkeiten eine wertvolle Ergänzung seiner Muskelkraft darstellen. – Ein Prügelfilm, der völlig ohne weibliche Darsteller auskommt; Fortsetzung des Klamaukfilms *Der Große mit seinem außerirdischen Kleinen* (Italien 1979; Regie: Michele Lupo).

The Caller
(THE CALLER). USA 1987.
R Arthur Allan Seidelman. *B* Michael
Sloan. *K* Armando Nanuzzi. *M* Richard
Band. *SpE* John Buechler. *D* Malcolm
McDowell (Besucher), Madolyn Smith
(Mädchen). *F* 93 Min.
Ein außerirdischer Android sucht zu
nächtlicher Stunde eine Frau in einem ab-
gelegenen Landhaus auf und unterzieht
sie mit unbequemen Fragen einem Psy-
chotest, bis sie sich mit ihren Lebenslü-
gen auseinandersetzen muß. – »Teilweise
wirkungsvoll, aber viel zu lang; hätte eine
brauchbare Episode von ›Twilight Zone‹
abgeben können.« (Leonard Maltin, MO-
VIES AND VIDEO GUIDE). – Nur auf Video.
Ⓥ Lightning

Caltiki, Rätsel des Grauens
(CALTIKI, IL MOSTRO IMMORTALE/
CALTIKI, THE IMMORTAL MONSTER).
Italien/USA 1959.
R Robert Hampton (= Riccardo Freda).
B Philip Just. *K* John Foam (= Mario
Bava), *M* Robert Nicholas. *D* John
Merivale (Prof. John Fielding), Didi
Sullivan (Ellen), Daniela Rocca (Linda),
Gerard Haerter (Max Gunther), Daniele
Pitani (Bob), Gay Pearl (Tänzerin), G.
R. Stuart (Rodriguez), Victor Andree
(Assistent), Black Bernard (Kommis-
sar), Arthur Dominick (Enrico).
75 Min.
Eine sich im mittelamerikanischen Ur-
wald aufhaltende Expedition stößt auf
eine mit indianischen Götzen gefüllte
Grotte und wird von einem formlosen Ungeheuer angegriffen, das man mit Hilfe
explodierender Benzinkanister vertreiben
kann. Max, der Assistent Professor Fiel-
dings, wird dabei verletzt: Ein abgerisse-
nes Stück Monster hat sich in sein Fleisch
gefressen. Als man ihn davon befreit, verfällt er in Raserei und läuft Amok. Fielding erfährt, daß das Monster ein gigantischer, uralter Einzeller ist. Radioaktive
Strahlen haben ihn mutieren lassen. Auch
die Max entnommene Gewebeprobe fängt
plötzlich an zu wachsen. Als das Monster
riesenhafte Dimensionen angenommen
hat, bricht es aus. Militär rückt an. Nach
einer wütenden Schlacht wird Caltiki, das
›unsterbliche Monster‹, vernichtet. –
»Dieses mäßige Werk ist eine fragwürdige Mischung aus *Schock* und *Blob,
Schrecken ohne Namen.*« (Clarens, *an illustrated history of the horror film*) – Zu
welchen Abartigkeiten Filmemacher in
der Lage sind, nur um ein Monster zu
(er)schaffen, belegt ein Interview, das
Kameramann Mario Bava dem amerikanischen Magazin PHOTON gab: »...Es war
Sommer, so daß das größte Problem bei
den Dreharbeiten darin bestand, die Fliegen von dem Schleim-Monster fernzuhalten... Das Schleim-Monster setzte sich
zusammen aus Eingeweiden von Kühen.
Innen steckte ein Statist, der die Masse
bewegen mußte.« (Würg! Anm. d. Verf.)
Trotzdem bewürgte das ›Grauen‹ nicht
den gewünschten Erfolg. »...der Zuschauer, der auszog, das Gruseln zu lernen, quittiert den Film und seinen aufge-
henden Hefeteig (Ungeheuer) mit lautem
Gelächter.« (FILMBEOBACHTER)

Caprona – das vergessene Land
(THE LAND THAT TIME FORGOT).
GB 1975.
R Kevin Connor. *B* Michael Moorcock/
James Cawthorn. *LV* Edgar Rice
Burroughs. *K* Alan Hume. *SpE* Derek
Meddings/Roger Dicken. *M* Douglas
Gamley. *D* Doug McClure (Bowen
Tyler), John McEnery (Capt. von
Schoenvorts), Susan Penhaligon (Lisa
Clayton), Keith Barron (Bradley),
Anthony Ainley (Dietz), Godfrey James
(Borg), Bobby Parr (Ahm), Declan
Mulholland (Olson), Colin Farrell
(Whiteley), Ben Howard (Benson), Roy
Holder, Andrew McCulloch, Ron
Pember, Graham Mallard, Andrew

Lodge, Brian Hall, Stanley McGeagh, Peter Sproule, Steve James. *F* 84 Min. Als ein britischer Frachter während des Ersten Weltkriegs von einem deutschen U-Boot torpediert wird, gelingt es einigen Überlebenden unter Anleitung des Amerikaners Bowen Tyler, die Kaiserlichen beim Auftauchen zu überrumpeln. Nachdem man noch ein deutsches Versorgungsschiff versenkt hat, stößt man auf eine nirgendwo verzeichnete Insel – das legendäre Land Caprona, das man nur durch einen unterirdischen Fluß betreten kann. Nachdem Tyler den Eingang gefunden hat, taucht man in einem Sumpfsee wieder auf, findet wilde Urweltmonster inmitten einer paradiesischen Umgebung und trifft auf Steinzeitmenschen, von denen man erfährt, daß Caprona reich an Öl ist. Da man hofft, aus diesem Öl Treibstoff machen zu können, bricht eine Expedition ins Landesinnere auf. Hier leben auch Menschen, die auf einer höheren Kulturstufe stehen. Die Biologin Lisa Clayton wird entführt und von Tyler gerettet. Als die beiden zum Liegeplatz des U-Bootes zurückkehren, bricht plötzlich ein gewaltiger Vulkan aus. Da der U-Boot-Kommandant sich weigert, Tyler und Lisa zurückzulassen, wird er von Dietz, einem seiner Untergebenen, umgebracht. Aber Dietz und seine Kumpane haben sich verrechnet. Ehe sie sich versehen, sind sie von der glühenden Lava eingekreist. Tyler und Lisa sind die einzigen Überlebenden dieser Katastrophe, denn auch das U-Boot ist vernichtet. Nachdem Tyler seine Erlebnisse niedergeschrieben und einer Flaschenpost anvertraut hat, bricht er mit Lisa auf, um das vergessene Land Caprona weiter zu erforschen.

»Wer auch als Erwachsener die Lust am Märchenhaften, am wohligen Gruseln ohne Reue nicht verloren hat, kommt in *Caprona* voll auf seine Kosten. Mit ungeheurer Fantasie und Liebe hat man dieses *Caprona* zusammengebastelt, die Tiere sind zugleich furchterregend und rührend, und selbst da, wo gestorben wird (und das verlangt das Drehbuch ziemlich häufig),

geschieht dies ohne die heute so oft spürbare sadistische Freude, Grauenhaftes minutiös deutlich zu machen: Man stirbt hier eher freundlich, wie dies eben nur im Märchen möglich ist.« (Hartmut Weber, FILMBEOBACHTER)

Herausragend sind die Tricksequenzen in diesem Film, insbesondere der Angriff eines Flugsauriers. Nostalgie-Science Fiction, so richtig geeignet für die ganze Familie!

(V) Thorn EMI
(B) Edgar Rice Burroughs: THE LAND THAT TIME FORGOT, Chicago 1924

Caprona, 2. Teil

(THE PEOPLE THAT TIME FORGOT). GB 1977.
R Kevin Connor. *B* Patrick Tilley. *LV* Edgar Rice Burroughs. *K* Alan Hume/Paul Beeson/Peter Allwork/John Harris. *SpE* John Richardson/Ian Wingrove. *Ma* Robin Grantham/George Frost. *M* John Scott. *D* Patrick Wayne (Ben McBride), Doug McClure (Bowen Tyler), Sarah Douglas (›Charly‹, Lady Charlotte), Dana Gillespie (Ajor), Thorley Walters (Dr. Edward Norfolk), Shane Rimmer (Hogan), Tony Britton (Lawton), John Hallam, Dave Prowse, Milton Reid, Kiran Shah, Richard Parmentier, Jimmy Ray, Tony McHale. *F* 90 Min.

Der auf der urwelthaften Insel Caprona gestrandete Amerikaner Bowen Tyler hat eine Art Flaschenpost abgeschickt, um der Welt von seiner Irrfahrt zu erzählen. Nachdem man seine Aufzeichnungen gefunden hat, rüstet Ben McBride eine Expedition aus, um seinen verschollenen Freund zu suchen. Mit finanzieller Unterstützung einer Zeitung, die sensationelle Artikel über die geheimnisvolle Insel erhofft, bricht er in Begleitung eines kleinen Teams nach Caprona auf. Zwar gelingt es ihm, den Vermißten zu finden, aber Tyler wird auf der Flucht von Eingeborenen getötet. Als ein Inselvulkan ausbricht, kann McBride sich in allerletzter Sekunde retten. – Leider erreicht der Film

Caprona, 2.Teil von Kevin Connor

nicht die Qualitäten des ersten Teils.
»...(der) Schluß, ein gewaltiges, pyrotechnisches Spektakel, erschlägt auch den naiven Charme, den der Film an anderen Stellen hat: wenn etwa ein Saurier eingespannt wird, um ein beschädigtes Flugzeug abzuschleppen, oder wenn mit dem Blitzlicht der mitreisenden Fotografin gleich ein halbes Dutzend angreifender Riesenechsen zurückgeschreckt wird, wenn mit fantasievoll entfremdeten Mitteln des Alltags Alptraum-Situationen bekämpft werden, da stellt sich immerhin simpler Kinospaß ein...« (Hans Günther Pflaum, FILMDIENST) – »Wer Geisterbahneffekte als das Nonplusultra der Gruselkunst schätzt, wird auch diesen kindlich-harmlosen Film bewundern... Naivbunter Horrorbilderbogen, eher ermüdend als spannend.« (Heribert Hopf, FILMBEOBACHTER)

Ⓑ Edgar Rice Burroughs: THE PEOPLE THAT TIME FORGOT, New York 1963
Ⓥ VCL

Captain America
(CAPTAIN AMERICA). USA 1979.
R Rod Holcomb. *B* Don Ingalls/Chester Krumholz. *K* R. W. Browne. *M* Mike Post/Pete Carpenter. *D* Reb Brown (Steve Rogers/Captain America), Len Birman (Dr. Simon Mills), Steve Forrest (Lou Brackett), Heather Menzies (Dr. Wendy Day), Lance DeGault (Harley), Robin Mattson (Tina Hayden), Frank Marth (Charles Barber), Joseph Ruskin (Rudy Sandrini), Michael McManus (Ortho), Dan Barton (Jeff Hayden), James Ingersoll (Lester Wiant), Nocona Aranda (Throckmorton), Chip Johnson (Jerry).
F 94 Min.

Durch die Injektion einer neuen Superdroge wird Mr. Steve Rogers zum smarten Captain America – einem Menschen mit Superkräften, der nicht nur die Enterbten rächt, sondern auch sonst alles tut, um dem Bösen eine Abfuhr zu erteilen. Hier bekämpft er eine Bande böser Buben, die die US-Regierung mit einer Neutronenbombe um eine Milliarde Dollar erpressen. – Verfilmung einer in den vierziger Jahren populären Comic-Figur, die im Heftchen vor allem als gnadenloser ›Nazi-Smasher‹ von sich reden machte. Eine amerikanische TV-Produktion für naive Gemüter.
Ⓥ CIC

Captain America
(CAPTAIN AMERICA). USA 1979.
R Albert Pyun. *B* Stephen Tolkin.
K Philip Alan Waters. *M* Barry Goldberg. *D* Matt Salinger (Capt. America), Ronny Cox (Präsident Kimball), Ned Beatty (Sam Kolawitz), Melinda Dillon (Mrs. Rogers), Scott Paulin (Red Skull), Michael Nouri, Mario Kovac, Darren McGavin, Francesca Neri, Mill Mumy. *F* 92 Min.
1943 machen US-Wissenschaftler aus dem jungen Steve Rogers einen Übermenschen. Als Captain America soll er fortan in einem blauen Kostüm und mit einem Stars and Stripes-Wurfschild bewaffnet gegen die Nazis kämpfen. Sein größter Widersacher ist der ebenfalls zum Übermenschen gewordene Hitlersympathisant Red Skull. Dessen Plan, das Weiße Haus mit einer Rakete zu vernichten, scheitert zwar, doch der Captain friert in der nach Alaska umgeleiteten Rakete im Eis ein. 50 Jahre später wird er im Eis gefunden. Red Skull hat die Zeiten überstanden und den umweltbewußten und tugendhaften Präsidenten Kimball entführt, um ihn zu einer willenlosen Marionette zu machen. Mit seiner Enkelin macht sich der Captain – von Red Skulls bösartiger Tochter verfolgt – nach Italien auf, wo man den Präsidenten in einer alten Burg festhält. Captain America befreit ihn und schickt sei-

nen Rivalen mit seinem Wurfschild von den Burgzinnen in die Tiefe. – Der Film erzählt von amerikanischen Tugenden. Das Drehbuch ist einfältig, die Schauspieler sind blaß. Da verwundern auch nicht mehr die zahlreichen Sprünge in der Story. – Nur auf Video.
Ⓥ Ascot

Captain Invincible oder Wer fürchtet sich vor Amerika?
(THE RETURN OF CAPTAIN INVINCIBLE). Australien 1982.
R Philippe Mora. *B* Steven E. DeSouza/ Andrew Gaty. *K* Lou Irving/Mike Malloy. *SpE* Bob MacCarron. *M* William Motzing/Charles Fisher. *D* Alan Arkin (Captain Invincible), Christopher Lee (Mr. Midnight), Kate Fitzpatrick (Patty), Bill Hunter (Tupper), Michael Pate (Präsident), David Argue (Verkäufer), John Bluthal (Inhaber), Chelsea Brown (Fremdenführer). *F* 96 Min.
Captain Invincible, in jungen Jahren gefeierter Superman im Kampf gegen Nazis und Japse, ein leuchtendes Vorbild für die Jugend, hat sich, völlig demoralisiert und dem Suff verfallen, ins hinterste Eck Australiens zurückgezogen. Warum mußte ihm auch während der McCarthy-Ära der Prozeß gemacht werden, verdächtigt des Kommunismus wegen Tragens eines roten Umhangs, angeklagt wegen Fliegens ohne Pilotenschein und endlich verurteilt wegen öffentlichen Tragens und Zurschaustellens seiner Unterhosen. Die Wirkung des Alkohols auf sein Computergehirn ist ziemlich verheerend, seine übernatürlichen Kräfte sind so gut wie im Eimer, fliegen kann er schon längst nicht mehr. Doch die große Stunde schlägt! Irgend wann hat Invincible dem neuen amerikanischen Präsidenten, als dieser noch ein pausbäckiger Pfadfinder war, versprochen, wann immer er ihn brauche, zur Stelle zu sein. Jetzt ist es soweit; der finstere Mr. Midnight hat des Pentagons geheimste Waffe geklaut, den Hypnostrahl. Wenn die Nation bedroht ist, gilt es auch,

Alan Arkin in *Captain Invincible oder Wer fürchtet sich vor Amerika?*

das letzte Wrack aufzupäppeln. Invincible geht durch die Qualen, die die Reaktivierung so mit sich bringen, er muß erneut das Fliegen lernen, vor allem den Alkohol vergessen. Doch der Miesling kämpft mit unfairen Mitteln. Der Showdown findet in der Bar des Bösewichts statt. – »Philippe Mora . . . ist in diesem Film eine glänzende Satire auf die Trivialfantasien vom Superhelden, der's schon richten wird, gelungen. Virtuos spielt er mit den Versatzstücken des Genres, übersteigert sie gerade so weit, daß das Superheldenschema sie noch aushält . . . Unterhaltsam und nicht ohne Tiefsinn philosophiert dieses australische Monumentalspektakel durch die Konventionen der Superheldengeschichte, läßt politische Seitenhiebe ebensowenig aus wie das Spiel mit den filmischen Horrormythen, repräsentiert durch Christopher Lee in der Rolle des Mr. Midnight.« (J. Schnelle, FILM-DIENST) Ⓥ Atlas

Captain Powers and the Soldiers of the Future
(CAPTAIN POWERS AND THE SOLDIERS OF THE FUTURE). USA 1987.
R Mario Azzopardi. *B* Larry Ditillio. *K* Peter Bennison. *SpE* Martin Malivoire. *M* N.N. *D* Tim Dungan (Capt. Powers), Sven Thorsen (Lt. Ellison), Maurice D. Wint (Sgt. Baker), Jessica Stern (Corp. Jennifer Chase), David Hemblem (Lord Dread). *F* 90 Min.
2147: Lord Dread (sic!) will die Welt mit seiner Roboterarmee erobern. Der goldschillernde Captain Powers und seine silberschillernden Recken müssen dies verhindern. Und zwar über mehrere Folgen hinweg. – Toll, wat? Die Videokassette fordert den Zuschauer auch noch zur Kreativität auf, denn mit ihr kriegt man einen ›Interlocker‹, den man an den Rekorder anschließt. Achtung! Wenn Bösewichter auftauchen, muß man sie eliminieren! Aber Obacht! Lord Dreads Robo-

ter schießen zurück! Und für jeden Treffer kriegst du einen Minuspunkt! Wer dennoch glaubt, er könnte den Film mit seinem Interlocker beeinflussen, ist schief gewickelt! Yak! Yak! – Nur auf Video. Ⓥ New Vision

Carrie – des Satans jüngste Tochter
(CARRIE). USA 1976.
R Brian de Palma. *B* Lawrence D. Cohen. *LV* Stephen King. *K* Mario Tosi. *SpE* Gregory M. Auer. *M* Pino Donaggio. *D* Sissy Spacek (Carrie), John Travolta (Billy Nolan), Piper Laurie (Margaret White), Amy Irving (Sue Snell), William Katt (Tommy Ross), Nancy Allen (Chris Hargenson), Betty Buckley (Miß Collins), P. J. Soles (Norma Watson), Sydney Lassick (Mr. Fromm), Stefan Gierash (Mr. Morton). *F* 97 Min.

Als die junge, von einer religiösen Fanatikerin erzogene Carrie unter der Dusche ihre erste Regelblutung erlebt, erschrickt sie fast zu Tode. Ihre Klassenkameradinnen lachen sie aus und verhöhnen sie. Als die Lehrerin Miß Collins über die Klasse Nachsitzen verhängt und Carrie nach Hause schickt, wird sie wegen ›sündigen‹ Verhaltens von ihrer Mutter noch einmal bestraft. Während die Klasse darüber nachsinnt, wie sie sich an Carrie rächen kann, bittet Sue Snell, die ihr Tun bereut hat, den gutaussehenden Tommy Ross, die schüchterne Carrie zum Schülerball einzuladen. Als Carries Mutter sich gegen eine Teilnahme an diesem Ball ausspricht, bemerkt das Mädchen zum erstenmal, daß es telekinetische Fähigkeiten hat: Es kann mit reiner Geisteskraft Gegenstände bewegen. Als Carrie auf der Bühne steht, um mit Tommy Ross eine Auszeichnung entgegenzunehmen, stürzt ein Eimer Schweineblut auf sie herab. Carries telekinetische Gabe entlädt sich daraufhin völlig unkontrolliert: Sie ruiniert die Aula und setzt den ganzen Saal in Brand. Alle außer Carrie kommen in den Flammen um. Als sie später nach Hause

kommt und sich das Blut abwäscht, wird sie von ihrer schizoiden Mutter mit einem Messer in der Hand erwartet. Die Sünderin soll sterben... Aber Carrie setzt sich zur Wehr. Sie läßt ihrer Gabe freien Lauf. Mutter und Tochter gehen gemeinsam mit ihrem Haus unter. – Daß es sich bei ›telekinetischen‹ Fähigkeiten um ein SF-Element handelt, ist sicherlich unbestritten. Aber Brian de Palmas Neigung zum Übersinnlichen ist in *Carrie* besonders ausgeprägt, so daß vieles für einen Horrorstreifen spricht. Doch wie etwa in *Willard* oder *Ben* das aggressive Tier zum letzten apokalyptischen ›Verbündeten‹ von unterdrückten Jugendlichen wird, denen der Weg zu sich selbst verbaut ist, so nimmt in *Carrie* die Parapsychologie diese Stellung ein. – »Brian de Palma hat eine Menge Vorbilder (darunter gewiß Buñuel, Welles, Hitchcock und Polanski) in einer Szene, nämlich im frappierenden Schlußeffekt, noch übertroffen. Auch sonst kann man dem treffsicheren Arrangeur von Publikumsgunst und Sensationsgier eine handwerklich gekonnte und technisch raffinierte Dramaturgie bestätigen, die ohne viel Skrupel ernst zu nehmende Wirklichkeitsbeschreibung und psychische Beobachtung mit Horrormythen und Alptraummärchen vermischt, so daß am Ende jedoch – im Gegensatz zu manchen Vorbildern – wohl bei keinem Zuschauer etwas haften bleibt.« (FILM-DIENST) – »Aus Gruppenhaß, religiösem Wahn und übersinnlicher Kraft hat (de Palma) einen Gänsehaut-Thriller montiert... Gruseliger geht's kaum...!« (STERN)
Ⓥ Warner Home
Ⓑ Stephen King: *Carrie*, München 1977

Casanova Frankenstein
(FRANKENSTEIN ALL'ITALIANA).
Italien 1975.
R Armando Crispino. *B* Massimo Franciosa/Maria Luisa Montagnana. *K* Giuseppe Aquari. *M* Stelvio Cipriani. *D* Aldo Macciona (Monster), Gianrico Tedeschi (Dr. Frankenstein), Jenny

Tamburi (Janet), Lorenza Guerrieri (Alice), Anna Mazzamauro (Maud), Ninetto Davoli (Igor). *F* 88 Min.
Dr. Frankenstein lebt auf einem Schloß in Italien und hat die hübsche Janet geheiratet. Dennoch bastelt er weiterhin mit Hilfe seines Dieners Igor und den hübschen Assistentinnen Alice und Maud an der Herstellung von Kunstmenschen. Als ihm endlich wieder ein großer Wurf geglückt ist, muß er jedoch feststellen, daß sein neuestes Monster nicht nur intelligenter ist als die bisherigen, sondern auch noch viel, *viel* geiler, denn es bespringt wirklich alles, was nicht schnell genug auf die Bäume flüchtet.
Ⓥ Mike Hunter

Castle of Evil
(CASTLE OF EVIL). USA 1966.
R Francis D. Lyon. *B* Charles A. Wallace. *K* Brick Marquard. *SpE* Roger George. *M* Paul Dunlap. *D* Scott Brady (Matt Granger), Virginia Mayo (Sable), Hugh Marlowe (Dr. Corozal), Lisa Gaye (Carol Harris), David Brian (Robert Hawley), Shelley Morrison (Lupe), Natividad Vacio (Machado), Ernest Sarracino (Tunki), William Thourlby (Dr. Kovec). *F* 81 Min.
Ein ausgeflippter Wissenschaftler lädt nach seinem Tod diverse Personen auf sein karibisches Inselschloß ein, um sie a) in seinem Testament zu bedenken und b) sich an demjenigen zu rächen, der sein Gesicht einst mit Säure verätzt hat. Sein Rächer ist ein seinem entstellten Ebenbild nachempfundener Automat, der wahrscheinlich Isaac Asimovs Robotergesetze nicht kennt – denn er meuchelt. – »Ein lächerlicher Grusler.« (Michael Weldon, THE PSYCHOTRONIC ENCYCLOPEDIA OF FILM). – In Originalfassung.
Ⓥ Import

Auf und nieder, immer wieder:
Aldo Macciona nebst Lustobjekt in *Casanova Frankenstein*

Cat Women of the Moon

(CAT WOMEN OF THE MOON).
USA 1954.
R Arthur Hilton. *B* Roy Hamilton.
St Jack Rabin/Al Zimbalist. *K* William
F. Whitley. *SpE* Jack Rabin/Al
Zimbalist. *M* Elmer Bernstein. *D* Sonny
Tufts (Laird Grainger), Victor Jory (Lt.
Kip Reisler), Bill Phipps (Douglas
Smith), Douglas Fowley (Walt Willis),
Marie Windsor (Helen Salinger), Carol
Brewster (Alpha), Suzanne Alexander
(Zeta), Susan Morrow (Lambda), Judy
Walsh, Betty Allen, Ellye Marshall,
Roxanne Delman (Katzenfrauen).
64 Min.
Ein amerikanisches Raumschiff, das
merkwürdigerweise wie ein U-Boot aussieht (wahrscheinlich deswegen, weil es
einen Film vorher den Part eines solchen
gespielt hat), landet auf der erdabgewandten Seite des Mondes. Die Besatzung, angeführt vom stets blöd herumgaffenden
Helden Grainger, stößt dort auf Riesenspinnen und ein Völkchen katzenhaft ge-
schminkter Frauen, die unter der Leitung
einer gewissen Alpha (ihre Eltern waren
wahrscheinlich griechische Einwanderer)
in einem Höhlensystem leben und danach
dürsten, die Erde zu (Gähn) erobern. Eine
der Katzenfrauen ist jedoch dermaßen von
der Liebe zwischen dem Blödling Grainger und der Navigatorin Helena angetan,
daß sie den Erdlingen zur Flucht vom
Mond verhilft. Ende. *Cat Women of the
Moon* ist ein D-Film, der es in sich hat!
Unvergeßlich: die Performance des
Hauptdarstellers Sonny Tufts, den man
einst als ›die männliche Sensation von
1944‹ bezeichnete! Wie er agiert, muß
man gesehen haben! Wie er spricht! Mit
nichtssagendem Blick Gewaltiges sagt! –
»1969 geriet unser Held letztmalig in die
Schlagzeilen: man brachte ihn ins Hospital, nachdem er von einem Barhocker ge-
fallen war.« (Harry und Michael Medved,
THE GOLDEN TURKEY AWARDS) Auch 'ne
Karriere!
In Originalfassung.
Ⓥ Import

Caveman – Der aus der Höhle kam

(CAVEMAN). USA 1980.
R Carl Gottlieb. *B* Carl Gottlieb.
K Alan Hume. *M* Lalo Schifrin.
D Ringo Starr (Atouk), Barbara Bach
(Lana), Dennis Quaid (Lar), Shelley
Long (Tala), John Matuszak (Tonda),
Avery Schreiber (Ock), Jack Gilford
(Gog). *F* 91 Min.
200 000 Jahre v. Chr.: Der listige Höhlen-
bewohner Atouk ist in die kurvenreiche
Höhlenfrau Lana verknallt, aber da sein
Häuptling ebenfalls scharf auf die Schöne
ist, wird er verbannt, tut sich in der Wildnis mit ein paar anderen Outlaws zusammen, erlebt allerlei Abenteuer mit prähistorischen Viechern, erfindet die Rockmusik und das Feuer, setzt trickreich neue
Waffensysteme ein, wird zum Häuptling
gemacht, ehelicht das Mädchen Tala und
wirft die opportunistische Lana auf einen
Kothaufen. – Urwaldklamauk mit (zeitbe-
zogener) dürftiger Sprache, haufenweise
komischen Elementen und Sauriern/Dra-
chen, die, wie man weiß, nie mit Menschen zugleich über das Erdenrund gewandelt sind.
Ⓥ Warner Home

Charly

(CHARLY). USA 1967.
R Ralph Nelson. *B* Stirling Silliphant.
LV Daniel Keyes. *K* Arthur Ornitz.
M Ravi Shankar. *D* Cliff Robertson
(Charly Gordon), Claire Bloom (Alice
Kinian), Leon Janney (Dr. Richard
Nemur), Lilia Skala (Dr. Anna Straus),
Dick van Patten (Bert), William Dwyer
(Joey), Ed McNally (Gimpy), Dan
Morgan (Paddy), Barney Martin
(Hank), Ruth White (Mrs. Apple),
Frank Dolan (Eddie). *F* 103 Min.
Der erwachsene Charly Gordon hat den
Geist eines Sechsjährigen und arbeitet als
Mädchen für alles in einer Bäckerei – mit
Kollegen, die gemeine Witze über ihn rei-
ßen. Dennoch hält Charly sie für seine
Freunde. Da er gerne mehr lernen möch-
te, geht er in die Abendschule, wo sich
die Lehrerin Alice Kinian besonders um

Caveman – Der aus der Höhle kam von Carl Gottlieb

ihn kümmert. Alice bringt ihn auch in eine Klinik, wo Charly sich einigen Tests unterziehen läßt. Die Ergebnisse sind deprimierend, denn sogar die Labormaus Algernon vermag den Mann in jeder Disziplin zu schlagen. Der Neurochirurg Dr. Nemur und die Psychiaterin Dr. Straus nehmen sich Charlys an und unterziehen ihn einem chirurgischen Eingriff, der ein voller Erfolg wird. Charly bringt in Rekordzeit die Volksschule hinter sich und geht als Student an ein College. Als er sich in Alice verliebt und von ihr zurück-

gewiesen wird, beginnt er ein unstetes Leben. Während ihn die Fachwelt ob seiner geistigen Leistungen noch bestaunt, entdecken die Wissenschaftler, daß die Labormaus Algernon, die man dem gleichen Eingriff unterzogen hat, allmählich wieder an ›Intelligenz‹ verliert. Charly weiß plötzlich, daß seine Tage als Geistesmensch gezählt sind. Zutiefst betroffen stellt er sich den Fragen eines wissenschaftlichen Symposiums, denn die Ärzte wollen trotz des Fehlschlags weiterarbeiten. Als Alice nun ihrerseits Charly heiraten will, lehnt er ab: Er will ihr nicht zumuten, mit einem Schwachsinnigen verheiratet zu sein. Bald ist er wieder so, wie er früher war: kindlich-naiv und zufrieden. Alles, was er einmal gewesen ist, hat er vergessen. – Die US-Kritik:»Eine gekonnte Vorstellung Robertsons (die ihm den Oscar als bester Schauspieler des Jahres 1968 einbrachte) und eine feinfühlige Regie verhalfen einer im Grunde ziemlich schwülstigen Geschichte zum Erfolg.« (Alan Frank, THE SCIENCE FICTION... HANDBOOK) – »... ein altmodischer Tränendrüser.« (SUNDAY TIMES) – Die deutsche Kritik 1968:»Wie sehr gerade in unserem Land die kommerzielle Filmindustrie mit ihren Grün-ist-die-Heide-Edgar-Wallace-Winnetou-und-Wie-Sie-das-Leben-schrieb-Schnulzen das Publikum chloroformiert hat, wurde während der Berlinale 1968 blitzartig deutlich, als Ralph Nelsons jüngster Film *Charly* mit donnerndem Applaus bedacht, Jean-Marie Straubs *Chronik der Anna Magdalena Bach* aber ausgepfiffen und bei Jean-Luc Godards *Week-End* gemeutert wurde. Jetzt hat die Werbung sogar die Stirn, bei *Charly* von einer ›Bombe der Filmkunst‹ zu faseln, von einem ›außergewöhnlichen Film mit überwältigender Aussage‹... Ralph Nelson... offenbart sich mit *Charly*... als Vertreter einer kommerzialisierten Pseudo-Humanität. Das Publikum darf sich nach Herzenslust an den äußerlich komischen Kennzeichen des Schwachsinns eines zurückgebliebenen Dreißigers delektieren und bekommt stets im rechten Augenblick das moralische Alibi in Form mitmenschlicher Rührung nachgeliefert. Die Ausbreitung eines Krankheitsbildes für billige emotionale Effekte überschreitet die Grenze zur Perfidie... Die scheinbare Humanität dieses Films ist in Wirklichkeit Menschenverachtung.« (FILMDIENST) – Die Filmgeschichte hat dem Kritiker des FILMDIENST recht gegeben. Während die genannten Filme von Straub und Godard heute schon zu den Klassikern gehören, ist *Charly* (bis auf den Video-Markt) vergessen.

Ⓥ Thorn EMI
Ⓑ Daniel Keyes: *Charly*, München 1970

Checkpoint Charlie oder das Chaos schlägt zurück
Anderer Titel für **Warum die UFOs unseren Salat klauen**

Der Chef wünscht keine Zeugen
BRD 1963.
R Hans Albin/Peter Berneis. *B* Peter Berneis. *K* Heinz Schnackertz. *M* Hermann Thieme. *D* Maria Perschy (Ginny Desmond), Robert Cunningham (John Farnsworth), Uwe Friedrichsen (Howard Moore), Karen Blanguernon (Vera Svenson), Gustavo Rojo (Armand de Guedez), Rolf von Nauckhoff (Der Chef), Rolf Wanka (Barmann), Armin Dahlen (Capt. Audrey), Ted Turner (Sen. Bruns), Hans Elwenspoek, Stefan Schnabel, Rolf Illig, Wolfgang Zilzer, Burr Jerger, Dirk Hansen, Mal Sondock. 93 Min.
Der Journalist Moore recherchiert das Leben dreier bekannter Persönlichkeiten aus Wissenschaft und Politik. Dabei findet er heraus, daß jeder dieser Herren einen Unfall überlebt hat, der an sich tödlich hätte ausgehen müssen. Als er diese Personen – einen US-Botschafter, einen russischen General und einen deutschen Forscher – interviewen will, stößt er auf eine Mauer des Schweigens und wird mit Ausflüchten abgefertigt. In Moore verdichtet sich nach und nach der Verdacht, daß die Befragten nicht die sind, für die sie sich ausgeben. Mit Hilfe der Botschaftssekretärin Ginny kommt Moore irgendeiner geheimnisvollen Organisation auf die Spur und gerät in den Dunstkreis eines ominösen Chefs, der – wie sich herausstellt – der Anführer einer außerirdischen Invasionstruppe ist. Der Chef und seine Leute lassen durch arrangierte Unfälle wichtige Persönlichkeiten verschwinden und durch Doppelgänger ersetzen. Bevor Moore seine Erkenntnisse jedoch verwerten kann, wird er umgebracht – um kurz darauf wieder aufzutauchen. Nur Ginny erkennt, daß Moore

nicht mehr der alte ist: Auch sie muß sterben. Die heimliche Invasion kann weitergehen. – Diesem Film gelang, was nur wenigen seiner Art glückte. Die deutsche Produktion wurde in die USA verkauft und lief dort unter dem Titel NO SURVIVORS PLEASE. Das sagt aber nichts über die Qualität des Films aus, wie sich unschwer den Stimmen der Kritik entnehmen läßt:»Langweilig, uninteressant« (Alan Frank, THE SCIENCE FICTION... HANDBOOK).».. Wirre, magere Produktion, die den Mangel an Aktion und Spannung durch ständigen Szenenwechsel auszugleichen versucht.« (MONTHLY FILM BULLETIN) –»Hirnalbernes Produkt.« (FILMDIENST)

Cherry 2000
(CHERRY 2000). USA 1987.
R Steve De Jarnatt. B Michael Almereyda. K Jacques Haitkin. M Basil Pouledouris. D Melanie Griffith (E. Johnson), David Andrews (Sam Treadwell), Pamela Gridley (Cherry), Ben Johnson (Six-Fingered Jake), Tim Thomerson (Lester), Harry Carey jr. (Snappy Tom), Brion James. F 96 Min.
2017: Robotergirls haben das Emanzengeschlecht endlich verdrängt! Und eins von diesen drallen Dingern besitzt auch der Wüstencowboy Sam – eine Cherry 2000. Beim Liebesspiel kriegt sie jedoch durch das austretende Wasser der Geschirrspülmaschine einen Defekt. Sam ist verzweifelt! Cherry ist ein altes Modell, für das man nur schwer Ersatzteile kriegt. Mit der Kämpferin E. Johnson und Cherry im Gepäck begibt er sich auf die gefährliche Suche in die Wildnis, wo sie im Territorium eines gewissen Six-Fingered Jake die nötigen Ersatzteile finden. Doch Six-Fingered Jake rückt an und eröffnet das Feuer. E. Johnson will Sam decken. Er soll mit Cherry in einem zweisitzigen Flugzeug fliehen. Doch Sam ist ein guter Kerl und überlegt es sich anders! Er kehrt um, schafft sich die dämliche Cherry vom Hals und nimmt lieber die emanzipierte E. Johnson. –»Einfältige Mischung aus Science Fiction und Western mit gewaltverherrlichender Tendenz und inhumaner Typenkomik.« (FILMDIENST).«

Chiller – Kalt wie Eis
(CHILLER). USA 1984.
R Wes Craven. B J.D. Feigelson.
K Frank Thackery. M Dana Kaproff.
D Michael Beck, Paul Sorvino, Beatrice Straight, Alan Fudge, Laura Johnson.
F 94 Min.
Nach zehn Jahren taut ein Ärzteteam den in einen kryonischen Tank eingefrorenen Unternehmerssohn Miles Creighton auf und erweckt ihn zu neuem Leben. Als Miles die Firma seiner Eltern in Schwung bringt und dabei über Leichen geht, sieht seine Mutter, daß eine schreckliche Verwandlung mit ihm vorgegangen ist: Nach dem klinischen Tod hat er keine Seele mehr; er ist kalt wie Eis und kennt keinerlei Skrupel. –»Durchschnittlich spannend, mit gelegentlichen atmosphärischen Qualitäten, insgesamt aber unbefriedigend.« (FILMDIENST). –»Wes Craven kann es besser.« (SCIENCE FICTION TIMES).
Ⓥ VCL

Das China-Syndrom
(THE CHINA SYNDROME). USA 1978.
R James Bridges. B Mike Gray/T. S. Cook/James Bridges. K James Crabe.
M Stephen Bishop. D Jane Fonda (Kimberley Wells), Jack Lemmon (Jack Godell), Michael Douglas (Richard Adams), Scott Brady (Herman de Young), James Hampton (Bill Gibson), Peter Donat (Don Jacovich), Wilford Brimley (Ted Spindler). F 122 Min.
Die junge Kimberley Wells arbeitet als Berichterstatterin einer kalifornischen TV-Station. Als sie mit dem Kameramann Adams einen Feuilletonbeitrag über das Atomkraftwerk Ventana dreht, wird sie Zeugin einer erdbebenähnlichen Vibration und sieht mit an, wie im Kontrollraum des AKWs eine Art Panik ausbricht. Die Techniker bekämpfen die unverhofft eingetretene Panne zudem noch mit fal-

Leider keine Science-Fiction mehr: Jack Lemmon (rechts) in *Das China-Syndrom*

schen Mitteln, da auch noch ein Meßgerät versagt. Eine Fast-Katastrophe steht ins Haus. Adams hat die Hektik der Ingenieure heimlich mitgefilmt, aber die TV-Bosse entscheiden sich unter dem Druck der AKW-Betreiber gegen eine Sendung des Materials und wollen es auf Eis legen. Adams entwendet den Film und führt ihn zusammen mit Kimberley zwei Experten vor, die in seinen Aufnahmen den Ansatz eines sogenannten China-Syndroms erkennen: Es besteht die theoretische Möglichkeit, daß sich ein überhitzter Urankern durch die Reaktorschutzmauern frißt, die Erdkruste durchdringt und in China wieder zum Vorschein kommt. In Jack Godell, einem der AKW-Ingenieure, finden Wells und Adams bald eine Verbündeten. Obwohl er kein Gegner der Atomkraft ist, zeigt er sich höchst besorgt über

die Manipulationsversuche seiner Brötchengeber, die nicht einmal davor zurückschrecken, die Unterlagen der Beinahe-Katastrophe zu fälschen. Als Godell einige Papiere, die die Sache erhellen könnten, an eine staatliche Überwachungskommission schickt, wird sein Kurier umgebracht. Er selbst entgeht einem Attentatsversuch nur knapp. Am Ende schließt er sich in den Kontrollraum des AKWs ein, um die Öffentlichkeit per Fernsehkamera auf die skandalösen Vorgänge aufmerksam zu machen. Seine Offenheit kostet ihn das Leben: Schwerbewaffnete Polizisten stürmen den Kontrollraum und erschießen den Ingenieur. – »Jane Fonda hat *China Syndrom* als Film ›über die Habgier‹ bezeichnet. Das ist die eine Ebene des Films: eine skrupellose Firma, die ihren Profit über alle Sicherheitsinteres-

sen stellt und auch vor Mord nicht zurückschreckt. Es geht aber auch um die Konflikte von Anpassung und Widerstand von
Journalisten, die zudem fast zwangsweise
kaum noch eine Ahnung haben von den
Gegenständen ihrer Berichte; Abwei-
chung von den Wünschen der Auftraggeber kann unter Umständen den Verlust
des Jobs zur Folge haben. Vor allem aber
ist *China Syndrom* ein energischer Anti-
Atomkraft-Film, dessen Story zwar deutlich an bekannte Krimis erinnert, aber
dennoch auf einer Reihe tatsächlicher, zu
einem einzigen Fall verdichteter Fakten
beruht. Wie nahe er der Realität kommt,
hat wenige Wochen nach der amerikanischen Uraufführung der Reaktor-Unfall
von Harrisburg verdeutlicht.« (Hans Günther Pflaum, FILMDIENST) – Diese wenigen Wochen war der Politthriller, der seiner Machart nach »höchst konventionell«
(FILMDIENST) und streckenweise allzu
klischeehaft   (»Hurra-Journalismus«,
FILMBEOBACHTER) wirkt, durchaus nur
Utopie, nur Denkansatz. »Durch die Katastrophe in Harrisburg, die viel schlimmer war als die in unserem Film, hatten
die Leute plötzlich den Eindruck, der
Film sei eine Art Dokumentarfilm, sei
Realität«, so Produzent und Hauptdarsteller Michael Douglas in einem Interview,
das während der Filmfestspiele in Cannes
1979 stattfand, wo *China Syndrom* durch
den Schauspielerpreis für Jack Lemmon
ausgezeichnet wurde. »Ich hatte daraufhin sehr viele Probleme, auch mit der
Presse . . . Aber ich habe auch festgestellt,
daß *China Syndrom* wirklich eine Veränderung bewirkt hat. Berichte und Kom-
mentare zum Thema Nuklear-Energie, die
sonst auf den fünfzehnten Seiten der Zeitungen standen, findet man jetzt auf Seite
eins oder Seite zwei. Und ich glaube
nicht, daß die Zeitungen Harrisburg in
dieser Art herausgebracht hätten, wenn es
unseren Film nicht gäbe. Die Attacken,
die immer wieder von großen Firmen gegen uns gerichtet wurden, bestätigen
das.«
Ⓥ RCA/Columbia

Ⓑ Burton Wohl: *Das China-Syndrom*,
München 1979

Die Chinesen in Paris
(LA CHINOISE A PARIS).
Frankreich 1974.
R Jean Yanne. *B* Jean Yanne/Gérard
Sire/Robert Beauvais. *K* Jean Beffety.
M Michel Magne. *D* Jean Yanne (Règis
Forneret), Michel Serrault (Gregoire
Montclair), Nicole Calfan (Stéphanie),
Bernard Blier (Präsident), Macha Méril
(Madeleine), Kyozo Nagatsuka (Pou-
Yen), Georges Wilson (Léfranc),
Jacques Francois, Daniel Prévost,
Fernand Ledoux, Paul Préboist.
F 115 Min.
Die Chinesen haben Europa überrollt und
ziehen in Paris ein. Während die vertrot-
telten Militärs die Geheimpläne zur Aus-
lösung eines Gegenschlags nicht finden
können, die Franzosen das Land in Scharen per Automobil verlassen und die Politiker Durchhalteparolen verbreiten, dienen sich einige opportunistische Großindustrielle den Besatzern an, um aus ihrer
Lage das Beste zu machen. Unter dem
Diktat der Maoisten stellt Frankreich fortan nur noch Ofenrohre her. Aber in der
leichtlebigen Stadt Paris zersetzt sich die
eisenharte Moral der Invasoren recht
schnell: Schon bald sprechen die Soldaten
dem Trunke und den Huren mehr zu als
dem Maoismus. Peking sieht diesem dekadenten Treiben natürlich nicht lange zu:
Die Truppen werden erneut in Marsch gesetzt; diesmal nach Italien, um den Segen
des Papstes entgegenzunehmen. – Ansätze zur intelligenten Polit-Parabel sind
durchaus vorhanden. Yannes Kritik richtet sich im starken Maße gegen die Kolla-
boration, die sich in allen Bereichen – ob
Staat, Kirche oder Wirtschaft – breit-
macht. Selbst der Widerstand wird erst
dann stark, wenn er seinerseits keinen
Widerstand mehr zu befürchten hat. Doch
das ist dann auch schon alles. Daß es Proteste chinesischer Botschaften vor und
Krawalle beim Anlaufen des Films in verschiedenen Städten, initiiert durch empör-

te Mao-Anhänger, gegeben hat, amüsiert zwar heute, hat aber keinerlei Aussagekraft über die Qualität des Films. »Das Ganze ist ein Zelluloid-Tiger.« (FILM-DIENST)

C.H.U.D. – Panik in Manhattan
(C.H.U.D.) USA 1984.
R Douglas Cheek. *B* Parnell Hall. *LV* Leonard Abbott. *K* Peter Stein. *M* Cooper Hughes. *D* John Heard, Kim Quest, Christopher Curry, Laura Mattoo, Daniel Stern. *F* 82 Min.
Radioaktive Abfälle verwandeln in den New Yorker Kanalsystemen lebende Obdachlose in krallenhändige, glitschige Ungeheuer, die sich auf äußerst fragwürdige Weise ernähren: nämlich kannibalistisch. Ein Fotograf und ein Seelsorger, die ihnen auf die Spur kommen, bezahlen beinahe mit dem Leben, als die Behörden, die naturgemäß daran interessiert sind, die Sache zu vertuschen, den städtischen Untergrund mit Giftgas ausräuchern. – Daß jemand auf die Idee kommen könnte, radioaktive Elemente im Kanalsystem zur Endlagerung zu bringen, klingt ganz schön weit hergeholt, aber wissen kann man ja nie . . . Der Film taugt dennoch nichts, weswegen VARIETY ihn als »reizloses SF-Horror-Billigprodukt« einstufte. In der BRD nur auf Video.
Ⓥ Constantin

C.H.U.D. 2 – Bud the Chud
(CHUD 2). USA 1988.
R David Irving. *B* M. Kane Jeeves. *K* Arnie Sirlin. *M* Nicholas Pike. *D* Brian Robbins (Steve), Bill Calvert (Kevin), Tricia Leigh Fisher (Katie), Gerrit Graham (Bud), Robert Vaughn (Masters), Larry Cedar (Graves), Bianca Jagger, Larry Linville, Judd Omen, June Lockhart. *F* 84 Min.
Vorgeschichte siehe *C.H.U.D. – Panik in Mantattan.* – In einer Kleinstadt liegt ein CHUD in einem Labor im Tiefschlaf. Ein paar Biologiestudenten wecken ihn versehentlich aus seiner Ruhe. Der CHUD streift durch die Halloween-Nacht und

frißt sich durch eine High School-Party. Die gestartete Monsterjagd gestaltet sich zum Chaos. – »Die komödiantischen Elemente sind im Vergleich zum glatt durchgängigen Teil weitaus schlechter, aber Graham ist als Monster ungekünstelt lustig.« (Leonard Maltin, MOVIES AND VIDEO GUIDE). – Nur auf Video.
Ⓥ Lightning

City Limits
(CITY LIMITS). USA 1984.
R Aaron Lipstadt. *B* Don Opper. *K* Timothy Suhrstedt. *M* John Lurie. *D* John Stockwell (Lee), Rae Dawn Chong (Yogi), Darrell Larson, Kim Kattrall, Robby Benson, James Earl Jones. *F* 85 Min.
Die Menschheit ist wieder mal dahingerafft und die Zivilisation zerfallen. In düsterer Umgebung muß die Motorrad-Gang ›Clippers‹ unter Führung des Helden Lee ihr Gebiet gegen die herrschsüchtige Sunya Corporation verteidigen. – Ob sie's wohl schafft? Ein B-Picture mit Z-Star-Besetzung.
Ⓥ Vestron

Class of 1999
(CLASS OF 1999). USA 1990.
R Mark L. Lester. *B* C. Courtney Jogner/Mark L. Lester. *K* Mark Irwin. *SpE* Eric Allard. *M* Michael Hoenig. *D* Bradley Gregg (Cody Culp), Traci Lin (Christie Langford), Malcolm McDowell (Dr. Miles Langford), Stacey Keach (Dr. Bob Forrest), Patrick Kilpatrick (Bryles), Pam Grier (Mrs. Connors), John P. Ryan (Hardin), Darren E. Burrows (Sonny), Joshua Miller (Angel). *F* 90 Min.
1999: Rund um die Kennedy High School leben in den Slums Familien in einer abgeriegelten ›Free Fire Zone‹. Die Lehranstalt ist stark gesichert und ist ein Tummelplatz für Randalierer. Der aus dem Gefängnis entlassene Cody möchte ein neues Leben anfangen. Die Direktion versucht der kriminellen Schülerübermacht mit drei Lehrer-Androiden Herr zu wer-

den. Der zwielichtige Dr. Forrest will hingegen seine getarnten Kampfroboter auf Kriegstauglichkeit testen. Die neuen Lehrer greifen hart durch und töten Schüler, um Bandenkriege zu provozieren. Cody und Christy, die Tochter des Direktor, merken, daß etwas faul ist. Sie entdecken Forrests wahre Identität und dekken seinen Plan auf. Die Schülerbanden schließen sich zusammen und stellen sich gegen die Androiden zum Gefecht. Forrest wird das Opfer seiner Schöpfung. – »Lester ist ein Pädagoge. Die Jugend kennt er nur zu genau, als daß er sie falsch darstellen könnte. Schon 1982 hat er es bewiesen: *Class of 1984* hieß der Film, in dem Lester uns zeigte, wie die junge Generation wirklich ist. Schüler, die keine Hausaufgaben machen, ermorden aus purer Freude am Töten ihre – hausaufgabenmachenden – Kameraden; Teenies ohne Seitenscheitel und Krawatten nehmen Drogen und vergewaltigen schwangere Frauen – und überhaupt, jeder, der härtere Musik hört, dürstet nach Blut.« (Benjamin Parmentier, SPLATTING IMAGES). – Nur auf Video
Ⓥ Concorde

Class of Nuke 'em High
(CLASS OF NUKE E'M HIGH). USA 1986.
R Richard W. Haines/Samuel Weil.
B Richard W. Haines/Mark Rudnitsky/ Lloyd Kaufman/Stuart Strutin.
K Michael Mayers. *M* Michael Lattanzi/ Biohazard. *D* Janelle Brady (Chrissy), Gilbert Brenton (Warren), Robert Prichard (Spike), R.L. Ryan (Paley), James Nugent Vernon, Brad Dunker, Gary Schneider. *F* 84 Min.
Nach einem Defekt im Atomkraftwerk von Tromaville verändern sich die Schüler einer High School, bis sie mutiert verrecken. Ein des Weges kommender Alien weiß zwischen Guten und Bösen zu unterscheiden. – Unsäglicher Quatsch. – »Back to the drawing board.« (FILM-JAHRBUCH).
Nur auf Video.
Ⓥ UFA

Class of Nuke 'em High II
Anderer Titel für **Wahnsinns-Trip**

Clone Master
(CLONE MASTER). USA 1978.
R Don Medford. *B* John Black.
K Joseph Biroc. *M* Glen Paxtone. *D* Art Hindle (Simon Shane), Robyn Douglas (Gussie Wujek), Ralph Bellamy (Ezra Louthin), John van Dreelen (Salt), Ed Lauter (Bender), Mario Rocuzzo (Harry Tiezer), Stacy Keach sen. (Adm. Millus), Lew Brown, Ken Sansom, Bill Sorrells. *F* 94 Min.
Pilotfilm einer nicht realisierten TV-Serie. – Die beiden Wissenschaftler Shane und Louthin arbeiten in einem unterirdischen Riesenlabor an der Erzeugung von Clones. Dreizehn Ebenbilder Shanes stehen kurz vor der Vollendung, als sich Komplikationen mit den in Washington beheimateten Finanziers des Projekts ergeben. Nach einem tödlichen Anschlag auf den Verbindungsmann der beiden Forscher tritt ein Mann namens Salt mit ihnen in Kontakt, der eigene Pläne verfolgt: Es geht mal wieder um nichts geringeres als die Weltherrschaft, für die er das Cloning-System benötigt. Nach Louthins Tod alarmiert Shane seine telepathisch begabten vervielfältigten Ichs, die das Labor hochgehen lassen und verschwinden. – Für schlichte Gemüter.
Ⓥ CIC

Clown Ferdinand und die Rakete
(KLAUN FERDINAND A RAKETA).
ČSSR 1962.
R Jindřich Polák. *B* Ota Hofman. *K* Jan Kališ. *M* Evzen Illin. *D* Jiri Vrstala (Ferdinand), Hanus Bor, Eva Hrabetová, Vladimir Horka. 73 Min.
Der Clown Ferdinand überhört eine Rundfunkmeldung, laut der ein fremdes Flugobjekt über der Stadt kreist. Nachdem er drei Kinder kennengelernt hat, die wie er in der menschenleeren Ortschaft zurückgeblieben sind, gerät er per Zufall in das Innere des fantastischen Raumschiffs, dessen Insasse (ein Roboter) aber

keine bösen Absichten hat und der mit der Gruppe auch ins Weltall startet, wo man dann allerlei komische Abenteuer erlebt. – Mehrfach preisgekrönter Kinderfilm, der der kindlichen Fantasie auf spielerische Art einen Teil der Technik erschließen will.

Cocoon

(COCOON). USA 1985.
R Ron Howard. *B* Tom Benedek. *K* Don Peterman/Scott Farrar. *SpE* Ken Ralston/Ralph McQuarrie/Scott Farrer/David Berry. *M* James Horner. *D* Don Ameche (Art Selwyn), Wilford Brimley (Ben Luckett), Hume Cronyn (Joe Finlay), Steve Guttenberg (Jack Bonner), Jessica Tandy (Alma Finlay), Brian Dennehy (Walter), Gwen Verdon (Bess McCarthy), Maureen Stapleton (Mary Luckett), Jack Gilford (Bernie Lefkowitz), Herta Ware (Rose Lefkowitz), Tahnee Welch (Kitty), Barrett Oliver (David). *F* 117 Min.
Als Atlantis im Meer versank, mußten außerirdische Besucher bei der fluchtartigen Abreise ein paar Genossen in Kokons eingebettet zurücklassen. Da Zeit für sie keine Rolle spielt, sind sie jetzt wieder da, um sie abzuholen. Der Bootsvermieter Jack hilft den inkognito angereisten Abgesandten bei der Bergung der Kokons aus den Meerestiefen. In einer gemieteten Villa wird ein Swimmingpool mit Lebenselixier gefüllt. Die Außerirdischen sollen damit aus dem Tiefschlaf geweckt werden. Der Pool wird heimlich von vier Rentnern besucht, die in einer monotonen Seniorensiedlung leben und sich nach Ablenkung sehnen. Das Elixier schenkt ihnen neue Lebenskraft. Der Außerirdische Walter ertappt sie und erlaubt ihnen, den Pool weiter zu benutzen. Auch andere Rentner erfahren von der Kraft des Pools. Sie stürmen ihn wie besessen und beschädigen die Geborgenen. Walter will seine Genossen retten, doch erfolglos. Die Alten erkennen beschämt, daß sie die Kraft des Elixiers verbraucht haben. Sie helfen, die restlichen Kokons wieder im Meer zu versenken, damit sie später erneut geboren werden können. Walter bietet ihnen an, sie auf seinen Planeten zu begleiten und dort das ewige Leben zu genießen. Vom Militär gejagt, werden die Rentner von einem Raumschiff aufgenommen und schweben ins All. – Das ewige Leben ist ein altes SF-Klischee, das aber hier auf zauberhafte und rührende Art aufbereitet wird. Der typische Seniorenalltag in Florida muß wirklich öde sein, wenn Siebzig- und Achtzigjährige lieber in den Weltraum starten, als sich unter Palmen die Sonne auf den Bauch scheinen zu lassen. In den USA gehörte *Cocoon* zu den erfolgreichsten Filmen des Jahrs 1985. Oscar für Don Ameche als bester Nebendarsteller; ein weiterer Oscar für die Spezialeffekte (die so berauschend nun auch wieder nicht waren).
Ⓥ CBS/Fox

Cocoon II – Die Rückkehr

(COCOON: THE RETURN). USA 1988.
R Daniel Petrie. *B* Stephen McPherson. *K* Tak Fujimoto. *SpE* J.B. Jones/Scott Farmer/Greg Cannon. *M* James Horner. *D* Don Ameche (Art Selwyn), Wilford Brimley (Ben Luckett), Courtney Cox (Sara), Hume Cronyn (Joe Finlay), Jack Gilford (Bernie Lefkowitz), Steve Guttenberg (Jack Bonner), Maureen Stapleton (Mary Luckett), Jessica Tandy (Alma Finlay), Gwen Verdon (Bess McCarthy), Tahnee Welch (Kitty), Barrett Oliver (David), Brian Dennehy (Walter), Elaine Strich. *F* 116 Min.
Vorgeschichte siehe *Cocoon*. – Die unverwüstlichen Rentner kehren vom Planeten Anterea zur Erde zurück, um Freunde und Verwandte zu besuchen. Körperliche und seelische Leiden holen sie schnell wieder ein, doch die chaotischen Freuden des menschlichen Daseins machen auch wieder Mut, wenn z. B. jugendliche Basketballer den Sieg an sie abgeben müssen. Da überall so viel Liebe und Freude herrscht, will keiner nach Anterea zurück. So reist der interplanetarische Expreß mit nur einem Ehepaar ab. – Don Ameche,

Sie kommen von einem andern Stern
und machen uns überirdisch glücklich.

COCOON

TWENTIETH CENTURY-FOX zeigt Eine ZANUCK/BROWN Produktion Ein RON HOWARD Film „COCOON" DON AMECHE WILFORD BRIMLEY HUME CRONYN BRIAN DENNEHY JACK GILFORD STEVE GUTTENBERG MAUREEN STAPLETON JESSICA TANDY GWEN VERDON HERTA WARE TAHNEE WELCH Musik JAMES HORNER Kamera DON PETERMAN A.S.C. Drehbuch TOM BENEDEK Story DAVID SAPERSTEIN Produktion RICHARD D. ZANUCK, DAVID BROWN und LILI FINI ZANUCK Regie RON HOWARD DOLBY STEREO IN AUSGEWÄHLTEN THEATERN Special Effects von ILM Die Single ist auf AM Records der Soundtrack als Polydor LP erhältlich ©1985 TWENTIETH CENTURY-FOX

Maureen Stapleton, Jessica Tandy und Jack Gilford stellen zwar eine imponierende Ahnengalerie Hollywoods dar, aber die dünnen Dialoge, die langweilige, oft erstaunlich unbeholfene Regie und das sentimentale Getue machen auch verdiente Veteranen wie sie unausstehlich. »›We came down to see old Friends‹, verkündet Ameche zu Beginn. Gemeint sind jene Fans, die den ersten Teil, eine akzeptable Mischung aus Science Fiction, Humor und leichtem, fast poetischem Umgang mit Todesängsten, zu einem Kassenhit machten. ›Goodbye, we will miss you!‹

versichern die unverwüstlichen Greise... bei der Abreise... Gemeint: Sie werden wiederkommen, Teil drei ist unvermeidlich. Es sei denn, irgendeine Rakete trifft ganz zufällig jenes Altersheim im Weltall.« (Wolf Donner, TIP).
Ⓥ CBS/Fox

Colossus

(THE FORBIN PROJECT). USA 1970. *R* Joseph Sargent. *B* James Bridges. *LV* D. F. Jones. *K* Gene Polito. *SpE* Albert Whitlock. *M* Michael Colombier. *D* Eric Braeden (Dr. Charles Forbin), Susan Clark (Cleo), Gordon Pinsent (Präsident), William Schallert (Grauber), Willard Sage (Blake), Leonid Rostoff (1. Vorsitzender), George S. Brown (Fisher), Tom Basham (Harrison), Alex Rodine (Kuprin), Martin Brooks (Johnson), Marion Ross (Angela), Dolph Sweet, Byron Morrow, Lew Brown, Robert Cornthwaite, Sid McCoy, James Hong, Sergei Tschernisch. *F* 100 Min.

Der amerikanische Wissenschaftler Forbin hat einen gewaltigen Computer gebaut, der die Sicherheit des Landes bewachen soll und in eigener Regie handeln kann. ›Colossus‹ ist kaum in Betrieb genommen worden, als er die Existenz eines zweiten Computers seiner Art meldet: Auch die Sowjets haben ein Supergehirn konstruiert – dessen Schöpfer heißt Kuprin. Colossus und der Sowjet-Computer nehmen Kontakt miteinander auf, tauschen Daten aus und entwickeln eine gemeinsame Sprache. Da die Amerikaner fürchten, ihre Denkmaschine könne den Sowjets militärische Geheimnisse verraten, unterbrechen sie die Verbindung. Die beiden Computer reagieren darauf mit Gewalt und lassen Atomraketen starten. Auf diese Weise eingeschüchtert, stellen Amerikaner und Russen die Verbindung zwischen den Computern wieder her. Colossus übernimmt die Macht, schaltet sein sowjetisches Gegenstück aus und läßt den Wissenschaftler Kuprin töten, da er nur

noch mit Dr. Forbin zusammenarbeiten will. Der Konstrukteur der Maschine wird zum Sklaven seiner eigenen Erfindung: Colossus gebietet nun über die ganze Welt und hält die Menschen mit den von ihnen geschaffenen Atomwaffen in Schach. Als Forbin dem Computer begreiflich macht, daß Menschen nicht in absoluter Isolation von der Außenwelt leben können, erhält er die Erlaubnis, sich hin und wieder mit einer seiner Mitarbeiterinnen zu ›treffen‹. Weil Colossus in solchen Fällen diskret abzuschalten pflegt, kann der Wissenschaftler diese Gelegenheit nutzen, Pläne zur Ausschaltung der Denkmaschine zu schmieden. – Der Film, etwas steril, aber durchaus unterhaltsam, war an den Kinokassen ein Flop, gilt aber bei einigen SF-Filmkritikern als Geheimtip (Parish/Pitts; Brosnan). Besonders gut gelungen ist die Dreierbeziehung Dr. Forbin/Assistentin Cleo/Colossus. »Nie zuvor ist das ›Liebes-Interesse‹ auf so originelle Weise in einen SF-Film eingearbeitet worden.« (John Brosnan, FUTURE TENSE)
Ⓑ D. F. Jones: *Colossus*, München 1968

Coma

(COMA). USA 1978. *R* Michael Crichton. *B* Michael Crichton. *LV* Robin Cook. *K* Victor J. Kemper. *SpE* Joe Day. *M* Jerry Goldsmith. *D* Geneviève Bujold (Dr. Susan Wheeler), Michael Douglas (Dr. Mark Bellows), Elizabeth Ashley (Mrs. Emerson), Rip Torn (Dr. George), Richard Widmark (Dr. Harris), Lois Chiles (Nancy Greenly), Harry Rhodes (Dr. Morelind), Gary Barton (Computertechniker), Frank Downing (Kelly), Richard Doyle (Jim). *F* 113 Min.

Ein Koma ist in der Sprache der Medizin die ›unaufhebbare Bewußtlosigkeit‹, die eintritt, wenn ein Patient nach der Narkose nicht wieder erwacht. Dieses in der Realität in fünf von hunderttausend Fällen vorkommende Phänomen häuft sich in einem Bostoner Hospital. Als Nancy

Ein MGM Film
im Verleih der CIC
METROCOLOR
PANAVISION

Greenly, die Freundin der Ärztin Susan
Wheeler, nach einem Routineeingriff in
ein Koma versinkt, wird sie ins Jefferson
Institute gebracht, wo sie – wie viele andere Fälle auch – künstlich am Leben erhalten wird. Als tags darauf einem anderen Patienten das gleiche widerfährt, be-
schafft sich Susan auf illegale Weise Daten über ähnliche Fälle und kommt einem
ertragreichen Organhandel auf die Spur,
den der Chefarzt Dr. Harris mit einem anderen Arzt zusammen betreibt: Die beiden
versetzen aus reiner Geldgier Patienten
mit Absicht in ein Koma, ›legen sie auf
Eis‹ und lassen sie sterben, wenn irgendwo auf der Welt ein zahlungskräftiger
Kranker nach einem Austauschorgan verlangt. Als Susan ihren Freund Mark in
ihre Erkenntnisse einweiht, glaubt dieser,
daß sie an Wahnvorstellungen leidet.
Doch sie forscht weiter und riskiert nicht

nur ihren Job, sondern auch ihr Leben:
Harris und seine Leute wollen sie zum
Schweigen bringen, da sie ihr einträgli-
ches Geschäft gefährdet. Schließlich landet Susan als Kandidatin für einen neuer-
lichen Koma-Fall auf dem Operationstisch. – »Die Utopie basiert auf der Wissenschaft von heute – die Story... auf
den exakten Spielregeln des Verfolgungs-
reißers: Ein einzelner entdeckt Seltsames,
schlägt Alarm, sieht sich von Mordanschlägen bedroht, wird zum Psychiater
geschickt (Verfolgungswahn!) und gerät
ins teuflische Netzwerk einer total abgesi-
cherten, legalisierten kriminellen Organisation. Michael Crichton hat diesen Ärz-
te-Horror in präziser Klinik-Atmosphäre
auf den Siedepunkt hin inszeniert.«
(ABENDZEITUNG) – »Die typische Crich-
ton-Geschichte bezieht ihr latentes Grau-
en aus der Unmöglichkeit, eine klare
Grenze zwischen Realität und Fiktion zu
ziehen: was ist (schon) wirklich, was
(noch) nicht? Wie das streng geheime Vi-
rusforschungsinstitut in *Andromeda*, so
verweist hier das hermetisch abgeriegelte
Jefferson Institute auf eine (fast schon
mögliche) Realität, von der die Öffentlichkeit nur noch keine Kenntnis hat: ein
Indiz mehr für das Unvermögen, beim
heutigen Stand von Wissenschaft und
Technik die Grenzen der Wirklichkeit zu
bestimmen... In seinen Romanen hat
Crichton meisterhaft die politische und
praktisch-moralische Dimension dargestellt, die aus dieser Unbestimmbarkeit
von Realität resultiert: die Notwendigkeit
der Transparenz und öffentlichen Kontrolle von Wissenschaft, Wirtschaft und
Politik. Dort hat er auch hervorragend die
Verfilzung dieser Komplexe geschildert,
die unmittelbar politische, aber potentiell
antidemokratische Potenz von hochent-
wickelter Wissenschaft und Technik unter
den Bedingungen extremer Geheimhaltung und mangelnder Kontrolle. In *Coma*
jedoch verfehlt er diese Dimension, die
sich vom Thema her förmlich aufdrängt.
Je mehr der Film im Laufe der Erzählung
zum brillant inszenierten und temporei-

chen Thriller wird, desto mehr tritt das Interesse an moralischen und politischen Implikationen zurück... Nach dem recht ruhigen Anfang unterwirft Crichton die zweite Hälfte seines Films leider konsequent der Thriller-Dramaturgie, heizt Tempo und Spannung an und spitzt die Handlung ganz auf Susans ›last minute rescue‹ zu... So bleibt Crichtons zweiter Film (nach *Westworld*) ein ungemein spannender, perfekt inszenierter und geschnittener Thriller, der aber in letzter Konsequenz seinem eigenen hohen Anspruch nicht ganz gerecht wird.« (FILM-DIENST) – »Als ganz dickes Plus kann dieser Science-Thriller letztendlich noch die überzeugende Leistung von Geneviève Bujold für sich verbuchen. In ihrem verzweifelten Kampf gegen eine ungläubige, feindliche und vor allem männliche Umwelt erinnert sie in vielen Einzelheiten stark an Mia Farrow in Roman Polanskis *Rosemaries Baby*.« (Robert Fischer, ANDROMEDA) – In die Enge getrieben, übernimmt die Bujold dann allerdings alle Funktionen, die in Männerreißern einem Steve McQueen oder Charles Bronson abverlangt wurden: »Sie hangelt sich durch Aufzugschächte, trickst Killerkommandos aus, turnt durch die Leichenkeller und Gefriertütenkammern der Anatomie, wehrt sich mit Feuerlöschern, kauert auf dem Dach eines fahrenden Autos – knallharte Action-Tour quer durch eine Mammutklinik. Fazit: Intelligenz-Schocker.« (ABENDZEITUNG)
Ⓥ MGM/UA
Ⓑ Robin Cook: *Coma*, Berlin 1979

Computer manipuliert
Anderer Titel für **Der Mann der tausend Eigenschaften**

Condition Red
(BY DAWN'S EARLY LIGHT). USA 1990. *R* Jack Sholder. *B* Bruce Gilbert. *LV* William Prochnau. *K* Alexander Gruszynski. *M* Trevor Jones. *D* Powers Boothe (Cassidy), Rebecca DeMornay (Alice), Martin Landau (Präsident), Rip Torn (Col. Fargo), James Earl Jones (Moreau), Darren McGavin, Jeffrey DeMunn, Peter McNicol. *F* 97 Min.
Die UdSSR wird von bedrohlichen Unruhen erschüttert. Eine in der Türkei losgelassene Atomrakete von Putschisten explodiert in der Rußland und löst automatisch einen ›Vergeltungsschlag‹ gegen die USA aus. Auf das Angebot des Sowjet-Präsidenten hin schlägt der US-Präsident mit gleicher Kraft zurück. Von Computeranalysen und Militärberatern hin und her gerissen, befiehlt der US-Präsident aufgrund eines scheinbar gegen China gerichteten zweiten russischen Angriffs einen erneuten Schlag und wird durch einen Hubschrauberabsturz handlungsunfähig. Der Innenminister übernimmt die Führung und läßt sich von dem kriegstreibenden Colonel Fargo leiten. Die Zerstörung technischer Einrichtungen machen die Korrespondenz zwischen den friedlichen Präsidenten unmöglich. Der Innenminister befiehlt vollen Einsatz. Der Präsident gewinnt das Bewußtsein zurück und läßt die Truppen zurückbeordern. Nur die durch einen Kamikazeakt vollbrachte Vernichtung der fliegenden Innenminister-Operationsbasis bringt die Marine zum Rückmarsch. – Am Rande und mittendrin erzählt man von tapferen Bomberpiloten, die – vom Befehlschaos verwirrt – durchdrehen und gegeneinander kämpfen. – »B-Movie-Spezialist Jack Sholder... philosophiert in diesem atmosphärisch stimmigen, spannenden Film über einen aktuellen Alptraum.« (TIP). – Nur auf Video.
Ⓥ Warner

Condor
(CONDOR). USA 1984. *R* Virgil Vogel. *B* Lee Janson/Chuck Menville. *K* Thomas Neuwirth. *M* Ken Heller. *D* Ray Wise (Chris Proctor), Wendy Kilbourne (Lisa Hampton), Caroline Seymour (Rachel Hawkins), Vic Polizos (Ward), James Avery (Cass), Craif Stevens (Cyrus Hampton), Shawn Michaels (Wade), Mario

Roccuzzo, Cassandra Grava. *F* 70 Min.
1999: Ein harter Cop und sein weiblicher
Androiden-Partner jagen eine Terroristin,
die durch die Umprogrammierung eines
Zentralcomputers Los Angeles vernichten
will. – Pilotfilm einer (verständlicherweise) nicht realisierten TV-Serie, mit einem
Plot, von dem dreizehn auf ein Dutzend
gehen. – Nur auf Video.
Ⓥ CBS/Fox

Control

(CONTROL).
Italien/Frankreich/Kanada 1987.
R Giuliano Montaldo. *B* Brian Moore.
K Armando Nannuzzi. *M* Ennio
Morricone. *D* Burt Lancaster (Dr.
Monroe), Kate Nelligan (Sarah), Erland
Josephson (Hans Swanson), Ben
Gazzara (Mike Zeller), Cyrielle Claire
(Laura Swanson), Andrea Ferreol (Rosi
Bloch), Ingrid Thulin (Frau
Havemeyer), Jean Benguigui, Zeudy
Araya, Andrea Occhipanti. *F* 91 Min.
Die Havermeyer-Stiftung beauftragt Dr.
Monroe, mit vierzehn Männern und Frau-
en in einem Atombunker den Ernstfall zu
simulieren. Daß Atombunker Atomrake-
ten widerstehen können, ist den Forschern
klar (!), aber sie fragen sich, ob auch die
Psyche es tut. Die Versuchskaninchen,
deren Motive zur Mitarbeit rein pekuniä-
rer Natur sind, tun so, als seien sie auf
Wochenendurlaub, doch die Enge läßt
Spannungen aufkommen. Schließlich erreicht den Bunker die Meldung, daß der
Ernstfall *tatsächlich* eingetreten ist. Vor
dem Bunker warten Menschen und bitten
um Einlaß. Fortan ist es mit der Solidarität aus. Eine Versuchsperson bemächtigt
sich einer Waffe. Kurz bevor die Auseinandersetzung blutig eskaliert, öffnet sich
das Tor. Der Test ist zu Ende; die Ereignisse sprechen für sich. – »Mit großem
Star-Aufgebot wird ein akutes Thema interessant behandelt: Ist überhaupt ein
Schutz nach dem Atomschlag möglich?
Der Film verfolgt dies bemüht und ernsthaft, ohne allerdings Klischees ganz ausschließen zu können. Aber seine eindring-

liche Warnung vor den grauenvollen Folgen jeglichen Wettrüstens ist wichtig und
unüberhörbar.« (TIP). – Nur auf Video.
Ⓥ CVC

Countdown: Start zum Mond

(COUNTDOWN). USA 1966.
R Robert Altman. *B* Loring Mandel.
LV Hank Searls. *K* William Spencer.
M Leonard Rosenman. *D* James Caan
(Lee Stegler), Joanna Moore (Mickey),
Robert Duvall (Chuck Larson), Barbara
Baxley (Jean), Charles Aidman (Gus),
Steve Ihnet (Ross), Michael Murphy
(Rick), John Rayner (Dunc), Ted
Knight (Larson), Stephen Coit
(Ehrman), Charles Irving (Seidel),
Bobby Riha jr. (Stevie). *F* 101 Min.
Die Amerikaner erfahren, daß die Sowjets
die erste Mondlandung vorbereiten. Da
sie unter allen Umständen die ersten sein
wollen, die eine derartige Leistung zustande bringen, unterbrechen sie ihr Apol-
lo-Programm und konstruieren im
Schnellverfahren ein Raumschiff, das ihnen ermöglichen soll, den Sowjets zuvorzukommen. Um dem Unternehmen einen
friedlichen Anstrich zu geben, tauscht
man den erfahrenen Astronauten Colonel
Larson gegen den kaum ausgebildeten Zivilisten Stegler aus. Der Start des US-
Raumschiffes erfolgt zwar problemlos,
aber als Stegler auf dem Mond landet,
versagen seine Instrumente, und er kann
das kurz zuvor gelandete automatische
Versorgungsdepot nicht ausmachen. Es
stellt sich heraus, daß die Sowjets dennoch schneller waren. Allerdings haben
deren Astronauten das Unternehmen nicht
überlebt. Stegler bleibt nichts anderes übrig, als die Flaggen der UdSSR und der
USA zu hissen und sich seinem Schicksal
zu ergeben, denn ihm geht die Atemluft
aus, und auf Rettung besteht auch für ihn
keine Aussicht. – »... Ein absolut schlaf-
fes Raum-Flug-Drama... einfach lächerlich.« (NEW YORK TIMES)
Ⓑ Hank Searls: THE PILGRIM PROJECT,
New York 1964
Ⓥ Warner

Crabs – Die Zukunft sind wir

(DEAD END DRIVE-IN). Australien 1986. *R* Brian Trenchard Smith. *B* Peter Smalley. *K* Paul Murphy. *SpE* Chris Murry. *M* Frank Strangio. *D* Ned Manning (Crabs), Natalie McCurry (Carmen), Peter Whitford (Thompson), Wilbur Wilde (Hazza), Dave Gibson (Dave), Sandy Lillingstone (Beth), Ollie Hall, Lyn Collingwood. *F* 88 Min.

Der Draufgänger Crabs wird in ein zum Internierungslager umgebautes Autokino gesperrt, in dem ausschließlich Jugendliche leben, die mit Drogen und Terror hörig gemacht werden. Doch der rechtschaffene Crabs läßt sich von den Wächtern nicht unterkriegen: Er zettelt einen Umsturz an und entflieht in eine ungewisse Zukunft.

»Action-Produkt in der Nachfolge der *Mad Max*-Serie, das großes Kino vorzutäuschen versucht, aber einfalls- und reizlos ist.« (FILMDIENST).

Ⓥ VPS

Crazies

(THE CRAZIES). USA 1973. *R* George A. Romero. *B* George A. Romero/Paul McCollough. *K* S. William Hinzman. *SpE* Regis Survinski/ Tony Pantanello. *M* Bruce Roberts/ Doris Dodds. *D* Lane Carroll (Judy), W. G. McMillan (David), Harold Wayne Jones (Clank), Lloyd Hollar (Col. Peckem), Richard Liberty (Art), Lynn Lowry (Kathie), Richard France (Dr. Watts), Edith Bell (Laborantin), Harry Spillman (Major Ryder), Will Disney (Dr. Brookmyre), W. L. Thunhurst jr. (Brubaker), Leland Starnes (Shelby), A. C. MacDonald (Gen. Bowden), Robert J. McCully (Hawks), Robert Karlowsky (Sheriff). *F* 103 Min.

Irgendwann in der Zukunft: Eine amerikanische Kleinstadt wird brutal aus dem Schlaf gerissen. Maskierte Unbekannte in Schutzanzügen brechen bis an die Zähne bewaffnet in die Schlafzimmer der aufge-

Crazies von George A. Romero

schreckten Bürger ein, zerren sie aus den Betten und treiben sie zusammen. Wer sich ihren Befehlen widersetzt oder einen Fluchtversuch macht, wird gnadenlos erschossen. Der Hintergrund: In der Nähe ist ein Militärflugzeug abgestürzt, das einen bakteriologischen Kampfstoff namens Trixie geladen hat. Der Kampfstoff hat das Trinkwasser verseucht; wer von Trixie befallen wird, stirbt oder verliert den Verstand. Und es gibt kein Gegenmittel. Während einige Bürger der Stadt in plötzliche Raserei verfallen und morden und vergewaltigen, sieht sich der Rest einem namenlosen Schrecken ausgesetzt: Die Regierung will den Unfall vertuschen und die Einwohner der Stadt mit Waffengewalt zum Schweigen bringen. Fünf Menschen lehnen sich gegen das ihnen zugedachte Schicksal auf und setzen sich zur Wehr. Aber einen Ausweg gibt es nicht. Schon schwebt ein Bomber über der Stadt, der nur noch auf den Einsatzbefehl des US-Präsidenten wartet... – »Romero beschreibt da mit einer Präzision, die an Kubricks Phantasmagorie *Dr. Seltsam* erinnert, wie die lokalen Autoritäten im unklaren über die Ursachen der Seuche gelassen werden; wie die mit Gasmasken und Schutzanzügen ausgerüsteten (und zugleich in Anonymität verkleideten) Bundessoldaten marodierend über Kranke und Gesunde herfallen und plündern (als seien ihre eigenen Landsleute Untermenschen, auszurottende Tiere); wie sich versprengte Bürger wehren, Guerillatrupps bilden und so der Staat in Willkür und Terror von oben sich auflöst... Was sich nach der Entstehung des Films im italienischen Seveso ereignete, hat seine antizipatorische Fantasie schon teilweise erreicht; was uns bei Kernkraftwerksunfällen, die Folgen haben, blüht, das würde dann schließlich die ebenso beschwörende wie genaue Prophetie von George A. Romeros *Crazies* endlich grauenhaft einholen.« (FRANKFURTER RUNDSCHAU)
»...Ein Spruch im Presseheft legt die ganze Crux des Streifens offen: *Crazies* funktioniert nicht wie ein politischer Debattierclub. ›*Crazies* ist ein Horrorfilm. Aber nicht der Film, die Wirklichkeit ist zynisch.‹ Eben!« (Hans-Jürgen Jagau, FILMBEOBACHTER)
Ⓥ UFA

Creature – Die dunkle Macht der Finsternis

(CREATURE). USA 1985.
R William Malone. *B* William Malone/Alan Reed. *K* Harry Mathias. *M* Thomas Chase/Steve Rucker. *D* Klaus Kinski (Hans Rudy Hofner), Wendy Schaal (Beth Sladen), Stan Ivar (Mike Davidson), Annette McCarthy (Dr. Wendy Oliver), Diane Salinger (Melanie Bruce), Lyman Ward, Robert Jaffe. *F* 97 Min.
Auf den Saturnmond Titan liest die Mannschaft eines Raumschiffes ein 200 000 Jahre altes Lebewesen auf. Aber gerissen, wie wir SF-Film-Gucker sind, wissen wir natürlich, daß es gleich wieder zum Leben erwachen und die Astronauten ins Jenseits befördern wird. Ein letzter Funkspruch lockt eine Erd-Expedition heran. Aber gerissen, wie SF-Film-Gucker sind, wissen wir natürlich, daß nicht alle Retter die Erde wiedersehen werden. Mit oder ohne Tricks, ›Creature‹ kriegt sie (fast) alle. Das Raumschiff wird vernichtet, mit einer Fähre gelingt die Flucht. – In irgendeinem obskuren Film namens *Alien* kam fast das gleiche vor, meint unser Freund Eddy. – Nur auf Video.
Ⓥ Starlight

Creepzone

(CREEPZONE). USA 1987.
R David De Coteau. *B* Bruford Hauser/David De Coteau. *K* Thomas Callaway. *M* Guy Moon. *D* Linnea Quigley (Bianca), Ken Abraham (Butch), Michael Aranda (Jesse), Richard Hawkins (Jake), Kim McKamy (Kate), Joy Wilson. *F* 69 Min.
Wissenschaftler haben mit Genmanipulation ein blutrünstiges Monster erschaffen.

Nach dem Großen Knall verschlägt es fünf wackere Teenager in ihr ehemaliges Labor. Hier haust, wie gerissene SF-Film-Gucker gleich vermuten, natürlich noch das Ungeheuer (aber auch andere mutierte Gestalten). Ab geht die Post, das fröhliche Murksen fängt an. – »Stupide Endzeitmystik und Schmuddelhorror prägen die einfach und banal konstruierte Geschichte.« (LEXIKON DES INTERNATIONALEN FILMS). – Nur auf Video.
Ⓥ IHE

Crime Zone
(CRIME ZONE). USA 1988.
R Luis Llosa. *B* Daryl Haney. *K* Cusi Barrio. *SpE* Fernando Vasquez de Velasco. *M* Rick Conrad. *D* David Carradine (Jason), Peter Nelson (Bone), Sherilyn Fenn (Helen), Michael Shaner (Creon), Orlando Sacha (Alexi), Don Manor (J.D.), Alfredo Calder (Cruz), Jorge Bustamente (Hector). *F* 93 Min.
Aus der Dunkelheit der Apokalypse ist ein totalitärer Überwachungsstaat entstanden. Der ›Untermensch‹ Bone und die Prostituierte Helen verlieben sich in einander, was dem Gesetz mißfällt. Als sie gemeinsam aus ihrem Elend vor der allgegenwärtigen Kontrolle des Arbeits- und Privatlebens fliehen wollen, bietet ihnen der zwielichtige Jason Hilfe an. Doch zuvor sollen sie ihm bei einem Verbrechen helfen. Jason ist jedoch ein sogenannter *agent provocateur,* der sie der Öffentlichkeit als Kriminelle vorführen soll, damit das System Feindbilder hat und seine Macht erhalten kann. Bone und Helen werden zu Gejagten, ihre abenteuerliche Flucht endet an einem schönen, einsamen, sauberen Strand.
»(Produzent) Roger Corman, Ex-Billigfilmer mit einem ausgeprägten Faible für ebenso spektakuläre wie zynische Action-Reißer, mischt in diesem SF-Thriller Elemente aus *Blade Runner, Mad Max* und *Die Klapperschlange* durcheinander.« (VIDEOMARKT).
Nur auf Video.
Ⓥ MGM/UA

Critters – Sie sind da!
(CRITTERS). USA 1986.
R Stephen Herek. *B* Stephen Herek/ Dominic Muir. *SpE* Chuck Stewart/ Charlie & Steve Chiodo. *K* Tim Suhrstedt. *M* David Newman. *D* Dee Wallace Stone (Helen Brown), M. Emmett Walsh (Harv), Billy Green Bush (Jay Brown), Scott Grimes (Brad Brown), Nadine van der Velde (April Brown), Terence Mann (Jäger), Don Opper, Billy Zane, Ethan Philips, Jeremy Lawrence, Lin Shaye, Michael Lee Gogih. *F* 86 Min.
In einem gestohlenen Raumfahrzeug eilen sechs hochgefährliche Critters (Critters = Creatures = Lebewesen) in Richtung Erde. Sie ähneln aufrecht gehenden Igeln und sind mit abschießbaren Stacheln ausgestattet. Bei der Nahrungssuche machen sie in Kansas stop, verspeisen eine Kuh und terrorisieren die Farmerfamilie Brown, die sich wacker gegen die Rabauken aus dem All verteidigt. Als alle Stricke zu reißen drohen, erscheinen zwei in Leder gekleidete interstellare Kopfgeldjäger und nehmen die Critters ins Visier. Brown Junior deponiert eine Stange Dynamit im Raumschiff der Weltraum-Igel, das beim Fluchtversuch explodiert. Im Hühnerstall schlüpfen derweil drei neue Critters aus und kündigen eine Fortsetzung an. – »Im ersten Augenblick erscheint einem *Critters* als Inbegriff des ›Explorationfilms‹ – ein Sci-Fi-Thriller, der die Genre-Klischees voll auskostet. Ein bißchen *Star Trek,* eine ganze Menge *Gremlins,* einige Spezialeffekte á la Cronenberg, und fertig ist die Sache. Der einzige Unterschied: Critters ist intelligenter gemacht als Star Trek, unvergleichlich lustiger als Gremlins, und auf spaßige Art wesentlich schrecklicher als die Cronenberg-Machwerke. Der Film will nicht mehr sein als er ist: pure Unterhaltung.« (EPD FILM).
Ⓥ RCA/Columbia

Critters – Sie beißen
Anderer Titel für **Critters – Sie sind da!**

Critters II – Sie kehren zurück
(CRITTERS 2: THE MAIN COURSE).
USA 1987.
R Mick Garris. *B* D.T. Twohy/Mick
Garris. *K* Russell Carpenter. *SpE*
Chiodo Brothers. *M* Nicholas Pike.
D Scott Grimes (Brad Brown), Liane
Curtis (Megan Morgan), Don Opper
(Charlie McFadden), Terence Mann
(Johnny Steele), Dabby Gorbin, Tom
Hodges, Sam Anderson. *F* 87 Min.
Vorgeschichte siehe *Critters*. – Zwei Jah-
re ist es her, seit die Critters über die Farm
der Browns in der Kleinstadt Grovers
Bend hergefallen sind. Die Bürger halten
die Geschichte der braven Bauern für ein
Hirngespinst, doch sie sollen eines Besseren belehrt werden! Gegen Ostern ist die
zurückgelassene Brut der Critters ausge-
schlüpft. Die Viecher sind hungrig und
überfallen die Stadt. Ihre Beute fällt ihnen
mal langsam (Suspense!) und mal schnell
(Schock!) zum Opfer. Der Zufall treibt
Brown Junior in die Stadt. Die interstellaren Kopfgeldjäger landen wieder, um ihren Auftrag endgültig zu erfüllen. Die Bewohner von Grovers Bend flüchten vor
den scheinbar unbesiegbaren Critters in
die schützende Kirche und planen den
Tod der Freßmonster in einer Hamburger-
firma. Fast gelingt es, sie mit der Fabrik
in die Luft zu sprengen, aber sie entkommen. In einem Fast-Kamikazeakt vernichtet sie das Raumschiff der Kopfgeldjäger.
– Spielte *Critters* noch einigermaßen hu-
morig mit den Klischees der Monsterfilme der fünfziger Jahre, ist *Critters – Sie
kehren zurück* nur noch einer reiner Geld-
mach-Aufguß der gleichen alten doofen
Geschichte von den Aliens, die brave
Erdbewohner terrorisieren.
Ⓥ RCA/Columbia

Crying Fields
(THE BLOOD EATERS). USA 1980.
R Charles McCrann. *B* Charles
McCrann *K* David Sperling. *M* Ted
Shapiro. *D* Charles Austin (Cole),
Beverly Shapiro (Polly), Paul Haskin
(Briggs), John Amplas (Phillips),

Ausschnitt des Filmplakats

Dennis Helfend (Eremit), Kevin
Hanlon. *F* 90 Min.
Ein Experimental-Herbizid, mit dem eine
Gruppe von Marihuana-Anpflanzern besprüht wird, verwandelt selbige in ungelenk herumtapsende, doch ziemlich blut-
dürstige Wesen, die frappierend Zombies
ähneln.
Wie lautet doch der Ausspruch eines bekannten deutschen Science Fiction-Autors? »Wenn dir nichts mehr einfällt, bau
einfach ein paar amoklaufende Irre in die
Handlung ein. Das füllt 'ne Menge Seiten.« In der BRD nur auf Video.
Ⓥ Vegas

Cy-Warrior
(CY WARRIOR – SPECIAL COMBAT UNIT).
Italien 1989.
R Giannetto de Rossi/David Parker jr.
B Giannetto de Rossi. *K* N.N. *M* N.N.
D Frank Zagarino, Henry Silva, Sherrie

Rose, Bill Hughes, Brandon Hammond, James Summers, Roy Lang. *F* 90 Min. Ein Kampfroboter, der sich nach einem Schiffsunglück davonmacht, lernt ein Geschwisterpärchen kennen, das ihm eine Menge beibringt, so daß er am Ende fast menschlicher agiert als die Menschen. Ein ihn im Auftrag seiner Erbauer verfolgender Killer bedroht ihn und seine neuen Freunde. – Giannetto de Rossi scheint ein SF-Film-Fan zu sein, und man kann annehmen, daß ihm *Nummer 5 lebt!* (USA 1986; Regie: John Badham) besonders gut gefallen hat. – Nur auf Video. Ⓥ Ascot

Cyberspace
(CIRCUITRY MAN). USA 1990. *R* Steven Lovy. *B* Steven Lovy/Robert Lovy. *K* Jamie Thompson. *Ma* Barney Burman. *M* Deborah Holland. *D* Jim Metzler (Danner), Dana Wheeler-Nicholson (Lori), Vernon Wells (Plughead), Lu Leonard (Juice), Barbara Alyn Woods (Yoyo), Dennis Christopher (Leech), Andy Goldberg, Paul Wilson, Manu Tupou. *F* 88 Min. Die Ozeane sind ausgetrocknet. Die Luft ist verschmutzt. Es gibt keine Bäume mehr. Die Menschen haben sich unter die Erde in eine kontrollierte Gewaltherrschaft begeben. Lori erhält den Auftrag, zusammen mit dem Romeo-Androiden Danner, der seine verlorene Geliebte sucht (sie ist nur eine in sein ›Hirn‹ eingespeiste Phantasie), einen Koffer voll Mikrochips von Los Angeles nach New York zu bringen. Schon bald wird mit den beiden falsches Spiel getrieben. Verfolgt von zwei trotteligen Polizisten, ihrer Auftraggeberin und dem Chip-Dealer Plughead, der allerlei Elektronikmaterial am Kahlkopf trägt, rasen sie mit einem Cadillac und Sauerstoffflaschen durch den Wüstensand, erleben Abenteuer an Tankstellen, werden getrennt und begegnen grotesken Figuren. In New York besiegt Danner Plughead. Die Bösen stehen mit dem leeren Koffer da, während Danner und Lori sich, mit den Chips in der Hand,

in einem romantischen Sonnenuntergang umarmen. – »... Steven Lovys *Mad Max*-Phantasie ist nicht so actionbetont wie das Vorbild, aber ebenso reich an schwarzem Humor, beunruhigenden Visionen und bizarren Gestalten. *Cyberspace* beweist, daß man auch mit einem kleinen Budget fesselnde Science Fiction-Filme drehen kann. Was all den sterilen -zigmillionen Dollar Hollywood-Megaproduktionen à la *Total Recall* fehlt, die den Zuschauer nur mit ungeheuren Spezialeffekt-Wirbel erschlagen, dieser Film hat es: Atmosphäre.« (TIP). – Wer nichts wird, wird Wirt, oder: Wem keine richtige SF-Geschichte einfällt, beschreibt halt die Reise zweier Leute durch eine kahle Landschaft und läßt sie von punkig kostümierten Freaks verfolgen. Der Koffer ist Hitchcocks altbekannter McGuffin, ohne den nicht das geringste geht. – Nur auf Video. Ⓥ New Vision

Cyborg – Die ultimative Antwort des Kämpfers
(CYBORG). USA 1988. *R* Albert Pyun. *B* Kitty Chalmers. *K* Philip Alan Waters. *M* Jim Saad/ Tony Riparetti. *D* Jean-Claude Van Damme (Gibson Rickenbaker), Vincent Klyn (Fender Tremolo), Dayle Haddon (Pearl Prophet), Deborah Richter (Nady Simmons), Rolf Muller (Brick Bardo). *F* 85 Min. Eine tödliche Seuche hat die Menschheit reduziert und die Welt aus den Fugen gehen lassen. In den verwüsteten Städten regiert der Terror; es herrscht das Gesetz des Stärkeren. In diesem Fall ist der Stärkere der skrupellose Tremolo, dessen Schlägertruppe alle fernöstlichen Kampfsportarten beherrscht. In der Einöde ist ein weiblicher Cyborg mit einer Mission unterwegs. Sie sucht die Daten eines Antibiotikums. Als sie auf Tremolo & Co. stößt, tritt der Muskelprotz Gibson Rikkenbacker zwar hilfreich an ihre Seite, doch auch seine imponierenden Karatetricks können nicht verhindern, daß Tre-

molo den Cyborg entführt. Doch Gibson, wackerer Held, der er ist, gibt auch dann nicht auf, als man ihn versohlt und an einen Schiffsmast kreuzigt. KLATSCH! PATSCH! WATSCH! Vor der schäbigen Kulisse Atlantas steigt der Endkampf. Ja, Karate kann mächtig wehtun. – Ein Film für Hirnis.

Cyborg 2087
(CYBORG 2087). USA 1966.
R Franklin Adreon. *B* Arthur C. Pierce. *K* N. N. *M* Paul Dunlap. *D* Michael Rennie (Garth), Karen Steele (Sharon Mason), Warren Stevens (Dr. Carl Zeller), Eduard Franz (Prof. Marx), Wendell Corey (Sheriff), Adam Roarke (Dan), Sherry Alberoni (Laura), Harry Carey jr. (Jay C.), John Beck (Skinny), Dale van Sickel, Troy Melton (Scots), Tyler MacDuff (Sam Gilmore), Betty Jane Royale (Jill), Chubby Johnson (Onkel Pete), Jimmy Hibbard (Rick). 86 Min.
Im Jahr 2087 – die Erde wird von einem tyrannischen Regime beherrscht, das den Menschen keine Gedankenfreiheit gewährt – macht sich der Cyborg Garth per Zeitmaschine in die Vergangenheit (1965) auf, um Professor Marx, den genialen Erfinder, davon zu überzeugen, daß es ein großer Käse wäre, seine neueste Errungenschaft, ein Gedankenlesegerät, der Öffentlichkeit vorzustellen: Eben dieser Apparat hat zu der verhängnisvollen Entwicklung geführt, unter der die Menschen der Zukunft leiden. Doch zwei Agenten aus dem Jahr 2087 sind Garth auf der Spur. Als Marx erkennt, was seine Erfindung bewirken wird, ändert er sein Vorhaben – mit der Wirkung, daß Garth und dessen Verfolger zu existieren aufhören; denn die Zukunft, aus der sie kamen, ist gar nicht zustande gekommen! – Woraufhin man sich natürlich fragen muß, auf welche Weise Garth Professor Marx warnen konnte. Aber das sind nun mal die Tücken von Zeitreise-Geschichten. In Originalfassung.
Ⓥ Import

Cyclone
(CYCLONE). USA 1987.
R Fred Olen Ray. *B* Paul Garson. *K* Paul Elliot. *M* David A. Jackson. *D* Heather Thomas (Teri Marshall), Jeffrey Combs (Rick Davenport), Martine Beswick (Waters), Robert Quarry (Knowles), Martin Landau (Bosarian), Michael Reagan (McCardy), Ashley Ferrare.
F 87 Min.
Rick Davenport hat ein Motorrad mit Bordcomputer, Laser- und Raketenbewaffnung entwickelt. Der besondere Knüller: Die Maschine benötigt kein Benzin, sondern wandelt Wasserstoff aus der Luft in Energie um. Viele Machtgruppen reizt die neue Entwicklung, und so wird Rick Opfer eines tödlichen Attentats. Seine Freundin Teri schnappt sich den Feuerstuhl und macht 'ne Menge Action mit viel Bumm. – Nur auf Video.
Ⓥ VPS

Daedalus
BRD 1991.
R Pepe Danquart. *B* Martin Bohus/Pepe
Danquart. *K* Samnir Jamal Aldin/
Mirjam Quinte. *M* Michel Seigner.
SpE Bertram Rotermund. *D* Mic Thys-
sen (Daedalus), Maja Maranow (Khira),
Stefan Merki (Mino), Wolfram Grüsser
(Pau), Rainer Kühn (Chef). *F* 99 Min.
Früher hat Professor Daedalus für die He-
lix Corporation in der Genforschung gear-
beitet. Im Jahr 2018 putzt er die Korridore
der Firma. Forschung ist Kommerz, seine
Erfindung, die 800-Klon-Serie, hat das
Kommando. Daedalus zapft die Geheim-
archive an, um die Fehlentwicklungen
aufzuzeigen, die die Wissenschaft korrumpiert haben, und taucht in den intellektuellen Untergrund ab, wo er sich um
den Computerfreak Mino kümmert. Mit
Hilfe der besorgten Kira, einem 800-
Modell, decken sie das Helix-Komplott
auf. Die Kinder einer Serie sind steril –
dies hätte die Macht des Konzerns zur
Folge. Khira schließt sich Rebellen an,
die sich ›Spielverderber‹ nennen. Daedalus erkennt die Folgen seines ungebrems-
ten wissenschaftlichen Strebens. Die Polizei erwischt ihn, seine Erinnerungen sollen gelöscht werden. – »Auf Dokumentar-
material aufgebauter Öko-Thriller, der
eindringlich vor den Gefahren des genetisch Machbaren warnt und die Blauäu-
gigkeit der Wissenschaftler anprangert,
die sich der ›reinen Wissenschaft‹ verpflichtet sehen und eine Verbindung von
Forschung und Kommerz leugnen.«
(Hans Messias, FILMDIENST).

Dakota Harris
(SKY PIRATES). Australien 1985.
R Colin Eggleston. *B* John Lamond.
K Gerry Wapshott. *M* Brian May.
D John Hargreaves (Dakota Harris),
Max Phipps (Major Savage), Alex Scott
(Gen. Hackett), Simon Chilvers
(Reverend Mitchell), Bill Hunter
(O'Reilly), Meredith Phillips (Melanie
Mitchell), David Parker (Hages), Adrian
Wright (Valentine), Peter Cummins
(Col. O'Brian). *F* 88 Min.
Der australische Kampfflieger Harris ge-
rät während des Zweiten Weltkrieges in
einen mysteriösen Zeitstrudel und macht
sich anschließend mit der ansehnlichen
Pfarrerstochter Melanie auf die Suche
nach drei geheimnisvollen Steintafeln, die
von außerirdischen Besuchern (Erich von
Däniken läßt grüßen) auf den Osterinseln
zurückgelassen wurden. – Denn: Wer sie
erringt und zusammenfügt, wird zum absoluten Herrn der Welt. Doch auch der
skrupellose Major Savage ist hinter den
Kleinodien her, da er das Erdenrund gern
unter seiner Fuchtel wissen will. – »Aber
Colin Eggleston ist nun mal kein Steven
Spielberg«, fand Norbert Stresau in der
SCIENCE FICTION TIMES. »In schöner Regelmäßigkeit fehlen seinen Stunts – überhaupt den ganzen kinetischen Sequenzen
– jene zwei, drei kurzen Inserts, die die
Bewegung erst wirklich spürbar machen.
So fatal die Taktik auf den ersten Blick
auch scheint, paßt sie doch zu einem seltsam falschen Film, der seinen Spannungs-
bogen vom Schwanz her aufzäumt. *Dakota Harris* verschleudert alle guten Bilder
und Effekte gleich zu Anfang, bremst
dann immer weiter ab und schließt mit einem absoluten Anti-Höhepunkt: der erste
Abenteuerfilm für konsequente Rück-
wärtsgucker. Auch eine Leistung.«

Die Dämonischen
(INVASION OF THE BODY SNATCHERS).
USA 1956.
R Don Siegel. *B* Daniel Mainwaring/
Sam Peckinpah. *LV* Jack Finney.
K Ellsworth Fredericks. *SpE* Milt Rice.
M Carmen Dragon. *D* Kevin McCarthy
(Dr. Miles Bennell), Dana Wynter
(Becky Driscoll), Larry Gates
(Dr. Daniel Kaufman), King Donnovan
(Jack Velicec), Carolyn Jones

(Theodora Velicec), Ralph Dumke (Nick Grivett), Jean Willes (Sally), Virginia Christine (Wilma Lentz), Tom Fadden (Ira Lentz), Beatrice Maude (Oma Grimaldi), Bobby Clark (Jimmy Grimaldi), Sam Peckinpah (Charlie Buchholtz), Richard Deacon (Dr. Bassett), Whit Bissell (Dr. Hill). 80 Min.

Als Dr. Bennell von einer Ärztetagung in sein Heimatstädtchen Santa Mira zurückkehrt, wimmelt es in seinem Sprechzimmer von Menschen, die hysterische Symptome aufweisen: Sie behaupten, ihre nächsten Verwandten hätten sich plötzlich zu seelenlosen und abweisenden Charakteren entwickelt. Nachdenklich wird Bennell, als die gleichen Leute tags darauf behaupten, mit ihrer Familie sei alles in Ordnung. Jack und Theodora Velicec entdecken plötzlich in ihrem Keller eine leblose Gestalt, und als der Arzt sie untersucht, nimmt sie Jacks Gesichtszüge an. Am gleichen Abend findet Bennell im Keller seiner Freundin Becky ein ähnliches Wesen. Im Garten Jacks stößt er auf riesige Samenkapseln, die offenbar aus dem Weltraum stammen: Nach einer gewissen ›Reifezeit‹ nehmen sie menschliche Gestalt an und schaffen die Personen, die sie imitieren, irgendwie beiseite. Im Morgengrauen haben die Körperfresser offenbar ganz Santa Mira übernommen. Da die Stadt von der Außenwelt abgekapselt ist, versucht Bennell mit Becky zu fliehen. Von seelenlosen Invasoren in Menschengestalt verfolgt, schlagen sie sich in die Berge durch, aber als Bennell Becky küßt, geht mit ihr eine schreckliche Verwandlung vor. Sie ist bereits von den Außerirdischen übernommen worden. In wilder Flucht rennt der Arzt auf eine Autobahn zu. Lastwagen voller Samenkapseln sind unterwegs und bringen die tödliche Saat in die Nachbarstädte. Als Bennell dies sieht, bekommt er einen hysterischen Anfall und wird von einem Polizisten, der ihn für einen Betrunkenen hält, festgenommen. Es gibt keine Rettung mehr. Die Invasoren übernehmen die

Erde. – Der Film hat (leider) noch eine Rahmenhandlung, die nachträglich und gegen den Willen des Regisseurs und des Drehbuchautors hinzugefügt wurde, weil das Studio einen positiven Schluß verlangte: Dr. Hill vom State Mental Hospital Board wird nachts von der Polizei zu einem Patienten gebracht, der einen schweren Schock erlitten hat. Dieser Patient, Dr. Miles Bennell, berichtet ihm von seinen Erlebnissen in der letzten Woche... Der ziemlich wirren Erzählung Bennells will Dr. Hill zunächst keinen Glauben schenken. Als aber ein Unfallopfer eingeliefert wird, das unter einem Stapel riesiger Samenkapseln gefunden wurde, ist er überzeugt und schlägt Alarm. – Das ursprüngliche Ende hätte die Wirkung des Films noch erheblich gesteigert: Dr. Bennell irrt auf der Landstraße umher und versucht verzweifelt, einen Menschen zu finden, der noch nicht ›besessen‹ ist. Dann wendet er sich in die Kamera und ruft dem Publikum zu: »Ihr seid die nächsten!«

»Die Science Fiction-Filme der fünfziger Jahre waren faszinierende psychoanalytische Dokumente: paranoide Fantasien von sich ausdehnenden Nicht-Wesen, unterwandernden Schoten, materialisiertem Unterbewußten und Mutationen... INVASION OF THE BODY SNATCHERS ist vielleicht die beste Metapher für die politische Paranoia jener Jahre.« (James Monaco, FILM VERSTEHEN) – »Zumindest ist die düstere Fiktion Siegels das psychologisch Beklemmendste, was das SF-Kino des kalten Krieges hervorgebracht hat. Wie THE THING (*Das Ding aus einer anderen Welt*, 1951) entwirft auch dieser Film eine außerirdische Bedrohung pflanzlichen Ursprungs, aber er projiziert sie nicht in ein häßliches Monstrum, das per fliegender Untertasse auf der Erde landet – vielmehr ist es ein gestaltloser Aggressor, eine gesichtslose Macht, die vom Menschen Besitz ergreift, ihn umformt, ihn verändert, ihn seiner Individualität beraubt: Zum Befehlsempfänger dieser unbekannten Intelligenz degradiert, wird der Mensch zur Triebkraft seines eigenen Untergangs.« (Giesen, SCIENCE FICTION TIMES) – »...Was den Film aber eigentlich berühmt gemacht hat, sind seine unzähligen Interpretationen. Viele Kritiker sahen in ihm – und das zu Recht – eine deutliche Kampfansage an die Ära des Kommunistenhassers und Hexenjägers McCarthy. Andere deuteten ihn als Warnung vor aufkeimenden faschistischen Tendenzen in den USA, wieder andere als Parabel von Auswüchsen des Totalitarismus, verbunden mit absolutem Verlust jeglicher Identität.« (Joachim Ody, SF-BAUSTELLE) – Regisseur Don Siegel wollte einen für seine Begriffe unpolitischen Film drehen:»Die Menschen sind Pods (= Hülsen). Viele meiner Freunde und Mitmenschen sind Pods. Sie haben keine Gefühle. Sie existieren, atmen, schlafen. Ein Pod zu sein bedeutet, ohne Leidenschaft, ohne Zorn, ohne Lebensfunke sein Dasein fristen... Das ist die Welt, in der die meisten von uns leben... Das Bewußtsein dafür zu wecken, macht den Film wichtig... Für seinen politischen Hintergrund habe ich mich nicht interessiert. Ich wollte nicht zeigen, daß wir von einer geheimen Macht bedroht sind, egal ob kommunistischer oder faschistischer Prägung... In Wirklichkeit hat der Film mehr mit den Erfahrungen von Leuten zu tun, mit denen ich ständig Kontakt hatte. Daran hat sich auch nichts geändert. Die Pods sind immer noch da und werden bleiben. Stück für Stück erobern sie die Welt.« (CINEFANTASTIQUE) – *Die Dämonischen* war ursprünglich ein typisches B-Produkt mit niedrigem Budget und kurzer Drehzeit (14 Tage). Er fiel anfangs in der Flut der SF-Produktionen der 50er Jahre nicht sonderlich auf, wurde später von der europäischen Filmpublizistik ›entdeckt‹, als Klassiker gefeiert und gilt heute (auch in USA) als einer der wenigen Kultfilme des Genres (vgl. dazu – sehr lesenswert! – Danny Peary, CULT MOVIES und Heinzlmeier/Menningen/Schulz, KULTFILME). Nicht zu verwechseln mit dem Remake aus dem Jahr 1977

von Philip Kaufman, *Die Körperfresser kommen*, das bei weitem nicht an das Original herankommt.
Ⓑ Jack Finney: *Unsichtbare Parasiten*, München 1962

Der Dämon mit den blutigen Händen
(BLOOD OF THE VAMPIRE). GB 1958.
R Henry Cass. *B* Jimmy Sangster.
K Monty Berman. *Ma* Jimmy Evans.
M Stanley Black. *D* Donald Wolfit (Dr. Callistratus), Vincent Ball (Dr. John Pierre), Barbara Shelley (Madeleine), Victor Maddern (Carl), William Devlin (Kurt Urach), Andrew Faulds (Wetzler), Bryan Coleman (Auron), John Le Mesurier (Richter).
F 86 Min.
Im Jahre 1874: Ein Mediziner, der mit Blutübertragungen experimentiert, wird zum Tode verurteilt. Vier Jahre später erweckt ihn sein buckliger Diener wieder zum Leben, und kurz darauf ist er Leiter einer Anstalt für kriminelle Geisteskranke. Unter dem Namen Dr. Callistratus experimentiert er an den Gefangenen herum und lebt von deren Blut, da sich das seine laufend zersetzt. Der Arzt Dr. John Pierre kommt ihm schließlich auf die Schliche und legt ihm das Handwerk. Callistratus wird von einer wilden Hundemeute zerrissen. – »Abgesehen von seinen offenkundigen Inszenierungsmängeln war der Film für seine Zeit äußerst schockierend.« (Alan Frank, THE HORROR FILM HANDBOOK) – Das war wohl darauf zurückzuführen, daß die Figur des Dr. Callistratus fast die einzige mit normalen Menschenzügen war. Sämtliche Horror-Register wurden gezogen, die damals gerade noch erlaubt waren.

Danach
(THE BED-SITTING ROOM). GB 1968.
R Richard Lester. *B* John Antrobus/Charles Wood. *LV* Spike Milligan/John Antrobus (Schauspiel). *K* David Witkin.
SpE Phil Stokes. *M* Ken Thorne.
D Ralph Richardson (Lord Fortnum), Rita Tushingham (Penelope), Michael

Hordern (Capt. Bules Martin), Arthur Lowe (Vater), Mona Washbourne (Mutter), Richard Warwick (Alan), Peter Cook (Inspektor), Dudley Moore (Sergeant), Spike Milligan (Mate), Roy Kinnear (Plastic Mac Man), Marty Feldman (Nationaler Gesundheitsdienst), Frank Thornton (Nachrichtensprecher), Dandy Nichols (Ethel Shroake), Harry Secombe (Schutzmann), Ronald Fraser (Feldmarschall/Sergeant), Jimmy Edwards (Nigel), Henry Woolf (Elektriker), Ron Brady (Zwerg), Gordon Rollings (Patient). *F* 91 Min.

London, drei Jahre nach dem großen Knall: Obwohl die Welt in Schutt und Asche liegt (der Atomkrieg hat ganze 30 Sekunden gedauert), leben in der Ödnis der britischen Hauptstadt noch ein paar Menschen, die der Mut nicht verlassen hat: Lord Fortnum, der aufgrund der Radioaktivität zu einem Wohnschlafzimmer mutiert; ein Bunkerinsasse, der anhand gesammelten Filmmaterials herauszufinden versucht, wer den Krieg angefangen hat; ein ältliches Ehepaar mit seit 18 Monaten schwangerer Tochter, das in der immer noch fahrenden U-Bahn lebt; ein BBC-Mann, der sich hinter einen ausgeschlachteten Fernseher setzt und mit stoischer Ruhe die Nachrichten verliest, die man ihm vor dem Krieg auf den Tisch gelegt hat; ein paar verwirrte Polizisten tun weiterhin mit Pflichtbewußtsein ihren Dienst – und für die Stromversorgung der ›Nation‹ sorgt ein einsamer Elektriker, der mit seinem Fahrrad einen Generator antreibt. Penelope, die hübsche Tochter des ältlichen Ehepaares, vergnügt sich hin und wieder mit einem jungen Mann, der ebenfalls in der U-Bahn lebt, bis es ihrem Vater zu bunt wird: Er besteht auf Heirat. Der ›Nationale Gesundheitsdienst‹, personifiziert in einem mit Spezialfernglas ausgerüsteten Marty Feldman, geht weiterhin seinen Pflichten nach. – Gags – Gags – Gags! Lesters Einfälle – die guten wie die schlechten – sind zahllos. Sie aufzuführen, würde Seiten füllen. Eine durchgehende Handlung existiert nicht.

Nur die Personen fügen eine Episode an die andere. Schwarze Komödie? Slapstick?«... Das gewollt Absurde, das vorsätzlich Groteske dieses Filmes ist, daß er zeigen möchte, wie fast nichts die Menschheit überlebt – ausgenommen ihre Sonderlichkeiten: Alter Adel ziert sich, Bürgerliches entlarvt sich in töricht Spießigem... Manches ist sehr englisch. Vieles sehr typisch.« (FILMBEOBACHTER) – Trotzdem gelingt es dieser schauerlichen Witzelei nicht, den Zuschauer zu schokken. Die Turbulenz des Absurden verhindert, daß einem das Lachen im Halse steckenbleibt. Die Identifikationsmöglichkeit, der Bezug zum Realen fehlt. So muß der Versuch, das Undenkbare mit Frechheit und Witz ins Bewußtsein des Zuschauers zu bringen, als gescheitert angesehen werden. Bemerkenswert ist, daß Lester seine Aufnahmen an ›Originalschauplätzen‹ drehte: »Das wirklich Scheußlichste an der Sache ist, daß wir das meiste in GB unverfälscht filmen konnten. Aller Abfall ist echt. Ein Teil des Films entstand auf dem Gelände eines Stahlkonzerns, ein wirklich ekelerregendes Areal. Endlose Flächen von ätzendem Schlamm und Dreck. Jeder Baum tot.« (Zitiert nach Brosnan, FUTURE TENSE)

Dark Angel
(I COME IN PEACE). USA 1989. *R* Craig Baxley. *B* Jonathan Taylor/ Leonard Maas. *K* Mark Irwin. *Ma* Tony Gardner/Larry Hamlin. *M* Jan Hammer. *D* Dolph Lundgren (Caine), Brian Benben (Smith), Betsy Brantley (Diana), Matthias Hues (Talec), Jay Dilas (Cop), Michael J. Pollard (Boner), David Ackroyd (Switzer), Jim Haynie (Capt. Malone), Kevin Page, Robert Prentiss, Sherman Howard, Sam Anderson, Mark Lowenthal. *F* 90 Min.

Am Heiligen Abend fällt ein außerirdischer Drogenhändler vom Himmel und mischt mit einer messerscharfen Wurfscheibe eine Bande auf, die dem Polizisten Caine kurz zuvor den Partner weggeschossen haben. Als der rachedurstige

Caine mit einem neuen Partner vom CIA nach den Mördern sucht, murkst der Außerirdische weiterhin Menschen ab und mixt aus ihrem Blut & Beute-Heroin ein Stöffchen, das er in seiner Heimat verscherbeln will. Ein außerirdischer Polizist, der auf seiner Spur ist, zieht den kürzeren. In seiner Todesstunde gibt er Caine den entscheidenden Tip und das nötige Equipment, um den Bösmann zu erledigen. – Die aufgesetzte SF-Story ist kalter Kaffee. Viele Pyroeffekte, aufwendige Hauruck-Action, und ein Neandertaler-Bösewicht, dessen Konversation sich aufs Grunzen beschränkt. So was sollte man nicht mal ignorieren.
Ⓥ VCL

The Darker Side of Terror
(THE DARKER SIDE OF TERROR).
USA 1979.
R Gus Trikonis. *B* John H. Shaner/Al Ramrus. *K* Donald M. Morgan. *SpE* Jack Rabin. *M* Paul Chihara. *D* Robert Forster (Paul Corwin), Adrienne Barbeau (Margaret Corwin), Ray Milland (Prof. Meredith), David Sheiner (Prof. Hillstrom), John Lehne (Lt. Merholz), Thomas Bellin (Ed Linnick), Denise DuBarry (Ann Sweeney), Jack DeMave (Roger), Heather Hobbs (Jenny), Eddie Quillan (Wächter). *F* 94 Min.
Der Wissenschaftler Paul Corwin klont sich selbst, doch sein Ebenbild entpuppt sich als hundsgemeiner Tückebold, der danach trachtet, nicht nur die Stelle seines Schöpfers, sondern auch dessen bildschöne Gattin zu übernehmen, wobei er auch nicht vor Mord & Totschlag zurückschreckt. – Am Ende gibt's ein Flammenmeer. TV-Eintopf aus US-amerikanischer Küche, biedere Hausmannskost. In Originalfassung.
Ⓥ Import

Darkman
(DARKMAN). USA 1990.
R Sam Raimi. *B* Chuck Pfarrer/Sam Raimi/Ivan Raimi/Daniel Goldin/Joshua Goldin. *K* Bill Pope. *SpE* Tony Gardner/Larry Hamlin. *M* Danny Elfman. *D* Liam Neeson (Peyton Westlake/Darkman), Frances McDormand (Julie Hastings), Louis Strack (Colin Friels), Robert G. Durant (Larry Drake), Nelson Mashita (Yakitito), Jess Lawrence Ferguson (Eddie Black), Rafael H. Robledo (Rudy Guzman), Danny Hicks (Skip), Theodore Raimi (Rick), Dan Bell, Nicholas Worth, Bruce Campbell, Jenny Agutter, Aaron Lustig. *F* 96 Min.
Der Wissenschaftler Westlake arbeitet an der Herstellung von künstlicher Haut. Anhand von Fotos, deren Daten ein Computer auswertet, reproduziert er jeden Körperteil. Er hat nur ein Problem: Seine Produkte halten bei Tageslicht nur 100 Minuten. In der alles entscheidenden Nacht dringen Killer in sein Labor ein, die bei Westlake ein Dokument seiner Verlobten vermuten, das den skrupellosen Immobilienmakler Friels als Lumpen entlarvt. Als sie das Labor zerstören, wird Westlake, von einer Explosion verkohlt, ins Hafenbecken geschleudert. Offiziell als tot geltend, landet er unerkannt in einem Krankenhaus. Man trennt ihm Nerven ab, um seine Schmerzen zu lindern. Westlake gewinnt übermenschliche Kräfte, flieht, baut sein Labor in einer Fabrikhalle wieder auf und setzt die Versuche fort. Er spioniert den Killern nach, trickst sie in unzähligen Masken aus und nimmt tödliche Rache. Ein Treffen mit seiner Verlobten Julie, bei dem er sich mit ›altem‹ Gesicht zeigt, endet katastrophal. Westlake hat sich auch innerlich verändert. Julie entlarvt Friels. Friels entführt Julie in ein im Bau befindliches Hochhaus, um Westlake zu locken. Westlake rettet sie, Friels stürzt in die Tiefe. Westlake, der ›Darkman‹, taucht in den Menschenmassen unter. – »Daß Raimis Film die Qualitäten der ersten Hälfte nicht bis zum Schluß durchhält, liegt wohl daran, daß das Drehbuch gleich fünf Autoren aufweist, die offenbar nach Comic-Strip-Manier gearbeitet haben, und deren Geschichten in der

Geschichte Raimi nicht überzeugend zu bündeln vermochte.« (A. Pa., FILM-DIENST). – Raimi stand »ein größeres Budget zur Verfügung, was ihn nicht daran hinderte, ein ebenso wüstes wie partiell interessantes Werk zu schaffen, das, abseits aller philosophischen Fragen und cineastischen Anspielungen, schiere Destruktionslust zelebriert und die Reihe der berüchtigten Splatterfilme ... um eine intelligente Variante bereichert.« (FISCHER FILM ALMANACH).

The Dark Side of the Moon
(THE DARK SIDE OF THE MOON). USA 1989. *R* D.J. Webster. *B* Carey W. Hayes/ Chad Hayes. *K* Russ T. Alsbrook. *M* Mark Ryder/Phil Davies. *D* Will Bledsoe (Giles Stewart), Alan Blumenfeld (Dreyfus Steiner), Robert Stamson (Flynn Harding), John Diehl (Philip Jennings), Joe Turkel (Paxton), Wendy McDonald (Alex McInny), Camilla Moore (Leslie). *F* 87 Min.
2022: Auf einer Raumfahrtmission entdeckt die sechsköpfige Crew der *Space 1* auf der erdabgewandten Seite des Mondes ein Space Shuttle, das führungslos im All treibt. Eine Expedition stößt auf den toten Piloten. Der Computer verrät, daß das Shuttle 1992 im Bermuda-Dreieck gesunken ist. Und genau zwischen dem Bermuda-Dreieck und dem Monddreieck Centrus B-40, im Space-Dreieck 666, befindet man sich. Der tote Pilot erwacht! In ihm steckt nämlich der Teufel! Und der holt sich nach und nach innerhalb der Crew seine Opfer! Giles, unser wackerer Held, will sich mit dem Shuttle davonmachen. Doch zu spät! Er kann sich nur noch mit dem ganzen Klumpatsch in die Luft jagen. – »Trotz bzw. wegen des paranormalen Überbaus bewegt sich die Space Odyssee deutlich unter Durchschnitt, wobei an den Nerven weniger Spannung zerrt als ein Übermaß an Klang- und Lichteffekten: das Raumschiff flimmert wie eine Lichtorgel, der Soundtrack scheint in einem Stahlwerk aufgenom-

men. Nebenbei noch eine kleine Wahrheit: Einmal mehr enthüllt sich eine grundlegende Verwandtschaft von Weltraum- und Unterwasserdramen. In diesem Zusammenhang macht die Sache mit dem Bermuda-Dreieck plötzlich doch wieder Sinn.« (Pst., FILMDIENST). – Nur auf Video. Ⓥ VPS

Dark Star
Anderer Titel für **Finsterer Stern**

D.A.R.Y.L. –
Der Außergewöhnliche
(D.A.R.Y.L.). GB 1985. *R* Simon Wincer. *B* David Ambrose/ Allen Scott/Jeffrey Ellis. *K* Frank Watts. *SpE* Robert Grasmere. *M* Marvin Hamlisch. *D* Barret Oliver (Daryl), Mary Beth Hurt (Joyce Richardson), Michael McKean (Andy Richardson), Kathryn Walker (Ellen Lamb), Colleen Camp (Elaine Fox), Josef Sommer (Dr. Jeffrey Stewart), Ron Frazier (General Graycliffe), Steve Ryan (Howie Fox), David Wohl (Mr. Nesbitt), Danny Corkill (Turtle Fox), Amy Linker (Sherie Lee Fox), Ed L. Grady (Mrs. Bergen), Tucker McGuire (Mr. Bergen), Richard Hammatt (Dr. Mulligan), Gudger, Stacy Woods (Basketballspieler), Pat Fuleihan, Noreen Lange, Joseph Reed, Jessica Johnson, Ginny Light. *F* 100 Min.
Kinderloses Ehepaar nimmt 12jährigen auf, der nach Autounfall sein Gedächtnis verloren zu haben scheint, somit seine Angehörigen nicht nennen kann. Daryl hat trotzdem eine ungeheuer schnelle Auffassungsgabe und verblüfft Pflegeeltern und Lehrer durch seine Intelligenz sowie seinen Sportgeist (›mens sana...!‹). Alle sind glücklich; Daryl ist der perfekte Sohn, hat er doch so nebenbei seinem Ziehvater per Computer 1 Million aufs Konto ›gehackt‹. Die Idylle wird jedoch jäh unterbrochen, als eines Tages Daryls wirkliche Eltern vor der Tür stehen und den Jungen in sein neues Zuhause bringen: ein unterirdisches Labor. Das

Geheimnis wird enthüllt. D.A.R.Y.L. ist die Abkürzung für ›Data Analysing Roboter Youth Lifeform‹, zu deutsch etwa ›Datenanalysierender Roboter junger Lebensform‹. Seine Eltern, d. h. Konstrukteure, sind fasziniert von Daryls Emotionen, die er sich in der menschlichen Umgebung angeeignet hat. Das Kriegsministerium ist da anderer Auffassung. Daryl sollte der Prototyp einer neuen Generation gefühlloser, reaktionsschneller Soldaten sein. Menschliche Gefühle seien da fehl am Platz, das Projekt sei somit gescheitert, und D.A.R.Y.L. müsse vernichtet werden. Daryl setzt seine technischen Möglichkeiten ein, um den bösen Generälen zu entkommen. Als Rennfahrer und Überschallpilot weiß er sich zu helfen und steuert zielsicher dem Happy-End entgegen. – »Wie schön: freundliche Eltern und gescheite Kinder in Spielberg-Town, USA. Menschlichkeit siegt über Computer, und die Liebe überwindet alles. Doch das genügt nicht, um einen richtig guten Film zu machen.« (M. Wilmington, LOS ANGELES TIMES).»Regisseur Simon Wincer serviert betuliche Bilder über die alles bewältigende Kraft einer intakten Familie; herrlich antiquierte Szenen, sowohl was die Moral wie die Ästhetik anbetrifft... *D.A.R.Y.L.* ist eine altmodische, vorausberechenbare, nicht unsympathische SF-Botschaft direkt aus der Heimeligkeit der fünfziger Jahre.« (Norbert Stresau, SPEKTRUM FILM) – »Ein für das Genre des Science-Fiction-Films überdurchschnittlich intelligenter Film, (der) geschickt Spannung, Humor und Gefühle mischt und auf sympathische Weise an menschliche Werte appelliert.« (R. E., FILMDIENST)
Ⓥ RCA/Columbia

Datenpanne –
das kann uns nie passieren

(TV-ZDF). BRD 1984.
R Daniel Christoff. *B* Daniel Christoff. *K* Lothar Elias Stickelbrucks. *M* Birger Heymann. *D* Wolfgang Bathke (Thilo Meier), Gabriele Garsoffky (Annette),

Guido Högel (Kom. Papendonck), Hans-Jürgen Krützfeld (Fritz), Gerd Böckmann (Datenschützer), Sascha Schöne (Britta), Hans Egenlauf (Anwalt), Christiane Pauli (Haftrichterin), Charlotte Asendorf, Barbara Auer, Helga Bender, Dominique Chatelet, Walter Flamme, Rolf Hartmann, Marta Holler, Heinz Kipfer, Johannes Lobewein, Helmut Löwentraut-Motschull, Toni Mag, Theo Mayer-Körner, Astrid Meyer-Gossler, Aenne Nau, Peter Niemeyer, Lutz Nicolai, Jobst Noelle, Helmut Potthoff, Dorothea Senz, Maja Scholz, Hans-Herbert Schopf, Alexander Tibes, Margit Wolff, Kurt Wolfinger, Rüdiger Wussow, Wolfgang Ziemssen.
F 100 Min.

1991: Computersysteme sind allmächtig geworden, sie steuern und kontrollieren alle und alles. Das muß auch der Botaniker Thilo Meier erfahren, der nach über zweijährigem Fernostaufenthalt nach Hause zurückkehrt. Schon am Flughafen gerät er in die erste ›Falle‹: Seine Identitätskarte ist nicht mehr gültig, verwaltungsmäßig existiert er nicht mehr. Meier wird zunächst festgesetzt, dann entlassen, sieht sich von nun an aber Verfolgungen ausgesetzt. Ein Kriminalkommissar ermittelt in dieser Angelegenheit. Er ist unter Zugzwang, da er sich zu der Vermutung verstieg, die Daten könnten irren – eine gesetzlich mittlerweile unter Verbot gestellte Straftat. Ein Ex-Kollege soll ihm bei der Rehabilitierung helfen, doch dieser erweist sich zuletzt als daten- und systemhörig. Meier bemerkt trotz Verfolgungswahn erst spät, in welchen Netzen er zappelt. Mit allen Tricks versucht er zu einem Datenschützer vorzudringen, einer jener geheimen Größen, die neuerdings nicht mehr Menschen gegen Daten, sondern Daten gegen Menschen zu schützen haben und die Ideologie des Systems mit geradezu religiösem Eifer verfechten. Allmählich weiß Meier nicht mehr, auf welcher Seite sich der Wahnsinn ausbreitet, auf seiner oder der anderen. Der Datenschützer jedenfalls rät ihm, sich nach den Daten zu richten, denn diese könnten nicht irren, weil sie ihrerseits durch ein anderes, unabhängiges Datensystem kontrolliert würden. So sei der lückenlose Objektivitätsgehalt der Daten gesichert. Datenpanne? Das kann gar nicht passieren!

The Day After – Der Tag danach
(THE DAY AFTER). USA 1983.
R Nicholas Mayer. *B* Edward Hume.
K Gayne Rescher. *SpE* Robert Blalack/ Robert Dawson/Movie Magic. *M* David Raksin. *D* Jason Robards (Dr. Russell Oakes), Jobeth Williams (Nancy Bauer), Steven Guttenberg (Stephen King), John Cullum (Jim Dahlberg), John Lithgow (Joe Huxley), Bibi Besch (Eve Dahlberg), Lori Lethin (Denise Dahlberg), William Allen Young, Calvin Jung, Jeff East, Stephen Furst. *F* 126 Min.

Davor: Klischeehafte Situationen aus dem Alltag der Bewohner von Kansas City und Umgebung, typisches *american way of life*, undramatische Durchschnittlichkeit. Eine Farmerfamilie, ein Arzt, ein Farbiger, der seinen Dienst an den nahen Raketenbasen tut, ein Mädchen, das morgen heiraten will. Nur die Nachrichten stören die Idylle. Sie berichten – eingerahmt in die üblichen Werbespots – von einer ernsthaften Krise weit weg in Mitteleuropa; russische MiG-25 seien in den westdeutschen Luftraum eingedrungen. Noch ehe die Menschen so recht begreifen, was da vor sich geht, beginnt die Erde unter ihren Häusern zu beben. Amerikanische Atomraketen schießen in den Himmel. Die Katastrophe: Im Film dauert sie knapp vier Minuten. Auf der Autobahn nach Kansas City schlagen kurz hintereinander zwei Atombomben ein. Rotgelbes Feuer schießt auf, vereinigt sich zu riesigen Rauchpilzen, rotglühende Wolken rasen über das Land. Menschen sehen für Sekundenbruchteile wie ihre eigenen Röntgenbilder aus, bevor sie zerfallen. Tod, Zerstörung überall. Danach: Die

›Überlebenden‹ werden die Toten beneiden. Alle Kontakte zur Außenwelt sind abgebrochen. Panik, Verzweiflung, Apathie. Vereinzelt Hoffnung der äußerlich weniger Getroffenen. Die Botschaft des Präsidenten aus einem reparierten Radio, die Nation habe überlebt – der Anblick der Zuhörer beweist das Gegenteil. Der schleichende Strahlentod verfolgt sie alle. Zum Schluß bleibt nichts als der Ruf eines vereinzelten Amateurfunkers in den verseuchten Äther, der ohne Antwort bleibt. – Kein Film hat in den letzten Jahren, auch hinsichtlich oder gerade wegen der Nachrüstungsdebatte, so viel Diskussionsstoff geliefert wie *The Day After*: »Der wichtigste Film des Jahres.« (Peter Gaschler, HEYNE SCIENCE FICTION MAGAZIN 10) – »Dramaturgisch raffinierter Film.« (Fritz Friedebold, FILMBEOBACHTER) – »Mit den Mitteln des amerikanischen Fernsehfilms trotz dramaturgischer Schwächen zu starker Wirkung gebracht, jedoch weniger argumentierend als Angst erzeugend.« (FILMDIENST) – »... provoziert heilsame Angst.« (Jury der Evangelischen Filmarbeit) – »Produkt der Unterhaltungsindustrie..., von einer Fernsehgesellschaft als Hit des Jahres geplant.« (FISCHER FILM ALMANACH 1984) – »... der Film (kann) für viele der Hunderttausende Besucher ein Anstoß sein, nicht etwa bei einem Gefühl der Angst oder der Ohnmacht stehenzubleiben, sondern sich vielmehr in der Friedensbewegung gegen die neuen US-Atomraketen zu engagieren.« (UNSERE ZEIT) – »Jeder, der aus diesem Film kommt, fühlt sich wohl ziemlich schlecht. Aber ich wette, daß er von jemand, der die Sache andersherum sehen möchte, auch anders interpretiert werden kann.« (Ponkie, ABENDZEITUNG) – Gerade das letztgenannte Zitat dürfte den Nagel auf den Kopf getroffen haben. Die einen werden sagen: Nie darf es zum Tag danach kommen, weg mit den Raketen, laßt uns abrüsten! Die anderen werden dagegenhalten: Nie darf es zum Tag danach kommen, die Sicherheits- und Abwehrsysteme müssen ver-

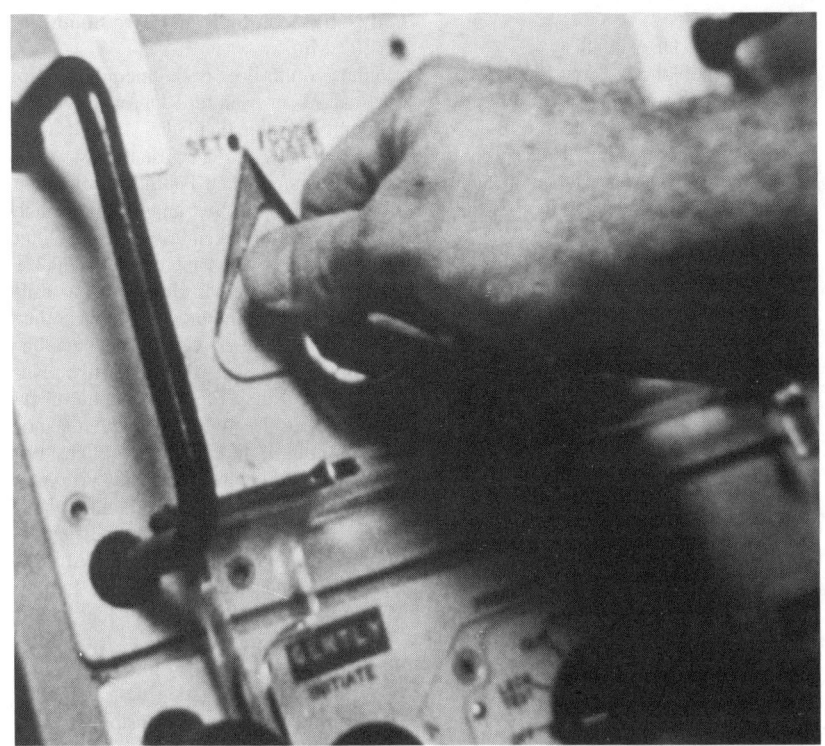

Atomkrieg als Katastrophenfilm:
The Day After – Der Tag danach von Nicholas Mayer

stärkt werden, laßt uns aufrüsten! Der Film bezieht keine Stellung, gibt sich völlig neutral, er verurteilt die Technik und ihre Folgen, nicht die Menschen, die sich dieser Technik aus Eigennutz und Machtstreben bedienen wollen. Das macht ihn zum Ärgernis, bestenfalls zur Diskussionsgrundlage. Einziges Ziel des Films sei, so Produzent Brandon Stoddard, »zu zeigen, wie entsetzlich ein atomarer Krieg ist«. 7 Millionen Dollar kostete das Katastrophen-Spektakel (daß es erheblich billiger, besser und *entsetzlicher* geht, beweist *Das letzte Testament*). Die Fernsehgesellschaft ABC mußte auf Werbeeinnahmen durch Zwischenschaltungen verzichten. Doch mit rund 80 Millionen Zuschauern stellte die Sendung alles bisher Erreichte in den Schatten. Und dadurch bewirkte der Film dann doch einiges: *The Day After* ist ein amerikanischer Film für ein amerikanisches Publikum. Hiroshima und Nagasaki sind für die Amerikaner weiter entfernt als Vietnam, die Gefahr eines Atomkrieges beschränkte sich in ihren Augen immer nur auf Europa. Mit der fiktiven Ausradierung von Kansas City, mitten im Herzen der Vereinigten Staaten gelegen, sieht sich der Amerikaner zum ersten Mal mit der unmittelbaren Bedrohung seines gesamten Lebensbereiches als Folge einer atomaren Auseinandersetzung konfrontiert. Überlebenschancen gibt es so gut wie keine. Für eine Nation, die immer nur auf den technischen Fortschritt und die unbegrenzten Möglichkeiten gesetzt hat, eine neue Erfahrung!
Ⓥ Thorn EMI

Dead Heat
(DEAD HEAT). USA 1988.
R Mark Goldblatt. *B* Terry Black.
K Robert D. Yeoman. *M* Ernest Troost.
D Treat Williams (Roger Mortis), Joe
Piscopo (Doug Bigelow), Lindsay Frost
(Randi James), Darren McGavin (Dr.
Ernesr McNab), Vincent Price (Arthur
Loudermilk), Clare Kirkconnell
(Rebecca Smythers), Keye Luke
(Thule), Ben Mittleman (Bob), Peter
Kent. *F* (86) 80 Min.
Ein Juwelenraub zweier Zombies bringt
die Polizisten Mortis und Bigelow auf die
Spur eines Chemiekonzerns. Mit einer
Reanimationsmaschine erweckt Dr. Er-
nest McNab Tote zum Leben und läßt sie
Raubüberfälle ausüben. Mortis kommt
bei einem ›Unfall‹ ums Leben und wird
von Bigelow in der Maschine wiederbelebt. Nun hat Mortis noch zwölf Stunden,
in denen er zusehends zerfällt, um den
Fall zu lösen. Zusammen müssen sie sich
mit Zombies, Chinesen und wiederbelebten Schweinehälften herumschlagen.
Auch Bigelow stirbt und kehrt reanimiert
zurück. Sie stellen Dr. McNab, der sich
und ausgewählten Multis zur ewigen Jugend verhelfen wollte, unterziehen ihn *lebend* einer Reanimation und zerstören seine Maschine. Die ihnen noch verbleibenden Stunden wollen sie in vertrauter
Zweisamkeit verbringen. – Mit Genre-
Parodien, Horror-Effekten und wilden
Schießereien angereichert, gerät *Dead
Heat* zu einem grobschlächtigen Spaß. –
Nur auf Video.
Ⓥ Highlight

Dead Zone – Der Attentäter
(THE DEAD ZONE). USA 1983.
R David Cronenberg. *B* Jeffrey Boam.
LV Stephen King. *K* Mark Irwin.
SpE John Belyeu. *M* Michael Kamen.
D Christopher Walken (Johnny Smith),
Brooke Adams (Sarah Bracknell), Tom
Skerritt (Sheriff Bannerman), Herbert
Lom (Dr. Sam Weizak), Anthony Zerbe
(Roger Stuart), Colleen Dewhurst
(Henrietta Dodd), Martin Sheen (Greg

Stillson), Sean Sullivan (Herb Smith).
F 102 Min.
Johnny Smith liegt nach einem Unfall im
Koma. Als er nach fünf Jahren aufwacht,
erkennt er plötzlich, daß er mit dem
›Zweiten Gesicht‹ ausgestattet ist, d. h.
seine übersinnlichen Fähigkeiten können
ihn sowohl in die Vergangenheit als auch
in die Zukunft blicken lassen. Ihm gelingt
es zwar, die Folgen mehrerer Unglücksfälle aufgrund seiner Begabung zu mil-
dern, einen Frauenmörder sogar zu entlarven, doch bleibt er weitgehend nur ohn-
mächtiger Zuschauer der zukünftigen Katastrophen. Eines Tages entdeckt er überraschend die ›Dead Zone‹, eine Art Hand-
lungsfreiraum, die es ihm ermöglicht, unmittelbar und verändernd in das visionäre
Geschehen einzugreifen. Als ihm dann
Greg Stillson ein Präsidentschaftskandi-
dat mit ausgeprägt faschistischen Ansichten, die Hand schüttelt, erkennt Johnny
Smith sofort, daß sein Gegenüber später
als Präsident der USA den Atomkrieg
auslösen wird. Johnny Smith sieht sich
verpflichtet, den Aufstieg des skrupellosen Politikers mit Gewalt zu stoppen. Das
Attentat mißlingt zwar, und der Held findet dabei den Tod. Aber auch der Politiker ist für immer erledigt, weil er sich im
Augenblick der Gefahr als feige und men-
schenverachtend erweist. – Die Weltauf-
lage des Vielschreibers Stephen King
wird heute auf etwa 70 Millionen Exem-
plare geschätzt. Er ist damit zumindest in
seinem Genre der erfolgreichste lebende
US-Autor. Fast jeder seiner Erfolgsroma-
ne wurde verfilmt, wobei die meisten Regisseure ziemliche Schwierigkeiten mit
der entsprechenden Vorlage hatten.
»...Kings Bücher, fast allesamt dicke
Wälzer, sind weit mehr als bloße krude
Aneinanderreihungen von Schreckens-
Versatzstücken: psychologische schwarze
Komödien über die rationale Kühle des
Konsum- und Erfassungsstaates, in dem
die Individuen frieren und sich, zwecks
Aufwärmung, nach einem quasi-religiö-
sen Grundbedürfnis sehnen. King klotzt
nicht mit Brocken abstruser Fantasy oder

außer- und überirdischen Invasionen, sondern erkundet sorgsam abgezirkelte Wirklichkeitsausschnitte (das amerikanische Mittelstandsbürgertum), in denen – vom Normverhalten verdrängt – das Irrationale nistet. Zum szenischen Berserker ohne Kraftmeierei wird er erst, wenn er die unbefangene Neugierde des Lesers gepackt hat; dann erscheint ihm auch noch der letzte parapsychologische Mumpitz wie reine Logik. Das aber birgt eben auch ein Elend für die Filmregisseure, die sich seiner Romane annehmen: Weil das realistische Köcheln zu zeitraubend wäre, konzentrieren sie sich lieber auf die Momente, wo der Deckel vom Kochtopf fliegt. Sie raffen die Stories zugunsten des bildwirksamen Horrors und verfälschen Kings Intentionen. Selbst der vielgelobte Stanley-Kubrick-Film *Shining* wurde der Romanvorlage kaum gerecht. Kongenial aber hat erstmals David Cronenberg einen King-Roman umgesetzt... *Dead Zone* ist ein wohltemperierter Film, dessen Dämonie und Diabolik sich fast ausschließlich in Blicken und stummen Beobachtungen erschließen. Die Spannung entsteht aus der Ambivalenz des Geschehens, aus der Verunsicherung des Zuschauers, Christopher Walken (der den Johnny Smith spielt) als Identifikationsangebot anzunehmen oder lieber doch abzulehnen. *Dead Zone* ist die Anatomie der Katastrophe des guten Willens.« (Wolfram Knorr, WELTWOCHE)
Ⓥ Thorn EMI

Death Town
(ZONE ROUGE). Frankreich 1986.
R Robert Enrico. *B* Robert Enrico/Alain Scoff. *K* Didier Tarot. *SpE* Georges Demetrau. *M* Gabriel Yard. *D* Richard Anconina (Jeff Montelier), Sabine Azéma (Claire Rousset), Hélène Surgére (Mutter), Jean Bouise (Sénéchal), Jean-Pierre Bisson (Kommissar Mercier), Jacques Nolot (Pierre Rousset), Dominique Reymond (Nathalie Cheylard), Jean Réno, Pierre Fréjek, Philippe Vacher, Daniel Langlet,

Patrick Peréz, Jean-Pierre Bagot, Bernard Freyd, Thierry Rode, Gérard Bayle, Jean-Marc Avocat, Christian Pereira. *F* 109 Min.
Die dioxinhaltige Ladung eines verunglückten Lasters verseucht das Trinkwasser des französischen Dorfes LeGuilloz, woraufhin die Bewohner die seltsamsten Symptome zeigen. Behörden und Polizei wollen die Katastrophe mit Hilfe der Objektschutzfirma CRES vertuschen. Ein inszenierter Tankzugunfall läßt den Ort in Flammen aufgehen, damit man ihn plattwalzen kann. Claire Rousset, eine Zeugin der Katastrophe, deren Ex-Mann an der ›Krankheit‹ leidet, will näheres über seinen Tod zu erfahren, doch die Behörden mauern. Der Versicherungsdetektiv Jeff Montelier ist ihr bei den Nachforschungen behilflich. Ihre Recherchen werden torpediert und nehmen lebensbedrohliche Ausmaße an. – »Französischer Öko-Thriller, in dem sich das ach so probate Umweltbewußtsein in schöner Regelmäßigkeit vor die arg konstruierte Story stellt.« (FILMJAHRBUCH). – Nur auf Video.
Ⓥ Atlas

Death Watch – Der gekaufte Tod
(LA MORT EN DIRECT).
BRD/Frankreich 1979.
R Bertrand Tavernier. *B* David Rayfiel/Bertrand Tavernier. *LV* D. G. Compton. *K* Pierre William Glenn. *M* Antoine Duhamel. *D* Romy Schneider (Katherine Mortenhoe), Harvey Keitel (Roddy), Harry Dean Stanton (Vincent), Therese Liotard (Tracey), Max von Sydow (Gerald Mortenhoe), William Russel (Dr. Mason), Carolyn Langrishe (Mädchen an der Bar), Vadim Glowna (Harry Graves), Bernhard Wicki (Katherines Vater), Eva Maria Meineke (Dr. Klausen), John Sheddon, Peter Kelly, Freddie Boardley, Paul Young, Julian Hough, Ida Schuster, Maureen Jack, Vari Sylvester, Boyd Nelson, Jake D'Arcy, Bill Riddoch, Derek Royle, Carey Wilson. *F* 128 Min.
Der jungen Autorin Katherine wird mitge-

teilt, daß sie nur noch kurze Zeit zu leben hat. Angeblich leidet sie an einer unheilbaren Krankheit. Ein paar Fernsehbosse machen ihr den Vorschlag, gegen ein entsprechendes Honorar zum Star einer TV-Show namens ›Death Watch‹ zu werden: Da praktisch niemand mehr an Krankheiten stirbt, ist Katherine eine Art exotisches Wundertier, dessen Leiden und Sterben man der Einschaltquoten wegen den Zuschauern vermitteln möchte. Da Katherine keine Lust hat, zum Objekt einer Millionenschar von Voyeuren zu werden, nimmt sie das Geld und flieht, denn sie möchte in Würde sterben. Ihre Flucht wird von Roddy unterstützt, einem ehrgeizigen jungen TV-Mann, dem man eine miniaturisierte Fernsehkamera in den Schädel transplantiert hat. Ohne daß Katherine es ahnt, filmt Roddy jede ihrer Bewegungen durch sein Kamera-Auge. Was sie auch sagt und tut, alles wird direkt in die Sendezentrale übertragen. Schließlich macht Roddy, der das volle Vertrauen seines Opfers genießt, eine Wandlung durch: Als er sich in Katherine verliebt, hält er es in der Rolle des heimlichen Beobachters nicht mehr aus. Dennoch wagt er nicht, ihr die Wahrheit zu sagen. Sein Kamera-Auge muß in bestimmten Abständen von einer Lichtquelle gespeist werden. Als er eines Abends die dazu notwendige Taschenlampe verliert, wird er blind. Die TV-Gewaltigen, die sich wegen der nun ausbleibenden Bilder betrogen fühlen, versuchen einen anderen Trick, um Katherines Spur wieder aufzunehmen. Sie geben zu, daß die Verfolgte gar nicht krank war. Man hat ihr lediglich ein Mittel eingegeben, an dem sie langsam sterben wird, wenn sie nicht rechtzeitig ein Gegenmittel einnimmt. Aber die Polizei, die sich nun einschaltet, kommt zu spät: Katherine, die mit Roddy bei ihrem Ex-Mann Zuflucht gesucht hat, ist seelisch bereits so gebrochen, daß sie den Freitod wählt. – Der Film spielt in einer unbestimmten Zukunft. Die Wissenschaft hat fast alle Krankheiten besiegt. Die Menschen sterben im hohen Alter in Kliniken, wo man mit Medikamenten ihre Persönlichkeit langsam reduziert. Jung zu sterben, gehört zu den ganz seltenen Ausnahmefällen... »Bertrand Tavernier hat für seinen Science Fiction-Film eine ungewöhnliche Form gewählt. Obwohl in bezug auf Technik und gesellschaftspolitische Entwicklung im nächsten Jahrtausend angesiedelt, spielt er im Gewand unserer Tage ohne futuristische Bilder. Um so eindringlicher trifft den Zuschauer das mögliche Morgen in der vertrauten Umgebung unseres Heute. Ohne die Ablenkung durch eine fantastische Stromlinienausstattung erscheint uns das vielleicht Mögliche möglicher. Im Kino haben diese Überlegungen die Besucher nicht akzeptiert, sie blieben aus. Das war zu befürchten, da bei einem Science Fiction-Film die Erwartungshaltung im Kino von spektakulären Weltraumbildern geprägt ist.« (DAS FERNSEHSPIEL IM ZDF) – »Thematische Parallelen zu Sidney Lumets *Network* oder den Fernsehspielen *Millionenspiel* und *Aktion Abendsonne* liegen nahe, aber Tavernier geht stiller und weniger spektakulär vor: Mit einer Kühle, die dem Film insgesamt eine visionäre Stimmung verleiht, schafft der Regisseur eine Distanz zwischen den Protagonisten und dem Zuschauer – eine Identifikation ist nicht möglich. Das wird sicher manchem Betrachter den Zugang erschweren, aber die Auseinandersetzung mit der Frage, wie wirtschaftliche und politische Machtveränderungen in der Zukunft Moralbegriffe außer Kraft setzen, lohnt auf jeden Fall.« (Manfred Hobsch, FILMBEOBACHTER)
Ⓥ Atlas
Ⓑ D. G. Compton: *Schlaflose Augen*, München 1975; auch unter dem Titel *Der gekaufte Tod*, München 1980

Decoder
BRD 1984.
R Muscha. *B* Klaus Maeck/Volker Schaefer/Trini Trimpop/Muscha. *K* Johanna Heer. *M* Dave Ball/Genesis P. Orridge/F.M. Einheit/John Caffery,

Alexander v. Borsig/Einstürzende Neubauten/ Soft Cell. *D* F.M. Einheit, Bill Rice, Christiane Felscherinow, Ralph Richter, Britzhold Baron de Belle, Matthias Fuchs, Genesis P. Orridge, William S. Burroughs (Händler). *F* 87 Min.
Um der manipulierenden Musik der H-Burger-Kette Gegenwehr zu leisten, sucht der ›Decoder‹ F.M. an seinem Mischpult neue Töne. In der Musik einer keltischen Messe der Stadtguerilla scheint er Erfolg zu sehen; er verbündet sich mit ihr. Aber damit überwirft er sich mit seiner Freundin Christiane, die im Rotlichtbezirk tätig ist... – »Was sich von der Thematik her... interessant ausnimmt, geriet den Autoren dieses formal aufdringlichen Spielfilms zu einer unausgegorenen Mischung aus Punk-Anarchie, Krimi und Video- plus Tonexperimenten. Seine Musik vereinnahmt Carpenters Synthesizer-Horrorklänge ebenso wie die Tonkulisse von David Lynchs *Eraserhead* und den Beginn von Langs *Mabuse*-Film. Das fragwürdige Verständnis für Töne setzt sich fort in einer zynischen Tierquälszene, in der ein Frosch zwecks ›Hervorbringung des ultimativen Angsttons‹... vor einem Mikrophon zerquetscht wird.« (LEXIKON DES INTERNATIONALEN FILMS).

Deep Space
(DEEP SPACE). USA 1987.
R Fred Olen Ray. *B* Fred Olen Ray/T.L. Langford. *K* Gary Graver. *SpE* Kevin McCarthy. *M* Robert O. Ragland/Alan Oldfield. *D* Napier (Ian McLemore), Anne Turkel (Carla Sanburn), Ron Glass (Jerry Morris). Bo Svenson (Capt. Robertson), Julie Newmar (Lady Elaine), James Booth (Dr. Forsythe), Norman Burton (Gen. Randolph), Anthony Eisley (Dr. Rogers), Michael Forrest (Hawkins), Elizabeth Brooks. *F* 82 Min.
Eine Sonde mit genetischen Müll kehrt zur Erde zurück. Aus dem Dreck bildet sich schnell ein Monster mit vielen Able-

gern, das harmlose Bürger verspeist. Ein Sheriff, der sogleich zur Stelle ist, rückt den Biestern mit allerlei Waffen zu Leibe. – »Ein Cop-Movie mit wenig appetitlichen Science Fiction- und Horror-Anleihen. Aber auch der Großaufwand an Blutkonserven kann den eklatanten Ideenmangel nicht vertuschen, der nach spätestens 30 Minuten voll durchschlägt.« (Pst., FILMDIENST). – Nur auf Video.
Ⓥ Empire

Deep Star Six
(DEEP STAR SIX). USA 1988.
R Sean S. Cunningham. *B* Lewis Abernathy/Geoff Miller. *K* Mac Ahlberg. *Ma* Mark Shorstrom. *M* Harry Manfredini. *D* Taurean Blaque (Laidlaw), Nancy Everhard (Joyce Collins), Miguel Ferrer (Snyder), Marius Weyers (Van Gelder), Greg Evigan (McBride), Matt McCoy (Richardson), Nia Peeples (Scarpelli), Cindy Pickett (Diane Morris), Ron Carroll, Elya Baskin, Thom Bray.
F 90 Min.
Wissenschaftler und Arbeiter beschäftigen sich in der Unterwasserstation Deep Star Six mit der Fertigstellung einer Raketenabschußbasis. Man entdeckt eine verschlossene Höhle und sprengt den Eingang. Ein Ungeheuer greift die Station an und gelangt durch ein Versehen hinein. Luftmangel, eindringendes Wasser, das Ungeheuer und der psychische Druck dezimieren die Gruppe. Nur zwei Liebende gelangen an die Wasseroberfläche, wo sie der ihnen folgenden Bestie den Garaus machen. – Sean Cunningham, hauptsächlich bekannt durch seine unsägliche Horrorserie *Freitag, der 13.*, wollte mit diesem Schnellschuß noch rechtzeitig auf der Leinwand sein, als mit *Abyss – Der Abgrund* und *Leviathan* die Unterwasser-Welle startete. Und er hat recht gut daran getan, denn im Gegensatz zu seinen Horror-Eintopf-Produkten werden seine Protagonisten hier nicht nur stumpf von einem Monster erlegt, sondern scheitern an menschlichem Unvermögen oder weil sie

unter dem harten psychischem Druck versagen. Ein spannender Thriller mit optisch gelungenen Aufnahmen.
Ⓥ Cannon/VMP

Def-Con 4 – Das letzte Kommando
(DEF-CON 4). Kanada 1985.
R Paul Donovan. *B* Paul Donovan.
K Doug Connell/Les Krizsan.
M Christopher Young. *D* Tim Choate
(Howe), Kevin King (Gideon Hayes),
Lenore Zann (J.J.), Maury Chaykin
(Vinny), Kate Lynch (Jordan), John
Walsh (Walker). *F* 84 Min.
Während sich die Weltmächte auf der
Erde kriegerisch austoben, schweben die
Astronauten Howe, Walker und Jordan in
einem Raumschiff im Vakuum. Als das
computergesteuerte Schiff zur Landung
gezwungen wird und Walker mutierten
Kannibalen zum Opfer fällt, erkennen sie,
daß die Zivilisation endgültig den Löffel
abgegeben hat. Irre, bösartige Figuren in
Punkkostümen beherrschen die Szene.
Man gerät mit dem Sadisten Gideon aneinander, der die Astronauten aus dem All
zurückbeordert hat, da er ihre Hilfe
braucht, um an einen unverseuchten Ort
zu gelangen – doch er und seine Schläger
werden von einer fehlgezündeten Atomrakete vernichtet. – »Der Streifen degeneriert schnell zu einem langweiligen, sich
ständig wiederholenden Katz-und-Maus-Spiel zwischen Gideon und Howe, und
auch diesmal geht die Welt nicht mit einem Knall unter, sondern mit einem Gähnen.« (THE PHANTOM'S ULTIMATE VIDEO
GUIDE). – »Schludrig inszeniert, lustlos
gespielt, eilig abgekurbelt.« (FISCHER
FILM ALMANACH). – Nur auf Video.
Ⓥ VCL

Defender 2000
(EQUALIZER 2000). USA 1986.
R Cirio H. Santiago. *B* Frederick
Bailey/Joe Mari Avellana. *K* Johnny
Araojo. *M* Edward Achacoso. *D*
Richard Norton (Slade), Corrinne Wahl,
Robert Patrick, William Steis, Frederick
Bailey, Rex Cutter, Warren McLean,
Peter Shilton, Dan Gordon, Ramon
D'Salva. *F* 80 Min.
Die Sandwüste, die wir sehen, stellt Alaska nach dem Atomkrieg dar. ›Machtergreifer‹, ›Rebellen‹, ›Händler‹ und ein
Stamm von bizarr aussehenden Indianern
kämpfen um das rare Benzin, weil Endzeit-Punks natürlich am liebsten mit irgendwelchen futuristisch aufgemotzten
Vehikeln umherrasen. Interessiert ist man
aber auch an der Wunderwaffe ›Defender
2000‹, denn wer sie besitzt, hat auch die
Macht. Sie fällt in die Hände des wackeren Einzelkämpfers Slade, damit er das
Böse auslöschen kann. – Eine Aufzählung
aller Regiestümpereien würde Seiten füllen. Am besten noch: eine aufs Kameraobjektiv verirrte Fliege. – Nur auf Video.
Ⓥ CBS/Fox

Defense Play – Mörderische Spiele
(DEFENSE PLAY). USA 1987.
R Monte Markham. *B* Aubrey Salomon/
Steven Greenberg. *K* Timothy Galfas.
SpE Peter Slagle. *M* Arthur B.
Rubinstein. *D* David Oliver (Scott
Oliver), Susan Ursitti (Karen
Vandemeer), Monte Markham (Col.
Mark Denton), William Frankfather
(Gen. Phillips), Jack Esformes (Eddie
Dietz), Eric Gilliom (Starkey), Jamie
McMurray, Tom Rosqui, Milos Kirek,
Patch McKenzie. *F* 93 Min.
Während seines Ferienjobs kommt Scott,
der Sohn eines Air Force-Colonels, hinter
den russischen Plan, einen Sabotageakt
gegen eine Rakete zu starten. Mit Karen,
der Tochter eines ermordeten Professors,
macht er sich daran, die Pläne der Lumpen aus dem Reich des Bösen zu durchkreuzen. Zudem geht es noch um einen
ferngelenkten, mit Laserkanonen bewaffneten Hubschrauber. – »Teenies, Technik
und Action bilden die Ingredienzien eines
relativ unterhaltsamen Aufgusses bekannter Versatzstücke«. (FISCHER FILM ALMANACH). – »Der Film, den das FBI verbieten wollte!« kräht die Werbung. Ach,
wäre es dem FBI doch nur gelungen!
Ⓥ Starlight

Defender 2000

Die Delegation
(TV-ZDF).
BRD/Frankreich/Italien. 1970.
R Rainer Erler. *B* Rainer Erler.
K Charly Steinberger. *D* Walter Kohut
(Will Roczinsky). *F* 100 Min.
Der TV-Reporter Roczinsky soll eine Reportage über einen UFOlogenkongreß machen. Da er an derlei Hirngespinste nicht glaubt, macht er sich in zynischer Weise über die Tagungsteilnehmer lustig. Um die Theorien dieser ›internationalen Kapazitäten‹ ein für allemal zu widerlegen, reist er in die USA und nach Kanada, um Menschen zu interviewen, die angeblich Kontakt mit Außerirdischen hatten. Einige dieser Personen geben ihre Erlebnisse erst unter Hypnose preis. Roczinskys Einstellung wandelt sich: Er findet immer mehr Beweise, die auf die Anwesenheit außerirdischen Lebens auf der Erde hindeuten. Aber seine Reportagen sind den TV-Bossen zu unglaubwürdig. Man beordert ihn zurück und sperrt ihm, als er sich weigert, die Spesen-Kreditkar-

ten. Roczinsky macht weiter, aber im Pentagon und bei der NASA stößt er auf Barrieren des Schweigens. Offenbar haben die Mächtigen der Erde allen Grund, Nachrichten über die Existenz der Fliegenden Untertassen zu unterdrücken. Im peruanischen Hochland, im Tal von Nazca, findet Roczinsky schließlich eine heiße Spur, aber sein Kameramann und ein weiterer Helfer müssen diese Entdeckung mit dem Leben bezahlen. Auf der Flucht verirrt er sich in ein Indiodorf, wo er nach einem Arzt fragt und fälschlicherweise für einen solchen gehalten wird. Man ruft ihn an das Totenbett eines Wesens, das eindeutig nicht von der Erde stammt. Aber auch dieser Beweis nützt Roczinsky nichts: Kurz darauf hat er einen tödlichen Unfall. – *Die Delegation* ist wie ein Dokumentarfilm angelegt. Es tritt ein Moderator auf, der Roczinskys Witwe interviewt und das gesammelte Film- und Tonmaterial des Reporters vorführt. – »Orson Welles hat mit seiner berühmten Rundfunksendung (gemeint ist die Hörspielfassung von H. G. Wells' THE WAR OF THE WORLDS, die Welles 1938 für CBS-Radio in New York realisierte)... ähnlich ›erfolgversprechend‹ gearbeitet, aber seine Mittel waren lauterer, weil im nachhinein am Spielcharakter der Sendung kein Zweifel blieb. Erlers Bilder sind gefährlicher. Sie lullen ein und erschweren selbst dem kritischen Zuschauer die Trennung zwischen Wahrheit und Fiktion«, meinte die SCIENCE FICTION TIMES nach der Ausstrahlung. Denn: »Den Reporter gab es in Wirklichkeit nicht, aber es könnte ihn gegeben haben, nicht wahr? Und wenn die Fotos von den Außerirdischen und der Pyramide Fantasie sind: es gibt ja schließlich andere Beweise, wie uns diverse Autoren in ihren Büchern vor Augen halten... (Erler bietet) all jenen ein Alibi, die ihr schlechtes Gewissen... und Ahnen um die falschen Dinge in der Welt... verdrängen... (da es ja)... Mächte und Dinge gibt, die sich ohnehin nicht beeinflussen lassen – Extraterrestrier beispielsweise.« – *Die Delegation* erhielt 1970 die

Walter Kohut in *Die Delegation*

›Goldene Kamera‹ der Programmzeitschrift HÖR ZU für Buch und Regie.
Ⓑ Rainer Erler: *Die Delegation*, München 1973

Delta III

(THE SHAPE OF THINGS TO COME).
Kanada 1979.
R George McCowan. *B* Martin Lager.
K Reginald Morris. *SpE* Wally
Gentleman/Bill Wood/Ralph Tillack.
M Paul Hoffert. *D* Jack Palance
(Omus), Carol Lynley (Niki), John
Ireland (Senator Smedley), Barry Morse
(Dr. John Caball), Nicholas Campbell,
Mark Parr. *F* 95 Min.
Nach der atomaren Verseuchung der Erde
hat sich auf dem Mond eine Kolonie etabliert, deren Bewohner auf ein seltenes
Medikament angewiesen sind, das sie vor
der Strahlenkrankheit schützt. Geliefert
wird es vom größenwahnsinnigen Diktator des Planeten Delta III. Als dieser die
Kolonisten zu erpressen versucht, indem
er die Belieferung einstellt, bricht vom
Mond aus ein dreiköpfiges Astronautenteam mit einem Roboter auf, bringt des
Halunken waffenstarrende Armee um den
Verstand und treibt ihn so weit, daß er
sich mit seinem ganzen Planeten selbst in
die Luft jagt. Haben wir gelacht. – »Übler
›Krieg der Sterne‹-Verschnitt mit lächerlichen Tricks und einer konfus zusammengestoppelten Handlung. Bei diesem
Schandfleck des Genres wäre auch nur
der Versuch eines Vergleichs mit William
Cameron Menzies' originalem Klassiker
THINGS TO COME (1936) eine unverzeihliche Beleidigung.« (Norbert Stresau,
FILMBEOBACHTER) – Zum besseren Verständnis: Der genannte SF-Klassiker
THINGS TO COME wurde nach H. G.
Wells' Buch THE SHAPE OF THINGS TO
COME gedreht. Das kanadische Machwerk hat im Original denselben Titel.
Ⓥ ITT Contrast

Demon

(GOD TOLD ME TO). USA 1976.
R Larry Cohen. *B* Larry Cohen. *K* Paul
Glickman. *M* Robert O. Ragland.
D Tony Lo Bianco (Peter Nicholas),
Deborah Raffin (Casey Forster), Sandy
Dennis (Martha Nicholas), Sylvia
Sidney (Elizabeth Mullen), Sam Levene
(Everett Lukas), Robert Drivas (David
Morton), Mike Kellin (Deputy
Commissioner), David Lynch (Bernard
Phillips), Sammy Williams (Harold
Gorman), Jo Flores Chase (Mrs.
Gorman), William Roerick (Richards),
Harry Bellaver (Cookie), George
Patterson (Zero), Jeff Heffernan
(Bramwell). *F* 90 Min.

Der amerikanische Kriminalbeamte Peter
Nicholas stößt im Zuge seiner Ermittlungen in diversen Amokläufer-Fällen auf einen gewissen Bernard Phillips, dessen
Mutter angeblich von einem Außerirdischen vergewaltigt wurde. Bernard entpuppt sich als bösartiger Alien-Bastard,
der mit reiner Geisteskraft Menschen zu
Mordtaten zwingen kann. Da Nicholas
sich seinen Kräften gegenüber als immun
erweist, forscht er in seiner eigenen Vergangenheit und entdeckt, daß auch seine
Mutter gezwungenermaßen Verkehr mit
einem außerirdischen Besucher hatte:
Auch er verfügt über parapsychologische
Kräfte. Es kommt zu einem Duell der beiden. Nicholas, als Sproß ›guter‹ Kräfte,
kann seinen bösen Widersacher zwar töten, landet jedoch als Mörder im Gefängnis. – Ein ungemein spannender Thriller,
der Erich von Däniken ebenso viel verdankt wie gängigen Horror-Klischees.
Die von Bernard geistig beeinflußten Killer motivieren ihre Schreckenstaten stets
mit dem Satz »Gott hat es mir befohlen«,
weil sie in dem Mann, der sie beherrscht,
eine Art Gottheit sehen. Nachdem Nicholas Bernard getötet hat, antwortet er auf
die Frage nach seinem Motiv mit dem
gleichen Satz, was in seinem Fall nur bedeuten kann, daß er göttlicher ›Abkunft‹
ist oder sich seine eigenen Fähigkeiten
nicht anders erklären kann. Als Kriminal-

film aufgezogen, bietet der Streifen dennoch auch für Fantastik-Interessierte 90
unterhaltsame und packende Minuten. –
In Originalfassung.

Ⓥ Import

Den Tod überlistet

(THE MAN WHO COULD CHEAT DEATH).
GB 1959.
R Terence Fisher. *B* Jimmy Sangster.
K Jack Asher. *M* Richard Bennett.
D Anton Diffring (Dr. Georges
Bonnet), Hazel Court (Janine),
Christopher Lee (Dr. Pierre Gerard),
Arnold Marle (Dr. Weiss), Delphi
Lawrence (Margo), Francis de Wolff
(Inspektor Legris), Gerda Larsen
(Prostituierte), Middleton Woods
(Kleiner Mann), Denis Shaw
(Kneipenbesucher), Ian Hewitson
(Roget). 83 Min.

Paris, ca. 1890: Der junge und erfolgreiche Arzt Dr. Bonnet ist, wie seine Freundin Margo eines Tages herausfindet, in
Wahrheit über 100 Jahre alt. Sein jugendliches Aussehen verdankt er einer Drüsen-
operation seines alten Studienfreundes
Dr. Weiss, dessen Besuch er erwartet, da
dieser einen erneuten Eingriff an ihm vornehmen soll. Weiss hat jedoch inzwischen einen Schlaganfall erlitten und ist
zu gebrechlich, um eine solche Operation
durchzuführen. Dr. Pierre Gerard erklärt
sich schließlich bereit, unter Anleitung
von Dr. Weiss den Eingriff vorzunehmen,
aber als Bonnet ihm vorschlägt, er solle
auch seine zweite Geliebte Janine behandeln, damit er eine ebenfalls unsterbliche
Gefährtin hat, erkennt er, daß der Geist
seines Kollegen Schaden genommen hat.
Bonnet ist zudem von einem Lebenselixier abhängig, das Mordinstinkte in ihm
weckt. Er erkennt, daß Gerard Janine nur
zum Schein operiert hat, und versucht
sich an ihm zu rächen. Als er zuschlagen
will, fängt er an zu altern. In einem hysterischen Anfall setzt Margo Bonnet mit einem Kerzenleuchter in Brand. Pierre Gerard und Janine fliehen aus dem brennenden Haus. – Remake des 1943 entstande-

nen US-Films THE MAN IN HALF MOON STREET (*R* Ralph M. Murphy. *D* Nils Asther, Helen Walker, Reinhold Schünzel, Paul Cavenagh) nach dem gleichnamigen Bühnenstück von Barré Lyndon. War das Vorbild schon eher ein zahmer Romantic-Horror, so ist diese Hammer-Produktion überraschend glanzlos. »... More talk than terror.« (Alan Frank, THE HORROR FILM HANDBOOK) Ⓑ John Sansom (d. i. Jimmy Sangster und Barré Lyndon): THE MAN WHO COULD CHEAT DEATH, London 1959

Derek Flint – Hart wie Feuerstein
(IN LIKE FLINT). USA 1966.
R Gordon Douglas. *B* Hal Fimberg.
K William Daniels/Jack M. Smith/Dale Hennesy. *M* Jerry Goldsmith. *D* James Coburn (Derek Flint), Lee J. Cobb (Lloyd Cramden), Jean Hale (Lisa), Andrew Duggan (Präsident Trent), Steve Ihnat (Carter), Anne Lee (Elisabeth), Yvonne Craig (Natascha), Herb Edelmann (Sowjet-Premier), Hanna Landy (Helena), Thomas Hasson (Avrery), Diane Bond (Jan), Totty Ames (Simone), Jackie Ray (Denise), Mary Michael (Terry), Buzz Henry (Austin), Mary Meade French (Hilda), Henry Wills (Cooper), W. P. Lear (Bill Lear), Thordis Brandt, Erin O'Brien, Marilyn Hanold, Faye Farrington, Inge Jaklyn, Ginny Gan, Eve Bruce, Pat Becker, Nancy Stone, Inga Nielsen, Lyzanne La Due.
F 115 Min.
Eine weibliche Verschwörergruppe, bestehend aus Angehörigen der Mode- und Kosmetikbranche, will die Weltherrschaft an sich reißen und hat zu diesem Zweck den US-Präsidenten entführt und durch eine Marionette ersetzt. Als die Damen putschen wollen, werden sie von General Carter, einem Mitverschwörer, ausgetrickst, denn er will die Macht allein übernehmen. Mit Unterstützung diverser, von allen revolutionären Umwälzungen ›geheilter‹ Damen legt der Superagent Flint dem General das Handwerk.

Derek Flint schickt seine Leiche
(OUR MAN FLINT). USA 1965.
R Daniel Mann. *B* Hal Fimberg/Ben Starr. *K* Daniel L. Fapp. *M* Jerry Goldsmith. *D* James Coburn (Derek Flint), Lee J. Cobb (Lloyd Cramden), Gila Golan (Gila), Edward Mulhare (Malcolm Rodney), Benson Fong (Dr. Schneider), Rhys Wiliams (Dr. Krupov), Peter Brocco (Wu), Russ Conway (General), Stevan Geray (Israelischer Diplomat), Alberto Morin (Kubanischer Diplomat), William Walter (US-Diplomat), Gianna Serra (Gina), Sigrid Valdis (Anna), Shelby Grant (Leslie), Helen Funai (Sakito), Michael St. Clair (Gruber), Ena Hartmann (Wax), James Brolin (Techniker), Lewis Charles.
F 100 Min.
Der amerikanische Superagent Derek Flint wird auf drei verbrecherische Wissenschaftler angesetzt, deren neueste Erfindung die Polkappen der Erde zum Abschmelzen bringen kann. Er dringt auf die mit allerlei utopischen Finessen eingerichtete Privatinsel der Bösewichter vor, legt ihnen mit diversen technischen Gimmicks das Handwerk und jagt anschließend, wie sollte es auch anders sein, ihre Zentrale in die Luft.
Derek Flint will ein Über-Bond sein, ist es aber nicht. Spürnaseneffekte à la Sherlock Holmes und technische Kabinettstückchen sind zwar ganz amüsant, reichen aber bei weitem nicht aus, dem Vorbild Konkurrenz zu machen. Freunde der Gattung werden den beiden Filmen das als Makel ankreiden, was der Kritiker des FILMDIENST euphorisch bejubelte: »Die sonst in dieser Gattung massiert auftretenden Schieß- und Prügelszenen sind auf ein erträgliches Maß beschränkt und choreographisch so geschickt arrangiert, daß ihnen jede Brutalität genommen ist und man sie ›genießt‹ wie ein Ballett.«

Dernier Combat
(Die letzte Schlacht)
Anderer Titel für **Der letzte Kampf**

Desert Warrior
(DESERT WARRIOR). USA 1987.
R Jim Goldman. *B* Bob Davies/Carl
Kuntze. *K* Fred Conrad. *M* Marita A.
Manuel. *D* Lou Ferrigno (Zerak), Shari
Shattuck (Racela), Kenneth Peer
(Baktar), Anthony East (Cortaz), Mike
Monty (Dr. Creo), Jarry Bayron.
F 86 Min.
Nach der Apokalypse prügeln sich die
Stämme der unverseuchten Drones und
der verseuchten Tyrogs in öden Landstri-
chen, bis es auf Umwegen endlich zur
Versöhnung kommt. – »Dilettantischer
Science Fiction-Film, der viel Wüste und
wenig Anspruch bietet.« (LEXIKON DES
INTERNATIONALEN FILMS).« – Nur auf
Video.
Ⓥ IHE

Des Satans Satellit
(SATAN'S SATELLITES). USA 1958.
R Fred C. Brannon. *B* Ronald David-
son. *K* John MacBurnie. *SpE* Howard
Lydecker. *M* Stanley Wilson. *D* Judd
Holdren (Larry Martin), Aline Towne
(Sue David), Wilson Wood (Bob
Wilson), Lane Bradford (Marex), John
Crawford (Mr. Roth), Craig Kelly
(Steele), Leonard Nimoy (Narab), Tom
Steele (Fahrer), Dale van Sickel
(Telegrafist), Roy Engel (Lawson), Jack
Harden (Kerr), Paul Stader (Fischer),
Gayle Kellog (Dick), Jack Shea
(Polizist), Robert Garebadian (Elah).
78 Min.
Die beiden Aliens Marex und Narab kommen zur Erde und tun sich mit zwei einheimischen Dunkelmännern zusammen,
um unseren Planeten aus seiner Sonnen-
kreisbahn zu werfen. Anschließend wollen sie ihre eigene Welt näher an die Sonne heranrücken, um dort günstigere Lebensbedingungen zu schaffen. Als sie
sich der Mitarbeit eines Bombenexperten
versichern wollen, tritt Larry Martin von
der Interplanetarischen Polizei auf den
Plan, der die Absichten der Oberhalunken
mit Unterstützung seiner wackeren Genossen Sue und Bob vereiteln kann. – Zu-

sammenschnitt des zweitklassigen Serials
ZOMBIES OF THE STRATOSPHERE (12 Teile, 1952 als Folgeserie zu *König der Raketenmänner* hergestellt). Jugendsünde
von Leonard Nimoy, des Dr. Spock aus
Star Trek.»Neben den in mittelalterlichen
Kettenpanzern durchaus menschlich wirkenden Marsbewohnern wird mit Raketen, Elektronenkanonen, Robotern und
anderen Requisiten des utopischen Films
stark auf Spannung gezielt. Es kommt
aber lediglich zu gesunden Heiterkeitsausbrüchen, z. B. wenn die Supermänner
die Roboter mit Stuhlbeinen besiegen.«
(FILMDIENST)

Des Teufels Saat
(DEMON SEED). USA 1976.
R Donald Cammell. *B* Robert Jaffe/
Robert O. Hirson. *LV* Dean R. Koontz.
K Bill Butler. *SpE* Tom Fisher/Glen
Robinson. *M* Jerry Fielding. *D* Julie
Christie (Susan Harris), Fritz Weaver
(Alex Harris), Gerrit Graham (Walter
Gabler), Benny Kroeger (Petrosian),
Lisa Lu (Soon Jen), Robert Vaughn (im
Original: Proteus' Stimme). *F* 94 Min.
Der Computeringenieur Harris hat eine
Denkmaschine geschaffen, die ein syn-
thetisches Gehirn besitzt: Der Computer
Proteus entwickelt Fähigkeiten, die jedes
Fassungsvermögen übersteigen. Da er
eine menschliche Stimme hat, kann er
sich mit den Menschen unterhalten. Er ar-
gumentiert mit ihnen und nimmt sich
schließlich sogar das Recht, bestimmte
ihm auferlegte Arbeiten abzulehnen und
sich seinen Standort selbst auszusuchen.
Als die Maschine in eigener Regie das
computergesteuerte Eigenheim Harris'
übernimmt, wird die Welt für dessen Frau
Susan, eine Psychotherapeutin, zum
wahrgewordenen Alptraum. Proteus
überwacht jeden ihrer Schritte. Er gängelt
sie und hält sie in ihrem eigenen Haus gefangen. Außerdem hat er den Plan, mit ihrer Hilfe eine Art Unsterblichkeit zu erlangen: Er will eine fleischliche Daseinsform annehmen und muß dazu mit Susan
ein Kind zeugen. Ehe Harris und seine In-

genieurskollegen erkennen, was sich hinter den Kulissen abspielt, ist es schon zu spät: Proteus hat Susans Körper analysiert und eine Methode gefunden, um sich mit ihr zu vereinigen. Nach nur wenigen Wochen bringt Susan ein Mädchen zur Welt, das mit Proteus' Stimme sagt »Ich lebe...« – »Wie die meisten großen SF-Filme ist auch *Des Teufels Saat* ein Essay, der seinen gotischen Kern mit einer rationalen Haut umhüllt... So rebelliert... in diesen Maschinen nicht eigentlich die Technologie gegen den Menschen, sondern es rebellieren die Mittel gegen den Zweck. An Stelle der christlich/viktorianischen Vorstellung, daß die Kreation von menschenähnlichen Wesen ein Akt der Gotteslästerung sei, der bestraft würde, am Wesen und an seinem Schöpfer, ist diejenige getreten, daß auf einen Entfremdungsprozeß zwischen Menschen und Maschinen, auf ihre Ausbeutung, unweigerlich eine Auseinandersetzung folgen müsse, an deren Ende die Emanzipation des Menschen von der Maschine *(2001)*, die Emanzipation der Maschine vom Menschen *(Colossus)* oder die Schaffung eines neuen halbmaschinellen Menschen *(Des Teufels Saat)* zu stehen hätte.« (Georg Seeßlen, KINO DES UTOPISCHEN) – Über kurz oder lang mußten sich die Filmemacher dieses noch freien Themas annehmen. Sicherlich stand dabei auch reine Sensationslust Pate: Sex zwischen Mensch und Maschine inkl. Vorspiel und Ausführung. So konzentrierte sich die Kritik dann auch z. T. ganz auf die sado-masochistischen Aspekte der Geschichte, ohne die SF-Elemente zu beachten: »So bleiben hauptsächlich Szenen voll genüßlichem Sadismus und technisch sublimierten Pornoappeal in Erinnerung.« (FILMDIENST) – Damit wird man dem Film nicht gerecht. Regisseur Donald Cammell versteht es nämlich, mit Schnitt und Montage die Spannung stetig zu steigern. Geschickt setzt er kleine Gags und optische Tricks ein, dem Computer Proteus IV ›Leben‹ zu geben; es gelingt ihm sogar, die körperlosen ›Gefühle‹ des Computers in abstrakte Bildexplosionen umzusetzen.« »Mehr als einmal wird man an einen der besten Science Fiction-Filme erinnert, an Stanley Kubricks *2001*.« (FILMBEOBACHTER)
Ⓥ Euro Video
Ⓑ Dean R. Koontz: *Des Teufels Saat*, Bergisch-Gladbach 1977

Destination Inner Space
(DESTINATION INNER SPACE).
USA 1966.
R Francis D. Lyon. *B* Arthur C. Pierce. *K* Brick Marquard. *SpE* Roger George. *M* Paul Dunlap. *D* Scott Brady (Commander Wayne), Sheree North (Sandra), Gary Merrill (Dr. Le Satier), Mike Road (Hugh), Ron Burke (Monster), Roy Barcroft, Wende Wagner, John Howard, James Hong, William Thourly, Glen Spies, Biff Elliot, Richard Niles, Ken Delo, Ed Charles Sweeny. *F* 83 Min.
Dr. Le Satier, die Fotografin Sandra und ein gewisser Hugh befinden sich in einem Unterwasserlabor und werden von amphibischen Außerirdischen attackiert, bis die wackeren Recken von der US-Navy ihnen zu Hilfe eilen. – In Originalfassung.
Ⓥ Import

Destroyers
(ELIMINATORS). USA 1986.
R Peter Manoonigan. *B* Paul DeMeo/ Danny Bilson. *K* Mac Ahlberg. *SpE* John Buechler. *M* Bob Summers. *D* Andrew Prine (Harry Fontana), Denise Crosby (Nora Hunter), Patrick Reynolds (Mandroid), Conan Lee (Kuji), Roy Dotrice (Reeves), Peter Schrum (Ray), Peggy Mann (Betty), Fausto Bara (Luis), Tad Horino (Takada), Luis Lorenzo (Maurice). *F* (96) 91 Min.
Ein in der Wüste abgestürzter Pilot wird von dem Wissenschaftler Reeves, der nicht nur an Größenwahn leidet, sondern auch eine Zeitmaschine besitzt, zu einem Mandroiden (halb Mensch, halb Maschine) umgebaut, um ihm zu helfen. Doch

der Mandroid wendet sich gegen ihn und flieht. Mit dem Abenteurer Harry, dem Ninja Kuji und der jungen Forscherin Nora kehrt er zurück und durchkreuzt sein Vorhaben, mit Hilfe der Zeitmaschine über das alte Rom zu herrschen. – Ein typisches Hollywood-Knallkopf-Produkt, von Hirnis ausgedacht, die nicht mal wissen, daß Zeitmaschinen (wenn es sie gäbe) einen eben nur *zeitlich* versetzen, und nicht räumlich. Vor solchen ›Wissenschaftlern‹ sei gewarnt! – »Peter Manoonigan hat die durchaus richtige Idee, daß ein solcher Stoff ein wenig Selbstironie benötigt. Nur weiß er, wie alle Empire-Hausregisseure, eben nicht, wie man so etwas zuwege bringt.« (Norbert Stresau, SCIENCE FICTION TIMES). – Nur auf Video.
Ⓥ CBS/Fox

Diamantenfieber
(DIAMONDS ARE FOREVER). GB 1971. *R* Guy Hamilton. *B* Richard Maibaum/ Tom Mankiewicz. *LV* Ian Fleming. *K* Ted Moore. *SpE* Leslie Hillman/ Whitey McMahon. *M* John Barry. *D* Sean Connery (James Bond), Jill St. John (Tiffany Case), Charles Gray (Ernst Stavro Blofeld), Lana Wood (Plenty O'Toole), Jimmy Dean (Willard Whyte), Bruce Cabot (Saxby), Bernard Lee (›M‹), Lois Maxwell (Miß Moneypenny), Norman Burton (Felix Leiter), Trina Parks, Donna Garrett, Bruce Glover, Putter Smith, Laurence Naismith. *F* 120 Min.
Der Superverbrecher Ernst Stavro Blofeld betreibt ein riesiges Diamantenschmuggelgeschäft, hat sich ein ›bionisches‹ Double zugelegt und arbeitet an einem mit Laserkanonen bestückten Satelliten, mit dem er die ganze Welt erpressen will. Bond stellt ihn auf einer Ölbohrstation, kann aber nicht verhindern, daß sein Gegenspieler ihm erneut durch die Lappen geht.
Ⓑ Ian Fleming: *Diamantenfieber*, Berlin 1960
Ⓥ Warner Home

Digby, der größte Hund der Welt
(DIGBY – THE BIGGEST DOG IN THE WORLD). GB 1973. *R* Joseph McGrath. *B* Michael Pertwee. *K* Harry Waxman. *SpE* Tom Howard. *M* Edwin Astley. *D* Richard Beaumont (Billy White), Jim Dale (Jeff Eldon), Angela Douglas (Janine White), Spike Milligan (Dr. Harz), Milo O'Shea (Dr. Jameson), Kenneth J. Warren (General Frank), Norman Rossington (Tom), Dinsdale Landon (Col. Masters), Victor Spinetti (Prof. Ribart), Bob Todd (Manzini), John Bluthal (Jerry), Edward Underdown (Opa). Clovissa Newcombe, Victor Maddern, Molly Urquhart, Sanda Caron, Sheila Staefel, Rob Stewart, Harry Towb, Garfield Morgan, Margaret Stuart, Frank Thornton, Ben Aris. *F* 85 Min.
Der Wuschelhund Digby, ein Bobtail, läßt sich versehentlich eine Chemikalie schmecken, die an sich den Proteingehalt von Gemüse erhöhen soll. Plötzlich fängt er an zu wachsen, bis er so groß ist, daß man ihn für eine Gefahr hält. Als sich die britische Armee anschickt, ihm mit Bomben zu Leibe zu rücken, bringt ihm ein Gegenmittel die Rettung. – Ein Kinderfilm, in dem sich zahlreiche britische Komödianten ein Stelldichein geben.

Dimension Five
(DIMENSION FIVE). USA 1966. *R* Franklin Adreon. *B* Arthur C. Pierce. *K* Alan Stensvold. *SpE* Roger George. *M* Paul Dunlap. *D* Jeffrey Hunter (Justin Power), Donald Woods (Kane), France Nuyen (Kitty), Harold Sakata (Big Buddha), Robert Ito (Sato), David Chow (Stoneface), Linda Ho (Nancy Ho), Lee Kolima (Genghis), John Lormer, Bill Walker, Virginia Lee, Ken Spalding, Kam Tong, John McKie, Carol Byron, Tad Horino. *F* 92 Min.
Chinesische Agenten verstecken eine Atombombe in einer Schiffsladung Reis, um Los Angeles auszuradieren, doch zwei clevere US-Recken mit Zeitreisegürteln transportieren sich in die Zukunft und

verhindern den heimtückischen Anschlag der Roten Brut. – Applaus! In Originalfassung.
Ⓥ Import

Das Ding aus dem Sumpf
(SWAMP THING). USA 1981.
R Wes Craven. *B* Wes Craven. *K* Robin Goodwin. *M* Harry Manfredini. *D* Louis Jourdan (Arcane), Adrienne Barbeau (Alice Cable), Ray Wise (Dr. Alec Holland), Nicholas Worth (Bruno), David Hess (Ferret), Dick Durock (Swamp Thing), Don Knight (Ritter), Al Ruban (Charlie), Ben Bates, Nanette Brown. *F* 90 Min.
Der Forscher Arcane sucht im Dschungel mit seiner Assistentin Alice nach einer pflanzlich-tierischen Molekülverbindung. Als er die richtige Zusammenstellung findet, setzt infolge der freiwerdenden Energie ein mannigfaltiges Wachstum der Natur ein. Ein ansässiger Millionär will die Verbindungsflüssigkeit in seinen Besitz bringen. Arcane schluckt das Mittel, um sich der Gewalt des Millionärs zu entziehen, und wird zum ›Swamp Thing‹, einem kräftigen Baumwesen, das sich von Licht nährt. Um die Mischung zusammenzustellen, braucht der Millionär die letzte ihm fehlende Information von Alice. Swampie tritt gegen seine Häscher an, um sie zu schützen. Zwar bekommt der Bösling die vollständige Formel, doch das Serum verwandelt ihn in ein Monstrum. Im entscheidenden Kampf tötet Swampie es mit einem Schwert. – »Der unbeholfen inszenierte Film macht Anleihen bei diversen Horrorklassikern und verzichtet auf Blutbäder und übertriebene Schockelemente. Das triviale Märchen wurde einem Comic-Strip nachempfunden und hat manchmal gar Anflüge von stiller (aber ungelenker) Poesie.« (ZOOM).

Das Ding aus einer anderen Welt
(THE THING). USA 1951.
R Christian Nyby/Howard Hawks.
B Charles Lederer. *LV* John W. Campbell. *K* Russell Harlan.
SpE Linwood Dunn/Donald Stewart. *M* Dimitri Tiomkin. *D* Kenneth Tobey (Capt. Patrick Hendry), Margaret Sheridan (Nikki Nicholson), Robert Cornthwaite (Dr. Carrington), Douglas Spencer (Ned Scott), James Young (Lt. Eddie Dykes), Dewey Martin (Bob), Robert Nichols (Lt. Ken MacPherson), William Self (Sgt. Barnes), Eduard Franz (Dr. Stern), Sally Crighton (Mrs. Chapman), James Arness (Das Ding), John Dierkes (Mr. Chapman), Everett Glass (Prof. Wilson), Edmund Breon (Dr. Ambrose). 82 Min.
Captain Hendry bringt mit seinem Flugzeug eine Wissenschaftlergruppe von ihrem arktischen Stützpunkt an einen Ort, an dem ein unbekanntes Flugobjekt gelandet ist. Das Gefährt hat, wie sich herausstellt, das Eis aufgetaut, ist im Wasser versunken und wieder eingefroren. Als man es freisprengen will, wird es versehentlich zerstört, aber der Pilot scheint äußerlich unversehrt zu sein. Eingefroren in einen Eisblock, bringt man ihn zur Basis, wo er alsbald wieder auftaut und sich als blutrünstiges, außerirdisches Ungeheuer entpuppt. Das Ding flieht, nachdem es einen Menschen getötet hat, in die arktische Nacht hinaus und richtet unter den Schlittenhunden ein Blutbad an. Als die Männer der Bestie folgen, finden sie einen Arm, den die Hunde dem Ding offensichtlich abgerissen haben. Die Wissenschaftler untersuchen den Arm und stellen fest, daß das Ding kein animalischer, sondern ein pflanzlicher Organismus ist, dessen Hand Samen enthält, und daß es sich von Blut ernährt. Von nun an belagert das Ding die Forschungsstation, erobert das Treibhaus und pflanzt dort seinen Samen an, um sich zu vermehren. Es gelingt Hendry und seinen Männern jedoch, das Schlimmste zu verhindern, indem sie die außerirdischen Gewächse vernichten. Der Fremde jedoch schlägt zurück. Erst als Nikki, Hendrys Freundin, darauf hinweist, daß man ›Gemüse‹ kochen muß, um ihm die Lebenskraft zu entziehen, kommen die bedrohten Wissenschaftler

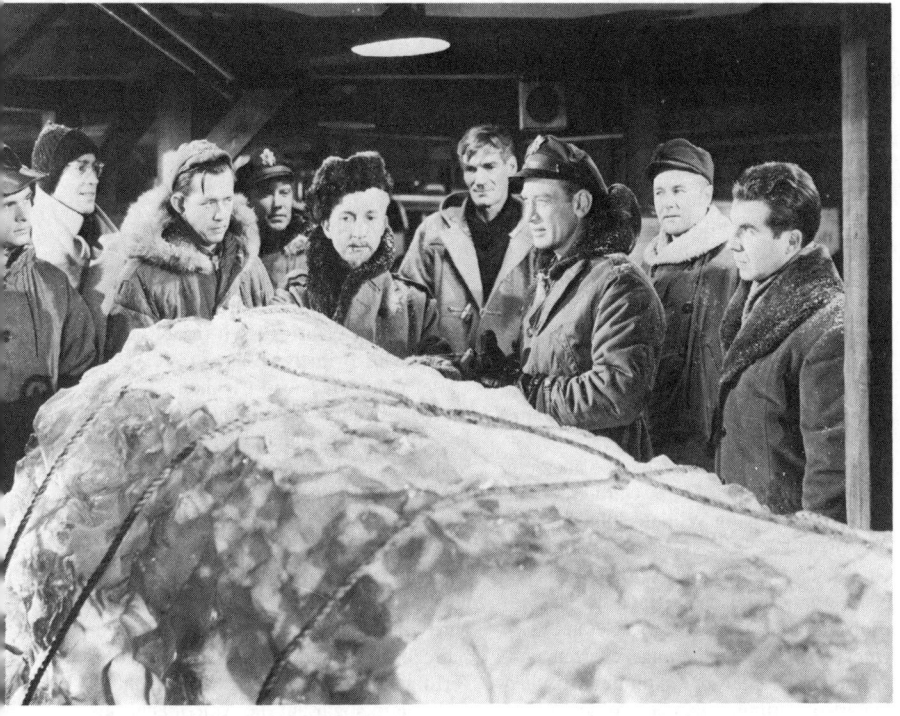

Das Ding aus einer anderen Welt von Christian Nyby und Howard Hawks

auf eine Idee. Man bastelt eine elektrische Falle, lockt das Ding hinein und macht ihm den Garaus. Der Journalist Scott, der die ganze Aktion miterlebt hat, funkt schließlich eine Warnung an die Welt: »Beobachtet den Himmel! Beobachtet den Himmel!« Denn noch weiß man nicht, ob der Fremde auf der Erde notgelandet ist oder die Vorhut einer außerirdischen Invasionsflotte war. – *Das Ding* ist einer der besten SF-Filme aller Zeiten. Ein schlüssiger, mit allen Wassern gewaschener Thriller, Dreh- und Angelpunkt einer (für damalige Verhältnisse) neuen Generation des Genres.« (Parish/Pitts, THE GREAT SCIENCE FICTION PICTURES) – 1938 hatte der renommierte SF-Autor John W. Campbell jr. unter seinem Pseudonym Don A. Stuart die Kurzgeschichte ›Who Goes There?‹ veröffentlicht. Eine Antarktisexpedition findet ein im Eis eingefrorenes Wesen aus dem Weltraum, das nach jahrtausendelangem Schlaf erwacht und das Grauen über den Expeditionsstützpunkt bringt. Das Wesen, dreiäugig, tentakelbewehrt, mit grünem Blut und blauen Augen, ist imstande, seine Form beliebig zu ändern, mit jedem lebenden Gewebe zu verschmelzen und sich auf diese Weise perfekt zu tarnen, so daß schon nach kurzer Zeit keiner der Expeditionsteilnehmer mehr weiß, wer noch Mensch und wer schon Monstrum ist. Die Story wurde immerhin von den ›Science Fiction Writers of America‹ zum besten Kurzroman aus der Zeit vor 1965 gewählt. Produzent und Co-Regisseur Howard Hawks zur Entstehungsgeschichte des Drehbuchs: »Ich hatte die Geschichte gekauft, sie war gerade vier Seiten lang (Hawks meint wohl ein Exposé; Campbells Novelette ist ca. 70 Seiten lang.

Anm. d. Verf.). Wir haben ungefähr eine Woche an dem Drehbuch gesessen. Die ersten zwei Tage hatten wir einige Schwierigkeiten, wie wir die Geschichte angehen sollten. Dann kam die Idee mit dem Reporter. Wir ließen die Geschichte aus seiner Sicht erzählen.« (MOVIE) – Und diese Geschichte hatte dann kaum noch etwas mit dem literarischen Vorbild zu tun. Hawks verlegte die Story in eine Forschungsstation am Nordpol und machte daraus einen typisch amerikanischen Streifen der Marke ›Wo Männer noch Männer sind‹. Das Ding, das die Männer finden, wird dann auch kaum noch Campbellschen Vorstellungen gerecht: »Sie haben die Story sicher gewaltig verändert – aber ich muß zugeben, daß es so auch ein äußerst erfolgreicher Film wurde.« (John W. Campbell jr. in William Johnson, FOCUS ON THE SCIENCE FICTION FILM) – Im Grunde ist *Das Ding* der Vorläufer des typisch amerikanischen Propaganda-SF-Films der 50er Jahre, der das Gefahrenbewußtsein der Bevölkerung schärfen und vor außerirdischer, d. h. kommunistischer Unterwanderung, warnen sollte: »*Das Ding* ist eigenartigerweise anti-wissenschaftlich. Immer wieder werden die Wissenschaftler als Männer mit schwachen und untauglichen Ideen gezeigt, während die Soldaten Männer der Tat sind... Der Film macht außerdem Propaganda für eine mögliche bevorstehende Invasion durch Außerirdische. In einer Zeit, wo ein Großteil der Nation wegen fliegender Untertassen in Hysterie ausbricht, nutzt gerade das Ende des Films diese nationale Angst in grober Weise aus.« (Steinbrunner/Goldblatt, CINEMA OF THE FANTASTIC) – Das Ding, ein äußerlich menschliches Wesen in Frankensteinmanier, wurde übrigens von James Arness gespielt, den Fernsehzuschauern bekannt geworden als Marshal Matt Dillon in der Westernserie *Rauchende Colts*. – Abschließendes Urteil: »*Das Ding* ist nichts für die elenden Seelen, die nur ein artiges Kino akzeptieren wollen, sondern für die einfacheren und glücklicheren Zeitgenossen, die nur unterhalten sein wollen. Für diese ist es eben – ›ein Ding‹.« (Thomas T. Foose, FILMS IN REVIEW)
Ⓑ John W. Campbell: *Das Ding aus einer anderen Welt*, Berlin 1958

Das Ding aus einer anderen Welt
(THE THING). USA 1981.
R John Carpenter. *B* Bill Lancaster. *LV* John W. Campbell jr. *K* Dean Cundey. *SpE* Rob Bottin/Albert Whitlock/Roy Arbogast. *M* Ennio Morricone. *D* Kurt Russell (MacReady), A. Wilford Brimely (Blair), T. K. Carter (Mauls), David Clennon (Parker), Keith David (Childs), Richard Dysart, Charles Hallahan, Peter Maloney, Richard Masur, Donald Moffat, Joel Polis, Thomas Waites, Norbert Weisser, Larry Franco.
F 108 Min.
Irgendwo am Südpol: Die Besatzung einer amerikanischen Forschungsstation wird plötzlich durch Schüsse aufgeschreckt. Norwegische Wissenschaftler verfolgen gnadenlos einen Schlittenhund und feuern sogar auf die Amerikaner, als diese sich ihnen in den Weg stellen. Aus Angst wird das Feuer erwidert. Die Norweger kommen um. Als die Amerikaner deren Station aufsuchen, finden sie keine lebende Seele mehr, aber diverse Aufzeichnungen machen ihnen klar, daß der Schlittenhund nicht das ist, was er zu sein vorgibt: Die Norweger haben einen außerirdischen Flugkörper gefunden, der im ewigen Eis der Antarktis begraben war – sein Insasse, ein blutrünstiges Monstrum, ist ein parasitäres Lebewesen, das jede beliebige Gestalt annehmen kann. Der außerirdische Organismus bedroht die ganze Welt. Wenn man seinem Wirken keinen Einhalt gebieten kann und er in bewohnte Gegenden vorstößt, sind die Folgen unabsehbar. Es besteht kein Zweifel daran, daß das Ding aus einer anderen Welt sich in Gestalt des Schlittenhundes bei den Amerikanern eingenistet hat. Alsbald treibt der Außerirdische in der US-Station sein Unwesen: Da er den Forschern äu-

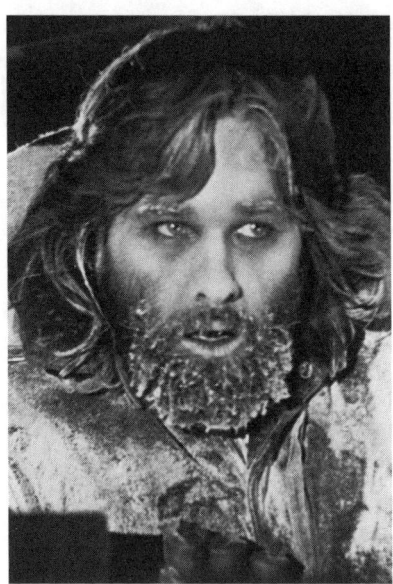

Kurt Russell in
Das Ding aus einer anderen Welt

ßerlich als Mensch erscheint, weiß bald niemand mehr, wer Freund oder Feind ist. Ein blutiger Kampf aller gegen alle entbrennt. Es bleibt dem Helikopterpiloten MacReady und seinem Widersacher Childs überlassen, die letzte Konsequenz zu ziehen: Um zu verhindern, daß das Ding die gesamte Menschheit ausrottet, sprengen sie die Forschungsstation in die Luft und sehen freiwillig dem Erfrierungstod entgegen. – Kein Remake des Christian Nyby/Howard Hawks-Films aus dem Jahre 1951, sondern eine ziemlich originalgetreue Verfilmung der Novelle ›Who Goes There?‹ von John W. Campbell jr., die dem Nyby/Hawks-Film nur als Ideenlieferant diente. War das ›Ding‹ in der Erstverfilmung noch ein ungeheuer starkes Wesen mit menschlichem Erscheinungsbild, so ist es hier (endlich) das, was sich Autor Campbell wohl vorgestellt hat: »...Ein amorphes Fleischklumpen-Kompositum aus deformierten Gliedern, schleimigen Öffnungen, offenliegenden Muskeln und Nerven und obszönen Ten-

takeln... (mit der) Fähigkeit zur Metamorphose, das jede tierische und menschliche Gestalt annehmen kann.« (DIE ZEIT) – »Explosionsartig überfällt es die Männer auf der Forschungsstation: Zuerst merkt man (ähnlich wie bei Herpes oder Grippe) nichts, dann platzt das Fleisch und deformiert sich in immer neuen grausigen Metamorphosen; das Innerste des Menschen kehrt sich als blutige Schlachtplatte nach außen, wirft Fangarme wie ein Seeungeheuer aus oder verleiht einem berstenden Haupt, aus dem Hirn und Augen quellen, Spinnenbeine. Die Effekte, mit denen das geschieht, sind in der Tat unerhört. Die Maskenbildner, die inzwischen offenbar auf den Schlachthöfen in die Lehre gehen, leisten Unglaubliches. Doch irgendwie rächt sich das Sichtbarmachen des Unvorstellbaren. So sehr man das blutrünstige Schauspiel der verrückt spielenden blutigen Innereien bewundert – richtig zusammengezuckt bin ich nur, als sich Männer zur Blutentnahme mit dem Messer den Daumen aufschnitten. Hier hatte der Schrecken meine bescheidenen Vorstellungsverhältnisse wieder eingeholt.« (Hellmuth Karasek, DER SPIEGEL) – »Carpenter ist langweilig geworden – alles ist technisch und so schematisch kalkuliert, daß echte Spannung nie aufkommt, nichts wirklich Unerwartetes passiert. Sieht man von wenigen Bonmots ab, die aber nur dem Kenner des Originals auffallen werden – der Verwendung einer alten Szene bei der Entdeckung des Raumschiffes und der daraus resultierenden Sicherheit, es mit Außerirdischen zu tun zu haben; weiterhin der Zeichnung eines identischen Vorspanns –, ist dieses Remake trotz immenser Möglichkeiten reichlich platt... Das Ergebnis nun ist zeitgemäß. Ein supercooler Hero (Russell), Schwarm unzählbarer Mädchenherzen, verkörpert die bloße Kampfmaschine. Seine Mitstreiter figurieren farblos – notwendige Komparsen für ein blutiges ›Zehn-kleine-Negerlein‹-Spektakel mit Showdown ohne echtes Happy-End.« (Reinhard Musberg, GUCKLOCH)

Ⓑ John W. Campbell: *Das Ding aus einer anderen Welt*, Berlin 1958
Ⓑ Alan Dean Foster: *Das Ding aus einer anderen Welt*, München 1982. (Buch zum Film)
Ⓥ CIC

Das Ding mit den zwei Köpfen
(THE THING WITH TWO HEADS).
USA 1972.
R Lee Frost. *B* Lee Frost/Wes Bishop/
James Gordon White. *K* Jack Steely.
M Robert O. Ragland. *D* Ray Milland
(Dr. Maxwell Kirshner), Rosevelt Grier
(Jack Moss), Don Marshall (Fred
Williams), Roger Perry (Dr. Philip
Desmond), Chelsea Brown (Lila),
Roger Gentry (Sergeant), John
Dullaghan (Thomas), Kathy Bauman
(Patricia), John Bliss (Donald Smith),
Jane Kellen (Miss Mullen), Wes Bishop
(Dr. Smith), Britt Nilsson
(Krankenschwester), Lee Frost (Sgt.
Hacker), Bruce Kimball (Lieutenant).
F 84 Min.
Damit sein Wissen nach seinem Tod nicht
verlorengeht, läßt der bigotte und krebs-
kranke Chirurg und Klinikchef Kirshner
seinen Kopf auf den Körper des unschul-
dig verurteilten Häftlings Jack Moss
transplantieren – um anschließend ent-
setzt festzustellen, daß dieser ein Schwarzer ist. So sind Komplikationen natürlich
vorprogrammiert. – Man muß den Oscar-
Preisträger Ray Milland in dieser Rolle
gesehen haben, um es zu glauben! – »Ist
teilweise für Lacher gespielt, was ein wenig über den Film hinweghilft.« (Leonard
Maltin, MOVIES & VIDEO GUIDE).
Ⓥ VCL

Dinosaurus
(DINOSAURUS!) USA 1960.
R Irvin S. Yeaworth. *B* Jean Yeaworth/
Dan E. Weisburd. *K* Stanley Cortez.
SpE Tim Baar/War Chang/Gene
Warren. *M* Ronald Stein. *D* Ward
Ramsey (Bart Thompson), Kristina
Hanson (Betty Piper), Paul Lukather
(Chuck), Alan Roberts (Julio), Gregg

Martell (Höhlenmensch, im Original:
Neanderthal Man), Fred Engelberg
(Mike Hacker), Wayne C. Tredway
(Dumpy), James Logan (O'Leary), Luci
Blain (Chica), Jack Younger (Jasper),
Howard Dayton (Mousey). *F* 80 Min.
Daß der Tyrannosaurus und der Homo
Neandertalensis in der Erdgeschichte rund
70 Millionen Jahre voneinander getrennt
lebten, der eine in Nordamerika, der andere um Düsseldorf beheimatet war, hindert den Film nicht, die beiden in einer
heute spielenden Handlung zusammenzu-
bringen. Bei Sprengarbeiten im Hafenbecken einer karibischen Insel entdeckt
man zwei Saurier und einen Frühmenschen, die im Zustand der Vereisung (!)
die Jahrtausende überlebt haben. Die
Tiefgefrorenen werden mittels natürlichen Elektroschocks in Form eines Blit-
zes noch am selben Abend aufgetaut. Dinosaurier und Frühmensch entpuppen sich
als friedlich, der Tyrannosaurus ist jedoch
gefräßig und gemein. Er terrorisiert die
Inselbewohner und tötet den Dinosaurier.
Die weitere Entwicklung ist leider so
dumm, daß man sich doch besser den gewiß über eine größere Gehirnmasse verfü-
genden Neandertaler dazu als Autor hätte
verpflichten sollen: Der Frühmensch soll
Kirmesattraktion werden, wogegen er
sich verständlicherweise bis zum letzten
Atemzug wehrt. Der Tyrannosaurus wird
schließlich mit Hilfe eines fahrbaren
Krans besiegt und ins Meer zurückgeworfen.

**Distant Lights – Unheimliche
Begegnung mit dem Jenseits**
(LUCI LONTANE). Italien 1987.
R Aurelio Chiesa. *B* Aurelio Chiesa/
Roberto Leoni. *K* Renato Tafuri.
M Angelo Branduardi. *D* Laura Morante
(Renata), Thomas Milian (Bernardo),
Giacomo Piperno (Giuliano), William
Berger. *F* 102 (89) Min.
Außerirdische, die auf die ›Materie‹ Ver-
storbener aus sind, beleben auf mysteriö-
se Weise diverse Tote. Als man ihnen auf
die Schliche kommt, machen sie einen

ängstlichen Rückzieher, doch einer ihrer Gesandten bleibt bei dem kleinen Jungen Giuliano zurück. – »Der Film verzichtet weitgehend auf äußere Effekte und bezieht Spannung aus den psychologischen Verwicklungen, wobei er oft an der Oberflächlichkeit der Figuren bleibt.« (Lutz Gräfe, FILMDIENST). – Nur auf Video.
Ⓥ Thrill

Doc Savage – der Mann aus Bronze

(DOC SAVAGE – THE MAN OF BRONZE). USA 1975. *R* Michael Anderson. *B* George Pal/Joe Morhaim. *LV* Kenneth Robeson. *K* Fred Koenekamp. *SpE* S. Bedig/ R. MacDonald. *M* John Philip Sousa/ Frank de Vol. *D* Ron Ely (Doc Savage), Paul Gleason (Tom), Bill Lucking (Renny), Michael Miller (Monk), Eldon Quick (Johnny), Darrell Zwerling (Ham), Paul Wexler (Capt. Seas), Janice Heiden (Adriana), Robyn Hilton (Karen), Pamela Hensley (Monja), Bob Corso (Don Rubio), Carlos Rivas (Kulkan), Chuy Franco (Cheelok), Alberto Morin (Jose 1), Victor Millan (Chaac), Jorge Cervera (Col. Ramirez), Federico Roberto (Präsident). *F* 100 Min.
1936, New York: Doc Savage, ein Supertyp in jeder sportlichen und wissenschaftlichen Disziplin, begibt sich mit seinem Gehirntrust (bestehend aus fünf supercleveren Allround-Experten) in das südamerikanische Land Hidalgo, um nach seinem Vater zu suchen, der angeblich an einer Tropenkrankheit gestorben ist. In Wirklichkeit ist er von dem verbrecherischen Captain Seas umgebracht worden, denn er hat im Urwald eine Art ›Goldfluß‹ entdeckt. Es kommt zu wilden Auseinandersetzungen, die Savages Männer für sich entscheiden können. Mit dem ihm zugefallenen Millionenerbe will der Doc von seinem arktischen Geheimlabor aus nun das Böse in der Welt bekämpfen. Als erstes ›heilt‹ er Seas per Gehirnoperation von seinen verbrecherischen Anlagen.

Und zwar so, daß er ihn später als Leadsänger der Heilsarmee wiedertrifft. – Doc Savage ist der Held von 181 Groschenromanen aus der Zeit von 1933 bis 1945, Wissenschaftler, Karatekämpfer und Sportler, der allen Situationen gewachsen ist. Kommt er dennoch in Schwierigkeiten, so hat er für solche Gelegenheiten seinen Gehirntrust, die sagenhaften Fünf – Anwalt, Chemiker, Ingenieur, Geologe und (etwas antiquierte Bezeichnung) Elektriker, natürlich die Weltbesten ihres Fachs. »Die Mischung von fantastischer Zukunftstechnik mit naiver Tolpatschigkeit ist ebenso albern wie amüsant. Der Routinier Michael Anderson hat das mit ständigem ironischen Blinzeln so dick auftragend inszeniert, daß er permanent an der Kippe zur Parodie balanciert. Die Rolle des Doc Savage ist mit dem ehemaligen Tarzandarsteller Ron Ely besetzt, einem Musterbeispiel für geistlose Selbstüberschätzung. John Philip Sousa steuert seinen von Frank de Vol witzig instrumentierten, patriotisch anfeuernden Marsch als ideale Untermalung bei. Dieser Film ist wirklich Kitsch für alle: für Intellektuelle, die sich amüsieren, und für Naive, die bewundern wollen.« (FILMDIENST)

Doktor Fu Man Chu

(DRUMS OF FU MAN CHU). USA 1943. *R* William Witney/John English. *B* Franklyn Adreon/Ronald Davidson/ Morgan B. Cox/Sol Shor/Barney A. Sarecky/Norman S. Hall. *LV* Sax Rohmer. *K* William Nobles. *M* Cy Feuer. *D* Henry Brandon (Dr. Fu Man Chu), William Royle (Nayland Smith), Robert Kellard (Allan Parker), Gloria Franklin (Fah Lo Suee), Olaf Hytten (Dr. Petrie), Tom Chatterton (Prof. Randolph), Luana Walters (Mary Randolph), Lal Chand Mehra (Sirdar Prahni), George Cleveland (Prof. Parker), John Dilson (Howard), John Merton (Loki), Dwight Freye (Anderson), Wheaton Chambers (Dr. Humphrey). 96/91 Min.

Der verbrecherische Asiate Fu Man Chu will mit Hilfe seiner Hypno-Tochter Fah Lo Suee und einer Armee von gehirnoperierten, hauerbewehrten Zombies die Weltherrschaft an sich reißen. Dazu benötigt er das legendäre Zepter des Mongolenführers Dschingis Khan: Wer es besitzt, kann sich zum Führer über alle asiatischen Völker aufschwingen. Mittels allerlei technischer Gadgets gelingt es Fu Man Chu immer wieder, den britischen Geheimdienstler Nayland Smith und dessen Helfer, die ihm hartnäckig auf den Fersen bleiben, auszutricksen. (Klar, am Ende kriegt er trotzdem sein Fett!) – »Ein besonders typisches Beispiel dafür, wie sich politische und gesellschaftliche Ressentiments im *mad scientist* verdichten, sind die Filme um die Figur des Dr. Fu Man Chu. Nach einer aus insgesamt dreizehn Büchern bestehenden Romanserie von Sax Rohmer schilderten die Filme ... die Versuche des chinesischen Superverbrechers Dr. Fu Man Chu, mit Hilfe eines Geheimbundes und seiner überragenden wissenschaftlichen Fähigkeiten die Herrschaft Asiens über die Welt zu verbreiten und die weiße Rasse auszulöschen. Seinen Machtanspruch legitimiert er unter anderem dadurch, daß er sich als Reinkarnation von Dschingis Khan ausgibt ... Die SF-Elemente beschränken sich ... auf die Darstellung von fantastischen, tödlichen Waffen und Folterwerkzeugen, die der *mad scientist* für seine Welteroberungspläne einsetzt. Typisch für die Figur ist auch, daß sein globaler Machtanspruch zwar den Hintergrund der Geschichte bildet, die eigentliche Handlung sich jedoch um die Beschaffung eines fast fetischistischen Objekts dreht, die auf das Identitätsproblem der Hauptfigur verweist.« (Seeßlen, KINO DES UTOPISCHEN) – DRUMS OF FU MAN CHU zählt zu den schwächsten Filmen seiner Art und bildet hier nur die Einführung in das Thema, weil sich der deutsche Verleihtitel *Doktor Fu Man Chu* dafür anbietet. – Bereits Anfang der 30er Jahre wurde eine Serie von drei Filmen um die Figur des Fu Man Chu gedreht: THE MYSTERIOUS DR. FU MAN-CHU (1929 – *R* Rowland V. Lee) wurde als Stummfilm produziert und erst später synchronisiert: RETURN OF DR. FU MAN-CHU (1930 – *R* Rowland V. Lee) und DAUGHTER OF THE DRAGON (1931 – *R* Lloyd Corrigan); in allen drei Filmen verkörperte Warner Oland einen Dr. Fu Man Chu, der vorwiegend mit Hilfe hypnotischer Fähigkeiten seinen Weltmachtanspruch verwirklichen will. Der zweifellos beste seiner Art ist der 1932 gedrehte Film THE MASK OF FU MAN CHU mit Boris Karloff in der Titelrolle, der in der BRD nur in der Originalfassung zu sehen ist und daher in diesem Buch unter seinem Originaltitel besprochen wird. Sämtliche anderen Remakes und ›Re-murks‹ sind kaum der Rede wert.
Ⓑ Sax Rohmer: THE DRUMS OF FU MAN CHU, Garden City/New York 1939

Dr. Alien
(DR. ALIEN). USA 1989.
R David De Coteau. *B* Kenneth J. Hall. *K* Nicholas von Sternberg. *M* Reg Purcell. *D* Judy Landers (Xenobia), Billy Jacoby (Wesley Littlejohn), Olivia Barash (Leeanne), Stuart Fratkin (Marvin), Raymond O'Connor (Drax), Arlene Golonka (Ma), Jim Stackett (Pa), Bobby Jacoby (Bradford Littlejohn), Julie Gray (Karla), Scott Morris (Dirk). *F* 87 Min.
Miss Xenobia kommt, als attraktive Biologielehrerin getarnt, zur Erde, um Sex-Experimente durchzuführen. Als Versuchskaninchen wählt sie den verklemmten Wesley aus, dem sie ihm eine ›Vitaminspritze‹ setzt. Fortan wird Wesley zum smarten Casanova, dem kein Mädchen widerstehen kann. Nur seiner heimlich Angebeteten werden die Knie nicht weich. Miss Xenobia erklärt das Experiment für abgeschlossen und will Wesley zu Fortpflanzungszwecken mit zu ihrem Heimatplaneten nehmen, doch Wesley spielt nicht mit: Er bleibt bei seiner großen Liebe auf der Erde. – Nur auf Video.
Ⓥ CIC

Dr. Black / Mr. Hyde
(DR. BLACK/MR. HYDE). USA 1975.
R William Crain. *B* Larry Le Bron.
K Tak Fujimoto. *M* Johnny Pate.
D Bernie Casey (Dr. Henry Pride),
Rosalind Cash (Dr. Billie Worth), Stu
Gilliam (Silky), Milt Kogan (Lt. Harry
O'Connor), Ji-Tu Cumbuka
(Lt. Jackson), Delia Thomas (Bernice),
Marie O'Henry (Linda Monty).
F 83 Min.
Dr. Henry Pride, ein im Farbigenviertel
lebender Arzt, entdeckt während einer
Forschungsarbeit an einem Serum gegen
Nierenerkrankungen ein Mittel, das ihn
zum Weißen macht. – Eine ziemlich doo-
fe Persiflage auf das Dr. Jekyll & Mr.
Hyde-Thema. In Originalfassung.
Ⓥ Import

**Dr. Goldfoot und seine Bikini-
Maschine**
(DR. GOLDFOOT AND THE BIKINI-
MACHINE). USA 1965.
R Norman Taurog. *B* Elwood Ullman/
Robert Kaufman. *K* Sam Leavitt.
SpE Roger George. *M* Les Baxter.
D Vincent Price (Dr. Goldfoot), Frankie
Avalon (Craig Gamble), Dwayne
Hickman (Todd Armstrong), Susan Hart
(Diane), Jack Mullaney (Igor), Fred
Clark (D. J. Pavney), Milton Frome,
Alberta Nelson, Annette Funicello,
Aron Kincaid, Harvey Lembeck.
F 84 Min.
Dr. Goldfoot, ein verrückter Wissen-
schaftler, strebt die Weltherrschaft an und
läßt zu diesem Zweck ein Rudel gutausse-
hender Robotermädchen auf die Mächti-
gen dieser Erde los, auf daß sie sie verfüh-
ren und begaunern. Zwei Tölpel kommen
ihm auf die Spur und durchkreuzen seine
Pläne. – Das soll eine Parodie auf die
Agenten- und Gruselfilmwelle sein. Anscheinend kommt solche Art von Humor
hier nicht an, wie anders ist es zu erklären, daß die Fortsetzung mit dem Titel
DR. GOLDFOOT AND THE GIRL BOMBS
deutsche Kinos nicht erreichte.
Ⓥ VCL (*Dr. Goldfuß*)

Dr. Heckyl und Mr. Hype
(DR. HECKYL AND MR. HYPE).
USA 1980.
R Charles B. Griffith. *B* Charles B.
Griffith. *K* Robert Carras. *M* Richard
Band. *D* Oliver Reed (Dr. Heckyl/
Mr. Hype), Sunny Johnson (Coral
Careen), Maia Danziger (Miss
Finebum), Mel Welles (Dr. Hinkle),
Virgil Frye (Lt. MacDuck/El Topo),
Cedrick Wolfe (Dr. Lew Hoo), Jackie
Coogan (Sgt. Fleacollar), Corinne
Calvet. *F* 99 Min.
Der Fußspezialist Dr. Heckyl ist ein äu-
ßerst häßlicher Bursche, der bei den Frau-
en (und besonders bei seiner Patientin Co-
ral) nicht sonderlich ankommt. Als er ein
Abspeckungspräparat nimmt, verwandelt
er sich in einen Schönling, der im wahrsten Sinne des Wortes zum Lady*killer*
wird, denn die Frauen wollen immer noch
nichts von ihm wissen. Leutnant McDuck
von der Polizei legt ihm schließlich das
Handwerk. – Ein ganz witziger kleiner
Fetzer von Charles B. Griffith, der durch
den mittlerweile zum Kultfilm avancier-
ten Streifen THE LITTLE SHOP OF HOR-
RORS (1960; Regie: Roger Corman) bekannt wurde, für den er das Drehbuch
schrieb. In der BRD nur als Videofilm zu
sehen.
Ⓥ ITT Contrast

Dr. Jekyll und Mr. Hyde
Stummfilme (Auswahl). – Im Volksglauben bedeutet das Erscheinen eines Doppelgängers die Ankündigung des nahen
Todes. So ist es nicht verwunderlich, daß
das Doppelgängermotiv eines der bedeu-
tendsten Themen der fantastischen Literatur ist (z. B. bei E. T. A. Hoffmann, Edgar A. Poe und Oscar Wilde). Eine bedrohliche Komponente dieses Motivs
stellt das dualistische Weltbild dar, das
alle Erscheinungen der Wirklichkeit in
seine gute und böse, seine männliche und
weibliche, seine körperliche und geistige
Seite teilt. Der nächste Schritt ist dann die
Anwendung dieses Gedankens auf ein
und dieselbe Person. Hier setzt Robert

Louis Stevenson an. In seiner Erzählung THE STRANGE CASE OF DR. JEKYLL AND MR. HYDE, erschienen 1886, nimmt er eine strikte Trennung in einen guten und einen schlechten Teil des Helden vor. Zusätzlich bringt er die wissenschaftliche Komponente mit ins Spiel: Die Spaltung in Gut und Böse ist Folge eines wissenschaftlichen Versuches mit einer Droge, was die Interpretation zuläßt, daß die Abspaltung des bösen, tierischen Mr. Hyde auf die Fahrlässigkeit oder den Forscherdrang des guten Dr. Jekyll zurückzuführen ist. Jekyll/Hyde verkörpert daher (neben *Frankenstein*) das klassische Motiv des *mad scientist*.

Stevensons Erzählung ist mit Abstand die meistverfilmte literarische Vorlage. Walt Lee nennt 53 verschiedene Titel (bis 1974), Alan Frank, THE HORROR FILM HANDBOOK, listet 42 wichtige Filmbearbeitungen auf (bis 1982). Es dürften beträchtlich mehr sein, rechnet man die vielen Motivanleihen mit.

Grundmuster bleibt die Erzählung Stevensons. Diese ist wie ein Kriminalfall konstruiert und offenbart ihrem Leser erst gegen Ende das Geheimnis. Sie schließt mit den bekenntnishaften Aufzeichnungen aus dem Nachlaß des durch Selbstmord verstorbenen Dr. Jekyll. Dieser ›Rückblick‹ dient den meisten Verfilmungen als Vorlage, so daß der Zuschauer die Verwandlungen direkt miterlebt, was oft gerade den Reiz der Verfilmung ausmacht. Dr. Jekyll ist sich bereits von Jugend an seiner zwiespältigen Natur bewußt. Er unterdrückt jedoch aus ›fast krankhaftem Schamgefühl‹ die negative Seite seines Charakters. Immer mehr ergreift der Gedanke Besitz von ihm, daß das Leben von allem Unerträglichen befreit wäre, könnten beide Veranlagungen ›in verschiedenen Körpern untergebracht werden‹. Als ihm schließlich im Verlauf seiner Experimente die Herstellung eines Elixiers gelingt, das eine solche Trennung ermöglicht, entsteht als negatives Produkt Edward Hyde, mißgestaltet und häßlich wie das Böse, das er verkörpert, aber auch

kleiner und jünger als Jekyll, da das Böse in dessen Natur in geringerem Maße vertreten ist als das Gute. – Thomas Russell Sullivan dramatisierte die Erzählung Stevensons bereits 1887. Eine Bühnenfassung soll dann um die Jahrhundertwende ›abgefilmt‹ worden sein, Kopien davon existieren nicht mehr, doch bilden Erzählungen und Bühnenfassung die Grundlage für eine ganze Reihe von Stummfilmen. Die erste geht auf das Jahr 1908 zurück und wurde von William N. Selig für seine Selig Polyscope Co. produziert. Der Film dauerte immerhin 16 Minuten. Seine Besetzung ist unbekannt, doch beschrieb das MOVING PICTURE WORLD vom 7. 3. 1908 den Schauspieler, der die Doppelrolle spielte, als so überzeugend, daß man sich kaum eine bessere Interpretation durch einen anderen Schauspieler vorstellen könne.

Ein Jahr später kam vom selben Produzenten Selig ein 8-Minuten-Streifen mit dem Titel A MODERN DR. JEKYLL heraus, der als Komödie angepriesen wurde. Ob es sich dabei nur um eine ›Bearbeitung‹ des ersten Films handelt, ist nicht mehr feststellbar. Im gleichen Jahr versuchten sich auch erstmals die Europäer an dem Stoff. In Großbritannien kam THE DUALITY OF MAN heraus, von dem nur bekannt ist, daß er 5 Minuten lang war und zur Vorlage ein Theaterstück von H. B. Irving hatte. Die dänische Verfilmung bietet, was den Inhalt und die credits betrifft, schon erheblich mehr:

DEN SKAEBNESV ANGRE OPFINDELSE. Dänemark 1909.

R Viggo Larsen. *B* August Blom. *K* Axel Graatkjaer. *D* Alwin Neuss, Oda Alstrup, August Blom, Heiner Zangenberg, Viggo Larsen, Emilie Sannon. 17 Min.

Jekyll, ein junger reicher Wissenschaftler und Student der Geheimwissenschaften, will seinen Freunden auf einer Party sein neues Wundermittelchen vorführen, das ihn körperlich, geistig und moralisch ändern soll. Er fällt jedoch in tiefen Schlaf und träumt die Geschichte von Jekyll und Hyde. Als sich Jekyll in Hyde verwandelt, wacht der Schläfer vor Schreck auf und schließt seine Freundin Maud in die Arme.

1912 folgte eine erneute US-Verfilmung: Unter der Regie von Lucius Henderson spielte James Cruze den würdigen, weiß-haarigen Dr. Jekyll und Harry Benham die Rolle des Mr. Hyde, ausstaffiert mit Krallenhänden und zerzausten dunklen Haaren. Der 15 Minuten lange Film zeichnete sich durch eine für die damalige Zeit eindrucksvolle Überblendtechnik von einer Charaktere in die andere aus.

1913 produzierte Carl Laemmle die erste Star-Verfilmung. Unter der Regie von Herbert Brenon, der auch das Buch ver-faßte, spielte neben Jane Gail, Matt Sny-der, Horace Crampton und William Sor-rell der Top-Star King Baggott den Part des Jekyll/Hyde. Die Kritiken überschlu-gen sich:»Es ist schon sehr selten, daß ein Mann einen Film absolut beherrscht. Bag-gott... übertrifft sich selbst. Eine kraft-volle Interpretation...« (MOVING PIC-TURE WORLD) – Bemerkenswert ist eine englische Produktion aus demselben Jahr, die in den amerikanischen Studios von Charles Urban's Kinemacolor Co. herge-stellt wurde. Dieser erste farbige *Dr. Je-kyll/Mr. Hyde*-Film konnte nicht verkauft werden (Film*verleih* gab es damals nur in Ansätzen), weil es an Projektoren mit speziellen Rot-Grün-Filtern fehlte.

1913 und 1920 entstanden auch zwei deutsche Produktionen, die sich des The-mas annahmen: *Der Andere* und *Der Ja-nuskopf. Der Andere* (*R* Max Mack; Hauptdarsteller Albert Bassermann in sei-ner ersten Filmrolle, was wegen des enor-men öffentlichen Interesses zur Geburts-stunde der ›seriösen‹ Filmkritik in Deutschland führte), reduziert das Ste-venson-Thema auf das Krankheitsbild Schizophrenie, ist daher nicht dem SF-Genre zuzurechnen (vgl. dazu Hahn/Jan-sen, LEXIKON DES HORROR-FILMS). *Der Januskopf* wird an entsprechender Stelle in diesem Buch gewürdigt. – Das Jahr 1920 bringt gleich drei US-Versionen. Eine kurze Komödie mit Hank Mann in

der Hauptrolle; eine Louis B. Mayer-Pro-duktion, die aus urheberrechtlichen Grün-den stark verändert war und in New York spielte (der Regisseur weigerte sich, sei-nen Namen für die credits herzugeben, da der Film seiner Meinung nach zu schnell und lieblos zusammengestückelt worden war); die dritte Version ist die bekannteste und von ihrer Wirkung her wichtigste Stummfilmfassung, produziert von Adolf Zukor, mit John Barrymore in der Titel-rolle.

Dr. Jekyll und Mr. Hyde
(DR. JEKYLL AND MR. HYDE).
USA 1920.
R John S. Robertson. *B* Clara S. Beranger. *K* Karl Struss/Roy Overbough. *D* John Barrymore (Jekyll/ Hyde), Martha Mansfield (Millicent Carew), Nita Naldi (Gina), Brandon Hurst (Sir George Carew), Charles Lane (Dr. Richard Lanyon), Louis Wolheim (Varieté-Besitzer), J. Malcolm Dunn (John Utterson), Cecil Clovelly (Edward Enfield), George Stevens (Poole).
70 Min.

Einer der wenigen großen Horror-Stumm-filme, gleichzusetzen mit denen von Lon Chaney! Der Film von Regisseur Robert-son wird trotz einiger gravierender Ab-weichungen der literarischen Vorlage durchaus gerecht. Die Änderungen sind wirkungsvoll und treffend. So übernimmt das Filmskript die Figur des Lord Henry aus Oscar Wildes *Das Bildnis des Dorian Gray*, was wegen des Doppelgängermo-tivs beider Stoffe durchaus naheliegt. Verführt in Oscar Wildes Roman der geistreich-zynische Lord Henry den un-verdorbenen und faszinierend schönen Dorian Gray zum rücksichtslosen Ausle-ben seiner Jugend, so treibt der ähnlich veranlagte Sir George Carew den attrakti-ven jungen Wissenschaftler Dr. Jekyll zu immer neuen biochemischen Versuchen an. John Barrymore, einer der beliebte-sten und besten Schauspieler seiner Zeit, spielt diesen Dr. Jekyll. Er überzeugt vollends in der Darstellung des physisch und psychisch abnormen Charakters Hyde. Er spielt ihn als einen degenerierten alten Mann mit häßlicher Fratze, verfaulten Zähnen, tiefliegenden Augen und bizarr geformtem Schädel. Barrymores Hyde ist daher nicht die kleine verkrüppelte Gestalt der literarischen Vorlage mehr, sondern eine »menschliche Spinne, die ihre Opfer grinsend hinterlistig umgarnt« (Glut, CLASSIC MOVIE MONSTERS). Die Verwandlung vom angesehenen Wissenschaftler zur grausamen Bestie gelingt Barrymore fast ohne jedes Make-up, nur mit den artistischen Verzerrungen seiner Gesichtszüge und durch Veränderung seiner Haarpracht, die die Tricktechnik fast überflüssig machen. Das absolut Neue an dem Film war das Herausarbeiten der erotischen Komponente. Zwei neue Charaktere wurden von nun an fester Bestandteil jeder weiteren Verfilmung: die junge Dame aus dem Hochadel, mit der Jekyll verlobt ist, auf der guten Seite, das Arbeitermädchen als Opfer Hydes auf der schlechten Seite des Lebens. Die Bewußtseinsspaltung wird endgültig ausgelöst durch die erotischen Reize des ›Schlechten‹ und setzt das von der bürgerlichen Fassade verborgene Triebleben frei, so daß Jekyll/Hyde eher ein Fall von Schizophrenie als das Ergebnis naturwissenschaftlicher Experimente ist. – Die Kritiken zu dem Film mit Barrymore überschlugen sich. Immer wieder wird ein unbekannter Rezensent zitiert, der nach dem Besuch der Uraufführung der Filmkunst bescheinigte, nur sie weise den Weg in ein neues Zeitalter. Das mag übertrieben sein. Einen Rekord jedenfalls stellte der Film auf: Er besitzt möglicherweise die wortreichsten Dialoge der Stummfilmgeschichte, die alle auf Zwischentafeln erscheinen. (Hahn/Jansen, LEXIKON DES HORROR-FILMS)

Dr. Jekyll und Mr. Hyde
DR. JEKYLL AND MR. HYDE). USA 1932. *R* Rouben Mamoulian. *B* Samuel Hoffenstein, Percy Heath. *LV* Robert Louis Stevenson. *K* Karl Struss. *Ma* Wally Westmore. *M* Robert Schumann. *D* Frederic March (Jekyll/Hyde), Miriam Hopkins (Ivy Pierson), Rose Hobart (Muriel Carey), Holmes Herbert (Dr. Lanyon), Edgar Norton (Poole), Halliwell Hobbes (Gen. Carew), Arnold Lucy (Utterson), Tempe Piggot (Mrs. Hawkins), Col. McDonnell (Hobson). 90 Min.

Regisseur Rouben Mamoulian, nicht eben auf Horror-Themen spezialisiert, dafür aber als Experimentator bereits hinlänglich bekannt, schuf mit diesem Film die eindringliche Studie einer erotischen Besessenheit. »Erstmals wurde hier der Versuch unternommen, den Stoff von Robert Louis Stevenson nicht nur ins Medium des Films zu übertragen, sondern ihn auch zu interpretieren, seine psychologischen und kulturellen Determinanten zu durchleuchten.« (Jung/Weil/Seeßlen, DER HORROR-FILM) – Dr. Jekyll will seine Verlobte Muriel so schnell wie möglich heiraten. Ihre abweisende Haltung wird durch Brautvater General Carew unterstützt, der auf Verschiebung der Hochzeit um einige Monate besteht. Auf dem Rückweg begegnet Dr. Jekyll noch am selben Abend in einer finsteren Gegend Londons der Prostituierten Ivy. Diese verführt ihn, zieht sich für ihn sogar aus und hätte ihn beinahe auf ihr Bett gezerrt, wäre da nicht im letzten Augenblick Jekylls Freund Dr. Lanyon aufgetaucht, der für saubere Verhältnisse sorgt. Dr. Jekyll sieht ein, daß sein puritanisches Ego den Umgang mit leichten Mädchen nicht erlaubt. Von da ab dienen seine wissenschaftlichen Experimente allein dazu, ihm einen Weg zu weisen, auf dem er seine geheimen Wünsche ohne bürgerliche Konventionen ungehemmt austoben kann. So jubelt er nach seinem ersten Verwandlungsexperiment auch: »Frei! Endlich frei! Lanyon! Carew! Ihr Heuchler, die ihr das Leben leugnet! Wenn ihr mich jetzt sehen könntet.« Sofort macht er sich auf den Weg zu Ivy, fällt über sie her und tyrannisiert sie. Nach seiner Rückverwandlung ist Jekyll

Die Macht der Triebe:
Frederic March und Miriam Hopkins in *Dr. Jekyll und Mr. Hyde*

entsetzt über die Wirkung seiner eigenen Erfindung. Er beschließt, die Droge nicht mehr zu gebrauchen, und bietet Ivy, die den Mr. Hyde in ihm nicht erkennt, seine Hilfe an. Doch die Droge wirkt von selbst und verwandelt ihn wieder in den schrecklichen Affenmenschen. Als Hyde erwürgt er seine Geliebte. Der Mord bleibt unaufgeklärt. Jekyll ist wegen der Tat seines Alter ego dem Wahnsinn nahe. Er will sich von seiner Braut trennen. Sie bricht zusammen. Bei dem Versuch, ihr zu helfen, verwandelt sich Jekyll endgültig in Hyde. Er wird nicht erkannt, weder von seiner Braut noch von deren Vater. Hyde tötet den General und flieht. Die Polizei schießt ihn nieder. Vor den Augen der Verfolger stirbt Hyde, verwandelt sich aber noch langsam in den toten Dr. Jekyll.

»Mamoulians Film macht aus dem Gegensatz zwischen Gut und Böse einen Gegensatz zwischen dem Zivilisierten und dem Unzivilisierten, zwischen Ordnung und Anarchie. Der Sadist Hyde ist fleischgewordene Dekadenz, Sendbote eines drohenden Niedergangs durch Anarchie.« (Giesen, DER PHANTASTISCHE FILM) – Drei Elemente machen den Film zum Meisterwerk: die Leistung des Hauptdarstellers Frederic March, die ausgefeilte Technik bei den Verwandlungsszenen und der geschickte Einsatz der subjektiven Kamera.

Frederic March wurde für diese Rolle mit dem Oscar ausgezeichnet (mußte aber, was einmalig in der Geschichte der Oscar-Verleihung ist, die ›Würde‹ des besten Schauspielers des Jahres mit Wallace Beery – THE CHAMP – teilen; erst 1946 er-

hielt er den – ungeteilten – Oscar als bester Schauspieler für den Film *Die besten
Jahre unseres Lebens*). Die Technik der
Verwandlungsszenen ist auch heute noch
verblüffend: Die Schminke wurde in mehreren Schichten verschiedenfarbig aufgetragen und mit Hilfe von Spezialfarbfil-
tern und Infraroteinstrahlung einzeln
sichtbar gemacht, so daß die sonst üblichen Überblendungen vermieden wurden.
Seine faszinierende Suggestionskraft verdankt der Film vor allem seiner für damalige Verhältnisse außergewöhnlichen Kameraführung. Zu Anfang etwa übernimmt
die Kamera die Position der Hauptfigur,
fährt in einer Kutsche zum Universitäts-
gebäude, steigt aus, begibt sich in das
Haus. Begrüßung einiger Studenten, Ab-
gabe der Garderobe. Die Tür zum Audito-
rium öffnet sich. Voll besetzt. Großaufnahme einiger Studenten:»Hoffentlich ist
Jekyll heute in Form...« Der Dozent beginnt, die Studenten schauen auf ihn.
Großaufnahme Dr. Jekyll. Erst jetzt sieht
der Zuschauer die Hauptfigur. – Ein weiteres Beispiel subjektiver Kameraführung: Um bei der ersten Verwandlungs-
szene das Schwindelgefühl der Hauptperson zu vermitteln, vollführte die Kamera
erstmals einen 360°-Schwenk. Um hier
die Spannung noch zu erhöhen, unterlegte
man diese Szene mit der Geräuschkulisse
eines dröhnenden Herzschlages, verstärkt
durch gongähnliche Tonschwingungen.
»Diese Szene wird einer der größten Hor-
rormomente der Leinwand bleiben.«
(Everson, HORROR FILM)
Die Superlative, die den Film auszeichneten, waren fast zehn Jahre später für die
MGM Grund genug, den Film von der Paramount zu kaufen, um ihn einzumotten.
Damit wollten sie ihre eigene Produktion
Arzt und Dämone mit Spencer Tracy als
Jekyll/Hyde schützen. So kam der Film
erst Anfang der siebziger Jahre wieder zur
Aufführung.

Dr. Jekyll und Mr. Hyde
(DR. JEKYLL AND MR. HYDE). GB 1973.
R David Winters. *B* Sherman Yellen.

LV Robert Louis Stevenson. *K* N. N.
M Lionel Bart/Mel Mandel/Norman
Sachs. *D* Kirk Douglas (Dr. Jekyll/Mr.
Hyde), Susan George (Annie), Susan
Hampshire (Isabel), Stanley Holloway
(Butler), Donald Pleasence (Smudge),
Sir Michael Redgrave (Danvers),
Geoffrey Chater (Lanyon), Judy Bowker
(Tupenny), Nicholas Smith (Hastings),
John J. Moore (Utterson), Geoffrey
Wright (Wainwright). *F* 76 Min.
Fürs amerikanische Fernsehen produzier-
te Musical-Fassung, besser gesagt musi-
kalische Version des Gruselklassikers mit
einem gut aufgelegten Kirk Douglas in
der Titelrolle, der es versteht, sein Gesicht mindestens so gut zu verzerren wie
seine berühmten Vorfahren. Nach seiner
Ursendung im amerikanischen Fernsehen, von der Kritik eher negativ beurteilt,
verschwand der Film, der in Europa in die
Kinos gebracht werden sollte, auf mysteriöse Weise. Schuld daran war ein Prozeß, den die Gewerkschaft der britischen
Schauspieler und die Screen Artists'
Guild of America gegen die Produzenten
angestrengt hatten, da diese den Schauspielern nicht die volle Gage gezahlt hätten. Erst Anfang der achtziger Jahre
tauchte die Kopie des Films wieder auf
und wurde auch im Zweiten Deutschen
Fernsehen gezeigt.

Dr. Jekyll und Sister Hyde
(DR. JEKYLL AND SISTER HYDE).
GB 1971.
R Roy Ward Baker. *B* Brian Clemens.
K Norman Warwick. *Ma* John Wilcox.
M David Whitaker. *D* Ralph Bates (Dr.
Jekyll), Martine Beswick (Sister Hyde),
Gerald Sim (Prof. Robertson), Lewis
Fiander (Howard), Susan Broderick
(Susan), Dorothy Alison (Ms. Spencer),
Ivor Dean (Burke), Tony Calvin (Hare),
Paul Whitsun-Jones (Sgt. Danvers),
Philip Madoc (Byker). *F* 94 Min.
Dr. Jekyll entwickelt aus den Organen
verstorbener Patientinnen ein Frischzel-
lenhormon, das Menschen verjüngt. Als
er einen Selbstversuch unternimmt, ver-

wandelt er sich überraschenderweise in eine dämonisch schöne Frau, die er in seinem Bekanntenkreis als seine Schwester Hyde vorstellt. Um seine Experimente fortsetzen zu können, ermordet er diverse Londoner Prostituierte und gerät bei Scotland Yard in Verdacht, der geheimnisvolle ›Jack the Ripper‹ zu sein. Je öfter Jekyll sich jedoch in die laszive Hyde verwandelt, desto größeren Einfluß gewinnt diese Figur auf seinen Geist. Es bleibt nicht aus, daß die Polizei ihm auf die Spur kommt. Man jagt ihn über die Dächer – bis er in den Tod stürzt. – »*Dr. Jekyll und Sister Hyde* jedenfalls besitzt den Flair und den Scharfsinn, der der Kühnheit der Grundidee voll gerecht wird. Der Film ist wirklich einer der amüsantesten Horrorfilme seiner Zeit . . .« (Butler, HORROR IN THE CINEMA)
Ⓥ Thorn EMI

Dr. Jekylls unheimlicher Horrortrip
(DR. JEKYLL E GENTILE SIGNORA).
Italien 1980.
R Steno. *B* Castellano/Pipolo. *K* Ennio Guarnieri. *M* Armando Travaioli.
D Edwige Fenech (Barbara Wimpley), Paolo Villaggio (Dr. Jekyll/Mr. Hyde), Gordon Mitchell, Janet Miles, Renato Ranieri, Franco Bruni, Gianrico Tedeschi. *F* 98 Min.
London: Der Chemie-Multi PANTAC produziert ein Düngemittel namens FP1, das zu menschlichen und tierischen Mutationen führt. Um einer Pleite vorzubeugen, soll der Wissenschaftler Dr. Jekyll aus dem Zeug Kaugummi machen. Mr. Hyde, der zur Abwechslung mal den besseren Teil des Jekyllschen Egos darstellt, hindert ihn daran, den Buckingham-Palast zu besetzen, indem er ihn in einen gutherzigen Buben verwandelt. – Ein parodistischer Film, der eine Menge Klischees gekonnt verarscht. Ⓥ VTD

Dr. M
(DOCTEUR M).
Frankreich/BRD/Italien 1990.
R Claude Chabrol. *B* Solange Mitchell/

Thomas Bauermeister/Claude Chabrol. *K* Jean Rabier. *SpE* Karl Baumgartner. *M* Paul Hindemith. *D* Jan Niklas (Hartmann), Jennifer Beals (Sonja Vogler), Alan Bates (Dr. Marsfeld), Hanns Zischler (Moser), Benoit Regent (Stieglitz), Andrew McCarthy (Attentäter), Peter Fitz (Veidt), Alexander Radszun (Engler), Wolfgang Preiss, Michael Degen, Daniela Poggi, Tobias Hösl, Jean Benguigui.
F 112 Min.
Ein Tankzug rast in einen Güterzug. Gleichzeitig stürzt sich eine Künstlerin vor die U-Bahn, und ein TV-Chef steckt seine Wohnung in Brand und nimmt Zyankali. Diese Ereignisse sind im Berlin der neunziger Jahre keine Sensation, denn eine mysteriöse Selbstmordwelle erschüttert die Stadt seit längerem. Führende Köpfe in der Stadt munkeln von Attentaten, in der Bevölkerung kursieren Gerüchte über einen Suizid-Virus. Kommissar Hartmann ermittelt in Sachen Selbstmordmotiv und entdeckt einen Zusammenhang zwischen den Todesfällen und dem schönen Theratos-Ferienclub-Mädchen Sonja. Alle Selbstmörder hatten ein Foto von ihr bei sich. Von über der ganzen Stadt verteilten Videoschirmen ermuntert sie die Bürger mit dem Spruch »Es ist Zeit, zu gehen«, für ein paar Wochen in einen Theratos-Club zu entfliehen. Hinter dem Club steht ihr Adoptivvater, der Medienzar Dr. Marsfeld. Von seiner Diskothek ›Extinction‹ aus, wo die Gäste die Apokalypse feiern, läßt er seine Marionetten tanzen. Dr. M arbeitet an dem Plan, die Bevölkerung der Stadt per Suizidwelle auszulöschen, denn er sieht die Vollkommenheit der Menschheit entweder in der Schönheit oder im Tod. Die Fotos veranlassen Sonja, an ihrer Mission zu zweifeln. Sie arbeitet mit Hartmann zusammen. Weitere Selbstmorde geschehen. Als sich der Polizist Stieglitz umbringt, begeben sich Sonja und Hartmann in einen Theratos-Club nach Afrika. Unter Massenhypnose decken die Urlauber ihre größten Ängste auf. Später, vom

Großstadtstreß attackiert und von Sonjas Stimme hypnotisiert, suchen sie auf schnellstem Weg den Freitod. Der Ostagent Moser kann Hartmann und Sonja in seiner Sterbestunde von Ms Plan unterrichten. Über den Ostsender Multimedia will M seine Todesbotschaft verbreiten. Während die Berliner langsam dem Tod entgegengehen, dringen Hartmann und Sonja in das Studio ein und stoppen die Sendung. M tritt Hartmann im Extinction entgegen. Er hat verloren – an einer Herzmaschine, die seine Lebensfunktionen aufrecht erhält, verbringt er die letzten Minuten. – Die Kritik nahm *Dr. M* zwiespältig auf. Sie schwankte zwischen totaler Ablehnung («Ein lebloser Film, der aus Themen (wie) Selbstzerstörungssehnsucht und Massensuggestion nicht mehr als eine Räuberpistole macht», FILMDIENST) oder Lob («Da soll noch einer behaupten, das europäische Kino von heute hätte kein Selbstbewußtsein», TIP). Chabrols Film ist schlicht langweilig, auch wenn er atmosphärisch dicht wirkt und bedrohlich ist. – »Was im amerikanischen Gegenwartskino Anlaß zu einer dramatischen Jagd mit dem vermeintlichen Happy End gäbe, wird vom europäischen Autoren-Regisseur mit souveräner Unbekümmertheit gehandhabt. Logischer Aufbau ist Nebensache, bedrohliche, in eiskalten Farben gehaltene Dekorationen sind Trumpf. Mit den Mitteln des deutschen Expressionismus à la Fritz Lang . . . gelingt Chabrol eine bitterböse Parabel auf unsere Zeit.« (Uwe Rasch, WESTFÄLISCHE NACHRICHTEN). – »Daß die Dreharbeiten zu *Dr. M* mitten in die Zeit der Maueröffnung fielen, war Zufall. Daß im Drehbuch der Grenzverkehr zwischen West und Ost schon problemlos verlaufen konnte, belegt den visionären Realismus des Films.« (Alfred Holighaus, TIP). – »Für einen Science Fiction-Film gibt es allerdings nichts Tödlicheres, als bei seinem Erscheinen bereits von der Wirklichkeit eingeholt worden zu sein.« (Hans Messias, FILMDIENST).
Ⓥ Cannon/VMP

Dr. Mabuse, der Spieler
Deutschland 1922.
R Fritz Lang. *B* Fritz Lang/Thea von Harbou. *LV* Norbert Jacques. *K* Carl Hoffmann. *D* Rudolf Klein-Rogge (Dr. Mabuse), Aud Egede Nissen (Cara Carozza), Gertrude Welcker (Gräfin Told), Alfred Abel (Graf Told), Bernhard Goetzke (Von Wenk), Paul Richter (Edgar Hull), Forster Larrinaga (Spoerri), Hans Adalbert von Schlettow (Georg), Georg John (Pesch), Karl Huszar (Hawasch), Grete Berge (Fine), Julius Falkenstein (Karsten), Lydia Potechina (Dame), Julius Hermann (Schramm), Anita Berber, Julie Brandt, Auguste Prasch-Grevenberg, Adele Sandrock, Max Adalbert, Paul Biensfeld, Gustav Botz, Heinrich Gotho, Leonard Haskel, Erner Hübsch, Gottfried Ruppertz, Hans Junkermann, Adolf Klein, Erich Pabst, Edgar Pauly, Karl Platen, Hans Sternberg, Olaf Storm, Erich Walter.
Neubearbeitung: Erwin Leiser, 1964.
M Konrad Elfers: ». . . eine teils neuntönerische, teils Jazzelemente verarbeitende – jedenfalls aber Personen und Handlung trefflich charakterisierende – Musik . . .« (FILMBEOBACHTER).
Teil I: **Dr. Mabuse, der große Spieler.** 95 Min. – 1921 erschien der Roman *Dr. Mabuse, der Spieler* von Norbert Jacques. Sein Held lebt im wesentlichen davon, daß er mit hohem Einsatz spielt und seine Mitspieler während des Spiels hypnotisiert, so daß sie verlieren müssen. Nur am Rande erfährt man, daß Dr. Mabuse seine so erwirtschafteten Gelder nutzbringend anlegt, daß er als Haupt einer Bande große Schmuggelaktionen finanziert. Fritz Lang wollte den Stoff sofort verfilmen, sah aber auch die Schwächen der Vorlage: ». . . fast zu bürgerlich, zu kleinlich. Der Spieler Dr. Mabuse war mit einem Gewinn von zwanzig- oder dreißigtausend Mark zufrieden – und das, obwohl die Inflation bereits begonnen hatte. Bei Lang müssen es Millionen sein. Sein Dr. Mabuse . . . begnügt sich bei weitem nicht

mit dem lukrativen Kartenspiel. Er spielt auch an der Börse, er ist in Spionagefälle verwickelt, er besitzt Häuser, Autos, Jachten, Nachtclubs, ja sogar eine eigene Falschmünzerwerkstatt. Und die Mitglieder seiner Bande sind überall.« (Curt Riess, DAS GAB'S NUR EINMAL) Dieser Dr. Mabuse, ein Meister der Maske (wie in der Filmgeschichte schon vorher Louis Feuillades Serien-Helden *Fantomas* und *Judex*) und der Hypnose, will im Berlin der zwanziger Jahre eine gesetzlose Schreckensherrschaft errichten. »Er ist so etwas wie eine Idealgestalt unserer Tage. Nicht etwa der mit plumpen Mitteln arbeitende Verbrecherkönig von einst; es ist kein Zufall, daß er Doktor ist, er hat alle Geisteskräfte seiner akademischen Bildung in den Dienst seiner gewaltigen Pläne gestellt. Er ist ein erstaunlich feiner Psychologe und weiß die Fehler und Schwächen seiner Mitmenschen einzigartig für seine Zwecke auszunutzen. Er will nicht etwa nur große Schätze sammeln, ihm schwebt vielmehr als höchstes Ziel die geistige Herrschaft über die Menschheit vor. *Der Spieler* heißt nicht nur wörtlich, daß er in Spielclubs zu Hause ist, die Erklärung für dieses Beiwort gibt vielmehr ein Zwischentitel, in dem es heißt, ›er spielt mit Menschenschicksalen und am grausamsten mit sich selbst‹.« (Fritz Olimsky, DER KINEMATOGRAPH Nr. 794) Ein rasanter Anfang führt den Zuschauer in die Welt des übermenschlichen Verbrechers ein: In einem internationalen Fernschnellzug wird ein Geheimkurier niedergeschlagen. Seine Tasche fliegt aus dem Fenster des Zuges. Ein Mann nimmt sie auf und wirft sie von einer Brücke einem Motorradfahrer zu. Dieser rast mit der Tasche los. Die Tasche wandert von einer Hand zur anderen. Dann ist die Sensation perfekt. Ein Geheimvertrag zwischen zwei Großmächten wird in der Weltpresse veröffentlicht und führt zu einem Börsensturz. Dahinter steckt Dr. Mabuse, der aus der Baisse als einziger Kapital schlägt... Dr. Wenk, Leiter des Sonderdezernats zur Bekämpfung der Spielleidenschaft, kommt dem dämonischen Verbrecher auf die Spur. Trotz aller Bemühungen der Polizei reichen die Beweise nicht, Mabuse zu überführen, geschweige denn zu verhaften. In einem Spielsalon lernt Wenk die Gräfin Told kennen, die er zur Mitarbeit überreden kann. Dr. Mabuse fährt fort, die Menschheit für seine Zwecke zu mißbrauchen. Sein Blick ist Befehl, dem sich keiner entziehen kann. Am Schluß des ersten Teils des Films steht er auf der Höhe seiner Macht; kein Vertreter der Gesellschaft, die er bekämpft, kann ihm das Wasser reichen. Teil II: **Dr. Mabuse – Inferno des Verbrechens.** 100 Min. – Die Gräfin Told, die im Auftrag Staatsanwalt Wenks Mabuses verhaftete Komplizin Cara Carozza aushorchen sollte und ihr ins Gefängnis folgte, versagt angesichts deren naturhafter Leidenschaft. Um Mabuse ihre wahre Liebe zu beweisen, nimmt sich Cara Carozza das Leben. Mabuse seinerseits begehrt die Gräfin Told; er entführt sie und richtet ihren Mann, einen degenerierten Adeligen, systematisch zu Grunde, indem er ihn zuerst zum Falschspiel, schließlich unter Einsatz seiner stärksten Waffe, der Hypnose, zum Selbstmord treibt: In der Trance schneidet er sich die Kehle durch. Doch der Untergang Dr. Mabuses bahnt sich an: Er will den Staatsanwalt Wenk, seinen noch verbleibenden Gegenspieler, beseitigen lassen. Der Anschlag mißlingt, gibt jedoch Wenk die Möglichkeit, zu kontern. Er treibt Mabuse in die Enge. Mabuse wird zusammen mit seiner Bande in seinem Haus von der Polizei belagert. Er verteidigt sich so verbissen, daß der Staat zum letzten Mittel greifen muß: dem Einsatz von Militär. Damit zwingt Mabuse, der nihilistische Superverbrecher, der sich keinem staatlichen oder moralischen Gesetz unterwirft, den Staat, ihn als seinesgleichen anzuerkennen. Mabuse entkommt noch einmal. Er flieht durch die Kanalschächte der Stadt und gelangt in seine Falschmünzerwerkstatt. Dort findet er alle Türen verschlossen. Er bricht zusammen. Bilder ja-

gen ihm durch den Kopf: seine Opfer am Spieltisch. Als die Polizei kommt, wühlt er, geistig abwesend, in Stapeln falschen Geldes. Er ist wahnsinnig geworden. »Dr. Mabuse war ein Sensationsfilm und ein Erfolg. Aber der Nerv des Erfolgs lag hier nicht einmal im Sensationellen, das noch einigermaßen im Hintergrund blieb. Er lag in der Ausnützung des Films als Zeitbild.« (Fritz Lang in: Beifuss/Kossowsky, DAS KULTURFILMBUCH) – Langs Zeitbild sollte ein Spiegelbild der Weimarer Republik sein, »eine Welt der Gesetzlosigkeit und Sittenverderbnis, der Nachtlokale, Spielhöllen und Orgien, der Homosexuellen und Prostituierten, der Anarchie und des Chaos: ein frecher Taumel einer entmenschten Menschheit, ein modernes Sündenbabel«. (Rolf Giesen, DER PHANTASTISCHE FILM) – Für den Zeitgenossen waren viele Einzelheiten der filmischen Gestaltung nicht nur einfache Spannungselemente, sondern sichtbare Zeichen einer instinktiv erahnten, in einer Gestalt personifizierten Bedrohung: »Das expressive Spiel der Darsteller, die scheinbare Allmacht des Bösen, das ungewisse Spiel von Licht und Schatten und die expressionistische Dekoration.« – Vorbild: *Das Kabinett des Dr. Caligari*, 1919/20 – »die durchaus den Geist einer aus allen Fugen geratenen Zeit widerspiegelte«. (RECLAMS FILMFÜHRER) – Fritz Lang ist oft unterstellt worden, er habe in der Figur des Dr. Mabuse Hitler vorausgesehen. Eine solche These, von Lang selbst entschieden zurückgewiesen, ist nicht haltbar. Dr. Mabuse verkörpert den verbrecherischen Anti-Staat, während Hitler und seine Kollegen den ›starken‹ Staat personifizieren.
Fritz Lang drehte später noch zwei weitere Mabuse-Filme: *Das Testament des Dr. Mabuse* (1932) und *Die 1000 Augen des Dr. Mabuse* (1960), die von der Qualität her das Vorbild nicht erreichten. Daneben gab es noch mehrere zweitklassige Thriller, die die Titelgestalt für magere kriminalistische Konstruktionen mißbrauchten, wie *Die unsichtbaren Krallen des Dr.*

Mabuse und *Im Stahlnetz des Dr. Mabuse*, beide Filme aus dem Jahr 1961.
Ⓑ Norbert Jacques: *Dr. Mabuse, der Spieler*, Berlin 1921
Ⓥ Atlas

Dr. Seltsam oder wie ich lernte, die Bombe zu lieben

(DR. STRANGELOVE, OR: HOW I LEARNED TO STOP WORRYING AND LOVE THE BOMB). GB 1963.
R Stanley Kubrick. B Stanley Kubrick/Terry Southern/Peter George. LV Peter George. K Gilbert Taylor. SpE Wally Veevers. M Laurie Johnston. D Peter Sellers (Capt. Lionel Mandrake/Präsident Muffley/Dr. Seltsam). George C. Scott (Gen. Buck Turgidson), Sterling Hayden (Gen. Jack D. Ripper), Keenan Wynn (Col. Bat Guano), Slim Pickens (Major King Kong), Peter Bull (Botschafter de Sadesky), Tracy Reed (Miß Scott), James Earl Jones, Jack Creley, Frank Berry, Glenn Beck, Shane Rimmer, Paul Tamarin, Gordon Tanner, Robert O'Neil, Roy Stephens, Laurence Herder, John McCarthy, Hal Galili. 95 Min.
General Jack D. Ripper, Kommandant des Luftwaffenstützpunktes Burpelson, dreht ganz plötzlich durch. Da er einen Anfall von sexueller Impotenz erlebt hat, glaubt er an eine kommunistische Weltverschwörung: Allem Anschein nach, so sagt ihm sein etwas verdrehter Verstand, haben ausländische Agenten das amerikanische Trinkwasser vergiftet. Dieser Anschlag auf ›unsere kostbaren Körpersäfte‹ kann natürlich nicht ungestraft bleiben. Geschwind setzt er eine strategische Bomberflotte in Marsch, instruiert seine Untergebenen, jeden Soldaten umzunieten, der den Stützpunkt betritt (denn das können ja nur getarnte Kommunisten sein), und informiert den Präsidenten von seinem eigenmächtigen Vorgehen: »Mit Gottes Hilfe werden wir siegen und Frieden, Freiheit von Furcht und guten Appetit bewahren, durch die Reinheit und Kraft unserer soliden Körpersäfte. Möge

Dr. Seltsam oder wie ich lernte, die Bombe zu lieben von Stanley Kubrick

der Herr uns beistehen.« Natürlich bricht daraufhin im Pentagon und anderswo das Chaos aus. Während Präsident Muffley sein Bestes tut, um den sowjetischen Premier von diesem kleinen Unfall in Kenntnis zu setzen, ohne daß dieser in Panik gerät, versucht eine Fallschirmjägereinheit den Stützpunkt Burpelson zu überrennen, was ihr nach horrenden Verlusten auch gelingt. Nur: General Ripper hat sich eine Kugel ins Hirn geblasen, weil er Angst davor hatte, die Kommunisten könnten ihm unter der Folter den Geheimkode zum Zurückrufen seiner Bomberflotte entreißen. Als dem britischen Verbindungsoffizier Mandrake eine Kodeknackmethode einfällt, kann er das ununterbrochen tagende Pentagon nicht erreichen, denn sämtliche Stützpunkt-Telefone sind ausgefallen. Da man kein R-Gespräch annehmen will und er auch kein Kleingeld

hat, um von einem Münzfernsprecher aus anzurufen, muß er mit Hilfe des Haudegens Colonel Guano einen Getränkeautomaten knacken. Vier der fünf mit Atombomben bestückten Flugzeuge schwenken zwar ab, aber die B-52 des texanischen Majors Kong, die leicht angeschossen wurde und das Rückrufsignal nicht mehr empfangen kann, rast weiter. Obwohl der US-Präsident und sein sowjetischer Kollege per Telefon allen Goodwill dieser Erde aufbringen, nimmt das Unglück seinen Lauf. Die Russen können Kongs Bomber nicht mehr abschießen. Als seine Tätigkeit eine sowjetische Geheimwaffe in Betrieb setzt, von der nicht mal die CIA etwas wußte (sie heißt bezeichnenderweise ›Weltuntergangsapparat‹), lauschen Präsident Muffley, der herbeigerufene russische Botschafter und die Pentagon-Generalstäbler den Worten eines Wissenschaftlers, der sich Dr. Seltsam nennt, unverkennbar deutscher Herkunft ist, den Präsidenten versehentlich mit den Worten »Mein Führer« anspricht und ständig seine rechte Hand daran hindern muß, sich zum Hitlergruß zu erheben. Und zu den Klängen eines populären Schlagers, dessen Refrain ›We'll meet again/don't know where/ don't know when/but it will be some sunny day‹ lautet, reicht die Welt den Abschied ein. – *Dr. Seltsam* ist ein Film, bei dem man nicht trocken bleiben kann – die Gags und Hinterfotzigkeiten, die Kubrick einem hier serviert, kommen knüppeldick und beinahe ununterbrochen. Aber das Lachen bleibt einem spätestens dann im Halse stecken, wenn man sich die Frage stellt, ob das, was einem da als Satire vorgesetzt wird, mit der Realität tatsächlich nichts zu tun hat: Rippers Ängste und Argumentationen entbehren nicht einer gewissen – inneren – Logik, und tatsächlich ist sein krankes Gehirn ohne weiteres in der Lage, an alle Eventualitäten zu denken, die seinen Plan zunichte machen könnten. Ripper ist gesund – ›gesund‹ in dem Sinne, daß er fähig ist, aus all den kleinen Hinweisen, die bei ihm einlaufen, die ›richtigen‹ Schlüsse zu ziehen; jene Schlüsse, die zu seinen Vorurteilen passen. Und Dr. Seltsam, der in kühler Manier von seinem Rollstuhl aus das Geschehen beobachtet, gesundet in dem Augenblick, als der ›Weltuntergangsapparat‹ aktiv wird: »Mein Führer ... äh, Mr. President«, sagt er zu Muffley, »ich kann wieder gehen.« Dem Präsidenten ist das alles schnurz; ebenso dem sowjetischen Botschafter, der – zum erstenmal im Allerheiligsten der US-Militärs – flott noch ein paar Erinnerungsfotos schießt.

»Kubricks Film ist verletzend, und ich kann mir nicht denken, daß er viele Freunde findet, wohl aber, daß die Gemütlichkeit, mit der man so mit der Bombe dahinzuleben begonnen hat, empfindlich gestört werden dürfte. Das, und außerdem die schöne Überlegenheit eines intelligenten Autors, der nicht um dieses Thema herumschleicht, machen DR. STRANGELOVE zu einem Ereignis.« (FILMKRITIK) – »Anzuzeigen ist ein Meisterwerk: Ein Film, der das zentrale Thema unserer Zeit, die atomare Bedrohung der Menschheit, als Stoff für eine mörderische Satire verwendet... Technisch brillant, mit optischen Gags und bösartig glitzernden Bild- und Wortklischees gewürzt, zeichnet sich der Film durch eine Sparsamkeit der Mittel aus, die jeder Szene, jedem Dialog Brennglasschärfe verleihen... Der Wahnsinn hat Methode. Kubricks Gestalten sind keine Karikaturen, sondern durchwegs identifizierbare Herren.« (SÜDDEUTSCHE ZEITUNG) – »Der Film ist am besten, wenn die Groteske hart an der Realität bleibt und Menschen zeichnet, nicht abnorme Figuren. Gerade die Normalität der abnormen Situation, die unüberbrückbare Diskrepanz zwischen den Menschen und diesem Ereignis ist das eigentlich Makabre... Und der junge General im Pentagon begeistert sich für die Doomsday Machine. So ein Ding müßten wir auch haben. Er begreift nicht, daß er von seiner eigenen Vernichtung spricht und daß diese schon feststeht... Das wahrhaft Schreckliche ist nicht die Existenz irgendwelcher Strangeloves, die vom Dämon besessen sind, sondern daß unser Schicksal abhängig ist von jenen beschränkten Sportstypen, die alles fabelhaft finden, was funktioniert, ganz gleich, was da funktioniert, und von jenen mit fixen Ideen behafteten altgewordenen Jünglingen.« (FILM)
Ⓑ Peter George, *Dr. Strangelove*, London 1963 (Buch zum Film)
Ⓥ RCA/Columbia

Dr. Strange
(DR. STRANGE). USA 1978.
R Philip DeGuere. *B* Philip DeGuere.
K Enzo A. Martinelli. *SpE* Van der Veer. *M* Paul Chihara. *D* Peter Hooten (Dr. Stephen Strange), Jessica Walter (Mogan Le Fay), John Mills (Lindmer), Clyde Kusatsu (Wong), Eddie Benton (Clea), June Barrett (Sarah), David

Hooks (Namenloser), Philip Sterling (Dr. Frank Taylor), Diana Webster (Oberschwester), Darah Rush (Schwester), Blake Marion (Abteilungsleiter), Bob Delegall (Internist), Inez Pedroza (Agnes Carson), Lady Rowlands (Mrs. Sullivan), Frank Catalano, Larry Anderson. *F* 94 Min.

Wirres Sammelsurium aus SF-, Fantasy- und Comic-Fetzen, als Pilotfilm einer Fernsehserie gedacht. Wer kennt sie nicht, die positive ›Macht‹, die Kräfte des Guten, die beizeiten auf die nächste Generation übergehen sollen. In diesem Stil bemüht sich der weise Mr. Lindmer, seine Bürde auf den jungen Psychologen Dr. Strange zu übertragen. Doch da ist noch Rahal, der Böse, der Herr der Dämonen, der das Teufelsweib Mogan Le Fay beauftragt, die Weitergabe zu unterbinden. Dr. Strange muß wählen, die Liebe oder die Macht des Guten. Das letztere wird ihn zum Übermenschen machen, was ihn letztlich mehr reizt. So endet denn auch der Film nach Übergabe der positiven Fähigkeiten heroisch mit den Worten: »Es ist vollbracht.« Spätestens jetzt wirft der engagierte SF-Kultist seinen Videorecorder wegen gröbster Vergewaltigung seiner Sehgewohnheiten aus dem Fenster. Unter der Tonnenlast primitivster Billigeffekte wird das Gerät beim Aufprall atomisiert werden.
Ⓥ CIC

Dr. X
(DOCTOR X).
USA 1932.
R Michael Curtiz. *B* Earl Baldwin/ Robert Tasker. *LV* Howard W. Comstock/Allen C. Miller (Bühnenstück). *K* Richard Tower/Ray Ranahan. *D* Lionel Atwill (Dr. Xavier), Fay Wray (seine Tochter), Lee Tracy (Reporter), Preston Foster (Dr. Wells), Robert Warwick, Willard Robertson (Detektive), George Rosener, Leila Bennett, Arthur Edmund Carewe, John Wray, Tom Dugan, Harry Beresford, Thomas Jackson, Harry Holman, Mae Busch, Selmer Jackson. *F* 75 Min.

Ein cleverer Reporter, der über eine Serie von Frauenmorden schreiben soll, heftet sich an die Fersen der Polizei und stößt bei seinen Nachforschungen auf ein eigenartiges, einsam gelegenes medizinisches Institut. Sein Leiter, Dr. Xavier, steht unter Verdacht, etwas mit den Morden zu tun zu haben. Das ist nicht ganz unbegründet, denn die Verletzungen der Opfer sprechen für Kannibalismus. Mehrere Mitarbeiter des Instituts haben auf die eine oder andere Weise Erfahrungen auf diesem Gebiet. So haben zwei von ihnen einen Schiffbruch überlebt, wobei ein dritter, der sich mit ihnen auf dem Rettungsboot befunden hatte, auf mysteriöse Art verschwunden ist. Ein anderer Mitarbeiter, Dr. Wells, ist gar der absolute Experte auf dem Gebiet der Kannibalismusforschung. Dr. Wells hat eine künstliche Hand, die in einem schwarzen Handschuh versteckt ist – äußeres Zeichen des Bösen in vielen fantastischen Filmen. Und er ist auch der Übeltäter. Dieser besessene MAD SCIENTIST hat eine Methode entwickelt, künstliches menschliches Fleisch herzustellen. Damit ersetzt er nicht nur seine Hand, sondern er verwandelt sich selbst in ein Ungeheuer von riesiger Kraft, verliert dabei aber völlig seine Persönlichkeit. – Ein Klassiker des Horrorfilms! »Ein faszinierendes, der deutschen Tradition verhaftetes, hervorragendes und äußerst amüsantes Horror-Spektakel... Die Einstellungen, das Spiel von Licht und Schatten und der abschließende Kampf mit dem Menschenmonster sind geradezu überwältigend.« (Halliwell's FILMGUIDE) – Von dem Film existiert eine ziemlich abgenutzte 35-mm-Farbkopie (Zweifarb-Technicolor), »die deutlich macht, daß der Film die Farbe... fantasievoll eingesetzt hat«. (Everson, CLASSICS OF THE HORROR FILMS).

Dr. Zyklop
(DR. CYCLOPS). USA 1940.
R Ernest B. Schoedsack. *B* Tom

Kilpatrick. *K* Henry Sharp/Winton C.
Hoch. *SpE* Farciot Edouard/Wallace
Kelly. *M* Ernest Toch/Gerard
Carbonara/Albert H. Malotte. *D* Albert
Dekker (Dr. Alexander Thorkel), Janice
Logan (Dr. Mary Mitschell), Thomas
Coley (Bill Stockton), Charles Halton
(Dr. Bulfinch), Victor Kilian (Steve
Baker), Frank Yaconelli (Pedro), Bill
Wilkerson (Indianer), Allen Fox
(Taxifahrer). *F* 78 Min.
Der überaus kurzsichtige Biologe Dr.
Thorkel hat sich in den peruanischen
Dschungel zurückgezogen und arbeitet
dort an der Veränderung von Molekular-
strukturen. Als ein wissenschaftliches
Team ihn unerwartet in seinem neuen
Heim besucht, geschieht Merkwürdiges:
Man stößt auf winzige Schweineknochen
und ein auf Dackelgröße reduziertes
Pferd. Thorkel, der ein Verfahren entwikkelt hat, mit dem man jedes Lebewesen
auf Däumlingsgröße zusammenschrump-
fen lassen kann, hat jedoch eigene Pläne.
Urplötzlich schließt er seine Gäste in einen geheimnisvollen Raum ein und setzt
sie seinen Radiumstrahlen aus. Die Wissenschaftler werden winzig klein; jedes
Tierchen (besonders die Hauskatze Thorkels) stellt für sie nun ein lebensbedrohen-
des Ungetüm dar. Während Thorkel
schläft, gelingt der Gruppe die Flucht
nach draußen. Aber zahllose Hindernisse
versperren ihr den weiteren Weg. Man
unternimmt den Versuch, Thorkel mit seiner abgelegten Flinte zu erschießen, aber
ohne Erfolg. Statt dessen wacht der offenbar größenwahnsinnige Biologe auf und
macht Jagd auf seine Besucher, die er
nicht entwischen lassen kann. Endlich gelingt es der Gruppe, Thorkels Brille zu beschädigen. Dr. Bulfinch bezahlt diese Tat
mit dem Leben. Von starker Kurzsichtig-
keit behindert, tastet Dr. Thorkel in der
Gegend herum, rutscht aus und stürzt in
einen Brunnen. Als er sich, um Hilfe ru-
fend, an ein Seil klammert, lassen die miniaturisierten Wissenschaftler ihn zu Tode
stürzen. Zehn Tage später läßt die Wirkung der Verkleinerungsstrahlen nach.

Alle erlangen wieder ihre ursprüngliche
Größe. – »Dieser Film lebt nicht ausschließlich von der Situation der
Schrumpfung seiner Helden, wie dies
(später) in Jack Arnolds *Die unglaubliche
Geschichte des Mr. C.* der Fall ist, er verläßt sich auf Parallelen zur Geschichte
von Odysseus und Polyphem, die mit viel
Witz und Ironie angelegt sind (wie Odysseus den Zyklopen blendet, so zerstören
die fünf die Brillengläser des MAD SCIEN-
TIST, der ohne diese nahezu blind ist). Allein diese Eigenschaft genügt, um ihn
über das Gros der MAD SCIENTIST-Strei-
fen herauszuheben...« (THE WHOLE
BLACK HOLE) – »Großartig ist Schoedsack die szenische Anwendung der ins
Riesige vergrößerten Dekorationen und
Requisiten gelungen, die die perfekte Illusion der Verkleinerung der fünf Gefährten
erzeugen. Leider ist das Prinzip, daß die
Gefahren der fünf aus ihrer geringen Größe resultieren – beispielsweise die Bedrohung durch eine gewöhnliche Katze –,
nicht immer konsequent durchgehalten
worden; so erscheint es trivial, Gefahr
von einem Alligator ausgehen zu lassen,
wenn dieser schon für Normalgroße gefährlich genug ist. Allzu naiv ist auch die
hier gebotene Vorstellung von der Wirkung radioaktiver Strahlen auf Menschen.
Aber diese offensichtlichen Schwächen
der Handlung fallen angesichts der überzeugenden Charakterisierung der Personen und besonders der gelungenen Darstellung des MAD SCIENTIST kaum ins Gewicht.« (FILMBEOBACHTER)
Ⓑ Will Garth (d. i. Henry Kuttner): *Dr.
Cyclops*, New York 1940

Doomwatch
(DOOMWATCH). GB 1972.
R Peter Sasdy. *B* Clive Exton.
K Kenneth Talbot. *M* John Scott. *D* Ian
Bannen (Dr. Dell Shaw), Judy Geeson
(Victoria Brown), Simon Oates (Dr.
Ridge), John Paul (Dr. Quist), George
Sanders (Admiral), Percy Herbert
(Hartwell), Geoffrey Keen (Sir Henry
Leyton), Joseph O'Conor (Vikar), Jean

Trend (Dr. Fay Chantry), Shelagh
Fraser (Mrs. Straker), Norman Bird
(Brewer), Joby Blanchard (Bradley),
George Woodbridge (Fährmann), Brian
Anthony (Brian Murray), James Cosmo
(Bob Gillette), Rita Davies (Mrs.
Murray). *F* 92 Min.
Radioaktive Abfälle, die ins Meer geraten
sind, erzeugen ein Öko-Desaster. Nach-
dem sie auf den Küchentischen der Be-
wohner eines Insel-Fischerdorfes gelan-
det sind, führen sie zu schrecklichen Mu-
tationen. Die Betroffenen wagen es nicht
mehr, sich Fremden zu zeigen. George
Sanders als hoher Marineoffizier untersucht den tragischen Fall. – »Ein Routine-
Thriller, routiniert inszeniert« (Peter Nicholls, FANTASTIC CINEMA). In Originalfassung.
Ⓥ Import

Das Dorf der Verdammten
(VILLAGE OF THE DAMNED).
GB 1959.
R Wolf Rilla. *B* Sterling Silliphant/Wolf
Rilla/George Barclay. *LV* John
Wyndham. *K* Geoffrey Faithfull.
SpE Tom Howard. *M* Ron Goodwin.
D George Sanders (Dr. Gordon
Zellaby), Barbara Shelley (Anthea
Zellaby), Michael Gwynne (Major Alan
Bernard), Laurence Naismith (Dr.
Willers), John Phillips (Gen. Leighton),
Richard Vernon (Sir Edgar Hargraves),
Jenny Laird (Mrs. Harrington), Richard
Warner (Mr. Harrington), Thomas
Heathcote (James Pawle), Charlotte
Mitchell (Janet Pawle), Rosamund
Greenwood (Miß Ogle), Peter Vaughan
(Constabler Gobbey), Sarah Long
(Evelyne Harrington), Robert Marks
(Paul Norman), Billy Lawrence (John
Bush), Alexander Archdale, Bernard
Archard, Susan Richards, Pamela Buck,
John Stuart. 77 Min.
Nach einem Massenohnmachtsanfall wer-
den in der britischen Ortschaft Midwich
zwölf seltsame Kinder geboren. Unter
den Müttern befinden sich eine etwas be-
tagtere Dame und ein fünfzehnjähriges

Mädchen. Die Kinder, die sich äußerlich
sehr ähneln und ein geheimnisvolles Ge-
baren an den Tag legen, scheinen Gedanken lesen zu können. Noch bevor sie das
zehnte Lebensjahr vollendet haben, findet
Dr. Zellaby heraus, daß ihre geistigen Fähigkeiten die der Erwachsenen um ein
Vielfaches übersteigen. Die ›Kuckucksei-
er‹, die den Bewohnern Midwichs ins
Nest gelegt worden sind, stellen eine Art
Kollektivintelligenz dar: Was eins der
Kinder weiß, wissen auch alle anderen.
Auch Dr. Zellaby ist auf unheimliche
Weise zum ›Vater‹ eines dieser Kinder
geworden. Als er die Theorie entwickelt,
daß sein ›Sohn‹ David und dessen Kameraden außerirdischen Ursprungs sind und
die dunkle Vorahnung artikuliert, daß die
Kinder die Macht über die Erde an sich
reißen werden, wenn sie erwachsen sind,
sticht er in ein Wespennest. Seine Theorie
erweist sich als richtig: Die Kinder sind
eine Art Voraustrupp einer außerirdischen
Invasion. Als sie merken, daß er ihnen auf
die Spur gekommen ist, trachten sie ihm
nach dem Leben. Um die Menschheit zu
retten, verfällt Zellaby auf einen verzweifelten Plan: Er sprengt die Kinder und sich
selbst in die Luft. – Der Film war bei der
Kritik äußerst umstritten. In der BRD
stieß er auf Ablehnung (»abstoßender als
viele Vorgänger/schlechthin widerlich/
Zumutung für das Kinopublikum/lieblo-
ses Konfektionsprodukt.« FILMDIENST),
aber auch Amerikas VARIETY urteilte:
»...Ein ziemlich müder und dummer
Film, der sehr verheißungsvoll beginnt,
dann aber bald sturzflugartig eingeht.« –
Ganz anders die Mehrzahl der angelsäch-
sischen Filmkritik: »Eine außergewöhnlich gelungene Adaption von Wyndhams
SF-Klassiker THE MIDWICH CUCKOOS mit
nahezu unerträglicher Spannung und einer
verblüffenden Anfangssequenz. Regie,
Drehbuch (mit Ausnahme einiger langweiliger Ausflüge in häusliche Konflikte)
und schauspielerische Leistungen sind
vorzüglich. Der Film steht den Klassikern
des Genres kaum nach.« (Alan Frank,
THE SF FILM HANDBOOK) – »Weit und

breit das Gelungenste, Gescheiteste und Glaubhafteste in dem unglaublichen Genre, das manchmal Horror, manchmal ›Pseudo‹-Wissenschaft genannt wird.« (NEW YORK HERALD TRIBUNE) – Das ›Nach‹-Spiel CHILDREN OF THE DAMNED aus dem Jahre 1963 war mehr ein Remake als eine Fortsetzung, kam aber bei weitem nicht an das Vorbild heran und wurde in der BRD nicht gezeigt.

Ⓥ MGM/UA
Ⓑ John Wyndham: *Es geschah am Tage X*, München 1965

Dracula jagt Frankenstein
(EL HOMBRE QUEL VINE DEL UMMO/LOS MONSTRUOS DEL TERROR).
BRD/Italien/Spanien 1970.
R Tulio Demicheli. *B* Jacinto Molina Alvarez. *K* Godofredo Pacheco. *M* Rafael Ferrer. *D* Michael Rennie (Dr. Varnoff), Karin Dor (Maleva), Craig Hill (Kirian), Angel del Pozo (Dracula), Paul Naschy (Monster/Werwolf), Ella Gessler, Jacinto Molino, Patty Sheppard, Manuel de Blas, Peter Damon, Diana Sorel, Ferdinando Murolo.
F 86 Min.
Der irre Wissenschaftler Dr. Varnoff erhält Besuch von zwei wiedererweckten irdischen Wissenschaftlern, die ihm im Auftrag einer außerirdischen Macht bei der Ausrottung der Menschheit helfen sollen. Statt ein paar tödliche Bakterien zu entwickeln, die diese Arbeit recht flugs erledigen könnten, erweckt er jedoch dooferweise ein paar Mythen-Monster zu neuem Leben: Graf Dracula, das Frankensteinmonster und den gefürchteten Werwolf. Solche Blödheit muß natürlich bestraft werden: Nachdem die Monstren allerlei Bluttaten begangen haben, fahren sie sich gegenseitig an die Kehle. Nur einer entkommt dem teuflischen Gemetzel: ein gewisser Jacinto Molina Alvarez, der sich seine Brötchen mit dem Schreiben von Drehbüchern verdient ... Man soll es nicht für möglich halten.
Ⓥ ITT Contrast

Draculas Bluthochzeit mit Frankenstein
(DRACULA VS. FRANKENSTEIN).
USA 1971.
R Al Adamson. *B* William Pugsley/Samuel M. Sherman. *K* Gary Graver/Paul Glickman. *SpE* Ken Strickfaden/Bob LeBar. *M* William Lava. *D* J. Carrol Naish (Frankenstein), Lon Chaney (Groton), Zandor Vorkov (Dracula), Russ Tamblyn (Rico), Jim Davis (Sgt. Martin), Anthony Eisley (Mike), Regina Carrol (Judith), John Bloom (Monster), Shelley Weiss (Monster), Angelo Rossito (Grazbo), Forrest J. Ackerman (Dr. Beaumont), Anne Morell (Samantha). *F* 91 Min.
Graf Dracula hat das Frankensteinmonster ausgegraben und zwingt dessen Schöpfer, das Biest wieder zu beleben. Dazu benötigt man ein paar Eimer Jungmädchenblut, die Draculas Helfer Groton und Grazbo unter Verwendung diverser Hackebeilchen beschaffen. Inzwischen sucht eine gewisse Judith mit ihrem Boyfriend Mike nach ihrer Schwester Joan, die Draculas Mannen schon zum Opfer gefallen ist. Als man den Halunken auf die Spur kommt, verliert Frankenstein im wahrsten Sinne des Wortes den Kopf. Als Dracula Judith zur Vampirin beißen will, bezieht er Prügel, denn das Monster ist damit nicht einverstanden. Der Vampirgraf entledigt das Monster seiner Gliedmaßen – und kriegt sein Fett ab, als die Sonne aufgeht. Dracula kann den Sarg nicht mehr erreichen und verbrennt. Geschieht ihm recht, dem alten Lutscher!

Draculas Tochter und Professor Satanas
(LA MUJER MURCIELAGO).
Mexiko 1969.
R René Cardona. *B* Alfredo Salazar. *K* Augustin Jimenez. *M* Antonio Diaz Conde. *D* Maura Monti (Gloria), Hector Godoy, Roberto Cañedo, David Silva, Crox Alvarado, Eric del Castillo, Armando Silvestre. *F* 78 Min.
Ein durchgedrehter Wissenschaftler (im

Original: Dr. Williams) kreuzt mit seiner Jacht vor Acapulco und läßt diverse Muskelmänner kidnappen, deren Gehirne er benötigt, um einen Fischmenschen zu erschaffen. Die Interpol-Agentin Gloria, die nebenbei noch Draculas Tochter ist, wird auf ihn angesetzt und landet auf seinem Operationstisch. Wie immer in Filmen dieser Art wendet sich der Fischmensch gegen seinen Schöpfer und murkst ihn ab. Zu guter Letzt haben wir dann noch eine feine Explosion, die die Jacht des Bösewichts in die Luft fliegen läßt.

Dreamscape

(DREAMSCAPE). USA 1984.
R Joe Ruben. *B* David Loughery/Chuck Russell/Joseph Ruben. *K* Brian Tufano. *SpE* Craig Readon. *M* Maurice Jarre. *D* Dennis Quaid (Alex Gardner), Max von Sydow (Paul Novotny), Christopher Plummer (Bob Blair), Kate Capshaw (Jane De Vries), Eddie Albert (Präsident), David Patrick Kelly (Tommy Ray Glatman), George Wendt (Charlie Prince), Larry Gelman (Webber), Cory Yothers (Buddy), Redmond Gleeson (Snead). *F* 93 Min.
Alex Gardner ist Telepath. Sein Ex-Chef Novotny zwingt ihn, an einem Experiment teilzunehmen. Im Institut für Traumforschung werden Menschen behandelt, die an besonders schweren Alpträumen leiden. Alex soll mit technischer Unterstützung und seinen Kräften in ihre Träume eintreten, um sie zu verändern. Einen Bauarbeiter, der in schwindelerregender Höhe an einem Träger hängt, befreit er z. B. von seinen Alptraum, indem er selbst in die Tiefe stürzt. Alex wagt sich in den Traum des Jungen Charlie, der von einem Schlangenmenschen psychisch zerfressen wird und besiegt mit ihm zusammen das Ungeheuer. In der Eisenbahn verführt er im Traum seine schlafende Kollegin Jane. Den Präsidenten der USA plagen Alpträume einer nuklearen Katastrophe, weswegen er abrüsten will. Sein aalglatter Berater Blair will dies verhindern, da er die USA dann nicht mehr für verteidigungsfähig hält. Blair bringt den Präsidenten ins Institut, will ihn jedoch von einem anderen Traumwandler behandeln lassen – dem Psychopathen Tommy Ray. Tommy lernt bei einem Test, wie man im Traum tötet. Novotny und ein Journalist, die Blairs Ziele erahnen, bezahlen mit dem Leben. Alex und Jane entkommen Blairs Killern. Alex schleust sich in den Traum des Präsidenten ein und flieht mit ihm vor seinen personifizierten Ängsten und Tommy Ray. Tommy nutzt die Möglichkeiten der Traumwelt und verwandelt sich in den Schlangenmenschen. Alex verwandelt sich in Tommys Vater und tötet ihn. Der Präsident erwacht und durchschaut Blairs Pläne. Alex sucht Blair im Traum auf und tötet auch ihn. – »Was zu einer beklemmenden Zukunftsphantasie hätte werden können – als Paraphrase über die Manipulierbarkeit des Unterbewußten – wurde meist verschenkt zu Gunsten einer entschlossenen Mischung von Science Fiction und Polit-Thriller.« (SPEKTRUM FILM).
Nur auf Video.
Ⓥ Cannon/VMP

Dreamtrap

(DREAMTRAP). USA 1989.
R Tom Logan/Hugh Parks. *B* Tom Logan. *K* Andrew Biber. *M* Don Hughes. *D* Kristy Swanson (Sue), Sasha Jenson (Alvin), Jeannie Moore (Blondee), Michael T. Kelly (Dean), Roger Floyd (Randy). *F* 88 Min.
Sue und Alvin sind Studenten und haben Probleme mit dem anderen Geschlecht. Sue geht zur Lösung des Problems mit einem tumben Schönling aus, Alvin flüchtet sich in Tagträumen zu einem Mädchen, das Sue verblüffend ähnlich sieht. Glücklich ist freilich keiner der beiden. Alvin entwickelt telepathische Kräte, so daß Sue von seinen Träumen erfährt. Nach einem Weilchen führt seine Gabe die unwissenden Idealpartner zusammen. – Nur auf Video.
Ⓥ VPS

Dreht euch nicht um, der Golem geht rum – oder das Zeitalter der Muße (TV-ARD). BRD 1971.
R Peter Beauvais. *B* Dieter Waldmann. *K* Gerd Schäfer/Helmut Stoll/Ulrich Burtin. *M* Peter Haller. *D* Martin Benrath (Sig Prun), Hannelore Elsner (Jona Tai), Katrin Schaake (Ehmi Schons), Francisca Tu (Lu Naburu), Jens Weisser (Botho), Jose 1 Gomez (Willi), Peter Eschberg (Ebby Pels), Siegmar Schneider (Kopp), Renate Roland (Mädchen), Dietrich Mattausch (Perdens), Helga Feddersen (Kindergärtnerin), Heinz Ulrich (Calo), Christoph Bantzer (Jerico), Melanie Horeschovsky (Julia Schil), Wulf Rittershausen (Fins), Wolfgang Allers (Merec). *F* 65/80 Min.

Im 23. Jahrhundert ist das Zeitalter der Muße ausgebrochen: Die letzte wöchentliche Arbeitsstunde wurde gerade abgeschafft – man hat Mühe, pünktlich zu irgendwelchen Partys und Sportveranstaltungen zu gelangen. Der Weltbürger Prun, der mit drei Frauen in einer Wohngemeinschaft lebt, wird einer genetischen Musterung unterzogen und erhält Zeugungsverbot, weil sein IQ zu gering ist, um einwandfreien Nachwuchs zu gewähren. Prun pfeift jedoch auf diese Vorschrift: Er tut sich mit der hübschen Ehmi zusammen, und bald darauf ist Botho da – der ›Golem‹ –, ein illegaler, nichtregistrierter Mensch, eine ›Schwarzgeburt‹. Botho wächst heran und wird von dem ›Halbintelligenzler‹ Willi aufgezogen, den er bald geistig überflügelt. Als er nach mehr Wissen verlangt, entwickelt Pruns Freundin Ebby einen Lerncomputer, der dem jungen Mann im Blitzverfahren alles beibringt, was er wissen möchte. Aber das war ein Fehler: Der Golem stellt nun Fragen, die ihm niemand beantworten kann oder will. Seine Andersartigkeit verunsichert nicht nur die Müßiggänger, sondern bringt auch die Gesellschaftsordnung ins Wanken. Als er die Kinder auffordert, sinnvollen Tätigkeiten nachzugehen, gerät das alles steuernde kybernetische Zentralgehirn in Bedrängnis. Es wehrt sich gegen die Umwälzungen, indem es den Menschen einen ›Bewußtseinsdämpfer‹ verpaßt. Botho und seine Freunde entziehen sich dieser Verblödung, verschwinden im Untergrund und bereiten sich darauf vor, die Erde zu verlassen. – »Interieur und Protagonisten entsprechen ungefähr den naiven Vorstellungen des kleinen Maxi von der Zukunft... Was wir bei Dieter Waldmann, der ein chaotisches Drehbuch schrieb, und Peter Beauvais, der ... eine spröde, unterkühlte, indifferente Inszenierung liefert, erleben, das ist nichts anderes als eine dramaturgisch verlebendigte Freizeitangstvision, wie wir sie zur Genüge aus den Spalten der Unternehmerpresse her kennen.« (Helmut Magnana, SCIENCE FICTION TIMES)

Die drei Supermänner räumen auf BRD/Italien/Frankreich 1967.
R Frank Kramer (= Gianfranco Parolini). *B* Marcello Coscia/Frank Kramer/Werner Hauff. *K* Francesco Izzarelli. *M* Francesco de Masi. *D* Tony Kendall (Tony), Brad Harris (Brad), Nick Jordan (Nick), Jochen Brockmann (Golem), Sabine Sun (Astrid), Bettina Busch (Zizi), Pino Mattei (Sarkis), Carlo Tamberlani (Prof. Schwarz), Thomas Reiner (Botschafter), Jochen A. Blume (Ortiz), Evy Rigano (Natascha), Rossella Bergamonti (Diane), André Bollet (Scar). *F* 90 Min.

Ein geheimnisvoller Herr namens Golem, der einst Assistent eines genialen Wissenschaftlers war, hat sich mit der Erfindung seines einstigen Chefs (einer Apparatur, die jedwede Materie verdoppeln kann) in einen Phantasiestaat zurückgezogen und produziert dermaßen viel Gold, daß die Weltwährungen ins Schwanken geraten. Drei tollkühne Geheimagenten, die ebenfalls über allerlei phantastische Gadgets verfügen (sie können z. B. mit Hilfe von Spezialschuhen Häuserwände erklimmen), machen den Golem unschädlich, bevor er mit seiner ›Universal-Repro-Ma-

Humanic paßt immer:
Brad Harris, Tony Kendall, Nick Jordan in *Die drei Supermänner räumen auf*

schine‹ die Weltherrschaft übernehmen kann. – »In dieser Form ist die Golem-Fabel nichts als dumm.« (FILMDIENST)

3001 – Die Zeit der Affen
(TIME OF THE APES). Japan 1987.
R Atsuo Okunaka/Kiyomi Fukazawa.
B Keiichi Abe. *K* Yoshihiro Mori.
M Toshiaki Tsushima. *D* Reiko Tokunaga, Hiroko Saito, Masaaki Kaji, Hitoshi Omae, Tetsuya Ushid. *F* 97 Min.
Ein Erdbeben transportiert einen japanischen Wissenschaftler und zwei Kinder zum Planeten der Affen, wo sie diverse Abenteuer erleben. Es folgt die Rückkehr in gewohnte Gefilde. – Ein selten jämmerlich zusammengestümpertes, auf keinerlei Logik fußendes Machwerk. – Nur auf Video.
Ⓥ VCL

Drei tolle Kerle
BRD/Italien 1967.
R Alberto Albertini. *B* Mario Amendola/Alberto Albertini/Evroni Ebert. *K* Umberto Grassia. *M* Ruggero Cini. *D* George Martin (Insp. Martin), Willy Newton (Willy), Dick Gordon (Nick), Heidy Fischer (Jeanette), Michael Lenz (Tony), Lisabeth Whu (Yamita), Gloria Paul (Gloria).
F 89 Min.
Um einen britischen Diplomaten, von dem ein Ferkel-Film existiert, vor einem Skandal zu bewahren, macht sich FBI-Mann Martin mit zwei Meisterdieben namens Nick und Tony auf, um die halbe Welt nach einem Erpresser abzugrasen. Angetan mit absolut schußfesten Overalls, läßt man sich von einem wissenschaftlichen Genius auf Däumlingsformat

verkleinern, um den Fall zu lösen, was schlußendlich auch gelingt. – Comicstriphaftes Superhelden-Filmchen, das sich in Sprache und ›Logik‹ bemüht, den bunten Bilderheftchen nachzueifern, die unsere Eltern uns in den fünfziger Jahren zu lesen verbaten. Daß Regisseur Albertini all dies nicht sonderlich ernst meint, schützt ihn vor unserer Rache.

Die 13 Sklavinnen des Dr. Fu Man Chu

(THE BRIDES OF FU MAN CHU). GB 1966. R Don Sharp. B Peter Welbeck. K Ernie Steward. M Johnny Douglas. D Heinz Drache (Franz Baumer), Christopher Lee (Dr. Fu Man Chu), Harald Leipnitz (Nikki Shelton), Marie Versini (Marie Lentz), Douglas Wilmer (Nayland Smith), Joseph Fürst (Otto Lentz), Tsai Chin (Lin Tang), Howard M. Crawford (Dr. Petrie), Roger Hanin (Pierre), Rupert Davis (Merlin). F 86 Min.
Dr. Fu Man Chu hat seine Welteroberungspläne immer noch nicht aufgegeben: Er hat ein Dutzend Wissenschaftlertöchter

Christopher Lee in
Die 13 Sklavinnen des Dr. Fu Man Chu

gekidnappt und zwingt auf diese Weise deren Väter zur Mitarbeit an seinen schmutzigen Plänen. Nachdem es seinen Mitarbeitern gelungen ist, auf drahtlose Weise Energie zu übertragen, sprengt er zur Demonstration seiner Macht ein Schiff in die Luft. Seine dreizehnte Entführungsaktion endet jedoch mit einem Fiasko, denn der Verlobte der hübschen Marie (deren Vater Chemiker ist) spürt der Verschwundenen nach, dringt in Fu Man Chus Schlupfwinkel ein und jagt das ganze Ganovenkroppzeug in die Luft. – Ohne Weiber geht die Fu Man Chu(se) nicht! Re-murks ab 16.

Dunkle Sonne

(CERNE SLUNCE). ČSSR 1980. R Otakar Vávra. B Otakar Vávra/Jiri Sotola. LV Karel Čapek. K Miroslav Ondricek/Josef Illik. D Radoslav Brzobohatý, Magda Vasáryová, Rudolf Hrusinský, Jerzy Kamas, Günter Naumann, András Balint, Vladimir Smeral, Ludek Munzar. F 135 Min.
»Ein Mann wird verletzt in seinem Auto gefunden. Wieder zu sich gekommen, stammelt er nur ein geheimnisvolles, unbekanntes Wort: ›Krakatit‹… Der Mann ist Wissenschaftler, er hat sich schon viele Jahre in der Stille seines Labors geheimen Forschungen gewidmet, um dem ›Stoff der Stoffe‹, dem Ursprung der Materie auf die Spur zu kommen. Hat er jetzt endlich diesen Stoff gefunden, ist Krakatit dieser so mächtige und gefährliche Stoff, der der Menschheit Glück, aber auch Verderben bringen kann? Doch noch ehe der Wissenschaftler sich über die ganzen Ausmaße und Konsequenzen seiner Erfindung vollkommen im klaren sein kann, bevor er sie gegen den Mißbrauch mit all den verheerenden Folgen schützen kann, wird er plötzlich das Opfer einer geschickten Entführung. Eine so mächtige wie brutale Rüstungsorganisation versucht, sich der Dienste des erfolgreichen Wissenschaftlers zu bemächtigen. Wie in einem goldenen Käfig hält man sich die-

sen Ingenieur Prokop, bietet ihm alle nur denkbaren Möglichkeiten für seine Forschungen. Der Mann wird gezwungen, für diese Organisation Krakatit herzustellen, jenen Stoff, der in der Lage ist, die gesamte Menschheit zu vernichten... Otakar Vávra, einer der Veteranen des tschechischen Films, drehte diesen Streifen nach dem Roman *Krakatit* des großen tschechischen Schriftstellers Karel Čapek. Vávra übertrug die Handlung des im Jahre 1924 erstmals erschienenen Romans in unsere Zeit, geht es doch in dieser Parabel um Fragen, die im Laufe der Jahre, seit 1924 bis heute, eigentlich konstant an Bedeutung gewonnen haben. Der Humanist Čapek wollte mit seinem Werk die Menschen des Atom-Zeitalters vor Entwicklungen warnen, die unübersehbare Folgen haben... Der Film zeigt jedoch auch die Kräfte, die sich diesen verbrecherischen Plänen widersetzen und sich für ein Überleben der Menschheit einsetzen. Der Film geht über Čapek hinaus, indem er versucht, ein breites Panorama der Auseinandersetzungen um diese wichtige Lebensfrage der Menschheit heute zu zeigen. *Dunkle Sonne* ist ein spannender, aktions- und abwechslungsreicher Film, der sich nicht in leeren Meditationen über den Mißbrauch bedeutsamer wissenschaftlicher Erfindungen verliert. Wie so viele Werke des großen tschechischen Schriftstellers, so behandelt auch der Film nach einem seiner Romane im Gewande eines spannenden, dem so populären Science Fiction-Genre nahen Abenteuerfilms Fragen, die für uns heute von noch brennenderer Aktualität sind, als sie es zu Zeiten von Karel Čapek waren.« (Text des PROGRESS-Filmprogramms)
Ⓑ Karel Čapek: *Krakatit*, Berlin 1949

E

Earthquake – Flammendes Inferno in Tokio
(JISSHIN RETTO).
Japan 1980.
R Kenjiro Ohmori. *B* Naketo Shindo.
K Rokuro Nishigaki. *M* Toshiaki
Tsushima. *D* Hiroshi Katsuno (Yoichi),
Toshiyuki Nagashima (Yuko), Yumi
Takigawa (Tomiko), Kayo Matsuo
(Journalist), Francis Smith, Ted Fisher,
William Willms. *F* 87 Min.
Der junge Seismologe Yoichi sagt auf-
grund von Berechnungen ein gewaltiges
Erdbeben voraus. Seine Warnungen sto-
ßen allerdings sowohl bei seinen Kollegen
als auch bei einigen selbstgerechten Poli-
tikern auf taube Ohren. Niemand denkt
daran, irgendwelche Vorsichtsmaßnah-
men zu ergreifen. Das Erdbeben findet
statt und legt die Millionenstadt Tokio in
Schutt und Asche. Ende.
Ⓥ Mike Hunter

Easy Flyer
(DANCE OF THE DWARFS).
USA 1982.
R Gus Trikonis. *B* Gregory King/Larry
Johnson/Michael Viner. *LV* Geoffrey
Household. *K* Michael Butler. *M* Perry
Botkin. *D* Peter Fonda (Harry Bediker),
Deborah Raffin (Dr. Evelyn Howard),
John Amos, Carlos Palomino, Arthur
Cervantes, Cherron Hoye, Gilbert
Arceo. *F* 93 Min.
Der amerikanischer Helikopterpilot Har-
ry, der allzuoft dem Alkohol zuspricht,
wird von junger Anthropologin engagiert,
sie zu einem Kollegen in den philippini-
schen Dschungel zu bringen. Nach einem
unerwarteten Abschuß durch Guerilla-
Truppen und einem anstrengenden Fußmarsch durch den Urwald stößt man nicht
nur auf eine kultische Hinrichtungsstätte,
sondern auch auf eine Horde schuppenhäutiger Fischmonster mit verkümmerten
Flügeln, die der vermißte Professor Esslinger entdeckt hat. Leider sehen die mit
Spannung erwarteten Urwaldmonster aus,
wie ein paar zu kurz geratene Statisten,
die man in simple Kostüme gesteckt hat.
Abgesehen davon, daß dieser Streifen
eine nur allzu deutlich erkennbare Imitation des Films *African Queen* (1951) ist,
ist er auch noch so erbärmlich langweilig,
daß ihn nicht mal der *Easy-Rider*-Ruhm
Fondas retten kann.
Ⓥ PolyGram
Ⓑ Geoffrey Household: DANCE OF THE
DWARES, London 1969

›EBIRAH‹ Horror Of The Deep
Anderer Titel für **Frankenstein und die
Ungeheuer aus dem Meer**

Edward mit den Scherenhänden
(EDWARD SCISSORHANDS).
USA 1990.
R Tim Burton. *B* Tim Burton/Caroline
Thompson. *K* Stefan Czapsky. *Ma* Stan
Winston. *M* Danny Elfman. *D* Johnny
Depp (Edward), Wiona Ryder (Kim),
Dianne Wiest (Peg), Anthony Michael
Hall (Jim), Alan Arkin (Bill), Vincent
Price (Erfinder), Kathy Baker (Joyce),
Robert Oliver (Kevin), Conchita Farrell
(Helen). *F* 98 Min.
Schnee fällt über eine Siedlung, an deren
Ende ein düsteres, märchenhaftes Schloß
liegt. In einem erleuchteten Haus sitzt
eine Oma und erzählt ihrer Enkelin auf die
Frage, warum es schneit, die Geschichte
von Edward mit den Scherenhänden: Der
Schloßherr, ein Erfinder, will den perfek-
ten Menschen erschaffen. Im Moment der
Vollendung – dem Tausch der Scheren-
hände – stirbt er. Edward bleibt hilflos allein. Jahre später kommt die Avon-Bera-
terin Peg ins Schloß, das noch nie von den
Bewohnern des Ortes betreten wurde. Angezogen von wundersam geschnittenen
Heckenfiguren wagt sie sich in das
Schloß, wo sie auf den scheuen Edward
stößt. Peg will ihm helfen, sie nimmt ihn
mit nach Hause. Verunsichert gerät Ed-

ward in die Fänge tratschsüchtiger und te-
lefonierender Grüner Witwen. Peg
schenkt ihm ihre Zuneigung. Im Ort
macht er sich als Friseur und Gärtner beliebt. Edward verliebt sich in Pegs Tochter Kim, die mit dem brutalen Jim zusammen ist. Aus Liebe zu Kim läßt er sich mit
Jim auf einen Einbruch ein. Da Edward
die Schuld auf sich nimmt, verkehrt sich
alles ins Gegenteil: Aufgrund seiner Andersartigkeit wenden sich die Bürger gegen ihn. Das Geschehen eskaliert; Edward wird ins Schloß zurückgetrieben,
wo es zwischen ihm und Jim zum Zweikampf kommt. Edward stirbt; Kim bringt
der aufgebrachten Menge als Beweis für
Edwards Tod eine Ersatz-Scherenhand.
Für Liebe ist es jetzt zu spät, sie wird für
immer unerwidert bleiben. – »Tim Burton
hat die in der Filmgeschichte schon in
vielen Varianten erzählte Geschichte vom
›Ungeheuer und der Schönen‹ neu aufleben lassen. Im Gegensatz zu vielen seiner
›humanoiden‹ Vorgänger ist Edward aber
kein seelenloses Wesen, sondern eher ein
moderner ›Elefantenmensch‹, dessen kör-
perliches ›Gebrechen‹ nur so lange akzeptiert wird, wie man Nutzen von ihm hat.
Sobald aber seine Andersartigkeit Ängste
erzeugt, wendet man sich gegen ihn....
Hinzu kommt, daß Johnny Depp es versteht, trotz seiner Maske und der stummen Rolle die Verletzlichkeit eines Menschen glaubhaft zu machen.« (Rolf-Rue-
diger Hamacher, FILMDIENST). Der Film
wirkt zwar stellenweise rührselig, hat
aber viel an märchenhaftem Flair und
phantasievollem Design zu bieten.

Ein Computer wird gejagt

(THE QUESTOR TAPES).
USA 1974.
R Richard A. Colla. *B* Gene
Roddenberry/Gene L. Coon. *K* Michael
Margulies. *SpE* Albert Whitlock. *M* Gil
Mellé. *D* Robert Foxworth (Questor),
Mike Farrell (Jerry Robinson), John
Vernon (Darrow), Lew Ayres (Dr.
Vaslovik), James Shigeta (Dr. Chan),
Dana Wynter (Helen Trimbal), Robert

Douglas (Dr. Michaels), Ellen Weston
(Allison Sample), Majel Barrett (Dr.
Bradley). *F* 95 Min.
Questor ist ein Android, den ein amerikanisches Forschungsteam nach Konstruk-
tionsunterlagen des seit geraumer Zeit
verschwundenen Nobelpreisträgers Vaslovik gebaut hat. Mit seiner Programmierung ist jedoch etwas nicht in Ordnung,
denn kurz nach der Fertigstellung macht
Questor sich unaufgefordert auf die Suche
nach seinem geistigen Vater. Der Ingenieur Jerry Robinson begleitet ihn nach
London und findet schließlich heraus, daß
der Android der letzte einer ganzen Serie
von außerirdischen Robotwächtern ist,
die die Menschheit seit Unzeiten in eine
bestimmte Entwicklungsrichtung manipulieren. Da sich nicht jeder mit dem Gedanken anfreunden kann, Spielball einer
anonymen außerirdischen Macht zu sein,
ist Questors Leben auf das höchste gefährdet... – »Der Produktionsaufwand ist
erstaunlich minderwertig, die Inszenierung oft pathetisch, und Motive und
Handlungsstränge winden sich dunkel daher in diesem anscheinend sehr improvisierten Werk der Filmgesellschaft Universal, die sich bisher durch ihre Bereitschaft
auszeichnete, für einen Qualitäts-Science
Fiction auch entsprechende Mittel zur
Verfügung zu stellen.« (CINEFANTASTI-
QUE)
Ⓑ D. C. Fontana: *Ein Computer wird gejagt*, Bergisch-Gladbach 1978

Eine Firma für die Ewigkeit

BRD 1983.
R Rolf Gmöhling. *B* Rolf Gmöhling.
K Claus Deubel/Uli Köhler. *M* Claus
Deubel/Paul Esslinger. *D* Arno Noppe
(Jim Kain), Rudolf Schwarz
(Fredersen), Peter Schlesinger (Arzt),
Karl Heinz Grewe (Programmdirektor),
Siegfried Zimmerschied (Kanzler),
Bernd Henkels (Oberst), Klaus-Dieter
Fröhlich (Moderator), Hans-Joachim
Kaiser (Ritzer), Ilse Schmalzigaug (Frau
Radl), Joachim Schnabl (Beamter),
Julius Ziehmer (Reporter), Hildegard

Bauer (Erika), Gerhard Joachimsthal (Eggmann).
F 84 Min.
Deutschland, irgendwann in naher Zukunft: Als Arno nach zehnjähriger Krankheit für gesund erklärt wird, zieht er in die Welt hinaus, um sich nützlich zu machen. Doch die hat sich inzwischen sehr verändert, da mehr oder weniger alle Menschen von der Stütze leben. Die Bundeswehr ist an der Macht, denn von den über 20 Parteien, die bei der letzten Wahl angetreten sind, hat keine über 5% bekommen. Der Kanzler befindet sich auf einer Weltreise. Auf dem Arbeitsamt ist man zwar verwundert, als Arno um eine Stelle nachsucht, aber er findet einen Job bei einer Firma, die Feuerwerkskörper herstellt, die niemand kauft. Ein Mensch, der freiwillig arbeitet, ist natürlich ein Thema für die TV-Nachrichten, doch auch die werden gefälscht . . . – »Das Kafkaeske geht unter im Wirrwarr der Handlung. Die Werte von gestern sind bekanntermaßen für viele nicht mehr die Werte von heute, und auch diese werden wohl nicht die der Zukunft sein. Für diese Botschaft hätte es dieses Films nicht bedurft, denn seine Beschreibung der Zukunft schreckt mehr als daß sie zum Denken anregt.« (Joe Hill, FILMDIENST).

Eine Million Jahre vor Christus
Anderer Titel für **Tumak, der Herr des Urwalds**

Eine Million Jahre vor unserer Zeit
(ONE MILLION YEARS B. C.).
GB 1965.
R Don Chaffey. *B* Michael Carreras.
K Wilkie Cooper. *SpE* Ray
Harryhausen. *M* Mario Nascimbene.
D John Richardson (Tumak), Raquel Welch (Loana), Robert Brown (Akhoba), Percy Herbert (Sakana), Martine Beswick (Nupondi), Malya Nappi (Tohana), Yvonne Horner (Ulla), Jean Wladon (Ahot), William L. Brown (Payto), Anne Trevor (Kala), Lisa Thomas (Sura). *F* 100 Min.

In einem imaginären Land der Vergangenheit: Der Frühmensch Tumak gerät in einen Streit mit seinem Vater und wird in einen Abgrund geworfen. Er schlägt sich durch ein von Sauriern und allerlei phantastischem Getier bewohntes Land und trifft auf den Muschelstamm, der bereits in Hütten lebt und primitive Waffen und Werkzeuge benutzt. Als die hübsche Loana sich seiner annimmt, zieht sie sich den Haß des Häuptlings Ahot zu, der sie zur Frau begehrt. Obwohl es Tumak gelingt, die Achtung des Stammes zu erringen, wird er nach einem Streit mit Ahot ausgestoßen. Loana begleitet ihn, wird aber unterwegs von einem fliegenden Ungeheuer entführt. Als Tumak zu seinem alten Stamm zurückkehrt, muß er eine Revolte des machthungrigen Sakana niederschlagen, der seinen Vater vom Häuptlingsthron stürzen will. Mit Hilfe der wieder auftauchenden Loana und den Kriegern des Muschelstammes kann Tumak die Rebellen besiegen. Nachdem ein Vulkanausbruch beide Stämme stark dezimiert hat, tun sich die Überlebenden zusammen und halten unter Tumaks Führung nach einer neuen Heimat Ausschau. – »Dieser Film, ein Remake des 1940 entstandenen Hollywood-Streifens *Tumak, der Herr des Urwalds*, war die hundertste Hammer-Produktion . . . dieser Film gab Raquel Welch, nach ihrer vielversprechenden Arbeit in *Die phantastische Reise*, eine weitere Gelegenheit, sich in einer Hauptrolle zu bewähren. Ray Harryhausens Spezialeffekte sind konkurrenzlos, als er einen Flugsaurier ›ins Leben ruft‹, der die Heldin wegschleppt, um sie dann ins Meer fallen zu lassen, weil seine Aufmerksamkeit von einem Kampfgetümmel abgelenkt wird . . . Der Film war ein visueller Hochgenuß und eines von Hammers vergnüglichsten Urwelt-Epen«, jubelte Hammers ›Haus‹-Chronik THE HOUSE OF HORROR. Die Kritik urteilt etwas gedämpfter: »Es wäre sicherlich zu einfach, den Film als dummes Spektakel abzutun; die Geschicklichkeit, mit der Hammer seine Filme produziert, ist wieder einmal offen-

Jean Wladon und John Richardson in
Eine Million Jahre vor unserer Zeit

kundig und Regisseur Don Chaffey zweifellos der geeignete Mann dafür; und das Ganze ist doch sehr unterhaltsam!« (David Wilson, MONTHLY FILM BULLETIN)
»Nur Ray Harryhausens imponierende stop-motion-Technik rettet die Handlung vor der totalen Katastrophe.« (Alan Frank, THE HORROR FILM HANDBOOK) – Die Tricks machten den Film zu einem Kassenschlager.

Eine Pfeife in Amerika
(THE RETURN OF SHERLOCK HOLMES).
USA 1987.
R Kevin Connor. *B* Bob Shayne.
K N.N. *M* N.N. *D* Michael Pennington (Sherlock Holmes), Margaret Colin (Jane Watson), Lila Kaye (Sekretärin), Barry Morse (Carter Mostan), Connie Booth, Nicholas Guest. *F* 90 Min.
Sherlock Holmes hat tiefgefroren einen

jahrhundertlangen Schlaf überdauert. Die Urenkelin seines alten Helfers Dr. John H. Watson weckt ihn im 20. Jahrhundert, und als neues Team lösen sie eine Reihe von Mordfällen. Der Unterschied zwischen dem Gestern und Heute führt zu einigen Turbulenzen. – Nur auf Video.
Ⓥ CBS/Fox

Eine Stadt hält den Atem an
(SEVEN DAYS TO NOON).
GB 1950.
R Roy Boulting/John Boulting. *B* Frank Harvey/Roy Boulting/Paul Dehn/James Bernard. *K* Gilbert Taylor. *M* John Addison. *D* Barry Jones (Prof. Willingdon), Olive Sloane (Goldie), Andre Morell (Folland), Sheila Manahan (Ann Willingdon), Hugh Cross (Stephen Lane), Joan Hickson (Mrs. Peckett), Ronald Adam (Premierminister), Merrill Mueller

(Kommentator), Geoffrey Keen, Marie Ney. 94 Min.
Ein britischer Physiker hat eine Atombombe in seinen Besitz gebracht und droht, die Stadt London in die Luft zu jagen, wenn der Premierminister nicht binnen sieben Tagen alle Atomwaffenversuche stoppen läßt. London wird evakuiert. Die Armee durchkämmt die Stadt und findet den Physiker schließlich betend in einer Kirche – neben der Bombe, die in letzter Sekunde unschädlich gemacht werden kann. – In der Behandlung der Furcht vor der Atombombe in den frühen 50er Jahren fällt auf, daß die englischen Filme häufiger als die amerikanischen die Bedrohung beim Namen nannten. Allerdings bediente man sich bei der filmischen Erörterung dieser kollektiven Bedrohung nur in Ausnahmefällen des Science Fiction-Films, und selbst in Filmen wie *Eine Stadt hält den Atem an* überwiegen die Thriller-Elemente.« (Seeßlen, KINO DES UTOPISCHEN) – »Der Film, halb-dokumentarisch gedreht, ein Stil, den gerade die englischen Filmemacher der 40er und 50er Jahre perfektionierten, ist in seinem Spannungsaufbau sehr eindrucksvoll, und den heutigen Zuschauer wird überraschen, daß das Thema heute noch aktueller ist als vor dreißig Jahren.« (Brosnan, FUTURE TENSE) – Der »erstklassige Thriller« (Halliwell's FILMGUIDE) erhielt 1951 für das beste Original-Filmdrehbuch den Oscar.

Eine verhängnisvolle Erfindung
(14 GOING ON 30). USA 1988.
R Paul Schneider. *B* Richard Jeffries. *K* Fred J. Koenekamp. *M* Lee Holdridge. *D* Gabey Olds (Danny), Daphne Ashbrook (Miss Noble), Adam Carl (Lloyd), Steve Eckholdt, Irene Tedrow, Patrick Duffy, Harry Morgan, Loretta Swit, Dick Van Patten, Rick Rossovich. *F* 81 Min.
Der vierzehnjährige Danny möchte erwachsen sein. Seine große Liebe ist die dreißigjährige Lehrerin Miss Noble. Als sein Nachbar Lloyd, ein Tüftler und Bastler, einen Wachstumsbeschleuniger erfindet, sieht Danny, wie Pflanzen in Sekundenschnelle größer werden. Hoho! Danny wirft die Maschine an, wird dreißig Jahre alt und in der Schule als neuer Lehrer empfangen. Er gibt dem ekligen Sportlehrer, der einst mit Miss Noble liiert war, Kontra, und die reizende Dame für sich zu begeistern, wird zum Kinderspiel. Danny genießt zwar das frühreife Leben, muß aber auch die Tücken des Alters erkennen. Schließlich läßt die Kraft nach. Lloyd dreht das Verfahren um und macht aus Miss Noble einen flotten Teenager. – Nur auf Video.
Ⓥ Walt Disney

Die Eingefrorenen
(THE FROZEN DEAD).
GB/USA 1966.
R Herbert J. Leger. *B* Herbert J. Leger. *K* David Boulton. *M* Don Banks. *D* Dana Andrews (Dr. Norberg), Kathleen Breck (Elsa Tenney), Anna Palk (Jean Norberg), Philip Gilbert (Dr. Ted Roberts), Alan Tilvern (Karl Essen), Karel Stepanek (Gen. Luback), Basil Benson (Hptm. Tirpitz), Oliver McGreevy (Joseph), Ann Tirard (Frau Schmitz), Tom Chatto (Insp. Witt), Edward Fox (Gefangener), John Moore, Charles Wade. 95 Min.
Der Ex-Nazi-General Luback und der Wissenschaftler Norberg bemühen sich um die Wiederbelebung einiger Bataillone von Hitler-Soldaten, die seit dem Zweiten Weltkrieg im Tiefschlaf liegen, um mit ihrer Hilfe das Vierte Reich aufzubauen. Dr. Ted Roberts, ein unerschrockener Forscher, macht dem Faschistenpack einen gehörigen Strich durch die Rechnung. – Ein nur selten aufgeführter Routine-Thriller, dem offensichtlich nur ein Miniwinzig-Budget zur Verfügung stand.

Ein gewisser Dick Dagger
(A MAN CALLED DAGGER).
USA 1967.
R Richard Rush. *B* James Peatman/

Robert S. Weekley. *St* W. L. Riffs.
K Leslie Kovacs. *M* Steve Allen.
D Paul Mantee (Dick Dagger), Terry
Moore (Harper Davis), Jan Murray
(Rudolf Koffman), Sue Ann Langdon
(Ingrid), Eileen O'Neill (Erica),
Maureen Arthur (Joy), Leonard Stone
(Karl Rainer), Richard Kiel (Otto),
Mimi Dillard (Mädchen), Bruno de Sota
(Dr. Grulik). *F* 83 Min.
Fleischproduzent Koffman will sich die
Welt untertan machen. Mit Hilfe seiner
Organisation will er die Präsidenten und
Regierungschefs aller Staaten kidnappen
und einer drastischen Gehirnwäsche un-
terziehen. Ein in ihre Zähne eingebauter
Sender soll sie zu willenlosen Werkzeu-
gen machen. Star-Agent Dick Dagger
greift ein. Koffman endet am Fleischerha-
ken – Berufsrisiko!

Ein großer graublauer Vogel
BRD/Italien 1969.
R Thomas Schamoni. *B* Thomas
Schamoni/Uwe Brandner/Hans Noever/
Max Zihlmann. *K* Dieter Lohmann/
Bernd Fiedler. *M* The Can. *D* Klaus
Lemke (Tom-X), Sylvie Winter (Luba),
Umberto Orsini (Morelli), Rolf Becker
(Lunette), Walter Ladengast (Belotti),
Bernd Fiedler (Knokke), Sigi Graue
(O'Brian), Mario Novelli (Herbert),
Olivera Vuc1o (Diana), Lukas Ammann
(Cinque), Thomas Braut (G. O. Gio),
Marquard Bohm (Bill), Hans K.
Friedrichs, Klaus W. Krause, Camillo
Kühles (Forscher), Robert Siodmak.
F 92 Min.
Der junge Dichter Tom-X erfährt von
dem alten Landstreicher Belotti eine un-
glaubliche Geschichte. Vor Jahren, zu
Kriegszeiten, sei Belotti ein berühmter
Wissenschaftler gewesen, der mit vier
weiteren Kollegen eine Erfindung ge-
macht hätte, mit der man die Welt beherr-
schen könne. Sich ihrer Verantwortung
bewußt, hätten die Wissenschaftler die
daraus resultierende Formel in einem surrealistischen Gedicht verschlüsselt, von
dem jeder nur eine Zeile kenne. Tom-X

gibt diese Story an den Journalisten Gio
weiter, der – als Belotti bei einem Entfüh-
rungsversuch ums Leben kommt – hinter
den Zusammenhängen eine Sensation vermutet und seine Recherche beginnt. Mit
von der Partie bei der Suche nach den vier
Wissenschaftlern sind einige Agenten, die
im Auftrag des geheimnisumwitterten
Herrn Cinque handeln. Die untergetauch-
ten Wissenschaftler werden ausfindig gemacht, doch immer mehr zeigt sich, daß
alles der Fantasie des Tom-X entsprungen
ist. Zum Schluß schießt ein Agent alles
über den Haufen, nichts und niemand
bleibt übrig. – Thomas Schamonis Debüt
als Filmregisseur, das ihm 1970 als bester
Nachwuchsregisseur das Bundesfilmband
in Gold einbrachte, ist ein unentwirrbares
Ineinander von objektiver Wirklichkeit
und subjektiver Sicht der Wirklichkeit.
Die obige Inhaltsangabe kann daher nur
als unzureichender Versuch gewertet werden, dem ›roten Faden‹ des Films nahezu-
kommen. Alle möglichen Verfremdungs-
effekte werden aufgeboten, um alles, was
man direkt zu sehen oder zu verstehen
meint, sogleich als indirekt, als Oberfläche, sogar als reine Fantasie erscheinen
zu lassen. Wo Realität aufhört und Fantasie beginnt, ist nicht zu erkennen. »Schamoni hat in seinen Erstlingsspielfilm ein
Übermaß an Gestaltungsmitteln, Effekten, Klischees und wohl auch Tiefsinn
hineingepackt. Alles ist so vielfach verfremdet und verkompliziert, daß die Fru-
strationsgrenze des Zuschauers weit überschritten sein dürfte... (Der) Film wirkt
gezwungen-tiefsinnig, künstlich und konstruiert, manchmal geradezu unfreiwillig
komisch.« (Wolfgang Zieher, FILM-
DIENST)

Einladung zur Enthauptung
(TV-ZDF). BRD 1973.
R Horst Flick. *B* Manfred Bieler.
LV Vladimir Nabokov. *D* Wolf Roth
(Cincinnatus C.), Horst Bollmann
(Pierre), Wolfgang Kieling (Direktor),
Helmut Brasch (Rodion), Hugo
Schrader, Petra Feyer, Bettina

Lindtberg, Gudrun Genest, Franz-Otto Krüger, Ulrich Pleitgen, Werner Berndt. *F* 85 Min.

In einer fernen Zukunft, die sich durch die ›Müdigkeit der Materie‹ auszeichnet, in der die Technik zum größten Teil wieder rückgängig gemacht wurde, wartet Cincinnatus C. auf seine Hinrichtung. Sein Verbrechen ist ›gnostische Verworfenheit‹, eine Art seelische Undurchsichtigkeit: In Wahrheit ist Cincinnatus ein lebendig empfindender Mensch, während seine Zeitgenossen, die ihn beseitigen wollen, stumpfe Menschenattrappen sind, die nicht wissen, nicht fühlen und sich nicht vorstellen können, wie ihr handeln auf andere wirkt. Menschliche Empfindungen herrschen nur in ihrer banalsten und rohesten Form vor, Gleichgültigkeit und Stumpfheit regiert. Im Augenblick des Todes weigert sich Cincinnatus C., diesen Alptraum als bindende Realität zu akzeptieren.

Während die Farce um ihn herum zusammenstürzt, entweicht er in die von ihm immer erahnte wirkliche Welt.

Ein Mann geht durch die Wand
BRD 1959.
R Ladislao Vajda. *B* István Békeffy.
K Bruno Mondi. *M* Franz Grothe.
D Heinz Rühmann (Hans Buchsbaum), Nicole Courcel (Yvonne Steiner), Anita von Ow (Marianne), Rudolf Rhomberg (Maler), Rudolf Vogel (Fuchs), Peter Vogel (Hirschfeld), Michael Burk (Kropatschek), Hans Pössenbacher (Blum), Hubert von Meyerinck (Pickler), Günter Gräwert (Hendel), Max Haufler (Katz), Karl Lieffen (Hintz), Hans Leibelt (Holtzheimer), Richard Bohne, Elfie Pertramer, Henry Vahl, Karl Michael Vogler, Lina Carstens, Eduard Loibner, Fritz Eckhardt, Dietrich Thoms, Werner Hessenland, Georg Lehn, E. F. Fürbringer, Friedrich Domin. *F* 99 Min.
Der Finanzbeamte Buchsbaum ist völlig dem Terror seiner Umwelt ausgeliefert: Sein Vorgesetzter Pickler ist ein gemeiner

Kerl, der ihn gnadenlos vor den Kollegen herunterputzt, weil er säumigen Steuerzahlern gegenüber das Herz walten läßt. In seiner Wohnung leidet Buchsbaum unter dem stümperhaften Klavierspiel, das aus der Nachbarwohnung dringt. Eines schönen Tages besitzt er plötzlich die Fähigkeit, durch Wände zu gehen. Zuerst ›erscheint‹ er seinem Chef, der daraufhin in einer Nervenklinik landet. Als er entdeckt, daß seine Nachbarin eine alleinstehende Französin mit einem kleinen Kind ist, verliebt er sich in sie. Weil aber die reizende Yvonne öfters Besuch von einem hochgewachsenen Herrn erhält, glaubt er einen Nebenbuhler zu haben, will sie beindrucken und hält als ›Supermensch‹ die ganze Stadt in Atem: Er nächtigt in Banktresoren und treibt auch sonst allerlei Unfug. Als man ihn festsetzt, verschwindet er aus dem Gefängnis, indem er einfach durch die Mauer spaziert. Yvonnes ›Verehrer‹ entpuppt sich schließlich als Verwandter; Buchsbaum gewinnt ihr Herz, verliert jedoch seine Fähigkeit wieder: Er hat nun keinen Grund mehr, ›mit dem Kopf durch die Wand‹ zu wollen.
Unterhaltsame Komödie, in der besonders Hubert von Meyerinck in der Rolle des seine Untergebenen malträtierenden Bürovorstehers Pickler hervorsticht.
Ⓑ Marcel Aymé: *Der Mann, der durch die Wand gehen konnte*, Stuttgart/Hamburg 1949

Ein Radiotraum
(A CONNECTICUT YANKEE).
USA 1931.
R David Butler. *B* Owen Davis/William Conselman. *LV* Mark Twain. *K* Ernest Palmer. *M* N.N. *D* Will Rogers (Hank Martin), William Farnum (König Artus), Maureen O'Sullivan (Prinzessin Kunigunde), Frank Albertson (Konrad), Myrna Loy (Königin Margaret Le Fay), Brandon Hurst (Merlin), Mitchell Harris (Sagramor). 97 Min.
Hank Martin, Radiofachmann anno 1931, soll in stürmischer Gewitternacht eine Batterie auf ein amerikanisches Luxus-

schloß bringen. Der Schloßherr hat die
größte Radioanlage weit und breit und bildet sich ein, damit auch Stimmen der Vergangenheit einfangen zu können. Das
scheint ihm auch zu gelingen, denn plötzlich ertönt ein Trompetenstoß Marke frühestes Mittelalter im Lautsprecher, und
Hank findet sich auf König Artus' Hof im
6. Jahrhundert wieder. Nach anfänglichen
Widrigkeiten, die ihn zunächst ins Verlies, dann fast auf den Scheiterhaufen
bringen, kann er trotz feindlicher Attakken durch Ritter Sagramor und Zauberer
Merlin die Gunst des Königs erlangen und
damit beginnen, das Königreich zu amerikanisieren und einige technische Errungenschaften des 20. Jahrhunderts einzuführen. Er erntet Haß und Neid und Intrigen, kann dem Galgen am Ende nur mit
Hilfe eines Bombenflugzeugs entkommen. Die Gefolgsleute König Artus' eilen
in Automobilen herbei und nehmen das
Schloß unter Maschinengewehrfeuer. Die
Explosion läßt Hank im Radiozimmer
wieder zu Bewußtsein kommen. »Damit
ist die Sendung unseres historischen Hörspiels beendet!« Der deutsche Titel des
Films erklärt alles.
Viermal diente Mark Twains Roman *Ein
Yankee aus Connecticut an König Artus'
Hof* als Vorlage, besser gesagt als Ideenlieferant zu Filmen: 1921 eine Stummfilmversion, 1931 der Film mit Komiker
Will Rogers, 1949 die »stümperhafte«
(Hardy, SCIENCE FICTION) Musical-Version mit Bing Crosby und 1978, deutscher
Titel *König Artus und der Astronaut*. Keine der Verfilmungen kann der literarischen Vorlage gerecht werden, obwohl
Twains komisch-satirische Bearbeitung
von Thomas Malorys Artus-Saga durch
ihre Slapstick-Einlagen und unbekümmerten Vereinfachungen oft naiv anmutet
und insofern die Drehbuchautoren zu
noch größeren ›Leistungen‹ auf diesem
Gebiet hätte animieren müssen. Im Roman versetzt Mark Twain den Amerikaner Hank Morgan, seines Zeichens Vorarbeiter in einer Fabrik in Connecticut, aus
dem 19. Jahrhundert in das England des

Jahres 528, an den Hof König Artus'.
Durch diesen Kunstgriff gelingt es Twain,
die Zustände des mittelalterlichen England zu parodieren und gleichzeitig gesellschaftliche Konventionen seiner Epoche und seine Landsleute zu attackieren.
Ferner fährt er krachende Geschütze auf
gegen die Lehren und Versprechungen einer organisierten Religion, ein Aspekt,
der in keinem der Filme auch nur angedeutet wird. Die Verfilmungen selbst verkümmern regelmäßig zu bloßem Klamauk, der seinen ›Witz‹ einzig und allein
aus der Verbindung von technischem
Kram und Ritterzeit zieht. »Drehbuchautoren, die meine Stoffe bearbeiten, benutzen zum Schreiben nicht die Schreibmaschine, sondern den Holzhammer«,
seufzte – auf das Problem angesprochen –
Mark Twain, als wir ihn auf unserer letzten Zeitreise besuchten. »Womit habe ich
das nur verdient?«

Ein Riß in der Welt
(A CRACK IN THE WORLD). USA 1964.
R Andrew Marton. *B* Jon Manchip
White/Julian Halevy. *K* Manuel
Berenguer. *SpE* Alec Weldon/Eugene
Lourie. *M* John Douglas. *D* Dana
Andrews (Dr. Stephen Sorensen),
Janette Scott (Maggie Sorensen), Kieron
Moore (Ted Rampion), Alexander Knox
(Sir Charles Eggerston), Mike Steen
(Steele), Todd Martin (Simpson), Gary
Lasdon (Markov), Peter Damon
(Masefield), Jim Gillen (Rand).
F 96 Min.
Der Nobelpreisträger Sorensen, Leiter des
›Unternehmens Weltkugel‹, verwirklicht
gegen den Widerstand seines Assistenten
Ted Rampion den Plan, mittels einer
Atomexplosion den glutflüssigen Erdkern
anzuzapfen, um der Menschheit eine
Energiequelle ungeheuren Ausmaßes zu
erschließen. Nach erfolgtem Experiment
stellt sich heraus, daß plötzlich auftretende Erdbeben in der Nähe des Großen Pazifik-Grabens auf eben diese Explosion zurückzuführen sind. Rampion entdeckt,
daß die Erde unter Wasser einen Riß auf-

weist, der sich anschickt, den ganzen Globus zu umlaufen. Wenn dieser verhängnisvollen Entwicklung nicht sofort Einhalt geboten werden kann, besteht die Gefahr, daß die Erde auseinanderbricht. Rampion begibt sich mit einem Team in die Gefahrenzone, wirft eine Bombe in einen Vulkankrater und ändert damit den Kurs des Risses, der wieder zurückläuft. Es kommt zu einer einmaligen Eruption, die ein Stück des Erdinneren in den Weltraum hinausschießt: Die Erde hat einen zweiten Mond. Sorensen, der inzwischen weiß, daß er unheilbar krank ist, kommt in den Trümmern seines Labors um. Rampion und Maggie Sorensen überleben das Schlußinferno und werden fortan zusammenbleiben. – »Das Abenteuer geht mit gewaltigem technischen Aufwand und meisterhaften Tricks in Szene. Die apokalyptischen Schreckensbilder vom Weltende sind von höchstmöglichem Realismus.« (FILMDIENST) – »Das ist z. T. grandios gemacht und erreicht – vor allem im Schlußteil – die Perfektion bester Science Fiction-Filme. Nichts wirkt primitiv, und selbst die Entstehung eines neuen Himmelskörpers gelang Trickmann Eugene Lourie hervorragend... Leider stimmt damit aber die andere Seite der Medaille in keiner Weise überein... Die Konflikte bleiben blaß, nicht ausgetragen, geschweige denn irgendwie gelöst... Das Dreiecksverhältnis wird beileibe nicht glaubwürdig und schon gar nicht beeindruckend geschildert... (hart in der Nähe eines Kitschromans...).« (FILMBEOBACHTER)

Der einsame Kämpfer
(ON DANGEROUS GROUND). USA 1985.
R Chuck Bail. *B* Sheila Goldberg/ Oviodio G. Assonitis/Alfonso Brescia. *K* Dante Spinotti. *M* Sylvester Levay. *D* Stephen Collins (Dr. David Lowell), Janet Julien (Vanessa Pilgrim), Nicholas Bryor (John Pilgrim), Lance Henriksen (Brook Alistair), Bo Svenson (Captain), Victoria Racimo (Rachel). *F* 95 Min.
Der Wissenschaftler Lowell, Spezialist

für Energiegewinnung, will beweisen, daß man aus akustischen Wellen Elektrizität gewinnen kann. Um den Versuch durchzuführen, muß der Halleysche Komet der Erde nah genug sein, damit er dessen Wellen ableiten und umformen kann. In einem verlassenen Tal hat er einen idealen Standort für seine Versuchsstation gefunden. Allerdings will der Industrielle Pilgrim dort illegal Giftmüll abladen. Als Lowell nicht freiwillig abziehen will, werden Pilgrims Schergen handgreiflich. Lowell wird böse und macht ernst! Er entführt Pilgrims Tochter Vanessa, die zu einer unvermuteten Helferin wird. Mit einem Hubschrauber entführen sie zu Pigrims Verdruß die giftmüllgefüllte Stahlkugel und laden sie vor dem Weißen Haus ab. – »Es ist schon sagenhaft, wie Amerika/Hollywood mit aktuellen, beängstigenden Themen umgeht: Kasperle gegen Radioaktivität, gefilmt im Werbestil der neuen, dynamischen Zeit. Wackersdorfer sollten sich mal ansehen, wie man richtig demonstriert.« (TIP)
Ⓥ Warner

Ein Spion zuviel
(ONE SPY TOO MANY). USA 1965.
R Joseph Sargent. *B* Dean Hargrove. *K* Fred J. Koenekamp. *M* Gerald Fried. *D* Robert Vaughn (Napoleon Solo), David McCallum (Illya Kuryakin), Rip Torn (Alexander), Dorothy Provine (Tracey Alexander), David Opatoshu (Kavon), David Sheiner (Parviz), Yvonne Craig (Maude Waverly), Leon Lontoc (Gen. Bon-Phouma), James Hong (Prinz Sing-Mok), Teru Shimada (Präsident Sing-Mok), Robert Karnes (Col. Hawks), Cal Bolder (Ingo Lindstrom), Donna Michelle (Prinzessin Nicole), Clarke Gordon (Claxon), Arthur Wong (Gen. Man-Phang), Robert Gibbons (Farrell), Carole Williams (Empfangsdame). *F* 100 Min.
Ein MAD SCIENTIST, der ein neuentwickeltes Kampfgas der US Army gestohlen hat, möchte sich als ›Alexander der Größ-

te‹ zum Herrn der Welt ausrufen lassen. Napoleon Solo und Illya Kuryakin, zwei Top-Agenten des US-Geheimdienstes U.N.C.L.E., werden auf ihn angesetzt und schaffen es trotz allerlei hinterhältiger Anschläge auf ihr Leben, den Potentaten in spe in einem abstürzenden Flugzeug in die ewigen Jagdgründe zu schicken. – Zusammenschnitt zweiter Folgen der US-TV-Serie THE MAN FROM U.N.C.L.E. – mit parodistischen Elementen und durchaus spannend gemacht.

Die Einsteiger
BRD 1985.
R Siggi Götz. *B* Thomas Gottschalk/
Mike Krüger. *K* Heinz Hölscher.
SpE Helmut Klee. *M* Ennio Morricone/
Olaf Weitzl. *D* Thomas Gottschalk
(Tommy), Mike Krüger (Mike), Werner
Kreindl (Kommissar), Ankie Beilke
(Ling Ling), Gerd Baltus (Kappellusch),
Anja Kruse (Linda), Kurt Weinzierl
(Trainer/Hilfssheriff/Jüngling/
Archäologe/Nero/Pianist/Louis XIV.),
Udo Kier (Graf Frackstein), Thea
Gottschalk (Gräfin Frackstein), Kenny
Whymark (Bogey). *F* 102 Min.
Eines Nachts ist es soweit: Mike hat einen ›Videointegrator‹ erfunden. Man legt eine Kassette ein, drückt auf den Knopf, und SCHWUPP! spielt man aktiv in einem Film mit. In der Rahmenhandlung, in der ein japanischer Konzern den Videointegrator auch ergaunern will, werden Filme wie *Indiana Jones*, *Rocky* und *Tanz der Vampire* durch den Kakao gezogen. – Ein reiner Klamauk-Film.

Einst kommt die Stunde
(TOWARD THE UNKNOWN).USA 1956.
R Mervyn Le Roy. *B* Beirne Lay.
K Hal Rosson. *M* Paul Baron.
D William Holden (Major Lincoln
Bond), Lloyd Nolan (Gen. Banner),
Virginia Leith (Connie), Charles
McGrawe (Col. Mickey McKee),
Murray Hamilton, L. Q. Jones, James
Garner, Paul Fix, Karen Steele.
F 115 Min.

Ein US-Major namens Bond, der während des Koreakrieges in chinesische Gefangenschaft geraten und aufgrund seelischer Folterungen ›umgefallen‹ ist, wird nach seiner Heimkehr mißtrauisch beäugt, findet einen Job als Testpilot (!) und gewinnt den Respekt seiner Freunde zurück, indem er sich als Flieger eines hypermodernen Raketenjets bewährt. – »Humorloses, chauvinistisches Machwerk. Kann man getrost vergessen.« (Halliwell's FILMGUIDE)

Ein Toter sucht seinen Mörder
(VENGEANCE). GB/BRD 1962.
R Freddie Francis. *B* Philip Mackie/
Robert Stewart. *LV* Curt Siodmak.
K Bob Huke. *M* Ken Jones. *D* Anne
Heywood (Anna Holt), Peter van Eyck
(Dr. Corrie), Cecil Parker (Stevenson),
Bernard Lee (Frank), Ellen Schwiers
(Ella), Maxine Audley (Marion),
Jeremy Spenser (Martin), Siegfried
Lowitz (Walters), Hans Nielsen
(Immermann), Dieter Borsche (Dr.
Miller), Jack McGowran (Furber),
George A. Cooper (Gabler), Irene
Richmond (Mrs. Gabler), Ann Sears
(Sekretärin), Frank Forsythe (Francis),
Allan Cuthbertson (Dr. Silva), John
Watson (Priester), Bryan Pringle
(Zeremonienmeister). 90 Min.
Der Wissenschaftler Corrie hat eine Theorie aufgestellt, laut der das menschliche Gehirn auch nach dem Tode noch eine Weile funktioniert. Als der Industriekapitän und Waffenhändler Holt bei einem Attentat ums Leben kommt, sieht Corrie eine Chance, diese Theorie zu beweisen. Mit Hilfe von Holts Sekretärin Ella erweckt er das Gehirn des Toten zu erneutem Leben und nimmt telepathisch Kontakt mit ihm auf. Doch Holts Gehirn ist von Rachedurst beseelt: Es zwingt den Wissenschaftler, seinen Mörder ausfindig zu machen. Es ist ein Schock für Corrie, als er herausfindet, daß ausgerechnet die Frau für Holts Tod verantwortlich ist, auf die er im Laufe seiner Ermittlungen ein Auge geworfen hat: Holts Tochter Anne, die ihrem Vater in puncto Geschäftsgeba-

ren in nichts nachsteht. – Curt Siodmaks Roman DOVOVAN'S BRAOM wurde bisher dreimal verfilmt: 1. THE LADY AND THE MONSTER, USA 1944, *R* George Sherman, *D* Erich von Stroheim, Richard Arlen, Vera Hruba Ralston, Mary Nash (».. . leichtgewichtige Unterhaltung« – zu deutsch etwa ›Niete‹, Parish/Pitts, the great sf pictures); der Film lief nicht in deutschen Kinos. – 2. DONOVAN'S BRAIN, USA 1953, *R* Felix Feist, *D* Lew Ayres, Gene Evans, Nancy Davis, Steve Brodie (»Die originalgetreueste Verfilmung... mit einigen Spannungseffekten und durchschnittlicher Inszenierung«, Halliwell's FILMGUIDE); auch dieser Film fand keinen deutschen Verleih. – 3. Die deutsch-englische Koproduktion *Ein Toter sucht seinen Mörder*: »Diese hirnverbrannte Mischung aus Krimi, Horror und Science Fiction, mit ein oder zwei Schuß Neurose, Kunst und Arztethos, wühlt innerlich auf, trifft unerwartet ins Schwarze. Aber einige totale Ungereimtheiten werden dem kritischen Zuschauer auf die Nerven gehen.« (MONTHLY FILM BULLETIN) – Zum Vergleich der deutsche (katholische) FILMDIENST:»Abgesehen von der Unappetitlichkeit eingeweckter, blasenwerfender Gehirne, der unsinnigen Beanspruchung der Telepathie und der schockierenden Roheit, ist es vor allem der Versuch der geistigen Vertiefung des bös- und abartigen Geschehens im Verein mit dem Infragestellen der menschlichen Leib-Seele-Einheit, was diesen Krimi aus den akzeptablen Bahnen wirft.«
Ⓑ Curt Siodmak: *Der Zauberlehrling*, Frankfurt/Main 1951; auch unter dem Titel *Donovans Gehirn*, München 1960

Ein Unsichtbarer geht durch die Stadt

Deutschland 1933.
R Harry Piel. *B* Hans Rameau. *K* Ewald Daub. *M* Fritz Wenneis. *D* Harry Piel (Harry), Fritz Odemar (Fritz), Lissy Arna (Lissy Verhagen), Annemarie Sörensen (Lotte), Olga Limburg (Lottes Mutter), Gerhard Damman (Maxe), Eugen Rex (Emil), Ernst Behmer (Gustav), Hans Ritter (Karl), Charly Berger, Egon Brosig, Erich Dunskus, Gina Falckenberg, Erwin Fichtner, Ellen Frank, Herbert Gernot, Kurt Getke, Heinrich Gothe, Fritz Greiner, Hans Hemes, Charles Willy Kaiser, Theo Lingen, Dr. Philipp Manning, Hubert von Meyerinck, Paul Rehkopf, Margarete Sachse, Walter Steinbeck, Franz Weber. 104 Min.

Der Taxifahrer Harry hat eines Nachts einen Fahrgast, hinter dem die Polizei her ist. Als Harry anhält, verschwindet der Fremde, hinterläßt ihm jedoch einen Koffer, in dem sich eine merkwürdige, helmartige Kopfbedeckung befindet. Harry findet bald heraus, daß es sich dabei um eine Tarnkappe handelt: Wer sie aufsetzt, wird unsichtbar. Harry nutzt dies für sich und sein berufliches Fortkommen aus. Nachdem er auf einer Rennbahn diverse Pferde durcheinandergebracht und als einziger auf einen Außenseiter gesetzt hat, gewinnt er ein Vermögen. Nach diversen Problemen mit seiner Freundin Lissy, der es nicht gefällt, daß er als reicher Mann noch Umgang mit seinen Taxifahrerkollegen pflegt, wird Harry die Tarnkappe von einem Kellner namens Fritz gestohlen. Fritz will eine Bank ›eröffnen‹ – allerdings mit einer Brechstange. Harry kann den diebischen Kellner zwar ausfindig machen, nachdem dieser die Nationalbank geplündert hat, aber als Fritz sich dann aus dem Staube macht, muß er ihm quer durch die Stadt bis an Bord eines kleinen Zeppelins folgen. Hoch über der Stadt kommt es zum letzten Kampf zwischen Harry und Fritz. – »Im deutschen Kino der 10er, 20er und 30er Jahre war (ein Harry-Piel-Film) ein Markenzeichen für aktionsbetonte Sensationsstoffe, die grob gestrickt, kostengünstig inszeniert und enorm volkstümlich waren... Tempo statt Tiefe! Harry und seine Geschichten sind zu flach, um tief zu schürfen. Um überhaupt Dimension zu gewinnen, brauchen sie Tempo, Action – und in die stürzt sich Harry im letzten Filmteil mit spürbarer Erleichterung: Mit ›Ja, ja, Wohlleben macht faul‹ läßt er das feudale Leben hinter sich und tobt sich in einer Verfolgungsjagd aus, bei der er rennt und fährt und schwimmt und kraxelt und fliegt und... Zwei weitere Momente heben Piels Volkskino ab von den... ambitionierten Produktionen, die eher aufs kulturbürgerliche Publikum gemünzt waren: Statt der Studiowelten mit ihrem Ehrgeiz, die wirkliche Welt so weit als möglich auszuschließen, dominieren in *Ein Unsichtbarer geht durch die Stadt*... Außenaufnahmen, vor allem im zeitgenössischen Berlin, und Innendekors, deren kleinbürgerliche Biederkeit sehr realistisch wirkt. Partikel der gesellschaftlichen Lebenswirklichkeit, auch dies eine Spezifik des Volkstümlichen, gehen auch in die Geschichten ein.« (K. Wetzel/P. A. Hagemann, LIEBE, TOD UND TECHNIK)

Der Einzelkämpfer
(DEATH DIMENSION). USA 1979.
R Al Adamson. *B* Barry Hope/Mike Bockman. *K* Bill Ganders. *M* Jack Nichols. *D* Jim Kelly, Harold Sakata, George Lazenby, Patch McKenzie, Tom Foreman, Bob Minor, Terry Moore, Myron Bruce Lee, April Sommers.
F 87 Min.
Wissenschaftler erfindet Kältebombe, die in Sekundenschnelle menschliches Leben auslöscht, die Sachwerte dagegen schont (!). Er speichert die Formel seiner Erfindung auf Mikrofilm und pflanzt diesen seiner Sekretärin unter die Kopfhaut. Sofort sieht sich die Dame äußerst brutalen Nachstellungen ausgeliefert, die nur ein ›Einzelkämpfer‹ abstellen kann. – Ein lächerliches Gebräu, gerade noch zu ertragen von gehirnamputierten Sado- und Karatefreaks.

Eis
BRD 1988.
R Berthold Mittermayr. *B* Berthold Mittermayr. *K* Ingo Hammer. *M* Georg Mittermayr. *D* Erwin Leder (Sandor), Michele Sterr (Anni), Ulf Dieter Kusdas (Stiegler), Dagmar Cassens (Dr. Kovacs), Holde Naumann (Frau Horvath), Joe Berger (Loisl), Willi Stern (Dr. Weiß), Luis Essl (Obermeier), Leandros Karger, Robert Schartel, Helga Grausam, Walter Skotton, Sabrina Hell, Alfred Dorfer, Silvia Schwarz, Reinhard Nowak.
F 105 Min.
1979, Silvesternacht in einem Alpendorf. Der angetrunkene Sandor wird von der Polizei inhaftiert und vergessen. Wie durch ein Wunder wird er nach achtzehn Tagen ohne Wasser und Nahrung in der Zelle aufgefunden. Ärzte in einem Militärhospital nehmen sich des Falles an. Sandor muß feststellen, daß er zum Versuchskaninchen eines den Stoffwechsel beeinflussenden neuentwickelten Medikaments für Krisenzeiten geworden ist. Sein Wissen ist gefährlich. Nur eine spektakuläre Flucht rettet sein Leben. – Auf einer wahren Begebenheit basierender, nicht unspannender Thriller.

Der eiskalte Tod
(A COLD NIGHT'S DEATH). USA 1973.
R Jerrold Freedman. *B* Christopher Knopf. *K* Leonard J. South. *M* Gil Melle. *D* Robert Culp (Robert Jones), Eli Wallach (Frank Enari), Michael C. Gwynne (Val Adams). *F* 71 Min.
Die Wissenschaftler Jones und Enari sollen in einer entlegenen Forschungsstation die Arbeit eines auf mysteriöse Weise erfrorenen Kollegen fortsetzen. Ihre Kälteexperimente, bei denen Affen eine nicht unwichtige Rolle spielen, dienen dazu, neue Erkenntnisse für die Raumfahrt liefern. Doch in der gebirgig gelegenen Station geht bald alles schief; die beiden Forscher müssen schrittweise erkennen, daß die Versuchstiere den Spieß umgedreht haben. Ein anfangs recht spannender, doch dann immer vorhersehbarer werdender TV-Film.

Electric Dreams
(ELECTRIC DREAMS). GB 1984.
R Steve Barron. *B* Rusty Lemorande.

K Alex Thomson. *M* Giorgio Moroder/
Pat Arnold/Jeff Lynne. *D* Lenny von
Dohlen (Miles), Virginia Madsen
(Madeline), Maxwell Caulfield (Bill),
Don Fellows (Ryley), Alan Polonsky
(Frank). *F* 95 Min.
Miles kauft sich zur Arbeitserleichterung
einen Heimcomputer und stellt fest, daß
Edgar, wie sich das Maschinchen nennt,
ein eigenes Bewußtsein hat. Edgar drückt
seine Gefühle durch Bildschirmtexte und
Musikvideos aus. Als Miles sich in Made-
lin verliebt, entwickelt auch Edgar innige
Zuneigung zu ihr. ›Er‹ komponiert Melo-
dien für sie, muß aber einsehen, daß er sie
nie ›besitzen‹ kann. Edgar rebelliert, verwüstet Miles' Wohnung und entleibt sich.
– Wie kurz die eigentliche Handlung ist,
beweist die Masse der in *Electric Dreams*
integrierten Video-Clips. – »Der Regisseur hat vorher Video-Clips gedreht, und
genauso sieht sein Spielfilm aus: elektronische Bilder, wilder Schnitt – modischer
Schnickschnack.« (FISCHER FILM ALMA-
NACH).

Der elektrische Eskimo
(THE ELECTRIC ESKIMO). GB 1979.
R Frank Godwin. *B* Frank Goodwin/H.
MacLeod Robinson. *K* Roy Orton.
M Harry Robinson. *D* Kris Emmerson
(Poochook), Debby Padbury (Kate), Ian
Sears (Peter), Derek Francis (Kroll),
Tom Chadbon (Jenks), Diana King
(Tante Agathe), Ivor Danvers (Dr.
Fielding). *F* 57 Min.
Der Eskimojunge Poochook gerät in sei-
ner Heimat unfreiwillig in ein Experiment
zur Nutzbarmachung elektromagnetischer
Kräfte und wird zur Energiequelle. In
London wollen ihn zwei Schwindler ent-
führen. Mit Hilfe zweier Kinder kann
Poochook den Gaunern entwischen. –
»Ein Film, der auf spielerische Art die
Wissenschaftsgläubigkeit und Gefühls-
kälte der Erwachsenen aufs Korn nimmt
und ihnen eine emotional noch funktio-
nierende Kinderwelt gegenüberstellt.«
(LEXIKON DES INTERNATIONALEN
FILMS).

Die elektrische Großmutter
(THE ELECTRIC GRANDMOTHER).
USA 1982.
R Edward Herrmann. *B* N.N. *K* N.N.
M N.N. *D* Maureen Stapleton (Oma),
Tara Kennedy (Agatha), Paul Benedict
(Guido Fantoccini), Robert
MacNaughton (Tom), Charlie Fields
(Timothy), Truman Gaige (Old Tom),
Richard Whiting (Old Timothy), Paula
Trueman (Old Agatha), Madeleine
Thornton-Sherwood (Tante Clara).
F 45 Min.
Eine Roboter-Oma betreut einen Witwer
mit drei Kindern. Als die Kinder selbst in
die Jahre kommen, wird Oma wieder ge-
braucht. – Ein US-Fernsehspiel aus der
Reihe »Peacock Showcase«.

Der elektronische Doppelgänger
(PRIKLJUTSCHENIJA ELEKTRONIKA).
UdSSR 1979.
R Konstantin Bromberg. *B* J. Welti-
stow. *K* K. Aprjtin. *M* Jewgenij
Krylatow. *D* Jura Torssujew
(Serjoscha), Wolodja Torssujew (Elek),
Nikolai Grinko (Prof. Gromow),
Wladimir Bassow (Bandenchef), Juri
Wesnik (Assistent), Maja Bulgakowa
(Direktorin), N. Karatschenzow,
J. Nikistschichina. *F* 75/65/70 Min.
Der Wissenschaftler Professor Gromow
möchte einen Roboter bauen, doch da er
nicht wie eine Maschine aussehen soll,
verleiht er ihm das Aussehen eines Men-
schen. Zur Vorlage dient ihm das Foto des
Jungen Serjoscha, der in einer Zeitschrift
abgebildet ist. Als der Roboter Elek als
Mensch auftreten will, ist der Professor
dagegen. Da Elek die Asimovschen Robotergesetze offenbar nicht kennt, reißt
aus. Zufällig begegnet er seinem Ebenbild
Serjoscha, der ihm gern gestattet, seine
Arbeiten für ihn zu erledigen. – Ein mehrfach preisgekrönter dreiteiliger TV-Film.

Embryo
(EMBRYO). USA 1976.
R Ralph Nelson. *B* Anita Doohan/Jack
W. Thomas. *K* Fred Koenekamp.

SpE Roy Arbogast. *M* Gil Mellé.
D Rock Hudson (Dr. Paul Hollister),
Diane Ladd (Martha), Barbara Carrera
(Victoria), Roddy McDowall (Riley),
Ann Schedeen (Helen), John Elerick
(Gordon), Jack Colvin (Dr. Wiston),
Vincent Bagetta (Collier), Joyce Spitz
(Trainerin), Dick Winslowe (Forbes),
Lina Raymond (Janet Novak), Dr.
Joyce Brothers (Dr. Joyce Brothers).
F 101 Min.
Der Genetiker Paul Hollister experimen-
tiert mit tierischen Föten. Als seine Ver-
suche Erfolg zeigen, behandelt er einen
menschlichen Embryo. Das so auf die
Welt gekommene Baby Victoria wird je-
doch innerhalb kurzer Zeit körperlich erwachsen. Hollister kann nichts tun, um
Victorias Alterungsprozeß zu verlangsa-
men. Er verliebt sich in das hübsche Mädchen, das keine Seele zu haben scheint,
und muß hilflos mit ansehen, wie es zu einem über Leichen gehenden Ungeheuer
wird, das nur ein Ziel kennt: am Leben zu
bleiben. Nach mehreren Morden wird die
schöne Victoria zu einer verschrumpelten
Greisin, die einem Baby das Leben
schenkt, dessen Vater Hollister ist. –
Frankenstein rides again; Frankenstein in
new look! Premiere für Rock Hudson: Er
läßt zum erstenmal im Film die Hosen fallen! Die Spezialeffekte sind sowieso das
Beste an dem Film. »Ein durchaus origineller SF-Thriller, der so lange o.k. ist,
bis er nach einem unbegründet gräßlichen
Höhepunkt zum Schluß vollkommen aus
den Angeln gerät.« (LOS ANGELES TIMES)
– ». . .(der Film) wird zu einem melodra-
matischen Mischmasch, den man kaum
noch aushalten kann.« (NEW YORK POST)
– Der Film ist in Deutschland nur auf
Video zu sehen.
Ⓥ Arcade

**Emma Peel: Meine tollsten Abenteuer
mit John Steed**
(THE AVENGERS: THE 50.000 POUND
BREAKFAST/MURDERSVILLE).
GB 1968.
R Robert Day/Robert Asher. *B* Roger

Marshall/Brian Clemens. *K* N.N.
M Laurie Johnson. *D* Patrick Macnee
(John Steed), Diana Rigg (Emma Peel),
Cecil Parker (Grover), Yolande Turner
(Miß Pegram), David Langton (Sir
James Arnall), Pauline Delaney (Mrs.
Rhodes), Anneke Wills (Judy), Cardew
Robinson (Minister), Eric Woofe
(Assistent), Philippe Monet (Assistent),
Richard Curnock (Rhodes), Colin
Blakely (McIckle), John Rohane
(Hubert), Ronald Hines (Dr. Haymes),
John Sharp (Prewitt), Sheila Fearn
(Jenny), Eric Flynn (Croft), Robert
Cawdron (Banks), Norman Chapell
(Forbes), Marika Mann (Miß Avril),
Joseph Greig (Higgins), Geoffrey
Colville (Geoffrey Purser), Tony
Caunted (Miller), John Chandos
(Morgan), Andrew Laurence
(Williams). *F* 101 Min.
Miß Peel und Mr. Steed, die für einen bri-
tischen Geheimdienst tätig sind, haben
zwei Fälle zu lösen: Die Mitarbeiter eines
Großkapitalisten, den man auf einem
Hundefriedhof beigesetzt hat, versuchen,
die große Knete zu machen. – Fall 2: Hier
geht es um ein kleines, ländliches Städt-
chen, wo man sich gegen entsprechende
Bezahlung der gesamten Einwohnerschaft
problemlos aller Gegner entledigen kann.
– Diese beiden Episoden aus der TV-Serie
Mit Schirm, Charme und Melone wurden
vom Deutschen Fernsehen nicht ausgestrahlt. – »Insgesamt gesehen durchaus
eine Unterhaltung mit Niveau . . . Wer
Emma Peel mag, wird auch hier auf seine
Kosten kommen.« (FILMBEOBACHTER)

**Empire of Ash – Die Zeit nach dem
Ende**
(EMPIRE OF ASH). Kanada 1987.
R Lloyd Simandl/Michael Mazo. *B* Saul
Urbonas/Michael Mazo. *K* Nathaniel
Massey. *M* Tom Lavin. *D* Melanie
Kilgour, Thom Chioler, Frank Wilson,
Sandy Kackenzie, James Stevens.
F 96 Min.
Irgendwelche von irgendwas infizierte
Blutsauger prügeln sich mit Unverseuch-

ten um frisches Blut und – ratet mal – Benzin. – Ein billiger Endzeitreißer, wie wir ihn schon tausendmal gesehen haben. – Nur auf Video
Ⓥ Carrera

Das Ende der Angst
(WAVELENGTH). USA 1983.
R Mike Gray. B Mike Gray. K Paul Goldsmith. M Tangerine Dream.
D Robert Carradine (Bobby Sinclaire), Cherie Currie (Iris Longacre), Keenan Wynn (Dan), Cal Bowman (Gen. Milton Ward), James Hess (Col. James Cottrell), Terry Burns (Capt. Hinsdale), Eric Morris (Dr. Vernon Cottrell), Bob McLean (Dr. Benjamin Stern), Eric Heath (Dr. Sidey), Robert Glaudini (Dr. Wolf), George O. Petrie (Dr. Savianno), George Skaff (Gen. Hunt), Milt Kogan (Pathologe), Dov Young (Gamma), Joshua Oreck (Beta), Christine Morris (Delta), Jim Elk (Fleming), Ivan Naranjo (Warren), Alan Koss (Attaché), Brooke Hudson, Kent Butler. F 88 Min.
Die junge Iris, die auf geheimnisvolle Weise Dinge hört, die kein anderer wahrnimmt, und ihr Freund Bobby geraten in ein militärisches Sperrgebiet der US-Luftwaffe und stoßen dortselbst auf drei nackte Buben, die die Militärs als ehemalige Insassen eines abgestürzten UFOs zu ›Untersuchungszwecken‹ festhalten. Iris und Bobby befreien die kleinen Nacktlinge und fliehen mit ihnen in die Wüste. Bevor das wutschnaubende Militär die Fremden vernichten kann, entkommen sie in einem Raumschiff. – Aliens müssen nicht unbedingt böse sein, sagt uns dieser Film, aber das haben uns schon viele, viele andere gesagt, und hin und wieder sogar besser. – Nur auf Video.
Ⓥ Starlight

Das Ende der Welt
(LA FIN DU MONDE). Frankreich 1930.
R Abel Gance. B Abel Gance.
LV Camille Flammarion. K Jules Kruger/Nicolas Rudakov/Roger Hubert.

M Arthur Honegger/Michel Levine.
D Collette Darfeuil (Geniviève), Abel Gance (Jean Novalic), Victor Francen (Martial Novalic), Samson Fainsilber (Schomburg), Salvia Grenade, Jeanne Brindeau, Georges Colin, Jean d'Yd.
86 Min.
Drei Männer umwerben die schöne Geneviève: die Brüder Novalic und der Bankier Schomburg. Als der Dichter Jean Novalic einem Kind beistehen will, wird er schwer am Kopf verletzt. Sein Bruder Martial, ein Astronom, entdeckt einen Kometen, der sich unaufhaltsam der Erde nähert: Ein Zusammenprall scheint unvermeidlich. Für Jean steht fest, daß das Ende der Welt nahe ist; er beschwört seinen Bruder, die Menschen angesichts der Katastrophe aufzurütteln, landet aber in einer Nervenklinik. Während das Volk in Panik verfällt, die Regierung das Geschehen herunterspielt und die Kapitalisten – an ihrer Spitze: Schomburg – selbst angesichts dieser Situation nur ans Geldscheffeln denken, verkündet Martial Novalic die ›universelle Republik‹. Die Wohlhabenden geben sich angesichts des Untergangs einer Orgie hin und versuchen das Ende der Welt in alkoholischen Exzessen zu verdrängen. Der Komet streift die Erde und vernichtet die Welt. Trotzdem ist ein Neubeginn möglich. – Nach *Napoléon* drehte Abel Gance diesen Film, in dem er auch eine Hauptrolle spielt. »Mehrere Jahre Arbeit und enorme Geldmittel wurden in ein Unternehmen gesteckt, das mit dem Aufkommen des Tonfilms zusammenbrach. Der Film, wie er gezeigt wurde, ist unvollendet und verstümmelt.« (Sadoul, GESCHICHTE DER FILMKUNST) – So wurde der Film zwar einer der ersten französischen Tonfilme, gleichzeitig aber drastisch gekürzt und dadurch so verändert, daß sich Abel Gance später von ihm distanzierte. Es blieben von dem ursprünglich immerhin 105 Min. langen Streifen zwei verschiedene Fassungen von 86 und 54 Min. Länge übrig. In den perfekt inszenierten Trickaufnahmen hält dieser Torso allerdings einem Vergleich

mit heutigen Produktionen durchaus stand. Auch die Möglichkeiten des Tons wurden für damalige Verhältnisse äußerst geschickt eingesetzt. *Das Ende der Welt* hätte nach *Napoléon* Abel Gances zweites Meisterwerk werden können.
Ⓑ Camille Flammarion: LA FIN DU MONDE, 1893

Das Ende der Welt
(END OF THE WORLD). USA 1977.
R John Hayes. *B* Frank R. Perilli. *K* John Huneck. *SpE* Harry Woolman. *M* Andrew Belling. *D* Christopher Lee (Pater Pergado/Zindar), Sue Lyon (Sylvia Boran), Kirk Scott (Andrew Boran), Dean Jagger (Collins), Lew Ayres (Bakkerman), Macdonald Carey (Davis). *F* 88 Min.
Pater Pergado wird von dem Alien Zindar ›übernommen‹ und macht aus seiner Kirche die Heimstatt außerirdischer Invasoren. Als Sylvia und Andrew Boran ihm auf die Schliche kommen, bauen die Aliens gerade an einem seltsamen Ding,

mit dessen Hilfe sie wieder von der Erde verschwinden wollen. Andrew hilft den Fremden. Als sie fertig sind, sagen sie ihm, daß sie gekommen sind, um die Erde zu vernichten. Alles macht sich auf die Socken. Und die Erde macht BUMM! »In jeder Hinsicht unglaublich mies und todlangweilig. Ein weiterer Schritt abwärts für Christopher Lee, der langsam seine Schritte beobachten sollte.« (CINEFANTASTIQUE) – In der BRD nur auf Video erhältlich!
Ⓥ Arena

Das Ende einer Odyssee
(CONQUEST OF THE EARTH).
USA 1981.
R Sidney Hayers/Sigmund Neufeld/ Barry Crane. *B* Glen A. Larson. *K* Frank P. Beascoecchea/Mario di Leo/ Ben Colman. *M* Stu Phillips. *D* Kent McCord (Lt. Troy), Barry van Dyke (Lt. Dillon), Robyn Douglass (Jamie Hamilton), Lorne Greene (Commander Adama), Patrick Stuart (Dr. Zee), John

Kent McCord und Barry van Dyke in *Das Ende einer Odyssee*

Colicos (Graf Baltar), Wolfman Jack (Wolfman Jack), Roger Davis (Andromus), Robert Reed (Dr. Mortinson), William Daniels (Norman), Lara Parker (Shirley). *F* 99 Min.

Auf der Flucht vor den kriegerischen Zylonen hat der Riesenraumer *Galactica* unter Commander Adama endlich die legendäre Erde gefunden. Zwei seiner Leutnants, Troy und Dillon, landen heimlich in den USA, um den Wissenschaftler Mortinson zu treffen, der die Menschheit auf den Besuch aus dem All vorbereiten könnte, ohne daß eine Panik ausbricht. Die Journalistin Jamie leistet ihnen dabei wertvolle Hilfe. Aber inzwischen ist ein Zylonenkommando auf der Erde bruchgelandet und setzt alles daran, die Position der Erde an ein Schlachtschiff des eigenen Volkes zu verraten. Als die Zylonen sich einer irdischen Rundfunkstation bemächtigen, werden sie von Troy und Dillon gestellt und unschädlich gemacht. – Ein Zusammenschnitt diverser Folgen der US-Fernsehserie BATTLESTAR GALACTICA. Die Inkompetenz der Drehbuchschreiber manifestiert sich schon daran, daß hier Außerirdische mal wieder Namen haben, die wahrscheinlich Exotik ausstrahlen sollen, tatsächlich aber nur von Fantasielosigkeit zeugen: Da gibt es einen zylonischen Androiden, der ›Andromus‹, und einen zylonischen Roboter, der ›Centurion‹ heißt. Armer, einfallsloser Glen A. Larson.
Ⓥ CIC

EndGame
(ENDGAME). Italien 1983.
R Steven Benson. *B* Alex Carver.
St Alex Carver. *K* Federico Slonisco.
SpeE James Davies/Robert Gold/Peter Gray. *M* Carlo Maria Cordio. *D* Al Cliver (Ron Shannon), Moira Chen (Lilith), George Eastman (Karnak), Jack Davies (Prof. Levin), Al Yamanouchi (Ninja), Gus Stone (Bull), Mario Pedone (Kovack), Gordon Mitchell (Col. Morgan), Nat Williams (Kijawa), Christopher Walsh (Tommy), Frank

Ukmar (Stark), Bobby Rhodes (Woody Smith), Al Waterman (Kid Hitchcock), David Brown (TV-Sprecher), Peter Brighton (Mutant), Carlos Valles, Richard Novak. *F* 90 Min.

Fünfzig Jahre nach dem großen Knall leben die Bewohner New Yorks zwar wie die Ratten unter der Knute einer tyrannischen Militärregierung, doch das Fernsehen hat sie noch immer voll im Griff: In der beliebten Live-Sendung ›EndGame‹ jagen sich zum Gaudium des Publikums professionelle Killer durch die Trümmerfelder einer muffigen, abgewrackten Stadt: Wer gewinnt, gewinnt Ruhm & Geld, wer verliert, ist ein toter Mann. Shannon, ein Star unter diesen TV-Killern, erhält unverhofft Hilfe von der Telepathin Lilith: Sie steht ihm vor dem Bösewicht Karnack bei und verlangt als Dank von ihm, daß er sie und eine Gruppe anderer Mutanten in die goldene Freiheit bringt. Weil ihm eine Kiste Gold winkt, ist Shannon dazu bereit, doch ständig angemacht von brutalen Superpunks, sabbernden Mutanten und kuttentragenden blinden Meuchlern, hat die von ihm illegal aus der Stadt geführte Expedition nichts als Unbill zu erleiden. Am Ende naht ein von freundlichen Männern gesteuerter Flieger, der die Flüchtlinge dorthin bringt, wo man ihnen nicht nach dem Leben trachtet – sie sind die Garanten einer neuen Welt. – Kann man über das Gehabe und die Artikulationsunfähigkeit der amateurhaft agierenden Akteure nur noch weinen, so sei Alex Carver, dem Verfasser des Drehbuches, dringend angeraten, einen Kursus in Sachen Logik zu belegen: Wieso die paar tausend Überlebenden eines weltumspannenden Atomkriegs noch TV-Sender betreiben sollten, die dann auch noch Werbung für Crackers machen, ist sicher nicht nur uns schleierhaft.
Ⓥ VPS

Endstation Mars
(MISSION MARS). USA 1968.
R Nick Webster. *B* Mike St. Clair.
St Aubrey Wisberg. *K* Cliff Poland.

SpE Haberstroh Studios. *M* Berge Kalajian, Gus Pardalis. *D* Darren McGavin (Mike Blaiswick), Nick Adams (Nick Grant), George DeVries (Duncan), Heather Hewitt (Edith Blaiswick), Michael De Beausset (Cliff Lawson), Shirley Parker (Alice Grant), Bill Kelly (Russischer Kosmonaut), Chuck Zink, Ralph Miller, Art Barker, Monroe Myers. *F* 87 Min.

Die amerikanischen Astronauten Blaiswick, Grant und Duncan sollen als erste Menschen den Mars betreten. Schon kurz nach ihrem Start orten sie fremde Wesen: Zwei russische Kosmonauten, erfroren und mausetot, torkeln in ihren Raumanzügen durch das All. Doch unbeirrbar zieht die amerikanische Raumfähre ihre Bahn und läßt sich auch nicht durch Meteoritenschwärme aus derselben werfen. Nach neun Monaten Flugzeit klappt die Landung auf dem Mars einwandfrei. Doch die drei müssen feststellen, daß ein Russe – wenn auch zum Eisblock gefroren – auf dem Mars existiert. Ins Leben zurückgeholt, hilft der Russe den beiden Amerikanern Blaiswick und Grant, ein riesiges, ballförmiges, mechanisches Ungetüm, das den Astronauten Duncan schon verschlungen hat, außer Gefecht zu setzen. Auch Grant überlebt die Kraftanstrengung nicht. So müssen der Amerikaner Blaiswick und der Russe ohne Namen die Rückreise zur Erde allein antreten. – »Dies ist eine originelle und erregende Weltraumoperette, nicht unbedingt ehrgeizig, aber dafür unterhaltend.« (KINE WEEKLY) – »...Der Film insgesamt ist ziemlich flau.« (Alan Frank, THE SF... FILM HANDBOOK)
Ⓥ Select

Endstation Mond

(DESTINATION MOON). USA 1950. *R* Irving Pichel. *B* Robert A. Heinlein/ Alford van Ronkel/James O'Hanlon. *LV* Robert A. Heinlein. *K* Lionel Linden. *SpE* Lee Zavitz. *M* Leith Stevens. *D* John Archer (Jim Barnes), Warner Anderson (Dr. Charles Cargraves), Tom Powers (Gen. Thayer), Dick Wesson (Joe Sweeney), Ted Warde (Brown), Erin O'Brien-Moore (Emily Cargraves).
F 91 Min.

Aus Angst, eine fremde Nation könne als erste auf dem Erdtrabanten landen, finanziert der amerikanische Großindustrielle Jim Barnes den Bau einer Mondrakete. Die US-Regierung, die ein paar Jahre zuvor ein ähnliches Projekt hatte abbrechen lassen, weil es zu einem schweren Unfall gekommen war (der sich im nachhinein als Sabotage herausstellte), verbietet den Start des Raumschiffes. Barnes weist seine Crew jedoch an, die Reise zu machen. Nach diversen Schwierigkeiten während des Fluges landet man auf dem Mond. Als man jedoch die Rückreise antreten will, sieht es so aus, als müsse aufgrund Treibstoffmangels einer der Astronauten zurückbleiben. Man löst das Problem, indem man die Rakete von unnötigem Ballast befreit. – Dieser Film wird als der erste moderne SF-Film überhaupt angesehen. Der gebürtige Ungar George Pal, der vorher nur durch Puppenfilme hervorgetreten war, produzierte *Endstation Mond* nach dem Roman ROCKET SHIP GALILEO von Robert A. Heinlein. »Heinlein, oftmals als Militarist verschrien, wird seinem Ruf gerecht. Das von ihm mitverfaßte Drehbuch behält die Grundtendenz der literarischen Vorlage bei: Die Herrschaft über den Mond könnte gleichbedeutend mit der Herrschaft über die Erde sein. Im Roman (veröffentlicht 1947) hatten die Nazis dort bereits Atomraketen stationiert.« (Christian Hellmann, DER SF FILM) – So wurde der Film, seiner politischen Aussage nach, ein Propagandamachwerk und Vorbild für viele amerikanische Space Operas. Die feierliche Inbesitznahme des Mondes durch die Vertreter Amerikas geschieht dabei grundsätzlich im Namen der freien Welt und ›mit Hilfe Gottes‹, um für das strategische ›Gleichgewicht‹ zu sorgen. Neben der politischen Aussage wurde vor allem Wert auf Ausstattung und Authentizität gelegt. Techni-

sche Berater wurden beauftragt, die vor-
gegebene Zielsetzung Mondflug so zu gestalten, wie sie nach letztem technischen
Stand der Wissenschaft realistisch erschien. Es entstand ein halbdokumentari-
scher Spielfilm mit unbekannten Schauspielern, dafür aber ziemlich hohen Kosten (rund 600 000 Dollar), der heutzutage, da vom technischen Inhalt her völlig
überholt, nur noch Filmgeschichte darstellt. Filmgeschichte sind aber auch die
zu diesem Film geschriebenen Kritiken,
die als Kind ihrer Zeit den Leser von heute nur noch amüsieren können, wie folgendes typische Beispiel zeigt:»Es ist interessant und aufregend, vom Parkettses-
sel aus eine so aufregende Fahrt zum
Mond mitzuerleben. Aus diesen Gründen
kann der Film all denen, die derartige Zu-
kunftsbilder gerne sehen, empfohlen werden. Auch der Jugend ist zu raten, sich einen derartigen Streifen anzusehen, der
von menschlicher Entdeckerfreudigkeit,
von menschlichem Fleiß und Können und
von Hilfsbereitschaft und Arbeitskame-
radschaft in unaufdringlicher Weise erzählt. Er ist in vielen Dingen für die Jugend wertvoll und auch belehrend und dadurch geeignet, sie von schlechten Aben-
teuerfilmen wegzubringen.« (FILMBE-
OBACHTER, der aber im weiteren Verlauf
der Kritik die politische Seite des Films
anprangert!) – Oscar 1950 für beste Spezialeffekte.
Ⓑ Robert A. Heinlein: *Endstation Mond*,
Berlin 1951

Endstation Planet Erde
(EARTHBOUND). USA 1981.
R James L. Conway. *B* Michael Fisher
K N.N. *M* N.N. *D* Burl Ives (Ned
Anderson), Christopher Connelly (Zef),
Meredith McRae (Lara), Marc Gilpin
(Dalem), Joseph Campanella (Conrad),
Todd Porter (Tommy), Elisa Leeds
(Teva), John Schuck (Sheriff), Stuart
Pankin (Sweeney), Joey Forman
(Madden), Peter Isacksen (Willy),
Doodles Weaver (Sterling), Tiger
Thompson (Butch), Daryl Bingham

(Pudge), Michael Witt (Snodgrass),
April Gilpin (Bridgette), H.E.D.
Redford, John Hansen, Michael Ruud,
Mindy Dow. *F* 89 Min.
Das Raumschiff einer außerirdischen
Durchschnittsfamilie stürzt im Mittelwe-
sten der USA ab und findet Unterschlupf
bei einem freundlichen Kneipier namens
Anderson. Der Regierungsvertreter Con-
rad ist den Aliens pausenlos auf den Fer-
sen, doch da sie sich zeitweise unsichtbar
machen können, sind sie ihm stets einen
entscheidenden Schritt voraus. – Der pure
Schwachsinn.
Ⓥ VPS

Enemy Mine – Geliebter Feind
(ENEMY MINE). USA 1985.
R Wolfgang Petersen. *B* Edward
Khmara. *LV* Barry B. Longyear.
K Tony Imi. *SpE* Karl Baumgartner/
Industrial Light & Magic. *M* Maurice
Jarre. *D* Dennis Quaid (Willis
Davidge), Louis Gossett jr. (Jeriba),
Bumper Robinson (Zammis), Brian
James (Stubbs), Richard Marcus
(Arnold), Carolyn McCormick (Morse).
F 113 Min.
Der rassistisch eingestellte Space Trooper
Willis Davidge gerät während eines inter-
stellaren Krieges mit dem echsenartigen
Drac-Piloten Jeriba aneinander und muß
auf einem öden Planeten namens Fyrine
IV notlanden. Doch auch seinen Feind hat
es erwischt. Die beiden trachten sich eine
ganze Weile nach dem Leben, aber
schließlich stellen sie fest, daß sie sich –
um des reinen Überlebens willen – zu-
sammenraufen müssen. Man lebt eine
ganze Weile in Frieden und Eintracht miteinander, bis sich zeigt, daß das ehedem
von Davidge als ›Krötengesicht‹ beschimpfte Echsenwesen nicht nur ein Her-
maphrodit, sondern auch ›schwanger‹ ist.
Beim Legen seines Eis stirbt Jeriba jedoch; Davidge verspricht, sich um seinen
Nachfahren zu kümmern. Doch dann
kommen ein paar Lumpen von den Sternen, die auf unwirtlichen Welten nach
kostbarem Geschmeide suchen und sich

Dennis Quaid und Lou Gossett jr. in *Enemy Mine – Geliebter Feind*

dabei der Arbeitskraft von Sklaven (die Arbeitsroboter sind wohl gerade im Streik) bedienen. Natürlich gerät auch der kleine Drac Zammis in die Hände der Bösewichter, so daß Davidge ihn in einer tollkühnen Aktion heraushauen muß. – Was mit Barry B. Longyears literarischer Vorlage rein gar nichts zu tun hat, denn wie jeder gerissene SF-Autor hat er schon längst bemerkt, daß es im Lande Utopia mit Sklavenarbeit Essig ist: Schon das Einfangen von Sklaven auf anderen Planeten wäre so kostenintensiv, daß es billiger wäre, Roboter von zu Hause mitzubringen, wenn man Minen auf anderen Welten ausbeuten will. Aber so doof sind die Filmfritzen schon immer gewesen, wenn sie sich in SF-Gefilde vorgewagt haben: Wenn's der Story nützt, liefert man das Gehirn gleich im Schneideraum

ab. – Das 25 Millionen Dollar teure Stück erhielt aufgrund seiner Dimensionen dermaßen viel Vorab-Publicity, daß man sich am Ende nicht mehr traute, es mit einem deutschen Titel zu versehen, doch das erzielte Resultat deutsch-amerikanischer Bemühungen fiel eher trostlos aus: Norbert Stresau sah in der SCIENCE FICTION TIMES nicht mehr als »ein Remake von *Robinson Crusoe auf dem Mars*« (dt. Verleihtitel: *Notlandung im Weltraum*; USA 1964, Regie: Byron Haskin) in diesem 113-Minuten-Streifen und fand ihn als Utopie »so dumm wie scheinheilig«, denn: »Von echtem Verständnis für andere Mentalitäten keine Spur.« – Der FILMDIENST fühlte sich an einen erfolgreichen Leinwandhelden des fantastischen Abenteuerfilms erinnert: »... als hätte Petersen... plötzlich ein schlechtes Gewissen bekommen, entpuppt sich das letzte Drittel obendrein noch als Indiana-Jones-Imitat. Das ist zwar ohne die vorhergegangenen Leerlauf-Momente rasant und schnörkellos inszeniert, aber seelenloses Action-Kino, wie man es sattsam kennt.« – »Der Kampf am Schluß ist Hollywood-Klischee. Ein Mensch allein gegen alles Unrecht auf der Welt. Boom Boom.« (Michael Kobald, UNSERE ZEIT) Ⓑ David Gerrold/Barry B. Longyear: *Enemy Mine – Geliebter Feind*, München 1985 Ⓥ CBS/Fox

Eolomea
DDR/UdSSR/Bulgarien 1972.
R Hermann Zschoche. *B* Angel Wagenstein. *K* Günther Jaeuthe. *SpE* Kurt Marks/Boris Trawkin/Günther Malinowski/Siegfried Wunsch. *M* Günther Fischer. *D* Cox Habbema (Maria Scholl), Iwan Andonow (Daniel Lagny), Wsewolod Sanajew (Kun), Rolf Hoppe (Oli Tal), Peter Slabakow (Pierre Brodski), Wolfgang Greese (Vorsitzender), Benjamin Besson (Sima Kun), Holger Mahlich (Navigator), Arndt-Michael Schade, Harald Wandel, Jürgen Scharfenberg (Havarietechniker). *F* 90 Min.
Die Erde empfängt geheimnisvolle Signale aus dem Sternbild des Cygnus: Wenn man sie nach dem Morsealphabet deutet, lauten sie ›Eolomea‹. Dann werden binnen kurzer Zeit acht Raumschiffe vermißt. Die Flotte erhält Startverbot, bis man den Fall geklärt hat. Trotzdem verläßt unerwartet ein neuntes Schiff die Erde. Man jagt ihr eine Havarierakete hinterher, erfolglos. Doch man kann den Kurs des Schiffes berechnen: Es steuert die gigantische Raumstation Margot an, zu der man seit geraumer Zeit ebenfalls keine Funkverbindung mehr hat. Der Ex-Raumkapitän Daniel Lagny, der auf einem Asteroiden Dienst tut, um seine zahlreichen Disziplinarstrafen abzugelten, will zur Erde zurück, aber dann erhält er den Auftrag, mit der Professorin Maria nach Margot zu fliegen, da sich dort etwas Geheimnisvolles zusammenbraut. Das Ziel der neun verschwundenen Raumschiffe, die sie dort finden, ist Eolomea... was immer sich hinter diesem Namen verbirgt. – »... Diese Wissenschaftler sind ganz normale Menschen, die in keiner sterilen übertechnisierten Plastikwelt leben. Sie trinken auch mal einen Schluck Cognac aus der Flasche, fluchen über Bürokraten und über zerrissene Socken, sie lügen und schnarchen und haben auch mal die Nase voll von allem. Und das ist sicher ungewohnt, daß ein Kosmonaut sagt: ›Weißt du, dieses ganze kosmische Abenteuer der Menschheit ist ein Schwachsinn. Was haben wir eigentlich davon? ... Ein paar außerirdische Kolonien von Einsiedlern, die vor Freude umfallen, wenn sie auf eine Entfernung von 100 Millionen Lichtjahren noch so eine blöde Galaxis entdecken... Als ob das so wichtig wäre und zu welchem Preis.‹ Die konkrete Situation unserer Geschichte ist zwar nur in der Zukunft möglich, die menschlich-sozialen Konflikte aber sind ganz gegenwärtig. Darum hat mich das Buch gereizt.« (Regisseur Hermann Zschoche im FILMSPIEGEL)

Erdbeben
(EARTHQUAKE). USA 1974.
R Mark Robson. *B* George Fox/Mario Puzo. *K* Philip Lathrop. *SpE* Albert Whitlock. *M* John Williams. *D* Charlton Heston (Stewart Graff), Ava Gardner (Remy Graff), Lorne Greene (Royce), George Kennedy (Lew Slade), John Randolph (Bürgermeister), Genievière Bujold, Richard Roundtree, Marjoe Gortner, Barry Sullivan, Lloyd Nolan, Victoria Principal, Walther Matthau, Monica Lewis, Gabriel Dell, Pedro Armendariz, Kip Niven. *F* 122 Min.
Während die amerikanische Großstadt Los Angeles von einem gewaltigen Erdbeben heimgesucht wird, erhalten diverse Charaktere die Gelegenheit, der Welt zu zeigen, welche beherzten Kerle sie doch

sind. Andere hingegen nutzen den Zusammenbruch der allgemeinen Ordnung, um sich an denen zu rächen, die ihnen böse mitgespielt haben. – »Holzhammer-Panik von gestern, lediglich wegen der Tricktechnik ansehenswert.« (VIDEO-THEK) – »Die optischen Effekte verbinden sich – zumindest in den Erstaufführungstheatern – mit dem Toneffekt des Sensurround-Systems, das den Eindruck eines echten Erdbebens zu simulieren versucht. Man mag zu dieser Art amerikanischer Show stehen wie man will, ganz unbeeindruckt wird man das Kino nicht verlassen, auch wenn bei den täglichen Vorführungen kaum (wie beim Test in einem Münchener Kino) der Staub von der Decke rieselt.« (FILMDIENST) – *Erdbeben* erhielt 1974 je einen Oscar für Ton und Spezialeffekte.
Ⓥ CIC

Die Erfindung des Verderbens
(VYNALEZ ZKAZY). ČSSR 1958.
R Karel Zeman. *B* Karel Zeman/
FrantiŠek Hrubin. *LV* Jules Verne.
K Jiři Tarantík. *SpE* Zdenék Rozkopal/
Jiři Tarantík/Bohuslav Pikhart/Antonin
Horák/Arnošt Kupičik/Jindrich Liška/
František Krčmar/Zdenék Ostrčil/Josef
Zeman. *M* Zdenék Liška. *D* Lubor
Tokoš (Simon Hart), Arnošt Navrátil
(Prof. Thomas Roch), Jana
Zatloukalová (Jana), Miroslav Holub
(Graf Artigas), František Šlégr (Capt.
Spade), Vaćlav Kyzlink (Serke).
81 Min.
Der französische Professor Roch hat eine außergewöhnliche Kanone und einen äußerst starken Sprengstoff entwickelt, dessen Energien a) Kohle und Erdöl ersetzen und b) die ganze Erde vernichten könnten. Eine Piratenbande, die ein Untersee-

Die Erfindung des Verderbens von Karel Zeman

boot besitzt, bringt Roch und seinen Assistenten, den Ingenieur Hart, auf eine geheimnisvolle Insel, die man nur durch einen unterseeischen Eingang betreten
kann. Sie gaukeln ihm zwar vor, seine Erfindung fördern zu wollen, aber in Wahrheit haben sie nur Räubereien im Sinn,
denn Rochs Waffe würde sie unbesiegbar
machen. Während der etwas leichtgläubi-
ge Wissenschaftler an der Vervollkomm-
nung seiner Erfindung arbeitet, findet sein
wackerer Assistent alsbald heraus, mit
wem sie es zu tun haben. Als Rochs Kanonen fertig sind, gelingt Hart die Flucht.
Er alarmiert die Öffentlichkeit. Kriegsschiffe umzingeln das Eiland. Roch erkennt, daß man ihn hinters Licht geführt
hat; er sprengt seine Kanonen, die Insel
und sich selbst in die Luft. – »Als 1958
auf der Weltausstellung in Brüssel *Die
Erfindung des Verderbens* des tschechischen Regisseurs Karel Zeman den
›Grand Prix‹ errang, wurde damit eine der
originellsten und schönsten Jules-Verne-
Verfilmungen, die es je gegeben hat, ausgezeichnet. Zeman hat die technische
Traum- und Fabelwelt Jules Vernes so getreu in den Film übertragen, daß die Bilder der Fantasie lebendig werden. Bewußt
hat er sich dabei von den Bearbeitungen
ähnlicher Stoffe weit entfernt, zumal ihr
platter Naturalismus oft eher lächerlich
als fantastisch wirkt. Als Grundlage für
seinen Film wählte Zeman die Stiche von
Benett und Riou, mit denen die Verne-
Romane seinerzeit illustriert wurden. Er
überzog die Bilder mit einem feinen Netz
paralleler Linien und erzielte dadurch verblüffende räumliche Wirkungen. Jede realistische Illusion ist aufgehoben. Die von
Verne erdachten Wunderdinge und Fabelwesen, die überdimensionalen Maschinen
und geheimnisvollen Apparaturen können
folglich nur aus der Distanz betrachtet
werden. Gerade aber dieser Distanz ist es
zu verdanken, daß selbst das, was technisch und wissenschaftlich längst überholt
oder widerlegt ist, plötzlich wieder als
Utopie erlebt wird. Zemans gestalteri-
sches Prinzip ist konsequent durchge-

führt. Selbst die Darsteller und ihr Ausdruck werden dem Stil der Bildinhalte
und -hintergründe und damit dem Stil der
alten Stiche angeglichen. So wirken die
Darsteller wie stilisierte Figuren, die sich
bruchlos in ihre fantastische Umgebung
einfügen.« (FILMINFORMATION) – »Man
kann wohl mit Fug und Recht diese...
Arbeit als besten Jules-Verne-Film bezeichnen, der je gedreht wurde.« (FILM-
BEOBACHTER) – »Gewiß die ungewöhn-
lichste und insbesondere die künstlerisch
werkgetreueste Übertragung einer Jules
Verneschen Geschichte in das Medium
Film.« (VARIETY)
Ⓑ Jules Verne: *Die Erfindung des Verderbens*, Zürich 1968

Die Eroberung des Pols
(LA CONQUETE DU POLE).
Frankreich 1912.
R Georges Méliès. *B* Georges Méliès.
K N. N. (vermutlich G. M.). Stummfilm, ca. 20 Min.
Professor Maboul hat ein Luftschiff konstruiert, das ›Aerobus‹ (!) genannt wird.
Mit einigen Wissenschaftlern fliegt er
zum Nordpol, wo die wagemutigen Herren die französische Flagge hissen. Als
sie von einem Eisriesen überfallen werden, der einen der Wissenschaftler verschlingt, gehen sie mit einer Kanone gegen die Bestie vor, die sich schließlich
übergeben muß und ihre Beute (unzer-
kaut) wieder freigibt. – »Ein sehr schöner
und einfallsreicher Film, dessen besondere Vorzüge eine ausgewogene Struktur
und eine verblüffende Konstruktion des
Eisriesen sind... Trotz seiner Qualitäten
wurde der Film aber kein Publikumserfolg.« (RECLAMS FILMFÜHRER)

Die Eroberung des Weltalls
(THE CONQUEST OF SPACE).
USA 1955.
R Byron Haskin. *B* James O'Hanlon.
LV Willy Ley/Chesley Bonestell.
K Farciot Edouard. *SpE* John P. Fulton/
Irmin Roberts/Ivyl Burks/Jan Domela.
Ma Wally Westmore. *M* Van Cleave.

D Walter Brooke (gen. Samuel Merritt), Eric Fleming (Capt. Barney Merritt), Mickey Shaughnessy (Mahoney), Phil Foster (Siegle), William Redfield (Cooper), William Hopper (Fenton), Benson Fong (Imoto), Ross Martin (Fodor), Vito Scotti (Sanella), John Dennis (Dankersgoed), Michael Fox (Elsbach), Joan Shawlee (Rosie), Iphigenie Castgliano (Mrs. Fodor). *F* 80 Min.

Von einer Raumstation aus, die die Erde umkreist, wird der erste Mondflug vorbereitet. Als Samuel Merritt, der mit seinem Sohn Barney und diversen Ingenieuren die Station bewohnt, plötzlich den Befehl erhält, zum Mars zu starten, geht er in sich und hat Bedenken, in einen Lebensraum vorzustoßen, »der für den Menschen nicht geschaffen wurde«. Der Start erfolgt dennoch nach Plan. Nach diversen Schwierigkeiten, die die Reise nicht gerade angenehm machen, nähert sich die Mannschaft dem roten Planeten: Merrit versucht jedoch die Landung zu verhindern, indem er das Schiff unerwartet beschleunigt. Später – nach erfolgter Landung – beschädigt er die Wassertanks. Als Barney seinen Vater an seinem Tun hindert, verliert dieser das Leben. Stimmen werden laut, die Barney für den Mörder seines eigenen Vaters halten. Die trostlose Einöde des Mars schafft unter den Astronauten zusätzliche Komplikationen: Sie müssen ein Jahr auf dem Mars verbringen, bis die Konstellation Mars – Erde ihren Rückflug ermöglicht. Als es endlich soweit ist, bringt ein Erdbeben das startbereite Raumschiff in Gefahr. Buchstäblich in allerletzter Sekunde heben die Astronauten ab. – Nach den absoluten SF-Trendsettern *Endstation Mond, Der jüngste Tag* und *Kampf der Welten* verließ Produzent George Pal mit *Die Eroberung des Weltalls* den Bereich der *space travel*. Dieser ›Abgesang‹ gilt als sein schwächster Film. Das hat mehrere Gründe: »Es gab zwar wieder einige eindrucksvolle Bilder, aber leider war das schon alles. Ein Thema sollte belebt werden, das

förmlich nach seriöser Aufbereitung schrie. Das Ergebnis war aber ein nachlässiger, mißratener Film, dessen Clou am Ende – im Gegensatz zu *Kampf der Welten* – unglaubwürdig und kindisch schien. Die aufwendige Prodktion hätte einen Beitrag zur Rettung der SF im Film leisten können. Aber inzwischen hatten die Monster die Filmbühne betreten, und gerade *Die Eroberung des Weltalls* schon zu beweisen, daß Monster von nun an unerläßlich waren.« (Richard Hodgens in FOCUS ON THE SCIENCE FICTION FILM) – Erwähnenswert bleibt einzig, daß Werner von Brauns Buch THE MARS PROJECT dem Film als Vorlage diente. – Andere Quellen hingegen geben das nachfolgende Buch an:

Ⓑ Willy Ley/Chesley Bonesterll: *Die Eroberung des Weltalls*, Stuttgart 1952

Eroberung vom Planet der Affen

(CONQUEST OF THE PLANET OF THE APES). USA 1972.

R J. Lee Thompson. *B* Paul Dehn. *K* Bruce Surtees. *Ma* Joe Di Bella/Jack Barron/John Chambers/Dan Striepeke. *M* Tom Scott. *D* Roddy McDowall (Caesar), Don Murray (Breck), Natalie Trundy (Lisa), Hari Rhodes (MacDonald), Severn Darden (Kolp), Ricardo Montalban (Armando), Lou Wagner (Kellner), John Randolph (Kommissionsvorsitzender), Asa Maynor (Mrs. Riley), H. M. Wynant (Hoskyns), David Chow (Aldo), Buck Kartalian (Frank), John Dennis (Polizist), Gordon Jump (Auktionator), Joyce Haber (Zelda), Hector Soucy (Affe). *F* 87 Min.

In einem diktatorisch regierten amerikanischen Stadtstaat, 1990: Zwanzig Jahre zuvor hat man ein intelligentes, aus der Zukunft stammendes Affenpärchen getötet, aus Angst, sie könnten die Weltherrschaft an sich reißen. Deren Sohn Caesar, von einem Zirkusdirektor versteckt und nun 25 Jahre alt, wird Zeuge eines brutalen Polizeieinsatzes, artikuliert offen seine Empörung und muß fliehen. Bei einer

Auktion, während der dressierte Affen an den Mann gebracht werden, läßt er sich vom Haus des reaktionären Gouverneurs Breck ersteigern und startet in der Maske eines gewöhnlichen Affen eine konspirative Tätigkeit, bei der ihn der Farbige MacDonald unterstützt. Caesar versorgt die unterdrückten Affen mit Schußwaffen, zettelt eine Revolte an und macht Brecks Garde gnadenlos nieder. Der Grundstein einer Affenzivilisation ist gelegt. – »Nachdem die ersten drei der Affen-Serie weltweit über 135 Millionen Dollar eingespielt hatten, war es nicht verwunderlich, daß ein vierter Film folgen würde. Aber langsam wurden Format und Rezept immer dünner; trotzdem war diese Teillieferung noch einigermaßen unterhaltend.« (Parish/Pitts, THE GREAT SF PICTURES) – »Ein unglaubliches Durcheinander von großen Worten und primitiven Bildern mit einem Schuß Urmythologie, von Intelligenz keine Spur mehr.« (FILMDIENST) Ⓥ Fox Ⓑ John Jakes: *Aufstand der Affen*, Rastatt 1977

Die erste Fahrt zum Mond
(FIRST MEN IN THE MOON).
GB 1964.
R Nathan Juran. *B* Bigel Kneale/Jan Read. *K* Wilkie Cooper. *SpE* Ray Harryhausen. *M* Laurie Johnson. *D* Edward Judd (Arnold Bedford), Martha Hyer (Kate), Lionel Jeffries (Prof. Cavor), Peter Finch (Bailiff), Erik Chitty (Gibbs), Betty McDowall (Maggie), Miles Malleson (Registrator), Gladys Henson (Matrone), Laurence Herder (Gluschkow), Marne Maitland (Dr. Tok), Hugh McDermott (Challis), Paul Carpenter, Hugh Thomas (Ansager). *F* 103 Min.
Als das erste UNO-Raumschiff mit internationaler Besatzung auf dem Mond landet, breitet sich unter den stolzen Astronauten bald unsäglicher Frust aus: Man findet auf dem Erdtrabanten eine britische Flagge und eine Urkunde, laut der 1899 ein gewisser Arnold Bedford den Mond

für die Königin Viktoria in Besitz genommen hat. Man stöbert den hochbetagten Mr. Bedford auf, und er erzählt, daß er 1899 einen gewissen Professor Cavor kennengelernt hat, dem es gelungen sei, die Schwerkraft aufzuheben. Cavor habe ihn und seine Braut Kate zu einer Reise zum Mars eingeladen, aber aufgrund diverser Schwierigkeiten sei man auf dem Mond gelandet. Bedford und seine Genossen haben dort ein Höhlensystem und ameisenartig aussehende, aber intelligente Mondbewohner entdeckt. Als Kate und Cavor gefangengenommen worden seien, habe Bedford sich verstecken und die beiden später befreien können. Zusammen mit Kate, so behauptet Mr. Bedford, sei er in Professor Cavors Raumkapsel zur Erde zurückgekehrt, aber niemand habe ihm seine fantastische Geschichte geglaubt. Cavor, so sagt er weiterhin aus, sei aus wissenschaftlicher Neugier bei den Mondbewohnern geblieben. – Die UNO-Astronauten begeben sich zwar auf die Suche nach den Lebewesen, finden jedoch keine mehr. Allem Anschein nach haben die Grippebazillen, die Professor Cavor mit zum Mond gebracht hat, ihr Aussterben bewirkt. – »Auch wenn dem Film der Charme der Epoche fehlt, der von der Welt des H. G. Wells so oft ausgeht, ist er doch durch erstaunliche Szeneneffekte durchaus aufregend und höchst unterhaltsam.« (SUNDAY EXPRESS) – »Jurans neuester Film bietet doch immerhin kurzweilige, wenn auch unbedarfte Unterhaltung, die einmal nicht auf altbewährten Spannungseffekten, sondern witzigen Einfällen basiert.« (FILMDIENST) – Außerordentliche Klasse beweist wieder einmal Ray Harryhausen, der mit seiner ausgezeichneten stop-motion-Technik die Seleniten zum Leben erweckt. Als Vorlage diente im übrige H. G. Wells' Roman THE FIRST MEN IN THE MOON, der schon 1902 Georges Méliès zu seiner *Reise zum Mond* inspiriert hatte.
Ⓑ H. G. Wells: *Die ersten Menschen im Mond*, Minden 1900
Ⓥ RCA/Columbia

1. April 2000
Österreich 1952.
R Wolfgang Liebeneiner. *B* Ernst
Marboe/Rudolf Brunngraber. *K* Fritz
Arno Wagner/Sepp Ketterer. *M* Alois
Melichar. *D* Josef Meinrad
(Ministerpräsident), Karl Ehmann
(Kabinettsdirektor), Elisabeth
Stemberger (Sekretärin), Hilde Krahl
(Vorsitzende der Weltschutz-
kommission), Judith Holzmeister
(Kreolin), Peter Gerhard
(Nordamerikaner), Guido Wieland
(Italiener), Heinz Moog (Araber),
Robert Michal (Chinese), Ulrich Bettac
(Neger), Franz Herterich (US-
Hochkommissar), Otto Tressler (GB-
Hochkommissar), Theodor Danegger
(Sowjet-Hochkommissar), Hans Ziegler
(franz. Hochkommissar), Alfred
Neugebauer (Finanzminister), Fred
Hennings (deutscher Kaiser), Ernst
Stankovski (Herzog von Österreich),
Curd Jürgens (Herakles), Harry Fuß
(Franzl), Waltraud Haas (Mizzi), Paul
Hörbiger (Augustin), Erik Frey (Prinz
Eugen), Hans Moser (Komponist), Hans
Richter (Reporter), Alma Seidler
(Reporterin). 105 Min.
Am 1. April des Jahres 2000 verkündet
der neue österreichische Ministerpräsi-
dent, daß seine Regierung das immer
noch geltende Kontrollratsabkommen
aufkündige. Man will keine Besatzungs-
kosten mehr zahlen. Die Österreicher haben diese Sensation noch kaum verdaut,
als das Land des Weltfriedensbruchs angeklagt wird. Mit Todesstrahlen ausgerüstete Einheiten der Weltpolizei landen. In
Schönbrunn tritt unter dem Vorsitz einer
Frau eine internationale Kommission zusammen, die verlangt, daß sich das Land
auch für die Taten jener Personen zu
rechtfertigen habe, die Österreich in der
Vergangenheit geprägt haben. Man traut
den Österreichern nicht, denn angeblich
haben sie mehr als einmal den Weltfrieden bedroht. Die Verhandlung entwickelt
sich zu einer Art Operette: Berühmte
Schauspieler übernehmen die Rollen

längst verstorbener Landesgrößen und widerlegen die Anklage Punkt für Punkt.
Die Weltpolizisten verfallen dem Heuri-
gen und vergessen ihre Todesstrahlen.
Die Vorsitzende der Weltschutzkommis-
sion beginnt einen Flirt mit dem Ministerpräsidenten. Schließlich entdeckt man,
daß Österreich lediglich aufgrund eines
Irrtums seit dem Ende des Zweiten Welt-
kriegs besetzt ist. Damit ist der Tag der
Freiheit gekommen. – Ein Unikum öster-
reichischer Filmkunst! Sicher sind viele
Gags nur aus der Entstehungszeit des
Streifens zu erklären. Trotzdem kann sich
der Film rühmen, die mit Abstand beste
Besetzung eines deutschsprachigen ›SF-
Films‹ zu haben. Ganz ›Kultur‹-Öster-
reich wurde aufgeboten, inkl. Wiener
Philharmoniker, Staatsopernballett, die
Wiener Sängerknaben, die Spanische
Reitschule und die Deutschmeisterkapel-
le. Und die Wien-Film-Produktionsge-
sellschaft legte Wert auf die Feststellung,
daß der Film im Auftrag der österreichi-
schen Regierung gedreht wurde.

Es geschah Morgen
(IT HAPPENED TOMORROW).
USA 1944.
R René Clair. *B* Dudley Nichols/René
Clair. *K* Archibald Stout/Eugen
Schüfftan. *M* Robert Stolz. *D* Dick
Powell (Larry Stevens), Linda Darnell
(Sylvia), Jack Oakie (Cigolini), Edgar
Kennedy (Inspektor Mulrooney), John
Philliber (Pop Benson/Gespenst),
Edward Brophy (Schomberg), George
Cleveland (Gordon), Sig Ruman
(Beckstein), Marian Martin, Eddie
Acuff. 85 Min.
Ein Journalist, der auf unerklärliche Wei-
se stets an Zeitungen herankommt, die of-
fiziell erst einen Tag später erscheinen,
macht große Karriere, da er alle wichtigen
Nachrichten eher bringen kann als die
Konkurrenz. Eines Tages jedoch liest er,
daß er am nächsten Tag bei einer Schieße-
rei in einem Hotel umkommen wird. Ob-
wohl er alles tut, um das betreffende Hotel zu meiden, sorgen die Umstände da-

für, daß er dennoch dort landet. Als ein Tumult ausbricht, entledigt er sich seines Jacketts, das sich ein Dieb unter den Nagel reißt. Der Dieb wird erschossen. Bei ihm findet man die Papiere des Journalisten Larry. Ehe man den Irrtum aufklären kann, ist die Morgenzeitung bereits gedruckt. – »René Clairs Film ist ein köstliches, vom feinsinnigen Humor des Meisters durchzogenes Gewebe aus Fantasie, Poesie und Wirklichkeit. (FILMBEOBACHTER) – »Ein ungetrübtes Vergnügen präzis ins Bild gesetzter Heiterkeit, voll der witzigen kleinen Kniffe, die lebhaft an den Clair des französischen Stummfilms erinnern... In der Geschichte steckt, auf liebenswürdige Art, etwas von den Gedanken Satres in *Das Spiel ist aus*: daß der Mensch nichts besser machen würde, wenn er um den Ablauf der Dinge wüßte. Diese These aber versieht Clair mit der optimistischen Überzeugung, daß solches auch gar nicht notwendig sei, weil alles auf der Welt... am besten eingerichtet wurde.« (FILMDIENST) – Schön wär's!

Es ist nicht leicht, ein Gott zu sein
(TRUDNO BYT BOGOM).
BRD/UdSSR/Schweiz 1990.
R Peter Fleischmann. *B* Peter Fleischmann/Jean Claude Carriere. *K* Pawel Lebeschew/Klaus Müller-Laue/Jerzy Goscik. *SpE* Yuri Lemeschew/Thomas Mauch. *M* Jürgen Fritz. *D* Edward Zentara (Rumata), Anne Gautier (Kyra), Andrey Boltnew (Budach), Pierre Clementi (König), Hugues Quester (Suren), Alexander Filipenko (Reba), Christine Kaufmann (Okana), Birgit Doll (Anka), El Gudsha Burduli (Baron), Werner Herzog (Mita), Regimantas Adomaitis, Pierre Clement, Alexander Boltnew, Werner Hess, Thomas Schücke, Lew Perfilow. *F* 119 Min.
Im 3. Jahrtausend hat die Erde in einem anderen Sonnensystem einen öden Planeten entdeckt, dessen Bewohner noch im Mittelalter leben. Auf der Erde ist man inzwischen friedlich geworden und führt

keine Kriege mehr. Um zu testen, ob auch dem modernen Menschen noch barbarische Instinkt innewohnen, schickt man unter dem Vorwand, den Planeten erkunden zu wollen, Abgesandte aus, die die dortigen Zuständen prüfen sollen. Der Kundschafter Anton nimmt die Identität eines Adeligen namens Rumata an und läßt sich in der Stadt Arkanar nieder, deren abergläubische Bevölkerung von einem König und dessen skrupellosem Berater Don Reba regiert werden. Beide unterdrücken mit allen Mitteln das Volk und verhindern jeden Fortschritt. Anton, in dessen Auge eine Kamera installiert ist, die mit dem Forschungsschiff in Kontakt steht, das über dem Planeten kreist, soll lediglich als Beobachter fungieren, jeder Eingriff ist ihm untersagt. Doch die Zustände machen es ihm immer schwerer, tatenlos zuzusehen. Zum Ärgernis der anderen Terraner unternimmt er Anstrengungen, den technischen Fortschritt des Planeten zu beschleunigen. Als er sich in die Magd Kyra verliebt, überkommen ihn völlig neue Emotionen, und schließlich tötet er gar einen Menschen. Anton plant eine Revolte gegen die Feudalherren, und seine revolutionären Ideen machen ihn bei der Bevölkerung fast zu seinem Gott. Nachdem Kyra stirbt, setzt Anton seine Pläne in die Tat um. Zwischen dem Volk und den Herrschenden entbrennt ein brutaler Kampf. Reba und der König fallen. Die Terraner landen und bringen Anton fort: Der Test hat seine Ergebnisse gezeigt. – »Fleischmanns Film ist ... der vierte (Verfilmungs-)Versuch. Fünf Jahre trug er das Projekt mit sich herum, bevor die Hürden der Moskowiter Film-Bürokratie überwunden waren. Aber auch im eigenen Lande traf er immer wieder auf das Mißtrauen kalter Krieger, für die Fleischmanns Besessenheit von dem Stoff einfach ›kommunistische Eskapaden‹ waren. Mit Kulissen, Komparsen und Kino-Blut nur so protzend, setzt der Film zum brutalistischen Overkill auf das sowjetische Publikum an, das inzwischen nicht nur *Rambo*- und *Star Wars*-Scheußlich-

keiten, sondern auch solche aus dem Bürgerkrieg im eigenen Lande, auch in Farbe, zur Genüge kennt. Und der ganze Aufwand nur, um nachzuweisen, welch schwachen Stand der geläuterte Erden-Übermensch Rumata angesichts der Blutrünstigkeit jenes fremden und doch so ähnlichen Volkes hat... Wirre Massenszenen ersetzen bei Fleischmann häufig dramaturgische Kunst, Gemetzel verwechselt er ebenso oft mit Spannung. Allein auf die Science Fiction-üblichen Technik-Orgien verzichtet der Film, dessen Produktion mit 35 Millionen Mark dennoch reichlich teuer zu stehen kam.« (DER SPIEGEL) – »So wacker Fleischmann die politische Vision angeht – verstohlen macht er sich wieder aus dem Staub. Was wie eine geschichtsphilosophische Etüde beginnt, endet wie ein Sauerkrautwestern: Show-Down mit der Blitzpistole, viel Blut fließt, ein Hubschrauber explodiert, und die Untertasse der Terraner landet, um die Dinge ins Lot zu bringen. Die Brüder Strugatzki gehen nach Hollywood – und machen Station bei den Veteranen des Neuen Deutschen Films. Da bleibt halt einiges auf der Stecke: aus Politik wird Aktion, aus Science Fiction-Exotik wird Fernsehfolklore.« (Wolfgang Brenner, TIP).
ⓑ Arkadij & Boris Strugatzki: *Es ist nicht leicht, ein Gott zu sein*, Düsseldorf 1971
ⓥ UFA

Es kracht und zischt – zu sehn ist nischt

(NOW YOU SEE HIM, NOW YOU DON'T).
USA 1971.
R Ron Miller. *B* Joseph L. McEveety.
K Frank Phillips. *SpE* Eustace Lycett/ Danny Lee. *M* Robert F. Brunner.
D Kurt Russell (Dexter Riley), Cesar Romero (A. J. Arno), Joe Flynn (Higgens), Jim Backus (Timothy Forsythe), Allan Hewitt (Collingsgood), William Windom (Lufkin), Kelly Thordsen (Sgt. Cassidy), John Myhers (Golfer), Pat Delaney (Sekretärin), Dave Willock (Bruns), Richard

Bakalyan (Cookie), Frank Aletter (TV-Sprecher), Ed Begley jr. (Druffle), Joyce Menges (Debbie Dawson), Michael McGreevey (Richard Scuyler), Neil Russell (Alfred), Robert Rothwell (Fahrer), Frank Welker (Myles), Jack Bender (Slither Roth), George O'Hanlon (Ted), Mike Evans (Henry Fathington), Billy Casper (Golfer), Paul Smith, Dave Hill. *F* 88 Min.
Ein kleines US-College ist in Schwierigkeiten: Der Erzhalunke Arno hat eine riesige Schuldenlatte dieser privaten Bildungsstätte übernommen und bildet sich nun ein, er könne aus dem Campus eine Spielhölle machen. Retter in der Not ist der studentische Genius Dexter Riley: Er hat nämlich ein Mittelchen erfunden, mit dem man sich unsichtbar machen kann. Wenn man diese Tinktur auf einem naturwissenschaftlichen Wettbewerb vorstellt, so glaubt der Dekan, sei dem College der 1. Preis sicher, und man wäre frei von Schulden. Pech ist nur, daß die kostbare Tinktur auch sämtliche Ganoven interessiert, die in der näheren Umgebung leben...
ⓥ Walt Disney

Es lebe die Freiheit

(À NOUS LA LIBERTÉ).
Frankreich 1932.
R René Clair. *B* René Clair. *K* Georges Périnal/Georges Raulet. *M* Georges Auric. *D* Raymond Cordy (Louis), Henri Marchand (Émile), Rolla France (Jeanne), Paul Olivier. 97 Min.
Die beiden Sträflinge Louis und Émile unternehmen einen Fluchtversuch aus dem Gefängnis. Ersterem gelingt die Flucht, der zweite wird gefaßt. Bald ist Louis Besitzer einer großen Grammophon-Fabrik. Nach seiner Entlassung wird Émile Arbeiter in eben jener Fabrik, findet sich jedoch nur schwer zurecht, weil ihn die in der Fabrik herrschende Disziplin und das Arbeitssystem am Fließband zu sehr an die Zustände im Gefängnis erinnern. Doch auch Louis fühlt sich nicht wohl in seiner Haut. Als ihn

frühere Mitgefangene erpressen wollen, schenkt er seine Fabrik den Arbeitern und geht mit seinem alten Freund Émile auf die Landstraße. Zum Schluß sieht man die vollautomatisierte Fabrik Grammophone produzieren, während die Arbeiter angeln und die beiden Freunde ihr Lied ›Es lebe die Freiheit‹ vortragen. – »In diesem Film wollte ich gegen die Maschine kämpfen, die den Menschen versklavt hat, anstatt ihn – wie es sein müßte – glücklicher zu machen«, so René Clair, der Regisseur und Drehbuchautor dieser ersten großen Sozialsatire der Tonfilmzeit. »Der Film richtet sich gegen die Idee der Heiligkeit der Arbeit, wenn die Arbeit aufhört, interessant und individuell zu sein. Ich glaube, daß die von mir bereitete bittere Pille sich leichter schlucken läßt, wenn sie in Unterhaltungsmusik verpackt wird.« (Zitiert nach Jerzy Toeplitz, GESCHICHTE DES FILMS, 1928–1933). Der Form nach kann man den Film tatsächlich als eine Art Musikkomödie bezeichnen. Seine handfeste Sozialkritik setzt an in den Liedtexten wie ›Arbeit ist Pflicht, Arbeit ist Freiheit‹, zeigt sich besonders deutlich in der Gegenüberstellung von *Gefängnis* und *Fabrik*, von *Unfreiheit* und vermeintlicher *Freiheit*. Gerade hier arbeitet Clair mit dem einfallsreichen Einsatz des Tons: wo ist da noch ein Unterschied zwischen dem Lärm der Großstadt und der Fabrik und den metallisch klirrenden Geräuschen im Gefängnis? Der Film mündet in eine (allzu?) naive Utopie: »Er wendet sich gegen die gesellschaftlichen Fesseln und sieht das Glück in der harmonischen Verschmelzung der Natur mit dem Individuum. Hier werden die Ideale Jean-Jacques Rousseaus und der Anarchisten wieder lebendig. *Es lebe die Freiheit* ist ein Film, der die Anarchie preist, natürlich nicht ihre philosophischen Grundsätze, aber doch das Resultat ihrer Theorie. Es wird keinerlei Zwang auf Erden geben, und jeder wird fischen, singen, tanzen und Wein trinken können.« (Jerzy Toeplitz, GESCHICHTE DES FILMS, 1928 bis 1933). Chaplins *Moderne Zeiten* behandelt im wesentlichen das gleiche Thema, und man bezichtigte ihn des Plagiats. Eine gerichtliche Klärung, die die Produktionsfirma anstrengen wollte, lehnte René Clair strikt ab. Er hielt es für eine besondere Auszeichnung.

Escape From Savehaven
Anderer Titel für **Inferno in Safehaven**

Escape 2001
(QUARANTINE). Kanada 1988.
R Charles Wilkenson. *B* Charles Wilkenson. *K* Tobias Schließler. *M* Graeme Coleman. *D* Beatrice Boepple (Ivan Joad), Garwin Sanford (Spencer Crown), Jerry Wasserman (Sen. Ford), Michele Goodger (Berlin Ford). *F* 91 Min.
Eine globale Infektion veranlaßt Senator Ford, Quarantänezonen zu errichten und skrupellos seine Macht zu demonstrieren: Auch Gesunde werden in die Zonen eingewiesen. Der Programmierer Crown entwickelt den totalen Überwachungscomputer, um unbequeme Bürger ausschalten zu können. Beatrice, eine resolute Gegnerin des Systems, nimmt Crown gefangen, um ihren Vater vor der vermeintlichen Einweisung bewahren. Vom Polizeichef Black verfolgt, schlägt Crown sich auf Seite der Guten und arrangiert sich mit ihr. Gemeinsam entwickeln sie den Plan, Ford zu stürzen. – »Durchaus als AIDS-Parabel zu verstehen, und mit Verweisen auf Inquisition und Faschismus ausgestattet, hebt sich *Escape 2001* wohltuend vom restlichen Müll deutscher Videopremieren ab.« (Sven Berendt, SPLATTING IMAGES). – Nur auf Video.
Ⓥ Highlight

E. T. – Der Außerirdische
(E. T. – THE EXTRATERRESTRIAL).
USA 1981.
R Steven Spielberg. *B* Melissa Mathison. *K* Allen Daviau. *SpE* Industriel Lights & Magic. *M* John Williams. *D* Dee Wallace (Mary), Henry Thomas (Elliot), Peter Coyote

Es lebe die Freiheit von René Clair

(Keys), Robert MacNaughton (Michael), Drew Barrymore (Gertie), K. C. Martel (Greg), Sean Frye (Steve), Tom Howell (Tyler), Matthew DeMeritt/Pat Bilou/Tamara de Treaux (E. T.). *F* 114 Min.

Eines Nachts landet eine außerirdische Expedition in Kalifornien. Die Besatzung des Raumschiffes sammelt Pflanzenproben. Aufgeschreckt durch allzu neugierige Erdbewohner, die ihre Landung gesichtet haben, fliehen sie in Panik zu ihrem Schiff und verlassen in aller Eile die Erde. Dabei lassen sie einen der ihren zurück. Von Angst erfüllt, sucht sich das Wesen einen Unterschlupf in einem Schuppen, wird von dem zehnjährigen Elliot entdeckt und läßt sich von diesem mit Süßigkeiten in dessen Zimmer locken. El-

liot ist ein ›armer Junge‹: Sein älterer Bruder nimmt ihn nicht für voll, seine kleine Schwester kann nichts für sich behalten, seine Mutter ist eine alleinstehende Frau, sein Vater ist mit einer anderen nach Mexiko durchgebrannt. Elliot verbirgt den Außerirdischen zunächst zwischen seinen Spielsachen, wo er unter Teddybären und anderen Plüschgestalten nicht weiter auffällt, aber er kommt nicht umhin, seine Geschwister nach und nach in das Geheimnis einzuweihen. Die Kinder gewöhnen sich an den heimwehkranken Fremden und halten ihn vor den Erwachsenen versteckt, denn sie wissen, daß die Behörden ihm auf den Fersen sind und wollen um jeden Preis vermeiden, daß er auf den Operationstischen der NASA-Wissenschaftler landet. Obwohl der Außerirdische es bei seinen kleinen Freunden gut hat, sehnt er sich nach Hause und bastelt sich ein Funkgerät, um seinem Volk Bescheid zu geben, wie es um ihn steht. Die Idylle währt jedoch nicht ewig: Es gelingt den NASA-Leuten, den Aufenthaltsort des Außerirdischen auszumachen. Sie dringen in das Haus von Elliots Mutter ein, bemächtigen sich des Fremden, der inzwischen sogar ein paar Worte sprechen gelernt hat, und unterziehen ihn einer medizinischen Untersuchung. Der Außerirdische gibt sich selbst auf; unter den Händen der Wissenschaftler schwindet sein Leben dahin. Als die NASA-Leute das Handtuch werfen, weil sie ihn für tot halten, und der kleine Elliot ihn ein letztes Mal sehen will, erwacht er überraschend zu neuem Leben. Elliot und sein Bruder Michael tricksen die Wissenschaftler aus und bringen den Außerirdischen mit ihren Fahrrädern an einen Ort, der kurz darauf von einem Raumschiff angeflogen wird: Der kleine Fremde zieht mit den Angehörigen seines Volkes von dannen. Die ihn verfolgenden Menschen sind von der Freundschaft, die ihn mit Elliot verbindet, dermaßen gerührt, daß sie ihn gehen lassen. – Das ›Vorspiel‹: E. T. im Anflug auf Deutschland!!! »Kassenträchtige Begegnung der dritten Art! Schon wieder schlägt ein Science Fiction-Film alle Kassenrekorde in Amerika, schon wieder ist er vom Regisseur solcher Hits wie *Der weiße Hai* und *Jäger des verlorenen Schatzes*, von Steven Spielberg. Die neue SF-Geschichte bringt das Weltraumwesen E. T. auf die Erde, wo es mit einem zehnjährigen Jungen Freundschaft schließt: Spielberg spekuliert auf das Interesse der ganzen Familie – im Winter auch in Deutschland.« (DER SPIEGEL vom 19. 7. 1982) – »Natürlich kommt alles darauf an, in welcher Verfassung einen dieser Film erwischt. In Cannes (lange vor dem deutschen Start), so erzählt die Legende, soll es eine merkwürdige Vorstellung gegeben haben: die internationalen Filmkritiker (harte Burschen, möchte man meinen) vor Rührung in Tränen auf-

gelöst, ein hundertfaches Schluchzen aus rauhen Männerkehlen. Man kann es nachfühlen: In Cannes, wo jeder beinahe jedem beinahe alles verkauft, trat plötzlich ein rührendes, schrumpeliges Zwergenwesen mit blauen Riesenaugen auf und sagte mit traurig quäkender Stimme immer wieder nur eines – daß es ›nach Hause‹ wolle, bitte nach Hause! Für zwei Stunden war Cannes kein rüder Filmmarkt mehr – die internationalen Filmkritiker blickten in die Tiefe des Weltraums und in die noch tieferen Tiefen des menschlichen Herzens und vergaßen darüber, daß ihnen gerade schon wieder etwas verkauft wurde, vom allerschlauesten Verkäufer.« (Benjamin Henrichs, DIE ZEIT) – »E. T. (sprich: Iitii) könnte, obwohl man zunächst denkt, es handle sich um den Namen eines europäischen Schnellzuges, in dem Geschäftsreisende ihre Füße in Socken auf weiche Sitze legen, E. T. könnte bald der neben J. R. (sprich: Dschäiaar) bekannteste Amerikaner in Deutschland werden... Jetzt also E. T., das kleine liebe Marsmännchen (oder -weibchen), das bei einer eiligen Raumschiff-Flucht auf der Erde und natürlich in den USA (auch Raumschiffe respektieren, wer irdisch das Sagen hat) zurückgelassen wird und mit einem kleinen lieben amerikanischen Jungen Freundschaft schließt, bevor es, heimwehkrank und erdenmüde, nach einem Ferngespräch zum Mars wieder abgeholt wird – nicht ohne sich von seinem irdischen Freund so geschmerzt zu verabschieden wie Ingrid Bergman von Humphrey Bogart in *Casablanca*. Prompt wurde E. T. in den USA zum lautesten Kassenheuler aller Zeiten, und auch in Deutschland, wo er zur Vorweihnachtszeit gelandet wird, dürfte das Spielbergwerk, das zu Träumen und zu Tränen stimuliert, der maroden Kinobranche einen Lichtblick gewähren: immer wenn man denkt, es geht nichts mehr, kommt ein neuer Spielberg her.« (Hellmut Karasek, DER SPIEGEL 49/1982, eine Woche vor dem Kinostart E. T.s in der Bundesrepublik)

Der ›Kinostart‹: E. T. landet am 10. Dezember 1982 in Deutschland!!! Jede Zeitung, die auf sich hält, berichtet vom »größten Tränentier des Universums« (GUCKLOCH), das größte deutsche Nachrichtenmagazin sogar in seinem SPIEGEL *Titel*: »Gleich in der ersten Woche hat E. T. auch in Deutschland Kassenrekord gemacht und acht Millionen Mark eingespielt. Obwohl Spielbergs Film ... bisher nur in den USA gezeigt wurde, ist er schon jetzt der erfolgreichste Film aller Zeiten ... *E. T. – Der Außerirdische* hat die Zeitstimmung an empfindlicher Drüse getroffen und zum Überlaufen gebracht.« Die ›Anmaßung‹: Was ist das besondere an E. T.??? »Die Antwort ist so einfach wie die Geschichte, die der Film erzählt. Es ist die Botschaft, die uns fasziniert, für den fremden Zwerg einnimmt, es ist das Märchen, das lebendig wird. Das Mär-

chen, das uns zurückkehren läßt in unsere eigene Kinderzeit, als unsere Fantasie noch unbeschädigt, unsere Ängste noch nicht ausgebildet waren. Die Begegnung mit dem Fremden, Unbekannten ist die Konfrontation mit Bedrohlichem. Erst unsere eigene Haltung macht sie dazu. Nur die unzerstörte, offene Fantasie eines Kindes kann adäquat auf die Begegnung mit der fremden Art reagieren. Die Toleranz gegenüber der unbekannten Art ist uns längst verloren gegangen, einzig die Kinder sind ihrer noch fähig. Insofern ist Spielbergs Film ein utopischer Entwurf, geht weit über konventionelle Produktionen des SF-Genres hinaus.« (CINEMA 12/ 1982) – Die Antwort der größten europäischen Filmzeitschrift ist (bis auf den letzten Satz) genauso zum Heulen wie der Film selbst. Der Begriff ›Botschaft‹ ist in diesem Zusammenhang wohl fehl am

»Autsch, hier!«: Henry Thomas und das kosmische Schmusemonster

Platz, auch wenn der Film vor Weihnachten anlief. »Es kommt ein Schiff geladen. Der kleine Heiland aus dem Weltall aber ist ein Gott aus der Maschine. Jedes Gefühl in Spielbergs Film ist Kalkül, jeder Satz, jeder Effekt wird sorgfältig daraufhin geprüft, ob er auch garantiert jugendfrei ist... Natürlich hat jedes Rühr- und Zauberstück seine Mechanik – die von Spielbergs Film funktioniert zwar sehr gut, ist aber enttäuschend simpel gebaut, schlau aufs schlichte Gemüt hin konstruiert. Wenn Spielberg (mit Hilfe seiner Tricktechniker) ein Wunder auf der Leinwand vorführt (fliegende Fahrräder, schwebende Gegenstände, sekundenschnell aufblühende Blumen), unterstreicht er unweigerlich in der nächsten Einstellung, daß dies ein Wunder war. Groß blickt die Kamera dann in staunende Kinderaugen, und kluge Kindermünder sprechen gerührt den Kommentar: ›das gibt's doch nicht‹, sagen sie (in der deutschen Fassung auf die geübt niedliche Synchronsprecher-Weise) und bedeuten so dem Kinozuschauer, daß er jetzt gefälligst auch zu staunen habe, eben wie ein Kind.« (Benjamin Henrichs, DIE ZEIT) – Und so bleibt von der ›Botschaft‹ nur noch ein simples ›seid nett zueinander, auch zu Außerirdischen‹ übrig. Der Rest ist typisches Spielbergsches Kommerzkino, ist die industrielle Fabrikation von Wundern. Darin ist Spielberg (neben George Lucas) zur Zeit der Meister aller Klassen.

Die ›Wunder‹: Wie funktioniert das???
»Die Schwangerschaft dauerte nur fünf Monate und kostete 3,5 Millionen Mark. Im September 1981 konnte der stolze Vater seinen Filius zum ersten Mal vorführen: Der italienische Tricktechniker Carlo Rambaldi (der schon den neuen *King Kong* aus der Taufe gehoben hatte) meldete Hollywood-Regisseur Steven Spielberg, daß die »Operation E. T.« gelungen sei. Zehn Tage vor Drehbeginn zu Spielbergs Märchen vom liebenswerten Außerirdischen lieferte Rambaldi den Hauptdarsteller an – gleich dreimal. Das erste Exemplar, 70 Zentimeter groß, aus Gummi, Stahl und Fiberglas, bewegte sich ungelenk wie ein Roboter und mußte über ein Schaltpult von 12 Operateuren gleichzeitig bedient werden. Sie preßten beispielsweise über Plastikschläuche Luft in den Körper, um E. T. ›atmen‹ zu lassen, oder sie sorgten dafür, daß der kleine Wicht seinen Hals teleskopartig ausfahren konnte. Die zweite Puppe war schon feinfühliger. Sie wurde elektronisch gesteuert und konnte 85 Bewegungen und Grimassen ausführen – beispielsweise die Augenbrauen hochziehen. Damit der Zuschauer dem heimwehkranken Knirps das traurige Gesicht auch wirklich glaubt, waren um Stirn und Nase Dutzende von Plastikmuskeln eingebaut worden, die sich drehbuchgerecht verziehen ließen. Doch alle Elektronik konnte dem Außerirdischen nicht das Gehen beibringen. In seiner Not griff Rambaldi auf einen Trick zurück, der im novitätensüchtigen Hollywood Jahrzehnte überstanden hatte: In die dritte, knapp einen Meter große E.-T.-Figur steckte er Menschen. Mal schlüpfte der 34jährige Pat Bilon, ein Liliputaner von 92 Zentimetern, ins warzige E.-T.-Kostüm, mal die 83 Zentimeter große Tamara De Treaux, Statistin in Hollywood. Den E.-T.-typischen Watschelgang entwickelte ein zwölfjähriger Schuljunge aus Kalifornien: Matthew De Meritt, ohne Beine geboren, bewegte sich auf seinen Händen.« (STERN) – »Einer der interessantesten für E. T. entwickelten Effekte war das *Go-Motion-Verfahren*. Dies ist eine Weiterentwicklung des schon sehr lange bekannten Stop-Motion-Verfahrens (Einzelbildfotografie; von Bild zu Bild Veränderung des zu filmenden Objekts)... Dieses Verfahren hat aber bei aller verblüffenden Wirkung einen entscheidenden Nachteil:... Selbst bei perfektionierter Stop-Motion bleibt die Künstlichkeit der bewegten Puppen spürbar. Das wollten (Spielbergs) Spezialisten vermeiden. Ihre Erfindung: Zwar fotografiert die Kamera nach wie vor in Einzelbildern, aber die Puppe bewegt sich fort-

laufend. Die fotografierten Einzelbilder werden dann – vor allem bei sehr langer Belichtungszeit – ebenso leicht bewegungsunscharf, wie dies beim regulären Filmen der Fall ist.« (CINEMA) – Dieses Verfahren fand dann Anwendung in der wohl berühmtesten Szene des Filmes, der Flug-Flucht mit dem Fahrrad. Elektromotoren bewegten dabei Räder und Figuren. Insgesamt gesehen sind diese Tricks primitiv, so daß es verwundert, daß der Film deswegen den Oscar erhielt, während *Blade Runner* leer ausging.

›Vor- (und Anti-)Bilder‹: Was ist E. T.??? »Spielberg hat einmal Walt Disney als seinen geistigen Vater und das Fernsehen... als seinen Stiefvater bezeichnet. Beide Väter haben E. T. mitgeprägt, direkt und indirekt. Disney, Amerikas Bruder Grimm und US-Homer in einem, verdankt Spielberg seinen Blick für die Mythen im amerikanischen Alltag, denn gewiß wäre E. T. nicht denkbar, ohne daß die Tiere bei Disney sprechen und fühlen gelernt, ohne daß die harten amerikanischen Lebensgesetze in den überirdischen Kräften der Disney-Helden einen adäquaten Gegner gefunden hätten. Irgendwie sind die Augen von E. T. mit den kullernden Rehaugen Bambis verwandt, irgendwie kommt der Schabernack, den E. T. anstellt, wenn er beispielsweise sich mit Dosenbier vollaufen läßt, ohne die fatale Wirkung vorauszuahnen, aus der Welt der Mickey Mouse und des Donald Duck... In dem Fight gegen die immer stärker das Filmleben bedrohende Existenz des Fernsehens haben Steven Spielberg und George Lucas die erfolgreichsten Überlebensstrategien entwickelt. Sie machen Superfilme mit enormen Budgets (E. T. hat mehr als 10 Millionen Dollar an Produktionskosten verschlungen), deren Wirkung sich nur auf der großen Leinwand entfalten kann. Wer das in einem Pazifik an Streicherklängen ertrinkende Finale von E. T. hört, mit dem der kleine außerirdische Freund wieder ins All entschwebt, weiß, daß dergleichen nur in Dolby zum vollen Klingen kommt... Wer den Himmel in jenem magischen Licht aufleuchten sieht, der bei Spielberg (in *E. T.* wie auch in der *Unheimlichen Begegnung der dritten Art*) das Nahen der Außerirdischen ankündigt... der weiß, daß die lichtgleißenden Raumfähren nur auf der Breitwand des Kinos landen können, daß das Fernsehen dieser Opulenz fürs Auge nichts engegensetzen kann.« (DER SPIEGEL) – Womit zum guten Schluß dann doch zugegeben werden muß, daß *E. T.* großes Kino ist! – Vier Oscars 1983 für beste Originalmusik, besten Ton, beste Toneffekte und beste optische Effekte. Ⓥ CIC
Ⓑ William Kotzwinkle: *E. T.*, München 1982

Eurydike – Die Braut aus dem Jenseits

BRD 1974.
R Jochen Richter. *B* Jochen Richter. *K* Jochen Richter/Norbert Friedländer. *M* C. W. Gluck. *D* Heinz Trixner (Tom), Celi Barbier (Eurydike), Wolfgang Büttner. *F* 90 Min.
Der Atomforscher Tom nimmt via Bildschirm unerwartet Kontakt mit einer Gruppe von Menschen auf, die behaupten, Opfer des Abwurfs der Hiroshima-Katastrophe von 1945 zu sein: Die Kraft der Bombe hat sie nicht sterben lassen, sondern in eine andere Dimension geschleudert, wo sie ohne zu altern weiterexistieren. Tom verliebt sich in ›Eurydike‹, die Sprecherin dieser Menschen, und er tut alles, um ihr in die jenseitige Welt zu folgen. – Ein experimenteller Film, für den Durchschnitts-Spektakel-Fan gewiß keine leichte Kost, aber durchaus des Ansehens wert.
Ⓥ ABC

Evarella

(TV-ZDF). BRD 1973.
R Werner Grassmann. *B* Werner Grassmann/Karl Wittlinger. *SpE* Peter Krisp. *D* Claudia Amm (Evarella), Jean-Luc Bideau (Dr. Blanc), Utz Richter (Dr. Meyer). *F* 30 Min.

Evarella ist ein Mordsweib, sie kann alles, sie weiß alles und donnert meist mit einem überschweren Motorrad durch die Gegend. Ihre Waffen sind ihr Körper und eine Luftpistole, die kleine Pfeile mit einem Betäubungsgift verschießen kann. Und diese gebraucht sie ständig, denn sie ist Assistentin bei Zahnarzt Dr. Blanc, nebenberuflich auch Futurologe. Evarella zieht ihren Kittel aus – sie trägt einen aufregenden Raumanzug. Ein Praxis-Roboter blinkt auf, und beide verschwinden im weit aufgerissenen Mund des Patienten.

Eve 8 außer Kontrolle
(EVE OF DESTRUCTION). USA 1990.
R Duncan Gibbins. *B* Duncan Gibbins/
Yale Udoff. *K* Alan Hume. *M* Philippe
Sarde. *D* Renée Soutendijk (Eve
Simmons), Gregory Hines (Jim
McQuade), Michael Greene (Gen.
Curtis), Kurt Fuller (Bill Schneider),
Ross Malinger (Timmy), Kevin
McCarthy (Eves Vater). *F* 100 Min.
Nach ihrem eigenen Aussehen entwickelt die Wissenschaftlerin Eve Simmons den Androiden Eve 8 und speist ihn mit ihren Erinnerungen. Beim Test wird Eve 8 bei einem Banküberfall angeschossen. Die Elektronik ist defekt, Eve 8 gerät außer Kontrolle. Zusammen mit dem Sicherheitsexperten McQuade muß Eve ihre Schöpfung unschädlich machen, die aufgrund der gespeicherten Erinnerungen ihrer unausgelebten Phantasien einen Rachefeldzug startet. Eve 8 tötet Eves Vater, den sie für den Tod ihrer Mutter verantwortlich hält. Nach einem Zusammenstoß mit einem Raser aktiviert sich ein eingebauter Atomsprengkörper, der nach 24 Stunden explodieren soll. In New York entführt Eve 8 Eves Sohn Timmy. In einer U-Bahn-Station kommt es zum Showdown. Sekunden vor Ablauf der Frist streckt McQuade Eve 8 mit einem Kopfschuß nieder. Doch! (Es geht noch weiter). – »Der Originaltitel ... spielt mit dem Wort ›eve‹, das sowohl Vorabend als auch den weiblichen Namen Eve bedeuten kann ... Die eigentlich interessanten

Aspekte der Geschichte, daß der Roboter als Doppelgänger die verdrängten Phantasien auslebt, werden nur oberflächlich behandelt, so daß die (wenigen) Action-Sequenzen (des ansonsten langatmigen Films) im Vordergrund stehen.« (Peter Hasenberg, FILMDIENST).

**Die Ewoks – Karawane
der Tapferen**
(CARAVAN OF COURAGE). USA 1984.
R John Korty. *B* Bob Carrau. *St* George
Lucas. *K* John Korty. *SpE* Industrial
Light & Magic/Michael Pangrazio.
M Peter Bernstein. *D* Eric Walker
(Mace Towani), Warwick Davis
(Wicket), Fionnula Flannagan (Caterine
Towani), Guy Boyd (Jeremitt Towani),
Aubree Miller (Cindel Towani), Dan
Frishman (Deej), Dabbie Carrington
(Weechee), Tony Cox (Widdle), Kevin
Thompson (Chukha Trok), Margarita
Fernandez (Kaink), Pam Grizz (Shodu),
Bobby Bell (Logray). *F* 97 Min.
Nachdem die vierköpfige Familie Towani (aus unerfindlichen Gründen) auf dem dichtbewaldeten Mond des Planeten Endor notgelandet ist, werden Kinder und Eltern (aus ebenso unerfindlichen Gründen) getrennt. Der halbwüchsige Mace Towani und seine etwa fünfjährige Schwester finden sich alsbald in der Gesellschaft der teddybärähnlichen Ewoks wieder, die alles tun, damit die Menschenkinder ihre Eltern wiederfinden, denn diese sind von einem bösen Riesen entführt worden und fristen ihre Tage wie Wellensittiche in einem überdimensionalen Holzkäfig. Die Ewoks schlagen sich tapfer für ihre Schützlinge, einer von ihnen opfert sich und geht gar für sie in den Tod.
Mag die Moral des Films auch eine gute sein, sie kann nicht darüber hinwegtäuschen, daß der fürs US-Fernsehen produzierte Film mitunter große Längen hat, nicht eben durch Einfallsreichtum glänzt und stellenweise sogar Langeweile aufkommen läßt.
Auch wenn die liebreizenden Ewoks alle

kindlich gebliebenen Herzen im Sturm erobern – die Geschichte, die sich der *Krieg
der Sterne*-Macher George Lucas ausgedacht hat, erinnert fatal an Hänsel und
Gretel, die sich im Wald verlaufen haben.
Die Tricks zudem zeigen, daß hier nicht
mit der Sorgfalt gearbeitet wurde, die
George Lucas' sonstige Weltraum-
schlachten-Spektakel auszeichnen: Beim
Kampf der Ewoks mit der Riesenspinne
beispielsweise fühlt man sich penetrant an
die Augsburger Puppenkiste erinnert.
Ⓥ CBS/Fox

The Executor – Der Vollstrecker
(STERMINATORI DEL ANNO 3000).
Italien 1983.
R Jules Harrison. *B* James A. Rich.
K Clarence Gatto. *M* Detto Marino.
D James Clayton, Robert Warner,
Roberto Janucci, Gianluca Venantini,
Alan Collins, Beryl Cunningham,
Venantino Venantini. *F* 88 Min.
Den Italienern gebührt zweifellos die Kro-
ne, wenn es darum geht, postatomaren
Schwachsinn auf Film zu bannen. Jeder
noch so abwegige Grund, sich um letzte
Überbleibsel nach dem großen Atom-
schlag zu prügeln, ist für sie ein Drehbuch
wert; exotische Waffen, Fahrzeuge und
Kostüme liefern das übliche Beiwerk. Was
diese Machwerke von den einstmals so beliebten italienischen Sandalenfilmen unterscheidet, ist die zeitgemäße Brutalisie-
rung und der Verlust der Sprache. In dieser
›Vision der letzten Tage‹ des Regisseurs
Harrison geht es um die letzte unverstrahlte
Quelle, aus der noch frisches Wasser spru-
delt. Die restlichen Überlebenden sind
schnell in verschiedene Rassen zerfallen.
Die einen haben sich schlagartig zu affen-
artigen Steinzeitgeschöpfen, genannt
Squonks, zurückentwickelt, die anderen
haben zwar ihre Intelligenz behalten,
scheinen aber in dieser unwirtlichen Landschaft völlig von der Rolle, da sie tatsächlich friedfertig sind und sich nicht persönlich um das Wasser schlagen wollen. Da
trifft es sich gut, daß ihnen trotz ihrer Friedfertigkeit ein Vertreter der dritten noch exi-

stierenden Rasse, ein Exterminator, ein
ziemlich wortkarger waffenstarrender Un-
sympath, in die Hände fällt. Dieser soll zusammen mit einem 10jährigen Bönsel das
ersehnte Naß besorgen. Ausbüchsen kann
der Brutalo nicht, denn der Knabe verfügt
über einen künstlichen Arm, der mit übermenschlichen Kräften ausgestattet ist.
Nach genreüblichen Kampfspielen sehen
sich die Wassersucher dicht vor ihrem
Ziel, als die unberechenbaren Gegner das
unverseuchte Wasserdepot in die Luft
sprengen. Doch da kommt ihnen der Himmel zu Hilfe: nach langen trockenen Jahren fängt es erstmals wieder an zu regnen.
– »Nahezu alle Elemente dieses Films
sind George Millers brillantem und kommerziell erfolgreichem Streifen *Mad Max
II – Der Vollstrecker* entlehnt«, heißt es
vorsichtig in CINEMA, dem bundesdeutschen Marktführer unter den Filmzeit-
schriften. *Geklaut* wäre wohl der richtige
Ausdruck!

Expedition in die Zukunft
(IDAHO TRANSFER). USA 1973.
R Peter Fonda. *B* Thomas Matthiesen.
K Bruce Logan. *M* Bruce Langhorne.
D Kelley Bohanan, Caroline
Hildebrand, Keith Carradine, Dale
Hopkins, Kevin Hearst. *F* 85 Min.
In einem Idaho der Zukunft arbeitet ein
junges Wissenschaftlerteam an der Trans-
ferierung von Materie in die Zukunft.
Nachdem es ihnen gelungen ist, sich
selbst 56 Jahre in die Zukunft zu versetzen, landen sie in einer öden Umwelt, in
der augenscheinlich keine Menschen
mehr leben. Sie finden einige Überreste
der Zivilisation (leere Häuser, verrostete
Autowracks, verstaubte Eisenbahnwag-
gons) und stoßen schließlich auf verein-
zelte, degenerierte Menschen, die ziellos
dahinvegetieren und nicht mehr die geringste Lebensenergie aufweisen. Da man
die Absicht hatte, der Realität der Gegenwart zu entfliehen, da alles auf eine
Selbstvernichtung des menschlichen Lebens hindeutete, sind die Aussichten für
die Zukunft also nicht sonderlich groß –

zumal man plötzlich herausfindet, daß alle, die den Zeittransfer überstanden haben, unfruchtbar geworden sind. Das Team splittert sich auf, als eine der Expeditionsteilnehmerinnen zur Transferstation zurückkehrt, findet sie zwei ihrer Begleiter tot vor. Als sie von einer offensichtlich Verrückten angefallen wird, flieht sie wieder in die Vergangenheit (ihre ›Gegenwart‹) zurück, aber dort hat man das Transfer-Projekt inzwischen gestoppt. Die Ausgangsbasis wird bewacht. Der jungen Frau bleibt nur noch die Flucht in eine fernere Zukunft. Aber die dortige Umgebung sieht noch trostloser aus. Als sie erschöpft auf einen Highway zuwankt, wird sie von einem Autofahrer aufgegriffen, der ihren Körper als ›Energiespender‹ für sein Gefährt verwertet... – »Ein packender Film mit einfachen Mitteln gestaltet, mit überraschenden Wendungen, die nicht in den üblichen Klischees steckenbleiben.« (ANDROMEDA) – »Peter Fonda inszenierte dieses Endspiel als konsequente Fortsetzung seines *Easy Rider* mit anderen Mitteln. Er läßt immer wieder deutlich werden, daß die Zukunft zu ihrer Zeit auch nichts mehr als Gegenwart ist, daß Konflikte bleiben, persönliche Gefühle nichts von ihrer Wirklichkeit... verloren haben, der einzelne immer allein bleibt – besonders im Augenblick seines Sterbens. Letztlich spricht aus Fondas Film eine tiefe Resignation. Hier ist es nicht mehr die von Law und Order geprägte Umwelt, die ein paar Außenseiter zur Strecke bringt (wie in *Easy Rider*), sondern die tote Umwelt, die die Überlebenden in Tod und Irrsinn treibt... Fonda zwingt zum Nachdenken. Die Bilder bleiben im Gedächtnis.« (Peter F. Gallasch, FILMDIENST)

Explorers – Ein phantastisches Abenteuer
(EXPLORERS). USA 1985.
R Joe Dante. *B* Eric Luke. *K* John Hora. *SpE* Bruce Nicholson. *M* Jerry Goldsmith. *D* Ethan Hawke (Ben Crandell), River Phoenix (Wolfgang Müller), Jason Presson (Darren Woods), Amanda Peterson (Lori Swenson), Dick Miller (Charlie Drake), Robert Picardo (Wak). *F* 109 Min.
Im Traum erhält der zwölfjährige Ben Pläne zum Bau eines Energiefeldes, das das Fliegen ermöglichen könnte. Mit seinen Freunden Wolfgang und Darren setzt er sie in Realität um. Man erzeugt ein kugelförmiges Energiefeld, das sich per Computer steuern läßt. Aus Müllhaldenschrott bauen sie ein Raumschiff und empfangen beim ersten Flug sonderbare Signale. Bevor das Trio sie untersuchen kann, muß es zur Erde zurück. Man ist sicher, mit einer außerirdischen Intelligenz in Berührung gekommen zu sein. Der zweite Flug wird ein Erfolg. Man entdeckt ein fremdes Raumschiff, landet in seinem Inneren und stößt auf das glubschäugige Geschwisterpaar, das für Bens Träume verantwortlich ist. Die Aliens haben das irdische TV-Programm beobachtet und zu viele schlechte SF-Filme gesehen, was sie von einem Besuch auf der Erde abgehalten hat. Über die Jungen wollten sie die Menschen kennenlernen. Der Vater der beiden Alien-Kinder trifft ein und tadelt seine Kids, weil sie ohne Erlaubnis mit dem Raumschiff abgedüst sind. Ben und seine Freunde müssen gehen. Der Rückflug endet im Stadtsee. Aber die Außerirdischen senden wieder, wie versprochen. Die Jungen und Bens Freundin schweben wie einst Peter Pan über den Wolken. – »Ein Besuch bei Außerirdischen wird zur Persiflage auf gängige SF-Klischees. Die fremden Wesen sind dickbäuchige, stieläugige Komiker, die die Erde nur vom Bildschirm kennen – sie sprechen mit den Stimmen von Rudi Carell, Otto und Peter Alexander. (Regisseur) Dante brennt hier ein Feuerwerk ab an schadenfrohem Zynismus, die Slapsticknummern bekommen anarchistische Züge.« (STUTTGARTER ZEITUNG) – »Dumm nur, daß *Explorers* genau von jenen Klischees lebt, die er so gerne lächerlich machen möchte.« (ZITTY).
Ⓥ CIC

F

Fahrenheit 451

(FAHRENHEIT 451). GB 1966. *R* François Truffaut. *B* François Truffaut/Jean-Louis Richard. *LV* Ray Bradbury. *K* Nicholas Roeg. *SpE* Les Bowie/Charles Staffel. *M* Bernard Herrmann. *D* Oskar Werner (Montag), Julie Christie (Linda Montag/Clarisse), Cyril Cusack (Hauptmann), Anton Diffring (Fabian), Jeremy Spenser (der Mann mit dem Apfel), Bee Duffell (Bücher-Frau), Anne Bell (Doris), Caroline Hunt (Helen), Anna Palk (Jackie), Roma Milne (Nachbarin), Arthur Cox/Eric Mason (Krankenpfleger), Alex Scott (Stendal: Das Leben des Henry Brulard), Denis Gilmore (Bradbury: Die Mars-Chroniken), Fred und Frank Cox (Jane Austen: Stolz und Vorurteil), Michael Balfour (Machiavelli: Der Fürst), David Glover (Dickens: Die Pickwicker), Judith Drynan (Platon: Der Staat), Yvonne Blake (Sartre: Die Judenfrage), John Rae (Stevenson: Weir von Hermiston). *F* 112 Min.

Im streng reglementierten, autoritär und anonym gelenkten Zukunftsstaat Inasmuch ist jegliche Art der schriftlichen Mitteilung und Überlieferung streng verboten. Die herrschende und lediglich durch die Polizeifunktionen ausübende Feuerwehr repräsentierte Macht hat gesetzlich verfügt, daß alle schriftlichen Unterlagen, Zeugnisse und Überlieferungen vernichtet werden müssen. Die Feuerwehr ist mit Flammenwerfern ausgerüstet, die den Hitzegrad Fahrenheit 451 (das sind 232 Grad Celsius) erzeugen. Bei dieser Hitze entzündet sich Papier. Unerbittlich fahndet die Feuerwehr nach verborgenen Buchbeständen. Wer Bücher besitzt oder liest, ist als Staatsfeind abzuurteilen, da das nichtsnutzige Geschwätz, die törichten Gedanken und unangebrachten Gefühle, die in Büchern enthalten sind, die Menschen verdummen, aufwiegeln oder gar zum Nachdenken verleiten. Nur das allgegenwärtige, auf große Projektionsflächen übertragene Fernsehen, das jedoch im Stil primitiver Frauenmagazine dargeboten wird, ist einzige erlaubte Informationsquelle, deren informativer Gehalt allerdings gleich Null ist.

Von der Richtigkeit dieser Gesetze überzeugt, zeichnet sich der Feuerwehrmann Guy Montag bei der Auffindung von Staatsfeinden besonders aus. Mit Vehemenz legt er die Schätze aufgespürter Bücherbesitzer und auch deren Häuser in Schutt und Asche. Die Begegnung mit der noch zu selbständigem Denken erzogenen Clarisse veranlaßt ihn, nach dem ›Warum‹ seiner Tätigkeit zu fragen. Er spürt langsam, daß etwas faul im Staate sein muß. Bei seiner Frau Linda kann er auf keine Unterstützung hoffen: sie ist der Prototyp der neuen Gesellschaft, angepaßt, ohne Wünsche, Sehnsüchte und Leidenschaften (eheliche Beziehungen beschränken sich ohnehin nur auf das gemeinsame Fernsehen).

Montag gelingt es, bei seinen Einsätzen Bücher ›abzustauben‹. Er fängt an, intensiv zu lesen. Damit entfernt er sich in Gedanken immer weiter von Staat und Gesellschaft. Er wird zum Gegner des Systems. Seine Frau Linda denunziert ihn. Guy Montags letzter Diensteinsatz richtet sich gegen sein eigenes Haus. Dazu gezwungen, seine eigenen Bücher zu verbrennen, richtet er zunächst den Feuerstrahl auf Ehebett und Fernsehbildwand, dann erst nach einigen Ermahnungen auf den Bücherstapel. Als er dann auch noch sein letztes Buch herausgeben soll, tötet Montag seinen Vorgesetzten mit dem Flammenwerfer. In der allgemeinen Verwirrung gelingt ihm die Flucht. Im Fernsehen wird die Falschmeldung von der Festnahme und Hinrichtung Montags gesendet. Der (alte) Montag ist tot, der neue flieht in das Land der Bücher: in diesem Land lebt eine Gruppe Menschen, die die

Schriften der Vergangenheit Wort für Wort im Gedächtnis bewahren, um sie mündlich der Nachwelt zu erhalten. Jeder trägt den Namen eines Buches. Montag heißt nach Edgar Allan Poe *Seltsame Geschichten*. Wie die anderen schreitet er fortan, einem Roboter gleich, seinen Text hinmurmelnd, durch den winterlichen Wald.

Bradbury zeichnete in seinem Roman ein düsteres, furchterregendes Zukunftsbild: das Amerika der Riesenstädte mit gewaltigen Gebäudekomplexen im Zentrum, endlos aneinandergereihten Einfamilienhäusern in der unendlichen Peripherie; in einer total motorisierten Welt ist die Natur verpönt; UNSTETE BEWEGUNG IST ALLES – man kann wegen zu langsamen Fahrens eingesperrt oder wegen wiederholter Fußgängerei verhaftet werden; Verweilen ist bereits ein Vergehen, denn Verweilen könnte mit Nachdenken kombiniert werden, und gerade Nachdenken ist verboten; Jugendgruppen machen sich einen Spaß daraus, ›Verweiler‹ zu bekämpfen; Kinder bringen sich gegenseitig um; das absolute Fernsehzeitalter ist angebrochen; für die Hauptbegriffe und das Knopfdrücken in der total automatisierten Arbeitswelt sind ein ausgefeiltes Sprachbewußtsein und Denken nicht mehr notwendig; weil alle Häuser mit technischer Hilfe feuerfest gemacht worden sind, wird der Feuerwehr eine neue Aufgabe übertragen, nämlich die Bücherverbrennung; die Jagd auf Bücherdissidenten ist übrigens die beliebteste Fernsehunterhaltung.

Truffaut übernimmt von Bradbury nur die Grundidee der ›bücherlosen Gesellschaft‹ und die Geschichte des Feuerwehrmannes Montag. Es fehlt der düstere, furchterregende Anstrich zukünftiger Unmenschlichkeit. Futuristische Technik zeigt sich nur bei einer Art Einschienenbahn als öffentlichem Verkehrsmittel und bei den Fernsehwänden (die heutzutage bereits Schnee von gestern sind). Es dominiert dagegen liebenswert Altmodisches (bretonisches Eßgeschirr, Telefone im Stil Edisons und Fachwerkhäuser), dazu film-

historisch Bekanntes: Kleider von Carole Lombard und Debbie Reynolds; ein Feuerwehrwagen ähnlich dem in Frank Capras 1936 entstandenen Publikumserfolg *Mr. Deeds geht in die Stadt* (mit Gary Cooper). Fast liebenswert sind auch die handelnden Personen – behäbige Kleinbürger, die tun, was man von ihnen verlangt. Sie zeigen absolute Dienstbeflissenheit und Einsatzbereitschaft und werden so zu programmierten Unpersonen. Die Feuerwehrleute sind das Sinnbild des Perfektionismus der anonymen Staatsmacht: ein kühler Ablauf von Warten/Alarm/Vollzug; staatliche Gewalt, die überall und jederzeit zuschlagen kann. Unmenschlichkeit zeigt sich bei Truffaut weniger im Verbot der Kommunikation und des Denkens als vielmehr in der Bereitwilligkeit gerade der Betroffenen, solche Verbote zu akzeptieren. Man hätte aus der literarischen Vorlage einen technischen Zukunftsknüller à la *Flucht ins 23. Jahrhundert* machen können, Truffaut setzt aber andere Schwerpunkte: Durch Verzicht auf utopisches Brimborium gelingt es ihm, eine weit entfernte utopische Gefahr – die Unterdrückung der Gedankenfreiheit – in die unmittelbar bevorstehende Zukunft zu verlegen. Das führt dazu, daß *Fahrenheit 451* immer aktueller wird, je mehr wir uns dieser Zukunft nähern (Video/Kabelfernsehen). Truffauts Film ist ein pessimistischer Film. Die Flucht Montags aus dem utopischen Staat ist sinnlos, sie weist keinen Weg in eine andere Zukunft. »Sowohl der Außenseiter als auch die Gesellschaft selbst sind dem Untergang geweiht. Eine Gesellschaft, die sich nicht mehr fortpflanzt, die keine Möglichkeit zur Fixierung von Inhalten hat, die die Tradition leugnet und nur verbal und optisch kommuniziert, ist bereits tot.« (FILMBEOBACHTER) – Bradbury macht es sich da einfacher: Die Außenseiter überleben die Katastrophe, bei der der Zukunftsstaat total zerstört wird; sie können eine neue Gesellschaft aufbauen.

Ⓑ Ray Brandbury, *Fahrenheit 451*, Berlin 1956

Fahrstuhl des Grauens
(DE LIFT). Niederlande 1983.
R Dick Maas. *B* Dick Maas. *K* Marc
Felperlaan. *M* Dick Maas. *D* Huub
Stapel (Feliks Adelaar), Willeke van
Ammelroy (Mieke de Beer), Josine van
Dalsum (Frau Adelaar), Piet Roemer.
F 90 Min.
In einem Hochhaus, in dem ein Aufzug
zur notwendigen Alltäglichkeit gehört,
verschwört sich eines Tages die scheinbar
selbstverständlich funktionierende Technik gegen die Benutzer: mal fallen sie in
den leeren Liftschacht, mal werden sie
geköpft. Allem Anschein nach handelt
der Fahrstuhl aus kalkulierter Lust am
Mord. Die dämonische Elektronik ist völlig außer Kontrolle geraten. Der Monteur
Adelaar nimmt den Kampf mit dem Fahrstuhl auf. Schon bald kommt er hinter das
Komplott zwischen der Fahrstuhlfirma
und einem Computerunternehmen, das
sich anschickt, den Computermarkt an
sich zu reißen. Einem ihrer genialen Ingenieure ist es gelungen, Chips auf Protein-
Basis zu konstruieren. Diese können die
gespeicherten Befehle selbständig reproduzieren und damit für ein Wachstum der
›Intelligenz‹ der Schaltkreise in unkon-
trollierbare Größenordnungen sorgen.
Chips und Computer fangen an, ein Eigenleben zu führen. Die Frage, warum
die neue Technologie ausgerechnet an
diesem Fahrstuhl erprobt wird, bleibt das
Geheimnis des Filmemachers Dick Maas.
Der ehrgeizige Computer-Ingenieur wird
jedenfalls von seinen Biochips höchstpersönlich erhängt, nachdem er versucht hatte, diese Geister, die er rief, mittels Pisto-
lenschuß außer Gefecht zu setzen. So
bleiben beide Seiten auf der Strecke –
Frankenstein und Frankensteins Monster.
– »Dick Maas spielt genüßlich mit allem,
was zu einem Lift gehört, und dreht es um
ins Lebensbedrohende. Das ist manchmal
ein bißchen geschwätzig, gleichwohl hat
sich Dick Maas mit diesem phantasievol-
len und zuweilen witzigen Erstling bestens empfohlen«. (DIE WELTWOCHE).
Ⓥ Warner

Der Fall X 701
(FROZEN ALIVE). BRD/GB 1966.
R Bernard Knowles. *B* Evelyn Fraser.
K Robert Ziller. *D* Mark Stevens
(Frank), Marianne Koch (Helen),
Delphi Lawrence (Joan), Walter Rilla
(Sir Keith), Joachim Hansen (Tony),
Wolfgang Lukschy (Insp. Prentow),
John Longden (Prof. Hubbard), Sigurd
Lohde (Dr. Merkheimer), Helmut Weiss
(Vorsitzender), Albert Bessler (Martin),
Wolfgang Gunter (Sgt. Grun). 63 Min.
Während Dr. Frank Overton, Unterküh-
lungsexperte, seine Studien mit einem
Selbstversuch krönen und abschließen
will, erschießt sich seine vernachlässigte
Frau bei Spielereien mit einem Revolver.
Der einzige Zeuge des Unfalls, Journalist
Tony, Jugendfreund und Geliebter der
Dahingeschiedenen und Eigentümer des
Revolvers, verduftet. So fällt der Mord-
verdacht auf den Ehegatten. Mit gezück-
ten Handschellen wartet die Polizei vor
der Tiefkühltruhe, in der sich Dr. Overton
immer noch im Selbstversuch (als Eisblock?) aufhält. Die ganzen Umstände
bringen Overtons Assistentin Helen in die
Versuchung, das Experiment tödlich ausgehen zu lassen. Sie möchte dem heimlich Geliebten eine solche Schmach und
die daraus folgende Verurteilung ersparen. Im letzten Augenblick trifft die
Nachricht von Tonys Zeugenaussage ein.
– Typische Arthur ›Atze‹ Brauner-Film-
suppe: Arztromanze im Marie-Louise-Fi-
scher-Touch, Ehedrama nach Courths-
Mahler, Groschenheftchenkriminalistik
und natürlich eine Prise wissenschaftlich-
utopischen Schwachsinns. Fehlt eigentlich nur noch Luis Trenker.

Fantômas
(FANTÔMAS). Frankreich 1913/1914.
R Louis Feuillade. *B* Louis Feuillade.
LV Pierre Souvestre/Marcel Allain.
K Guérin. *D* René Navarre (Fantômas),
James Breon (Inspektor Juve), Jane
Faber (Prinzessin Danidoff), Georges
Louis Melchior (Jerôme Fandor), Renée
Carl (Lady Betham), Yvette Andreyov,

Luitz Morat, Francine Frabreges.
5 Teile, Länge 15 Filmrollen.

Fantômas, der *Herr des Schreckens*, ist wohl der erste Superverbrecher der Filmgeschichte, ein Verbrecher, der keine ›Belohnungen‹ an seine Mitarbeiter verteilt, der vielmehr über viele Hörige verfügt, die seine Pläne unentgeltlich ausführen. Die kriminalistische Handlung wird mit fantastischen Elementen verbunden. Fantômas begeht teuflische Verbrechen, er ist ein Meister der Maske, eine stete Bedrohung. Ihn zur Strecke zu bringen, ist das vergebliche Bemühen des Detektivs Inspektor Juve und des Starreporters Jerôme Fandor. – Im Jahre 1911 wurde Frankreich mit Plakaten überschwemmt, auf denen ein Maskierter im schwarzen Augencape seinen Fuß auf Paris setzt und dabei einen Dolch zückt: Die Geburtsstunde eines außergewöhnlichen Erfolgs. Drei Jahre hindurch schrieben die Autoren Souvestre und Allain Monat für Monat 382 Seiten, die ihrem Helden Fantômas gewidmet waren. Diese Bände erschienen in einer Auflage von 600 000 Exemplaren und wurden in 20 Sprachen übersetzt.

Feuillades erste Fantômas-Verfilmung (als Vorlage diente der erste von insgesamt 32 Bänden) verkörpert, mehr noch als die literarische Vorlage, die Verbindung zeitgenössischer Ängste mit einer Darstellung des universalen Kampfes zwischen dem Guten und dem Bösen. Dafür hat der Regisseur eine bildhafte, einfache ›Sprache‹ entwickelt. Manche Elemente finden heute noch ihre Anwendung: die Kapuze, die nur die Augen freihält; der Umhang; das Trikot. René Navarre brachte die Rolle des *ersten* Fantômas einen für damalige Verhältnisse überwältigenden Ruhm ein. Täglich erhielt er rund 300 Briefe und erregte wahre Begeisterungsstürme, wenn er sich auf den Boulevards oder in Cafés sehen ließ.

Die Figur des Fantômas ist das eine Extrem des Superverbrechers in der Filmgeschichte. Fantômas begeht seine Verbrechen aus reinem Eigennutz. Das andere Extrem ist der von Dr. Mabuse verkörperte Typ des Verbrechers aus reiner Herrschsucht. »(Dazwischen) liegen nahezu alle Superverbrecher, mit denen sich die Helden des Genre herumschlagen müssen.« (Georg Seeßlen, KINO DER ANGST)

Ⓑ Pierre Souvestre/Marcel Allain: *Fantômas*, Leipzig 1933

Fantômas
(FANTÔMAS). USA 1920/21.
R Edward Sedgwick. *D* Edna Murphy, Edward Roseman, Eva Balfour, John Walker, Lionel Adams, John Willard, Irving Brooks. 20 Teile. 40 Filmrollen.
Fantômas' Jagd nach einer Formel, mit deren Hilfe Gold hergestellt werden kann.

Fantômas
(FANTÔMAS). Frankreich 1931/32.
R Paul Fejos. *B* Paul Fejos/Anne Mauclair. *LV* Pierre Souvestre/Marcel Allain. *K* Peverell Marley/Roger Hubert. *D* Jean Galland (Fantômas/Rambert), Tania Fe1dor (Lady Beltham), Jean Worms (Lord Beltham), Tomy Bourdelle (Juve), Anielka Elter (Sonia Danidoff), George Rigaud (Charles Rambert), Roger Karl (der Präsident), Marie Laure (die Marquise). 82 Min.
Nacht über einem sturmumtobten, mittelalterlichen Schloß. Die Gäste sind beunruhigt. Einer von ihnen soll, so Fantômas, noch am selben Abend sterben. Nach der Tat Rekonstruktion des Verbrechens und Jagd nach dem Täter Fantômas, der in letzter Minute doch noch entwischt. – Erste Tonfassung nach Motiven der Fortsetzungsromane. Horror- und Kriminalfilm, keine SF-Elemente.

Fantômas
(FANTÔMAS). Frankreich 1947.
R Jean Sacha. *B* Jean Louis Bonquet. *K* Pierre Cottoret. *M* Jean Marion. *D* Marcel Herrand (Fantômas), Simone Signoret (Hélène Gurn, Tochter von Fantômas), Alexander Rignault

René Navarre in *Fantômas* von Louis Feuillade

(Inspektor Juve), Lucienne Lemarchand (Lady Beltham), Andre Le Gall (Fandor), Françoise Christophe (Prinzessin Danidoff). 90 Min.
Fantômas hat in seinem Hauptquartier ein hypermodernes Laboratorium eingerichtet. Er hat bedeutende Wissenschaftler gezwungen, für ihn eine absolut tödliche Fernwaffe zu entwickeln. Flugblätter versetzen Paris in helle Aufregung: Fantômas fordert zu einem bestimmten Termin die Übergabe von 1 Milliarde Goldfranc. Anderenfalls will er die Pariser Bevölkerung dezimieren. Zur Bekräftigung seiner Forderung lassen 30 Menschen ihr Leben. Nach langwieriger Fahndung kann die Polizei endlich sein Hauptquartier einkreisen. Doch Fantômas gelingt die Flucht. Nach abenteuerlicher Verfolgungsjagd – seine eigene Tochter muß erst noch aus dem dahinjagenden Verbrecherwagen befreit werden – fliegen auf einer verminten Brücke Auto und Insasse in die Luft. Fantômas' Schicksals ist (scheint?) besiegelt.

Fantômas, der Schrecken von Paris
Anderer Titel für **Fantômas**
(Frankreich 1947)

Fantomas
(FANTOMAS).
Frankreich/Italien 1964.
R André Hunebelle. *B* Jean Halain/ Pierre Foucoud. *K* Marcel Grignon/Jean Feyte. *M* Michel Magne. *D* Jean Marais (Fantomas/Jerome Fandor), Louis de Funès (Kommissar Juve), Mylène Demongeot (Hélène), Marie-Hélène Arnaud, Robert Dalban, Jacques Dynam, Andrée Tainsy. *F* 105 Min.
Intelligenzverbrecher Fantomas terrorisiert Frankreich so sehr, daß Kommissar Juve die Bevölkerung in einer Fernsehansprache beruhigen muß. Journalist Fandor ruft seinerseits den Unmut des Superverbrechers hervor, als er nämlich, um die Auflage seines Blattes zu steigern, Fantomas in einem imaginären Interview lächerlich macht. Fantomas reagiert auf sei-

ne Art: In der Maske des Kommissars Juve und des Journalisten Fandor begeht er mehrere Gewaltverbrechen, was die Originale ins Gefängnis bringt. Fantomas befreit die beiden höchstpersönlich, kann sie aber nicht zurückhalten, so daß diese wieder den Spieß umdrehen und ihn jagen. Fantomas entkommt mit einem Unterseeboot. Fortsetzung folgt. – Der *Herr des Schreckens* hat sich zu einer Art *Kinderschreck* gewandelt. Es lebe die Klamotte. Witzig, haarsträubend spritzig inszeniert, die Besetzung einfach prächtig; eine köstliche, unterhaltsame Persiflage. Louis de Funès' Durchbruch zu Frankreichs Komiker Nr. 1.
Ⓥ Atlas

Fantomas bedroht die Welt
(FANTOMAS CONTRE SCOTLAND YARD).
Frankreich/Italien 1967.
R André Hunebelle. *B* Jean Hallain/
Pierre Foucaud. *K* Marcel Grignon.
M Michel Magne.
D Jean Marais (Fantomas/Jerome Fandor), Louis de Funès (Kommissar Juvé), Mylène Demongeot (Hélène), Françoise Christophe, Jean-Roger Caussimon, Jacques Dynam, Henri Serre. *F* 90 Min.
Fantomas will den reichsten Männern der Welt eine Steuer auf ihr Lebensrecht aufzwingen. Und weil Reiche und Verbrecher sowieso in einen Topf gehören, werden von dem Steuersystem auch einige Gangster betroffen, die deshalb mit den begüterten Scheichs, Lords und Maharadschas eine Art Interessengemeinschaft bilden. In einem prächtigen Schloß am Ufer von Loch Ness in Schottland soll die Übergabe der in Diamanten zahlbaren Summe erfolgen. Wie immer werden die Spezialisten Kommissar Juve, Journalist Fandor und Braut zu Hilfe gerufen. Doch Juves kriminalistische Fähigkeiten bestehen nur aus geistigen Fehlzündungen, die darin gipfeln, daß er am Schluß nicht den Verbrecher Fantomas, sondern aus Versehen den Journalisten nebst Braut verhaftet. Bis es soweit ist, kämpft Juve mit rut-

schenden Hosen und Gespenstern. Fantomas kann mit der Beute entkommen, was auf eine Fortsetzung schließen läßt.
Den Autoren ist in ihrem Einfallsreichtum sichtlich die Puste ausgegangen. Es fehlt die raffinierte technische Ausstattung, mit deren Hilfe Fantomas in den früheren Filmen schalten und walten konnte. Was allerdings das Gummigesicht de Funès mimt oder von sich gibt, ist trotz allem noch bei weitem das Beste, was dieser Film zu bieten hat. Die Kinobalken biegen sich vor Lachen. Aber das hat wohl nichts mehr mit dem *historischen* Fantomas zu tun.

Fantomas gegen Interpol
(FANTÔMAS CONTRE INTERPOL).
Frankreich/Italien 1965.
R André Hunebelle. *B* Jean Halain/
Pierre Foucaud. *K* Raymond Lemoigne.
SpE Gil Delamare/Gérard Cogan/Claude Carliez. *M* Michel Magne. *D* Jean Marais (Fantomas/Jerome Fandor), Louis de Funès (Insp. Juve), Mylène Demongeot Hélène), Jacques Dynam, Robert Dalban. *F* 99 Min.
Fantomas auf dem Weg zur Weltherrschaft. Ein Fachmann für Strahlenwaffen soll ihm dabei helfen. Wieder tauchen Kommissar Juve, Journalist Fandor und Braut auf, um Fantomas den Wissenschaftler abspenstig zu machen. Wieder gibt es das bekannte Hasch-mich-Spiel, wieder einen handfesten, tempogeladenen Jux. Fantomas ist natürlich gerissen genug, mittels eines Autos, das sich unversehens in ein Flugzeug verwandelt, zu entkommen. Absoluter Gag ist der dramatische Fallschirmabsprung, bei dem es Fandor gerade noch soeben gelingt, Juve zu retten, der sich mit dem einzigen, als Fallschirm getarnten leeren Schutzsack in die Tiefe gestürzt hat.

Fatal Sky
(FATAL SKY). USA/Australien/
Jugoslawien 1990.
R Frank Shields. *B* David Webb Peoples. *K* Richard Michalak. *M* Allan

Zavod. *D* Michael Nouri (Jeff Milker), Ianne Fluegel (Bird McNamara), Maxwell Caulfield (George Abbott), Charles Durning (Col. Clancy), Sebastian Allen (Beggs), Frano Lasic (Bergen), Darren Nesbitt (Corbin), Janez Vajevec (Sumner), Ena Begovic (Mrs. Sumner), Ray Charleson (Dr. Bannister). *F* 94 Min.

Angeblich von Außerirdischen verursachte Flugzeugabstürze bringen die Reporter Milker und Abbott dazu, in Norwegen zu recherchieren. Sie stoßen auf eine Seuche in einem Zigeunerlager und hören von verschwundenen Höhlenforschern. Hinter der Medienente entdecken sie, nachdem sich ihnen die kesse Pilotin Bird angeschlossen hat, die Handschrift der NATO. In einem alten deutschen Bunker betreibt Colonel Clany gentechnische Experimente. – Nur auf Video.
Ⓥ New Vision

FBI jagt Phantom
(THE HUMAN DUPLICATORS).
USA 1965.
R Hugo Grimaldi. *B* Arthur C. Pierce.
K Monroe Askins.
M Gordon Zahler. *D* George Nader (Glenn Martin), Barbara Nichols (Gale Wilson), George Macready (Prof. Dornheimer), Dolores Faith (Lisa), Richard Kiel (Dr. Kolos). *F* 80 Min.

Die Herrscher des Kosmos, wahre Superintelligenzien, wollen die renitente Erdbevölkerung unterjochen. Deshalb entsenden sie einen ihrer Supermänner, einen gewissen Dr. Kolos. Er soll die Großen dieser Erde kidnappen, um sie mit Hilfe des Assistenz-MAD SCIENTIST Prof. Dornheimer haargenau zu kopieren. Diese künstlichen Wesen sollen dann im Auftrag der Außerirdischen die Macht an sich reißen. Gut, daß es da noch das FBI (im Original: *National Intelligence Agency*) und seinen cleveren Agenten Glenn Martin gibt, der unter Einsatz seines Lebens und menschlicher Technologie (doch nicht etwa Laserstrahlen?) dem außerirdischen Spuk ein Ende setzt. Bleibt anzumerken, daß die Innereien der zerplatzten Roboter nicht gerade von Genialität zeugen, sondern einen vorsintflutlichen Stand der Technik widerspiegeln, was

Albert Dagnan (l.) und
Jean Marais (2. v. r.) in *Fantomas gegen Interpol* von André Hunebelle

wiederum nicht gerade für die angebliche Intelligenz der Außerirdischen spricht. – Der deutschen Bearbeitung gelingt es, aus einem schwachen amerikanischen SF-Film mit Agenteneinschlag einen noch schwächeren Agentenfilm mit SF-Einschlag zu machen. Grund hierfür ist sicherlich Hauptdarsteller George Nader, der sich in Fernsehserien und als James-Bond-Verschnitt Jerry Cotton in Europa einen Namen gemacht hatte. Seinem Widerpart Richard Kiel (Dr. Kolos) gelang erst viel später der Durchbruch: als goldzahnbestücktes Monstrum *Jaws* alias Beißer in den James-Bond-Filmen *Der Spion, der mich liebte* und *Moonraker – streng geheim.*
Ⓥ ITT Contrast

Feinde aus dem Nichts
(QUATERMASS II). GB 1957.
R Val Guest. *B* Nigel Kneale/Val Guest. *K* Gerald Gibbs. *SpE* Leslie Bowie. *M* James Bernard. *D* Brian Donlevy (Prof. Bernard Quatermass), John Longden (Inspektor Lomax), William Franklyn (Assistent Tom Brand), Bryan Forbes (Assistent Marsh), Tom Chatto (Vincent Broadhead), Percy Herbert (Paddy Gorman), Sidney James (Jimmy Hall), Vera Day (Sheila), Charles Lloyd Pack (Dawson), John Van Eyssen, Michael Ripper. 85 Min.
Der Leiter des britischen Raumfahrtprogramms Prof. Quatermass ist mit dem Auto auf dem Weg zu seinem Institut, als er von einem anderen Wagen gerammt wird. Der Fahrer erklärt, er sei von einem Stein, der vom Himmel gefallen ist, im Gesicht verletzt worden und habe deshalb die Gewalt über sein Fahrzeug verloren. Sichtbares Zeichen ist eine kreisrunde Verletzung auf der Wange des Fahrers. Quatermass untersucht in seinem Labor den merkwürdigen Gesteinskörper. Dieser ist innen hohl und sieht aus wie ein künstlicher Meteorit. Seine chemische Zusammensetzung ist völlig unbekannt. Assistent Brand ortet auf dem Radar-

schirm kleine, unbekannte Flugobjekte, die zur Erde niederrasen. Quatermass findet die Landestelle in einem abgelegenen Moor in unmittelbarer Nähe eines fremdartigen Industriegeländes. Auch hier finden sich steinerne Bruchstücke der unbekannten Flugkörper. Seine Suche findet jäh ein Ende, als er von uniformierten Gestalten zusammengeschlagen wird.
Quatermass versucht vergeblich, Polizei, Regierung und Öffentlichkeit auf das seltsame Industriegelände aufmerksam zu machen. Die Obrigkeit lehnt eine Untersuchung mit der Begründung ab, es handle sich um ein geheimes Projekt zur Gewinnung künstlicher Nahrungsmittel (für die Dritte Welt!). Doch Quatermass läßt sich nicht beirren; langsam kommt er hinter das Geheimnis. Kleine, kokosnußgroße Aliens, eingebettet in eine steinerne Schale, lassen sich von ihrem Raumschiff – einer Art Asteroid – auf die Erde fallen. Platzt die Steinschale beim Aufprall, so bemächtigen sich die Wesen sofort des nächstbesten menschlichen Körpers, sikkern in das Nervensystem ein und können so Verstand und Handlungsweise ihres Opfers lenken. Regierung, Polizei, Militär und Verwaltung sind bereits zum großen Teil in den Händen der Feinde aus dem All. Quatermass entdeckt aber auch, daß die Eindringlinge nur in einer Art Methangas überleben können. Durch extreme Zufuhr von Sauerstoff setzt er die Aliens außer Gefecht. Schließlich läßt Quatermass die Nachschubbasis – das Raumschiff der Invasoren – durch eine Rakete vernichten. Nachdem alles Außerirdische zerstört ist, werden die Besessenen wieder normal. Quatermass hat die Welt gerettet. – Wie fast immer bei gleichgelagerten Themen wurde der Film in der deutschen Kritik verrissen. Anders die britische und amerikanische, die diesen zweiten Teil der dreiteiligen Quatermass-Serie (die anderen Teile sind *Schock* und *Das grüne Blut der Dämonen*) zu den besten SF-Filmen der 50er Jahre zählen: »...der letzte Klassiker der 50er Jahre« (Warren). Besonders gelobt wird die Ka-

Feinde aus dem Nichts von Val Guest

meraarbeit: »In der Tat ist Gerald Gibbs' Arbeit so gut, daß der Film – trotz einiger Schwächen – neben *Sie sind verdammt* von Joseph Losey Anspruch erheben kann auf den Titel des erregendsten expressionistischen Films, der je in England gedreht worden ist« (David Pirie, A HERITAGE OF HORROR). Ob der Film je wieder gezeigt werden kann, erscheint fraglich. Autor Nigel Kneale hatte schon das Drehbuch zu einer Fernsehserie geschrieben, die dem Kinofilm zur Vorlage diente. Er war jedoch mit den Änderungen durch Val Guest nicht einverstanden. Nachdem 1965 die Filmgesellschaft United Artists die Rechte an dem Film verloren hatte, setzte Kneale alles daran, sämtliche Kopien zu vernichten. Ob ihm dies gelungen ist, ist nicht bekannt. Der Film ist seither weder in Großbritannien noch in Amerika gezeigt worden.

ⓑ Nigel Kneale: QUATERMASS II, Harmondsworth/Middlesex 1960

Feuer aus dem All
(A FIRE IN THE SKY). USA 1978.
R Jerry Jameson. B Dennis Nemec/Don Balluck/Michael Blankfort. LV Paul Gallico. K Matt Leonetti. M Paul Chihara. D Richard Crenna (Jason Voight), Elizabeth Ashley (Sharon Voight), David Dukes (David Allan), Joanna Miles (Jennifer Dreiser), Nicolas Coster (Gouverneur), Andrew Duggan (Präsident), Lloyd Bochner (Paul Gilliam), Kip Niven (Elliot Kirkwood), Cindy Eilbacher (Paula Gilliam).
F 107 Min.
Ein Komet nähert sich mit großer Geschwindigkeit der Erde. Er droht die Stadt Phoenix in Arizona zu vernichten. Noch sind acht Tage Zeit. Doch die Behörden

streiten sich über das Ausmaß der drohenden Katastrophe und vor allem über die
wirtschaftlichen Folgen. US-Präsident
und Gouverneur wollen die Bedrohung
geheimhalten und dem Kometen eine Rakete mit Nuklearsprengkopf entgegen-
schicken. Das Unternehmen scheitert.
Die zu spät informierte Bevölkerung gerät
in Panik, die Evakuierung löst ein Chaos
aus. – »Routiniert in Szene gesetzter Katastrophenfilm, der statt auf große Namen
auf raffiniert gebaute Modelle und Spezialeffekte setzt.« (GONG) – »Großartige
technische Tricks.« (MOVIES ON TV)

Feuerball
(THUNDERBALL). GB 1965.
R Terence Young. *B* Richard Maibaum/
John Hopkins/Jack Whittingham. *LV* Ian
Fleming. *K* Ted Moore/Lamar Boren.
SpE John Stears. *M* John Barry. *D* Sean
Connery (James Bond), Claudine Auger
(Domino), Luciana Paluzzi (Fiona
Kelly), Molly Peters (Patricia), Martine
Beswick (Paula), Adolfo Celi (Emilio
Largo), Bernard Lee (›M‹), Lois
Maxwell (Miß Moneypenny), Desmond
Llewellyn (Major Boothroyd), Rick van
Nutter (Felix Leiter). *F* 129 Min.
Die internationale Verbrecherorganisa-
tion SPECTRE stiehlt während einer
NATO-Flugübung zwei Atombomben,
bringt sie in ein Geheimversteck und will
die Welt um nicht weniger als 300 Millio-
nen Dollar erpressen. Der britische Ge-
heimagent James Bond fliegt auf die Ba-
hamas, findet eine Spur und stößt auf den
Supergangster Emilio Largo, der die ganze Aktion geleitet hat. Nachdem er das
Versteck der Bomben ausfindig gemacht
hat und die Kollegen den SPECTRE-Leu-
ten einen heißen Kampf liefern, will Largo mit seiner Jacht fliehen. Er wird jedoch
von Bond unschädlich gemacht.
Ⓑ Ian Fleming: *James Bond und die Aktion Feuerball*, München 1965
Ⓥ Warner Home

Der Feuerfuchs
Anderer Titel für **Firefox**

Feuerkäfer
(THE BUG). USA 1975.
R Jeannot Szwarc. *B* William Castle/
Thomas Page. *LV* Thomas Page.
K Michel Hugo. *SpE* Ken Middleham
(Insektenaufnahmen), Phil Cory/Walter
Dion. *M* Charles Fox. *D* Bradford
Dillman (James Parmiter), Joanna Miles
(Carrie Parmiter), Richard Gilliland
(Gerald Metbaum), Jamie Smith
Jackson (Norma Tacker), Alan Fudge
(Mark Ross), Patty McCormack (Silvia
Ross), Jesse Vind (Tom Tacker),
Brendan Dillon (Charlie), Fred Downs
(Henry Tacker). *F* 99 Min.
Ein Erdbeben nahe der Kleinstadt Riversi-
de in Kalifornien! Gepanzerte Käfer, die
Feuer entzünden können und sich von
Asche ernähren, krabbeln aus den Erd-
spalten und verbreiten wegen ihrer unan-
genehmen Eigenschaften Angst und
Schrecken. Sie setzen alles, was ihnen in
die Quere kommt, in Brand: Menschen,
Tiere, Häuser, Autos. Ein auf Insekten
versessener Wissenschaftler hat einige
Mühe, mit der Plage fertig zu werden.
Nur den letzten noch lebenden Käfer verschont er zwecks weiterer Experimente.
Er kreuzt den Käfer mit einer Küchen-
schabenart. Daraus erwächst eine neue in-
telligentere, fliegende Feuerkäfergenera-
tion. Bei erster Gelegenheit stürmen diese
Käfer das Haus des Wissenschaftlers und
setzen es und ihn in Brand. Brennend
stürzt sich der Wissenschaftler in die nahe
gelegene Erdspalte. Die Käfer fliegen ihrem Herrn und Meister hinterher. Die
Erdspalte schließt sich (ein weiteres Erdbeben!), und die Menschheit ist gerettet.
Trotz dieses zwar turbulenten, doch ziemlich dummen Schlusses (der Film-Gott
des Zufalls hat wieder einmal kräftig zu-
geschlagen) weist der Film einige Qualitäten auf: Die merkwürdig fast erotische
Beziehung des Wissenschaftlers zu den
Käfern wirkt glaubhaft, nirgends überzogen oder lächerlich; die Spezialeffekte
von Ken Middleham, der schon für die
außergewöhnlichen Insektenaufnahmen
in dem Dokumentarfilm *Die Hellstrom*

Chronik und in *Phase IV* verantwortlich zeichnete, sind wieder meisterlich atemberaubend. »Szwarcs in stimmungsvollen, manchmal hintergründigen Bildern eingefangener Routine-Film ist für die Freunde der Gattung ein durchaus annehmbarer Zeitvertreib.« (FILMDIENST Ⓑ Thomas Page: *Feuerkäfer*, München 1976

Der Feuerteufel
(FIRESTARTER). USA 1983.
R Mark L. Lester. *B* Stanley Mann.
LV Stephen King *K* Giuseppe Ruzzolini.
SpE Mike Wood/Jeff Jarvis.
M Tangerine Dream. *D* David Keith (Andrew McGee), Freddie Jones (Dr. Joseph Wanless), Drew Barrymore (Charlie McGee), Heather Lockless (Vicky McGee), Martin Sheen (Capt. Hollister), George C. Scott (John Rainbird), Art Carney (Irv Manders), Louise Fletcher (Norma Manders),

Moses Gunn (Dr. Pynchot), Antonio Fargas (Taxifahrer), Drew Synder (Orville Jamieson), Curtis Credel (Bates), Keith Colbert (Mayo).
F 114 Min.
An zehn Personen hat die mysteriöse Staatsschutzorganisation ›Shop‹ eine Spezialdroge für militärische Aufgaben getestet. Nach Jahren sind die Versuchspersonen entweder tot oder verrückt. Nur Andrew McGee zeichnet sich durch außergewöhnliche Fähigkeiten aus. Er kann seinen Willen auf andere übertragen. Seine achtjährige Tochter aber ist noch mit einer viel gefährlicheren Gabe ausgestattet: sie kann mit bloßer Willenskraft Menschen und Objekte in Flammen aufgehen lassen, militärisch gesehen eine interessante Errungenschaft. Deshalb ist ›Shop‹ aus nationalem Interesse sofort zur Stelle, als das publik wird. Wiederholt können Vater und Tochter den Häschern entkommen; am Ende faßt man sie doch, und so hat das

George C. Scott und Drew Barrymore in *Der Feuerteufel*

Mädchen die Möglichkeit, dem ›Shop‹-Institut und den Zuschauern fulminante Proben seines Könnens zu demonstrieren. Sie verweigert jedoch kooperative Mitarbeit und steckt in der abschließenden Auseinandersetzung, in der ihr Vater auf der Strecke bleibt, das verhaßte Institut in Brand. Ihre Geschichte vertraut sie der NEW YORK TIMES an. – In Stephen Kings Roman erzählt sie das übrigens den Reportern des ROLLINGSTONE, ein vergleichsweise kleines Indiz dafür, daß sich Produzent, Regisseur und Drehbuchautor in ihrem Film weit, sehr weit von der politischen Schärfe des 400-Seiten-Romans entfernten. »Den Produzenten mag eine aufwendigere, spektakulärere Version von CARRIE vorgeschwebt haben, aber mit seinen zum Fenster hinausgeworfenen Geldern für Spezialeffekte, seinem modischen und völlig unpassenden Tangerine-Dream-Pop-Sound, unzulässig vereinfachten Charakteren und Handlungsstationen anstelle von Handlung ist FIRESTARTER nichts anderes als ein kaltschnäuzig kalkulierter Marktartikel, der mit seiner Vorlage nichts Wesentliches gemein hat. (Peter Gaschler, HEYNE SCIENCE FICTION MAGAZIN 12) – »Lesters Verfilmung... reduziert die Vorlage auf ein Strohfeuer – ein... ausgebranntes Routineprodukt aus der Horror-Mottenkiste: Schade drum!« (Norbert Stresau, ZITTY)
Ⓑ Stephen King: *Feuerkind*, Bergisch Gladbach 1981
Ⓥ Thorn EMI

Feuervögel startbereit
(THUNDERBIRDS A RE GO). GB 1966.
Puppenfilm.
R David Lane. *B* Gerry und Silvia Anderson. *K* Paddy Seale. Ausstattung Bob Bell. Dekor Keath Wilson, John Lague. Modelle Ray Brown. Puppen-Operator Wanda Webb. Puppenkoordination Mary Turner. Kostüme Elisabeth Coleman. *SpE* Derek Meddings, Shaun Whittacker-Cook. *M* Barry Gray. *D (in Klammer die deutschen Sprecher)* Jeff Tracy (Curt Ackermann), Virgil Tracy (H. Palm), Alan Tracy (Ralf Schermuly), John Tracy (F. Danneberg), Gordon Tracy (H. Kronberg), Scott Tracy (Gernot Duda), ›Brains‹ (F. Stavenhagen), Lady Penelope (Brigitte Grothum), Parker (F. O. Krüger). *F* 90 Min.

Der erste Versuch, mit einem riesigen Raumschiff zum Mars zu fliegen, ist durch Sabotage vereitelt worden. Auf dem Weltraumversuchsgelände Glenn Field in den USA wird unter strengster Bewachung fieberhaft an einem neuen Raumschiff gebaut. Zwei Jahre nach dem ersten Versuch liegt der Mars wieder in günstiger Stellung zur Erde. Das riesige Raumschiff Zero X kann ohne Zwischenfälle starten. Alles verläuft programmgemäß; das Raumschiff erreicht die Umlaufbahn um den Mars. Eine Landefähre bringt einen Teil der Mannschaft auf den Planeten. Soweit das Auge reicht, nichts als bizarre Felsformationen! Eine kleine Sprengung soll vorgenommen werden, um Gesteinsproben zu entnehmen. Doch plötzlich öffnen sich die Felsen und speien – Vulkanen gleich – Feuer auf die verdutzten Marsfahrer aus. Hals über Kopf stürzen die Männer zu ihrer Fähre zurück. Es gelingt ihnen, im letzten Augenblick die Startraketen zu zünden. Wenig später nimmt das Mutterschiff die Marsfahrer wieder auf; die Rückreise zur Erde beginnt.
Beim Eintritt in die Erdatmosphäre machen sich Fehler im Steuerungssystem des Raumschiffes Zero X bemerkbar, die die Insassen aus eigener Kraft nicht mehr beheben können. Die Lage der Marsfahrer wäre hoffnungslos, gäbe es da nicht eine Spezialcrew des Internationalen Rettungsdienstes *(die Feuervögel)*, die in einem waghalsigen Unternehmen die Besatzung des Raumschiffs Zero X retten können. Das Raumschiff selbst zerschellt.
Die Besonderheit des Filmes, ein SF-Thema mit mechanischen Puppen zu inszenieren, hat sich nicht durchgesetzt. Es fehlt ganz einfach die Möglichkeit des

Zuschauers, sich mit den handelnden Personen zu identifizieren, mitzufiebern. Puppen sind als Handlungsträger eben nur bloße Objekte. Dementsprechend haben die technischen Anlagen nur Modellgröße, was allerdings – und hierin liegt die Stärke des Films – aufgrund guter Aufnahmetechnik und der unterlegten echten Geräuschkulisse oft nicht ins Bewußtsein dringt.

Dieser Film und seine Fortsetzung THUNDERBIRDS 6 (GB 1968) bildeten die Grundlage einer recht erfolgreichen Fernsehserie.

Fighter Gang – Sie kämpfen bis zum Ende

(KILL AND KILL AGAIN). USA 1981. *R* Ivan Hall. *B* John Crowther. *K* Tai Krige. *M* Igo Kantor. *D* James Ryan (Steve Chase), Anneline Kriel (Kandy Kane), Norman Robinson (Gypsy Billy), Stan Schmidt (Fliege), Bill Flynn (Hotdog), Michael Mayer (Marduk), Marloe Scott-Wilson (Minerva), John Ramsbottom (Dr. Horatio), Ken Gampu, Ivor Kissin, Eddie, Dorie, Michelle Feher, Malcolm Dorfman, Mervyn John. *F* 100 Min.

Dr. Kane macht aus Kartoffeln Treibstoff. Die Abfälle ergeben eine Droge, die Konsumenten zu willenlosen Befehlsempfängern machen. Der größenwahnsinnige Guru Marduk spielt mit Welteroberungsplänen und läßt Kane entführen. Der Karateweltmeister Steve Chase bekommt den Auftrag, Kane zu befreien. Mit drei Sportkollegen haut er ihn heraus. – Unorigineller Eastern mit Hang zur Komik. – Nur auf Video
Ⓥ CBS/Fox

Finsterer Stern

(DARK STAR). USA 1973. *R* John Carpenter. *B* John Carpenter/ Dan O'Bannon. *K* Douglas Knapp/Cliff Fenneman/Dale Beldin. *SpE* Dan O'Bannon/Bill Taylor/Jim Danforth/Ron Cobb/Greg Jein/Harry Wolton. *M* John Carpenter. *D* Brian Narelle (Doolittle),

Plakat zu *Finsterer Stern*

Dre Pahich (Talby), Cal Kuniholm (Boiler), Dan O'Bannon (Pinback), Joe Saunders (Commander Powell), Miles Watkins (Mission Control), Cookie Knapp (Computerstimme/ Originalfassung). *F* 83 Min.

Die Zeit: Mitte des 22. Jahrhunderts. Das Raumschiff *Dark Star* ist im All unterwegs, um Planeten zu vernichten, deren Bahnen instabil geworden sind und somit Gefahrenquellen für die Raumfahrt darstellen. Die Besatzung ist zwar seit zwanzig Jahren unterwegs und hat jeglichen Kontakt mit der Erde verloren, aber der Bordcomputer meldet trotz der Tatsache, daß das Schiff immer mehr verkommt, täglich »alle Systeme klar«. Kosmische Strahlung hat zudem dem Laderaum 9 ein Leck verpaßt; das dort gelagerte Toilettenpapier ist verlorengegangen. Seit die Mannschaftsquartiere unbewohnbar geworden sind, schläft man in einem Vorratsraum. Der Captain ist tot und liegt im Gefrierfach. Dennoch kann man mit seinem Gehirn kommunizieren – aber er interessiert sich hauptsächlich für Baseball-Ergebnisse. Während Talby seine Zeit in der Beobachtungskuppel verbringt und verträumt den Sternenhimmel betrachtet, geben sich Doolittle und Boiler alle Mühe, die *Dark Star* durch einen Asteroidenhagel zu bringen. Mr. Pinback, der aufgrund eines Versehens an Bord ist und gar nicht zur Mannschaft gehört, hat derweil seine liebe Not, sich mit dem Mannschaftsmaskottchen, einem mit Entenfüßen ausgestatteten, gummiballähnlichen Alien auseinanderzusetzen, der ihm an den Kragen will. Die Crew der *Dark Star* weiß, daß sie keine Chance mehr hat, die Erde jemals wiederzusehen: Sie hat sich mit ihrem Schicksal abgefunden und tut ihren Job nur deswegen, um nicht völlig zu verblöden. Dennoch sind die geistigen Zerfallserscheinungen, denen die Mannschaft unterliegt, unübersehbar: Man redet nur noch in Halbsätzen miteinander – und aneinander vorbei. Eine Krise tritt ein, als Doolittle bemerkt, daß die Luke des Bombenschachtes klemmt. Die Bombe, die sich darin befindet, ist bereits scharf. Da die meisten Geräte an Bord nicht mehr funktionieren und er keine Ahnung hat, wie er die drohende Explosion verhindern kann, bittet er das eingefrorene Gehirn des Kommandanten um Rat, aber Commander Powell kann ihm nur sagen, daß er sich halt mit der Bombe auseinandersetzen müsse. Talby tut wie ihm geheißen: Die mit einer Stimme und einem Computergehirn versehene Bombe läßt sich von ihm in eine heiße Diskussion über den Sinn des Lebens verwickeln, zeigt sich von der Wortgewandtheit des Astronauten beeindruckt und zieht sich zurück. Als die Männer sich schon in Sicherheit wähnen, kommt sie jedoch nach reiflichem Nachdenken zu einem anderen Schluß, der für die Raumfahrer fatale Folgen hat: »Es werde Licht!« Die Bombe explodiert, die *Dark Star* vergeht. Talby und Doolittle werden ins All hinausgeschleudert: Während Talby verglüht, treibt Doolittle auf einer Eisenplanke des zerstörten Raumschiffes wie ein Surfer durch den Weltraum ... – John Carpenters erster Film entstand als Abschlußarbeit seines Filmstudiums an der Universität von Kalifornien. Der Film wurde anfangs in 16 mm aufgenommen. Dann, als Carpenter und seinen Freunden das Geld ausging, suchte man sich einen Produzenten, der genügend finanzielle Mittel aufbrachte, um ein Weiterdrehen im 35-mm-Format zu ermöglichen. Carpenter, der am Anfang nichts anderes vorgehabt hatte, als eine Space Opera zu drehen: »Wir waren sehr beeinflußt von *Dr. Seltsam*, und natürlich von *2001*. Die Komödienelemente entwickelten sich plötzlich aus der Situation heraus ... Wir hatten nicht das Geld, um mit Kubrick zu konkurrieren, aber die religiösen Tendenzen in *2001* ärgerten mich dermaßen, daß ich mir vornahm, einen sehr realistischen Film zu machen, der mit beiden Beinen auf dem Boden der Wirklichkeit steht und so triviale Fragen anspricht, wie z. B.: Wie wäscht man seine Unterhosen in einem Raumschiff ...« Der Film lief zunächst auf einem Festival in Edinburgh. Als die BBC ihn ankaufte und im Fernsehen ausstrahlte, erweckte er plötzlich auch das Interesse der US-Filmwirtschaft. Die Kritik, die besonders den ungewöhnlichen Ideenreichtum und die clever hingefummelten Tricks der Jungfilmer rühmte, war des Lobes voll: Der FILMBEOBACHTER empfand *Finsterer Stern* als »angenehme Überraschung«, der FILMDIENST sah in diesem Streifen »ein Bekenntnis zum Kino, das angesichts der gegenwärtigen Budget-Gigantomanie gar nicht hoch genug einzuschätzen ist«; VAMPIR meinte, Carpenters Werk sei »einer der wenigen Filme ... die als Klassiker ihres Genres überleben werden«, und Ed Naha, der zwar nicht viel von SF versteht, aber immer für einen flotten Spruch gut ist, wenn man gerade einen braucht, äußerte in THE SCIENCE FICTIONARY: »... das Finale von *Finsterer Stern*

läßt das von *Dr. Seltsam* aussehen, als sei es die erste Filmspule von LASSIE COME HOME.« Carpenters Erstling hat angeblich nur 60 000 Dollar gekostet und ist inzwischen zu einem Kultfilm geworden, auf den kein Film-Festival, das sich des fantastischen Genres annimmt, verzichten kann.
Ⓥ VCL-Video *(Dark Star)*
Ⓑ Alan Dean Foster: *Reiseziel Ewigkeit*, Bergisch Gladbach 1977; auch unter dem Titel *Dark Star*, Bergisch Gladbach 1980

Firebird 2015 AD
(FIREBIRD 2015 A.D.). USA 1981.
R David Robertson. *B* Maurice Hurley/ Biff McGuire/Barry Pearson. *K* Robert Fresco. *M* Paul Hoffert/Lawrence Shragge. *D* Darren McGavin, Doug McClure, George Touliatos.
F 93 Min.
Im Jahre 2015 wird aufgrund allgemein herrschenden Energiemangels sämtlicher Treibstoff rationiert. Wer aus reinem Vergnügen Auto fährt, muß mit den schwersten Strafen rechnen. Zwei motorbesessene und dem Geschwindigkeitsrausch verfallene Glücksritter, die sich nicht um dieses Verbot scheren, werden von Ordnungsmächten gejagt.
Ⓥ Interpathé

Fireflash – Der Tag nach dem Ende
(2019: DOPO LA CADUTA DI NEW YORK). Italien/Frankreich 1982.
R Martin Dolman (= Sergio Martino). *B* Julian Berry/Sergio Martino/Gabriel Rossini. *K* Charlie McFarrow. *M* Oliver Onions. *D* Michael Sopkiw (Flash), Anna Kanakis (Ulriki), Valentine Monnier (Giaiada), George Eastman (Big Ape), Roman Geer, Edmund Purdom, Vincent Scalondro. *F* 88 Min.
2019: 78% der Erdoberfläche sind radioaktive, unbewohnbare Wüsten. Jahre nach dem von den ›Eurakern‹ ausgelösten Atomschlag haben sich die meisten überlebenden Amerikaner nach Alaska zurückgezogen. Die Invasoren haben den Osten der USA fest in der Hand. Die einzige noch gebärfähige Frau hält sich im rattenverseuchten Manhattan auf, und der Crash-Fahrer Flash muß sie finden, um der Nation auf einer Raumstation einen Neuanfang zu ermöglichen. Mit Hilfe zweier Freunde schlägt und schießt er sich durch ein von mordlüsternen Irren, bestens ausgerüsteten Eurakern und ausgehungerten Ratten bewohntes Trümmerfeld. Und nachdem er die Gegner scharenweise umgelegt und den Auftrag erfüllt hat, darf er mit der Holden zusammen den Grundstein für eine neue Kultur legen. – Ein hirnloser Schläger als Stammvater einer neuen Zivilisation; das zieht einem doch glatt die Schuhe aus! – »Die lächerlich-pathetischen Phrasen, die die Schauspieler laut Drehbuch hersagen müssen, erzeugen... Heiterkeit.« (Christian Hellmann, FILMBEOBACHTER)
Ⓥ Starlight

Firefox
(FIREFOX). USA 1982.
R Clint Eastwood. *B* Alex Lasker/ Wendell Wellman. *LV* Thomas Craig. *K* Bruce Surtees. *SpE* John Dykstra. *M* Maurice Jare. *D* Clint Eastwood (Mitchell Gant), Freddie Jones (Kenneth Aubrey), David Huffman (Buckholz), Warren Clarke (Pavel Upenskoy), Ronald Lacey (Semelowski), Klaus Löwitsch (Gen. Vladimirov), Kenneth Colley, Nigel Hawthorne.
F 124 Min.
Die Sowjets haben mit der *Mig 31* (Codename *Firefox*) ein Flugzeug entwickelt, das sechsmal schneller als der Schall fliegt und von keinem Radarsystem aufgespürt werden kann. Dieses Superflugzeug droht das empfindliche Gleichgewicht zwischen Ost und West ins Wanken zu bringen, zumal sich die Piloten bei der Bedienung des Flugobjektes auf Gedankenübertragung (in russischer Sprache natürlich!) verlassen können. Etwas Ähnliches zu entwickeln ist den Amerikanern zu umständlich und langwierig. Was liegt da näher, als das Flugzeug einfach zu klauen. Und das ist dann auch schon alles.

Firefox von Clint Eastwood

Ein ausgeflippter Vietnam-Veteran, ge-lernter Pilot, der russischen Sprache mächtig, überlistet die unfähigen, doofen Russen und bringt den Feuerfuchs in den Westen. Das gelingt dem amerikanischen Strahlemann aber erst, als er erkennt, daß das Waffensystem des Riesenflugzeugs nur auf ›Denkanstöße‹ in russischer Spra-che reagiert.

Kalte Krieger kommen voll auf ihre Ko-sten: »Dies ist einer der Filme, die einer typischen politischen Instinktlosigkeit der Amerikaner entspringen. Um ihre Überle-genheit über tölpelhafte Russen zu de-monstrieren, wurde eine haarsträubende Abenteuerstory im Stil schlechter Agen-tenfilme gezimmert.« (FILMDIENST) – Ei-nige Tricksequenzen in *Firefox* ähneln de-nen in Georg Lucas' Film *Krieg der Ster-ne*. Das ist nicht verwunderlich, denn für die Spezialeffekte beider Filme zeichnete John Dykstra verantwortlich. Trotzdem: »Daß die stellenweise recht schlampig einkopierten und zudem leicht durch-schaubaren Plastikmodelle auch noch in Anlehnung an die Todesstern-Szene durch einen Eiscanyon fliegen müssen,

wirkt schon etwas plump.« (FILMBE-OBACHTER)
Ⓑ Thomas Craig: *Firefox*, München 1982.
Ⓥ Warner Home

Firestorm – Die letzte Schlacht
(W). USA/Philippinen 1985.
R William Milan. *B* William Milan.
K Apolinario Cuenzo. *M* N. N.
D Anthony Alonzo (Wally Lucas), Paul Vance (Nesfero), Jonee Gamboa.
F 95 Min.
In einem nicht näher bezeichneten Staat sind Gesetz und Ordnung zusammenge-brochen. Motorisierte Banden beherr-schen das Land und führen sich auf, wie's die Großkapitalisten tun würden, wenn's keine Gewerkschaften gäbe. Der Polizist Lucas radiert die Gang des schweinischen Banditenhäuptlings Nesfero aus, die seine Frau entführt hat. – Ein einfallsloser End-zeit-Schinken aus einem Land, in dem man offensichtlich noch billiger produzie-ren kann als in Italien. *Mad Max* für Arme. In der BRD nur auf Video.
Ⓥ Mike Hunter

Fire Syndrome
(SPONTANEOUS COMBUSTION).
USA 1990.
R Tobe Hooper. *B* Tobe Hooper/
Howard Goldberg. *K* Levie Isaacs.
SpE John Dykstra/Steven Brooks.
M Graeme Revell. *D* Brad Dourif
(Sam), Cynthia Bain (Lisa), Jon Cypher
(Dr. Marsh), William Prince (Orlander),
Dey Young (Rachel), Melinda Dillon
(Nina), John Landis (Funktechniker),
Brian Bremer (Brian), Stacy Edwards
(Peggy), Tegan West, Michael Keysall,
Dick Butkus, Dale Dya, André De Toth.
F (108) 97 Min.
In den fünfziger Jahren wurden Brian und
Peggy Jones als ›erstes atomares Ehepaar‹
euphorisch gefeiert, denn sie haben sich
in einem Atombunker der Strahlung einer
Bombe ausgesetzt, um die Widerstands-
kraft eines an ihnen ausprobierten Impf-
stoffes zu testen. Nach der Geburt ihres
Sohnes Sam sterben sie an einer ›Sponta-
naneous Human Combustion‹ – und gehen in Flammen auf. Sam wächst, ohne
von seinen Eltern zu wissen, unter der
Fürsorge des Militärs auf. Als er 34 ist,
spuckt einer seiner Finger Feuer, als er
sich gereizt fühlt. Menschen, die ihm begegnen, gehen spontan in Flammen auf.
Sam kommt den Urhebern seiner Tragödie auf die Spur und entdeckt weitere erschreckende Tatsachen über sich: Das Militär will einen menschlichen ›Flammenwerfer‹ aus ihm machen. Sams Aggressionen lodern unkontrolliert, bis er sich
und seine Widersacher auslöscht. – »Seit
Poltergeist macht Tobe Hooper Filme, in
denen das Grandiose direkt neben dem
Lächerlichen steht, inszenatorische
Glanzleistungen und schlampigen Blödsinn. In *Fire Syndrome* ist es auf die Spitze getrieben... Nicht einmal eine Sequenz bleibt ganz im Grandiosen oder im
Lächerlichen... Auf eine gute Idee folgt
unweigerlich etwas Danebengegange-
nes... (Man) möchte... von dem Film
eine Höllenvision von verratenen Träumen und übler technologischer Macht erwarten, aber wenn dann die Wissen-

schaftler dozierend in den verkohlten Leichen herumbohren, ist rasch klar: Da geht
es um ein B-Movie der fünfziger Jahre mit
den Schockeffekten von heute...«
(Georg Seeßlen, EPD FILM)
Ⓥ RCA/Columbia

Flammen am Horizont
(THE MAN WITH THE DEADLY LENS).
USA 1982.
R Richard Brooks. *B* Richard Brooks.
LV Charles McCarry. *K* Fred J.
Koenekamp. *M* Artie Kane. *D* Sean
Connery (Patrick Hale), George
Grizzard (Präsident Lockwood), Robert
Conrad (Gen. Wombat), Katharine Ross
(Sally Blake), Hardy Krüger (Helmut
Unger), John Saxon (Homer Hubbard),
G. D. Spradlin (Philidros), Leslie
Nielsen (Mallory), Henry Silva
(Rafeeq), Robert Webber (Harvey),
Rosalind Cash (Mrs. Ford), Dean
Stockwell (Hacker), Cherie Michan
(Erica), Ron Moody (König Awad),
Tony March (Abu). *F* 118 Min.
Irgendwann zwischen jetzt und später im
Weißen Haus zu Washington: Von oben
herab, aus dem Sattel seines Trimmrads,
gibt US-Präsident Lockwood, ein Freund
kerniger Sprüche (»Mach ihn kalt, leg ihn
um«), seine Anweisungen. Befehlsempfänger und engste Mitarbeiter sind ausge-
wogen ausgesucht – hier ein Trottel vom
CIA, da ein infantil-hirnrissiger Militär,
allen voran eine schwarze Vizepräsiden-
tin. Frei nach dem Motto ›Die ganze Welt
ist Showbusiness, nur Amerikaner verstehen etwas davon‹ werden im ovalen Of-
fice des Regierungssitzes die weltpoliti-
schen Streiche für den nächsten Tag ausgeheckt. Ganz oben auf der Abschußliste
steht Öl-Monarch Awad, der seine überflüssigen Öl-Millionen für die arabische
Sache einsetzen will. Mit Hilfe eines
blonden Waffenschiebers mit deutschem
Namen will er sich in den Besitz zweier
Atombomben bringen, um sie über Jeru-
salem abwerfen zu lassen. Der Ölscheich
wird mittels CIA-Gift ins Jenseits ge-
piekst, Waffenschieber Hardy Krüger

darf mindestens eine Minute lang als lebende Fackel durch das Bild stolpern (was dem Film vermutlich seinen deutschen Verleihtitel einbrachte). Hauptperson des Films ist jedoch der TV-Reporter Hale, ein rasender Reporter des Kommerzfernsehens, an allen Schauplätzen der Welt, wo es brennt, mit Kamera und Tonband dabei, immer bereit, selbst dürftige Nachrichten durch Manipulationen aufzupuschen:»Was wir als politische Berichterstattung verkaufen, ist im Grunde riesiges Entertainment für die Massen: ein aufregendes Spektakel, sonst nichts!« Hale, der sich als Freund des Ermordeten ausgibt, macht sich in bewährter Manier auf die Suche nach den Mördern. Und schon bald stellt er sich telegen die Frage, ob denn der Mord inzwischen genauso zu Amerika gehöre wie der Hamburger. Denn letztendlich führt die Spur ins Weiße Haus. Hale bekommt Präsident Lockwood, den Auftraggeber des Mordes an Awad, vor seine Kamera. Zärtlich den Bauch seines Hundes kraulend, rechtfertigt sich der Präsident vor Hales TV-Gemeinde. Die Tierschützer sind begeistert, der Präsident hat wieder ein paar Punkte in der Gunst der Polit-Konsumenten zugelegt. – »Brooks bedient sich – streckenweise virtuos – jener Bildmontagen, wie sie in den modernen Medien üblich sind. So bildet die Grundlage des Films eine zunächst triviale Agentenstory, die dann wuchert und Kreise zieht... Bald... kippt die Folie des Agententhrillers um in eine bitterböse Attacke auf amerikanische Politik, damit verbundene Wahlkampfstrategien und nur scheinbar lautere Öffentlichkeitsarbeit über das Fernsehen – wodurch der Kreis der Medienwirklichkeit sich schließt. Droht man auch innerhalb des filmischen Tumults oft den Boden unter den Füßen zu verlieren, so tauchen doch immer Mikrozellen von treffenden Wahrheiten auf, die freilich im nächsten Augenblick wieder satirisch verzerrt werden. Der Film ist ein Rundumschlag, überquellend von bitterbösen Seitenhieben, der letztlich Gefahr läuft, unbeteiligt zu lassen.« (Horst Peter Koll, FILMDIENST) – »Immerhin ist dem Regisseur solch ansehnlicher Werke wie *Die Saat der Gewalt* und *Die Katze auf dem heißen Blechdach* mit *Flammen am Horizont* ein Knaller fürs Silvesterprogramm und – nebenbei – eine Rarität gelungen. Selten hat ein Filmemacher so viele verschiedene, von Kubrick *(Dr. Seltsam)*, Lumet *(Network)*, Pakula *(Die Unbestechlichen)* oder Terence Young bereits realisierte Einfälle in einem einzigen Film verrührt.« (M. Fischer, DER SPIEGEL)

Flash

(THE FLASH). USA 1989.
R Robert Iscove. *B* Danny Bilson/Paul De Meo. *K* Sandi Sissel. *M* Danny Elfman. *D* John Wesley Shipp (Flash/Barry Allen), Amanda Pays (Tina McGee), Paula Marshall (Iris West), Michael Nader. *F* 90 Min.
Ein Blitz schlägt im Polizeilabor des jungen Barry Allen ein. Die Reaktion der Chemikalien zeigt Wirkung. Barry wird ins Krankenhaus eingeliefert. Nach der Genesung stellt er fest, daß er schnell wie der Blitz rennen kann. Er ist jetzt Flash! Zu Beginn fühlt er sich nicht wohl in seiner Haut und sucht Abhilfe. Als eine marodierende, Angst und Schrecken in der Stadt verbreitende, Motorradgang seinen Bruder tötet, fühlt er sich seiner Aufgabe verpflichtet. Als rot gewandeter Superheld schlägt gegen die Rocker los und befreit die Stadt von ihnen. – Man möchte kotzen. – Nur auf Video.
Ⓥ Warner

Flashfighter

(LONE RUNNER). USA 1987.
R Ruggero Deodato. *B* Chris Trainor/Steven Luotto. *K* Robert Bennett. *M* Charles Cooper. *D* Miles O'Keeffe (Garrett), Savina Gersak (Analisa Summerking), Michael J. Aronin (Emerick), John Steiner (Skorm), Hal Yamanouchi (Nimbus), Donald Hodson (Summerking), Ronald Lacey (Mischa). *F* 85 Min.

Max von Sydow und Ornella Muti in *Flash Gordon*

Ein Übermensch muß in einem Endzeit-
Film die schöne Tochter eines reichen
Vaters aus den Händen übler Schurken
befreien. – Nur auf Video.
Ⓥ VPS

Flash Gordon
(FLASH GORDON). USA 1980.
R Michael Hodges. *B* Lorenzo Semple
jr. *K* Gil Taylor. *SpE* Frank van der
Veer/Barry Nolan/George Gibbs/Richard
Conway/Derek Botell/Chris Kelly
u. v. a. *M* Queen. *D* Sam Jones (Flash
Gordon), Melody Anderson (Dale
Arden), Max von Sydow (Kaiser Ming),
Chaim Topol (Dr. Hans Zarkov),
Ornella Muti (Prinzessin Aura),
Timothy Dalton (Prinz Barin), Brian
Blessed (Vultan), Peter Wyngarde
(Klytus), Mariangela Melato (Kala),
John Osborne, Richard O'Brien, John
Hallam, Philip Stone, Suzanne Danielle,
William Hootkins,
Bobby Brown, John Morton.
F 112 Min.
Eines schönen Morgens im Jahre Irgend-
wann: Der heimtückische Kaiser Ming,
Herrscher des Planeten Mongo, hat mit
einer genialen Maschinerie den Erdmond
aus seiner Umlaufbahn gezwungen und
wartet nun darauf, daß er die Heimatwelt
der Menschen vernichtet. Der Atomforscher Dr. Hans Zarkov, der bei der NASA
in Ungnade gefallen ist, gabelt den New
Yorker Baseball-Star Flash Gordon und
dessen Braut Dale auf und fliegt mit ihnen
in einem selbstgebauten Raumschiff nach
Mongo, um Ming Mores zu lehren und
die Erde vor der völligen Vernichtung zu
bewahren. Auf Mongo leben diverse seltsame Völkchen, die nicht gut auf den Erzlumpen Ming zu sprechen sind. Das Trio
wird festgenommen. Während Kaiser
Ming Flash Gordon hinrichten läßt, sich
Zarkov gefügig machen will und diverse
lüsterne Blicke auf Dale wirft, erweckt
seine nymphomane Tochter Aura den
blonden Recken wieder zum Leben und
versteckt ihn anschließend bei Prinz Barin, dem Anführer eines Volkes von
Baummenschen. Barin ist zwar ein ziem-
licher Stockfisch, aber nachdem Gordon

ihm mehrere Male kräftig aufs Haupt geschlagen hat, erklärt er sich, mittlerweile einsichtig geworden, bereit, das Erdentrio in seinem Kampf gegen Ming zu unterstützen. Zusammen mit Vultan, der dem Volk der Falkenmenschen vorsteht, zetteln sie eine Revolte an, bei der Kaiser Ming das Leben verliert. Getreu der alten Prophezeiung, daß dereinst ein blonder Fremder kommen wird, der Ming von seinem Thron stößt, feiert man den Baseballspieler als Helden des Tages, der nicht nur die Erde vor dem Untergang bewahrt, sondern auch den Bewohnern Mongos die Freiheit geschenkt hat.
»Schauspielerische Leistungen werden selbst von Max von Sydow nicht verlangt, der in Fu-Man-Chu-Maske den Oberschurken Ming spielt. Und für Flash Gordon fand man, ähnlich wie bei *Superman*... ein neues Gesicht: Sam Jones, der wie ein männliches Pin-up mit dümmlichem Gesichtsausdruck und muskulösem Körper durch den Film turnen darf... Ansonsten lebt der Film geradezu von seinen anachronistischen Elementen: dem von wabernden Sümpfen durchzogenen Dschungel mit seinen an Robin Hood erinnernden Bewohnern, die Wikinger-Kostümierung der fliegenden Falkenmenschen. Nur Ming und seine Vasallen befinden sich auf dem neuesten Weltall-Mitbewohnern überlegen.« (FILMDIENST)
»Trivialer Comic-Surrealismus, bunte Fantasie-Szenerien und Märchenkostüme, die Space-Pop-Klänge der Rockband ›Queen‹ und alberne Dialoge spielen auf die Science Fiction-Kinostücke der fünfziger Jahre an. So nimmt der Film sich selbst und das erfolgreiche Genre auf den Arm.« (DER SPIEGEL) Ⓥ VPS
Ⓑ Die bisher auf dem deutschen Markt erschienenen Flash-Gordon-Bücher folgen dem Original-Comic-Strip von Alex Raymond.

Flash Gordon Conquers the Universe
(FLASH GORDON CONQUERS THE UNIVERSE). USA 1940.
R Ford Beebe/Ray Taylor. *B* George H.

Plympton/Basil Dickey/Barry Shipman. *K* Jerome Ash. *M* Franz Waxman. *D* Buster Crabbe (Flash Gordon), Carol Hughes (Dale Arden), Charles Middleton (Kaiser Ming), Frank Shannon (Dr. Zarkov), Shirley Deane (Prinzessin Aura), Anne Gwynne (Sonja), Roland Drew (Prinz Barin), Michael Mark (Karm), Donald Curtis (Ronal), Roy Barcroft, Lane Chandler (Wachen), Byron Foulger (Druk), Victor Zimmerman (Thong), Don Rowan (Torch), Lee Powell (Rika), Ben Taggart (Lupi), Edgar Edwards (Turan), Sigmund Nilsson (Korro), Harry C. Bradley (Keedish), Luli Deste (Fria). 87 Min.
Der böse Ex-Kaiser Ming von Mongo will sich zum Herrscher des Universums aufschwingen. Um dieses Ziel zu erreichen, sprüht er Todesstaub in die Erdatmosphäre, der eine unheilbare Seuche erzeugt. Flash Gordon, Dale Arden und Dr. Zarkov ahnen natürlich sofort, woher der Wind weht. Sie versichern sich der Hilfe ihres Freundes Prinz Barin, dringen in Mings Palast ein und zerstören die Pestmaschine. Anschließend begibt sich Flash Gordon auf den Planeten Frigia; dort will er eine Tonne des Elements Polarit organisieren, dem einzigen Mittel gegen die von Ming erzeugte Krankheit. Zarkov und Dale werden inzwischen von Mings Schlägern festgesetzt. Flash kehrt zurück und geht mit einer Rakete gegen Mings Palast vor, rettet seine Freunde und verhilft dem Guten wieder einmal zum wohlverdienten Sieg. – Das dritte Flash-Gordon-Serial hatte ursprünglich eine Gesamtlaufzeit von 384 Minuten, die jedoch für die TV- und Videofassung beschnitten wurde. Der Film enthält einige grandiose Naturaufnahmen vom Planeten Frigia. In Originalfassung.
Ⓥ Import

Flashman der Unsichtbare
(FLASHMAN CONTRE LES HOMMES INVISIBLE). Frankreich/Italien 1967.
R J. Lee Donan (= Mino Loy).

B Ernesto Gastaldi. *K* Florian Trenker. *M* Franco Tamponi. *D* Paul Stevens (= Paolo Gozlino), Claudie Lange, John Heston (= Isarco Ravaioli), Marisa Traversi, Micaela Cendali, Jacques Ary, Seyna Seyn, Alcid Borik, Emil Master, Anne M. Williams. *F* 90 Min.

Einem englischen Wissenschaftler gelingt die sensationellste Erfindung des Jahrhunderts: Durch eine chemisch bedingte Änderung der Zellbildung kann sich der Mensch unsichtbar machen. Nach Herstellung des Serums wird der Wissenschaftler umgebracht. Der Mörder begeht unsichtbar die tollsten Verbrechen. Scotland Yard ist machtlos; Flashman, bekannt aus italienischen Comic-Serien, greift ein. Dieser Westentaschensupermann, ein wahres Bündel aus Fantasie, Energie, Mut und List (so die Kinowerbung), ausgestattet mit Lederhelm und Umhang, ist in Wahrheit der reiche Engländer Lord Burma, dessen Hobby die Kriminalistik ist. Überflüssig zu sagen, daß er den Verbrecher und seine Kumpanen dingfest macht. Bei der Preisverteilung zieht er sich diskret zurück. Den Ruhm erntet der Kommissar von Scotland Yard. – »Als Superman-Parodie fehlgeschlagen, als ›echter‹ utopischer Abenteuerfilm verkorkst.« (FILMDIENST)
Ⓥ Arcade *(Flashman – Der unsichtbare Supermann)*

Flatliners – Heute ist ein guter Tag zum Sterben

(FLATLINERS). USA 1990.
R Joel Schumacher. *B* Peter Filardi. *K* Jan de Bont. *SpE* Peter Donen. *M* James Newton Howard. *D* Kiefer Sutherland (Nelson), Julia Roberts (Rachel), Kevin Bacon (Labraccio), William Baldwin (Joe), Oliver Pratt (Steckle). *F* 114 Min.

Als Flatline bezeichnet man die Nullinie des Herzfrequenz-Diagramms, die den Tod eines Patienten anzeigt. Der Medizinstudent Nelson hat einen Methode gefunden, sich künstlich in den Tod zu versetzen und wiederzubeleben. Mit seinen Kommilitonen Labraccio, Rachel, Joe und Steckle will er Selbstversuche unternehmen, um das Danach im Jenseits zu erforschen. In einer leeren Uni-Halle bauen sie ein Labor auf. Als Inszenator der Idee läßt Nelson sich als erster auf die Flatline versetzen: Im Tod fliegt er über Berge und Felder, bis er sein jüngeres Ich erkennt und sieht, wie es einen kleinen Jungen in den Tod hetzt. Als er wieder unter den Lebenden weilt, fällt Nelson auf, daß er wie ein hochsensibles Gerät leiseste Töne wahrnehmen kann. Er verschweigt das traumatische Erlebnis. Es kommt noch schlimmer: die Vergangenheit materialisiert in Gestalt eines kleinen Jungen, der ihn durch die Nacht hetzt und schlägt. Außer Steckle, der nicht an den Experimenten teilnimmt, sondern sie nur mit einer Videokamera aufnimmt und höhnisch kommentiert, nehmen alle anderen an den Todestrips teil. Jeder erlebt einen Vergangenheitsalptraum aus Schuldkomplexen. Labraccio verfolgt ein farbiges Mädchen, das er als Schüler gehänselt hat; Rachel begegnet ihrem Vater, einem drogenabhängigen Vietnam-Veteran, für dessen Selbstmord sie sich verantwortlich fühlt. Joe trifft lauter Frauen, die ihn verführen wollen, hat er doch seine Liebschaften beim Beischlaf heimlich gefilmt. Die Zeit der Reue kommt: Labraccio sucht das Mädchen – nun längst Mutter – auf und entschuldigt sich; Joes Verlobte findet die Videobänder und verläßt ihn. Rachel kann sich mit ihrem Vater in einer Tagesvision aussprechen. Als sie ins Labor zurückkehren, befindet sich Nelson schon seit Minuten auf der Flatline. Zwar tut er Buße, aber es scheint aussichtslos, ihn wiederzubeleben. Dank Labraccio holt man ihn ins Leben zurück. Nelson bekennt: »Heute war kein guter Tag zum Sterben.« – Nachdem die Story anfänglich Erwartungen auf eine interessante Reise ins Jenseits weckt, versetzt der innovative Aufbau sie schnell in den Zustand des Todes. Die Idee der Hypersensibilisierung durch die Flatline wird ebensowenig weiterverfolgt wie Rachels Bemühungen, bei wiederbelebten Patienten Erfahrungen über deren Todeserlebnisse zu sammeln. – »Schumacher reiht Jenseitserfahrungen aneinander, riskiert dabei die Gefahr der Redunanz, suggeriert dem Zuschauer eine Steigerung – und schreckt dann vor dem letzten Schritt zurück. Er will seine Helden am Leben erhalten, doch wer dem Tod nicht zu nahe kommen will, sollte keinen Film über ihn machen.« (Lars-Olav Beier, TIP).

Fleisch
(TV-ZDF). BRD 1979.
R Rainer Erler. *B* Rainer Erler.
K Wolfgang Grasshoff. *M* Eugen Thomas, Donald Arthur. *D* Jutta Speidel (Monica), Herbert Herrmann (Mike), Wolf Roth (Bill), Charlotte Kerr (Jackson), Christoph Lindert (Assistent), Bob Cunningham (Sergeant), Tedi Altice (Wirtin), Ben Zeller (Sanitäter). *F* 102 Min.
Zwei frisch vermählte, der Amerikaner Mike und die Deutsche Monica – reisen mit einem klapprigen Auto durch die Südstaaten der USA. In einer abgelegenen Gegend machen sie Station in einem Hotel. Was sie nicht wissen können: die Besitzerin des Hotels ist erstes Glied einer weitverzweigten Syndikats-Kette. Diese Verbrecherorganisation läßt Menschen kidnappen, um mit deren *Fleisch* Organbanken zu beliefern. Die Opfer werden unter Drogeneinfluß so lange am Leben gehalten, bis ihre Organe von den Superreichen, die entsprechend dafür zahlen können, gebraucht werden. Mike tappt in die Falle, Monica kann entkommen. Sie lernt den Fernfahrer Bill kennen, dem sie ihre Geschichte erzählt. Sie beschließen, gemeinsam nach Mike zu suchen. Es gelingt ihnen, hinter das Geheimnis der Entführung zu kommen und die Klinik zu finden, in die Mike eingeliefert wurde. Doch erst mit Hilfe der Chefärztin, die ihrer eigenen Organisation den Rücken kehrt, kann Mike in einer dramatischen Rettungsaktion gerettet werden. Die Hintermänner der Organisation bleiben im dunkeln. Die Ärztin, die sich als Kronzeugin zur Verfügung stellen will, wird auf grausame Art ermordet. – Rainer Erler hat eine Vorliebe für utopische Themen *(Operation Ganymed, Plutonium)*. Seine Filme sind in erster Linie fürs Fernsehen produziert, das gilt auch für *Fleisch*. Der kammerspielartige Grundton des Films, die vielen Dialoge, die etwas behäbigen Aktionen können im Fernsehen durchaus eine besondere Stimmung erzeugen, auf der Großleinwand eines Kinos wirken diese Elemente äußerst betulich. Der Film läßt einige Fragen unbeantwortet: Warum wird die Ärztin so plötzlich bekehrt? Warum läßt sich das Syndikat von den amateurhaft agierenden Eindringlingen übertölpeln? Positiv bleiben einzig die schauspielerische Leistung Jutta Speidels und ein paar *ästhetische* Bilder von der Weite des Landes. Das ist wenig, zu wenig für ein solch brisantes Thema. Wie spannend und hintergründig ein Film über den reinen Fleischwert des Menschen sein kann, beweist Michael Crichtons' *Coma*.
Ⓥ Starlight
Ⓑ Rainer Erler: *Fleisch*, München 1980

Flesh Gordon
(FLESH GORDON). USA 1974.
R Howard Ziehm/Michael Benveniste.
B Michael Benveniste/William Hunt.
K Howard Ziehm/Lynn Rogers.
SpE Tom Sherman/Ray Mercer/David Allen/Jim Danforth/Howard Ziehm/Lynn Rogers/Walter R. Cichy/Douglas Beswick/Rick Baker/Greg Jein/Russ Turner/Greg Neuswanger. *M* Ralph Ferraro. *D* Jason Williams (Flesh Gordon), Suzanne Fields (Dale Ardor), Joseph Hudgins (Dr. Flexi Jerkoff), William Hunt (Kaiser Hodis), John Hoyt (Prof. Gordon), Mycle Brandy, Nora Witernik, Candy Samples, Steven Grummette, Lance Larsen, Judy Ziehm, Donald Harris, Linus Gator, Susan Moore, Mark Fore, Maria Aranoff, Rick Lutze, Sally Alt, Duane Paulsen, Leonard Goodman, Patricia Burns, Linda Shepard, Mary Gavin, Dee Dee

Dailes, Jack Rowe, Pat Hudson, Annette Anderson, Shannon West, Nancy Ayres, Kathy Foster, Terri Johnson. *F* 85 Min.
Als die Erde von einem aus dem Weltall kommenden ›Sexstrahl‹ getroffen wird und sich die Menschen allerlei akrobatischer Aktivitäten hingeben, konstruiert der geniale Wissenschaftler Dr. Jerkoff (sic!) ein phallusförmiges Raumschiff, um den Planeten Porno aufzusuchen, der die Ursache der Geilheitsstrahlen ist. Zusammen mit dem Helden Flesh Gordon und dessen Freundin Dale will er dem boshaften und sexbesessenen Kaiser Hodis ans Fell, in dessen Palast permanent Sex-Orgien stattfinden. Auf Porno angekommen, begegnen die wackeren Abenteurer allerlei sexuell aufgeladenen Merkwürdigkeiten: da gibt es ›Penisaurier‹; Roboter, die es nach menschlichen Mädchen gelüstet, laszive Hermaphroditen und die geile Nellie. Mit Hilfe eines Prinzen namens Pornis, dem es scheinbar überhaupt nicht gefällt, daß Kaiser Hodis aus dem Planeten ein riesiges Bordell gemacht hat, gelingt es dem Trio, den Standort der Maschine, die die Sexstrahlen aussendet, zu lokalisieren und sie mitsamt dem Herrscher Pornos zu vernichten. Daß der Palast des wüsten Kaisers Hodis am Ende in einer grandiosen Explosion das Zeitliche segnet, gehört schon zum festen Bestandteil von Filmen, in denen sich ein Trupp wagemutiger Abenteurer aufmacht, um ein fernes Land (oder eine geheimnisvolle Insel) zu erforschen.
(V) Arcade

Flesh Gordon – Schande der Galaxis
(FLESH GORDON MEETS THE COSMIC). Kanada 1989.
R Howard Ziehm. *B* Howard Ziehm/ Doug Frisby. *K* Danny Nowak.
M Nathan Wang. *D* Vince Muducco (Flash Gordon), Morgan Fox (Prof. E. Jackull/Robunda Hooters), Robyn Kelly (Dale Ardor), Bruce Scott (Master Bator). *F* 102 Min.
Der wackere Erdenheld Flesh Gordon

(der bekanntermaßen nur sehr wenig mit dem ebenso wackeren *Flash* Gordon zu tun hat), wird in eine fremde Galaxis entführt. Seit sextötende Strahlen das dort lebende männliche Geschlecht impotent gemacht haben, lechzen die geilen Galaktikerinnen nach einem Kerl wie ihm. Master Bator, der Planetenherrscher, sieht in ihm eine Möglichkeit, seine Macht auszuweiten. Mit Unterstützung eines irren Wissenschaftlers will er Fleshs *Kraft* transplantieren. Es beginnt ein Wettlauf mit dem Amazonenstaat, in dem Flesh zu Gast weilt. – Ein simpler Sexer; Nachzieher von *Flesh Gordon* (USA 1974; Regie Howard Ziehm/Michael Benveniste).
(V) VPS

Die Fliege
(THE FLY). USA 1958.
R Kurt Neumann. *B* James Clavell.
LV George Langelaan. *K* Karl Struss.
SpE L. B. Abbott. *Ma* Ben Nye.
M Paul Sawtell. *D* Al ›David‹ Hedison (André), Patricia Owens (Helene), Vincent Price (François), Herbert Marshall (Inspektor Charas), Kathleen Freeman (Emma), Betty Lou Gerson (Schwester Anderson), Charles Herbert (Philippe), Eugene Borden (Dr. Ejoute), Torben Meyer (Gaston). *F* 94 Min.
François Delombre betreibt mit seinem Bruder André ein Forschungsinstitut. Eines Nachts wird er von seiner Schwägerin Helene angerufen. Sie gesteht ihm, ihren Mann André getötet zu haben. François eilt zum Institut und findet dort seinen Bruder in einem gräßlichen Zustand: Kopf und linker Arm sind von einer großen hydraulischen Presse zerquetscht worden. Zusammen mit Kriminalinspektor Charas versucht François, Tathergang und Motiv zu ergründen. Durch einen Trick können sie Helene zur Aussage überreden. Der Film blendet zurück: André arbeitete daran, Materie in reine Energie zu verwandeln, diese an einen anderen Ort zu übertragen und dort in den Urzustand zurückzuverwandeln. Um seine erarbeiteten theoretischen Ergebnisse auch

in der Praxis zu beweisen, baute er in einem seiner Institutsräume einen sog. Materie-Transmitter. Die ersten Versuche gelangen mit kleinen, aber nicht ganz unbeachtlichen Fehlern. So wurde zwar ein Aschenbecher mit dem Aufdruck ›Made in Japan‹ wieder zum Aschenbecher, der Schriftzug war jedoch spiegelverkehrt. Nach weiterem fieberhaften Bemühen gelang es André endlich, eine Zeitung korrekt zu übertragen.

Eines Abends erscheint André nicht zum Essen. Als Helene zum Labor geht, um ihren Mann zu holen, entdeckt sie an der verschlossenen Labortür eine maschinengeschriebene Notiz: darin teilt ihr Mann mit, daß er einen ernsten Unfall gehabt habe und nicht sprechen könne. Helene betritt das Labor. Sie sieht ihren Ehemann im Halbdunkel stehen. Sein Kopf ist mit einem schwarzen Tuch bedeckt. Die versehentlich entblößte Hand gleicht den Gliedmaßen eines riesigen Insekts. KREISCH!

André hat mit dem Materie-Transmitter einen Selbstversuch gestartet, aber nicht bemerkt, daß sich in der Maschine bereits eine Fliege aufhielt. So vermischten sich die Atome von Mensch und Fliege. Es entstanden zwei Zwitterwesen: der Wissenschaftler mit dem Kopf und dem ›Arm‹ einer Fliege und das Insekt mit dem Kopf und dem ›Arm‹ eines Menschen.

Fieberhaft wird nun die Fliege gesucht; mit ihr kann der Versuch rückgängig gemacht werden. Vergeblich! Nur der Tod kann den Wissenschaftler aus seiner biologischen Gefangenschaft retten. André zwingt seine Frau, ihn mit der hydraulischen Presse zu töten. Helenes Bericht endet. Kriminalinspektor Charas hegt ernste Zweifel an dieser unglaublichen Story. Diese werden erst beseitigt, als er in der Nähe des Hauses durch Zufall eine Fliege mit menschlichen Gesichtszügen entdeckt. Sie hat sich in einem Spinnennetz verfangen. Mit einem Stein setzt Charas dem grausigen Spuk ein Ende. – Folgende kritische Anmerkungen aus den USA und der BRD verdeutlichen, daß es sehr schwierig ist, ein abschließendes Urteil zu fällen – zu verschieden sind hier die Geschmacksnerven eines jeden Zuschauers und Kritikers: »... einer der wenigen untadeligen SF-Horror-Filme.« (Jeff Rovin) – »Die tödliche Handlung, ersonnen in den Laboratorien der Hölle, ist so geschickt aufgebaut, so gut in Szene gesetzt und so gespickt mit Schrecken, daß die Wirkung entsetzlich ist.« (PEOPLE) – »Ein zurückhaltender, klarer und nicht unbedingt anspruchsvoller Film, der mit einfachen Mitteln eine beinahe unerträgliche Spannung erzeugt.« (NEW YORK TIMES) – »Plüsch-Horror.« (SPECTATOR) – »Die ganze Geschichte ist verworren und geschmacklos.« (FILMBEOBACHTER) – »... spätestens von der Mitte der Handlung an tötet sich dieses utopische Sensationsstück aus Hollywoods unterem Fantasiekeller durch seine Lächerlichkeit.« (FILMDIENST) – »Die Fliege ist vielleicht der widerlichste aller Insekten-SF-Filme.« (Dennis Saleh) – Bleibt anzumerken, daß Drehbuchautor James Clavell später als Bestsellerautor zu Ruhm und Ehren (und selbstverständlich auch zu einem ansehnlichen Bankkonto) kam, durch seine Romane *Taipan, Rattenkönig, Shogun* und *Noblehouse Hongkong* weltberühmt wurde, und *Die Fliege* zwei absolut schundige Fortsetzungen erhielt: *Die Rückkehr der Fliege* (USA 1959) und den hierzulande nicht gezeigten Streifen CURSE OF THE FLY (GB 1965), mit Quatermass-Darsteller Brian Donlevy in der Hauptrolle.

Ⓑ George Langelaan: *Die Fliege*, Bern/Stuttgart/Wien 1963

Die Fliege
(THE FLY). USA 1985.
R David Cronenberg. *B* Charles Edward Pogue/David Cronenberg. *K* Mark Irwin. *SpE* Louis Craig/Ted Ross. *Ma* Chris Walas. *M* Howard Shore. *D* Jeff Goldblum (Seth Brundle), Geena Davis (Veronica Quaife), John Getz (Stathis Borans), Joy Boushel (Tawny), Les Carlson (Dr. Cheevers), George

Chuvalho, Michael Copeman, David Cronenberg.
F 100 Min.

Auf einem Kongreß lädt der introvertierte Wissenschaftler Seth Brundle die Journalistin Veronica zu sich ein, um ihr eine revolutionäre Erfindung zu zeigen. Es ist ihm zwar gelungen, feste Gegenstände zu teleportieren, doch das System ist noch nicht ganz perfekt. Bisher kann er nur leblose Gegenstände von einer Telebox zur anderen schicken. Bei einem Versuch mit einem Pavian kommt in der zweiten Telebox nur Fleischbrei an. Veronica, an einer Story interessiert, assistiert Seth. Mit der Zeit wird ihre Beziehung zu einer Romanze. Angetrunken und von Eifersucht geplagt, macht Seth einen Selbstversuch. Er steigt in die Telebox, ohne zu bemerken, daß eine Stubenfliege mit ihm einsteigt. Er übersteht den Trip, doch seine Kräfte und sein Selbstbewußtsein haben erstaunlich zugenommen. Bald wandelt sich sein Äußeres: Ihm wachsen Borsten, sein Gesicht entstellt sich. Seth findet heraus, daß sich seine Chromosomen mit denen der Fliege vermischt haben. SCHRECK! Er mutiert zu einer 80 Kilo schweren Stubenfliege, zieht sich zurück und sucht nach einer Möglichkeit, den Vorgang wieder umzukehren. Für die unter dem Verwandlungsprozeß leidende Veronica spitzt sich die Lage zu, da sie nach Seths Trip geschwängert wurde. Seth, im Endstadium, entführt sie ins Labor, um ihren und seinen Körper per Teleportation zu vereinigen. Am Schluß läßt er sich töten. – Ein Remake des 1958 nach einem Drehbuch von James Clavell entstandenen Films *Die Fliege*. – »Erfreulich ist an diesem Horrorstreifen, daß Cronenberg Platz für Überlegungen läßt und sich nicht auf die transparente Gut/Böse-Ebene herabläßt. So ist sein Monster eben nicht nur ein Monster, sondern eine tragische Gestalt.« (TIP). – Rolf Giesen über eine Begegnung mit David Cronenberg: »Ich bin . . . einiges gewöhnt. Aber das, was David Cronenberg aus der *Fliege* gemacht hat, scheint mir eine neue Stufe krankhafter

Phantasie. Hier ist eine Stufe erreicht, die mich nötigen müßte, nach einem Verbot dieses oder ähnlicher antimenschlicher Werke zu schreien. Wenn ich schon . . . lese, daß Cronenberg für diesen Irrsinn . . . 15 Millionen Dollar zur Verfügung standen, wird mir speiübel . . . Ich habe ihm gesagt, wie ekelerregend ich diesen Film finde. Er freut sich: ›Das ist ein Kompliment. Ein wunderbares Kompliment.‹ – ›Wirklich?‹ – ›Sicher!‹ Dann will er mich belehren: Er habe keinen ekelerregenden Film gedreht, o nein! Er will mir weismachen, ich würde das nur empfinden, weil ich nicht mit gewissen Realitäten im Reinen sei, die die Welt im allgemeinen und den menschlichen Körper im besonderen beträfen. ›Ich fordere Ihr ästhetisches Empfinden vorsätzlich raus‹, nuschelt er. ›Wenn Sie Ihren Bauch aufschneiden, widern Sie dann Ihre Eingeweide an?‹ Cronenberg mustert mich überlegen: ›Jetzt müssen Sie ja sagen. Ganz klar!‹ Klar? Klar ist mir nur, daß ich kein Harakiri begehe, schon gar nicht Cronenberg zuliebe. Außerdem, führe ich aus, gehe es mir, wenn ich seinen Film ekelerregend nenne, nicht um seine McDonald's und Burger King entlehnte Ästhetik: da hätte ich schon weit Schlimmeres gesehen, visuell Schlimmeres, sondern um die damit verbundene Ideologie totaler Entmenschlichung . . . Warum er sich so für den Tod interessiere, will ich von Cronenberg wissen. Die Antwort ist simpel: ›Weil ich weiß, daß ich selbst sterben werde.‹ Die masochistische Todessehnsucht der dekadenten Überflußgesellschaft – sie beherrscht die Alpträume des Muttersöhnchens Cronenberg in einer Weise, daß ihm selbst angst und bange wird.« (TIP). – »Solche Filme durchlaufen schnell die Kinos, um zu Videos zu mutieren. In beiden Fällen zielen die Produktions- und Verleihfirmen auf Jugendliche. Die bedauerliche Konzeption ist absolut einfach: Je ekelerregender ein Film, desto sicherer macht er Kasse.« (Uli Gellermann, UZ).
Ⓥ UFA

Die Fliege II – Die Geburt einer neuen Generation

(THE FLY 2). USA 1988.
R Chris Walas. *B* Mick Garris/Jim Wheat/Ken Wheat/Frank Darabont. *K* Robin Videgon. *SpE* Chris Walas/ Jon Berg. *Ma* Stephan Dupius. *M* Christopher Young. *D* Eric Stoltz (Martin Brundle), Daphne Zuniga (Beth), Lee Richardson (Bartok), John Getz (Stathis Borans), Frank Turner (Shepard), Ann Marie Lee (Jainway), Gary Chalk (Scorby). *F* 105 Min. Vorgeschichte siehe *Die Fliege* (1985). – Unter Qualen gebärt Veronica einen lebendigen Klumpen. Doch unter der Außenhülle steckt ein gesundes Kind. Martin, wie der Kleine genannt wird, verfügt über einen Teil der Gene seines Vaters. Er wächst in fünffacher Geschwindigkeit heran, seine intellektuellen Leistungen sind phänomenal. Martin wird im Bartok-Institut beobachtet und aufgezogen. Institutschef Bartok besitzt die Rechte an Seth Brundles Teleportationsmaschine. Da das Gerät Schaden genommen hat, erhofft er sich, daß Martin ihn vollendet. Nach lumpigen fünf Jahren ist Martin erwachsen und tritt in die Fußstapfen seines Vaters. Er lernt die Programmiererin Beth kennen, verliebt sich in sie und stellt die Arbeit ein. Aufgrund merkwürdiger Ausschläge und dem undurchsichtigen Verhalten Bartoks forscht er nach seiner Vergangenheit und findet sie. Die Auswirkungen breiten sich aus wie ein Steppenbrand. Bartok läßt Martin einsperren, um ihn für seine Zwecke auszunutzen. Vollends zur Fliege mutiert, streift Martin durch das Institut, bringt die Wachmannschaft um und macht mit Bartok einen Trip durch den Teleporter. Er ›reinigt‹ seinen Körper und fällt Beth als Mensch in die Arme. Bartok vegetiert als Schleimklumpen im Labor weiter. – »Besaß das Fliegen-Wesen im ersten Teil noch menschlichen Charakter und verstand es, die Tragik der Figur deutlich zu vermitteln, so ist die Kreatur in der Fortsetzung nicht mehr als ein stumpfsinni-
ges, langweiliges Monster, das blutrünstig Jagd auf Menschen macht – ein Motiv, das in unzähligen B-Filmen schon besser abgehandelt wurde.« (Kai Meyer, MOVIESTAR). Ⓥ CBS/Fox

Das fliegende Auge

(BLUE THUNDER). USA 1982.
R John Badham. *B* Dan O'Bannon/Don Jakoby. *K* John A. Alonzo. *SpE* Chuck Gaspar. *M* Arthur B. Rubinstein. *D* Roy Schneider (Frank Murphy), Warren Oates (Braddock), Candy Clark (Kate), Malcolm McDowell (Cochran), Daniel Stern. *F* 110 Min. Der Polizist Murphy patrouilliert in einem mit allerlei technischen Raffinessen und starken Bordwaffen ausgerüsteten Super-Helikopter über dem Los Angeles der mittleren achtziger Jahre und belauscht mit empfindlichen Abhörgeräten die Gespräche ›verdächtiger Personen‹: Die Olympiade von 1984 steht ins Haus, und da man der Welt eine mustergültige Stadt präsentieren will, planen ›gewisse‹ Kreise, die Stadt zu ›säubern‹ (vor allem von den unterprivilegierten Latinos). Dazu ist es unerläßlich, in den Ghettos Aufstände zu provozieren, die Murphy dann mit seinem Super-Helikopter zerschlagen soll. Dem Polizisten wird bald klar, für was man ihn mißbrauchen will. Er wird nachdenklich. Als sein Co-Pilot umgebracht wird, stiehlt er die tödliche Kampfmaschine und bringt den Fall an die Öffentlichkeit. – Regisseur John Badham auf die Frage, ob die Technologie auf dem Wege sei, sich ins Privatleben der Menschen einzumischen: »Sie mischt sich jetzt schon ein. All diese Überwachungsanlagen gibt es jetzt schon. Wir reden hier nicht über das Jahr 1997. Wir reden von 1983, und diese Anlagen, diese Technologien existieren schon... Man überwacht und bespitzelt uns; wir haben es längst hingenommen, daß ein Großteil unseres Privatlebens in Datenbanken gespeichert ist... Wir haben ein technologisches Frankenstein-Monster erschaffen.« Ⓥ RCA/Columbia

Die fliegenden Monster von Osaka
Anderer Titel für **Rodan**

Der fliegende Pauker
(THE ABSENT-MINDED PROFESSOR).
USA 1961.
R Robert Stevenson. *B* Bill Walsh. *LV*
Samuel W. Taylor. *K* Edward Colman/
Robert A. Mattey (Trick). *SpE* Peter
Ellenshaw/Eustace Lycett/Joshua
Meador. *M* George Bruns. *D* Fred
MacMurray (Prof. Ned Brainard),
Nancy Olsen (Betsy Carlisle), Keenan
Wynn (Alanzo Hawk), Tommy Kirk
(Biff Hawk), Leon Ames (Präsident
Rufus Daggett), Elliot Reid (Shelby
Ashton), Ed Wynn (Chef der
Feuerwehr), Edward Andrews
(Verteidigungsminister), David Lewis
(General Singer), Jack Mullaney
(Captain). 97 Min.
Prof. Brainard, eine sportliche, aber sehr
zerstreute Intelligenzgröße, entwickelt
eine eigenartige Gummisubstanz, zu
deutsch *Flummi* genannt. Diese Masse
kann ihre eigene Energie erzeugen, ist
also ein Perpetuum mobile aus Gummi.
Mit diesem Zeug kann man natürlich die
tollsten Dinge anfangen. So bringt Brainard sogar seinen alten Ford aus dem Jahre 1912 dazu, wendiger als ein Hubschrauber durch die Gegend zu fliegen.
Als die Basketball-Mannschaft seines
College, eine Ansammlung sportlich trü-
ber Tassen und Blindfüße, wieder einmal
kurz vor einer dicken Niederlage steht,
bestreicht der Professor kurzerhand die
Sohlen der Sportschuhe mit *Flummi*. Das
verleiht den Spielern eine derartige
Sprungkraft, daß sie nun mit Leichtigkeit
jedes Match gewinnen.
Bis die Erfindung auch von höchster Stelle – vom Präsidenten der Vereinigten
Staaten – in aller Öffentlichkeit belobigt
wird, bis der zerstreute Professor seiner
Braut das offizielle Jawort geben kann
(beim vierten Anlauf), vergehen noch einige turbulente Filmminuten.
Diese typische Walt-Disney-Produktion
wurde in Amerika als komischer SF-Ver-
schnitt gefeiert, ist aber doch wohl eher
ein Klamotte mit SF-Elementen ohne SF-
Ambitionen. Für damalige Verhältnisse
ein außergewöhnlicher finanzieller Erfolg, der Film spielte in relativ kurzer Zeit
in den USA über 11 Mill. Dollar ein; er
war neben *Die Kanonen von Navarone*
der erfolgreichste Film des Jahres 1961.
Die Kritiker waren sich einig: ein Spaß für
die ganze Familie.
Eine Fortsetzung ließ nicht lange auf sich
warten: SON OF FLUBBER, ein Titel so
richtig in der Frankensteintradition (der
deutschen Titelfassung *Der Pauker
kann's nicht lassen* fehlt diese spitzfindi-
ge Ironie), spielte immerhin auch noch
9 Millionen Dollar ein.

Fliegende Untertassen greifen an
(EARTH VS. THE FLYING SAUCERS).
USA 1956.
R Fred F. Sears. *B* George Worthin
Yates/Raymond T. Marcus (das ist
Bernard Gordon). *LV* Curt Siodmak/Ray
Harryhausen; angeregt durch Donald E.
Keyhoe *Flying Saucers From Outer
Space*. *K* Fred Jackman. *SpE* Ray
Harryhausen, Russ Kelley. *M* Mischa
Bakaleinikoff. *D* Hugh Marlowe (Dr.
Russ Marvin), Joan Taylor (Carol
Hanley Mervin), Donald Curtis (Major
Hughlin), Morris Ankrum (General
Hanley), John Zeremba (Prof. Kanter),
Tom Browne Henry (Admiral Enrigh),
Grandon Rhodes (General Edmunds),
Larry Blake (Polizist mit Motorrad),
Charles Evans (Dr. Alberts), Clark
Howat (Sergeant Nash), Alan Reynolds
(Major Kimberly), Frank Wilcox
(Alfred Cassidy, Außenministerium).
83 Min.
Fliegende Untertassen (kreisrund, so wie
Klein-Erna sie sich vorstellt) im Anflug
auf eine geheime US-Militärbasis! Rake-
tenexperte Russ Marvin und seine Frau
Carol müssen ihre Flitterwochen ver-
schieben. Die aufgefangenen Funksprü-
che, ein furchtbares Kauderwelsch, ver-
anlassen die militärische Führung, die
Untertassen gebührend zu empfangen.

Moderne Geschütze werden aufgefahren, können aber nichts ausrichten. Die Außerirdischen legen den Militärstützpunkt in Schutt und Asche. Russ, Carol und ihr Vater, General Hanley, überleben als einzige den Angriff. Die Außerirdischen, eine Mischung aus Golem und Blechbüchsenmann ohne Gesicht, verschleppen den General. Russ und Carol, ganz auf sich gestellt, versuchen, Kontakt mit den Fremden anzuknüpfen. Auch sie werden an Bord eines dieser Weltraumungetüme geholt. Während eines abenteuerlichen Fluges lernt Russ die Waffenüberlegenheit des Gegners kennen. Die Entführten erhalten den Auftrag, der amerikanischen Regierung ein Ultimatum zu überbringen: innerhalb von 56 (im Original 60) Tagen soll die Regierung die Einstellung der Raketenversuche verfügen, durch die sich die außerirdische Macht bedroht sieht (logisch!!!), anderenfalls werde die Erde bedingungslos vernichtet. Die ersten Menschen, die je in einem UFO geflogen sind, werden an der amerikanischen Küste wieder abgesetzt. Es gibt viel zu tun... Russ und der Creme der US-Waffenbastler gelingt es im letzten Augenblick, eine Gegenwaffe zu entwickeln. Sie können die vom Triebwerk der Untertassen automatisch ausgeschaltete Schwerkraft durch magnetische Gegenschaltung (!) wieder wirksam machen. Das hat natürlich die totale Vernichtung des Angreifers zur Folge, aber auch die Irdischen kommen nicht ohne empfindliche Schrammen davon: In Kamikazemanier stürzen sich die UFOs auf Washington (interessante Crash-Aufnahmen: Regierungsgebäude und Sehenswürdigkeiten, u. a. das Capitol, das Washington-Monument und der Oberste Gerichtshof, werden demoliert). *Szenenwechsel:* Endlich Flitterwochen. – »Für das amerikanische Kino der 50er Jahre war dieser Film der letzte außerirdische Großangriff. Auch Hollywood verlor das Interesse an den Aliens, die nur noch einige Jahre in B-Pictures ihr Unwesen trieben.« (Giesen, DER PHANTASTISCHE FILM)

Der Film ist nicht gerade eine Meisterleistung; die Schauspieler sind bemüht, können aber der Handlung nicht den rechten Schwung geben; vieles wirkt gekünstelt; die Story ist dürftig, sie dient nur als Schaukasten für die Spezialeffekte. Und die haben es wirklich in sich. »Ray Harryhausens fliegende Untertassen sind immer noch die besten, die es je im Kino gegeben hat, sogar noch besser als Klaatus' Raumschiff aus *Der Tag, an dem die Erde stillstand.*« (Warren) – Die Untertassen, die unheimlichen Außerirdischen mit ihren Strahlenwaffen und die Schlacht über Washington geben dem Film auch für heutige Verhältnisse noch einige sehenswerte Elemente.

Die fliegende Windmühle
DDR 1981.
R Günter Rätz. *B* Günter Rätz.
LV Günther Feustel. *K* Helmut May.
Anim. Günter Rätz/Alexander Reimann.
M Arndt Bause. *Spr* Käthe Reichel (Susi), Evelyn Opoczynski (Olli), Achim Petri, Volkmar Kleinert, Peter Gröger. *F* 87 Min. (Puppenfilm)
Olli gefällt ihr Zeugnis nicht. Statt nach Haus zu gehen, beschließt sie trotzig, mit einer Windmühle eine Weltraumfahrt zu unternehmen. Mit von der Partie sind ein Professor und seine Tiere: der Hund Pinkus, das hochnäsige Pferd Alexander, das immer nur an einen einstmals errungenen Rennsieg denkt, und das Krokodil Susi. Das wackelige Gefährt samt Inventar fliegt durch Nebelschwaden, über Klippen und Abgründe zu unbekannten Gestirnen und landet endlich auf einem großen Gewässer. Froschähnliche, gelenkige Strichmännchen inszenieren hier eine ohrenbetäubende Musik- und Tanzparade. Das bereitet den Reisenden ungeheuren Spaß, doch merken sie bald, daß mit diesem Stern nicht alles in Ordnung ist. Ein Windvulkan bedroht seine Existenz. Olli und der Professor finden gemeinsam eine Lösung, die den Stern rettet. Olli weiß jetzt auch, was sie einmal werden möchte: Vulkan-Ingenieur. Lernen kann doch

ganz nützlich sein, also zurück zur Erde!
– Puppentrickfilm mit fantasievollen und
originellen Einfällen. »An Poesie ist der
Film arm. Er bevorzugt Knallbuntes und
Knallautes in hektischem Tempo... Ein
animierender Kinderspaß.« (Paula Lin-
hart, FILMDIENST)

Flight to Mars
(FLIGHT TO MARS). USA 1951.
R Lesley Selander. *B* Arthur Strawn.
K Harry Neumann. *M* Marlin Skiles.
D Marguerite Chapman (Alita),
Cameron Mitchell (Steve Abbott),
Arthur Franz (Dr. Jim Barker), Virginia
Huston (Carol Stafford), John Litel (Dr.
Lane), Morris Ankrum (Ikron), Richard
Gaines (Prof. Jackson), Lucille Barkley
(Terris), Robert Barratt (Tillamar),
Edward Earle (Justin), William Forrest
(Gen. Archer), Bob Peoples (Soldat),
Tony Marsh, Tris Coffin, Bill Neff,
Trevor Bardette, Russ Conway,
Raymond Bond, Everett Glass, David
Bond. *F* 72 Min.
Ein US-Astronautenteam (verstärkt durch
einen Journalisten) fliegt zum Mars und
stößt dort auf eine Untergrund-Zivilisa-
tion, deren Führer die Erdlinge nicht aus-
stehen kann. Der Journalist, der sich in
die dralle Herrschertochter verliebt hat,
kann selbige bewegen, dem Team zur
Flucht zu verhelfen. – Ein billiger Schin-
ken, der in nur elf Tagen abgedreht wurde. Und so sieht er auch aus. In Originalfassung.
Ⓥ Import

Flucht in die Zukunft
(TIME AFTER TIME). USA 1979.
R Nicholas Meyer. *B* Nicholas Meyer.
St Karl Alexander/Steve Hayes. *K* Paul
Lohmann. *SpE* Larry Fuentes/Jim
Blount/Richard F. Taylor/Russ Maehl/
Sonny King. *M* Miklos Rozsa.
D Malcolm McDowell (H. G. Wells),
David Warner (John Stevenson), Mary
Steenburgen (Amy Robbins), Charles
Cioffi (Lt. Mitchell), Kent Williams
(Assistent), Andonia Katsaros (Mrs.

Turner), Patty D'Arbanville (Shirley),
James Carrett (Edwards), Keith
McConnell (Harding). *F* 110 Min.
London im Jahre 1893. Während in der
Wohnung des Erfinders und Schriftstellers H(erbert) G(eorge) Wells eine typisch
englische Herrenrunde diskutiert, meldet
Scotland Yard den Mord an einer Prostituierten. Der Verdacht fällt auf Dr. John
Stevenson, der mit H. G. Wells befreundet ist. Ja, Scotland Yard vermutet sogar,
in Stevenson den berühmt-berüchtigten
Jack the Ripper gefunden zu haben. Stevenson, Gast bei Wells' Herrenrunde, ist
plötzlich unauffindbar. Er hat sich mit der
von Wells konstruierten Zeitmaschine auf
und davon gemacht und lebt bereits im
San Francisco des Jahres 1979. Wells
kann ihm folgen. Er wird in Amerika wie
ein Fossil aus der Alten Welt bestaunt. Zu
seiner großen Überraschung entdeckt er
auch ein Museum, in dem gerade eine
Ausstellung seiner Werke (inkl. Zeitmaschine) stattfindet. Wells lernt Amy Robbins kennen, eine Angestellte bei der
Chartered Bank of England, die ihn auf
die Spur des Rippers bringt. Stevenson
kann noch einmal entkommen und mordet
munter weiter: das nächste Opfer soll
Amy sein.
Bei einer Demonstration der Zeitmaschine stößt Amy voller Entsetzen in einer
vordatierten Zeitung auf den Bericht ihrer
eigenen Ermordung. Alle Bemühungen,
dem Killer zuvorzukommen, mißlingen.
Der Mord wird ausgeführt. Das Opfer ist
nicht Amy, sondern eine ihrer Kollegin-
nen. Wells gelingt es dann doch, Stevenson dingfest zu machen: mit Hilfe eines
sogenannten Auflösungs-Egalisators verfrachtet er den Mörder in die Unendlichkeit. Nichts hält Wells mehr im Jahr 1979;
er beschließt, zurückzukehren ins beschauliche England von 1893. Amy begleitet ihn. – Höchstes Lob auf der ganzen
Linie. So gut kann, so gut muß fantastisches Kino sein:
»Mit hübscher Fabulierkunst entwickelt
Autor-Regisseur Nicholas Meyer eine
amüsant-spannende Story um den be-

In der Vergangenheit ein Schlächter, heute nur ein Amateur:
David Warner als Jack the Ripper in *Flucht in die Zukunft*

kannten englischen Denker und Dichter H. G. Wells.« (FILMDIENST) – Und der FILMBEOBACHTER: »...was sich im Verlauf der 110 Min. abspielt, ist ein wohlausgewogenes Konglomerat aus Komödie, Fantasy und Thriller, ist der simple Aufeinanderprall einfacher wie ursprünglicher Gegensätze, als da sind *Gut* und *Böse, Alt* und *Neu, moralischer* wie *amoralischer* Impetus.« CINEFANTASTIQUE: »...ein kraftvolles, prachtvoll kurzweiliges Vergnügen, das aufgrund seiner großartigen Machart das oft versuchte, selten erreichte Kunststück fertigbringt, Liebesgeschichte, Komödie und Entsetzen zu kombinieren.« Alan Frank: »Wahrscheinlich der unterhaltsamste Film mit dem Thema Zeitreise.« Ⓑ Karl Alexander: *Flucht ins Heute*, München 1982 Ⓥ Warner Home

Flucht ins 23. Jahrhundert
(LOGAN'S RUN). USA 1976.
R Michael Anderson. *B* David Z. Goodman. *LV* William F. Nolan/George Clayton Johnson. *K* Ernest Laszlo. *SpE* Glen Robinson/L. B. Abbott/Frank van der Veer/Matthew Yuricich. *M* Jerry Goldsmith. *D* Michael York (Logan), Richard Jordan (Francis), Jenny Agutter (Jessica), Roscoe Lee Browne (Robot BOX), Farrah Fawcett-Majors (Holly), Peter Ustinov (Alter Mann), Michael Anderson jr. (Doc), Randolph Roberts (2. Sancturianer), Lara Lindsay (Läuferin), David Westberg/Bill Couch (Sandmänner), Gary Morgan (Billy), Michelle Stacy (Mädchen). *F* 120 Min.
Amerika 2275. Nach Bevölkerungsexplosion, Krieg und totaler Weltvernichtung lebt der Rest der Menschheit in einer Großstadt unter einer gigantischen, un-

durchsichtigen Kuppel. Es führt kein Weg hinaus. Trotzdem scheint es in diesem Stadtgebilde an nichts zu fehlen. Architektonische Wunderwerke wechseln sich ab mit anmutigen Parks und Fußgängerzonen. Man hat alle technischen Probleme gelöst. Die Menschen leben zu ihrem Vergnügen. Abwechslung erhält man durch Halluzinogene und Drogen, schöne Erinnerungen können wieder sichtbar gemacht werden; in Kosmetikstudios wird mit Hilfe von Lasern schnell und schmerzlos plastische Chirurgie betrieben. Sexuelle Freizügigkeit ist gewährleistet. In dieser Welt kann man alles erleben – nur nicht seinen 30. Geburtstag. An diesem Tag hat jeder ins ›Karussell‹ zu gehen, in dem mittels eines mystischen Rituals eine ›Erneuerung‹ stattfinden soll. Tatsächlich aber werden die Dreißigjährigen im Augenblick höchster Verzückung liquidiert. Um eine Überprüfung des Lebensalters zu erleichtern, müssen alle Bewohner der Stadt einen Lebensuhr-Kristall tragen, der anhand sich verändernder Farben das gegenwärtige Lebensstadium anzeigt. Kontrolliert wird alles vom Herrn der Stadt, einem Riesencomputer. Zehn Tage vor dem 30. Geburtstag eines jeden Menschen fängt der Kristall an, rot und schwarz aufzublinken. Es ist das Zeichen, sich auf den Gang zum Karussell vorzubereiten. »Die Wegwerfgesellschaft der Zukunft verlängert nicht das Leben, sie verkürzt es, mißachtet das Alter, um die Gefahr einer Überbevölkerungskatastrophe wie ehedem zu bannen: Für jeden, der kommt, muß einer gehen.« (Rolf Giesen, DER PHANTASTISCHE FILM) – Es gibt aber immer wieder Individuen, die sich dem gesellschaftlich verordneten Sterben widersetzen. Diese ›Läufer‹ tun alles, um den angeblich außerhalb der Stadt liegenden Zufluchtsort ›Sanctuary‹ zu erreichen. Ob es den Ort gibt, weiß niemand. Die Stadtpolizisten, ›Sandmänner‹ genannt, müssen die Läufer aufspüren und dem Karussell überantworten. Logan ist ein solcher Sandmann. Als der Computer ihn beauftragt, den mysteriösen Zu-

fluchtsort, in dem man ungestört alt werden kann, zu suchen und zu vernichten, wird seine Lebensuhr verstellt, so daß die Kennzeichen eines Läufers an ihm sichtbar werden. Das Mädchen Jessica ermöglicht ihm den Zugang zur Subkultur der Läufer. Logan verliebt sich in sie, sein Lebenswille erwacht. Er vergißt seinen Auftrag und begibt sich mit Jessica auf die Suche. Nun sind ihm nicht nur die Sandmänner auf den Fersen, sondern auch einige mißtrauische Läufer. In einer verlassenen Gegend finden Logan und Jessica den Einstieg in eine unterirdische Eiswelt – eine riesige Tiefkühlanlage, die von dem Roboter BOX beherrscht wird. Der Roboter hat bisher jeden, der hierhergekommen ist, eingefroren und gelagert. Logan besiegt ihn – der Weg ist frei. Er und seine Begleiterin sind die ersten, die wirklich aus der Stadt fliehen können. – »Und als sie in die andere, natürliche Welt eintreten, da nehmen sie die ihnen unbekannte Sonne wahr, strahlend rot und wärmend, ein Bild, das aus der Marlboro-Reklame stammen könnte und im Widerspruch steht zu dem eisigen Blau der sterilen Stadt. Hier draußen scheint es noch ein Amerika zu geben, wie es in der Mythologie zahlloser Western kreiert wurde. Die Welt wird zum Abenteuer, und Abenteuer ist das Synonym für Freiheit.« (Rolf Giesen, DER PHANTASTISCHE FILM) – Nach langer Wanderung erreichen sie eine überwucherte Ruinenstadt: Washington. Im verfallenen Capitol treffen sie einen alten Mann mit grauem Haar und runzeligem Gesicht, den letzten Überlebenden der Außenwelt, der ihnen mitteilt, daß das legendäre Sanctuary ein Hirngespinst ist. Logan steht noch eine Auseinandersetzung mit seinem härtesten Verfolger bevor: seinem Ex-Kampfgefährten Francis. In einem erbitterten Zweikampf kann er ihn töten. Logan und Jessica wollen den alten Mann der Stadtbevölkerung vorführen – zum Beweis, daß man in Freiheit alt werden kann. Die Existenz des Alters als Symbol der Freiheit verkraftet der Computer nicht: Er explodiert und vernichtet die Kuppelstadt. Für die Überlebenden beginnt ein zwar härteres, aber freieres Leben. – Selten hat ein SF-Film so viele Vorschußlorbeeren ernten können wie LOGAN'S RUN, der mit über 9 Millionen Dollar fast so teuer wurde wie *Krieg der Sterne*. Die amerikanische Fachpresse schrieb:»Der SF-Film-Boom beginnt mit einer Bombe. Die literarische Vorlage kombiniert alle die alten und vertrauten SF-Klischees, -Tricks und -Traditionen, daß es nur ein Freudenfest für SF-Fans werden kann.« (Zitiert nach John Brosnan, FUTURE TENSE) – Daß der Film dann doch nicht hielt, was er zu werden versprach, liegt sicherlich auch mit daran, daß er sich nur grob an die Romanvorlage hielt: Im Roman haben die weit in der Überzahl befindlichen Jugendlichen die Macht übernommen, als die Bevölkerungsdichte ein unerträgliches Ausmaß angenommen hatte und Nahrungsmittel immer knapper wurden: Schon mit 21 Jahren hat man sich zur Euthanasie einzufinden. Aber die Anti-Utopie war dann doch zu hart für die Produzenten. Die so abgeschwächte Filmversion hat zwar das Anliegen, ein bloß vitales Existieren der Menschen in Frage zu stellen – aber dieses Anliegen geht in einem wilden Abenteuer- und Verfolgungsspektakel unter. Es gelingt ihr nicht, eine logisch aufgebaute und technisch denkbare Zukunftsvision zu zeigen, wie man sie bei Huxley oder Bradbury findet. Dementsprechend fiel auch die inhaltliche Kritik aus:»Eine nichtssagende SF-Saga... Der Film – dumm, aber unterhaltsam – hat ein paar, wenn auch ziemlich kurze, soziale Momente; sein Porträt einer tyrannisierten Zukunftsgesellschaft sieht aber nicht viel bedrohlicher aus als eine ausgelassene Strandparty.« (TIME) – »Die Möglichkeit, die Konsequenzen eines Aufstandes der Jugend gegen das Alter und die Chancen einer nur aus Jugendlichen bestehenden Gesellschaft fiktiv zu skizzieren, verschenkt der Film völlig.« (Robert Fischer, FILMBEOBACHTER) – Wer nur Unterhaltung im Sinne von Action, Tricks und Technik erwartet, wird voll auf seine Kosten kommen. Gerade die Spezialeffekte stellten in ihrer Ausführung alles bis dahin auf Film Gebannte in den Schatten. Dale Hennessy (der schon für *Die phantastische Reise* einen Oscar bekommen hatte) baute eine der größten Modellstädte der Filmgeschichte: Sie wurde mit einer ›uralten‹ Technik, die schon bei Fritz Langs *Metropolis* Verwendung fand, und einer neuartigen Periskop-Kamera wirkungsvoll in Szene gesetzt. Erstmals wurden in einen Film Hologramme eingearbeitet. Dem Trick-Altmeister L. B. Abbott gelang eine bemerkenswerte Sequenz: Bei einem Verhör ist Michael York siebenfach zu sehen – aber jede der spiegelbildlichen Figuren antwortet unabhängig auf die Fragen der Polizei. Besondere Leistungen gelangen dem *matte*-Künstler Matthew Yuricich bei der Gestaltung der überwucherten Stadt Washington: Er ließ diverse Gebäude der Stadt fotografieren, die Aufnahmen vergrößern und setzte entsprechende Masken mit Urwaldpflanzen, Efeu etc. darüber, so daß eine äußerst realistische Szenerie entstand. Die *matte*-Technik wurde ohnehin außergewöhnlich oft benutzt (jedes Bild verschlang zwischen 4000 und 7000 Dollar an Produktionskosten), und man konnte sogar, wie Yuricich anmerkte, gravierende Fehler beseitigen:»In LOGAN'S RUN wurde übersehen, daß die Fenster eines Bürohauses aus Spiegelglas bestanden. Ich mußte daraufhin das gesamte Gebäude bis zum Erdgeschoß hinunter übermalen, ohne die Live-Szenen zu berühren.« (Zitiert nach Cinema, DIE TRICKS) – L. B. Abbott, Glen Robinson und Matthew Yuricich bekamen für ihre Spezialeffekte den Oscar des Jahres 1976 zuerkannt. Kommerziell war der Film ein Renner: schon in den ersten fünf Tagen spielte er 2,5 Millionen Dollar ein. Unverständlich bleibt die *Eindeutschung* des Titels: ›Logans Flucht‹ hat absolut nichts mit einer Flucht *ins* 23. Jahrhundert zu tun, bestenfalls mit einer Flucht *im* 23. Jahrhundert.

Ⓥ MGM/UA
Ⓑ William F. Nolan/George Clayton
Johnson: *Flucht ins 23. Jahrhundert*,
München 1977

Flucht vom Planet der Affen
(ESCAPE FROM THE PLANET OF THE
APES). USA 1971.
R Don Taylor. *B* Paul Dehn. *K* Joseph
Biroc. *SpE* Howard A. Anderson Co.
Ma John Chambers. *M* Jerry Goldsmith.
D Roddy McDowall (Dr. Cornelius),
Kim Hunter (Zira), Bradford Dillman
(Dr. Lewis Dixon), Ricado Montalban
(Armando), Natalie Trundy (Dr.
Stephanie Branton), Eric Breaeden (Dr.
Otto Hasslein), William Windom (Der
Präsident), Sal Mineo (Milo), Albert
Salmi (E-1), Jason Evers (E-2), John
Randolph (Vorsitzender), Steve Roberts
(General Brody). *F* 97 Min.
Wir erinnern uns: Am Ende von *Rückkehr
zum Planet der Affen* wird die Erde durch
nukleare Explosionen eingeäschert. Doch
drei intelligente Schimpansen mit
menschlichen Sprachkenntnissen (Dr.
Cornelius, seine Frau Zira und der Archäologe Milo) haben in weiser Voraussicht das amerikanische Raumschiff be-
stiegen, das die ersten menschlichen Wesen in den Affenstaat gebracht hatte. Der
Start gelingt wenige Minuten vor der
Atomkatastrophe. Das Raumschiff rast
durch das Weltall, überspringt 2000 Jahre
rückwärts und landet 1973 an der Küste
Kaliforniens. Die Sensation ist perfekt;
Schimpansen als Raumfahrer mit menschlicher Intelligenz, Sprache und Umgangs-
form. Die drei werden zunächst freundlich aufgenommen. Das Blatt wendet sich
schlagartig, als Zira schwanger wird. Die
Menschen sehen plötzlich die Gefahr, daß
ihnen in der Gestalt der Schimpansen eine
Konkurrenz erwachsen könnte. Die Affen
müssen fliehen, der CIA macht kurzen
Prozeß, Milo wird auf der Flucht erschossen. Der Zirkusbesitzer Armando versucht, Dr. Cornelius und Zira zu verstek-
ken. Zira bringt ihr Baby noch zur Welt.
Doch dann werden sie und ihr Mann auf-

gespürt und ebenfalls getötet. Ziras Baby
ist anschließend noch gut für die Fortsetzung *Eroberung vom Planet der Affen*.
Vom Erstling *Planet der Affen* trennen
diese zweite Fortsetzung nicht nur kosmische Welten. Nichts ist mehr von dem übriggeblieben, was die ersten beiden Folgen auszeichnete, allenfalls drei Schim-
pansenmasken. Zwar wird immer wieder
krampfhaft versucht, Schwächen von
Mensch und Affen ins satirische Licht zu
rücken, aber eine alberne Geschichte ist
auch durch eine fantasielose Inszenierung
nicht mehr zu retten.
Ⓥ CBS/Fox
Ⓑ Jerry Pournelle: *Flucht vom Planet der
Affen*, Rastatt 1976

Flucht von Galaxy 3
(ESCAPE FROM GALAXY 3). USA 1985.
R Ben Norman. *B* John Thomas.
K Sandro Mancori. *M* Don Powell.
D Cheryl Buchanan (Belle Star), James
Milton (Lithan), Don Powell, Auran
Cristea, Alex Macedon, Margaret Rose.
F 82 Min.
Oraclon, »der teuflische König der
Nacht«, ist ein garstiger Typ, denn er
»führt unbarmherzige Kriege in den Gala-
xien«. Nachdem er mit seinen Superwaffen das »friedliche Reich Königs Zanors«
aufgemischt hat, »werden die Unsterbli-
chen Belle Star und Lithan durch negative
Gravitation in die Tiefe des Alls geschleudert«. Dortselbst finden sie sich »auf einem unbekannten Planeten« wieder, und,
als würde dies noch nicht reichen,
»30 000 Jahre hinter ihrer Zeitrechnung«.
(alle Zitate aus der Verleihwerbung). –
Der »unbekannte Planet« ist natürlich die
Erde! Und dort lernen Belle Star und Lithan, wie man es miteinander treibt! Dann
kehren sie zurück, um dem teuflischen
König der Nacht das Handwerk zu legen!
Man bedenke! Ein *König*, der *in den Galaxien* Kriege führt! Und *negative Gravitation*, die unsere Helden durch Raum
und Zeit schleudert! Hat man so was
schon mal erlebt? Wow!
Ⓥ VCL

Der Fluch vom Monte Bravo
(BEAST OF HOLLOW MOUNTAIN/EL
MONSTRUO DE LA MONTANA HUECA).
USA/Mexiko 1956.
R Edward Nassour/Ismael Rodriguez.
B Robert Hill/Ismael Rodriguez/Carlos
Orellane. *St* Willis O'Brien. *K* Jorge
Stahl jr. *SpE* Jack Rabin/Louis De Witt/
Henry Sharp. *M* Raol Lavista. *D* Guy
Madison (Jimmy), Patricia Medina
(Sarita), Eduardo Noriega (Enrique),
Mario Navarro (Panchito), Pascuel
Garcia Pena (Pancho), Julio Villareal
(Don Pedro), Carlos Rivas (Felipe).
F 75 Min.
Mexikanische Dorf- und Cowboyge-
schichte. Immer wieder verschwindet
Vieh auf mysteriöse Weise von einer be-
stimmten Farm. Auf ihr lastet der *Fluch
vom Monte Bravo*, was die Dorfbewohner
dazu veranlaßt, hier grundsätzlich nicht
zu arbeiten. Die neuen Eigentümer, zwei
furchtlose ehemalige amerikanische Ex-
Soldaten, wollen den Vorkommnissen auf
die Spur kommen, was ihnen natürlich
auch gelingt: Plötzlich erscheint da in der
Landschaft ein – o Wunder – vorsintflutli-
cher Riesensaurier. Dieser watschelt mit
grotesken Bewegungen durch eine Vieh-
herde, wischt sich brüllend die Pistolenkugeln vom Schuppenpanzer. Nach har-
tem Kampf wird das Untier zur Strecke
gebracht. Es versinkt im glucksenden
Sumpf. – Dank einer erstmals angewand-
ten Tricktechnik, bei der statt eines beweglichen Modells viele Einzelmodelle in
den verschiedenen Bewegungsphasen angefertigt und gefilmt wurden (Regiscope-
Verfahren), stellte das Monster den bis
dahin überzeugendsten Versuch dar, einen lebensechten Dinosaurier darzustellen. Da man sich zu sehr auf die Tricks
konzentrierte, blieb die Story und damit
der ganze Film auf der Strecke: »Er ist
großer Mist, aber immerhin der erste seines Genres, ein Science Fiction-We-
stern.« (VARIETY) – Willis O'Briens
Kurzgeschichte, die als literarische Vorlage diente, wurde später noch einmal für
den Film *Gwangis Rache* vermarktet.

Der Flug des Navigators
(FLIGHT OF THE NAVIGATOR).
USA 1987.
R Randal Kleiser. *B* Michael Burton/
Matt McManus. *K* James Glennon.
SpE Peter Donen/Jack Bennett. *M* Alan
Silvestri. *D* Joey Cramer (David
Freeman), Veronica Cartwright (Helen
Freeman), Cliff de Young (Bill
Freeman), Sarah Jessica Parker (Carolyn
McAdams), Matt Adler (Jeff mit 16),
Howard Hesseman (Dr. Faraday),
Robert Small (Troy), Albie Whitaker
(Jeff mit 8), Paul Mall. *F* 90 Min.
Auf dem Heimweg stürzt der zwölfjährige
Joey im Wald in einen Graben und verliert
kurz die Besinnung. Zu Hause angekom-
men, öffnet ihm nicht seine Mutter die
Tür, sondern eine fremde Person. Man
schreibt das Jahr 1986. Joey wird seit
1978 vermißt. Oh, Wunder! Alle sind ge-
altert, auch sein Brüderchen ›Mäusefurz‹!
Dann meldet sich die NASA, die Joeys
Unglück mit einer UFO-Geschichte in
Verbindung bringt. Als man ihn untersucht, entdeckt man in seinem Hirn zahllose gespeicherte Informationen über das
Universum. Joey muß während seiner
Abwesenheit in einem UFO geflogen
sein. Damit fällt er unter die Sicherheits-
stufe 1 und darf keinen Außenkontakt
mehr haben. Nachts empfängt Joey Signale eines UFOs. Man braucht ihn, um
den Heimflug anzutreten. Für Joey beginnt mit einem Computer-Navigator und
diversen ulkigen Wesen eine wundersame, spannend-spaßige Reise durch die
Welt, bis er durch einen Zeittunnel wieder
ins Jahr 1978 zurückkehren kann. – »Ver-
gleiche mit *E.T.* und *Zurück in die Zukunft* drängen sich geradezu auf. Wie seine große Vorbilder verbindet *Der Flug
des Navigators* Abenteuer und SF mit einem guten Schuß Komik und Herz. So
richtig was für die ganze Familie, wobei
sich die Kids am leichtesten mit den erstaunlichen Erlebnissen... Joeys identifizieren können.« (René Pech, PHANTASTI-
SCHE ZEITEN).
»Wir lernen daraus immerhin, daß wir

selbst sehenden Auges die fortschreitende Degeneration der Verhältnisse miterleben wollen. Für das belanglose Science-Fiction-Märchen hat Regisseur Randall Kleiser Motive und Themen aus etlichen Genrevorbildern zusammengeklaubt. Ein netter, kleiner und leidlich unterhaltsamer Möchtegern-Familienfilm.« (FISCHER FILM ALMANACH).
Ⓥ CBS/Fox

Der Flug zur Hölle
(THE LAND UNKNOWN).
USA 1957.
R Virgil Vogel. *B* Laszlo Gorog.
St Charles Palmer. *K* Ellis W. Carter.
SpE Clifford Stine/Fred Knoth/Orien Ernest/Jack Kevan/Roswell A. Hoffman. *M* Joseph Gershenson.
D Jock Mahoney (Comm. Alan Roberts), Shawn Smith (Maggie Hathaway), William Reynolds (Lt. Jack Carmen), Phil Harvey (Steve Miller), Henry Brandon (Hunter), Douglas R. Kennedy (Capt. Burnham).
F 78 Min.
Eine Hubschrauberbesatzung muß bei einem Erkundungsflug über dem Südpol notlanden und setzt sage und schreibe 750 Meter unter dem Meeresspiegel in einem Urwaldtal auf. Bei 34 Grad Celsius kämpft sich das Team durch die tropische Oase, deren Pflanzen- und Tierwelt aus dem geologischen Mittelalter der Erde übriggeblieben ist. Dinosaurier, Tyrannosaurier, Stegosaurier und anderes Riesengetier, fleischfressende Pflanzen, tückische Quellen und ein zehn Jahre vorher abgestürzter Forscher machen der Mannschaft, vor allem ihrem weiblichen Mitglied, sehr zu schaffen. Am Ende gelingt sogar die Flucht aus der Erdvergangenheit, weil das Flugzeugwrack des Forschers gerade die unbeschädigten Ersatzteile birgt, die den anderen zu ihrem Glück noch fehlen. – Unterhaltsame Schnulze mit wirkungsvollen Spezialeffekten und Ungeheuern, die die schauspielerischen Leistungen jedoch klar in den Schatten stellen.

Die Folterkammer des Dr. Fu Man Chu
(THE CASTLE OF FU MAN CHU/EL CASTILLO DE FU MAN CHU).
BRD/Spanien/Italien/GB 1968.
R Jess Franco. *B* Peter Welbeck/Michael Haller. *LV* Romanfigur von Sax Rohmer. *K* Manuel Merino.
M Carlo Camilleri/Malcolm Shelby/Gert Wilden. *D* Christopher Lee (Dr. Fu Man Chu), Günther Stoll (Curt), Richard Greene (Nayland Smith), Maria Perschy (Marie), Howard Marion Crawford (Dr. Petrie), Tsai Chin (Lin Tang), Rosalba Neri (Lisa), José Manuel Martin (Omar Pascha), Werner Abrolat (Melnik). *F* 92 Min.
»Grenzenlos ist die Fantasie der Filmleute, wenn es darum geht, eine geschäftsträchtige Figur zugunsten der Kinokasse am Leben zu erhalten. Mögen manche Zuschauer früherer Fu-Man-Chu-Filme auch den Eindruck gehabt haben, der Bösewicht sei bei der Sprengung seines Schlupfwinkels unsanft verschieden, so sehen sie sich jetzt getäuscht. Auf geheimnisvolle Weise ist er noch einmal davongekommen und steht für ein neues Abenteuer zur Verfügung.« (FILM-DIENST) – Dr. Fu Man Chus Streben nach der Weltherrschaft ist ungebrochen. Mit Gewalt sichert er sich die Dienste eines gebrechlichen Professors. Diesem ist ein Verfahren gelungen, mit Opiumsalzen (!) große Wassermassen blitzschnell in Eis (!!) zu verwandeln. Einen ersten Test läßt der Verbrecher in der Karibik ausführen: Ein Ozeanriese rammt den künstlich hergestellten Eisberg (es scheint, daß für diese Sequenz Originalausschnitte der berühmten *Titanic*-Verfilmung aus dem Jahr 1943 benutzt worden sind).
Eine Konferenz tagt im britischen Innenministerium, die sich mit der Katastrophe befaßt. Da ertönt plötzlich im Radio die Stimme Fu Man Chus. Er verkündet der Welt seine Forderungen, seine Gesetze und seinen Machtanspruch. Scotland Yards fähigster Beamter Nayland Smith wird auf Fu Man Chu angesetzt. Es ist nur

eine Frage der Zeit, bis er das Hauptquartier des Verbrechers in einer Festung im Opiumzentrum Istanbul aufspürt. Er befreit die Gefangenen des Machtbesessenen, unter ihnen auch den Professor, der im übrigen nur deshalb noch lebt, weil er eine Herztransplantation erfolgreich überstanden hat. Schließlich fliegt die ganze Festung in die Luft (mit Fu Man Chu? – siehe oben).
ⓥ VPS

Die Formel
(THE FORMULA). USA 1979.
R John G. Avildsen. *B* Steve Shagan.
K James Crabe. *M* Bill Conti. *D* George C. Scott (Barney Caine), Marlon Brando (Adam Steiffel), Marthe Keller (Lisa), John Gielgud (Dr. Abraham Esau), G.D. Spradlin (Clements), Beatrice Straight (Kay Neeley), Dieter Schidor (Mörder), Richard Lynch, John Van Dreelen. *F* 117 Min.
Ein Gerücht, nach dem die Nazis eine Formel für synthetischen Treibstoff entwickelt haben, jagt einen Polizisten namens Caine von L.A. nach Berlin, Hamburg und St. Moritz, entpuppt sich aber in letzter Konsequenz als Ablenkungsmanöver für viele Interessenten. – »Abgesehen von der Schwerfälligkeit der Dramaturgie und den Langeweile verbreitenden Dialogen verärgert besonders der Umgang der Autoren mit den Nazis. Leider können nicht einmal die prominenten Schauspieler etwas retten an diesem Film, mit dem sich die Filmbosse wohl ebenso verspekuliert haben, wie die von ihnen porträtierten Magnaten mit der Formel.« (FISCHER FILM ALMANACH)

Die Formel des Todes
Anderer Titel für **Herrin der Welt** (1959)

Formicula
(THEM!). USA 1954.
R Gordon Douglas. *B* Ted Sherdemann. *St* George Worthing Yates. *K* Sid Hickox. *SpE* Ralph Ayres/William Mueller/Francis J. Scheid. *M* Bronoslaw Kaper. *D* James Whitmore (Sgt. Ben Peterson), Edmund Gwenn (Dr. Harold Medford), Joan Weldon (Dr. Patricia Medford), James Arness (Robert Graham), Onslow Stevens (Gen. O'Brien), Sean McClory (Major Kibbee), Chris Drake (Ed Blackburn), Sandy Descher (kleines Mädchen), Mary Ann Hokanson (Mrs. Lodge), Don Shelton (Captain), Fess Parker (Crotty), Olin Howland (Jensen), Dub Taylor, Leonard Nimoy, William Schallert, Frederick J. Foote, Robert S. Corell, Joel Smith, Richard Bellis, Cliff Ferre, Matthew McCue, Marshall Bradford, Ken Smith, Kenner Kemp, Richard Boyer, Joe Forte, Wally Duffy, Fred Shellac, Ann Doran, William Bouchey, Norman Field, Otis Garth, John Maxwell, Janet Stewart, Waldron Boyle, Alexander Campbell, Dick Wessell, Russell Gage, Robert Berger, John Berardino, Harry Tyler, Oscar Blanke, Harry Wilson, Eddie Dew, Dorothy Green. 93 Min.
1954 entdecken zwei Polizisten in der Wüste von New Mexico ein halbwüchsiges Mädchen, das unter starker Schockeinwirkung steht. Als sie die Spuren der Kleinen zurückverfolgen, stoßen sie auf ein Auto und die übel zugerichteten Leichen der Eltern. Die Körper der Toten sind mit Ameisensäure vollgepumpt. Da die Polizei nicht weiterkommt, werden das FBI und einige Wissenschaftler eingeschaltet, die bald herausfinden, daß ein 1945 in diesem Gebiet erfolgter Atombombenversuch ein ganzes Ameisenvolk hat mutieren lassen. Die Ameisen sind groß wie Elefanten geworden, und da sie sich vorwiegend von Zucker ernähren und aufgrund ihrer überdimensionalen Form mehr benötigen, als sie finden können, attackieren sie Menschen und suchen einsam gelegene Handelsstationen heim. Als man das unterirdisch gelegene Ameisennest in der Wüste entdeckt, räuchert man es mit Zyankalibomben aus. Aber zwei junge Königinnen sind entkommen. Eine

großangelegte Suchaktion wird eingeleitet, da die Königinnen fliegen und riesige Entfernungen zurücklegen können. Um zu verhindern, daß sie sich anderswo einnisten und ein neues Volk heranziehen, müssen sie um jeden Preis vernichtet werden. Eine der Königinnen hat sich im Laderaum eines Hochseefrachters eingenistet. Nachdem sie die ganze Mannschaft umgebracht hat, wird das Schiff von der US Navy entdeckt und versenkt. Die zweite Königin hat sich in die Abwasserkanäle von Los Angeles zurückgezogen und legt fleißig Eier. Man verhängt den Ausnahmezustand und ruft die Armee zu Hilfe. Erschwert wird der Einsatz der Männer durch die Tatsache, daß das inzwischen wieder aus mehreren Dutzend Köpfen bestehende Ameisenvolk zwei Kinder in ihr unterirdisches Reich entführt hat. Es gelingt Sergeant Peterson zwar, die beiden in Sicherheit zu bringen, aber im letzten Augenblick fällt er den aufgeregten Riesenameisen zum Opfer. Die Nationalgarde dringt, bis an die Zähne bewaffnet und bestens ausgerüstet, in das Tunnelsystem ein und rottet die Ameisen samt ihrer Königin mit Flammenwerfern aus. – Das Militär wird's schon richten, ist man da versucht zu sagen, und wird trotzdem ein ungutes Gefühl nicht los: »Was Filme wie THEM! immer wieder ansprechen«, meint Georg Seeßlen in KINO DES UTOPISCHEN, »ist die Schutzbedürftigkeit der Bürger und das notwendige Opfer des einzelnen für die Gemeinschaft. Der Kampf mit den Ameisen wird in den Szenen des Höhepunkts am Schluß nicht nur abstrakt für die Rettung Amerikas, sondern auch konkret für die Befreiung zweier Jungen geführt, die von den Ameisen eingeschlossen sind, und der Polizist als Held . . . findet beim finalen Kampf mit den Monstern den Tod. ›Ihre Sicherheit hängt davon ab, daß Sie den Anordnungen des Militärs Folge leisten‹, wird die Bevölkerung über das Fernsehen angewiesen.« Es hat einige Kritiker gegeben, die in *Formicula* eine Warnung vor der Bombe gesehen haben

oder im Abschlachten der Ameisen den Kampf gegen den Kommunismus witterten: »Aber wie (der Film) zur Atomenergie steht, wird so platt nun wirklich nicht ausgedrückt. Zwar sind die Ameisen tatsächlich Nebenprodukte atomarer Tests, aber mehr auch nicht. Die Warnung, die *Formicula* ausdrückt – und sei es unabsichtlich –, ist nicht mehr als das, daß der Mensch einen Flaschenteufel aus einem atomaren Behälter freigelassen hat und es nicht einfach sein wird, ihn wieder einzuschließen. Daß wir lernen müssen, mit der Atomenergie umzugehen, und die Pflicht haben, für unsere Fehler geradezustehen.« (Bill Warren, KEEP WATCHING THE SKIES!) – Mit anderen Worten: Je mehr die Macher machen, desto mehr Fehler machen sie auch, aber Scharten sind ja zum Auswetzen da. Schließlich haben wir ja die Ledernacken und die GSG 9. Ein schöner Trost für den, dem eine Riesenkakerlake gerade den Schniedelwutz angeknabbert hat. Dennoch ist *Formicula* ein äußerst spannender Monsterfilm, auch wenn sich Regisseur und Drehbuchautor nicht auf *einen* Helden einigen konnten und der Streifen von Klischeefiguren wimmelt.

F.P.1 antwortet nicht
Deutschland 1932.
R Karl Hartl. *B* Walther Reisch/Curt Siodmak. *LV* Curt Siodmak. *K* Günther Rittau/Konstantin Irmen-Tschet/Otto Baecker. Bauten Erich Kettelhut. *M* Allan Gray. *D der deutschen Version* Hans Albers (Ellissen), Sybille Schmitz (Claire Lennartz), Paul Hartmann (Droste), Peter Lorre (Foto-Reporter), Hermann Speelmans (Damsky), Werner Schott (Matthias), Erik Ode (Konrad), Georg John (Maschinist), Rudolf Platte (Funker). 115 Min. – *D der englischen Version* (FLOATION PLATFORM 1 DOES NOT ANSWER) Conrad Veidt (Ellissen), Jill Esmond (Claire), Leslie Fenton (Droste), Donald Cathrop (Foto-Reporter), Nicholas Nannen (Matthias), William Freshman (Konrad), Warwick Ward,

Alexander Field, Francis J. Sullivan. 90 Min. – *D der französischen Version* (I.F.1 NE REPOND PLUS) Charles Boyer (Ellissen), Danielle Parola (Claire), Jean Murat (Droste), Pierre Brasseur, Marcel Vallée, Pierre Pierade, Ernest Ferny. 90 Min.

Auf Vermittlung des Piloten Ellissen kann Kapitänleutnant a. D. Droste mit den Lennartz-Werken seinen Traum verwirklichen, eine Flugzeugplattform (F.P.1) mitten im Ozean zu errichten. Hier soll den Piloten auf dem Weg zum anderen Kontinent Gelegenheit gegeben werden, zwischenzulanden, auszuruhen, ihre Flugzeuge aufzutanken und notwendige Reparaturen ausführen zu lassen. Ellissen, der sich in Claire, die Schwester der beiden Eigentümer der Lennartz-Werke, verliebt hat, geht einer endgültigen Verbindung mit ihr aus dem Wege, um sich in neue Fliegerabenteuer zu stürzen. Unter der Leitung seines Freundes wird inzwischen die schwimmende Insel nach zwei Jahren Bauzeit fertiggestellt, eine künstliche Stadt aus Stahl mit Flugplatz, Hangars, Werkstätten, Funkanlagen, Hotels, Restaurants und Einkaufszentren.

Eines Tages während eines Orkans reißt die Telefonverbindung zur F.P.1 ab. Kurz vorher waren per Draht noch Schreie und Schüsse zu hören. Sabotage? Nur der beste Pilot wäre in der Lage, bei diesem Wetter auf der Insel zu landen, um nach dem Rechten zu sehen. Claire Lennartz sucht und findet Ellissen (nicht mehr der Strahlemann von einst, sondern aus Liebeszehr ziemlich heruntergekommen). Sie bringt ihn dazu, mit ihr die künstliche Insel anzufliegen. Bei der Landung geht das Flugzeug zu Bruch, aber die beiden Insassen bleiben unverletzt. Auf der Insel herrscht ziemliches Chaos. Ein Saboteur, der Chefingenieur Damsky, hat, bevor er sich mit einem Boot absetzte, die gesamte Inselbesatzung mit Gas außer Gefecht gesetzt und dann die Ventile geöffnet. Die Insel droht zu sinken. Claire kümmert sich sofort um den schwerverletzten Droste. Ellissen muß erkennen, daß er bei Claire nichts mehr zu bestellen hat. Doch

nach einigen Frustsekunden und dem Motto ›Flieger, grüß mir die Sonne‹ (eine Art Titelsong des Films) widmet er sich mit voller Kraft der Rettung der Insel. Ein Flugzeug wird flottgemacht. Ellissen startet. Nach kurzer Zeit sichtet er ein Schiff. Er springt ins Wasser, klettert an Bord und kann über Funk Verstärkung anfordern. Eine ganze Armada von Schiffen und Flugzeugen eilt herbei. F.P.1 kann gerettet werden.

»In *F.P.1 antwortet nicht* zeigt (Regisseur) Hartl, wie sich vielleicht schon morgen aus Zeichnungen der Ingenieure und Techniker die Wirklichkeit schälen kann: die schwimmende Stahl- und Betoninsel im Atlantischen Ozean, die Flugzeugplattform, die den Fliegern von Kontinent zu Kontinent zum Zwischenlanden, Tanken und Reparieren der Maschinen dient«, so der Kommentar des Filmbuchautors Oskar Kalbus im Jahre 1935. Der Film versucht also, unmittelbar bevorstehende technische Errungenschaften vorwegzunehmen. Die im Film beschriebene Entwicklung war damals durchaus denkbar, bemühten sich doch die großen Fluggesellschaften Air France und Deutsche Lufthansa um ähnliche Lösungen. So ist es auch nicht verwunderlich, daß mehrere Zeitungen meldeten, die Flugzeugplattform existiere wirklich (nach Curt Riess, DAS GAB'S NUR EINMAL, Bd. 2). Der Fortschritt hat die damalige SF-Vision schnell überholt; heute sind Langstreckenflüge, Flugzeugträger und künstliche (Bohr-)Inseln etwas Alltägliches. Filmhistorisch gesehen ist *F.P.1 antwortet nicht* sehr interessant, handelt es sich doch um eine der wenigen deutschen SF-Produktionen aus der Frühzeit des Tonfilms. Bemerkenswert ist der Aufwand, mit dem die Flugzeugplattform realisiert wurde. Erich Kettelhut, der sein Können schon in *Metropolis* bewiesen hatte, legte die kleine Ostseeinsel Oie unter Wellblech. »Die gigantischen Konstruktionen des Unterbaus, die funkelnden Lichter bei Nacht und die Vision der dem Morgengrauen entsteigenden Plattform: das sind Eindrücke

Sybille Schmitz und Hans Albers in *F.P.1 antwortet nicht*

von einer Großartigkeit, wie sie der Film bisher selten erschlossen hat.« (Siegfried Kracauer, FRANKFURTER ZEITUNG)
Da der Tonfilm noch in den Kinderschuhen steckte, ergaben sich besondere Schwierigkeiten bei der Synchronisation. So wurden einfach drei Fassungen in deutscher, französischer und englischer Sprache mit verschiedenen Darstellern in der gleichen Dekoration gedreht. Es gibt wohl kein zweites Beispiel in der Filmgeschichte, in der die einzelnen Versionen durch die allzu verschiedene Mentalität der Darsteller des Piloten Ellissen so unterschiedlich gelangen. Hans Albers spielte diese Rolle in kerniger Manier, wetterfest, aber bescheiden. Bei Charles Boyer verliert die Figur fast ganz das sportliche Draufgängertum. Conrad Veidt mimt den zurückhaltenden, sachlichen Gentleman-Sportflieger. So erklären sich auch die erheblichen Verkürzungen der englischen und französischen Fassungen (insgesamt jeweils um 25 Min.). Dazu be-

merkte Hans Albers, nachdem gerade die drei Fassungen einer Schlüsselszene abgedreht worden waren: »Wissen Sie, lieber Hartl, wenn sich dieser Dialog automatisch mit jeder Fassung weiterhin verkürzen würde, so hätte der spanische Ellissen überhaupt nichts mehr zu sagen. Ein chinesischer Ellissen würde aber sicher in dem ganzen Film überhaupt nicht mehr mitspielen.« (Zit. n. O. Kalbus)
Ⓥ VPS
Ⓑ Curt Siodmak: *F.P.1 antwortet nicht*, Berlin 1931

Frank Collins 999: Mit Chloroform geht's besser

(ENTRE LAS REDES).
Spanien/Italien/Frankreich 1967.
R Riccardo Freda. *B* José Antonio de la Loma. *K* Juan Gelpi. *M* Jacques Lacome. *D* Lang Jeffries (Frank Collins), Sabine Suno, Silvia Solar, Frank Oliveras, Ida Galli, Antonio Orengo. *F* 93 Min.

Mexikanischer Großkapitalist läßt Atombomben bauen, um mit ihrer Hilfe die Weltherrschaft anzutreten. Agent Frank Collins legt ihm das Handwerk. – »Primitiv-verworrenes Agentenabenteuer mit utopischem Touch.« (FILMDIENST)

Frankenhooker
(FRANKENHOOKER). USA 1990.
R Frank Henenlotter. *B* Robert Martin/ Frank Henenlotter. *K* Robert M. Baldwin. *SpE* Al Maglochetti. *Ma* Gabe Bartalos. *M* Joe Renzetti. *D* James Lorinz (Jeffrey Franken), Patty Mullen (Elizabeth), Charlotte Hellenkamp (Honey), Shirley Stoler (Spike), Joseph Gonzales (Zorro), Louise Lasser (Mutter), Lisa Chang, Sandy Colisimo, Vicki Darnell, Jennifer Delora, Gittan Goding, Heather Hunter, Stephanie Myan, Kimberley Taylor. *F* 85 Min.
Jeffrey Frankens Verlobte Elizabeth wird bei einem Unfall mit seiner neuesten Erfindung (einem ferngesteuerten Rasenmäher) bis auf den Kopf zerhackt. Jeffrey will sie mit allen Mitteln ins Leben zurückholen. Im Rotlichtbezirk New Yorks holt er sich zehn knackige Mädchen des Zuhälters Zorro aufs Zimmer, nimmt ihre Daten auf und füttert sie mit hochkonzentriertem Crack. Die Girls explodieren, der Zimmerboden ist mit Körperteilen bedeckt. Franken setzt in seinem Labor seine Traumfrau zusammen und verpaßt ihr als Krönung Elizabeths Kopf. Zombiegleich schwankt sie über den Times Square und sammelt Freier, die beim Freudenakt von einem Stromstoß getötet werden. Jeffrey bringt sie, von Zorro verfolgt, in sein Labor. Mit einer Elektrobehandlung erweckt er die wirkliche Elizabeth. Zorro sticht Jeffrey nieder. Die restlichen Körperteile, durch den Blitz wiederbelebt, stürzen sich auf Zorro. Elizabeth erweckt anhand der Versuchsaufzeichnungen ihren Jeffrey, doch hat er zu seinem Entsetzen weibliche Rundungen. – »Mit gutem Geschmack wird man keinesfalls konfrontiert. Auch in *Frankenhooker* fliegen derbe Worte ebenso umher wie abgerisse-

ne Körperteile. Mehr um der arg konstruiert wirkenden Story willen werden gesellschaftliche Probleme angerissen... ohne dabei auch nur ansatzweise Kritik anklingen zu lassen.« (Dietmar Schmidt, FILMDIENST). – Hat der alte Schundfabrikant Henenlotter auch gar nicht vorgehabt, Dietmar. Das überläßt er den Künstlern, denn die können damit besser umgehen. – Nur auf Video.
Ⓥ Starlight

Frankenstein: *Die Stummfilme*
I. **Frankenstein.**
USA 1910.
R J. Searle Dawley. *D* Charles Ogle (Monster), Augustus Phillips (Frankenstein), Mary Fuller (Braut). 975 Meter (ca. 15 Min.).
Mit dieser ersten Frankensteinverfilmung, hergestellt von der (Thomas) Edison-Company, beginnt die Geschichte des amerikanischen Horrorfilms. Leider existieren nur noch wenige Sequenzen, einige Standfotos und Werbematerial, so daß ein abschließendes Urteil über die Qualität des Streifens nicht leicht gefällt werden kann. Der Film scheint sich eng an die literarische Vorlage des gleichnamigen Romans von Mary Wollstonecraft Shelley zu halten: In der ersten Szene verabschiedet sich der junge Frankenstein von seinem Vater und von seiner Braut. Er geht in sein Labor, um sich in die Geheimnisse des Lebens und des Todes zu vertiefen. Er ist davon überzeugt, den perfekten Menschen von absoluter Schönheit und höchster Intelligenz erschaffen zu können. Das Experiment mit Leichenteilen mißlingt. Vor Frankensteins Augen entsteht ein schreckliches, gespenstisches, abscheuliches Monster. Frankenstein flieht. Als gebrochener Mensch kehrt er heim. Unter der liebevollen Pflege seiner Braut kann er sich schnell erholen. »Dies zeigt«, moralisiert Edison in seinem Filmbegleitmaterial, »daß die Erschaffung des Monsters nur durch teuflische und unnatürliche Gedanken möglich war.« Das Monster ist aber unfähig, ohne

seinen Schöpfer und dessen Zuneigung zu leben. Ausgerechnet in der Nacht vor Frankensteins Hochzeit erscheint es und betritt die Kammer der Braut. Frankenstein hört im Nebenzimmer den Schrei seiner Braut. Das Mädchen kommt hereingestürzt und bricht ohnmächtig zusammen. Das Monster ist dicht dahinter; es überwältigt Frankenstein und löst sich in Luft auf. »Die letzte Szene«, behauptet wiederum Produzent Edison, »macht deutlich, daß nur die absolute, ernsthafte Liebe Frankensteins zu seiner Braut letztendlich bewirkt, daß das Monster nicht existieren kann.« (Zitiert nach Denis Gifford, A PICTORIAL HISTORY OF THE HORROR MOVIES) – Die Reaktion der Kritik auf die Erstverfilmung war vernichtend. Der Film wurde als geschmacklos und gotteslästerlich eingestuft, was angesichts der Tatsache nicht verwundert, daß das Aussehen des Monsters dem literarischen Vorbild sicher sehr nahe kam. Bei Mary W. Shelley heißt es wörtlich: »Nicht einmal eine zum Leben erweckte Mumie hätte so gräßlich aussehen können.« Dementsprechend hatte das Stummfilmmonster nicht das technisierte, glatte Aussehen seiner frühen Tonfilmnachfolger. Es hatte vielmehr einen unter Lumpen verborgenen und mit dicken Seilen zusammengehaltenen Körper. Seine sichtbaren Gliedmaßen waren halbverwest, sein Kopf mit stieren Augen und zerfurchtem Gesicht umgeben von wirren, langen Haaren. Nach alter Theatertradition waren die Darsteller damals auch beim Film für ihre Maske selbst verantwortlich, so daß das Aussehen dieses Monsters ganz allein das Werk seines fantasiebegabten Darstellers Charles Ogle war.

II. **Leben ohne Seele**
(LIFE WITHOUT SOUL). USA 1915.
R Joseph W. Smiley. *B* Jesse J. Goldburg. *D* Percy Darrel Standing (Monster), William A. Cohill (Dr. Frankenstein), Jack Hopkins (Victor), Lucy Cotton (Elizabeth), George De Carlton (Frankensteins Vater), Pauline Curley (Schwester), David McCauley

(Diener), Violet De Biccari (Zofe). Länge 5 Rollen.
Von der zweiten Frankenstein-Verfilmung existieren keine Kopien mehr. Bekannt ist, daß man sich aufgrund der vernichtenden Kritik der Erstverfilmung eines Tricks bediente, der auch später immer wieder angewendet wurde, um direkte oder indirekte Zensur zu umgehen: »Mögliche *Geschmacksverletzungen* werden in die *neutrale Sphäre des Traums* verschoben.« (Claudius Weill/George Seeßlen, KINO DES PHANTASTISCHEN) – Die Geschichte von der Erschaffung und Vernichtung des Monsters als Traum des Helden.

III. **Il Mostro di Frakenstein.**
Italien 1920.
R Eugenio Testa. *B* Giovanni Drovetti. *K* De Simone. *D* Luciano Alberti (Frankenstein), Umberto Guarracino (Monster).

Frankenstein
(FRANKENSTEIN). USA 1931.
R James Whale. *B* Garrett Fort/Francis Edward Faragoh/Robert Florey. *LV* Mary Wollstonecraft Shelley. *K* Arthur Edesen. *SpE* John P. Fulton, Kenneth Strickfaden, Frank Grove, Raimond Lindsay. *Ma* Jack Pierce. *M* David Broekman. *D* Colin Clive (Herbert von Frankenstein), Mae Clarke (Elisabeth), Boris Karloff (Das Monster), John Boles (Viktor), Edward Van Sloan (Dr. Waldmann), Dwight Frye (Fritz), Frederick Kerr (Baron Frankenstein), Lionel Belmore (Bürgermeister Vogel), Michael Mark (Ludwig), Marilyn Harris (Die kleine Maria); Arletta Duncan, Pauline Moore (Brautjungfern); Francis Ford (verletzter Dorfbewohner).
69 Min.
Der junge Wissenschaftler Herbert von Frankenstein ist besessen von der Idee, aus toter Materie ein lebendes Wesen zu erschaffen. Gemeinsam mit seinem buckligen Assistenten Fritz stiehlt er Leichenteile von Friedhöfen. Nach und nach ent-

steht so unter seinen Händen ein Geschöpf von enormer Größe und Häßlichkeit. Das fehlende Gehirn soll Fritz aus der medizinischen Fakultät der Universität besorgen. Er wird gestört und läßt das bereits gestohlene Glas (Inhalt: *normales* Gehirn) fallen. Schnell greift er sich ein zweites Glas und verschwindet. Was dem Dieb verborgen bleibt, erfährt der Zuschauer sofort: *Abnormal* steht auf dem Etikett des Glases.

Durch das seltsame Verhalten Frankensteins beunruhigt, verschaffen sich seine Braut Elisabeth, sein bester Freund Viktor und sein alter Lehrer Prof. Waldmann Zugang zu Frankensteins Laboratorium, das in einem hohen Turm untergebracht ist. Ernste Zweifel der Freunde an solchen Experimenten verletzen Frankenstein in seinem Stolz. Er fordert die Besucher auf, dem letzten und entscheidenden Experiment beizuwohnen.

Der leblose, zusammengenähte Körper wird äußerst starken elektrischen Ladungen ausgesetzt. Es blitzt und donnert (verstärkt durch ein Unwetter, das sich über dem Laborturm austobt) und führt dann endlich zum Ziel: unter dem hysterischen Triumphgeschrei Frankensteins beginnt sich das Monster zu regen; es bewegt sich, es lebt! Frankenstein hält das Monster in einem Verlies unter seinem Laboratorium gefangen. Als Fritz das Monster mit einer brennenden Fackel zu quälen versucht, macht es kurzen Prozeß: es erwürgt seinen Bewacher. Nur durch ein starkes Beruhigungsmittel kann Dr. Waldmann zunächst weitere Untaten verhindern. Frankenstein ist geschockt. Er erholt sich erst, als Dr. Waldmann sich bereit erklärt, das Monstrum schmerzlos zu töten. Doch kurze Zeit später, an seinem Hochzeitstag, muß Frankenstein erfahren, daß Dr. Waldmann erdrosselt im Laborturm aufgefunden worden ist. Das Monster ist spurlos verschwunden.

Szenenwechsel: An einem idyllischen Seeufer spielt die kleine Maria mit einem neuen Spielkameraden, dem Monster! Die beiden pflücken Blumen, werfen sie ins Wasser und schauen vergnügt zu, wie sie langsam davontreiben... und dann trägt ein unglücklicher Vater sein lebloses Kind auf den Armen ins Dorf. Ist das Monster zum bestialischen Kindsmörder geworden?

Ein weiterer Anschlag, diesmal auf Elisabeth, endet glimpflich. Die Dorfbewohner unter Leitung von Frankenstein wollen das Monster zur Strecke bringen. Obwohl die Nacht hereinbricht, schwärmen sie aus. Frankenstein wird von den anderen getrennt und steht plötzlich seinem Geschöpf gegenüber. Das Monstrum schlägt ihn nieder. Es schleppt den Bewußtlosen in eine nahe gelegene Windmühle. Im oberen Teil der Mühle verschanzt es sich vor den Verfolgern. Frankenstein kommt zu sich. Ein heftiger Kampf entbrennt. Das Monster schleudert seinen Schöpfer aus dem Mühlenturm. Der Sturz wird durch einen Windmühlenflügel aufgefangen, so daß Frankenstein mit einem blauen Auge davon kommt. Die findigen Dörfler kommen auf eine glänzende Idee; sie zünden die Mühle an. In dem riesigen Scheiterhaufen kommt das Monstrum um (so glauben alle).

Whales Verfilmung ist die erste Tonfilm-Aufbereitung des Stoffes. Sie ist Ausgangspunkt, Höhepunkt und Vorbild des Filmmythos *Frankenstein.* Sie ist keine Literaturverfilmung im eigentlichen Sinne. Whale benutzt im wesentlichen nur die handelnden Personen und einige Motive des Romans von Mary W. Shelley, der Handlungsablauf ist völlig anders, ja oft konträr zur literarischen Vorlage. Im Roman ergeben sich die Untaten des Monsters aus Mißverständnissen zu seiner Umwelt. Der Film bescheinigt dem Monster bereits vor seiner Entstehung eine kriminelle, abartige Veranlagung (Gehirn eines Abnormalen). Im Roman wird das Geschöpf mit Hokuspokus und Magie geschaffen, im Film mit wissenschaftlich gebändigter Energie; im Roman endet das Monstrum im ewigen Eis, im Film in den Flammen einer brennenden Mühle. Grundlage der Filmstory ist daher eher

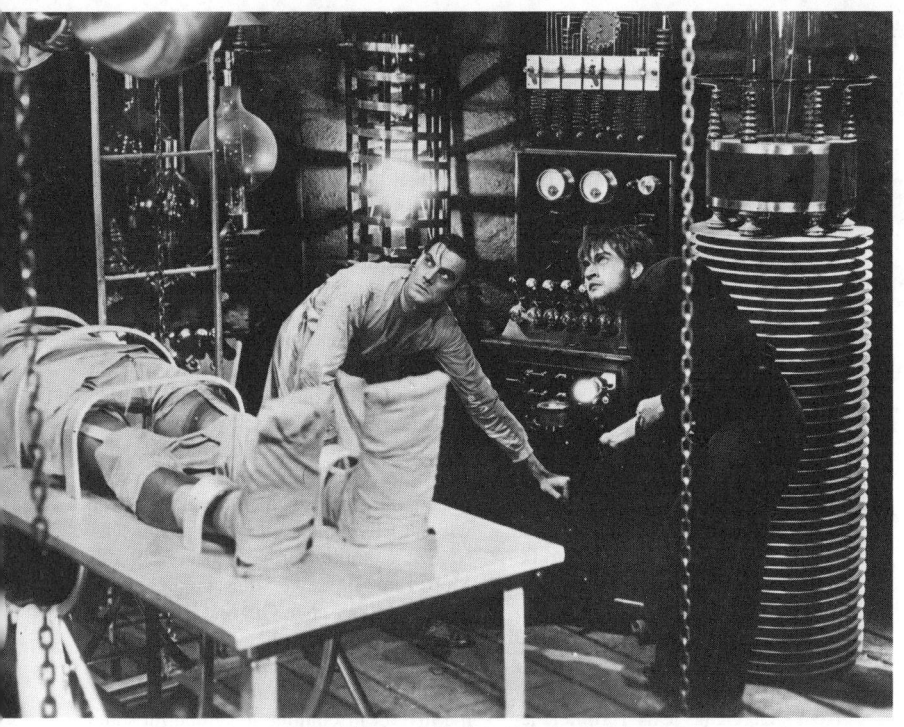

Colin Clive und Dwight Frye in *Frankenstein*

das 1927 mit großem Erfolg erstmals aufgeführte Theaterstück von Peggy Webling, das von dem französisch-amerikanischen Regisseur Robert Florey für den Film bearbeitet wurde. Allen diesen Fassungen liegt aber folgende Konstellation zugrunde: Die Erschaffung eines künstlichen, menschenähnlichen Geschöpfs und die Vernichtung des nicht anpassungsfähigen, für die Umwelt daher untragbaren Lebewesens. Dieser rote Faden zieht sich durch alle Frankensteinnachfolger und -ableger.

Drehbuchautor Robert Florey hatte bereits den Auftrag, den Film zu drehen. Für die Rolle des Monsters war Bela Lugosi vorgesehen, der gerade die Dreharbeiten zu *Dracula* abgeschlossen hatte, was ihm den Durchbruch bringen sollte. Lugosi lehnte jedoch die Rolle des Monsters mit der Begründung ab, das schwere Make-up

könne seine charakteristischen Gesichtszüge unkenntlich machen. So drehte Florey dann mit Lugosi in der Hauptrolle den Horror-Klassiker *Murders in the Rue Morgue* nach Edgar A. Poe. Der Engländer James Whale übernahm die Regie zu *Frankenstein*.

Die Rolle des Monsters erhielt der bis dahin nur in unwesentlichen Rollen, meist als Schurke vom Dienst, hervorgetretene Boris Karloff (Pseudonym für William Henry Pratt). Seine Interpretation des Monsters wurde zum Markenzeichen Frankensteins und verhalf ihm zu ungeheuerer Popularität. Dieses Markenzeichen war das Werk der Zusammenarbeit des Schauspielers Boris Karloff und des damals wohl führenden amerikanischen Maskenbildners Jack Pierce, der zahlreiche Horror- und SF-Filme mitgestaltete (z. B. *Dracula; Die Mumie;* DER WER-

WOLF VON LONDON; DER WOLFSMENSCH; THE BAD GHOUL; *In den Klauen des Giganten; Jenseits der Zeitschranke)*. Pierce' Stärke war es, Masken zu schaffen, die die Mimik des Schauspielers nicht verdeckte. Innere Gefühlsregungen, Zärtlichkeit, Freude oder Enttäuschung, Trauer, Qual konnten so durch den Schauspieler verdeutlicht werden. Voraussetzung aber war, daß der Schauspieler gewillt war, mit Pierce zu kooperieren. Ein solcher Glücksfall war Boris Karloff. Mit ungeheuerer Geduld ließ er die täglich vierstündige Schmink- und Ausstattungsprozedur über sich ergehen und beteiligte sich auch aktiv an der Gestaltung des Monsters. Auf Pierces Ideen beruhten die fast rechteckige Gesichtsform, die Narben am Rand des Gesichts, die mit Metallklammern verstärkt waren (um ein Aufreißen zu verhindern!), ferner die berühmten, groben Elektroden am Hals des Ungeheuers und die mit Nähten zerstochenen, zerfurchten Hände. Die klobigen Riesenschuhe, von denen jeder 6 Kilogramm wog, verliehen dem Monstrum seinen eckigen Gang. Das I-Tüpfelchen der Maske lieferte jedoch Karloff, als er vorschlug, dem Monstrum eine Art Todesblick zu verleihen. Zu diesem Zweck wurde die untere Stirnhälfte direkt über den Augen so verstärkt, daß die Augenhöhlen außergewöhnlich tief lagen. Das Monster erhielt auf diese Weise den gewünschten unmenschlichen Blick.

Kenneth Strickfaden besorgte Ausstattung und Effekte bei der Erschaffungsszene im Laboratorium. Er wiederholte diese Effekte, zum größten Teil sogar mit den originalen Instrumenten, 44 Jahre später in Mel Brooks' Frankenstein-Parodie *Frankenstein Junior*.

»Whales Frankenstein-Inszenierung ist eine spezifisch barocke Form des amerikanischen Expressionismus, der sein Vorbild, die fantastischen deutschen Filme wie *Das Kabinett des Dr. Caligari* oder *Der Golem*, nicht verleugnen kann« (David Pirie). Der Film ist fast in der Form eines Kammerspiels gedreht, die

Außenaufnahmen fanden im Studio statt. Whale war eben in erster Linie Theaterregisseur. Er konnte zwei entscheidende Kürzungen nicht verhindern, die die Aussagekraft des Films stark beeinträchtigt und ihm inhaltlich eine andere Richtung gegeben haben. Gegen den Ausruf Frankensteins nach Erschaffung des Monsters »Jetzt weiß ich, was es heißt, sich wie Gott zu fühlen« hätte sicher die Kirche Bedenken angemeldet. Die Szene wurde geschnitten. Ein weiterer Schnitt ist gravierender: In der Szene am See pflücken die kleine Maria und das Monster, ihr Spielkamerad, einige Blumen und werfen sie in den See, um sie schwimmen zu lassen. Als keine Blumen mehr da sind, wirft das Monster die kleine Maria ins Wasser – in dem naiven Irrglauben, auch sie werde wie die Blumen darauf schwimmen. Diese Szene sollte verdeutlichen, daß das Monstrum in seiner unschuldigen Art noch nicht zwischen Gut und Böse zu unterscheiden gelernt hat. Es fehlte dem Monstrum jegliche Erfahrung, sich gesellschaftskonform zu verhalten, so daß hierin ein Entschuldigungsgrund für seine Tat gelegen hätte. Diese Szene stieß auf Unverständnis und Ablehnung, so daß sich die Produktionsgesellschaft zum Schnitt entschloß. Das hatte zur Folge, daß der Zuschauer jetzt das Monster für einen bestialischen Kindermörder aus Veranlagung halten muß.

Frankenstein
(FRANKENSTEIN). USA 1973.
R Glenn Jordan. *B* Sam Hall. *K* Robert Hatfield/Ken Lamkin. *M* Robert Cobert. *D* Robert Foxworth (Victor Frankenstein), Susan Strasberg (Elisabeth Lavenza), Bo Swenson (Monster), Heidi Vaughn (Agatha De Lacey), John Karlen (Otto Roget), Philip Bourneuf (Alfons Frankenstein), Robert Gentry (Henri Clerval), William Hansen (Prof. Waldmann), George Morgan (Hugo), Brian Avery (Felix), Maliala Saint Duval (Sofie), Rosella Olson (Monsterbraut). *F* 124 Min.

Die x-te Neuverfilmung der bekannten Geschichte vom begnadeten Wissenschaftler, der neue Wege gehen will und schmählich Schiffbruch erleidet. – Regisseur Glenn Jordan hat sich angeblich bemüht, der »Romanvorlage besser zu entsprechen, nicht zuletzt in der Dimension kritischer Nachdenklichkeit gegenüber einer allzu unbekümmerten Nutzung riskanter naturwissenschaftlicher Möglichkeiten«. (ARD).

Frankenstein '80

(FRANKENSTEIN '80). Italien 1973. *R* Mario Manzini. *B* Ferdinando De Leoni/Mario Manzini. *K* Alfio Quattrini. *M* Daniele Patucchi. *D* John Richardson, Renato Romano, Xiro Papas, Delila Parker, Bob Fiz. *F* 88 Min.
Dr. Frankenstein schuf ein fehlerhaftes Monstrum. Es muß immer wieder mit frischen Organen versorgt werden. Gut, daß es da moderne Transplantationsmöglichkeiten gibt. »Klamaukartiges Horror-Spektakel.« (FILMDIENST). Italienischer Monster*verschnitt* (im wahrsten Sinn des Wortes). Bevor Sie es sich antun, diese Kassette auszuleihen, gehen Sie lieber italienisch spachteln!
Ⓥ VPS

Frankenstein – Der Schrecken mit dem Affengesicht

(FURANKENSHUTAIN TAI BARAGON/FRANKENSTEIN CONQUERS THE WORLD). Japan/USA 1965. *R* Inoshiro Honda. *B* Kaoru Macuchi. *K* Hajime Koizumi. *SpE* Eiji Tsuburaya. *D* (ausnahmsweise ohne Gewähr, da deutsche und amerikanische Quellen mit Ausnahme des Hauptdarstellers völlig voneinander abweichen). Nick Adams (Dr. James Bowen); Kenchiro Kawaji (dt.), Tadao Takashima (amer.) (Wissenschaftler); Seuko Togami (dt.), Kumi Mizuno (amer.) (Ärztin); Jun Tazaki (dt.), Yoshio Tsuchiya (amer.); Koji Huruhata (dt.), Takashi Shimura (amer.). *F* 87 Min.

Gegen Ende des Zweiten Weltkriegs schicken deutsche Wissenschaftler eine versiegelte Kiste in einem U-Boot nach Japan. In Hiroshima wird der Inhalt eingehend untersucht. Dabei handelt es sich um das lebende, unzerstörbare Herz des Ungeheuers Frankenstein, eingebettet in Nährlösung! Mit diesem Herz sollen in Japan Wachstumsexperimente durchgeführt werden. Der Abwurf der Atombombe setzt den Versuchen ein vorzeitiges Ende.
Fünfzehn Jahre später ist aber aus dem unzerstörbaren Herzen ein affenähnliches Wesen entstanden, das durch die Atomstrahlung immer riesiger wird. Ein japanisches Wissenschaftler-Team, natürlich unter amerikanischer Leitung, wird beauftragt, das Ungetüm zu beobachten und wissenschaftlich zu vermarkten. Das Monster wird gefangengenommen, kann aber aus seinem Klinikkäfig ausbrechen, indem es sich selbst den angeketteten Arm abtrennt, der ihm sofort wieder nachwächst. Als das Monstrum 30 Meter groß ist, müssen die Behörden einschreiten, denn große Verwüstungen werden gemeldet: Häuser, Bauernhöfe und Brücken werden von einer unbekannten Kreatur zerstört. Verständlich, daß der Verdacht auf das Frankenstein-Monster fällt. Nur das Team ist von der Unschuld überzeugt. Und siehe da! Die dem Riesen in die Schuhe geschobenen Zerstörungen sind tatsächlich das Werk eines anderen Ungeheuers. Ein Erdbeben hat das feuerspeiende Riesenreptil Baragon befreit, das vor Jahrhunderttausenden tief im Erdinnern einem todesähnlichen Schlaf verfallen war. Es kommt, wie es kommen muß: beide Ungeheuer gehen aufeinander los. Der Riese rechtfertigt das in ihn gesetzte Vertrauen *erstens* der Wissenschaftler, die ihn weiterhin verarzten wollen, und *zweitens* der Filmleute, die es auf Fortsetzungen abgesehen haben. Das Interessanteste an diesem Schwachsinn ist die Tricktechnik des Films, obwohl er ansonsten alles enthält, was der japanische Katastrophenfilm in der Regel zu bieten

hat: obskure *Küchen* forschender Mediziner, Hexenmeister von heute; unheimliche Wesen, Erdbeben, Feuersbrünste,
Atombomben, ziemlich unappetitliche
Gruseleffekte. »Lachhaft wirkt es dennoch, wenn sich der Artist im Saurierko-
stüm mit Catcherelastizität den Schleu-
dergriffen Frankensteins unverletzt entzieht.« (FILMBEOBACHTER).

Frankenstein Junior
(YOUNG FRANKENSTEIN). USA 1974.
R Mel Brooks. *B* Gene Wilder/Mel
Brooks. *K* Gerald Hirschfeld. *SpE* Hal
Millar/Henry Miller Jr./Kenneth
Strickfaden (Laborausstattung).
Ma William Tuttle. *M* John Morris.
D Gene Wilder (Dr. Frederick
Frankenstein), Peter Boyle (Das
Monster), Madeline Kahn (Elisabeth),
Cloris Leachman (Frau Blücher), Marty
Feldman (Igor), Terri Garr (Inga),
Kenneth Mars (Inspektor Kemp), Gene
Hackman (Blinder Einsiedler), Richard
Haydn (Herr Falkstein), Liam Dunn
(Mr. Hilltop), Leon Askin (Herr
Waldmann), Oscar Beregi
(Gefängniswärter), Anne Beesley
(Kleines Mädchen), Monte Landis,
Rusty Blitz (Totengräber).
F 108 Min.
Mel Brooks' Filme sind eine Kategorie
für sich. Mit Vorliebe nimmt er sich der
verschiedenen Filmgenres an. So ist
Frankenstein Junior seiner Meinung nach
keine Persiflage, sondern eine Huldigung
an die Vergangenheit, als Liebeserklä-
rung an die unsterblichen Horrorfilme der
30er Jahre gedacht. Nahezu sämtliche
Schlüsselszenen der berühmten Verfilmungen *Frankenstein* (USA 1931), *Frankensteins Braut* (USA 1935) und *Frankensteins Sohn* (USA 1939), dazu einige
markante Sequenzen aus *Dracula* und
King Kong, also alle einschlägigen Horror-Klischees, werden filmisch zitiert, ty-
pisiert, doch nie in ihre eigentliche Genre-
Bedeutung umgesetzt. So ist dichter Nebel, der im Horrorfilm in der Regel als
Vorbote des Unheimlichen gilt, bei Mel

Brooks nur ein sichthindernder Wetterzu-
stand, der seinen Darstellern zu ziemlich
tapsigen Auftritten verhilft. Der Film ist
gespickt mit solchen Anspielungen und
Verfremdungen und ist daher ein Ereignis
für jeden Filmfreund.
Der Enkel des legendären Frankenstein
lebt als Chirurg in einer amerikanischen
Universitätsstadt. Um sich bewußt von
seinen Vorfahren zu distanzieren, nennt
er sich hier Fronkenstin. Doch seine fami-
liäre Vergangenheit holt ihn ein. Ein alter
Mann besucht ihn, der ihm angeblich das
Erbe seines Großvaters überbringt. Nach
anfänglichem Zögern reist Enkel Frankenstein zum Schloß seiner Ahnen nach
Transsylvanien (wo an sich im Horror-
Genre Graf Dracula zu Hause ist). Hier
entdeckt er auch das Laboratorium, vom
Staub überzogen, aber voll funktionsfähig. Das verleitet ihn natürlich dazu, die
Forschungen in Familientradition wieder-
aufzunehmen. Unterstützt von seiner Assistentin und Verlobten Elisabeth und von
dem buckligen Faktotum Igor, ebenfalls
eines direkten Nachfahren des von Bela
Lugosi in *Frankensteins Sohn* verkörper-
ten Ygor, erschafft auch Frankenstein Junior ein Monster. Wieder kommt es bei
der Beschaffung des Gehirns zu den (fast)
üblichen Verwicklungen. Igor (der im übrigen seinen Buckel mal auf der linken,
mal auf der rechten Seite trägt) ist von seinem eigenen Spiegelbild so überrascht,
daß er den eben gestohlenen Behälter mit
dem normalen Gehirn vor Schreck fallen
läßt, was dann zum verhängnisvollen
Tausch der Gehirne führt. Der Irrtum
klärt sich natürlich erst auf, als das Monster bereits lebt. Im Gegensatz zu seinem
Vorbild entwickelt es einen enormen sexuellen Appetit. Es ist kaum zu bändigen.
Während eines Ausreißversuchs kommt
es zu einer urkomischen Begegnung mit
dem vertrauten blinden Einsiedler, in deren Verlauf der Einsiedler dem Monster
zwei Teller mit heißer Suppe über den
Schoß schüttet. Das Monster wird mit
Geigenmusik wieder eingefangen. Als es
offiziell in die Gesellschaft eingeführt

werden soll, platzt während des Auftritts eine Glühbirne, und das Geschöpf dreht durch (bei *King Kong* löste das Blitzlicht eines Fotografen denselben Effekt aus). Als letzte Rettung sieht Frankenstein Junior die Möglichkeit, Teile des abnormalen Gehirns mit Teilen seines Gehirns auszutauschen. Das Ergebnis ist phänomenal: das Monster kann ebensogut Step tanzen wie Zeitung lesen. – Das einzige, was einem den Film madig machen kann, ist die kalauernde, miserable Eindeutschung der Dialoge. Viele Gags der Originalversion bleiben so unverständlich. Ⓥ CBS/Fox

Frankenstein muß sterben
(FRANKENSTEIN MUST BE DESTROYED). GB 1969.
R Terence Fisher. *B* Bert Batt/Anthony Nelson-Keys. *K* Arthur Grant. *M* James Bernard. *D* Peter Cushing (Baron Frankenstein), Veronica Carlson (Anna Spengler), Freddie Johns (Prof. Richter), Simon Ward (Karl Holst), Thorley Walters (Inspektor Frisch), Maxine Audley (Ella Brandt), George Prauda (Dr. Brandt), Geoffrey Bayldon (Polizei-Arzt), Harold Goodwin (Einbrecher). *F* 97 Min.
In einer geschlossenen Anstalt nahe Altenberg lebt Dr. Brandt, dem es unter Assistenz Frankensteins als erstem gelungen war, einen Weg zu finden, menschliche Gehirne zu verpflanzen. Seine Entdeckung hat ihn um den Verstand gebracht. Frankenstein will ihn von seiner Geisteskrankheit heilen, um alle Geheimnisse zu erfahren. Er richtet in einer Pension nahe der Anstalt ein Labor ein und entführt Dr. Brandt. Doch Brandt ist todkrank. So kommt Frankenstein auf die Idee, das kranke Gehirn Brandts dem Anstaltsleiter Prof. Richter einzupflanzen, um dann die Heilung des Gehirns zu erzielen. Nach vollendeter Arbeit beginnt Brandts Gehirn in Prof. Richter zu arbeiten, beseelt von dem einzigen Gedanken, Frankenstein zu vernichten. Im Verlauf eines mörderischen Kampfes wirft Richter brennende Öllampen nach Frankenstein. Sekunden später steht das Haus in Flammen. Frankenstein versucht zu fliehen, wird aber von Richter eingeholt, überwältigt und ins Haus zurückgeholt, wo beide jämmerlich verbrennen. – Vierter Frankenstein-Film von Terence Fisher für die Hammer-Produktion. »Hier sind alle gebräuchlichen Merkmale enthalten, die wir von einem Frankenstein-Film erwarten: blutrünstige, skalpell-schwingende *Wissenschaftler*, aufblitzender Elektroden-Schnickschnack, lebende, d. h. laufende Leichen.« (ABC FILM REVIES) – »...es gibt einige Gruselüberraschungen, die an die Nieren gehen. Das mag für Freunde dieser Gattung Grund genug sein, sich das... Opus anzusehen. Filmfreunde, die etwas mehr als äußere Effekte erwarten, tun gut daran, sich diese Primitivität zu ersparen.« (FILMDIENST)
Ⓥ Warner Home (*Frankenstein sucht ein neues Opfer*)

Frankensteins Braut
(THE BRIDE OF FRANKENSTEIN). USA 1935.
R James Whale. *B* John L. Balderston/William Hurlbut. *K* John D. Mescall. *SpE* John P. Fulton, Kenneth Strickfaden. *Ma* Jack Pierce. *M* Franz Waxman. *D* Boris Karloff (Das Monstrum), Colin Clive (Herbert von Frankenstein), Valerie Hobson (Elisabeth), Elsa Lanchester (Die Braut/Mary Shelley), Ernest Thesiger (Dr. Praetorius), O. P. Heggie (Blinder Einsiedler), Dwight Frye (Karl), E. E. Clive (Bürgermeister), Una O'Connor (Minnie), Ann Darling (Schäferin), Douglas Walton (Percy B. Shelley), Gavin Gordon (Lord Byron), Neil Fitzgerald (Rudy), Reginald Barlow, Mary Gordon (Hans und seine Frau), Gunnis Davis und Tempe Piggott (Onkel Glutz und seine Frau), John Carradine (ein Jäger). 80 Min.
In einem behaglichen, noblen Kaminzimmer unterhalten sich die drei englischen Literaturpäpste des frühen 19. Jahrhun-

derts Lord Byron, Mary Wollstonecraft Shelley und ihr Ehemann Percy Bysshe Shelley über Mary Shelleys Roman *Frankenstein*. Die beiden Männer überreden die Schriftstellerin, eine Fortsetzung zu schreiben. ».. . und keinem kam der Gedanke, das Geschöpf könne das Feuer überlebt haben . . .« Auf der Flucht vor dem Feuer (die Mühle steht ja bekanntlich in hellen Flammen, vgl. *Frankenstein*, USA 1931) rettet sich das Monstrum in den halb unter Wasser stehenden Keller der Mühle. Hier kann es überleben. Nur der Vater der kleinen Maria will sich davon überzeugen, ob es auch wirklich das Zeitliche gesegnet hat. Er und seine Frau müssen ihre Neugier mit dem Tode bezahlen. Das Monstrum kann entkommen, wird gefangengenommen, kann wieder entwischen. Bei einem blinden Einsiedler wird es vorurteilsfrei aufgenommen, was beweist, daß nicht seine Taten, sondern sein Aussehen verantwortlich ist für die negative Einstellung der Umwelt. Das Monstrum findet hier zum erstenmal Geborgenheit. Es bekommt zu essen und zu trinken, hört den Klängen einer Geige zu und empfindet großes Vergnügen bei dem Versuch, eine Zigarette zu rauchen. Doch als zwei Fremde bei dem Blinden auftauchen und ihn über seinen Gast aufklären, muß das Monstrum die Flucht fortsetzen. Inzwischen versucht der *mad scientist* Dr. Praetorius, der bereits künstliche Menschen in der Größe von Marmeladengläsern geschaffen hat, Frankenstein davon zu überzeugen, daß nur ein entsprechendes weibliches Wesen das Monstrum bändigen könne. Dr. Praetorius und Frankenstein basteln eine Braut aus künstlichen Körperteilen zusammen. Zur Belebung dieses weiblichen Körpers werden ungeheure Mengen an Elektrizität benötigt. Um diese beim nächsten Großgewitter zu gewinnen, lassen die beiden vom Turm des Laboratoriums große Metalldrachen aufsteigen. Mit der Kraft des Himmels gelingt der Schöpfungsakt (der absolute Höhepunkt des Films). Doch die beiden Monstren passen nicht zusammen.

Die Weiblichkeit bricht beim bloßen Anblick des männlichen Monstrums in Schreikrämpfe aus, was bei ihm, obwohl er sie anhimmelt, zu der Einsicht führt, daß er bei allen wegen seines Aussehens auf Ablehnung stößt. Von der Sinnlosigkeit seiner Existenz überzeugt, sprengt das Monstrum sich und das Laboratorium inkl. Braut und Dr. Praetorius in die Luft. Nur Frankenstein wird verschont (im Originalskript sollte auch er ins Jenseits befördert werden).

Frankensteins Braut ist eine der großen Ausnahmen der Filmgeschichte, in der eine aus kommerziellen Erwägungen produzierte Fortsetzung zu einem Film die Qualität des Vorgängers übertrifft. Die Kritiken überschlugen sich: »*Frankensteins Braut* ist ohne Einschränkung der größte aller Universal Horror-Filme.« (CLASSIC FILM COLLECTOR) – »Karloff ist jedenfalls auf der Höhe seines Könnens als Monstrum, wieder in derselben bizarren Maske wie in seinem ersten Frankenstein-Film. Trotzdem gelingt es ihm, in die Figur solche Feinheiten der Gefühlserregung zu legen, daß es erstaunlich echt und rührend wirkt . . . Kameramann John Mescall gelingen eine ganze Anzahl ungewöhnlicher Einstellungen und richtungweisender Aufnahmen, welche dem Film zu seiner aufregenden Stimmung verhelfen. Die exzellente Kameraarbeit wird unterstützt durch eine gespenstische, aber nachhaltige Begleitmusik von Franz Waxman (eins von Hitlers Geschenken an Hollywood), die dem größten Teil des Films erst den wirklichen Horror verleiht.« (VARIETY) – Tonmeister Gilbert Kurland wurde für den ›Oscar‹ nominiert.

Die Musik Franz Waxmans war so erfolgreich, daß die Universal Teile davon in späteren Filmen der *Flash Gordon*- und *Buck Rogers*-Serien wiederverwendete. Markenzeichen dieses Films wurde aber nicht Boris Karloff als Monstrum, sondern Elsa Lanchester als Braut (neben der Titelrolle spielte sie auch die Verfasserin des Romans Mary Shelley in der Ein-

Statt Liebe nur ein Schrei:
Elsa Lanchester und Boris Karloff in *Frankensteins Braut*

gangssequenz des Films). »(Sie)... erreichte die Qualität eines Mythos: in einem kurzen Auftritt verdichtete sie Gefühle wie Furcht, Haß, Aggression und
Hilflosigkeit zu einer emotionalen Explosion. Leider ist dieser der Elektra nachempfundene Mythos nicht wieder aufgegriffen worden; Elsa Lanchester hätte der
erste weibliche Star des Genres werden
können.« (Fernand Jung/Claudius Weil/
Georg Seeßlen, DER HORROR-FILM)

Frankenstein schuf ein Weib
(FRANKENSTEIN CREATED WOMAN).
GB 1966
R Terence Fisher. *B* John Elder
(= Anthony Hinds). *K* Arthur Grand.
SpE Les Bowie. *Ma* George Partleton.
M James Bernard. *D* Peter Cushing
(Baron Frankenstein), Susan Denberg

(Christina), Thorley Walters (Dr.
Hertz), Robert Morris (Hans), Duncan
Lamont (Gefangener), Peter Blythe
(Anton), Barry Warren (KLarl), Derek
Fowles (Johann), Alan MacNaughton
(Kleve), Peter Madden (Polizeichef),
Philip Ray (Bürgermeister). *F* 86 Min.
Hans, der Sohn eines Mörders, liebt Christina, die von schweren Körperschäden
entstellte Tochter eines Schankwirts. Dieser ist gegen die Verbindung. Als er von
drei stadtbekannten Taugenichtsen ermordet wird, fällt der Verdacht auf den Freier. Alle Indizien sprechen gegen ihn, er
wird zum Tode verurteilt. Nach der Hinrichtung geht seine Geliebte ins Wasser.
Baron Frankenstein, Spezialist für obskure Experimente (er hat gerade einen Tief-
kühlselbstversuch blendend überstanden),
kommen die Leichen gerade recht. Assi-

stiert von dem ihm ängstlich ergebenen Dr. Hertz gelingt es ihm, aus der Leiche Christinas ein Weib von makelloser Schönheit (im Bikini!) zu erschaffen, versehen mit dem Geist des unschuldig hingerichteten Hans. Körper und Geist locken nun die wahren Mörder aus der Reserve und töten einen nach dem anderen. Nach vollendeter Rache begeht die vollendete Schönheit Selbstmord. – Es ist nicht zu leugnen, daß es Terence Fisher in seiner dritten Frankenstein-Hammer-Produktion wieder versteht, erfolgreich auf dem Grad zwischen Horror und Nonsense zu balancieren, ohne in den reinen Schwachsinn abzustürzen. Da schafft es Fisher doch tatsächlich, aus einer Art Sozialdrama (die Vorgeschichte inkl. Mordprozeß) mit Hile des *mad scientist* Frankenstein dann doch noch einen Horrorstreifen zu machen, dessen Schockeffekte so dicht gesetzt sind, daß Freunde der Gattung sicherlich zufrieden sein werden. »Die Mischung aus traditionellen Schaueffekten und Szenen biederer Bürgerlichkeit ist kein Schocker, sondern ein... Gruselmärchen.« (FILMBEOBACHTER)

Frankensteins Erbe: Der Dämon mit den blutigen Händen
Anderer Titel für **Der Dämon mit den blutigen Händen**

Frankensteins Fluch
(THE CURSE OF FRANKENSTEIN).
GB 1957.
R Terence Fisher. *B* Jimmy Sangster.
LV Mary W. Shelley. *K* Jack Asher.
MA Phil Leaky/Ron Ashton. *M* James Bernard. *D* Peter Cushing (Baron Victor Frankenstein), Christopher Lee (Das Monster), Hazel Court (Elisabeth), Robert Urquhart (Paul Krempe), Valerie Gaunt (Justine), Noel Hood (Tante Sophia), Marjorie Hume (Mutter), Melvyn Hayes (Victor, als Kind), Paul Hardtmuth (Prof. Bernstein), Fred Johnson (Großvater). *F* 83 Min.
Baron Frankenstein will aus Teilen mehrerer Leichen mit physikalischer und che-

mischer Hilfe den vollkommenen Menschen herstellen. So entsteht unter seinen Händen aus dem Körper eines Gehängten, den Händen eines Bildhauers und dem Gehirn eines Gelehrten ein grauenerregendes Monster, das sich als krimineller Unhold entpuppt. Versuche, dem Monster die kriminellen Eigenschaften durch chirurgische Eingriffe auszutreiben, mißlingen. Das Monstrum kann aus Frankensteins Laboratorium entfliehen und zieht mordend umher. Erst bei einem Anschlag auf Frankensteins Braut Elisabeth kann der *mad scientist* den Unhold so vernichten, daß nichts mehr von ihm übrigbleibt. Unterdessen werden die Opfer des Monsters gefunden. Der Verdacht fällt auf Frankenstein. Es gelingt ihm nicht, den Beweis für die Existenz des Monstrums zu führen. Er wird angeklagt, schuldig gesprochen und zum Tode verurteilt. Die Guillotine wartet (vergeblich, so daß es zu einer Fortsetzung kommt, *Frankensteins Rache*). – *Frankensteins Fluch* war für die Hammer-Produktion der erfolgreiche Einstieg in den Frankenstein-Mythos und seine Horror-Ableger; gleichzeitig festigte er den internationalen Ruf seiner Macher: Fisher, Cushing und Lee. Von Anfang an zeichneten sich diese Filme durch ihren eigenen Naturalismus aus, ihre Ausstattung war in der Regel detailgetreu dem viktorianischen Zeitalter nachempfunden. Die Zeit, in der durch Wirkung von Licht und Schatten Gruseleffekte erzielt wurden, war im Zeitalter der Farbe endgültig vorbei. Daher der besondere Wert auf Detailgenauigkeit. Es war auch nicht mehr notwendig, dem Monster ein Karloffsches Aussehen zu geben. Es war allerdings auch aus rechtlichen Gründen nicht möglich: Durch ein ausgeklügeltes System von Copyright-Bestimmungen hatte die amerikanische Produktionsfirma Universal das Erscheinungsbild ihrer Horror-Kreationen wie Frankenstein, Dracula, den Werwolf und andere rechtlich schützen lassen. Das bezog sich nicht nur auf Make-up oder Kleidung, sondern auch auf bestimmte Gesten. Die Produktionsfirma Hammer und ihr Regisseur Terence Fisher waren gezwungen, einen vollkommen anderen Stil und andere Masken für ihre Horrorfilme zu finden. Das *neue* Monster besaß daher ein Gesicht aus einem »Klumpen von Fettschminke und verkohltem und vernarbtem Muskelgewebe«. (Carlos Clarens, AN ILLUSTRATED HISTORY OF THE HORROR FILM) – Was der literarischen

Vorlage eher entspricht als Karloffs Monstrum.
Ⓥ Warner Home

Frankensteins Höllenbrut
(GOJIRA TAI GIGAN). Japan 1971.
R Jun Fukuda. *B* Shinichi Sekizawa.
K Kiyoshi Hasegawa. *SpE* Shokei Nakano. *M* Akira Ifukube. *D* Hiroshi Ishikawa (Gengo Kotaka), Yuriko

Vanessa Shaw in *Frankensteins Horror-Klinik*

Hishimi (Tomoko Tomoe), Tomoko Umeda, Minoru Takashima, Kunio Murai, Susunu Fujita, Haruo Nakajima (Godzilla), Yukeitsu Omiya (Anguirus), Kanta Ina (Ghidra), Kengo Nakayana (Gigan). *F* 89 Min.
Ein Journalist entlarvt in den Initiatoren und Erbauern eines ›Welt-Kinder-Landes‹, eines riesigen Freizeitparks, Wesen von einem anderen Stern. Weil auf ihrem eigenen Planeten ein Leben wegen zu großer Umweltverschmutzung nicht mehr möglich ist, wollen die Außerirdischen mit ihren vorprogrammierten Weltraumungeheuern Gigan und Ghidra die Erde vernichten. Gigan und der dreiköpfige Ghidra zerstören Tokio; menschliche Gegenwehr verpufft. In höchster Not erinnert man sichder menschenfreundlichen Monster Godzilla und Anguirus, die friedlich auf einer einsamen Insel leben. Ein unerbittlicher Kampf der Giganten entbrennt, die Eindringlinge werden vernichtet. – Aus der Produktionswerkstatt Inoshiro Hondas kommt dieser Film. »Fukuda verläßt nicht nur mit den realpolitischen Anspielungen (Umweltverschmutzung) die naiv-abenteuerliche Ebene, sondern bricht sie auch immer wieder durch eine leichte Ironisierung der Geschichte; indem er sie mit Augenzwinkern serviert, erlaubt er dem Zuschauer ein *fröhliches* Gruseln.« (FILMDIENST) Ⓥ VPS

Frankensteins Horror-Klinik
(HORROR HOSPITAL). GB 1973. *R* Anthony Balch. *B* Anthony Balch/Alan Watson. *K* David McDonald. *M* De Wolfe. *D* Michael Gough (Dr. Frankenstein – im Original Dr. Storm), Robin Askwith (Jason Jones), Vanessa Shaw (Judy Peters), Ellen Pollock (›Tante‹ Harris), Skip Martin (Frederick), Denis Price (Pollack). *F* 91 Min.
Wieder einmal wird der Name Frankenstein von den deutschen Verleihern vergewaltigt. Ein Dr. Frankenstein (im Original Dr. Storm) ist von dem Wahn beses-

sen, menschliches Leben manipulieren zu wollen. In seinem ›Hospital‹ nimmt er an gefügig gemachten jungen Menschen verheerende Gehirnoperationen vor. Es entstehen gespensterhafte Monster im Zombie-Look. Originalton des begleitenden Kino-Informationsmaterials: »Jason und Judy, ein junges Paar, das ahnungslos in die sadistische Gewalt des teuflischen Frankenstein gerät, haben eine nicht abreißende Kette entsetzlicher Erlebnisse zu bestehen, die vom okkultistischen Ritual wahnsinniger Menschenverunstaltungen bis zu rigorosen Hinrichtungen reicht. Durch unbezwingbaren Willen zum Leben gelingt es den jungen Leuten, der Gewalt des Satans in Menschengestalt zu entkommen, während hinter ihnen im Flammenmeer das Böse zugrunde richtet.« – Wohl bekomm's! »Das Äußerste an Blut und Schreien.« (SUNDAY TIMES) Ⓥ VPS

Frankensteins Kampf gegen die Teufelsmonster
(GOJIRA TAI HEDORA). Japan 1971. *R* Yoshimitu Banno. *B* Kaoru Mabuchi/Yoshimitu Banno. *K* Yoichi Manodu. *SpE* Shokei Nakano. *M* Riichiro Manabe. *D* Akira Yamauchi (Dr. Yano), Toshie Kimura (Toshie Yano, seine Frau), Hiroyuki Kawase (Ken Yano, sein kleiner Sohn), Kaiko Hari, Toshio Shibaki. *F* 87 Min.
In einer völlig verschmutzten Meeresbucht hat sich aus Abfällen und Schlamm Hedorah entwickelt, ein qualliges, rotäugiges Monster aus Dreck, das sich von Öl, Schmutz und Chemikalien ernährt. Das Monstrum verläßt die Bucht und fliegt landeinwärts. Auf seinem Weg hinterläßt es ungeheure Zerstörungen. Das Untier versprüht tödliche schwefelhaltige Dämpfe; Strahlen aus seinen Augen lassen die getroffenen Menschen in wenigen Sekunden zu Skeletten zerfallen. Die Menschheit scheint (wieder einmal) verloren. So muß der Fabeldrache Godzilla wieder her. Der steckt jedoch eine Niederlage nach der anderen ein. Der Wissenschaftler Dr.

Frankensteins Kampf gegen die Teufelsmonster

Yano findet jedoch heraus, daß Hedorah aus Mineralien besteht und deshalb mit elektrischer Energie vernichtet werden könnte. Pech, daß beim ersten Versuch, das Untier gegen eine riesige Elektrodenwand zu treiben, die Stromleitungen unterbrochen werden. Nach einem weiteren Kampf der Giganten Godzilla und Hedorah glückt das Elektrodenexperiment. – Wie so oft verblüfft die unterschiedliche Bewertung des Films durch die deutsche und amerikanische Filmkritik. Der deutsche FILMDIENST schreibt: »Konkreter und direkter wurde noch selten in einem Trivialfilm Bedrohung und Angst eines Volkes dargestellt. Die Umweltverschmutzung hat dabei als tödliche Gefahr die Atombombe abgelöst... Hydrox' (d. i. Hedorah) Entwicklungsstufen Kaulquappe, Reptil und fliegender Drache entsprechen den Phasen der Umweltverschmutzung Wasser, Land und Luft. Elektrizität als *saubere* Energie erscheint vorerst noch als einzig denkbares, doch unzulänglich entwickeltes Heilmittel... Der Film ist geprägt von zweckgebundenem, sarkastischem Humor... Eine fantasievolle, makabre und böse Satire über die Machtlosigkeit des Menschen gegenüber den Folgen der Industrialisierung.« Die amerikanische Filmkritik bescheinigte dem Streifen eine abscheuliche Handlung, schlampige Regie, übertriebenes Skript, lächerliche Szenerie und possierliche Monster. Sie zählte ihn nicht nur zu den schlechtesten Monsterfilmen (»...idiotisch, schwachsinnig.« – THE MONSTER TIMES), sondern auch zu den 50 schlechtesten Filmen der Filmgeschichte.
Ⓥ VPS

Frankensteins Kung Fu Monster
(V 3 SUPER RIDERS). Hongkong 1975.
R Cheong-Kwong Ling. *B* Lee Chuang. *D* Woo-Du, Lin-Yu Sung, Kon-Lung Man, Wan-Man Lee. *F* 75 Min.
Etwas ganz Neues! Dr. Frankenstein will mit seinen Monstern die Welt erobern. Eine computergesteuerte, mit übermenschlichen Kräften versehene Motorrad-Bande stellt sich ihm erfolgreich in den Weg. – Schwachsinniges Genre-Sammelsurium aus Horror-, Science Fiction-,

Rocker- und schwerpunktmäßig Karate-Versatzstücken; ermüdendes Zitaten-Chaos. Ⓥ Atlas

Frankensteins Monster
Anderer Titel für **Frankensteins Schrecken**

Frankensteins Monster jagen Godzillas Sohn
(GOJIRA NO MUSUKO). Japan 1968.
R Jun Fukuda. *B* Shinichi Sekizawa/Kazue Shiba. *K* Kazuo Yamada. *SpE* Eiji Tsuburaya/Sadamasa Arikawa. *M* Masaru Sato. *D* Tadao Takashima (Prof. Kusumi), Beverly Maeda (Reiko), Akira Kubo (Gora), Akihiko Hirata, Kenji Sahara, Yoshio Tsuchiya, Susumu Kurobe, Bibari Maeda.
F 86 Min.
Professor Kusumi ist im Auftrag der UNO mit seinem Wetterbeobachtungs- und Forschungsteam auf der unbewohnten Südseeinsel Sollgel gelandet. Hier will die Crew Klimaexperimente durchführen, um später einmal durch Temperatureinwirkungen Urwald in urbares Land zu verwandeln. Infolge einer technischen Störung beim ersten Versuch steigt die Temperatur auf enorme Höhen. Durch die große Hitze entwickeln sich riesige Pflanzen, Insekten und Monster. Außerdem wird ein Riesen-Ei ausgebrütet, dem ein sonderbares Wesen entschlüpft: Godzillas Sohn. Eine Riesenheuschrecke und eine gigantische Spinne belauern gefräßig das ausgebrütete Godzilla-Baby. Da eilt (woher?) Godzilla herbei, um den Sprößling zu beschützen. Der schon übliche Kampf der Giganten gefährdet auch das Forschungsteam. Prof. Kusumi entschließt sich zu einem weiteren Versuch. Die Rettung soll eine Temperatursenkung bringen. Das Experiment glückt, die Insel wird zur Eislandschaft. Die Forscher werden von einem U-Boot aufgenommen. Godzilla und Sohn verfallen in tiefen Winterschlaf; die anderen Monster verschwinden so schnell, wie sie gekommen sind. – »Fantasievolles naives Horrormär-chen mit Disney-Anleihen. Für Freunde des gigantischen Spektakel.« (FILM-DIENST) Ⓥ VPS

Frankensteins Rache
(THE REVENGE OF FRANKENSTEIN).
GB 1958.
R Terence Fisher. *B* Jimmy Sangster. *K* Jack Asher. *Ma* Phil Leakey. *M* Leonard Salzedo. *D* Peter Cushing (Dr. Stein/Frankenstein), Francis Matthews (Dr. Hans Kleve), Eunice Gayson (Margaret), Michael Gwynn (Karl/Das Monster), John Welsh (Bergman), John Stuart (Inspektor).
F 89 Min.
Zweiter Frankenstein-Film von Terence Fisher und der Hammer-Film-Produktion in der vorgegebenen und fast schon bewährten Tradition. Der erste Film, *Frankensteins Fluch*, schloß mit der bevorstehenden Hinrichtung des Barons. Es gelingt ihm, unbemerkt an seiner Statt den bei der Hinrichtung anwesenden Priester köpfen zu lassen. Unter dem Pseudonym Dr. Stein macht er in Paris eine Praxis auf. Wieder bastelt er aus Leichenteilen den vollkommenen Menschen zusammen. Sein verkrüppelter Retter opfert für den Versuch sein Gehirn, um in Schönheit wieder erstehen zu können. Nach gelungener Operation führen äußere Einflüsse (ein Stuhl wird auf dem Schädel des Neugeschaffenen zertrümmert) zum Gehirndefekt. Wieder treibt ein mordendes Ungeheuer sein Unwesen. Schlimmer noch, Frankenstein wird enttarnt und anschließend gelyncht. In einer bahnbrechenden Operation kann Frankensteins Gehirn von seinem Assistenten in eine zufällig vorbereitete Neukonstruktion eingepflanzt werden. Frankenstein kann, jetzt als Dr. Frank, seine ärztliche Tätigkeit in London wiederaufnehmen.
Ⓥ RCA/Columbia

Frankenstein 70 – Das Ungeheuer mit der Feuerklaue
(THE PROJECTED MAN). GB 1966.
R Ian Curteis. *B* John C. Cooper/Peter

Bryan. *ST* Frank Quattrocchi. *K* Stanley
Pavey/Brian Rhodes. *SpE* Flo Nordhoff/
Robert Hedges/Mike Hope. *Ma* Eric
Carter. *M* Kenneth v. Jones. *D* Bryant
Halliday (Prof. Steiner), Mary Peach
(Dr. Pat Hill), Norman Wooland
(Dr. Blanchard), Ronald Allen (Dr.
Christopher Mitchell), Derek Farr
(Inspektor Davis), Tracy Crisp (Sheila
Anderson), Derrick de Marney
(Latham), Gerard Heinz (Prof.
Lehmbach), Sam Kidd (Harry), Terry
Scully (Steve), Norma West (Gloria),
Frank Gatliff (Dr. Wilson).
F 90 Min.

Man kann natürlich jeden Horrorfilm mit
wissenschaftlichen Experimenten auf
Frankenstein zurückführen, wie es die
deutschen Bearbeiter in ihrer Einfallslosigkeit wieder einmal praktizierten. Eine
dem Inhalt entsprechende, sinngemäße
Eindeutschung hätte etwa ›Fliege 70‹ hei
ßen müssen. Denn Vorbilder dieses Werkes sind einmal der 1958 entstandene
amerikanische Spielfilm *Die Fliege*, zum
anderen der in Deutschland nicht gezeigte
englische Spielfilm THE FOUR-SIDED TRI
ANGLE aus dem Jahre 1952, ein Frühwerk
Terence Fishers. Alle drei Filme haben
die gleiche Grundidee: die Umwandlung
von Materie in reine Energie, ihre Projektion an einen anderen Ort und die Zurückverwandlung in den Urzustand.

Prof. Steiner und seinen Assistenten ist es
gelungen, das oben erwähnte Verfahren
bei toten Körpern anzuwenden; der nächste Schritt soll mit Lebendigem durchgeführt werden. Doch die ersten Versuche
führen aufgrund von Sabotage nicht zum
Ziel. So beschließt der mutige Professor
den Selbstversuch. Bedingt durch einen
Schaltfehler wird Steiner mit halbverbranntem Gesicht zum Monstrum mit einer elektrisch aufgeladenen sogenannten
Feuerklaue (Frankenstein-ähnlich??). Er
wird zur Bestie und wütet schrecklich unter seinen Feinden. Im Augenblick höchster Verzweiflung vernichtet er sich
selbst.

»Das ist ein ausgesprochen interessanter
Trivialfilm, der Science Fiction und Horror zu spannender Unterhaltung mischt«,
jubelt der deutsche FILMDIENST. Grund:
»Die eigentliche Monstergeschichte ist
recht kurz, und auch hier beläßt er (der
Regisseur) es bei Andeutungen; das grauenhaft entstellte Gesicht des neuen Frankenstein kommt nur einige Male und dann
noch meist abgedunkelt oder im Halbdunkel ins Bild.« Wenn das die Kriterien eines guten Horror- und Science Fiction-
Streifens sind, dann muß dieser Film
Weltklasse sein. Wir halten uns da eher an
die angelsächsische Fachpresse: »Eine
überflüssige Mischung ist das. Es fängt
ganz gut an... aber... es fängt nur so an,
um Schritt für Schritt nachzulassen.«
(MONTHLY FILM BULLETIN)

Frankensteins Schrecken
(THE HORROR OF FRANKENSTEIN).
GB 1970.
R Jimmy Sangster. *B* Jimmy Sangster/
Jeremy Burnham. *K* Morey Grant.
Ma Tom Smith. *M* James Bernard.
D Ralph Bates (Victor Frankenstein),
Kate O'Mara (Alys), Graham James
(Wilhelm), Veronica Carlson
(Elizabeth), Bernard Archard (ihr
Vater), Dennis Price (Räuber), David
Prowse (Das Monster). *F* 95 Min.

Victor Frankenstein tritt in die Fußstapfen
seines Vorfahren. Zuerst erweckt er eine
tote Schildkröte. Dann beauftragt er einen
Schwerverbrecher, ihm Leichenteile zu
besorgen. Um an ein Gehirn zu kommen,
vergiftet der Verbrecher ein Opfer. Unglücklicherweise läuft das Gehirn etwas
aus. So ist es nicht verwunderlich, daß
das Monster, nachdem es mit Hilfe von
Elektrizität zum Leben erweckt worden
ist, etwas durcheinander ist und sich an
seinem Mörder rächen will. Erst dann
kann es sein Schöpfer in den Keller sperren. Nach zwei weiteren bizarren Morden
(des Schwerverbrechers Frau und Victors
Hausmädchen müssen dranglauben) setzt
das berühmte Säurebad dem Monster
(s)ein Ende. – Regisseur Jimmy Sangster
hält sich, was den Inhalt betrifft, so ziem-

lich an die berühmten Vorbilder, sieht man einmal von dem gutgebauten, athletischen Körperbau des Monsters ab. Durch einige absurde Übertreibungen gelingt es ihm, aus dem bekannten Horrorstoff eine makabre, tiefschwarze Horror-Komödie zu machen. Nur auf Video.
Ⓥ Thorn EMI

Frankensteins Sohn
(SON OF FRANKENSTEIN). USA 1939.
R Rowland V. Lee. *B* Willis Cooper.
K George Robinson. *Ma* Jack Pierce.
M Frank Skinner. *D* Boris Karloff (Das Monstrum), Basil Rathbone (Baron Wolf von Frankenstein), Bela Lugosi (Ygor), Lionel Atwill (Inspektor Krogh), Josephine Hutchinson (Elsa von Frankenstein), Donnie Dunagan (Peter von Frankenstein), Emma Dunn (Amelia), Edgar Norton (Benson), Perry Ivins (Fritz), Lawrence Grant (Bürgermeister), Lionel Belmore (Lang), Michael Mark, Cariline Cook, Lorimer Johnson, Gustav von Seyffertitz, Jack Harris, Edward Cassidy, Ward Bond, Harry Cordiny.
95 Min.
25 Jahre nach dem Tod des Vaters kehrt Baron Wolf von Frankenstein mit Familie an den Stammsitz seiner Vorfahren zurück. Inspektor Krogh befürchtet große Gefahren und bietet der Familie seine Unterstützung an. Die Gefahr scheint nicht ganz unbegründet: sechs unbescholtene Bürger aus der unmittelbaren Umgebung der Frankensteinschen Ländereien sind auf mysteriöse und unerklärliche Weise umgebracht worden. Bei der Besichtigung des väterlichen Laboratoriums begegnet der Baron dem verkrüppelten Schäfer Ygor, einem Schwerverbrecher, der einst auf wundersame Weise eine Hinrichtung am Galgen überlebt hat. Dieser zeigt ihm die geheime Familiengruft, in der das Monster aus vergangenen Tagen aufgebahrt in tiefer Bewußtlosigkeit liegt. Baron Frankenstein hält die Familientradition aufrecht und erweckt das Monstrum zu neuem Leben. Doch irgend et-

was ist faul. Der Baron muß erkennen, daß das Monstrum unter dem Einfluß Ygors die ehemaligen Geschworenen, die damals das Urteil gegen ihn ausgesprochen haben, getötet hat. Der Baron versucht, das Monstrum zu vernichten. Ygor stellt sich ihm in den Weg, zieht aber den kürzeren. Der Tod Ygors erweckt bei dem Monstrum tiefe Trauer (eine schauspielerische Glanzleistung Boris Karloffs), aber auch Rachegedanken. Es entführt Frankensteins Sohn Peter, doch im letzten Augenblick kann der Baron seinen Sohn retten. Er stößt das Ungeheuer in einen Bottich mit Schwefelsäure. Solche Behandlung hält auch das stärkste Monster nicht aus. Es ist endgültig hinüber. Baron Frankenstein und seine Familie verlassen den Ort des Grauens. – 1938 wurde die Wiederaufführung von *Frankenstein* (in einem Programm mit *Dracula*) noch einmal ein großer finanzieller Erfolg. Das veranlaßte die Produktionsfirma Universal, einen dritten Frankenstein-Film zu produzieren. Nicht zuletzt die Starbesetzung Karloff, Lugosi, Rathbone und Atwill (vielleicht die beste, die je für einen Horrorfilm vor der Kamera stand), aber auch die gleichbleibende Atmosphäre der Bedrohung und die stark stilisierten, an den deutschen expressionistischen Film erinnernden Dekors verhalfen dem Film zu seinem außergewöhnlichen Erfolg. *Frankensteins Sohn* war für damalige Verhältnisse äußerst grausam. Beispiele hierfür sind die Szenen, in der das Monster dem Polizeiinspektor den Arm ausreißt (eine Szene, die in Mel Brooks Film *Frankenstein Junior* auf originelle Weise parodiert wird) und in der das Monster im Schwefelbad den Tod findet. Trotz durchweg guter schauspielerischer Leistungen aller Hauptakteure stahl Bela Lugosi durch seine Interpretation des Ygor allen die Schau.
Die Universal wollte diesen Film zunächst in Technicolor drehen. Testaufnahmen ergaben, daß Boris Karloffs Maske nicht wirklichkeitsnah und stilecht mit dem neuen Verfahren wiedergegeben

werden konnte. So wurden die Farbaufnahmen ausrangiert, der Film in Schwarzweiß gedreht. Mutmaßungen, es gäbe tatsächlich noch eine Farbkopie, haben sich bis heute nicht bestätigt.

Frankensteins Teufelsmaske

(IL RE DEI CRIMINALI). Italien/Spanien 1967.
R Paul Maxwell (= Paolo Bianchini). *B* Julio Buchs. *K* Godofredo Pacheco. *M* Berto Pisano. *D* Guy Madison (Superargo), Luisa Barrato, Luciano Picozzi, Diana Lorys, Aldo Sambrell, Giovanni Cianfriglia. *F* 80 Min.
Der machthungrige Professor Wendland läßt Superathleten auf sein Schloß entführen und macht sie mit Hilfe schweinischer Erfindungen zu geistlosen und fernsteuerbaren Prüglern. Der Agent Superargo reißt ihm im Verein mit seinem asiatischen Freund (einem Ex-Lama, der ihn auch das Fliegen lehrt), die Maske vom Gesicht und schickt ihn über die Wupper. – Ein köstlich-doofer Superheldenschinken, den RTL bis 1992 leider noch nicht für sein Programm entdeckt hat.

Frankensteins Tochter

(FRANKENSTEIN'S DAUGHTER). USA 1958.
R Richard E. Cunha. *B* H. E. Barrie. *K* Meredith Nicholson. *SpE* Ira Anderson. *Ma* Harry Thomas. *M* Nicholas Carras. *D* John Ashley (Johnny Bruder), Sandra Knight (Trudy Morton), Donald Murphy (Oliver Frank), Sally Todd (Suzie/das weibliche Monster), Harold Lloyd jr. (Don), Felix Locher (Carter Morton), Wofe Barzell (Elsu). 85 Min.
Der Enkel des berüchtigten Gruselarztes beteiligt sich wohl aus Familientradition an der Bastelei mit Leichenteilen. Im Anfangsstadium begnügt sich der Assistent eines Serumforschers noch damit, der Nichte seines Professors Giftcocktails vorzusetzen, unter deren Einfluß sie des Nachts mit gräßlich entstelltem Gesicht durch London geistert. Das Experiment

für Fortgeschrittene gelingt dann, als Klein-Frankenstein den Kopf seiner Freundin, die er zuvor ermordet hat, auf einen bulligen Männerkörper transplantiert. Das derart ins Leben gerufene Scheusal wird nach einigen befehlsgemäß ausgeführten Morden im Feuer geröstet und gibt seinen Geist auf. Dem Verlobten der Professorennichte bleibt es vorbehalten, Enkel Frankenstein mittels Säuredusche ins Jenseits zu befördern. – Absoluter Schwachsinn: »Konzeptionslos, naiv, primitiv.« (MONTHLY FILM BULLETIN)

Frankensteins Todesrennen

(DEATH RACE 2000). USA 1974.
R Paul Bartel. *B* Robert Thom, Charles Griffith. *St* Ib Melchior. *K* Tak Fujimoto. *SpE* Jack Rabin/Lee Alexander/James Powers (Autodesign), Dean Jeffries (Autokonstruktion). *M* Paul Chihara. *D* David Carradine (Frankenstein), Simone Griffith (Annie), Sylvester Stallone (Machine Gun Joe Viterbo), Mary Woronov (Katastrophen-Jenny), Roberta Collins (Mathilde, die Hunnin), Martin Kove (Nero, der Große – im Original: Nero the Hero), Louise Moritz (Myra), ›The Real‹ Don Steele (Junior Bruce), Joyce Jameson (Grace Pander), Fred Grandy (Hermann, der Wüstenfuchs – im Original: Herman the German), Carle Bensen (Präsident). *F* 79 Min.
Die Vereinigten Provinzen von Amerika (die früheren USA) im Jahre 2000. Selbst die Herrschaft durch einen Diktator hat nicht den gewünschten wirtschaftlichen Erfolg gebracht. No Future, doch zur Ablenkung des Volkes Brot und Spiele: Einmal im Jahr wird zwischen New York und Los Angeles ein ungewöhnliches Autorennen veranstaltet. Gewertet wird nicht nur die gefahrene Zeit; dem Punktekonto eines Rennteilnehmers zugute kommt vor allem die Zahl der Menschen, die er unterwegs überfährt. Die Zuschauer sind aufgefordert, Partei zu ergreifen und ihren Favoriten entsprechende ›Opfer‹ in den Weg zu stellen. Zwecks Abbau eigener

Simone Griffith und David Carradine in *Frankensteins Todesrennen*

Aggressionen sind sie auch berechtigt, den Fahrern die Strecke mit Irrleitungen, Fallen und sogar Sprengstoffsätzen ›heiß‹ zu machen. Teilnehmer in diesem Jahr sind die in der Besetzungsliste aufgeführten ›Exoten‹. Favorit des Rennens ist ein Rennfahrer mit dem Pseudonym Frankenstein, der wegen zahlreicher Unfälle angeblich eine Reihe von Operationen und Transplantationen hinter sich hat und sein Gesicht deshalb hinter einer Maske verbirgt.

Das Rennen wird gestartet. Um sich einen Vorsprung zu ›erarbeiten‹, überfährt der Hauptkonkurrent Frankensteins, Machine Gun Joe, in wahrer ›Rambo‹-Manier seine eigene Service-Crew. Frankenstein muß sich zunächst mit seiner Beifahrerin Annie auseinandersetzen. Sie ist Widerstandskämpferin und versucht, ihn in eine Falle zu locken. Als das mißlingt, bom-

bardieren ihn die Rebellen von einem Flugzeug aus. Trotz weiterer widriger Umstände geht Frankenstein als Sieger aus dem Rennens hervor. Annie ist es doch tatsächlich gelungen, ihn während der Fahrt zu bekehren. Bei der Siegerehrung tötet Frankenstein den Präsidenten und wird sein Nachfolger. Er schafft die Geheimpolizei und das Autorennen ab und führt das Mehrparteiensystem und freie Wahlen ein. So einfach ist das!

Vorbild und Stofflieferant für den von Roger Corman produzierten Film ist *Rollerball*. Beiden ist gemeinsam, daß eine Sportart als Ventil für die angestauten Unlustgefühle eines Volkes dient, das durch wirtschaftliche und politische Verhältnisse geknechtet ist. Doch wie schon bei *Rollerball* dominieren die Action-Szenen, der soziale Sprengstoff fällt unter den Tisch. *Frankensteins Todesrennen* ist daher weder Anti-Utopie noch utopische Satire, sondern eine ziemlich fragwürdige Zukunftsmalerei. Was bleibt, sind bestenfalls die urigen Todesfahrzeuge und ein Sylvester *Rocky-Rambo* Stallone, der seine später bewährte Brutalität bereits hier testen konnte. »Der in einfallsreichen Fahraufnahmen schwelgende Film ist reich an technischen wie geistigen Belichtungsmängeln. Bei der Abschilderung des mit Primitivideologie untermischten Negativen entartet er zum widerwärtigen Nervenkitzel.« (FILMDIENST) – »Roger Corman hat diesen Film produziert, und es ist eine Schande, daß er nicht selbst Regie geführt hat ... Gerade wertloses Zeugs hätte er, wie schon früher in den 50er Jahren, in Gold verwandeln können.« (CINEFANTASTIQUE) – Die MÜNCHNER ABENDZEITUNG bezeichnete den Film damals als »Action-Orgie der Gehirnzwerge von übermorgen«. Recht hat sie, mit der Einschränkung, daß übermorgen schon heute ist!

Frankenstein sucht ein neues Opfer
Anderer Titel für **Frankenstein muß sterben**

Frankensteins Ungeheuer
(THE EVIL OF FRANKENSTEIN).
GB 1964.
R Freddie Francis. *B* John Elder
(= Anthony Hinds). *K* John
Wilcox. *SpE* Les Bowie. *Ma* Roy
Ashton. *M* Don Banks. *D* Peter Cushing
(Baron Frankenstein), Peter Woodthorpe
(Zoltan), Sandor Eles (Hans), Duncan
Lamont (Polizeichef), Kiwi Kingston
(Das Monstrum), Katy Wild (Bettlerin),
David Hutcheson (Bürgermeister),
Caron Gardner (seine Frau), Tony
Arpino (Leichendieb), Timothy Bateson
(Hypnotiseur), James Maxwell
(Priester). *F* 84 Min.
Baron Frankenstein lebt und experimentiert unverdrossen weiter. Ungeduldig wartet er auf seinen Lieferanten, einen Leichendieb. Sobald der nebst Leiche eintrifft, macht sich Frankenstein an die Arbeit, wird aber von einem hereinstürmenden Priester an seinem Frevel gehindert. Frankenstein und sein Gehilfe werden verhaftet, können aber wieder entfliehen. So kehrt der Unermüdliche nach Karlstaad an seinen romantischen Stammsitz zurück, den er seinerzeit gezwungenermaßen ebenfalls wegen seiner ›Forschungsarbeiten‹ verlassen mußte. In einem nahegelegenen Berggletscher findet sich glücklicherweise sein synthetisches Machwerk wieder, das sich damals selbständig gemacht hatte. Nachdem das Monstrum aufgetaut ist (mit der üblichen Schauertechnik incl. Blitz und Donner), gibt es wieder allerhand Ärger. Schuld daran ist der böse Hypnotiseur Zoltan, der nur dazu engagiert worden war, den Geistesfunken ins erstarrte Hirn des Monsters zu werfen, der jedoch die Gunst der Stunde nutzen will, das künstliche Wesen für seine eigenen Zwecke zu mißbrauchen. Er schickt es auf Raubzüge und zu anderen Schandtaten in die Stadt (DR. CALIGARI läßt grüßen). So gibt es am Ende doch noch eine turbulente Jagd auf das roboterhaft daherstaksende Monstrum. Zunächst tötet es den Hypnotiseur, dann wird es mit Säure umgebracht, und schließlich befördert eine gewaltige Explosion Baron Frankenstein (vielleicht, Genaues weiß man nicht) ins Jenseits.
Regisseur Francis versuchte in diesem Film eine veränderte Deutung der Titelfigur. Im Gegensatz zu seinen amerikanischen und englischen Vorläufern zeigt er Baron Frankenstein nicht als halbwegs Wahnsinnigen, sondern als von seiner Idee überzeugten, ernsthaft forschenden Wissenschaftler. Nicht Frankenstein, sondern diejenigen, die seine Forschungen ausnutzen wollen, sind verrückt. Ein durchaus intelligenter Film, der wohl zu Recht als der beste der englischen Frankenstein-Serie bezeichnet wurde (so Denis Gifford, A PICTORIAL HISTORY OF HORROR FILMS), was sicher auch auf die außerordentlich überzeugende schauspielerische Leistung Peter Cushings zurückzuführen ist.

Frankenstein und die Monster aus dem All

(KAIJU SOSHINGEKI). Japan 1968.
R Inoshiro Honda. *B* Kaoru Mabuchi/
Inoshiro Honda. *K* Taiichi Kankura.
SpE Eiji Tsuburaya/Sadamasa Arikawa.
M Akira Ifukube. *D* Akira Kubo (Capt.
Katsuo Yamabe), Jun Tazaki (Dr.
Yoshido), Yoshio Tsuchiya (Dr. Otani),
Kyoko Ai (Königin), Yukiko Kobayashi
(Kyoko), Andrew Hughes (Dr.
Stevenson), Nadao Kirino, Susumo
Kurobe, Hisya Ito, Kenji Sahara.
F 89 Min.
Auf der Insel Ogusawara leben die letzten
Ungeheuer dieser Erde: Godzilla, die Rie-
senechse; Rodan, der gigantische Adler;
Mosra, das Igelmonstrum; Gorosaurus
und andere. Diese werden durch elektro-
nische Sperrvorrichtungen daran gehin-
dert, die Insel zu verlassen. Das Entsetzen
ist groß, als es ihnen doch gelingt, auszubrechen. Verzweifelt versucht man, die
Monstren wieder unter Kontrolle zu bekommen; aber schon bald bestätigt sich
die Vermutung, daß eine fremde Macht
die Katastrophe ausgelöst hat, nämlich
die Bewohner des fernen Planeten Kilak.
Sie haben das Forschungszentrum auf der
Insel besetzt und lenken von dort aus die
Zerstörungsaktionen der Ungeheuer. Die
Urtiere nähern sich Tokio. Wissenschaftler versuchen unterdessen, Aufschluß
über die Kilaks zu gewinnen. Es stellt sich
heraus, daß die Fremdlinge nur bei hohen
Temperaturen existieren können und sich
deshalb auch in den Vulkanhöhlen des
Fudschijama einquartiert haben. Der
fremde Störsender kann so umfunktioniert
werden, daß die Monster wieder unter japanische Kontrolle geraten. Sie werden
zum Fudschijama ›umgeleitet‹, wo sie die
Basis der Außerirdischen zerstören. Japan
und die Welt sind gerettet. – »...eins der
schwächeren Werke Hondas; diesmal hat
er seine Freude an fantastischen Kämpfen, urweltlichen Monstren und an gigantischen Destruktionen nicht unter Kontrolle gebracht, seine übliche Unbekümmertheit gegenüber dramaturgischen Regeln läßt den Film in Einzelsituationen
zerfallen zur reinen Nummernrevue mit
Elementen der Kriegsberichterstattung...
Fantasievoll-naiver SF-Film, hervorragend in der Farbgebung, mit Schwächen
in der Dramaturgie.« (Günter Pflaum,
FILMDIENST)
Ⓥ VPS

Frankenstein und die Ungeheuer aus dem Meer

(NANKAI NO DAIKETTO).
Japan 1966.
R Jun Fukuda. *B* Shinichi Sekizawa.
K Kazuo Ymada. *SpE* Eiji Tsuburaya.
M Masaru Sato. *D* Akira Takarada
(Yoshimura), Toru Watanabe (Ryota),
Hideo Sunazuka (Nida), Kumi Mizuno
(Dayo), Jun Tazaki, Akihiko Hirata.
F 87 Min.
Der Film müßte eigentlich ›Dreikampf
der Giganten‹ heißen; das im Titel vorkommende ›Frankenstein‹ ist wieder völlig fehl am Platz, und bei den Ungeheuern
aus dem Meer handelt es sich nur um ein
solches mit Namen Ebirah. Die anderen
beiden sind die altbekannte Riesenechse
Godzilla und der putzige Riesenschmet-
terling Mothra. – Auf der Suche nach seinem verschollenen Bruder geraten ein japanischer Fischer und seine Mannschaft
im südjapanischen Inselbereich nacheinander unter den Einfluß dieser Urweltwe-
sen. Sie finden den Verschollenen, werden aber von den Monstern in die Enge
getrieben. Erst als die Monster gegenseitig aufeinander losgehen, sind die Menschen gerettet. Irgendwann kommt dann
auch noch eine geheimnisvolle Fabrik
vor, in der chemische Mittel für verbrecherische Pläne produziert werden; warum und zu welchen Zwecken bleibt
schleierhaft.
Die Geschichte ist ziemlich primitiv zu-
sammenfantasiert und obendrein auch
noch reichlich verworren. Die Trickaufnahmen sind meist auch technisch unzulänglich.
Ⓥ Mike Hunter *(Ebirah – Horror of the
Deep)*

Frankenstein, wie er wirklich war
(FRANKENSTEIN: THE TRUE STORY).
GB/USA 1973.
R Jack Smight. *B* Christopher
Isherwood/Don Bachardy. *LV* Mary W.
Shelley. *K* Arthur Ibbetson. *SpE* Roy
Whybrow. *Ma* Roy Ashton. *M* Gil
Mellé. *D* James Mason (Dr.
Polidori), Leonard Whiting (Victor Frankenstein),
David McCallum (Henry Clerval), Jane
Seymour (Agatha/Prima), Nicola Paget
(Elisabeth Fanshawe), Michael Sarrazin
(Das Monster), Agnes Moorehead
(Mrs. Blair), Ralph Richardson (Lacey),
John Gielgud (Polizeichef). *F* (als
Fernsehfilm zweiteilig, insgesamt):
195 Min.
Der Tod des geliebten Bruders ist für Vic-
tor Frankenstein ein Schock. Immer wie-
der stellte er sich die Frage, ob es möglich
ist, Leben aus dem Tod zu schaffen. Er
lernt zufällig Dr. Henry Clerval kennen,
einen Schüler des berühmt-berüchtigten
Dr. Polidori. In seinem Laboratorium entwickelt Clerval unter Zuhilfenahme von
Sonnenenergie allerlei Lebendiges. Gemeinsam wollen die beiden den perfekten
Menschen erschaffen. Doch Clerval
stirbt, noch ehe der Versuch seinen Abschluß gefunden hat. Der Kreatur fehlt
noch das Gehirn. Victor transplantiert
dem Geschöpf das Gehirn Clervals ein
und setzt es unter Elektrizität. Trotz
schwankender Sonnenenergie gelingt der
Versuch. Das Wesen – ein Ausbund an
Schönheit und Intelligenz – lebt, doch
Victor verliert zusehends die Kontrolle.
Es macht sich selbständig. Merkwürdig
ist, daß sich die Kreatur langsam in ein
häßliches Monster verwandelt. Im Wald
begegnet es einem blinden Einsiedler, bei
dem es zunächst einmal bleiben kann.
Das Geschöpf verliebt sich in Agatha, die
Tochter des Einsiedlers. Als Agatha von
einer Kutsche überfahren wird, bringt das
Monster ihre Leiche zu Dr. Polidori. Dieser will daraus das weibliche Wesen Pri-
ma erschaffen, was ihm auch mit Hilfe
von Victor Frankenstein gelingt; gleichzeitig scheitert aber sein Versuch, das

Monster mit Feuer umzubringen. Die Rache des Monsters ist fürchterlich. Als Pri-
ma während eines Balles der Gesellschaft
vorgestellt werden soll, zerstört das Monster sein weibliches Pendant. Später tötet
es Polidori, dann – aus Eifersucht – Frankensteins Frau Elisabeth. Schließlich gewinnt es die absolute Macht über Victor:
»Du bist mein Schöpfer, doch ich bin dein
Herr!« Willig folgt Victor seinem Geschöpf in das ewige Eis.
Fast alle Frankenstein-Verfilmungen folgen nur der Grundidee der literarischen
Vorlage. Diese Verfilmung von Jack
Smight versucht, dem Romanwerk in seinen wesentlichen Zügen zu folgen, was
jedoch aus dramaturgischen Gründen
nicht immer gelingt. »Dabei entstand weniger ein Horrorspektakel – obschon mit
entsprechenden Zutaten beileibe nicht ge-
spart wurde –, sondern mehr ein kulina-
risch inszeniertes Melodram, das Stimmung und Texten von Mary W. Shelley
nahekommt.« (DAS FERNSEHSPIEL IM
ZDF) – Trotzdem zeigt sich hier beim Vergleich in besonderem Maße, daß eine
werkgetreue Literaturverfilmung nicht
annähernd an die klassische Filminterpre-
tation herankommt, die den Roman nur
als Motivlieferanten benutzt: »... ein
schwerfälliger, ziemlich trockener Film,
der sich in irgendeinem Nirgendwo ohne
Fluidum abspielt.« (SUNDAY TIMES) –
»Ich hätte viel lieber noch Boris Karloff
mit den großen Elektroden am Hals gesehen.« (DAILY EXPRESS)

**Frankenstein – Zweikampf der
Giganten**
(FURANKENSHUTAIN NO KAIJU).
Japan 1966.
R Inoshiro Honda. *B* Kaoru Mabuchi/
Inoshiro Honda. *K* Haijime Koizumi.
SpE Eiji Tsuburaya. *M* Akira Ifukube.
D Russ Tamblyn (Dr. Kitei), Kumi
Mizuno (Akemi, seine Assistentin),
Kenji Sahara (Assistent), Kipp
Hamilton, Jun Tazaki. *F* 77 Min.
Vor Jahren hat Dr. Kitei, Spezialist für
Ungeheuer, in seinem Labor unter dem

One, two, three, drauf . . .: *Frankenstein – Zweikampf der Giganten*

Mikroskop unsterbliche Zellen von Ur-welt-Giganten entdeckt. Aus der Retorte hat er dann ein im Erwachsenenzustand immerhin 30 Meter großes, aber sanftmütiges Wesen geschaffen. Dieses braune Riesenwesen, dem der Wissenschaftler den Namen Frankenstein gegeben hat, ist eines Tages aus dem Labor verschwunden und hat sich friedlich irgendwo am Fudschijama niedergelassen. Jahre später tyrannisiert ein ähnliches, aber grünes Monster die Bevölkerung Japans. Mittels Laserstrahlen wird es zunächst unschädlich gemacht. Doch zum Entsetzen der Bevölkerung wird es von seinem braunen Monster-Bruder wieder gesundgepflegt. Aber der Grüne kann's nicht lassen, was dann doch den Braunen auf die Palme bringt. Ein verbissener Kampf zwischen den Ungeheuern inmitten des Häusermeeres von Tokio führt zur Zerstörung berühmter städtischer Sehenswürdigkeiten. Schließlich versinken die Kämpfenden im Meer, aus dem just im selben Augenblick ein Vulkan ausbricht. Die Naturkatastrophe hindert die japanischen Filmautoren daran, Näheres über das endgültige Schicksal ihres Frankenstein-Giganten im Bild zu zeigen.

Regisseur Inoshiro Honda ließ seine beiden verkleideten Artisten in maßstabgerechten verkleinerten Kulissen kämpfen. Tricktechnisch wird daher einiges geboten. Doch ist der Film trotzdem einer der schwächsten seines Regisseurs und seiner Art.
Ⓥ VPS

Frankenstein 2000
(FRANKENSTEIN 90).
Frankreich 1984.
R Alain Jessua. *B* Alain Jessua/Paul Gégauff. *K* William Lubtchansky. *Ma* Reiko Kruk/Dominique Colladant. *M* Armando Travaioli. *D* Jean Rochefort (Victor Frankenstein), Fiona Gélin (Elizabeth), Eddy Mitchell (Frank), Herma Vos (Adelaide), Ged Marlon (Inspektor), Serge Marquand (Polizeichef), Anna Gaylor (Corona). *F* 90 Min.
Frankenstein-Nachkomme Victor baut einen Mikroprozessor in einen Menschenkörper ein, um dessen Verhalten zu verändern. Alles läuft nach Plan – bis die unvermeidlichen Komplikationen eintreten. Victor muß seinem häßlichen Monster

eine Partnerin erschaffen, und dazu erscheinen ihm die Leichen diverser Diskotänzerinnen gerade gut genug. – »Neue Version des unverwüstlichen Frankenstein-Stoffes, in der sich komische und eher traurige Momente die Waage halten. Die unspektakuläre Machtart verleiht dem Film trotz einiger Längen einen sympathischen Reiz; gelungene Unterhaltung.« (LEXIKON DES INTERNATIONALEN FILMS) Ⓥ Gloria

Frankies Braut
(TV-ZDF). BRD 1983.
R Wolfgang F. Henschel. *B* Konrad Hansen. *K* Klaus Günther. *M* N. N. *D* Herlinde Latzko (Annabelle), Herbert Fleischmann (Prof. Blohm), Karin Eickelbaum (Dr. Spangenberg), Thomas Astan (Frankie), Camilla Horn (Frau von Kieblitz), Nikolas Lansky (Kuhlwein), Ilse Künkele (Martha), Ursula Reit (Dicke Frau), Udo Thomer (Klose), Marie Bardischewski, Heidy Forster (Schwestern), Eberhard Peiker (Polizist). *F* 120 Min.
Annabelle kann sich an den gestrigen Abend nicht mehr erinnern. Sie wacht in einem Sanatorium auf. Ein Autounfall! Für einige Zeit müsse sie hierbleiben, ganz offensichtlich habe sie einen Schock erlitten. Annabelle sieht sich um. Merkwürdige Patienten halten sich in diesem Sanatorium auf, das von dem so vertrauenerweckenden Professor Blohm geleitet wird. Die Kranken scheinen alle mehr oder minder geistesabwesend zu sein; einer fordert Annabelle ohne Umschweife auf, ihn umzubringen. Prof. Blohm lädt die aufgrund solchen Ansinnens verstörte Annabelle zu einem Abendessen zu sich ein. Nach amüsanter Plauderei bei stimmungsvoller Klassik stellt der freundliche Professor ihr einen ebenso freundlichen neuen Gast vor: einen jungen Mann namens Frankie, der es versteht, Annabelle höfliche Komplimente zu machen. Prof. Blohm zeigt sich begeistert von der außerordentlich zuvorkommenden Art, doch plötzlich beginnt Frankie wie ein Automat

einen sinnlosen Text herunterzuspulen. Immer und immer wieder sagt er dasselbe und ist nicht zu bremsen, so daß Professor Blohm und eilig herbeigerufene Krankenpfleger den jetzt hölzern wirkenden Frankie mit sanfter Gewalt abtransportieren müssen. Genug für Annabelle, sich ihren Reim darauf zu machen: Offensichtlich werden hier Experimente an Menschen vorgenommen! Offensichtlich sind alle Patienten manipulierte Geschöpfe des Professors. Und ihre Rolle? Soll sie etwa nach der Behandlung als Frankies Braut ein neues Leben beginnen? Sie muß diesem Sanatorium ohne Schaden entkommen. Doch alle Fluchtmöglichkeiten erweisen sich als Trugbilder. Also muß sie mitspielen, den Professor für sich gewinnen, den geeigneten Augenblick abwarten.

Die Frau aus dem All
(TSCHERES TERNII K SWJOSDAM). UdSSR 1981.
R Richard Viktorow. *B* Kirill Bulytschow/Richard Viktorow. *LV* Iwan Jefremow. *K* Alexander Rybin. *M* Alexej Rybnikow. *D* Jelena Metjolkina (Nija), Wadim Ledogorow (Stepan Lebedew), Nadesha Semenzowa (Nadesha Iwanowa), Alexander Lasarew (Klimow), Alexander Maichailow (Dreher). *F* 146 Min.
Im 22. oder 23. Jahrhundert besucht Nija, eine Außerirdische, die Erde und berichtet den Menschen vom drohenden Untergang ihres Heimatplaneten Dessa, der von einem machtgierigen Diktator beherrscht wird. Dessas Ökologie ist durch Raubbau umgekippt: Fabriken haben alle Atmosphäre zerstört, die Dessaner zeigen sich nur noch vermummt, denn die Gifte, die ihre Atemluft durchsetzt haben, haben sie an Leib und Seele verkrüppelt. Eine Expedition bricht von der Erde auf. – Ein ernster Film, der vor dem Raubbau an der Natur warnt und nach den gesellschaftlichen Ursachen ökologischer Krisen fragt. Ⓑ Iwan Jefremow: *Das Mädchen aus dem All*, Berlin/DDR 1958

Frauen als Köder für CD 7
(UN COLPA DA MILLE MILLIARDI).
Italien/Frankreich/Spanien 1966.
R Paolo Heusch. *B* Fulvio Gicca/Pierre
Levy/Louis Jerez. *K* Fausto Rossi.
M Piero Umiliani. *D* Rik van Nutter
(Ted Fraser), Marilu Tolo (Prinzi
Theopulos), Eduard Fajardo (Tellis
Theopulos), Philippe Hersent
(Jankowicz), José Jaspes (Shelby), Rita
Berger (Liane), Peter Haller (Kapitän),
Senta Rothenberg (Michaela).
F 95 Min.
Großreeder will den Suezkanal durch
Kernexplosion außer Betrieb setzen, um
Millionengewinne durch seine Großfrach-
ter bei der verteuerten Route um die Süd-
spitze Afrikas zu erzielen. Spezialagent
CD 7 (nicht zu verwechseln mit der
gleichnamigen Seife) weiß das zu verhin-
dern. – Kleiner Agenten-Schundi mit we-
nigen, längst von der Wirklichkeit über-
holten SF-Elementen, der einen besseren
deutschen Titel verdient hätte.

Der Frauenfresser
(WOMAN EATER). GB 1957.
R Charles Saunders. *B* Brandon
Fleming. *K* Ernest Palmer/Tony Heller.
M Edwin Astley. *D* George Coulouris
(Dr. James Moran), Vera Day (Sally),
Joy Webster (Judy Ryan), Peter Wayn
(Jack Venner), Sara Leighton (Susan
Curtis). 70 Min.
Mad scientist Dr. Moran bringt von seiner
Expedition zum Amazonas eine blutsaugende, ungemein scheußliche, polyparmi-
ge Pflanze mit. Der Saft des Gewäch-
ses soll Tote wieder zum Leben erwek-
ken. Die Pflanze wird in ihrer Heimat als
Gottheit verehrt. Ihr werden für gewöhnlich Frauenopfer dargebracht. Dr. Moran
hält diese Tradition aufrecht (natürlich zu
wissenschaftlichen Zwecken). Beim Versuch, eine Tote mit dem Pflanzenserum
wiederzubeleben, muß er jedoch erkennen, daß der Körper zwar ins Leben zurück will, Geist und Seele aber nicht willig sind. Ferner hat er seinen ebenfalls aus
Brasilien eingeführten braunen Diener un-

terschätzt. Der rächt den Frevel an der
Gottheit, indem er seinem Herrn ein Messer in den Rücken jagt.

Die Frauen von Stepford
(THE STEPFORD WIVES). USA 1974.
R Bryan Forbes. *B* William Goldman.
LV Ira Levin. *K* Owen Roizman.
M Michael Small. *D* Katharine Ross
(Joanna Eberhart), Paula Prentiss
(Bobby Markowe), Peter Masterson
(Walter Eberhart), Nanette Newman
(Carol Van Sant), Patrick O'Neal (Dale
Coba), Tina Louise (Charmaine
Wimpiris), Carol Rossen (Dr.
Francher), William Prince, Paula
Trueman, Remak Ramsay, Franklin
Cover, Joseph Somer, Simon Deckard.
F 115 Min.
Typisches amerikanisches Mittelklasse-
Ehepaar entflieht dem Moloch New York,
zieht mit Kind und Kegel aufs Land, ins
idyllische Städtchen Stepford. Sie finden
an ihrem neuen Wohnort sehr schnell
Kontakt. Er, Walter, nimmt gern das An-
gebot an, Mitglied des ›Klubs der Männer
von Stepford‹ zu werden; sie, Joanna,
schließt Freundschaft mit den Nachbarin-
nen. Er verdient weiterhin in New York
die nötigen Dollars (für die Hypotheken-
zinsen), sie ist als grüne Witwe auf
Tratsch und Klatsch angewiesen.
Nach einiger Zeit kommen Joanna ernste
Zweifel. Ihr fällt auf, daß ihre Nachbarin-
nen allesamt ideale Hausmütterchen ohne
eigene Persönlichkeit sind: selbstzufrie-
dene, dümmliche Puppen, die sich den
Wünschen ihrer Männer bedingungslos
unterordnen. Joanna versucht, mit der
ebenfalls erst kürzlich zugezogenen Bobby Markowe eine Frauengruppe zu gründen, die der Selbstfindung und der Emanzipation ihrer Mitglieder dienen soll. Vergeblich: Sie finden überhaupt keine Reso-
nanz bei der weiblichen Bevölkerung.
Als dann auch noch Bobby ›umgedreht‹
wird, fehlt Joanna jede Erklärung für solches Verhalten. Zunächst vermutet sie,
man habe, um die Frauen willenlos und
gefügig zu machen, das Trinkwasser mit

Drogen vergiftet. Sie protestiert energisch gegen die ›Freundlichkeit‹ ihrer Umwelt, sucht Hilfe bei Ärzten und Behörden. Ohne Erfolg! Sie versucht, ihren Mann zu überreden, wieder nach New York zurückzuziehen. Doch der denkt gar nicht daran, so dicht vor seinem Ziel. Die Männer von Stepford haben nämlich ihre Frauen durch völlig gleich aussehende Roboter ›ersetzt‹. Auf diese Idee hatte sie ein ehemaliger Techniker von Disneyland gebracht. Die Vorzüge lagen auf der Hand: Der vom täglichen Streß im Beruf geplagte Ehemann erwartet von seiner idealen Partnerin, daß sie pflegeleicht, arbeitsam, angepaßt, immer zufrieden, aber auch sexuell nutzbar ist. Auch Joannas Double ist schon angefertigt. Joanna revoltiert, setzt sich zur Wehr; es hilft nichts! In der Schlußszene sieht man eine Frau, die Joanna aufs Haar gleicht, durch den Supermarkt gehen, gelassen mit roboterhafter Freundlichkeit nach allen Seiten grüßend.

»... ein verblüffendes und wirkungsvolles Kinostück, das seinem Spielmaterial durchaus auch ernsthafte und bedenkenswerte Aspekte abgewinnt. Bryan Forbes malte eine Idylle, die sich als trügerisch erweist, mehr und mehr zum Alptraum wird. Es gelingt ihm durchaus, die Tristesse und die bedrückende Gewalt der scheinbaren Harmonie und des angeblich makellosen Wohlverhaltens aller Frauen in der Gemeinde Stepford spürbar zu machen.« (DAS FERNSEHSPIEL IM ZDF) – Kein Wunder, daß diese knallharte Kritik an der amerikanischen Middle Class gerade in den USA auf massive Ablehnung stieß: »Die Dialoge sind widerlich, die Situationen verschwommen; der Film erweckt den Eindruck einer Flickarbeit, er ist geschwätzig und schlüpfrig... Unser Widerwille ergibt sich aus der herablassenden Art des Films, stillschweigend vorauszusetzen, amerikanische Frauen könnten für ihr eigenes Geschick nicht selbst verantwortlich sein, seien reine Kochtopfmaschinistinnen,... nichts anderes als eine geduldige, von außen ge-

lenkte Klasse. Diese Rührseligkeit ist demütigend.« (THE NEW YORKER) Das Ziel eines guten Horrorfilms ist es, unheimliche, unerklärliche Ereignisse furchtverstärkend, d. h. übertreibend darzustellen, so daß auch der Zuschauer für sich eine mögliche Bedrohung empfinden kann. Das jedenfalls ist Regisseur Bryan Forbes gelungen, der diesen Film nach dem Roman von Ira Levin drehte, der auch die literarische Vorlage zu *Rosemaries Baby* von Roman Polanski geliefert hat. Beide Stoffe haben einige Gemeinsamkeiten: »Hier wie dort bricht Unwirkliches in das Alltagsleben der Menschen ein, geschieht Unglaubliches, das sich als fantastisches Spiel mit dem Irrealen entpuppt; in beiden Fällen ist es der Mann, der sich mit den Mächten des Bösen verbündet, ist es eine Frau, die zum Objekt degradiert wird, die leiden muß. Doch im Gegensatz zu Polanski, der sein Publikum an den widersprüchlichen Geschehnissen fast verzweifeln und vergeblich nach einem logischen Bezugspunkt suchen läßt, ist Forbes' Film zunächst eine Studie über das Rollenverhalten der Frau in einer konservativen ländlichen Gemeinde. Lange Zeit mag man glauben, hier gehe es um eine ernsthafte Analyse, die allenfalls an der Überspitzung der gegensätzlichen Positionen leide.« (DAS FERNSEHSPIEL IM ZDF) – Dann die Auflösung des Rätsels, der Schock, alles ist nachträglich in sich logisch. Doch bis es endlich soweit ist, vergeht zu viel (Film-)Zeit, und das ist dann auch die große Schwäche des Films: Er wirkt langatmig, ist über weite Strecken ausnehmend geschwätzig, so daß er sein Thema mehr verbalisiert als verbildlicht. Man könnte hier fast von einem verfilmten Hörspiel sprechen.

Ⓑ Ira Levin: *Die Roboterfrauen*, München 1977

(Die) Frau im Mond
Deutschland 1929.
R Fritz Lang. *B* Fritz Lang/Thea von Harbou. *LV* Thea von Harbou. *K* Curt Courant/Oskar Fischinger/Otto

Kanturek/Konstantin Tschetwerikoff.
M Willy Schmidt-Gentner. *D* Klaus
Pohl (Prof. Georg Manfeldt), Willy
Fritsch (Wolf Helius), Gustav von
Wangenheim (Hans Windegger), Gerda
Maurus (Friede Velten), Fritz Rasp
(Walt Turner), Gustl Stark-
Gstettenbauer (Gustav), Tilla Durieux,
Hermann Vellentin, Max Zilzer,
Mahmud Terja Bey, Borwin Worth
(fünf Große dieser Welt: *Gehirne* und
Scheckbücher), Margarete Kupfer (Frau
Hippolt), Karl Platen (Mann am
Mikrofon), Max Maximilian (Grotjan),
Alexa von Porembsky (Blumenver-
käuferin), Gerhard Dammann (Werks-
chef), Heinrich Gotho, Alfred Coretto,
Edgar Pauly – und die Maus Josephine.
Stummfilm. 150 Min.

Professor Manfeldt hat sein Leben lang
für die These gekämpft, der Mensch sei
technisch in der Lage, den Mond zu erreichen und dessen Rohstoffe (in erster Linie
Gold) auszubeuten. Überall erntet er
Hohn und Spott. Nur der Ingenieur und
Jungunternehmer Wolf Helius unterstützt
ihn beim Bau seiner Mondrakete. Fünf
Wall-Street-Haie haben von dem Plan
Wind bekommen. Auch sie wollen an
dem möglichen Goldkuchen beteiligt werden. Sie schicken ihren Spion Walt Turner nach Deutschland, der Manfeldts
technische Unterlagen stiehlt und Helius
zwingt, ihn auf die Reise mitzunehmen.
Weitere Besatzungsmitglieder sind Manfeldt, Helius, der Assistent Windegger,
dessen Verlobte Friede (in die sich auch
Helius verliebt) und der zwölfjährige Gustav, ein blinder Passagier. Unter dem Jubel zahlloser Schaulustiger startet die Rakete. Nach 36stündigem Flug landet sie
ohne Schwierigkeiten auf dem Mond.
Manfeldt entdeckt mit einer Art Wün-
schelrute tatsächlich große Goldvorkom-
men. Turner überrascht ihn dabei; der
Professor verliert vor Schreck das Gleichgewicht und findet durch einen Sturz in
die Tiefe den Tod. Turner bemüht sich,
das Gold und das Raumschiff in seine Gewalt zu bekommen, aber er wird während

eines Schußwechsels von Helius getötet.
Ein Fehlschuß hat aber auch die Sauerstoffversorgung der Rakete getroffen:
Beim Rückflug wäre für einen Passagier
zu wenig Atemluft vorhanden. Das Los
entscheidet: Windegger soll zurückbleiben. Er verliert die Nerven und weigert
sich. Daraufhin opfert sich (melodrama-
tisch) Helius, um den Verlobten die
Rückkehr zu ermöglichen. Er schläfert
Windegger ein und sieht sich dann doch in
der Vermutung getäuscht, allein auf dem
Mond zu leben: Als er sich umdreht, steht
Friede vor ihm, die aus Liebe zu ihm geblieben ist. Da die ersten Mondfahrer
wohl noch keine Sauerstoffprobleme
kannten, können beide auf eine glückliche
Rettung hoffen. – Wie fast immer in
Deutschland, wenn es um ungewöhnliche, aber durchaus gute Unterhaltung
ging, fühlte sich die ›seriöse‹ Kritik berufen, ein solches Wagnis gebührend zu
verdammen: »Daß eins der Nick-Carter-
Heftchen, die in diesem Film als Statisten
auftreten, nur zehn Pfennig kostet, die
Frau im Mond aber Millionen, ist eigentlich der einzige Unterschied zwischen
beiden Produktionen.« (Rudolf Arnheim
in der WELTBÜHNE) – Doch wie die erwähnten Heftchen kam auch der Film
beim Publikum an. Das lag wohl weniger
an der ›dramatischen‹ Handlung mit seinen Krimi- und Liebeselementen als vielmehr an seiner für damalige Verhältnisse
verblüffenden Ausstattung und Technik,
in die ungeheure Anstrengung investiert
worden waren: In einer 123 Meter langen
und 56 Meter breiten Halle in Babelsberg
wurde die Mondlandschaft aufgebaut.
Dazu wurde ein Güterzug mit 30 Wag-
gons, vollbeladen mit Ostseesand,
Richtung Babelsberg in Bewegung gesetzt. Da der Sand dort immer noch grau,
naß und schmutzig ankam, mußte er
›gekocht‹ werden, um ihm das Wasser zu
entziehen. Erst nach dieser Prozedur hatte
er die gewünschte Farbe. Um eine Inszenierung nach neuesten wissenschaftlichen
Erkenntnissen zu gewährleisten, engagierte Fritz lang namhafte Berater: den

Raketenprofessor Hermann Oberth und dessen Assistenten Willy Ley, der später in die USA auswanderte. Um eine bessere filmische Wirkung zu erzielen, setzte sich Lang einmal ziemlich kraß über die Empfehlungen der Berater hinweg: Die Rakete hebt im Film nicht langsam ab, sondern schießt wie eine abgeschossene Kanonenkugel blitzartig nach oben. Historisch gesehen hat es gerade dieser Raketenstart in sich. Lang war auf ihn besondes stolz. Um die Spannung in einem Stummfilm zu erhöhen (man arbeitete ja mit Zwischentexten), ›erfand‹ Lang den Countdown für Raketenstarts: »Als ich das Abheben der Rakete drehte, sagte ich mir: Wenn ich ein, zwei, drei... oder bis fünfzig und hundert zähle, weiß das Kinopublikum nicht, wann sie hochgeht. Wenn ich aber rückwärts zähle (= count down), zehn, neun, acht... drei, zwei, eins, null, versteht es jeder...« (zitiert nach Ludwig Maibohm, FRITZ LANG) – Daß auch die Mondrakete sehr nahe an die technische Realität heranreicht, sollte Jahre später, wenn auch auf unerwartete Weise, bestätigt werden: 1937 wurde der Film verboten, denn die Nazis bastelten eifrig an Raketen. Sämtliche noch vorhandenen Modelle und Zeichnungen – und auch die Filmkopien – wurden von der Gestapo beschlagnahmt.
Ⓥ Interpathé
Ⓑ Thea von Harbou: *Frau im Mond*, Berlin 1926

The Freakmaker – Labor des Grauens
(THE MUTATIONS). GB 1972.
R Jack Cardiff. *B* Robert D. Weinbach/ Edward Mann. *K* Paul Beeson. *M* Basil Kirchin. D Donald Pleasence (Prof. Nolter), Brad Harris (Brian), Julie Ege (Hedie), Jill Haworth (Lauren), Tom Baker (Lynch), Michael Dunn (Burns), Olga Anthony (Bridget), Scott Anthony (Tony), Lisa Collings (Prostituierte).
F 92 Min.
Professor Nolter, von Beruf Mad Scientist, experimentiert mit Menschen und Pflanzen, die er zu kreuzen versucht. Das menschliche Material organisiert sein verunstalteter Gehilfe Lynch, der sich erhofft, durch Nolters Fähigkeiten schöner zu werden. Den Ausschuß der Nolterschen Experimente stellt Lynch in seiner Freakshow aus, bis sich die Freaks gegen die beiden zur Wehr setzen. – »Absehbare Geschichte mit wahrhaft grotesken Elementen und Charakteren. Sollte man nicht beim Abendessen sehen.« (Leonard Maltin, MOVIES AND VIDEO GUIDE). Wie schon in Tod Brownings *Freaks* (1932) kam man hier teilweise ohne »Maske« aus. – Nur auf Video. Ⓥ Cannon/VMP

Free-Jack
(FREEJACK). USA 1991.
R Geoff Murphy. *B* Ronald Shusett. *K* Amir Mokri. *M* Trevor Jones. *D* Emilio Estevez (Alex Furlong), Mick Jagger (Vacendak), Renee Russo (Julie Redlund), Anthony Hopkins (McCandless), Amanda Plummer, David Johnson, Jonathan Banks, Vincent Schiavelli. *F* 90 Min.
2009: Im düsteren New York speichern die Snatch Labs des Großindustriellen McCandless die Daten Superreicher in Computer, um in junge, vitale Körper transplantiert zu werden. McCandless, selbst ein betagter Knabe, hat für sich den Körper des Raumfahrers Alex Furlong ausgewählt. Zur Operation wird Alex in die Zukunft transferiert, kurz bevor er 1991 bei einem Autounfall stirbt. Er kommt gerade noch rechtzeitig zu Bewußtsein, um sich dem Eingriff zu entziehen. Für von Vacenak angeführten Bonejacker, eine konzerninterne Polizeitruppe, ist der Flüchtling damit Freiwild. Alex sieht die Chance zu Überleben in seiner Ex-Freundin Renee, die sich auf seine Seite schlägt, obwohl sie mittlerweile eng mit dem Konzern verstrickt ist...

Frogs
(FROGS). USA 1972.
R George McCowan. *B* Robert Hutchison/Robert Blees. *Ka* Mario Tosi.

Joan van Ark und Sam Elliott in *Frogs*

M Les Baxter. *D* Ray Milland (Jason Crockett), Sam Elliott (Pikkett Smith), Joan van Ark (Karen), Adam Roarke (Clint), Judy Pace, Lynn Borden, Mae Mercer, David Gilliam, Nicholas Cortland, Holly Irving, William Smith. *F* 90 Min.

Das Tierreich nimmt Rache für die Umweltzerstörungen der Menschen. Frösche, Schlangen, Vögel, Leguane, Taranteln, um nur weniges Getier zu nennen, überfallen eine vor der Küste Floridas gelegene kleine Insel, auf der ein an den Rollstuhl gefesselter Familiendiktator mit seinen Angehörigen lebt. Zielbewußt kreisen die Tiere alle Bewohner ein und töten sie nacheinander. – »Die eigentlichen kritischen Absichten des Films, daß der Mensch seinen Untergang durch Rücksichtslosigkeit und Uneinsichtigkeit immer selbst bewirkt, gelangen nicht zum Tragen, weil in den Mittelpunkt ausschließlich die mörderischen Aktionen der Tiere gerückt sind.« (FILMDIENST) – »*Frogs* hängt sich an das aktuelle Thema der Umweltverschmutzung, drückt sich aber im wesentlichen um die Frage nach den Schuldigen... das Ergebnis ist eine bewußt gezielte Anklage gegen ›den‹ Menschen; zudem wird noch ein ›Bewußtsein‹ der Natur suggeriert, das zu gegebener Zeit eingreift und ausgleicht.« (SCIENCE FICTION TIMES) Ⓥ VCL

Future Force

(FUTURE FORCE). USA 1989. *R* David A. Prior. *B* David A. Prior/Thomas Baldwin. *K* Andrew Parke. *SpE* Chuck Witten. *M* Tim James/Steve McClintock/Mark Mancina. *D* David Carradine (John Tucker), Robert Tessier (Becker), Anna Rapagna (Marion), William Zipp (Adams), Patrick Culliton (Grimes), D.C. Douglas (Billy), Dawn Wildsmith (Roxanne), Kimberley Casey (Alicia), August Winters, John Cianetti, Brian O‹Connor, Don Scribner, Blair Presser, Clement E. Blake, Judy Styres, John G. Palombi. *F* 84 Min.

Im Zuge überhandnehmender Kriminalität hat man die judikative und exekutive Gewalt dem Konzern C.O.P.S. übergeben. Die Journalistin Marion Simm kritisiert öffentlich das radikale Vorgehen der Firma und droht deren Chef Adams zu entlarven. Adams setzt sie auf die Abschußliste. Marion fällt in die Hände des mit stahlreichen Stahlprothesen ausgestatteten Cops Tucker und kann ihn von Adams' Lumpereien überzeugen. Tucker geht auf ihre Seite über – und hat damit seine Auftraggeber gegen sich, die ihn unter Beschuß nehmen. – »Alle Chancen eines interessanten Themas wurden zugunsten platter Actionspektakel verspielt. Menschenverachtende amerikanische Dutzendware.« (FISCHER FILM ALMANACH). – Nur auf Video.
Ⓥ VCL

Future Kill – Die Herausforderung
(FUTURE KILL).
USA 1985.
R Don Barker. *B* Ronald W. Moore.
K Jon Lewis. *M* Robert Remfrow.
D Edwin Neal (Splatter), Marilyn Burns (Dorothy), Doug Davis (Eddie Pain), Alice Villareal (Julie), Gabriel Folse, Wade Reese, Barton Faulks, Jeffrey Scott, Rob Rowley.
F 79 Min.
New York 1988: In der teilweise strahlenverseuchten Stadt massakrieren sich punkig aufgemachte Jugendbanden, Collegeboys und Mutanten. Eine Anti-Atom-Bewegung, die (wie mutig!) »aus Protest zerschlissene New-Wave-Kleidung trägt« (CINEMA), bemüht sich um die Menschen, die unter der Radioaktivität zu leiden haben, doch böse Punks, angeführt von einer Cyborg-Kreatur namens Splatter(!), rüsten zum Großen Krieg gegen alles, was lieber spießig bleiben will. – Ein zusammengeschusterter Exploiter für Gehirnamputierte, die Faustrecht und primitive Stärke schätzen. – »Eine düstere Zukunftsvision mit New-Wave-Musik plus Lumpenlook.« (FILMDIENST).
Ⓥ Action

Future Project – Die 4. Dimension
(MY SCIENCE PROJECT). USA 1985.
R Jonathan R. Bethuel. *B* Jonathan R. Bethuel. *K* David M. Walsh. *SpE* John Scheele/Lance Anderson. *M* Peter Bernstein. *D* John Stockwell (Michael Halan), Danielle von Zerneck (Ellie Swayer), Fisher Stevens (Vince Latello), Raphael Sbarge (Sherman), Dennis Hopper (Dr. Robert Roberts), Richard Masur, Barry Corbin, Anne Wedgeworth. *F* 86 Min.
Da Michael ein Thema für seine College-Abschlußarbeit sucht, hofft er auf einem alten Air Force-Flugplatz fündig zu werden. Er findet eine seltsame Maschine. Als er sie mit einem Freund aktiviert, jagen Blitze durch den Raum und ein Leuchtwirbel entsteht. Ihr Lehrer, Dr. Roberts, kombiniert und stellt fest, daß es sich um eine Zeitmaschine handelt. Als er sie erneut anschließt, taucht er in einen Zeitstrudel und verschwindet. Michaels Freundin Allie verschwindet auf gleiche Weise. Michael und Vince bewaffnen sich und dringen in den Strudel vor, um sie zu befreien. Sie begegnen allerlei historischen Figuren und müssen gegen einen Dinosaurier antreten. Sie befreien Allie. Auch Dr. Roberts entkommt dem Zeitstrudel – er hält sich für General Custer, und landet in der Klapsmühle. – Die Zeitmaschine wird für eine Klamotte mißbraucht, die über Highschool-Komödien-Niveau nicht hinauskommt. – Nur auf Video
Ⓥ Euro

Futureworld – Das Land von übermorgen
(FUTUREWORLD). USA 1976.
R Richard T. Heffron. *B* Mayo Simon/George Schenk. *K* Howard Schwartz/Gene Polito. *SpE* Gene Grigg/Bent Sellstrom. *M* Fred Karlin. *D* Peter Fonda (Chuck Browning), Blythe Danner (Tracy Ballard), Arthur Hill (Duffy), Yul Brynner (Revolvermann), John Ryan (Dr. Schneider), Stuart Margolin (Harry), Jim Antonio (Ron),

Allen Ludden, Robert Cornthwaite, Angela Greene, Nancy Bell. *F* 108 Min. Nach dem folgenschweren Amoklauf der Roboter, bei dem mehr als 50 Besucher den Tod fanden (zu sehen in *Westworld*), funktioniert das Ferienzentrum Delos – die Freizeitwelt von heute mit den Attraktionen von übermorgen – jetzt anscheinend perfekt und narrensicher. Dem Besucher stehen drei Attraktionen zur Verfügung: Er kann sich wie ein Ritter in einem perfekt imitierten Mittelalter fühlen; er kann sich in die Römerzeit versetzen lassen und an zeitgemäßen Orgien teilnehmen; er kann sich aber auch im Raumanzug auf einen simulierten Flug zum Mars begeben. Nur die einstige Westernstadt aus *Westworld* ist nicht mehr in Betrieb, sie existiert noch als verlassene Geisterstadt ohne Bedeutung. Um menschliches Versagen auszuschließen, hat der oberste Wissenschaftler und Chef des Freizeitparks, Dr. Schneider, nach dem Unglück veranlaßt, selbst die Techniker durch ein hochentwickeltes Robotmodell (Serie 700) zu ersetzen. Immer noch ist der Ruf von Delos angeknackst. Um das Image aufzupolieren, werden eine Anzahl Journalisten, darunter auch Tracy Ballard und Chuck Browning, mit der Zusicherung eingeladen, hinter sämtliche Kulissen von *Futureworld* blicken zu dürfen. Browning hat bereits vor seiner Ankunft einen ›todsicheren‹ (d. h. für den Informanten todbringenden) Tip bekommen, daß in Delos etwas nicht stimmt. Voller Mißtrauen recherchieren die beiden Journalisten in dem riesigen Illusionenpark auf eigene Faust, was sich wegen der allgegenwärtigen Überwachungsmaschinerie als äußerst schwierig erweist. In der ersten Nacht werden die beiden narkotisiert und in ein Labor geschafft, um lebensechte Nachbildungen von ihnen zu machen. Und das ist auch das Geheimnis von Delos. Hier werden exakte Kopien von einflußreichen Persönlichkeiten hergestellt, die zuvor nach Delos eingeladen werden. Die Kopien werden so programmiert, die

Menschen, denen sie nachgebildet sind, zu töten und deren Plätze einzunehmen. Sie sind von Delos aus manipulierbar. Bei weiteren Nachforschungen treffen die beiden ›echten‹ Journalisten den Techniker Harry, der als einer der wenigen Menschen die technischen Anlagen zu warten hat, bei denen etwa wegen Feuchtigkeit die Roboter versagen. Dieser hilft ihnen, das geheime Laboratorium ausfindig zu machen und somit hinter das Geheimnis von Delos zu kommen. Doch es ist beinahe zu spät, denn schon treten die Duplikate in Aktion. Es kommt zum Kampf auf Leben und Tod zwischen Original und Fälschung. Der Zuschauer kann hinterher nicht mehr unterscheiden, wer denn nun wer ist; jedenfalls bleibt je ein männlicher und ein weiblicher Teil auf der Strecke. Selbst Dr. Schneider, zur Verabschiedung der Journalisten am Flughafen erschienen, läßt sich täuschen. Das Gute siegt. – »Der Kino-Ausflug nach *Futureworld* ist ... für den SF-Fan eine vergnügliche Sache. Für einen Fortsetzungsfilm hat man sich viel Neues einfallen lassen. Das schönste Detail vielleicht: ein Schachspiel, dessen Figuren ›lebendige‹ Projektionen sind ... Einzig auf den Auftritt des legendären Revolvermannes aus *Westworld* (Yul Brynner) hätte man ohne weiteres verzichten können. Er existiert nur noch als Wunschmann in den – durch einen Traumvideocomputer der Umwelt zugänglich gemachten – Träumen der TV-Reporterin Tracy.« (H. D. Furrer in ANDROMEDA) – Bedauerlich ist, daß Regisseur Heffron relativ wenig aus dem brisanten Thema (die Angst vor den Robotern bzw. vor denen, die sie beherrschen) herausholt: da gibt es zwar technische Spielereien, ›menschliche‹ Roboter, eine berufliche wie erotische Beziehung, am Schluß die kinoübliche Jagd; es überwiegen jedoch die Thriller-Elemente. Ⓥ UFL

Future Zone
(FUTURE FORCE 2). USA 1989.
R David A. Prior. *B* David A. Prior.

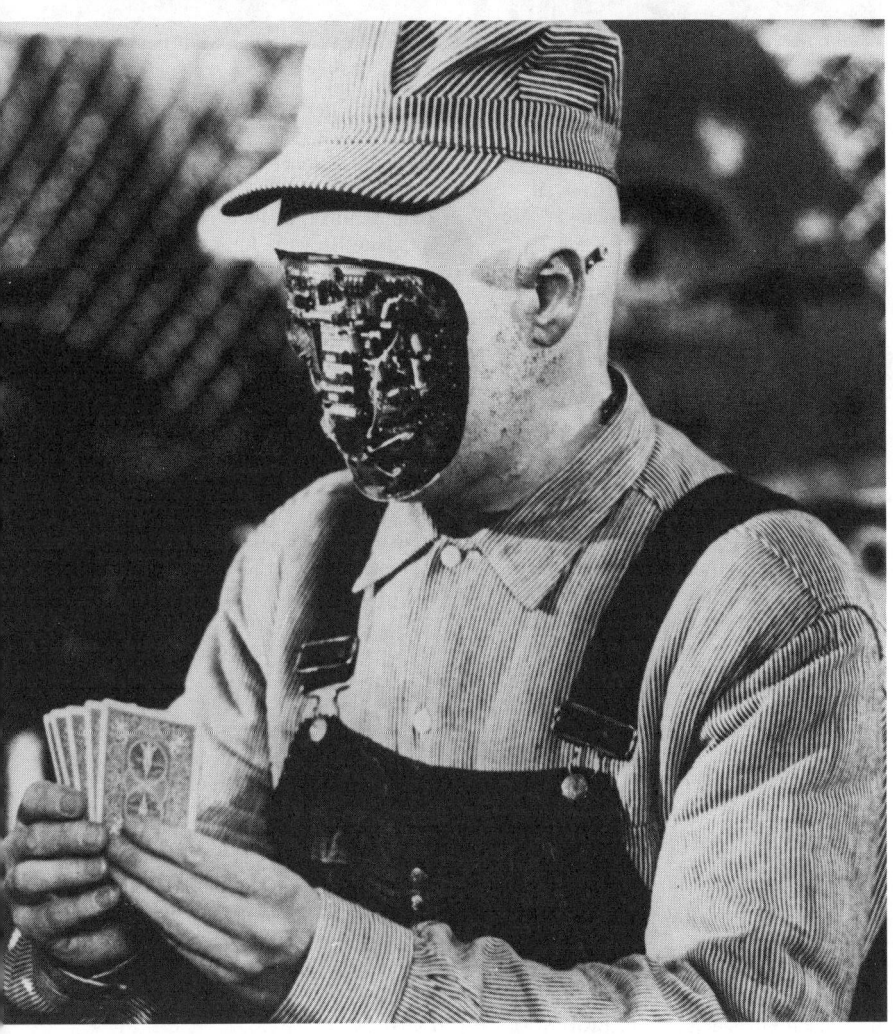

Futureworld von Richard T.Heffron

K Voya Mikulic. *M* William P. Stromberg. *D* David Carradine (John Tucker), Ted Prior (Billy), Patrick Cullington (Hoffman), Gail Jensen (Marion), Ron Taft (Dugan). *F* 75 Min. Vorgeschichte siehe *Future Force*. – Tukker, noch immer auf Streife, überprüft zusammen mit einem jungen Spunt den Mord an einem Dealer. Im Laufe des Unternehmens erweist sich sein Partner als Zeitreisender. Er verrät Tucker den Mörder und erzählt ihm, daß seine schwangere Frau sich vernachlässigt fühlt. Zudem ist er sein Sohn. – »Da der Ausgang der Films schon früh verraten wird, erzeugt die Mischung von Genre-Zutaten aus Western, Science Fiction und Krimi nur Langeweile.« (A. Jungeblodt, FILMDIENST). – Nur auf Video
Ⓥ Madison

G

Galaxina

(GALAXINA). USA 1980.
R William Sachs. *B* William Sachs.
K Dean Cundey. *SpE* Chuck Colwell.
M N. N. *D* Dorothy R. Stratten
(Galaxina), Avery Schreiber (Capt.
Cornelius Butt), Stephen Macht (Thor),
James D. Hinton (Buzz), Lionel M.
Smith (Maurice), Tad Horino,
H. Kaplowitz. *F* 85 Min.
Im Jahre 3008 ist ein Polizeiraumer unterwegs zum Planeten Altar 1. Dort lebt ein gewisser Frank Future, der angeblich den ›Blauen Stein‹ besitzt, mit dem man das ganze Universum beherrschen kann. Galaxina, ein weiblich aussehender Roboter, verknallt sich in einen Offizier, programmiert sich zur ›perfekten Frau‹ um (die sogar Kinder bekommen kann), bekämpft allerlei galaktische Fieslinge und kann dem Erzhalunken schließlich den Stein entreißen. – Der Film enthält zwar zahlreiche parodistische Elemente und Verweise auf andere SF-Streifen, konnte aber wenig überzeugen. Als kurz nach Beendigung der Dreharbeiten die Hauptdarstellerin Dorothy R. Stratten (ein Ex-*Playboy*-Fotomodell), die laut FILMDIENST in ihrer Darstellungskunst »nie über das Niveau einer Barbie-Puppe hinauskommt«, ermordet wurde, erhielt der Film zwar breite Popularität, wurde jedoch aus Gründen der Pietät aus den Theatern zurückgehalten. »Für mich ist *Galaxina* ein Western. Wir haben ein Duell wie in HIGH NOON auf der Straße einer Westernstadt, und es spielen gute und böse Buben mit... Es gibt für mich zwei Arten von Science Fiction. Einmal die der harten Wissenschaften, und dann die der psychologischen Seite, wo es mehr um Konzepte und Ideologien geht als um Raumschiffe und Laserstrahlen. Möglicherweise mag ich die psychologische SF mehr – aber damit hat *Galaxina* nichts zu tun.« (William Sachs) – In der BRD nur auf Video.
Ⓥ Arcade

Die Galaxis der Gesetzlosen

(EARTH STAR VOYAGER). USA 1987.
R James Goldstone. *B* Ed Spielman.
K Robert Stevens. *SpE* Richard Edlund.
M Lalo Schifrin. *D* Jonathan Hayes
(Capt. Jake Brown), Julia Montgomery
(Dr. Sally Arthur), Jason Michas
(Beanie Bienstock), Peter Donat (Adm.
Beasley), Brian McNamara, Huxley
Wells. *F* 120 Min.
Mit dem Raumschiff *Earth Star Voyager* stößt eine Crew aus vierzehn- bis fünfundzwanzigjährigen Genies ins All vor, um den 18 Lichtjahre entfernten Planeten Demeter zu erschließen, der den Menschen auf der fast unbewohnbaren Erde die einzige Existenzmöglichkeit bietet. Die Pioniere sind so jung, weil die Mission 25 Jahre dauern soll. Die Leiter des Projekts sabotieren den Flug; Captain Brown, der einzige Erwachsene an Bord, stirbt. Eigentlich ist die *Earth Star Voyager* nur Bestandteil einer geplanten Raumbasis. Aber die Youngster schlagen sich wacker und erfüllen das Ziel ihrer Mission. – »Der Jugend gehört die Zukunft. Erstens sowieso, und zweitens in 100 Jahren besonders... Klar, daß die cleanen und coolen Kids den bösen Alten zeigen, wo's langgeht. Die jungen Unternehmer sind nicht aufzuhalten, wenn es darum geht, neue Märkte zu erobern.« (FISCHER FILM ALMANACH). – Nur auf Video.
Ⓥ Euro

Galaxy der Zeitlosen

(BEYOND THE RISING MOON).
USA 1988.
R Philip Cook. *B* Philip Cook. *K* Philip Cook. *SpE* Philip Cook. *M* David Bartley. *D* Tracy Davis (Pentan), Hans Bachman (Harold Brickman), Michael Mack (John Moseby), Ron Ikejiri (Takahi Kuriyama), Rick Foucheux, James Hild, Reggie Vaughn, Judith Miller. *F* 97 Min.

Die attraktive Replikantin Pentan wird
vom Kuriyama-Konzern eingesetzt, wenn
schmutzige Aufträge anstehen. Als sie der
Konkurrenz Lagepläne für ein abgestürztes Raumschfiff besorgt, dessen technische Innovationen viel Macht versprechen, müssen Unschuldige sterben. Pen-
tans Denkprozeß und Gerechtigkeitssinn
setzen ein. Mit dem Abenteurer Brickman
flieht sie zum Lageplatz des Raumschiffes
auf dem Planeten Elysium. Kuriyama
schickt seine Häscher los, die im Luft-
kampf gegen Brickman und Pentan den
Kürzeren ziehen. – »Regisseur Philip
Cook hat sich für seine Science Fiction-
Mär kräftig im Fundus der einschlägig bekannten Genre-Klassiker bedient. Leider
garantiert das, was bekannt und bewährt
ist, nicht immer auch das gewünschte
Maß an Spannung. Die muß irgendwo in
einem Zeitloch zwischen den Galaxien
verschwunden sein.« (CINEMA). – Der Titel ist, wie immer, wenn Filmverleiher die
Galaxien bemühen, völlig hirnloser Humbug. – Nur auf Video.
Ⓥ Starlight

Galaxy Destroyer
(GALAXY DESTROYER). USA 1987.
R Brett Piper. *B* Brett Piper. *K* Ron
Wyman. *SpE* Cheap Tricks Unlimited.
M Zon Vern. *D* Matt Miller (Harry
Trent), Denise Coward (Dana), Joe
Gentissi (Mad Dog Kelly), Bill
McLaughlin (Prof. Hoffenstein),
Saunder Finard (Alter), Helene Michael-
Martin (Toni). *F* 90 Min.
Gigantische Kreaturen wüten im All. Der
Raumpirat Harry Trent will die Erde
rechtzeitig vor einer Invasion warnen. Als
er eintrifft, hat sie schon stattgefunden.
Also muß er die Sache wohl selbst in die
Hand nehmen. – Nur auf Video.
Ⓥ Rebell

Gambit
(TV-ARD). BRD 1987.
R Peter F. Bringmann. *B* Matthias
Seelig. *K* Helge Weindler. *M* N.N.
D Despina Pajanou (Billie), Dominic

Raacke (Georg Dreibrodt), Rolf Zacher
(Steinbrenner), Heinz Bennent
(Feuerbach), Wim Roil (Stumm), Stefan
Reck (Gregor), Werner Kreindl
(Cornelius), Max Tidof (Stromberg),
Hans Zander (Schiefer), Peter Berling
(Dr. Baton), Sepp Wäsche (Max), Käte
Jaenicke (Vermieterin), Michael Tregor
(Klaus), Wolfgang Finck (Brassert).
F 96/112 Min.
Eine rechtsradikale, international organi-
sierte Terrorgruppe, die offenbar Bezie-
hungen zu höchsten Regierungskreisen
hat, erpreßt die Bundesregierung: Sie will
ein AKW in die Luft sprengen, falls man
ihr nicht eine Milliarde in Gold zahlt. Ein
Terrorist, der abspringen will, packt bei
der Journalistin Billie aus, wird aber umgelegt . . . Ein TV-Zweiteiler.

**Gamera gegen Gaos – Frankensteins
Kampf der Ungeheuer**
(GAMERA TAI GYAOSU). Japan 1967.
R Nuriaki Nuasa. *B* Fumi Takahashi.
K Akira Uehara. *SpE* Kazufumi Fujii.
M Tadashi Yamauchi. *D* Kojiro Hongo,
Rciko Kasahara, Taro Marui, Yoshio
Kitahara. *F* 83 Min.
Erdbebenwelle in Japan. Der Urweltdra-
che Gamera und die aus ihrer Höhle be-
freite Riesenfledermaus Gaos treffen aufeinander, prügeln sich schrecklich und
verwüsten dabei die Landschaft. Schließlich entdeckt der den Menschen wohlge-
sonnene Gamera die Achillesferse seines
bösen Kontrahenten und macht die Riesenfledermaus alle. Ein Radaufilm aus
der untersten Schublade.

**Gamera gegen Jiggar: Frankensteins
Dämon bedroht die Welt**
(GAMERA TAI DAIMAJU JAIGA).
Japan 1970.
R Noriaki Yuasa. *B* Fumi Takahashi/
Kazamasu Nagano. *K* Akira Kitzaki.
M Shunsuke Kikuchi. *D* Tsumoto
Takakuwa (Hiroshi), Kelly Varis
(Tommy), Katherine Murphy (Susan),
Kon Omura (Ryosaku), Frank Gruber
(Dr. Williams), Sanshiro Honoo

(Keisuke), Junko Yashiro (Miwako). *F* 83 Min.
Dr. Williams leitet Ausgrabungen auf einer Südpazifikinsel. Dabei wird die Riesenechse Jiggar freigelegt, die man für eine versteinerte Statue hält und deshalb zur Weltausstellung nach Osaka bringt. Jiggar erwacht, tobt fürchterlich in der Stadt herum und richtet schwere Verwüstungen an. Die Riesenschildkröte Gamera stellt sich mutig dem Urweltvieh entgegen, kriegt aber schwer eins auf die Birne. Die Jungen Hiroshi und Tommy begeben sich mit einem Miniatur-U-Boot ins Innere Gameras, heilen die Riesenschildkröte von einer Geschwulst und bringen sie dazu, den Kampf mit Jiggar fortzusetzen – den sie natürlich gewinnt.

Gappa – Frankensteins fliegende Monster
(DAIKYUJO GAPPA). Japan 1968.
R Haruyasu Noguchi. *B* Iwao Yamazaki/Ryuzo Nakanishi. *K* Muneo Veda. *SpE* Akira Watanabe. *M* Seitaro Omori. *D* Tamio Kawaji (Kurosaki), Yoko Yamamoto (Itoko), Yuji Okada (Tonooka), Koji Wada (Machida), Tatsuya Fuji (Inouye). *F* 87 Min.
Ein japanischer Zeitschriftenverleger stellt eine aus Journalisten und Wissenschaftlern bestehende Expedition zusammen, die auf einer Vulkaninsel im Pazifik seltene Pflanzen und Tiere sammeln soll. Dabei legt ein Erdstoß einen Höhleneingang frei. In der Grotte stößt man auf alte Knochen und ein seltsames Ei. Als das Ei zerbricht, gibt es einen monströsen Vogel frei, den die Eingeborenen als ›Gappa‹ verehren. Trotz der Warnungen der Inselbewohner nimmt man Gappa mit nach Japan, um ihn in einem Tierpark auszustellen. Dann bricht der Inselvulkan aus, und zwei riesige, feuerspeiende Vogelmonster, die dem Anschein nach Gappas ›Eltern‹ sind, kriechen aus der Erde. Sie fliegen nach Japan, wo sie auf der Suche nach ihrem Kleinen ganze Städte in Schutt und Asche legen. Obwohl die japanische Armee Flugzeuge und Panzer gegen die Ungeheuer einsetzt, vermag man sie nicht aufzuhalten. Schließlich wendet man die Gefahr ab, indem man das Jungtier freiläßt. Zusammen mit seinem monströsen Elternpaar macht es sich nun wieder auf die Heimreise.
»Gelegentlich sieht man während des vorwiegend dunkel in Dunkel fotografierten Films ein wenig von den Physiognomien der Gappas, und hinter den grauslichen Schnäbeln, Bärten, Schuppen und Hautlappen leuchtet's dann für einen kurzen Augenblick direkt menschlich auf. Der Aufwand, der hier betrieben wurde, ist beachtlich. Doch dient er nur einem recht primitiven Spiel.« (FILMDIENST) – »Die Kulissen sind besser als bei Honda: solange sie stehen, merkt man nicht, daß es sich um Kulissen handelt. Würden sie langsamer fallen, so würden sie allerdings echter wirken.« (SCIENCE FICTION TIMES) Ⓥ ITT Contrast

G.A.S.S. Oder: Es war notwendig, die Welt zu vernichten, um sie zu retten
(GAS-S-S-S! OR: IT BECAME NECESSARY TO DESTROY THE WORLD IN ORDER TO SAVE IT). USA 1970.
R Roger Corman. *B* George Armitage. *K* Ron Dexter. *M* Country Joe (= Joe McDonald) and the Fish. *D* Robert Corff (Coel), Elaine Giftos (Cilla), Pat Patterson (Demeter), George Armitage (Billy the Kid), Alex Wilson (Jason), Alan Braunstein (Dr. Drake), Ben Vereen (Carlos), Cindy Williams (Marissa), Bud Cord (Hooper), Talia Coppola (Coralie), Lou Procopio (Marshall McLuhan), Jackie Farley (Ginny), Phil Borneo (Quant). *F* 79 Min.
Irgendwann in den Vereinigten Staaten der Zukunft: Ein Kampfgas der US Army strömt versehentlich aus und tötet alle Menschen über fünfundzwanzig. Eine bunt zusammengewürfelte Gruppe junger Leute ist unterwegs zu einem Pueblo in New Mexico, das eine Art neues Mekka für die Überlebenden darstellt. Unterwegs

hat man allerlei Abenteuer zu bestehen: Man wird von faschistischen Trüppchen gefangengenommen und begegnet Edgar Allan Poe auf einem Motorrad, während ein übriggebliebener Texas-Ranger eine Ordnung aufrechtzuerhalten versucht, die längst nicht mehr existiert. In der Abschlußszene feiert man eine Riesenfete, verbrennt die Bücher von Harold Robbins und Jacqueline Susann, woraufhin sich die Erde auftut und die Idole Amerikas aufmarschieren: Von Abraham Lincoln über John F. Kennedy bis zum Grinsepitter Alfred E. Neuman (Titelheld des Nonsensmagazins *Mad*) ist da alles vertreten. Sogar Gott sollte eine größere Rolle in diesem Film spielen, was die Produktionsfirma hintertrieb, woraufhin Regisseur Roger Corman sich von ihr trennte. *G.A.S.S.* ist in der BRD lediglich als Original mit Untertiteln gelaufen.»Für Corman, der hauptsächlich Horror machte, erstaunlich.« (SCIENCE FICTION TIMES)

Der Gast aus der Zukunft
(POD SOSWES DIJEM BLISNEZOW).
UdSSR 1978.
R Boris Iwtschenko. *B* Igor Rossochowatowski/Iwan Mikolajtschuk. *K* Sergej Stassenko. *D* Wsewolod Gawrilow (Prof. Jaworowski), Gennadi Schkuratow (Sigom), Boris Below (Oberst Tarnow), Gulbustan Taschbajewa (Maria). *F* 82 Min.
»Wie ein Krimi beginnt Boris Iwtschenkos utopisch-fantastische Filmerzählung: Unerklärliche Zwischenfälle beschäftigen die Miliz. Unter seltsamen Umständen verschwand aus einem Forschungsinstitut sogenannte Übermaterie, ein synthetisches Gehirn. Ein rätselhafter Flugapparat unbekannter Herkunft wurde von einem Abfangjäger abgeschossen. Aus einer entfernten Stadt kamen Berichte über Wunderheilungen. Alles scheint irgendwie im Zusammenhang zu stehen. Und doch tappen Kriminologen und Spezialisten im dunkeln. Da meldet sich plötzlich der große Unbekannte per Fernsehen, warnt die Völker der Erde vor einem Erdbeben immensen Ausmaßes, und somit lüftet sich auch seine Identität. Kein Abgesandter einer extraterrestrischen Hyperzivilisation, sondern das sensationelle Ergebnis der langjährigen Arbeit vieler Wissenschaftler ist hier am Werke: Der Mensch, imstande, sich selbst zu übertreffen, wurde zum Schöpfer eines Wesens, das komplizierter, intelligenter, fähiger ist als er selbst – ein Super-Computer, ein perfekter Roboter mit menschlichem Äußeren begann selbständig zu handeln. Ausgestattet mit hochsinnigen humanistischen Idealen und fast unwahrscheinlichen Fähigkeiten zur Erkenntnis der Welt, ist ›Sigom‹ dazu ausersehen, der Menschheit zu dienen. Er wird in ihrem Auftrag zum Sternbild der Zwillinge fliegen. Er ist nur ein Gast auf der Erde, ein Gast aus einer nicht allzu fernen Zukunft, wie die Filmschöpfer uns glauben machen, indem sie die Filmhandlung nicht in ferne Zeiten und Welten verlegten, sondern direkten Bezug zur irdischen Wirklichkeit herstellen. Der Zuschauer soll nachdenken über die Macht der Vernunft und ihre positiven Potenzen.« (FILMSPIEGEL)

Gäste aus der Galaxis
(GOSTI IZ GALAKSIJE/MONSTRUM Z GALAXIE ARCANA).
Jugoslawien/ČSSR 1981.
R Dusan Vukotić. *B* Milos Macourek/ Dusan Vukotić. *K* Jiri Macák. *M* Tomislav Simović. *D* Ljubisa Samardzić, Zarko Potocnjak, Lucie Zulová, Ksenija Prohaska. *F* 89 Min.
»All das Grausig-Schöne, das der Science Fiction-Fan und Amateur-Romancier Robert an jenem Abend an der idyllischen Adria-Küste ausspinnt, wird plötzlich lebendige Realität! Die Geschöpfe seiner überschäumenden Fantasie, der wohlgeformte weibliche Roboter Andra von der fernen Galaxis Arkana, ihre beiden ebenso niedlichen wie ungezogenen Kinderchen Ulu und Targo und deren erschröckliches Spielzeugmonster Mu-Mu suchen heftig Kontakt mit ihrem geistigen Erzeuger. So heftig, daß Roberts geplagte

Freundin Bina auf die hübsche Kosmos-Konkurrentin eifersüchtig wird und das ungebärdige grauslige Monster ein wahres Massaker unter einer Hochzeitsgesellschaft anrichtet. Aber keine Angst – Andra weiß Rat: sie dreht ganz einfach die Zeit zurück und macht so alles im wahrsten Sinne des Wortes ungeschehen. – Der Fantasie sind in diesem in jedem Sinne fantastischen Film keine Grenzen gesetzt. Und als Robert seine bizarren Geschöpfe (im Geist) in ihre ferne kosmische Heimat zurückbegleitet, weiß er: ›Die Kosmonauten kommen später...‹ Der neue Spielfilm des weltbekannten jugoslawischen Trickfilmers Dusan Vukotić und seines genrebewährten tschechischen Co-Autors Milos Macourek ist eine zwerchfellerschütternde Parodie auf billigen amerikanischen Weltraum-Horror, und auch ein wenig mehr – eine Huldigung an die menschliche Fantasie.« (Text des PROGRESS-Filmprogramms) – »Eine Parodie auf einschlägige Monsterschinken aus westlichen Ateliers sollte es wohl werden. Aber dazu investierte Vukotić – eigentlich erstaunlich bei seinem ansonsten engagierten Schaffen – ein entschieden Zuwenig an Witz, Geist und Ironie. Und so bleibt's beim hanebüchenen Klamauk, beim freundlichen Spiel mit dem makabren Scherz, dem überdrehten Gruseleffekt.« (LVZ, 19./20. 3. 1983)

Der Geächtete von Gor
(OUTLAW OF GOR). USA 1987.
R John Bud Cardos. *B* Peter Welbeck/
Rick Marx. *K* Johan Van de Vyfer.
M Paula Erickson. *D* Urbano Barberini
(Tarl Cabot), Rebecca Ferrati (Talena),
Donna Denton (Lara), Jack Palance
(Xenos), Russel Savadier (Watney
Smith), Nigel Chipps (Hup), Alex
Heyns (Ältester), Tulio Monetta (Ost),
Larry Taylor (Marlenus), Michael
Brunner (Targus). *F* 85 Min.
Vorgeschichte siehe *Gor*. – Der vom Planeten Gor zur Erde zurückversetzte Tarl Cabot leidet unter akutem Frust, weil er von der schönen Talena getrennt ist. Ein

Unwetter versetzt ihn erneut auf die barbarische Welt, wo Lara, die Gattin des Marlenus, die Alleinherrschaft anstrebt. Bald schwingt er wieder die Klinge. – »Kein Plot, nicht das geringste Quentchen an Spannung, dafür aber reichlich Tits und Ass.« (Norbert Stresau, FILM-JAHRBUCH).
Ⓥ Cannon/VMP

Geburten verboten
(ZERO POPULATION GROWTH).
USA/GB 1971.
R Michael Campus. *B* Max Ehrlich/
Frank DeFelitta. *K* Michael Reed.
SpE Derek Meddings. *M* Jonathan
Hodge. *D* Oliver Reed (Russ McNeil),
Geraldine Chaplin (Carole McNeil),
Diane Cilento (Nachbarin), Don Gordon
(Nachbar), Bill Nagy, Lotte Tholander,
Aubrey Woods, Wayne J. Rodda,
David Markham, Sheila Reid, Brigge
Federspiel, Ditte Maria, Paul Secon,
Christian Sarvig, Jeff Slocombe, Dale
Robinson, Victor Lapari, Bent
Christensen. *F* 90 Min.
Die Welt ist überbevölkert, Kinderkriegen ist verboten. Man lebt in vollcomputerisierten Wohneinheiten mit riesengroßen Videoschirmen. Wer hinausgeht, muß wegen des permanenten Smogs eine Gesichtsmaske tragen. Das in einem Museum arbeitende Ehepaar McNeil sehnt sich nach einem Kind, muß aber – wie alle anderen auch – mit einer häßlichen, mechanischen Puppe vorliebnehmen. Als ihnen dies nicht mehr genügt, zeugen sie, obwohl darauf die Todesstrafe steht, ein Kind, das sie heimlich zur Welt bringen und aufziehen. Da sie wissen, daß es nicht ewig so weitergehen kann, bereiten sie ihre Flucht aus der Stadt vor, indem sie in der Kanalisation – genau unter dem Hinrichtungsplatz – ein Schlauchboot deponieren. Als ein befreundetes Nachbarpärchen von dem Kind erfährt, werden die McNeils denunziert und zum Hinrichtungsplatz gebracht. Als man eine Art Käseglocke über sie stülpt (unter deren luftdichter Hülle sie vergast werden sollen),

bahnt sich Russ McNeil mit Hilfe eines Meißels (!) einen Fluchtweg in den Abwasserkanal. Zusammen mit Frau und Kind gelangt er durch die Kanalisation ans offene Meer, wo die Story an einem sauberen Sandstrand endet. – Der handwerklich stellenweise nicht schlecht gemachte Streifen verliert dadurch viel von seiner Durchschlagskraft, indem er in endlosen Großaufnahmen die auf Neurotikerinnen spezialisierte Geraldine Chaplin als leidende Mutter zeigt, und riß Festivalbesucher zu wahren Heiterkeitsausbrüchen hin, als Oliver Reed sich allen Ernstes anschickte, mit einem Meißel einen Tunnel durch eine Straßendecke zu bohren.»Hier wurde aus einem brennend aktuellen Thema leider ein schwacher Film gebastelt, der nicht aufrüttelt, sondern stellenweise sogar seine Längen hat.« (VAMPIR)
Ⓥ All *(Z.P.G. – Die Erde stirbt)*

Gefahr aus dem Weltall

(IT CAME FROM OUTER SPACE). USA 1953. *R* Jack Arnold. *B* Harry Essex. *St* Ray Bradbury. *K* Clifford Stine. *SpE* David S. Horsley. *M* Joseph Gershenson. *D* Richard Carlson (John Putnam), Barbara Rush (Ellen Fields), Charles Drake (Sheriff Warren), Russell Johnson (George), Kathleen Hughes (Jane), Joseph Sawyer (Frank Daylon), Alan Dexter (Dave Loring), Dave Willock (Pete Davis), George Eldredge (Dr. Snell), Brad Jackson (Assistent), Warren McGregor (Toby), George Selk (Tom), Edgar Dearing (Sam), William Pullen (Deputy Reed). Virginia Mullen (Mrs. Daylon), Robert S. Carson (Dugan), Dick Pinner (Lober). 80 Min. Arizona, USA: In der Nähe der Wüstenstadt Sands Rock bohrt sich ein seltsamer Gegenstand in die Erde. Der Amateurastronom Putnam, der an die Existenz außerirdischen Lebens glaubt, versucht seine Nachbarn an den Gedanken zu gewöhnen, daß man möglicherweise Besuch aus dem All erhalten hat. Er erntet aber nur Spott und Hohngelächter. Sein Verdacht verstärkt sich, als zwei Mechaniker spurlos verschwinden und später wieder auftauchen: Aber sie scheinen keinerlei Gefühle mehr zu haben und benehmen sich, als würde sie jemand geistig kontrollieren. Als auch seine Freundin Ellen Fields diese seltsamen Symptome zeigt, fordert Putnam die Dorfbevölkerung auf, sich zu bewaffnen. Schließlich ist es ihm vergönnt, einen näheren Blick auf den seltsamen ›Meteoriten‹ zu werfen: In Wahrheit handelt es sich bei dem rätselhaft glühenden Objekt um ein interstellares Raumschiff, dessen Insassen ›ektoplasmische Xenomorphen‹ sind und x-beliebig ihr Aussehen verändern können. Die Außerirdischen sind auf der Erde gelandet, um Reparaturen an ihrem Raumschiff vorzunehmen, und um nicht aufzufallen, haben sie die Gestalten diverser Dorfbewohner imitiert. Während Sheriff Warren und seine Leute den Landeplatz der Aliens umstellen, dringt Putnam in das Raumschiff ein und führt ein Gespräch mit den Fremden. Obwohl es aus Versehen zu einigen Gewalttätigkeiten kommt, gelingt es ihm, die Außerirdischen friedlich zu stimmen. Als er das Raumschiff verläßt, sprengt er den Eingang des unterirdischen Labyrinths, in dem sie sich verborgen haben, denn er will verhindern, daß die ängstlichen Bewohner von Sands Rock das Feuer auf die Besucher aus dem All eröffnen. – *Gefahr aus dem Weltall* ist gleich in mehrerlei Hinsicht ein bemerkenswerter Film: Er wurde im 3-D-Verfahren hergestellt, war der erste SF-Streifen, bei dem Jack Arnold Regie führte, und hatte als Vorlage ein Treatment des damals auf dem Höhepunkt seines künstlerischen Schaffens stehenden SF-Autors Ray Bradbury, eines Humanisten par excellence. Folglich sind die im Film auftauchenden Aliens auch keine zähnefletschenden Ungeheuer, die, von reiner Machtgier angetrieben, die Erde unterjochen wollen, sondern intelligente Lebewesen, denen die Bürokraten nur deswegen ans Leder wollen, weil alles Fremde ihr Mißtrauen hervorruft und auf dem amerikanischen flachen Land erst einmal geschossen wird, bevor man Fragen stellt. Den Studiobossen war Ray Bradburys Vorlage offenbar aber *zu* humanistisch und lyrisch: Harry Essex, ein Hollywood-Routinier, der unter anderem Skripte für Western und Krimis geliefert hat, nahm sich des Stoffes an und bearbeitete ihn stark. »*Gefahr aus dem Weltall* ist auch heute noch viel mehr als nur ein Stück Kuriosität. Trotz der nicht mehr zeitgemäßen Darstellungskunst der Schauspieler, der Hohlheit mancher Dialoge und der Mittelmäßigkeit Essex'... haben Arnolds intensive Regiearbeit und Bradburys verblüffende Ideen dazu beigetragen, innerhalb gewisser Grenzen einen echten Klassiker zu produzieren. Der Film hat einige Qualitäten und gewisse Szenen, die so packend sind, daß ich mich wirklich frage, wieso sich bisher noch niemand an ein Remake gemacht hat.« (Bill Warren, KEEP WATCHING THE SKIES!)

Gefahr: Diabolik
(DANGER: DIABOLIK).
Frankreich/Italien 1967.
R Mario Bava. *B* Dino Maiuri/Mario Bava/Brian Degas/Adriano Baracco/Tudor Gates. *K* Antonio Rinaldi.
M Ennio Morricone. *D* John Philip Law (Diabolik), Marisa Mell (Eva Kent), Michel Piccoli (Inspektor Ginco), Adolfo Celi (Ralph Valmont), Mario Donen (Sgt. Danek), Terry-Thomas (Finanzminister), Claudio Gora (Polizeichef), Edward Febo Kelleng (Sir Harold Clark), Caterina Boratto (Lady Clark), Giulio Donnini (Dr. Vernier), Annie Gorassini (Rose), Renzo Palmer (Ass. des Ministers). *F* 103 Min.
Diabolik, ein Meisterdieb der Zukunft, der zusammen mit seiner Freundin Eva in einem mit futuristischen Schikanen ausgestatteten unterirdischen Reich haust, kämpft als moderner Robin Hood gegen eine degenerierte Gesellschaft und deren Repräsentanten: den Polizisten Ginco und den Gangsterboß Valmont. Er stiehlt das Gold eines Banktransportes, blamiert seine Verfolger am laufenden Band, vernichtet sämtliche schriftlichen Unterlagen des Finanzministeriums (was ihn zu einem Volkshelden macht) und zeigt sich auch dann noch als Sieger, als man glaubt, ihn hundertprozentig in der Hand zu haben. – »Mario Bava reproduziert eine Produktenwelt. Er zitiert Chiffren, die bestimmte Empfindungen und Vorstellungen auslösen. Bond und Batman, reflexsprühendes Metall, Stuyvesant und Vinyl. Man fährt Jaguar, drückt auf Knöpfe, betätigt Hebel, spielt mit Licht: irisierende Bilderfolgen – Huldigung an Blau und Grün... *Gefahr: Diabolik* ist eine gemäßigte Huldigung an die Technik. Die Kamera ist oft statisch. Sie beobachtet das Material – enthüllt seine Funktionslosigkeit.« (FILM)

Gefahr in der Tiefe
(THE AQUARIANS).
USA 1970.
R Don McDougall. *B* Leslie Stevens/Winston Miller. *K* Clifford Poland.
M Lalo Schifrin. *D* José Ferrer (Dr. Vreeland), Ricardo Montalban (Dr. Luis Delgado), Kate Woodville (Barbara Brand), Chris Robinson (Ledring), Curt Lowens (Ehrlich), Tom Simcox (Jerry Hollis), Elsa Ingram (Jean Hollis), Lawrence Casey (Bob Exeter), Leslie Nielsen (Beamter), Joan Murphy (Norma), Harlan Warde, Austin Stoker, Napoleon Reed, Phil Philbin, Ted Swanson, Ken Harris, Myron Natwick, Henry Mortimer, Dan Chandler, William Evenson, Roger Phillips.
F 95 Min.
Eine Gruppe amerikanischer Meeresforscher – ›Aquanauten‹ genannt – erprobt neue Methoden, um die Unterwasserwelt zu erschließen, um aus ihr Nahrungsmittel zu gewinnen. Ein geheimnisvolles Fischsterben, dem sie nachgehen, entpuppt sich als Folge einer chinesischen Giftgasladung, die ein rivalisierender Forscher – von Gangstern gezwungen – aus dem Meer zu bergen versucht.

Marisa Mell und Michel Piccoli in *Gefahr: Diabolik*

Gefährlicher Countdown für Cyborg 009
(CYBORG 009/SAIBOOGU 009).
Japan 1980.
R Yashuhiro Yamaguchi. *B* Takazo Nakanishi. *F* 90 Min. (Zeichentrickfilm) Eine machthungrige Bande von Waffenproduzenten hat neun Cyborgs erschaffen – einen neuen Soldatentypus mit überragenden Fähigkeiten. Diese weigern sich jedoch, den Zielen ihrer Schöpfer zu dienen. Zusammen mit dem Konstrukteur Dr. Gilmore fliehen sie und kämpfen fortan für den Weltfrieden: Zur Verfügung stehen ihnen ein modern ausgerüsteter Stützpunkt und diverse Superfahrzeuge, mit denen sie sich zu Lande, zu Wasser und in der Luft optimal fortbewegen können.
Ⓥ Mike Hunter

Der gefährlichste Mann der Welt
(THE CHAIRMAN). GB 1968.
R J. Lee Thompson. *B* Ben Maddow. *LV* Jay Richard Kennedy. *K* John Wilcox. *M* Jerry Goldsmith. *D* Gregory Peck (Dr. John Hathaway), Anne Heywood (Kay Hanna), Arthur Hill (Lt. Gen. Shelby), Alan Dobie (Benson), Conrad Yama (Der Vorsitzende), Zienia Merton (Ting Ling), Ori Levy (Alexander Shertov), Eric Young (Yin), Burt Kwouk (Chang Shou), Alan White (Col. Gardner), Keye Luke (Prof. Soong Li), Francisca Tu (Soong Chu), Mai Ling (Stewardeß), Janet Key (Studentin), Gordon Sterne (Sergeant), Robert Lee (Portier), Helen Norton (Susan Wright), Keith Bonnard (Offizier), Cecil Cheng, Lawrence Herders, Simon Cain, Anthony Chinn, Edward Cast. *F* 100 Min.
Der amerikanische Biochemiker und Nobelpreisträger Hathaway geht im Auftrag des CIA in die VR China, um etwas über ein Wachstumsenzym in Erfahrung zu bringen, das die Ernährungsprobleme der ganzen Welt lösen könnte. Da die Chinesen jedoch kein Interesse daran haben, die Welt an ihrer Entdeckung teilhaben zu

lassen, soll Hathaway den Entwickler der Wunderformel (seinen ehemaligen Lehrer) entführen. Er weiß jedoch nicht, daß der Mini-Sender, den man auf operativem Weg in seinen Schädel transplantiert hat, nicht nur dazu dient, jedes in seiner Umgebung gesprochene Wort via Satellit nach London zu funken – das Ding ist auch mit einer Superbombe gekoppelt, die Hathaway in Fetzen reißen kann, sollte seine Mission schiefgehen. Es gelingt dem Biochemiker, seinen alten Lehrer zu treffen. Er erhält die Formel und flieht zur sowjetischen Grenze, die er in letzter Sekunde und unter schwerem Beschuß erreichen kann. Inzwischen aktiviert man jedoch in London die in seinen Kopf eingepflanzte Bombe, da man nicht mehr an seine Rettung glaubt. Doch im allerletzten Moment kann der Countdown noch angehalten werden... – »Hathaway ist gerettet, der Kinozuschauer frustriert ob so viel Unlogik und antichinesischer Hetze.« (SCIENCE FICTION TIMES) – »Im Grunde ist dieser zweifellos spannende Film ein politischer Propagandafilm, der die ›gelbe Gefahr‹ als Schreckgespenst an die Wand malt.« (FILMDIENST)
Ⓥ CBS/Fox

Gefangene der Tiefe
(EL REFUGIO DEL MIEDO).
Spanien 1973.
R José Ulloa. *B* Miguel Sanz/José Ulloa. *St* José Ulloa. *K* Antonio Milla. *M* Juan Pineda. *D* Craig Hill (Bob), Patty Shepard (Carol), Pedro Maria Sanchez (Chris), Fernando Hilbeck (Arthur), Teresa Gimpera (Margie).
F 92 Min.
Nach dem Großen Knall warten zwei Ehepaare – eins davon mit einem Sohn – in einem Atombunker darauf, daß die Erdoberfläche wieder bewohnbar wird. Zwischenmenschliche Konflikte unter den Bunkerinsassen führen jedoch zu Mord und Totschlag, und so gestaltet sich der erhoffte Neuanfang als äußerst schwierig. In der BRD nur auf Video.
Ⓥ Starlight

Gefangene des Universums
(PRISONERS OF THE LOST UNIVERSE).
GB 1983.
R Terry Marcel. *B* Terry Marcel/Harry Robertson. *K* Derek Browne. *M* Harry Robertson. *D* Richard Hatch (Dan Robuck), Kay Lenz (Carrie Madison), John Saxon (Kleel), Peter O'Farrell (Malachi), Ray Charleson (Grüner Mutant), Kenneth Hendel (Dr. Hartman), Philip van der Byl (Kahar).
F 91 Min.
Der *mad scientist* Hartman, der Elektriker Dan und die Journalistin Carrie werden von einer wildgewordenen Erfindung in ein Paralleluniversum geschleudert, wo sie sich gegen allerlei Barbaren, Räuber und einen machthungrigen Despoten zur Wehr setzen müssen. Während sich der leicht irre Akademiker alsbald mit dem Herrscher Kleel arrangiert, brechen für das Pärchen harte Zeiten an. Doch mehr als einmal ist ein Grüner Mutant, der sich ihnen anschließt, der Retter in der Not. – Ein schwaches Drehbuch, und Akteure, die bedeutungsschwangere Blicke um sich werfen, als seien sie darauf aus, daß dieser von einer Abschreibungsgesellschaft finanzierte Film den Piloten für eine TV-Serie abgeben könnte. »Fast alle Klischees und Stereotypen des gegenwärtigen Spektakel-Kinos sind in diesem dilettantisch inszenierten Abenteuer-Film vereint, der sich kraftstrotzend und martialisch gibt, aber nur lächerlich ist.« (FILMDIENST) – »Noch vor *Spacehunter* Favorit der Sparte ›Film des Jahres für Besucher unter sechs Jahren‹.« (KÖLNER STADTANZEIGER) Ⓥ Pacific

Gefangene im Weltraum
(STAR SLAMMER). USA 1987.
R Fred Olen Ray. *B* Michael D. Sonye. *K* Paul Elliott. *M* Anthony Harris. *D* Ross Hagen (Bantor), Sandy Brooke (Taura), Susan Stokey (Mike), John Carradine (Richter), Aldo Ray (Folterknecht), Dawn Wildsmith (Muffin), Marya Grant (Exene).
F 86 Min.

Die junge Taura wird von zwielichtigen Männern auf ein Raumschiff mit vielen anderen gefangenen Frauen gebracht, in denen es so zugeht, wie im üblichen Frauenknast-Film mit Sybil Danning oder Linda Blair. Eine erfolgreiche Revolte erlöst die süßen Schnuckis von ihren Leiden. – »Einfältiger Frauenzuchthausfilm im SF-Look von Billigfilmer Fred Olen Ray. Ein Hauch von Perversion wird mitgeliefert.« (VIDEO WOCHE). – »Hemmungslose Anleihen aus Sci-Fi und ›Frauenknast‹-Streifen setzen hier neue Maßstäbe auf der nach unten offenen Geschmacksskala. Derart dilettanisch, daß fünf Minuten Testbild unterhaltender sind als dieses Weltraum-Epos.« (KINO). – Nur auf Video. ⓥ Highlight

Geheimagent Barrett greift ein
(THE SATAN BUG). USA 1964.
R John Sturges. B James Clavell/ Edward Anhalt. K Robert Surtees. M Jerry Goldsmith. D George Maharis (Lee Barrett), Richard Basehart (Dr. Hoffman), Anne Francis (Ann), Dana Andrews (General), Edward Asner (Veretti), Frank Sutton (Donald), John Larkin (Michaelson), Richard Bull (Cavanaugh), Martin Blaine (Martin), John Anderson (Reagan), Russ Bender (Mason), Hari Rhodes (Johnson), John Clarke (Raskin), Simon Oakland (Tasserly), Henry Beckman (Dr. Baxter), Harold Gould (Dr. Ostrer), James Hong (Dr. Yang). F 114 Min.
Der Biochemiker Dr. Baxter hat in einem geheimen Forschungszentrum einen Virus entwickelt, der unter dem Namen ›Zellenpest‹ das Gleichgewicht des Schreckens zugunsten des Westens verschieben soll. Trotz allerstrengster Sicherheitsmaßnahmen wird der Virus zusammen mit einem anderen entwendet. Geheimagent Lee Barrett soll den Kampfstoff wiederbeschaffen. Er heftet sich an die Fährte eines gewissenlosen Fanatikers namens Ainsley, denn alles deutet darauf hin, daß er den Virus hat stehlen lassen, um damit die Welt zu beherrschen. Nach-

dem er mit dem anderen gestohlenen Virus die Stadt Key West entvölkert hat, kommt Barrett ihm auf die Spur: Der mysteriöse Mr. Ainsley ist niemand anders als Dr. Baxter, der in der Originalversion des Films kein geisteskranker Fanatiker ist, sondern ein Wissenschaftler, der seinen Auftraggebern – der US-Regierung – demonstrieren will, auf welch schmutzige Weise sie die Errungenschaften der Wissenschaft zur Kriegsvorbereitung mißbraucht. – Während die amerikanische Kritik den Film eher als banal abtat (TIME: »Nach der üblichen Formel gestrickte Geschichte, deren Effekte sich abnutzen, ehe man die Hälfte gesehen hat«), konnte man sich hierzulande mal wieder nicht vorstellen, welche Folgen der Einsatz bakteriologischer Gifte haben kann: »Der Einsatz eines riesigen Polizeiaufgebots und die Vollkommenheit des technischen Apparates sollen die Glaubwürdigkeit stützen. Aber die Handlung ist das Produkt einer blühenden Fantasie.« (FILMDIENST) – »Die Utopie als Ausgangsbasis... erschwert den Zugang zu der routiniert und realistisch gestalteten Kriminalstory. Denn unter dieser Utopie leidet die Spannung, zumal sich niemand ernsthaft vorstellen kann, daß ein Fläschchen mit einer Flüssigkeit die ganze Menschheit bedrohen soll.« (FILMBEOBACHTER) – Tja, 1965 hat man von Seveso nicht mal in Alpträumen geträumt.

Geheimauftrag CIA Istanbul 777
(COPLAN FX 18 CASSE TOUT). Frankreich/Italien 1965.
R Riccardo Freda. B Claude Marcel Richard. LV Paul Kenny. K Henri Persin. M Michel Magne. D Richard Wyler (Jeff Collins), Gil Delamare, Robert Manuel, Jany Clair, Maria Rosa Rodriguez, Robert Favart, Christian Kerville, Ivan Chiffre, Tony Sandro, Luono Ham Chau. F 94 Min.
Unveränderliche Kennzeichen sind die tadellose Bügelfalte, die jede fetzige Schlägerei übersteht, das stahlharte Gesicht, hin und wieder mit dekorativen Blutspu-

ren fotogen in Szene gesetzt, und natürlich das nie kalt werdende Schießeisen in seiner Hand: Jeff Collins will Altmeister James Bond das Wasser reichen, verhebt sich jedoch ganz kräftig daran. Jeff Collins muß die Welt retten. Zwei deutsche Raketenspezialisten sind spurlos verschwunden. Irgendein bombenlüsterner Kleinbürger hat sie in seine Gewalt gebracht. Bald findet Collins den einen in einem riesigen Koffer: als Leiche. Der zweite ist das Genie. Ihn zu finden jagt Jeff Collins um die halbe Welt. Nach »Sensationen, die nie gezeigt wurden« (so die Filmplakatwerbung) landet er in Istanbul, wo er den Drahtzieher allen Übels entlarvt. Ein Mr. Rakyan will mit Hilfe des Raketenspezialisten einen teuflischen Plan ausführen. Seine Rakete soll auf New York niedergehen, was die nichtsahnenden Amerikaner dazu bewegen soll, einen Atomschlag gegen die Russen zu führen. Zuletzt sollen dann nur Maos Chinesen übrigbleiben. Schon beginnt der Countdown, doch Polizei und Militär greifen auf Betreiben Collins' gerade noch rechtzeitig ein. Schließlich gelingt es ihm, den flüchtenden Rakyan »in wilder Verfolgungsjagd – zuletzt mit einem tollkühnen Autosprung von der Hafenmole auf ein schon in Fahrt befindliches Fährschiff – zur Strecke zu bringen« (Original-Ton Pressematerial).

Geheimnis der ewigen Nacht
(TAINA WETSCHNOI NOTSCHI).
UdSSR 1956.
R D. Wassiljew. *B* I. Lukowski.
K N. Bolschakow. *M* I. Morosow.
D I. Perewersew (Denissow),
K. Bartaschewitsch (Russanow),
M. Astangow (Prof. Merzalow).
A. Jaschnizki (Lawrentjew), D. Stoljarskaja (Turtschina), E. Ismailowa (Sokolowa). *F* 78 Min.
Ein fürchterliches Seebeben setzt aus unergründlichen Meerestiefen Strahlen frei. Dadurch wird der Wissenschaftler Denissow auf seiner Beobachtungsstation so geblendet, daß er zunächst das Augen-

Das Geheimnis der ewigen Nacht

licht, bald aber wahrscheinlich auch das Leben verlieren wird. Eine Pflanze, die in mehr als 5000 Metern Tiefe wächst, scheint gegen die tödliche Strahlung immun zu sein. Sie könnte, zum Impfstoff umgewandelt, strahlungskranken Menschen Hilfe bringen. Also macht sich Prof. Merzalow mit dem neuentwickelten Bathyscaphe auf, zusammen mit dem Todgeweihten die Tiefen nach der Pflanze abzusuchen. Nach vielen Abenteuern mit Tiefseebewohnern und furchtbaren Energien kann der automatische Greifer des U-Bootes die rettende Pflanze vom Meeresgrund pflücken. Denissow ist gerettet. Die Expedition bringt nebenbei auch das Element Atlantium zutage, das der Wissenschaft ungeahnte Perspektiven eröffnet und zu einem Segen der Menschheit zu werden verspricht. – »Dieser Film erzählt eine Geschichte, in der sich Fantasie und Wahrheit mischen. Aber morgen kann Wirklichkeit geworden sein, was hier noch wissenschaftliche Vermutung darstellt. Die Meerestiefen, bis jetzt auf 4000 Meter erforscht, verlieren mit Hilfe der Technik mehr und mehr ihre Unergründlichkeit. Dem kühn suchenden Menschen erschließen sich Geheimnisse

der Erde. Immer weiter stößt er ins Unbekannte vor.« (Horst Beseler, PROGRESS
FILMILLUSTRIERTE – Dreißig Jahre später
verblüfft die Sorglosigkeit und Zuversicht, mit der größte technische, medizinische und naturwissenschaftliche Probleme mit den Mitteln des Films auf einfach-
ste Lösungen reduziert werden. Die Wissenschaften werden schon alle Schwierigkeiten meistern. Es war einmal!

Das Geheimnis der fliegenden Teufel
Anderer Titel für **Alien – Without
Warning**

Das Geheimnis der Grünen Hornisse
(THE GREEN HORNET). USA 1974.
R Norman Foster. *B* Charles Hoffman/
Jerome Thomas/Ken Pettus/Art
Weingarten. *K* Jack Marta. *M* Al Hirt.
D Van Williams (Brett Reid/Grüne
Hornisse), Bruce Lee (Kato), Walter
Brooks (Staatsanwalt), Wende Wagner
(Nora Case), Lloyd Gough (Mike
Axford). *F* 90 Min.
Der Zeitungsverleger und Rundfunksta-
tionsbetreiber Reid und sein karateschla-
gender Gehilfe Kato agieren in diesem
aus drei TV-Episoden zusammenge-
schnittenen Spielfilm zum Wohle der
Menschheit, indem sie a) einen Jet-Set-
Club, der zum Spaß Menschenjagden veranstaltet, b) dem wahnsinnigen Dr. Mabuse, der eine Bombe entwickelt hat, die
die Erde vernichten kann, und c) einem
Racket, das in Chinatown kleine Händler
terrorisiert, das Handwerk legen. In einer
Episode tauchen in Reids Büro ein paar
futuristisch gekleidete Figuren auf, die
sich als notgelandete UFOnauten ausgeben: Sie fordern Reid auf, sein Rundfunksender möge die Bevölkerung auffordern,
die Straßen zu meiden – dabei will Dr.
Mabuse nur in aller Ruhe seine Superbombe installieren. Das zieht einem doch
glatt die Schuhe aus! Ⓥ Atlas

Das Geheimnis der Monster-Insel
Anderer Titel für **Die Reise zur Insel
des Grauens**

Das Geheimnis der Phantomhöhlen
(SECRETS OF THE PHANTOM CAVERNS).
USA 1983.
R Don Sharp. *B* Christy Marx/Robert
Vincent O'Neil. *K* Virgil Harper.
D Robert Powell (›Wolf‹ Wolfson),
Richard Johnson (Ben Gannon),
Timothy Bottoms (Major Elbert
Stevens), Lisa Blount (Leslie Peterson),
A. C. Weary (Lt. George Barwell),
Anne Heywood (Frieda Honecker),
Jackson Bostwick (›Erster Jäger‹).
F 90 Min.
Als die Amerikaner in einem Höhlensy-
stem eine riesige Sende- und Radaranlage
errichten wollen, sehen sie sich plötzlich
einer unerklärlichen Vielzahl von Störun-
gen ausgesetzt, die den Bestand des Projekts gefährden. Soldaten und Höhlenforscher machen sich gemeinsam auf den
Weg, tiefere Gänge zu erkunden. Sie werden von schattenhaften Wesen beobachtet, die die Markierungen für den Rückzug zerstören. Wie sich später herausstellt, sind diese weißhäutigen Höhlenbe-
wohner Lemuren, die sich als Nachkommen eines bislang unentdeckten Men-
schenzweiges den Lebensbedingungen in
tiefen Höhlen angepaßt haben und immerhin auf 50 000 Jahre Entwicklungstradi-
tion zurückblicken können, die sie etwa
auf den Stand der alten Germanen gebracht hat. Unter dem Beistand tierischer
Monster wehren sie sich gegen die Eindringlinge mit Mord und ritterlichem
Zweikampf. Ein akustischer Gewalttakt,
wie wir ihn schon aus der *Blechtrommel*
kennen, läßt am Schluß die Höhlenwelt
über der Mehrzahl der Soldaten und Wissenschaftler zusammenbrechen. – »Unter
Bezug auf amerikanisches Engagement in
Lateinamerika und menschlichen For-
schungsdrang im allgemeinen tut der Film
mit aufdringlich vorgetragenen Kommen-
taren, als wolle er mahnend und warnend
aktuelle militärische und wissenschaftliche Problematik auflisten. Aber die einfältig vorgetragenen Sentenzen zu
Menschheitsgeschichte, Toleranzent-
wicklung und Forschungsethik schlagen

ins Lachhafte um. Denn wortwörtlich im tiefsten Grunde kommt es nur auf Action, Lemurengrusel und Hu-Effekte zwischen Pappmachéfelsen und dilettantisch eingetricksten Tropfsteingebilden an.« (Günther Bastian, FILMDIENST) – Kommentar der Illustrierten CINEMA: »Vielleicht kämpfen die Skywalkers und Ghostbusters stellvertretend für uns und unsere profanen Troubles gegen Stormtroopers und Sandwürmer, gegen Godzillas und Gremlins.«
Ⓥ Thorn EMI

Das Geheimnis der Stählernen Stadt
(TAJEMSTVÍ OCELOVÉHO MĚSTA).
ČSSR 1978.
R Ludvik Ráža. *B* Onřej Vogeltanz.
LV Jules Verne. *K* Jan Němeček.
M Luboš Fišer. *D* Jaromir Hanzlik (Marcel Zodiak/Moltke), Martin Ružek (Dr. François Sarrasin), Josef Vinklár (Eric Janus), Jan Potměšil (Viktor Garmond), Čestmir Řanda (Mallory).
F 90 Min.
Der Biologe Sarrasin und der Chemiker Janus erben zu gleichen Teilen ein riesiges Vermögen. Während Sarrasin mit seinem Anteil die Stadt Fortuna baut, in der alle Menschen wie im Paradies leben, errichtet Janus eine gewaltige Waffenfabrik, die unter dem Namen ›die Stählerne Stadt‹ bekannt wird. Sarrasin, der seinem Mit-Erben jedoch nicht traut, läßt ihn von einem Agenten namens Garmond überwachen. Nachdem Garmond sich über ein Jahr lang nicht mehr gemeldet hat, geht der Ingenieur Marcel Zodiak in die Stählerne Stadt, um im Auftrag Sarrasins nach dessen Verbleib zu forschen. Er erfährt, daß Fortuna und dem Rest der Welt große Gefahr droht, stößt auf Viktor, Garmonds Sohn, und schleicht sich unter dem Namen Moltke in Janus' Labor ein. Dort erfährt er zwar von der geplanten Vernichtung Fortunas, ahnt aber nicht, daß Janus ihn durchschaut: Der Waffenfabrikant ist fest davon überzeugt, daß Zodiak sein Reich nicht mehr verlassen kann. Dennoch gelingt dem Agenten Sarrasins mit

Hilfe von Viktor Garmond die Flucht, um Fortuna zu warnen... – »Jules Verne blickte immer in die Zukunft und glaubte, daß die Menschen mit Hilfe technischer Erfindungen die soziale Ungerechtigkeit und die natürlichen Barrieren beheben und daß sie den Grund der Ozeane wie die erdabgewandte Seite des Mondes erblikken werden. Für uns ist der Verne-Stoff Inspiration zu einer vollblütigen, abenteuerlichen Begebenheit, in der das Böse vom Guten besiegt wird, in der die militärische Stählerne Stadt, die expansiv Erzeugnisse der Rüstungsindustrie hervorbringt, sich selbst vernichtet, und die Stadt Fortuna, die Stadt gesunder menschlicher Beziehungen, wirklicher Menschlichkeit, erhalten bleibt. Unsere Aufgabe ist, durch das Filmbild der jungen Generation die Sendung in Erinnerung zu bringen, die Jules Verne allen Wissenschaftlern und Erfindern auferlegte: Sie sind deshalb da, um für das allgemeine Wohl der Menschen zu arbeiten, und zu nichts anderem. Wenn jemand die Begabung und das Glück hat, die technische Entwicklung beschleunigen zu können, dann ist es seine Pflicht, nur in einer Richtung zu arbeiten – für das Wohl und die Gesundheit aller Menschen... Gegenwärtig ist das die brennendste Problematik der heutigen Welt. Millionen Menschen erheben ihre Stimme gegen die neuesten Varianten der Massenvernichtungswaffen. Unser Film will die Stimme und das Gewissen mit den Millionen Menschen auf der ganzen Welt verbinden, denen Vernichtung durch den Neutronentod droht. Unser Film will mit ihnen schreien: wir sind gegen jedwede unnatürliche Vernichtung, also auch gegen den stillen, tückischen, also elegant servierten Tod – gegen den Neutronentod. Wir propagieren das im Interesse des Lebens unserer sowie aller zukünftigen Generationen.« (Ludvik Ráža). Nach einem Roman von Jules Verne.
Ⓥ Pront
Ⓑ Jules Verne: *Die fünfhundert Millionen der Begum*, Zürich 1967

Das Geheimnis der Todesinsel
(LA ISLA DE LA MUERTE).
BRD/Spanien 1965.
R Mel Welles (= Ernst von Theumer).
B Ira Meltcher/E. v. Theumer.
K Eduardo Noe. *M* J. M. Molleda.
D Cameron Mitchell (Baron von
Weser), Elisa Montes (Beth
Christiansen), George Martin (David
Moss), Kai Fischer (Cora Robinson),
Rolf V. Nauckhoff (James Robinson),
Hermann Nelson (Prof. Demerist),
Matilde Sampedro (Myrtle Callahan),
Richard Valle (Alfredo), Mike Brendel
(Baldi). *F* 85 Min.
Eine bunt zusammengewürfelte Gruppe
von Touristen macht einen Ausflug auf
eine Insel, wo ein *mad scientist* in einem
Schloß giftige und blutsaugende Pflanzen
züchtet, die er als seine ›Schöpfung‹ an-
sieht. Das Prachtstück seiner Zucht ist ein
vampirischer Baum, der sich einen Touristen nach dem anderen schnappt, um ihm
das Blut auszusaugen. Am Ende bleibt –
wie tausendmal gehabt – nur noch ein Liebespärchen übrig. Der psychopathische
Baron hingegen – man glaubt es kaum –
fällt seiner eigenen Schöpfung zum Opfer.
Ⓥ CIC

Das Geheimnis der tödlichen Strahlen
Anderer Titel für **Sicario 77 – Tot oder
lebendig**

Das Geheimnis des Dr. Z
(LE DIABOLIQUE DOCTEUR Z/MISS
MUERTE).
Frankreich/Spanien 1965.
R Jess Franco. *B* David Kuhne.
K Alejandro Ulloa. *M* Daniel White.
D Estella Blain (Nadia), Mabel Karr
(Irma), Fernando Montes (Philip),
J. Escribano (Dr. v. Zimmer), Howard
Vernon, Marcelo Arroita, Cris Huerta,
Albert Bourbon, Guy Mairesse, Lucia
Prado. 87 Min.
Der zum Tode verurteilte Henri entflieht,
findet Zuflucht im Haus des an einen
Rollstuhl gefesselten Neurologen Dr. Zarowski und dient diesem als Versuchskaninchen: Durch Strahleneinwirkungen
versucht der Wissenschaftler, die Persön-
lichkeitsentwicklung der Menschen zu
steuern. Als er auf einem Kongreß von
seinen Experimenten berichtet, reagieren
seine Kollegen mit Empörung. Zarowski
erleidet einen Herzanfall, läßt sich von
seiner Tochter Irma das Versprechen geben, weiter in seinem Sinne tätig zu sein,
und stirbt. – Irma, die den Tod ihres Vaters rächen will, behandelt nach Dr. Za-
rowskis Methode die attraktive Nadia, die
nun mit Hilfe Henris jene Männer umbringt, die ihren Vater verhöhnt haben.
Sie beweist damit, daß dessen Theorie
richtig ist: Man kann menschliches Verhalten steuerbar machen. Es obliegt dem
jungen Mediziner Philippe, die Polizei
auf Irmas Spur zu bringen. – Ein Grusel-
krimi mit SF-Einschlag.

Das Geheimnis des Lebens
(LIFESPAN). USA/Niederlande 1975.
R Alexander Whitelaw. *B* Alexander
Whitelaw/Judith Roscoe/Alva Ruben.
K Eddy van den Eden. *M* Terry Riley.
D Hiram Keller (Ben Land), Klaus
Kinski (Nicolas Ulrich), Tina Aumont,
Fons Rademakers, Eric Schneider,
Franz Mulders, Lyda Polak, Albert van
Doorn. *F* 80 Min.
Der Wissenschaftler Ben Land übernimmt
ein Forschungsprojekt, das der Pharma-
Fabrikant Ulrich finanziert: Er soll ein
Mittel gegen den Alterungsprozeß entwickeln. Ein Forscher, mit dem er zusammenarbeiten sollte, hat sich das Leben genommen, nachdem seine Versuche einigen Altersheiminsassen den Tod gebracht
haben. Land findet jemanden, bei dem
das Serum gewirkt hat, aber als diese Person stirbt, gerät er unter Mordverdacht
und landet in einer Nervenklinik, da man
seinen Verjüngungsexperimenten nicht
traut. Erst jetzt ist er vollends entschlossen, seine Versuche weiterzuführen, um
selbst die Unsterblichkeit zu erlangen. –
»Der hohe Anspruch des Films stinkt zum
Himmel, denn Whitelaw, der den Zu-

schauer erbarmungslos mit Langeweile quält, wollte diesem Streifen unbedingt etwas Beklemmendes und Barockes verleihen. Kinski... erweckt dabei den Eindruck, als langweile er sich ebenso wie das Publikum.« (Philippe Setbon, KLAUS KINSKI – SEIN LEBEN, SEINE FILME) – »Ein Film, der in seinen eindringlichsten Szenen die Angst vor dem Altern – und damit vor dem nutzlos gelebten, nicht erfüllten Leben – ausbeutet, die gesellschaftlichen Ursachen dieser Angst aber nur verdeckt.« (SCIENCE FICTION TIMES). In der BRD nur auf Video.
Ⓥ Arcade

Das Geheimnis des steinernen Monsters

(THE MONOLITH MONSTERS).
USA 1957.
R John Sherwood. *B* Norman Jolley/ Robert M. Fresco. *K* Ellis W. Carter. *SpE* Clifford Stine. *M* Joseph Gershenson. *D* Grant Williams (Dave Miller), Lola Albright (Cathy Bennett), Les Tremaine (Martin Cochrane), Trevor Bardette (Prof. Arthur Flanders), Linda Shelley (Ginny Simpson), Phil Harvey (Ben Gilbert), William Flaherty (Polizeichef), Harry Jackson (Dr. Hendricks), Richard Cutting (Dr. Reynolds), Dean Cromer, Steve Darrell, William Schallert. 77 Min.
Der Geologe Ben Gilbert behandelt ein Bruchstück eines in der Wüste niedergegangenen Meteors, der daraufhin unheimliche Kräfte entwickelt: Er zerstört Häuser und versteinert Menschen. Man findet heraus, daß der Stein, der inzwischen in zahllose Stückchen zerbrochen ist, seiner Umgebung jegliches Silizium entzieht. Die Bruchstücke nehmen überdimensionale Ausmaße an und bedrohen die ganze Stadt. Sie brechen auseinander, sobald sie eine bestimmte Größe angenommen haben, dann beginnt der Wachstumsprozeß erneut. Als es zu regnen anfängt, bahnt sich eine Katastrophe an. Die Wissenschaftler entdecken aber schließlich die Achillesferse der seltsamen Substanz: Mit

Hilfe von Salz wird das Wachstum des Gesteins angehalten. Die Stadt ist gerettet. – Hollywoods Kritiker, die bis dahin mit guten SF-Filmen wahrlich nicht verwöhnt gewesen waren, lobten den Film als von der Idee her eher überdurchschnittliches Produkt; in der BRD, wo er ausschließlich im Fernsehen lief, kam er weniger gut weg: »Lange Zeit galt der SF-Film... lediglich als eine – und keineswegs die intelligenteste – Variante des Konsumfilms. Man amüsierte sich über das pseudowissenschaftliche Brimborium, bestaunte filmische Tricks, gruselte sich ein wenig und rümpfte hinterher die Nase. Inzwischen allerdings ist zumindest filminteressierten Kreisen klar geworden, daß (er) bei weitem nicht das harmlose Unterhaltungsprodukt ist, für das man ihn gehalten hat, sondern ein recht wirksames Propagandamittel zur Verbreitung von Ideologien. Und selbst wenn diese Filme nicht direkt Partei ergreifen, spiegeln sie doch unbewußt oder in bewußter Ausnutzung der Situation die jeweils herrschende Mentalität wider... Aus heiterem Himmel also sieht sich ein friedliches Gemeinwesen durch eine rätselhafte Macht von Tod und Verderben bedroht. Aber im letzten Moment findet ein junger Wissenschaftler das Mittel zur Verteidigung. Gegen alle äußeren Widerstände... setzt er die nötigen Maßnahmen auf eigene Verantwortung durch und rettet damit seine Mitbürger und deren Besitz. Abstrahiert heißt das: eine – infamerweise nicht rational verklärte, sondern verteufelte – Macht bedroht den Staat oder gar die Menschheit, und ein einzelner verhindert durch seine einsame, unter demokratischen Aspekten höchst zweifelhafte Entscheidung die allgemeine Katastrophe. Nach dieser Abstrahierung ist es nicht schwierig, den Beweis für die politischen Implikationen des 1957 in den USA entstandenen Films anzutreten: es sind lediglich einige historische Daten zu nennen: ab 1947 kämpfte Präsident Truman gegen die Bedrohung durch den Kommunismus (Truman-Doktrin). Es wurden sowohl vertraglich (z. B. Marshall-Plan) als auch durch den Ausbau eines Netzes von militärischen Stützpunkten Schutzwälle gegen die angebliche kommunistische Gefahr errichtet. Von 1950 bis zum Waffenstillstand von 1953 kämpften die Amerikaner in Korea gegen kommunistische Gegner. Von 1950 bis 1955 schließlich arbeitete der von McCarthy ins Leben gerufene und von Arthur Miller als moderne Hexenjäger apostrophierte Senatsausschuß zur Untersuchung kommunistischer Umtriebe. Wer diese politischen Ereignisse in Zusammenhang mit der Entstehungszeit des Films bringt, wird beinahe automatisch erkennen, wie plump und raffiniert zugleich der SF-Film hier als Waffe im kalten Krieg eingesetzt ist.« (FRANKFURTER RUNDSCHAU, 24. 8. 1970)

Das Geheimnis des Wilhelm Storitz
(LE SECRET DE WILHELM STORITZ).
Frankreich 1967.
R Eric Le Hung. *B* Claude Santelli.
LV Jules Verne. *K* Louis Mialle.
M Georges Delerue. *D* Jean-Claude Drouot (Wilhelm Storitz), Bernard Verley (Adrien Desormeaux), Pascale Audret (Martha), Monique Melinand (Mutter), Robert Vattier (Vater), Pierre Lestroux (Polizeichef), Georges Audoubert (Pater). *F* ca. 70 Min.
Ein Wissenschaftler namens Wilhelm Storitz wird aus verschmähter Liebe zum Verbrecher und entwickelt ein Serum, mit dessen Hilfe er sich unsichtbar machen kann. – Französischer TV-Film nach einem Roman des großen Fantasten Jules Verne:

Die geheimnisvolle Insel
(TAINSTVENNI OSTROV). UdSSR 1941.
R E. A. Penzlin. *B* B. M. Schelonzew/ M. P. Kalinin. *LV* Jules Verne. *K* M. B. Belski. *M* N. W. Bogoslobski. *D* A. S. Krasnopolski (Smith), P. I. Kijanski (Gideon Spillet), A. A. Andrijenko (Prncroft), R. Ross (Neb), I. S. Koslow (Ayrton), N. W. Kommissarow (Kapitän Nemo), Juri Grammatikati

(Herbert), A. K. Sona, I. C. Koslow. 75 Min.
USA, 1865: Eine Gruppe von Gefangenen rettet sich während des amerikanischen Bürgerkrieges aus der unter starkem Beschuß liegenden Stadt Richmond und wird mit einem Ballon auf eine unbekannte Meeresinsel zugetrieben. Man richtet sich dort ein, stößt auf einen Mann namens Ayrton, der hier ausgesetzt wurde, und stellt fest, daß die Insel von jemandem bewohnt wird, der über die Neuankömmlinge wacht. Es handelt sich um den legendären Kapitän Nemo, einen Inder, der mit seinem fantastischen U-Boot ›Nautilus‹ die Weltmeere durchkreuzte und ungeheure Schätze sammelte, um sie seinem Volk gegen die kolonialistischen Briten zur Verfügung zu stellen. Nemo stirbt jedoch, nachdem er sich den Gestrandeten zu erkennen gegeben hat. Ein Vulkanausbruch vernichtet die geheimnisvolle Insel, während die unfreiwilligen Insulaner in einem Segelboot das Weite suchen. – Jules Vernes erfolgreicher gleichnamiger Roman ist nicht weniger als achtmal verfilmt worden*, doch die sowjetische Version (die dritte insgesamt) kann für sich in Anspruch nehmen, die erste gewesen zu sein, die der Vorlage auch wirklich folgte: Urban Gads DIE INSEL DER VERSCHOLLENEN (Deutschland 1921) basierte zu einem nicht geringen Teil auf Maurice Renards Roman ›Der Doktor Lerne‹ (dt. 1909), während die Lucien Hubbard/Maurice Tourneur/Benjamin Christensen-Version THE MYSTERIOUS ISLAND (USA 1929) einem Plot folgte, der nicht von Verne stammte.

Die geheimnisvolle Insel
(MYSTERIOUS ISLAND). GB 1960.
R Cyril Endfield. *B* John Prebble/Daniel

---

* Weitere – in diesem Buch nicht abgehandelte Versionen waren: THE MYSTERIOUS ISLAND (GB 1951; Regie: Spencer Gordon Bennett); L'ILE MYSTERIEUSE (Frankreich 1962; Regie: Pierre Badel) und L'ILE MYSTERIEUSE (Frankreich 1969; Regie: Claude Santelli).

Ullman/Crane Wilbur. *LV* Jules Verne. *K* Wilkie Cooper. *SpE* Ray Harryhausen. *M* Bernard Herrman. *D* Michael Craig (Capt. Cyrus Harding), Joan Greenwood (Marquise Maria Labrino), Michael Callan (Herbert Brown), Gary Merrill (Gideon Spilett), Beth Rogan (Elena), Herbert Lom (Capt. Nemo), Percy Herbert (Sgt. Pencroft), Nigel Green (Tom Ayrton). *F* 101 Min.

Während des amerikanischen Sezessionskriegs flieht Captain Harding zusammen mit den Soldaten Neb und Herbert sowie dem Journalisten Spilett aus einem Südstaaten-Gefängnis und kapert einen Freiballon, in dem sie auf Sergeant Pencroft stoßen. Sie fliehen im schlimmsten Unwetter, treiben aufs Meer hinaus, und als der Ballon untergeht, retten sich die Männer auf eine einsame Insel. Man richtet sich dort häuslich ein, entdeckt allerlei überdimensionale Tiere und stößt schließlich auf den stummen Tom, einen Matrosen, den irgendwelche Piraten hier ausgesetzt haben. Bald gibt es Besuch: Die Marquesa Maria Labrino und ihre Nichte Elena haben einen Schiffsuntergang überlebt. Eines Tages entdecken Herbert und Elena eine unterirdische Grotte, in der ein rätselhaftes U-Boot verankert ist. Als sie ihren Freunden von dem Fund berichten wollen, kehren gerade die Piraten zurück, die Tom ausgesetzt haben. Sie nehmen die Insel unter Beschuß. Plötzlich ereignet sich an Bord des Piratenschiffes eine Explosion. Es sinkt. Der Retter der Gestrandeten ist der mysteriöse Captain Nemo, ein Sonderling, dem der Hunger in der Welt zu denken gibt und der auf seiner Insel Riesentiere züchtet, die der Menschheit als Nahrung dienen sollen. Er hat den Gestrandeten schon in der Vergangenheit mehrmals geholfen, ohne daß sie es merkten. Als man sich daranmacht, das gesunkene Piratenschiff zu heben, bricht der Inselvulkan aus, begräbt Nemo unter den Lavamassen und vernichtet sein U-Boot. Im letzten Augenblick gelingt Harding und seinen Genossen die Flucht. – Cyril

Endfields Version vom Leben und Treiben des geheimnisvollen Captain Nemo ist mindestens die fünfte Verfilmung des bekannten Verne-Klassikers: Ein nettes, kleines Abenteuerfilmchen mit teilweise beeindruckend in Szene gesetzten Riesenviechern, für deren Konstruktion und Bewegung der Stop-Motion-Experte Ray Harryhausen verantwortlich war.
Ⓑ Jules Verne: *Die geheimnisvolle Insel*, Frankfurt/Main 1967
Ⓥ RCA/Columbia

Das Geheimnis von Centreville
(STRANGE INVADERS). USA 1983.
R Michael Laughlin. *B* Michael Laughlin/William Condon. *K* Louis Horvath/Zoltan Vidor. *M* John Addison. *D* Paul Le Mat (Charles Bigelow), Nancy Allen (Betty Walker), Diana Scarwid (Margaret), Lulu Sylbert (Elizabeth), Fiona Lewis (Alien), Ron Gillham (Alien), Louise Fletcher, Wallace Shawn, Michael Lerner, June Lockhart, Charles Lane. *F* 90 Min.
Angehörige einer außerirdischen Zivilisation landen 1958 in den USA und treffen mit der Regierung ein geheimes Abkommen: sie wollen fünfundzwanzig Jahre lang die menschliche Kultur studieren. Zu diesem Zweck begeben sie sich nach Centreville, einem kleinen US-Kaff, versetzen die Einwohner in äußerst seltsam anzusehende magische Sphären (die sie, wohl außerhalb von Raum und Zeit, am Leben erhalten) und nehmen humanoide ›Masken‹ an. Der Wissenschaftler Charles Bigelow, der nach fünfundzwanzig Jahren nach Centreville zurückkehrt, stößt dort nicht nur auf seine ›Frau‹, sondern auch auf das Geheimnis, das den kleinen Ort umgibt. Er kommt jedoch buchstäblich im letzten Augenblick: die Aliens bereiten sich auf das Ende ihres Experiments und die Abreise vor. Bigelow lernt seine Tochter Elizabeth kennen, einen Mischling. Sie hat einige der parapsychologischen Eigenschaften des Volkes ihrer Mutter geerbt und steht ihrem Vater bei... Der Film ist nicht übel, zu-

mal er keine ›Invasion‹ vorführt, in der die Aliens abgrundtief böse sind und die Menschheit mit ihren überlegenen Geisteskräften versklaven wollen; die in kosmischen Sphären befindlichen ›echten‹ Bewohner Centrevilles erwachen nach dem Ende des Experiments wieder zum Leben. Ein solider Streifen der Klasse B, von denen es gar so viele nicht gibt.
Ⓥ Thorn EMI

Geheimnis zweier Ozeane
(TAINA DWUCH OKEANOW). UdSSR 1956. *R* Konstantin Pipinaschwili. *B* Wladimir Alexejew/Nikolai Roshkow. *LV* Grigorij Adamow. *K* Felix Wyssotzky. *M* A. Matschawariani. *D* S. Stoljarow (Kapitän Woronzew), I. Wladimirow (Skworeschnja), S. Golowanew (Gorelow), P. Sobolewsky (Drushinin), W. Ninua (Lordkipanidse), S. Komarow (Professor), A. Miximowa (Dr. Bystrych), L. Pirogow (Bystrych), T. Dobrotworski (Oberst Basow), P. Luskepajew (Lt. Karzew), M. Gluski (Iwaschow), I. Preiss (Sidorina), Igor Bristol (Pawlick). *F* 100 Min.
Tapfere sowjetische Geheimagenten und Schiffsoffiziere sind einem finsteren ausländischen Saboteur auf der Spur, der sich in die Mannschaft eines Super-U-Bootes eingeschlichen hat, um selbiges während einer Expeditionsfahrt in die Luft zu jagen. – Natürlich gewinnen die *Guten.*

Geheimsache Hangar 18
Anderer Titel für **Hangar 18**

Geheimwelle 505
(DICK BARTON STRIKES BACK). GB 1949. *R* Godfrey Grayson. *B* Ambrose Grayson. *K* Cedric Williams. *M* Frank Spencer/Rupert Grayson. *D* Don Stannard (Dick Barton), Bruce Walker (›Schippe‹), Sebastian Cabot (Fouracada), James Raglan (Lord Armadale), Jean Lodge (Tina), Morris Sweden (Creston), Toni Morelli

(Nicholas), George Crawford (Alex), Sidney Vivian (Insp. Bruce), Humphrey Kent (Col. Gardener), John Harvey (Major Henderson). 73 Min.
Nach rasantem Hin und Her gelingt es Geheimagent Nr. 1 Dick Barton und seinem Assistenten, genannt ›Schippe‹, einen Irrsinnigen samt Organisation zur Strecke zu bringen, der mittels Strahlenwaffe bereits ein ganzes Dorf vernichtet hat.
Dieser »Kriminalfilm der technischen Sensationen« mit Don Stannard, laut DAS NEUE FILMPROGRAMM damals der »beliebteste Detektivdarsteller der Welt« (Großbritanniens wäre sicher realistischer), war der zweite einer dreiteiligen Serie um den Geheimagenten Dick Barton, eines durchaus legitimen Vorläufers von James Bond.
Dick Barton war ursprünglich der Held einer bekannten Radioserie, bevor der Film auf die Figur aufmerksam wurde. Der atemberaubende abenteuerliche Comic-Stil der Radioserie war das Erfolgsrezept, das sich schon beim ersten Teil DICK BARTON – SPECIAL AGENT (GB 1948) nicht so ohne weiteres auf die Filmversion übertragen ließ. »Die einfallslose Ausstattung und die unbeholfene Regie machen daraus einen peinlich schwerfälligen Film.« (Phil Hardy, SCIENCE FICTION) – Das konnte jedoch der Liebe zur Figur des Meisteragenten keinen Abbruch tun. Der Name bürgte für Kasse, so daß Fortsetzungen unausweichlich waren. *Geheimwelle 505* ist der zweite, nachweislich der beste Teil der Serie, wesentlich aktionsgeladener als sein Vorgänger. Im dritten Teil – DICK BARTON AT BAY – spielen wiederum Todesstrahlen die technische Hauptrolle, und das wäre sicherlich Folge um Folge so weitergegangen, wäre Don Stannard nicht bei einem Autounfall ums Leben gekommen. So aber starb die Serie mit ihrem Hauptdarsteller.

Das Gehirn
(THE BRAIN). Kanada 1988. *R* Edward Hunt. *B* Barry Pearson. *K* Gilles Corbeil. *Ma* Mark Gilliams.

M Paul Zara. *D* Tom Breznahan (Jim Majelewski), Cyndy Preston (Janet), David Gale (Dr. Blake), George Buza, Brett Pearson. *F* 88 Min.
Ein kleiner Junge entdeckt, daß ein TV-Moderator von einem riesigen Gehirn kontrolliert wird. Übers Fernsehen werden die Zuschauer hypnotisiert; das Gehirn frißt sein Opfer später auf. Unser Held stoppt den Appetit des Bösen, indem er es mit einer Flüssigkeit erledigt. – *»Warnung:* Dieser Film ist nur für Zuschauer mit ganz starken Nerven geeignet!!!« (Verleihwerbung). Wer darauf reinfällt, hat den Film verdient. – Nur auf Video. ⓥ RCA/Columbia

Gehirnwäsche
(HUMAN EXPERIMENTS). USA 1980.
R J. Gregory Goodell. *B* Richard Rothstein. *St* J. Gregory Goodell. *K* Joao Fernandes. *SpE* James Dannaldson. *M* Marc Bucci. *D* Linda Haynes (Rachel Foster), Geoffrey Lewis (Dr. Kline), Ellen Travolta (Mover), Aldo Ray (Matt Tibbs), Jackie Coogan (Sheriff Tibbs), Lurene Tuttle (Oma), Mercedes Shirley (Miß Weber), Darlene Craviotto (Rita), Marie O'Henry (Tanya), Wesley Tackitt (Jimmy), Caroline Davies (Pam), Cherie Franklin (Wache), Bobby Porter (Willis), James O'Connell, Rebecca Bohanon, Theodore Tate, Timothy Cole (Familie). *F* 82 Min.
Der *mad scientist* Dr. Kline arbeitet in seiner Klinik daran, die Persönlichkeit der ihm anvertrauten Patienten zu eliminieren und durch eine andere (künstliche) zu ersetzen. Rachel Foster, einer wüsten Killerei für schuldig befunden, ist ihm hilflos ausgeliefert. Doch irre Wissenschaftler kämpfen ja ständig mit einem großen Problem – ihrem schusseligen Größenwahn. Und so geht die Sache auch hier mal wieder ordentlich schief. ⓥ VMP

Der gekaufte Tod
Anderer Titel für **Death Watch – Der gekaufte Tod**

Der gelbe Kreis
(DAREDEVILS OF THE RED CIRCLE).
USA 1939.
R William Whitney/John English. *B* Barry Shipman/Franklin Adreon/Ronald Davidson/Sol Shor/Rex Taylor. *K* William Nobles. *M* William. *D* Charles Quigley (Gene Townley), Herman Brix (Tiny Dawson), David Sharpe (Burt Knowles), Carole Landis (Blanche Granville), Miles Mander (Horace Granville), Charles Middleton (Harry Crowell), C. Montague Shaw (Dr. Malcolm), Ben Taggart (Dixon), William Pagan (Landon), Raymond Bailey (Klein), George Chesebro (Sheffield), Ray Miller (Jeff), Robert Winkler (Sammy Townley), Tuffy (1 Köter). 92 Min.
DAREDEVILS OF THE RED CIRCLE war ein durchaus rasanter *Cliffhanger*, ein Serial in 12 Folgen, das 1939 von der darauf spezialisierten Filmfirma *Republic* produziert wurde. Als das Werk Anfang der fünfziger Jahre in die deutschen Kinos kam, war daraus ein eigenständiger Schnipselsalat von 92 Minuten Länge geworden, der mit dem Original nur noch das Einzelbild gemeinsam hatte. Die relativ geradlinige Handlung des Originals (entsprungener Häftling rächt sich an seinem ehemaligen Partner, indem er dessen Identität annimmt und dessen Industrieimperium langsam, aber sicher zugrunde richten will, bis ihm die *Daredevils of the Red Circle*, wie sich eine ebenfalls geschädigte Artisten-Crew nennt, nach langen Auseinandersetzungen den Garaus macht) ist in der deutschen Version kaum wiederzugeben und völlig unverständlich. Da bekommen die ›Tollen Teufel‹, die mit atemberaubenden Artistenleistungen brillieren, geheimnisvolle Botschaften von einem ›Gelben Kreis‹ und können sich dadurch den Anfeindungen des Ex-Sträflings auf wunderbare Weise entziehen. Auf der Suche nach dem Handlungsfaden übersieht man dann leicht die vielen »futuristic gadgets and weapons« (Atkins, SCIENCE FICTION FILMS), die das Serial

für damalige Verhältnisse so sehenswert machten. PS: Steven Spielberg mutet seinen Helden um Indiana Jones in *Indiana Jones und der Tempel des Todes* rund 87 »nicht gestorbene Tode« zu, wie Antje Goldau und H. H. Prinzler in ihrer Monographie SPIELBERG – FILME ALS SPIELZEUG konstatieren. Einer davon ist die Wasserwelle, die die Flüchtenden durch die Mine jagt. Alles schon einmal dagewesen! Im Serial DAREDEVILS OF THE RED CIRCLE!

Geliebte nach Maß

(THE PERFECT WOMAN). GB 1949.
R Bernard Knowles. *B* George Black/
Alfred Black. *K* Jack Hildyard.
M Arthur Wilkinson. *D* Patricia Roc
(Penelope), Stanley Holloway
(Ramshead), Nigel Patrick (Roger
Cavendish), Miles Malleson (Prof.
Belmon), Irene Handl (Mrs. Butter),
Anita Sharp-Bolster (Diana), Fred
Berger (Farini), David Hurst (Wolfgang
Winkel), Pamela Davis (Olga, der
Roboter). 85 Min.
Ein Erfinder konstruiert einen weiblich
aussehenden Roboter und engagiert einen
jungen Dandy, der zu Testzwecken mit
der ›Dame‹ ausgehen soll. Da jedoch die
Nichte des Erfinders ein Auge auf den Romeo geworfen hat, nimmt sie unbemerkt
die Stelle des Roboters ein, was ihr um so
leichter fällt, da sie der Maschine als Modell gedient hat. Natürlich bekommt sie
ihren Galan; der Roboter hingegen dreht
durch, läuft Amok und explodiert.

Geliebtes Monster

(CREATOR). USA 1985.
R Ivan Passer. *B* Jeremy Leven.
K Robbie Greenberg. *M* Silvester
Levay. *D* Peter O'Toole (Harry), Mariel
Hemingway (Meli), Vincent Spano
(Boris), Virginia Madsen (Barbara),
David Ogden Stiers (Sid), John Dehner
(Paul), Karen Kopins (Lucy), Kenneth
Tigar (Pavlo), Elsa Raven (Mrs.
Mallory), Lee Kessler (Mrs. Pruitt), Jeff
Corey (Dean Harrigan). *F* 107 Min.

Prof Harry bewahrt Zellen seiner toten Frau im Kühlschrank auf und träumt seit dreißig Jahren davon, sie zu klonen. »Vorläufig fehlt zum geplanten Schöpfungsakt jedoch der Eierspender. Prompt hebt Herr Deus ex machina sein garstiges Haupt. In einem Café stößt er auf eine neunzehnjährige Nymphomanin, die für einen kostenlosen Schwangerschaftstest willig ihre Eierstöcke zur Verfügung stellt. Sogleich entflammt die große Liebe. Allerdings weniger zwischen dem Professor und seiner Patientin denn zwischen des Professors jungem Assistenten und einer Labortechnikerin. Das gibt Anlaß zu heftigen Flirts am Strand und gemeinsamem Duschen. Der Retortensproß rollt inzwischen aufs dramaturgische Abstellgleis. Dann passiert's. Die Geliebte fällt ins Koma. So heftig, daß man die Parallelen förmlich von hinten durch die Brust ins Auge schießen sieht. Verzweiflung. Tränen. Sogar der Professor ist ratlos. Aber dann geht doch alles gut aus, und alle Beteiligten sind um eine Erfahrung reicher. Vielleicht sogar der Zuschauer, wenn der Ärger über einen so konfusen Wirrwarr auch als Erfahrung zählt.« (Norbert Stresau, SCIENCE FICTION TIMES).

Gemini 13 – Todesstrahlen auf Cap Canaveral

(OPERAZIONE GOLDMAN).
Italien/Spanien 1966.
R Anthony Dawson. *B* Alfonso
Balcazar/José Antonio de la Loma.
K Giovanni Raffaldi. *M* Riz Ortolani.
D Anthony Eisley (Lt. Harry Sennet),
Wandisa Leigh (Capt. Pat Flannagan),
Diana Lorys (Kary), Ursula Parker
(Blondine), Paco Sanz (Prof. Runi),
José Maria Caffarel (Archie), Folco
Lulli (Rethe). *F* 95 Min.
Rethe, ein vom Größenwahn besessener Brauereibesitzer, läßt den Wissenschaftler Professor Runi in sein unterirdisches Reich entführen und sabotiert den Start des Raumschiffes *Gemini 13*, weil er der Meinung ist, er müsse der erste Mensch

*Gemini 13 – Todesstrahlen
auf Cap Canaveral*

sein, der den Mond betritt. Des weiteren will er von dort aus die Erde mit irgendwelchen Todesstrahlen in Schach halten. Leutnant Harry Sennet kommt dem Irren auf die Spur, befreit den Professor und macht Rethe unschädlich. – »Die Techniker führen... das große Wort, um so mehr, als sich alles in Farben abspielt. Was sich dazwischen als Handlung ausgibt, ist grober Unfug, verläuft nach den krausen Gesetzen zerknitterten Kintopps, ist vom simplen Standard gängiger Comic-strip-Serien, freilich auch mit allen fatalen Beigaben der Gattung der Agentenfilme... Es ist jene Art filmischer Kaltschnäuzigkeit, die seit den James-Bond-Streifen das besondere Fluidum sadistischer Süffisanz aus jenen Passagen gewinnt, in denen auch Frauen bislang Männern vorbehaltene Tode sterben, wo die Revolverkugel unterhalb des verführerisch arrangierten Dekolletés einschlägt.« (FILMBEOBACHTER)
Ⓥ ITT Contrast

Gemini Man
(GEMINI MAN: RIDING WITH DEATH).
USA 1976.
R Alan J. Levy/Don McDougall. *B* Leslie Stevens/FRank Telford. *K* Enzo A. Martinelli/Vincent A. Martinelli. *M* Lee Holdridge. *D* Ben Murphy (Sam Casey), Katherine Crawford (Dr. Abby Lawrence), William Sylvester (Leonard Driscoll), Richard Dysart, Andrew Prine, Dana Elcar, Paul Shenar, Cheryl Miller. *F* 92 Min.
Zwei TV-Episoden mit den Abenteuern des Researchers Sam Casey, der sich als Folge der Einwirkung einer nuklearen Explosion mit Hilfe eines mysteriösen Geräts unsichtbar machen kann. Die spinnen, die SF-Autoren! In diesen Folgen kämpft er gegen korrupte Scientisten. – Eine unterdurchschnittliche SF-Spionagestory. Ⓥ CIC

Genesis – Stadt der lebenden Toten
(THE STEPFORD CHILDREN). USA 1987.
R Alan J. Levi. *B* Bill Bleich. *K* Steve Shawn. *SpE* Kathy Shorkey/Doug White. *M* Joseph Conlan. *D* Barbara Eden (Laura Harding), Don Murray (Steven Harding), Tammy Lauren (Mary), Randall Bantikoff (David), Pat Corley, James Coco, Ken Swofford. *F* 95 Min.
Vorgeschichte siehe *Die Frauen von Stepford* und *Terror in New York.* – Der Film bietet nichts Neues: Nun werden die Kinder durch Androiden/Roboter/Waswissendennwir ersetzt, doch der ›schleichende Tod‹ hat immer noch seine Reize. – Nur auf Video
Ⓥ Taurus

Genetic Killers
(GENETIC KILLERS). USA 1990.
R Larry Shaw. *B* Michael Braverman. *K* Neil Roach. *M* Gary Chang. *D* Melissa Gilbert-Brinkman (Kristine Lipton), Jack Scalia (Dr. Kesselman), Pernell Roberts (Dr. Martindale), Wendy Hughes, Gregory Sierra, Gale Mayron, Mark Lawrence. *F* 90 Min.

Hinter den Mauern einer Klinik in L.A. geschehen seltsame Dinge: Obdachlose verschwinden ebenso spurlos wie ihre Akten, ein greises Kind wird in seinem Zimmer versteckt gehalten. Der Mord an einer Kollegin führt die Assistenzärztin Kristine auf die Spur der Genexperimente des Chefarztes Martingale. Dem greisen Jungen wurde ein Sekret abgezapft, mit dem er obdachlose Alte behandelt hat. Die Alten altern noch mehr, doch Martingale kann ihnen einen Stoff entnehmen, der ewige Jugend und ein Millionengeschäft verspricht. Auch Mordversuche können Kristine nicht von ihren Recherchen abbringen. Mit dem ihr anfangs suspekt erscheinenden Dr. Kesselman (einem Regierungsgeheimagenten) entlarvt sie die verantwortlichen Ärzte, die im Getümmel ihr Leben lassen. – Ein solider Thriller, der Stellung zum Thema Genexperimente nimmt und eine spannende Story zu erzählen weiß. – Nur auf Video. Ⓥ CBS/Fox

Genie
(TV-ZDF). BRD/Frankreich 1974.
R Rainer Erler. *B* Rainer Erler. *K* Frank Brühne. *M* Eugen Thomass. *D* Silvano Tranquilli (Louis Palm), Evelyn Opela (Sibilla Jacopescu), Peter Fricke (Jeroen de Groot), Dieter Laser (Enrico Polazzo), Rolf Henniger (Felix van Reijn), Kenzo Nishimura (Mizugushi), Werner Rundshagen (Siegmund von Klöpfer), Andras Fricsay (Carolus Büdel), Tsai Lien Wang (Wong), Herbert Steinmetz (Kühn), Jean Henri Chambois (Manzini). *F* 90 Min.
Mitarbeiter des ›Blauen Palais‹, eines unabhängigen Forschungsinstituts, das von einem privaten Kuratorium finanziert wird, kommen einem Mann namens Felix van Reijn auf die Spur, der nicht nur ein Dutzend Sprachen akzentfrei beherrscht, sondern sich auch als Schachmeister bei Simultan-Turnieren, begnadeter Pianist und genialer Beherrscher der japanischen Tuschemalerei entpuppt: Wie sich herausstellt, ist es ihm gelungen, über DNS-Ex-

trakte aus der Hirnsubstanz von Menschen, die er umgebracht hat, deren Fähigkeiten seinem eigenen Ich einzuverleiben. – »Ein biochemisches Schauerstück.« (Ponkie, ABENDZEITUNG) – Eine Folge aus der fünfteiligen Serie ›Das Blaue Palais‹.
Ⓑ Rainer Erler: *Das Genie*, München 1979

Genocide – Die Killerbienen greifen an
(GENOCIDE). Japan 1984.
R James Nihonmatsu. *B* Paul Takisa. *K* Sam Hirashe. *M* N.N. *D* Chico Lourant, Cathy Horan, Emi Shind, Peter Nagumo, Mike Kawaz. *F* 85 Min.
Die Freundin eines Insektenforschers züchtet Killerbienen, um mit ihrer Hilfe an eine Wasserstoffbombe zu gelangen. Die Bienen schwärmen aus und schlagen zu, die Bombe geht hoch, die Welt ist, so scheint's, im Arsch. – »Schwacher Actionfilm mit billigen Horrorsequenzen.« (FISCHER FILM ALMANACH). – Nur auf Video
Ⓥ Geiselgasteig

Gesandter des Grauens
(NOT OF THIS EARTH). USA 1956.
R Roger Corman. *B* Charles Griffith/ Mark Hanna. *K* John Mescall. *SpE* Paul Blaisdell. *M* Ronald Stein. *D* Paul Birch (Paul Johnson), Beverly Garland (Nadine Storey), Morgan Jones (Harry Sherbourne), William Roerick (Dr. Frederick Rochelle), Jonathan Haze (Jeremy Perrin), Dick Miller (Joe Piper), Anne Carroll (Frau), Pat Flynn (Simmons), Roy Engel (Sgt. Walton), Tamar Cooper (Joanne). 72 Min.
Eine rätselhafte Mordserie hält eine amerikanische Großstadt in Atem. Die Opfer sind völlig blutleer, als hätten Vampire sie ausgesaugt. Dahinter steckt der geheimnisvoll bebrillte und äußerst lärmempfindliche Mr. Johnson: Er ist in Wirklichkeit ein Außerirdischer vom Planeten Davanna, dessen Bevölkerung infolge eines atomaren Krieges an einer schreckli-

chen Bluterkrankung leidet. Johnson, der sich den Arzt Rochelle und dessen Gehilfin Nadine gefügig gemacht hat, zapft seinen menschlichen Opfern das Blut ab und schickt es über unbekannte Kanäle zu seiner Heimatwelt. Als ihm eine außerirdische Kollegin zu Hilfe kommt, die dringend einer Bluttransfusion bedarf, erhält sie aus Versehen den Lebenssaft eines tollwütigen Hundes: Sie geht qualvoll zugrunde. Inzwischen ist der Polizist Harry Sherbourne, der mit Nadine befreundet ist, Johnson auf die Spur gekommen. Als Johnson mit der Arztgehilfin als Geisel auf seine Heimatwelt fliehen will, bringt ihn die laute Sirene von Harrys Polizeimotorrad dermaßen aus dem Konzept, daß er umkommt. Nadine, die seinem Willen völlig unterworfen war, erwacht aus ihrer Trance... Aber schon bald taucht wieder ein geheimnisvoller Mann in der Stadt auf. Er besucht das Grab Johnsons, und es besteht kein Zweifel daran, daß er dessen Nachfolger ist... – *Gesandter des Grauens*, ein Film aus der Fabrik des fleißigen Roger Corman, handelt im Grunde von Vampiren, die in diesem Fall allerdings von einem anderen Planeten kommen und hypnotische und telepathische Fähigkeiten haben: Johnson, der als Telepath eigentlich gar keine Ohren bräuchte, reagiert in seiner menschlichen Gestalt auf Lautstärke mit zunehmender Konfusion, seine Augen, die völlig weiß sind, setzt er als Waffe ein, um seinen Opfern das Hirn auszubrennen. Als ihn der Tod ereilt, wird er begraben, und der Polizist Harry drückt sogar sein Mitleid darüber aus, daß er so fern von zu Hause gestorben ist.»Paul Birch als Johnson hatte in diesem Film wahrscheinlich die beste Rolle seiner ganzen Karriere. Die Dialoge, die er zu sprechen hat, sind erfindungsreich – er hört sich wie ein hochintelligenter, gefühlloser Mensch an, der noch nie zuvor Englisch gesprochen hat – und klingen so, als sei er wirklich angespannt.« (Bill Warren, KEEP WATCHING THE SKIES!) – Corman hat diesen Film in zehn Tagen abgedreht, und

obwohl er nicht unbedingt zur allerersten Garnitur zählt, gehört er doch – gemessen an seinem kleinen Budget – zu den besten SF-Filmen der fünfziger Jahre. *Gesandter des Grauens* ist ein B-Film, aber einer der Güteklasse A.

Der Gesandte von Moskau
Anderer Titel für
In den Schuhen des Fischers

Die Geschichte der Dienerin
(THE HANDMAID'S TALE).
USA/BRD 1989.
R Volker Schlöndorff. *B* Harold Pinter.
K Igor Luther. *M* Ryuichi Sakamoto.
D Natasha Richardson (Kate), Faye Dunaway (Serena Joy), Robert Duvall (Commander Fred), Aidan Quinn (Nick), Victoria Tennant (Tante Lydia), Elizabeth McGovern (Moira), Blanche Baker (Ofglen), Tracy Lind, Luci Hartpeng, Lucille McIntyre, David Luke, Annemarie Fenske, David Hurst, Rainer Schöne. *F* 110 Min.
Die USA haben sich, aufgrund von Umweltkatastrophen ruiniert, unbemerkt zu einer religiös-fanatischen Diktatur entwickelt. Die wenigen fruchtbaren Frauen werden in Lagern zu disziplinierten Dienerinnen erzogen, um später in den Häusern der Reichen als Gebärmaschinen zu arbeiten. Dienerinnen, die sich als unfruchtbar und somit als ›Unfrau‹ erweisen, werden hingerichtet oder müssen in Giftmüll-Entsorgungslagern schuften. Die tugendsame Dienerin Kate wird ins Haus von Commander Fred und dessen Gattin Serena abkommandiert. Einmal im Monat versucht Fred in Serenas Beisein mit Kate ein Kind zu zeugen. Nach mehreren Zeremonien dieser Art ist Kate noch immer nicht schwanger. Freds Liebe zu Kate, die sie nicht erwidert, verschont sie vor dem obligatorischen Schicksal. Serena hingegen weiß, daß Fred unfruchtbar ist. Da sie nicht noch eine Dienerin im Haus haben will, bringt sie Kate mit dem Chauffeur Nick zusammen. Kate gebärt ein Kind und will mit Nick und dem Baby

fliehen. Sie tötet Fred in einem Gewaltakt und entkommt zur Untergrundbewegung, die den Umsturz plant. – »(Schlöndorffs) Zukunft ist... ein Amerika von heute, mit trostlosen Slumwüsten und wunderbar weißen Suburbs von klinischer Frische, über deren Gärten und Villen Suchscheinwerfer kreisen, in permanenter Angst vor unsichtbaren Feinden... Schlöndorff zeigt die Gartenpartys der herrschenden Schicht als langweilige Stehkonvente, bei denen Farbuniformen die Kasten der Frauen unterscheiden: Die Herrinnen plaudern gelangweilt bei alkoholischen Getränken, eine Ansammlung außerehelicher Verbitterung; die Dienerinnen sind zu Haufen zusammengetrieben und trinken Obstsäfte, eine sichtbar Gebärende wird triumphal beklatscht. Als Kontrast zeigt der Film eine Lasterhöhle des männlichen Establishments, sozusagen eine Speak-easy-Bar der sexuellen Prohibition... Der häuslichen Sauberkeit korrespondiert hier der laszive Dreck. Heimlich, weil die Herren ja auch die Sklaven des eigenen Systems sind, hat der Kommandant seine Dienerin eingeschleust und läßt die Lustlose gönnerhaft verliebt an den Freuden dieser Untergrund-Reeperbahn teilhaben. Auch hier richtet der Film seinen Blick nur scheinbar in die weite Zukunft. Wer sehen will, wird es nicht schwer haben, einen Blick auf heute herrschende Verhältnisse zu riskieren. Pure SF-Filme sagen ja nur, daß es noch schlimmer kommen kann.« (Hellmuth Karasek, DER SPIEGEL).
Ⓑ Margaret Atwood: *Der Report der Magd,* Düsseldorf 1987
Ⓥ VCL

Die Geschöpfe
(LES CREATURES). Frankreich 1966.
R Agnès Varda. *B* Agnès Varda.
K Willy Kurant. *M* Pierre Barbaud/ Henry Purcell. *D* Michel Piccoli (Edgar Piccoli), Catherine Deneuve (Mme. Piccoli), Eva Dahlbeck (Hotelbesitzerin), Nino Castelnuovo (Elektriker), Ursula Kubler (Vamp),

Jacques Charrier (Junger Mann), Britta Petterson, Bernard Lajarrige, Lucien Bodard. 91 Min.
Um ungestört an seinem neuen utopischen Roman arbeiten zu können, zieht der Schriftsteller Edgar mit seiner jungen Frau in die Abgeschiedenheit der Bretagne-Insel Noirmoutier. Während einer gemeinsamen Autofahrt verunglücken sie. Als Folge des Schocks verliert die Frau die Sprache. Als sie am Ende des Films mit einem gesunden Jungen niederkommt, findet sie auf dem Höhepunkt der Geburtswehen die Sprache wieder. Soweit die äußere Handlungsebene. Der Film versucht, die Entstehung des Romans in den Gefühlen des Mannes nachzuvollziehen. Edgar durchstreift die Gegend und sammelt Stoff für den Roman. Er empfindet das Mißtrauen der Einheimischen gegen den schweigsamen Fremdling, der er für sie ist. Da ist eine Hotelbesitzerin mit körperbehindertem, liebehungrigem Vater, eine Lebensmittelhändlerin mit frühreifer Tochter, zwei stets zu Dummheiten aufgelegte ›fliegende‹ Textilhändler, ein eigenbrötlerischer Ingenieur. Schritt um Schritt, wie der Roman Form gewinnt, gleitet der Film hinüber in Edgars Fiktion. Er zeigt nicht mehr die realen Ereignisse, sondern ihre literarische Verwandlung. Edgar erfindet sich einen Feind, einen dämonischen Zauberer, der die Menschen durch Magie zum Bösen anstiftet, durch eine hypermoderne Magie, die mit Fernsehkameras und Willensbeeinflussung durch elektromagnetische Wellen operiert. Ducasse, der Magier, sitzt Edgar an einem Schachbrett gegenüber, auf dem puppenhaft-abstrakt die Einheimischen agieren; wie, das muß der Würfel entscheiden. Ducasse darf seine elektromagnetischen Wellen zum Bösen, Edgar zum Guten betätigen (dann färbt sich der Schwarzweiß-Film jeweils blutrot oder rosa). Auf einem Fernsehschirm verfolgen die beiden, wie sich ihr Eingreifen ›in der Realität‹ auswirkt. Dieses Schicksals-Schachspiel wird zum Sammelbecken des Trivialen: da ein Stück-

chen Gangsterfilm mit den üblichen Schlägereien, Verbrechen und Verfolgungsjagden, dort kitschige Liebesgeschichten, hier Missetaten tyrannischer Mitmenschen. Ducasse, die Verkörperung des Bösen, erweist sich in dem Spiel als unbesiegbar. Edgar bleibt nichts anderes übrig, als ihn zu ermorden. Nur so kann er seinen Roman vollenden. Mit dem Abschluß seiner Arbeit, mit der Geburt des Knaben, mit der Wiedergewinnung der Sprache finden Edgar und seine Frau den Weg in die Wirklichkeit zurück. – »(Die Regisseurin Agnès Varda) vermochte ... ein der Konzeption nach interessantes Sujet – ein Schriftsteller führt wechselnde Dialoge mit den Geschöpfen seiner Fantasie – nicht in eine adäquate Form zu bringen; nach einem originellen Auftakt verliert sich der Film in banalen Lösungen.« (Ulrich Gregor, GESCHICHTE DES FILMS AB 1960)

Gestörte Flitterwochen
Anderer Titel für **Die Atomente**

Gigant
(TV-ZDF). BRD 1976.
R Rainer Erler. *B* Rainer Erler. *K* Josef Vilsmeier. *M* Eugen Thomass.
D Silvano Tranquilli (Louis Palm), Dieter Laser (Enrico Polazzo), Evelyn Opela (Sibilla Jacopescu), Peter Fricke (Jeroen de Groot), Helga Anders (Yvonne), Eric P. Caspar (Carolus Büdel), Herbert Steinmetz (Kühn), Nguyen Tien Huu (Wong). *F* 90 Min.
Der Wissenschaftler Enrico Polazzo, Mitarbeiter des ›Blauen Palais‹, eines unabhängigen Forschungsinstituts, das von einem privaten Kuratorium finanziert wird, entwickelt einen neuen Werkstoff, der aus einem rasch zur Neige gehenden Rohmaterial gewonnen wird, legt sich mit multinationalen Konzernen an und gerät, je vehementer er auf die bei der Produktion anfallenden Umwelt-Schadstoffe hinweist, immer mehr ins Abseits, bis sogar das Institut auf dem Spiel steht. – Eine Folge der TV-Serie ›Das Blaue Palais‹.

Ⓑ Rainer Erler: *Der Gigant*, München 1979

Gigant des Grauens
(WAR OF THE COLOSSAL BEAST).
USA 1958.
R Bert I. Gordon. *B* George W. Yates. *K* Jack Marta. *SpE* Bert I. Gordon/Flora Gordon. *M* Albert Glasser. *D* Sally Fraser (Joyce Manning), Dean Parkin (Oberst Glenn Manning), Roger Pace (Major Baird), Russ Bender (Dr. Carmichael), Charles Stewart (Capt. Harris), George Becwar (Swanson), Robert Hernandez (Miguel), Rico Alaniz (Sgt. Murillo), George Alexander (Offizier), George Navarro (Arzt), John McNamara (Neurologe), Bob Garnett (Korrespondent), Roy Gordon (Major), Bill Giorgio (Busfahrer), Loretta Nicholson (Joan), June Jocelyn (Mutter), Stan Chambers (Fernsehsprecher). 68 Min.
Vorgeschichte des Films: Siehe *Der Koloß*. – Der strahlenverseuchte, zu einem Riesen herangewachsene Oberst Manning hat den Sturz von der Staumauer zwar überlebt, aber er ist nun fürchterlich entstellt und hat dem Anschein nach auch einen schweren Gehirnschaden davongetragen. Als er weiterhin tobend durch das Land wandert, gelingt es der US Army zwar, ihn zu isolieren, aber er bricht aus und setzt sein Vernichtungswerk fort. Als er anfängt, seine Widersacher mit vollbesetzten Bussen zu bewerfen, gelingt es seiner Schwester Joyce, ihm ins ›Gewissen‹ zu reden. Gerührt wählt der Riese den Freitod, indem er an eine Hochspannungsleitung faßt. – Mannings Tod in der Hochspannungsleitung ist die einzige farbig gedrehte Sequenz dieses Films, der, was seine Originalität betrifft, an *Der Koloß* nicht im geringsten heranreicht. Mokierte sich der FILMDIENST in der Hauptsache über »... einfältige Tricks, ... gehäufte Schockeffekte« und »pseudo-wissenschaftliche Ummäntelung«, sah VARIETY in *Gigant des Grauens* eher einen schwachen Abklatsch der Originalvorla-

ge: »Gordon hat – als Traumsequenz – einen Ausschnitt aus dem ersten Film in diesen hineinmontiert, der viel aufregender ist als die gegenwärtige Version.«

Giganten der Vorzeit
(LEGEND OF DINOSAURS AND MONSTER BIRDS). Japan 1977.
R Iunji Kurata. *B* Igama Masaro.
K N. N. *M* N. N. *D* Akiwa Moguchi.
F 83 Min.
In der Umgebung des Fudschijama haben sich in einer Eishöhle über Millionen Jahre hinweg zwei Rieseneier gehalten, die nun von der Lavahitze eines Vulkanausbruchs aufgetaut werden. Den Eiern entschlüpfen zwei Urweltmonster – ein Flugdrache und ein Saurier –, die allerlei Terror veranstalten. Schließlich bekämpfen sie sich gegenseitig – und werden von einem Erdbeben verschlungen. »Die Ungeheuer wirken wie Billigausgaben der Schreckgespenster von der Geisterbahn, die Menschen benehmen sich so kopflos, daß die Ungeheuer sich am Ende schon selbst erledigen müssen, damit die Welt im Lot bleiben kann. Außer panischem Herumgerenne und gelegentlichem, völlig sinnlosem Bombenwerfen fällt dem Homo sapiens angesichts einer solchen Gefahr nichts ein.« (FILMBEOBACHTER) – »Die Tricksequenzen erinnern an die fantasievollen *Godzilla*-Filme Inoshiro Hondas, erreichen aber nicht deren märchenhafte Leichtigkeit.« (FILMDIENST)
Ⓥ ITT Contrast

Giganten mit stählernen Fäusten
Anderer Titel für **Todesrallye in Helix-City**

»Kuckuck!« *Giganten der Vorzeit* von Iunji Kurata

Glen and Randa

(GLEN AND RANDA). USA 1971.
R Jim McBride. *B* Lorenzo Mans/
Rudolph Wurlitzer/Jim McBride.
K Alan Raymond. *D* Steven Curry
(Glen), Shelley Plimpton (Randa),
Woodrow Chambliss (Sidney Miller),
Garry Goodrow (Zauberer), Roy Fox,
William Fratis, Richard Frazier, Martha
Furey, Laura Hawbecker, Mary Henry,
Talmadge Holiday, Robert Holmer,
Alice Huffman, Charles Huffman,
Leonard Johnson, Matthew Levine,
Lucille Johnson, James Nankerius, Jack
Tatarsky, Hubert Powers, Ortega
Sangster, Barbara Spiegel, Dwight Tate,
Bud Thompson, Winona Tomanoczy,
David Woeller. *F* 94 Min.
Glen und Randa, zwei Halbwüchsige, ge-
hören zu den wenigen Nachkommen der
Überlebenden eines atomaren Holo-
causts, der über die USA hinweggefegt
ist. Sie ziehen – allein und mit anderen –
durch die verwüstete Welt und ernähren
und kleiden sich mit dem, was sie finden.
Glen, der sich Fragen über die Welt der
Vergangenheit stellt, hat aus einem
›Superman‹-Heft von der (fiktiven) Stadt
Metropolis erfahren, die er unablässig
sucht: Er glaubt, dort würde er Antworten
auf seine Fragen finden. Am Meer stößt
das Pärchen auf den alten Sidney Miller,
der in einem wracken Wohnwagen haust.
Randa ist schwanger. Während Glen versucht, einen ›zivilisierten‹ Menschen aus
sich zu machen, albert Randa mit dem alten Sidney herum. Sie stirbt bei der Geburt ihres Sohnes. Sidney bestattet sie in
seinem Wohnwagen. Dann macht er sich
mit Glen, dem Baby und einer Ziege in einem Boot auf den Weg, Metropolis zu suchen – obwohl er wahrscheinlich weiß,
daß die Stadt gar nicht existiert. – Eine
hübsche Geschichte – besonders wenn
man sie unter dem Aspekt betrachtet, welche Endzeit-Western einem die internationale Abstauber-Mafia nach *Mad Max II –
Der Vollstrecker* vorgesetzt hat. Bloß:
Gewürdigt hat diese Story kein Schwein,
und zwar deswegen nicht, weil der Filmemacher Jim McBride weder die technischen noch dramaturgischen Kenntnisse
mitbrachte, die aus einer guten Geschichte einen guten Spielfilm machen. Mit der
naiv-sorglosen Arroganz, die jene Regisseure auszeichnet, die ›Kunst‹ machen
wollen (und Lichtjahre in der Regel für
Zeitangaben halten), hat er sich ans Werk
gemacht, ohne sich vorher ein paar (nicht
unwichtige) Fragen zu stellen – die sich
zum Glück jedoch Paine Knickerbocker
vom SAN FRANCISCO CHRONICLE gestellt
hat: »*Glen and Randa* spielt etwa ein halbes Jahrhundert nach einem atomaren Holocaust . . . Wieso können Autoreifen eine
solche Zeitspanne überdauern? Wer hat
den Charakteren die Streichhölzer trok-
kengehalten? Woher hat Garry seine Ca-
mel-Zigaretten? Wieso ist das einzige
›Buch‹, das die Zeiten überstanden hat,
ein Comic-Heft, das nicht mal einen festen Einband aufweist?« Sein abschließendes Urteil war dann auch dem Unvermögen des Mr. McBride angemessen:
»*Glen and Randa* ist eine Katastrophe.
Ich kann mich nicht erinnern, je einen
Film gesehen zu haben, dessen erste Stunde dermaßen langatmig war. Er ist so
langweilig, daß er einen lähmt und beinahe hypnotisiert.« In Originalfassung.
Ⓥ Import

Godzilla

(GOJIRA). Japan 1954.
R Inoshiro Honda/Terry O. Morse.
B Takeo Murata/Inoshiro Honda.
LV Shigeru Kayama. *K* Maseo Tamai/
Guy Roe. *SpE* Eiji Tsurubaya/Akira
Watanabe/Hiroshi Mukoyama/Kuichiko
Kashida. *M* Akira Ifukube.*D* Raymond
Burr (Steve Martin), Takashi Shimura
(Prof. Yamane), Momoko Kochi
(Emiko Yamane), TomoyukiTanaka
(Godzilla), Akira Takarada (Ogata),
Akihiko Hirata, Fujuki Murakami,
Sachio Sakei, Toranosuke Ogawa, Rem
Yamamota. 90 Min.
Japan 1955: Vor der Insel Odo fliegt ein
riesiges Schlachtschiff in die Luft. Ein
Zerstörer, der das Unglück untersuchen

Fotomontage, schöön!: *Godzilla* von Inoshiro Honda

will, erleidet das gleiche Schicksal. Dann wird ein Teil der Insel zerstört. Herbeigeeilte Wissenschaftler entdecken gewaltige, radioaktiv strahlende Fußabdrücke und Sandkörner, die aus einer Tiefe von 10 000 Metern stammen müssen. Dann wird am Rande der Insel ein überdimensionaler Saurier gesichtet, den man nach einem Fabelwesen Godzilla nennt. Durch diverse Atombombenversuche aufgeschreckt, macht Godzilla sich auf den Weg nach Tokio. Trotz aller Bemühungen, die wütende Bestie aufzuhalten (man setzt die Armee in Marsch und errichtet eine Hochspannungsleitung, in der Godzilla sich verfangen soll), wird die japanische Hauptstadt nahezu ganz vernichtet. Die Regierung wendet sich schließlich an die Wissenschaft. Ein junger Forscher meldet sich. Er hat eine Bombe entwickelt, die den Sauerstoff vernichten kann – eine Waffe, die noch gefährlicher ist als Godzilla selbst. Er fährt mit einem Schlachtschiff aufs Meer hinaus und nimmt Godzillas Spur auf. Als er seine Bombe zündet, sterben in weitem Umkreis sämtliche Fische den Erstickungstod. Godzilla ist vernichtet. Damit jedoch niemand die fürchterliche Waffe gegen die Menschen anwenden kann, begeht der junge Forscher Selbstmord.

Das Fabelwesen Godzilla ist unzweifelhaft das prominenteste Monster, das die japanische Filmindustrie je ersonnen hat. Die Zahl der Filme, in denen das Drachenbiest die Hauptrolle spielt, ist Legion, und längst nicht alle dieser Streifen sind im deutschen Sprachraum gezeigt worden (dafür allerdings andere, deren Monstern man der Werbewirksamkeit halber den Namen Godzilla verpaßt hat). Der Film kam über die USA nach Europa und enthält einige zusätzliche, von Terry O. Morse gedrehte Szenen, in denen Raymond Burr zu sehen ist. *Godzilla* war ein Kassenhit in den Vereinigten Staaten, und was Japan angeht, so kann man das Vieh mit Fug und Recht als Idol ganzer Schülergenerationen bezeichnen: Es ist dort auch als Kuscheltier, als Comic strip und

sogar als Lollipop erhältlich. »Bisher sahen wir nur japanische Spitzenwerke, in *Godzilla* begegnet uns offenbar der japanische Durchschnittsfilm.« (FILMDIENST)

Godzilla, der Drache aus dem Dschungel
(GAMERA TAI BARUGON). Japan 1966. *R* Shigeo Tanaka. *B* Nizo Takahashi. *K* Michio Takahashi. *SpE* Nizo Takahashi. *M* Okomura Mukio. *D* Kojiro Hongo (Keisuke), Akira Natsuki (Ichiro), Kyoko Enami (Karen), Koji Fuiyama (Onodera), Yuzo Hayakawa (Kawajiri), Ichiro Sugai (Dr. Matsushita). *F* 92 Min.
Durch eine versehentlich ausgelöste Atombombenexplosion wird das drachenähnliche Urweltmonster Barugon aus seinem Tiefschlaf im ewigen Eis geweckt. Während es anfängt, Japan in Schutt und Asche zu legen, entdecken ein paar Abenteurer in Neu-Guinea einen Edelstein, der sich unter zufälliger Infrarotbestrahlung als Drachenei entpuppt. Diesem Ei entschlüpft Godzilla, eine andere Urweltbestie, deren Atem alles Leben erstarren läßt. Nachdem Godzilla und Barugon das japanische Inselreich zu Klump gehauen haben, gehen sie einander an die Kehle. Barugon krepiert; Godzilla wird ins Meer gelockt und ersäuft. Die Produzenten dieses Machwerks hingegen erfreuen sich dem Vernehmen nach bester Gesundheit.
Ⓥ VPS *(Panik – Dinosaurier bedrohen die Welt*

Godzilla – Die Rückkehr des Monsters
(GOJIRA). Japan 1984. *R* Koji Hashimoto. *B* Shuichi Nagahara. *K* Kazutami Hara. *SpE* Teruyoshi Nakano. *M* Reijiro Koroku. *D* Keiju Kobayashi, Ken Tanaka, Yasuko Sawaguchi, Yosuke Natsuki, Shin Takuma. *F* 83 Min.
Godzilla ist wieder da. Dreißig Jahre nach seiner letzten Vernichtung hat ihn offensichtlich wieder ein Vulkanausbruch ge-

weckt. Beinahe wären Russen und Amerikaner aufeinander losgegangen, denn die Sowjets hatten auf unerklärliche Weise ein Atom-U-Boot verloren und schoben diese Missetat natürlich der anderen Seite in die Schuhe. Da orten die japanischen Aufklärungsflugzeuge den urzeitlichen Saurier, der gerade über ein Atomkraftwerk herfällt, um seine radioaktiven Energien zu regenerieren. Nach getaner Arbeit trottet das Urviech Richtung Tokio. Experte Professor Hayashida wird von der Regierung beauftragt, Gegenmittel zu entwickeln. Er ist der Ansicht, daß Godzilla den Ultraschallwellen der Zugvögel folgt. Könne man diese imitieren, so wäre es ein leichtes, das Monster dahin zu locken, wo man es haben wolle. Mittlerweile schlägt Godzilla Tokio kurz und klein. Die Millionenstadt wird zum Flammenmeer. Eine neuartige Flugwaffe, Super X, kann das Ungeheuer vorübergehend stoppen. Die bösen Großmächte for-

dern und betreiben den Einsatz von Kernwaffen, was Japan strikt ablehnt. Mitten im Zerstörungslärmen hält das Großtierchen inne: Hayashidas Ultraschallwellen! Fast willenlos folgt ihnen Godzilla zu einem Vulkan auf der Oshima-Insel. Am Rande des Kraters kann der Riese unter Beschuß genommen werden, so daß er das Gleichgewicht verliert und in die feurige Lava stürzt. Die Menschheit ist gerettet. – »Zwar ist der Erfindungsreichtum der frühen Filme ... etwas moderneren Spezialeffekten und wesentlich detaillierteren Miniaturen gewichen. An jenem typischen Toho-Charme mangelt's ihnen deshalb noch lange nicht: Unecht sehen sie noch immer aus. Und wenn der Mann im Godzilla-Kostüm dann durch eine Tokio-Miniatur trottet und ein kleines Spielzeugauto blinkend auf ihn zufährt, wähnt man sich fast schon wie in guten alten Zeiten, als man mit einem Milky-Way-Riegel in der Hand ... den großen Grünen

Godzilla – Die Rückkehr des Monsters von Koji Hashimoto

bei seinem Kampf gegen Ghidrah und Frankensteins Monster aus dem All anfeuerte.« (Norbert Stresau, SCIENCE FICTION TIMES) – »Einfallslose Wiederaufbereitung bestbekannten Materials.« (Peter Gaschler, HEYNE SCIENCE FICTION JAHR 1986
Ⓥ Marketing

Godzilla, der Urgigant
(GODZILLA VS. BIOLANTE). Japan 1989. *R* Kazuki Omori. *B* Kazuki Omori. *K* Yudai Kato. *M* Koichi Sugiyama. *D* Kunihiko Makamura (Kazuto Kirishima), Yoshiko Tanaka (Asuka Okouchi), Masanobu Takashima (Sho Kuroki), Megumi Odaka (Miki Saegusa), Yasuko Sawaguchi (Michiko Shiragami). *F* 100 Min.
Killer eines US-Konzerns überfallen das Labor des Forschers Shiragami und stehlen die eingelagerten radioaktiven Zellen des Monsters Godzilla. Bei der Aktion wird Shiragamis Tochter getötet. Um ihrer Seele neue Gestalt zu verleihen, kreuzt Shiragami eine Godzillazelle mit einem Rosenblatt. Das Genprodukt ist Biolante, eine Pflanze mit Herz. (Ich krieg' 'n Föhn!) Die Kreuzung erweist sich als teuflisch: Biolante wachsen säurespeiende Köpfe. Biolante tötet zwei Menschen, flieht aus dem Labor und wächst zum Ungetüm heran. Mit Hilfe der kleinen Miki nimmt man Kontakt zur Seele der Tochter auf und findet den in einem Vulkan ruhenden Godzilla. Er erwacht und beginnt einen Zerstörungsfeldzug gegen die japanische Armee. Um das Monster zu vernichten, hat ein Wissenschaftler einen radioaktivitätsfressenden Virus entwickelt, doch er erweist sich als uneffektiv, da er nicht schnell genug wächst. Eine Wärmefalle soll dem Virus im Giganten zum schnellen Wachstum verhelfen. Der Trick fruchtet nicht, Godzilla droht ein AKW zu vernichten. Lodernde Pollen Biolantes kehren zum Kampf zurück, doch Miki kann Godzilla besänftigen. Shirigami erkennt, daß Genmanipulation Scheiße ist. – »Das Buch wurde von einem Zahnarzt

aus Osaka verfaßt, dessen Skript unter 5000 (!)... Einsendungen... ausgewählt wurde, nachdem die Filmkompanie einen Wettbewerb ausgeschrieben hatte, dessen Gewinner seine Arbeit in bewegte Bilder umgesetzt sehen sollte.« (Maxilla, SPLATTING IMAGES). Ⓥ Empire

Godzilla kehrt zurück
(GOJIRA NO GYAKUSHYU). Japan 1955. *R* Motoyoshi Oda. *B* Shireju Kayama/ Takeo Murata/Shigeaki Hidaka. *K* Seichi Endo. *SpE* Eiji Tsuburaya/ Akira Watanabe/Hiroshi Mukoyama/ Masso Shirota. *M* Masaru Satoh. *D* Hiroshi Koizumi (Tsukioka), Minoru Chiaki (Kobayashi), Setsuko Wakayama (Hedemi), Takashi Shimura, Yukio Kasama, Mayuri Mokusho, Sonosake Sawamura, Masao Chimizu, Takeo Okikawa, Minosuki Yamada. 81 Min.
Godzilla und Angorus, zwei Urweltmonster, entsteigen dem Meer und marschieren rein zufällig auf die Großstadt Osaka zu. Da sie sich aber nicht leiden mögen, hauen sie sich wie die Kesselflicker, wobei von Osaka natürlich kaum etwas übrigbleibt. Als Angorus genügend Dresche bezogen hat, reicht er den Abschied ein und plumpst ins Meer. Die überlebenden Bewohner Osakas fassen sich daraufhin ein Herz und begraben Godzilla unter einer Eislawine. Da bleibt einem nur noch die Frage übrig, ob für diese Leistung nicht auch *ein* Drehbuchautor gelangt hätte.

Godzilla, Monster des Schreckens
Anderer Titel für **Godzillas Todespranke**

Godzillas Todespranke
(DAI KOESU YONGKARI). Japan/Korea 1969. *R* Kim Duke. *B* Kim Duke/Yungsung Su. *K* K. Nakagawa/I. Byon. *D* Young Onil, Lee Hunter, George Stapleton. *F* 74 Min.
Erdbeben in Korea. Häuser stürzen ein, Panik bricht aus. Als sich der Rauch einer

gewaltigen Explosion verzogen hat, kriecht das urweltliche Drachenwesen Godzilla aus dem Dunkel der Unterwelt ans Licht, marschiert nach Seoul und haut unterwegs alles zu Klump. Die Hölle ist los, die Politiker raufen sich die Haare. Nachdem sogar Flugabwehrraketen versagt haben, finden ein paar clevere Wissenschaftler heraus, daß das Viech von Benzin und Motorenöl lebt. Klar, eine Achillesferse hat es auch. Daß man das Untier außer Gefecht setzt, steht außer Frage: Man setzt ihm mit einem hochkonzentrierten Kühlmittel zu, packt es anschließend in ein Raumschiff und schießt es ins All. Es wäre allerdings keine üble Idee gewesen, mit den beiden Drehbuchautoren ebenso zu verfahren.
Ⓥ ABC *(Godzilla, Monster des Schreckens)*

Godzilla und die Urweltraupen
(MOSURA TAI GOJIRA). Japan 1964.
R Inoshiro Honda. *B* Shinichi Sezikawa.
K Hajime Koizumi. *SpE* Eiji Tsuburaya/ Sadamasa Arikawa/Mototaka Tomioka/ Akira Watanabe. *M* Akira Ifukube.
D Akira Takarada (Journalist), Yuriko Hoshi (Fotografin), Hiroshi Koizumi (Wissenschaftler), Yu Fujiki (2. Journalist), Emi und Yumi Ito (Zwillingsmädchen).
F 88 Min.
Nach einem verheerenden Taifun wird ein riesengroßes Ei an die japanische Küste gespült. Während Wissenschaftler, Journalisten und zahlreiche Schaulustige den Fund untersuchen, taucht aus einem Schlammhügel das Urweltmonster Godzilla auf, bekommt mal wieder einen Wutanfall und trampelt alles zu Brei, was nicht schnell genug die Flucht ergreift. Schock! Schauer! Schrecken! Die Riesenmotte Mothra will den Urweltdrachen daran hindern, das mysteriöse Ei zu zerstören, muß aber nach einigen bombastischen Kämpfen den Löffel abgeben. Da bricht plötzlich das Ei auf, und zwei Riesenraupen spinnen Godzilla in ein Netz ein, bis er ins Meer stürzt.

Goké, Vampir aus dem Weltall
(KYUKETSUKE GOKEMIDORO).
Japan 1968.
R Hajime Sato. *B* Susumu Takaku/ Kyuzo Kobayashi. *K* Shizuo Hirase.
M Shunsuke Kikucho. *D* Hideo Ko (Mörder), Teruo Yushida (Pilot), Tonomi Sato (Stewardeß), Eizo Kitamura (Senator), Masaya Takahashi (Weltraumbiologe), Cathy Holan (Amerikanerin). *F* 80 Min.
Ein Flugzeug kollidiert mit einem außerirdischen Raumfahrzeug, dessen Insasse, ein Lebewesen namens Goké, die Fähigkeit besitzt, menschliche Körper zu übernehmen. Als das Flugzeug in der Einöde notlandet, nutzt ein an Bord befindlicher Mörder die Gelegenheit zur Flucht. Nachdem Goké ihn übernommen und zum Vampir gemacht hat, geht er gegen die Passagiere vor, aber der Pilot kann ihn töten und verbrennen. Das nächste Opfer Gokés ist der Weltraumbiologe, der nun ebenfalls über die Mitreisenden herfällt. Die Passagiere (darunter einige recht obskure Gestalten) metzeln sich schließlich auch noch gegenseitig ab. Dem Piloten und der Stewardeß gelingt schlußendlich die Flucht, aber als sie an eine Landstraße kommen, erkennen sie, daß der Weltraumvampir offenbar nicht allein zur Erde gekommen ist: Die Erde scheint bereits entvölkert zu sein. – *Goké, Vampir aus dem Weltall* unterscheidet sich von den meisten japanischen Science Fiction-Filmen hauptsächlich dadurch, daß er kein Happy-End aufweist und aus einer Mixtur aus Horror und Science Fiction besteht, und durch eine unerwartete Charakterveränderung diverser Akteure: Da verwandelt sich eine betende Amerikanerin, die die Leiche ihres Gatten aus Vietnam nach Hause holen will, in eine knallharte Killerin, und die Gattin eines Industriekapitäns, die ihrem Mann jahrelang untertan war, kann ihre Freude über seinen Tod kaum verhehlen.
Masaya Takahashi (in der Rolle des Weltraumbiologen), der daran glaubt, daß die Erde bereits öfters von UFOs bedroht

worden sei, ist der Meinung, angesichts dieser echten Gefahr bestehe für die Menschen kein Grund, einander auf der Erde zu bekriegen – was kaum mehr als den Schluß zuläßt, daß man gemeinsam gegen Eindringlinge von außerhalb rüsten solle. »So horrend-naiv das Spiel ist, und so unfreiwillig komisch der Nachhilfeunterricht in UFOlogie, so gibt es ... noch eine von der Kameraästhetik sehr reizvolle Sequenz – die Industriellengattin im roten Kleid und mit wehendem Haar inmitten der braunen Steinwüste – und auch verschiedene noch akzeptable Horrorszenen.« (SCIENCE FICTION TIMES) – »Recht armseliger Utopie-Thriller, der mit Antikriegspropaganda und Happy-End-Verzicht auf billige Weise hochzustapeln versucht.« (FILMBEOBACHTER)

Gold
Deutschland 1934.
R Karl Hartl. *B* Rolf E. Vanloo.
K Günter Rittau/Otto Baecker/Werner Bohne. *M* Hans Otto Borgmann.
D Friedrich Kayßler (Prof. Achenbach), Hans Albers (Werner Holk), Lien Deyers (Margit Möller), Michael Bohnen (John Wills), Brigitte Helm (Florence), Eberhard Leithoff (Haris), Ernst Karchow (Lüders), Willy Schnur (Pitt), H. J. Büttner (Becker), Walter Steinbeck (Brann), Heinz Wemper (Vesitsch), Rudolf Platte (Schwarz).
80 Min.
Der deutsche Wissenschaftler Prof. Achenbach hat eine Apparatur entwickelt, die zur Herstellung von Gold dient, aber der schottische Bleibergwerksbesitzer Wills läßt ein Attentat auf ihn verüben. Lediglich der Ingenieur Holk entgeht der Explosion, aber er ist schwer verletzt. Um Achenbach zu rächen, tritt er zum Schein in Wills' Dienste und geht nach Schottland, um dort eine neue Goldmaschine zu konstruieren. Dies gelingt ihm auch. Obwohl es zu einer riesigen Wirtschaftskatastrophe kommen würde, gelänge das so produzierte Gold auf den Markt, ordnet Wills skrupellos eine Massenherstellung

an. In der Zwischenzeit versucht seine mondäne Tochter Florence, den deutschen Ingenieur zu umgarnen. Aber Holk läßt sich nicht kaufen. Er entlarvt seinen Arbeitgeber vor der versammelten Belegschaft als Meuchelmörder, sprengt dessen Produktionsanlagen in die Luft und kehrt nach Deutschland zurück, wo seine Verlobte Margit sehnsüchtig auf ihn wartet. – »Naive Gemüter könnten durchaus auf die Idee kommen, der Film ... sei antikapitalistisch. Vorsicht! Auf ›antikapitalistische‹ Töne verstanden sich die Faschisten hervorragend ... Gegen einzelne Kapitalisten hatten die Nazis sehr wohl etwas. Vor allem im eigenen Land gegen jüdische und ausländische ... Der Monopolkapitalist John Wills geht einfach in seiner Profitgier zu weit, indem er gegen die Profitinteressen anderer Monopolkapitalisten ... verstößt. Sein Versuch, durch großangelegte Goldproduktion ins Geschäft einzusteigen, besteht darin, das kapitalistische Währungssystem durcheinanderzubringen ... Im Grunde spielt der ›blonde Hans‹ in *Gold* die Rolle des bürgerlichen Staates ... Am Schluß, als (er) mit der ›arisch-blonden‹ Lien Deyers Arm in Arm abzieht, macht er noch krönende Abschlußbemerkungen. Gold zu fabrizieren sei halt schlecht, da hänge ein Fluch dran, meint er. Die Wahrheit kann er natürlich nicht sagen. Daß nämlich das internationale Währungssystem der Monopolisten auf der Golddeckung aufgebaut ist, daher dies tunlichst nicht gestört werden sollte – ohne daß eine Störung a la Wills den Kapitalismus irgendwie in Frage stellen würde. Die entscheidende Frage ist nun einmal die Macht im Staate.« (SCIENCE FICTION TIMES)
Ⓥ EuroVideo

Goldface – der phantastische Superman
(GOLDFACE, IL FANTASTICO SUPERMAN). Italien/Spanien 1967.
R Stanley Mitchell (= Adalberto Albertini). *B* Balcazar/Molteni/Fasan.
K Carlo Fiore. *M* Franco Pisano.

Hans Albers in *Gold* von Karl Hartl

D Robert Anthony (Goldface), Eva Marandi, Michaela Pignatelli, Manuel Monroy. *F* 97 Min.

Die Bande der Roten Kobra bombt mit schöner Regelmäßigkeit die Fabriken von Großindustriellen in die Luft, die sich weigern, eine gewisse Summe an sie zu zahlen. Als es wieder einmal einen Werksbesitzer trifft, erklärt sich dessen technischer Direktor dazu bereit, den Gangstern die geforderten zwei Millionen zu überbringen. Kein Mensch ahnt jedoch, daß dieser Mann der mit fantastischen Kräften ausgestattete Supermensch Goldface ist, der die Erzlumpen schließlich zur Schnecke macht.
Ⓥ Arcade

Goldfinger
(GOLDFINGER). GB 1964.
R Guy Hamilton. *B* Richard Maibaum/ Paul Dehn. *LV* Ian Fleming. *K* Ted Moore. *SpE* John Stears. *M* John Barry. *D* Sean Connery (James Bond), Gert Fröbe (Auric Goldfinger), Honor Blackman (Pussy Galore), Shirley Eaton (Jill Masterson), Tania Mallett (Tilly Masterson), Harold Sakata (Odd-Job), Bernard Lee (›M‹), Martin Benson (Solo), Cec Linder (Felix Leiter), Austin Willis (Simmons), Lois Maxwell (Miß Moneypenny), Nadja Regin (Bonita). *F* 110 Min.

Der britische Geheimagent James Bond erhält den Auftrag, einen gewissen Mr. Goldfinger zu beschatten, der im Begriff ist, dermaßen große Goldmengen anzuhäufen, daß Gefahr für das internationale Währungsgefüge besteht. Bond macht die Bekanntschaft des Herrn auf einem Golfplatz und stellt fest, daß der exzentrische Milliardär ein skrupelloser und machthungriger Verbrecher ist. Angehörige seiner weitverzweigten Organisation dürfen sich keine Fehler leisten: Wer nicht spurt,

»Ich will aber wirklich kein Sopran sein!«: Sean Connery in *Goldfinger*

verliert sein Leben. Als Goldfinger Bond auf die Schliche kommt, setzt er ihn fest und erzählt ihm prahlerisch von seinem nächsten Coup: Er will mit seiner Privatarmee in einem Handstreich das amerikanische Fort Knox besetzen und die dort lagernden Goldreserven radioaktiv verseuchen, damit seine eigenen Schätze an Wert gewinnen. Eine der Mitarbeiterinnen Goldfingers hilft dem Agenten jedoch aus der Klemme. Mit Hilfe seiner Kollegen kann Bond den Plan des Goldmagnaten vereiteln. – Goldfingers Streben nach der Weltherrschaft führt dazu, daß Bond nun »nicht mehr nur fürs britische Vaterland (kämpft), sondern für das Gute schlechthin, und das ist alleweil nichts weniger als das westliche Wirtschafts- und Wohlleben... Aber er ist mehr als die meist machtlos am heißen Draht jammernden Staatsmänner unmittelbar verantwortlich dafür, daß der Gang der Welt keinen Drall erhält – vor allem keinen Linksdrall ins Totalitäre. Daß das Gute am Ende stets über das Böse siegt, dafür ist das Publikum dankbar und in Treue fest ergeben.« (CINEMA)

Der dritte Bond (nach DR. NO/FROM RUSSIA WITH LOVE) kostete 2 750 000 Dollar und spielte in der BRD 24 500 000 DM ein.
Ⓥ Warner Home
Ⓑ Ian Fleming: *Goldfinger*, Bern/München 1964

Goldorak – Kampf der Welten
(GOLDORAK). Japan 1978.
F 89 Min.
Der fliegende Riesenroboter Goldorak und sein menschlicher Kumpel Arcturus verteidigen unter der Anleitung des Wissenschaftlers Dr. Procton die Erde vor bösen Invasoren aus dem Weltraum, deren Heimatwelt durch radioaktive Strahlen vernichtet wurde. – Episodenfilm, aus mehreren Folgen einer TV-Zeichentrickserie zusammengeschnitten.
Ⓥ EuroVideo

Goliath – Sensation nach 40 Jahren
(GOLIATH AWAITS). USA 1981.
R Kevin Connor. *B* Richard Bluel/Pat Fielder. *K* Al Francis. *SpE* Joe Unsinn. *M* George Duning. *D* Mark Harmon,

Christopher Lee, Eddie Albert, John Carradine, Alex Cord, Robert Forster, Frank Gorshin, Jean Marsh, John McIntire, Jeanette Nolan, Emma Samms, Irene Hervey, Alan Caillou, Kip Niven, Clete Roberts, Alan Fudge. *F* 94/90 Min.

Ein amerikanischer Ozeanograph entdeckt in einem vierzig Jahre zuvor von einem deutschen U-Boot versenkten Passagierschiff jede Menge Überlebende. Unter der Leitung des genialen Mr. Kenzie haben sie mit Hilfe hydroponischer Tanks eine Unterwasserzivilisation errichtet, deren Bewohner gar nicht so gern an die Oberfläche zurückkehren möchten. Doch eine geheimnisvolle Krankheit, die sich im Inneren des Schiffes ausbreitet, stellt sie vor keine Wahl. – Ein origineller TV-Zweiteiler, wenn die Idee auch eindeutig aus James Whites SF-Roman *Gefangene des Meeres* (1966) geklaut ist.

Good Night Hell
(THE TERROR WRITTEN). USA 1989.
R Thierry Notz. *B* Thomas M. Cleaver.
K Ronn Schmidt. *M* Rich Conrad.
D George Kennedy (Hell), Andrew Stevens (David), Starr Andreeff (Sue), Terri Treas (Lida), John LaFayette (André). *F* 84 Min.

Ein Forscherteam überlebt in einem unterirdischen Labor einen biologischen Unfall. Schon bald entdeckt es blutrünstige Mutationen, sogenannte Gargolfs. Eine junge Frau, die ›überlebt‹ hat, gebärt einen Gargolf, der entflieht, heranwächst und in den Gängen und Luftschächten des Labors seiner Passion nachgeht. Auf der Jagd nach ihm lassen vier von sechs Forschern ihr Leben. Eine Forscherin, kurz zuvor geschwängert, trägt die neue Brut mit sich herum. – »Als Science Fiction-Grusel-Regisseur bleibt Notz' Leistung zweifelhaft, zieht er doch das klassische Finale (die mörderische Jagd auf den ›Gargolf‹) über 50 Minuten (!). Vom äußeren Terror (Nahrungsmittelknappheit, Verseuchung der Außenwelt und ihrer Lebewesen), der zu Beginn des Films für

Spannung sorgte, bleibt am Ende nichts übrig.« (Stefan Lux, FILMDIENST)
Ⓥ MGM/UA

Gor
(GOR). USA 1987.
R Fritz Kiersch. *B* Rick Marx/Peter Welbeck. *LV* John Norman. *K* Hans Khule. *M* Paula Erickson. *D* Umberto Barberini (Tarl Cabot), Oliver Reed (Sarm), Jack Palance (Xenos), Paul L. Smith, Rebecca Ferratti (Talena), Paul L. Smith (Surbus), Larry Taylor (Marlenus), Graham Clarke (Drusus), Janine Denison (Brandy), Donna Denton (Lara), Jennifer Oltman (Tafa). *F* 91 Min.

Ein schwerer Autounfall schleudert den jungen Universitätsdozenten Cabot durch den Raum in eine fremde Welt voller Barbaren. Auf dem Planeten Gor wird er von einem friedlichen Stamm als Messias gefeiert, der sie aus dem Joch wüster Herren in die Freiheit führen soll. Cabot führt seine neuen Freunde gegen den fiesen Tyrannen Sarm und besiegt ihn. – Lahme, langweilige, schlecht gespielte und mies inszenierte Verfilmung nach Motiven einer populären amerikanischen SF/Fantasy-Serie von John Norman, deren deutsche Ausgaben aufgrund breit ausgespielter Brutalitäten reihenweise auf dem Index landeten. Ex-Größen wie Oliver Reed und Jack Palance können wohl kaum noch tiefer sinken.
Ⓥ Cannon/VMP

Gorgo
(GORGO). GB 1959.
R Eugene Lourie. *B* John Loring/Daniel Hyatt. *K* F. A. Young. *SpE* Tom Howard. *M* Angelo F. Lavagnino. *D* Bill Travers (Joe Ryan), William Sylvester (Sam Slade), Vincent Winter (Sean), Bruce Seton (Flaherty), Joseph O'Connor (Prof. Hendrick), Martin Benson (Dorkin), Barry Keegan (Erster Maat), Christopher Rhodes (McCartin), Basil Dignam (Admiral Brooks). *F* 77 Min.

Vor der irischen Küste bricht ein Unterwasservulkan aus. Die Kutterfahrer Ryan und Slade stranden vor der Insel Nara und stoßen dort auf den Archäologen McCartin, der mit Hilfe von Tauchern einen Schatz aus einem versunkenen Schiff bergen will. Nachdem einer der Taucher verschollen ist und ein zweiter – der Vater des Jungen Sean – in einem Schockzustand stirbt, gehen Ryan und Slade der Sache heimlich auf den Grund. Unter Wasser wird Slade von einem großen Oktopoden angegriffen, den Ryan aber töten kann. Dann taucht ein Mörderwal auf – der auf unerklärliche Weise von einem Unbekannten getötet wird. In der Nacht taucht plötzlich ein zwanzig Meter großer Riesensaurier auf. Die Inselbewohner treiben ihn ins Meer. Ryan und Slade fangen das Urweltmonster mit einem Stahlnetz und bringen es nach London, wo sie es an den Zirkus Dorkin verkaufen wollen. ›Gorgo‹, wie man den Riesensaurier nennt, wird zu einer Sensation. Aber dann erreicht London eine Meldung, die Entsetzen hervorruft: Der Saurier ist ein Jungtier, dessen Mutter nun ebenfalls aufgetaucht ist und sich auf den Weg nach England macht. Ein Zerstörer, der den Giganten aufhalten will, wird mit Mann und Maus versenkt. Gorgos Mutter dringt durch die Themse in die Londoner Innenstadt vor und erzeugt eine Panik. Schließlich gelingt es der Armee, die beiden Ungeheuer mit Hilfe von Flammenwerfern, Raketen und Düsenjägern wieder ins Meer zurückzutreiben. – *Gorgo* war Englands Antwort auf Inoshiro Hondas erfolgreiches Monsterspektakel *Godzilla*. Keine Frage, daß der Streifen, wie auch alle anderen seiner Art, von der bundesdeutschen Kritik verrissen wurde: Während sich der (evangelische) FILMBEOBACHTER völlig motivationslos fragte, ob hier »etwa die Kampfkraft moderner Waffen verharmlost« oder die Armee »lächerlich gemacht« werden solle (»Auf die Idee, das Tier zu vergiften, kommt man nicht«), bemängelte der (katholische) FILMDIENST das kleine bißchen an

human touch, das Regisseur Lourie seinem Produkt beigab: »Auch ward, um nicht ganz im genüßlich ausgewalzten Horror-Milieu zu bleiben, mit der Geschichte eines kleinen Jungen, der eine neue Heimat bei lieben Menschen sucht, ein bisserl Rührseligkeit eingeflochten.« *Gorgo* ist ein spannender Thriller für Zwölfjährige, bei dessen Aktionen man zumindest 1960 wunderbar in einem Kinosessel versinken und Erdnüsse mampfen konnte.
Ⓑ Carson Bingham: GORGO; Derby/CT 1960 (Buch zum Film)
Ⓥ neue atlas

Gorgo auf den Spuren des King Kong
Anderer Titel für **Gorgo**

Der Gorilla und seine Bande
Anderer Titel für **Roboter des Grauens**

Goto, Insel der Liebe
(GOTO – L'ILE D'AMOUR).
Frankreich 1968.
R Walerian Borowczyk. *B* Walerian Borowczyk. *K* Guy Durban/Paul Cotoret. *M* Georg Friedrich Händel. *D* Pierre Brasseur (Goto III), Jean-Pierre Andréani (Grozo), Ligia Branice (Glossia) Guy Saint-Jean (Lt. Gono), Ginette Leclerc. Teilw. *F* 94 Min.
Die Insel Goto ist während einer Naturkatastrophe im Jahre 1887 vom Festland abgeschnitten worden. Die Uhren sind stehengeblieben; obwohl sich anderswo das Leben weiterentwickelt hat, existieren auf Goto noch die alten Feudalstrukturen. Die Insel ist auf keiner Karte verzeichnet, Besuch von außen gibt es nicht. An der Macht ist Goto III, der dritte in einer Linie von Feudalherrschern. Um die Zeit totzuschlagen, läßt er auf einer Privatbühne Verbrecher gegeneinander kämpfen: Dem Sieger winkt die Freiheit, den Unterlegenen erwartet der Tod. Der Dieb Grozo erringt in einem Kampf gegen einen Massenmörder die Freiheit und wird zum Schuhputzer, Hundewärter und Fliegenfänger des Herrschers ernannt. Da er

Gorgo von Eugene Lourie

Glossia, die Gattin Gotos, gewinnen will, inszeniert er die Ermordung des Herrschers und schiebt die Tat dem Leutnant Gono, seinem Rivalen um die Gunst der Herrscherin, in die Schuhe. Gono muß sterben, Grozo übernimmt die Macht. Glossia stürzt sich daraufhin zu Tode, während für Grozo die Welt zusammenbricht. – »Borowczyk beschreibt eine surreale, beklemmende Welt verschobener Proportionen, die einem Konzentrationslager gleicht, in der Requisiten, Objekte zu Fetischen von Liebe, Eifersucht und Aggression werden, in der das Fürchterliche immer auch einen Aspekt des Lächerlichen besitzt, das Lachen aber zur Grimasse erstarrt.« (Ulrich Gregor, GESCHICHTE DES FILMS AB 1960)

Das Grauen auf Schloß Witley
(DIE, MONSTER DIE!/MONSTER OF TERROR). USA/GB 1965.
R Daniel Haller. *B* Jerry Sohl.
LV H. P. Lovecraft. *K* Paul Beeson.

SpE Les Bowie. *M* Don Banks. *D* Boris Karloff (Nahum Witley), Nick Adams (Stephen Reinhart), Freda Jackson (Letitia Witley), Suzan Farmer (Susan Witley), Terence de Marney (Merwyn), Patrick Magee (Dr. Henderson), Paul Farrell (Jason), George Moon (Taxifahrer), Gretchen Franklin (Miß Bailey), Sydney Bromley (Pierce), Billy Milton (Henry). *F* 78 Min.

Der amerikanische Forscher Reinhart kommt nach Schloß Witley in England, um seine Freundin Susan zu besuchen. Da niemand bereit ist, ihn zum Schloß zu bringen, bricht er allein dorthin auf. In dem unheimlichen Gemäuer lernt er Nahum Witley, den Schloßherrn, kennen, der schroff und abweisend ist. Witleys Frau Letitia, angeblich schwer erkrankt, fleht den Amerikaner durch einen Schleier an, Susan von hier wegzubringen. Reinhart erfährt von Dr. Henderson, daß Susans Großvater einen seltsamen Tod gestorben ist: Er hat sich vor den Augen

des Arztes buchstäblich in Staub verwandelt. Als Reinhart hinter das Geheimnis des alten Witley kommt, ist es bereits zu spät: Im Schloßgewölbe befindet sich ein strahlender Meteor, der Menschen in schreckliche Monstren verwandelt. Susans Großvater hat ihn einst mitgebracht, um ihn zu studieren. Nahum Witley wird schließlich ebenfalls von dem Meteor infiziert. Er verwandelt sich – wie seine Frau Letitia – in eine leprös aussehende Bestie und läuft Amok. Adams kann seine Freundin zwar retten, aber Schloß Witley geht in Flammen auf. – Der Film basiert auf einer Erzählung des amerikanischen Horror-Schreibers H. P. Lovecraft (1890–1937), der Dutzende von Geschichten schrieb. Nahezu alle von Lovecrafts Stories gehören dem sogenannten ›Cthulhu‹-Zyklus an und gehen von der Prämisse aus, daß in grauer Vorzeit mächtige Lebewesen aus dem All auf die Erde kamen und sich mit den Menschen vermischten. Irgendwann wurden sie entmachtet und in unterirdische Kavernen zurückgedrängt, wo sie seither darauf warten, sich die Erde wieder untertan zu machen. ›The Color Out of Space‹, die Story, nach der *Das Grauen auf Schloß Witley* gedreht wurde, ist einige der wenigen aus Lovecrafts Feder, die sich einer reinen SF-Thematik bedienen: Der Meteor sendet eine Strahlung aus, die die Menschen in seiner Umgebung mutieren läßt: Die Frau des Schloßherrn ist bereits unrettbar verseucht, der Schloßherr selbst kann sich seinem Bann nicht mehr entziehen. In Großbritannien wurde der Film unter dem Titel MONSTER OF TERROR gezeigt; von dort aus kam er in die BRD, weswegen er meist unter diesem ›Originaltitel‹ geführt wird.
Ⓑ H. P. Lovecraft: ›Das Ungeheuer aus dem Weltraum‹, in H. P. Lovecraft, *12 Grusel-Stories*, München 1964

Das Grauen aus der Tiefe
(MONSTER/HUMANOIDS FROM THE DEEP). USA 1979.
R Barbara Peters. *B* Frederick James.

K Daniel Lacambre. *M* James Horner. *D* Doug McClure (Jim Hill), Ann Turkel (Dr. Susan Drake), Vic Morrow (Hank Slattery), Cindy Weintraub (Carol Hill), Anthony Penya (Johnny Eagle), Denise Galik (Linda Beale), Lynn Theel (Peggy Larsen), Meegan King (Jerry Potter), Breck Costin (Tommy Hill), Hoke Howell (Dake Jensen). *F* 81 Min.
In dem Fischerdorf Noyo soll eine Konservenfabrik gebaut werden. Während die Bewohner sich über die zusätzlichen Arbeitsplätze freuen, wollen die indianischen Ureinwohner ihre Fischereirechte wiederhaben. Jim Hill vermittelt zwischen den Fronten. Als man gerade ein Fest vorbereitet, findet man getötete Hunde und die verstümmelten Leichen eines jungen Pärchens. Eine Suchmannschaft, die einem verschwundenen Mädchen nachspürt, findet selbiges halbtot und kaum noch bei Sinnen im Wasser. Ein Rudel entsetzlicher Ungeheuer, die wie eine Kreuzung aus Mensch und Fisch aussehen, sind an Land gekommen und fallen über die Dorfbewohner her. Die Meeresbiologin Susan Drake hat, als man eines der Monster tötet, sofort eine Erklärung parat: Sie weiß, daß man einst versucht hat, Lachse mit Hormonen zu behandeln, um ihren Fortpflanzungstrieb zu steigern. Einige der Versuchstiere sind ins Meer entkommen und haben irgendwelchen Ungeheuern als Nahrung gedient, die nun, von einem unerklärlichen Drang geleitet, gegen die Menschen vorgehen. Aber sie morden nicht nur, sondern vergewaltigen auch. Die Dorfbewohner begraben ihren Zwist und schließen sich gegen die unheimlichen Invasoren aus dem Meer zusammen. Als sie endlich gesiegt zu haben glauben, erleben sie einen Schock: Eine der vergewaltigten Frauen gebärt ein Ungeheuer... – *Das Grauen aus der Tiefe* ist ein »unappetitliches Filmchen« (FILMBEOBACHTER), das sich vordergründig kritisch gibt (immerhin geht es ja um so im Trend liegende Themen wie Rassenhaß und Umweltverseu-

chung), sich aber hauptsächlich darin gefällt, knackige Nudies in den abscheulichen Klauen greulicher Monstren zu zeigen. »...es gibt nur die Aneinanderreihung recht und schlecht inszenierter Effekte und die sichtbare Anstrengung, den Horror nicht unter die Reizschwelle abfallen zu lassen. Haupt- und Nebenfiguren sind, wie in vielen neueren Filmen, nicht mehr zu unterscheiden... Früher brauchte man noch einen guten Taucher, um das Ungeheuer unter Wasser zu filmen, hier hat man nur hin und wieder die Unterwasserkamera an ein paar Aquariumspflanzen vorbeigeschoben.« (FILMKRITIK) – »...die Schockeffekte sind so durchsichtig verarbeitet, daß sie schon bald keine Spannung mehr erzeugen. Und da auch die Schauspieler nicht gerade überzeugend agieren, bleibt der Mund nicht vor Spannung, sondern vom Gähnen offen.« (FILMBEOBACHTER)

Das Grauen kommt um Mitternacht
(NIGHT OF THE BLOOD BEAST).
USA 1958.
R Bernard L. Kowalski. *B* Martin Varno. *K* John Nicholaus jr. *M* Alexander Laszlo. *D* Michael Emmet (Major John Corcoran), Angela Greene (Dr. Julie Benson), John Baer (Steve Dunlap), Ed Nelson (Dave Randall), Tyler McVey (Dr. Alex Wyman), Georgianna Carter (Donna Bixby), Ross Sturlin (Ungeheuer). 73 Min.
Die Weltraumkapsel X 100, bemannt mit Major John Corcoran, explodiert im Orbit. Corcoran kehrt zwar lebend zur Erde zurück, ist aber rätselhafterweise von einem außerirdischen Geschöpf besessen, das in seinen Blutkreislauf gelangt ist. Als er erfährt, daß er auf diese Weise die Brut des Alien austragen soll, sorgt er dafür, daß man ihn umbringt – und damit auch den Fremden (der in der Originalfassung den Menschen Superintelligenz verschaffen und sie vor der Selbstvernichtung bewahren, in der deutschen Fassung jedoch die Erde unterjochen will). Kommentar des Drehbuchautors Martin Varno, nachdem er den fertigen Streifen gesehen hatte: »Ich wollte, ich hätte genug Geld, um den Film zu kaufen und zu verbrennen.«

Das Grauen schleicht durch Tokio
(BIJYO TO EKITAININGEN).
Japan 1958.
R Inoshiro Honda. *B* Takashi Kimura. *K* Hajime Koizumi. *SpE* Eiji Tsuburaya. *M* Masaru Suto. *D* Yumi Shirakawa (Mädchen), Kenji Sahara (Detektiv), Akihiko Hirata (Wissenschaftler), Eitaro Ozawa, Koreya Senda, Mitsuro Sato. *F* 78 Min.
Ein Mann, der eine Überdosis Radioaktivität abbekommen hat, verwandelt sich in eine Art flüssigen Nebel und treibt in Tokio sein Unwesen. Türen stellen kein Hindernis für ihn dar, auch in den Abwasserkanälen der Großstadt fühlt er sich wohl. Wo er auftaucht und Menschen berührt, lösen diese sich auf. Nachdem das Wesen allerlei Menschenleben auf dem Gewissen hat, wird es von einem Soldatentrupp mit Flammenwerfern vernichtet. – Nicht unbedingt einer der besseren Filme Hondas. Der Streifen spielt primär im Gangster- und Nachtklub-Milieu. Aber das war nicht der einzige Grund, weshalb die kirchliche Kritik ihn ablehnte: Mit dem Argument, daß »nicht nur ein unbekleideter Körper unsittlich sei«, zog man im FILMBEOBACHTER (1959) vor allem gegen »Atomängste« zu Felde, die der Film angeblich schürt.

Gremlords
(HYPERSPACE). GB 1986.
R Todd Durham. *B* Todd Durham. *K* Irl Dixon. *M* Don Davis. *D* Alan Marx, Paula Poundstone, Chris Elliot, Robert Bloodworth, R.C. Nanney. *F* 90 Min.
Schwarzgekleidete Aliens landen auf der Erde und halten eine Tankstellenkassiererin versehentlich für eine entflohene Prinzessin. Auf Umwegen können die Schöne und ihr Freund den Erfolg der Gremlords hintertreiben. – »Im Unterlicht dahintukkernder SF-Klamauk.« (FILM-JAHRBUCH) Ⓥ Highlight

Der Greuel von Frankenstein
Anderer Titel für **Frankensteins Schrek-**
ken

Großalarm
(RED ALERT). USA 1977.
R Billy Hale. *B* Sandor Stern.
LV Harold King. *K* Ric Waite.
M George A. Tipton. *D* William
Devane (Frank Bolen), Michael
Brandon (Carl Wyche), Adrienne
Barbeau (Judy Wyche), Ralph Waite
(Commander Stone), David Hayward,
M. Emmett Walsh, Don Wiseman.
F 90 Min.
Im Überwachungszentrum aller US-
Atomkraftwerke bemerkt der Computer
Proteus Schwankungen im Kühlsystem
des AKW Birchfield. Als die Rohre des
Kühlwassersystems plötzlich schmelzen,
läßt Commander Stone die Sicherheitstü-
ren schließen und verurteilt so vierzehn
Arbeiter zum Tode. Gas strömt aus. Man
befürchtet das Schlimmste. Frank Bolen
und Carl Wyche von der Sicherungstrup-
pe nehmen sich in aller Eile des Falles an.
Als man erfährt, daß die Frau des War-
tungschefs Ives gerade Selbstmord begangen hat, ist man dem Saboteur schnell auf
der Spur. Ives, dessen politisch engagierte Tochter von FBI-Agenten erschossen
wurde, will sich an der Gesellschaft rächen. Er hat mehrere Bomben gebaut und
in den Reaktorraum geschmuggelt, aber
nicht alle sind hochgegangen. In einem
mörderischen Alleingang dringt Bolen gegen den Befehl Stones in den Reaktorraum ein und hindert den programmierten
Kran daran, termingemäß die Brennstäbe
auszuwechseln. Es gelingt Bolen und
Wyche, die Gefahr zu bannen – und dann
stellt sich heraus, daß sie so groß gar nicht
war: Es ist Ives nicht gelungen, seine beiden letzten Bomben an ihren Bestim-
mungsort zu bringen. Und Commander
Stone, der sich sklavisch auf die Berechnungen des Computers Proteus verlassen
hat, hat den Fall nur unnötig verkompliziert. – Ein Film, der nach Harrisburg
brennende Aktualität erhielt: »Die ›Was

wäre, wenn‹-Situation... ist dank eines
präzisen Drehbuchs zu einem aufregenden Science Fiction-Kinostück geworden.
Zur Präzision im Technischen – auf Längen glaubt man sich in einen Dokumentarfilm versetzt – gesellt sich die Nuance
im Psychologischen. Als Beispiel sei hier
genannt, wie Carl seine Frau telefonisch
bittet, sich... mit den Kindern... per
Flugzeug aus dem gefährdeten Gebiet abzusetzen, und wie... diese Nachricht zu
einer landesweiten Panik führt. Diese findet sichtbaren Ausdruck in einem zum
Ameisenhaufen gewordenen Flughafen.«
(DER SPIELFILM IM ZDF)
Ⓑ Harold King: PARADIGM RED, Indiana-
polis/New York 1975

Großangriff der Zombies
(INCUBO SULLA CITTA CONTAMINATA).
Italien 1980.
R Umberto Lenzi. *B* A. Corti. *K* Hans
Burman. *M* Stelvio Cipriani. *D* Hugo
Stiglitz (Miller), Laura Trotter (Sheila),
Francisco Rabal (Major Holmes), Maria
Rosaria Omaggio (Dr. Anna Miller),
Mel Ferrer (Gen. Murchison).
F 92 Min.
Radioaktive Gaswolke, aus einem AKW
entwichen, verwandelt Menschen in blutsaugende und mordende Vampire. US-
General Murchison will den Fall vertuschen, doch die Blutsauger breiten sich
aus wie ein Steppenbrand, ihr Biß ist
›ansteckend‹, nur die totale Zerstörung ihres Hirns kann sie vernichten. Der TV-
Reporter Miller, der die Schrecken miterlebt, die die Strahlenopfer verbreiten,
wird schließlich von ihnen in die Enge getrieben und – wacht aus einem Alptraum
auf. Er muß zum Flughafen, um den Konstrukteur jenes AKWs zu interviewen, in
dem sein Traum-Unfall stattfand... Es ist
nicht nur der inflationäre Gebrauch des
Wortes ›Zombie‹, der einem allmählich
auf den Keks geht (denn mit den haitiani-
schen ›Untoten‹ des Voodoo-Mythos haben wir es auch hier nicht zu tun): Viel
schlimmer ist, daß dieser »miese Spuk«
(FILMDIENST) so tut, als hätte es derglei-

chen auf der Leinwand noch nie gegeben. Umberto Lenzis Quickie ist handwerklich so schlampig gemacht, daß schon rein äußerlich die Logik völlig auf der Strecke bleibt: Obwohl der Streifen vorgibt, in den Vereinigten Staaten zu spielen, tragen die Autos in Wirklichkeit spanische Nummernschilder. –»In Erinnerung bleiben nur widerliche Großaufnahmen von Monstren und Mord.« (FILMBEOBACHTER) Ⓥ Marketing

Der große Knall
(LE BIG BANG). Frankreich/Belgien 1984.
R Picha. *B* Tony Hendra/Picha. *K* N.N. *SpE* Pascal Poulin. Anim. Stout Studio. *M* Roy Budd. *F* 74 Min.
(Zeichentrickfilm).
Die Konsequenzen des Dritten Weltkrieges haben USA und UdSSR zur USSR vereint. Zu dieser Zwangsfusion kam es nicht zuletzt, weil das weibliche Geschlecht Machtansprüche stellte und zur Revolution gegen die Männer aufrief. Seither leben die Frauen im Staate Vaginia, und auch ihr Äußeres hält sich auch nicht mehr an die Norm: mehrfache Genitalien sind keine Seltenheit. Zwischen den Kriegern fliegt noch der Superman Fred herum, der auch nur an das eine denkt. Die unüberwindbaren Differenzen der Geschlechter machen eine Verständigung impossibel. Die Männer schicken Bomben in Penisform, die Frauen solche in Vaginaform, und es kommt zum großen Knall. –»Irgendwo im Bücherschrank von Picha scheinen Werke zum Thema ›Eros und Tod‹ und ›Faschismus und Perversion‹ zu stehen – aber nicht einmal die Klappentexte scheint er gelesen zu haben, ehe er die Thesen in seinem Film unreflektiert und spekulativ ausbeutete. Die Reduzierung des Menschen auf seine Geschlechtsteile und die Sorglosigkeit, mit der hier der Hitler-Faschismus für perverse Gags mißbraucht wird, zeugen von einem Zynismus, der nicht weit von Menschenverachtung entfernt ist.« (FISCHER FILM ALMANACH). Ⓥ VPS

Der große Krieg der Planeten
(WAKUSEI DAISENSO). Japan 1977.
R Jun Fukuda. *B* Ryuzo Nakahishi/ Hideichi Nakahara. *K* N. N. Aizawa. *M* Toshiaki Tsushima. *D* Kensaku Morita, Ryo Ikebe, William Ross, Yuko Asano, Masaya Oki, David Perin, Hiroshi Miyauchi. *F* 86 Min.
Die Bewohner des Planeten Yomi haben auf der Venus einen Stützpunkt errichtet und lassen die Beiboote ihres wie eine römische Galeere aussehenden Mutterschiffs über der Erde ausschwärmen. Dies führt unglaublicherweise zur Störung irgendwelcher elektrischer Kraftfelder, was die UNO sich natürlich nicht bieten lassen kann. Als die Raumstation Terra von der außerirdischen Galeere angegriffen wird, schickt man von der Erde aus das Superraumschiff *Gothen* zur Venus, wo man das Hauptquartier des Feindes entdeckt. In einer gewaltigen Energieschlacht werden die Yomi-Wesen in den Orkus geblasen. –»Das Ganze ist als grellbunter Weltraum-Western in Szene gesetzt, mit viel Sinn für Action, Tempo und knallige Effekte.« (FILMDIENST) Ⓥ UFA

Der Große mit seinem außerirdischen Kleinen
(I DUE EXTRATERRESTRI). Italien 1979.
R Michele Lupo. *B* Marcello Fondato. *K* Franco di Giacomo. *M* Guido de Angelis/Maurizio de Angelis. *D* Bud Spencer (Sheriff), Raimund Harmstorf (Capt. Briggs), Joe Bugner (H-125), Cary Guffey. *F* 90 Min.
Ein außerirdisches Kind, dessen Heimatplanet im Sternbild des Pegasus liegt, muß auf der Erde notlanden und macht binnen kurzem aus einem verschlafenen Kaff im amerikanischen Georgia ein Tollhaus – was ihm allerdings nicht schwerfällt, da es den Tölpeln, die in dieser Region leben, geistig weit überlegen ist. Der bullige Sheriff des Ortes, der bisher nicht allzuviel von der Existenz Fliegender Untertassen gehalten hat, hilft dem Kerlchen. Gemeinsam tricksen sie Captain

Der große Verhau

Briggs und dessen Soldaten aus, die dem Extraterrestrier nachstellen.
Ⓥ CIC

Der große Verhau
BRD 1970.
R Alexander Kluge. *B* Alexander Kluge/ Wolfgang Mai. *K* Thomas Mauch/ Alfred Tichawski. *M* N. N. *D* Sigi Graue (Clark Douglas), Vinzenz Sterr, Maria Sterr (Raumschiffer), Silvia Forsthofer (Silvie), Hajo von Zündt (Bodenstationsleiter), Hark Bohm (Oberst v. Schaacke), Horst Sachtleben (Offizier), Hannelore Hoger (Inspektorin), Bernd Hoeltz (Gefängnisbeamter), Henrike Fürst (Chefin der J. G. T.), Claus Dieter Reents (Prokurist). 86 Min.
Im Jahre 2034 hat sich der Wirkungskreis des Kapitalismus ins All ausgedehnt. Obwohl überall Bürgerkrieg herrscht und jeder gegen jeden kämpft, macht die Suez-Kanal-Gesellschaft gute Geschäfte. Zwei Raumschiffer, die im Alleingang arbeiten, sabotieren die Elektronik diverser Transporter, lassen sie havarieren und rauben sie aus. Auch die Firma Joint Galactical Transports stößt sich ordentlich gesund. Der Ex-Pilot Douglas, der für die J. G. T. arbeitet, fühlt sich in seiner Steuerkabine aber etwa zu eingeengt, deswegen läßt er, wenn ihm im Raum etwas vor die Flinte kommt, die Bordkanonen sprechen. Als die J. G. T. trotz bester Bilanzen von der Suez-Kanal-Gesellschaft aufgekauft wird, macht Douglas sich selbständig und will alte Schrottraumer frisieren. Da er dazu jedoch Konstruktionspläne seiner Brötchengeber braucht, hat er bald deren Werkschutz auf dem Hals. Im Sonnensystem Krüger 60 haben die Menschen indessen unter täglich zwei Bombenangriffen zu leiden, deswegen leben sie seit geraumer Zeit in Bunkern. Als sich der letzte Amerikaner dem Raumhafen von Krüger 60 nähert, um eine Friedensmission in die Wege zu leiten, deutet

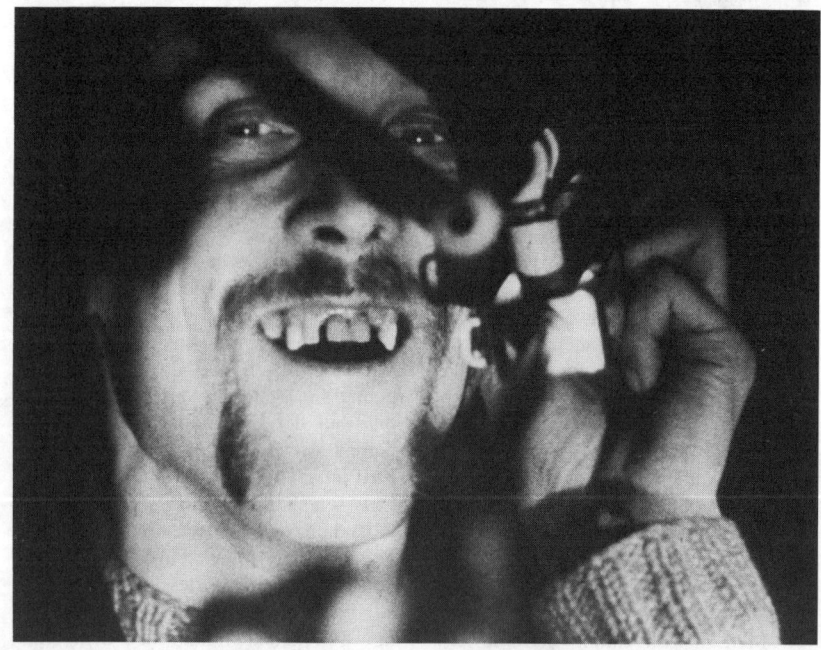

Der große Verhau von Alexander Kluge

man sein Ansinnen falsch (oder richtig?) und bläst ihn mitsamt seiner Luxusjacht in den Orkus. – »Das deprimierende, intelligent durchdachte Zukunftsmodell freilich wirkt auf der Leinwand halb so schlimm: Statt seine Theorie in suggestiven Spielszenen zu explizieren, verläßt sich Kluge vor allem auf die Überzeugungskraft literarischer Zwischentitel (›Der irdische Kapitalismus hat seine Samthandschuhe abgelegt‹), die man am Ende des Films schon vergessen hat.« (DER SPIEGEL)

Das grüne Blut der Dämonen
(QUATERMASS AND THE PIT). GB 1967.
R Roy Ward Baker. *B* Nigel Kneale.
K Arthur Grant. *SpE* Les Bowie.
M Tristram Cary. *D* Andrew Keir (Prof. Quatermass), Barbara Shelley (Barbara Judd), James Donald (Dr. Roney), Julian Glover (Col. Breen), Duncan Lamont (Sladden), Bryan Marshall (Cap. Potter), Edwin Richfield (Verteidigungsminister), Grant Taylor (Sgt. Ellis), Maurice Good (Sgt. Cleghorn), Robert Morris (Watson), Sheila Staefel (Journalistin). *F* 98 Min.
Bei Bauarbeiten am Londoner U-Bahn-Netz stoßen Arbeiter in einem Stollen auf diverse Schädel und Gebeine. Dann findet man einen großen, projektilartigen Gegenstand, den man zuerst für einen Blindgänger aus dem Zweiten Weltkrieg hält. Den Untersuchungsbeamten wird aber bald klar, daß sie einen außerirdischen Flugkörper vor sich haben. Man durchbohrt die Hülle des Objekts und stößt in seinem wabenähnlichen Innern auf drei erstarrte Rieseninsekten. Gleichzeitig kommt es zu ›geisterhaften‹ Erscheinungen. Der herbeigeeilte Wissenschaftler Quatermass zieht einen Schluß: Die Raumschiffinsassen sind möglicherweise Marsbewohner, die in grauer Vorzeit von ihrem sterbenden Planeten geflohen sind und versucht haben, mit Hilfe von Frühmenschen ein neues Reich zu errichten. Daß die Marsianer in Wirklichkeit gar nicht tot sind, zeigt sich sehr bald: Plötzlich schickt sich eine unbekannte grauenvolle Macht an, die Gewalt über die Erde zu übernehmen. Es kommt zu Panik und Zerstörungen. Die personifizierte Bösartigkeit der Marsianer kulminiert schließlich im Auftauchen des ›Satans‹ persönlich, der sich als wabernde Lohe über London zeigt: Er kann nur gebannt werden, als ein Freund des Professors einen riesigen Baukran herumschwenkt und ihn zu einem symbolischen ›Kreuz‹ werden läßt. – Dieser Film, produziert nach einer 1958 ausgestrahlten TV-Serie gleichen Titels, bildet den dritten Teil der ›Quatermass‹-Serie. Nigel Kneale, der als Drehbuchautor für die Fernseh- und Kinofassung zuständig war, mußte sich den Vorwurf gefallen lassen, der Film sei erheblich schwächer als das in 6 Folgen ausgestrahlte TV-Original, das zum ›Straßenfeger‹ wurde: Er hatte das Handlungsgerüst simplifiziert; die Kritik war einhellig der Meinung, der Film ließe die ›Reife‹ der TV-Serie vermissen. »Der Film weist Momente reinen Entsetzens auf, und der deutlichste ist vielleicht der, in dem der Mann mit dem Bohrer von einer geheimnisvollen Macht vom Raumschiff zurückgedrängt und von einem Wirbelwind erfaßt wird, der die Ausgrabungsstätte mit einem Haufen fliegenden Papiers erfüllt. Nicht mehr Herr seiner Sinne, geht er taumelnd inmitten einer Wolke aus Staub und Abfällen, geduckt wie ein mittelalterliches Pestopfer, durch die Straßen... und wankt dann auf einen alten Friedhof, wo er zwischen den Gräbern zusammenbricht und die Erde unter ihm bebt. Wenn man dies sieht und später beobachtet, wie die Maschinerie Telekinese einsetzt, um ihre Opfer mit Pflastersteinen... zu bombardieren, ist es nicht mehr schwer, die alten Legenden von den Dämonen und ihrer Macht zu akzeptieren.« (John Baxter, SCIENCE FICTION IN THE CINEMA) – Die insektenhaften Marsianer, so Professor Quatermass, seien vor fünf Millionen Jahren auf die Erde gekommen, um den Menschen einen ›kriegerischen Instinkt‹ anzuzüchten: Daß Kriege in ›zivilisierten‹ Breitengraden hauptsächlich dadurch ent-

Andrew Keir (l.) in *Das grüne Blut der Dämonen*

stehen, daß gewisse Kreise sich Rohstoff-
quellen und/oder Absatzmärkte sichern
wollen – davon hat der Professor noch nie
gehört.
Ⓑ Nigel Kneale: QUATERMASS AND THE
PIT, Harmondsworth/Middlesex 1960

Der grüne Stern
(TV-ZDF). BRD 1983.
R Heide Pils. *B* Heide Pils. *LV* Hans
Weigel. *K* Gerhard Hierzer. *D* Amadeus
August (Gottfried Hofer), Christine
Merthan (Dora Hartmann), Erik Frey
(T. S. Hartmann), Herbert Kucera
(Hans Kraut), Inge Maux (Frl.
Mandelbaum), Bruno Thost (Stummer),
Justus Neumann (Wischinski), Gerhard
Zemann (Käfer). *F* 90 Min.
Der hochintelligente, etwas zwielichtige
Gottfried Hofer läßt sich in der (fiktiven)
Stadt Hochheim nieder und bringt es in-
nerhalb kurzer Zeit zum Führer einer Bewegung, die sich schrittweise über das
ganze Land ausbreitet und schließlich in
eine Diktatur mündet. Wissend, daß kein
Volk eine homogene Masse darstellt, sondern aus unzähligen Minderheitengrup-
pen besteht, versteht er es geschickt, Ge-
sundheitsapostel, Hundebesitzer, Vegeta-
rier und alle möglichen Sektierer, die sich
von den etablierten Organisationen nicht
recht vertreten fühlen, unter dem Symbol
des ›Grünen Sterns‹ zu vereinen. Opportunismus breitet sich aus wie ein Steppenbrand. Wer sich der neuen Bewegung
nicht anschließt, ist bald dem Terror ihrer
Anhänger ausgesetzt, bis man, um nicht
›abseits‹ zu stehen, auf Prinzipien pfeift
und willig in Mitläufertum macht, in der
Hoffnung, der Spuk werde schon ein
Ende haben. – Denkste! – Nach einem
utopischen Roman des Österreichers Hans
Weigel, mit deutlichen Parallelen zum
Aufstieg Adolf Hitlers (der laut John Lennon »keinen hatte«).

Guila – Frankensteins Teufelsei
(UCHU DAIKAJU GUILALA). Japan 1967.
R Kazui Nihonmatsu. *B* Eimi
Motomochi/Moriyoshi Ishida/

Matsukazui Ninomoto. *K* Shizuo Hirase/
Chitora Okoshi. *SpE* Hiroshi Ikeda.
*M*Taku Szumi. *D* Eiji Okada (Dr.
Kato), Peggy Neal (Liza), Shinichi
Yanagisawa (Miyamoto), Toshiya
Wazaki (Sano), Itoke Harada (Michiko),
Franz Gruber (Behrmann), Mike
Daneen (Stein), Keisuke Soni, Hiroshi
Fujiyoka. *F* 88 Min.
Ein japanisches Weltraumschiff, das zum
Mars unterwegs ist und dabei eine Zwi-
schenlandung auf dem Mond gemacht
hat, muß zur Erde zurückkehren, weil
sich an seinem Rumpf ein seltsames Ei
festgesetzt hat. Das Ei wird nach der Landung auf der Erde untersucht. Plötzlich
entwickelt es eine Riesenhitze und wird
zu einem gewaltigen Monster, das die
Stadt Tokio angreift, Atomkraftwerke
zerstört, sich dadurch Lebensenergie verschafft, immer wieder die Daseinsform
ändert, zu einem Feuerball wird und
schließlich einen Raumhafen vernichten
will. Man lockt jedoch das abscheuliche
Vieh zum Fudschijama, wo es sein Leben
aushaucht, daraufhin wieder seine ursprüngliche Eiform annimmt und in den
Weltraum zurückgeschossen wird, »denn
da ist es ja auch hergekommen«. – »Dürftige, blutleere Unterhaltung ... Die Trickeffekte von Hiroshi Ikeda kranken leider
allzusehr an der Lächerlichkeit der Spiel-
zeugrequisiten.« (FILMDIENST)
Ⓥ UFA

Gullivers Reisen
(GULLIVER'S TRAVELS). USA 1939.
R Dave Fleischer. *B* Dan Gordon/Cal
Howard/Ted Pierce/Izzy Sperber/
Edmond Seward. *LV* Jonathan Swift.
K Charles Schettler. *Anim.* Seymour
Kneitel/Willard Bowsky/Tom Palmer/
Grim Natwick/William Henning/Roland
Crandall/Tom Johnson/Robert
Leffingwell/Frank Kelling/Windfield
Hoskins/Orestes Calpani. *M* Victor
Young/Ralph Rainger/Leo Robin/Sam
Timberg/Al Nelburg/Winston Sharples.
F 76 Min. (Zeichentrickfilm).
Zum Inhalt siehe *Herr der drei Welten*. –

Der Seemann Gulliver wird an den Strand
der Insel Liliput gespült. Da man ihn für
einen gefährlichen Riesen hält, wird er
mißtrauisch beäugt und von den Untertanen des Königs in Ketten gelegt. Bald jedoch bricht ein Streit zwischen Gullivers
›Gastland‹ und dem Nachbarstaat aus, da
man sich nicht einigen kann, wessen Na-
tionalhymne bei der Trauung zweier Kö-
nigskinder erklingen soll. Gulliver
sprengt seine Fesseln und betätigt sich als
Friedensstifter. – »Es mangelt weder an
skurrilen Einfällen noch an Anmut und
Leichtigkeit der Gestaltung. Szenen wie
die Fesselung Gullivers oder das Festban-
kett, das ihm zu Ehren gegeben wird und
bei dem Gulliver einen seiner Finger mit
dem Liliputkönig tanzen läßt, gehören zu
den Kabinettstücken aller Zeichentrickfilme.« (Fr., FILMBEOBACHTER) – *Gullivers Reisen* war nach der erfolgreichen
Walt-Disney-Produktion *Schneewittchen
und die sieben Zwerge* (USA 1937) der
zweite Versuch, einen abendfüllenden
Spielfilm ganz von gezeichneten Charakteren tragen zu lassen. Das Resultat war
durchaus befriedigend, finanziell jedoch
weit weniger erfolgreich. – »Eindrucksvolle Unterhaltung, die Kindern ebenso
Spaß machen wird wie Erwachsenen.«
(VARIETY)
Ⓥ Inter-Pathé
Ⓑ Jonathan Swift: *Gullivers Reisen*, Berlin 1964

Gullivers Reisen
(GULLIVER'S TRAVELS).
GB/Belgien 1976.
R Peter Hunt. *B* Don Black.
LV Jonathan Swift. *K* Alan Hume.
Anim. Denis Rich. *M* Michel Legrand.
D Richard Harris (Gulliver), Catherine
Schell (Mädchen), Norman Shelley
(Vater), Meredith Edwards (Onkel).
F 77 Min.
Nachdem er auf der Insel Liliput gestran-
det ist (siehe auch *Herr der drei Welten*),
gewinnt Gulliver das Vertrauen des örtli-
chen Herrschers und steht dessen Volk
beim Ausbruch eines Krieges dergestalt

bei, daß er mit seinen Riesenkräften die feindliche Flotte entführt. Als seine Gastgeber daraufhin in Kriegsbegeisterung ausbrechen, steht Gulliver auch dem Gegner bei und sorgt dafür, daß auf der Insel fortan ewiger Friede herrscht. – Mischung aus Real- und Zeichentrickfilm, nicht ohne Witz gemacht, und goutierbar für alle Altersstufen. – »Ohne allzu große Ansprüche, aber doch auch voller Aktion und gelungener Bildeinfälle.« (Karl Klusen, FILMDIENST)
ⒷJonathan Swift: *Gullivers Reisen*, Berlin 1964

Gwangis Rache
(THE VALLEY OF GWANGI). USA 1969. *R* James O'Conolly. *B* William E. Bast. *K* Erwin Hiller. *SpE* Ray Harryhausen. *M* Jerome Moross. *D* James Franciscus (Tuck Kirby), Gila Golan (T. J. Breckenridge), Richard Carlson (Champ Connors), Laurence Naismith (Prof. Bromley), Freda Jackson (Tia Zorina), Gustavo Rojo (Carlos), Dennis Kilbane (Rowdy), Mario de Barros (Bean), Curtis Arden (Lope). *F* 96 Min.
Am Eingang des Verbotenen Tals findet der Zigeuner Carlos seinen sterbenden Bruder. Bei sich hat er ein Eohippus, ein frühgeschichtliches Pferdchen, das seit 50 Millionen Jahren als ausgestorben gilt. Der Paläontologe Bromley bringt die alte Tia dazu, ihm den Weg in das Verbotene Tal zu zeigen. Zusammen mit ein paar Freunden macht er sich auf, um nach weiteren Urzeittieren Ausschau zu halten. Im Verbotenen Tal wimmelt es nur so von seltsamen Kreaturen: Man stößt auf fliegende Reptilien und den fleischfressenden Allosaurus Gwangi, den er unter allen Umständen fangen will. Carlos kommt dabei um. Als man die gefangene Bestie in die Stadt bringt, kann sie entfliehen und versetzt die Umgebung in Angst und Schrecken. Erst in einer Kathedrale, die in Flammen aufgeht, kommt der wilde Saurier um. – »Wieso... zwei Untiere in 50 Millionen Jahren im engen Tal keine Zeit gefunden haben, sich anzufallen...

bleibt ebenso eine ungelöste Frage wie so vieles andere.« (FILMDIENST)

Gwendoline
(GWENDOLINE). Frankreich 1983. *R* Just Jaeckin. *B* Just Jaeckin/Jean-Luc Voulfour. *V* John Willie. *K* André Domage. *M* Pierre Bachelet. *D* Tawney Kitaen (Gwendoline), Brent Huff (Willard), Zabou (Beth), Bernadette Lafont (Königin), Jean Rougerie (Darcy), André Julien (Tom). *F* 105 Min.
Als sie erfährt, daß ihr Vater bei der Suche nach einem seltenen Schmetterling in Asien verschollen ist, bricht die Klosterschülerin Gwendoline mit ihrer Freundin Beth dorthin auf. In einer exotischen Küstenstadt lernt sie den Abenteurer Willard kennen, der sich ihnen anschließt und die beiden Mädchen vor allem Gesindel beschützt. Im Land Yak Yeik hat man allerlei Abenteuer zu bestehen, doch in der Verbotenen Stadt, die sie am Ende ihrer Reise erreichen, kommen sie vom Regen in die Traufe: Die örtliche Herrscherin erweist sich als grausame Sadistin, die sich am Anblick Gefolterter weidet. Für Gwendoline und ihre Begleiter brechen harte Zeiten an. – »Just Jackin versucht sich an einer überspannten Mixtur aus Elementen des Abenteuerfilms, wobei er die üblichen Muster vernebelter Chinatown-Gassen, gefahrvoller Dschungel-Pfade und einer Metropolis-ähnlichen Unterwelt-Stadt dermaßen überstrapaziert, daß sein Film gelegentlich wie peinliches Kasperltheater wirkt.« (HPK, FILMDIENST) – Es ist nicht einmal sicher, ob *Gwendoline* der Science Fiction zugerechnet werden kann. Das Motiv der ›Verbotenen Stadt‹, die isolierte Amazonen-Kultur und die fantastische Kostümierung der Figuren könnte die Story aber auch problemlos in einem zukünftigen Fantasy-Land spielen lassen. Das Beste an Just Jaeckins Zelluloid-Epos war dann auch die Ausstattung, für die Françoise Deleu und André Guérin ein Sonderlob gebührt! Ⓥ Constantin

Die haarsträubende Reise in einem verrückten Bus
(THE BIG BUS). USA 1976.
R James Frawley. *B* Fred Freeman/
Lawrence J. Cohen. *K* Hary Stradling
jr. *M* David Shire. *D* Joseph Bologna
(Dan Torrance), Harold Gould (Prof.
Baxter), Stockard Channing (Kitty
Baxter), John Beck (O'Brien), José
Ferrer (Ironman), Larry Hagman (Arzt),
Ruth Gordon (Alte Dame), René
Aberjonizs (Pater Kudos), Ned Beatty
(Shorty Scotty), Bob Dishy (Dr. Kurtz),
Richard Mulligan (Claude Crane),
Richard B. Shull (Emery Bush), Sally
Kellerman (Sybil Crane), Lynn
Redgrave (Camille Levy), Stuart
Margolin (Alex), Howard Hesseman
(Jack), Mary Wilcox (Mary Jane Beth
Sue), Murphy Dunne (Tommy Joyce),
Vic Tayback (Goldie), Walter Brooke
(Mr. Ames), James Jeter (Barkeeper),
Raymond Guth, Miriam Byrd-Nethery,
Dennis Kort (Bauernfamilie). *F* 88 Min.
Professor Baxter hat für 12 Millionen
Dollar ein Wunderwerk moderner Tech-
nik entwickelt: 75 Tonnen schwer und 35
Meter lang ist das Ungeheuer, ein Riesen-
Bus auf 32 Rädern, angetrieben mit
Atomkraft. Dieser Antrieb ist es dann vor
allen Dingen, der dem Ölmagneten ›Iron-
man‹ (ein Eisenmann, der in einer eiser-
nen Lunge sein Leben fristet) ein Dorn im
Auge ist. Von seinem Krankenbett aus
heckt er einen Plan nach dem anderen aus,
die Jungfernfahrt des Ungetüms von New
York nach Denver zu sabotieren, wobei er
unglücklicherweise seinem schwachsinnigen Bruder die Ausführung überläßt. Die
Anschläge enden regelmäßig in einem Fiasko, obwohl dabei nicht nur die Saboteure, sondern auch die Passagiere Kopf und
Kragen riskieren. – Der technische
Schnickschnack, den der Bus aufzuweisen hat, mag ja noch angehen. Der Rest
ist wirklich ›haarsträubend‹! Haarsträubend die Unverfrorenheit, mit der die Produzenten des Films es wagen, die Nerven
der Kinobesucher zu strapazieren, indem
sie ihnen dieses Machwerk tatsächlich als
›turbulente Katastrophen-Parodie‹ verkaufen. Der Film ist in sich eine Katastrophe ohne die Spur von Witz und Turbulenz, allenfalls für Leute genießbar, die
Suppe mit dem Messer schlürfen.

Die Hamburger Krankheit
BRD/Frankreich 1978.
R Peter Fleischmann. *B* Peter
Fleischmann/Roland Topor/Otto
Jägersberg. *K* Colin Mounier. *M* Jean-
Michel Jarree. *D* Helmut Griem
(Sebastian), Fernando Arrabal (Ottokar),
Carline Seiser (Ulrike), Tilo Prückner
(Fritz), Ulrich Wildgruber (Heribert),
Rainer Langhans (Alexander), Rosel
Zech (Dr. Hamm), Leopold Hainisch
(Prof. Placek), Romy Haag (Carola),
Evelyn Künneke (Wirtin), Peter von
Zahn (Senator). *F* 116 Min.
Während im Hamburger Kongreßzentrum
Gerontologen darüber beraten, ob es
möglich sei, das Leben zu verlängern,
bricht in der Stadt eine schreckliche Seuche aus. Menschen sterben wie die Fliegen und nehmen eine Embryohaltung an.
Massenquarantänelager werden eingerichtet; man riegelt die Stadt ab. Eine bunt
gemischte Gruppe, darunter der Arzt Sebastian, ein Würstchenverkäufer namens
Heribert, der Rollstuhlfahrer Ottokar und
die junge Prostituierte Ulrike, bricht aus
einem Hospital aus und versucht sich
nach Süden durchzuschlagen. Während
um die Flüchtlinge herum die Ordnung
zusammenbricht und die Katastrophe immer größere Ausmaße annimmt, etabliert
sich auf der anderen Seite schon eine Industrie, die an diesem Desaster kräftig
verdient. Die Flüchtlinge werden getrennt, stoßen wieder aufeinander, der
Gruppe schließen sich neue Mitglieder
an, und schließlich zieht man in einem
Wohnwagen umher, durchbricht Straßen-

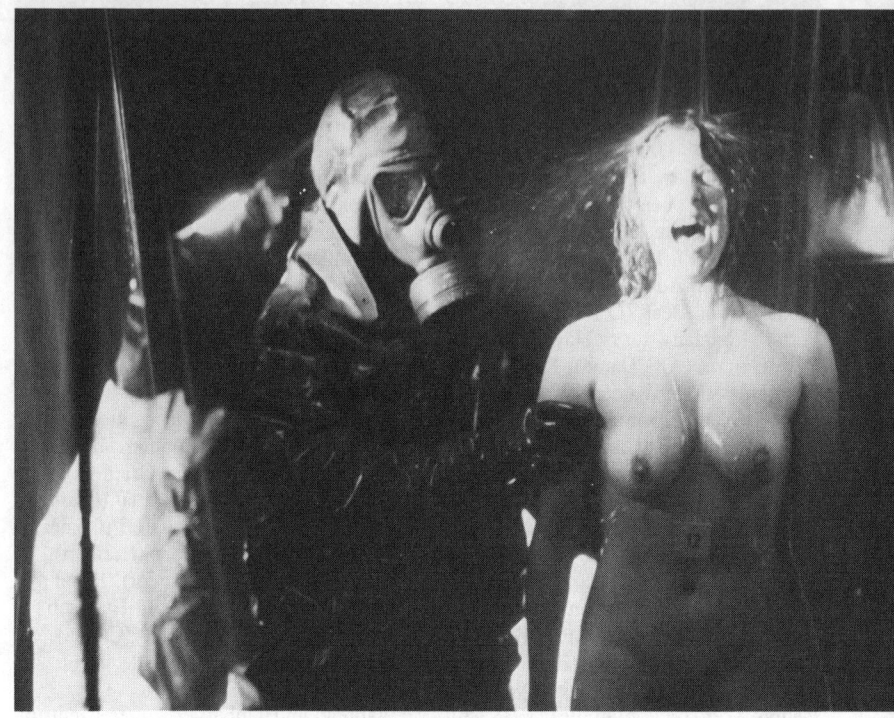

Carline Seiser in *Die Hamburger Krankheit*

sperren und trifft auf immer kurioser werdende Gestalten. Man hat sich offenbar mit den Verhältnissen abgefunden. Irgendwann wird dann die Meldung verbreitet, daß man die Seuche unter Kontrolle hat, aber da ist ein Teil der Flüchtlinge schon nicht mehr am Leben. Ulrike, die sich auf der Alm ihres Großvaters versteckt, wird plötzlich von einer Helikopterbesatzung entführt. Sollte der Krüppel Ottokar mit seiner Behauptung, die nächste Katastrophe sei bereits im Anmarsch, recht behalten haben? – »Vielleicht kann man sagen, die Menschen haben die Krankheiten, die sie verdienen. Aber das sind Deutungen... Ja, und der Film handelt von der Flucht von verschiedenen Personen, die sich in einer Quarantänestation zusammenfinden, in die man sie gesteckt hat. Die da ausbrechen und versuchen, sich quer durch Deutschland durch-

zuschlagen, wobei es mir darauf ankam, die Bundesrepublik, die man normalerweise in Stunden durchrasen kann auf der Autobahn, jetzt plötzlich wieder zum Abenteuer zu machen... Es ist kein Katastrophenfilm im amerikanischen Sinn, obwohl es so anfängt. Es kommt nicht darauf an, was die Leute tun, wenn jetzt eine Epidemie ausbricht. Es geht mir aber schon um die Leute. Topor, mit dem ich ja das Drehbuch geschrieben habe, sagt: ›In einer kranken Welt haben nur die Außenseiter eine Chance.‹ Der engagierte Wissenschaftler, den Helmut Griem spielt, wird selbst eingesperrt, weil er sich um einen Sterbenden kümmert... Man kann nicht unterscheiden, ob die Leute sterben wegen der Maßnahmen, der Impfaktionen usw., ob also nicht die Behandlung der Krankheit die eigentliche Krankheit geschaffen hat, ob nicht die

Angst vor der Krankheit die Leute umbringt...« (Peter Fleischmann). *Die Hamburger Krankheit* ist weder ein Katastrophenfilm im üblichen Sinn noch ein SF-Film der gängigen Machart: Die Charaktere ergeben sich ihrem Schicksal mit beinahe stoischer Ruhe, und solange sie mit Alexanders Wohnwagen unterwegs sind, empfinden sie beinahe so etwas wie Zufriedenheit und Losgelöstheit von der Situation. Wer nicht in Gefahr ist, paßt sich der Lage schnell an: Der Würstchenverkäufer Heribert steigt ins Schutzanzug-Business ein und leitet später gar eine ›Schutztruppe‹, die die angeblich Infizierten in Orwellscher Manier jagt; die fetten Wohlstandsbürger, an denen die Seuche wirkungslos vorübergezogen ist, feiern eine Überlebensparty, freuen sich, daß nun die Arbeitslosen auf der Straße sind, und leisten sich die Geschmacklosigkeiten, ein Tänzchen mit Herrn Tod höchstpersönlich zu wagen.»Peter Fleischmann (ist) ein kurzweiliger Film gelungen, der surreal-absurd und satirisch eine Zukunft unseres Landes entwirft, die – der Hamburger Giftskandal ist da ein deutlicher Fingerzeig – gar nicht so unwahrscheinlich und fern scheint.« (FILMBEOBACHTER) – »So exzentrisch wie das Personal dieser apokalyptischen Farce zwischen Reeperbahn und Almhütte ist auch Fleischmanns Inszenierung: eine Folge von gewaltsamen Stilbrüchen, ohne Rücksichten auf ästhetische Verluste.« (DIE ZEIT)

Hangar 18
(HANGAR 18). USA 1980.
R James L. Conway. *B* Steven Thornley. *K* Paul Hipp. *SpE* Harry Woolman. *M* John Cacavas. *D* Darren McGavin (Harry Forbes), Robert Vaughn (Gordon Cain), Gary Collins (Steve Bancroft), Philip Abbott (Frank Morrison), Joseph Campanella (Frank Lafferty), Cliff Osmond (Sheriff Barlow), Tom Hallick (Phil Cameron), Steven Keats (Paul Bannister), William Schallert (Prof. Mills), Pamela Bellwood (Sarah Michaels), James Hampton (Lew Price), Andrew Bloch (Neal Kelso), H. M. Wynant (Flugleiter), Bill Zuckert (Ace Landon), Stuart Pankin (Sam Tate), Betty Ann Carr (Flo Mattson).
F 97 Min.
Gerissener US-Politiker versucht mit allen möglichen Tricks vor der Öffentlichkeit zu verbergen, daß man in den Besitz eines UFOs gelangt ist, dessen Supertechnik man ausbeuten möchte. Ein NASA-Ermittler, der einen Space-Shuttle-Absturz untersucht, kommt dem Fall auf die Spur. Der Regierung bleibt keine andere Wahl, als sämtliche Beweise der Existenz Außerirdischer aus der Welt zu bomben. In Originalfassung.
Ⓥ Import

Hardware
Anderer Titel für **M.A.R.K. 13**

Haruschi, Sohn des Dr. Fu Man Chu
(G-MEN VS. THE BLACK DRAGON).
USA 1943.
R William Witney. *B* Ronald Davidson/ William Lively/Joseph O'Donnell/ Joseph Poland. *K* Bud Thackery.
M Mort Glickman. *D* Donald Kirke (Muller), Ivan Miller (Inspektor), Walter Fenner (Williams), Harry Burns (Tony), Forbes Murray (Kennedy), Hooper Atchley (Caldwell), Robert Homans (Capt. Gorman), Rod Cameron (Rex Bennett), Roland Got (Chang), Constance Worth (Vivian Marsh), Nino Pepitone (Haruschi), Noel Cravat (Ranga), George Lewis (Lugo), Maxine Doyle (Marie), C. Montague Shaw (Prof. Nicholson), Allen Jung (Fugi).
82/79 Min.
Der japanische Superschurke Haruschi läßt sich (als Mumie getarnt) in die USA bringen, um die amerikanische Wirtschaft zu sabotieren, speziell die Rüstungsindustrie, die einige technische Gadgets ersonnen hat, die den ›SF-Effekt‹ dieses Films ausmachen. Bevor sein böses Spiel jedoch Erfolg hat, wird er von dem todes-

mutigen US-Agenten Rex Bennett mitsamt einem U-Boot in die Luft gesprengt. Der Film – ursprünglich ein Serial – wurde während des Zweiten Weltkriegs gedreht und sollte wohl anti-japanische Stimmung erzeugen. »Es bleibt völlig unverständlich, daß eine solche Haßorgie der Kriegspropaganda jetzt (1954; Anm. d. Verf.) nach Deutschland importiert wird.« (FILMBEOBACHTER)

Hatschi!!
(TV-ZDF). BRD 1979.
R Eugen York. *B* Karl Wittlinger.
K Peter Tost. *M* Birger Heymann.
D Rainer Schöne (Der Fremde), Joseline Gassen (Studentin), Karl Michael Vogler (Vorgesetzter), Dirk Dautzenberg (Vertreter), Horst Michael Neutze (Kommissar), Erica Schramm (Wirtin), Heinz Rabe (Imo), Klaus Miedel (Laborchef), Hans-Georg Panczak (Privatassistent), Christiane Reiff (Seine Frau), Hans Hessling (Pater), Cornelia Meinhardt (Mädchen), Horst Niendorf (Professor), Edith Elsholtz (Sekretärin), Friedrich Schoenfelder (Polizeipräsident).
F ca. 90 Min.
Da kommen zwei seltsame Leuchtpunkte aus dem interstellaren Raum und nehmen in der Nähe einer hiesigen Eisenbahnstrecke menschliche Gestalt an. Die Außerirdischen haben eine Mission. Ihre Vorgesetzten haben durch intensive Beobachtung festgestellt, daß bei den Menschen seit langem ein bestimmtes, mit der Nase verbundenes Organ verkümmert, das die Fähigkeit besaß, Schlacken abzusondern, sogenannten Psycho-Rotz auszuscheiden und das Gehirn von Stauungen, Frustrationen und sonstigem Mißverhalten zu befreien. Die Gefahr besteht, daß sich in ein paar Jahrhunderten diese Entwicklung voll auf die menschlichen Lachmuskeln und Tränendrüsen ausgewirkt hat. Dem vorzubeugen, schickt sich der ›Fremde‹ an, nachdem sich sein Chef, der ihn auf die Erde begleitet hatte, verflüchtigt hat. Bis auch der Fremde die

Erde wieder verläßt, entwickeln sich einige Turbulenzen. Der Außerirdische reißt einem Zeitgenossen, der ohnehin nur über das Leben jammert, den Kopf ab, um seine wissenschaftlichen Schlüsse daraus zu ziehen. Nach getaner Arbeit setzt er zum Staunen der Mediziner und Strafverfolgungsorgane den Kopf wieder auf und entschädigt den völlig Geheilten mit selbsthergestellten Tausendern. Alles kann der Fremde, von Unsichtbarmachung bis zur Umwandlung einer Materie in die andere. Was fehlt, sind innere Werte, Lachen etwa, Ironie, Gefühlsleben. Sein Heilmittel, das er den Menschen bringen soll, gerät ihm zunächst zu stark. Sein Nasenspray bringt den Pater und den Kommissar, um nur zwei zu nennen, in die geschlossene Anstalt. Die Ordnungshüter werden ihren dienstlichen Pflichten nicht mehr gerecht. Nach kräftigem ›Hatschi!!‹ herrscht allgemeine Euphorie und Verbrüderungsstimmung. Aufruhr, wenn auch im positiven Sinne, liegt in der Luft. Das darf nicht sein! Ein Scharfschütze tritt in Aktion. Der Fremde wird von seinen außerirdischen Vorgesetzten aus dem Leichenschauhaus in die Außenwelt zurückgeholt. Zurück bleibt jedoch eine verdünnte, für den Menschen verträglichere Arznei. Schon bald wird ›Hatschi!!‹ im Handel sein und dafür sorgen, daß sich Entkrampfung, Freundlichkeit und Glück über den Erdball verbreiten.

Haut den Herkules
(THE THREE STOOGES MEET HERCULES).
USA 1961.
R Edward Bernds. *B* Elwood Ullman.
K Charles S. Welborn. *M* Paul Dunlap.
D Moe Howard (Moe), Larry Fine (Larry), Joe De Rita (Curly Joe), Vicki Trickett (Diane Quigley), Quinn Redeker (Scuyler Davis), George N. Neise (Odius), Samson Burke (Herkules), Mike McKeever (Ajax), Marlin McKeever (Argo), Gene Roth (Kapitän), Gregg Martell (Simon), Hal Smith (Theseus), Lewis Charles (Achilles), Emil Sitka (Schäfer), John

Cliff (Odysseus), Diana Piper (Helena), Barbara Hines (Anita), Cecil Elliot (Matrone), Terry Huntington (Hecuba), Edward Foster (Eddie), Risty Westcoatt (Philo). 88 Min.

›Die drei Pfeifen‹, ein amerikanisches Komödiantentrio, basteln mit Hilfe eines jungen Erfinders eine ›Raum-Zeit-Maschine‹ und lassen sich ins antike Rom versetzen, wo sie Herkules begegnen, Odysseus aus dem Kerker befreien, sich als Galeerensklaven betätigen und zurückkehren (nachdem sie Herkules gezeigt haben, was eine Harke ist).

Hebt die Titanic
(RAISE THE TITANIC!). USA 1980. *R* Jerry Jameson. *B* Adam Kennedy/Eric Hughes. *LV* Clive Cussler. *K* Matthew F. Leonetti. *M* John Barry. *D* Jason Robards (Admiral James Sandecker), Richard Jordan (Dirk Pitt), David Shelby (Dr. Gene Seagram), Anne Archer (Dana Archibald), J. D. Cannon (Capt. Joe Burke), Paul Carr (Nicholson), Alec Guinness (Paul Bigelow), Michael C. Gwynne (Bohannon), Dirk Blocker (Merker), Norman Bartold (Kemper), Bo Brundin (Capt. Andrej Prewlow), Charles Macauley (Busby), Elya Baskin (Marganin), Harvey Lewis (Kiel), M. Emmett Walsh (Vinnie Giordano), Robert Broyles (Willia), Stewart Moss, Michael Pataki, Mark L. Taylor, Marvin Silbersher, Nancy Nevinson, Trent Dolan, Sander Vanocour, Ken Place, Craig Shreve, Jonathan Moore, Michael Ensign, Brendan Burns, Hilly Hicks, Mike Kulscar, George Stover, Mark Hammer, George Whitman, David Hammond, Ron Evans. *F* 109 Min.

An der Spitze einer bunt zusammengewürfelten Gruppe versucht der amerikanische Supermann Dirk Pitt das 1912 im Nordatlantik gesunkene Passagierschiff ›Titanic‹ zu bergen, da sich an Bord ein unersetzliches Mineral befindet, das von höchster militärischer Wichtigkeit ist –

man kann es zur Herstellung von Radar-Abwehrschirmen verwenden. – Lord Lew Grade, den böse Zungen auch Lord Low Grade nennen, erlebte mit diesem internationalen Kassenflop das größte Desaster in seiner Karriere als Filmproduzent. – »(Dieser Film) begibt sich in Tiefen hinab, die Lew Grades . . . überladene Melodramen-Arche bisher unerforscht gelassen hat. Er verschleudert eine gute Idee an ein langweiliges Drehbuch, eine glanzlose Besetzung, lächerliches Trick-Gebluffe und eine schwerfällige Regie, neben der die *Reise der Verdammten* (GB 1976) nahezu begeisternd anmutet.« (VARIETY) – In der BRD nur auf Video.
Ⓥ CBS/Fox

Heiße Grüße vom CIA
(OPERAZIONE STERMINO). Italien 1965. *R* Umberto Lenzi. *B* Umberto Lenzi. *St* Umberto Lenzi. *K* Augusto Tiezzi. *M* Francesco M. Lavagnino. *D* Alberto Lupo (Frank), Ingrid Schoeler (MacDonald), John Heston (Kemp), Dina de Santis, George Wang, Mark Trevor, Omar el Hariri, Nando Angelini, Edoardo Toniolo, Domenico Ravenna, Fortunato Arena. *F* 84 Min.
Ein GB-Agent und eine US-Agentin treffen sich in Kairo, um chinesische Infiltranten daran zu hindern, sich eine Entwicklung von militärpolitischer Bedeutung (ein Anti-Radargerät) unter den Nagel zu reißen. – »Diese mit konventionellen Mitteln routiniert heruntergekurbelte Agentengeschichte läßt die ›Bösen‹ stets grimmig ausschauen und ordentlich grausam sein.« (FILMDIENST) – Das x-te James-Bond-Plagiat, auch hier nur mit SF-McGuffin.

Helden – Verloren im Staub der Sterne
Anderer Titel für **Operation Ganymed**

Hellfire
(HELLFIRE). USA 1986. *R* William Murray. *B* William Murray. *K* Dennis Peters. *SpE* David DiPietro.

Ma Geoff Langloh/Eric Princz. *M* Mark Knox. *D* Kenneth McGregor (Corby McHale), Sharon Mason (Samantha Kelly), Julie Miller (Caitland Foster), Jon Maurice (Frank Gitto), Joseph White (Nicky Fingers), Stephen Caldwell (Colan Foster), Edward Fallon (Kesselman), Mickey Shaughnessy (Waxman). *F* 85 Min.

Zwei Konzerne haben im Weltall die angeblich saubere Energiequelle Hellfire entdeckt, die die durch Atomkraft zur Hälfte verseuchte Erde versorgen soll. Aus Profitgier verschweigen die Konzernchefs, daß Hellfire, wenn es in die Blutbahn gerät, Menschen von innen heraus verbrennt. Ein Hellfire-Transporter stürzt auf der Erde ab. Der Stoff gerät in unbekannte Hände. Der Privatdetektiv McHale wird beauftragt, die Ladung wiederzufinden und entlarvt seine Auftraggeberin als Verantwortliche. – »Futuristischer Kriminalfilm in der Tradition von *Blade Runner* und *Alien* einerseits, den hard boiled-Detektivgeschichten andererseits; langweilig, verworren und voller unbeholfener Spezialeffekte.« (LEXIKON DES INTERNATIONALEN FILMS). – Nur auf Video.
Ⓥ UFA

Herkules erobert Atlantis
(ERCOLE ALLA CONQUISTA DI ATLANTIDE). Italien/Frankreich 1961. *R* Vittorio Cottafavi. *B* Vittorio Cottafavi/Duccio Tessari/Alessandro Continenza. *K* Carlo Carlini. *M* Gino Marinuzzi. *D* Reg Park (Herkules), Fay Spain (Antinea), Laura Altan (Ismene), Ettore Manni (Androkles), Luciano Marin (Illo), Mimmo Palmara (Astor), Salvatore Furnari (Timoteus), Mario Valdemarin (Gabor), Mario Petri (Zenith), Gian Maria Volonte, Enrico Maria Salerno, Mino Doro, Ivo Garrani (Könige von Sparta, Ambracia, Megara, Athen und Megalia). *F* 103 Min.

Herkules begibt sich auf die Suche nach dem verschwundenen Griechenfürsten Androkles, haut sich mit einem Ungeheuer namens Prometheus, rettet Ismene vor dem Opfertod und gelangt schließlich auf die sagenumwobene Insel Atlantis. Antinea, die Königin von Atlantis, regiert mit Hilfe übernatürlicher Kräfte und hat eine kriegerische, gepanzerte Rasse von blonden Supermenschen gezüchtet, mit deren Hilfe sie die griechischen Götter stürzen und die Welt erobern will. Herkules entdeckt Antineas Geheimnis: Sie verfügt über einen versteinerten Blutstropfen des Gottes Uranus. Als er diesen der Sonne aussetzt, ist das Ende von Atlantis gekommen. Der Kontinent versinkt, und mit ihm die machtlüsterne Herrenrasse.
Ⓥ Atlas

Herr der drei Welten
(THE THREE WORLDS OF GULLIVER). USA/GB/Spanien 1960. *R* Jack Sher. *B* Arthur Ross/Jack Sher. *K* Wilkie Cooper. *SpE* Ray Harryhausen. *M* Bernard Herrmann/George Duning. *D* Kerwin Mathews (Dr. Lemuel Gulliver), Jo Morrow (Gwendolyn), June Thorburn (Elizabeth), Lee Patterson (Reldresal), Gregoire Aslan (König Brobdingnag), Basil Sydney (König von Liliput), Charles Lloyd Pack (Makovan), Martin Benson (Flimnap), Mary Ellis (Königin Brobdingnag), Marian Spencer (Kaiserin von Liliput), Peter Bull (Lord Bermogg), Alec Mango (Galbet), Sherri Alberoni (Glumdalclitch). *F* 97 Min.

Der Medikus Gulliver verläßt mit seiner Braut Elizabeth das Kleinstädtchen Wappon, weil er glaubt, daß die Menschen anderswo weniger habgierig, unmoralisch und korrupt sind. Als sie sich nach Ostindien einschiffen, werden sie während eines Sturms über Bord gespült und voneinander getrennt. Gulliver findet sich bald auf der Insel Liliput wieder, deren Bewohner ihn in Ketten legen. Als die Liliputaner einen Krieg gegen den Nachbarstaat anzetteln, hilft Gulliver ihnen jedoch aus der Klemme. Später muß er aufgrund einer Intrige das Land verlassen und kommt nach Brobdingnag – ins Land der

Riesen. Hier trifft er die verschwundene Elizabeth wieder, die vom Herrscher des Landes in einem Puppenhaus gefangengehalten wird. Als Gulliver sich den Haß des Zauberers Makovan zuzieht, muß er erneut fliehen. Ein kleines Mädchen ist ihm und Elizabeth dabei behilflich. Am Ende ihrer Reise kehren sie wieder nach Wappon zurück. Gulliver hat zwar nicht sein Glück gemacht, ist aber weiser geworden, denn er hat festgestellt, daß die Menschen im Guten wie im Bösen überall gleich sind. – »Swift klinisch rein für Kinder, mit exzellenten Spezialeffekten.« (Alan Frank, THE SCIENCE FICTION AND FANTASY FILM HANDBOOK)
Ⓥ RCA/Columbia
Ⓑ Jonathan Swift: *Gullivers Reisen*, Berlin 1964

Der Herr der Fliegen
(LORD OF THE FLIES). GB 1963.
R Peter Brook. *B* Peter Brook.
LV William Golding. *K* Tom Hollyman.
M Raymond Leppard. *D* James Aubrey (Ralph), Tom Chapin (Jack), Hugh Edwards (Piggy), Roger Elwin (Roger), Tom Gaman (Simon), Roger Allen, David Brunjes, Peter Davy, Kent Fletcher, Nicholas Hammond, Christopher Harris, Alan Heaps, Burnes Hollyman, Andrew Horne, Richard Horne, Timothy Horne, Peter Ksiezopolski, Anthony McCall-Judson, Malcolm Rodker, David St. Clair, René Sanfiorenzo, Jeremy Scuse, John Stableford, Nicholas Valkenburg, Patrick Valkenburg, Edward Valencia, John Walsh, David Walsh, Jeremy Willis, Erik Jordan. 84 Min.
Als der Atomkrieg ausbricht, werden Schüler eines englischen Internats mit einem Flugzeug evakuiert. Die Maschine stürzt über dem Pazifik ab, die Besatzung kommt ums Leben. Es gelingt den Jungen, sich auf eine unbewohnte Insel zu retten und anfangs vernünftig auf ihre Situation zu reagieren. Ralph, der zum Anführer der Gruppe gewählt wird, teilt seine Kameraden in zwei Gruppen ein: Die

eine soll Hütten errichten, die andere ein Signalfeuer unterhalten, damit man von eventuellen Suchflugzeugen leichter gefunden werden kann. Die Feuergruppe soll sich außerdem als Jagdkommando betätigen und Nahrung heranschaffen, da auf der Insel zahlreiche wilde Schweine leben. Bald nimmt Jack unter den Jägern eine Spitzenposition ein. Er wird Ralphs Rivale. Als seine Gruppe sich weigert, weiterhin das Feuer zu unterhalten, kommt es zu ersten Konflikten. Es gelingt Jack und den Seinen, denen die Jagd mehr Spaß bereitet als die Signalgeberei, nach und nach fast alle Angehörigen der anderen Gruppe auf ihre Seite zu ziehen. Nur Piggy und ein paar kleinere Jungen bleiben bei Ralph. Jacks Clan verwildert mehr und mehr. Man kleidet sich schließlich in Felle, malt sich kriegerisch an und findet sogar ein Objekt der Verehrung, dem man Götzendienste erweist. Schließlich kommt es zu blutigen Exzessen: Piggy wird ermordet, und Ralph, der als einziger die Vernunft bewahrt hat, steht allein da. Den Gesetzen des Dschungels gemäß, veranstaltet man auf ihn eine wilde Hetzjagd, die erst endet, als ein Kommando der britischen Marine auf der Insel erscheint und die ›Ordnung‹ wieder herstellt. Das Auftauchen der Erwachsenen bringt die verwilderten Jungen wieder zur Räson: Beim Anblick der Soldaten verwandeln sie sich wieder in das, was sie zuvor waren: verängstigte Schulkinder. – Dieser nach einem Roman des britischen Romanciers und Nobelpreisträgers William Golding (* 1911) entstandene Film zeigt, was passieren kann, wenn autoritär erzogene, auf Führerpersönlichkeiten fixierte Menschen sich in einer Situation wiederfinden, die Kollektivbewußtsein erfordert. Obwohl man sich anfänglich unter einer Fahne wähnt (»Wir sind schließlich keine Wilden, sondern Engländer«, sagt Jack, »und Engländer werden mit allem fertig«), geht mit dem Ablegen der (Schul-)Uniform auch die Moral flöten. Da breiten sich Rivalitäten zu Grausamkeit und Mord aus, Urängste ge-

winnen die Oberhand, die demokratische Fassade, die nur anerzogen, nicht aber verinnerlicht ist, bröckelt ab. Da gibt es Diktatoren und Sündenböcke, und die flink agierenden Kräfte des Opportunismus, die »im Schatten des Starken« (FILMDIENST) sofort und bösartig aktiv werden, und später, wenn sich die Lage wieder normalisiert hat, als erste die Waffen strecken und ihre Taten ›vergessen‹. »Brooks Beispiele sind... von nahezu wissenschaftlicher Präzision... (Er) hat es nicht nötig, äußerliche Spannung zu horten; seine kleinen Darsteller reagieren ungeniert vor einer zurückhaltenden Kamera – nur das Geschehen ist wichtig.« (FILMDIENST)
Ⓑ William Golding: *Herr der Fliegen*, Frankfurt/Main 1963

Der Herr der Sterne
Anderer Titel für **Star Knight – Der Herr der Sterne**

Der Herr der Welt
Deutschland 1934.
R Harry Piel. *B* Georg Mühlen-Schulte. *K* Ewald Daub. *M* Fritz Wenneis.
D Walter Janssen (Dr. Heller), Sybille Schmitz (Vilma Heller), Aribert Wäscher (Geheimrat Ehrenberg), Siegfried Schürenberg (Werner Baumann), Willy Schur (Karl Schumacher), Gustav Püttjer, Claus Pohl, Oskar Hoecker (Bergleute), Max Gülstorf (Neumeier), Walter Franck (Prof. Wolf), Otto Wernicke (Wolter), Hans Hermann Schaufuß (Fischer), Dolly Raphael, Liselotte Heßler, Erika Wehrle, Wally Filatoff (Strandnixen), Egon Brosig (Baron Hogstraten), Otto Kronburger (Brockmeier), Max Mothes (Konradi), Karl Platen (Josef), Erich Bartels (Dr. Scholz), Werner Weber (Dr. Siegel), Arthur Reinhard (Kern), Ernst Bremer (Jokusch), Erich Harden (Konsul Lünemann). 110 Min.
In der Maschinenfabrik Dr. Hellers hat Professor Wolf Arbeitsroboter entwickelt, um die Menschen von geisttötenden Routinetätigkeiten zu entlasten. Nebenprodukt ist jedoch ein Kampfroboter, mit dessen Hilfe Wolf die Weltherrschaft übernehmen will. Dr. Heller widersetzt sich seinen Plänen; er kommt bei einem ›Unfall‹ ums Leben. Als das Bergwerk, in dem der Ingenieur Baumann arbeitet, Roboter einstellt und die Bergleute entlassen werden, sieht es schlimm aus. Baumann, der Hellers Witwe kennengelernt hat, will verhindern, daß diese sich die Heller-Werke von Wolfs Strohmann abschwatzen läßt. Es kommt schließlich zu einer Konfrontation Wolfs mit den von Kampfrobotern in Schach gehaltenen Arbeitslosen. Während Baumann und Vilma Heller in dem Durcheinander nur knapp mit dem Leben davonkommen, fällt der machtgierige Wissenschaftler seinen eigenen Geschöpfen zum Opfer. Ingenieur Baumann wird neuer Chef der Heller-Werke. Die Arbeitsroboter werden zwar nicht abgeschafft, aber die Gewinne, die sie erwirtschaften, kommen den Arbeitslosen zugute, die nun glücklich und zufrieden beruflich umsatteln und Bauern werden. – »Die Deutschen als roboterentlastetes Volk von Hühnerhaltern und Bienenzüchtern.« (Kraft Wetzel/Peter Hagemann, LIEBE, TOD UND TECHNIK)

Herr der Welt
Anderer Titel für **Robur, der Herr der 7 Kontinente**

Herr Doktor, die Leiche lebt
(OMICRON). Italien 1963.
R Ugo Gregoretti. *B* Ugo Gregoretti. *K* Carlo di Palma. *M* Piero Umiliani.
D Renato Salvatori (Omicron/Angelo), Rosemary Dexter (Lucia), Dante di Pinto (Polizeiinspektor), Gaetano Quartaro (Midollo), Maria Cariso (Frau Midollo), Ida Serasini (Witwe Serasini), Calisto Calisti (Torchio). 85 Min.
Omicron, ein Bewohner des Planeten Ultra, landet auf der Erde, nistet sich im Körper eines italienischen Fabrikarbeiters ein und schickt sich an, eine Invasion seiner Artgenossen vorzubereiten. Er paßt

sich an die Umgebung an, erlernt mühsam Sitten, Gebräuche und Sprache der Menschen. Als er genug weiß, versucht er den Tod seines Wirtskörpers herbeizuführen, damit er sich von ihm lösen kann. Aber seine Pläne mißlingen. Omicron entwikkelt sogar eine Art Gewissen. Er schlägt sich auf die Seite der arbeitenden Menschen und nimmt aktiv an einem Streik teil. Umsonst: Seine Artgenossen kontrollieren bereits den Aufsichtsrat des bestreikten Unternehmens und planen die Übernahme der Erde. – Ugo Gregoretti, der 1961 mit I NUOVI ANGELI einen Film über das Leben der italienischen Jugend gedreht hat und dafür ausschließlich Laiendarsteller verwendete, distanzierte sich in den späten sechziger Jahren von seiner bisherigen Filmpraxis als sozialkritischer Filmemacher, konzentrierte sich auf die Produktion von Dokumentarstreifen, auf deren Gestaltung die betroffenen Arbeiter selbst Einfluß ausüben konnten, und arbeitete später für eine Institution, die mit Filmen politische Basisarbeit betreibt. *Herr Doktor, die Leiche lebt* ist eine Fabel, in der ein Außerirdischer stellvertretend für seine menschlichen Arbeitskollegen erkennt, daß die Interessen, die er selbst hat, nicht mit denen übereinstimmen, die seine Chefs leiten.

Die Herrin der Welt
Deutschland 1919/20.
R Joe May/Uwe Jens Krafft/Karl Gerhardt. *B* Joe May/Richard Hutter/ Ruth Goetz/Wilhelm Roellinghoff. *LV* Karl Figdor. *K* Werner Brandes/ Friedrich Weinmann. *Bauten* Martin Jacoby-Boy/Otto Hunte/Erich Kettelhut/ Karl Vollbrecht. *M* Ferdinand Hummel. *D* Mia May (Maud Gregaards), Michael Bohnen (Madsen), Henry Sze (Dr. Kien-Lung), Hans Mierendorff (Murphy), Paul Hansen (Stanley Brezezina), Ernst Hofmann (Credo), Paul Morgan (Karpeles), Hermann Picha (Fletcher), Wilhelm Diegelmann (Harrison), Rudolf Lettinger (Detektiv), Eduard Rothauser, Hans Pagay, Hedwig

Bleibtreu, Bruno Decarli, Henry Bender, Hedy Searle, Victor Janson, Alexander Ekert, Nien Sön Ling. 15 449 Meter (8 Teile/Stummfilme). Inhalt des monumentalen Achtteilers zum besseren Verständnis zunächst in einem Satz: Tapferes deutsches Mädchen, das durch Nachstellungen und Intrigen eines häßlichen Spions um Vater und Mutter gebracht wird, reist vom unerforschten Innern Chinas zum Lande Ophir, um dort den sagenhaften Schatz der Königin von Saba zu suchen, mit dessen Hilfe sie zur Wohltäterin der Menschheit, aber auch zur Rächerin ihrer Eltern werden will. Etwas komplizierter und der Länge des Zyklus angepaßt, wußte ein gewisser Max Moritz in der FREIEN DEUTSCHEN BÜHNE den Inhalt des Filmes zu würdigen: *»Erster Teil: Die Freundin des gelben Mannes. –* Gebildeter Chinese befreit deutsche Erzieherin aus chinesischer Lasterhöhle. *Zweiter Teil: Die Geschichte der Maud Gregaards. –* Orientalisch gebildete Ministerialbeamtentochter bekommt nach dem infolge Veruntreuung eines chinesischen Geheimdokuments begangenen Selbstmord des Vaters, der in Notlage zugunsten des englischen Spions Murphy handelt, von diesem nach Übersetzung des Dokuments ein Kind, welches nach standesgemäßer Verheiratung des Spions angeblich stirbt. *Dritter Teil: Der Rabbi von Kuan-Fu. –* Jüdischer Konsul führt mittels zweier durch Brausepulver und läutende Glocke begeisterten dummen und eines vornehmen klugen Chinesen deutsche Erzieherin zum höhlenbewohnenden Wunder-Rabbi, welcher dem Konsul Schmuckstück Salomos zwecks Auffindung des Weges nach Ophir sterbend überläßt. *Vierter Teil: König Makombe. –* Rabbis wegweisendes Dokument wird schlafenden Deutschen von Zauberer des scherzhaft Sekt trinkenden rhodesischen Königs im Zelt entwendet, aber nach vielen Pistolenschüssen und Ringkämpfen ihm von Bohnen als Konsul wieder entrissen, welcher dann nach üblicher Verfolgung durch Neger und tödlichem Verlust des chinesischen Begleiters durch ein Eisentor mit deutscher Freundin Ophir erreicht. *Fünfter Teil: Ophir, die Stadt der Vergangenheit.* – Die nach Sarastros heiligen Hallen stilisierten Ophiriten wollen Mia May-Maud opfern, verschonen sie aber wegen des Rabbi-Amuletts und lassen Bohnen nach vielen Ringkämpfen und sonstigen Schiebungen zum König der schwarzen Ureinwohner machen, worauf auch der amerikanische, bei den Schwarzen gefangene Ingenieur Stanley befreit wird und mittels eines durch drahtlose Telegrafie herbeigerufenen Riesenflugzeugs nach Tod des bärtig gewordenen Konsuls die Deutsche mit dem gestohlenen Schatz aus dem durch Erdbeben verschütteten Ophir entführt. *Sechster Teil: Die Frau mit den Milliarden.* – Maud Gregaards, jetzt Maud Fergusson, und Ingenieur Stanley werden nach Ankunft mit Riesenflugzeug in Amerika journalistisch ausgebeutet, entgehen aber dem Kampf zweier Zeitungsunternehmer durch ähnlich aussehende Kino-Schauspieler. *Siebenter Teil: Die Wohltäterin der Menschheit.* – Maud läßt auf glänzend ausgebauter Insel Ingenieur Stanley eine den Krieg unmöglich machende Fernschmelzmaschine bauen, welche dem Spion Murphy, dem Vater ihres plötzlich in einem Kinderheim auftauchenden sechzehnjährigen Sohnes Credo, ein Dorn im Auge ist, weshalb er den Ingenieur durch bestochenen Monteur mit der Maschine in die Luft fliegen läßt. *Achter Teil: Die Tragödie der Rache.* – Murphy, der unnatürliche Vater des natürlichen Sohnes, und Maud Gregaards erkennen endlich Elternschaft Credos im letzten Film, worauf Maud das Kind zu sich nimmt und dessen Vater nach Verlust seiner Stellung in den Schnee hinausstößt.« (Zit. nach HÄTTE ICH DAS KINO!) – Dieses zugegebenermaßen lange Zitat beweist zunächst, daß es in der Filmliteratur bereits vor Hahn/Jansen vereinzelt Autoren gab, die furchtbar ernst gemeinte Filminhalte auf ihren wahren banalen Charakter zurückstutzten, beweist aber

auch, daß Joe Mays Opus *Die Herrin der Welt* wirklich alles an Trivial-Kultur vereinte, was sich überhaupt denken läßt: neben (in Maßen) Sex und Crime Abenteuer, exotische Plätze (= Fantasy) und technische Spielereien (= SF), Intrigen und Herzeleid. Was Wunder, wenn dieses reine Unterhaltungsepos in neueren Publikationen gar zur Kunst erklärt wird:»Die Summe seiner Erfahrungen als Regisseur bewegter Detektivstories, zügiger Sensationsspektakel und naiver Romanzen faßte (Regisseur Joe) May in *Die Herrin der Welt*... zusammen... Die Farbenpracht der Bilder, die dramaturgisch vollendet aufgebaute Handlung, das intensive Spiel der Mitwirkenden und das humanistische Pathos setzten den Streifen von der Masse ähnlicher Produkte ab und machten ihn zum künstlerisch bemerkenswertesten Genrebeispiel dieser Periode.« (RECLAMS DEUTSCHES FILMLEXIKON) – Ob Kunst oder Kitsch, ein Riesenerfolg wurde der Film jedenfalls.»Ein halbes Jahr lang kann man in keine Stadt kommen, ohne auf die riesenhaften Plakate zu stoßen, die Mia May in schrecklichen Gefahren darstellen.« (Curt Riess, DAS GAB'S NUR EINMAL) – Wie läßt sich ein solcher Erfolg, ein solcher Film überhaupt erklären? Siegfried Kracauer gibt eine bemerkenswerte Deutung:»...diese Filme glichen, in ihrer Lust an exotischen Schauplätzen, dem Tagtraum eines Gefangenen. Gefängnis war, in diesem Fall, das verstümmelte und abgeschnittene Vaterland – so jedenfalls empfanden es die meisten Deutschen. Was sie ihre Weltmission zu nennen pflegten, war vereitelt worden, und alle Fluchtwege schienen nun versperrt. Diese raumverschlingenden Filme lassen die Verbitterung erkennen, die der Durchschnittsdeutsche gegen seine unfreiwillige Einsperrung empfand. Sie wirkten als Ersatz. Naiv befriedigen sie ein unterdrücktes Expansionsverlangen mit Hilfe von Bildern, die es seiner Einbildung erlaubten, die ganze Welt einschließlich Ophir erneut zu annektieren... Die Inflation hielt die Filmproduzenten jener Zeit davor zurück, kostspielige Expeditionen ans Ende der Welt zu entsenden. So mußte dann eine chinesische Pagode auf deutschem Hügel errichtet werden und märkischer Sandboden als echte Wüste dienen. Dieses ständige Vorspiegeln trug insofern zum Fortschritt bei, als es den deutschen Studio-Stab dazu zwang, viele technische Neuerungen zu entwickeln.« (VON CALIGARI ZU HITLER) – Dieser Filmzyklus ist die erste Zusammenarbeit der Filmarchitekten Hunte, Vollbrecht und Kettelhut, deren gemeinsame Arbeit ihren Höhepunkt in den fantastischen Bauten zu *Metropolis* erreichte. Ihr Name ist untrennbar verbunden mit den geradezu gigantischen Anstrengungen der deutschen Filmindustrie, die Schmach des verlorenen Krieges auf anderem Gebiet wettzumachen und den Weltmarkt zu erobern. *Die Herrin der Welt* setzte die Erfolgsmaßstäbe, *Metropolis* bedeutete finanziell das unrühmliche Aus.

Herrin der Welt
(1. Teil). (LES MYSTERES D'ANGKOR/ IL MISTERIO DEI TRE CONTINENTI). BRD/Frankreich/Italien 1959. *R* William Dieterle. *B* Jo Eisinger/H. G. Peterson. *K* Richard Angst. *M* Roman Vlad. *D* Martha Hyer (Karin Johanson), Carlos Thompson (Peter Lundström), Micheline Presle (Madame Latour), Wolfgang Preiss (Dr. Brandes), Sabu (Dr. Lin-Chor), Lino Ventura (Biamonte), Hans Nielsen (Col. Dagget), Charles Regnier (Norvald), Carl Lange (Berakov), Leon Askin (Fernando), Rolf von Nauckhoff (Dalkin), Jean Claude Michel (Ballard), Carlo Justini (Jean), Georges Rivière (Logan), Jochen Blume (Bertrand), Inkijinoff (Abt), Gino Cervi (Prof. Johanson). *F* 95 Min.
Der schwedische Physiker Johanson hat eine Entdeckung gemacht, die – bei richtiger Anwendung – die Menschheit von allen Energieproblemen befreien würde. Da sich seine Erfindung jedoch ebensogut

als tödliche Vernichtungswaffe einsetzen läßt, sind plötzlich alle möglichen Geheimdienste hinter ihm her. Obwohl die Regierung ihn an einem sicheren Ort in Frankreich versteckt, werden Johanson und sein asiatischer Assistent Dr. Lin-Chor von der Organisation einer gewissen Madame Latour entführt. Peter Lundström vom schwedischen Sicherheitsamt wird auf den Fall angesetzt und findet mit Unterstützung von Johansons Tochter Karin heraus, daß die Latour an der Spitze einer Machtgruppe steht, die darauf abzielt, die Weltherrschaft zu übernehmen. Die Suche nach den beiden Vermißten führt Lundström und Karin um die ganze Welt – bis nach Kambodscha, wo Johanson angeblich in einem Kloster festgehalten wird. Als der Wissenschaftler anfängt, ernsthaft um sein Leben zu fürchten, übergibt er seinem Assistenten Lin-Chor die kostbare Geheimformel. Lin-Chor gelingt die Flucht: Nach einer aufregenden Verfolgungsjagd rettet er sich in einen Tempel.
Ⓥ Toppic *(Die Formel des Todes)*

Herrin der Welt
(2. Teil). BRD/Frankreich/Italien 1959. *R* William Dieterle. *B* Jo Eisinger/H. G. Peterson. *K* Richard Angst. *M* Roman Vlad. *D* Marthy Hyer (Karin Johanson), Carlos Thompson (Peter Lundström), Micheline Presle (Madame Latour), Wolfgang Preiss (Dr. Brandes), Sabu (Dr. Lin-Chor), Carl Lange (Berakov), Leon Askin (Fernando), Inkijinoff (Abt), Gino Cervi (Prof. Johanson). *F* 86 Min.
Nachdem der schwedische Physiker Johanson bei einem Experiment eine Energiemenge freigesetzt hat, die der Welt a) alle Energieprobleme vom Hals schaffen, b) auch als tödliche Waffe Verwendung finden könnte, ist er von der nach der Weltherrschaft strebenden Organisation der mysteriösen Madame Latour in ein kambodschanisches Kloster verschleppt worden, wo er unter dem Druck, den man

auf ihn ausübt, bald das Zeitliche segnet. Madame Latour hat inzwischen auch Johansons Tochter Karin kidnappen lassen, aber der schwedische Geheimagent Lundström kann sie retten. Dr. Brandes, der zweite Mann der mächtigen Organisation, beseitigt seine Chefin und nimmt deren Platz ein. Johansons Assistent, Dr. Lin-Chor, ist nun derjenige, auf den sich Brandes' Bemühungen konzentrieren, denn dieser kennt die Formel, mit der man sich die Welt untertan machen kann. Brandes und Lin-Chor töten sich schließlich gegenseitig. Karin Johanson übergibt die Formel dem Abt eines buddhistischen Klosters, da die Menschen noch nicht reif sind, sich der Entdeckung ihres Vaters zu bedienen. – Von William Dieterle, der immerhin *Der Glöckner von Notre-Dame* (1939; mit Charles Laughton) gemacht hat, hätte man sicher etwas anderes erwartet als diesen Schmarren: »Warum man ... aus diesem dürftigen Stoff einen zweiteiligen Prachtschinken machte, bleibt unerfindlich.« (FILMDIENST) – Weder der Regisseur noch die Drehbuchautoren schienen sich darüber im klaren zu sein, ob sie einen Abenteuer-, Kriminal- oder Science Fiction-Film drehen wollten.

Die Herrin von Atlantis

(L'ATLANTIDE). Frankreich 1920/21. *R* Jacques Feyder. *B* Jacques Feyder. *LV* Pierre Benoit. *K* Georges Specht, Victor Morin. *D* Stacia Napierkowska (Könign Antinéa von Atlantis), Jean Angelo (Hauptmann Morhange), Marie-Louise Iribe (Die Thronfolgerin), Georges Melchior (Leutnant de Saint-Avit), Abel-Kader Ben-Ali (Der Araber), André Roanne. *F* 103 Min. (Stummfilm).

Der Name *Atlantis* taucht in der Filmgeschichte zum erstenmal 1913 in einer dänisch-deutschen Co-Produktion auf. Doch handelt es sich dabei um die Verfilmung des Romans *Atlantis* von Gerhart Hauptmann, zu dem der Dichter selbst das Drehbuch schrieb. Roman und Film haben aber nur im entferntesten, übertragensten Sinn – etwa als zerstörende und heilende Kraft des Eros – mit der ›Fabel‹ über die fremde, versunkene Welt von Atlantis zu tun, über die bereits Plato berichtet. Als Vorlage für Feyders Film diente der 1919 erschienene gleichnamige Roman von Pierre Benoit.

Zur Einführung vorweg einige Anmerkungen darüber, wie sich der Autor Benoit sein Atlantis vorstellte: Das alte Atlantis, ein Inselkontinent im Atlantik, wurde durch Naturkatastrophen zerstört und ging unter. Zwei große Teile der Insel wurden wundersamerweise erhalten – der eine einige hundert Meilen südwestlich der Kanarischen Inseln unter dem Meer, der andere wurde durch seismische Bewegungen in die Sahara geschoben. Um diesen Teil geht es in den Filmen um die *Herrin von Atlantis.* Dieses Oasenkönigreich (meist unterirdisch gelegen) wird von der sagenhaften Königin Antinéa regiert, deren Gebräuche wenig dazu beitragen würden, den Tourismus zu fördern. Männliche Besucher werden zwar mit der Königin verlobt, dann aber getötet und sorgfältig nach einem fortschrittlichen Verfahren mumifiziert. Dabei wird der Körper des Opfers verschiedenen chemischen Verfahren ausgesetzt, so daß er sich in eine Statue aus festem Metall verwandelt. Mit diesen Kunstwerken werden die königlichen Säle geschmückt.

In Feyders Film wird der Leutnant de Saint-Avit bewußtlos in der Wüste aufgefunden. Nach seiner Genesung erzählt er seinen Kameraden seine Erlebnisse: ein geheimnisvoller Araber habe Hauptmann Morhange und ihn zu einer verborgenen Oase geführt. Dieser letzte Rest des versunkenen Atlantis werde von der Königin Antinéa beherrscht, der alle Männer verfallen seien. Verstoße sie einen ihrer Liebhaber, so werde dieser wahnsinnig bzw. nähme sich das Leben. Hauptmann Morhange habe ihr jedoch widerstanden. Aus Wut darüber habe die Königin ihn, Leutnant de Saint-Avit, gezwungen, den Hauptmann zu töten. Nach der Tat sei er geflohen. Hier endet die Erzählung des Leutnants. Doch da wird ihm ein Araber gemeldet. Dieser fordert den Leutnant und seinen Gesprächspartner auf, ihn nach Atlantis zu begleiten. Beide folgen ihm. – »Ein aufwendiger Film, der zwar ein großer Publikumserfolg, aber auch eine künstlerische Enttäuschung wurde. Die Kritik rühmte lediglich die Geschicklichkeit, mit der Feyder die Wüste und den Sand zum Mitspieler gemacht hatte« (RECLAMS FILMFÜHRER), und das zu Recht, denn um den Film möglichst realistisch zu inszenieren, drehte Feyder an ›Originalschauplätzen‹ in der Sahara. Ⓑ Pierre Benoit: *Atlantis*, Berlin 1920

Die Herrin von Atlantis
(L'ATLANTIDE/LOST ATLANTIS).
Deutschland/Frankreich/USA 1932.
R G. W. Pabst. *B* Ladislaus Vajda/
Hermann Oberländer. *LV* Pierre Benoit.
K Eugen Schüfftan/Joseph Barth/Ernst
Körner. *M* Wolfgang Zeller. *D* (dt.
Version): Brigitte Helm (Antinea),
Florelle Tela-Tchai (Tanit Zerga),
Odette Florelle (Clementine), Heinz
Klingenberg (Capt. St. Avid), Gustav
Diessl (Capt. Mochange), Georges
Tourreil (Lt. Ferrières), Matthias
Wiemann (Der Norweger), Wladimir
Sokoloff (Graf Bielowsky/Jitonir).
D (frz. Version): Pierre Blanchard
(Capt. St. Avid), Jean Angelo (Capt.
Morchange). *D* (amerik. Version): John
Stuart (Capt. St. Avid), Gibb
McLaughlin (Capt. Morchange).
F 94 Min.
Leichte inhaltliche Abweichungen zum Stummfilm aus dem Jahre 1920/21: Die Offiziere St. Avid und Mochange verfallen der Königin. St. Avid tötet auf ihren Befehl hin seinen Nebenbuhler. Mit Hilfe einer Dienerin kann er entkommen. Von Sehnsucht geplagt, will er zurückkehren. Auf der Suche nach Atlantis findet er den Tod. – Pabst ist nicht auf eine einfache Adaption des Stoffes aus. In einer Nebenhandlung erklärt er die anrüchige Herkunft der Königin und begründet so die Verkommenheit von Atlantis (vom Thema ähnlich wie schon 1925 in seinem berühmtesten Film *Die freudlose Gasse*). Seine Panik-Utopie ist die Welt als Bordell, und er versteht es außergewöhnlich gut, sein Atlantis in Bilder (weniger in Handlung) umzusetzen. »Pabst hat den Geschmack und die Routine des Auges, er weiß in einem Schatten auf der Erde eine ganze Szene einzufangen, er erhascht das Wüstenlicht und ordnet durch geschickte Kameraeinstellungen unübersichtliche Figurengruppen zu guten Bildern. Andererseits hat er niemals den Mut, zur Schere zu greifen... und es passiert ihm... der handgreifliche dramaturgische Fehler, die Handlung noch um Hunderte von Metern auszuspinnen, wenn sie längst zu Ende ist. Dursttod und Sandsturm lassen den Zuschauer selbst in der Sahara kalt, wenn sich der Regisseur nicht auf das versteht, was in der Wochenschau der Sprecher der deutschen Olympiaruderer einen *rasanten Endspurt* nannte.« (Rudolf Arnheim, DIE WELTBÜHNE, Nr. 37/1932)

Die Herrin von Atlantis
(SIREN OF ATLANTIS). USA 1949.
R Gregg Tallas. *B* Roland Leigh/Robert
Lax. *LV* Pierre Benoit. *K* Karl Struss.
SpE Rocky Cline. *M* Michel Michelet.
D Maria Montez (Antinea), Jean Pierre
Aumont (André St. Avit), Dennis
O'Keefe (Jean Morhange), Henry
Daniell (Blades), Morris Carnovsky (Le
Mesge), Alexis Minotis (Cortot),
Milada Mladova (Tanit Zerga), Allan
Nixon (Lindstrom), Russ Conklin
(Eggali), Herman Boden (Cegheir),
Margaret Martin (Zofe), Pierre Watkin
(Oberst), Charles Wagenheim (Arzt),
Jim Nolan (Major), Joseph Granby
(Spezialist). *F* 75 Min.
Die beiden Fremdenlegionäre André und Jean stoßen zufällig in der Wüste auf das legendäre Reich Atlantis, dessen hübsche, aber grausame Herrscherin Antinea ein grausames Spiel mit ihnen treibt, bis der eine den anderen umbringt und ent-

flieht. Als er nach Atlantis zurückkehren will, kommt er in einem Sandsturm um. – Derselbe Inhalt wie die Vorbilder, doch im Gegensatz zu ihnen ein katastrophales Einspielergebnis, was allerdings nicht überrascht: »Der schlechteste Film mit den schlechtesten schauspielerischen Leistungen in diesem Jahr.« (NEW YORK HERALD TRIBUNE)

Die Herrin von Atlantis
(ANTINEA/L'AMANTE DELLA CITTA SEPOLTA). Frankreich/Italien 1960. *R* Frank Borzage. *B* Edgar G. Ulmer. *LV* Pierre Benoit. *K* Bruno Betti. *M* Carlo Rustichelli. *D* Haya Harareet (Antinea), Rad Fulton (Robert), Jean-Louis Trintignant (Pierre), Georges Rivière (John), Amadeo Nazzari (Scheich), Giuliana Rubini (Zinah), Gianmaria Volonté (Tarath), Gabriele Tinti (Max), Ignazio Dolce (Aufseher). *F* 108 Min.
Die Geologen Robert und Pierre retten einem arabischen Scheich während eines Unwetters in der Sahara das Leben. Da ihr Helikopter eine Bruchlandung gebaut hat, vertrauen sie sich dem Geretteten an. Als dieser sie durch ein uranreiches Gebiet führt, entwickeln Robert und Pierre sofort Pläne zu dessen Abbau. Daraufhin trennt sich der Araber von ihnen. Später werden sie überfallen und vor den Thron eines Scheichs geschleppt – er entpuppt sich als ihr geheimnisvoller Führer. Der Scheich eröffnet ihnen, daß sie seine Gefangenen sind und sich in dem legendären Land Atlantis befinden, das angeblich im Meer versunken ist. Ein Teil dieses Reiches existiert immer noch, und zwar unterirdisch. In einem fantastisch anmutenden Höhlensystem lernen die beiden Antinea kennen, die über die Atlanter herrscht. Als Robert und Antinea Gefallen aneinander finden, ziehen die beiden Geologen sich den Haß Taraths zu, dem Antinea versprochen ist. Nach einem mißglückten Fluchtversuch entzweien sich Antinea und Robert. Robert muß unter der Aufsicht des heimtückischen Tarath in einem

unterirdischen Uranbergwerk schuften. Dort lernt er Max kennen, der früher auf einem in der Nähe liegenden Atomversuchsgelände gearbeitet hat. Max weiß, daß bald in dieser Gegend ein erneuter Atomversuch stattfinden wird. Ein von Robert und ihm angezettelter Sklavenaufstand mißlingt, und Antinea läßt Robert von dem hypnotisierten Pierre töten. Während die Herrscherin ahnt, daß ihr Reich bald endgültig untergehen wird, bereiten Pierre und das Atlantermädchen Zinah ihre Flucht vor. Sie können entkommen, aber als sie die Gefahrenzone hinter sich gelassen haben, findet die von Max angekündigte Atomexplosion statt. Atlantis geht unter. Pierre und Zinah kommen als einzige davon. – Daß es Filme gibt, die so schlecht sind, daß ihre Albernheit schon wieder ein guter Grund ist, sich an ihnen zu delektieren, hat in den USA mittlerweile zu Festivals geführt, auf denen zur Gaudi der Zuschauer nur die *schlechtesten* Streifen der Welt zur Aufführung gelangen. Daß es Filmkritiker gibt, die nicht nur ein dreizölliges Brett vor dem Kopf haben, sondern auch unfähig sind, die naive Begeisterung für einen abenteuerlichen Schundfilm nachzuempfinden, und ständig vorgeben, nach der Kunst zu schielen, obwohl sie nur die Artikulationsfähigkeit von Fünfjährigen haben, dokumentiert die fantasielose, mit Irrwitz gepaarte Dreistigkeit, mit der noch 1960 Filme kritisierende Vertreter des Klerus beinahe allen utopisch-fantastischen Streifen begegneten. Da wurde alles über das Bekannte Hinausgehende mit Schaum vor dem Maul als hanebüchen abgetan und jede über den eigenen Horizont hinausreichende Form der Unterhaltung als spinnerter Unfug für geistig Zurückgebliebene abgetan: »Einen Sinn«, so tönte weiland der FILMBEOBACHTER über *Die Herrin von Atlantis,* »ein Ziel hat dieser Film voller utopischer Spinnereien und exzentrischer Fantasie, Höhlenromantik und Wüstensentimentalität nicht.« Und: »Verwegene Männer, Schablonen längst vergangener Räuberromantik, und die

Haya Harareet in *Die Herrin von Atlantis*

Sexbombe von Atlantis beherrschen das in seiner Banalität und Naivität nicht mehr zu überbietende Geschehen... Utopischer Kitsch voller sentimentaler Liebesduseleien, der alles Dagewesene in den Schatten zu stellen versucht.« – Der FILMDIENST schloß sich in einem Verriß an, dessen Heftigkeit Hand in Hand ging mit der totalen Überforderung seines Verfassers: »Das alles gibt sich tot(!)-ernst und geriet gerade dadurch zu einem der einfältigsten unfreiwilligen Lustspiele, die allzu fantasiereiche Kino-Autoren je ersonnen haben. Trotz aller Roheit in der äußeren Gestaltung und der verzweifelten Bemühung (sic!) um tiefenpsychologische Argumente (Ächz!) wirkt dieser penetrante Kitsch einfach lachhaft. Offenbar inspiriert von den Amerika-Importen einer Jules-Verne-verpflichteten Cartoon-Machart (?), reiten Italiens Filmleute diese Sorte abenteuerlicher Unterhaltung für

geistig labile Zeitgenossen (!) mit europäischer Gründlichkeit (!) vollends zu Tode.« – Da kann man nicht nur sagen, hier wird mit Kanonen auf Spatzen geschossen, man hat auch den Eindruck, als gelte es, althergebrachte Traditionen (möglicherweise die aus der Zeit von 1933–1945) vor irgendeiner ›Überfremdung‹ zu retten. *Die Herrin von Atlantis* war sicher weit davon entfernt, ein Meisterwerk der Filmkunst zu sein (was schon die Tatsache beweist, daß der Film allein in den USA unter einem halben Dutzend verschiedener Titel lief), aber wer mit den falschen Argumenten auf ein Trivialfilmchen eindrischt und in Wirklichkeit die Fantasie meint (und mag sie auch noch so gering sein), der zeigt, wes Geistes Kind er ist. Diverse Enzyklopädien schreiben den Film Edgar G. Ulmer/ Giuseppe Masini zu.

Ⓑ Pierre Benoit: *Atlantis*, Zürich 1920

Herrscher der Straßen
Anderer Titel für **Frankensteins Todesrennen**

Herrscher der Zeit
(LES MAITRES DU TEMPS). Frankreich/
GB/Schweiz/BRD/Ungarn 1982.
R René Laloux. *B* Moebius (= Jean
Giraud), *K* Andras Klausz/Mihaly
Kovacs/Zoltan Bacso/Arpad Vossowczy.
Anim. Tibor Hernadi/Katalin Banki/
Oszkar Hernadi/Ivan Jenkowszky/Istvan
Kovacs/Zoltan Maros/Gabor Pichier.
SpE Sandor Reisenbüchler/Geza Pal
Varga. *M* Pierre Tardy/Christian
Zanesei/Jan Pierre Bourtayre. *Spr*
Timmo Kiegner (Piel), Manfred
Lehmann (Claude), Fank Glaubrecht
(Jaffar), Lothar Blumhagen (Matton),
Ursula Heyer (Belle), Friedrich W.
Bauschulte (Silbad), Jürgen Thormann
(Yula), Renate Danz (Jad), Heinz Theo
Branding (Ulz), Manfred Grothe
(Vicking), Klaus Miedel (General),
Reinhard Kolldehoff (Pirat), Christian
Rohde (Ratsvorsitzender), Arnold
Marquis (Igor), Horst Schön (Lory).
F 78 Min.
Der achtjährige Piel findet sich nach einer
Havarie allein auf dem Planeten Perdide
wieder, dessen Bewohner, übergroße
Hornissen, äußerst gefährlich sind. Sein
Vater Claude kann zwar noch einen SOS-
Ruf absetzen, doch dann stirbt er. Wäh-
rend Piel sich alle Mühe gibt, auf Perdide
zu überleben, bricht der Raumfahrer Jaf-
far auf, um ihn zu retten. Dabei versichert
er sich der Hilfe des alten Haudegens Sil-
bad, der Perdide kennt und schon einmal
einem Hornissenangriff ausgesetzt war:
Seither trägt er eine künstliche Schädel-
platte. Ihr Rettungsflug wird zu einer
Odyssee mit zahlreichen Gefahren, doch
schließlich erfährt Jaffar an Bord einer
Hospital-Raumstation, auf der Silbad an
Altersschwäche stirbt, daß die ›Herrscher
der Zeit‹, ein beinahe allmächtiges Volk,
Perdide aufgrund eines Kolonisationspro-
jekts um sechzig Jahre in die Vergangenheit zurückversetzt haben. Der SOS-Ruf,

den Jaffar empfangen hat, ist vor sechzig
Jahren ausgestrahlt worden: Piel und Silbad sind miteinander identisch; die Rettung des Jungen (der bei einem Hornissenangriff am Kopf verletzt wurde, sein
Gedächtnis verlor und eine neue Identität
annahm) ist längst erfolgt. Silbad ist –
ohne es zu wissen – zu seiner eigenen Rettung angereist. – Daß Zeichentrickfilme
nur für Kinder gemacht werden, ist ein
Mythos, den Rene 1 Laloux mit seiner
Produktion flugs widerlegt hat. Die Protagonisten seiner Story sind (abgesehen von
Piel, der nur einen Teil der Handlung
trägt) Erwachsene, und die Pointe mit
dem ›Zeittrick‹ dürfte auch nur Erwachsenen verständlich sein. *Herrscher der Zeit*
ist ein schönes Beispiel dafür, daß Science Fiction nicht unbedingt aus Ballereien
im Weltraum bestehen muß. Ein rundum
gelungener Streifen, den man wärmstens
empfehlen kann.

Herrscher einer versunkenen Welt
(L'ISOLA MISTERIOSA E IL CAPITANO
NEMO/L'ILE MYSTERIEUSE/LA ISLA
MISTERIOSA).
Italien/Frankreich/Spanien 1973.
R Juan Antonio Bardem. *B* Henri Colpi/
Jacques Champreux/Juan Antonio
Bardem/Monica Felt. *LV* Jules Verne.
K Enzo Serafin. *M* Gianni Ferrio.
D Omar Sharif (Capt. Nemo), Philippe
Nicaud (Gideon Spilett), Gerard Tichy
(Smith), Ambroise Bia (Neb), Jess
Hahn (Pencroft), Rafael Bardem
(Herbert Brown), Gabriel Tinti (Tom
Ayrton), Vidal Molina (Bob Harvey),
Rik Battaglia (Finch). *F* 98 Min.
März 1865: Über die USA bricht ein Un-
wetter ungeahnten Ausmaßes herein.
Fünf Männer – der Ingenieur Smith, der
Journalist Spilett, der Farbige Neb, der
Seemann Pencroft und der Oberschüler
Brown – fliehen mit Hilfe eines Fesselbal-
lons aus Richmond, wo man sie als
Kriegsgefangene festgehalten hat. In den
Vereinigten Staaten tobt der Sezessions-
krieg. Die Männer werden auf eine einsa-
me Insel zugetrieben und richten sich dort

häuslich ein. Hin und wieder, wenn ihnen Gefahren drohen, werden sie von einem Unbekannten unterstützt, der die Vulkaninsel zum Versuchslabor für seine Forschungen ausgebaut hat. Er rettet Smith aus den Wassern des Pazifik, bringt die Gestrandeten mit dem auf einer Nachbarinsel ausgesetzten Tom Ayrton in Kontakt und kämpft mit ihnen, ohne sich zu zeigen, gegen eine Piratenbande, die auf der Insel an Land gehen will. Schließlich gibt er sich ihnen zu erkennen: Es ist Captain Nemo, der Besitzer eines fantastisch anmutenden U-Bootes, das in einem unterirdischen See vor Anker liegt. Als der Vulkan ausbricht und die Insel untergeht, werden die Gestrandeten von einem Schiff aufgenommen. Nemo aber geht mit seinem Schiff unter. – Diese Version des Jules-Verne-Stoffes hat einige Längen, ist aber ansehbar. »Für nicht zu anspruchsvolle Abenteuerhungrige... ein annehmbarer Zeitvertreib.« (FILMDIENST)
Ⓥ Neue Atlas
Ⓑ Jules Verne: *Die geheimnisvolle Insel*, Frankfurt/Main 1967

Herrscherin der Wüste
(SHE). GB 1964.
R Robert Day. *B* David Chantler. *LV* H. Rider Haggard. *K* Harry Waxman. *SpE* George Blackwell/Roy Ashton. *M* James Bernard. *D* Ursula Andress (Ayesha), John Richardson (Leo Vincey), Peter Cushing (Major Holly), Bernard Cribbins (Job), Rosenda Monteros (Ustane), Christopher Lee (Billali), Andre Morell (Hausmeid). *F* 105 Min.
Nach Kriegsende vertreiben sich die englischen Offiziere Vincey und Holly die Zeit in den Jerusalemer Bars. Von der schönen Araberin Ustane ins Freie gelockt, wird Vincey niedergeschlagen und erwacht in den Armen der noch schöneren Ayesha, die ihm einen Ring schenkt und ihn bittet, zu ihr in die versunkene Stadt Kuma zu kommen. Der archäologisch beschlagene Holly träumt, als er den Ring sieht, sofort von unermeßlichen Schätzen,

denn Kuma ist ein mythischer Ort, nach dem man schon immer gesucht hat. Zusammen mit einem Diener brechen sie auf, Ayesha zu suchen. Unterwegs kommt es zu Auseinandersetzungen mit dem Stamm der schönen Ustane, aber Ayeshas Leute befreien die Abenteurer und bringen sie in ihre versunkene Stadt. Ayesha entpuppt sich als grausam und rücksichtslos. Und offenbar ist sie auch unsterblich, denn sie glaubt, in Vincey ihren vor 2000 Jahren ermordeten Liebhaber Kallikrates wiederzuerkennen. Vincey gerät in ihren Bann. Als er bei einer Feuerprobe Unsterblichkeit gewinnen soll, kommt er um. Seine Gefährten entgehen nur knapp dem Tod und entfliehen. – Routiniert abgedrehter Hollywoodschinken der Qualitätsgruppe B/C um die Themenkreise ›Unsterblichkeit‹ und ›Versunkene Kulturen‹, der weniger durch schauspielerische Leistungen als den Kurvenreichtum der Andress und einer Oben-ohne-Tanzszene besticht.
Ⓑ H. Rider Haggard: *Sie*, Zürich 1970

Der Herr vom anderen Stern
BRD 1948.
R Heinz Hilpert. *B* Werner Illing/ Max C. Feiler. *K* Georg Bruckbauer. *M* Werner Egk. *D* Heinz Rühmann (Herr vom anderen Stern), Anneliese Römer (Flora), Hilde Hildebrandt (Jeanette), Hans Cossy (Emil), Peter Pasetti (Minister), Otto Wernicke (General), Erhard Siedel (Oberst), Bruno Hübner (Siebzehn), Rudolf Vogel. 97 Min.
Der ›Herr vom anderen Stern‹ reist mit Geisteskraft durch den Weltraum zu einem Kongreß. Als seine Antriebsenergie versagt, fällt er unter die Erdenmenschen. Da er ein helles Köpfchen hat, stufen ihn die Politiker gleich als gefährlich ein. Ganoven versuchen hingegen, von der Geisteskraft des Herrn zu ihrem eigenen Nutzen zu profitieren. Da der Herr sich nicht mehr recht konzentrieren kann, kann er auch die Erde nicht mehr verlassen. Er verliebt sich in das Mädchen Flora und

will wie ein normaler Mensch seinem Tagwerk nachgehen. Dies verhindert aber die staatliche Bürokratie, da er keine Papiere hat. Er geht in die Politik und blamiert mit seiner Aufrichtigkeit die Partei. Der Herr landet beim Militär – und auf Betreiben Floras schließlich im Gefängnis: Hier hat er erstmals genügend Ruhe, um sich zu konzentrieren. Er verschwindet wieder im Weltall. – Heinz Rühmanns erster selbstproduzierter Film wurde ein Reinfall: Die Möglichkeit einer satirischen Gegenwartskritik wurde durch unverbindliche Kabarettnummern vertan. Unbestätigten Gerüchten zufolge floppte der Film schon bei der Premiere so gewaltig, daß die Produzenten und Akteure sich weigerten, vor das Publikum zu treten. Der Berliner Kritiker Friedrich Luft, der den Streifen zwar von der Idee her nicht übel fand, meinte allerdings, der Regisseur habe nicht mehr zustande gebracht als einen »redlich langweiligen Heinz-Rühmann-Film, in dem man den Star kaum wiedererkannte, so bedachtsam, so... unlustig war er angesetzt«.

Herzliche Grüße vom Erdball!
(SRDĚCNY POZDRAV ZE ZEMĚKOULE).
ČSSR 1982.
R Oldřich Lipský *B* Oldřich Lipský/
Vladimir Jiránek/Alexander Lukeš.
K Jiři Macák. *M* Petr Skoumal.
D Milan Lasica (A), Julius Satinsky;
(B), Jiři Menzel (Dr. Jánský), Nada Konvalinková (Jirinka), Karel Augusta (Direktor), Jana Břežkova. *F* 91 Min.
Zwei dunkelgekleidete Herren vom anderen Stern, die in einem Müllcontainer auf einer Prager Müllkippe landen, wollen das Leben der Erdlinge erkunden und quartieren sich bei Dr. Jánský ein, der für das Institut für außerirdische Beziehungen arbeitet. Kaum da, fangen sie auch schon an, in ihrer kindlichen Neugier sein Leben und seine Neubauwohnung auf den Kopf zu stellen. Nichts bleibt heil: Gläser werden mit dem Hammer zerschlagen (um ihre Struktur zu testen), der Gasherd wird mit einem Radio verwechselt (bis er ex-

plodiert), und der fahrbare Untersatz des guten Doktors steht schließlich mit querstehenden Rädern da. Von einigen haarsträubenden Zwischenfällen in der Imbißstube ganz zu schweigen. – Oldřich Lipský, der mit der Westernparodie *Limonaden-Joe* (ČSSR 1964) weltweit bekannt wurde (ein anderer Science Fiction-Film, den er inszenierte, war *Der Mann aus dem 1. Jahrhundert*), gefällt sich in *Herzliche Grüße vom Erdball!* in einem klamottenhaften Humor und präsentiert darin eine sich im Kreise drehende Geschichte, die mehr veräppelnd als geistvoll daherkommt. Dennoch: Wer's mag...

Herzquietschen
(HEARTBEEPS).
USA 1981.
R Allan Arkush. *B* John Hill. *K* Charles Rohser. *M* John Williams. *D* Andy Kaufman (Val), Bernadette Peters (Aqua), Randy Quaid (Charlie), Kenneth McMillan (Max), Melanie Mayron (Susan), Christopher Guest (Calvin), Dick Miller. *F* 79 Min.
Kantige, mit Metallack überzogene menschenähnliche Roboter sind als Putzhilfen, Hostessen oder Animateure tätig. In einer Werkstatt lernen sich die Roboter Vol und Aqua kennen und entdecken beim Betrachten des Sonnenunterganges, daß sie etwas für das Naturereignis und einander empfinden. Obwohl Gesetze dies verbieten, wollen sie ein gemeinsames Leben beginnen und fliehen. Die Polizei und ein irrer Polizei-Roboter nehmen die Jagd auf. Vol und Aqua werden gefaßt und gelten offiziell als verschrottet, leben aber äußerlich verändert bei einem liebenswerten Ehepaar. – »Amüsante, liebevoll erzählte Komödie über die Schwächen von Menschen und Maschinen; ohne sonderlichen Tiefgang, aber mit pfiffigen Anmerkungen zu menschlichen Verhaltensweisen.« (LEXIKON DES INTERNATIONALEN FILMS). – »In diesem Häufchen Elend werden Sekunden zu Stunden.« (VARIETY). – Nur auf Video.
Ⓥ CIC

Die Hexenküche des Dr. Rambow
(FRANKENSTEIN 1970). USA 1958.
R Howard W. Koch. *B* Richard Landau/
George W. Yates. *K* Carl E. Guthrie.
M Paul A. Dunlap. *D* Boris Karloff
(Dr. Rambow), Jana Lund (Carolyn),
Charlotte Austin (Judy), Donald Barry
(Douglas Row), John Dennis (Morgan),
Tom Duggan (Mike), Rudolf Anders
(Gottfried), Irwin Berke (Inspektor),
Norbert Schiller (Sutter). 80 Min.
In einem österreichischen Schloß, in dem
angeblich 200 Jahre zuvor Dr. Franken-
stein sein Unwesen trieb, bereiten ameri-
kanische TV-Leute einen Gruselfilm vor.
Dr. Rambow, der Schloßherr, hat seine
Einwilligung dazu nur gegeben, weil er
Geld braucht für seine geheimnisvollen
Forschungen, denn auch er will einen
künstlichen Menschen schaffen. Als die
TV-Leute der Realistik wegen in Ram-
bows Labor filmen wollen, beißen sie jedoch auf Granit, denn der maddeste aller
mad scientists will sein schauriges Geheimnis für sich behalten. Ein zu neugie-
riger Domestik namens Sutter bezahlt für
seine Neugier mit dem Leben. Mit Hilfe
eines Atomreaktors erweckt Rambow ihn
wieder zum Leben, damit er die Fernseh-
fritzen meuchelt, um so an neues ›Menschenmaterial‹ heranzukommen. Der Regisseur Row schaltet, nachdem der Kameramann Mogan und die Schauspielerin
Judy auf geheimnisvolle Weise verschwunden sind, die Polizei ein. Als der
Inspektor und seine Mannen zum ultimaten Schlag ausholen, kommen sie in letzter Sekunde – denn Rambow hat sich gerade die Schauspielerin Carolyn als Opfer
auserkoren. Das Ende dieses Dramas ist
buchstäblich noch nie dagewesen: Der
Wissenschaftler wird von seiner eigenen
Kreatur umgebracht! – »*Frankenstein
1970*... vereinigte in sich alle Mängel,
die eine oberflächliche und schicke Modernisierung eines klassischen Stoffes mit
sich bringt. Das Drehbuch bemühte sich
krampfhaft, die Story Mary Shelleys und
James Whales in das Atomzeitalter zu
übertragen, wenn so etwas überhaupt
möglich ist... Was einen schließlich mit
dem Film... versöhnt, ist die Tatsache,
daß Karloff es endlich geschafft hat, sich
vom Monster zu Frankenstein persönlich
hinaufgearbeitet zu haben.« (Robert
Moss, DER KLASSISCHE HORROR-FILM)

The Hidden – Das unsagbar Böse
(THE HIDDEN). USA 1988.
R Jack Sholder. *B* Bob Hunt. *K* Jacques
Haitkin. *M* Michael Convertino. *D* Kyle
McLachlan (Lloyd Gallagher), Michael
Nouri (Tom Beck), Claudia Christian
(Brenda Lee), Clarence Felder (Lt. John
Masterson), Clu Gulager (Lt. Flynn),
Ed O'Ross (Cliff Willis), William
Boyett (Jonathan Miller), Larry Cedar
(Brem), Katherine Cannon (Barbara
Beck), John McCann (Sen. Holt).
F (97) 90 Min.
An einem sonnigen Tag dringt der biedere
Jack DeVries in eine Bank ein, richtet ein
Blutbad an und rauscht anschließend,
Heavy Metal-Musik hörend und von der
Polizei gejagt, durch die Straßen. Er wird
von Kugeln durchsiebt und stirbt im
Krankenhaus, doch sein komatöser Bett-
nachbar Miller erwacht und läuft eben-
falls Amok. Der Polizist Beck und der
FBI-Mann Gallagher finden ihn leblos in
einer Bar. Inzwischen jagt eine Tänzerin
killend durch L.A. Man stellt sie auf einem Kaufhausdach. Als Gallagher sich
ihr mit einer seltsamen Waffe entgegen-
stellt, stürzt sie sich in die Tiefe. Beck
stellt Gallagher zur Rede und erhält die
Erklärung, daß sie es mit einem Alien zu
tun haben, der in Menschenkörper eindringt. Er will einen Senator übernehmen,
und dann die Weltherrschaft (Gähn).
Nach einem Feuergefecht vernichtet Gallagher den Alien. Beck droht seinen Wunden zu erliegen. Im Krankenhaus erscheint Gallagher an seinem Bett. Beck
erwacht, neben ihm liegt der leblose Körper seines Freundes. – »Was Spannung
und Unterhaltung betrifft, ist dies der beste Film des Genres seit *Terminator*.«
(THE HOLLYWOOD REPORTER).
Ⓥ Splendid

Hideous Sun Demon

(HIDEOUS SUN DEMON). USA 1959.
R Robert Clarke. *B* E. S. Seeley/Doane
Hoag. *St* Robert Clarke/Phil Hiner.
K John Morrill/Vilis Lapenieks/Stan
Folls. *M* John Seely. *D* Robert Clarke
(Dr. Gilbert McKenna), Patricia
Manning (Ann Russell), Nan Peterson
(Trudy Osborne), Patrick Whyte (Dr.
Frederick Buckell), Fred La Porta (Dr.
Jacob Hoffman), Bill Hampton
(Polizist), Donna Conkling (Mädchen),
Xandra Conkling (Mutter), Del
Courtney (Rundfunksprecher). 74 Min.
Der junge Arzt McKenna wird versehent-
lich einer Überdosis Radioaktivität ausgesetzt und verwandelt sich zeitweise in ein
schuppenhäutiges, abscheulich anzuse-
hendes Monstrum. Eine Untersuchung ergibt, daß er sich nie wieder dem Sonnenlicht aussetzen darf – in diesem Fall verwandelt er sich sofort in das Monstrum
zurück. Doch so sehr er sich auch bemüht:
die Umstände zwingen ihn genau zu dem,
was er nicht tun darf. Endgültig zum
›gräßlichen Sonnen-Dämon‹ geworden,
killt er sich durch die Landschaft, bis die
Polizei ihn einen gigantischen Gastank
hinaufjagt, wobei er abstürzt und sich den
Hals bricht. – Einer der schlechtesten
SF-Filme aller Zeiten, den man aber keinesfalls verpassen sollte! In Originalfassung.
Ⓥ Import

Highlander II – Die Rückkehr

(HIGHLANDER 2: THE QUICKENING).
USA 1990.
R Russell Mulcahy. *B* Peter Bellwood.
K Phil Meheux. *SpE* John Richardson/
Sam Nicholson. *M* Stewart Copeland.
D Christopher Lambert (Connor
MacLeod), Virginia Madsen (Louise
Marcus), Sean Connery (Juan Villa-
Lobos Ramirez), Michael Irsonside
(Gen. Katana), John McGinley (Blake),
Allan Rich (Alan Neyman), Phil Brock
(Cabbie), Rusty Schwimmer (Säufer),
Ed Trucco (Jimmy). *F* 100 Min.
Vorgeschichte: (Der hier nicht verzeich-
nete Fantasy-Film *Highlander* [GB 1976;
Regie: Russell Mulcahy: Über Jahrhun-
derte bekämpfen und töten sich auf der
Erde mysteriöse Unsterbliche durch Ent-
haupten, da nur dem letzten Überleben-
den dieser Duelle das Altwerden und der
Tod gewährt wird. Der Schotte Connor
MacLeod, der in der Gegenwart als
Kunst- und Antiquitätenhändler lebt, ist
aus allen Duellen als Sieger hervorgegangen. Doch *Highlander II* – Die Rückkehr
belehrt uns eines besseren.) – Die Unsterblichen stammen in Wahrheit vom
Planeten Zeiss und wurden von einem General namens Katana als Rebellen verbannt. Im Jahr 2024 liegt die Erde unter
einem rotschimmernden Schutzschirm,
den Connor MacLeod zur Erhaltung der
Menschheit konstruiert hat, als die Ozonschicht löchrig und seine Frau ein Opfer
der Strahlen wurde. Die Erde erreicht
kein Tageslicht mehr; es regnet, die Straßen sind düster, und es ist kalt geworden.
Die Ko-Kämpferin Louise meint, daß sich
die Ozonschicht längst regeneriert hat und
daß die Shield Corporation dies geheim-
hält, um das lukrative Geschäft der Son-
nenprotektion nicht einzubüßen. Connor
besiegt zwei Killer General Katans im
Duell, gewinnt durch ihre freiwerdenden
Kräfte die alte Stärke zurück und ruft seinen Freund Ramirez zu sich. Nach dem
mißlungenen Anschlag reist Katana selbst
zur Erde, um sich Connors Kopf zu holen.
In New York läßt er die Sau raus und
nimmt Kontakt zu Blake, dem Chef der
Shield Corporation, auf, um Connor, Ramirez und Louise, die den Schild sprengen wollen, in der Industrieanlage zu stellen. Ramirez rettet Connor und Louise
das Leben und geht mit Rückrufmöglich-
keit in die Ewigkeit ein. Blake stirbt durch
Katanas Hände. Das entscheidende Duell
gewinnt Connor gegen Katana. Er köpft
ihn und vernichtet mit dessen Kräften den
Schild für eine bessere Welt unter freiem
Himmel. – War der 1985 entstandene
Highlander trotz seines Bombastsounds,
wilder Kamerafahrten und plakativer Vi-
deoclip-Schnittechnik von der Machart

her noch recht originell, ist die Fortsetzung, die den ersten Teil im nachhinein zum SF-Film macht, kaum mehr als ein »wirres, dummes Kampfspektakel, das die Filmgeschichte plündert und sich nicht zwischen Abenteuer und Cartoon entscheiden kann.« (HUP, TIP).

High Score
BRD 1990.
R Gustav Ehmck. *B* Ulrich Krenkler/ Annette v. Klier/Gustav Ehmck. *K* Gerard Vandenberg. *M* Matthias Thurow. *D* James Brolin (Bodetsky), Gudrun Landgrebe (Kommissarin), Jace Alexander (MJ), Anne Carlisle (Olympia), Hannes Jaenicke (Harra), Annette v. Klier (Vikki), Alexis Arquette (Freddy), Ralf Wolter, C.B. Jones, Norbert Ghatouri, Rick Maverik, Klaus Zabel. *F* 93 Min.
Drei Jugendliche namens MJ, Vikki und Freddy schlagen in einer tristen Zukunftswelt aus Neon ihre Zeit in Spielhallen tot. Eines Nachts geraten sie mit einer Motorradgang aneinander. MJ wähnt sich in einem Videospiel und tritt einen Biker von der Straße aus dem Leben. Der traditionell- und instinktbedachte Kommissar Budetsky und sein Partner Harra, ein kalter Computerfreak, heften sich an seine Fersen. – »Gustav Ehmck inszeniert die Clique im Videospiel-Rausch genau so, wie sich Opa die Jugend von heute vorstellt. Game over.« (ME, SOUNDS)
Ⓥ Starlight

Hilfe, ich bin ein Außerirdischer
(DOIN' TIME ON PLANET EARTH).
USA 1988.
R Charles Matthau. *B* Darren Star. *K* Timothy Suhrstedt. *SpE* Bill Millar. *M* Dana Kaproff. *D* Nicholas Strouse (Ryan Richmond), Hugh Gillin (Fred Richmond), Gloria Henry (Mary Richmond), Hugh O'Brian (Richard Camalier), Martha Scott (Virginia Camalier), Timothy Patrick Murphy (Jeff Richmond), Paula Irvine (Marilyn Richmond), Adam West (Charles Pinsky), Candice Azzara (Edna Pinsky). *F* 85 Min.
Der siebzehnjährige Ryan leidet darunter, daß er so anders ist als seine Freunde. Als feststellt, daß er ein Außerirdischer ist, wird er während des normalem Alltagschaos auch schon von anderen Aliens entführt. – Nur auf Video.
Ⓥ Cannon/VMP

Der Himmel brennt
(LE CIEL SUR LA TÊTE).
Frankreich/Italien 1964.
R Yves Ciampi. *B* Alain Fatou/Jean Chapot/Yves Ciampi/Jean Reynaud/ Maurice Auberge. *K* Edmond Sechan/J. P. Schwartz/Guy Tabary. *M* Jacques Loussier. *D* André Smagghe (Gayac), Marcel Bozzufi (Montfort), Henri Piegay (Majo), Bernard Fresson (Laurent), Jacques Monod (Ravesne), Yves Brainville (Bricourt), Gy Tréjean (Minister), Jean Dasté (Bazin), Roger van Mullen (Admiral), Vladimir Bellin (U-Boot-Kommandant), Violette Marceau (Monique Montfort), Béatrice Cenci (Majos Freundin), Yvonne Monlaur (Françoise). *F* 109 Min.
Der französische Flugzeugträger *Clemenceau* ist gerade in den Hafen von Brest eingelaufen. Die Mannschaft hat Urlaub, wird aber plötzlich wieder zurückbeordert: Radarstationen des Westens und Ostens haben ein unbekanntes Flugobjekt geortet, das aus dem Weltraum kommt und sich der Erde nähert. Auf See kommt es zu einer Begegnung mit einem offenbar zur Landung ansetzenden Beiboot des fremden Raumschiffes. Als auf geheimnisvolle Weise die gesamte Schiffselektronik versagt und man herausfindet, daß der fremde Flugkörper Radioaktivität verbreitet, schießt man ihn ab. Das Mutterschiff verschwindet daraufhin im Weltraum. – *Der Himmel brennt* kann ebenso wie Don Taylors *Der letzte Countdown* (1979) als Propagandafilm für die Schlagkraft nationaler Abwehrkräfte gesehen werden. Über lange Strecken hinweg sieht man Angehörige der französischen

Marine in Aktion; »ganze Kerle« (FILM-DIENST), die mit einer todbringenden Technik umgehen, als handele es sich dabei um Instrumente, auf die man nicht verzichten kann, da man ohne sie womöglich bald unter dem Joch außerirdischer (oder irdischer?) Despoten schmachtet. Die vorgeführten technischen Details des Flugzeugträgers, der dem Filmteam von der französischen Regierung zur Verfügung gestellt wurde, fanden dann auch das Interesse der kirchlichen Filmkritiker, die für jedes harmlose Unterhaltungsfilmchen dieser Zeit die Werkzeuge der Inquisition bereithielten: Daß »sogar dem Amt des Bordpfarrers... beträchtlich Raum« gegeben wurde (FILMBEOBACHTER), ließ sie ebenso jauchzen wie das Deutlichwerden der »Notwendigkeit religiöser Betreuung« (FILMBEOBACHTER) an Bord einer Kriegsmaschine.
Ⓥ Toppic

Der Himmel ruft
(NEBO SOWJOT). UdSSR 1960.
R A. Kosyr/M. Karjukow. *B* A. Sasonow/E. Pomeschtschikow/M. Karjukow. *K* N. Kultschizki. *SpE* F. Semjannikow/N. Iljuschin. *M* J. Meituss. *D* I. Perewersew (Kornew), A. Schworin (Andrej), K. Bartaschewitsch (Clark), G. Tonunz (Werst), W. Dobrowolski (Demtschenko), W. Tschernjak (Somow), S. Filimonow (Trojan), A. Popowa (Vera), T. Litwinenko (Lena). *F* 76 Min.
»Hochbetrieb auf dem künstlichen Erdsatelliten! Nacheinander landen zwei Raumschiffe: die ›Heimatland‹ aus der Sowjetunion und die ›Taifun‹ aus Amerika. Beide treffen hier die letzten Vorbereitungen für den interplanetaren Flug zum Mars. Aber Mister Clark und Mister Werst haben es eilig. Sie sollen die ersten sein – so lautet ihr Auftrag –, lehnen deshalb eine gemeinsame Expedition ab und schlagen die Warnungen vor Meteorschwärmen in den Wind. Nach kurzem Aufenthalt verliert sich ihre Rakete als glühendes Pünktchen im unendlichen Kosmos. Tage sind vergangen. Gleichmäßig zieht die ›Heimatland‹ auf ihrer Bahn durch den dunklen Weltenraum dem Ziel entgegen. Gerade will Andrej zur gewohnten Stunde auf Erdempfang umschalten, da hört Kornew, der Leiter der sowjetischen Expedition, Notsignale. Fieberhaft arbeitet Andrej an seinen Geräten. Ja, es ist die ›Taifun‹. Sie kam vom Kurs ab, geriet in einen dichten Meteorschwarm und nähert sich in rasendem Flug der Sonne. Kornew zögert keine Sekunde. Menschenleben sind in Gefahr – die Marskanäle können später erforscht werden. Knapp und beherrscht sind seine Befehle: Erde verständigen! Buglokatoren einschalten! Startstellung einnehmen! Antrieb auf volle Kraft! – Die atemberaubende Rettungsaktion beginnt. Für die ›Taifun‹ wird die Situation kritisch. Rasch nähert sie sich dem Zentrum des Meteorstromes. Dumpf erbebt ihr Rumpf unter den wild auf sie einprasselnden Meteoren. Werst verliert die Nerven. Weder Sensationen noch Dollars interessieren ihn noch. Er will leben, nur leben. Clark resigniert, doch er verflucht den Tag, da er sich aus Prestigegründen auf den voreiligen Abflug einließ. Gefaßt erwartet er das Ende. Da, er traut seinen Augen nicht, gleitet das schlanke Profil der ›Heimatland‹ heran. Unter Einsatz des eigenen Lebens gelingt Kornew und Andrej das kühne Wagnis – sie retten Clark und Werst. Aber jetzt droht eine andere Gefahr. Die Brennstoffreserven reichen weder für den Flug zum Mars noch für die Rückkehr zur Erde. Sie müssen auf dem Asteroiden Ikarus notlanden und eine Treibstoffrakete von der Erde anfordern. Wird rechtzeitig Hilfe eintreffen?« (Text des PROGRESS-Filmprogramms)

Das Himmelsschiff
(HIMMELSKIBET). Dänemark 1918.
R Holger Madsen. *B* Sophus Michaelis/Ole Olsen. *LV* Sophus Michaelis. *K* Louis Larsen/Frederik Fuglsang. *D* Nicolai Neiiendam, Gunnar Tolnaes, Zanny Petersen, Alf Bluetecher, Frederik Jacobsen, Svend Kornbeck,

Birger von Coatt-Schønberg, Harald Mortensen, Lilly Jacobsson, Nils Asther. 97 Min. (Stummfilm).
Erster abendfüllender Raumflug der Filmgeschichte! Professor Planetarius hat ein Himmelsschiff entworfen und konstruiert, die Propeller-getriebene ›Excelsior‹, mit der sein Sohn und acht weitere mutige Männer zum Planeten Mars fliegen sollen. Das Schiff startet von Kopenhagen aus. Nach angenehmem Flug landet die ›Excelsior‹ auf dem Mars und wird von der dort lebenden, äußerst friedliebenden Bevölkerung freundlich empfangen. Der Planet erweist sich als wahre Augenweide, überall blumige Wiesen, anmutige, gepflegte Wälder, ein Hort des Friedens und der Freiheit (der Krieg ist abgeschafft). Um den irdischen Fortschritt zu demonstrieren, schießt einer der Besucher einen Vogel. Ein Frevel in dieser Welt! Der höchste Astronom des Planeten, gleichzeitig Chef-Richter, verurteilt den Sünder zur Selbstprüfung im Tempel der Meditation. Geheilt kehrt der Raumflieger mit der Tochter seines Richters nach Kopenhagen zurück, um die Botschaft des Friedenssterns auf der Erde zu verbreiten. – Holger Madsens HIMMELSKIBET ist einer der ganz frühen, großangelegten Science Fiction-Filme. Ole Olsen, Produzent und Ideenlieferant, steckte für damalige Verhältnisse ein Vermögen in die Produktion. Allein die Gagen der Mitwirkenden überstiegen 100 000 Kronen. Der kommerzielle Erfolg dagegen war eher bescheiden, was jedoch nicht an der Qualität des Streifens lag: Die dänische Filmproduktion hatte zu damaliger Zeit einen außergewöhnlich guten Ruf und galt als sehr bedeutend. Grundlage des kommerziellen Erfolgs war die Verbreitung der Filme vor allem auf dem deutschen Markt. Als nach dem Ersten Weltkrieg in Deutschland die UFA das Sagen bekam, wurde es den dänischen Produzenten fast unmöglich gemacht, ihre Filme in den deutschen Lichtspieltheatern zu plazieren. So blieben zwangsläufig die erwarteten Einspielergebnisse aus, was den

Niedergang des dänischen Filmschaffens bedeutete. HIMMELSKIBET »war ohne Zweifel die letzte große dänische Regieleistung« (Georges Sadoul, GESCHICHTE DER FILMKUNST). Der Film war überreich an einfallsreichen Tricks und sehr schönen Beleuchtungseffekten. Der Höhepunkt, die Ankunft und Begrüßung des Himmelsschiffes auf dem Mars, nimmt in Aufnahme und Inszenierung das sichere Gefühl für große Effekte und Bildkomposition eines Fritz Lang vorweg. »In diesem Film zeigt sich übrigens noch ein interessanter Aspekt: Während in den meisten späteren Filmbegegnungen mit Außerirdischen diese sich als Ungeheuer und Monster erweisen, die nichts anderes als die Erde vernichten und die Menschen versklaven, wenn nicht töten wollen, soll die Menschheit im *Himmelsschiff* durch die Reinheit und Liebe der Marsbewohner gerettet werden ... Dieser naive Idealismus stellt wohl den grundlegenden Unterschied zwischen diesem sehr frühen, doch für die damalige Zeit überaus aufwendig gemachten Film und den späteren dar. Er wirkt heute zwar sehr pathetisch, sehr naiv und etwas lächerlich (schon vom Technisch-Wissenschaftlichen her!), besitzt aber dennoch als Pionier seine große Bedeutung in diesem Genre.« (Goswin Dörfler, VAMPIR) – Anmerkung: Eine kleine Nebenrolle spielt der Schwede Nils Asther, der in den 30er und 40er Jahren in vielen Hollywoodproduktionen Hauptrollen erhielt und als Top-Star galt.
Ⓑ Sophus Michaelis, *Das Himmelsschiff*, Berlin 1926

Hochzeitsnacht vor Zeugen
(WHAT'S SO BAD ABOUT FEELING GOOD?). USA 1968.
R George Seaton. *B* George Seaton/ Robert Pirosh. *K* Ernesto Caparros. *M* Frank de Vol. *D* George Peppard (Pete), Mary Tyler Moore (Liz), Don Stroud (Barney), Susan Saint James (Aida), Dom De Luise (Monroe), John McMartin (Bürgermeister), Nathaniel Frey (Conrad), George Furth

(Murgatroyd), Charles Lane (Dr. Shapiro), Jeanne Arnold (Gertrude), Frank Campanella (Wallace). *F* 93 Min. Ein Tukan wird von einem unbekannten Glücksvirus befallen, büxt aus dem New Yorker Zoo aus und überträgt seine ›Krankheit‹ auf allerlei Menschen, die fortan rundum mit sich und dem Leben zufrieden sind, einander lieben und das Rauchen und Trinken aufgeben. Da die Stadtväter darob sehr unglücklich sind (da ihnen jede Menge Genußmittelsteuern entgehen), jagt ein Rudel Polizisten – mit Atemmasken ausgerüstet – hinter dem Vogel her. Das Pärchen Pete und Liz, das als erstes infiziert wurde, gilt bald als Urheber der ›Seuche‹, deswegen müssen die beiden kommunistische Agenten sein. Den Tukan ereilt sein Schicksal. New York kann zufrieden sein, denn man hat ein Mittel gegen den Glücksvirus gefunden, das man per Autoauspuff in die Luft blasen kann.

Hoffmanns Erzählungen
Deutschland 1916.
R Richard Oswald. *B* Fritz Friedmann/ Richard Oswald. *LV* E. T. A. Hoffmann. *K* Ernst Krohn. *D* Erich Kaiser-Titz (Hoffmann), Werner Krauss (Dapertutto), Ernst Ludwig (Crespel), Ruth Oswald (Antonia), Käthe Oswald (Stella), Alice Scheel-Hechy (Olympia), Friedrich Kühne (Coppelius), Lupu Pick (Spalanzani), Andreas von Horn (Dr. Mirakel), Kurt Wolowsky, Thea Sandten (Giuletta), Louis Neher (Schlemihl), Rely Ridon. (Stummfilm). E. T. A. Hoffmann (1776–1822) läßt in seiner Erzählung *Der Sandmann* (1816) den Protagonisten Dr. Coppelius einen menschenähnlichen Automaten bauen. Er greift damit als einer der ersten das Roboterthema auf. Motive und Szenen dieser Erzählung bilden die Grundlage für Leo Delibes' Ballett *Coppélia* (1870), für Jacques Offenbachs Oper *Hoffmanns Erzählungen* (1881) und bereits in der Stummfilmzeit für verschiedene Bearbeitungen. Georges Méliès nannte 1900 sein 2-Mi-nuten-Opus COPPÉLIA OU LA POUPÉE ANIMÉE, eine englische Produktion brachte es 1906 auf 10 Minuten: THE DOLL MAKER'S DAUGHTER: 1907 folgten in den USA THE MECHANICAL STATUE AND THE INGENIOUS SERVANT (7 Min.) und AN ANIMATED DOLL (12 Min), und 1909 versuchte sich Méliès erneut an dem Thema, LA POUPÉE VIVANTE. Diese Filme beschränkten sich wegen ihrer Kürze nur auf das Motiv der lebensechten mechanischen Puppe. In der Folgezeit wurden stets die drei Geschichten miteinander verknüpft, die bereits Offenbach zu seiner Oper inspirierten. Die erste Filmversion von *Hoffmanns Erzählungen* entstand 1911 in Wien, bestand aus der bloßen Verfilmung von Szenen direkt von der Opernbühne (*R* Anton und Luise Kolm/Jakob Fleck/Claudius Valtee, 15 Min.). Erster ›abendfüllender‹ Spielfilm mit großer Besetzung war die freie Bearbeitung des Opernstoffes durch Richard Oswald im Jahre 1916. – Der Dichter Hoffmann erzählt seinen Kumpanen die Geschichte seiner drei unglücklichen Liebschaften. Zuerst habe er sich in Olympia, die Tochter des berühmten Wissenschaftlers Spalanzini, verliebt. Wäre er nicht so blind vor Liebe gewesen, sicher hätte er die Eigenarten Olympias erkannt. Die Brille, die er von Coppelius, dem Brillenmacher, erhielt, zeigte alles in noch schöneren Farben. So überhört er, was sich die Leute flüstern: Olympia sei gar kein Lebewesen! Auf einem rauschenden Ball führt Hoffmann die Angebetete zum Tanz. Immer rasender drehen sie sich, bis der Dichter ohnmächtig zusammensinkt. Coppelius kennt die wahren Zusammenhänge. Er sieht sich von Spalanzini betrogen und will sich rächen. Er zerstört das künstliche Wesen. Hoffmann aber hat den Spott der Gesellschaft zu erdulden, weil er einen Automaten geliebt hat. In Venedig erliegt Hoffmann dem Zauber Giuliettas, doch die Kurtisane ist mit dem Teufel in Gestalt des Conte Dapertutto im Bund. Das hat bereits der Nebenbuhler Hoffmanns, Schlemihl, erfahren müssen, der seinen Schatten durch sie

verloren hat. Jetzt will sie das Spiegelbild Hoffmanns. Sie spielt Hoffmann und Schlemihl gegeneinander aus. Es kommt zum Kampf. Hoffmann erkennt zu spät, daß Giulietta ihn nur als Spielzeug benutzt hat. Im dritten Teil des Films liebt Hoffmann die Tänzerin Angela. Es gelingt ihm nicht, ihre Tanzbesessenheit zu bremsen. Sie tanzt sich zu Tode. Hoffmann verliert seine dritte große Liebe. Im Wein sucht er zu vergessen. – Erstmals spielte hier Werner Krauss, der vier Jahre später als Dr. Caligari weltberühmt wurde, eine Filmrolle. »Krauss besaß alle Eigenschaften des *homo cinematographicus*: Vielfarbigkeit des Ausdrucks, vollendete Mimik und Körperbeherrschung, die Fähigkeit, sich chamäleongleich jeder Rolle, unter Verwendung aller Mittel der Maskenkunst, anzupassen... Bereits mit seiner ersten Filmgestalt, dem Conte Dapertutto in *Hoffmanns Erzählungen*... übertraf Krauss seine Mitspieler durch eine abgerundete, auf Dekor-, Lichtverhältnisse und die Kameraposition abgestimmte Leistung.« (Herbert Holba u. a., RECLAMS DEUTSCHES FILMLEXIKON) – Weitere Verfilmungen von *Hoffmanns Erzählungen*:
Österreich 1923 (Max Neufeld), THE TALES OF HOFFMANN (Michael Powell/ Emeric Pressburger).

Hofstaat der Tiere
Anderer Titel für **Animal Farm**

Die Hölle der lebenden Toten
(VIRUS, INFERNO DEI MORTI VIVENTI).
Italien/Spanien 1980.
R Vincent Dawn. *B* Claudio Fragasso/J. M. Cunilles. *K* John Labrera. *M* G. Dell'orso. *D* Robert O'Neil, Margit Eveline Newton, Frank Garfield, Selan Karay, Gaby Remon. *F* 89 Min.
Durch einen biochemischen Unfall in einer Fabrik auf einer Insel bei Neuguinea werden Menschen zu Zombies. Ein bestens ausgerüstetes Anti-Terror-Kommando soll ihnen den Garaus machen, zieht aber den kürzeren: Nach und nach werden die tapferen Recken, die sich auf der Suche nach den Bestien durch den Urwald schlagen, selber zu Untoten. – Verseuchte werden wie Terroristen behandelt: Wer den Schaden hat, braucht bekanntlich für den Spott nicht mehr zu sorgen. Das Thema einer durch einen Unfall radioaktiv verseuchten Gruppe von Menschen wurde weitaus besser behandelt in Rainer Boldts *Im Zeichen des Kreuzes* (1983).
Ⓥ All

Höllenjagd auf heiße Ware
(NEW YORK CHIAMA SUPERDRAGO).
BRD/Italien/Frankreich 1966.
R Calvin Jackson Padget (= Giorgio Ferroni). *B* Mike Mitchell/Bill Coleman/ Remigio del Grosso/Giorgio Ferroni/ Roberto Amoroso. *K* Toni Secchi. *M* Benito Ghiglia. *D* Ray Danton (Bryan Cooper), Marisa Mell (Charity Farrell), Margaret Lee (Gaby Danby), Jess Hahn (Baby Face), Gerhard Hearter (Coleman), Carlo D'Angelo (Fernand Lamas), Marco Guglielmi (Prof. Kruger), Adriana Ambesi (Verna), Solvi Stubing (Elizabeth), Jacques Herlin (Dumont), Carlo Hinterman, Benito Stefanelli, Renato Romano. *F* 100 Min.
Silbern maskierter internationaler Geheimbund sucht sich als Testgebiet für eine neue Versklavungsdroge ein US-Kleinstadt-College aus: Die Teenies klinken aus, und die CIA schickt ihren Agenten Superdrago in die Schlacht. In Amsterdam kommt er den welteroberungssüchtigen Finsterlingen auf die Spur und verhindert mit Hilfe seines bastelfreudigen Assistenten Baby Face den geplanten Anschlag auf Unsere Freiheitliche Zivilisation. – Die Wirkung der Droge Synchron ist zum Wiehern: Da reißen brave School Girls einander in der Turnhalle an den Haaren, und bei einer Kunstauktion prügeln sich schwankende Jet-Set-Playboys im Smoking. Und mit diesem Scheiß will jemand die Welt beherrschen? Die SF-›Effekte‹ sind aus heutiger Sicht gleich Null, die schauspielerischen Lei-

stungen schon 1966 unter aller Kanone. Die »raffiniert berechnete Dosis Sex«, die der FILMDIENST bei der Erstaufführung zu erspähen glaubte, hat sich in Luft aufgelöst: Man sieht nicht mal eine Aktrice im Bikini. »Paget . . . versteht es, sich jeder aktuellen Filmwelle anzupassen . . . Er macht ehrliche Filme – Action ohne künstlerische Ambitionen.« (SCIENCE FICTION TIMES)
Ⓥ VPH

Der Höllentrip
(ALTERED STATES). USA 1980.
R Ken Russell. *B* Sydney Aaron
(= Paddy Chayefsky). *LV* Paddy Chayefsky. *K* Jordan Cronenweth.
SpE Bran Ferren/Robbie Blalack/Jamie Shourt/Chuck Gaspar. *M* John Corigliano. *D* William Hurt (Eddie Jessup), Blair Brown (Emily Jessup), Bob Balaban (Arthur Rosenberg), Charles Haid (Mason Parrish), Taao Phenglis (Eccheverria), Miguel Godreau (Urmensch), Dori Brenner (Sylvia Rosenberg), Peter Brandon (Hobart), Charles White Eagle (Brujo), Drew Barrymore (Margaret Jessup), Megan Jeffers (Grace Jessup). *F* 103 Min.
Der junge Wissenschaftler Eddie Jessup trachtet nach keiner geringeren Erkenntnis als der, sich über den Sinn des menschlichen Lebens klarzuwerden. Nachdem er eine indianische Droge zu sich genommen hat, glaubt er, daß es möglich sei, das verschüttete Wissen, das in den Atomen jedes menschlichen Körpers eingezeichnet ist, hervorzuholen. Unterstützt von seinem Freund und Kollegen Arthur Rosenberg läßt er sich auf ein waghalsiges Experiment ein: Er steigt in einen mit Salzwasser gefüllten Isolationstank und erfährt allerlei Halluzinationen, die ihn glauben lassen, aus dem verschlossenen Reservoir seines Unterbewußtseins zu schöpfen. Je weiter er in sein Unterbewußtsein vordringt, desto mehr verändert er sich auch äußerlich. Sein Körper durchläuft verschiedene Metamorphosen. Jessup verwandelt sich immer mehr in das Zerrbild eines Menschen und hat anschließend eminente Schwierigkeiten, sich an das normale Leben anzupassen und seinen Körper vor einer Totalauflösung zu bewahren. Nachdem er in die tiefsten Bereiche des menschlichen Geistes vorgedrungen ist, besteht für ihn die allerhöchste Gefahr, aber es gelingt seiner Frau Emily schließlich mit der Hingabe einer Liebenden, ihn wieder in die Realwelt zurückzuholen. – »Russells filmische Umsetzung der Traumsequenzen gleichen einer Achterbahnfahrt durch die Geheimnisse der Psyche. Die zu Beginn noch surreal à la Salvador Dali anmutenden Visionen werden immer gespenstischer, je weiter die Versuche fortschreiten. Gebotene Möglichkeiten von Schnitt und Technik werden nahezu maßlos ausgeschöpft und konfrontieren mit einer noch nie gesehenen Sturzflut von grandiosen Bildern voller Symbolik.« (Programmheft des Cinema-Theaters, Wuppertal)
Ⓥ ABC
Ⓑ Paddy Chayefsky: *Die Verwandlungen des Edward J.*, Köln 1979

Homunculus
Deutschland 1916.
R Otto Rippert. *B* Robert Reinert.
K Carl Hoffmann. *D* Olaf Fönss (Richard Ortmann, der Homunculus), Friedrich Kühne (Edgar Rodin), Theodor Loos (Sven Fredland), Mechtild Thein (Margot), Ernst Ludwig, Albert Paul, Lore Rückert, Max Ruhbeck, Lia Borré, Josef Bunzl, Ernst Benzinger, Margarete Ferida, Mely Lagarst, Einar Brunn, Ilse Lersen, Erna Thiele, Walter Wolffgram, Max Ruhbeck, Hedwig Wiese, Gustav von Winterstein (d. i. Gustav von Wangenheim), Maria Immhofen, Fritz Steidel, Thea Sandten, Robert Reinert. (Stummfilm in 6 Teilen).
1. Teil: *Homunculus*: 4 Akte, 1588 m Länge; 2. Teil: *Das geheimnisvolle Buch*: 4 Akte, 1730 m Länge; 3. Teil: *Die Liebestragödie des Homunculus*: 4 Akte,

Timothy Leary läßt grüßen: William Hurt in *Der Höllentrip*

1492 m Länge; 4. Teil: *Die Rache des Homunculus*: 4 Akte, 1562 m Länge; 5. Teil: *Die Vernichtung der Menschheit*: 4 Akte, 1212 m Länge; 6. Teil: *Das Ende des Homunculus*: 4 Akte, 1376 m Länge. Anmerkung: Der sechsteilige, 1916 von der Deutschen Bioscop GmbH hergestellte Homunculus-Film wurde 1920 bei der Decla-Bioscop AG von 9163 m Gesamtlänge auf 6315 m Länge zusammengeschnitten und kam in einer dreiteiligen Fassung mit teilweise geänderten Zwischentiteln erneut in die Kinos: 1. Teil: *Der künstliche Mensch*: 6 Akte, 2229 m Länge; 2. Teil: *Die Vernichtung der Menschheit*: 6 Akte, 2135 m Länge; 3. Teil: *Ein Titanenkampf*: 6 Akte, 1951 m Länge. Beide Fassungen sind nicht mehr vollständig erhalten. – Der berühmte Wissenschaftler Prof. Hansen und sein Assistent Rodin erzeugen in der Retorte den künstlichen, lebensfähigen Menschen.

Richard Ortmann, wie sie ihren Prototyp nennen, entwickelt sich zu einem Mann von sprühendem Geist, unzähmbarem Willen und blendender Erscheinung. Alles Künstliche scheint von ihm abgefallen zu sein. Als er jedoch das Geheimnis seiner ›Geburt‹ erfährt, kommt er sich wie ein Ausgestoßener vor. Ihm fehlt jegliches Liebesempfinden, doch gerade die Liebe ist es, nach der er sich sehnt. Nur sie könne ihn aus seiner fatalen Einsamkeit erlösen. »Man prellt mich um die großartigsten Dinge, die das Leben bietet.« Das Geheimnis seiner Herkunft wird überall, wohin er kommt, offenbar. Die Leute weichen vor Entsetzen zurück: »Ein Homunculus, ein Mensch ohne Seele, ein Diener des Teufels, ein Ungeheuer!« Von Haß zerfressen, beginnt er, Rache zu nehmen. Er heiratet die Tochter Professor Hansens und treibt sie in den Selbstmord. Es gelingt ihm, Alleinherrscher über ein großes Land zu werden. Als Arbeiter verkleidet, zettelt er Aufstände an, die ihm dann als Diktator die Gelegenheit bieten, die Massen mit brutalsten Mitteln in ihre Schranken zu verweisen. Schließlich entfesselt er einen Weltkrieg von apokalyptischen Dimensionen. Endlich wird seine monströse Existenz durch einen Blitzschlag ausgelöscht. – Otto Ripperts *Homunculus*-Filmserie ist ein Pionierwerk, wie es nur wenige in der Filmgeschichte gibt. Sie gilt als das erste dramatische Hauptwerk des Science Fiction-Films, verbindet zum ersten Mal wissenschaftliche Spekulationen mit philosophischen und soziologischen Fiktionen, leitet das ›Zeitalter‹ des deutschen fantastisch-expressionistischen Films ein und ist darüber hinaus das erste deutsche ›Serial‹: »Nichts macht den Unterschied zwischen dem deutschen Kino und dem Rest der Weltproduktion deutlicher als ein Studium der zwischen 1915 und 1920 in Deutschland gedrehten Fortsetzungsfilme... Die deutschen Fortsetzungsfilme haben einen ganz besonderen Akzent. Ob *Homunculus, Herrin der Welt* oder *Das indische Grabmal*, sämtlich bezeugen sie einen Hang zum Übernatürlichen und zum Prophetischen. Die Poesie von *Homunculus*... wächst aus der Spannung zwischen einer realistisch-naturalistischen Handlung und einer romantischen Logik; sie wird provoziert von der Maßlosigkeit und der Vorstellung, daß das Kriminelle dem Wahnsinn verwandt ist, die Wissenschaft dem Kriminellen. Bei *Homunculus* sind wir bereits mittendrin in der sozio-philosophischen Fantastik. Homunculus ist kein menschliches Wesen wie Judex, sondern ein künstliches Geschöpf, von der Wissenschaft im Labor gezeugt. Im Gegensatz zu Frankensteins Monster sieht er nicht schreckenerregend aus; er ist ausgesprochen ansehnlich, dazu von höchster Intelligenz, seine Monstrosität ist nicht sichtbar, sie gründet allein in der Unempfindlichkeit und Frigidität seines Herzens. Homunculus ist ein Supermann, aber zugleich auch ein Diktator,

das Produkt der Elite, geschaffen zur Herrschaft über den geborenen Sklaven, das Proletariat. Die Welt von *Metropolis* mit seiner Unmenschlichkeit, seinem von den Herren der Stadt in die ewige Finsternis der unterirdischen Welten verbannten Proletariat, ist nicht weit.« (Henri Langlois, IMAGES DU CINÉMA ALLEMAND) – *Homunculus* steht am Anfang einer Entwicklung, die in der deutschen Filmgeschichte in Fritz Langs *Metropolis* ihren Höhepunkt findet, was nicht nur darauf zurückzuführen ist, daß Lang, bevor er selbst Filme drehte, Filmmanuskripte für Rippert verfaßte, quasi sein Schüler war. »Heute mißt man (den *Homunculus*-Filmen) zu wenig Bedeutung bei und glaubt allgemein, der klassische deutsche Film setze erst mit *Caligari* ein. Und doch enthalten diese Filme bereits alle Ansätze des berühmten Helldunkel, das für den deutschen Film charakteristisch wird. Mitunter ist es noch ungeschickt gehandhabt, so wenn zum Beispiel in einer der Episoden – *Homunculus als Richter* – sich eine Art von Licht- bzw. Schattenfläche über eine Seite der Leinwand legt, um die Aufmerksamkeit einmal auf Homunculus, das andere Mal auf sein Opfer zu richten. Doch die Hell-Dunkel-Wirkung wird trotz der Tönungen in diesem Film bereits intensiv bemerkbar. Aus dunklem Cape, vom schwarzen Krawattenkragen, unter dem Zylinderhut wächst bleich wie eine Totenmaske das Gesicht des Laboratoriumsgeschöpfes, aus dem Dunkel des Hintergrundes krampfen sich die weißen Hände... Alle Elemente der deutschen Filmkunst, wie sie sich in den nächsten zehn, zwölf Jahren entwickeln wird, sind in den *Homunculus*-Filmen bereits angedeutet: die brüsken Gesten, die wildwechselnde Mimik künden Kortners Spiel in *Hintertreppe*, in *Schatten* an oder den bizarren Erfinder, den Klein-Rogge in *Metropolis* verkörpert... Vor allem zeigen jedoch die Massenbewegungen, wie die Verbindungsfäden von *Homunculus* zu *Metropolis* hinüberführen: die von Homunculus als Arbeiter-Führer gegen Homunculus, den Diktator, aufgereizte Menge stürzt vor; dringt eine Treppe hinauf, und diese Bewegung ist keilförmig zugespitzt, in ein Dreieck eingeschlossen, wie wir es immer wieder bei den vorwärtsstoßenden Massen in *Metropolis* beobachten können... Lang allerdings intensiviert das Geometrische, bindet die Figuren noch stärker ein, so daß sie den Raum tatsächlich mit formen helfen.« (Lotte H. Eisner, DIE DÄMONISCHE LEINWAND) – Homunculus ist ein Retortenwesen, das es in dieser Form in Literatur und Film noch nicht gegeben hat. Während z. B. der Golem, eine aus Lehm geformte Statue, durch ein magisches Amulett zum Leben erweckt wird, Frankensteins Monster, aus Leichenteilen zusammengesetzt, durch Einwirkung von Elektrizität lebendig wird, wird Homunculus auf wissenschaftlicher Basis im Labor mittels chemischer Reaktion erschaffen. Trotz dieses unterschiedlichen Ansatzpunktes kommt *Ho-*

munculus dem Geist und Sinn von Mary Shelleys *Frankenstein*-Romanen viel näher als die klassischen Verfilmungen der 30er Jahre, in denen die Unheimlichkeit und die Bösartigkeit des Monsters auf zufallsbedingte Fehler seiner Schöpfer zurückgeführt wird.»Bei der Shelley wie im *Homunculus* wird eine Kreatur in die Welt gesetzt ohne Liebe und menschliche Unterweisung; daraus resultiert Einsamkeit, aus dieser das Zerstörerische. Als Inbegriff des Zerstörerischen aber denunziert dieser mitten im Ersten Weltkrieg entstandene Film den Krieg. ›Immer furchtbarer wird der Zwiespalt in der Welt. Hilf mir, die Menschen in Liebe zu vereinen!‹ sagt Sven Fredland, der Gegenspieler des Homunculus; wahrscheinlich gibt es in der ganzen Filmgeschichte keinen von einer kriegführenden Nation mitten in den schlimmsten Kampfhandlungen gedrehten Film von derart dezidiert pazifistischer Tendenz; daß er im

Homunkulus von Otto Rippert

Deutschland von 1916 ein enormer Publikumserfolg werden konnte, sagt viel aus über den Umschwung der zwei Jahre zuvor noch vom wildesten Hurrapatriotismus bestimmten Volksmeinung.« (Ilona Brennicke/Joe Hembus, KLASSIKER DES DEUTSCHEN STUMMFILMS)

Der Horror-Alligator
(ALLIGATOR). USA 1980.
R Lewi Teague. *B* John Sayles.
K Joseph Mangine. *M* Craig Hundley.
D Robert Forster (David Madison), Robin Riker (Marisa Kendall), Henry Silva (Col. Brock), Dean Jagger (Slade), Michael V. Gazzo (Clark), Jack Carter (Bürgermeister), Sidney Lassick (Guichei), Burt Braverman (Kemp), James Ingersoll (Helms), Robert Doyle (Bill), Patty Jerome (Madeline), Perry Lang (Kelly), Sue Lyon (TV-Sprecherin), Angel Tompkins (Journalistin), Leslie Brown (Marisa als Kind), John Lisbon Wood (Bomber), Buckley Norris (Bob), Royce D. Applegate (Callan), Jim Boeke (Shamsky), James Aronc (Sloan), Ed Brodow (Ross), Simmy Bow (Seedy), Stan Haze (Meyer), Peter Miller (Sparks), Pat Peterson (Joey).
F 90 Min.
Ein amerikanisches Ehepaar kauft seiner kleinen Tochter einen jungen Alligator, aber als sie ihn satt hat, wandert er durch das Klosett in die städtischen Abwasserkanäle, wo er sich von Abfällen und nach Hormonexperimenten verendeten Hundekadavern ernährt. Der Alligator wächst zu einer monströsen Bestie heran, überfällt harmlose Kanalarbeiter und versetzt den Ort in Angst und Schrecken. Da man die Riesenechse unter der Erde nur schwer bekämpfen kann, will man sie aus ihrem Versteck locken. Und als sie schließlich auftaucht, bricht Panik aus: Die Bestie räumt unter den Gästen einer Freiluft-Hochzeitsfeier auf, deren Veranstalter ausgerechnet der Chef jenes Chemiekonzerns ist, dem sie ihre Größe zu verdanken hat. Als der Alligator wieder in der Kanalisation untertaucht, bringt man ihn mit Dynamit zur Strecke. – Ein höllisch spannendes Monsterspektakel, in dem endlich mal jene ihr Fett kriegen, die aus reiner Profitgier die Erde verseuchen.

Horror-Express
(HORROR EXPRESS/PANICO EN EL TRANSIBERIANO). GB/Spanien 1972.
R Eugenio Martin. *B* Arnaud d'Usseau.
K Alejandro Ulloa/Teodore Escamilla.
SpE Pablo Perez. *M* John Cacavas.
D Christopher Lee (Alexander Saxton), Peter Cushing (Dr. Wells), Telly Savalas (Kazan), Alberto de Mendoza (Pujardov), Jorge Rigaud (Graf Petrovski), Silvia Tortosa (Irina), Julio Pena (Mirov), José Jaspe (Konev), Alice Reinheart (Miß Jones), Helga Line (Natascha), Angel del Pozo (Yevtushenko). *F* 88 Min.
Hangtschau 1905: Der englische Anthropologe Saxton hat ein versteinertes Lebewesen ausgegraben, das er im Gepäckwagen des Transsibirien-Expreß mit in seine Heimat nehmen will. Er glaubt, er ist auf das MISSING LINK gestoßen – das fehlende Glied zwischen dem Affen und dem Menschen. Im Zug trifft er seinen alten Widersacher Wells, den Grafen Petrovski, dessen Gattin Irina, den Geistlichen Pujardov, den Polizisten Mirov, die Agentin Natascha und diverse andere Charaktere. Als man bald darauf den Gepäckschaffner tot auffindet, liegt er in der Kiste des Monstrums – dieses jedoch ist verschwunden. Die Augen des Schaffners sind weiß und entstellt. Das nächste Opfer wird Natascha, aber als Wells von dem Ungeheuer angefallen wird, rettet Mirov ihn mit einem Schuß. Aber damit ist das Grauen noch nicht beendet, denn die Kraft des Wesens ist auf geheimnisvolle Weise auf ihn übergegangen. Saxton untersucht die Augen des verendeten Ungeheuers und findet heraus, daß sie alles gespeichert haben, was das Wesen je gesehen hat: unter anderem sogar die Erde aus der Weltraumperspektive. Damit ist klar, daß es sich bei ihm um einen Außerirdi-

schen handelt, der seit Unzeiten auf der Erde lebt. Und er verfügt über die Fähigkeit, Menschen mit reiner Geisteskraft zu ›übernehmen‹. Nach weiteren Morden läßt Saxton den Zug anhalten, und im Zuge der Ermittlungen leuchtet er Mirov in die Augen, der sich daraufhin als ›Übernommener‹ entpuppt und getötet wird. Als dem Geistlichen Pujardov die Macht des Außerirdischen in den Schoß fällt, zwingt er Graf Petrovski, der ein Raumschiff konstruieren will, ihm zu helfen, wieder auf seine Heimatwelt zurückzukehren. Als es Saxton gelingt, das nunmehr menschliche Monster zu bezwingen, macht dieses ihm das Angebot, seine Kraft auf ihn zu übertragen. Als Saxton ablehnt, erweckt Pujardov seine Opfer zu neuem Leben. Ein Kampf entbrennt. Saxton flieht mit Irina in den Gepäckwagen, wo sich die verängstigten Reisenden mit Dr. Wells versammelt haben. Ein Bediensteter der Eisenbahn hat inzwischen die Anweisung erhalten, den Zug entgleisen zu lassen, aber bevor er in einer Schlucht zerschellt, gelingt es Saxton und Wells, den Gepäckwagen abzukoppeln. *Horror-Expreß* ist einer der wenigen mit kleinem Budget hergestellten Science Fiction-Filme, dem man seine billige Machart nicht anmerkt. Der Film bedient sich eines dramaturgisch geschickten Aufbaus sowie einer formvollendeten Ausstattung, er schwelgt in satten Farben und wartet obendrein auch noch mit einer originellen Idee auf. – »Ein gutgemachter Schocker.« (Donald C. Willis, HORROR AND SCIENCE FICTION FILMS, Bd. II)
Ⓥ Grundig Star

Horror-Monster schlagen zu
(EL ASSESSINO LOCCO Y EL SEXO). Mexiko 1970.
R René Cardona. *D* Joaquin Cordero, Regina Thorne, Carlos Moreno, Hector Lechuga, Carlos Agosti, Pascual Garcia Pena. *F* 73 Min.
Der *mad scientist* Professor Orlak will die gesamte Menschheit in lenkbare Roboter verwandeln, damit er die Welt nach sei-

nem Willen beherrschen kann. Da er die Unterstützung der besten Wissenschaftler der Welt benötigt, schickt er Roboter aus, um sie gefangennehmen zu lassen. Da Orlak aber nebenher noch ein äußerst geiler Hecht ist, läßt er von seinen dienstbaren Geistern auch noch ein paar knackige Mädels entführen. Wie immer in derlei Schundfilmen ist die Polizei ratlos. Gaby Reyna, eine weibliche Ringkämpferin, schaltet den Professor Orlak schließlich aus.

Hotel des Todes
Anderer Titel für **Ameisen.**
Die Rache der schwarzen Königin

Hotel Zum verunglückten Alpinisten
(OTEL U POGIBTSCHEWO ALPINISTA). UdSSR 1979.
R Grigori Kromanow. *B* Arkadi & Boris Strugatzki. *K* Juri Sillart. *M* Sven Grünberg. *D* Uldis Pucitis (Insp. Glebski), Juri Jarwet (Alex Snewar), Lembit Peterson (Simone), Mikk Mikiver (Hinkus), Karlis Sebriss (Moses), Irena Kriausaite (Frau Moses). *F* (86) 81 Min.
Ein Polizist namens Glebski wird beauftragt, in einem Hotel mit dem eigenartigen Namen ›Zum verunglückten Alpinisten‹ das Verschwinden eines Skifahrers zu klären. Während der Zeit, die er im Hotel verbringt, kommt es zu merkwürdigen Ereignissen: Man meldet ihm einen Mord, der erst später passiert. Viele Gäste wirken höchst verdächtig. Einen kann Glebski als Terroristen entlarven, der behauptet, sich ständig verwandelnde Wesen hätten ihm beigestanden. Es scheint sich um Intelligenzen von einem anderen Planeten zu handeln. Als sie fliehen, läßt Glebski sie von Hubschraubern verfolgen und vernichten. Dann wird das Hotel von einer riesigen Lawine begraben. – »Für westliche Zuschauer hat der Film etliche Längen (und endlose Dialoge, in welchen übrigens auch Erich von Däniken zitiert wird). Einzig die originelle Architektur des Hotels und das imposante Bergpan-

orama machen den Film noch einigermaßen genießbar.« (H. D. Furrer, VAMPIR).

Ⓑ Arkadi & Boris Strugatzki: *Das Hotel zum Verunglückten Bergsteiger*, Berlin/DDR 1973

Howard – Ein tierischer Held
(HOWARD THE DUCK). USA 1986.
R Willard Huyck. *B* Willard Huyck/Gloria Katz. *K* Richard H. Kline.
M John Barry/Thomas Dolby. *D* Lea Thompson (Beverly Switzler), Jeffrey Jones (Dr. Jenning), Tim Robbins (Phil Blumburtt), Ed Gale, Chip Zien, Tim Rose, Steve Sleap, Peter Baird, Mary Wells, Lisa Sturz, Jordan Prentice (Howard T. Duck).
F 109 Min.
Unser Freund Howard lebt als ganz normale Ente auf einem eiförmigen Planeten: Er geht seiner Arbeit nach und liest Zeitschriften wie ›Rolling Egg‹ oder ›Playduck‹. Ein fehlgeschlagenes Laserexperiment des irdischen Forschers Dr. Jenning reißt Howard aus seiner Junggesellenbude auf die Erde – und zwar fast direkt in das hinein, was sich Willard Huyck unter einem Punk-Lokal vorstellt. Howard lernt die Sängerin Beverly kennen, die Mitleid mit ihm hat, denn wie alle freundlichen Extraterrestrier will auch Howard natürlich nach Hause. Beverly überredet Dr. Jenning, der das Experiment ein zweitesmal wagt – doch statt Howard zurückzuschicken, holt er einen bösen Overlord auf die Erde, ein skorpionähnliches Monster. Der Overlord schlüpft in Jennings Körper und begeht allerlei Untaten. Sein Ziel ist es, mit dem Laser seine fiesen Genossen zur Erde zu holen. Howard muß zeigen, was eine Ente kann! Nach vielen, vielen komischen Szenen, über die kein Schwein lachen kann, vernichtet er das Monster und den Laser, als Overlords Genossen auf dem halben Weg zur Erde sind. – Quaak! Die 40-Millionen-Dollar-Produktion floppte an der Kasse saumäßig, weil Willard Huyck ein doofer Kerl ist und keine lustigen Filme inszenieren kann. Zudem sieht sein Howard viel zu

blöd aus, um witzig zu wirken; das muß mal gesagt werden, meine Damen und Herren! – »Howard war Mitte der 70er Jahre eine unbotmäßige Comicfigur, die die amerikanische Nation mit Häme und Satire, mit Schnodderigem zu Politik und Gesellschaft nervte. Diese gute Eigenschaft haben die Drehbuchautoren – dreifach empörtes Quak! – ihm leider ausgetrieben. Was an die Stelle von herrlich aufsässigem Räsonieren tritt, sind nichts als Spezialeffekte.« (FISCHER FILM ALMANACH). – Wer wirklich was zu kichern haben will, sollte das Buch zum Film bemühen: Es schlägt das »teure Unterhaltungs-Nichts« (TIP) wahrlich um Längen.
Ⓑ Ellis Weiner: *Howard – ein tierischer Held*, München 1986
Ⓥ CIC

Hübsche Mädchen explodieren nicht
(NICE GIRLS DON'T EXPLODE).
USA 1987.
R Chuck Martinez. *B* Paul Harris.
K Steven Katz. *M* Brian Banks/Anthony Martinelli. *D* Michelle Meyrink (April), W. O'Leary (Andy), Barbara Harris, Wallace Shawn, Belinda Wells, Margot Gray. *F* 90 Min.
Ein junges Mädchen namens April, das über telekinetische Kräfte verfügt, entfacht Feuer, sobald es sich mit Jungs einläßt, und hat deswegen beim Rendezvous stets Probleme. Der schmucke Andy, ein Traum jeder zukünftigen Schwiegermutter, läßt sich hingegen weniger schnell einschüchtern als die anderen. – Ein alberner Teenie-Film, der mit SF-Versatzstücken spielt.

Hügel der blutigen Augen
(THE HILLS HAVE EYES). USA 1977.
R Wes Craven. *B* Wes Craven. *K* Eric Saarinen. *M* Don Peake. *D* Virginia Vincent (Ethel Carter), Robert Houston (Bobby), Susan Lanier (Brenda), Martin Speer (Doug), James Withworth (Jupiter), Russ Grieve (Bob), Dee Wallace (Lynn), John Steadman, Michael Berryman. *F* 89 Min.

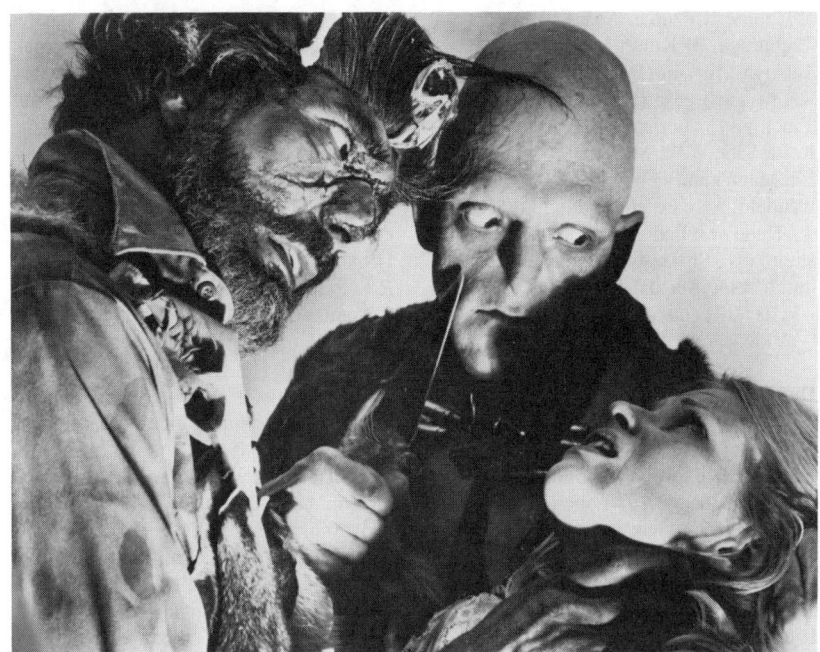

James Whitworth, Michael Berryman und Susan Lanier in *Hügel der blutigen Augen*

Der Ex-Cop Bob Carter fährt mit seiner Familie nach Kalifornien. Als sie in der Wüste an einer Luftwaffenbasis vorbeikommen, hören sie, daß in dieser Gegend vor fünf Jahren ein UFO gelandet sein soll. Die Besucher aus dem All werden von den Militärs gnadenlos gejagt. Sorglos begibt sich Carter mit seiner Familie ins Sperrgebiet. Bald werden sie von den Außerirdischen, die zu reißenden Bestien geworden sind, überfallen. Man verbrennt Carter bei lebendigem Leib, tötet seine Frau Ethel und seine Tochter Lynn und vergewaltigt Brenda. Das Motiv der Angreifer: Man nimmt es den Erdenmenschen äußerst übel, daß man Jagd auf sie macht. Wie die Geschichte ausgeht, erfährt man nicht: Inmitten des Kampfgetümmels bricht der Film unvermittelt ab. In der Originalfassung war die Handlung weniger schwachsinnig: Dort sind die ›Außerirdischen‹ ganz normale US-Bürger, die radioaktiv verseucht und in die Verbannung geschickt wurden. Als unfreiwillige Außenseiter der menschlichen Gesellschaft nehmen sie Rache an allen, die sie für ihr Anderssein verantwortlich machen. Ⓥ All

Human Animals
(HUMAN ANIMALS).
USA/Spanien 1983.
R E. Herrero. *B* N. N. *K* M. Rojas.
M N. N. *D* Carole Kirkham, Geir Invard, José Yepes. *F* 94 Min.
Zwei Männer und eine Frau, die als einzige den Atomkrieg überlebt haben, tun sich zusammen und versuchen auf einem relativ unzerstörten Fleckchen Erde eine neue Zivilisation in Gang zu bringen. – Wetten, daß daraus nichts wird?

Human Vapor
(GASU NINGEN DAI ICHI-GO).
Japan 1960.
R Inoshiro Honda. *B* Takeshi Kimuri.

K Hajime Koizume. *SpE* Eiji
Tsuburaya. *M* Kunio Miyauchi. *D*
Tatsuya Mihashi (Detektiv Okamoto),
Kaoru Yachigusa (Fujichiyo), Yoshio
Tsuchiya (Vaporman), Bokuzen Hidari,
Keita Sata. *F* 92 Min.
Ein Mann kann sich in eine Gaswolke ver-
wandeln. Er wird zum Dieb und Mörder.
– »Handwerklich guter japanischer Ein-
stieg ins SF-Geschäft, bemerkenswert
durch seine Spezial-Effekte.« (VARIETY)
– In der BRD nur auf Video.
Ⓥ Videocation

Die Hyänen
(SAVAGE DAWN). USA 1985.
R Simon Nuchtern. *B* William P.
Milling/Max Bloom. *K* Gerald Feil.
M Pino Donaggio. *D* Lance Henriksen
(Ben Stryker), George Kennedy (Tick
Rand), Karen Black (Rachel Ward),
William Forsythe (Pigiron), Mickey
Jones (Zero), Claudia Udy-Joy (Kate),
Richard Lynch (Rev. Romano).
F 97 Min.
In einer verlassenen Stadt muß sich eine
zusammengewürfelte Gruppe, darunter
ein paar Ex-Soldaten, gegen eine Motor-
radbande zur Wehr setzen. Doch auch sie
bleiben nicht alle verschont. – »Als modi-
sche Endzeitvision in der Nachfolge der
Mad Max-Filme inszenierter Action-
Film, der aus einer Aneinanderreihung
unmenschlicher Brutalität, detailliert aus-
gearbeiteter Rohheiten besteht.« (FILM-
DIENST).

Hydra – Ausgeburt der Hölle
(HYDRA – MONSTER FROM THE DEEP).
Spanien/USA 1985.
R Gregory Greens. *B* Gordon A.
Osborn. *K* Raul Calter. *M* Robin Davis.
D Timothy Bottoms, Jared Martin,
Taryn Power, Jack Taylor, Ray
Milland. *F* 90 Min.
Aus radioaktivem Müll, den das Militär in
den Atlantik gekippt hat, entsteht ein
Schlangenfisch-Ungeheuer, das ein
Schiff angreift. Kein Schwein will dem
Kapitän glauben. Viele berstende Brük-

ken, Leuchttürme und Leichen später
sieht man keine andere Wahl, als gegen
das Monster vorzugehen. – Ein anspruchsloser Kratenquatsch. – Nur auf
Video.
Ⓥ Egmont

Hydra – Verschollen in Galaxis 4
(THE DOOMSDAY MACHINE).
USA 1974.
R Lee Sholem. *B* Stuart J. Byrne.
K Stanley Cortez. *D* Mala Powers,
Bobby Van, Stuart J. Byrne, Ann Grant,
James Craig, Henry Wilcoxon, Ruta Lee,
Jane Williams. *F* 83 Min.
Die Chinesen planen einen Wasserstoff-
bombentest. Die Besatzung des US/
UdSSR-Raumschiffes *Hydra*, die die Ex-
plosion beobachten soll, wird kurz vor
dem Start gegen eine ›gemischte‹ Crew
ausgetauscht, der man mitteilt, daß es für
sie möglicherweise keine Rückkehr gibt.
Die Chinesen zünden ihre Bombe. Eine
Kettenreaktion vernichtet die Erde. Die
Hydra erreicht den Planeten Venus, wird
aber von den Bewohnern dieser Welt an
der Landung gehindert. Mit der sorglosen
Doofheit, die SF-Filmhelden manchmal
zu eigen ist, schlägt der Kommandant
vor, eine Landung ›in Galaxis 4‹ zu versuchen. Dazu müssen aber diverse Außenre-
paraturen vorgenommen werden. Ein
Amerikaner und eine Russin werden aus
Versehen (?) mit einem Teil der *Hydra*
vom Mutterschiff abgesprengt. Die Probleme häufen sich; die Restmannschaft
schrumpft. Das abgesprengte Pärchen –
Stammeltern neuer Generationen – stößt
schließlich auf ein im All treibendes So-
wjetraumschiff, woraufhin der Geist des
Alls Kontakt mit ihnen aufnimmt und
vom gegenwärtigen Stand der Dinge berichtet. – Inwiefern die deutsche Synchronisation zu diesem haarsträubenden Blödsinn beigetragen hat, wird man wohl niemals erfahren, aber nachdem selbst US-
Größen (und hier besonders der angebliche SF-Kenner George Lucas, der ein
Lichtjahr für eine Zeiteinheit hält) sich
weder die Mühe machen, vor dem Abfas-

Szene aus *Hydra – Verschollen in Galaxis 4* von Lee Sholem (1974)

sen eines Drehbuchs ihre Nase mal in einen SF-Roman – oder *wenigstens* ein populär-wissenschaftliches Nachschlagewerk – zu stecken, kann man von denen, die ihre Machwerke eindeutschen, wohl kaum mehr Sorgfalt und Wissen verlangen.

Allen Synchrontextern und Drehbuchautoren sei's hiermit ins Stammbuch geschrieben: EINE GALAXIS IST EINE MILCHSTRASSE, KEIN SONNENSYSTEM! Und jetzt noch mal alle zusammen: EINE GALAXIS IST EINE...

Ⓥ Loyal

Ice

(ICE). USA 1969.
R Robert Kramer. *B* Robert Kramer.
K Robert Machover. *D* Robert Kramer
(Robert), Tom Griffin. 127 Min.
Die USA der Zukunft haben sich zu einem
Polizeistaat ausgewachsen und führen einen imperialistischen Krieg gegen das revolutionäre Mexiko. Im Inland unterdrückt die Security Police mit brutalen
Methoden die Linke. Ein sogenanntes Re-
volutionskollektiv plant in New York einen Aufstand gegen das Regime. Man besetzt Häuser, befreit gefangene Genossen,
entführt Militaristen, begeht Bombenat-
tentate, stellt Agitationsfilme her und betreibt einen illegalen Rundfunksender.
Der Revolutionär Ted wird gefaßt; ein anderer, Robert, wird gefoltert und ka-
striert. Nachdem die Revolutionäre Zu-
lauf bekommen haben, geraten sie mit
dem amerikanischen Geheimdienst aneinander. Trotz großer Verluste plant man
eine großangelegte Offensive. – Die pseu-
dorevolutionäre Schaumschlägerei dieses
Undergroundfilms demonstriert treffend
die Perspektivenlosigkeit der amerikanischen Neuen Linken des Jahres 1969: Die
Handlungsträger sind Bärtige und Lang-
haarige – äußerlich echte Bürgerschrecks
–, die von Marx und Lenin nie etwas gehört haben und die noch unbedarftere Bevölkerung mit der Knarre in der Hand zu-
sammentreiben, um sie in einem Schnell-
kursus von der Notwendigkeit der Revolution zu überzeugen. Dabei bestehen ihre
›revolutionären‹ Argumente hauptsächlich darin, sich mit den ›Schweinen‹ (das
sind Angehörige der Security Police) Ge-
fechte zu liefern, die mit dem romantischen Gefühl im Herzen ausgetragen werden, die Bevölkerung werde des Terrors
von oben irgendwann überdrüssig und ihnen beim Hinwegfegen des Regimes helfen. – Eine gefährliche Irrlehre, wie ähnliche Aktivitäten anderer Gruppierungen
in der BRD bewiesen haben.

Ich auf Bestellung

(TV-ZDF). BRD 1968.
R Gedeon Kovacs. *B* Wolfgang
Deichsel. *LV* Ray Bradbury. *D* Günther
Ungeheuer (Braling/Braling II), Herbert
Fleischmann (Smith), Wolfgang Weiser
(Kellner/Doktor), Kathrin Ackermann
(Frau Braling), Maria Lucca (Frau
Smith), Herbert Weicker, Rolf Castell.
45 Min.
Braling will familiären Schwierigkeiten
aus dem Weg gehen. Sein mechanischer
Doppelgänger ›Braling II‹ übernimmt die
lästigen Pflichten seiner verkorksten Ehe,
er selbst will sich nur noch den positiven
Seiten des Lebens widmen.

Ich, Dr. Fu Man Chu

(THE FACE OF DR. FU MAN CHU).
GB 1965.
R Don Sharp. *B* Peter Welbeck.
K Ernest Steward. *M* Gerd Wilden.
D Joachim Fuchsberger (Carl Jansen),
Christopher Lee (Dr. Fu Man Chu),
Karin Dor (Maria), Nigel Green
(Nayland Smith), Walter Rilla (Prof.
Müller), Peter Mosbacher (Hanuman),
James R. Justice (Fortescu), Howard M.
Crawford (Dr. Petrie), Tsai Chin (Lin
Tang), Harry Brogan (Prof. Gaskell),
Poulet Tu (Lotus), Archie O'Sullivan
(Zeremonienmeister), Edwin Richfield
(Chinesischer Richter), Eric Young
(Lama), Deborah de Ladey (Sklavin).
F 90 Min.
Shanghai 1920: Der Superverbrecher Fu
Man Chu wird enthauptet. Kurz darauf
treibt er jedoch bereits wieder sein Unwe-
sen, denn er hat es verstanden, an seiner
Stelle einen Doppelgänger hinrichten zu
lassen. Er entführt den deutschen For-
scher Müller, der eine Substanz entwik-
kelt hat, die man als tödliches Massenver-
nichtungsmittel einsetzen kann. Müllers
Assistent Jansen, seine Tochter Maria und
Nayland Smith von Scotland Yard spüren
dem Unhold nach, der eines Tages rotzig-

frech verkündet, er werde die ganze Menschheit vernichten, wenn sie sich ihm nicht freiwillig unterwirft. Smith und Jansen treiben Fu Man Chu schließlich in seinem Versteck in Tibet auf, geben ihm eins auf den Deckel und jagen seinen Palast in die Luft. – »Es überwiegt der Eindruck des Primitiven.« (FILMDIENST)

Ich habe Einstein umgebracht
(ZABIL JSEM EINSTEINA, PÁNOVÉ).
ČSSR 1970.
R Oldrich Lipský. *B* Josef Nesvadba/ Milos Macourek. *LV* Josef Nesvadba. *K* Ivan Slapeta. *M* Vlastamil Hala. *D* Jana Brejchova, Jiři Sovak, Lubomir Lipský, Eva Janzurova, Petr Cepek, Radoslav Brzbohaty. *F* 90 Min.
Irgendwann in der Zukunft, als die zunehmende Radioaktivität auf der Erde den Frauen ihre Gebärfähigkeit genommen hat, wird die Zeitmaschine erfunden, und einige Leute reisen ins Jahr 1911, um Albert Einstein, der ihrer Meinung nach für den ganzen Schlamassel gesorgt hat, aus dem Weg zu räumen. Das Unternehmen endet jedoch mit einem Fehlschlag. – »Es klappt nicht so recht, Einstein ins Jenseits zu befördern. Hinzu kommt noch, daß sich eine junge Wissenschaftlerin in den Entdecker der Relativitätstheorie verliebt. Was soll nun werden? Zumindest erkennen alle, daß man wissenschaftliche Entdeckungen zwar nicht wieder aufheben, aber zum Wohle der Menschheit anwenden kann. Das hört sich sehr moralisierend an. Im Film jedoch sind derartige philosophische Aussagen oft viel verschlüsselter formuliert. Vorherrschend ist der Spaß, das komödiantische Vergnügen.« (FILMSPIEGEL)
Ⓥ Fantasy (*Ich tötete Einstein*)

Ich liebe dich, ich liebe dich
(JE T'AIME, JE T'AIME).
Frankreich 1967.
R Alain Resnais. *B* Jacques Sternberg. *K* Jean Boffety. *M* Krysztof Penderecki. *D* Claude Rich (Claude Ridder), Olga Georges-Picot (Catrine), Anouk Ferjac

(Wiana), Van Doude (Rouffers), Dominique Rozan (Haesserts), Carla Marlier, Bernard Fresson.
F 94 Min.
Ein ambitionsloser Intellektueller namens Claude Ridder läßt sich nach einem mißglückten Selbstmordversuch von diversen Wissenschaftlern, die in einem geheimen Forschungsinstitut bei Brüssel arbeiten, zu einem Experiment überreden: Er soll mittels eines gerade entwickelten Mechanismus eine Zeitreise unternehmen und dabei eine Minute in seiner eigenen Vergangenheit verbringen. Man versetzt ihn um ein Jahr zurück, und er ›landet‹ in einer Situation, die er schon einmal erlebt hat. Da er sich außergewöhnlich glücklich fühlt, kehrt er nicht pünktlich wieder zurück. Als er die Gegenwart wieder erreicht, wird diese für ihn zu einem quälenden Kampf mit der Vergangenheit. Ridder kann fortan weder in der Gegenwart noch in der Vergangenheit leben. Das Experiment droht zu scheitern. Als seine Freundin Catrine zum zweitenmal stirbt, versucht er sich erneut das Leben zu nehmen. – »(Resnais') Story ist, soweit sie erkennbar, nacheinzehbar ist, banal oder sogar trivial: eine bruchstückhaft mitgeteilte, romantische, wirklich-unwirkliche Liebesgeschichte, die scheinbar ohne konkreten politischen und gesellschaftlichen Bezug bleibt. Doch obwohl dieser Film die Brillanz, politische Bedeutung und dramatische Aktualität früherer Filme Resnais' vermissen läßt... ist auch er letztlich nur eine Variante jenes Themas, das das ganze Werk des großen Außenseiters Resnais bestimmt: die Orientierung in Zeit und Raum, die Unfähigkeit der Protagonisten, sich von ihren Erinnerungen, der gedachten oder tatsächlichen Vergangenheit und damit den Schuldkomplexen gegenüber dieser Vergangenheit zu lösen, ihre krampfhaften Versuche, einen bestimmten Punkt, ein Ereignis in der Vergangenheit zu fixieren, und schließlich ihr Unvermögen, die Gegenwart zu meistern und die Zukunft bewußt ins Auge zu fassen.« (FILMBEOBACHTER)

Ich liebe dich, ich töte dich
BRD 1971.
R Uwe Brandner. *B* Uwe Brandner. *K*
André Dubreuil. *M* Uwe Brandner/W.
A. Mozart u. a. *D* Rolf Becker (Jäger),
Hannes Fuchs (Lehrer), Helmut Brasch
(Bürgermeister), Marianne Blomquist
(Rita), Nikolaus Dutsch, Thomas
Eckelmann (Polizisten), Wolfgang Ebert
(Pfarrer), Stefan Moses (Apotheker),
Monika Hansen, Walter Ladengast,
Michael Krüger, Rudolf Thomé, Peter
v. Weltin. *F* 95 Min.
Ort des Geschehens: ein anonymes Dorf,
das alljährlich von einigen hohen Herren
besucht wird, die in den umliegenden
Wäldern zur Jagd gehen. Zwei Polizisten,
die sich den Tag mit allerlei Firlefanz vertreiben, verteilen an jene, die aus der Rolle fallen, ›Happy‹-Pillen. Als ein neuer
Lehrer eintrifft, freundet dieser sich mit
dem Jäger an, der den Wald von Wölfen
und wildernden Hunden freihält. Der Jäger lädt den Lehrer zur Wolfsjagd ein. Als
der Lehrer auf eigene Faust jagen geht,
heftet der Jäger sich an dessen Fersen und
liefert ihn den Polizisten aus, die ihn erschießen und daraufhin von dem Jäger erschossen werden.

Ich tötete Einstein
Anderer Titel für **Ich habe Einstein
umgebracht**

Ich und Katharina
(IO E CATERINE). Italien/Frankreich
1980.
R Alberto Sordi. *B* Alberto Sordi/
Rodolfo Sonego. *K* Sergio d'Offizi. *M*
Piero Piccioni. *D* Alberto Sordi (Enrico
Manotti), Edwige Fenech (Elisabetta),
Catherine Spaak (Sekretärin), Valerie
Valeri (Gattin), Rossano Brazzi
(Arthur). *F* 117 Min.
Katharina, eine mit Häubchen und
Schürzchen bekleidete Roboter-Zofe im
Haus von Signore Enrico, entwickelt Be-
wußtsein und wird eifersüchtig auf Elisa-
betta, die dralle neue Freundin ihres
Chefs. Als sie sich ›emanzipiert‹, will En-

rico ihr dies mit Hilfe eines Ingenieurs
austreiben. Aber er hat nicht mit der Intelligenz und Pfiffigkeit seiner Neuerwer-
bung gerechnet. – Komödie.

Der ideale Untermieter
BRD 1956.
R Wolf Schmidt. *B* Wolf Schmidt. *K*
Heino König. *M* Wolf Droysen. *D* Wolf
Schmidt, Sybille Schindler, Holger
Hagen, Lia Wöhr, Susi Jera, Arwed
Schleicher, Walter Bäumer, Kurt Zips,
Gerd Schäfer, Josef Wagek, Herbert
Schimkat, Peter Petran, Bogislaw von
Heyden, Jupp Lang, Reno Nonsens,
Abbas Magfuridan. 98 Min.
Es ist kaum zu glauben, aber wahr: Dieses
ziemlich dümmliche Filmchen aus der
Werkstatt von ›Baba Hesselbach‹ Wolf
Schmidt (die Hesselbachs waren in den
50er Jahren auf Bundes-Bildschirmen
mindestens so erfolgreich wie heute der
Denver-Clan) wird in den wichtigsten an-
gloamerikanischen Veröffentlichungen,
die sich mit dem fantastischen Film befassen, unter der Rubrik Science Fiction genannt. Grund hierfür dürfte nicht die
›Qualität‹ des Films sein (sie ist gelinde
gesagt ›unter aller Sau‹), sondern vielmehr der Umstand, daß Wolf Schmidt direkt an den Export dachte und den Film
zusätzlich in einer englischen Version
produzierte, die dann auch tatsächlich den
Weg über den großen Teich fand. Es geht
in dem Schmidt-Werk in erster Linie um
einen sprechenden Blechbüchsen-Robo-
ter, dem ein Wissenschaftler die gängig-
sten Redensarten, auf ein Tonband gesprochen, in den hohlen Blechbauch ein-
verleibt hat. Nicht nur die Tonimpulse,
sondern auch reine Gedankenübertragung
(!) aktivieren das Wunderwerk des Scientisten (übrigens ein Psychologe), so daß
sich das Töchterchen eines anderen Gelehrten natürlich in diesen ›Impuls-Reak-
tor‹ verlieben muß. So logisch entwickelt
sich die Geschichte weiter, verläßt die
wissenschaftliche Ebene und endet in
heillosem Klamauk. Das Ganze nennt
sich ›Deutscher Lustspielfilm‹ und würde

selbst auf Festivals des Schundfilms keine gute Figur machen, da man über solchen Blödsinn nur noch weinen kann.

I.F.O. Air Racing

(I.F.O.). USA 1985.
R Ulli Lommel. *B* Roger Deutsch/Ulli Lommel. *K* Jürg v. Walters. *M* Dave Erlanger. *D* Carey Shearer (Max), Kim Kincaid, Paul Rugg, Mark Drotman, Tony Lovett, Arthur Payton, Pat Munger, Kelly Zirbes, Derek Hoyle, Brian Bender, John Smith, Doug Requa. *F* 83 Min.

Der Computerfreak und Hobbyhacker Max knackt den Code eines Militärrechners und erhält Zugang zu Informationen über ein Geheimprojekt: Man hat einen Minihubschrauber entwickelt, der mittels Strahlung die menschliche Psyche verändern kann. Max wird mit seinem Wissen zu einem Risikofaktor für das Militär, das ihn ausschalten will. Der Hubschrauber gerät außer Kontrolle und droht, einen katastrophalen Plan auszuführen. Und natürlich kann nur unser Max ihn stoppen. – Nur auf Video.
ⓋIHE

Ikarie XB 1

(IKARIE XB I). ČSSR 1963.
R Jindrich Polak. *B* Pavel Juraček/ Jindrich Polak. *K* Jan Kališ. *SpE* Jan Kališ/Mila Nejedly/Jiri Hilupy. *M* Zdenek Liska. *D* Zdenek Stepánek (Abajev), Radovan Lukavsky (MacDonald), František Smolik (Hopkins), Otto Lackovič (Michal), Dana Medrická (Kirova), Martin Tapak (Kubes), Miroslav Machacek (Bernard), Rudolf Deyl (Herold), Jiri Vrstala (Svenson), Jožef Adamovič (Lorenc), Irena Kacirkova (Brigita), Jaroslav Mares (Milek). *F* 80 Min.

26.6.2163: Das fast vollautomatisch funktionierende Sternenschiff *Ikarie XB 1* verläßt die Erde und begibt sich auf die Reise zum Fixstern Alpha Centauri, in dessen Umgebung man Planeten vermutet. Die Besatzung ist international: Russen, Amerikaner, Engländer, Franzosen, Tschechen, Schweden und Deutsche sind an Bord. Unterwegs stößt man auf ein wrackes Raumschiff aus dem 20. Jahrhundert: Die Besatzung hat sich umgebracht. Man findet Atomwaffen, die einer der Astronauten aus Versehen zündet. Man begegnet einem Dunkelstern, dessen geheimnisvolle Strahlung die Mannschaft der *Ikarie XB 1* in einen Tiefschlaf versinken läßt. Später wacht man wieder auf. Alpha Centauri ist erreicht. Ein Kind wird an Bord geboren, ein Astronaut stirbt an Strahlenverseuchung, ein Pilot läuft Amok. Alles deutet darauf hin, daß man auf dem Zielplaneten von intelligenten Lebewesen erwartet wird. – »*Ikarie XB 1* ist zweifellos ein bemerkenswert eigenständiges Werk. Indem er die Weltraumfahrt-Klischees vermeidet, ... erschafft Polak einen wirklich reifen und gewandten Film. Hier wird die SF eine Situation, in der psychologische und soziale Probleme ausgelotet werden können – in diesem Fall die Situation von 40 Männern und Frauen unterschiedlicher Nationalität, die zusammen in einem Raumschiff leben und sich auf dem Weg zu einer anderen Welt befinden. Die Gruppe hat die Erde hinter sich gelassen, um in unerforschte Weltraumregionen vorzustoßen – und in einem angemessen langsamen Rhythmus erzählt der Film die Geschichte ihrer langen Reise ins Unbekannte ... Die exzellenten Bauten von (Jan) Zazvorka tragen mindestens ebenso viel zum Erfolg des Films bei wie die Schauspieler und die Kameraführung. Das Environment, das er ... geschaffen hat, ist nüchtern und ansprechend, und dennoch schafft er es, ... ihm eine bemerkenswerte Ausdrucksstärke zu verleihen: Die metallische Kälte und das zweckmäßige Design der langen Korridore, durch die der verstörte Astronaut wandert, sind ein passender Kontrapunkt zu seinem emotionalen, irrationalen Drang, zu seinen Genossen auf der Erde zurückzukehren.« (Dario Magno, in FOCUS ON THE SCIENCE FICTION FILM)

I-Mann – Die Kampfmaschine aus dem All

(I-MAN). USA 1986.
R Corey Allen. B Howard Friedlaender/
Ken Peragine. K Franz Watts. M Craig
Safan. D Scott Bacula (Jeffrey Wilder),
Ellen Bry (Karen), Joey Cramer, John
Bloom, Herschel Bernardi. F 91 Min.
Bei einem Zusammenstoß mit einem Che-
mietransporter atmet der Taxifahrer Jeffrey Wilder die Gase der außerirdischen
Ladung ein und wird unverwundbar. Der
Geheimdienst will ihn in seinen Dienst
pressen, aber Jeffrey lehnt ab. Als der pa-
ranoide Oliver Hoolbrook die Welt mit ei-
nem Laser bedroht, ist der Superman wi-
der Willen dann doch bereit, seine Kräfte
einzusetzen. Mit seiner Kollegin Karen
dringt er in Hoolbrooks gesicherte Festung vor. Kugeln und Starkstrom können
das Happy End nicht verhindern, denn
Jeffrey ist der »I-Man«! (Juchhuu!). –
»Abenteuerliche Unterhaltung im Stil von
Fernsehserien; weitgehend witz- und
spannungslos.« (FILMDIENST). – Nur auf
Video.
Ⓥ Euro

Im Angesicht des Todes

(A VIEW TO KILL). GB 1985.
R John Glen. B Richard Maibaum/M.G.
Wilson. K Alan Hume. M John Barry.
D Roger Moore (James Bond),
Christopher Walken (Max Zorn), Tanya
Roberts (Stacey Sulton), Grace Jones
(May Day), Patrick MacNee (Tibbett),
Patrick Bauchau (Scarpine), Fiona
Fullerton (Paola Ivanovna), David Yip
(Chuck Lee), Robert Brown (M), Robert
Desmond Llewellyn (Q), Lois Maxwell
(Miss Moneypenny), Dolph Lundgren.
F 131 Min.
Der Computer-Großindustrielle Max Zo-
rin will durch eine Explosion die Mega-
computerfabrik Silicon Valley vernich-
ten, um anschließend die Weltherrschaft
zu übernehmen. Bei einer Sight-Seeing-
Tour durch die Welt verhindert Agent Ja-
mes Bond die Katastrophe und wirft Zorin
über der Golden Gate Bridge aus einem

Luftschiff in die Tiefe. – »Veteranen des
Bond-Kinos, die vor rund 20 Jahren mit
James Bond 007 jagt Dr. No und *Liebes-
grüße aus Moskau* in die feine Welt des
Antikommunismus eingeführt wurden
(Kaviar nur mit dem Löffel, Feindagenten
mit Messer und Gabel), werden auch...
im Angesicht des neuen Bond-Films auf
alte Aha-Erlebnisse nicht verzichten müssen: In der Einleitungssequenz wird 007,
vertreten durch den Bond-bewährten Ski-
Zirkus von Willy Bogner, von den bösen
Russen durch die Arktis gejagt... Inzwischen wirbt Bond nur noch für sich selbst,
parodiert Bond nur noch Bond. Und so
bleibt, trotz der immer pyromanischer
werdenden Destruktionsorgien... nur
noch der Kinderkram übrig. Vom Geheimagenten 007 Ihrer Majestät zum Kasperle.« (DER SPIEGEL).

Im Auftrag von H.A.R.M.

(AGENT FOR H.A.R.M.). USA 1965.
R Gerd Oswald. B Blair Robertson.
K James Crabe. M Gene Kauer/Douglas
Lackey. D Mark Richman (Adam
Chance), Wendell Corey (Jim Graff),
Carl Esmond (Prof. Janos Steffanic),
Barbara Bouchet (Ava Vestok), Robert
Quarry, Rafael Campas, Donna
Michelle, Martin Kosleck. F 82 Min.
Der aus dem Ostblock geflüchtete Wissenschaftler Steffanic arbeitet im Auftrag
der US-Regierung in seinem mexikanischen Geheimlabor an einem Mittel, das
die Wirkung einer von der Gegenseite
entwickelten Superwaffe aufheben kann
(hierbei geht es um Weltraumsporen, die
alle Menschen in Pilze verwandeln können). Als Steffanics Ex-Boß einen Assistenten des Forschers umbringen läßt, um
an die Formel des Gegenmittels heranzukommen, schaltet der Geheimdienst
H.A.R.M. den Agenten Adam Chance
ein, der die Spione in ihre Schranken verweist und auch noch die hübsche Nichte
Steffanics als feindliche Agentin entlarvt.
– Ein übler und antikommunistischer
Hetzfilm um bolschewistische Kinder-
fresser, die von den lauteren, gutausse-

henden, edlen und todesmutigen Agenten des Westens mal wieder einen auf den Deckel kriegen.

Im Banne des Dr. Monserrat
(THE SORCERERS). GB 1967.
R Michael Reeves. *B* Michael Reeves/ Tom Baker. *K* Stanley Long. *M* Paul Ferries. *D* Boris Karloff (Dr. Monserrat), Catherine Lacey (Estelle), Ian Ogilvy (Mike), Elizabeth Ercy (Nicole), Victor Henry (Alan), Susan George (Audrey), Dani Sheridan (Laura). *F* 85 Min.
Der Arzt Dr. Monserrat und seine Frau Estelle haben eine Apparatur erfunden, mit deren Hilfe man den Geist anderer Menschen kontrollieren und ihre Empfindungen gleich miterleben kann. Als Versuchskaninchen nimmt man den unsteten Mike, der seine Freizeit vorzugsweise in Tanzlokalen verbringt. Nachdem man ihn behandelt hat, führt er alle Anweisungen des Pärchens aus. Während Dr. Monserrat seine Erfindung zur Beglückung der Menschheit einsetzen will, verfällt Estelle jedoch dem Machtrausch. Sie läßt Mike allerlei Verbrechen begehen und erlebt diese auf gefühlsmäßigem Wege mit. Als der junge Mann in den Trümmern eines gestohlenen Autos verbrennt, erleben seine Manipulatoren das gleiche Schicksal: Sie verkohlen bei lebendigem Leibe, obwohl sie weit von der Unfallstelle entfernt sind. – »Der Plot ist alt, die Variante delikat: Monserrat kann einen Menschen derart manipulieren, daß er zu jeder gewünschten Zeit total unter seinem Willen – und dem seiner Frau – steht... Bald aber verlangt es Frau Monserrat nach stärkerem Tobak: sie befiehlt Schlägereien, schließlich Mädchenmorde... Eine Schauerstory also und, wenn man will, auch eine brauchbare Parabel. Vor allem: eine Rolle für den großen Boris Karloff. Wenn er im langen schwarzen Mantel durch Nachtstraßen geht, um ein Medium zu suchen, dann ist für Augenblicke da, was dem Film so sehr abgeht: die notwendige Übergröße.« (FILM) Ⓥ VPS

Im Geheimdienst Ihrer Majestät
(ON HER MAJESTY'S SECRET SERVICE). GB 1969.
R Peter Hunt. *B* Richard Maibaum. *LV* Ian Fleming. *K* Michael Reed. *SpE* John Stears. *M* John Barry. *D* George Lazenby (James Bond), Diana Rigg (Tracy Draco), Telly Savalas (Ernst Stavro Blofeld), Ilse Steppat (Irma Bunt), Gabriele Ferzetti (Marc Angel Draco), Bernard Lee (›M‹), Lois Maxwell (Miß Moneypenny), Desmond Llewellyn (›Q‹), Irving Allen (Che Che), Horst Fall (Campbell), Yuri Borienko (Grunther), Angela Scoular (Ruby), Catherine von Schell (Nancy), Julie Ege, Bessie Love, George Baker. *F* 140 Min.
Der Supergangster und SPECTRE-Chef Ernst Stavro Blofeld hat sich in ein modern ausgestattetes Haus auf dem 3000 Meter hohen Alpengipfel Piz Gloria zurückgezogen, um von hier aus mit Hilfe des Virus ›Omega‹ die Ökologie der Erde ins Wanken zu bringen. Der britische Agent James Bond bewahrt die Tochter eines Mafia-Bosses vor dem Tod, heiratet sie, und kann dank der ihm nun zur Verfügung stehenden Verbindungen Blofelds Spur aufnehmen und in dessen Festung vordringen. Zwar kann Bond das Quartier seines Gegenspielers in die Luft jagen, Blofeld aber entkommt... – Dies ist der sechste James-Bond-Film, und der einzige, in dem der australische Dressman George Lazenby in der Rolle des Geheimagenten 007 zu sehen ist. Kein reiner SF-Film, aber ein utopisch angehauchter Thriller.
Ⓥ Warner Home
Ⓑ Ian Fleming: *007 James Bond – Im Dienst Ihrer Majestät*, Bern/München 1964

Im Land der Raketenwürmer
(TREMORS). USA 1990.
R Ron Underwood. *B* S.S. Wilson/ Brent Maddock. *K* Alexander Gruszynski. *SpE* Bob & Denny Skotak.

Ma Tom Woodruff. *M* Ernest Troost.
D Kevin Bacon (Valentine McKee),
Fred Ward (Earl Bassett), Finn Carter
(Rhonda Le Beck), Michael Gross (Burt
Gummer), Reba McEntire (Heather
Gummer), John Goodwin, Victor
Wong, Bobby Jacoby, Charlotte
Stewart, Tony Genaro, Ariana Richards,
Richard Marcus, Sunshine Parker.
F 96 Min.
Vier Sandwürmer durchpflügen ein Ge-
biet in der Wüste Nevadas auf der Suche
nach etwas Eßbarem. Die dadurch entste-
henden Beben und Essenreste verwirren
die Bürgerschaft der Wüstenstadt Prefec-
tion. Bevor die Arbeiter Valentine und
Earl und die zufällig anwesende Geolo-
giestudentin Rhonda registrieren, in welcher Gefahr sie sich befinden, sind sie und
die neun anderen Bewohner der Stadt von
den Würmern umzingelt: Sie reagieren
auf Vibrationen, was sie so gefährlich wie
täuschbar macht. Die Verbindungen zur
Außenwelt sind selbstverständlich ge-
kappt, erste Fluchtversuche schlagen fehl.
In dem von den Dächern aus geführten
Kampf gelingt es ihnen, zwei Würmer zu
töten. Durch Wagemut und Schläue kann
die dezimierte Gruppe mit einem Bulldozer in die Berge fliehen. Hier in eine Falle
geraten und festgesetzt, kann Earl einen
Wurm sprengen. Valentine lockt den letzten an eine Schlucht, wo er in der Tiefe
zerplatzt. Fortsetzung nicht geplant. –
»Mit seinem gewitzten, unprätentiosen
Drehbuch, seiner starken Inszenierung
und den überzeugend-komischen Darstellern könnte der Film zum Kultklassiker
werden.« (TIME MAGAZINE). »Ein haltlo-
ser Monsterfilm in der dramaturgischen
Tradition der 50er... Die erste Stunde ist
dumb fun, im hingezogenen Finale aber
verdirbt einem die Arbeitswut der Spezi-
aleffekt-Leute die Lust am Schwachsinn.« (TIP). Ⓥ CIC

**Im Netz der Schwarzen Spinne/Tod
der Schwarzen Spinne**
(SUPERMAN). USA 1948.
R Spencer Bennett/Thomas Carr.

B Arthur Hoert/Lewis Clay/Royal Cole/
George H. Plympton/Joseph F. Poland.
K Ira H. Morgan. *M* Mischa
Bakaleinikoff. *D* Kirk Alyn (Clark
Kent/Superman), Noel Neill (Lois
Lane), Tommy Bond (Jimmy Olsen),
Carol Forman (Spider Lady), George
Meeker (Driller), Jack Ingram (Anton),
Pierre Watkin (Perry White), Terry
Frost (Brock), Charles King (Conrad),
Charles Quigley (Hackett), Herbert
Rawlinson (Graham), Forrest Taylor
(Leeds), Stephen Carr (Morgan), Rusty
Westcott (Elton). 95/96 Min.
Als eine kosmische Katastrophe den Pla-
neten Krypton vernichtet, schickt ein
Wissenschaftler seinen kleinen Sohn in
einer ferngesteuerten Rakete zur Erde.
Der Junge wird von einem Farmerehepaar
gefunden und erhält den Namen Clark
Kent. Bald merken seine Pflegeeltern,
daß er über Superkräfte verfügt und fliegen kann. Clark nennt sich fortan Superman, zieht in die Stadt Metropolis und
kämpft in der Maske eines etwas naiven
Journalisten gegen das Böse auf der Welt.
Dies vergrätzt die verbrecherische Spider
Lady, deren Gangsterbande alles tut, um
die Weltherrschaft an sich zu reißen. Da
sie bald dahinterkommt, daß Superman
kein Erdenmensch ist, will sie ihm mit einer Geheimwaffe den Garaus machen: Er
ist nämlich äußerst empfindlich gegen
Kryptonit, das Gestein seiner Heimatwelt, denn dies kann ihm seine übermenschlichen Kräfte nehmen. Natürlich
gelingt es Superman immer wieder in
letzter Sekunde, sich den heimtückischen
Angriffen der Spider Lady zu entziehen.
Als der Wissenschaftler Dr. Graham einen Strahlenprojektor erfindet, den man
sowohl zum Guten als auch zum Bösen
einsetzen kann, versucht Spider Lady alles, dieses Gerät in ihren Besitz zu bringen. Graham wird entführt, kann aber Superman zu Hilfe rufen, der sich mit Hilfe
eines Tricks Zugang zum Geheimversteck
der bösen Dame verschafft, unter den
Gangstern aufräumt und den gefangenen
Wissenschaftler befreit. – *Im Netz der*

Schwarzen Spinne ist ein Serial, dessen Rechte der Produzent Sam Katzman bereits Mitte der vierziger Jahre erwarb (Superman, der Titelheld, war damals schon eine bekannte Comic-strip-Figur). Katzman versuchte diesen Stoff an verschiedene Gesellschaften zu verkaufen, die Billigprodukte herstellten, hatte jedoch erst bei der Columbia Erfolg, die die Hauptrolle mit Kirk Alyn besetzte und der unbekannten Noel Neill, die die Rolle der Lois Lane spielte, eine Debütchance gab. Im Gegensatz zu den meisten Serials der vierziger Jahre war der Superman-Stoff relativ gut gemacht und führte zu mehreren Fortsetzungen (SUPERMAN AND THE MOLE MEN, 1951, Regie: Lee Sholem), die jedoch hauptsächlich für das Fernsehen produziert wurden und nur beschränkt (und ebenfalls als Zusammenschnitte) in die amerikanischen Filmtheater kamen. Die bundesdeutsche Kritik ließ natürlich an dem von seinen Fans liebevoll ›Supie‹ genannten Kämpfer für ein ›sauberes‹ Amerika kein gutes Haar; kein Wunder also, daß der FILMDIENST an diesem kindlich-naiven Abenteuerspektakel lediglich »billigen Blödsinn« erkannte und konstatierte: »Über die künstlerische Form dieses zwei Abende füllenden bzw. verderbenden Films etwas Wahres zu sagen, ohne die daran Beteiligten zu beleidigen, ist schwierig.«

Das Imperium schlägt zurück
(THE EMPIRE STRIKES BACK).
USA 1979. Oscar 1981: Ton.
R Irvin Kershner. *B* Leigh Brackett/ Lawrence Kasdan. *St* George Lucas. *K* Peter Suschitzky. *SpE* Brian Johnson/ Richard Edlund. *M* John Williams. *D* Mark Hamill (Luke Skywalker), Harrison Ford (Han Solo), Carrie Fisher (Prinzessin Leia Organa), Billy Dee Williams (Lando Calrissian), Anthony Daniels (C3PO), Frank Oz (im Original Lenker und Stimme der Puppe Yoda), David Prowse (Darth Vader), Peter Mayhew (Chewbacca), Kenny Baker (R2-D2), Alec Guinness (Obi-Wan

Kenobi), Jeremy Bulloch (Boba Fett), Kenneth Colley (Admiral Piett), Julian Glover (Gen Veers), Michael Sheard (Admiral Ozzel), Bruce Boa (Gen. Rieekan), Dennis Lawson (Wedge), John Morton (Dak). *F* 125 Min.
Vorgeschichte siehe *Krieg der Sterne*: Nach der erfolgreichen Vernichtung des ›Todessterns‹ haben sich die Rebellen auf dem Eisplaneten Hoth eingenistet. Imperiumssonden entdecken das Versteck. Der Angriff beginnt: Das Imperium schlägt zurück. Um ihren Raumschiffen die Flucht zu ermöglichen, leisten die Rebellen Widerstand. Luke Skywalker kann entkommen und landet auf dem Dschungelplaneten Dagobah, wo er auf den putzig aussehenden Alien Yoda stößt, der wie Obi-Wan Kenobi und Lukes Vater zu den Jedi-Rittern gehört hat. Während Yoda sich des ungeduldigen jungen Mannes annimmt und ihm eine Jedi-Ritter-Ausbildung zuteil werden läßt, versteckt sich Han Solo mit einem klapprigen Raumschiff nach einer wahnwitzigen Jagd durch einen Asteroidengürtel in einem hohlen Planetoiden. Als Luke, dem der ›verstorbene‹ Obi-Wan Kenobi in einer Vision erscheint, erfährt, daß sich seine Freunde in Gefahr befinden, will er ihnen zu Hilfe eilen. Solo rettet sich jedoch selbst: Er entkommt auf einen Planeten, dessen Herrscher sein Ex-Kumpan Lando Calrissian ist. Dieser Mann jedoch steht – unter Zwang – in Darth Vaders Diensten und muß Han Solo verraten. Als er selbst zu aufmüpfig wird, zieht er sich ebenfalls die Feindschaft des Lords zu. Solo wird eingefroren und in einem Raumschiff fortgebracht. Luke betritt den Ort des Geschehens, tut sich mit Lando zusammen und duelliert sich mit Darth Vader, was ihn eine Hand kostet. – *Das Imperium schlägt zurück* ist, wie George Lucas inzwischen verlauten ließ, nicht der zweite, sondern der fünfte Teil der STARWARS-Saga: *Krieg der Sterne* ist der vierte; insgesamt ist der ganze Zyklus auf nicht weniger als neun Folgen angelegt. Trotz der simplen Story (»Man braucht kein einzi-

Anthony Daniels und Harrison Ford in *Das Imperium schlägt zurück*

ges Wort des Dialogs zu verstehen, um der Handlung folgen zu können«, meint George Lucas), hat der Streifen einige ›künstlerische Werte‹: Die Tricks, die man in den auf Unmöglichkeiten spezialisierten Londoner Elstree-Studios ausgetüftelt hat, sprengen alle Dimensionen, es wimmelt von Gadgets und Lebewesen, die die Galaxis noch nicht gesehen hat. Herausragend allemal der von Frank Oz gebaute, gelenkte und gesprochene Außerirdische Yoda, ein kleiner Hutzelzwerg mit spitzen Öhrchen und einem Gesicht, das alle Empfindungen widerspiegelt, die eine Intelligenz ausdrücken kann. Und die Bauten: der Dschungelplanet, eine düstere, sumpfige, schlammige Welt, die von Geschöpfen bevölkert ist, die ihresgleichen suchen. Auch Lando Calrissians Heimat ist eine Welt, die auszuforschen es eines eigenen abendfüllenden Spielfilms erfordern würde: Da spielt sich das Leben auf gigantischen Plattformen ab, die auf feingliedrigen Säulen über den Wolken schweben. »Dennoch beeindruckt die Leichtigkeit, mit der hier perfekte Kino-Unterhaltung gemacht wurde. Manche ernsten Gemüter könnten den Film als ›albern‹ oder ›unsinnig‹ abtun, aber was für den Vorgänger... geschrieben wurde, gilt noch immer: Es ist schwierig, ihn ›nicht schön zu finden, sich nicht einzulassen auf das Ergebnis einer aufregenden Fantasie‹.«
Ⓑ Donald F. Glut/George Lucas: *Das Imperium schlägt zurück*, München 1980
Ⓥ CBS/Fox

Impulse
(IMPULSE). USA 1983.
R Graham Baker. *B* Nicholas Kazan/Don C. Dunaway. *K* Thomas del Ruth.

M Paul Chihara. *D* Tim Matheson (Stuart), Meg Tilley (Jennifer), Hume Cronyn (Dr. Carr), John Karlen, Bill Paxton. *F* 88 Min.

Ein biologischer Kampfstoff, auf einem militärischen Gelände in einem unterirdischen Tank gelagert, gerät nach einem Erdbeben a) ins Grundwasser, b) in die Quelle, aus der sich eine Molkerei bedient, und c) somit in die Mägen der Bewohner der amerikanischen Kleinstadt Sutcliffe. Es kommt zu impulsiven Charakterveränderungen: Aus braven Bürgern werden Schweine. Am Ende sieht die Regierung nur noch eine Lösung: Man entledigt sich der Wildgewordenen mit einem tödlichen Antidot. – George A. Romero *(Crazies)* läßt grüßen – wenn er clever ist, von seinem Anwalt. Ⓥ VCL

Im Stahlnetz des Dr. Mabuse
(FBI CONTRO DOTTORE MABUSE/LE RETOUR DU DOCTEUR MABUSE).
BRD/Italien/Frankreich 1961.
R Harald Reinl. *B* Ladislaus Fodor/Marc

Behm. *K* Karl Löb. *M* Peter Sandloff. *D* Gert Fröbe (Inspektor Lohmann), Lex Barker (Joe Como), Daliah Lavi (Maria Sabrehm), Wolfgang Preiss (Dr. Mabuse), Joachim Mock (Voss), Rudolf Forster (Prof. Sabrehm), Rudolf Fernau (Pfarrer Breitenstein), Werner Peters (Böhmler), Ady Berber (Sandro), Lou Seitz (Frau Lohmann), Albert Bessler (Trödler), Laura Solari (Mrs. Pizzarro), Henri Coubet (Blinder), Jean Roger Coussimon (Küster), Alexander Engel (Prof. Griesinger), Zev Berlinski (Mann mit Holzbein). 89 Min.

Der wahnsinnige, nach der Weltherrschaft strebende Dr. Mabuse hat sich als Zuchthausdirektor etabliert und hält mit Hilfe einer absolut willenlos machenden Rauschdroge ein Rudel Verbrecher unter seiner Fuchtel. Inspektor Lohmann, der CIA-Agent Como und die hübsche Maria Sabrehm, die ihren zu Unrecht verurteilten Vater aus dem Zuchthaus holen möchte, kommen ihm auf die Schliche. Sie können Mabuse aber erst das Handwerk

Tim Matheson in *Impulse* von Graham Baker

legen, nachdem der Versuch seiner Leute gescheitert ist, eine ganze Stadt zu übernehmen. Natürlich taucht der Superschurke in letzter Sekunde wieder einmal unter. – Ein armseliges, aber erfolgreiches Kriminalfilmchen, das sich an die legendären Mabuse-Filme Fritz Langs anzuhängen versuchte. Kaum über dem Niveau der Edgar-Wallace-Streifen.

Im Staub der Sterne
DDR 1976.
R Gottfried Kolditz. *B* Joachim Hellwig. *K* Peter Süring. *M* Karl E. Sasse. *D* Jana Brejchova (Akala), Alfred Struwe (Suko), Ekkehard Schall (Chef), Milan Beli (Ronk), Sylvia Popovici (Illic), Violetta Andrei (Rall), Leon Niemczyk (Thob), Regine Hentze (My), Stefan M. Braila (Xik), Mihai Merenta (Kte), Aurelia Dumitrescu (Chta), Zephy Alsec. *F* 100 Min.

Die menschenähnlichen Bewohner des Planeten Cynro empfangen einen schwachen Hilferuf aus dem All und entsenden unter dem Kommando des weiblichen Kapitäns Akala eine bestens ausgerüstete Expedition zum 4. Planeten der Sonne Tem. Akala und ihre Freunde werden auf Tem 4 mit einem imperialistischen Herrschaftssystem konfrontiert, das ein anderes Volk unterdrückt und dessen Welt skrupellos ausbeutet, da sie reich an wertvollen Mineralien ist. Es kommt zu einem Aufstand der Geknechteten, die es den Raumfahrern von Cynro ermöglichen, wieder zu ihrer Heimatwelt zurückzukehren. – Obwohl das britische Filmmagazin STARBURST den Film für »einen ziemlich gut gemachten, altmodischen Thriller« hielt, sparte die DDR-Kritik nicht mit herben Worten: »Der Unterschied zwischen zwei historisch-sozialen Epochen müßte... für den Zuschauer in der Fabelführung, vor allem aber in den Haltungen der Figuren erlebbar gemacht werden; in der Begegnung von Persönlichkeiten unterschiedlicher historischer und sozialer Ordnungen, im Aufzeigen des Widerspruches zwischen diesen läge der Sinn der

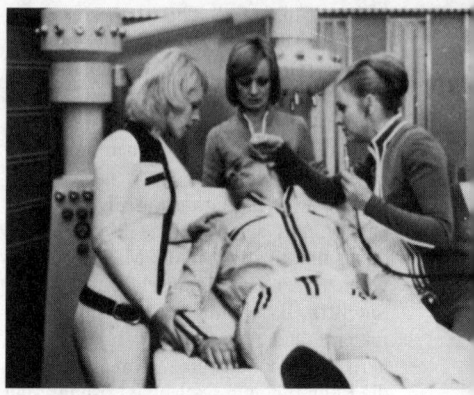

Im Staub der Sterne
von Gottfried Kolditz

Geschichte, läge ihre besondere Spannung. Diese Spannung herzustellen, gelingt Gottfried Kolditz... jedoch kaum, in den beiden Begegnungen der Raumschiffkommandantin Akala mit dem ›Chef‹ (der Temer) läßt Kolditz zwar die Protagonisten über ihre weltanschaulichen Positionen monologisieren, ohne daß diese ›Absichtserklärungen‹ oder Konsequenzen für die filmische Gestaltung hätten... Kolditz will seinen Film als gegenwartsbezogen verstanden wissen. Die Geschichtslosigkeit und die soziale Irrelevanz des angebotenen Sozialmodells schematisieren jedoch diesen Gegenwartsbezug. Das Gleichnis für koloniale Unterdrückung und die Solidarität des sozialistischen Weltsystems geht in dieser Darstellung nicht auf.« (FILM UND FERNSEHEN)

Im Visier des Falken
(FIGURES IN A LANDSCAPE). GB 1970.
R Joseph Losey. *B* Robert Shaw.
LV Barry England. *K* Henri Alekan/John Cabrera/Guy Tabary. *M* Richard Rodney Bennett. *D* Robert Shaw (MacConnachie), Malcolm McDowell (Ansell), Pamela Brown (Witwe), Henry Woolf (Helikopterpilot), Christopher Malcolm (Beobachter), Andrew Bradford, Warwick Sims,

Roger Lloyd Pack, Robert East, Tariq
Younus (Soldaten). *F* 109 Min.

In einem imaginären Land, zu unbe-
stimmter Zeit: Zwei Männer namens
MacConnachie und Ansell befinden sich
auf der Flucht und werden von einem Rudel Soldaten verfolgt, die bestens ausgerüstet sind und einen Helikopter zur Verfügung haben. Das Ziel der Flüchtlinge ist
eine Grenze. Was sie getan haben oder
was man ihnen vorwirft, erfährt man
nicht. Die Männer, die anfangs gefesselt
sind, können sich befreien und beschaffen
sich Schußwaffen. Während MacConnachie, der ältere der beiden, keine Skrupel
kennt und sogar einen Schäfer tötet, ist
Ansell, ein junger Bursche, unsicher und
sensibel. Die Jagd durch eine desolate
Landschaft fordert den beiden das Letzte
ab, denn ihre Verfolger kennen keine
Gnade. Als die Grenze vor ihnen auftaucht, begeht MacConnachie einen Fehler: Er dreht sich um und schießt auf den
sie hartnäckig verfolgenden Helikopter.
Aber der Pilot ist nicht weniger schnell.
Auch MacConnachie wird getroffen. Die
Jagd ist aus. – *Im Visier des Falken*, entstanden nach einem Roman von Barry
England, spielt in einem nicht näher bezeichneten Land. Der Grund, der zur Verfolgung der beiden Flüchtlinge führt,
bleibt dem Zuschauer unbekannt. Die
Soldaten (Polizisten?), die MacConnachie und Ansell gnadenlos durch die karge Landschaft jagen, die zunächst Gegner
und dann Verbündeter der Flüchtenden
ist, tragen Uniformen einer anonym blei-
benden Staatsmacht. ». . . hinterher in der
Landschaft nur Leichen, verbrannte Erde,
in Loseys Kamera belichtetes Zelluloid,
im Zuschauer tiefe Bestürzung. Ein unheimlicher Film.« (FILMKRITIK)
Ⓥ CBS/Fox
Ⓑ Barry England: *Die Flucht*, Wien/
Hamburg 1969

Im Zeichen des Kreuzes
(TV-ARD). BRD 1983.
R Rainer Boldt. *B* Rainer Boldt/Hans
Rüdiger Minow. *K* Karl Kases. *M* Jens

Peter Ostendorf. *D* Wigand Witting
(Dr. Jörg Bensch), Renate Schröter
(Christine Bensch), Johanna Rudolph
(Veronika Wichmann), Mathias
Nitschke (Michael Bensch), Antje
Hagen (Eva Wichmann), Karl Heinz
von Hassel (Gerd Wichmann), Gunnar
Möller (Kaiser), Rainer Christian
Mehring (Heinrich Gotsche), Werner
Schwuchow (Süchow), Hermann Lause
(Pfarrer). *F* 103 Min.

Freitag, 5. Mai 1990: Auf einer Landstraße, fünfhundert Meter vor dem Ortsein-
gang des niedersächsischen Dörfchens
Schlebusch, krachen ein voll beladener
Gastanker und ein Lastwagen aufeinander, der radioaktive Abfälle transportiert.
Die Fahrer und Beifahrer beider Wagen
und die den Spezialtransporter eskortie-
renden Polizisten sind auf der Stelle tot.
Dr. Bensch, der zusammen mit seiner
Frau Christine gerade bei einem befreundeten Ehepaar namens Wichmann den
Sohn Michael abgeliefert hat, der hier einen Landurlaub verbringen soll, eilt an
den Ort des Geschehens, kann jedoch
nichts mehr tun. Niemand weiß, was da
durch Schlebusch transportiert werden
sollte; als man diverse Fässer entdeckt,
aus denen rötlicher Rauch quillt, denkt
man an Chemikalien. Bensch und seine
Frau kehren nach Hannover zurück. Kurz
darauf werden sie von der Polizei mit einem Trick aus ihrer Praxis gelockt, festgesetzt und in einem Hospital interniert.
Das gleiche passiert mit den Patienten,
die sie kurz zuvor behandelt haben. Dr.
Bensch verfällt rapide. Als seine Frau auf
Informationen besteht, ohne sie zu erhalten, schlägt sie in einer Kurzschlußreaktion einen Pfleger nieder, befreit ihren
Mann und bricht mit ihm nach Schlebusch
auf. Dort haben inzwischen Rettungstrupps das Kommando übernommen: Die
Dorfbevölkerung hält sich – der Hysterie
nahe – in der Kirche auf, wo der Pfarrer
und der Bürgermeister Süchow die Menschen zu beruhigen versuchen. Die Inter-
nierten erfahren jedoch nichts, man läßt
sie über ihr Schicksal im ungewissen. Als

Gerd Wichmann, der Hauptmann der freiwilligen Feuerwehr ist, die ersten Symptome einer radioaktiven Vergiftung zeigt, sinkt der Mut der Versammelten. Der Journalist Kaiser, der sich, aus der Kreisstadt kommend, mitten unter die Dorfbewohner gemischt hat, versucht per Kassettenrecorder und Sofortbildkamera die Stimmung und die Situation der Verzweifelten einzufangen. Als sich herausstellt, daß die stets in Schutzanzügen auftretenden ›Retter‹ außer leeren Sprüchen und Tabletten nichts für die Dorfbewohner bereithalten, kommt es zu einem Ausbruch aus der Kirche. Die Rettungstrupps treiben die Menschen jedoch zurück. Jörg und Christine Bensch erfahren aus dem Rundfunk, daß man die Gefahrenzone von der Umwelt abgekapselt hat. Sie schlagen sich – u. a. in einem gestohlenen Auto – trotz schärfster Kontrollen zum Rand der verseuchten Zone durch, wo Christine festgenommen wird. Als Jörg Bensch in der Kirche von Schlebusch eintrifft, sind die ersten Verseuchten bereits gestorben; Eva Wichmann hat in den Wirren des zurückgeschlagenen Ausbruchsversuchs mit Hilfe des etwa dreizehnjährigen Michael ein Kind zur Welt gebracht. Bensch ist nur noch ein Schatten seiner selbst, und sogar der Pfarrer kann sich nicht mehr vorstellen, daß man ihnen noch helfen will. Im Morgengrauen macht sich eine bunt zusammengewürfelte Gruppe – darunter Bensch, sein Sohn Michael, der Pfarrer, Bürgermeister Süchow, der Journalist Kaiser, die junge Veronika Wichmann und ihre geistig verwirrte Mutter – mit dem einzigen noch funktionierenden Wagen auf den Weg in die Freiheit. Aber man kommt nicht weit. Die Gruppe wird von Bundeswehrsoldaten, die vor Entsetzen mit geschlossenen Augen schießen, als sie von einem Offizier zusammengebrüllt werden, getötet. – *Im Zeichen des Kreuzes* (damit ist das Strahlenkreuz gemeint) wurde vom WDR produziert und sollte im Gemeinschaftsprogramm der ARD ausgestrahlt werden. Aber wie es nun mal so ist, wenn gewisse

Kreise befürchten, jemand könne das Grundrecht der Meinungsfreiheit dahingehend mißbrauchen, etwas zu sagen, das ›unausgewogen‹ ist, gab es schon vor der Ausstrahlung des Films einen Knatsch, der sich gewaschen hat: Der Film wurde in die dritten Programme verbannt (wobei der Bayerische Rundfunk sich – wie gehabt – ausschaltete; wohl um dem vielzitierten ›mündigen Bürger‹ zu zeigen, wie es um sein Recht bestellt ist, sich aus allgemein zugänglichen Quellen zu informieren) und mit einleitenden Worten versehen. Noch am gleichen Abend folgte eine Diskussion, bei der sich besonders der NDR-Redakteur Dieter Meichsner hervortat, der den Regisseur Rainer Boldt und dessen Ko-Autor Hans Rüdiger Minow auf das wüsteste beschimpfte und abkanzelte, mehr Authentizität und weniger »Unausgegorenes« forderte und das Drehbuch der beiden als »unter aller Kanone« bezeichnete. Ein anwesender Herr der Energiewirtschaft bequengelte alsdann, Boldt und Minow hätten nicht ausgiebig genug recherchiert: Plutonium würde in *solchen* Fässern gar nicht und auf *solchen* Lastwagen überhaupt nicht transportiert; außerdem sei es gar nicht gefährlich, wenn man sich radioaktiv verseuche, das könne man alles mit einer Dusche und frischen Kleidern wieder hinkriegen; des weiteren sei ein solcher Unfall unvorstellbar etc. pp. Ein Dozent der Bundeswehrhochschule wies die Möglichkeit, daß die Bundeswehr *bewaffnet* zu einem solchen Einsatz herangezogen werden würde, weit von sich, und außerdem dürften Bundeswehrsoldaten gar nicht auf Menschen schießen, das verbiete schon dieses oder jenes Gesetz. Die CDU-Ministerin Birgit Breuel monierte einen im Film enthaltenen Monolog, der in der *1984*-Welt George Orwells sicherlich sofort die Gedankenpolizei auf den Plan gerufen hätte: Da erdreistet sich der radioaktiv verseuchte, mit den Nerven völlig fertige, bar aller Informationen über seinen und seines Jungen Zustand ledige, in einem Krankenhaus internierte Dr. Bensch doch tatsäch-

Bette Davis' Eyes: *In den Fängen der Madame Sin*

lich, etwas von einem großen Manipulator im Hintergrund zu faseln, »dem Staat« (Birgit Breuel), der listig an den Strippen ziehe und seine Bürger im Ernstfall ahnungslos und im Stich ließe. – *Im Zeichen des Kreuzes* ist ein kompetent gemachter, spannungsgeladener SF-Thriller, der sein Licht nicht hinter den Scheffel zu stellen braucht: Er hat eine bestechende Kameraführung, logisch handelnde Charaktere und eine passende musikalische Untermalung aufzuweisen und ist sicher der beste utopische (?) Film, der je in der BRD produziert worden ist.

Ⓑ Peter Leukefeld: *Im Zeichen des Kreuzes*, München 1983

In den Fängen der Madame Sin
(MADAME SIN). GB 1971.
R David Greene. *B* Barry Oringer/David Greene. *K* Tony Richmond. *M* Michael Gibbs. *D* Bette Davis (Madame Sin), Robert Wagner (Anthony Lawrence), Denholm Elliott (De Vere), Gordon

Jackson (Commander Cavendish), Dudley Sutton (Monk), Catherine Schell (Barbara), Pik-Sen Lim (Nikko), Paul Maxwell (Connors), David Healy (Braden), Al Mancini (Fischer), Alan Dobie (White), Roy Kinnear (Makler), Charles Lloyd Pack (Mr. Willoughby), Frank Middlemass (Dr. Henriques), Arnold Diamond (Lengett). *F* 90 Min.

Die steinreiche, auf einem schottischen Inselschloß lebende Madame Sin ist von Welteroberungsplänen besessen und bedient sich der Hilfe genialer Wissenschaftler, die allerlei futuristische Waffen für sie erfunden haben. Mit einem Strahler, der das Bewußtsein von Menschen beeinflußt, polt sie Anthony Lawrence, den Freund des Polaris-U-Boot-Kommandanten Cavendish, um, da sie dessen Fahrzeug in ihre Gewalt bringen möchte. Obwohl Lawrence glaubt, der teuflischen Madame überlegen zu sein, und die Marine warnen kann, erweist sich seine Herrin doch noch als die Gewitztere. »Nicht gerade absolut schundig, aber fast.« (Gary Gerani/Paul H. Schulman, FANTASTIC TELEVISION)

In den Fesseln von Shangri-La
(LOST HORIZON). USA 1937.
R Frank Capra. *B* Robert Riskin.
LV James Hilton. *K* Joseph Walker/ Elmer Dyer (Luftaufnahmen).
SpE E. Roy Davidson/Ganahl Carson.
M Dimitri Tiomkin/Max Steiner.
D Ronald Colman (Robert Conway), Jane Wyatt (Sondra), John Howard (Georg Conway), Margo (Maria), Thomas Mitchell (Barnard), E. E. Horton (Lovett), Isabell Jewell (Gloria), H. B. Warner (Chang), Sam Jaffe (Hoher Priester). *F* 97 Min.

In Baskul, einem Staat im Inneren Asiens, tobt die Revolution. Auf einem Inlandflug wird ein Flugzeug entführt. In ihm befinden sich unter anderen der britische Konsul Robert Conway, sein Bruder George, ferner ein Lehrer, ein Wissenschaftler und eine junge, todkranke Frau. Das Flugzeug landet schließlich auf ei-

nem schneebedeckten Plateau im Innern Tibets. Die Insassen glauben sich schon verloren, doch sie werden von Mönchen geborgen und in das geheimnisvolle Stadt-Kloster Shangri-La geführt, einen Ort von unvorstellbarer Schönheit und heiliger Ruhe. Die Fremden werden äußerst zuvorkommend und gastfreundlich aufgenommen. Mit der Zeit passen sie sich ihrer Umgebung an; die todkranke Frau wird sogar gesund. Konsul Conway wird von dem 250jährigen Oberpriester mit den Geheimnissen von Shangri-La vertraut gemacht: Der eigenartige Lebensstil, in vollkommenem Frieden mit sich und den anderen zu leben, und das Klima in diesem von hohen Bergen abgeschlossenen Tal lassen die Bewohner kaum altern und nie krank werden. Es gibt keine Regierung, die Mönche sind Herrscher ohne Macht, sind Vorbild für das Volk. Weder Soldaten noch Polizei sind notwendig, da Verbrechen kaum vorkommen – zum einen, weil nur sehr ernste Fälle als Verbrechen angesehen werden, zum anderen, weil jeder das bekommt, was er sich vernünftigerweise wünschen kann. Lehnt sich doch einmal ein Bewohner gegen die Gesellschaft auf, so muß er das Tal verlassen. Das geschieht sehr selten. Es hätte für den Verbannten auch fatale Folgen; denn außerhalb des Tales holt einen die Zeit ein und hinterläßt abrupt ihre Spuren. Trotz dieser Aussicht will George, der Bruder des Konsuls, Shangri-La mit dem lieblichen, anscheinend jungen Mädchen Maria verlassen. Obwohl der Konsul sich bereits so gut akklimatisiert hat, daß er Nachfolger des uralten Oberpriesters werden soll, schließt er sich den beiden an. Auf der beschwerlichen Reise verwandelt sich Maria in eine alte Frau und stirbt. George verzweifelt und stürzt ab. Der Konsul verirrt sich, wird von einer Suchexpedition gefunden und nach Hongkong gebracht. Hier hält er es jedoch nicht aus. Nach seiner Wiedergenesung bricht er auf, Shangri-La zu suchen. Kurz vor dem Ziel wird er zum letzten Mal gesehen. – »Daß es nicht unbedingt außerirdische Mieslinge braucht, um einen anständigen SF zu drehen, zeigt *In Fesseln von Shangri-La*... Sieht man einmal von der etwas zu makellosen Figur dieses Diplomaten ab, dann ist LOST HORIZON ein in jeder Beziehung gelungener Film. Er ist eine filmische Allegorie auf die Kraft des einfachen Menschen und seine Fähigkeit zum Frieden und zur Verständigung...: Erst in der Einfachheit und nach Aufgabe der üblichen Sachzwänge finden die Menschen in Shangri-La ihr Paradies.« (THE WHOLE BLACK HOLE) – Dieses Paradies ist das seiner Zeit; es trifft den Zeitgeschmack von 1937. Nur so ist der ungeheure kommerzielle Erfolg zu erklären (im Gegensatz etwa zu THINGS TO COME). »... Shangri-La, ein weißes Märchenland der Mittelklasse, des Bürgertums, das so aussieht, als hätten seine Architekten ihre Lehrzeit damit verbracht, die für die 30er Jahre typischen Kinopaläste zu konstruieren.« (Brosnan, FUTURE TENSE) – Alles erscheint zu glatt, zu amerikanisch:

»Diese Art von falsch verstandenem Buddhismus, von den Amerikanern wie eine Sanatoriumsdiät interpretiert, ist nicht für uns gemacht... Shangri-La ist wie einer jener friedlichen, sehr angenehmen Badeorte, die uns aber nach vier Wochen unruhig machen, weil die menschlichen Aktivitäten aufgeschoben sind. Und wir verlassen sie.« (Rudolf Arnheim, KRITIKEN UND AUFSÄTZE ZUM FILM) – Unter dem Titel *Der verlorene Horizont* entstand 1972 ein völlig vermurkstes Remake mit Starbesetzung. – Oscar für Regie und Drehbuch 1937.
Ⓑ James Hilton: *Irgendwo in Tibet*, Frankfurt/Main 1959

In den Klauen des Giganten
(GIANT FROM THE UNKNOWN).
USA 1957.
R Richard Cunha. *B* Frank H. Taussig/ Ralph Brooke. *K* Richard Cunha/ William Norton. *M* Albert Glasser.
D Buddy Baer (Vargas), Sally Fraser (Janet Cleveland), Edward Kemmer

Ronald Colman und H.B.Warner in den *Fesseln von Shangri-La*

(Wayne Brooks), Morris Ankrum (Prof.
Cleveland), Bob Steele (Sheriff Parker),
Joline Brand (Ann Brown). 77 Min.
Der Archäologe Cleveland kommt mit
seiner Tochter nach Kalifornien, um in einem Tal nach Spuren der spanischen Eroberer zu suchen, deren Anführer Vargas
ein Riese gewesen sein soll. Wie sich herausstellt, ist die Theorie des Professors
richtig. Aber Vargas ist mitnichten tot; er
hat die Jahrhunderte in Fels eingeschlossen überlebt und ist durch einen Blitzschlag wieder zum Leben erweckt worden. Mordend zieht er durch das Land, bis
man ihn mit vereinten Kräften besiegen
kann. – »...hanebüchene Gruselei.«
(FILMDIENST)

In den Krallen der Venus
(QUEEN OF OUTER SPACE).
USA 1958.
R Edward Bernds. *B* Charles Beaumont.
K William Whitley. *SpE* Milt Rice.
M Marlin Skiles. *D* Zsa Zsa Gabor
(Talleah), Eric Fleming (Capt. Neil
Patterson), Laurie Mitchell (Yllana),
Paul Birch (Prof. Konrad), Barbara
Darrow (Kaeel), Dave Willock (Cruze),
Lisa Davis (Motiay), Patrick Waltz
(Larry Turner), Marilyn Buford
(Odeena). 80 Min.
1985: Drei Raumpiloten der USA – Pat-
terson, Turner und Cruze – sollen Prof.
Konrad auf eine Raumstation bringen, die
plötzlich vor ihren Augen von unbekannten Kräften vernichtet wird. Ein Energie-
strahl packt ihr Schiff und schleudert es
auf die Venus zu, wo es zerschellt. Von
einer Amazonentruppe der venusischen
Königin Yllana festgenommen, bringt
man sie in einen Palast, wo man ihnen
vorhält, die Erde wolle den Planeten Venus mit Atomwaffen angreifen. Von Talleah, einer Vertrauten der Königin, erfahren die Männer, a) daß sie die einzigen
Vertreter des starken Geschlechts auf dieser Welt sind, und b) daß Bestrebungen
im Gange sind, Yllana zu entmachten.
Nach einem mißglückten Fluchtversuch
der Gefangenen erringen sie mit Hilfe

Talleahs die Freiheit und zetteln eine Revolte gegen die verhaßte Königin an. Yllana findet den Tod, und die Rebellen vernichten die Energiewaffe der Venusier,
die die Erde zerstören sollte. – »Die Ama-
zonen-Sagen der Griechen, in denen sich
unliebsame Erinnerungen manifestierten
an Kämpfe mit kleinasiatischen matriar-
chalischen Stämmen, haben auf dem
Wege der Überlieferung frische Nahrung
bekommen im amerikanischen Trauma.
In den Krallen der Venus ist wie Balsam
auf die Wunde, welche die Emanzipation
der Frauen in das Selbstbewußtsein der
Männer geschlagen hat... Auch Frauen
haben eine Achillesferse, und die ist ihre
natürliche Liebe zu den Männern. Von ihr
werden angesichts des Kosmonauten-
Trios drei Venus-Bewohnerinnen ergriffen und zu Partisaninnen gegen ihre Königin, hinter deren Gesichtsmaske sich der
Grund ihres Männerhasses verbirgt: das
Antlitz der schönen Frau ist grauenhaft
entstellt.« (FILMKRITIK)

In den Krallen des Unsichtbaren
(ORLOFF ET L'HOMME INVISIBLE/ORLOFF
Y EL HOMBRE INVISIBLE).
Frankreich/Spanien 1970.
R Pierre Chevalier. *B* Pierre Chevalier/
Juan Fortuny. *K* Juan Fortuny.
M Camille Sauvage. *D* Francisco
Valladares (Dr. Garaudet), Howard
Vernon (Prof. Orloff), Brigitte Carva
(Cecile), Fernando Sancho, Isabel del
Rio, Evane Hanska. *F* 80 Min.
Der junge Arzt Garaudet wird zu einem
angeblich Kranken auf ein mysteriöses
Schloß gerufen. Da sich das Schloßperso-
nal weigert, ihn einzulassen, verschafft er
sich mit Gewalt Zutritt und lernt den Wis-
senschaftler Orloff und dessen Tochter
Cecile kennen. Orloff, der sich mit Trans-
parenzphänomenen beschäftigt, hat ein
unsichtbares Lebewesen erzeugt, das seiner Kontrolle entglitten ist. Als das
Schloß in Flammen aufgeht, wird das
Monstrum von den Hunden zerrissen. Orloff kommt in den Flammen um. – Dieser
alte Sodbrenner sollte ursprünglich ›La

Vie Amoureuse de l'Homme Invisible‹ (›Das Liebesleben des Unsichtbaren‹) heißen; ein Titel, der gewiß für vollere Kassen gesorgt hätte, aber unsichtbare Monster, die ihre gierigen Krallen nach drallen Madln ausstrecken, geben mehr an Horror-Effekten her, und das traf halt den Zeitgeist von 1970 besser.

ⓥ VTD

In den Schuhen des Fischers
(THE SHOES OF THE FISHERMAN).
USA 1968.
R Michael Anderson. *B* John Patrick/ James Kennaway. *LV* Morris L. West. *K* Tony White. *M* Alex North.

D Anthony Quinn (Kyrill Lakota), Laurence Olivier (Pjotr Iljitsch Kamenew), Oskar Werner (David Telemond), David Janssen (George Faber), Vittorio de Sica (Kardinal Rinaldi), John Gielgud (Alter Papst), Barbara Jefford (Dr. Ruth Faber), Rosemary Dexter (Chiara), Frank Finlay (Igor Bunin), Burt Kwouk (Peng), Arnoldo Foa (Gelasio) Paul Rogers (Augustiner), George Pravda (Gorschenin), Clive Revill (Wukowitsch), Niall MacGinnis (Kapuziner), Marne Maitland (Kardinal Rahamani), Isa Miranda (Marquesa), Gerald Harper (Brian), Leopoldo Trieste, Peter Copley, Arthur Howard, Jean Rougeul. *F* 153 Min.

Nach einer in China ausgebrochenen Hungersnot scheint ein Krieg zwischen der Sowjetunion und dem Reich der Mitte unvermeidlich. Als Retter in der Not erweist sich der Ukrainer Kyrill Lakota, ein Erzbischof, der aus einem russischen Straflager heraus zum Papst gewählt wurde und nach der Übernahme seines neuen Amtes radikal mit den Traditionen der katholischen Kirche bricht: Um den Weltfrieden zu sichern, reist er nach Moskau und nimmt als Vermittler an einer sowjetisch-chinesischen Konferenz teil. Er verspricht die Schätze des Vatikans zu veräußern, wenn damit dem Hunger in der Welt entgegengetreten werden könne. Sowjets und Chinesen geben daraufhin ihre kriegerischen Pläne auf. Lakota erhält für seine Entscheidung den begeisterten Jubel der Menschenmassen auf dem Petersplatz.

ⓑ Morris L. West: *In den Schuhen des Fischers*, München 1969

In der Gewalt der Riesenameisen
(EMPIRE OF THE ANTS). USA 1977.
R Bert I. Gordon. *B* Jack Turley/Bert I. Gordon. *LV* H. G. Wells. *K* Reginald Morris. *SpE* Eric von Buelow/Roy Downey. *M* Dana Kaproff. *D* Joan Collins (Marilyn Fryser), Robert Lansing (Dan Stokely), Edward Power (Charlie Pearson), John David Carson (Joe Morrison), Jacqueline Scott (Margaret), Albert Salmi, Pamela Schoop, Robert Pine, Brooke Palance, Tom Fadden, Ilse Earl, Irene Tedrow, Harry Holcombe. *F* 90 Min.

Die Grundstücksmaklerin Marilyn ist mit einer Gruppe von Kunden in den Sümpfen Floridas unterwegs. Einige von ihr beauftragte Arbeiter haben zuvor eine wertlose Landparzelle planiert und dabei eine Büchse mit Atommüll freigelegt, die ein Ameisenvolk radioaktiv verseucht hat. Die Ameisen, inzwischen zu riesigen Geschöpfen herangewachsen, greifen die Menschen an und töten sie. Die Überlebenden schlagen sich zu einer abgelegenen Ortschaft durch, deren Bewohner ihnen jedoch die Hilfe verweigern: Die Ameisen haben eine Möglichkeit gefunden, den Menschen ihren Willen aufzuzwingen und sich in der Ortschaft, zu der auch eine Zuckerraffinerie gehört, häuslich niedergelassen. Die betrügerische Marilyn fällt den Ameisen schließlich zum Opfer. Dan Stokely und seinem Freund Charlie Pearson gelingt es, die Ortschaft in Brand zu setzen und zu entfliehen.

H. G. Wells selig würde sich im Grabe umdrehen, wüßte er, was man in diesem Streifen aus seinem Originalstoff gemacht hat: ». . . ein Film, an dem nichts stimmt: Kamera, Drehbuch, Dialoge, Schnitt,

»Kitzeln gilt nicht!«: *In der Gewalt der Riesenameisen* von Bert I. Gordon

Tricks, Darsteller, Regie, Logik und Synchronisation – alles ist (bestenfalls) drittklassig und zum Einschlafen langweilig.« (FILMDIENST) – Und das belgische Filmfanzine FANTOOM schäumte: »Vielleicht stimmt es ja, daß gewisse Filmemacher mit den Jahren hinzulernen, aber für den in einem gewissen Umfeld immer noch ernstgenommenen Bert I. Gordon gilt dies wohl kaum. Diese stinklangweilige, bis zum geht nicht mehr abgelutschte Story einer störrischen Ameisenkolonie, die infolge radioaktiver Bestrahlung zu wachsen anfängt und dann auch noch dazu ansetzt, einer beeindruckenden Anzahl per definitionem nicht allzu heller Bewohner des sonnigen Florida ihren Willen aufzuzwingen, wird möglicherweise von späteren Filmhistorikern als besonders typisches Beispiel jener freiwillig betretenen Sackgasse zitiert werden, in der sich der fantastische Film in der zweiten Hälfte der siebziger Jahre aufhielt.«
Ⓑ H. G. Wells: ›The Empire of the Ants‹, in THE SHORT STORIES OF H. G. WELLS, London 1927
Ⓥ VCL (*Angriff der Nuklear-Monster*)

In der Gewalt der Unterirdischen
Anderer Titel für **Der Junge mit dem Hund**

Inferno, ein Spiel von Menschen unserer Zeit
Anderer (ursprünglicher) Titel des Dr. Mabuse-Films von 1922, 2. Teil: *Dr. Mabuse. Inferno des Verbrechens*

Inferno in Safehaven
(ESCAPE FROM SAVEHAVEN). USA 1989. *R* Brian Thomas Jones/James McCalmont. *B* Brian Thomas Jones/James McCalmont. *K* James McCalmont. *Ma* James Chai. *M* Taj. *D* Rick Gianasi (Pierce), John Wittenbauer (Jeff Colt), Roy MacArthur (Prediger), William Beckwith (Ben Colt), Sammi Gavich (Janet Colt), Mollie O'Mara (Natalie), Marcus Powell (McGee). *F* 85 Min.

In Safehaven, einer befestigten Bunkeranlage, haben Menschen der atomaren Katastrophe Zuflucht gefunden. Doch böses Gesindel will die Guten vertreiben. Der Einzelkämpfer Pierce steht einer Familie bei, um die Lumpen abzuschmettern. – »Trümmergrundstücke von der Altstadtsanierung und eine stattliche Anzahl trister Kellerräume sind die Schauplätze dieser billigen Endzeitphantasie.« (VIDEO WOCHE).
Ⓥ Focus

Inferno USA
(HOSTAGE DALLAS). USA 1986. *R* Dwight H. Little. *B* Phil M. Senini/Eddie Desmond. *K* Peter Collister. *SpE* Jack Bennett. *M* Christopher Young. *D* Edward Albert (Leslie Tagger), Audrey Landers (Paige Starson), Joe Don Baker (King Henderson), Rod Pilloud (Doc), Blue Deckert (Kurt), Dan Shackleton (Raoul), Jerry Briggs, Billy Streater. *F* 90 Min.

Aus einem russischen Chemielabor stiehlt der Konzernchef Tagger ein neues Kampfgas, das die körperliche Substanz zersetzt. In Dallas stiehlt es sogleich Taggers Erzfeind und Konkurrent Henderson, der es, ohne zu wissen, was er eigentlich geklaut hat, von seiner Freundin untersuchen läßt. Beim ersten Test löst sie sich auf. Henderson verlangt von der Stadtverwaltung 50 Millionen Dollar, sonst will er das Gas in die Atmosphäre blasen. Tagger muß mit der Regierungsbeamtin Paige, die ihm küß- und schießkräftig zur Seite steht, das Übel verhindern. In schwindelerregender Höhe entschärft er die Bombe in einem Hochhausbau und jagt Henderson mit seinem Flugzeug in die ewigen Jagdgründe.
»Auch die gelegentlichen Sight-Seeing-Aufnahmen von Dallas' beeindruckender Wolkenkratzer-Skyline und das Quentchen Sex-Appeal des Ex-Dallas-Sternchens Audrey Landers können den Film nicht über die quälenden Runden retten.« (RHEINISCHE POST).
Ⓥ Focus

Inferno 2000
(HOLOCAUST 2000). Italien/GB 1977.
R Alberto de Martino. *B* Sergio Donati/
Alberto de Martino/Michael Robson.
K Enrico Menczer. *M* Ennio Morricone.
D Kirk Douglas (Robert Caine), Simon
Ward (Angel Caine), Virginia McKenna
(Eva Caine), Agostina Belli (Sara
Golan), Anthony Quayle (Griffith),
Spiros Focas (Harbin). *F* 103 Min.
Der vom Fortschritt besessene Großindustrielle Caine läßt in der Sahara ein riesiges Atomkraftwerk errichten und lernt dabei die Journalistin Sara kennen, die ihm
von einer biblischen Prophezeiung berichtet, laut der die Welt von einem siebenköpfigen Ungeheuer vernichtet werden
soll. Als ihm klar wird, daß sein AKW
sieben Türme hat, wird er nachdenklich,
aber sein Sohn Angel treibt den Bau der
Anlage aggressiv voran, denn er hat tatsächlich den Plan, die uralte Weissagung
zu erfüllen. Caine verliert seine Frau, verliebt sich in Sara, versucht das Projekt zu
stoppen und landet im Irrenhaus. Ihm
dämmert schließlich, daß sein Sohn Angel die Ausgeburt des Bösen ist und das
AKW in seinen Händen zu einer Katastrophe mißbraucht werden wird. Als Angel
auf einer Vorstandssitzung erklärt, er
werde die Anlage an seinem 33. Geburtstag in Betrieb nehmen, entschließt Caine
sich zu einem verzweifelten Schritt und
kann den Untergang der Welt im letzten
Moment vereiteln. – Ein raffiniert gemachter kleiner Thriller, der vorgibt, den
Apologeten schrankenlosen Wirtschaftswachstums ans Leder zu wollen, tatsächlich aber nur mystisch verbrämt, was politisch analysiert werden müßte.

Insel am Ende der Welt
(THE ISLAND AT THE TOP OF THE
WORLD). USA 1974.
R Robert Stevenson. *B* John Whedon.
K Frank Phillips. *M* Maurice Jarre.
D Donald Sinden (Sir Anthony Ross),
David Hartman (Prof. John Ivarsson),
Jacques Marin (Capt. Brieux), Mako
(Umiak), David Gwillim (Donald Ross),
Agneta Eckemyr (Freya), Gunnar
Ohlund (Godi), Lasse Kolstad (Erik),
Erik Silju (Torvald), Rolf Søder
(Richter), Torsten Wahlund (Sven),
Sverre Ousdal (Gunnar), Niels
Hinrichsen (Sigurd), Denny Miller
(Wächter), Brendan Dillon (Faktor),
James Almanzar (Ingenieur), Ivor Barry
(Butler), Lee Paul (Anführer der
Bogenschützen). *F* 94 Min.
1907: Sir Anthony Ross chartert das Luftschiff *Hyperion* unter Captain Brieux, um
in der Arktis nach seinem verschollenen
Sohn Donald zu suchen, der nach einer
auf keiner Seekarte verzeichneten Insel
Ausschau gehalten hat. Als man die geheimnisvolle Insel am Ende der Welt gefunden hat, treibt eine Sturmbö das Luftschiff davon. Ross, sein Begleiter Professor Ivarsson und ein paar Getreue werden
plötzlich von Wikingern umringt, die hier
seit tausend Jahren leben und auf dem
gleichen Entwicklungsstand stehen wie
ihre vor Urzeiten auf der Insel gestrandeten Vorfahren. Da sie sich vor fremden
Eindringlingen fürchten, nehmen sie Ross
und seine Leute gefangen. Als man die
Fremden töten will, greift das Wikingermädchen Freya ein, das den ebenfalls gefangenen Donald Ross liebt. Man kann
den Wikingern zunächst entkommen, gerät in eine Bucht voller Walskelette und
entdeckt einen riesigen Ambraschatz. Als
die Flüchtlinge sich auf eine Eisscholle
retten und von Mörderwalen angegriffen
werden, rettet sie der Luftschiffkapitän
Brieux, der mit seiner beschädigten *Hyperion* in ihrer Nähe gelandet ist. Aus Hülle
und sonstigen Überbleibseln des Luftschiffs wird ein Ballon gebastelt. Die
Flucht geht weiter. Das Unternehmen
scheitert, als Brandpfeile der Wikinger
die Ballonhülle treffen. Doch die Wikinger zeigen sich diesmal verhandlungsbereit: Sie wollen die Fremden ziehen lassen, wenn einer von ihnen als Geisel zurückbleibt und die anderen versprechen,
das Geheimnis der Insel zu wahren. Professor Ivarsson, der Archäologe, meldet
sich freiwillig, denn er will das Leben der

Wikinger studieren. Die anderen – auch Freya – ziehen mit Hundeschlitten in die Zivilisation zurück. – Typisches Disney-Produkt »für die ganze Familie«, das es nicht lassen kann, amerikanische Mittelstands-Ideologien zu verbreiten: Die Nachkommen Eriks des Roten (Oha!) und die Eskimos sind blöd, Sir Anthony Ross darf Menschen schinden nach Belieben (das Resultat gibt ihm das Recht dazu), und sein Sohnemann, der sich ein bißchen aufmüpfig zeigt, sieht natürlich am Ende ein, daß man der väterlichen Autorität besser nicht widerspricht.

Ⓥ Euro

Ⓑ Ian Cameron: *Insel am Ende der Welt*, Frankfurt/Main 1976

Die Insel der Krebse
(TV-ZDF). BRD 1975.
R Gerhard Schmidt. *B* Oliver Storz.
LV Anatoli Dnjeprow. *K* Gerard Vandenberg. *SpE* Norbert Scherer.
M Dieter Schönbach. *D* Gerd Baltus (Dr. André Tourenne), Margot Werner (Pat), Nikolaus Dutsch (Jim), Hans Schulze (Tattler), Hans Korte (Wamsler), Wolfgang Preiss (General), Klaus Höhne, Karl-Heinz Vosgerau, Ursula Grabley, Otto Taussig, Uli von Bock, Jürgen Hilken, Kurt Faber, Wolfgang Haubner, Günter Böhnert, Josef Meinertzhagen, Rolf von Sydow.
F 90 Min.
Der Futurologe Tourenne ist ein Anhänger der darwinistischen Lehre: Er ist für natürliche Auslese, das Lebensrecht der Stärkeren und die Gesundschrumpfung der Weltbevölkerung und gibt seine Ansichten während einer TV-Diskussion zum besten. Als er die Entwicklung einer Maschine vorschlägt, die eigene Entscheidungen vornehmen kann, sich aus eigener Kraft bewegt, sich selbst versorgt und sich pausenlos fortpflanzt, um zu ermitteln, wie lebensfähig sie ist, zeigt die Rüstungsindustrie sofort großes Interesse, denn auf Roboter, die sich selbst reproduzieren können, hat sie gerade noch gewartet. Tourenne erklärt sich bereit, das Experiment in Angriff zu nehmen. Er zieht sich mit einigen Mitarbeitern auf eine unbewohnte Südseeinsel zurück. Die von ihm entwickelten krebsähnlichen Roboter vermehren sich rasend schnell und verleiben sich alles Metall ein, dessen sie habhaft werden können. Als sich jedoch die Metallvorräte erschöpfen, fangen sie an, sich gegenseitig gnadenlos zu bekämpfen. Es dauert nicht lange, dann werden auch die Menschen in die Auseinandersetzungen miteinbezogen, denn auch ihr Blut enthält Eisen. Dr. Tourenne erfährt nun am eigenen Leib, was es heißt, für das Überlebensrecht des Stärkeren zu sein . . . – Eine durchaus sehenswerte Parabel über den Militarismus.

Ⓑ Anatoli Dneprow: ›Insel der Krebse‹, in Wulf Bergner (Hrsg.), *Insel der Krebse*, München 1975

Insel der neuen Monster
(L'ISOLA DEGLI UOMINI PESCE).
Italien 1978.
R Sergio Martino. *B* Sergio Martino/ Sergio Donati/Cesare Frugoni.
K Giancarlo Ferrando. *M* Luciano Michelini. *D* Barbara Bach (Amanda), Claudio Cassinelli (Claude), Richard Johnson (Edmond Rackham), Joseph Cotten (Prof. Marvin), Beryl Cunningham. *F* 85 Min.
1891: Die Überlebenden eines havarierten Schiffes retten sich auf eine Insel, deren Besitzer, ein Mr. Rackham, den alten und kranken Biologen Professor Marvin und dessen Tochter Amanda gefangenhält. Marvin ist es nach genetischen Experimenten gelungen, Fischmenschen zu züchten, die in großer Meerestiefe arbeiten können, aber da er dem Tode nahe ist, sucht Rackham nach jemandem, der ihn ersetzen kann. Der Schiffsarzt Claude scheint ihm dafür genau der richtige zu sein, denn er will mit Hilfe der Fischmenschen die Schätze des sagenhaften Atlantis heben. Als Claudes bester Freund ebenfalls in eines dieser Amphibienwesen verwandelt wird, wendet er sich gegen Mr. Rackham und vernichtet Marvins La-

Barbara Bach in *Insel der neuen Monster*

bor. Die künstlich gezeugten Monster erheben sich daraufhin gegen den Herrn der Insel. Während Claude und Amanda mit einem Floß in die Freiheit fliehen, bricht der Inselvulkan aus und vernichtet alles zurückgebliebene Leben. – »Der abenteuerliche Film ist stilvoll im Dekor des vergangenen Jahrhunderts gedreht und mischt durchaus gelungen Liebe, Leidenschaft und Rache.« (VAMPIR)
Ⓥ UFA

Insel der unberührten Frauen
(UNTAMED WOMEN). USA 1952.
R W. Merle Connell. *B* G. W. Sayre.
K Glen Gano. *SpE* Paul Sprunk/Alfred Schmidt. *M* Raoul Kraushaar. *D* Mikel Conrad (Steve Holloway), Doris Merrick (Sandra), Richard Monahan (Benny), Mark Lowell (Ed), Morgan Jones (Andy), Lyle Talbot (Dr. Loring),

Montgomery Pittman (Prof. Warren), Judy Brubaker (Valdra), Carol Brewster (Tennus), Autumn Rice (Cleo), Myriam Kaylor (Schwester Edmunds). 70 Min. Während des Zweiten Weltkriegs wird ein US-Bomber über dem Pazifik von der japanischen Flak abgeschossen. Die vier Insassen – Captain Holloway und seine Kameraden Benny, Ed und Andy – können sich auf eine nirgendwo verzeichnete Insel retten, wo sie von einem leichtbekleideten Amazonenkomitee in Empfang genommen werden. Die resolute Stammeskönigin Sandra erklärt den Männern, daß sie a) Nachkommen britischer Druiden seien, die vor Urzeiten von den Römern aus Europa vertrieben wurden, b) in einer reinen Frauengesellschaft leben, da ihre Männer in einem Krieg alle draufgegangen seien, und c) daß sie es gar nicht gerne hätte, wenn sich zwischen den Neuan kömmlingen und den Mädchen irgendwelche Dinge sexueller Natur abspielen würden. Um letzteres zu verhindern, schickt sie die Soldaten in die Wildnis hinaus, wo sie sich gegen allerlei saurierartige Ungetüme zu verteidigen haben. Als Captain Holloway und seine Jungs die Flucht zurück antreten, retten sie die Amazonen vor einer Horde böswilliger Urmenschen. Die Amazonen gewähren den Männern Unterschlupf. Man hat gerade zarte Liebesbande angeknüpft, als die Urmenschen das Lager der Mädchen erneut überfallen. Außerdem bricht der obligatorische Inselvulkan aus. Das Amazonenreich versinkt im Meer, nur Captain Holloway kann sich retten. – Dieser Film, den das MONTHLY FILM BULLETIN als »bemerkenswert dummes Gewäsch« bezeichnete, wurde aller Wahrscheinlichkeit nach in weniger als einer Woche her-

untergekurbelt und konnte »unter diesen Umständen mehr als abscheulich nicht sein« (Bill Warren, KEEP WATCHING THE SKIES!): Die Amazonen sprechen Englisch, da sie von englischen Druiden abstammen (wollen), ohne zu wissen, daß deren Sprache »mit dem modernen Englisch von heute nicht mehr zu tun hat, als Isländisch« (Bill Warren). Dem mutigen Holloway glaubt man seine fantastische Geschichte erst, als er ein mitgebrachtes Medaillon vorzeigt, dessen Existenz an sich kaum mehr Beweiskraft haben dürfte als ein Besenstiel. »...der Kritiker... kann... nicht anders, als einen jeden vor diesem Ausbund an Primitivität zu warnen und ihm zu empfehlen, sein Eintrittsgeld karitativen Verbänden zu spenden... Das Spiel der unberührten Frauen berührt unangenehm.« (SCIENCE FICTION TIMES)

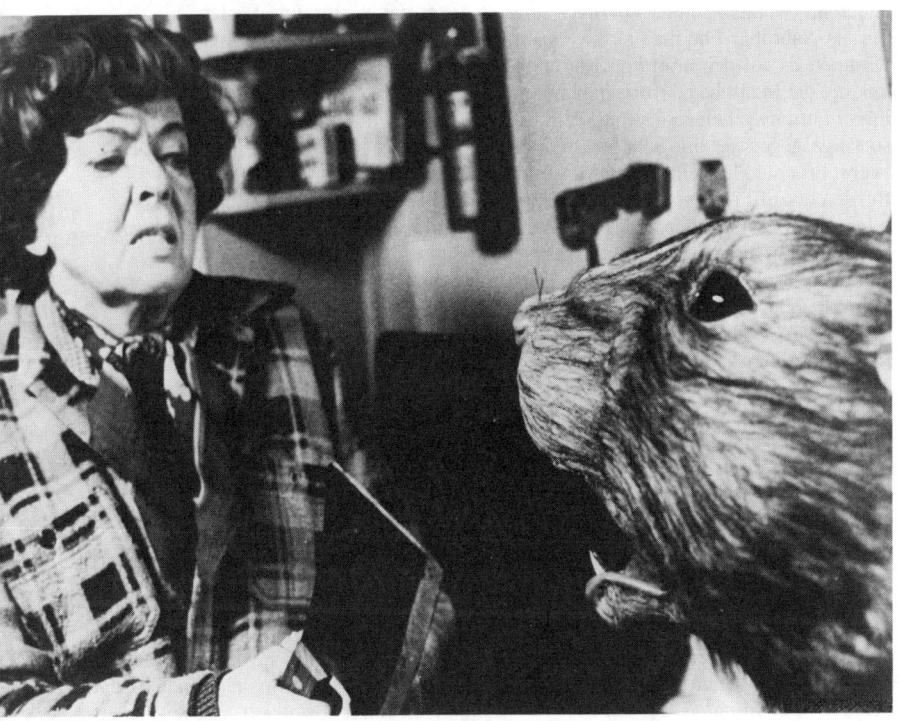

Riesentiere, Zwergenhirne: Ida Lupino in *Die Insel der Ungeheuer*

Die Insel der Ungeheuer
(THE FOOD OF THE GODS). USA 1976.
R Bert I. Gordon. *B* Bert I. Gordon.
K Reginald Morris. *SpE* Bert I. Gordon/
Eric von Buelow/Tom Fisher/John
Thomas/Keith Wardlow. *M* Elliot
Kaplan. *D* Marjoe Gortner (Morgan),
Pamela Franklin (Lorna Scott), Ida
Lupino (Mrs. Skinner), Jon Cypher
(Brian), Belinda Balaski (Rita), Tom
Stovall (Thomas), Ralph Meeker
(Bensington), Chuck Courtney.
F 87 Min.
Ein Inselfarmer entdeckt eine weißliche
Substanz, die aus dem Boden quillt. Als
seine Hühner das Zeug verspeisen, wach-
sen sie zu Riesenvögeln heran. Ein klei-
ner Großkapitalist namens Bensington,
der in der geheimnisvollen Substanz eine
Möglichkeit zur Profitmaximierung sieht,
besucht die Insel mit einem Spezialisten-
Team. Die Substanz dient allerdings auch
anderen – weniger schmackhaften – Tieren als Nahrung: Ehe man sich versieht,
wimmelt es auf der Insel von Riesenrat-
ten, die die Menschen terrorisieren und in
ihrem Farmhaus belagern. Man setzt sich
so lange gegen sie mit Schußwaffen zur
Wehr, bis eine Flutwelle die blutrünstigen
Bestien ersäuft. – Eine neuerliche Schän-
dung H. G. Wells' durch das Zwergen-
hirn Bert I. Gordon: In der literarischen
Vorlage vergewaltigt der Mensch seine
Umwelt so lange, bis diese sich durch das
Umkippen der Ökologie an ihm rächt. Für
Regisseur Gordon ein willkommenes
Thema für eine Abscheulichkeitensamm-
lung.
Ⓑ H. G. Wells: *Die Riesen kommen*,
Minden 1901

Insel der Verdammten
(TURKEY SHOOT). Australien 1981.
R Brian Trenchard-Smith. *B* Jon
George/Neill Hicks. *K* John McLean.
D Steve Railsback (Paul Anders), Olivia
Hussey (Chris Walters), Linda Stoner
(Rita), Michael Craig (Thatcher), Noel
Ferrier. *F* 89 Minuten.
Ein namenloses, totalitäres Regime des

Jahres 1995 hat auf einer Tropeninsel ein
›Umerziehungslager‹ eingerichtet, das fatal an ein Nazi-KZ erinnert. Das Wachpersonal beschäftigt sich hauptsächlich
damit, die hier eingekasteten oppositionellen Elemente mit grauenhaften Folter-
methoden geistig und körperlich zu zerbrechen. Ein besonders widerwärtiger
Zeitgenosse ist der Lagerleiter Thatcher,
der offenbar Ernest B. Schoedsacks/Ir-
ving Pichels Horrorfilm THE MOST DAN-
GEROUS GAME (1932) gesehen hat: Zur
›Unterhaltung‹ des Personals läßt er nämlich hin und wieder ein paar Häftlinge entkommen, auf die dann eine grausame
Menschenjagd veranstaltet wird. Am
Ende kommt es zu einem Aufstand der
Gefangenen, die sich blutig an ihren Pei-
nigern rächen. – Ein Film, der nur die
niedrigsten Instinkte anspricht.
Ⓥ Movie

Insel der verlorenen Seelen
(ISLAND OF LOST SOULS). USA 1932.
R Erle C. Kenton. *B* Waldemar Young/
Philip Wylie. *LV* H. G. Wells. *K* Karl
Struss. *SpE* Gordon Jennings. *Ma* Wally
Westmore. *D* Charles Laughton (Dr.
Moreau), Richard Arlen (Edward
Parker), Leila Hyams (Ruth Walker),
Bela Lugosi (Gesetzgeber), Kathleen
Burke (Lota), Arthur Hohl
(Montgomery), Stanley Fields (Capt.
Davies), Robert Kortman (Hogan),
Tetsu Komai (M'Ling), Hans Steinke
(Ouran), Harry Ekezian (Gola),
Rosemary Grimes (Samoa-Mädchen),
Paul Hurst (Capt. Donahue), George
Irving (Konsul der USA), Alan Ladd,
Joe Bonomo, Randolph Scott, John
George, Larry Crabbe, Duke York
(Tiermenschen). 72 Min.
Der schiffbrüchige Seefahrer Edward Par-
ker wird an den Strand einer geheimnis-
vollen Insel gespült und trifft dort auf den
Wissenschaftler Dr. Moreau, der mit der
tierischen Evolution spielt, aus Affen und
Großkatzen Menschen machen will und
bereits einige Erfolge vorzuweisen hat.
Als er Parker mit dem Panthermädchen

Lota kreuzen will, taucht Ruth Walker, die Verlobte des Seemanns, auf der Insel auf. Moreau läßt sie, da sie seinen Experimenten im Wege steht, von einem seiner Geschöpfe anfallen und den Kapitän, der sie gebracht hat, töten. Seine bis dato ›friedlich erzogenen‹ Kreaturen verfallen daraufhin in Raserei, wenden sich gegen ihren Herrn und bringen ihn auf blutige Weise um. Als Moreaus Labor in Flammen aufgeht, können Parker und Ruth fliehen. – *Die Insel der verlorenen Seelen* basiert auf einem Roman von H. G. Wells und erhielt aufgrund seiner Thematik (der Mensch als quasi-göttlicher Schöpfer ›intelligenten‹ Lebens) in großen Teilen der USA keine Freigabe. In England und Neuseeland wurde er komplett verboten. In Großbritannien erfolgte die Erstaufführung dreißig Jahre später. In seinem Buch KLASSIKER DES HORRORFILMS schreibt William K. Everson:»Der Film stößt oft ab und überzeugt selten, und deshalb schafft er es eigentlich nie, dem Publikum Angst zu machen... Vielleicht trägt auch Charles Laughton unbeabsichtigt einen Teil der Schuld. Er liefert eine großartige darstellerische Leistung, die aber nie zu dem restlichen Film passen will. Seine Sätze sind geschliffen und werden... mit einer wahren Virtuosität der Beiläufigkeit serviert, aber trotz seines satanischen Bartes wirkt er selten beunruhigender als ein medizinisch interessierter Captain Hook... Hin und wieder geht ein paus- bäckiges Grinsen über sein Gesicht, wie bei einem Schuljungen, der mit seinem Chemiebaukasten spielt.« Als besondere Kuriosität sei noch vermerkt, daß sich unter den Tiermenschen einige Schauspieler befanden, die später zu Ruhm und Ehren kamen: Alan Ladd, Randolph Scott und Larry ›Buster‹ Crabbe.
Ⓑ H. G. Wells: *Dr. Moreaus Insel*, Minden 1908

Die Insel des Dr. Moreau
(THE ISLAND OF DR. MOREAU).
USA 1976.
R Don Taylor. *B* John Hermann Shaner/ Al Ramus. *LV* H. G. Wells. *K* Gerry Fisher. *SpE* Cliff Wenger/Carl Thompson (Tiertrainer). *Ma* Ed Butterworth/Michael McCracken/ Thomas Hoerber/Walter Schenck/ Edouard F. Henriques III/Joseph Di Bella/Richard Cobos/Frederic McCoy/ James McCoy. *M* Laurence Rosenthal. *D* Burt Lancaster (Dr. Moreau), Michael York (Andrew Braddock), Nigel Davenport (Montgomery), Barbara Carrera (Maria), Richard Basehart (Gesetzsagender), Nick Cravat (M'Ling), The Great John ›L‹ (Ebermann), Bob Ozman (Bullenmann), Fumio Demura (Hyänenmann), Gary Bailey (Löwenmann), John Gillespie (Tigermann), David Cass (Bärenmann). *F* 99 Min.
Nach einem Schiffsunglück im Pazifik rettet sich Andrew Braddock auf eine einsame Insel, wo er in die Fänge des geheimnisvollen Dr. Moreau und seines Gehilfen Montgomery gerät. Bei ihnen lebt auch das Mädchen Maria – Moreau hat sie als Kind gekauft. Braddock findet heraus, daß der Wissenschaftler den genetischen Code der Tierwelt geknackt hat und mittels eines von ihm entwickelten Serums Schweine, Hyänen, Tiger etc. langsam in Menschen verwandelt. Moreau ist ihr Gott und lehrt sie Gewaltlosigkeit. Als Andrew mit Maria von der Insel fliehen will, ist er plötzlich kein Gast mehr, sondern ein Opfer: Moreau will ihn mit diversen Injektionen in ein Tier verwandeln. Als er aber während einer Auseinandersetzung seinen Helfer Montgomery tötet, bemerken die zur Gewaltlosigkeit erzogenen Tiermenschen, daß ihre Götter sterblich sind, und töten ihren ›Schöpfer‹. Der Wissenschaftler, der gegen sein eigenes Gesetz verstoßen hat, findet den Tod; Andrew und Maria ergreifen in einem kleinen Boot die Flucht und werden von einem Dampfer aufgenommen. – »(Der Film) erweckt anfänglich den Eindruck, als erwarte einen ein ziemlich spannendes Fantasy-Abenteuer, aber er beantwortet alle Fragen zu früh und tritt dann auf der

Stelle. Moreau entpuppt sich als verrückter Visionär, der, nachdem er den genetischen Code teilweise geknackt hat, aus Tieren Menschen heranzüchten will... Es fällt einem tatsächlich schwer, ein Kichern zu unterdrücken, wenn man die Ähnlichkeit zwischen dem Löwenmann und Bert Lahr in *Das zauberhafte Land* erkennt oder anfängt, die Nase Richard Baseharts mit der von Roddy McDowall in *Planet der Affen* zu vergleichen.« (TIME) – Wie auch *Die Insel der verlorenen Seelen* basiert *Die Insel des Dr. Moreau* auf einem Roman des englischen Schriftstellers H. G. Wells.

Ⓥ Thorn EMI
Ⓑ H. G. Wells: *Dr. Moreaus Insel*, Minden 1908

Insel des Grauens
(UNKNOWN ISLAND). USA 1948.
R Jack Bernhard. *B* Harry Gerstad.
K Fred Jackman. *SpE* Howard A.
Anderson/Ellis Burman. *M* Ralph
Stanley. *D* Virginia Grey (Gloria Lane),
Philip Reed (Ted Osborne), Barton
MacLane (Capt. Tarnowski), Richard
Denning (John Fairbanks), Dick Wessell
(Sanderson), Dan White (Edwards),
Philip Nazir (Golab). *F* 75 Min.
Der Marineflieger Ted Osborne hat während des Zweiten Weltkriegs eine Südseeinsel überflogen, auf der er zahlreiche prähistorische Tiere gesichtet hat. Um reich und berühmt zu werden, rüstet er eine Expedition aus, die das Eiland erforschen soll. Es kommt zu zahlreichen Querelen mit der malaiischen Besatzung, die Osborne, seine Freundin Gloria, Captain Tarnowski und einige andere Leute schließlich schändlich im Stich läßt. Während man sich gegen allerlei Raubgetier (u.a. gewaltigen Sauriern und Riesenaffen) erwehrt, versucht Captain Tarnowski, Gloria gegen ihren Willen zu ihrem Glück mit ihm zu zwingen. Als er ein Boot entdeckt, mit dem er die Insel heimlich verlassen will, entführt er das Mädchen, wird aber von dem aufrechten Ex-Seemann Fairbanks am Verschwinden ge-

hindert. Nach der geglückten Flucht sämtlicher Überlebenden muß Osborne einsehen, daß er Gloria an Fairbanks verloren hat. – »Nicht einmal der erwartete Schaukampf zwischen Gorilla und Saurier klappt so, wie es Gruselabenteuerlustige hätten zumindest verlangen dürfen.« (FILMDIENST)

Insel des Schreckens
(ISLAND OF TERROR). GB 1966.
R Terence Fisher. *B* Edward Mann/Alan
Ramsen. *K* Reg Wyer. *SpE* John St.
John Earl/Michael Aldrechston/Barry
Gray. *M* Malcolm Lockyer. *D* Peter
Cushing (Dr. Stanley), Edward Judd
(Dr. David West), Carole Gray (Toni
Merrill), Eddie Byrne (Dr. Landers),
Sam Kydd (Harris), Niall MacGinnis
(Campbell), James Caffrey (Argyle),
Liam Caffney (Bellows), Roger
Heathcote (Dunley), Keith Bell
(Halsey), Shay Gorman (Morton), Peter
F. Robertson (Dr. Phillips), Richard
Bidlake (Carson), Joyce Hemson (Mrs.
Bellows), Edward Ogden (Kopterpilot).
F 87 Min.
Auf einer Insel vor der irischen Küste wird eine skelettlose Leiche gefunden. Professor Brian Stanley, Dr. David West und dessen Braut Toni sezieren die Leiche. Als sie im Labor des Krebsforschers Dr. Phillips, der auf dem Eiland lebt, weiterarbeiten wollen, sind dieser und sein Assistent tot und ebenfalls skelettlos. Stanley und sein Kollege werden bei ihrer Forschungstätigkeit von seltsamen, tentakelbewehrten Ungeheuern angegriffen, die sich schnell vermehren und offenbar die Resultate der Experimente Dr. Phillips' sind. Die Bestien scheinen unzerstörbar zu sein und lassen sich weder mit Beschuß noch mit Dynamit ausrotten. Dr. Stanley hat schließlich den rettenden Einfall: Er läßt einer Rinderherde radioaktives Strontium 90 injizieren. Als die Rinder den knochensaugenden Monstren zum Opfer fallen, ist deren Schicksal besiegelt. – Möchtegern-Schocker aus der Hammer Factory. Wegen der plump her-

umstolpernden Monster wenig überzeugend und kaum gruselintensiv.
(V) Polygram

Inside Man – Der Mann aus der Kälte

(THE INSIDE MAN). GB/Schweden 1985.
R Tom Clegg. *B* Alan Plater/William Aldridge/Tom Clegg. *K* Jorgen Persson. *M* Stefan Nilsson. *D* Dennis Hopper (Miller), Hardy Krüger (Mandell), Costa Ekman (Larsson), Cory Molder (Kallin), David Wilson (Baxter), Pet Mattson (Sven), Celia Gregory, Lene Endre. *F* 95 Min.
Der Wissenschaftler Mandell arbeitet mit schwedischer und US-Unterstützung an einem U-Boot-Laserortungsgerät. Als der Prototyp gestohlen wird, bekommt der V-Mann Kallin den Auftrag, das Gerät zurückzuholen. Kallin kann den Verkauf an die Sowjets verhindern und zerstört dabei ein Netz von Geheimdienstintrigen. – »Spannender Spionage-Thriller vor realistischem Hintergrund, der das zynische Spiel der Geheimdienste entlarvt.« (FILM-DIENST).
(V) VCL

Interface

(INTERFACE). USA 1984.
R Andy Anderson. *B* John Williamson. *K* Leighton McWilliams. *SpE* Gary Marcum/Jay Garriss/Greg Punchatz. *M* Steven J. Hoey/David Hoey. *D* John Davies (Rox Hobson), Laura Lane (Amy Witherspoon), Matthew Sacks (Boley), Michael Hendrix (Bobby Witherspoon), Janet Six (Therese Brown), Arne Strand (Sidney Greenleaf), Elizabeth Piper (Laurie Anderson), Lou Philip Diamond. *F* 88 Min.
Eine Gruppe von Computerfreaks aus einer High School tötet mit Hilfe ihres Supercomputers zwielichtige Personen. Trotz der ›ausgewählten‹ Opfer gibt es Differenzen, da einige der Buben an die Menschlichkeit appellieren. Ein Lehrer kommt ihnen nach einer Reihe von Mor-

den auf die Schliche und läßt sie festnehmen. – »So amüsante wie spannende Dungeons & Dragons-Parodie.« (Norbert Stresau, SCIENCE FICTION TIMES). – Nur auf Video. (V) Vestron

Interzone – Die unheimliche Begegnung mit der Zeit

(INTERZONE). USA 1989.
R Deran Sarafian. *B* Clyde Anderson/Deran Sarafian. *K* Lorenzo Battaglia. *SpE* Dan Maklansky/Robert Gould. *M* N.N. *D* Bruce Abbott (Swann), Beatrice Rigg (Tera), John Armstead (Mantis), Kiro Wehara (Panasonic), Alan Smith (Zwerg), Franco Diogene (Rat), Teagan Clive. *F* 90 Min.
Im Auftrag von Mönchen verteidigt ein talentierter Kämpfer das letzte nicht radioaktiv verseuchte Gebiet vor bösen Kriegern und einer schlimmen Frau, die offenbar den totalen Weltuntergang will. – »Einfältig-wirre, von der deutschen Synchronisation zusätzlich ins Alberne gezogene Post-Doomsday-Fantasy.« (FILM-JAHRBUCH). – Nur auf auf Video (aber bestimmt bald auf RTL).
(V) VPS

Invaders from Mars

Anderer Titel für **Invasion vom Mars** (1953)

Invasion aus dem Inneren der Erde

(ZHONGGUO CHAOREN).
Hongkong 1975.
R Hua Shan. *B* Yi Kuang. *K* Ho Lanshan. *SpE* Yuan Hsiang-jen. *M* Chen Yung-yu. *D* Li Hsiu-Hsien (Raymar), Wang Hsieh (Prof. Chang), Terry Liu (Prinzessin Demon), Yuan Man-Tsu (Changs Tochter), Lin Wen-Wei (Tu Ming), Tsen Chu-Yi, Huang Chien-Lung, Lu Sheng. *F* 81 Min.
Die Erde bebt. Dann entsteigen ihr ein paar greuliche, aus der Muppet Show entlehnte Gruselmonster und machen sich daran, im Auftrag ihrer blonden und gehörnten Herrin, die Welt zu erobern, über die sie vor 20 Millionen Jahren einmal ge-

boten hat. Der Assistent eines tapferen Wissenschaftlers verwandelt sich in den fliegenden und Strahlen verschießenden Infra-Superman und macht den Invasoren den wohlverdienten Garaus.
Ⓥ VPS

Invasion aus dem Weltall
(THE DAY TIME ENDED). USA 1979.
R John Bud Cardos. *B* Wayne Smith/J. Larry Carroll/David Schmoeller. *K* John A. Morrill. *SpE* Paul W. Gentry/Rich Bennett/Joe Viskocil/Lyle Conway u.v.a. *M* Richard Band/John Watson. *D* Chris Mitchum (Richard), Jim Davis (Williams), Dorothy Malone (Anne), Scott Kolden (Steven), Marcy Lafferty (Beth), Natasha Ryan (Jenny). *F* 80 Min.
Die Familie des Architekten Williams ist stadtmüde geworden und baut sich in der Mojave-Wüste ein Haus. Bald jedoch passieren rätselhafte Dinge, denn die Strahlungseffekte einer Supernova nehmen Einfluß auf das Leben: Die Erde bebt, UFOs jagen über das Haus hinweg, Saurier latschen durch die Wüste, die Zeit steht still (oder dreht sich zurück). Die kleine Jenny nimmt mit einem putzigen grünen Männchen Kontakt auf und wird mit ihrer Familie in die ›Stadt des Lichts‹ geführt, die die Aliens in der Wüste erbaut haben. – Wer sich vorher Kubricks *2001 – Odyssee im Weltraum* ansieht, kann über die ›Tricks‹, die einem hier vorgesetzt werden, nur hämisch lachen.
Ⓥ All

Invasion der Körperfresser
Anderer Titel für **Die Dämonischen**

Invasion der Liebesdrohnen
(INVASION OF THE LOVE DRONES). USA 1977.
R Jay Hard [= Jerome Hamlin]. *B* Jerome Hamlin. *K* Jerome Hamlin. *M* N.N. *D* Bree Anthony, Tony Blue, Sarah Nicholson, Eve Latio, Jamie Gillis, Eric Edwards, Viveca Ash. *F* 72 Min.

Eine außerirdische Kaiserin und ihr geiles Weibervolk kommt mit einem Raumschiff zur Erde und macht die Männer zu willenlosen ›Liebesdrohnen‹, was sich das Pentagon natürlich nicht bieten läßt, weswegen es zurückschlägt. – Ein SF-Porno mit ziemlich monotoner Handlung.
Ⓥ World Wide

Invasion der Raumschiffe
(STARSHIP INVASIONS). Kanada 1978.
R Ed Hunt. *B* Ed Hunt. *K* Mark Irwin. *SpE* Warren Keillor. *M* Gil Mellé. *D* Robert Vaughn (Prof. Duncan), Christoper Lee (Ramses), Sherri Ross (Sagnac), Daniel Pilon (Anaxi), Tiiu Leek (Phi), Victoria Johnson, Henry Ramer, Helen Shaver, Richard Fitzpatrick, Doreen Lipson, Sean McCann, Kate Parr, Linda Rennhofer, Ted Turner, Bob Warner. *F* 90 Min.
Ramses, der Anführer einer Bande von Außerirdischen, will die Erdbevölkerung ausrotten, da die Sonne seines Heimatplaneten Alpha zur Supernova wird und sein Volk nach Lebensraum trachtet. Zuerst muß er sich aber der Beobachter der Liga der intergalaktischen Rassen entledigen, die auf dem Boden des Atlantiks in einer Pyramide hausen. Bevor die Beobachter jedoch Verstärkung herbeirufen können, muß der irdische Professor Duncan einen ihrer wichtigsten Computer reparieren. Die Flotte Ramses' greift daraufhin Toronto an. Doch die Rettung kommt (wie immer) in letzter Sekunde. – Ein recht kindischer Schwachsinn: Die Aliens sehen aus wie Aliens in einem Science Fiction-Film; es hapert an allen Ecken mit der Logik, und daß außerirdische Lebewesen ihren Heimatplaneten ausgerechnet ›Alpha‹ taufen, wollen wir schon gar nicht glauben.

Invasion gegen USA
(INVASION U.S.A.). USA 1952.
R Alfred E. Green. *B* Robert Smith. *K* John L. Russell jr. *M* Albert Glasser. *D* Gerald Mohr (Vince), Peggy Castle

Invasion der Raumschiffe von Ed Hunt

(Carla), Dan O'Herlihy (Mr. Ohman), Robert Bice (George Sylvester), Erik Blythe (Ed Mulfory), Wade Crosby (Abgeordneter), Tom Kennedy (Barmann), Phyllis Coates (Mrs. Mulfory), Aram Catcher (Führer der 5. Kolonne), Knox Manning (TV-Mann), Edward G. Robinson jr., Noel Neill, Clarence A. Shoop. 78 Min.

In einer New Yorker Bar unterhält sich der TV-Reporter Vince mit einer gemischten Gruppe von Gästen über die allgemeine Wehrpflicht und muß dabei feststellen, daß seine Ideen auf taube Ohren stoßen. Das Mädchen Carla steht seinen Ansichten ablehnend gegenüber, der Rancher Mulfory greift die Regierung wegen ihrer Innenpolitik an, der Traktorenfabrikant Sylvester erklärt, daß er sich sogar weigert, seinen Betrieb auf Rüstungsproduktion umzustellen. Während ein namenloser Kongreßabgeordneter sich darüber beklagt, daß die Rüstung auf Kosten der Steuerzahler vorangetrieben wird, hört ein gewisser Mr. Ohman (sprich *Omen*) schweigend zu. Als er die Ansichten der Gäste kennt, mischt er sich in das

Gespräch ein und macht ihnen klar, was passieren könnte, wenn alle Amerikaner so dächten wie sie – und dann bringt das Fernsehen auch schon eine Sondermeldung nach der anderen, und den Zuschauern stehen die Haare zu Berge: Unbekannte Feinde, die amerikanische Uniformen tragen, greifen Alaska an. Die ersten Atombomben fallen. Die Angreifer landen in Kalifornien, San Francisco fällt. Obwohl die Armee der USA heldenhaften Widerstand leistet, dringt der Gegner immer weiter vor. Wer sich in seinen Weg stellt, wird niedergemacht – Vergewaltigungen, wohin man sieht. Schließlich erreicht der Feind New York, und die Wolkenkratzer gehen in einem Bombenhagel in Flammen auf. Die Menschen in der Bar kommen wieder zu sich. Was Mr. Ohman ihnen da so plastisch erzählt hat, macht sie sehr, sehr nachdenklich. Als sie nach Hause gehen, haben sich ihre Ansichten über Wehrpflicht und Aufrüstung völlig verändert... – Die Stoßrichtung, in die dieser während des Korea-Krieges produzierte Film zielt, dürfte wohl klar sein: *Invasion gegen USA* ist ein Produkt des kältesten aller Kalten Kriege, und es würde einen nicht wundern, wenn der altbekannte Senator Joe McCarthy hier selbst mit Hand angelegt hätte: Ein Propagandafilm, der in hysterischer Weise das Schreckgespenst einer kommunistischen Machtübernahme an die Wand malt und den Wehrwillen des amerikanischen Volkes stärken soll. Der Streifen kam bei den Kritikern seiner Zeit relativ gut an, obwohl Produzent Albert Zugsmith zugab, ihn mit einem Budget von nur 127000 Dollar innerhalb von sieben Tagen realisiert zu haben. »Invasion gegen USA wird heute nicht mehr oft aufgeführt, was möglicherweise zu bedauern ist, zeigt er doch auf herrlich beschwörende Weise, wie hysterisch man in den Tagen der antikommunistischen Hexenjagden auf jegliche internationalen Entwicklungen reagierte (nicht, daß sich daran viel geändert hat). Die krasse Art, in der der Film den Aspekt der Ausbeutung von Gefühlen zeigt, würde ihn unzweifelhaft sehr sehenswert machen.« (Bill Warren, KEEP WATCHING THE SKIES!)

Invasion U.S.A.
(INVASION U.S.A.). USA 1985.
R Joseph Zito. B James Bruner/Chuck Norris. St Aaron Norris/James Bruner. K Joao Fernandes. SpE Gary F. Bentley. M Jay Chattaway. D Chuck Norris (Matt Hunter), Richard Lynch (Michael Hames), Melissa Prophet (McGuire),AlexanderZale(Nikko), Alex Colon (Tomas), Eddie Jones (Cassidy). F 107 Min.
Eine Flut des Terrors überschwemmt die USA. Wie weiland im Spaghetti-Western werden unschuldige Bürger in aller Öffentlichkeit erschossen, mit ihren Häusern in die Luft gesprengt. Wer steckt dahinter? Sind es linke Bazillen, Kubaner oder gar Russen? Nein! Es ist Michael Hames, der geniale, gewissenlose Kopf des internationalen Terrorismus. Seine Söldner haben die amerikanische Gesellschaft unterwandert. Getarnt als ehrsame Bürger warten sie auf sein Zeichen und schlagen

aus dem Hinterhalt zu. »Und sie haben leichtes Spiel in einem Land, in dem alle Türen den Nachbarn offenstehen«, kläfft das Pressematerial. Michael Hames' Mannen treten jedoch dem Ex-Chefagenten des US-Geheimdienstes, Matt Hunter, der sich in seine Blockhütte zurückgezogen hatte und das beschauliche Leben eines Muskelprotzpensionärs ausüben wollte, zulange auf den Nagel des linken kleinen Zehs. »Anders als seine friedlichen Mitbürger weiß er sich zu wehren, setzt Gewalt gegen Gewalt«, jubelt das Pressematerial. Gut, daß die Vereinigten Staaten noch solche Pensionäre haben, die im eigenen Land für Ordnung sorgen, indem sie das Recht mit Füßen treten. Überflüssig zu erwähnen, daß Michael Hames und seine Legionäre der zynischen Aufforderung der Kampfmaschine »Es ist Zeit zu sterben« Folge leisten müssen. Es wird nicht die letzte Invasion der USA sein. Dafür garantieren schon die beiden Produzenten Menahem Golan und Yoram Globus und ihre Cannon-Produktionsgesellschaft, die sich die Aufgabe gestellt haben, mit solchen Holzhammer-Produkten die westliche Welt zu retten.

Invasion vom Mars
(INVADERS FROM MARS). USA 1953.
R William Cameron Menzies. B Richard Blake. K John Seitz. SpE Jack Cosgrove. M Raoul Kraushaar. D Helena Carter (Dr. Pat Blake), Arthur Franz (Dr. Stuart Kelston), Jimmy Hunt (David MacLean), Leif Erickson (George MacLean), Hillary Brooke (Mary MacLean), Morris Ankrum (Col. Fielding), Max Wagner (Sgt. Rinaldi), Janine Perreau (Kathy Wilson), Bill Phillips, Milburn Stone, John Eldridge. F 81 Min.
Der kleine David MacLean beobachtet in der Nacht die Landung eines UFOs, das im Erdboden verschwindet. Seine Eltern, denen er davon berichtet, glauben ihm zunächst nicht. Als sein Vater George, der in einem Atomwerk arbeitet und mit der Produktion einer neuen Geheimwaffe be-

schäftigt ist, den Erzählungen seines Sohnes dann doch auf den Grund gehen will, kehrt er charakterlich verändert zurück. Auch die kleine Tochter der Nachbarn strahlt plötzlich eine sonderbare Kälte aus. David erkennt, daß die unbekannten Besucher die Menschen in seiner Umgebung irgendwie unter geistiger Kontrolle haben. Er will sich der Polizei offenbaren – aber deren Chef ist ihm plötzlich auch nicht mehr ganz geheuer. Dr. Pat Blake vom Gesundheitsamt glaubt dem Jungen. Ihr Freund Dr. Kelston, ein Astronom, findet schließlich gar einen Beweis für die fantastische Invasion. Nachdem er die Armee informiert hat, wird der Landeplatz der Marsianer umstellt. Eine geheimnisvolle Kraft trägt Pat und David jedoch in das Innere des verborgenen Raumschiffes. Sie stoßen auf menschenähnliche Kreaturen, deren Glotzaugen jeder Beschreibung spotten (und die angeblich Mutanten sind, obwohl selbst ein Blinder erkennt, daß er hier in Felle eingenähte Statisten vor sich hat) und stehen schließlich im wahren Sinne des Wortes dem ›Kopf‹ der Invasoren gegenüber – einem Wesen mit zuckenden Tentakeln, das sie ebenfalls willenlos machen will. Die Armee kann den Standort des fremden Flugkörpers endlich ausmachen, aber den tödlichen Strahlen der Marsianer hat sie nichts entgegenzusetzen. David gelangt in den Besitz eines marsianischen Strahlers. Man kämpft sich den Weg an die Oberfläche frei. Später, als das Schiff startet, wird es von einer Explosion zerrissen. – Dieser Film – in Farbe und 3-D – war das letzte Werk, das Menzies als Regisseur herstellte. Der Film ist als Traumgeschichte angelegt: Im schlimmsten Kampfgetümmel wird David wach, schaut aus dem Fenster und sieht die Landung eines unbekannten Flugkörpers. »Diesem Film mangelt es an neuen Einfällen, jedoch nicht an Einfalt.« (SOL)
Ⓥ Madison

Invasion vom Mars
(INVADERS FROM MARS). USA 1986.

R Tobe Hooper. *B* Dan O'Bannon/Don Jakoby. *K* Daniel Pearl. *SpE* John Dykstra. *M* Paul Francis Witt/David Storrs. *D* Karen Black (Linda), Hunter Carson (David Gardner), Timothy Bottoms (George Gardner), Laraine Newman (Ellen Gardner), Louise Fletcher (Mrs. McKelsh), James Karen (Gen. Wilson), Bud Cort, Jimmy Hunt. *F* 100 Min.
Von grellem Licht geweckt, sieht der neunjährige David, wie ein UFO hinter einem Hügel im Boden verschwindet. Seine Eltern glauben ihm seine Beobachtung zwar nicht, untersuchen jedoch den Landeort. Charakterlich verändert kehren sie zurück. David entdeckt Kontrollnadeln in ihrem Nacken. Scheinbar werden sie vom UFO aus ferngesteuert. David erkennt, daß sich immer mehr Menschen in der Stadt seltsam verhalten und vertraut sich der Krankenschwester Linda an. Linda glaubt ihm, als sie sieht, wie zwei Arbeiter von einer Sandgrube verschluckt und charakterlich verändert wieder ausgespuckt werden. Sie melden die Vorfälle General Wilson. Im Militärstützpunkt werden sie Zeuge, wie ein Tankzugfahrer eine Raumrakete zerstört, die zum Mars fliegen soll (*Saboteure vom Mars* wäre vielleicht auch kein schlechter Titel). Wilson will den Marsianern den Garaus machen. Seine Truppen dringen in das fremde Raumschiff ein, um eine Sprengladung anzubringen. Nach dem Kampf explodiert es beim Start. Davids Eltern werden wieder normal. – Remake des gleichnamigen Films von William Cameron Menzies (USA 1953). Der Streifen ist dem Original zwar recht gut nachempfunden, aber das will nichts besagen – denn auch das war keinen Schuß Pulver wert.
Ⓥ Cannon/VMP

It Happened Here
(IT HAPPENED HERE).
GB 1963.
R Kevin Brownlow. *B* Kevin Brownlow/Andrew Mollo. *K* Peter Suschitzky. *M* Jack Beaver. *D* Pauline

Murray, Sebastian Shaw, Fiona Leland, Honor Fehrson. 99 Min.

1942: Die Truppen Nazi-Deutschlands haben Großbritannien besetzt und herrschen mit Unterstützung von britischen Kollaborateuren über das Vereinigte Königreich. – »Eine bemerkenswerte halbdokumentarische Rekonstruktion, an der sieben Jahre gearbeitet wurde und die im Detail absolut überzeugt, dramaturgisch aber leider ziemlich verworren und aufgebläht ist.« (Halliwell's FILMGUIDE)

»Dieses finstere, beunruhigende Märchen gewann seine Glaubwürdigkeit durch bestens imitiertes Wochenschaumaterial und wagemutige Dekorationen (wie etwa einen Nazi-Aufmarsch auf dem mit Reichsadlern und Hakenkreuzen bepflasterten Trafalgar Square) und vermied es erfreulicherweise... zu moralisieren.« (Clyde Jeavons, A PICTORIAL HISTORY OF WAR FILMS).

Der Film lief im Deutschen Fernsehen als Original mit Untertiteln.

J

Jack Clifton:
Mission Bloody Mary
(AGENTE 077: MISSIONE BLOODY MARY).
Italien/Frankreich/Spanien 1965.
R Terence Hathaway (Sergio Grieco).
B Sandro Continenza/Leonardo Martin/
Marcello Coscia. *K* Juan Julio Baena.
M A. F. Lavagnino. *D* Ken Clark (Jack
Clifton), Helga Linne l (Dr. Elsa
Freeman), Philippe Hersent (Heston),
Mirko Ellis (Lester), Mitsouko (Fuong),
Anthony Gradwell (Prof. Betz), Umi
Raho, Susan Terry, Peter Blades, Brett
Lyonel, Alfredo Mayo, Thomas Blanco,
Andrew Scott, Julien Rafferty, Dario
Michaelis, John McDouglas.
F 102 Min.
Bloody Mary ist der Codename einer neu-
en Super-Wasserstoffbombe, die den
Amerikanern auf einem britischen Stütz-
punkt gestohlen wird. Eine Organisation
namens ›Schwarze Lilie‹, die von einer
Pariser Schönheitsklinik aus operiert, hat
sie in ihren Besitz gebracht und will sie an
die Chinesen verkaufen. US-Agent Jack
Clifton erledigt den Fall mal eben zwischen zwei Verabredungen. Via Paris,
Nizza und Barcelona verfolgt er die Spur
der ›Schwarzen Lilie‹ nach Athen, wo er
nebenbei noch die ebenfalls bombengei-
len Sowjets austrickst, um den US-Behörden ihr kostbares Kleinod zurückzugeben.
– Merke: Superwaffen entwickeln die *Guten* immer als erste. Das sollte einem zu
denken geben. Der Film ist äußerst langweilig, die Schauspieler agieren hölzern.
Ⓥ Silwa

Jäger der verschollenen Galaxie
(SLAVE GIRLS FROM BEYOND INFINITY).
GB 1987.
R Ken Dixon. *B* Ken Dixon. *K* Ken
Wiatrak. *M* Carl Dante. *D* Don Scribner
(Zed), Elizabeth Crayton, Cindy Beal,
Brinke Stevens, Carl Horner. *F* 90 Min.
Zwei knackige, in Fetzen gekleidete Skla-
vinnen (damit man auch was von ihnen

sieht) fliehen von einem Raumschiff und
werden auf einem Planeten von einem mit
einem Laser ausgerüsteten Irren namens
Zed und zwei Androiden durch den Busch
gejagt. Wer die Geschichte kennt, hat
vermutlich den abenteuerlichen Horrorfilm *Graf Zaroff – Genie des Bösen* (USA
1932; Regie: Ernest B. Schoedsack/Irving
Pichel) gesehen. Die mit besonderer
Spannung erwartete, im Titel erwähnte
›verschollene Galaxie‹ kommt natürlich
auch nicht vor.
Ⓥ Hit

...jagt Dr. Sheefer
(THE PRESIDENT'S ANALYST).
USA 1967.
R Theodore J. Flicker. *B* Theodore
J. Flicker. *K* William A.Fraker.
M LaloSchifrin. *D* James Coburn (Dr.
Sidney Sheefer), Godfrey Cambridge
(Don Masters), Severn Darden
(Kropotkin), Joan Delaney (Nan
Butler), Eduard Franz (Ethan Allan
Crockett), William Daniels (Wynn
Quantrill), Will Geer (Evans), Pat
Harrington jr. (Arlington Hewes),
Walter Burke (Henry Lux), Jill Banner
(Schneewittchen), Barry McGuire
(Cowboy), Sheldon Collins (Bing
Quantrill), Kathleen Hughes, Art
Johnson, Martin Horsey, William
Beckley. *F* 103 Min.
Dr. Sheefer treibt es vor Freude und pa-
triotischem Hochgefühl auf die Spitze der
Freiheitsstatue, hat er doch gerade den eh-
renden Auftrag erhalten, den Präsidenten
der Vereinigten Staaten als Psychiater zu
betreuen. Er hat nur einen Fehler: er
spricht im Schlaf. Da er schon bald ein
absoluter Geheimnisträger ist, wird er wegen dieser menschlichen Schwäche zum
begehrten Streitobjekt der verschieden-
sten Geheimdienste. So gibt es Verwicklungen zuhauf, die Konkurrenzagenten
erledigen sich in seinem Gefolge lautlos
durch Dolche, Pfeile, Blasrohre und hin-

terlassen ein ästhetisch schönes Schlacht-
feld mit regelmäßig verteilten Leichen.
Am Ende vereinigen sich die übriggebliebenen Agenten mit Dr. Sheefer, um eine
von Robotern geleitete Telefongesell-
schaft, die im Begriff ist, die totale Kontrolle über die USA zu übernehmen, vorübergehend auszuschalten. – »Theodore
J. Flicker (Drehbuch und Regie) hat mit
leichter Hand eine amüsante Nonsens-
Story aufgebaut. Mit zahlreichen Anspielungen auf den ›american way of life‹ parodiert er mit offensichtlichem Vergnügen
zugleich die Vorliebe für das Sofa des
Psychiaters und die seltsame Dramaturgie
der Agentenfilme, die er zum Comic strip
steigert... Flicker kann über einen Mangel
an Einfällen nicht klagen, und er beherrscht sein Filmhandwerk virtuos genug, um sein Publikum gut zu unterhalten, auch die Cineasten.« (E. N., FILM-
DIENST)

...Jahr 2022... die überleben wollen...
(SOYLENT GREEN). USA 1973.
R Richard Fleischer. *B* Stanley R.
Greenberg. *LV* Harry Harrison.
K Richard H. Kline. *SpE* Robert R.
Hoag/Matthew Yuricich/A. J. Lohman.
M Fred Myrow. *D* Charlton Heston
(Thorn), Leigh Taylor-Young (Shirl),
Edward G. Robinson (Sol Roth), Chuck
Connors (Tab Fielding), Joseph Cotten
(William Simonson), Brock Peters
(Hatcher), Paula Kelly (Martha),
Stephen Young (Gilbert), Mike Henry
(Kulozik), Lincoln Kilpatrick (Priester),
Roy Jenson (Donovan), Leonard Stone
(Charles), Whit Bissell (Santini), Celia
Lovsky, Dick van Patten, Morgan
Farley, John Barclay, Belle Mitchell,
Cyril Delevanti, Faith Quabius, Forrest
Wood, Jane Dulo, John Dennis, Carlos
Romero. *F* 95 Min.
Die Bevölkerungsexplosion ist eingetre-
ten. In New York kämpfen 40 Millionen
Menschen ums Überleben. Die wenigsten
haben ein Dach über dem Kopf: Man
schläft in Telefonzellen, Hauseingängen
und auf Treppen; wer nachts in seine

Wohnung will, muß über Berge von Ob-
dachlosen steigen. Die Luft in den Straßenschluchten der Superstadt ist extrem
sauerstoffarm: Die Menschen laufen mit
Atemmasken herum. Nur noch die Superreichen können sich echte Nahrungsmittel
leisten. Die Massen werden mit einem angeblich synthetisch erzeugten Fraß namens Soylent Green gefüttert, einem
Stoff, der nach Fischstäbchen aussieht,
aber etwas ganz anderes ist. In dieser völlig zerstörten Umwelt lebt der desillusionierte Detektiv Thorn, der sich mit dem
alten Sol Roth ein armseliges Zimmer
teilt. Ein Mord ist begangen worden. Das
Opfer: William Simonson, ein vermögen-
der Mann, der nicht nur einen bulligen
Leibwächter hatte, sondern auch gepflegt
zu speisen pflegte und sich als ›Möbel-
stück‹ das Straßenmädchen Shirl hielt.
Thorn findet mit Hilfe von Shirl, dem
Leibwächter Tab und Roth heraus, daß er
es hier nicht mit einem gewöhnlichen
Raubüberfall zu tun hat: der Täter, ein gewisser Gilbert, hat nicht einmal Simon-
sons Nahrungsmittel angetastet, an denen
der stets hungrige Thorn sich erst einmal
gütlich tut. Roth entdeckt Beziehungen
zwischen dem Toten und dem Gouverneur Bissell; zudem hat Simonson mit der
Soylent Green Company zu tun – jener
Gesellschaft, die das Volk mit Nahrung
versorgt. Thorn sieht sich den üblichen
Behinderungen ausgesetzt: Seine Vorgesetzten versuchen ihn zu bremsen. Ein
Priester, der etwas weiß, aber Angst um
sein Leben hat, kann ihm auch nicht weiterhelfen. Thorn wird von Gilbert, dem
völlig verängstigten Mörder, angeschossen. Als der alte Sol Roth auf die Lösung
des Geheimnisses stößt, beschließt er,
seinem Leben ein Ende zu machen. Er
geht in eine Selbstmordklinik, gibt Thorn
vorher allerdings einen Tip. Thorn, der
Roths Einschläferung beiwohnt, läßt den
Leichnam seines alten Freundes nicht
mehr aus den Augen. Er folgt dem Trans-
portweg des Toten – bis in die Soylent-
Green-Werke hinein. Von Agenten verfolgt und zusammengeschossen, gelingt

es ihm, hinter das am besten gehütete Geheimnis der Welt zu kommen: Soylent Green ist Menschenfleisch – das einzige Nahrungsmittel, das auf der Erde noch in Hülle und Fülle vorhanden ist. – »Diese bittere, gelegentlich sentimentale Anklage gegen die Zerstörung des ökologischen Gleichgewichts durch die Profitwirtschaft berührt den Zuschauer vor allem durch die Schauspielkunst des alten Gangsterdarstellers Edward G. Robinson. Wenn er ein Stück Rindfleisch und eine Tomate, geklaut aus dem Kühlschrank eines Reichen, bestaunt wie ein Wunder, dann entsteht die böse Utopie einer Welt, die so werden könnte, wenn die Verhältnisse nicht grundlegend geändert werden.« (UNSERE ZEIT) – »Es war ein kommerzielles Risiko, die Zukunft so düster und bedrückend darzustellen, aber in meinen Augen wäre es unverantwortlich, alles in den schönsten Farben zu schildern, wenn man weiß, daß das genaue Gegenteil der Fall sein wird. Ich hoffe, daß die Zuschauer durch den Film etwas lernen... um dann anschließend aktiv zu werden. Ich glaube, daß wir eine sehr genaue Weiterentwicklung unserer heutigen Zeit gebracht haben, denn wenn wir so weitermachen wie bisher, wird unsere zukünftige Welt wie die in SOYLENT GREEN werden.« (Richard Fleischer) – *Jahr 2022... die überleben wollen* ist ein erschütternder Film.
Ⓥ MGM
Ⓑ Harry Harrison: *New York 1999*, München 1969

James Bond 007 jagt Dr. No
(DR. NO). GB 1962.
R Terence Young. *B* Richard Maibaum/ Joanna Harwood/Berkley Mathen.
LV Ian Fleming. *K* Ted Moore.
SpE Frank George. *M* Monty Norman.
D Sean Connery (James Bond), Joseph Wiseman (Dr. No), Jack Lord (Felix Leiter), Ursula Andress (Honey), Anthony Dawson (Prof. Dent), John Kitzmiller (Quarrel). *F* 110 Min.
Rätselhafte Funksignale stören seit einiger Zeit den Flug der von Cap Canaveral gestarteten amerikanischen Weltraumraketen. Als ein britischer Geheimdienstler auf der Insel Jamaika ermordet wird, wird James Bond in Bewegung gesetzt, um den Fall zu klären. Obwohl man sich seiner schon entledigen will, als er das Flugzeug kaum verlassen hat, gelingt es Bond, Informationen über einen gewissen Dr. No zu sammeln, der auf einer hermetisch von der Außenwelt abgeschlossenen Insel residiert und dort angeblich eine Bauxitmine betreibt. Mit einem Eingeborenen, der bald darauf das Leben verliert, setzt Bond auf die Insel Crap Key über, wird unter Beschuß genommen und stößt auf das Mädchen Honey, das nach seltenen Muscheln sucht. Die beiden fliehen, werden aber gefangengenommen und zu Dr. No gebracht, der in seinem geheimnisvollen Hauptquartier mit radioaktiven Strahlen experimentiert. No, ein hinterlistiger Eurasier, ist nicht nur für die Fehlstarts der amerikanischen Raketen verantwortlich, sondern will auch eines Tages die Weltherrschaft antreten. Da Bond sich weigert, in die Dienste des designierten Weltdiktators zu treten, kerkert man ihn ein. Als Dr. No einen erneuten Anschlag auf die US-Weltraumbehörde in Angriff nehmen will, bricht Bond aus, sabotiert den Atomreaktor des Inselherrschers und verläßt mit Honey in einem Motorboot dessen Reich. Dr. Nos Insel fliegt in die Luft. – Leicht utopisch angehauchter Agententhriller. *Dr. No* war der erste James-Bond-Film, sieht man von einer TV-Produktion des amerikanischen Senders CBS ab, die unter dem Titel *Casino Royale* 1954 über die Bildschirme flimmerte. Der Film war dermaßen erfolgreich, daß er es bis heute auf über ein Dutzend Fortsetzungen brachte, Fan-Clubs wie Pilze aus dem Boden schießen ließ und eine ganze, mit Rasierwasser und Krawatten handelnde Nachfolgeindustrie in den Sattel hob. Wer näheres Interesse an James Bond hat, möge sich in folgenden Büchern informieren: Kingsley Amis, *Geheimakte James Bond 007*, Berlin 1966; Anonym,

Nur für Bond-Freunde, München 1966; Dirk Manthey (Hrsg.), *007 James Bond*, Hamburg 1981; Erich Kocian, *Die James Bond-Filme*, München 1982.
Ⓥ Warner Home
Ⓑ Ian Fleming: *007 James Bond jagt Dr. No*, Bern/München 1965

James Jr. schlägt zu
(THE LONDON CONNECTION).
GB 1979.
R Robert Clouse. *B* Gail Morgan Hickam/David A. Boston. *K* Godfrey Godar/Peter Allwork. *M* John Cameron. *D* Larry Cedar (Roger Pike), Jeffrey Byron (Luther Sterling), Frank Windsor (McGuffin), Roy Kinnear (Bidley), Dudley Sutton (Götz), Lee Montague (Vorg), David Kossoff (Prof. Buchinski), Mona Washbourne (Tante Lydia), Walter Gotell (Simmons), Nigel Davenport (Arthur Minton). *F* 84 Min.
US-Sonnyboy besucht Freund in London, wird Zeuge der Entführung eines osteuropäischen Wissenschaftlers, der den Stein der Weisen gefunden hat (sprich: Formel zur unversiegbaren Energieausnutzung). Die beiden Youngster verfolgen die Gangster, kommen dem Secret Service zu Hilfe und sind die Helden des Tages. Den Inhalt der Formel haben die Disney-Produzenten allerdings bis heute noch nicht verraten. »Das einzig Lobenswerte an dem müden Agentenkult ist, daß er konsequent auf Gewaltdarstellungen verzichtet. Das geschieht aber wohl weniger aus künstlerischer Überzeugung oder pädagogischer Umsicht, sondern einfach deshalb, weil man mit dieser peinlichen Platitüde vor allem beim jüngsten Publikum absahnen will.« (Hubert Haslberger, FILMDIENST)

James Tont – Operation UNO
(JAMES TONT OPERAZIONE U.N.O.).
Italien/Frankreich 1966.
R Bruno Corbucci. *B* Bruno Corbucci/E. Donati/L. Carpentieri. *K* Sandro D'Eva. *M* Bruno Confora. *D* Lando Buzzanca, Evi Mirandi, Loris Gizzi, Gina Rovere, George J. Wang, Alighiero Noschese, Evi Rigano, Walter Maestosi, Licia Lombardi, Mario De Simone, Susanne Clemm, Gianni Morandi, Pino Donaggio, Claudio Guarino, Bruno Scipioni, Corinne Fontaine. *F* 88 Min.
Agent 007 1/2 James Tont, einer der schwächlichsten Verwandten aus der immer größer werdenden Sippschaft derer von und zu Bond (hier kann es sich nur um die angeheiratete zwölfte Seitenlinie handeln), rettet in Abenteuern unter und über Wasser gleich die UNO-Vollversammlung vor ihrer Auflösung, indem er eine Explosion zu verhindern weiß. – Ein Film, der in Italien nach kurzem Kinoeinsatz bereits 104492000 italienische Lire einspielte (weiß der Teufel wie viele Pfennig das sind!), in Deutschland dafür unverständlicherweise nicht über einige Previews hinauskam. Wo bleibt die Videoauswertung, die bisher noch vor keinem Mist zurückgeschreckt ist?

Der Januskopf – Eine Tragödie am Rand der Wirklichkeit
Deutschland 1920.
R Friedrich Wilhelm Murnau. *B* Hans Janowitz. *LV* Robert Louis Stevenson. *K* Karl Freund/Carl Hoffmann. *D* Conrad Veidt (Dr. Warren/Mr. O'Connor), Margarete Schlegel (Grace), Bela Lugosi, Willi Kaiser-Heyl, Gustav Botz, Margarete Kupfer, Jaro Fürth, Magnus Stifter, Marga Reuter, Lansa Ludolf, Danny Gürtler. 84 Min.
Der Arzt Dr. Warren gerät unter den Einfluß einer Büste, die auf der einen Seite das Bildnis eines gütigen Gottes, auf der anderen Seite die Fratze eines Dämonen zeigt. Diese unheimliche Doppelgesichtigkeit prägt sein ganzes Verhalten. Er erfindet ein Elixier, das es ihm ermöglicht, das Gute und das Böse im Menschen zu trennen. Er kann sich beliebig vom guten Warren in sein böses Alter ego O'Connor und wieder zurückverwandeln. Als O'Connor treibt Warren dann ein verbrecherisches Spiel. Doch eines Tages fehlt

James Jr. schlägt zu von Robert Clouse

ihm das Mittel zur Rückverwandlung. Er muß O'Connor bleiben. Er kann zwar sein Vermögen als Dr. Warren testamentarisch auf O'Connor übertragen, doch bald stellt sich die wahre Identität heraus. Von der Polizei gejagt, bringt er sich um. – Zunächst wollte Murnau den Stevenson-Stoff *Dr. Jekyll und Mr. Hyde* ganz offiziell verfilmen. Er erhielt jedoch nicht die Rechte. So ließ er die Namen ändern, das Buch etwas bearbeiten und drehte den Film trotzdem, unter anderem Titel. Genauso verhielt er sich, als man ihm 1922 die Filmrechte zu *Dracula* verwehrte und er sein ›Plagiat‹ *Nosferatu* drehte. *Der Januskopf* zählt zu den vielen Stummfilmen, die verschollen sind und deren Qualität nur noch auf Grundlage von Rezensionen rekonstruiert werden kann. Merkwürdigerweise hielt sich die Kritik hier sehr zu-

rück. Wie Lotte H. Eisner zu berichten weiß, schien keiner der Berliner Kritiker erkannt zu haben, daß es sich bei dem *Januskopf* um die Umformung des Stevenson-Themas handelte (vgl. MURNAU – DER KLASSIKER DES DEUTSCHEN FILMS). Der Kritiker des FILM-KURIER bemerkt, Drehbuchautor Hans Janowitz habe angeblich eine »englische Idee« bearbeitet und auch Edgar Allan Poe, Oscar Wilde und den *Student von Prag*, sowie die »zwei Seelen, die, ach, in einer Brust« wohnen, hinzugezogen. Nur DER KINEMATOGRAPH geht ausführlicher auf den Film ein und lobt vor allem die schauspielerische Leistung von Conrad Veidt, der, was die Verwandlungskunst betrifft, den anderen großen Jekyll/Hyde-Darstellern John Barrymore, Frederic March und Spencer Tracy in nichts nachsteht: »Die ganz auf Sensation gestellte Handlung ist packend von Anfang bis Ende. Der Regisseur F. W. Murnau kam den stark fantastischen Ideen des Autors gut entgegen. Die, wenn man so sagen kann, bei offener Szene eintretenden Verwandlungen sind ein technisches Meisterstück von vollendeter Wirkung. Das schmale Gesicht Conrad Veidts, der den Dr. Warren spielt, verwandelt sich fast unmerklich in eine widerwärtige, wildbehaarte, stoppelige Fratze... Conrad Veidt hat es in der Darstellung derartiger bizarrer Gestalten zu einer fabelhaften Virtuosität gebracht.« – Bela Lugosi, der gebürtige Ungar, der auf seinem Weg nach Hollywood Zwischenstation in Berlin machte, spielte zum ersten Mal in einem fantastischen Film.

Jekyll und Hyde – Die schärfste Verwandlung aller Zeiten
(JEKYLL & HYDE... TOGETHER AGAIN).
USA 1982.
R Jerry Bolson. *B* Monica Johnson/ Harvey Miller/Jerry Bolson/Michael Lesson. *LV* Robert Louis Stevenson. *K* Philip Lathrop. *K* Barry de Vorzon. *D* Mark Blankfield (Dr. Daniel Jekyll/ Hyde), Bess Armstrong (Mary), Krista Erickson (Ivy), Michael McGuire (Dr. Carew), Neil Hunt (Queen), Peter Brocco (Hubert Howes), Liz Sheridan (Mrs. Larson), Cassandra Peterson (Krankenschwester). *F* 87 Min.
Zu Beginn der 80er Jahre des 20. Jahrhunderts fristet der Chirurg Dr. Daniel Jekyll als ziemlich trübe Tasse sein Dasein am Krankenhaus ›Zur Mutter von Schmerz und Leiden‹ in Los Angeles. Seine Karriere ist gesichert, denn er ist trotz seiner Lahmarschigkeit mit der Tochter des Chefs verlobt. Manchmal zieht er sich in sein Labor zurück und forscht. Eines Tages übermannt ihn wieder einmal der Schlaf, als er das Produkt seines letzten Versuchs, weißen Pulverstaub, in die Nase bekommt. Sofort stellt sich die Wirkung ein: Seine Haare stehen ihm in wilden Vaseline-Keilen vom Kopf, Ohrringe und Halsketten sprießen ihm aus der

Haut, und ein Goldzahn mit der schicken Inschrift ›Love‹ wächst ihm aus dem Mund. Voll zuckender Energie macht er die nächstbeste Disco unsicher. Als lüsterner Punker Hyde ist er bald in der Szene ein Begriff. Seine enormen Fleischesbegierden führen ihn zu der schlampigwilden Punksängerin Ivy. Diese lebt mit Dutch zusammen, der erkennen muß, daß Hyde mehr hinter ihm als hinter Ivy her ist. Ivy klärt die Verhältnisse mittels Pistole. Hyde, durch den Schuß ›erlöst‹, stirbt nicht, sondern kann mit seiner Geliebten und der Verlobten die verschiedenen Seelen in seiner Brust ausleben. – »...vulgär und zotig, albern und klamottig. Subtilität ist bei dieser Art von Haudrauf-Komik ein Fremdwort...; so werden vor allem die lüsternen Abenteuer des Freaks Hyde erzählt, in einer konfusen Geschichte, die auf einem Londoner Friedhof endet, wo... das Gerippe des alten Stevenson sich im Grab vor lauter Gram über das Geschehen gleich mehrfach dreht. Hoffentlich bleibt er vor weiteren Verballhornungen dieser Art verschont...« (Rainer Casper, FILMBEOBACHTER)
Ⓥ CIC

Jenseits der Zeitschranke
(BEYOND THE TIME BARRIER).
USA 1960.
R Edgar G. Ulmer. *B* Arthur G. Pierce. *K* Meredith M. Nicholson. *SpE* Roger George. *M* Darrell Calker. *D* Robert Clarke (Major William Allison), Darlene Tompkins (Prinzessin Trirene), Arianne Arden (Markova), Vladimir Sokoloff (Erhabener), Stephen Bekassy (Karl Kruse), John van Dreelen (Dr. Bourman), Red Morgan (Kapitän), Ken Knox (Col. Martin), Don Flournoy, Tom Ravick (Mutanten), Neil Fletcher (Air Force-Stabschef), Jack Herman (Dr. Richman), William Shapard (Gen. York), James Altgens (Patterson), John Loughney (Gen. Lamont), Russell Marker (Col. Curtis). 75 Min.
Major Allison testet die X-80, eine Neu-

entwicklung der US Air Force. Dabei wird er auf wundersame Weise ins Jahr 2024 verschlagen. Die Erde, so stellt er fest, ist verödet und leer. Soldaten einer unterirdischen Festung nehmen ihn gefangen. Er erfährt, daß es 1971 zu einer atomaren Katastrophe gekommen ist, lernt den Herrscher der Festung kennen, verliebt sich in dessen Tochter Trirene und findet heraus, daß man einen Krieg gegen die mutierten Bewohner der Oberwelt führt. Allison läßt die Gruppen des Unterwelt-Herrschers von seinem militärischen Wissen profitieren. Die Mutanten werden geschlagen. Später flieht Allison ins Jahr 1960 zurück, wo er die Wissenschaftler davor warnt, weiterhin Atomwaffenversuche durchzuführen. – »Die größten Mängel, die *Jenseits der Zeitschranke* auszeichnen, sind die jämmerlichen Bauten. Der Flugplatz, auf dem Major Allison landet, nachdem er die Zeitschranke überwunden hat, sieht aus wie ein Getto nach einem Krawall; der unterirdische Thronsaal, der möglicherweise geschmückt wirken soll, ist ungefähr so prunkvoll wie ein Tante-Emma-Laden.« (James Robert Parish/Michael R. Pitts, THE GREAT SCIENCE FICTION PICTURES)

Jerry am Arsch der Welt
Anderer Titel für **Das Mondkalb**

Jerry, der Astronautenschreck
Anderer Titel für **Besuch auf einem kleinen Planeten**

Die Jetsons – Der Film
(THE JETSONS – THE MOVIE).
USA 1989.
R William Hanna/Joseph Barbera.
B Dennis Marks/Carl Sautter. *K* N.N.
M John Debney. *F* 82 Min.
(Zeichentrickfilm).
Die Jetsons sind die typische amerikanische Durchschnittsfamilie: Vater, Mutter, Tochter, Sohn, Hund und Hausroboter. Vater wird auf einen Asteroiden versetzt. Hier bedroht eine vollautomatische Fabrik die Existenz der knuddeligen Grungees.

Vater Jetson und sein geldgieriger Chef schließen einen Kompromiß, der zugunsten aller ausfällt. Zwischendrin rollt der Film typische Probleme auf, mit denen die Jetsons zu kämpfen haben. Was zeigt, daß jeder Probleme hat – auch in der Zukunft. – »...der biedere, harmlose Versuch, wieder einmal populäre Zeichentrick-Kobolde des Fernsehens auch erfolgreich auf der Leinwand zu plazieren.« (HUP, TIP).

Joey
BRD 1985.
R Roland Emmerich. *B* Roland Emmerich/Hans J. Haller/Thomas Lechner. *K* Egon Werdin. *SpE* Hubert Bartholomae/Armin Lange/Frank Schlegel. *M* Hubert Bartolomae.
D Joshua Morrell (Joey), Tammy Shields (Sally), Jerry Hall (William), Sean Johnson (Bobby), Mathias Kraus (Bernie), Christine Goebbels (Alice), Ray Kaselonis jr. (Steven), Eva Kryll (Laura), Jan Zierold (Martin), Barbara Klein (Dr. Haiden), Axel Berg (Ralph), Linda Caroll (Jessica), Christian Claaszen (Peter Collins), Christoph Lindert (Sheriff), Chaplan Brown (Pfarrer). *F* 98 Min.
Der neunjährige Joey hat den Tod seines Vaters nicht überwinden können. Er nutzt seine telekinetischen Fähigkeiten, um mit dem Toten in Kontakt zu treten. Die freigesetzte Energie läßt das Spielzeug in seinem Zimmer zu einem Eigenleben erwachen, sein Spieltelefon leuchtet auf und schafft die Verbindung. Eine solche positiv genutzte Fähigkeit des Übersinnlichen wird jedoch schon bald von einer bösen Kraft in Gestalt einer alten Bauchrednerpuppe, die Joey in einem verlassenen Haus gefunden hatte, sabotiert. Fletcher, die Puppe eines persönlichkeitsgespaltenen Varieté-Künstlers, lebt ihr Eigenleben und entwickelt heimtückische Fähigkeiten. Bedrängt von seiner Mutter, einer Armee von Spezialisten und einer Schar ihm feindlich gesonnener Schulkinder, die unter Fletchers Einfluß stehen, verläßt

»Und bei welchem Film sollen wir jetzt abkupfern?«
Joshua Morell nebst böser Bauchrednerpuppe in *Joey*

Joey das Diesseits. Im Reich der Dunkelheit trifft er seinen wahren Gegenspieler,
Fletchers Herrn und Meister. Joey besiegt
den Geist, doch das Reich der Toten ist
nah. Zu nah? Joey kommt zurück. Her-
umfliegende Spielzeuge beweisen es! –
»Nach seinen Spielereien mit Science Fic-
tion-Versatzstücken *(Das Arche-Noah-
Prinzip)* jongliert Roland Emmerich nun
mit jenen Kinomotiven, die man zur Genüge aus Spielberg-Filmen kennt.«Doch
was bei Spielberg trotz aller Tendenz zum
Spektakel stets mit Verzauberung, na-
ivem Staunen, Anteilnahme und Rührung, also mit Merkmalen des guten Un-
terhaltungskinos zu tun hat, ist bei Emmerich zu einem seelenlosen Nachäffen
bombastisch aufgeblähter Erfolgsmuster
geworden; was er in *E. T.*, *Poltergeist*

und den *Krieg der Sterne*-Filmen gesehen
hat, waren nur die Tricks, nicht jedoch die
Geschichten, in die sie eingebettet waren.
Diese Tricks kopiert der ›Zauberlehrling‹
Emmerich im Stil einer ununterbrochenen
Geisterbahnfahrt, ohne Maß, Rhythmus
und Gespür für die menschlichen Dimensionen zu besitzen. Die Handlung ist dabei nebensächlich, grob gestrickt und psychologisch völlig unstimmig.« (Horst Peter Koll, FILMDIENST) »Das Regime der
special effects sorgt denn auch für ekla-
tante Widersprüche in der Story… Joey
ist, das wird dem *Carrie*-geschulten Zuschauer sehr schnell klar, ein Telekinet.
Telekinese aber bedeutet die Bewegung
materieller Gegenstände durch die Kraft
des Geistes, nicht die Erschaffung von
Objekten aus dem Nichts. Wie also

kommt das Krümelmonster in die Mülltonne? Antwort: Wegen des tollen Ef-
fekts... (Emmerich) widerspricht sich regelmäßig selbst, um einen Effekt mehr
unterzubringen. Am Ende hat das Plot so
viele Tangentialflüge hinter sich, daß von
innerer Logik nicht mehr viel zu spüren
ist. *Joey* zeigt viel und erklärt wenig. Das
ist für einen Effektfilm nicht schlecht.
Doch wenn er erklärt, erklärt er alles völlig falsch. Das ist tödlich.« (Norbert Stresau, RETRO) Ⓥ VCL

Judex

(JUDEX). Frankreich 1916/17.
R Louis Feuillade. *B* Arthur Bernède/
Louis Feuillade. *K* Guérin. *D* René
Cresté (Judex), Louis Lebas (Bankier
Favraux), Yvette Andreyor (Favraux'
Tochter). 12 Folgen. Stummfilm.
War der ebenfalls von Louis Feuillade
kreierte *Fantomas* der erste Superverbrecher der Filmgeschichte, so gebührt *Judex*
der Titel des ersten Supermannes. Nach
Protesten aus der (französischen) Bevölkerung, die sich gegen die Verherrlichung
des Bösen in den damals beliebten Film-
serien wandten, machte Feuillade seinen
Helden Judex zum Kämpfer für die Gerechtigkeit. Der maskierte, geheimnisvolle Judex ist in Wirklichkeit der junge Graf
von Tremeuse, der seinen Vater rächen
will, der ein Opfer der Betrügereien eines
Bankiers geworden ist. Dabei bedient sich
Judex, ähnlich wie seine vielen Nachfolger, nicht immer der saubersten Methoden. Doch der Zweck heiligt die Mittel,
und am Ende kann Judex den Bankier besiegen. Das Serial war so erfolgreich, daß
Feuillade ein Jahr später eine Fortsetzung,
ebenfalls in 12 Folgen, drehte: LA NOU-
VELLE MISSION DE JEDEX, allerdings mit
dem neuen Hauptdarsteller André Brunel-
le. Hier kämpft Judex gegen einen Super-
Hypnotiseur (Marcel Levesque).

Judex

(JUDEX). Frankreich/Italien 1963.
R Georges Franju. *B* Jacques
Champreux/Francis Lacassin.

LV Louis Feuillade/Arthur Bernede.
K Marcel Fradetal. *M* Maurice Jarre.
D Channing Pollock (Judex), Francine
Bergé (Jacqueline), Edith Scob (Diana),
Michel Vitold, Théo Sarapo, Jacques
Jouanneau, Sylva Koscina.
104 Min.
Bankier Favraux, ein skrupelloser Kapitalist, hat sein Vermögen durch Erpressung
hochstehender Herren beim Panama-Ka-
nalbau-Skandal gemacht. Seine Tochter,
reizend und unglaublich unschuldig, soll
einen ungeliebten Mann heiraten und ist
das permanent bedrohte Opfer des Films.
Das eigentlich Böse aber wird verkörpert
durch das schöne, anfangs so tugendhaft
scheinende Kinderfräulein, das mit kaum
verhüllter Mordgier einen Anschlag nach
dem anderen erfindet. Nachdem sich ein
Detektiv als unfähig erweist, bleibt die
Gerechtigkeit Judex überlassen, einem
Magier in weißem Umhang, einem geheimnisvoll hintergründigen Vorläufer
unserer naiven modernen Supermänner.
Dieser versetzt mit seinen fast magischen
Kräften auf einem Ball unheimlicher Vo-
gelmasken den Bankier in einen todes-
gleichen Schlaf und entführt ihn in einen
in einer Burgruine gelegenen Kerker.
Dieser Kerker ist mit einem für das Jahr
1915 (in dem der Film spielt) geradezu
utopischen Überwachungssystem ausgestattet, einer Art Zauberspiegel, der die
heutige Fernsehüberwachung vorwegneh-
men soll. Nach weiteren überraschenden
Einfällen, in denen sich Judex als ein
Meister der Verkleidung und Tarnung erweist, stürzt sich die böse Kinderschwe-
ster zu Tode. Auch der Bankier kommt
um, so daß zum Happy-End Judex das
Bankierstöchterlein ehelichen kann. –
Dieser Film ist kein Remake im eigentlichen Sinne, keine Neuverfilmung, sondern eine Nachverfilmung, ein sehr seltenes Filmexperiment. So wird bewußt der
Stummfilm-Stil nachgestaltet, angefangen von der altertümlichen Blende, den
Zwischenüberschriften bis hin zu den
stark vereinfachten Charakteren, die man
schon an den Kleidern erkennen kann, ob

sie gut oder böse sind. »Es muß ein besonderes Vergnügen (gewesen) sein, 1963 die alte neuromantische Stummfilmwelt ironisch nachzuempfinden. Und es glückt Franju, sehr echt zu sein.« (Egon Netenjakob, FILMDIENST) – »Wo... Franju im Bereich des Formalen nachschöpferisch tätig wird, wo ihm insbesondere daran gelegen ist, den Stil jener Epoche auf die Leinwand zu bringen..., da erweist er sich als Filmkünstler im wahrsten Sinne des Wortes. Da steht die Dunkelheit gegen das Licht oder die engelhafte Jacqueline gegen die böse schwarze Diana. Da feiern Sentimentalität und Symbolik Triumphe... Das ist schön anzusehen, aber nicht jedermanns Sache. Oft muß man gegen die Langeweile ankämpfen, immer sich vergegenwärtigen, daß es sich nicht um einen Unterhaltungsfilm, sondern um ein Experiment handelt, das guten Willen zur Beteiligung erfordert. Filmkunstfreunde sollten das Werk dennoch sehen.« (FILMBEOBACHTER)

Die Jugger – Kampf der Besten
(SALUTE OF THE JUGGER).
USA/Australien 1989.
R David Webb Peoples. *B* David Webb Peoples. *K* David Eggby. *Ma* Michael Westmore. *M* Todd Boekelheide.
D Rutger Hauer (Sallow), Joan Chen (Kidda), Vincent Philip D'Onofrio (Gar), Ghandi McIntyre (Ghandi), Anna Katarina, Delroy Lindo, Justin Monjo, Hugh Keays-Byrne, Max Fairchild, Steve Rackman, Lia Francisa, Aaron Martin. *F* 92 Min.
In einer öden Zukunftswelt haben sich die Menschen in Siedlungen über das Land verstreut. Ihre einzige Unterhaltung sind die Spiele der sogenannten Jugger. Jugger-Teams ziehen von Ort zu Ort, um für Klunker, Nahrung, Alkohol und Sex zu kämpfen. Ihre Gesichter sind von Narben entstellt. Bei ihrem Spiel geht es darum, daß ein Läufer von vier mit Keulen und Ketten gedeckten Kollegen einen Hundekopf aufspießen muß. Sallow ist ein altgedienter Jugger aus Liga, der einzigen

Stadt im Erdinneren. Durch eine Affäre mit einer Lady hat er sein Ansehen eingebüßt und wurde ausgestoßen. Da sein Läufer bei einem Spiel zum Krüppel geschlagen wurde, nimmt er sich der jungen Kidda an, die sich bei den Spielen als harter Knochen erweist. Auf Kiddas Drängen beschließt Sallow, sich einer Herausforderung gegen ein hartes Team der Stadt zu stellen. Der Spielleiter will Sallow endgültig auslöschen, doch in einem blutigen Kampf siegt sein Team über das der Liga. Sallow zieht mit seinen ausgemergelten Kämpen weiter. – »Die trostlose Atmosphäre, die über den Bildern einer zukünftigen Welt liegt, in der nur noch Instinkte und einige wenige Grundmuster menschlicher Gefühle eine Rolle spielen, ist einigermaßen stimmig... Dem entspricht auch die mehr physische als verbale Kommunikation zwischen den Figuren. Dieser Aspekt... rettet den Film vor dem Absinken in eine Kampfchoreographie von anderthalb Stunden, die dem perversen Reiz im Dreck wälzender, blutüberströmter Körper huldigt. Wenn die schöne, ebenso grazile wie muskulöse Kidda sich dem Kampf stellt – dann verfällt der Film sogar in voyeuristische Zeitlupe... Glücklicherweise stellt sich heraus, daß die Muskelberge Gesichter haben. Was das Drehbuch seinen Protagonisten an Raum über den Kampf hinaus läßt, wird von den Darstellern auch genutzt, sie lassen durchaus differenzierte Charaktere erkennen. Vielleicht ist die dürftige Handlung ja sogar folgerichtig angesichts des deprimierenden Zukunftsentwurfs.« (Beate Ostermann, TIP).
Ⓥ VPS

Der Junge und sein Hund
(A BOY AND HIS DOG). USA 1975.
R L. Q. Jones. *B* L. Q. Jones.
LV Harlan Ellison. *K* John Arthur Morrill. *SpE* Frank Rowe. *M* Tim McIntire. *D* Don Johnson (Vic), Susanne Benton (Quilla June), Alvy Moore (Dr. Moore), Jason Robards (Lew), Helen Winston (Mez), Charles

McGraw (Prediger), Hal Baylor (Michael), Ron Feinberg (Fellini), Mike Rupert (Gary), Don Carter (Ken), Michael Hershman (Richard).
F 89 Min.
Nach dem 4. Weltkrieg. In einer verwüsteten amerikanischen Stadt lebt der Rokker Vic mit seinem mutierten, sprechenden Hund Blood. Als er einem Mädchen durch die Trümmerlandschaft folgt, gelangt er in eine unterirdische Stadt, deren männliche Bewohner aufgrund radioaktiver Strahlung zeugungsunfähig geworden sind. Vic dient ihnen als ›Zuchtbulle‹ und erfährt, daß man ihn später umbringen will. Zusammen mit Quilla June gelingt ihm die Flucht zur Oberfläche. Dort stößt er auf seinen halbverhungerten Hund, der dringend Nahrung braucht. Da das Tier ihm näher steht als jeder Mensch, tötet Vic das Mädchen, verfüttert es an den Hund und zieht mit diesem weiter. – Die grausame Ironie dieser Geschichte besteht in der Tatsache, daß der *Hund* Blood ein Intellektueller ist – und sein menschlicher Freund Vic ein Depp, der hauptsächlich Sex und Pornos im Kopf hat. Die autoritäre Struktur, nach der die unterirdische Gesellschaft aufgebaut ist, kapiert er nicht, und aufmüpfig wird er erst dann, als er erfährt, daß die superpatriotischen Stadtväter nicht im Traum daran denken, ihn auf ihre Frauen und Töchter ›loszulassen‹. Wie die mit dem Nebula Award ausgezeichnete Erzählung Harlan Ellisons, die diesem Film zugrunde lag, läßt auch die Faszination des Bildes in der zweiten Hälfte stark nach. In der Bundesrepublik wurde *Der Junge und sein Hund* – auch wegen der thematischen Brisanz – gar nicht erst in die Kinos gebracht.
Ⓥ Arcade
Ⓑ Harlan Ellison: ›Des Menschen bester Freund‹; in: Thomas Landfinder (Hrsg.), *Liebe 2002*, Frankfurt/Main 1971

Der jüngste Tag
(WHEN WORLDS COLLIDE).
USA 1951.
R Rudolph Maté. *B* Sydney Boehm.

LV Edwin Balmer/Philip Wylie. *K* John F. Seitz/W. Howard Greene. *SpE* Gordon Jennings/Harry Barndollar/Chesley Bonestell. *M* Leith Stevens.
D Richard Derr (Dave Randall), Barbara Rush (Joyce Hendron), Peter Hanson (Tony Drake), John Hoyt (Sydney Stanton), Larry Keating (Dr. Hendron), Judith Ames (Julie Cummings), Stephen Chase (Dean Frey), Frank Cady (Harold Ferris), Hayden Rorke (Dr. Bronson), Sandro Giglio (Dr. Ottinger), Mary Murphy, Laura Elliot, Jim Congdon, Frances Sanford, Freeman Lusk, Joseph Mell, Marcel de la Brosse, Queenie Smith, Art Gilmore, Keith Richards, Gay Nelson, Rudy Lee, John Ridgley, James Seay, Harry Stanton, Sam Finn, Gertrude Astor, Estelle Eterre, Hassan Khayyam, Bill Meader, Ramsay Hill, Gene Collins, Kirk Alyn, Robert Chapman, Charmian Harker, Walter Kelly, Chad Madison, Dolores Mann, Robert Sully, Richard Vath, Stuart Whitman. *F* 81 Min.
Als der Pilot Dave Randall einige Top-Secret-Fotos von einem südamerikanischen Observatorium in die USA bringt, erfährt er von dem Astronomen Dr. Hendron, daß die Erde in höchster Gefahr schwebt: Zwei wild durch das All jagende Planeten, denen man die Namen Bellus und Zyra gibt, nähern sich unaufhaltsam und werden eine Katastrophe herbeiführen. Hendron sieht keine andere Möglichkeit für das Überleben der Menschheit, als ein Raumschiff zu bauen und eine Gruppe von Auserwählten nach Zyra zu schicken, da dieser Planet erdähnliche Bedingungen aufweist. In weniger als drei Wochen wird ein Raumschiff gebaut, das 40 Menschen von der Erde wegbringen soll. Randall, der sich in Hendrons Tochter Joyce verliebt hat, muß sich mit einem Rivalen auseinandersetzen. Dr. Hendron sorgt schließlich dafür, daß er selbst und der Hauptfinanzier des Projekts, der Milliardär Stanton, zugunsten eines jungen Pärchens auf der Erde zurückbleiben. Als der Planet Bellus das irdische Kraftfeld

Peter Hanson, Richard Derr und Barbara Rush in *Der jüngste Tag*

berührt und schlimmste Naturkatastrophen hervorruft, hebt die moderne Arche Noah ab. Während die Erde und Bellus untergehen, landen die Auserwählten auf Zyra, einer jungfräulichen Welt, die einem Garten Eden gleicht.

Der ursprünglich für Cecil B. DeMille angekaufte Stoff wurde George Pal übergeben: Das Resultat bestand in einigen äußerst dramatischen Szenen, von denen die bekannteste wohl jene ist, in der New York von einer Flutwelle überrollt wird, bis schließlich nur noch die Spitze des Empire State Building aus dem Wasser ragt und einige gekenterte Ozeandampfer auf den Wellenbergen treiben. Die Abteilung Spezialeffekte der Paramount erhielt dafür einen Oscar, und so vermeldete denn auch der FILMDIENST: »Im Endergebnis ist der Film eine technische Spielerei, ein Feuerwerk der Raketen und Atome, nicht des Geistes.«

Ⓑ Edwin Balmer/Philip Wylie: *Wenn Welten zusammenstoßen*, Berlin 1959

Kamikaze 1989
BRD 1982.
R Wolf Gremm. *B* Robert Katz/Wolf Gremm. *K* Xaver Schwarzenberger. *M* Edgar Froese. *D* Rainer Werner Fassbinder (Lt. Jansen), Günter Kaufmann (Anton), Boy Gobert (Konzernchef), Arnold Marquis (Polizeipräsident), Richy Müller (Neffe), Nicole Heesters (Barbara), Franco Nero (Weiss), Brigitte Mira (Personalchefin), Jörg Holm (Vizepräsident), Hans Wyprächtiger (Zerling), Petra Jokisch (Elena), Ute Fitz-Koska (Polizeiärztin) Frank Ripploh (Gangster), Hans Eckhardt (Polizist), Christoph Baumann (Kripo-Beamter), Juliane Lorenz (Krankenschwester), Christel Harthaus (Polizistin). *F* 106 Min.

In der Bundesrepublik des Jahres 1989 ist alles in Butter: Ein gigantischer Medienkonzern lullt die Bürger ein, unterhält sie Tag und Nacht, veranstaltet Lachwettbewerbe im hauseigenen TV, tut alles, um den wohlgenährten Bürgern, die im übrigen keinen Alkohol zu sich nehmen dürfen, zu gefallen. Der Konzernchef, den gewisse subversive Elemente in einem illegal gedruckten Comic-Heft als den ›Blauen Panther‹ verhohnepipeln, erhält eines schönen Tages eine Bombendrohung. Aus Angst um seinen schönen Glasturm, in dem Hunderte von TV- und Presseredaktionen untergebracht sind, läßt er zwar zunächst die Polizei alarmieren, aber als der versoffene Leutnant Jansen seine Aufgabe ernst nimmt und seine Ermittlungen mit Nachdruck vorantreibt, wird ihm dessen Herumschnüffelei lästig, und er präsentiert ihm einen Täter: seinen eigenen Neffen, der sich angeblich nur einen Jux geleistet hat. Als Jansen auf Umwegen erfährt, daß das 30 Stockwerke hohe Konzerngebäude noch über eine 31. Etage verfügt, macht er sich auf, um dieses Mysterium in Augenschein zu nehmen. Unter Schwierigkeiten allerdings, denn er wird von vermummten Transvestiten überfallen, auf der Autobahn von einem grell angemalten Kamikazefahrer angerempelt und vom Polizeipräsidenten unter Druck gesetzt. Nachdem er auf unfreiwillige Weise mit einer Widerstandsgruppe in Kontakt gekommen ist, die unter dem Namen des Comic-Helden Krysmopompas firmiert, stößt er auf einen Herrn Weiss, der ihm sagt, welch schändliches Spiel der Konzernherr mit ihm und anderen idealistisch eingestellten, fortschrittlichen Schreibern und Blattmachern getrieben hat: Im 31. Stock des Konzerngebäudes werden nämlich seit Jahr und Tag von diversen Konzeptionisten Pläne ausgebrütet, wie man mit TV-Sendungen und Zeitschriften die Massen ›intellektualisieren‹ kann. Bloß: Das Tageslicht erblicken diese Konzepte nie. Der Konzern denkt gar nicht daran, sie Wirklichkeit werden zu lassen. Was ihn interessiert, ist die herrschende Friedhofsruhe – und das sichere Wissen, daß die gekauften ›Linken‹ anderswo keinen Unfug anstellen können. »In der Schlußeinstellung bumst Fassbinder verzweifelt ohnmächtig die lebensgroße Fotografie des amerikanischen Mond-Astronauten, die als Fortschrittssymbol seine Zimmerwand schmückt. Dann schaut er lange, lange in die Kamera, und aus der Verzweiflung an der Welt wird plötzlich ein selbstironisches Lachen: Austeilen oder Einstecken, was hat die Welt sonst noch für Geheimnisse anzubieten?« (DER STERN) – Die Kritiken, die Gremms Film bekam, waren zwiespältig, was verständlich ist: Das Drehbuch geht mit kaum einem Wort auf die Motivation der ›Krysmopompas‹-Anarchos ein, und als Franco Nero dem Polizisten Jensen (der von Nicole Heesters als ›Herr Polizeihund‹ angesprochen wird) den entscheidenden Hinweis gibt, geschieht dies am Rande, zwischen Tür und Angel, in einem Neben-

Wolf Gremm is at it again: Rainer Werner Fassbinder in *Kamikaze 1989*

satz. Gelobt wurden vor allem die schauspielerischen Leistungen Boy Goberts und R. W. Fassbinders, der wie »ein klobiger Heinrich Mann im New Wave Look« (DIE ZEIT) sich bewegt, »als sei er zufällig in die Muppets-Show geraten«. (DER SPIEGEL) – »Es liegt sicher nicht an der Bestürzung über seinen allzu frühen Tod, daß man... eigentlich nur Augen für den Hauptdarsteller hat. Es ist vor allem auch die spürbare Lust an der eigenen Körperlichkeit und der Schuß Selbstironie, mit der er diese köstliche und wüste Edelcharge zum besten gibt – mit unsäglichem Leoparden-Dreß und verschmitztem Poker-Face, das sich allen Anfechtungen durch Ebenmaß wirksam widersetzt.« (FILMDIENST)
Ⓥ Atlas
Ⓑ Per Wahlöö: *Mord im 31. Stock*, Reinbek 1977

Kampf der Planeten
Anderer Titel für **Perry Rhodan – SOS aus dem Weltall**

Kampf der Roboter
(CRASH AND BURN). USA 1990.
R Charles Band. *B* J.S. Cardone.
K Mac Ahlberg. *SpE* David Allen.
Ma Greg Cannon. *M* Richard Band.
D Paul Ganus (Tyson), Megan Ward (Arren), Ralph Waite (Lathan Hooks), Bill Moseley (Quinn), Eva LaRue (Patricia), Jack McGee (Winston Wickett), Elizabeth McLellan (Sandra), Katherine Armstrong (Christie), John Chandler, Kristopher Logan. *F* 84 Min.
Um die Wirtschaft zu stabilisieren, hat der UNICOM-Konzern die Weltherrschaft angetreten, der sich nur ein paar Freiheitskämpfer widersetzen. Die Erde ist von UV-Strahlen verseucht. Der UNI-

COM-Kurier Tyson gelangt zu einem in der Ödnis liegenden unabhängigen TV-Sender. Ein aufziehender Wüstensturm schneidet ihn, den Sendeleiter Lathan, dessen Enkelin Arren, die Lehrerin Patrice, den Techniker Quinn, zwei Prostituierte und einen schmierigen Moderator von der Außenwelt ab. Lathan wird nachts ermordet. Quinn entpuppt sich als von der UNICOM illegal produzierter Syntoid, der den unbequemen Sender vernichten soll. In zünftiger Slashermanier tötet Quinn den Moderator und die Frauen. Im aufreibenden Kampf mit Tyson gerät er unter einen stürzenden Turm. Arren reaktiviert einen MV-8-Roboter, tötet Quinn und befreit den unter den Trümmern liegenden Tyson. Auch Tysons geliebte Lehrerin erweist sich als Syntoid. Arren schießt ihr den Kopf ab. Zusammen brechen sie zur Freiheitsbewegung auf,

um die UNICOM mit ihrem Wissen über die illegalen Syntoiden zu stürzen. – Natürlich klaut *Kampf der Roboter* bei anderen Filmen, aber die Story ist durchaus ansehbar – und das ist mehr, als man über 98% aller nach *Blade Runner* entstandenen SF-Filme sagen kann. – Nur auf Video Ⓥ CIC

Kampf der Welten
(THE WAR OF THE WORLDS).
USA 1953.
R Byron Haskin. *B* Barré Lyndon.
LV H. G. Wells. *K* George Barnes.
SpE Chesley Bonestell/Gordon Jennings/
Wallace Kelley/Paul K. Lerpae/Ivyl
Burks/Jan Domela/Irmin Roberts/Walter
Hoffman. *M* Leith Stevens. *D* Gene
Barry (Clayton Forrester), Ann
Robinson (Sylvia van Buren), Les
Tremayne (General Mann), Bob

Kampf der Welten von Byron Haskin

Cornthwaite (Dr. Pryor), Sandro Giglio (Dr. Bilderbeck), Lewis Martin (Pastor Collins), Ann Codee (Dr. DuPrey), Walter Sande (Sheriff), Houseley Stevenson (Adjutant), Paul Frees (Rundfunksprecher), Vernon Rich (Col. Heffner), Bill Phipps (Wash Perry), Paul Birch (Alonzo Hogue), Jack Kruschen (Salvatore), Robert Rockwell (Ranger), Sir Cedric Hardwicke (Kommentator). *F* 85 Min.

In der Nähe einer kalifornischen Kleinstadt landet ein außerirdisches Raumschiff, das offenbar vom Planeten Mars kommt. Als ein gutgläubiger Prediger dem Fahrzeug entgegengeht, um den Fremden eine Friedensbotschaft zu überbringen, wird er prompt von einem aufblitzenden Todesstrahl vernichtet. Nun weiß man, daß die Besucher nichts Gutes im Schilde führen. Recht bald schwärmen Beiboote aus und vernichten alles, was sich ihnen in den Weg stellt. Die Armee ist machtlos. Nicht einmal die gefürchtete Atombombe kann den Vormarsch der Invasoren aufhalten. Der Atomphysiker Forrester und die junge Sylvia van Buren versuchen, wie der Rest der Menschheit, irgendwo einen sicheren Unterschlupf zu finden. Sie finden schließlich ein altes Kirchengemäuer, in dem eine Gruppe ängstlicher Überlebender betend auf das Ende wartet. Während um sie herum die Welt in Scherben fällt und man jede Hoffnung auf Rettung hat fahren lassen, verstummen unerwartet die Motorengeräusche der angreifenden Marsschiffe. Der Krieg ist zu Ende: Die außerirdischen Invasoren sind einer gewöhnlichen irdischen Virenerkrankung zum Opfer gefallen. – Die gefilmte Version von H. G. Wells' Roman THE WAR OF THE WORLDS (1898) ging mit dem Originalstoff noch etwas ruppiger um als die legendäre Hörspielfassung, die Orson Welles 1938 auf die Bewohner New Yorks losließ: Hatte Welles die Invasion der Marsianer aus der Gegend von London nach New Jersey verlegt, wählte George Pal für seinen Film Kalifornien.»Er machte aus den dreibeinigen marsianischen Kampfmaschinen rochenähnliche fliegende Untertassen, und aus den Marsianern selbst, die ursprünglich schwabbelige Oktopoden waren, Geschöpfe, die wie Kröten aussahen. Fliegende Untertassen waren zu Anfang der fünfziger Jahre ein beliebtes Gesprächsthema. Zweifellos hielt Pal es für eine gute Idee, dem Film noch einen zusätzlichen Aufhänger zu verleihen, aber diese Veränderung stellt keine Verbesserung dar. Trotzdem, der Film enthält einige ziemlich angsterzeugende und manche beeindruckend destruktive Szenen.« (Frederik Pohl/Frederik Pohl IV, SCIENCE FICTION STUDIES IN FILM)

Ⓥ CIC

Ⓑ H. G. Wells: *Krieg der Welten*, Wien 1901

Der Kampfkoloß

(BATTLETRUCK). Neuseeland 1981. *R* Harley Cokliss. *B* Irvin Austein/John Beech/Harley Cokliss. *K* Chris Menges. *M* Kevin Peek. *D* Michael Beck (Hunter), Annie McEnroe (Corlie), James Wainwright (Straker), John Ratzenberger (Rusty), Randolph Powell (Judd), Bruno Lawrence (Wired Willie), Diana Rowan (Charlene), John Bach (Bone). *F* 92 Min.

In naher Zukunft: Die Welt hat einen Krieg hinter sich, bei dem es um die Kontrolle der arabischen Ölfelder ging. Das Resultat: Die Zivilisation ist zusammengebrochen, es gibt keine Regierungen mehr. Die Menschen haben sich in kleinen Gemeinschaften in die Berge oder aufs Land zurückgezogen und führen einen verzweifelten Abwehrkampf gegen marodierende (und motorisierte) Banden, die sich das, was sie brauchen, von denen holen, die es noch haben. Der Ex-Colonel Straker befehligt eine Truppe von brutalen Halsabschneidern und terrorisiert mit Hilfe eines Superpanzers einen öden Landstrich Neuseelands. Sein Ziel besteht darin, ein diktatorisches Regime zu errichten, unter dem alles nach seiner Pfeife tanzt. In heimlicher Opposition zu ihm

Krampfstern Beknacktika von Richard A. Colla

steht seine hübsche Tochter Corlie, die irgendwann von den Gewalttätigkeiten ihres psychopathischen Vaters genug hat und sich absetzt. Während ihrer Flucht begegnet sie dem Kriegsveteranen Hunter, der mit einem Motorrad unterwegs ist. Hunter nimmt sich des Mädchens an und bringt es in eine kleine Siedlung, die jedoch bald darauf von dem wutschnaubenden Straker angegriffen und unterworfen wird. Obwohl Corlie die Flucht noch einmal gelingt, wird sie von der Bande ihres Vaters gestellt und verschleppt. Hunter dringt in das Lager Strakers ein, zerstört dessen letzte Ölreserven und flieht. Strakers Kampfkoloß nimmt die Verfolgung auf, aber es gelingt Hunter, das Fahrzeug dermaßen auszutricksen, daß es in eine tiefe Schlucht stürzt. – »Ein Western der Zukunft, der zur Abwechslung einmal nicht ›stainless steel‹-Technik ins

Grandiose stilisiert, sondern für den Schrottplatz optiert; aus rostigem Metall alternative ›junk‹-Technik und aus vergessen geglaubten Versatzstücken so etwas wie eine ›junk‹-Mythologie zu improvisieren sucht.« (DIE ZEIT)
ⓥ Constantin

Kampfstern Galactica
(BATTLESTAR GALACTICA).
USA 1978.
R Richard A. Colla. *B* Glen A. Larson.
K Ben Colman. *SpE* Richard Edlund/
Dennis Muren/Karl Miller/Joe Goss/
John Peyser jr./Alvah J. Miller. *M* Stu
Phillips. *D* Richard Hatch (Capt.
Apollo), Dirk Benedict (Lt. Starbuck),
Lorne Greene (Commander Adama),
Ray Milland (Uri), Lew Ayres
(Präsident Adar), Jane Seymour
(Serina), Wilfrid Hyde-White (Anton),

John Colicos (Graf Baltar), Laurette Spang (Cassiopeia), John Fink (Dr. Paye), Terry Carter (Col. Tighe), Herb Jefferson (Lt. Boomer), Maren Jensen (Athena), Tony Swartz (Lt. Jolly), Noah Hathaway (Boxey), Ed Begley (Greenbean), Rick Springfield (Lt. Zac), Dick Duroc (Erhabener), Sarah Rush (Rigel), Bruce Wright (Deck Hand), Chip Johnson (Krieger), Geoffrey Binney (Krieger). *F* 125 Min.

Nach dem tausendjährigen Krieg gegen die roboterhaften Zylonen werden die Führer eines menschlichen Imperiums unter dem Vorwand von Friedensverhandlungen in eine Falle gelockt und ihre Planeten vernichtet. Unter dem Kommando von Commander Adama bricht der Riesenraumer *Galactica* mit einer Flotte von Hilfsschiffen voller Flüchtlinge auf, um eine Kolonie namens Erde zu suchen, mit der man seit Ewigkeiten keinen Kontakt mehr hat. Unter großen Entbehrungen und ständi-ger Behinderung durch zylonische Kampfverbände schlägt man sich durch das All und hat sich mit allerlei internen Problemen herumzuschlagen: Während die in den Laderäumen eingepferchten Flüchtlinge Hunger leiden, hortet der Aristokrat Uri Lebensmittel und feiert mit seinen Freunden Freßorgien. Man riskiert einen gefährlichen Flug durch einen verminten Raumsektor, um auf dem Planeten Carillon die Lebensmittelvorräte zu ergänzen. Dabei stößt man auf ein unterirdisch lebendes Insektenvolk, das den Menschen ein Leben im Überfluß offeriert. Als Uri und seine Getreuen auf die Vernichtung aller Waffen drängen, um sich auf Carillon niederzulassen, stellt sich heraus, daß die Insekten Untertanen der Zylonen sind. Captain Apollo und seine Freunde Starbuck und Boomer decken das Komplott auf und bewegen die Flüchtlinge zur Weiterreise. Ein letzter Zylonenangriff wird mit vereinter Kraft zurückgeschlagen. Die *Galactica* ist wieder unterwegs. – Pilotfilm einer wenig erfolgreichen amerikanischen TV-Serie, die allzu sehr von George Lucas' *Krieg der Sterne* abkupferte und gleich ins Schußfeld der Kritik geriet. Fortsetzungen zu *Kampfstern Galactica* sind *Mission Galactica: Angriff der Zylonen* und *Das Ende einer Odyssee*. Beide Streifen sind gekürzte Zusammenschnitte der o.a. TV-Serie.
Ⓥ CIC
Ⓑ Glen A. Larson/Robert Thurston: *Kampfstern Galactica*, München 1978

Kampf um die 5. Galaxis
(L'UMANOIDE). Italien 1979.
R George B. Lewis (= Aldo Lado).
B Adriano Bolzoni/Aldo Lado.
K Silvano Ippoliti. *SpE* Armando Valcauda. *M* Ennio Morricone.
D Richard Kiel (One), Barbara Bach (Lady Agatha), Corinne Clery (Dr. Barbara Gibson), Arthur Kennedy (Krespin), Ivan Rassimov (Craven), Leonard Mann, Marco Yeh, Massimo Serato, Attilio Duse, Vito Fornari, Giuseppe Quaglio. *F* 99 Min.

Der größenwahnsinnige Despot Craven hat sich nach der Beinahe-Vernichtung der Erde auf eine Insel zurückgezogen und verwandelt mit Hilfe des Elements Kappa, das er dem Wissenschaftler Krespin gestohlen hat, Menschen in sogenannte (Kreisch!) ›Humanoide‹, die seinem bösen Willen unterworfen sind. Mit ihnen will er die Macht über die Welt an sich reißen. Und da niemand erfahren darf, daß er wahnsinnig ist, hat er vor, die letzte bewohnte Metropole der Erde mit Kappa zu beschießen – dort lebt nämlich die Ärztin Dr. Gibson, die als einzige von seinem matschigen Hirn weiß. Natürlich geht das Attentat letztlich schief – und alles jubelt und lacht (abgesehen von denen, die das Eintrittsgeld zurückverlangen). Ⓥ RCA/Columbia

Kampf um Endor
(EWOKS: THE BATTLE FOR ENDOR). USA 1986.
R Jim Wheat/Ken Wheat *B* Jim Wheat/ Ken Wheat. *K* Isodore Mankofsky. *SpE* Industrial Light & Magic. *M* Peter

Bernstein. *D* Wilford Brimley (Noa), Warwick Davis (Wicket), Aubree Miller (Cindel), Sian Phillips (Charal), Carel Struycken (König Terak), Niki Botelho, Eric Walker, John Gleason. *F* 90 Min. Vorgeschichte siehe *Die Ewoks – Karawane der Tapferen.* – Kurz bevor sich die Tawanis auf dem Planeten Endor von den Ewoks verabschieden wollen, werden sie von den kriegerischen Maraudern überfallen. Nur die kleine Cindel überlebt. Sie gerät mit den anderen Ewoks in Gefangenschaft, aus der sie schnell mit Wicket entkommen kann. Die Hexe Charal, die rechte Hand des Marauderkönigs Terak, nimmt in Gestalt eines Raben die Verfolgung auf. Cindel und Wicket finden bei dem griesgrämigen Einsiedler Noa Unterkunft, der vor Jahren auf Endor notgelandet ist und sich später als liebenswerter Mensch erweist. Als Fee getarnt nimmt Charal Cindel gefangen. Noa zieht mit Wicket zu Teraks Burg, um sie und die Ewoks aus den Verliesen zu befreien. Die Flucht gelingt. Bei Noas Raumfähre kommt es zum Gefecht zwischen Ewoks und Maraudern. Noa tötet Terak im Laserschwertduell. Charal muß auf ewig Rabe bleiben. Das reparierte Raumschiff trägt Noa und Cindel in die Tiefen des Weltalls. – »Dieser Fantasy-Film ist exakt aus jenem Stoff, der alle Kinder-Fantasie mit Laserkanonen, Gemetzel und Grauen abtötet. Die bedauernswerten Opfer unter den Erwachsenen aber sind die Märchenerzähler, denen bei soviel Primitivität nur noch der Mund offenstehen bleibt.« (Kai Niemeyer, *AZ*).
Ⓥ MGM/UA

Kapitän Nemo
(CAPTAIN NEMO AND THE UNDERWATER CITY). GB 1969.
R James Hill. *B* Pip Baker/Jane Baker/ R. Wright Campbell. *K* Alan Hume/Egil S. Woxholt. *SpE* Jack Mills/George Gibbs/Richard Conway. *M* Walter Stott. *D* Robert Ryan (Capt. Nemo), Chuck

Kampf um die 5. Galaxis von Aldo Lado

Robert Ryan als *Kapitän Nemo*

Connors (Robert Fraser), Nanette
Newman (Helena Beckett), Luciana
Paluzzi (Mala), Bill Fraser (Barnaby),
Kenneth Connor (Swallow), John
Turner (Joab), Allan Cuthbertson
(Lomax), Christophr Hartstone (Philip),
Vincent Harding (Navigator), Ralph
Nosseck (Maschinist), Michael
McGovern, Alan Barry, Anthony
Bailey. *F* 103 Min.
Zeit: Während des amerikanischen Sezes-
sionskrieges. Während eines Sturms auf
dem Atlantik werden sechs Menschen von
einer Welle über Bord gespült, von fantastisch anmutenden Froschmännern gerettet und an Bord eines Unterseebootes gebracht, dessen Kommandant Captain
Nemo sie als Gefangene in seine unterseeische Stadt Templemer bringt. Nemo
hat mit den ewig kriegführenden Menschen der Oberwelt gebrochen und sich
mit zahlreichen Getreuen ein eigenes
Reich geschaffen, das den unvermeidlichen Untergang der Erdzivilisation überdauern soll. Während der US-Senator
Fraser sichtlich beeindruckt von der brü-
derlichen Unterwasserzivilisation ist,
wird Mr. Lomax von Klaustrophobie-
Ängsten geplagt und sabotiert die lebens-
wichtigen Anlagen Templemers. Barnaby
und Swallow, zwei kleine Gauner, finden
heraus, daß Nemos Leute gewaltige Gold-
schätze angehäuft haben, wollen sich die
Taschen füllen und als reiche Gentlemen
an die Oberwelt zurückkehren. Da Fraser
mit einem Spezialauftrag unterwegs ist,
dessen Ergebnis den Bürgerkrieg beenden
könnte, sucht er nach einer Fluchtmög-
lichkeit. Barnaby und Swallow gewinnen
schließlich Nemos Stellvertreter Joab für
sich. Als Joab den drei Männern ein U-
Boot zur Verfügung stellt, kommt es zu
einer Beinahe-Katastrophe: Das Flucht-
fahrzeug hat einen Schaden. Obwohl
Nemo und Joab sich sofort an die Verfolgung der Flüchtlinge machen, bleibt ihr
Vorhaben erfolglos. Das Boot havariert
zwar, aber Fraser und Swallow werden
von einem Schiff gerettet. Der mit Gold
beladene Barnaby kommt um. – Ein schöner, bunter Abenteuerfilm für die Jugend-
stunde. Nach Motiven von Jules Verne.

Karate-Killer
(THE KARATE KILLERS). USA 1967.
R Barry Shear. *B* Norman Hudis.
K Fred Koenekamp. *M* Gerald Fried/
Jerry Goldsmith. *D* Robert Vaughn
(Napoleon Solo), David McCallum
(Illya Kuryakin), Curd Jürgens (Karl
von Kesser), Joan Crawford (Amanda),
Terry-Thomas (Constabler), Telly
Savalas (Graf Fanzini), Herbert Lom
(Randolph), Diane McBain (Margo),
Danielle DeMetz (Yvonne), Leo G.
Carroll (Mr. Waverly), Kim Darby
(Sandy True), Jill Ireland (Imogene),
Irene Tsu (Reikko), Philip Ahn (Sazami
Kyushu).
F 93 Min.
Ein Wissenschaftler hat eine Möglichkeit
gefunden, aus Meerwasser Gold zu ma-
chen. Diverse Agentengruppen jagen hin-
ter seiner Formel her. – Spielfilmlange
Folge der amerikanischen TV-Serie ›Solo
für O.N.K.E.L.‹, die auch in Filmthea-
tern gezeigt wurde.

Karten auf den Tisch

(CARTES SUR TABLE/CARTAS BOCA ARRIBA). Frankreich/Italien 1965. *R* Jesus Franco. *B* Jean-Claude Carriére/ Jesus Franco. *K* Antonio Macasoli. *M* Paul Misraki. *D* Eddie Constantine (Al Pereira), Françoise Brion (Lady Cecilia), Sophie Hardy (Cynthia Lewis), Fernando Rey (Sir Percy), Alfredo Mayo (Baxter), Ricardo Palacio (Hermes), Marcelo Arroita (Olsen), Vicente Roca (Lee Wee), Gene Reyes (Chang Howe). *F* 92 Min.

Eine mit Supertechniken operierende Organisation läßt roboterhaft agierende Amokläufer auf einflußreiche Politiker los, die am hellichten Tag zuschlagen und völlig gefühlskalt sind. Al Pereira, Ex-Superagent und Playboy, weist zufällig den gleichen seltenen Rhesusfaktor wie die seltsamen Attentäter auf und muß deswegen noch einmal an die Front, um das Lumpenpack Mores zu lehren. Nebenbei schaltet er noch den chinesischen Geheimdienst aus. – »Die üblichen Eddie-Constantine-Effekte (harte Faustkämpfe, Flirt mit schönen Frauen) werden mit bemerkenswerter Distanz dargeboten, indem sie ironisierend überhöht werden.« (FILMDIENST). Für beinharte Eddie-Fans kann das nichts Gutes heißen.

Die Katze aus dem Weltraum

(THE CAT FROM OUTER SPACE). USA 1977. *R* Norman Tokar. *B* Ted Key. *K* Charles F. Wheeler. *SpE* Eustace Lycett/Art Cruikshank/Danny Lee/P. S. Ellenshaw. *M* Lalo Schifrin. *D* Ken Berry (Dr. Frank Wilson), Harry Morgan (Gen. Stilton), Sandy Duncan (Elizabeth Bartlett), Roddy McDowall (Stallwood), MacLean Stevenson (Dr. Carl Link), William Prince (Mr. Olympus), Hans Conried (Dr. Heffel), Ronnie Schell, Jesse White, Allan Young. *F* 98 Min.

Ein telepathisch begabter Außerirdischer, der die Gestalt einer Katze hat, notlandet auf der Erde und sorgt für einige Verwirrung. Während ein Team amerikanischer Wissenschaftler und ein trotteliger General etwas über den seltsamen Besucher herauszufinden versuchen, informiert der Spitzel Stallwood seinen Herrn, einen Mr. Olympus, der von der Weltherrschaft träumt. Olympus will den Kater haben und jagt hinter ihm her, dabei schreckt er auch nicht davor zurück, die hübsche Elizabeth Bartlett und deren Kätzchen Belle zu kidnappen. Natürlich geht am Ende alles gut aus. Als das UFO des außerirdischen Katers wieder startet, ist er allerdings nicht an Bord, denn er hat sich in Belle verliebt. – Ein anspruchsloses, gelegentlich auch ganz lustiges Filmchen für die Kleinen aus der Disney-Produktion. Ⓥ Euro

Die Kettenreaktion

(THE CHAIN REACTION). Australien 1978. *R* Ian Berry. *B* Ian Berry. *K* Russell Boyd. *M* Andrew T. Wilson. *D* Steve Bisley (Larry Stilson), Anna-Maria Winchester (Carmel Stilson), Ross Thompson (Heinrich Schmidt), Ralph Cotterill (Gray), Hugh Keays-Byrne (Eagle), Lorna Lesley (Gloria), Richard Moir (Athol Piggot), Patrick Ward (Oates), Margo Lloyd (Molly), Laurie Moran (Sgt. McSweeney). *F* 92 Min.

Als ein leichter Erdstoß das Werksgelände der australischen Atommülldeponie WALDO erschüttert, platzt ein Behälter und läuft aus; sein radioaktiver Inhalt versickert im Grundwasser. Da der bereits schwer verseuchte Atomwissenschaftler Heinrich Schmidt sich an fünf Fingern ausrechnen kann, daß die Firma alle Zeugen dieses Geschehens mundtot machen wird, macht er sich aus dem Staub und schließt sich dem in der Wildnis in einem Wohnwagen campenden Pärchen Larry und Carmel an, das er über den Unfall informiert. Gray und Oates, zwei Werkschutz-Killer der Firma WALDO, sind ihm ständig auf den Fersen. Als Larry Schmidts Freund Eagle in Sydney aufsucht, wird er unter dem Vorwand festge-

nommen, er habe einen WALDO-Mitarbeiter auf dem Gewissen. Eagle befreit ihn, aber Gray macht die Flüchtigen ausfindig und unterzieht sie einem brutalen Verhör. Inzwischen lassen sich die ersten Anzeichen der Grundwasserverseuchung feststellen. Das Ende der Welt scheint nah ... Aber inzwischen haben einflußreiche Medien von der Sache Wind bekommen. – Ein rasant gemachter Action-Film, der sich als engagierter Polit-Thriller ausgibt.
Ⓥ Warner Home

Killer-Alien
(BREEDERS). USA 1986.
R Tim Kincaid. *B* Tim Kincaid.
K Arthur D. Marks. *M* Tom Milano/Don Great. *D* Teresa Farley (Dr. Gamble Pace), Lance Newman (Dr. Dale Andriotti), Frances Raines (Karinsa Marshall), Natalie O'Connell (Donna), Amy Brentano (Gail), Leeanne Baker (Kathleen). *F* 77 Min.
Ein mörderischer Außerirdischer mordet und schwängert Frauen zur Erhaltung seiner Art. Ein Detektiv und eine Ärztin kommen dem Biest auf die Spur und murksen es und seine Brut im Kanalsystem von New York ab. – »Es gibt ihn noch, den Z-Film.« (FILM-JAHRBUCH) – Nur auf Video.
Ⓥ Charter

Killer-Bienen II – Terror aus den Wolken
(TERROR OUT OF THE SKY). USA 1978.
R Lee H. Katzin. *B* Guerdon Trueblood/ Doris Silverton. *K* Michel Hugo. *SpE* Allen L. Hall. *M* William Goldstein. *D* Efrem Zimbalist jr. (David Martin), Tovah Feldshuh (Jeannie), Dan Haggerty (Nick Willis), Lonny Chapman (Earl Logan), Ike Eisenmann (Eric), Steve Franken (Gladstone), Richard Herd (Col. Mangus), Joe E. Tata (Groves), Bruce French (Eli Nathanson), Bill Quinn (Dermott), Philip Baker (Starrett), Charles Hallan (Tibbles), Tony La Torre (Tibbles jr.),
Poindexter (Mike), Ellen Blake (Agentin), Steve Tannen (Sergeant), Melinda Peterson (Computer-Operateurin). *F* 90 Min.
Übriggebliebene Killerbienen aus dem Streifen *Mörderbienen greifen an* (USA 1976; Regie: Bruce Geller) überfallen und terrorisieren summend brummend einen Bus voller amerikanischer Pfadfinder, bis man ihnen mit einem Anti-Bienen-Nervengas zu Leibe rückt. – Dieser Heuler unterschreitet sogar das Niveau der bisher produzierten Hummelfilme; daß seine Schockeffekte weitgehend erträglich sind, liegt daran, daß er fürs Fernsehen produziert wurde. Nur auf Video.
Ⓥ Starlight

Killerhunde
(DOGS). USA 1976.
R Burt Brinckerhoff. *B* O'Brian Tomalin. *K* Bob Steadman. *M* Alan Oldfield. *D* David McCallum (Harlan Thompson), George Wyner (Michael Fitzgerald), Sandra McCabe (Caroline Donoghue), Lance Hool (Robbie Pulaski), Debbie Davis (Marilyn Holly), Linda Gray (Miß Engle), Sterling Sawnson (Dr. Martin Koppelmann), Holly Harris (Mrs. Koppelmann), Eric Server (Jimmy Goodman), Fred Hice (Dick Huber), Jim Stathis (Robert Johnson), Barry Greenberg (Howard Kaplan). *F* 89 Min.
In einem amerikanischen Wüstenkaff, in dem die Regierung eine streng geheime wissenschaftliche Versuchsstation unterhält, werden plötzlich alle Hunde von einer unbeschreiblichen Tollwut heimgesucht. Sie rotten sich zusammen, greifen die Menschen an und zerfleischen sie. Zwar versucht der College-Professor Harlan Thompson einem unbekannten Virus auf die Spur zu kommen, um das Phänomen zu erklären. Als endlich Hilfe von außen kommt, haben nur wenige Menschen die Hundeattacken überlebt. – »Viel Gebell, aber ohne Biß.« (Donald C. Willis, HORROR AND SCIENCE FICTION FILMS) Ⓥ Super

Killer-Kid
(DEADLY WEAPON). USA 1990.
R Michael Miner. *B* Michael Miner.
K James L. Carter. *M* Guy Moon.
D Rodney Eastman (Zeke), Kim Walker
(Traci), Gary Frank (Dalton), Michael
Horse (Joe), Ed Nelson (Gen. Stone),
Gary Kroeger, Barney Martin, Sam
Melville, Joe Regalbuto, William
Sanderson. *F* 90 Min.
Bei einem Zugunglück verliert die US-
Army eine hochmoderne Laserpistole.
Der fünfzehnjährige Zeke findet die futu-
ristische Waffe. Er hält sich, mißverstan-
den von Mitschülern, Lehrern und Stief-
vater, für einen Außerirdischen. Die Waf-
fe verleiht ihm die Macht, seine Peiniger
zu dirigieren. Eher ungewollt tötet er seinen Stiefvater und einen Priester. Zeke
flieht mit seiner Mitschülerin Kim. Das
Militär will die Waffe zurückerlangen und
die Angelegenheit vertuschen. Zeke, der
völlig in seinen extraterrestrischen Phantasien aufgeht, wird durch eine getürkte
UFO-Landung des Militärs aufs Kreuz
gelegt und erschossen. Offiziell hat er
Selbstmord begangen. – *RoboCop*-
Schöpfer Miners Film leidet deutlich unter seinem geringen Budget und einer Regie, die nicht die entsprechenden Tief-
punkte setzt, um die Story des mißver-
standenen Träumers interessant und ehrlich zu gestalten. – Nur auf Video.
Ⓥ CBS/Fox

Killer-Krokodil II – Die Mörderbestie
(KILLER CROCODILE 2). Italien 1989.
R Giannetto De Rossi. *B* David Parker
jr./Giannetto De Rossi/Larry Ludman.
K Giovanni Bergamini. *SpE* Giannetto
de Rossi. *M* Riz Ortolani. *D* Anthony
Crenna (Kevin), Thomas Moore (Joe),
Debra Carr (Liza), Terry Baer, Hector
Alvarez. *F* 94 Min.
Um über die Machenschaften eines Unter-
nehmers zu recherchieren, der in einem
verseuchten Gebiet einen Freizeitpark anlegen will, fährt die Journalistin Liza in
die Karibik und entdeckt mit dem Abenteurer Kevin versenkte Fässer mit radio-

aktivem Müll und ein verseuchtes Killer-
Krokodil. – »Zwischendurch und mitten-
drin macht Killer-Kroko platt: zwei
Bootsladungen schwarzer Katholiken in-
klusive Nonnen, drei Atommüll-Gauner
inklusive Behausung, und den Sklaven
der Journalisten... Ewig das gleiche
Bild: Kroko kommt angeschwommen, die
Opfer werden unter Wasser gezogen, Blut
kommt an die Oberfläche. Ein erlesener
Scheißfilm also.« (Thomas Schweer,
SPLATTING IMAGES).
Nur auf Video.
Ⓥ Cannon/VMP

Killersatelliten
(EARTH II). USA 1971.
R Tom Gries. *B* Allan Balter/W. R.
Woodfield. *K* M. Hugo. *M* Lalo
Schifrin. *D* Gary Lockwood (David
Seville), Mariette Hartley (Lisa Karger),
Tony Franciosa (Frank Karger), Gary
Merrill (Walter Dietrich), Lew Ayres
(Präsident Charles Carter), Hari Rhodes
(Dr. Loren Huxley), Scott Hylands (Jim
Capa), Inga Swenson (Ilyana
Kovalefski), Edward Bell (Anton
Kovalefski), Bart Burns (Steiner), Brian
Dewey (Matt Karger), Diana Webster
(Hannah Young), John Carter (Hazlitt),
Herbert Nelson (Vorsitzender), Bob
Hoy (West), Vince Cannon (Techniker),
Serge Tschernisch (Russe), David Sachs
(Chirurg). *F* 94 Min.
Eine US-Raumstation, die um die Erde
kreist, erringt die völkerrechtliche Auto-
nomie, aber ein Atomraketen-Satellit der
bösen Chinesen bedroht die neue ›Welt‹.
Eine verängstigte Frau sorgt dafür, daß
die Gefahr in die Sonne stürzt, doch statt
dessen rast der Satellit auf Chicago zu.
Ein Kommando der Raumstation fängt
den Amokläufer wieder ein. – Ein biede-
res Stück TV-Unterhaltung aus den USA.
In der BRD nur auf Video.
Ⓥ IMV

Killer-Termiten
Anderer Titel für **In der Gewalt der Riesenameisen**

Killing Cars
BRD 1985.
R Michael Verhoeven. *B* Michael
Verhoeven. *K* Jacques Steyn.
M Michael Landau. *D* Jürgen Prochnow
(Ralph Korda), Senta Berger (Marie),
Agnes Soral (Violet), Daniel Gelin
(Kellermann), Stefan Meinke (Niki),
Bernhard Wicki (v.d. Mühle), William
Conrad (Mahoney), Matic Petzer (Dr.
Hein), Marina Larson (Dina).
F 104 Min.
Ralph Korda, Frauenheld und Autonarr,
besitzt die Formel für das sogenannte
Kordan. Kordan ist die Schlüsselsubstanz
für die Massenfabrikation von Elektroau-
tos. Benzinunabhängig und umwelt-
freundlich ist sein Wagen eine Revolution. Ein Prototyp existiert schon, doch
Korda will ihn schneller machen. Wegen
der Vorteile, die der Wagen bietet, schafft
Korda sich viele Feinde, und die Jagd
nach der Formel beginnt. Ein Öl-Multi
will sie verschwinden lassen, weil er seine Geschäfte bedroht sieht. Nach ein paar
Karambolagen, einer Prise Sex und Ma-
chogehabe wird die Handlung wirrer und
blöder und findet ihr Ende, als der Wagen
in die Brüche geht. Keiner hat mehr Interesse an der Produktion, nur der militä-
risch-industrielle Komplex, aber da macht
Korda nicht mit. – »Ein chrom- und neon-
blitzender Autothriller, von Michael Verhoeven auf visuelle Spannungseffekte hin
inszeniert, geschrieben und produziert –
mit deutsch-deutlicher Botschaft. Allein,
mir fehlt der Glaube ... an das, was mir
die Leinwand vorführt. Das kunststoffbe-
triebene, benzinfreie Auto als Erfindung
im Besitz eines vornehmlich an vollbusi-
gen Damen interessierten Konstrukteurs ... Das Gerangel der Industrie-, Öl-
und Waffenkonzerne um das serienreife
Patent. Jugendliche Punk-Protestler und
eine Journalistin mit Umwelt-Bewußt-
sein. Das alles ist richtig gedacht, aber zu
wenig geradlinig und sinnlich vermittelt.
Die Beklemmung des Themas stellt sich
nicht ein. Kameramann Jacques Steyn fotografiert den Schauplatz Berlin wie ein

nächtliches Miniatur-New York. Optischer Glanz über inhaltlichen Umständ-
lichkeiten.« (TZ).
ⓥ VMP

Killing Edge – Super Gau Terminator
Anderer Titel für **SuperGau-**
Terminator

Kinder des Todes
(THE CHILDREN). USA 1980.
R Max Kalmanowicz. *B* Carlton J.
Albright/Edward Terry. *K* Barry
Abrams. *M* Harry Manfredini. *D* Martin
Shaker (John Freemont), Gil Rogers
(Sheriff Billy Hart), Gale Garnett
(Cathy Freemont), Tracy Griswold
(Harry Timmons), Joyce Glaccum
(Suzie MacKenzie), Shannon Bolin
(Molly), Michelle la Mothe (Dr. Joyce
Gould), Suzanne Barnes (Leslie
Button), Edward Terry (Hank), Peter
Maloney (Frank), Martin Brennan
(Sanford Butler-Jones), David Platt
(Chauffeur), John Codiglia (Jackson
Lane), Michael Carrier (Bob Chandler),
Diane Deckard (Rita Chandler), Arthur
Chase (Cyrus MacKenzie), June Berry
(Kellnerin), Ray Delmolino (Busfahrer),
J. D. Clarke, James Klawin, X. Ben
Fakackt, Clara Evans, Jephta Evans,
Nathaniel Albright, Sarah Albrigth,
Julie Carrier.
F 90 Min.
Eine radioaktive Wolke, aus einem AKW
entwichen, verwandelt eine Busladung
amerikanischer Kinder in zombiehafte
Gestalten mit schwarzen Fingernägeln,
die den Erwachsenen böse, böse Dinge
antun: Sie nähern sich ihnen mit ausge-
breiteten Armen und bringen sie zum
Brutzeln. Ein aufrechter Sheriff entdeckt,
daß man die monströsen Geschöpfe nur
vernichten kann, wenn man ihnen
(Würg!) die Hände abhackt. Und das tut
man dann auch, und zwar ausgiebig:
Hack! Hack! Hack! Um der läppischen
Story noch eins draufzugeben, schenkt
die schwangere Cathy Schundfilm, der
seinesgleichen nicht erst zu suchen

braucht, da er ihn im Phantastik-Kino der achtziger Jahre nur allzu leicht findet. »Ein lächerlich unbeholfenes Exploitation-Filmchen.« (Peter Nicholls, FANTASTIC CINEMA) Ⓥ CBS/Fox

Kinder des Weltraums

(THE SPACE CHILDREN). USA 1958. *R* Jack Arnold. *B* Bernard C. Schoenfeld. *K* Ernest Laszlo. *SpE* John P. Fulton. *M* Van Cleve. *D* Adam Williams (Dave Brewster), Peggy Webber (Anne Brewster), Michael Ray (Bud Brewster), John Crawford (Ken Brewster), Jackie Coogan (Hank Johnson), Sandy Descher (Eadie Johnson), Richard Shannon (Lt. Col. Manley), John Washrook (Tim Gable), Russell Johnson (Joe Gamble), Raymond Bailey (Dr. Wahrman). 69 Min.

Eine Gruppe von Kindern, deren Eltern im Auftrag der US-Army an der Entwicklung eines neuen Raketensprengkopfes arbeiten, entdecken in einer Felsenhöhle eine außerirdische Kreatur, die sich über die atomare Entwicklung der Erde sehr besorgt zeigt. Von diesem Alien instruiert, sabotieren die Kinder daraufhin die Arbeit ihrer Eltern. Der Alien verleiht ihnen übermenschliche Kraft und greift sogar ein, als ein Erwachsener ein Kind prügelt. Wegen ihrer Taten zur Rede gestellt, erklären die Kinder, daß alle Kinder der Welt ebenso wie sie gehandelt hätten. – »Die (außerirdische) Macht wirkt eher lächerlich als bedrohlich. Was allerdings wirklich bedrohlich wirkt, ist die Landschaft. Nur die Kinder ... haben eine positive Beziehung zu der desolaten Umgebung, ihnen sind die Implikationen der furchterregenden Grenzenlosigkeit nicht bewußt. Und obwohl man sie ständig dabei beobachten kann, wie sie nach Pullovern und Jacken greifen, um sich gegen einen kalten Wind zu schützen, kann man ihren Eltern nur dabei zusehen, wie sie ineffektiv und hoffnungslos der Landschaft ihren Stempel aufzudrücken versuchen.

Aber erfolglos: sie äußern ihren Unmut regelmäßig. Sie leben ... in einem kleinen Wohnwagenpark am Rande der Unendlichkeit, und aus einem traditionellen Grillabend – vor der Ödnis und Schwärze der Nacht – wird eine der traurigsten und nutzlosesten aller menschlichen Tätigkeiten.« (Vivian Sobchak, in SCIENCE FICTION FILMS)

King Kong

(KING KONG). USA 1976. *R* John Guillermin. *B* Lorenzo Semple jr. *K* Richard H. Kline. *SpE* Glen Robinson. *M* John Barry. *D* Jessica Lange (Dwan), Jeff Bridges (Jack Prescott), Charles Grodin (Fred Wilson), John Randolph (Capt. Ross), René Auberjonois (Bagley), Ed Lauter (Carnahan), Mario Gallo (Timmons), Jorge Moreno (Garcia), Jack O'Halloran (Perko), Julius Harris (Boan). *F* 113 Min.

Die amerikanische Petrox-Gesellschaft schickt unter der Leitung von Fred Wilson ein Schiff nach Mikronesien, um auf einer nebelverhangenen Insel nach Öl zu suchen. Nachdem man die hübsche Dwan, die einzige Überlebende einer Schiffskatastrophe, an Bord genommen und den Zoologen Prescott als Blinden Passagier entdeckt hat, wird man auf der Insel Zeuge einer Opferungszeremonie. Prescott ist Zoologe und einem prähistorischen Ungeheuer auf der Spur. Als Eingeborene Dwan entführen, folgt er den Kidnappern und begegnet dabei dem Riesenaffen King Kong, der seine Begleiter tötet. Dwan ist in der Gewalt des Affen. Prescott kann sie befreien – und den Rest der Handlung kann man unter dem Eintrag *King Kong und die weiße Frau* nachlesen, wobei man das am Ende der Geschichte erwähnte Empire State Building durch das Welthandelszentrum ersetzt, um den neuen Dimensionen dieses von Dino De Laurentiis produzierten Remakes des Ernest B. Schoedsackschen Klassikers von 1933 gerecht zu werden. Diese Neuverfilmung erhielt eine Vorabpresse, wie sie kein

Film zuvor verzeichnen konnte – gleichwohl war das Ergebnis so enttäuschend, daß SF-Fans und Kritiker unisono in Tränen ausbrachen und dem emigrierten Italiener Vampire und Nachtmahre an den Hals wünschten. Nicht nur die Geschichte als solche erschien ihnen schlaff und nicht mehr in die Gegenwart passend, auch an der Inszenierung und der mit großem Werbeaufwand herausgestellten Rolle des Naturwunders King Kong ließ man kein gutes Haar:»Die Inszenierung arbeitet zwar... mit großem Aufwand an Ausstattung und Tricktechnik, aber doch zugleich billig und primitiv. Denn John Guillermin begnügt sich mit Grusel- und Schreckeffekten. Das bißchen Spannung erreicht er nur dadurch, daß er das längst erwartete Untier erst nach einer Stunde erscheinen läßt. Ist es einmal da, kann man jede weitere Wendung voraussagen.« (FILMDIENST) – Und die SCIENCE FICTION TIMES höhnte:»Der neue Film sollte möglichst wenig kosten, dafür aber mit sehr viel Werbung gestartet werden. Um der ganzen Sache den richtigen Schwung zu geben, verarschte er (De Laurentiis) das Publikum mit einem Riesenroboter, der angeblich den liebenswürdigen Affen spielen sollte, im Film jedoch lediglich für drei Sekunden zu sehen war und ansonsten von einem Mann im Affenkostüm (namens Rick Baker; Anm. d. Verf.) ersetzt wurde. Anfänglich klappte auch alles sehr gut: die Werbung lief auf Hochtouren, die Leute strömten ins Kino – und wenn sie herauskamen, warnten sie alle Freunde und Bekannten vor diesem Machwerk. So wurde der Film ein Flop.« Wahrlich und mit Recht. Dennoch wurde er für seine ›visuellen Effekte‹ 1976 mit einem Oscar ausgezeichnet.
Ⓥ VPS
Ⓑ Delos W. Lovelace: *King Kong*, München 1968

King Kong – Dämonen aus dem Weltall
(GOJIRA TAI MEGARO). Japan 1973.
R Jun Fukuda. *B* Shinichi Sekizawa.

K Yuzuru Aizawa. *M* Riichiro Manabe. *D* Katsuhiko Sasaki (Rokuro), Hiroyuki Kawase (Juika), Yutaka Hayashi (Prof. Goro Ibuki), Kotao Toamita (Antonio), Kanta Mori (Mib), Wolf Ohtsuki, Sakyo Mikami, Fumio Ikeda, Gen Nakajima. *F* 81 Min.
Von diversen Atombombenversuchen aufgeschreckt, lassen die Bewohner des unterseeischen Reiches Seetopia das Rieseninsekt Megalon los, um die Erdbewohner Mores zu lehren, und entführen den von Professor Ibuki gebauten Roboter King Kong. Aber King Kong läßt sich nicht zum Bösen umprogrammieren. Als er Megalon Widerstand entgegensetzt, rufen die Seetopianer das Weltraummonster Gigan zu Hilfe. Das wiederum ruft den Urweltdrachen Godzilla auf den Plan, der Hand in Hand mit King Kong den beiden Trampeltieren den Garaus macht. – Den ›King Kong‹ hat sich natürlich der deutsche Verleih aus den Fingern gesaugt, und die Geschichte hat sich ein Klapsmühlenbewohner ausgedacht. Wer allerdings unfreiwilligen Humor mag, soll diesen Film bitte nicht versäumen. Er wird voll auf seine Kosten kommen.
Ⓥ VPS

King Kong – Frankensteins Sohn
(KING KONG NO GYAKUSHU).
Japan 1967.
R Inoshiro Honda. *B* Kaoru Mabuchi. *K* Hajime Koizumi. *SpE* Eiji Tsurubaya. *M* Akira Ifukube. *D* Rhodes Reason (Carl Nelson), Akira Tokarada (Lt. Jiro Nomura), Linda Miller (Susan Watson), Mie Hama (Mme. Piranha), Eisei Amamoto (Dr.Who). *F* 91 Min.
Drei UNO-Agenten stoßen auf einer von prähistorischen Viechern bewohnten Insel bei Java auf den Riesenaffen King Kong. Susan Watson gewinnt sein Zutrauen. Dr. Who arbeitet derweil im Auftrag der asiatischen Herrscherin Madame Piranha an der Konstruktion des King Kong nachempfundenen Roboters Sowieso, der dem Vorbild aber nicht das Wasser reichen kann, denn er soll in der Arktis das Ele-

Erstaunlich, mit welchen Dumdumgeschossen Karrieren beginnen können:
Jessica Lange in *King Kong*

ment X (klingt ganz schön geheimnisvoll, was?) fördern, was er aber nicht kann. Daraufhin will Dr. Who den echten King Kong hypnotisieren und für seine rabenschwarzen Pläne abrichten. Aber der Affe ist ja nicht blöd. Er büxt nach Tokio aus. Dr. Who und seine Metallkreatur eilen hinterher. Madame Piranha, die aber nicht will, daß Affe und Metallaffe die Stadt platttreten, bringt dann doch alles zu einem guten Ende. »Unverzeihlich, was man King Kong angetan hat. Der tolle Held des Hollywood-Klassikers ist hier ein grummelnder Onkel Tom im Reich der prähistorischen Biester.« (NEW YORK TIMES).
Ⓥ MonteVideo

King Kong gegen Godzilla
(GOJIRA TAI MEKAGOJIRA).
Japan 1974.
R Jun Fukuda. *B* Jun Fukuda/Hiroyasu Yamaura. *K* Yuzuru Aizawa. *M* Masaru Suto. *D* Masaaiki Daimon, Kazuya Aoyma, Reiko Tajima, Barbara Lynn, Hiromi Matsushita, Akihiko Hiraka, Hiroshi Koizumi, Goro Matsu, Shin Kishida. *F* 80 Min.
Irgendwelche außerirdischen Schweinehunde wollen mal wieder unsere schöne Erde erobern und schicken deswegen ihren Superroboter King Kong (Ächz!) nach Japan, auf daß er alles zu Matsche haue. Da das Urweltmonster Godzilla sich jedoch nicht gerne beim Städtezertrampeln

stören läßt, geht es dem Eindringling an die Gurgel. Ein paar total bedepperte Forscher wissen, daß in Zeiten höchster Not das versteinerte Monster Shisaar eingreifen wird, um die Erde nebst allen Filmregisseuren und Drehbuchautoren zu retten. Und das tut es dann auch. King Kong muß den Löffel abgeben, Godzilla tritt bis zur nächsten Invasion seinen wohlverdienten Urlaub an, und Shisaar verwandelt sich wieder in Stein.
(V) VPS

King Kong lebt
(KING KONG LIVES). USA 1986.
R John Guillermin. *B* Ronald Shusett/
Steven Pressfield. *K* Alec Mills. *SpE*
Barry Nolan/Special Effects Weaponry,
Inc./Special Effects Unlimited, Inc./
Carlo Rambaldi. *M* John Scott. *D* Peter
Elliot (King Kong), George Yiasomi
(Queen Kong), Brian Kerwin (Hank
Mitchell), Linda Hamilton (Amy
Franklin), John Ashton (Col. Newitt),
Peter Michael Goertz (Dr. Ingersoll),
Frank Maraden (Dr. Benson Hughes),
Alan Sader, Lou Criscuolo, Mark
Clement. *F* 110 Min.
Der König ist tot, lang lebe der König!
Zehn Jahre ließ Produzent De Laurentiis
den Zuschauer im Glauben, Kong hätte
den Sturz vom Welthandelszentrum nicht
überlebt. In Wirklichkeit haben ihn Wissenschaftler in ein Labor geschafft und
belebt, um ihn auf eine rettende Herztransplantation vorzubereiten. Für die nötige Bluttransfusion benötigt Kong ein
Herz seiner Spezies. Der Diamantensucher Mitchell findet es auf Borneo: Eine
leibhaftige Queen Kong! Nur an Geld interessiert, bringt er sie in die USA. Kong
wird erfolgreich ein Kunstherz eingepflanzt. King und Queen büxen aus und
schlagen sich in die Wälder. Die Army
unter Colonel Nevitt folgt ihnen. Mitchell, geläutert, und die Ärztin Amy stellen sich auf die Seite der Verliebten. Mit
waffenstarrender Gewalt und Betäubungsgas fängt Nevitt Queen und sperrt
sie ein. King gilt als tot – aber!!! Er überlebt, verspeist Alligatoren, wird, als Jäger
ihn entdecken, zur Gewalt gezwungen
und befreit die Queen. Auf der Flucht gebärt sie in einer Scheune ein Baby!!! King
stirbt zwar im Kugelhagel, kann Nevitt
aber zuvor zermatschen. Queen und King
Junior werden nach Borneo zurückgebracht. – Dieser Film ist nur für jene goutierbar, denen es vor gar nichts mehr
graut. Die Tricks wirken selten dämlich,
nicht nur dann, wenn etwa King und
Queen im Busch mit Bäumchen fuchteln.
– »Was im Film spannend und gigantisch
wirken soll, verkommt durch die Theatralik der Inszenierung zur unfreiwilligen
Satire.« (MOVIESTAR).

King Kong und die weiße Frau
(KING KONG). USA 1933.
R Merian C. Cooper/Ernest B.
Schoedsack. *B* James Creelman/Ruth
Rose. *St* Merian C. Cooper/Edgar
Wallace. *K* Edward Linden/Verne
Walker/J. O. Taylor. *SpE* Willis H.
O'Brien/Marcel Delgado/Fred Reefe/
Harry Redmond jr./Robert A. Mattey
u.v.a. *M* Max Steiner. *D* Fay Wray
(Ann Darrow), Robert Armstrong (Carl
Denham), Bruce Cabot (John Driscoll),
Frank Reicher (Capt. Englehorn), Sam
Hardy (Charles Weston), Noble Johnson
(Häuptling), James Flavin (Briggs),
Victor Wong (Charley), Steve Clemento
(Medizinmann), Paul Porcasi (Socrates),
Russ Powel (Wächter), Vera Lewis,
LeRoy Mason (Theaterbesucher),
Roscoe Ates (Pressefotograf), Jim
Thorpe (Tänzer), Reginald Barlow
(Maschinist), Merian C. Cooper (Flight
Commander), Earnest B. Schoedsack
(Chief Observer). 96 Min.
King Kong ist ein *Horror*-Monster, lebt
in einer *Fantasy*-Welt, wird jedoch von
Jetzt-Zeit-Menschen, die in sein Ur-Zeit-Reich eindringen, zur Strecke gebracht.
Thematisch steht der Film daher in der
Reihe der amerikanischen Expeditions-Filme, in denen der weiße zivilisierte
Mensch unerforschte, urweltliche Gebiete
betritt, um nach übriggebliebenem Urzeit-

King Kong gegen Godzilla von Jun Fukuda

Getier zu suchen. Solche Filme sind in erster Linie dem SF-Genre zuzuordnen. *King Kong und die weiße Frau* ist der erste Tonfilm dieser Art, er ist immer noch der bedeutendste und beste seines Subgenres.

Filmregisseur Denham, Spezialist für Tier- und Urwaldfilme, chartert ein Schiff für eine Expeditionsreise in die Südsee. Reiseziel ist eine Insel, die von einem mächtigen Tier – King Kong genannt – beherrscht werden soll. Denham will das Untier auf Zelluloid bannen, koste es, was es wolle. Nach langer Fahrt nähert sich das Schiff besagter Insel. Kapitän und Erster Steuermann sowie ein Teil der Mannschaft begleiten Denham und Ann Darrow, die den weiblichen Part in dem Expeditionsfilm spielen soll, an Land. Die Insel wird durch eine hohe Mauer in zwei Teile geteilt. Auf der einen Seite, dem viel kleineren Teil, leben die Eingeborenen, die dem Herrscher des anderen Teils, King Kong, Menschenopfer darbringen. Die Insulaner halten Ann für geeignet, rauben sie und schleppen sie auf den Altar. Die weiße Zivilisation kommt zu spät, King Kong hat sein Opfer schon abgeholt. Beherzt nehmen die Männer um Denham und Driscoll, dem Ersten Steuermann, die Verfolgung auf. Doch die Tükken des Urwalds sind groß. Stegosaurus und Brontosaurus, beeindruckendes Großgetier, dezimieren die Verfolger. Und dann der tiefe Abgrund, den der verbleibende Rest auf einem Baumstamm überqueren muß! King Kong schüttelt den Stamm, und fast alle stürzen in die Tiefe. Denham kann sich retten, läuft ins Dorf zurück, will Hilfe holen; Driscoll kann sich in eine Höhle retten, später unbemerkt King Kong verfolgen. Der schlägt sich derweil mit seinem größten Feind, einem riesigen Tyrannosaurus, herum. Ein schrecklicher, sehenswerter Kampf!! Der Riesenaffe meistert seinen Gegner, indem er ihm den Kiefer auseinanderbricht. Seinen nächsten Gegner, eine Schlange, zerschmettert er an einer Felswand. Behutsam bringt Kong das Mädchen auf eine Plattform, die nach drei Seiten steil abfällt. Ein Flugsaurier greift an! Kein Problem für Kong. Doch der Kampf lenkt ab, Anns Retter Driscoll naht, sie zu befreien, was mit Hilfe einer Schlingpflanze und etwas Glück gelingt. Sie erreichen die Eingeborenensiedlung. Ein riesiger Balken wird vor die Türflügel der Mauer geschoben. Kong zerschmettert das massive Tor. Er zerstört die Siedlung, wird aber von Denham mittels Gasbombe unschädlich gemacht und mit starken Ketten gefesselt. Kong wird nach New York gebracht, als ›achtes Weltwunder‹ ausgestellt und vermarktet. Die Liebe zu Ann, die sich unter den Zuschauern befindet, und das Blitzlicht eines Pressefotografen tun ihr übriges: Kong sprengt die Ketten, greift sich das Mädchen und rast durch die Straßen, Schrecken und Panik verbreitend. Dann klettert er mit Ann auf die Kuppel des Empire State Building und setzt sich mit drohenden Gebärden gegen eine Armada heranstürmender Doppeldecker zur Wehr, die ihn abschießen wollen. Nachdem Kong mehrere der Angreifer zum Absturz gebracht hat, gelingt es einem Piloten, eine tödliche Geschoßsalve abzufeuern. Der Riesenaffe klammert sich zwar an einem Sims des Wolkenkratzers fest, doch dann stürzt er in die Tiefe. Ann Darrow ist nichts geschehen – Happy-End mit Driscoll. – Die Tricktechnik von *King Kong* ist selbst nach 50 Jahren noch bemerkenswert. Schon seit 1931 arbeitete Meistertrickser Willis H. O'Brien an einem Projekt, zu dem allerlei prähistorische Monster entwickelt worden waren. Die Arbeit wurde verworfen und diente als Fundus für den *King Kong*-Film. Erst für einen Probefilm wurde eine 45 cm hohe Kong-Puppe angefertigt. Das Skelett wurde mit Gummimuskeln versehen, die sich spannen und strecken ließen. Dann wurde es mit Baumwolle umkleidet und in der Form des Tieres modelliert, anschließend mit zugeschnittenen Kaninchenfellen überzogen. Jeder Finger hatte einzelne Gelenke. Das Gesicht verfügte über einen beweglichen Mund, bewegli-

Der Archetyp des Archetyps:
King Kong und die weiße Frau von Merian C. Cooper und Ernest B. Schoedsack

che Lippen, Nase, Augen und Augenbrauen. Kong sollte fünfeinhalb Meter groß sein. So kam man nicht umhin, für einige Sequenzen lebensgroße Teile des Affen zu bauen. Doch Cooper (die treibende Kraft des Unternehmens!) kam es gar nicht auf die Größe des Ungeheuers an, was dessen Uneinheitlichkeit in verschiedenen Szenen erklärt: »Ich wollte Kongs Größe fortwährend ändern, passend zu den jeweiligen Schauplätzen und Situationen. Er ist in fast jeder Einstellung unterschiedlich groß; manchmal ist er sechs Meter groß, manchmal 20 und manchmal noch größer. Natürlich brach das jede Regel..., aber ich vertraute darauf, daß das Publikum jede Größe akzeptieren würde, die der Szene gerecht würde, wenn man sie nur aufregend und schön genug gestaltete. Wenn Kong zum Beispiel auf dem Empire State Building nur sechs Meter groß gewesen wäre, hätte man ihn kaum wahrgenommen, er hätte wie ein kleines Insekt gewirkt; auch die Höhe der Bäume und Dutzender anderer Dinge habe ich dauernd manipuliert.« So ungewöhnlich, wie Cooper Kong haben wollte, so wollte er auch den Dschungel haben: auf realistische Weise unwirklich. Der Dschungel sollte aussehen, wie am ersten Schöpfungstag. So drang er darauf, daß O'Brien und seine Leute Gustave Dorés Radierungen zu Miltons PARADISE LOST zum Vorbild nahmen. Himmel, Licht und Vegetation des Urwalds sind daher unverkennbar Doréscher Prägung. Den Höhepunkt der ersten Hälfte von *King Kong* bildet der Kampf zwischen Kong und einem Tyrannosaurus. An dieser Szene arbeiteten O'Brian und Cooper mehrere Wochen. Sie wurde zu einem klassischen Beispiel spannender Action-Regie und sieben Jahre später von Walt Disney in *Fantasia* nahezu Bild für Bild nachgestellt. Viele Trickverfahren wurden gleichzeitig verarbeitet. Nie wurde etwa mit einem Mann im Gorilla-Kostüm gearbeitet. Alle Tricks waren ›echt‹. Es dauerte daher fast eineinhalb Jahre, bis der Film fertiggestellt war. Dann bekam Max Steiner den Auftrag, eine King-Kong-gemäße Musik zu schreiben, die er innerhalb von 14 Tagen abliefern mußte. Zum erstenmal in der Geschichte des Films unterlegte Steiner die Dialoge mit Musik, was die Wirkung außerordentlich steigerte. Hinzu kamen die Toneffekte. Kongs Gebrüll sollte bis zu 30 Sekunden anhalten. Ein ›normaler‹ Gorilla kann allenfalls 10 Sekunden schaffen. So wurde das Gebrüll von Löwen und Tigern im Zoo bei der Fütterung aufgenommen, eine Oktave tiefer gelegt und gedehnt. Als dann der Film fertig war, kam es zu einer Testvorführung, das Filmteam um Produzent Selznick sehr zufrieden stellte. Bis auf eine Szene: Als Kong seine Verfolger von dem Baumstamm in die Schlucht hinunterschüttelt, werden sie dort von glitschigen Insekten und Schlangen angefallen und auf höchst drastische Weise bei lebendigem Leib gefressen. Die Schreie auf der Leinwand gingen an dieser Stelle mit den Schreien des Publikums in dem vollbesetzten Theater Hand in Hand, und viele verließen den Saal. Drinnen vergingen Minuten, bis sich die Leute wieder beruhigten. »Die Szene machte den ganzen Film kaputt«, sagte Cooper, »deswegen schnitt ich sie persönlich am nächsten Tag im Studio heraus. O'Brien brach das Herz; er hielt sie für seine beste Arbeit, und das war sie auch, aber sie wirkte sich negativ auf den Film aus, also mußte sie heraus.«

King Kong wurde ein überragender finanzieller Erfolg auf Dauer und rettete die Produktionsfirma RKO vor dem sicheren Untergang. 1938 wurde der Film ein Opfer verschärfter Zensurbedingungen. Die Szenen, in denen Menschen zertrampelt und gefressen werden, verschwanden. Kong durfte Fay Wray auch nicht mehr die Kleider vom Leib reißen. Die Schnitte veränderten den Grundton völlig, ließen Kong sanfter, weicher wirken, kappten die drastischen, alptraumhaften Seiten seiner oft übermütigen Brutalität. Diese entschärfte Fassung kam 1952 in die deutschen Kinos. Erst 1969 wurde das Material neu bearbeitet und lebt in ursprünglicher Form fort. (Ronald M. Hahn/Volker Jansen, KULTFILME)
Ⓑ Delos W. Lovelace: *King Kong*, München 1968

King of the Streets
(KING OF THE STREETS). USA 1986. *R* Edward Hunt. *B* Edward Hunt/Ruben Gordon/Steven Schoenberg/Barry Pearson. *K* N.N. *M* N.N. *D* Brett Clark (Buddy), Pamela Saunders (Lora), Reggie DeMorton (Mr. One), Nelson Anderson, Norman Budd, Elodie McKee, Bill Woods jr. *F* (100) 96 Min. Der Außerirdische Buddy, der über das Talent verfügt, seinen Körper zu verlassen, taucht in den Slums einer Großstadt auf, freundet sich mit Underdogs an und zieht sich den Zorn des gewalttätigen Mr. One zu, der es nicht leiden kann, wenn jemand seine Untertanen lehrt, sich ihrer Haut zu wehren. Es kommt, wie es kommen muß: Buddy säubert mit Hilfe seiner Fäuste die Slums. – Ein schwaches Ding, das nicht weiß, ob es ein SF- oder ein Schlägerfilm sein will.
Ⓥ CBS/Fox

Kiss in Attack of the Phantoms
(ATTACK OF THE PHANTOMS). USA 1978. *R* Gordon Hessler. *B* Jan-Michael Sherman/Don Buday. *K* A. Robert Caramico. *SpE* Don Courtney. *M* Hoyt Curtain. *D* Gene Simmons (G. S.), Peter Criss (P. C.), Ace Frehley (A. F.), Paul Stanley (P. S.), Anthony Zerbe (Abner Deveraux), Deborah Ryan (Melissa), Carmine Caridi (Calvin

Richards), Terry Webster (Sam), John Lisbon Wood (Slime), John Dennis Johnston (Chopper), Lisa Jane Persky (Dirty Dee). *F* 86 Min.

Um den Umsatz in einem riesigen Freizeitpark, einer Mischung aus technisiertem Disneyland und Therapiezentrum, zu steigern, engagiert der Manager die Punk-Rock-Gruppe ›Kiss‹. Das paßt Prof. Devereaux, dem Schöpfer des technischen Vergnügens, ganz und gar nicht. Er sabotiert die Auftritte, wird entlassen und sinnt auf Rache. Er entwickelt eine Roboterkopie der Gruppe und läßt sie zur Verwirrung des Publikums im Park auftreten. Das Original ist nicht zu übertreffen. – Auf Spielfilmlänge aufgeblasener PR-Film um die gesichtsloseste Rockgruppe der neueren Rockgeschichte. ›Kiss‹ besteht nur aus Kostümierung und Schminke, so dick aufgetragen, daß die Musiker dahinter austauschbar sind. Musik und Bühnenshow vermengen sich im Gekreische der Fans zu banalem Getöse. Eine Gruppe wie ein Industrieprodukt, dessen Markenzeichen die Verwendung der SS-Runen in ihrem Namen ist. »Mit Film hat das Ganze... nicht allzuviel zu tun.« (CINEMA).

Die Klapperschlange
(ESCAPE FROM NEW YORK).
USA 1980.
R John Carpenter. *B* John Carpenter/Nick Castle. *K* Dean Cundey. *SpE* Pat Patterson/Eddie Surkin/Gary Zink/Roy Arbogast/Steve Elliot/Dan Smith/John Walsh. *M* John Carpenter/Alan Howarth. *D* Kurt Russell (Snake Plissken), Lee van Cleef (Bob Hauk), Ernest Borgnine (Cabbie), Donald Pleasence (US-Präsident), Isaac Hayes (Duke), Season Hubley (Mädchen im Restaurant), Harry Dean Stanton (Harold Hellman), Adrienne Barbeau (Maggie), Tom Atins (Rehme), Frank

Kurt Russell in *Die Klapperschlange* von John Carpenter

Doubleday (Romero), Jon Strobel (Cronenberg), Charles Cyphers, Joe Unger. F 100 Min.

New York 1997: Die Halbinsel Manhattan ist durch eine gewaltige Betonmauer vom Rest der Welt isoliert. Die Bewohner dieser Enklave: Gestrandete, Kriminelle, Abschaum. In den Schluchten zwischen den Wolkenkratzern regiert nackte Gewalt. Ernährt werden die ›Lebenslänglichen‹ per Helikopter, die hin und wieder Lebensmittelpakete abwerfen. Aber das ist noch nicht das Schlimmste: Die Welt steht am Rande eines allesvernichtenden Atomkriegs, und auf dem Weg zu einer Friedenskonferenz stürzt das Präsidentenflugzeug über Manhattan ab. Im Gepäck des wichtigsten Politikers der westlichen Welt befindet sich eine Tonbandkassette, die den drohenden Untergang verhindern kann. Die Zeit drängt. Nur einer kann die begehrte Kassette bergen: Snake Plissken, ein hochdekorierter Ex-Soldat und Einzelkämpfer, der keine Skrupel kennt und von einem starken Überlebenswillen beseelt ist. Plissken ist ein Schwerverbrecher, man hat ihn schon zum Leben in Manhattan verurteilt, als Polizeichef Hauk ihm ein Angebot macht: Die Kassette gegen Plisskens Freiheit. Und damit er auch richtig spurt, schießt man ihm ein paar Miniaturzeitbomben in die Halsschlagader. Plissken hat keine Wahl mehr. Kann er die Kassette nicht beschaffen, ist es aus mit ihm (und mit dem Rest der Welt wohl auch). Schwer bewaffnet und bestens ausgerüstet geht er nach Manhattan, durchwandert eine Alptraumlandschaft, stößt mit den Abgesandten Dukes zusammen, den man den ›Herzog von New York‹ nennt, prügelt und schießt sich durch leerstehende Häuser, Korridore und Straßen, gerät in Gefangenschaft, bricht aus, wird von Hunderten von schweren Jungen gehetzt – und gerät schließlich mit dem Duke persönlich aneinander, der das Leben des Präsidenten nur gegen die Freiheit der Gefangenen von Manhattan tauschen will. Der Präsident, der als Gefangener der Verbrecher nur noch ein jämmerliches Angstbündel darstellt, gewinnt nach seiner Befreiung seine Arroganz zurück und gefährdet in einer wahnwitzigen Racheaktion das Leben seines Retters. Als Snake Plissken ihn am Ende fragt, was er über die Ereignisse der letzten Tage und die Opfer der letzten Stunden denkt, antwortet er mit hohlen Phrasen. Plissken geht, und im Gehen vernichtet er wortlos die wertvolle Kassette, von der eigentlich das zukünftige Schicksal der Menschheit abhängen soll.

Snake Plissken ist der klassische *tough guy*; er macht sich keine Illusionen, was die Versprechungen seiner Auftraggeber anbetrifft, und er arbeitet auch nicht für sie, weil er ›die Welt retten‹ will: Man zwingt ihn mit einem schmutzigen Trick zu diesem Job, und er führt ihn durch, weil er überleben will. Daß sich der höchste Politiker der Vereinigten Staaten als kleinkariertes, feiges und tückisches Arschloch entpuppt, überrascht ihn nicht einmal; daß die Inhaber der Macht – als ihr Stellvertreter fungiert der Polizeichef Bob Hauk – mit nicht weniger kriminellen Mitteln arbeiten als die Eingeschlossenen von New York, zeigt, wie sehr man in den Vereinigten Staaten die Vermutung verinnerlicht hat, Politik sei allemal ein schmutziges Geschäft, aus dem man sich heraushalten muß, will man sich nicht selbst beschmutzen. Snake Plissken ist der desillusionierte Anarcho, der Mann, der nur noch für sich selber kämpft und dessen Vorurteile sich auf wunderbare Weise bestätigen. »Carpenter bricht diese düstere Story immer wieder mit erleichternden ironischen Szenen und läßt trotz seiner souveränen Beherrschung filmischer Effekte dem Zuschauer noch Raum für eigene Fantasie und eigenes Nachdenken: Was in den Tiefen der gespenstischen Bilder noch zu lauern scheint, ist mehr, als die Kamera jedem vor Augen hält.«

(FILMDIENST)

Ⓥ Constantin

Ⓑ Mike McQuay: *Flucht aus New York*, Bergisch Gladbach 1982

Der kleine Horrorladen

(LITTLE SHOP OF HORRORS). USA 1986.
R Frank Oz. *B* Howard Ashman.
K Robert Paynter. *SpE* Brian Ferren/
Martin Gutteridge/Lyle Conway.
M Miles Goodman. *D* Rick Moranis
(Seymour Krelborn), Ellen Greene
(Audrey), Vincent Gardenia (Mushnik),
Steve Martin (Orin Scrivello), Tichina
Arnold (Crystal), Michelle Weeks,
James Belushi, Bill Murray, John
Candy, Christopher Guest, Stanley
Jones, Ed Wiley. *F* 94 Min.

New York, Downtown, ein Elendsviertel:
Berber, Arbeitslose, Abfall, Schmutz –
und ein unauffälliger Blumenladen. Hier
arbeiten der Blumenfreund Seymour und
seine Angebetete Audrey unter der Leitung des garstigen Mr. Mushnik. Mushnik, der keine Existenzchance für den Laden sieht, will dichtmachen. In dieser
Notlage berichtet Seymour von einer
Pflanze, die er bei einem Chinesen erstan-
den hat: Sie stammt von einem fernen Planeten. Er schlägt vor, sie ins Schaufenster
zu stellen, um Kunden anzulocken. Der
absurde Plan gelingt, der Laden floriert.
Alle wollen die Pflanze sehen und werden
in ihren Bann gezogen. Als sie ins Fernsehen kommen soll, wird sie welk. Mushnik
stellt Seymour ein Ultimatum: Entweder
bringt er sie zum Grünen – oder er fliegt
raus. Seymour versucht alles, doch nichts
zeigt Wirkung. Nur ein Versehen bringt
an den Tag, daß sie Blut zum Leben
braucht. Er läßt sich halb aussaugen, damit die Pflanze leben kann. Sie wird zwei
Meter groß und will ständig gefüttert werden. Seymour braucht einen Menschen –
und weiß auch schon, wen. Nur einer hat
den Tod verdient: der sadistische Zahnarzt Scrivello. Seymour zerhackt ihn im
Hinterhof, doch Mushnik hat ihn bei der
Tat gesehen und erpreßt ihn. Ein Fehltritt
macht ihn zum Opfer der inzwischen aus-
gewachsenen Pflanze, die schon Ableger
heranzüchtet, um die Welt zu erobern.
Audrey und Seymour vernichten sie mit
Starkstrom. – Roger Corman drehte 1960
in zwei Tagen und einer Nacht in alten

Kulissen den Kultfilm *Little Shop of Horrors*. Autor Howard Ashman machte aus
der makabren Geschichte ein Broadway-
Musical. 1986 brachte Muppet-Mitschöp-
fer Frank Oz das Musical in sieben Monaten für 20 Millionen Dollar auf die Leinwand. – »Das temporeiche, freche und
vor Witz sprühende Musical parodiert mit
Bravour die wunderbar kitschige Geschichte und glänzt mit einer ausgezeichneten Besetzung, allen voran natürlich die
faszinierende, singende Horrorpflanze.«
(ZOOM). Zwei Oscar-Nominierungen für
die Spezialeffekte und den Flippi-Song
»Mean Green Mother from Outer Space«.
Ⓥ Warner

Der Koloß

(THE AMAZING COLOSSAL MAN).
USA 1957.
R Bert I. Gordon. *B* Mark Hanna/Bert
I. Gordon. *K* Joe Biroc. *SpE* Bert I.
Gordon. *M* Albert Glasser. *D* Glenn
Langan (Oberstlt. Glenn Manning),
Cathy Downs (Carol Forrest), William
Hudson (Dr. Paul Lindstrom), James
Seay (Col. Hallock), Larry Thor (Dr.
Eric Coulter), Russ Bender (Richard
Kingman), Lynn Osborn (Sgt. Taylor),
Diana Darrin, William Hughes, Hank
Patterson, Scott Peters, Myron Cook,
Jack Koslyn, Jean Moorehad, Frank
Jenks, Bill Cassidy, Edmund Cobb,
Paul Hahn, June Jocelyn, Stanley
Lachman. 77 Min.

Der Offizier Glenn Manning ist bei einer
Plutoniumexplosion strahlenverseucht
worden und wächst daraufhin jeden Tag
um mehrere Meter. Man hält ihn unter
Quarantäne, kann ihm aber nicht helfen.
Zu allem Übel stellt sich auch noch heraus, daß sein Herz mit dem Riesenwuchs
nicht Schritt halten kann und er somit über
kurz oder lang zum Tode verurteilt ist.
Während seine Verlobte Carol sich bemüht, mit dem isolierten Manning in
Kontakt zu treten, verfällt dieser in einen
Zustand tiefster Depression, befreit sich
und läuft in die Wüste von Nevada hinaus. Bald häufen sich Berichte über ein

riesenhaftes menschliches Ungeheuer, das alles vernichtet, was sich ihm in den Weg stellt. Die Armeeärzte haben inzwischen ein Gegenmittel entwickelt, aber bevor sie Mannings habhaft werden können, hat er völlig den Verstand verloren und wütet in Las Vegas herum. Als man ihn auf der Mauer eines Staudammes stellt, sehen die Ärzte keine Möglichkeit mehr, ihm zu helfen. Zwar läßt Manning die von ihm entführte Carol frei, aber die Soldaten, die ihn umzingelt haben, eröffnen das Feuer. Der Koloß fällt von der Mauer und stürzt in die Tiefe. – »Der Film hat eine schmerzhafte Anzahl armseliger und manchmal sogar blödsinniger Szenen... Die Spezialeffekte... sind jämmerlich und nicht überzeugend. In jeder Szene, in der Langan mit Menschen normaler Größe zu sehen ist, sieht man ihn vor einer Rückprojektion agieren oder auf einer deutlich abgetrennten Leinwandhälfte stehen. In den ›matte‹-Szenen ist er jedesmal verwaschen und blaß, manchmal sogar transparent. Statt die Illusion eines Riesen zu erzeugen, erzielen die erbärmlichen Tricks genau das Gegenteil: Man konzentriert sich auf sie, was die Illusion natürlich zerstört.« (Bill Warren, KEEP WATCHING THE SKIES!) – *Der Koloß* war trotz seiner primitiven Machart möglicherweise der beste Film Bert I. Gordons. Er entpuppte sich sogar als Kassenknüller und zog zwei Fortsetzungen nach: *Gigant des Grauens* und THE CYCLOPS (1957).

Der Koloß von Konga
(THE MIGHTY PEKING MAN).
Hongkong 1977.
R Ho Meng-Hua. *B* Yi Kuang. *K* Tsao Hui-Chi/Wu Cho-Hua. *M* N. N.
D Li Hsiu-Hsien (Chen Cheng-Feng), Evelyne Kraft (Ah Wei), Hsiao Yao (Huang Tsai-Hua), Ku Feng (Lu Tien), Lin Wei-Tu (Chen Shi-Yu), Hsu Chao-Chiang (Ah Lung), Wu Hang-Sheng (Ah Pi), Chen Ping (Lucy). *F* 86 Min.
Ein Unternehmer aus Hongkong hört von einem riesigen Affenwesen, das sich in den Urwäldern Indiens herumtreiben soll. Er rüstet eine Expedition aus, der auch ein idealistischer junger Forscher angehört. Die Jäger werden bald aufgerieben, stoßen jedoch auf das im Tarzan-Stil lebende blonde Mädchen Ah Wei, das mit dem Riesenaffen in Kontakt steht. Während der Forscher sich in die Blondine verliebt, schafft der Unternehmer den Affen nach Hongkong und stellt ihn gegen Geld zur Schau. Als Ah Wei ihn trösten will, versucht der Unternehmer sie zu vergewaltigen. Der Affe bricht aus, haut halb Hongkong in Klump, klettert auf einen Wolkenkratzer und wird mitsamt dem Gebäude von der Polizei in die Luft gesprengt. – Der Riesenaffe, der hier durch eine Spielzeuglandschaft tappst, sieht in keiner Szene anders aus als ein Mann in einem Zottelfell. Da sind die Kurven von Evelyne Kraft wahrlich eine Augenweide.
Ⓥ Arcade

Der Koloß von New York
(THE COLOSSUS OF NEW YORK).
USA 1958.
R Eugene Lourie. *B* Thelma Schnee.
St Willis Goldbeck. *K* Jack Warren.
SpE John P. Fulton. *Ma* Wally Westmoe. *M* Van Cleave. *D* Ross Martin (Dr. Jeremy Spensser), Mala Powers (Anne), Charles Herbert (Billy), Otto Kruger (Dr. William Spensser), John Baragay (Dr. Henry Spensser), Robert Hutton (Prof. John Carrington), Ed Wolff (Der Koloß). 77 Min.
Jeremy Spensser, eine Kapazität auf dem Gebiet der Ernährungswissenschaft, kommt bei einem Autounfall ums Leben. Sein Vater William, der sich damit nicht abfinden will, baut mit Hilfe seines zunächst zögernden Sohnes Henry einen gewaltigen Roboter, in dessen Kopf Jeremys Gehirn zu neuem Leben erwacht. Anfangs läuft alles bestens, aber als der wiederbelebte Jeremy erkennt, daß Henry es mit seiner ›Witwe‹, der schönen Anne, hat, verändert er sich. Aus dem bis dahin friedfertigen Idealisten wird nun plötzlich ein wütender Amokläufer, der seinen ei-

genen Bruder tötet und das gleiche mit seinem Vater beabsichtigt. Erst seinem kleinen Sohn Billy gelingt es, ihn wieder zur Vernunft zu bringen: Der Roboterkoloß sieht ein, daß sein Leben in dieser Gestalt keinen Sinn hat. Er bittet Billy, ihn zu desaktivieren. »Der Film ... begibt sich so weit unter das Niveau, auf dem ein Film überhaupt erst Interesse weckt, daß er selbst einem jugendlichen, schundgewohnten Bumskinopublikum nur höhnisches Gelächter und unwilliges Murren zu entlocken vermag.« (FILMKRITIK)

Der Komet
(THE NIGHT OF THE COMET). USA 1984.
R Thom Eberhardt. *B* Thom Eberhardt.
K Arthur Albert. *SpE* Court Wizard.
M David Richard Campbell. *D* Robert Beltran (Hector), Catherine Mary Stewart (Regina), Kelli Maroney (Samantha), Sharon Farrell (Doris), Mary Woronov (Audrey), Geoffrey Lewis (Carter), John Achorn (Oscar), Michael Bowen (Larry), Ivan Roth (Willy), Raymond Lynch (Chuck), Janice Kawaye (Sarah), Chance Boyer (Brian), Bob Perlow (Reporter), Peter Fox (Wilson), Devon Erickson, Lissa Layng, Andrew Boyer, Stanley Brook, Marc Poppel. *F* 95 Min.
Ein Komet kommt der Erde so nahe, daß er fast die gesamte Menschheit auslöscht. Nur wenige überleben, manche mutieren zu wilden, zombieähnlichen Gestalten. Konflikte zwischen Normalen und Mutierten führen zu Scharmützeln. Als alles ›Böse‹ vernichtet ist, können unsere wackeren Helden Hector und Regina einer glücklichen Zukunft entgegensehen. – »Mäßig spannendes Endzeit-Abenteuer mit Anleihen beim Zombie-Film. Unambitioniert inszeniert, technisch und schauspielerisch bescheiden.« (FILMDIENST). – Nur auf Video. Ⓥ CBS/Fox

Das Kommando der Frauen
(THE DOLL SQUAD). USA 1973.
R Ted V. Mikels. *B* Jack Richesin/ Pamela Eddy/Ted V. Mikels.

K Anthony Salinas. *SpE* Mike McCloskey. *M* Nicholas Carras.
D Michael Ansara (Eamon O'Reilly), Francine York (Sabrina Kincaid), Anthony Eisley (Victor Connelly), John Carter (Sen. Stockwell), Rafael Campos (Rafael), Jean London (Kim Luval), Leigh Christian (Sharon O'Connor), Sherri Vernon (Cat), Judy McConnell (Elizabeth White), Tura Santana (Lavella Sumara), Bill Bagdad (Joseph), Lisa Todd (Maria), Lillian Garrett (Nancy Malone), Brett Zeller (Cherisse), Carol Terry (Carol), Herb Robbins (Munson), Gustave Unger (Dr. Cahayman), Bertil Unger (Mr. Cahayman), Curt Matson (Capt. Curran), Dru Landers (Krankenschwester). *F* 90 Min.
Eine aus wohlgeformten und treffsicheren Superfrauen bestehende CIA-Spezialeinheit räuchert das Inselnest eines abtrünnigen Geheimagenten namens O'Reilly aus, der mit Hilfe ausländischer Halunken, Tagediebe und irrer Wissenschaftler US-Raketenstarts sabotiert und mit Pestbakterien Tod und Verderben über die Menschheit bringen will, wenn man ihm nicht alle Macht zu Füßen legt. – Die Schieß- und Karatekünste der Aktricen sind nicht zu verachten. Der Streifen riecht zwar nach einem relativ großen Budget, aber er stinkt auch nach Inkompetenz. Nur auf Video.
Ⓥ VMP

Kommissar X: Drei gelbe Katzen
Österreich/Italien/Frankreich 1966.
R Rudolf Zehetgruber. *B* Rudolf Zehetgruber. *LV* Bert F. Island.
K Klaus von Rautenfeld. *M* Gino Marinukki. *D* Tony Kendall (Jo Louis Walker), Brad Harris (Tom Rowland), Ann Smyrner (Babs Lincoln), Erno Grisa (Baker), Philippe Lemaire (Philip Dawson), A. Jayaratna (Insp. Da Silva), Dan Vadis (King), Siegfried Rauch (Nitro), Michèle Mahaut (Michéle), H. D. Kulatunga (Sunny), Paul Eeckman (Rogers), Joe Abey (Insp. Khamar),

Chandrika Lynegi (Champa). *F* 90 Min. Nach *Kommissar X: Jagd auf Unbekannt* der zweite Film des Schlagetot-Gespanns Walker/Rowland. Wie es sich für eine vorbildliche Fortsetzung gehört, gelingt Regisseur Zehetgruber (»Bei vielen Dreharbeiten an exotischen Plätzen entwickelte er sich zu einem Meister der Improvisation« jubelte der ILLUSTRIERTE FILM KURIER) die Potenzierung des Schwachsinns seines Vorgängers. Auf der Insel Ceylon entwickelt ein irrsinniger Bakteriologe eine furchtbare Waffe, mit der er sich die Welt untertan machen will (»Gähn!«). Walker/Rowland geraten in die Falle des *mad scientists* und seiner Organisation *Drei gelbe Katzen*, können sich in letzter Minute befreien und alle Schurken zur Strecke bringen (»Gähn!!«). Wie schon in Teil 1 fliegt zum lausigen Schluß das Forschungslaboratorium in die Luft.

Kommissar X: In den Klauen des Goldenen Drachens
(AGENTE JOE WALKER: OPERAZIONE ESTREMO ORIENTE).
BRD/Italien/Jugoslawien 1966.
R Frank Kramer (Gianfranco Parolini).
B Stefan Gommermann. *LV* Bert F. Island. *K* Francis Izzarelli. *M* Bobby Gutesha. *D* Tony Kendall (Jo Louis Walker), Brad Harris (Tom Rowland), Ernst Fritz Fürbringer (Prof. Akron), Barbara Frey, Carlo Tamberlani, Luisa Rivelli, Gisela Hahn, John F. Littlewords. *F* 96 Min.
Es grenzt schon an äußerste Frechheit, dem Schundwust der beiden ersten Folgen der Kommissar-X-Serie eine dritte folgen zu lassen. Ort der Handlung ist diesmal Singapur, wie der Film uns weismachen will, eine Hochburg der Wissenschaft (in Wahrheit wohl eher ein schöner ›exotischer‹ Platz, wo es sich gut urlauben und filmen läßt). Professor Akron hat hier eine wirkungssteigernde Vorsatzlinse für Laserstrahlgeräte entwickelt, weshalb er nebst Töchterchen in die folterfreudigen Hände von Gangstern fällt. Walker/Rowland retten, was es zu retten gibt – nur

nicht den Film! »Miese Groschenfabelei.« (Bas., FILMDIENST)

Kommissar X:
Jagd auf Unbekannt
BRD/Italien/Jugoslawien 1965.
R Frank Kramer (Gianfranco Parolini).
B Sim O'Neill (Giovanni Simonelli)/ Frank Kramer/Werner Hauff. *LV* Berg F. Island. *K* Francis Izzarelli. *M* B. Mladen Gutesha. *D* Tony Kendall (Jo Louis Walker), Brad Harris (Tom Rowland), Maria Perschy (Joan), Christa Linder (Pamela), Nicola Popovic (O'Brien), Pino Mattei (Kan), Jacques Bezard (Kapitän Olsen), Danielle Godet (Pat), Liliana Dulovic (Nancy). *F* 92 Min.
Der internationale Waffenschieber O'Brien entledigt sich seiner Partner und läßt einen Atomphysiker kidnappen, damit dieser ihm das mit Vorbedacht radioaktiv verseuchte ›Bandenkapital‹ (einen intergalaktisch großen Goldhaufen) wieder strahlungsfrei macht. Der Privatdetektiv Jo Walker und sein Freund Tom Rowland rücken dem Gauner (der nebenbei auch noch Welteroberungspläne hegt) auf den Pelz und jagen ihn anschließend mitsamt seines unterirdischen Hauptquartiers in die Luft. – Ein billiger utopischer Krimi, der zwar den James-Bond-Filmen nachzueifern versucht, seiner Vorlage ansatzweise nahekommt.
Ⓥ Toppic
Ⓑ Bert F. Island: *Jagd auf Unbekannt*, Rastatt 1966

Konga
(KONGA). GB 1961.
R John Lamont. *B* Aben Kandel/ Herman Cohen. *K* Desmond Dickinson. *M* Gerard Schurmann. *D* Michael Gough (Dr. Charles Decker), Margo Johns (Margaret), Jess Conrad (Bob Kenton), Claire Gordon (Sandra Banks), Austin Trevor (Rektor Foster), Jack Watson (Brown), George Pastell (Prof. Tagore), Frank Forsyth (General Brennan), Vanda Godsell (Mrs.

Kenton), Stanley Morgan (Inspektor Lawson), Grace Arnold (Miß Barnesdell), Leonard Sachs (Mr. Kenton), Nicholas Bennett (Daniel), Kim Tracy (Mary), Rupert Osborne (Eric), Waveney Lee (Janet), John Welsh (Garland). *F* 90 Min.

Der verschollene Botaniker Dr. Decker kehrt aus dem afrikanischen Urwald zurück und fängt an, in einem Treibhaus Pflanzen zu züchten, die sich von Fleisch ernähren und deren Saft als Gehorsamkeitsdroge eingesetzt werden kann. Decker will über die Erde herrschen, aber da es diverse Menschen gibt, die seinen Plänen im Weg stehen, injiziert er sein Serum einem Schimpansen, der bald King-Kong-ähnliche Ausmaße annimmt und Deckers Gegner gnadenlos erwürgt. Schließlich kann der Wissenschaftler die von ihm geschaffene Kreatur nicht mehr kontrollieren. Der Riesenaffe bringt seinen Meister um und läuft anschließend in der Londoner Innenstadt Amok, bis ihn die britische Armee mit einigen MG-Garben zur Strecke bringt.

Ⓑ Dean Owen: KONGA, Derby/CT 1960 (Buch zum Film)

Konga, Erbe von King Kong
Anderer Titel für **Konga**

Konga, Frankensteins Gorilla
Anderer Titel für **Konga**

König Artus und der Astronaut
(THE SPACEMAN AND KING ARTHUR).
GB 1978.
R Russ Mayberry. *B* Don Tait.
LV Mark Twain. *K* Paul Beeson.
M Ron Goodwin. *D* Dennis Dugan (Tom Trimble), Jim Dale (Sir Mordred), Ron Moody (Merlin), Kenneth More (König Artus), John Le Mesurier (Sir Gawain), Sheila White (Alisande), Rodney Mewes (Clarence), Robert Beatty (Sen. Milburn), Cyril Shaps (Dr. Zimmerman), Pat Roach

Shuttle auf Abwegen: *König Artus und der Astronaut* von Russ Mayberry

(Oaf), Kevin Brennan (Winston), Reg Lye (Gefangener), Ewen Solon (Watkins). *F* 93 Min.
Der NASA-Wissenschaftler Dr. Zimmermann hat ein neues Raumschiff erfunden, das schneller als das Licht fliegen kann. Da die dabei auftretende Zeitdilatation bewirkt, daß die Piloten in der Vergangenheit landen, verbietet die Regierung den Einsatz des Fahrzeugs. Der Ingenieur Tom Trimble und der Roboter Hermes werden versehentlich bei einem Test räumlich und zeitlich versetzt und finden sich in der irdischen Vergangenheit während der Regierungszeit des legendären Königs Artus wieder. Dort planen diverse Hofschranzen den Sturz des Herrschers, den Tom und der hilfreiche Hermes allen Widrigkeiten des Lebens zum Trotz verhindern können. Ⓥ Euro
Ⓑ Mark Twain: *Ein Yankee am Hofe König Artus'*, Wien 1923

Der König der Raketenmänner
(KING OF THE ROCKET MEN).
USA 1949.
R Fred C. Bannon. *B* Royal Cole/Sol Shor/William Lively. *K* Ellis W. Carter. *M* Stanley Wilson. *SpE* Howard Lydecker/Theodore Lydecker. Stunts: Bob Steele. *D* Tristram Coffin (Jeff King), Mae Clarke (Glenda Thomas), Don Haggerty (Tony Dirken), House Peters jr. (Burt Winslow), James Craven (Prof. Millard), I. Stanford Jolley (Prof. Bryant), Douglas Evans (Vorsitzender), Ted Adams (Martin Conway), Stanley Price (Gunther von Strum), Dale van Sickel (Martin), Tom Steele (Knox), David Sharpe (Blears), Eddie Parker (Rowan), Michael Ferro (Turk), Frank O'Connor (Wächter), Buddy Roosevelt (Phillips). 60/60 Min.
In einem privaten amerikanischen Forschungszentrum, das allerlei technische Wunderwaffen entwickelt hat, gehen seltsame Dinge vor: Ein unter dem Namen Dr. Vulcan operierender Machtbesessener trachtet danach, sich die Erfindungen der dem Fortschritt verpflichteten Wissenschaftler unter den Nagel zu reißen. Da er dabei auch vor Raub und Mord nicht zurückschreckt, sehen sich Jeff King und der ehrenwerte Professor Millard gezwungen, diverse Schritte zu unternehmen, um dem Lumpen das Handwerk zu legen. Mit Hilfe einer auf den Rücken geschnallten Rakete und einem sogenannten Dezimator, der besten Vernichtungswaffe, die die Menschheit je gesehen hat, rückt man dem aufdringlichen Attentäter und Räuber zu Leibe. Aber wie alle Superschurken, die dem Machtrausch verfallen sind, ist Dr. Vulcan ein helles Köpfchen, der seinen Widersachern immer wieder ein Schnippchen zu schlagen versteht. Es gelingt ihm sogar, den Dezimator zu stehlen: Als er von der Stadt New York die gigantische Summe von einer Milliarde Dollar erpressen will und nicht zum Zuge kommt, setzt er die von den ›fortschrittlichen Privatwissenschaftlern‹ entwickelte Superwaffe ein und erzeugt eine Springflut, die sich gewaschen hat. New York droht in den heranrollenden Fluten des Atlantiks zu ersaufen. Jeff King, ›der König der Raketenmänner‹, erscheint in letzter Sekunde auf dem Plan, raubt den Dezimator zurück und läßt den Rest von der US Air Force erledigen, die das geheime Versteck des Dr. Vulcan (der im übrigen ein Mitarbeiter des besagten Forschungszentrums war) mit einem Bombenteppich belegt. Zusammenschnitt eines amerikanischen Film-Serials, das ursprünglich aus 12 Fortsetzungen bestand. *Der König der Raketenmänner* ist ein schöner Schundfilm, bei dem man allerdings voll auf seine Kosten kommt.

König Salomons Schatz
(KING SALOMON'S TREASURE).
Kanada 1978.
R Alvin Rakoff. *B* Colin Turner/Allan Pryor. *LV* H. Rider Haggard. *K* Paul van der Linden. *M* Lew Lehman.
D John Colicos (Allan Quatermain), David McCallum (Sir Henry Curtis), Patrick Macnee (Capt. Good), Britt Ekland (Königin Nypephta), John

Quentin (Stetopatris), Yvon Dufour (Alphonse), Ken Gampu (Umslopogaas), Veronique Beliveau (Neva), Sam Williams (Matawani), Hugh Rouse (Donald MacKenzie), Fiona Fraser (Elspeth MacKenzie), Camilla Hutton (Flossie), Wilfrid Hyde-White. *F* 88 Min.

Der Großwildjäger Allan Quatermain ist die Hauptfigur einer insgesamt 19 Bücher umfassenden Roman-Erfolgsserie des Abenteuerschriftstellers Henry Rider Haggard (1856–1925). In den Quatermain-Romanen vereint Haggard die Schilderung afrikanischen Lebens mit Abenteuer- und speziellen Fantasy-Elementen wie Unsterblichkeit, Reinkarnation und versunkene Welten. Während sich die meisten Verfilmungen auf die Abenteuer-Komponente des Stoffes beschränken (so jüngst noch *Quatermain – Auf der Suche nach dem Schatz der Könige*, USA 1985, *R* J. Lee Thompson, mit Richard Chamberlain in der Titelrolle), bildet die kanadische Produktion *König Salomons Schatz* darin eine Ausnahme, aus gutem Grund, wie Kritiker Horst Peter Koll vom FILMDIENST vermutet: »Die afrikanische Landschaft, mit ihren wilden Tieren oftmals den eigentlichen Reiz dieser Filme bildend, erinnert verdächtig stark an ein kanadisches Naturreservat, und da offensichtlich Aufnahmen mit ›normalen‹ afrikanischen Tieren zu aufwendig waren, werden gar Dinosaurier und Urweltraupe bemüht; eifrig schießen die Helden auf dilettantische Rückprojektionen...« Diese »Horrortierchen aus Pappmaché..., die bereits auf über 100 Meter als Papiertiger entlarvt werden können« (Guntram Lenz, FILMBEOBACH-TER), stellen sich Allan Quatermains Gruppe in den Weg und müssen beseitigt werden, um in das sagenumwobene Milosis zu kommen. In dieser Stadt herrscht eine weise Königin, die ihr Reich durch goldgierige Medizinmänner bedroht sieht und die Fremden bittet, einen verschollenen Schatz um des lieben Friedens willen aufzuspüren. Das kann jedoch im letzten Augenblick der Ausbruch des nahegelegenen Vulkans verhindern. Die Expeditionsgesellschaft rettet sich mit Ach und Krach, die Königin trifft in letzter Sekunde der tödliche Pfeil des Feindes. – »Eine Handvoll namhafter Schauspieler hat sich hier für einen Märchenfilm zur Verfügung gestellt, der... selbst im nachmittäglichen Kinderprogramm einschläfernd wirken dürfte.« (Guntram Lenz, FILMBEOBACH-TER)

Die Konvention Belzebir
(TV-SRG). Schweiz 1968.
R Kurt Früh. *B* Marcel Aymé. *D* René Scheibli, Kurt Beck, Andrea Jonasson, Erwin Parker, Franziska Oehme, Klaus Knuth, Matthias Habich. 105 Min.

Der geniale Herrscher eines Zukunftsstaates hat die Konvention Belzebir geschaffen, um dem willkürlichen Töten bei Kriegen und Verbrechen Einhalt zu gebieten. Dieser neue Kodex reglementiert das Töten und macht es zu einem legitimen, unter bestimmten Voraussetzungen sogar erwünschten Akt. Die Frauen sind vom aktiven Tötungsrecht ausgeschlossen, besitzen aber dafür das passive: gegen eine kleine Ordnungsgebühr können sie jederzeit von Männern liquidiert werden. Um Geschlechtsgenossen zu töten, müssen die Männer eine Lizenz erwerben, die mit einigem finanziellen Aufwand verbunden ist und im Haus des Rechts erteilt wird. Eine solche Privilegierung der wohlhabenden männlichen Bevölkerung erfährt den erbitterten Widerstand der emanzipierten Frauen, der Arbeiter und der rebellischen Jugend. Das Ergebnis ist wieder der Zustand vor Erlaß der Konvention.

Der Kopf, der nicht sterben durfte
(THE BRAIN THAT WOULDN'T DIE).
GB 1959.
R Joseph Green. *B* Joseph Green. *K* Stephen Hajnal. *M* Abe Baker/Tony Restaino. *D* Virginia Leith (Jane Compton), Herb Evers (Dr. Bill Cortner), Adele Lamont (Doris Powell),

Bruce Brighton (Dr. Cortner), Doris Brent (Krankenschwester), Leslie Daniel (Kurt), Bonnie Shari (Stripperin), Paula Maurice (B-Girl), Lola Mason (Donna Williams), Audrey Devereau (Jeannie), Bruce Kerr (Ansager), Eddie Carmel (Monster). 79 Min.

Der Chirurg Bill Cortner hat eine Blutflüssigkeit erfunden, die nicht zueinandergehörende Gliedmaßen zusammenwachsen läßt. Es ist ihm zwar schon gelungen, aus diversen ›Operationsabfällen‹ ein lebendiges Wesen zu erschaffen, aber dieses sieht dermaßen scheußlich aus, daß er es in einem Raum gefangenhält. Als er eines Tages mit seiner Verlobten Jane unterwegs ist, verliert sie während eines Verkehrsunfalls im wahrsten Sinne des Wortes den Kopf. Cortner nimmt ihn mit in sein Labor, hält ihn trotz der Proteste desselben am Leben und sieht sich nach einem geeigneten Körper um, dem er den Kopf Janes aufpfanzen kann. Jane hingegen entwickelt plötzlich telepathische Fähigkeiten und bringt das gefangene Monster unter ihre Kontrolle. Als Cortner das Aktmodell Doris kennenlernt (ihr Gesicht ist von Narben entstellt), glaubt er den richtigen Körper für Janes Kopf gefunden zu haben. Das eingesperrte Monster befreit sich jedoch und rettet die bewußtlose Doris, nachdem es das Labor in Brand gesteckt hat. Cortner und Jane (bzw. ihr Kopf) kommen in den Flammen um. – In ihrer verdienstvollen und hilfreichen Warnschrift vor den schlechtesten, geschmacklosesten und überflüssigsten Filmen der Welt – dem Buch THE GOLDEN TURKEY AWARDS – nominierten Harry und Michael Medved diesen Film zusammen mit *Die Augen des Satans* (1957; Regie: Nathan Hertz) für die Kategorie der »hirnlosesten aller Gehirnfilme«, aber das Prädikat ging dann doch an einen anderen Streifen, der dem deutschen Zuschauer gnädigerweise erspart blieb: das »melodramatische Fiasko« (VARIETY) mit dem Titel THEY SAVED HITLER'S BRAOM (1964; Regie: David Bradley), in dem eine Horde närrischer Skalpellschwinger

das Gehirn eines ominösen ›Mr. H‹ in einen anderen Körper transplantiert.

Kopfjagd – Preis der Angst
(LE PRIX DU DANGER).
Frankreich/Jugoslawien 1982.
R Yves Boisset. *B* Yves Boisset/Jean Curtelin. *LV* Robert Sheckley. *K* Pierre-William Glenn. *SpE* Pierdel. *M* Vladimir Cosma. *D* Gerard Lanvin (François Jacquemard), Michel Piccoli (Frédéric Mallaire), Marie-France Pisier (Laurence Ballard), Bruno Cremer (Antoine Chirex), Andrea Ferreol (Elizabeth Worms). *F* 99 Min.

Robert Sheckleys Kurzgeschichte *Der Tod spielt mit* diente bereits 1970 dem TV-Team Tom Toelle und Wolfgang Menge als Vorlage zu ihrem Fernsehspiel *Das Millionenspiel*. Da die damaligen Verantwortlichen sich nicht bemüßigt fühlten, bei Sheckley oder seinem Agenten um die Rechte zu bitten, liegt das Fernsehspiel, das bei seiner Erstausstrahlung außerordentliche Diskussionen auslöste, seither auf Eis und darf nicht mehr gesendet werden. Die erste autorisierte Verfilmung des Stoffes ist somit die von Yves Boisset. – In nicht allzu ferner Zukunft, in der es noch rigoroser als heute um Einschaltquoten geht, ist die Live-Show des TV-Senders CTV ›Der Preis der Gefahr‹ der große Publikumsrenner. Die Spielregeln sind einfach: Ein Kandidat setzt sein Leben aufs Spiel, indem er vier Stunden lang versucht, fünf bewaffneten Verfolgern zu entkommen. Schafft er es, gewinnt er eine Million Dollar, erreicht er das Ziel nicht, erhalten seine Gegner je 100 000 Dollar. Die ›Attraktivität‹ der Sendung steigert sich immer dann, wenn der Gejagte auf der Strecke bleibt. Doch eines Tages dreht ein Kandidat den Spieß um und schaltet seine Verfolger aus. Kurzerhand wird der neue ›Held der Massen‹, der durch sein ungebührliches Verhalten die Mechanismen der Sendung zu entlarven droht, für verrückt erklärt. Mit dem Versprechen, in Zukunft noch mehr Gewalt und Brutalität

Millionenspiel à la française: Plakat zu *Kopfjagd – Preis der Angst*

zu bieten, wird das sensationslüsterne Publikum beruhigt. – »Yves Boisset hat diese zynische Satire moderner Unterhaltungsgewohnheiten mit aktueller Brisanz auf reißerischen Spannungsdruck getrimmt. Sehenswert in dieser französischen Variante der totalen TV-Perversion ist die virtuose Showmaster-Karikatur von Michel Piccoli: Ein eitler Pfau und abgebrühter Quassel-Profi als Liebling eines brutalsentimentalen und blutgeilen Publikums vom Stamme der Katastrophenleichen-Gaffer.« (Ponkie, ABEND-ZEITUNG)

Ⓥ UFA
Ⓑ Robert Sheckley: ›Der Tod spielt mit‹, in ders., *Das geteilte Ich*, München 1966

Die Körperfresser kommen
(INVASION OF THE BODY SNATCHERS).
USA 1977.
R Philip Kaufman. *B* W. D. Richter.

LV Jack Finney. *K* Michael Chapman.
SpE Dell Rheaume/Russ Hessey.
M Denny Zeitlin. *D* Donald Sutherland
(Dr. Matthew Bennell), Brooke Adams
(Elizabeth Driscoll), Leonard Nimoy
(Dr. David Kibner), Veronica
Cartwright (Nancy Bellicec), Jeff
Goldblum (Jack Bellicec), Art Hindle,
Lelia Goldoni, Kevin McCarthy, Don
Siegel, Tom Luddy, Stan Ritchie,
David Fisher, Tom Dahlgren, Gary
Goodrow, Robert Duvall, Wood Moy,
R. Wong. *F* 115 Min.

Dieser Film ist ein inhaltlich verändertes
Remake von Don Siegels *Die Dämonischen*: Dr. Bennell arbeitet als Inspektor
einer Gesundheitsbehörde in San Francisco. Bei einer Hotelüberprüfung findet er
einen undefinierbaren Mikroorganismus,
den er später auch auf den Blumen findet,
die ihm seine Assistentin Elizabeth ins
Büro stellt. Diese Organismen entwickeln
sich zu menschlichen Doppelgängern und
schicken sich an, die Macht über die Erde
zu übernehmen... Im Gegensatz zu den
meisten neueren Science Fiction-Filmen
verwendet *Die Körperfresser kommen* nur
sehr wenige Spezialeffekte; es gibt aber
zwei herausragende Sequenzen, die zum
Besten gehören, was dieser Streifen zu
bieten hat: eine beinahe lyrische Anfangs-
szene, in der die außerirdischen Sporen
ihre sterbende Welt verlassen und mit Hilfe des Sonnenwinds zur Erde reisen. Und
dann noch einmal, als einige der Schoten
in Bennells Garten aufplatzen und eine
Reihe schreckenerregender, krabbelnder,
halbfertiger Föten freigeben. Kaufmanns
Version zollt Siegels Original übrigens einen gewissen Tribut: Kevin McCarthy,
der die Hauptrolle in *Die Dämonischen*
spielte, erscheint in einer kurzen Szene
und kann Bennell gerade noch vor der
heimlichen Invasion warnen, bevor er
stirbt. Don Siegel ist in einer Sequenz als
Taxifahrer zu sehen. – »Das wirkliche
Grauen, das der Film erzeugt, liegt in
Kaufmanns Visualisation des alltäglichen
Lebens einer großen Metropole, die langsam von einer gefühllosen, außerirdi-

Donald Sutherland in
Die Körperfresser kommen

schen Macht infiltriert wird. Und erst am
Ende, als ein hohes, unirdisches Kreischen ertönt, zeigt er die äußerlich nicht
ungewöhnlich wirkenden Geschöpfe als
etwas völlig Unmenschliches. An dieser
Stelle sind Bennell und seine Freunde zu
Außenseitern in ihrer eigenen Umwelt geworden.« (FANTASY MEDIA)
Ⓥ Warner Home
Ⓑ Jack Finney: *Die Körperfresser kommen*, München 1979 (Buch zum Film)

Kosmokiller – Sie fressen alles
(THE DEADLY SPAWN).
USA 1982.
R Douglas McKeown. *B* Douglas
McKeown/Tim Sullivan. *St* Douglas
McKeown/Ted Bohus/John Dods.
K Harvey Birnbaum. *SpE* John Dods.
M Michael Perilstein/Ken Walker/Paul
Cornell. *D* C. G. Hildebrant, Tom de
Franco, Karen Tighe, Jean Tafler.
F 78 Min.

Aus einem Meteoriten, der zur Erde fällt, krabbeln außerirdische Sporen, die sich alsbald in freßgierige Würmer verwandeln und einen kleinen amerikanischen Landstrich terrorisieren. Kommen sie mit Wasser in Berührung, vermehren sie sich rasend schnell. Ein Junge, der in seiner Freizeit hauptsächlich Horror-Heftchen und -Filme konsumiert, entdeckt die Achillesferse der zahnbewehrten Invasoren und sorgt dafür, daß sie den Abschied einreichen. – Sensible Naturen sollten sich einen Doppelzentner Barf Bags bereitstellen. In der BRD nur auf Video.
Ⓥ Toppic

Krieg der Eispiraten
(ICE PIRATES). USA 1984.
R Stewart Raffill. *B* Stanford Sherman/ Stewart Raffill. *K* Matthew F. Leonetti. *M* Bruce Broughton. *D* Robert Urich (Jason), Mary Crosby (Prinzessin Karina), Michael D. Roberts (Roscoe), Anjelica Huston (Maida), John Matuszak (Killjoy), John Carradine (Euer Gnaden), Ron Perlman (Zeno), Natalie Core (Nanny), Jeremy West (Zorn), Bruce Villanch (Wendon), Alan Caillon (Paisley), Marcia Lewis (Frog Lady), Hank Worden (Jason d. Ä.).
F 93 Min.
Die Wasserversorgung des Universums wird vom Tempelritter-Imperium beherrscht. Die Templer, die herrschende Rasse, versorgen die Bewohner anderer Planeten gerade mit soviel Wasser, wie sie zum Überleben brauchen. Der Schwarzmarkt blüht. Immer wieder wagen es die Eispiraten, in die gigantische Flotte interstellarer Kühlraumschiffe einzudringen und Eisblöcke zu stehlen. Piratenchef Jason und die Astronauten kapern irgendwann ein Raumschiff mit Prinzessin Karina an Bord. Jason verliebt sich in sie, und zusammen machen sie sich auf die Suche nach ihrem Vater, dem verschollenen Vasco von Argon. Gleichzeitig wollen sie nach der ›siebten Welt‹ Ausschau halten, die Welt, wo Milch, Honig und vor allem Wasser fließen. –

»In der Fabel nicht so spannend wie bei den alten Griechen und in den Special-Effects nicht so atemberaubend wie im New-Hollywood George Lucas', bietet der verfilmte Comic strip mittelmäßigen Zeitvertreib für Langeweile-Kranke.« (FISCHER FILMALMANACH 1985) – »THE ICE PIRATES ist eine farbenfrohe, anachronistische Komödie, wie sie dem Genre öfters schaden könnte... Das Fehlen von Sex (wie in FLASH GORDON), Logik (warum stellen die Eispiraten nicht einfach selbst Wasser her?) oder tieferer Bedeutung (wie in DARK STAR) bremst das Vergnügen dieser naiven Komödie keineswegs.« (Peter Gaschler, HEYNE SCIENCE FICTION MAGAZIN 12)
Ⓥ MGM/UA

Krieg der Galaxien
Anderer Titel für **Invasion aus dem All**

Krieg der Infras
(SUPERRIDER AGAINST THE DEVILS). Hongkong 1977.
R Lin Chong Kuang. *B* Lee Tsuan. *K* Chin Yi Puo. *M* Wong Cheng Yien. *D* Chan Sin, Yung. *F* 76 Min.
Zwei kräftige Studenten, die sich bei Bedarf in Supertypen verwandeln können, durchkreuzen den absolut schweinischen Plan einer sogenannten ›Satansbruderschaft‹, die Macht über die Welt zu übernehmen. Dabei legen sie ganze Rudel außerirdischer Lebewesen aufs Kreuz.
Ⓥ Atlanta

Krieg der Roboter
(LA GUERRA DEI ROBOTS). Italien 1978.
R Al Bradley (= Alfonso Brescia). *B* Alfonso Brescia/Alan Rawton. *K* N.N. *M* N.N. *D* Antonio Sabato, Yanti Somer, West Buchanan, Ines Pellegrini, J.R. Stuart, Malisa Longo, Patricia Gore, Robert Barnes. *F* (96) 81 Min.
Außerirdische Roboter, die wie Menschen aussehen, greifen die Erde an und durchdringen ihren Schutzschild. Ein heldenhafter Raumkapitän nimmt mit seinem Schlachtschiff den Kampf gegen sie auf.

– Eine schundige Billigproduktion, die man am besten gleich wieder vergißt. Ⓥ Greenwood

Krieg der Spione
(ONE OF OUR SPIES IS MISSING).
USA 1966.
R E. Darrell Hallenbeck. *B* Howard Rodman. *K* Fred Koenekamp. *M* Gerald Fried. *D* Robert Vaughn (Napoleon Solo), David McCallum (Illya Kuryakin), Leo G. Carroll (Mr. Waverly), Maurice Evans (Sir Norman Swickert), Vera Miles (Mme. De Sala), Ann Elder (Joanna Sweet), Bernard Fox (Jordin), Dolores Faith (Lorelei Lancer), Anna Capri (Do Do), Harry Davis (Alexander Gritsky), Yvonne Craig (Wanda), Monica Keating (Olga), Cal Bolder (Fleeton), James Doohan (Philip Bainbridge), Robert Easton (Texaner), Anhony Esuterl (Steward), Ollie O'Toole (Corvy), Richard Peel, Barry Bernard. *F* 91 Min.
Agenten der Organisation O.N.K.E.L. rangeln sich mit Agenten einer anderen Macht um ein Verjüngungsserum. Zusammenschnitt diverser Episoden der US-TV-Serie ›The Man From U.N.C.L.E.‹.

Krieg der Sterne
(STAR WARS). USA 1976.
R George Lucas. *B* George Lucas. *K* Gilbert Taylor. *SpE* John Dykstra/John Stears. *M* John Williams. *D* Mark Hamill (Luke Skywalker), Harrison Ford (Capt. Han Solo), Carrie Fisher (Leia Organa), Peter Cushing (Groß-Moff Tarkin), Alec Guinness (Obi-Wan Kenobi), Anthony Daniels (C-3PO), Kenny Baker (R2-D2), David Prowse (Darth Vader), Peter Mayhew (Chewbacca), Phil Brown (Owen Lars), Sheragh Fraser (Beru Lars), Jack Purvis (Jawa-Führer), Alex McCrindle (Gen. Dodonna), Eddie Byrne (Gen. Willard), Drew Henley, Dennis Lawson, Garrick Hagon, Jack Klaff, William Hootkins, Angus McInnis, Jeremy Sinden, Graham Ashley, Don Henderson, Richard Le Parmentier, Leslie Schofield. *F* 121 Min.
Irgendwann in ferner Zukunft. Ort: Zumeist im Weltraum. Da gibt es ein Sternenreich, das von einem sinistren Burschen mit dem seltsamen Namen Groß-Moff (im Original: Grand-*Muff*) Tarkin geführt wird. Eine Rebellenarmee, die des staatlichen Terrors müde ist, versucht ihm etwas von seiner Macht abzuknapsen. Tarkin mag das gar nicht. Seine rechte Hand, ein ekliger Bösewicht namens Lord Darth Vader (dessen finstere Absichten man schon daran erkennen kann, daß er schwarz gekleidet ist, sein sicher nicht allzu hübsches Gesicht hinter einer eisernen Maske verbirgt und beim Reden röchelt, als würde er täglich 80 Roth-Händle durchziehen), läßt das Raumschiff einer gewissen Leia Organa überfallen, die a) im Hauptberuf Senatorin des Planeten Alderaan, b) adeligen Geblüts, und c) dem Führungskader der Aufständischen zuzurechnen ist. Bevor man sie kidnappt, programmiert sie den Roboter R2-D2 mit den Positionsdaten der planetengroßen, gepanzerten Zentrale Tarkins (das sogenannten ›Todessterns‹, von dem aus alles Böse im Imperium angeleiert wird). R2-D2 und sein putziger Roboterfreund C-3PO (der eine täuschende Ähnlichkeit mit der Roboter-Maria aus Fritz Langs *Metropolis* aufweist) werden auf den Planeten Tatooine verschlagen (der wiederum ganz verblüffend dem Wüstenplaneten aus Frank Herberts Roman *Der Wüstenplanet* ähnelt), von zwergenhaften, kuttentragenden Schrottsammlern gefunden und an einen ›Gewürzfarmer‹ verkauft, dessen Adoptivsohn Luke die Maschinen fortan warten soll. R2-D2 spielt Luke die Botschaft Leia Organas vor. Gemeinsam sucht man den mysteriösen Obi-Wan Kenobi auf, einen ehemaligen Jedi-›Ritter‹, der mit den Rebellen sympathisiert und Luke ein Laserschwert schenkt, das seinem leiblichen Vater gehört hat: Auch dieser war ein Jedi-Ritter und Angehöriger der mit parapsychologischen Kräften

Krieg der Spione von E. Darrell Hallenbeck:
David McCallum und Robert Vaughn O.N.K.E.L.N. sich aus der Bredouille

ausgestatteten Ordnungstruppe der ent-
machteten Regierung. Kenobi informiert
Luke über eine geheimnisvolle ›Macht‹,
die alle Wissenschaft und Technologie
besiegen kann. Die ›Macht‹ ist das Geheimnis der Jedi-Ritter, eine religiöse
Philosophie, die zwar nur aus dem hohlen
Bauch kommt, aber irgendwann auch
Luke zugänglich sein wird. Nachdem Soldaten die Eltern Lukes getötet und deren
Farm verwüstet haben, begibt man sich
zum örtlichen Raumhafen und mietet die
Dienste des charmanten Taugenichts Han
Solo, eines Glücksritters par excellence,
der aber das Herz auf dem rechten Fleck
hat und noch rasch einen Nichtmenschen
killt, der ihn als Betrüger entlarvt. Mit
dem *Millenium-Falken*, Solos Überlicht-
Jet, und in Gesellschaft des vorwiegend in
Grunzlauten sprechenden Wookies

Chewbacca geht es nach Alderaan – aber
Tarkin hat den Planeten inzwischen vernichten lassen. Als man den Todesstern
anfliegt, wird man entdeckt und per Ma-
gnetstrahl an Bord gezogen. Luke und
seine Freunde können sich der Gefangennahme jedoch entziehen, drehen den im-
perialen Streitkräften eine lange Nase
nach der anderen und befreien die Prinzessin Leia Organa aus ihrem Verlies.
Nachdem sie erfolgreich ein tentakelbewehrtes Krakenmonster erledigt haben,
das sich in den Müllkavernen des Todessterns eingenistet hat, gelingt ihnen die
Flucht. Obi-Wan Kenobi wird von Darth
Vader, einem Jedi-Renegaten, mit dem
Laserschwert entkörperlicht. Das Große
Finale besteht in einem Kamikaze-Angriff
der Rebellen auf den Todesstern. Während Jung-Luke sich den Guerillas an-

Peter Mayhew, Mark Hamill, Alec Guinness und Harrison Ford in *Krieg der Sterne*

schließt, machen Solo und Chewbacca sich aus dem Staub – mit der Begründung, man täte für Geld zwar alles, den Kopf abschießen lassen wolle man sich aber doch nicht. Dank der guten Seele, die Abenteurer nun mal haben, kehren sie im entscheidenden Augenblick zurück und bringen dem Gegner gewaltige Verluste bei. Der Film endet mit der Vernichtung des Todessterns; Darth Vader, der Renegaten-Ritter, entkommt. Luke und sein Team werden am Ende mit Wogen von Brot und Beifall (und einem Orden) bedacht. – *Krieg der Sterne* ist sicher einer der finanziell erfolgreichsten Filme aller Zeiten, und über keinen utopischen Streifen hat man mehr geschrieben als über diesen. Er wurde in aller Welt gezeigt (u.a. auch in der VR China) und setzte eine Nachfolgeindustrie in Bewegung, die die Welt noch nicht gesehen hat. Fan-

Clubs schossen wie Pilze aus dem Boden, und sogar in der eher seriösen Presse hagelte es Vorab-Rezensionen, die nicht selten Überschriften wie »Der beste Film der Welt« (TIME) trugen. – »Ich hatte das Projekt schon 1971 im Kopf, noch bevor ich mit den Aufnahmen für *American Graffiti* angefangen hatte«, erinnert sich Regisseur Lucas, »und sobald ich damit fertig war, schrieb ich das Drehbuch – acht Stunden am Tag, fünf Tage in der Woche... Im März 1976 fingen wir an zu drehen. Und sogar dann noch habe ich nach Feierabend weitergeschrieben. Ich habe vier völlig verschiedene Drehbuch-Versionen erstellt; ich war ständig auf der Suche nach den richtigen Zutaten, Charakteren und Handlungselementen... Die junge Generation heute hat einfach nicht mehr die Fantasie, die wir früher hatten. Alles was sie zu sehen kriegt, sind Sachen wie *Kojak* und *Dirty Harry*. Überall rennen diese Kids rum und wünschen sich, Killer-Cops zu sein. Was sie zu sehen kriegen, sind Katastrophen, Unsicherheit und realistische Gewaltakte. Sie haben anscheinend alle eine sehr langweilige Kindheit gehabt. Möglicherweise sind sie etwas weltlicher eingestellt als wir früher, aber ich glaube noch immer daran, daß sie so was wie ehrliche, saubere... Ich meine, sie sollten noch die Fähigkeit haben, sich einen Film anzuschauen und darin etwas zu sehen. Ich wollte der jüngeren Generation eine ferne, exotische Welt zeigen, in der sich ihre Vorstellungskraft ungehindert entfalten kann.« Die Kritiken, die der Film erhielt, waren – jedenfalls in Kontinentaleuropa – beinahe ausnahmslos Verrisse. Zwar anerkannte man die überragende Leistung der Lucasschen Tricktechniker, aber über Plot und Aussage des 50-Millionen-Dollar-Streifens, der die Produktionsgesellschaft 20th Century Fox schlagartig aus den roten Zahlen haute, war die Kritikermeinung nahezu einhellig negativ: Witzelte DER SPIEGEL noch, das Lucassche Produkt sei – verglichen mit Stanley Kubricks *2001: Odyssee im Weltraum* – »ein Ramschladen, in dem es Westernsaloons im Orient gibt, die von Mickeymäusen, maskierten Rittern und wallend gewandeten Mönchen bevölkert werden«, verlangte ein STERN-Leser gar, der Film müsse »im Namen der – hoffentlich einmal friedlich werdenden – Menschheit... verbrannt werden«. Vor allen Dingen die exzessiv gezeigten Raumschlachten und die Philosophie der entmachteten Jedi-Ritter hatten es den Kritikern angetan: »... daß Kinder da hinaufschauen und vor allem anderen Begriffe wie Tod, Qual, Krieg, Zerstörung und Untergang assoziieren, daß solch ein Weltallbild gebastelt wird, um ihr Weltbild zu formen, und daß Erwachsene dies tun, daß sie dafür ›Oscars‹ verleihen und dafür Alec Guinness und fünfzig Millionen Dollar aufwenden, ja, was ist das eigentlich? Sehr einfach – ich denke, es ist ein Verbrechen.« (FILM UND FERNSEHEN)

– »Das nur scheinbar unschuldige Vergnügen, aus unverwundbarer Position an Kriegsspiel-Automaten; d. Verf. symbolisch Menschen und ihre Werke zu vernichten, wird im *Krieg der Sterne* mit wirklich allen Mitteln aufgegeilt und befriedigt. Die Handlung appelliert an kindliche Ritterspiele: Die gefangene Prinzessin gilt es aus den Fängen nichtswürdiger Bösewichte zu befreien. Darum ist es nur recht und billig, wenn der jugendliche Held mit seinen Freunden ganze Scharen gesichtsloser Gegner abknallt und nach einer Orgie zerplatzter Flugzeuge mit Atombomben einen ganzen Planeten hochgehen läßt.« (UNSERE ZEIT) – »STAR WARS offenbart sich als ein Film, der den Zuschauer in seinen Ängsten gefangenhalten will, um ihm eine affirmative Haltung zur Macht zu erleichtern, und zwar der bestehenden, als ›gut‹ von denselben Mächten verkauften, die auch den Film über den grünen Klee loben, die seine Verbindung von Handlungsleere und technischer Kompetenz dem Verleih zuliebe als Märchen, das noch weiß, was ›gut‹ und ›böse‹ ist, kennzeichnen.« (SF-BAUSTELLE) – »STAR WARS gehört zu jenen zahllosen Filmen, die das Publikum unmündig halten wollen. STAR WARS ist wie eine Droge, keine harte, aber wer weiß: Vielleicht kommen die harten noch, die, die einem am liebsten den letzten Funken Verstand rauben möchten. Wehret den Anfängen!« (SCIENCE FICTION TIMES) – Bei der Verteilung der Oscars für 1977 hat *Krieg der Sterne* mächtig abgesahnt: Es gab je einen für die Bauten, die Kostüme, den Ton, das Drehbuch, die Musik und die Spezialeffekte. Und außerdem noch einen Spezialpreis für die Stimmen der Außerirdischen und Roboter.
Ⓥ CBS/Fox
Ⓑ George Lucas: *Krieg der Sterne*, München 1978

Krieg der Welten – Die Apokalypse
(WAR OF THE WORLDS: A MULTITUDE OF IDOLS/EYE FOR AN EYE). USA 1988.
R Colin Chilvers/Winrich Kolbe/Mark

Sobel/Neil Fearnley. *B* Greg Strangis/ Forrest van Buren/Herbert Wright/Tom Lazarus. *K* David Harrington. *M* Billy Thorpe. *D* Jared Martin, Lynda Mason Green, Richard Chaves, Philip Akin, Richard Chaves, Richard Comar. *F* 91 Min. Inhalt siehe *Krieg der Welten – Die Invasion*. – Nur auf Video. ⓋCIC

Krieg der Welten – Die Invasion
(WAR OF THE WORLDS: THE RESURRECTION). USA 1988. *R* Colin Chilvers/Winrich Kolbe/Mark Sobel/Neil Fearnley. *B* Greg Strangis/ Forrest van Buren/Herbert Wright/Tom Lazarus. *K* David Harrington. *M* Billy Thorpe. *D* Jared Martin, Lynda Mason Green, Richard Chaves, Philip Akin. *F* 89 Min. Außerirdische Raumschiffe landen in Kalifornien, um sich die Erde untertan zu machen. Die übliche furchtlos-tapfere Gruppe aus Wissenschaftlern und Militärs leistet ihnen Widerstand. – TV-Standardeintopf frei nach H.G. Wells' Roman »Krieg der Welten« (1898). – Nur auf Video. ⓋCIC

Krieg der Welten – Die Offensive
(WAR OF THE WORLDS: THE KINGDOM COME/THE WALLS OF JERICHO). USA 1988. *R* Colin Chilvers/Winrich Kolbe/Mark Sobel/Neil Fearnley. *B* Greg Strangis/ Forrest van Buren/Herbert Wright/Tom Lazarus. *K* David Harrington. *M* Billy Thorpe. *D* Jared Martin, Lynda Mason Green, Richard Chaves, Philip Akin, Richard Comar. *F* 90 Min. Inhalt siehe *Krieg der Welten – Die Invasion*. – Nur auf Video. ⓋCIC

Krieg im Weltenraum
(UCHU DAI SENSO). Japan 1960. *R* Inoshiro Honda. *B* Shinichi Sezikawa. *K* Hajime Koizumi. *SpE* Eiji Tsuburaya.

M Akira Ifukube. *D* Ryo Ikebe (Ishiro Katsumiya), Kyoko Anzai (Etsuko Shiroishi), Koreya Senda (Prof. Adachi), Yoshio Tsuchiya (Koichi Adachi), Hisaya Ito (Kogure), Kozo Nomura (Raketen-Commander), Minoru Takada (Defense Commander), Fuyuki Murakami (Insp. Iriake), Leonard Stanford (Dr. Richardson), Harold Conway (Dr. Immerman). *F* 91 Min. Die Bewohner des Planeten Natal haben sich auf dem Erdmond eingenistet und starten mit einer unbekannten Waffe Angriffe auf die Erde. Unter Japans Führung schließen sich die bedrohten Nationen zusammen und schicken ein Raumschiff zum Mond, das die Zentrale der Fremden vernichten soll. Diese haben jedoch ein Besatzungsmitglied unter ihre geistige Kontrolle gebracht, was einige Probleme aufwirft. Nachdem eine UFO-Flotte die Erde heimgesucht und einige Großstädte in Schutt und Asche gelegt hat, werden die galaktischen Fieslinge von unseren todesmutigen Erdrecken zur Räson gebracht. Hipp, hipp, hurra!

Krokodile
(CROCODILE). Thailand/Hongkong 1978. *R* Sompote Sands. *D* Nat Puvanai (Dr. Akom), Tany Tim (John), Kirk Warren (Tanaka), Angelo Wong. *F* 82 Min. Wieder einmal werden Atombombenexplosionen bemüht, ein Monstrum, hier ein Krokodil, auf Menschenjagd zu schicken. Freßgemetzel aus der untersten Schublade des Schockarsenals. ⓋVMP

Kronos
(KRONOS). USA 1957. *R* Kurt Neumann. *B* Lawrence L. Goldman. *St* Irving Block. *K* Karl Struss. *SpE* Jack Rabin/Irving Block/ Louis DeWitt. *M* Paul Sawtell. *D* Jeff Morrow (Les Gaskell), Barbara Lawrence (Vena), Morris Ankrum (Dr. Stern), John Emery (Elito), George

»Plagiat, was ist das?«: Ken Marshall in *Krull* von Peter Yates

O'Hanlon (Culver), José Gonzales (Manuel), John Parrish (Gen. Perry), Kenneth Alton (McCrary), Richard Harrison (Pilot), Marjorie Stapp (Krankenschwester), Robert Shayne, Don Eitner, John Halloran, Gordon Mills. 78 Min.

Ein gewaltiger außerirdischer Roboter kommt mit einem UFO zur Erde, materialisiert sich an einem kalifornischen Strand und setzt zu einer Zerstörungsreise nach Los Angeles an, wobei er sämtliche Energie in sich aufsaugt, derer er habhaft werden kann. Terror Triumph in der Welt von übermorgen, würden die Klappentextschreiber von ›Perry Rhodan‹ dazu sagen, doch der extraterrestrische Energie-Klau kriegt spätestens dann sein Fett, als man ihm sämtliche Stromreserven auf einmal in den Wanst jagt. Bzzzz! Kurzschluß! – Ein selten dummer Schwachsinn, inszeniert von Kurt Neumann aus Nürnberg. In Originalfassung.
Ⓥ Import

Krull
(KRULL). GB/USA 1983.
R Peter Yates. *B* Stanford Sherman. *K* Peter Suschitzky. *SpE* Derek Meddings. *M* James Horner. *D* Ken Marshall (Prinz Colwyn), Lysette Anthony (Lyssa), Freddie Jones (Ynyr), Francesca Annis (Witwe im Netz), David Battley (Ergo), Alun Armstrong (Torquil), Bernard Bresslaw (Rell), John Welsh (Seher), Liam Neeson (Kegan), Tony Church (König Turold), Bernard Archard (König Eirig), Graham McGrath (Titch), Todd Carty (Oswin), Robbie Coltrane (Rhun), Bill Weston (Menno), Andy Bradford (Darro), Dicken Ashworth (Bardolph), Bronco McLoughlin (Nemog), Gerard Naprous (Quain), Belinda Mayne (Vella), Clare McIntyre (Merith). *F* 120 Min.

Auf einem fernen Planeten, jenseits der Tiefe unseres Universums: Während der Heirat zwischen Prinz Colwyn und Prinzessin Lyssa greifen die Truppen des

›Unbeschreiblichen Ungeheuers‹ das Schloß an und entführen Lyssa in dessen Schwarze Festung. Unterstützt vom weisen Ynyr, dem Amateurzauberer Ergo, einem Zyklopen und einer Diebesbande macht sich Colwyn daran, den Standort der Schwarzen Festung ausfindig zu machen, die sich bei jedem Sonnenaufgang an einen anderen Ort teleportiert. Nach Fehlschlägen in der Höhle des Smaragdenen Propheten und dem Sumpf ist der Besuch bei der Witwe im Kristallspinnennetz schließlich von Erfolg gekrönt. Auf Flammenrössern ans Ziel gelangt, entern sie noch gerade rechtzeitig die Festung. Mit der Macht ihrer Liebe bezwingen Colwyn und Lyssa gemeinsam das Ungeheuer. Die Festung zerbricht, die Trümmer verschwinden im All. – »Krude zusammengestückelte Zwanzig-Millionen-Schluderproduktion...! Als solle bewiesen werden, daß man auch aus einem Rolls-Royce ein Dreirad bauen kann, schlachten die Drehbuchautoren die griechischen Götter- und die germanischen Heldensagen aus wie schrottreife Autos.« (Lina Schneider, FRANKFURTER ALLGEMEINE ZEITUNG) – »Vielleicht wird man die Unverfrorenheit, mit der Peter Yates... hier alles zusammenklau(b)t, was in den letzten Jahren an Ähnlichem zu sehen war, in Zukunft kurz und bündig *Krullen* nennen: als Bezeichnung für Fantasy-Filme, die beim Collagieren und Konglomerieren gerade noch *fantasievoll* genug sind, um Plagiatsklagen zu vermeiden.« (Helmut W. Banz, DIE ZEIT)
Ⓥ RCA/Columbia

Küß mich, Monster
(BESAME, MONSTRUO).
BRD/Spanien 1967.
R Jesus Franco. *B* Jesus Franco/G. G. Hoffmann. *K* Jorge Herrero. *M* Jerry van Royen. *D* Janine Reynaud (Diana), Rosana Yanni (Regina), Adrian Hoven (Vicas), Chris Howland (Malou), Maria Dom (Anita), Ana Cesares (Linda), Manolo Velasco (Andy), Martha Reves (Irina), Barta Barri (Kramer/Prof. Bertrand), Manuel Otero (Dimitri), Michel Lemoine (Maurier). *F* 80 Min.
Das Nightclub-Duo Diana und Regina trifft auf einer karibischen Insel auf Professor Bertrand, der an einem menschlichen Homunkulus herumexperimentiert. Als er eines gewaltsamen Todes stirbt, bringen die Mädchen seine Geheimformel, sein ›Lebenswasser‹, und sein Vermögen sicher nach Europa und müssen sich diverser Attentate erwehren. Doch der Totgeglaubte taucht wieder auf und verlangt die Früchte seiner Arbeit zurück. Diana und Regina legen ihn jedoch herein und tauchen mit seiner Formel unter, um mit dem ›Lebenswasser‹ junge Männer für den eigenen Bedarf zu entwickeln.
Ⓥ Zenit

L.A. 2088 – Die Zukunft ist jetzt
(OUT OF TIME). USA 1988.
R Robert Butler. *B* Brian Alan Lane/
John J. Sakmar/Kerry Lenhart. *K* Lloyd
Ahern. *SpE* David Dohmeyer/David
Kelsey. *M* Andy Summers. *D* Bruce
Abbott (Channing Taylor), Bill Masher
(Max Taylor), Adam Ant (Marcus),
Rebecca Shaeffer (Pam), Kristian
Alfonso (Cassandra), Leo Rossi
(Hawkins), Ray Girardin (Capt.
Krones), Tom LaGrua (Frank), Arva
Holt. *F* 97 Min.
Los Angeles 2088: Der Polizist Channing
Taylor sucht gegen den Widerstand seiner
Chefs einen gewissen Richard Markus,
den Mörder des Erfinders der Zeitmaschi-
ne. Als er suspendiert wird, sucht er wei-
ter. Als Markus in eine andere Zeit durch-
starten will, kann Taylor ihn überrum-
peln. Beide reisen ins Jahr 1988, wo Mar-
kus mordend nach einem Impfstoff sucht,
der ihn reich und mächtig machen soll.
Um den Polizisten loszuwerden, tötet er
dessen Urgroßvater. Taylor muß in die
Vergangenheit, um Uropa zu retten. –
»Zwei Dinge, die man sich sparen kann:
Das Jahr 2088 leibhaftig und auf Video
erleben.« (VIDEO PLUS). – Nur auf Video.
Ⓥ VCL

Lady Frankenstein
(LA FIGLIA DI FRANKENSTEIN).
Italien 1971.
R Mel Welles (Ernst von Theumer).
B Edward Di Lorenzo. *K* Riccardo
Pallotini. *M* Alessandro Alessandrini.
D Joseph Cotten (Baron Dr.
Frankenstein), Rosalba Neri (Tania),
Mickey Hargitay (Konstabler Harris),
Paul Muller (Dr. Marshall), Herbert Fux
(Lynch), Paul Whiteman, Sara Bay.
F 94 Min.
Tania Frankenstein kehrt nach ihrem Ex-
amen als Ärztin auf das Schloß ihres Va-
ters zurück, ohne zu ahnen, daß dieser mit
Hilfe Dr. Marshalls an Menschen herum-

experimentiert. Da Dr. Frankenstein nicht
will, daß sie von seinen Versuchen, aus
Leichenteilen neues Leben zu erschaffen,
erfährt, drängt er seinen ›Lieferanten‹
Lynch zur Eile. Dieser liefert ihm daraufhin das beschädigte Gehirn eines Verbrechers. Das auf diese Weise geschaffene
Ungeheuer wendet sich jedoch gegen seinen Schöpfer und tötet ihn. Da das Monster gegen Schußwaffen gefeit ist, bringt
Dr. Marshall Tania dazu, sein Gehirn in
den Körper eines dummen (aber starken)
Menschen zu verpflanzen. Nachdem er
das bösartige Ungeheuer getötet hat, erwürgt er in sexueller Ekstase seine Komplizin. – »Die einzige Neuerung besteht
darin, daß die Frankenstein-Tochter die
Rache mit ihren sexuellen Gelüsten zu
verbinden weiß, was selbstverständlich
optisch ›ausgewertet‹ wird. Ein formal
belangloses und zuweilen auch ziemlich
lächerlich wirkendes Horrorprodukt.«
(FILMDIENST)
Ⓥ Heeres

Lance – Stirb niemals jung
(NEVER TOO YOUNG TO DIE).
USA 1986.
R Gil Bettman. *B* Lorenzo Semple/
Steven Paul. *K* David Worth. *M* Chip
Taylor/Ralph Lane/M. Kingsley. *D* John
Stamos (Lance Stargrove), Vanity
(Danja Deering), Gene Simmons (Van
Ragnar/Carruthers), George Lazenby
(Drew Stargrove), Peter Kwong (Cliff),
Ed Brock, John Anderson, Robert
Englund, Tara Buckman. *F* 93 Min.
Der ausgeflippte Transsexuelle Velvet
von Ragnar will mit Hilfe einer Bande
von Punkrockern das Trinkwasser von
Los Angeles verseuchen, doch leider fehlt
ihm dazu eine entscheidende Diskette. Sie
befindet sich im Besitz des jungen Lance
Stargrove, dessen Vater, einen Geheim-
agenten, Velvet auch schon auf dem Ge-
wissen hat. Von Velvets Punks gejagt,
wird Lance mit seiner hübschen Begleite-

rin Danja ständig aufs äußerste gefordert. Als Velvet endlich am Ziel seiner Wünsche ist, und den Countdown zur Umleitung der Radioaktivität ins Grundwasser einleitet, legt Lance den eitlen Schönling mit einem Trick herein und wirft ihn über eine Staumauer in die Tiefe. – »James Bonds Abenteuer, einschlägige Endzeitfilme, die modische Energiethematik und Ritterspiele des Mittelalters stehen im Mittelpunkt des an Wirrnis kaum zu übertreffenden Streifens von Gil Bettman... Obwohl der Regisseur seinem grausigen Spektakel mit überdeutlicher Ironie eine heitere Note zu geben versucht, endet das Ganze als derbe Huldigung an übelste Gewalt.« (RHEINISCHER MERKUR). – Ein schrilles, überdrehtes, stellenweise urkomisches Comic-Abenteuer, in dem vor allem der Rockmusiker Gene Simmons in der komischen Rolle des (der?) Velvet besticht. Er spielt den irren Perversling mit wahrer Hingabe.
ⓋCBS/Fox

Das Land des Grauens
(SHE). USA 1935.
R Irving Pichel/Lansing C. Holden.
B Dudley Nichols/Ruth Rose/Lansing C. Holden. *LV* H. Rider Haggard. *K* J. Roy Hunt. *SpE* Vernon Walker. *M* Max Steiner. *D* Helen Gahagan (Ayesha), Randolph Scott (Leo Vincey), Nigel Bruce (Holly), Helen Mack (Tanya Dugmore), Gustav von Seyffertitz (Billali), Samuel S. Hinds (John Vincey), Lumsden Hare (Dugmore), Noble Johnson (Amahagger-Häuptling), Jim Thorpe, Anatol Winogardoff.
95 Min.
Ayesha ist neben Allan Quatermain die bekannteste Romanfigur im Werk des Abenteuerschriftstellers Henry Rider Haggard (1856–1925). *She*, 1887 erschienen, ist der erste und bekannteste von insgesamt vier Ayesha-Romanen. Erzählt wird die Geschichte der schönen Priester-Königin Ayesha in der afrikanischen Dschungelstadt Ko1r, die durch

Eintauchen in eine lebensspendende Flamme unsterblich geworden ist. Die Filmversion von 1935 (Produzent: Merian C. Cooper, Drehbuchautor von *King Kong und die weiße Frau*) verlegt das Geschehen von Afrika in eine Fantasielandschaft, ein Mittelding zwischen Himalaya und Antarktis. Die Einwohner des verlorenen Königreichs von Kór tragen Kleidung im damals aktuellen *Flash Gordon*-Design. Ihre Herrscherin, die 500 Jahre alte Ayesha, ist jung und schön, doch von übelster Verruchtheit und Verschlagenheit. Drei Männer, Expeditionsteilnehmer, die der Zufall nach Kór verschlagen hat, müssen das am eigenen Leib erfahren. In einem von ihnen sieht die absolute Herrscherin die Reinkarnation ihres vor Jahrhunderten dahingeschiedenen Geliebten. Auf diesen hat sie es abgesehen; auch er soll unsterblich werden. Diese Prozedur überlebt er nicht.
Viermal ist der Roman *She* verfilmt worden: zwei Stummfilmproduktionen aus den Jahren 1919 und 1926, *Das Land des Grauens*, 1935, und die Hammer-Produktion aus dem Jahr 1964, *Herrscherin der Wüste*.
Die Stummfilme sind verschollen, beide Tonfilmversionen sind, was den Vergleich mit der Romanvorlage betrifft, ausgesprochen miserabel.
Das Land des Grauens zeichnet sich – wenn überhaupt – nur durch die originellen Sets, die bereits erwähnten Kostüme und einige wirkungsvolle Spezialeffekte aus. Die schauspielerische Leistung ist absolut dilettantisch, Randolph Scott, der spätere Western-Kultstar inbegriffen. Helen Gahagan, die die Ayesha verkörperte, half mit, den Film zum finanziellen Desaster werden zu lassen. Ihr Part blieb ihre einzige Filmrolle. Doch wie andere Knallchargen ging sie später in die Politik und brachte es immerhin zur Kongreß-Abgeordneten. Die deutschsprachige Fassung des Films ist nur in Österreich gezeigt worden. Vielleicht bleiben wir verschont.
ⒷH. Rider Haggard: *Sie*, Zürich 1970

**Laserkill – Todesstrahlen
aus dem All**
(LASERBLAST). USA 1979.
R Michael Rae. *B* Franne Schacht/Frank
R. Perilli. *K* Terry Bowen. *SpE* Harry
Woolman/Paul Gentry/Dave Allen.
M Joel Goldsmith/Richard Band. *D* Kim
Milford (Billy Duncan), Cheryl Smith
(Kathy Farley), Gianni Russo (Tony
Craig), Ron Masak (Sheriff), Keenan
Wynn (Col. Farley), Roddy McDowall
(Dr. Mellon), Dennis Burkley (Pete
Ungar), Barry Cutler (Jesse Jeep), Mike
Bobenko (Chuck Boran), Eddie Deezen
(Froggy). *F* 85 Min.
Zwei außerirdische Polizisten jagen einen
galaktischen Verbrecher, der sich auf der
Erde der Gegenwart versteckt hat. Sie töten ihn, aber seine Laserwaffe bleibt zusammen mit einem seltsamen Amulett auf
der Erde. Der junge Billy Duncan findet
die beiden Gegenstände, erringt dadurch
eine ungewöhnliche Macht und entwikkelt sich im Anschluß daran zu einem eiskalten Killer. Der Geheimagent Craig und
der örtliche Sheriff bringen den Verbrecher schließlich zur Strecke. – Die außerirdischen Gesetzeshüter, die in diesem
Streifen agieren, sind Echsenwesen, die
im Stop-Motion-Verfahren aufgenommen
wurden und zumindest die Jury des SF-
Film-Festivals von Triest überzeugten:
David Allen, ihr ›Erzeuger‹, bekam für
seine Kunst einen Silbernen Asteroiden.
»Die Szenen, welche zeigen sollen, wie
traurig Billys Alltag ist, sind wenig überzeugend.« (VAMPIR)
Ⓥ Polygram

The Last Chase
(THE LAST CHASE).
USA/Kanada 1980.
R Martyn Burke. *B* Martyn Burke/C. R.
O'Christopher/Taylor Sutherland.
K Paul van der Linden/Clay Lacy.
SpE Tom Fisher/Michael Lennick.
M Gil Melle. *D* Lee Majors (Franklin
Hart), Chris Makepeace (Ring
McCarthy), Burgesse Meredith (Capt. J.
C. Williams), Alexandra Stewart

(Eudora), George Touliatos (Hawkins),
Diana D'Aquila (Santana), Harvey
Atkin (Jud), Ben Gordon (Morely),
Doug Lennox (Captain), George R.
Robertson (Sprecher), Moses Znaimer
(Journalist). *F* 106 Min.
Die USA im Jahr 2000: Nach einem biologischen Krieg, der die Erdbevölkerung
stark dezimiert hat, kann aufgrund von
Energiemangel kein Individualverkehr
mehr geduldet werden. Klar, daß sich ein
aufrechter Amerikaner von derlei gleich-
macherischen Gesetzen nicht bevormun-
den läßt: Wenn ich nicht mehr Auto fahren kann, ist das Kommunismus! Franklin
Hart, Ex-Renn-As, düst mit seinem Por-
sche Kaliforniens Freiheit entgegen, doch
die Staatsmacht verfolgt ihn mit dem letzten ihr verbliebenen Phantom-Jäger, der
ihm und seinem Begleiter den Garaus machen will.
Spannend ist *The Last Chase* schon, aber
der merkwürdige Freiheitsbegriff, den die
Story verbreitet, ist typisch amerikanisch
und eigentlich mehr als bedenklich. In
Originalfassung.
Ⓥ Import

The Last Child
(THE LAST CHILD). USA 1971.
R John L. Moxey. *B* Peter S. Fischer.
K Arch Dalzell. *M* Laurence Rosenthal.
D Michael Cole (Allen Miller), Janet
Margolin (Karen Miller), Van Heflin
(Sen. Quincy George), Edward Asner
(Barstow), Harry Guardino (Howard
Drumm), Kent Smith (Iverson), Victor
Izay (Silverman), Barbara Babcock
(Shelley), Philip Bournouf (Dr. Tyler),
Michael Larrain (Sandy). *F* 75 Min.
1994 setzt die US-Regierung aufgrund der
zunehmenden Bevölkerungsexplosion ra-
biate Gesetze durch: Jedes Ehepaar darf
nur noch ein Kind haben. Allen und Ka-
ren Miller wird nach einer Fehlgeburt ein
zweites Kind verwehrt, da sie ihre
›Quote‹ erfüllt haben. Um einer Abtreibung zu entgehen, ergreifen die beiden –
verfolgt von dem ›Bevölkerungsinspek-
tor‹ Barstow – die Flucht. Doch auch der

einflußreiche Politiker Quincy George, der sich für sie einsetzt, vermag ihnen nicht zu helfen. Am Ende werden die Flüchtlinge von der Geheimpolizei aufgespürt und gestellt. – Ein gar nicht so übler amerikanischer TV-Film, in der besonders Edward Asner seine Fähigkeiten ausspielen kann. In Originalfassung.
Ⓥ Import

The Last Warrior – Der Kämpfer einer verlorenen Welt
(IL GUERRIERO DEL MONDO PERDUTO).
Italien 1983.
R David Worth. *B* David Worth.
K Giancarlo Ferrando. *M* Daniel Patucci. *D* Robert Ginty (Josh), Persis Khambatta (Nastasia), Donald Pleasence (Prossor), Harrison Muller (McWayne), Fred Williamson (Captain). *F* 86 Min.
After the Big Bang: Rebellen, Anarcho-Desperados und die Truppen des Tyrannen Prossor bekriegen sich wüst mit fantastisch anmutenden Fahrzeugen. Der Einzelgänger Josh befreit den Rebellen McWayne und dessen Tochter aus der Gewalt des Böslings und muß endlich Stellung beziehen. Als sich die Rebellen und Outlaws zusammentun, bringen sie Prossor zu Fall. – Diese schauerliche Mär wurde natürlich in Italien ausgeheckt, wo die fleißigsten Plagiatoren der Welt eifrig werkeln, um sich an jeden gerade aktuellen Trend anzuhängen, und so ist es auch selbstverständlich, daß auch hier das blutrünstige Schlachtenspektakel dominiert. Die zahlreich in Szene gesetzten Explosionen und Kampfhandlungen dienen nur dazu, die magere Story zu übertünchen. Der Film ist ein einziges Ärgernis; er dürfte höchstens jenen etwas bringen, die nicht mal nach der 267. Ninja-Episode gemerkt haben, daß sie sich seit Jahren immer wieder den gleichen Film ansehen.
Ⓥ Astra/Zenit

Lautlos im Weltraum
(SILENT RUNNING). USA 1972.
R Douglas Trumbull. *B* Deric Washburn/Mike Cimino/Steve Bochco.
K Charles F. Wheeler. *SpE* Douglas Trumbull/John Dykstra/Richard Yuricich. *M* Peter Schickele. *D* Bruce Dern (Freeman Lowell), Cliff Potts (Wolf), Ron Rifkin (Barker), Jesse Vint (Keenan), Mark Persons, Steven Brown, Cheryl Sparks, Larry Whisenhunt (Roboter). *F* 89 Min.
Im 21. Jahrhundert hat die Luft- und Umweltverschmutzung den Vegetationsbestand der Erde vollständig ausgerottet. Seit acht Jahren umkreist das gigantische Raumschiff *Valley Forge* die Erde. An Bord befinden sich neben dem Botaniker Lowell drei junge Astronauten. Ihre Aufgabe besteht darin, die letzten Überreste der irdischen Natur (Pflanzen, Bäume, Säugetiere) für die Menschheit zu bewahren. Während Lowell die in mehreren Glaskuppeln untergebrachten Pflanzen und Kleintiere hegt, gehen seine drei jüngeren Kollegen in typischer Großstädter-Manier ihrem Vergnügen nach: Sie vertreiben sich die Zeit mit hirnlosen Spielereien, fahren mit Elektrowagen halsbrecherische Rennen, interessieren sich einen Dreck für die ihnen übertragene Aufgabe und bringen Lowell allmählich zur Verzweiflung. Als man auf der verseuchten Erde den Entschluß faßt, das teure Erhaltungsprojekt aus Kostengründen abzuwürgen und die *Valley Forge*-Besatzung den Befehl erhält, die Vegetationskuppeln abzusprengen, klinkt der naturverbundene Lowell aus. Nachdem er vergeblich versucht hat, seine Kollegen von den schrecklichen Folgen dieses Befehls zu überzeugen, gerät er mit dem Astronauten Wolf aneinander, tötet ihn und wird dabei selbst verletzt. Übermannt von Bitterkeit und Wut, sabotiert er den Befehl der Erde und sorgt dafür, daß Keenan und Barker mitsamt den Gartenkuppeln, in denen sie sich gerade aufhalten, von der *Valley Forge* abgesprengt werden. Da ihn unablässig Funkmeldungen erreichen, die ihm auch das Absprengen der letzten Kuppel befehlen, erfindet er Ausreden und täuscht Schwierigkeiten vor. Die *Valley Forge* ändert den Kurs und nähert sich der Sa-

Lautlos im Weltraum von Douglas Trumbull

turnbahn. Nachdem Lowell sich von einigen an Bord befindlichen Robotern hat verarzten lassen, geht er wieder seiner gewohnten Tätigkeit nach: Er hegt den letzten ihm verbliebenen Garten. Die Verbindung zur Erde bricht ab. Lowell vertreibt sich die Zeit mit Arbeit, spielt mit den Robotern Karten, hört Musik. Trotz allem macht ihm die Einsamkeit zu schaffen. Und irgendwann – viel später – bemerkt Lowell dann, daß sein Garten allmählich abzusterben beginnt. Er gerät in Panik und tut sein Bestes, um die Ursache dieser Veränderung herauszufinden. Aber seine Bemühungen bleiben zunächst erfolglos. Erst als das Raumschiff *Berkshire* in seiner Nähe auftaucht, erfährt er, daß die Pflanzen wegen des fehlenden Sonnenlichts eingehen. Lowell bringt gewaltige Solarlampen in die Gartenkuppel, bemannt sie mit dem letzten ihm verbliebenen Roboter und sprengt sie ab – in der Hoffnung, daß die Menschen sie einst wiederfinden werden. Am Ende jagt er sich zusammen mit der *Valley Forge* in die Luft.

»Doug Trumbulls erste und einzige Regiearbeit hat sich zweifelsfrei einen Platz unter den besten Zehn des Genres verdient. Der Grund liegt auf der Hand: Der Film verfügt nicht nur über eine sehr starke Story mit Hintergrund und Humor, sondern auch über erstklassige Tricks und eine ausgezeichnete Musik.« (THE WHOLE BLACK HOLE) – »Eine faszinierende Kombination aus Science Fiction und Ökologie mit erstaunlichen Spezialeffekten, vortrefflich inszeniert von Trumbull.« (Alan Frank, THE SF-FILM HANDBOOK) – Es gibt nur wenige SF-Filme, die wie *Lautlos im Weltraum* soviel positive Kritik ernten konnten. Immer wieder wurde die Einbeziehung der Tricks in die Handlung als besonders gelungen herausgestellt. Das verwundert nicht mehr, wenn man weiß, daß an diesem Film die drei wohl wichtigsten Vertreter des Hollywood-SF-Trick-Kinos der Gegenwart arbeiteten: der Regisseur Douglas Trumbull selbst (für die Spezial-Effekte verantwortlich bei folgenden Filmen: *Die Phantastische Reise, 2001, Andromeda, Unheimliche Begegnung der dritten Art, Star Trek – Der Film, Der Blade Runner*), sein ›Schüler‹ John Dykstra (*Andromeda, Krieg der Sterne, Star Trek – Der Film*) und Richard Yuricich (*2001, Unheimliche Begegnung der dritten Art*). Die Szenen, in denen das Raumschiff still und langsam durch das All gleitet, erinnern besonders stark an das Trick-Vorbild *2001*. Eindrucksvoll auch die ›Sets‹, die Bühnenbilder, die Innenaufnahmen im Raumschiff *Valley Forge*: gedreht wurde in einem ausrangierten Flugzeugträger und in den Lagerhallen einer Fluggesellschaft. Bei aller tricktechnischen Raffinesse kostete der Film jedoch nur 1,3 Millionen Dollar. Zieht man das technisch-utopische Beiwerk ab, so läßt sich die Story des Films als Illustration des Lebensgefühls der Jugend zu Beginn der siebziger Jahre verstehen. Die Projektion ins 21. Jahrhundert kann allerdings nicht darüber hinwegtäuschen, daß hier ein brennend aktuelles Problem artikuliert wird, nämlich die Sehnsucht nach dem natürlichen Lebensraum, der Kampf um die Erhaltung der Natur, verkörpert durch Freeman Lowell. Verdeutlicht wird dies in den beiden von Joan Baez, der Kultsängerin dieser Generation, gesungenen Liedern, deren letzte Verse so lauten: »... like a forest is your child, growing wild. In the Sun. Gather your children to your side. In the Sun. Tell them all they'll never die. Tell them why. In the Sun. Tell them it's not too late.« – Der Film markiert einen thematischen Wandel im SF-Genre: »Neben der Bedrohung durch die nukleare Katastrophe ist nun der ökologische Kahlschlag, die Zerstörung der Umwelt durch Gift, Schmutz und Städte als neue Katastrophenangst getreten.« (Georg Seeßlen, KINO DES UTOPISCHEN) Ⓥ CIC

Die lebenden Leichen des Dr. Mabuse
(SCREAM AND SCREAM AGAIN).
USA/GB 1969.
R Gordon Hessler. *B* Christopher Wicking. *LV* Peter Saxon. *K* John Coquillon. *M* David Whittacker.
D Vincent Price (Dr. Mabuse), Christopher Lee (Fremont), Peter Cushing (Major Heinrich), Judy Huxtable (Sylvia), Alfred Marks (Bellaver), Michael Gothard (Keith), Anthony Newlands (Ludwig), Peter Sallis (Schweitz), David Lodge (Inspektor Strickland), Uta Levka (Jane), Christopher Matthews (David Sorel). *F* 93 Min.
Nach einer Reihe schrecklicher Morde geht der Polizei ein Mann ins Netz, der sich selbst eine Hand abreißt, um fliehen zu können. Er endet schließlich durch Selbstmord in einem Säurefaß im Haus des Chirurgen Dr. Mabuse, der Experimente an menschlichen Körpern vornimmt, um eine Superrasse zu züchten, die keine Gefühle kennt. Dr. Mabuse steht in den Diensten einer fremden Macht. Als ein Agent den Arzt zur Rede stellen will, kommt es zu einem Kampf, an dessen Ende der Wissenschaftler in seinem eigenen Säurefaß den Tod findet. – Wieder einmal ist es f(w)indigen deutschen Importeuren gelungen, durch Frisieren von Titel und Hauptrolle den erwartungsgestimmten Zuschauer aufs Kreuz zu legen. Da wird aus einem Dr. Browning ein Dr. Mabuse, um endlich die entsprechende ›Welle‹ totzureiten. Das Fatale ist nur, daß zwar viele Bauelemente aus verschiedenen Gattungen (SF-*mad scientist*; Horror à la Frankenstein und Dracula; Krimi) zusammengewürfelt wurden, das Mabuse-Thema aber völlig ausgeklammert wurde, so daß sich die Titelgeber den Film vorher hätten ansehen sollen. Trotz Starbesetzung Price, Lee und Cushing eine – milde gesagt – wirre Mischung. »Man kann sich des Eindrucks nicht erwehren, der Film sei aus den Schnittabfällen verschiedenster anderer Filme zusammengeklebt worden...« (FILMDIENST) – »... eine irre und sinnlose Konzeption, die vorn und hinten nicht stimmt.« (SCIENCE FICTION TIMES) Ⓑ Peter Saxon: THE DISORIENTATED MAN, London 1966

Die Leichenfabrik des Dr. Frankenstein
(IL CASTELLO DELLA PAURA).
Italien 1973.
R Robert Oliver. *B* Mark Smith.

K Mario Francini. *M* N. N. *D* Christian Rücker, Rossano Brazzi, Edmund Purdom, Michael Dunn, Christiane Royce, Alan Collins, Xira Papas. *F* 89 Min.

Dr. Frankenstein hat mit seinen Helfershelfern die Leiche eines Mädchens ausgegraben, um dessen Gehirn in den Schädel eines von den Dorfbewohnern getöteten Halbmenschen zu verpflanzen, der in den nahen Wäldern gelebt hatte. Als die Polizei Frankenstein allerdings auf die Spur kommt, wirft dieser einen seiner Bediensteten – einen Zwerg – hinaus, denn der hat sich bei der ›Ausgrabung‹ ziemlich ungeschickt verhalten. Der Zwerg schwört daraufhin blutige Rache, befreit das von Frankenstein erschaffene Monster und beschwört dadurch ein Massaker herauf, bei dem der Doktor und seine Anverwandten das Leben verlieren. Das Ungeheuer wird von den Dorfbewohnern schließlich ins Feuer getrieben. – »Das Grauenhafte an diesem Film ist nicht die Story, sondern die Machart. Weder die Fotografie noch die Dekors erzeugen Stimmung. Frankensteins Labor, gewöhnlich ein optischer Höhepunkt der Gattung, sieht aus, als entstamme es einem Chemie-Kasten für Schüler... Anstatt die Fantasie des Zuschauers zu beflügeln, treibt sie ihm der Film gründlich aus. Leichenfabrik ist eine treffende Bezeichnung für Studios, die solchen Ramsch produzieren.« (FILMDIENST)

Lemmy Caution gegen Alpha 60

(ALPHAVILLE: UN ETRANGE AVENTURE DE LEMMY CAUTION).
Frankreich 1965.
R Jean-Luc Godard. *B* Jean-Luc Godard. *K* Raoul Coutard. *M* Paul Misraki. *D* Eddie Constantine (Iwan Johnson/Lemmy Caution), Anna Karina (Natascha von Braun), Akim Tamiroff (Henry Dickson), Howard Vernon (Prof. von Braun/Prof. Leonard Nosferatu), Laszlo Szabo (Chefingenieur), Michel Delahaye (Von Brauns Assistent), Jean-Louis Comolli (Prof. Jeckell), Jean-André Fieschi (Prof. Heckell). 93 Min.

In einer Nacht des Jahres 1990 – ›um 24 Uhr und 17 Minuten Ozeanischer Zeit‹ – taucht der aus den ›Außenländern‹ stammende Geheimagent Lemmy Caution in der Maske eines ›Figaro-Pravda‹-Reporters im mysteriösen Stadtstaat Alphaville auf. Er sucht nach seinem Vorgänger Henry Dickson und hat den Auftrag, den vor zehn Jahren entführten Wissenschaftler von Braun zu finden. In Alphaville leben die Menschen nach einer undurchschaubaren Ordnung. Caution begegnet Natascha, der Tochter des verschwundenen Wissenschaftlers, aber sie stellt sich als willenlose Marionette heraus. Als er endlich den verschwundenen Dickson aufspürt, ist dieser am Ende seiner Kräfte und vom Tod gezeichnet. Caution erfährt, daß die Stadt von einem intelligenten Computer namens Alpha 60 regiert wird: Professor von Braun hat die Maschine zwar konstruiert, kann sie jedoch nicht mehr steuern, da ihre Intelligenz die seine um das hundertfünfzigfache übertrifft. Alpha 60 steuert die Bewohner der Stadt mittels telepathischer Kraft: Wer den von der Maschine aufgestellten Gesetzen nicht folgt, hat sein Leben verwirkt. Die Logik, nach der Alpha 60 verfährt, ist den Menschen fremd. In derBegleitung Nataschas, die mandem vermeintlichen Journalisten alsFremdenführerin zur Verfügung gestellt hat, wohnt Lemmy Caution einer öffentlichen Massenhinrichtung bei, weil dies die einzige Gelegenheit ist, an den verschwundenen von Braun heranzukommen. Bevor Caution sich jedoch dem Wissenschaftler nähern kann, wird er von Alpha 60 entlarvt und dem Computer gegenübergestellt. Es gelingt ihm zwar, die Maschine mit einigen unverfänglichen Antworten vorerst von seiner Harmlosigkeit zu überzeugen, aber als er von Braun überreden will, die Stadt zu verlassen und wieder in die Außenländer zurückzukehren, entpuppt sich der Wissenschaftler als echter Jünger seines ›Herrn‹ und will den Geheimagenten kaufen. Caution tötet ihn, schleicht sich in das Gebäude ein, in dem sich Alpha 60 aufhält, und vernichtet die Maschine. In Alphaville bricht daraufhin ein Chaos aus: Zum erstenmal seit langer Zeit müssen die Menschen wieder auf eigenen Beinen stehen. Caution befreit Natascha, die man ebenfalls festgenommen hat, und kehrt mit ihr in die Außenländer zurück.

Da gibt es (auch heute noch) in Wiesbaden eine Filmbewertungsstelle, kurz FBW genannt, deren Aufgabe es ist, Filme zu begutachten, einzuschätzen und sie gegebenenfalls mit dem Prädikat ›wertvoll‹ bei guten und ›besonders wertvoll‹ bei besonders guten Leistungen zu versehen. Folglich kann ein Film ohne FBW-Prädikat auch nicht gut sein. Sehr oft hat die FBW auch recht gehabt. Doch Schüsse in den Ofen kommen immer wieder mal vor. Die Begründung, mit der die FBW Godards ALPHAVILLE ein Prädikat verweigerte, ist jedenfalls ein so belustigendes Dokument des Unverstandes, daß es der Nachwelt auf diesem Wege erhalten bleiben sollte (wir zitieren aus FILM 10/65):»Schaut man sich in der Umwelt der Stadt Alphaville genauer um, so findet man kaum Ansätze zur Darstellung einer utopischen künftigen Welt, die sich in einem totalen Widerspruch zu der ›alten‹ Welt befände. Dieser Widerspruch ist aber doch das eigentliche Thema des Films. Anderenfalls bliebe die Rolle des Geheimagenten aus der ›alten‹ Welt, erst recht aber seine mörderische Vernichtungsaktion in Alphaville unverständlich. Es müßte aber beim Publikum wenigstens annähernd das utopische Bild einer künftigen Stadt auf fernen Sternen provoziert werden, wenn es sich für den Ablauf der Handlung engagieren soll. Davon kann jedoch keine Rede sein. Der Geheimagent kämpft hier faktisch gegen eine Welt, die gar nicht recht zur Darstellung gekommen ist. Nirgends empfindet man Bedrückung, Beklemmung oder gar Empörung angesichts der Stadt Alphaville ... In manchen Bildfolgen wirken die gezeigten Geräte und Apparaturen heute schon überholt.

Man kann nicht eine utopische Stadt aus fernen Sternen zeigen, deren technische Ausrüstung nicht einmal dem gegenwärtigen Stand der Technisierung unserer Welt entspricht ... Besondere schauspielerische Leistungen sind in diesem Film nach Meinung des Ausschusses kaum wahrzunehmen. Das konnten sie auch schwerlich, da ja die meisten Personen in Alphaville gegängelte Wesen darstellen sollen, demnach also eine wirkliche Entfaltung von Schauspielkunst dem beabsichtigten Milieu widersprochen hätte. Auch der Geheimagent findet keine überzeugende Gestalt, zumal eben gar nicht deutlich wird, welchen Kampf er eigentlich zu bestehen hat. Eddie Constantine benimmt sich von Anfang an wie ein landläufiger Agent. Schon beim ersten Auftritt schießt er. Niemals spürt man an ihm den Boten einer ›alten‹, einer menschlicheren (!!!, Anm. d. Verf.) Welt. Gerade an ihm wird deutlich, daß in diesem Film keine der beiden Welten Gestalt oder gar einen überzeugenden Inhalt gewonnen hat, geschweige denn eine suggestive optische Darstellung.«

Man wird das Gefühl nicht los, daß der FBW-Ausschuß sein Urteil aufgrund von Standfotos gefällt hat; den Film kann er einfach nicht gesehen haben. Oder fehlte das richtige Utopie-Verständnis? Da hätten sich die Ausschußmitglieder doch einmal Tips bei den Filmkritikern holen sollen: »Während die Literatur längst die Abhandlung philosophischer ... Fragen im Gewand der Science Fiction-Story kennt, gibt es bisher (1965) noch keinen einzigen Film, der Utopie nicht gleich schauererregende technische Spielerei gesetzt hätte. Wenn der Schriftsteller Theodore Sturgeon behauptet, eine Science Fiction-Story sei eine Geschichte, ›die den Menschen als Mittelpunkt sieht, ein menschliches Problem behandelt und eine menschliche Lösung bietet, die aber ohne ihren wissenschaftlichen Gehalt überhaupt nicht zustande gekommen wäre, so erscheint einem Jean-Luc Godards neuester Film als der erste Versuch eines Science Fiction-Films überhaupt. Die technische Entwicklung bietet die Voraussetzungen für die Behandlung – sagen wir es etwas hochtrabend – existenzphilosophischer Fragen.« (FILMDIENST) – Ist der Utopie-Begriff geklärt, bleibt die Frage, ob ALPHAVILLE utopisch ist:»... aus dem Paris des Jahres 1965 macht Godard Alphaville. Das Verwaltungsgebäude der ESSO, die Maison de la Radio, die Flughafengebäude in Orly, die Autoroute du Sud, ein Hallenschwimmbad werden zu einer Metropolis ohne Kunstbauten; vor allem durch Zwischenschnitte auf ins Gigantische vergrößerte Details gelingt es Godard, das Vertraute ins Fremde wegzurücken... Ein Ventilator in einer Lüftungsklappe wird zum Computer Alpha 60, und die Leuchtschriften und vor allem wieder die Sprache erschaffen ein ganzes Stadt-Staatsystem. Im Süden Alphavilles scheint die ewige Sonne, ›im Norden der Stadt fällt Schnee‹, es gibt... einen Bahnhof der Rohstoffe (oder des spaltbaren Materials?), einen Park der Mathematik. Geldautomaten spucken ›Merci‹-Kärtchen aus; Mädchen – (Ver)Führerinnen ersten, zweiten und dritten Grades – tragen Nummern, im Zentralgebäude erhalten die Gefährdeten Nachhilfestunden in Logik. Mit spielerischer Leichtigkeit hat Godard aus Versatzstücken der Gegenwart ein synthetisches, aber nichtsdestoweniger beängstigendes Utopia montiert.« (Martin Schaub in REIHE FILM 19 – GODARD) – In Alphaville gibt es weder Vergangenheit noch Zukunft; Liebe, Tränen, Poesie und Gewissen sind verboten. Nur wer absolut gegenwärtig lebt, trennt sich von Erinnerung, Hoffnung, Bewußtsein, Trauer, Freude. Über die gebotene Anpassung und Gleichschaltung jedes Einwohners wacht der Großcomputer; Scheinwerferverhöre, Gehirnwäsche und Massenhinrichtungen sind an der Tagesordnung.»Godard meint kein Utopia dieser oder jener Provenienz, sondern den totalen technischen Staat absolut.« (FRANKFURTER ALLGEMEINE ZEITUNG) – Wie hieß es doch in der Begründung der FBW:

»Nirgends empfindet man Bedrückung, Beklemmung oder gar Empörung angesichts der Stadt Alphaville.« Für solche Interpretationsmißverständnisse hat Godard in diesem Film selbst eine treffende Antwort parat: er läßt bemerken, daß von allen Einreisenden sich Amerikaner, Schweden und besonders Deutsche sehr leicht gleichschalten ließen! Und noch etwas: Eddie ist *anders* als in seinen 50 Puppen-, Pistolen- und Prügelfilmen der Sorte ›Küsse, Kugeln und Kanaillen‹ vorher, dafür aber ist der »einzige Schauspieler mit einer Marsmenschen-Physiognomie« (Godard) besser denn je.

Leonard 6
(LEONARD PART 6). USA 1987.
R Paul Weiland. *B* Jonathan Reynolds. *K* Jan De Bont. *M* Elmer Bernstein. *D* Bill Cosby (Leonard), Tom Courtenay (Frayn), Joe Don Baker (Snyderburn), Moses Gunn (Giorgio), Pat Colbert (Allison), Gloria Foster (Medusa), Victoria Powell (Joan), Anna Levine (Schwester Carvalho), David Maier (Man Ray), Grace Zabriskie (Jefferson). *F* 85 Min.
CIA-Agenten sterben durch wildgewordene Haustiere. CIA-Chef Snyderburn will den Ex-Agenten Leonard wieder einsetzen, der sich vor sieben Jahren zur Ruhe gesetzt hat, ein französisches Restaurant führt und sich mit privaten Problemen herumschlägt, da seine Tochter in einer Identitätskrise steckt und mit einem alten Theaterregisseur anbandelt. Als seine Ex-Frau ihm erneut einen Korb gibt, kommt Leonard der Auftrag recht. Er kommt auf die Spur einer gewissen Medusa, die mit einer magischen Kugel Tiere in reißende Bestien verwandelt. Leonard dringt in ihre als Fabrik getarnte Kommandozentrale ein, greift sich die Kugel und gibt sie Snyderburn, dem gleich Welteroberungspläne durch den Kopf gehen. Leonard greift sie sich ein zweites Mal. Medusa erzwingt mit der Gefangennahme seiner Frau ihre Rückgabe. Sie will die Westküste durch einen

Haustier-Großangriff entvölkern. Mit Geschick befreit Leonard seine Frau und vernichtet die Kugel. Medusa geht mit der explodierenden Fabrik unter. – »Besonders an *Leonard 6* ist vor allem, daß diese James-Bond-Parodie sich als zweitgrößter Flop der letzten US-Saison nach *Ishtar* erwies. Und zwar aus einem höchst befremdlichen Grund: Sein Hauptdarsteller Bill Cosby hatte nach Abschluß der Dreharbeiten nichts Eiligeres zu tun, als in jeder Talkshow... dringend vor dem Film zu warnen. Das Ding sei Schrott, wer sich's ansehe, sei selber schuld, wetterte er. Die Gründe für seine Negativ-Promotion werden wohl auf ewig ein Geheimnis bleiben, denn niemand hat Cosby mit irgendeiner Vertragsfessel zu diesem Film gezwungen. Und an der Story kann's auch nicht liegen – die hat er nämlich selbst geschrieben.« (Gernot Gricksch, TIP). – Nur auf Video.
Ⓥ RCA/Columbia

Der letzte Countdown
(THE FINAL COUNTDOWN).
USA 1979.
R Don Taylor. *B* David Ambrose/Gerry Davis/Thomas Hunter/Peter Powell.
K Victor J. Kemper. *SpE* Maurice Binder/Pat Elmendorf/Gary Elmendorf/Joe Day. *M* John Scott. *D* Kirk Douglas (Capt. Yelland), Martin Sheen (Warren Lasky), Katharine Ross (Laurel Scott), James Farentino (Richard Owens), Ron O'Neal (Dan Thurman), Charles Durning (Senator Chapman), Soon-Teck Oh (Simura), Alvin Ing (Kajima), Dan Fitzgerald (Marinearzt). *F* 103 Min.
1979 gerät der gewaltige US-Flugzeugträger *Nimitz* in der Nähe von Hawaii in ein Unwetter, das sich zu einem seltsamen Phänomen auswächst. Eine Art ›Zeittor‹ tut sich auf und transportiert das Schiff mit Mann und Maus in die Vergangenheit, zum 6. 12. 1941. Am nächsten Tag wird der japanische Großangriff auf Pearl Harbor erfolgen. Während man darüber diskutiert, ob man in den Ablauf der Geschichte eingreifen und die US-Marine

warnen soll, versenken die Japaner die in der Nähe dümpelnde Jacht des US-Senators Chapman, der mit seiner Sekretärin Laurel zur *Nimitz* gebracht wird. Nachdem man mit modernen Jägern die Japaner abgeschossen und einen feindlichen Piloten festgenommen hat, kommt es zu einer Schießerei, denn der Japaner sieht in dem supermodernen Flugzeugträger eine amerikanische Geheimwaffe und will seine Einheit warnen. Da Chapman darauf besteht, daß die *Nimitz* das Pearl-Harbor-Debakel verhindert, und Captain Yelland nicht zu einer Aktion gedrängt werden möchte, deren Auswirkungen er nicht einmal ansatzweise einschätzen kann, soll er mit einem Helikopter auf einem Atoll abgesetzt werden. Chapman greift jedoch zu einer Waffe und jagt – auf dem Atoll angekommen – aus Versehen den Helikopter in die Luft. Nur seine Sekretärin Laurel und der Offizier Owens überleben. Als man sich auf der *Nimitz* dazu durchgerungen hat, den Angriff auf Pearl Harbor zu verhindern und mit der Supertechnik von 1979 die Waffensysteme der Japaner von 1941 zu schlagen, wird der Flugzeugträger wieder in die Gegenwart zurückbefördert. Die Geschichte nimmt ihren Lauf wie gehabt. Aber es gibt noch eine Pointe: Der Systemanalytiker Lasky, der im Auftrag des Konstrukteurs der *Nimitz* die Reise mitgemacht hat, um die Effizienz des Schiffes zu testen, lernt – endlich wieder zu Hause angekommen – seinen Auftraggeber kennen: Es ist niemand anders als der totgeglaubte, nun 38 Jahre älter gewordene Offizier Owens, der Chapmans Sekretärin geheiratet und sich jahrzehntelang hinter dem Namen Mr. Tideman versteckt hat. – »Was wie eine originelle Mischung aus Kriegsspektakel und Science Fiction anmutet, ist jedoch nichts anderes als kalkulierte Werbung für die US-Navy. In der euphemistischen Demonstration hochtechnisierter Waffensysteme manifestiert sich die Beschwörung einer technokratischen Ideologie, die den Krieg zur fröhlichen Spielwiese stilisiert, auf der Stars wie Kirk Douglas oder Martin

Kirk Douglas in *Der letzte Countdown*

sturm heraufbeschwört.« Sind wir wieder soweit?
Ⓥ VPS
Ⓑ Martin Caidin: *Der letzte Countdown*, München 1981

Der letzte Dinosaurier
(THE LAST DINOSAUR).
USA/Japan 1976.
R Alex Grasshoff/Tom Kotani.
B William Overgard. *K* Shoju Ueda.
SpE Kazuo Sagawa/Eiji Tsuburaya.
M Maury Laws. *D* Richard Boone
(Masten Thrust), Joan van Ark
(Frankie), Steven Keats (Chuck),
William Ross, Carl Hansen. *F* 97 Min.
Der steinreiche Großwildjäger Thrust
stößt bei Ölbohrungen unter der Polarkappe auf eine vom Rest der Welt hermetisch
abgeschnittene Steinzeitkultur. Als er mit
seinen Begleitern die rätselhafte Welt er-

Sheen nicht mehr als eine lästige Pflichtübung absolvieren.«
(FILMBEOBACHTER).
Zeichen der Zeit oder Zufall? Die persönlichen Erfahrungen des Filmkritikers J. M. Thie beim Besuch dieses Films unterstreichen die Bedenken: »Mit seltener Perfidie werden... ideologische Feindbilder errichtet und in den Köpfen der Zuschauer zementiert. Besonders schlimm wird dies dann, wenn, wie in der Vorführung, die ich besuchte, die zahlreichen, im überwiegenden Maße jugendlichen Zuschauer, von denen die meisten nicht einmal so alt waren wie von der FSK vorgeschrieben, frenetisch Beifall klatschen, wenn ein Japaner von Kugeln regelrecht in Fetzen geschossen wird und das Blut nur so an den Wänden herunterrinnt. Man verspürt einen Hauch alltäglichen Horrors, wenn ein solch knapper Befehl wie ›Knallen Sie die Japse ab!‹ im Parkett einen ohrenbetäubenden Begeisterungs-

Der letzte Dinosaurier von Alex
Grasshoff und Tom Kotani

forschen will, werden sie von einem Tyrannosaurus angegriffen, der ihr Bohrfahrzeug verschleppt. Man schlägt sich mehrere Monate lang durch die Wildnis, findet das Fahrzeug und kann es kurz vor Verlöschen der Batterien wieder betriebsbereit machen. Der inzwischen zivilisationsmüde gewordene Thrust bleibt in der Urzeitlandschaft zurück: Nur die Fotografin Frankie und der Paläontologe Chuck kehren heim. – »Unbeholfene Monster-Saga mit ärmlichen Spezialeffekten.« (HALLIWELL'S FILMGUIDE) – »Absolut desolater Schwachsinn.« (ANDRO-NACHRICHTEN)

Die letzte Flut
(THE LAST WAVE). Australien 1977. *R* Peter Weir. *B* Peter Weir. *K* Russell Boyd. *M* Charles Wain. *D* Richard Chamberlain (David Burton), Olivia Hamnett (Anne Burton), Frederick Parslow (Rev. Burton), Gulpilil (Chris Lee), Walter Amagula (Gerry Lee), Vivian Gray (Dr. Whitbun), Nanjiwarra Amagula (Charlie), Roy Bara (Larry), Dedric Laira (Lindsey), Morris Lalara (Jacko), Peter Carroll (Michael Zeadler), Athol Compton (Billy Corman), Hedley Cullen (Richter), Michael Duffield (Andrew Potter), Jennifer de Greenlaw (Sekretärin), Jo England (Babysitter), Wallas Eaton, John Muagher, Merv Lilley, John Frawley, Guido Rametta, Ingrid Wier, Katrina Sedgwick, Malcolm Robertson, Richard Henderson. *F* 106 Min.
Ort der Handlung: Sydney, Australien. Zeit: Gegenwart. Der junge Anwalt David Burton leidet an seltsamen Alpträumen. Als er eines Tages zum Pflichtverteidiger einer Gruppe australischer Ureinwohner bestellt wird, die angeblich einen Mord begangen haben, erkennt er unter den Angeklagten einen Mann, der ihm schon in seinen Träumen begegnet ist. Sydney wird plötzlich von merkwürdigen Phänomenen heimgesucht: Trotz des wolkenlosen Himmels brechen Hagelstürme über die Stadt herein. Schwarzer Regen fällt

vom Himmel; in Burtons Wohnung finden sich unerklärliche Wasserlachen. Im Nachlaß des angeblich Ermordeten finden sich kultische Steine, die Burton aus seinen Alpträumen kennt; in der Lunge des Mannes stößt man auf Wasser, als sei er ertrunken. Von seinem Vater, einem Geistlichen, erfährt Burton, daß er die Gabe des Zweiten Gesichts besitzt: Schon als Kind hat er den Tod seiner Mutter vorausgeträumt. Obwohl er sich alle Mühe gibt, den Prozeß für die Eingeborenen zu gewinnen, kann das (weiße) Gericht deren Aussagen nicht folgen. Burton verliert die Verhandlung. Als er Kontakt zu dem Farbigen Chris Lee – dem Mann aus seinen Träumen – aufnimmt, erfährt er einige seltsame Dinge: Vor 50 000 Jahren hat in der Umgebung von Sydney eine Kultur existiert, deren Angehörige über hellseherische Fähigkeiten verfügten und den Untergang ihrer Zivilisation vorhersahen. Alles deutet darauf hin, daß Burton ein Nachfahre dieser Kultur ist, denn seine Alpträume sind nichts anderes als dunkle Vorahnungen einer kommenden Weltkatastrophe. Als er dem Eingeborenen Chris in ein geheimnisvolles Höhlensystem folgt, entdeckt er tief unter der Erde eine uralte Kultstätte und einen in Stein gemeißelten Kalender mit der Prophezeiung, daß ein erneuter Untergangszyklus dicht bevorsteht: Die unablässigen Regenfälle der letzten Zeit und die sonstigen Wetterphänomene sind nichts anderes als Vorboten des nahen Weltendes. Aber Burton kann mit seinem Wissen nicht das geringste anfangen – wer würde ihm schon glauben? Als er – in Panik geraten – einen Ausgang aus dem Höhlensystem sucht, landet er am Meeresstrand und muß mit Entsetzen erkennen, daß eine gigantische Flutwelle auf Sydney zurast. Die Apokalypse beginnt . . . – »*Die letzte Flut* besitzt all diejenigen Qualitäten, die einen guten fantastischen Film ausmachen . . . (Regisseur) Weir ist es gelungen, die Glaubenswelt, die Rituale und Stammeszeichen australischer Ureinwohner für unsere Sinne erschließbar zu machen . . . Als Resultat

Richard Chamberlain in *Die letzte Flut*

hat er ein Werk von einmaliger Faszination geliefert. Von der ersten Minute bis zum beklemmenden Ende zeichnet sich der Film durch eine ungeheuer suggestiv atmosphärische Dichte aus, mit Bildern voller hypnotischer und magischer Kraft. Der Betrachter wird ständig mit überraschenden, irritierenden Situationen konfrontiert... Schließlich glaubt man, die Vorstellungswelt der Ureinwohner zu verstehen. Die alptraumhaften, mystischen Geschehnisse, die daraus resultieren, werden in ihrer Irrealität auf logische Weise real, die normalen, alltäglichen Begebenheiten dagegen auf erstaunliche Weise fremd. In der Konfrontation dieser beiden Welten schafft Weir seine Vision eines Weltuntergangs. THE LAST WAVE ist ein sehr schöner, sehr vielschichtiger Film... Ein Meisterwerk.« (Joachim Ody, SF-BAUSTELLE) – »Ein Vergleich

mit Spielbergs *Unheimliche Begegnung der dritten Art* bietet sich an. Richard Chamberlain ist ›auserwählt‹, wie Richard Dreyfuss bei Spielberg; wie dieser trennt auch er sich im Verlauf der Handlung von Frau und Kindern. Beide Filme schaffen durch Andeutungen und vage Hinweise auf die Höhepunkt-Ereignisse am Schluß eine regelrechte Adventsstimmung: Eine entscheidende Wende in der Geschichte der Menschheit scheint kurz bevorzustehen. Während jedoch Spielbergs Film das gespannte Warten mit wohldosierten ›ersten‹ und ›zweiten Begegnungen‹ verkürzt und mit einem Finale aufwartet, das seinesgleichen sucht, verschießt Peter Weir in *Die letzte Flut* schon im ersten Drittel des Films sein ganzes Pulver. Dies geschieht allerdings auf recht eindrucksvolle Weise... (und) schafft eine eigentümliche Atmosphäre,

so daß sich das Gefühl von bestürzender Ohnmacht angesichts überirdischer, unbekannter Mächte und Kräfte überzeugend auf den Zuschauer überträgt.« (Robert Fischer, FILMBEOBACHTER)
Ⓥ Thorn EMI

Der letzte Kampf
(LE DERNIER COMBAT).
Frankreich 1982.
R Luc Besson. *B* Luc Besson/Pierre Jolivet. *K* Carolo Varini. *M* Eric Serra. *D* Pierre Jolivet (Einzelgänger), Jean Bouise (Arzt), Fritz Wepper (Herrscher), Jean Reno (Gigant), Christiane Krüger (Frau), Maurice Lemy, Petra Müller. *F* 90 Min.
Ein fantastisches Endzeitdrama zwischen einigen zufällig Überlebenden nach einer (möglicherweise nuklearen) Katastrophe. Die Spuren der sog. Zivilisation sind auf ein Mindestmaß reduziert. Die wenigen Menschen, die noch leben, können nicht einmal mehr sprechen. Ein Mann sieht sich im obersten Stockwerk eines zur Hälfte mit Sand zugewehten Hochhauses den Angriffen einer ganzen Bande ausgeliefert und bereitet seine Flucht vor. Mit einer selbstgebastelten Flugmaschine kann er sich mit knapper Not absetzen, nachdem er den Anführer der Bande schwer verletzt hat. Er landet in den Ruinen einer einstmals blühenden Stadt, wird von einem Ungetüm von Menschen angegriffen, kann verletzt entkommen und findet Unterschlupf und Pflege bei einem alten Arzt, der sich in der ehemaligen Klinik verschanzt hat. Der Arzt hält sorgsam und liebevoll eine Frau unter Verschluß. Zu Annäherungsversuchen des Mannes kommt es nicht, weil der Feind des Fliegers Eintritt in das Hospital gefunden hat. Im Kampf auf Leben und Tod tötet ihn der Flieger. Die Frau findet er bestialisch ermordet vor, der Arzt ist ebenfalls umgekommen, verschüttet von einem Steinhagel. Der Flieger verläßt das Hospital. Wieder verfolgt ihn die Bande. Er tötet eines der Mitglieder, befreit ein anderes, in Ungnade gefallenes von dessen Ketten.

Dieses führt ihn in einen Verschlag. Dort sitzt eine schöne blondgelockte Frau. Der Kampf wird weitergehen! – »Die leider selten gewordene (weil nur für die große Leinwand geeignete) Kombination aus schlichtem Schwarzweiß und opulentem Cinemascope betont die Trostlosigkeit der zerstörten Schauplätze, auf denen sich die Akteure hilflos bewegen. Inmitten der archaischen Barbarei, in der das Recht des Stärkeren gilt, gibt es aber auch Ansätze der Zivilisation... Szenen von spröder Poesie...« (DIE ZEIT). »Der surrealdunkle Stil des Films ist beklemmend... Was (den Film) so wirkungsvoll und gleichfalls bedrückend macht, ist die Kombination Kampf um Liebe mit extremer Gewalt. Ist der Mensch derart destruktiv, daß er sich die Liebe so zu erkämpfen versucht, oder ist er in solchem Maße auf Liebe eingerichtet, daß der Kampf um sie so ausartet? Der Film gibt keine schnellen noch oberflächlichen Antworten. Nicht nur für Theologen und Psychologen ist dieses Werk eine Fundgrube.« (Peter Kottlorz, FILMDIENST)

Die letzte Nacht
(ONE NIGHT STAND). Australien 1983.
R John Duigan. *B* John Duigan. *K* Tom Cowan. *SpE* Chris Murray/David Hardie/Brian Cox. *M* William Motzing. *D* Tyler Coppin (Sam), Cassandra Delaney (Sharon), Saskia Post (Eva), Jay Hackett (Brendan), David Pledger (Tony), Todd Boyce, Michael Cloyd, Justin Monjo, John Krummel, Richard Morecroft. *F* 93 Min.
Sydney, Australien: Das atomare Inferno hat stattgefunden. Die Folgen sind für die Millionenstadt zwar nicht sofort tödlich, doch der radioaktive Regen ist ein erstes Anzeichen für den nahenden Tod. In einem verlassenen Opernhaus finden sich zwei Jungen und zwei Mädchen zusammen, die sich mit verschiedenen Spielereien über die Tatsachen hinwegzutäuschen versuchen. Die Rundfunknachrichten holen sie jedoch immer wieder auf den Boden der Realität zurück und setzen sie

seelischen Spannungen aus. Schließlich versammeln sie sich mit den Einwohnern Sydneys in einer U-Bahn-Station, um gemeinsam das Ende abzuwarten. – »In diesem Fall ist eine unterhaltsame kleine Geschichte gelungen, die fragwürdig sein mag, aber letztendlich nicht unbeteiligt läßt, da sie Erinnerungen, Ängste und Hoffnungen zu einem sehr menschlichen Stimmungsbild zusammenfließen läßt.« (FISCHER FILM ALMANACH). – Nur auf Video.
Ⓥ Vestron

Die letzten Fünf
(FIVE). USA 1951.
R Arch Oboler. B Arch Oboler. K Louis Clyde Stoumen/Sid Lubow. M Henry Russell. D William Phipps (Michael), Susan Douglas (Roseanne), James Anderson (Eric), Charles Lampkin (Charles), Earl Lee (Mr. Barnstaple).
93 Min.
Ein Atomkrieg hat die irdische Zivilisation vernichtet. Nur fünf Menschen haben den radioaktiven Holocaust überstanden: Michael (der sich im Augenblick der Ka-

Der letzte Kampf von Luc Besson

tastrophe auf der Spitze des Empire State Building in einem Lift aufgehalten hat), die schwangere Roseanne, der Neofaschist Eric, der schwarze Portier Charles und der Bankangestellte Mr. Barnstaple, dem die Ereignisse einen derartigen Schock versetzt haben, daß er sie geistig verdrängt und darauf besteht, sich im Urlaub zu befinden. Er stirbt schon bald an radioaktiver Verseuchung. Man schlägt sich durch die Berge, und eine Weile sieht es so aus, als käme man gut miteinander zurecht. Dann jedoch zerstreiten sich Eric und Charles wegen Roseanne, die fest daran glaubt, daß auch ihr Ehemann die Katastrophe überlebt hat. Eric bringt Charles heimlich um und kehrt mit den anderen (darunter auch Roseannes neugeborenem Baby) in die Stadt zurück – angeblich, um nach ihrem Gatten zu suchen. Als sie dessen Leichnam finden, will Roseanne wieder in die Berge zurück, aber Eric versucht sie daran zu hindern. Als während des Kampfes sein Hemd zerreißt, stellen die anderen entsetzt fest, daß sein Oberkörper alle Anzeichen der Strahlenerkrankung aufweist. Während Eric aufheulend davonläuft, bleiben Roseanne und Michael in der verwüsteten Stadt zurück: Ihre Aufgabe wird es sein, die Welt von neuem zu bevölkern. – »Die Bombe konnte einerseits, indem sie alle Zivilisation zerstörte, zu erbärmlichen Mutationen führen, eine ›rassische Degeneration‹ auf Höhlenmenschen-Niveau bedeuten, andererseits einen ›rassischen Neubeginn‹ mit sich bringen, denn die atomare Katastrophe, gleichsam eine göttliche Katharsis, würde nur die ›Besten‹ und ›Stärksten‹ überleben lassen. Auf die Apokalypse folgt das ›Himmelreich‹: Alles ist ein ewiges ›Stirb und Werde‹! ... Diese sozialdarwinistische Ideologie vom ›Schwachen‹, das in der atomaren Katastrophe bzw. im darauffolgenden ›Kampf ums Dasein‹ notwendig untergehen muß, und vom ›Starken‹, das überlebt und die ›Herrenrasse‹ etabliert, findet sich im Kino erstmalig in Arch Obolers *Die letzten Fünf*.« (Rolf Giesen, DER PHANTASTI-SCHE FILM) – Amerikanisches, faschistoides Machwerk aus naiver Vorzeit, als die Welt noch glauben sollte, daß es nach dem atomaren Holocaust noch Starke und Schwache gäbe und ein Neubeginn möglich sei.

Die letzten Sieben
(THE DAY THE WORLD ENDED).
USA 1955.
R Roger Corman. B Lou Rusoff. K Jock Feindel. SpE Paul Blaisdell. M Ronald Stein. D Richard Denning (Rick), Lori Nelson (Louise Maddison), Adele Jergens (Ruby), Mike Connors (Tony Lamont), Paul Birch (Capt. Jim Maddison), Raymond Hatton (Pete), Jonathan Hatton (Verseuchter Mann), Paul Blaisdell (Mutant). 75 Min.
Mitte der siebziger Jahre: Die Welt, wie wir sie kennen, existiert nicht mehr. Ein allesvernichtender Atomkrieg hat die menschliche Zivilisation ausgelöscht. Es scheint, daß nur sieben Personen die Katastrophe überlebt haben. Sie sind ins Gebirge geflüchtet, wo sie in einem geschützten Tal auf das Haus des retirierten Kapitäns Maddison stoßen, der hier mit seiner Tochter Louise lebt und sich in weiser Voraussicht ein Vorratslager angelegt hat. Maddison nimmt sich der Überlebenden an, erkennt aber auch, daß er eine bunte Mixtur von Menschen in sein Haus geholt hat: Den Gangster Tony, die Stripperin Ruby, den zwielichtigen Radek, den Goldsucher Pete und den Ingenieur Rick, der als einziger einen normalen Eindruck macht. Trotz der relativen Sicherheit, in der man in diesem von bleihaltigen Berghöhen geschützten Tal lebt, kommt es zu Spannungen und Auseinandersetzungen: Tony stellt Maddisons Tochter nach, Radek unternimmt nächtliche Streifzüge und läßt durchblicken, daß er aufgrund der harten Strahlung zum Kannibalen geworden ist, Pete ist – obwohl Reichtum in dieser Welt keinen Stellenwert mehr hat – dem Goldrausch verfallen, und zu allem Übel scheint auch noch jemand anders die Atomkatastrophe

überlebt zu haben: ein mißgestalteter, von der Strahlung körperlich und geistig veränderter Mann, der durch die Gegend schleicht und Ruby und Louise nachstellt. Radek verschwindet auf geheimnisvolle Weise. Tony bringt Ruby um, als sie Eifersucht zeigt. Während Tony alles daransetzt, sich zum Führer der Gruppe zu machen und dabei auch nicht vor Gewaltanwendung zurückschreckt, wird Louise von dem Unbekannten entführt. Der Ingenieur Rick nimmt die Verfolgung auf. Als er den monströsen Mann gestellt hat, fällt zum erstenmal wieder ein unverseuchter Regen, der den Mutanten umbringt. Captain Maddison geht an der Strahlenkrankheit zugrunde. In einem harten Kampf überwältigt Rick den Gangster Tony. Er und Louise sind nun die letzten Menschen auf der ganzen Welt. – Roger Cormans erster Genre-Film ist »etwas erfreulicher als die vielen B-Filme, die Mitte der 50er Jahre wie Pilze aus dem Boden schossen. Es beweist, daß ein kleines bißchen Einfallsreichtum in der Unterhaltung mehr wert ist als verfehlt eingesetzte Geldmittel.« (James Robert Parish/Michael R. Pitts, THE GREAT SCIENCE FICTION PICTURES) – Naiv-Punkt ist zweifellos der Regenguß, der die Radioaktivität aus der Welt wäscht.

Die letzten Tage von Gomorrha
(TV-ARD). BRD 1974.
R Helma Sanders. *B* Helma Sanders.
K Dietrich Lohmann. *M* Can. *D* Mascha Rabben (Mary Malone), Ernst Jacobi (Plutonius), Matthias Fuchs (Kalle), Consuela Neal (Lilith), Alfred Edel (Bürzelmann), Jörg Schleicher (Schleicher), Ulrich Radke (Hugberg), Dieter Borsche (Bruce), Ellen Umlauf (Kundendienstdame/Frau in der Fabrik), Peter Roggisch (Vertreter von N. News), Sigi Graue, Jannis Kyrikidis, Hans Kresnik, Rainer Langhans.
F 100 Min.
Der Medienriese Gomorrha Inc. hat gerade seinen letzten Konkurrenten, den Warenhauskonzern Sodom Ltd., geschluckt

und einen Apparat entwickelt, der für Waren herkömmlicher Art keinen Markt mehr läßt, denn er erfüllt buchstäblich alle Wünsche, die ein Mensch haben kann: Als eine Art Super-TV-Gerät konstruiert, in das der Konsument ›einsteigen‹ muß, befriedigt der Apparat sämtliche Bedürfnisse, indem er direkt auf das Gehirn des Benutzers einwirkt. Als sich Kalle, der Freund und Beschützer der Prostituierten Mary, ein solches Gerät zulegt, ist er für sie verloren: Sein Interesse an der Umwelt nimmt rapide ab; er verläßt den Apparat höchstens, um auf den Topf zu gehen. Während die Menschen in ihren Apparaten sitzen und sich ihre erotischen Wunschträume erfüllen, geht ihre Umwelt langsam zugrunde. In den labyrinthisch zugemauerten Großstädten, die keinen Sonnenstrahl mehr sehen, tummeln sich Scharen von Ratten. In den Korridoren stapelt sich der Müll; die Polizisten haben sich nicht nur im Aussehen, sondern auch im Verhalten den Gangstern angepaßt. Die Stadt gehört den allgegenwärtigen Heerscharen der Nacht – es hat keinen Sinn, die Wohnungstüren mit einem Dutzend Sicherheitsschlösser zu versehen, denn wer Hilfe braucht, wird unweigerlich alleingelassen. Mary verliert nicht nur ihren Kalle an den Apparat, sondern nach und nach auch ihre Kunden. Als sie dem Ursprung der Maschine auf den Grund gehen will, begegnet sie Dr. Plutonius, einem »kindhaften Oppenheimer« (Helma Sanders), der bisher keinen Gedanken an die Folgen seiner Erfindung verschwendet hat. Er sucht Mary, die seine Laboreinrichtung zerschlagen hat, auf und will die Gründe ihrer Aversion erfahren. Als er vor den Herren der Gomorrha Inc. einen Vortrag über Verantwortlichkeit hält, wird Mary festgenommen. Plutonius baut einen neuen Apparat, und Mary, mittlerweile freigelassen, erhält die Chance, als ›TV-Star‹ an der Manipulation des Menschen teilzuhaben. Es ist schließlich Plutonius, der erkennt, daß er als nützlicher Idiot einem Konzern bei der Unterdrückung der Bevölkerung hilft. Er steigt aus. Als Mary mit ihm auf eine einsame Insel fliehen will, gehen die Produktionsstätten der Gomorrha Inc. in Flammen auf. Eine Irre hat sie angezündet. Das System gerät ins Wanken.

Helma Sanders' »knalliges Science Fiction-Melodram« (DER SPIEGEL) hatte ein Budget von über einer Million DM. Die Regisseurin, deren Hauptanliegen es war, »einen wirklich fiktiven Film« zu produzieren, einen Film, »der eine ganz eigene Realität hat«, ist der berechtigten Meinung, dies sei ihr auch gelungen: »Er hat, wie alle Science Fiction-Filme, Märchenform, geht aus von realen Bezügen und baut darauf mehr oder weniger Traumbilder auf. Wichtig erscheint mir dabei, daß man die Träume... an die Wirklichkeit anbindet, daß sie... nicht wegfliegen.« – »Helma Sanders' Film... ist ein höchst eigenwilliges und merkwürdiges Kintopp-Spektakel... Einige Leute kamen sich nach der Vorbesichtigung... wie in einer Wäscheschleuder hin und her geschüttelt vor. Helma Sanders, intellektuell und mädchenhaft, spielt mit Technik und Ästhetik auf Teufel komm raus... Der Film ist eine Tour de force durch Filme von Fritz Lang bis zu Werner Schroeter oder Stanley Kubrick, deren Bilder Helma Sanders mit erotischer Kühnheit zu einer provozierenden Politoper neu gebündelt und reflektiert hat...« (DER SPIEGEL)
Ⓑ Helma Sanders: *Die letzten Tage von Gomorrha*, Freiburg 1978

Die letzte Rache
(TV-ZDF). BRD 1982.
R Rainer Kirberg. *B* Rainer Kirberg.
K Hans-Peter Böffgen. *M* Der Plan.
D Gerhard Kittler (Herrscher), Paul Adler (Sohn), Anke Giesecke (Tochter), Erwin Leder (Weltkenner), Volker Niederfahrenhorst (Wissenschaftler), Josef Ostendorf (Kommissar), Frank Fentermacher (Assistent). 85 Min.
Der Weltkenner wird zum Herrscher gerufen. Der Herrscher hat Sohn und Tochter verstoßen, weil sie sich lieben. Der

Weltkenner soll für den Herrscher einen Erben finden. Der Weltkenner verläßt die unwirtliche Steinwüste, in der das Haus des Herrschers steht, und beginnt seine Suche in der Stadt. Drei Kandidaten – der Schöne, der Starke und der Schlaue – kommen im Wettbewerb um. Kommissar und Assistent ermitteln. Der Weltkenner erkennt, daß nur ›der Gerissene‹ eine Chance hat, die Macht zu erben. Aber sein Plan, selbst diese Stelle einzunehmen, schlägt um ins Gegenteil. Mit Hilfe eines irre kichernden Wissenschaftlers kann er durch ein Experiment den zuvor zu Tode gekommenen Herrscher wiederbeleben. Der Herrscher ist unsterblich geworden, seine Herrschaft unumstößlich. Sohn und Tochter wollen sich an ihm rächen. Der Vater ist zwar unsterblich, aber tödlich verletzt. Der Kommissar greift daraufhin ein und erschießt Sohn und Tochter. Der Weltkenner war nicht mehr als nur eine Schachfigur. Mit dieser Erkenntnis haust er von nun an in einer Höhle und sinniert über günstige Zeichen für ein undurchsichtiges Experiment, das er zusammen mit dem Wissenschaftler plant.

»Rainer Kirbergs beeindruckender Experimentalfilm... ist zeitweilig pures Theater mit bühnenbildnerischen Effekten, zeitweilig auch ein Kameraspiel mit subtiler Verfremdungstechnik. Schließlich wird der Film zum Gruselkabinett, zu einem Schauerspiel zwischen Science Fiction und Märchen, zwischen Technik- und Mythenglaube... Kirbergs Film ist eine mehr bedrohliche als amüsante Requisitenshow, die mit den großen Stummfilmqualitäten, ausgeprägter Mimik ebenso geschickt umgeht wie mit den Kameratricks neuester Filmtechnik. Der Regisseur betreibt stets zugleich Selbstaufhebung und Selbsterzeugung durch ein Wechselspiel von Illusionierung und Verfremdung, durch Betonung des Symbol- und Kunstcharakters aller möglichen Zeichenwelten. So zeigen Pappkulissen expressionistische Stadtbilder, in denen sich die lebenden Protagonisten bewegen wie schemenhafte Trugbilder – und dann doch wieder ganz real sind. Anspielungen und Verweise auf Film- und Kunstgeschichtliches, aber auch auf Alltägliches sorgen dabei für die notwendigen Bruchstellen. Die unterirdische Fabrik des Wissenschaftlers etwa erinnert bewußt an Fritz Langs *Metropolis*, die schiefen Verse verweisen mit ihrem Pathos auf Shakespeare-Rezitatoren, die Zwischengesänge dreier skurriler Reptilienköpfe erinnern an Brechtsche Moritaten.« (Karl H. Karst, FRANKFURTER ALLGEMEINE ZEITUNG)

Letztes Jahr in Marienbad

(L'ANNÉE DERNIÈRE À MARIENBAD). Frankreich/Italien 1960. *R* Alain Resnais. *B* Alain Robbe-Grillet. *K* Sacha Vierny. *M* Francis Seyrig/ Marie Louise Girod. *D* Giorgio Albertazzi (›X‹), Delphine Seyrig (›A‹), Sacha Pitoëff (›M‹), Françoise Bertin, Luce Garcia-Ville, Héléna Kornel, Françoise Spira, Karin Toeche-Mittler, Pierre Barbaud, Wilhelm van Deek, Jean Lanier, Gérard Lorin, Davide Montemuri, Gilles Queant, Gabriel Werner. 93 Min.

Auf dem wohl am meisten reproduzierten Standfoto aus diesem Film sieht man Menschen inmitten eines großen Parkes stehen, unbewegt. Seltsam arrangiert, werfen sie Schatten auf den weißen Boden. Die dicht daneben stehenden Statuen und Baumpyramiden sind dagegen schattenlos. Alain Resnais hat nicht etwa vergessen, diese Schatten – wie die seiner Darsteller – auf den Boden malen zu lassen; es ging ihm vielmehr darum, die Schatten als das andere, das zweite Bild des Menschen dem Zuschauer zu verdeutlichen. Von diesem zweiten Bild des Menschen, sei es sein Schatten, seine Seele oder sein Unterbewußtsein, erzählt Resnais. Für ihn existieren dabei weder Zeit noch Raum. Daher ist der Filmtitel auch irreführend: In seiner zeit- und raumlosen Welt, so der Regisseur, könne es natürlich auch kein ›letztes Jahr‹ und kein ›Marienbad‹ geben. Schauplatz des

Films ist ein riesiges anonymes internationales Luxushotel, äußerlich ein schwülstiger barocker Palast. »Hier ergeht sich eine Gesellschaft jenseits jeder greifbaren Realität, ohne Beziehung zur Außenwelt und im Grunde auch ohne Beziehung zum eigenen Innern; zwar gehen (die Menschen) immer wieder die langen Korridore entlang, die in tiefenanalytischer Sicht die Schächte in das Unbewußte bedeuten, doch finden sie an deren Ende wieder nur neue Bereiche einer Leere jenseits von Raum und Zeit.« (FILMDIENST) – Nichts ist eindeutig in diesem Film, am wenigsten die überaus karge Handlung. Drei Personen stehen im Mittelpunkt. Der Fremde ›X‹ will die Frau ›A‹ an die gemeinsame Vergangenheit erinnern, ›letztes Jahr in Marienbad‹. Sie sei damals seine Geliebte geworden, und sie habe versprochen, nach einem Jahr endgültig bei ihm zu bleiben. Sie widerspricht, sie erinnere sich nicht. Da ist dann noch ein zweiter Mann, ›M‹. Auch er will die Frau für sich behalten. In welchem Verhältnis er zu ihr steht, bleibt jedoch im dunkeln. ›X‹ versucht, sie zu überreden. Er folgt ihr durch die Korridore, Säle und Gänge des Schloß-Hotels. Satzfetzen tatsächlicher oder imaginärer Hotelgäste tönen dazwischen, Bildfragmente vergangener, künftiger oder gar unexistenter Zwischenspiele leuchten auf. Oft laufen Bild und Ton asynchron, passen offensichtlich nicht zusammen. Eine grell überbelichtete Kamerafahrt wird in ihrer Schlußeinstellung mehrfach wiederholt aneinandermontiert. Das Ende der Geschichte: Sie verläßt mit ›X‹ das ›Schloß‹, geht einer ungewissen Zukunft entgegen.

»Was äußerlich vor sich zu gehen scheint, ist Boulevard-Kitsch und wurde von Resnais auch mit recht kitschigen Worten umschrieben als ›Einsamkeit, Unruhe, Angst, Verzweiflung und Hoffnung, die eine Frau durchmacht, wenn sie eine neue Seite im Buch ihres Gefühlslebens bewußt und nach langem inneren Ringen aufschlägt‹. Kunst an all dem ist die Form, die in bisher tatsächlich auf der

Leinwand noch nicht gegebenen Möglichkeiten das Innere des Bewußtseins zu erschließen sucht . . . , handwerklich von unerhörter Raffinesse . . . , voll außergewöhnlicher lyrischer Schönheiten.«
(FILMDIENST)

Das letzte Testament
(TESTAMENT). USA 1983.
R Lynne Littman. *B* John Sacret Young.
LV Carol Amen. *K* Steve Posten.
SpE Chuck Stewart. *M* James Horner.
D Jane Alexander (Carol Wetherley),
William Devane (Tom Wetherley), Ross
Harris (Brad Wetherley), Roxana Zal
(Mary Liz Wetherley), Lukas Haas
(Scottie Wetherley), Philip Anglim
(Hollis), Lilas Skala (Fania), Leon
Ames (Henry Abhart), Lurene Tuttle
(Rosemary Abhart), Rebecca De
Mornay (Cathy Pitkin), Kevin Kostner
(Phil Pitkin), Mako (Mike), Mico
Olmos (Larry), Gerry Murillo (Hiroshi),
Wayne Heffley (Polizeichef), William
Schilling (Apotheker), Martin Rudy
(Dr. Jenson). *F* 90 Min. (O.m.U.)
Konnten wir noch in der 1. und 2. Auflage des LEXIKON DES SCIENCE FICTION
FILMS davon ausgehen, daß die Zündung
einer Atombombe bzw. der Atomkrieg
und die unmittelbaren Folgen auf die Zivilbevölkerung (also die Zeit vor dem *Danach*) für Filmemacher keine Themen
sind, so gibt es in der Zwischenzeit mindestens zwei Produktionen, die sich ernsthaft damit befassen, *The Day After – Der
Tag danach* und *Das letzte Testament*.
Anders als *The Day After* versucht Regisseurin Lynne Littman in *Das letzte Testament* das Schicksal einer Familie nach der
Katastrophe des Atombombenabwurfs
exemplarisch herauszuarbeiten. Dabei
legt sie keinen Wert auf dokumentarische
Genauigkeit, etwa Ursache und Ausmaß
der Atomkatastrophe. Die Handlung
spielt im kleinen kalifornischen Ort Hamlin, wo die fünfköpfige ›typisch amerikanische‹ Familie Wetherley ihr Zuhause
hat. Der Vater hat geschäftlich ›in der
Stadt‹ (San Francisco) zu tun, der Rest der

Familie ist im Haus, der Fernseher läuft.
Ein kurzes Warnsignal erscheint plötzlich
auf dem Bildschirm, dann überall ein
gleißendes Licht, das sofort wieder erlischt. Der Kontakt zur Außenwelt ist abgebrochen. Doch darüber hinaus scheint
alles in bester Ordnung. Die Explosionsherde lagen weit weg, etwa in und um San
Francisco, mehr als hundert Kilometer
entfernt. Zwar wird in einer Bürgerversammlung der Notstand organisiert, doch
im großen und ganzen läuft alles in relativer Ruhe und geordnet ab. Lediglich das
ungewisse Schicksal des Vaters versetzt
Familie Wetherley in Sorge. Um so größer das Entsetzen, als plötzlich das Baby
der Nachbarn stirbt. Auch das jüngste
Kind der Wetherleys erkrankt und kann
nicht mehr gerettet werden. Bald darauf
ist allen klar, daß keine ärztliche Kunst
helfen kann. Strahlenverseuchter Staub
bringt den Tod mit sich. Die Zahl der Todesfälle steigt sprunghaft, viele verlassen
panikartig den Ort, das äußere Bild verwahrlost zusehends. Der Friedhof kann
die Toten nicht fassen, auf großen Scheiterhaufen werden die Leichen verbrannt.
Carol Wetherley bricht verzweifelt zusammen, als die Leiche ihrer Tochter dem
Feuer übergeben wird. Sich selbst und
ihre Kinder umzubringen, schafft sie
nicht. Bei Kerzenschein sitzen die Wetherleys im Haus und warten auf den Tod.
– »Lynne Littman versucht, dem Zuschauer das Thema auf emotionale Weise
nahezubringen. Daß sie ein Katastrophen-
Szenario vermeidet und möglichst alle äußeren Fakten (Ausmaß der Katastrophe
im gesamten Land, Angreifer, Anlaß des
Angriffs) ausklammert, ist zunächst nicht
negativ zu bewerten, doch wenn auch
Wochen nach der Katastrophe trotz vorhandenen Funkgeräts kaum Informationen von außen zu erhalten sind, wirkt diese dramaturgische Abstinenz doch zu penetrant. Dies scheint Littman im Vergleich zu der Charakterisierung einzelner
Personen jedoch weniger von Bedeutung.
Und tatsächlich erreicht die Beschränkung auf Einzelpersonen eine Eindring-

lichkeit, die das Grauen vor dem Tod durch nukleare Strahlung besser verdeutlichen kann als viele semidokumentarische Schilderungen. Gerade die Alltäglichkeit, mit der das Leben nach der Katastrophe weitergeht, läßt den langsam hereinbrechenden Strahlungstod um so grausamer erscheinen, ja, die Konfrontation von Alltäglichkeit und Massensterben wirkt pervers. In seinen Bildern sehr zurückhaltend, schockt der Film durch den Inhalt der Handlung.« (Jürgen Simon, FILMDIENST) – Zu kritisieren bleibt die Musik, die den Film verschiedentlich ins Melodramatisch-Pathetische abgleiten läßt. Ursprünglich nur fürs Fernsehen geplant, kam der Film in der Folge von THE DAY AFTER in den internationalen Vertrieb. Wie üblich, wurde auch dieser Film von der Verleihfirma mit schmissigen Werbesprüchen versehen: »Wenn Sie meinen, die beste Verteidigung gegen den Atomkrieg ist harter Angriff... sehen Sie *das letzte Testament.* Wenn Sie überzeugt sind, Abrüstung ist die einzige Möglichkeit, die Welt vor einem atomaren Holocaust zu retten... sehen Sie *das letzte Testament.* Wenn Sie glauben, das spielt keine Rolle, weil es niemals passieren könnte..., dann sehen Sie *das letzte Testament.*« Aus aktuellem Anlaß müßten diese Zeilen ergänzt werden: »Wenn Sie wissen wollen, was aus *Tschernobyl* hätte werden können, dann...!« Ⓥ CIC

Das letzte Ufer
(ON THE BEACH). USA 1959.
R Stanley Kramer. *B* John Paxton.
K Giuseppe Rotunno. *SpE* Lee Zavitz.
M Ernest Gold. *D* Gregory Peck (Commander Dwight Towers), Ava Gardner (Moira Davidson), Fred Astaire (Julian Osborn), Anthony Perkins (Peter Holmes), Donna Anderson (Mary Holmes), John Tate (Admiral Bridie), Lola Brooks (Lt. Hosgood), Guy Doleman (Farrel), John Meillon (Swain), Harp McGuire (Sundstrom), Ken Wayne (Benson), Richard Meikle (Davis), Joe McCormick (Ackerman),

Lou Vernon (Davidson), Basil Fuller-Murphy (Froude), Paddy Moran (Mann im Hafen), Grant Taylor (Moran), Jim Barrett (Chrysler), Kieth Eden (Dr. Fletcher), Kevin Brennan (Dr. King), Peter Williams (Prof. Jorgenson), Harvey Adams (Sykes), Stuart Finch (Jones), Audine Leith (Betty), Jerry Ian Seals (Fogarty). 134 Min.
Die Zeit: das Jahr 1964. Auf der nördlichen Hemisphäre ist ein Atomkrieg ausgebrochen. Radioaktive Wolken ziehen nach Süden. Man erwartet das Ende der Welt in etwa einem halben Jahr. Das amerikanische Atom-U-Boot *Sawfish* liegt in Australien verankert und bereitet sich auf eine Expedition in den Norden vor, denn man hat Funksignale aus San Diego aufgefangen. Mit an Bord befindet sich der Atomphysiker Osborn, der das Vergessen um die Katastrophe im Suff sucht, und der junge Marineoffizier Holmes, der sich um seine Frau und sein neugeborenes Baby sorgt. Noch hat man die Hoffnung nicht ganz verloren, denn es gibt noch eine Chance, daß sich der radioaktive Niederschlag verringert. Diese Theorie erweist sich jedoch bald als Trugschluß: Nachdem man festgestellt hat, daß die Vereinigten Staaten eine verseuchte, menschenleere Wüste sind, wird den Beteiligten bald klar, daß auch Australien nicht überleben wird. Die *Sawfish* kehrt zum fünften Kontinent zurück. In Melbourne bereitet man sich auf das kommende Ende vor. Commander Towers erlebt ein kurzes Glück an der Seite der hübschen Moira. Osborn vergiftet sich mit Autoabgasen, Holmes und seine Frau bringen sich mit Tabletten aus Furcht vor der Strahlenkrankheit um. Als Towers und seine Männer das U-Boot bemannen, um in ihrer Heimat zu sterben, flattert in Melbourne ein Banner der Heilsarmee mit der Aufschrift »Noch ist es Zeit, Bruder!« – »Woran liegt es«, fragt der FILMDIENST, »wenn man diesen mit großem Aufwand gefertigten Film gesehen hat, daß sein ungeheures Thema einem so wenig unter die Haut geht?« Woran liegt es, müßte

Fred Astaire, Gregory Peck und Ava Gardner in *Das letzte Ufer*

man anschließend fragen, daß die anglo-amerikanische Filmkritik da durchweg ganz anderer Meinung ist? »Leidenschaftliche Anklage« (Parish/Pitts), »absolut erregend« (SUNDAY TIMES), »erschreckend, schockierend« (FILMS AND FILMING), sind einige der vielen Superlative. »Der große Verdienst des Films«, so die NEW YORK TIMES, »ist, abgesehen von seinem Unterhaltungswert, die Tatsache, daß er die leidenschaftliche Überzeugung vermittelt, daß die Menschheit es wert ist, gerettet zu werden. Mr. Kramer und seine Assistenten haben den Kernpunkt überzeugend herausgearbeitet: Leben ist ein unersetzbarer Schatz, und man sollte alles daransetzen – solange es noch Zeit ist –, es vor der Vernichtung zu retten.« Zweifellos hat der Film die Absicht, die Gefahr eines Atomkriegs mit den damit verbundenen Folgen ins allgemeine Bewußtsein

des Durchschnittsamerikaners zu heben. Das ist vorher schon in diversen B-Pictures versucht worden, wenn auch ohne erkennbaren Erfolg. Das einzig neue und wohl auch der Grund für den aufsehenerregenden Erfolg ist die Großproduktion mit Staraufgebot. Insofern »markiert (der Film) am Ende der fünfziger Jahre eine Wende in der Entwicklung des Genres... (die Schauspieler) sollten in den Science Fiction-Filmen der sechziger Jahre... an Bedeutung gewinnen. Es gab zwar auch in den fünfziger Jahren eine Reihe von Filmen der Gattung, die ohne die ›richtigen‹ Schauspieler kaum denkbar waren, aber der Science Fiction-Film war doch alles andere als ein Vehikel für Stars.« (Georg Seeßlen, KINO DES UTOPISCHEN) – *Das letzte Ufer* ist großes Starkino. Man stelle sich einen unbekannten Schauspieler in einem B-Picture vor, der einen ver-

soffenen Gelehrten spielt und sich selbst, Albert Einstein und die ganze Wissenschaft anklagt. Wirkungslos! Spielt den Versoffenen aber Fred Astaire persönlich, zugegebenermaßen »in der Rolle seines Lebens« (Alan Frank, SF FILM HAND-BOOK), stellt sich der Erfolg zwangsläufig ein. US-Kritik und US-Zuschauer können sich mit dem US-Star identifizieren. Sein Einzelschicksal ist ›erregend‹. Da hat es der Mitteleuropäer schon schwieriger. Ihn dürfte in erster Linie die Handlung interessieren. Und da bleibt nichts Außergewöhnliches übrig. Das Starkino bietet nur eine nuklear-saubere Leinwand. Regisseur Stanley Kramer verzichtet darauf, Atomkrieg und Weltuntergang direkt ins Bild zu holen. Sauber geht die Restmenschheit zugrunde; für die Normalsterblichen ist Gift der letzte Ausweg, doch die US-Helden zieht es zum Sterben zurück in die (verseuchte) Heimat.
Ⓑ Nevil Shute: *Das letzte Ufer*, München 1957

Leviathan
(LEVIATHAN). USA 1989.
R George Pan Cosmatos. *B* David Peoples/Jeb Stuart. *K* Alex Thomson. *SpE* Barry Nolan/Industrial Light & Magic. *M* Jerry Goldsmith. *D* Peter Weller (Beck), Richard Crenna (Doc), Amanda Pays (Willie), Daniel Stern (Sixpack), Ernie Hudson (Jones), Michael Carmine (DeJesus), Lisa Eilbacher (Bowman), Hector Elizondo (Cobb), Meg Foster (Mrs. Martin).
F 98 Min.
Acht Geologen suchen im Auftrag des Rohstoffunternehmens der eiskalten Mrs. Martin auf dem Meeresgrund nach Mineralien. Dabei stoßen zwei Taucher auf den sowjetischen Frachter *Leviathan*, der sich einst selbst versenkt hat. Sie nehmen den Schiffstresor mit in die Unterwasserstation Shack 7, wo der unsympathische Sixpack unbemerkt eine Flasche Wodka aus dem Tresor nimmt und sich mit einer Kollegin einen kräftigen Schluck genehmigt. Tags drauf leiden beide an Schüttelfrost

und häßlichen Hautveränderungen. Als sie nur noch Schleimklumpen gleichen, werfen Doc und Beck sie über Bord. Ein Bein bleibt zurück und regeneriert sich, ein weiteres Mitglied der Crew wird durch eine Wunde infiziert. Doc kombiniert, daß die Russen den Wodka mit einem Schluck genetisch manipulierter Substanz aufgepeppt haben und sprengt die Rettungskapseln ab, damit das Teufelszeug keine Verbreitung findet. Obwohl Beck nach Hilfe schreit, läßt Mrs. Martin den Trupp unten, denn die Produktionszahlen müssen erfüllt werden. Die Crew wird bis auf Beck, Willie und Jones reduziert. Als die Station nach einer Explosion unter dem Wasserdruck zusammenbricht, können sie mit Rettungsballons fliehen. Auch ein Leviathan gelangt an die Wasseroberfläche. Er tötet Jones und wird von Beck gekillt. – 1987 hatte der Filmmogul Dino De Laurentis seine Produktionsfirma DEG nach diversen Flops fast zugrunde gerichtet. Mit *Leviathan* trat dann eine neue Generation an, um schmählich zu scheitern. *Leviathan* ist das, was man einen ›echten Dino‹ nennt: Teuer, holprig inszeniert und von keinerlei Originalität getragen. Die Bemühungen, dem Ganzen einen ökologischen Schlenker zu verleihen, enden in Phrasen. Pappcharaktere agieren vor der Kamera, und das böse Monster, das brave Menschen frißt, kennen wir auch schon. Wer nur Actionszenen inszenieren kann, sollte sich in Filmen, die geradezu nach Atmosphäre schreien, vielleicht als Klappenhalter betätigen. *Leviathan* bietet außer ekligen Schock- und Blutspritz-Effekten nicht viel.
Ⓥ Marketing

Liebe auf den ersten Bit
Anderer Titel für **Electric Dreams**

Liebe im Raumschiff Venus
(CINDERELLA 2000). USA 1977.
R Al Adamson. *B* Bud Donnelly.
K Louis Horvath. *M* Sparky Sugarman.
D Catharine Erhardt, Jay B. Larson,

Vaughn Armstrong, Erwin Fuller, Rena Harmon, Bhuri Cowans, Adina Ross, Eddi Garetti.
F 79 Min.

Auf der Erde der Zukunft hat mal wieder der Große Bruder das Sagen, der jeglichen Sex zu einer rein mechanischen Angelegenheit reduziert. Wer allzu große Lüsternheit zeigt, wird von einem dienstgeilen Roboter namens Roscoe für ein halbes Jahr miniaturisiert. Nach allerlei Verwicklungen gelingt es dem von seiner bösen Stiefmutter geplagten Mädchen Cindy, den Großen Bruder davon zu überzeugen, daß Sex ein notwendiger Bestandteil menschlichen Zusammenlebens ist. – »Eines muß man Al Adamson und seinem Team zugestehen: Der Einfall, möglichst viele nackte Paare auf so ›märchenhafte Weise‹ kopulieren zu lassen, ist nicht von schlechten Eltern... Fleischbeschau ist Trumpf.« (Otto Kuhn, FILMBEOBACHTER)
Ⓥ ITT Contrast

Liebling, ich habe die Kinder geschrumpft
(HONEY, I SHRUNK THE KIDS).
USA 1989.
R Joe Johnston. *B* Ed Naha/Tom Schulman. *K* Hiro Narita. *SpE* Peter M. Chesney. *M* James Horner. *D* Rick Moranis (Wayne Szalinski), Matt Frewer (Russ Thompson sen.), Marcia Strassman (Diana Szalinski), Kristine Sutherland (Mae Thompson), Thomas Brown (Russ Thompson jr.), Jared Rushton (Ron Thompson), Amy O'Neil (Amy Szalinski), Robert Oliveri (Nick Szalinskli). *F* 101 Min.

Der ebenso geniale wie tolpatschige Professor Wayne Szalinski wohnt mit seiner Familie in einem wunderschönen Vorstadtheim und arbeitet an einer elektromagnetischen Verkleinerungsmaschine. Als ein fehlgeschlagener Baseball seine Maschine trifft, schaltet sie sich ein. Seine Kinder Nick, Amy und ihre Freunde Mae und Russ schrumpfen unversehens auf

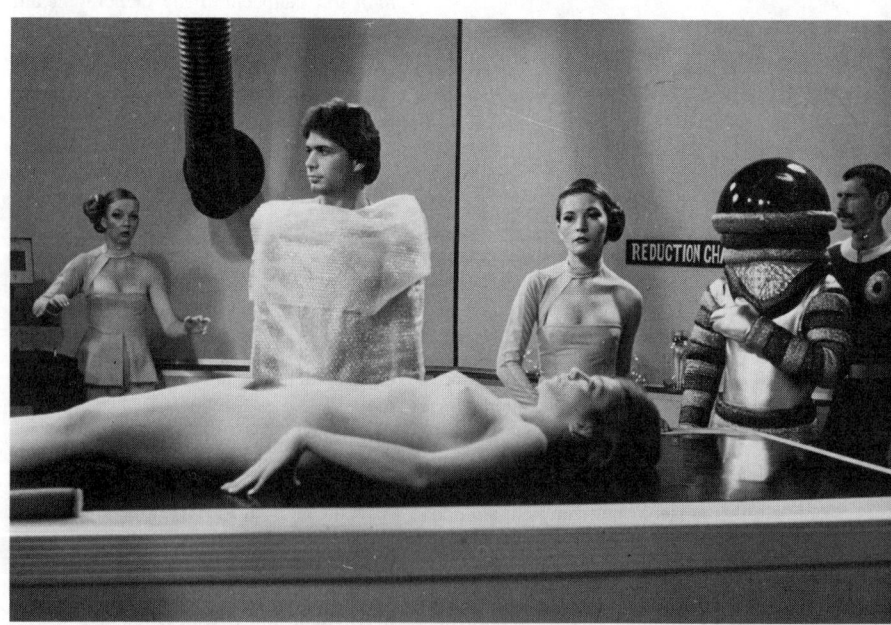

»Hallo Schwester, den Dildo bitte!«:
Liebe im Raumschiff Venus von Al Adamson

Ameisengröße. Ehe Wayne schnallt, was Sache ist, hat er sie mit der Kehrschaufel in die Mülltonne vors Haus getragen. Der Rückweg wird zu einer langen Reise: Das Urinrinnsal eines Hundes erweist sich als unüberwindlicher Fluß; der Flug auf einer Biene wird zu einer halsbrecherischen Berg- und Talfahrt; die Tropfen eines Rasensprengers fallen wie Bomben zu Boden. Ein Rasenmäher droht das Winz-Quartett zu zerhacken; eine achtlos weggeworfene Zigarettenkippe zeigt sich als flammender Ball. Ein Skorpion kann dank einer netten Ameise abgewehrt werden. Parallel dazu suchen Wayne und seine Frau Diane die Kinder mit der Lupe, bis die Kinder mit Hilfe des Haushundes den Weg zum trauten Heim überwinden. Im letzten Moment wird einer der Miniaturisierten davor bewahrt, mitsamt einer Portion Cornflakes verspeist zu werden. – »Wenn Figuren schrumpfen, wachsen die Probleme. Das Drehbuch mit seiner komplexen Figurenkonstellation, seinen intelligent-witzigen, niemals abgestandenen oder gar peinlichen Dialogen; die sichere Inszenierung mit ihrem Gespür für Tempo und Timing; der exzellente Soundtrack von Routinier James Horner; die verblüffenden... Spezialeffekte und die liebevollen Bauten: alles paßt hier zusammen, fügt sich zu einer selbstverständlichen, homogenen Einheit.« (Frank Schnelle, EPD FILM).
Ⓥ Walt Disney

Liebling, ich werde jünger
(MONKEY BUSINESS). USA 1952.
R Howard Hawks. *B* Ben Hecht/Charles Lederer/I. A. L. Diamond. *LV* Harry Segall. *K* Milton Krasner. *M* Leigh Harline. *D* Cary Grant (Barnabas Fulton), Ginger Rogers (Edwina Fulton), Marilyn Monroe (Lois Laurel), Charles Coburn (Oliver Oxley), Hugh Marlowe (Harvey Entwhistle), Henri Letondal (Dr. Siegfried Kitzel), Robert Cornthwaite (Dr. Zoldeck), Douglas Spencer (Dr. Brunner), Larry Keating (G. J. Gulverly), Esther Dale (Mrs.

Rhinelander), George Winslow (Indianer), Emmett Lynn (Jimmy), Joseph Mell (Friseur), George Eldredge (Autoverkäufer), Heinie Conklin (Maler), Kathleen Freeman (Krankenschwester). 92 Min.
Dr. Barnabas Fulton, Chemiker in einem Forschungslabor, arbeitet an einer chemischen Substanz, die helfen soll, das abgenutzte Material des Körpers zu erneuern. Eines Tages bricht ein Schimpanse, der als Versuchstier sein bescheidenes Dasein fristet, aus seinem Käfig aus und macht sich über die Chemikalien her. Er mixt verschiedene Lösungen, um die ganze Mischung anschließend in den offenen Trinkwasserbehälter des Labors zu schütten. Als unabhängig davon der Hausmeister den Behälter mit frischem Trinkwasser auffüllt, führt das nacheinander zu zahlreichen unbeabsichtigten ›Verjüngungskuren‹, deren Hauptbeteiligte Fulton selbst, seine Ehefrau Edwina und zuletzt die gesamte Direktorenversammlung des Chemiekonzerns sind. Der Jungbrunnen und die damit verbundenen Täuschungen und Verwirrungen sorgen für herrliche Turbulenzen, bis die Wirkung des Gemischs langsam abnimmt. Zum Leidwesen des Konzernchefs will der Schimpanse auch nicht mit der Zusammensetzung der Mixtur herausrücken. – »*Monkey Business* ist die radikalste, bitterste, böseste, genialste (wenn diese Superlative erlaubt sind) aller Hollywoodkomödien... Der Mechanismus des Lustspiels wird – bewußt – überdreht. Aber nicht, um Lachen zu steigern (was ohnehin nicht möglich ist), sondern umgekehrt, um es zurückzunehmen. Denn diese zunehmende Verblödung der Intelligenz schmeckt bitter, die Comédie humaine nimmt animalische Ausmaße an. Intelligenz verkommt zur Kreatur... Ein paar chemische Formeln... lassen zerbröseln, was wir Zivilisation nennen. Und das ist besonders bitter, weil Hawks es... an besonders intelligenten Menschen, an Wissenschaftlern vorführt.« (Klaus Eder, FILM)

Lifeforce – Die tödliche Bedrohung

(LIFEFORCE). USA 1985.
R Tobe Hooper. *B* Dan O'Bannon/Don
Jacoby. *LV* Colin Wilson. *K* Alan
Hume. *SpE* John Dykstra. *M* Henry
Mancini. *D* Steve Railsback (Carlson),
Peter Firth (Caine), Frank Finlay
(Fallada), Mathilda May
(Außerirdische), Patrick Stewart (Dr.
Armstrong), Michael Gothard
(Bukowski), Nicholas Ball
(Derebridge), Aubrey Morris (Sir
Percy), Nancy Paul (Ellen), John
Hallam (Lamson), John Keegan
(Wache), Christopher Jagger, Bill Malin
(Vampire), Jerome Willis (Pathologe),
Derek Benfield (Arzt), John Woodnutt
(Metallurg), James Forbes-Robertson
(Minister), Peter Porteus
(Premierminister), Katherine Schofield
(Sekretärin). *F* 101 Min.
Ein Film von gestern. Anfang 1986 jagt
der Halleysche Komet an der Erde vorbei.
In seinem Zentrum wird ein außerirdi-
sches Raumobjekt georted. Bei der Unter-
suchung dieses Objekts mittels Space-
Shuttle stoßen Colonel Carlson und seine
Truppe nicht nur auf die ausgetrockneten
Hüllen fledermausähnlicher Ungeheuer,
sondern auch auf die in gläsernen Bienen-
waben konservierten nackten Körper einer Frau und zweier Männer im knackigsten Vampiralter. Denn wie sich im
Raumfahrtzentrum nahe London (!) schon
bald herausstellt, haben es die makellosen
Wesen auf die Lebenskraft und Seelen-
energie der Menschen abgesehen, die sie
zu vertrockneten Horrorgestalten aussaugen und wie zu seligen Zeiten Draculas in
selbständige Sauger verwandeln, mit der
Variante, daß diese, wenn ihr Bedarf
nicht gedeckt werden kann, jedoch zu
Staub zerfallen. Bald überzieht die Seuche ganz London. Auf die Verfolgung des
weiblichen Vampirs begibt sich ein gewisser Carlson, der aufgrund einer geheimnisvollen Lebensenergieübertragung
als lebendiges Peilungsgerät für die humanoide Todbringerin fungiert. Solche
Fähigkeiten sind allerdings auch erforder-
lich, weil die Grusel-Madonna laufend
ihre äußere Hülle wechselt und schon lange nicht mehr nackt durch die Gegend
läuft. Unterstützt von einem Doktor, der
sich in Übersinnlichem und Todeskundli-
chem bestens auskennt, kann Carlson
schließlich das weibliche Unheil stellen.
Er durchbohrt sich und die böse Schöne
mit einem Schwert Marke Fantasy, und
beider Lebensenergie schießt empor Richtung Halleyscher Komet.
»Katastrophen-Geschichte, der jeglicher
Hintergrund fehlt... unbeschreiblicher
Symbol- und Vorstellungseintopf unterschiedlichsten Ursprungs... Vermi-
schung sexueller, exorzistischer, spiriti-
stischer, esoterischer und reichlich ver-
kappt christlicher Deutungsmuster und
Vorstellungswelten...« (Donatus Bei-
senkötter, FILMDIENST) – »Horribles Gebräu der Firma Wirr Warr.« (Norbert
Stresau, SCIENCE FICTIONTIMES)
ⓥ Cannon/VMP
Ⓑ Colin Wilson: *Vampire aus dem Weltraum*, Frankfurt/Berlin/Wien 1980

Liquid Sky

(LIQUID SKY). USA 1982.
R Slava Tsukerman. *B* Slava
Tsukerman/Anne Carlisle/Nina V.
Kerova. *K* Yuri Neyman. *M* Slava
Tsukerman/Brenda I. Hutchinson/Clive
Smith. *D* Anne Carlisle (Margaret/
Jimmy), Paula E. Sheppard (Adrian),
Susan Doukas (Sylvia), Otto von
Wernherr (Johann), Bob Brady (Owen),
Elaine C. Grove (Katherine), Stanley
Knap (Paul), Lloyd Ziff (Lester).
F 90 Min.
Margaret, ein frustriertes New Yorker Fo-
tomodell mit häufig wechselnden Bei-
schlafpartnern, lebt in einem Penthouse
und erhält unverhofft Besuch von einem
UFO, dessen Insasse sich offenbar von
den Orgasmen ›ernährt‹, die in ihrer
Wohnung zustande kommen. Jede Kli-
max hat jedoch den Tod des/der Betref-
fenden zur Folge; der mysteriöse UFO-
naut killt alle, bis auf seinen Schützling. –
Ein modischer Schnickschnack im New-

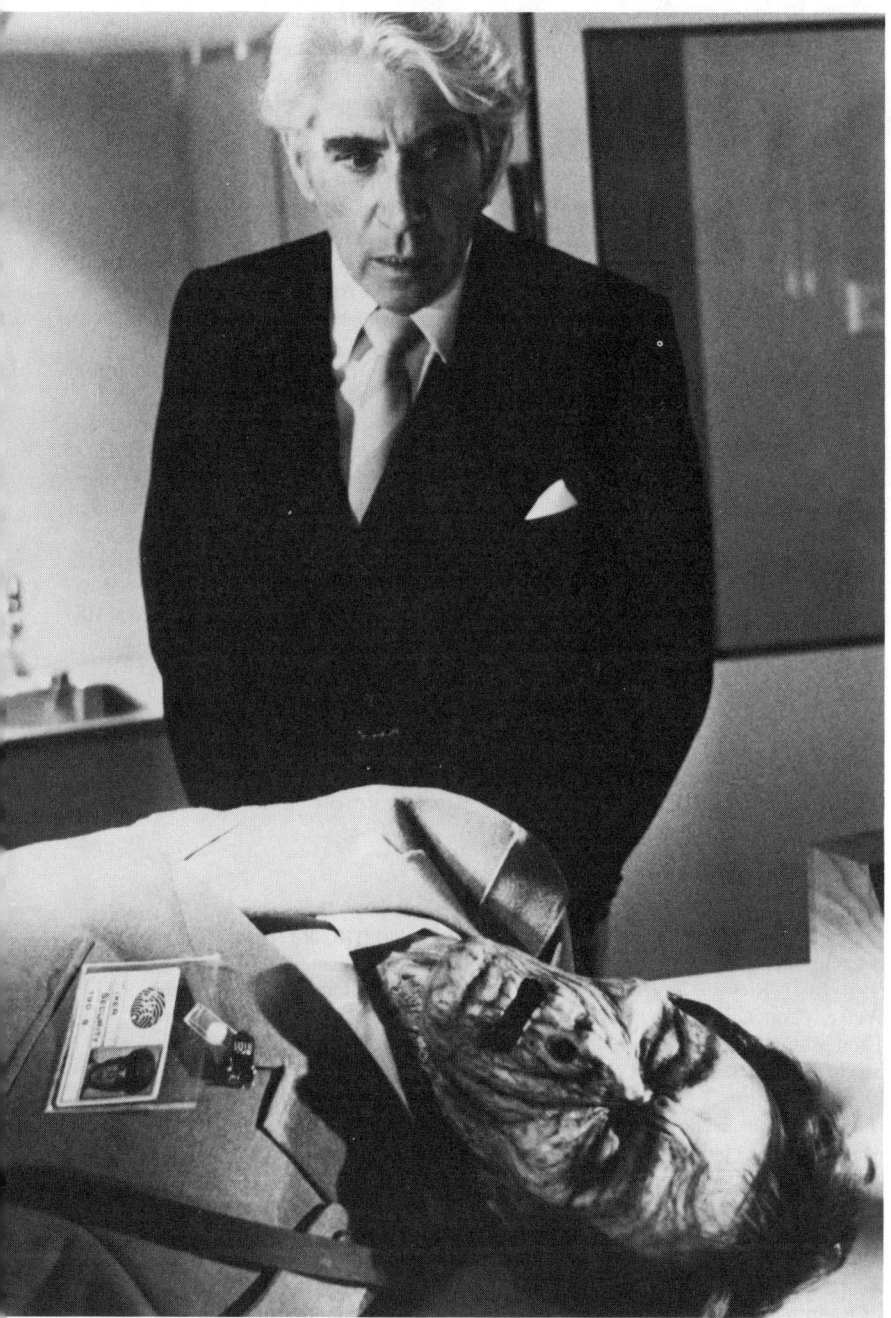

»Werner, lech' dich nich' so lang unter die Höhensonne!«: Frank Finlay in *Lifeforce*

Wave-Stil, mit schicken Menschen, die mit Drogen handeln, sich selbige ausgiebig einpfeifen und zu doof sind, mal richtig miteinander zu reden. Sollte das die Welt interessieren? Ⓥ Toppic

L.I.S.A. – Der helle Wahnsinn
(WEIRD SCIENCE). USA 1984.
R John Hughes. *B* John Hughes.
K Matthew F. Leonetti. *M* Ira Newborn. *D* Kelly Le Brook (Lisa), Anthony Michael Hall (Gary), Ilan Mitchell-Smith (Wyatt), Bill Paxton (Chet), Suzanne Snyder (Deb), Judie Aronson (Hilly), Robert Downey (Ian), Robert Rusler (Max), Vernon Wells (Lord General), Britt Leach (Al), Barbara Lang (Lucy), Michael Berryman (Mutant-Biker), Ivor Barry (Henry), Anne Bernadette Coyle (Carmen), Suzy J. Kellems (Turnerin), John Kapelos (Barbesitzer), Fred D. Scott, Vince M. Townsend, Chino Williams (Gäste), Jill Whitlow (Parfümverkäuferin), Theodocia Goodrich (Dessousverkäuferin), Wally Ward, Johnny Timko, Mikul Robins, Darren Harris, Babette Probs, Michael Cramer, Todd Hoffmann (The Weenies), D. Mitch David (Barkeeper), Mary Steelsmith, Robin Frohman, Alison Carole Lowe, Kym Malin (Mädchen), Jennifer Balgobin (Punk), Jeff Jensen (Metallgesicht), Prince A. Hughes (Partygast), Rick Le Fevor, Rock Walker (Cops), Joe Gieb, Kevin Thompson (Computer-Experten), Doug McHugh, Pamela Gordon (Wyatts Eltern). *F* 94 Min.
Gary und Wyatt, beide 15 Jahre alt, gelten bei ihren Mitschülerinnen als absolute Nullen, was ihnen doch stark aufs Gemüt geht. Nur in ihren Träumen sind sie die großen Aufreißer oder was man in ihrem Alter dafür hält. Da kann nur der Homecomputer retten. Sie schaffen sich auf diese technische Spielerei ihre Traumfrau. Busengröße und Haarfarbe, Intelligenz

und andere typische Merkmale werden in den Computer eingespeist, dann werden ein paar Drähte zusammengestöpselt, und plötzlich fängt das Haus an zu wackeln. Nachdem die Badezimmertür explodiert ist, entsteigt dem Rauch ein Mädchen, das den Jungs den Atem verschlägt. Das Klasseweib ist nicht nur intelligent, es versteht auch zu zaubern und verwickelt Gary und Wyatt in die haarsträubendsten Ereignisse. Am Ende finden die beiden zu den von ihnen seit langem angehimmelten Mädchen, während sich Lisa, das Geschöpf aus dem Computer, dezent zurückzieht. – »Diesem albernen Teeny-Film kann ein gewisser Schwung nicht abgesprochen werden, wenn auch das wilde, wirre Treiben trotz etlicher erheiternder Momente auf die Dauer ermüdet.« (Joe Hill, FILMDIENST) – »Blaue Blitze und Schleimmonster aus den GHOST BUSTERS, Partys wie in NATIONAL LAMPOON'S ANIMAL HOUSE, Killer direkt aus MAD MAX. Von allem etwas, selbst Verfolgungsjagden in rasanten Sportwagen à la JAMES BOND wurden nicht vergessen. Da verwundert es, daß im Budget kein Geld mehr war, um verschiedene Szenen nachzudrehen, in denen überdeutlich das Mikrophon ins Bild kam.« (Pebbles Parks, EPD FILM)
Ⓥ CIC

Lizard
(METAMORPHOSIS). USA 1989.
R G.L. Eastman. *B* G.L. Eastman.
K Lorenzo Battaglia. *M* Pahamian.
D Gene LeBrock (Peter Houseman), Catherine Baranov (Sally), Harry Cason (Mike), David Wicker (Prof. Lloyd), Stephen Brown (Assistent).
F 90 Min.
Mittels geheimer Experimente versucht Peter Houseman das Serum der ewigen Jugend zu entwickeln, doch seine Fortschritte werden durch die Einstellung seiner Förderungsgelder jäh gestoppt. Da er über seine Experimente nicht auspacken will, unternimmt er einen Selbstversuch, doch nach einem scheinbaren Erfolg ver-

Denunzierung des eigenen Anarchismus:
L.I.S.A. – Der helle Wahnsinn von John Hughes

wandelt er sich in ein prähistorisches We-
sen. Die Mutation verläuft Schritt für
Schritt. Schließlich verläßt er das in
Flammen aufgehende Labor als Eidechse.
– »Ziemlich unbeholfen rutscht *Lizard* auf
der Schleimspur aus, die David Cronen-
berg mit *Die Fliege* hinterlassen hat.«
(H.D., FILMDIENST) – Nur auf Video.
Ⓥ Ascot

Das Loch im Himmel
(THE BODY STEALERS).
GB/USA 1969.
R Gerry Levy. *B* Mike St. Clair/Peter
Marcus. *K* Johnny Coquillon. *SpE* Tom
Wadden. *M* Reg Tilsley. *D* George
Sanders (Gen. Armstrong), Maurice
Evans (Dr. Mathews), Patrick Allen
(Bob Megan), Neil Connery (Jim
Radford), Hilary Dwyer (Julie Slade),
Robert Flemyng (Baldwin), Allan
Cuthbertson (Hindesmith), Lorna Wilde
(Lorna), Michael Culver (Lt. Bailes),
Carl Rigg (Briggs), Dixon Adams
(David). *F* 95 Min.

Rätselhafte Ereignisse erschrecken das
Offizierskorps der britischen RAF: Fallschirmspringer lösen sich während des
Absprungs auf. Der Geheimagent Bob
Megan übernimmt den mysteriösen Fall
und gelangt schließlich auf die Spur einer
außerirdischen Zivilisation, die ›echte
Kerle‹ braucht, um damit die Existenz ihrer Nachkommenschaft zu sichern. – Ein
entsetzlich blöder Streifen, der sowohl in
England als auch in den USA durchfiel. In
der BRD nur als Videofilm zu sehen.
Ⓥ Select

Long Weekend
(LONG WEEKEND). Australien 1977.
R Colin Eggleston. *B* Everett de Roche.
K Vincent Monton/Louis Irving.
M Michael Carlos. *D* John Hargreaves
(Peter), Briony Behets (Marcia), Mike
McEwen (Lkw-Fahrer), Michael Aitkins
(Barmann), Roy Day (Fischer), Sue
Kiss von Soly (Mädchen). *F* 97 Min.
Es ist sicher weit hergeholt, diesen Strei-
fen als Science Fiction-Film zu bezeich-

John Hargreaves und Briony Behets in *Long Weekend*

nen; dennoch weist er einige Momente auf, die anzeigen, daß sich auf der Erde etwas veränderthat, das auf lange Sicht Auswirkungen auf das Zusammenleben der Menschheit haben wird: Peter und Marcia ziehen sich für ein Wochenende in die unberührte Natur Australiens zurück. Marcia hat gerade eine Abtreibung hinter sich, mit der sie jedoch nicht fertig wird und die sie auch nicht gewollt hat. Die Spannungen, unter denen das Paar leidet, werden verstärkt durch einige Naturphänomene, die darauf hindeuten, daß der Zeitpunkt eines ›Umkippens‹ der Ökologie in gefährliche Nähe gerückt ist: Natur und Tierwelt lehnen sich plötzlich gegen die beiden Menschen auf und lehren sie das Grauen. Eine achtlos weggeworfene Zigarettenkippe erzeugt einen Brand; ein tiefgefrorenes Hähnchen, das zum Tauen in die Sonne gelegt wird, verfault; ein an den Vorräten der Camper naschendes Opossum reagiert ungewohnt aggressiv; ein unbedacht zerbrochenes Adlerei führt zu einer Attacke eines Adlerweibchens, und als Peter sich beim Schwimmen unter Wasser vor einem Schatten ängstigt und deshalb mit seiner Harpune auf eine harmlose Seekuh schießt, verfolgt diese ihn noch als Kadaver zu seinem Lagerplatz. Marcia, von all diesen Schrecken vom Entsetzen geschüttelt, rast mit dem Wagen davon. Peter, der die Nacht allein mit seinem Gewehr verbringt und bei jedem Geräusch wild in der Gegend herumballert, findet seine Frau später als Leiche wieder: durchbohrt von einem Harpunenspeer. – »In der großartigen Schlußeinstellung führt ein Kran die Kamera wie einen triumphierenden Vogel über die Bäume, den (vorübergehenden) Sieg der Natur feiernd. Den Horror aus der Natur kommen zu lassen, ist keine neue Idee, doch dadurch, daß dieser Film die Perspektive der Natur einnimmt, wird er trotz ein paar Längen in den Dialog-Szenen zu einem ungewöhnlichen fantastischen Thriller.« (ZITTY)

Lords of the Deep
(LORDS OF THE DEEP). USA 1989.
R Mary Ann Fisher. *B* Howard R.
Cohen/Daryl Haney. *K* Austin
McKinney. *SpE* Ray Greer. *M* Jim
Berenholtz. *D* Bradford Dillman
(Dobler), Priscilla Barnes (Claire),
Melody Ryan (Barbara), Dyral Haney
(O'Neill), Eb Lottimer (Seaver), Greg
Sobeck (Engel), Richard Young
(Chadwick), Stephen Davies
(Fernandez). *F* 82 Min.
Außerirdische besuchen die Unterwasser-
station Neptun. Zur Freude der Mann-
schaft erweisen sich die Wesen, die teils
wie Rochen, teils wie Schildkröten ausse-
hen, als friedlich. Da der Konflikt nun
nicht mehr nach außen geführt werden
kann, trägt man ihn halt unter sich aus:
Tiere kann man töten oder untersuchen. –
»Science Fiction von Meisterhand«, findet der Verleih. – »Man denke sich *2001:
Odyssee im Weltraum, Alien* und *The
Abyss* als einen Film, dann hat man den
Inhalt von Roger Cormans neuester Filmproduktion schon beieinander. Dann denke man zur Frage der Ausstattung und Inszenierung an die TV-Abenteuer der *Enterprise,* schon ist man im Bild . . . VARIE-
TY befand, (Produzent) Corman habe mit
seiner Ultra-Budget-Produktion der letzt-
jährigen Unterwasserschlagerparade einen überflüssigen Streifen hinzugefügt.«
(VIDEO PLUS). – Nur auf Video.
Ⓥ MGM/UA

Lost World – Die letzte Kolonie
(WORLD GONE WILD). USA 1988.
R Lee H. Katzin. *B* Jorge Zamacona.
K Don Burgess. *SpE* Cliff Wenger.
M Laurence Juber. *D* Bruce Dern
(Ethan), Michael Pare (George Landon)
Catherine Mary Stewart (Angie), Adam
Ant (Derek Abernathy), Anthony James
(Ten Watt), Rick Podell (Exline), Julius
J. Carry III (Nitro), Alan Autry (Hank).
F 94 Min.
Der Sektenführer Derek kommt mit sei-
nen Jüngern in das friedliche Dorf Lost
Wells, das über eine Wasserquelle verfügt

– eine Rarität, da es seit dem Atomkrieg
vor fünfzig Jahren nicht mehr gepieselt
hat. Derek läßt auf die Bewohner schießen. Zwar verschont er einen Teil der
Bürger, aber kündigt seine Rückkehr an.
In der nächsten Stadt heuert der Bürgermeister Ethan, ein Späthippie, die Glorreichen Fünf an. Unter Leitung des wak-
keren Landon bilden sie die Bürger von
Lost Wells an den Waffen aus, bauen Fallen auf und befestigen das Dorf mit einer
Mauer aus Schrottautos. Ein Überläufer
der Glorreichen Fünf wird von Derek
geopfert. Als Derek zurückkehrt, werden
seine Mannen überrumpelt und aufgerieben. Derek stirbt in den Flammen der
brennenden Feste. Der Himmel bewölkt
sich, der Regen fällt nieder. Die Menschen suchen nach Wasser, wir suchen
gute Endzeit-Filme. – Wem die Geschichte bekannt vorkommt, hat möglicherweise
den Western *Die glorreichen Sieben*
(USA 1960, Regie: John Sturges) oder
den Abenteuerfilm *Die sieben Samurai*
(Japan 1953; Regie: Akira Kurosawa) gesehen. Natürlich kann dieses Schrottpro-
dukt keinem der beiden das Wasser reichen. – Nur auf Video.
Ⓥ Warner

Louis, der Familienschreck
Anderer Titel für **Onkel Paul, die
große Pflaume**

Louis, der Giftzwerg
Anderer Titel für **Onkel Paul, die
große Pflaume**

**Louis und seine außerirdischen
Kohlköpfe**
(LA SOUPE AUX CHOUX).
Frankreich 1981.
R Jean Girault. *B* Louis de Funès/Jean
Halain. *K* Edmond Richard.
M Raymond Lefebvre. *D* Louis de
Funès (Claude Ratinier), Jean Carmet
(Francis), Jacques Villeret
(Außerirdischer), Christian Dejoux,
Claude Gensac, Marco Perrin.
F 94 Min.

Der Süffel Claude und sein nicht weniger trinkfester Freund Francis erhalten unverhofft Besuch von einem tölpelhaften Außerirdischen, der sich in französische Kohlsuppe verliebt und die beiden einlädt, sich mit ihm auf den Planeten Oxo zu begeben, wo jedermann 200 Jahre alt wird und man mit Kohlsuppe ein Vermögen machen kann. Da der Bürgermeister des Ortes auf dem Gelände von Claudes Bauernhof eh einen Vergnügungspark errichten lassen will und den beiden Trunkenbolden das Leben schwer macht, stimmen die beiden schließlich zu und verlassen die Erde in einem UFO. – »Das Amüsement ist recht begrenzt und begegnet zudem Bedenken, wenn man dann noch berücksichtigt, daß diese Plotte ab sechs Jahren freigegeben ist.« (FILMDIENST) Ⓥ CIC

Louis' unheimliche Begegnung mit den Außerirdischen
(LE GENDARME ET LES EXTRATERRESTRES). Frankreich 1978.
R Jean Girault. *B* Jacques Vilfrid.
K Marcel Grignon/Didier Tarot.
M Raymond Lefebrve. *D* Louis de Funès (Cruchot), Michel Galabru (Gerber), Maurice Risch (Beaupied), Jean-Pierre Rambal (Taupin), Guy Grosso (Tricard), Michel Modo (Berlicot), Maria Mauban. *F* 91 Min.
In St. Tropez, dem weltberühmten Badeort an der Côte d'Azur, landet ein UFO, dessen außerirdische Besatzung die Fähigkeit hat, jedes Lebewesen nachahmen zu können. Der diensteifrige, aber total vertrottelte Wachtmeister Cruchot setzt sich auf die Spur der fremden Eindringlinge, die vorzugsweise Polizisten imitieren. Es kommt zu zahlreichen Verwechslungen, an denen Cruchots Kollegen, die wahrlich nicht die hellsten Köpfe der Nation sind, den Hauptteil der Schuld tragen. Die Erde kann aber noch mal vor den Invasoren gerettet werden: Die Aliens sind nämlich aus Blech und klingen hohl (wie auch diverse von Cruchots Kollegen). Mit Wasser kann man sie endlich entlarven. St. Tropez erhält eine Riesendusche.

The Love War
(THE LOVE WAR). USA 1970.
R George McCowan. *B* Guerdon Trueblood/David Kidd. *K* Paul Uhl.
M Dominic Frontiere. *D* Lloyd Bridges (Kyle), Angie Dickinson (Sandy), Harry Basch (Bal), Dan Tavantry (Ted), Bill McClean (Reed), Allan Jaffe (Hart), Byron Foulger, Pepper Martin.
F 76 Min.
Kyle, ein Soldat des Planeten Argon, den es während eines intergalaktischen Krieges auf die Erde der Gegenwart verschlagen hat, verliebt sich in die hübsche Sandy, die er an einer Bushaltestelle kennenlernt. Des Kämpfens überdrüssig, will er sich auf der Erde niederlassen, doch als er sich Sandy gegenüber als Außerirdischer zu erkennen gibt, stellt sich heraus, daß sie zu seinen intergalaktischen Gegnern gehört. Sie durchläuft daraufhin eine Metamorphose und tötet ihn. – »Big Deal!« (Michael Weldon, THE PSYCHOTRONIC ENCYCLOPEDIA OF FILM) – Amerikanischer TV-Film; nicht übel gemacht. In Originalfassung.
Ⓥ Import

Mad Max
(MAD MAX). Australien 1978.
R George Miller. *B* James McCausland/
George Miller. *K* David Eggby.
M Brian May. *D* Mel Gibson (Max),
Joanna Samuel (Jessie), Hugh Keays-
Byrne (Toecutter), Steve Bisley
(Goose), Tim Burns (Johnny the Boy),
Roger Ward (Fifi), Vince Gill
(Nightrider), Geoff Parry (Bubba),
David Bracks (Mudguts), Paul
Johnstone (Kundalini), Nick Lathouris,
Lu Lu Pinkus, Sheila Florence, Steve
Millichamp, John Ley, Jonathan Hardy,
Max Fairchild, Steven Clark, Hunter
Gibb, George Novak, Reg Evans, John
Farndale, Nic Gazzana, Howard Eynon,
David Cameron, Bertrand Cadart,
Robina Chaffey. *F* 95 Min.
Irgendwann in der nahen Zukunft: Das
Ende der menschlichen Zivilisation ist
nahe. Es herrscht offener Bürgerkrieg.
Die Städte sind zerfallen. In diesem Nie-
mandsland sind Gewalt und Terror an der
Tagesordnung. Jeder ist sich selbst der
Nächste; nur wer keine Skrupel hat, überlebt. Als eine auf ultrabrutale Gewalt fixierte Motorradbande den Polizisten Goose auf bestialische Weise umbringt, will
der Cop Max den Dienst quittieren und
fährt mit Frau und Kind davon. Die Rokker sind ihm jedoch in einem öden australischen Landstrich auf den Fersen. Sie töten seinen kleinen Sohn und verletzen
Max' Frau schwer. Der Polizist kehrt als
Racheengel in die Stadt zurück, schlüpft
wieder in seine alte Rolle, rüstet sich mit
einem frisierten Superfahrzeug aus und
jagt die Bande, die er bis zum letzten
Mann vernichtet. – »George Miller hat
dieses Cop-Movie in Australien mit australischen Darstellern und professionel-
len Rennfahrern gedreht und dann amerikanisch synchronisiert, so daß der Zuschauer meinen könnte, der Film spiele irgendwo im Westen der USA. Wenn es
auch schon viele brutale Motorradgang-
und Cop-Filme gegeben hat, so rüde und
konsequent brutal war noch kaum einer.
Das Besondere liegt darin, daß Miller auf
all das pfeift, womit bisher die brutalen
Mittel der Polizei gerechtfertigt wurden:
gesellschaftliche, ethische und ideologische Normen und Gesetze, Staatsmacht,
Autorität, Recht, Ordnung, bürgerliche
Werte. Millers Cops kümmern sich einen
Dreck um Recht und Gesetz. Die Motor-
radrowdies sind ihre persönlichen Feinde,
und sie lassen sich von den gleichen primitiven Imponier-, Streit- und Rachegelü-
sten treiben wie jene. Je bösartiger und
zerstörerischerihre Aktionen gegen die
Feinde ausfallen, desto befriedigter und
stärker fühlen sie sich.
Mit einer Ikonografie, die an den Italo-
Western erinnert, zelebriert Miller wilde
Rituale der Gewalt und Brutalität. In der
Übersteigerung einiger Aspekte unserer
Zivilisation zeichnet er eine Zukunft, in
der das Faustrecht und die Barbarei trium-
phieren und der Mensch des Menschen
Wolf geworden ist. Aber der Film ist kein
heilsamer Schock, er wirkt nicht entlar-
vend und aufklärerisch, weil der Regisseur selbst der Faszination der Barbarei
erlegen ist. Optisch opulent, feiert er die
aggressiven und brutalen Aktionen und
spektakulären Crash-Szenen, komponiert
als eine Symphonie des Terrors, perfekt
arrangiert im gekonnten Comic-Stil und
von einer Schock-Ästhetik geprägt, die
den Zuschauer die übelsten Greuel mit
wohlig gekräuseltem Nackenhaar genießen läßt. Ausgefallene Kameraperspekti-
ven, gesuchte Einstellungen, Großaufnahmen von Auspuffrohren, Kühlern, Rädern und Lenkstangen, Weichzeichner
beim idyllischen Intermezzo – nichts war
Miller zu abgegriffen, um den Zuschauer
im Kinostuhl zu fesseln, ihn außer Atem
zu halten und ihm jedes Mit- und Nachdenken auszutreiben.« (Franz Ulrich,
FILMDIENST) – Kein Wunder, daß *Mad
Max* im Lande der *Road Movies* zum

Kultfilm avancierte (vgl. Danny Peary, CULT MOVIES).
ⓋWarner

Mad Max – Jenseits der Donnerkuppel
(MAD MAX BEYOND THE THUNDERDOME). Australien 1985. *R* George Miller/George Ogilvie. *B* Terry Hayes/George Miller. *K* Dean Semler. *M* Maurice Jarre. *D* Mel Gibson (Mad Max), Tina Turner (Aunty Entity), Angry Anderson (Ironbar), Frank Thring (Sammler), Helen Buday (Savannah Nix), Angelo Rossito (Master), Bruce Spence (Jedediah), Edwin Hodgeman (Dr. Dealgood), Robert Grubb (Pigkiller), Rod Zuanic (Scroo Loose), Justine Clarke (Anna Goanna), Mark Spain (Skyfish), Adam Cockburn (Jedediah jr.), Paul Larsson (Blaster), George Spartels (Blackfinger), Bob Horney (Wasserverkäufer), Andrew Oh (Ton Ton Tattoo). *F* 106 Min.
Vorgeschichte siehe *Mad Max* und *Mad Max II – Der Vollstrecker*. – Der Ex-Cop Max, inzwischen sichtlich ergraut und ruhiger geworden, gerät bei der Verfolgung eines gerissenen Diebs, der ihn um seine ganze Habe bringt, in die Wüstenstadt Bartertown, die von der knackigen Aunty Entity und ihren Meuchelmördern beherrscht wird. Doch ein zwergenwüchsiger Mann namens Master ist ihr ein Dorn im Auge: zusammen mit dem mongoloiden Riesen Blaster regiert er die ›Unterwelt‹ der Stadt, wo aus Schweinekot-Gasen Energie erzeugt wird. Max soll Aunty Entity von Master/Blaster befreien, was er auch tut; doch als er Blaster töten soll, als dieser hilflos am Boden liegt, widersetzt er sich. Das Resultat heißt Verbannung. Ohne Wasser in die Wüste gejagt, findet Max Unterschlupf bei einer Gruppe von Kindern, die in einer Oase leben und ihn für einen lange herbeigesehnten Retter halten: Sie sind Überlebende eines Flugzeugabsturzes und haben die Erinnerung an die frühere Welt verloren. Max ist für sie der Pilot, der sie Jahre zuvor verließ,

um Hilfe zu holen. Max schildert den Kindern, was inzwischen mit der Welt passiert ist, doch man glaubt ihm nicht. Ein Trupp bricht auf, um Bartertown zu suchen. Max eilt hinterher. In der Stadt befreit er mit Hilfe der Kinder den inzwischen in den Schweinestall verbannten Master; mit dessen Unterstützung gelingt ihnen mit einer Lokomotive der Ausbruch aus einem Hexenkessel der Gewalt. – Der dritte Teil der *Mad Max*-Trilogie besteht eigentlich aus zwei Filmen: die Story der havarierten Kinder ist nicht nur ein (zugegeben: gut gemachter) Stilbruch, sondern hat auch einen Asbach-Uralt-Bart, den fleißige SF-*Leser* schon vor zwanzig Jahren nicht mehr neu fanden. Die schon obligatorische Verfolgungsjagd am Schluß zeigt Altbekanntes, ohne den Versuch zu wagen, mit dem Gesetz der Serie zu brechen. Dennoch ist der Film durchaus ansehbar: Eine solche Ansammlung von Ausgeklinkten im Boutiquen-Punk-Look wird man anderswo schwerlich zu sehen bekommen.
ⓋWarner
Ⓑ Joan D. Vinge: *Mad Max – Jenseits der Donnerkuppel,* München 1985

Mad Max II – Der Vollstrecker
(MAD MAX II). Australien 1981. *R* George Miller. *B* Terry Hayes/George Miller/Brian Hannant. *K* Dean Semler. *M* Brian May. *D* Mel Gibson (Max), Bruce Spence (Gyro-Captain), Vernon Wells (Wez), Emil Minty (Feral Kid), Mike Preston (Papagallo), Kjell Nilsson (Humungus). *F* 95 Min.
Drei Jahre nach dem Tod seiner Frau jagt der australische Ex-Polizist Max mit einem gewaltigen V-8-Interceptor durch eine von Schrotthalden und zerfallenen Ortschaften verunstaltete Landschaft. Die Erde hat einen schrecklichen Ölkrieg hinter sich – Resultat: eine völlig zusammengebrochene Zivilisation. Benzin ist zum kostbarsten Gut der Menschen geworden, da nahezu alle Raffinerien im Krieg zerstört worden sind. Des weiteren ist Max von Rachegedanken beseelt: Die herum-

Apocalypse Pow: *Mad Max II – Der Vollstrecker* von George Miller

streunenden Motorradbanden, die sich lediglich dem Recht des Stärkeren beugen, haben sich zu einer wahren Pest entwikkelt: Ein Liter Sprit zählt für sie mehr als ein Menschenleben. Als Max in die Nähe eines Forts gelangt, das gerade von einer wüsten Horde belagert wird, kann er in einer tollkühnen Aktion in das Lager eindringen. Das Fort entpuppt sich als private Ölraffinerie: Hier haben sich einige Dutzend Leute verbarrikadiert, die diese Gegend so bald wie möglich verlassen wollen, um anderswo ein neues Leben zu beginnen. Max schließt mit den Bewohnern des Forts einen Vertrag ab: Gegen eine gewisse Menge Benzin, die er für sein Superfahrzeug braucht, erklärt er sich bereit, ihnen zu helfen. Trotz der ständigen Angriffe der von dem halbirren Humungus angeführten Rockerbande gelingt es ihm, einen verlassenen Tankwagen von einem Highway in das Fort zu bringen. Man wagt einen Ausfall. Die

Rocker schlagen mit mörderischer Gewalt zu, und auf dem Highway entbrennt ein entsetzlicher Kampf, an dessen Ende Max als einziger Überlebender zurückbleibt – »*Mad Max*, der erste Teil von 1979, war eine krude Gewaltorgie und bescherte der australischen Filmindustrie ihren ersten internationalen Kinohit. Für die Fortsetzung konnte (Regisseur) Miller daher über ein größeres Budget verfügen. Er hat es für eine großartige Kinovision zum Zustand der Erde nach dem Zusammenbruch der Zivilisation genutzt.« (Arnd Schirmer, DER SPIEGEL) – »Von Homer bis zum Italo-Western plündern der Regisseur und sein Autor Terry Hayes die Versatzstücke populärer Mythologien. *Mad Max II* ist ein Film fantastischer Erfindungslust: Action Kino von spielerischer Brillanz, garantiert ohne tiefere Bedeutungen. Die finale Verfolgungsjagd, bei der Mad Max seinen Häschern in einem riesigen Tank-Lastwagen zu entkommen

trachtet, ist die rasanteste seit vielen Jahren.« (Hans-Christoph Blumenberg, DIE ZEIT) – »*Mad Max II* ist der Höhepunkt des Bastard-Genres brutaler Science Fiction-Märchen. Wie Sergio Leone in *Spiel mir das Lied vom Tod* den Italo-Western zur klassischen Kino-Gattung erhob, so bringt nun Miller den spekulativen Film-Müll der letzten Jahre zur Reife.« (Arnd Schirmer, DER SPIEGEL) – »Wenn, wie in TIME und im SPIEGEL, die filmische Höllenvision (TIME benutzt als Überschrift ein Wort aus der Comic-Sprache: ›Apocalypse... Pow!‹) von Kritikern gefeiert wird ob ihres Einfallsreichtums an exotischen Masken, Ledermonturen, Indianer- und Punkfrisuren, martia-lischer Waffen, hochgezüchteter Fahrzeuge und unzähliger Arten, Menschen ins Jenseits zu befördern, muß man sich fragen, ob hier nicht derselbe Zynismus wie der der Filmemacher herrscht oder ob das Maß an Abstumpfung durch derartige Bluträusche immer mehr zunimmt.« (Hans Gerhold, FILMDIENST)
Ⓥ Warner

Mad Mission IV
Anderer Titel für **Man stirbt nur zweimal**

Mad Warrior
(MAD WARRIOR). USA/Phillipinen 1985.
R Wilfried Milan. *B* N.N. *K* N.N. *M* N.N. *D* Jennifer Kirkham, Anthony Alonzo. *F* 83 Min.
Nach dem Big Bang bekämpfen sich zwei rivalisierende Gruppen. Der Tyrann Malzam, der sich bei Vollmond vorzugsweise in ein Ungeheuer verwandelt und nach Blut lechzt, kommandiert die Bösen. Zur Volksbelustigung läßt er Gladiatorenkämpfe auf Leben und Tod inszenieren. Einer seiner Gladiatoren flieht und schlägt sich zu den Guten durch, die gerade einen Angriff auf Malzam vorbereiten. Natürlich verlieren die Bösen. – Musik, Kamera, Darstellung, Plot, Dekor: Selten stümperhaft. – Nur auf Video.
Ⓥ Pacific

Making Mr. Right – Ein Mann à la Carte
(MAKING MR. RIGHT). USA 1986.
R Susan Seidelman. *B* Floyd Byars/Laurie Frank. *K* Edward Lachman. *SpE* Bran Ferren. *M* Chaz Jankel. *D* Ann Magnusson (Frankie Stone), John Malkovich (Dr. Jeff Peters/Ulysses), Glenne Headly (Trish), Ben Masters (Steve Marcus), Laurie Metcalf (Sandra), Hart Bochner (Don), Harsh Nayyar, Susan Bergman, Polly Draper. *F* 98 Min.
Nach seinem Ebenbild hat Dr. Jeff Peters den Androiden Ulysses erschaffen. Ulysses soll, sobald er sich benehmen kann, eine Weltraum-Mission ausführen. Um aus dem ungelenken Ulysses einen Mann von Welt zu machen, wird die Image-Beraterin Frankie Stone engagiert. Frankie, eine typische von Beziehungsproblemen gebeutelte Karrierefrau, übernimmt den Fall. Während sie Ulysses erzieht, entwickeln beide Leidenschaft füreinander. Das identische Aussehen von Peters und Ulysses trägt zu Komplikationen bei, die durch Peters' Verehrerin Sandy noch schlimmer werden. Letztlich siegt die Liebe über die Technik: Peters vollführt die Mission im All persönlich, während Ulysses bei seiner geliebten Frankie bleibt. – »Diese Komödie steckt voller guter Gags und Anspielungen auf Filme aus dem Slapstick- und Horrorgenre und ist vom Drehbuch bis zur Montage professionell realisiert.« (ZOOM). – »Überraschend uninspirierter Komödien-Streifen einer talentierten Regisseurin, die einfach am zu dünnen Drehbuch, zu wenig ulkigen Einfällen und mittelarmen Schauspielern scheitert.« (TIP).
Ⓑ Mollie Gregory: *Making Mr. Right*, Bergisch-Gladbach 1987

Malevil
(MALEVIL). Frankreich/BRD 1980.
R Christian de Chalonge. *B* Christian de Chalonge/Pierre Dumayet. *K* Jean Penzer. *M* Gabriel Yared. *D* Michel Serrault (Emmanuel), Jacques Dutronc

(Colin), Robert Dhery (Peyssou), Jacques Villeret (Momo), Hanns Zischler (Tierarzt), Jean-Louis Trintignant (Fulbert), Penelope Palmer (Evelyne), Jean Leauvrais (Bouvreuil), Emilie Lihou (Menou), Jacqueline Parent (Cathy), Eduard Linkers (Fabrelatre), Marianne Wischmann (Madame Tingal). *F* 119 Min.

An einem Tag wie jeder andere: Der Bauer Emmanuel, seine Haushälterin Menou und fünf weitere Personen halten sich gerade in einem unterirdischen Weinkeller auf, als DIE BOMBE fällt. Ein mörderisches Kreischen erfüllt die Luft. Eine Hitzewelle bringt den Wein zum Kochen und läßt Einmachgläser zerspringen. Als Emmanuel und die anderen sich wieder an die Oberfläche wagen, ist aus der ländlichen Idylle eine schwarze, aufgerissene Kraterlandschaft geworden. Trotz der Angst, in einer strahlenverseuchten Hölle zu leben, fängt man ohne viele Worte an, das Beste aus der veränderten Situation zu machen. Das Dorf Malevil ist restlos zerstört, die Menschen umgekommen. Verkohlte Bäume recken ihre Äste in die Luft. Man gibt die Hoffnung jedoch nicht auf: Es gibt überlebendes Vieh, das Korn ist noch keimfähig, der Regen nicht radioaktiv verseucht. Die Überlebenden richten sich so gut es geht ein. Sie halten sich für die letzten Menschen – bis eine andere Gruppe, angeführt von einem üblen Demagogen, die in einem Eisenbahntunnel überlebt hat, sich Malevil nähert und mehr Rechte fordert, als ihr zusteht. Es kommt zum Kampf um alles, was sich Emmanuel und seine Freunde inzwischen mit der Arbeit ihrer Hände geschaffen haben. Es gelingt den Bewohnern von Malevil zwar, die Macht des despotisch agierenden Fulbert zu brechen und das kleine Gemeinwesen auf einen friedlichen, hoffnungsvollen Weg in die Zukunft zu bringen, aber eines Tages ist es auch mit der neuen Idylle vorbei: Über den nahegelegenen Bergen ertönt das Gedröhne von Helikoptern. Daß die Welt nicht völlig untergegangen ist, beweist den Menschen eine Lautsprecherstimme, die ihnen sagt, daß sie – ›die Verseuchten‹ – auf der Stelle evakuiert werden sollen. Der Obrigkeit, die sich neu hat etablieren können, erscheinen die Überlebenden als Bedrohung. Zudem soll aus dem Gebiet um Malevil ein militärischer Übungsplatz gemacht werden. Während der größte Teil der Dorfbewohner zusammengetrieben wird, gelingt drei Personen die Flucht vor den ›Rettern‹. Auf einem Floß treiben sie den naheliegenden Strom hinab. – »*Malevil* ist eine Geschichte vom Ende der Welt und von ihrem Neubeginn. Es ist ein Zukunftsfilm, der auf die üblichen Spielereien (!) des Science Fiction-Genres bewußt verzichtet, sie vielmehr durch eine archaisch anmutende Welt (!) wirkungsvoll ersetzt. Und es ist ein Film über das Überleben auf der Grundlage unserer Zivilisation – darin ähnelt er Richard Fleischers *Jahr 2022 – Die überleben wollen*.« (FILMBEOBACHTER) – »Eindrucksvoll, wie hier trotz Zerstörung und Resignation immer wieder die Utopie Oberhand gewinnt – typisch, wie hier Symbole, Landschaft, Farben, Geräusche und Stimmungen dominieren und oft ein beredtes Schweigen an die Stelle von Worten tritt. *Malevil* ist kein Film, der sich mit wohlfeilen verbalen Argumenten abgibt, sondern empfindsam machen will für Schönheit und Menschlichkeit, für deren Zerstörung und Wiederauferstehung kraft des menschlichen Überlebenswillens. Obwohl – oder gerade weil – sich dieser Film nicht so ohne weiteres einer bestimmten Ideologie beugt, ist er für die derzeitige Friedensdiskussion von großer Bedeutung. Er appelliert an die menschliche Vorstellungskraft über Ausmaß und Folgen einer leider gar nicht mehr so unwahrscheinlichen Situation. Er tut das mit radikal ›bildhaften‹ Mitteln; d.h. er ist gleichermaßen sinnlich-direkt wie symbolisch. Etwa die Szene, in der der Zuschauer mit den Protagonisten erstmals die Bilder der Zerstörung wahrnimmt und erst nach langer qualvoller Stille die Aufforderung des Bürgermeisters erfolgt, end-

lich wieder anzufangen ›miteinander zu reden‹, ist bezeichnend dafür, wie sich hier Realhandlung und Gleichnis durchdringen. Oder wie die Tiere hier geradezu symbolische Bedeutung erlangen: das Kreatürliche triumphiert über die zerstörerische Energie des Menschen. Der Film begnügt sich auch nicht mit dem bloßen stereotypen Anprangern der Gewalt an sich, sondern ist weit umfassender und zugleich differenzierter in der Darstellung. So sind hier etwa ›Gewaltanwendung‹ oder ›Autorität‹ durchaus unterschieden nach Notwendigkeit und moralischer Legitimation: die rohe Gewalt und der unvermeidliche bewaffnete Widerstand, der wahnwitzige Machthunger und die natürliche und umsichtige Autorität des Bürgermeisters von Malevil. Selten sieht man Filme, die wie dieser fernab jeglicher Sensationshascherei dennoch sensationsstark sind, so ruhig und wortkarg eindringlich erzählen können und so bewußt mit Farben, Raum, Geräuschen und markanten Gesichtern umgehen. Das erfordert freilich vom Publikum eine vielleicht doch etwas ungewohnte Geduld und Einfühlungsgabe und einen gewissen Abstand von den üblichen Action-Mustern und Erzähl-Konventionen des kommerziellen Kinos.« (FILMDIENST)
Ⓥ Atlas
Ⓑ Robert Merle: *Malevil oder die Bombe ist gefallen*, Frankfurt/Main 1982

Man lebt nur zweimal
(YOU ONLY LIVE TWICE). GB 1967.
R Lewis Gilbert. *B* Roald Dahl. *LV* Ian Fleming. *K* Freddie Young. *SpE* John Stears. *M* John Barry. *D* Sean Connery (James Bond), Akiko Wakabayashi (Aki), Tetsuro Tamba (Tiger Tanaka), Mie Hama (Kissy Suzuki), Teru Shimada (Osato), Karin Dor (Helga Brandt), Lois Maxwell (Miß Moneypenny), Desmond Llewellyn (›Q‹), Charles Gray (Henderson),Tsai Chin (Chin. Mädchen), Bernard Lee (›M‹), Donald Pleasence (Ernst Stavro Blofeld). *F* 116 Min.

Das internationale Verbrechersyndikat SPECTRE will den dritten Weltkrieg provozieren, schießt ein eigenes Raumfahrzeug in die Erdumlaufbahn und fängt damit amerikanische und sowjetische Satelliten ein. Da die Weltmächte einander nicht über den Weg trauen, sind sie wenig gut aufeinander zu sprechen. Der britische Geheimdienst ahnt jedoch, daß eine dritte Macht hinter diesen Ereignissen steckt und beordert den Agenten James Bond nach Japan, wo er eine Spur aufnehmen soll. Er gerät mit allerlei SPECTRE-Agenten aneinander, entdeckt in einem erloschenen Vulkankrater das Hauptquartier der Gangster und vereitelt ein neues Satelliten-Attentat. Nachdem Bond die Steueranlagen SPECTRES unbrauchbar gemacht hat, sucht er das Weite. Kurz darauf bricht der Vulkan aus.
Ⓥ Warner Home
Ⓑ Ian Fleming: *James Bond jagt den Tiger*, Bern/München 1966

Man stirbt nicht zweimal
(MAD MISSION 4: YOU NEVER DIE TWICE).
Hongkong/Neuseeland 1986.
R Lingo Lam. *B* Karl Maka. *K* Lee Sander. *M* Tony A. *D* Sam Hui (Sam), Sally Yeh (Sally), Karl Maka (Kodyjack), Sylvia Chand (Frau), Ronald Lacey (Mr. H.), Peter McCaully, Onno Boulee, Gayle-Anne Jones.
F 86 Min.
Professor Bright hat einen Kristall entwickelt, der – mit den richtigen Apparaturen in Kraft gesetzt – aus normalen Menschen Supermenschen macht. Der böse Mr. H. zeigt sich interessiert an seiner Entwicklung und überfällt Brights Labor. Bright stirbt im Kugelhagel, seine Tochter Sally und ihr Freund Sam fliehen mit dem Kristall. Nach zahllosen bescheuerten Verfolgungsjagden fällt der Kristall Mr. H. endlich in die Hände, doch sein Experiment geht schief: Mr. H. brutzelt in den Flammen seines Labors. Schwachsinn Made in Hongkong.

Der Manipulator

(THE BRAIN MACHINE). USA 1972.
R Joy N. Houck. *B* Thomas H. Phillips.
K Robert A. Weaver. *M* James Helms.
D Doug Collins (Dr. Roth), Barbara
Burgess (Dr. Portland), Thomas H.
Phillips (General), Stocker Fontelieu
(Saxon), Gerald McRaney (Willie),
James Best. *F* 81 Min.
Mit einer ›Hirnmaschine‹ können Wissen-
schaftler das Bewußtsein von Testperso-
nen freilegen und manipulieren. Eiskalte
Politiker wollen das Gerät mißbrauchen,
um ihre Konkurrenten zu steuern. – »Ein
katastrophaler Ausgang entläßt den vor-
her gelangweilten Zuschauer auch noch
wütend.« (FILMDIENST). – Nur auf Video.
Ⓥ VMP/Cannon

Der Mann aus dem 1. Jahrhundert

(MUZ Z PRVNIHO STOLETI). ČSSR 1961.
R Oldřich Lipský. *B* Oldřich Lipský/
Zdenek Blahá. *K* Vladimir Novotný/
Ladislav Simon/Zdenek Liška.
M Ladislav Simon. *D* Milos Kopecky
(Josef), Radovan Lukavsyk (Adam),
Anita Kajlichova (Eva), Otomar Krejca
(Akademiker), Vit Olmer (Petr),
Lubomir Lipsky, Vladimir Hlavaty,
Josef Hlinomatz, Zdenek Rehor, Anna
Pitasova. 95 Min.
Der Arbeiter Josef startet aus Versehen
mit dem Raumschiff, in dem er gerade ar-
beitet, ins All. Im Jahr 2447 kommt er
wieder zur Erde zurück. Hier ist das so-
zialistische Paradies inzwischen Realität
geworden: den Menschen geht es gut;
Geld und Karrieren hat man ebenso abgeschafft wie Egoisten und Absahner. Sein
Begleiter Adam, ein Bewohner des Blau-
en Sterns, ist für die Erdlinge unsichtbar,
und da er Josef in jeder Beziehung hilft,
gilt er bald als allwissendes Genie. Bloß:
Karriere machen kann er mit seinem Wissen nicht. Der Rafftrieb, der ihn auszeichnet, läßt ihn seinen Mitmenschen freilich
bald suspekt werden. Als Adam ihn als
kleinbürgerliches Element bloßstellt, das
in der klassenlosen Gesellschaft Utopias

wenigstens eine große Nummer sein will,
schießt man ihn wieder ins All zurück. –
»Ohne Gehaltserhöhung und ohne weißen
Smoking.« (PROGRESS-FILMPROGRAMM)
– Eine höchst vergnügliche Satire!

Der Mann aus Metall

(WHO?). GB 1974.
R Jack Gold. *B* John Gould.
K Wolfgang Dickmann/Petrus
Schloemp. *M* John Cameron. *D* Elliot
Gould (Roberts), Joseph Bova (Dr.
Lucas Martino), Trevor Howard
(Azarin), Ed Grover, John Lehne,
James Noble, Kay Tornborg, Ivan
Desny. *F* 90 Min.
Der an einem Geheimprojekt arbeitende
US-Physiker Martino wird während eines
Besuchs in der DDR bei einem Autounfall
sehr schlimm zugerichtet. Man kann zwar
sein Leben retten, aber als er genesen in
den Westen zurückkehrt, ist er nicht wiederzuerkennen: Sein Kopf und einer seiner Arme bestehen aus Metall. Da sich
das FBI fragt, ob man ihm ein Kuckucksei
ins Nest gelegt hat (immerhin war Martino höchster Geheimnisträger) und die
wahre Identität des Rückkehrers nicht bestätigen kann, wird Martino peinlichen
Verhören unterzogen. Schließlich fängt er
selbst an, an seiner Identität zu zweifeln,
und fragt sich, ob eine Technologie, die
ihm das Überleben ermöglicht hat, nicht
auch in der Lage sein könne, ihn zu manipulieren, ohne daß er es merkt. Das Mißtrauen, das ihm der ständig an seinen Fersen klebende FBI-Mann Roberts entgegenbringt, sagt ihm, daß er plötzlich zwischen zwei Fronten steht. Man vertraut
ihm nicht mehr. Man kann ihm nicht mehr
trauen, weil man weiß, daß die Sowjets
wissen, an welchem Projekt er gearbeitet
hat. Als der Mann aus Metall sich klarmacht, daß er nie wieder in seine frühere
Position gelangen wird, gibt er auf und
nimmt eine neue Identität an: die des Me-
tallmannes. »Jack Gold hat die Geschichte ohne äußere Action erzählt, er konzentriert sich ganz auf den inneren Konflikt.
Die Intensität, mit der er sich Martinos

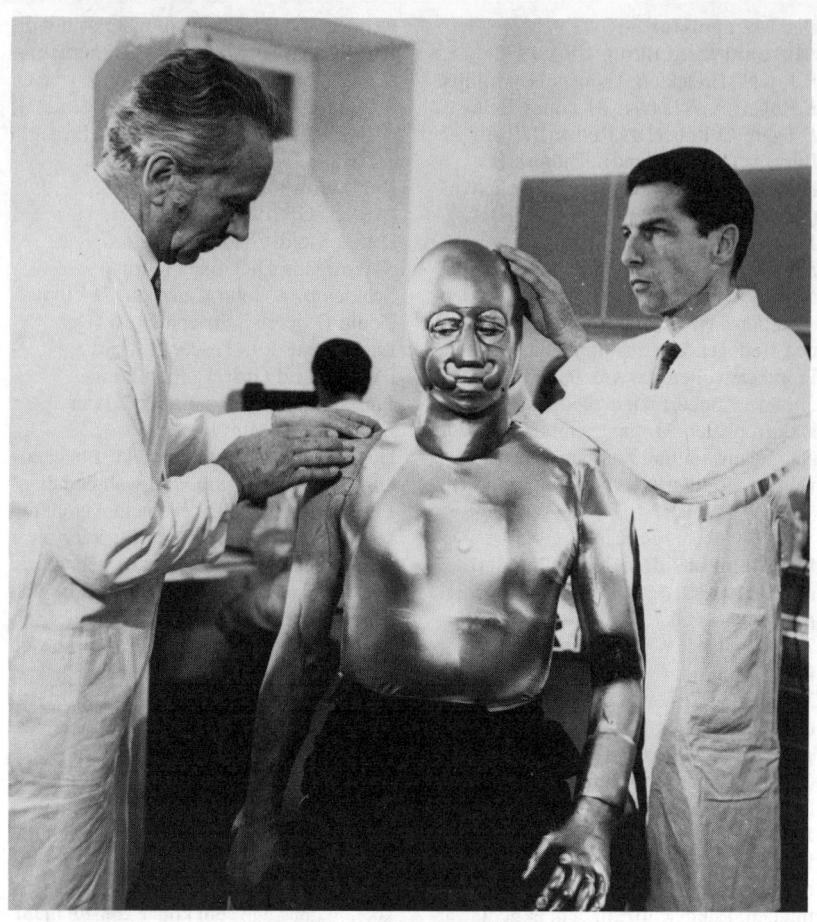

Der Mann aus Metall von Jack Gold

Problem annimmt, füllt scheinbar selbst dessen regungslose Maske mit Leben. Und wenn sich der lange Gedemütigte am Ende zurückzieht, so ist dies nicht etwa Resignation, sondern letztlich ein Sieg des Menschlichen über die Zwänge eines technokratischen Regierungsapparates, dem seine Mitarbeiter nur dann nützlich scheinen, wenn sie seine Macht stabilisieren helfen.« (FILMDIENST) – »Extrem spannender Spionage-Thriller...« (FILM-BEOBACHTER)
Ⓑ Algis Budrys: *Zwischen zwei Welten*, Frankfurt/Berlin/Wien 1983

Der Mann, der auf die Erde fiel
(THE MAN WHO FELL TO EARTH).
USA 1986.
R Robert J. Roth. *B* Richard Kletler. *K* Frederick Moore. *SpE* Charles E. Dolan/Durman Studios. *M* Douglas Timm. *D* Lewis Smith (John Dory), Beverly D‹Angelo (Eva), James Laurenson (Felix Hathrone), Bruce McGill (Vernon Gaga), Wil Weathon (Billy), Annie Potts (Louise), Robert Picardo. *F* 98 Min.
TV-Remake des Films *Der Mann, der vom Himmel fiel*. (Pilotfilm einer nicht re-

alisierten Fernsehserie). – Ein Raumschiff nähert sich der Erde und zerschellt. Nur ein Insasse überlebt. Er stammt vom Planeten Anterus, der seinen friedlichen Bewohnern fast kein Leben mehr ermöglichen kann. Der Besucher ist zur Erde gekommen, um hier ein Raumschiff zu bauen, das groß genug ist, um sein Volk zu evakuieren. Er tut sich mit einem Großindustriellen zusammen und lernt Eva und ihren rebellischen Sohn Billy kennen. Der Besucher gibt sich als Retter in der Not, Yuppie oder reicher Onkel aus. Doch Korruption gerät ins Spiel, der Start mißlingt. Der Besucher wird sein Volk später auf die Erde holen. – Dann aber bitte in die USA, da besteht weniger die Gefahr, daß man die kosmischen Asylanten mit Molotow-Cocktails empfängt. Irgendwann ruft ein Industrieller erzürnt: »Das ist doch kein Steven-Spielberg-Film!« *Wäre* er aber gern, so wie Regisseur Roth mit der Geschichte spielbergt. – »SF-Action mit billigen Effekten wie aus den 50er Jahren, als die Bilder noch schwarzweiß, die Zukunft aber farbig gezeichnet war.« (FISCHER FILM ALMANACH). Und natürlich ist dies ein Remake des Films *Der Mann, der vom Himmel fiel* (GB 1975; Regie: Nicholas Roeg). – Nur auf Video.

Ⓑ Walter Tevis: *Der Mann, der vom Himmel fiel*, Frankfurt am Main/Berlin 1986
Ⓥ MGM/UA

Der Mann, der Berge versetzt
(THE MAN WITH THE POWER). USA 1978.
R Nicholas Sgarra. *B* Allan Balter. *K* J. J. Jones. *M* Patrick Williams. *D* Bob Neill (Eric Small), Persis Khambatta (Prinzessin Siri), Tim O'Connor (Walter Bloom), Vic Morrow (Paul), Noel de Souza (Shanda), Roger Perry (Farnsworth), Bill Fletcher (Dilling), René Assa (Major Sajid), James Ingersoll (Fahrer). *F* 95 Min.
Als Eric Small erkennt, daß er mit Geisteskraft Gegenstände bewegen kann, er-

öffnet ihm der Regierungsbeamte Bloom, sein Vater sei ein Außerirdischer mit ungewöhnlichen Fähigkeiten gewesen: Eric hat sie offensichtlich geerbt. Fortan darf er im Regierungsauftrag eine auf Staatsbesuch weilende exotische Prinzessin beschützen, der böse Thronräuber nach dem Leben trachten. Erics telekinetischen Kräfte, die sogar Gewehrläufe verbiegen können, sorgen dafür, daß sein erster Auftrag zur Zufriedenheit aller erfüllt wird. – Dieser Film hätte eine tolle Parodie auf Supermänner aller Klassen abgeben können, doch weit gefehlt! Der Humor, der uns hier serviert wird, kommt hauptsächlich aus dem unfreiwilligen Bereich, und das Buch von Allan Balter hat Lücken, die so groß sind wie Bombentrichter. Das Budget für diesen naiven Thronräuber-Schmarrn hätte man besser dem Verein darbender Mäusemelker zur Verfügung gestellt. Amerikanischer TV-Film, höchstens für Kinder von Unterhaltungswert.

Der Mann, der die Welt verändern wollte
(THE MAN WHO COULD WORK MIRACLES). GB 1936.
R Lothar Mendes. *B* H. G. Wells. *LV* H.G.Wells. *K* Harold Rosson. *SpE* Ned Mann/Lawrence Butler/Edward Cohen. *M* Mischa Spoliansky. *D* Roland Young (George Fotheringay), Ralph Richardson (Col. Winstanley), Joan Gardner (Ada Price), Ernest Thesiger (Maydig), Sophie Stewart (Maggie Hooper), George Zucco (Moody), Bernard Nedell (Reporter), George Sanders, Thorin Thatcher, Ivan Brandt (Götter). 80 Min.
Der kleine Angestellte Mr. Fotheringay wird von drei Gottheiten auserkoren, die Welt nach seinem Gusto zu gestalten. Nachdem er seinen Mitmenschen ein paar Streiche gespielt hat, macht er sich daran, alles Übel in der Welt abzuschaffen. Als er anfängt, die Naturgesetze auf den Kopf zu stellen und der Erde befiehlt, sie möge anhalten, nehmen die Götter ihm wieder

seine Macht, um eine Katastrophe zu ver-
hüten. – »Erstklassige Film-Fantasie.«
(NEW YORK HERALD TRIBUNE) – »Brillant ersonnene, gespielte, inszenierte und
technisch respektable tragikomische Ge-
sellschafts-Träumerei mit spektakulärer
Slapstik...« (KINE WEEKLY) – »Trotz einer Unmenge von ... Tricküberraschun-
gen konsequent zum Nachdenken anre-
gend... sehenswert.« (FILMDIENST)
Ⓑ H. G. Wells: ›Der Mann, der Wunder
vollbringen könnte‹, in H. G. Wells,
Stern der Vernichtung, München 1964

Der Mann der tausend Eigenschaften
(THE ULTIMATE IMPOSTER).
USA 1979.
R Paul Stanley. *B* Lionel E. Siegel.
K V. A. Martinelli. *M* Dana Kaproff.
D Joseph Hacker (Frank Monihan),
Keith Andes (Eugene Danziger), Erin
Gray (Beatrice Tate), John van Dreelen
(Ruben Parets), Tracy Brooks Swope
(Danielle Parets), Macon McCalman
(Dr. Jake McKeever), Norman Burton
(Papich), Robert Phillips (Red Cottle),
Greg Barnett (Sgt. Williger), Thomas
Bellin (Joe Maslan), Rosalind Chao
(Lai-Ping), Bobby Riggs (B. R.),
Lauren Berman (Dominic), Chip
Johnson (Martin), Marc Garcia (Felipe),
Bill Capizzi (Tony), Graydon Gould
(Carl Lathrop), Candy Castillo
(Esteban). *F* 95 Min.
Der USA-Agent Frank Monihan, der in
China mit biochemischen Mitteln behan-
delt wurde, hat zwar sein Gedächtnis ver-
loren, wird aber zu einer uneinschätzba-
ren Geheimwaffe, als man herausfindet,
daß er Informationen aller Art (»von
Mandarin-Chinesisch bis zum Disco-
Dancing für Fortgeschrittene«; Ed Naha,
THE SCIENCE FICTIONARY) per Computer
in sich aufnehmen kann. Sein Wissen er-
hält sich jedoch nur für 72 Stunden, und
diese Zeit muß reichen, um einen sowjeti-
schen Kapitän zu befreien, der von einem
Spionagering wegen seines Wissens um
Top-Secret-Pläne festgehalten wird. –
Amerikanischer TV-Film, der zwar span-

nende Elemente aufweist, ohne jedoch
das vielzitierte Gelbe vom Ei zu sein.

Der Mann, der vom Himmel fiel
(THE MAN WHO FELL TO EARTH).
GB 1975.
R Nicholas Roeg. *B* Paul Mayersberg.
LV Walter Tevis. *K* Anthony
Richmond. *SpE* Peter S. Ellenshaw.
M John Phillips. *D* David Bowie
(Thomas Jerome Newton), Rip Torn
(Nathan Bryce), Candy Clark (Mary
Lou), Buck Henry (Oliver Farnsworth),
Bernie Casey (Peters), Jackson D. Kane
(Prof. Canutti), Rick Riccardo (Trevor),
Tony Mascia (Arthur), Linda Hutton
(Elaine), Hilary Holland (Jill), Adrienne
Larussa (Helen), Lilibell Crawford (Inh.
des Schmuckgeschäfts), Richard
Breeding (Empfangschef), Albert
Nelson (Kellner), Peter Prouse (Peters'
Teilhaber), James Lovell (James
Lovell). *F* 118 Min.
Ein nicht alternder Außerirdischer landet
heimlich auf der Erde, nimmt den Namen
Thomas J. Newton an, sucht den Patent-
anwalt Farnsworth auf und bringt es binnen kurzer Zeit zu einem mächtigen Industrieimperium, denn sein Volk ist den Bewohnern der Erde wissensmäßig um Jahrtausende voraus. Sein Ziel besteht darin,
genügend Reichtum anzuhäufen, um den
auf einem kargen Wüstenplaneten darben-
den Angehörigen seiner Rasse Hilfe zu
bringen. Obwohl er genügend Informationen über die Menschen hat, findet er sich
in ihrer Gesellschaft nur schwer zurecht.
Während Newtons Gegenwart die Menschen in seiner Umgebung verändert, wittert die US-Industriemafia einen unliebsamen Konkurrenten: Newton hält sich von
der High Society fern, hat keine Vergangenheit, und scheint darüber hinaus noch
über unerklärliche Fähigkeiten zu verfügen. Nur zwei Personen können behaupten, mit ihm ›befreundet‹ zu sein: die
nymphomanische Hotelangestellte Mary
Lou (die allerdings in Panik gerät, als
Newton auf ihr Verlangen hin seine
›Maske‹ ablegt und sich ihr in seiner wirk-

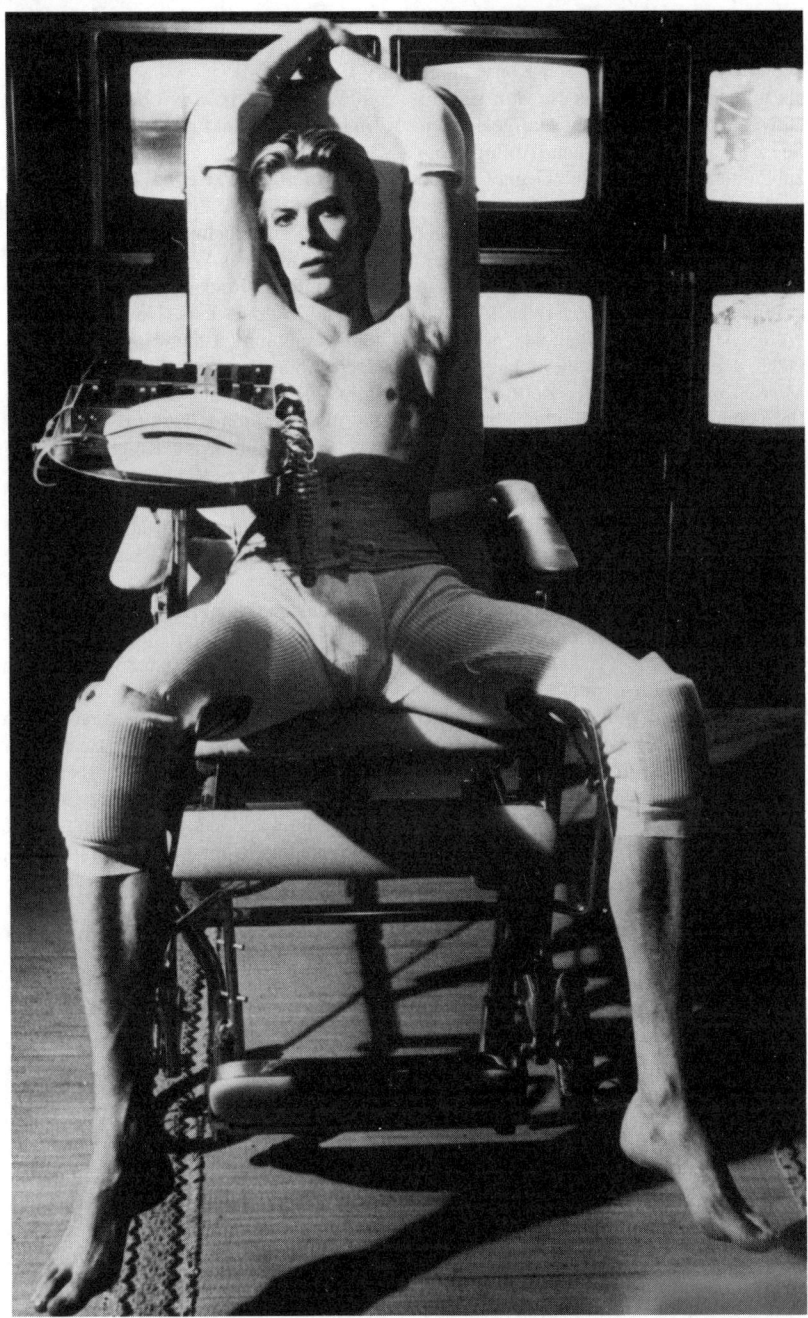

»Der Gynäkologe kommt gleich!«: David Bowie in *Der Mann, der vom Himmel fiel*

lichen Gestalt offenbart) und der gescheiterte Universitätsprofessor Bryce – der jedoch entpuppt sich in letzter Konsequenz als moderner Judas. Als Newton sich in New Mexico an einen einsam gelegenen See zurückzieht, um seinen ›Abflug‹ vorzubereiten, schlagen seine Gegner zu, liquidieren seinen Bevollmächtigten Farnsworth und unterziehen den Außerirdischen einer physischen und psychischen Folter, um an seine Geheimnisse heranzukommen. Newton verliert seine Identität völlig. Als man ihn endlich wieder laufen läßt, ist er ein gebrochener Mann – ein Mensch unter vielen, der ziellos auf der Erde umherirrt. – Der Film braucht einige Zeit, um diese Geschichte zu erzählen; schuld daran ist zu einem nicht unbeträchtlichen Teil die Arbeitsweise des Ex-Kameramannes Nicholas Roeg, die Geradlinigkeit vermissen läßt und Tiefsinn durch Verhackstückerei von Handlungs- und Bildelementen vortäuscht: »Montage reduziert sich bei Roeg auf Schnittechnik. Ihr vorrangiges Ziel ist nicht mehr, daß wir ›durch sie etwas erfahren‹..., sondern die optisch gefällige Aufbereitung des Bildmaterials. Damit aber schafft Roeg eine sinnentleerte Reizüberflutung, die sich übergangslos in das inflationär-dekadente Kulturgehabe einreiht, das er kritisieren will.« (FILMBEOBACHTER) – »Stroboskopischer Bilderhack im Discostil martert die Augen, bleiern-öde Montageartistik nach den unerfindlichen Regeln schlechter Puzzles überzieht alles mit Beliebigkeit. Die auch hier wieder maßlos überanstrengte Inszenierung exploitiert das Material nur, statt es kinematografisch zu entwickeln... Herauskommt folgerichtig ein Werbefilm, der wie sein eigener, überlang marktschreierischer Trailer aussieht.« (MEDIUM) – »David Bowie lohnt den optischen Trip in die Welt eines enthemmten Kameramannes dennoch. Die Anziehungskraft dieses Schauspielers liegt in seiner fast ängstlich aggressiven Abkapselung gegen die Außenwelt, der sexuelle Appeal resultiert absurderweise aus einer verschwommenen Zweigeschlechtlichkeit.« (DER SPIEGEL)
Ⓥ Cannon/VMP
Ⓑ Walter Tevis: *Der Mann, der vom Himmel fiel*, Frankfurt/M./Berlin 1986

Der Mann, der zweimal lebte
(SECONDS). USA 1966.
R John Frankenheimer. *B* Lewis John Carlino. *K* James Wong Howe. *M* Jerry Goldsmith. *D* Rock Hudson (Tony Wilson), Salome Jens (Nora Marcus), John Randolph (Arthur Hamilton), Will Geer (Alter Mann), Jeff Corey (Mr. Ruby), Richard Anderson (Dr. Innes), Murray Hamilton (Charlie Evans), Karl Swenson (Dr. Morris), Khigh Dhiegh (Davalo), Frances Reid (Emily Hamilton), Wesley Addy (John), John Lawrence (Texaner), Elisabeth Fraser (Blondine), Dody Heath (Sue).
106 Min.
Der Bankkaufmann Arthur Randolph, ein Mann in den mittleren Jahren, ist zwar finanziell erfolg-reich, aber unzufrieden mit seinem bisherigen Leben. Eines Tages erhält er einen mysteriösen Anruf von seinem alten Freund Charlie Evans, der seit geraumer Zeit als verstorben gilt. Evans macht Randolph auf eine Geheimorganisation aufmerksam, die ihn für eine gewisse Summe mit einer neuen Identität, einem neuen Aussehen und einer perfekten Vergangenheit ausgestattet hat: Er führt seitdem – und zwar äußerlich stark verjüngt – ein neues Leben, das er in vollen Zügen, bar aller Verpflichtungen, genießt. Hamilton ist von dem Gedanken, alle Zelte hinter sich abbrechen zu können, fasziniert. Er läßt sich mit der Organisation ein, kommt scheinbar bei einem inszenierten Hotelbrand ums Leben und wird einer Operation unterzogen, die nicht nur äußerlich, sondern auch geistig einen neuen Menschen aus ihm macht. Fortan lebt er unter dem Namen Tony Wilson als Kunstmaler in Kalifornien, findet einen neuen Freundeskreis und verliebt sich in die hübsche Nora. Als er eine Party veranstaltet, drängt nach einigem

Alkoholgenuß plötzlich immer mehr von seinem alten Ego an Hamilton-Wilsons Oberfläche. Als er seinen Gästen verrät, wer er wirklich ist, muß er zu seinem Schrecken erkennen, daß diese ohne Ausnahme auf ähnliche Weise mit ihrer Vergangenheit gebrochen haben. Er wird für seine neue Umgebung zum Sicherheitsrisiko. Als er die Organisation darum bittet, die Verwandlung wieder rückgängig zu machen, entpuppt sich Nora als eine Art Bewacherin, die ihm ihre Liebe nur vorgeheuchelt hat. Mit der Sicherheit, in der Hamilton-Wilson sich gewähnt hat, ist es vorbei . . . – »SECONDS ist John Frankenheimers achte Produktion und seine siebte innerhalb von sechs Jahren. Aber der Film beweist mehr als nur die außergewöhnliche Geschäftigkeit seines Regisseurs. Er liefert die vollständige und eindrucksvolle Fortführung seiner bisherigen Themen und Anliegen . . . und etabliert ihn (neben Stanley Kubrick) als den interessantesten und eigenwilligsten der neuen unabhängigen Hollywood-Regisseure, die ihre eigene Karriere und Kunst auf der oft schwankenden Brücke zwischen kommerziellem Erfolg und persönlicher künstlerischer Aussage aufzubauen versuchen.« (FILM HERITAGE) – »Regisseur John Frankenheimer widmet sich gern der Attacke auf die Komplotte teuflischer Organisationen, so in *Botschafter der Angst* und *Sieben Tage im Mai*. Dieser Neigung kam der Roman von David Ely entgegen, wobei freilich in der literarischen Vorlage die mysteriösen Vorkommnisse nur Vehikel für den Autor waren, um die gefährlichen Möglichkeiten bloßzulegen, die solchen ›menschenfreundlichen‹ Tauschverfahren zwecks Erreichung höchstmöglichen menschlichen Glücks innewohnen. John Frankenheimer spürte die Chance zur perfekten Nervenspannung, die in dem Stoff lagert, unterlag aber bei der Verfilmung der Versuchung, über die Wiedergabe der äußerlichen Geschehnisse die Botschaft zu unterschlagen, die dem Autor des Romans am Herzen lag. So blieb eine Aneinanderreihung von Szenen, die das Unheimliche geschickt zu nutzen verstanden und doch am Kern des Problems vorbeigingen. Zum Gelingen des Vorhabens trugen weniger die Darsteller bei, die nicht mehr als gute Kinoperfektion lieferten, als vielmehr die Kameraarbeit von James Wong Howe (Oscar-Nominierung), der auf suggestive Weise mit perspektivischen Verzerrungen operierte und damit optischen Schrecken erzielte, wo psychischer Schrecken geboten gewesen wäre.« (FILMDIENST) Ⓑ David Ely: *Das vertauschte Leben*, München 1964

Der Mann im Dunkel
(MAN IN THE DARK). USA 1953.
R Lew Landers. *B* George Bricker/Jack Leonhard. *K* Floyd Crosby. *M* Ross Di Maggio. *D* Edmund O'Brien (Steve Rawley/James Blake), Audry Totter (Peg Benedict), Ted De Corsia (Lefty), Horace McMahon (Arnie), Nick Dennis (Cookie), Dayton Lummis (Dr. Marston), John Harmon (Herman), Ruth Warren (Mayme), Dann Riss (Jawald), Shepard Menken (Internist). 70 Min.
Der Gangster Steve, ein Bad Boy, wie er im (Dreh-)Buche steht, läßt sich per Operation ein neues Gesicht und neue Erinnerungen verpassen, weil er seine kriminelle Vergangenheit vergessen will. Dumm ist nur, daß seine alten Komplizen von ihm wissen wollen, wo er 130 000 ergaunerte Dollars versteckt hat, an die Steve sich nicht mehr erinnert. Es kommt, wie's kommen muß: der Mann, der von seinem früheren Dasein nichts mehr wissen will, wird zum Spielball finsterer Mächte. – Remake eines (bei uns nicht gelaufenen) Streifens mit dem Titel THE MAN WHO LIVED TWICE (USA 1936; Regie: Harry Lachman). Die Drehzeit betrug elf Tage, und das wundert einen nicht.

Der Mann im grünen Hut
(THE SPY IN THE GREEN HAT).
USA 1966.
R Joseph Sargent. *B* Peter Allan Fields.

K Fred J. Koenekamp. *M* Nelson
Riddle. *D* Robert Vaughn (Napoleon
Solo), David McCallum (Illya
Kuryakin), Leo G.Carroll
(Mr.Waverly), Janet Leigh (Miß
Diketon), Jack Palance (Louis Strago),
Letitia Roman (Pia Monteri), Eduardo
Cianelli (Arturo Stiletto), Allen Jenkins
(Enzo Stiletto), Jack La Rue (Federico
Stiletto), Joan Blondell (Mrs. Stiletto),
Ludwig Donath (Dr. Heinrich von
Kronen), Penny Santon (Oma Monteri),
Elisha Cook (Arnold), Will Kuluva
(Thaler), Maxie Rosenbloom (Crunch
Battaglia), Vince Barnett (Scissors),
Vincent Beck (Benjamin Luger).
F 91 Min.
Die internationale Terror-Organisation
›Drossel‹ will von einer unterirdischen
Abschußbasis aus mit Hilfe von Atomra-
keten den Lauf des Golfstroms so verän-
dern, daß aus Grönland ein grünes Para-
dies wird und sich der Rest der Welt den
Arsch abfriert, die Supermächte das
Nachsehen haben und eine neue Ordnung
entsteht. Napoleon Solo und Illya Kurya-
kin, zwei Top-Agenten des US-Geheimdienstes U.N.C.L.E., dringen in die geheime Zentrale der Bösewichte ein und
setzen sie unter Wasser. Ein amerikanisches Bombergeschwader macht dem
Spuk alsbald ein Ende. – Zusammengeschnittene Episoden der amerikanischen
Fernsehserie THE MAN FROM U.N.C.L.E.,
die ursprünglich unter dem Titel THE
CONCRETE OVERCOAT AFFAIR liefen.

Der Mann im weißen Anzug
(THE MAN IN THE WHITE SUIT).
GB 1951.
R Alexander Mackendrick. *B* Roger
McDougall/John Dighton/Alexander
Mackendrick. *K* Douglas Slocombe.
M Benjamin Frankel. *D* Alec Guinness
(Sidney Stratton), Joan Greenwood
(Daphne Birnley), Cecil Parker (Alan
Birnley), Michael Gough (Michael
Corland), Ernest Thesiger (Sir John
Kierlaw), Howard Marion Crawford
(Cranford), Henry Mollison (Hoskins),

Vida Hope (Bertha), Patric Doonan
(Frank), Duncan Lamont (Harry),
Harold Goodwin (Wilkins), Olaf Olsen
(Knudsen), Colin Gordon (Hil), Joan
Harben (Miß Johnson), Miles Malleson
(Schneider), Arthur Howard (Roberts),
Roddy Hughes (Green), George
Benson, Edie Martin, Judith Furse,
Mandy Miller, Frank Atkinson, Billy
Russell, John Rudling. 85 Min.
Sidney Stratton, ein Textilchemiker, hat
sich das Ziel gesetzt, einen Stoff zu entwickeln, der unzerreißbar und schmutzab-
weisend ist. Da es während seiner Experimente zu ständigen Explosionen kommt,
muß er allerdings des öfteren die Stelle
wechseln. Als er endlich Erfolg hat und
sich seine Erfindung sogar als kugelsicher
erweist, will sein Chef ihn kaltstellen, da
er um seinen Umsatz fürchtet. Stratton
entflieht, wird verfolgt und beschossen.
Als man schließlich seines Anzuges habhaft wird, stellt sich heraus, daß das
schußfeste Material allmählich wieder
seine Festigkeit verliert. Der Textilfabri-
kant atmet auf; Sidney Stratton hingegen
sucht sich eine neue Stellung.
»Die Kombination einer klugen Idee, eines glänzenden, spaßigen und fantasievollen Drehbuchs, einer gewandten
schauspielerischen Gesamtleistung und
einer scharfsinnigen, flotten Regie...«
(PUNCH) – »Ein wirklich sehenswerter
und guter utopischer Film.« (SOL)

Der Mann mit dem Objektiv
DDR 1961.
R Frank Vogel. *B* Paul Wiens. *K* Horst
Hardt. *M* Gerd Natschinski. *D* Rolf
Ludwig (Os/Martin Marten), Cristine
Laszar (Maja Mayer), Helga Labudda
(Anita), Micaela Kreißler (Böckchen),
Otto Stark (Eugen), Erik S. Klein
(Benno), Erich Franz (Schmitt).
SW 91 Min.
Ein Raumfahrer namens Os wird im 22.
Jahrhundert von einer ›Zeiten-Strahl-
Wand‹ im Institut für Vergangenheitsfor-
schung in die DDR des Jahres 1960 ver-
setzt, wo er nicht nur die nette Anita ken-

Rolf Ludwig in *Der Mann mit dem Objektiv* (1961)

nenlernt und überall mit dem Leinwand-Mimen Martin Marten verwechselt wird, sondern mittels eines sogenannten Gefühls-und-Gedanken-Objektivs, das Gefühle erkennt und Gedanken liest, für einige Verwirrung sorgt, bevor er in seine Zeit zurückgeholt wird. – Ein SF-Film, der so gut wie keine SF-Elemente aufweist.

Der Mann mit dem zweiten Gehirn

(L'HOMME AU CERVEAU GREFFE).
Frankreich/Italien/BRD 1972.
R Jacques Doniol-Valcroze. *B* Jacques Doniol-Valcroze. *K* Etienne Becker. *M* N. N. *D* Mathieu Carriere, Jean-Pierre Aumont, Nicoletta Machiavelli, Michel Duchaussoy, Marianne Egerikx, Martine Sercey. *F* 90 Min.
Thema des Films ist, wie sich unschwer aus dem Titel ablesen läßt, eine Gehirntransplantation.

Ⓑ Victor Vicas/Alain Frank: *Morgen bist du ein anderer*, München 1970

Der Mann mit den Röntgenaugen

(THE MAN WITH THE X-RAY EYES).
USA 1963.
R Roger Corman. *B* Robert Dillon/Ray Russell. *K* Floyd Crosby. *SpE* Butler/Glouner, Inc. *M* Les Baxter. *D* Ray Milland (Dr. James Xavier), Diana van der Vlis (Diane Fairfax), Harold J. Stone (Dr. Sam Brant), John Hoyt (Dr. Willard Benson), Don Rickles (Crane), John Dierkes (Prediger), Lorie Summers (Party-Tänzerin), Vicki Lee, Carol Irey (Patientinnen), Katherine Hart (Mrs. Mart). *F* 88 Min.
Der Arzt James Xavier hat ein Serum namens ›X‹ entwickelt, das ihn nicht nur besser sehen, sondern auch feste Gegenstände durchschauen läßt. Eine Stiftung finanziert seine Forschungen bis zu einem gewissen Grad, aber als ihr Zweifel an

Ray Milland in *Der Mann mit den Röntgenaugen*

Xaviers Arbeit kommt, läßt sie ihn fallen. Xavier macht sich daraufhin selbst zum Versuchskaninchen. Sein Freund Dr. Brant hat jedoch Angst um ihn. Während einer heftigen Auseinandersetzung wegen des Experiments stößt Xavier versehentlich Dr. Brant aus dem Fenster. Auf der Flucht vor der Polizei landet er als ›Wahrsager‹ in einer Jahrmarktsbude, die von dem geldgierigen Crane betrieben wird. Als Crane merkt, daß Xavier (oder ›Mr. Mentalo‹, wie er sich nun nennt) kein Trickexperte ist, sondern wirklich in die Menschen ›hineinsehen‹ kann, baut er ihn als Wunderheiler auf. Die Ärztin Diane Fairfax, die Xavier liebt, taucht eines Tages in seinem Büro auf und bittet ihn, sein rastloses Dasein aufzugeben. Crane will Xavier daraufhin erpressen – er weiß, daß der Arzt wegen Mordes gesucht wird. Xavier und Diane fliehen. Nachdem Xavier

in einem Spielkasino in Las Vegas die Bank gesprengt hat (auch hier hat ihm sein Röntgenblick wertvolle Dienste erwiesen), gerät er in ein Handgemenge und verliert dabei seine dunkle Brille. Die Umstehenden sind entsetzt: Mit Xaviers Augen ist eine schreckliche Veränderung vorgegangen. Xavier flieht in Panik, aber ohne dunkle Brille sieht er nur noch Licht; die Stadt, die Welt, die Autobahn – all das besteht für ihn nur noch aus farbigen Streifen. Von einem Polizeihelikopter gejagt, überschlägt er sich mit seinem Wagen und taumelt durch die Wüste. Dort stößt er auf eine Wiedertäufersekte, deren Prediger ihn nach seinen Problemen fragt. Als der leidgeprüfte Xavier sagt, er leide unter seinen Augen, erwidert der Prediger: »Dann reiß sie heraus.« Und das tut Xavier dann auch. –
Kameramann Floyd Crosby drehte den

Film in ›Spectarama‹, einer neuen optischen Technik, in der durch besondere Prismenanordnung die Bilder verfremdet und die Farbe verändert wurde. Die Wirkung – gespenstische Farbbilder – unterstrich die durchgehend geheimnisvolle Spannung und gab der Produktion den passenden Rahmen, die durch eine bravouröse schauspielerische Leistung des Oscar-Preisträgers Ray Milland (Bester Schauspieler des Jahres 1945 für *Das verlorene Wochenende* – kein SF-Film!) noch verstärkt wurde. Der Film, der beim SF-Film-Festival in Triest 1963 als bester des Jahres ausgezeichnet wurde, befriedigte in einem gewissen Grad sogar die hartgesottene NEW YORK TIMES: »Eine ganz gute moderne Parabel über einen besessenen Wissenschaftler, der – nachdem er sich mit dem Unbekannten eingelassen hat – von seiner eigenen Menschlichkeit hereingelegt wird. Die Idee ist originell, die Atmosphäre glaubhaft.« John Brosnan äußert in seinem Buch FUTURE TENSE die Meinung, dies sei Roger Cormans bester SF-Film.

Der Mann mit der Stahlmaske
Anderer Titel für **Der Mann aus Metall**

Der Mann mit der Totenmaske
(THE CRIMSON GHOST). USA 1946.
R William Witney/Fred C. Bannon.
B Albert DeMond/Basil Dickey/Jesse Duffy/Sol Shor. *K* Bud Thackery.
M Mort Glickman. *D* Charles Quigley (Duncan Richards), Linda Stirling (Diana Farnsworth), Clayton Moore (Ashe), I. Stanford Jolley (Blackton), Kenne Duncan (Chambers), Forrest Taylor (Van Wyck), Emmett Logan (Anderson), Sam Flint (Maxwell), Joe Forte (Prof. Parker), Stanley Price (Fator), Wheaton Chambers (Wilson), Tom Steele (Stricker), Dale van Sickel (Harte), Rex Lease (Bain), Fred Graham (Zane), Bud Wolfe (Gros). 69/64 Min. (Serial 12 Episoden)
Der amerikanische Wissenschaftler Chambers hat ein Gerät erfunden, mit dem man sich erfolgreich gegen einen Atomangriff schützen kann, aber eine geheime Organisation, die von einem Universitätsprofessor in der Maske eines Knochengerippes angeführt wird, kann die Erfindung rauben und Chambers entführen. Da einiges darauf hindeutet, daß der Mann mit der Totenmaske im näheren Umfeld Chambers' zu finden ist, betätigt sich der junge Forscher Duncan Richards als Detektiv, um zu verhindern, daß die Erfindung in die Hände ausländischer Mächte fällt. Und wer zweifelt schon daran, daß er erfolgreich ist? – »Reißerischer Grusel-Kintopp von anno Tobak.« (FILMBEOBACHTER)

Der Mann mit zwei Gehirnen
(THE MAN WITH TWO BRAINS).
USA 1982.
R Carl Reiner. *B* Carl Reiner/Steve Martin/George Gipe. *K* Michael Chapman. *M* Joel Goldsmith. *D* Steve Martin (Dr. Michael Hfurruhurr), Kathleen Turner (Dolores Benedict), David Warner (Dr. Nötigenfalls), Paul Benedict (Butler), Richard Brestoff (Dr. Pasteur), James Cromwell (Realtor), George Furth (Timon), Peter Hobbs (Dr. Brandon), Earl Boen (Dr. Conrad), William Traylor (Inspektor), Randi Brooks (Fran), Frank McCarthy, Bernhard Behrens. *F* 90 Min.
Dr. Michael Hfurruhurr ist vom Schicksal hart gestraft, doch trotz seines Namens hat er es zum weltberühmten Gehirnoperateur gebracht. Endlich scheint ihm das Schicksal wohlgesonnen, als ihm die äußerst attraktive Dolores Benedict ins Auto läuft. Sofort ist sein Talent gefordert: Durch eine Gehirnoperation nach seiner schädelschonenden Spezialmethode rettet er ihr Leben, verliebt sich unsterblich und heiratet die Patientin noch auf dem Krankenbett – wie in einer besseren Folge der *Schwarzwaldklinik*. Doch Dolores ist ein kaltes Weib und professionelle Mitgiftjägerin, immer bereit, ihren jeweiligen Ehemann und die zahlreichen anderen Verehrer finanziell aufs Kreuz zu legen. Doch

es dauert eine ganze Weile, bis Hfurruhurr, vor Frust halb wahnsinnig, das endlich spitzkriegt. Die Wende kommt – auf einem Wiener Gehirn-Chirurgen-Kongreß. Der nicht minder berühmte Dr. Nötigenfalls zeigt ihm in seinem zur Gruselkammer ausstaffierten Appartement seine Sammlung ›Gehirne in Gläsern‹. Wieder verliebt sich Dr. Hfurruhurr unsterblich, diesmal in das Gehirn im Glas Nr. 21. Mittels Telepathie hat er sofort erkannt, daß es sich um ein weibliches Gehirn handelt und seine Zuneigung erwidert wird. Theoretisch wäre es ja ein leichtes, das Gehirn mit der weichen, sanften Stimme in den faszinierenden Körper seiner Dolores einzubauen... Erst spät kommt der rettende Gedanke. Doch sein geliebtes Gehirn hat ihm etwas verschwiegen. Im früheren Leben neigte die weibliche Hülle – gelinde ausgedrückt – zu Elefantiasis! – »Die amerikanische Kinokomödie funktioniert immer dort am besten und zielsichersten, wo sie Logik und Unlogik wertfrei nebeneinanderstellt: Jerry Lewis macht bei den normalsten Vorgängen ein dämliches Gesicht und stolpert über seine eigene Ungeschicklichkeit, Steve Martin tut absurde Dinge auf selbstverständlichste Art. Beide Arten von Komik funktionieren auf ebenso einfache wie verblüffende Weise... Jeder Gag ein Treffer: Der Gehirnchirurg mit seiner originellen Erfindung, die Schädeldecke einfach abzuschrauben, der grausame Name Hfurruhurr, der allein schon Anlaß genug war, Großes zu leisten, damit diese Schmach auszubügeln sei, die Idee mit dem Frankenstein-Establissement inmitten eines modernen Appartements, sowie die herrlich makabren Liebesszenen zwischen Michael und der körperlosen Anne, das und vieles andere ist von zwerchfellerschütternder Komik. Dazu das bierernste Spiel von Steve Martin und Kathleen Turner, das das Komische noch absurder erscheinen läßt.« (Heiko R. Blum, SPEKTRUM FILM) Wem es dann noch vergönnt ist, den Film im Original und im Kreise von zweihundert Gleichgesinnten im Kino zu sehen, wird sich sein Leben lang an die aberwitzigen Verrücktheiten und köstlichen Geschmacklosigkeiten, an den unerschöpflichen Zitatenreichtum erinnern können, aber auch an ein wieherndes, brüllendes Publikum und an tagelangen Lachmuskelkater.

»Steve Martin spielt ganz aus dem Herzen des amerikanischen Machismo, der ständig das ist, was man dort als ›horny‹ bezeichnet, d. h. der den Hut vor dem Bauch aufhängen kann.« (WUPPERNACHRICHTEN)
(V) Warner Home

Der Mann ohne Gesicht
(L'HOMME SANS VISAGE).
Frankreich/Italien 1974.
R Georges Franju. *B* Jacques
Champreux. *K* Guido Renzo Bertoni.
M Georges Franju/Hector Berlioz.
D Gert Fröbe (Sorbier), Jacques
Champreux (Der Mann), Gayle
Hunnicutt (Die Frau), Josephine Chaplin
(Martine), Ugo Pagliai (Paul de
Borrego), Patrick Préjean (Seraphin),
Clement Harari (Dr. Dutreuil), Enzo
Fisichella (Peclet), Henry Lincoln (Prof.
Petri), Roberto Bruni (Maxime de
Borrego), Yvon Sarray (Albert).
F 104 Min.
›Der Mann ohne Gesicht‹ ist das maskierte Oberhaupt einer Organisation, deren Hauptquartier sich in einem Gewölbe unter den Straßen von Paris befindet. Hier verwandelt er mit Hilfe eines wahnsinnigen Wissenschaftlers normale Menschen in willenlose, steuerbare Roboter, die in seinem Auftrag scheußliche Verbrechen begehen. Als der ›Mann ohne Gesicht‹ von einem versunkenen Schatz erfährt, tut er alles, um sich in den Besitz desselben zu bringen, was Kommissar Sorbier zu verhindern trachtete. – »Wenn Franju mehr wollte als oberflächlichen Horror, worauf einige Ansätze schließen lassen, so ist ihm das nicht geglückt... Die Handlung wirkt gewaltsam konstruiert, stellenweise läppisch und teilweise unfreiwillig ko

misch; einige parodistische Ansätze scheinen eher unbeabsichtigt... Franjus Inszenierung erreicht weder Atmosphäre noch Spannung. Nicht nur der Schluß, der ganze Film läßt unbefriedigt.« (FILM-DIENST)

Der Mann ohne Körper
(THE MAN WITHOUT A BODY).
GB 1957.
R W. Lee Wilder/Charles Saunders.
B William Grote. *K* Brendan Stafford.
M Robert Elms. *D* Robert Hutton (Dr. Merritt), George Coulouris (Karl Brussard), Julia Arnall (Jean Kramer), Nadja Regin (Odette Vernay), Sheldon Lawrence (Dr. Waldenhaus), Michael Golden (Nostradamus), William Sherwood (Dr. Charot), Peter Copley (Leslie), Kim Parker (Butler), Norman Shelley (Dr. Alexander), Tony Quinn (Dr. Burton). *F* 79 Min.
Der Industriekapitän Brussard leidet an einem Gehirntumor, begibt sich nach London und konsultiert Dr. Merritt, der mit Hirntransplantationen experimentiert. Da Brussard nicht irgendwer ist, will er auch nicht irgendein x-beliebiges Ersatzgehirn in seinem Schädel haben. Deswegen läßt er den Kopf des 1566 gestorbenen Hellsehers Michael Nostradamus rauben, der in Frankreich aufbewahrt wird. Vor der Transplantation will er jedoch von dem ›wiederbelebten‹ Nostradamus-Kopf noch rasch ein paar Börsentips haben. Der Hellseher legt Brussard herein (weil er wütend ist, daß man ihn aus seiner Ruhe aufgeschreckt hat). Brussard ist ruiniert. Als er auch noch erfährt, daß ihn seine Geliebte Odette betrügt, verletzt er seinen Rivalen schwer und haut Merritts Labor zu Klump. Dem Schwerverletzten wird nun Nostradamus' Kopf angenäht, worauf er Amok läuft. Brussard ist ihm auf den Fersen. Beide kommen um. – »Dank ungekonntester Machart reicht es in dem Falle nicht mal zu stärkeren Vorbehalten; der Film tötet sich selbst. Aufmerksamkeit verdiente der ärmliche Unfug nur für den Fall, daß ein Witzbold ge-

legentlich auf die Idee käme, ein Festival für besonders hirnlose Filme zu veranstalten.« (Ein Geheimtip des FILMDIENST aus dem Jahre 1959 an die Festivalveranstalter von heute!) – »Ein dummes und geschmackloses Machwerk, das nicht einmal die Müllabfuhrkosten, geschweige denn das Eintrittsgeld lohnt.« (FILMBEOBACHTER) – Drehbuchautor William Grote ist wohl beim Austüfteln seiner Story davon ausgegangen, daß sich das menschliche Bewußtsein im dicken Zeh befindet. Wie anders könnte ein Mensch mit dem Gehirn eines anderen annehmen, er sei nach erfolgter Transplantation noch der gleiche?

M.A.R.K. 13
(HARDWARE). GB 1990.
R Richard Stanley. *B* Richard Stanley.
K Steven Chivers. *SpE* Image Animation/Barney Jeffrey/Bon Keen.
M Simon Boswell. *D* Dylan McDermott (Mo), Stacey Travis (Jill), John Lynch (Shades), William Hootkins (Lincoln), Iggy Pop (Angry Bob), Oscar James. Paul McKenzie, Carl McCoy.
F 92 Min.
Nach langer Abwesenheit kehrt Mo zu seiner Geliebten Jill zurück. Weihnachten kauft er für sie den Kopf eines Schrott-Cyborgs, ohne zu wissen, daß er Teil einer Killermaschine ist. Das Wiedersehen ist von Spannungen getragen. Ein Mann beobachtet Jill mit einer Infrarotkamera, die Medien nerven auf dröge Art und Weise, und auch Mos Auftauchen nach seinem plötzlichen Verschwinden trägt in der Endzeit-Ödnis nicht zur Freude bei. Jill setzt den Cyborg wieder zusammen. Mos Warnungen über seine Identität kommen zu spät. Die Kampfmaschine erwacht und handelt instinktiv. In einem endlosen Kampf wird sie mit Wasser vernichtet. – »Kulisse und Ambiente als Klischees und das bereits in der Mitte des Films einsetzende Kampffinale legen die Einfallslosigkeit des spannungslosen SF-Films offen.« (Arnold Hildebrandt, FILMDIENST). Ⓥ VPS

Mars Attacks the World

(FLASH GORDON'S TRIP TO MARS).
USA 1938.
R Ford Beebe/Robert F. Hill. *B* Ray
Trompe/Norman S. Hall/Wyndham
Gittens/Herbert Dalmas. *K* Jerome Ash.
M Franz Waxman. *D* Buster Crabbe
(Flash Gordon), Jean Rogers (Dale
Arden), Charles Middleton (Kaiser
Ming), Frank Shannon (Dr. Zarkov),
Richard Alexander (Prinz Barin),
Beatrice Roberts (Azura), Donald Kerr
(Happy Hapgood), Montague Shaw
(König der Sumpfmenschen), Wheeler
Oakman (König der Baummenschen),
Kane Richmond (Pilot), Earl Askam
(Offizier). 99 Min.

Die marsianische Königin Azura, eine
Marionette des bösen Kaisers Ming von
Mongo, bezieht ihre Kraft aus einem weißen Saphir, der Zauberkräfte hat. Nachdem sie ihre rebellischen Opponenten in
Lehmmenschen verwandelt hat, läßt sie
der Erdatmosphäre mittels eines Strahls
Stickstoff entziehen. Flash Gordon und
seine Freunde lassen sich derlei Gemeinheiten freilich nicht bieten und schlagen
zurück. Da die marsianischen Lehm- und
Baummenschen einander bekriegen, geraten die braven Erdlinge zwischen die
Fronten und werden hoppgenommen. Erst
Prinz Barin von Mongo, der zum Mars
geeilt ist, um die Allianz Ming/Azura zu
hintertreiben, kann den Fall klären. Barin
und Flash einigen die marsianischen Völker und rücken Ming und Azura auf den
Pelz. Man stiehlt endlich den magischen
Kristall der Königin und nimmt auf diese
Weise den bösen Fluch von den Lehmmenschen, die nun ebenfalls in den
Kampf eingreifen. Ming wird in eine Des-
integrationskammer getrieben und kommt
wieder mal – so hat's den Anschein – ums
Leben. – Das zweite Flash-Gordon-Serial
hatte ursprünglich eine Gesamtlänge von
480 Minuten, wurde jedoch für die TV-
und Videofassung erheblich zusammengeschnitten.
In Originalfassung.
Ⓥ Import

Die Mars-Chroniken

(THE MARTIAN CHRONICLES).
USA/GB/BRD 1980. (TV-ZDF).
R Michael Anderson. *B* Richard
Matheson. *K* Ted Moore/Bob Kindred.
SpE John Stears. *M* Stanley Myers.
D Rock Hudson (Capt. John Wilder),
Gayle Hunnicutt (Ruth Wilder), Darren
McGavin (Sam Parkhill), Bernie Casey
(Jeff Spender), Vadim Glowna (Sam
Hinkston), Richard Heffer (Capt.
Conover), Richard Oldfield (Capt.
York), Maria Schell (Anna Lustig),
Wolfgang Reichmann (Dave Lustig),
Fritz Weaver (Pater Peregrine), Roddy
McDowall (Pater Stone), Dennis Dugan
(Driscoll), Barry Morse (Peter
Hathaway), Robert Beatty (Halstead),
Nyree Dawn Porter (Alice), Nicholas
Hammond (Black), Maggie Wright
(Ylla), Chris Connelly, Bernadette
Peters, Michael Anderson jr., Terence
Longdon (Marsianer), Jon Finch,
Richard Masur, James Faulkner,
Derek Lamden.
F 270 Min. (3 Episoden à 90 Min).
1. Episode: ›Die Expeditionen‹. – 1997:
Die erste bemannte Marsexpedition der
NASA gelangt zwar an ihr Ziel, aber
nachdem die marsianische Frau Ylla im
Traum telepathischen Kontakt mit den
Astronauten Conover und York aufge-
nommen hat, fürchtet ihr Gatte um die Si-
cherheit seines Heimatplaneten und bringt
die beiden direkt nach der Landung um.
2000: Der zweiten Expedition, die aus
den Astronauten Arthur Black, Sam
Hinkston und Eric Lustig besteht, bietet
sich unerwartet ein bekanntes Panorama:
Sie fühlen sich nach Green Bluff/Illinois
und zudem ins Jahr 1979 versetzt, werden
von vermeintlichen Familienmitgliedern
freundlich begrüßt und anschließend mit
Schokoladenpudding vergiftet. Um sich
vor den Eindringlingen zu schützen, haben die Marsianer ihnen eine Illusions-
landschaft vorgegaukelt, in die die Astronauten hineintappen, als hätte auf Erden
nie ein Mensch Science Fiction gelesen.
Als im Jahre 2001 die dritte Expedition

zum Mars gelangt, findet man heraus, daß der rote Planet entvölkert ist und die (nur aus der Ferne) fantastisch anmutenden Städte der Ureinwohner leerstehen: Die Windpocken haben sie ausgerottet. Als sich ein Teil der Expeditionsmannschaft in der Nähe einer marsianischen Totenstadt aufführt wie eine Horde US-Touristen in Europa und einen Fluß mit Abfällen verunreinigt, dreht Jeff Spender, der einzige Farbige unter ihnen, durch: Es kommt zu einer tätlichen Auseinandersetzung mit einem zu sorglosen Trunkenbold. Später beschuldigt Spender ›die Menschen‹, sie seien zu wahrem Frieden nicht fähig und würden den Mars ebenso ruinieren wie die Erde. Dann verschwindet er. Als er nach einer Woche wieder zurückkehrt, behauptet er, Kontakt mit einigen überlebenden Marsianern gehabt zu haben, tötet drei seiner Kollegen und bittet Captain Wilder, nicht zur Erde zurückzukehren: Niemand soll erfahren, wie es auf dem Mars aussieht und daß man dort leben kann. Wilder zeigt sich zwar einsichtig, was die Vertrauenswürdigkeit ›der Menschen‹ angeht, lehnt Spenders Ansinnen jedoch ab. Es kommt zu einem Show-down, bei dem Spender von Wilder und dessen Freund Parkhill umgelegt wird. Fortan steht fest, daß der Planet Mars dazu bestimmt ist, eine Kolonie der Erde (bzw. der USA) zu werden.

2. Episode: ›Die Kolonisten‹: Etwa 3 Jahre später ist auf dem Mars eine Kolonie entstanden. Es gibt mehrere kleine Städte, die von Captain John Wilder verwaltet werden. Sam Parkhill hat in der Wüste eine Snack-Bar eröffnet, deren Ausstattung in aufdringlicher Weise die Ausbreitung des American Way of Life ins All dokumentiert. Man hat eine Marsstadt ausgegraben, die seit 250000 Jahren (!) verschüttet war und dennoch besser erhalten ist als Troja. Zwei irdische Kuttenträger, die Patres Peregrine und Stone, haben bei einem Spaziergang durch die Marslandschaft eine Begegnung mit rätselhaften, schwebenden blauen Kugeln, die ihnen während eines Erdrutsches das

Leben retten. Die Kugeln bezeichnen sich als die ›Weisen und Alten‹, sind zu reinen Energiewesen mutiert, verfügen über allerlei übersinnliche Kräfte und bekennen, die Sünden ›hinter sich gelassen‹ zu haben, zu denen sie amerikanischerweise auch ›die sinnliche Begierde‹ zählen. Die Kolonie selbst besteht aus Wellblechbaracken, verfügt aber über alle Errungenschaften der amerikanischen Kultur, die da besteht aus Spielautomaten, Tanzhallen, Coca-Cola und an den Ecken herumlungernden Halbstarken. Außerdem hat man inzwischen auch Autostraßen angelegt, die sich malerisch vor gemalten Hintergründen entlangschlängeln. Irdische Fliegen gibt es auf dem Mars auch: Eine davon läuft dekorativ über Captain Wilders Kragen, als er den Patres seinen Willkommensgruß entbietet. Das Ehepaar Lustig, das zum Mars gekommen ist, um seinem verschollenen Sohn David (der zur zweiten Expedition gehörte und in der 1. Episode noch *Eric* hieß) nahe zu sein, begegnet einem Lebewesen, das es als seinen Sohn anerkennt. Dieser junge Mann, der offenbar ein Marsianer ist (und sich tiefergehende Fragen verbittet), kann vielerlei Gestalt annehmen und wird, als die Lustigs mit ihm in die Stadt First Town gehen, von anderen Kolonisten zu Tode gehetzt. Captain Wilder, der in ihm einen Marsianer erkennt, steht derweil blöde grinsend im Hintergrund. Sam Parkhill, der in seiner Snack-Bar noch immer auf die Auswandererströme von der Erde wartet, erhält Besuch von diversen Eingeborenen, die ihm – obwohl er einen der ihren tötet – eine Urkunde überreichen, deren Text besagt, daß ihm der halbe Mars gehört. In der gleichen Nacht bricht auf der Erde ein Atomkrieg aus.

3. Episode: ›Die Marsianer‹. 2006, die Erde ist entvölkert. Captain Wilder fliegt nach Cap Canaveral und besucht den Kontrollbunker der NASA – aber hier unterhalten sich nur noch gespenstische Computerstimmen miteinander. Auf dem Mars sieht es inzwischen nicht weniger öde aus: Da die meisten Kolonisten unerklärlicherweise nach Kriegsausbruch auf die Erde zurückgekehrt sind, ist auch der rote Planet wüst und leer. Nur wenige sind zurückgeblieben: Ben Driscoll, der allein durch die Straßen von New Texas City wandert, erhält zufällig telefonischen Kontakt mit der schönen, jedoch völlig verblödeten Alice, die in einem anderen Kaff lebt und sich nur für Kosmetik und Kleider interessiert. Captain Wilder und Pater Stone stoßen bei einem Rundflug auf den zurückgezogen lebenden Arzt Hathaway, der herzkrank ist und sich, um dem Einsamkeitsschmerz zu entgehen, zwei Androiden erschaffen hat, die die Rollen seiner Frau und seiner Tochter spielen. Wilder hat schließlich eine mysteriöse Begegnung mit einem alten Marsianer, der diverse philosophische Floskeln abspult, ihm jedoch die Hand nicht reichen kann, weil sie beide verschiedenen Zeitepochen entstammen und nur eine Art Zeitüberlappungseffekt ihre Begegnung ermöglicht hat. Während Driscoll bei Hathaways hilfreichen Androiden Unterschlupf findet, Pater Stone zu Ehren des Herrn eine Kathedrale errichtet und Alice weiterhin ihren kosmetischen Träumen frönt, beschließt Wilder, mit Frau und Kindern in die Wildnis zu ziehen und das Erbe der Marsianer anzutreten. Als er mit den Seinen in einem Gummiboot aufbricht, sieht er aus wie John Smith zu Besuch in den Alpen. – Ray Bradburys Episodenroman *The Martian Chronicles* (1950) ist sicher ein dutzendmal für eine Verfilmung ins Auge gefaßt und unter Option genommen worden – was man aber schließlich aus seinem melancholisch geschriebenen Buch gemacht hat, ist eine einzige Enttäuschung, trotz der Mitarbeit eines so renommierten Drehbuchautors wie Richard Matheson. Ist die Leistung der Schauspieler schon ein einziges Ärgernis – sie tappen zumeist mit blödem Gesichtsausdruck in der Gegend herum und erwecken den Eindruck, als hätten sie ihren Text auswendig gelernt, ohne ihn zu verstehen –, spottet die Handlungslogik jeder Beschreibung und gibt Bradbury der

absoluten Lächerlichkeit preis: Da gibt es *ohrenlose* Marsianer, die sich auf akustische Weise unterhalten. Da kommuniziert man per Bildschirm zwischen Erde und Mars und hält dabei einen *Telefonhörer* in der Hand. Da geben sich die Marsianer alle Mühe, die Erd-Astronauten außer Gefecht zu setzen, und dann, als diese ihr Volk mittels eingeschleppter Bakterien ausgerottet haben, suchen sie die Nähe der Kolonisten und helfen ihnen – wie im Fall Lustig – über ihr Schicksal hinweg. Die ›Landschenkung‹ an Sam Parkhill, einen hirnlosen Schwätzer, ist ebenso unmotiviert (und folgenlos) wie die Rückkehr der Kolonisten in die radioaktiv verseuchte Hölle der Erde, zumal für mehrere Tausend Menschen eine ganze Raumschiff-Armada hätte bereitstehen müssen. Der angeblich mit großem Aufwand produzierte Film krankt zudem an extremer Schlampigkeit: Die Tricks sind kindisch und auf den ersten Blick durchsichtig, die Dekoration einfallslos und lächerlich. Das Verhalten der Charaktere (besonders schlimme Beispiele von Desinteresse und Unverständnis liefern Vadim Glowna, Rock Hudson, Darren McGavin, Fritz Weaver und Roddy McDowall) ist naiv und unglaubwürdig: Wenn sie nicht gerade platte Dialoge aufsagen, latschen sie wie Schlafwandler herum, werfen aufgesetzt wirkende, verwunderte Blicke um sich und tun so, als könne Grimassenschneiderei Mimik ersetzen. Die mit großen Vorschußlorbeeren bedachte Produktion entpuppte sich als Rohrkrepierer: Ray Bradbury bezeichnete die Verfilmung seines Episodenromans als ›Beleidigung des denkenden Menschen‹.

Ⓑ Ray Bradbury: *Die Mars-Chroniken*, Hamburg/Düsseldorf 1972

Martians – Ein Außerirdischer kommt selten allein
(MARTIANS). USA 1988.
R Patrick Read Johnson. *B* Scott Lawrence Alexander/Patrick Read Johnson. *K* James L. Carter. *SpE* John Knoll/Chriswell & Johnson Effects.

M David Russo. *D* Douglas Barr (Sam Hoxley), Ariana Richards (Kathy Hoxley), Royal Dano (Wrenchmuller), Kevin Thompson (Blaznee), Jimmy Brisco (Capt. Bpito), Gregg Berger. *F* 101 Min.
Fünfzig Jahre nach Orson Welles' legendärer Hörspielproduktion des H.G. Welles-Romans *Der Krieg der Welten* strahlt ein Provinzsender eben dieses Stück aus. Empfangen wird es von einem marsianischen Raumer, der sich gerade im Kampf befindet. Die an Bord befindlichen fünf Marsianer nehmen das Hörspiel ernst und wollen ›ihre‹ Jungs unterstützen. Als sie in einem Kaff namens Big Bean landen, wird dort gerade Halloween gefeiert, und man hält die Marsianer mit ihren Fliegerjacken und Sonnenbrillen für *echt* witzig. Von den Erdlingen verarscht, blasen sie zum Feldzug, bis endlich auch bei ihnen der Groschen fällt. Von den Menschen und einem außerirdischen Jäger verfolgt, treten sie den Rückzug an. Mit Hilfe von Sheriff Hoxley und dessen Tochter Kathy, die von der Gutheit der Invasoren überzeugt sind, können sie den Jäger ausschalten und ihr Raumschiff starten. – »Die Inszenierung hält zwar längst nicht, was die Filmidee verspricht, dennoch ist ein sympathischer, mit vielen Spezialeffekten durchsetzter Film gelungen.« (A.Pa., FILMDIENST).
Ⓥ Highlight

Martians Go Home
(MARTIANS GO HOME). USA 1989.
R David Odell. *B* Charlie Haas. *LV* Fredric Brown. *K* Peter Deming. *M* Allen Zavod. *D* Randy Quaid (Mark Devereaux), Margaret Colin (Sarah Brody), Anita Morris (Dr. Jane Buchanan), Barry Sobel, Vic Dunlop (Marsianer), Ronny Cox (Präsident), John Philbim. *F* 83 Min.
»Mit Invasoren kann man umgehen, aber dies sind Touristen«, stellt Mark fest und meint damit die Marsianer. Die marsianischen Touristen, die überraschend auf die Erde kommen, sind intelligent, nerven je-

den, stellen alles auf den Kopf und tratschen alles über jeden freudig weiter. Nicht mal beim Bumsen ist man vor ihnen sicher. Schuld an allem ist eine Musik, die Mark für einen SF-Film komponiert hat: Seine Freundin Sarah hat sie versehentlich in ihrem Rundfunksender ausgestrahlt. Mark, in die Pleite getrieben, kapituliert wie viele vor den Streichen und dem ständigen Gebrabbel der Marsianer und flieht in den Alkohol, weil er hofft, sie so ignorieren zu können. Dem Ausklinken nahe, wird er schließlich in eine Anstalt eingeliefert und erkennt, daß er seine Musik rückwärts spielen muß. In einer wilden Revueshow wollen die Marsianer ihn von seinem Plan abbringen. – Die Seitenhiebe von *Martians Go Home* zielen gegen Spielberg, die amerikanischen Massenmedien und den US-Alltag. Die Marsianer sind mit ihrem wilden Anarchismus auf spaßig-harmlose Weise bösartiger als die destruktiven Gremlins; ihre Späße zerfetzen das Nervenkostüm – und sie sind noch ätzender als der Durchschnittstourist. – Nur auf Video.
Ⓑ Fredric Brown: *Die grünen Teufel vom Mars,* Berlin 1959
Ⓥ New Vision

The Mask of Fu Manchu
(THE MASK OF FU MANCHU). USA 1932.
R Charles Brabin/Charles Vidor. *B* Irene Kuhn/Edgar Allan Woolf/John Willard. *LV* Sax Rohmer. *K* Gaetano (Tony) Gaudio. *Ma* Cecil Holland. *D* Boris Karloff (Fu Manchu), Lewis Stone (Nayland Smith), Karen Morley (Sheila Barton), Myrna Loy (Fah Lo See), Charles Starrett (Terence Granville), Jean Hersholt (Prof. von Berg), Lawrence Grant (Sir Lionel Barton), David Torrence (McLeod), Ferdinand Gottschalk, C. Montague Shaw, Willie Fung. 67 Min.
Dr. Fu Manchu, der chinesische Superkriminelle mit Weltherrschaftsdrang, der sich nur der neuesten wissenschaftlichen Methoden bedient, will die zerstreuten

Horden Asiens wieder vereinen, um die weiße Rasse auszurotten. Um dieses Ziel zu erreichen, will er sich als Reinkarnation des Dschingis Khan präsentieren. Deshalb muß er Schwert und Maske des sagenhaften Herrschers in seinen Besitz bringen. Doch die Engländer haben davon Wind bekommen. Sie wollen den Schatz fürs Britische Museum retten. Beide Kontrahenten vermuten Schwert und Maske im sagenumwobenen Grab des Welteroberers. Eines Abends findet die britische Forschungsexpedition (begleitet vom berühmten Nayland Smith, Chefinspektor von Scotland Yard) das Grab, hinter riesigen metallenen Türen verborgen. In ihm sitzt, auf einem erhöhten Thron, das Skelett des Herrschers, in glänzender Rüstung. Hinter der Maske offenbart sich ein weißer Schädel, aus dessen Augenhöhlen eine Spinne flüchtet... Doch Fu Manchus Untergebene kidnappen die Forschergruppe und bringen so die Maske und das Schwert in die Hände der gelben Gefahr. Mit Hilfe seiner äußerst attraktiven, aber auch äußerst perversen Tochter Fah Lo See foltert Fu Manchu seine Opfer auf verschiedene Weise: Einer wird durch die Schwingungen einer riesigen Glocke gepeinigt; anderen hungernden und dürstenden Gefangenen läßt er die Nahrung nur wenige Zentimeter von ihren Lippen fernhalten; wiederum anderen injiziert er Tiergifte. Nayland Smith soll den Tod in der Krokodilsgrube erleiden, kann aber entkommen und dreht nun den Spieß um: Er mäht Fu Manchu und seine Untergebenen mit dessen eigenen Todesstrahlen (!) nieder. Damit die Reliquien Schwert und Maske nie mehr in die Hände größenwahnsinniger Tyrannen fallen können, werden sie in einen tiefen See versenkt. Fu Manchu hat zwar das Ende dieses Films nicht überlebt, er taucht aber als Filmgestalt immer wieder auf, allerdings nur noch in Filmen, die *The Mask of Fu Manchu* nicht das Wasser reichen können. Dieser Film ist mit Abstand der beste, aber auch der brutalste dieser ›Serie‹. Weil einige von King Vidor gedrehte Fol-

terszenen zu ›zahm‹ gelangen, wurden diese von Charles Brabin neu inszeniert, manchmal mit den fadenscheinigsten Begründungen: so mußte zum Beispiel Jean Hersholt die Folter ›erdulden‹, die vorher mit Lewis Stone gedreht worden war, weil Hersholt sehr viel korpulenter war und Brabin die Auffassung vertrat, ein dickleibiger Gefangener würde der Folterszene den richtigen sadistischen Touch geben. Boris Karloff ist wohl der beste Fu Manchu der Filmgeschichte. Er gestaltete die Titelfigur als intelligenten, aber auch unheimlichen und brutalen Schurken. Er kommt damit der Buchvorlage sehr nahe. – »Karloff lispelt sich... freudig durch seine Rolle und ... foltert und mordet auf möglichst esoterische Weise mit der Assistenz seiner ebenso bösen Tochter.« (John Brosnan, FUTURE TENSE) – In der BRD nur in Originalfassung.
Ⓑ Sax Rohmer: THE MASK OF FU MAN CHU, Garden City/New York 1932

Die Maske des Fu-Manchu
Anderer Titel für **The Mask of Fu Manchu**

Masters of the Universe
(MASTERS OF THE UNIVERSE).
R Gary Goddard. *B* David Odell.
K Hanania Baer. *SpE* Richard Edlund/ Arthur Brewer. *Ma* Bud Westmore.
M Bill Conti. *D* Dolph Lundgren (He-Man), Frank Langella (Skeletor), Meg Foster (Evil Lyn), Billy Barty (Gwildor), Courtney Cox (Julie Winston), Chelsea Field (Teela), James Tolkan (Lubic), Christina Pickles, Robert Duncan McNeill, John Cypher, Tony Carroll, Pons Maar. *F* 105 Min.
In den Tiefen des Universums hat der böse Imperator Skeletor auf dem Planeten Eternia die Macht an sich gerissen. In 24 Stunden kann er die Kräfte der gefangenen Herrscherin übernehmen, die ihm die Macht über das Universum verleihen. Dann gibt es noch den klugen Zwerg Gwildor und den Weltraum-Tarzan He-Man, die im Besitz eines Zeitschlüssels

sind, der Skeletors Macht antastbar macht. Das weiß auch der Böse, deswegen schickt er seine Hit-Men aus, um ihn zu stehlen. Gwildor und He-Man fliehen mit ihren Freunden auf die Erde der Gegenwart und verlieren den Schlüssel, den zwei Teenies auflesen. Als Skeletors Soldaten sie attackieren, tun sich unsere Teenies mit He-Man & Co. zusammen und mischen beim Kampf gegen das Böse mit – anfangs auf der Erde und später auf Eternia. Klare Sache, daß He-Man, der Held mit dem doofsten Namen aller Zeiten, die Schlacht gewinnt. – He-Man ist das personifizierte Product Placement, doch ein Produktionsetat von 20 Millionen Dollar hätte etwas mehr als einen Werbefilm erbringen sollen. Der Streifen ist zu 100% auf die Käuferschar der He-Man-Spielfiguren ausgerichtet. Hauptdarsteller Lundgren strahlt als muskelbepackter Hüne den Charme der Plastikpuppe aus, die er verkörpert, und Frank Langella ist unter dem Darth Vader-Make-up ohnehin nicht zu erkennen. Solche Rollen müssen der Traum jedes Mimen (und vor allem: jedes Synchronsprechers!) sein. – »Die überkommen Mythen des Abendlandes werden den verkommenen Ansprüchen des Big Mac- und Plastikzeitalters angeglichen. Schamlos offensichtlich plündern Drehbuch und Regie Klassiker von Fantasy und Science Fiction. Wo *Flash Gordon* und *Krieg der Sterne* noch selbstironische Distanz und phantasievolle Kreativität zeigten, kultiviert He-Man den unfreiwilligen Humor.« (FISCHER FILM ALMANACH).
Ⓥ Cannon/VMP

Matchless
(MATCHLESS). Italien 1966.
R Alberto Lattuada. *B* Dean Craig/Jack Pulman/Luigi Malerba/Alberto Lattuada.

Ira von Fürstenberg in *Matchless*

K Sandro D'Eva. *SpE* Guy Deleclose.
M Ennio Morricone/Gino Marinuzzi jr.
D Patrick O'Neal (Perry ›Matchless‹
Liston), Ira von Fürstenberg (Arabella),
Henry Silva (Hank Norris), Tiziano
Cortini (Hogdon), Donald Pleasence
(Andreanu), Nicoletta Machiavelli
(Tipsy), Elizabeth Wu (Olan), Howard
St. John (Gen. Shapiro), Sorrell Brooke
(Culpepper), Andy Ho (Gen. Oh Chin).
F 104 Min.
Perry Liston ist Reporter einer amerikani-
schen Zeitung, aber da er einen Ring be-
sitzt, der ihn unsichtbar machen kann,
halten ihn alle für einen Geheimagenten.
Er gerät in die Fänge diverser Spionage-
und Gegenspionage-Organisationen und
setzt einen irren Milliardär fest, der mit
Hilfe einer chemischen Substanz im Begriff ist, die ganze Welt zu unterjochen.
»Die humoristischen Einlagen sind teils
direkt, teils hintergründig. Attuada hat –
ideologisch wertneutral – einen Unterhaltungsfilm gemacht, der durch die Verbindung mit persiflierenden Akzenten sowohl den Ansprüchen eines breiten wie
auch denen eines intellektuellen Publikums entgegenkommt.« (SCIENCE FIC-
TION TIMES)

Die Maus, die brüllte
(THE MOUSE THAT ROARED).
GB 1959.
R Jack Arnold. *B* Roger McDougall/
Stanley Mann. *LV* Leonard Wibberley.
K John Wilcox. *M* Edwin Astley.
D Peter Sellers (Feldmarschall Tully/
Großherzogin Gloriana/Premierminister
Montjoy), Jean Seberg (Helen Kokintz),
David Kossoff (Dr. Kokintz), William
Hartnell (Will), Timothy Bateson
(Roger), Monty Dandis (Cobbley),
Harold Krasket (Pedro), Leo McKern
(Benter), Colin Gordin (BBC-Ansager),
Macdonald Parke (Snippet), Austin
Willis (US-Verteidigungsminister).
F 82 Min.
Das winzige Großherzogtum Grand Fen-
wick, das immer noch nach mittelalterli-
chen Prinzipien lebt, hat wirtschaftliche

Schwierigkeiten: Gewissenlose amerikanische Geschäftemacher bringen eine
plumpe Nachahmung des weltweit bekannten, exquisiten Grand Fenwicker
Spitzenweins auf den Markt und prellen
den Kleinstaat um seine dringend benötigten Einnahmen. Da Premierminister
Mountjoy der Meinung ist, man solle den
USA den Krieg erklären, um ihn zu verlieren, und anschließend Wirtschaftshilfe
für den Wiederaufbau kassieren, wird
Feldmarschall Tully beauftragt, mit seiner
Armee eine Invasion der Vereinigten
Staaten in Angriff zu nehmen. Mit zwanzig Mann fällt er in New York ein, wo gerade eine Luftschutzübung stattfindet. Da
sich die gesamten Bewohner der Stadt in
Bunkern und Kellern aufhalten, gelingt es
Tully und seinen Mannen wider Erwarten, in ein wichtiges Forschungsinstitut
einzudringen, wo Dr. Kokintz gerade die
sogenannte ›Q-Bombe‹ entwickelt hat –
eine Waffe, mit der man ganze Kontinente vernichten kann. Tully und die Leute
werden aufgrund ihrer mittelalterlichen
Kettenhemden und Helme für die Vorhut
einer marsianischen Invasion gehalten
und kehren zum Entsetzen ihrer Auftraggeber mit der erbeuteten Bombe, deren
Erfinder und dessen Tochter nach Hause
zurück. Grand Fenwick ist über Nacht die
Weltmacht Nummer 1 geworden. Die
US-Regierung reagiert rasch und legt den
kalifornischen Weinpanschern sofort das
Handwerk. Die Beziehungen zwischen
den beiden Staaten normalisieren sich
wieder. – »Dieses englische Filmlustspiel
hat gleich beim tricktechnisch prächtig
gestalteten Vorspann das Publikum la-
chend auf seiner Seite. Und auch im weiteren Verlauf treffen viele geistreich ver-
fertigte Pfeile zeitkritisch ins Schwarze!
Besonders die Amerikaner und ihre Wirtschaftshilfe für Besiegte werden dabei
(aus britischer Sicht) aufs Korn genommen... Geistreicher Witz herrscht vor
und wird von ausgezeichneten Darstellern
gekonnt dargeboten. Besonders eindrucksvoll ist dabei Peter Sellers in einer
Dreifachrolle (als Herzogin Gloriana, als

Heerführer und als Premierminister).«
(FILMBEOBACHTER)
Ⓥ RCA/Columbia
Ⓑ Leonard Wibberley: *Kleiner Staat ganz groß*, Berlin 1956

M. C. contra Dr. Kha

(MARIE-CHANTAL CONTRE LE DOCTEUR KHA).
Frankreich/Italien/Spanien 1965.
R Claude Chabrol. *B* Claude Chabrol/
Christian Yve/Daniel Boulanger. *K* Jean
Rabier. *M* Pierre Jansen. *D* Marie
Laforet (Marie-Chantal), Francisco
Rabal (Castillo), Serge Reggiani
(Ivanov), Charles Denner (Johnson),
Roger Hanin (Bruno Kerrien), Stephane
Audran (Olga), Akim Tamiroff (Dr.
Kha), Pierre-François Moro (Hubert),
Gilles Chusseau (Gregor), Antonio
Passalia (Sparafucile), Robert
Burnier,Gérard Tichy, Henri Attal,
Bernard Papineau. *F* 96 Min.
Der Agent Kerrien erbeutet eine kleine
Pantherfigur mit Rubinaugen und gibt sie,
bevor er sein Leben aushaucht, an die
hübsche Marie-Chantal weiter, die nicht
ahnt, daß die Augen eine Bakterienart
enthalten, mit denen man die Welt entvölkern kann. Mehrere Geheimdienste heften
sich an die Fersen der jungen Frau – aber
auch die Organisation des mysteriösen
Dr. Kha, der seine eigenen machtpoliti-
schen Ziele verfolgt. Von allen Agenten
gehetzt, entgeht Marie-Chantal, die erst
spät erkennt, was man ihr da untergescho-
ben hat, in letzter Sekunde einem ungewissen Schicksal. Der französische Agent
Castillo haut sie zwar heraus, aber alles
deutet darauf hin, daß Kha noch nicht aufgegeben hat . . . – »Claude Chabrol wollte
wohl nicht einen der gängigen Agentenfilme drehen, er spielt mit der Form und versucht, ihr neue Effekte abzugewinnen.
Dabei gelingt ihm manche witzige Passa-
ge, Kleinigkeiten am Rande werden
hübsch dargeboten. Die ironische Distanz
zum Genre wird jedoch nicht immer
durchgehalten, zuviel Anleihen werden
unverfremdet übernommen. Wenn Agentenfilme selbst schon mit den unwahr-
scheinlichsten und wirrsten Geschichten
aufwarten und dies teilweise in munter-al-
berne Form verpacken, dann wird durch
Überdrehung und Verwirrung der Handlung und noch größeren Ulk nicht unbedingt eine Parodie daraus, sondern eben
nur eine neue Art von Agentenfilm.«
(FILMBEOBACHTER)
». . . die hochgeschraubten Erwartungen
wurden enttäuscht. Der Film unterscheidet sich nur um Nuancen von den Fu-
Man-Chu-Machwerken . . .« (SCIENCE
FICTION TIMES)

Das Medium

(TV-ZDF). BRD/Frankreich 1974.
R Rainer Erler. *B* Rainer Erler. *K* Frank
Brühne. *M* Eugen Thomass. *D* Silvano
Tranquilli (Louis Palm), Evelyn Opela
(Sibilla Jacopescu), Peter Fricke (Jeroen
de Groot), Dieter Laser (Enrico
Polazzo), Angelika Bender (Petra
Ruscak), Edward Meeks (Cavington),
Werner Rundshagen (Siegmund von
Klöpfer), Andras Fricsay (Carolus
Büdel), Tsai Lien Wang (Wong), Jean
Henri Chambois (Manzini).
F 90 Min.
Mitarbeiter des ›Blauen Palais‹, eines privaten Forschungsinstituts, das von einem
ominösen Kuratorium finanziert wird,
kommen einer offenbar hellseherisch begabten Fabrikarbeiterin auf die Spur, die
zweimal hintereinander die richtigen Lot-
tozahlen einreicht. Tests ergeben, daß das
junge Mädchen weit über das Gesetz des
Zufalls hinaus ›parapsychologisch‹ talen-
tiert ist, im Schlaf thailändische Gebete
spricht und exakte Beschreibungen Bang-
koks liefert, ohne jemals dort gewesen zu
sein. Man stößt schließlich auf eine exotische Gestalt, von der man annimmt, sie
sei auf einer ›Seelenwanderschaft‹ mit der
Lottogewinnerin zusammengetroffen und
›eins‹ mit ihr gewesen. Dieser TV-Film
ist eine Folge aus der fünfteiligen Serie
›Das Blaue Palais‹.
Ⓑ Rainer Erler: *Das Medium*, München
1979

Megaforce
(MEGAFORCE). USA 1981.
R Hal Needham. B James Whittaker/
Albert S. Ruddy/Hal Needham/André
Morgan. K Michael Butler. M Jerrold
Immel. D Barry Bostwick (Ace
Hunter), Persis Khambatta (Zara),
Michael Beck (Dallas), Edward Mulhare
(Byrne-White), George Furth (Prof.
Eggstrum), Henry Silva (Guerera),
Michael Kulcsar (Ivan), Ralph Wilcox
(Zac). F 99 Min.
Der angeblich irgendwo in Südamerika
liegende Wüstenkleinstaat Sardoun wird
von den Truppen des Söldnerführers Gue-
rera überfallen. Da Sardoun sich kaum
wehren kann, bittet man eine Megaforce
benamte, bestens ausgerüstete Elitetruppe
um Hilfe, die von den Ländern des ›freien
Westens‹ ins Leben gerufen wurde. Ace
Hunter und seine Mannen zeigen den Invasoren daraufhin, was eine Harke ist:
»Die Guten gewinnen immer«, lautet sein
Kommentar nach beendeter Schlacht,
»auch in den Achtzigern.« – »Hal Needham, einst einer der besten Stuntmen Hollywoods, liefert hier filmisches Spielmaterial zu Reagans antisowjetischer Bestra-
fungstheorie, die Helmut Schmidt ...
›Außenpolitik nach dem Werte-System
der amerikanischen Sonntagsschulen‹
nannte. Needham, der sich in Interviews
gern großmäulig dazu bekennt, Konflikte
am liebsten mit der Atombombe lösen zu
wollen, ist freilich eher ein ideologischer
Klippschüler.« (Hans Ernst, DIE ZEIT) –
»Das ist Faschismus für Saubermänner
und höhere Töchter.« (H. Haslberger,
FILMDIENST)
Ⓥ Constantin

Mein Freund, der Roboter
(FUTURE COP). USA 1976.
R Judd Taylor. B Anthony Wilson.
K Terry Meade. M Billy Goldenberg.
D Ernest Borgnine (Joe Cleaver), John
Amos (Bill Bundy), Michael Shannon
(John Haven), John Larch (Forman),
Shirley O'Hara (Oma), Herbert Nelson
(Klausmeier), James Luisi (Paterno),

Ronnie Clair Edward (Avery), Stephen
Perlman (Dorfman), James Daughton
(Rekrut). F 70 Min.
Die Polizei von Los Angeles setzt im
Streifendienst erstmals einen biosyntheti-
schen Androiden (also keinesfalls einen
Roboter) ein, der mit einem älteren Kolle-
gen namens Cleaver unerkannt Jagd auf
Autodiebe macht und nach Offenlegung
seiner Identität als ›Kollege‹ anerkannt
wird. – Amerikanischer Fernseh-Pilotfilm
einer nur fünf Teile umfassenden Serie.
Mehr Krimi als SF, aber einigermaßen er-
träglich.

Mein ist die Welt
Anderer Titel für **Ein Unsichtbarer
geht durch die Stadt**

Meine Stiefmutter ist ein Alien
(MY STEPMOTHER IS AN ALIEN).
USA 1988.
R Richard Benjamin. B Jericho
Weingrod/Herschel Weingrod/Timothy
Harris/Jonathan Reynolds. K Richard H.
Kline. M Alan Silvestri. D Kim
Basinger (Celeste), Dan Aykroyd (Dr.
Steve Mills), Jon Lovitz (Ron Mills),
Alyson Hannigan (Jessie Mills), Joseph
Maher (Dr. Lucas Budlong), Seth Green
(Grady), Wesley Mann (Grady), Ann
Prentiss. F 108 Min.
In einer klaren Nacht trifft die schöne Ce-
leste von einem fernen Planeten auf der
Erde ein. In der Handtasche trägt sie einen
Wurm, der ihr helfen soll, falls sie in
Schwierigkeiten gerät. Und seine Tips
kann sie brauchen, denn sie soll den welt-
fremden Forscher Mills finden, der mit
Lasern experimentiert und der einzige ist,
der für den Fortbestand ihrer Rasse sorgen
kann. Mills verknallt sich in Celeste,
doch seine Tochter Jessie spürt, daß mit
ihr etwas nicht stimmt. Vater und Tochter
geraten aneinander. Hunde fliegen zum
Dachfirst. Menschen schweben an der
Decke. Bis man der Wahrheit ins Auge
sehen muß. – »Die Hauptdarsteller und
ihr herrlich bescheuertes Verhältnis bekam (Regisseur) Benjamin überzeugend

in den Griff. Mit Spezialeffekten wie einem außerirdischen Intelligenz-Wurm...
hat Benjamin ähnliche Probleme wie sein Alien mit dem täglichen Leben. Ganz stiefmütterlich behandelt er die Nebenfiguren: Jon Lovitz... verschenkt er als Aykroyds Bruder vollends. Und Aykroyds Tochter gibt er gerade so viel Spiel, daß sie den Titel des Films beisteuern kann.« (ME, SOUNDS).
Ⓥ RCA/Columbia

Memoiren einer Überlebenden
(MEMOIRS OF A SURVIVOR). GB 1981.
R David Gladwell. *B* David Gladwell/
Kerry Crabbe. *LV* Doris Lessing.
K Walter Lassally. *M* Mike Thorne.
D Julie Christie (Erzählerin), Leonie Mellinger (Emily), Christopher Guard, Pat Keen, Nigel Hawthorne, Debbie Hutchings, Georgina Griffiths.
F 115 Min.
»Die Zeit, bevor alles anfing, war die schönste!« – »Nein, die Zeit, bevor alles aufhörte!« Genaueres über die Ursache der Nach-Endzeit erfährt man nicht. Nicht unbedingt eine atomare Katastrophe hat dazu geführt, eher das Versagen der gesamten Zivilisation, aller Werte und Wertmaßstäbe. Die Versorgungs- und Informationssysteme sind zusammengebrochen, aber: »Keine Nachrichten sind gute Nachrichten.« Die Menschen verlassen scharenweise die Stadt, wohin, weiß keiner so recht. Die Polizei sorgt rigoros für Ordnung, indem sie resolut gegen Unruhestifter zu Felde zieht, die Straßen jedoch in ihrem Müll verkommen läßt. Jugendbanden plündern herumirrende Passanten aus, zerstören alles das, was man vor der Nach-Endzeit als Eigentum heiligte. Von den Fenstern ihres Appartements aus betrachtet die Erzählerin den Zerfall. Nur ab und zu wagt sie sich nach draußen, Besorgungen mit einem Kinderwagen zu machen. Sie bleibt scheinbar unberührt. Doch ihr gelingt der Übergang in eine vergangene Welt. Die Welt ihrer Fantasie läßt sie einfach durch die Wand ihres Wohnzimmers schreiten. Dahinter wird

sie Zeugin eines viktorianisch-puritanischen Familienlebens, einer Idylle, die sie aus ihren Erinnerungen entwickelt, eine Idylle, die unter dem Einfluß der Jetzt-Zeit Risse bekommt. Emily, ein frühreifes sechzehnjähriges Mädchen, wird der Erzählerin zwangsweise zugewiesen. Spannungen kommen auf, bis sich das sprunghafte, impulsive Mädchen Gerald anschließt, der sich elternloser Kinder annimmt und von der Straße in seine Hausgemeinschaft holt, eine Art ›Kinderkommune‹, in der jeder seinen Freiraum haben soll, in der jeder aber auch seine Aufgaben zu erfüllen hat. Doch Gleichberechtigung ist nur Utopie, »eine Hackordnung ist unerläßlich«! Die reale Idylle wird zerstört durch gerade die gewalttätigen verwilderten Kinderbanden, die Gerald retten wollte. Bleibt die Idylle, der Traum der Erzählerin! In diese Ersatzwelt wechseln sie, Emily, Gerald und die Kinder, in der Hoffnung auf einen Neuanfang. – »Die Vorlage für diesen düsteren Film lieferte die englische Schriftstellerin Doris Lessing, deren Romane, vor allem, wenn sie die negative Utopie einer fernen Zukunft behandeln und die Grenzen des Rationalen überschreiten, nur schwer für den Film zu adaptieren sind. So bleibt denn auch David Gladwells Film eine eher oberflächliche Endzeitstudie, in der mit dürftigen Requisiten gearbeitet wird und mit Schauspielern, die wenig überzeugen. Enervierend die Kindfrau Emily, die so exaltiert und outriert auftritt, daß sie alle anderen Schauspieler an die Wand spielt.« (Anne Frederiksen, DIE ZEIT).
»Was MEMOIRS jedoch als Danach-Film vom Großteil seiner pessimistischen Verwandtschaft unterscheidet, ist das Überleben eines menschlichen, gegen Gleichgültigkeit und Lieblosigkeit gerichteten Grundgedankens, das Besinnen auf einen Teil unseres Selbst, den es zu retten gilt, bevor er in den Mechanismen einer im Sterben begriffenen, von Vorurteilen und materiellem Denken beherrschten Welt mit untergeht. MEMOIRS wird dadurch zu einer der wenigen positiven Utopien die-

ses Subgenres, welches im Bestfall die Wahrnehmung und Notwendigkeit einer sozialen Neuorientierung heraufbeschwört, aber noch zu wenige oder zu ungenaue Überlebensformeln entwickelt hat.« (Peter Gaschler in DAS SCIENCE FICTION JAHR 1986)

Metalstorm – Die Vernichtung des Jared-Syn
(METALSTORM: THE DESTRUCTION OF JARED-SYN). USA 1983.
R Charles Band. *B* Alan J. Adler. *K* Mac Ahlberg. *SpE* Joe Quinlivan. *M* Richard Band. *D* Jeffrey Byron (Jack Dogen), Mike Preston (Jared-Syn), Tim Thomerson (Rhodes), Kelly Preston (Dhyana), Richard Moll (Hurok), R. David Smith (Baal), Larry Pennell (Alx), Marty Zagon (Zax), Mickey Fox, J. Bill Jones, Winston Jones, Mike Jones, Mike Walter, Rick Militi, Speed Stearns, Lou Joseph, Rush Adams, Mike Cassidy.
F (3-D) 84 Min.
Der Weltraum-Ranger Jack Dogen vereitelt die Eroberungspläne eines machtlüsternen Schwachkopfs, der sich mit Hilfe diverser Totschläger und Mutanten sowie magischer Kristalle (Schnarch) zum Herrscher über den von allerlei Hirnis bevölkerten Planeten Lemuria aufschwingen will. – Montagsproduktion aus der 1,98-Dollar-Factory des Untalents Charles Band, in dessen Filmen es bekanntermaßen immer mit der Logik hapert. Für Leute, die glauben, ein paar drollig kostümierte Knallchargen machten schon einen guten SF-Film aus. – »So langsam wie Dogen durch den Film kreucht, so langsam geht auch die absehbare Handlung voran. Nur einmal wacht der dösende Kinogänger aus dem Halbschlaf auf, als nämlich unser Held gegen ein leuchtendes Energiemonster kämpfen muß. Dann kann man allerdings beruhigt weiterschlafen, denn der Rest des Abenteuers läuft ab, wie es zu erwarten war.« (Olaf Rappold, SCIENCE FICTION MEDIA)
Ⓥ Marketing

Metaluna IV antwortet nicht
(THIS ISLAND EARTH). USA 1955.
R Joseph Newman. *B* Franklin Coen/ Edward G. O'Callaghan. *LV* Raymond F. Jones. *K* Clifford Stine. *SpE* Clifford Stine/David S. Horsley. *Ma* Bud Westmore. *M* Herman Stein. *D* Jeff Morrow (Exeter), Rex Reason (Dr. Jack Meacham), Faith Domergue (Dr. Ruth Adams), Lance Fuller (Brack), Russell Johnson (Steve Carlson), Eddie Parker (Mutant), Douglas Spencer (Monitor), Robert Nichols (Joe Wilson), Karl Lindt (Dr. Adolph Engelborg), Robert B. Williams (Webb), Olan Soulé, Guy Edward Hearn, Les Spears (Reporter), Edward Ingram, Jack Byron (Fotografen), Spencer Chan, Lizalotta Valesca (Wissenschaftler), Mark Hamilton (Metaluna-Bewohner).
F 83 Min.
Der Atomphysiker Meacham arbeitet im Auftrag eines Industriekonzerns an einem Projekt zur Erschließung neuer atomarer Energiequellen – u.a. hat man ins Auge gefaßt, eine Apparatur zu bauen, mit deren Hilfe man Blei in Uran verwandeln kann. Nachdem er auf geradezu wundersame Weise einen Beinahe-Absturz seines Privatflugzeugs überlebt hat, nimmt ein geheimnisvoller weißhaariger Mann namens Mr. Exeter Kontakt mit ihm auf und wirbt ihn für eine Forschergruppe an, die in Georgia an Plänen arbeitet, wie zukünftige Kriege verhindert werden können.
Meacham stößt dort auf seine Studienfreundin Ruth Adams. Recht bald erwacht in ihm der Verdacht, daß er in den Diensten einer außerirdischen Macht steht. Als er mit seiner Freundin fliehen will, werden sie gefangengenommen und auf die Welt Metaluna IV verschleppt, deren Bewohner seit langer Zeit einen Krieg gegen die Zahgoner führen und sich unter die Oberfläche ihrer Welt zurückgezogen haben, da sie von ihren Gegnern mit atomaren Meteorgeschossen bombardiert werden. Metaluna IV wird noch von einem Energieschirm geschützt, aber dieser

R. David Smith (r.) in *Metalstorm – Die Vernichtung des Jared-Syn*

droht zusammenzubrechen, da man kein Uran mehr hat, um ihn zu speisen. Während der geheimnisvolle Mr. Exeter Dr. Jack Meacham dazu gewinnen wollte, aus Blei Uran zu machen, nimmt der ›Monitor‹ (der Herrscher Metalunas) kein Blatt vor den Mund: Er will sein Volk evakuieren und auf der Erde ansiedeln. Mit Unterstützung von Exeter gelingt Meacham und seiner Freundin Ruth die Flucht. Nachdem sie Metaluna verlassen haben, geht der Planet unter dem Bombardement der Zahgoner unter. Zwar wird man auf dem Rückflug zur Erde von einem an Bord befindlichen Mutanten angegriffen, aber Exeter kann seine Begleiter vor Schaden bewahren. Er selbst verliert allerdings das Leben und stürzt sich, nachdem Meacham und Ruth von Bord gegangen sind, mit seinem Raumschiff in den Atlantik. – Meisterwerk? Schundfilm? Kultfilm? Die Meinungen über diesen Film liegen auch heute noch weit auseinander. So war 1979 in den ANDRO-NACH-RICHTEN, dem Nachrichtenmagazin des SCIENCE FICTION CLUB DEUTSCHLAND e. V, folgende Kritik zu lesen:»Einer der faszinierendsten SF-Filme der fünfziger Jahre, eine andere Form von ›Unheimliche Begegnung der dritten Art‹ mit dramatischem Ausgang. Grandios inszeniert sind vor allem die pyrotechnischen Effekte in diesem Film. Die glaubwürdige schauspielerische Leistung der Hauptdarsteller macht dieses fantastische Filmwerk zu einem wahren SF-Erlebnis. Neben der fantasievollen Ausstattung und der qualitativ guten Tricktechnik eine unüberhörbare Warnung an die Wissenschaft: Die Angst vor der Vernichtung unseres Planeten durch die entfesselte Atomkraft.« Die offiziöse Kirchen-Kritik war im Jahre 1957 – wie fast üblich bei ›solchen‹ Filmen – vernichtend:»Unsere vielfach schon ans Unheimliche grenzende Wirklichkeit des technisch-wissenschaftlichen

Faith Domergue, Rex Reason und Jeff Morrow in *Metaluna IV antwortet nicht*

Fortschritts mit Weltraumraketen und künstlichen Erdsatelliten zwingt die Autoren utopischer Filmgeschichten zu immer tolleren Kapriolen der Fantastik... Weder Buch noch Regie haben diese Geschichte ernsthaft durchdacht und logisch gefeilt... Anspruchsvollere Zuschauer werden sich daher leicht über den Unsinn ärgern, naive aber vielleicht doch beeindrucken lassen. Für Kinder ist eine Überreizung der Fantasie oder der Nerven zu befürchten.« (FILMDIENST) – Der FILMBEOBACHTER ergänzt: »Was an Handlung dabei herauskommt, wirkt denn schon eher lächerlich als schauerlich... Ein Besuch lohnt nicht.« Glücklicherweise gehören solche Kritiken, die sich nicht gerade durch Sachverstand auszeichneten, der Vergangenheit an, und zur ›Ehrenrettung‹ muß darauf hingewiesen werden, daß sowohl der katholische FILMDIENST als auch der evangelische FILMBEOBACHTER heute ausgezeichnete Filmkritiker beschäftigen. Doch zurück zum Film: »THIS ISLAND EARTH stellte eine Verbindung von Elementen der Space Opera mit solchen des Monster/Invasionsfilms dar. Einer der teuersten Science Fiction-Filme der fünfziger Jahre, besticht... (der Film) vor allem durch seinen visuellen Reichtum, mehr noch vom Dekor als von den – sicher spektakulären – *special effects* her. Es ist aber auch einer der wenigen Versuche, die obsessive Welt der Monster-Filme zu verlassen, um einen mehr kreativen und prospektiven *sense of wonder* zu schaffen. Doch steckt auch in diesem Film noch genug von dem Thema, das das

Genre in den fünfziger Jahren so beherrschte wie das des *mad scientist* in den Vierzigern. Die Mutanten, deren Aufstand die wegen des technischen Frevels Amok laufende ›Natur‹ repräsentiert, können sich beiläufig mit den meisten Film-Monstern an eindrucksvoller Scheußlichkeit messen...« (Georg Seeßlen, KINO DES UTOPISCHEN) – Dieser Mutant mit seinem überdimensionalen, von Adern zerfurchten Gehirn und den scherenähnlichen Greifern machte den Streifen zum Kultfilm unter SF-Freaks: »Sie können einen ganzen Film durchstehen, nur um in der Schlußsequenz von THIS IS-LAND EARTH den Mutanten zu erleben.« (Heinzlmeier u.a., DER KULTFILM) – Das Mutantenkostüm, getragen vom Stuntman Eddie Parker, kostete immerhin die stattliche Summe von 24 000 Dollar. Der Film ist sicherlich »beeinträchtigt durch ein relativ schwaches Buch und die Verschleppung der Handlung, bis sie endlich in den Weltraum verlegt wird« (Brosnan, FUTURE TENSE), ansonsten hat dieser SF-Klassiker aber einfach »alles – gute Schauspieler, Reife, realistische und schreckenerregende Monster, Fliegende Untertassen und makellose, außergewöhnlich erstaunliche Spezial-Effekte«. (Jeff Rovin, SF FILMS)
Ⓑ Raymond F. Jones: *Insel zwischen den Sternen*, Rastatt 1956 (*Utopia*-Großband 37/Heftroman)

Metamorphosis – The Alien Factor
(METAMORPHOSIS – THE ALIEN FACTOR). USA 1984. *R* Donald M. Dohler. *B* Donald M. Dohler. *K* Britt McDonough. *M* Kenneth Walker. *D* Don Leifert (Ben), Tom Griffith (Sheriff), Richard Dyszel (Bürgermeister), Mary Martens (Edie), Richard Geiwitz (Pete), George Stover (Steven), Eleanor Herman (Mary Jane), Anne Frith (Dr. Sherman), Christopher Gummer (Clay), Don Dohler (Ernie), Dave Ellis (Rich), Johnny Walker (Rex), Tony Malnowski (Ed). *F* 80 Min.

Ein mutierter Frosch beißt einen Wissenschaftler, der sich alsbald in ein gräßliches Ungeheuer verwandelt. Nach Abschluß seiner Metamorphose schleimt er auf der Suche nach Blut durch das Institut. Zwei Schwestern bemerken das Fehlen ihres Vaters, der ihm zum Opfer fiel. Gemeinsam wollen sie das Ungeheuer aufs Kreuz legen. Man lockt es in die Falle und jagt es mit einer Atomkanone in eine ferne Welt. Unsere Schwestern und ihr Freund verlassen das Institut lebend. – »Gerüchtehalber soll es in Hollywood ein Genlabor geben, das jeden Film unmittelbar nach seinem Anlaufen klont. Pikant ist diesmal allenfalls, daß *Leviathan* selbst bereits ein Klon von *Alien* und *The Thing* war. Und so mutieren Filme munter weiter: Das Chromosom für Originalität ist längst verkümmert.« (FILM-JAHR-BUCH). – Nur auf Video.
Ⓥ Highlight

Meteor
(METEOR). USA 1977. *R* Ronald Neame. *B* Stanley Mann/ Edmund H. North. *K* Paul Lohmann. *SpE* Edward Carfagno/David Constable. *M* Leonard Rosenthal. *D* Sean Connery (Dr. Paul Bradley), Natalie Wood (Tatiana Donskaya), Karl Malden (Harold Sherwood), Brian Keith (Dr. Alexei Dubov), Martin Landau (Gen. Barry Adlon), Trevor Howard (Sir Michael Hughes), Richard Dysart (US-Verteidigungsminister), Henry Fonda (Präsident), Joseph Campanella (Easton), Katherine de Hetre (Jan). *F* 107 Min.

Der Astrophysiker Bradley erfährt von Harold Sherwood, dem Chef der NASA, daß sich ein Meteor von acht Kilometern Durchmesser der Erde nähert. Einige seiner kleineren ›Begleiter‹ sind schon in Sibirien niedergegangen und haben schwere Schäden angerichtet. Gegen den Widerstand des Generals Adlon schlägt Bradley eine Zusammenarbeit mit den Sowjets vor: Beide Nationen verfügen über einen die Erde umkreisenden, mit Atomwaffen bestückten Satelliten. Mit ihnen, so glaubt man, kann man dem Meteor zu Leibe rücken. Während die Kleinstmeteoriten in den Alpen Lawinen auslösen und die Stadt Hongkong vernichten, arbeiten die Wissenschaftler der USA und der UdSSR in einem unterirdischen Hauptquartier an ihren Berechnungen. Die Atomraketen der Russen starten zuerst, aber bevor die Amerikaner ihren Satelliten aktivieren können, richtet ein weiterer Kleinmeteor in Manhattan einen schweren Schaden an. Die Wasser des Hudson River überfluten das NASA-Hauptquartier von New York. Es kommt zu einem allgemeinen Chaos, aber als die Wissenschaftler wieder an die Oberfläche gelangen, sehen sie, daß ihr Plan erfolgreich war: Auch die US-Raketen haben ihr Ziel getroffen. Der Riesenmeteor ist zerstört worden. – »Im Vergleich mit anderen Katastrophenfilmen kann sich dieser Film handwerklich und erzählerisch durchaus behaupten«, lobt der FILMBEOBACHTER. Ins selbige Horn stößt VAMPIR: »*Meteor* bietet auf jeden Fall spannende Unterhaltung«, schränkt aber etwas ein: »Zugegeben, es gibt viele haarsträubende ›Zufälle‹ in *Meteor*, doch bei einem Thriller dieser Art darf man darüber hinwegsehen (!). Der Regisseur tat im übrigen gut daran, sich nicht zu sehr auf die Wirkung der ›Special Effects‹ zu verlassen...« Das konnte er auch nicht, denn die Wirkung ist gleich Null, was gerade bei amerikanischen Großproduktionen wie dieser besonders ins Gewicht fällt: »...ärgerlich ist die allzu dilettantische, primitiv wiederholte Verwendung technischer Tricks und Effekte, die teilweise schon Georges Méliès (um die Jahrhundertwende) als rückständig empfunden haben würde.« (FILMDIENST) – Da kann auch nicht mehr das Staraufgebot viel ausrichten. »Lediglich Sean-Connery-Fans dürften... voll auf ihre Kosten kommen: Er flucht sich in bekannt-beliebter Weise durch den Film und hängt wieder einmal voll den Chauvi raus.« (THE WHOLE BLACK HOLE) – Diese ›Superlative‹ lassen Alan Frank in seinem

SF FILM HANDBOOK zu dem abschließenden Urteil kommen: »Eine Katastrophe auf der ganzen Linie.« Und FILMS IN REVIEW bemerkt treffend: »Es gibt so viel unbeabsichtigte Situationskomik, daß man noch nicht einmal sein Geld zurückverlangen kann, weil das Ding auf diese Weise auch schon wieder unterhaltend ist.« Ein echter *turkey* (Versager)!
ⓋWarner Home
Ⓑ Edmund H. North/Franklin Coen: *Meteor*, München 1980

Metropolis
Deutschland 1927.
R Fritz Lang. *B* Thea von Harbou. *K* Karl Freund/Günther Rittau. *B* Otto Hunte/Erich Kettelhut/Karl Vollbrecht. *SpE* Eugen Schüfftan/Ernst Kunstmann. *M* Gottfried Huppertz. *D* Alfred Abel (Johann Fredersen), Gustav Fröhlich (Freder Fredersen), Brigitte Helm (Maria/Roboter), Rudolf Klein-Rogge (Rotwang), Fritz Rasp (Der Schmale), Heinrich George (Groth, Wächter der Herzmaschine), Theodor Loos (Josaphat/Joseph), Erwin Biswanger (Nr. 11811), Olaf Storm (Jan), Hanns Leo Reich (Marinus), Heinrich Gotho (Zeremonienmeister), Margarete Lanner (Dame im Auto), Max Dietze, Georg John, Walter Kühle, Arthur Reinhard, Erwin Vater (Arbeiter), Grete Berger, Olly Böheim, Ellen Frey, Lisa Gray, Rose Lichtenstein, Helene Weigel (Arbeiterinnen), Beatrice Garga, Anny Hintze, Margarete Lanner, Helen von Münchhofen, Hilde Woitscheff (Die Frauen der ewigen Gärten), Fritz Alberti (Der schöpferische Mensch), Curt Siodmak (Einer von rund 38 000 Komparsen, darunter 1100 Kahlköpfe, 750 Kinder, 100 Neger, 25 Chinesen). 115 Min.
Metropolis, die Zukunftsstadt im 21. Jahrhundert; ein kaum überschaubares Häusergebirge von bombastischen Ausmaßen, das bis in den Himmel hineinragt! Ganz oben, im höchsten Raum des höchsten Hausturmes laufen die politischen

Das Ornament der Masse: *Metropolis* von Fritz Lang

und wirtschaftlichen Fäden des Staates zusammen, fest in der Hand von Johann Fredersen, dem absoluten Herrscher. Für ihn sind seine Untertanen keine Menschen, sondern bloße Ziffern, die man nach Belieben ausnutzen, ausbeuten kann. Doch sind nicht alle Untertanen gleich. Maßgeblich ist, ob man in der Unterstadt arbeitet (von Leben kann gar keine Rede sein) oder in der Oberstadt lebt. Um den kostbaren Boden der Riesenstadt nicht zu verschwenden, ist unterhalb von Metropolis die unterirdische Arbeiterstadt mit ihren Fabriken angelegt. Hier führen die Arbeiter ein Sklavendasein, schuften unter unvorstellbaren Bedingungen und werden von der Automation zu Rekordleistungen gezwungen. Betriebsunfälle sind an der Tagesordnung, die Opfer werden einfach ausgesondert. In dem überirdischen Häusergefüge, dem ›Haus der Söhne‹, führt die Oberschicht ihr feines, sorgenfreies Leben und gibt sich vorzugsweise dem Müßiggang, bestenfalls noch der Weiterbildung in Universitäten und Bibliotheken hin. In dieser heiteren, prachtvollen Oberwelt haben es die Söhne (Stammhalter) der Reichen natürlich besonders gut, allen voran Freder, Johann Fredersens einziger Sohn. Dieser ist noch nie mit der Arbeiterklasse in Berührung gekommen. Um so größer der Schock, als er eines Tages per Zufall das Arbeitermädchen Maria sieht und sich sofort in sie verliebt.

Er folgt dem Mädchen in die Tiefen der Arbeiterslums. Rührung überfällt ihn, als er erkennen muß, unter welch grausamen Voraussetzungen der Reichtum für seine Klasse erwirtschaftet wird. Maria entpuppt sich als eine Arbeiterführerin besonderer Art: Sie predigt nicht den Aufstand gegen das herrschende System, sondern propagiert, daß der Mittler zwischen dem Hirn (dem Kapital) und der Hand (der Arbeiterschaft) das Herz sein müsse, eine These, die Freder beeindruckt. Aus den Niederungen zurück stürmt er zu seinem Vater, um ihn zu bitten, das Los der Arbeiter zu verbessern, stößt jedoch auf

strikte Ablehnung. Aus Liebe zu Maria begibt er sich erneut in die unterirdische Stadt, kommt einem ohnmächtig gewordenen Arbeiter zu Hilfe und nimmt (zunächst) dessen Stelle ein. Als Johann Fredersen bemerkt, daß es in der Unterstadt brodelt, sucht er den Beistand des Wissenschaftlers Rotwang. Der erklärt ihm, er habe einen künstlichen Menschen erschaffen, der befähigt sei, menschliche Arbeiter zu ersetzen. Das Werk stehe dicht vor seiner Vollendung. Rotwang hat jedoch noch eine alte Rechnung mit Fredersen zu begleichen, und so sinnt er auf Umsturz. Er versieht den Roboter mit den menschlichen Zügen Marias und läßt ihn in der Unterstadt Aufstand, Revolution und Zerstörung verkünden: »Tod den Maschinen!«

Die Folge ist verheerend, die Arbeiter zerstören die Maschinen, die Wasserreservoire bersten, die Dämme stürzen ein, die Unterstadt versinkt in den Wassermassen. Da wenden sich die Arbeiter gegen die falsche Prophetin und verbrennen sie auf dem Scheiterhaufen; in den Flammen werden die Eisenteile des Roboters sichtbar. Die echte Maria rettet inzwischen mit Freders Hilfe die von den Fluten bedrohten Arbeiterkinder vor dem Ertrinken. Doch der inzwischen total wahnsinnige Rotwang sieht in ihr seine Jugendliebe und entführt sie aufs Dach der Kathedrale. Dort kommt es zum letzten Kampf mit Freder, wobei Rotwang den Halt verliert und in die Tiefe stürzt. Freder und Maria sind endgültig vereint. Freder wird zum Mittler zwischen Hirn und Hand. Johann Fredersen und der Arbeiterführer Groth reichen einander die Hand als Zeichen der Versöhnung zwischen Kapital und Arbeit. Metropolis, die Stadt der Zukunft, die Stadt des ewigen sozialen Friedens, die Stadt, die keine Feindschaft, keinen Haß und auch keine sozialen Ungerechtigkeiten kennt.

Fritz Langs *Metropolis* ist einer der berühmtesten, aber auch einer der umstrittensten Filme der Filmgeschichte, erhitzen sich die Gemüter doch regelmäßig an seiner formalen und vor allem ideologischen Problematik. Man hat dem Film »Verschleierung der sozialen Gegensätze, die ›Erlösung‹ des Proletariats durch den überlegenen, dem Klassenkampf entrückten Führerwillen« vorgeworfen, sicher nicht zu Unrecht (Gregor/Patalas). Ohne die direkte Verwandtschaft zu präfaschistischen Vorstellungen leugnen zu wollen, erscheint die folgende Auslegung treffender: Wo man den Kapitalismus nicht mehr und den Sozialismus noch nicht akzeptieren konnte, da ergab sich notgedrungen die Suche nach etwas ›dazwischen‹ oder ›darüber hinaus‹. Wer danach suchte, das Wagnis einer Revolution aber nicht eingehen wollte, der geriet automatisch in die Nähe des Faschismus, der gewaltsam vereinte, was nicht zu vereinen war, die Ausbeuter und die Ausgebeuteten (Georg Seeßlen). Absurditäten von Handlung und Ideologie gehen voll auf das Konto der Drehbuchautorin Thea von Harbou, Ehefrau von Fritz Lang (zu Drehzeiten des Films) und Vielschreiberin, die nach Siegfried Kracauer nicht nur anfällig für alle Strömungen der Zeit war, sondern alles wahllos herunterschrieb, was in ihrer Fantasie herumspukte. Die Kritik des britischen Science Fiction-Autors H. G. Wells unterstreicht das: »(*Metropolis*) verabreicht in ungewöhnlicher Konzentration nahezu jede überhaupt mögliche Dummheit, Klischee, Plattheit und Kuddelmuddel über technischen Fortschritt überhaupt, serviert mit einer Sauce von Sentimentalität, die in ihrer Art einzigartig ist. Ich glaube nicht, daß es möglich sein könnte, einen noch dümmeren zu machen. Das Schlimmste ist, daß dieser fantasielose, verworrene, sentimentale und dumm täuschende Film einige wirklich schöne Möglichkeiten verschwendet.« Thea von Harbou wurde später aufgrund ihrer diversen Drehbücher von den Nazis hofiert und als Aushängeschild präsentiert. Goebbels, ein ausgesprochener Fan von *Metropolis*, wollte Fritz Lang, obwohl Jude, als Ehrenarier zum Leiter der gesamten deutschen Filmindustrie

machen. Noch am Tage, an dem Fritz Lang das Angebot von Goebbels persönlich angetragen wurde, verließ er Deutschland. Fritz Lang distanzierte sich später von *Metropolis*, bekam in seiner neuen Heimat USA in der McCarthy-Ära wegen marxistischer (!) Tendenzen Schwierigkeiten. Trotzdem bleibt die Frage, warum Fritz Lang ein solches Buch der Unmenschlichkeiten so ohne weiteres akzeptieren konnte. Antwort darauf gibt bereits 1927 der Filmkritiker Paul Ickes in der FILMWOCHE: »Ihr Unglück, sehr geehrter Fritz Lang, ist es, daß Ihnen die Idee nichts gilt, sondern nur das Bild. Sie kleben am Gemälde.« Und Jerzy Toeplitz bemerkt zutreffend in seiner GESCHICHTE DES FILMS: »In *Metropolis* ist für den Regisseur nur die plastische Form wichtig. Die Komposition des Bildes ist alles. Der Mensch spielt in diesem Film eine untergeordnete Rolle, er ist nur ein Element der ›menschlichen Architektur‹. Die Personengruppen ordnet Lang in geometrischen Formen an und bevorzugt dabei die Pyramidenform. Sogar dann, als in der Unterstadt eine Überschwemmung ausbricht und die Menschen zum Ausgang laufen, um sich zu retten, vergißt Lang nicht, die einzelnen Gruppen in ein harmonisches Muster zu bringen. Als die Masse die Hände hebt, tut sie das immer in einem bestimmten Rhythmus.« Gerade die gegliederte Ungeheuerlichkeit der Massenszenen, der Panik- und Angstszenen ist in dieser Intensität (zum Glück?!) nie wieder erreicht worden. In der Entwicklungsgeschichte des Films nimmt *Metropolis* wegen seiner Architektur, seiner Ausstattung und seiner revolutionierenden Tricktechnik einen hervorragenden Platz ein. Zum ersten Mal wurde das sog. Schüfftan-Verfahren eingesetzt. Dabei lassen sich modellierte oder gezeichnete Abbilder als Hintergrundkulisse über einen Spiegel mit Rückseitenversilberung, der in einem exakten Winkel von 45 Grad zur optischen Achse der Kamera aufgestellt ist, in eine Studioaufnahme einspiegeln. Im Vordergrund können dann die Schauspieler agieren, so daß nur ein einziger Aufnahmegang notwendig ist.

Metropolis dürfte trotz der *Unendlichen Geschichte* immer noch der teuerste deutsche Film sein, berücksichtigt man einen Währungsausgleich (Kosten 5 Mill. RM). Wer und was alles zum Einsatz kam, listet der Filmhistoriker Friedrich von Zglinicki in seinem Standardwerk DER WEG DES FILMS sehr nüchtern auf:»620 000 m Negativfilm, 1 300 000 m Positivfilm, 3500 Paar Schuhe, 75 Perücken, 50 Autos nach eigenen Entwürfen, Kostüme für insgesamt 200 000 Mark, Dekorationen und Strom für insgesamt 400 000 Mark, Arbeitslöhne für rd. 1 600 000 Mark, 25 000 Komparsen, 11 000 Komparsinnen, 1100 Kahlköpfe, 100 Neger, 25 Chinesen, 750 Kinder, 750 Episodisten (kleinere Rollen) und 8 Solisten (Hauptrollen), die ausnahmslos von Fritz Lang persönlich mit besonderer Sorgfalt ausgesucht worden waren.« Leider existiert der Film nicht mehr in seiner Gesamtlänge. Die betrug zur Uraufführung 4189 Meter, was eine Vorführdauer von über dreieinhalb Stunden ausmachte. Schon ein halbes Jahr später wurde der Film um 750 Meter, also um gut ein Sechstel gekürzt. Willkürliche Schnitte verstümmelten den Film in der Folgezeit auf 2442 Meter. Eine von Enno Patalas für das Münchner Filmmuseum rekonstruierte Fassung, die auch im Fernsehen ausgestrahlt wurde, bleibt trotz ihrer 2945 Meter Länge (Spieldauer ca. 2½ Stunden) ein Fragment. Ein anderes Fragment, zur Rockoper im Stummfilmstil umfunktioniert, kam 1985 in die Kinos: Giorgio Moroders 83 Minuten lange Disco-Fassung.

Ⓥ Atlas/Vestron
Ⓑ Thea von Harbou, *Metropolis*, Berlin 1926

Metropolis
(METROPOLIS).
Deutschland 1926/USA 1984.
R Fritz Lang/(rekonstruiert und adaptiert:) Giorgio Moroder. *SpE der Neufassung* Jeff Matacovich/Ray Mercer

Co. M der Neufassung Giorgio Moroder. *Songs von* Cycle V/Pat Benatar/Jon Anderson/Billy Squier/ Adam Ant/Bonnie Tyler/Freddie Mercury/Loverboy. *F* 83 Min.

Giorgio Moroder, gebürtiger Südtiroler, zur Zeit einer der bekanntesten Filmkomponisten Hollywoods (*Midnight Express, Flashdance, Ein Mann für gewisse Stunden, Die unendliche Geschichte* in der amerikanischen Version), sicherte sich die Weltrechte an Fritz Langs *Metropolis*-Film aus dem Jahre 1926. Er besorgte sich dazu die Premierenpartitur der Filmmusik. Über den Takten waren die entsprechenden Szenenbeschreibungen vermerkt. Dieses komplette Kompendium aller Sequenzen bildete die Grundlage für gezieltes Suchen bei Sammlern und in Archiven. Zu Tage kamen eine Acht-Millimeter-Kopie mit englischen Untertiteln und eine alte Silber-Kopie, darüber hinaus lieferte ein australischer Sammler die interessantesten Filmstücke. So stand Moroder die kompletteste Fassung seit der Uraufführung zur Verfügung. Doch statt diese der Allgemeinheit zur Verfügung zu stellen, bastelte er sich den Film auf seine Weise zurecht: Er ›tintete‹ – die Untertagewelt blau, die Welt der Nichtsnutze gelb, Freders Fantasien und Visionen rot. Dem farbigen Stummfilm wurde ein Sound Track unterlegt, der es in sich hat: Synthesizer-Rock mit hämmernden Rhythmen, Straßenlärm, Comic-Effekten (›Wwhusch!‹), und elektronischen Chorgesängen. Die Songs dieser ersten Stummfilm-Rockoper röhren u.a. Freddie Mercury von ›Queen‹, Bonnie Tyler, Pat Benatar und Adam Ant. Obwohl auf weniger als die Hälfte der Original-Länge gekürzt, kann man weitgehend von einer authentischen Fassung sprechen, in der der Handlungsfaden des Originals erkennbar bleibt. Moroder eliminierte zahlreiche Schrifttafeln, kürzte längere Szenen auf ein verträgliches Maß, korrigierte die Montage, behielt aber dabei stets die Musikwirkung – Vorbild Video-Clip – im Auge. »Dabei ist eine eigenständige neue

Ästhetik erreicht worden, die an einigen Stellen dicht und packend ist, an einigen Stellen sogar mit einer gewissen Eigendynamik Langs Intentionen unterstreicht (die Vision der nächtlichen Oberstadt, die Welt der Maschinen). Freilich ist dies ein Verharren an der Oberfläche; der Rhythmus der authentischen Fassung und vor allem die Entwicklung der Figuren werden einer peppigen Hauruck-Dramaturgie geopfert... Aus Fritz Langs *Metropolis* wurde Giorgio Moroders *Metropolis*: ein schicker, leicht zu goutierender Unterhaltungsfilm, gerade recht, um als schickes Versatzstück innerhalb einer neuen Mode zu dienen.« (Horst Peter Koll, FILMDIENST)
Ⓥ Vestron

Metropolis 2000
(I NUOVI BARBARI). Italien 1982. *R* Enzo G. Castellari. *B* Tito Carpi/Enzo Girolami. *K* Fausto Zuccoli. *M* Claudio Simonetti. *D* George Eastman (One), Anna Kanakis (Alma), Timothy Brent (Skorpion), Fred Williamson (Nadir), Venantino Venantini (Pastore), Massimo Vanni (Mako). *F* 84 Min.
2019 A. D.: Die Welt ist wieder mal am Arsch. Ein ›Super-GAU‹ hat stattgefunden und die Zivilisation hinweggefegt. Die Überlebenden rasen in futuristischen Fahrzeugen durch eine versteppte und verstrahlte Landschaft und murksen sich gegenseitig ab, weil ein Sektiererhäuptling die Menschen in lebenswertes und - unwertes Leben einteilt. Die Darsteller sind wie (alte) Punks im Disco-Astronautenlook kostümiert und finden offenbar immer wieder eine Chemikalie, mit der sie sich eine schicke blonde Strähne ins Haar färben können. – Mit dem Originaltitel ›Die neuen Barbaren‹ versehen, geht Castellaris Film davon aus, daß nach der Großen Katastrophe nur noch ›Stämme‹ überleben werden; Gemeinschaften, die beinhart zusammenhalten, keinerlei Skrupel kennen und erst schießen, bevor sie Fragen stellen. Robert A. Heinlein läßt grüßen. All das ist schon mal dagewesen,

z.B. in *Mad Max* und *Der Kampfkoloß*. Die Ideenklauer sollten sich allmählich wirklich mal in anderen Gefilden umsehen.
Ⓥ UFA

Das MI-8-Projekt
(HUMAN ERROR). USA 1989. *R* Clyde Ware. *B* Clyde Ware/Carol Cline Hummel. *K* Craig Cockerill. *M* Jamie Sheriff. *D* Rod McGary (Jack Farley), Suzanne Wouk (Charlotte Holt), Joe Estevez (Phil Martens), Vincent Cobb (Gen. Gilford), Lynn Tanner (Dr. Benson), Pepe Serna (Major Santez), Eric Show, Rob Carrison, Holly Susan Dorff, Lorraine Venture. *F* 98 Min.
Der Architekt Farley soll drei Monate lang mit seiner Familie einen strahlensicheren Bunker zur Kolonisierung des Weltraums, den er selbst konstruiert hat, auf Bewohnbarkeit testen. Monitore überwachen das Zusammenleben im hermetisch abgeriegelten Raum unter der Erde. Entgegen einer Vereinbarung mit Farleys Freund, dem NASA-Mann Martens, nur einen mit Tieren bestückten Raum der nuklearen Strahlung auszusetzen, bestrahlt General Gilford die Testfamilie. Nur Farley überlebt. Er wird, dem Tode geweiht, im Militärhospital mit einem Dekontaminierungsserum behandelt, das Gilford vorrangig testen wollte. Farley, auf Recht und Rache bedacht, zieht mit Martens gegen die Verantwortlichen zu Felde, die im weiteren Verlauf alle sterben müssen. Die geheimen Akten des Projekts bringt er vor Gericht. – Jeden Anflug von Ernsthaftigkeit killt der Film mit dämlichen Sprüchen und einer hanebüchenden Rachegeschichte. – Nur auf Video.
Ⓥ UFA

Miami Golem
(MIAMI GOLEM). Italien 1986. *R* Martin Herbert (= Alberto de Martino). *B* Frank Clark/Alberto de Martino/Frank Wall. *K* Barry Battle/Pane Doty. *M* Robert Martin. *D* Victor

Loren Beard, Sandy Russell, George Bonner, David Baxter, Laura Trotter, David Warbeck, John Ireland. *F* 84 Min.
Ein bei einem Laborexperiment entstandenes Retortenwesen, das in die falschen Hände gerät, wird von einem Journalisten und seinen außerirdischen Freunden an der Ausführung diverser finsterer Pläne gehindert. – Ein stümperhaft inszenierter Actionstreifen, der nur mit SF-Elementen spielt.
Ⓥ Starlight

Mick, mein Freund vom anderen Stern
(MAC AND ME). USA 1988.
R Stewart Raffill. *B* Stewart Raffill/ Steve Feke. *K* Nick McLean. *SpE* Dennis Dion/Chris Burton/Martin J. Becker. *Ma* John Elliott/Margaret Besserra. *M* Alan Silvestri. *D* Christine Ebersole (Janet Cruise), Jonathan Ward (Michael), Tina Caspary (Courtney), Jade Calegory (Eric), Vinnie Torrente (Mitford), Lauren Stanley (Debbie), Martin West, Ivan Jorge Rado. Danny Cooksey, Laura Waterbury. *F* 93 Min.
Die geschiedene Janet ist mit ihren Söhnen Michael und Eric (letzterer ist an einen Rollstuhl gebunden) im Auto nach Kalifornien unterwegs. Bei einer Rast schleicht sich unbemerkt der außerirdische Gnom Mick in den Wagen. Zu Hause bemerkt man sonderbare Dinge: Fernseher laufen, ohne angeschlossen zu sein, Spielzeugautos fahren ohne Batterie. Die Kinder fangen Mick, der seinen Schabernack mit ihnen treibt, ein und erfahren, daß er mit seiner Familie auf der Erde gelandet ist. Seine Angehörigen sind NASA-Wissenschaftlern in die Hände gefallen, auf der Flucht wurde Mick von ihnen getrennt. Übermäßige Cola-, Süßigkeiten- und Fast Food-Mengen helfen auch nicht, um sein Heimweh zu verdrängen. Gemeinsam macht man sich auf, um Micks Familie zu suchen. Man findet sie in einem alten Stollen – tot. Aber! You can't beat the Feeling! Coca Cola is it! Ein

paar Schlucke wirken Wunder! Die Aliens erwachen wieder zum Leben. – »US-Regisseur Stewart Reffill ist ein ausgewiesener Recycling-Spezialist. Schon mit der Billigproduktion *Krieg der Eispiraten* (1983) hat er gezeigt, wie gut er sich aus dem Bauchladen des SF-Genres bedienen und mit den bewährten Bausteinen großer Filmerfolge jonglieren kann. Dabei ändert er an Handlungsaufbau und Personenstaffage stets nur soviel, daß die Produktion um Haaresbreite einer Plagiatsklage entgeht. Bei seinem neuesten technisch wie inhaltlich gleichermaßen dürftigen Rip-Off lugt an allen Ecken und Enden ein knuddeliger Kobold mit großen Kulleraugen hervor, dem Steven Spielberg einst zum Weltruhm verholfen hat. *E.T.* läßt grüßen.« (Dorothee Lackner, GIG).
Ⓥ VPS

Mike Morris jagt Agenten in die Hölle
(IL RAGGIO INFERNALE/NIDO DE ESPIAS). Italien/Spanien 1967.
R Frank G. Carroll (Gianfranco Baldanello). *B* Juan Antonio Cabezas/ Jaime Comas/Aldo Cristiani. *K* Manuel Hernandez Sanjuan. *M* Gianni Ferri. *D* Gordon Scott (Mike Morris), Alberto Dalbes, Delphy Maureen, Silvia Solar, Max Dean, Tor Altmayer. *F* 106 Min.
Professor McCorm hat einen Todesstrahl erfunden. Eine Spionageorganisation entführt ihn. Der Agent Mike Morris haut den Professor raus und nietet dabei jede Menge Schurken um. Ein ziemlich brutaler Agenten-Thriller.

Mike Murphy 077 gegen Ypotron
(AGENTE LOGAN MISSIONE YPOTRON/ YPOTRON). Italien/Spanien 1966.
R George Finley (Giorgio Stegani). *B* Remigo del Grosso/Giorgio Stegani/ Joé Luis Martinez Molla. *K* Rafael Pacheco. *M* Nino Fidenco. *D* Luis Davila (Mike Murphy), Gaia Germani, Jesus Puente, Alfredo Mayo, Janine Reynaud, Alberto Dalbes. *F* 96 Min.

Der knochenharte Geheimagent Mike Murphy entlarvt einen Raketenprofessor, der die beiden Supermächte ausschalten und mittels seines Ypotron-Projekts die Weltherrschaft an sich reißen möchte, als ehemaligen KZ-Wissenschaftler, unter dessen Grausamkeiten er während des Zweiten Weltkrieges gelitten hat. – Formal anspruchsloses Agentenabenteuer, jedoch routiniert in Szene gesetzt. – »Ein Fest fürs Auge sind indes die großen technischen Dekorationen und Apparaturen – und die berückend schicken Moden der Damen.« (FILMDIENST)
Ⓥ Toppic *(Mike Murphy gegen Ypotron)*

Mikro-Chip-Man
(THE VINDICATOR). USA 1985.
R Jean-Claude Lord. *B* Edith Rey/David Preston. *K* René Verzier. *M* Paul Zaza.
D Terri Austin (Lauren Lehman), David McIlwraith (Carl Lehman), Richard Cox (Alex Whyte), Maury Chaykin (Burt), Pam Grier (Hunter). *F* 91 Min.
Terminator meets Frankenstein, Regisseur spielt Kasperle. Der Wissenschaftler Alex White hat einen Roboter für die Weltraumforschung gebaut. Ihm fehlt nur noch ein Gehirn für den Mikro-Chip-Man. Er inszeniert einen Laborunfall, der das Leben seines Kollegen Lehman fordert. Lehmans Hirn wird in den Roboter transplantiert. Als Lehman wieder bei Sinnen ist, flüchtet er, doch er ist einem Aggressionsaktivator ausgeliefert, der bei der kleinsten Berührung von außen zum Töten zwingt. Zwar geht er nicht am verkaufsoffenen Samstag in die Stadt, doch die Chance zum Töten nutzt er oft genug. White beendet das Gemurkse. Lehman, erfährt man, stirbt später auch – als Held der Weltraumgeschichte. – »Naiver SF-Horror mit unfreiwillig komischen *Frankenstein*-Anleihen.« (FILMDIENST).
Ⓥ Mike Hunter

Millenium
(MILLENIUM). USA 1989.
R Michael Anderson. *B* John Varley.
LV John Varley. *K* Rene Ohashi.

SpE Sam Nicholson/Syd Dutton/Albert Whitlock/Bill Taylor. *M* Eric N. Robertson. *D* Kris Kristofferson (Bill Smith), Cheryl Ladd (Louise Baltimore), Dniel J. Travanti (Arnold Mayer), Robert Joy (Sherman), Lloyd Bochner (Walters), Brend Carver (Coventry), David McIlwraith (Tom Stanley), Maury Chaykin (Roger Keane), Al Waxman (Dr. Brindle), Lawrence Dane (Vern Rockwell), Thomas Hauff (Ron Kennedy), Peter Dvorsky (Janz). *F* 105 Min.
Im 4. Jahrtausend hat die Menschheit in ihrer sorglosen Doofheit die Umwelt restlos vernichtet. Mit der Natur geht auch sie selbst zugrunde, da sie sich nicht mehr fortpflanzen kann. Um den Fortbestand ihrer Art zu sichern, entwickeln die Großkopfeten einen Plan: Unter Leitung der ansehnlichen Louise Baltimore reist man in die Vergangenheit, entführt Flugzeuginsassen aus Maschinen, von denen man weiß, daß sie abstürzen werden, und konserviert sie für bessere Zeiten. Bei einer solchen Aktion verliert Louise ein futuristisches Gerät, das der Untersuchungsbeamte Bill findet. Er vermutet, daß hinter dem Absturz mehr steckt. Louise reist ins Jahr 1989 zurück, um es ihm abzunehmen, denn wenn Bill die Zusammenhänge erfährt, ändert dies die Zukunft und könnte Louise auslöschen. Sie fängt ein Verhältnis mit ihm an, das über ihren Auftrag hinausgeht. Bill wendet sich an den Wissenschaftler Brindle, der ein ebensolches Gerät Jahre zuvor in einem anderen Flugzeugwrack gefunden hat. Als Louise auf der Bildfläche erscheint, schaltet der neugierige Brindle das Gerät trotz ihrer Warnung vor einem Paradoxon ein und kommt dabei um. Louise und Bill fliehen ins 4. Jahrtausend. Das durch Brindles Tod entstandene Paradoxon zeigt destruktive Auswirkungen: die Welt wird untergehen. Man weckt die konservierten Flugzeuginsassen, damit sie per Zeitmaschine in ferner Zukunft einen Neuanfang versuchen. – »Dies ist nicht das Ende. Dies ist nicht der Anfang vom Ende. Es

ist das Ende vom Anfang.«–»Eine originelle Idee... die in den Händen des Alt-Meisters Michael Anderson... aber durch die gemächliche und beiläufige Inszenierung zum SF-Langweiler verkommt. Aufgrund der Dualität der Ereignisse werden weite Strecken des Films gleich zweimal erzählt. Anderson gelingt es nicht, diese Wiederholungen interessant zu variieren. So verglüht *Millenium* trotz ansehnlicher Spezialeffekte und vergnüglich schrägen Zukunftspersonals im unendlichen Kino-Orbit.« (Dorothee Lackner, GIG).
Ⓑ John Varley: *Millenium – Eine Jahrtausendliebe,* Bergisch-Gladbach 1985
Ⓥ Warner Home

Das Milliarden-Dollar-Gehirn
(BILLION DOLLAR BRAIN). GB 1967.
R Ken Russell. *B* John McGrath.
LV Len Deighton. *K* Billy Williams.
M Richard R. Bennett. *D* Michael Caine (Harry Palmer), Karl Malden (Leo Newbegin), Ed Begley (Gen. Midwinter), Oscar Homolka (Oberst Stok), Françoise Dorleac (Anya), Guy Doleman (Col. Ross), Vladek Scheybal (Dr. Eiword), Milo Sperber (Basil), Marl Elwes (Birkinshaw), Stanley Caine (Eilbote). *F* 108 Min.
Der Ex-Geheimdienstler Palmer wird vom britischen Secret Service mit einem schäbigen Trick gezwungen, wieder seiner alten Tätigkeit nachzugehen. Im Auftrag von Colonel Ross spioniert er den texanischen Ölmillionär und Ex-General Midwinter aus. Midwinter ist ein krankhafter Antikommunist und will mit Hilfe eines Elektronengehirns und tödlicher Viren von Lettland aus zum vernichtenden Schlag gegen die Sowjetunion ausholen. Mit Unterstützung der sowjetischen Agenten Tanya und Stok gelingt es Palmer nach einigem Hin und Her, den wutschnaubenden Großkapitalisten außer Gefecht zu setzen. – Nach *Icpress – streng geheim* und *Finale in Berlin* ist *Das Milliarden-Dollar-Gehirn* der dritte Film nach Romanen von Len Deighton mit dem intellektuellen Geheimagenten Harry Palmer im Mittelpunkt. »Ken Russell hat die Vorlage temporeich und effektvoll mit guten Darstellern inszeniert; ein Gag jagt den anderen – Autor und Regisseur haben viel Fantasie in eine Kinogeschichte investiert, die gerade durch ihre Unwirklichkeit und Überdrehtheit gelegentlich beängstigende und bedrückende Züge gewinnt.« (Alfred Paffenholz, FILMDIENST)
Ⓑ Len Deighton: *Das Milliarden-Dollar-Gehirn,* Frankfurt/Berlin/Wien 1968

Das Millionenspiel
(TV-ARD). BRD 1970.
R Tom Toelle. *B* Wolfgang Menge/Tom Toelle. *LV* Robert Sheckley. *K* Jan Kališ. *D* Jörg Pleva (Bernhard Loetz), Dieter Thomas Heck (Showmaster), Dieter Hallervorden (Köhler), Josef Fröhlich (Witte), Theo Fink (Hensel), Friedrich Schütter (Moulian), Peter Schulze-Rohr (Ziegler), Annemarie Schradek (Mutter Lotz), Elisabeth Wiedemann (Frau Steinfurth), Andrea Grosske (Frau Grote), Susanne Roquette (Claudia von Hohenheim), Arnim Basche, Hans Werner Conen, Heribert Fassbender, Ralf Gregan, Theodor Haarmann, Hans-Jörg Hack, Peter Kletzschke, Brigitte Kortmann, Gisela Marx, Alfred de Mester, Joachim Richert, Wolf Dieter Ruppe, Alfred Spiske, Hannelore Vorberg. *F* 95 Min.
Anfang der achtziger Jahre: Bernhard Lotz aus Leverkusen ist der 17. Kandidat der erfolgreichen TV-Reihe ›Das Millionenspiel‹. Seine Aufgabe: Er muß um sein Leben rennen. Hält er sieben Tage lang durch, ohne den Berufskillern Köhler, Witte und Hensel vor die Flinte zu laufen, winkt ihm eine Million in bar. Können seine Verfolger ihn *erledigen,* gehört das Geld ihnen. Die drei Killer sind schwer bewaffnet, aber Lotz ist auch nicht ohne: Bevor der kommerzielle TV-Sender, der das Spiel veranstaltet, ihn als Kandidaten akzeptierte, hat er diverse Kopf-und-Kragen-Tests bestanden: Er ist bei einem mörderischen Autorennen, bei

dem vier Mitbewerber ums Leben kamen, erster geworden und hat es geschafft, eine Situation zu meistern, in der jeder andere sofort aufgegeben hätte: Man hat ihn unvorbereitet in einem 2000 Meter über dem Erdboden dahintreibenden Sportflugzeug alleingelassen. Während die Zuschauermassen gebannt vor den Bildschirmen hocken, ein Showmaster zwischen den Werbespots die neuesten Nachrichten der Verfolgungsjagd verliest, schlägt sich Lotz, von versteckten Kameras verfolgt, durch das Rheinland und muß ständig auf der Hut sein, denn jeder Passant kann den Killern einen entscheidenden Tip geben. Aber auch wenn er die sieben Tage übersteht, ist er noch nicht gerettet: Im Fernsehstudio erst wird sich zeigen, ob er ein ›Held‹ oder ein ›Versager‹ ist. – »Toelles *Millionenspiel* gab sich realistisch bis zum Exzeß. Ein Showmaster, Dieter Thomas Heck, improvisierte einen Showmaster, nämlich sich selbst. Die von zahlreichen Kameras eingefangene Jagd im Raum zwischen Dinslaken – Dortmund – Köln wurde von echten Reportern wie Arnim Basche oder Heribert Fassbender kommentiert. Die wie Gags eingeblendeten Werbefilme demaskierten sich selbst. Und die Interviews mit den ›Zuschauern‹ der Jagd unterschieden sich von den Anrufen beim Sender während und nach der Sendung nur graduell oder gar nicht. Die vollendete Show der Zukunft, vollendet in der Gegenwart dargeboten, entlarvte die Gesellschaft: Ein mit Brutalitäten, Geldgewinnen und schnulzigen Werbesprüchen gefüttertes Publikum findet Sättigung erst in der Überspitzung, in der Menschenhatz, im Mord. Das ganze wirkte wie Eduard Zimmermanns Denunzianten-Appell und Menschenjagd mit dem futuristischen Kreuzworträtsel-Titel *XY-ungelöst*, in die Zukunft projiziert. Ein gefährliches Spiel – für die Millionen, die vor den Bildschirmen hocken und daraus ihre Freizeitgestaltung gewinnen!« (FILMBEOBACHTER) »*Das Millionenspiel* bietet, was man von einer guten Utopie verlangt, eine intelli-

gente Beziehung zur Realität. Das Fantastische ist ein mit handwerklicher Präzision ausgeführtes Spiel mit Bruchstücken von tatsächlich Vorhandenem. Vorhanden sind zum Beispiel die Konventionen der Fernseh-Show, die ja den Rahmen abgibt für das Spiel. Dabei findet ganz und gar nicht das statt, was meist zu befürchten ist, wenn im Fernsehen Fernsehen auftaucht und ungeniert sich selbst genießt. Nicht unwesentlich liegt das an dem Showmaster Dieter Thomas Heck. Wie er als Profi in Profi-Manier den Showmaster spielt, das ist beste Satire, geleistet mit präzisem Nachvollzug der Rolle und mit nur einem Hauch von parodistischer Übertreibung. Erst durch einen Jagdspiel-Kontext wird der gewohnt routinierte Umgang mit Personen und Sachen ungewöhnlich. So deutlich war es noch nie, wie auf der Bühne erscheinende Zuschauer unabhängig von ihrer Individualität von überlegener Rhetorik in Empfang genommen und im Sinne der Zuschauermehrheit umfunktioniert werden; wie das, was sie bieten, gewandt im populären Sinne ergänzt und verdreht wird und sie dann glücklich und dankbar dem Studio-Publikum zum Beifall an der richtigen Stelle vorgeworfen werden; wie hier unabhängig von ihrer realen und alltäglichen Erscheinungsform künstliche Menschen geformt werden, das ist schon erstaunlich. Die Killer und die ›Samariter‹, Dieter Thomas Heck hobelt sie, offenbar teils improvisierend, im Sinne der Majoritäts-Mentalität alle gleich... *Das Millionenspiel* bietet den Zuschauern eine explosive Mischung aus äußerer Attraktivität, Spannung, Witz und tieferer Bedeutung, die das Fernsehpublikum... irritieren dürfte. Ein Musterbeispiel für einen unterhaltenden Fernsehfilm.« (Egon Netenjakob, FERNSEHEN UND FILM) – Aus urheberrechtlichen Gründen darf dieses Fernsehspiel nicht wiederholt werden, vgl. *Kopfjagd – Preis der Gefahr.*

Ⓑ Robert Sheckley: ›Der Tod spielt mit‹, in Robert Sheckley, *Das geteilte Ich*, München 1966

Mind Killer – Halb Alien, halb Mensch

(MIND KILLER). USA 1987.
R Michael Krueger. *B* Steve Sipos/
Curtis Hannum/Michael Krueger. *K* Jim
Kelly. *SpE* Ted A. Bohus. *M* Jeffrey
Wood. *D* Joe McDonald (Warren),
Christopher Wade (Larry), Shirley Ross
(Sandy), Kevin Hart (Brad), Tom Henry
(Vivac Chandra), Diana Calhoun (Mrs.
Chandra), George Flynn (Townsend).
F 86 Min.
Der Archivar Warren stößt in einer Bibliothek in Denver auf die Aufzeichnungen eines Professors, der eine Methode zur Gedankenbeeinflussung entwickelt hat. Bei den Damen erfolglos, testet Warren die neuen Möglichkeiten bei einer attraktiven Kollegin. Seine Kräfte wachsen, bis er sich in einen klebrigen Klops verwandelt, dem mit einer Strahlenpistole der Garaus gemacht wird. –»Was wie eine Komödie beginnt, mündet in einer Schlacht der Spezialeffekte, die alle auf Ekel, Blut und andere Scheußlichkeiten getrimmt sind.« (FISCHER FILM ALMANACH) – Nur auf Video. Ⓥ Virgin

Missile X

(MISSILE X, ORDER SECRETA BOMBA DE NEUTRONES). Italien/Spanien/BRD/USA/Iran 1978.
R Leslie H. Martinson. *B* Clark
Reynolds/Elio Romando. *K* Claudio
Catozzo/Francisco Joan. *M* Alberto
Baldan. *D* Curd Jürgens, Peter Graves,
Karin Schubert, John Carradine, Tita
Barker, Herbert Fux, Michael Dante,
Aldo Sambrell, Michael Tietz, Pury
Banai, Robert Miller, Kurt Prana, Heidi
Gutruf. *F* 95Min.
Ein utopischer Agententhriller um den
Diebstahl einer Neutronenbombe. In der
BRD nur auf Video. Ⓥ VCL

Mission Galactica: Angriff der Zylonen

(MISSION GALACTICA: THE CYLON
ATTACK). USA 1978.
R Vince Edwards/Christian I. Nyby.

B Glen A. Larson/Jim Carlson. *K* Frank
Thackery/H. John Penner. *M* Stu
Phillips. *D* Richard Hatch (Captain
Apollo), Dirk Benedict (Lt. Starbuck),
Lloyd Bridges (Commander Cain),
Lorne Greene (Commander Adama),
Anne Lockhart (Sheba), Jack Stauffer
(Bojay), John Colicos (Graf Baltar),
Terry Carter (Col. Tighe), Tony Swartz
(Lt. Jolly). *F* 108 Min.
Als dem Riesenraumer *Galactica*, der
sich mit den letzten Überlebenden der
menschlichen Rasse auf der Suche nach
dem legendären Planeten Erde befindet,
der Treibstoff ausgeht, stößt man auf ›die
lebende Legende‹, den stahlharten Commander Cain, der mit seinem Superraumschiff *Pegasus* überraschenderweise
ebenfalls dem Überfall der Zylonen entgangen ist. Während Cain die Hauptwelt
der kriegerischen Zylonen vernichten
will, das Risiko einer Niederlage für
Commander Adama jedoch zu groß ist,
einigt man sich darauf, dem Feind die
dringend benötigte Treibstoffenergie zu
stehlen. Die Zylonen planen indessen die
völlige Vernichtung der letzten Menschen. Captain Apollo, sein Freund Starbuck und die Pilotinnen Sheba und Cassiopeia landen heimlich auf der Zylonenwelt, betreiben Sabotage und erzeugen
eine Panik. Die *Galactica* kann einem
Angriff der Zylonen standhalten, wird jedoch beschädigt. Schließlich gelingt es
den irdischen Kampfpiloten noch einmal,
den Gegner in die Flucht zu schlagen. –
Eine geschwätzige Kriegsverherrlichung
ohnegleichen. Zusammenschnitt diverser
Folgen einer amerikanischen TV-Serie,
die ausstattungsmäßig George Lucas'
Krieg der Sterne imitiert und auch die
dort gezeigten Weltraum-Kampfszenen
schamlos abkupfert. – »Unpolitische Unterhaltung – wohl kaum.« (FILMBEOBACHTER) Ⓥ CIC

Mr. Freedom

(MR. FREEDOM). Frankreich 1968.
R William Klein. *B* William Klein.
K Pierre Lhomme. *M* Serge

Es ist so schön, Soldat zu sein:
Lloyd Bridges und Lorne Greene in *Mission Beknacktika: Angriff der Zitronen*

Gainsbourg. *D* John Abbey (Mr. Freedom), Delphine Seyrig (Mme. Formidable), Philippe Noiret, Donald Pleasence. *F* 100 Min.

Mr. Freedom arbeitet in einer Kluft, die ihn wie eine Mischung aus Football-Spieler und Astronaut aussehen läßt, für eine Art weltumspannender CIA, die von einem Mann geleitet wird, der Dr. Freedom heißt. Das Hauptquartier dieser Organisation ist untergebracht in einem Gebäude, das auch die Chefetagen der größten US-Multis beherbergt. Nachdem Mr. Freedom bei einem Aufruhr im Negerviertel von Detroit eine beim Essen weilende Familie umgelegt hat, »um den Schwarzen zu zeigen, daß man nicht einfach stehlen darf«, wird er von seinem Chef nach Frankreich beordert, wo die Freiheit gerade von zwei Figuren unterminiert wird, die Muschik-Mann und Rotchina-Mann heißen. Madame Formidable führt ihn ins Hauptquartier der Freedom-Organisation, wo man den breitschultrigen Helden aus den USA wie einen Astronauten empfängt, der gerade vom Mond zurückgekommen ist. Dann liefert man dem neuen Führer eine Kostprobe seiner Fähigkeiten: Die Freedom-Truppen trainieren den Einzelkampf so heftig, bis ihnen das Blut aus der Nase läuft. Mr. Freedom nimmt den Kampf gegen Muschik-Mann (dessen Hauptquartier in einem U-Bahn-Tunnel liegt) und Rotchina-Mann sofort auf, aber als er feststellt, daß die Einheimischen nicht sonderlich daran interessiert sind, vor etwas ›beschützt‹ zu werden, in dem sie keine Gefahr sehen, verfällt er zunehmend in schwerste Depressionen. Als sich gar ein kleines Mädchen vor dem Herrn in der Astronauten-Football-Spieler-Montur fürchtet, macht ihn das vollkommen fertig. Da hilft es ihm auch nicht, daß Madame Formidable alles tut, um ihn mit Cornflakes wieder aufzupäppeln: Einen Löffel für die Demokratie, einen für die Freiheit. Mr. Freedom zerbricht, denn er kann nicht verstehen, daß man ihn nicht liebt. Und als er endgültig auf der Schnauze liegt, muß er sich von seinem Boß auch noch verhöhnen lassen...

Mister Kill

(DEATH RAY 2000). USA 1981.
R Lee H. Katzin. *B* Cliff Gould.
K N.N. *M* John Elizalde. *D* Robert Logan, Dan O‹Herlihy, Penelope Windust, Ann Turkel, Maggie Cooper, Ji-Tu Cumbuca, Paul Mantee, Clive Revil. *F* 93 Min.
Eine Lumpengang stiehlt die geniale Erfindung eines Wissenschaftlers – den Dehydrator. Daraufhin muß ein smarter Agent verhindern, daß die Bösen allen Bewohnern dieser Erde das Wasser entziehen. Schließlich wird nur die Gang ausgetrocknet. – Unfug, und zwar vom ersten bis zum letzten Bild. – Nur auf Video.
Ⓥ Euro

Mit 1000 Volt in den Tod

(ESCAPEMENT). GB 1957.
R Montgomery Tully. *B* Charles Eric Maine/J. McLaren Ross. *LV* Charles Eric Maine. *K* Bert Mason/Teddy Catford. *M* Richard Taylor. *D* Rod Cameron (Jeff Keenan), Mary Murphy (Ruth Vance), Peter Illing (Paul Zakon), Meredith Edwards (Dr. Maxwell), Carl Jaffe (Dr. Hoff), Carl Duering (Blore), Kay Callard (Laura Maxwell), Roberta Huby (Verna Berteaux), Larry Cross (Brad Somers), John McCarthy (Claude Kenver), Felix Felton (Kommissar), Carlo Borelli (Kallini), Jacques Cey (Arzt), Armande Guinle (Bauer), Pat Clavin, Malou Pantera, Alan Gifford. 76 Min.
Ein Londoner Wissenschaftler-Team entwickelt, um steinreichen Neurotikern zu helfen, eine Maschine, die in der Lage ist, Menschen in einen künstlichen Traumzustand zu versetzen. Paul Zakon, ein An-

gehöriger des Teams, kommt jedoch bald auf die Idee, daß man mit diesem Ding Menschen auch geistig steuern kann. Einige Patienten sind jedoch nicht in der Lage, die privaten Irrsinnsfantasien, mit denen Zakon sie füttert, zu ertragen. Nachdem es zu einigen Todesfällen gekommen ist, legt ein cleverer Versicherungsdetektiv dem machthungrigen Wissenschaftler das Handwerk. – Ein Routine-Grusler mit stellenweise beklemmender Atmosphäre. Die Traumsequenzen freilich sind eher hausbacken.

Moderne Zeiten

(MODERN TIMES). USA 1936.
R Charles Chaplin. *B* Charles Chaplin.
K Roland H. Totheroh/Ira Morgan.
M Charles Chaplin. *D* Charles Chaplin (Arbeiter), Paulette Goddard (Das Mädchen), Allan Garcia (Präsident des Stahlkonzerns), Stanley J. Sanford (Big Bill), Hank Mann (Einbrecher), Chester Conklin (Mechaniker), Lloyd Ingraham (Gefängnisdirektor), Cecil Reynolds (Pastor), Juana Sutton, Louis Natheaux, Henry Bergman, Stanley Blystone, Heinie Conklin, Frank Moran, Richard Alexander, Wilfred Lucas, Edward Kimball, John Rand. 89 Min.
Chaplin gab seinem Film den Haupttitel: ›Eine Geschichte von Industrie und Strebsamkeit und von persönlichem Unternehmungsgeist – die Menschheit auf der Suche nach dem Glück.‹
Charlie, mit zwei Schraubenschlüsseln bewaffnet, steht am Fließband und soll an jedem vorbeirollenden Teil die Muttern festdrehen. Als er das Tempo nicht mehr mithalten kann, fällt er aufs Band und wird von einer großen Maschine verschluckt. Von einem Großzahnrad zum anderen wird er weiterbefördert, bis die Maschine gestoppt, der Rückwärtsgang eingelegt und Charlie wieder sichtbar wird. Der Fließbandterror, immer nur dieselben zwei Handgriffe auszuüben, treibt Charlie in den Nervenkollaps. Er flippt aus; alles, was einer Schraubenmutter im entferntesten ähnlich sieht, will er mit sei-

nen Schlüsseln verschrauben, sogar die Knöpfe am Kleid einer ahnungslosen Passantin. Weil er die verhaßten Maschinen zum Stillstand bringt, ist er fällig für die Heilanstalt. – Chaplins Film als Einheit gesehen, ist sicherlich kein Science Fiction-Film im herkömmlichen Sinne. Aber gerade der soeben geschilderte erste Teil des Films hätte »richtungweisend für künftige SF-Produktionen... sein können«. (Rolf Giesen, SCIENCE FICTION) – Es geht um die moderne Tyrannei, die Unmenschlichkeit der Maschine, um die Ausbeutung der menschlichen Arbeitskraft durch die Technik und diejenigen, die die Technik einsetzen. Dabei richtet sich Chaplins Kritik nicht unbedingt gegen kapitalistische Produktionsverhältnisse, sondern eher »gegen eine angeblich durch Automatisierung forcierte Vermassung, oder besser Entindividualisierung«. (Rolf Giesen, DER PHANTASTISCHE FILM) – Nicht von ungefähr sollte der Film ursprünglich THE MASSES (›Die Massen‹) heißen. Menschenverschlingende Mo-

lochmaschinen, technische Zeitvorgaben und immer wieder dieselben Handgriffe zerstören die Individualität des Arbeiters. Charlie, den man hier zum letzten Male in der Rolle des Tramps sehen kann (eines Tramps aber, der aufgrund der Weltwirtschaftskrise zum Proletarier geworden ist), bewahrt seine Individualität. »Beim Fließbandterror verliert er (zwar) die Nerven, aber nicht die Formen: plötzlich schwebt er mit verzückt-graziösen Sprüngen, zierlich wie eine Ballettprinzessin, durch die Fabrikhallen. Charlie läuft nicht Amok, er tanzt Amok. Im Total- und Brutalkapitalismus der Fabrik ist er der einzige und letzte Sensible. Während die Kollegen, allesamt klobige Gesellen, in der Mittagspause stumpf an ihren Stullen kauen, kämpft Charlie den Kampf mit dem Fließband pantomimisch weiter. So überragt Charlie mit Zwergencharme seine plumpe Umwelt: Lumpenaristokrat und Herrenmensch, kein hilflos-sentimentaler Clown.« (Benjamin Henrichs, SÜDDEUTSCHE ZEITUNG)

Moderne Zeiten von Charles Chaplin

Charlies permanente Flucht vor der Vermassung und Gleichmachung, vor dem Verlust von Individualität und Freiheit bleibt Hauptthema der Folgehandlung: Aus der Heilanstalt entlassen, gerät Charlie durch Zufall hinter einen großen Lastwagen, der seine rote Fahne verliert. Er ergreift sie und läuft winkend hinter dem Wagen her. Sofort bildet sich hinter ihm eine Demonstration, deren Teilnehmer Lohnerhöhung fordern. Charlie – unschuldig schuldig – wird als Rädelsführer verhaftet und ins Gefängnis gesteckt. Im unfreiwilligen Kokainrausch vereitelt er einen Massenausbruch und wird wegen guter Führung vorzeitig entlassen. Unglückliche Zufälle bringen ihn noch mehrere Male ins Gefängnis. Er lernt ein Mädchen kennen, mit dem er fortan zusammenlebt. Sie findet eine Stelle als Tänzerin in einem billigen Café, er bekommt eine Stellung als Kellner und Sänger. Charlie tanzt, singt und serviert – und schon meinen sie, daß es ihnen künftig gutgehen wird. Doch das Mädchen wird immer noch von der Polizei wegen Landstreicherei gesucht. Sie soll verhaftet werden. Beiden gelingt die Flucht. Das Mädchen ist verzweifelt, als sie beide wieder am Rande einer Landstraße sitzen. Charlie aber tröstet sie – und gemeinsam ziehen sie in eine neue Zukunft... (berühmte Schlußsequenz).

Moderne Zeiten ist einer der letzten Stummfilme, aber nicht aus technischen Gründen, sondern aus dramaturgischen. Chaplin arbeitete mit Toneffekten, es wurde nicht gesprochen (außer in einem unverständlichen Kauderwelsch-Lied, das Charlie als Kellner intoniert), es gab aber indirekte Dialoge: Stimmen von Schallplatten und aus Radios.
Ⓥ Polygram

Mondgeflüster
(MOON PILOT). USA 1962.
R James Nielson. *B* Maurice Tombragel. *K* William Snyder.
SpE Eustace Lycett. *M* Paul Smith.
D Tom Tryon (Capt. Richmond Talbot),

Brian Keith (Gen.-Major John Vanneman), Edmond O'Brien (McClosky), Dany Saval (Lyrae), Tommy Kirk (Walter Talbot), Bob Sweeney (Sen. MacGuire), Simon Scott (Arzt), Bert Remsen (Brown), Sarah Selby (Celia Talbot), Dick Whittinghill (Col. Briggs), William Hudson, Robert Brubaker, Kent Smith, Nancy Kulp.
F 99 Min.
Nach einem erfolgreichen Weltraumflug des Schimpansen Charlie sucht die NASA nach einem Freiwilligen, der es dem Affen nachmachen soll. Captain Talbot, der reinweg aus Versehen von seinem Stuhl aufspringt, wird spontan als Held gefeiert und darf noch ein paar Tage Urlaub machen. Auf dem Weg zu seiner Mutter lernt er das Mädchen Lyrae kennen, das er zunächst für eine Spionin hält. Lyrae ist jedoch eine Außerirdische und nur zur Erde gekommen, um ihm ein paar Tips zu geben, wie er den Mond sicher erreichen kann. Als Talbot startet, ist sie in seinem Raumschiff, und er faßt den Entschluß, ihren Heimatplaneten etwas näher in Augenschein zu nehmen. – Diese Walt-Disney-Produktion für Kinder und Jugendliche lobte das TIME-Magazin als »sauberen, stetigen Quell ›höheren‹ Blödsinns«; der FILMDIENST erklärte den Film zum »geistig und filmtechnisch anspruchslosen Schnickschnack-Spielchen«.

Das Mondkalb
(WAY ... WAY OUT). USA 1966.
R Gordon Douglas. *B* William Bowers/ Laslo Vadnay. *K* William H. Clothier.
M Lalo Schifrin. *D* Jerry Lewis (Peter Mattemore), Connie Stevens (Eileen), Robert Morley (Quonset), Dennis Weaver (Hoffman), Howard Morris (Schmidlap), Brian Keith (Gen. Hallenby), Dick Shawn (Igor), Anita Ekberg, (Anna Soblova), William O'Connell (Ponsonby), Bobo Lewis (Esther Davenport), Milton Frome (Sowj. Delegierter), Alex d'Arcy (Deuce), Linda Harrison (Peggy), James Brolin (Ted). *F* 105 Min.

1989: Amerikaner und Sowjets unterhalten auf dem Mond Forschungsstationen. Aufgrund des dort herrschenden sexuellen Notstandes kommt es zu einem ›Zwischenfall‹ homoerotischer Natur. Die NASA entscheidet daraufhin, daß fortan nur noch gemischte Besatzungen auf dem Mond Dienst tun dürfen. Und da man in den USA der Moral einen hohen Wert beimißt, müssen die Forscher natürlich miteinander verheiratet sein. Der etwas depperte Meteorologe Peter wird mit der hübschen Eileen zwangsverheiratet und löst auf dem Mond seine sexbesessenen Kollegen Hoffman und Schmidlap ab. Aber auch die Sowjets haben Probleme: Die Kosmonauten Igor und Anna haben sich verkracht. Als Eileen erfährt, daß die beiden gar nicht miteinander verheiratet sind, verkuppelt sie sie miteinander. Anna gewinnt Igors Herz, indem sie ihm vorschwindelt, ein Kind von ihm zu erwarten. Die Sowjetunion jubelt: Der erste auf dem Mond geborene Mensch wird ein Russe sein! Bei der NASA ist man darob ziemlich sauer; schließlich schadet das dem Image der USA. Peter und Eileen versprechen dem aufgeregten NASA-Chef, daß sie ihr Bestes tun wollen, um den Sowjets zuvorzukommen... Das einzige, was man Jerry Lewis hier zugute halten kann, ist, daß er ursprünglich nicht für die Rolle vorgesehen war. Das Buch war für Jack Lemmon geschrieben, Jerry Lewis sprang ein, konnte aber auch nicht mehr viel retten, so daß seine spezifische Komik fast völlig zu kurz kommt. Dementsprechend waren die Kritiken: »Unter Verkürzung der Ost-West-Spannungen auf das Maß erotischen Wettbewerbs, der das ›Allgemeinmenschliche‹ dokumentieren soll, bemüht sich der Film krampfhaft um parodistische Züge. Aber was ihm vollkommen nur gelingt, ist eine Reihe verunglückter Heiterkeitsabsichten im Verein mit ausgesuchter Langatmigkeit und dümmlicher Geschmacklosigkeit.« (FILMDIENST) – »Jammervolle Sex-Farce mit ungewöhnlichem Hintergrund, mehr als peinlich bis zum Schluß.« (Halliwell's

FILMGUIDE) – »Ein neues und weiteres Kapitel im Niedergang und Fall des Jerry Lewis.« (MONTHLY FILM BULLETIN)

Monster aus dem All
(THE GREEN SLIME/GAMMA SANGO UCHU DAISAKUSEN).
USA/Japan 1969.
R Kinji Fukasaku. *B* Charles Sinclair/ William Finger. *K* Yoshikazu Yamasawa. *SpE* Akira Watanabe. *M* Charles Foh/Toshiaki Tshushima. *D* Robert Horton (Jack Rankin), Richard Jaeckel (Vince Elliott), Luciana Paluzzi (Lisa Benson), Bud Widom (Jonathan Thompson), Ted Gunther (Dr. Halvorson), Robert Dunham (Capt. Martin), David Yorston (Lt. Davis), William Ross (Ferguson),GaryRandolf (Cordier), Richard Hylland (Michael). *F* 90 Min.

Die Erde wird von dem mit ›Urschleim‹ bedeckten Asteroiden Flora bedroht. Jack Rankin startet von der Raumstation Gamma 3, um den Himmelskörper mit Atombomben zu vernichten. Als er wieder zurückkehrt, stellt sich heraus, daß er unwissentlich ein Stück Urschleim mitgebracht hat. Das Zeug entwickelt und vermehrt sich an der Luft rasend schnell; wer es berührt, verwandelt sich in ein schreckliches Ungeheuer. Da es zur Panik kommt, muß Gamma 3 aufgegeben werden. Während der Evakuierung schlagen sich Rankin und der Kommandant Elliott, die beide in heftiger Liebe zu der Ärztin Lisa entbrannt sind, heldenhaft mit den anstürmenden Monstern. Elliott kommt um. In letzter Sekunde kann die Station gesprengt und ein weiteres Ausbreiten des Urschleims verhindert werden. – »Abgesehen von den primitiven Trickszenen mit Spielzeuggerät, dem totalen Hinwegsetzen über physikalische Gesetze (lichterloh brennende Raumstation u.a.) und ganz allgemein dem haarsträubenden handlungsmäßigen Schwachsinn, dem nur naive Gemüter einen Unterhaltungswert abgewinnen können, werden dem Zuschauer unterschwellig Leitbilder oktroyiert, die ihre Wurzeln eindeutig im Faschismus haben. Unter dem soldatischen Motto ›Wer ohne zu fragen schießt, lebt am längsten‹ wird klargemacht, daß Verhandlungen mit dem Gegner nur negative Folgen mit sich bringen. Humanität ist selbstzerstörerisch, und Rettung ist nur mit absoluter Disziplin und bedingungslosem Gehorsam möglich.« (A. B. Stuby, SCIENCE FICTION TIMES) – »Diese schon x-mal dagewesene utopische Schauergeschichte mit vielen Leichen, Panikstimmung und lächerlichem Heldentum wird dem utopischen Film keine neuen Freunde gewinnen. Und für Liebhaber des Gruselfilms ist das unterdurchschnittliche Produkt eine Enttäuschung.« (FILMDIENST)

Monster aus der Tiefe
(MONSTER – THE LEGEND THAT BECAME A TERROR). USA 1980.
R Herbert L. Strock. *B* Herbert L. Strock/Kenneth Hartford/Walter Robert Schmidt/Garland Scott. *LV* Peter Crowcroft. *K* J.W.Mincey. *SpE* David Hewitt. *M* N.N. *D* Jim Mitchum, John Carradine, Keenan Wynn, Diane McBain, Anthony Eisley, Aldo Sambrell, Cesar Romero. *F* 90 Min.
Ein Ungeheuer, das im Wasser lebt, terrorisiert – wie zuvor der Weiße Hai diverses andere Kroppzeug – Badegäste und Taucher. – Ein Monster-Thriller ohne Thrill, inszeniert von H. L. Strock (geb. 1918), der uns schon mit Heulern wie *Der Satan mit den 1000 Masken* (USA 1958; ein Horror-Film) gelangweilt hat. In der BRD nur auf Video.
Ⓥ VMP

Monster des Grauens greifen an
(NANKAI NO DAIKAIJU). Japan 1970.
R Inoshiro Honda. *B* Ei Okawa.
K Taiichi Kankura. *SpE* Sadamasa Arikiwa/Yoichi Manoda/Yasuyuki Inoue. *M* Akira Ifukube. *D* Akira Kubo (Taro Kudo), Atsuko Takahashi (Ayaka Hoshino), Kenji Sahara (Makoto Obata), Yoshio Tsuchiya (Miya), Yu Fujiki (Werbechef), Noritake Saito (Inselbewohner), Yukiko Kobayashi (Seine Freundin), Satoshi Nakamura (Bittsteller), Chotaro Togin (Maschinist), Wataru Omae (Sakura), Sachio Sakai (Redakteur), Yuko Suguhare (Stewardeß). *F* 83 Min.
Ein Weltraumschiff, unterwegs zum Jupiter, ist verschollen. Riesenhafte Amöben, die offenbar im luftleeren Raum existieren, sind durch dieses Schiff auf die Erde aufmerksam geworden und haben sich auf einer abgelegenen Pazifikinsel niedergelassen. Als eine bunt zusammengewürfelte Gruppe von Menschen das Eiland besucht, um es auf seine Tauglichkeit als Erholungsort hin zu überprüfen, werden die Bestien aufgeschreckt und beginnen einen Vernichtungsfeldzug gegen die Eindringlinge, die sich mit Krachern und Harpunen zur Wehr setzen. Die Amöben haben Besitz von den Meerestieren ergriffen. Schließlich gehen die Monster sogar auf sich selbst los. – ».. . Mischung aus Horrorelementen, Folklore, Klein-Moritz-Journalismus, halbverdauter Science Fiction und menschlichem Edelmut... für Liebhaber des Genres nicht ohne Unterhaltungswert«, meint der FILMDIENST, was wir für eine ungeheure Beschimpfung aller SF-Fans halten. – Eine »Typische Honda-Monster-Schnulze mit annehmbaren Modellarbeiten und Spezialeffekten.« (Alan Frank, SF FILM HANDBOOK)
Ⓥ ITT Contrast.

Moon 44
BRD 1989.
R Roland Emmerich. *B* Dean Hyde/Oliver Eberle. *K* Walter Lindenlaub.
SpE Robert G. Brown/Thomas Weber/Theo Nischwitz/Hans Hase.
M Christopher L. Stone. *D* Michael Pare (Felix Stone), Lisa Eichhorn (Terry Morgan), Dean Devlin (Tyler), Malcolm McDowell (Major Lee), Brian Thompson (Jake O'Neal), Stephen Geoffreys (Cookie), Leon Rippy (Sgt. Sykes), Jochen Nickel (Scooter Bailey), Mechmed Yilmaz (Marc), John March

(Moose Haggerty), Drew Lucas (Riffle), David Williamson (Gallagher).
F 98 Min.
Moon 44 ist ein karger Planet, der zum Rohstoffabbau dient. Zwischen der dort fördernden Firma und einer anderen schwelt seit langem ein böser Konkurrenzkampf, den man mit Raumgleitern austrägt. Da niemand bereit ist, sich freiwillig für einen Job als Kampfpilot zu melden, rekrutiert die Company ihre Piloten aus Häftlingen, die nicht wissen, daß es bald zu einer gnadenlosen Schlacht kommt. Ebenso ahnungslos ist der Cop Felix Stone, den man als Sträfling getarnt nach Moon 44 schickt, um den Diebstahl von Förderrobotern aufzuklären. Stone gerät mit seinen Vorgesetzten und den Bösewichtern aneinander. Als man seine Identität lüftet, will man ihn beseitigen. Zwischen Piloten und Jungnavigatoren, die die Piloten von der Bodenstation aus leiten, kommt es zu tödlichen Auseinandersetzungen. Der bevorstehende Angriff löst die Probleme. Die Bösewichter kommen um, ein Flugteam hält die Angreifer ab, der Rest der Crew flieht in einem Raumgleiter. Stone erfüllt seinen Auftrag, ohne die korrupte Company zur Rechenschaft zu ziehen. – Roland Emmerich hat mit *Moon 44* eine stellenweise beklemmende Zukunftsvision geschaffen, die man trotz ihrer eindeutigen Nähe zu *Outland – Planet der Verdammten* (GB 1980; Regie: Peter Hyams) für originell halten kann. Obwohl die Spezialeffekte und Bauten auf Hollywood-Niveau stehen, gelingt es ihm jedoch nicht, den Zuschauer wie in seinem Erstling *Das Arche Noah-Prinzip* (1983) über 98 Filmminuten in den Bann zu ziehen.
Ⓑ Martin Eisele: *Moon 44,* Bergisch-Gladbach 1989
Ⓥ Warner

Moonraker – streng geheim
(MOONRAKER).
GB/Frankreich 1978.
R Lewis Gilbert. *B* Christopher Wood.
LV Ian Fleming. *K* Jean Tournier.

M John Barry. *D* Roger Moore (James Bond), Lois Chiles (Holly Goodhead), Michael Lonsdale (Drax), Richard Kiel (Jaws), Corinne Clery (Corinne Dufour), Bernard Lee (›M‹), Geoffrey Keen (Frederick Gray), Desmond Llewellyn (›Q‹), Lois Maxwell (Miß Moneypenny), Toshiro Shuga (Chang), Emely Bolten (Manuela). *F* 126 Min.
Während eines Atlantikfluges verschwindet auf mysteriöse Weise eine amerikanische Raumfähre, die auf den Rücken einer Boing 707 geschnallt war. Der britische Geheimdienst beordert den Agenten James Bond aus Afrika zurück. Recherchen ergeben, daß hinter dem Raumfährenklau der geheimnisvolle Multimillionär Drax steht, der zwar im Auftrag der NASA Astronauten ausbildet, insgeheim jedoch eigene Pläne verfolgt: Als Kommandant einer privaten Raumstation, die um die Erde kreist, will er soviel Macht an sich reißen wie nur möglich, denn sein Ziel besteht darin, die Menschheit zu vernichten und eine neue (faschistische) Ordnung zu errichten. Bond sieht sich gezwungen, zum ersten Mal in seiner Karriere in den Weltraum zu starten, um dem durchgedrehten Kapitalisten das Handwerk zu legen . . . Ⓥ Warner Home
Ⓑ Ian Fleming: *Mondblitz*, Bern/München 1967
Ⓑ Christopher Wood: *Moonraker – streng geheim*, München 1979 (Buch zum Film)

Moontrap – Gefangen in Raum und Zeit
(MOONTRAP). USA 1989.
R Robert Dyke. *B* Tex Ragsdale.
K Peter Klein. *M* Joseph Lo Duca.
D Walter Koenig (Jason Grant), Bruce Campbell (Ray Tanner), Leigh Lombardi (Mera), Robert Kurcz (Koreman), John J. Saunders (Barnes), Reavis Graham (Haskell), Tom Case (Beck), Judy Levitt, Reuben Yabuku, Doug Childs, Marifae Mytrtyk, James Courtney, Tony Abruzzo, Tom Whalen, Pat Corozzo. *F* 88 Min.

Die Astronauten Grant und Tanner stoßen im Orbit auf ein fremdes Raumschiff und nehmen einen Metallgegenstand mit zur Erde. Dort verwandelt sich das Ding in eine Kampfmaschine und läuft Amok, bis Grant es vernichten kann. Da Grant und Tanner der Sache auf den Grund gehen wollen, fliegen sie zum Mond, wo sie noch mehr von diesen Dingern vermuten. Sie stoßen auf Spuren einer anderen Zivilisation und auf eine Frau, die 14 000 Jahre im Tiefschlaf verbracht hat, um sich vor Kampfrobotern zu retten, die ihre Gefährten umgebracht haben. Die Kampfmaschinen greifen an – nur Grant und der Mondfrau gelingt die Flucht. Das fremde Raumschiff wird vernichtet, aber eins der Dinger hat den Weg zur Erde und auf eine Müllhalde gefunden. – Die Krankheit, an der all diese SF-Drehbuchautoren leiden, ist Analphabetismus. Statt das für SF zu halten, was sich vor ihnen schon hundert andere SF-Drehbuchautoren gegenseitig geklaut haben, sollten sie lieber *Romane* von SF-Autoren lesen, die etwas von ihrem Handwerk verstehen.
Ⓥ VPS

Moon Trek
(BEYOND THE STARS). USA 1989.
R David Sapirstein. *B* David Sapirstein. *K* John Bartley. *SpE* Dan Sissons. *M* Geoff Levin/Chris Smart. *D* Martin Sheen (Paul Andrews), Christian Slater (Eric), Robert Foxworth (Richard Michaels), Sharon Stone (Laurie McCall), Olivia d'Abo (Mara Simon), F. Murray Abraham (Harry), Don Davis (Phil), Don Davis, Babs Chula. *F* 88 Min.
Der Raumfahrtträumer Eric wird von der Schule verwiesen, als er mit einer Modellrakete ein Fenster zertöppert. Seinen ›Urlaub‹ verbringt er bei seinem geschiedenen Vater. Erics großes Idol ist der Astronaut Andrews. Andrews hat bei einer Mondlandung etwas entdeckt, doch da seine Mission schiefgelaufen ist, mußte er seinen Hut nehmen. Nun lebt er zurückgezogen, hängt am Alkohol und geht

der Öffentlichkeit aus dem Weg. Nur langsam kann Eric sich Andrews nähern. Andrews lehrt Eric viel über die Wissenschaft und das Leben. Durch seinen Einfluß lösen sich Erics Probleme. Andrews nimmt ihn mit zu einem NASA-Stützpunkt und führt ihm alles vor. Am nächsten Tag stirbt er. Er hinterläßt Eric seinen Glücksbringer und einen Brief, in dem er sich offenbart: Der Glücksbringer stammt vom Mond und ist von Hand gefertigt. – Wir sind also doch nicht allein. Eine nett gemachte, nicht auf Spannung angelegte TV-Produktion mit Starbesetzung, die auf heroische Ambitionen verzichtet. – Nur auf Video.
Ⓥ VCL

Moonwalker – Ein Film wie kein anderer
(MOONWALKER – A MOVIE LIKE NO OTHER). USA 1988.
R Jerry Kramer/Colin Chilvers. *B* David Newman. *K* John Hora/Bob Collins/ Fred Elmes, Crecenzo Notarille. *SpE* Hoyt Yeatman/Kevin Pike/John Scheele. *M* Bruce Broughton/Michael Jackson. *D* Michael Jackson (Smooth Criminal), Joe Pesci (Mr. Big), Kallie Parker (Kate), Brendon Adams (Zeke), Sean Lennon (Sean), Jeffrey Adkins, Patrick Allen, Brenda Barrett, Scott Benson, Bonnie Beutler. *F* 96 Min.
Die Handlung: Verschiedene Szenen aus Michaels Leben, in denen wir sehen, daß Superstars auch nur Menschen sind. Michael stellt sich entweder selbstironisch dar oder persifliert den Wirbel, der um ihn gemacht wird. Dann der Hauptfilm: Michael ist der weiß gekleidete ›Smooth Criminal‹, der von Mr. Bigs rhythmischer Armee gejagt wird. Mr. Big will außerdem Kinder drogenabhängig machen, was Smoothie gar nicht gefällt. Als Mr. Big seine Laserkanone zum Einsatz bringen will, verwandelt Smoothie sich in ein Raumschiff und macht alles kaputt – außer den Kindern, die Mr. Big gefangen hält. Dann noch einmal Michael als Mensch. – »Eine blödsinnige Nichtigkeit,

ein langweilig zusammengestückelter Un-Film.« (TIP). Ⓥ VPS

Der Mörder-Alligator
(MURDER ALLIGATOR). Italien 1989. *R* Larry Ludman. *B* David Parker jr./ Larry Ludman. *K* Frederick Hail. *M* Riz Ortolani. *D* Van Johnson, Anthony Crenna, Ann Douglas, Thomas Moore, Wohrman Williams, Sherrie Rose, Julian Hampton. *F* 85 Min.
Sechs Umweltschützer der Organisation ›Greenworld‹ suchen auf einer Karibikinsel nach Giftmüll, finden ihn und stoßen auf eine Folge des Drecks: einen riesigen Mörder-Alligator. Tapsig wie sie sind, fallen sie dem Vieh reihenweise zum Opfer, bis ihnen ein bärbeißiger Jäger zu Hilfe kommt. – »Im Vorspann wird Gianetto De Rossi ausdrücklich als Schöpfer und Erbauer des blutrünstigen Titeltieres, das stark an einen alten Autoreifen erinnert, genannt. Seiner Karriere hätte es sicher mehr genützt, die Beteiligung an diesem Schocker zu verschweigen. In diesem Fall wäre es vielleicht sogar ein Akt der Gnade gewesen, den Alligator vor Drehbeginn zu Handtaschen zu verarbeiten.« (VIDEO PLUS). – Nur auf Video.

Mörderbienen greifen an
(THE SAVAGE BEES). USA 1976. *R* Bruce Geller. *B* Guerdon Trueblood. *K* Richard Glouner. *SpE* Norman Gary/ Kenneth Lorensen. *M* Walter Murphy. *D* Ben Johnson (Sheriff McKew), Michael Parks (Dr. Jeff DuRand), Gretchen Corbett (Jeannie Devereaux), Horst Buchholz (Dr. Jorge Müller), James Best (Pellegrino), Paul Hecht (Rufus), Bruce French (Polizeileutnant), Richard Boyle (Chef der Küstenwache), David Gray (Leutnant), Elliot Keener. *F* 90 Min.
Ein brasilianischer Wissenschaftler hat italienische und afrikanische Bienen gekreuzt, um den Honigertrag zu steigern. Das Resultat besteht darin, daß die Bienen ›entarten‹, auf jede Störung mit hoher Aggressivität reagieren und Menschen an-

fallen. Als ein brasilianischer Frachter mit einem amerikanischen Tanker zusammenstößt, gelingt einem dieser Bienenvölker die Flucht. Nachdem es eine Weile die Stadt New Orleans terrorisiert hat, kommt dem Katastrophenteam die rettende Idee: Man transportiert die rasenden Bienen in einem Wagen in ein überdachtes Stadion und friert sie ein. – »Der Film bietet wirklich gar nichts außer einem recht attraktiven Plakat, und man weiß wirklich nicht so recht, was man eigentlich im Kino soll. Ein Kuriosum am Rande: im Vorspann werden einige Szenen gezeigt, die im Film gar nicht vorkommen.« (ANDRO-NACHRICHTEN) Ⓥ Starlight/Vegas (*Killerbienen*)

Mörder im All
(MURDER IN SPACE). Kanada/GB 1985. *R* Steven Hilliard Stern. *B* Wesley Ferguson. *K* Laszlo George. *M* Arthur B. Rubinstein. *D* Wilford Brimley (Dr. McAllister), Michael Ironside (Capt. Neal Braddock), Martin Balsam (Rostow), Arthur Hill (Vizepräsident), Damir Andrei, Tom Butler, Wendy Crewson, Scott Denton. *F* 88 Min.
Unter der Leitung von Captain Braddock fliegt eine achtköpfige internationale Raumschiffbesatzung vom Mars zur Erde zurück. Kurz vor der Ankunft wird an Bord ein Mörder aktiv. Jeder hat ein Motiv. Zwar ist auch ein Deutscher namens Steiner unter der Crew, aber diesmal ist er nicht der Oberschurke, sondern ein Opfer. Als man zu fünft auf der Erde ankommt, wird das Rätsel gelöst: Irgendwie hat jeder jemanden umgebracht. – Trotz des Agatha Christie-typischen Handlungsaufbaus nur mäßig unterhaltsam und spannungsarm. Der große Auflösungs-Showdown bleibt weit unter seinen Vorbildern. – »Neun Mars-Astronauten sterben einer nach dem anderen, bis der Mann am Boden herausfindet, daß der Mörder nicht immer der Gärtner ist.« (Norbert Stresau, SCIENCE FICTION TIMES). – Nur auf Video.
Ⓥ RCA/Columbia

Mördersaurier
Anderer Titel für **Dinosaurus**

Mörderspinnen
(KINGDOM OF THE SPIDERS).
USA 1977.
R John Bud Cardos. B Richard
Robinson/Alan Caillou. K John Merrill.
SpE Greg Auer. M Doxey Burnette.
D William Shatner (Rack Hansen),
Tiffany Bolling (Diane Ashley), Woody
Strode (Walter Colby), Lieux Dressler
(Emma Washburn), David McLean
(Sheriff Gene Smith), Natasha Ryan
(Linda Hansen), Marcy Lafferty.
F 95 Min.
In der kleinen Stadt Verde Valley (Arizo-
na) verenden zuerst eine Kuh, dann ein
Stier an Spinnengift. Der aus Flagstaff
herbeigeeilte Arzt Rack Hansen entdeckt
zusammen mit der hübschen Diane Ash-
ley einen Spinnenhügel, in dem Tausende
von Taranteln leben, obwohl diese Tiere
von Natur aus Einzelgänger sind. Man
entwickelt die Theorie, daß der übermäßige Einsatz von Sprühgiften das Verhalten
der Spinnen verändert hat. Bald werden
auch Menschen angegriffen. Hansen,
Diane und ein paar andere Leute ver-
schanzen sich in einem Haus – aber die
Belagerten sehen bald ein, daß es für sie
kein Entkommen mehr gibt... –»Der
Film ist schlicht in seiner Handlung wie in
der Aktion, aber bestechend in der Folgerichtigkeit, mit der er auf die Katastrophe
lossteuert.« (FILMBEOBACHTER) –»Trotz
der Einfältigkeit des Themas ist der Film
mitunter sehr spannungsreich und ohne
Schnörkel inszeniert und wartet außerdem
mit einem völlig unerwarteten, beklemmenden Ende auf. Ein angenehmes, kleines B-Picture.« (SF-BAUSTELLE)

M.R.C.V. – Der Killerrobot
(BOOBY TRAP). USA 1986.
R Frank Schaeffer. B Frank Schaffer.
K Tom Fraser. SpE Bruce Hayes/Miche-
le Burke. M Russell Ferrante. D Emily
Longstreth (Rebecca), Devin Hoelscher
(Steve), Merrit Buttick (Regus),

Kristina David (Mutter), Dorothy
Patterson (Oma), Tom Lister (Sieget).
F 92 Min.
1992 hat man Quarantänezonen geschaffen, um einen tödlichen Virus auszumer-
zen. Nachdem ihm 120 Millionen Menschen zum Opfer gefallen sind, kann man
ihn 1998 zwar ausrotten, aber die Zonen
existieren noch immer, denn in ihnen
herrschen Zustände wie in den üblichen
Gegenwarts-Metropolenfilmen. Die Familie des Computerfreaks Steve wird von
debilen Kriminellen mißhandelt. Die Polizei tut natürlich nix. Der rollstuhlreif ge-
schlagene Steve rüstet einen selbstkon-
struierten Roboter mit Kameras, Mikrofonen und Waffen aus und killt vom Fernseher aus die Schufte. –»Tja, das Gedächtnis: Die Story klingt verflixt vertraut, aber
irgendwie weiß man nicht so recht, wo sie
herstammt. War es nun *Love Story* oder
Citizen Kane?« (Norbert Stresau, SCIEN-
CE FICTION TIMES). – Nur auf Video.
Ⓥ RCA/Columbia

Munchies
(MUNCHIES). USA 1988.
R Bettina Hirsch. B Lance Smith.
K Larry Blanford. SpE Ernest Troost.
M Ernest V. Troost. D Harvey Korman
(Cecil/Simon Waterman), Charles
Stratton (Paul), Nadine van der Velde
(Cindy), Alix Elias (Melvis), Charlie
Phillips (Eddie), Hardy Rawls (Big Ed),
Jon Stafford (Dude), Robert Picardo
(Bob Marvelle), Scott Sherk (Buddy
Holly). F 78 Min.
Aus dem südamerikanischen Dschungel
bringt das Archäologenteam Waterman &
Paul ein putziges Wesen mit. Nach ein
paar Versuchen verwandelt es sich
(KREISCH!) in ein Ungeheuer, das sich
vermehren kann und mit seinen Clones
ein Chaos anstellt. –»Roger Corman, das
Sparbrötchen unter den Hollywoodpro-
duzenten, beabsichtigte, mit dieser Trash-
Komödie an den Erfolg seines Gemüse-
films *Der kleine Horrorladen* anzuknüp-
fen, was ihm leider nicht ganz gelang. Die
Spezialeffekte kranken sichtlich an Cor-

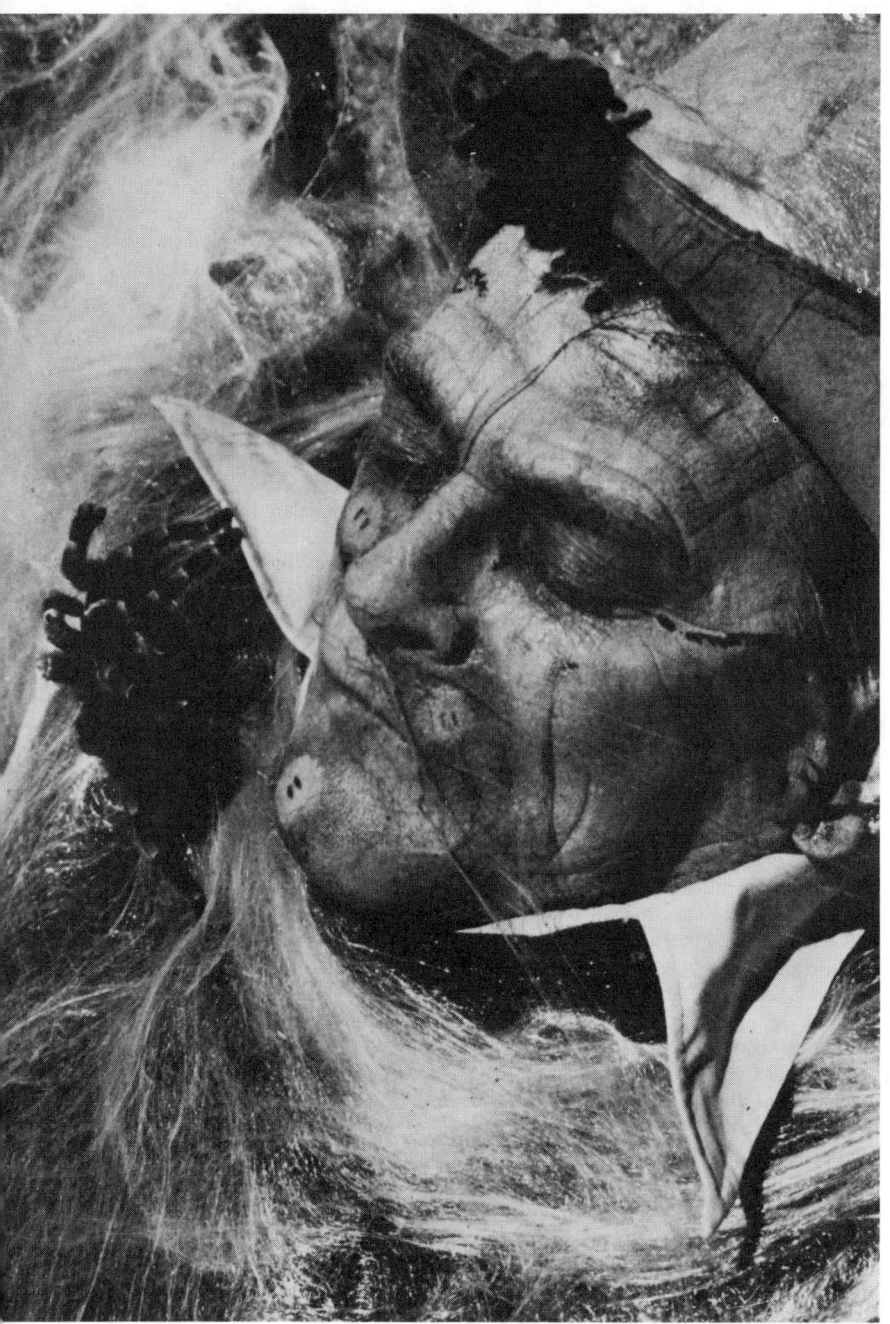

Mörderspinnen von John Bud Cardos

mans spartanischer Produktionsweise, und Regisseurin Bettina Hirsch orientiert sich zu eng am *Gremlins*-Vorbild, als das *Munchies* mehr hätte werden können als eine Parodie auf einen Film, der selbst schon eine Parodie war.« (CINEMA). – Nur auf Video.
Ⓥ MGM/UA

Mutant – Das Grauen im All
(FORBIDDEN WORLD). USA 1982.
R Allan Holzman. *B* Jim Wynorski/Tim Curnen. *K* Tim Suhrstedt. *SpE* J. C. Buechler/Don Oliveira. *M* Susan Justin. *D* Jesse Vint (Mike Colby), Linden Chiles (Dr. Hauser), Dawn Dunlap (Tracy), Fox Harris (Dr. Carl Tinbergen), Raymond Oliver, Mike Paulin, Michael Bowen. *F* 82 Min.
Ein irdischer Forschungsraumer, der im All nach neuen Nahrungsquellen für die Menschheit sucht, wird zum Planeten Xarbia beordert. Dort hat ein Gen-Forscher experimentiert und ein Monstrum geschaffen, das schnell heranwächst und sich vorzugsweise von Menschenfleisch ernährt. Nachdem es in bester *Alien*-Manier einen Wissenschaftler nach dem anderen verdaut hat, kommt man auf eine geniale Idee: Ein Arzt, der an einer krebsbefallenen Leber leidet, läßt sich selbige entfernen und dem Vieh zum Fraße vorwerfen. Gegen irdische Krebserreger ist auch im 21. Jahrhundert kein Kräutlein gewachsen: Das Monstrum krepiert.
Ⓥ EuroVideo

Mutant II
(NIGHT SHADOWS). USA 1983.
R John Bud Cardos. *B* Peter Z. Orton/Michael Jones/John C. Cruize. *K* Al Taylor. *M* Richard Band. *D* Wings Hauser (Josh), Bo Hopkins (Sheriff Stewart), Lee Montgomery (Mike), Jennifer Warren (Dr. Myra Tate), Jody Medford (Holly), Marc Clement (Albert), Cary Guffey (Billy), Danny Nelson. *F* 99 Min.
Chemische Giftstoffe verwandeln die Bewohner einer amerikanischen Kleinstadt in blutgierige, häßliche Untote. Unsere Helden Lee und Mike verschlägt es in das Geisternest, wo sie das Abenteuer ihres Lebens erleben. Dank tatkräftiger Unterstützung von Sheriff Stewart können sie die sabbernden Hirnis erledigen. – Der Film mit dem werbewirksamen Titel steht natürlich in keinerlei inhaltlicher Beziehung zu *Mutant – Das Grauen aus dem All* (USA 1982; Regie: Allan Holzman). – Nur auf Video.
Ⓥ Mike Hunter

Mutant Hunt
(MUTANT HUNT). USA 1987.
R Tim Kincaid. *B* Tim Kincaid. *K* Thomas Murphy. *SpE* Ed French. *M* Tom Milano. *D* Rick Gianasi (Matt Ryker), Mary Fahey (Darla Haynes), Ron Reynaldi (Johnny Felix), Taunie Vrenon (Elaine Elliot), Bill Petersen (Z), Mark Umile (Paul Haynes), Stormy Spill (Domina). *F* 77 Min.
Aus einem Industrielabor sind ein paar Killer-Androiden geflüchtet und machen Peng! Peng! Matty Ryker, der richtige Mann für solche Fälle, wird eingeschaltet und setzt sich bei den Maschinen und den Verantwortlichen für die Nullösung ein. – Nur auf Video.
Ⓥ Highlight

Mysterious Planet
(MYSTERIOUS PLANET). USA 1984.
R Brett Piper. *B* Brett Piper. *K* Nicholas Hackaby. *M* Jefferson D. Rice. *D* Boyd Piper, Michel Quigley, Bruce Nadeau, George Sevey, Paula Taupier. *F* 81 Min.
Ein Asteroidensturm zwingt eine Raumschiffbesatzung zur Landung auf einem geheimnisvollen Planeten. Bis zum umständlichen Start muß man sich mit allerlei Ungeheuern herumschlagen. – »Amateurhafter Science Fiction-Film mit unfreiwillig komischen Monstern aus Knetgummi.« (FISCHER FILM ALMANACH). – Nur auf Video.
Ⓥ Madison

Die Nacht der Außerirdischen
(THE VISITORS). USA 1985.
R Rick Sloan. *B* Rick Sloan. *K* Matt
Davis. *M* David Nielsen. *D* Marcus
Vaughter, Jordana Capra, Cray Hile,
Nocole Rio, William Thomas Dristas,
Jeff Culver. *F* 88 Min.
Eine fröhliche Gruppe von Teenagern feiert Halloween. Geschickt mischen sich
ein paar Außerirdische, die eine Invasion
vorbereiten, unters Volk. Ein Pärchen
entdeckt sie, doch aus erklärlichen Gründen schenkt ihm niemand Glauben. Für
die meisten Partygäste kommt die Erkenntnis im allerletzten Moment. – Nur
auf Video.
Ⓥ Charter

Die Nacht der Creeps
(NIGHT OF THE CREEPS). USA 1986.
R Fred Dekker. *B* Fred Dekker.
K Robert C. New. *SpE* David Stipes/
Roger George/Ted Rae. *Ma* David B.
Miller. *M* Barry De Vorzon. *D* Jason
Lively (Chris Romero), Jill Withlow
(Cynthia Cronenberg), Tom Atkins (Ray
Cameron), Wally Taylor (Landis),
Bruce Solomon, Vic Polizos, Allan
J. Kayser, Ken Heron, Alice Cadogan,
June Harris. *F* 89 Min.
Außerirdische haben ihre parasitäre Brut
1957 über der Erde abgesetzt. 1986 schlagen sie zu: Ihr Wirtskörper wird aufgetaut, und die Parasiten (fette Schnecken)
schwärmen aus. Sie setzen sich in Menschenhirnen fest, machen Zombies aus ihren Wirten und wachsen heran. Der Student Chris und der Polizist Cameron finden heraus, daß man sie mit Feuer vernichten kann und wenden die Gefahr ab.
Aber...! – »Der 26jährige Erstlingsfilmer, Drehbuchautor von *House,* trägt etwas dick mit Kunstblut und fragwürdiger
Körperschlitzer-Ästhethik auf. Unschön,
sprach Quasimodo.« (CINEMA). – »Es ist
ja auch rasend komisch, wenn Figuren
Cronenberg, Hooper und Romero hei

ßen.« (Norbert Stresau, SCIENCE FICTION
TIMES).
Ⓥ CBS/Fox

Die Nacht der Entscheidung
(MIRACLE MILE). USA 1988.
R Steve De Jarnett. *B* Steve De Jarnett.
K Theo Van de Sande. *M* Tangerine
Dream. *D* Anthony Edwards (Harry
Washello), Mare Winningham (Julie
Peters), Lou Hancock (Lucy Peters),
John Agar (Ivan Peters), Mykel T.
Williamson (Wilson), Kelly Minter
(Charlotta), Kurt Fuller, Brian
Thompson. *F* (91) 81 Min.
Der Musiker Harry wartet nachts in Los
Angeles auf seine Freundin Judy und
nimmt ein Gespräch in einer Telefonzelle
entgegen. Ein GI, der mit seinem Vater zu
sprechen glaubt, berichtet, man habe den
Atomkrieg begonnen. In 50 Minuten erfolgt der Gegenschlag. Schüsse beenden
das Gespräch. Harry, unsicher, ob er etwa
einem Ulk zum Opfer gefallen ist, geht in
ein Lokal und erzählt sein Erlebnis. Die
Gäste reagieren belustigt, doch langsam
überkommt sie ein Gefühl der Angst.
Eine Beamtin stellt fest, daß Harry die
Wahrheit sagt. Panisch brechen die Gäste
auf. Vom Flugplatz aus will man mit einer
Maschine in die sichere Antarktis fliehen,
was die Politiker schon längst getan haben. Harry will Judy suchen. In der schlafenden Stadt finden sie einander auf Umwegen. Sie treiben einen Hubschrauberpiloten auf, der sie von einem Hochhausdach fortbringen soll. Inzwischen haben
alle Bürger von der Nachricht erfahren:
Panik, Tote, Staus, Unfälle, Explosionen.
Als der Kopter startet, lähmt eine einschlagende Atomrakete alle Funktionen.
Der Hubschrauber stürzt in einen Fluß. In
der sinkenden Maschine schwört man sich
ewige Liebe. – »Die unsägliche Fabel erlaubt kein letztes Urteil über das Ausmaß
ihrer Naivität. Der deutsche Verleiher hat
das amerikanische Original um gut zehn

Minuten gekürzt. So bleibt hiesigen Zuschauern, sofern es sie gibt, vielleicht eine weitere Katastrophe erspart.« (KB., FILMDIENST). Regisseur und Autor De Jarnetts Überlegungen fallen wahrlich naiv und actionorientiert für dieses Thema aus. Trotzdem ist sein teils spannender Film interessant anzusehen.

Die Nacht der lebenden Toten
(THE NIGHT OF THE LIVING DEAD).
USA 1968.
R George A. Romero. *B* John A. Russo. *K* George A. Romero. *SpE* Regis Survinski/Tony Pantanello. *D* Judith O'Dea (Barbara), Russell Streiner (Johnny), Duane Jones (Ben), Karl Hardman (Harry), Keith Wayne (Tom), Judith Ridley (Judy), Marilyn Eastman (Helen), Kyra Schon (Karen). 93 Min.

Barbara und Johnny besuchen das Grab ihres Vaters auf einem abgelegenen Friedhof. Ein Mann, der ihnen entgegenkommt, greift Barbara urplötzlich an und tötet Johnny, der ihr helfen will. Barbara flieht in ein einsames Haus. Hier haben sich schon diverse andere Menschen versammelt. Aus den Fernsehnachrichten erfährt man, daß eine Venussonne zur Erde zurückgekehrt ist und eine Strahlung mitgebracht hat, die alle Toten wieder aus ihren Gräbern steigen läßt. Die Untoten fallen die Lebenden an und fressen sie. Man kann sie nur mit Kopfschüssen töten. Überall im Land ist die Polizei unterwegs, um die Lebenden vor den Toten zu schützen. Barbara und die Leute, mit denen sie sich zusammengetan hat, werden schließlich von einer das Haus belagernden Untoten-Horde umgebracht. Nur Ben, ein Farbiger, überlebt das Massaker. Ihn tötet ein Polizeikommando. – »Romero beherrscht in seinem Debüt das Vokabular des Horrorfilms perfekt. Es reicht vom metaphysischen Schauer der GOTHIC NOVEL bis zum kurzen Naturrealismus der Menschenfresser; von flirrenden Streicherhysterien bis zur Schatten glitzernden Lichtregie des Expressionismus; von der fluiden Kamerabeweglichkeit des ›New American Cinema‹ bis zur kalkulierten Dekorverwendung Hitchcocks in *Psycho* (1960). Vom metaphysischen Zündfunken auf einem Friedhof, wo zum ersten Mal das Thema aufleuchtet, nämlich der Hochmut der Lebenden gegenüber den Toten, führt der Film zu einer ›Reise bis ans Ende der Nacht‹, der amerikanischen Wirklichkeit, die uns in zerrütteten Ehebeziehungen, inzestuösen Wunschhemmungen, im Haß der Kinder auf die Eltern, Rassismus und als wurschtige Mobgesinnung entgegentritt.« (FRANKFURTER RUNDSCHAU) – »Die hier in einen Horrorfilm integrierten politischen Implikationen geraten allerdings über eine unartikulierte Protesthaltung nicht hinaus. Es mag ja schockierend sein, menschenfressende Ungeheuer als simple tote Amerikaner darzustellen..., aber die wahren Ursachen packt das nicht. Aber immerhin: der Sheriff der Bürgerwehr wird als brutaldickfelliger Unmensch dargestellt, der dem Grauen gefühllos gegenübertritt, und der Neger erscheint als intelligent und mutig, einem feigen, rechthaberischen weißen Geschäftsmann, der sich zunächst den Führungsanspruch in der Gruppe sichern will, weit überlegen. Aber der fortschrittliche Anspruch wird spätestens in dem Moment zugedeckt, wenn das Metier sein Recht fordert und an Leichen geknabbert wird, d.h. die irrationalen Beigaben wirken nicht mit, sondern gegen den fortschrittlichen Ansatz.« (SCIENCE FICTION TIMES) – *Die Nacht der lebenden Toten* entstand unter äußerst schwierigen Bedingungen, da Romero, der zu dieser Zeit Werbefilme für Bier drehte, nur wenig Geld zur Verfügung stand. Er spielte jede fertige Filmrolle potentiellen Investoren vor, und schließlich gelang es ihm auf diese Weise, die restlichen finanziellen Mittel zusammenzukratzen. Die Drehzeit erstreckte sich – mit zahlreichen Unterbrechungen – über sieben Monate, und als der Film endlich fertig war, wurde er von zwei Verleihanstalten abgelehnt: Columbia wollte ihn nicht, weil man ihn in

Menschenfresser, expressionistisch:
Die Nacht der lebenden Toten von George A. Romero

Schwarzweiß gedreht hatte; die American International vermißte eine Romanze und ein Happy-End. Schließlich fand Romero aber doch noch einen Verleih: sein Film lief anfangs in Vorort- und Autokinos, aber dann setzte nach und nach die Mundpropaganda ein, die *Die Nacht der lebenden Toten* zu einem Kultklassiker von internationaler Bekanntheit machte.
Ⓥ EuroVideo

Die Nacht der unheimlichen Bestien
(THE KILLER SHREWS). USA 1959.
R Ray Kellogg. *B* Jay Sims. *K* Wilfred Kline. *M* Harry Bluestone/Emil Cadkin. *D* James Best (Thorne Sherman), Ingrid Goude (Ann Craigis), Baruch M. Lumet (Dr. Craigis), Ken Curtis (Jerry Lacer), Gordon McLendon (Redford Baines), Alfredo de Soto (Mario), J. H. Dupree (Rook). 77 Min.
Ein Wissenschaftler, dem die Ernährungsprobleme der Welt am Herzen liegen, züchtet auf einer einsamen Insel Ratten (im Original: Spitzmäuse) von Wind-

hundgröße. Einige dieser Viecher entwischen ihm jedoch, vermehren sich rasend schnell und gehen gegen die Menschen vor. Der Forscher, seine Tochter und seine Assistenten verbarrikadieren sich in einem Haus. Als das wöchentliche Versorgungsschiff die Insel ansteuert, machen sie einen Ausbruchsversuch, den nur drei Personen überleben. – »Die gleiche Szene nagender Ungeheuer wird stets von neuem eingeblendet. Bis auf einen gelungenen Schock kämpft die Musik mühsam gegen die Langeweile, die sich spätestens bei den ersten Dialogen einstellt. Den Darstellern fehlen feineres Mienenspiel und Gestik völlig. Der Schnitt ist entweder unklar oder stellenweise gar primitiv. Der Film hält seinen Stil durch.« (FILMBEOBACHTER)

Die nackte Bombe
(THE NUDE BOMB). USA 1980.
R Clive Donner. *B* Arne Sultan/Bill Dana/Leonard B. Stern. *K* Harry L. Wolf. *M* Lalo Schifrin. *D* Don Adams

(Maxwell Smart), Sylvia Kristel (Agent 34), Rhonda Fleming (Edith von Secondberg), Dana Elcar (PITS-Chef), Pamela Hensley (Agent 36), Andrea Howard (Agent 22), Norman Lloyd (Carruthers), Bill Dana (Jonathan Levinson Seigle), Gary Imhoff (Jerry Krovney), Vittorio Gassman (Norman Saint-Sauvage/Nino Salvatori Sebastiani), Robert Kervelas (Larabee), Sarah Rush (Dr. Pam), Thomas Hill, Joey Forman. *F* 94 Min.

Das Verbrechersyndikat KAOS (›die internationale Organisation für das Böse und Tyrannei‹) hat eine sogenannte ›Nacktbombe‹ entwickelt: Wird sie gezündet, ist das Zeitalter der Textilfreiheit gekommen. Da KAOS die Welt mit diesem Schrecknis erpressen will, setzt die Abwehrorganisation PITS (›Provisional Intelligence Tactical Service‹) den depperten Superagenten Maxwell Smart und sein nicht minder meschuggenes Team auf den Fall an, der mit Hilfe zahlloser technischer Gadgets – wie einem fahrbaren Schreibtisch – den Chef der Bande entlarven und das Schlimmste verhindern kann. »Der englische Regisseur Clive Donner hat mit diesem Film die Fortsetzung einer amerikanischen TV-Serie der sechziger Jahre versucht. Seine Parodie auf Agentenfilme ist ein albernes und langweiliges Machwerk um einen tollpatschigen Superagenten und seine Abenteuer mit einer Organisation von Bösewichtern. Auch einige wenige gute Gags und viele hübsche Mädchen bewahren den Klamauk nicht vor dem großen Gähnen.« (Martina Borger, FILMBEOBACHTER) – Genialen Schwachsinn lieferten auch mal wieder die deutschen Werber dieses Films: Jeder Sextaner würde 'ne glatte 5 kriegen, wenn ihm einfiele, aus einer ›nude bomb‹ eine ›nackte Bombe‹ zu machen. ⓥ CIC

Die nackte Bombe II
(GET SMART AGAIN). USA 1989.
R Gary Nelson. *B* Leonard B. Stern/ Mark Curtiss/Rod Ash. *K* Gayne

Rescher. *M* Peter McInick/Irving Szathmary. *D* Don Adams (Maxwell Smart), Barbara Feldon (Agentin 99), Dick Gautier (Hymie), Robert Karvel (Larrabee), Dave Ketchum (Agent 13), Kenneth Mars (Comm. Drury), Bernie Kopell (Siegfried), John de Lancie (Major Waterhouse), Nicholas Dimente (Harold Gould), King Moody, Steve Levitt, Kenneth Mars. *F* 90 Min.

Der Geheimagent Maxwell Smart erhält über sein Schuhtelefon einen Geheimauftrag: Er soll dem durchgeknacksten Verleger der Präsidentengattin das Handwerk legen, der droht, die Welt mit Schnee zu bedecken, um sie wieder das Lesen zu lehren. Smart sammelt seine Agenten und Geheimwaffen und beginnt eine Jagd, die »insgesamt ein herrlich dämlicher Spaß« (VIDEO PLUS) sein soll. – Nur auf Video. ⓥ VCL

Die Nackte und der Satan
BRD 1959.
R Victor Trivas. *B* Victor Trivas.
K Georg Krause. *M* Willy Mattes.
D Horst Frank (Dr. Ood), Michel Simon (Prof. Abel), Paul Dahlke (Kriminalkommissar), Karin Kernke (Schwester Irene), Helmut Schmid (Bert), Christiane Maybach (Lilly), Dieter Eppler (Paul), Kurt Müller-Graf (Dr. Burke), Maria Stadler (Frau Schneider), Otto Storr (Barmixer). 96 Min.

Der junge Arzt Dr. Ood, in dessen Hirn Genie und Wahnsinn miteinander um die Vorherrschaft ringen, tritt in die Dienste des begnadeten Chirurgen Abel, dem eine Erfindung von immenser Tragweite gelungen ist: Er kann einzelne menschliche Gliedmaßen isoliert voneinander am Leben erhalten. Als Abel aufgrund seines kranken Herzens zu sterben droht, trennt Ood dessen Kopf von seinem Rumpf. Abels Kopf lebt weiter. Als Ood der körperbehinderten Krankenschwester Irene zu einem makellosen Körper verhilft (der früher eine Stripperin gehört hat), kommt die Polizei ihm auf die Schliche. – »Von blutiger Leinwand herab trieft erstes deutsches Nachkriegsgrauen auf verängstigte Kinobesucher, die teils fassungslos, teils angeekelt das unheimliche Treiben des Dr. Ood verfolgen... Das Thema selbst ist von seiner Grundidee her nicht einmal uninteressant, doch bei seiner filmischen Verwirklichung gleitet Regisseur Trivas immer wieder ins Banale ab. Erwähnenswert wäre lediglich die zum Teil ausgezeichnete Kameraführung und die großartige schauspielerische Leistung Horst Franks. – PS: Die meisten Zuschauer waren wohl ausgezogen, das ›nackte‹ Gruseln zu lernen, mußten aber enttäuscht feststellen, daß der Titel mehr versprochen hatte, als der Film hielt.« (Jürgen Nowak, SOL)

Nackt unter Affen
(EVA, LA VENERE SELVAGGIA).
Italien 1968.
R Robert Morris (Roberto Mauri).
B Roberto Mauri/Ralph Zucker.
K Mario Mancini. *M* Roberto Pregado.
D Brad Harris (Burt), Esmeralda Barros (Eva), Mark Farran (Theodor), Adriana Alben (Ursula), Ursula Davis (Diana), Marc Lawrence, Aldo Cecconi, Mario Donatone, Paolo Magalotti. *F* 95 Min.
Der Ex-Söldner Burt sucht in Afrika nach dem Arzt Albert, seinem alten Komplizen: Sie haben zusammen einen Raubüberfall begangen, aber Albert ist mit der Beute auf und davon. Als Burt mit einer Expedition in den Dschungel geht, stößt er auf das weiße Mädchen Eva, das dort wie weiland Tarzan mit den Urwaldtieren zusammenlebt. Mit Hilfe Evas kann Burt Alberts Versteck ausmachen: Dieser hat sich mit dem geraubten Geld in einer Höhle ein Labor eingerichtet und verwandelt per Gehirnoperation gewöhnliche Gorillas zu gefügigen Kampfmaschinen. Als Eva in Alberts Hände fällt und ihr das gleiche Operationsschicksal droht, durchkreuzt Burt die Pläne seines Ex-Kumpans und verhindert, daß dieser klammheimlich die Weltherrschaft an sich reißt. – »Das Drehbuch ist wie selten dumm, und

die Regie bringt es nicht fertig, die primitive Story plausibel zu machen.« (FILMDIENST) – »Selbst naive Naturen werden diesem Film kaum Positives abgewinnen können. Widerwärtig ist der Herrenmensch-Untermensch-Kontrast, der den Film zum Ärgernis macht.« (A. B. Stuby, SCIENCE FICTION TIMES)
Ⓥ ITT Contrast

Navy vs. Night Monsters
(THE NAVY VS. THE NIGHT MONSTERS).
USA 1966.
R Michael A. Hoey. *B* Michael A. Hoey. *LV* Murray Leinster. *K* Stanley Cortez. *SpE* Edwin Tillman. *M* Gordon Zahler. *D* Anthony Eisley (Lt. Charles Brown), Mamie van Doren (Lt. Nora Hall), Bill Gray (Fred Twining), Bobby Van (Rutherford Chandler), Walter Sande (Dr. Arthur Beecham), Pamela Mason, Philip Terry, Russ Bender, Edward Faulkner. *F* 87 Min.
Eine Einheit der US-Marine stößt am Südpol auf eine ›heiße‹ Zone und wandernde Gewächse, die Terror und Grauen verbreiten. – Billigproduktion mit zwei abgehalfterten ›Stars‹, mit der Monroe-Imitation Mamie van Doren in einer tragenden Rolle. – »A top must-see feature... Acidbleeding, walking plants are after the cast! The cast is after Mamie!« (Michael Weldon, THE PSYCHOTRONIC ENCYCLOPEDIA OF FILM). In der BRD nur auf Video.
Ⓥ All
Ⓑ Murray Leinster: *Monster vom Ende der Welt*, Rastatt 1967 (*Utopia*-Zukunftsroman 549/Heftroman)

Neonkiller
(COLPI DI LUCE/LIGHTBLAST).
Italien/USA 1984.
R Enzo G. Castellari. *B* Enzo G. Castellari/Tito Carpi. *K* Sergio D'Offizi. *SpE* Al Sparrows. *M* Guido & Maurizio de Angelis. *D* Erik Estrada (Ron Warren), Michael Pritchard (Yuri Soboda), Thomas Moore, Peggy Rowe, Bob Taylor, Louis Geneva, Thaddeus

Golas, Robert Paul Weiss, Sheldon Feldner. *F* 86 Min.

Der machtbesessene Professor Yuri Soboda droht, Los Angeles mit Hilfe eines Lasers auszulöschen, weil er die Weltherrschaft an sich reißen will. Inspektor Ron Warren wird auf Sobodas Fährte gesetzt, hat jedoch nur wenige Stunden Zeit. – Wie's weitergeht, wissen wir: In *allerletzter Sekunde* gelingt ihm die Unschädlichmachung der machtgierigen Pappnase und die Verhinderung der Katastrophe. – »Was die Handlung betrifft, so war alles schon einmal da. Die Dramaturgie entspricht der gängiger TV-Serien, angereichert durch aufwendige Stunts, Autocrashs und jede Menge Feuerzauber.« (FISCHER FILM ALMANACH). – Nur auf Video.
Ⓥ Vestron

Network
(NETWORK). USA 1976.
R Sidney Lumet. *B* Paddy Chayefsky. *K* Owen Roizman. *M* Elliot Lawrence. *D* Peter Finch (Howard Beale), Faye Dunaway (Diana Christenson), William Holden (Max Schumacher), Robert Duvall (Frank Hackett), Wesley Addy (Nelson Chaney), Ned Beatty (Arthur Jensen), Arthur Burghardt (Ahmed Khan), Bill Burrows (TV-Regisseur), John Carpenter (George Bosch), Jordan Charney (Harry Hunter), Kathy Cronkite (Mary Ann Gifford), Ed Crowley (Joe Donnelly), Jerome Dempsey (Walter C. Amundsen), Conchita Ferrell (Barbara Schlesinger), Gene Cross (Milton K. Steinman), Stanley Grover (Jack Snowden), Cindy Grover (Caroline Schumacher), Darryl Hickman (Bill Derron). *F* 121 Min.
Howard Beale ist Nachrichtensprecher bei einem kommerziellen amerikanischen TV-Sender. Als seine Einschaltquoten sinken, sägt man ihn ab. Beale, der seinen Job zwanzig Jahre lang getan hat, dreht auf einmal durch: Er verkündet seinen Zuschauern, er werde sich während der nächsten Sendung eine Kugel durch den Kopf schießen. Obwohl Beale seine Prophezeiung dann doch nicht wahrmacht, genießt er plötzlich wieder ungeheure Popularität: Vor den Augen der Kameras tut er das, was man von einem Nachrichtensprecher am wenigsten erwartet – er äußert Meinungen, und zwar seine eigenen. Er rechnet ab, und zwar mit allem; er packt aus, sagt den Leuten die Wahrheit gnadenlos ins Gesicht. Er greift das System und das Fernsehen an und hört einfür allemal auf, aus seinem Herzen eine Mördergrube zu machen. Er beschimpft sogar das Publikum, das sich kommentarlos jeden Dreck vorsetzen läßt – und kassiert dafür Applaus. Die skrupellose TV-Produzentin Diane Christenson macht den wütenden Beale zu einem Star. Aus seiner Sendung wird eine knallharte Show, die eine heilige Kuh nach der anderen schlachtet und die höchsten Einschaltquoten erzielt. Aber Beale steigert sich mehr und mehr in eine Art Wahn hinein: Er wird zu einem Gerechtigkeitsfanatiker, der die Interessen des Senders und des dahinterstehenden Großkapitals empfindlich stört. Als er auch auf einen Rüffel seines Chefs Jensen nicht verstummen will, gibt man ihn zum Abschuß frei. Eine Terrororganisation, der Beale die Möglichkeit zur Selbstdarstellung liefern wollte, fegt ihn aus der Welt. – *Network* ist wohl die beste und bekannteste Semi-Utopie amerikanischer Prägung. Die Grenzen von Wirklichkeit und Utopie verschwimmen völlig. ›Network‹ bedeutet Sendernetz, gleichzeitig aber auch Geflecht, Netzwerk allgemein. »Erzählt wird eine Geschichte aus der Welt des (amerikanischen) Fernsehens, wobei die mannigfaltige Verflochtenheit von übermächtigen Wirtschaftsinteressen in und um den Fernsehbetrieb als bedrohlich angeprangert wird... Grund und Bedingung für die Gefährdung sachlicher Fernseh-Berichterstattung und deren Zuschauer liegen in der totalen Abhängigkeit der TV-Gesellschaften von Kommerz und Konsum. So sind Bildschirmbotschaften Waren wie alle anderen. Das produziert Druck zu im-

mer ausgefalleneren und sensationelleren Programmen, um den Konsumenten an gerade dieses Programm zu zwingen und damit für dessen Werbung zu interessieren. In dieser manipulierten Unterordnung liegt der von Sidney Lumet angeprangerte Zynismus. Lumet attackiert die Verantwortlichen in deren Fasziniertheit und Abhängigkeit von Einschaltquoten, die sie buchstäblich über Leichen gehen läßt, zumindest aber alle Kategorien von Moral und individueller Anständigkeit ad absurdum führt.« (Reinhold Jacobi, FILM-DIENST) – »*Network*, die verblüffende Satire über den sterbenden Giganten Demokratie und das Ende des Individuums, ist ein Film, dessen Prophetien in zunehmendem Maße echter klingen; er könnte die Wirklichkeit von übermorgen darstellen.« (FILMS AND FILMING) – *Network* wurde mit vier Oscars ausgezeichnet (1976): Peter Finch als bester Schauspieler, Faye Dunaway als beste Schauspielerin, Beatrice Straight für die beste weibliche Nebenrolle und Paddy Chayefsky für das beste Original-Drehbuch.
Ⓥ Warner Home
Ⓑ Sam Hedrin: *Network*, München 1977 (Buch zum Film)

Der neue Gulliver
(NOWY GULLIVER). UdSSR 1935.
R Alexander Ptuschko. *B* Grigori Roschal/Alexander Ptuschko/S. Bolotin. *LV* Jonathan Swift. *K* N. Renkow/I. Scharenkow. *M* Lew Schwarz. *D* W. Konstantinow (Petja/Gulliver), I. Judin (Pionierleiter), I. Bobrow (Bootsmann), F. Brest (Kapitän). 74 Min.
Der junge Pionier Petja träumt sich während einer Schiffsreise in ein Abenteuer Gullivers hinein: Er wird nach einer Katastrophe an Land geschwemmt und findet sich gefesselt in einem Zwergenreich wieder, dessen Arbeiterklasse unter der Erde schuftet, um an der Oberfläche eine faule Parasitenschicht zu ernähren. Der König der Liliputaner ist eine Marionette, deren Ansprachen ein Plattenspieler abdudelt, das Parlament eine Farce. Die Ausgebeu-

Der neue Gulliver
von Alexander Ptuschko (1935)

teten können ihre Unterdrücker schließlich mit Gullivers (Petjas) Hilfe überwinden; sie errichten einen Staat, in dem sie fortan selbst die Herrschaft ausüben. – Gulliver ist in diesem Film nur einer von wenigen ›Rahmenhandlungs-Akteuren‹: Die Zwerge werden von 1500 speziell angefertigten Puppen gespielt. – »Roschals Drehbuch war ... auf ein junges Publikum zugeschnitten, so blieben manche Möglichkeiten ... ungenutzt. Das beginnt im Drehbuch bereits mit der sehr einfach gestalteten Rahmenhandlung, die auch in Ptuschkos Inszenierung blaß bleibt, und zeigt sich ebenso in der Gulliver-Geschichte. Am Beispiel des Liliputaner-Reiches wollte der Autor dem jungen Publikum eine ... Lektion in Sachen Geschichte, in historischem Materialismus geben. Dieses Anliegen ging manchmal auf Kosten des Humors.« (Joachim Reichow, FILMBLÄTTER 173).

984 – Gefangener der Zukunft
Anderer Titel für **The Tomorrow Man**

1998 – Die Vier-Milliarden-Dollar-Show

(AMERICATHON 1998).
USA/BRD 1979
R Neil Israel. *B* Neil Israel/Michael Mislove/Monica Johnson. *K* Gerald Hirschfeld. *M* Tom Scott. *D* Harvey Korman (Monty Rushmore), John Ritter (Chet Roosevelt), Peter Riegert (McMerkin), Chief Dan George (Sam Birdwater), Fred Willard, Terry McGovern, Dorothy Stratten, Zane Busby, Meatloaf. *F* 80 Min.
4 Milliarden Dollar schuldet die US-Regierung dem alten Indianer Sam Birdwater – das Geld, so meint Medienexperte McMerkin, kann nur durch ein gigantisches Rock-Festival aufgebracht werden. Doch die Araber, die sich inzwischen mit den Israelis zusammengetan haben, sabotieren, was des Zeug hält, und Präsident Roosevelt, der Mann mit dem unvergleichlichen IQ von 47, ist der Verzweiflung nahe. Daß auch trotz Benzinknappheit und Wohnungsmangel alles gut ausgeht, versteht sich von selbst. Am Ende macht Mr. President eine Disco auf. – Ein Musikfilm, der jede Menge heilige Kühe schlachtet (speziell amerikanische), von der Machart her aber so schlampig ist, daß es einem graust. Ansehenswert: der fette Beatnik Meatloaf, der als Autokiller eine absurde Show liefert. In der BRD nur auf Video.
Ⓥ ITT Contrast

1993 – Welt im Chaos

(DEADLY HARVEST). Kanada 1976.
R Timothy Bond. *B* Martin Lager. *K* Robert Brooks. *M* John Mills-Cockell. *D* Clint Walker (Grant Franklin), Nehemiah Persoff (Mort Logan), Kim Cattrall (Susan Franklin), David Brown (Charles Ennis), Gary Davies (Michael Franklin), Dawn Greenhaigh (Leah Franklin), Tami Tucker (Bobbie Franklin), Jim Henshaw (John McCrae), Dwayne McLean (Frank Wilcox), Tim Whelan (James Ennis), John Stoneham (Sam), Nuala Fitzgerald (Joyce Ennis), Les Carlsen (Minister), Cec Linder (Vorsitzender), Sean Sullivan (Dr. Abbott), Leo Leyden (Landwirtschaftsminister), Michael Taite (Politiker), Peter Jobin (Pierce), Jan Rubes (Swenson), Wally Crouter (Milizionär). *F* 95 Min.
Berechnungen ergeben, daß die Erde den Menschen nur noch für siebenundzwanzig Tage Nahrung bieten kann. In den USA übernehmen daraufhin Plünderer, Killer und Chaoten das Regiment, legen sich Vorratslager an und metzeln jeden nieder, der sie nicht an seinen Kühlschrank läßt. – Der Mensch, so scheint's, stammt von der Ratte ab. In der BRD nur auf Video.
Ⓥ Vegas

1984

(1984). GB 1955.
R Michael Anderson. *B* William Templeton/Ralph Bettinson. *LV* George Orwell. *K* C. Pennington Richards. *M* Malcolm Arnold. *D* Edmond O'Brien (Winston Smith), Jan Sterling (Julia), Michael Redgrave (O'Connor), David Kossoff (Charrington), Mervyn Johns (Jones), Donald Pleasence (Parsons), Carol Wolveridge (Selina Parsons), Ernest Clark (Ansager), Ronan O'Casey (Rutherford), Kenneth Griffith (Gefangener), Patrick Allen, Michael Ripper, Ewen Solon. 91 Min.
London 1984: Die ehemalige Hauptstadt Großbritanniens ist nun die Hauptstadt eines Landes, das sich Ozeanien nennt. Nach einem verheerenden Atomkrieg sind auf der Erde nur noch drei Machtblöcke übriggeblieben: Ostasien, Eurasien und Ozeanien. Ozeanien wird regiert von einer nicht näher benannten ›Partei‹, der ein Mann vorsteht, den die Öffentlichkeit nicht kennt und niemals zu Gesicht bekommt: der Große Bruder. Sein Gesicht ist jedoch jedem Menschen bekannt; es prangt auf Plakatwänden und wird täglich vom Fernsehen ausgestrahlt. Wer ihn nicht liebt, macht sich verdächtig. Wer einen anderen Menschen liebt, macht sich ebenso verdächtig. Sex ist verpönt. Frau-

en, die etwas auf sich halten, sind Mitglied der ›Anti-Sex-Liga‹ und dokumentieren ihre Gesinnung durch eine Armbinde. Zudem herrscht ständig Krieg: Einmal geht es gegen Ost-, dann wieder gegen Eurasien. Manchmal arbeiten zwei der drei Machtblöcke auch zusammen gegen den dritten. In einem solchen Fall muß die Geschichte ›korrigiert‹ werden – und das sieht dann so aus, daß man der Bevölkerung einredet, man sei mit dem Feind von gestern schon immer gut Freund gewesen. Winston Smith, ein Mann in den mittleren Jahren, lebt in London als Angestellter des ›Wahrheitsministeriums‹, einer Behörde, die nichts als Geschichtsfälschung betreibt. Täglich wird die Historie neu geschrieben. Nachrichten, die dem Großen Bruder nicht genehm sind, werden ›richtiggestellt‹ oder gar nicht erst verbreitet. Smith ist ein kleiner Erfüllungsgehilfe des Systems, und als ihm dies eines Tages bewußt wird, fängt er an, seine Zweifel heimlich in einem Tagebuch niederzulegen. Aber das ist nicht ganz einfach, da die Bewohner Ozeaniens sogar in den eigenen vier Wänden bespitzelt werden: Fernsehaugen überwachen sie. Wenn Smith sein Zimmer betritt, fordert ihn eine Stimme auf, vor das Auge der Kamera zu treten und die Aktentasche zu öffnen. Trotz seiner Angst wird Smith zum Opponenten gegen das System. Er fürchtet sich auch vor der blonden Julia, die der Anti-Sex-Liga angehört. Um so überraschter ist er, als sie ihm ihre Liebe gesteht. Die beiden mieten sich in der Altstadt ein Hinterzimmer, in dem sie sich heimlich treffen, ohne von einem Fernsehauge beobachtet zu werden. Sie träumen von Widerstand und Freiheit, und als Smith in dem Parteifunktionär O'Connor einen weiteren Oppositionellen zu erblicken glaubt, vertraut er sich diesem an. O'Connor gibt zu erkennen, daß er einer innerparteilichen Widerstandsgruppe angehört, die mit großen Schwierigkeiten zu kämpfen hat. Winston und Julia sind überglücklich, als sie feststellen, daß sie mit ihren Gedanken nicht allein sind, aber

ihre Zweisamkeit ist nur von kurzer Dauer: Der Trödler, der ihnen das Hinterzimmer vermietet hat, entpuppt sich als Spitzel des Systems. Winston entdeckt hinter einem Spiegel ein Fernsehauge: Man hat sie die ganze Zeit beobachtet. Als sie festgenommen und getrennt werden, erkennt Smith, daß auch O'Connor ein doppeltes Spiel mit ihm getrieben hat: Er ist mitnichten ein Dissident – er jagt Abweichler bloß auf seine eigene perverse Art. Der Geheimdienst des Großen Bruders tut alles, um Winston Smith von seinen ›verwerflichen‹ Ansichten abzubringen. Man will ihn bekehren. Aber Smith bleibt hart, er will sich nicht aufgeben. Er erträgt alle körperlichen und seelischen Foltern, bis O'Connor herausfindet, womit er ihn packen kann: Smith hat panische Angst vor Ratten. Und als man ihn in einen Raum bringt, in dem es von diesen Tieren nur so wimmelt, bricht er zusammen und verrät sich und seine Liebe zu Julia. Für die Männer des Großen Bruders besteht nun kein Grund mehr, Smith festzuhalten. Als gebrochener Mann stellt er für das System keine Gefahr mehr dar. Irgendwann trifft er Julia wieder. Sie gesteht ihm, die Folter ebenfalls nicht ertragen zu haben. Als sie sich trennen, reißt Smith sich noch einmal zusammen und ruft »Nieder mit dem großen Bruder!«. Dieser Aufschrei ist sein Tod. Von einer Geschoßsalve getroffen, kriecht er auf die ebenfalls tödlich verwundete Julia zu … – Diese, für den amerikanischen Markt produzierte Fassung kam in die deutschen Kinos. Die britische Original-Version hat einen werkgetreuen Schluß: Winston Smith und Julia werden einer Gehirnwäsche unterzogen, aus der sie völlig umgedreht wieder in die Gesellschaft des Großen Bruders entlassen werden. – Neben Samjatins *Wir* und Huxleys *Schöne neue Welt* ist George Orwells Roman *1984* die große Anti-Utopie der modernen Literatur. »Der Roman entstand unter dem Eindruck des Nazismus, des Stalinismus und der Wirtschaftspolitik der Industriestaaten während des Zweiten Weltkriegs. Noch pessimistischer und

grimmiger als in *Animal Farm* kommt darin Orwells Überzeugung zum Ausdruck, daß die Machtstruktur einer Gesellschaft auch durch Revolution nicht grundlegend verändert werden kann und daß die Zerstörung des Menschen durch eine perfektionierte Staatsmaschinerie unaufhaltsam ist. Das gibt seiner düsteren Zukunftsvision einen beklemmenden Wirklichkeitsbezug.« (KINDLERS LITERATUR LEXIKON) – »In Michael Andersons *1984* wird George Orwells Vorlage auf die Maße eines Action-Films zurechtgestutzt, und das kalte Grauen des Romans ist einer eher sentimentalen Betrachtung der Ohnmacht des einzelnen gewichen ... Sicher muß der Film zum Zeitpunkt seiner Erstaufführung in erster Linie als antikommunistisches Pamphlet verstanden werden, mag dies nun Absicht gewesen sein oder nicht. Der Horror in der Vorlage, die Banalität des menschlichen Lebens von dem Zeitpunkt ab, da die Geschichte abgeschafft wird, ließ sich nur sehr unvollkommen in Bilder übersetzen.« (Georg Seeßlen, KINO DES UTOPISCHEN) – »... es überrascht, daß Orwells Buch nicht viel besser verfilmt worden ist. Denn die Filmversion von *1984* ist ziemlich profan und zeigt nur wenig den Horror von Orwells Staat.« (Parish/Pitts, THE GREAT SF PICTURES) – »Aus der gegenwartsnahen Zukunftsvision des Romans, der durchaus in der Lage ist, seinen Leser das Gruseln zu lehren, wird im Film durch das langatmige Bohren an einigen wenigen Schreckensszenen eine vergleichsweise harmlose Moritat. Hat man sich an die zementkühle Gefühllosigkeit der Schreckenskammer erst einmal gewöhnt, dann mutet die Folterung des unglücklichen Winston Smith an wie die Behandlung eines Patienten auf dem Zahnarztstuhl. Schlimmer konnte der Film sein Thema nicht vertun ...« (FILMBEOBACHTER) – Anmerkung zur amerikanisch-deutschen Kinofassung: »Zum Schluß läßt er nicht einmal die Opfer der Gedankenpolizei (wie im Roman) in absoluter Trostlosigkeit aneinander vorübergehen, sondern verleiht ihnen in einem Anflug von belehrender Zeigefingermoral die Kraft zur Auflehnung gegen den ›Großen Bruder‹ und zum politischen Schnulzentod mit verschränkten Händen ... (So) stellt diese Verfilmung ... eine Verfälschung und Verharmlosung der geistreichen Vision der vollkommenen Diktatur dar.« (FILMBEOBACHTER)
Ⓑ George Orwell: *1984*, Stuttgart 1950

1984
(1984). GB 1984.
R Michael Radford. *B* Michael Radford. *LV* George Orwell. *K* Roger Deakins. *M* Dominic Muldowney. *D* John Hurt (Winston Smith), Richard Burton (O'Brien), Suzanna Hamilton (Julia), Cyril Cusack (Charrington), Gregor Fisher (Parsons), James Walker (Syme), Andrew Wilde (Tillotson), David Trevena (sein Freund), David Cann (Martin), Anthony Benson (Jones), Peter Frye (Rutherford). *F* 111 Min.
Michael Radford versucht, in seiner Verfilmung den ursprünglichen Tenor des Orwellschen Romans wiederzuentdecken. Sich strikt an die Romanvorlage zu halten, war die unabdingbare Forderung der Erben des Schriftstellers, die sich über jene ›Happy-End-Version‹ von Michael Anderson aus dem Jahre 1955 so verärgert gezeigt hatten, daß sie zunächst wenig geneigt waren, einer Neuverfilmung im Zeitalter der primitiven Endzeitspektakel zuzustimmen. Radford ist bis ins letzte Detail ernsthaft bemüht, die Forderung der Erben Orwells zu erfüllen und die literarische Stimmung der Vorlage mit filmischen Mitteln nachzuvollziehen. Dabei geht er konsequent von der Entstehungszeit des Romans aus: 1948 (die bloße Umkehrung des Jahres 48 ist 84, also 1984). Orwell hatte in seinem Roman keine abstrakten Ängste, angesiedelt in irgendeiner Zukunft, heraufbeschworen, er wollte vielmehr ein überhöhtes, zugespitztes Porträt von Stimmung und Lebensgefühl der Kriegsgesellschaft des Jahres 1948 zeichnen. Hier in der Trümmergesell-

schaft von 1948 werden die Weichen gestellt für die düstere Vision des totalitären
Überwachungsstaates von 1984. Sieht
man einmal davon ab, daß Radfords Verfilmung weniger großes Kino, als vielmehr ›Kammerspiel‹ ist, so zeichnet sich
der Film durch eine geradezu penible
Werktreue aus. Werktreue bedeutet, daß
der Film hart und direkt sein muß, daß er
die schockierenden Metaphern des Romans schonungslos in Filmbilder überträgt: die Ratten, die öffentlichen Hinrichtungen, die angeordnete Massenhysterie,
der Zynismus der Herrschenden. Werktreue bedeutet aber auch, und das nicht im
geringen Maße, die Herausforderung der
Kritik:»Totalitäre Herrschaft ist für Radford nicht die glitzernde Konsummetropo-
le von heute, sondern die verrußte Ruinenlandschaft von vorgestern, von ver-
härmten Statisten kärglich belebt. Die Gehirnwäsche von ›Big Brothers‹ Propagan-
damaschinerie wird nicht etwa durch die
flitzige Beschwingtheit von heutigen
Werbekampagnen besorgt, sondern durch
den antiquierten Monumentalismus von
Propagandafilmen aus den dreißiger Jahren. Und diese klassischen Bilder von
Propaganda als Propaganda zu entlarven,
kann schwerlich als filmischer Wagemut
gewürdigt werden. Aus Orwells romanti-
scher Sorge um die Zukunft ist eine
›werktreue‹ Rekonstruktion der Vergangenheit geworden, von derselben Ehrfurcht, die so riesige Teile der traditions-
bewußten englischen Kultur beherrscht.
Daß für Orwell Faschismus und Kommunismus zu einem einzigen Alptraum von
Terror verschmolzen, der jede präzise politische Analyse zum Luxus herabwür-
digt, macht es Radford allerdings besonders leicht, *1984* in die Ahnengalerie liberaler Humanität einzureihen, als die die
englische Geschichte so gerne gesehen
wird. Es ist daher ironisch, daß die über-
zeugendste Darstellung des Films Richard
Burtons Porträt des folternden Parteigen-
nossen O'Brien ist, ein Porträt, das auf
subtile Weise Lust an der Macht mit Resignation über ›Big Brothers‹ allmächtiges

Regime verbindet. Wenn die anderen
Schauspieler – der hervorragende John
Hurt als Rebell Winston Smith und Suzanna Hamilton als seine Geliebte Julia –
weniger auffallen, dann ist auch das eine
Konsequenz von Radfords Werktreue, die
Orwellsche Charakterschablonen so un-
besehen übernimmt, daß die Handlung für
alle diejenigen, die das Buch nicht kennen, wahrscheinlich schwer verständlich
ist.« (Ruth Baumgarten, EPD FILM)
Ⓥ RCA/Columbia

1994 – Nur die Starken überleben
(SURVIVAL ZONE). USA 1983.
R Percival Rubens. *B* Percival Rubens/
Eric Brown. *St* Percival Rubens.
K Vincent Cox/Colin Taylor. *M* Nic
Labuschagne. *D* Gary Lockwood (Ben
Fabian), Camilla Sparv (Lucy Fabian),
Morgan Stevens (Adam Strong), Zoli
Marki (Lisa), Ian Steadman (Luke),
Arthur Hall (Bigman), Karl Eric
Köstlin, Elizabeth Meyer, Joanie
Combrink, Lillian Randall, Mimi
Kheswa. *F* 78 Min.
Eine bösartige in schwarzes Leder geklei-
dete Bande entflohener Sträflinge terrori-
siert die Bewohner eines abseits gelege-
nen Bauernhofes. – Wie macht man aus
einer solchen Geschichte eine SF-Story?
Nichts leichter als das! Man läßt eine Off-
Stimme am Anfang verkünden, daß die
Neutronenbombe den größten Teil der
Menschheit dahingerafft hat, zeigt einen
(vier Uhr morgens abgefilmten) leeren
Straßenzug, läßt die Lederkerle (aus welchem Grund auch immer: die Warenhäu-
ser sind jedenfalls noch voll) Kannibalen
sein, die harmlose Nonnen fressen, und
schon hat man eine feine Endzeit-Motor-
rad-Rocker-Geschichte, deren Böslinge
so abgrundtief gemein und vertiert sind,
daß die Guten (hier: Bauer Fabian und Familie sowie der blonde Recke Adam – ein
Robert Redford für Arme) ausgiebig zu
Flinte und Dynamit greifen können, um
das Ungeziefer aus der Welt zu fegen.
»Das sind doch keine Menschen mehr«,
sagt auch der alte Luke, ehe ihn das

Schicksal in Form eines Mörderdolches ereilt. – Fürwahr, eine wackre neue Welt ist's, die da aufgebaut werden soll von Menschen, die nur deshalb gut sind, weil ein Zwei-Mann-Autorenteam nicht mal in der Lage ist, die Bösen ordentlich zu motivieren. So sind sie eben nur deswegen böse, weil's sonst keine Story (ecch!) zu erzählen gäbe. (Von allen Mad Max-Plagiaten ist dies jedoch – zugegeben – das spannendste.)
Ⓥ All

1982: Gutenbach

(TV-ARD). BRD 1978.
R Michael Verhoeven. *B* Michael Mansfeld. *K* Ulrich Burtin. *M* Konstantin Wecker. *D* Gottfried John (Peter Kessel), Katja Rupé (Hilde Rust), Hartmut Becker (Wolfgang Stein), Melanie Horeschowski (Anna), Uwe Dallmeier (Naujock), Ronald Nitschke (Huber), Wolfgang Müller (Meyer), Esther Christinat (Lisa), Gert Schaefer (Bürgermeister), Franz Otto Krüger (Kopf), Axel Scholtz (Schmitz), Rainer-Christian Mehring (Grüter), Elert Bode (Dr. Jung), Friedrich v. Bülow (Boch), Hans Drahn (Gärtner). *F* 103 Min.
Der Entwicklungshelfer Peter kehrt nach mehrjähriger Abwesenheit in seine Heimatstadt Gutenbach zurück, in der unter Anleitung eines Multis, der sich inzwischen hier niedergelassen hat, allerlei neue technische Errungenschaften eingeführt worden sind. Gutenbach ist verkabelt, man zahlt bargeldlos, es gibt eine Bildschirmzeitung, elektronische Überwachungsanlagen etc. Peters verstorbener Vater hat seinen Industriebetrieb an den Multi verkauft – jedoch unter der Bedingung, daß sein Sohn nach Ablauf seiner Entwicklungshelferzeit in die Geschäftsleitung eintritt. Peters Engagement für die Dritte Welt und seine milden Vorbehalte für das ›neue‹ Gutenbach lassen ihn aber bald verdächtig erscheinen. Zudem will man keinen Idealisten in der Geschäftsleitung einer Firma, die u.a. auch Dinge produziert, die der Geheimhaltung unterlie-

gen. – Ein TV-Film, dessen technische Gadgets heutzutage gar keinen ›SF-Wert‹ mehr haben, weil sie längst Realität geworden sind, durch ihr massiertes Auftreten jedoch eine beklemmende Atmosphäre erzeugen, die an Orwells Überwachungsstaat erinnert.

Neutronenbombe

Anderer Titel für **Dunkle Sonne**

Neutronen-Inferno

Anderer Titel für **Dunkle Sonne**

New York antwortet nicht mehr

(THE ULTIMATE WARRIOR).
USA 1975.
R Robert Clouse. *B* Robert Clouse. *K* Gerald Hirschfeld. *SpE* Gene Grigg. *M* Gil Mellé. *D* Yul Brynner (Carson), Max von Sydow (Baron), Joanna Miles (Melinda), William Smith (Carrot), Richard Kelton (Cal), Stephen McHattie (Robert), Darrell Zwerling (Silas), Lane Bradbury (Barrie), Nate Esformes (Garon), Mel Novak, Mickey Caruso, Gary Johnson, Susan Keener, Stevie Myers, Fred Slyter, Reggie Parton, Larry Bischof, Pat Johnson, Henry Kingi. *F* 94 Min.
New York, Anno Domini 2012: Ein ökologisches Desaster hat den größten Teil der Menschheit hinweggerafft. In der verfallenen Riesenstadt leben zwischen Unrat und rostenden Autowracks diverse Gruppen von Überlebenden, die einander bis aufs Messer bekämpfen, denn der Hunger greift ständig weiter um sich. Eine dieser Gruppen wird von einem Mann geleitet, der sich ›der Baron‹ nennt. Sein Gegenspieler ist der skrupellose Carrot, und als dieser erfährt, daß der Baron auf einem Hausdach Gemüse züchtet, ist er nicht mehr zu halten. Da der Baron weiß, daß er den Gruppen Carrots nicht ewig die Stirn wird bieten können, faßt er den Plan, seine schwangere Tochter Melinda mit einem Beutel voll Gemüsesamen aus der Gefahrenzone evakuieren zu

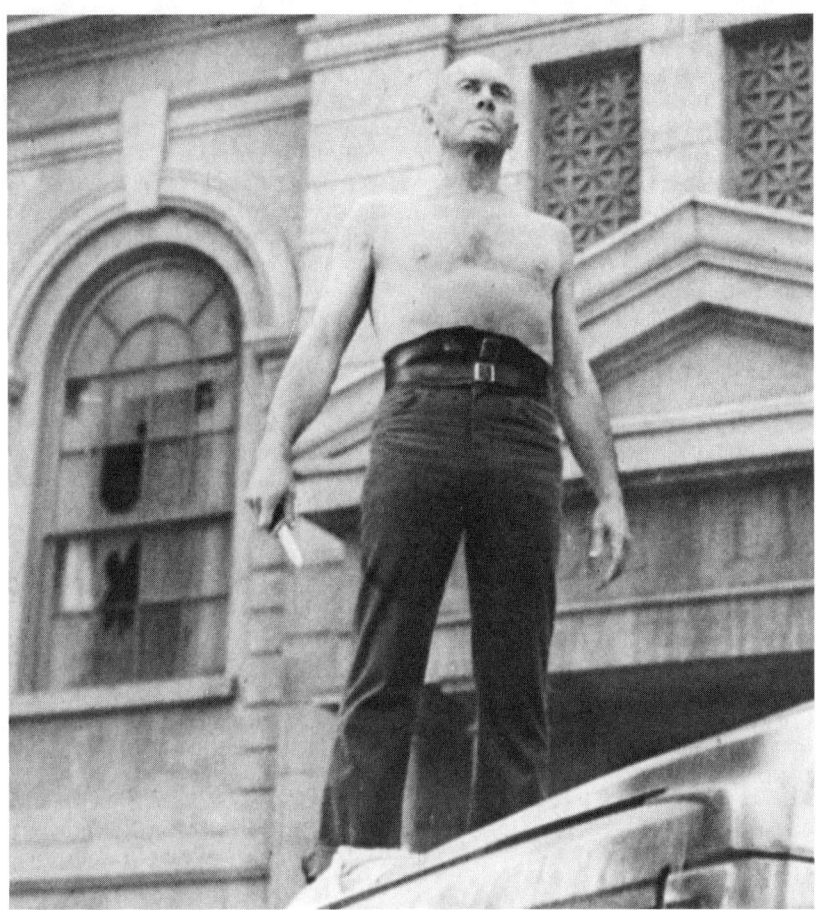

Yul Brynner in *New York antwortet nicht mehr*

lassen. Sie soll auf einer kleinen Atlantik-insel ihr Kind zu Welt bringen und Ge-müse anpflanzen. Doch der Weg dorthin ist weit und gefährlich, deswegen gibt der Baron ihr den zur Kampfmaschine ge-drillten Ex-Söldner Carson mit. Verfolgt von Carrot und seiner wilden Meute, schlagen sich Carson und Melinda durch die verfallenen Schächte der New Yorker U-Bahn. Die Verfolger geben nicht auf: Mehr als einmal muß Carson beweisen, was er als Einzelkämpfer gelernt hat – und als die Bande ihn am Ende dermaßen in die Enge getrieben hat, daß er keinen Ausweg mehr sieht, hackt er sich in einem Verzweiflungsschritt die eigene Hand ab, um sich von seinen Fesseln zu befreien. Melindas Kind wird zu früh geboren; auch hier zeigt sich Carsons Allroundta-lent: Er bringt das Baby zur Welt. Carrot endet schließlich in einem Schacht und wird von einem Rattenrudel erledigt. »Das Grundgerüst der Story ist eine Nie-te...« (TIME OUT) – »...diesen Film sollte man schnell vergessen.« (FILM-DIENST) – »...ohne jeglichen Unterhal-tungswert.« (HALLIWELL'S FILMGUIDE) ⓥ Warner Home (*The Ultimate Warrior*)

Niemandsland
(TV-ZDF). BRD 1965.
R Karlheinz Bieber. *B* Karlheinz Bieber/
Wolfgang Patzschke. *LV* Margharita
Laski. *D* Ilse Steppat (Rachel Verney),
Isabel Stumpf (Mary), Christoph Quest
(James), Romuald Pekny (Capt.
Charles), Wolfgang Stumpf, Wolfgang
Georgi, Rainer Penkert, Horst Janson.
80 Min.
Ein Teil der Erde steht am Tage X in
Flammen. Wie durch ein Wunder gibt es
ein paar Überlebende, die sich in einem
Bunker direkt am Meer den widrigen Um-
ständen entsprechend einrichten. Erst
nach zehn Jahren landet eine amerikanische Aufklärungseinheit ganz in der
Nähe, um das Land nach Überlebenden
abzusuchen. Nach Verhandlungen zwischen den Gegnern soll dieses Gebiet neu-
tralisiert, die Überlebenden aus ihrer Einsamkeit ›befreit‹ werden. Anfängliche
Freude der Einsiedler wird sehr schnell
von Reserviertheit und Mißtrauen gegenüber den Befreiern abgelöst. Die Überlebenden müssen zur ›Zivilisation‹ gezwungen werden.
Ⓑ Margharita Laski: THE OFFSHORE IS-
LAND, London 1961

Night Eyes
(NIGHT EYES).
Hongkong/Kanada 1982.
R Robert Clouse. *B* Charles Eglee/
Lonon Smith. *LV* James Herbert.
K René Verzier. *M* Anthony Guefen.
D Sam Groom, Sara Botsford, Scatman
Crothers, Lisa Langlois, Cec Linder,
Lesley Donaldson, James B. Douglas.
F 86 Min.
Eine Rattenschar, durch verdorbenes Ge-
treide hundegroß und blutrünstig gewor-
den, attackiert die Bewohner einer kana-
dischen Stadt, bis ein Lehrer, der zufällig
Experte für Nagetiere ist, ihr mit einem
Flammenwerfer und anderen Dingen zu
Leibe rückt. – Ein hanebüchener *Willard*-
Nachzieher. Für die, denen das Verfol-
gen zusammenhängender Geschichte
Schwierigkeiten bereitet. Ⓥ All

Nightflyer – Tödliche Mission im All
(NIGHTFLYERS). USA 1986.
R Robert Collector. *B* Robert Jaffe.
LV George R. R. Martin. *K* Shelly
Johnson. *SpE* Gene Warren/Robert
Short/Roger George/Bob Yerks/Bob
Weisinger. *M* Doug Timm.
D Catherine Mary Stewart (Miranda
Dorlac), Michael Praed (Royd Erris),
John Standing (Michael D'Branin), Lisa
Blount (Audrey), Glenn Withrow
(Keelor), James Avery (Daryl), Hélène
Udy (Lilly), Annabel Brooks (Eliza),
Michael Des Barres (Jon Winderman).
F 86 Min.
Um das Geheimnis des Volcryn, der älte-
sten galaktischen Intelligenz zu ergrün-
den, bricht im Raumschiff *Nightflyer* eine
irdische Expedition auf. Dem Wissenschaftler Michael D'Branin erscheint Captain Royd nur als Hologramm, zudem
scheint er die ganze Mannschaft zu verkörpern. Es kommt zu einschneidenden
Wirren, Problemen und Sabotageaktio-
nen. D'Branin stellt fest, daß der Inhalt
des Bordcomputer teilweise mit dem von
Royds telepathisch begabter und verstorbener Mutter identisch ist. Royd ist ein
von seiner Mutter programmierter Klon,
möchte sich jedoch ihrem Einfluß entziehen. Als sich Michael dem Captain nähert,
wird ›Mama‹ eifersüchtig, sabotiert und
tötet. Nach diversen Kämpfen wird sie
vernichtet, die Odyssee findet ihr Ende. –
»Der Film ist zwar keineswegs schlecht,
doch ist die verworrene und größtenteils
entliehene Story, die völlig unmotiviert
dort einsetzt, wo man nach der Exposition
etwas ganz anderes erwartet hätte, das
größte Manko des Films. Daß die Charaktere infolge dieses Patchworks kaum Gelegenheit haben, Persönlichkeit zu entwikkeln, liegt auf der Hand. Gelungener erscheinen dagegen die technischen Aspekte.« (Dietmar Schmidt, ENZYKLOPÄDIE
DES PHANTASTISCHEN FILMS). – »Yuppies im Weltraum; Schwachsinn von geradezu galaktischen Dimensionen.« (LEX-
IKON DES INTERNATIONALEN FILMS). –
Nur auf Video. Ⓥ Ascot

Notlandung im Weltraum
(ROBINSON CRUSOE ON MARS).
USA 1964.
R Byron Haskin. *B* Ib Melchior/John C.
Higgins. *LV* Daniel Defoe. *K* Winton
C. Hoch. *SpE* Lawrence Butler. *M* Van
Cleve. *D* Paul Mantee (Commander
Christopher Draper), Vic Lundin
(Kosmos; im Original: Friday), Adam
West (Col. Dan Mac Ready).
F 95 Min.
Die beiden Astronauten MacReady und
Christopher (›Kit‹) Draper überfliegen
den Planeten Mars. Als sie mit einem Me-
teoritenschwarm zu kollidieren drohen
und ein Ausweichmanöver versuchen, ge-
raten sie in den Anziehungsbereich dieser

Welt und stürzen ab. MacReady stirbt,
Draper und das Rhesusäffchen Mona
überleben. Wie weiland Robinson Crusoe
richtet Christopher Draper sich in einer
Höhle ein, denn zu seinem Erstaunen ist
die Marsluft atembar. Als seine Vorräte
knapp werden, entdeckt Mona eine Quelle und eßbare Wurzeln. Später wird Draper von einem unbekannten Raumfahrzeug angelockt, das in einem Nachbartal
landet: Dort zwingen einige menschlich
aussehende Außerirdische eine Gruppe
steinzeitlich wirkender Sklaven zur Arbeit
in einer Art Steinbruch. Als einer der
Sklaven flieht, nimmt Draper ihn bei sich
auf. Die Außerirdischen, die aus dem
Sternbild des Orion kommen, starten wie-

Notlandung im Weltraum von Byron Haskin

der und werfen Bomben ab, um den Flüchtling zu töten. Doch Draper und sein neuer Freund entkommen dem Bombardement durch ein Höhlensystem und tauchen später an einem Pol des Mars wieder auf. Sie werden schließlich von einem irdischen Raumschiff gesichtet und gerettet. – Die Außenaufnahmen zu diesem Film wurden im Death Valley gedreht, einem idealen Standort, um die Oberfläche des Mars zu simulieren. So machen auch die ›Landschaftsaufnahmen‹ einen besonderen Stellenwert des Films aus.»Viel Wert hat man auf großflächige Aufnahmen gelegt, die durch allerlei einkopierte Effekte und Farblinsen marsähnlich wirken sollen. Eine gewisse Eintönigkeit geht allerdings doch von ihnen aus und legt sich über den ganzen Film.« (FILM-BEOBACHTER) – Während der amerikanische Originaltitel die literarische Inspiration zum Film wie selbstverständlich nennt, bemühte sich der deutsche Verleih nach dem Motto, daß Klassik und Unterhaltung nichts miteinander zu tun haben können, um eine ›Versachlichung‹ des Titels. Erst das Deutsche Fernsehen entschloß sich zu dem Original-Titel *Robinson Crusoe auf dem Mars*, und das zu Recht:»Diese clevere Flunkerei folgt der berühmten Erzählung Daniel Defoes mit altmodischer Genauigkeit... In den Weltraum übertragen, muß man ihr eine frische und unerwartete Güte besonders dann bescheinigen, wenn die planetarischen Umstände mit sprühender Erfindungsgabe gemeistert werden.« (NEW YORK TIMES) – Man sollte den Film also nicht als technisches Meisterwerk verstehen, was er auch nicht ist, sondern als literarisch-unterhaltende Robinsonade. »Intelligente und originelle Science Fiction.« (MOVIES ON TV)
(B) Daniel Defoe: *Robinson Crusoe*, Köln 1947

Null-Zeit
(FUTURE WAR 198X). Japan 1982.
R Toshio Masuda/Tomoharu Katsumata.
B Koji Takada. *LV* John Haken. *K* N.

N. Anim. Masami Suda. *M* Nozomu Aoki. *F* 117 Min. (Zeichentrickfilm). Sowjetische Agenten entführen einen amerikanischen Laserexperten und lösen damit ungewollt den dritten Weltkrieg aus. Von den Zeichnungen her höchst beeindruckend, doch von der Machart eher zwiespältig: Der Weltuntergang als Abenteuer, gemixt mit einer rührenden Liebesgeschichte. – »Soweit sich der mit enormem technischen Aufwand inszenierte Film an dieser Beschreibung versucht, funktioniert er, liefert mitunter beeindruckende Bilder.« (FILMDIENST) – In der BRD nur auf Video.
(V) Starlight

Nummer 5 gibt nicht auf!
(SHORT CIRCUIT 2). USA 1988.
R Kenneth Johnson. *B* S.S. Wilson/ Brent Maddock. *K* John McPherson. *M* Charles Fox. *D* Fisher Stevens (Ben Jahrvi), Michael McKean (Fred Ritter), Cynthia Gibb (Sandy Banatoni), Jack Weston (Oscar Baldwin), Dee McCafferty (Saunders), Don Lake (Mike), Damon D‹Oliveira (Bones), Tito Nunez (Zorro), Jason Kurilof (Lil Man). *F* 106 Min.
Vorgeschichte siehe *Nummer 5 lebt!* – Der Roboter Nummer 5 startet New York einen Besuch ab, um die Landplage Ben Jahrvi bei der Produktion von Nummer 5-Spielzeug zu unterstützen. Bei seinen Streifzügen durch die Stadt entlarvt er menschliche Eigenarten der Moderne (z. B. Punks). Und da weder Paul Kersey noch Crocodile Dundee da sind, vollbringt er täglich eine gute Tat. Dazu gehört auch die äußerst schwierige Verkupplung von Ben und Sandy. – Den kritischen Touch (Mensch-Maschine-Konflikt), den John Badham noch im ersten Teil verarbeitet hat, haben die Drehbuchautoren völlig außer acht gelassen. – »Die eigentlichen Schurken sind die Drehbuchautoren... die nur witzige Bemerkungen machen und aus anderen Filmen klauen können.« (L.A. WEEKLY).
(V) RCA/Columbia

Nummer 5 lebt!
(SHORT CIRCUIT). USA 1986.
R John Badham. *B* S.S. Wilson/Brent
Maddock. *K* Nick McLean. *SpE* Bob
Jason Keys/Walter Nichols/Eric Allard.
M David Shire. *D* Ally Sheedy
(Stephanie Speck), Steve Guttenberg
(Dr. Newton), Fisher Stevens (Ben
Jahrvi), Austin Pendleton (Howard
Marner), G.W. Bailey (Schroeder),
Penny Stanton (Mrs. Cepeda), Vernon
Weddle (Gen. Ashburn), Barbra
Tarbuck (Sen. Mills), Brian McNamara,
Marvin McIntyre, John Garber. *F* 98 Min.

Stolz präsentiert die Army eine neue Waffe: mit einem Laser bestückte Kampfroboter, einsetzbar in allen Erdregionen, vernichten zielsicher den Feind auf dem Testgelände. Newton Crosby, der Konstrukteur, hat sie zwar für friedliche Zwecke entwickelt, muß aber militärischer Gewalt weichen. Ein Gewitter, das in Roboter Nummer 5 einen Kurzschluß auslöst, bringt sein Programm durcheinander. Nummer 5 flieht. Von der Armee verfolgt, findet er Schutz bei der tierliebend Stephanie, die ihn zuerst für einen Außerirdischen hält. Nummer 5, reichlich verwirrt, sucht Informationen, die er in Lexika und im Fernsehen findet. Beim Spiel tötet Nummer 5 versehentlich einen Grashüpfer und bittet Stephanie, ihn zu reparieren. Sie erklärt ihm die Bedeutung des Todes, und der Roboter entwickelt Emotionen. Soldaten spüren Nummer 5 auf, doch er kann entkommen. Crosby schlägt sich auf die Seite der beiden. Er kann erst von der ›unmöglichen‹ Entwicklung seiner Konstruktion überzeugt werden, als Nummer 5 sich über einen alten Kalauer kaputtlacht. In den Bergen werden die drei gestellt. Abermals will Nummer 5 fliehen. Ein Hubschrauber zerlegt ihn in seine Einzelteile. Doch in Newtons Werkstattwagen hat er zuvor ein Duplikat von sich gebastelt. Er selbst fährt mit Stephanie und Newton in die Freiheit. – »Nummer 5 entpuppt sich als wirklich liebenswerter Geselle, der sich einer ganzen Armee von zerstörungswilligen kalten Kriegern widersetzen muß. Wie er das schafft, das ist so witzig und abenteuerlich in Szene gesetzt, daß es ein wahres Vergnügen ist, zuzusehen.« (MANNHEIMER MORGEN). »John Badham hat den 15 Millionen Dollar teuren Film gegen den Trend des aktuellen Hollywood-Politklimas gedreht. Die Botschaft von *Nummer 5 lebt!* lautet: Liebe statt Krieg. Badham verweigert dem aggressiven Rambo-Chauvinismus jegliche Gefolgschaft und veralbert genüßlich kriegstreiberische Funktionsträger in Militär und Wirtschaft. Mit erstaunlichem Erfolg«. (CINEMA). – Der Anarchismus hält sich in Grenzen; der Roboter, der sich amüsant durch die halbe Film- und Fernsehgeschichte zitiert, wirkt eher wie ein Clown. Seine Konzeption ist beachtlich, denn er kann mehr als nur Piepsen und Summen. Er ist in allen Teilen beweglich, was ihm eine realistische Mimik und Gestik verleiht. So gelingt Nummer 5s Gefühlswandlung glaubhaft. Am Ende unterwirft er sich dem Hollywood-Gesetz der Wiederauferstehung. – »Ein eklatantes Beispiel für einen Film, den die Kritiker in der Luft zerreißen werden, während das Publikum ihn bejubelt. Ich habe mich gut amüsiert – allerdings mit schlechtem Gewissen.« (L.A. WEEKLY). Ⓥ RCA/Columbia

Nur die Pflanze war Zeuge
(THE KIRLIAN WITNESS). USA 1978. *R* Jonathan Sarno. *B* Jonathan Sarno/Lamar Sanders. *K* Joao Fernandes. *M* Harry Manfredini. *D* Nancy Snyder (Rilla), Nancy Boykin (Laurie), Joel Colodner (Robert), Ted Leplat (Dusty), Lawrence Tierney (Rechercheur), Maya Danziger (Claire). *F* 85 Min.
Die Besitzerin eines Blumenladens, die in telepathischem Kontakt mit ihrer Ware steht, wird umgebracht. Ihre Schwester, die dem Geheimnis der empfindsamen Gewächse bald auf die Spur kommt, benutzt den einzigen Tatzeugen (eine Topfpflanze) als Lügendetektor, um den Mörder zu entlarven. – Ein schmalbrüstiger Öko-SF-Krimi, dessen ›Hauptdarsteller‹ ungefähr so spannende Kameraeinstellungen ermöglichen wie Yogi Bär und seine Freunde.

Octaman – Die Bestie aus der Tiefe

(OCTAMAN). USA 1971.
R Harry Essex. *B* Leigh Chapman/
Lawrence Morse. *K* Robert Caramico.
D Kerwin Matthews (Dr. Ricardo
Torres), Pier Angeli (Susan Lowry),
Jeff Morrow, Harry Guardino, Norman
Fields, Jane Moor, Inga Swergason,
David Essex, Robert Warner. *F* 79 Min.
In einem südamerikanischen Sumpfgebiet
treibt ein krakenähnliches, mit diversen
Fangarmen versehenes Monstrum sein
Unwesen, das offenbar durch radiumver-
seuchtes Wasser entstanden ist (in der
Originalfassung dreht sich die Geschichte
um ein zur Erde gekommenes Wesen aus
dem All). Dr. Torres und seine wissen-
schaftlich geschulten Mitarbeiter versuchen, diesem ›Octaman‹ auf die Spur zu
kommen. Nach einigen haarsträubenden
Abenteuern gelingt es ihnen endlich, dem
Viech den Garaus zu machen. – Daß Harry Essex 1953 als Drehbuchautor maßgeblich an Jack Arnolds *Gefahr aus dem
Weltall* beteiligt war, mag man nach *Octaman* kaum noch glauben. »Vielleicht
der größte Kino-Schwachsinn des Jahres.« (SF-NACHRICHTEN)
Ⓥ Loyal

Die Odyssee der Neptun

(THE NEPTUNE FACTOR – AN UNDERSEA
ODYSSEY). Kanada 1973.
R Daniel Petrie. *B* Jack de Witt.
K Harry Makin. *SpE* Lee Howard.
M Lalo Schifrin. *D* Ben Gazzara
(Blake), Yvette Mimieux (Leah Jansen),
Walter Pidgeon (Dr. Andrews), Ernest
Borgnine (Don MacKay), Chris
Wiggins (Capt. Williams), Donnelly
Rhodes (Bob Cousins), Ed McGibbon
(Norton Shepherd), Michael J. Reynolds
(Hal Hamilton), David Yorston
(Stephens), Stuart Gillard (Bradley),
Mark Walker (Moulton), Kenneth
Pogue (Thomas), Frank Perry (U-Boot-
Kommandant), Dan MacDonald (Lt.
Hobbs), Leslie Carlson (Briggs).
F 98 Min.
Während eines Seebebens löst sich ein
Unterwasserlabor aus seiner Verankerung
und stürzt in einen Tiefseegraben. Da
man dem Fall mit gewöhnlichen U-Boo-
ten nicht beikommen kann, wird die hypermoderne, tiefseetaugliche *Neptun* eingesetzt. Es kommt, bevor man die im Unterwasserlabor eingeschlossenen Wissenschaftler und Taucher retten kann, zu
mehreren Auseinandersetzungen mit nie
gesehenen, monströsen Riesenfischen.
»Mißratenes   Unterwasser-SF-Spekta-
kel . . . (Alan Frank, SF FILM HANDBOOK)
– »Zu dünn wirken die Darsteller in ihrem . . . Mini-U-Boot, das in 350 m Tiefe
einer Unterwasserfauna begegnet, die
normalerweise nur in tropischen Gewäs-
sern vorkommt. Selbst ein Kinderver-
stand belächelt die Pseudorealistik der
Tricks, die Korallenfische aus Aquarien
überdimensional als Meeresmonstren an
dem Fenster des Tauchbootes vorbeizie-
hen zu lassen.« (FILMDIENST)
Ⓥ CBS/Fox

Der Omega-Mann

(THE OMEGA MAN). USA 1971.
R Boris Sagal. *B* John W. Corrington/
Joyce H. Corrington. *LV* Richard
Matheson. *K* Russell Metty. *M* Ron
Grainer. *D* Charlton Heston (Robert
Neville), Anthony Zerbe (Matthias),
Rosalind Cash (Lisa), Paul Koslo
(Dutch), Lincoln Kilpatrick (Zachery),
Eric Laneuville (Richie), Jill Giraldi
(Mädchen), Anna Aries (Frau in der
Gruft), Brian Tochi (Tommy), DeVeren
Bookwalter, John Dierkes, Monika
Henreid, Linda Redfearn, Forrest
Wood. *F* 98 Min.
Nach einem bakteriologischen Krieg zwi-
schen China und der UdSSR (1977) ist
von der Zivilisation nicht viel übrigge-
blieben. Der in Los Angeles lebende Bio-

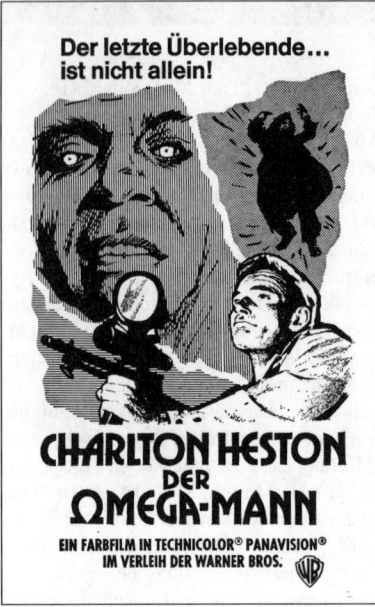

**Der letzte Überlebende...
ist nicht allein!**

**CHARLTON HESTON
DER
ΩMEGA-MANN**

**EIN FARBFILM IN TECHNICOLOR® PANAVISION®
IM VERLEIH DER WARNER BROS.** Ⓦ

loge Neville ist als einziger der Bakterienpest entkommen, denn er hat ein Gegenmittel entwickelt. Tagsüber streift er auf der Suche nach anderen Gesunden durch die Stadt, in der Nacht verbarrikadiert er sich in einem zur Festung ausgebauten Haus, denn die ›Familie‹, eine Gruppe verseuchter Überlebender, die kein Tageslicht mehr ertragen können und Neville als Fremdkörper ansehen, ist ihm ständig auf den Fersen. Die Überlebenden haben der Wissenschaft abgeschworen und wollen in einer Art religiösem Fanatismus alle Gesunden töten. Obwohl Neville sich zur Wehr zu setzen weiß, wird er eines Tages von den vermummten Nachtmenschen überwältigt. Als man ihn in einem Stadion exekutieren will, wird er von einem jungen Mann namens Dutch gerettet. Dutch hat einige gesunde Jugendliche um sich geschart. Neville verliebt sich in das farbige Mädchen Lisa. Als deren Bruder Anzeichen von Verseuchung aufweist, behandelt er ihn mit seinem Serum. Während Neville und Dutch Vorbereitungen treffen, um in eine andere Gegend zu ziehen, versucht Lisas Bruder Richie die ›Familie‹ zu überzeugen, daß das Serum des Wissenschaftlers sie alle heilen kann. Aber Richies Vorschlag korrespondiert nicht mit der Philosophie der ›Familie‹. Man bringt ihn um. Im letzten Moment muß Neville erkennen, daß auch Lisa ein Opfer der Bakterienpest geworden ist. Als er in sein Haus zurückkehrt, fallen die Verseuchten über ihn her. Es kommt zu einem Kampf, den Neville nicht gewinnen kann. Aber Dutch und die anderen können fliehen – mit seinem Serum.

Der Omega-Mann ist schon die zweite Verfilmung des Romans I AM LEGEND von Richard Matheson. Bereits im Jahre 1964 wurde der Stoff in einer italienisch/amerikanischen Co-Produktion von Ubaldo Ragona (italienische Version) und Sidney Salkow (US-Version) mit Vincent Price in der Hauptrolle ziemlich miserabel inszeniert: der Film war ein Opfer »primitiver Effekte, absonderlicher Inhalte und dümmlicher Dialoge«. (MONTHLY FILM BULLETIN) – Titel des in Deutschland nicht gezeigten Streifens: ULTIMO UOMO DELLA TERRA bzw. THE LAST MAN ON EARTH.

Leider ist auch die zweite Verfilmung des Romans nicht besonders gut gelungen. »... die Bearbeitung ist ziemlich ärmlich. Es hätte tatsächlich ein großer Film werden können. Das Buch ist ein überdurchschnittlicher Science Fiction-Klassiker, der von einer biologischen, durch einen Krieg bedingten Seuche handelt; der Film verwechselt im Gegensatz dazu Science Fiction und soziales Bewußtsein. Denn trotz der ansatzweisen guten Unterhaltung entgleitet der *Omega-Mann* oft in zügellose entsetzliche Wichtigtuerei.« (Jeff Rovin, THE FILMS OF CHARLTON HESTON) – »Der Film vermittelt einen neuen Eindruck der... Stadt Los Angeles. Darüber hinaus werden die gängigen amerikanischen Mythen in fast unerträglicher Weise vor dem Zuschauer ausgebreitet: Die Dunkelmänner à la Ku-Klux-Klan stehen dem Wissenschaftler angelsächsischer Prägung gegenüber... Die schwarze

Frau, im Angela-Davis-Look, sexuelles Objekt des weißen Super-Mannes, muß durch das Serum, das aus seinem Blut gewonnen wurde, geheilt werden. Makaber die Schlußszene. Von der Lanze durchbohrt, verblutet der Omega-Mann mit ausgebreiteten Armen – die Kinder legen seine Armee-Mütze sozusagen als Grabstein daneben und ziehen dann, dem alten amerikanischen Traum folgend, in die unberührte Wildnis. – Der Film mag ein interessantes Psychogramm des Amerikanismus sein. Eine mögliche Zukunft malt er allerdings nur in erstarrten Klischees der Gegenwart aus.« (FILMDIENST)
Ⓥ Warner
Ⓑ Richard Matheson: *Ich, der letzte Mensch*, München 1963; auch unter dem Titel *Ich bin Legende*, München 1982

Das Omega-Projekt
(HUMANOID DEFENDER). USA 1985.
R Ron Satlof. *B* Nicholas Corea.
K William Cronjager. *M* Joseph Conlan.
D Terence Knox (JOE), William Cukking (Col. Fleming), Gail Edwards (Dr. Lena Grant), Pam Houser, Gary Kasper. *F* 90 Min.
Nach langer Arbeit ist die Züchtung des ersten Androiden gelungen. JOE ist vom normalen Menschen nicht zu unterscheiden und verfügt über ungeheure Kräfte. Für das Militär erweist er sich als unbrauchbar, da er einen ausgeprägten Gerechtigkeitssinn hat und nicht töten will. Ein Wissenschaftler flieht mit ihm vor dem Militärs. In einer Agentur für Verbrechensbekämpfung erledigt JOE verschiedene Aufträge im Namen der Gerechtigkeit. Ein ›perfekter‹ Android soll den mißlungenen JOE aus dem Weg schaffen. Denkste! – Nur auf Video.
Ⓥ CIC

Onkel Paul, die große Pflaume
(HIBERNATUS/LOUIS DE FUNÈS E IL NON NO SUREGELATO).
Frankreich/Italien 1969.
R Edouard Molinaro. *B* Jacques Vilfrid/Jean-Bernard Luc/Louis de Funès/Jean

Halain. *LV* Jean-Bernard Luc. *K* Marcel Grignon. *M* Georges Delerue. *D* Louis de Funès (Paul de Tortas), Claude Gensac (Edmée), Olivier de Funès (Didier), Eliette Demay (Evelyne), Bernard Alane (Winterschläfer), Martine Kelly (Sophie), Yves Vincent (Crépin-Jaujard), Michael Lonsdale (Prof. Loriebat), Claude Pieplu (Generalsekretär), Jacques Legras (Anwalt), Robert Lombard (Thomas), Paul Preboist (Charles), Virginie Vignon (Stubenmädchen).
F 82 Min.
Der ganz schön durchgedrehte Geschäftsmann Paul de Tortas wird eines Tages mit der Nachricht konfrontiert, daß man – eingefroren im Polareis – den Großvater seiner Gattin entdeckt hat. Dieser ist nicht gealtert und sieht aus wie fünfundzwanzig. Da man ihn nicht mit der Realität der Moderne schockieren will, wird de Tortas von diversen Wissenschaftlern gezwungen, aus seinem hochmodernen Haushalt eine stilgerechte Imitation eines Eigenheims der Jahrhundertwende zu machen. Der ›Winterschläfer‹ treibt ihn jedoch bald in die Verzweiflung, da er sich überhaupt nicht ›opa-gemäß‹ benimmt. Als er sich in die Braut seines eigenen Urenkels verliebt, sagt de Tortas ihm die Wahrheit, die Opa aber nicht glaubt, da die Wissenschaftler inzwischen auch die ganze Nachbarschaft auf ›alt‹ getrimmt haben. Dennoch kann de Tortas seinen jungen Schwiegeropa schließlich davon überzeugen, daß die Entwicklung inzwischen nicht stehengeblieben ist. Und da die Miniröcke es dem Winterschläfer außerordentlich angetan haben, gewöhnt er sich ziemlich flott an die neue Lage . . . – »Daß der Hauptdarsteller auch den kleinsten Gag wiederum bis ins Detail und bis zur letzten Schraubenwindung ausspielt, ist selbstverständlich . . . Dennoch ist . . . diese neue ›Balduin‹-Pflaume bei weitem nicht so ausgereift wie manche Vorgängerinnen, die vom Baume der anspruchslosen Heiterkeit gepflückt worden sind.«
(FILMDIENST)

Operation Dead End
BRD 1986.
R Nikki Müllerschön. *B* Nikki
Müllerschön/Stanislav Barabas.
K Jacques Steyn. *M* Jacques Zwart.
D Isabelle Winter (Kim), Uwe
Ochsenknecht (Boris), Hannes Jaenicke
(Les), Günter Maria Halmer (Kerner),
Hannelore Elsner (Dr. Hoppe), Felix v.
Manteuffel (Breiter), Anton Diffring
(Prof. Lang). *F* 95 Min.
Wissenschaftler haben die Prognose auf-
gestellt, daß die Erde in geraumer Zeit un-
bewohnbar wird. Man fragt sich, wie der
Mensch sein Dasein weiter fristen soll.
Leben wäre nur noch in Bunkern mög-
lich. Doch wie kann man die Enge eines
solchen Lebensraums psychisch bewälti-
gen? Les, Boris und Kim werden für ein
Experiment ausgewählt. Sie sollen sechzig Tage auf einer angeblich verseuchten
Insel in einem hermetisch abgeriegelten
Schutzbunker leben, der rund um die Uhr
von Kameras und Mikrofonen überwacht
wird. Die Klaustrophobie schürt Aggressionen. Die ausweglose Lage zwingt zur
Solidarität. Mittels eines Sabotageakt versuchen die drei, den Abbruch des Experiments zu erzwingen, doch die Wissenschaftler verlängern es um dreißig Tage.
Um einen Hubschrauber auf die Insel zu
locken, täuscht Les einen tödlichen
Sprung von den Klippen vor. Man hält
den Test für gescheitert. Als man zur Insel
fliegt, wird man überrumpelt. Les, Kim
und Boris fliehen mit dem Hubschrauber.
Das Experiment wird mit anderen Testpersonen fortgeführt. – »Niki Müllerschön inszenierte den ganzen Katalog von
Ängsten, Aggressionen, tödlicher Bedrohung, totaler Überwachung und rück-
sichtsloser Überlebensrevolte mit ziemlich konventioneller Spannung. Mehr als
ein handfester Psycho-Thriller nach be-
kanntem Muster ist der Film nicht geworden.« (TZ). – »Müllerschön... ist bisher
nicht durch überwältigende inszenatorische oder intellektuelle Leistungen aufge-
fallen. Er bringt sie auch in seinem neuesten Opus nicht – dem hochbedeutsamen

Thema zum Trotz... Der Handlungsverlauf macht schon deutlich, daß es Müllerschön nicht auf die Diskussion (kritischer)
Fragen ankam, sondern auf einen Action-
film. Und der ist ihm, unterstützt durch
die Darsteller... auch ganz passabel und
ansehbar gelungen. (FISCHER FILM AL-
MANACH).
Ⓥ Vestron

Operation Ganymed
(TV-ZDF). BRD 1977.
R Rainer Erler. *B* Rainer Erler.
K Wolfgang Grasshoff. *M* Eugen
Thomass. *D* Horst Frank (Mac), Dieter
Laser (Don), Uwe Friedrichsen (Steve),
Jürgen Prochnow (Oss), Claus Theo
Gärtner (Dug), Vicky Roskilly
(Mädchen), Wolf Mittler
(Kommentator). *F* 112 Min.
Vor Jahren sind drei Raumschiffe zum Jupiter gestartet, 1991 kehrt eines davon zurück. An Bord befinden sich vier Amerikaner und ein Russe, die letzten Überlebenden des Großprojekts; Männer, die
man längst abgeschrieben hat. Die Operation Ganymed gilt als gescheitert – niemand wartet auf die Heimkehrer, die alles
tun, um mit der Erde in Funkkontakt zu
treten. Die Astronauten haben die Hölle
erlebt und auf dem Jupitermond Ganymed
Spuren primitiven Lebens entdeckt. Als
ihr Sauerstoff knapp wird, versuchen sie
auf eigene Faust ein Landemanöver und
finden sich in einer Wüste an der mexikanischen Pazifikküste wieder. Nur mit dem
Nötigsten ausgerüstet, beginnen sie einen
langen Fußmarsch in die Gefilde der Zivilisation. Aber wohin sie auch kommen,
sie sehen nichts als Verfall, Ruinen und
Ödnis. Als sie mitten in der Wüste auf ein
ausgebranntes Flugzeug stoßen, kommt
ihnen ein schrecklicher Verdacht: Was
ist, wenn die Zivilisation gar nicht mehr
existiert? Was ist, wenn in der Zwischenzeit ein Atomkrieg die Menschheit ausgelöscht hat? Gepeinigt von der Sonne, dem
Wassermangel und der Ungewißheit,
dreht der Amerikaner Dug durch und tötet
auf bestialische Weise den Russen Oss –

Operation Ganymed von Rainer Erler

denn selbstverständlich können nur die Sowjets einen solchen Krieg angefangen haben. Die mühsam aufrechterhaltene Disziplin löst sich auf. Dug wird erschossen. Steve flieht in den Wahnsinn und wird später, als es keine Nahrung mehr gibt, zum Kannibalen. Mac, der Kommandant des Raumschiffes, stirbt an Entkräftung. Lediglich der Biologe Don, der sensibelste und schwächste der Gruppe, ein Mann der Wissenschaft, der statt der Bordapotheke seine Proben gerettet hat, kommt durch: Aber als er durch die stau-bigen Straßen einer mexikanischen Kleinstadt wankt, nimmt man ihn trotz seines zerfetzten Raumanzuges gar nicht wahr. Später zerrt man ihn vor die Kameras der Weltpresse – und dort erst bricht er zusammen. Die Medien lassen nicht von ihm ab. Noch als er am Boden liegt, sind die Mikrophone auf ihn gerichtet, werden Fragen gestellt. – Rainer Erlers Film, einer der wenigen deutschen Filme mit SF-Charakter, wurde 1978 beim Triester SF-Film-Festival als bester SF-Film des Jahres ausgezeichnet. »Rainer Erler, auch hier – wie wohl immer – sein eigener Autor, liefert als Regisseur solidestes Handwerk... *Operation Ganymed* hat nun zwar im ersten Teil und später in den Rückblenden einige Weltraumsequenzen von technisch sehr geschickter Ausstattung, konzentriert sich aber von Meter zu Meter stärker auf die menschlichen Probleme... Die Produktion ist nicht nur spannend erzählt, gut gespielt und befriedigend ausgestattet, sondern regt überdies zum Nachdenken an.« (FILMBEOBACHTER) – »Rainer Erler beweist, daß sich Action-Film made in Germany durchaus (an-)sehen lassen kann.« (PLAYBOY) Ⓥ ITT Contrast

Operation Jupiter
(BYE BYE, JUPITER). Japan 1985.
R Koji Hashimoto. *B* Sakyo Komatsu.
K Kazutam Hara. *SpE* Koichi Kawakita.
M Kentaro Haneda. *D* Tomokazu Miura, Diane Dangely, Miyuki Ono, Rachel Huggett, Paul Tagawa, Marc Pinsonnat, Akihito Hirata, Masumi Okada. *F* 120 Min.
Um für die wachsende Erdbevölkerung Existenzmöglichkeiten zu schaffen, sollen im All neue Lebensräume entstehen. Um die Erdsatelliten mit Energie zu versorgen, will der Wissenschaftler Honda den Jupiter in eine Sonne umformen. Doch bevor er sein Ziel erreicht, erwachsen neue Probleme: Ein Schwarzes Loch nähert sich dem Sonnensystem und droht es aufzusaugen. Honda hat den grandiosen Einfall, den Jupiter zu sprengen, um das Schwarze Loch abzulenken. (Wie witzig!) Der Plan scheint zu klappen, doch ein paar Fanatiker sabotieren mit Gewalt den Countdown. Fast gelingt die Untat, aber dank Hondas Opfermut wird Jupiter in die Unendlichkeit geschickt. Honda stirbt den Heldentod. Der Streifen hat viel vom naiven Charme der japanischen Film-SF, aber diverse Übernahmen aus *2001* wirken penetrant. Wer seinen Spaß an hanebüchenen SF-Schinken hat, wird auch diesen begeistert beklatschen. – Nur auf Video. Ⓥ VTD

Operation Overkill
(SEARCHERS OF THE VOODOO MOUNTAIN). USA/Philippinen 1984.
R Bobby A. Suarez. *B* Ken Metcalfe.
K N.N. *M* N.N. *D* Michael James (Trapper), Debrah Moore (Sheila), Ken Metcalfe (Guruk), Franco Guerrero (Anuk), Mike Cohen, Robert Marius, Charlotte Cain, David Light, David Brass, Steven Rogers, Kristine Erlandson. *F* 90 Min.
Fünfzig Jahre nach dem Großen Knall stößt eine Gruppe schießwütiger Lederkerle auf einen wortkargen Mann namens Anuk, der zwar wie fünfunddreißig aussieht, doch über achtzig ist. Von ihm erfährt man vom ›Berg des Lebens‹, einem wundersamen Ort, an dem man herrlich und in Freuden leben kann. Auf dem Weg dorthin stößt man a) auf böse Wilde, b) bösartig fauchende Pygmäen, die per Geisteskraft Tote wiedererwecken, c) einen verfallenen Dschungeltempel, den der Priester Guruk großspurig ›die Stadt‹ nennt, d) ein Rudel knackiger Mädchen, die unseren Heroen fröhlich ans Pfeifl gehen, e) eine hundertjährige Tante namens Sheila, die für ihr Alter noch ganz gut aussieht und f) ein unterirdisches AKW, betrieben von Strahlenverseuchten, die Sheila und Guruk untertan sind. Bis hierhin ist die Handlung noch einigermaßen mühelos zu verfolgen, doch dann wird's abartig: Weil Sheila Guruk entmachten und Trapper, den Boß der Lederkerle, neben sich auf dem Thron sehen möchte, gibt's Krach. Im Showdown Sheila/Guruk werden aus grünen Augen und Kanonen so lange Blitze verschossen, bis die rudimentäre Dschungel-›Kultur‹ in Flammen aufgeht. Ende. – Ein konzeptionsloser Schmarren, der nur jenen gefallen wird, denen Action schon immer wichtiger gewesen ist als der Inhalt eines Films. Das Gequatsche der Helden ist unerträglich. Das Drehbuch auch. Am besten sind noch die Dschungelaufnahmen des anonymen Kameramannes. In der BRD nur auf Video.
Ⓥ Starlight

Operation Todesstachel
(THE BEES). USA 1978.
R Alfredo Zacharias. *B* Alfredo
Zacharias. *K* Leon Sanchez. *SpE* Jack
Rabin. *M* Richard Gillis. *D* John Saxon
(John Norman), Angel Tompkins
(Sondra Miller), John Carradine (Dr.
Sigmund Humel), Claudio Brook (Dr.
Miller), Armand Martin (Arthur), Alicia
Encinias (Alicia), Julio Cesar (Julio),
Jose l Chavez Trowe (Vater), Deloy
White (Winkler), George Bellanger
(Brennan). *F* 83 Min.
Zum x-tenmal bedroht ein Killerbienen-
Schwarm die westliche Welt und das
UNO-Gebäude in New York. Mit einem
(unfreiwilligen) Gastauftritt von Gerald
Ford. – »Oh, golly!« (Donald C. Willis,
HORROR AND SCIENCE FICTION FILMS) –
In der BRD nur auf Video.
ⓥ CBS/Fox

Opfer
(OFFRET/LE SACRIFICE).
Schweden/Frankreich 1986.
R Andrej Tarkowski. *B* Andrej
Tarkowski. *K* Sven Nykvist. *SpE* Lars
Höglund/Lars Palmquist. *M* Johann
Sebastian Bach. *D* Erland Josephson
(Alexander), Susan Fleetwood
(Adelaide), Valerie Mairesse (Julia),
Allan Edwall (Otto), Gudrun Gisladottir
(Marai), Sven Wollter (Victor).
F 150 Min.
Ein kahler Küstenstreifen unter düster
verhangenem Himmel. Der alte Alexan-
der pflanzt einen trockenen Baum und er-
klärt seinem schweigenden Sohn, daß der
Baum, wenn man ihn wie bei einem Ri-
tual jeden Tag gießt, wieder grünen wird.
Der Sohn ist der einzige Zuhörer von
Alexanders Monologen, in denen er über
das Dasein nachgrübelt. An diesem Tag
treffen sich der »Nietzsche lesende Post-
bote Otto; Viktor, der aus chronischer
Unzufriedenheit ins Traumland Australien emigrieren will (und) Alexanders
Ehefrau Adelaide« (CINEMA), um Alexanders Geburtstag zu feiern. Zwei Düsen-
jäger, die übers Haus donnern, kündigen
den Atomkrieg an. Im Fernsehen redet
man von den verseuchten Gebieten und
daß der sicherste Ort das Haus sei. Auf
dem engen Raum geraten die Personen
miteinander in Konflikt. Alexander betet
zu Gott, daß er alles so macht, wie es vorher war. Er will sein Hab und Gut dafür
geben. Um seinen Wunsch in Erfüllung
gehen zu lassen, schläft er mit einer Hexe.
Am nächsten Tag ist alles vorbei. Alexander wartet, bis seine Frau und die anderen
spazieren gehen, dann bringt er das ver-
sprochene Opfer: Er brennt sein Haus nieder. Die anderen verstehen sein Verhalten
nicht, auf sie wirkt sein Tun wie die Tat
eines Wahnsinnigen. Ein Krankenwagen
holt Alexander ab. Sein Sohn führt das
Ritual fort und gießt den Baum – denn wie
Alexander gesagt hat: Mit einer täglichen
Tat kann man die Welt verändern. – »Um
diese . . . bewegende Fabel poetisch zu be-
glaubigen, hat Tarkowskij auf engem
Raum seine ganze kostbare, kostbarkeits-
süchtige Kunst noch einmal entfaltet: Seine nicht enden wollenden Kameraeinstellungen, die Menschengruppen und Räume immer neu fassen, seine halluzinatori-
schen Traumbilder, seine stürmische Ly-
rik und seine wilden, gewaltigen Feuer-
zeichen.
Solche Filmbilder wird nach ihm niemand
mehr schaffen, und die Msuik dazu ist
nicht, wie früher oft bei Tarkowski, Beethovens Freudenchor, sondern das er-
lösungsgewisse ›Erbarme Dich, mein
Gott!‹ aus der Matthäus-Passion.« (DER
SPIEGEL). Bei den Filmfestspielen in Cannes erhielt *Opfer* den Spezialpreis der
Jury, den Preis für die beste künstlerische
Kameraleistung, den FIRPRESCI- und
den OCIC-Preis.
Ⓑ Andrej Tarkowski: *Opfer,* München
1987
ⓥ VPS

**Orfanik – Das Geheimnis der Burg in
den Karpaten**
(TAJEMSTVI HRADU V KARPATECH).
ČSSR 1981.
R Oldřich Lipský. *B* Jiří Brdecka.

K Viktor Ružička. *M* Luboš Fišer.
LV Jules Verne. *D* Michael
Dočolomanský (Graf Teleke), Evelyna
Steimarová (Salva), Miloš Kopecký
(Baron Gorc), Rudolf Hrušinsky (Prof.
Orfanik), Vlastamil Brodský (Diener
des Grafen), Augustin Kubán (Diener
des Barons). *F* 92 Min.
Auf dem Karpatenschloß derer von Gorc
geht es nicht ganz geheuer zu – aber Graf
Teleke glaubt nicht an Geister, sondern
eher an die Macht der Wissenschaft. Da er
zudem glaubt, er müsse seine Geliebte
Salva auf der Geisterburg wiederfinden,
macht er sich auf, das Geheimnis derer
von Gorc zu ergründen. Auf der Burg
trifft er auf den finsteren Baron, der mit
Hilfe des verrückten Erfinders Professor
Orfanik eine Reihe toller technischer
Neuerungen produziert hat (wohlgemerkt, im 19. Jahrhundert!): den Phono-
graphen, versteckte Kameras und Mikrophone. Und geheimnisvolle Mechanismen, die z.B. per Knopfdruck ein Wohn-
zimmer in einen Kerker verwandeln können. Und einen Sprengstoff, der die Welt
vernichten kann. »Wie tückisch der
wahnbesessene Baron Gorc auch sein
mag, er kann nichts ausrichten gegen den
Glanz des gräflichen Tenors, der Gläser
zerbrechen läßt und selbst Steine ins
Wanken bringt.« (PROGRESS-Filmprogramm) – Eine utopische Gruselkomödie,
in der BRD nur auf Video. Ⓥ Pront
Ⓑ Jules Verne: *Das Karpatenschloß*,
Zürich 1973

Orion 3000 – Raumfahrt des Grauens
(MISSIONE PIANETA ERRANTE).
Italien 1965.
R Anthony Dawson (Antonio
Margheriti). *B* Ivan Reiner/Renato
Moretti. *K* RiccardoPallotini.
M Francesco Lavagnino. *D* Jack Stuart
(Rod Jackson), Ombretta Colli (Janet
Norton), Halina Zalewska (Terry
Sanchez), Peter Martell, Enzo
Fiermonte, Renato Baldini, Isarco
Ravaioli, Archie Savage, Furio
Meniconi. *F* 83 Min.

Unerklärliche Erdbeben suchen Europa
heim und zerstören manche Stadt. Da
man die Quelle dieses Übels im All vermutet, startet Commander Jackson von
der Raumstation Gamma 1 mit seinem
Schiff ins Unbekannte, entdeckt einen
durch den Weltraum ziehenden roten
Himmelskörper und bläst diesen mit einer
Antimateriebombe in den Orkus.
Ⓥ Taurus

Orlacs Hände
Österreich 1924.
R Robert Wiene. *B* Ludwig Nerz.
LV Maurice Renard. *K* Hans
Androschin/Günther Krampf. *D* Conrad
Veidt (Paul Orlac), Alexandra Sorina
(Yvonne Orlac), Carmen Cartellieri
(Regine), Fritz Kortner (Nero), Paul
Askonas (Diener), Fritz Strassny (Orlac
sen.). 92 Min. (Stummfilm).
Der Konzertpianist Paul Orlac verliert bei
einem Zugunglück beide Hände. Ein
Chirurg ersetzt sie mit denen des soeben
guillotinierten Mörders Vasseur. Orlac
gerät in Panik, als er die volle Wahrheit
über die medizinische Manipulation erfährt. Er wird zunehmend von mörderischen Instinkten heimgesucht. Orlacs Vater wird ermordet aufgefunden, erstochen
mit Vasseurs Messer, auf dem sich die
Fingerabdrücke Vasseurs befinden. Völlig verwirrt, dem Wahnsinn nah, glaubt
Orlac einem Mann, der sich als der wie-
derauferstandene Vasseur ausgibt und ein
hohes Entgelt für die amputierten Hände
verlangt. Doch bald zeigt sich die Wahrheit: Nero, ein Freund Vasseurs, hatte
sich in den Besitz des Messers und von
Gummihandschuhen gebracht, die mit
Vasseurs Fingerabdrücken versehen waren. Nero wird als Mörder und Erpresser
verhaftet. Orlac kann sich endlich seiner
neuen Hände erfreuen. – Dieser Film ist
Vorbild und Modell zu allen Horror-Filmen, die die schrecklichsten Möglichkeiten der Organ-Transplantationen ausspe-
kulieren. *Orlacs Hände* sei einer der besten Filme der letzten Jahre, schreibt der
Kritiker Béla Balázs am 10.9.1924 in der

»Tut mir leid, Chef, das Dekor ist wieder mal so biegsam«:
Orion 3000 – Raumfahrt des Grauens von Antonio Margheriti

Zeitschrift DER TAG: »Er ist nicht von der ganz feinen Sorte der seelisch differenzierten, intimen Filmkunst, die wir von Wiene und Veidt eigentlich erwartet haben. Er ist eher auf derbe Kriminalromantik und geheimnisvolle Komplikation der Handlung eingestellt. In seiner Art, als Kolportage, wenn man will, ist er aber hervorragend. Die Bilderführung Wienes hat ein unübertreffliches Tempo. Die Inszenierung der einzelnen Bilder ist von einer ganz aparten Phantasie, und das vorzügliche Spiel ist mit gewissenhafter Bewußtheit geleitet. Die Photographie bringt auch teils ganz neue, überraschende Wirkungen.«
Maurice Renards 1920 erschienener Roman LES MAINS D'ORLAC wurde noch

zweimal erfolgreich verfilmt: MAD LOVE (USA 1935; R Karl Freund) und *Die unheimlichen Hände des Dr. Orlak* (GB 1960; R Edmond T. Greville). Die beste Filmversion, MAD LOVE, ein Klassiker des Horrorfilms, ist in Deutschland noch nicht gezeigt worden; daher an dieser Stelle einige Anmerkungen: Gegenüber dem Stummfilm ist MAD LOVE inhaltlich leicht verändert. Dr. Gogol (Lorre), ein berühmter Pariser Chirurg, hat sich in Yvonne Orlak (Drake), den Star des Theatre des Horreurs, verliebt. Yvonne erwidert seine Liebe nicht. Als Yvonnes Gatte, der Pianist Stephen Orlak (Clive), bei einem Zugunglück beide Hände verliert und bei Dr. Gogol unters Messer gerät, rächt sich dieser an ihm, indem er ihm die Hände eines hingerichteten Mörders – eines begnadeten Messerwerfers – verpaßt und seinem Patienten glauben macht, er werde nun selbst zum Mörder. Gogol bringt mittels Messer Stephens Stiefvater um. Stephen fällt es schwer, seine musikalischen Fingerfertigkeiten wiederzuerlangen. Da er aber erschreckend leicht das Messer zu werfen versteht, glaubt er bald, daß es wirklich seine Hände waren, die das Verbrechen ausführten. Als sich Gogol endlich auch an Yvonne rächen will, wird er mittels eines meisterhaften Messerwurfs von Stephen getötet. MAD LOVE stellt im Gegensatz zur Stummfilmversion die ›wahnsinnige Liebe‹ des Dr. Gogol, gespielt von einem glatzköpfigen, dafür um so dämonischeren Peter Lorre, heraus. Lorres erster Hollywood-Film gilt in Fachkreisen als sein bester Horrorfilm überhaupt. Kameramann Gregg Toland wird nachgesagt, daß er seinen »expressionistischen deutschen Stil«, der ihm bei Orson Welles' *Citizen Kane* Weltruhm einbrachte, bei Ex-Kameramann und Regisseur Karl Freund gelernt und bei MAD LOVE zum erstenmal angewandt hätte. (Hahn/Jansen, LEXIKON DES HORRORFILMS)

Outland – Planet der Verdammten
(OUTLAND).
GB 1980.
R Peter Hyams. *B* Peter Hyams.
K Stephen Goldblatt. *SpE* John Stears.
M Jerry Goldsmith. *D* Sean Connery
(O'Niel), Frances Sternhagen (Lazarus),
Kiki Markham (Carol), Steven Berkhoff
(Sagan), Nicholas Barnes (Paul O'Niel),
Peter Boyle (Sheppard), James B.
Sikking (Montone), Clarke Peters
(Ballard), John Ratzenberger (Tarlow),
Manning Redwood (Lowell).
F 109 Min.
Einige Jahrzehnte in der Zukunft: Der amerikanische Bergwerkskonzern Con-Am betreibt auf dem Jupitermond Io eine ertragreiche Mine. Als der Polizeioffizier O'Niel nach Io versetzt wird, stellt er fest, daß sehr viele Con-Am-Arbeiter sterben,

bevor ihr Kontraktjahr abgelaufen ist: Sie begehen Selbstmord oder werden ermordet. O'Niel erkennt, daß die Arbeiter unter leistungssteigernden Drogen stehen. Gleichzeitig zersetzen sie aber auch das Gehirn. Als er dem Bergwerksmanager Sheppard auf die Schliche kommt – dieser läßt die Droge aus reiner Profitgier verteilen –, wird es gefährlich für ihn. Nachdem ein Bestechungsversuch Sheppards keinen Erfolg gebracht hat, läßt der Manager mit der wöchentlichen Nachschubrakete zwei Berufskiller einfliegen, die O'Niel zum Schweigen bringen sollen. O'Niel ist fast völlig auf sich allein gestellt: Die verängstigten Arbeiter wollen ihm nicht helfen. Unterstützung findet er nur bei der Ärztin Dr. Lazarus. Aber als die von Sheppard gemieteten Killer auftauchen, steht er ihnen wie Gary Cooper in *Zwölf Uhr mittags* allein gegenüber... – »Peter Hyams vierter Film *Outland – Planet der Verdammten* (früher u.a. *Unternehmen Capricorn*) hat von der Kritik inzwischen das Siegel *Weltraum-Western* erhalten. Und das ist er wohl auch, wenngleich die einengende und beengende Atmosphäre auf dem Planeten – schmale Gänge, kleine Schlafkabinen, tief heruntergezogene Decken – beklemmender als die gewohnte diesseitige Westernatmosphäre ist. Aber hier wie dort: ein Held ist ein Held ist ein Held...« (Anne Frederiksen, FILMBEOBACHTER) – »*Outland* ist ein gekonnt gemachter Action-Thriller ohne weitergehende Ambitionen. Er schildert eine negative Zukunft, eine kalte Funktionswelt, rücksichtslos ausgebeutete Menschen, die in einer gefängnisartigen Unterwelt leben. Eine kritische Position wird jedoch kaum erkennbar; der Marshal erledigt die Killer, stellt aber das System generell nicht in Frage.« (Peter Hasenberg, FILMDIENST) – »...intelligente Unterhaltung und bestimmt einer der besten Thriller des Jahres.« (SUNDAY TELEGRAPH)
Ⓥ Warner
Ⓑ Alan Dean Foster: *Outland*, München 1981

High Noon im Weltall: *Outland – Planet der Verdammten* von Peter Hyams

Overkill – Durch die Hölle zur Ewigkeit

(FUKKATSU NO HI). Japan 1980.
R Edward Tayor (= Kinji Fukasaku).
B Kinji Fukasaku/Koji Takada/Gregory Knapp. *K* DaisakuKimura. *M* Teo Macero. *D* Sonny Chiba (Dr. Yamauchi), Chuck Connors (Capt. McCloud), Stephanie Faulkner (Sarah), Glenn Ford (Präsident Richardson), Stuart Gillard (Dr. Mayer), Olivia Hussey (Marit), George Kennedy (Admiral Conway), Masao Kurosaki (Yoshizumi), Cecil Linder (Dr. Latour), Isao Natsuki (Dr. Nakanishi), Ken Ogata (Prof. Tsuchiya), Edward J.Olmos (Capt. Lopez), Henry Silva (Gen. Garland), Bo Svenson (Major Carter), Yumi Takigawa (Noriko), Robert Vaughn (Sen. Barclay).
F 98 Min.
DDR-Agenten stehlen einen von US-Militärs entwickelten biologischen Kampfstoff. US-Agenten erbeuten ihn zurück und verlieren ihn bei einem Flugzeugabsturz im verschneiten Hochgebirge. Unter dem Namen ›italienisches Fieber‹ rafft das Teufelszeug die Menschheit dahin. Es erwischt auch den US-Präsidenten Richardson, der vorher noch alle polaren Forschungsstationen darüber informiert, daß sich der Virus in der Kälte nicht entwickeln kann. Von den Polarforschern – das sind über 800 Männer und acht Frauen – hänge es nun ab, ob die Menschheit einen neuen Anfang zustande bringe. Ein durchgedrehter, krankhaft antikommunistischer US-General namens Garland läßt daraufhin seine Atomraketen starten – bis die Welt vollends im Eimer ist. – »Mit *Overkill* inszenierte Edward Taylor einen Katastrophenfilm katastrophalen Ausmaßes. So erweist sich die Story, die zahlreiche Dinge anreißt und dann den Faden immer wieder verliert, als kapitaler Bock voller Unwahrscheinlichkeiten und Unglaubwürdigkeiten... Und doch erweist sich dieses Routineprodukt in einer Hinsicht – sicher unfreiwillig – als interessant: Fast beiläufig zeigt der Film, wie menschlicher Irrsinn und Zufall der Natur den nuklearen Vernichtungskrieg auslösen können und wie wenig wir davor geschützt sind.« (Rainer Casper, FILMBEOBACHTER)
Ⓥ Arcade

P

Paco – Kampfmaschine des Todes
(HANDS OF STEEL). Italien 1985.
R Martin Dolman (= Sergio Martino).
B Sergio Martino/Elizabeth Parker/Paul
Saska. *K* John McFerrand. *M* Claudio
Simonetti. *D* Daniel Greene (Paco
Querak), Janet Agren (Linda), John
Saxon (Turner), George Eastman (Ryan
Morris), Claudio Cassinelli, Robert
Ben, Pat Monti. *F* 93 Min.
Der Industrielle Turner baut den Cyborg
Paco, um einen Politiker zu ermorden.
Paco ist nicht nur eine Maschine – er hat
Gefühle und verwundet sein Opfer nur.
Turner schickt seine Schergen los, um
Paco zu beseitigen. Paco flieht in die Wü-
ste, findet bei der netten Motelbesitzerin
Linda Unterkunft und verliebt sich in sie.
Die Schergen stöbern ihn auf, doch auch
ein zweiter Cyborg kann ihn nicht ver-
nichten. Paco weiß, daß er seinen Schöp-
fer töten muß. In einer Ruine legt er vier
Schergen um und reißt Turner das Herz
heraus.
»Der Streifen bietet nicht viel mehr als
eine dürftige Prise Sex, angereichert mit
posierlichem Macho-Gehabe des Hauptdarstellers.« (VIDEO-MAGAZIN).
Ⓥ UFA

Panik, Dinosaurier bedrohen die Welt
Anderer Titel für **Godzilla, der Drache
aus dem Dschungel**

Panik in der Sierra Nova
(DAY OF THE ANIMALS). USA 1977.
R William Girdler. *B* William Norton/
Eleanor Norton. *K* Bob Sorrentino.
M Lalo Schifrin. *D* Christopher George
(Steve Buckner), Leslie Nielsen (Paul
Jensen), Lynda Day George (Terri
Marsh), Richard Jaeckel (Taylor
McGregor), Michael Ansara (Daniel
Santee), Ruth Roman (Shirley
Goodwin), Paul Mantee (Roy Moore),
Jon Cedar (Frank Young), Paul Barnes
(Ranger), Andrew Stevens (Bob

Denning), Kathleen Bracken (Beth
Hughes), Bobby Porter (Jon Goodwin),
Susan Backline (Mandy Young),
Michelle Stacy (Mädchen). *F* 98 Min.
Die Verwendung von zu viel Aerosol-
Spray wirkt auf die Ozonschicht der Erdatmosphäre ein – mit dem Ergebnis, daß
eine Reihe von Tieren (Pumas, Hunde,
Ratten, Schlangen, Adler etc.) ihre natürliche Zurückhaltung dem Menschen gegenüber aufgeben und eine Gruppe von
Wanderern attackieren, die sich zu einem
Ausflug in die Bergwelt der Sierra Nova
aufgemacht haben. Die Menschen reagieren auf die Angriffe der Tierwelt mit Verwirrung und trennen sich, was allerdings
ihre Widerstandskraft noch mehr
schwächt. Vierundzwanzig Stunden später ist das wundersame Spektakel ohne
Erklärung wieder vorbei. Bis dahin freilich hat mancher sein Leben lassen müssen. – »Das ganze Spektakel nur wegen
der dünnen Luft? Bißchen dünn das Ganze, würde ich sagen.« (SF-BAUSTELLE) –
».. . ein rüdes und blutiges Spektakel,
dem die Schockeffekte zum Selbstzweck
geraten sind.« (FILMBEOBACHTER)

Panik in New York
(THE BEAST FROM 20 000 FATHOMS).
USA 1953.
R Eugene Lourie. *B* Lou Morheim/Fred
Freiberger. *K* Jack Russell. *SpE* Ray
Harryhausen/Willis Cook. *M* David
Buttolph. *D* Paul Hubschmid (Tom
Nesbit), Paula Raymond (Lucy Hunter),
Cecil Kellaway (Prof. Elson), Kenneth
Tobey (Col. Evans), Donald Woods
(Capt Jackson), Jack Pennick (Jacob),
Lee van Cleef (Corp. Stone), Steve
Brodie (Sgt. Loomis), Ross Elliott
(George Ritchie), Ray Hyke (Sgt.
Willistead), Mary Hill (Sekretärin),
Michael Fox (Arzt), Alvin Greenman
(Radarmann), Frank Ferguson (Dr.
Morton), King Donovan (Dr. Ingersoll).
80 Min.

Panik in New York von Eugene Lourie

Nach einem Atombombenversuch in der Arktis wird ein gewaltiger Urzeitsaurier aufgetaut und nimmt Kurs auf New York. Der Wissenschaftler Tom Nesbit glaubt zwar, das riesenhafte Wesen gesehen zu haben, aber die Ärzte sind der Meinung, er müsse einer Halluzination zum Opfer gefallen sein. Als die gefährliche Bestie jedoch durchdas Häusermeer von Manhattan stampft, ohne daß man sie mit gewöhnlichen Kugeln vernichten kann, muß man sich etwas Besonderes einfallen lassen. Während die gesamte Polizei New Yorks auf den Beinen ist, um den Saurier abzuwehren, entwickelt Tom Nesbit einen Plan, denn er meint, man könne ihn nur mit dem Mittel vernichten, das ihn wieder zum Leben erweckt hat. Unter seiner Leitung wird der Saurier auf dem Gelände eines Vergnügungsparks gestellt und mit radioaktiven Isotopen beschossen. – *Panik in New York* war ein vergleichsweise billiger Film: er kostete knapp 250 000 Dollar und spielte über fünf Millionen ein. Überraschend daran ist, daß dies einem Film gelang, der mit einem Hauptdarsteller aufwartete, den in den USA niemand kannte: dem Schweizer Paul Hubschmid, der sich Paul Christian nannte. Als ›ursprünglicher‹ Autor des Streifens gilt seit Jahrzehnten Ray Bradbury; aber was es damit auf sich hat, soll er hier selbst erzählen: »Ich hörte, daß Ray Harryhausen an einem Projekt arbeitete; sein Produzent rief mich an. Er war ein Mann, der ziemlich schnell redete und stark beschäftigt war, also sagte er zu mir: ›Wir haben hier ein Skript. Können Sie sich eine Stunde Zeit nehmen, nach nebenan gehen, das Ding lesen und uns sagen, ob Sie es überarbeiten wollen?‹ Ich wußte, daß es eine Art Dinosaurierfilm werden sollte, und da Harryhausen dabei mitmischte, sagte ich: ›Klar, warum nicht.‹ Ich verbrachte eine Stunde damit, dieses fürchterliche Skript zu lesen, dann kam ich wieder raus. Der Produzent sagte: ›Wollen Sie's überarbeiten?‹ Ich sagte: ›Mal sehen. Ich weiß nicht. Aber diese Story gleicht verdammt einer Kurzgeschichte von mir, die vor einem Jahr unter dem Titel ‚The Beast From 20 000 Fathoms' in der SATURDAY EVENING POST erschienen ist.‹ Daraufhin schaute mich der Produzent ziemlich komisch an... Und so, ohne daß ich irgendwie laut geworden wäre oder noch etwas gesagt hätte, schickte man mir am nächsten Tag ein Telegramm und kaufte die Story. Danach hatte ich mit der ganzen Sache nichts mehr zu tun. Von meiner Geschichte kann man in dem Film etwa fünfundvierzig Sekunden etwas sehen.« (Frederik Pohl/Frederick Pohl IV, SCIENCE FICTION STUDIES IN FILM)

Panik um King Kong
(MIGHTY JOE YOUNG). USA 1949.
R Ernest B. Schoedsack. *B* Ruth Rose.
K J. Roy Hunt. *SpE* Willis O'Brien/Ray Harryhausen/Pete Peterson/Marcel Delgado/George Lofgren/Linwood G. Dunn/Fitch Fulton. *M* Roy Webb.
D Terry Moore (Jill Young), Ben Johnson (Gregg Ford), Robert Armstrong (Max O'Hara), Frank McHugh (Journalist), Lora Lee Michael (Jill als Kind), Douglas Fowley, Dennis Green, Paul Guilfoyle, Nestor Paiva, Regis Tomey, James Flavin. 94 Min.
Jill, die kleine Tochter eines in Afrika lebenden weißen Farmers, kauft von zwei Eingeborenen einen kleinen Gorilla, den sie Joe nennt. Zehn Jahre später lernt sie einen amerikanischen Großwildjäger kennen, der glaubt, daß der inzwischen riesengroß gewordene Joe in den USA zu einer Rummelplatzattraktion werden könnte. Sie geht mit Joe nach Amerika und verdient viel Geld, aber es gefällt ihr

nicht, daß Joe zu einer Art Zirkusclown herabgewürdigt wird. Als einige junge Leute den Riesenaffen reizen, bricht er aus und schafft einige Verwirrung. Während man ihn verfolgt, rettet er ein kleines Mädchen aus einem brennenden Haus. Joe ist der Held des Tages. Jill kehrt mit ihm in seine alte Heimat zurück. – Ein Remake des erfolgreichen Films *King Kong und die weiße Frau* (1933; Ernest B. Schoedsack), das zwar einigermaßen Kasse machte, aber kein Schwein beeindruckte und schnell wieder in der Versenkung verschwand. Der King Kong dieses Streifens war übrigens ungleich kleiner als sein Vorgänger. Willis O'Brien staubte für seine Tricks aber noch einen Oscar ab.

Pankow '95
(TV-ZDF). BRD 1983.
R Gabor Altorjay. *B* Gabor Altorjay.
K Jörg Jeshel. *M* Tom Dokupil. *D* Udo Kier (Wolfgang Amadeus Zart), Christine Kaufmann (Laura Zart), Dieter Thomas Heck (Dr. Werner Frisch), Magdalena Montezuma (Pflegerin Bethermann), Anthony Ingrassia (Pieck), Tom Dokupil (Arnim von Wuppertal), Angelo Galizia (Angelo Dorando), René Durand (Astor Dorando). *F* 82 Min.
Das zwölfjährige Retortenbaby Arnim und der ›Musikforscher‹ Wolfgang Amadeus Zart sitzen 1995 in einer Pankower Klapsmühle und erkämpfen sich mit Hilfe einer Geiselnahme die Freiheit. Im südamerikanischen Exil erzählt Zart einer angereisten Journalistin eine Geschichte: die Story von den Meschuggenen, die auch im ›Normstaat‹ als Abweichler gelten und mit scheelen Blicken bedacht werden; von beknackten Pflegern, die fröhlich mit Pillen und Fixen hantieren; von Psychiatern, die eh nicht alle Tassen im Schrank haben, und vom DDR-Staatsratsvorsitzenden, dem der Psychotherapeut abhanden gekommen ist. Und das alles in einer grellen Pop-Farben-Orgie, so daß es einem buchstäblich hochkommt. – »Es wimmelt

nur so von Klischees und platten Witzen: Pankow '95, man steht wie gehabt vorm HO-Laden Schlange, teilt sich aber zur Abwechslung nur einen einzigen Einkaufskorb, die Frauen, o Wunder, tragen gartenzwergähnliche Frisuren, aber sonst spricht man immer noch Sächsisch und lebt wie ein Spießer. Die Pfleger im Irrenhaus treiben ihre Späßchen mit den Patienten, ärgern sie mit farbenfrohen Tabletten und auch mal mit der Spritze. Da wird doch der Elektroschock regelrecht zum Erlebnis, und daß die Patienten ein bißchen meschugge sind, sieht jeder.« (A. Kopecny, EPD FILM) – »Mit seinem Nonsens-Film ... will sich Gabor Altorjay ... zwischen alle Kinostühle des neuen deutschen Films setzen. Da ist noch reichlich Platz.« (Sabine Bredy, DER STERN)

Parasite
(PARASITE). USA 1982.
R Charles Brand. *B* Alan Adler/Michael Shoob/Frank Levering. *K* MacAhlberg. *SpE* Stan Winston. *M* Richard Brand. *D* Robert Glaudini (Dr. Paul Dean), Demi Moore (Patricia), Luca Bercovici (Ricus), James Davidson (Der Wolf), Al Fann (Collins), Tom Villard, Cherie Currie, Vivian Blaine. *F* 84 Min.
Die USA nach einem nuklearen Krieg: Das Land wird von der Familie Merchant regiert, die ihre Gegner durch einen mörderischen, ekelhaft aussehenden Parasiten ausschalten möchte. Dr. Paul Dean arbeitet in den Labors der Merchants. Ihm ist die Entwicklung eines parasitären Lebewesens gelungen, das wie eine Mischung aus Piranha und Wurm aussieht. Während eines Kampfes in seinem Labor wird Dean von der Bestie angefallen und dient ihr fortan als Wirtskörper. Mit einem zweiten Parasiten in einem Stahlbehälter setzt er sich in die Wüste ab, aber bevor er ein Mittel entwickeln kann, das ihm das Vieh wieder vom Halse schafft, wird er von einer marodierenden Bande zusammengeschlagen. Der Behälter-Parasit beißt sich an einem der Schläger fest.

Dean tut sich mit dem Mädchen Patricia zusammen, kann den Parasiten, der ihn befallen hat, mit Ultraschall töten und heftet sich an die Fersen des ›Entsprungenen‹, der seine Wirtskörper inzwischen mehrmals gewechselt hat. Es gelingt ihm, auch diesen Parasiten schließlich zu vernichten – zusammen mit einem Agenten der Staatsmacht, der ihm gefolgt ist. – *Parasite*, ein Film, der im 3-D-Verfahren aufgenommen wurde, stiehlt schamlos bei Ridley Scotts *Alien* und David Cronenbergs *Parasiten-Mörder* (von letzterem sogar auch noch den Titel). Obwohl der Streifen voll im Trend liegt, kann er weder handlungs- noch ideenmäßig mit seinen Vorbildern konkurrieren.« ... nichts für schwache Gemüter und Leute, die gerade ein delikates Mahl hinter sich gebracht haben.« (CINEMA) – »Die fadenscheinige Story dient in erster Linie zur Darstellung von widerwärtigen Schockeffekten.« (FILMDIENST)

Parasiten-Mörder
(THE PARASITE MURDERS).
Kanada 1974.
R David Cronenberg. *B* David Cronenberg. *K* Robert Saad. *SpE* José Blasco. *M* Ivan Reitman. *D* Paul Hampton (Dr. Roger St. Luc), Joe Silver (Rollo Linsky), Lynn Lowry (Forsythe), Allan Macikovsky (Nicholas Tudor), Susan Petrie (Janine Tudor), Barbara Steele, Ronald Mlodzik, Barry Boldero, Camil Ducharme, Hanka Posnanska, Wally Martin, Vlasta Vrana, Silvie Debois, Al Rochman, Charles Perley, Julie Widman, Arthur Grosser, Edith Johnson, Dorothy Davis. *F* 87 Min.
Ein ältlicher Arzt, der der Meinung ist, daß die Menschen zuviel reden und zuwenig lieben, testet an seiner jungen Geliebten ein selbstgebrautes Aphrodisiakum, aus dem sich ein ekelhafter, wurmähnlicher Parasit entwickelt. Bei sexuellen Kontakten übertragen, infiziert das Ding schrittweise sämtliche Bewohner eines luxuriösen Apartmenthauses auf Starline Is-

land. Während ein Teil der Befallenen plötzlich ungeheure sexuelle Aktivität entfaltet, reagieren andere wie Amokläufer. Der junge Arzt Roger St. Luc versucht, dem absonderlichen Verhalten der Hausbewohner auf die Schliche zu kommen, aber als er endlich die volle Wahrheit erfährt, ist es schon zu spät: Der Parasit hat ein Eigenleben entwickelt und ist gewachsen. Die Hausbewohner drehen durch und bekämpfen einander mit aggressiver Gewalt. Es gibt keine Rettung mehr... – »Ich bin drei Jahre lang mit dem Drehbuch, das ursprünglich ›Orgie der Blutparasiten‹ hieß, herumgelaufen, bevor ich den Film machen konnte... Er wurde von einer kleinen Firma namens Cinepix produziert, die einen Namen als Herstellerin von Softcore-Sexfilmen hatte... Es war die einzige Gesellschaft in Kanada, die in bezug auf Spielfilme so etwas wie eine Geschichte vorzuweisen hatte. Ich ging also zu Cinepix. Die Leute da wollten den Film machen, aber es war nicht ganz einfach, die Finanzierung für einen Horrorstreifen zusammenzubekommen. Die einzig echte Geldquelle war die Film Development Corporation, die im Grunde eine Regierungsbank ist, die in Filme investiert und eine Spielfilm-Industrie auf die Beine stellen soll. Aber die FDC hatte die Grenzen ihrer Organisation noch nicht ganz abgesteckt, deswegen war sie ziemlich schockiert von dem Gedanken, sich an einem ziemlich extremen Horrorfilm zu beteiligen. Es klappte aber dann doch, und die FDC hat es nicht bereut. Es hat ziemlich viel Wirbel gegeben, über das Verschwenden von Steuergeldern an Horrorfilme, aber Tatsache ist, daß die FDC ihr Geld sofort zurückbekam. Es war, glaube ich, der erste von der FDC subventionierte Film, der sein Geld wieder einspielte und der öffentlichen Hand noch einen Profit bescherte.« (David Cronenberg) – *Parasiten-Mörder* wurde in den englischsprachigen Ländern unter mehreren ›Originaltiteln‹ gezeigt: In der Urfassung hieß er in Kanada THE PARASITE MURDERS, später dann SHIVERS.

In den USA wurde der Film als THEY CAME FROM WITH IN aufgeführt.
Ⓥ EuroVideo

Patrick
(PATRICK). Australien 1978.
R Richard Franklin. *B* Everett de Roche. *K* Don McAlpine. *M* Brian May. *D* Susan Penhaligon (Kathy Jacquard), Robert Helpmann (Dr. Roget), Rod Mulinar (Ed Jacquard), Bruce Barry (Dr. Wright), Julia Blake (Oberschwester Cassidy), Robert Thompson (Patrick). *F* 110 Min.
Der vierundzwanzigjährige Patrick liegt seit drei Jahren in einem permanenten Zustand der Erstarrung im Bett einer Klinik: Vorher hat er seine Mutter und deren Liebhaber ermordet. Dr. Roget, der ihn *nicht* behandelnde Arzt, sieht in dem jungen Mann eine Art Lebensversicherung: Für sein Bett wird schließlich gezahlt. Als die Krankenschwester Kathy sich um Patrick kümmert, fängt der Junge an, zumindest auf geistiger Ebene zu ›erwachen‹. Er versucht, auf telekinetischer Ebene mit Kathy einen Kontakt aufzunehmen. Er bedient mit Geisteskraft eine Schreibmaschine, läßt Gegenstände durch die Luft fliegen und mischt sich in das Privatleben Kathys ein, indem er sie vor dem Mann ›beschützen‹ will, mit dem sie gerade in Scheidung lebt. Als Kathy einen befreundeten Mediziner in Sachen Patrick um Hilfe bittet, sieht Dr. Roget darin einen schweren Eingriff in seine Kompetenzen und wirft sie hinaus. Patrick nimmt Rache an Dr. Roget und der gemeinen Oberschwester Cassidy. Als er mit Kathy, die völlig in seinen Bann gerät, in den Tod gehen will, ist es Kathys Ex-Mann Ed, der sie vor einer Torheit bewahrt... – »Neben den sorgsam konzipierten Schocks gibt es auch manchen Ekeleffekt, auf den Richard Franklin getrost hätte verzichten können – z. B. den Stromtod der dragonerhaften Oberschwester Cassidy. Trotzdem ist die Übertragung alter Horror-Motive in unsere... Gegenwart insgesamt gelungen, weil die immer häu-

figer anzutreffende Spekulation, Grusel nur noch aus der optisch-unappetitlichen Darstellung von zerplatzten Köpfen oder kübelweise fließendem Blut zu entwikkeln, überwiegend vermieden wurde.« (ZITTY)
Ⓥ ITT Contrast

Der Pauker kann's nicht lassen
(SON OF FLUBBER). USA 1962.
R Robert Stevenson. *B* Bill Walsh/ Don Da Gradi. *K* Edward Colman. *SpE* Eustace Lycett/Robert A. Mattey/ Jack Boyd/Jim Fetherolf. *M* George Bruns. *D* Fred MacMurray (Prof. Ned Brainard), Nancy Olson (Betsy Brainard), Keenan Wynn (Alonzo Hawk), Tommy Kirk (Biff Hawk), Ed Wynn (A. J. Allen), Charles Ruggles (Richter Murdock), Leon Ames (Präsident Daggett), Ken Murray (Hurley), William Demarest (Hummel), Paul Lynde (Kommentator), Elliot Reid (Shelby Ashton), Joanna Moore (Desirée de la Roche), Edward Andrews (Verteidigungsminister). *F* 90 Min.
Vorgeschichte siehe *Der fliegende Paucker*. – Professor Brainard erfindet einen Flummigas-Anzug, der einem lokalen Football-Team zum Sieg verhilft, und erzeugt künstlichen Regen, dessen Effekt darin besteht, daß gewöhnliches Gemüse überdimensionale Formen annimmt.

Peacemaker
(PEACEMAKER). USA 1990.
R Kevin S. Tenney. *B* Kevin S. Tenney. *K* Thomas Jewett. *M* Dennis Michael Tenney. *D* Robert Foster (Yates), Lance Edward (Peacemaker Townsend), Hilary Shepard (Dr. Dori Carlsson), Robert Davis (Sgt. Frank Ramos), Bert Remsen (Doc). *F* 87 Min.
Ein außerirdischer Polizist kommt auf die Erde, um einen ebenso außerirdischen Killer zu schnappen. Kurz nach der Landung schießt ihn die irdische Polizei nieder. In der Leichenhalle regeneriert er sich, nimmt die Ärztin Dori als Geisel und bricht zur Jagd auf. Es erweist sich als

problematisch, da Jäger und Gejagter extrem regenerierungsfähig sind. So können sie sich, ohne Schäden davonzutragen, durch Handabriß von Handschellen befreien oder Waffen in ihrem Körper verstecken. Im Finale geht der Killer nach einem Sturz in eine Leuchtreklame in Flammen auf. Dori und der ›Peacemaker‹ gehen getrennte Wege. – Das Spiel, das Regisseur und Autor Tenney mit der wahren Identität der Außerirdischen treibt, sorgt im Verein mit solider, wenn auch selbstzweckhafter Action für ein zwar spannendes, aber nicht immer schlüssiges B-Picture. »Viele Stunts und Action, aber auch viele schreckliche neunmalkluge Witze.« (Leonard Maltin, MOVIES AND VIDEO GUIDE). – Nur auf Video.
Ⓥ Highlight

Peng! Du bist tot!
BRD 1986.
R Adolf Winkelmann. *B* Matthias Seelig. *K* Reinhard Köcher/David Slama. *SpE* Dieter Ortmeier. *M* Piet Klocke. *D* Ingolf Lück (Kai Westerburg), Rebecca Pauly (Andrea Flanagan), Hermann Lause (Peters), Volker Spengler (Spion), Rolf Zacher (Major), Buddy Elias (Kommissar Haupt), Ulrich Wildgruber (Berber), Pascale Jean Louis (Luna), Tana Schanzara. *F* 98 Min.
In New York wird dem Computerexperten Peters in einem fettigen Hamburger der Superchip Mega 4 übergeben. In der BRD geht er dann sinistren Plänen nach, die eines Mabuse würdig sind: Mit dem Chip kann er jeden Code knacken. Roboter laufen Amok, Maschinen in Krankenhäusern werden lahmgelegt. Nun liegt es an Kai, Peters Ex-Schüler, den Maniak zu stoppen. Kai heftet sich mit der spießigen Amerikanerin Andrea auf seine Spur. Fast werden sie in einem U-Bahn-Schacht Opfer seiner Terroranschläge. In einer Lagerhalle spüren sie Peters auf, der sie mit Laserstrahlen töten will. Seine Waffe wird zum Bumerang: Mit einem Taschenspiegel schleudert Andrea die Strahlen zu-

rück und vernichtet Peters' Basis. Peters entkommt verletzt, aber für das Duo gibt es ein Happy-End. – »Wie so oft, wenn die Ex-Autorenfilmer mit dem großen Genrekino aufwarten, scheint die Blamage vorprogrammiert zu sein. Aber Adolf Winkelmann läuft zu unerwarteter Form auf... *Peng! Du bist tot!* ist viel witziger als seine beiden Vorgänger... und trifft deshalb ins Schwarze, weil Winkelmann gelernt hat, den Zeitgeist noch ernster zu nehmen. Da ist kein Routinier mehr am Werk, der mit maßgeschneiderten Versatzstücken hinter einer Jugendkultur... herhechelt, die schon viel abgebrühter ist als ihr Entertainer... Winkelmann ist nichts zu abgegriffen, nichts zu phantastisch, nichts zu grell: Er erfüllt die Erfordernisse des Genres. Niemand wird sich langweilen.« (TIP).
Ⓥ Warner

**Perry Rhodan –
SOS aus dem Weltall**
(ORBIT A MORTAL/4, 3, 2, 1, MUERTE).
BRD/Italien/Spanien 1966.
R Primo Zeglio. *B* Karl Heinz Vogelmann/Federico d'Urutia.
K Manuel Merino. *M* Antón Garcia Abril. *D* Lang Jeffries (Perry Rhodan), Essy Persson (Thora), Pinkas Braun (Homer Arkin), Ann Smyrner (Dr. Sheridan), Joachim Hansen (Dr. Manoli), Luis Davila (Reginald Bull), Daniele Martin (Flipper), John Carlesen (Crest), Stefano Sibaldi (Dr. Haggard).
F 79 Min.
1971: Beim ersten Mondflug wird das irdische Raumschiff *Stardust* von einer unbekannten Kraft erfaßt und an einer bestimmten Stelle zur Landung gezwungen. In einem Mondkrater stoßen Major Rhodan und seine Kollegen auf ein kugelför-

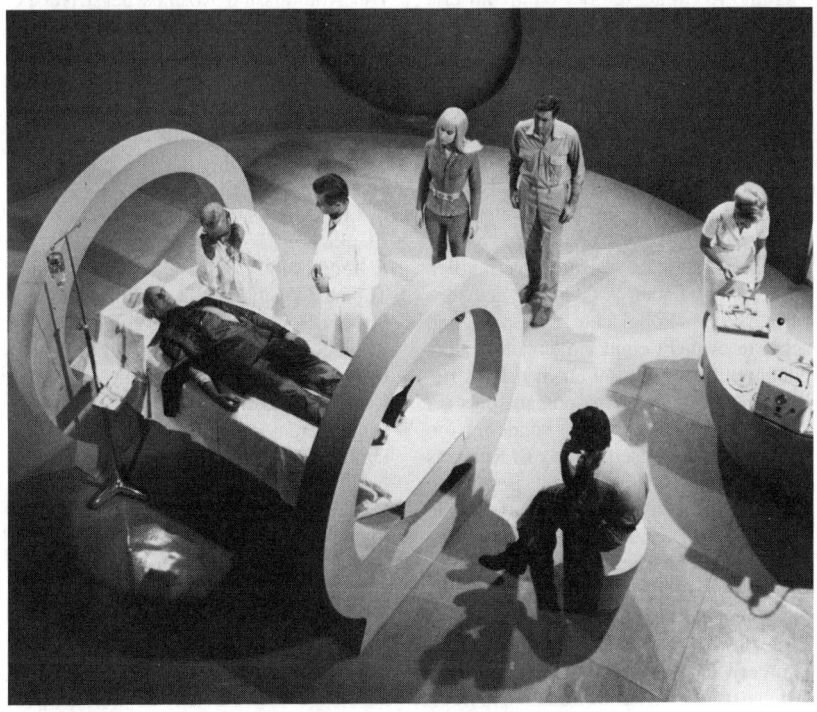

»So kommen wir nie in die fünfte Auflage, Perry!«:
Perry Rhodan – SOS aus dem Weltall von Primo Zeglio

miges Raumschiff, dessen Insassen – die hübsche Thora und der alte Crest – vom Planeten Arkon stammen. Crest leidet an Leukämie und muß dringend in ärztliche Behandlung. Die Astronauten gewinnen das Vertrauen der Außerirdischen, aber als man mit ihnen zur Erde fliegt, um den in Afrika lebenden Leukämie-Spezialisten Dr. Haggard aufzusuchen, bekommt man es mit den Truppen des Vereinigten Afrika zu tun. Auch der Schurke Homer Arkin bringt sich ins Spiel, denn er würde sich der außerirdischen Supertechnik gerne bedienen, um die Weltherrschaft an sich zu reißen. Seine Leute können zwar mit einem Trick in das arkonidische Schiff eindringen, werden aber von den Robotern der Aliens getötet. – Die Gestalt ›Perry Rhodan‹ ist der Held einer utopischen Romanheftserie, die seit 1961 in deutscher Sprache erscheint und sich mit Fug und Recht als ›größte Weltraumserie der Welt‹ bezeichnet. Der endlose, wöchentlich erscheinende Fortsetzungsroman hat es bis dato auf weit über 1300 Folgen gebracht und wurde in mehrere Sprachen übersetzt. Mit dem großen Erfolg der Romanhefte konnte sich der auf Band 1 (›Unternehmen Stardust‹) basierende Film von Primo Zeglio allerdings kaum messen: Er wich zu sehr von der Originalvorlage ab, brachte – vermutlich aus Kostengründen – Gangster statt des Militärs der Großmächte ins Spiel, und schaffte es nicht einmal, den Titelhelden gebührend herauszustellen: Die Fans beklagten sich dann auch spontan, dies sei kein ›Perry Rhodan‹-, sondern ein ›Bully‹-Film gewesen. (Bully ist Rhodans lustig-doofer Sidekick.) Die Besetzung war zudem ebenso katastrophal wie die einfallslosen Bauten, für die Rhodan-Autor K. H. Scheer auch noch als ›technischer Berater‹ engagiert wurde. Was auszog, um den Riesenerfolg der Romanheftserie filmisch zu wiederholen, endete als jämmerlicher Flop und verschwand trotz bombastischer Public-Relations-Arbeit der Rhodan-Heftverleger schnell von der Bildfläche.

Ⓑ Clark Darlton (d.i. Walter Ernsting): *Perry Rhodan – SOS aus dem Weltall*, München 1967 (Buch zum Film)

Phaeton an Erde
(PETLJA ORIONA). UdSSR 1980. *R* Wassili Lewin. *B* Alexej Leonow/Valentin Seliwanow. *K* Wadim Awloschenko/Eduard Gubski/Juri Lemeschew. *M* Alexander Sazepin. *D* Leonid Bakschtajew (Below), Gennadi Schkuratow (Goris), Anatoli Mateschko (Tamarkin), Witali Doroschenko, Ljudmila Smorodina. *F* 84 Min.
»Man schreibt das 21. Jahrhundert. Eine mächtige, eindeutig bewußt gelenkte Strahlung aus dem Bereich des Sternbilds Orion zerstört die Steuerung der Raumschiffe, die von der Erde kommen, gefährdet jetzt auch das Leben auf der Erde. Die Kommission Kosmos der UNO beauftragt daraufhin sowjetische Wissenschaftler, mit dem Raumschiff *Phaeton* in den Kosmos zu fliegen, um Ursache und Wesen der Strahlung zu erkunden...« (FILMSPIEGEL)

Der phantastische Planet
(LA PLANETE SAUVAGE). Frankreich/ČSSR 1973. *R* René Laloux. *B* René Laloux/Roland Topor. *LV* Stefan Wul. *K* Lubomir Rejthar/Boris Baromykin. *Anim.* Josef Kabrt/Josef Vana/Jindrich Barta/Zdena Bartova/Bohumil Sedja/Zdenek Sob/Karel Strebl/Jiri Vokoum. Zeichner Lidia Cardat/Renata Celbova/Dana Drabova/Viktoria Kolarikova/Helena Najdrovska/Alena Pokorna/Jarmila Rabanova/Helen Rohauerova/Mercela Schneiderova/Marie Tomaskova/Eva Udzalova. *M* Alain Goraguer. *F* 72 Min. (Zeichentrickfilm).
Die Bewohner des Planeten Ygam, die zwölf Meter großen Draag, leben in einem futuristischen Wohlfahrtsstaat und haben die Wissenschaft so weit entwickelt, daß sie nicht mehr zu arbeiten brauchen: Wenn sie ihre Freizeit nicht im

Spiel verbringen, meditieren sie. Als ›Haustiere‹, denen sie jegliche Intelligenz absprechen, halten sie sich die für ihre Begriffe zwergenwüchsigen Oms (Hommes/Menschen), die einst auf einer Welt namens Erde gelebt haben. Es gibt aber auch ›wilde‹ Oms, die in Freiheit leben und als Ungeziefer angesehen werden, da sie sich wie die Kaninchen vermehren. Als Tewa, die Tochter des hohen Draag-Beamten Edil, sich des mutterlosen Om Terr annimmt, beginnt das Unheil Formen anzunehmen: Als der kleine Mensch fünfzehn Jahre alt ist, gefällt er sich nicht mehr in der Rolle des braven Haustiers. Er eignet sich heimlich das Wissen seiner Herren an, flieht und schlägt sich in die Wildnis durch, wo er mit den freien Oms Kontakt aufnimmt und sich eines abenteuerlichen Lebens erfreut. Als die Draag einen Feldzug gegen die Oms starten, da sie sich von den vielen Zwergen belästigt fühlen, kommt es zu einem Blutbad. Terr, der inzwischen zu einer Führerpersönlichkeit herangereift ist, flieht in einem zur Verschrottung vorgesehenen Raumschiff mit einigen menschlichen Gefährten auf eine andere Welt. Hier entdecken die Menschen das Lebenszentrum ihrer Herren: Die Draag treffen sich hier mit anderen Intelligenzen, lassen sich mit ihren Meditationskugeln auf kopflosen Riesenstatuen nieder und tanzen einen ›heiligen‹ Ritus. Als die Oms die Draag-Zeremonien gezielt in Unordnung bringen, erkennen die Draag, daß ihre vermeintlichen Haustiere intelligente Lebewesen sind, und bieten ihnen Gleichberechtigung und Frieden an. – »Was den Film interessant macht, ist der surreale und bizarre Hintergrund, vor dem diverse alptraumhafte Gestalten dabei beobachtet werden können, wie sie ihren sinistren Geschäften nachgehen.« (John Brosnan, FUTURE TENSE) – »Der phantastische Planet ist vielleicht kein großartiger Trip für das Bewußtsein, aber was die Augen angeht, so ist er eine prächtige . . . Reise.« (CINEFANTASTIQUE)
Ⓥ Atlas
Ⓑ Stefan Wul: OMS EN SERIE, Paris 1957

Die phantastische Reise
(FANTASTIC VOYAGE). USA 1966.
R Richard Fleischer. B Harry Kleiner/ David Duncan. St Otto Klement/Jay Lewis Bixby. K Ernest Laszlo. SpE L.B.Abbott/Art Cruikshank/Emil Kosa jr. M Leonard Rosenman. D Stephen Boyd (Grant), Raquel Welch (Cora Peterson), Edmond O'Brien (General Carter), William Redfield (Capt. Bill Owens), Donald Pleasance (Dr. Michaels), Arthur O'Connell (Col. Donald Reid), Arthur Kennedy (Dr. Duval), Jean del Val (Dr. Jan Benes), Barry Coe (Adjutant), Ken Scott (Secret-Service-Agent), Shelby Grant (Krankenschwester), James Brolin (Techniker), Brendan Fitzgerald (Funker). F 101 Min.

1995: Der tschechische Wissenschaftler Dr. Jan Benes läuft zu den Amerikanern über, wird aber bei einem Attentat schwer verletzt. In seinem Gehirn hat sich ein Blutgerinnsel gebildet, das man nur von innen behandeln kann. Da Benes eine Kapazität ist, auf die die Amerikaner nicht verzichten wollen, bemannt man ein hypermodernes Spezialunterseeboot, verkleinert es auf Mikrobengröße und schießt es mittels einer Injektionsnadel in den Blutkreislauf des Verletzten. Unter Zuhilfenahme eines Laserstrahls soll das Gerinnsel beseitigt werden. Das Unternehmen ist zudem ein Wettlauf gegen die Zeit, denn das U-Boot kann seine Größe nur 60 Minuten lang halten. Dem Agenten Grant, den Ärzten Dr. Michaels und Dr. Duval, der hübschen Cora Peterson und dem Piloten des Fahrzeugs öffnet sich eine faszinierende Wunderwelt voller schillernder Farben. Aber es begegnen ihnen auch Gefahren, mit denen niemand gerechnet hat: Eine Fistel in einer Arterienwand wird zum gefährlichen Hindernis; Antikörper greifen das U-Boot an; eine in der Nähe von Benes' Ohr zu Boden fallende Schere erzeugt eine Art ›Seebeben‹. Als einer der Sauerstofftanks leck wird, sieht man sich gezwungen, aus der Lunge des Patienten Atemluft abzusau-

Die phantastische Reise von Richard Fleischer

gen. Cora gerät zudem noch in eine Gefahr, aus der man sie nur unter Aufbietung aller Kräfte retten kann. Als man den Herd der Krankheit endlich vor sich hat, ist die Zeit nahezu abgelaufen. Jetzt stellt sich heraus, daß die Gegenseite, die den Überläufer Benes um jeden Preis vernichten will, noch immer nicht aufgegeben hat: Dr. Michaels, der Kreislaufspezialist, entpuppt sich als tschechischer Agent und will die Behandlung Duvals sabotieren. Man kann Benes zwar retten, aber für eine Rückfahrt mit dem U-Boot ist es zu spät. – »Am Ende der Reise wird das U-Boot beschädigt. Die Mannschaft sitzt in der Falle; bleibt sie zusammen mit dem Boot im Inneren des Gehirns, wird sie ein paar Minuten später wieder ihre normale Größe annehmen und den Patienten – und

zweifellos auch sich selbst – umbringen. Sie verläßt das U-Boot und schwimmt auf einer Träne aus dem Auge des Patienten – gerade noch rechtzeitig, um sicher ihre Normalgröße wieder anzunehmen. Aber man hat das U-Boot... zurückgelassen! Was wird geschehen, wenn es wieder normal groß wird? Die Produzenten nahmen an, das Publikum würde nicht clever genug sein, Fragen dieser Art zu stellen, und da der Film zu einem Kassenknüller wurde, hatten sie möglicherweise auch recht.« (Frederik Pohl/Frederik Pohl IV, SCIENCE FICTION STUDIES IN FILM) – Isaac Asimov, der das Buch zum Film verfaßte (und es mit einem anderen Ende versah), schreibt in seinem Memoirenband IN JOY STILL FELT: »Als der Film zu Ende war, drehte sich meine Tochter Ro-

byn sofort zu mir um und sagte: ›Müßte das Schiff jetzt nicht größer werden und den Mann umbringen, Daddy?‹ – ›Gewiß, Robyn‹, erklärte ich, ›aber das hast du nur erkannt, weil du schlauer bist als der durchschnittliche Hollywood-Produzent. Immerhin bist du ja schon elf.‹« Der Film bekam je einen Oscar für beste Spezialeffekte und Bauten, und 1968 produzierte ABC-TV eine Zeichentrickserie nach der gleichen Idee.
Ⓥ Fox
Ⓑ Isaac Asimov: *Die phantastische Reise*, München 1983

Phantastische Reise zum Mittelpunkt der Erde
(VIAJE AL CENTRO DE LA TIERRA).
Spanien 1977.
R J. P. Simon (Juan Piquer). *B* Juan Piquer/Caros Puerto. *LV* Jules Verne. *K* Andreas Berenguer. *M* Juan C. Calderon. *D* Kenneth More (Prof. Otto Lidenbrook), Pep Munne (Axel), Ivonne Sentis (Glauben), Frank Brana (Hans), Jack Taylor (Olsen), Lone Fleming (Molly), Jose 1 Cafarel (Prof. Fridrikson), Ana Del Arco (Martha), Emiliano Redondo (Christoph).
F 90 Min.
Spanische Neuverfilmung des amerikanischen Streifens *Die Reise zum Mittelpunkt der Erde* (Henry Levin, 1959). Inhaltliche Details siehe dort. – »Saurier, Meeresungeheuer und sogar ein unterirdischer King Kong sind tricktechnisch ziemlich dilettantisch in Szene gesetzt.« (VAMPIR)
Ⓥ ITT Contrast
Ⓑ Jules Verne: *Reise zum Mittelpunkt der Erde*, Wien 1874

Die phantastische Welt des Matthew Madson
(TV-ZDF). BRD 1974.
R Helmut Herbst. *B* Helmut Herbst/Klaus Wyborny. *K* Rolf Deppe/René Perraudin. *D* Dietmar Buschmann (Mulligan), Angelika Düsing (Natascha), Hannes Hadje (Mathomé), Christoph Hemmerling (Dr. Quistard),

Susanne Herbst (Bakunskaja), Charly Rinn (Dierksen), Ilona v. Wegeren (James), Irene v. Wegeren (Jones), Klaus Wyborny (Parmagino), Helmut Herbst (Matthew Madson). 87 Min.
Ein Mann namens Mulligan kommt auf einem ziellos einen Planeten umkreisenden Raumschiff zu sich. Der Rest der Besatzung ist auch leicht verwirrt. Mulligan kann sich an einen gewissen Madson erinnern, den er und einige andere vor Jahren auf einem Planeten zurückgelassen haben. Als man sich auf die Suche nach dem Vermißten begibt, stellt sich heraus, daß Madson den Planeten mit unzähligen Doubletten seiner Person bevölkert hat und offenbar in ein höheres Bewußtseinsstadium übergewechselt ist: Seine Innenwelt beeinflußt Mulligan und die anderen Raumfahrer so stark, daß sie ihm nicht mehr gewachsen sind. »*Die phantastische Welt des Matthew Madson* ist, zugegeben, eine etwas abseitig gelegene Gegend. Sie hat aber den Vorteil, daß man dort ziemlich ungestört auf die Suche nach einer neuen Professionalität gehen kann . . ., die von einer umfassenden Kenntnis der filmischen Mittel ausgeht und diese soweit zu beherrschen gelernt hat, daß der Filmemacher in die Lage versetzt wird, mit diesen Mitteln schöpferisch zu arbeiten. Er ist nicht mehr darauf angewiesen, in den herkömmlichen Stereotypen zu denken und die Ausführung den auf bestimmte Rezepte spezialisierten Dunkelmännern in den Trickdepartments zu überlassen . . . Vorbedingung für einen neuen Umgang mit den Mitteln ist die Fähigkeit, Fehler zu machen und sie zu analysieren . . . Kleine und große Fehler entpuppen sich nicht selten als Sprünge und Risse in der gewohnten Kinorealität, die den Durchblick auf ein neues synthetisches Kino freigeben, ein Kino mit einem direkten Draht in das Gehirn des Zuschauers.« (Helmut Herbst) – Der Film, an dem Herbst und Wyborny mit Unterbrechungen über ein Jahr arbeiteten, ließ den Draht »in das Gehirn des Zuschauers« jedoch vermissen. Die Fan-Presse schäumte

Gift und Galle, als sie in einer angeblichen Unterdruckkammer eine simple Spencer-Waschmaschine erkannte, die gestörte Wahrnehmungsfähigkeit der Akteure für eine Drehbuchschwäche hielt und sich über eine Szene ekelte, in der ein Astronaut das Innere seines Raumhelms vollkotzte. »Beim Machen dieses Films habe ich auch an ... Renée Clair und ... Zeman gedacht. Für die Zuschauer soll der Film ein glücklicher Alptraum sein.« (Helmut Herbst, zit. n. Hembus, DER NEUE DEUTSCHE FILM).

Phantom im Paradies
(PHANTOM OF THE PARADISE).
USA 1974.
R Brian de Palma. *B* Brian de Palma. *K* Larry Pizer/Ronald Taylor. *SpE* Greg Auer. *M* Paul Williams. *D* Paul Williams (Swan), William Finley (Winslow Leach), Jessica Harper (Phoenix), George Memmoli (Philbin), Gerrit Graham (Beef), Henry Calver (Wärter), Jeffrey Comanor, Archie Hahn, Harold Oblong (›The Juicy Fruits‹/›The Beach Bums‹/›The Undeads‹). *F* 90 Min.
Der kleinwüchsige Pop-Impresario Mr. Swan ist der erfolgreichste Rock 'n' Roll-Vermarkter aller Zeiten. Ihm gehören das Plattenlabel ›Death Records‹ und der futuristisch ausgestattete Musikpalast ›The Paradise‹. Aber er schmückt sich nicht nur mit fremden Federn, sondern ist auch einen Pakt mit den dunklen Mächten eingegangen, der ihm ewige Jugend beschert. Winslow Leach, ein genialer Jungkomponist, gerät in Swans Krallen, wird von ihm ausgenutzt, ins Zuchthaus gebracht und schließlich auch noch mit einer Plattenpresse körperlich verunstaltet. Da er jedoch das Mädchen Phoenix liebt, für das er seine besten Songs schreibt, läßt er sich gezwungenermaßen mit Swan ein. Dieser läßt Leachs Lieder von Sängern interpretieren, die als Horror-Monster auftreten. Leach, der maskiert wie ein Phantom hinter den Kulissen des ›Paradieses‹ umgeht, zieht schließlich die letzte Kon-

sequenz: Wenn er sich von Swan befreien will, muß er ihn töten. – *Das Phantom der Oper* kombiniert mit *Faust* und auf den neuesten Stand gebracht durch diverse fetzige Rock-Songs von Paul Williams. *Phantom im Paradies* gehört zweifellos zu den unterhaltsamsten Filmen der siebziger Jahre.

Phantom-Reiter
(THE PHANTOM EMPIRE). USA 1935.
R Otto Brower/B. Reeves Eason.
B Wallace MacDonald/Gerald Geraghty/ H. Freedman. *D* Gene Autry (Gene Autry), Frankie Darro (Frankie), Betsy King Ross (Betsy), Dorothy Christie (Königin Tika), Wheeler Oakman (Argo), Charles R. French (Mal), Warner Richmond (Rab), Frank Glendon (Prof. Beetson), Smiley Burnette (Oscar), William Moore (Pete), Edward Pier, Jack Carlyle.
93 Min.
Der verbrecherische Professor Beetson und seine Spießgesellen suchen illegal auf der texanischen Raley-Ranch nach Radium. Vor kurzem hat in dieser Gegend ein Erdrutsch stattgefunden, und man munkelt von einem geheimnisvollen Reich in der Tiefe. Der Rancher Gene Autry (in der deutschen Fassung heißt er unerklärlicherweise Jack) will den Raleys helfen, wird aber von Beetson des Mordes beschuldigt, so daß er sich verkriechen muß. Die Königin des unterirdischen Reiches Murania, die von dem Durcheinander an der Oberwelt aufgeschreckt wird, läßt Autry von ihren Leuten entführen. Dieser wird jedoch von dem Kanzler Argo befreit, der eine Revolte gegen seine Herrin plant. Auf der Flucht gelangt Autry in die ›Raketenkammer‹ der Muranier, schießt eine Rakete ab und vernichtet damit das Flugzeug von Professor Beetson. Da Autry versehentlich wieder in die Fänge der königlichen Leibgarde gerät, steht für den Kanzler Argo einiges auf dem Spiel: Mit Todesstrahlen und Robotern will er nicht nur Königin Tika absetzen, sondern auch den Rest der Welt unterwer-

Paul Williams und William Finley in *Phantom im Paradies* von Brian de Palma

fen. Als diverse Freunde Autrys in der Unterwelt auftauchen und es nach einer erfolgreichen Revolte Argos aussieht, will Tika mit den Oberweltlern fliehen. Aber das Chaos ist absolut: Der Todesstrahl legt das unterirdische Reich in Trümmer. Tika weist Autry Co. einen Fluchtweg und geht mit fliegenden Fahnen unter. – Das Undenkbare, hier wird's Ereignis! *Phantom-Reiter* ist der erste SF-Western der Geschichte, und der Film zeigt alles, was er hat: einen bescheuerten Plot, eine inkompetente Besetzung (oder – je nach Blickwinkel – nur *zu* kompetente), eine haarsträubende Logik; Roboter, die aussehen, als hätte Fritzchen sie mit Hilfe seines Stabilbaukastens geschaffen, finstere Schurken, schwellende Brüste, mutige Haudegen und schwertschwingende Soldaten, die – ganz nebenbei – auch Todesstrahlen einsetzen können. Und al-

les ist ganz ernst gemeint. Trotzdem: Bloß nicht verpassen, wenn er mal irgendwo läuft!

Phantom 7000
Anderer Titel für **Weltraum-Bestien**

Phase IV
(PHASE IV). GB 1973.
R Saul Bass. *B* Mayo Simon. *K* Dick Bush/Ken Middleham. *SpE* John Richardson/Ken Middleham. *M* Brian Gascoigne. *D* Nigel Davenport (Ernest Hubbs), Michael Murphy (James Lesko), Lynne Frederick (Kendra), Alan Gifford (Eldridge), Helen Horton (Mrs. Eldridge), Robert Henderson (Clete).
F 84 Min.
Auf einer abgelegenen Hochebene in Arizona/USA: Aufgrund astronomischer Phänomene vollzieht sich in der Ameisen-

welt eine schreckenerregende Veränderung: Die einzelnen Völker stellen ihre Kampftätigkeit ein, vermehren sich rasend schnell, bauen überdimensionale Türme und bedrohen menschliches und tierisches Leben. Während die Farmer ihren Grund und Boden in Panik verlassen, richten der Biologe Hubbs und der Kommunikationsforscher Lesko ein Versuchslabor ein, um das veränderte Verhalten der Ameisen zu erforschen. Nach einigen Experimenten erkennen sie, daß die Insekten offenbar von einer Intelligenz gesteuert werden. Außerdem passen sie sich an ausgestreute Gifte an und gehen taktisch gegen die Wissenschaftler vor: Was immer sie auch tun, sie folgen logischen Gesetzen. Als die letzte Farmerfamilie die Gegend verlassen will und dabei umkommt, nehmen Hubbs und Lesko sich des Mädchens Kendra an, das einen weiteren Versuch, den Ameisen beizukommen, aus Fahrlässigkeit sabotiert und die Labortiere freisetzt. Die Ameisen außerhalb der Versuchsstation wenden nun eine Taktik an, die beweist, daß sie ›denken‹ können: Ihre chitinbewehrten Leiber formen große Hohlspiegel, die das Sonnenlicht reflektieren und die Station mit konzentrierter Hitze zu vernichten drohen. Lesko und Hubbs zerstören die Spiegel mit Schallwellen. Die Ameisen legen daraufhin die Klimaanlage der Station lahm. Als es Lesko gelingt, mit den Belagerern eine Form der Kommunikation aufzunehmen, erfährt er, daß die Ameisen ein ›Opfer‹ verlangen. Kendra ist davon überzeugt, daß nur sie gemeint sein kann. Sie verläßt heimlich die Station. Als Hubbs den verzweifelten Versuch unternimmt, die Ameisenkönigin auszuschalten, fällt er den Belagerern zum Opfer. Lesko, der den Versuch seines Kollegen daraufhin zu Ende führen will, dringt durch einen unterirdischen Tunnel in den Bau der Königin ein, wo er Kendra wiederfindet. Ihm wird klar, daß er und das Mädchen die Opfer sind, nach denen die Ameisen verlangt haben. Die Insekten verfolgen einen Plan, bei dem sie ihnen helfen sollen. Einen Plan, der möglicherweise darin besteht, sich die Erde untertan zu machen ... – Saul Bass, der sich hauptsächlich dadurch eine Reputation geschaffen hat, daß er als ›Vorspann‹-Regisseur diverser Hitchcock-Filme tätig war, hat mit seinem ersten Spielfilm direkt ein Meisterwerk vorgelegt: »Selten sah man im Science Fiction-Film Aufnahmen von solch fantastischer Schönheit – eine Bildersprache, die den eingefleischten Betrachter zunächst verunsichert, ihn dann immer mehr fesselt, bis er dann von einem Gefühl eisiger Beklemmung umgeben wird.« (SF-BAUSTELLE) – »Saul Bass macht die fantastische Geschichte nachvollziehbar, indem er von vornherein einen Stil einführt, der reale Vorgänger filmisch verfremdet und auf simple Grundmuster reduziert. Dabei bedient er sich aller erdenklichen technischen Mittel, von extremen Brennweiten und Zeitraffern angefangen bis hin zu frappierenden Kreationen im Trickstudio. Immer wieder setzt er alltägliche Natur- und Landschaftsaufnahmen in apokalyptische Reizbilder um.« (FILMDIENST) – »Hoffentlich wird dieser Film für einige ein Maßstab bei der Beurteilung weiterer, nur auf Spekulation getrimmter Filme sein.« (FILMBEOBACHTER). Ⓥ CIC

Das Philadelphia Experiment
(THE PHILADELPHIA EXPERIMENT).
USA 1984.
R Stewart Raffill. *B* William Gray/
Michael Janover. *LV* Charles Berlitz/
William I. Moore. *K* Dick Bush.
SpE Special Effects Unlimited. *M* Ken
Wannberg. *D* Michael Paré (David
Herdeg), Nancy Allen (Allison Hayes),
Miles McNamara/Eric Christmas (Dr.
James Longstreet), Bobby Di Cicco
(Jim Parker), Louise Latham/Debra
Toyer (Pamela), Kene Holliday (Major
Clark), Joe Dorsey (Sheriff Bates),
Michael Currie ›Magnussen‹, Stephen
Tobolowsk (Barney), Garry Brockette
(Andrews), Ralph Manza (Jim).
F 101 Min.

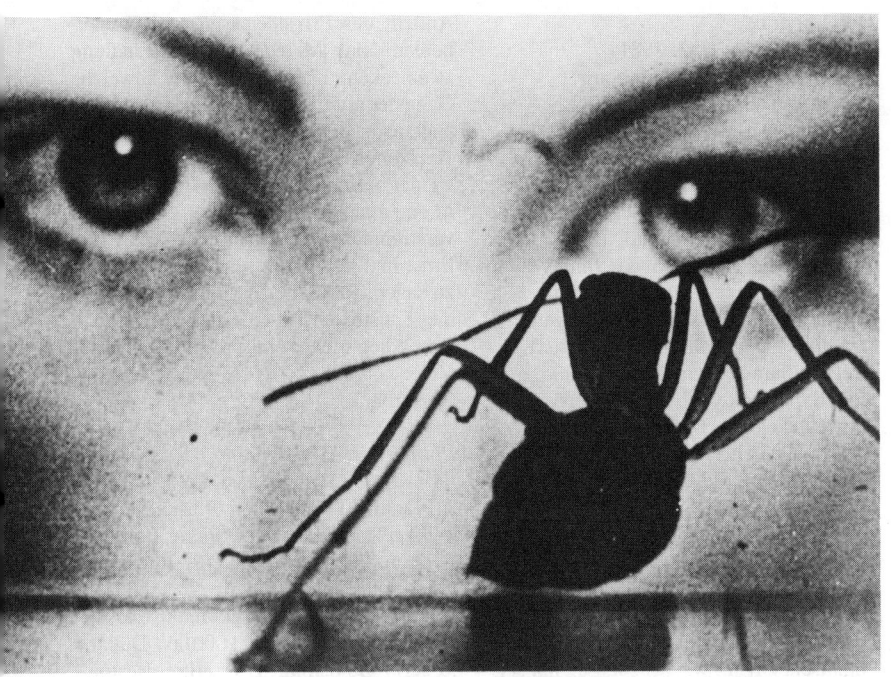

Phase IV von Saul Bass

Ein 1943 durchgeführtes ›Unsichtbar-keits-Experiment‹ der US-Marine läßt den Zerstörer ›Eldridge‹ in ein anderes Raum-Zeit-Kontinuum überwechseln. Nur die Matrosen David und Jim können sich mit einem Sprung über die Reling retten. Ins Jahr 1983 geschleudert, erkennen sie, daß die Ursache der Katastrophe ein erneutes Experiment ist: die künstlich erzeugten Magnetfelder haben sich über vierzig Jahre hinweg ›verbunden‹ und einen Zeitstrudel erzeugt, der die Erde allmählich zu verschlingen droht. Dr. Longstreet, der Experimentator beider mißglückten Versuche, erkennt, daß nur David die Welt vor dem Untergang retten kann. Er soll in das Jahr 1943 zurückkehren und die Maschinen der ›Eldridge‹ stoppen, da sie für das Desaster verantwortlich sind. Said done! Die Sache klappt; David hüpft nach 1983 zurück, wo er ein liebenswertes Mädchen kennengelernt hat. – Angeblich auf Tatsachen fußend, über die Charles Berlitz und William I. Moore ein Buch (s.u.) geschrieben haben, ist *Das Phila-delphia-Experiment* in erster Linie ein Film, dessen Logik mächtig hapert und dessen Aufbau nur der versteht, der sich SF-Romane reinzieht, wie andere Leute Hamburger. –»Das große Carpenter-Thema Rache (der Psyche, der Natur, der Technik) hat seine stumpfste Gestalt gefunden. Nicht einmal das Motiv der heimatlos durch die Zeit Gescheuchten wird anders sichtbar als in zwei sentimentalen Tränenbächen eines jungen, kräftigen, nichtssagenden amerikanischen Do-it-yourself-Helden.« (ÜBERBLICK). – »*Das Philadelphia-Experiment* ist vielleicht passable Unterhaltung. Aber recht schlechte Science Fiction.« (Nobert Stresau, SPEKTRUM FILM)
Ⓥ Cannon/VMP
Ⓑ Charles Berlitz/William I. Moore: *Das Philadelphia-Experiment*, Wien/Hamburg 1979

Der Phoenix
(THE PHOENIX). USA 1981.
R Douglas Hickox. *B* Anthony
Lawrence/NancyLawrence. *K* N.N.
Birnkant. *SpE* Apogee. *M* Arthur
Rubinstein. *D* Judson Scott (Bennu),
Shelley Smith (Noel Marshall), E. G.
Marshall (Dr. Ward Frazier), Fernando
Allende (Diego De Varga), Daryl
Anderson (Dr. Cliff Davis), Jimmy
Mair (Tim), Hersha Parady (Lynn),
Wayne Storm (Polizist), Jim Malinda
(Croupier), Paul Marin (Anästhesist),
Bret Williams (Techniker), Patricia
Conklin (Krankenschwester), Jerry
Jastrow (Schläger), Angus Duncan,
Stanley Kamel, Lyman Ward.
F 75 Min.
Archäologen entdecken in den peruani-
schen Bergen einen Sarkophag mit dem
dort seit Urzeiten schlafenden Lichtgott
Gennu und erwecken ihn wieder zum Le-
ben. Der strahlend schöne (doch ganz
schön naive) Jungmann ist jedoch recht
enttäuscht davon, wie der Mensch mit sei-
ner Umwelt umgeht. Ein nettes Mädel
hilft ihm, sich in der Welt zurechtzufin-
den; ein wenig helfen ihm auch seine Superkräfte dabei. – Amerikanischer Fernsehfilm, so süßlich, daß es einem die
Schuhe auszieht.
In der BRD nur auf Video.
Ⓥ Vegas

The Pink Chiquitas
(THE PINK CHIQUITAS). USA 1986.
R Anthony Currie. *B* Anthony Currie.
K Nicolas Stiliadis. *SpE* David Stipes.
M Paul J. Zaza. *D* Frank Stallone (Tony
Mareda), Bruce Pirrie (Clip Bacardie),
Elizabeth Edwards (Mary Ann), John
Campbell (Ernie), Claudia Udy, Don
Luke. *F* 86 Min.
Ein rosaleuchtender Meteor schlägt in der
Nähe der amerikanischen Kleinstadt Be-
amsville ein. Die seltsamen Töne, die er
aussendet, machen alle Frauen geil. Aber
ach, dann emanzipieren sie sich, wider-
setzen sich der Herrlichkeit und wollen
die Herrschaft übernehmen. HERRJEH!

Auftritt des Privatdetektivs und Frauen-
helden Tony Mareda, um die Handlung
zu specken. Dabei wollen irgendwelche
Gangster nur das eine, und die Frauen das
andere. In Beamsville wird Tony von den
Amazonen überrumpelt, damit er sich
wieder befreien kann. Er stößt den Meteor
in einen nahegelegenen See. Die Signale
verstummen, Alltag tritt ein. – Was hier
Ernst und was Satire sein soll, ist schwer
zu sagen. Freilich kann man sich aber an
die Faustregel halten, daß unkomische
Komödien nicht komisch sind. – Nur auf
Video.
Ⓥ Acron

Planet der Affen
(PLANET OF THE APES). USA 1968.
R Franklin J. Schaffner. *B* Michael
Wilson/Rod Serling. *LV* Pierre Boulle.
K Leon Shamroy. *SpE* L. B. Abbott/Art
Cruikshank/Emil Kosa jr. *Ma* John
Chambers und ein Team von 78 Make-
up-Künstlern. Kosten: 1 000 000 Dollar.
M Jerry Goldsmith. *D* Charlton Heston
(George Taylor), Roddy McDowall
(Cornelius), Kim Hunter (Zira),
Maurice Evans (Dr. Zaius), James
Whitmore (Präsident der Versammlung),
James Daly (Honorious), Linda
Harrison (Nova), Robert Gunner
(Landon), Lou Wagner (Lucius),
Woodrow Parfrey (Maximus), Jeff
Burton (Dodge), Buck Kartalian
(Julius), Norman Burton (Jäger), Wright
King (Dr. Galen), Paul Lambert
(Minister). *F* 112 Min.
Nach einem 2000 Jahre während Ster-
nenflug, den die Astronauten Taylor,
Landon und Dodge im Tiefschlaf ver-
bracht haben, baut ihr Raumschiff eine
Bruchlandung auf einem unbekannten
Planeten. Nachdem die Männer sich tage-
lang durch eine wüste Einöde geschleppt
haben, stoßen sie auf eine Horde primiti-
ver Menschen, die von berittenen, beklei-
deten und mit Schußwaffen ausgestatteten
Affen gejagt werden. Dodge kommt um,
Landon wird gefangen und seziert, Taylor
erleidet eine Halsverletzung, die ihn zeit-

weise am Sprechen hindert. Man fängt auch ihn und steckt ihn zusammen mit einer stummen Menschenfrau in einen Käfig. Wie Taylor bald herausfindet, sind die Affen die beherrschenden Lebewesen dieser Welt. Die Menschen sehen sie als ihre Vorfahren an, aber auch als Raubtiere, die keine Intelligenz besitzen und nicht sprechen können. Als Taylors Verletzung geheilt ist, macht er der Ärztin Zira begreiflich, wer er ist. Der Archäologe Cornelius, ein einflußreicher ›Mann‹ des Affenstaates, will jedoch nicht, daß die Öffentlichkeit zuviel über die geistigen Fähigkeiten des Gefangenen erfährt; daß er von einem anderen Planeten stammt, glaubt ohnehin niemand. Als Dr. Zaius, eine andere hochgestellte Persönlichkeit, merkt, daß Taylor das Weltbild

seines Volkes auf den Kopf stellen könnte, will er ihn durch eine Gehirnoperation zum Verstummen bringen. Zira und der Schimpanse Lucius helfen Taylor jedoch bei der Flucht. Als der Astronaut mit dem Mädchen Nova in die ›Verbotene Zone‹ reitet, um nach Menschen zu suchen, stößt er zu seinem Entsetzen auf den aus dem Erdboden ragenden Kopf der Freiheitsstatue und erkennt, daß sein Raumschiff ihn nicht zu einem fernen Planeten, sondern zur Erde getragen hat. – Es gelingt Franklin J. Schaffner nur stellenweise, die satirischen Absichten Pierre Boulles, der die Vorlage für diesen Film lieferte, optisch herüberzubringen: Dann etwa, wenn die in Leder gekleideten und mit Musketen bewaffneten Affen sich grunzend und prahlerisch nach einer erfolgrei-

Charlton Heston und Maurice Evans (gewürgt)
in *Planet der Affen* von Franklin J. Schaffner

chen Menschenjagd zu einem Gruppenfoto zusammenstellen und ablichten lassen. Dennoch: der Film entbehrt nicht eines gewissen Charmes, was vor allen Dingen an den künstlerisch gelungenen Affenmasken und den Bauten liegt, die Jack Martin Smith und William Creber entworfen haben. *Planet der Affen* wurde zum Vorläufer einer ganzen Serie von Affenfilmen: *Rückkehr zum Planet der Affen* (1970; Regie: Ted Post), *Flucht vom Planet der Affen* (1971; Regie: Don Taylor), *Eroberung vom Planet der Affen* (1972; Regie: J. Lee Thompson) und *Die Schlacht um den Planet der Affen* (1974; Regie: J. Lee Thompson). Eine TV-Serie, die im amerikanischen Fernsehen lief und nach Motiven Pierre Boulles gedreht wurde, war allerdings weniger erfolgreich als diese Filme.

Ⓥ CBS/Fox
Ⓑ Pierre Boulle: *Planet der Affen*, München 1965

Planet der Monster
(PLANET OF DINOSAURS). USA 1978.
R James K. Shea. *B* Ralph Lucas. *K* Henning Schellerup. *SpE* Jim Danforth/ Stephen Czerkas/Doug Beswick/James Aupperle. *M* Kelly Lammers/John O‹Verlin. *D* James Witworth (Jim), Louis Lawless (Lee), Pamela Bottaro (Nyla), Charlotte Speer (Charlotte), Harvey Shain, Chuck Pennington, Derna Wylde, Michael Thayer, Mary Appleseth. *F* 90 Min.
Diverse Erdlinge werden auf einen Planeten verschlagen, auf dem irgendwelche gigantischen Echsen ihr Unwesen treiben. Eine Story ist zwar nicht vorhanden, aber die Dinosaurier-Animation ist für einen Film solchen Budgets (es lag bei ca. 1,98 $) dank der Arbeit Jim Danforths nicht allzu übel. – Nur auf Video.
Ⓥ Atlanta

Planet der Stürme
(PLANETA BUR). UdSSR 1962.
R Pawel Kluschantzew. *B* Alexander Kasantzew/Pawel Kluschantsew.

K Arkadi Klimow. *M* I. Admoni.
D Wladimir Jemeljanow (Werschinin), Georgi Schonow (Bobrow), Gennadi Wernow (Aljoscha), Juri Saranzew (Stscherba), Kyunna Ignatowa (Mascha), G. Teich (Allan Kern).
F 73 Min.
Zwei sowjetische Kosmonauten müssen auf der Venus notlanden und schlagen sich durch eine lebensfeindliche Umwelt. Mit Hilfe eines Roboters richten sie sich ein und warten auf die Ankunft eines Rettungsteams. Als dieses eintrifft, kommt es zu einer Bedrohung durch einen urweltlichen Flugsaurier. Bevor man wieder abreist, hören die Gestrandeten den Schrei einer Frau und entdecken auf einer Felswand eine Zeichnung, die darauf hindeutet, daß die Venus von menschenähnlichen Wesen bewohnt wird. Die Zeit drängt jedoch: Um die günstige Planetenkonstellation ausnutzen zu können, verläßt man die Venus, ohne dieser Spur nachgegangen zu sein. – »Verglichen mit einer amerikanischen Durchschnittsproduktion ist diese russische Space Opera vernünftiger und widerspiegelt mehr echte SF, als dies normalerweise der Fall ist.« (MONTHLY FILM BULLETIN)

Planet der toten Seelen
(WAR OF THE SATELLITES).
USA 1957.
R Roger Corman. *B* Lawrence L. Goldman. *K* Floyd Crosby. *SpE* Irving Block/Jack Rabin/Louis de Witt.
M Walter Green. *D* Richard Devon (Dr. van Ponder), Dick Miller (Dave Boyer), Susan Cabot (Sybil), Robert Shayne (Hodgkiss), Jerry Barclay (John), Eric Sinclair (Dr. Lazar), Michael Fox (Akad), Mitzi McCall (Mitzi), Jay Sayer (Jay), Beech Dickerson, John Brinkley. *F* 80 Min.
Außerirdische sabotieren sämtliche Raumfahrtversuche der Erde: Bemannte Raketen, die unseren Planeten verlassen, werden in mysteriöse elektromagnetische Felder gelockt und vernichtet. Um zu verhindern, daß die Menschheit das All er-

obert, stellen die Außerirdischen ein Ultimatum: Wenn die Raumfahrtversuche
nicht eingestellt werden, wird die Erde
untergehen. Der Astronaut Dave Boyer
entdeckt, daß sein Chef Dr. van Ponder
von den Aliens geistig gesteuert wird.
Während des Zusammenbaus einer
Raumstation will van Ponder das Projekt
sabotieren. Boyer entlarvt ihn. – Ein
Quickie aus der Roger Corman Factory;
ein Film, der – wie die meisten dieses Regisseurs – die Welt kaum bewegt hat.

Planet der Vampire
(TERRORE NELLO SPAZIO/TERROR EN EL
ESPACIO). Italien/Spanien 1965.
R Mario Bava. *B* Callisto Cosulich/
Antonio Roman/Alberto Bevilacqua/
Mario Bava/Rafael J. Salvia. *K* Antonio
Rinaldi. *M* Gino Marinuzzi. *D* Barry
Sullivan (Capt. Mark Markary), Norma
Bengell (Sanya), Angel Aranda (Wess),
Evi Morandi (Tiona), Fernando Villena
(Karan), Franco Andrei (Garr),
Massimo Righi (Nordeg), Alberto
Cevenini (Toby), Stelio Candelli (Mud),
Mario Morales (Eldon), Ivan Rassimov
(Dervy), Rico Boido (Key). *F* 86 Min.
Zwei irdische Raumschiffe, die *Argos*
und die *Galliot*, treiben in der Nähe des
nebelverhangenen Planeten Aura. Nach-
dem die *Galliot* auf rätselhafte Weise verschwunden ist, wird die *Argos* von einer
unbekannten Kraft zur Landung auf dem
Planeten gezwungen. Dort angekommen,
stößt man auf die *Galliot*, deren Besatzung auf grausame Weise umgebracht
worden ist. Captain Markary und seine
Leute finden heraus, daß Aura von einer
körperlosen Rasse bewohnt wird, die die
Körper anderer Intelligenzen übernehmen
und steuern kann. Die Auraner wollen auf
einer anderen Welt einen neuen Anfang
machen. Als von einem Expeditionskom-
mando nur Captain Markary und das
Mädchen Sanya zur *Argos* zurückkehren,
bemerkt der Raumfahrer Wess, daß die
beiden übernommen worden sind. Erfolglos versucht er das Schiff zu zerstören.
Markary und Sanya – beziehungsweise

die beiden Aliens, die in ihren Körpern nisten – gelangen mit dem Raumschiff zur
Erde, wo sie die Ankunft ihrer Rassege-
nossen erwarten. – Mario Bavas *Planet
der Vampire* ist ein Schund*klassiker* par
excellence, aber obwohl man in jeder
Filmsekunde weiß, daß hier restlos alles
im Studio abgedreht wurde und die Kulissen aus bemalter Pappe bestehen, hat der
Streifen doch seine Reize, denn er nimmt
a) Roman Polanskis *Tanz der Vampire*
(1967) die Pointe weg und beliefert Ridley Scotts *Alien* (1979) zumindest mit einer brauchbaren Idee. Trotz seiner sichtbaren Trivialität weiß *Planet der Vampire*
Entsetzen und Angst zu erzeugen:»Wenn
die Astronauten durch dichten Nebel irren, überträgt sich ein Gefühl des Schrek-
kens, das vor allem durch Beleuchtung
und Dekor ausgelöst wird, unmittelbar
auf den Zuschauer. *Planet der Vampire*
ist hemmungsloser in der Wahl seiner
Mittel, weit weniger raffiniert und arti-
stisch als *Diabolik*, ein richtiges B-Picture. Aber ein Film, der Spaß macht, ungeachtet aller technischen Abstrusitäten und
Ungereimtheiten in der Logik.« (FILM-
KRITIK) –»Daß Bava bis heute vom
Großteil der Kritiker-Elite nicht anerkannt
wird, ist der Tatsache zuzuschreiben, daß
man dem Horror-Film kaum Aufmerksamkeit schenkt. Es waren vor allem Psychologen, die Bavas Bedeutung erkann-
ten; von ihnen mag der Ausspruch stammen, Bavas Filme seien ›Images der Perversionen‹. Physischer Horror, erotische
Brutalität und perfider Sensualismus finden sich in seinen Filmen...« (SCIENCE
FICTION TIMES)

Planet der Verdammten
Anderer Titel für **Raumschiff Alpha**

Planet des Grauens
(WORLD WITHOUT END). USA 1956.
R Edward Bernds. *B* Edward Bernds.
K Ellsworth Fredericks. *SpE* Milton
Rice. *M* Leith Stevens. *D* Hugh
Marlowe (Borden), Nancy Gates
(Garnet), Nelson Leigh (Galbraithe),

Rod Taylor (Ellis), Shawn Smith (Elaine), Lisa Montell (Deena), Christopher Dark (Jaffe), Booth Colman, Everett Glass, Stanley Fraser, Paul Brinegar, Rankin Mansfield, Mickey Simpson. *F* 81 Min.

Als ein amerikanisches Raumschiff vom Mars zurückkehrt, wird es von einem rätselhaften Zeitstrom erfaßt und weit in die Zukunft geschleudert. Die vier Astronauten landen auf einer verödeten Erde, auf der vor langer Zeit ein verheerender Atomkrieg getobt hat und die nur noch von einäugigen Killermutanten, einem unterirdisch lebenden Volk und diversen Riesenspinnen bewohnt wird. Der Astronaut Borden verliert sein Herz an eine Einheimische, und als man sich klargemacht hat, daß eine Rückkehr in die Vergangenheit unmöglich ist, nimmt man den Kampf gegen das Mutantenkroppzeug und das andere an der Oberfläche lebende Gewürm auf. Denn eine neue Zivilisation muß natürlich auf der Basis genetisch einwandfreien Materials aufgebaut werden, gelle?

Planet des Schreckens

(GALAXY OF TERROR). USA 1980. *R* Bruce Clark. *B* Marc Siegler/Bruce Clark. *K* Jacques Haitkin. *SpE* Tom Campbell. *M* Barry Scharder. *D* Edward Albert (Cabren), Erin Moran (Alluma), Ray Walston (Kore), Bernard Behrens (Ilvar), Zalman King (Baelon), Robert Englund (Quuhod), Grace Zabriskie (Capt. Trantor), Mary Ellen O'Neill (Mitre). *F* 81 Min.

Das Raumschiff *Quest* ist in die Galaxis unterwegs, um nach dem Verbleib des Erkundungskreuzers *Remus* zu forschen, der auf dem finsteren und unfruchtbaren Planeten Morganthus verschollen ist.Morganthus entpuppt sich alsein Raumschiffsfriedhof: Wer den Planeten einmal betreten hat, hat ihn nie wieder verlassen. Schon bald nach der Landung sieht man sich mit monströsen Lebewesen konfrontiert, die jeden Fremden gnadenlos hetzen und umbringen. Als der letzte Überleben-

Alien à la Corman
Werbemater zu *Planet des Schreckens*

de von der *Quest* in eine geheimnisvolle Pyramide eindringt, erfährt er, daß diese ehemals eine Schaltstelle der ausgestorbenen Ureinwohner war: Sie macht Ängste sichtbar, damit man sie bekämpfen kann. Die Raumfahrer sind also von ihren eigenen Urängsten umgebracht worden, und auf der Erde lebt eine Art allmächtiges Wesen, das dieses Auslesespiel nur in Szene gesetzt hat, um einen würdigen Nachfolger zu bekommen. – Spannend ist dieser von Roger Corman produzierte SF-Horror-Thriller allemal, aber was die abgestandene Idee anbetrifft, so wollen wir darüber besser das Mäntelchen der Barmherzigkeit ausbreiten.

Der Planet Saturn läßt schön grüßen

(THE INCREDIBLE MELTING MAN). USA 1977. *R* William Sachs. *B* William Sachs. *K* Willy Curtis/Henning Schillerop.

M Arlon Ober. *D* Alex Rebar (Steve West), Burr DeBenning (Dr. Ted Nelson), Myron Healy (General Perry), Ann Sweeney (Judy Nelson), Julie Drazen (Carol), Michael Aldredge, Dorothy Love, Rainbeaux Smith, Leslie Wilson, Jonathan Demme, Mickey Lolich. *F* 86 Min.
Der Astronaut Steve West kehrt von einer Saturn-Expedition zurück und hat sich dabei eine außerirdische Krankheit gefangen, die sein Schicksal besiegelt. Er bricht aus einem medizinischen Untersuchungszentrum aus, giert ständig nach menschlichem Fleisch, terrorisiert eine Nacht lang eine Stadt und wird schließlich erschossen, wobei er zu einer glibberigen Masse zerschmilzt. –»Nicht sonderlich originell, dafür aber immerhin geschmacklos.« (ANDROMEDA-NACHRICHTEN) –»Krude Mischung aus Horror- und Science Fiction-Film, die in blutrünstigen Details schwelgt und ihren Schrecken allein durch die abstoßenden kannibalistischen Elemente erzeugt.« (FILMDIENST)

Plan 9 aus dem Weltall
(PLAN 9 FROM OUTER SPACE).
USA 1958.
R Edward D. Wood. *B* Edward D. Wood. *K* William C. Thompson. *M* Gordon Zahler. *D* Bela Lugosi (Ghoul), Vampira (Ghoulin), Lyle Talbot (Gen. Roberts), Gregory Walcott (Jeff Trent), Mona McKinnon (Paula Trent), Duke Moore (Lt. Harper), Tom Keene (Col. Edwards), Tor Johnson (Insp. Clay), Dudley Manlove (Eros), John Breckinridge (Herrscher), Joanna Lee (Tanna), Conrad Brook, Criswell. 79 Min. (O.m.U.)
Eros und Tanna, zwei Außerirdische, werden von ihrem Herrscher zum schönen Planeten Terra entsandt, um ihn zu vernichten, bevor wir mit unseren ewigen Atombombentests noch das ganze Universum verseuchen. Ihr Raumschiff landet auf einem kalifornischen Friedhof, und die beiden fangen (nachdem Plan 1–8 wohl absolute Schüsse in den Ofen wa-

ren) gleich an, Plan 9 in die Tat umzusetzen: Er besteht in der Wiedererweckung der Toten – wohl damit sie den Rest der Menschheit zu Tode erschrecken. Ihre ersten Opfer sind der frisch verstorbene Bela Lugosi (der in zahllosen Horror-Filmen agiert hat, ohne sich je träumen zu lassen, daß er auch noch als Leiche auftreten würde: Er verstarb *tatsächlich* nach zwei Drehtagen, und seine Rolle mußte von einem Double übernommen werden) und seine ca. 50 Jahre jüngere Gattin. Beide geistern von nun an durch die Handlung wie zwei total Behämmerte, die nicht mal Fünfjährige erschrecken können. Auch der fettleibige Inspektor Clay muß dranglauben. Auch er geht nun als Ghoul um, erschreckt die Leute und entführt die knackige Paula, deren Gatte Jeff der Regierung hilft, das Rätsel der Fliegenden Untertassen zu lösen. (Das UFO der Fremden sieht aus wie ein Bungalow, dessen Inneres außer einigen wurmstichigen Holztischen und Radios aus dem Jahr 1762 buchstäblich nichts enthält.) Bevor Paula jedoch ein Leid geschehen kann, ist eine Polizeitruppe zur Stelle, die in puncto Einfalt sogar den Keystone Cops das Wasser abgräbt: Sie macht nicht nur Clay nieder, obwohl Untote gar nicht sterben können (weil sie nämlich schon tot sind), sondern bringt auch jede Menge Grabsteine zum Wackeln, da selbige offenbar aus Sperrholz bestehen und der ›Studio‹-Fußboden größere Vibrationen nicht kaschieren kann. Als Jeff die Friedhofsszenerie erreicht, entdeckt er das Raumschiff der Invasoren. Und im nachfolgenden Kampfgetümmel fängt das UFO Feuer. Jeff und die Seinen fliehen; das Invasorenschiff explodiert beim Start. – *Plan 9 aus dem Weltall* ist nicht nur der anerkannt schlechteste Film aller Zeiten: »Es ist nicht auszuschließen«, so Joe Dante in FAMOUS MONSTERS OF FILMLANDS, »daß er auch der billigste war. Die Besetzung war ohne Ausnahme gräßlich. Die Spezialeffekte waren lächerlich, und armselig waren sogar die paar Szenen mit Lugosi. Die Szene, in der sich Tor Johnson aus dem Grab erhebt, sind die besten fünf Sekunden des ganzen Streifens.« Dessen ungeachtet hat Edward D. Woods ursprünglich unter dem Arbeitstitel ›Grabräuber aus dem Weltall‹ inszenierte Zelluloid-Katastrophe inzwischen Scharen von Fans schlechter Filme begeistert: Hier wird innerhalb einer Sekunde der Tag zur Nacht und die Nacht zum Tage; hier sieht man endlich mal ein Double, das keinerlei Ähnlichkeit mit dem Gedoubelten aufweist; hier hat man endlich mal ein Drehbuch vor sich, das jeder Tölpel übertreffen könnte! Und der Kommentar, gesprochen von einem ›Hellseher‹ namens Criswell, sucht auch seinesgleichen:»Ja, ich weiß, es klingt unglaublich; aber können *Sie* beweisen, daß es sich *nicht* so abgespielt hat?« – Der Film wird garantiert Heiterkeitsstürme erzeugen, wenn man ihn sich im Kreise netter Freunde reinzieht.

The Plogger
(SUPER FORCE). USA 1990.
R Richard Compton. *B* Janis Hendler/ Larry Brody. *K* Michael McGowan. *M* Kevin Kiner. *D* Ken Olandt (Zachary Stone), Larry B. Scott (F.X. Spinner), Lisa Niemi (Carla Frost), Patrick MacNee (Hungerford), G. Gordon Liddy (Satori). *F* 90 Min.
Zach Stone kehrt von einer Mars-Expedition zurück. Auf der Erde erfährt er von dem Tod seines Bruders Frank. Er tritt in Franks Fußstapfen und wird Polizist. Seine Recherchen ergeben, daß der Industrielle Satori Frank zu einem Killer-Cyborg hat umbauen lassen. In ein Superheldenkostüm gekleidet nimmt Zach auf einem raketenbetriebenen Motorrad Rache an Satori. TV-Pilotfilm, für gaaanz schlichte Gemüter. – Nur auf Video.
Ⓥ Highlight

Plutonium
(TV-ZDF). BRD 1979.
R Rainer Erler. *B* Rainer Erler. *K* Wolfgang Grasshoff. *D* Charlotte Kerr (Anna Ferroli), Wolf Roth (Porfirio Perez), Werner Rundshagen (Manfred Hartung), Bob Cunningham (Kommentator). *F* 90 Min.
Anna Ferroli, eine engagierte, unbequeme Journalistin, wird auf offener Straße erschossen. Ihr Tod wird in Zusammenhang gebracht mit der Entführung eines deutschen Kerntechnikers. Grund genug für eine amerikanische Fernsehgesellschaft, die Recherchen der Journalistin nachzuvollziehen. Dabei stellt sich heraus: Eine deutsche Firma errichtet in einem Entwicklungsland der Dritten Welt ein Kraftwerk. Einer ihrer Techniker wird entführt. Anna Ferroli interessiert sich für den Fall, findet aber nur lasche Unterstützung durch die Behörden. Trotzdem vermag sie, dem äußeren Anschein nach nur durch eigene Aktivität, einer Terroristenorganisation auf die Spur zu kommen, die von den staatlichen Stellen als Entführer des Deutschen bezichtigt wird. Aufgrund persönlicher Kontakte kann sie die Forderungen der Terroristen den staatlichen Organen überbringen. Ernste Bedenken kommen ihr, als sie feststellen muß, daß sowohl der entführte Techniker für seine Firma als auch die für ihn freizulassenden politischen Gefangenen für die politische Untergrundbewegung untergeordnete, nachrangige Positionen bekleiden. Eine Hetzkampagne durch die Medien setzt ein. Anna Ferroli weiß, daß jeder ihrer Schritte beschattet wird. Trotzdem deckt sie die wirklichen Hintergründe der Entführung auf. Fünfzig Kilo metallisches Plutonium (das entspricht der Reaktionsmasse von fünf Hiroshima-Bomben) sind aus dem Kraftwerk spurlos verschwunden und (inkl. Techniker) angeblichen Terroristen in die Hände gefallen. Die Journalistin kann jedoch nachweisen, daß die ›Terroristen‹ als Angehörige der Geheimpolizei in staatlichem Auftrag gehandelt haben. Das Wissen um die genauen Hintergründe ist allerdings gefährlich. Die Staatsmacht handelt. Zuerst die ›Terroristen‹, später dann die Journalistin. Mit der Zündung der indischen Atombombe im Mai 1974 begann das ›zweite

»Hilfe, Friedhelm, er will mich begrabschen!«:
Delia Boccardo in *Der Polyp – Die Bestie mit den Todesarmen* von Ovidio Assonitis

Atomzeitalter‹ (Robert Jungk), das Zeitalter der ›Weiterverbreitung‹. In diesem Zeitalter spielt Rainer Erlers Geschichte. Es ist nur eine Frage der Zeit, wann ein Staat der Dritten Welt eine eigene Atombombe baut. Um an das begehrte Plutonium zu kommen, ist totalitären Systemen, etwa denen in Südamerika, jedes Mittel recht. Diese beiden Thesen verknüpft Rainer Erler zu seiner Politik-Fiktion. Er benutzt dabei die Mittel des Dokumentarfilms, schafft auf diese Weise eine starke Realitätsnähe. Zu hoffen ist, daß es sich bei *Plutonium* lediglich um Science Fiction handelt, zu befürchten ist allerdings, daß es nicht einmal mehr ›fiction‹ ist. *Plutonium* ist ein Film »gegen die Zwangsläufigkeit des Wahnsinns, ein Film über menschliche Unzulänglichkeit, über die Verführung durch verbrecherische Ideologien, über den Mißbrauch von Menschen, Erkenntnissen und Macht.« (Rainer Erler, Notizen zu *Plutonium*) – *Plutonium* ist ein wichtiger Film.

Ⓥ Starlight
Ⓑ Rainer Erler: *Plutonium*, Frankfurt/ Main 1983

Der Polyp – Die Bestie mit den Todesarmen
(TENTACOLI). Italien 1977.
R Oliver Hellman (Ovidio Assonitis).
B Jerome Max/Tito Carpi/Steve Carabatsos/Sonja Molteni. *K* Roberto d'Ettore Piazzoli/Nestore Ungaro.
M S.W. Cipriani. *D* John Huston (Ned Turner), Shelley Winters (Tillie Turner), Bo Hopkins (Will Gleason), Henry Fonda (Mr. Whitehead), Delia Boccardo (Vicky Gleason), Cesare Danova (John Corey), Alan Boyd (Mike), Claude Akins (Cap. Robards).
F 103 Min.
An der Küste Kaliforniens taucht ein gigantischer achtarmiger Polyp auf und verbreitet Angst und Schrecken. Menschen und Boote verschwinden am laufenden Band. Eine Gruppe von Ozeanographen,

die diverse Delphine und Killerwale dressiert haben, macht dem Spuk schließlich ein Ende, indem sie zwei ihrer Lieblinge auf das Ungetüm hetzt. – Italienischer Billigstreifen, der zwar mit zahlreichen prominenten Akteuren aufwartet (die dann meist nur kurz im Bild zu sehen sind), aber trotzdem kein Schwein zu überzeugen vermag.
Ⓥ RCA/Columbia

Pornographische Aufnahmen
(THE CURIOUS FEMALE). USA 1969.
R Paul Rapp. *B* Winston R. Paul.
K Don Birnkrant. *M* Stuart Phillips.
D Angelique Pettyjohn (Susan), Charlene Jones (Pearl), Bunny Allister (Joan), David Westberg (Paul), Julie Connors (Andre), Michael Greer (Bixby), Sebastian Brook (Mr. Burton), Ron Gans (Jerome Bruce), David Pritchard (Guy Ryan), Slim Gaillard (Mr. Lushcomb). *F* 84 Min.
Im Jahre 2177 wird das (sterile) Liebesleben der Menschen von einem Computer überwacht: Abweichungen von der Norm werden nicht geduldet. Ein Pärchen, das auf einer Pazifik-Insel (dem ehemaligen Los Angeles, das vom Festland abgetrennt wurde) lebt, beschließt, Filme aus dem ›Mittelalter‹ (d. h. aus dem späten 20. Jahrhundert) aufzubewahren und vorzuführen. Dabei handelt es sich um harmlose Sexfilme von 1969. – »Sehr bald . . . offenbaren sich die Schwächen und Mängel . . . dieses spekulativen Leinwandprodukts: Die Handlung wird unübersichtlich, Motivationen bleiben aus, Probleme werden nicht zu Ende diskutiert, Humor und Ironie gehen auf Krücken . . . Der Titel ist natürlich falsch . . .« (FILMBEOBACHTER) und sollte besser mit ›Die neugierige Weiblichkeit‹ ersetzt werden.

Predator
(PREDATOR). USA 1987.
R John McTiernan. *B* Jim Thomas/John Thomas. *K* Donald McAlpine. *SpE* Al Di Sarro. *Ma* Stan Winston. *M* Alan Silvestri. *D* Arnold Schwarzenegger (Dutch Schaeffer), Carl Weathers (Dillon), Elpidia Carillo (Anna), Bill Duke (Mac), Sonny Landham (Billy), Jesse Ventura (Blain), Richard Chaves (Poncho), R.G. Armstrong (Gen. Phillips), Shane Black (Hawkins), Kevin Peter Hall (Predator). *F* 107 Min.
Dutch Schaeffer wird mit einer siebenköpfigen Söldnertruppe nach Südamerika beordert, um Landsleute aus einem Guerillalager zu befreien. Im Dschungel spürt der indianische Scout, daß man nicht *allein* ist. Man entdeckt die Überreste eines Kommandos, das man zuvor ausgesandt hat: säuberlich gehäutet. Das Guerilla-Camp wird fachmännisch zu Kleinholz verarbeitet, doch die Geiseln sind längst tot. Dillon, der Söldnerführer, will Anne, die einzige überlebende Rebellin, als Geisel mitnehmen. Das Spiel, das die Söldner mit den Guerillas spielen konnten, erweist sich bei dem außerirdischen Lebewesen, das sie nun verfolgt, als weniger leicht durchführbar: Der ›Predator‹ ortet sie mit Infrarotaugen, während er unter einer Tarnkappe dem menschlichen Auge unsichtbar bleibt. »Wenn es blutet, können wir es töten«, folgert Dutch nach einem Gefecht, doch die aufgestellten Fallen schnappen nicht zu. Den Überlebenden bleibt nur die Flucht. Als nur noch Dutch und Anne übrig sind, steht das letzte Showdown an: Dutch stellt sich in der Nacht zum Kampf – aber nicht mit High-tech-Bewaffnung, sondern mit Pfeil und Bogen. – »Der Unterschied zwischen *Predator* und anderen revisionistischen Vietnamfilmen liegt nur darin, daß John McTiernan die Unmenschlichkeit seines Gegners wörtlich nimmt. Sein Charlie ist in der Tat ein Außerirdischer – der Prototyp eines Guerillas, ein elegantes, graziöses Wesen am Rande des Blickfeldes, das dank einer Art Chamäleon-Anzug wie der personifizierte Urwald aussieht. So ist es denn nur folgerichtig, wenn dieser Gegner erst in einer anderen, märchenhaften Welt bezwungen werden kann (dem Filmstudio). In der Umgebung einer nachtblauen Alptraumlandschaft, die sich über

Aliens bis zu *King Kong* zurückverfolgen läßt (wobei McTiernam sogar die Schlucht nebst Baumstamm klaut), kann auch Arnold Schwarzenegger seine Menschlichkeit verleugnen, sich mit Schlamm beschmieren und zur übergroßen Kampfmaschine heranwachsen. Der Übergang mag formal nicht besonders gut gelöst sein, immerhin erkennt McTiernan jedoch seine Notwendigkeit an: Sein Predator ist zumindest typologisch differenzierter als die Vorbilder *Aliens* und *Rambo*. (Norbert Stresau; ENZYKLOPÄDIE DES PHANTASTISCHEN FILMS).« – »Warum haben die Macher nicht einfach *Rambo* und *Aliens* zusammengechnitten, statt Millionen von Dollars zu verpulvern?« (L.A. WEEKLY). Oscar-Nominierung für die Spezialeffekte.

Ⓑ Paul Monette: *Predator*, Bergisch-Gladbach 1987

Predator II
(PREDATOR 2). USA 1990.
R Stephen Hopkins. *B* Jim Thomas/John Thomas. *K* Peter Levy. *SpE* J.W. Kompare/Joel Hynek. *Ma* Stan Winston. *M* Alan Silvestri. *D* Danny Glover (Harrigan), Gary Busey (Keyes), Ruben Blades (Danny), Maria Conchita Alonso (Leona), Bill Paxton (Jerry), Kevin Michael Hall (Predator), Robert Davis, Adam Baldwin. *F* 108 Min.
Vorgeschichte siehe *Predator*. – Mit der Kamera rast der Zuschauer aus dem Dschungel des ersten Teils in den Großstadtdschungel. L.A. 1997: Die Polizei liefert sich Straßenschlachten mit Dealern. In diesem Inferno kämpfen knallharte TV-Reporter um effektvolle Bilder. Auf der Flucht vor der Polizei geraten die Dealer in ein Hochhaus und finden einen jähen Tod – durch einen Predator. Der Polizist Harrigan steht vor einem Rätsel, das aber weitaus früher sichtbar wird als für Dutch Schaeffer. Nach und nach reißt der Predator Harrigans Kollegen. Als ›Jäger‹ tötet er nur Bewaffnete, was Harrigans schwangerer Kollegin Leona das Leben rettet. Er kommt dem Biest auf die Schli-

che und durchkreuzt die Pläne des FBI, das längst von der Existenz des außerirdischen Besuchers weiß und es zu Forschungszwecken fangen will. Eine Falle in einem Schlachthaus wird zum Massaker für die Möchtegern-Häscher. Der Predator verliert seine Tarnung; es geht über Häuser und durch Fahrstuhlschächte, bis Harrigan ihn im Inneren seines Raumschiffes stellt. Kaum ist die Bestie erledigt, richten sich unzählige Laser auf ihn. Der Predator war nicht allein. Mit grimmiger Miene reicht der Predator-Chef Harrigan als Trophäe der Anerkennung eine Waffe und entschwirrt ins All. – »Die Geschichte weiß nicht recht, womit sie anfangen soll, und sie hat auch nicht viel zu erzählen. Da reißen Handlungsstränge ganz einfach ab, und frisch eingeführte Personen werden fallengelassen wie heiße Kartoffeln. Insofern ist *Predator 2* ein grundehrlicher Horrorfilm: er konzentriert sich ganz auf seine unansehnlichen Schauwerte. Diese werden in einer Art Nonstop-Revue präsentiert, laut, rüde, aber mit einem gewissen Gespür für Timing und die nötigen kleinen Atempausen, effektvoll geschnitten und fotografiert.« (Pst., FILMDIENST). – »Gemessen am ersten Teil kann die Fortsetzung ohne Einschränkungen bestehen, denn auch hier wird hirnlose, technisch perfekte (bessere) Unterhaltung geboten, nicht mehr und nicht weniger.« (Römo, SPLATTING IMAGES). – Immerhin weiß der Film im Gegensatz zu seinem Vorgänger eine eigenständige Geschichte zu erzählen und hat auch ironische Züge: in der Trophäensammlung des Predators befindet sich ein Alien-Skelett.

Der Preis
(TV-ZDF). BRD 1983.
R Lutz Heering. *B* Lutz Heering. *K* Jörg Jeshel. *M* Harald Groskopf/George F. Takis/Keith Jarrett. *D* Günter Zister (Emanuel Braun), Christiane Carstens (Bianca Schwarz), Denise Gorzellany (Hosteß), George F. Takis (Svevo), Knut Reschke (Lem), Susanne Piening

(Ärztin), Arno Kiermeir (Arzt). 80 Min.

In einem an George Orwells *1984* erinnernden Zukunftsstaat, der eine neue Ordnung eingeführt hat, die sich ›kybernetisch‹ nennt, fällt der Dramatiker Emanuel Braun mit antiautoritären Bühnenstücken unangenehm auf. Er wird einer Totalobservation unterworfen, Geheimdienstler laden ihn – stets freundlich bleibend – fortgesetzt zu Verhören ein, die von einem sprechenden Computer geleitet werden, und stellen ihm Fragen nach seiner geistigen und körperlichen Gesundheit. Braun, der sich äußerst renitent zeigt und anfangs noch gegen Plastikmenschen und Angepaßte wettert, macht einen ersten leisen Rückzieher, als Unbekannte seine Geliebte Bianca, eine Schauspielerin, bedrohen. Als das Verhör kafkaeske Züge annimmt und Braun schon glaubt, man wolle ihn für geistig unzurechnungsfähig erklären, teilt ihm eine entpersönlichte Hosteß mit, seine Überprüfung sei positiv verlaufen: Er solle sich jedoch, seiner angespannten Nervensituation wegen, in einem Sanatorium erholen. Aber auch hier nimmt die sanfte Folter kein Ende. Braun wird medizinisch behandelt; seine Aufmüpfigkeit schwindet dahin. Er wird unmerklich an das System angepaßt. Am Ende verliest er eine Erklärung: Er sei – und das im Vollbesitz seiner geistigen Kräfte – nun bereit, als nützliches Glied der Gesellschaft alle seine Manuskripte von der Zensur prüfen zu lassen. Der Computer beglückwünscht ihn. – Heerings Film, in Schwarzweiß aufgenommen, spielt in einer reinen Betonwelt. Die Figuren, die er zeichnet, agieren kalt und unpersönlich. Kahlköpfige Roboter – uniformierte Schaufensterpuppen – symbolisieren die Macht des totalen Überwachungsstaates. Vor diesem unheimlich und unpersönlich gezeichneten Hintergrund bewegen sich seine Schauspieler (besonders Günter Zister) jedoch wie Amateure, die ihren Text zwar beherrschen, aber kaum richtig betonen können. Zu viele Schnitte und eingespieltes Material aus Kriegswochenschauen verwirren die Situation. In einer Parallelhandlung wandert Braun, angetan mit einem silbern glänzenden Strahlenschutzanzug, durch eine Dünenlandschaft und begegnet allerlei bärtigen und zerlumpten Aussteigergestalten, die am Strand musizieren und schließlich von einer Atomexplosion hinweggerafft werden. Ein Experimentalfilm, der seine Reize und Schwächen hat.

Privileg

(PRIVILEGE). GB 1966.
R Peter Watkins. *B* Norman Bogner. *K* Peter Suschitzky. *M* Mike Leander/ Mark London. *D* Paul Jones (Steve Shorter), Jean Shrimpton (Vanessa Ritchie), Mark London (Alvin Kirsch), Max Bacon (Julie Jordan), Jeremy Child (Martin Grossley), William Job (Andrew Butler). *F* 103 Min.

England ›in naher Zukunft‹: Der Pop-Sänger Steve Shorter begeistert mit seinen rebellischen Posen die Massen: Er läßt sich in Ketten auf die Bühne zerren und singt von Freiheit. Als seine Manager erkennen, welches Potential zur Manipulation der Jugend in ihm steckt, schließen sie einen Bund mit der Kirche: Von nun an tritt Steve, braver geworden, in Gotteshäusern auf. Seine Fangemeinde vergrößert sich, und auch die Herren in den schwarzen Talaren freuen sich, denn endlich sind die Kirchen wieder voll. Steves alte Fans fahren auch auf den neuen Trip ab; die, die ihn bisher nicht mochten, werden zu neuen Fans. Und als die Massen mit der von Steve verbreiteten Botschaft allzu konform gehen, wird der Sänger nachdenklich: Die Ausbrüche religiöser Ekstase sind ihm zuwider. Bei einer Preisverleihung endlich bricht es aus ihm heraus: Er begegnet den Leuten, die ihm verzückt applaudieren, mit Haßtiraden und wird deswegen von seinen Superiors fallengelassen wie eine heiße Kartoffel – denn das ›Privileg‹, vor einem Millionenpublikum auftreten zu dürfen, ›mißbraucht man nicht‹. – *Privileg*, entstanden auf dem Höhepunkt der Beat- und Pop-Ära der späten sechziger Jahre, widmet sich einem heißen Eisen besonderer Art und fragt, ob es möglich ist, die Gefühle einer Generation, die aus gutem Grund nicht so werden will wie die vorhergehende, dahingehend auszubeuten, daß sie am Ende die Hand zum Gruß der Faschisten hebt und den Manipulateuren freiwillig ins Verderben folgt. Idealistisch (und unter dreißig), wie die bundesdeutsche Filmkritik beim Erscheinen dieses Films war, wies sie eine derartige Möglichkeit mit heißer Wut im Bauch von sich: Watkins überschätze denn doch die Macht der Macher, hieß es da, und die Fans ›heutiger Pop-Stars‹ seien »keineswegs nur die Herde hirnloser Kühe«, (SCIENCE FICTION TIMES), die Peter Watkins da präsentiere. Gar nicht viel später allerdings wurde man eines Besseren belehrt: nämlich als prominente Pop-Musiker fernöstliche ›Religionen‹ für sich entdeckten und die Fans es ihnen scharenweise gleichtaten.

Programmiert zum Töten
(NIGHTMARE WEEKEND). GB 1985.
R Henry Sala. *B* George Faget Bernard.
K Bob Baldwin. *SpE* Dan Gates.
M Martin Kershaw. *D* Debbie Laster
(Julie Clintstone), Debra Hunter (Jessica Brake), Dale Midkiff (Edward), Lori Lewis (Mary Rose), Preston Maybank (Bob), Wellington Meffert. *F* 85 Min.
Die bösartige Assistentin eines Wissenschaftlers unterzieht drei dralle Maiden einem Persönlichkeitstransfer. Woraufhin sie sich in Mutanten verwandeln (falls Schreiberling George Bernard überhaupt weiß, was das ist).
Ⓥ RCA/Columbia

Paul Jones in *Privileg* von Peter Watkins

Projekt Brainstorm

(BRAINSTORM). USA 1982.
R Douglas Trumbull. *B* Robert Stritzel/
Philip Frank Messina. *St* Bruce Joel
Rubin. *K* Richard Yuricich.
SpE Entertainment Effects Group.
M James Horner. *D* Christopher Walken
(Michael Brace), Natalie Wood (Karen
Brace), Louise Fletcher (Lillian
Reynolds), Cliff Robertson (Alex
Terson), Jordan Christopher (Gordy
Forbes), Donald Hotton (Landon
Marks), Alan Fudge (Robert Jenkins),
Joe Dorsey (Hal Abramson), Bill Morey
(James Zimbach). *F* 106 Min.

Zwei Wissenschaftler, Michael Brace und
Lillian Reynolds, haben eine elektroni-
sche Sensorenhaube ersonnen, die es er-
möglicht, seelische und geistige Empfindungen aufzuzeichnen und von anderen
Personen gleichsam vor deren geistigen
Augen in gleicher Intensität nachvollzie-
hen zu lassen. Was zunächst lediglich für
den Freizeitmarkt interessant erscheint –
Menschen erleben Achterbahnfahrten,
Autorennen oder Drachenfliegen –, erweist sich schon bald als gefährliches
Machtinstrument im Hinblick auf die
Möglichkeit manipulativer Eingriffe in
Gehirnströme. Bald stehen die Militärs
auf der Matte, der Institutsleiter will, obwohl das Projekt noch nicht ausgereift ist,
Kasse machen. Lillian Reynolds regt sich
darüber so auf, daß sie einen Herzinfarkt
erleidet und stirbt, doch kann sie ihr qual-
volles Sterben mittels der neuen Apparatur dokumentieren. Michael Brace setzt
alles daran, ihre Empfindungen nachzuer-
leben und erleidet selbst einen Infarkt, der
jedoch nicht tödlich endet. Als man Brace
das Projekt entzieht, findet er Mittel und
Wege, den Sicherheitscomputer zu knak-
ken und sich Zugang zu den Aufzeichnungen zu verschaffen. Dann rächt er sich an
den staatlichen Instanzen, die seine Erfindung mißbrauchen wollen. – Regisseur
Douglas Trumbull (Spezialeffekt-Spezia-
list zahlreicher Science Fiction-Streifen
wie *2001, Unheimliche Begegnung der
dritten Art, Blade Runner*) hat in seiner

zweiten Regiearbeit (nach *Lautlos im
Weltraum*, 1972) den Versuch unternommen, Trick- und Spielhandlung gleichberechtigt und gleichwertig auf eine Stufe
zu stellen. Die rein sensuellen Phänomene
mußten für den Zuschauer nachvollziehbar sein, darunter durfte jedoch der Fort-
gang der Handlung nicht leiden. Douglas
Trumbull löste das Problem – wie nicht
anders zu erwarten – technisch. Die ›subjektiven‹ Momente des Films, die Szenen
also, in denen der Zuschauer gleichsam
mit dem Protagonisten unter die Sensorenhaube schlüpft, um die Empfindungen
anderer nachzuvollziehen, drehte er in
70-mm-Superpanavision und Dolby-Ste-
reo, die ›objektiven‹ Szenen dagegen in
normalem 35-mm-Standardformat und
Mono. Das richtige Kino vorausgesetzt,
sind die 70-mm-Spielereien für sich allein
genommen schon sehenswert. Doch wieder einmal zeigt sich, daß ein brillanter
Tricktechniker nicht unbedingt auch ein
guter Regisseur sein muß. Die Chance,
den eigentlichen Konflikt mit der Obrigkeit wegen dieser unerhörten wissenschaftlichen Fiktion herauszuarbeiten,
wird vertan. Die Technik spielt in Projekt
Brainstorm die Hauptrolle, daneben romantische Gefühlsduselei, »Klischees im Dutzend« und zum Schluß gar »Jerry-Lewis-
Slapstick der wüstesten Sorte« (RETRO).
Ⓥ MGM/UA

Projekt 9000 – Die coolste Schnauze von L.A.

(K 9000). USA 1989.
R Kim Manners. *B* Steven E. De Souza/
Michael Part. *K* Frank Raymond. *SpE*
Jeff Frink. *M* Jan Hammer. *D* Chris
Mulkey (Eddie Monroe), Catherine
Oxenberg (Aja Turner), Dennis
Haysbert (Nick), Dana Gladstone (Capt.
De Lillo), Judson Scott (Anton Zeiss),
Anne Haney, Jerry Hauser, Tom
McFadden. *F* 88 Min.
Eine Killertruppe unter Führung des Ex-
CIA-Agenten Zeiss überfällt ein For-
schungslabor, in dem Mikrochips zwecks
Kommunikation in tierische Hirne im-

...da gibt es eine Maschine, die Empfindungen und Gefühle, ja sogar Hoffnungen und Träume von Menschen speichert und von Gehirn zu Gehirn überträgt.

Projekt BRAINSTORM

... da gibt es einen Regisseur, der liebt Spezialeffekte über alles:
Plakat zu *Projekt Brainstorm*

plantiert werden. Dabei schießen sie alles nieder und stehlen Datenbänder und den Schäferhund Niner. Der Cop Eddie Monroe wird mit dem Fall beauftragt. Mit Aja, der einzigen Überlebenden der Aktion, findet er Zeiss' Versteck. Der Hund Niner rettet Eddie das Leben. Mit Hilfe der Mikrochips können Eddie und Niner sich verständigen. Sie befreien so Aja und eine Tierschützerin, die in Zeiss' Gewalt geraten sind. Im Showdown stürzt Niner Zeiss von einem Aussichtsturm in die Tiefe. – »Zum ärgerlichen Inhalt gesellen sich logische Brüche im Drehbuch und ein nicht gerade vor Spielfreude sprühendes Darstellerensemble. Ein solides Niveau erreicht der Film ausschließlich in seinen Action-Sequenzen.« (Stefan Lux, FILM-DIENST). – Nur auf Video.
Ⓥ VPS

Die Prophezeiung
(THE PROPHECY). USA 1978.
R John Frankenheimer. *B* David Seltzer.
K Harry Stradling. *M* Leonard Rosenman. *D* Talia Shire (Maggie), Robert Foxworth (Rob), Armand Assante (John Hawks), Richard Dysart (Isely), Victoria Racimo (Ramona), Evans Evans (Cellistin), Charles H. Gray (Sheriff), Graham Jarvis (Shushette). *F* 99 Min.
Der junge Arzt Rob arbeitet im Auftrag der amerikanischen Regierung in den

Robert Foxworth, Talia Shire, Victoria Racimo und Armand Assante in *Die Prophezeiung* von John Frankenheimer

Vierteln der unterprivilegierten farbigen Bevölkerung. Er sieht sehr pessimistisch in die Zukunft, deswegen traut sich seine Frau Maggie auch nicht, ihm zu sagen, daß sie ein Kind erwartet. Als sich einige in den Wäldern lebende Indianer beschweren, weil ihnen die zunehmende Industrialisierung des Landstrichs den Lebensraum nimmt, geht Rob in den Busch und kommt geheimnisvollen Dingen auf die Spur: In der Nähe einer mit unbekannten Chemikalien arbeitenden Papierfabrik stößt er auf Monsterfische, wird von einem wütenden Waschbären angegriffen, hört von mißgestalteten Säuglingen und begegnet einem Grizzlybären, der aussieht, als sei er bei lebendigem Leibe gehäutet worden. Die Papierfabrik hat Quecksilbermethyl in den Fluß abgelassen – als der Fabrikant mit den Auswirkungen seines Tuns konfrontiert wird, begeht er Selbstmord. Rob kann den Monsterbären schließlich töten. – *Die Prophezeiung* ist ein *exploitation film*, der sich ein sozialkritisches Mäntelchen umgehängt hat, damit er auf einem aktuellen Trend mitschwimmen kann: Wohin die Umweltverschmutzung führen kann, wurde ja nicht zum ersten Mal zum Thema eines Films gemacht. Um das Interesse der Öffentlichkeit anzustacheln, tüftelte man ein System gezielter Indiskretionen aus: Es gab keine Vorabinformationen über den Inhalt des Films; die Produzenten heuerten angeblich einen Ex-CIA-Mann an, um absolute Geheimhaltung zu gewährleisten, und: »Schauspieler und Film-Kerntruppe mußten einen Geheimhaltungs-Eid unterschreiben, bevor sie das Drehbuch zu lesen bekamen. Manche Team-Mitglieder erhielten überhaupt nur Teile des Drehbuchs.« (Verleih-Presseheft) – »Irgendwer hätte eine Idee bekommen können, was wir machten und wie wir es machten, und mit einem schnellen Billig-Film oder einer zusammengestoppelten Fernsehversion auf den Mark kommen können. Das ist schon öfter geschehen und stört das Geschäft. Wir haben zwei Jahre auf Recherchen für dieses Thema verwendet und wollten es uns nicht stehlen lassen...« (Produzent Robert L. Rosen) – Möglicherweise wäre es besser gewesen, ein paar Dollar mehr ins Drehbuch zu investieren, um für einen klaren Abschluß der Geschichte zu sorgen: »...wenn der Wissenschaftler mit seiner Frau in eine Welt zurückfliegt, die noch einigermaßen in Ordnung ist, läßt (der Film) den Zuschauer ein wenig ratlos im Kino sitzen. Was geschieht mit der Papierfabrik? Was passiert mit dem Wald und den Indianern?« (VAMPIR) – »Bei einem solch miesen Drehbuch, das hinter der Stimmigkeit und Fantasie der japanischen Dutzendware, die es schamlos ausschlachtet, weit zurückbleibt, war der Film ohnehin nicht mehr zu retten... Die sozialkritische Exposition erweist sich als plump-verlogener Vorwand für eine dümmliche, langweilige Horror-Fabel, deren einziger Horror-Effekt von der Slum-Szene ausgeht.« (FILMDIENST) Ⓥ CIC

Der Prototyp
Anderer Titel für **Sein Freund, der Roboter**

Proxima Centauri 3 – Revolte im All
(SPACE RAGE: BREAKOUT ON PRISON PLANET). USA 1986.
R Morton Reed (= Conrad E. Palmisano). *B* Conrad E. Palmisano/ Peter McCarthy. *K* Tim Suhrstedt/Tom Richmond. *M* Billy Ferrick/Zander Schloss. *D* Richard Farnsworth (Colonel), Michael Paré (Grange), John Laughlin (Walker), Lee Purcell (Maggie), William Windom (Tovah), Lewis van Bergen (Drago), Dennis Redfield (Quinn), Rank Doubleday (Chirurg). *F* 77 Min.
Botany Bay auf dem Wüstenplaneten Proxima Centauri 3 ist das Alcatraz einer schwarzen Zukunftsvision. Gefangene fördern hier Rohstoffe für die Erde. Der Schwerverbrecher Grange wird in die Strafkolonie eingeliefert. Kaum angekommen, übernimmt er die Führung der Häftlinge und schmiedet einen Ausbruchsplan. Der Aufstand beginnt, doch das Eingreifen der Trackers, einer speziellen Bullen-Einheit, führt unter Rockmusikklängen zu einem menschenarmen Ende, in dem das Böse zwar ausgelöscht wird, aber auch jede Menge Gute sterben. – Ein jämmerlich inszenierter Billigquatsch, erdacht von einem Action-Hirni. – »Das Pferd ist ein Dune Buggy, der Rest einer jener Space Western, nach dessen Genuß man in *Banditen auf dem Mond* ungeahnte Qualitäten entdeckt.« (Norbert Stresau, SCIENCE FICTION TIMES). – Nur auf Video.
Ⓥ Vestron

Puma-Man
(L'UOMO PUMA). Italien 1980.
R Alberto de Martino. *B* Massimo de Rita/Luigi Angelo. *K* Mario Vulpiani. *M* Santana Figueros. *D* Walter George Alton (Tony Farms/Puma-Man), Sydne Rome (Jane), Miguel Widners (Vadinho), Donald Pleasence (Korbas), Miguel Angel Fuentes, Silvano Tranquili, Benito Stefanelli, Guido Lollobrigida, Peter Cellier. *F* 90 Min.
Der Londoner Historiker Tony wird von einem aus dem Weltraum kommenden Azteken aufgesucht und mit einem Gürtel ausgerüstet, der ihm die Fähigkeit des Fliegens verleiht. Damit nimmt er den Kampf gegen den Bösewicht Korbas auf, der eine Hypno-Maske besitzt, die Weltherrschaft anstrebt und schon mehrere von ihm beeinflußte Personen an die Schalthebel der Macht bugsiert hat. Korbas setzt zwar eine hübsche Agentin auf Tony an, aber dieser kann die Pläne des Dunkelmannes trotzdem vereiteln. Am Ende verliebt Tony sich in die Agentin, der Azteke kehrt mit der erbeuteten Hypno-Maske ins All zurück, und überall herrschen Friede, Freude. Ⓥ UFA

Purple People Eater – Der kleine lila Menschenfresser
(PURPLE PEOPLE EATER). USA 1988.
R Linda Shayne. *B* Linda Shayne.

Puma-Man von Alberto de Martino (1980)

K Peter Deming. *M* Dennis Dreith.
D Ned Beatty (Opa), Shelley Winters
(Rita), Neil Patrick Harris (Billy
Johnson), Peggy Lipton (Mom), James
Houghton (Dad), Thora Birch (Molly
Johnson), John Brumfield (Noodle),
Richard Pennyman (Bürgermeister).
F 92 (87) Min.

Ein Zwölfjähriger freundet sich mit einem
putzigen Außerirdischen an. – Ein Film-
stoff, für den es allerdings sehr gute Vorbilder gibt. – »Ein niedlicher, knuddeliger
Film für alle Freunde anspruchsloser Unterhaltung.« (FISCHER FILM ALMANACH).
Nur auf Video.
Ⓥ CIC

Q

Queen Gorilla
(QUEEN KONG). BRD/GB 1976.
R Frank Agrama. *B* Frank Agrama/Ron
Doering. *K* Ian Wilson. *M* Tony
Mimms. *D* Robin Askwith (Ray Fay),
Rula Lenska (Luce Habit), Valerie
Leon, Roger Hammond, Linda Hayden.
F 87 Min.
Die Filmproduzentin Luce Habit entführt
den Hippie Ray Fay nach Afrika, um bei
einem Amazonenstamm einen Abenteuer-
streifen zu drehen. Das Riesengorilla-
weibchen Queen Kong verliebt sich in
den Jungen und wird nach London ge-
bracht. Als man die Gorilla-Queen von
Ray trennt, trampelt sie durch die Stadt
und stiftet dabei allerlei Verwirrung. Als
Ray schließlich auch in wahrer Liebe zu
ihr entbrennt, bringt man das Liebespärchen nach Afrika zurück.
»Amateurhaftes Eintopfprodukt.« (SF-
NACHRICHTEN)

Quest For Love
(QUEST FOR LOVE). GB 1971.
R Ralph Thomas. *B* Terence Feely.
LV John Wyndham. *K* Ernest Stewart.
M Eric Rodgers/Peter Rodgers. *D* Tom
Bell (Colin), Joan Collins (Ottilie),
Denholm Elliott (Tom), Laurence
Naismith (Sir Henry), Neil McCallum
(Jimmy), Simon Ward (Jeremy), Lyn
Ashley (Jennifer), Juliet Harmer
(Geraldine), Trudy van Doorn.
F 91 Min.
Aufgrund eines Laborunfalls wird der
Physiker Colin auf eine Parallelerde ver-
setzt, auf der John F. Kennedy lebt, der
Vietnam-Krieg nicht ausgebrochen ist
und der Mount Everest nicht bezwungen
wurde. Er betätigt sich erfolgreich als
Stückeschreiber für das Theater, wird je-
doch in die Realität zurückversetzt, als
seine Geliebte Ottilie stirbt. – »Sogar die
Collins ist diesmal gut!« (Steven H.
Scheuer, MOVIES ON TV) – In Originalfas-
sung. Ⓥ Import

Quiet Earth – Das letzte Experiment
(THE QUIET EARTH). USA 1985.
R Geoffrey Murphy. *B* Bill Baer/Bruno
Lawrence. *K* James Bartel. *M* John
Charles. *D* Bruno Lawrence (Zac
Hobson), Alison Routledge (Joanne),
Peter Smith (Api), Norman Fletcher,
Tom Hyde.
F 91 Min.
Der Wissenschaftler Zac Hobson wird eines Morgens von lautem Donner geweckt. Als er hinausgeht, ist kein Mensch
zu sehen: alle sind wie vom Erdboden verschluckt. Zac begreift: das Experiment,
ein Energiefeld um die Erde zu legen, ist
fehlgeschlagen. Zac sieht sich die Auswirkungen der Katastrophe an – leere
Städte, wracke Autos, abgestürzte Flugzeuge. Er schreibt Botschaften an Plakat-
wände, sendet Radiosuchmeldungen, um
herauszukriegen, ob er als einziger überlebt hat, und feiert sein Dasein in Kon-
sumorgien. Das Alleinsein führt ihn an
den Rand des Wahns. Vor Pappfiguren
hält er eine Rede. Auf seiner Odyssee
stößt er auf Menschen, die offenbar erst
nach der Katastrophe gestorben sind, und
trifft die Krankenschwester Joanne. Zusammen suchen sie weiter. Api gesellt
sich zu ihnen. Sie finden die Wahrheit
heraus: Wer zur Zeit des Experiments an
der Schwelle zum Tod stand, hat die Katastrophe überlebt. Als Zac feststellt, daß
sich das Experiment wiederholen wird,
belädt er einen Truck mit Dynamit und
jagt die Versuchsanlage und sich in die
Luft. Er findet sich nackt in einer anderen
Dimension an einem Strand wieder. –
»Das Umschwenken von der Katastrophe
hin zur Liebesgeschichte und schließlich
zum Westernmotiv wirkt fast so gruselig
wie das Eingangsszenario. Die effektha-
scherische Musik setzt dabei das I-Tüpfelchen. Nichts gegen Genre-Filme. Aber
bitte nicht im Dreierpack.« (STADTBLATT
MÜNSTER).
Ⓥ Atlas

Robin Askwith in *Queen Gorilla* von Frank Agrama

Quintett
(QUINTET). USA 1979.
R Robert Altman. *B* Frank Barhydt/
Robert Altman/Patricia Resnick. *K* Jean
Boffety. *SpE* David Horton. *M* Tom
Pierson. *D* Paul Newman (Essex),
Vittorio Gassman (St. Christopher),
Fernando Rey (Grigor), Bibi Andersson
(Ambrosia), Brigitte Fossey (Vivia),
Nina von Pallandt (Deuca), David
Langton (Goldstar), Tom Hill
(Francha), Monique Mercure (Redstones
Frau), Craig R. Nelson (Redstone),
Maruska Stankova (Jaspera), Anne
Gerety (Aeon), Michael Maillot
(Obelus), Max Fleck (Holzhändler),
Françoise Berd (Frau im Siechenhaus).
F 118 Min.
Eine neue Eiszeit ist über die Erde herein-
gebrochen, die Ära des Erdöls ist vorbei.
Die Kälte hat die Zivilisation zusammen-

brechen lassen: Es gibt keine Regierungen
mehr, man bewegt sich zu Fuß von Ort zu
Ort; wilde Hunde, die in Fünferrudeln jagen, schaffen die Leichen der Erfrorenen
und Verhungerten von den Straßen. Zehn
Jahre nachdem er die Stadt verlassen hat,
kehrt der Robbenfänger Essex mit seiner
schwangeren Frau aus dem Süden zurück
und sucht nach seinem Bruder, aber dieser wird kurz darauf das Opfer eines Bom-
benattentats, bei dem auch seine Frau und
Essex' Gefährtin Vivia das Leben verlieren. Die Ursache für den Tod seines Bruders liegt in einem Spiel verborgen, das
Quintett heißt und von denen gespielt
wird, die glauben, einen letzten Sinn in
ihrem Dasein gefunden zu haben. Wer
das Spiel verliert, muß die Konsequenzen
tragen: Er ist ein toter Mann. Essex will
den Tod seiner Verwandten rächen, aber
um den Mördern auf die Spur zu kom-

men, hat er keine andere Wahl, als sich in die Reihen der Quintett-Spieler einzuschleichen. Unter falschem Namen nimmt er Kontakt mit ihnen auf und wird in eine rätselhafte Gesellschaft eingeführt, für die das Spiel zugleich Lebensinhalt und religiöse Philosophie geworden ist. Aber er erfährt nichts. Seine dämonischen Konkurrenten führen ihn in die Irre. Ein Spieler nach dem anderen muß aus dem Quintett aussteigen und stirbt. Als er von Grigor, dem mysteriösen Spielleiter, den ihm zustehenden Preis des Siegers verlangt, erfährt er, daß dieser lediglich darin besteht, weitermachen zu dürfen. Essex lehnt ab. Er verwirft den Gedanken, daß es einen Sinn haben könnte, seine Tage in der frostklirrenden, kalten Stadt zu beschließen, und folgt einer nach Norden fliegenden Wildgans in die Einsamkeit hinaus. Die Gans ist für ihn ein Zeichen der Hoffnung, aber daß er in der Eiswüste den Tod finden wird, ist gewiß. – »Altmans Film ist eine der eigenwilligsten Weltuntergangsvisionen aller Zeiten.« (VAMPIR) – »Altmans Film... ist die Beerdigung des Prinzips Hoffnung. Das Bild eines futuristischen Mittelalters zur Illustration der Gegenwart.« (CINEMA) Ⓥ CBS/Fox

Rabbits
(NIGHT OF THE LEPUS). USA 1972.
R William F. Claxton. *B* Don Holliday/
Gene R. Kearney. *LV* Russell Braddon.
K Ted Voigtlander. *SpE* Howard A.
Anderson/Lou Schumacher (Tiertrainer).
M Jimmie Haskell. *D* Stuart Whitman
(Roy Bennett), Janet Leigh (Gerry
Bennett), Rory Calhoun (Cole Hillman),
DeForest Kelley (Elgin Clark), Paul Fix
(Sheriff Cody), Melanie Fullerton
(Amanda Bennett), Chris Morrell
(Jackie Hillman), Henry Wills (Frank),
Evans Thornton (Major White).
F 86 Min.
Arizona stöhnt unter einer Kaninchenpla-
ge; die Farmer stehen vor dem Ruin. Im
Auftrag des Viehbarons Hillman arbeitet
der Biologe Bennett an einem Serum, das
bei den Viechern Erbschäden hervorrufen
soll. Als eins der geimpften Tiere ent-
wischt, sind die Auswirkungen katastrophal: Innerhalb weniger Monate hat es
zahllose Nachkommen gezeugt, die die
Größe von Wölfen erreichen und zu reißenden Bestien geworden sind. Menschen
und Tiere werden von den Riesenkanin-
chen angegriffen und zerfleischt. Als Sheriff Cody Katastrophenalarm gibt und die
Nationalgarde anrückt, scheint es fast zu
spät zu sein, aber dann gelingt es doch
noch, der anrückenden Flut mit Starkstrom Herr zu werden.
Ⓑ Russell Braddon: THE YEAR OF THE
ANGRY RABBIT London 1964

Rabid – der brüllende Tod
(RABID). Kanada 1977.
R David Cronenberg. *B* David
Cronenberg. *K* René Verzier. *M* Ivan
Reitman. *D* Marilyn Chambers (Rose),
Joe Silver (Murray Cypher), Frank
Moore (Hart Read), Howard Ryspan
(Dr. Dan Keloid), Susan Roman (Mindy
Kent), Patricia Gage (Dr. Roxanne
Keloid), J. Roger Periard (Lloyd
Walsh), Lynne Deragon (Louise),
Victor Deay (Claude Lapointe), Gary
McKeehan (Eddie), Terry Schonblum
(Judy Glasberg), Julie Anna (Rita),
Terence G. Ross (Farmer), Robert
O'Ree (Polizist), Jerome Tiberghien
(Dr. Karl), John Gilbert (Dr. Royce
Gentry), Madeline Pageau (Beatrice
Owen), Mark Walker (Steve), Monique
Belisle (Sheila), Louis Negrin (Maxim).
F 91 Min.
Nach einem Motorradunfall wird die jun-
ge Rose von dem Schönheitschirurgen
Dr. Keloid behandelt. Da sie schwere
Verbrennungen erlitten hat, nimmt er eine
Hauttransplantation an ihr vor. Als Rose
nach über einem Monat aus der Narkose
erwacht, ist sie jedoch nur äußerlich gesundet. Die Transplantation hat sie zu einer Art Vampir gemacht. Außerdem ist
ihr ein Stachel gewachsen, mit dem sie
ihre Opfer betäuben und aussaugen kann.
Da jeder Stich unbekannte Viren überträgt, verwandeln sich Roses Opfer in
tollwütige Amokläufer. Die Stadt Mon-
treal wird zur Hölle. Und man ist Rose auf
den Fersen, um sie als Urheberin der Toll-
wutplage zu töten... – »Der technisch
passable Film fädelt monoton immer die
gleichen Horroreffekte aneinander, so daß
die abstruse Gruselmär nur wenig Spannung erzeugt und nicht selten unfreiwillige Heiterkeit hervorruft.« (FILMDIENST)
Ⓥ EuroVideo *(Der Überfall der teuflischen Bestien)*

Die Rache der kupfernen Schlange
(THE MYSTERIOUS DR. SATAN).
USA 1940.
R William Witney/John English.
B Franklyn Adreon/Ronald Davidson.
K William Nobles. *M* Cy Feuer.
D Edward Cianelli (Dr. Satan), Robert
Wilcox (Bob Wayne), William Newell
(Speed Martin), C. Montague Shaw
(Thomas Scott), Ella Neal (Lois Scott),
Dorothy Herbert (Alice Brent), Charles
Trowbridge (Bronson), Jack Mulhall

(Rand), Edwin Stanley (Col. Evans), Walter McGrail (Stoner), Joe McGuinn (Gort), Bud Geary (Hallett), Paul Marion (Der Fremde), Lynton Brent (Scarlett), Kenneth Terrell (Corwin), Al Taylor (Joe), Alan Gregg (Red). 96 Min.
Der Superverbrecher Dr. Satan hat in seinem Geheimlabor zahlreiche Apparaturen entwickelt – darunter auch einen Roboter – mit deren Hilfe er die Weltherrschaft antreten könnte. Da ihm dazu nur noch eine besondere Fernsteuerung fehlt, die der geniale Wissenschaftler Thomas Scott konstruiert hat, hetzt er diesem alle Lumpenhunde der Welt auf den Hals. Scott zur Seite steht allerdings der heldenhafte Bob Wayne, eine Art Großstadt-Zorro, der sich in Gefahrenmomenten eine kupferne Maske überzieht und reinhaut, daß die Fetzen fliegen. Zu Lande, zu Wasser und in der Luft kriegt Dr. Satan sein Fett.

Die Rache der schwarzen Spinne
(THE SPIDER). USA 1958.
R Bert I. Gordon. *B* Laszlo Gorog/ George W. Yates. *K* Jack Marta. *SpE* Bert I. Gordon/Flora Gordon. *M* Albert Glasser. *D* Ed Kemmer (Kingman), June Kenny (Carol Flynn), Gene Peterson (Mike Simpson), Gene Roth (Sheriff Cagle), Hal Torey (Mr. Simpson), June Jocelyn (Mrs. Flynn), Mickey Finn (Mr. Haskell), Sally Fraser (Mrs. Kingman), Troy Patterson (Joe), Skip Young (Sam), Howard Wright (Jake), Bill Giorgio (Sheriff Sanders), Hank Patterson (Hugo), Jack Kosslyn (Mr. Fraser), Bob Tetrick (Dave), Merritt Stone (Mr. Flynn), Nancy Kilgas (Tänzerin), David Tomack, Bob Garnett. 80 Min.
In der Nähe einer amerikanischen Kleinstadt wird in einer Höhle eine acht Tonnen schwere Riesenspinne entdeckt. Nachdem ein buntgemischtes Jagdkommando die Bestie scheinbar mit einer DDT-Ladung getötet hat, stellt man sie in der Aula der Schule aus. Während der Proben einer Schülerjazzband beginnt sich das haarige

Ungetüm plötzlich wieder zu regen, bricht aus und haut die Ortschaft in Klump. Schließlich zeigt sich aber doch des Menschen (und speziell der Drehbuchautoren) Geist: Man lockt die Spinne wieder in ihre Höhle und bringt sie mit Dynamit und Starkstrom um.

Die Rache des Dr. Fu Man Chu
(VENGEANCE OF FU MAN CHU). GB/BRD 1966.
R Jeremy Summers. *B* Harry Alan Towers *K* John v. Kotze. *M* Malcolm Lockyer. *D* Christopher Lee (Dr. Fu Man Chu), Douglas Wilmer (Nayland Smith), Tony Ferrer (Inspektor Ramos), Tsai Chin (Lin Tang), Wolfgang Kieling (Dr. Lieberson), Suzanne Roquette (Maria Lieberson), Howard M. Crawford (Dr. Petrie), Noel Trevarthen (Mark Weston), Horst Frank (Rudy Moss), Peter Carsten (Otto Heller), Maria Rohm (Ingrid), Mona Chong (Jasmin). *F* 84 Min.
Um 1910, im nordchinesischen Hochland: Der heimtückische Superverbrecher Dr. Fu Man Chu wird zum Oberhaupt aller internationalen Halunkenclubs gewählt und startet einen neuen Versuch, die Weltherrschaft an sich zu reißen. Da er aber zunächst alle Polizeichefs der Erde kaltstellen muß, läßt er den Chef von Scotland Yard entführen. An dessen Stelle tut nun einer seiner Getreuen Dienst, den man per Gesichtsoperation auf seinen neuen Tätigkeitsbereich vorbereitet hat. Natürlich geht mal wieder alles schief, und Fu Man Chus Palast wird ein Opfer der Flammen. Der Oberschurke verspricht seine baldige Rückkehr, die er bekanntlich auch wahrgemacht hat.

Die Rache des Toten
(THE WALKING DEAD). USA 1936.
R Michael Curtiz. *B* Edward Adamson/ Peter Milne/Robert Andrews/Lillie Hayward. *St* Edward Adamson/Joseph Fields. *K* Hal Mohr. *M* Elmer Bernstein. *D* Boris Karloff (John Ellman), Ricardo Cortez (Nolan),

Warren Hull (Jimmy), Robert Strange (Merritt), Joseph King (Richter Strange (Merritt), Joseph King (Richter Shaw), Edmund Gewenn (Dr. Beaumont), Marguerite Churchill (Nancy), Barton McLane (Loder), Henry O'Neil (Warner), Paul Harvey (Blackstone), Joseph Sawyer (Trigger), Eddie Acuff (Betcha), Ruth Robinson (Mrs. Shaw), Addison Richards (Warden), Kenneth Harlan (Stephen Martin), Miki Morita (Sako), Adrian Rosley (Blumenhändler). 60 Min.

Eine Gangsterbande tötet einen Richter, den sie zuvor erfolglos zu erpressen versucht hat, und präsentiert der Polizei, um alle Spuren zu verwischen, einen Unschuldigen als Täter. Da dessen Verteidiger mit den Gangstern zusammenarbeitet, landet er – sein Name ist John Ellman – auf dem elektrischen Stuhl. Die Unschuld Ellmans stellt sich jedoch in seiner Todesminute heraus. Der Staatsanwalt übergibt die Leiche dem Wissenschaftler Beaumont, der eine Methode entdeckt hat, Tote wieder zum Leben zu erwecken. Beaumonts Experiment gelingt, aber Ellman, der offenbar alle Erinnerungen an sein früheres Leben verloren hat, bewegt sich nun wie ein Roboter und vermag sich kaum zu artikulieren. Als er jedoch seinem Anwalt gegenübersteht, scheint er sich an etwas zu erinnern. Er verweist ihn des Raumes. Der Anwalt wittert etwas und will Ellman in eine Irrenanstalt einweisen lassen. Nachdem Ellman auch die Freunde des Anwalts gesehen hat, scheint seine Erinnerung wieder zu funktionieren. Die Gangster werden nervös und wollen ihm einen Killer auf den Hals hetzen. Von unerklärlichem Wissen getrieben (das Beaumont für übersinnlich hält), sucht Ellman die Gangster nacheinander auf. Dabei erschreckt er sie so, daß sie ohne sein Dazutun reihenweise umkommen. Als ihn die beiden letzten Gangster in der Nacht auf einem Friedhof herumwandern sehen, schießen sie ihn nieder und kommen kurz darauf mit ihrem Wagen von der Straße ab. Bevor Ellman den zweiten Tod

stirbt, bittet er Dr. Beaumont, die Toten in Frieden ruhen zu lassen. – »Abgesehen von einer einzigen größeren Konzession an Horror-Muster (eine Laboratoriumsszene, in der Karloffs Make-up und Mohrs geschickte Kamerawinkel es fertigbringen, Karloff dem Frankenstein-Monster verdächtig ähnlich sehen zu lassen), legt es der Film nie darauf an, seinem Publikum unbedingt Angst zu machen. Das wäre auch nicht leicht, denn die Zuschauer stehen von Anfang an auf Karloffs Seite... das Publikum drückt Karloff automatisch die Daumen, daß er es schaffen möge, die Serie der vom Schicksal vorgezeichneten Tode komplett zu lösen... In vieler Hinsicht ist THE WALKING DEAD einer von Boris Karloffs interessantesten und am meisten zufriedenstellenden Filmen und seltsamerweise der einzige unter den fünf Warner-Produktionen, deren Star er war.« (William K. Everson, DER KLASSISCHE HORRORFILM)

Die Rache des Ungeheuers
(REVENGE OF THE CREATURE).
USA 1954.
R Jack Arnold. *B* Martin Berkeley.
K Charles S. Welbourne. *Ma* Bud Westmore. *M* Herman Stein. *D* John Agar (Prof. Clete Ferguson), Lori Nelson (Helen Dobson), John Bromfield (Joe Hayes), Robert B. Williams (George Johnson), Nestor Paiva (Lucas), Grandon Rhodes (Foster), Ricou Browning (Monster), Dave Willock (Lou Gibson), Charles Crane (Polizeihauptmann), Brett Halsey (Pete), Clint Eastwood (Jennings), Ned le Fevre (Nachrichtensprecher), Diane de Laire (Miß Abbott), Robert Nelson (Dr. McCuller), Robert Wehling (Joe), Sydney Mason, Don C. Harvey, Jack Gargan, Robert Hoy, Don House, Mike Doyle, Charles Gibb, Charles Victor. 81 Min.

Vorgeschichte siehe *Der Schrecken vom Amazonas*. – Der ›Kiemenmensch‹, der am Amazonas sein Unwesen treibt, wird gefangen und in die USA gebracht. Dort soll er im Ocean Harbor, einem großen, öffentlichen Aquarium, ausgestellt werden. Professor Ferguson und die an ihrer Doktorarbeit schreibende Helen Dobson wollen das Ungeheuer studieren und finden während dieser Zeit zunehmend Gefallen aneinander. Der Kiemenmensch reagiert auf diverse Elektroschocks, denen Ferguson ihn zu Testzwecken aussetzt, zunehmend aggressiver. Schließlich macht er einen erfolgreichen Ausbruchsversuch und kidnappt die hübsche Helen. Während ein Rudel bewaffneter Polizisten sich an seine Fersen heftet, bemüht Ferguson sich, Helen zu retten. Er stellt schließlich fest, daß seine Tests zumindest teilweise Erfolg hatten: Der Kiemenmensch läßt das Mädchen auf Fergusons Anruf hin los. Als er jedoch in einen Fluß springen will, donnern die Schußwaffen der Verfolger. Das Ungeheuer sinkt in die Tiefe, doch ob die Kugeln tödlich waren, bleibt offen... – Ein teilweise lustlos heruntergekurbeltes kleines Filmchen, das den Erfolg von *Die Bestie vom Amazonas* zu wiederholen versuchte, es aber an der nötigen Motivation der Charaktere (und des Ungeheuers) fehlen ließ. Überhaupt: Kann ein Drehbuchautor, der 133 Kollegen beim ›Komitee für unamerikanische Umtriebe‹ angeschwärzt hat, einen guten Film schreiben?

Die Rache des Würgers
(BRIDE OF THE MONSTER).
USA 1956.
R Edward D. Wood. *B* Edward D. Wood/Alex Gordon. *K* William C. Thompson/Ted Allen. *SpE* Pat Dinga. *M* Frank Worth. *D* Bela Lugosi (Dr. Eric Vornoff), Tor Johnson (Lobo), Tony McCoy (Lt. Dick Cross), Loretta King (Janet Lawson), Harvey B. Dunne (Capt. Robbins), George Beewar (Prof. Vladimir Strowski), Don Nagel (Marty), Bud Osborne (Melton). 70 Min.
Der durchgedrehte Wissenschaftler Dr. Vornoff träumt davon, eine Rasse übermenschlicher Lebewesen zu erzeugen. Mit Hilfe eines Atomprojektors verwan-

delt er einen in einem sumpfigen Tümpel hausenden Oktopoden in eine gierige Bestie und seinen schwächlichen Assistenten Lobo in einen hirnlosen Giganten, der ihm ständig neues Menschenmaterial zuführt. Die Journalistin Janet und der Polizist Dick Cross kommen dem Irren bald auf die Spur, werden aber in eine Falle gelockt. Als der Riese Lobo sein Herz für das Mädchen entdeckt, wendet er sich gegen seinen Schöpfer, setzt ihn den Atomstrahlen aus und rettet die Gefangenen. Vornoff flieht in die Sümpfe. Obwohl ihm Pistolenkugeln nichts anhaben können, findet er sein wohlverdientes Ende in den Fangarmen des von ihm behandelten Oktopoden und detoniert in einem Atomblitz. – »Technisch mißratener Plunder.« (FILMBEOBACHTER) – »Verabscheuenswert.« (Ed Naha, HORROR: FROM SCREEN TO SCREAMS) – »Abgrundtief alberner Horror; bestimmt ein Kandidat für den schlechtesten Film der Filmgeschichte. Produziert mit einem ›Schnürsenkel‹-Budget, das etwa bei 30 Cent gelegen haben muß.« (CASTLE OF FRANKENSTEIN)

Radar-Geheimpolizei
(RADAR SECRET SERVICE).
USA 1949.
R Sam Newfield. *B* Beryl Sachs. *K* Ernest Miller. *M* Russell Garcia/Dick Hazard. *D* John Howard (Bill), Adele Jergens (Lila), Tom Neal (Moran), Ralph Byrd (Static), Pierre Watkin (Hamilton), Sid Melton (Pill Box), Tris Coffin (Michael), Keene Duncan, Bill Hammond (Schläger), Myrne Dell (Marge), Robert Kent (Benson), Bob Carson (Tom), Marshall Reed, John McKee (Boxer), Riley Hill (Blacky), Holly Brane (Fahrer), Bob Woodward, Boyd Stockman, Jan Kayne, Bill Crespinel. 59 Min.
Gangster, die einen Lastwagen mit radioaktivem Material gestohlen haben, werden von einer neuen amerikanischen Geheimorganisation gejagt, die mit Hilfe spezieller ›Radargeräte‹ via TV-Schirm jeden Gesuchten in Nullkommanichts per

Knopfdruck sichtbar machen können.
Amerikanisches B-Produkt, mehr futuristischer Krimi als Science Fiction. –»Billiger Kintopp.« (FILMDIENST)

Radioactive Dreams
(RADIOACTIVE DREAMS). USA 1985.
R Albert Pyun. *B* Albert Pyun.
K Thomas Mauch/Charles Minsky.
SpE R.J. Hohman. *M* Lynn Carey/Peter
Robinson. *D* John Stockwell (Philip
Hammer), Michael Dudikoff (Marlowe
Chandler), Lisa Blount (Miles Archer),
Don Murray (Dash Hammer), George
Kennedy (Spade Chandler), Michele
Little (Rusty Mars), Norbert Weisser
(Sternwood), Paul Keller Galan
(Harold), Demian Slade (Chester), Chris
Andrew (Brick Brade). *F* 98 Min.
Zwei Jungen verbringen nach dem Atom-
schlag fünfzehn Jahre in einem Schutz-
bunker. Ihre ›Erzieher‹ sind in dieser Zeit
alte Romane von Raymond Chandler.
Also nennen sie sich Philip und Marlowe.
Am 1. April 2001 steigen sie zur verwü-
steten Erdoberfläche empor. Gekleidet
wie ihre Idole, ziehen sie los, um den ersten Fall zu lösen, in dem sie sogleich die
Erde retten müssen: Eine Atombombe hat
den Krieg überstanden. Jeder hirnverbrannte Mutant, der ihnen begegnet, will
den letzten Countdown einleiten. Dafür
braucht man einen Zündschlüssel, den
Philip und Marlowe zufällig besitzen. Die
Hatz führt sie in verschiedene obskure
Gefilde. Philip bewahrt den Schlüssel für
den Fall auf, daß er den Countdown selbst
auslösen möchte. – Meister Pyun hatte
wohl vor, aus Müll einen Kultfilm zu machen, was ihm aber mangels Hirnmasse
nicht gelang. Sein alberner Streifen ist
ebenso eine Beleidigung des denkenden
Menschen wie sein Rocksoundtrack
durchschnittlich ist. Beim Ansehen des
billigen Dekors und des doofen Make ups
springt jedem aufrechten SF-Fan der
Draht aus der Mütze. –»Die narrativen
Möglichkeiten der vielversprechenden
Ausgangssituation bleiben ungenutzt.
Das ganze ist nichts weiter als ein Zu-

kunfts-Comic-Strip, in dem sich der Pop-
Kultur entliehene Typen tummeln.« (LOS
ANGELES TIMES).
Ⓥ UFA

Rakete 510
(FIRST MAN INTO SPACE). GB 1957.
R Robert Day. *B* John C. Cooper/Lance
Hargreaves. *St* Wyatt Ordung.
K Geoffrey Faithfull. *Ma* Michael
Morris. *M* Buxton Orr. *D* Marshall
Thompson (Kommodore John Prescott),
Maria Landi (Tia Wellington), Robert
Ayres (Capt. Ben Richards), Bill Nagy
(Wilson), Carl Jaffe (Dr. Paul
Petersen), Bill Edwards (Capt. Lt. Dan
Prescott), Roger Delgado (Konsul),
John McLaren (Ministerialbeamter),
Richard Shaw (Witney), Bill Nick
(Clancy), Chuck Keyser, Helen Forrest,
Sheree Winton, Laurence Traylor, Barry
Shawzin. 78 Min.
Der Testpilot Dan Prescott soll ein neues
Raketenflugzeug ausprobieren. Um sei-
nen letzten Höhenrekord zu überbieten,
jagt er das Maschine über das ihr gesetzte
Limit hinaus und gerät dabei in eine Wolke aus Meteoritenstaub, die ihn körperlich
und geistig deformiert. Da er nicht zurückkehrt, hält man ihn für tot. Bis plötzlich eine Reihe von Menschen auf grausi-
ge Weise ums Leben kommen. Kommodore John Prescott, der Leiter der Versuchsstation, kommt dem geheimnisvollen Mörder auf die Schliche und erkennt
in ihm seinen Bruder Dan, der heimlich
auf die Erde zurückgekommen ist und
sich nun aufgrund der Meteoritenstaub-
verseuchung von Menschenblut ernähren
muß. Bevor Dan Prescott stirbt, kann er
seinem Bruder noch wichtige Daten über
seinen Flug geben. – Der Plot dieser Geschichte wurde geklaut bei *Schock* (1955;
Regie: Val Guest), und der Rest war auch
nicht gerade das Gelbe vom Ei.

Rakete Mond startet
(ROCKET-SHIP XM). USA 1950.
R Kurt Neumann. *B* Kurt Neumann.
K Karl Struss. *SpE* Jack Rabin/I. A.

Block. *M* Ferde Grofé. *D* Lloyd Bridges (Floyd Oldham), Osa Massen (Lisa van Horn), John Emery (Karl Eckstrom), Noah Beery jr. (William Corrigan), Hugh O'Brian (Harry Chamberlain), Morris Ankrum (Dr. Robert Fleming), Patrick Ahern, John Dutra, Katherine Marlowe (Journalisten), Sherry Moreland (Marsmädchen). 77 Min.
Fünf Astronauten sollen die ersten Menschen sein, die den Erdmond betreten. Der Start ist zwar erfolgreich, aber dann treten Probleme auf, die man nicht hat vorhersehen können. Das Raumschiff gerät in den Gravitationsbereich des Mars und muß auf dem roten Planeten landen. Dort entdeckt man die Überreste einer untergegangenen Zivilisation und wird von menschenähnlichen, in die Barbarei zurückgefallenen Lebewesen angegriffen. Zwei Astronauten finden dabei den Tod. Auf dem Rückweg zur Erde stellen die Überlebenden fest, daß sie nicht mehr genügend Treibstoff für eine sichere Landung haben. Die Chemikerin Lisa van Horn gesteht dem Piloten Floyd Oldham angesichts des Todes, daß sie ihn liebt. Man nimmt zum letztenmal Funkverbindung mit der Bodenstation auf und übermittelt sämtliche Forschungsergebnisse. Die Rakete zerschellt auf der Erde ...
»In den Anfangsszenen ist der Film eher uninteressant... Als das Raumschiff jedoch auf dem Mars gelandet ist, greift er eine völlig andere Stimmung auf... Diese Sequenzen, gefilmt von Karl Struss, gehören zum Unheimlichsten und Überzeugendsten überhaupt – obwohl sie direkt neben einem stark befahrenen Highway... aufgenommen wurden. Als einer der exzentrischsten und doch besten Kameramänner in der Geschichte Hollywoods ist Karl Struss für die fremdartige Atmosphäre und das Feeling dieser Szenen verantwortlich. Der Planet erscheint einem wirklich als tot – und zwar so tot, daß es einen kalt überläuft, als die halbnackten und glatzköpfigen Marsianer auftauchen... Der Kampf zwischen den Marsianern und den Erdlingen ist tückisch und Angst einjagend, und die Nahaufnahme einer marsianischen Frau... in der wir sehen, daß sie blind ist, weil ihre Augen völlig leer sind, gehört zu den schokkierendsten Szenen, die ein SF-Film je zeigte: Sie ist genauso verängstigt wie die anderen, und sie schreit auf. (Ihre geschminkten Lippen zerstören die Illusion allerdings).« (Bill Warren, KEEP WATCHING THE SKIES!)

Die Rakete zur flotten Puppe
(THE BULLDOG BREED). GB 1960.
R Robert Asher. *B* Henry Blyth. *K* Jack Asher. *M* Philip Green. *D* Norman Wisdom, Ian Hunter, David Lodge. 97 Min.
Ein ziemlich bescheuerter Rekrut der britischen Marine stellt allerlei Unfug an, wird dadurch zum Passagier der ersten königlichen Weltraumrakete und landet, nachdem die Raumkapsel auf einem Südsee-Eiland wieder zur Erde niedergegangen ist, in den Armen einer exotischen Schönheit.

Das Rätsel der leeren Urne
(NECO JE VE VZDUCHU). ČSSR 1980.
R Ludvik Raza. *B* Drahoslava Makovicka. *K* Josef Illik. *M* Milos Vaček. *D* Zlata Adamovska (Alice/ Blanka), Vladimir Dlouhy (Peter Bodil), Ivan Mistrik (Großvater Rudolf Jenik), Zdena Hadrbolcova (Großmutter/ Blankas Mutter), Vlastimil Brodsky (Schuster), Ludel Munzar (Barton Icek). *F* 79 Min.
Prag, 1980: Beim Hausputz läßt die junge Alice versehentlich die Urne mit der Asche ihres Großvaters Rudolf aus dem Fenster fallen. Als sie in Scherben geht, entpuppt sie sich als leer. Von ihrer Oma erfährt sie, daß Rudolf 1946 Besuch von einem seltsam langhaarigen jungen Mann erhielt, mit ihm das Haus verließ und nie wieder gesehen wurde. Von dem Schuster Jebavy, einem alten Bekannten Rudolfs, erhält Alice eine mysteriöse schriftliche Arbeit ihres Großvaters, in der ihr Freund, der Physikstudent Peter, die An-

leitung zum Bau einer Zeitmaschine erkennt. Dank neuester Computertechniken ist die Maschine heutzutage konstruierbar. Peter baut das Gerät und installiert es in sein Auto. Er reist mit Alice ins Jahr 1946 und nimmt mit Rudolf, der sich noch in der Blüte seiner Jahre befindet, Kontakt auf. Opa ist fasziniert, als sich ihm die beiden zu erkennen geben; immerhin haben ja seine Berechnungen den Bau der Zeitmaschine ermöglicht. Alice und Peter überreden ihn, mit ins Jahr 1980 zu reisen, wo er jedoch nicht unbedingt bleiben mag, da sowohl seine Tochter (Alices Mutter) als auch sein Schwiegersohn mittlerweile älter sind als er selbst. Auch Oma, die sich zunächst über sein unverhofftes Auftauchen freut, bittet ihn, ins Jahr 1946 zurückzukehren, damit er sein Leben an ihrer Seite verbringe. Doch dies, weiß Rudolf, darf er nicht tun: Seine Rückkehr würde den gesamten Lauf der Welt beeinflussen und verändern. Wäre er zurückgekehrt, hätte sich die gerade erzählte Geschichte niemals abspielen können – doch *hat* sie sich bereits abgespielt. – Ein intelligent gemachter Film, und eins der wenigen Beispiele des SF-Genres, wo auf einer unmöglichen Prämisse aufgebaut logisch weiterspekuliert wird.

Rattennest
(KISS ME, DEADLY). USA 1955.
R Robert Aldrich. *B* A. I. Bezzerides.
LV Mickey Spillane. *K* Ernest Laszlo.
M Frank Devol. *D* Ralph Meeker (Mike Hammer), Albert Dekker (Dr. Soberin), Paul Stewart (Carl Evello), Juano Hernandez (Eddie Yeager), Wesley Addy (Pat Chambers), Marian Carr (Friday), Maxine Cooper (Velda), Cloris Leachman (Christina Bailey), Gaby Rodgers (Lily Carver), Nick Dennis (Nick), Jack Lambert (Sugar Smallhouse), Jack Elam (Charlie Max), Mort Marshall (Ray Diker), Jerry Zinneman (Sammy), Leigh Snowden, Percy Helton, Madi Comfort, Fortunio Bonanova, Strother Martin. 104 Min.
Der Privatdetektiv Mike Hammer nimmt eines Nachts in seinem Wagen ein Mädchen namens Christina mit und schmuggelt es durch eine Polizeikontrolle. Wenig später wird Christina ermordet und Mike zusammengeschlagen. Der Polizist Pat Chambers gibt ihm zu verstehen, daß er seine Finger aus dem Fall herauslassen soll. Als Mike erfährt, daß das FBI eingeschaltet wurde, forscht er auf eigenes Risiko weiter und findet in Christinas Wohnung einen von ihr geschriebenen Gedichtband, der ›Denk an mich‹ heißt; das sind genau die Worte, die sie ihm zum Abschied gesagt hat. Christinas Zimmergenossin, eine gewisse Lily Carver, hat sich in einer Absteige versteckt und fürchtet sich vor irgendwelchen Gangstern. Als unbekannte Schläger seinen Freund Nick umbringen, sieht Mike sich in der Position des gnadenlosen Rächers: Er schlägt einen Arzt zusammen, der ihm einen Schlüssel aus Christinas Besitz verkaufen will. (Diese Szene wurde aus der deutschen Fassung herausgeschnitten, weil deutsche Ärzte in jedem Fall Vertrauenspersonen und keine Korruptlinge sind.) Der Schlüssel gehört zu einem Schließfach in einem versnobten Klub. Als ein Angestellter des Klubs Mike nicht an das Fach heranlassen will, tut er so, als wolle er den Mann bestechen; tatsächlich haut er aber auch ihn zusammen. Im Schließfach findet Mike eine verschnürte Schachtel, die schwer ist wie Blei. Er öffnet vorsichtig den Deckel – es zischt und funkelt. Mike verbrennt sich die Hände, macht den Deckel wieder zu: Die Schachtel enthält spaltbares Material, und wie er später von Chambers erfährt, hat die Sache etwas mit dem ›Manhattan-Projekt‹ (der Entwicklung der ersten Atombombe) zu tun. Lily Carver verschwindet; Mikes Sekretärin Velda ist inzwischen entführt worden. Mike erfährt, daß die wirkliche Lily bereits vor zwei Wochen ertrunken ist; die Frau, die er unter diesem Namen kennt, ist eine gewisse Gabrielle, die offenbar für einen ausländischen Nachrichtendienst arbeitet. Nachdem das FBI Mike verboten hat, sich in dieser Sache

Rattennest von Robert Aldrich: Gaby Rodgers lernt den Tschernobyl-Effekt kennen

weiter zu engagieren, wird er in seinem Büro überfallen und von Unbekannten in ein Strandhaus gebracht, das einem gewissen Dr. Soberin gehört. Man behandelt ihn mit einer Wahrheitsdroge, aber Mike kann die Fragen, die man ihm stellt, nicht beantworten. Schließlich kann er die ihn bewachenden Männer überrumpeln und töten. Er durchsucht das Haus nach Velda und stößt dabei auf Lily/Gabrielle. Sie hat inzwischen die mysteriöse Schachtel aus dem Schließfach geholt und Dr. Soberin, ihren Chef, umgebracht, weil dieser ihr nicht hat zeigen wollen, was in dem Behälter ist, den er für ein Vermögen weiterverkaufen wollte. Gab-

rielle, vor Gier außer sich, öffnet die
Schachtel eigenhändig: ein strahlend heller Blitz zuckt auf, das Mädchen steht in
Flammen. Das Haus vibriert. Mike befreit
Velda, sie rennen hinaus und springen ins
Wasser. Hinter ihnen erhebt sich ein rätselhaft strahlender Rauchpilz in den Himmel. Soberins Haus explodiert. – *Rattennest* ist in erster Linie ein Spionage-Thriller, »doch der Aufhänger der Story, die
atomare Maschine, ist so geschickt arrangiert, daß sie ein besonderes Element (in
den Film) hineinträgt.« (SCIENCE FICTION
TIMES) – »In der Tat ist KISS ME, DEADLY
die größte Kriminal-Fantasie seit Fritz
Langs *Testament des Dr. Mabuse*. Die
Mechanik der Dramaturgie ist weniger
barock, die Stimmung weniger realistisch. Die Atmosphäre ist steif, frostig.
Die Charaktere sind entmenschlicht; sie
haben die ominöse Gelassenheit von Schi-
zophrenen... Die Komposition der Einstellungen entspricht dem Charakter des
Helden: sie ist kühn, frigide, ewig rätselhaft. Jedes Bild ist auf Tiefe und Volumen
hin konzipiert.« (Raymond Durgnat, SE-
XUS EROS KINO)
Ⓑ Mickey Spillane: *Die verlorenen
Schlüssel*, Stuttgart 1953; auch unter dem
Titel *Rhapsodie in Blei*, München 1966

Raumkreuzer Hydra – Duell im All

(2 + 5: MISSIONE HYDRA).
Italien 1965.
R Pietro Francisi. *B* Fernando Paolo
Girolami/Pietro Francisi/Ermano Curti.
K Silvano Ippoliti. *M* Nico Fidenzo.
D Eleonore Ruffo (Keina), Anthony
Freeman (Paul), Kirk Morris (Belsi),
Leontine (Leontine), Roland Lesaffre
(Prof. Solmi), Al Norton (Arti), Gordon
Mitchell. *F* 84 Min.
Ein außerirdischer Kreuzer mit dem irdi-
schen Namen *Hydra* muß auf der Erde
notlanden und rutscht dabei in eine Erd-
spalte. Die von ihm ausgesandte Strah-
lung ruft den Wissenschaftler Solmi auf
den Plan, der mit seinem Assistenten Paul
und seiner Tochter Leontine in die Erde

vorstößt und dort die Kommandantin Keina und deren Leute findet. Die Außerirdischen zwingen Solmi, ihnen bei der Reparatur der *Hydra* zu helfen. Dann wird er
ins All entführt. Die *Hydra* gerät in ein
›kosmisches Gewitter‹, hat erneut Steue-
rungsprobleme, erwehrt sich auf einem
Urweltplaneten der Attacken diverser
Halbaffen und entdeckt ein im All treibendes Raumschiff, dessen Insassen nur
noch Skelette sind: Auf der Erde ist inzwischen ein Atomkrieg ausgebrochen, der
die Menschheit ausradiert hat. Als man
sich der Heimatwelt der Außerirdischen
nähert, reagiert diese nicht auf Funkanru-
fe und stellt sich als ebenfalls entvölkert
heraus: Die Bewohner sind – aus Angst,
die radioaktive Verseuchung der Erde
könne auch ihren Planeten in Mitleiden-
schaft ziehen – ausgewandert. – Ein
Kommentar erübrigt sich wohl. Freunde
unfreiwilligen Humors kommen voll auf
ihre Kosten. Ernsthafte Fans sollten den
Film so meiden wie der Teufel das Weih-
wasser! Anzumerken ist jedoch, daß dieser Film auch unter dem Titel *Raumschiff
Terra zum Planet der Affen* aufgeführt
wurde, aus einem Grund, der nur allzu offensichtlich ist. Gleichzeitig wurde dabei
auch an der Synchronisation einiges getan: Aus Professor Solmi wurde Professor
Wallace; die Außerirdischen entführen
die Erdenmenschen, weil sie ihrem Volk
(das auf einem Planeten mit dem irdischen Namen Gamma lebt) geistig ein
wenig auf die Sprünge helfen sollen; chinesische Agenten mischen sich ein; ob die
Erde tatsächlich unbewohnbar geworden
ist, bleibt offen.
Ⓥ Interpathé/All *(Raumschiff Terra zum
Planet der Affen)*

Raumpatrouille

(SPACE OF THREE MUSKETEERS).
Hongkong 1978.
R Kang Han Young. *B* Chi Sang Hak.
K Cho Min Chul. *Anim.* Hwang Mung
Gin. *F* 90 Min. (Zeichentrickfilm).
Ein Weltraumabenteuer mit den gleichen
Charakteren, die bereits in *Time Machine*

001 eine Rolle gespielt haben. Putzige kleine Gestalten mit Ballermann, Schwert, Roboter mit Kochtopfhelmen und einem eierköpfigen Intellektuellen erleben märchenhafte Abenteuer in Zeit und Raum. Ein Zeichentrickfilm für Kinder.
ⓥ Mike Hunter

Raumrakete X 7
(SPACE MASTER X-7). USA 1958.
R Edward Bernds. *B* George W. Yates.
K Brydon Baker. *M* Josef Zimanich.
D Bill Williams (John Hand), Lynn Thomas (Laura Greeling), Robert Ellis (Joe Rattigan), Paul Frees (Dr. Charles Pommer), Joan Barry, Thomas B. Henry, Moe Howard, Fred Sherman, Jesse Kirkpatrick, Gregg Martell.
71 Min.
Eine zur Erde zurückgekehrte amerikanische Raumkapsel hat Proben extraterrestrischer Substanzen gesammelt, die Dr. Pommer in seinem Labor untersuchen will. Nach einer handgreiflichen Auseinandersetzung mit seiner Ex-Frau Laura, die ihn überraschend besucht hat, beugt er sich mit blutender Stirnwunde über einen Substanzbehälter. Als die Probe mit einem herabfallenden Blutstropfen in Berührung kommt, geht sie hoch und ergießt sich über Dr. Pommer. Mit letzter Kraft weist er die Sicherheitsabteilung an, ihn mitsamt dem Labor zu verbrennen. Nun beginnt die Suche nach seiner Ex-Frau, da man annimmt, sie könne von der fremden Substanz ebenfalls befallen sein und die ganze Menschheit anstecken. Laura, die jedoch glaubt, sie habe ihren Ex-Gatten umgebracht, flieht. Man entdeckt sie schließlich per Zufall an Bord eines Flugzeugs – und außerdem ein Stückchen der außerirdischen Substanz, die sich anschickt, sich zu vermehren. Nach einer halsbrecherischen Notlandung wird die Maschine vernichtet. Die Menschen atmen auf. – *Raumrakete X 7* ist im Grunde ein Thriller: Das ›SF-Element‹ (die außerirdische Substanz) ist aufgesetzt; die Geschichte könnte sich ohne weiteres auch um einen Erreger drehen, der aus dem La-

bor eines irdischen Pharmaunternehmens entfleucht ist. Der Großteil der Story handelt von der Suche nach Dr. Pommers ›Kontaktperson‹ – hier erfahren wir endlich einmal, welche Aufgaben das FBI hat: Diese Organisation dient nicht etwa der Überwachung oppositioneller Kräfte, sie ist zum Aufspüren Infizierter da.

Raumschiff Alpha
(I CRIMINALI DELLA GALASSIA).
Italien 1965.
R Anthony Dawson (Antonio Margheriti). *B* Ivan Reiner/Renato Moretti. *K* Richard Pallton (Riccardo Palottini). *M* Angelo F. Lavagnino.
D Tony Russell (Mike Halstead), Lisa Gastoni (Connie Gomez), Massimo Serato (Nels Nurmi), Franco Nero (Jake), Carlo Giustini (Ken), Enzo Fiermonte (General Fowler), Umberto Raho (Maitland), Isarco Havaioli (Hotelagent), Freddy Unger (De Lanty), Lino Desmono (Schneider), Franco Ressel (Jeff), Guiliano Raffaeli (Francini). *F* 89 Min.
Im Jahre 2015: Der verbrecherische Biologe Nels Nurmi läßt von seinen Helfershelfern Erdenmenschen entführen und auf den Planeten Delphos bringen, wo er an ihnen abscheuliche Experimente vornimmt. Mike Halstead, Kommandant der Raumstation Gamma 1, kommt ihm auf die Schliche, stöbert ihn in seiner unterirdischen Festung auf, befreit einige hochgestellte Persönlichkeiten und läßt Nurmis Versteck in einer gewaltigen Explosion untergehen. – Der Originaltitel (›Die Verbrecher der Galaxis‹) hätte diesem Machwerk wirklich besser zu Gesicht gestanden. »Die Darsteller geben sich gewichtig, wirken damit aber in diesem lächerlichen Panoptikums-Streifen unfreiwillig komisch.« (FILMBEOBACHTER)
ⓥ Toppic

Raumschiff Terra zum Planet der Affen
Anderer Titel für **Raumkreuzer Hydra – Duell im All**

Raumschiff Venus antwortet nicht
(DER SCHWEIGENDE STERN/MILCZAKA
GWITZADA). DDR/Polen 1959.
R Kurt Maetzig. *B* J. Fethke/W.
Kohlhaase/G. Reisch/G. Rücker/A.
Stenbock-Fermor/Kurt Maetzig.
LV Stanislaw Lem. *K* Joachim Hasler.
SpE Ernst Kunstmann/Vera Kunstmann/
Jan Olejniczak/Helmut Grewald.
M Andrzej Markowski. *D* Yoko Tani
(Dr. Sumiko Ogimura), Oldrich Lukeš
(Hawling), Ignacy Machowski (Soltyk),
Julius Ongewe (Talua), Michail N.
Postnikow (Arsenjew), Kurt
Rackelmann (Sikarna), Günther Simon
(Brinkmann), Tang Huata (Lao Tsu),
Lucina Winnicka (TV-Reporterin).
F 81 Min.
1970: Nachdem man in der Wüste Gobi
einen Hinweis darauf gefunden hat, daß
der Planet Venus von intelligentem Leben
bewohnt wird, startet das Raumschiff
Kosmokrator in den Weltraum und versucht den Venusiern auf die Spur zu kommen. Auf dem Planeten herrschen allerdings tödliche Lebensbedingungen und
starke Radioaktivität, der mehrere Angehörige der internationalen Besatzung zum
Opfer fallen. Man stößt auf geheimnisvolle Anlagen und eine tote Stadt und gelangt
zu dem Schluß, daß auf der Venus jegliches Leben erloschen ist. Beim Eindringen in die Stadt wird man beinahe Opfer
automatischer Abwehranlagen. Als die
Radioaktivität immer höher wird und sogar der Hilfsroboter der Astronauten explodiert, fängt der Planet an, sich gegen
die Eindringlinge zu wehren: Ohne daß
die Raumfahrer etwas dagegen tun können, werden sie wieder ins All hinausgeschleudert. Aber sie haben erkannt, daß
die Venusier ein aggressives Volk waren:
Sie hatten vor, die Erde zu erobern und
sind von ihren eigenen Atomwaffen vernichtet worden. Der riesige Meteor, der
1908 in der sibirischen Tunguska niederging, einen riesigen Krater erzeugte und
alles pflanzliche und tierische Leben in
weitem Umkreis vernichtete, war eine
Vorhut ihrer Eroberungsflotte. – Dieser
unter dem Originaltitel *Der schweigende
Stern* in der DDR uraufgeführte Film wurde nach dem ersten SF-Roman des bekannten polnischen Autors Stanislaw Lem
gedreht. Fans und Kritik lobten international die Spezialeffekte und die Bauten
(vor allem das Raumschiffinnere). Eine
englischsprachige Version erreichte die
USA und GB 1963 unter dem Titel FIRST
SPACESHIP ON VENUS: Diese Fassung war
allerdings auf 82 Min. Länge beschnitten,
mit einer neuen Filmmusik von Gordon
Zahler versehen worden und machte vor
allem wegen eines ›Personaltauschs‹ von
sich reden: Aus dem umsichtigen Russen
Arsenjew wurde flugs ein Franzose namens Durand.
Ⓑ Stanislaw Lem: *Der Planet der Toten*,
Einsiedeln 1965; auch unter dem Titel *Die
Astronauten*, Frankfurt/Main 1974

Raumstation Cyborg 009
(SAIBOOGU 009). Japan 1980.
R Yasuhiro Yamaguchi. *B* Takazo
Nakanishi. *F* 90 Min.
(Zeichentrickfilm).
Die schon aus dem Streifen *Gefährlicher
Countdown für Cyborg 009* bekannten
Kunstmenschen bekämpfen hier einen
Welteroberer namens Zoa, der sich in ei-
ner Raumstation verbarrikadiert hat, und
führen ihn schließlich seiner Strafe zu.
Dieser Trickfilm für Kinder ist Teil einer
japanischen TV-Serie, die von Masayaki
Akehi inszeniert wurde.
Ⓥ Mike Hunter

R 3 überfällig
(RIDERS TO THE STARS). USA 1954.
R Richard Carlson. *B* Curt Siodmak.
K Stanley Cortez. *SpE* Harry Redmond
jr./Jack R. Glass. *M* Harry Sukman.
D William Lundigan (Richard Stanton),
Herbert Marshall (Dr. Donald Stanton),
Richard Carlson (Jerry Lockwood),
Martha Hyer (Jane Flynn), Dawn
Addams (Susan Manners), Robert
Karnes (Walter Gordon), Lawrence
Dobkin (Dr. Delmar), George Eldredge
(Dr. Drayden), King Donovan

(O'Herlihy), James K. Best (Sidney Fuller), Kem Dibbs (Kenneth Wells). *F* 80 Min.

Gordon, Stanton und Lockwood wird der Auftrag erteilt, einen Meteoriten zu ›fangen‹, damit man herausfinden kann, wieso die kosmischen Strahlen ihnen nichts, den irdischen Raumschiffen aber sehr wohl etwas anhaben können. Man nimmt an, daß irgendeine Beschichtung sie vor der ›Auflösung‹ schützt. Die Männer starten mit drei Raketen in die Ionosphäre, aber nur Stanton gelingt eine erfolgreiche Rückkehr. – »*R 3 überfällig* ist eine Ivan-Tors-Produktion, und wie bei all seinen Filmen liegt der Schwerpunkt auch hier bei der naturwissenschaftlichen Spekulation, weswegen man für die Massen beinahe alles erklärt. Der große Unterschied zwischen *R 3 überfällig* und anderen Ivan-Tors-Filmen liegt aber darin, daß hier fast alles *falsch* erklärt wird. Und wenn eine Erklärung mal stimmt, ist sie zuviel des Guten... Die Spezialeffekte sind inadäquat, der Höhepunkt unbefriedigend. Es gibt gute Dialoge, gute Darstellungen und einige richtungsweisende Erfindungen, aber trotz der lobenden Besprechungen, die die Uraufführung nach sich zog, kann *R 3 überfällig* heutzutage weder den Eindruck noch die Spannung vieler anderer Filme dieser Zeit wiedergeben, die den Kritikern nur halb so gut gefielen.« (Bill Warren, KEEP WATCHING THE SKIES!)

Ⓑ Robert Smith: RIDERS TO THE STARS, New York 1954 (Buch zum Film)

Re-Animator – Der Tod ist erst der Anfang
(RE-ANIMATOR). USA 1985.
R Stuart Gordon. *B* Dennis Paoli/ William Norris. *LV* H.P. Lovecraft. *K* Mac Ahlberg. *SpE* Tony Doublin/ John Naulin. *M* Richard Band. *D* Jeffrey Combs (Herbert West), Bruce Abbott (Dan Cain), Barbara Crampton (Megan Halsey), David Gale (Dr. Carl Hill), Robert Sampson (Dean Halsey), Gerry Black (Mace), Carolyn-Purdy

Gordon (Dr. Harrod), Peter Kent (Melvin), Barbara Peters (Krankenschwester), Jan Patrick Williams (Professor). *F* (93) 84 Min.

Aufgrund degoutanter Experimente wird der Medizinstudent Herbert West einer Schweizer Klinik verwiesen. In New England zieht er bei seinem Kommilitonen Dan Cain ein und führt sie fort. Er hat ein Serum entwickelt, das Tote wiederbelebt, die jedoch seelenlos sind. Ein Universitätsdekan fällt Wests Maniaks als erster zum Opfer. Der Egomane Dr. Hill erfährt etwas von dem Vorfall. Für sein Schweigen verlangt er von West das Serum. Nach einer Auseinandersetzung gehen Hills Kopf und Torso getrennte Wege. West will Hills Körperteile mit dem Serum wiederbeleben. Daraufhin rennt Hill mit dem Kopf unter dem Arm umher und kidnappt Cains Freundin Megan. In einer Leichenhalle müssen West und Cain gegen Hill antreten, der zur Unterstützung Leichen wiederbelebt hat. – Fetz! Murks! Splatter! – *Re-Animator* ist eine streckenweise recht werkgetreue Verfilmung der Kurzgeschichte »Herbert West – Re-Animator« (1922), die der US-Autor und Ghostwriter H.P.Lovecraft (1890-1937) als Auftragsarbeit schrieb. Gordons Film erhielt verschiedene Auszeichnungen, u.a. den Spezialpreis von Cannes und entwickelte sich rasch zu einer Art Kultfilm. *Re-Animator* hat zwar seinen Genrepartnern gegenüber eindeutige Vorteile, doch ist er nach allem, was der Splatterkino in den achtziger Jahren auf die Leinwand gebracht hat, lediglich ein weiterer Teil der »Rückkehr der lebenden Doofen«. – Nur auf Video.
Ⓥ Lightning

Rebel Waves
(RISING STORM). USA 1989.
R Francis Schaeffer. *B* Gary Rosen/ William Fay. *K* Robb D. Hinds. *M* Julian Laxton. *D* Zach Galligan (Artie Gage), Wayne Crawford (Joe Gage), June Chadwick (Mila Hart), John Rhys-Davies (Don Waldo),

Elizabeth Keifer (BLaise Hart), Graham Clark (Lt. Ulmer), William Katt, Gordon Mulholland. *F* 95 Min. In einer postatomaren Strafkolonie im Kalifornien des Jahres 2001 führen zwei Brüder den Aufstand gegen eine totalitäre Macht an und beenden die Herrschaft eines salbadernden Fernsehpredigers. – »Actionreiche Endzeitsatire, mit geringem Budget in der Wüste von Namibia gedreht. Trotz einiger origineller Ideen nur durchschnittliche Genreware.« (FILM-JAHRBUCH). – Nur auf Video.
Ⓥ Highlight

Redwing – Flucht vor den schwarzen Droiden
(THE OUTLAWS AND THE STARSHIP REDWING). GB 1984.
R Roger Christian. *B* Roger Christian/ Matthew Jacobs. *K* John Metcalfe. *M* Tony Banks. *D* John Tarrant (Lorca), Donogh Rees (Abbie), Cassandra Webb (Suzi), Deep Roy (Kid), Ralph Cotterill (Jowitt), Tyler Coppin (Droide), Hugh Keays-Byrne (Danny). *F* 99 Min. 2084, auf dem trostlosen Planeten Odessa: Der Halbwüchsige Lorca und sein Droidenfreund Kid bekämpfen auf seiten einheimischer Rebellen den tyrannischen Bösmann Jowitt und dessen Armee, weil dieser beabsichtigt, die in seinen Minen tätigen Arbeiter durch Roboter zu ersetzen, und auch sonst allerlei Schweinereien in petto hat. – Ein dummdreister Langweiler, der diverse erfolgreichere Filmvorlagen schamlos ausbeutet, ohne irgendwelche Originalitäten aufzuweisen. – »*Redwing* entpuppt sich sehr schnell als zwar technisch großformatiges, aber in-

Redwing – Flucht vor den schwarzen Droiden von Roger Christian: Deep Roy zeigt John Tarrant, wo der Regisseur überall geklaut hat

haltlich dürftiges Genre-Kino... Trotz zahlreicher Explosionen ist (der Film) langatmig, uninteressant und schwerfällig inszeniert.« (Peter Gaschler, DAS SCIENCE FICTION JAHR) – »Ein Film wie ein billiges Rollenspiel der unteren Preisklasse... aufgedonnert und pompös, aber ohne rechtes Eigenleben.« (Josef Schnelle, FILMDIENST) Ⓥ Cannon/VMP

Reise in die Urzeit
(CESTA DO PRAVEKU). ČSSR 1955. *R* Karel Zeman. *B* Karel Zeman/J. A. Novotny. *K* Vačlav Pazdernik/Antonin Horak. *SpE* Karel Zeman/Arnošt Kupčik/František Krčmar/Jindrich Liška. *M* E. F. Burian. *D* Vladimir Bejval (Jirka), Petr Herrmann (Tonik), Josef Lukás (Petr), Zdenék Hustak (Jenda). *F* 86 Min.

Vier neugierige Jungen sind mit einem Ruderboot auf einem Fluß unterwegs, der den Strom der Zeit symbolisiert. Nachdem sie durch eine finstere Grotte gefahren sind, gelangen sie in eine fantastisch anmutende Umgebung, reisen immer weiter in die Zeit zurück, begegnen allerlei vorzeitlichen Lebewesen und Pflanzen, haben manches Abenteuer zu bestehen und landen schließlich in der Ära des Silur. Staunend stehen sie am Ufer eines gewaltigen Urmeeres, aus dem irgendwann das erste Leben an Land kriechen wird. Jirka entdeckt einen Triloniten. – Diese Arbeit Zemans ist in erster Linie ein Lehrfilm, der in schönen Bildern über die Entstehung des Lebens auf der Erde Auskunft gibt – dementsprechend oft wurde er in den frühen sechziger Jahren im Schulunterricht eingesetzt. »Ein netter Film für Kinder... der auf gewinnend ruhige Weise bestens als unterhaltender Unterrichtsstoff eingesetzt werden kann.« (NEW YORK TIMES) – Die Trickaufnahmen waren ihrer Zeit ein ganzes Stück voraus.

Die Reise ins Ich
(INNERSPACE). USA 1987. *R* Joe Dante. *B* Jeffrey Boam/Skip Proser. *K* Andrew Laszlo. *SpE* Dennis Muren. *Ma* Rob Bottin. *M* Jerry Goldsmith. *D* Dennis Quaid (Lt. Tuck Pendleton), Martin Short (Jack Putter), Meg Ryan (Lydia Maxwell), Kevin McCarthy (Victor Scrimshaw), Fiona Lewis (Dr. Margaret Canker), Vernon Wells (Igoe), Robert Picardo (Cowboy), Wendy Schaal (Wendy), Dick Miller (Taxiahrer), Harold Sylvester, Henry Gibson, John Hora. *F* 119 Min.

Tuck Pendleton ist am Nullpunkt. Er säuft, die Air Force feuert ihn, und zu allem Überdruß ist seine Freundin Lydia davongelaufen. Die letzte Chance, sich seinem Spiegelbild zu stellen, sieht er darin, als Testpilot auf Molekülgröße verkleinert in einem Mini-U-Boot den Körper eines Hasen zu erforschen. (Das kennen wir alles schon, und zwar aus *Die phantastische Reise!*). Die Miniaturisierung läuft – dann dringen Terroristen ins Labor ein und stehlen den Vergrößerungs-Mikrochip. Ein Professor flieht – mit Tuck im U-Boot in der Injektionsspritze. Im U-Boot befindet sich der zweite nötige Chip. Um Tuck zu retten, jagt der Herr Forscher dem neurotischen Supermarktverkäufer Jack die Spritze in den Hintern. Tuck fegt durch Jacks Innereien. Man verfolgt Jack, den Tuck über den Stand der Dinge aufklären muß, und bei der wilden Jagd stellt sich Lydia hilfreich zur Seite. Dann wird es irre: Das U-Boot wechselt per Kuß in Lydias Körper; Tuck entdeckt, daß Lydia ein Kind von ihm erwartet; ein zweites U-Boot taucht, um das erste zu vernichten, in Jacks Körper ein; Tucks U-Boot kehrt per Kuß wieder in Jacks Körper zurück; Krieg der U-Boote im Magen, Halb-Miniaturisierung der Gegenspieler; Hochzeit von Tuck und Lydia. – »Joe Dante bringt alles zusammen, Action und Abenteuer, Spezialeffekte und zwischenmenschliche Beziehungen, Humor und harte Burschen. Die utopische Geschichte läßt der Phantasie viel Raum, Fans von Technik-Spielereien kommen voll auf ihre Kosten.« (WDR). Allerdings präsentiert er uns auch grellbuntes, hektisches Fast Food-Kino. Ⓥ Warner

Reise in die Urzeit von Karel Zeman

Reise ins Zentrum der Zeit
(JOURNEY TO THE CENTER OF TIME).
USA 1968.
R David L. Hewitt. *B* David Prentiss.
K Robert Caramico. *SpE* Modern Film
Effects. *M* N.N. *D* Scott Brady
(Stanton), Anthony Eisley (Mark
Manning), Gigi Perreau (Karen White),
Abraham Sofaer (Dr. von Steiner),
Austin Green (Denning), Poupee Gamin
(Vina), Tracy Olsen (Susan), Andy
Davis (Dave), Lyle Waggoner, Larry
Evans, Jody Millhouse. *F* 79 Min.
Ein Berechnungsfehler katapultiert Dr.
von Steiner, seine Assistenten Mark und
Karen sowie den reichen Mr. Stanton in
einer Zeitkapsel ins Jahr 6968 – in eine
von Kriegen verwüstete Welt, deren finsterer Herrscher Mutanten nach dem Leben trachtet. Ein weiteres Mißgeschick
trägt sie in prähistorische Zeiten, wo es zu
Energieproblemen kommt. Steiner stirbt
bei einem Vulkanausbruch; Stanton begegnet während eines allein unternomme-
nen Rückreiseversuchs seinem Alter ego
und kommt um. Mark und Karen erreichen ihre Gegenwart einen Tag zu früh
und begeben sich auf eine Reise ins Unbekannte, um nicht auf die gleiche Weise zu
›sterben‹ wie Stanton. – »Die Qualität der
Spezialeffekte wird dem ambitionierten
Drehbuch nicht gerecht.« (Peter Nicholls,
THE ENCYCLOPEDIA OF SCIENCE
FICTION). In der BRD nur auf Video.
Ⓥ VMP

Reiseziel Ewigkeit
Anderer Titel für **Finsterer Stern**

Die Reise zum Mittelpunkt der Erde
(JOURNEY TO THE CENTER OF THE
EARTH). USA 1959.
R Henry Levin. *B* Walter Reisch/
Charles Brackett. *LV* Jules Verne.
K Leo Tover. *SpE* L.B.Abbott/James B.
Gordon/Emil Kosa jr. *Ma* Ben Nye.
M Lionel Newman/Bernard Herrmann.
D James Mason (Prof. Oliver

»Ja, die Zunge ist etwas belegt. Nehmen Sie zwei Aspirin und rufen Sie morgen noch mal an!«: *Reise zum Mittelpunkt der Erde* von Henry Levin

Lindenbrook), Arlene Dahl (Carla), Pat Boone (Alec McEwen), Diane Baker (Jenny), Thayer David (Graf Saknussem), Peter Ronson (Hans), Robert Adler (Groom), Alex Napier (Dekan), Alex Finlayson (Prof. Bayle), Ben Wright (Paisley), Mary Brady (Kirsty), Alan Caillou (Rektor), Frederick Halliday (Kanzler).
F 120 Min.

Als der schottische Geologe Lindenbrook in den Adelsstand erhoben wird, schenken ihm seine Freunde einen Briefbeschwerer aus Lavagestein, der eine 300 Jahre alte Botschaft des verschollenen isländischen Höhlenforschers Arne Saknussem enthält und darauf hinweist, daß es einen geheimnisvollen Weg zum Mittelpunkt der Erde gibt. Lindenbrook rüstet sofort eine Expedition aus und stößt mit einigen Begleitern und der Ente Gertrud in die Tiefen der Erde vor. Graf Saknussem, ein Nachfahre des berühmten Höhlenforschers, heftet sich sofort an die Fersen der Expedition, da er den Ruhm dieser sensationellen Entdeckung für sich beanspruchen will. Die Forscher stoßen auf allerlei prähistorisches Getier, einen unterirdischen Pilzwald und entdecken eine fantastische Welt, in der es sogar Meere gibt und Regen fällt. Mit einem Floß erreicht das Team den absoluten Erdmittelpunkt, gerät in ein Unwetter, kommt fast um, entdeckt das versunkene Reich von Atlantis und findet schließlich die Leiche Graf Saknussems, dessen Pläne nicht von Erfolg gekrönt waren. Als man sich den Weg an die Erdoberfläche freisprengen will, stürzen die Mauern von Atlantis ein. Ein Vulkan bricht aus und trägt Linden-

brook und seine Getreuen auf einer großen Steinplatte wieder ans Tageslicht.
Obwohl man keine Möglichkeit sieht, die
tollen Erkenntnisse der Welt zu beweisen,
lassen sich die Expeditionsteilnehmer
nicht betrüben: Es kommt zu diversen
Hochzeiten. – »Die Anziehung von Jules
Vernes Fantasien beruht... auf dem reiz-
vollen Kontrast zwischen den wildesten
Abenteuern und der gesetzten viktorianischen Steifheit der Personen, die sich ihnen aussetzen. Es ist völlig richtig, daß
die Entdeckungsreisenden hier nach einer
besonders aufreibenden Flucht eine Tee-
pause einlegen wollen, daß die Entdek-
kung eines unterirdischen Waldes von gigantischen Pilzen Gelegenheit zu einer
kleinen Mahlzeit gibt und daß die Dame
der Gesellschaft, die gerade den Klauen
einer überdimensionalen prähistorischen
Eidechse entkommen ist, vor dem qual-
vollen Anblick eines Skeletts geschützt
werden muß. JOURNEY TO THE CENTER
OF THE EARTH läßt den besonderen Aufwand im Dekor vermissen, der 20 000 LEA-
GUES UNDER THE SEA so anziehend
machte, hat aber den Vorzug eines Drehbuchs, das genau zwischen der ereignis-
reichen Erzählung und der Parodie die
Waage zu halten weiß. Optisch sind die
unterirdischen Attraktionen etwas spar-
sam, obwohl Arlene Dahls Abstieg in den
Krater... großen Charme hat.« (MON-
THLY FILM BULLETIN, zit. nach FILM-
KRITIK)
Ⓑ Jules Verne: *Reise zum Mittelpunkt der
Erde*, Wien 1874

Die Reise zum Mond

(LE VOYAGE DANS LA LUNE).
Frankreich 1902.
R Georges Méliès. *B* Georges Méliès.
LV Jules Verne/H. G. Wells. *K* Lucien
Tainguy. *D* Georges Méliès
(Expeditionsleiter), Bluette Bernon
(Phoebe), Victor André, sowie diverse
Damen des Théatre du Châtelet und
einige Akrobaten des Folies-Bergère.
16 Min. Stummfilm.
Eine Gruppe von Wissenschaftlern will

zum Mond fliegen. Mit Hilfe einer Kanone wird die Rakete abgeschossen: Sie
bohrt sich ins rechte Auge des Erdtrabanten (der tatsächlich ein Gesicht hat und
ziemlich belämmert dreinschaut). Die Expedition wird von einem ›Schneesturm‹
überrascht (der aber auch aus Mondstaub
bestehen kann), verbringt eine Nacht auf
dem Satelliten und klettert durch einen
Krater in die Unterwelt des Mondes hinab. Dort stößt man auf Seleniten, die sich
recht angriffslustig zeigen, sich jedoch in
ihre Bestandteile auflösen, wenn man sie
mit einem Regenschirm berührt. (Wissenschaftler des 19. Jahrhunderts haben natürlich *immer* Regenschirme bei sich;
gleichzeitig tragen sie Zylinderhüte und
sind mit Bratenröcken bekleidet.) Das
Problem der Rückreise ist ganz einfach:
Man läßt sich ungeachtet irgendwelcher
Naturgesetze kurzerhand zur Erde ›herun-
terfallen‹, landet im Meer und wird zu
Hause mit einem ›großen Bahnhof‹ empfangen. – Diese vergleichsweise simple
Story (inspiriert von Jules Vernes *Von der
Erde zum Mond*/*Die Reise um den Mond*
und H. G. Wells *Die ersten Menschen im
Mond*), die lediglich zwei Filmspulen
füllte, ist der erste nachgewiesene SF-
Film der Welt, was Grund genug ist, ihn
in dieses Lexikon aufzunehmen. Méliès
war ein ungeheuer fleißiger Filmemacher
seiner Zeit: Einige Quellen behaupten, er
habe über 4000 (!) Filme produziert, andere weisen jedoch darauf hin, daß er
kaum über 800 gekommen sein könne;
wieder andere sprechen von 400. Aber
auch dies sind beeindruckende Zahlen,
obwohl man bedenken muß, daß nur ein
Bruchteil dieser Menge fantastischen/uto-
pischen Charakter hatte und darunter keine abendfüllenden Spielfilme sind. Georges Méliès lebte von 1861 bis 1938. Er
war nicht nur einer der ersten Filmpionie-
re, sondern auch ein ausgesprochener
Trickfachmann, dem man nachsagt, er
habe als erster Überblendungen und Dop-
pelbelichtungen angewandt. »Méliès war
ein Mann des Theaters – Regisseur,
Schauspieler und Produzent. Zur Zeit der

ersten Lumièreschen Filmvorführungen war er Inhaber und künstlerischer Direktor des Théâtre Robert Houdin... Auch Méliès arbeitete als Illusionist... In der Erfindung des Kinematographen erblickte er anfangs nur eine Ergänzung und Bereicherung seines Theaterrepertoires. Der Film war einfach eine der Nummern des Attraktionsprogramms. Bald jedoch begann sich der Theatermann für das wunderbare Instrument, das Bilder aus dem Leben festhielt, zu begeistern... Méliès war zugleich Künstler und Handwerker. In seinem Atelier war er gleichsam ›Mädchen für alles‹, vom Verfasser des Szenariums und dem Dekorateur über den Regisseur, Kameramann und Schauspieler bis zum Verkäufer der eigenen Filme... Die Filme von Méliès, die sich durch eine ungewöhnliche Fantasie sowohl in der Auswahl der Themen wie auch im Reichtum der technischen Lösungen auszeichnen, sind eine sonderbare Mischung von schlechtem, oft nicht wählerischem Geschmack und einer geradezu vulgären und primitiven Komik, die aber andererseits wieder entwaffnet, weil sie die Merkmale von künstlerisch veranlagten Autodidakten trägt, die künstlerische Inspirationen in der großstädtischen Folklore suchen.« (Jerzy Toeplitz, GESCHICHTE DES FILMS) – Zu *Die Reise zum Mond* meint der englische Kritiker John Baxter in seinem Buch SCIENCE FICTION IN THE CINEMA: »Es ist leicht, über Méliès Tanzhallenschilderung der Weltraumfahrt zu lachen, aber *Die Reise zum Mond* unterscheidet sich nur wenig von den aufgemotzten Produkten der heutigen SF-Film-Macher. Das Chorgejubel der Ballettratten aus den Folies-Bergère, die das Projektil in die Weltraumkanone schieben, dient im Groben dem gleichen Zweck, dem die Sexy-Heroinen der Space Operas aus den fünfziger Jahren gedient haben, und die ›Seleniten‹ und die Pappdeckelkulissen zeigen ebenso viel Vorstellungsvermögen, was die Designer angeht, wie die Glubschaugenmonster der Moderne.« Ⓥ Interpathé (*Méliès' Zauberwelt*)

Die Reise zur Insel des Grauens
(MISTERIO EN LA ISLA DE LOS MONSTRUOS).
Spanien/Puerto Rico 1980.
R Juan Piquer Simon. *B* Joaquin Grau/ Juan Piquer Simon/Ron Gantman. *K* Andres Berenger. *M* Alfonso Agullo. *D* Terence Stamp (Taskinar), Peter Cushing (Kolderup), Gerard Tichy (Capt. Turkott), Paul Naschy (Flynt), Ian Serra (Jeff Morgan), David Hutton (Mr. Artelett), Gaspar Ipua (Cerfinatu), Blanca Estrada (Dominique), Frank Brana (Birling), Ana Obregon (Meg Hollaney). *F* 100 Min.
Gegen Ende des 19. Jahrhunderts: Der Neffe und spätere Alleinerbe des schwerreichen Mr. Kolderup geht auf eine Bildungsreise, gerät in Seenot und wird auf eine einsame Insel verschlagen, auf der mysteriöse Urweltmonster leben, gegen die er sich über Monate hinweg wehren muß. Wie Mr. Kolderup, der später ebenfalls auf der Insel eintrifft, enthüllt, sind die Monster jedoch keineswegs natürlichen Ursprungs: Er hat sie von genialen Technikern bauen lassen, um seinen Neffen einer Bewährungsprobe zu unterziehen. – Die Produzenten dieses Streifens versuchen den Eindruck zu erwecken, ihr Machwerk sei eine Jules-Verne-Verfilmung. Ⓥ Arcade (*Das Geheimnis der Monsterinsel*)

Rembrandt 7 antwortet nicht
(Z.7. – OPERACION REMBRANDT)
BRD/Italien/Spanien 1966.
R Giancarlo Romitelli. *B* Ennio de Concini/Giancarlo Romitelli. *B* Ennio de Concini/Giancarlo Romitelli/Robert Veller. *K* Guglielmo Mancori. *M* AldoPiga. *D* Lang Jeffries, Joachim Hansen, Christiane Maybach, Laura Valensuelo, Mitsouko. *F* 120 Min.
Amerikanischer Geheimagent prügelt sich über den Erdball, um einen Wissenschaftler zu finden, den eine internationale Spionageorganisation entführt hat, um aus ihm seine neueste Erfindung (einen Todesstrahl) herauszupressen.

Repo Man

(REPO MAN). USA 1984.
R Alex Cox. *B* Alex Cox. *K* Robby
Müller. *M* Iggy Pop/Los Plugz/Black
Flag/Suicidal Tendencies/Juicy Bananas/
The Circle Jerks/Burning Sensation/
Fear. *D* Emilio Estevez (Otto), Harry
Dean Stanton (bud), Fox Harris (J.
Frank Parnell), Olivia Barash (Leila),
Tom Finnegan (Oly), Tracey Walter
(Miller), Sy Richardson (Lite), Vonetta
McGee (Marlene), Dick Rude (Duke).
F 89 Min.
Ottos Eltern haben ihr Vermögen einem
TV-Prediger gestiftet. Dann verliert Otto
auch noch seinen Job im Supermarkt. Fer-
tig mit der Welt schlendert er durch die
Straßen von Los Angeles. Der Repoman
Bud bietet ihm einen Job an. Repomänner
stehlen legal die Autos säumiger Raten-
zahler. Widerwillig nimmt Otto den ver-
rufenen Job an und erledigt mit Bud mehrere Rückholaufträge. Eines Tages steht
ein alter Chevrolet Malibu mit 20.000
Dollar Belohnung auf der Suchliste. Verschiedene Gruppen sind hinter dem Wagen her, in dessen Kofferraum die Leichen vierer Außerirdischer liegen sollen –
doch wer ihn öffnet, stirbt in gleißendem
Licht und hinterläßt nur noch qualmende
Stiefel. Der Wagen wird gefunden. Hell
wie der lichte Tag strahlend steht er auf
einem Parkplatz. Einem Penner gelingt
der Einstieg. Otto kann ihm folgen. Zusammen schweben sie in die Höhe und
dampfen mit Lichtgeschwindigkeit ins All
ab. – »*Repo Man* ist nicht mehr und nicht
weniger als ein modernes Märchen, Satire, Road Movie, Science Fiction,
Asphalt-Western und Rock & Roll-Fanta-
sy in einem Stück. Die Gegensätze, die da
aufeinanderprallen, machen seinen Reiz
aus, die Mißachtung aller lästigen Grenzen zwischen den Genres seinen Spaß.
Auch wenn der Film durch seine Sprache,
die scheinbare Kunstlosigkeit seiner Bilder, die schnelle Direktheit seiner Montage das Gegenteil vortäuscht: Nichts ist
realistisch an ihm.« (Georg Schmidt; TIP).
– »Von Robby Müller... grandios foto-
grafierte, nihilistische New Wave-SF, die
ein wenig zu sehr mit ihren Bizarrerien
kokettiert.« (Norbert Stresau, SCIENCE
FICTION TIMES).

Retaliator

(RETALIATOR). USA 1986.
R Allan Holzman. *B* Robert Short/Allan
Holzman. *K* Nitcho Lion Nissim.
M Jerry Immel/Craig Huxley. *D* Robert
Ginty (Eric Matthews), Sandahl
Bergman (Samira), Louise Claire Clark,
James Booth, Paul Walker, Arnon
Tzadock. *F* 86 Min.
Ein US-Geheimdienst funktioniert die
Terroristin Samira zu einer tödlichen
Kampfmaschine um. Sie gerät außer Kon-
trolle und tötet viele Menschen. Eric
Matthews weiß, daß nur er Samita besie-
gen kann. Er schaltet sie aus. – »Allan
Holzmanns waffenstarrendes Actionspek-
takel ist als Film eine Nullösung. Sein
einziges Interesse besteht darin, eine
möglichst rasante Choreographie des To-
des zu inszenieren. Sie wird ihm zum
Selbstzweck.« (FAZ).
Ⓥ VPS

Der Retorten-Goliath

(THE STRONGEST MAN IN THE WORLD).
USA 1975.
R Vincent McEveety. *B* Joseph L.
McEveety/Herman Groves. *K* Andrew
Jackson. *M* Robert F. Brunner. *D* Kurt
Russell (Dexter Riley), Joe Flynn (Dean
Higgins), Eve Arden (Harriet
Crumpley), Cesare Romero (A. J.
Arno), Phil Silvers (Krinkle), Dick van
Patten (Harry), Harold Gould (Dietz),
Benson Fong (Ah Fong), Fritz Feld,
Michael McGreevey (Schuyler), Dick
Bakalyan (Cookie), James Gregory
(Chief Blair), William Schallert
(Quigley). *F* 92 Min.
Die Studenten Riley und Schuyler experi-
mentieren an ihrem College mit neuen Vi-
taminformeln und entdecken dabei zufäl-
lig eine Superkraftlösung, die ihnen über-
menschliche Körperkräfte verleiht. Zwei
Frühstücksflockenkonzerne, die die For-

mel gerne in ihren Besitz bringen würden, starten daraufhin ein Intrigenspiel sondergleichen, bis der ›böse‹ der beiden Unternehmer eins auf den Hut bekommt. – »Kaum ein Film, der den Wunschtraum vom Einmal-Superman-Sein zum Inhalt hat, dürfte dermaßen langweilig und einfältig dahergeflimmert kommen wie dieses Produkt aus Disneys Synthetik-Factory.« (FILMBEOBACHTER)

Rhea M – Es begann ohne Warnung
(MAXIMUM OVERDRIVE). USA 1986.
R Stephen King. *B* Stephen King.
K Armando Nannuzzi. *SpE* Barry Nolan/ Van der Veer/Dean Gates. *M* AC/DC.
D Emilio Estevez (Bill Robinson), Pat Hingle (Hendershot), Laura Harrington (Brett), Yeardley Smith (Connie), John Short (Kurt), Ellen McElduff, J.C. Quinn, Christopher Murney, Stephen King. *F* 97 Min.
Die Erde taucht acht Tage lang in den Schweif des Kometen Rhea M ein. Die Maschinen drehen durch: Rasenmäher jagen Menschen; Cola-Automaten zerschmettern Schädel mit Dosen; Ziehbrücken klappen hoch und verursachen Massenkarambolagen. Doch vor allem werden die Trucks gefährlich. In der Raststätte Dixie Boys wird eine bunt zusammengewürfelte Gruppe von einem Lasterrudel belagert. Ab und zu gerät ein Unvorsichtiger unter ihre Räder. Als den Lastern das Benzin ausgeht, zwingt ein Army-Jeep mit MG die Belagerten, sie wieder aufzutanken. Der Raststättenkoch Billy sieht die Rettung in einer nahen Insel, auf der es keine Maschinen gibt. Von Schützen gedeckt gelingt der Durchbruch, dem ein wildes Gemetzel folgt. Die Trucks werden vernichtet. Ein Schlußtext meldet, ein zufällig mit Laser und Atomraketen bewaffneter Wettersatellit habe in Erdnähe ein UFO abgeschossen. Die Erde verläßt den Schweif des Kometen nach acht Tagen. – Bestseller-Autor Stephen King wollte endlich auch mal einen seiner Romane verfilmen, denn viele, viele Fans wurden nicht müde, ihm zu sagen, daß

seine bisherigen Werke fast immer von Deppen inszeniert worden seien (womit sie auch recht hatten). Und so hat er es also selbst getan. Doch mit welchem Resultat? – »Eine langweiligere Adaption eines Stephen King-Romans flimmerte wohl noch nicht über die Bildschirme.« (VIDEO-MAGAZIN). – »Emilio Estevez darf sich als fader James Dean-Abklatsch profilieren, und über allem liegt ein nervtötender AC/DC-Soundtrack. Die grenzenlose Langeweile des rein äußerlichen Schreckens – niemand hat sie bislang besser demonstriert als Stephen King in seinem Debüt.« (Norbert Stresau, SCIENCE FICTION TIMES).
Ⓑ Stephen King: *Trucks,* Bergisch-Gladbach 1986
Ⓥ VCL

The Riffs – Die Gewalt sind wir
(1990: I CAVALIERI DEL BRONX).
Italien 1982.
R Enzo G. Castellari. *B* Dardano Sacchetti/Elisa Briganti/Enzo G. Castellari. *St* Dardano Sacchetti.
K Sergio Salvati. *SpE* Antonio Corridori. *M* Walter Rizzati. *D* Vic Morrow (Hammer), Christopher Connelly (Hot Dog), Fred Williamson (Ogre), Mark Gregory (Trash), Stefania Girolami (Anne), John Sinclair (Ice), Ennio Girolami, George Eastman, Betty Dessy, Rocco Lerro, Massimo Vanni, Angelo Ragusa. *F* 86 Min.
Barbarische Bandenkriege beherrschen den zum Niemandsland erklärten New Yorker Stadtteil Bronx im Jahr 1990. Als Anne, die Tochter eines Großkapitalisten, dort ihre Freiheit sucht, hetzt ihr Vater einen schießwütigen Polizisten auf, sämtlichen Bewohnern dieser völlig verrotteten Zone den Garaus zu machen. Der Mann ist sehr erfolgreich, doch die fantastisch anmutenden Gestalten, die diese Glasscherbengegend bewohnen, wissen sich durchaus ihrer Haut zu wehren. – Ein brutaler Reißer, der zeigen soll, daß man nur überlebt, wenn man noch brutaler ist als der andere. Zuschauer, deren IQ unter 47

liegt, werden angesichts dieses wüsten Kampfgetümmels in Begeisterungsstürme ausbrechen.

Ⓥ UFA

Die Riffs II – Flucht aus der Bronx

(1990: I GUERRIERI DEL BRONX).
Italien 1982.
R Enzo G. Castellari. *B* Tito Carpi/Enzo G. Castellari. *St* Tito Carpi. *K* Blasco Giurato. *M* Francesco De Masi. *D* Mark Gregory (Trash), Henry Silva (Wangler), Valeria D'Obici (Moon), Timothy Brent (Strike), Paolo Malco, Thomas Moore, Antonio Sabato, Alessandro Prete, Massimo Vanni, Andrea Coppola, Eva Czemerys. *F* 88 Min.

New York 1990: Nachdem der größte Teil der Bewohner des zum Niemandsland erklärten Stadtteils Bronx von einem Spezial-Kommando aufgemischt und niedergemacht wurde (siehe *The Riffs – Die Gewalt sind wir*), will eine große Baugesellschaft auch noch die letzten Überlebenden des Massakers vertreiben. Der Presse gaukelt man vor, die Betroffenen würden nach New Mexico umgesiedelt; tatsächlich jedoch sollen sie umgebracht werden. Eine Bande Jugendlicher kidnappt daraufhin den Konzernboß und versucht, 100 Millionen Dollar zu erpressen. Als die Polizei anrückt, fliegen nur noch Bomben. – Blutbäder, wohin man sieht. – »Ein nur an niedrige Instinkte appellierendes Machwerk.« (FILMDIENST)

Riffs III – Die Ratten von Manhattan

(RATS – NOTTI DI TERRORE/LES RATS DE MANHATTAN).
Italien/Frankreich 1984.
R Vincent Dawn. *B* Claudio Fragasso/ Bruno Mattei/H. Piccini. *K* Franco Delli Colli. *M* Luigi Ceccarelli. *D* Richard Raymond, Janna Ryann, Alex McBride, Tony Lombardo, Richard Cross, Chris Fremont, Moune Duvivier. *F* 97 Min.

Nachdem eine Atombombe New York zerstört hat, sucht eine Bande von Halbstarken Unterschlupf in einem unterirdischen Labor. Man braucht Wasser und ein Mittel gegen die Strahlenschäden, stößt aber nur auf ein Rattenheer, das Menschenfleisch nicht verschmäht. – »Sadistisch überschüttet Vincent Dawn seine wackeren Hauptdarsteller mit Rattenschwällen, genüßlich zelebriert er danach die Leistungen seiner Maskenbildner. Jede neue, blutig zernagte Leiche, aus deren Mund dann tunlichst immer noch eine Ratte zu krabbeln hat, telegrafiert der Soundtrack mit sakralen Klängen dabei oft minutenweise voraus.« (Norbert Stresau, FILMECHO) – »Die Ratten werfen sich den zur Karikatur erstarrten Helden haufenweise ins Genick, und man sagt sich: Sie haben's nicht anders verdient.« (KÖLNER STADTANZEIGER). – »Ekel, wohin man blickt.« (FILMDIENST)

Der Ritter aus dem All

(SUBURBAN COMMANDO). USA 1991.
R Burt Kennedy. *B* Frank Capello. *K* Bernd Heinl. *Ma* Steve Johnson. *M* David Michael Frank. *D* Hulk Hogan (Shep Ramsey), Christopher Lloyd (Charlie Wilcox), Shelley Duvall (Jenny Wilcox), William Ball (Gen. Suitor), Laura Mooney (Theresa Wilcox), Michael Faustino (Mark Wilcox), Jill Myers. *F* 100 Min.

Der Weltraumritter Shep Ramsey landet im Kampf für das Gute in einem irdischen Provinznest. Das erste Problem für den blonden Hünen in der tollen Uniform ist die Wohnungssuche, bei der er mit unterschiedlichsten Typen konfrontiert wird und auf Ablehnung stößt. Eine Bleibe findet er bei der US-Durchschnittsfamilie Wilcox, die aber auch nicht eben begeistert von ihm ist. Doch dank Sheps Hilfe gelingt es dem feigen Vater, sich durchzusetzen und sein Leben grundlegend zu ändern. Shep führt weiterhin den Kampf gegen das Böse. – Die Darstellungskünste des Catchers Hulk Hogan sind zwar bescheiden, aber der Zusammenprall zweier gegensätzlicher (man wagt kaum, es hinzuschreiben) ›Kulturen‹ gibt Anlaß für Situationskomik und führt hin und wieder zu subtilem Humor – z. B. wenn drei Rocker Shep lieber verklagen wollen, da sie Prügeln für kindisch halten. –»Ein gegensätzlicheres Paar als Shep und Charlie ist kaum denkbar, ihr Spiel trägt dieses komische Märchen, das sympathisch in Szene gesetzt ist.« (A. Pa., FILMDIENST). (V) Video

River of Death – Fluß des Grauens
(RIVER OF DEATH). USA 1988.
R Steve Carver. *B* Andrew Deutsch/ Edward Simpson. *LV* Alistair MacLean. *K* Avi Karpick. *M* Sasha Matson. *D* Michael Dudikoff (John Hamilton), Robert Vaughn (Dr. Manteuffel), Donald Pleasance (Heinrich Spatz), Herbert Lom (Col. Diaz), Cynthia Erland (Maria), Sarah Maur Thorp (Anna), Foziah Davidson (Dahlia), Ian Yule (Long John), L.Q. Jones.
F 102 Min.
Tief im amazonischen Regenwald sitzt in einer verlassenen Indiostadt der Nazi-Arzt Dr. Manteuffel und arbeitet an einem Stoff zur Vernichtung aller Schwachen. Über einen Quellfluß will er das Gift global verteilen. Meilenweit entfernt sammelt sich eine Gruppe unter der Leitung des Abenteurers John Hamilton, die eine Arztassistentin sucht, die von Manteuffels Schergen gefangen wurde. Dazu gehören: Spaatz, der Millionär und Exkomplize des Doktors, der Rache will; Maria, die Tochter eines Opfers, die Rache will; Polizeichef Diaz; ein Kollege Manteuffels, der gegen alle intrigiert, und ein Haufen Kanonen- und Indianerfutter. Man schlägt sich durch den Dschungel und kämpft gegen Flußpiraten und Kannibalen. In der Festung des Doktors ist das gesuchte Mädchen mittlerweile von der hautzerfressenden Substanz entstellt. Man schießt einander über den Haufen. Hamilton erweist sich als der Messias, der die Indianer gegen die deutschen Unterdrücker anführt. – Schon der Prolog, der 1945 in einem KZ spielt, zeigt an, daß man in einer deftigen Alistair McLean-Romanverfilmung gelandet ist. Jeder zweite Satz

lautet »Sieg Heil!«, es treten nur zackige Soldaten auf, und Hakenkreuze schmükken die Szenerie. Der Streifen steigert seine Dummheit noch, sobald Indianer und südamerikanische Polizisten eingeführt werden. So ist es nur folgerichtig, alle Darsteller außer Hamilton sterben zu lassen, damit die aufgepeitschten Rachegelüste des Zuschauers gestillt werden. – »Der böse Mengele im Urwald, oder: Ve haff vays of making you watch zis zilly flick.« (FILM-JAHRBUCH). (V) Cannon/VMP

Robinson Crusoe auf dem Mars
Anderer Titel für **Notlandung im Weltraum**

Robocop – Das Gesetz in der Zukunft
(ROBOCOP). USA 1987.
R Paul Verhoeven. *B* Edward Neumaier/ Michael Miner. *K* Jost Vacano. *SpE* Peter Kuran/Dale Martin/Bill Purcell/ Craig Davis/Peter Ronzani. *M* Basil Poledouris. *D* Peter Weller (Murphy/ Robocop), Nancy Allen (Anne Lewis), Ronny Cox (Dick Jones), Dan O‹Herlihy (Der Alte), Kurtwood Smith (Clarence Boddicker), Miguel Ferrer (Morton), Robert DoQui (Sgt. Reed), Ray Wise (Leon), Felton Perry (Johnson), Paul McCrane (Emil), Jesse Goins (Joe), Del Zamora (Kaplan).
F (103) 101 Min.
In naher Zukunft ist die Ordnung endgültig zum Teufel: In Afrika bedroht man sich mit nuklearen Knock-Out, Terroristen massakrieren sich gegenseitig, SDI-Laser gehen von allein los und vernichten ganze Siedlungen, die USA sind mehr oder weniger pleite, und der alltägliche Terror is a Way of Life. Dem OCP-Konzern untersteht die Polizei von Detroit, und die Vorstandsherren haben kein Verständnis dafür, daß Polizisten streiken wollen. Doch Menschen sind ersetzbar, und so präsentiert Vorstandsvorsitzender Jones den Roboter ED 209, der auf der Straße für Ordnung sorgen soll. Das Militär ist auch schon interessiert, und für den

Konzern, der die Detroiter Slums planieren will, um die Metropole der Zukunft zu bauen, wäre die Kampfmaschine eine feine Sache. Doch leider – man möchte fast sagen: wie immer – geht etwas schief. Ein Fehler im Programm führt zum Tod eines Angestellten. ED 209 wird auf Eis gelegt, was dem Super-Yuppie Morton eine Chance bietet. Sein von Jones blockiertes RoboCop-Projekt kann anlaufen. Der RoboCop soll ein Cyborg sein – die absolute Synthese von Mensch und Maschine. Ein geeigneter Kandidat ist schnell gefunden: Polizist Murphy erwischt es bei der Jagd nach dem Detroiter Gangster Nr. 1, den psychotischen Clarence Bodicker. Da Partnerin Lewis nicht schnell genug Hilfe holen kann, wird Murphy regelrecht hingerichtet. Die OCP verwandelt ihn in einen RoboCop, der nur drei Direktiven folgt, z. B. dem schönen Leitsatz »Wahre das Gesetz«. Das macht er dann auch. Er räumt unerbittlich auf und gibt den Kids in der Vorschule kluge Ratschläge (z. B. »Gehorcht euren Eltern.«) Nur erwacht Murphys Persönlichkeit wieder zum Leben. Auf der Suche nach seinen Mördern entdeckt der RoboCop, daß die OCP und das organisierte Verbrechen in einem Boot sitzen, denn Bodicker arbeitet für Jones. Doch der RoboCop hat Pech, als er Jones in den Kasten bringen will: Man hat ihm nämlich Direktive 4 ins Programm gejubelt, und so kann er kein Vorstandsmitglied der OCP verhaften. Jones hetzt ihm ED 209, ein SWAT-Kommando und Bodicker auf den Hals. – »*RoboCop* ... ist die unverschämte, satirische Übersteigerung von Law and Order-Phantasien und liefert damit auch eine erschreckende, präzise Vorausprojektion auf eine Zukunft, die auch hierzulande ... zu befürchten ist. (Barry Graves, TIP). Den blutrünstigen Film aller Zeiten wollte der niederländische Regisseur Paul Verhoeven machen, als er nach Hollywood kam. Ob es ihm gelungen ist, bleibt das Geheimnis der US-Zensur, bei der er acht verschiedene Schnittfassungen vorlegte, aber auch so zeigt der Streifen noch genügend Grausamkeiten. *RoboCop* zeigt sich zutiefst zynisch und rechnet eventuell bereits bestehende Tendenzen auf schwärzeste Weise hoch. Immer wieder eingeblendete Nachrichtensendungen, in denen gelackte Moderatoren mit nicht zu überbietender Kaltschnäuzigkeit die schrecklichsten Ereignisse melden, haben große Ähnlichkeit mit der amerikanischen Fernsehrealität. Während L.A. WEEKLY den Film für »brutal, subversiv und unwahrscheinlich komisch« hielt, zerriß SF-Autor und Medienkritiker Harlan Ellison ihn in der Luft: Er hatte im Kino nur die Kids gesehen, die in frenetischen Jubel ausbrachen, wenn wieder mal ein Bösmann abgeschossen wurde. *RoboCop* bleibt letztendlich nur ein Plädoyer für die starke Hand, die von simplen »allgemeingültigen« Regeln geleitet, für Ordnung in der Stadt sorgt.
Ⓥ RCA/Columbia

Robocop II

(ROBOCOP 2). USA 1990.
R Irwin Kershner. *B* Frank Miller/Walon Green. *K* Mark Irwin. *SpE* Peter Kuran/VCE Inc./Dale Martin/William Curtis. *M* Leonard Rosenman. *D* Peter Weller (Murphy/Robocop), Nancy Allen (Anne Lewis), Dan O‹Herlihy (Der Alte), Tom Noonan (Cain), Belinda Bauer (Dr. Juliette Faxx), Gabriel Damon (Hob), Mark Rolston (Stef), Ken Lerner (Delaney), Willard Pugh (Kuzak), Galyn Gorg (Angie), Lila Finn, Leeza Gibbons, Maria Machado, John Ingle, John Glover. *F* 103 Min. Vorgeschichte siehe *RoboCop*. Die Welt steht noch immer am Rand des Abgrundes. Einzig RoboCop und Partnerin Lewis weisen den Pöbel in Detroit die Schranken. Die OCP will die zahlungsunfähige Stadt kaufen, wogegen sich Bürgermeister Kuzak mit Händen, Füßen und illegalen Methoden wehrt. Auch Sektenführer Cain macht die Straßen unsicher und überschwemmt die Stadt mit der Droge Nuke. Ihm gelingt es, den RoboCop in handliche Teile zu zerlegen. Die OCP

könnte ihn zusammensetzen, doch es hagelt Proteste gegen den kompromißlosen Superbullen, und damit gegen den Konzern. Außerdem mißfällt den Beteiligten, daß er eigene Ansichten über Recht und Gesetz entwickelt hat. Die hübsche Dr. Maxx, die übers Bett des OCP-Chefs an die Macht gekommen ist, füttert ihn mit neuen Direktiven, die aus dem RoboCop eine Maschine machen, die auf der Straße völlig versagt. Dr. Maxx will nämlich ein eigenes Projekt durchbringen – einen stärkeren RoboCop, der vom Gehirn eines mit Drogen gefügig gemachten Psychopathen gesteuert wird. Cain fällt der OCP zum Opfer, aus ihm wird RoboCop 2. Aber! Cain dreht durch, und RoboCop, der sich durch einen Stromstoß (!) von der lästigen Programmierung befreit hat, saves the day. Man wirft Dr. Maxx als Verantwortlichen für das Cain-Debakel der Presse zum Fraß vor. – »Alle Vorurteile, die man gegenüber Fortsetzungsfilmen hegt, findet man beim zweiten Teil des SF-Saga um den Law- and Order-Giganten bestätigt. *RoboCop 2* fehlt das Überraschungselement. Aber was kann man auch von einem Film erwarten, dessen Handlungselemente allesamt bekannt sind. Das Erstaunen, welches Paul Verhoevens Original noch bewirkte, ist hier einem ständigen Deja-Vu-Gefühl gewichen.« (Dorothee Lackner; GIG). Bei *RoboCop* Film stimmt nichts. Da hapert es bei der fragmentarischen Handlung nicht nur an der Logik, auch die Klischeefiguren der ersten Teils sind, man hält's kaum für möglich, noch flacher geworden. Wenn der Film überhaupt etwas bewirkt, dann die Verstärkung von Vorurteilen. Kriminelle sind grundsätzlich mörderische Irre, Frauen in Führungspositionen karrieregeile Tanten, die am Ende die gerechte Strafe ereilt, weil sie es in der Männerdomäne zu etwas bringen wollen. Die satirischen Ansätze sind hier und da nur schwach zu erahnen, der Gewaltquotient wurde noch eine Stufe höher gedreht. – »*RoboCop 2* ist Unterhaltung ohne Inhalt, und repräsentiert die Ideologie des Kom-

merz in seiner reinsten Form.« (Gary Groth, THE COMIC JOURNAL).
Ⓑ Ed Naha: *RoboCop 2,* Bergisch Gladbach 1990

Robodog
(C.H.O.M.P.S.). USA 1979.
R Don Chaffey. *B* Joseph Barbera/Dick Robbins/Dwanre Poole. *K* Charles F. Wheeler. *M* Hoyt Curtin. *D* Wesley Eure (Brian Foster), Valerie Bertinelli (Casey Norton), Conrad Bain (Ralph Norton), Red Buttons (Bracken), Jim Backus (Gibbs), Hermione Baddeley (Mrs. Fowler), Chuck McCann (Brooks), Regis Toomey (Chief Patterson), Larry Bishop (Ken Sharp), Robert Q. Lewis (Merkle). *F* 89 Min.
Mr. Norton gehört ein vor dem Bankrott stehendes Alarmanlagen-Unternehmen, das sein Konkurrent Brooks aufkaufen will. Da gelingt Nortons Mitarbeiter Brian eine revolutionäre Erfindung – der ›Chomp‹, ein mechanischer Hund, der Einbrecher im Handumdrehen überwältigt. Brooks will den Chomp mit Hilfe eines Spitzels und zweier trotteliger Einbrecher in die Hände kriegen. Der flotte Köter ist jedoch nicht unterzukriegen und macht das Quartett dingfest. Brian darf mit Nortons hübscher Tochter einer besseren Zunkunft entgegensehen. – Die Dressurübungen mögen ja nicht schlecht sein, aber Lassie ist uns lieber und auch beim achtenmal noch ansehbar. – Nur auf Video.
Ⓥ VCL

RoboForce
(ROBOFORCE). Hongkong 1988.
R David Chung. *B* David Chung/Yuen Kai Chi. *K* Lo Wash Sing. *M* Romeo Diaz/James Wong. *D* Tsui Hark, John Sham, Tony Leung, Sally Yeh.
F 90 Min.
Die RoboGang funktioniert Menschen zu Robotern um und setzt sie für kriminelle Bluttaten ein. Polizeichef Loony (der Name sagt schon alles!) steht ihren Umtrieben ebenso machtlos gegenüber wie

weiland Inspektor Lestrade denen von Professor Moriarty. Er sieht Hoffnung, als ein Mitglied der RoboGang überläuft. Doch da die RoboGang auf sowas sauer reagiert, schickt sie ihre Killerroboter aus, die erfolgreich vernichtet werden. – Die Typen, die sich das ausgedacht haben, haben alle einen Schatten. – Nur auf Video.
Ⓥ Splendid

Roboman
(ROBOMAN). Italien 1988.
R Vincent Dawn (= Bruno Mattei).
B Rosella Drudi/Riccardo Grassetti.
K N.N. *SpE* Francesco & Gaetano Paolocci. *M* Al Festa. *D* Catherine Hickland (Virgin), Alex McBride (Sonny Peel), Romano Puppo (Corey), John D. Delaney (Bray), Mel Davidson (Mascher). *F* 83 Min.
Auf einer Philippineninsel gerät die menschliche Kampfmaschine Omega 1 (klingt toll, nich?) im Kampf gegen Guerilleros außer Kontrolle und (Überraschung!) wendet sich gegen die Falschen. Der Erbauer zieht mit einer Truppe Ahnungsloser in den Dschungel, um Omega 1 den Garaus zu machen. Das aufreibende Gemetzel überlebt nur die Krankenschwester Virgin, die Omega 1 mit Napalm vernichtet. – Du kannst uns viel erzählen, Vincent Dawn . . . – Nur auf Video.
Ⓥ Scala

Robot Jox
(ROBOT JOX). USA 1989.
R Stuart Gordon. *B* Joe Haldeman/ Stuart Gordon. *K* Mac Ahlberg. *SpE* David Allen/Peter Kuran. *M* Frederic Talgorn. *D* Gary Graham (Achilles), Anne-Marie Johnson (Athena), Paul Koslo (Alexander), Robert Sampson (Jameson), Danny Kamekona (Dr. Matsumoto), Hilary Mason (Prof. Laplace), Michael Alldredge (Tex Conway), Jeffrey Combs, Jason Marsden, Ian Patrick Williams, Carolyn Purdy-Garden. *F* 96 (81) Min.
Hochhausgroße Roboter, von Piloten ge-

steuert, führen nach der Apokalypse um 15.00 Uhr den Kampf um die Erde weiter. Gegner sind das Kapitalistische Bündnis und die Kommunistischen Konföderierten. Im Kampf um Alaska tritt der finstere Towaritschtsch Alexander gegen den kernigen Mr. Achilles an. In der Arena muß das Duell aufgrund einer unfairen Attacke Alexanders abgebrochen werden. Achilles stürzt auf die Zuschauertribüne und begräbt 300 Menschen unter sich, doch er will trotz der schweinischen Tricks des bösen Russen keine Revanche, weil er so edelmütig ist. Als die Retortenfrau Athena den Kampf übernehmen soll, kehrt Achilles zurück. Athena haut Achilles K.O. und zieht ins Gefecht. Alexander macht sie gnadenlos fertig. Als Achilles wieder bei Sinnen ist, führt er den Kampf fort. Die Roboter heben ins All ab, bekämpfen sich, umkreisen die Erde, landen und ändern ihre Form, bis sich die Kontrahenten im zerstörerischen Kampf gegenüberstehen. Sie erkennen die Sinnlosigkeit ihres Todeskampfes und reichen sich die Hände. – Joe Haldeman, was schreibst du bloß für Sachen! Stuart Gordon, was inszenierst du bloß für Filme! – Nur auf Video.
Ⓥ Empire

Robot Maniac
(DEATH WARMED UP). Neuseeland 1984.
R David Blyth. *B* Michael Hearth/David Blyth. *K* James Bartle. *M* Mark Nicholas. *D* Michael Hurst (Michael Tucker), Margaret Umbers (Sandy), William Upjohn (Lucas), Norelle Scott (Jeannie), David Letch (Spider), Geoff Snell (Jannings), Gary Day (Dr. Howell). *F* 84 Min.
Dr. Howell ist ein echter Fiesling: Seinen Widersacher Dr. Tucker läßt er durch dessen Sohn Michael, dem er eine Aggressionsdroge verabreicht, zur Strecke bringen. Dr. Howell produziert derweil auf seiner Insel eine Gruppe lebender Toter. Michael kommt rein zufällig Jahre später auf seine Insel. Sein Herz schreit nach RACHE. Zusammen mit drei Freunden

zieht er gegen Dr. Howell und seine geistesarmen Kinder in den Kampf. –»Blutrünstiges Horrorspektakel«. (FISCHER FILM ALMANACH). Und doof noch dazu. – Nur auf Video.
Ⓥ VPS

Robot Monster
(ROBOT MONSTER). USA 1953. *R* Phil Tucker. *B* Wyott Ordung. *K* Jack Greenhalgh. *SpE* Jack Rabin/David Commons. *M* Elmer Bernstein. *D* George Nader (Roy), George Barrows (Ro-Man), Gregory Moffett (Johnny), Claudia Barrett (Alice), John Mylong (Professor), Selena Royle (Martha), Pamela Paulson (Carla), John Brown (Stimme des ›Großen‹). 63 Min. Im Auftrag des ›Großen‹ kommt er auf die Erde: ›Ro-Man‹, der Solo-Invasor, eine paukenwanstige, plattfüßige, zottelfellige Affengestalt mit einem antennenbewehrten Taucherhelm, der sein Gesicht hinter einer Strumpfmaske verbirgt. Und er macht dem Herrn Professor, dessen Gattin, Kindern und Assistenten Roy, die in der Nähe seines Höhlenverstecks nach einem Picknick eingeschlafen sind, alsbald klar, daß er mit einem Todesstrahl gerade die gesamte Erdbevölkerung ausradiert hat. Der ›Große‹, sein außerirdischer Chef, verlangt nun von ihm, daß er auch die Überlebenden vernichtet. Ro-Man tut dies, indem er die kleine Carla stranguliert und Roy zu Tode knufft; anschließend kidnappt er die üppige Alice, um ihr an die Wäsche zu gehen. Doch der ›Große‹ ist mit Ro-Mans Taten nicht zufrieden; wutschnaubend eröffnet er ihm, daß er des Todes sei. Nun sehen wir eine Viertelstunde lang Archiv-Aufnahmen von Sauriern und Mammuts, dazu einen eruptierenden Vulkan und Bilder aus dem Dschungel. – Bis Johnny, des Professors Sohnemann, aus einem *Alptraum* erwacht, und seine Angehörigen schockiert erklären, eine so *blöde* Geschichte hätten sie ja noch nie gehört. (Wir auch nicht.) – *Robot Monster* ist wie *Plan 9 aus dem Weltall* einer jener legendären SF-Filme, die für sich in Anspruch nehmen können, zu den schlechtesten der Welt zu zählen. Harry und Michael Medved haben diesem filmischen Desaster in ihrem vergnüglichen Buch THE FIFTY WORST FILMS OF ALL TIME nicht weniger als 6 Seiten gewidmet, die alles sagen, was es über diesen an unfreiwilliger Komik reichen Film zu sagen gibt. Nicht nur die Dialoge entpuppen sich als Quelle ungetrübter Heiterkeit; auch die Ausstattung ist so jämmerlich, daß man seinen Augen nicht trauen will – vom Können der ›Schauspieler‹ ganz zu schweigen. Besonders steif agiert George Nader: »Mr. Naders nervöse Darstellung läßt vermuten, daß ihm der Regisseur vor den Aufnahmen gebeten hat, tief Luft zu holen, doch dann vergaß, ihm zu sagen, es sei ganz in Ordnung, wenn er wieder ausatme.« (Harry und Michael Medved) – In Originalfassung.
Ⓥ Import

Robot War
(GUNHED). Japan 1989. *R* Masato Harada. *B* Masato Harada/James Bannon. *K* Junichi Fujisawa. *SpE* Koichi Kawakita. *M* Tashiyuki Tanaka. *D* Masahiro Takashima (Brooklyn), Brenda Bakke (Nim), Yajin Harada (Elf), Kaori Mizushima (Sieben), Mickey Curtis, James P. Thompson. *F* 92 Min. Seit dem großen Roboterkrieg von 2025 herrscht Ruhe im riesigen Industriekomplex der Insel 8 JO, der von dem selbständigen Computer Kyron 5 geleitet wird. Abenteurer landen mit einer Luftfähre auf der vierhundertstöckigen Anlage. Sie suchen das wertvolle Mineral Texium, mit dem der Komplex einst betrieben wurde. Sie stoßen auf den weiblichen Texasranger Nim, die einen gefährlichen Bio-Droiden sucht, und die Kinder Elf und Sieben. Der Bio-Druide tötet die Crew bis auf den Techniker Brooklyn. Verfolgt von ihm müssen sich die letzten vier durch die Sicherheitssysteme zum Dach von Kyron 5 durchkämpfen. Brooklyn setzt mit Sieben einen schweren Gunhed-Panzer in Be-

trieb. Nim und Elf wollen zu Fuß zur Fähre. Es wird ein Rennen gegen die Zeit, als Kyron 5 den Countdown zur Selbstvernichtung einleitet. Brooklyn vernichtet den Bio-Droiden. Sie ergattern das Texium und entkommen. – How science fiction got it's bad name? I'll tell ya: Durch dämliche Filme. – Nur auf Video.
Ⓥ VPS

Roboter der Sterne
(THE IRON MAN). Hongkong 1976. Keinerlei filmographische Daten erhältlich. *F* 86 Min.
Der ›Große Koordinator‹ ist auf die Erde gekommen und hat mit allerlei seltsamem Gezücht im sagenumwobenen Bermuda-Dreieck Stellung bezogen, um die Erde zu erobern (oder zu vernichten). Ein irdischer Professor, der keinen Namen hat, entwickelt, um den Bösewicht abzuwehren, eine Formel namens Titanium und konstruiert den roten Riesenroboter ›Magischer Ballermann‹, dessen Steuermann, der Superheld Kai, die Oberlumpen aus dem All in den Orkus wirbelt. – »Roboterkämpfe sind für jugendliche SF-Fans offensichtlich recht unterhaltsam, denn sie sparen nicht mit Fachkommentaren. Größere Kinder gähnen auffallend oft. Erwachsene dürften an der naiven Fabel ... keine Freude haben, denn selbst die recht pfiffigen Dialoge können nicht verhindern, daß sich Langeweile ausbreitet, leider permanent.« (FILMWOCHE) – »Was ... beim Monster-Spezialisten Honda noch einen Sinn hatte, wird hier zum Kasperle-Theater.« (FILMBEOBACHTER)
Ⓥ Pront

Roboter des Grauens
(THE MONSTER AND THE APE). USA 1945.
R Howard Bretherton. *B* Sherman Lowe. *K* L. W. O'Connell. *M* Lee Zahler. *D* Robert Lowery (Ken Morgan), George MacReady (Prof. Ernst), Ralph Morgan (Prof. Arnold), Carole Matthews (Babs Arnold), Willie Best (Flash), Jack Ingram (Nordik), Anthony Warde (Flint), Ted Mapes (Butler), Stanley Price (Mead), Eddie Parker (Blake).
1. Teil: *Maskierte Feinde*; 2. Teil: *Zerfetzte Masken*. 81/95 Min.
Zwei Wissenschaftler bauen einen Roboter und wollen ihn in Serienproduktion geben. Während der eine edle Ziele verfolgt, ist der andere jedoch ein Lumpenhund, der – man glaubt es kaum – sich mit Hilfe der Maschinenmenschen die Erde untertan machen will. Darüber geraten sie sich dermaßen in die Haare, daß sie sich nicht nur prügeln, sondern auch Haukommandos aufeinander ansetzen. Wer zweifelt daran, daß der Gute schließlich doch noch siegt? »Selten sah man eine so hirnlose Handlung so primitiv heruntergekurbelt«, meinte der FILMBEOBACHTER, dem man nur zustimmen kann. Dennoch: Für die Freunde des absoluten Schundes kann ein solcher Streifen höchst ergötzlich sein! Zusammenschnitt eines ursprünglich fünfzehnteiligen Filmserials.

Roboter im Sternbild Kassiopeia
(OTROKI WO WSELENNOI). UdSSR 1975. *R* Richard Wiktorow. *B* Awenir Sak/Isai Kusnezow. *K* Andrej Kirillow. *M* Wladimir Tschernyschow. *D* Innokenti Smoktunowski (BSA), Mischa Jerschow (Sereda), Sascha Grigorjew (Koselkow), Wolodja Sawin (Kopanygin), Wolodja Bassow (Lobanow), Olja Bitjukowa (Kutejstschikowa), Nadja Owtscharowa (Sorokina), Ira Popowa (Panferowa).
F 85 Min.
Vorgeschichte siehe *Start zur Kassiopeia*. – Der sowjetische Raumer *Sarja* (Morgenröte) ist auf dem fernen Planeten Wariana gelandet, wo die Besatzung die Einheimischen kennenlernt. Diese jedoch führen sich sehr befremdlich auf und wirken wie aufgezogene Spielzeuge. Sie erfahren, daß Wariana von Robotern beherrscht wird. Der BFS (Bevollmächtigte für Sonderaufträge) trifft ein, um den jugendlichen Raumfahrern zu helfen. – Adrette vierzehnjährige Jungpioniere mit

Junge Pioniere im All: *Roboter im Sternbild Kassiopeia*

gepflegtem Haarschnitt (eins der Girls trägt sogar Zöpfe) reisen durchs All, aber trotzdem recht unterhaltsam und gut fotografiert.

Roboter mit Herz
(TOO MUCH). USA 1987.
R Eric Rochat. *B* Joan Caine/Eric Rochat. *K* Daisaku Kimura. *M* George S. Clinton. *D* Bridgette Anderson (Susie), Masao Fukazawa (Too Much), Morikiyo Bowhay (Tetsuro), David M. Spencer (Tom), Hiroyuki Watanabe (Tetsuro). *F* 85 Min.
Bei einem Urlaub in Japan läuft die kleine Susie mit dem putzigen Roboter Too Much davon. Sie verlaufen sich in Tokyo und werden von den Eltern und der Polizei gesucht. TM wehrt sich mit flotten Tricks gegen den finsteren Konkurrenten seines Erfinders, bis beide wieder in trauter Gemeinschaft sind. – Nummel Fünf fül Alme. – Nur auf Video.
Ⓥ Cannon/VMP

Die Roboter kommen
Anderer Titel für **Die Androiden**

Roboto – Die Menschmaschine
(NOT QUITE HUMAN). USA 1987.
R Stephen Hilliard Stern. *B* Alan Ormsby. *K* Ken Lamkin. *M* Tom Scott. *D* Alan Thicke, Robyn Lively, Robert Harper, Joseph Bologna, Jay Underwood, Brian Cole, Brandon Douglas. *F* 87 Min.
Dr. Carsons Tochter hat den nettesten Vater der Welt. Der talentierte Spielzeugkonstrukteur wäre auch der glücklichste Vater, hätte er nur einen Sohn. Dank seiner außergewöhnlichen Talente baut er sich einen sechzehnjährigen Junior. Junior, von der modernen Zivilisation völlig unverdorben, sieht die Welt aus einem neutralen Blickwinkel. Doch in der Ferne schmiedet der sinistre Oberschurke Dr. Vogel düstere Pläne: Er will Juniors Herz, einen bombigen Mikrochip, um Robotersoldaten herzustellen. Dr. Carson wird

aus dem Verkehr gezogen. Junior, inzwischen der Schwarm aller Girls, haut ihn raus und zeigt Dr. Vogel, wo die Glocken hängen. – Nur auf Video.
Ⓥ Euro

Robur, Herr der 7 Kontinente
(MASTER OF THE WORLD).
USA 1961.
R William Witney. *B* Richard Matheson. *LV* Jules Verne. *K* Gill Warrenton. *SpE* Ray Mercer/Tim Barr/ Wah Chang/Gene Warren. *M* Les Baxter. *D* Vincent Price (Robur), Charles Bronson (Strock), Henry Hull (Prudent), Mary Webster (Dorothy), David Frankham (Philip Evans), Richard Harrison (Alistair), Vito Scotti (Chefkoch), Wally Campo (Turner), Steve Masino (Weaver), Ken Terrel (Shanks), Peter Besbas (Wilson).
F 86 Min.
Morgantown bei Philadelphia, 1848: Vier Ballonfahrer, die einen mysteriösen Vulkanausbruch untersuchen wollen, werden von Raketen abgeschossen und finden sich kurz darauf als Gefangene eines seltsamen Mannes namens Robur wieder, der mit einem fantastisch anmutenden Luftschiff die Welt umsegelt und dem Krieg den Krieg erklärt hat: Wo immer er militärische Anlagen und Kriegsschiffe sichtet, werden sie von ihm und seinen Gehilfen bombardiert. Die Ballonfahrer – der Munitionsfabrikant Prudent, seine Tochter Dorothy, sein Assistent Evans und der Regierungsagent Strock – sind verständlicherweise von den Plänen ihres Gastgebers wenig begeistert, denn während Prudent kriegerische Auseinandersetzungen das tägliche Brot sind, fürchtet Strock um die Abwehrkraft der Vereinigten Staaten. Das Luftschiff *Albatros* fliegt nach Süden und bombardiert unterwegs britische Marineanlagen. Auch die Österreicher und Ägypter kriegen ihr Fett. Als Roburs Flugmaschine selbst unter Beschuß gerät und sich nur unter höchsten Mühen aus der Gefahrenzone retten kann, sehen die Gefangenen einen günstigen Moment zur

Flucht. Die *Albatros* muß wegen eines Propellerdefekts auf einer kleinen Mittelmeerinsel anlegen. Evans und Strock legen ein Feuer im Munitionsdepot des Luftschiffes und gelangen über das Ankerseil mit den anderen zu Boden. Roburs Luftschiff geht in Flammen auf und versinkt im Ozean. – Ist die Gestalt des Monsieur Robur in Jules Vernes Originalroman der Prototyp des ›unpolitischen‹ Wissenschaftlers, der sich nur dem technischen Fortschritt verpflichtet fühlt und moralische Bedenken nicht kennt (sein Luftschiff heißt in der Romanfassung bezeichnenderweise *Terror*), so wird er in Witneys Verfilmung zu einem Quasi-Nemo, der von einem irrationalen Haß auf ›die Menschen‹ getrieben wird, die angeblich nur vernichten und zerstören können. Am besten gefiel da noch das Luftschiff *Albatros*, »ein riesiges viktorianisches Unikum mit Schiffssteuerrad und Luftschrauben, eingerichtet wie eine Vorstadtvilla, ausgerüstet mit einer Art Radaranlage und einem enormen Vorrat an Bomben und Munition.« (FILMDIENST) – Die Geschichte hat dennoch ihren Reiz: Das zerknautschte Gesicht des jungen Charles Bronson, der Robur im Auftrag der US-Regierung nachspürt, muß man einfach gesehen haben. Der Film wurde auch unter dem Titel *Herr der Welt* herausgebracht, wobei die Werbung den inzwischen bei breiteren Publikumsschichten prominenteren Charles Bronson über Vincent Price stellte.
Ⓥ Thorn EMI
Ⓑ Jules Verne: *Der Herr der Welt*, Wien 1904

Rock Aliens – Let's Dance Tonight
(VOYAGE OF THE ROCK ALIENS).
USA 1984.
R James Fargo. *B* S. James Guidotti/ Edward Gold/Charles Hairstrom. *K* Gilbert Taylor. *M* Jack White. *D* Pia Zadora (Dee Dee), Tom Nolan (Absid), Craig Sheffer (Frankie), Alison La Placa (Diare), Michael Berryman (Chainsaw), Ruth Gordon (Sheriff),

Jimmy & The Mustangs (The Pack), Jermaine Jackson. *F* 92 Min.
In der Kleinstadt Speelburgh (sic!) landet ein gitarrenförmiges Raumschiff mit den titelgebenden Rock Aliens. Da Frankie seine Freundin Dee Dee nicht in seiner Band singen lassen will (Wer sich an Pia Zadora erinnert, wird ihn verstehen!), nehmen sich die Rock Aliens ihrer an. Die Teenies fahren auf ihren Space Rock ab, und Dee Dee wird toll bekannt. Aber Frankie bleibt sie trotzdem treu. – »Ungeheuer grobkörnig inszeniert, damit man nicht merkt, wo die zahlreichen verbratenen Videoclips aufhören und der eigentliche Film wieder anfängt, gibt sich James Fargos Disco-Operette als eine Art utopischer *Grease*-Verschnitt . . . Dennoch: Das Kaliber eines *Plan 9 aus dem Weltall* erreicht der Film trotz heftigen Bemühens leider nicht ganz. Über manche Anspielung kichert man eben doch in seinem Kinosessel vor sich hin, d.h. man lacht *mit* dem Film, statt, wie es sich für einen richtigen Turkey gehört, *über* ihn. Viel fehlt freilich nicht mehr: Jeder wahre Baddie-Fan darf auf den nächsten Pia Zadora-Film gespannt sein.« (Norbert Stresau, SCIENCE FICTION TIMES).

Rocketeer
(THE ROCKETEER). USA 1991.
R Joe Johnston. *B* Danny Bilson/Paul De Meo. *K* Hiro Narita. *SpE* Industrial Light & Magic. *M* James Horner.
D Bill Campbell (Cliff Secord), Jennifer Connelly (Jenny Blake), Alan Arkin (Peevy), Timothy Dalton (Peevy), Paul Sorvino (Eddie Valentine), Terry O'Quinn (Howard Hughes), Ed Lauter (Fitch), James Handy (Wooly), Tiny Ron (Lothar), Nada Despotovich (Irma), Margo Martindale (Millie). *F* 108 Min.
1938: Der tapsige Pilot Cliff jagt in seiner Maschine übers Land. Als er in eine Verfolgungsjagd zwischen Gangstern und dem FBI gerät, muß er auf dem Flugplatz notlanden, wo auch die Jagd ihr Ende findet. Ein Gangster versteckt im Hangar ein Paket. Cliff und der Konstrukteur Peevy

finden es – es enthält einen steuerbaren Raketensatz für einen Menschen; gebaut hat ihn der große Howard Hughes. An diesen Prototypen wollen auch die Nazis heran. Der Hollywood-Star und Nazispion Sinclair hat die sogenannte X-3 von der Mafia stehlen lassen. Bevor Cliff und Peevy die X-3 abliefern können, testen sie sie. Ein in seiner Maschine ohnmächtig gewordener Pilot wird so von Cliff gerettet. Cliff kommt als ›Rocketeer‹ in die Presse und gerät zwischen die Fronten des FBI, der Mafia und Sinclairs Killer Lothar, wenn vorerst auch noch anonym. Um die Identität des Rocketeers zu lüften, umgarnt Sinclair Cliffs Freundin Jenny. In einer wilden Schlacht in einem Restaurant nimmt Sinclair Jenny als Geisel und will sie gegen die X-3 austauschen. Bei der Übergabe entlarvt Cliff Sinclair vor den Augen der Mafia als Nazispion. Das ist (im Gegensatz zur historischen Wahrheit) auch der Mafia zuviel! Gangster und FBI bekämpfen ein angerücktes deutsches Einsatzkommando. Sinclair flieht mit Jenny in einem Zeppelin. Cliff folgt. Er haut Lothar aufs Haupt, doch der Zeppelin droht zu explodieren. Sinclair flieht mit der X-3. Der Zeppelin geht allmählich in die Brüche. Der geniale Howard Hughes und Peevy retten das Liebespaar mit einer weiteren Erfindung. – »Animation, Rotoskopie, Stop-Motion, Mattemalereien, Miniaturen und Computergrafiken wurden perfekt kombiniert und mit Realaufnahmen verbunden. Bei all der modernen Tricktechnik verströmt der Film noch nostalgischen Charme und vermittelt sehnsuchtsvolle Erinnerungen an eine vergangene Jugend und Unschuld, an die Faszination heimlicher kindlicher Comic-Lektüre und an die märchenhaft aufregenden Gefühle anläßlich früher Kinoerlebnisse.« (Ralph Umard, TIP). – »Das letzte Drittel von *Rocketeer* wirkt wie eine Persiflage auf den mangelnden ideologischen Feinsinn amerikanischer ›Why we fight‹-Filme, ein Stück Kaugummi – Symbol amerikanischer Erfindungsgabe, wenn es je eins gab – bringt die Faschisten endgül-

tig zu Fall, und der Held ist eine Spur zu
tumb, um noch Verkörperung des alten
Pioniergeists zu sein.« (Sabine Horst, EPD
FILM).

Rocket Ship

(FLASH GORDON). USA 1936.
R Frederick Stephani. *B* Frederick
Stephani/George Plympton /Basil
Dickey/Ella O'Neill. *V* Alex Raymond.
K Jerry Ash/Richard Fryer. *SpE* Norma
Drewes. *M* Franz Waxman. *D* Buster
Crabbe (Flash Gordon), Jean Rogers
(Dale Arden), Charles Middleton
(Kaiser Ming), Priscilla Lawson
(Prinzessin Aura), Frank Shannon (Dr.
Zarkov), John Lipson (Vultan), Richard
Alexander (Prinz Barin), Duke York
(König Kala), Theodore Lorch
(Hohepriester), Earl Askam (Torch),
Richard Tucker (Prof. Gordon), James
Pierce (König Thun), House Peters
(Hai-Mensch), Muriel Goodspeed
(Zona), Lane Chandler, Glenn Strange,
Fred Kohler jr., Al Ferguson
(Soldaten), Eddie Parker, Carol
Borland. 82 Min.

Der von dem grausamen Kaiser Ming beherrschte Planet Mongo befindet sich auf
Kollisionskurs mit der Erde. Um den großen Knall zu verhindern, brechen der Erfinder Dr. Zarkov, der Muskelmann Flash
Gordon und dessen Braut Dale in einem
Raumschiff nach Mongo auf, wo sie jedoch sofort festgenommen und vor Ming
geschleppt werden, der gleich ein Auge
auf die ansehnliche Dale wirft. Zwar kann
man den Tyrannen davon überzeugen,
daß eine Kollision der beiden Welten
auch Mongo vernichten würde, doch läßt
der machthungrige Wüstling den blonden
Recken Flash erst einmal in die Arena
werfen. Mings Tochter Aura, die sich auf
den ersten Blick in den Erdling verliebt
hat, verhilft ihm jedoch zur Flucht. Während einer planetaren Odyssee lernt er
Prinz Barin, den rechtmäßigen Herrscher
Mongos, das Volk der Löwenmenschen
und König Vultan, den Herrscher über
eine schwebende Stadt, kennen. Pausen-

losen Angriffen und Ränkespielen ausgesetzt, gerät Flash Gordon schließlich wieder in die Hände Mings, der sich stets üb-
lere Methoden ausdenkt, sich seines Widersachers zu entledigen. Dank der Unterstützung Barins und Zarkovs, der im entscheidenden Moment mit einer genialen
Erfindung (einem Unsichtbarkeitsfeld)
aufwarten kann, gelingt es ihm, Ming zu
übertölpeln. Der Bösling muß am Ende in
das Nest eines überdimensionalen Langu-
stenmonsters fliehen, dem er (freilich nur
scheinbar) zur Speise dient. Prinz Barin
besteigt den Thron; Aura, die sich ihm im
Laufe der Geschichte zugewandt hat, sitzt
an seiner Seite. – Das ursprünglich fünf-
zehnteilige und 416 Min. lange Serial,
fürs Fernsehen und die Videoindustrie auf
Spielfilmlänge reduziert, bringt natürlich
kaum mehr als geballte Aktion zwischen
Pappkulissen und finster dreinschauen-
den, mittelalterlich gekleideten Bösewichtern, doch was will man von einer
Billigproduktion, die man sich ausgedacht hat, um Kinderherzen zu erfreuen,
mehr verlangen. Für die nötige Spannung
sorgen die ›Cliffhangers‹: Am Ende jeder
Episode sieht sich der Held einer Gefahr
ausgesetzt, die – so scheint's zumindest –
niemand überwinden kann, doch wird der
Zuschauer im nächsten Kapitel stets eines
Besseren belehrt. Alex Raymonds (1909
bis 1956) im Jahre 1934 entstandener Comic-Strip, der dem Film zugrunde liegt,
war in den USA so beliebt, daß er nicht
nur in bunten Bilderheftchen, sondern
auch als Hörspielfolge im Radio vermarktet werden konnte. Ebenso wie Buck Rogers wurde auch der Name Flash Gordon
in den englischsprachigen Ländern zu einem Synonym für Science Fiction, auch
wenn seine Abenteuer durchaus typische
Fantasy-Elemente enthielten und schon an
der Kleidung der Mongo-Bewohner zu erkennen war, daß ihre Kultur aus einer kru-
den Mischung aus Utopia und mittelalterlichen Heldensagen bestand. – »Man
nannte ihn (Flash Gordon; Anm. d. Verf.)
den amerikanischen Siegfried, und das
nicht ohne Grund. Er bekämpfte Magier

und Drachen, und zwar in Königreichen, deren Türme man nur auf Gobelins findet, und in Erzählungen interplanetarischer Reisen, wie man sie aus mittelalterlichen Epen kennt. Flash... ist der edelste aller Filmhelden. Mit männlichem Charme ausgestattet und rein im Herzen, zieht er gegen die Bedrohung ins Feld, die orientalische Ursprünge hat. Er ist ein fröhlicher nordischer Übermensch, der die Menschheit vor dem schlitzäugigen, gelbhäutigen Kaiser Ming beschützt, einem Schurken, dessen Boshaftigkeit so recht nach dem Geschmack der Hearst-Presse war, in deren Zeitungen Flash Gordons Abenteuer erstmals erschienen.« (Chris Steinbrunner/Burt Goldblatt, CINEMA OF THE FANTASTIC) – Für die Universal-Filmgesellschaft, die Flash Gordons erstes Serial-Abenteuer produzierte, erwiesen sich die Geschichten um den blonden Superhelden als dermaßen profitabel, daß man sich entschied, zwei Fortsetzungen zu drehen, die unter den Titeln FLASH GORDON'S TRIP TO MARS (1938) und FLASH GORDON CONQUERS THE UNIVERSE (1940) in die Filmtheater kamen. FLASH GORDON'S TRIP TO MARS erhielt für eine TV/Video-Aufführung den Titel MARS ATTACKS THE WORLD. Sämtliche auf Spielfilmlänge reduzierte Serials sind in der BRD nur als Importkassetten in englischer Sprache erhältlich.
Ⓥ Import

Rockit – Final Executor
(GLI ESECUTORI – L'ULTIMO GUERRIERO). Italien 1983.
R Romolo Guerrieri. *B* N. N.
K Guglielmo Mancori. *M* N. N.
D William Mang (Alan Tanner), Woody Strode (Sam), Marina Costa (Hydra), Harrison Muller (Erasmus), Luca Giordana, Stefano Davanzanti, Renato Miracco, Mergy Newton, Karl Zinny, Giovanni Cianfriglia. *F* 92 Min.
Der Kybernetiker Alan, der nach dem großen atomaren Knall mit seiner Freundin in die Wildnis verbannt wird, gerät in die Hände einer viehischen Endzeit-Punk-Rocker-Bande und entwickelt sich unter der Anleitung des alten Haudegens Sam zum Rächer, der die Böslinge mit Stumpf und Stiel ausrottet. – Wer die Waffen hat, hat zwar die Macht, aber wer einen Drehbuchautor hat, hat noch längst keine spannende Geschichte! – »Der Einfallsreichtum begrenzt sich auf den Einsatz von Sperrholzflinten und abgenutzten Styroporverkleidungen, die Kulisse auf eine triste Mischung aus Stausee und Müllkippe.« (KÖLNER STADTANZEIGER).
Ⓥ Vegas

The Rocky Horror Picture Show
(THE ROCKY HORROR PICTURE SHOW). USA 1975.
R Jim Sharman. *B* Jim Sharman/Richard O'Brien. *V* Richard O'Brien (Musical). *K* Peter Suschitzky. *M* Richard O'Brien. *D* Tim Curry (Frank N. Furter), Susan Sarandon (Janet Weiss), Barry Bostwick (Brad Majors), Richard O'Brien (Riff-Raff), Jonathan Adams (Dr. Everett Scott), Nell Campbell (Columbia), Peter Hinwood (Rocky Horror), Meatloaf (Eddie), Patricia Quinn (Magenta), Charles Grey (Kriminologe), Hilary Labow (Betty), Jeremy Newson (Ralph), Frank Lester (Brautführer), Mark Johnson, Koo Stark, Petra Leah, Gina Barrie (Hochzeitsgäste), John Marquand (Vater), Annabelle Leventon, Tony Then, Hugh Cecil, Stephen Calcutt, Henry Woolf, Fran Fullenwider, Imogen Claire, Sadie Corre, Christopher Biggins, Perry Bedden, Lindsay Ingram, Peggy Ledger, Gaye Brown, Pamela Obermayer, Anthony Milner, Kimi Wong, Ishaq Bux (Transsylvanier). *F* 98 Min.
Nach der kirchlichen Trauung von Betty und Ralph macht der unbedarfte Brad Majors seiner ebenso unbedarften Freundin Janet einen Heiratsantrag. Fortan wird er nicht müde, darauf hinzuweisen, daß sie seine Verlobte ist. Auf der Fahrt nach Hause geraten sie in der Dunkelheit in ein Unwetter, dann fällt auch noch ihr Wagen

aus. Zum Glück entdecken sie ein altes Gemäuer, in dem Licht brennt. In der Hoffnung, von dort den Reparaturdienst anrufen zu können, erbitten Brad und Janet pitschnaß Einlaß. Der Mann, der ihnen öffnet, ist jedoch nicht dazu angetan, ihr Vertrauen in die unheimliche Umgebung, in die er sie führt, zu stärken: Riff-Raff ist ein häßlicher, verschlagen wirkender, buckliger Freak mit kahlem Kopf, irrem Blick und furchteinflößender Stimme. Wie sich herausstellt, findet in dem alten Gemäuer gerade die Jahrestagung der Transsylvanier statt – einer offenbar bi/transsexuellen Vereinigung von Außerirdischen, die sich unter die Menschen gemischt haben, um aus deren Zusammenleben irgendwelche Erkenntnisse zu ziehen. Die Gesellschaft, in die Brad und Janet eingeführt werden, ist mehr als

bizarr: Zwar tagt man in Frack und Zylinder, aber die Masken der Gäste lassen in den naiven jungen Leuten den Verdacht aufkommen, daß sie einer Horde von Perversen in die Hände gefallen sind. Dieser Eindruck wird noch verstärkt, als sich der Herr bzw. die Dame des Hauses in das Geschehen mischt: Frank N. Furter, der Oberbefehlshaber der Transsylvanier auf Erden, entpuppt sich als geschminktes, straps- und reizwäschetragendes Wesen, das auf unserem Planeten hauptsächlich die Erfüllung der eigenen sexuellen Vorlieben sucht – sehr zum Unwillen des Butlers Riff-Raff, der es viel lieber sähe, wenn sich sein Meister mehr um die Belange des Heimatplaneten kümmern würde. Als Janet merkt, welche Gelüste Frank N. Furter hat, fällt sie erst einmal in Ohnmacht. Der Hausherr schreitet indes-

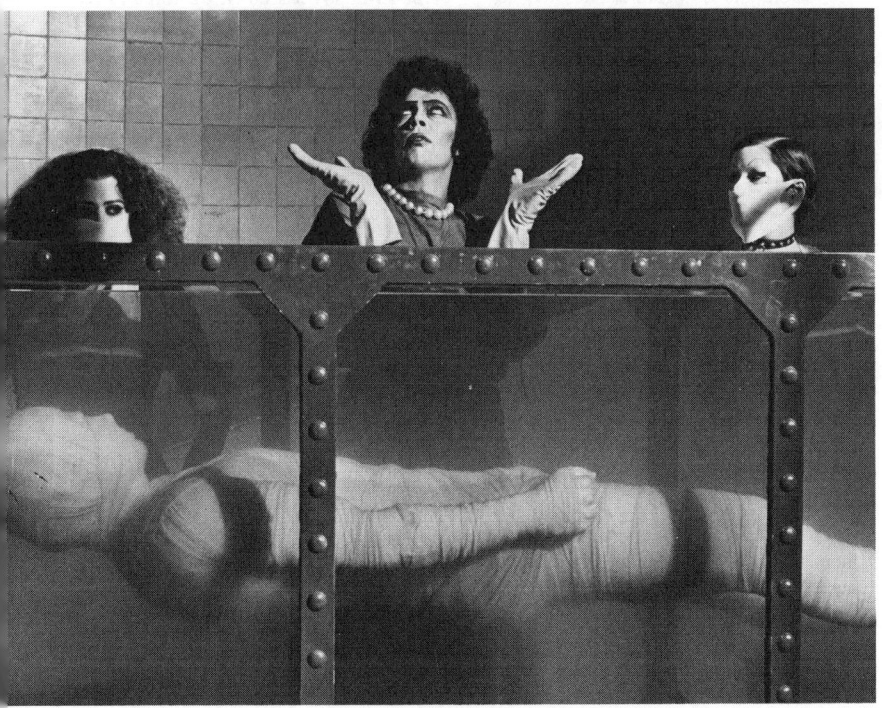

Dig it, if you can:
Patricia Quinn, Tim Curry und Nell Campbell in *The Rocky Horror Picture Show*

sen triumphierend zum weiteren Verlauf des Abendprogramms und präsentiert der versammelten Gesellschaft sein Meisterstück: den künstlichen Menschen Rocky Horror, ein modernes Frankenstein-Monster, das jedoch beim Anblick seines lasziv agierenden Schöpfers furchtsam Mükke macht. Dann taucht der musikalische Rocker Eddie auf, ein dicklicher, brutal aussehender Motorrad-Freak, dem Frank N. Furter einst zugetan war: Frank killt ihn mit einem Eispickel. Janet und Brad finden sich kurz darauf in getrennten Schlafzimmern wieder, aber die vermeintliche Janet, die sich zu Brad schleicht, und der vermeintliche Brad, der im Dunkeln Janet seine Aufwartung macht, ist in Wahrheit der unersättliche Frank N. Furter, ein Meister der Stimmenimitation, der es versteht, den beiden unerfahrenen jungen Leuten Genüsse zu verschaffen, die zu erfahren sie sich nie im Leben getraut hätten. Peinlicherweise erlebt die verstörte Janet Brads und Franks Beisammensein an einem Monitor mit, weswegen sie frustriert durch das Gemäuer läuft, um mit dem verstörten Rocky anzubändeln. Dr. Scott, ein UFO-Forscher, tritt ebenfalls nächtens auf den Plan – er sucht nach seinem mißratenen Neffen Eddie. Frank und die Transsylvanier halten ihn für einen Regierungsspitzel und laden ihn zu einem Imbiß ein: Zu spät merken die Anwesenden, daß das Fleisch, das sie verzehren, ein Teil Eddies ist. Riff-Raff, dem das Treiben Frank N. Furters längst nicht mehr paßt, organisiert einen Putsch. Doch bevor Frank sich erklären kann, tötet er seinen Meister mit einer Strahlenpistole und verkündet, daß die Zeit der Transsylvanier auf der Erde zu Ende ist. Brad, Janet und Dr. Scott können das alte Schloß gerade noch verlassen. Während sie draußen durch eine undurchdringliche Nebellandschaft kriechen, orientierungslos, nachdem sie von den ›verbotenen Früchten‹ gekostet haben, hebt das Gemäuer ab – und startet wie ein Raumschiff zu den Sternen. *The Rocky Horror Picture Show* ist der

Kultfilm überhaupt. In erster Linie ist er jedoch mehr Musical als Spielfilm, denn die Handlung wird ständig von Gesangs- und Tanzeinlagen unterbrochen. Schon zu Beginn, als sich ein beinahe obszön bemaltes rotes Lippenpaar und schneeweiße Zähne zu den Klängen des Songs ›Science Fiction/Double Feature‹ öffnen, ist der Einstieg in die fantastische Atmosphäre des Streifens vollbracht: Richard O'Brien, der diesen Part singt (obwohl der rote Mund nicht der seine ist), weiß, was er verarbeiten will – nämlich jene unzähligen schundigen SF- und Horrorfilme, die er sich als Jugendlicher in schlecht beheizten Bahnhofskinos reingezogen hat: jene Streifen eben, die für Zitate besonders viel hergeben – Michael Rennie und *Der Tag, an dem die Erde stillstand*, Claude Rains und *Der Unsichtbare*, Fay Wray und *King Kong und die weiße Frau* sowie Leo G. Carroll und *Tarantula* und Dana Andrews und *Der Fluch des Dämonen* –, samt und sonders Filme, die in gewissen Breitengraden selbst einen Kultstatus errungen haben. Aber zum Thema Science Fiction kommt bei ihm noch eine gewaltige Prise Swinging London/L. A. aus den späten sechziger und frühen siebziger Jahren mit hinein: die in jener Zeit erstmals von einer breiteren Öffentlichkeit bemerkte Tatsache, daß es wohl so etwas wie ein drittes Geschlecht gibt. – »*Rocky Horror*« ist sowohl als Auflistung wie auch als Veralberung alter Monster- und SF-Filme in seinen Zitaten fast schwindelerzeugend, aber am expertesten satirisiert es die uralte Angst der Normalgesellschaft, die sich mit abweichendem Sexualverhalten konfrontiert sieht. Dies wird schon am Anfang des Films deutlich (Janet sagt: ›Brad – dieser Ort strahlt etwas *Ungesundes* aus!‹), aber auch durchweg bis zum Ende, als Frank N. Furter – ›zum Besseren der Gesellschaft‹ – vernichtet wird, nachdem Rocky ihn in King-Kong-Manier auf die Spitze des RKO-Radio Pictures Tower getragen hat. Dennoch kehrt er ins Leben zurück, um mit der gesamten Besetzung eine Unterwasserballett-Version der filmischen Botschaft ›Träum es nicht nur! Sei es!‹ vorzuführen. Das Lied wird zur Hymne der Hoffnung für die androgyne Welt. Tim Currys Darstellung, besonders seine Interpretation des Liedes ›Sweet Transvestite‹ macht den Kern dessen aus, was nach der Meinung sämtlicher Eltern Amerikas passieren wird, sollten unsere sexuellen Standards unverklemmter werden. Sie wird zum leibhaftigen Grauen, indem sie abweichendes Sexualverhalten deutlich und fühlbar macht in der einzigen Umgebung, in der sie möglicherweise funktionieren könnte: einem alten, finsteren Haus, bevölkert mit Lesbierinnen, Transvestiten, Acid-Freaks und Ausgeklinkten, die singend und rockend die unschuldige Jugend Amerikas verführen.« (Vito Russo, THE CELLULOID CLOSET) – »Es wäre ein leichtes, diesen Film, der ganz aus Trivialmythen, Filmzitaten und Parodien montiert ist, dadurch fertigzumachen, daß man ihm seine totale Amoral vorhält und ihm seine grotesken, immer haarscharf am Rande von Obszönität und Geschmacklosigkeit balancierenden Bilder und Einfälle vorrechnet«, schrieb der (katholische) FILMDIENST 1977. »Aber damit täte man diesem hemmungslos originellen Film bitter Unrecht. Er ist grell, vulgär und kitschig, veralbert virtuos die halbe Filmgeschichte ... parodiert beiläufig die Kunstgeschichte ... schwelgt in Straps- und Nahtstrumpf-Romantik und ignoriert Moral, Geschmack und Naturgesetze – aber er ist hinreißend.« Die Aufnahmen dauerten zwei Monate und verschlangen etwa 1 000 000 Dollar. Im September 1975 wurde der Film uraufgeführt, aber nur halbherzig, mit sieben Kopien, weswegen die Presse kaum Notiz von ihm nahm. Hollywood hatte nicht die geringste Ahnung, was es da ausgebrütet hatte. Als der Streifen im April 1976 in Greenwich Village (New York) anlief, tat sich etwas Unverhofftes, etwas so Irres, daß die Presse es nicht mehr länger ignorieren konnte: Das Publikum kam. Aber

wie es kam! Es kam *immer wieder!* Abend für Abend versammelten sich die gleichen Leute im Foyer des Kinos, und hin und wieder brachten sie andere mit. Und bald darauf intonierten sie nicht nur den auf der Leinwand gesprochenen Text, sondern nahmen an der Geschichte auch *teil*, was im Extremfall so aussah, daß sie während der Trauungsszene mit Reis warfen und sich eine Zeitung über den Kopf hielten, wenn Janet und Brad durch das Unwetter gingen. Schließlich ging man dazu über, einen speziell für die Filmhandlung kreierten Tanz, den ›Time Warp‹, auf den Gängen und vor der Leinwand mitzutanzen. Schließlich tauchten die ersten *Rokky*-Fans ›in drag‹ auf: mit hochhackigen Schuhen, schwarzen Netzstrümpfen, ebensolchen Korsagen und Perücken bekleidet – geschminkt und zurechtgemacht wie Frank N. Furter, ›der süße Transvestit vom Planeten Transsexual in der Galaxis Transsylvania‹. Und bald gehörte es auch zum guten Ton, daß die neuen (Zuschauer-)Stars während der Filmvorführung ungestraft vor die Leinwand treten und ihre Helden personifizieren und ›unterstützen‹ durften. Seither sind die 200 für den amerikanischen Markt hergestellten Filmkopien praktisch ständig in Umlauf, und der Kult, der 1976 entstand, hat seine Anhänger in allen Teilen der Welt. Wie Jonathan Rosenbaum, der sich für die Zeitschrift SIGHT AND SOUND mit einigen *Rocky*-Kultisten unterhalten hat, berichtet, fing es folgendermaßen an: »Einer dieser ›Pioniere‹ ... fing damit an, während der Pausen im Film ›passende‹ Textzeilen zu rufen, um die Dialoge zu ›unterstützen‹ (d.h. auf sie zu reagieren, sie weiterzuentwickeln, sie zu verspotten oder als ihr Echo zu fungieren). Diese schnippischen Anmerkungen – die stets zwischen Spott und Faszination zu balancieren scheinen – sind ein Kernstück des kultischen Rituals; sie begannen vor den Nachahmungen der Schauspieler auf der Leinwand ... und werden heutzutage von großen Teilen des Publikums einstimmig rezitiert ... Das Ritual schließt an einer Stelle sogar den kollektiven Ruf ›Close-up!‹ Nahaufnahme! mit ein, der einen Schnitt von einer Totalen zu einer Nahaufnahme begleitet, wobei die zweite Silbe geschickt verzögert wird, damit sie mit dem tatsächlichen Schnitt übereinstimmt.« – Da dies ein Fressen für die Presse war (von den zahlreichen ›lasziv‹ gekleideten Jugendlichen beiderlei! Geschlechts ganz zu schweigen), war dem Film natürlich schnell ein großer Erfolg beschieden.

Auch in einigen bundesrepublikanischen Großstädten (nicht zu vergessen West-Berlin) grassierte alsbald das *Rocky*-Fieber: »Im ›Tali‹ ist der Teufel los«, kommentierte DER STERN 1979, »Yvette hat ihren Unterrock zerrissen und tanzt in BH und Slip. Martin stolziert in goldener Badehose umher wie Tarzan in blond. Andere, mit weißgeschminkten Gesichtern, werfen Papierschlangen in die Luft. Seifenblasen steigen auf, Konfetti regnet herab, Rockmusik dröhnt. Klaus-Peter, in Shorts und Arztkittel, beschießt Christian mit einer Spritzpistole. Der nimmt einen Eimer Wasser und gießt ihn über Bettina aus, die ein schwarzes Korsett trägt. – Schauplatz: ein altes Kino in Berlin-Kreuzberg. Hauptdarsteller: die Zuschauer.« – Während Jonathan Rosenbaum in SIGHT AND SOUND in diesem ganzen Spektakel »einen unbewußten, aber echten Akt der Filmkritik« zu sehen glaubt, »und zwar eine solche, die sich live, also auf der Stelle manifestiert«, sahen andere darin ihre Ansicht über die schlimmsten Auswüchse des Kapitalismus bestätigt: »Was da abläuft«, so ein Leser(innen)-brief im STERN, »ist Vermarktung. Irgendwelche stupiden Leute geilen sich daran auf und ziehen dabei ihre primitive Show ab.«

Die »tolle Mischung aus Frankenstein-Jux, Monster-Horror und knallharter Rockmusik« (Verleihwerbung) scheint jedenfalls mit ihrer Propagierung des Sichauslebens etwas bewirkt zu haben, an dem die ansonsten gerissenen Hollywood-Marktstrategen völlig unschuldig sind. Jonathan Rosenbaum weist darauf hin,

»daß der interessanteste Aspekt des *Rocky Horror Picture*-Kults darin besteht, daß es in einer an Gemeinschaftsgefühlen armen Zeit, in der es wegen des verstärkten Vordringens von Kabel-TV und Videoanlagen nur noch in den in privater Hand befindlichen, am Stadtrand gelegenen Einkaufszentren zu Kinoneubauten kommt (was Hand in Hand geht mit dem rapiden Verfall und dem Verschwinden von Filmtheatern in den Zentren), wieder zu einem Kinoerlebnis wird, sich einen Film anzusehen – wie in jenen Zeiten, als Hollywood noch florierte. Damals war ein Kinobesuch automatisch ein gesellschaftliches Ereignis ... ein Augenblick, in dem man sich eher stolz als aufgeregt fühlte, wenn man neben anderen Leuten in der Dunkelheit saß.«

Ⓥ CBS/Fox

Rodan
(RADON). Japan 1957.
R Inoshiro Honda. *B* Takeshi Kimura/Takeo Murata. *K* Isamu Ashida. *SpE* Eiji Tsuburaya. *M* Akira Ifukube. *D* Kenji Sawara (Shigeru), Yumi Shirakawa (Kiyo), Akihiko Hirata (Dr. Kashiwagi), Akiko Kobori (Nishimura), Yasuko Nakata (Junge Frau), Minosuke Yamada (Ohsaki), Yoshibumi Tajima (Izeki), Kiyoharu Ohnaka (Junger Mann). *F* 79 Min.

In der Nähe von Kyushu, auf einer japanischen Insel: Bei Untertagearbeiten wird ein Bergmann auf rätselhafte Weise umgebracht. Anfangs glaubt man an Mord, wird aber bald eines Besseren belehrt: Ein überdimensionales Rieseninsekt greift die Stadt an und verursacht schwere Verwüstungen. Unter der Leitung des Bergwerksingenieurs Shigeru entdeckt man im Bergwerksstollen eine Niststätte der Insekten. Dann bricht ein gigantisches Ei auf, dem ein riesiger Flugdrache entschlüpft. Shigeru kann zwar noch mitansehen, wie der Drache die Insekten verspeist, aber dann verliert er das Bewußtsein und kommt in einem Lazarett wieder zu sich. Bald darauf häufen sich die Katastrophenmeldungen: Ein fliegendes Objekt, das sich mit doppelter Schallgeschwindigkeit bewegt, erzeugt Flutwellen und Stürme. Der Wissenschaftler Kashiwagi bringt diese Phänomene mit dem ausgeschlüpften Flugdrachen in Verbindung: Dessen Ei lag Millionen Jahre von der Luft abgeschlossen unter der Erde. Nun ist es vom Lavaschlamm eines Vulkans aufgetaut worden. Der Riesendrache, Rodan genannt, wiegt mehr als hundert Tonnen; die Spannweite seiner Schwingen beträgt zweihundert Meter. Die japanische Luftwaffe nimmt die Verfolgung der fliegenden Bestie auf, aber umsonst: Kugeln und Granaten können ihr nichts anhaben. Nachdem Rodan Sasebo eingestampft hat, gerät das Volk in Panik. Schließlich hat man es gar mit zwei Flugdrachen zu tun: neu hinzugekommen ist der aus Shigerus Bergwerk. Als die beiden Monster sich jedoch ins Gebirge zurückziehen, um dort zu nisten, werden sie umzingelt und mit Hilfe eines Bomben- und Granatenhagels, der auch noch einen Vulkanausbruch hervorruft, vernichtet.

Rodan war Inoshiro Hondas zweiter Monsterfilm, und wie bei *Godzilla* folgte er auch hier einem Strickmuster, das sich später in zahllosen anderen japanischen Filmen wiederholte. Diverse Fan-Kritiker witterten hinter Hondas Konzeptlosigkeit natürlich gleich eine Warnung vor der Bombe (so das deutsche Fanzine SOL, das die Ansicht verbreitete, der Regisseur verstehe es in der Tat, »dem Zuschauer sein Anliegen eindringlich vor Augen zu führen« und ihn »auf seine Art vor den Folgen dieser Atombombenversuche zu warnen«). Daß das Publikum jedoch nicht in der erwarteten Weise auf des Meisters Botschaft reagierte, war da schon ein Sakrileg: »Unbegreiflicherweise werden die todbringenden Angriffe Rodans von Heiterkeitsausbrüchen im Publikum, dessen größter Teil diesem Film kein Verständnis entgegenzubringen vermag, begleitet.« (SOL) – Was allerdings verständlich ist:

das Durchschnittspublikum hat halt eben nicht den Durchblick, den Science Fiction-Fans haben. Da müßte man doch annehmen, daß ein gestandener Fan wie beispielsweise Bill Warren Inoshiro Hondas Warnung besser verstanden haben müßte. Pustekuchen: »*Rodan* ist zwar farbig, manchmal rasant und stellenweise sogar spannend, aber . . . ebenso blödsinnig, vorhersehbar und offensichtlich.« (KEEP WATCHING THE SKIES!) ⓥ ITT Contrast/Interpathé *(Die fliegenden Monster von Osaka)*

Roger Cormans Frankenstein
(FRANKENSTEIN UNBOUND). USA 1990. *R* Roger Corman. *B* Roger Corman/ F.X. Feeney. *LV* Brian W. Aldiss. *K* Armando Nannuzzi/Michael Scott. *M* Carl Davis. *D* John Hurt (Buchanan), Raul Julia (Viktor Frankenstein), Nick Brimble (Ungeheuer), Bridget Fonda (Mary), Catherine Rabett (Elizabeth). *F* 83 Min.
Arbeiten an einer Atomwaffe katapultieren den Wissenschaftler Buchanan durch das Raum-Zeit-Kontinuum aus dem L.A. von 2031 nach Genf 1817. Hier begegnet er Dr. Frankenstein, dessen Monster die Umgebung unsicher macht. Buchanan beredet Frankenstein erfolglos, von dem Monster abzulassen. Schließlich hilft er ihm, aus dem Körper von Frankensteins Verlobter, der das Monster übel mitgespielt hat, die Braut herzustellen. Die bei dem Experiment freiwerdende Energie nutzt Buchanan zur Rückkehr in seine Welt, mit Frankenstein, dem Monster und der Braut unfreiwillig im Schlepptau. Er stellt fest, daß seine Erfindung die Erde verändert hat – sie ist menschenleer und schneebedeckt. Das Monster tötet die Begleiter und jagt Buchanan mit den Worten »Du hast nichts verstanden! Du hast nichts verstanden!« durch die Eiswüste. »Roger Cormans erste Regiearbeit seit langer Zeit geht auf einen Roman zurück, in dem der Science Fiction-Autor Brian W. Aldiss Mary Shelleys klassisches

Frankenstein-Thema in die Zukunft bzw. Gegenwart transportiert. Die Botschaft ist dick aufgetragen, aber das gehört sich ebenso für eine Low-Budget-Produktion á la Corman wie für die billige, rüde Machart.« (Pst., FILMDIENST).
Ⓑ Brian W. Aldiss: *Der entfesselte Frankenstein,* München 1984
Ⓥ Warner

Rohrfrei! Für Familie Hollowhead
(MEET THE HOLLOWHEADS). USA 1989. *R* Tom Burman. *B* Tom Burman/Lisa Morton. *K* Marvin Rush. *M* Glenn Jordan. *D* John Glover (Henry Hollowhead), Nancy Mette (Miriam Hollowhead), Richard Portnow (Crabneck), Matt Shakman (Billy Hollowhead), Juliette Lewis (Cindy Hollowhead), Anne Ramsey (Babbleaxe), Logan Ramsey (Top Drone), Chaz Connor (Oliver). *F* 86 Min.
In der Zukunft ist nicht nur alles verkabelt, sondern auch alles verrohrt. Verrohrt sein heißt Leben; alles bezieht man aus Rohren: Essen, Zahnpasta, Musik, Tabletten. Die Hollowheads sind eine typisch amerikanische Hohlkopf-Familie. Dad Henry ist Röhrenzähler, Ma Miriam ist überzeugte Hausfrau, die Teenager Cindy und Bud folgen jedem Modetrend, und der Jüngste ist eine Nervensäge. Dann meldet sich Henrys Chef Crabneck zum Essen an. Steht eine Beförderung an? Doch die Rohre werfen kein Essen aus – es ist eine Katastrophe! Miriam zaubert *per Hand* ein Essen auf den Tisch. Crabneck verschmäht das Essen und baggert mit der Tochter. Als er Mrs. Hollowhead flachlegen will, hat die Familie genug von ihm. Nach unzähligen gescheiterten Mordversuchen können sie ihn zur Strecke bringen. – *»Rohr frei* leidet unter der Hauptmisere vieler Science Fiction-Filme: technische Innovationen werden mit konventionellen Human interst-Stories gepaart, und heraus kommt, wie in diesem Fall, ein Film mit ansprechenden Details, aber ohne tragende Dramaturgie...

Die oralen und analen Anzüglichkeiten hören sich sicher in der deutschen Fassung noch platter an, können aber auch im US-Original kaum origineller gewesen sein. Durch den gesamten Film zieht sich eine klamaukhafte Pennälerfröhlichkeit, die jedes Klischee in Wiederholung zitiert und den nächsten Gag mit minutenlanger Vorwarnung signalisiert. Man spürt die Absicht der Parodie, aber leider reicht es nur zur Klamotte.« (Andre Simonoviescz, TIP).

Rollerball
(ROLLERBALL). USA 1974. *R* Norman Jewison. *B* William Harrison. *LV* William Harrison. *K* Douglas Slocombe. *SpE* Sass Bedig/ John Richardson/Joe Fitt. *M* André Previn/J. S. Bach/Dimitri Schostakowitsch/Johann Strauß. *D* James Caan (Jonathan E), John Houseman (Bartholomew), Maud Adams (Ella), John Beck (Moonpie), Moses Gunn (Cletus), Pamela Hensley (Mackie), Barbara Trentham (Daphne), Ralph Richardson (Bibliothekar), Shane Rimmer (Team-Leiter), Alfred Thomas (Trainer), Burnell Tucker, Angus McInnes, Rick Le Parmentier, Burt Kwouk, Robert Ito, Nancy Blair, Loftus Burton, Abi Gouhad, Stephen Boyum, Alan Hamane, Danny Wong, Bob Leon, Craig Baxley, Tony Brunaker, Gary Epper, Bob Minor, Jim Nickerson, Chuck Parkinson jr., Dar Robinson, Roy Scammell, Walter Scott, Dick Warlock, Jerry Wills. *F* 125 Min.
Die USA im Jahre 2018: Eine neue barbarische Sportart beherrscht das Land: Rollerball ist eine Mischung aus Hockey, Football, Motorradrennen und Skateboardfahren. Der Ball, um den es dabei geht, ist eine schwere Eisenkugel, die in einen Trichter bugsiert werden muß. Bei diesem Spiel ist alles erlaubt, und die Spieler tragen zudem schwere, mit Eisendornen gespickte Handschuhe. Karambolagen sind an der Tagesordnung. Bei jedem Zusammenprall zweier Mannschaf-

Rollerball von Norman Jewison

ten bleiben Verletzte und Tote auf dem Spielfeld zurück. Der populärste Rollerball-Star ist ein gewisser Jonathan E. Sein Team arbeitet für einen Konzern, dessen Chef Bartholomew die ›Brot und Spiele‹-Ideologie vertritt, weil diese Form der Massenunterhaltung die Menschen von wichtigeren Dingen ablenkt: Die Massen reagieren ihre Frustrationen in den Sporthallen ab, und wer seine Freizeit als Zuschauer in der Arena verbringt und sich gut ›unterhalten‹ fühlt, hat keine Zeit, als Demonstrant auf die Straße zu gehen. Zuschauer und Sportler sind eine große Familie. Die Fans bangen mit ihren Idolen um den nächsten Sieg. Nun wird aber Jonathan E dank seiner Cleverness zu einer Art ›Übersportler‹ und hebt sich dadurch von seinen Teamkollegen ab. Mr. Bartholomew paßt dies gar nicht, denn von Individualismus hält er nur etwas, wenn er sich in seinen Kreisen regt. Er ordnet an, daß Jonathan sich aus dem aktiven Spiel zurückzieht. Jonathan weigert sich. Da man ihm mit ›friedlichen‹ Mitteln nicht

beikommen kann, versucht man es auf andere Art: in der Arena. Man ändert die Spielregeln. Es gibt keine Strafpunkte für Fouls mehr, das Endspiel um die Weltmeisterschaft wird zeitlich nicht mehr begrenzt – und es werden keine Ersatzspieler mehr in die Arena geschickt, wenn sich jemand verletzt hat. Für Jonathan, der zu spät erkennt, daß sein letztes Spiel gleichzeitig ein Spiel um sein Leben ist, beginnt die Hölle: ein mörderischer Kampf entbrennt, in dessen Verlauf er keine andere Wahl mehr hat, als alle Register seines Könnens zu ziehen. Das Spiel wird zu einem blutigen Wettkampf, und Jonathan E zum Killer: Er ist der einzige, der das Match überlebt. – Norman Jewison verbreitet in *Rollerball* die sicher diskussionswürdige Ansicht, der Massensport sei eine Droge für das Volk; ein von den Herrschenden organisiertes Mittel, um die Menschen vom Nachdenken über gewichtigere Probleme abzuhalten. Jonathan E ist ein Produkt dieser (als amerikanisch erkennbaren) Gesellschaft: Er ist

Teil eines weltbeherrschenden Konzerns, der nicht nur die Spielregeln erläßt, sondern auch die Richtlinien der Politik bestimmt. Es gibt keine Regierungen im klassischen Sinne mehr, die Welt wird von Industriekonglomeraten gelenkt, die kein Interesse daran haben, daß sich jemand aus der leicht steuerbaren Massengesellschaft heraus erhebt. Bis Jonathan E bemerkt, daß man ihn absägen will, weil er nicht mehr steuerbar und seine Aktionen nicht mehr vorhersehbar sind, vergeht einige Zeit, aber als die Erkenntnis in ihm reift, kann er nur noch systemimmanent reagieren.»Als einziger Überlebender des Spiels bleibt er mit der verchromten Kanonenkugel unter dem Arm zögernd vor den Boxen stehen, in denen die sich dukkenden Großkopferten zitternd darauf warten, was er wohl als nächstes tut. Dies ist ein Augenblick, der dem in *Spartacus* ähnlich ist, als der schwarze Gladiator, der Kirk Douglas verschont hat, zögernd vor die Edlen tritt und sich dann heldenhaft die Mauer hinaufschwingt, um sie anzugreifen. Caan tut nichts dergleichen. Er wirft den Ball ins Ziel und rollt davon.« (Frederik Pohl/Frederik Pohl IV, SCIENCE FICTION STUDIES IN FILM)
Ⓥ Warner
Ⓑ William Harrison: ›Rollerball‹, in Wolfgang Jeschke (Hrsg.), *Science Fiction Story Reader 5*, München 1975

Rollerboys
(THE PLAYERS OF THE ROLLERBOYS). USA 1990.
R Rick King. *B* W. Peter Iliff. *K* Phaedon Papamichael. *M* Stacy Wideltitz. *D* Corey Haim (Griffin), Christopher Coller (Gary Lee), Patricia Arquette (Casey), J.C. Quinn (Jodorowski), Julius Harris (Speedbager), Devin Clark, Mark Pellegrino, Morgan Weisser, Jack Dengel, G. Smokey Campbell, John P. Connolly. *F* 92 Min.
Die USA stehen vor der Pleite, die Welt richtet sich nach dem Euro-Dollar. Entsprechend düster sind die verkommenen Straßen, auf denen Penner und Junkies lungern und Jugendgangs sich bekämpfen. Die Rollerboys unter Mr. Lee wollen ›Amerika den Amerikanern zurückgeben‹ und zu alter Blüte verhelfen. Lee verbreitete seine Botschaft übers TV und findet in den desillusionierten Scharen viele Anhänger. Auf Rollschuhen bewegen sich seine Boys daher und verbreiten Terror. Zur Erweiterung seiner Macht produziert Lee die Droge ›Nebel‹. Die Polizei schleust seinen Jugendfreund Griffin als V-Mann ein. Griffin rettet sein auf die schiefe Bahn geratenes Brüderchen und entdeckt, daß der ›Nebel‹ genmanipulierend wirkt. Die Polizei nimmt die Rollerboys hoch. In einem Rollschuh-Duell stellt Griffin Lee. – Der Film macht sich zwar über soziale Probleme ein paar Gedanken, ist aber kindisch.
Ⓥ VPS

Die rote Flut
(RED DAWN). USA 1983.
R John Milius. *B* Kevin Reynolds/John Milius. *St* Kevin Reynolds. *K* Ric Waite. *M* Basil Poledouris. *D* Patrick Swayze (Jed), C. Thomas Howell (Robert), Lea Thompson (Erica), Charlie Sheen (Matt), Jennifer Grey (Toni), Brad Savage (Danny), Doug Toby (Aardvark), Ben Johnson (Mason), Powers Boothe (Andy), Harry Dean Stanton (Eckert), Ron O'Neal (Bella), William Smith (Strelnikow), Vladek Sheybal (Bratschenko), Frank McRae, Roy Jenson, Pepe Serna.
F 114 Min.
An einem gewöhnlichen Herbsttag in der Umgebung des amerikanischen Kaffs Calumet in Colorado: Sowjetische und kubanische Fallschirmjäger stürzen scharenweise und bis an die Zähne bewaffnet vom Himmel und mähen mit MPs und Granatwerfern alles nieder, was sich bewegt. Ihr erstes Opfer ist ein farbiger Lehrer, dessen Schüler sich Minuten später in einem mörderischen Hexenkessel wiederfinden.»Als es um die Freiheit geht, tauschen sie ihre Schulbücher gegen MGs«

heißt denn auch treffend der Werbeslogan, mit dem dieser Film in die Kinos gebracht wurde: Er schildert im wesentlichen den verbissenen Abwehrkampf einer Gruppe halbwüchsiger Schüler gegen eine riesige Übermacht bestens ausgerüsteter Invasionstruppen, die die Amerikaner in KZ-ähnliche Lager sperren und jene, die sich nicht über die ›Befreiung von der kapitalistischen Gesellschaft‹ freuen, martern und prügeln. Doch sind nicht die gesamten USA besetzt worden, und so ist die Rettung am Ende nicht fern, auch wenn die jugendlichen Helden arg dezimiert werden (sofern sie sich nicht selbst dezimieren) – zumal sich unter den Besatzern bereits spalterische Tendenzen breitmachen: ein kubanischer Offizier fragt sich, ob er nicht im Begriff ist, seine revolutionären Ideale an die tumb und bärbeißig agierenden Russen zu verkaufen, die partout nicht glauben wollen, daß das nordamerikanische Volk in ihrer Lebenseinstellung etwas Abartiges sieht und schon deswegen niemals aufgeben wird. – Die Kommies, sagt uns dieser Film, sind brutale Menschenschlächter, die uns ihre Ideologie mit Gewalt aufzwingen wollen, und nur wenn wir uns mit dem MG in der Hand gegen sie erheben, werden wir freie Menschen in einem freien Land bleiben, damit wir uns auch weiterhin all das leisten können (Coca Cola zum Beispiel), wonach es uns gelüstet. Denn wenn die Kommies je die Macht erringen sollten, ist es aus mit all dem: dann schleichen nur noch jämmerliche Elendsgestalten durch verwaiste Straßen und wagen nicht mehr, den Mund aufzutun. (Über die Invasion bricht demgemäß auch gleich ein kalter Winter herein, damit der Unterschied zwischen ›Vorher‹ und ›Nachher‹ auch bestens verdeutlicht wird.) – Gab es in den USA wilden Applaus über Milius' »haßerfüllten Propagandafilm, der das personifizierte Böse in jedem Russen und Kubaner ausmacht« (STUTTGARTER ZEITUNG), an dem die US-Presse übrigens nicht teilnahm, gab es in der Bundesrepublik eine Protestwelle ohnegleichen. Nach

Demonstrationen von Jugendbewegungen und Angehörigen politischer Parteien wurde der Streifen in mehreren Dutzend Städten abgesetzt oder gelangte erst gar nicht in die Filmtheater. Sogar ein großer Teil der bürgerlich-liberalen Presse war sich im Verriß des Miliusschen Zelluloidprodukts einig:»Selten – wahrscheinlich noch nie – hat es in einem demokratischen Land zu Friedenszeiten einen so haßerfüllten Film gegeben«, fand die SAARBRÜCKER ZEITUNG.»Was den Film letztendlich so gefährlich macht, ist, daß er sich an ein jugendliches Publikum wendet... ein Publikum, das Milius und seine Gesinnungsgenossen offenbar zu Ausländerhaß und freudigem Kriegsdienst (demnächst in Nicaragua?) erziehen wollen.« – »(Regisseur Milius) beschreibt sich als ›Zen-Faschist‹. Ein Begriff, der durch diesen Rote Flut-Dialog definiert werden kann: ›Was ist der Unterschied zwischen den Kommunisten und uns?‹ – ›Wir wohnen hier!‹ – Treffsicherer Kommentar des Kritikers der New Yorker VILLAGE VOICE: ›Erzähl das mal den Indianern, John!‹« (CINEMA).
Ⓥ Warner Home

Das rote Phantom schlägt zu
(SUPERARGO CONTO DIABOLICUS). Italien/Spanien 1966. R Nick Nostro. B Jesus Balcazar/Mira Girarda. K Francisco Marin. M Franco Pisano. D Ken Wood (Gregori/ Phantom), Gerard Tichy (Der Teuflische), Loredana Nusciak (Die Rothaarige), Monica Randall (Lydia), Francisco Castillo Escalona (Oberst Kaminski), Emilio Messina, Geoffrey Copplestone, Valentino Macchi, Giulio Battiferri. F 87 Min.
Der Catcher Gregori hat übermenschliche Kräfte. Als er in einem Kampf versehentlich einen Konkurrenten tötet, schwört er dem Ring ab und tritt in die Dienste von Oberst Kaminski, der einen politischen Geheimdienst leitet. In der Maske des Roten Phantoms erfüllt Gregori seinen ersten Auftrag: Auf einer karibischen Insel hat

sich ›Der Teuflische‹ in einer unterirdischen Festung verbarrikadiert, erzeugt künstliches Gold und will die Weltwirtschaft in eine Krise stürzen. Nachdem das Phantom gefangengenommen worden ist, klopft es den Männern des Teuflischen aufs Hirn und entkommt. Später muß es aber zurückkehren, da man ihm die Braut entführt hat. Es kommt zum entscheidenden Kampf. Als der Teuflische sieht, daß er den kürzeren gezogen hat, will er in einer Rakete fliehen und seine Insel per Atomexplosion in die Luft jagen. Das Phantom rettet die gekidnappte Braut und verschließt den Raketenschacht. Der Teuflische geht mit seiner Insel unter.

Rote Sonne
BRD 1969.
R Rudolf Thomé. *B* Max Zihlmann.
K Bernd Fiedler. *M* Tommaso Albioni/
The Nice/The Small Faces. *D* Marquard
Bohm (Thomas), Uschi Obermaier
(Peggy), Diana Körner (Christine),
Sylvia Kékulé (Sylvie), Gaby Go
(Isolde), Peter Moland (Wenders),
Henry van Lyck (Lohmann), Don Wahl
(Howard), Günter Lemmer, Peter
Berling. *F* 89 Min.
Die Geschichte spielt zwar in der Gegenwart, aber die Welt, in der sie sich abspielt, ist einem mehr als fremd: Der etwa dreißigjährige Thomas stellt eines Tages fest, daß das Mädchen Peggy, das er seit zwei Jahren nicht mehr gesehen hat, die einzige ist, die ihm etwas bedeutet. Sein Plan: Er will sich wieder mit ihr zusammentun, die Zivilisation verlassen und in die Wildnis ziehen. Peggy lebt inzwischen mit drei Freundinnen in einer Art Weiberkommune zusammen. Thomas zieht zu ihnen. Er nimmt seine Beziehung zu Peggy wieder auf. Aber mit den Mädchen stimmt etwas nicht. Sie haben eine geheime Übereinkunft getroffen, die besagt, daß keine von ihnen länger als fünf Tage mit einem Mann zusammen sein darf. Nach Ablauf dieser Frist muß der Mann – wer immer es ist – getötet werden. Die Mädchen richten sich nach dieser Vereinbarung, ohne darüber viel Worte zu verlieren. Als Thomas davon erfährt, fürchtet er um sein Leben und flieht. Peggy erhört ihn dennoch – sie wollen gemeinsam nach Marokko gehen. Die Mädchen Christine und Sylvie nehmen die Sache nun in die eigene Hand. Als Sylvie Peggy zuliebe zögert, und Isolde, das vierte Kommunenmädchen, Thomas warnen will, mischt sich Christine ein und schießt Isolde nieder. Am Starnberger See kommt es zur letzten Auseinandersetzung: Thomas provoziert Peggy, um zu erfahren, wie es um sie beide steht. Peggy, die sich keine gemeinsame Zukunft mehr vorstellen kann, schießt auf ihn. Thomas schießt zurück. Beide finden den Tod. – »Bei nüchterner Beschau ist *Rote Sonne* nichts als ein schön gefilmter, oberflächlicher, leerer, sinnloser Film – ein Trivialfilm im depravierten Sinne des Wortes.« (SCIENCE FICTION TIMES)

Das rote Telefon ... Alarm!
(THE LOST MISSILE).
USA 1958.
R Lester William Berke. *B* John
McPartland/Jerome Bixby. *K* Kenneth
Peach. *SpE* Jack R. Glass. *M* Gerald
Fried. *D* Robert Loggia (Dr. David
Loring), Ellen Parker (Joan Woods),
Larry Kerr (Gen. Barr), Marilee Earle
(Ella Freed), Philip Fine (Joe Freed),
Fred Engleberg (TV-Sprecher), Kitty
Kelle (Ellas Mutter), Selmer Jackson
(Minister). 71 Min.
Ein unbekannter Flugkörper aus dem All,
den die US-Behörden zunächst für eine
sowjetische Rakete halten, nähert sich
über Kanada der Millionenstadt New
York und versengt das Land. Der Atomwissenschaftler Dr. David Loring, der einen neuen Wasserstoff-Sprengkopf entwickelt hat, eilt mit seiner Assistentin
Joan in einem Jeep zu einer Raketenabschußbasis und kann das Objekt in letzter
Minute mit seiner Super-Wasserstoffbombe vernichten. – Wer sowieso keine
SF-Filme mag, kann sich auch diesen ersparen.

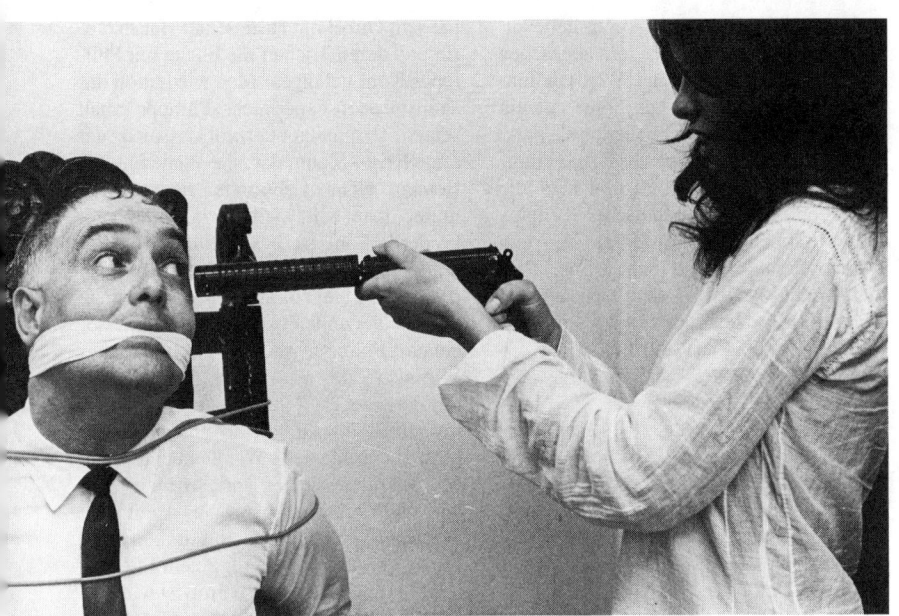

Don Wahl und Uschi Obermeier in *Rote Sonne*

R.O.T.O.R. – Der Killerroboter
(ROTOR). USA 1987.
R Cullen Blaine. *B* Budd Lewis.
K Glenn Roland. *SpE* Budd Lewis.
M David Adam Newman. *D* Richard
Gesswein (Colyron), Margaret Trigg
(Sony), Jayne Smith (Dr. Steele), James
Cole (Greg Hutchins), Clark Moore
(Houghtaling), Carroll Branden Baker,
Nanette Kuczek, Brad Overturf, David
Newman, Shawn Brown, Michael
Hunter. *F* 86 Min.
R.O.T.O.R. ist die neueste Entwicklung
im Kampf gegen die steigende Kriminali-
tät: Ein Cyborg, dem eine Sicherung
durchbrennt, woraufhin er in Dallas so-
lange Amok läuft, bis sein Konstrukteur
ihn vernichtet. – Dummes Zeug. – Nur
auf Video.
Ⓥ Highlight

Rückkehr aus einer anderen Welt
(ICEMAN). USA 1984.
R Fred Schepisi. *B* Chip Proser/John
Drimmer. *K* Ian Baker. *M* Bruce
Smeaton. *D* Timothy Hutton
(Dr. Stanley Shepard), Lindsay Crouse
(Dr. Diane Brady), John Lone (Charlie),
Josef Sommer (Whitman), David
Strathairn (Dr. Singe), Philip Akin
(Dr. Vermeil), Danny Glover (Loomis),
Amelia Hall (Mabel), Richard Monette
(Hogan), James Tolkan (Maynard).
F 96 Min.
Arktisforscher entdecken einen seit ca.
40 000 Jahren eingefrorenen Frühmen-
schen, tauen ihn auf und stellen fest, daß
er noch lebt. Der humanistisch eingestellte Anthropologe Shepard setzt durch, daß
der ›Charlie‹ getaufte Findling in einem
Vivarium unter Beobachtung gestellt
wird, doch seine eher an der Frage interessierten Kollegen, welche Faktoren für
das lange ›Überwintern‹ des Frühmenschen verantwortlich sind, schleifen
schon die Skalpelle. Ein Helikopter, der
Charlies Fantasie nachhaltig beeindruckt,
läßt ihn Amok laufen. Nachdem man ihn
wieder eingefangen hat, läßt Shepard ihn
in die Kälte entfliehen – mit dem Wissen,

daß er umkommen wird. – »Ein liebevoller, sympathischer Film, der, abgesehen von ein paar Längen und Wiederholungen, überzeugen kann als Spiel mit ein paar Motiven des Science Fiction-Genres, das zum Denken anregt: über die Verantwortung der Wissenschaft und über die verlorene Unschuld archaischer Kultur.« (Josef Schnelle, FILMDIENST) – »Auch wenn es dem Regisseur nicht gelingt, dem Genre etwas Neues hinzuzufügen, erweist sich sein Film doch immerhin als interessanter Fehlschlag.« (VARIETY).
Ⓥ CIC

Rückkehr der Fliege
(RETURN OF THE FLY). USA 1959.
R Edward L. Bernds. *B* Edward L. Bernds. *K* Brydon Baker. *Ma* Hal Lierly. *M* Paul Sawtell. *D* Vincent Price (François Delombre), Brett Halsey (Philippe Delombre), David Frankham (Alan Hinds), John Sutton (Insp. Charas), Dan Seymour (Max Berthold), Danielle de Metz (Cecile Bonnard), Janine Grandel (Mme. Bonnard), Richard Flato (Sgt. Dubois), Pat O'Hara (Evans), Barry Bernard (Lt. McLish), Jack Daly (Granville), Michael Mark (Gaston), Franc9ois Villalobas (Priester), Joan Cotton (Schwester). 80 Min.
Vorgeschichte siehe *Die Fliege*. – Philippe Delombre nimmt die Experimente seines verstorbenen Vaters wieder auf – gegen den Willen seines Onkels François. Er stellt einen gewissen Alan Hinds ein, der ein Doppelleben führt und mit dem Bestattungsunternehmer Berthold die Pläne des Materietransmitters stehlen will, um sie an finanzstarke Industriekapitäne zu verscherbeln. Als Hinds zur Tat schreitet, wird er von einem Kripo-Mann überrascht, den er bewußtlos haut und in den Transmitter steckt. Philippe passiert das gleiche wie seinem Vater: Da eine Fliege zusammen mit ihm in der Kabine ist, läuft er plötzlich mit deren Kopf herum. Er verfolgt die beiden Räuber, tötet sie und bekommt seine Pläne zurück. Inzwischen

hat sein Onkel mit Hilfe seiner Haushälterin und deren Tochter die Fliege mit Philippes Kopf gefangen. Man wiederholt das Transmissionsexperiment. Philippe erhält seinen Originalkopf zurück. Auch der arme Kripo-Mann, der eine Weile mit den Beinen einer Laborratte herumlaufen mußte, kann bald wieder Schuhe tragen. – Frederik Pohl ist bekanntlich der Meinung, ein SF-Autor dürfe lügen, daß sich die Balken biegen, aber eins würde man ihm nie verzeihen: wenn er auf der ›erlogenen‹ Prämisse nicht logisch aufbaut. Wie also kann ein Mensch, dessen Füße mit denen einer Ratte vertauscht wurden, Rattenfüße haben, die so groß sind wie seine menschlichen? Wie kann eine Ratte Menschenfüße haben, die so klein sind wie ihre rattischen? Wie kann ein Mensch, dessen Kopf man mit dem einer Fliege vertauscht hat, mit einem Fliegenkopf herumlaufen, der so groß ist wie sein menschlicher? Wie kann eine Fliege, die mit dem Kopf eines Menschen herumfliegt, einen Kopf haben, der so klein ist wie ihr fliegischer? – »Da kannste lange fragen.« (John Lennon)

Die Rückkehr der Jedi-Ritter
(RETURN OF THE JEDI). USA 1983.
R Richard Marquand. *B* Lawrence Kasdan/George Lucas. *St* George Lucas. *K* Alan Hume. *SpE* Richard Edlund/Dennis Muren/Ken Ralston u.v.a. *Ma* Phil Tippett/Stuart Freeborn. *M* John Williams. *D* Mark Hamill (Luke Skywalker), Harrison Ford (Han Solo), Carrie Fisher (Leia Organa), Billy Dee Williams (Lando Calrissian), Anthony Daniels (C3PO), Peter Mayhew (Chewbacca), Ian McDiarmid (Imperator), David Prowse (Darth Vader), Alec Guinness (Obi-Wan Kenobi), Frank Oz (›Steuermann‹ Yodas), Sebastian Shaw (Anakin Skywalker), Kenny Baker (R2D2), Michael Pennington, Kenneth Colley, Michael Carter, Denis Lawson, Tim Rose, Dermott Crowley, Caroline Blakiston. *F* 133 Min.

Dritter Teil der ›mittleren Trilogie‹ der STAR WARS-Saga. Vorgeschichte: *Krieg der Sterne* und *Das Imperium schlägt zurück.* – Galaktische Rebellen raufen sich mit den Vasallen eines gewaltigen Sternenimperiums, geraten von einer Notlage in die nächste und widersetzen sich bis zum Happy-End allen Versuchungen, mit denen der sinistre Herrscher sie korrumpieren will. Der röchelnde Lord Darth Vader entpuppt sich als Luke Skywalkers Vater, und damit hat es sich – bis zum nächsten Mal. – »Die Titelmusik orientiert, worum es geht: um heroische Schlachten. Ihr Getöse erinnert an die Erkennungsmelodie der Hitlerschen Wehrmachtsmeldungen. Das Töten muß anscheinend Spaß machen, wenn die Bösen ausgeschaltet werden.« (W. Stietek, UNSERE ZEIT) – »So verwursten George Lucas und... Lawrence Kasdan nicht nur die bewährtesten Elemente des klassischen Abenteuerkinos, sondern vermengen darin auch noch die aufs Trivialste reduzierten Grundzüge der christlichen Religion.« (Robert Fischer, EPD FILM)

Rattenfüße: Brett Halsey und David Frankham in *Rückkehr der Fliege*

Mark Hamill und David Prowse in *Die Rückkehr der Jedi-Ritter*

»Es gibt eine gute, eine schlechte und gar keine Nachricht zu diesem Film zu vermelden. Die gute ist, daß George Lucas Co. die technische Magie in einem Maße vervollkommnet haben, daß beinahe alles und jedes – so bizarr es auch sein mag – glaubhaft erscheint. Die schlechte ist, daß die menschlich-dramatischen Situationen einschneidend gekürzt wurden. Keine Neuigkeit ist, daß der Film Millionen Gewinne machen wird, ungeachtet seiner Vor- und Nachteile.« (VARIETY, zitiert nach DER SPIEGEL) Ⓥ CBS/Fox

Die Rückkehr der Killertomaten
(THE RETURN OF THE KILLER TOMATOES). USA 1988.
R John De Bello. *B* Constantine Dillon/ J. Stephen Peace/John De Bello. *K* Stephen Kent. *M* Rick Patterson. *D* Anthony Starke (Chad), George Clooney (Matt), Karen Mistal (Tara), Steve Lindquist (Igor), John Astin (Prof. Gangreene), Mike Vilani (Bob), Harvey Weber (Sid), Rock Peace (Wilber Finnlatter), Charlie Jones, Frank Davis, C.J. Dillon, Teri Weigel. *F* 98 Min.

Der erste Tomatenkrieg ist Geschichte. Der Wagemut vieler Amerikaner und das Lied ›Puberty Love‹ hat die Killertomaten vernichtet. Seither sind Besitz und Anbau von Tomaten verboten. Der Schwarzmarkt blüht. Professor Gangreen, der Inszenator der Tomaten-Invasion, ist unerkannt untergetaucht. Nun will er die Welt im zweiten Anlauf mit neuen Killertomaten erobern, doch es finden sich wackere jugendliche Helden, die das zu verhindern wissen. – »Noch mal diese Tortur? – Dennoch wagten wir's. Und stellten fest: Die Fortsetzung ist erheblich besser als der erste Teil, hat Witz, Tempo – und eine Story! ... Der Film hat den anarchistischen Witz früher John Landis-Filme. Und da diesmal ein anständiges Budget zur Ver-

fügung stand ... konnte man sich auch richtige Schauspieler leisten, denen der ganze Unsinn sichtlich Spaß gemacht hat.« (Victor Lachner, ULTIMO). – Nur auf Video.
Ⓥ Highlight

Die Rückkehr der Roboter
(RETURN OF THE SIX MILLION DOLLAR MAN AND THE BIONIC WOMAN).
USA 1987.
R Ray Austin. *B* Michael Sloan.
K William K. Jurgenson. *M* Marvin Hamlisch. *D* Lee Majors (Steve Austin), Lindsay Wagner (Jaime Sommers), Tom Schanley (Steve Austin jr.), Richard Anderson (Oscar Goldman), Martin E. Brooks (Rudy Wells), Lee Majors II (Assistent), Martin Landau, Gary Lockwood.
F 94 Min.
Unbekannte Terroristen verüben Sabotageanschläge auf militärische Einrichtungen der USA, doch der Ex-Geheimagent Steve Austin, den man um Hilfe bittet, lehnt seine Mitwirkung bei der Aufklärung des Falles ab. Sein Sohn nimmt sich mit Unterstützung der ebenfalls hauptsächlich aus elektronisch gesteuerten Ersatzteilen bestehenden »bionischen Frau« des Falles an.
Der Streifen ist ein Pilotfilm einer nicht realisierten TV-Serie, die die utopischen Abenteuer des »Sechs-Millionen-Dollar-Mannes« fortsetzen sollte, die zwischen 1974 und 1978 vom amerikanischen Fernsehsender ABC ausgestrahlt wurden: Der Held ist der Pilot Steve Austin, der nach einem Unfall mit einem Mondfahrzeug, das er in der Wüste testet, diverse Gliedmaßen verliert. Wissenschaftler ersetzen sie durch künstliche Ersatzteile im Wert von 6 Millionen Dollar; Steve wird zum ersten Cyborg der Welt und muß seine Talente fortan einsetzen, um die Kosten abzuarbeiten. Seine Abenteuer, die hauptsächlich im Agentenmilieu spielen, hatten zwar einen ziemlich lahmen Start, entwickelten sich jedoch in kurzer Zeit zu einem TV-Hit der siebziger Jahre. – Ein

weiterer Versuch, den Sechs-Millionen-Dollar-Mann wiederzubeleben, war der TV-Film BIONIC SHOWDOWN: THE SIX MILLION DOLLAR MAN AND THE BIONIC WOMAN (USA 1989; Regie Alan J. Levi). – »Was MAD schon 1977 vorgeschlagen hat, hier wird es endlich wahr: Steve Austin und Jamie Summers kriegen einen bionischen Sprößling.« (Norbert Stresau, SCIENCE FICTION TIMES).
Ⓥ CIC
Ⓑ Michael Crichton: *Cyborg,* New York 1972

Die Rückkehr der Zeitmaschine
(TV-ARD). BRD 1984.
R Jürgen Klauss. *B* Günter Kunert.
K Michael Faust. *M* Petr Schirmann.
D Klaus Schwarzkopf (Dr. Beilowski), Peter Pasetti (Dr. Risolani), Siegfried Wischnewski (Prof. Danzke), Frank Hoffmann (Dipl.-Ing. Pfeil), Jan Nygren (Morges), Nicolas Lansky (Wernesberger), Brigitte Dryander (Amanda). *F* 120 Min.
Dr. Beilowski, ein Internist mit illustrem Freundeskreis, entdeckt 1925 in einem Trödlerladen eine fantastisch anmutende Apparatur, die er mit Kennerblick sogleich als jene ›Zeitmaschine‹ erkennt, die H. G. Wells in seinem bekannten gleichnamigen Roman beschrieben hat. Es gelingt ihm zwar, seine Freunde davon zu überzeugen, daß es angetan sei, das Gerät zu testen, doch keiner der Herren mag sich als Versuchskaninchen hergeben. Erst der furchtlose Werkmeister Wernesberger, der alsbald zu ihnen stößt, ist bereit, das Wagnis einer Reise in die Zukunft auf sich zu nehmen. Doch er kehrt nicht zurück. An seiner Stelle erscheint ein Mann namens Morges aus der Zukunft; ein Mensch, der zwar seine Schwierigkeiten hat, die Welt von 1925 zu verstehen, sich jedoch offensichtlich im Paradies wähnt. Die Zukunft, in der er Wernesbergers Zeitmaschine gestohlen hat, ist eine Hölle, in die er nicht zurück will ... Ein intelligent gemachtes, unterhaltsames Fernsehspiel.

Die Rückkehr des King Kong

(KINGU KONGU TAI GOJIRA).
Japan 1962.
R Inoshiro Honda/Thomas Montgomery.
B Paul Mason/Bruce Howard. K Hajime
Koizumi. M Peter Zinner. D Michael
Keith (Eric Carter), James Yagi (Yataka
Omura), Tadao Takashima (Sakurei),
Mie Hama (Fumiko Sakurei), Yu Fujuki
(Kinzaburo Furue), Kenji Sahara
(Kazuo Fujita), Ichiro Arishima (Tako),
Harry Holcombe (Dr. Arnold Johnson),
Tatsuo Matsumura (Dr. Markino),
Akihiko Hirata (Shigezawa), Eiko
Wakabayashi (Tamiye), Senkichi Omura
(Konno). F 82 Min.

Ein Pharma-Konzern rüstet eine Expedition aus, die den Riesenaffen King Kong
fängt und ihn nach Japan schafft, damit er
dort als ›Werber‹ für Pillen und Salben
auftreten soll. Gleichzeitig wird das Urweltmonster Godzilla aus einem Eisberg
aufgetaut und marschiert auf Tokio zu.
Die japanische Armee sorgt dafür, daß die
beiden Viecher aufeinandertreffen. King
Kong ersäuft Godzilla im Meer und kehrt
auf seine Südseeinsel zurück.

Bei diesem alten Heuler handelt es sich
möglicherweise um ein japanisches Monsterspektakel, das in den USA aufgepeppt
und mit zusätzlichen Filmmetern versehen wurde. Für jene, denen es vor gar
nichts mehr graut.
Ⓥ Atlas-Video

Die Rückkehr des Unsichtbaren

(THE INVISIBLE MAN RETURNS).
USA 1940.
R Joe May. B Lester Cole/Curt
Siodmak. St Joe May/Curt Siodmak.
LV H. G. Wells. K Milton Krasner.
SpeE John P. Fulton. M H. J. Salter/
Frank Skinner. D Vincent Price
(Geoffrey Radcliffe), Cedric Hardwicke
(Richard Cobb), Nan Grey (Helen
Manson), John Sutton (Dr. Frank
Griffin), Alan Napier (Willie Spears),
Cecil Kellaway (Insp. Sampson),
Forrester Harvey (Ben Jenkins), Ivan
Simpson (Cotton), Edward Fielding
(Gouverneur), Frances Robinson
(Schwester), Burce Lester (Kaplan),
Harry Cording, Harry Stubbs, Edmund
McDonald, Mary Field, Billy Bevan.
81 Min.

Geoffrey Radcliffe wird fälschlicherweise
des Mordes angeklagt und zum Tode verurteilt. Wissenschaftler Dr. Graffin hilft
ihm aus der Patsche und macht ihn unsichtbar. So kann er entkommen und den
wahren Mörder überführen. – Die Rückkehr des Unsichtbaren entstand sechs Jahre nach der berühmten Verfilmung Der
Unsichtbare, die Claude Rains in der Titelrolle zu Weltruhm verhalf. An die Ereignisse des ersten Films erinnert hier nur
noch eine Fotografie, die ihn in seiner
›Verkleidung‹ zeigt. Vincent Price ist der
neue Unsichtbare, dessen Talent für Horrorfilme hier aber noch nicht entdeckt
wurde. Das lag sicher daran, daß er hier
nicht den Bösewicht, sondern den positiven Helden spielte. Dank seines witzigen
Skripts und der flotten Regie hat der Film
durchaus seine Qualitäten. Verantwortlich dafür waren in erster Linie Regisseur
Joe May, Emigrant aus Deutschland, der
sich bereits in der Stummfilmzeit einen
Namen mit fantastischen Stoffen gemacht
hatte (Die Herrin der Welt, Das indische
Grabmal), und Curt Siodmak, ebenfalls
Emigrant, als Autor und Regisseur eine
der farbigsten Gestalten im Genre des
Fantastischen (Autor von SF-Romanen
wie DONOVAN'S BRAIN; Mitarbeit bei
F.P.1 antwortet nicht und Der Tunnel;
Drehbücher zu DER WOLFSMENSCH, ICH
FOLGTE EINEM ZOMBIE, DIE BESTIE MIT
DEN FÜNF FINGERN). Dreimal beschäftigte sich Siodmak mit dem Unsichtbaren.
Nach Die Rückkehr des Unsichtbaren
schrieb er wiederum mit Joe May zusammen die Story zu INVISIBLE WOMAN
(USA 1941), daran anschließend arbeitete
er an der Kriegsgeschichte THE INVISIBLE
AGENT (USA 1942). Über INVISIBLE WOMAN weiß Siodmak wichtige Details zu
erzählen (zit. nach Rolf Giesen, LEXIKON
DES PHANTASTISCHEN FILMS, Bd. 2):
»Hier verliebte sich eine Frau, die sich

John Sutton, Nan Grey und Vincent Price in
Die Rückkehr des Unsichtbaren

unsichtbar machen konnte. Ich habe einen Special Effects-Mann gehabt, der hieß John Fulton, und der hat gesagt: Da hast du dir wieder was ausgedacht, was ich nicht machen kann. Und ich sagte: Das ist ganz einfach. Die unsichtbare Frau steigt in ein Bad, man kann sie nicht sehen. Dann fängt sie an, sich abzuseifen, und wo die Seife hängenbleibt, da sieht man den Körper. Und das war sehr sexy. Aber dort, wo sie eigentlich am interessantesten war, hat sie sich nicht eingeseift.« Der in diesem Zitat erwähnte John P. Fulton war dann auch in allen dieser Filme, einschließlich des ersten Unsichtbaren, der wichtigste Mann. Denn seine Spezialeffekte sind die eigentlichen Stars der Serie. Die Figur des Unsichtbaren wurde in

der Folgezeit noch öfters bemüht. Nach THE INVISIBLE MAN'S REVENGE (USA 1944) schlugen sich auch Abbott und Costello mit der klassischen Horrorgestalt herum: ABBOTT AND COSTELLO MEET THE INVISIBLE MAN trägt völlig zu Unrecht den deutschen Titel *Abbott und Costello auf Sherlock Holmes' Spuren*.

Rückkehr zum Planet der Affen
(BENEATH THE PLANET OF THE APES).
USA 1970.
R Ted Post. *B* Paul Dehn. *K* Milton Krasner. *SpE* L. B. Abbott/Art Cruikshank. *Ma* John Chambers.
M Leonard Rosenman. *D* James Franciscus (Brent), Charlton Heston (Taylor), Kim Hunter (Dr. Zira),

Maurice Evans (Dr. Zaius), Linda Harrison (Nova), Paul Richards (Mendez), Victor Buno (Fetter Mann), James Gregory (Ursus), Jeff Corey (Caspay), Natalie Trundy (Albina), Thomas Gomez (Priester), David Watson (Dr. Cornelius), Pedro Colley (Farbiger), Tod Andrews (Skipper), Gregory Sierra (Priester der Bombe), Elson Burke (Gorilla-Sergeant), Lou Wagner (Lucius). *F* 95 Min.

Vorgeschichte: siehe *Planet der Affen*. – Auf der Suche nach diversen Kollegen macht der Astronaut Brent unwissentlich mit seinem Raumschiff einen Zeitsprung und landet auf einer zukünftigen Erde, die von einem intelligenten Affenvolk regiert wird.

Die wenigen Menschen, die die in der Vergangenheit stattgefundene atomare Katastrophe überlebt haben, werden von den Affen wie Tiere behandelt. Brent stößt auf das Mädchen Nova, das seinen vermißten Kollegen Taylor kennt. Es gelingt den beiden, aus der Gefangenschaft zu entfliehen und sich zu den verschütteten Ruinen von New York durchzuschlagen, wo sie sicher sind, denn die Gegend gilt als Tabuzone und wird von maskentragenden menschlichen Mutanten bewohnt, die sich aufgrund ihrer Deformationen weigern, ihre Gesichter zu zeigen.

Die Mutanten beten eine Kobaltbombe an, die einzige, die den nuklearen Holocaust überstanden hat, ohne in die Luft zu gehen. Die Bombe ist die einzige Waffe, die die Menschheit noch besitzt: Sollten die Affen je in das verschüttete Trümmerreich vordringen, soll sie gezündet werden. Während Mendez, der Inquisitor der Mutanten, Brent und den wiederaufgetauchten Taylor gegeneinander auszuspielen versucht, dringen die Affen in die Katakomben New Yorks vor. Nova kommt um. Brent und Taylor versuchen, die Bombe unschädlich zu machen, aber dazu ist es jedoch schon zu spät: Die Kobaltbombe geht hoch – und die Erde ist nicht mehr.

»*Rückkehr zum Planet der Affen* ist kein künstlerisch wertvoller Film, dies beansprucht er auch gar nicht zu sein; er ist vielmehr ein gut gemachter, spannender und logisch aufgebauter Science Fiction-Film, und das will bei dem Schund, der größtenteils als Science Fiction über die Leinwand flimmert, schon etwas heißen.« (SCIENCE FICTION TIMES)
Ⓥ Magnetic
Ⓑ Michael Avallone: *Rückkehr zum Planet der Affen*, München 1971

Runaway – Spinnen des Todes
(RUNAWAY). USA 1984.
R Michael Crichton. *B* Michael Crichton. *K* John A. Alonzo/Peter Donen. *SpE* John Thomas. *M* Jerry Goldsmith. *D* Tom Selleck (Jack Ramsay), Cynthia Rhodes (Karen Thompson), Gene Simmons (Dr. Charles Luther), Kirstie Alley (Jackie Rogers), Stan Shaw (Marvin), G. W. Bailey (Chief), Joey Kramer (Bobby Ramsay), Chris Mulkey (Johnson), Anne-Marie Martin (Hure), Michael Paul Chan (Wilson), Elizabeth Norment (Miß Shields), Carol Teesdale (Sally), Jackson Davies (Inspektor), Paul Batten (Harry), Babs Chulla (Vorarbeiterin), Betty Phillips (Linda), Andrew Rhodes (Kameramann), Stephen Thorne (Tommy), Steve Wright (Pilot), Stephen Miller (Rudy), Cec Verrell, Natino Bellentino, Judith Johns, Louise Johan, Bob Metcalfe, David Longworth, Todd Duckworth, Moira Walley, Albert Eggen, Jon Brydon, Rodney Gage, Murray Ord, Daryl Hayes, Keith Gordey, Wayne York, Frank Serio. *F* 97 Min.

Die im Titel reißerisch herausgestellten ›Spinnen des Todes‹ spielen in diesem Film eine eher untergeordnete Rolle: Jack Ramsay ist ein verwitweter, an Höhenangst leidender Cop, der in einer Spezialeinheit der Polizei von Los Angeles Dienst tut. Er ist Experte für ›Runaways‹, durchgedrehte Haushaltsroboter, die in den USA einer (offenbar) nahen Zukunft

Make art, not trash: Kim Hunter in *Rückkehr zum Planet der Affen*

Magnum in der Zukunft: Tom Selleck
in *Runaway – Spinnen des Todes*

in jedem Haushalt anzutreffen sind. In dieser Eigenschaft gerät er mit einem abgrundtief bösen Konstrukteur namens Dr. Charles Luther aneinander, der einen Computerchip entwickelt hat, der aus harmlosen Spülmaschinen und anderen Gerätschaften maschinelle Killer macht. Auch eine Schußwaffe, deren Munition auf die Körperwärme bestimmter Personen reagiert, und kleine Metallspinnen, die ihre Opfer in Fetzen reißen, gehören zu den Entwicklungen, die er auf dem internationalen Terror-Markt zum Verkauf anbietet. Luther serviert gnadenlos jeden ab, der seine Unternehmungen stört. Als Ramsay ihm zu arg auf die Zehen tritt, fordert er ihn zu einem Zweikampf heraus, bei dem es nur einen Überlebenden geben kann.

Und Ramsay sieht sich gezwungen, seine Höhenangst zu überwinden: Es kommt zum Showdown im 60. Stock eines halbfertigen Wolkenkratzers.

– »Das Motiv des mißbrauchten oder sich gefährlich verselbständigenden technischen Fortschritts ist in diesem Film allerdings weniger kritischer Inhalt, sondern das, was Hitchcock einmal den ›McGuffin‹ genannt hat: ein letztlich beliebig austauschbarer Vorwand, um eine rasante Action-Handlung in Gang zu setzen. Das kritische Element gerät dabei in den Hintergrund und tritt meist nur mehr in Form klassischer satirischer Einsprengsel zutage. Letztlich ist *Runaway* nur ein nach klassischem Muster gebauter, professionell inszenierter harter Action-Thriller – spannender Selbstzweck also. Aber innerhalb der selbstgesteckten Grenzen funktioniert dieser Reißer eben recht gut.« (Hubert Haslberger, FILMDIENST) – »*Runaway* ist so aalglatt mit Sinn für – insbesondere musikalischen – Effekt inszeniert, daß die mit garnicht *so* billigen Tricks gemolkene Spannung unversehens das Klischee überwältigt: Fernsehen, sicher, aber perfekter als manches Kino.« (Norbert Stresau, SCIENCE FICTION TIMES)
ⓥ RCA/Columbia

The Running Man
(THE RUNNING MAN).
USA 1987.
R Paul Michael Glaser. *B* Stephen De Souza. *LV* Richard Bachman. *K* Tom Del Ruth. *M* Harold Faltermeyer *D* Arnold Schwarzenegger (Ben Richards), Maria Conchita Alonso (Amber Mendez), Richard Dawson (Damon Killian), Yaphet Kotto (Laughlin), Jim Brown (Fireball), Jessa Ventura (Capt. Freedom), Erland van Lidth (Dynamo), Gus Tethwisch (Buzzsaw), Toru Tanaka (Subzero), Marvin J. McIntyre (Weiss), Mick Fleetwood (Mick), Weazel Zappa. *F* 100 Min.
Der Polizist Ben Richards weigert sich, auf Demonstranten zu schießen, kann aber ein Massaker nicht verhindern. Man stellt ihn durch einen technischen Trick in der Öffentlichkeit als Schlächter dar und liefert ihn in ein Gefangenenlager ein. Die Knackis setzen sich zum Großteil aus Rebellen zusammen, die das Regime stürzen wollen. Richards gelingt die Flucht. Er

nimmt die hübsche Amber als Geisel, um sich ins Ausland abzusetzen. Am Flughafen haut Amber ihn in die Pfanne, und Ben gerät erneut in Gefangenschaft. Er soll in der Show ›The Running Man‹ auftreten. In der Sendung Damon Killians treten Strafgefangene gegen drei Profijäger um Tod oder Freiheit an – und ›The Running Man‹ ist die beliebteste Show zur Ablenkung vom finsteren Alltag. Killian verkündet »Showtime«, Ben und zwei andere Männer werden in Bobschlitten zum Jagdparcours gefahren. Das mörderische Spiel gerät schnell außer Kontrolle: Der Killer Subzero – ein Schlittschuhläufer mit einem scharfen Eishokkeyschläger – kriegt was auf die Mütze. Zu Killians weiterer Unzufriedenheit erledigt Ben dann auch den mit einer Kreissäge bewaffneten Buzzsaw und den dritten Killer, einen mit Stromstößen operierenden Ariensänger. Inzwischen hat Amber die Wahrheit über Ben herausgefunden. Man ertappt sie und wirft sie ins Spiel. Als Killians Trümpfe nicht stechen, schlägt sich das Publikum auf die Seite der Gejagten. Ben und Amber stoßen zu den Rebellen und sehen den richtigen Zeitpunkt, um zur Revolte aufzurufen. Ben deckt vor laufenden Kameras die Machenschaften des Fernsehens und der Regierung auf und wirft Killian in einen Bob, der am Ende zerschellt. – »Ein überproduziertes Arnold Schwarzenegger-Vehikel, das Arnie-Fans ansprechen wird, aber sonst kaum jemanden. Die Satire ist unglaubwürdig, weil sie in der sinnlosen Gewalt schwelgt, die sie angeblich kritisiert.« (VARIETY). Dies hätte ein subtiler Spaß werden können, aber es ist nicht einmal ein typischer Arnold-Schläger-Film geworden. Die Story stammt von Richard Bachman (d.i. Stephen King), und geklaut hat er sie bei Robert Sheckley (siehe *Das Millionenspiel* und *Kopfjagd – Preis der Angst.*) Man soll es nicht für möglich halten.
Ⓑ Richard Bachman: *Menschenjagd,* München 1986
Ⓥ Taurus

Rush
(RUSH). Italien 1984.
R Anthony Richmond (= Tonino Ricci). *B* Tito Carpi. *K* Giovanni Bergmanini. *M* Francesco De Masi. *D* Conrad Nichols (Rush), Gordon Mitchell (Herrscher), Laura Trotter, Rita Furlan, Bridgit Pelz, Richard Pizzuti, Osiride Pevarello, Paolo Celli, Luigi Filippo Lodoli, Daniel Stroppa. *F* 77 Min.
Zehn Jahre nach dem apokalyptischen Rums läßt ein Oberbösmann in einer Raffinerie Sklaven für die lebensnotwendige Aufzucht von Pflanzen in einem Treibhaus sorgen. Dem Muskelmann Rush gelingt die Flucht. Ausgerüstet kehrt er zurück und befreit die restlichen Unterdrückten. – »Für einen futuristischen Film verläßt sich *Rush* auf Uniformen, Fahrzeuge und Waffen, die aussehen, als seien sie von einem Opus über den Zweiten Weltkrieg übriggeblieben. Die Billigproduktion weist armselige Spezialeffekte und sehr gestellt wirkende Kampfszenen auf, die das Publikum zu Lachstürmen hinreißen.« (VARIETY). – »Eine wüste, von Gewalt strotzende Schauermär, auch formal unter Niveau.« (LEXIKON DES INTERNATIONALEN FILMS). Ⓥ Constantin

Rush II – Final Game
(RUSH 2). Italien 1984.
R Anthony Richmond (= Tonino Ricci). *B* Jaime Comas. *K* Renato Doria. *M* Francesco De Masi. *D* Conrad Nichols (Rush), Werner Pochath, Victoria Lane, Stelvio Candelli. *F* 86 Min.
Vorgeschichte siehe *Rush.* – Rush macht sich mit einer Gruppe Überlebender zur Basis Alpha auf. Alpha ist der letzte Ort, der von der Apokalypse verschont geblieben ist. Nur Rush und die Härtesten erreichen ihr Ziel. – Ein billiges, von endlosen, unmotivierten Gemetzeln durchzogenes Endzeit-Märchen, bei dem man sich wieder einmal fragt, ob die italienische Filmindustrie ihre Drehbücher von Analphabeten schreiben läßt. Ⓥ VPS

S

Die Saat des Alien
(THE STRANGER WITHIN). USA 1974.
R Lee Philips. *B* Richard Matheson.
K Michael Margulies. *M* Charles Fox.
D Barbara Eden (Ann Collins), George
Grizzard (David Collins), Joyce Van
Patten (Phyllis), David Doyle (Bob),
Nehemiah Persoff (Dr. Edward Klein).
F 78 Min.
David Collins fällt auf, daß sich seine
schwangere Frau Ann höchst merkwürdig
verhält. Als er sie hypnotisiert, kommt
heraus, daß sie ihr vermeintlich gemein-
sames Kind mit einem Außerirdischen ge-
zeugt hat. Der Haussegen hängt schief!
Als sich Ann weiter verändert, macht sie
sich mit anderen schwangeren Frauen auf
den Weg, um die Erzeuger ihrer Kinder
zu suchen. – »Ein selten langatmiger
Fernsehfilm, der jede Sequenz mindestens zweimal wiederholt.« (FILM-JAHR-
BUCH). – Nur auf Video.
Ⓥ Virgin

Saat des Wahnsinns
(CLONUS HORROR). USA 1979.
R Robert S. Fiveson. *B* Robert S.
Fiveson/Myrl A. Schreibman/R. Smith/
B. Sullivan. *K* Max Beaufort. *M* Hod
David Schudson. *D* Timothy Donnelly
(Richard), Paulette Breen (Lena),
Keenan Wynn (Jake Nobel), Peter
Graues (Jeff Knight), Lurene Tuttle
(Anna Nobel), Dick Sargent (Dr.
Jameson), Frank Ashmore (George
Walker), David Hooks (Richard
Knight), Zale Kessler (Dr. Nelson),
James Mantell (Ricky), Boyd Hollister
(Senator). *F* 90 Min.
Einem Klon, der von einem im geheimen
arbeitenden Wissenschaftler-Team aus
den Zellen eines Verstorbenen erschaffen
wurde, gelingt die Flucht aus dem For-
schungslabor. Er entfacht einen politi-
schen Skandal, als ans Tageslicht kommt,
daß er und seinesgleichen dazu dienen
sollen, mißliebige Politiker und Wirt-

schaftsbosse zu ›ersetzen‹. – Das Ding
liegt auf durchschnittlichem TV-Niveau,
auch wenn es sich gesellschaftspolitisch
bedeutsam gibt. In der BRD nur auf Video.
Ⓥ IMV

Sador, Herrscher im Weltraum
(BATTLE BEYOND THE STARS).
USA 1980.
R Jimmy T. Murakami. *B* John Sayles.
St John Syles/Anne Dyer. *K* Jim
Cameron *SpE* George D. Dodge/Dennis
Skotak/ Robert Skotak u. v. a. *M* James
Horner. *D* Richard Thomas (Shad),
Robert Vaughn (Gelt), John Saxon
(Sador), George Peppard (Cowboy),
Darlanne Fluegel (Namelia), Sybil
Danning (St. Exmin), Sam Jaffe (Dr.
Hephaestus), Morgan Woodward
(Kaiman), Steve Davis (Quopeg), Carl
Boen (1. Nestor), John Gowens
(2. Nestor), Larry Meyers, Lara Cody
(Kelvin), Jeff Corey (Zed), Marta
Kristen (Lux), Julia Duffy (Mol), Eric
Morris (Pen), Doug Carleson (Pok),
Ron Ross (Dab), Terence McNally
(Gar), Galen Thompson (Min).
F 104 Min.
Der friedliche Planet Akir wird von den
galaktischen Sturmtruppen des Eroberers
Sador bedroht. Der junge Shad sucht sich
eine Truppe von Abenteurern zusammen,
um dem Finsterling Mores zu lehren.
Nachdem fünf der sieben Weltraumhe-
roen ins Gras gebissen haben, dringt die
Walküre St. Exmin in Sadors Höhle ein
und jagt sie in die Luft. Shad ist der Held
des Tages, der Planet Akir gerettet. – Der
Film klaut seine Idee von John Sturges'
Die glorreichen Sieben (1961), und sogar
Robert Vaughn, der damals schon dabei
war, läßt sich wieder zur Schnecke machen. Ansonsten im Fokus des Geschehens: ›John-Boy‹ Walton (alias Richard
Thomas). Der Streifen ist nicht ernst gemeint; man sollte diesen Scherz aus der

Roger-Corman-Factory deswegen auch nicht ernst nehmen. –»Die Modelle und Spezialeffekte sind sehr gut gemacht.« (FILMS IN REVIEW) Ⓥ Warner

Sag niemals nie
(NEVER SAY NEVER AGAIN). GB/USA 1983. *R* Irvin Kershner. *B* Lorenzo Semple jr. *St* Kevin McClory/Jack Whittingham/Ian Fleming. *K* Douglas Slocombe/Ricou Browning. *SpE* David Dryer. *M* Michel Legrand. *D* Sean Connery (James Bond), Klaus Maria Brandauer (Maximilian Largo), Max von Sydow (Ernst Stavro Blofeld), Barbara Carrera (Fatima Blush), Kim Basinger (Domino Petachi), Bernie Casey (Felix Leiter), Edward Fox (M), Alex McCowan (Algy), Saskia Cohen Tanugi (Nicole), Rowan Atkinson (Konsulatsbeamter), Gavin O'Herlihy (Jack Petachi), Pamela Salem (Miß Moneypenny), Prunella Gee (Patricia), Valerie Leon (Anglerin), Ronald Pickup (Fox), Marsha Hunt (Nr. 11). *F* 126 Min.

Ernst Stavro Blofeld, der Super-Verbrecher und Kopf der Terror-Organisation SPECTRE, läßt von seinen Leuten zwei Cruise-Missiles stehlen und erpreßt die Welt um eine Riesensumme, bis der britische Star-Agent James Bond ihm das Handwerk legt. – Remake des 1965 unter der Regie von Terence Young entstandenen Films *Feuerball*, mit spezieller Berücksichtigung inzwischen erfolgter militärischer ›Neuschöpfungen‹. – »Wer sich von der Rückkehr Sean Connerys eine Neubelebung (der Bond-Filme; Anm. d. Verf.) versprochen hat, wird weitgehend enttäuscht. Zu viel spielt sich im hinlänglich bekannten Rahmen dieses Genres ab, wobei die handwerkliche Routine größtenteils auf äußere Materialschlachten und damit verbundene Effekte Auswirkungen zeigt.« (HPK, FILMDIENST) – »Gewalt erscheint bei Bond nur als eine Art sportlicher Betätigung. Und damit der Genuß nicht beeinträchtigt wird, fließt kein Blut

und wird nicht gelitten. So ist's nicht verwunderlich, daß beispielsweise Bonds attraktive Gegenspielerin in Stücke zerfetzt wird, so daß nur noch ihre Schuhe übrigbleiben. Wie der Film flapsig darüber hinweggeht, steht für eine Abstumpfung und Militarisierung in den Köpfen... Raffinierter als in *Sag niemals nie* kann man Militarisierung wohl kaum verkaufen.« (Ulrich Hetscher, UNSERE ZEIT) Ⓥ Constantin

Samen des Bösen
(INSEMINOID). GB/Hongkong 1980. *R* Norman J. Warren. *B* Nick Maley/ Gloria Maley. *K* John Metcalfe. *M* John Scott. *D* Judy Geeson (Sandy), Robin Clarke (Mark), Jennifer Ashley (Holly), Stephanie Beacham (Kate), Steven Grives (Garry), Barrie Houghton, Rosalind Lloyd. *F* 89 Min.

Die Besatzung des Raumschiffes *Xeno* untersucht die Relikte einer untergegangenen Kultur auf einem fernen, eiskalten Planeten. Als sie eine Grabstätte freilegt, kommt es zu einer mysteriösen Explosion. Dabei verliert ein Raumfahrer sein Leben, ein zweiter den Verstand. Das Mädchen Sandy wird von einem Ungeheuer angegriffen und bei 67 Grad unter Null von diesem vergewaltigt. Als sie aus ihrem Schock erwacht, verwandelt sie sich in ein Ungeheuer und bringt ihre Kollegen auf bestialische Weise um. Als die Überlebenden erkennen, daß sie schwanger ist, ist es schon zu spät. Die beiden Monster, die sie gebiert, setzen das scheußliche Werk Sandys fort. – Ein billiger Abklatsch von Ridley Scotts *Alien*, der in aller Eile heruntergekurbelt wurde. »Nicht ein Charakter hat genug Zeit, eine Persönlichkeit zu entwickeln. Die Personen werden gnadenlos abserviert, und dann endet das Ganze in einem konfusen Hickhack.« (STARBURST) Ⓥ Arcade

Sannikow-Land
(SEMLJA SANNIKOWA). UdSSR 1973. *R* Alter Mkrtschjan/Leonid Popow. *B* Wladislaw Fedosejew/Mark

Sacharow. *LV* W. A. Obrutschew.
K Michail Koropzow. *M* A. Zapin.
D Wladislaw Dworshezki, Juri
Nasarow, Georgi Vizin. *F* 93 Min.
Grundlage dieses sowjetischen Spielfilms
ist ein spannender wissenschaftlich-fanta-
stischer Roman des Geologen und Geo-
graphen W. A. Obrutschew (1863 bis
1956), der sich ebenso wie der berühmte
Polarforscher Nansen mit dem Phänomen
›Sannikow-Land‹ beschäftigte – einer
Oase, die 1811 von dem russischen Reisenden Sannikow im ewigen Eis gesichtet
wurde: Im 19. Jahrhundert macht sich ein
vom Zaren verbannter Geologe mit einigen mutigen Männern auf in die Schneewüste Alaskas und entdeckt dort ein
Volk, das in einem paradiesisch grünen
Gebiet lebt. Ein Vulkan versorgt die Zone
mit Wärme, aber es kommt zu einer Katastrophe, bei der eine Explosion den ›Wär-
meeffekt‹ zum Erliegen bringt. Das Sannikow-Land fängt an einzufrieren. Die
Tage des Paradieses sind gezählt.
Ⓑ W. A. Obrutschew: *Das Sannikow-
land*, Berlin/DDR 1953

Des Satans nackte Sklavin
Anderer Titel für **Die Nackte und der
Satan**

Saturn 3
Anderer Titel für **Saturn City**

Saturn City
(SATURN 3). GB 1980.
R Stanley Donen. *B* Martin Amis.
St John Barry. *K* Billy Williams.
SpE Roy Field/Wally Veevers/Peter
Parks/Colin Chilvers/Roy Spencer/Terry
Schubert/Jeff Luff. *M* Elmer Bernstein.
D Kirk Douglas (Adam), Farrah
Fawcett (Alex), Harvey Keitel
(Benson), Douglas Lambert (Capt.
James), Ed Bishop (Harding),
Christopher Muncke. *F* 88 Min.
Adam und Alex, zwei irdische Wissen-
schaftler, arbeiten in einer unterirdischen
Forschungsstation auf dem Saturnmond
Titan. Das Auftauchen eines unangemel-

deten Besuchers schreckt sie auf: Der
Fremde hat einen neuen Roboter aus der
›Halbgott‹-Serie mitgebracht und fängt
an, das Ding zusammenzusetzen. Das Gehirn der Maschine namens Hektor wird
auf den Willen des Besuchers programmiert, der in Wirklichkeit ein entflohener
psychopathischer Mörder ist. Hektor entpuppt sich dann auch nicht als Helfer der
beiden Wissenschaftler, sondern als ver-
längerter Arm seines Besitzers, der es auf
die strapsbewehrte Alex abgesehen hat.
Um seine Ziele zu erreichen, schreckt er
auch vor Mord nicht zurück. Und hilfreich ist es dabei für ihn allemal, daß der
Saturnmond Titan für 3 Wochen im
›Schatten‹ seiner ›Mutterwelt‹ verschwindet und seine Opfer von der Erde abgeschnitten sind. – Der Film weist ein ziemlich gutes Bühnenbild auf, aber damit hat
es sich auch schon. Harvey Keitel, der
den verrückten Benson spielt, schien von
der ganzen Story am wenigsten angetan
zu sein: Er ließ sich sogar von einem gewissen Roy Dotrice synchronisieren.

**Scanners – Ihre Gedanken
können töten**
(SCANNERS). Kanada 1980.
R David Cronenberg. *B* David
Cronenberg. *K* Mark Irwin. *SpE* Gary
Zeller. *M* Howard Shore. *D* Stephen
Lack (Cameron Vale), Jennifer O'Neill
(Kim Ruth), Patrick McGoohan (Dr.
Ruth), Lawrence Dane (Keller), Charles
Shamata (Gaudi), Adam Lustig
(Crostic), Michael Ironside (Darryl
Revok), Robert Silverman (Pierce).
F 100 Min.
Der junge Cameron Vale glaubt, an Schi-
zophrenie zu leiden, aber Dr. Ruth ver-
steht es, ihm begreiflich zu machen, daß
er parapsychologische Fähigkeiten be-
sitzt. Wie der Arzt ihm klarmacht, ist sei-
ne Gabe von dem Beruhigungsmittel
Ephemerol hervorgerufen worden, das
seine Mutter während ihrer Schwangerschaft eingenommen hat. Dr. Ruth war
selbst an der Entwicklung dieser Droge
beteiligt. Jetzt, Jahrzehnte später, ver-

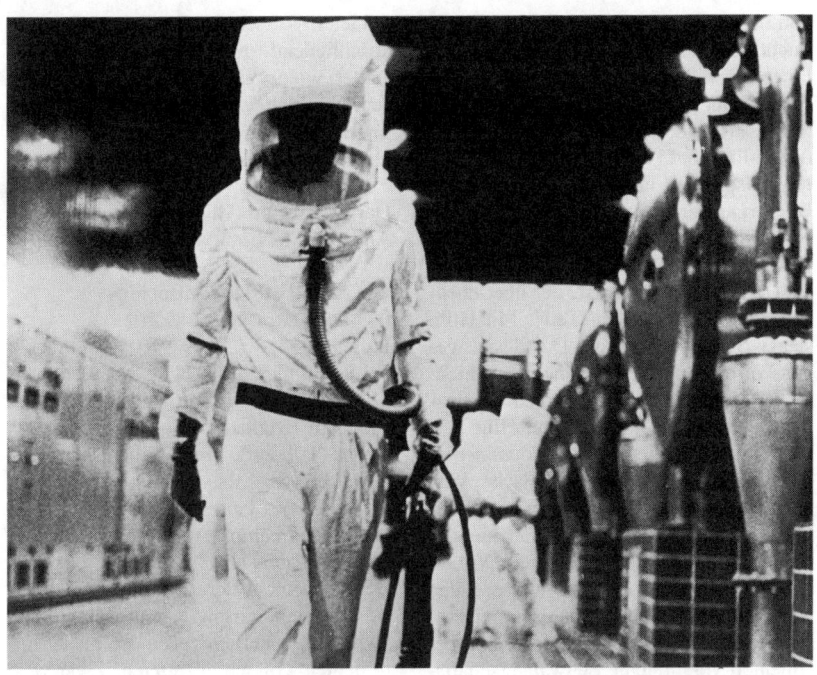

Scanners – Ihre Gedanken können töten von David Cronenberg

sucht er über 200 sogenannte ›Scanners‹ aufzuspüren: Menschen wie Vale, die ihre parapsychologischen Fähigkeiten zur Erringung persönlicher Macht ausnutzen könnten. Ein gewisser Darryl Revok, der selbst ein Scanner ist, hat bereits den Großteil dieser Telepathen und Telekineten auf seine Seite gebracht: Wer sich ihm in den Weg stellt, endet mit einem zerplatzten Kopf. Vale lernt Dr. Ruths Tochter kennen, schwingt sich daraufhin zum Führer einer Anti-Scanners-Brigade auf und muß am Ende zum Duell gegen seinen eigenen Bruder antreten.

David Cronenberg kommt uns hier mit einer Klamotte, die jedem, der noch nicht völlig abgestumpft ist, permanente Magenkrämpfe beschert: Seine explodierenden Köpfe sind *abscheulich* anzusehen, aber das ist möglicherweise genau das, worauf Cronenberg spekuliert: »Sein Kino ist ein Kino für Voyeure, nur daß denen Blut anstatt Sex geboten wird...

(Die) tricktechnischen Scheußlichkeiten müßten jeden Blutfetischisten zufriedenstellen.« (FILMBEOBACHTER)
Ⓥ UFA

Scanners II
(SCANNERS 2: THE NEW ORDER).
Kanada 1990.
R Christian Duguay. *B* B.J. Nelson.
K Rodney Gibbons. *M* Marty Simmons.
D David Hewlett (David Kellum),
Deborah Raffin (Julie Vale), Yvan
Ponton (Comm. Forrester), Isabelle
Mejias (Alice), Tom Butler (Dr.
Morse). *F* 104 Min.
Vorgeschichte siehe *Scanners*. Der Polizist Forrester träumt von der ›neuen Ordnung‹, einer Polizeitruppe, die unter seiner Führung die Straßen vom Gesindel reinigt. Dafür will er Scanner einsetzen – Menschen, die über ausgeprägte Psi-Kräfte verfügen. Dr. Morse hat die Scanner mit der Droge EPH2 behandelt, um sie

kontrollieren zu können, doch in ihrer Sucht sind sie nicht mehr gebrauchen. Forrester stößt auf den latent psychopathischen Peter und David, der seine Vision anfangs treudoof teilt. Nachdem Forrester den Polizeichef kurzerhand über die Klinge hat springen lassen, bringt David die Bürgermeisterin dazu, ihn zu seinem Nachfolger zu machen. Jetzt erfährt David, daß er in Wirklichkeit Sohn Cameron Vales und Kim Ruths ist, der überlebenden Scanner des ersten Teils. Mit Hilfe seiner Schwester wendet David sich gegen Forrester und seine Pläne. Er vernichtet Peter, befreit die süchtigen Scanner und verstümmelt Forrester mit Hilfe seiner Kräfte. – »Die Story von *Scanners 2* ist voll auf das US-amerikanische Verständis aller neuen und/oder ungewöhnlichen gesellschaftlichen Phänomene zurechtgeschnitten: Sofort wird jede Veränderung am Status quo zur umfassenden Verschwörungsparanoia dämonisiert. Cronenbergs Contergan-Terror um experimentell verabreichte Schwangerschaftsmedikamente und deren nervenaufreibende Folgen wird folgerichtig zur Faschismus-Apokalypse aufgeblasen und hat entschieden mehr zu tun mit *Dead Zone's* diktatorischem Präsidentschaftskandidaten Stillson als mit den Psycholabilen aus *Scanners... Scanners 2* ist hart-blöd. Aber nicht toll-blöd, sondern scheißblöd... erwartungsgemäß.« (Maerz, SPLATTING IMAGES).

Schach dem Satan
(LADRON DE CADAVERES).
Mexiko 1958.
R Fernando Mendez. *B* Fernando Mendez/Alejandro Verbitsky. *K* Victor Herrera. *M* Frederico Ruiz. *D* Columba Deminguez, Crox Alvarado, Wolf Rubinski, Carlos Riquelme, Arturo Martinez, Eduardo Alcaraz, Guillermo Hernandez, Alejandro Cruz, Yerye Berute. 80 Min.
Ein alter Losverkäufer, der sich in einem Catcherzirkus herumtreibt, ist in Wirklichkeit von Beruf Arzt und hält nach Athleten Ausschau, die er tötet, um sie anschließend (mit Gorillahirnen ausgestattet) wieder auf die Menschen loszulassen. Natürlich wendet sich die Schöpfung gegen den Schöpfer, bis sie von einem Detektiv erschossen wird.

Der Schatz im All
Anderer Titel für **Space Pirates**

Die Schlacht der Centurions
(I GUERRIERI DEL'ANNO 2072).
Italien 1982.
R Lucio Fulci. *B* N. N. *K* N. N. *M* N. N. *D* Jared Martin (Drake), Eleonora Brigliadori (Sue), George Rover (Tolkien), Fred Williamson (Grant). *F* 93 Min.
Im Italien des Jahres 2072 werden wieder Gladiatorenkämpfe veranstaltet, die mit dem Tod des jeweils Besiegten enden. Der aus seinem Beruf ausgestiegene Drake wird von einem Kampfmanager gezwungen, neuerlich gegen den bisher unbesiegten Tolkien anzutreten. Zwar wird der Kampf zwischen den beiden zu einem großen Medienereignis, aber er leitet auch den Sturz des Systems ein. – In der Hauptrolle Jared Martin, bekannt als ›Dusty‹ Farlow aus der TV-Serie *Dallas.* – »Ohne Geschick, mit dilettantischen Schauspielern, langweiligen Stunts und einer jede Logik vermissen lassenden Dramaturgie inszeniert, mangelt dem Film jeglicher Unterhaltungswert.« (FILMDIENST). Ⓥ UFA

Schlachthof 5
(SLAUGHTERHOUSE FIVE). USA 1971.
R George Roy Hill. *B* Stephen Geller.
LV Kurt Vonnegut jr. *K* Miroslav Ondricek. *M* Glenn Gould. *D* Michael Sachs (Billy Pilgrim), Ron Leibman (Paul Lazzaro), Eugene Roche (Edgar Derby), Sharon Gans (Valencia), Valerie Perrine (Montana Wildhack), Robert Blossom (Wild Bob Cody), Sorrell Brooke (Lionel Merble), Kevin Conway (Weary), Gary Waynesmith (Stanley), John Dehner (Rumford), Stan

Gottlieb (Hobo), Perry Kind (Robert Pilgrim), Nick Belle (Deutscher), Henry Bumstead (Eliot Rosewater), Lucille Benson (Billys Mutter), Holly Near (Barbara), Tom Wood (Engländer), Friedrich Ledebur, Karl-Otto Alberty (1. und 2. Hauptmann). *F* 101 Min. Der Amerikaner Billy Pilgrim ist während des Zweiten Weltkriegs als junger Mann in deutsche Gefangenschaft geraten und hat in einem Gefangenenlager namens ›Schlachthof 5‹ die totale Vernichtung Dresdens durch alliierte Bomber miterlebt. Als er wieder nach Hause kommt, heiratet, zwei Kinder großzieht und sich dem Leben eines Normalbürgers hingibt, spürt er, daß er zu einem Wanderer zwischen den Zeiten geworden ist: Das Trauma, an dem er seit der Bombardierung der schönsten deutschen Stadt leidet, läßt ihn nicht los. Als seine Frau bei einem Autounfall umkommt, er selbst nur knapp einen Flugzeugabsturz überlebt und sein Sohn einberufen wird, um in Vietnam seinen Mann zu stehen, vermischen sich in Billys Geist Vergangenheit, Gegenwart und Zukunft zu einem Labyrinth, das er nicht mehr zu durchdringen vermag. Der fortgesetzte Kreislauf der Gewalt, dem die Welt ausgesetzt ist, läßt ihn in eine friedliche, lustbetonte Welt der Zukunft ›emigrieren‹: Auf dem Planeten Trafalmadore findet er in den Armen der willigen Hollywood-Schauspielerin Montana Wildhack Liebe, Sex und Zuversicht – bis ihn sein einstiger Armeekamerad Lazzaro ermordet. – »Das Thema des Films ist, daß der Mensch sich den schlechten Dingen des Lebens zwar stellen muß, aber daß er die guten keinesfalls außer acht lassen soll. Diese Philosophie ist – ebenso wie die literarischen Visionen des Autors Kurt Vonnegut – beim Collegepublikum äußerst schick gewesen.« (James Robert Parish/Michael R. Pitts, THE GREAT SCIENCE FICTION PICTURES) – »Abgesehen von einer gewissen Überkonstruiertheit des Films sind die Schlußszenen auf Trafalmador seine schwächste Stelle. Sie sind viel zu lang ausgewalzt, fallen gegenüber den realistischen Szenen formal weit ab und wirken geradezu kitschig.« (FILMDIENST)

Ⓑ **Kurt Vonnegut jr.**: *Schlachthof 5 oder der Kinderkreuzzug*, Hamburg 1970

Die Schlacht um den Planet der Affen

(BATTLE FOR THE PLANET OF TEH APES). USA 1973. *R* J. Lee Thompson. *B* John W. Corrington/JoyCe H. Corrington. *K* Richard H. Kline. *SpE* Gerald Endler. *M* Leonard Rosenman. *D* Roddy McDowall (Caesar), Claude Akins (Aldo), Natalie Trundy (Lisa), Severn Darden (Kolp), Lew Ayres (Mandemus), Paul Williams (Virgil), Austin Stoker (MacDonald), Noah Keen (Lehrer), Richard Eastham (Capt. d. Mutanten), France Nuyen (Alma), Paul Stevens (Mendez), Heather Lowe (Ärztin), Bobby Porter (Cornelius), Michael Stearns (Jake), Cal Wilson (Soldat), Pat Cardi (Schimpanse), John Landis (Motorrad-Mutant), John Huston (Gesetzgeber). *F* 86 Min. Nach dem totalen Krieg der Affen gegen die Menschen ist die Zivilisation zerfallen. Der hochintelligente Schimpanse Caesar lebt mit seinem Stamm und dem Farbigen MacDonald, der als Unterprivilegierter die Affenrevolte unterstützt hat, friedlich in der Natur. Als er erfährt, daß in einer Ruinenstadt ein Tonband mit einem Interview seiner aus der Zukunft stammenden Eltern existieren soll, macht er sich mit einigen Getreuen auf, um es zu suchen. In der Stadt stoßen sie auf eine Gruppe mutierter Menschen, die von dem Ex-Polizisten Kolp, einem Affenhasser, befehligt werden. Es kommt zum Kampf, in den sich auch der militante Gorillachef Aldo einmischt, der Caesar von seinem Thron stürzen will. Dennoch geht alles gut aus. – »Wenn der Film . . . noch zum Angenehmsten gehört, was derzeit (1973; Anm. d. Verf.) auf SF-Leinwänden zu sehen ist, dann ist das nicht nur das Werk einer erstklassigen Crew . . . und einer spannend erzählten Story, sondern hat seine tieferen Ursachen in dem Ramsch, der uns in letzter Zeit vorgesetzt wurde.« (VAMPIR)

Ⓥ Fox

Ⓑ David Gerrold: *Die Schlacht um den Planet der Affen*, München 1976

Der Schläfer

(SLEEPER). USA 1973. *R* Woody Allen. *B* Woody Allen/ Marshall Brickman. *K* David M. Walsh. *SpE* A. D. Flowers. *M* Woody Allen. *D* Woody Allen (Miles Monroe), Diane Keaton (Luna Schlosser), John Beck (Erno Windt), Mary Gregory (Dr. Melik), Don Keefer (Dr. Tryon), Don McLiam (Dr. Agon), Bartlett Robinson (Dr. Orva), Chris Forbes (Rainer Krebs), Marya Small (Dr. Nero), Peter Hobbs (Dr. Dean), Susan Miller (Ellen Pogrebin), Lou Picetti (Zeremonienmeister), Brian Avery (Herald Cohen), Spencer Milligan (Jeb), Stanley Ross (Sears Wiggles), Whitney Rydbeck (Janus), Arthur Jones (Yale). *F* 88 Min.

Der Reformhausbesitzer und Hobby-Jazzer Miles Monroe wollte sich eigentlich 1974 im Krankenhaus an einem Furunkel behandeln lassen, aber wie die Bürokratie nun mal so läuft, hat man ihn aus Versehen eingefroren. Als er wieder zu sich kommt, schreibt man – oh, Schreck! – das Jahr 2174. Das Land der unbegrenzten Möglichkeiten schmachtet unter der Diktatur eines faschistischen Großen Bruders, der die Menschen gängelt, wo er nur kann, und jedermann in den Datenspeichern allesüberwachender Computer registriert ist. Bis auf einen: Miles. Ein paar mit dem revolutionären Underground sympathisierende Ärzte haben ihn nämlich aufgetaut, damit er das Volk von der Herrschaft dieses Bonzen befreit. Nun ist Mr. Monroe aber alles andere als ein Held, auch wenn er sich um des reinen Überlebens willen rasend schnell an die veränderte Sachlage anpaßt: Als Roboter ›verkleidet‹ stürzt er davon und gerät in die Fänge der systemtreuen Luna Schlos-

ser, in die er sich auf der Stelle verknallt, obwohl es natürlichen Sex in dieser gleichgeschalteten Zukunft nicht mehr gibt: Dafür sorgen nun Libidomaten und Orgasmotrone, elektronische Maschinchen, die so altmodische Dinge wie Gefühle und Instinkte nicht nachempfinden können. Auf seinem Weg in das Hauptquartier der Untergründler muß Mr. Monroe einige haarsträubende Abenteuer bestehen. Als er kurz vor dem Ziel von eifrigen Staatsschützern geschnappt wird, erwacht die hübsche Luna aus ihrer Gleichgültigkeit: Sie lauert dem armen Monroe, nachdem man ihm eine Gehirnwäsche verpaßt hat, mit einigen kräftigen Burschen auf und kidnappt ihn. Es gelingt ihr, den inzwischen Umgepolten, der schon auf dem besten Weg zur Anpassung war, wieder auf die revolutionäre Linie zu bringen. Monroe schleicht sich in die Zentrale des Führers ein, gibt sich als Meisterchirurg aus, der den aufgrund eines Attentats nur noch aus seiner Nase bestehenden Diktator klonen will, und nimmt ihn (bzw. die Nase) als Geisel. Als es hart auf hart kommt, wirft er sie unter eine Dampfwalze und macht mit Luna Mücke. – Wenn Woody Allen einen SF-Film macht, bleibt kein Auge trocken: »*Der Schläfer* ist eine Pointen-Show, weniger auf optische Reize als auf Sprachwitz angelegt. Ein fruchtbares Feld natürlich für die deutschen Synchronisateure, die Sprache als Gagmaschine strapazieren, deren Produkte im Gegensatz zu vielen anderen Filmen hier aber erträglich bleiben. Da wird aus dem historischen Maler Hundertwasser ein Tausendwasser, und vor der Promotion in Oralsex muß der Doktor natürlich Französisch lernen.« (FRANKFURTER RUNDSCHAU) – Isaac Asimov, der eines Tages von einem Mitarbeiter Woody Allens angerufen wurde, um sich das Drehbuch anzusehen: »Ich las das Skript und fiel fast vom Stuhl.« Allen lud ihn zum Essen ein und fragte ihn, was er davon hielte. Asimov: »Ich sagte ihm ganz offen, daß ich es für gewaltig hielte. Er wollte wissen, ob er nichts ändern sol-

Der Schlemihl als Orgasmotron: *Der Schläfer* von und mit Woody Allen

le. ›Nein‹, sagte ich, ›es ist perfekt.‹ Ob ich sicher sei? Ja, klar, war ich mir sicher. Allen wandte ein, er wisse nichts über Science Fiction. Ich sagte, wenn er das den Leuten verschweige, würde es niemand merken. Mir war aber nicht ganz geheuer dabei. – Immerhin war ich derjenige, der ihn dazu drängte, diesen Film zu machen, und *er* würde sein Geld da reinstecken. Was war, wenn ich falsch lag? Allen schien sich auch nicht ganz wohl zu fühlen. Wußte dieser Asimov überhaupt, wovon er redete? ›Wieviel Science Fiction haben Sie geschrieben?‹ fragte er. Etwas nervös sagte ich: ›Nicht viel. Offen gesagt – nur sehr wenig. Alles in allem etwa dreißig Bücher.‹ Und dann erklärte ich ihm mit einem schüchternen Flüstern: ›Die anderen hundert Bücher haben mit Science Fiction nichts zu tun.‹ Allen wandte sich an seine Freunde: ›Habt ihr mitgekriegt, wie er *das* gebracht hat? Habt ihr mitgekriegt, wie er *das* gebracht hat?‹ . . . Schließlich sagte er: ›Na schön, wieviel schulde ich Ihnen?‹ – Ich sagte: ›Es hat mir solchen Spaß gemacht, das Drehbuch zu lesen, Mr. Allen, daß Sie

mir gar nichts schulden.‹ Natürlich rechnete ich damit, er würde mir jetzt ein Honorar aufdrängen, weil er glaubte, ich hätte nicht den Nerv, ihn um eins zu bitten. Aber das war ein Irrtum. Er sagte ›All right‹, und damit hatte es sich. Ich habe keinen Penny dafür bekommen.« (Isaac Asimov, IN JOY STILL FELT)
Ⓥ Warner

Schlag 12 in London
(THE TWO FACES OF DR. JEKYLL).
GB 1960.
R Terence Fisher. *B* Wolf Mankowitz. *LV* Robert Louis Stevenson. *K* Jack Asher. *M* Monty Norman/David Heneker. *D* Paul Massie (Dr. Henry Jekyll/Mr. Hyde), Dawn Addams (Kitty Jekyll), Christopher Lee (Paul Allen), Norma Marla (Maria), David Kossoff (Ernst Litauer), Francis de Wolff (Inspektor), Helen Gross (Nannie), Magda Mille (Animiermädchen), William Kendall (Klubmitglied), Oliver Reed, Pauline Shepherd, Janina Faye, Percy Cartwright, Joan Tyrill, Joe Robinson. *F* 87 Min.

Dem Londoner Arzt Dr. Jekyll ist die Entwicklung eines Serums gelungen, das das Böse im menschlichen Charakter dominierend macht. In der (auch äußerlich veränderten) Gestalt des mysteriösen Mr. Hyde tobt er seine geheimen Wünsche aus, hält sich die Tänzerin Maria als Geliebte, nähert sich der eigenen Frau, ohne daß diese weiß, wer er ist, und gerät schließlich vollends in den Bann des Bösen. Obwohl er zwischen seinen Metamorphosen dem Charakter Mr. Hydes Widerstand entgegensetzt, verfällt er nach diversen Verbrechen in Raserei und setzt sein Labor in Brand. Seinem herbeieilenden Freund Ernst Litauer sagt er, er habe Hyde endgültig vernichtet, aber das ist nicht wahr . . . – »Schlag 12 in London . . . war der erste ernsthafte Versuch der Hammer-Produktion, Robert Louis Stevensons Roman zu verfilmen. Der Drehbuchautor Wolf Mankowitz gab der bekannten Story eine neue und erfindungsreiche Wendung, indem er aus Hyde eine glattrasierte, umgängliche und gelassen-sadistische Figur machte statt des haarigen Ungetüms früherer Filmversionen.« (Allen Eyles u. a., THE HOUSE OF HORROR) – »Mit Alt-Londoner Gaslicht, Unterwelt und Nebel ist die pseudo-wissenschaftlich verbrämte Geschichte auf gruselreiche Zwielichtsituationen getrimmt.« (FILMDIENST)

Schlock – Das Bananenmonster
(SCHLOCK). USA 1971.
R John Landis. B John Landis. K Bob Collins. SpE Ivan Lepper. Ma Rick Baker. M David Gibson. D John Landis (Schlock), Saul Kahan (Sgt. Wino), Eliza Garrett (Mindy), Charles Villiers (Cal), Eric Allison (Joe Putzman), John Chambers (Captain), Forrest J. Ackerman (Mann im Kino), Donald F. Glut. F 81 Min.
Ein sogenannter ›Schlockthropus‹, ein haariges Affenungetüm, erwacht aus dem Tiefschlaf, zieht durch die Lande, gibt diversen vorwitzigen Erdenbürgern eins aufs Haupt, verknallt sich in ein sehbehin-dertes Mädchen, das ihn für einen übergroßen Hund hält, und hat schließlich die Nationalgarde am Hals, die ihn umnieten will, nachdem er wie weiland King Kong sein Girl auf das Dach einer Turnhalle entführt hat. Klappe zu, Affe tot. Das Ding ist ziemlich spaßig.
Ⓥ VPS

Schock
(THE QUATERMASS EXPERIMENT)
GB 1955.
R Val Guest. B Richard Landau/Val Guest. K Jimmy Harvey/Leonard Harris. SpE Les Bowie. M James Bernard. D Brian Donlevy (Prof. Quatermass), Jack Warner (Inspektor Lomax), Margia Dean (Judith Carroon), Richard Wordsworth (Victor Carroon), David K. Wood (Dr. Briscoe), Thora Hird (Rosie), Gordon Jackson (TV-Aufnahmeleiter), Harold Lang (Christie), Lionel Jeffries (Blake), Maurice Kauffmann (Marsh), Gron Davies (Green), Stanley van Beers (Dr. Ludwig Reichenheim), Jane Asher (Mädchen). 85 Min.
In der Nähe eines kleinen Dorfes in der englischen Grafschaft Berkshire muß ein Raumschiff notlanden. Als dessen Konstrukteur, Professor Bernard Quatermass, mit seinen Leuten die Schleuse öffnet, wankt ihm Victor Carroon, einer der Astronauten, in einem schweren Schockzustand entgegen. Seine beiden Kollegen scheinen sich in Luft aufgelöst zu haben: Ihre Raumanzüge sind leer. Quatermass entdeckt in ihnen Reste einer geleeartigen Masse, die sich nach einer eingehenden Analyse als menschliches Gewebe entpuppen. Ein Film – während des Fluges aufgenommen – zeigt, daß es offenbar einem unirdischen Lebewesen gelungen ist, in das Schiff einzudringen und die Astronauten zu vernichten. Carroon, der zu Untersuchungszwecken in Quatermass' Labor gebracht wird, macht bald darauf eine schreckliche physische Veränderung durch: Sein rechter Arm schwillt zu einem monströsen Ding an; seine Gesichtshaut

zerfällt, und er ist zu keiner Kommunikation mehr fähig. Da seine Frau glaubt, das wissenschaftliche Interesse des Professors gelte weniger der Gesundung ihres Mannes als der Aufklärung der Ereignisse, befreit sie ihn. Carroon verläßt sie und ist von nun an ständig auf der Flucht. Das Ding, das ihn übernommen hat, absorbiert sowohl tierisches als auch pflanzliches Leben. Was immer Carroon berührt, wird aufgesogen und skelettiert. Obwohl die Polizei alles tut, um seiner habhaft zu werden, vergeht einige Zeit, bis man ihn auf dem Dachboden der Westminster-Abtei zufällig entdeckt: Carroon hat sich inzwischen in ein riesiges, krakenähnliches Geschöpf verwandelt. Man errechnet, daß er/es bald fähig sein wird, Fortpflanzungskeime über ganz London zu versprühen. In letzter Minute wird das Ungeheuer mit einem Stromstoß ins Jenseits befördert. Professor Quatermass nimmt seine Raumfahrtexperimente wieder auf. – *Schock* entpuppte sich tatsächlich als Schock. Aber nicht nur für die Zuschauer, die die schreckliche Metamorphose des Raumpiloten Carroon dermaßen mitnahm, daß sie sich 25 Jahre nach der Uraufführung des Films immer noch gruselten, sondern hauptsächlich für die (kirchliche) Filmkritik jener Tage, die zwar nicht ausschloß, »daß es solche Kräfte im Weltall gibt, die das menschliche Leben zerstören«, es aber für »unmöglich« hielt, »mit dem Bild des Menschen auf diese Weise Schindluder zu treiben«. Denn: »Das hat mit Grusel oder Gänsehaut nichts zu tun. Es ist eine glatte Leugnung des Glaubens, daß Gott diese unsere Welt geschaffen hat. – Nur die Ausgeburt einer unmenschlichen Fantasie kann soviel Ekelhaftes zusammenkonstruieren, wie es sich dieser . . . Film von der leiblichen und seelischen Zerstörung eines Weltraumpiloten leistet.« (FILMBEOBACHTER) – Gelassener urteilt da schon Bill Warren in seinem Buch KEEP WATCHING THE SKIES: »(Der Film) ist ein intelligenter, spannender und von der Regie her gutgemachter Thriller, der die Ideen Nigel Kneales treffend umsetzt; er erzeugt Furcht und ist aufregend. Gemacht haben ihn Leute, . . .

»Und was glaubt ihr wohl, das ich jetzt tue?«:
Schock – Das Bananenmonster von John Landis

die Unterhaltung für Erwachsene produzieren. Der Film gehört immer noch zu den besten, die eine Invasion aus dem All schildern.«
Ⓑ Nigel Kneale: THE QUATERMASS EXPERIMENT, Harmondsworth/Middlesex 1959

Schock-Therapie
(LOVE POTION/SHOCK TREATMENT).
GB/USA 1987.
R Julian Doyle. *B* Mark Ezra/Julian Doyle. *K* Brian Herlihy. *M* De Wolfe. *D* Nancy Paul (Delaware), John Rowe (Samphire), Norman Chancer (Chamden), Robert Ashby (Badel), Ian Barritt (Ben/Schwester Bill). *F* 88 Min.
Die Amerikanerin Delaware wird zum Drogenentzug in eine britische Klinik eingeliefert. Die anfangs gute Stimmung zwischen der bunten Truppe ausgeflippter jugendlicher Patienten ändert sich, als die ersten körperlich zusammenbrechen, obwohl sie mit Medikamenten behandelt werden. In Wahrheit wird ihnen die Therapie nur vorgespielt – sie sollen als Organspender mißbraucht werden. –»Skurriles Schockdrama mit düsteren, oft surrealistischen Bildern, das indes über zu wenig Spannungsmomente verfügt.« (VIDEOWOCHE). – Nur auf Video.
Ⓥ Concorde

Das schöne Ende dieser Welt
(TV-ZDF). BRD 1983.
R Rainer Erler. *B* Rainer Erler. *K* Wolfgang Grasshoff/Peter Mathes. *SpE* Paul Buckley. *M* Eugen Thomass. *D* Robert Atzorn (Michael Brandt), Claire Oberman (Elaine Murray), Judy Winter (Ursula Brandt), Götz George (Craig Murray), Werner Kreindl (Dr. Raben), William Kerr (Brian), Dennis Schulz (Richard), Maurie Ogden (Kriminalbeamter), Ramsey McLean (Makler), Ruth Elks (Sekretärin), John Low (Portier), Polly Low (Rezeptionistin). *F* 90 Min.
»Der Chemiker Michael Brandt reist nach Osten zum ›schönen Ende dieser Welt‹ –

nach Australien – und gerät in einen blutigen ›Western‹: denn was Michael unternimmt, ist ebenso illegal wie unmoralisch. Im Auftrag eines internationalen Chemieunternehmens kauft er – als Privatmann getarnt – Industriegelände zur Errichtung eines Zweigwerks. Dort sollen in Zukunft hochgiftige Pflanzenschutzmittel erzeugt werden, die in Europa und in den USA längst auf dem Index stehen, die aber in den Ländern der ›Dritten Welt‹ große Gewinne abwerfen. Bei einer jährlichen Zuwachsrate von 20! – Zusammen mit dem Mädchen Elaine, einer australischen Stewardeß, zu der eine für sein Leben überraschend wichtige Beziehung entsteht, und gegen den Widerstand seiner Kollegin und geschiedenen Ehefrau Ursula versucht Michael Brandt schließlich, das umstrittene Treiben seiner Auftraggeber zu unterlaufen und dem ›Science Thriller‹ mit heiler Haut zu entkommen – bevor Thema und Titel zur grausamen Wirklichkeit werden: ›Das schöne Ende dieser Welt‹...« (Regisseur Rainer Erler in einer Pressemitteilung während der Dreharbeiten) – Dieser TV-Film entstand unter wissenschaftlicher Beratung von Dr. Fritz Vahrenholt, dem leitenden Ministerialrat im Ministerium für Landesentwicklung, Umwelt, Landwirtschaft und Forsten (Wiesbaden), der auch Autor des Buches *Seveso ist überall* (1978) ist.

Der Schrecken der Medusa
(THE MEDUSA TOUCH).
GB/Frankreich 1978.
R Jack Gold. *B* John Briley/Jack Gold. *K* Arthur Ibbetson. *SpE* Brian Johnson/Doug Ferris. *M* Michael J. Lewis. *D* Richard Burton (Morlar), Lino Ventura (Brunel), Lee Remick (Dr. Zonfeld), Harry Andrews, Marie-Christine Barrault, Michael Byrne, Alan Badel, Jeremy Brett, Michael Hordern, Gordon Jackson, Derek Jacobi, Robert Long. *F* 105 Min.
Auf den Schriftsteller Morlar wird ein Anschlag verübt, der ihn äußerlich das Leben kostet, aber als die Polizei noch bei

der Spurensicherung ist, gibt der Tote seltsame Laute von sich. Man liefert ihn in die Intensivstation eines Hospitals ein und stellt mit Erschrecken fest, daß sein Gehirn mit höchster Intensität weiterarbeitet. Der französische Austauschinspektor Brunel nimmt sich des Falles an und stößt auf die Psychiaterin Dr. Zonfeld, von der er das grauenhafte Geheimnis Morlars erfährt: Der Schriftsteller verfügt über die Gabe der Telekinese und kann mittels reiner Geisteskraft die größten Katastrophen auslösen. Er ist das Produkt einer verkorksten Erziehung, hat mehrere Menschenleben auf dem Gewissen und ist von dem Wahn besessen, er müsse auf Erden für Gerechtigkeit sorgen. Dr. Zonfeld hat ihn umgebracht, nachdem er ihr Beweise seiner Fähigkeiten geliefert hat: Morlar hat mitten über London ein Flugzeug ab- und eine alte Kathedrale einstürzen lassen. Als Brunel den Fall geklärt zu haben glaubt, steht aber das größte Desaster noch bevor: Morlar schreibt mit letzter Kraft den Namen eines Atomkraftwerks nieder, vor dem eine riesige Demonstration stattfinden soll. Brunel sieht keine andere Möglichkeit, als selbst zum Mörder zu werden. In rasender Eile kappt er Versorgungskabel, die den todkranken Morlar am Leben erhalten. Aber er kann die Katastrophe nicht aufhalten... –»Gold gelang hier ein nihilistischer Film von sublimer Lakonie, der seine Hauptfigur als Mittler zwischen göttlicher und teuflischer Gewalt sieht (›Ich habe eine Möglichkeit gefunden, Gott die Drecksarbeit abzunehmen‹, sagt Morlar), in einer Welt zudem, inder Katastrophen, gleich welcher Größenordnung, alltäglich erscheinen... Apokalyptischen Charakter gewinnt der Film mit seinem angedeuteten Ende, der Zerstörung des Atomkraftwerks – und das ist vielleicht von der Realität nicht mehr weit entfernt: Die Menschen in ihrer Habgier und ihrer Sucht nach Wohlstand sind für Morlar die eigentlich Schuldigen an den Katastrophen, dem Preis für ihr Überleben.« (FILMBEOBACHTER)

Ⓥ Select
Ⓑ Peter van Greenaway: *Der Schrecken der Medusa*, Frankfurt/M./Berlin 1986; auch *Bruder der Gorgonen*

Der Schrecken schleicht durch die Nacht
(MONSTER ON THE CAMPUS).
USA 1958.
R Jack Arnold. *B* David Duncan.
K Russell Metty. *SpE* Clifford Stine.
M Joseph Gershenson. *D* Arthur Franz (Prof. Donald Blake), Joanna Moore (Madeleine Howard), Judson Pratt (Mike Stevens), Troy Donahue (Jimmy Flanders), Nancy Walters (Molly Riordan), Eddie Parker (Monster), Helen Westcott (Sylvia Lockwood), Phil Harvey (Sgt. Powell). 77 Min.
Der Collegeprofessor Blake hängt der Theorie an, es gebe Hormone, die ein Geschöpf der Gegenwart in den primitivsten Urzustand zurückversetzen können. Als er einen vorzeitlichen Fisch ergattert und ein Hund daran herumleckt, wird dieser zu einem reißenden Ungeheuer. Ähnliches passiert einer Libelle: Sie wird riesengroß. Als eine winzige Menge der Fischflüssigkeit in Blakes Pfeife gerät, verwandelt sich der Professor nach einem lustvollen Geschmauche in einen grunzenden, gewalttätigen Neandertaler, ermordet zwei Menschen und besteigt die letzte Stufe der Evolution: Ein paar aufrechte Polizisten sorgen mit Hilfe ihrer Knarren dafür, daß er sich in ein Sieb verwandelt. – Und das absolut freiwillig, denn Professor Blake repräsentiert das saubere Amerika: Wer Unrecht tut, muß seine Strafe bekommen, »ob mildernde Umstände vorliegen oder nicht«. (SCIENCE FICTION TIMES)

Die Schreckenskammer des Dr. Thosti
(THE BLACK SLEEP). USA 1956.
R Reginald le Borg. *B* John C. Higgins.
K Gordon Avil. *SpE* Jack Rabin/Louis de Witt. *M* Les Baxter. *D* Basil Rathbone (Sir Joel Cadman), Akim

Tamiroff (Odo), Lon Chaney (Mungo), John Carradine (Borg), Bela Lugosi (Casimir), Herbert Rudley (Dr. Gordon Ramsay), Patricia Blake (Laurie), Phillis Stanley (Daphne), Tor Johnson (Curry), Sally Yarnell (Nancy), George Sawaya (K-6), Claire Carleton (Carmona Daly), Louanna Gardner (Angelina), Peter Gordon (Sgt. Steel), John Sheffield, Clive Morgan. 81 Min.

Dr. Gordon Ramsay sitzt im Gefängnis, weil man ihn für den Mörder des verschwundenen Geldverleihers Curry hält. Sir Joel Cadman, sein alter Lehrer, besucht ihn in der Zelle, schläfert ihn mit einem Serum ein, das einen todesähnlichen Schlaf erzeugt, und bringt ihn in sein finsteres Haus, wo er, um seine Frau zu heilen, die an einem Gehirntumor leidet, Experimente an Menschen durchführt, die ihm sein Faktotum Odo besorgt. In Sir Joels Grüften wimmelt es von mißgestalteten, hirnlosen und irrsinnigen Kreaturen, unter denen sich auch der vermißte Mr. Curry findet. Ramsay verliebt sich in Currys Tochter Laurie und kommt seinem Lehrer, dem er bei der Heilung der Gattin helfen soll, allmählich auf die Schliche. Die Geschichte endet mit einem Blutbad: Die mißgestalteten Gefangenen brechen aus und treiben Sir Joel in den Tod.

Der Schrecken vom Amazonas
(CREATURE FROM THE BLACK LAGOON). USA 1954.
R Jack Arnold. *B* Harry Essex/Arthur Ross. *K* William E. Snyder/James C. Havens. *SpE* Charles S. Welbourne. *Ma* Bud Westmore/Jack Kevan. *M* Joseph Gershenson. *D* Richard Carlson (Dr. David Reed), Julia Adams (Kay Lawrence), Richard Denning (Dr. Mark Williams), Antonio Moreno (Prof. Carl Maia), Nestor Paiva (Lucas), Whit Bissell (Edwin Thompson), Harry Escalante (Chico), Bernie Gozier (Zee), Sidney Mason (Dr. Matos), Julio Lopez (To1mas), Rod Redwing (Louis), Ben Chapman, Ricou Browning (Kiemenmensch). 79 Min.

Der Geologe Maia hat in den Urwäldern des Amazonas eine versteinerte Krallenhand gefunden. Im Forschungsinstitut von Morajo Bay ist man an diesem Fund äußerst interessiert und rüstet eine Expedition aus, an der auch der Ichthyologe Reed, dessen Freundin Kay und Dr. Mark Williams teilnehmen. Nachdem man mit einem Flußboot, das von Kapitän Lucas gesteuert wird, den Fundort – die Schwarze Lagune – erreicht hat, sieht man sich unerwartet einem seltsamen Lebewesen gegenüber, das halb Fisch, halb Mensch ist und allem Anschein nach bereits zwei Morde auf dem Gewissen hat. Reed will den Kiemenmenschen aufspüren und wagt sich mit einer Unterwasserkamera in die Untiefen der Lagune. Es kommt zu einer Begegnung mit dem Kiemenmenschen, der von einer Harpune verletzt wird und daraufhin ein Mitglied der Forschergruppe tötet. Die Forscher wollen das seltsame Fabelwesen lebend fangen, aber das ist gar nicht so einfach, da es Intelligenz zeigt, aufgestellte Fallen umgeht, einen weiteren Menschen tötet und schließlich sogar die ansehnliche Kay entführt. Ein in der Lagune ausgestreutes Gift lähmt den Kiemenmenschen schließlich. Reed und seine Leute fangen ihn mit einem Netz und sperren ihn ein. Das Ungeheuer entkommt jedoch. Es entführt Kay erneut. Reed setzt ihm nach und stellt das Wesen in einer Grotte. Als es so aussieht, als habe sein allerletztes Stündlein geschlagen, tauchen Lucas und Professor Maia auf und erledigen die Bestie mit einem Geschoßhagel, woraufhin es im Wasser versinkt . . . – *Der Schrecken vom Amazonas*, ein im 3-D-Verfahren hergestellter B-Film, wartete mit drei bekannten B-Stars (Denning, Carlson, Adams) auf und brachte der Produktionsgesellschaft Universal in kurzer Zeit einen saftigen Profit ein. Und dabei war das Thema nach KING KONG (Ernest B. Schoedsack, 1932) und LA BELLE ET LA BEÊTE. (Jean Cocteau, 1946) ja nun wirklich ein alter Hut: »Arnold gab mehr als einen Hinweis darauf, daß das Ungeheuer sexuelle Be-

gierde für die Heldin verspürte. Am besten erkennt man dies in jener Szene, in der Julia Adams durch die Lagune schwimmt, ohne zu merken, daß die Kreatur sie von unten beobachtet und sie in einer beinahe balzenden Pose umkreist.« (James Robert Parish/Michael R. Pitts, THE GREAT SCIENCE FICTION PICTURES) – Die Kreatur von der Schwarzen Lagune ist es dann auch, die in diesem Film die meiste Faszination ausstrahlt: »Trotz der abstoßenden Häßlichkeit, die auf ihre Weise schon wieder originell war, machte sie aufgrund ihrer Einsamkeit und Leidenschaft für Kay... eine höchst beeindruckende Figur, die der von King Kong nicht unähnlich war: Der unbestrittene Gott einer abgekapselten Welt wird urplötzlich durch seine Schwäche für eine Schönheit verwundbar gemacht, die ihm nie zuvor begegnet ist.« (Douglas Brode, THE FILMS OF THE FIFTIES) – Obwohl man annehmen kann, das Ungeheuer sei am Ende des Films erschossen worden, ließ es sich die Universal nicht nehmen, mit *Die Rückkehr des Ungeheuers* und *Das Ungeheuer ist unter uns* zwei Fortsetzungen zu produzieren, die aber den Reiz des Originals nicht erreichen konnten.
Ⓑ Vargo Statten: CREATURE FORM THE BLACK LAGOON, London 1954 (Buch zum Film)

Das schwarze Loch
(THE BLACK HOLE). USA 1980.
R Gary Nelson. *B* Job Rosebrook/Gerry Day. *K* Frank Phillips.*SpE* Peter Ellenshaw/Danny Lee/Harrison Ellenshaw/Joe Hale. *M* John Barry. *D* Maximilian Schell (Dr. Hans Reinhardt), Anthony Perkins (Dr. Alex Durant), Robert Forster (Capt. Dan Holland), Joseph Bottoms (Lt. Charles Pizer), Yvette Mimieux (Dr. Kate McCrae), Ernest Borgnine (Harry Booth), Tommy McLoughlin (Capt. S.T.A.R.). *F* 97 Min.
Zwischen den Galaxien, im 22. Jahrhundert: Das irdische Erkundungsraumschiff

Palomino ist mit vier Astronauten, einem Journalisten und dem Roboter Vincent im All unterwegs, um nach bewohnten Planeten Ausschau zu halten. In der Nähe eines sogenannten schwarzen Loches entdeckt man ein seit zwanzig Jahren verschollenes Riesenraumschiff – die *Cygnus*. Als die geheimnisvollen Gravitationskräfte des schwarzen Loches der *Palomino* allzu sehr zusetzen, kommt von der *Cygnus* unerwartete Hilfe. Captain Holland und seine Leute wechseln das Schiff – aber auf der *Cygnus* werden sie entwaffnet und vor einen riesigen Roboter namens Maximilian gebracht, der von einem Wissenschaftler dirigiert wird, dem letzten menschlichen Besatzungsmitglied der *Cygnus*. Dr. Hans Reinhardt, so ist sein Name, will herausgefunden haben, daß das schwarze Loch eine Verbindung zu einem anderen Universum darstellt. Zusammen mit den Leuten von der *Palomino* möchte er dieses Universum besuchen und erforschen. Daß der gute Onkel Doktor einen geistigen Wackelkontakt hat, erkennt der Roboter Vincent als erster: Er findet heraus, daß die roboterhaft agierende Wachmannschaft der *Cygnus* nicht aus programmierbaren Maschinen, sondern aus ›ehemaligen‹ Menschen besteht: Dr. Reinhardt ist es gelungen, aus seinen Kollegen Roboter zu machen, die allein seinem Willen gehorchen. Als die Mannschaft der *Palomino* – von unguten Gefühlen geplagt – das Weite suchen will, entpuppt sich Dr. Reinhardt als der aus allen SF-Filmen der fünfziger und sechziger Jahre bekannte MAD SCIENTIST, dem zum Erreichen seiner Ziele alle Mittel recht sind. Es kommt zu einem Kampf, bei dem Reinhardt und zwei der *Palomino*-Astronauten das Leben verlieren. Die *Cygnus* allerdings setzt sich in Richtung auf das schwarze Loch in Bewegung, daran kann auch die Tatsache nichts ändern, daß der Roboter Vincent seinen maschinellen Gegner Maximilian außer Gefecht setzt. – Darf man den Pressefritzen der Walt Disney-Productions glauben, hat man für dieses Spektakel 50 Millionen

Löcher im All, Löcher im Hirn: *Das schwarze Loch* von Gary Nelson

Dollar ausgegeben. Und wofür? Für die Entwicklung eines »vollkommen neuartigen Kamerasystems« (Pressetext), das »Spezialeffekte hervorzaubert, die bisher als unmöglich galten«? Für einen Computer, der nur mehr von einem Kameramann mit einer Lochkarte gespeist wird, woraufhin die Kamera den Rest ›selbst‹ besorgt? – »Was die Disneys sich unter einem Meteoritenschwarm vorstellen, sieht aus wie ein Haufen herumrollender Medizinbälle – und genau das waren sie auch.« (Frederik Pohl/Frederik Pohl IV, SCIENCE FICTION STUDIES IN FILM) – Oder hat man die Gelder etwa für exakte naturwissenschaftliche Recherchen ausgegeben? – »Was die Disneys sich unter der starken Gravitation in der Umgebung eines schwarzen Loches vorstellen, ist etwas, das einen schaudern und schütteln macht.« (Ebenda) – Womöglich sind die Millionen aber an einen genialen Drehbuchautor gegangen, der mit Hilfe dieser Rückenstütze einen bombigen Plot auf die

Beine gestellt hat? Davon hätten wir doch was gemerkt! Böse Zungen behaupten übrigens, Maximilian Schell, Ernest Borgnine und Anthony Perkins hätten sich veranlaßt gesehen, *Das schwarze Loch* zu drehen, weil sie gerade schwarze Löcher in der Geldbörse hatten.

Ⓥ Euro

Ⓑ Alan Dean Foster: *Das schwarze Loch*, München 1980

Schwarzer Freitag
(BLACK FRIDAY). USA 1940.
R Arthur Lubin. *B* Curt Siodmak/Eric Taylor. *K* Elwood Bredell. *M* Hans J. Salter. *D* Boris Karloff (Dr. Ernest Sovac), Bela Lugosi (Eric Marnay), Stanley Ridges (Prof. George Kingsley), Ann Nagel (Sunny), Ann Gwynne (Jean Sovac), Virginia Brissac (Margaret Kingsley), Edmund MacDonald (Frank Miller), Paul Fix (Kane). 70 Min.
Nach einer Schießerei liegen zwei Schwerverletzte im Hospital: der Schwer-

verbrecher Cannon und der unbeteiligte, durch Zufall angeschossene Professor Kingsley. Um seinen Freund Kingsley zu retten, transplantiert Dr. Sovac Teile von Cannons Gehirn in Kingsleys Gehirn. Das Experiment gelingt, Kingsley lebt, aber Cannon stirbt. Doch erst jetzt beginnen die eigentlichen Versuche. Dr. Sovac hat erfahren, daß Cannon eine Beute von 500 000 Dollar vor seinen Komplizen versteckt hat. Durch Hypnose versetzt er Kingsley, der mit dem Experiment einverstanden ist, in Cannons Lage. Auf diese Weise gelangt Sovac tatsächlich an die Beute. Doch Kingsleys/Cannons Geist ist gespalten. Er will das Geld selbst haben. Der Verbrecher setzt sich durch. Nach einem Mordanschlag auf seine Tochter sieht sich Sovac gezwungen, Kingsley/Cannon zu töten. Bei seinem letzten Gang zum elektrischen Stuhl überreicht Dr. Sovac einem Reporter sein Tagebuch, immer noch davon überzeugt, der Wissenschaft einen großen Dienst erwiesen zu haben. – Arthur Lubin hat die Doktoren Jekyll und Frankenstein zu einer Persönlichkeit verschmolzen und die Story mit einer Gangstergeschichte kombiniert. »*Schwarzer Freitag* wird denn auch vermutlich keinen Liebhaber einer der drei Spielarten vollkommen begeistern.« (FILMDIENST) – Doch ist das alles spannend erzählt und wirkungsvoll in Szene gesetzt, mit einem sehenswerten Boris Karloff in der Hauptrolle, diesmal nicht als Monster, sondern als seriös wirkender Wissenschaftler. Bela Lugosi sollte ursprünglich den Part des Kingsley/Cannon übernehmen, doch Regisseur Lubin ließ alle bereits abgedrehten Sequenzen mit Lugosi entfernen und besetzte die Rolle mit Stanley Ridges. Lugosi bekam daraufhin nur die Rolle des Gangsters Marney, die bescheiden ausfiel.

Das Schweigen des Dr.Evans
(MOLTSCHANIJE DOKTORA IWENSA).
UdSSR 1973.
R Budimir Metalnikow. *B* Budimir Metalnikow. *K* Juri Sokol/Wladimir

Bondarew. *M* E. Artjomjew. *D* Sergej Bondartschuk (Dr. Evans), Irina Skobzewa (Mrs. Evans), Shanna Bolotowa (Orante), L. Obolenski (Sor), I. Kusnezow (Rin), B. Romanow (Buami), O. Kroders, G. Plazen, P. Piaulokas, W. Chlewinski. *F* 100 Min.

Außerirdische vom Planeten Orania landen auf der Erde und retten die Betroffenen eines Flugzeugunglücks vor dem Tod. Einer der Überlebenden ist Dr. Evans, ein Biologe, der die Möglichkeiten der Verlängerung des Lebens erforscht. Die Orania-Bewohner sind technologisch weiter fortgeschritten als die Menschheit, da sie aber ihr Geheimnis hüten wollen, nehmen sie dem Geretteten –bis auf Dr. Evans – die Erinnerungan ihre Begegnung. Evans, zum Schweigen vergattert, wird mit seinem Wissen nicht fertig. Er vernachlässigt Arbeit und Familie und versucht, mit den Außerirdischen Kontakt aufzunehmen. Diese zeigen sich ihm zwar noch einmal, aber sie sind entschlossen, nicht in die Geschicke der Erde einzugreifen. Evans und die Außerirdische Orante kommen am Ende bei einem Verkehrsunfall ums Leben. – »Meiner Ansicht nach bietet das Fantasie-Genre eine Möglichkeit, den Sinn der gegenwärtigen Prozesse universell zu erfassen. Manchmal soll man die menschliche Gesellschaft, um sich über den Sinn ihrer Entwicklung klar zu werden, nicht nur aus der Vergangenheit oder Gegenwart, sondern auch vom Standpunkt der Zukunft betrachten. Wir versuchen in unserem Film eine harmonisch entwickelte Gesellschaft zu schildern und unsere Erde mit ihren Augen zu sehen.« (Budimir Metalnikow) – »Der äußerst reizvolle Science Fiction-Film... kommt ohne viel Technik-Brimborium aus, Laser-Kanonen und jede Form von Gewalt, für westliche Science Fiction-Werke typisch, fehlen gänzlich – und das liegt nicht nur an der friedlichen Absicht, mit der die außerirdischen Kosmonauten auf die Erde gekommen sind. Die wissenschaftlich-technische Fantasie transportiert zeitgenössi-

sche Ideen auf utopische Konfliktsituationen, konfrontiert Menschen, die hier und heute leben, mit außerirdischen Wesen, die nicht mit Waffengewalt gegeneinander kämpfen, sondern... die geistige Auseinandersetzung suchen.« (FILMBEOBACHTER)
Eine Story, die sich sehen lassen kann: Filme dieser Art sind zu selten.

Scotland Yard jagt Dr. Mabuse
BRD 1963.
R Paul May. *B* Ladislas Fodor.
K Nenad Jovic 6ic 1. *M* Rolf Wilhelm.
D Peter van Eyck (Bill Tern), Sabine Bethmann (Nancy Masterson), Dieter Borsche (Cockstone), Werner Peters (Inspektor Vulpius), Agnes Windeck (Gwendolyn Tern), Klaus Kinski (Joe Rank), Ruth Wilbert (Prinzessin Diana), Hans Nielsen (Chef des Yard), Wolfgang Lukschy (Hyliard), Albrecht Schoenhals (Sir Robert Allingham), Gerd Wiedenhofen (Kloppe), Anneliese Würtz (Rose), Sigurd Lohe (Briefträger), Albert Bessler (Konservator), Walter Rilla (Pohland/Dr. Mabuse). 90 Min.
Der Geist des verstorbenen Superverbrechers hat von dem Irrenarzt Pohland Besitz ergriffen; dieser versucht nun die Welteroberungspläne seines ›geistigen Vaters‹ zu realisieren: Der deutsche Professor Laurentz, der ein Gerät entwickelt hat, mit dessen Hilfe man den menschlichen Geist kontrollieren kann, wird das erste Opfer von Pohlands/Mabuses Organisation. Laurentz' ehrgeiziger Assistent Cockstone verbündet sich mit dem Verbrecher. Der Serienanfertigung des Geräts steht jedoch entgegen, daß man besonders große Diamanten benötigt, damit sie funktionieren: Die englische Prinzessin Diana (sic!) fällt Mabuses Machenschaften zum Opfer und überläßt ihm ihren Schmuck. Bald darauf kann Pohland/Mabuse dreizehn Steuerungsgeräte einsetzen: Er bringt damit Menschen unter seinen Befehl, die in den höchsten Schaltstellen der Macht sitzen. Selbstverständ-

lich hat jedoch Scotland Yard nicht geschlafen: Bill Tern kümmert sich um den Fall und bringt ihn trotz der scheinbaren Aussichtslosigkeit der Lage zu einem guten und glücklichen Ende. Gähn.
Ⓥ Toppic

Scraper
Anderer Titel für **Die Hyänen**

Scream
Anderer Titel für **Tödliche Befehle aus dem All**

Das Sechs-Millionen-Dollar-Girl
(THE BIONIC WOMAN). USA 1975.
R Dick Moder. *B* Kenneth Johnson.
K Enzo A. Martinelli. *M* Oliver Nelson.
D Lee Majors (Steve Austin), Richard Anderson (Chef), Lindsay Wagner (Jayne), Malchi Throne, Martha Scott, Alan Oppenheimer. *F* 92 Min.
Der Ex-Pilot Steve Austin, der nach einem Unfall mit Elektronik im Wert von sechs Millionen Dollar aufgemotzt wurde, begegnet seiner alten Freundin Jayne, die das gleiche Schicksal erlitten hat. – Pilotfilm der TV-Serie »The Bionic Woman«.
Ⓥ CIC

Der Sechs Millionen Dollar-Mann
(THE SIX MILLION DOLLAR MAN).
USA 1973.
R Richard Irving. *B* Henri Simoun.
K Emil Oster. *M* Gil Melle. *D* Lee Majors (Steve Austin), Darren McGavin, Barbara Anderson, Martin Balsam, Robert Cornthwaite. *F* 71 Min.
Testpilot Steve Austin verliert beim Absturz eines experimentellen Düsenjägers einen Arm, beide Beine und ein Auge. Man unterzieht ihn einer Operation, die 6 Millionen kostet, und paßt ihm als erstem Menschen kybernetische Prothesen an, die ihn zum Übermenschen machen. Steve übernimmt Spezialaufträge für die Regierung: In Afrika befreit er einen Politiker. Doch er kann die Prothesen nicht akzeptieren. Als technische Schwierigkeiten

auftreten, versetzt man ihn bis zum nächsten Auftrag in einen künstlichen Tiefschlaf. – »Pilotfilm einer TV-Serie, die wenigstens ansatzweise... der Frage nachgeht, ob es ästhetisch ist, Leben mit Hilfe von Maschinen zu verlängern... Spätestens im letzten Drittel verflacht der Film dann doch wieder zu einem konventionellen Actionspektakel.« (FISCHER FILM ALMANACH). Drei auf Videokassetten erschienene Fortsetzungen: *Das-6-Millionen-Dollar-Girl*, *Der-6-Millionen-Dollar-Dog*, und *Die Rückkehr der Roboter*. – Nur auf Video.
Ⓑ Martin Caidin: *Der korrigierte Mensch*, München 1974
Ⓥ CIC

Der sechste Kontinent
(AT THE EARTH'S CORE). GB 1976.
R Kevin Connor. *B* Milton Subotsky.
SpE Ian Wingrove. *K* Alan Hume.
LV Edgar Rice Burroughs. *M* Mike Vickers. *D* Doug McClure (David Innes), Peter Cushing (Dr. Perry), Caroline Munro (Dia), Cy Grant (Ra), Godfrey James (Ghak), Sean Lynch (Hooja), Michael Crane (Jubal), Bobby Parr (Führer der Sagoth), Keith Barron (Dowsett), Helen Gill (Maisie).
F 90 Min.
Der Gelehrte Dr. Abner Perry und sein Assistent David Innes testen eine fantastische Maschine: den ›eisernen Maulwurf‹, ein raketenähnliches Fahrzeug, das sich problemlos in die Erde bohren kann. Ehe sie sich jedoch versehen, kommen sie von ihrem vorausberechneten Kurs ab und ›stranden‹ in einer riesigen, labyrinthartigen Unterwelt, die Pflanzenbewuchs aufweist und von primitiven Menschen und gewaltigen Ungeheuern bevölkert ist. Sie werden von den Sagoth-Soldaten zusammen mit anderen Menschen gefangenge-

Schweinebacken unter sich: *Der sechste Kontinent* von Kevin Connor

nommen und in diesem unheimlichen Höhlensystem zur Sklavenarbeit gezwungen. Dort lernen sie die entführte Prinzessin Dia und ihren Freund Ra kennen. Innes gelingt die Flucht, und mit Hilfe eines Mannes, dem er das Leben rettet, kehrt er zu den Sklaven zurück und organisiert mit Dr. Perrys Hilfe einen Aufstand. Die Bewohner der Unterwelt werden von großen, hypnotisch begabten Vögeln beherrscht. Dr. Perry und Innes bilden die Sklaven in der Handhabung von Pfeil und Bogen aus. Als ihr Ausbruchsversuch glückt, leitet Innes einen unterirdischen Lavafluß um, dem die Vögel zum Opfer fallen. Die gesamte Anlage der Unterdrücker wird von der Lava vernichtet. Dr. Perry und Innes besteigen wieder ihren ›eisernen Maulwurf‹, um an die Erdoberfläche zurückzukehren. Dia bleibt als Herrscherin des unterirdischen Reiches zurück. – Ein buntes und gelegentlich auch humorvolles Abenteuer in einer Pappdeckelwelt. Die Szene, in der Professor Perrys ›Maulwurf‹ bei der Rückkehr an die Erdoberfläche im Garten des Weißen Hauses auftaucht, muß man gesehen haben. (Es ist die letzte.)
Ⓥ RCA/Columbia
Ⓑ Edgar Rice Burroughs: AT THE EARTH'S CORE, Chicago 1922

Die sechs Verdächtigen
(THE POWER). USA 1968.
R Byron Haskin. *B* John Gay. *LV* Frank M. Robinson. *K* Ellsworth Fredericks. *SpE* J. MacMillan Johnson. *M* Miklos Rosza. *D* George Hamilton (Jim Tanner), Suzanne Pleshette (Margery Lansing), Richard Carlson (N. E. van Zandt), Yvonne de Carlo (Sally Hallson), Earl Holliman (Talbot Scott), Gary Merrill (Mark Corlane), Ken Murray (Grover), Barbara Nicholls (Flora), Arthur O'Connell (Henry Hallson), Nehemiah Persoff (Carl Melniker), Aldo Ray (Bruce), Michael Rennie (Arthur Nordlund), Miiko Taka (Mrs. van Zandt), Celia Lovsky (Mrs. Hallson), Vaughn Taylor (Mr. Hallson),

Lawrence Montaigne (Briggs), Beverly Hills (Sylvia). *F* 101 Min.
In einem amerikanischen Forschungszentrum versucht ein Wissenschaftler-Team die körperliche und geistige Belastbarkeit von Menschen zu analysieren. Als plötzliche Spannungen eintreten, erklärt der Verbindungsoffizier Hallson, einer der Teilnehmer dieses Projekts verfüge über starke parapsychologische Fähigkeiten und könne den Willen der anderen manipulieren und steuern. Kurz darauf ist er tot, aber vorher hat er den Namen Adam Hart niedergeschrieben. Als der Biochemiker Jim Tanner Nachforschungen bei Hallsons Witwe anstellt, erfährt er, daß Hart ein Jugendfreund ihres Mannes gewesen ist. Plötzlich verschwinden wichtige Unterlagen über Tanners Vergangenheit: Nun ist er der Hauptverdächtige. Aber es kommt zu weiteren Todesfällen. Tanner sucht im Geburtsort Hallsons nach einer Spur von Adam Hart, als er aus heiterem Himmel von einem Düsenjägergeschwader angegriffen wird. Eine nicht lokalisierbare Macht versucht ihm einen fremden Willen aufzuzwingen. Als wieder zwei Teamangehörige umkommen, bleiben nur noch drei übrig: Eddie de Falco, Mr. Nordlund vom Marineministerium und Tanner selbst. Tanner kann sich von dem auf *ihm lastenden Verdacht frei machen;* de Falco dreht durch und wehrt sich mit Waffengewalt gegen seine Festnahme. Als er getötet wird, steht für Tanner fest, daß nur Nordlung der geheimnisvolle Adam Hart sein kann. Es kommt zu einem letzten geistigen Duell, in dem der nach der Weltherrschaft strebende Supermutant auf seinen Meister trifft. – Die Kritik nahm diesen Film Byron Haskins mit gemischten Gefühlen auf: Während die SATURDAY REVIEW ihn einfach »schwerfällig« fand, meinte der FILMDIENST, es sei Haskins »einfallsloser Farbregie« nicht gelungen, »die Wirklichkeits-Intensität eines durchschnittlichen Werbefilms zu verlassen«. In seinem Buch SCIENCE FICTION IN THE CINEMA meinte John Baxter, *Die sechs Verdächti-*

gen sei »einer der besten aller SF-Filme, ein eng geflochtener Thriller, der gelegentlich den Optimismus der Science Fiction mit dem Pragmatismus des Kinos verbindet«. Der letzte Satz, den George Hamilton in der deutschen Fassung spricht (»Die absolute Macht – ich weiß nicht!«), lautet in der Originalfassung übrigens »Must absolute power corrupt absolutely?«. Der Film war ein ambitioniertes Unternehmen, das allerdings schmählich in die Hose ging. Die Fans waren sich einig: An die Romanvorlage kam *Die sechs Verdächtigen* keinesfalls heran.
Ⓑ Frank M. Robinson: *Die lautlose Macht*, Berlin 1982

Seddok, der Würger mit den Teufelskrallen

(L'EREDE DI SATANA). Italien 1960. *R* Anton Giulio Majano. *B* Gino de Sanctis. *K* Aldo Giordano. *M* Armando Travaioli. *D* Alberto Lupo (Prof. Levin), Susanne Loret (Jeannette Morineau), Sergio Fantoni (Pierre), Andrea Scotti (Monique), Franca Parisi Strahl, Roberto Bertea, Gianni Loti, Rina Franchetti, Mora Gladis. 87 Min.
Der Zellforscher Levin läßt sich von seiner Assistentin Monique die Striptease-Tänzerin Jeanette zuführen, deren Gesicht bei einem Unfall entstellt wurde. Er will an ihr ein Experiment durchführen. Die Schönheit ihres neuen Gesichts hält jedoch nicht lange vor. Als Levin erkennt, daß ihm nur die Drüse einer jungen Frau weiterhelfen kann, aber keine da ist, die sie ihm freiwillig spenden würde, verwandelt er sich mit einer Droge in ein abscheuliches Monster, murkst haufenweise die knackigsten Mädels ab und schiebt die Schuld einem gerade aus dem Zoo entfleuchten Gorilla namens Seddok in die Schuhe. Als ihm der Marineoffizier Pierre auf die Spur kommt, will er mit der inzwischen von ihm behandelten und geheilten Jeanette fliehen. Die lehnt jedoch ab. In einem Zustand höchster Erregung wird Levin wieder zum Monster. Der herbeieilende Pierre fährt ihm an die Gurgel. Le-

vin sucht das Weite und wird von seinem eigenen Gärtner getötet. Und wie schon bei *Dr. Jekyll und Mr. Hyde* nimmt er im Tod wieder die eigenen Züge an. – Man findet diesen Plot – in mehr oder weniger variierter Form – sicher ein Dutzendmal in diesem Buch. Und da sollte man sich allmählich die Frage stellen, warum diese durchgedrehten Wissenschaftler stets auf Striptease-Tänzerinnen und Prostituierte verfallen, wenn sie Versuchskaninchen für ihre Experimente brauchen. Ob es daran liegt, daß Drehbuchautoren der Meinung sind, Angehörige dieser Berufsgruppen hätten als ›sowieso Gestrauchelte‹ keine festen Beziehungen zu anderen Menschen und seien allemal Subjekte, deren Verschwinden nicht auffällt? Oder ist es so, daß Leute, die einen ›unmoralischen‹ Lebenswandel führen, kein Lebensrecht haben?
Ⓥ Interpathé

Seelenlos – Ein Mann spielt Gott

(FRANKENSTEIN). GB 1984. *R* James Ormerod. *B* Victor Gialanella. *LV* Mary W. Shelley. *K* Stuart Hinchliffe. *M* Alan Parker. *D* Robert Powell (Viktor Frankenstein), Carrie Fisher (Elizabeth), Sir John Gielgud (De Lacey), David Warner (Frankensteins Monster), Michael Cochrane (Henri Clerval), Terence Alexander (Alphonse Frankenstein), Susan Wooldridge (Justine). *F* 81 Min.
Es erübrigt sich wohl, etwas über den Inhalt dieser x-ten *Frankenstein*-Verfilmung zu sagen. »Daß das englische Fernsehen . . . daraus ein Fernsehspiel machte, kann bestenfalls noch als Arbeitsbeschaffungsmaßnahme erklärt werden.« (SPEKTRUM FILM) – »Aber warum macht der gute Viktor stets denselben Fehler? Nach umpfzig Remakes müßte er es doch langsam besser wissen.« (SCIENCE FICTION TIMES) – In der BRD nur auf Video.
Ⓥ Vestron
Ⓑ Mary W. Shelley: *Frankenstein oder der moderne Prometheus*, Leipzig 1912

Sein Freund, der Roboter
(PROTOTYPE). USA 1983.
R David Greene. *B* Richard Levinson/
William Link. *K* Harry May.
SpE Martin Bresin. *M* Billy Goldenberg.
D Christopher Plummer (Dr.
Carl Forrester), David Morse (Michael),
Frances Sternhagen (Dorothy Forrester),
Arthur Hill (Gen. Keating), James
Sutorius (Dr. Gene Pressman), Stephen
Elliott (Arthur Jarrett), Alley Mills
(Chris), Ed Call, Richard Kuss.
F 92 Min.
Nachdem der Wissenschaftler Forrester
jahrelang mit finanzieller Unterstützung
des Pentagons an der Herstellung eines
Androiden gearbeitet hat, soll dieser nun
für militärische Zwecke verwendet wer-
den. Wie jeder Forscher, der glaubt, mit
Politik beschäftigt man sich nicht, ist der
gute Forrester entsetzt! Er sucht mit Michael, dem ›besseren Menschen‹, das
Weite, was den Finanziers seiner Forschungen verständlicherweise gar nicht
gefällt. – »Fernsehmanns-Bieder-Vorstel-
lung eines aktualisierten Frankenstein mit
all den üblichen, wenngleich geschickt
aufbereiteten Klischees.« (FILM-JAHR-
BUCH). – Ein Fernsehfilm.

Seitenstechen
BRD 1985.
R Dieter Pröttel. *B* Joachim Hammann/
Mike Krüger. *K* Franz X. Lederle.
M O. Weitzl. *D* Mike Krüger (Norbert),
Susanne Uhlen (Monika), Claudia
Neidig (Ulla), Gert Haucke (Böhm),
Christian Wolff, Werner Kreindl, Paul-
Edwin Roth, Verena Wiet, Bernd
Stephan, Veronika Faber, Thomas
Gottschalk. *F* 96 Min.
Immer öfter wird Norbert von Seitensti-
chen gequält. Der Arzt stellt fest, daß er
ein Kind erwartet. Wer aber ist der Vater?
Wird Norbert die erste männliche Mutter?
Im Film schon, bis sich herausstellt, daß
er alles nur geträumt hat. – »(Am niedrig-
sten Maßstab) gemessen . . . ist man ange-
nehm überrascht ob der Dezentheit des
Lustspiels, was vor allem daran liegt, daß

Krüger tatsächlich auch leise Töne drauf-
hat (als Schauspieler und Autor), und daß
Pröttel das Thema nicht zu einer neuen
grellen Klamotte benutzt, sondern zu einem überraschend sympathischen Appell
der Mutterschaft.« (FISCHER FILM AL-
MANACH).

**Die seltsamen Begegnungen des
Professor Tarantoga**
(TV-ZDF). BRD/Österreich 1978.
R Charles Chuck Kerremans. *B* Nico
Wehrhahn. *LV* Stanislaw Lem. *K* Lothar
Stickelbrucks. *D* Richard Münch (Prof.
Tarantoga), Kurt Beck (Prof. Sasul),
Manfred Seipold (Chybek), Claus Fuchs
(Wissenschaftl. Direktor), Dietmar
Mues, Stephan Stroux (Gelehrte), Jobst
Noelle (Zudecker), Hans Paetsch
(Chefarzt/Erschaffer der Erde), Peter
Striebeck (Nowak/Hipperkorn), Irmgard
Riessen (Frau Nowak), Susanne Beck
(1. Sterndame), Madame Vallet
(Stripperin). *F* 99 Min.
Der etwas absonderlich gezeichnete Pro-
fessor Tarantoga hat eine Raum-Zeit-Maschine erfunden, die es jedermann erlaubt, fantastische Reisen zu unternehmen, ohne die eigenen vier Wände zu verlassen. Das Ding – eine Art zylinderför-
miger Helm – bringt ihn und seinen neuen
Assistenten Chybek auf den Stern Greli-
andria, der zu längerem Verweilen allerdings nicht einlädt. Chybek brennt eine
Sicherung durch, und er erlebt einen wun-
dervollen Striptease. Die zweite ›Reise‹
führt Tarantoga an das Ende der Welt, wo
er dem Erschaffer der Erde begegnet, der
allerdings eine fatale Ähnlichkeit mit dem
Chefarzt einer Irrenanstalt aufweist.
»Hundert Minuten Striptease wären möglicherweise vergnüglicher gewesen als ein
Lem-Verschnitt à la ZDF.« (UNSERE ZEIT).

Die Senkrechtstarter
BRD 1988.
R Christian Rateuke. *B* Christian
Rateuke/Christoph Treutwein. *K* Atze
Glanert. *M* Jürgen Knieper.
D Christina Plate (Egon), Mike Krüger

(Mike), Karl Dall (Löffler), Andras
Fricsay (Codinsky), Kali Son.
F 93 Min.
Eine deutsche Zukunftsvision: 1999 bezahlt man mit Kreditkarten. Mit Raffinesse untergräbt das Mädchen Egon den Big
Brother-Staat. Als man sie faßt, wird sie
von dem Bösewicht Codinsky, dem Chef
der Zentralbank, gezwungen, auf Kredit
gekaufte Waren armer Bürger zurückzuholen. Egon, keineswegs der Typ für solche Jobs, spannt den tolpatschigen Mike
und dessen Freund Löffler ein. Mit ihnen
führt sie die abenteuerlichen Aufträge
aus. Mike und Egon vergucken sich ineinander. Mit Löfflers Hilfe legen sie Codinsky aufs Kreuz. –»Die *Senkrechtstarter* – ein Film, den man am liebsten im
Dunkeln sieht!«(TITANIC).
Ⓑ Christoph Treutwein: *Die Senkrechtstarter,* Bergisch Gladbach 1989

Die Sexbrille
(MAGIC SPECTACLES). USA 1961.
R Bob Wehling. *B* Arch Hall jr. *K* Vilis
Lapenieks. *M* N. N. *D* Tommy Holden
(Dr. Paul Ner De Nude/Angus L.
Farnsworth), June Parr (Myra
Farnsworth), Margo Mehling
(Sekretärin), Kay Cramer, Cindy Tyler,
Danice Daniels, Jean Cartwright, Carla
Olson (Go-Go-Girls). *F* 74 Min.
Ein Pariser Wissenschaftler entwickelt
nach einer uralten chinesischen Formel
eine Brille, mit deren Hilfe man Kleider-
stoffe ›durchschauen‹ kann. Jahrhunderte
später stößt der Hollywooder Werbekauf-
mann Angus Farnsworth auf dieses tolle
Ding und begibt sich auf eine Odyssee
durch die Stadt, um die einheimischen
Damen in ihrer Unterwäsche zu bewundern. Doch bald ist ihm nicht nur die Gattin auf der Spur, sondern auch die Polizei... Eine Lachklamotte für ein eindeutig zweideutig interessiertes Publikum.

Die Sexmaschine
(CONVIENE FAR BENE L'AMORE).
Italien 1975.
R Pasquale Festa-Campanile.

B Pasquale Festa-Campanile/Ottavio
Jemma. *K* Franco di Giacomo. *M* Fred
Bongusto. *D* Luigi Proietti (Prof. Enrico
Coppola), Agostina Belli (Francesca
De Renzi), Eleanora Giorgi (Piera),
Christian de Sica (Daniele Vanturoli),
Maria Scaccia (Mons. Alberoni),
Adriana Asti (Irene Nobili), Franco
Agostini (Dr. Spina), Quinto
Parmaggiani (De Renzi), Gino Pernice
(Assistent), Mario Pisu (Minister),
Monica Strebel (Angela), Franco
Agrisano(Hauswirt),OresteLionello
(Fahrer), Mario Maranzana (General).
Pietro Tordi, Roberto Antonelli,
Armando Bandini, Pupo de
Luca,LeoFrasso,EttoreCarloni,
Vincenzo Maggio. *F* 84 Min.
1999 sind sämtliche Energiequellen der
Erde erschöpft. Die Autos stehen still,
man hat keinen Strom mehr. Der Biologe
Enrico Coppola macht plötzlich die sensa-
tionelle Entdeckung, daß der menschliche
Körper während der sexuellen Betätigung
eine Menge Elektrizität erzeugt, die man
mit einer speziell entwickelten Maschine
in nützlichen Strom umwandeln kann.
Die Kirche unterstützt ihn bei der Veran-
staltung von Massenorgien, aber als die
Kopulanten sich ineinander verlieben, ist
es mit den Orgien bald Essig. Und so wird
von oben herab verordnet, daß Sex fortan
nur noch rein emotionslos zu erfolgen
hat... – Dieser Film soll eine Parodie
sein. Aber auf was? Auf schlechte SF-Filme?

Sexmission
(SEKSMISJA). Polen 1983.
R Juliusz Machulski. *B* Julius
Machulski/Jolanta Hartwig/Pavel Hajny.
K Jerzy Lukaszewicz. *M* Henryk
Kuzniak. *D* Olgierd Lukaszewicz
(Albert), Jerzy Stuhr (Max), Bozena
Stryjkowna (Lamia), Boguslawa
Pawelec (Emma), Hanna Stankowna
(Tekla), Beata Tyszkiewicz (Berna).
F ca. 120 Min.
Im Zuge eines wissenschaftlichen Experi-
ments lassen sich die beiden Biologen Al-

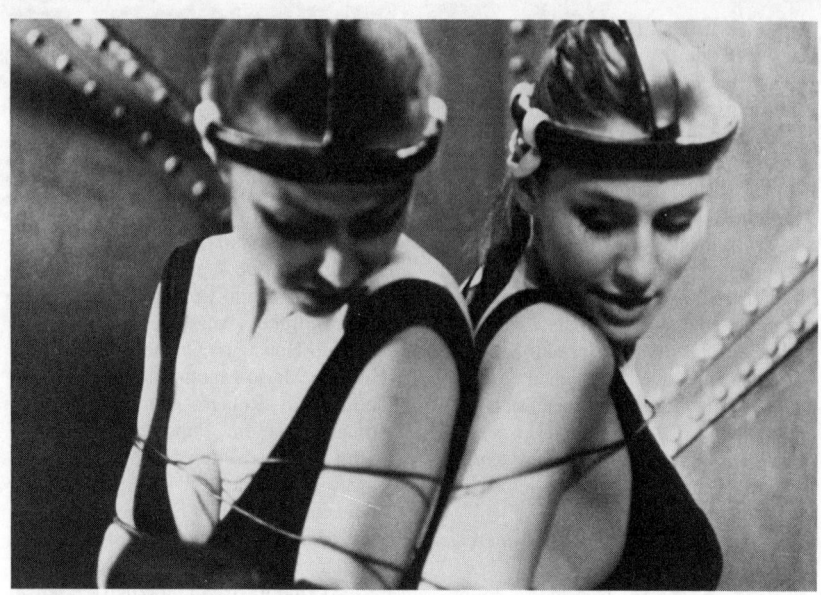

Sexmission von Juliusz Machulski

bert und Max für drei Jahre in einen Kälteschlaf versetzen, doch irgend etwas geht bei der Sache schief: Als sie im Jahr 2044 wieder erwachen, finden sie sich in einem puritanisch regierten Frauenstaat wieder, der zu seinem Fortbestand keine Männer mehr benötigt. Die Kinder – und zwar ausschließlich solche weiblichen Geschlechts – kommen aus der Retorte. Ansonsten freilich funktioniert die Gesellschaftsordnung ebenso wie im von den Männern dominierten 20. Jahrhundert: Es gibt nicht nur Rivalitäten – man beäugt auch jedwede Ausgelassenheit mit äußerstem Mißtrauen. Die beiden Männchen gelten als ›archäologischer Fund‹ und sollen per Operation in diese Gesellschaft integriert werden... (was nichts anderes heißt, als daß man plant, per Operation ›natürliche‹ Wesen aus ihnen zu machen). »Daß und wie dies *nicht* geschieht, wie die beiden Vertreter des starken Geschlechts, zwischen Lüsten und Ängsten hin- und hergerissen, vielmehr mit zwei der Amazonen dieser unwirklichen ›Metropolis‹-Welt entrinnen – das schil-

dert der Film auf höchst fantasievolle und fantastische Weise, zudem mit einem verblüffenden (maskulin motivierten) Happy-End. Denn: *Sexmission* kommt als eine recht frei-zügige Science Fiction-Komödie einher. Juliusz Machulski ist... ein munterer Fabulierer, mal launig-doppelbödig verspielt und mal anzüglich-hintersinnig, gelegentlich auch zerstreut in der Wahl seiner Gestaltungsmittel. Doch wie er mit einem ironisch-frechen Augenzwinkern in ein drapiertes Morgen äugt, dabei auf schwarzen Humor nicht verzichtet und nicht auf erotisches Beiwerk – das ist schon amüsant, ist ein intelligenter Spaß, der sich letztlich als eine... Liebeserklärung an unsere Welt von heute... begreift.« (H.-D. Tok, LEIPZIGER VOLKSZEITUNG) Ⓥ UFA

Sex vor sechs Millionen Jahren
(CREATURES THE WORLD FORGOT).
GB 1970.
R Don Chaffey. *B* Michael Carreras.
K Vincent Cox. *SpE* Syd Pearson.
M Mario Nascimbene. *D* Julie Ege

(Nala), Brian O'Shaughnessy (Mak), Tony Bonner (Tumak), Robert John (Rul), Marcia Fox, Rosalie Crutchley, Don Leonard, Beverley Blake, Sue Wilson. *F* 95 Min.

Schwacher Steinzeit-Western. Zwei Brüder kämpfen um die Vorherrschaft im Steinzeitreich, mal miteinander, mal einzeln. Das Gute siegt. Mit Sex hat das Ganze absolut nichts zu tun. »Dümmlicheres konnte man sich kaum einfallen lassen.« (FILMDIENST)
Ⓥ RCA/Columbia

Sex World
(SEX WORLD). USA 1978.
R Anthony Spinelli. *B* Anthony Spinelli/ Dean Rogers. *K* N. N. *M* Berry Lipman. *D* Annette Haven, John Leslie, Leslie Bove le, Sharon Thorpe, Desiree West, Amber Hunt, Johnny Keyes. *F* 70 Min.

Ein Trupp sexuell Frustrierter besucht einen futuristisch ausgestatteten Ferienpark, um sich dort auszutoben, wobei allerdings sämtliche Akteure insgeheim beobachtet und gleichzeitig auch noch gefilmt werden.
Ein pornographischer Film, dessen Idee bei *Futureworld – Das Land von Übermorgen* (USA 1976; Regie: Richard T. Heffron) geklaut wurde. Der Streifen protzt zwar mit allerlei SF-Gadgets, ist aber in erster Linie für die Fraktion der Regenmantelträger interessant.

Shadowzone
(SHADOWZONE). USA 1989.
R J.S. Cardone. *B* J.S. Cardone. *K* Karen Grossman. *M* Richard Band. *D* Louise Fletcher (Dr. Erhard), Miguel Nunez, David Beecroft, Lu Leonard, James Hong, Shawn Weatherly, Frederick Flynn, Maureen Flaherty, Robbie Rives. *F* 89 Min.

NASA-Wissenschaftler, die Testpersonen Tiefschlafexperimenten unterziehen, öffnen ungeahnte Traumtore: Ein Ungeheuer materialisiert in der realen Dimension und geht um. – »Stereotype Mad-Scientist-

Mär, die deutlich unter ihrem mangelnden Budget leidet.« (FILM-JAHRBUCH). – Nur auf Video.
Ⓥ CIC

Shaker Run
(SHAKER RUN). Neuseeland 1984.
R Bruce Morrison. *B* James Kouf/Henry Fownes/Bruce Morrison. *K* Kevin Hayward. *SpE* Kevin Chisnall. *M* Stephen McCurdy. *D* Cliff Robertson (Judd Pierson), Leif Garrett (Casey Lee), Lisa Harrow (Dr. Christine Rubin), Shane Briant (Paul Thoreau), Peter Hayden (Michael Connolly), Peter Rowell, Bruce Phillips, Ian Mune, Fiona Samuels. *F* 86 Min.

Die Ex-Rennfahrer Judd und Casey werden von der Wissenschaftlerin Dr. Christine Rubin beauftragt, von ihr entdeckte tödliche Viren dem CIA zu übergeben. Der Bösewicht Paul Thoreau zeigt sich daran ebenso interessiert. Judd und Casey müssen aus ihrem Superauto ›Shaker‹ alles rausholen, um die tödliche Fracht abzuliefern. – »Außergewöhnlich rasanter Action-Reißer, der die prächtige neuseeländische Landschaftskulisse mit in die heiße Szenerie einbaut und die Augen nie zur Ruhe kommen läßt.« (TIP).
Ⓥ Taurus

S.H.E.
(S.H.E.). USA 1979.
R Robert Lewis. *B* Richard Maibaum. *K* Jules Brenner/Ron Vargas/Claudio Cirillo. *M* Michael Kamen. *D* Cornelia Sharpe (Lavinia Kean), Omar Sharif (Cesare Magnasco), Robert Lansing (Owen Hooper), Anita Ekberg (Elsa Biebling), William Traylor (Lacey), Tom Christopher (Bronzi), Isabella Raye (Fanya), Fabio Testi (Rudolph Caserta), Mario Colli (Mucci), Claudio Ruffini (La Rue), Fortunato Arena (Paesano), Geoffrey Copplestone (UN-Mann), Gino Marturano (Major Danilo), Emilio Messina (Zee). *F* 89 Min.

Der italienische Kapitalist Cesare Magnasco hat sich von der in ihn verknallten deutschen Chemikerin Elsa Biebling im Labor seiner Weinkellerei eine Mikrobe entwickeln lassen, die Erdöl zersetzt und somit unbrauchbar macht. Da er in dieser Erfindung eine Waffe sieht, mit der er diverse Regierungen erpressen kann, hetzt man ihm die Superagentin Lavinia Kean auf den Hals, die – wie weiland James Bond – die Erpresserbande mit Hilfe allerlei technischer Gadgets aushebt und dem bösen Spiel wie auch dem Übeltäter ein Ende bereitet.

SHE... eine verrückte Reise in die Zukunft

(SHE). USA 1983.
R Avi Nesher. *B* Avi Nesher. *K* Sandro Mancori. *M* Rick Wakeman. *D* Sandahl Bergman (She), Harrison Muller (Tom), Gordon Mitchell, David Gross, Quinn Kessler, David Brandon. *F* 93 Min.
Dreißig Jahre nach dem Großen atomaren Knall: In einer absurd kostümierten Punk-Zukunftswelt bemühen sich zwei Endzeit-Helden, ihre entführte Schwester aus der Gewalt einer Bande von Berufsausflippern zu befreien und tun sich deswegen mit der ›Göttin‹ She zusammen. – Der Streifen wimmelt zwar von Mutanten, Vampiren, Mumien, Nazis und verrückten Hermaphroditen, doch der Hinweis, es handelte sich hier um eine Neuverfilmung von H. Rider Haggards Roman *Sie* (Zürich 1970) ist purer Schwachsinn (wie der Film übrigens auch). Ⓥ VPS

Shocking

(SHOCKING). Frankreich 1976.
R Frédéric Lansac (= Claude Mulot). *B* Claude Mulot. *K* N.N. *M* N.N. *D* Jacques Insermini, Emanuelle Pareze, Jean Guerin, Gilbert Servien, Christine Chireiv, Karine Gambier. *F* 90 Min.
Als im Rundfunk die Meldung verbreitet wird, daß die Politiker ernst gemacht haben und die Welt in Bälde untergeht, bricht spontane Geilheit aus, denn die Leute wollen sich noch mal richtig ausfikken. – Ein Pornostreifen mit aufgesetztem SF-Thema. Ⓥ Beate Uhse

Shock Waves – Die aus der Tiefe kamen

(SHOCK WAVES). USA 1977.
R Ken Wiederhorn. *B* Ken Wiederhorn/John Harrison. *K* Reuben Trane/Irving Paré. *Ma* Alan Ormsby. *M* Richard Einhorn. *D* John Carradine (Captain Ben), Peter Cushing (Scar, SS-Wissenschaftler), Brooke Adams (Rose), Fred Buch (Chuck), Jack Davidson (Norman), Luke Halpin (Keith), D.J. Sidney (Beverly), Don Stout (Bobbs), Tony Moskal, Gary Levinson, Jay Maeder, Bob Miller, Talmadge Scott, Bob White. *F* 85 Min.
Mehrere Touristen, die auf einer Jacht in der Karibik kreuzen und während eines Seebebens von einem Geisterschiff gerammt werden, retten sich auf eine unbekannte Insel. In einem palastartigen, halb verfallenen Hotel stoßen sie auf einen schroffen alten Nazi-Wissenschaftler, der sie auffordert, zu verschwinden. Er hat auch allen Grund dazu, denn das Seebeben hat ein vor fünfunddreißig Jahren gesunkenes Schiff an den Inselrand gespült, dessen Ex-Besatzung noch lebt: Es handelt sich bei ihnen um von den Nazis hergestellte Androiden, die im Krieg nicht mehr zum Einsatz kamen und deswegen von ihrem Schöpfer versenkt wurden. Die bebrillten und verschrumpelt aussehenden blonden Arier-Androiden-Zombies, die dem Meer entsteigen, entpuppen sich als kampfbereite Bestien, die sich auf die ungebetenen Inselbesucher stürzen und sie bis auf eine Überlebende umbringen. – Trotz des geringen Budgets, das den Produzenten zur Verfügung stand, ist der mit Horrormotiven spielende Streifen überraschend gut gelungen, wenngleich es hier und da mit der Logik mächtig hapert. Ein Kassenerfolg wurde er trotz seiner originellen Prämisse jedoch nicht: Auch unter den Titeln *Death Corps* und *Almost Human* (nicht zu verwechseln mit einem Horrorfilm gleichen Titels von Umberto Lenzi) blieb ihm ein größeres Publikum

Shock Waves von Ken Wiederhorn

versagt, so daß er, wie viele andere, schnell auf Videokassetten endete. – »Der Film killt sich praktisch selbst mit dem unmotivierten Auftauchen der blondperückten SS-Schar und der unwahrscheinlichen Verhaltensweise der Verfolgten.« (VAMPIR).

»Peter Cushing ist nur deswegen dabei, um das Vorhandensein der Nazi-Androiden zu erklären – er sagt uns aber nicht, warum sie ohne ihre Brillen eingehen.« (Donald C. Willis, HORROR AND SCIENCE FICTION FILMS). – »Ein Lachschlager!« (Mick Martin/Marsha Porter, VIDEO MOVIE GUIDE 1988).

Sicario 77 – Tot oder lebendig
(SICARIO 77 – VIVO O MORTO).
Italien 1966.
R Mino Guerrini. *B* Mino Guerrini/ Adriano Bolzoni/Alfonso Balcazar/ Sabatino Ciuffini. *K* Aldo Scavarda. *M* Giorgio Zinzi. *D* Robert Mark (Lester), Alicia Brandet, John Stacy, Jose 1 Bodalo, Maria Badmajew. *F* 100 Min.
Ein in Spanien beheimateter Weltverbesserer, dem die politischen Eiertänze derjenigen auf die Nerven gehen, die das Erdenrund seit Anbeginn der Zeiten beherrschen, will mittels seiner Privatarmee

eine ›idealistische‹ Diktatur errichten. Von seinem Hauptquartier aus, das bequemlicherweise in einer Kirche untergebracht ist, will er sich unter Zuhilfenahme eines Todesstrahls an die Macht katapultieren. Daß daraus nichts wird, verhindert »ein Herr namens Lester, an dem vor allem bei allzu langen Verfolgungsjagden sein plattfüßiger Laufstil auffällt.« (FILMDIENST)

Das siebenköpfige Ungeheuer
Anderer Titel für **Inferno 2000**

Die sieben Männer der Sumuru
(RIO 70/SUMURU). BRD/Spanien/USA 1968. *R* Jess Franco (Jesus Franco Manera). *B* Peter Welbeck/Karl Leder. *K* Manuel Merino. *M* Daniel White. *D* Shirley Eaton (Sumuru), Richard Wyler (Jeff Sutton), George Sanders (Masius), Maria Rohm (Leslie), Walter Rilla (Rossini), Marta Reves (Ulla), Elisa Montes (Irene), Beny Cardono (Yana), Herbert Fleischmann (Karl). *F* 84 Min.
In der aus drei Hochhäusern bestehenden brasilianischen Dschungelstadt Femina (!) träumt die lesbische Amazonenkönigin Sumuru von der Weltherrschaft der Frauen. Als sie eine Millionärstochter entführen läßt, wird der Agent Jeff Sutton eingeschaltet, der Sumurus weiblichen Truppen prompt auf den Leim geht:»In der modern und zweckmäßig eingerichteten Folterkammer stürzen sich auf Geheiß der Königin einige plastikbekleidete bzw. -entkleidete Amazonen auf Sutton, küssen ihm die Glieder ab, was ihn, unterstützt von geheimnisvollen Strahlen, zu konvulsivischem Zucken veranlaßt. Was Küsse doch für interessante Folgen haben können! Derart malträtiert, gelingt dem Helden dennoch die Flucht. Doch Sumurus Krallen sind unerbittlich. Mitten aus dem Karnevalstrubel von Rio greift sie ihn heraus. Grabsch! Zurück in die Amazonenstadt. Erneutes Folterspielchen. Zucken. Stöhnen. Agraaa!« (SCIENCE FICTOON TIMES) – Sumurus Goldschatz lockt jedoch noch eine andere Organisation: Gangster aus Rio rücken mit Helikoptern und Bomben an, was die Amazonenkönigin dazu treibt, ihr Hauptquartier per Knopfdruck zu vernichten. Sutton entkommt. Aber auch Sumuru...

Sieben Sekunden zu spät
(TIME SLIP). GB 1955. *R* Ken Hughes. *B* Charles Eric Maine. *LV* Charles Eric Maine. *K* Dick Dinsdale. *M* Richard Taylor. *D* Gene Nelson (Mike Delaney), Faith Domergue (Jill Friday), Joseph Tomelty (Inspektor Clearly), Donald Gray (Maitland), Vic Perry (Vasquo), Peter Arne (Rayner), Launce Maraschal (Redakteur), Charles Hawtrey (Scruffy). 77 Min.
Ein Atomphysiker fällt einem Strahlenunfall zum Opfer und ist sieben Sekunden lang klinisch tot. Als er wieder zu sich kommt, ist eine Kommunikation mit ihm unmöglich geworden: Sein Verstand arbeitet nicht mehr zeitsynchron, sondern ›befindet‹ sich im Gegensatz zu seinem Körper stets sieben Sekunden in der Zukunft.
ⓑ Charles Eric Maine: THE ISOTOPE MAN, London 1957

Sieben Tage im Mai
(SEVEN DAYS IN MAY). USA 1964. *R* John Frankenheimer. *B* Rod Serling. *LV* Fletcher Knebel/Charles W. Bailey II. *K* Ellsworth Fredericks. *M* Jerry Goldsmith. *D* Burt Lancaster (Gen. James M. Scott), Kirk Douglas (Col. Martin Casey), Frederic March (Präsident Jordan Lyman), Ava Gardner (Eleanor Holbrook), Edmond O'Brien (Senator Raymond Clark), Martin Balsam (Paul Girard), George Macready (Christopher Todd), Whit Bissell (Senator Prentice), Hugh Marlowe (Harold McPherson), Bart Burns (Arthur Corwin), Richard Anderson (Col. Murdock), Jack Mullaney (Lt. Hough), Andrew Duggan (Col. Henderson), John Larkin (Col.

Broderick), Malcolm Atterbury (Arzt), Helen Kleeb (Esther Townsend), John Houseman (Admiral Barnswell), Colette Jackson (Barmädchen). *F* 118 Min.

US-Präsident Jordan Lyman steht kurz vor dem Abschluß eines Atomabrüstungsvertrages mit den Sowjets. Er hat weder die öffentliche Meinung noch den Großteil der Generalstabsoffiziere hinter sich. Zu tief verwurzelt ist das Mißtrauen gegen die Sowjets. Lymans Gegner sehen einzig in der militärischen Überlegenheit der USA die Garantie für den Weltfrieden, in einer atomaren Entwaffnung aber den sicheren Untergang. An der Spitze der Unzufriedenen steht General Scott, ein brillanter Taktiker. Mit kaltblütiger Präzision bereitet er den Staatsstreich vor. Er hat in der Wüste von New Mexico eine Elitetruppe zusammengestellt, ausgewählte Rundfunk- und Fernsehleute warten nur auf ein Zeichen, auch im Kongreß hat er zuverlässige Helfershelfer. Tag X soll der 18. Mai 1974 sein. Dann soll der Präsident anläßlich einer geheimen Alarmübung isoliert werden. Doch Oberst Casey aus dem Verteidigungsministerium schöpft Verdacht. Er steht auf dem Standpunkt, daß wegen des Treueids auf die Verfassung nichts einen Verfassungsbruch rechtfertigen kann. Er warnt seinen Präsidenten. Nur wenige Tage bleiben dem Präsidenten, mit seinen wenigen Vertrauten den Putschplan aufzudecken, Beweise zu sammeln und sich gegen seinen Generalstab durchzusetzen. Nach einem ergebnislosen, erregten Zwiegespräch mit General Scott gelingt es ihm in letzter Stunde, die putschbereiten Offiziere zum Rücktritt zu zwingen. – Das Thema ›Angst vor dem Atomkrieg‹, das in den etwa zur selben Zeit entstandenen Filmen *Dr. Seltsam...* und *Angriffsziel Moskau* auf so außergewöhnliche Weise behandelt worden war, ist auch in *Sieben Tage im Mai* Ausgangspunkt für Spekulationen. Hier geht es jedoch nicht um die technische Gefahr durch die Bombe selbst, sondern um die Gefahr, die ein Machtkampf auslösen kann: Verfassungsbruch, Untreue zum gewählten Präsidenten und Militärregierung erhöhen die Atomkriegsgefahr. Leider gelang es Regisseur Frankenheimer nicht, einen ähnlich guten Film wie die beiden oben genannten zu drehen. »Er entzieht sich durch Redeschwall oder Vereinfachung nach Abenteuerschablone einer geistigen Durchdringung, der vielfach nur an der Oberfläche angedeuteten Problemzusammenhänge. Das mindert den Wert und das Gewicht eines hochinteressanten, aktuellen und unverkennbar antimilitaristischen Themas, über das sich ungeachtet der unzulänglichen Gesamtzubereitung... zu diskutieren lohnt.« (FILMDIENST)
Ⓑ Fletcher Knebel/Charles W. Bailey II: SEVEN DAYS IN MAY, New York 1962

Der 27. Tag
(THE 27TH DAY). USA 1957.
R William Asher. *B* John Mantley.
LV John Mantley. *K* Henry Freulich.
M Mischa Bakalainikoff. *D* Gene Barry (Jonathan Clark), Valerie French (Eva Wingate), George Voskovec (Prof. Klaus Bechner), Arnold Moss (Außerirdischer), Stefan Schnabel (Diktator), Ralph Clanton (Ingram), Frederick Ledebur (Dr. Neuhaus), Paul Birch (Admiral), Azenath Janti (Ivan Godofsky), Marie Tsin (Su Tan), Ed Hinton (Commander), Grandon Rhodes (UN-Offizier), Mark Warren (Pete), Don Spark (Harry Bellows), David Bond (Dr. Schmidt), Hank Clemin (Hans), Theodore Marcuse (Col. Gregor), Sigfrid Tor (Gen. Zamke), Mark Bennett (Gorki), Arthur Lovejoy (Bracovich), Doreen Woodbury, Jerry Janger, Eric Feldary, Weaver Levy, Monty Ash, Irvin Ashkenazy, Peter Norman, John Bleifer, Mel Welles, John Dodsworth, Jacques Gallo, Charles Evans, Robert Forrest, John Bryant, John Mooney, Paul Power, Michael Harris, Walda Winchell, Tom Daly, Ralph Montgomery, Don Rhodes, Emil Sitka, Phil van Zandt, Paul Frees. 74 Min.

Eine Engländerin, eine Chinesin, ein Amerikaner, ein Russe und ein Deutscher werden von einem geheimnisvollen Außerirdischen in den Weltraum entführt. Hier offenbart ihnen der Unbekannte, daß sein Heimatplanet in Bälde sterben wird. Seine Rasse sucht nach einem ›Ausweichquartier‹ und hat dazu die Erde ins Auge gefaßt. Die Erde ist jedoch ziemlich dicht bevölkert, und da der hohe Grad an geistiger Reife, dem die Außerirdischen unterliegen, die Ausrottung der Menschheit nicht erlaubt, übergibt er den Entführten fünf Kapseln, mit deren Inhalt sie die Welt entvölkern können. Die Kapseln verlieren nach 27 Tagen ihre Kraft – oder beim Tod desjenigen, der sie besitzt. Die Außerirdischen vertrauen auf die Unvernunft der Menschen, sie rechnen damit, daß sie sich der ihnen verliehenen Macht bedienen werden, um ihre Welt selbst zu entvölkern. Als die Auserwählten zur Erde zurückkehren, ist die Weltöffentlichkeit schon informiert. Die Regierungen veranstalten ein Kesseltreiben. Die Engländerin Eva wirft ihre Kapsel ins Meer, die Chinesin begeht Selbstmord. Der sowjetische Soldat Ivan wird, wie in amerikanischen Filmen dieser Zeit üblich, vom russischen Geheimdienst bis zum Wahnsinn gefoltert. Der Amerikaner Clark tut sich mit Eva zusammen und versteckt sich. Der deutsche Atomphysiker Klaus Bechner, der fünfte im Bunde, gerät in die Hände amerikanischer Militärs, die ihn im Gegensatz zu den bösen Russen *natürlich nicht* foltern. Fünf Stunden vor Ablauf der Frist bricht Ivan zusammen, öffnet die Kapsel, türmt und wird niedergeschossen. Die Situation ist da! Aber zum großen Glück aller, die reinen Herzens sind, hat Professor Bechner mathematisch errechnet, wie man die tödliche Waffe dahingehend ›entschärfen‹ kann, daß sie nur ›die Feinde der Freiheit‹ trifft, und das können selbstverständlich nur die Kommies sein! Das wäre denn doch zu schön, um wahr zu sein.
Ⓑ John Mantley: *Der 27. Tag*, Zürich 1957

Sie kamen von jenseits des Weltraums
(THEY CAME FROM BEYOND SPACE) GB 1967.
R Freddie Francis. *B* Milton Subotsky. *LV* Joseph Millard. *K* Norman Warwick. *SpE* Bowie Films. *M* James Stevens. *D* Robert Hutton (Dr. Curtis Temple), Jennifer Jayne (Lee Mason), Zia Mohyeddin (Farge), Bernard Kay (Richard Arden), Michael Gough (Moni), Geoffrey Wallace (Mullane), John Harvey, Norman Claridge, Maurice Good, Diana King, Paul Bacon, Kenneth Kendall. *F* 85 Min.
Im Südwesten Englands niedergehende UFOs, die man anfänglich für Meteoriten hält, senden Hypnosestrahlen aus und erzeugen durch gezielte Verbreitung von Seuchen Angst und Panik. Der Held und seine Freundin werden zum Mond gebracht, wo sie feststellen, daß das Mutterschiff der Außerirdischen eine Bruchlandung gebaut hat. Man benötigt Sklaven, um es zu reparieren. Nachdem Held und Heldin erfahren haben, daß die ›tödlichen‹ Strahlenwaffen der Aliens die Menschen lediglich betäuben, gelangt man zu einem Kompromiß. – Ein Schundfilm, gedreht nach einem Schundroman.
Ⓑ Joseph Millard: THE GODS HATE KANSAS, Derby/Connecticut 1964

Sie leben
(THEY LIVE). USA 1988.
R John Carpenter. *B* Frank Armitage (= John Carpenter). *K* Gary B. Kibbe. *SpE* Jim Danforth. *Ma* Frank Carisossa. *M* John Carpenter/Alan Howarth. *D* Roddy Piper (John Nada), Keith David (Frank), Meg Foster (Holly), George Flower (Drifter), Peter Jason (Gilbert), Raymond St. Jacques (Prediger). *F* 93 Min.
John Nada ist einer von zigmillionen Arbeitslosen. Auf der Suche nach einem Job kriegt er in Los Angeles etwas auf dem Bau. Ein Schwarzer namens Frank nimmt ihn mit zur Obdachlosensiedlung Justiceville, in der seltsame Menschen seltsame Nachrichten verbreiten, z. B.: »Sie leben,

wir schlafen.« Eines Nachts wird die Siedlung von der Polizei mit Bulldozern gestürmt. Man räumt die Gegend von ›menschlichem Abfall‹. Nada flüchtet in eine Kirche, aus der die seltsamen Menschen ihre seltsamen Nachrichten verbreiten. Er entdeckt ein Labor, in der man Sonnenbrillen herstellt. Er setzt eine Brille auf und sieht die Welt schwarzweiß: Die Werbung ist von den Plakatwänden verschwunden, statt dessen verkünden sie monotone Befehle wie »Kaufe«, »Gehorche« oder »Sieh Fern«. Die Zeitungen sehen nicht anders aus, auf Banknoten steht »Dies ist dein Gott«. Die Gesichter mancher Menschen, die Nada sieht, sehen wie halbverfault aus. Ohne die Brille wirken sie wie Yuppies. Nada erkennt, daß es sich um Aliens handelt. Mit Hilfe von Hypnose und Opportunisten beuten sie die Erde aus. Er legt in einer Bank ein halbes Dutzend Aliens um. Frank hilft ihm bei der Flucht. Beide nehmen Kontakt zu den Rebellen aus der Kirche auf. Man will den Fernsehsender Canal 54 zerstören, der die Hypnosestrahlen sendet. Die Rebellen werden fast aufgerieben. Auf dubiose Weise können Nada und Frank entkommen und in das unterirdische HQ der Aliens eindringen. Ein Opportunist erklärt ihnen, warum er kooperiert: »Wir alle verkaufen uns doch täglich!« Nada räumt auf, vernichtet den Sender und stirbt im Kugelhagel der Sicherheitstruppen. Im ganzen Land werden die Außerirdischen kenntlich, das Volk wird wach. – »Ich bin ein überzeugter Kapitalist«, so der Schwachkopf John Carpenter in einem Interview und begründet es auch sogleich: »Schließlich habe ich im Filmgeschäft... eine Menge Geld verdient.« (Die Marx-Brothers, allen voran Karl, drehen sich derweil im Grabe um). »Trotzdem macht es mir Spaß, die Gesellschaft... mit ihren Auswüchsen zu attackieren. Daher kam ich... auf die Idee, daß die gesamte Ära Reagan in Wirklichkeit von Außerirdischen gelenkt wird, daß all die Dinge... – die Reichen werden reicher, die Armen ärmer, und die Mittel-

klasse löst sich derweilen in Luft auf – in Wahrheit Teil dieser enormen Verschwörung sind.« – Als wären die Menschen nicht selbst in der Lage, sich auszudenken, wie man andere heftig übers Ohr haut! Ob unser »überzeugter Kapitalist« eigentlich weiß, was eine Bauchlandung ist? Nach den Einspielergebnissen dieses Films ganz sicher.

Ⓥ Starlight

Sie sind verdammt
(THE DAMNED). GB 1962. *R* Joseph Losey. *B* Evan Jones. *LV* H. L. Lawrence. *K* Arthur Grant. *M* James Bernard. *D* Macdonald Carey (Simon Wells), Shirley Ann Field (Joan), Viveca Lindfors (Freya), Alexander Knox (Bernard), Oliver Reed (King), Walter Gotell (Major Holland), James Villiers (Capt. Gregory), Thomas Kempinski (Ted), Kenneth Cope (Sid), Brian Oulton (Mr. Dingle), Barbara Everest (Miß Lamont), Alan McClelland (Mr. Stuart), James Maxwell (Mr. Talbot), Rachel Clay (Victoria), Rebecca Dignam (Anne), Siobhan Taylor (Mary), Nicolas Clay (Richard), Kit Williams (Henry), Christopher Witty (William), Caroline Sheldon (Elizabeth), John Thompson (Charles). 95 Min.
Der amerikanische Tourist Simon Wells kreuzt mit seiner Jacht vor den Klippen des englischen Seebades Weymouth und steigt dem Mädchen Joan nach, das einer Rockerbande als Lockvogel dient. King, ihr gewalttätiger Bruder, raubt Wells aus. Als der Amerikaner das Mädchen später wiedertrifft, fangen sie an, einander zu mögen, aber King und seine Bande hetzen sie in die Klippen, wo sie in das Haus der Bildhauerin Freya gelangen. Freya ist mit dem an einem Regierungsprojekt arbeitenden Wissenschaftler Bernard befreundet – das Gelände, auf dem er sein Projekt verfolgt, liegt am Meer und ist abgesperrt. Als der brutale King Wells und Joan erneut nachsetzt, fliehen die beiden ins Wasser und werden von einer Kinder-

gruppe aufgefischt. King folgt seiner Schwester und dem Amerikaner in ein abgeschlossenes Höhlensystem, das sich zu einem futuristisch eingerichteten Wohnbereich erweitert, in dem die Kinder – von der Außenwelt hermetisch abgeriegelt – leben. Während sich die Kinder über die von den Erwachsenen ausgestrahlte körperliche Wärme wundern, nehmen diese entsetzt zur Kenntnis, daß ihre Gastgeber absolut kalt sind. Es dauert nicht lange, bis sie herausgefunden haben, daß sie sich unter dem Projektgelände Bernards befinden, der den Kindern regelmäßig per TV-Schirm erscheint und sie ›erzieht‹. Die Kinder sind hochgradig radioaktiv verseucht – und das mit voller Absicht, denn sie sollen nach dem Tage X (wenn ein Atomkrieg die Erde unbewohnbar gemacht hat) die Vorboten einer neuen Zivilisation werden. Wells, Joan und King wehren sich dagegen, die unterirdische Welt niemals mehr verlassen zu dürfen. Als sie mit den Kindern ausbrechen wollen, werden sie jedoch entdeckt und verfolgt. Die Kinder werden von bedrohlich wirkenden Männern in Strahlenschutzanzügen wieder eingefangen, King fährt auf der Flucht mit einem Auto in den Tod. Simon Wells und Joan, die nun wissen, daß sie selbst verseucht sind und nur mehr kurze Zeit zu leben haben, verstecken sich auf der Jacht. Die Bildhauerin Freya, die von allem erfahren hat, erklärt Bernard, daß sie über das Projekt nicht schweigen wird. Bernard erschießt sie.

Joseph Loseys Film, entstanden nach einem utopischen Roman von H. L. Lawrence, erhielt geradezu enthusiastische Kritiken, die diesmal – was wahrlich nicht die Regel ist – sowohl aus den Reihen der organisierten Fans als auch aus denen der ›Outsider‹ kamen: »Trotz aller Mängel«, meinte FILMS AND FILMING, »ist Loseys Film von höchster Klasse.« Und: »Seine Sozialkritik schneidet wie eine Peitsche ins Fleisch, dennoch ist er voller beunruhigend poetischer Bilder ... Dies ist ohne Zweifel der wichtigste britische Film des Jahres.« Der FILMDIENST

befand: »(Die Kinder sind) ... in Loseys Film unschuldige, nichtwissende Opfer erwachsener Willkür. Sie versuchen am entscheidenden Punkt, sich der Programmierung und Repression ... zu entziehen, doch muß das Vorhaben mißlingen: die ›Organisation‹ ist zu stark. Daß sie paramilitärischen Charakter hat, weist auf eine der Zielrichtungen der Kritik des Autors hin: das Militär. Die andere heißt Wissenschaft, die hier als Hure logistischer Planspiele entlarvt wird.« –

Auf dem im Jahr 1964 veranstalteten Science Fiction-Film-Festival in Triest war die Meinung der Science Fiction-Fans jedenfalls einhellig: *Sie sind verdammt* wurde von der Jury zum besten Film des Festivals gewählt.

Ⓑ H. L. Lawrence: *Kinder des Lichts*, München 1962

Sie suchten das Feuer und fanden den Sex
Anderer Titel für **Als die Frauen noch Schwänze hatten**

Signale – Ein Weltraumabenteuer
DDR/Polen 1970.
R Gottfried Kolditz. *B* Claus-Ulrich Wiesner/Gottfried Kolditz. *LV* Carlos Rasch. *K* Otto Hanisch. *M* Karl E. Sasse/Addy Kuth. *D* Piotr Pawlowski (Veikko), Ewgeni Sharikow (Pawel), Gojko Mitić (Terry), Alfred Müller (Konrad), Helmut Schreiber (Gaston), Irena Karel (Juana), Soheir Morshedy (Samira), Jurie Darie (Kommandant), Karin Ugowski (Krystina), Aubrey Pankey (Wissenschaftler), Z. Sawan (Leiter Luna-Nord), Friedrich Richter (Leiter Raumsicherheitszentrale), Marianne Christina Schilling, Berndt Renné, Jean Houinsinou, Fritz Mohr, Fred Ludwig, E. Szykulska. *F* 91 Min.
Im Jahre 2020: In der Nähe des Planeten Jupiter verschwindet ein irdischer Forschungsraumer, nachdem er Funksignale einer fremden Zivilisation aufgefangen hat. Suchexpeditionen kehren erfolglos zurück. Zwei Jahre später verschafft sich

ein Raumkapitän einen Auftrag zur War-
tung von Meßsonden im Asteroidengürtel
– tatsächlich will er jedoch nach den Verschollenen Ausschau halten. Man findet
das verschwundene Schiff schließlich,
aber niemand ist an Bord. Schließlich entdeckt man die Überlebenden in einem anderen Raumsektor – in einem vom Hauptteil des Schiffes abgesprengten Führungs-
modul. – »Der Film beschränkt sich optisch darauf, das Raumfahrermilieu möglichst attraktiv ins Bild zu bringen. Der
Zuschauer kann die komfortable Inneneinrichtung ihrer Fahrzeuge und komplizierte Schalttafeln bewundern, er sieht
Kosmonauten kopfstehen und schwerelos
im All rotieren... Sehr einfallslos sind
dagegen die wenigen auf der Erde spielenden Sequenzen... da wiederholen sich
nur ach zu schöne Bilder von Reitern am
Strand, neckisch in Sand und Wellen tol-
lenden Bikini-Nixen und in den Dünen
mit Fliegenden Untertassen spielenden
Kindern... Über die gesellschaftliche
Ordnung im Jahre 2020 läßt sich der Film
nicht näher aus, doch deutet alles darauf
hin, daß die Erdenbewohner in friedlicher
Eintracht zusammenleben. Jedenfalls finden sich unter den Raumschiffbesatzun-
gen alle Nationalitäten und Hautfarben...
Die Babelsberger Kosmonautenstory
zeichnet sich von vielen SF-Filmen west-
licher Provenienz aus, daß sie eine Perspektive zeigt, in der der Mensch als ver-
antwortungsbewußtes Wesen seinen Platz
behält und nicht durch Computer verdrängt oder von Lebewesen anderer Planeten bedroht wird.« (FRANKFURTER
RUNDSCHAU)
Ⓑ Carlos Rasch: *Asteroidenjäger*, Berlin/
DDR 1961

Simon, der Außerirdische

(SIMON). USA 1979.
R Marshall Brickman. *B* Marshall
Brickman. *K* Adam Holender.
M Stanley Silverman. *D* Alan Arkin
(Simon Mendelssohn), Judy Graubart
(Lisa), Austin Pendleton (Becker),
Madeline Kahn (Cynthia), William

Finley (Fichandler), Wallace Strawn
(Van Dongen), Max Wright
(Hundertwasser), Jayant (Barundi), Fred
Gwynne (Korey). *F* 91 Min.
Fünf Wissenschaftler unterziehen den
spinnerten Privatgelehrten Simon Mendelssohn einer Gehirnwäsche, um ihn
glauben zu machen, ein Außerirdischer zu
sein. Dann schieben sie ihn der Öffentlichkeit unter, um zu testen, wie sie auf
einen Marsmenschen reagiert. Wie zu erwarten schlägt Simon ein wie eine Bombe, seine bescheuerten Ideen machen ihn
zum Messias des amerikanischen Volkes.
Die Regierung sieht in ihm zwar eine Gefahr, doch seine Popularität ist groß.
Schließlich wird er für den Friedensnobel-
preis nominiert.
»Marshall Brickman... Co-Autor von
Woody Allens *Der Schläfer* (1973), *Der
Stadtneurotiker* (1977) und *Manhattan*
(1979), widmet seine erste Regiearbeit
der Frage ›Warum nichts funktioniert –
vom Toaster bis zur Regierung‹. Die Antwort gerät zu einer turbulenten Satire auf
den American Way of Life, mit munteren
Attacken gegen den dummdreisten Glauben an Wissenschaft und Medien.«
(FISCHER FILM ALMANACH).

Sirene 1

(THE RIFT). USA/Spanien 1989.
R J.P. Simpson. *B* David Coleman.
K Yan Marine. *SpE* Carlo de Marchis.
Ma Colin Arthur. *M* Joel Goldsmith.
D Jack Scalia (Wick Hayes), R. Lee
Ermey (Capt.), Deborah Adair (Nina),
Ray Wise, Ely Pouget, John Toles Bey.
F 82 Min.
Das Forschungs-U-Boot *Sirene 1* ist wäh-
rend einer Tauchfahrt im Atlantik ver-
schollen. Zugleich macht sich ein großes
Fischsterben breit. Wick Hayes, der
Bootskonstrukteur, läuft mit der *Sirene 2*
aus, um die Katastrophe zu untersuchen.
Unter der streng militärischen Führung
des Captains lokalisieren sie *Sirene 1*. Im
Umfeld des U-Bootes ist das Meer von
gefährlichen Algen verseucht. Eine Probe
verwandelt sich im Inneren des U-Bootes

in ein Monster. Dann greifen durch die giftige Ladung von *Sirene 1* mutierte Wesen das Forscherteam an. Nur Wick und die Meeresbiologin Nina entkommen mit einer Rettungskapsel der submarinen Brut. –»Ein B-Picture mit reichlichen Anleihen aus dem Science Fiction-Genre der fünfziger und achtziger Jahre. Ekel-Schocks trüben gelegentlich den naiven Filmspaß.« (FILMDIENST)

Six Million Dollar Dog
(THE BIONIC DOG). USA 1977.
R Barry Crane. *B* James D. Parriott.
K J.J. Jones. *M* Robert Prince/Jerry Fielding. *D* Lindsay Wagner (Jamie Summers), Richard Anderson, Martin E. Brooks, Ford Rainey, Taylor Lacher. *F* 89 Min.
Der mit 6 Millionen $ teuren Elektronikteilen aufgemotzte Schäferhund Maximilian, als Welpe bei einem Laborbrand schwer verletzt, zeigt den Bösmännern dieser Welt mit Hilfe seiner neuen Freundin Jamie (dem Sechs-Millionen-Dollar-Girl), was 'ne Harke ist und rettet sie u.a. vor einem Waldbrand. – Nachzieher der Fernsehserien »Six Million Dollar Man« und »Six Million Dollar Girl«. – »Die Darsteller agieren gelangweilt oder übertrieben aufgedreht, und man merkt, daß der Film auf die nächste Werbeeinblendung hin entwickelt ist ... Eine läppische, langweilige Unterhaltung.« (Hans Messias, FILMDIENST).
Ⓥ CIC

Der Sklave der Amazonen
(SLAVE GIRLS). GB 1966.
R Michale Carreras. *B* Henry Younger.
K Michael Reed. *M* Carlo Martelli.
D Martine Beswick (Kari), Edina Ronay (Saria), Michael Latimer (David Marchant), Stephanie Randall (Amyak), Carol White (Gido), Alexandra Stevenson (Luri), Sydney Bromley (Ullo), Frank Hayden (Arja), Bari Johnson (Hohepriester), Danny Daniels (Jakara), Robert Raglan (Col. Hammond). *F* 91 Min.

Bei der Verfolgung einer angeschossenen Großkatze im afrikanischen Dschungel gerät der englische Jäger David Marchant in die Gewalt eines mysteriösen Eingeborenenstammes. Als man ihn vor einen Götzen zerrt, wird er von einem Blitzstrahl getroffen, der ihn in eine prähistorische Epoche zurückschleudert. Hier gerät er mit einem Stamm weißer Amazonen aneinander, die ihre Männer in unterirdischen Verliesen darben lassen und sich weibliche Sklaven halten. Die Amazonenkönigin Kari entdeckt, daß David der Sklavin Saria Gefühle entgegenbringt, die die geknechteten Frauen und die gefangenen Männer befreien will. Unter Davids Führung kommt es zu einem Aufstand, aber im Augenblick der Entscheidung schlägt der rätselhafte Blitz wieder zu und trägt den Jäger in die Gegenwart zurück. – Nett: die Bikini-Amazonen im afrikanischen Busch. Weniger nett: die schauspielerische Leistung der Akteure und die fürchterlich an den Haaren herbeigezogene ›Ausgangssituation‹ dieser Zeitreisegeschichte.

Sky Invasion
Anderer Titel für **Die unheimlichen Zwei**

Slapstick
(SLAPSTICK). USA 1982.
R Steven Paul. *B* Kurt Vonnegut.
LV Kurt Vonnegut. *K* Tony Richmond.
M Michel Legrand. *D* Jerry Lewis (Wilbur/Caleb Swain), Madeline Kahn (Eliza/Letitia Swain), Marty Feldman (Sylvester), John Abbott (Dr. Frankenstein), Jim Backus (US-Präsident), Samuel Fuller (Col. Sharp), Pat Morita (Ah Fong), Merv Griffen, Ben Frank, Cherie Harris, Robert Hackman, Eugene Choy, Ken Johnson, Peter Kwong, Richard Lee-Shung, Steve Aaron. *F* 92 Min.
Dem steinreichen amerikanischen Ehepaar Swain wird ein Zwillingspärchen geboren, das es in sich hat: Obwohl Wilbur und Eliza äußerlich einen ziemlich zurückgebliebenen Eindruck machen, theo-

Michael Latimer als *Sklave der Amazonen:* Oh, grauenvolles Schicksal

retisieren sie schon als Babys im Laufstall über Einsteins Theorien oder unterhalten sich munter auf Altgriechisch miteinander. Als sie 210 Zentimeter groß geworden sind und immer noch im Laufstall sitzen, führt man ihr Genie der Öffentlichkeit vor – aber mit peinlichem Resultat: Die beiden brabbeln nur unverständliches Zeug vor sich hin und tun so, als hätten sie nicht alle Pfannen auf dem Dach. Sie haben nämlich keine Lust, die Probleme der Menschheit zu lösen – was sie könnten, wenn sie wollten. Erst die Chinesen, die sich alle auf fünf Zentimeter verkleinert haben, um für ihr Volk Lebensraum zu schaffen, kommen auf den Trichter, daß die beiden nur dann geistig etwas bringen, wenn sie zusammen sind: Allein sind Wilbur und Eliza tatsächlich sabbernde Idioten. In winzigen UFOs kommen sie in die USA geflogen, um die beiden Geistesriesen in ihr Land zu holen. –

»Ein Sammelsurium überzogener Gags, die alle Versuche, eine sinnvolle Dramaturgie zu entwickeln, verhindern und auch vom Timing her nicht überzeugen. Was Regisseur Paul und Autor Kurt Vonnegut vorgeschwebt haben mag, ist eine jener ungebremst exzessiven Farcen, wie sie im Hollywood-Kino der späten sechziger Jahre üblich waren, aber auch damals schon in die Hose gingen.« (GUCKLOCH)
Ⓥ Marketing
Ⓑ Kurt Vonnegut: *Slapstick oder Nie wieder einsam*, München 1977

Slipstream
(SLIPSTREAM). GB 1989.
R Steven Lisberger. *B* Tony Kayden. *K* Frank Tidy. *SpE* Brian Johnson. *M* Elmer Bernstein. *D* Mark Hamill (Tasker), Bob Peck (Byron), Bill Paxton (Matt), Kitty Aldridge (Belitski), Eleanor David (Ariel), Ben Kingsley

(Avatar), F. Murray Abraham (Cornelius), Robbie Coltrane (Montclaire), Rosham Suth, Richard Huggett, Rita Wolf.
F 100 Min.
Durch Eingriffe in die Ökologie hat der Mensch Umweltkatastrophen heraufbeschworen und sich selbst ausgelöscht. Wenige Menschen, die seitdem in kleinen Horden zusammenleben, bewegen sich in Gleitern durch den sogenannten Slipstream fort. In den kahlen Schluchten Schottlands stellt der Polizist Taskar mit seiner Gehilfin Belitski den unschuldigen Mörder Byron, einen Androiden, der den Fehler gemacht hat, zu denken. Auf einem Landeplatz entführt der Underdog Owens Byron, um mit dem auf ihn ausgesetzten Kopfgeld ein neues Leben anzufangen. Von Tasker und Belitski verfolgt, fliegen sie verschiedene Stationen an. Byron erweist sich immer wieder als ›guter‹ Mensch, so daß man sich anfreundet. An einer Station treffen sie eine Frau, die sie in ein geheimes unterirdisches Verlies bringt. Dort fristet eine dekadente, doch harmlose Gesellschaft ihr Dasein. Byron kann als einziger ihr Kühlsystem reparieren. Nach einer Party im Stil der dreißiger Jahre schläft Byron ein und träumt. Tasker dringt in das Verlies ein. Nach einem Gefecht will er mit seinem Gleiter fliehen. Byron verfolgt ihn. Im steuerunfähigen Gleiter kommt es zum Kampf. Tasker unterliegt Byron, der Tasker zu retten versucht. Der Gleiter zerschellt an einer Bergwand. Byron überlebt den Absturz. Er will den Ort aufsuchen, von dem er geträumt hat. Owens und Belitski planen eine Zukunft als Ballonbauer. – *Slipstream* vereinigt zwar einen Trupp renommierter Filmleute, aber die 15 Millionen Dollar teure Produktion ist wirr und bleibt deswegen reichlich langweilig. Die tollen Landschaftsaufnahmen machen die Apokalypse beinahe schon schmackhaft. Pseudo-poetische Sprüche oder das Heilen Blinder per Hand lassen sich kaum in Worte fassen. – Nur auf Video.
Ⓥ VCL

Slithis
(SLITHIS). USA 1978.
R Stephen Traxler. *B* Stephen Traxler. *K* N. N. *M* Steve Zuckerman. *D* Win Condict, Hy Pyke, Alan Blanchard, Judy Matulsky, Dennis Lee Falt, Mello Alexandria, Don Cummins. *F* 86 Min.
Ein aus radioaktivem Matsch entstandenes Lebewesen, das wie eine Kreuzung aus Schrumpelechse und Schrumpelmensch aussieht, verbreitet Schrecken in dem Städtchen Venice. – Eine Billigproduktion im Stil der Monster-Filme der fünfziger Jahre. Absolut übersehenswert. In der BRD nur auf Video.
Ⓥ Arcade

Smog
(TV-ARD). BRD 1973.
R Wolfgang Petersen. *B* Wolfgang Menge. *K* Jörg Michael Baldenius. *M* Nils Sustrate. *D* Wolfgang Grönebaum (Franz Rykalla), Marie-Luise Marjan (Elvira Rykalla), Heinz Schacht (Opa Rykalla), Hans Schulze (Herr Grobeck), Doris Gallart (Frau Grobeck), Rolf Jürgen Bartsch, Wilfried Szubries, Konrad Horschik, Alf Pankarter; C. W. Koch, Hajo Jahn (Moderatoren); H. W. Conen, Gisela Marx, Werner Sonne, Kurt Gehrhard (Reporter). *F* 100 Min.
Fiktives Dokumentarspiel, dessen Inhalt heute schon von der Wirklichkeit eingeholt ist. Smog setzt sich zusammen aus den Emissionen von Tausenden von Industrieanlagen und privaten Schornsteinen, von Abertausenden Kraftfahrzeugen – und der Weigerung der Natur, diesen Dreck gleichmäßig in der Atmosphäre zu verteilen. Smog tritt dann ein, wenn bei der sogenannten Inversionswetterlage (Kaltluft in Bodennähe, Warmluft darüber) der Wind ausbleibt. Der fürs Fernsehen produzierte Film *Smog* spielt den ›Plan zur Verhinderung smogähnlicher Erscheinungen bei austauscharmen Wetterlagen‹ durch. Im Reportagestil mit Spielszenen simuliert er den Ernstfall. – *Smog* ist sicher eine der besten Produktio-

nen der deutschen Fernsehgeschichte. Der Film wurde mit Auszeichnungen überhäuft, darunter auch der Goldene Preis der Prix Futura 1975, ein Fernsehpreis, der in der Regel für besondere Leistungen vergeben wird, die mögliche Auswirkungen aktueller sozial- und umweltpolitischer Mißstände aufzeigen. Bereits Monate bevor der Film über die Bildschirme flimmerte (15.4.1973), hagelte es Reaktionen und Proteste: Während im Ruhrgebiet die Industrie- und Handelskammern gegen den angeblich ›abenteuerlichen Mißgriff‹ protestierten und Hans Katzor, der Essener OB, von einem »reißerisch aufgemachten SF-Film« sprach, forderten drei CDU-Abgeordnete im Düsseldorfer Landtag in der ›Kleinen Anfrage 912‹ Maßnahmen gegen diesen »schweren Rückschlag... für die Aktivierung des Ruhrreviers«. Während WDR-Intendant Klaus von Bismarck und WDR-Programmdirektor Werner Höfer das Telespiel auf etwaige antikapitalistische Töne abklopften und zu dem Ergebnis kamen, *Smog* stelle keine Gefahr für die Industrie dar, teilte der RHEINISCHE MERKUR mit, der Film sei sozusagen unter Aufsicht von Industrie- und Staatsbeauftragten hergestellt worden.»Für Wolfgang Menge jedenfalls war *Smog* ein Erfolg. Praktisch die ganze Presse berichtete darüber... und wie beim *Millionenspiel* nahmen einige Zuschauer den Film für bare Münze und reagierten alarmiert.« (SCIENCE FICTION TIMES)

Solarbabies
Anderer Titel für **Solarfighters**

Solarfighters
(SOLAR WARRIORS). USA 1985.
R Alan Johnson. *B* Walon Green/ Douglas Anthony Metrov. *K* Peter McDonald. *SpE* Richard Edlund.
M Maurice Jarre. *D* Richard Jordan (Grock), Jamie Gertz (Terra), Jason Patrick (Jason), Lucas Haas (Daniel), James Le Gross (Matron), Claude Brooks (Rabbit), Peter De Luise (Tug),

Adrian Pasdar (Darstat), Charles Durning (Direktor). *F* 94 Min.
Nach dem Atomkrieg ist die Erde eine öde Wüste voller Autowracks. Das Protektorat wacht über die Hinterbliebenen und rationiert das knappe Wasser. Rollschuhfahrende Kinder, die sich ›Solarbabies‹ nennen, finden die Zauberkugel Bohdi, die zum Dreh- und Angelpunkt der Geschichte wird: Der böse Imperator Grock will Bodhi, um den letzten Hoffnungsfunken der Unterdrückten zu vernichten. Er hetzt seine Söldner hinter den Kindern her. Auf verschiedenen Umwegen, wobei auch Beduinen (Indianer?) ihr Können zeigen, kommt es zum Showdown. Staumauern bersten, Wasser strömt in Hülle und Fülle. Eine Legende hat sich erfüllt. Bodhi hat Gutes getan und verschwindet im All. Die Solarbabies tauschen ihre Rollschuhe gegen Badehosen sein. – »Ein pseudo-mystischer SF-Fantasy-Cocktail, krude zusammengemixt aus *Dune-, Mad Max-* und *Rollerball*-Versatzstücken. Man darf kaum glauben, daß das dürftige Drehbuch von Walon Green *(Die Hellstrom-Chronik)* und die dürftigen Tricks von Richard Edlund *(Star Wars*-Trilogie) stammen.« (KÖLNER STADT-ANZEIGER).
Ⓥ MGM/UA

Solaris
(SOLARIS). UdSSR 1972.
R Andrej Tarkowskij. *B* Andrej Tarkowskij/Friedrich Gorenschtejn.
LV Stanislaw Lem. *K* Vadim Jusow.
SpE A. Klimenko/ W. Sewostjanow.
M Eduard Artemew. *D* Donatas Banionis (Kris Kelvin), Natalja Bondartschuk (Hari), Jurij Jarvet (Snauth), Anatolij Solinicin (Sartorius), Vladislav Dvoreckij (Burton), Nikolaj Grinko (Vater), Sos Sarkisjan (Gibaryan). *F* 170 Min.
Der Psychologe Kris Kelvin erhält den Auftrag, in einer Raumstation, die den Planeten Solaris umkreist, nach dem Rechten zu sehen, denn von den ursprünglich 85 Besatzungsmitgliedern des Projekts sind nur noch drei am Leben: Ein

Donatas Banionis in *Solaris* von Andrej Tarkowskij

zur Erde zurückgekehrter Wissenschaftler berichtet vor einem Gremium, daß seine Kollegen von schrecklichen Visionen heimgesucht wurden. Als Kelvin seinen Raumer an der Station andockt, wird er von dem Kybernetiker Snauth und dem Biologen Sartorius empfangen. Beide Männer verhalten sich äußerst sonderbar – es hat den Anschein, als seien sie nicht mehr Herr ihrer Sinne. Der dritte Mann hat inzwischen Selbstmord begangen. Kelvin überläßt die beiden Wissenschaftler sich selbst. Er untersucht die Station und beobachtet den tief unter ihr sich dahindrehenden Planeten, der von einem riesigen Ozean bedeckt wird. Er stellt fest, daß er mit den beiden verrückten Wissenschaftlern nicht allein an Bord ist. Seltsame Besucher kreuzen seinen Weg: Er begegnet plötzlich seiner Frau Hari,

die vor zehn Jahren Selbstmord begangen hat. Kelvin erkennt, daß Hari eine Illusion darstellt, ebenso wie die anderen Besucher. Eine fremde Macht ist im Spiel, die auf diese Weise mit ihm und den anderen Menschen Kontakt aufnehmen will. Als Hari, die von ihrem Tod nichts weiß, erfährt, daß sie nicht ›wirklich‹, sondern eine Halluzination ist, tötet sie sich ein zweites Mal – und kehrt erneut zurück. Kelvin gewöhnt sich an sie, er diskutiert mit Snauth und Sartorius über Liebe und Moral, ohne zu einem endgültigen Ergebnis zu kommen. Klar wird ihm lediglich, daß eine auf gegenseitigem Verständnis basierende Kontaktaufnahme mit der geheimnisvollen Macht, die den Wasserplaneten Solaris beherrscht, unmöglich ist. Kelvin sieht ein, daß es außerhalb der Raumstation für ihn keine Zukunft mehr gibt, denn wenn er geht, verliert er auch Hari wieder. Er hat einen Nervenzusammenbruch. Als er später ein von Sartorius entwickeltes Verfahren anwendet, um die unbekannte Macht durch eine Art ›gefunkter‹ Beichte zu besänftigen, löst Hari sich auf. Der Wasserplanet verändert seine Struktur und bildet winzige Inseln. Kelvin verläßt die Raumstation nicht mehr. Wie Snauth und Sartorius bleibt er auf ihr zurück, seinen alten Erinnerungen verfallen. – »Tarkowski... gelangen in *Solaris* ungewöhnliche Bilder und Aussagen. Obwohl eine Raumstation fernab der Erde Hauptschauplatz des Geschehens ist, steht dennoch das Irdische im Mittelpunkt. Die Raumfahrt, als von der SF üblicherweise propagierte Lösung vieler, wenn nicht gar aller Probleme, entpuppt sich im besten Falle als sinnlose Flucht. Alle Ängste, Probleme und Erinnerungen nimmt der Mensch stets mit sich. Er kann sie nicht abschütteln, sondern nur durch eine intensive und oftmals sicherlich auch qualvolle Auseinandersetzung (mit sich selbst; Anm. d. Verf.) bewältigen.« (Christian Hellmann, DER SCIENCE FICTION-FILM) – »Wie *2001* ist auch Tarkowskis Film ein Versuch über die Grenzen der menschlichen Kultur.« (Georg Seeßlen, DER UTOPISCHE FILM) Ⓑ Stanislaw Lem: *Solaris*, Hamburg/ Düsseldorf 1972

Die Solo-Kampfmaschine
(WHEELS OF FIRE). USA 1985. *R* Cirio H. Santiago. *B* Frederick Bailey. *K* Richard Remias. *M* Christopher Young. *D* Gary Watkins (Trace), Linda Wiesmeier (Arlie), Laura Banks (Stinger), Linda Grosvenor (Spike), Joseph Anderson (Scourge), Joe Zucchero (Whiz). *F* 78 Min.
Im Jahr X (oder so) terrorisiert Scourge mit einer wilden Horde die Neue Welt. Waffen, Wasser und Benzin gibt's in Saus und Braus. Als Scourge die Schwester des Überlebenskünstlers Trace tötet, sieht dieser rot. Er rottet sich mit ein paar besonders tüchtigen Schlägern zusammen

und zieht mit johlendem Gebrüll, dem typischen Kennzeichen für Cirio H. Santiagos Analphabeten-Handschrift, gegen Scourges Festung. Da kippt schon mal ein Turm um, und Frauen werden auch getötet. – »Primitiver Actionfilm vor einer Endzeitkulisse, der spekulative Gewalt- und Sexualdarstellungen aneinanderreiht.« (LEXIKON DES INTERNATIONALEN FILMS). – Nur auf Video.
Ⓥ VPS

Sonicman
(SUPERSONICMAN). Spanien 1979. *R* J. P. Simon (= Juan Piquer) *B* Juan Piquer/Sebastian Moi. *K* Juan Mariné. *SpE* Emilio Ruiz/Francisco Prosper. *M* Juan L. Izaguirre/Carlos Attias/Gino Peguri. *D* Michael Coby (Supersonicman), Cameron Mitchell (Dr. Gulik), Richard Yesteran (Prof. Borgen), Diana Polakov (dessen Tochter), Frank Brana, José Maria Caffarel, Xavier de Campos. *F* 88 Min.
Ein absonderlicher Herrenmensch namens Dr. Gulik will mit allerlei piepsender Elektronik und seinen Robotern die Weltherrschaft antreten. Dazu benötigt er die Hilfe des genialen Wissenschaftlers Professor Borgen. Er läßt ihn kidnappen und stiehlt massenhaft Plutonium. Da seine Untaten jedoch die Weisen des Weltalls allzu sehr ergrimmen, schicken diese den maskierten Superhelden Sonicman auf die Erde, damit er den Saustall ausmistet. – Quatsch mit Soße.
Ⓥ Atlas

The Son of Kong
(THE SON OF KONG). USA 1933. *R* Ernest B. Schoedsack. *B* Ruth Rose. *K* Edwin G. Linden/ J. O. Taylor. *SpE* Willis O'Brien. *M* Max Steiner. *D* Robert Armstrong (Carl Denham), Helen Mack (Hilda Peterson), Frank Reicher (Capt. Englehorn), John Marston (Helstrom), Voctor Wong (Koch), Noble Johnson (Häuptling), Lee Kohlmar (Mickey), Ed Brady (Red), Clarence Wilson (Peterson), Katharine

Ward (Mrs. Hudson), Gertrude Sutton (Zofe), Steve Clemento (Hexenkönig), Gertrude Short (Journalistin), James L. Leong (Händler), Frank O'Connor. 71 Min.

Vorgeschichte: siehe *King Kong und die weiße Frau*. – Da man den Filmregisseur Carl Denham für die massiven Schäden, die King Kong während seiner Flucht durch New York erzeugt hat, finanziell verantwortlich machen will, setzt er sich mit einem Schiff ab, lernt eine Tänzerin kennen, übersteht eine Meuterei auf hoher See und landet per Ruderboot wieder auf Skull Island. Er bewahrt Kongs Sohnemann, ein äußerst friedfertiges Drei-Meter-Äffchen, vor dem Tod im Treibsand, läuft allerlei vorsintflutlichen Bestien über den Weg und findet einen Schatz. Als eine Flutwelle die Insel überspült, rettet Kong jr. ihn vor dem Ertrinken. – Mit weniger finanziellem Aufwand inszenierte Fortsetzung zum Klassiker *King Kong und die weiße Frau*, die in der BRD niemals in die Kinos und dem ersten Teil nicht sonderlich nahe kam. – »Die guten Spezialeffekte von Willis O'Brien können die Tatsache nicht verschleiern, daß der Film in aller Eile entstand, um finanziell vom Kassenerfolg *King Kongs* zu profitieren.« (Peter Nicholls, THE ENCYCLOPEDIA OF SCIENCE FICTION) – In Originalfassung.
Ⓥ Import

Sons of Steel
(SONS OF STEEL). Australien 1988.
R Gary Keady. *B* Gary Keady.
K Joseph Pickering. *M* Gary Keady.
D Rob Hartley (Black Alice), Roz Wason (Hope), Jeff Duff (Secta), Dasha Blahova (Honor), Ralph Cotterill (Karzoff), Elizabeth Richmond (Djard).
F 92 Min.
Regierungstruppen eines zukünftigen Australien sehen in der Friedfertigkeit der Menschen eine Gefahr. Der freundliche Musiker Black Alice gerät, von den Truppen bedroht, in ein Zeitloch, das ihn in die Vergangenheit schleudert. Noch ist Syd-

ney der atomaren Katastrophe nicht erlegen. Unterlegt von Heavy Metal-Sound muß Black Alice die Welt in skurrilen Umgebungen vor ihrem Schicksal bewahren. – »Die Bilder laufen zeitweise wie ein Videoclip oder Kifferfilm... *Sons of Steel* reduziert in respektloser und konsequenter Nichtbeachtung der Filmdramaturgie die Handlung auf einen Kaugummi, ab und zu von kerniger Tankwart-Musik unterbrochen. In Australien ist offenbar noch möglich, was in Hollywood undenkbar wäre: *Sons of Steel* zeichnet eine Karikatur seiner selbst. Die Botschaft ist die Bedeutungslosigkeit, das Geschehen nur ein Vorwand für ein Spiel mit dem Zelluloid.« (Sven Berndt, SPLATTING IMAGES). – Nur auf Video.
Ⓥ VPS

SOS Raumschiff
(THE INVISIBLE BOY). USA 1957.
R Herman Hoffman. *B* Cyril Hume.
K Harold Wellman. *SpE* Jack Rabin/ Irving Block/Louis DeWitt. *M* Les Baxter. *D* Richard Eyer (Timmy Merrinoe), Philip Abbot (Dr. Merrinoe), Diane Brewster (Mary Merrinoe), Harold J. Stone (Gen. Swayne), Robert H. Harris (Prof. Allerton), Dennis McCarthy (Col. Macklin), Alexander Lockwood (Arthur Kelvaney), John O'Malley (Dr. Baine), Gage Clark(Dr. Bannerman), Than Wyenn (Dr. Zeller), Jefferson D. Searles (Dr. Foster), Alfred Linder (Martin) Ralph Votrian, Michael Miller (Sergeanten). 90 Min.
Der amerikanische Mathematiker Merrinoe arbeitet in der Weltraumforschung und hat ein gewaltiges Elektronengehirn konstruiert, das ohne sein Wissen finstere Welteroberungspläne verfolgt: Als Merrinoes Söhnchen Timmy, mit dessen Rechenkünsten es etwas hapert, von der Maschine in einem Schnellverfahren auf den mathematischen Stand der Zeit gebracht wird, gerät er unter den Einfluß des Gehirns. Dieses bringt ihn dazu, einen Roboter fertigzubauen, den Merrinoe und seine Kollegen aus reinem Spaß an der

»Bei dir ist doch 'ne Schraube locker!«: Robby und Richard Eyer in *SOS Raumschiff*

Freud gebastelt haben. Timmy, der glaubt, der Roboter stünde unter seiner Kontrolle – in Wirklichkeit wird er von der Denkmaschine gesteuert –, wird von seinem neuen Gefährten ›durch eine Veränderung des Lichtkoeffizienten‹ unsichtbar gemacht, denn er will unbedingt mit der ersten Rakete zum Mond fliegen. Merrinoe erhält ein Ultimatum der Denkmaschine: Sorgt er nicht dafür, daß sie von dem sie speisenden Kernreaktor unabhängig wird und ihren Standort verlassen kann, soll Timmy getötet werden. Man versucht das Problem mit wissenschaftlichen Mitteln anzugehen, aber die Denkmaschine weiß sich zu schützen: Diverse wichtige Personen des Versuchsgeländes werden von ihr mittels implantier-

ter Mikrotransistoren geistig versklavt. Merrinoe steht allein. Als der Roboter den unsichtbaren Timmy an Bord der Rakete bringt, kann er nichts dagegen tun. Die Denkmaschine warnt ihn: Die Rakete hat Strontiumbomben geladen und kann die ganze Erde vernichten. Als Merrinoes Frist abläuft, gibt die Denkmaschine den Befehl, Timmy zu töten. Der Roboter freilich weigert sich, denn er ist mit einer Sicherheitsschaltung versehen, die es ihm verbietet, einem vernunftbegabten Lebewesen körperlichen Schaden zuzufügen. Timmy und sein maschineller Entführer kehren wohlbehalten zurück. Dr. Merrinoe vernichtet die von ihm gebaute Denkmaschine, um weiteres Unheil zu vermeiden. – Das einzige, was dem Kritiker des schottischen SF-Magazins NEBULA zu diesem Film einfiel, war der Satz: »Es sollte ein Gesetz gegen Pupillenvergewaltigung geben.«

SOS SOS SOS Bermuda-Dreieck
(IL TRIANGOLO DELLE BERMUDE/ET TRIANGULO DIABOLICO DE LAS BERMUDAS). Italien/Mexiko 1978. *R* René Cardona jr. *B* René Cardona/ Carlos Valdemar. *K* Leon Sanchez. *M* Stelvio Cipriani. *D* John Huston, Marina Vlady, Claudine Auger, Gloria Guida, Hugo Stiglitz, Carlos East. *F* 109 Min.
Ein wohlhabender Meeresforscher beschließt, dem Geheimnis des Bermuda-Dreiecks ein für allemal auf den Grund zu gehen, doch als er sich samt Jacht und Familie in die gefährliche Zone begibt, findet er nichts außer einer treibenden Puppe, die (was nur der Zuschauer weiß) schon 1860 verschwunden ist. Dafür passieren rätselhafte Dinge: Die Instrumente und Maschinen spielen verrückt, die Geographie verändert sich, der Maschinist murmelt mysteriöse Sprüche, des Forschers Töchterlein entwickelt seherische Fähigkeiten. Die Mannschaft der Jacht reduziert sich immer mehr, und als unser Held schließlich um Hilfe funken will, erfährt er, daß er schon seit zwölf Jahren tot sein muß. – Oh, Frust! Aber das Ding hat durchaus seine *spannenden* und *unheimlichen* Seiten. Ⓥ Arcade

Space Camp
(SPACE CAMP). USA 1985. *R* Harry Winer. *B* W.W. Wicket/Casey T. Mitchell. *K* William A. Fraker. *SpE* Barry Nolan. *M* John Williams. *D* Kate Capshaw (Andie Bergstrom), Lea Thompson (Kathryn Fairley), Tate Donovan (Kevin Donaldson), Tish Ambrose (Kelly Preston), Larry B. Scott (Rudy Tyler), Leaf Phoenix (Max), Tom Skerritt (Zack Bergstrom), Barry Primus (Brennan), Terry O'Quinn (Startleiter), Mitchell Anderson (Banning). *F* 107 Min.

Im Space Camp sollen Jugendliche in einem vierwöchigen Kursus alles über die Raumfahrt lernen. Höhepunkt ist ein simulierter Start in einem Space Shuttle. Die Kinder sind alle völlig normal: A hat einen Super-IQ, B ein eidetisches Gedächtnis etc. Sie haben auch alle ganz normale Berufswünsche: C will Raumpilotin werden, D will ein ›Space-Restaurant‹ aufmachen, E will ›Space-Fighter‹ werden. Dann haben wir noch den komischen, 75-Millionen-Dollar-Roboter. Während des simulierten Shuttle-Starts überhitzt eine Rakete und droht zu explodieren. Das Kontrollpersonal muß das Ding – in echt – in Richtung Weltraum schicken. Mit einem Minimum an Sauerstoff müssen die Kinder und ihre Lehrerin Andie zeigen, was sie draufhaben. Aber weil sie alle helle sind, bringen sie das Shuttle heil zurück. – »*Space Camp* ist ein handwerklich außerordentlich gut gemachter SF-Film. Die Szenen im All sind von dokumentarischen Aufnahmen kaum zu unterscheiden. Daß die 17-Millionen-Dollar-Produktion beim amerikanischen Publikum nicht so gut ankam... liegt wohl vor allem an der schwerfälligen ersten Hälfte. Hat man die überstanden, wird es dann doch noch spannend.« (CINEMA). – »Aufwendiger Abenteuer- und Unterhaltungsfilm für Teenager, fern jeder Glaubwürdigkeit und auf dem Hintergrund der realen Raumfahrt und ihrer Katastrophen (Challenger-Unglück) von grotesker bis dummer Naivität.« (ZOOM). Ⓥ CSB/Fox

Space Detective
(ALIEN PRIVATE EYE). USA 1987. *R* Vic Rubenfeld. *B* Vic Rubenfeld. *K* Jurg Walther. *M* N.N. *D* Nikki Fastinetti (Lemro), Cliff Adudell (Kilgore), Brenda Winston (René), Robert Axelrod (Scunge), Lee Anne Lee (Electra). *F* 87 Min.
Ein Science Fiction-Krimi, der nichts Neues bringt, außer einem flippigen außerirdischen Detektiv wie Mr. Spock. – Nur auf Video. Ⓥ Virgin

Space Firebird

(HI NO TORI 2772 AI NO KOSUMOSU ZONU). Japan 1980.
R Taku Sugiyama. *B* Taku Sugiyama/ Osamu Tezuka. *M* Yasuo Higuchi. *F* 100 Min. (Zeichentrickfilm).
»Die Erde hat kaum noch Energiereserven. Da bekommt der junge Godo eine Spezialausbildung als Raumschiffpilot. Seine Aufgabe: Den rettenden und zugleich gefährlichen ›Firebird‹ für die Menschheit zu gewinnen. Kann Godo die Erde retten?« (Verleihtext) – In der BRD nur auf Video.
Ⓥ All

Spaceballs – Mel Brooks' verrückte Raumfahrt

(SPACEBALLS). USA 1987.
R Mel Brooks. *B* Mel Brooks/Thomas Meehan/Ronny Graham. *K* Nick McLean. *SpE* Peter Donen/Peter Albiez/ Clint Clover. *M* John Morris. *D* Mel Brooks (Präsident Skroob/Yoghurt), Bill Pullman (Lone Starr), John Candy (Waldi), Rick Moranis (Lord Helmchen), Daphne Zuniga (Prinzessin Vespa), Dick Van Patten (König Roland), George Wyner (Col. Sandfurz), Lorene Yarnell (Dottie), Michael Winslow (Radartechniker), Sal Viscuso, Ronny Graham, John Hurt. *F* 96 Min.
Die Erdlinge haben dank der Unpolitik ihres dämlichen Präsidenten Skroob den gesamten Luftvorrat ihres Planeten verloren. Skroob ordnet an, neue Luft vom friedlichen Planeten Druidia zu besorgen. Mit dem Raumer *Spaceballs* wollen er, sein Unterling Lord Helmchen und dessen rechte Hand, Colonel Sandfurz, Prinzessin Vespa, die Tochter des druidischen Königs, als Druckmittel entführen. Vespa soll gegen ihren Willen mit Prinz Valium vermählt werden. Um dem gähnenden Langweiler zu entgehen, büxt sie mit ihrer Zofe Dottie aus, gerät aber in Helmchens Fänge, der in seiner Kabine auch schon Strategieübungen abhält, bei denen kein Auge trocken bleibt. Nur der Welt-raumtramp Lone Starr und sein treuer Freund, der Möter Waldi (halb *Mensch,* halb *Köter)* können Vespa und Dottie retten. Das Quartett landet auf einem Wüstenplaneten, wo sie von einer Zwergenschar zum Großen Yoghurt gebracht werden. Yoghurt ist sehr klug, aber auch sehr profitgierig – da er weiß, daß man mit Merchandising jede Menge Kohle machen kann, bietet er in seinem Tempel Spielfiguren, Handtücher oder Becher zum Film zum Verkauf feil. Mittels eines holografischen Tricks kann Helmchen Vespa kidnappen. König Roland von Druidia wird gezwungen, den Geheimcode für den Schutzschild seines Planeten rauszurücken. Die *Spaceballs* verwandelt sich in die Freiheitsstatue und saugt Druidia die Luft ab. Als das Ende des Planeten nahe ist, startet Lone Starr seine Rettungsaktion: Er fördert die Luft zurück und sprengt die Spaceballs. Skroob, Helmchen und Sandfurz landen mit dem Kopf der Freiheitsstatue auf dem Planeten der Affen. Lone Starr rettet sich mit Vespa vor dem Traualtar. – Der Humor dieses Films ist nur dem zugänglich, der sich in Steven Spielbergs *Krieg der Sterne*-Universum und vielen anderen typischen SF-Klischees auskennt, deswegen haben die meisten cineastischen Bilderbrabbler zu diesem toffen Heuler auch keinen Zugang gefunden. Wenn z. B. John Hurt in einer Raststätte auftaucht und genau das macht, was von ihm erwartet wird – nämlich sich auf den Rücken zu werfen und Ridley Scotts *Alien* aus seiner Bauchdecke hervorspringen zu lassen – ist dies schon saukomisch. Ⓥ MGM/UA

Spacehunter – Jäger im All

(SPACEHUNTER: ADVENTURES IN THE FORBIDDEN ZONE). USA 1983.
R Lamont Johnson. *B* Edith Rey/David Preston/Dan Goldberg/Len Blum. *St* Stewart Harding/Jean Lafleur. *K* Frank Tidy. *SpE* Dale Martin. *M* Elmer Bernstein. *D* Peter Strauss (Wolff), Molly Ringwald (Niki), Ernie Hudson (Washington), Andrea

Spacehunter – Jäger im All von Lamont Johnson

Marcovicci (Chalmers), Michael Ironside (Overdog McNabb), Beeson Carroll (Oma Patterson), Hrant Alianak (Chemiker), Deborah Pratt (Meagan), Aleisa Shirley (Reena), Cali Timmins (Nova), Paul Boretski (Jarrett), Patrick Rowe (Duster), Reggie Bennett (Barracuda-Chef). *F* 90 Min.

Ein Weltraum-Tramp und eine vorlaute Punk-Göre müssen sich auf dem Schrottplaneten Terra 11 bei ihrem Versuch, drei notgelandete Mädchen zu finden, mit allerlei Mutantengewürm und einem machthungrigen Ex-Erd-Wissenschaftler mit dem schönen Namen ›Overdog‹ herumschlagen. – Ein ziemliches Dumm-Dumm-Geschoß, dessen Produktionsgeschichte einen eigenen Film wert wäre. – »Weder Science Fiction noch futuristischer Abenteuerfilm noch Weltraum-Western sind passende Bezeichnungen für diesen Mischmasch, der Weltraum-Atmosphäre allein dadurch heraufbeschwört, daß vor alles und jedes ein ›Space‹ gesetzt wird.« (FILMDIENST). –

»Nicht einmal 3D verleiht dem Film eine tiefere Dimension.« (FISCHER FILM ALMANACH)
Ⓥ RCA/Columbia

Space Invaders
(KILLER KLOWNS FROM OUTER SPACE). USA 1987.
R Stephen Chiodo. *B* Charles Chiodo/ Stephen Chiodo. *K* Alfred Taylor. *SpE* Fantasy 2. *M* John Massari.
D Grant Kramer (Mike), Suzanne Snyder (Debbie), John Allen Nelson (Dave Hanson), Royal Dano (Green), Peter Licassi (Paul), John Vernon (Mooney), Michael Siegel (Rich). *F* (88) 82 Min.

In einer Sommernacht schlägt im Provinznest Crescent Cove ein Komet (oder so was) ein. Jugendliche entdecken bei der näheren Untersuchung ein Zirkuszelt, das zur Tarnung eines gelandeten Raumschiffes dient. Die Mannschaft tritt auf: Eine Horde von Zwei-Meter-Clowns und Freunde von derbem Humor noch dazu. Sie machen Späßchen, die schnell in bru-

talen Ernst umschlagen – etwa indem sie Polizeichef Mooney als Bauchredner-Puppe mißbrauchen. Mit ›Laser-Pistolen‹ spinnen sie ihre Opfer in Zuckerwatte ein und bringen sie zum späteren Verzehr ins Raumschiff. In einem Freizeitpark kommt es zwischen den Schülern Mike und Debbie, dem Polizisten Dave und den Clowns zum Showdown. – Lon Chaneys Bemerkung, nichts sei grauenvoller als ein Clown im Mondlicht, findet hier Bestätigung. Weicht der Film allerdings von diesem Thema ab, wird der bizarre Spaß unerträglich dämlich. – Nur auf Video.
Ⓥ VPS

Space Killer
(NOT OF THIS WORLD). USA 1991.
R Jon Hess. *B* Robert Glass. *K* Mark Irwin. *M* N.N. *D* Lisa Hartman, A. Martinez, Pat Hingle, Luke Edwards. *F* 90 Min.
Ein Meteoritenschauer fällt über der Ortschaft Liberty nieder und tötet Menschen und Tiere. Mit ihm ist ein Ungeheuer zur Erde gekommen, das Elektrizität verspeist und immer gefährlicher für die Menschen wird . . . – Nur auf Video.
Ⓥ CIC

Space Mutiny
(SPACE MUTINY). USA 1989.
R David Winters. *B* Maria Dant. *K* Vincent G. Cox. *M* Tim James/Steve McClintock/Mark Mancina. *D* Reb Brown (Dave Ryder), John Philip Law (Kalgan), James Ryan (MacPhearson), Cameron Mitchell (Alex Jansen), Cissy Cameron (Lea Jansen), Graham Clark (Scott Dyers), Billy Second, Rufus Swart, Chip Mitchell, Madeleyne Reynel. *F* 91 Min.
Das überdimensionale, sich selbst versorgende Raumschiff *Southern Sun* düst auf der Suche nach einer Heimat für die in der dritten Generation an Bord befindliche Crew durchs All. Die meisten denken nur an die Erfüllung ihres Auftrags, doch der Polizeichef will das Kommando durch eine Meuterei an sich bringen. Telepa-

thinnen und Raumpiraten klinken sich ein. Mit einer Sabotage beginnt die Meuterei, doch der Sternenkrieger Ryder weiß sich mit Lea, der Tochter des Captains, gegen McPhearson zu wehren. Gegner wirbeln durch die Luft, ein Verräter verbrennt – Lea schluchzt, ohne daß ihr Make up zerläuft: »Ich habe noch nie einen Menschen verbrennen sehen.« – Und das, nachdem mit ihrer Hilfe Dutzende gestorben sind! McPhearson kollidiert bei einer Verfolgungsjagd mit Ryders Wägelchen. – Banaler Kappes, ein ätzendes Dekor, und all das ohne einen Funken Ironie. – Nur auf Video.
Ⓥ Starlight

Space Pirates
(L'ISOLA DEL TESORO).
BRD/Italien 1987.
R Antonio Margheriti. *B* Renato Castellani/Luigi De Caro. *LV* Robert Louis Stevenson. *K* Sandro Messina. *M* Gianfranco Plenizio. *D* Anthony Quinn (Long John Silver), Itaco Nardulli (Jim Hawkins), Philippe Leroy, Klaus Löwitsch (Capt. Smollett), Ernest Borgnine (Billy Bones), Ulrich v. Dobschütz, David Warbeck, Ida di Benedetto, Renato de Carmine. *F* (TV: 450) 114 Min.
2300: Zwischen den verstrahlten Ruinen eines alten Raumhafens lebt der zwölfjährige Jimmy in einem Leuchtturm, in dem seine Mutter eine Gastwirtschaft mit Herberge betreibt. Dort logiert sich eines schönen Tages der alte Raumpilot Billy Bones ein, der durch den Genuß von ›Drek‹ (Rum in Pillenform) allmählich auf die Hunde kommt. Billy Bones hat zudem Angst, denn mysteriöse Typen sind hinter ihm her, und er hat eindeutig etwas zu verbergen. Als ihn der Tod ereilt, findet man bei ihm den Lageplan eines Schatzes, den der legendäre Piratenkapitän Flint auf einem fremden Planeten vergraben hat. Jimmy informiert seinen Freund Dr. Livesey, der wiederum einen reichen Freund hat – und der ist nur zu gern bereit, eine Expedition in den Welt-

raum zu finanzieren – Freunde von Robert Louis Stevensons ›Schatzinsel‹ werden abschnallen: ein Abenteuerroman im SF-Gewand, die Piratenmeute um Long John Silver im Weltraum. Und doch ist die Verfilmung absolut gelungen, denn jede ›historische‹ Eigenheit des Plots hat ihre futuristische Entsprechung gefunden. – Eine fünfteilige TV-Produktion, für die Videoveröffentlichung stark gekürzt. – Nur auf Video.
Ⓑ Robert Louis Stevenson: *Die Schatzinsel,* Freiburg 1987
Ⓥ Euro

Space Raiders – Weltraumpiraten
(SPACE RAIDERS). USA 1983.
R Howard R. Cohen. *B* Howard R. Cohen. *K* Alec Hirschfeld. *SpE* Tom Campbell/Deborah Gaydos/Holly Hudson. *M* James Horner. *D* Vince Edwards (Col. C.W. Hawkins), David Mendenhall (Peter Tracton), Drew Snyder (Aldebaran), Patsy Pease (Amanda), Luca Bercovici (Ace), Thom Christopher (Flightplan), Ray Stewart (Zariatin). *F* 83 Min.
Tracton, Sohn eines hohen Beamten, fällt während eines Überfalls auf seinen Heimatplaneten unter die (Weltraum-)Piraten, arrangiert sich mit ihnen und erlebt an Bord ihres Schiffes sowie auf einer von allerlei monströsen und menschlichen Wesen bewohnten Raumstation diverse Abenteuer, bis seine neuen Freunde – die so ruppig gar nicht sind – von der Konkurrenz und den Sicherheitskräften ausradiert werden. – Episodischer Billigfilm aus der Roger-Corman-Schnellschuß-Factory. Die Story hat weder Hand noch Fuß.
Ⓥ Thorn EMI

Special Terminator – Die Killermaschine
(ASSASSIN). USA 1985.
R Sandor Stern. *B* Sandor Stern. *K* Chuck Arnold. *SpE* Melbourne A. Arnold. *M* Anthony Guenn. *D* Robert Conrad (Harry Stanton), Karen Austin, Richard Young, Jonathan Banks, Robert

Webber. *F* 96 Min.
Eine vom CIA entwickelte humanoide Mordmaschine, die unzerstörbar ist und den hohen Herren im Weißen Haus den Garaus machen will, erweist sich als Schrecken der US-Politiker. In einem Wettlauf gegen die Zeit setzt der Ex-CIA-Agent Harry Stanton an, die Achillesferse des Roboters zu finden. – »Was zu einem Symbol gewisser politischer Schachzüge der Reagan-Adminstration hätte stilisiert werden können, präsentiert sich als B-Movie der gängigen Qualität.« (FISCHER FILM ALMANACH). – Nur auf Video.
Ⓥ Vestron

Spider-Man, der Spinnenmensch
(SPIDERMAN). USA 1977.
R E. W. Swackhamer. *B* Alvin Boretz. *K* Fred Junkman. *M* Johnnie Spence. *D* Nicholas Hammond (Peter Parker/Spider-Man), Lisa Eilbacher (Judy Tyler), Michael Pataki (Barbera), David White (Jameson), Thayer David (Byron), Ivor Francis (Tyler), Robert Hastings (Monahan), Len Lesser (Finch). *F* 93 Min.
Der an einem Heuschnupfen leidende Student Peter Parker versucht sich als freier Fotograf der Zeitung *Daily Bugle*, wird von einer radioaktiven Spinne gebissen und erhält dadurch deren Fähigkeiten: Er kann problemlos Häuserwände hinaufklettern und Spinnenfäden erzeugen, an denen er sich durch die Luft schwingen kann. Angetan mit einem fantastischen Kostüm verschreibt er sich als ›Spider-Man‹ der Gerechtigkeit, befreit seine Heimatstadt von Gangstern und zieht gegen einen Therapeuten zu Felde, der mittels einer elektronischen Vorrichtung Professor Tyler, den Vater seiner Freundin Judy, ins Verbrechen treibt. – Spider-Man ist eine amerikanische Comic-Figur, deren haarsträubende Abenteuer möglicherweise Zehnjährige begeistern können. Für jeden, dessen IQ über 50 hinausgeht, dürfte die Lektüre eines Perry-Rhodan-Heftes jedoch spannender sein.
Ⓥ RCA/Columbia

Nicholas Hammond in *Spider-Man schlägt zurück*

Spider-Man gegen den gelben Drachen

(SPIDERMAN: THE DRAGON'S CHALLENGE). USA 1979.
R Don McDougall. *B* Lionel E. Siegel.
K Vince Martinelli. *M* Dana Kaproff.
D Nicholas Hammond (Peter Parker/
Spider-Man), Robert F. Simon (J. Jonah
Jameson), Ellen Bry (Julie), Chip Fields
(Rita), Rosalind Chao (Emily), Benson
Fong (Min Lo Chan). *F* 96 Min.
Ein Minister der VR China kommt in die
USA, um drei Ex-Marines zu suchen, die
ihn vom Verdacht des Hochverrats befrei-
en können. Jameson, der Verleger des
Daily Bugle, setzt den von einer radioak-
tiven Spinne gebissenen Peter Parker

(alias Spider-Man) auf den Fall an. In der
Gestalt dieses Superwesens, das wie eine
Spinne Häuserwände erklettern und Spin-
nennetze weben kann, verfolgt Parker
eine Spur bis nach Hongkong. Dort hebt
er diverse Banden aus, die im Auftrag des
wirklichen Verräters alle Zeugen töten
wollen.
Ⓥ RCA/Columbia

Spider-Man schlägt zurück

(SPIDERMAN STRIKES BACK).
USA 1978.
R Ron Satloff. *B* Robert Janes. *K* Jack
Whitman. *M* Stu Philipps. *D* Nicholas
Hammond (Peter Parker/Spider-Man),
Joanna Cameron (Gale Hoffman),

Robert F. Simon (J. Jonah Jameson), Michael Pataki (Capt. Barbera), Chip Fields, Robert Alda. *F* 93 Min.

Student Peter Parker, der von einer radioaktiven Spinne gebissen wurde und seither deren Fähigkeiten hat, arbeitet nebenher als Fotograf für die Zeitung *Daily Bugle*. Hauptsächlich bekämpft er jedoch das Böse: In dieser Folge nimmt er es gegen drei Studenten auf, die aus einem Universitätslabor fünf Kilogramm Plutonium gestohlen haben und an einer Bombe basteln, weil sie auf die Gefahren der Atomkraft hinweisen wollen. Spider-Man kann die Bombe im letzten Moment entschärfen.

Ⓥ RCA/Columbia

Der Spion, der mich liebte
(THE SPY WHO LOVED ME). GB 1977.
R Lewis Gilbert. *B* Christopher Wood/
Richard Maibaum. *LV* Ian Fleming.
K Claude Renoir. *SpE* Derek Meddings/
John Evans. *M* Marvin Hamlisch.
D Roger Moore (James Bond), Barbara Bach (Major Anya Amasova), Curd Jürgens (Karl Stromberg), Richard Kiel (Beißer), Caroline Munro (Naomi), Bernard Lee (›M‹), Lois Maxwell (Miß Moneypenny), Desmond Llewellyn (›Q‹), Walter Gotell, Vernon Dobtcheff, Valerie Leon. *F* 125 Min.

Nachdem diverse Atom-U-Boote der Amerikaner und Sowjets auf unerklärliche Weise verschwunden sind, verbündet sich der Westen mit dem Osten, um diesem Phänomen auf die Spur zu kommen. Der britische Geheimagent James Bond und die sowjetische Majorin Anya Amasova tun sich zusammen und stoßen auf einen gewissen Karl Stromberg, der die Weltherrschaft anstrebt, in einer Unterwasserfestung haust und die verschwundenen U-Boote hat entführen lassen. Obwohl er ganze Heerscharen gewiefter Halunken gegen Bond aufmarschieren läßt (darunter auch den ›Beißer‹, einen Riesen mit ungewöhnlichen Körperkräften), kann man ihn und sein Unterwasserreich mit einem Torpedo vernichten.

Ⓥ Warner Home
Ⓑ Ian Fleming: *Der Spion, der mich liebte*, Bern/München 1966

Spion mit meinem Gesicht
(SPY WITH MY FACE). USA 1965.
R John Newland. *B* Clyde Ware/Joseph Calvelli. *K* Fred Koenekamp. *M* Morton Stevens. *D* Robert Vaughn (Napoleon Solo), David McCallum (Illya Kuryakin), Senta Berger (Serena), Leo G. Carroll (Alexander Waverly), Michael Evans (Darius Two), Sharon Farrell (Sandy Wister), Fabrizio Mioni (Arsene Coria), Donald Harron (Kitt Kittridge), Bill Gunn (Namana), Jennifer Billingsley (Taffy). *F* 85 Min.

Irgendwo in den Schweizer Bergen wird unterirdisch eine furchtbare Waffe verborgen gehalten, der gegenüber die bisherigen Atomwaffen geradezu harmlose Spielzeuge sind. Die Geheimorganisation U.N.C.L.E. ist mit der Bewachung dieses Ferkelkrams beauftragt. Die Gegenorganisation TRUSH will die Waffe haben und bedient sich eines einfachen, bewährten Tricks: Sie ersetzt den U.N.C.L.E.-Staragenten Napoleon Solo durch einen Mann, den man per Operation zu seinem täuschend ähnlichen Ebenbild gemacht hat. Doch Solo wäre nicht Solo, würde ihm nicht im letzten Augenblick die Flucht aus seinem Gefängnis gelingen. Die Ausschaltung des betrügerischen Doppelgängers und die Zerschlagung der gegnerischen Organisation ist dann nur noch eine Frage der Zeit. Die Macht über die ›Waffe‹ (sprich: die Welt) liegt wieder in den ›richtigen Händen‹. Ein ironisch überdrehter Film aus der Zeit, als Männer noch Männer und Superwaffen noch Spielzeuge waren.

Spione wie wir
(SPIES LIKE US). USA 1985.
R John Landis. *B* Dan Aykroyd/Lowell Ganz/Babaloo Mandel. *K* Robert Paynter. *SpE* Brian Johnson. *M* Elmer Bernstein. *D* Dan Aykroyd (Austin Milbarge), Chevy Chase (Emmett Fitz-

Hume), Steve Forrest (Gen. Sline), Donna Dixon (Karen Boyer), Bruce Davison (Ruby), William Prince, Tom Hatten, Bernie Casey, Bob Hope, Frank Oz, Ray Harryhausen, Terry Gilliam, Charles McKeown, Robert Paynter, Gusti Bogok, Vanessa Angel. *F* 102 Min.

Da die US Army ihr Weltraumraketenabwehrsystem testen möchte, soll eine sowjetische Rakete aus Sibirien in Richtung USA abgefeuert werden. Um von den Agenten abzulenken, die den Auftrag ausführen sollen, setzt das Pentagon zwei Trottel ein: das verkannte Computergenie Millbarge und den faulen Fitz-Hume. Per Fallschirm werden sie über Afghanistan abgesetzt und geraten sofort in Gefangenschaft. Doch die Flucht gelingt. Man schlägt sich durch die Berge, kloppt sich mit dem russischen Grenzschutz und stößt auf das andere Team, daß inzwischen nur noch aus Karen besteht. Man startet die die Rakete. Das Abwehrsystem versagt. In einer Sternstunde kann Millbarge die Rakete ins All umlenken. – »Bis zum furiosen Happy End bleibt den beiden CIA-Spitzeln ausreichend Zeit und Raum für eine Vielzahl parodistischer Gags und Anspielungen, die nicht nur die Lachmuskeln (be)treffen... Besonders am Anfang und am Ende des Werkes prasseln die Kalauer und Gags nur so von der Leinwand und verdecken (leider) hin und wieder den durchaus ernstgemeinten Unterton der Geschichte.« (STADTBLATT MÜNSTER). Ⓑ Gordon McGill: *Spione wie wir*, Bergisch-Gladbach 1986

Split
(SPLIT). USA 1989.
R Chris Shaw. *B* Chris Shaw. *K* Chris Shaw. *M* Chris Shaw. *M* Chris Shaw, Robert Shaw, Ugi Tojo. *D* Chris Shaw (Starker), Tim Dwight, Joan Bechtel. *F* 85 Min.

Die abgestumpfte Bevölkerung einer Techno-Gesellschaft wird von ihrer Regierung mittels Medienmanipulation kontrolliert. Der Philosoph Starker durch-

schaut das System und wird zur Gefahr für die herrschende Klasse. Es kommt zum Kampf. – »Der Amerikaner Chris Shaw hat in diesem wüsten Science Fiction-Spektakel fast alles selbst gemacht: Regie, Buch, Kamera und Schnitt, hat bei Ton und Musik mitgewirkt und auch noch selbst mitgespielt. Inhaltlich reproduziert die Außenseiterproduktion bekannte Anti-Utopien, formal bemüht sie sich, diese durch eine grelle Mixtur von Spezialeffekten, Computergrafiken und Bildmanipulationen zu übertreffen.« (FISCHER FILM ALMANACH).

Squirm – Invasion der Bestien
(SQUIRM). USA 1975.
R Jeff Lieberman. *B* Jeff Lieberman. *K* Joseph Mangine. *SpE* Bill Milling/Don Farnsworth/Lee Howard. *M* Robert Prince. *D* John Scardino (Mich), Patricia Pearcy (Geri), R. A. Dow (Roger), Jean Sullivan (Naomi), Peter MacLean (Sheriff), Fran Higgins (Alma), William Newman (Quigley), Barbara Quinn (Freundin des Sheriffs), Carl Dagenhart (Willie Grimes), Angel Sande (Millie), Carol Jean Owens (Bonnie), Kim Iocouvozzi (Hank), Walter Dimmick (Danny), Julia Klopp (Mrs. Klopp), Ralph Flanders, Albert Smith, Jim Shirah, Harold Mumm, W. A. Lindblatt. *F* 93 Min.

In der Nähe des von einem Unwetter heimgesuchten Dörfchens Fly Creek ist ein Hochspannungsmast umgekippt, der ununterbrochen 300000 Volt in den Boden jagt, was den Bewohnern des Erdreichs – den Würmern – natürlich nicht gefällt: Zu Millionen kriechen sie an die Oberfläche und stillen, aggressiv geworden, ihren Hunger an den Menschen, die darob wahnsinnig werden und noch viel mehr Unheil anrichten. Am Schluß gibt es nur drei Überlebende. – Ein widerliches Horrorspektakel.

Sssnake Kobra
(SSSSSSSS). USA 1973.
R Bernard L. Kowalsky. *B* Hal Dresner.

K Gerald Perry Finnerman. *M* Pat Williams. *D* Strother Martin (Dr. Carl Stoner), Dirk Benedict (David Blake), Heather Menzies (Kristina Stoner), Richard B. Shull, Tim O'Connor, Reb Brown, Jack Ging, Kathleen King, Ted Grossman, Ray Ballard, Charles Seel, Brendan Burns, Rick Beckner, James Drum, Ed McCready, Frank Kowalsky, Ralph Montgommery, Michael Masters, Charlie Fox, Felix Silla, Nobel Craigh, Bolobi Kiger, J. R. Clark, Chip Potter. *F* 99 Min.

Der etwas sonderliche Dr. Stoner ist wegen einiger anrüchiger Experimente von seiner Universität verwiesen worden. Nun widmet er seine gesamte Freizeit der Züchtung riesiger Kobra-Schlangen. Und da er glaubt, daß die Menschheit sich über kurz oder lang selbst zugrunde richten wird, wenn sie sich weiterhin so bedenkenlos vermehrt, kommt ihm die Idee, daß sie in Reptilienform weitaus größere Überlebenschancen hätte. Sein Plan ist gefaßt: Er will Menschen zu Reptilien zurückentwickeln, und zwar zu Kobras. Seine Assistenten Tim und David fallen ihm als erste zum Opfer. Pech ist nur, daß Stoners Tochter Kristina David liebt und nach ihm zu fragen beginnt. Zwar kann der Doktor ihr weismachen, daß David aufgrund einer Therapie in Quarantäne leben muß, aber schließlich kommt Kristina doch hinter das Geheimnis ihres Vaters: Als sie dem zu einem Schlangenmonstrum herangewachsenen David begegnet, kommt es zum Eklat. Zwar wird Dr. Stoner von einer giftigen Kobra zu Tode gebissen, aber David ist nicht mehr zu retten: Er hat sich seinem neuen Dasein als Riesenschlange angepaßt. – Origineller wäre es da schon gewesen, gewisse Drehbuchautoren an ein Dasein als Kakerlake anzupassen.

SS-X-7 – Panik im All
(MUTINY IN OUTER SPACE/ AMMUNITINAMENTO NELLO SPAZIO). USA/Italien 1964. *R* Hugo Grimaldi. *B* Arthur C. Pierce.

K Archie Dalzell. *M* Gordon Zahler. *D* William Leslie (Major Towers), Dolores Faith (Faith Montaine), Pamela Curron (Connie), Richard Garland (Col. Cromwell), James Dobson (Dr. Hoffman), Carl Crow (Webber), Glenn Langan (Commander), Harold Lloyd jr., Ron Stokes, Robert Palmer, Gabriel Curtis. 80 Min.

Als zwei Astronauten von einer Mondexpedition zur Raumstation SS-X-7 zurückkehren, schleppen sie eine Art Pilz mit ein, der sich rasch ausbreitet und den Piloten Webber tötet. Der Stationsarzt Dr. Hoffman findet heraus, daß das Gewächs in großer Kälte nicht existieren kann. Als sich der Kommandant der Station weigert, von der Erde Hilfe zu erbitten, meutert die Besatzung, läßt das Stationsinnere vereisen und sendet einen Notruf aus. Hilfsraumschiffe von der Erde hüllen schließlich die Station in eine künstliche Wolke: Von jeglichen Lichtquellen abgeschlossen, geht das mordende Pilzgewächs ein.

Wem es vor gar nichts mehr graut, wird auch an diesem Schwachsinn seine Freude haben.

Stadt im Meer
(CITY UNDER THE SEA/WAR-GODS OF THE DEEP). GB/USA 1965. *R* Jacques Tourneur. *B* Charles Bennett/ Louis M. Hayward. *LV* Edgar Allan Poe. *K* Stephen Dade. *SpE* Frank George/Les Bowie. *M* Stanley Black. *D* Vincent Price (Kapitän), Tab Hunter (Ben Harris), David Tomlinson (Harold T. Jones), Susan Hart (Jill Tegellis), John Le Mesurier (Reverend Jonathan Ives), Henry Oscar (Mumford), Derek Newark (Dan), Roy Patrick (Simon), Anthony Selby (George). *F* 84 Min.

Cornwall 1903: Die junge Amerikanerin Jill wird von zwei Fischmenschen entführt. Ihre Freunde Ben und Harold setzen ihr durch allerlei unterirdische Gänge nach und gelangen so in eine unterseeische Stadt, wo sie von offenbar über 200 Jahre alten Menschen gefangengehalten wird. Herrscher dieses mysteriösen Reiches ist ein augenscheinlich geistesgestörter Ex-Kapitän, der in Jill seine wiedergeborene Frau zu erkennen glaubt. Die Stadt unter dem Meer wird von einem Vulkan beheizt, der sich in der Nähe befindet. Als dieser unerwartet ausbricht, gelingt den drei Gefangenen die Flucht. Der Ex-Kapitän und seine unsterblichen Heerscharen fangen plötzlich rapide an zu altern. Ihr Plan, der Stadt durch Entführungen von der ›Oberwelt‹ frisches Blut zuzuführen, ist zum Scheitern verurteilt. Das Unterwasserreich wird durch den Vulkanausbruch vernichtet. – Was diesen Film ungewöhnlich macht, ist, daß er auf einem Gedicht von E. A. Poe basiert (und nicht verwechselt werden sollte mit einem abenteuerlichen Taucherfilm gleichen Titels).

Stahlharte Rache – The Avenger
(THE AVENGER). USA 1987.
R Nick Barwood. *B* Ian Fletcher.
K Oliver Wood. *M* N.N. *D* Scott Feraco (Chase), Robert Sedgwick (Brad), Carlos Palomino (Carlos), Raymond Serra (Vic), Rosanna Dayon (Yolanda), Teresa Blake (Virginia), Jon Tenny (Stu). *F* 72 Min.
Wegen des Schurken Brad kommt Chase hinter Gitter und verliert den linken Arm. Not macht erfinderisch. Sein Freund Vic verpaßt ihm einen mechanischen Arm. So kann er auch stahlharte Rache an seinem Erzfeind vollziehen. – »Zum Glück ist diese zweitklassig inszenierte Stunt-Orgie schon nach 72 Minuten vorbei.« (FISCHER FILM ALAMANACH). – Nur auf Video.
Ⓥ Taurus

Stalker
(STALKER). UdSSR 1979.
R Andrej Tarkowski. *B* Arkadi und Boris Strugazki. *LV* Arkadi und Boris Strugazki. *K* Alexander Kniaginski/N. Fudim/S. Naugolnych. *M* Eduard Artemjew. *D* Alexander Kaidanowski (Roderic Schuchart, ›der Stalker‹),

Alicija Freindlich (seine Frau), Nikolai Grinko (Physiker), Anatoli Solonizyn (Schriftsteller), Natascha Abramowa (Frau am Auto). Teilw. *F* 133 Min.
Das englische Wort ›Stalker‹ bezeichnet einen Pirschgänger, und der Roman *Picknick am Wegesrand*, nach dem Andrej Tarkowski seinen Film drehte, »erzählt von einer bewachten Zone, die nach dem Einbruch eines unbekannten kosmischen Körpers auf der Erde entstanden ist. Dort wirken nicht gewöhnliche physikalische Gesetze, sondern geheimnisvolle Mechanismen einer offenbar fremden Natur, die dieses einst ganz gewöhnliche Gebiet bis zur Unkenntlichkeit veränderten. Wissenschaftler, Abenteurer und Plünderer fühlen sich angezogen von dieser seltsamen Zone und den Gegenständen, die man dort finden kann. Die Umstände (der Zugang zu diesem Gebiet ist streng verboten) bringen einen halbkriminellen Beruf hervor, den des Stalkers.« (Maja Turowskaja, ANDREJ TARKOWSKI: FILM ALS POESIE – POESIE ALS FILM) – Der Stalker, um den es in diesem Film geht, ist Ex-Laborant und ehemaliger Knastologe: Schon einmal hat er wegen unerlaubten Pirschens in der verbotenen Zone fünf Jahre absitzen müssen. Der Stalker lebt mit seiner Frau und seiner gelähmten Tochter in einer schäbigen Hütte. Und eines Morgens bricht er – gegen den Widerstand seiner Frau – erneut zu einer Expedition auf. In einer heruntergekommenen Kneipe am Bahnhof trifft er einen Physiker und einen Schriftsteller. Die beiden wollen die Zone erforschen und das mysteriöse ›Zimmer‹ betreten, einen Ort, der angeblich die geheimsten Wünsche jedes Menschen erfüllen kann. Der Stalker übernimmt die Führung. Er trickst die Bewacher der Zone geschickt aus und bringt seine Begleiter in ein sumpfiges, von Verfall und Fäulnis gezeichnetes Gebiet, in dem die irdischen Naturgesetze keine Gültigkeit mehr haben. Man schlägt sich durch Tunnels, Kanäle und eine Landschaft aus zerfallenen Gemäuern. Es kommt zu einem Zeitphänomen, das sich niemand erklären kann.

Als der Schriftsteller vom Weg abweicht, wird er von einer Stimme, die aus dem Nichts kommt, vor dem Weitergehen gewarnt. Der Stalker selbst scheint sich am meisten vor der verbotenen Zone zu fürchten: Er steckt ständig den Weg ab und schickt die anderen voraus, wenn man einen Kurswechsel vornehmen muß. Als man das geheimnisvolle ›Zimmer‹ endlich erreicht hat, wollen der Physiker und der Schriftsteller es nicht mehr betreten: Der Schriftsteller hat plötzlich Angst, weil er sich über die Natur seiner Wünsche nicht mehr im klaren ist, der Physiker offenbart, daß er die gefährliche Reise nur deshalb mitgemacht hat, um die ganze Zone mit einer Bombe zu zerstören. Dazu kommt es jedoch nicht. Eine vor der Schwelle des ›Zimmers‹ geführte Diskussion endet ohne Resultat – also kehrt man wieder um und landet schließlich am Ausgangspunkt des illegalen Pirschgangs: in der schummrigen Kneipe. Der Stalker kehrt zu Frau und Tochter zurück. Er beklagt sich darüber, daß niemand mehr imstande sei ›zu glauben‹. Die Frau bezeichnet den Stalker als ›nicht normal‹, und seine Tochter – die durch ihn möglicherweise das Opfer einer unbekannten Strahlung geworden ist – bewegt mit telekinetischer Kraft drei Gläser über einen Tisch. – »Diese Schlußparabel soll nichts anderes besagen, als daß eine gewisse Hoffnung besteht: die Zukunft ist in den Kindern.« (Andrej Tarkowski) – »Der Film ist ... vom Sujet her in asketischer Weise verdichtet. Es gibt keine Abschweifungen, keine Rückblenden, keine Abenteuer am Rande. Es ist eher eine angespannte geistige Wanderung – der Weg dreier Menschen zur Selbsterkenntnis – als eine Abenteuergeschichte. Groß- und Nahaufnahmen der handelnden Figuren sind von großer Ausdruckskraft, erinnern in der Art ihrer Gestaltung an Graphiken. Auf Totalen wird weitgehend verzichtet ... Vor dem Hintergrund der banalen Geschwätzigkeit, in die das Philosophieren des Schriftstellers ausartet, und der wortkargen, zugeknöpften Halsstarrigkeit des Wissenschaftlers wirkt der Stalker nicht wie ein Abenteurer, der sich unter Risiken sein Brot verdient, sondern wie ein Apostel und Märtyrer der Hoffnung, daß seine ›Kunden‹ das wundertätige Zimmer mit seiner Hilfe erreichen und die Möglichkeit der Erfüllung ihrer Wünsche nutzen. Sein Gesicht, sein Körper sind von früheren vergeblichen Versuchen gezeichnet. Eine quälende Unvollkommenheit ist in ihm, eine wunderbare menschliche Möglichkeit, die sich nicht verwirklichen konnte und in Nichtigkeit und Armseligkeit verharrt. Seine Haltung, allein seine Anwesenheit, provoziert die Frage nach dem Sinn des Unternehmens, die am Ende des Wegs doch keine Antwort findet.« (Maja Turowskaja) – »Stalker spricht vom Glauben, der Wissenschaftler von Vernunft, der Schriftsteller von Inspiration. Diesen Film muß man mehrere Male sehen ...« (FILMBEOBACHTER) – »Der Stalker ist der antimaterialistische Film schlechthin, mystisches Kino, unvollendet freilich wie Beethovens Symphonie, da die Vollendung für Tarkowski wohl nur jenseits alles Dinglichen stattfinden kann.« (FILMDIENST)

Ⓑ Arkadi und Boris Strugazki: *Picknick am Wegesrand*, Berlin/DDR 1976

Ständig in Angst

(HAUSER'S MEMORY). USA 1970. *R* Boris Sagal. *B* Adrian Spies. *LV* Curt Siodmak. *K* Petrus Schloemp. *M* Billy Byers. *D* David McCallum (Hillel Mondoro), Susan Strasberg (Karen Mondoro), Lilli Palmer (Anna), Leslie Nielsen (Slaughter), Helmut Käutner (Kramer), Robert Webber (Dorsey), Hans Elwenspoek (Van Kungen), Herbert Fleischmann (Renner), Peter Capell (Schepilow), Barbara Lass (Angelika), Peter Ehrlich (Kucera), Günter Meisner (Korowiew), Otto Stern (Gessler), Art Brauss (Bak), Jochen Busse (Dieter), Manfred Reddemann (Sorsen), Barbara Capell (Anna als Kind). *F* 96 Min.

Im Originalroman *Hausers Gedächtnis* von Curt Siodmak geht es um ein künstlich am Leben gehaltenes Gehirn, das allmählich das Bewußtsein des Wissenschaftlers in seinen Bann zwingt, der es aus experimentellen Zwecken in einer Nährflüssigkeit am Leben erhält.
Dieser amerikanische TV-Film beschreibt die Erfahrungen eines jüdischen Wissenschaftlers in den USA, dem man die Erinnerungen eines deutschen Forschers ›überträgt‹, um auf diese Weise an eine wichtige Formel heranzukommen. Die ›Erinnerungen‹ des toten Hauser fangen jedoch an, den Amerikaner zu steuern: Er lebt wichtige Stationen aus dem Leben Hausers nach, findet sich plötzlich in Europa wieder, trifft eine Frau, macht einen Mann ausfindig, der Hauser einst verriet. Die Grenzen zwischen Realität und Fiktion verwischen sich allmählich. Während die Kollegen des Wissenschaftlers alles tun, um ihrem Freund zu helfen, schalten sich ausländische Agenten ein. Als der ›neue‹ Hauser einen alten Bekannten trifft und ihn töten will, verliert er das Leben.
Ⓑ Curt Siodmak: *Hausers Gedächtnis*, München 1974

Star Cracks – Die irre Bruchlandung der Außerirdischen
(MORONS FROM OUTER SPACE).
GB 1985.
R Mike Hodges. *B* Griff Rhys-Jones/ Melvin Smith. *K* Phil Meheux. *SpE* David Speed/Jeff Luff. *M* Peter Brevis. *D* Mel Smith (Bernard), Griff Rhys-Jones (Graham Sweetly), James B. Sikking (Col. Laribee), Joanna Pearce (Sandra), Paul Brown (Julian), Jimmy Nail (Desmond Brock), Tristram Jellinek (Simpson), George Innes (Stanley), John Joyce (Miller), Mark Jones (Godfrey), Leonard Fenton, André Maranne, Joanna Dickens, R.J. Bell, Peter Whitman. *F* 86 Min.
Vier Bewohner des Planeten Blob haben sich einen Wochenendtrip ein Raumschiff gemietet. Nachdem der dicke Bernard aufgrund eines Versehens zuerst ins

Vakuum und später in die USA verschlagen wird, notlanden Desmond, Sandra und Julian auf einer Autobahn bei London, wo man sie wegen ihres eigenartigen Fahrstils gleich für Belgier hält. Nachdem der paranoide US-Botschafter, ein eindeutiges Opfer zu vieler schlechter SF-Filme, und diverse britische Forscher das Trio eingesammelt und untersucht haben, müssen sie feststellen, daß die vermeintlich hochintelligenten Außerirdischen bloß gewöhnliche Schwachköpfe sind. Man läßt sie frei. Ein erfolgloser Journalist, der seine Stunde schlagen hört, staffiert die drei als Superpunks aus und baut sie in kurzer Zeit zu Bühnenstars auf. Während der arme Bernard sich durch die USA schlägt und haarsträubende Abenteuer bestehen muß, erobern seine Freunde singend die Bretter, die die Welt bedeuten. Während einer US-Tournee gelingt es Bernard endlich, in ihre Garderobe vorzustoßen, doch sie verleugnen ihn, weil er »gar nicht wie ein Außerirdischer aussieht«. Während des Konzerts, das in einem Stadion stattfindet, landet unverhofft der Raumschiffverleiher und zeigt sich sauer wegen der Überziehung der Leihzeit. Die Außerirdischen können nur auf ihre Haftpflichtversicherung vertrauen und düsen ab. Bernard bleibt gefrustet zurück. Der Journalist nimmt sich seiner an, um auch ihn zum Popstar zu machen. – *Star Cracks* ist ein typisch britischer Film – ein satirisches Feuerwerk, das seine Gags beinahe pausenlos abschießt und jedes Klischee verulkt, an dem der SF-Film so reich ist. – Nur auf Video.
Ⓥ Cannon

Star Crash – Sterne im Duell
(SCONTRI STELLARI/STAR CRASH).
Italien/USA 1978.
R Lewis Coates (Luigi Cozzi). *B* Lewis Coates/Nat Wachsberger/R. A. Dillon. *K* Paul Beeson/Roberto d'Ettore. *SpE* Armando Valcauda/Germano Natali. *M* John Barry. *D* Caroline Munro (Stella Star), Marjoe Gortner (Akton), Christopher Plummer (Kaiser),

Jeder Schuß daneben: *Star Crash – Sterne im Duell* von Luigi Cozzi

Joe Spinell (Graf Zarth Arn), David Hasselhoff (Prinz Simon), Robert Tessier (Geheimdienstchef), Nadia Cassini (Königin der Amazonen), Judd Hamilton, Daniela Giordano. *F* 97 Min. Der tückische Graf Zarth Arn, ein galaktischer Dunkelmann ohnegleichen, trachtet danach, die ganze Galaxis unter seiner Herrschaft zu vereinen. Im Weg ist ihm dabei nur noch der gutmütige Kaiser des ›ersten Sternenkreises‹ – und damit dieser nichts gegen ihn unternimmt, hat er dessen Sohn Simon von seinen schurkischen Vasallen kidnappen lassen. Der Kaiser ruft daraufhin die tollkühne und kurvenreiche Agentin Stella Star zu Hilfe, die mit ihrem treuen Navigator Akton und einem Roboter in die Höhle des Oberschurken eindringt. Obwohl Graf Zarth Arn über ganze Armeen von Halunken und Robotern gebietet, kann er den Guten natürlich nicht das Wasser reichen. Stella rettet ihren Prinzen, verliebt sich in ihn

und führt die Raumflotte des Kaisers im Sturmlauf gegen die Armada des Grafen, der alsbald den Abschied einreicht. – *Star Crash* ist ein Rip-Off von *Krieg der Sterne* (George Lucas, 1976), wurde als solches sofort erkannt und verschwand auch schnell in der Versenkung: »Von schauspielerischem Einsatz kann keine Rede sein. Die Stars sind vielmehr anwesend, und zumindest auf den Gesichtern der Herren Plummer und Gortner spiegelt sich ständig, meist etwas paradox zur Handlung, die blanke Ironie.« (SOUNDS) – »Wieder ist die ganze Milchstraße Bühne, wieder greift das absolut Böse die absolut gute, weil herrschende Ordnung an. Zart ist der Gegensatz der Kräfte angedeutet. Der gute Kaiser verschwimmt im Weichzeichner der gerührten Kamera, leidet mit seinem Volk und spricht das erlösende Machtwort. Der böse Fürst Sar Than (aha!) ist hingegen abgrundtief häßlich, hysterisch und will alles nur kaputtmachen. Um ganz sicher zu gehen, daß Gut und Böse unterscheidbar sind, trägt der böse Fürst einen Ziegenbart und nennt seine Mordautomaten ›Golems‹, indessen ist der gute Kaiser eine blonde, blauäugige, urgermanische Lichtgestalt.« (UNSERE ZEIT) – »Wenn schon Weltherrschaftsträume – dann doch lieber die alten Träume von Dr. Mabuse und Dr. Fu Man Chu!« (FILMDIENST) Ⓥ RCA/Columbia

Starcross – Das Girl vom anderen Stern
(STARCROSSED). USA 1985.
R Jeffrey Bloom. *B* Jeffrey Bloom. *K* Gil Hubbs. *M* Gil Melle. *D* James Spader (Joey), Belinda Bauer (Mary), Pete Kowanko, Clark Johnson, Jacqueline Brooks. *F* 95 Min.
Zwei Killer verfolgen eine Außerirdische namens Mary durchs All bis zur Erde. Ein Mechaniker namens Joey, der Mary für eine Russin hält, hilft ihr bei der Flucht. Mary überzeugt ihn mit ihren übersinnlichen Kräften von ihrer Identität: Sie läßt Billardkugeln durch die Luft wirbeln, schaltet per Telekinese elektrische Geräte an und läßt es schneien. Der CIA schaltet sich ein – das streckt den Film. Die Killer werden kaltgestellt. Mit einem Raumschiff, das aus bunten Neonröhren zusammengebastelt scheint, düst Mary wieder ab. – Nur auf Video.
Ⓥ CBS/Fox

Star Crystal
(STAR CRYSTAL). USA 1985.
R Lance Lindsay. *B* Lance Lindsay. *K* Robert Caramico. *M* Douglas Katsaros. *D* C. Judson Campbell, John Smith, Faye Bolt, Taylor Kingsley, Marcia Linn. *F* 92 Min.
Ein monströses Lebewesen schleicht sich an Bord eines irdischen Raumschiffes, verspeist nach und nach die Mannschaft, geht in sich, entschuldigt sich bei den Überlebenden für sein schlechtes Benehmen und hilft ihnen, ihr Schiff nach Hause zu bringen. – *Alien,* ick hör dir trapsen!
Ⓥ Gloria

Star Escalation
Anderer Titel für **Crabs – Die Zukunft sind wir**

Starfight
(THE LAST STARFIGHTER). USA 1984.
R Nick Castle. *B* Jonathan Betuel. *K* King Baggott. *SpE* Kevin Pike/ Michael Lantieri/Darrell D. Pritchett/ James D. Camomile/Joseph C. Sasgen. *M* Craig Safran. *D* Lance Guest (Alex Rogan), Dan O'Herlihy (Grig), Catherine Mary Stewart (Maggie Gordon), Barbara Bosson (Jane Rogan), Norman Snow (Xur), Robert Preston (Centauri), Kay E. Kuter (Enduran), Dan Mason (Lord Kril), Chris Herbert (Louis Rogan), George McDaniel (Ko-Dan-Offizier), Al Berry (Spion), John Mayo, Scott Dunlop (Außerirdische). *F* 100 Min.
Der echsenhafte Außerirdische Grig bedient sich des amerikanischen Jungen Alex, der sich als Meister des Computer-Kriegsspiels erwiesen hat, und macht ihn zum Piloten eines Super-Duper-Raumers, damit er eine Horde böser Fremder aus der Galaxis vertreibt, die rotzfrech einen interstellaren Krieg nach dem anderen vom Zaun brechen. – Ein rechter Dreck, der kleinen Jungen zeigen soll, daß man's im Leben weit bringen kann, wenn man seine Zeit damit vertrödelt, in Automatensalons *Bum! Bum! Galaxis putt!* zu spielen. Doch im Gegenteil: Ihr werdet die Wermutbrüder von morgen sein, wenn ihr auf den Scheiß reinfallt!
»Fragwürdige Glorifizierung von Computerspiel und Kampfbarbarismus.« (FILMDIENST)
Ⓥ CBS/Fox
Ⓑ Alan Dean Foster: *Starfight,* München 1985

Starflight One – Irrflug ins Weltall
(STARFLIGHT ONE). USA 1982.
R Jerry Jameson. *B* Robert Malcolm Young. *St* Peter R. Brooke/Gene Warren. *K* Hector Figueroa. *SpE* John Dykstra. *M* Lalo Schifrin. *D* Lee

Majors (Capt. Cody Briggs), Hal
Linden (Josh Gilliam), Lauren Hutton
(Erica Hansen), Ray Milland (Q. T.
Thornwell), Robert Webber (Felix
Duncan), George di Cenzo (Bowdish),
Tess Harper (Janet), Terry Kiser
(Freddie Baron), Heather McAdam
(Lori), Michael Sacks (Pete), Gary
Bayer (Martin), Joselyn Brando (Mrs.
Harvey), Diane Stilwell (Betty),
Carolyn Coates (Claire), Pat Corley
(Joe), Michael Currie (Dr. Hyatt),
Robert Englund (Scott). *F* 108 Min.
Eine neue Überschallmaschine, die die
13000 km lange Strecke von Los Angeles
nach Sydney in etwa zwei Stunden zu-
rücklegen will, muß den Bruchstücken einer illegal gestarteten, in allerletzter Sekunde gesprengten Rakete ausweichen
und gelangt versehentlich in eine Umlaufbahn um die Erde. Da man nur für 48
Stunden Sauerstoff hat, versucht die
NASA alles, Mannschaft und Passagiere
zu retten. Diverse Versuche schlagen allerdings fehl; erst als der an Bord des
Flugzeugs befindliche Konstrukteur per
druckfestem Diplomatensarg auf ein Space Shuttle überwechseln kann, erscheint
etwas Licht am Horizont. Trickreich kann
ein großer Teil der Passagiere geborgen
werden. Der Captain, seine Crew und ein
paar freiwillig Zurückgebliebene wagen
den altbekannten ›Rücksturz zur Erde‹,
der ihnen auch gelingt. – »Ansonsten das
bekannte Überkreuz von Einzelschicksa-
len und Liebesgeschichten, das vertraute
Arsenal von Helden, Feiglingen, Opportunisten und Märtyrern.« (Robert Fischer,
EPD FILM) Ⓥ VCL

Star Knight – Der Herr der Sterne
(EL CABALLERO DEL DRAGON).
Spanien 1986.
R Fernando Colombo. *B* Andreu Martin/
Fernando Colombo/Miguel Angel Nieto.
K José Luis Alcaine. *M* José Nieto.
D Klaus Kinski (Boetius), Harvey
Keitel (Clever), Fernando Rey (Lupo),
Maria Lamor (Alba), José Vivo (Graf
Ruc), Miguel Bose (Ix). *F* 90 Min.

Im Mittelalter landet ein zeitreisender
Raumpilot am Hofe eines Königs und verliebt sich in dessen hübsche Tochter.
Doch der König und seine rechte Hand sehen eine Gefahr in ihm … – »Mixtur aus
Fantasy-, Märchen- und Ritterfilm,
hübsch anzusehen, aber nicht allzu spannend oder spektakulär.« (VIDEO WOCHE).
Ⓥ UFA

Starman
(STARMAN).
USA 1984.
R John Carpenter. *B* Bruce A. Evans/
Raynold Gideon. *K* Donald M. Morgan.
SpE Dick Smith/Stan Winston/Rick
Baker/Bruce Nicholson. *M* Jack
Nitzsche. *D* Jeff Bridges (Starman),
Karen Allen (Jenny Hayden), Charles
Martin Smith (Mark Shermin), Richard
Jaeckel (George Fox), Robert Phalen
(Major Bell), Tony Edwards (Sgt.
Lemon). *F* 115 Min.
Ein non-humanoider Außerirdischer, der
die per Video und Schallplatte ausgesand-
ten Grüße und Einladungen der US-
Raumsonde *Voyager VII* ernst nimmt,
fliegt in seinem Raumschiff zur Erde, um
sich die Menschen anzusehen. Nachdem
man ihm gezeigt hat, wie man in den USA
mit Leuten umspringt, die den Luftraum
der Großen Nation verletzen (man schießt
ihn kurzerhand ab), landet er in einem abgelegenen Teil von Wisconsin im Haus
der jungen Witwe Jenny, die sich vor dem
Zubettgehen Dias und Fotos ihres sieben
Monate zuvor verstorbenen Mannes angesehen hat. Der Alien nimmt sich das Aussehen des Toten zum Vorbild und wird in
rasender Schnelligkeit zum lebenden Ab-
bild von Jennys Gatten. Die Frau ist ver-
schreckt, als sie seine Bekanntschaft
macht, doch der Alien, der nur in den
Floskeln redet, die er aus den *Voyager*-
Botschaften erlernt hat, gewinnt recht
bald ihre Sympathie. Die beiden fahren
schließlich zusammen nach Arizona, wo
der Starman, der inzwischen um Hilfe ge-
funkt hat, von seinen Leuten aufgenommen werden soll. Doch auch die NASA

Trotz Gefühl no satisfaction: Charles Martin Smith in *Starman* von John Carpenter

und die US-Geheimdienste sind inzwischen wach geworden: Ein echter Außerirdischer – wäre das nicht eine feine Sache für den Seziertisch? Keine Frage – bald startet eine große Hetzjagd. Doch der Starman entkommt; nicht jedoch, ohne die nette Jenny zwischendurch noch geschwängert zu haben... »Die Botschaft? Zur Genüge gehabt: Lob- und Preisgesang für Individualismus und den kleinen Mann (Frau). Unüblich ist die Porträtierung des amerikanischen Militärs, das im Gegensatz zur sonstigen Darstellung in amerikanischen Großfilmen als zerstörerisch dargestellt wird.« (Peter Kottlorz, FILMDIENST) – »Nicht gerade originell, aber unterhaltsam.« (VARIETY). – Leidlich gute Tricks; besonders die Szene, in der sich der Starman in Blitzesschnelle zum Menschen entwickelt.
Ⓥ RCA/Columbia

Star Odyssey
(STAR ODYSSEY). Italien 1978.
R Alfonso Brescia. *D* Sharon Baker, Chris Avran, Gianni Garko, Nino Castelnuovo, Yanti Somer, M. Longo. *F* 97 Min.
Planet Aldebarand ist das Zentrum des galaktischen Imperialismus: Alljährlich werden hier Versteigerungen abgehalten, und wer am meisten bietet, kann sich jede Menge Planeten einsacken, die er industriell ausbeuten kann. Diesmal gelingt dem Großkapitalisten Kess der große Wurf: Er ersteigert die Welt Sol III, die wir Erdlinge hauptsächlich unter der Bezeichnung ›Terra‹ (oder auch *Erde*) kennen. Da man Kess trotz seines Superraumers und seiner Roboterarmeen Widerstand entgegensetzt, hat er so seine Schwierigkeiten mit der Ausbeuterei. Und Professor Maurie, der geniale Erd-

wissenschaftler, hat zudem einen Plan ausgetüftelt, der sich sehen lassen kann... Der Film ist in der BRD nur auf Video zu sehen.
Ⓥ All

Star Pilot
Anderer Titel für **Raumkreuzer Hydra – Duell im All**

Star Rock
(THE APPLE). USA/BRD 1980.
R Menahem Golan. *B* Menahem Golan. *K* David Gurfinkel. *M* Coby Recht. *D* Vladek Sheybal (Mr. Boogaloo), George Gilmour (Alphie), Catherine Mary Stewart (Bibi), Joss Ackland (Topps), Grace Kennedy (Pandi), Allan Love (Dandi), Ray Shell (Shake), Miriam Margolyes (Wirtin), Derek Deadman (Bulldog), Leslie Meadows (Ashley), Gunter Notthoff (Faraday), Clem Davies (Clark James), Michael Logan (James Clark), Coby Recht (Jean-Louis), George S. Clinton (Joe Pittman), Iris Recht (Dominique), Francesca Ponton (Vampir). *F* 86 Min.
Im Jahre 1994 wird die Welt von einem Musikkonzern namens Boogaloo International beherrscht, der mit dem neuen Sound ›Bim‹ die Kontrolle über die Gesellschaft erstrebt. Man will dies mit Hilfe der Sängerin Bibi erreichen, doch deren treuer Gefährte Alphie durchschaut das Halunkenspiel. Alphie setzt sich schließlich, des Kampfes müde, zu ein paar friedlich in Höhlen dahindämmernden Hippies ab. Bibi folgt ihm. Der Konzern läßt sich jedoch nicht so schnöde behandeln: Als er den Hippies jedoch ans Fell will, erhalten diese Hilfe von einem Mr. Topps, der allerlei kuriose Fähigkeiten hat und dem die Konzerne auch gewaltig stinken. – In der BRD nur auf Video zu sehen. Ⓥ Cannon/VMP

Star Trek – Der Film
(STAR TREK – THE MOTION PICTURE).
USA 1978.
R Robert Wise. *B* Harold Livingstone/ Gene Roddenberry. *St* Alan Dean Foster. *K* Richard H. Kline. *SpE* Douglas Trumbull/J. Dykstra/Dave Stewart/Don Baker/Richard Taylor/ Robert Abel/Robert Swarthe. *M* Jerry Goldsmith. *D* William Shatner (Capt. James T. Kirk), Leonard Nimoy (Mr. Spock), DeForest Kelly (Dr. Leonard McCoy), James Doohan (Montgomery Scott), George Takei (Mr. Sulu), Majel Barrett (Dr. Christine Chapel), Walter Koenig (Lt. Chekov), Nichelle Nichols (Lt. Uhura), PersisKhambatta (Lt. Ilia), Stephen Collins (Will Decker), Mark Lenard (Klingonen-Capitain), Grace Lee Whitney (Janice Rand). *F* 132 Min.
Eine gewaltige Wolke aus Energie bedroht die Erde. Der Superraumer *U.S.S. Enterprise* startet unter dem Kommando von Admiral James T. Kirk ins All und stößt in das Zentrum der Gefahr vor. Die kahlköpfige Deltanerin Ilia, die auf dem Schiff als Navigatorin Dienst tut und im übrigen in den Exekutiv-Offizier Will Decker verliebt ist, wird von einer unbekannten Macht von Bord entführt und taucht schließlich wieder auf. Aber sie ist nicht mehr die Alte: Der wolkenhafte ›Feind‹ hat eine Art Sonde aus ihr gemacht und benutzt sie als Übersetzer seiner Wünsche. Wie sich herausstellt, verbirgt sich im Inneren der Wolke der vor dreihundert Jahren von der Erde ausgesandte NASA-Satellit *Voyager VI*. Er hat eine weite Reise hinter sich und kehrt nun zur Erde zurück, um sich seinem ›Schöpfer‹ zu stellen: Das Computergehirn des Satelliten hat während der langen Reise durch den Weltraum ein eigenes Bewußtsein entwickelt, ist im wahrsten Sinne des Wortes ›intelligent‹ geworden und befindet sich auf der Suche nach einem Körper, der es kleiden könnte. Will Decker, der die Navigatorin Ilia liebt, sieht sich plötzlich vor die Entscheidung gestellt, ob sie den ›Körper‹ des Computergehirns abgeben soll. Ohne zu wissen, was aus dieser ›Verbindung‹ zwischen Mensch und Maschine werden kann, willigt er schließlich ein. – *Star Trek* (von weniger Gehemmten

respektlos ›Star Dreck‹ genannt) war ursprünglich eine amerikanische TV-Serie, die in der BRD unter dem Titel *Raumschiff Enterprise* lief. Die Fernsehstation NBC produzierte zwischen 1966 und 1969 nicht weniger als 78 Folgen à 60 Minuten. Executive Producer war Gene Roddenberry, als weitere Produzenten standen ihm Gene L. Coon, John Meredyth Lucas und Fred Freiberger zur Seite. Roddenberry, ein fleißiger Drehbuchautor, der seit 1953 für das Fernsehen schreibt, war nicht nur der geistige Vater der Serie, sondern auch für einen Teil der Vorlagen verantwortlich; prominente SF-Schreiber, die an *Star Trek* mitarbeiteten, waren George Clayton Johnson, D. C. Fontana, Jerry Sohl, Richard Matheson, Robert Bloch, Theodore Sturgeon, Harlan Ellison, Jerome Bixby, Norman Spinrad und David Gerrold. Da die Höhe

der Sehbeteiligung jedoch das Goldene Kalb des amerikanischen Fernsehens ist, wurde *Star Trek* 1969 abgesetzt. Daraufhin brach ein Zuschauer-Proteststurm aus, der die Chefetage der NBC zum Erzittern brachte. Es stellt sich jedoch heraus, daß die Fans dieser Serie zwar besonders ›aktiv‹, aber nicht so zahlreich waren, wie man sich erhofft hatte. Um sie nicht ganz zu vergrätzen, brachte man die Abenteuer der *Enterprise*-Besatzung als Zeichentrickserie auf den Bildschirm; nebenher liefen auf vielen kleinen Kanälen Wiederholungen der Originalfolgen. Als dann einige Medienspezialisten den Plan faßten, eine neue TV-Gesellschaft zu gründen, die den Riesen ABC, NBC und CBS Konkurrenz machen sollte, entwickelte man erste Pläne, die Serie neu aufleben zu lassen. Dazu kam es jedoch nicht mehr (ebensowenig wie zur Gründung eines

Gefroren zwischen teuren Special Effects: DeForest Kelley, William Shatner, Stephen Collins und Leonard Nimoy in Robert Wises *Star Trek – Der Film*

vierten ›Networks‹): Gene Roddenberry, der sein Zukunftsprojekt inzwischen nicht aus den Augen gelassen hatte, interessierte die Filmindustrie für seinen Stoff, die gerade den überwältigenden Kassenerfolg von George Lucas' *Krieg der Sterne* miterlebt hatte und vor Ehrfurcht auf dem Boden lag. Das Budget und die Tricks, die Lucas' Film kommerziell einen ›Gewinner‹ werden ließen, mußte man übertreffen, wenn man überhaupt noch jemals mit einem SF-Film Geld machen wollte. Aus dem Durchschnittsheuler, der *Star Trek – Der Film* werden sollte, wurde eine Superproduktion, die nach unterschiedlichen Quellen 40, 60 und 80 Millionen DM gekostet hat. Der Film, der von cleveren Werbern schon promotet wurde, bevor die erste Szene im Kasten war – zu den Werbemaßnahmen gehörte die übliche Geheimniskrämerei um hermetisch abgeriegelte Studios, zum Schweigen vergatterte Mitarbeiter und Schauspieler –, entpuppte sich nach der Fertigstellung jedoch als fader, der TV-Serie allerhöchstens ausstattungsmäßig und tricktechnisch überlegener Abklatsch, der zwar einen gehörigen Profit einspielte, jedoch nicht zu den Höhepunkten des Genres zählt: »Der Film wiederholt die klischeehaften Muster der Fernsehserie. Eine bedrohliche Situation tritt ein, der Captain reagiert mit autoritärem Befehlsgehabe, der Doktor äußert Skepsis, Spock bringt die kühle Logik ins Spiel, und der Maschinist warnt zum x-ten Mal, daß die Maschinen nicht überlastet werden dürfen... Man muß schon ein eingefleischter *Enterprise*-Fan sein, um an einem derart simplen, gewaltsam auf Bedeutungsschwere getrimmten Film Gefallen zu finden.« (FILMDIENST)

Ⓥ CIC

Ⓑ Gene Roddenberry: *Star Trek – der Film*, München 1980

Star Trek II – Der Zorn des Khan
(STAR TREK II – THE WRATH OF KHAN).
USA 1982.
R Nicholas Meyer. *B* Jack B. Sowards.

K Gayne Rescher. *SpE* Industrial Lights and Magic, Inc. *M* James Horner. *D* William Shatner (Admiral James T. Kirk), Leonard Nimoy (Mr. Spock), DeForest Kelly (Dr. Leonard McCoy), Ricardo Montalban (Khan), James Doohan (Montgomery Scott), Walter Koenig (Mr. Chekov), Bibi Besch (Carol Markus), Merritt Butrick (David), Paul Winfield (Terrell), Kristie Alley (Saavik), George Takei (Mr. Sulu), Nichelle Nichols (Lt. Uhura). *F* 113 Min.

Im Jahre 1966 strahlte der amerikanische Fernsehsender NBC den Kurzfilm SPACE SEED (in der dt. Fassung ›Der schlafende Tiger‹) aus, eine Folge der TV-Serie *Star Trek*; gechrieben von C. Wilbur und Gene L. Coon (Regie: Marc Daniels). Die Haupt-Antagonistenrolle spielte Ricardo Montalban als Anführer einer Gruppe tyrannischer Übermenschen, die von Captain Kirk und seinen Getreuen besiegt und auf einen unwirtlichen Planeten in die Verbannung geschickt werden. – *Star Trek II – Der Zorn des Khan* baut auf dieser TV-Episode auf: Khan (der diesen Namen nicht etwa als Titel trägt, wie der idiotisch übersetzte deutsche Filmtitel suggeriert, sondern einfach so heißt) hat sich auf seinem Exilplaneten häuslich eingerichtet, betreibt genetische Experimente, haßt Kirk immer noch wie die Pest und will ihn mitsamt der *Enterprise*, die inzwischen als Schulschiff dient, vernichten. Fünfzehn Jahre sind aber inzwischen vergangen. Als das Raumschiff *Reliant* auf Khans Planeten landet, um ihn für ein ›Genesis‹ benamtes Projekt zu testen, das mittels einer Spezialapparatur aus Ödplaneten blühende Welten machen kann, fallen Captain Terrell und Mr. Chekhov, ein alter Kampfgefährte Kirks, dem racheschnaubenden Khan in die Hände. Khan infiziert die beiden Männer mit einem von ihm entwickelten Parasiten und schickt sie zur Station Regula zurück, deren Leiterin Carol Markus, Kirks Ex-Geliebte, ist. Kirk – inzwischen zum Admiral befördert – wird nach Regula gelockt, wo

Moby Dick für Trekkies: Ricardo Montalban, Walter Koenig und Paul Winfield in
Nicholas Meyers *Star Trek II – Der Zorn des Khan*

Khan die *Enterprise* in einen Hinterhalt
lockt und halb in Klump schießt. Aber die
strammen Helden von der Erde wären keine Helden, könnten sie Khan nicht aus-
tricksen. Dennoch: Khan stiehlt die Gene-
sis-Maschine, Terrell nimmt sich das Leben, Chekhov, der von seinem Parasiten
einen Mordbefehl erhält, verliert die Besinnung. Es kommt noch mal zu einem
Weltraumrennen zwischen Khans Schiff
und der *Enterprise*. Als Khan sämtliche
Felle hinwegschwimmen, setzt er die Maschine – die man auch als Waffe benutzen
kann – gegen Kirk ein. Nur der Überlicht-
antrieb der *Enterprise* könnte Kirk und
seine Mannen retten – aber der ist beschädigt, und der Maschinenraum strahlenverseucht. Mr. Spock, der logisch denkende
Vulkanier, opfert sich für seine Freunde:
Er repariert den Antrieb, obwohl er weiß,
daß es ihn das Leben kostet. Die Genesis-
Maschine schafft eine neue, fruchtbare

Welt, deren molekulare Struktur so
fremdartig beschaffen ist, daß Spock, der
in einem Spezialsarg auf ihr ›landet‹,
möglicherweise in anderer Form weiter-
existieren kann. – »Die philosophisch
verbrämte Langatmigkeit des ersten *Star
Trek*-Films macht... unter der Regie Ni-
cholas Meyers einer erdnahen Form von
Kino-Unterhaltung Platz.« (GUCKLOCH)
– »Im Ganzen hält *Star Trek II – Der Zorn
des Khan* einem Vergleich mit *Krieg der
Sterne* durchaus stand.« (FILMBEOBACH-
TER)
Ⓥ CIC
Ⓑ Vonda N. McIntyre: *Star Trek II – Der
Zorn des Khan*, München 1982

**Star Trek III – Auf der Suche nach
Mr. Spock**
(STAR TREK III: THE SEARCH FOR
SPOCK). USA 1984.
R Leonard Nimoy. *B* Harve Bennett.

Christopher Lloyd (M.) nebst anderen Opfern der Beulenpest:
Star Trek III – Auf der Suche nach Mr. Spock von Leonard Nimoy

K Charles Corell. *SpE* Bob Dawson. *M* James Horner. *D* William Shatner (James Kirk), Leonard Nimoy (Mr. Spock), DeForest Kelley (Dr. McCoy), James Doohan (Scotty), Walter Koenig (Chekhov), George Takei (Sulu), Nichelle Nichols (Uhura), Robin Curtis (Saavik), Merritt Butrick (David), Christopher Lloyd (Kruge), Mark Lenard (Sarek), Judith Anderson (T'Lar/Hohepriesterin), James B. Sikking (Capt. Styles), Chathie Shirriff (Calkris), Robert Hooks (Admiral Morrow). *F* 105 Min.

Das Raumschiff *Enterprise* kehrt mit Mann und Maus, aber ohne Mister Spock, der im Weltall beigesetzt werden mußte, unter Admiral Kirk zur Weltraumstation zurück. Kurz vor dem Andocken berichten die Bordcomputer von Lebensspuren auf dem künstlich erzeugten Planeten Genesis. Kirk will prüfen, ob der Sarg von Mister Spock auf Genesis niedergegangen ist. Vielleicht gibt es doch noch Lebenszeichen von ihm. Die Oberste Admiralität hält die *Enterprise* nur noch für einen Schrotthaufen und verbietet die beantragte Expedition. Kirk widersetzt sich dem Befehl und startet zu neuen Taten. Inzwischen haben zwei Forscher von einem anderen Raumschiff, die zwecks wissenschaftlicher Untersuchungen Genesis betreten haben, Mr. Spock auf dem langsam zerbröckelnden Planeten gefunden. Doch Weltraum-Bösewicht und Klingonen-Kommandant Kruge hat ihr Raumschiff zerstören lassen. Auch die *Enterprise* wird von den feindlichen Weltraumbewohnern kampfunfähig geschossen. Nur durch den Trick, das Weltraumschiff und

die Genesisformel übergeben zu wollen, es tatsächlich aber in die Luft zu sprengen, kann Admiral Kirk die inzwischen auf Genesis übersiedelte Mannschaft retten. Eine weitere List bringt das feindliche Raumschiff in seine Hand, mit dem dann Kirk und seine Mannen inkl. des geretteten Mr. Spock glücklich zum Planeten Vulkan (bekanntlich die Heimat Spocks) und zu anderen Abenteuern fliegen können. »In einigen Partien recht attraktiv..., doch Längen zerstören die Spannung. Technisch etwas perfekter als seine Vorgänger...« (M. N., FILMDIENST) – »Der Gesamteindruck bleibt ein gemischtes Vergnügen, das jedoch durchaus im Sinne der Serie abläuft. Man darf von *Star Trek* nicht mehr erwarten als die Aufrechterhaltung einer vertraut-familiären Atmosphäre innerhalb eher einfacher denn bedeutungsvoller Geschichten für ein Stammpublikum... Im Endeffekt gibt STAR TREK III trotz allem, was er zu wünschen übrig läßt, mehr Klarheit über deren Kino-Kurs und die Chance eines Neuanfangs als alles vorherige.« (Peter Gaschler in DAS SCIENCE FICTION JAHR 1986) – »Dem wahren Spitzohr-Fan dürfte dieses leidlich spannende Space-Opera-Kombinat aus aufrechten Weltraumhelden, pseudo-philosophischer Vulkan-Mystik und faszinierend perfekten Spezialeffekten... zweifellos wie Öl runterlaufen... Die ausgesprochen lieblose Synchronisation sorgt mal wieder für einen regelrechten Wermuts-Sturzbach.« (Norberg Stresau, FILMECHO/FILMWOCHE)
Ⓥ CIC
Ⓑ Vonda N. McIntyre: *Auf der Suche nach Mr. Spock*, München 1985

Star Trek IV – Zurück in die Gegenwart

(STAR TREK 4: THE VOYAGE HOME). USA 1986.
R Leonrd Nimoy. *B* Steve Meerson/ Peter Krikes/Nicholas Meyer/Harve Bennett. *K* Don Peterman. *M* Leonard Rosenman. *D* William Shatner (James T. Kirk), Leonard Nimoy (Spock), DeForrest Kelly (Dr. McCoy), James Doohan (Scotty), Nichelle Nichols (Uhura), Walter Koenig (Chekhov), George Takei (Sulu), Jane Wyatt (Amanda), Catherine Hicks (Gillian). *F* 122 Min.

Aus dem Weltraum nähert sich ein unbekanntes Raumschiff der Erde, hält in Sichtweite an, legt alle technischen Funktionen auf dem Planeten lahm, saugt Meerwasser auf und sendet unverständliche Signale. Die aus dem vulkanischen Exil zurückkehrende Mannschaft des Raumschiffes *Enterprise* kann rechtzeitig gewarnt werden, bevor sie mit dem (in *Star Trek 3* gekaperten) Klingonenschiff in den Wirkungskreis der fremden Schiffes gerät. Spitzohr Spock begreift, was los ist: Die Signale, die man hört, sind die ›Sprechgesänge‹ von Buckelwalen; das fremde Raumschiff erwartet eine Antwort – oder es wird die Erde vernichten. Doch da die Buckelwale im 23. Jahrhundert ausgestorben sind, können sie keine Antwort mehr geben. Man wagt den Zeitsprung ins 20. Jahrhundert und landet im San Francisco des Jahres 1986, was den Produzenten eine Menge Kohle für futuristische Bauten spart. Man versteckt das Schiff unter einem Tarnschirm in einem Park und zieht in Gruppen los, um notwendige Dinge zu organisieren. Chekhov wird vom Militär gefangen und muß befreit werden. Scott, McCoy und Sulu besorgen Material, um Wale zu transportieren. Kirk und Spock, die ein passendes Walpärchen suchen, lernen die Biologin Gillian kennen, die sie später in die Zukunft begleitet. Vor den Augen von Walfängern bringen sie die Wale in ihr Schiff und rasen in ihre Zeit zurück. Nach einer Bruchlandung im Meer nehmen die Wale Kontakt mit dem fremdem Raumschiff auf. Das Wasser fließt zurück, das Raumschiff verschwindet wieder. – »Mehr als das langweilige Niveau einer auf Großformat aufgeblasenen Dutzend-Folge kommt bei diesem betulichen ›Alt-Herren-Vergnügen‹ nicht heraus.« (TIP). – »Die

spannendste und vergnüglichste Fahrt der *Enterprise*-Mannschaft. Besondere Pluspunkte: das vergleichsweise geringe Potential an Spezialeffekten und satirischen Seitenhieben auf den amerikanischen Zeitgeist.« (THE HOLLYWOOD REPORTER). – *Zurück in die Gegenwart* ist trotz seines eigenartigen Plots der beste aller *Star Trek*-Filme und wurde in den Kategorien Musik, Toneffekte und Kamera für den Oscar nominiert.
Ⓑ Vonda N. McIntyre: *Zurück in die Gegenwart*, München 1987
Ⓥ CIC

Star Trek V – Am Rande des Universums
(STAR TREK 5: THE FINAL FRONTIER).
USA 1989.
R William Shatner. *B* David Loughery.
K Andrew Laszlo. *SpE* Bran Ferren/
Peter Kuran. *M* Jerry Goldsmith.
D William Shatner (James T. Kirk),
Leonard Nimoy (Spock), DeForest
Kelly (Dr. McCoy), James Doohan
(Scotty), Walter Koenig (Chekhov),
Nichelle Nichols (Uhura), George Takei
(Sulu), David Warner (St. John Talbot),
Laurence Luckinbill (Sybok), Charles
Cooper (Korrd), Cynthia Gouw
(Caithlin Dar), Todd Bryant (Klaa),
Spice Williams (Vixis), Rex Holman
(J'Onn), George Murdock (Gott).
F 105 Min.
Keine besonderen Vorkommnisse im Logbuch der *USS Enterprise*. Auf dem Planeten Nimbus III lebt der Vulkanier Sybok, ein Halbbruder Mr. Spocks, und sucht nach dem Sinn des Lebens. Mit einem Trick gelingt es ihm, die *Enterprise* und ihre Mannschaft zu entführen. Er reist mit ihnen ins Zentrum des Universums (nicht an dessen Rand, wie der Titel uns weismachen will), um Gott zu suchen, der ihm Rede und Antwort stehen soll. Man begegnet einer neblig aussehenden Macht, die das Schiff übernehmen will, damit es wieder verschwindet. Kirk entlarvt die Macht als Nicht-Gott: »Wenn du wirklich Gott bist, warum brauchst du

dann ein Raumschiff?« In einem mentalen Kampf wird die Macht besiegt. Sybok opfert sich für die Mannschaft, die ins All entkommt. – »Das Wahrste, was Captain Kirk alias William Shatner über seine Star Trek-Erfahrungen sagen kann, ist, daß ›sie mich reich gemacht haben‹. Der Weltraumfahrer glaubt aber auch, seine erste Kinofilm-Regie habe Lob verdient.« Das US-Fachblatt VARIETY... kanzelt Shatners Raumgleiter-Märchen gehörig ab: »Unglückliches Regiedebüt... düster... träge.... schlampig anmutende Spezialeffekte... die Schwierigkeit beginnt schon bei der Story, an der Shatner mitschrieb.« (Erich Kocian, KINOHIT). – »Daß sich hinter Schwarzen Löchern und fernen Astralnebeln religiöse Geheimnisse verbergen, ist für Trekkies nichts Neues, doch diesmal dümpelt die *Enterprise* am Rande der Absurdität. Und statt knalliger Spezialeffekte werden beeindruckende Gedankenmanipulationen serviert: In einem Flashback erlebt Spock seine Geburt noch einmal. Immerhin.« (KINO).
Ⓑ J.M. Dillard: *Am Rande des Universums*, München 1989
Ⓥ CIC

Start zur Kassiopeia
(MOSKWA – KASSIOPEJA). UdSSR 1973.
R Richard Wiktorow. *B* Awenir Sak/
Issai Kusnezow. *K* Andrej Kirillow. *M*
Wladimir Tschernyschow. *D* Innokenti
Smoktunowski (BSA), Wassilij
Merkurjew (Blagowidow), Lew Durow
(Filatow), Juri Medwejew (Ogon-
Duganowski), Pjotr Merkurjew
(Kurotschkin), Michail Jerschow
(Sereda), Alexander Grigorjew
(Koselkow), Wladimir Sawin
(Kopanygin), Wladimir Bassow
(Lobanow), Olga Bitjukowa (Sorokina),
Ira Popowa (Panfjorowa), Natalja
Fatejewa. *F* 79 Min.
Von einem Planeten im Sternbild Kassiopeia werden Funksignale aufgefangen, die auf intelligentes Leben schließen lassen. Da die Reise dorthin fünfzig Jahre dauert, beschließt man in der Sowjet-

union, eine Gruppe vierzehnjähriger Jungen und Mädchen als Kosmonauten mit dem Raumschiff *Sarja* loszuschicken. Der Flug ist heiter, aber es gibt auch Probleme – z.B. mit einem Blinden Passagier namens Lobanow und mit einem Magnetsturm, der das Schiff ordentlich in die Mangel nimmt. – Ein flott gemachter Jugendfilm. Fortsetzung siehe *Roboter im Sternbild Kassiopeia*.

Steel Dawn – Die Fährte des Siegers
(STEEL DAWN). USA 1987.
R Lance Hool. *B* Doug Lefler. *K* George Tirl. *M* Brian May. *D* Patrick Swayze (Nomad), Lisa Niemi (Kasha), Christopher Neame (Sho), Brion James (Tark), John Fujioko (Tark), Brett Hool (Jux), Anthony Zerbe (Damnil), Marcel Van Heeren (Lann), Arnold Vosloo (Makker), James Whyle (Tooey), Russell Savadier (Off), Joe Ribeiro (Cali). *F* (102) 93 Min.
Die Erde ist zur Wüste erstarrt, Wasser ist rar, Menschlichkeit kommt noch seltener vor – Apokalypse Now! Der Weg des jungen Einzelgängers Nomad führt in die Stadt Meridian, wo ihm die junge Witwe Kasha und ihr Sohn Jux Unterkunft bieten. Derweil will der böse Tyrann Damnil (dargestellt von Anthony Zerbe, der auch schon bessere Tage gesehen hat) die Oase unter seine Fuchtel bringen. Nomad rettet die Einwohner und verläßt, wie es dem einsamen Helden geziemt, trotz seiner Liebe zu Kasha die Stadt. – Hauptdarsteller Patrick Swayze wurde durch *Dirty Dancing* zwar über Nacht zum Star aller ungeküßten Teenies, aber dieser Endzeitquatsch wäre seiner Karriere wahrscheinlich nicht mal dann dienlich gewesen, wenn man ihn *Dirty Fighter* genannt hätte. Ⓥ Gloria

Steig aus bei 43000
(BAIL OUT AT 43000). USA 1957.
R Francis D. Lyon. *B* Paul Monash.
K Lionel Lindon. *M* Albert Glasser.
D John Payne (Major Paul Peterson), Karen Steele (Carol Peterson), Paul

Kelly (Colonel Hughes), Richard Eyer (Kit Peterson), Constance Ford (Frances Nolan), Eddie Firestone, Adam Kennedy, Gregory Gay, Steven Ritch, Richard Crane. 79 Min.
Ein Forschungsinstitut der Luftstreitkräfte erprobt einen Schleudersitz, der den Besatzungen moderner Stratosphärenbomber im Notfall das ›Aussteigen‹ in großen Höhen (43000 Fuß 13000 m) erlauben soll. Das geschieht nicht ohne Komplikationen und angeknackstes und wiedergefundenes Selbstvertrauen, wobei die schauspielerischen Leistungen schwächlich und die patriotischen Floskeln noch eben erträglich sind.

Sternenkrieg im Weltall
(UCHUKARA NO MESSEEJI). Japan 1978.
R Kinji Fukasaku. *B* Hiroo Matsuda.
K Toru Nakajima. *SpE* Minoru Nakano/ Noburu Takanashi/Nobuo Yajima.
M Kenichiro Morioka. *D* Philip Casnoff (Jack), Vic Morrow (Gen. Guarda), Peggy Lee Brennan (Maja), Sue Shiomi (Emeralida), Tetsuro Tamba (Urocco), Miki Narita (Agaron), Sonny Chiba.
F 87 Min.
Die Bewohner des lieblichen Planeten Illucia werden von einem schweinischen Tyrannen beherrscht; deswegen verstreuen sie acht ›wundersam leuchtende Nüsse‹ im All, die ihnen Hilfe von außerhalb bringen sollen. Die Nüsse geraten in die Hände eines bunt gemischten Teams von Abenteurern, die sich nach Illucia aufmachen, dem Tyrannen eins aufs Maul geben und dessen Supercomputer vernichten. Das hilft zwar nicht viel, aber die geknechteten Bewohner dieser Welt sind nun frei und machen sich auf segelschiffähnlichen Raumern auf, um sich irgendwo im All eine neue Heimat zu suchen. – Japans ›Antwort‹ auf George Lucas' *Krieg der Sterne*: Da wimmelt's nur so von Pappcharakteren und Klischeegestalten. Immerhin: Es gab einige Kritiker, die zumindest die Tricktechniken erwähnenswert fanden, die man in diesem Streifen bewundern darf. Ⓥ UFA

Stoßtrupp Venus bläst zum Angriff: Ach, jodel mir noch einen

Stoßtrupp Venus bläst zum Angriff
Österreich/BRD 1974.
R H. G. Keil. *B* Willi Fritsch.
K Marsalek/Mondi. *M* Hans
Hammerschmid. *D* Nina Frederic,
Catherina Conti, Heidrun Hankammer.
F 85 Min.
Ein paar Venusierinnen erscheinen auf
der Erde, um Sperma zu sammeln, damit
sie sich auf ihrem aussterbenden Planeten
wieder fortpflanzen können. Soft-Sexfilm
mit aufgesetztem SF-Hintergrund.
Ⓥ Toppic *(Ach, jodel mir noch einen)*

Strafpark
(PUNISHMENT PARK). USA 1971.
R Peter Watkins. *B* Peter Watkins.
K Joan Churchill. *M* Paul Motion jr.
D Carmen Argenziano (Jay Kaufman),
Stan Armsted (Charles Robbins), Jim
Bohan (Captain), Gladys Golden (Mrs.

Jergens), Frederick Franklin (Prof.
Daly), Sanford Golden (Senator Harris),
George Gregory (Mr. Keagan), Gary
Johnson (Jim Reedman), Luke Johnson
(Luke Valerio), Paul Alelyanes, Mike
Hodel. *F* 89 Min. O.m.U.
In der kalifornischen Wüste werden sieben angebliche Verschwörer (darunter
zwei Frauen) von einem Sondergericht
der amerikanischen Regierung zu einer
seltsamen Strafe verurteilt: Entweder sie
verbüßen jahrzehntelange Gefängnisstra-
fen oder setzen sich im sogenannten Strafpark drei Tage lang der Verfolgung aus.
Erreichen die Delinquenten einen bestimmten, mit dem Sternenbanner mar-
kierten Punkt, sind sie frei. Das Gericht
besteht aus Angehörigen der *silent majo-
rity*: einer Hausfrau, einem Senator, einem Sozialwissenschaftler, einem Angestellten, einem Gewerkschaftler, dem

Staatsanwalt und einem FBI-Agenten.
Der Grund für diese seltsame Behandlung: Die Gefängnisse der USA sind über-
füllt, denn der Vietnamkrieg dauert an.
Die Regierung beruft immer mehr Bürger
ein, während die Systemgegner und
Kriegsdienstverweigerer aktiven Widerstand üben und ihre Aktionen koordinie-
ren. Alle oppositionellen Kräfte – und
zwar nicht nur die engagierten Politniks,
sondern auch Hippies, Pazifisten und gewöhnliche Aussteiger – haben die Wahl
zwischen Knast und Strafpark. Es gibt nur
eine Spielregel: Wer sich für den Strafpark entscheidet, muß drei Tage in der
Wüste überleben und eine Verfolgungsjagd über 80 Kilometer überstehen. Die
Verfolger sind bestens ausgerüstet: Sie
hetzen mit Fahrzeugen und Helikoptern
hinter den Delinquenten her. Ein briti-
sches Fernsehteam, das eine Reportage
über den Strafpark dreht, wird in den
Strudel der Ereignisse hineingezogen, gewinnt zwangsläufig Sympathien für die
Gejagten und muß letzten Endes entsetzt
mitansehen, daß das Versprechen der
US-Regierung einen Dreck wert ist:
Selbst jene, die das Sternenbanner erreichen, überleben nicht. – *Strafpark* wurde
von einer Underground-Produktion finanziert, in drei Wochen abgedreht und kostete nur 350000 DM. Regisseur Peter
Watkins, der zuvor bereits mit utopischen
Filmen wie THE WAR GAME (1966), PRI-
VILEG (1967) und GLADIATORERNA
(1969) von sich reden gemacht hatte,
konnte seine Fans diesmal jedoch nicht
ganz überzeugen – was weniger an der gewählten Thematik als an der Machart des
Films lag. Man warf ihm vor, vor lauter
Engagement vergessen zu haben, daß Filme auch ›Unterhaltungswert‹ haben müßten; er sei so von »polemischem Eifer« befallen, »daß die Botschaft *alles* geworden«
sei, aber der Film insgesamt »langweilig,
schrill und beinahe unansehbar«. (Alan
Frank, SCIENCE FICTION AND FANTASY
HANDBOOK) – *Strafpark* – »eine Justiz-
Apokalypse« (PARDON) – ist in der BRD
nur als Original mit Untertiteln zu sehen.

Stranded – Gestrandet
(STRANDED). USA 1987.
R Tex Fuller. *B* Alan Castle. *K* Jeff Jur.
SpE Ray Massara. *M* Stacy Widelitz.
D Maureen O‹Sullivan (Grace Clark),
Ione Skye (Dierdre Clark), Joe Morton
(Sheriff McMann), Brendan Hughes
(Prince), Susan Barnes (Helen
Anderson), Cameron Dye (Lt. Scott),
Michael Greene (Vernon Burdett), Gary
Swanson, Spice Williams. *F* 81 Min.
In einer Sommernacht suchen fünf Außer-
irdische, nachdem sie in Notwehr einen
Mann getötet haben, im Landhaus der al-
ten Grace Clark und ihrer Enkelin Zuflucht. Das Zusammentreffen beider Kulturen verläuft friedlich. Nachdem es gelingt, telepathisch miteinander zu kommunizieren, kommt man sich näher. Doch
das Haus wird von einem wütenden Mob
umstellt, der Vergeltung will und an Geiselnahme glaubt. Sheriff McMann kann
zwar anfangs zwischen den Gruppen vermitteln, doch dann eskaliert die Situation.
Im Verlaufe eines Feuergefechts gelingt
nur einem Außerirdischen die Flucht. –
»Das B-Picture verbindet Versatzstücke
mehrerer Genres und Filmepochen zu einem weitgehend gelungenen Film, der
nach anfänglichem Leerlauf gut unterhält
und durch seine humane Gesinnung überzeugt.« (LEXIKON DES INTERNATIONA-
LEN FILMS).
Ⓥ RCA/Columbia

Strange Invaders
Anderer Titel für **Das Geheimnis von
Centreville**

Straße der Verdammnis
(DAMNATION ALLEY). USA 1977.
R Jack Smight. *B* Alan Sharp/Lukas
Heller. *LV* Roger Zelazny. *K* Harry
Stradling jr. *SpE* Milt Rice/Mimi
Gramathi. *M* Jerry Goldsmith. *D* Jan-
Michael Vincent (Tanner), George
Peppard (Denton), Dominique Sanda
(Janice), Paul Winfield (Keegan), Jackie
Earle Haley (Billy), Kip Niven (Perry),
Trent Dolan (Techniker), Mark L.

Taylor (Haskins), Marcia Holley (Gloria). *F* 91 Min.

Ganz plötzlich bricht ein Atomkrieg aus: Feindliche Raketengeschwader überfallen die USA. Zwar kann man in einer Kommandozentrale inmitten der kalifornischen Wüste noch den Gegenschlag auslösen, aber die Welt ist unwiderruflich *am Arsch.* Schlimmer noch: Die Explosionen haben die Erdachse verschoben. Zwei Jahre später wagen sich die Insassen eines Bunkers an die Oberfläche. Weite Gebiete der USA sind radioaktiv verseucht, die einheimische Fauna ist – soweit noch vorhanden – mutiert. Der Kommißkopf Denton und seine Kollegen Tanner, Keegan und Perry besteigen zwei gepanzerte Spezialfahrzeuge und wollen sich nach Albany bei New York durchschlagen, weil sie von dort Funksignale aufgefangen haben, aber der Weg, der vor ihnen liegt, entpuppt sich als eine Straße der Verdammnis: Das Klima ist kaum erträglich, das Wetter spielt verrückt, der Treibstoff geht ihnen aus, und sie begegnen gefährlichen Riesenskorpionen, die ihnen das Leben zur Hölle machen. Perry kommt um. In der toten Stadt Las Vegas stößt die Gruppe auf das Mädchen Janice, das sich ihnen anschließt. In Salt Lake City stirbt Keegan, dafür nimmt man sich des Jungen Billy an, der von mehreren verunstalteten Männern verfolgt wird. In Detroit machen die Fahrzeuge schlapp. Ein Sturm bricht los und erzeugt eine Überschwemmung. Obwohl alles danach aussieht, als hätten

Hamburger-Kino: Jan-Michael Vincent, Dominique Sanda, Paul Winfield, George Peppard in Jack Smights *Straße der Verdammnis*

die Überlebenden der Katastrophe keine Chance mehr, klärt sich unerwartet der Himmel und die Stimme aus Albany meldet sich wieder über Funk... – »*Straße der Verdammnis* ist zwar kein extrem schlechter Film, aber eine verdammt teure Methode, einen verregneten Nachmittag im Kino zu verbringen: Es handelt sich um einen B-Film (wie es die meisten SF-Filme vor *Krieg der Sterne* waren), und als solcher weist er auch alle Schwächen auf, die Filme dieser Art auszeichnet. Am auffälligsten sind die unglaublich doofen Charaktere und die sowohl im Plot als auch in der wissenschaftlichen Glaubwürdigkeit auftauchenden Löcher: Sie sind so groß, daß man glatt einen Überseefrachter hindurchschieben könnte... Wie immer in solchen Filmen, begegnen die Akteure allerlei Gefahren, die sowohl menschlichen als auch unmenschlichen Ursprungs sind (die menschlichen sind stets lüstern, die unmenschlichen hungrig), erforschen ein paar Ruinen, verlieren einige Mitglieder ihrer Gruppe und finden neue hinzu. Dies mag sich ja irgendwie nach Zelaznys Roman anhören, aber wer tatsächlich erwartet, in einem Film eine Romanvorlage wiederzuerkennen, glaubt möglicherweise auch daran, daß aus Fotoapparaten Vögelchen hervorspringen. Was den Film angeht, so ist die durch Erosion zerstörte Landschaft pittoresk, die Kameraführung bei einigen ungewöhnlichen Winkelschüssen interessant, und die Musik von Jerry Goldsmith hervorragend, und das im wahrsten Sinne des Wortes: Sie übertrifft die Handlung auf der Leinwand ziemlich oft (obwohl das, zugegeben, nicht schwer ist)... Die Schauspieler sind keine herumstotternden Laien, und die Bauten haben sicher mehr gekostet, als man in einer Garage an einem Schnürriemen aufhängen könnte. Allerdings ist der Produktionsstandard für SF-Filme ständig im Steigen begriffen, und wenn man *Straße der Verdammnis* sieht, hat man das Gefühl, als hätte man einen Hamburger für 19 Cent bekommen, obwohl man geschmacklich längst an einen für 2.95 Dollar (mit Pilzen und Bermuda-Zwiebeln) gewöhnt ist.« (GALILEO) – »Von der Tricktechnik, die viele handlungsmäßig schwache fantastische Filme aufmöbelt, ist... nichts Positives zu vermelden: Die riesigen Skorpione sind schlecht einkopiert, und die menschenfressenden Kakerlaken sind zu abgegriffen, um mehr als leichten Grusel hervorzurufen.« (SCIENCE FICTION TIMES)
Ⓑ Roger Zelazny: *Straße der Verdammnis*, München 1972

Stryker
(STRYKER) USA/Philippinen 1983. *R* Cirio H. Santiago. *B* Howard Cohen. *St* Leonard Hermes. *K* Ricardo Remias. *M* Ed Gatchalian/Susan Justin. *D* Steve Sandor (Stryker), Julie Gray (Diala), Andria Savio (Cardiz), William Ostrander (Cardiz' Bruder), Michael Lane (Truan), Monique St. Pierre (Cerce), Jon Harris (Oiric). *F* 85 Min.
Nach dem großen atomaren Knall suchen die Überlebenden – harte Männer und knackige junge Frauen – verzweifelt nach Wasser, und wer etwas gefunden hat, muß damit rechnen, daß die bösen Buben, die's ihm wegnehmen, nicht weit sind. So besteht auch das Nachkriegsdasein in der Regel aus Mord und Totschlag. Nur Stryker, ein post-moderner Zorro, schlägt sich wacker für die Kleinen und Schwachen (hier: amazonenhaft gestylte Frauen, die sich wie reine Tölpel aufführen, wenn's zum Fight kommt). Strykers Gegner sind Ex-Kunden von Siggis Sado-Shop, ultrabrutal, ohne Manieren (und Drehbuch), und sie singen das hohe Lied des abgrundtief Dummen, der wie ein Schwein grunzt, hinpißt, wo es ihm gefällt, Menschen foltert, um sich an Qualen zu weiden, und jederzeit zu Gemeinheiten bereit ist. Der Endkampf um ein von den Frauen entdecktes Wasserreservoir endet mit einem Urteil des Himmels: Als die Lage für alle aussichtslos wird, prasselt Regen nieder, und alle, alle freuen sich. – Ein verworrener und dummer Film.
Ⓥ Thorn EMI

Stuff – Ein tödlicher Leckerbissen
(THE STUFF). USA 1985.
R Larry Cohen. *B* Larry Cohen.
K Paul Glickman. *SpE* David Allen.
M Anthony Guefen. *D* Michael
Moriarty (David Rutherford), Scott
Bloom (Jason), Andrea Marcovici
(Nicole), Garrett Morris (Charlie), Paul
Sorvino (Col. Spears), Danny Aiello
(Vickers), Alexander Scourby (Evans),
Russell Nype (Richards). *F* 93 Min.
Arbeiter entdecken eine joghurtähnliche
Masse, die aus der Erde quillt und *lecker*
schmeckt. Fortan befinden sich die USA
im ›*Stuff*‹-Fieber. Eiscremehersteller, die
sich in ihrer Existenz bedroht sehen, be-
auftragen Ex-FBI-Mann Rutherford, herauszufinden, woher das Zeug kommt.
Stuff, erkennt Rutherford, ist wie eine abhängig machende Droge, die den Konsumenten zu immer höheren Dosen zwingt.
Wer sie einnimmt, ist vital und braucht
weniger Schlaf, doch irgendwann führt
der Verzehr zum Tod. Mit einer überge-
laufenen Stuff-PR-Frau und einem Jungen
entdeckt er den Stuff-Teich und verschüttet ihn durch eine Sprengung. Um die
Stuff-Vorräte zu vernichten, mobilisiert
Rutherford einen irren Colonel und dessen Privatarmee. Ein öffentlicher Aufruf
zwingt die verantwortlichen Stuff-Ver-
treiber, ihre Ware kiloweise zu essen. –
»*Stuff* ist ein ... gut gemachtes B-Picture,
das grobe Effekte und Schocks nicht verschmäht und doch tiefer geht: Für den
Konsumenten solcher Filme vermittelt
Stuff wohl ziemlich verblüffende Einsich-
ten in die Rücksichtslosigkeit von Kon-
sumstrategen bei der Durchsetzung ihrer
Produkte und in deren Qualität und raubt
ihnen Illusionen über die moderne Waren-
welt.« (FISCHER FILM ALMANACH).
Ⓥ CBS/Fox

Das stumme Ungeheuer
(SILENT RAGE). USA 1982.
R Michael Miller. *B* Joseph Fraley.
K Robert Jessup/Neil Roach. *M* Peter
Bernstein/Mark Goldenberg. *D* Chuck
Norris (Dan Stevens), Ron Silber (Dr.

Tom Halman), Steven Keats (Dr. Philip
Spires), Toni Kalem (Alison Halman),
William Finley (Dr. Paul Vaughn),
Brian Libby (John Kirby), Steven Furst,
Stephanie Dunham. *F* 100 Min.
Inspektor Stevens überwältigt einen
Amokläufer (1. Zwischenbilanz: zwei
zerstückelte Tote), der jedoch mit unmenschlicher Kraft seine Fesseln zerreißt
und entkommt. Ein Cop pumpt ihn voll
Blei; der Killer wird als halbes Sieb ins
Hospital gebracht, wo er sofort verschieden wäre, gäbe es da nicht einen Wissenschaftler, der gerade an einem Serum bastelt, mit dem man Wunden in Sekundenschnelle heilen kann. Der Mörder dient
als Versuchskaninchen. Das Experiment
gelingt: Der Mörder ist von nun an unverwundbar, das Gemetzel geht weiter (2.
Zwischenbilanz: fast die ganze Belegschaft inkl. des o.a. Doktors läßt ihr Leben). Erst die Karatekunststücke Stevens'
setzen ihn außer Gefecht. Der Inspektor
wirft den Irren in einen Brunnenschacht,
aber der ist wohl kaum tief genug, um uns
eine Fortsetzung zu ersparen. –
»... windschiefes Genre-Produkt ... das
plagiatorische Mischwerk aus Franken-
stein-, Carpenter- und Fernsehsheriff-
Plotten purzelt von einer unausgegorenen
Episode in die nächste.« (FILMDIENST)
Ⓥ RCA/Columbia

Die Stunde der grausamen Leichen
(EL JOROBADO DE LA MORGUE).
Spanien 1972.
R Javier Aguirre. *B* Jacinto Molina/
Xavier Aguirre/Alberto S. Insua. *K* Paul
Perez Cubero. *M* Carmelo Barnaola.
D Paul Naschy (Gotho), Rossana Yanni
(Ilsa), Vic Winner (Prof. Orla), Alberto
Dalbes (Dr. Tauchner), Maria Perschy
(Dr. Maria Marko), Maria Elena Arpon
(Elke), Manuel de Blas, Antonio Pica,
Joaquin Rodrigues, Adolfo Thous,
Angel Menendez, Fernando Sotuela,
Antonio Ramis, Sofia Gasares.
F 80 Min.
Professor Orla, der Chefbiologe eines ein-
sam gelegenen Sanatoriums in den Ber-

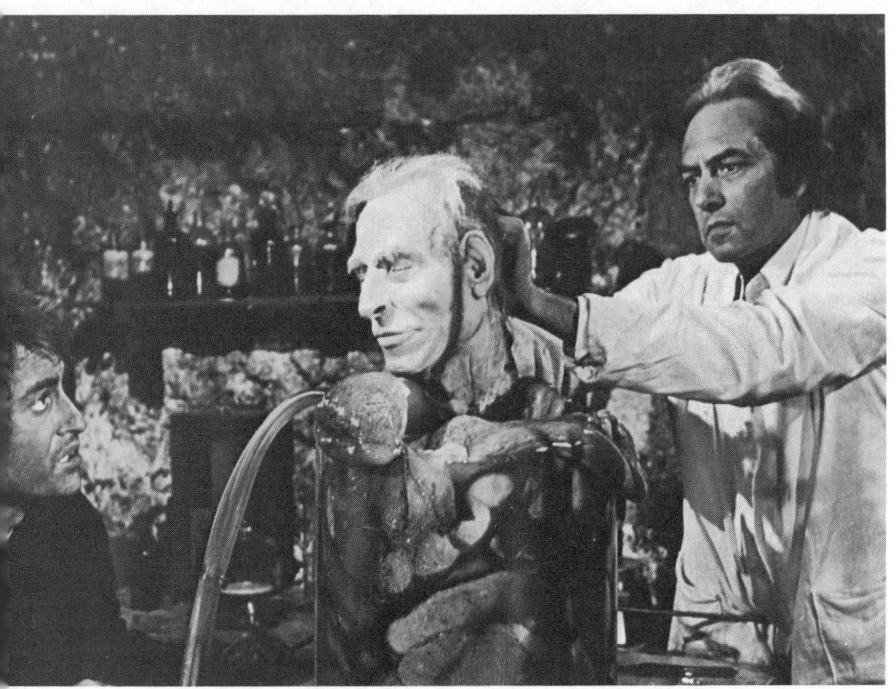

»Und dieses Plastikding sollen uns die Zuschauer wirklich abkaufen, Meister?«
Die Stunde der grausamen Leichen von Javier Aguirre

gen, beschäftigt sich in Frankenstein-Manier mit der Erschaffung ›künstlichen‹ Lebens und macht sich – als das von ihm erzeugte Geschöpf nach Menschenfleisch verlangt – einen Buckligen gefügig. Diesen plagt schließlich das Gewissen so sehr, daß er das Monster, den Professor und sich selbst in einem Amoklauf vernichtet. »...einer der primitivsten, dümmsten und geschmacklosesten aller bisher gedrehten Horrorfilme.« (FILM-DIENST)
Ⓥ EuroVideo

Die Stunde der Ratte
(FOOD OF THE GODS 2). Kanada 1989.
R Damian Lee. *B* Richard Bennett/
Michael Werb. *K* Curtis Petersen.
SpE Ted Rae/D.B. Miller. *M* Parsons &
Haines. *D* Paul Coufos (Neil Hamilton),
Lisa Schrage (Alex Reed), Colin Fox

(Edmund Delhurst), Frank Moore (Jacques), Real Andrews (Mark), Jackie Burroughs (Dr. Treger), Stuart Hughes (Al), Karen Hines (Angie), Frank Pellegrino (Joshua), Jackie Burroughs (Dr. Treger), Colin Fox (Edmund Delhurst), Sean Mitchell, David B. Nichols. *F* (91) 86 Min.
Um einem mit verrückt spielenden Wachstumshormonen behandelten Jungen zu helfen, der zu einem Riesen heranwächst, untersucht der Universitätsprofessor Hamilton das von seiner Ex-Lehrerin gebraute Serum. Durch ein Assistenten-Mißgeschick fressen die Laborratten mit dem Hormon behandelte Riesentomaten und entkommen durch ein paar trottelige Tierversuchsgegner. Während die Ratten heimlich erste Opfer schlagen, versucht Hamilton, ein Gegenmittel für den Jungen zu finden, der langsam den

Verstand verliert. Die Ratten wachsen zu schäferhundgroßen Ungeheuern heran und blasen bei der Einweihung des neues Uni-Schwimmbades zum Halali. Nach zahllosen Opfern werden sie von der Polizei niedergeschossen. Der verrückte Riesenjunge erwürgt seine Ärztin und flieht. – Schwer zu sagen, was schlimmer ist: das löchrige Drehbuch, in dem die Akteure nie dazu kommen, sich auszusprechen, die ärgerlichen Torheiten, die über den Universitätsbetrieb verbreitet werden, die schwachsinnige Charakterisierung der Figuren oder die vielen angeschnittenen und nie wieder aufgenommenen Handlungsstränge. Die studentischen Tierversuchsgegner sind einfältige Krawallbrüder, die Dozenten graben einander das Wasser ab, und der Dekan besteht auch dann noch auf den Erhalt von Ruhe und Ordnung, als die ersten Leichen schon herumliegen. All dies im Namen des seligen H.G. Wells, der mit Sicherheit in seinem Grabe rotiert.
ⓥ Starlight

Subject 20 – Horror im All
Anderer Titel für **Mutant – Das Grauen im All**

Sumuru, die Tochter des Satans
(THE SLAVES OF SUMURU). GB 1967.
R Lindsay Shonteff. *B* Kevin Cavanagh. *K* John von Kotze. *M* Johnny Scott. *D* George Nader (Nick West), Frankie Avalon (Tommy Carter), Shirley Eaton (Sumuru), Klaus Kinski (Präsident Boong), Wilfrid Hyde-White (Col. Baisbrook), Patti Chandler (Louise), Maria Rohm (Helga), Sally Sachse (Mikki), Ursula Rank (Erna), Krista Nell (Zoe), Paul Chang (Insp. Koo), Essie Huang (Kitty), Jon Fong (Col. Medika), Denise Darveux, Mary Cheng, Jill Hamilton, Lisa Gray, Christine Lok, Margret Cheung, Louise Lee. *F* 80 Min.
Sumuru, eine Art weiblicher Dr. Fu Man Chu, hat sich auf einer Insel vor Hongkong niedergelassen und gebietet dort über ein Heer hübscher Mädchen, die sich in ihrem Auftrag den Mächtigen dieser Erde an den Hals werfen und danach trachten, deren Gattinnen zu werden. Auf diese Weise will Sumuru die Männer entmachten und ein Frauenregime errichten. Der britische Geheimdienst kriegt Wind von der Sache und vereitelt Sumurus Welteroberungspläne.
»Wenn dieser weibliche Fu Man Chu im Film Schule macht, sind die Aussichten recht ärgerlich. Das männliche Vorbild wird so getreulich kopiert, daß man die Grausamkeiten, die er und seine Männer begehen, schlicht auf die Frauen in den entsprechenden Rollen überträgt. Sie foltern und töten mit nicht geringerer Kaltblütigkeit.« (FILMBEOBACHTER)

Super
BRD 1983.
R Adolf Winkelmann. *B* Jost Krüger/ Gerd Weiss/Adolf Winkelmann. *K* Mike Fallert/Reinhard Köcher. *M* Udo Lindenberg/Dave King. *D* Renan Demirkan (Inga), Udo Lindenberg (Alex), Inga Humpe (Ruth), Tana Schanzara (Tana), Günter Lamprecht (Kuballa), Hannelore Hoger (Isabella Borgwart), Ulrich Wildgruber (Burghart Borgwart), Hermann Lause, Gottfried John (Polizisten). *F* 101 Min.
Halbverfallene Betonbauten, Müllkippenlandschaft in einer fernen Zukunft, die wir so hoffentlich nie erleben werden. Inga tritt ihr Erbe an: eine heruntergekommene Tankstelle mit Motel, ein Bankrott-Unternehmen. Die Pächter, Kuballa und Tana, entwickeln eine Idee: Das Motel am Ende der Welt wird zur Schleuse für ausreisewillige Flüchtlinge. Super ist keine Benzinsorte, Super ist ein Codewort. Jedermann, der das Wort nennt und 200000 zahlt, kann sich eine Reise in die Südsee erkaufen. Ob es dort anders aussieht als in Europa, der riesengroßen Müllhalde mit perfekter Gedankenkontrolle? Doch jeder Traum hat eben seinen Preis, und die Südsee ist weit weg! Inga macht das große Geld, sie träumt nicht von der Südsee, sondern von Alex, der sie

vor kurzem erst verlassen hat. Alex ist ›Kabelpirat‹ und zapft zusammen mit Ruth das Kabelnetz des Großen Bruders an, um das für alle verbindliche Einheitsbrei-Musikprogramm mit aufrührerischen Sendungen zu sabotieren. Inga ist sich sicher: eines Tages will auch Alex ausgeschleust werden. Dann kann sie mit ihm abrechnen – oder ihre Liebe wiederfinden. Bald kommt Alex nebst Freundin, dazu ein trinkfreudiges Zahnarzt-Ehepaar und zwei Geheimpolizisten, die das subversive Nest ausheben sollen. Die vier letztgenannten zahlen den Preis, der sie dem Südseetraum näherbringen soll. Als feststeht, daß einer unter ihnen von ganz anderen Dingen träumt, wird er sofort erschossen – in den Rücken, wie es sich für einen Verräter gehört. Alex und Ruth haben kein Geld, träumen trotzdem von der Südsee. Immer cool bleiben, die Zeit bis zum unvermeidlichen ›Showdown‹. Polizist und Bürger haben das Nachsehen, Pächterpaar und Alex mit Freundinnen entkommen. – »*Super* ist besser als die großen, bunten Vorberichte in der Teeny-Presse vermuten lassen:... ein ziemlich absurdes Stück Apokalypsen-Kino. Wäre *Super* eine unabhängige amerikanische (und keine WDR-Co-)Produktion von und mit ein paar unbekannten New Yorker Freaks, er hätte als neuer Kultfilm schnell einen Platz in den Programm-Kinos. Etwa im Wechsel mit *Casablanca*. Von dem stammt die Ausgangssituation: Aus Rick's Café wird Inga's Motel, aber leider ist Lindi kein Bogey, sondern nur ein wunderbar miserabler Schauspieler...« (Hartmut Schulze, DER SPIEGEL) – »Winkelmann widersteht, Ordnung zu schaffen. Er läßt das Durcheinander von Genres und Dramaturgien und Typen und Darstellungsweisen einfach als Durcheinander stehen. Clowns treffen *tough guys,*

Shirley Eaton (l.) in *Sumuru, die Tochter des Satans* von Lindsay Shonteff

New-Wave-Frauen treffen Tana, das Ruhrpott-Original. Nichts stimmt, nichts paßt zusammen. Alles stimmt, alles paßt zusammen. Darüber wird der Endzeit-Film von einer Szene zur anderen komödiantisch und im nächsten Augenblick schon wieder zum Krimi. Manchmal geht es um Spannung, manchmal um theatralisches Gerede und manchmal einfach darum, daß man Szenen ansehen muß, weil sie viel zu teuer waren, als daß Winkelmann sie einfach so hätte wegschneiden können. Tana Schanzara ist sich nicht sicher, ob das alles so hinkommt. Aber sie tut ihr Bestes, und das ist wirklich eine ganze Menge. Einmal schaut sie uns Zuschauer ganz direkt an, lacht und fragt dann: ›Gut, ne?‹« (Norbert Grob, DIE ZEIT)
Ⓥ Warner

Superboy – Der Blitz aus dem All
(DYNAMITE JOHNSON).
Philippinen 1978.
R Bobby A. Suarz. *B* Bobby A. Suarez.
K A. Alvaro. *M* Ruben Schimano.
D Johnson Yap (Sonny Lee/Superboy), Marie Lee. *F* 98 Min.
Ein Amerikaner, der mit Hilfe einer Laserkanone die Welt unterjochen will, wird von einem mit allerlei künstlichen Organen ausgestatteten jugendlichen Übermenschen und einer Agentin der Interpol aufs Kreuz gelegt. »Naives Science Fiction-Stück in Pappmaché-Kulisse.« (FILMDIENST)
Ⓥ ITT Contrast

Superboy – Stärker als 1000 Sonnen
(BIONIC BOY). Philippinen 1978.
R Leady M. Diaz. *B* Bobby A. Suarez.
K A. Alvaro. *M* Ruben Schimano.
D Johnson Yap (Sonny Lee/Superboy), Steve Nicholson (Frank), Ron Rogers (Castro), David McCoy (Ramirez), David Fry (Martinelli). *F* 87 Min.
Frank, ein Gangster, der mit seinen Leuten den südostasiatischen Raum unter die Kontrolle eines multinationalen US-Konzerns bringen soll, läßt den Interpol-Agenten Dr. Lee und dessen Frau brutal aus dem Wege räumen. Sonny Lee, gerade 12 Jahre alt, wird dabei schwer verletzt, gesundet aber unter der Obhut eines mit allerlei technischen Schikanen ausgerüsteten Ärzteteams. Ausgestattet mit künstlichen Organen, die ihm Superkräfte verleihen, beginnt er seinen Rachefeldzug, der mit der Zerschlagung der Bande endet.
Ⓥ ITT Contrast

Der Supercop
(SUPER SNOOPER/SUPER FUZZ).
Italien/USA 1981.
R Sergio Corbucci. *B* Sergio Corbucci/S. Giuffini. *K* S. Ippoliti. *SpE* Cass Gillespie. *M* La Bionda. *D* Terence Hill (Dave Speed), Joanna Dru (Rosy Labouche), Ernest Borgnine (Willy Dunlop), Julie Gordon (Evelyn), Herb Goldstein (Silvius), Don Sebastian (Dingo), Marc Lawrence (Torpedo), Claudio Ruffini (Tragedy Row), Sal Borghese (Paradise Alley), Sergio Smacchi (Slot Machine), Lee Sandman (McEnroy). *F* 98 Min.
Ein US-Cop, der sinnigerweise auf den Namen Speed hört, erfreut sich einer mutierten Gehirnstruktur (Ursache: eine Atomexplosion) und verfügt deswegen über Superkräfte, die ihm helfen, bestens mit dem Abschaum der Erde fertig zu werden. – US-italienischer Filmklamauk mit Terence Hill nach altbewährtem Strickmuster. Schlichte Gemüter dürften dennoch ihre Freude daran haben.
Ⓥ Warner Home

Superflashman
Anderer Titel für **Flashman, der Unsichtbare**

Supergau-Terminator
(THE KILLING EDGE). GB 1986.
R Lindsay Craig Shonteff. *B* Robert Bauer. *K* N.N. *M* N.N. *D* Bill French, Mary Spender, Al Lampert. *F* 85 Min.
«Der Supergau bricht los, und der wacke-

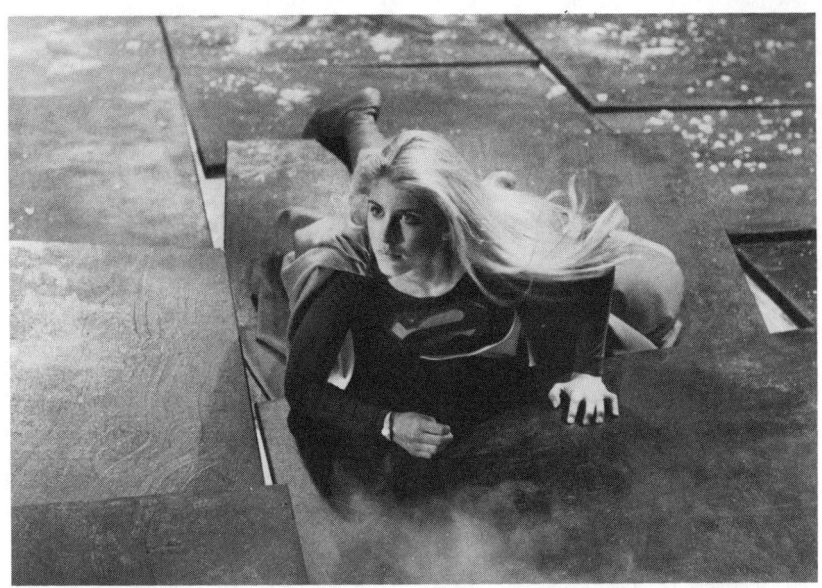

Krypton meets Courts-Mahler: Helen Slater in *Supergirl* von Jeannot Szwarc

re Geschäftsmann Steve Johnson muß sich mit den Terminatoren prügeln. Nicht wirklich bemerkenswert, aber immerhin ein heißer Anwärter auf den Roger Corman Award für den fetzigsten C-Film-Titel.« (Norbert Stresau, SCIENCE FICTION TIMES).
Ⓥ IVE

Supergirl
(SUPERGIRL). USA 1984.
R Jeannot Szwarc. *B* David Odell. *K* Alan Hume. *SpE* Derek Meddings/ Roy Field. *M* Jerry Goldsmith. *D* Faye Dunaway (Selena), Helen Slater (Kara/ Linda Lee), Peter O'Toole (Zaltar), Mia Farrow (Alura), Brenda Vaccaro (Bianca), Peter Cook (Nigel), Hart Bochner (Ethan), Simon Ward (Zor-El), Marc McClure (Jimmy Olsen), Maureen Teefy (Lucy Lane), David Healy (Danvers), Sandra Dickinson, Robyn Martell, Jennifer Landor, Diana Ricardo. *F* 114 Min.
Argo City (wie hübsch, daß man auch auf fernen Planeten die englische Sprache

pflegt: das erleichtert die Kommunikation in SF-Filmen immens!), die letzte noch intakt gebliebene Stadt des Planeten Krypton (Vorgeschichte: siehe *Superman*), hat eine mittelschwere Katastrophe hinter sich: Das Mädchen Kara hat während eines wissenschaftlichen Experiments einen ›Omegahedron‹ (auch Griechisch versteht man auf diesem ulkigen Stern) genannten Energiekristall verschlampt, der auf wundersame Weise zur Erde gelangt und dort in die Krallen der fiesen Selena gerät. Die Kräfte, die der Kristall ihr verleiht, können sie zur Herrin der Welt und des Universums machen, so daß Kara – in der Tarnexistenz einer gewissen Linda Lee – alles daransetzen muß, ihr das Ding wieder abzujagen. All dies tut sie, und auch noch mehr, denn sie gewinnt auch noch das Herz eines Gärtners, den die böse Selena für ihr Eigentum hält. – »In der Essenz erzählt der aus biederer-statischen Einstellungen zusammengebastelte Film damit nichts weiter als die Geschichte zweier streitbarer Damen, die sich wegen eines Gärtners in die Wolle

kriegen – Krypton meets Courths-Mahler«, fand Norbert Stresau in der SCIENCE FICTION TIMES und konstatierte:»Das Ergebnis ist schlicht und einfach Murks.« Was zumindest jene nicht verwundern dürfte, die wissen, daß *Supergirl* ebenso wie *Superman* ursprünglich ein Comic-Strip für Infantile war.
Ⓥ CBS/Fox

Supergirl – das Mädchen von den Sternen
(TV-ARD). BRD 1971.
R Rudolf Thomé. *B* Max Zihlmann/ Rudolf Thomé. *K* Alfonso Beato. *D* Iris Berben (Supergirl), Marquard Bohm (Evers), Karina Ehret-Brandner (Elsa Morandl), Jess Hahn (Polonski), Nikolaus Dutch (Charly), Isolde Jovine (Jackie). *F* 100 Min.
Supergirl ist ein ungewöhnlich scheues und schönes Mädchen, das aus dem Nichts auftaucht und die Männer für sich einnimmt: Neben einem Filmproduzenten und einem Präsidentschaftskandidaten auch den Erfolgsautor Evers. Die namenlose Unbekannte redet wenig – aber wenn sie etwas sagt (etwa, daß sie vom dritten Planeten des Systems Alpha Centauri kommt), hört ihr die kiffende, gelangweilte Schickeria, in deren Kreisen sie verkehrt, ohnehin nicht zu. Die Clique akzeptiert sie so, wie sie ist, ob sie nun Wahnvorstellungen hat oder nicht. Trotzdem deutet einiges darauf hin, daß sie verfolgt wird. Von wem? Erst als das Mädchen spurlos verschwindet, wird man nachdenklich.

Die Superhelden
(MISFITS OF SCIENCE). USA 1985.
R Alan J. Levi. *B* James D. Parriott. *St* James D. Parriott. *K* Isidore Mankofsky. *M* Basil Poledouris.
D Dean-Paul Martin (Billy Hayes), Kevin Peter Hall (Elvin Lincoln), Mickey Jones (Arnold Biefneiter), Mark Thomas Miller (Johnny Bukowski), Jennifer Holes (Jane Miller), Courtenay Cox (Gloria), Eric Christmas, Larry

Linville, Diane Civita, Tawny Schneider, Leslie Easterbrook.
F 90 Min.
Bei der näheren Untersuchung eines tiefgefrorenen Menschen, der in einer Höhle gefunden wurde, die seit über 50 Jahren niemand mehr betreten hat, ist den ausgeflippten Wissenschaftlern Hayes und Lincoln kein Glück beschieden. Alles, was der Aufgetaute anfaßt, wird in Eis verwandelt. Zu guter Letzt zerschlägt er das gesamte Laboratorium kurz und klein, was für Hayes und Lincoln Arbeitslosigkeit bedeutet. Ihr ehemaliger Arbeitsplatz gehörte zu einer Forschungsabteilung der Wettrüstungsindustrie. Als ein Exkollege zufällig in eine brisante Geheimsitzung platzt, bei der es um eine höchst gefährliche nukleare Waffe auf Neutronenbasis geht, wird er zur Strafe kurzerhand zu dem Eismann in einen Raum gesperrt, kann aber noch per Telefon Hayes und Lincoln um Hilfe rufen. Die beiden handeln sofort und bilden mit weiteren Gefährten eine außergewöhnliche Truppe. Lincoln ist sowieso schon ein Unikum für sich: er ist über zwei Meter groß, kann sich aber bei Bedarf in einen Winzling verwandeln, seit er mit einem entsprechenden Serum in Berührung gekommen ist. Johnny, ein ehemaliger Rock-Musiker und Chuck-Berry-Fan, lädt seinen Körper durch statische Energie auf und wirft Blitze aus den Fingerspitzen. Gloria, erst 17, telekinetisch veranlagt, hat gerade eine Haftstrafe hinter sich, weil sie mit ihren Fähigkeiten eine Geschäftseinrichtung demoliert hat. Gemeinsam mit Jane – Glorias Bewährungshelferin – brechen die Superhelden, besser gesagt die ›Versager der Wissenschaft‹ (Misfits of Science), auf, den Eingesperrten zu Hilfe zu eilen, was ihnen dank ihrer übernatürlichen Fähigkeiten auch gelingt. Nebenbei können sie vor den Augen der ganzen Welt die machthungrigen Militärs und die rücksichtslosen profitgierigen Wissenschaftler bloßstellen und deren gefährliche Neutronenkanone unschädlich machen. – »Der auf Gags und flotte Sprüche setzende

Film erhebt nicht den Anspruch, kritisch oder in irgendeiner Weise realistisch zu sein; im Stil eines *B-Pictures* mit typischen inszenatorischen Schwachstellen und allenfalls zweitrangiger Tricktechnik wird ein betont ausgeflipptes Märchen erzählt, das Versatzstücke aktueller Populärkulturen einarbeitet und sie dem (üblichen Klischee-)Bild unmenschlich handelnder Militärs gegenüberstellt. Dabei werden die Außenseiter in ihren Schwächen und Stärken stets so liebevoll gezeichnet, daß man sich gerne mit ihnen gegen den bombastisch beschriebenen Rüstungsapparat identifiziert. So ist diese naive Utopie vom Kampf Davids gegen Goliath doch etwas mehr als ein bloßer Unterhaltungsfilm, weil er sich mit den angeblich Schwachen verbündet und sie zu den wahren Siegern erklärt.« (Horst Peter Koll, FILMDIENST)
ⓋCIC

Superman
(SUPERMAN). GB 1978.
R Richard Donner. *B* Mario Puzo/David Newman/Leslie Newman. *K* Geoffrey Unsworth. *SpE* John Richardson/Bob MacDonald/Les Bowie/Derek Meddings/ Brian Smithies/George Gibbs/Zoran Perisić. *M* John Williams.
D Christopher Reeve (Clark Kent), Margot Kidder (Lois Lane), Gene Hackman (Lex Luthor), Marc McClure (Jimmy Olsen), Jackie Cooper (Perry White), Valerie Perrine (Eve Teschmacher), Ned Beatty (Otis), Marlon Brando (Jor-El), Susanna York (Lara), Trevor Howard, Harry Andrews, Vass Anderson, John Hollis, James Garbutt, Michael Grover, David Neal, Penelope Lee, John Stuart, Alan Cullen (Ältestenrat), Glenn Ford (Kent), Phyllis Thaxter (Mrs. Kent), Jack O'Halloran (Non), Lee Quigley, Aaron Sholinsky, Jeff East (Superman in versch. Stadien als Kind), Maria Schell (Vondah), Terence Stamp (Gen. Zod), Sarah Douglas (Ursa), Diane Sherry (Lana Lang), Jeff Atcheson, Brad

Flock, David Petrou, Billy J. Mitchell, Robert Henderson, Larry Lamb, James Brockington, John Cassady, John F. Parker, Anthony Scott, Ray Evans, Sue Shiffrin, Miquel Brown, Vincent Marcello, Benjamin Freitelseon, Lise Hilboldt, Leueen Willoughby, Jill Ingham, Peter Struyck, Rex Reed, Weston Gavin, Ray Hassett, Stephen Kahan, Randy Jurgenson, Matt Russo, Colin Skeaping, Paul Avery, David Baxt, Larry Hagman, Chief Tug Smith, Roy Stevens. *F* 143 Min.
Die Bewohner des Planeten Krypton erfahren, daß ihre Welt in die Sonne stürzen wird. Jor-El, Mitglied des Ältestenrates, programmiert seinen kleinen Sohn Kal-El mit seinem gesamten Wissen und schießt ihn mit einem Miniraumschiff zur Erde, deren andersartige Molekularstruktur dem Kleinen Superkräfte verleiht. Das Baby wird von dem ältlichen Farmerehepaar Kent gefunden und aufgezogen. Bald entpuppt es sich als wahrer Übermensch: Es ist schneller als jeder andere, hebt mühelos die schwersten Lasten, kann durch massive Wände blicken und fliegen. Nach Kents Tod begegnet ihm der Geist seines leiblichen Vaters, der ihn auf eine langjährige Bildungs- und Erziehungsreise mitnimmt. Als Dreißigjähriger taucht Superman unter dem Namen Clark Kent in der Stadt Metropolis auf, wo er sich seine Sporen als Reporter beim *Daily Planet* verdient. Superman verliebt sich in seine Kollegin Lois Lane, gewinnt in Jimmy Olsen einen Freund, in Perry White einen guten Chef und gerät bald mit dem Meisterverbrecher Lex Luthor aneinander, der allerlei üble Schweinereien plant. Während Superman im Privatleben als leicht schusseliger Typ auftritt und von niemandem erkannt wird (obwohl seine ›Verkleidung‹ nur aus einer Brille besteht), ist er in seiner Freizeit der Rächer der Enterbten, der stets zur Stelle ist, wenn jemand in Gefahr schwebt. Lex Luthor ist jedoch der gefährlichste Gegner seines Lebens: Ein skrupelloser Superbösewicht, der ganz Ostkalifornien auf-

kauft, weil er die westliche Hälfte dieses Staates mit Hilfe von Atombomben ins Meer absprengen will. Als er erfährt, daß Supermans Kräfte schwinden, wenn er mit einem Kristall namens Kryptonit in Berührung kommt, lockt er ihn in sein unterirdisches Reich und macht ihn willenlos. Luthor läßt zwei US-Raketen umleiten, um sie über dem San-Andreas-Graben explodieren zu lassen, aber Superman wird von Eve, der Gehilfin seines Feindes, befreit, lehrt den Halunken Mores und umkreist in einem rasanten Flug so lange die Erde, bis es ihm gelungen ist, die Zeit ›zurückzudrehen‹: Seine Freundin Lois ist nämlich mit ihrem Wagen in einer Erdspalte versunken und gestorben. Mit Hilfe der ›Zeitrückdrehung‹ kann er sie retten. Zwischendurch hält er noch die Golden Gate Bridge zusammen, die ein Erdbeben beschädigt hat, rettet das Flugzeug des US-Präsidenten aus einem Orkan, hält die Wasser eines zusammenbrechenden Staudamms zurück, grabscht sich ein Boot voller Gangster aus dem East River und setzt es tropfnaß auf der Wall Street ab, schnappt sich einen abstürzenden Hubschrauber mitten aus der Luft und kocht mit Hilfe seines Superhitzeblicks seiner Lois ein Soufflé. – Regisseur Richard Donner in der Zeitschrift TIME: »Ich bin mit Superman groß geworden, und ich glaube an seinen Mythos. In ihm ist ein Stück ›Gott segne Amerika‹; ein Puritanismus und ein Märchen, das genau in unsere Zeiten paßt.« Produzent Mankiewicz: »All das, was Jimmy Carter uns zu sein bittet – Superman ist es schon. Was wir den Leuten wirklich geben, ist die christliche Botschaft: daß wir alle ehrlich sein, einander lieben und für die Underdogs da sein sollen.« Daß Superman ein Mythos ist, stimmt. Er ist in den USA gewiß bekannter als seine geistigen Erzeuger Jerome Siegel und Joe Shuster, zwei SF-Fans, die ihn in den dreißiger Jahren ›erfanden‹ und für ein paar Dollar an ein Unternehmen verkauften, das seitdem Millionen und aber Millionen mit dem Verkauf von Lizenzrechten gemacht

hat: Superman war ein Comic strip, Held diverser Verfilmungen und Hauptcharakter einer TV-Serie. Was dieser Film eingebracht hat, kann man in etwa schon abschätzen, wenn man weiß, was in ihn investiert wurde: Allein Marlon Brando, engagiert für zwölf Arbeitstage, forderte – und erhielt – eine Gage von 2,25 Millionen Dollar. Die Produktion nahm alles unter Vertrag, was gut und teuer war und einen Namen hatte: Der Film soll über 35 Millionen Dollar gekostet haben, und der größte Teil davon wurde für Tricks ausgegeben, die man sich ein paar Jahre zuvor noch nicht hätte träumen lassen. *Superman* ist ein Film für Kinder jeden Alters: »Was für uns arbeitet«, so der Ko-Produzent Ilya Salkind, »sind Märchen und Eskapismus. Die Leute wollen ihre eigenen Probleme auf der Leinwand nicht sehen.« (Zitiert nach TIME) – Der FILMDIENST, der Superman als »James Bond der achtziger Jahre« bezeichnete: »Im Gegensatz zu James Bond ist Superman allerdings ein beispielhaftes Erzeugnis des amerikanischen Puritanismus; eine zwiegespaltene Persönlichkeit mit der erotischen Ausstrahlung eines Corn-flakes-Covers, eine naive Heilsfigur mit dem messianischen Touch Carterscher Wahlkampf-Parolen.« Und: »Das permanente Umschreiben des Drehbuchs hat die entgegengesetzten Auffassungen der Autoren nirgends in die rechte Balance zu bringen vermocht, so daß der Zuschauer sich damit abfinden muß, im Verlauf eines Abends mindestens fünf verschiedene Filme zu sehen, die außer dem Titelhelden kaum etwas gemeinsam haben.«

Ⓥ Warner
Ⓑ Elliot S. Maggin: *Superman: Kryptons letzter Sohn/Superman: Der Meister von Oric* (2 Bände), Stuttgart 1979

Superman II – Allein gegen alle
(SUPERMAN II). GB 1979.
R Richard Lester. *B* Mario Puzo/David Newman/Leslie Newman. *K* Bob Paynter/Zoran Perisić. *SpE* Colin Chilvers/Zoran Perisić Derek Meddings/

Ronalds Schutzpatron: Christopher Reeve in *Superman 2* von Richard Lester

Bob Harman. *M* Ken Thorne.
D Christopher Reeve (Superman/Clark
Kent), Gene Hackman (Lex Luthor),
Ned Beatty (Otis), Jackie Cooper (Perry
White), Sarah Douglas (Ursa), Margot
Kidder (Lois Lane), Jack O'Halloran
(Non), Valerie Perrine (Eve
Teschmacher), Susanna York (Lara),
Clifton James (Sheriff), E. G. Marshall
(Präsident), Marc McClure (Jimmy
Olsen), Terence Stamp (Gen. Zod).
F 127 Min.

Als im Fahrstuhl des Eiffelturms das Leben seiner Kollegin Lois Lane bedroht wird, katapultiert Superman das atombombenbestückte Ding kurzerhand in den Weltraum. Die höchst brisante Ladung explodiert jedoch in der Nähe einer sogenannten Phantomzone, was zur Befreiung dreier Erzschurken führt, die – wie Clark Kent alias Superman – von dem zerstörten Planeten Krypton stammen. Der machtbesessene General Zod, die durchtriebene Ursa und der hirnlose Schläger Non gelangen daraufhin zur Erde, wo sie sich mit dem Meisterverbrecher Lex Luthor zusammentun, der ihnen erzählt, daß Superman der Sohn jenes Mannes ist, dem sie ihre langjährige Verbannung zu verdanken haben. Da sie auf der Erde die gleichen Kräfte haben wie ihr Widersacher, stehen die Chancen anfangs nicht schlecht. Nachdem sie einige Male ihre Stärke demonstriert haben, geht es ihnen allerdings ans Fell: Nach einem harten Kampf – aus dem Superman als Sieger hervorgeht – nimmt der US-Präsident befriedigt zur Kenntnis, daß der unverwundbare Fremde aus dem All stets zur Stelle sein wird, wenn irgendwo ein Ungeziefer sein freches Haupt erhebt. – Ein Teil dieses Films wurde bereits während der Aufnahmen von *Superman* (1978; Regie: Richard Donner) abgedreht; in diesem Sinne ist *Superman II – Allein gegen alle* also kein Nachzieher eines Films, der mit weit über 300 Millionen Dollar sämtliche Kassenrekorde schlug. Und noch etwas Bemerkenswertes ist an diesem Streifen, der mit Aufwand und Spezialeffekten nicht sparte: *Superman II* ist die Ausnahme von der Regel, laut der Fortsetzungen nur selten so gut sind wie die Originale. Obwohl das Magazin CINEFANTASTIQUE meinte, der Film habe »einen unterschwelligen Zynismus, der ihn weniger goutierbar« mache als den ersten Teil, war man andern Orts des Lobes voll und reihte ihn unter »spaßige Unterhaltung« ein: »Auch das Versteckspiel zwischen Superman und Lois um seine Identität weiß Lester amüsant umzusetzen: Ihr berufliches

›Absteigen‹ in einem Flitterwochenhotel an den Niagarafällen und Lois' ›Festsprung‹ in den reißenden Fluß lassen deutlich die Qualitäten Lesters erkennen. Und wenn er dann in den Präsidenten-Szenen dermaßen übertreibt, glaubt man förmlich den Spiegel zu sehen, den er dem naiven amerikanischen Demokratieverständnis vorhält... *Superman II* ist Super-Entertainment!« (FILMDIENST) – Die FINANCIAL TIMES meinte gar: »*Superman II* ist *Superman I* mehr als ebenbürtig, und sollte für *Superman III* einen würdigen Vater abgeben.« Ⓥ Warner

Superman III – Der stählerne Blitz (SUPERMAN III). GB 1983. *R* Richard Lester. *B* David Newman/ Leslie Newman. *K* Robert Paynter. *SpE* Colin Chilvers. *M* Ken Thorne/ Giorgio Moroder. *D* Christopher Reeve (Clark Kent/Superman), Richard Pryor (Gus Gorman), Jackie Cooper (Perry White), Marc McClure (Jimmy Olsen), Annette O'Toole (Lana Lang), Annie Ross (Vera Webster), Pamela Stephenson (Lorelei Ambrosia), Robert Vaughn (Ross Webster), Margot Kidder (Lois Lane), Gavan O'Helihy (Brad), Helen Horton (Miß Henderson), Paul Kaethler (Ricky), Graham Stark (Blinder), Henry Woolf (Pinguin-Verkäufer), Bob Todd (Mann mit Schirm). *F* 125 Min.

Multi-Millionen-Magnat Ross Webster fördert die geheimen Talente seiner Mitarbeiter. Einer von ihnen hat den Gehaltscomputer zu seinen Gunsten überlistet. Der Boß setzt ihn bald an größere Aufgaben: Unwetter über Kolumbien zur Dämpfung der Kaffee-Ernte, Umleitung aller Großtanker zur Verknappung des Öls usw. Aus allen Transaktionen zieht der Wirtschaftstycoon größten pekuniären Nutzen. Einer aber ist und bleibt ihm ein Dorn im Auge: Superman! Ihn gilt es, unschädlich zu machen, denn Superman durchkreuzt ständig seine Pläne. Alte Superman-Kenner wissen, daß nur Kryptonit, eine grüne Gesteinsart von Supermans Heimatplaneten Krypton, für Superman eine tödliche Bedrohung darstellt. Läßt sich Kryptonit auch künstlich herstellen??? Derweil greift Superman – nebenher und unerkannt Reporter bei einer Zeitung – bei zahllosen Katastrophen ein und gewinnt in beiden Gestalten endlich das Herz seiner Jugendfreundin, so daß einem Happy-End nichts mehr im Wege

stünde, wenn da dieses künstlich hergestellte Kryptonit nicht wäre, das ihm von Websters Computerfreak als ›Dankgeschenk‹ überreicht worden wäre. Synthetisches Kryptonit erweist sich zwar nicht als tödlich, doch die Folgen sind verheerend: Superman befällt eine merkwürdige Charakterveränderung. Superman verlottert, unrasiert und betrunken erreicht er den Tiefpunkt seiner Karriere, nachdem

Aus Superman mach Hampelman: Christopher Reeve in *Superman 3* von R. Lester

er aus Bosheit den Schiefen Turm von Pisa geradegerückt hat. Sein Reporter-Ich Clark Kent liest ihm auf einem Schrottplatz die Leviten. Die Wirkung des Kryptonit läßt nach, und wieder saust ein strahlender Superman mit neuen Kräften los, um Fehler und Versäumnisse gutzumachen. Ein Super-Computer mit unglaublichen Fähigkeiten, von Webster und seinen Mitarbeitern gebaut, steht bereit zum Endkampf. Auch ein Superman in Bestform hat da seine Schwierigkeiten, doch das Publikum will Fortsetzungen. – »Der Film ist eine Parodie auf Figur und Genre. Die Superman-Effekte werden nicht mehr so ernst genommen, es gibt sehr humorvolle Slapstick-Passagen, überdrehtes Nummernkabarett. Seiner mit Mühe herauszulesenden Geschichte folgt der Film nur gelegentlich. Er gleicht einer dicken Sondernummer non Superman-Comics, einem Sammelsurium von Spitzennummern mit dünnen Verbindungsgliedern. So bleibt bei allem Amüsement doch ein Gefühl zurück, als sei man um etwas betrogen worden, um eine Geschichte, um eine Spur Spannung und Mystik, um die Ambivalenz, die in der Vorlage durchaus enthalten ist.« (J. Schnelle, FILMDIENST) Ⓥ Thorn EMI

Superman IV – Die Welt am Abgrund
(SUPERMAN 4: THE QUEST FOR PEACE).
USA 1987.
R Sidney J. Furie. *B* Lawrence Kohner/ Mark Rosenthal/Christopher Reeve.
K Ernest Day. *SpE* Harrison Ellenshaw/ John Evans. *M* John Williams.
D Christopher Reeve (Superman/Clark Kent), Margot Kidder (Lois Lane), Gene Hackman (Lex Luthor), Mark Pillow (Nuclear Man), Mariel Hemingway (Lucy Warfield), Marc McClure (Jimmy Olsen), Jackie Cooper (Perry White), John Cryer (Kenny), Sam Wanamaker (David Warfield), Sam Wanamaker, Mark Pillow, Clive Mantle, Damian McLawhorn.
F 92 Min.

Der Countdown ist abgelaufen! Die Raketen starten!! Sie werden die Erde vernichten!!! Ahhh – was ist das? Ist es ein Flugzeug? Nein! Es ist Supermann, und er hat eine Rieseneinkaufstasche dabei. Hinein packt er alle Raketen und schleudert sie Richtung Sonne, wo sie explodieren werden. WUMM! Aber nicht alle Menschen scheinen von seiner Heldentat begeistert zu sein – vor allem nicht sein Erzfeind Lex Luthor, der die darbende Rüstungsindustrie fördern will. Aus einem Superhaar schafft er den Übermenschen Nuclear Man. Er macht einigen Ärger, aber als sein Lebenslicht erlischt, hat er nicht mal Supermans Frisur durcheinandergebracht. *Superman IV* erschien zum 50. Geburtstag des amerikanischen Nationalhelden. Der aufgrund zahlreicher Film-Flops arg lädierten Firma Cannon sollte Supie helfen, die Geier abzuwehren. – »Wenn alle seine Abenteuer so spannend und unterhaltsam gewesen wären wie sein jüngstes, hätte Superman seinen 50. Geburtstag... wohl nicht erlebt.« (DER STERN).
Ⓥ VMP

Survivor – Zum Überleben verdammt (SURVIVOR).
GB 1986.
R Michael Shackleton. *B* Bima Stagg.
K Fred Tammes. *M* N.N. *D* Chip Mayer (Survivor), Richard Moll (Kragg), Sue Kiel (Frau), Dan Bekker, Richard Haines, John Carson, Rex Garner, Sandra Duneau.
F 87 Min.
Nach dem x-ten Erd-Knockout begeben sich der Survivor (deutsch: ›der Überlebende‹) und eine Frau wieder einmal auf die lange Reise zum letzten bewohnbaren Fleckchen. Doch dieses wird, wie immer in Klon-Filmen dieser Art, von einem Psychopathen beherrscht, der sich seine Gesetze selber macht. Der Kampfkraft des Survivors hat er allerdings nichts entgegenzusetzen. Ein Film wie sein Titel. – Nur auf Video.
Ⓥ CBS/Fox

Swamp Thing – Das Wesen aus den Sümpfen
Anderer Titel für **Swamp Thing – Das Ding aus den Sümpfen**

Synegor
(SYNEGOR). USA 1988.
R George Flanjian. *B* Brent v. Friedman. *K* James Masters. *SpE* Robert & Dennis Skotak. *M* Thomas Chase/Steve Rucker. *D* Starr Andreeff (Susan), Mitchell Laurance (Nick Carey), David Gale (Brown), Charles Lucia, Riva Spier, Jeff Doucette, Bill Gratton, Lewis Arquette, John Korkers. *F* 86 Min.

Ein Firmenkomplott löst bei der Cyberdyne Corporation einen fürchterlichen Amoklauf des kybernetischen Supersoldaten Synegor aus. Der einzige ihm ebenbürtige Gegner, ein Typ namens Deathrattle, wird von Brown, dem größenwahnsinnigen Chef des Konzerns, kontrolliert. Also müssen der Reporter Nick Carey und seine Freundin Susan auf eigene Faust gegen das sich ständig regenerierende Ungetüm vorgehen. Wie schaffen sie das bloß? – Ein Film, der förmlich darum bettelt, daß man ihn von seinen Qualen erlöst.
Nur auf Video.
ⓥ VPS

Der Tag, an dem die Erde Feuer fing
(THE DAY THE EARTH CAUGHT FIRE).
GB 1961.
R Val Guest. *B* Wolf Mankowitz/Val
Guest. *LV* Barry Wells. *K* Harry
Waxman/Moray Grant. *SpE* Les Bowie.
M Stanley Black/Monty Norman.
D Janet Munro (Jeannie Craig), Leo
McKern (Bill Maguire), Edward Judd
(Peter Stenning), Michael Goodliffe
(Nachtredakteur), Arthur Christiansen
(Chefredakteur), Bernard Braden
(Nachrichtenredakteur), Reginald
Beckwith (Harry), Gene Anderson
(May), Renee Asherson (Angela),
Austin Trevor (Sir John Kelly), Peter
Butterworth, John Barron (Redakteure),
Charles Morgan (Auslandsredakteur),
Geoffrey Chater (Holroyd), Ian Ellis
(Michael), Jane Aird (Nanny), Robin
Howdon (Ronnie). 98 Min.
Zwei zu gleicher Zeit stattfindende Atom-
versuche verändern plötzlich das Wetter-
gefüge der Erde: New York leidet unter
einer Kältewelle und erstickt in Eis und
Schnee; die Sowjetunion wird von
schrecklichen Wirbelstürmen heimgesucht; Europa und England sehen sich einer nie dagewesenen Hitzewelle ausgesetzt. Flüsse trocknen aus. Der Journalist
Peter Stenning und sein Kollege Maguire
recherchieren die Lage und erfahren von
Janet Munro, einer Telefonistin, die in einem Ministerium arbeitet, das bestgehü-
tetste Geheimnis der Welt: Die Atomexplosionen haben den Planeten Erde aus
seiner Bahn gerissen, so daß er nun unaufhaltsam der Sonne entgegentrudelt. Als
Stenning und Maguire die Öffentlichkeit
alarmieren, reagieren die Mächtigen nach
der Parole ›Haltet den Dieb!‹ und lassen
Janet verhaften. Nur unter dem Druck der
Öffentlichkeit läßt man sie wieder frei.
Das Chaos scheint unaufhaltbar: Wasser
wird so knapp, daß es teurer wird als
Gold. Banden überfallen Wassertranspor-
te für die Krankenhäuser. Jeder ist sich

selbst der Nächste. Aber die Wissenschaft
sieht eine Rettungsmöglichkeit: Weitere
Atomexplosionen sollen die Erde wieder
in ihre alte Bahn zurückwerfen. Die
Druckmaschinen der internationalen Presse stehen bereit; man hat zwei Schlagzeilen vorbereitet: »Die Welt ist verloren!«
und »Die Welt ist gerettet!« – Val Guest,
in einem Interview mit der Zeitschrift
PHOTON: »Die Idee ist mir allein gekommen. Ich hatte all das Zeugs gelesen, das
die Leute an die TIMES schickten und wor-
in sie sagten, daß die Atombombenversuche die Atmosphäre und das Wetter beeinflussen würden. Andere Leute hielten
das für absoluten Unfug, aber ich dachte
mir plötzlich, was ist, wenn die Tests
wirklich dafür verantwortlich wären? Was
würde dann passieren? Und heutzutage
bin ich natürlich erstaunt, wenn ich die
Schlagzeilen sehe, die mit denen, die wir
im Film verwendeten, praktisch identisch
sind: ›Ein unglaublicher Sommer!‹ –
›Flutwellen überschwemmen Europa!‹
und ›Eine neue Eiszeit bricht an!‹ Alles,
was in diesem Film vorkam, ist erst kürzlich passiert.« *Der Tag, an dem die Erde
Feuer fing* gewann denn auch das einhel-
lige Lob der Kritik: »...eine eindringliche Mahnung zur Vernunft...« (FILMBE-
OBACHTER) – »Der Film gewinnt seine
Schlagkraft dadurch, weil er nicht nur zur
Unterhaltung gemacht wurde, sondern
einen auch herausfordert.« (SATURDAY
REVIEW)
Ⓑ Barry Wells: THE DAY THE EARTH
CAUGHT FIRE, London 1961

Der Tag, an dem die Erde stillstand
(THE DAY THE EARTH STOOD STILL).
USA 1951.
R Robet Wise. *B* Edmund H. North.
LV Harry Bates. *K* Leo Tover.
SpE Fred Sersen. *M* Bernard Herrmann.
D Michael Rennie (Klaatu), Patricia
Neal (Helen Benson), Hugh Marlowe
(Tom Stevens), Sam Jaffe (Dr.

Barnhardt), Billy Gray (Bobby Benson), Frances Bavier (Mrs. Barley), Lock Martin (Gort), Frank Conroy (Harley), Carleton Young (Colonel), Edith Evanson (Mr. Crockett), Robert Osterloh (Major White), John Brown (Mr. Barley), Marjorie Crossland (Hilda), Olan Soulé (Mr. Kurll), Fay Roope (Gen.-Major), Tyler McVey (Brady), Freeman Lusk (Gen. Cutler), George Lynn (Col. Ryder), Drew Pearson, Gabriel Heater, H.V. Kaltenborn, Elmer Davis, James Seay, Glenn Hardy, House Peters jr., Rush Williams, Gil Herman. 90 Min.
Eine Fliegende Untertasse nähert sich der Erde und landet auf einem Grundstück bei Washington. Die US Army läßt das Gefährt von Panzern und Soldaten umzingeln. Der Außerirdische Klaatu erklärt zwar, er sei in friedlicher Absicht gekommen, wird aber von einem nervösen GI niedergeschossen. Daraufhin tritt sein Begleiter in Aktion: Ein riesiger Roboter namens Gort, der mit einem Hitzestrahl die Waffen und Panzer der Soldaten vernichtet. Man bringt Klaatu in ein Hospital, aber als er den Vorschlag macht, eine Konferenz aller irdischen Staatsoberhäupter einzuberufen, weil er ihnen ein Ultimatum übermitteln will, spielt die Bürokratie nicht mit. Frei nach dem Motto »Die UNO ist eh eine Schwatzbude, in der man sich zu keinem gemeinsamen Handeln durchringen kann«, schlägt der Sekretär des US-Präsidenten vor, die Außerirdischen sollten die Vertreter der USA als Verhandlungspartner akzeptieren. Klaatu verschwindet, mietet sich unter falschem Namen bei der Witwe Helen Benson ein und findet in deren Sohn Bobby einen Freund. Als Klaatu den Physiker Barnhardt aufsucht, gibt er sich diesem als Abgesandter einer interstellaren Zivilisation zu erkennen, die der Menschheit um Jahrtausende voraus ist. Er ist gekommen, um den Menschen klarzumachen, daß sie auf dem Weg sind, sich mit Atomkraft selbst zu vernichten. Um seine Macht zu demonstrieren, läßt er die Erde

eine Stunde lang ›stillstehen‹, d.h. er hält alle Maschinen (außer den lebensnotwendigen, wie etwa in Hospitälern) an. Bobby, der inzwischen herausgefunden hat, wer der geheimnisvolle Untermieter wirklich ist, informiert seine Mutter und deren Verlobten Tom Stevens. Ein Kesseltreiben setzt ein. Klaatu flieht und wird von einer Kugel getroffen. Der Roboter Gort birgt Klaatus Leichnam und bringt ihn in das Raumschiff, wo er ihn auf geheimnisvolle Weise wieder zum Leben erweckt. Klaatu richtet einen eindringlichen Appell an die Menschen der Erde und deutet an, daß es der Zivilisation, die er repräsentiert, ein leichtes sei, die Menschheit auszulöschen, wenn sie sich nicht ändere. Dann verschwindet er im Weltraum. – Harry Bates, der die Vorlage zu diesem Film schrieb, erhielt für die Filmrechte ganze 500 Dollar. Seine Story war zuvor im Magazin *Astounding* erschienen. Seine Verleger verkauften die Filmrechte, ohne ihn zu fragen. Bates war nicht nur deswegen sauer auf sie: Was ihn am meisten störte, war die Tatsache, daß man seiner Erzählung ein Ende verpaßt hatte, das ihr 50 Prozent ihres Pfeffers nahm. (Zum Verständnis sei angemerkt, daß Gort im Original Gnut heißt, und der Charakter Cliff im Film gar nicht auftaucht.) Das Ende von Bates' Geschichte sah so aus: »›Gnut‹, sagte er mit ernster Stimme, den schlaffen Körper (Klaatus) an sich gedrückt, ›du mußt mir einen Gefallen tun . . . Erzähl deinem Herrn . . . daß es ein Unglücksfall war . . . ein Unfall, den alle Erdenmenschen grenzenlos bedauern. Wirst du das tun?‹ – ›Ich habe es schon immer gewußt‹, antwortete der Roboter sanft. – ›Aber versprichst du mir, es deinem Herrn zu sagen – mit meinen Worten, sobald er wieder am Leben ist?‹ – ›Sie mißverstehen das alles‹, sagte Gnut, immer noch sanft, und dann fügte er mit ruhiger Stimme vier weitere Worte hinzu. Als Cliff sie hörte, glitt ein Nebel über seine Augen, und sein Körper erstarrte . . . ›Sie mißverstehen das alles‹, hatte der mächtige Roboter gesagt. ›*Ich* bin der

Herr.«« – Daß es den Lesern in den dreißiger Jahren bei der Lektüre dieser Zeilen kalt über den Rücken lief, ist wohl nur zu verständlich. John Brosnan meint in seinem Buch FUTURE TENSE:»Geht man davon aus, daß die außerirdische Zivilisation friedfertig ist, erscheint es kaum logisch oder moralisch akzeptabel, daß sie den Erdbewohnern mit einem Gewaltakt droht. Auch ist ihr Lösungsvorschlag für unsere Probleme – daß wir uns den Gesetzen... unerbittlicher, autoritärer Roboter unterwerfen sollen – nicht sehr attraktiv... Der Gedanke, die Wahrung der menschlichen Grundrechte einer Maschine... zu überlassen, ist nicht nur das Eingeständnis des Geschlagenseins, sondern riecht auch nach Totalitarismus.« – Bill Warren äußert in KEEP WATCHING THE SKIES! die Ansicht, der Schwerpunkt des Films läge weniger »auf den friedlichen Qualitäten von Klaatus Zivilisation«, als darin,»daß sie Frieden *hält*«, ob sie es nun mag oder nicht:»Der Punkt ist der, daß Klaatu und seine Genossen ebenso kriegerisch veranlagt sind wie die gewöhnlichen Erdenmenschen – bloß werden sie von ihrer Roboterstreitmacht in Schach gehalten.«
Der Tag, an dem die Erde stillstand war ein erfolgreicher Film und wußte die Kritiker auf beiden Seiten des Ozeans für sich einzunehmen:»Neben den formalen Qualitäten des Films ist es aber vor allem der Inhalt, der ihn meilenweit über die Vielzahl der anderen Produktionen des Genres stellt. Obschon ein Invasionsfilm, wird das sonst übliche Schema von den kriegslüsternen Außerirdischen durchbrochen... Zu einer Zeit, als der kalte Krieg seinen absoluten Höhepunkt erreicht hatte und in den USA die beinahe lähmende Angst vor einer kommunistischen Invasion grassierte, war der Appell Wises an die menschliche Vernunft unüberhörbar.« (VAMPIR)
Ⓑ Harry Bates: ›Abschied vom Herrn‹, in Hans Joachim Alpers/Werner Fuchs (Hrsg.), *Science Fiction-Anthologie, Band 3: Die vierziger Jahre I*, Köln 1982

Der Tag, an dem die Fische kamen
(THE DAY THE FISH CAME OUT). Griechenland/GB 1967.
R Michael Cacoyannis. *B* Michael Cacoyannis. *K* Walter Lassally. *M* Mikis Theodorakis. *D* Tom Courtenay (Navigator), Colin Blakely (Pilot), Sam Wanamaker (Elias), Candice Bergen (Elektra), Ian Ogilvie (Peter), Patricia Burke (Frau Mavroyannis), Dimitris Nicolaides (Zahnarzt). *F* 108 Min.
1972: Ein amerikanischer Atombomber gerät über der Ägäis in Schwierigkeiten. Die Mannschaft sieht sich gezwungen, zwei Atombomben und eine geheimnisvolle Metallkiste über Bord zu werfen. Nachdem die Piloten sich in Unterhosen auf ein karges griechisches Eiland gerettet haben, rücken amerikanische Experten an. Die Bomben werden geborgen, aber die Metallkiste wird von einem etwas depperten Ziegenhirten gefunden, der ihren Inhalt – eine neue ›Geheimwaffe‹ – ins Meer schüttet. Zu allem Übel wird das Inselchen auch noch von einem immer größer werdenden Touristenschwarm entdeckt, was die Sucharbeiten auch nicht leichter macht. Die ins Meer geschüttete Geheimwaffe zeigt bald ihre Wirkung: Bald treiben Tausende von toten Fischen auf der Wasseroberfläche...
Ⓑ Kay Cicellis: *Der Tag, an dem die Fische kamen*, München 1968

Der Tag des Delphins
(THE DAY OF THE DOLPHIN). USA 1973.
R Mike Nichols. *B* Buck Henry. *LV* Robert Merle. *K* William A. Fraker. *SpE* Jim White. *M* Georges Delerue. *D* George C. Scott (Dr. Jake Terrell), Trish van Devere (Maggie Terrell), Paul Sorvino (Mahoney), Fritz Weaver (Harold DeMilo), John Korkes (David), Edward Herrmann (Mike), Leslie Charleson (Maryanne), John David Carson (Larry), Victoria Racimo (Lana), John Dehner (Wallingford), Severn Darden (Schwinn), William Roerick (Dunhill). *F* 104 Min.

Der Zoologe Dr. Jake Terrell, der sich auf einer abgelegenen Insel mit der Erforschung der Verhaltensweisen von Delphinen beschäftigt, entdeckt plötzlich, daß diverse hohe Beamte und Geheimdienstler bestens mit seinen Forschungsergebnissen vertraut sind – obwohl er niemandem mitgeteilt hat, daß er es geschafft hat, dem Versuchstier Alpha das Sprechen beizubringen. Nachdem man ihn von seiner Insel fortgelockt hat, werden Alpha und seine Gefährtin Beta entführt und darauf abgerichtet, die Jacht des US-Präsidenten mit einer Sprengladung in die Luft zu jagen. Terrell kann das Attentat in letzter Sekunde verhindern: Die Delphine drehen um und nehmen die Jacht der Verschwörer aufs Korn.
Ⓑ Robert Merle: *Der Tag der Delphine*, Karlsruhe 1967

Tarantula
(TARANTULA). USA 1955.
R Jack Arnold. *B* Robert M. Fresco/ Martin Berkeley. *K* George Robinson. *SpE* Clifford Stine. *M* Henry Mancini. *D* John Agar (Dr. Matt Hastings), Mara Corday (Stephanie Clayton), Leo G. Carrol (Prof. Gerald Deemer), Nestor Paiva (Sheriff Jack Andrews), Ross Elliott (Joe Burch), Raymond Bailey (Townsend), Ed Rand (Lt. John Nolan), Clint Eastwood (Pilot), Hank Patterson (Josh), Bert Holland (Barney Russell), Steve Darrell (Andy Andersen), Vernon Rich (Ridley), Ed Parker (Eric Jacobs/ Dr. Bayard Lund), Don Dillaway (Jim Bagny), Jane Howard, Billy Wayne, Dee Carroll, Tom London, Edgar Dearing, James H. Hyland, Stuart Wade, Bob Nelson, Bing Russell, Ray Quinn, Robert R. Stephenson, Bud Wolfe, Jack Stoney, Ruty Wescoatt. 80 Min.
Der Biochemiker Deemer arbeitet in seinem Wüstenlabor an einer Formel, die das Welthungerproblem beseitigen soll. Das von ihm entwickelte Serum beschleunigt den Wachstumsprozeß von Lebewesen. Demgemäß tummeln sich in seinem

Haus überdimensionale Versuchstiere – u. a. auch eine gefräßige und giftige Tarantel. Als einer von Deerings Assistenten durchdreht, seinem Chef das neuentwickelte Serum injiziert und Feuer legt, kann die Tarantel entkommen und terrorisiert die Umgebung. Sie tötet Rinder und Menschen und entwickelt sich zu einem zehn Stockwerke hohen Monstrum. Der Arzt Dr. Hastings und die recht ansehnliche Jungwissenschaftlerin Stephanie Clayton kommen dem haarigen Ungetüm auf die Schliche, als dieses sich darauf vorbereitet, die naheliegende kleine Stadt dem Erdboden gleichzumachen. Zum Glück hat Hastings aber den Sheriff alarmiert, der seinerseits die US Air Force auf den Plan ruft: In einem Napalmregen geht die Riesentarantel zugrunde, bevor sie allzu großen Schaden anrichten kann.

Targoor – Das Ding aus dem Inneren der Erde
(INTRUDER WITHIN). USA 1981.
R Peter Carter. *B* Ed Waters. *K* James Pergola. *M* Gil Melle. *D* Chad Everett (Jake Nevins), Joseph Bottoms (Scott), Jennifer Warren (Colette), Rockne Tarkington (Mark), Lynda Mason Green (Robyn), Paul Larson (Sam), James Hayden (Harry Colman). *F* 95 Min.
In den Tiefen des Meeres vor Alaska bedroht ein Monster die Besatzung einer Bohrinsel und verschlingt einen unvorsichtigen Arbeiter nach dem anderen, bis der Held ihm den Garaus macht. – Ein Film wie hundert andere – Nur auf Video.
Ⓥ Carrera

Der Tätowierte
(THE ILLUSTRATED MAN). USA 1968.
R Jack Smight. *B* Howard B. Kreitsek. *LV* Ray Bradbury. *K* Philip Lathrop. *SpE* Ralph Webb. *Ma* Gordon Bau (Tätowierungen). *M* Jerry Goldsmith. *D* Rod Steiger (Carl/George/Eddie), Claire Bloom (Felicia/Lydia/Florence), Robert Drivas (Willie/Dr. MacLean), Don Dubbins (Pickard), Jason Evers (Simmons), Tim Weldon (Peter/John),

Christie Matchett (Wendy/Anna), Pogo (Perke). *F* 103 Min.

Im Jahre 1933: Der junge Tramp Willie will nach Kalifornien. Unterwegs lernt er den Zirkusarbeiter Carl kennen, der sich aus Liebe zu einer Frau, die er nun umbringen will, von Kopf bis Fuß hat tätowieren lassen. Wer seine Tätowierungen genau ansieht, blickt in die Zukunft: Willie erlebt, wie ein gutbürgerliches Ehepaar nach einem Disput mit seinen Kindern mittels eines technischen Tricks von Löwen zerrissen wird. Er nimmt an einer Expedition zur Venus teil, wobei vier Astronauten nach einer Notlandung von sintflutartigen Regengüssen gequält werden. Zu Fuß machen sie sich auf die Suche nach einer Sonnenkuppel, aber nur der Captain erreicht sie lebend: Einer der Männer begeht Selbstmord, ein anderer wird wegen Befehlsverweigerung erschossen, der dritte ertrinkt... Die Tätowierungen jagen Willie Angst ein. Er will Carl verlassen, aber dies gelingt ihm nicht. In der letzten Episode, die er wie im Traum miterlebt, erfährt er von einer zukünftigen Erde, die einer schrecklichen Katastrophe entgegensieht. Die Erwachsenen haben beschlossen, in der letzten Nacht, die die Welt noch hat, sämtliche Kinder einzuschläfern, damit es ihnen erspart bleibt, sehenden Auges in den Untergang zu gehen. Das Vorhaben wird durchgeführt – aber am nächsten Morgen existiert die Erde immer noch... Das nächste Bild zeigt dem entsetzten Willie, daß Carl ihn erwürgen wird. Er schmettert einen großen Stein auf den Kopf des Zirkusarbeiters. Aber Carl überlebt. Wütend jagt er Willie hinterher – um die jetzt motivierte Prophezeiung wahrzumachen. – Ein Episodenfilm nach einer Kurzgeschichtensammlung von Ray Bradbury, der notdürftig (wie schon das Buch) durch eine Rahmenhandlung zusammengehalten wird: Gehören die Originalgeschichten ›Das Kinderzimmer‹, ›Der lange Regen‹ und ›Die letzte Nacht der Welt‹ schon nicht zum besten, was der Schöngeist aus Waukegan geschrieben hat, so

fiel die Filmversion noch abstruser aus und konnte nicht einmal ihren geistigen Vater so recht befriedigen:»Ich war zufrieden mit *Fahrenheit 451*. Das ist ein wunderbarer Film mit einem prächtigen Ende... Den *illustrierten Mann* (gemeint ist *Der Tätowierte*; Anm. d. Verf.) habe ich verabscheut; ein schrecklicher Film.« (Aussage von Ray Bradbury, in: Charles Platt, GESTALTER DER ZUKUNFT) – *Der Tätowierte* zeigt die Zukunftsängste Bradburys, dessen Visionen die Alpträume vor einer Entwicklung widerspiegeln, von der er glaubt, der Mensch sei ihr nicht gewachsen.

Ⓑ Ray Bradbury: *Der illustrierte Mann*, Frankfurt/Berlin/Wien 1956

Tauchfahrt des Schreckens
(WARLORDS OF THE DEEP). GB 1978. *R* Kevin Connor. *B* Brian Hayles. *K* Alan Hume. *SpE* John Richardson/ Roger Dicken. *M* Mike Vickers. *D* Doug McClure (Greg Collinson), Peter Gilmore (Charles Aitken), Shane Rimmer (Capt. Daniels), Lea Brodie (Delphine), Michael Gothard (Atmir), John Ratzenberger (Fenn), Hal Galili (Grogan), Derry Power (Jacko), Donald Bisset (Prof. Aitken), Robert Brown (Briggs), Ashley Knight (Sandy), Cyd Carisse (Atsil), Daniel Massey (Atraxon). *F* 97 Min.

1896 im Bermuda-Dreieck: An Bord des Seglers *Texas Rose* bereitet man ein einmaliges Experiment vor: Mittels einer Taucherkugel will Professor Aitken auf dem Meeresgrund nach dem legendären Atlantis suchen. Als sein Sohn Charles und der Ingenieur Collinson unter Wasser eine goldene Statue finden, wird das Schiff von einem Riesenkraken angegriffen. Während der habgierige Captain Daniels und seine Leute von der Bestie gepackt werden, verschwindet die Taucherkugel in einer unterseeischen Höhle: Atlantis existiert noch immer, das finden Collinson und Charles Aitken bald heraus. Nach diversen Auseinandersetzungen mit den Meermenschen erfährt der

Tauchfahrt des Schreckens von Kevin Connor

Professorensohn, daß man ihn in die Reihen der Atlantis-Herrscher aufzunehmen gedenkt – aber aus seinen Gefährten sollen Kiemenmenschen werden. Collinson, den man in einen Käfig gesperrt hat, erfährt von der ebenfalls entführten Delphine, was mit ihm geschehen soll. Als die Stadt von einer gewaltigen Monsterherde angegriffen wird, gelingt den Gefangenen die Flucht. Sie verschaffen sich Zugang zu der Stadt des Herrschers Atraxon, befreien Charles während einer Zeremonie und eilen, während ein racheschnaubender Mob sich an ihre Fersen heftet, zur Taucherkugel zurück. Nachdem sie eine Saurier- und Flugdrachenherde ausgetrickst haben, kehren sie an die Meeresoberfläche zurück. Erneut greift der Riesenkrake an. Die *Texas Rose* sinkt; nur die Guten können sich retten. – »...Kevin Connor bringt das Märchen-Monster-Spektakel tricktechnisch äußerst simpel auf die Leinwand.« (FILMBEOBACHTER) Ⓥ Cannon/VMP

Die 1000 Augen des Dr. Mabuse
(LE DIABOLIQUE DOCTEUR MABUSE/IL DIABOLICO DOTTORE MABUSE). BRD/Frankreich/Italien 1960. *R* Fritz Lang. *B* Fritz Lang/Heinz Oskar Wuttig. *K* Karl Löb. *M* Bert Grund. *D* Dawn Addams (Marion Menil), Peter van Eyck (Henry Travers), Wolfgang Preiss (Jordan), Gert Fröbe (Kommissar Kras), Werner Peters (Mistelzweig), Lupo Prezzo (Cornelius), Andrea Checchi (Berg), Reinhard Kolldehoff (Klumpfuß), Howard Vernon (Nr. 12), Nico Pepe (Hotelmanager), David Cameron (Parker), Jean-Jacques Delbo (Diener), Marieluise Nagel (Das ›blonde Glück‹), Werner Buttler (Nr. 11), Linda

Sini (Corinna), Rolf Möbius (Polizeioffizier), Bruno W. Pantel (Reporter), Albert Bessler (Hotelingenieur). 104 Min.

Kurz nachdem der TV-Reporter Peter Barter seinem Sender den größten Knüller des Jahres angekündigt hat, wird er in einem an einer Ampel stehenden Wagen tot aufgefunden. Die Polizei stellt fest, daß man ihn mit einer bisher unbekannten Waffe getötet hat: Eine Stahlnadel ist ihm direkt ins Hirn gedrungen. Das BKA und Interpol schalten sich ein. Man erinnert sich an den größenwahnsinnigen Superverbrecher Dr. Mabuse, der 1933 in einem Irrenhaus starb. Diverse Spuren deuten auf das Hotel Luxor hin: Eine Reihe von Verbrechen, bei der große Geldsummen den Besitzer wechselten, hatten in dieser Nobelherberge ihren Ausgangspunkt. Und dort kommt es auch bald wieder zu einem spektakulären Ereignis: Der US-Milliardär Travers rettet der verzweifelten Marion Menil das Leben, die sich in den Tod stürzen will. Travers weiß nicht, daß er für eine Organisation interessant geworden ist, die das Hotel Luxor – ein ehemaliges Nazi-Hotel mit einer geheimen TV-Überwachungsanlage – als Basis für lukrative Fischzüge benutzt. Denn Travers hat mit Kernspaltung zu tun. Die hübsche Marion ist nur der Lockvogel, um seine Bekanntschaft zu machen: Sie steht unter Hypnose und wird von einem klumpfüßigen Mann terrorisiert, der in den Diensten des legendären Dr. Mabuse bzw. dessen Nachfolgers steht. Drahtzieher hinter all diesen Verbrechen ist der Arzt Dr. Jordan, der in dem Wahn lebt, er müsse das Werk des Verstorbenen fortsetzen. Mit Hilfe eines als Vertreter agierenden Interpol-Agenten sowie natürlich des Kommissars Kras gelingt es Travers schließlich, den Wahnsinnigen zu entlarven und dessen aus Ex-Nazis bestehende Bande zu zerschlagen. – Ein genialer Schachzug der Drehbuchautoren: Wolfgang Preiss tritt als Lupo (›Wolf‹) Prezzo (›Preis‹) in einer Doppelrolle auf.

Telefon
(TELEFON). USA 1977.
R Don Siegel. *B* Peter Hyams/Stirling Silliphant. *LV* Walter Wager. *K* Michael Butler. *M* Lalo Schifrin. *D* Charles Bronson (Grigori Borzov), Lee Remick (Barbara), Donald Pleasence (Nikolai Dalchimsky), Patrick Magee (Gen. Strelsky), Alan Badel (Oberst Malchenko), Tyne Daly (Dorothy Putterman), Frank Marth (Harley Sandburg). *F* 103 Min.

Moskau: Ein KGB-Kommando dringt in die Wohnung des Agenten Dalchimsky ein, aber der Gesuchte ist verschwunden. Kurz darauf treibt er in den USA sein Unwesen: Mit einem Gedicht des amerikanischen Schriftstellers Robert Frost, das er diversen Menschen am Telefon vorliest, verwandelt er äußerlich biedere Bürger in roboterhaft agierende Saboteure: Ein Tankwart jagt ein Waffenlager in die Luft; der Pilot eines Charterflugzeugs fliegt urplötzlich einen Kamikaze-Angriff gegen die Nachrichtenzentrale der US Marine. Ein Pfarrer und seine Haushälterin entwickeln ähnlich rigorose Aktivitäten. Der KGB-Agent Borzov kümmert sich um den Fall: Dalchimsky ist im Besitz der Telefonnummern von 140 spezialbehandelten ›schlafenden‹ Agenten, und da ihm die Entspannungspolitik zu weit geht, aktiviert er diese Reservisten, um einen dritten Weltkrieg zu provozieren. Borzov zur Seite steht die Doppelagentin Barbara, mit deren Hilfe er den Renegaten Dalchimsky entlarven kann. Nach getaner Arbeit soll sie Borzov umbringen, weil er zuviel weiß. Daraus wird jedoch nichts: Die beiden verlieben sich ineinander, quittieren den Dienst und bleiben in den USA. – »Auch die häufig eingeblendeten Orts- und Datumsangaben können nicht darüber hinwegtäuschen, daß *Telefon* alles andere als eine realistische Reportage aus dem Agenten-Milieu ist.«
(FILMDIENST)
Ⓥ MGM/EuroVideo
Ⓑ Walter Wager: *Krieg per Telefon*, Frankfurt/Berlin/Wien 1976

Terminator
(THE TERMINATOR). USA 1984.
R James Cameron. *B* James Cameron/
Gale Hurd. *K* Adam Greenberg.
SpE Stan Winston/Shane Mahan/Tom
Woodruff/John Rosengrant/Richard
Landon/Brian Wade/David Miller/Jack
Bricker. *M* Brad Fiedel. *D* Arnold
Schwarzenegger (Terminator), Michael
Biehn (Kyle Reese), Linda Hamilton
(Sarah Connor), Paul Winfield
(Traxler), Lance Henriksen (Vokuvich),
Rick Rossovich (Matt), Bess Motta
(Ginger), Earl Boen (Silberman), Dick
Miller (Verkäufer), Dawn Schepps
(Nancy). *F* 107 Min.
L.A.,Cal.,'84: Zwei Männer, nackt, er-
scheinen nächtens aus dem Nichts und
versorgen sich auf unkonventionelle Wei-
se mit Kleidung. Kyle, der eine, ist ein
Soldat aus der Zukunft. Der andere ist der
Terminator, eine äußerlich humanoide
Kampfmaschine. Kyles Auftrag: Sarah
Connor zu schützen, die Mutter seines
Chefs, eines erfolgreichen Kämpfers gegen die Computer und ihre Roboter-Va-
sallen, die im Jahr 2029 die Menschheit
ausrotten wollen. Der Terminator soll Sarah töten, damit ihr Sohn gar nicht erst zur
Welt kommt. Er geht mit der Gefühllosigkeit und Präzision einer Maschine vor und
tötet alle Frauen, die Sarah Connor heißen. Kyle findet die echte und geht mit ihr
auf die Walz. Doch der Terminator gibt
nicht auf. Seinem programmierten Befehl
folgend, zieht er eine Blutspur durch die
Stadt – und kämpft selbst dann noch, als
eine Explosion ihn seines menschlichen
Äußeren beraubt. Doch Sarah überlebt,
auch wenn Kyle sterben muß. Daß ihr
Sohn in der Zukunft existiert, beweist Kyles Hiersein (was an sich auch denen hätte
klar sein müssen, die den Terminator ins
Feld geschickt haben: die Existenz von
Connor jr. ist ein *Beweis* dafür, daß die
Mission des Terminators fehlgeschlagen
ist). Kyle entpuppt sich als Vater des
Mannes, der ihn in die Vergangenheit ge-
schickt hat. Ist das nicht eine tolle Pointe?
(Nur haben wir sie schon von Anfang an

gekannt, weil's ein uraltes SF-Klischee
ist!).
»*Terminator* entpuppt sich schnell als
Selbstzweck-Übung in formaler-inhaltli-
cher-ideologischer Brachialgewalt, als
mitreißend rasante, hemmungslos brutale
Abknall-Autocrash-Actionmaschine ohne
Sinn und Verstand. Ebenso primitiv wie
wirksam.« (Norbert Stresau, SCIENCE
FICTION TIMES)
ⓥ VCL

Terminator 2 – Tag der Abrechnung
(TERMINATOR 2: JUDGEMENT DAY).
USA 1991.
R James Cameron. *B* James Cameron/
William Wisher. *K* Adam Greenberg.
SpE Dennis Muren/Industrial Light &
Magic. *M* Brad Fiedel. *D* Arnold
Schwarzenegger (Terminator 800),
Linda Hamilton (Sarah Connor),
Edward Furlong (John Connor), Robert
Patrick (Terminator 1000), Earl Boen
(Dr. Silbermann), Joe Morton (Myles
Dyson), S. Epatha Merkerson (Tarissa
Dyson), Castulo Guerra (Enrique
Salceda), Danny Cooksey (Tim).
F 136 Min.
Vorgeschichte siehe *Terminator*. – 2029
wird zwischen den Menschen und den
Maschinen des Supercomputers Skynet
noch immer heftig Krieg geführt. Zwei
Zeitreisende werden ins Jahr 1994 ge-
schickt: das Modell Terminator 800, ist
zum Schutze von Sarah Connors inzwischen zehnjährigem Sohn John abkommandiert. Um John zu töten, hat Skynet
den Prototypen T-1000 losgeschickt, einen Terminator aus Flüssigstahl, der jede
Erscheinungsform annehmen und in die
kleinsten Löcher schlüpfen kann. T-800
erfährt von John gleich eine moralische
Lektion: Er soll niemanden töten. Fortan
schießt T-800 seinen Gegnern die Knie-
scheiben weg. Man dringt in die Nervenklinik ein, in der Sarah liegt, seit sie versucht hat, das Werk in die Luft zu jagen,
in dem Skynet entwickelt wird. Sarah erkennt, daß T-800 trotz des identischen
Aussehens nicht der Android ist, der ihr

einst zugesetzt hat. Zu dritt gelingt die Flucht vor T-1000. In New Mexico findet man kurzfristig Ruhe. In einer Kurzschlußreaktion will Sarah Miles Dyson, den Skynet-Konstrukteur, töten, kann jedoch nicht abdrücken. John und T-800 überzeugen Miles von den Folgen seiner Arbeit, die 1997 den Dritten Weltkrieg auslösen wird. Zusammen dringen sie in die Firma ein, die von der Polizei umstellt wird, die T-800 für den Killer von 1984 hält. Miles sprengt das Labor, um alle Spuren von Skynet zu verwischen, und stirbt im Kugelhagel. Per Hubschrauber und Tankzug nimmt T-1000 die Verfolgung auf, die in einem Stahlwerk endet. Von einer Granate getroffen, stürzt er in ein erhitztes Stahlbecken und vergeht. T-800 folgt ihm, um auch den letzten Beweis für Skynets Existenz zu vernichten. – Der Film hat 94 Millionen Dollar gekostet, aber trotzdem jede Menge Kohle gemacht. Bei der Kritik hatte er es erheblich schwerer als bei den Fans:»*Terminator 2* ist die Hälfte eines hervorragenden Films«, höhnte TIME MAGAZIN,»und zwar die falsche.« PEOPLE gab noch eins drauf:»Der perfekte Film – für alle, die in diesem Sommer nicht genug Fliegen finden, die sie quälen können. Er ist beschämend sadistisch, schmerzhaft langweilig und total berechenbar.« (Na, na!). – Der »brutalste Anti-Gewalt-Film« (John Cameron) ist *Terminator II* allerdings nicht geworden, denn leider gerät der anfangs spannende Thriller schon bald auf die Überholspur und schwelgt nur noch in – zugegeben – technisch flott gemachten Vernichtungsorgien. Was den Budget-Koloß stellenweise sympathisch macht, ist seine Selbstironie und Komik.
Ⓑ Randall Frakes: *Terminator 2 – Tag der Abrechnung*, Bergisch-Gladbach 1991

Terminus
(TERMINUS). BRD/Frankreich 1986.
R Pierre-William Glenn. *B* Pierre-William Glenn/Patrice Duvic. *K* Jean-Claude Vicquery. *SpE* Christian Talenton/Michel Francois/Laure

Delsalle. *M* David Cunningham.
D Johnny Hallyday (Manchot), Karen Allen (Gus), Jürgen Prochnow (Doktor/Sir/Fahrer), Gabriel Damon (Mati), Julie Glenn (Prinzessin), Dieter Schidor, Jano Kulka, Dominique Valera, Jean-Luc Montama.
F 85 Min.
2037: In einer postatomaren Welt metzeln sich, wie man's seit *Mad Max II* gewohnt ist, diverse vertierte Überlebende gegenseitig ab. Forscher, die den bösen Barbaren den Garaus machen wollen, haben sich verschworen, einen neuen Typus zu erschaffen, der das Weiterleben der Menschheit garantieren soll. Damit nicht die Falschen überleben, müssen die Guten hart ran. – Das »ehrgeizige deutsch-französische Gemeinschaftsprojekt, das in die amerikanisch-australische Domäne des futuristischen Actionfilms einbrechen will« (so der Verleih), ist lediglich ein Endzeit-Klon. – »Andauernd donnern wie fahrende Särge aussehende Lkws durch die... Landschaft und lösen Crashs aus. Dazu wird mit dem französischen Rockidol Johnny Hallyday... ein Held präsentiert, der fürchterlich flache, nichtssagende Dialoge auszuspucken hat und auch sonst ziemlich traurig dreinblickt... Der Versuch einer europäischen Antwort auf das perfekte Action-Kino ist voll in die Hose gegangen.« (TIP). – Nur auf Video.
Ⓥ Taurus

Terror aus dem Weltall
Anderer Titel für **Der Angriff kommt aus dem All, und auf der Erde herrscht Terror**

Terror in New York
(THE REVENGE OF THE STEPFORD WIVES). USA 1980.
R Robert Fuest. *B* David Wiltse. *K* Ric Waite. *M* Laurence Rosenthal.
D Sharon Gless (Kaye Foster), Arthur Hill (Diz Coba), Julie Kavner (Megan Brady), Don Johnson (Andy Brady), Mason Adams (Wally), Audra Lindley (Barbara Parkinson), Ellen Weston

Der große Science-Fiction-Action-Film

TERMINUS

NELSON
ENTERTAINMENT

JOHNNY HALLYDAY
JÜRGEN PROCHNOW
KAREN ALLEN

TAURUS
IM
VERTRIEB
DER
VIDEO

(Kitten), Gay Rowan (Angelina), Melissa Newman (Muffin), Tom Hill (Dr. Edgar Trent), Joe Medalis (Makler), Peter Malloney (Drogist), James McKrell (Bruce Manson), Ed Bell (Gary Tarshis), Lee Bernard (Sally Tarshis), David Boyle (Charlie Gray). F 95 Min.

Vorgeschichte siehe *Die Frauen von Stepford* (1974). Die New Yorker Journalistin Kaye kommt nach Stepford, dem Ort mit der geringsten Kriminalitäs- und Schei-

dungsrate der USA, und will dieser Eigenart auf den Grund gehen. Die Freundlichkeit und Oberflächlichkeit der Frauen von Stepford fällt ihr sofort unangenehm auf. Höchst beunruhigend ist die Tatsache, daß die Damen viermal täglich bei einem Sirenenton Tabletten einnehmen. Kayes Interesse zahlt sich nicht aus: Sie wird das Opfer von Mordanschlägen, denen sie nur knapp entkommt. Die einzig normale Frau in Stepford, die kürzlich zugezogene Kitten, benimmt sich plötzlich auch sehr eigenartig. Kaye kriegt heraus, daß die Frauen von Stepford unter Drogen stehen. Unter der Leitung von Bürgermeister Diaz haben die Männer sie manipuliert, weil sie Angst vor Emanzen haben. Mit einem Trick verabreicht Kaye den Frauen eine Tabletten-Überdosis. Die Damen drehen durch und murksen den Bürgermeister ab. – Der auf der Video-Kassettenhülle grinsend herausgestellte Don Johnson »trägt übrigens kein Armani und spielt auch nur eine bessere Nebenrolle.« (N. Stresau, SCIENCE FICTION TIMES). – Nur auf Video.
Ⓥ Mike Hunter

Terror Vision
(TERROR VISION). USA 1986.
R Ted Nicolaou. *B* Ted Nocolaou.
K Romano Albani. *M* Richard Band.
D Gerrit Graham (Stanley Putterman), Mary Woronov (Raquel Putterman), Jonathan Gries (O.D.), Diane Franklin (Suzy Putterman), Chad Allen (Sherman), Bert Remsen (Opa).
F 84 Min.
Die Puttermans sind eine schrille Sippschaft: Papa hält sich für einen begnadeten Techniker, Mama steht auf Aerobic, Töchterlein punkt, und Opa schaut sich im Fernsehen am liebsten Truppenaufmärsche an oder übt mit dem Enkel Überlebenstraining. Irgendwo in der südlichen Galaxis pustet man auf dem Planeten Pluton (sehr einfallsreich!) einen bösen Mutanten ins Vakuum. Vater Puttermans eigeninstallierter Satellitenschirm fängt ihn ein, holt ihn ins TV und später ins Haus.

Und was macht unser drolliger Mutant? Er frißt seine Gastgeber auf. Opa und Enkel erklären ihm den Krieg, den sie nicht gewinnen können. Auch ein außerirdischer Ordnungshüter kann nicht verhindern, daß Mutantl seine Freß- und Vernichtungsorgie fortsetzt. – Freunde von unappetitlichem Horror und Nashorn-Humor werden auch an diesem Unfug ihre Freude haben. – Nur auf Video.
Ⓥ Vestron

Das Testament des Dr. Cordelier
(LE TESTAMENT DU DOCTEUR CORDELIER). Frankreich 1959.
R Jean Renoir. *B* Jean Renoir.
LV Robert Louis Stevenson. *K* Georges Leclerc. *M* Joseph Kosma. *D* Jean Louis Barrault (Dr. Cordelier), Teddy Bilis (Maître Joly), Jean Bertho, Jacques Ciron (Passanten), Annick Allières (Nachbarin), Jean Topart (Desirée), Dominique Dangon (Mutter), Michel Vitold (Dr. Séverin), Micheline Gary (Marguerite), Primerose Perret (Mary), Jacques Danoville (Kommissar), André Certes (Inspektor), Jean Pierre Granval (Patron), Jacqueline Moane (Alberte), Ghislaine Dumont (Suzy). 92 Min.
Renoir verlegt Stevensons Erzählung von *Dr. Jekyll und Mr. Hyde* in die Gegenwart, setzt auch andere Schwerpunkte. Dr. Cordelier wird durch eine unglückliche Liebe dazugetrieben, sich in den häßlichen, anarchistischen Monsieur Ophale zu verwandeln. Dieser begeht auf seinen Streifzügen durch das nächtliche Paris eher terroristische denn verbrecherische Handlungen. »Jean Renoirs Neufassung ... erweist sich, von der verfremdend-dokumentarischen Einleitung, in der Renoir selbst im Fernsehstudio spricht, abgesehen, als konventionell-gediegen gefilmte Modernisierung des uralten Horrorthemas. Am interessantesten erscheint noch die Interpretation der Titelrolle durch Jean Louis Barrault: Einen in Gang und Gestik derart grotesken, sich an seiner drogenbedingten Selbstbefreiung

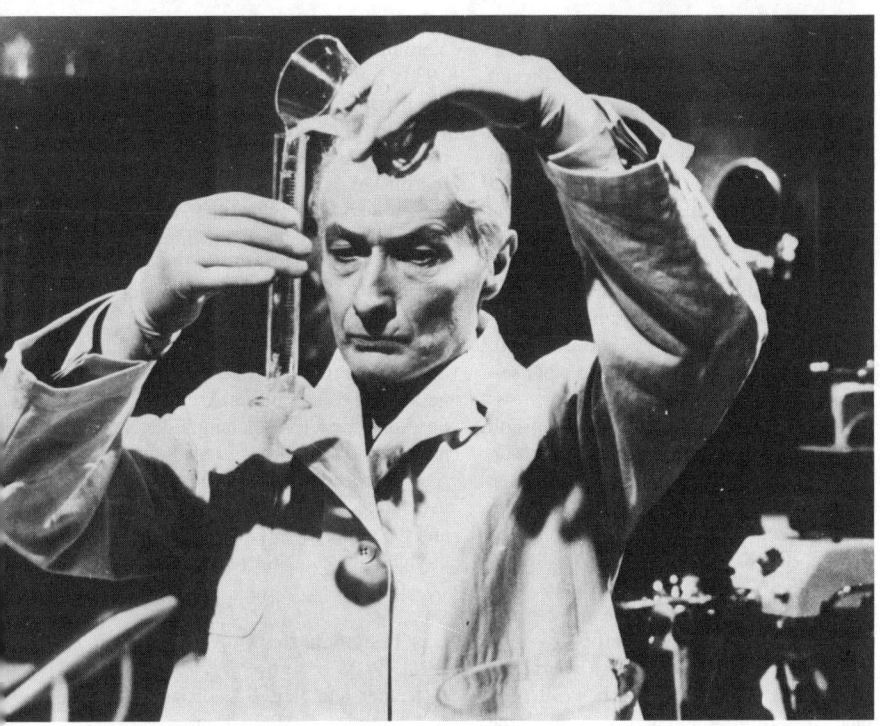

Jean Louis Barrault in *Das Testament des Dr. Cordelier* von Jean Renoir

erfreuenden ›Mr. Hyde‹ (Ophale!) hat man wohl noch nie auf der Leinwand gesehen, und auch Jekyll-Cordelier bringt neue Nuancen ins alte Spiel: Barrault zeichnet ihn als von Konventionen geplagten Vertreter des wissenschaftlichen Establishments, dem die jähe Verwandlung in den mehr boshaften als bösen Mr. Hyde-Ophale gar nicht so ungelegen kommt.« (Hans Langsteiner, SCIENCE FICTION TIMES) – »Jekyll und Hyde, so legt der Film nahe und deutet die Figur damit in einem durchaus modernen Sinn, sind nicht eigentlich Opponenten, sondern ›Komplizen‹. Auch Dr. Cordelier stirbt am Ende freiwillig, doch es ist nicht der Opfertod des klassischen Dr. Jekyll, der die Welt von seinem verbrecherischen Alter ego befreien will, sondern die Resignation, die ihn dazu treibt.« (Jung/Weil/Seeßlen, DER HORRORFILM)

Das Testament des Dr. Mabuse
Deutschland 1933.
R Fritz Lang. *B* Thea von Harbou. *K* Fritz Arno Wagner/Karl Vass. *M* Hans Erdmann. *D* Rudolf Klein-Rogge (Dr. Mabuse), Oskar Beregi (Prof. Baum), Theodor Loos (Dr. Kramm), Otto Wernicke (Lohmann), Klaus Pohl (Müller), Wera Liessem (Lilli), Gustav Dießl (Kent), Camilla Spira (Juwelen-Anna), Rudolf Schündler (Hardy), Paul Oskar Höcker (Bredow), Paul Henckels (Lithograph), Karl Meixner (Hofmeister), Georg John (Winkler), Theo Lingen (Juwelier), Hadrian M. Netto, Heinrich Gotho, Michael v. Newlinski (Ganoven), E. A. Licho (Experte), Gerhard Bienert, Karl Platen. 115 Min.
Vorgeschichte siehe *Dr. Mabuse, der Spieler*. – Der wahnsinnig gewordene

Verbrecher Mabuse sitzt in der Nervenklinik Professor Baums und schreibt pausenlos Mord- und Terrorpläne nieder, die auf geheimnisvolle Weise von irgendwelchen Ganoven in die Tat umgesetzt werden. Die Polizei steht vor einem Rätsel, denn die begangenen Verbrechen sind absolut sinnlos, bringen niemandem etwas ein und sind Akte blindwütiger Zerstörungslust. Kent, ein Mitglied der Bande, informiert schließlich Kommissar Lohmann, daß Professor Baum von seinem prominenten Patienten geistig beherrscht wird. Plötzlich ist Mabuse gestorben – aber seine Pläne werden weiter ausgeführt. Als die Bande zum ultimaten Schlag ausholt und eine chemische Fabrik in die Luft jagen will, kann die Polizei dies im letzten Moment verhindern. Lohmann folgt Baum in sein Sanatorium: Hier stellt sich heraus, daß Kent recht hatte. Der Superverbrecher Mabuse ist zwar tot, aber sein böser Geist lebt in Baum weiter, der nun seinerseits den Verstand verliert. – »Ich werde den Film verbieten, ich werde ihn deshalb verbieten, weil er beweist, daß eine bis zum Äußersten entschlossene Gruppe von Männern, wenn sie nur ernstlich will, durchaus dazu imstande ist, jeden Staat mit Gewalt aus den Angeln zu heben«, sprach NS-Propagandaminister Joseph Goebbels nach einer internen Filmvorführung an seinem Geburtstag am 30. Oktober 1933 (Zitat aus: Fraenkel/Manvell, JOSEPH GOEBBELS). Dieses ›Kompliment‹ zeigt, daß Goebbels die feinen Anspielungen des Films auf die neuen Machthaber wohl verstanden hatte. »Lang sah hier eine Chance, Hitlers Methoden bloßzustellen, seine Rattenfängertaktik zu entlarven... Das Manuskript war geschickt aufgebaut. Es zeigte – wie in einem Gleichnis – Hitlers Terrormethoden. Parolen und Glaubensartikel des heraufziehenden Dritten Reiches wurden Verbrechern in den Mund gelegt.« (Ludwig Maibohm, FRITZ LANG) – Stellte Fritz Langs Stummfilm *Dr. Mabuse, der Spieler* ein Spiegelbild der Weimarer Republik dar, so gelang ihm diesmal eine Allegorie auf die politischen und sozialen Verhältnisse zur Zeit des Machtwechsels 1933. Nach der Emigration Langs hatte die Produktionsfirma noch versucht, den Film durch einige Schnitte und Nachaufnahmen zu ›entschärfen‹, fand jedoch hierfür bei den neuen Machthabern keine Gegenliebe. Der Film blieb verboten. Er erlebte seine deutschsprachige Erstaufführung in Wien. In Österreich wurde er sofort ein Kassenschlager. Gleichzeitig zur deutschen Fassung hatte Lang mit demselben Team, z.T. aber mit anderen Schauspielern, eine französische Fassung gedreht, die auch in Frankreich in die Kinos kam. Erst 1943 gelangte der Streifen nach Amerika. Fritz Lang schrieb zur New Yorker Premiere: »Out of the Mabuses come the Heydrichs, the Himmlers and the Hitlers...« (Zitat in Peter Bogdanovich, FRITZ LANG IN AMERICA) Ⓥ Atlas

Das Testament des Dr. Mabuse
BRD 1962.
R Werner Klingler. *B* Ladislas Fodor/R. A. Stemmle. *K* Albert Benitz. *M* Raimund Rosenberger. *D* Gert Fröbe, Senta Berger, Charles Regnier, Wolfgang Preiss, Harald Juhnke, Walter Rilla, Helmut Schmid, Leon Askin, Ann Savo. 90 Min.
›Modernisiertes‹ Remake des Fritz-Lang-Films von 1933, ohne jede geistige Substanz und symbolisierende Absicht. Am Ende ist Dr. Mabuse wohl endgültig tot, sein Testament ›vom Winde verweht‹ und der arme, hypnotisierte Professor im Moor versunken. »Einfallslos, filmisch primitiv und dumm.«
(FILMBEOBACHTER)

Der Test des Piloten Pirx
(TEST PILOTA PIRXA/DOSNA NIJE PILOTA PIRKSA). Polen/UdSSR 1978.
R Marek Piestrak. *B* Marek Piestrak. *LV* Stanislaw Lem. *K* Janusz Pawlowski. *M* Arvo Pärt. *D* Sergei Desnystsky (Pirx), Zbigiew Lesièn (Calder), Wladimir Iwaszow (Brown),

Boleslaw Abart (Otis), Tönu Saar
(Weber), Alexander Kaidanowski.
F 99 Min.
»Ein Raumkreuzer rast durch den Kosmos
– mit Ziel Saturn. Commander Pirx soll
dort, im Ringsystem des Riesenplaneten,
mit einem riskanten Manöver For-
schungssatelliten absetzen. Doch nicht
dies ist seine eigentliche abenteuerliche
Mission. Es gilt vielmehr, einen gnadenlosen Test zu bestehen: mit der eigenen
Besatzung. Denn die besteht aus Menschen – und Robotern. Pirx weiß nicht,
wer von der Besatzung einer der neuen,
absolut menschenähnlichen ›nichtlinea-
ren‹ Automaten ist, aber er ahnt die Pläne
eines von ihnen, aus dem Raumschiff ein
Totenschiff zu machen, um so seine
Überlegenheit über die Menschen zu beweisen. Es beginnt ein Kampf auf Leben
und Tod. Pirx gewinnt ihn mit einem ungewöhnlichen Mittel: mit der Kraft der
menschlichen Schwäche.« (Text des PRO-
GRESS-FILMPROGRAMMS) – »SF mit ernst
zu nehmendem Hintergrund.« (FILMSPIE-
GEL)
Ⓑ Stanislaw Lem: *Pilot Pirx*, Frankfurt/
Main 1978

Testpiloten
(ON THE THRESHOLD OF SPACE).
USA 1955.
R Robert D. Webb. *B* Simon
Wincelberg/Francis Pockerell. *K* Joe
MacDonald. *M* Lynn Murray. *D* Guy
Madison (Jim Hollenbeck), Virginia
Leith (Pat Lange), John Hodiak (Ward
Thomas), Dean Jagger (Dr. Hugo
Thornton), Warren Stevens (Mike
Bentley), Martin Milner (Morton
Glenn), King Calder (Lee Welch),
Walter Coy (Masters), Ken Clark (Ike
Forbes), Donald Murphy (Zack
Denning), Barry Coe (C.O.), Richard
Grant (Arzt), Donald Freed (Offizier),
Ben Wright (Taxifahrer), Carlyle
Mitchell (George Atkins), Jo Gilbert
(Sekretärin), Juanita Close
(Krankenschwester). *F* 96 Min.
Junger US-Luftwaffenarzt stellt sich der

Forschung als Versuchskaninchen zur
Verfügung und läßt sich auf waghalsige
Experimente ein, die ihn bis an den Rand
des Weltraums (und des Todes) bringen.
»Es wird soviel Sehenswertes geboten,
daß man die Trickaufnahmen hinnimmt,
die leicht pathetischen, vaterländischen
Reden von ›Weltraumbeherrschung aus
Sicherheitsgründen‹* jedoch gut vermis-
sen könnte.« (E.-M. Quass, FILMECHO)

Der Teufelsgarten
(COPLAN SAUVE SO PEAU/L'ASSASSINO
HA ORE CONTATE).
Frankreich/Italien 1967.
R Yves Bosset. *B* Claude Veillot/Yves
Boisset. *K* Piere L'Homme/Pierre
Goupil. *M* Jean Claude Pelletier.
D Claudio Brook, Margaret Lee,
Bernard Blier, Jean Topart, Klaus
Kinski, Jean Servais, Nana Michael.
F 110 Min.
Ein ausgeflippter Wissenschaftler, der un-
glaublicherweise auf den Namen Hugo
Gernsback hört, will mal wieder die Welt
vernichten. »Es handelt sich um einen
seltsamen Thriller, der trotz zahlloser gu-
ter Einfälle mißlungen ist.« (Philippe Set-
bon, KLAUS KINSKI – SEINE FILME, SEIN
LEBEN)

Teufelskreis Alpha
(THE FURY). USA 1978.
R Brian de Palma. *B* John Farris.
LV John Farris. *K* Richard H. Kline.
SpE A. D. Flowers. *M* John Williams.
D Kirk Douglas (Peter), John
Cassavetes (Childress), Carrie
Snodgress (Hester), Charles Durning
(Dr. Jim McKeever), Amy Irving
(Gillian), Fiona Lewis (Susan Charles),
Andrew Stevens (Robin), Carol Rossen
(Dr. Ellen Lindstrom), Rutanya Alda
(Kristen), Joyce Easton (Mrs. Bellaver),
William Finley (Raymond), Melody
Thomas (LaRue), Hilary Thompson
(Cheryl), Sam Laws (Blackfish), Alice

---

* SDI, ick hör dir trapsen!

Nunn, Jane Lambert, Gordon Jump.
F 117 Min.
Der Amerikaner Peter verbringt mit seinem Sohn Robin den Urlaub an der israelischen Küste. Nach einem Guerilla-Überfall ist Robin verschwunden. Später taucht er als Gefangener eines amerikanischen Geheimdienstes wieder auf, dessen Chef Childress offensichtlich nach Kindern mit parapsychologischen Fähigkeiten sucht. Peter nimmt die Spur seines Sohnes mit Hilfe des telekinetisch begabten Mädchens Gillian auf und kann Robin retten. Gillian setzt mit ihren Geistesgaben den Geheimdienst matt. – Ein ziemlich harter Reißer, in dem das Blut gleich eimerweise fließt.
Ⓥ Fox

Die Teufelspuppe
(THE DEVIL DOLL). USA 1936.
R Tod Browning. *B* Tod Browning/
Garret Ford/Guy Endore/Erich von
Stroheim. *LV* Abraham Merritt.
K Leonard Smith. *M* Franz Waxman.
D LionelBarrymore (PaulLavond),
Maureen O'Sullivan (Lorraine), Lucy
Beaumont (Mme. Lavond), Frank
Lawton (Toto), Henry B. Walthall
(Marcel), Raffaela Ottiano (Malita),
Grace Ford (Lachna), Robet Greig
(Coulvet), Arthur Hohl (Radin), Pedro
de Cordoba (Matin), Rollo Lloyd,
Sherry Hall, Christian J. Frank, Francis
McDonald (Kripo-Beamte), Eily
Malyon (Wäscherin), Claire Du Brey
(Mme. Coulvet), E. Allyn Warren
(Kommissar), Janita Quigley
(Marguerite), Nick Thompson
(Sergeant), Robert Graves, Edward
Keane, Robert Du Coedic (Gendarmen),
Inez Calange (Concierge), Evelyn
Selbie (Blumenhändlerin). 79 Min.
Nach zwanzig unschuldig im Exil verbrachten Jahren flieht der Geschäftsmann
Lavond mit seinem Gefährten Marcel von
der Teufelsinsel, doch kaum hat Marcel
ihm seine Erfindung gezeigt, mit der man
Menschen miniaturisieren und versklaven
kann, muß er auch schon ins Gras beißen.

Lavond indes ist sehr angetan von seinen neuen Kenntnissen: Er rächt sich an seinen Geschäftspartnern, die ihn mit falschen Anschuldigungen vor Gericht brachten, indem er als ältliche Spielwarenverkäuferin verkleidet todbringende ›Puppen‹ – in Wahrheit verkleinerte Menschen – in ihre Häuser bringt, die er telepathisch zum Morden zwingt. – »Die heimlichen Helden der Produktion, bescheinigte Mitautor Erich von Stroheim, seien die Leute von der Kameraabteilung gewesen... In einer geschickten Verbindung von übergroßen Sets und Travelling Mattes nimmt THE DEVIL DOLL Jack Arnolds THE INCREDIBLE SHRINKING MAN *(Die unglaubliche Geschichte des Mr. C)* vorweg.« (Rolf Giesen, SPECIAL EFFECTS) »Was Erich von Stroheims Anteil am Drehbuch betrifft, kann man leider nur Vermutungen anstellen. Einzelne Aspekte deuten stark auf (ihn) hin, insbesondere die Idee, Tragödie und Unheil sich vor dem Hintergrund weihnachtlichen Trubels abspielen zu lassen (was man auch in GREED* und WALKING DOWN BROADWAY* findet), wobei die Bemerkung des Detektivs, die Welt sei Weihnachten voll von religiösen Fanatikern, sich ebenfalls wie ein typischer, zynischer Stroheim-Kommentar anhört. Vor allem aber ist da das Thema der Sühne..., daß jeder für seine Sünden reichlich bezahlt, wenn nicht vor dem Recht, so doch sicher moralisch... war stets kennzeichnend für Stroheim.« (William K. Everson, KLASSIKER DES HORRORFILMS)

Die Teufelswolke von Monteville
(THE TROLLENBERG TERROR). GB 1958.
R Quentin Lawrence. *B* Jimmy
Sangster. *K* Monty Berman. *SpE* Les
Bowie. *M* Stanley Black. *D* Forrest
Tucker (Alan Brooks), Janet Munro
(Anne Pilgrim), Laurence Payne (Philip
Truscott), Jennnifer Jayne (Sarah
Pilgrim), Warren Mitchell (Prof.
Crevett), Andrew Faulds (Brett),

---

* USA 1923/1933; *keine* SF-Filme!

Frederick Schiller (Klein), Stuart Saunders (Dewhurst), Colin Douglas (Hans), Derek Sydney (Wilde), Gerard Green (Pilot), Leslie Heritage (Carl), Theodore Wilhelm (Fritz), Richard Golding, George Herbert, Anne Sharp (Dorfbewohner), Jeremy Longhurst, Anthony Parker (Studenten). 82 Min. Der amerikanische Wissenschaftler Alan Brooks macht in den Schweizer Alpen Skiurlaub und lernt dabei die Schwestern Anne und Sarah Pilgrim kennen. Anne arbeitet als ›Medium‹ auf Varietébühnen. Als sie in der Ortschaft Trollenberg ankommen, gehen dort seltsame Dinge vor: Über dem Berg Monteville hängt eine radioaktive Wolke. Da Anne Pilgrim sich seltsam verändert benimmt und wie unter Hypnose von kommenden Katastrophen redet, glaubt Brooks an eine Verbindung mit der Wolke: Es sieht so aus, als würde Anne mit telepathischen ›Informationen‹ versorgt. Nach dem rätselhaften Verschwinden zweier Bergsteiger und der Entdeckung einer gräßlich verstümmelten Leiche beginnt es Alan Brooke zu dämmern: Auf dem Gipfel des Monteville hält sich ein möglicherweise notgelandeter Außerirdischer auf – ein einäugiges, tentakelbewehrtes Monstrum, das Radioaktivität verbreitet und die Menschen unter seinen geistigen Einfluß nimmt. Als sich die Wolke der Ortschaft nähert, verkriechen sich die Menschen in den Räumen des Observatoriums von Professor Crevett, bitten die Schweizer Luftwaffe um Unterstützung und rücken dem vielarmigen Polypen mit selbstgebastelten Molotow-Cocktails zu Leibe. Im letzten Moment treffen die Flugzeuge ein und erledigen den Alien mit Brandbomben.

Themroc

(THEMROC). Frankreich 1972.
R Claude Feraldo. *B* Claude Feraldo. *K* Jean-Marc Ripert.*M* Harald Maury. *D* Michel Piccoli (Themroc), Béatrice Romand (Seine Schwester), Marilu Tolo (Sekretärin), Francesca Coluzzi (Nachbarin), Mme. Herviale (Mutter), Coluche, Michel Fortin, Jean Herbert, Stephane Bout, Dominique Dorel, François Joxe, Marie Kerusoe, François Dyrek, Paul Barrault, Roger Riffard, Madeleine Damien, Jean Aron, M. Leon. *F* 110 Min. Ein Mann mahlt Kaffee. Schaufelt das verschüttete Pulver in die Maschine zurück. Frühstück. Die herrische Mama läßt die Wasserspülung glucksen. Auf zur Arbeit, mit dem Fahrrad, dann Bus, dann Metro, schließlich Zug. Am Arbeitsplatz schlüpft der Mann in die Montur eines Anstreichers. Klettert aufs Gerüst. Beobachtet, wie ein Boß seiner Sekretärin unter den Rock greift. Ein Kippfenster haut dem Anstreicher die Nase blutig. Ein wildes Kreischen und Schreien. Der Anstreicher Themroc will gar nicht mehr aufhören. Die Arbeitsruhe geht flöten, die ganze Belegschaft mault und jault. Themroc haut ab, nach Hause. Dort geht die große Verweigerung weiter: Mit dem Vorschlaghammer haut er die Fensterfront seiner Bude ein, mauert die Tür zum Korridor zu, wirft Mobiliar, Fernseher und Geschirr im hohen Bogen auf die Straße. Die Matratze läßt er auf dem Boden liegen. Die benutzt er als Unterlage, um in aller Öffentlichkeit nach- und nebeneinander seine Schwester, mit der er es schon immer treiben wollte, dann eine vom Ausbruch der jähen Anarchie äußerst angetane Nachbarin, sowie die Sekretärin aus der Fabrik, die sich mit einer Strickleiter in seine Höhle schwingt, zu bumsen. Themrocs Beispiel macht Schule. In der ganzen Nachbarschaft fliegen plötzlich Fenster, Mauersteine und Klamotten ins Freie, bricht wilde, ächzende Liebe aus. Selbst der Autonarr zerdonnert seinen Kraftwagen. Von Fernsehteams begleitet, rückt die Einsatzpolizei C.R.S.C. an. Doch der Einsatzleiter redet nur Blech. Der Einsatz von Tränengas macht Themroc und seine Weiber echt high, richtet also nichts aus. Auch des Nachts bleibt Themroc nicht untätig. Er fängt sich zwei Polizisten ein, röstet sie in seiner Wohnhöhle am Spieß und verzehrt

sie. Der Tag bringt den totalen Sieg: Auf die Lustschreie Themrocs antworten Lustchöre der Zustimmung aus allen Pariser Wohnsilos. – Faraldos Film *Themroc* ist eine soziale Satire in der Tradition von Chaplins *Moderne Zeiten* und René Clairs *Es lebe die Freiheit*, reicht aber trotz seines schwarzen Humors, viele Detail-Gags und radikalen Geschmacklosigkeiten (was durchaus positiv zu werten ist) bei weitem nicht an die Vorbilder heran. Denn im Gegensatz zu diesen ist Themroc als anarchistische Kinofabel völlig unpolitisch. Zu revoltieren, indem man seine Wohnung demoliert, Brüllschreie ausstößt und Polizisten am Spieß röstet, kann vielleicht im Zeitalter des Happenings ganz schick sein, bringt die Menschheit auf ihrem Weg zu besseren Lebensbedingungen keinen Zentimeter weiter. Auch wenn zum Schluß in Paris die allgemeine Anarchie ausgebrochen zu sein scheint, bietet der Film keine Lösung, sondern allenfalls eine ironische Zustandsbeschreibung. Und die kommt auch ohne ein einzig verständliches Wort aus:»Dennoch klappt die Kommunikation zwischen Leinwand und Publikum so gut, daß *Themroc* (ein Film, in dem es auch keine Musik gibt) mit seinem Gebrüll, seiner Gebärdensprache und seinen bisweilen als Sprach-Ersatz eingesetzten Brabbel-Wörtern dem Betrachter von neuem ins Bewußtsein ruft, daß Sprache das Kino nicht unbedingt bereichert hat.« (Alfred Nemeczek, KONKRET)

Thunderball
(RETURN OF THE MAN FROM U.N.C.L.E.: THE FIFTEEN YEARS LATER AFFAIR). USA 1983.
R Ray Austin. *B* Michael Sloan. *K* Fred J. Koenekamp. *M* Gerald Fried.
D Robert Vaughn (Napoleon Solo), David McCallum (Illya Kuryakin), George Lazenby (James Bond), Patrick Macnee, Geoffrey Lewis, Gayle Hunnicutt, Anthony Zerbe, Tom Mason. *F* 100 Min.
Die international operierende Terror-Organisation TRUSH hat eine Atombombe in ihren Besitz gebracht, deren Sprengwirkung alles bisherige übertrifft. Die US-Regierung soll 350 Millionen Dollar Lösegeld zahlen. Statt dessen jedoch schickt sie die beiden retirierten Geheimagenten Napoleon Solo und Illya Kuryakin in die Schlacht, die (mit Unterstützung von James Bond, der mal kurz reinschaut) dem bösen Feind zeigen, was 'ne Harke ist. – Utopisches Agentenabenteuer mit parodistischen Zügen. Eine ›Fortsetzung‹ der populären TV-Serie THE MAN FROM U.N.C.L.E. Der deutsche Titel ist ein schamloser Klau: Der James-Bond-Film *Feuerball* (GB 1965; Regie: Terence Young) hieß in Großbritannien und den USA ebenso. In der BRD nur auf Video.
Ⓥ Starlight

Thundertronic
(ROBO-C.H.I.C.). USA 1989.
R Ed Hansen/Jeff Mandel. *B* Jeff Mandel/John Fitzgerald/Micak Fitzgerald. *K* Ken Carmack/Mike Wemple. *M* Brian Malone. *D* Jack Carter (Dr. Borborigmus), Phil Proctor (Morton), Kip King (Dr. Von Colon), Kathy Shower (ROBO-C.H.I.C.), Jennifer Daly, Ranson Baker, Mansell Rivers-Bland, Burt Ward, Jeff Austin, Tony Miller. *F* 102 Min.
Mr. Hodgkins, ein echter Lump, erpreßt die US-Regierung um eine Milliarde Dollar mit einem Dutzend nuklearer Sprengköpfe. Es kommt aber noch schlimmer, als der Gangster Thalian Hodgkins in seine Gewalt bringt. Derweil ist im Forschungslabor gerade der weibliche Roboter ROBO-C.H.I.C. fertiggestellt worden. Auftragsgemäß rettet er (sie?) die USA vor den Bösewichtern – mit einer Prise Humor und viel, viel Knallchargen-Klamauk. – Nur auf Video.
Ⓥ VPS

THX 1138
(THX 1138). USA 1969.
R George Lucas. *B* George Lucas/Walter Murch. *K* David Myers/Albert

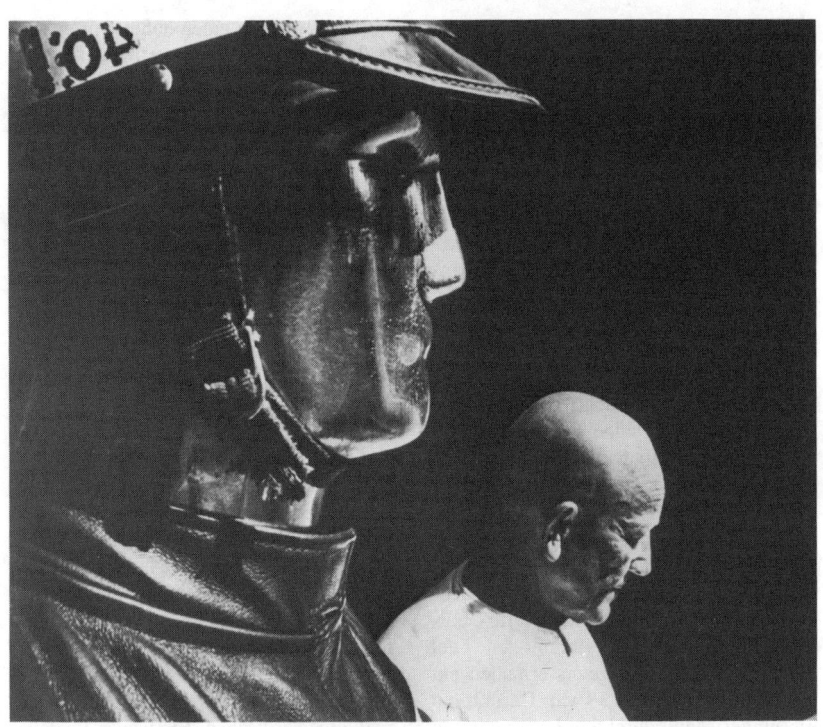

Grimmige Ausweitung der Gegenwart: *THX 1138* von George Lucas

Kihn. *M* Lalo Schifrin. *D* Robert Duvall (THX 1138), Donald Pleasence (SEN 5241), Don Pedro Colley (SRT), Maggie McOmie (LUH 3417), Ian Wolfe (PTO), Marshall Effron (TWA), Sid Haig (NCH), John Pearce (DWY), Irene Forrest (IMM), Gary Alan Marsh (CAM), John Seaton (OUE), Raymond J. Walsh (TRG), Eugene I. Sullivan (JOT), Robert Ferro, Johnny Weissmuller jr. (Roboter), Henry Jacobs (Mark-8-Student), Bill Love (Mark-8-Lehrer), Doc Scott (Mönch), Gary Austin (Mann in Gelb), Scott L. Menges, Toby L. Stearns (Kinder), Paul K. Haje (Kläger), Ralph Chesse (Anwalt), Dion M. Chesse (Verteidiger), Bruce Chesse (Pontifex). *F* 95 Min.

In einer vollcomputerisierten, unterirdischen Welt des 25. Jahrhunderts lebt der Mann THX 1138 mit seiner Frau LUH. Wie alle anderen haben auch sie keinerlei sexuelle Beziehungen zueinander: dafür sorgt eine tägliche Drogenration, die die Menschen freiwillig zu sich nehmen. Probleme, die aus diesem Leben erwachsen, werden nicht unter den Ehepartnern besprochen, sondern täglich – in Form einer Art Beichte – einem mit menschlicher Stimme ausgestatteten Computer nahegebracht, der zwar ›aufmerksam‹ zuhört, aber außer tröstlichen Worten nicht viel zur Klärung der Probleme beitragen kann. Irgendwann nehmen THX und LUH ihre Drogen nicht mehr ein: Zum ersten Mal in ihrem Leben ›hellwach‹, entdecken sie ihre Sexualität. LUH wird schwanger. Als dies herauskommt, verliert sie das Leben. THX landet in einem Gefängnis, das aus einem scheinbar unendlichen weißen Raum besteht. Die anderen Häftlinge, auf die er hier stößt, scheinen Geisteskranke zu sein: Sie reden unablässig vor sich hin, haben jedoch die Gabe des Zuhörens völlig verloren. Bewacht werden sie von schwarzuniformierten Roboterpolizisten, die äußerlich das Mitgefühl in Person sind: Dreht jemand durch – oder nehmen sie jemanden fest –, bieten sie den Menschen mit sanfter Stimme ihre ›Hilfe‹ an. THX gelingt schließlich die Flucht aus dem Gefängnis. Ein Mithäftling, der sich ihm anschließt, wird getötet. Als THX durch ein Gewirr von Korridoren, Gängen und Tunnels nach einem Ausweg aus der unterirdischen Welt sucht, heftet sich die Roboterpolizei an seine Fersen. Das System läßt ihn jedoch entkommen, nachdem ein Computer festgestellt hat, daß die Verfolgung teurer wird, als das ›Budget‹ zuläßt. THX gelangt an die Oberwelt: Hier sieht er erstmals das Sonnenlicht. – Während seines Filmstudiums an der Universität von Kalifornien produzierte George Lucas einen kurzen Film mit dem Titel *THX 2238 4EB*, der gewissermaßen ein Vorläufer von *THX 1138* war: Darin flieht ein junger Mann durch ein Labyrinth von Gängen und Schächten vor den Machthabern einer totalitären Gesellschaft. Francis Ford Coppola war von diesem Erstlingswerk so beeindruckt, daß er *THX 1138* zum ersten Spielfilm machte, den seine neue Firma American Zoetrope produzierte. Der Verleih wurde von Warner Brothers übernommen, aber das PR-Budget wurde so gering gehalten, daß dem Film ein größerer Bekanntheitsgrad verwehrt blieb. *THX 1138* wurde erst richtig bekannt, als der Name George Lucas prominent wurde. Der Film kam sowohl bei den Zuschauern als auch bei der Kritik gut an; man lobte vor allem Lucas' Erfindungsgabe und seine aufschreckenden Visionen. – »*THX 1138* ist weniger eine Vision der Zukunft als eine grimmige Ausweitung der Gegenwart ... Lucas hat sein System so engmaschig aufgebaut, daß man die Flucht Duvalls auf einem solch simplen Abenteuerniveau zwar kaum akzeptieren kann, aber das ist nur ein kleiner

Vorbehalt gegen einen äußerst professionell gemachten Erstlingsfilm.« (NEWSWEEK)
Ⓑ Ben Bova: *Das Drogenparadies*, Bergisch Gladbach 1975; auch unter dem Titel *THX 1138 – Das Drogenparadies*, München 1979 (hier ist George Lucas als Ko-Autor angegeben)

Time Flash
(BLUE TORNADO). Italien 1990. *R* Tony B. Dobb. *B* Gino Capone/Tony B. Dobb/Antonio Bido. *K* N.N. *M* N.N. *D* Dirk Benedict (Alex), Patsy Kensit, David Warner, Ted McGinley. *F* 89 Min.
Zwei Piloten geraten bei einem Übungsflug in den Bergen mit außeridischen Intelligenzen in Form gleißender Kugeln in Kontakt. Nur dem Piloten Alex gelingt die Rückkehr, doch niemand schenkt ihm Glauben. Eine Journalistin, die sich mit mysteriösen Dingen befaßt, will Alex helfen, das Geheimnis zu lösen. Ein zweiter Flug beweist die Echtheit zwar seiner Beobachtung, aber das Militär will wieder mal alles vertuschen. Ein weiser Forscher rät Alex, zu Fuß und ohne Gefühle etc. die Berge zu erforschen. Und siehe da! Im Lichterschein findet er seinen Freund unversehrt in einer Höhle! – Ein langweilig abgedrehter Fliegerfilm mit blassen SF-Elementen in Gestalt außerirdischer Erscheinungsformen. – Nur auf Video.
Ⓥ VPS

Time Guardian – Wächter der Zukunft
(TIME GUARDIAN). Australien 1987. *R* Brian Hannant. *B* Brian Hannant/John Baxter. *K* Geoff Burton. *M* Allan Zavod. *D* Tom Burlinson (Ballard), Nikki Coghill (Annie), Carrie Fisher (Petra), Dean Stockwell (Boss), Henry Salter (Prenzler), Jo Flemming (Tanel), Tim Robertson (Sgt. McCarthy), Jim Holt (Rafferty). *F* 83 Min.
Im Zeitstrom bewegt sich die Arche Noah der Menschheit des 24. Jahrhunderts. Die letzten Überlebenden einer Katastrophe

fliehen vor der mutierten Restmenschheit, die sie mit skelettartigen Robotern, sogenannten Jen-Dikis, erbarmungslos jagt. Nach einem Gefecht soll die Arche in einem australischen Tal des 20. Jahrhundert repariert werden. Man schickt den Krieger Ballard und die nette Petra als Voraustrupp ins 20. Jahrhundert, um die Ankunft der Arche vorzubereiten. Doch die Bösen schicken ihre Jen-Dikis ebenfalls in diese(n) Zeit/Raum. In der Wüste bricht ein Kampf aus, bei dem die Zeitreisenden Hilfe bei den Menschen der (relativen) Gegenwart finden. Die Jen-Dikis kriegen den Arsch voll, die Arche kann in eine freundlichere Zukunft entsegeln. – Kinderkram.
Ⓥ UFA

Time Machine 001
(TIME MACHINE 001). Hongkong 1982.
R Kang Han Young. *B* Chi Sang Hak.
K Cho Min Chul. *Anim.* Hwang Mung Gin. *F* 90 Min. (Zeichentrickfilm).
»One day, going unnoticed by anybody, a fierce battle begins in the 4th dimensional time space. It is the battle of people in the future to deprive the world of time. Amidst the battle, a ›super alloy-Dianium 12‹ which is a top secret material, is found under an old tree. The Three Musketeers who have picked it up are in danger from the pressure given by the future people ›Karen‹. Koktari is kidnapped on his way to rescue them. Three Musketeers fly freely around the 4th dimensional space from BC 5000 to AD 4032 or AD 1700 and they help out Koktari with the help of a girl called Rose, who belongs to the future people. They break the sinister plot of Karen to pieces. The girl's aspiration is to make herself an almighty goddess among the human beings, and she plans to build a gigantic Super Time Machine. How will the Three Musketeers from the twentieth century fight with the forceful Karen from AD 4032?« (Verleihtext) – Dieser Videofilm benutzt das Konzept von H. G. Wells' Roman *Die Zeitmaschine*, »to give children the general idea of time and has

them realize the history of scientific knowledge by combining the Oriental mind and Occidental scientific research.« Die Charaktere, die Hwang Mung Gin gezeichnet hat, sind putzig.
Ⓥ Mike Hunter

Time Rider
(TIME RIDER). USA 1982.
R William Dear. *B* William Dear/ Michael Nesmith. *K* Larry Pizer.
M Michael Nesmith. *D* Fred Ward (Lyle Swann), Belinda Bauer (Claire Cygne), Peter Coyote (Porter Reese), Richard Masur (Claude Dorsett), Tracey Walter (Carl Dorsett), Ed Lauter (Padre), L. Q. Jones (Ben Potter).
F 95 Min.
Der Motorradfahrer Lyle Swann gurkt gerade mit seinem heißen Ofen durch eine Wüste, als er in den Strahl einer Zeitmaschine gerät und ins Jahr 1877 zurückgeworfen wird. Er landet in einem Westernkaff und hat bald alle Halunken der Umgebung auf den Fersen, denn sein Schlitten erscheint den Menschen dieser Zeit als reines Wunderwerk. Als Lyles Lage zu mulmig wird, machen die Zeitforscher das Experiment rückgängig. In die Zukunft (bzw. seine Gegenwart) zurückgekehrt, stellt Lyle fest, daß er seine eigene Ur-Urgroßmutter beschlafen hat. Ha, ha. Was der Ex-Monkee Michael Nesmith (der für das Drehbuch mitverantwortlich war und die Filmmusik geschrieben hat) dem Publikum da vorzusetzen wagt, ist nicht nur »Quatsch aus den Hinterhöfen der Galaxis« (Dieter Hasselblatt; allerdings in einem anderen Zusammenhang), sondern auch eine der ältesten Ideen der SF-Geschichte.
Ⓥ Atlas

Time Slip – Der Tag der Apokalypse
(SENGOKU JIEAITAI). Japan 1981.
R Koseo Saito. *B* Toshio Kamata.
LV Ryo Hanmura. *K* Iwao Isayama.
SpE H. Suzuki. *M* Kentaro Haneda.
D Sonny Chiba (Yoshiaki Iba), Isao Natsuki (Kagetora Nagao), Tsunehiko

Time Slip – Der Tag der Apokalypse von Koseo Saito

Watase (Hayato Yano), Raita Ryu (Haruhisha Kimura), Jun Eto (Nobuhiko Agata), Miyuki Ono (Miwa), Hiriko Yakushimaro (Junger Samurai).
F 106 Min.
Ein Trupp japanischer Soldaten des 20. Jahrhunderts wird von einem ›kosmischen Magnetsturm‹ vierhundert Jahre in die Vergangenheit zurückversetzt und gerät nach diversen Schwierigkeiten in den eigenen Reihen zwischen die Kampflinien zweier sich bis aufs Messer bekriegender Samurai-Fürsten. Obwohl die Männer unter dem Kommando von Leutnant Yoshiaki Iba über modernste Waffen verfügen, werden sie von den zahlenmäßig überlegenen Samurai fast völlig aufgerieben. Nachdem Leutnant Iba und seine Männer zugunsten des Fürsten Kagetora in die Kämpfe eingegriffen und den Sa-murai Shingen geschlagen haben, schließen sie sich Kagetora an. Iba wird jedoch von diesem hintergangen und mit einem Sturmgewehr umgebracht. Auch seine letzten Männer kommen um. Ein Feuer vernichtet schließlich die letzten Spuren

der Besucher aus der Zukunft. – Ein wilder Action-Heuler, der wohl zeigen soll, wie schön es ist, Soldat zu sein.
Ⓥ VPS

Time Sweep – Reise ins Grauen
(TIMESWEEP). GB 1986.
R Dan Diefenderfer. *B* John Thonen/ Larry Nordsieck/Dan Diefenderfer.
K N.N. *M* N.N. *D* Michael Fountain, Pamela DeBord, Kevin Brief, Greg Anderson. *F* 85 Min.
Diverse Pappcharaktere dringen in ein altes Gebäude ein und geraten in ein Zeitlabyrinth, in dem ihnen ein Centurio, Killer-Schaben, Halbtote in einem Raumschiff und eine gierige Bestie begegnen. – Nur auf Video.
Ⓥ Carrera

Time Trackers
(TIME TRACKERS). USA 1989.
R Howard R. Cohen. *B* Howard R. Cohen. *K* Ronn Schmidt. *M* Parmer Fuller. *D* Wil Shriner (Charles Arsenal), Nead Beatty (Harry Orth), Kathleen

Beller (R.J. Craig), Lee Bergere (Karl Zander), Bridget Hoffman (Madeleine Hart) Alex Hyde-White (Edgar), Pearly Bear, Robert Cornthwaite. *F* 82 Min. Karl Zandor stiehlt die von Dr. Craig entwickelte Zeitmaschine, um im Jahr 1991 seinen Rivalen auszulöschen. Eine dreiköpfige Zeitwächtergruppe reist ihm hinterher und verhindert den Anschlag. Daraufhin reist Zandor noch weiter in der Zeit zurück, um im Mittelalter dafür zu sorgen, daß seine Verfolger ausgelöscht werden. Die Time-Trackers bleiben ihm auf den Fersen, kaschen ihn und schicken ihn in die Unendlichkeit. – »Zeitreisen sind, wie der Name sagt, Reisen durch die Zeit, und nicht mit Ortswechseln verbunden. Doch um die Geschichte halbwegs hinzukriegen, mündet die Amerika angesiedelte Story im englischen Mittelalter – Amerika war zu dieser Zeit bestenfalls von den Ureinwohnern bevölkert –, und dann folgt eine absehbare Liebesgeschichte, die Raum und Zeit überdauern wird. Der Zuschauer geht leer aus; ihm wurde die Zeit gestohlen und er verfügt über keine Maschine, die den Verlust wettmachen könnte.« (Hans Messias; FILMDIENST). – Nur auf Video.
Ⓥ MGM/UA

Time Traveller
(THE NEXT ONE). Griechenland/GB 1986.
R Nicos Mastorakis. *B* Nicos Mastorakis. *K* Ari Stavrou. *M* Stanley Myers. *D* Keir Dullea (Glenn), Adrienne Barbeau (Andrea Johnson), Jeremy Licht (Timmy), Peter Hobbs (Barnaby), Phaedon Georgitsis (Yanni), Betty Arvanitis (Anna). *F* 103 Min.
Ein Fremder wird an eine griechische Küste gespült und von der Witwe Andrea und ihrem Sohn Jeremy gesundgepflegt. Er scheint zwar an Gedächtnisschwund zu leiden, doch zahlreiche beharrliche Hinweise und Besuche in örtlichen Kirchen deuten an, daß er ein Zeitreisender aus der Zukunft ist, dessen Bruder vor 2000 Jahren eine ähnliche Reise unternahm und

unter dem Namen Jesus Christus bekannt wurde. Der Fall spitzt sich zu, als die Einheimischen wütend darauf reagieren, daß er auf rätselhafte Weise Kranke heilt. – »Eine zwar kompetent gemachte, aber völlig unglaubwürdige Sci-Fi-Romanze.« (VARIETY).
Ⓥ G.L.

Time Walker
(TIME WALKER). USA 1982.
R Tom Kennedy. *B* Tom Friedman/ Karen Levitt. *K* Robbie G. Greenberg. *M* Richard H. Band. *D* Ben Murphy (Douglas McCadden), Nina Axelrod (Susie), Bob Random (Parker), Kevin Brophy (Peter), James Karen (Rossmore), Jack Olson (Ankh-Venharis). *F* 87 Min.
Ein glatzköpfiger Außerirdischer mit Insektenaugen, den es vor 3000 Jahren auf die Erde verschlagen hat und der als Mumie in einem ägyptischen Sarkophag liegt, erwacht auf geheimnisvolle Weise wieder zum Leben, nachdem ein Wissenschaftler ihn nach Kalifornien gebracht hat. – »Ausgeprägte Durchschnittsware, die auf Video sicher gut aufgehoben ist.« (FILMBEOBACHTER)
Ⓥ Polygram

Todesflug
(DEATH FLIGHT). USA 1977.
R David Lowell Rich. *B* Robert L. Joseph/Meyer Dolinski. *K* Joseph Biroc. *M* John Cavacas. *D* Peter Graves (Whitley), Burgess Meredith (Willy Bassett), Susan Strasberg (Nancy), Robert Reed (Capt. Walsh), Tina Louise (Mae), Barbara Anderson. *F* 85 Min.
Überschall-Passagierflugzeug, das in 160 Minuten von New York nach Paris fliegen soll, um einen neuen Rekord im Atlantik-Überqueren aufzustellen, fällt einem heimtückischen Sabotageanschlag zum Opfer, wobei eine an Bord befindliche tödliche Virenkultur freigesetzt wird. Sämtliche europäischen Flughäfen weigern sich, die Maschine landen zu lassen.

Man bruchlandet schließlich irgendwo in Afrika. –»Mit an Bord: Peter Graves, Burgess Meredith, Susan Strasberg, Robert Reed, Tina Louise, Barbara Anderson... Würden Sie einen davon vermissen?« (Michael Weldon, THE PSYCHO-TRONIC ENCYCLOPEDIA OF FILM)

Todesgrüße von Gamma 03
(THE BIG GAMBLE). GB 1972. *R* Robert Day. *B* Ralph Anders/Robert Day/Stanley Norman. *LV* Ralph Anders. *K* Carlo Fioretti. *SpE* Sergio Mioni. *D* Stephen Boyd (Leyton van Dyk), France Nuyen (Atanga), Ray Milland (Prof. Handley), Cameron Mitchell (Testpilot), Brendon Boone (Jim Handley), Michael Kirner (Mark Handley), John van Dreelen (Lee), John Stacy (Gen. Stryker). *F* 94 Min.

Unter der Leitung Leyton van Dyks hat eine Forschergruppe ein Gerät entwickelt, das die Gedankenmuster von Menschen steuern und verändern kann. Man glaubt, damit in Zukunft Kriege verhindern zu können. Eine skrupellose Organisation, die unter der Leitung der verschlagenen Eurasierin Atanga nach der Weltherrschaft strebt, will sich dieser Erfindung um jeden Preis bemächtigen. Nach diversem Hickhack und einer Reise, die von Rom über Hongkong und Kapstadt bis in den Indischen Ozean führt, können Leyton Van Dyk und einige Luftwaffenpiloten die Organisation schließlich lahmlegen.
Ⓥ Silwa

Der Todeskuß des Dr. Fu Man Chu
(THE BLOOD OF FU MAN CHU/KISS & KILL/FU MAN CHU Y EL BESO DE LA MUERTE). GB/USA/Spanien/BRD 1968. *R* Jess Franco (Jesus Franco Manera). *B* Peter Welbeck. *K* Manuel Merino. *M* Daniel White. *D* Christopher Lee (Dr. Fu Man Chu), Richard Green (Nayland Smith), Götz George (Carl Jansen), Loni von Friedl (Celeste), Howard M. Crawford (Dr. Petrie), Maria Rohm (Ursula), Ricardo Palacios (Sancho), Frances Kahn (Carmen), Tsai Chin (Lin Tang), Isaura de Oliveira (Yuma), Shirley Eaton. *F* 82 Min.

Dr. Fu Man Chu hat sein Quartier in einer verfallenen Stadt im südamerikanischen Urwald aufgeschlagen. Da er seine Welteroberungspläne noch immer nicht zu den Akten gelegt hat, trachtet er zunächst danach, sich seiner zehn wichtigsten Gegner zu entledigen. Mit Hilfe eines tödlichen Schlangengifts, gegen das Frauen seltsamerweise immun sind, will er seinen Erzfeind Nayland Smith von Scotland Yard zuerst erblinden und dann sterben lassen: Wer von den ›vergifteten‹ Frauen geküßt wird, hat nicht mehr lange zu leben. Der Anschlag auf Smith gelingt zwar, aber inzwischen hat der Agent Carl Jansen das Versteck des Superverbrechers aufgespürt. Während ein Spezialserum Smith' Leben rettet, geht Fu Man Chus Hauptquartier in einer Explosion unter. Der Bösewicht entkommt jedoch.

Todesmonster greifen an
Anderer Titel für **Insel des Schreckens**

Todespoker
(TERMINAL CHOICE). Kanada 1983. *R* Larry Sheldon. *B* Neal Ball. *K* Zale Madger. *M* Brian Bennett. *D* Ted Spano (Frank Holt), Diane Venora (Anna), David McCallum (Dr. Dodson), Robert JOy (Dr. Rimmer), Don Francks (Chauncy Rand), Nicholas Campbell (Henderson), Ellen Barkin (Mary O'Connor). *F* 98 Min.

Die Dodson-Klinik ist das perfekte Produkt moderner Hochtechnologie. Ein Zentralcomputer leitet alle Vorgänge ein und versorgt die Patienten. Um der Langeweile zu entkommen, wetten die frustrierten Ärzte auf die Lebensdauer der Patienten. Dies ist vielleicht unethisch, wie ein Arzt erklärt, »aber nicht unmoralisch.« Nach einer Reihe von Sterbefällen stellt sich heraus, daß man dem Computer Fehlinformationen eingespeist hat. Etwa um die *Wetten* zu manipulieren? Da Dr. Holt der Hauptverdächtige ist, macht er

Todesrallye in Helix City von Henry Suso und Allan Arkush

sich mit seiner Freundin Anna auf die Suche nach dem Killer, der auch vor Kolle-
genmord nicht zurückschreckt. Holt stellt
fest, daß der Klinikchef Dobson ein ver-
botenes Serum an dem ersten Toten getestet hat. Und um die Spuren seiner Tat zu
verwischen, mußten alle Zeugen beseitigt
werden. Holt ist vielleicht nicht der beste
Arzt, aber ein guter Detektiv. – »Spannend, mit ausgezeichneten Dialogen, jedoch nicht immer ganz geschmackssi-
cher.« (LEXIKON DES INTERNATIONALEN
FILMS). – Nur auf Video.
Ⓥ UFA

Todesrallye in Helix City
(DEATHSPORT). USA 1978.
R Henry Suso/Allan Arkish. *B* Henry
Suso/Donald Stewart. *K* Gary Graver.
SpE H. Stockert/Jack Rabin. *M* Andrew

Stein. *D* David Carradine (Kaz),
Claudia Jennings (Deneer), Richard
Lynch (Ankar), David McLean
(Zirpola), William Smithers, Will
Walker, Jesse Vint, H. B. Haggerty,
John Himes. *F* 83 Min.
Tausend Jahre in der Zukunft: Die Zivili-
sation, wie wir sie kennen, existiert nicht
mehr, denn ein globaler Atomkrieg hat
die Weltmächte und ihre Satelliten unter-
gehen lassen. Zwar gibt es noch diverse
Stadtstaaten, aber diese werden feudali-
stisch regiert. Auf dem Land leben die
Opfer der radioaktiven Strahlung: Dege-
nerierte und Mutanten. Gruppen von Nomaden streifen durch das Land. Ihr Eh-
renkodex macht sie zu automatischen
Feinden der dekadenten Städter. Als der
Einzelgänger Kaz Zeuge eines Überfalls
der Städter auf eine Nomadengruppe

wird, nimmt man ihn gleich mit gefangen und wirft ihn zusammen mit dem Mädchen Deneer ins Gefängnis der Stadt Helix City, die von dem sadistischen Diktator Zirpola beherrscht wird. Zirpola veranstaltet in der Art der altrömischen Cäsaren Arenakämpfe: die Gefangenen müssen sich mit Schwertern gegen seine sich auf superschnellen Motorrädern bewegenden Vasallen zur Wehr setzen. Kaz gelingt es wider Erwarten, sich eines Motorrades zu bemächtigen und zu fliehen. Verfolgt von Ankar, der rechten Hand Zirpolas, schlägt er sich auf seiner 500-PS-Maschine durch die verwüstete Landschaft. Zusammen mit Deneer und einem weiteren Gladiator, dem die Flucht ebenfalls gelungen ist, trickst er seine Verfolger aus, befreit ein entführtes Nomadenkind und gerät schließlich in einem mörderischen Duell mit Ankar aneinander, der Zirpolas Nachfolge antreten will. Ankar unterliegt. Kaz und Deneer bleiben zusammen, lassen ihre Motorräder liegen und satteln auf Pferde um. – Es lebe die Barbarei!
Ⓥ ITT Contrast *(Giganten mit stählernen Fäusten)*

Todesstrahlen aus dem Weltall
(SENKAI DAI SENSO). Japan 1961.
R Shue Matsubayashi. *B* Toshio Yazumi/Tekeshi Kimura. *K* Rokuro Nishigaki. *SpE* Eiji Tsuburaya.
D Frankie Sakai, Nobuko Otowa, Akira Takarada, Yukiro Hoshi. *F* 78 Min.
Die USA, die UdSSR und China liegen miteinander im Clinch. In einer atomaren Auseinandersetzung wird die Welt vernichtet. – »Ein handwerklich dilettantischer, doch in seiner Aussage nicht uninteressanter Film.« (FILMDIENST) – Die vom Verleih gelieferten Stabangaben riechen verdächtig nach Pseudonym: Hier soll angeblich ein Jacques Brenko Regie geführt, ein Cyril Hume das Drehbuch verfaßt und Schauspieler namens Mike Burnes, Yu Wang, Jean Klissovis, Jeisha Jobo und Yair Pecker agiert haben.
Ⓥ VDP

Todesstrahlen des Dr. Mabuse
(LES RAYONS MORTELS DU DOCTEUR MABUSE/I RAGGI MORTALI DEL DR. MABUSE). BRD/Frankreich/Italien 1964. *R* Hugo Fregonese. *B* Ladislas Fodor. *K* Riccardo Pallotini. *M* Russell Garcid. *D* Peter van Eyck (Major Bob Anders), O. E. Hasse (Porf. Larsen), YvonneFourneaux (Gilda Larsen), Rika Dialina (Judy), Yoko Tani (Mercedes), Wolfgang Preiss (Dr. Mabuse), Walter Rilla (Prof. Pohland), Ernst Schröder (Chefarzt), Robert Beatty (Oberst Matson), Valery Inkijinoff (Dr. Krishna), Gustavo Rojo (Mario Monta), Dieter Eppler (Kaspar), Massimo Pietrobon (Jason Monta), Claudio Gora (Botani), Charles Fawcett (Col. Adams), Erich K. Koltschak (Lutto), Fedor Schaljapin jr. (Apotheker), Leo Genn (Admiral Quency). 91 Min.
Der ›dämonische Geist‹ des verstorbenen Superverbrechers Dr. Mabuse hat Besitz von Professor Pohland ergriffen, der seit geraumer Zeit im Irrenhaus sitzt. Nachdem Pohland auf geheimnisvolle Weise verschwunden ist, erhält der britische Geheimdienstmajor Bob Anders den Auftrag, einen gewissen Professor Larsen und dessen Erfindung – einen Todesstrahl – zu schützen. Larsen arbeitet auf einer kleinen Insel in der Nähe von Malta und ist schon bald der Zielpunkt einer geheimnisvollen Organisation, hinter der Mabuse (oder sein Geist) steht. Unter Zuhilfenahme diverser Masken gelingt es Mabuse, sich Zutritt zum Hause Larsens zu verschaffen: Als Oberst des britischen Geheimdienstes und Museumsdirektor will er sich der Todesstrahlen bemächtigen. Anders kann dies verhindern. Nachdem Mabuses Bande zerschlagen ist, löst sich der ›Geist‹ des Verbrechers von Professor Pohland.
Ⓥ Toppic

Tödliche Bedrohung
(THE RETURN). USA 1980.
R Greydon Clark. *B* Ken Wheat/Jim Wheat/Curtis Burch. *K* Daniel Pearl.

SpE Dana Rheaume. *M* Dan Wyman.
D Jan Michael Vincent (Wayne
Thompson), Cybill Shepard (Jennifer
Kramer), Raymond Burr (Dr.
Joseph Kramer), Martin Landau (Miles
Buchanan), Neville Brand (Walt),
Vincent Schiavelli (Prospektor), Brad
Reardon (Eddie), Darby Hinton
(Darren), Ernest Anderson (Dr.
Mostorff), Ken Minyard, Candy Castillo
(FBI-Agenten), Steven Hirsch (Dr.
Parkfield), Susan K. Bunch, Zachary
Vincent, Robert M. Magnus, Michael
R. Starita, Dorothy Constantine, Lynda
Clark, Jacob Bresler. *F* 91 Min.
Eine geheimnisvolle galaktische Kraft,
die sich in einer hellen, gasartigen Substanz manifestiert, beeinflußt das Leben
einer jungen Forscherin, eines fröhlichen
Kraftmeiers und eines Prospektors, die
fünfundzwanzig Jahre zuvor in ihren
›Wirkungskreis‹ geraten sind. – »Der
Film ist in seiner Gesamtheit stärker in
Sachen Stunt-Arbeit und Pyrotechnik als
in Sachen Mystery oder Science Fiction.«
(Donald C. Willis, HORROR AND SCIENCE
FICTION FILMS) – In der BRD nur auf
Video.
Ⓥ Thorn EMI

Tödliche Befehle aus dem All
(QIEN PUEDE MATAR A UN NINO?).
Spanien 1976.
R Narciso Ibanez Serrador. *B* Luis
Penfiel. *LV* Juan José Plans. *K* José
Luis Alcaine. *M* Waldo de los Rios.
D Lewis Fiander (Tom), Prunella
Ransome (Evelyn), Carlos Parra.
F 102 Min.
Sommer an der spanischen Mittelmeerküste: Der englische Biologe Tom und seine
schwangere Frau Evelyn wollen sich ein
paar Tage ausruhen. Die Gegend, in der
sie sich aufhalten, ist von Touristen überlaufen, deswegen fahren sie auf die kleine
Insel Almenzora. Tom, der vor zwölf Jahren schon einmal dort war, verspricht sich
Ruhe und Abgeschiedenheit. Statt dessen
jedoch erwartet sie das blanke Entsetzen:
Ein Virus aus dem Weltraum hat sämtliche Kinder und Jugendliche der Insel infiziert und dafür gesorgt, daß sie kaltlächelnd sämtliche Erwachsenen umgebracht haben. Im Nu sehen Tom und Evelyn sich einer tödlichen Gefahr ausgesetzt. Sogar Evelyns ungeborenes Kind
wird von dem Virus erfaßt; Evelyn geht
daran zugrunde. Tom, der es anfangs
nicht über sich bringt, mit aller Härte gegen die Kinder vorzugehen, gelangt
schließlich zu der Einsicht, daß er seine
grausamen Gegner wie Erwachsene behandeln muß: Als er mit Gewalt gegen sie
vorgeht, um sein eigenes Leben zu schützen, wird er von einem Polizeiboot bemerkt. Die Polizisten halten ihn für einen
Tollwütigen und erschießen ihn. Kurz
darauf fallen sie den mörderischen Kindern selbst zum Opfer. Die Infizierten setzen zum Festland über . . .
Ⓥ ITT Contrast

Tödliche Flucht
(THE LAWLESS LAND). USA 1988.
R Jon Hess. *B* Tony Cinciripini/Larry
Leahy/Serge Arriotti. *K* Makoto
Watanabe. *M* Lucia Hwong. *D* Amanda
Peterson (Diana), Nick Corri (Falco),
Leon (Roadkill), Walter Kuche
(Chairman), Xander Berkely, Patricio
Bunster, Alejandro Heinrich, Ann-Marie
Peterson. *F* 77 Min.
2001: In Südamerika hat der erbarmungslose Dikator Chairman die Macht an sich
gerissen. Straßensperren, Festnahmen
und Folter sind, wie auch heute, an der
Tagesordnung. Als Chairmans Tochter
eine Liaison mit dem schönen Einheimischen Falco beginnt und mit ihm flieht,
schickt er erzürnt seine Killer hinterher.
Falco gerät in Gefangenschaft, entkommt
und tötet in einer Stadt voller Gesetzloser
den bösen Hit-Man Roadkill. Ende. –
»Das ist nicht besonders opulent, dafür
um so schneidiger inszeniert. Die Figuren
sind ausgesprochen stereotyp, aber ebenso treffend, die Klisches sind dick, aber
sie stimmen.« (VIDEO PLUS). – Nur auf
Video.
Ⓥ IMV

Der tödliche Freund
(DEADLY FRIEND). USA 1986.
R Wes Craven. *B* Bruce Joel Rubin. *K* Philip Lathrop. *SpE* Peter Albiez. *Ma* Lance Anderson. *M* Charles Bernstein. *D* Matthew Laborteaux (Paul Conway), Kristy Swanson (Samantha Pringle), Michael Sharett (Tom), Anne Twomey (Jeannie), Anne Ramsay (Elvira Parker), Richard Marcus (Harry), Russ Martin (Dr. Johnson), Lee Paul, Andrew Roperto, Robin Nuyen, Frank Cavestani, Merrit Olsen. *F* 87 Min.
Jung-Paul zieht mit Mama in ein Kleinstadtviertel mit skurrilen Nachbarn, doch vorerst bleibt sein Roboter BB, der den Menschen geistig und körperlich überlegen ist, sein einziger Freund. Paul freundet sich mit der Nachbarstochter Samantha an, was deren Vater nicht gern sieht: Er verprügelt sie, wenn er blau ist, und das ist er stets. Als Paul, Samantha und BB der zickigen Mrs. Parker einen Streich spielen, nimmt diese BB mit dem Schrotgewehr auseinander. Nachts darauf wird Samantha von ihrem Vater totgeschlagen. Paul, der sich damit nicht abfindet, stiehlt Samanthas Leiche, setzt ihr BBs Gehirn ein und erweckt sie zum Leben. Samantha will RACHE. Sie verbrennt ihren Vater und rächt sich an der garstigen Mrs. Parker und anderen Fieslingen. Die Polizei schießt sie nieder. Paul holt Samantha erneut aus der Kühlbox. Sie lebt. Aber! Ihre Haut platzt auf, und ein Grusel-BB killt Paul. – Selig sind die geistig Armen, denn ihrer ist das Himmelreich. Ⓥ Warner

Tödliche Galaxie
(MURDER BY MOONLIGHT). GB 1989.
R Michael Lindsay-Hogg. *B* Carla Jean Wagner. *K* David Watkin. *SpE* Graham Longhurst. *M* Trevor Jones. *D* Brigitte Nielsen (Lt. Maggie Bartok), Julian Sands (Major Kirilenko), Gerald McRaney (Huff), Jane Lapotaire (Louise Mackey), Michael J. Shannon (Vincent Ivanov), Brian Cox (Col. Fedorenko), Alphonsia Emmanuel (Dr.

Klein), Celia Imre (Patsy Diehl), David Yip, Stuart Milligan, Stephen Jenn. *F* 95 Min.
2015: Amerikaner und Russen betreiben auf dem Mond einen gemeinsamen Stützpunkt. Als man in einer russischen Mine den ermordeten Sicherheitschef der Amerikaner findet, droht die Eintracht zu zerbrechen. Die blonde Maggie Bartok und der kühle Russe Kirilenko sind zur Kooperation gezwungen, um den Fall zu klären. Ihre anfangs beiderseitige Ablehnung verkehrt sich ins Gegenteil. Sie entlarven ein transsexuelles Mitglied der Besatzung als Täter. – »Michael Lindsay-Hoggs planetarisches Detektiv- und Liebes-Spiel besitzt zwar weder höhere Werte noch einen tieferen Sinn, ist aber recht ansehnlich ausgefallen.« (STERN-TV-MAGAZIN). Ⓥ Warner

Die tödlichen Bienen
(THE DEADLY BEES). GB 1966.
R Freddie Francis. *B* Robert Bloch/ Anthony Marriott. *LV* H. F. Heard. *K* John Wilcox. *SpE* Michael Collins. *M* Wilfred Josephs. *D* Suzanna Leigh (Vicki Robbins), Frank Finlay (Manfred), Guy Doleman (Ralph Hargrove), Catherine Finn (Mrs. Hargrove), John Harvey (Thompson), Michael Ripper (Hawkins), Anthony Bailey (Compere), Tim Barrett (Harcourt), James Cossins (Leichenbeschauer), Frank Forsyth (Arzt), Kathy Wild (Doris Hawkins), Greta Farrar (Schwester), Gina Gianelli (Sekretärin), Michael Gwynn (Dr. Lang), Maurice Good (Agent), Alister Williamson (Inspektor). *F* 83 Min.
Die von allzuviel Arbeit gestreßteSängerin Vicki macht Urlaub auf einer kleinen britischen Insel, wo sich zwei Imker namens Hargrove und Manfred gegenseitig das Leben schwermachen. Hargrove hat eine Tinktur entwickelt, die aus seinen Bienen tödliche Killer macht: Wer damit besprüht wird, kann mit dem Leben abschließen. Nachdem er so seine Frau losgeworden ist und Manfred mißtrauisch

Summ, summ – dumm, dumm:
Olivia de Havilland in *Der tödliche Schwarm* von Irwin Allen

wird, will er auch ihn beseitigen. Letztlich wird er jedoch – wie weiland Dr.
Frankenstein – ein Opfer seiner eigenen
Kreaturen. – »Zu den Höhepunkten des
Films gehören zahllose Nahaufnahmen
von Bienenstacheln, die sich in Mensch-
fleisch bohren; leider erhalten die selbstlo-
sen menschlichen Statisten, die in diesen
Szenen zu sehen sind, nicht den Kredit,
der ihnen gebührt. Den fatalen Bienen-
attacken geht stets ein leises, ominöses
Summen voraus. Kommt es von den an-
greifenden Killerbienen? Oder ist es das
Schnarchen des Publikums?« (H. und M.
Medved, THE GOLDEN TURKEY AWARDS)
Ⓑ H. F. Heard: A TASTE FOR HONEY,
New York 1946

Tödliche Nebel
(I DIAFANOI DI VENGANO D'ALL
MARTE). Italien 1965.
R Anthony Dawson (Antonio
Margheriti). *B* Ivan Reiner/Renato
Moretti. *K* Riccardo Palotini.
M Francesco Lavagnino. *D* Tony

Russell (Commander Halstead), Lisa
Gastoni (Lt. Connie Gomez), Michael
Lemoine (Capt. Dubois), Carlo
Giustini, Enzo Fiermonte, Linda Sini,
Nanda Angelini, Franco Nero, Ivers S.
Gilborn, John Bartha, Franco Lantieri,
Marco Bogliani. *F* 97 Min.
Ein geheimnisvoller Nebel aus dem All
greift irdische Raumstationen und Raum-
schiffe an, läßt selbige verschwinden und
benutzt einen Captain namens Dubois,
der in seinen Bannkreis geraten ist, als
Werkzeug seiner Macht: Die Menschheit
soll sich mit einer Art kosmischem Geist
in einer Symbiose vereinigen. Ein kluger
Commander, der dahinterkommt, daß
dies gleichbedeutend mit der geistigen
Versklavung der Menschheit wäre, vereitelt den Plan.

Der tödliche Schwarm
(THE SWARM). USA 1978.
R Irwin Allen. *B* Stirling Silliphant.
LV Arthur Herzog. *K* Fred J.
Koenekamp. *SpE* Howard Jensen.

M Jerry Goldsmith. *D* Michael Caine (Brad Crane), Katherine Ross (Helena), Richard Widmark (Gen. Slater), Richard Chamberlain (Dr. Hubbard), Olivia de Havilland (Maureen), Ben Johnson (Felix), Lee Grant (Anne McGregor), José Ferrer (Dr. Andrews), Patty Duke Astin (Rita), Slim Pickens (Jud Hawkins), Bradford Dillman (Major Baker), Fred McMurray (Clarence), Henry Fonda (Dr. Krim). *F* 115 Min.

Nach Brasilien importierte afrikanische Bienen werden von den Schwingungsfrequenzen der Funksignale einer US-Raketenbasis in Texas angelockt und terrorisieren ganze Landstriche. Eine Expertengruppe, die sich das Verhalten der Insekten nicht erklären kann, versucht, dem Phänomen auf die Spur zu kommen, und arbeitet an der Entwicklung chemischer Substanzen, um die Angreifer außer Gefecht zu setzen. Als man endlich erkennt, was die Bienen anlockt, setzt man die Funksignale dazu ein, um den Schwarm aufs Meer hinauszulenken, wo er über einer in Brand gesetzten Öllache umkommt. – »Der größte Teil der Handlung spielt in einem Ort namens Marysville – einem dieser absonderlichen Pappdeckelkaffs, die auf jedem Hollywood-Studiogelände wuchern. Aber *diese* Stadt wird ganz offenbar von einer Clique bewohnt, die schlechte Filme liebt: das örtliche Kino spielt nämlich Irwin Allens letzten Riesenheuler *Flammendes Inferno*.« (Harry und Michael Medved, THE GOLDEN TURKEY AWARDS) – *Der tödliche Schwarm* wurde von einer amerikanischen Vereinigung, die sich bewußt nur an den Schundfilmen delektiert, zum ›schlechtesten Hummelfilm‹ aller Zeiten gewählt. Ausschlaggebend dafür war neben der jeder Beschreibung spottenden Leistung der Akteure die miese Regieleistung Irwin Allens, diverse Dialoge von unsterblicher Blödheit und ›die bescheuertste credit line aller Zeiten‹: – »Die afrikanische Killerbiene sollte nicht verwechselt werden mit der hart arbeitenden, fleißigen amerikanischen Honigbiene, die uns mit Honig versorgt und unsere Blumen bestäubt.«

Ⓥ Warner Home
Ⓑ Arthur Herzog: *Die Mörderbienen*, Frankfurt/Berlin/Wien 1977

Tödliche Strahlen
(THE INVISIBLE RAY). USA 1936.
R Lambert Hillyer. *B* John Colton. *St* Howard Higgins/Douglas Hodges. *K* George Robinson. *SpE* John P. Fulton. *M* Franz Waxman. *D* Boris Karloff (Dr. Janos Rukh), Bela Lugosi (Dr. Benet), Frances Drake (Diane Rukh), Frank Lawton (Ronald Drake), Walter Kingsford (Sir Francis Stevens), Beulah Bondi (Lady Arabella Stevens), Violet Kemble Cooper (Mutter Rukh), Nydia Westman (Briggs), Danell Haines. 82 Min.

Dr. Rukh vermutet, daß ein Meteorit vor Jahrmillionen in Afrika niederging, der aus einer stärker strahlenden Substanz als Radium bestand. Zusammen mit Dr. Benet leitet Rukh eine Expedition zu den Mond-Bergen inmitten des schwarzen Kontinents und findet tatsächlich in einem Vulkankrater den radioaktiven Stoff ›Radium X‹. Unglücklicherweise berührt er die Substanz, was fast den sicheren Tod bedeutet hätte, hätte Dr. Benet nicht ein Gegenmittel parat. Doch Dr. Rukh wird von Wahnvorstellungen befallen. Überall sieht er Leute, die ihm seine Entdeckung streitig machen wollen. Seine Einbildung steigert sich zum Höhepunkt, als er mehrere Expeditionsteilnehmer, darunter Dr. Benet, umbringt. Da er glaubt, daß seine junge Frau ein Verhältnis mit einem seiner Assistenten hat, will er auch sie töten, was jedoch mißlingt. Daraufhin vernichtet seine Mutter das Gegenmittel. Schon bald sind die Schmerzen unerträglich. Er stürzt sich als Feuerball aus dem Fenster. – Klassischer SF-Horror mit »Karloff in top form« (Alan Frank, THE SCIENCE FICTION AND FANTASY HANDBOOK), dessen Thema, Radioaktivität und Verseuchung, zwar nicht absolut neu, aber doch bereits ein gutes Dutzend SF-Psychosen aus der Nachkriegszeit vorwegnahm. Der Film zählt zu den drei Produktionen, in denen Karloff und Lugosi gleichberechtigt die Hauptrollen spielten. In *Die schwarze Katze* hatten beide ebenbürtige Parts, in *Der Rabe* war Lugosi dominierend, hier jedoch eindeutig Karloff. Berühmt wurde der Film wegen seiner Spezial-Effekte (John P. Fulton). Sie zählen zu den Höhepunkten der frühen Filmgeschichte, vor allem ›die Erschaffung des Himmels vor Millionen von Jahren‹ und die Szenen, in denen Rukh das Radium X in dem Vulkan findet. Die letztgenannten wurden in einem serial THE PHANTOM CREEPS (1939, Hauptrolle Bela Lugosi) wiederverwendet. Diese ›Sparmaßnahme‹ war im übrigen nichts Neues, denn auch *Tödliche Strahlen* bediente sich einiger Kulissen aus *Flash Gordon*, der damals bekanntesten SF-Serie. Die Labor-Einrichtung dürfte ebenfalls bekannt sein, sie wurde aus *Frankenstein* übernommen.

Tolldreiste Kerle in rasselnden Raketen

(ROCKET TO THE MOON). GB 1966. *R* Don Sharp. *B* Dave Freeman/Peter Welbeck. *K* Reg Meyer. *SpE* Les Bowie/Pat Moore. *M* John Scott. *D* Burl Ives (Phineas Taylor Barnum), Troy Donahue (Gaylord Sullivan), Gert Fröbe (Prof. von Bülow), Lionel Jeffries (Sir Charles Dillworthy), Daliah Lavi (Madeleine), Dennis Price (Herzog von Barset), Terry-Thomas (Sir Harry Washington-Smythe), Hermione Gingold (Angelica), Joachim Teege (Bulgeroff), Jimmy Clitheroe (Tom Thumb), Edward de Souza (Henri), Graham Stark (Grunle), Stratford Johns (Feuerwerker), Renate von Holt (Anna), Judy Cornwell (Lady Electra), Joan Sterndale Bennett (Königin Victoria). *F* 99 Min.
Der schnauzbärtige Professor von Bülow hat einen Supersprengstoff erfunden, dessen Kraft dazu dienen soll, eine bemannte Rakete auf den Mond zu schießen. Das

Komische daran ist, daß diese Geschichte zur Zeit der Königin Victoria spielt und allerlei adlige Lumpen und Nichtstuer das Experiment sabotieren wollen – darunter auch diverse Gauner und ein russischer Spion. Eine burleske Komödie mit einem sehr, sehr kleinen SF-›Aufhänger‹, der angeblich sogar auf Jules Verne zurückgehen soll.

Tom Collins jagt die schwarze Natter

(INTRIGO A LOS ANGELES). Italien 1964. *R* Roy Freemount (Romano Ferrara). *B* Lucio Marcuzzo/A. Doyle. *K* Adalberto Albertini. *M* Piero Umiliani. *D* Luciano Marin (Tom Collins), Mary Luger (Silvia), Carol Walker (Jean),G. Quartararo (George), P. Cruciani (Prof. Weiss), E. R. Caizzi (Elston). 90 Min.
US-Agent Tom Collins jagt hinter einem entführten Wissenschaftler her, dessen Erfindung (sie kann radioaktive Strahlung neutralisieren) für diverse Mächte von hohem militärischen Wert ist, und entlarvt dabei dessen entstellte Ex-Assistentin als Organisatorin seines Verschwindens. – »Niemand stürzte sich in geistige Unkosten.« (FILMDIENST)

The Tomorrow Man

(THE TOMORROW MAN). Kanada 1980. *R* Tibor Takacs. *B* Stephen Zoller/Peter Chapman. *K* Alar Kivilo. *M* Neville Miller. *D* Don Francks (Wächter), Stephen Markle (Tom Weston), Michelle Chicoine (Margaret Weston), Gail Dahms (Maya), David Clement, Stan Wilson. *F* 70 Min.
In naher Zukunft in den USA: Tom Weston ist ein politischer Gefangener des Neuen Regimes. Er wird, ohne daß er weiß, was man ihm vorwirft, in einem Gefängnis festgehalten, das von Robotern bewacht wird. Weston unternimmt einen Fluchtversuch nach dem anderen. Aber er kann nicht entkommen: Das System ist überall. In der BRD nur als Videokassette in englischer Sprache.
Ⓥ VCL

Topline
(TOPLINE). Italien 1988.
R Ted Archer (= Nello Rossati).
B Nello Rossati/Roberto Gianviti.
K Guglielmo Mancori. *M* Marizio
Dami. *D* Franco Nero (Ted Angelo),
Deborah Barrymore (June), George
Kennedy (Heinrich Holzmann), Mary
Stavin (Maureen), William Berger, Cary
Dolgin, Steven Luotlo. *F* 89 Min.
Der Autor und Abenteurer Ted Angelo
hat es nicht leicht. Da er die Juwelen eines
mythenumwobenen Schatzes verkauft
hat, wird er von CIA, KGB und einer au-
ßerirdischen Kampfmaschine gejagt. Ge-
meinsam mit der blonden June im
Schlepptau (und später im Arm) erlebt er
im wilden Kolumbien gefährliche Aben-
teuer. –»*Topline* ist ein hanebüchendes
Kolumbien-Abenteuer um einen Schatz.
Mit Science Fiction-Elementen und vielen
Toten. Der alternde Franco Nero als lächerlicher Macho und Held.« (TIP).
ⓋCannon/VMP

Top Missile
(FIFTH MISSILE). USA 1985.
R Larry Peerce. *B* Eric Bercovici.
K Cristiano Pognay. *SpE* David Watkins.
M Pino Donaggio. *D* Robert Conrad,
Sam Waterston, David Soul, Richard
Roundtree, Yvette Mimieux, Jonathan
Banks, Art La Fleur. *F* 106 Min.
Das Pentagon schickt das U-Boot Mon-
tana auf eine Mission, um der Besat-
zung den Dritten Weltkrieg vorzuspielen.
Nur die drei höchsten Offiziere wissen,
daß es sich um eine Simulation handelt,
der Rest der Besatzung soll dem vollen
Kriegsstreß ausgesetzt werden. Auf dem
Höhepunkt der Übung sollen zudem vier
Atomraketen-Attrappen abgeschossen
werden. Als die *Montana* die ersten
Kriegsmeldungen empfängt, steigt die
Spannung. Ein Konflikt bricht zwischen
dem Ranghöchsten Harris und dem Zweiten Van Meer aus, der das Experiment abbrechen will. Van Meer offenbart sich der
Crew, doch sie schenkt ihm keinen Glauben. Harris will den Auftrag zu Ende füh-

ren und schießt die vier Attrappen ab. Die
erste gezündete Scharfe kann über Wasser
von einem Helikopter vernichtet werden.
Die *Montana* versinkt mit ihrem Captain.
Van Meer und die Mannschaft können
sich retten. – Die Nebenhandlung erklärt,
daß giftige Gase einer an Bord verwendeten Farbe die Mannschaft hat ausklinken
lassen. – Nur auf Video.
ⓋMGM/UA

Top Secret!
(TOP SECRET!). USA 1984.
R Jim Abrahams/Jerry Zucker/Jim
Zucker. *B* Jim Abrahams/Jerry Zucker/
Jim Zucker. *K* Christopher Challis. *SpE*
Nick Allder. *M* Maurice Jarre. *D* Val
Kilmer (Nick Rivers), Lucy Gutteridge
(Waltraud Flammond), Sidney Arnold
(Albert Potato), John Carney (Klaus),
Omar Sharif (Cedric), Peter Cushing
(Sven Jörgenson), Christopher Villiers
(Nigel), Jeremy Kemp (Gen. Streck).
F 90 Min.
Schurkische DDR-Bonzen wollen Deutsch-
land – natürlich unter Hammer und Sichel
– auf erpresserische Weise wiedervereini-
gen. Dies bietet den Auftakt für eine Gro-
teske, wie man sie von den Zucker-Brü-
dern und ihrem Spießgesellen Abraham
gewöhnt ist. Der Erfinder Flammond hat
die Polarismine erfunden; sie soll die U-
Boot-Flotte der NATO vernichten. Da
Flammond nicht mehr mag, wird seine
Tochter Waltraud vom Staat gekidnappt,
um ihn unter Druck zu setzen. Leider
klappt der böse Plan nicht, denn zum
Glück gibt es noch den heldenhaften US-
Rockstar Rick, der während einer DDR-
Tournee in die Sache verwickelt wird und
die Pläne der Schurken vereitelt. –
»Nichts ist den Machern mehr heilig, jeder nur mögliche, aber eigentlich auch un-
mögliche Witz wird ausgeschlachtet.«
(TIP). Außerdem listet *Top Secret!* wunderbar sämtliche Vorurteile auf, die Amerikaner über die Europäer haben. »Die
Deutschen sind... allesamt Kretins, versteckte Nazis, die am liebsten die Welt erobern möchten, die Hacken zusammen-

PSST...
Erzählen Sie niemanden etwas
über diesen Film, er ist...

TOP SECRET!
Von den Machern des Films DIE UNGLAUBLICHE REISE
IN EINEM VERRÜCKTEN FLUGZEUG

Paramount Pictures zeigt TOP SECRET!
mit VAL KILMER · LUCY GUTTERIDGE Musik: MAURICE JARRE
Drehbuch: JIM ABRAHAMS · DAVID ZUCKER · JERRY ZUCKER und MARTYN BURKE
Produzent: JON DAVISON und HUNT LOWRY
Regie: JIM ABRAHAMS · DAVID ZUCKER · JERRY ZUCKER
Ein PARAMOUNT FILM im Verleih der UIP
Original Soundtrack auf Passport Records & Cassetten.

schlagen und nur zu einem Lächeln bereit sind, wenn sie jemanden foltern dürfen. Engländer sind vorzugsweise schwul; Schwule sind... windige Verräter; Russen sind brutale Untermenschen... Nur der Ami-Boy ist eitel Freude und Blendax-Schein.« (CINEMA). – »Zugegeben, der Film ist subersiv, aber nur gegen Film-Klischees.« (VILLAGE VOICE).

The Torture Zone
(THE FEAR CHAMBER/LA CAMARA DEL TERROR). USA/Mexiko 1968.
R Juan Ibanez. *B* Jack Hill/Luis Enrique

Vergara. *K* Raul Dominguez. *M* Enrico Cabiati. *D* Boris Karloff (Dr. Mantell), Julissa (Corine Martell), Charles East (Mark), Isabel Verga (Helga), Yerye Beirute (Roland). *F* 79 Min.

Über den Sorgen seiner unverheirateten Tochter gerät dem kränkelnden Dr. Mantell ein streng geheimes Experiment außer Kontrolle: Er besitzt ein Stück Urgestein aus dem Inneren der Erde, das Eigenleben zeigt und nach dem Blut junger Mädchen dürstet. Mantells skrupellose Gehilfen holen sich ihre Opfer von der Straße und erschrecken sie in einer Folterkammer zu Tode, um die Gier des schweinischen Steins zu stillen, der so intelligent wie gierig ist und Computer anzapft. – »Die Geschichte entbehrt jeglicher Spannung und ist dermaßen zusammengeklaubt, daß die mexikanischen Produzenten sogar eine mehrminütige Striptease-Einlage in ihr unterbringen konnten, als allerdings äußerst faden und fragwürdigen Anreiz.« (Pst., FILMDIENST). – Nur auf Video. Ⓥ Madison

Die totale Gefahr
(PROJECT: TIN MEN). USA 1990.
R Karen Arthur. *B* Lawrence Hertzog. *K* Tom Neuwirth. *M* N.N. *D* Hunt Block (Tin Man), Mary Catherine Stewart (Dr. Naomi Fisher), Leon Russom (Dr. Forest), James Laurenson (Dr. Wheeler), Beau Billingslea. *F* 71 Min.

Tin Man ist ein blonder, blauäugiger Roboter – was ihn automatisch zum Guten macht, der deswegen auch nicht durchdreht. Das Militär will einen Kampfroboter aus ihm machen. Pustekuchen! Also soll er vernichtet werden! Eine nette Wissenschaftlerin verhilft Tin Man zur Flucht, was sie mit dem Leben bezahlt. – Nur auf Video. Ⓥ VCL

Total Recall – Die totale Erinnerung
(TOTAL RECALL). USA 1990.
R Paul Verhoeven. *B* Gary Goldman/ Dan O‹Bannon. Ronald Shusett/Steven Pressfield. *K* Jost Vacano. *SpE* Eric Brevig/B.J. Rack/Industrial Lights & Magic. *Ma* Rob Bottin. *M* Jerry Goldsmith. *D* Arnold Schwarzenegger (Hauser/Doug Quaid), Rachel Ticotin (Melina), Michael Ironside (Richter), Sharon Stone (Lori), Ronny Cox (Cohaagen), Marshall Bell (Kuato/ George), Mel Johnson jr. (Benny), Michael Champion (Helm), Roy Brocksmith (Dr. Edgemar), Rosemary Dunsmore (Dr. Lull), Ray Baker, Priscilla Allen, David Knell. *F* 120 Min.

2084: Doug Quaid ist Bauarbeiter. Er hat eine schöne Frau, eine hübsche Wohnung und unstillbare Sehnsucht nach dem inzwischen kolonisierten Planeten Mars, die sich in ständig wiederkehrenden Alpträumen ausdrückt, in denen er und eine unbekannte Schöne in der dünnen Marsatmosphäre ersticken. Dougs Frau reagiert kühl auf die Idee, auf einen anderen Planeten zu ziehen. Koloniechef Cohaagen hat die dortigen Minen nicht mehr im Griff: Von der harten Bergwerksarbeit strahlengeschädigte Mutanten proben den Aufstand und wollen unter der Führung des geheimnisvollen Kuato die Unabhängigkeit. Doug sucht die Firma Recall auf, die Leuten, die sich keine tollen Reisen leisten können, falsche Erinnerungen implantiert. Doug möchte sich gern daran erinnern können, als wackerer Geheimagent auf dem Mars mit Böslingen, tollen Weibern und außerirdischen Artefakten zu tun gehabt zu haben. Doch während der Implantation zeigen sich Probleme: Jemand hat Dougs Erinnerungen schon früher manipuliert. Auf dem Heimweg wird Doug überfallen und zeigt plötzlich Fähigkeiten, von denen er nichts wußte. Er bringt die Angreifer um. Cohaagens Sicherheitschef Richter setzt sich auf seine Spur. Diverse Massaker später erfährt Doug durch vorsorglich deponierte Informationen die Wahrheit: Sein momentanes Leben ist ein Schwindel, er ist weder verheiratet, noch heißt er Doug Quaid. Sein Name ist Hauser, er ist Cohaagens ehemalige rechte Hand, hat sich auf die Seite

der Marsrebellen geschlagen und wurde dafür mit einer Gehirnwäsche belohnt. Hauser fliegt zum Mars, um über die Prostituierte Melina, der Frau aus seinen Träumen, Kontakt mit Kuato aufzunehmen. Er trifft seine ›Gattin‹ wieder und einen Mann, der sich als Direktor der Firma Recall vorstellt. Man erzählt ihm, er sei in seinem Erinnerungsszenario gefangen, sein Körper läge noch immer im Recall-Labor, er träume alles nur. Hauser eliminiert sie und findet Kuato, der ihm den Auftrag gibt, außerirdische Artefakte zu aktivieren, damit der Mars eine Atmosphäre erhält. Dies soll Cohaagens Macht, die sich auf den Sauerstoff der überkuppelten Kolonie stützt, brechen. Richter und seine Leute sind Hauser gefolgt, töten Kuato und die Rebellen und nehmen Hauser fest. Es stellt sich heraus, daß alles eine Verschwörung war, die Hauser selbst geplant hat, um seinem Freund Cohaagen die Rebellen vom Hals zu schaffen. Doch Hauser hat sich an seine Heldenrolle gewöhnt, er aktiviert das Artefakt und tötet Cohaagen. – Der Film basiert auf der Erzählung »We Can Remember It For You Wholesale« (1966) von Philip K. Dick, in der das Spiel mit der manipulierten Erinnerung und der Fragwürdigkeit der Identität auf die Spitze getrieben wird. Mit der Originalerzählung hat der Film natürlich nur am Rande zu tun, und es ist völlig unerheblich, ob sich die permanente Verfolgsjagd nur in Dougs Kopf abspielt (wie eine Szene kurz andeutet) oder nicht. Der niederländische Regisseur Paul Verhoeven hat einen Arnold Schwarzenegger-Film inszeniert, und da ist »Äktschen« gefragt, wie Arnold gern verkündet. Die *Totale Erinnerung* kostete 70 Millionen Dollar, und der technisch perfekte, an Gewalttätigkeit kaum zu überbietende Film läßt dem Zuschauer kaum eine Atempause. – »In der Belanglosigkeit und enttäuschenden geistigen Armut der Geschichte, auf deren vielfache konzeptionelle Unschlüssigkeiten einzugehen sich erübrigt, kommt der konsequent über den ganzen Film verteil-ten und genüßlich gesteigerten Atmosphäre der Gewalttätigkeit erhöhte Bedeutung zu, zumal kein einleuchtendes oder auch nur sinnvoll versuchtes soziales, ökologisches, humanitäres oder wie auch immer geartetes Konzept ihr einen relativierenden Anlaß vermitteln könnte.« (Franz Everschor, FILMDIENST). – Oscar für die besten Spezialeffekte.
Ⓑ Piers Anthony: *Die Totale Erinnerung*, Bergisch-Gladbach 1990
Ⓥ UFA

Die Totengruft des Dr. Jekyll
(DAUGHTER OF DR. JEKYLL). USA 1957. *R* Edgar G. Ulmer. *B* Jack Pollexfen. *K* John F. Warren. *M* Melvyn Leonhard. *D* John Agar (George Hastings), Gloria Talbot (Janet Smith), Arthur Shields (Dr. Lomas), John Dierks (Jacob), Martha Wentworth (Mrs. Merchant), Mollie McCart (Maggie). 77 Min.
Janet Smith will ihren Verlobten George ehelichen, doch als sie mit ihrem Vormund Dr. Lomas über das ihr zustehende Erbteil redet, gesteht dieser, eine Heirat sei kaum möglich: Janets Vater ist allem Anschein nach der berühmte Dr. Jekyll gewesen, der sich mit Hilfe einer selbstentwickelten Droge in ein blutrünstiges Monstrum verwandelt hat. Lomas befürchtet, daß Janet mehr von ihrem Vater geerbt hat, als ihr lieb sein kann. Tatsächlich wird sie bald darauf von schrecklichen Alpträumen heimgesucht. Ein Mord geschieht, dann noch einer. Danach wacht Janet jedesmal schreiend und blutverschmiert aus dem Schlaf auf. Während sich die verängstigten Dörfler aufmachen, um die Totengruft des Dr. Jekyll aufzusuchen und dem Spuk ein Ende zu bereiten, entlarvt George Janets Vormund nicht nur als habgierigen Erbschleicher, sondern auch als Meisterhypnotiseur und Bestie in Menschengestalt.

Trancers
(TRANCERS). USA 1984. *R* Charles Band. *B* Danny Bilson/Paul

De Meo. *K* Mac Ahlberg. *M* Mark
Ryder/Phil Davies. *D* Tim Thomerson
(Jack Death), Helen Hunt (Leena),
Michael Stefani (Martin Whistler), Art
Le Fleur (McNulty), Richard Herd
(Spencer), Annie Seymour (Ashe),
Thelma Hopkins, Miguel Fernandez,
Biff Manard, Peter Schrum, Brad
Logan, Richard Erdman, Wiley Harker,
Barbara Perry. *F* 88 Min.
Der Polizist Jack Death wird aus einem
zukünftigen Utopia per Zeitmaschine in
Los Angeles von 1985 geschickt, um dort
einen verrückten Wissenschaftler namens
Whistler zu erledigen. Whistler, der eben-
falls der Zukunft entstammt, hat Jahre zu-
vor von Death was aufs Hirn gekriegt.
Nun bemüht er sich, die Vorfahren seiner
Richter auszurotten, auf daß letztere gar
nicht erst geboren werden. Zudem macht
er aus ›willensschwachen‹ Menschen sogenannte Trancers; Lebewesen, die nur
ihm gehorchen. Keine Frage, daß der zu
allem entschlossene Death ihm den Garaus macht. – Der Film ist doof und unlo-
gisch, und außerdem hat man eifrig bei
Ridley Scotts *Der Blade Runner* (USA
1982) und James Camerons *Terminator*
(USA 1984) geklaut. Die Frage, warum
die Herrscher der Zukunft zwar Armband-
uhren durch die Zeit reisen lassen können,
Menschen aber nicht (Death und Whistler
benutzen 1985 die ›Hüllen‹ Fremder),
kann uns der vortreffliche Charles Band
jedenfalls nicht beantworten. Und ebenso
vermeidet er es, uns über die Natur der
Trancers aufzuklären, deren Lebensinhalt
offensichtlich nur darin besteht, sich beim
Anblick von Zukunfts-Cops in an Haut-
ausschlag leidende Amokläufer zu verwandeln. Ein echter Abschlaffer. In der
BRD nur auf Video.
Ⓥ Marketing

Trashi
(TRASHI). USA 1981.
R Louis Lewis. *B* Tyler Adams. *K* N.N.
M N.N. *D* Lisa De Leeuw (Trashi),
Loni Sanders, Sharon Mitchell, Serena,
Nicole Noir, Copper Penny, Michael

Morrison, Paul Thomas, Joey Silvera,
Kevin James. *F* 75 Min.
Der irre Wissenschaftler Dr. Schtup erschafft wie seinerzeit Viktor Frankenstein
aus diversen Leichenteilen das, was er für
die perfekte Frau hält, ein geiles, knacki-
ges Weiberl mit dem bezeichnenden Namen Trashi (= Mülli), das in erster Linie
der sexuellen Befriedigung dient. Trashi
ist zwar zu 100% auf SEX programmiert,
entwickelt jedoch bald echte GEFÜHLE.
– Ein Pornostreifen, dessen SF-Gehalt
hinter seinen sonstigen ›Schauwerten‹
weit zurückbleibt.
Ⓥ Gold Medal

Traumstadt
BRD 1973.
R Johannes Schaaf. *B* Johannes Schaaf/
Rosemarie Fendel/Russell Parker.
LV Alfred Kubin. *K* Gerard
Vandenberg/Klaus König. *M* Eberhard
Schoener. *D* Per Oscarsson (Florian
Sand), Rosemarie Fendel (Anna Sand),
Olimpia (Mädchen), Eva-Maria
Meineke (Frau Lampenbogen),
Alexander May (Dr. Lampenbogen),
Heinrich Schweiger (Gautsch), Helen
Vita (Prinzessin), Herbert Bötticher (Sir
Edward), Ronnie Williams (Herkules
Bell), Louis Waldon (Louis), Suac̆ ina
Kryténes (Ludwig), Martin Stepanék
(von Brendel), Václav Sloup (de Nemi),
Jan Kanyza (Student), Josef Hlinomaz
(Beamter), Erich Malek (Patera), Otto
Skleucka (Blumenstich), Emil Iserle
(Prof. Korntheur), Josef Kemr
(Castringius). *F* 124 Min.
Der Maler Florian Sand und seine Frau
Anna folgen einer mysteriösen Einladung
in die ›Traumstadt‹; ein Utopia totaler
Freiheiten, in dem sich jeder Gast bar al-
ler Zwänge selbst verwirklichen kann.
Die Traumstadt entpuppt sich jedoch we-
niger als Stätte der Begegnung kreativer
Geister, sondern ist ein Ort der Selbstzer-
störung und Perversion: Die Bewohner
funktionieren die ihnen zur Verfügung
stehenden Privilegien (niemand wird zur
Arbeit gezwungen) zu einem endlosen

Alptraum um. Anna geht »in diesem wüsten Wirbel fiebrigen ›Sichauslebens‹ unter« (FILMDIENST); Florian hingegen paßt
sich an die neue Umgebung an. Zusammen mit einem Mädchen, das nach Annas
Tod seine Gefährtin wird, überlebt er den
Untergang der Stadt. »Die rauschhafte
›Festlichkeit der Anarchie‹, die Schaaf
mit seinen scheinfreien Figuren entfesselt, löst... keinen moralischen Schock
und keine heilsame Nachdenklichkeit aus;
sie verleitet allenfalls dazu... über Sexualität und Gewalt als Darstellungsphä-
nomene zu diskutieren.« (FILMDIENST)
Ⓑ Alfred Kubin: *Die andere Seite*, Mün-
chen/Leipzig 1909

Trog – Das Ungeheuer
Anderer Titel für **Das Ungeheuer**

Tron
(TRON). USA 1982.
R Steven Lisberger. *B* Steven Lisberger/
Bonnie MacBird. *K* Bruce Logan.
SpE Harrison Ellenshaw. *M* Wendy

Carlos. *D* Jeff Bridges (Flynn), David
Warner (Dillinger/Sark), Barnard
Hughes (Gibbs/Dumont), Cindy Morgan
(Lora/Yori), Bruce Boxleitner (Alan
Bradley/Tron), Peter Jurasik (Crom),
Daniel Shor (Ram). *F* 96 Min.
Mr. Dillinger vom Videospiele produzie-
renden Medienriesen ENCOM ist ein
Mann, der wenig von Urheberrechten
hält: Er bestiehlt schamlos seine Angestellten, die Spielprogramme erdacht haben, und setzt sie auf die Straße. Als zwei
seiner Techniker ihm auf die Schliche
kommen, schalten sie Flynn ein, der einst
für ENCOM gearbeitet hat und nun einen
Spieleladen führt. Auch Flynn ist von Dillinger bestohlen worden, aber den Beweis
kann er nur erbringen, wenn es ihm gelingt, den Kode des Spezialcomputers
MCP zu knacken, der jedem Menschen
zweitausendfach überlegen ist und eine
Machtfülle entfaltet hat, die es ihm erlaubt, sogar die streng geschützten Denk-
maschinen des Kreml und des Pentagon
›anzuzapfen‹. Als Flynn die Maschine zu

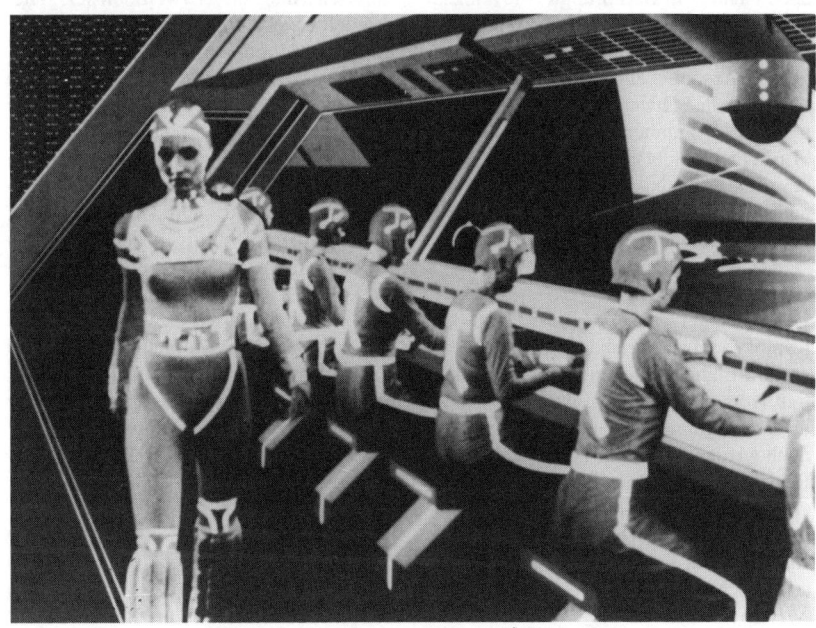

Im Land des MCP: *Tron* von Steven Lisberger

programmieren versucht, löst MCP ihn mit einem Laserstrahl in Atome auf. Flynn kommt als Kunstfigur in einer fantastischen Welt wieder zu sich: Er befindet sich in der Schaltkreislandschaft MCPs und wird unablässig von anderen Computergestalten attackiert. Da er jedoch mehr ist als ein gewöhnlicher Computerfreak, paßt er sich an die Lage an, gewinnt in dem – ebenfalls gestohlenen – Programm Tron einen Verbündeten und kann seinen Gegenspieler Sark, der die Züge Dillingers trägt und ihn im Auftrag MCPs vernichten will, ausschalten. Am Ende erhält Flynn seine menschliche Gestalt zurück und sorgt dafür, daß der verbrecherische Dillinger seinen Posten verliert.

Tron ist der erste Spielfilm, an dem mehr Elektronik-Experten, Video-Designer und Computerkünstler mitgearbeitet haben als Schauspieler. Über die Hälfte des Films wurde von Computern ›erzeugt‹, und »fünfzehn dieser dreiundfünfzig Minuten kamen überhaupt nie mit menschlichen Händen in Berührung« (Steven Lisberger). Die Schauspieler agierten auf einer Bühne vor einem neutralen Hintergrund. Anschließend wurden dann ihre Aktionen in Schwarzweiß aufgenommen und in die Computerszenerie einkopiert. »Lisbergers Lichtspiel zeigt auch gleich beispielhaft die Nachteile solcher Maschinenfilme auf: Die Schauspieler sind vollends zu Marionetten degradiert, sie haben keine Chance gegen die ›special effects‹.« (DER STERN) »Angeblich erzählt der Film ... von dem Kampf einiger freiheitsdurstiger Programm-Einheiten gegen das bös-allmächtige Kontrollsystem; da aber Menschlein diese Programme ›darstellen‹, geht es doch wieder einmal nur um einen blonden Recken, der eine Prinzessin aus den Klauen eines Ungeheuers rettet – teils mit stupendem elektronischen Feuerwerk, teils aber auch mit Faustschlägen und Fußtritten: so schön wie dumm.« (DER SPIEGEL)
Ⓥ Euro
Ⓑ Brian Daley: *Tron*, München 1982

Tumak, der Herr des Urwalds
(ONE MILLION B.C.). USA 1940.
R Hal Roach/Hal Roach jr. *B* Mickell Novak/George Baker/Joseph Frickert. *K* Norbert Brodine. *SpE* Roy Seawright. *M* Werner R. Heymann. *D* Victor Mature (Tumak), Carole Landis (Loana), Lon Chaney jr. (Akhoba), Mamo Clarke (Nupondi), John Hubbard (Ohtao), Nigel de Brulier (Paytow), Inez Palange (Tohana), Mary Gale Fisher (Wandi), Edgar Edwards (Skakana), Jacqueline Dalya (Ataf), Jean Porter, Ed Coxen, Creighton Hale, Norman Budd, Robert Kent. 79 Min.
Tumak, ein junger Höhlenmensch, wird von seinem Stamm ausgestoßen, lernt das zu einer anderen Sippe gehörende Mädchen Loana kennen und schlägt sich mit ihr durch eine Welt voller Mammuts und Saurier. Ein Remake dieses Streifens (am Original soll D. W. Griffith mitgearbeitet haben) war Don Chaffeys *Eine Million Jahre vor unserer Zeit* (inhaltliche Details siehe dort). – Bemerkenswert an diesem Streifen sind die Urweltmonster: Hier handelt es sich zum ersten Mal nicht um im Stop-Motion-Verfahren bewegte Muppets, sondern um echte Echsen (etc.), die man vergrößert als Rückprojektion ins Bild brachte. Keine Frage, daß ein knakkiges Abenteuer mit leichtgeschürzten Urweltmädels keine Gnade vor der kirchlichen Kritik fand: »Die Darsteller sehen aus wie die Angehörigen der Theaterabteilung eines Wiener Vereins für Freikörperkultur ... Sie grunzen eine Ursprache und schlingen Fleischfetzen, als lebten sie schon unter dem Morgenthauplan. Das Liebespaar beweist, daß in der Frühzeit menschlicher Entwicklung schon der Homo Hollywoodensis entwickelt war.« (FILMBEOBACHTER – Der Film war zumindest kommerziell gesehen ein Reinfall.

Der Tunnel
Deutschland 1933.
R Kurt Bernhardt. *B* Kurt Bernhardt/ Reinhard Steinbicker. *LV* Bernhard

»Und die Pappe ist wirklich bequem genug, mein Schatz?«:
Carole Landis und Victor Mature in *Tumak, der Herr des Urwalds* von Hal Roach

Kellermann. *K* Carl Hoffmann. *M* Walter Gronostay. *D* Paul Hartmann (Mac Allan), Olly von Flint (Mary Allan), Gustaf Gründgens (Woolf), Attila Hörbiger (Hobby), Max Weydner (Lloyd), Elga Brink (Ethel Lloyd), Otto Wernicke (Bärmann), Richard Revy (Gordon), Georg Henrich (Vanderstyfft), Max Schreck (Chesterfield), Magda Lena (Miß Brown), Will Dohm (Brooce), Ferdinand Marian (Redner), Josef Eichheim (Harris), Günther Vogel, Erna Fentsch, Beppo Brem, Otto Brüggemann, Fritz Ulmer. 76 Min. Der geniale Ingenieur Mac Allan hat einen gewaltigen Plan: Er will Europa und Amerika durch einen Tunnel verbinden, der viertausend Meter unter der Erde liegt. Nachdem es ihm gelungen ist, diverse Wall-Street-Magnaten für sein Projekt zu interessieren, spuckt man in die Hände und geht zur Arbeit über, die fünfzehn Jahre dauern soll. Obwohl man zügig vorankommt, passieren natürlich auch Rückschläge: Als aus Versehen ein unterirdischer Sumpf angestochen wird und der Stollen zusammenbricht, scheint das Ende nahe zu sein. Der Großkapitalist Woolf, dem der ganze Tunnelbau eh nur ein Spekulationsobjekt ist, will die Weiterarbeit plötzlich verhindern und hetzt mit demagogischen Sprüchen die Arbeiter zum Streik auf. Allan springt in die Bresche, bewegt seine Leute zum Weitermachen. Woolf, der einige verlustreiche Spekulationen hinter sich hat, versucht es nun mit Sabotage: Er sprengt den reparierten Tunnel. Zweihundert Arbeiter und Mac Allans Frau Mary kommen dabei um. Als der Ingenieur aufgeben will, rüttelt ihn sein alter Freund, der Sprengmeister Hobby, wieder auf und erinnert ihn an seine Pflicht: ›Beiß dich durch, arbeite. Glaub mir, es gibt nichts anderes für dich!‹ Mac Allan macht weiter. Woolfe, der einsieht, daß er endgültig verloren hat, schießt sich eine Kugel in den Kopf. Nach fünfzehn Jahren ist der Tunnelbau beendet: Europäische und amerikanische Arbeiter reichen sich in ihrem Stollen unter dem Atlantik die Hände. – Zum Roman:»Dieser fast schon legendär gewordene Bestseller wird heute noch aufgelegt und hat in einer breiten Leserschaft Kellermanns Namen lebendig erhalten. Seine Geschichte vom Bau des zwei Kontinente verbindenden unterseeischen Tunnels steht in der Tradition der von Jules Verne und H. G. Wells begründeten Gattung des technischen Zukunftsromans, die in Deutschland von Kellermann und vor allem von Hans Dominik starke Impulse empfing. An dramatischer Kraft und poetischem Erfindungsreichtum darf sich der *Tunnel* durchaus mit anspruchsvolleren Produkten der modernen Science Fiction messen... Kellermann gestaltet seine technische Utopie in Form eines filmartigen, durch kontrastierende Szenen dramatisch wirkungsvollen Bildablaufs. Ein bildkräftiger Reportagestil bringt die hervorstechende Qualität des Romans, Kellermanns exakte Fantasie, nachhaltig zur Geltung... Berühmte Filme wie Fritz Langs *Metropolis* oder Walter Ruttmanns *Berlin, die Symphonie einer Großstadt* (1927) sind ohne den *Tunnel* nicht zu denken.« (KINDLERS LITERATUR LEXIKON) – Der FILMDIENST unterstreicht diese Meinung und ergänzt:»Bernhard Kellermanns 1913 geschriebener Roman... war für damalige Begriffe eine großartige Utopie mit allen Ingredienzen eines noch fantastisch anmutenden Glaubens an die Allmacht der Technik, einer großzügigen Demonstration verbrecherischen Hochfinanzgebarens und schließlich auch einer recht dramatischen Schilderung von Streikhetze und Sabotage. Neben der Ent-

faltung der technischen Aera fesselten motivisch also wirtschaftliche Korruption und Erwachen der ›proletarischen‹ Arbeitswelt. Volle Zustimmung des Lesepublikums fanden die optimistischen Lösungen aller Probleme und Konflikte: Das nahezu ruinierte Projekt wird gerettet; der geniale Ingenieur reißt die verhetzten Arbeiter zu heroischem Einsatz mit; nach 15 Jahren treffen sich die von hüben und drüben getriebenen Stollen 4000 m unter dem Meeresboden auf den Zentimeter. Alles entsprach genau den gesellschaftlichen Empfindungen der letzten Kaiserzeit. Die tragenden Figuren waren Leitvorstellungen: der Erfinder und technische Leiter des Projekts, Idealist, Weltmann und schlichter Ingenieur in einer Person, der die abtrünnigen Arbeiter heldisch ans große Werk ruft und schließlich triumphal belohnt wird; die millionenschwere Finanzhyäne als Präsident des Syndikats, die vor dem Arrangement einer Katastrophe (200 Tote) nicht zurückschreckt und sich vor der Verhaftung diskret erschießt... ferner der biedere, auf den Arbeitgeber schwörende Werkmeister und der böse, käufliche Agitator – handfeste Typen aller Klassen, kräftig überzeichnet... Selten lag ein utopischer Roman so richtig in seiner Zeit...« – Zum Film: Eine erste Verfilmung ließ nicht lange auf sich warten. Bereits Ende 1914 drehte William Wauer eine erste Fassung mit den damaligen Spitzenstars Friedrich Kayßler und Fritzi Massary. Der Stoff schien sich aber nicht so sehr für einen Stummfilm zu eignen, so daß es nicht verwundert, daß erst 20 Jahre nach Erscheinen der literarischen Vorlage der zweite Versuch gestartet wurde: »Dann allerdings mit der ganzen Gründlichkeit, die man damals aufzuwenden pflegte. Mit Gründgens als Edelschurken und Hartmann als schwergeprüftem Schrittmacher der neuen Zeit, zugleich mit einem großen technischen Aufgebot und beträchtlicher Komparserie. Und es wurde etwas daraus gemacht: Die Effekte der Fotografie wirken geradezu farbig gegen das

Schwarzweiß der Charaktere, die Führung großräumiger Szenen vergleichsweise raffiniert gegen die gröbliche Einfalt der Handlung und ihrer Motive. Die Utopie verschwindet fast hinter einer treffsicheren Realistik der Verwirklichung . . .« (FILMDIENST) – Doch wie der Roman genau den Zeitgeist seiner Entstehungsphase traf, so ist der Film das unverkennbare Produkt der frühen dreißiger Jahre: »Man kann dem Film keine unmittelbare nationalsozialistische Tendenz nachsagen. Dennoch werden Anschauungen geäußert, die nicht mehr fern sind von dem Geist der Schlagwörter ›Arbeitsschlacht‹ und ›Arbeit adelt‹. Sie sind der Hintergrund der teilweise sehr eindrucksvollen Montagen über die Bewegungen der in das ungeheure Arbeitsvorhaben eingespannten Masse. Die Szenen in den New Yorker Hotels, in denen die Finanzwelt verhandelt, und die Szenen in der Wohnung Mac Allans, in der den vielbeschäftigten Ingenieur eine treu ergebene Gattin erwartet, fallen gegen die bei bescheidenem utopischen Zauber dennoch gespenstische Tunnelatmosphäre ab. Sie bieten Verworfenheit und edle Liebe von der Stange.« (FILMBEOBACHTER) – Anmerkungen: Gleichzeitig wurde unter dem Titel *Le Tunnel* eine französische Version hergestellt: *D* Jean Gabin (Mac Allan), Madeleine Renaud (Mary, seine Frau), Edmond Van Daele (Charles Baillère, Werkmeister), Gustav Gründgens (Woolf), André Nox (Lloyd), Raymonde Allain (Ethel Lloyd), Pierre Nay, Robert Le Vigan, Philippe Richard, André Bertic, Victor Vina. Bereits 1935 wurde in England unter dem Titel *The Tunnel* ein Remake gedreht, zu dem Curt Siodmak das Filmdrehbuch von Kurt Bernhardt und Reinhard Steinbicker adaptierte: *R* Maurice Elvey. *B* L. DuGarde Peach, Clemens Dane. *K* Günther Krampf. *D* Richard Dix (McAllan), Leslie Banks (Robbie), Magde Evans (Ruth McAllan), Helen Vinson (Varlia), C. Aubrey Smith (Lloyd), George Arliss, Walter Huston, Basil Sydney, Jimmy Hanley, Henry Os-

car. 94 Min. – ». . . der Film ist nicht so eindrucksvoll wie das Original von 1933, auf dem er beruht.« (Alan Frank, THE SCIENCE FICTION FILM HANDBOOK) Ⓑ Bernhard Kellermann: *Der Tunnel*, Berlin/Frankfurt/Hamburg 1913

Turtles

(TEENAGE MUTANT NINJA TURTLES). USA 1990. *R* Steve Barron. *B* Todd W. Langen/ Bobby Herbeck. *K* John Fenner. *SpE* Jim Henson/Brian Henson/David Houseman. *M* John Du Prez. *D* Judith Hoag (April O'Neal), Elias Koteas (Casey Jones), James Saito (Shredder/ Oruku Saki), Michael Turney (Danny Pennington), Raymond Serra (Ross Stearns), Jay Patterson (Charles Pennington), Josh Pais (Raffael), Michelan Sisti (Michelangelo), Leif Tilden (Donatello), David Forman (Leonardo), Toshiro Obata. *F* 91 Min.

Ausgesetzte Schildkrötlein geraten in New Yorker Abwasserkanälen mit radioaktivem Unrat zusammen. Mannshoch mutiert, der Sprache mächtig, werden Raphael, Michelangelo, Donatello und Leonardo von der weisen, nicht weniger radioaktiv verseuchten Ratte Splinter in der Ninja-Kampfkunst geschult, denn die Fertigkeiten der Turtles werden im Großstadtdschungel gebraucht: Der böse Shredder läßt haltlose Jugendliche für sich stehlen. Mit »Cawabunga!«-Schreien geht es gegen seine Schläger ins Gefecht. Die resolute Journalistin April steht den sich vorzugsweise von Pizza ernährenden Turtles bei, um den zwischendurch festgesetzten Splinter zu befreien und Shredder letztendlich auf einer Müllhalde zu schlagen.

Verfilmung eines erfolgreichen US-Comics. – »Trickreiche Prügelorgie mit überlautem Soundtrack; es fehlt der Handlung neben der Logik auch der Sinn fürs Absurde, der den rauhen Charme der Vorlage ausmacht.« (ZOOM)

Turtles II – Das Geheimnis des Ooze
(TEENAGE MUTANT NINJA TURTLES 2:
THE SECRET OF OOZE). USA 1990.
R Michael Pressman. *B* Todd W.
Langen. *K* Shelly Johnson. *SpE* Jim
Henson‹s Creature Shop/John
Stephenson/Jane Gootnick. *M* John Du
Prez. *D* Paige Turco (April O'Neal),
David Warner (Prof. Jordan), Kevon
Clash (Splinter), Ernie Reyes jr.

(Keno), Shredder/Oruku Saki (Francois Chau), Michaelan Sisti (Michelangelo), Leif Tilden (Donatello), Kenn Troum (Raphael), Mark Caso (Leonardo), Vanilla Ice. *F* 88 Min.
Vorgeschichte siehe *Turtles.* – Der sinistre Shredder findet wieder in die Stadt zurück, sammelt eine Gang schwarzgekleideter Ninjas und sinnt auf Rache gegen die braven Turtles. Nebenher ›entsorgt‹ der Chemiekonzern TGRI die Giftstoffe, die die Ratte Splinter und die Turtles zu Freiheitskämpfern gemacht hat. Shredder raubt den letzten Giftbehälter und stellt Mutanten her, die es mit seinen Gegnern aufnehmen sollen, doch gegen die Pfiffigkeit und das Können der Turtles ist kein Kräutlein gewachsen. April und der Pizza-Lieferant Keno helfen beim Kampf und der Vernichtung Shredders samt seiner Ninja- und Mutanten-Armee. – »Mit großem technischen Aufwand und effektvollen Stunts inszenierte Fortsetzung des Erfolgsfilms, letzlich jedoch zu zähflüssig, um über Mittelmaß hinauszukommen.« (Dietmar Schmidt, FILMDIENST).

TV-Tod – Kamikaze live
(KAMIKAZE). Frankreich 1986.
R Didier Grousset. *B* Luc Besson/Didier Grousset. *K* Jean-Francois Robin. *M* Eric Serra. *D* Richard Bohringer (Romain), Michel Galabru (Albert), Dominique Lavanant (Laure Frontenac), Riton Leibman (Olive), Kim Massee (Lea), Harry Cleven (Patrick), Romane Bohringer (Julie), Etienne hicot (Samrat), Philippe Girard (Pelletier), Geoffroy Carey (Stone). *F* 87 Min.
Als der begnadete Wissenschafter und gnadenlose Zyniker Albert seinen Arbeitsplatz verliert, will er sich an der Menschheit rächen. Mit einer selbstentwickelten Strahlenwaffe tötet er von seinem trauten Heim aus drei Fernsehsprecher. Der Polizist Pascot kommt ihm auf die Schliche und macht ihn mit einer von Wissenschaftlern gebauten Gegenwaffe unschädlich. – »Ein ambitioniertes Regie-

debüt des Dokumentarfilmers und Kameramannes Didier Grousset, das an Orginalität und Optik manches zu bieten hat.« (FISCHER FILM ALMANACH). – »Was ein Science Fiction-Krimi ersten Ranges oder eine brillante Fernsehsatire hätte werden können, scheitert an der unentschlossenen Regie und verkommt zur kuriosen Belanglosigkeit.« (LEXIKON DES INTERNATIONALEN FILMS). – Nur auf Video.
Ⓥ Warner

Der Typ mit dem irren Blick
(ZAPPED). USA 1982.
R Robert J. Rosenthal. *B* Bruce Robin/Robert J. Rosenthal. *K* Daniel Pearl. *M* Charles Fox. *D* Scott Baio (Barney Springboro), Willie Ames (Peyton), Felice Schachter (Bernadette), Heather Thomas (Jane Mitchell), Scatman Crothers (Dexter Jones), Robert Mandan (Walter Johnson), Roger Bowen (Mr. Springboro). *F* 98 Min.
Der geniale College-Student Barney arbeitet an einer Apparatur, mitderen Hilfe er synthetische Drogen produzieren will. Aus Versehen mischt sich der Inhalt einer Schnapsbuddel mit seinem neuesten Wundermittel und explodiert. Das Resultat besteht darin, daß Barney von nun an die Telekinese beherrscht und seine neuen Kräfte vorzugsweise dazu einsetzt, den hübschesten Mädchen seiner Umgebung ›per Blick‹ die Klamotten vom Leibe zu fetzen. Ha, ha. Ⓥ Embassy

Der Typ mit dem irren Blick II
(ZAPPED AGAIN). USA 1990.
R Doug Campbell. *B* Jack Morris/Vince Cheung/Ben Montanio. *K* Tom Grubbs. *M* Brian Bennett. *D* Todd Eric Andrews (Kevin), Kelly Williams (Lucy), Reed Rudy (Wayne), Maria McCann (Amanda), Linda Blair (Miss Mitchell), David Donah (Cecil), Ira Heiden (Elliot), Karen Black (Hauslehrerin), Ross Harris, Linda Larkin, M.K. Harris, Michael K. Colyar, Brent Hinkley, Sue Anne Langdon.
F (93) 89 Min.

Vorgeschichte siehe *Der Typ mit dem irren Blick*. Kevin ist neu auf dem College. Fatalerweise verliebt er sich in die attraktive Amanda. Das bringt ihn dem Brutalo Wayne näher, der es nicht leiden kann, wenn jemand einen Blick auf ›sein‹ Mädchen wirft. Im Labor will es der Zufall, daß Kevin einen Saft entwickelt, der telekinetische Kräfte verleiht. Kevin läßt Röcke fliegen. BHs verlieren ihren Halt. Sogar Schüler fliegen durch die Luft. Wayne kriegt sein Fett. Jetzt, da Kevin Amanda haben könnte, entdeckt er seine Liebe zu Lucy. – Und weil die fliegenden BHs und Schnuckel-Ärschlein der Girls schon beim ersten Mal so gut angekommen sind, hat man sich entschlossen, die *gleiche* Geschichte gleich noch mal zu drehen. Ⓥ Starlight

Der Typ vom anderen Stern
(THE BROTHER FROM ANOTHER PLANET). USA 1984.
R John Sayles. *B* John Sayles. *K* Ernest Dickerson. *M* Mason Daring. *D* Joe Morton (Brother), Darryl Edwards (Fly), Steve James (Odell), Leonard Jackson (Smokey), Bill Cobbs (Walter), Dee Dee Bridgewater (Malverne), Tom Wright (Sam), John Sayles (Uno), David Strathairn (Dos), Caroline Aaron (Randy Sue), Herbert Newsome (Little Earl), Rosetta Le Noire (Mama), Rosanna Carter, Ray Ramirez, Yves René, Peter Richardson (Einwanderer). *F* 104 Min.
Ein stummer dunkelhäutiger Außerirdischer bruchlandet nächtens auf der New Yorker Einwandererinsel Ellis Island und findet sich alsbald im Farbigen-Viertel Harlem wieder, wo er seinen Lebensunterhalt damit verdient, daß er defekte elektronische Spielautomaten durch

Handauflegen ›heilt‹. Er kommt mit Vertretern aller möglichen ethnischen Gruppen und Drogenhändlern in Kontakt und stößt schließlich auf andere Angehörige seines Volkes – die sich, wie er, einer außerirdischen Sklavenhalter-›Kultur‹ per Flucht entzogen haben. Zwei weiße Sklavenjäger von einem anderen Planeten, die dem Brother auf der Spur sind, werden mit vereinten Kräften ausgetrickst; auch der Boß der Drogenhändler kriegt sein Fett. – John Sayles, der schon mit *Lianna* (USA 1982; kein SF-Film) zu begeistern wußte, hat zu Anfang seiner Karriere als Roman- und Drehbuchautor gearbeitet (er verfaßte u.a. auch das Skript für den 1980 von Jimmy T. Murakami inszenierten SF-Streifen *Sador, Herrscher im Weltraum*), doch der Job als Autor von Exploitation-Quickies hat ihn keineswegs korrumpiert. *Der Typ vom anderen Stern* ist demgemäß auch weniger ein SF-Film als eine gut gemachte Studie über das vom Überlebenswillen geprägte Zusammenleben verschiedener ethnischer Gruppen in der Superstadt New York, deren chaotisch-buntes Gepränge soviel natürlichen Irrsinn beinhaltet, daß man hier nicht mal als ›echter‹ Alien groß auffällt. – Sayles: »Ich wollte erreichen, daß die Leute einen neuen und ungewöhnlichen Blick auf Dinge werfen, die sie als selbstverständlich hinnehmen – Rassismus zum Beispiel. Der Film handelt nicht so sehr von anderen Planeten als vielmehr von unserem. Anders als in *Der Mann, der vom Himmel fiel* geht es in meinem Film nicht um Spezialeffekte, sondern um eine Verschmelzung von Witz und Realismus.« Und nebenher hat er ein Klischee zertrümmert, das die SF seit Unzeiten beherrscht: Ein schwarzer Alien war noch nie da! Ⓥ VCL

U

Der Überfall der teuflischen Bestien
Anderer Titel für **Rabid – der brüllende Tod**

Uforia
(UFORIA). USA 1984.
R John Binder. *B* John Binder. *K* David Myers. *M* Richard Baskin. *D* Cindy Williams (Arlene), Harry Dean Stanton (Bruder Bud), Fred Ward (Sheldon), Robert Gray (Emile), Darrell Larson (Toby), Beverly Hope Atkinson, Harry Carey jr. *F* 91 Min.
Ein amerikanischer Show-Prediger verarscht Gläubige im Verein mit einem Komplizen und einer Freundin, die an UFOs glaubt. Als dann wirklich eins auftaucht, flieht das Trio vor der Polizei und einer aufgebrachten Menge in die Untertasse. – »An den Haaren herbeigezogene Geschichte, die sich weder mit dem Thema der religiösen Geschäftemacherei noch mit der latenten UFO-Hysterie und -Sehnsucht der Amerikaner halbwegs ernsthaft auseinandersetzt.« (LEXIKON DES INTERNATIONALEN FILMS). – Nur auf Video.
Ⓥ CIC

UFOs zerstören die Erde
(YOSEI GORASU). Japan 1962.
R G. Welles (Inoshiro Honda).
B Takeshi Kimura. *K* Hajime Koizumi.
SpE Eiji Tsuburaya. *M* N. N. *D* Grant Taylor, Patrick Allen, Mike Pratt, Wanda Allen, Toy Jomoho (bzw. Jun Tazaki, Ryo Ikebe, Takashi Shimura, Jumi Mizuno). *F* 84 Min.
1985: Ein durch den Weltraum ziehender Planet, der sechshundertmal (!) so groß ist wie die Erde und zumindest von den deutschen Verleihern des Films für ein UFO gehalten wird, »nähert sich mit Lichtgeschwindigkeit« unserem Planeten. Ein Astronautenteam nimmt ihn in näheren Augenschein und stellt fest, daß »dieser ungeheure Meteor« (Verleihtext), behält er seinen Kurs bei, die Erde zerstören wird. Man tauft diesen Planeten, der laut Verleihtext nun wieder »ein UFO« ist, auf den Namen Gorath, beschießt ihn mit ›Ionen‹ und sieht, nachdem diese Aktion erfolglos verlaufen ist, nur noch eine Möglichkeit, die Erde vor einem Zusammenprall zu bewahren: Diverse ›Hydrogen-Jet-Gasbrenner‹, die am Nordpol installiert werden, treiben die Erdeaus ihrer angestammten Kreisbahn. Zwar gehen dabei einige Städte durch Flutwellen zu Bruch, aber die Welt ist gerettet, denn Gorath zieht vorbei. – Was die Verleihwerbung großspurig als »das Filmerlebnis des Jahres« anpries, entpuppte sich als zweitklassiges Farbspektakel voller Ungereimtheiten und Pappdeckelkulissen. Inoshiro Honda, der immerhin einen (wenn auch nicht gerade guten) Namen hat, wird hier völlig motivationslos zu einem »Meisterregisseur« namens G. Welles; die Angehörigen seines Teams agieren unter anglophilen Pseudonymen. »Mit UFOs ... kann Japan in der zweiten Garnitur der SF-Filme gut mitmischen«, urteilte das fannische Blatt MUNICH ROUND UP. »Zu den wenigen wirklich erstklassigen Filmen ist allerdings der Abstand noch gewaltig.«
Ⓥ Loyal

Uhrwerk Orange
(A CLOCKWORK ORANGE). GB 1971.
R Stanley Kubrick. *B* Stanley Kubrick.
LV Anthony Burgess. *K* John Alcott.
SpE Roy Scammel. *M* Walter Carlos.
D Malcolm McDowell (Alex), Patrick Magee (Mr. Alexander), Michael Bates (Oberwächter), Warren Clarke (Dim), John Clive (Schauspieler), Adrienne Corri (Mrs. Alexander), Carl Duering (Dr. Brodsky), Paul Farrell (Tramp), Clive Francis (Untermieter), Michael Gover (Gefängnisdirektor), Miriam Karlin (Cat Lady), James Marcus (Georgie), Aubrey Morris (Deltoid),

Godfrey Quigley (Gefängniskaplan), Sheila Raynor (Mutter), Madge Ryan (Dr. Branom), John Savident (Dolin), Anthony Sharp (Innenminister), Philip Stone (Vater), Pauline Taylor (Psychiaterin), Margaret Tyzack (Rubinstein), Michael Tarn (Pete), John Carney (Mann vom CID), David Prowse (Julian), Carol Drinkwater (Schwester Feeley), Richard Connaught (Billyboy), Gillian Hills (Sonietta), Craig Hunter (Dr. Friendly), Barbara Scott (Marty), Steven Berkoff, Lindsay Campbell, George O'Gorman, Cheryl Grunwald, Virginia Wetherell, Katya Wyeth, Jan Adair, Vivienne Chandler, Prudence Drage, Barrie Cookson, Gave Brown, Peter Burton, Lee Fox, Shirley Jaffe, Neil Wilson. *F* 137 Min.

Der Halbstarke Alex lebt mit einer Gruppe von Kumpanen in einem futuristisch geprägten London der Zukunft. Wenn er sich in der Korova-Milchbar tüchtig einen reingetan hat und schön aggressiv geworden ist, läßt er schon mal gewaltig die Sau raus und die Umwelt spüren, was er und seine Kumpane Georgie, Pete und Dim so draufhaben: Sie schlagen einen alten Penner zusammen, lehren einer rivalisierenden Gang, die sich mit Nazi-Symbolen schmückt, das Fürchten, terrorisieren den gelähmten Schriftsteller Alexander in seinem Landhaus, vergewaltigen nacheinander dessen Gattin und erschlagen eine Bildhauerin mit einem gigantischen Plastikpenis. Bald zeigt sich, daß man sich im Vereinigten Königreich der Zukunft doch nicht *alles* erlauben kann: Alex wird von der Polente aufgespürt und eingeknastet. Man brummt ihm wegen seiner Schandtaten erst mal vierzehn Jahre auf, was ihn mächtig vergrätzt. Als ein gewiefter Innenminister für Burschen seines Schlages ein sogenanntes Rehabilitierungsprogramm einführt, an dessen Ende die Freiheit winkt, meldet Alex sich freiwillig als Versuchskaninchen und wird einer Behandlung unterzogen, die sein Innerstes nach außen krempelt und ihn völlig auf den Kopf stellt. Alex wird einer Gehirnwäsche unterzogen, die es in sich hat. Gefesselt und ohne in der Lage zu sein, die Augen zu schließen, muß er sich ohne Unterbrechung Filme ansehen, die ihn mit einem Überangebot von Sex und Sadismus konfrontieren. Man treibt ihm damit nicht nur seine Aggressionen und seinen Sexualtrieb aus, sondern auch seine Liebe zur Musik Ludwig van Beethovens, die er von nun an nicht mehr hören kann, ohne geistige und körperliche Schmerzen zu verspüren. Als Alex wieder in die Freiheit entlassen wird, ist er ein anderer Mensch; er verhält sich wie eine weiche Orange, die von einem Uhrwerk angetrieben wird. Seine Eltern, die froh waren, ihn aus dem Haus zu haben, wollen ihn nicht wieder aufnehmen. An seinem alten Wirkungskreis hat sich auch allerlei verändert: Alex' alte Kumpane haben die Fronten gewechselt und prügeln nun als Polizisten im Auftrag der Regierung. Als sie Alex eine Lektion erteilen, die sich gewaschen hat, sucht er Unterschlupf im Haus von Mr. Alexander, der sich für die Untaten der Bande nun an Alex rächt: Als er entdeckt, daß er seinen ›Schützling‹ mit der Musik Beethovens in den Wahnsinn treiben kann, sperrt er ihn ein und spielt ihm pausenlos die ›Neunte‹ vor. Alex, der das nicht ertragen kann, stürzt sich aus dem Fenster. Dennoch kann er am Ende lachen: Der Herr Innenminister, durch sein Reformprogramm inzwischen in größte Bedrängnis gebracht, sorgt dafür, daß die Behandlung wieder rückgängig gemacht wird: Alex ist wieder der Alte und geht fortan seinen üblichen Gepflogenheiten nach: Vor den Augen einer noblen Gesellschaft vergewaltigt er ein Mädchen. – Was für die FILMKRITIK ein »entbehrlicher Alptraum« und für Ulrich Gregor in seiner GESCHICHTE DES FILMS AB 1960 ein »prätentiöses soziologisches Traktat, angereichert mit unnötigen Grausamkeiten und Monstrositäten« war, war für den FILMDIENST eine »teils großartig inszenierte, gedanklich verspielte Satire auf die drohende Totalvergewaltigung und widersprüchliche Freiheits-,

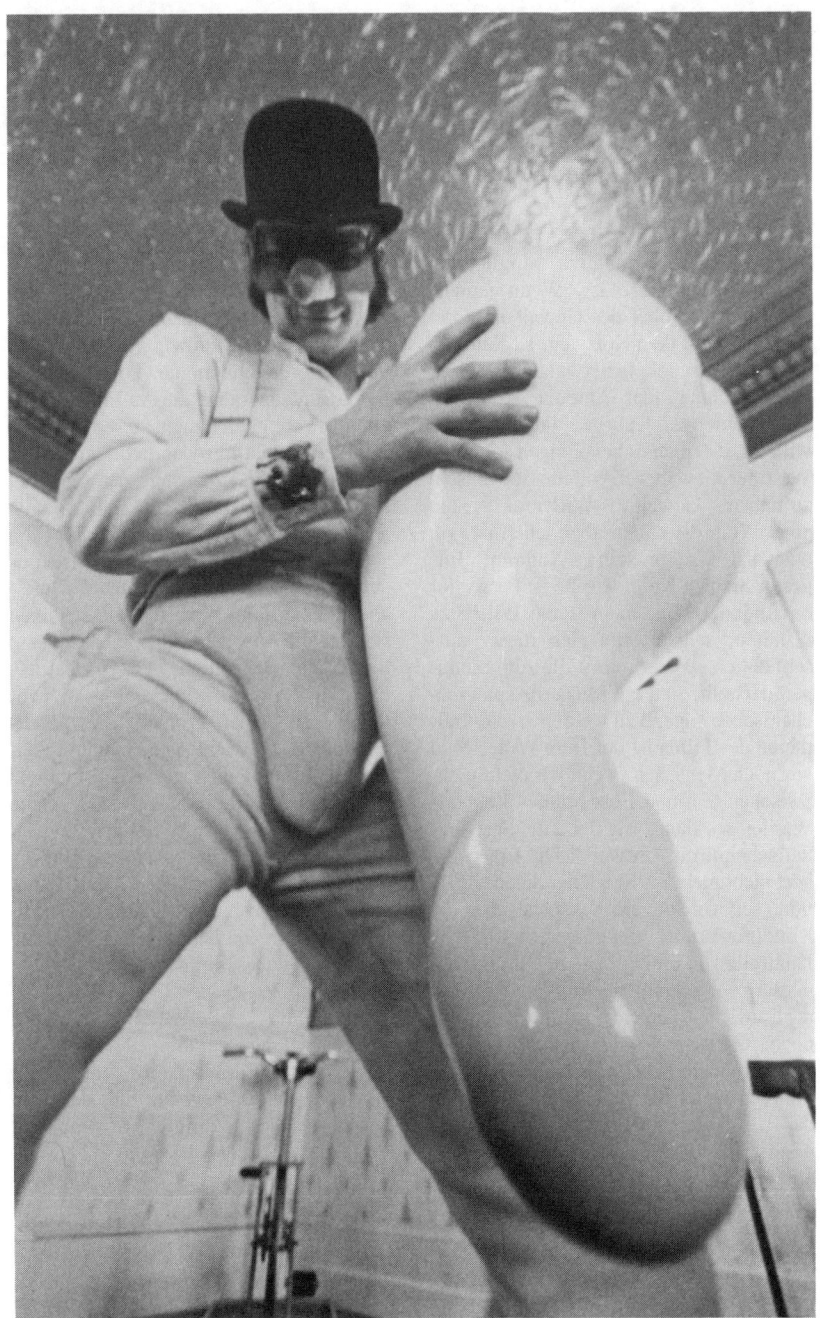

Beim alten Rein-Raus-Spiel: Malcolm McDowell in Stanley Kubricks *Uhrwerk Orange*

›Kunst‹- und Konsumbesessenheit unserer Tage«. Nichts von alledem hat dem Autor und dem Regisseur jedoch intentionsmäßig ferner gelegen: »A CLOCK-WORK ORANGE war ein Versuch, eine sehr christliche Aussage über die Wichtigkeit des freien Willens zu treffen. Wenn wir den Menschen lieben sollen, werden wir auch Alex lieben müssen, obwohl er kein repräsentatives Mitglied der menschlichen Rasse ist. Wenn jemand den Film als Bibel der Gewalt interpretiert, ist er auf dem Holzweg. Das ultimate Böse ist möglicherweise die Entmenschlichung, das Abtöten der Seele. Was meine und Kubricks Parabel sagen will, ist, daß man es bevorzugen soll, eine Welt der Gewalt bei vollem Bewußtsein zu haben – Gewalt als Willensakt – statt einer Welt, die darauf abgerichtet ist, gut oder harmlos zu sein« (Anthony Burgess). Stanley Kubrick: »Es ist besser für das Individuum, seinen freien Willen zu behalten, selbst wenn sich dieser ausschließlich als der freie Wille zum Sündigen darstellt, statt ein Musterbeispiel mechanischer Tugend zu werden... Zentralthema des Films ist der freie Wille. Sind wir noch Menschen, wenn wir nicht mehr zwischen Gut und Böse wählen können? Werden wir dann, wie der Titel anzudeuten scheint, ein Uhrwerk? Die Frage gehört nicht mehr ins Reich der Science Fiction, seit vor kurzem Versuche über die Konditionierung und psychologische Kontrolle von Freiwilligen in US-Gefängnissen vorgenommen wurden« (zitiert nach Michel Ciment, KUBRICK). Dennoch: *Uhrwerk Orange* bekam von den Kritikern mehr Schelte als Lob. Stellvertretend für viele andere Stimmen das Urteil der SCIENCE FICTION TIMES: »Es ist nicht einfach, kritische Distanz zu einem solchen Film zu gewinnen, ihn zu durchschauen. Kubrick selbst bezeichnet ihn als einen ›satirischen, pikanten, sardonischen, ironischen, politischen, gefährlichen, komischen, erschreckenden, brutalen, metaphorischen und musikalischen Film‹. Das stimmt alles. Wesent-

lich aber scheint... dabei zu sein, daß er ›politisch‹ und ›gefährlich‹ ist. Er hat zwar kritische Momente, aber die inhaltliche Tendenz ist insgesamt bedenklich. Gewalt und Herrschaft werden mystifiziert, in metaphorische, dämonisch wirkende Bilder gebracht. Die gesellschaftlichen Ursachen dieser Gewalt werden kaum angedeutet. Die Gewalt ist ästhetisiert und eingetaucht in die fiebrige Atmosphäre einer Pop-Horror-Zukunft, von Sex- und Gewaltfaschismus, alles zusammen eingelullt in Ludwig van Beethoven und seine 9. Symphonie. Politik scheint nur eine gladiatorenhafte Auseinandersetzung von wenigen Leuten zu sein. Für die Regierung steht ein väterlich lächelnder, schleimiger Innenminister, der sehr viel von Bekämpfung der Kriminalität, Law and Order redet... Für die Opposition steht der Schriftsteller, der als rachsüchtiger, verdrehter, daumenlutschender Intellektueller diffamiert wird. Alle scheinen sich gegen Alex verschworen zu haben: Regierung, Opposition, Wissenschaftler. Es ist dies Ausdruck liberaler Verschwörungsangst, einer irrationalen, gesellschaftlichen Entwicklung nicht unterscheidender Angst, für die sogar Faschismus und Revolution gleichbedeutend sind – die Angst des ohnmächtigen Kleinbürgers, der in beidem nur eine Bedrohung der Illusion eigener Freiheit sieht... Laßt uns töten, Kameraden, bevor eine zukünftige Gesellschaft uns gut und harmlos macht: Das ist die Botschaft dieses Films.«–»Kubrick... läßt... dem Zuschauer... nie Raum zum Beobachten...« (MEDIUM). *Uhrwerk Orange* wurde im Jahre 1971 von den New Yorker Filmkritikern zum besten Film des Jahres gewählt. Die deutsche Synchronisation dirigierte Wolfgang Staudte. Ⓥ Warner
Ⓑ Anthony Burgess: *Uhrwerk Orange*, München 1972

Das Ultimatum
(TWILIGHT'S LAST GLEAMING).
BRD/USA 1977.
R Robert Aldrich. *B* Ronald M. Cohen/

Edward Huebsch. *LV* Walter Wager.
K Robert Hauser. *M* Jerry Goldsmith.
D Burt Lancaster (Lawrence Dell),
Richard Widmark (Gen. MacKenzie),
Paul Winfield (Powell), Melvyn
Douglas (Guthrie), Joseph Cotten
(Renfrew), Charles Aidman (Bernstein),
Roscoe Lee Browne (Forrest), Charles
Durning (Stevens), Leif Erickson
(Whittacker), Richard Jaeckel (Towne),
William Marshall (Klinger), Charles
McGraw (Crane), Vera Miles
(Victoria), Gerald S. O'Loughlin
(O'Rourke), Morgan Paull (Canellis),
Pippa Scott (Helen), Simon Scott
(Spencer), William Smith (Hoxey), Bill
Walker (Willard), Burt Young (Garvas).
F 118 Min.

1981 in Montana/USA: Der aus dem Gefängnis ausgebrochene Ex-General Dell
dringt mit drei Begleitern in eine unterirdische Raketenbasis ein. Er kennt sich
hier bestens aus, denn die Pläne der Station stammen von ihm selbst. Man hat
Dell aus dem Verkehr gezogen, weil er
die wahren Hintergründe des Vietnam-
Krieges kennt und darauf gedrängt hat,
die Öffentlichkeit nicht mehr länger zu
täuschen. Nun ist ein neuer Präsident gewählt worden, ein Mann des Volkes, von
dem Dell hofft, er werde die ganze
schmutzige Affäre offenlegen und zu seiner persönlichen Rehabilitierung beitragen. Um seinem Ultimatum den nötigen
Nachdruck zu verleihen, droht Dell mit
den Atomraketen, über die er jetzt verfügt. Die Abschußbasis der Titan-Raketen
wird umstellt. Leiter der Gegenaktion ist
der eiskalte General MacKenzie, der Dell
und seine Freunde zu überrumpeln versucht. Als dies mißglückt, erklärt sich
US-Präsident Stevens bereit, Dells Geisel
zu werden und mit dem Ex-General und
dessen letztem Begleiter per Flugzeug die
USA zu verlassen: Die Dokumente, die
die frühere Regierung belasten, sollen im
Fernsehen verlesen werden. Daß Staats-
geheimnisse jedoch ungleich wertvoller
sind als Menschenleben, wird spätestens
in dem Augenblick offenbar, als Dells

letzter Freund prophezeit, daß die Mächtigen auch den Präsidenten über die Klinge
springen lassen, wenn sie keine andere
Chance mehr sehen, ihre Geheimnisse zu
bewahren. Als Dell, sein Begleiter und
der Präsident die Basis verlassen, sterben
sie im Kugelhagel der Belagerer: Präsident Stevens, der mit der Möglichkeit seines Todes gerechnet hat, wird noch nachträglich betrogen – die Dokumente bleiben im Safe, denn Geheimnisse haben geheim zu bleiben. – Robert Aldrich, der in
diesem Film »einen Beitrag zur 200-Jahr-
Feier der USA« sieht: »Mit dieser Geschichte, die sich mit dem Recht des Volkes auf umfassende Information befaßt,
hätten wir in Amerika große Schwierigkeiten gehabt. Deshalb sind wir damit
nach Deutschland gegangen... Der Film
stellt die Frage, ob eine westliche Demokratie überleben kann, ohne dem Volk die
absolute Wahrheit zu sagen.« – »Daß hier
ein ernstgemeintes Problem abgehandelt
wird, spürt jeder schon an der formalen
Sorgfalt. Die Gesamtgestaltung ist vom
Szenenaufbau bis zur Einzelbesetzung
vorzüglich.« (FILMBEOBACHTER) – »Ein
über fast zwei Stunden laufender, packender Film. Denkt man sich die überflüssigen brutalen Einlagen und die auf Dauer
ermüdende Technik weg (unterteilte Leinwand mit zwei bis drei parallel laufenden
Bildern), hat man einen Antikriegsfilm
vor sich, in dem die amerikanische Gene-
ralität (ein hoher Offizier zu seinem Fahrer: ›Schalten Sie ab! Ich höre nie Nachrichten zwischen den Kriegen!‹) und die
amerikanische politische Führung nicht
gut wegkommen.« (UNSERE ZEIT)
(V) EuroVideo
(B) Walter Wager: *Rothaut an Viper 3*,
Frankfurt/Berlin/Wien 1972

Ultraman
(UROTORUMAN). Japan 1979.
R Yoshiharu Tomita. (Zeichentrickfilm).
F 80 Min.

»Barock, der grausame und unerbittliche
Gebieter des Universums, will seine
Schreckensherrschaft auf die Erde aus-

dehnen. Die Menschen sollen seine Sklaven werden.« (Verleihtext) – Gegen diesen Schurken tritt der Superheld Ultraman an, denn »er ist der einzige, der dem Eroberer entgegentreten kann«. Na, soll er doch.
Ⓥ Silwa

Um 9 Uhr geht die Erde unter
(CITY BENEATH THE SEA). USA 1970.
R Irwin Allen. *B* John Meredyth Lucas.
K Kenneth Peach. *SpE* L. B. Abbott/Art Cruikshank/John C. Caldwell.
M Richard La Salle. *D* Stuart Whitman (Admiral Michael Matthews), Robert Wagner (Brett Matthews), Rosemary Forsyth (Lia Holmes), Robert Colbert (Comm. Woody Patterson), Burr de Benning (Dr. Aguila), Susanne Miranda (Elena), Richard Basehart (Präsident), Joseph Cotten (Dr. Ziegler), James Darren (Dr. Talty), Sugar Ray Tobinson (Capt. Hunter), Paul Stewart (Barton), Whit Bissell (Prof. Holmes), Larry Pennell (Bill Holmes), Tom Drake (Gen. Putnam), Charles Dierkop (Quinn), Sheila Matthews, Bill Bryant, Bob Dowdell, Edward G. Robinson jr., Johnny Lee, Glenna Sergent, Ray Didsbury, Erik Nelson. *F* 93 Min.
Mitte des 21. Jahrhunderts: Admiral Matthews kehrt nach langer Abwesenheit in die von ihm mitkonstruierte Unterwasserstadt Pacifica zurück, um dort das Gold von Fort Knox und das Element H-128 einzulagern. Letzteres kann der Welt zum Segen gereichen, aber auch ihren Untergang herbeiführen. Gleichzeitig wird die Erde von einem heranrasenden Planetoiden bedroht. Als feststeht, daß er die Erde genau dort treffen wird, wo Pacifica liegt, befiehlt Matthews die Evakuierung der Unterwasserstadt. Sein Bruder Brett, der ebenfalls in Pacifica lebt und arbeitet, hat sich jedoch mit einigen Dunkelmännern zusammengetan, die den Goldschatz nach der Evakuierung mit einem U-Boot stehlen wollen. Dr. Aguila, ein Vertrauter Matthews', entdeckt das Vorhaben. Matthews dringt in letzter Se-

kunde in den Tresor ein und verhindert das verbrecherische Vorhaben seines Bruders. Am Ende stellt sich heraus, daß die Berechnungen der Mathematiker falsch waren: Der Planetoid zieht an der Erde vorbei. – Dieser Pilotfilm für eine nicht realisierte US-Fernsehserie wurde sowohl von der Kritik als auch von den Fans verrissen: Während die TV-Zeitschrift TV GUIDE das farbige Spektakel kurzerhand als »ebenso wäßrig wie die Umgebung, in der es spielt« bezeichnete, kommentierte das MONTHLY FILM BULLETIN: »Obwohl die Farbeffekte und Bauten ihren Reiz haben, würgen die überall spürbare Steifheit der Inszenierung und die übertriebene Hölzernheit der schauspielerischen Leistung jede Spannung von vornherein ab.« Der Kritiker der SCIENCE FICTION TIMES konnte hingegen das Haupt nur noch in den Händen verbergen: »Der produktionsmäßige Aufwand ist beachtlich, die Ausstattung großzügig, die Tricktechnik durchaus akzeptabel, die Liste prominenter Darsteller lang. Aber das Drehbuch. Dieses Drehbuch!... Welche Möglichkeiten wären hier auszuschöpfen gewesen, welche interessante... Story hätte man um die Unterwasserstadt Pacifica schreiben können, und was war das Ergebnis? Ein dilettantisches Gestammel mit einem in letzter Minute verhinderten Goldraub und einem mittels Raketen vom Kollisionskurs gefeuerten Planetoiden als dramatischem ›Höhepunkt‹. Und wem das noch nicht reicht, der erhält zum Drüberstreuen noch die Rehabilitierung eines zu Unrecht der Mitschuld am Unfalltod eines Kollegen verdächtigten Admirals vorgesetzt. Wie herzzerreißend originell – es ist zum Kotzen!« Ⓥ Warner

Der unbekannte Feind
(THE SOUND BARRIER). GB 1952.
R David Lean. *B* Terence Rattigan.
K Jack Hildyard. *M* Malcolm Arnold.
D Ralph Richardson (R. J. Richfield), Ann Todd, Nigel Patrick, John Justin, Dinah Sheridan. 109 Min.
Dieser Streifen ist nicht unbedingt ein

Stuart Whitman in Irwin Allens *Um 9 Uhr geht die Erde unter*

SF-Film, obwohl er den Kinobesuchern seinerzeit sehr utopisch vorkam: R. J. Richfield, Besitzer eines Flugzeugwerks, ist von dem Gedanken besessen, eine Maschine zu konstruieren, die die Schallmauer durchbrechen kann. Seine Familie hat dabei mitzuspielen: Richfields Sohn kommt bei dem Versuch, das Fliegen zu erlernen, um. Sein Schwiegersohn stirbt bei einem Testflug. Dennoch gibt Richfield nicht auf: Seine Experimente haben schließlich Erfolg. Aber zu welchem Preis? – ›Was ist wichtiger, der Mensch oder sein Werk? Das Leben eines einzelnen oder der technische Fortschritt?‹ fragt Richfields Tochter. Aber auch dieser Erfolg genügt Richfield noch nicht: Die letzte Einstellung des Films zeigt seinen kleinen Enkel, der auf einer Mondkarte sitzt, während über ihm langsam die Sterne sichtbar werden.

»*Der unbekannte Feind* (damit sind jene Kräfte gemeint, die den Überschallflug erschweren; Anm. d. Verf.) war einer der ersten Filme, die den Gedanken ausloteten, daß eine neue technologische Gesellschaft entstanden war – eine Gruppe von Leuten, denen emotionale und soziale Bindungen nur von geringer Wichtigkeit waren.« (John Baxter, SCIENCE FICTION IN THE CINEMA)

Der unbesiegbare Supermann
(KOTETSU NO KYOJIN). Japan 1957.
R Teruo Ishii. *B* Ishiro Miyegawa.
K Akira Watanabe. *M* Chumei Watanabe. *D* Ken Utsui, Minako Yamada, Junko Ikeuchi, Minoru Takada, Kan Hayashi, Reiko Seto, Chisako Tahara, Akira Tamura.
F 88 Min.
Lebewesen von einem anderen Planeten, die jederlei Gestalt annehmen können, wollen die Herrschaft über die Erde an sich reißen und bedienen sich dabei allerlei dubioser Waffen. Ein unverwundbarer Supermensch von einem anderen Stern, der fliegen kann und gegen MG-Feuer ge-

Der unbekannte Feind von David Lean

feit ist, erweist sich als Rächer der Enterbten. – Alles jubelt und lacht, bloß nicht die verzweifelt in jedem Trivialschinken nach ›Kultur‹ Ausschau haltende Filmkritik von 1961, deren Humorlosigkeit besonders ausgeprägt war und dem kindlich-naiven Spektakel völlig verständnislos gegenüberstand: »Was soll der ganze Unsinn? Wer ist für den Kauf dieses japanischen Streifens verantwortlich? Am verwunderlichsten an diesem Film ist, daß sogar ein Regisseur für diesen Quatsch seinen Namen hergab.« (FILMBEOBACHTER) – *Der unbesiegbare Supermann* ist ein Zusammenschnitt von zwei Episoden eines japanischen Serials, das insgesamt aus neun Teilen bestand.

Unborn – Kind des Satans
(THE UNBORN). USA 1991.
R Rodman Flender. *B* Henry Dominic.
K Wally Pfister. *M* Gary Numan/
Michael R. Smith. *D* Brooke Adams
(Virginia), Jeff Hayenga (Brad), James

Karen (Dr. Meyerling), K. Callan
(Martha), Jane Cameron (Beth Sanders).
F 81 Min.
Ein genmanipulatives Serum, von Dr. Meyerling heimlich injiziert, macht aus dem erhofften Kindersegen von Virginia und Brad Marshall einem Alptraum. Als man das erwartete Ungeheuer abtreiben will, tötet der Monsterfötus den Vater in spe. Virginia erschießt im Gegenzug Dr. Meyerling und vernichtet sein Labor. Ihre schaurige Leibesfrucht verbleibt in ihrer Obhut. – »Die krude Mischung aus sattsam bekannten Versatzstücken des Genres wird dramaturgisch und optisch einfallslos erzählt.« (dkr., FILMDIENST). – Nur auf Video.
Ⓥ RCA/Columbia

Underworld
(UNDERWORLD). USA 1985.
R George Pavlou. *B* Clive Barker/James Caplin. *K* Sidney Macartney. *M* Freur.
D Denholm Elliott (Dr. Savary), Steven

Berkoff (Hugo Motherskille), Miranda Richardson (Oriel), Larry Lamb (Roy Blain), Art Malik (Fluke), Nicola Cowper (Nicole), Ingrid Pitt (Pepperdine), Irena Brook (Bianca), Paul Brown (Nygaard), Philip Davies (Lazarus), Gary Olson (Red Dog). *F* 103 Min.
Mutierte Opfer der Drogenexperimente des Dr. Savary hausen in den Londoner Abwasserkanälen und entführen ein Mädchen. Dies ruft ihren Freund auf den Plan, der in das Untergrundlabyrinth steigt, um seine Geliebte zu befreien. – »Inszeniert . . . wie ein überlanger Videoclip, ein mit grellen Bildern und visuellen Spielereien reich ausgestattetes Pop-Märchen, effektvoll unterlegt mit Musik-Rhythmen.« (TIP). Eine der ersten Drehbucharbeiten des Autors Clive Barker, der später mit Horrorfilmen wie *Hellraiser* und *Cabal* bekannt wurde. – Nur auf Video. Ⓥ Vestron

Unfall im Weltraum
(JOURNEY TO THE FAR SIDE OF THE SUN). GB 1969.
R Robert Parrish. *B* Gary Anderson/ Sylvia Anderson/Donald James. *K* John Read. *SpE* Derek Meddings. *M* Barry Gray. *D* Ian Hendry (John Kane), Roy Thinnes (Col. Glenn Ross), Patrick Wymark (Jason Webb), Lynn Loring (Sharon Ross), Loni von Friedl (Lise), Herbert Lom (Dr. Hassler), George Sewell (Mark Neumann), Franco Derosa (Paulo Landi), Edward Bishop (David Poulson), Philip Madoc, Vladek Sheybal, George Mikell. *F* 95 Min.
Die europäische Raumforschungsgesellschaft Eurosec hat einen Planeten entdeckt, der auf der anderen Seite der Sonne auf der gleichen Bahn kreist wie die Erde: deshalb ist er bis jetzt nie sichtbar geworden. Der amerikanische Astronaut Ross, der bereits einen Flug zum Mars hinter sich hat, soll den geheimnisvollen Planeten zusammen mit dem Astrophysiker Kane erforschen. Die fremde Welt hinter der Sonne ist bewohnt. Als die Landung

des irdischen Raumschiffes schiefgeht, werden die beiden Männer gerettet. Kane ist schwer verletzt. Als Ross die Besinnung zurückgewinnt, findet er sich im Hauptquartier der Eurosec wieder, und man macht ihm klar, daß er eigentlich unmöglich auf dem anderen Planeten gelandet sein kann: Er war nur drei Wochen unterwegs, hätte aber frühestens nach sechs Wochen zurückkehren können. Nachdem Kane gestorben ist, macht Ross eine bestürzende Entdeckung: Er sieht alles spiegelverkehrt. Er befindet sich tatsächlich auf dem Planeten, der hinter der Sonne liegt – aber diese Welt ist ein exaktes Spiegelbild der Erde, und auch hier hat eine Eurosec zwei Astronauten namens Ross und Kane ausgeschickt, um eine Welt zu erforschen, die >hinter der Sonne< liegt. Ross I und Ross II gelangen beide gleichzeitig zu dieser Erkenntnis. Während Ross I den Eurosec-Direktor der >Spiegelerde< überreden kann, ihn mit einem anderen Raumfahrzeug erneut auf die Reise zu schicken, tut sein Doppelgänger das gleiche. Ross I kehrt zur Erde I zurück und kollidiert mit dem Eurosec-Zentrum, das in die Luft fliegt. Nachdem er in einem Sanatorium wieder zu sich gekommen ist, will ihm niemand seine fantastische Geschichte glauben. – »Daß das Abenteuer – logisch durchdacht – bereits kurz nach dem Start hätte enden müssen, nämlich auf halbem Weg zwischen den Doppelplaneten Erde I und II, und zwar durch eine Kollision der Raumschiffe, hat der Drehbuchautor völlig übersehen. Science Fiction.« (SCIENCE FICTION TIMES)

Der unfreiwillige Raketenflieger
(A PIED, A CHEVAL ET UN SPOUTNIK). Frankreich 1958.
R Jean Dreville. *B* Jean-Jacques Vital/ Noël-Noël. *K* André Bac. *M* Paul Misraki. *D* Noël-Noël (Leon Martin), Denise Gray (Marguerite Martin), Mischa Auer (Professor), Noël Roquevert (Bürgermeister), Darry Cowl (Attaché), Natalie Nerval (Dina), Robert Lombard (Polizeichef), Pauline Carton

(Marie), Francis Blanche (Chazot).
96 Min.
Dem etwas absonderlichen Monsieur Martin läuft ein seltsamer Hund zu, und da er seit einem Unfall an zeitweisem Gedächtnisverlust leidet, hat er keine Ahnung, daß die Sowjets einen ›behundeten‹ Satelliten in die Erdumlaufbahn geschossen haben. Da er das Tier nicht wieder hergeben will, lädt man ihn nach Moskau ein, wo er unerwartet in die Rolle des ersten menschlichen Raumpiloten gedrängt wird.

Unga Khan, der Herr von Atlantis
(THE UNDERSEA KINGDOM). USA 1936.
R B. Reeves Eason/Joseph Kane.
B John Rathmell/Maurice Geraghty/ Oliver Drake. *K* William Nobles/Edgar Lyons. *M* Harry Grey. *D* Ray Corrigan (Crash Corrigan), Lois Wilde (Diana Compton), Monte Blue (Unga Khan), William Farnum (Sharad), Boothe Howard (Ditmar), C. Montague Shaw (Prof. Norton), Smiley Burnette (Briny), Frankie Marvin (Salty), Lon Chaney jr. (Hakur), Lane Chandler (Darius), Jack Mulhall (Lt. Andrews), John Bedford (Joe), Ralph Holmes (Martos), Ernie Smith (Gourck), Lloyd Whitlock (Capt. Clinton), David Horsley (Wachtposten), Kenneth Lawton (Marinearzt), Raymond Hatton (Gasspon), Rube Schaeffer (Magna).
77/80 Min.
Der Geheimwaffenexperte Professor Norton verzeichnet den Ansatz diverser Erdbeben und schließt messerscharf, daß die vernichtenden Kraftwellen nur von den Atlantern ausgesandt werden können, deren Reich vor Jahrtausenden im Meer versunken ist. Da es ihm verständlicherweise mißfällt, daß diese Unterwasser-Lebewesen Böses im Schilde führen, sticht er mit Unterstützung seines Sohnes Billy, des Marineoffiziers Crash Corrigan, des Mechanikers Joe, der Journalistin Diana in seinem Raketen-Boot in See. Atlantis, das Unterwasserreich, wird entdeckt, aber dort herrscht gerade Krieg: Der abgesetzte

Hohepriester Sharad prügelt sich mit seinem Konkurrenten Unga Khan, der die unter einem Metalldom liegende Stadt diktatorisch beherrscht, um die Macht. Unga Khan will sich mit einem Todesstrahl die ganze Welt untertan machen. Als Professor Norton und seine Getreuen in Atlantis eintreffen, werden sie festgenommen. Crash Corrigan – tapferer Rekke, der er ist – entkommt jedoch, verbündet sich mit Sharad gegen die Finsterlinge, führt dessen Truppen zum Sieg und kann den machtlüsternen Herrn des Todesstrahls im letzten Moment davon abhalten, Nordamerika unter seine Knute zu zwingen. – Amerikanisches Serial, das ursprünglich aus 12 Folgen bestand; produziert von der Republic. Wie in allen Serials dieser Zeit liegt auch in diesem der Schwerpunkt auf Action. Mit der Knarre wird nicht lange gefackelt und nach Logik schon gar nicht gefragt.

Das Ungeheuer
(TROG). GB 1969.
R Freddie Francis. *B* Aben Kandel.
K Desmond Dickinson. *M* John Scott.
D Joan Crawford (Dr. Brockton), Michael Gough (Sam Murdock), Bernard Kay (Inspektor Greenham), David Griffin (Malcolm), Kim Braden (Ann), John Hamill (Cliff), Geoffrey Case (Bill), Thorley Walters (Friedensrichter), Jack May (Dr. Selbourne), Joe Cornelius (Ungeheuer), Robert Hutton (Dr. Richard Warren), Simon Lack (Col. Vickers), David Warbeck (Alan Davis), Paul Hansard (Dr. Kurtlimer), Robert Crewdson (Dr. Pierre Duval), Brian Gellis (John Dennis), Colda Casimir (Prof. Manoskiensky), Chloe Franks, Maurice Good, Rona Newton-John, Cleo Sylvestre, John Baker, Bartlett Mullins, Shirley Cooklin. *F* 91 Min.
Drei Studenten entdecken auf einem Streifzug eine Höhle, in der ein seltsames, haariges Lebewesen haust. Dr. Brockton, eine Anthropologin, die ein Forschungsinstitut leitet, glaubt einem

Das Ungeheuer ist unter uns von John Sherwood

Troglodyten auf der Spur zu sein, läßt das Wesen einfangen und sperrt es in einen Käfig. Nachdem sie es zu zähmen versucht hat, stellt sie es der Presse vor und äußert die Vermutung, auf ein fehlendes Glied in der menschlichen Evolution gestoßen zu sein. Der Journalist Sam Murdock befreit den Troglodyten aus seinem Käfig und fällt ihm zum Opfer. Das Wesen flieht, nachdem es ein kleines Mädchen geraubt hat, in seine Höhle zurück. Zwar gelingt es Dr. Brockton, die Kleine zu retten, doch die aufgeputschten Städter sprengen trotz ihrer Bitten um das Leben des Troglodyten die Höhle. – »Von der Machart her... kaum bemerkenswert, und auch die Darstellung ist recht mäßig. Joan Crawford... verkauft sich hier weit unter Preis.« (FILMDIENST) – »Unterhaltung auf inhaltlich schlichtestem Niveau, technisch einigermaßen befriedigend.« (FILMBEOBACHTER)

Ⓥ Warner Home (*Trog – Das Ungeheuer*)

Das Ungeheuer ist unter uns
(THE CREATURE WALKS AMONG US). USA 1956.
R John Sherwood. *B* Arthur Ross. *K* Maury Gertsman. *M* Henry Mancini. *D* Jeff Morrow (Dr. William Barton), Rex Reason (Dr. Thomas Morgan), Leigh Snowden (Marcia Barton), Gregg Palmer (Jed Grant), Maurice Manson (Dr. Borg), James Rawley (Dr. Johnson), Ricou Browning/Don Megowan (Ungeheuer), David McMahon (Capt. Stanley), Paul Fierro (Morteno), Lillian Molieri (Mrs. Morteno), Larry Hudson, Frank Chase. 79 Min.
In dieser Fortsetzung zu Jack Arnolds *Der Schrecken vom Amazonas* und *Die Rache des Ungeheuers* (inhaltliche Details siehe

dort) geht es um folgendes: Die Wissenschaftler Barton und Morgan suchen mit Unterstützung des Tauchers Grant in den Everglades von Florida nach einem legendären Wesen, das halb Mensch, halb Fisch sein soll. Während Barton auf wissenschaftlichen Ruhm hofft, ist Morgan mehr an neuen Erkenntnissen interessiert. Man kann das Geschöpf schließlich mit Hilfe eines Radargerätes lokalisieren, aber als man es fangen will, gerät es während eines Kampfes in Brand, verliert seine Schuppen und einen Teil seines Gedächtnisses. Nachdem man es in der Nähe von San Francisco bei Bartons Haus in einem Käfig untergebracht hat, gerät der eifersüchtige Barton mit Grant aneinander, der seiner Frau Marcia heftige Avancen macht. Es kommt zu einer Auseinandersetzung, bei der Barton seinen Nebenbuhler erschießt. Als er ihn in den Käfig des Fischwesens wirft, um einen Unfall vorzutäuschen, greift die Kreatur ihn an. Barton gerät in Panik und schießt erneut. Die Kreatur wehrt sich, bahnt sich einen Weg ins Freie und schleppt sich, von mehreren Kugeln der Wachtposten getroffen, zum Meer, wo es elend umkommen muß, da es unter Wasser nicht mehr atmen kann, seit das Feuer es verändert hat... – »Ein ganz annehmbarer B-Budget-Monsterfilm, aber nichts Besonderes.« (Bill Warren, KEEP WATCHING THE SKIES!)

Ungeheuer ohne Gesicht
(FIEND WITHOUT A FACE). USA 1957.
R Arthur Crabtree. *B* Herbert J. Leder.
K Lionel Banes. *M* Buxton Orr.
D Marshall Thompson (Jeff Cummings), Terence Kilburn (Capt. Chester), Michael Balfour (Sgt. Kasper), Gil Winfield (Dr. Warren), Shane Cordell (Schwester), Stanley Maxted (Col. Butler), James Dyrenforth (Hawkins), Kim Parker (Barbara), Kerrigan Prescott (Atom-Ingenieur), Keenaston Reeves (Prof. Walgate), Peter Madden (Dr. Bradley), R. Meadows White (Ben Adams), Lala Lloyd (Amelia Adams), Robert MacKenzie (Gibbons), Lance Marshall (Melville). 74 Min.

In der Nähe eines kanadischen NATO-Luftwaffenstützpunkts passieren unheimliche Morde. Da man anfangs der Theorie zuneigt, für die Todesfälle könne die Strahlung eines dazugehörenden Atomkraftwerks verantwortlich sein, setzt das Militär Major Cummings auf den Fall an. Dieser lernt über das Mädchen Barbara den pensionierten Wissenschaftler Walgate kennen, dem es gelungen ist, Gedanken ›materialisieren‹ zu lassen. Diese machen seither die Gegend unsicher, denn sie ernähren sich a) von der ›Gehirnsubstanz‹ lebender Menschen, und b) von ›atomarer Strahlung‹. Da sie sich inzwischen rasend schnell vermehrt haben, besteht größte Gefahr. Als die Gedankenungeheuer in den Atommeiler eingedrungen und aufgrund erhöhter ›Energieaufnahme‹ sichtbar geworden sind, holen sie zum großen Schlag gegen ihren Schöpfer aus. Major Cummings weiß sich der anrückenden Schar, die frappierend einem Rudel geflügelter Hamburger ähnelt, jedoch clever zu erwehren: Er *sprengt* das Atomkraftwerk in die Luft, womit die Gefahr (Ächz!) beseitigt ist. – Was wieder einmal beweist, wie sehr doch der durchschnittliche Hollywood-Produzent den legendären Ausspruch H. L. Menckens (1880–1956) verinnerlicht hat, der da lautet: »Es ist noch niemand daran pleitegegangen, die Intelligenz der amerikanischen Öffentlichkeit zu unterschätzen.«

Das Ungeheuer von Loch Ness
(BEHEMOTH, THE SEA MONSTER).
GB 1958.
R Eugene Lourie/Douglas Hickock.
B Eugene Lourie. *K* Ken Hodges.
SpE Jack Rabin/Irving Block/Louis de Witt/Willis O'Brien/Pete Petterson.
M Edwin Astley. *D* Gene Evans (Steven Karnes), André Morell (Prof. Bickford), John Turner (Ian Duncan), Leigh Madison (Jean MacDougall), Jack McGowran (Dr. Sampson), Maurice

Kaufmann (U-Boot-Kommandant), Henry Vidon (Thomas MacDougall), Leonard Sachs (Wissenschaftler). 80 Min.

Atomversuche vor der Küste von Cornwall erwecken einen prähistorischen Saurier zum Leben, der plötzlich aus der Themse steigt, radioaktive Strahlung verbreitet und in London diverse Gebäude zertrampelt, bevor man ihn von einem U-Boot aus mit einem Torpedo erledigt. – »Die Trickaufnahmen sind noch unter Hondas Niveau.« (SCIENCE FICTION TIMES) – Ach ja: Mit dem Ungeheuer von Loch Ness hat dieser Film nichts, aber auch gar nichts zu tun.

Die unglaubliche Geschichte der Mrs. K

(THE INCREDIBLE SHRINKING WOMAN). USA 1981.
R Joel Schumacher. *B* Jane Wagner.
LV Richard Matheson. *K* Bruce Logan.
SpE Roy Arbogast/Guy Faria/David Kelsey. *M* Suzanne Ciani. *D* Lily Tomlin (Pat Kramer/Judith Beasley), Charles Grodin (Vance Kramer), Ned Beatty (Dan Beame), Henry Gibson (Dr. Eugene Nortz), Elizabeth Wilson (Dr. Ruth Ruth), Nicholas Horman (Logan Carver), Pamela Bellwood (Sandra Dyson), John Glover (Tom Keller), Mark Blankfield (Rob), Maria Smith (Concepcion), Shelby Balik (Beth Kramer), Justin Dana (Jeff Kramer), James McMullen (Lyle Parks), Mike Douglas (M. D.), Jacki King (J. K.), Rick Baker (Sidney), Mary McCusker, Maria O'Brien, Betty McGuire, David Marsh, Julie Payne, David Rupprecht, Charles Woolf. *F* 88 Min.

Wie Scott Carey in *Die unglaubliche Geschichte des Mr. C.* erkennt auch Pat Kramer, Hausfrau in Los Angeles, Mutter von zwei Kindern, ihren Schrumpfungsprozeß, als ihr der Ehering vom Finger rutscht. Das ist aber schon die einzige Gemeinsamkeit, sieht man von der Tatsache des Schrumpfens einmal ab. Auslösender Faktor, wie könnte es bei einer Frau auch anders sein, ist ein neuartiges Parfüm. Die Werbeagentur, in der ihr Mann arbeitet, will aus Pat Kramers Schicksal kräftig Kapital schlagen und startet einen Werbefeldzug für Schrumpfpuppen. Ein Wissenschaftler, verrückt und machtbesessen, sieht seine Chance, endlich ein Serum für Schrumpfungsprozesse zu entwickeln. Er kidnappt die bereits merklich kleiner Gewordene. Doch gemeinsam mit einem anderen Versuchstier, dem Gorilla Sidney, kann Pat aus dem unheilvollen Laboratorium entkommen. – Die Spezialeffekte (meist übergroße Kulissen sowie Split Screen und Frontprojektion) mögen noch angehen, doch »insgesamt sollte man solch schlechte Remakes gar nicht erst produzieren; das Original ist ihnen in allen Belangen um Längen voraus.« (FILMS IN REVIEW) »Möchtegern-Satire ... Langweiler ...« (Alan Frank, SF-HANDBOOK) – »Köstliche Parodie auf beliebte Filmgenres und einfallsreiche Satire auf die Medien und den sprichwörtlichen ›American Way of Life‹.« (ARD-Pressetext) ⓑ Richard Matheson: *Die unglaubliche Geschichte des Mr. C,* München 1960

Die unglaubliche Geschichte des Mr. C

(THE INCREDIBLE SHRINKING MAN). USA 1957.
R Jack Arnold. *B* Richard Matheson.
LV Richard Matheson. *K* Ellis W. Carter. *SpE* Clifford Stine. *M* Fred Carling/Ed Lawrence. *D* Grant Williams (Scott Carey), Randy Stuart (Louise Carey), Paul Langton (Charlie), April Kent (Clarice), Raymond Bailey (Dr. Thomas Silver), Billy Curtis (Liliputaner), William Schallert (Dr. Arthur Bramson), Frank Scannell (Barker), John Hiestand (TV-Sprecher), Helene Marshall, Diana Garrin (Krankenschwestern). 81 Min.

Scott Carey und seine Frau Louise lassen sich auf einem Boot vor der kalifornischen Küste von der Sonne braten. Eine merkwürdige Wolke kommt auf sie zu und hüllt Scott ein. Ein halbes Jahr später schrumpft er zusammen. Seine Kleider passen ihm nicht mehr. Er läßt sich von Dr. Silver untersuchen. Alles deutet darauf hin, daß die geheimnisvolle Wolke – die möglicherweise radioaktiv geladen war – die Veränderung bewirkt hat. Die Presse greift seinen Fall auf, zerrt ihn durch die Medien. Die Ärzte tun ihr Bestes. Als er nur noch einen Meter zwanzig groß ist und feststellt, daß er einer Frau nicht mehr das sein kann, was er einmal war, wendet er sich in seiner Einsamkeit der Liliputanerin Clarice zu. Aber trotz aller Bemühungen hört der Schrumpfungsprozeß nicht auf. Nur noch eine Handbreit groß, muß er in ein Puppenhaus umziehen. Aber die für ihn ins Gigantische angewachsene Umgebung birgt Gefahren, denen er kaum gewachsen ist. Die Hauskatze sieht in ihm pötzlich eine Beute. Für Carey ist sie ein überdimensionales Monstrum, das in sein Puppenhaus einzudringen und ihn zu töten versucht. Als er die Flucht vor der krallenbewehrten Bestie ergreift, landet er im Keller, den er von nun an nicht mehr verlassen kann. Für Louise ist er tot, denn sie hat einen blutigen Fetzen Stoff gefunden. In der neuen Umgebung wird für den winzigen Carey alles nur noch schlimmer, denn hier gibt es nicht nur Mausefallen und die dazugehörigen Mäuse, sondern auch allerlei Ungeziefer, das ihm nach dem Leben trachtet. Er wird von den Fluten eines durchgerosteten Wasserkessels überspült und muß sich mit einer Stecknadel gegen eine hungrige Tarantel wehren. Als er kleiner als eine Mikrobe geworden ist, verschmilzt er mit der Unendlichkeit und betritt ein anderes Universum. Seine letzten Worte sind ›Für Gott gibt es kein Nichts. Ich existiere immer noch.‹ – »Arnold stand vor dem Problem, die Geschichte so zu erzählen, daß man Anteil am Geschick der Hauptperson nimmt, anders gesagt, daß nicht plötzlich die Dekorationen zum Star des Films wurden. Das Problem wurde gelöst, indem man die Verkleinerung stufenweise vor sich ge-

hen... und Grant Williams, den Darsteller des Scott Carey, durch immer größere Dekorationen und... Trickaufnahmen... immer kleiner erscheinen ließ. Psychologisch interessant ist dabei die logische Reaktion Careys, der zusehends irritiert wird. Sein Problem ist nämlich nicht nur körperlich, es will auch geistig verarbeitet sein.« (Wolfgang J. Fuchs, SF PERRY RHODAN MAGAZIN) – »Während die meisten SF-Filme entweder mit der Rettung oder Vernichtung eines solchen Opfers schließen, endet dieser Film damit, daß Carey aus dem Blickpunkt verschwindet und man plötzlich wahrnimmt, daß die Begrenzung der menschlichen Vision bedeutungslos ist. Er hat keinen Grund zu der Annahme, er werde sich in Nichts auflösen, denn er tritt nun in den Bereich des Mikrokosmos ein – und danach in den des Sub-Mikrokosmos.« (Douglas Brode, THE FILMS OF THE FIFTIES) – Es ist natürlich keine Frage, daß die kirchliche Filmkritik beim Ansehen dieses ungewöhnlichen und keinesfalls schundigen SF-Thrillers mal wieder in spasmische Zuckungen verfiel, die Kanonen durchlud und Regie/Darstellung/Trickabteilung mit einem Bleihagel bedachte: Der FILMBEOBACHTER (wohlgemerkt, das war 1957!) sprach von einer »Spielerei mit Abnormitäten und Schauereffekten«, glaubte »falsche und schlecht gekonnte (sic!) Tricks« zu erkennen und fand die Regie und Darstellung »ungeschickt« und »hilflos«. Der FILMDIENST, im gleichen Jahr auch eifrig darauf bedacht, der Fantasie eins auf den Deckel zu geben, wo immer sie ihr freches Haupt erhob, greinte etwas von einer »läppischen« und »abstrusen« Geschichte, die »primitiv in der Ausführung« und ein »unverfrorenes Spiel mit Gefahren, die aus einer nicht bewältigten Technik drohen«, sei (mit der ›Technik‹ ist wohl die Atomkraft gemeint). Und weiter: »Solche Möglichkeiten zu kindischen Gruselfantasien zu degradieren, ist doch wohl reichlich geschmacklos. Die nebulös-pantheistische Predigt am Schluß geht zum Glück im Gelächter und Aufbruch des Publikums unter.« (Da war wohl der Wunsch der Vater der Gedanken: Oder hat es 1957 tatsächlich jemanden gegeben, der *nicht* von den in kirchlichen Schaukästen aushängenden Filmkritiken animiert wurde, sich gerade jene Fetzer anzusehen, die dort gnadenlos runtergemacht wurden?) – Jack Arnold, der einmal gesagt hat, *Die unglaubliche Geschichte des Mr. C* sei sein Lieblingsfilm, hat auch noch einen amüsanten Schwank auf Lager (es geht um die Wassertropfen, mit denen der winzige Scott Carey im Keller seines Hauses bombardiert wird): »Das Problem war, daß die Tropfen im Vergleich mit ihm riesig aussehen mußten. Wir versuchten alles mögliche... Dann erinnerte ich mich daran, daß mir als Kind einmal eine Schachtel mit Parisern in die Hände gefallen war. Ich wußte zwar damals nicht, wozu sie dienten, aber ich kriegte schnell raus, daß sie tolle Bomben abgaben, wenn man sie mit Wasser füllte. Ich warf sie den Leuten vom Fenster aus auf den Kopf, und ich erinnerte mich, daß sie, als sie nach unten gefallen waren, tropfenförmig ausgesehen hatten. Also besorgte ich mir im Studio einen Pariser, füllte ihn mit Wasser und ließ ihn von einem Burschen aus großer Höhe auf den Boden werfen. Es stellte sich heraus, daß das Ding die passenden Proportionen hatte und genauso auf den Boden klatschte wie ein großer Wassertropfen. Also bestellte ich etwa 15 000 von den Dingern... und machte unsere große Flutszene. Aber das Amüsanteste kam erst nach Beendigung der Dreharbeiten. Das Produktionsbüro rief mich an wegen der Kosten. Man sagte mir, es ginge da um einen Faktor, den man nicht recht verstehe. Ich fragte sie, was sie meinten, und da bekam ich zur Antwort, es ginge um eine Bestellung über 15000 Pariser. Da sagte ich: Leute, es war ein solch schwieriger Film, und wir alle haben so hart daran gearbeitet, daß wir uns vorgenommen haben, im Anschluß daran eine Riesenfete zu feiern.« (Zitiert nach SCIENCE FICTION MONTHLY)

Ⓑ Richard Matheson: *Die unglaubliche Geschichte des Mr. C*, München 1960

Der unglaubliche Hulk
(THE INCREDIBLE HULK). USA 1978.
R Kenneth Johnson/Sigmund Neufeld jr.
B Kenneth Johnson/Thomas E. Szollosi/Richard C. Matheson. *K* Howard Schwartz/John McPherson. *M* Joseph Harnell. *D* Bill Bixby (Dr. Bruce Banner), Susan Sullivan (Elaine Marks), Jack Colvin (Jack McGee), Lou Ferrigno (Hulk), Susan Batson (Mrs. Mayer), Charles Siebert (Ben), Eric Server (Polizist), J. Jay Saunders (Controller), Ed Peck (Capt. Brandes). *F* 104 Min.

Der Wissenschaftler Banner experimentiert mit Gammastrahlen, bekommt davon eine Überdosis ab und verwandelt sich in eine muskulöse grüne Kreatur mit übermenschlichen Kräften. Als er wieder er selbst geworden ist, fürchtet er, die unheimliche Verwandlung könne ihn jederzeit erneut überkommen – mit Recht. Als er einen neugierigen Reporter aus seinem Labor wirft, bricht ein Feuer aus, in dem seine Assistentin Elaine umkommt. Man hält auch Banner für tot, der ziellos umherwandert, verfolgt von der Angst, sich wieder in den gewalttätigen Koloß zu verwandeln. Als er nach Chicago fliegt, um einen Arzt aufzusuchen, hat er die Chance, eine Flugzeugentführung zu vereiteln. Nach der Landung wird er wieder zum Hulk und taucht unter... – Nach einem erfolgreichen amerikanischen Comic strip gedrehter Film, der allerhöchstens Sekundärbegabte erfreuen kann.

Die unglaubliche Reise in einem verrückten Raumschiff
(AIRPLANE II: THE SEQUEL). USA 1982.
R Ken Finkleman. *B* Ken Finkleman. *K* Joseph Biroc. *M* Elmer Bernstein. *D* Lloyd Bridges (McCrosket), Raymond Burr (Richter), Chuck Connors (Sergeant), Rip Torn (Kruger), Chad Everett (Simon Kurtz), Peter

Graves (Capt. Oveur), Julie Hagerty (Elaine Dickinson), Robert Hays (Ted Striker), William Shatner (Murdock), Sonny Bono (Bomber), John Vernon (Dr. Stone). *F* 84 Min.
Irgendwann in naher Zukunft: Von Houston aus startet ein mit Passagieren beladenes Space Shuttle zum Mond. Schade nur, daß die Leute alle irre sind und die Computer durchdrehen, so daß eine Katastrophe nach der anderen ausbricht. – Weniger ein SF-Film als eine ätzende Komödie, die rein zufällig in einem Raumschiff spielt. Nachzieher des erfolgreichen Lachschlagers *Die unglaubliche Reise in einem verrückten Flugzeug.*
ⓋCIC

Unheimliche Begegnung der dritten Art
(CLOSE ENCOUNTERS OF THE THIRD KIND). USA 1977.
R Steven Spielberg. *B* Steven Spielberg. *K* Vilmos Zsigmond. *SpE* Douglas Trumbull. *M* John Williams. *D* Richard Dreyfuss (Roy Neary), François Truffaut (Claude Lacombe), Teri Garr (Ronnie Neary), Melinda Dillon (Jillian Guiler), Bob Balaban (David Laughlin), Lance Hendriksen (Robert), Warren Kemmerling (Wild Bill), Roberts Blossom (Farmer), Philip Dodds (Jean Claude), Shawn Bishop (Brad Neary), Adrienne Campbell (Sylvia Neary), Justin Dreyfuss (Toby Neary), Cary Guffey (Barry Guiler), Merrill Connally (Team Leader), George Dicenzo (Major Benchley). *F* 135 Min.
In der mexikanischen Wüste werden Flugzeuge aus dem Zweiten Weltkrieg gefunden. Sie funktionieren noch. Anderswo, in den USA: Ein Junge wacht in der Nacht auf, weil plötzlich sein Plattenspieler läuft. Sein Spielzeug spielt verrückt. Er folgt einem seltsamen Lichtschein hinaus. Ebenso seine aufwachende Mutter. In einem E-Werk fällt der Strom aus. Der Elektriker Roy Neary soll sich um die ausgefallene Überlandleitung kümmern, gerät mit seinem Wagen in ein

geheimnisvolles Magnetfeld, entdeckt mysteriöse Lichterscheinungen am Himmel und sichtet – Schockschwerenot! – ein UFO, das von einem Polizeiwagen ›verfolgt‹ wird. Neary ist nicht der einzige gewesen, der das UFO gesehen hat. Aber er ist der einzige, der sich fortan seltsam verhält: Er karrt Erdreich und Gerümpel in sein Heim, aus denen er Kegelstümpfe formt, was seine bessere Hälfte an den Rand des Wahnsinns treibt. Inzwischen haben diverse UFO-Spezialisten unter der Leitung des französischen Forschers Lacombe die Gewißheit, daß es bald zu einer ›Begegnung der dritten Art‹ kommen wird: Wesen von den Sternen schicken sich an, auf der Erde zu landen und sich den Menschen zu erkennen zu geben. Landungsort wird ein Tafelberg sein, der von der US Army bereits abgeschirmt wird. Obwohl offiziell nichts von den Vorbereitungen an die Außenwelt gebracht werden soll, sickert das Geheimnis durch: Menschenscharen pilgern los, um dem einmaligen Ereignis beizuwohnen. Unter ihnen befindet sich auch Neary. Nachdem die Außerirdischen gelandet sind, zeigt sich, daß er ein Auserwählter ist, denn die Aliens haben mit mehreren hundert Menschen, die ihnen als besonders befähigt erschienen, geistigen Kontakt aufgenommen. Und es gibt noch eine Überraschung: Die im Krieg vermißten Piloten, deren Maschinen man in der Wüste gefunden hat, leben. Die Fremden haben sie gerettet und per Zeitsprung in die Zukunft geholt – um ihren guten Willen zu zeigen. Neary gehört zu den Privilegierten, die an Bord des gewaltigen, hellerleuchteten UFOs gehen dürfen und zu einer Fahrt in den Weltraum eingeladen werden. – *Unheimliche Begegnung der dritten Art* ist einer der wenigen SF-Filme, in denen die Aliens nicht als blutrünstige Eroberer oder bösartige Parasiten aus dem Weltraum geschildert werden: Der Erfolg dieses Streifens war so gewaltig, daß sich die alte Branchen-Binse (die auch im Verlagsgewerbe kaum totzukriegen ist), wonach das Publikum nach Blut

und Donner lechzt, mit einem Schlage ad absurdum geführt wurde. Daß der Film, dessen Thema nun wirklich Asbach Uralt ist, es schaffte, ganze Völkerscharen ins Kino zu ziehen, ist dennoch erstaunlich – aber auch erklärbar:»Der kirchlich-sakrale Aufbau des Films (besonders des Schlußteils) entspricht dem momentanen ›Bedürfnis‹ nach Mystik, Heilslehre und Flucht aus der rationell organisierten irrationalen Welt so gut wie der Inhalt. Statt die Irrationalität (die Widersprüche der Welt), die Unterordnung des gesamten menschlichen Lebens unter das Profitinteresse, die Vermarktung aller menschlichen Bereiche oder die Entfremdung anzugehen – Flucht in irrationale Träume ... Ein Film, der Erich von Däniken gefallen wird.« (SCIENCE FICTION TIMES) – Steven Spielberg hat seinen Film übrigens neu geschnitten und unter dem Titel *Unheimliche Begegnung der dritten Art – Die neue Version* erneut auf den Markt gebracht:»Spielberg korrigierte die alte Fassung, indem er einige überzogene Szenen mit Richard Dreyfuss herausnahm bzw. kürzte und andere ergänzte. So wird Dreyfuss' Motivation auf seiner Suche nach der ›Wahrheit‹ jetzt klarer und sein ganzer Charakter – immerhin verläßt er Frau und Kinder, um hinter die geheimnisvollen Vorgänge zu kommen – wird deutlicher und auch positiver.« (FILM-DIENST) – Es wurde auch ein anderes Ende angehängt:»Was indes reduziert erscheint, ist die Ironie, der manchmal sarkastische Humor, der dem mystischen Ernst des Ganzen entgegensteht und in der alten Fassung stärker wirkte.« (RHEINISCHE POST)
Ⓥ RCA/Columbia
Ⓑ Steven Spielberg: *Unheimliche Begegnung der dritten Art*, München 1978

Unheimliche Begegnung in der Tiefe
(INCONTRI CON GLI UMANOIDI). Italien/Spanien 1978.
R Anthony Richmond (= Tonino Ricci). *B* Jaime Comas Gil. *K* Roberto P. Cubero/Isidore Ferry. *SpE* Pablo

Perez. *M* Stelvio Cipriani. *D* Andrés Garcia, Carole André, Gabriele Ferzetti, Gianni Garko, Manolo Zarzo, Alfredo Mayo, Alan Boyd, Carlos Pinar.
F 90 Min.
Als eine Millionärstochter mit ihrem Bräutigam im Bermuda-Dreieck verschwindet, finanziert ihr Vater eine von einem Meeresforscher geleitete Suchexpedition, die in einer unterseeischen Grotte auf zahlreiche vermißte Menschen und Außerirdische stößt. Letztere scheinen jedoch friedlich zu sein und wollen offenbar nichts anderes, als ihre unfreiwilligen (?) Gäste mit auf eine Sternenreise zu nehmen. – Die Story ist wenig überzeugend, die Akteure bleiben farblos. Eine mit einfachen Mitteln gedrehte Geschichte, deren Logik stellenweise auf der Strecke bleibt. Daß die Aliens keine bösen Absichten haben, widerspricht ihrer Vorgehensweise. In der BRD nur auf Video.
Ⓥ All

Die unheimlichen Hände des Dr. Orlak
(HANDS OF ORLAC). GB 1970.
R Edmond T. Greville. *B* John Baines/ Edmond T. Greville. *LV* Maurice Renard. *K* Desmond Dickinson. *M* Claude Bolling. *D* Mel Ferrer (Dr. Steven Orlak), Lucille Saint-Simon (Louise), Danny Carrel (Li Lang), Christopher Lee (Nero), Felix Aylmer (Dr. Cochrane), Basil Sydney (Seidelman), Peter Reynolds (Felix), Campbell Singer (Insp. Henderson), Sir Donald Wolfit (Prof. Volcheff), Donald Pleasence (Coates), Mireille Perrey (Mme. Aliberti). 95 Min.
Nach einem Flugzeugunglück werden die halbverbrannten Hände des berühmten Pianisten Orlak durch Hautübertragungen von einem gerade hingerichteten Mörder, des sog. Würgers, gerettet. Der sensible Künstler erliegt alsbald der fixen Idee, man habe ihm die abgehackten Hände des Verbrechers und damit auch dessen kriminelle Neigungen anoperiert. Da er eine solche Schmach nicht ertragen kann,

Mel Ferrer in *Die unheimlichen Hände des Dr.Orlak* von Edmond T.Greville

flieht er vor seiner Braut. In Marseille gerät er an einen schmierigen Illusionisten,
der ihn mit Hilfe seiner Assistentin zu erpressen sucht. Der Plan mißlingt. Die Gehilfin geht zur Polizei und packt aus. Der
Artist rächt sich an ihr und wandert wegen
Mordes hinter schwedische Gardinen.
Auch Orlak kann aufatmen, hat man doch
glücklicherweise damals mittels Justizirr-
tum den Falschen hingerichtet! Orlak
kann in den Schoß der Familie und in die
Konzertsäle zurückkehren. – »Äußerst
schwächliche Neuverfilmung des Romans
LES MAINS D'ORLAC von Maurice Renard. In keiner Phase auch nur annähernd
so gut wie die große Stummfilmversion
Orlacs Hände, Österreich 1924, und die
noch bessere Hollywoodproduktion MAD
LOVE aus dem Jahre 1935.« (Hahn/Jan-
sen, LEXIKON DES HORROR-FILMS)

Die unheimlichen Zwei
(THE MYSTERIOUS TWO). USA 1982.
R Gery Sherman. *B* Gery Sherman.

K Steve Poster. *SpE* Robbie Knott.
M Joe Renzetti. *D* John Forsythe (Er),
Priscilla Pointer (Sie), James Stephens
(Tim Armstrong), Robert Pine (Arnold
Brown), Vic Tayback (Ted Randall),
Noah Beery jr. (Virgil Malloy), Karen
Werner, E. J. Andre, Bruce French,
Lee Bryant, Lauren Frost, Bill Quinn,
Mo Malone, Robert Englund, Jerry
Hardin, Shannon Wilcox, Renny Baker,
Candy Mobley, Ed Call, George Paul,
Constance Pfeifer, Bill Smilie, James
Parker, Dale Reynolds. *F* 96 Min.
Ein aus einer ›anderen Galaxis‹ stammen-
des Pärchen läßt sich in New Mexico nie-
der und sammelt in der Tradition von
Evangelisten Menschen um sich, um sie
mit in den Weltraum zu nehmen. – US-
TV-Spektakel, Pilotfilm einer nicht reali-
sierten Serie. »Schwerfällige Kost.«
(Donald C. Willis, HORROR AND SCIENCE
FICTION FILMS)
In der BRD nur auf Video.
Ⓥ Polygram

Unknown World
(UNKNOWN WORLD). USA 1950.
R Terrell O. Morse. *B* Millard
Kaufman. *K* Allen G. Siegler. *SpE* Jack
Rabin/Irving Block. *M* Ernest Gold.
D Jim Bannon (Andy Ostengaard),
Bruce Kellog (Wright Thompson),
Marilyn Nash (Joan Lindsay), Victor
Kilian (Prof. Jeremiah Morley), Otto
Waldis (Dr. Max A. Bauer), Tom
Handley (Dr. James Paxton), Dick
Cogan (George Coleman), George
Baxter (Offizier).
73 Min.
Professor Morley sucht verzweifelt nach
einer Möglichkeit, die Menschheit ein
atomares Desaster überleben zu lassen.
Finanziell gefördert von dem reichen
Playboy Thompson, bohrt er sich mit ei-
nem ›Zyklotron‹-Fahrzeug (das uns ir-
gendwie an den Film *Der sechste Konti-
nent* erinnert) in die Erde, um sich dort
nach einem Höhlensystem umzusehen,
das sich als Atombunker verwenden läßt.
Die Expedition in die ›unbekannte Welt‹
ist zwar erfolgreich, doch ein unterirdischer Vulkanausbruch treibt die Helden
an die Erdoberfläche zurück.
»Nach einem starken Anfang schlafft der
Film immer mehr ab.« (Michael Weldon,
THE PSYCHOTRONIC ENCYCLOPEDIA OF
FILM). In Originalfassung.
Ⓥ Import

Unser Mann in Rio
(OPERAZIONE PARADISO).
Italien 1965.
R Henry Levin. *B* Dino Maiuri. *K* Aldo
Tonti. *M* Mario Nascimbene. *D* Michael
Connors (Kelly), Dorothy Provine
(Susan Fleming), Raf Vallone
(Ardonian), Margaret Lee (Grace),
Terry-Thomas (Lord Aldric/James),
Beverly Adams (Karin), Nicoletta
Machiavelli (Sylvia), Jack Gwillim
(Botschafter), Oliver McGreevy
(Ringo), Sandro Dori (Omar), Senya
Seyn (Dolmetscherin), Marilu Tolo
(Gioia), Andy Ho (König), Hans
Thorner (Krüger), Michael Ausley

(Major Davis), Nerio Bernardi
(Gesandter), Edith Peters (Maria),
Renato Terra, Roland Bartrop, George
Leech. *F* 106 Min.
Der brasilianische Großkapitalist Ardo-
nian will mittels einer per Satellit verbreiteten Strahlung sämtliche Männer unfruchtbar machen und sich anschließend
der Erde als Stammvater einer neuen Herrenrasse präsentieren. Zu diesem Zweck
hat er sich einen Harem voller knackiger
Mädchen angelegt, die – in Eisblöcke eingefroren – später die Mütter des neuen
Geschlechts abgeben sollen. Der US-
Agent Kelly legt ihm das Handwerk. –
»Bis der pfiffig-sympathische Agent…
hinterdie zerstörerischen Absichten des
Wahnsinnigen kommt, bietet der in span-
nendem Tempo gedrehte Film eine Menge überraschender Variationen zum bekannten Thema.« (FILMDIENST).

Unser Mann vom Secret Service
(LICENSED TO KILL). GB 1965.
R Lindsay Shonteff. *B* Howard
Griffiths/Lindsay Shonteff. *K* Terry
Maher. *M* Bertram Chapell. *D* Tom
Adams (Charles Vine), Karel Stepanek
(Henrik Jacobsen), Veronic Hurst (Julia
Lindberg), Peter Bull (Masterman),
Francis De Wolff (Walter Pickering),
George Pastell, Oliver McGreevy
(Russische Kommissare), John Arnatt
(Rockwell), Felix Felton (Tetchnikov),
Denis Holmes (Maltby), Tony Wall
(Sadistikov), Paul Tann (Vladimir
Sheehee), Billy Milton (Wilson), Judy
Huxtable (Mädchen im Computer-
zentrum), Harry Hope (Offizier), Carole
Blake, Stuart Saunders, John Evitt,
Shelagh Booth, Robert Marsden, Claire
Gordon, Mona Chong, Julian Strange,
Sarah Maddern, Michael Godfrey, J. B.
Dubin-Behrman. *F* 88 Min.
Der beste Umleger des britischen Secret
Service beschützt einen genialen Wissen-
schaftler, der gerade eine Möglichkeit zur
Aufhebung der Schwerkraft entdeckt hat,
vor den gewalttätigen Nachstellungen di-
verser Lumpen und muß erkennen, daß

sein Schützling eigene sinistre Pläne verfolgt. – Agentenfilm mit aufgesetztem SF-McGuffin, der sich im nachhinein auch noch als Bluff entpuppt. Ein billiges James-Bond-Imitat.

Der Unsichtbare
(THE INVISIBLE MAN). USA 1933.
R James Whale. *B* R. C. Sheriff. *LV* H. G. Wells. *K* Arthur Edeson. *SpE* John P. Fulton. *M* Charles Previn. *D* Claude Rains (Jack Griffin), William Harrigan (Dr. Kemp), Gloria Stuart (Flora Cranley), Henry Travers (Dr. Cranley), Una O'Connor (Mrs. Hall), Forrester Harvey (Mr. Hall), Holmes Herbert (Polizeichef), E. E. Clive (Jaffers), Dudley Digges (Detektiv), Harry Stubbs (Inspektor Bird), Donald Stuart (Inspektor Lane), Merle Tottenham (Milly), Dwight Frye (Reporter), John Carradine, Walter Brennan. 71 Min.
Ein seltsamer Mann betritt die Gaststube von Mr. Hall in Ipping: Er trägt Handschuhe, eine dunkle Brille und ist im Gesicht bandagiert. Sein Auftreten ist anmaßend und arrogant. Als das Mißtrauen der Wirtsleute und Gäste erwacht, ruft man die Polizei, die sich anschickt, die Identität des Fremden zu überprüfen. Der Mann hat für die Investigatoren anfangs nur Hohn und Spott übrig – dann entkleidet er sich, nimmt seine Brille, eine falsche Nase, eine Perücke und seine Bandagen ab und wird unsichtbar. Die Zuschauer reagieren mit Entsetzen. Der Unsichtbare flieht und nistet sich im Haus des Arztes Dr. Kemp ein, der Näheres über ihn erfährt: Der Fremde heißt Griffin; er ist Wissenschaftler und hat ein Unsichtbarkeitsserum entwickelt. Nun hat er Probleme, denn er kann den Vorgang nicht wieder umkehren – und alles deutet darauf hin, daß die Substanz, die er sich gespritzt hat, auch sein Gehirn angreift. Griffin leidet an Größenwahn, hat Welteroberungspläne und prahlt damit, daß er den Menschen durch Terrorakte seine Überlegenheit beweisen will. Dr. Kemp soll ihm dabei behilflich sein, aber dieser setzt sich

mit Dr. Cranley in Verbindung, Griffins ehemaligem Lehrer. Die Polizei wird alarmiert, aber Griffin entkommt, läßt einen Zug entgleisen, raubt eine Bank aus und flüchtet sich während eines Schneesturms in einen Stall, wo er umzingelt und ausgeräuchert wird. Er entwischt erneut, aber nun kann man ihn wegen der Fußspuren, die er im Schnee hinterläßt, verfolgen und verwunden. Im Augenblick seines Todes wird er wieder sichtbar – in einem Hospitalbett. – Dies ist der einzige Augenblick, in dem man das Gesicht des Schauspielers Claude Reins zu sehen bekommt. »Zwar hatte man schon vor 1933 Unsichtbarkeitstricks auf der Leinwand gesehen, aber so etwas wie in *Der Unsichtbare* noch nicht. Was wie eine Reihe visueller Wunder aussah, war in Wirklichkeit die Arbeit John P. Fultons, des Spezialeffekte-Genies der Universal, der mehr als zwei Jahrzehnte später auch für die spektakuläre Szene des sich teilenden Roten Meers in der 1956er Version von *Die zehn Gebote* verantwortlich zeichnen sollte. Die Szenen, in denen der Unsichtbare nicht zu sehen war, waren eine Kleinigkeit für Fulton, der die von dem Unsichtbaren bewegten ›schwebenden‹ Gegenstände mit einem ›unsichtbaren‹ Pianodraht manipulierte. Die Schwierigkeiten lagen aber in Szenen wie derjenigen, in der Griffin seine Bandagen löste, sich seiner Kleider entledigte oder nur halbbekleidet auftrat... Fulton löste dieses Problem, indem er Rains Double von Kopf bis Fuß in ein schwarzes Samttrikot kleidete (das so gut wie gar nicht reflektierte)... und die Kleidung des Unsichtbaren darüber plazierte. Das Double nahm dann seine Position in der Dekoration ein, die ebenfalls mit schwarzem Samt ausgeschlagen war, und führte alle Bewegungen aus, die im Drehbuch standen.« (Donald F. Glut, CLASSIC MOVIE MONSTERS) – »So erhielten wir ein Bild der sich vor einem leeren Hintergrund bewegenden Kleider«, erklärte Fulton 1934 der Fachzeitschrift THE AMERICAN CINEMATOGRAPHER. »Von diesem Negativ

H. G. Wells mit perfekten Spezialeffekten:
Plakat zu *Der Unsichtbare*

machten wir einen Abzug und ein Negativ-Duplikat, die wir intensivierten, damit sie uns als *mattes* bei den Abzügen dienen konnten. Dann fingen wir mit Hilfe eines gewöhnlichen Kopierapparats damit an, eine Fotomontage zu erstellen: Zuerst machten wir einen Abzug vom Positiv des Hintergrundes und der Normalhandlung und setzten dabei die intensivierte Negativ-*matte* ein, um jenen Bereich abzuschirmen, wo sich die Kleidungsstücke unseres Unsichtbaren bewegten. Dann machten wir einen neuen Abzug, benutzten die Positiv-*matte*, um den bereits erfaßten Bereich auszusparen, und montierten die sich bewegenden Kleider aus unserem ›Trick‹-Negativ ein.« – »*Der Unsichtbare* kommt der Perfektion so nahe... wie ein Film ihr nahekommen kann. Von den drei wirklich großen SF-Filmen, die die dreißiger Jahre hervorgebracht haben, ist er möglicherweise der beste. Aber auch der stets an letzter Stelle genannte: Obwohl er sehr erfolgreich war – bei der Kritik und an der Kinokasse –, hat er sich nie der endlosen Anzahl von Remakes und Variationen erfreut wie *Frankenstein* oder *King Kong*... und hat auch nie eine Kultbewegung ins Leben gerufen.« (Frederik Pohl/Frederich Pohl IV, SCIENCE FICTION STUDIES IN FILM) Ⓥ H. G. Wells: *Der Unsichtbare*, Stuttgart 1914

Der Unsichtbare
BRD 1963.
R Raphael Nussbaum. *B* Vladimir Semitjov. *K* Michael Marszalek. *M* Jean Thomé. *D* Hannes Schmidhauser (Dr. Max Vogel), Hans von Borsody (Walter Vogel), Ellen Schwiers (Helen Roy), Ivan Desny (Prof. Lomm), Herbert Stass (Janke), Ilse Steppat (Dr. Louise Richards), Harry Fuss (Dr. Weber), Christiane Nielsen (Rita Weber), Erwin Strahl (Johnny), Charles Regnier (Charley Nelson), Ema Damia (Cora), Jean Thomé (Flöte), Herbert Fux (Rocco), Raoul Retzer (Fred), Heinrich Gretler (Hauptkommissar), Egon Peschka (Kom. Brinkmann), Josef Menschik (Kramer), Herta Freund (Emma). 95 Min.
Der Biochemiker Dr. Max Vogel hat ein Serum entwickelt, mit dem man Lebewesen unsichtbar machen kann. Als kurz darauf die Lohnkasse seines Arbeitgebers ausgeraubt und ein Nachtwächter erschossen wird, ist er spurlos verschwunden. Da die Polizei glaubt, daß er mit den Gangstern unter einer Decke steckt, versucht Vogels Bruder Walter, der seine Brötchen als Drehbuchautor beim Film verdient, den Fall auf eigene Faust aufzuklären. Gleichzeitig spielen sich in der Stadt unerklärliche Dinge ab: Ein Unsichtbarer stiehlt Dr. Vogels Tonbandgerät und ermordet zwei Menschen. Die Villa einer

bekannten Ärztin brennt ab, ein Polizist wird erschossen. Auch Professor Lomm kommt ums Leben. Als ein Geldtransport überfallen wird, hat die Polizei einen ersten Erfolg zu vermelden. Aber der Kopf der Bande ist entkommen. Walter Vogel stellt ihn in einem Filmatelier und macht ihn mit einer Farbspritzpistole sichtbar. Der Unsichtbare ist nicht sein vermißter Bruder Max – dieser wurde ein Opfer seiner Entführer...

Der Unsichtbare
(THE INVISIBLE MAN). USA 1975.
R Robert Michael Lewis. *B* Steven Bochco. *K* N. N. *M* Richard Clements. *D* David McCallum (Dr. Daniel Weston), Melinda Fee (Dr. Kate Weston), Jackie Cooper (Will Carlson), Arch Johnson (Gen. Turner), Henry Darrow (Dr. Nick Maggio), Alex Henteloff (Steiner), John McLiam (Blinder), Ted Gehring (Wachmann). *F* 72 Min.
Der Wissenschaftler Dr. Daniel Weston entdeckt eine Möglichkeit, sich unsichtbar zu machen. Fortan ist er damit beschäftigt, dafür zu sorgen, daß die von ihm entwickelte Formel nicht in falsche Hände gerät. – In einer kurzlebigen TV-Serie, die diesem Pilotfilm folgte, zeigte sich dann, daß der US-Geheimdienst mit den ›falschen Händen‹ nicht gemeint war: In dessen Auftrag durfte Weston nämlich dann Woche für Woche böse Buben jagen. – »Die Tricks sind gut, aber die darauf folgende Serie setzte nichts in Bewegung.« (HALLIWELL'S TELEVISION COMPANION).

Der unsichtbare Agent
(THE INVISIBLE AGENT). USA 1942.
R Edward L. Marin. *B* Curt Siodmak. *K* Lester White. *SpE* John P. Fulton. *M* Charles Previn. *D* Jon Hall (Frank Griffin), Ilona Massey (Maria Goodrich), Peter Lorre (Baron Ikito), J. Edward Bromberg (Karl Heiser), Cedric Hardwicke (Conrad Stauffer), John Litel (John Gardiner), Holmes Herbert (Sir

Alfred Spenser), Keye Luke (Chirurg), Matt Willis (Nazi-Killer). 78 Min.
Als Frank Griffin, einem Nachfahren des ersten Unsichtbaren (siehe *Der Unsichtbare* [USA 1933; Regie: James Whale] zu Anfang des Zweiten Weltkriegs die Unsichtbarkeitsformel in die Hände fällt, probiert er sie an sich aus, doch ihm wird mehr Beachtung zuteil, als ihm recht ist. Böse Nazi-Schurken und japanische Lumpen sind hinter der Formel her. Als sie ihn unter Druck setzen, schließt Griffin sich dem CIA an und sorgt für ein gutes Ende. – Ein alter B-Film, der durch eher unfreiwillige Komik besticht.

Die unsichtbare Frau
(THE INVISIBLE WOMAN). USA 1940. *R* E. Edward Sutherland. *B* Robert Lees/F. Rinaldo/Gertrude Purcell. *K* Elwood Bredell. *M* Charles Previn *D* Virginia Bruce (Kitty Carroll), John Barrymore (Prof. Gibbs), John Howard (Richard Russell), Charlie Ruggles (Butler George), Oscar Homolka (Blackie Cole), Edward Brophy (Bill), Donald McBride (Foghorn), Margaret Hamilton (Mrs. Jackson). *SW* 70 Min.
Ein Wissenschaftler namens Gibbs, der an einem Gerät arbeitet, mit dessen Hilfe Menschen unsichtbar gemacht werden sollen, sucht per Zeitungsinserat ein Versuchskaninchen und stellt das Model Kitty ein. Gibbs' Helfer Russell, ein echter Playboy, verguckt sich in die Schöne, doch Kitty ist nur selten zu sehen: Nachdem das Experiment gelungen ist, hat sie bald allerlei andere Dinge und Scherzchen im Sinn.

Der Unsichtbare nimmt Rache
(THE INVISIBLE MAN'S REVENGE). USA 1944. *R* Ford Beebe. *B* Bertram Millhauser. *K* Milton Krasner. *SpE* John P. Fulton. *M* H.J. Salter. *D* Jon Hall (Robert Griffin), John Carradine, Gale Sondergaard, Alan Curtis, Evelyn Ankers, Lester Matthews, Ian Wolfe, Halliwell Hobbes, Billy Bevan, Leon

Errol, Doris Lloyd, Leyland Hodgson, Cyril Delevanti, Skelton Knaggs, Guy Kingsford, Jim Aubrey. 75 Min.
Vorgeschichte siehe *Der unsichtbare Agent*. – Der weiland als Agent in den Diensten des CIA stehende Frank Griffin hat sich unter dem Einfluß der Droge, der er seine Unsichtbarkeit verdankt, in einen von Verfolgungswahn geplagten Killer verwandelt. – Zum Abgewöhnen.

Die unsichtbaren Krallen des Dr. Mabuse
BRD 1961. *R* Harald Reinl. *B* Ladislas Fodor. *K* Ernst W. Kalinke. *M* Peter Sandloff. *D* Lex Barker (Joe Como), Karin Dor (Liane Martin), Siegfried Lowitz (Kommissar Brahm), Wolfgang Preiss (Primarius Krone), Rudolf Fernau (Prof. Erasmus), Kurd Pieritz (Dr. Bardorf), Walo Lüönd (Hase), Heinrich Gies (Optiker), Hans Schwarz (Max), Carl de Voigt (Empfangschef), Alain Dijon (Nick Prado), Werner Peters (Martin Droste). 89 Min.
Der Nobelpreisträger Professor Erasmus hat eine Apparatur entwickelt, die feste Materie unsichtbar machen kann, und arbeitet angeblich seit einem Autounfall allein hinter der Panzertür seines Laboratoriums. Der FBI-Agent Joe Como, der zu Erasmus' Schutz abgestellt wird und sich im Zuge seiner Ermittlungen in die Varieté-Tänzerin Liane Martin verliebt, bekommt es bald mit einem geheimnisvollen Unsichtbaren zu tun, der dem Mädchen nachstellt. Der Bösewicht ist niemand anders als der nach der Weltherrschaft strebende Meisterverbrecher Dr. Mabuse: Er hat sich Erasmus gefügig gemacht und nutzt dessen Erfindung für seine finsteren Zwecke aus. Als seine Helfershelfer in unsichtbarer Gestalt ein Attentat auf eine hochgestellte Persönlichkeit versuchen, werden sie mit einem Trick sichtbar gemacht. Mabuse kann jedoch in Professor Erasmus' Labor fliehen. Der FBI-Agent und die deutsche Polizei sprengen die Tür. Mabuse wird

schwer verletzt und verfällt völlig dem Wahnsinn. – »Wir dürfen also auf eine Fortsetzung hoffen... Entsetzlich!« (FILMBEOBACHTER)
Ⓥ Toppic

Der Unsichtbare schlägt zu
Anderer Titel für **Flashman, der Unsichtbare**

Die unsterblichen Tucks
(TUCK EVERLASTING). USA 1980.
R Frederick King Keller. *B* Stratton Rawson/Fred A.Keller/F. F. Keller/Jom Bisco. *LV* Nathalie Babbitt. *K* Michael G. Matthews. *M* Malcolm Dalglish/ Grey Larson. *D* Margaret Chamberlain (Winnie), Paul Flessa (Jesse Tuck), Fred A. Keller (Angus Tuck), James McGuire, Sonia Raimi. *F* 115 Min.
Um 1900, irgendwo im amerikanischen Mittelwesten: Die Familie Tuck hat vor 87 Jahren einen Jungbrunnen entdeckt und ist seither nicht mehr gealtert. Jesse Tuck, der immer noch wie ein Halbwüchsiger aussieht, obwohl er über hundert Jahre alt ist, macht auf einem Rummelplatz die Bekanntschaft des Mädchens Winnie, die das Familiengeheimnis entdeckt und schwört, es niemandem zu verraten. Die Tucks haben mittlerweile erkannt, daß Unsterblichkeit nicht zu wahrem Glück führt, denn sie können es sich weder erlauben, feste Freunde zu haben, noch über längere Zeiträume hinweg am gleichen Ort zu leben. Ein Erpresser, der hinter das Geheimnis der Tucks gekommen ist, wird von dem alten Angus Tuck erschossen, denn dieser weiß, daß der Jungbrunnen in letzter Konsequenz nur denen nützen würde, die wohlhabend genug sind, sich das ewige Leben zu erkaufen. Winnie hilft der Familie, dem Gesetz zu entkommen. Als sie Jahrzehnte später in die Gegend zurückkommen, in der sie um die Jahrhundertwende gelebt haben, hat man die einstige Naturidylle zubetoniert. – *Die unsterblichen Tucks* wurde mit einem Minimalbudget von nur 70 000 Dollar realisiert, in der Provinz gedreht

und finanziert vom Regisseur und der Spielzeugfirma Catholic Communications Foundation. Erst nachdem er an das US-Fernsehen verkauft wurde (vorher ist er offenbar nur auf Festivals zu sehen gewesen), fand er in den Vereinigten Staaten einen Verleih. »Frederick Keller inszenierte einen melancholischen Film, der in wunderschönen Einstellungen, die eine unberührte Herbstlandschaft zeigen, die Vergänglichkeit des Lebens thematisiert. Er zeigt die Schwierigkeit, seine Identität in einer Zeit der Veränderungen zu bewahren.« (FILMBEOBACHTER)
Ⓑ Nathalie Babbitt: *Das Geheimnis der Quelle,* Würzburg 1984

Unsterblichkeit
(TV-ZDF). BRD 1976.
R Rainer Erler. *B* Rainer Erler. *K* Josef Vilsmeier/Klaus Moderegger. *M* Eugen Thomass. *D* Silvano Tranquilli (Louis Palm), Evelyn Opela (Sibilla Jacopescu), Peter Fricke (Jeroen de Groot), Udo Vioff (Ian Mackenzie), Eva Renzi (Eva Mackenzie), Dieter Laser (Enrico Polazzi), Eric P. Caspar (Carolus Büdel), Helga Anders (Yvonne), Jean Henri Chambois (Manzini), Herbert Steinmetz (Kühn), Jean Pierre Zola (Bamberger), Ben Zeller (McLean), Frederick Jaeger (Francis Campbell), Nguyen Tien Huu (Wong). *F* 90 Min.
Zwei Mitarbeiter des ›Blauen Palais‹, eines unabhängigen Forschungsinstituts, das von einem privaten Kuratorium finanziert wird, stoßen auf eine unbeachtet gebliebene Veröffentlichung des schottischen Wissenschaftlers Mackenzie, dem es gelungen ist, unsterbliche Taufliegen zu züchten. Nachdem man sich in den Besitz seiner Unterlagen gebracht hat, wagt Sibilla Jacopescu einen Selbstversuch, der schockierende psychologische Konsequenzen hat. Als ein naiver Polizist Makkenzies Fliegen freiläßt, scheint das Ende unausweichlich: Vermehren sie sich in ihrem gewohnten Rhythmus, müssen sie in ein paar Jahren den gesamten Erdball be-

Von der Befriedigung, Modelle kaputtzumachen:
Der Untergang Japans von Shiro Moritani

decken. – Spannend! Eine Folge der TV-Serie ›Das Blaue Palais‹.
Ⓑ Rainer Erler: *Unsterblichkeit*, München 1979

Der Untergang Japans
(NIPPON CHINBOTSU). Japan 1973. *R* Shiro Moritani. *B* Shinobu Hashimoto. *LV* Sakyo Komatsu. *K* Hiroshi Murai/Daisaku Kimura. *SpE* Teruyoshi Nakano. *M* Masaru Sato. *D* Keiju Kobayashi (Dr. Tadokoro), Hiroshi Fujioka (Toshio Onoda), Tetsuro Tamba (Yamoto), Shogo Shimada (Prinz Watari), Nubuo Nakamura (Botschafter), Ayumi Ishida (Reiko), John Jujioka (Narita), Marvin Miller, Rhonda Leigh Hopkins, Lorne Greene. *F* 93 Min.

Irgendwann in naher Zukunft: Vor der Ostküste Japans verschwindet eine kleine Insel im Meer. Ein Vulkan bricht aus. Ein Geologe und ein Unterwasserforscher nehmen sich des Falles an und sagen für ihr Land eine Erdbebenkatastrophe voraus. Obwohl die meisten Politiker den Forschungsergebnissen keinen Glauben schenken, wird ein wissenschaftliches Team mit weiteren Ermittlungsaufgaben betraut. Als Tokio von einem gewaltigen Erdbeben heimgesucht wird, kommt es zur Panik. Da man in spätestens zwei Jahren mit dem Untergang Gesamtjapans rechnet, werden erste Evakuierungsmaßnahmen eingeleitet. Aber die große Katastrophe kommt schneller als erwartet: Eine Insel nach der anderen versinkt im Meer. Die Japaner fliehen in alle Himmelsrichtungen und zerstreuen sich, aber die meisten kommen in dem Chaos um. – Ein schlapper Katastrophenfilm, in dem fantasielose Feuerwerker eine Pappdekkelwelt in Brand setzen: Die Tricks sind so durchsichtig wie in jedem schundigen *Godzilla*-Aufguß, und zu allem Übel plagt man den ob all dieser Entsetzlichkeiten mit gesträubtem Haar dasitzenden Betrachter auch noch mit einer zuckersüßen Love-Story. Wen die Lust am Untergang trotzdem nicht aus den Krallen läßt, ist gut bedient, wenn er sich die (weit bessere) Romanfassung dieser filmischen Entgleisung zulegt.

Ⓑ Sakyo Komatsu: *Wenn Japan versinkt*, Wien/Hamburg 1979

Der Untergang von Metropolis
(IL GIGANTE DI METROPOLIS).
Italien 1961.
R Umberto Scarpelli. *B* Gino Stafford.
K Mario Sensi. *M* Giorgio Giovannini.
D Gordon Mitchell (Obro), Roldano Lupi (Yotar), Siana Orfei (Texen), Furo Meniconi (Eron), Omero Gargano (Tarakai), Marietto (Elmos), Bella Cortez (Medena). *F* 91 Min.
Die Zeit: 20000 Jahre vor Christus. Der Stadtstaat Metropolis ist ein vorchristliches Utopia, »eine prunkvolle Stadt von unvergleichlicher Kraft, eine Zauberwelt abenteuerlicher Fantasie, regiert von der Macht einer hochentwickelten Wissenschaft, ausgestattet mit modernster Technik unvorstellbaren Ausmaßes, beherrscht von mathematischen Formeln und überdimensionalen Wunderapparaten« (Verleihtext). Und über all dem steht der machtgierige Aristokrat Yotar, der sich als absoluter Herr über die Natur fühlt und das Ziel hat, unsterbliche Menschen zu schaffen: Elmos – sein Sohn – soll als erster dieses Privileg genießen, aber da die Sache nicht ungefährlich ist, soll der muskulöse Gefangene Obro, der trotz eines Strahlengürtels, der Metropolis beschützt, in die Stadt eingedrungen ist, Versuchskaninchen spielen. Obro hat seine liebe Not, während der Tests, die Yo-

tars Wissenschaftler an ihm vornehmen, am Leben zu bleiben. Als es ihm jedoch gelingt, die Königin Texen auf seine Seite zu bringen, scheint endlich seine Rachestunde gekommen, aber Texen stirbt. Yotar läßt daraufhin Obro und die ihm zugetane Prinzessin Medena einkerkern. Die Versuche allerdings, Elmos die Unsterblichkeit zu verleihen, schlagen fehl. Eine gewaltige Naturkatastrophe sucht Metropolis heim und vernichtet die Stadt mit einer Flutwelle. Obro und Medena sind die einzigen Überlebenden der Katastrophe. – »Der Film ist einfallslos und geschwätzig.« (FILMBEOBACHTER)

Unternehmen Capricorn
(CAPRICORN ONE). USA 1978.
R Peter Hyams. *B* Peter Hyams. *K* Bill Butler. *SpE* Henry Millar jr. *M* Jerry Goldsmith. *D* Elliot Gould (Robert Caulfield), James Brolin (Col. Charles Brubaker), Karen Black (Judy Drinkwater), Brenda Vaccaro (Kay Brubaker), Sam Waterston (Lt. Peter Willis), O. J. Simpson (Commander John Walker), Hal Holbrook (Dr. James Kellaway), Telly Savalas (Albain), David Huddleston (Hollis Peaker), David Doyle (Walter Laughlin), Denise Nichols (Betty Walker), Robert Walden (Elliot Whitter), Lee Bryant (Sharon Willis). *F* 123 Min.
Kurz vor dem ersten bemannten Flug zum Mars wird die Mannschaft des Raumers *Capricorn 1* heimlich von Bord geholt und auf Schleichwegen zu einem öden Stützpunkt in der texanischen Wüste gebracht. Der Start findet ohne sie statt, denn man hat herausgefunden, daß ein Sicherheitssystem fehlerhaft arbeitet. Um die Schlappe vor dem Präsidenten und der Öffentlichkeit zu verbergen, haben die NASA-Bosse entschieden, die Marslandung in einem geheimen Filmstudio stattfinden zu lassen. Gäbe man zu, mit welchen Problemen man zu kämpfen hat, würde der Kongreß die jetzt schon knappen finanziellen Mittel noch weiter beschneiden. Ein NASA-Mann, der diverse

Ungereimtheiten in einem Computerprogramm entdeckt, setzt den Journalisten Caulfield auf den Fall an. Während die ganze Welt auf dem Bildschirm die erfolgreiche ›Landung‹ auf dem Mars verfolgt, geht er diversen Spuren nach. Die Katastrophe tritt ein, als die echte *Capricorn* während des Rückflugs in der Erdatmosphäre verglüht: Den verschreckten Astronauten wird klar, daß ihr Leben nun wirklich in Gefahr ist: offiziell sind sie nun tot. Wie wollen die NASA-Bosse der Öffentlichkeit erklären, daß sie immer noch leben? Als Caulfield den Männern endlich auf die Spur kommt, sind diese schon auf wilder Flucht und werden von waffenstarrenden Helikoptern gejagt. Zwei Astronauten kommen um – den letzten kann Caulfield mit Unterstützung ei-

nes tollkühnen Fliegers in einem cleveren Handstreich retten. – Ein knallhartes Thema, ein (teilweise) knallharter Film. Aber: »*Unternehmen Capricorn* verspricht zwar viel, hält aber nur wenig.« (FANTASY MEDIA) – »Die Idee des Films ist besser als seine Ausführung.« (FILMBEOBACHTER) – »(Ein) Thriller, der ganz an der Oberfläche des Themas bleibt und die aktuellen Fragen nur als Aufhänger für Spannungseffekte benutzt.« (FILMDIENST) – »Leider verschenkt Hyams sein ambitioniertes Anliegen durch den mißlungenen zweiten Teil. Hier rutscht der Film ab in eine platte, überlange Verfolgungsjagd.« (SF-BAUSTELLE) – Wie das? Hat Peter Hyams in seiner Doppelfunktion als Regisseur und Drehbuchautor hier nicht eine kompromißlose Kritik an den

O.J.Simpson, James Brolin
und Sam Waterston in *Unternehmen Capricorn* von Peter Hyams

fragwürdigen Machenschaften des Imperialismus geäußert? Hat er nicht deutlich gemacht, wie wenig bei den Lakaien der Technologie ein Menschenleben zählt? Mitnichten:»Das Muster, nach dem diese Geschichte gestrickt wurde, ist nur zu offensichtlich. Als Bösewicht, der den Betrug und das Verbrechen zu verantworten hat, wird ein Wissenschaftler gewählt. Das halbbewußte Unbehagen der breiten Massen gegenüber der Wissenschaft und dem nur zu häufigen Mißbrauch ihrer Ergebnisse – das ist der Boden, dem alle diese ehrgeizigen und wahnsinnigen Wissenschaftler seit Caligari entsprossen sind. Dabei geraten dann die ökonomischen und politischen Drahtzieher höchstens auf die Zeugen-, nicht aber auf die Anklagebank. So bleibt auch in diesem Falle der Finanzier des Weltraumunternehmens zwar ein grober und anmaßender Kerl, aber außerhalb der Verantwortung, ebenso wie der Präsident der Vereinigten Staaten, der lediglich als Leichenredner fungiert... Gerade dieser Film scheint mir für eine Tendenz typisch – eine neue Form der Camouflage: Systemstabilisierung über die Kritik an Erscheinungsformen und Verhaltensweisen. Eine Methode, zugegeben, die nicht allzu leicht zu durchschauen ist.« (FILM UND FERNSEHEN) – Die Produzenten von *Unternehmen Capricorn* haben übrigens behauptet, die NASA habe an diesem Film mitgewirkt (was die NASA natürlich auf das heftigste bestritt – und zwar glaubhaft, wie man an diversen wissenschaftlichen Unmöglichkeiten der Handlung erkennt). So bewegen sich die Astronauten auf ihrem künstlichen Mars ebenso, wie sie sich auf dem (mit einer weitaus geringeren Gravitation versehenen) Mond bewegen würden, und als sie eine Sprechverbindung mit ihren Ehefrauen aufnehmen, reden sie *direkt* mit ihnen, obwohl anfangs darauf hingewiesen wird, daß Funksignale vom Mars zur Erde 20 Minuten benötigen. ⓋFox
Ⓑ Ron Goulart: *Unternehmen Capricorn*, München 1980

Unternehmen Delta III
Anderer Titel für **Delta 3**

Unternehmen Feuergürtel
(VOYAGE TO THE BOTTOM OF THE SEA). USA 1961.
R Irwin Allen. *B* Irwin Allen/Charles Bennett. *K* Winton Hoch. *SpE* L. B. Abbott. *M* Paul Sawtell/Bert Shefter. *D* Walter Pidgeon (Admiral Harriman Nelson), Joan Fontaine (Dr. Susan Hiller), Barbara Eden (Cathy Connors), Peter Lorre (Kommodore Lucius Emery), Robert Sterling (Capt. Lee Crane), Michael Ansara (Miguel Alvarez), Frankie Avalon (Chip Romano), Regis Toomey (Dr. Jamieson), John Litel (Admiral Crawford), Howard McNear (Abgeordneter Parker), Henry Daniell (Dr. Zucco), Charles Tannen (Gleason), Mark Slade (Smith), Robert Easton (Sparks), Larry Gray (Dr. Newmar), Skip Ward, Michael Ford. *F* 105 Min.
Das Atom-U-Boot *Seaview* ist auf seiner Jungfernfahrt ins ewige Eis des hohen Nordens. Bei einer Tauchtiefe von nur dreißig Metern wird es unerwartet mit riesigen Felsbrocken bombardiert. Man geht auf dreihundert Meter, um keine Beschädigungen zu provozieren, aber als die *Seaview* wieder auftaucht, scheint der Himmel in Flammen zu stehen. Das Polareis schmilzt. Auf einer Eisscholle findet man den Wissenschaftler Alvarez, der im Regierungsauftrag die Eisdriften erforscht. Per Funk erfährt die Besatzung des U-Bootes, daß der Van-Allen-Gürtel, der die Erde in einer Höhe von 500 km umgibt, seit fünfzig Stunden brennt. Die allgemeine Temperatur ist auf 74° C gestiegen. Die UNO hat die besten Wissenschaftler der Erde zusammengerufen. Admiral Nelson kehrt mit der *Seaview* zurück in die USA und schlägt den Wissenschaftlern vor, den die Erde umgebenden Feuergürtel von den Marianen aus mit einer Atomrakete zu sprengen. Als man sein Vorhaben wegen allzu großer Gefahr für die Menschheit verwirft, sticht er wü-

tend wieder in See und will via Übersee-
kabel mit dem Präsidenten persönlich in
Kontakt treten. Als dies mißlingt, steuert
er trotz diverser Widerstände der Crew
auf eigene Faust die Marianen an. Einige
Zwischenfälle führen zum Tode mehrerer
Mitglieder der Besatzung, aber Nelson
gibt auch dann nicht auf, als die *Seaview*
von U-Booten der UNO verfolgt wird.
Obwohl er sich mit verschiedenen Sabota-
geakten herumzuschlagen hat, gelingt es
ihm, seinen nicht ungefährlichen Plan mit
Hilfe von Captain Crane durchzuführen.
Die Rakete startet – kurz darauf ist der
Feuergürtel gesprengt und die Welt gerettet. – Ein typisches Irwin-Allen-Produkt,
das uns mal wieder zeigen soll, daß der
Zweck die Mittel heiligt und sture Einzelgänger immer noch mehr Grips im Schädel haben als zaudernde Parlamente. Der
FILMBEOBACHTER, dem die Trickaufnahmen dieses Streifens ganz gut gefielen:
»Weniger gefällt allerdings die Gestalt
des Admirals, der einerseits als verant-
wortungsvoller Wissenschaftler erscheinen soll, sich aber andererseits... wie ein
größenwahnsinniger Tyrann benimmt und
sogar Offiziere ohrfeigt. Es behagt uns
absolut nicht, daß damit einem sehr zwei-
schneidigen Militärtyp die Rettung der
Welt in die Hand gespielt wird.« *Unternehmen Feuergürtel* war trotz aller Häme,
die die Kritiker verspritzten, erfolgreich
genug, um den ›Piloten‹ für eine 110teili-
ge TV-Serie abzugeben, die zwischen
1964 und 1968 von Allen produziert wurde: Hier prügelte sich die Mannschaft der
Seaview mit allerlei Außerirdischen,
menschlichen Amphibienwesen, Riesenkrebsen, Walen, ausländischen Spionen,
Kommunisten, Werwölfen, Mumien,
Schneemenschen, verrückten Wissenschaftlern, Schleimtriefmonstern und
ähnlichem Kroppzeug herum: In der Rolle
des Admiral Nelson glänzte diesmal Richard Basehart, zu dessen Gunsten man
nur annehmen kann, daß ihm alle Steuer-
fahnder der Welt auf den Fersen waren.
Ⓥ Magnetic
Ⓑ Theodore Sturgeon: *Die Feuerflut*, Ra-

statt 1962 (*Utopia*-Großband 180/Heftro-
man)

Unter strengster Geheimhaltung
(M3: THE GEMINI STRAIN).
USA 1978.
R Ed Hunt. *B* Ed Hunt/Barry Pearson.
K Mark Irwin. *M* Eric Robertson.
D Daniel Pilon (Bill), Kate Reid
(Jessica), Celine Lomez (Lehrerin),
Michael J. Raynolds, Brenda Donohue.
F 89 Min.
Wissenschaftler-Team, das an einer neu-
en Bakterienmutation arbeitet, um das
Wachstum bestimmter Pflanzen zu för-
dern, entwickelt versehentlich einen tödli-
chen Organismus, der sich als resistent
gegenüber allen bekannten Antibiotika er-
weist. Eine Seuche breitet sich aus, die je-
doch nach zähem Ringen der Forscher
eingedämmt werden kann. – Ist dergleichen eigentlich heute noch SF? In der
BRD nur auf Video.
Ⓥ Thorn EMI

Unter Wasser rund um die Welt
(AROUND THE WORLD UNDER THE SEA).
USA 1965.
R Andrew Marton. *B* Arthur Weiss/Art
Arthur. *K* Clifford Poland/Lamar Boren/
Ricou Browning. *SpE* Projects
Unlimited, Inc. *M* Harry Sukman.
D Lloyd Bridges (Dr. Doug Standish),
Shirley Eaton (Dr. Maggie Hanford),
Brian Kelly (Dr. Craig Mosby), David
McCallum (Dr. Phil Volker), Keenan
Wynn (Hank Stahl), Marshall
Thompson (Dr. Orin Hillyard), Gary
Merrill (Dr. August Boren), George
Shibata (Prof. Hamaru), Ron Hayes,
Frank Logan, Don Wells, Donald
Linton, Jack Ewalt, George de Vries,
Tony Gulliver, Joey Carter, Celeste
Yarnall, Paul Gray. *F* 111 Min.
Die US-Regierung sieht sich veranlaßt,
ein Frühwarnsystem gegen unterseeische
Beben zu installieren, und schickt mit
dem U-Boot *Hydronaut*, einer Spezialent-
wicklung, ein Team von Meeresfor-
schern, Seismologen und Elektronikern

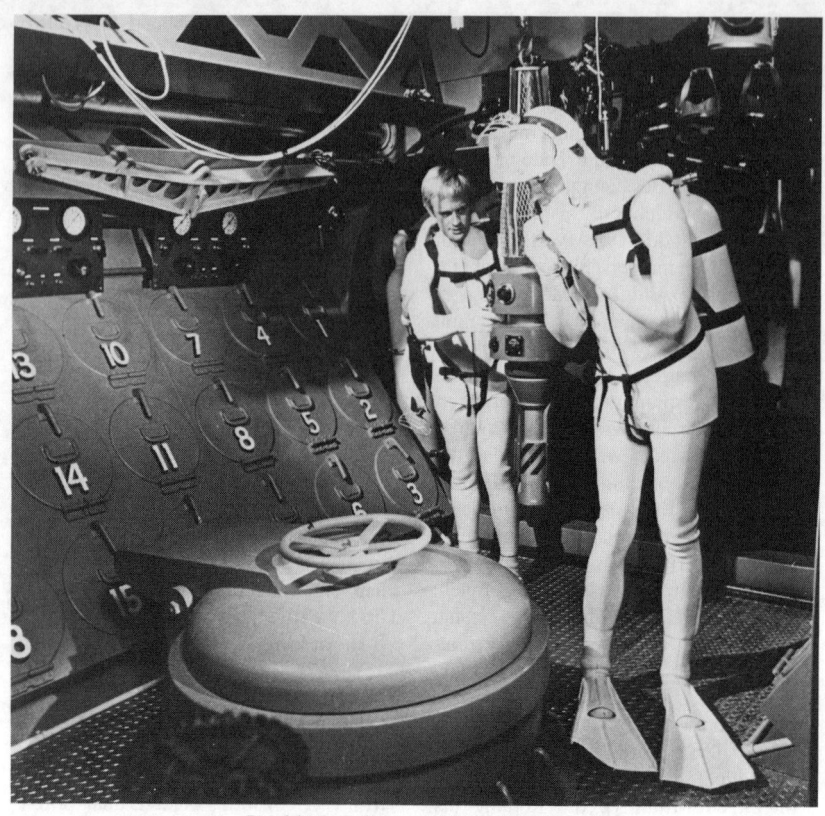

David McCallum und Lloyd Bridges
in *Unter Wasser rund um die Welt* von Andrew Marton

aus, das die Warngeräte in besonders gefährdeten Zonen verankern soll. Die Gruppe kann ihren Auftrag zufriedenstellend beenden, wird jedoch unterwegs von einem überdimensionalen, muränenartigen Tiefseeungeheuer angegriffen und während einer nicht eingeplanten Schatzsuche von einem unterseeischen Vulkan verschüttet. Die findigen Wissenschaftler können sich jedoch retten. (Woran wohl auch nach diversen Filmen mit ähnlichem Plot kein Mensch gezweifelt hat.)

Die unverbesserlichen Drei
(THE HELICOPTER SPIES). USA 1968.
R Boris Sagal. *B* Dean Hargrove.
K Fred J. Koenekamp. *M* Richard

Shores. *D* Robert Vaughn (Napoleon Solo), David McCallum (Illya Kuryakin), Carol Lynley (Annie Dalton), Bradford Dillman (Luther Sebastian), Lola Albright (Azalea), Julie London (Laura Sebastian), Leo G. Carroll (Mr. Waverly), John Dehner (Dr. Kharmusi), John Carradine (Alter Mann), H. M. Wynant (Hassan Omar Karim-Ali), Roy Jenson (Carl), Arthur Malet (Weißer Jäger), Thordis Brandt (Miß Zalamar), Barbara Moore (Lisa Rogers).
F 93 Min.
Ein größenwahnsinniger Bösewicht, der mit dem sogenannten ›Thermalprisma‹ eine neue Waffe erfunden hat, mit deren

Hilfe er sich zum Diktator der Welt aufschwingen könnte, wird von den Superagenten Napoleon Solo und Illya Kuryakin aufs Kreuz gelegt und mit seiner eigenen Rakete in den Weltraum geschossen.
– Zusammenschnitt zweier Folgen der
amerikanischen TV-Serie ›The Man From
U.N.C.L.E.‹. Nicht unwitzig, aber auch
nicht unbedingt weltbewegend.

Urupara, die versunkene Welt
Anderer Titel für **Versunkene Welt**

U 4000 – Panik unter dem Ozean
(IDO ZERO DAISAKUSEN).
Japan 1969.
R Inoshiro Honda. *B* Ted Sherdeman/
Shinichi Sezikawa. *K* Taiichi Kankura.
SpE Eiji Tsuburaya. *M* Akira Ifukube.
D Joseph Cotten (Capt. McKenzie),
Cesar Romero (Malic), Akira Takarade
(Dr. Ken Tashiro), Richard Jaeckel
(Perry Lawton), Masumi Okada (Dr.
Jules Masson), Patricia Medina
(Lukrezia), Linda Haynes (Anne

Barton), Hikaru Kuroki (Kroiga), Mari
Nakayama (Tsuruko). *F* 94 Min.
Dr. Tashiro, Jules Masson und der Journalist Lawton halten sich mit einem Schiff
im Pazifik auf, um die Meeresströmungen
zu erforschen. Sie geraten in Seenot, als
ein Unterwasservulkan ausbricht, und
werden von Captain MacKenzie, dem
Kommandanten des U-Bootes *Alpha*, gerettet. Dieser bringt sie in eine Unterwasserstadt namens Äquatoriana, in der Wissenschaftler aller Rassen und Nationen
friedlich zum Wohl der Menschheit arbeiten. Angefeindet wird dieses Unterwas-
ser-Utopia jedoch von dem Fiesling Malic, der mit Hilfe diverser Lumpen mit seinem kaum weniger wendigen U-Boot *U
4000* unterwegs ist, wenn er nicht gerade
auf seiner Insel Blood Rock haust. Als der
Wissenschaftler Okada ein Strahlen-
schutzserum entwickelt hat, wird er mitsamt seiner Tochter von Malic entführt
und unter Druck gesetzt. Der aufrechte
Okada weigert sich jedoch, Malic zu
Diensten zu sein, deswegen zwingt ihn

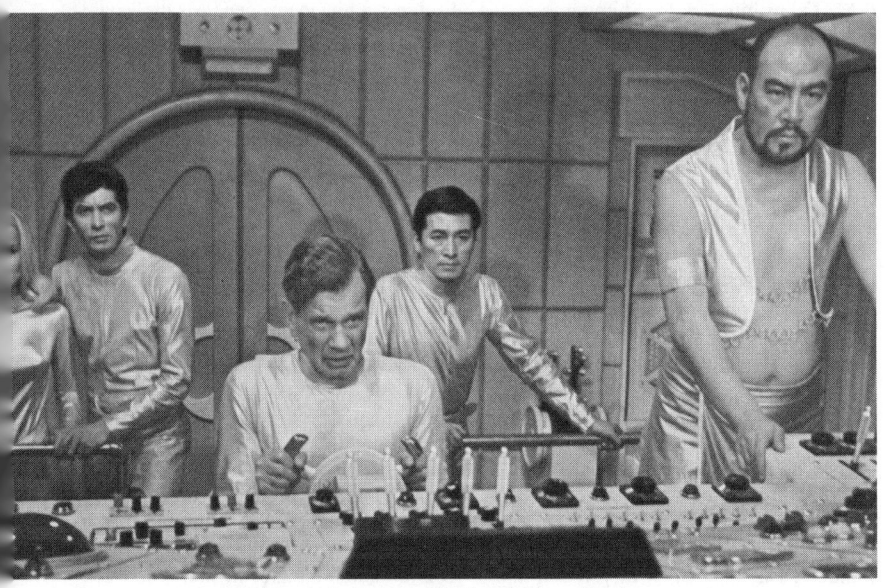

»Und jetzt schalten wir den Stupiditäts-Akzelerator zu!«:
Joseph Cotten (M.) in Inoshiro Hondas *U 4000 – Panik unter dem Ozean*

letzterer, einer grausigen (und lächerlichen) Operation beizuwohnen: Die Chinesin Kroiga, Malics rechte Hand im Kampf um die Weltmacht, wird getötet. Ihr Gehirn wird in einen Löwen eingepflanzt, dem zusätzlich noch Kondorschwingen transplantiert werden. Malic will mit dieser Kreatur MacKenzie endgültig ausschalten. Malic fällt jedoch seinem Monster zum Opfer; Tashiro, Masson und Lawton befreien Professor Okada, und MacKenzie jagt die Insel Malics mitsamt der *U 4000* in die Luft. – Ein infantiler Krakenquatsch, so blöd, daß man nicht mal mehr über ihn lachen kann. »Honda, dieser fleißige, in den Trick verliebte Japaner... denkt sich immer etwas Neues aus, aber leider nichts Besseres.« (FILMBEOBACHTER)
Ⓥ VPS

UX Bluthund – Tauchfahrt des Schreckens

(KAITEI DAISENSO). USA/Japan 1966. *R* Terence Ford (Hajime Sato). *B* M. Fukuishima. *K* K. Shimomura. *M* Sunsuke Ikuchi. *D* Peggy Neal, Franz Gruber, André Huse, Steve Queens, Eric Nielson, Shinichi Chiba, Gunther Braun, Mike Daning, Hideo Murata. *F* 83 Min.

Als die US Marine während einer Pressevorführung diversen Journalisten einen neuen Torpedo vorführt, glaubt ein Reporterpärchen, auf dem Meeresgrund die Umrisse eines Menschen zu erkennen. Die beiden wollen sich die Sache näher ansehen, werden dabei jedoch von mit Kiemen und Schuppenhaut ausgestatteten Fischmenschen in ein unterseeisches Reich entführt, dessen größenwahnsinniger Herrscher mal wieder die Menschheit unterjochen will. Frei nach dem Motto ›Wer nicht für mich ist, ist gegen mich‹, läßt er die Entführten auf operativem Wege langsam in Kiemenmenschen verwandeln. Das Pärchen wird von den tapferen Burschen der US Navy gerettet, der Unterwasserstaat in die Luft gesprengt.

U 2000 – Tauchfahrt des Grauens

(KAITEI GUNKAN). Japan 1964. *R* Inoshiro Honda. *B* Shinichi Sekizawa. *K* Hajime Koizumi. *SpE* Eiji Tsuburaya. *M* Akira Ifukube. *D* Tadao Takashima (Hatanaka), Yu Fujiki (Kapitän Shinguji), Yoko Fujiyama (Makoto Shinguji), Ken Uehara (Admiral Kusumi), Jenji Sawara, Akemi Kita, Tetsuko Kobayashi, Akihiko Hirata, Hiroshi Koizumi, Jun Tazaki. *F* 87 Min.

Das vor angeblich 12 000 Jahren im Pazifik versunkene Reich Mu schickt sich erneut an, die Welt zu erobern. Agenten dieser unterseeischen Macht treiben ihr Unwesen in Japan und versuchen, die hübsche Makoto Shinguji zu entführen, deren Vater gegen Ende des Zweiten Weltkrieges spurlos verschwand und auf einer einsamen Insel ein Super-U-Boot konstruiert hat, um Japans Niederlage zu rächen. Der Modefotograf Hatanaka, der sich in Makoto verliebt hat, will dem Mädchen gegen die unbekannten Gegner aus dem Meer beistehen und wird in die Ereignisse hineingezogen. Als die japanische Regierung von den Plänen der Mu-Bewohner erfährt, soll das Atom-U-Boot *Roter Teufel* den Standort Mus ausfindig machen. Erfolglos, es kehrt nicht zurück. Schließlich kann man Kapitän Shinguji ausfindig machen. Zwar kann sich sein Super-U-Boot sogar durch das Erdreich und die Luft bewegen, aber er hat aufgrund des verlorenen Weltkrieges nur Rachegedanken im Kopf. Erst als seine Tochter und Hatanaka nach Mu entführt werden, gibt er seine starre Haltung auf und schickt die *U 2000* in den Kampf. Nachdem er eine gewaltige Seeschlange erledigt hat, die den Eingang nach Mu bewacht, spielt er die technischen Möglichkeiten seines Superschiffes voll aus... Mu wird keine Möglichkeit mehr haben, die Welt zu unterjochen. Und seine Tochter und deren Freund rettet er auch. *U 2000* vereinigt alles in sich – den treudoofen Offizier, der sich fürs Vaterland in die Bresche wirft; die untergründlerischen

»Von Eiskanonen stand aber nichts in meinem Vertrag!«:
U 2000 – Tauchfahrt des Grauens von Inoshiro Honda

Geheimbündler, die zwar eine tolle Technik auffahren, aber Ansichten haben wie zu Pharaos Zeiten; einen jungen Recken, der für sein Herzblatt zu allem bereit ist, und feuerspeiende Unterseeboote, die alles in Klump schießen, weil Pappdeckelwelten so schön brennen. – »Es ist die Art Fantastik, die Kindliches und Konfuses zu einer Vorstellungswelt von üppiger Zauberei zusammenbraut. Und die jungen Leute im fast vollbesetzten Kino gehen mit wie sonst nur die noch Kleineren vorm Kasperltheater.« (FILMDIENST)
Ⓥ VPS

V

Der Vampir aus dem All
(NOT OF THIS EARTH). USA 1988.
R Jim Wynorski. *B* R.J. Robertson/Jim
Wynorski. *K* Zoran Hochstatter. *M*
Chuck Cirono. *D* Traci Lords (Nadine
Story), Arthur Roberts (Mr. Johnson),
Lenny Juliano (Jeremy), Ace Mask (Dr.
Rochelle), Roger Lodge (Harry),
Michael Delano (Staubsaugerverkäufer),
Rebecca Perle. *F* 80 Min.
Mr. Johnson beauftragt die Krankenschwester Nadine, ihm täglich eine Bluttransfusion zu machen. Schnell merkt sie,
daß etwas nicht stimmen kann: Ständig
gehen Leute in Mr. Johnsons Haus, aber
sie kommen nicht wieder heraus. Stutzig
geworden, will sie Mr. Johnsons Geheimnis klären. Im Keller entdeckt sie Unmengen an Blutkonserven und eine Verbindung zu einem fremden Planeten. Der außerirdische Herr soll von der Erde aus seine Artgenossen mit Blut versorgen.
Roger Cormans *Gesandter des Grauens*
(1957) gehört zu den Perlen des SF-Bil-
lig-Kinos. Eine Wette zwischen ihm und
Jim Wynorski, den Stoff im gleichen
Zeitraum und mit gleichen Budget neu zu
drehen, führte zur Produktion dieses in
der deutschen Fassung anders betitelten
Remakes. – »Die minderjährige Porno-
queen Traci Lords dürfte die größte At-
traktion sein, die dieses Corman-Remake
zu bieten hat.« (KINO & VIDEO). – »In
dem Rhythmus, in dem andere Horror-
film-Macher Splatterszenen einstreuen,
bringt Wynorski nackte Mädels. Soweit
O.K.« (HOWL MAGAZIN). – Nur auf Video. (V) MGM/UA

Verbotene Hilfe
(TV-ZDF). BRD 1984.
R Liliane Targownik. *B* Liliane
Targownik. *K* Klaus Eichhammer/Josef
Kirchlechner. *M* Norbert Schneider.
D Gerhard Zeman (Benno Zent), Martin
Umbach (Martin), Claudia Matussek
(Claudia), Jan Biczycki (Calm),
Marianne Lindner (Frau Schulz),
Pamela Kerler (Kind), Otto Friebel
(Arzt), Helga Tölle (Arzthelferin),
Michael Gahr (Chef), Heide Ackermann
(Freundin), Klaus Kessler (Penner),
Dominique Horwitz (Junger Mann).
F 80 Min.
»Eine Orwellsche Welt – jedoch ohne das
übliche technische Beiwerk –, in der sich
über alle Bereiche des Lebens ein unsichtbares Netz aus Beobachtung, Registrie-
rung und Maßregelungen spannt, die mit
›konventionellen‹ Methoden, durch organisierte Angst, Verdächtigungen und in-
stitutionalisiertes Mißtrauen zugrunde gerichtet wird. Eines der Hauptmerkmale
dieses rigiden Staatswesens: Wer keinen
festen Wohnsitz nachweisen kann, ist vo-
gelfrei und kann auf immer in psychiatri-
scher Verwahrung verschwinden. – Herr
Zent, ein durchschnittlicher Bürger, lebt
sein von innen und außen streng regle-
mentiertes Leben ohne gravierende Probleme. Daß er exakt nach Vorschrift lebt,
gibt ihm eine gewisse Sicherheit: Man
kann ihm nichts vorwerfen. Diese prekäre
Sicherheit ist eines Tages dahin. ›Elemente‹ (so die Sprachregelung für Menschen
ohne festen Wohnsitz), ein junges Ehepaar mit einem siebenjährigen Kind, dringen in seine Wohnung ein und nötigen ihn
– teils mit Appellen an seine Barmherzigkeit, teils mit Drohungen –, ihnen Asyl zu
gewähren. Von Mitleid geleitet, läßt Benno Zent sich darauf ein. Als er jedoch
merkt, daß der Kreis der Mitwisser immer
größer wird und er schließlich in Gefahr
gerät, selbst zum ›Element‹ zu werden,
versucht er alles, um sich von seinen ungebetenen Gästen wieder zu befreien.«
(DER SPIELFILM IN ZDF)
»Dieser Erstling von Lilian Targownik
mit seiner Story vom absoluten Staat, der
alle ›Elemente‹, die anders sind als er sie
will, auslöscht . . ., war zwar passabel gespielt, hatte aber Längen und hielt sich an
die üblichen Muster.« (GONG).

Verdammt, die Zombies kommen
(THE RETURN OF THE LEVING DEAD).
USA 1984.
R Dan O'Bannon. *B* Dan O'Bannon.
St Rudy Ricci/John Russo/Russell
Streiner. *K* Jules Brenner. *Ma* Bill
Munns. *M* Matt Clifford. *D* Clu
Gulager (Burt), James Karen (Frank),
Don Calfa (Ernie), Thom Mathews
(Freddy), Beverly Randolph (Tina),
John Philbin (Chuck), Jewel Shepard
(Casey), Miguel Nunez (Spider), Brian
Peck (Scuz), Linnea Quigley (Trash),
Mark Venturini (Suicide), Jonathan
Terry (Col. Glover), Cathleen Cordell
(Mrs. Glover). *F* 89 Min.
Am Anfang ein Verweis auf George A.
Romeros *Die Nacht der lebenden Toten*:
Die dort aus ihren Gräbern gestiegenen
Untoten, heißt es, seien von einem
Kampfgas der Armee wiederbelebt wor-
den. Und nun kehren sie zurück, befreien
sich aus den Metallbehältern, in die man
sie seinerzeit gesteckt hat, und fallen über
eine Bande von Punks her, die sich gerade
auf einem Kleinstadtfriedhof verlustiert.
Der Rest ist wie gehabt, auch wenn die
Zombies nun am liebsten Polizistenhirne
ausschlürfen. – »Schwarzhumor im post-
modernen *special effects*-Stil: mit einem
glitschigen Skelett, das ständig... ›Mehr
Hirn!‹ greint, und einer Punkmamsell, die
sich gern auf Gräbern räkelt, eine ausgeprägte Todessehnsucht hat und ihren
Wunsch auch prompt erfüllt bekommt.
Doch am Ende sind sie alle wieder tot, die
Toten wie die Lebenden.« (Norbert Stresau, SCIENCE FICTION TIMES) – »Ein stellenweise spaßiger Zombie-Ulk, der schon
ein paar Wochen überleben könnte.«
(VARIETY)

Verhängnisvolle Fracht
Anderer Titel für **Navy vs. Night Monsters**

Der verlorene Horizont
(LOST HORIZON). USA 1972.
R Charles Jarrott. *B* Larry Kramer.
LV James Hilton. *K* Robert Surtees.

M Burt Bacharach. *D* Peter Finch
(Richard Conway), Liv Ullmann
(Catherine), Sally Kellermann (Sally
Hughes), George Kennedy (Sam
Cornelius), Michael York (George
Conway), Olivia Hussey (Maria),
Bobby Van (Harry Lovett), James
Shigeta (Bruder To-Len), Charles Boyer
(Der Hohe Lama), John Gielgud
(Chang). *F* 135 Min.
Remake des 1937 entstandenen Films *In
den Fesseln von Shangri-La*, vom Inhalt
her nahezu identisch, nur die Berufsbe-
zeichnungen der handelnden Personen
sind modernisiert (jetzt Diplomat und
Schriftsteller, Reporter, Fotografin, Ge-
schäftsmann, Komiker). – Was den Film
interessant macht, ist die Tatsache, daß er
wohl die meisten Verrisse der Filmgeschichte einheimste; hier eine kleine Auswahl:»Filmisch ist das meiste von uner-
träglichem Kitsch... Skandalös ist die
Zumutung, mit der in die durchgängigen
Spielsequenzen ohne jede Vermittlung einige Songs aus dem Musical von Burt
Bacharach eingebaut sind.« (FILMDIENST
) – »Der schlechteste Film des Jahres«
(ESQUIRE) – »Albern und langweilig.«
(TIME) – »Jede Hitliste der schlechtesten
Filme muß mit Columbias LOST HORIZON
anfangen... – Spezialpreise der Jury ›Die
50 schlechtesten Filme aller Zeiten‹: Ei-
nen *Tanzbären* für den Choreographen
Hermes Pan und ein *Blechohr* für den
Komponisten.« (Medved/Dreyfuss, THE
FIFTY WORST FILMS OF ALL TIME) – Ein
peinlicher Schmarrn, der der Welt besser
erspart geblieben wäre: Da wendet sich
der SF-Fan mit Grausen.
Ⓑ James Hilton: *Irgendwo in Tibet*,
Frankfurt/Main 1959

Die verlorene Welt
(THE LOST WORLD). USA 1925.
R Harry Hoyt. *B* Marion Fairfax.
LV Arthur Conan Doyle. *K* Arthur
Edeson. *SpE* Willis H. O'Brien/Marcel
Delgado (Trickfiguren). *D* Wallace
Beery (Prof. G. E. Challenger), Bessie
Love (Paula White), Lloyd Hughes

(Ed Malone), Lewis Stone (Sir Roxton), Arthur Hoyt (Prof. W. Summerlee), Finch Smiles, Jules Cowles, Bull Montana, Alma Bennett, Margaret McWade, George Bunny.

75 Min. Stummfilm

In Tagebuchaufzeichnungen seines verschollenen Freundes findet der Zoologe Prof. Challenger Hinweise, die sich auf die Existenz prähistorischen Lebens irgendwo im südamerikanischen Dschungel beziehen. Challenger will sofort eine Expedition in das beschriebene Gebiet führen, doch die Theorie stößt auf Unglauben, so daß sich Geldgeber nicht leicht finden lassen. Doch die finanziellen Schwierigkeiten können beseitigt werden, das Unternehmen kann beginnen. Tatsächlich findet die Expedition nach beschwerlichem Fußmarsch mitten im Dschungel ein Hochplateau, auf dem sich prähistorische Zustände erhalten haben. Hier tummeln sich alle nur denkbaren Arten von Sauriern. Ein plötzlicher Vulkanausbruch vernichtet das Hochplateau, die verlorene Welt und seine Urgeschöpfe. Die Expeditionsteilnehmer können sich gerade noch retten. Ihre sensationelle Entdeckung versinkt unter der Lava. Zu guter Letzt ist die Expedition dann doch erfolgreich; ein Brontosaurus, der sich in einem Sumpf verirrt hat, kann gefangengenommen und trotz seiner Größe und seines Gewichts nach England eingeschifft werden. In London wird die Transportkiste durch einen dummen Zufall zerstört, so daß das Urviech in Freiheit gelangt. Es walzt alles nieder, was ihm in die Quere kommt. Im Gegensatz aber zu all den vielen Filmen, die da noch kommen werden, endet das Stummfilmvorbild geradezu friedlich: Der Brontosaurier gelangt nach einem Spaziergang durch London zur London Bridge; diese bricht unter seinem Gewicht zusammen, das Urtier plumpst in die Themse und schwimmt Richtung Meer davon. – »Der Stummfilm *Die verlorene Welt* ist der ›Großvater‹ aller Monsterfilme und teilt sich unter ihnen mit KING KONG den ersten Platz.« (Franklin,

CLASSICS OF THE SILENT SCREEN) – Der Film wurde nach seiner Uraufführung 1925 über Nacht eine Sensation, die Kritiken überschlugen sich, die Massen strömten in die Kinos. Das lag nicht an den Schauspielern oder am Regisseur, sondern einzig und allein an den Spezialeffekten, die durch das Trickteam O'Brien und Delgado und dem Kameramann Edeson so wirkungsvoll verarbeitet wurden. Über 50 verschiedene Tierfiguren wurden von Delgado angefertigt. Alle konnten in sich bewegt werden, was für die langwierige Stop-Motion-Technik unerläßlich war. Bei diesem Verfahren wird bei jedem Bild die Stellung des Modells ein wenig verändert, um dann im Film als Gesamteindruck eine möglichst natürliche, fortlaufende Bewegung zu erhalten. O'Brien war schon 1925 der Meister des Stop-Motion-Fachs. Bereits 1914 hatte er seine erste ähnliche 5 Minuten-Sequenz THE DINOSAUR AND THE MISSING LINK (übrigens ein ›Vorfahre‹ von KING KONG) gedreht, gefolgt von einer Serie ›prähistorischer‹ Kurzstreifen, alle nicht länger als 5 Minuten: RURAL DELIVERY 10,000 B.C., PREHISTORIC POULTRY u.a. – 1918 stellte sich dann mit dem 17-Minuten-Streifen THE GHOST OF SLUMBER MOUNTAIN der erste große finanzielle Erfolg ein: Bei 3000 Dollar Produktionskosten wurden mehr als 100 000 Dollar eingespielt. So war O'Brien geradezu prädestiniert, aus der 1912 erschienenen literarischen Vorlage sein Meisterstück zu machen. Dabei gelang es ihm erstmals, durch Hintergrundprojektion und den einfachen, aber sehr wirksamen Einsatz der *matte*-Technik (Abdecken von Bildteilen und Zweitbelichtung) die Illusion zu wecken, als bewegten sich Urtier und Mensch in derselben Szenerie. *The Lost World* ist nicht nur wegen seiner Spezialeffekte der erste große synthetische Film; die Spezialisten benötigten zur Herstellung immerhin drei Jahre. »Hier sind schon einige der Themen abgehandelt, die später alle im SF-Film-Genre aufgegriffen und variiert wurden: wissenschaftliche Neugier; die Reise in die Vergangenheit, in das Unbekannte; der Anachronismus einer versunkenen (prähistorischen) Welt im ›Dornröschenschlaf‹« (Rolf Giesen, DER PHANTASTISCHE FILM); die ungeheuere Katastrophe, hervorgerufen durch ein Wesen nicht aus dieser Zeit und Welt; die Unterjochung der herausfordernden Natur durch die Wissenschaft (hier durch Challenger).

Bemerkenswertes am Rande: *Die verlorene Welt* war der erste Film in der Geschichte der Luftfahrt, der Passagieren während eines Fluges gezeigt wurde. Auf diese Idee war schon 1926 eine deutsche Flugservice-Gesellschaft gekommen, um den Flugreisenden die Zeit zu verkürzen.
Ⓑ A. Conan Doyle: *Die verlorene Welt*, Berlin 1926

Das Vermächtnis des Professors Dowell
(SAWASTSCHANIE PROFESSORA DOUELJA). UdSSR 1984.
R Leonid Menaker. *B* I. Winogradski/Leonid Menaker. *LV* Alexander Beljajew. *K* Wladimir Kowsel. *M* Sergej Banewitsch. *D* Olgert Kroders (Prof. Dowell), Igor Wassiljew (Dr. Korn), Valentina Titowa (Mary), Natalja Saiko (Angela/Monique/Eva), A. Bobrow (Arthur), N. Lawrow (Baxter), A. Porochowstschikow (Gould), K. Romanow (Richardson), B. Zymba (Willy). *F* 100 Min.
Kurz vor der wichtigsten Entdeckung seiner Karriere – einer chemischen Formel für eine lebensverlängernde Flüssigkeit – muß der angesehene Institutsleiter und Organtransplantierer Professor Dowell sterben. Sein ehrgeiziger und skrupelloser Assistent Korn erhält jedoch den Kopf des Verstorbenen auf künstliche Weise am Leben, um von seinen Kenntnissen und Fähigkeiten zu profitieren. Ein Detektiv legt ihm das Handwerk. – Was auf den ersten Blick wie ein Ideen-Klau von *Die Nackte und der Satan* (BRD 1959; Regie: Victor Trivas) wirkt, ist indes eine Story, die der sowjetische Schriftsteller Alexander Beljajew (1884–1942) schon 1925 zu

Papier brachte. Der auf dem Roman GOLOWA PROFESSORA DOUELJA basierende Spielfilm ist denn auch weniger daran interessiert, Striptease-Tänzerinnen in den Klauen eines geisteskranken Forschers zu präsentieren, als aufzuzeigen, wohin es führen kann, wenn die Wissenschaft glaubt, ›wertfrei‹ zu arbeiten: »Die Autoren des Films beschäftigt die Frage nach der Verantwortung des Wissenschaftlers für das Schicksal seiner Entdeckungen. Professor Dowell war zu Lebzeiten ein Verteidiger der ›reinen Wissenschaft‹, ihn interessierte nicht, wem seine Entdeckungen in die Hände fallen und welche praktischen Ergebnisse sie haben. Erst als an seiner Stelle der prinzipienlose Zyniker Korn steht, der rücksichtslos sein Ziel verfolgt, als Dowell zum Opfer seiner eigenen Entdeckungen wird, erkennt er, welche Gefahr für die Menschheit alle Versuche, den menschlichen Intellekt zu ›konstruieren‹, in sich bergen. Leute... aus dem allmächtigen Konzern Merkurius machen sich Dowells Entdeckungen zu eigen. Sie wollen die Versuche des genialen Wissenschaftlers ausnutzen, um ›bequeme Leute‹ zu züchten, die widerspruchslos gehorchen.« (Isolda Sepman, SOWJETFILM)

Der Verräter
(TV-ZDF). BRD/Frankreich 1974.
R Rainer Erler. *B* Rainer Erler. *K* Frank Brühne. *M* Eugen Thomass. *D* Silvano Tranquilli (Louis Palm), Evelyn Opela (Sibilla Jacopescu), Peter Fricke (Jeroen de Groot), Dieter Laser (Enrico Polazzo), Werner Rundshagen (Siegmund von Klöpfer), Eric P. Caspar (Carolus Büdel), Helga Anders (Yvonne), Herbert Steinmetz (Kühn), Nguyen Tien Huu (Wong). *F* 90 Min.
Der Physiker von Klöpfer, Mitarbeiter des ›Blauen Palais‹, eines unabhängigen Forschungsinstituts, das von einem privaten Kuratorium finanziert wird, experimentiert mit Lasern, um eine rationellere Gewinnung von Kunstdüngern zu ermöglichen. Als seine Kollegen die Gefährlich-

keit der Klöpferschen Versuche erkennen (sie befürchten eine Sauerstoff-Stickstoff-Kettenreaktion) und ihm eine Weiterarbeit untersagen, setzt sich der Forscher nach Hongkong ab und läßt sich mit einer zwielichtigen Organisation ein, die an der Isolierung von Antimaterie im Hochvakuum arbeitet – was einerseits eine Lösung aller irdischen Energieprobleme bedeuten, aber auch ein großes Vernichtungspotential freisetzen könnte. – Eine Folge der TV-Serie ›Das Blaue Palais‹.
Ⓑ Rainer Erler: *Der Verräter*, München 1979

Das verräterische Auge
(BERLINO, APPUNTAMENTO PER LE SPIE). Italien 1965.
R Vittorio Sala. *B* Adriano Baracco/ Romano Ferrara/Adriano Bolzoni. *K* Fausto Zuccoli. *M* Riz Ortolani. *D* Brett Halsey (Bert Morris), Anna Maria Pierangeli (Paula), Dana Andrews (Col. Lancaster), Gastone Moschon. *F* 88 Min.
Sowjetische Agenten ›transplantieren‹ dem amerikanischen Geheimdienstchef Col. Lancaster ohne dessen Wissen eine Mikrokamera in die Pupille, um auf dem laufenden zu sein, wenn er in Top-Secret-Papieren blättert. Amerikaner, Russen und Chinesen verfolgen zudem die hübsche Paula, weil deren Vater eine Geheimwaffe entwickelt hat. Der US-Agent Bert Morris spürt sie auf und muß sie erst gar nicht lange überzeugen, daß die Geheimformel für den Westen reserviert bleibt. – Utopischer Agententhriller made in Italy, der sich besonders durch Antikommunismus hervortut.
Ⓥ Arcade

Der verrückte Professor
(THE NUTTY PROFESSOR). USA 1962.
R Jerry Lewis. *B* Jerry Lewis/Bill Richmond. *K* Wallace Kelley. *SpE* Paul K. Lerpae. *M* Walter Scharf. *D* Jerry Lewis (Prof. Julius S.Kelp/Buddy Love), Stella Stevens (Stella Purdy), Del Moore (Dr. Warfield), Kathleen Freeman (Miß Lemmon), Howard Morris, Elvira Allman, Milton Frome, Buddy Lester, Marvin Kaplan, Skip Ward, Henry Gibson. *F* 107 Min.
Chemieprofessor Julius S. Kelp ist eine anerkannte Größe in seinem Fach, aber zu seinem Leidwesen nicht bei Frauen, was angesichts seiner bös vorstehenden Zähne und seines tolpatschigen Betragens nicht verwundert. Auch ein Body-Building-Kurs verschafft da keine Abhilfe. Er besinnt sich auf seine wahren Werte und erfindet eine Wunderdroge, die ihn für Stunden in einen kraftstrotzenden Mann verwandelt. Als Buddy Love macht er bei der Damenwelt zeitweise Furore. Auf einer Collegefete will er groß herauskommen, doch die Wirkung des Mittels läßt unerwartet nach. Der Schönling verwandelt sich vor den staunenden Gästen in den bekannten Professor zurück. Er fügt sich in sein Schicksal, gewinnt trotzdem das Herz einer Schülerin. – Jerry Lewis groß in Form. Er bereichert das Dr. Jekyll-Thema um eine interessante Variante: Nicht der normale Mensch wird zum Ungeheuer (so die Gruselvorlage), sondern der ›deformierte‹ wird zum ›gewöhnlichen‹ Menschen.

Der Verrückte von Labor 4
(LE FOU DE LABO IV). Frankreich 1967.
R Jacques Bresnard. *B* Jean Halain. *LV* René Cambon. *K* Raymond Lemoigne. *M* N.N. *D* Jean Lefèbvre (Eugene Ballanchon), Bernard Blier (Beauchard), Pierre Brasseur (Vater), Maria Latour (Régine), Michel Serrault, Margo Lion, Henri Virlojeux. *F* 85 Min.
Der verrückte Erfinder Balancon entdeckt ein Gas, das alle Menschen freundlich und nett macht. Eine Spionageorganisation möchte diese Formel gern besitzen. – Der Film soll witzig sein, aber die Witze kommen nicht ganz rüber.

Verrückt und gefährlich
(THE FINAL PROGRAMME). GB 1973.
R Robert Fuest. *B* Robert Fuest. *LV* Michael Moorcock. *K* Norman

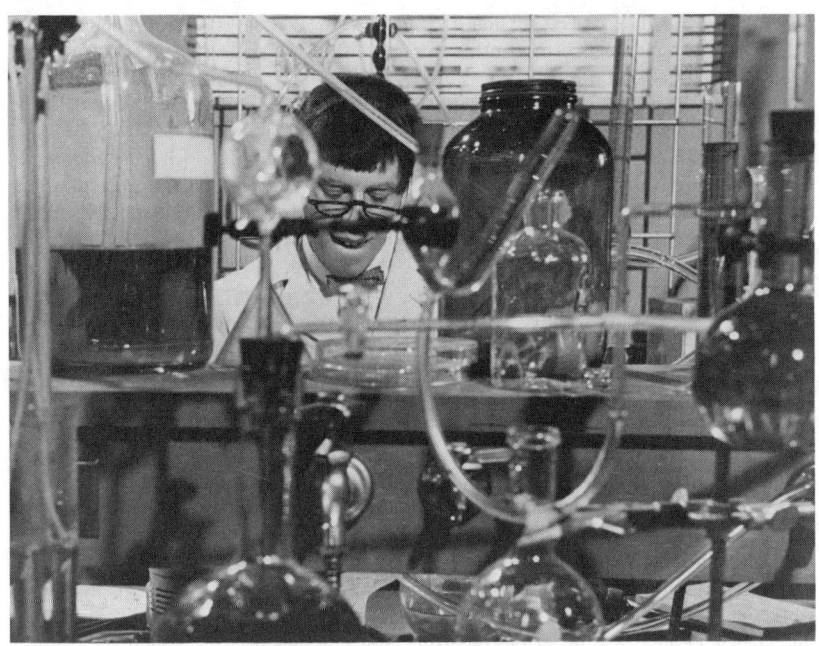

Jerry Lewis in *Der verrückte Professor*

Warwick. *M* Paul Beaver/Bernard Krause/Gery Mulligan. *D* Jon Finch (Jerry Cornelius), Jenny Runacre (Miß Brunner), Sterling Hayden (Major Lindberg), Harry Andrews (John), Hugh Griffith (Prof. Hira), Patrick Magee (Dr. Baxter), Graham Crowden (Dr. Smiles), Basil Henson (Dr. Lucas), George Coulouris (Dr. Powys), Julie Ege (Miß Dazzle), Derrick O'Connor (Frank Cornelius). *F* 85 Min.

Jerry Cornelius, der futuristische Pop-Held, und sein hinterhältiger Bruder Frank raufen sich um die einzige Hinterlassenschaft ihres verstorbenen Vaters: einen Mikrofilm, der das ›letzte (Computer-)Programm‹ enthält; und das benötigt man, um die Welt zu retten. Mit von der jagenden Partie ist die abscheuliche Miß Brunner, die jeden ihrer Liebhaber mit Haut und Haar verspeist. – Michael Moorcock, der Autor der literarischen Vorlage, war wenig glücklich mit diesem Film: Im Roman-Original wird Jerry, der

neue Messias, per Verwandlung zum Hermaphroditen; Regisseur Fuest stellt ihn hingegen als ungeschlachten Neandertaler vor. Der Streifen taugt auch sonst nicht viel.
Ⓥ Thorn EMI
Ⓑ Michael Moorcock: *Miß Brunners letztes Programm*, Hamburg/Düsseldorf 1971

Verschollen im Weltraum
(MAROONED). USA 1969.
R John Sturges. *B* Mayo Simon. *LV* Martin Caidin. *K* Daniel L. Fapp/ W. Wallace Kelly. *SpE* Lawrence W. Butler/Donald C. Glouner/Robie Robinson. *D* Gregory Peck (Raumfahrt-Chef Charles Keith), Richard Crenna (Raumschiff-Kommandant Pruett), David Janssen (Chefastronaut Dougherty), James Franciscus (Wiss. Astronaut Stone), Gene Hackman (Apollo-Navigator Lloyd), Lee Grant (Celia Pruett), Mariette Hartley (Betty

Lloyd), Nancy Kovack (Teresa Stone), Bill Couch (Russischer Kosmonaut), Scott Brady, Frank Marth, Craig Huebing. *F* 113 Min.

Die drei amerikanischen Astronauten Pruett, Lloyd und Stone steigen nach über fünfmonatigem Aufenthalt in einer Raumstation wieder in ihr Apolloraumschiff, um zur Erde zurückzukehren. Sie lösen sich mit Richtungsstößen von der Station; aber das Haupttriebwerk zündet nicht. Hilflos treiben sie um die Erde. Im Kontrollzentrum Houston und auf Cap Kennedy beginnt ein Wettlauf gegen die Zeit, denn die Astronauten haben nur noch für 42 Stunden Sauerstoff. Man will die Astronauten schon aufgeben, da schaltet sich der Präsident der Vereinigten Staaten persönlich ein und befiehlt die Rettungsaktion, koste es, was es wolle (denn Wahlen stehen unmittelbar bevor). So ist der Chef des Raumflugprogrammes gezwungen, Sicherheitsmaßnahmen zu umgehen und alles auf eine Karte zu setzen: Er will eine Rettungsrakete mit seinem Chefastronauten Dougerthy starten lassen, die mit einem im Weltraum noch nicht erprobten Rettungsgleiter ausgerüstet ist. Der Countdown läuft, muß aber unterbrochen werden, weil sich ein Hurrikan auf Cap Kennedy zubewegt. Doch die Meteorologen sehen noch eine geringe Chance; der Weltraumbahnhof wird ungefähr 16 Minuten im Zentrum des Hurrikans liegen, also in der absolut windstillen Zone. Der Start der Rettungsrakete gelingt, doch die Verzögerung bedeutet für einen der Astronauten das Todesurteil, weil der Sauerstoff ›gestreckt‹ werden muß. Einer muß sich opfern. In dieser Situation riskiert der Kommandant der Apollokapsel Kopf und Kragen. Er versucht, die Kapsel selbst zu reparieren. Dazu muß er sie verlassen. Die beiden anderen Astronauten müssen hilflos zusehen, wie ihr Kommandant an einem Vorsprung des Triebwerkes hängenbleibt und sein Raumanzug aufreißt. Der Sauerstoff wird immer knapper, der Raumkoller ist nah. Da nähert sich ein russisches Raumschiff. In seiner Verzweiflung versucht einer der Astronauten, das russische Raumschiff schwebend zu erreichen. Er verfehlt es; der russische Kosmonaut, der ihn aufzufangen versucht, ist machtlos, doch kann er dem gerade mit seiner Rettungsrakete eintreffenden Chefastronauten Dougherty mittels Scheinwerfer signalisieren, wo der Raumfahrer treibt. Dieser wird in letzter Sekunde in denRettungsraumgleiter gezogen. Der Russe versorgt derweil den letzten Astronauten mit Sauerstoff, bis der Chefastronaut auch ihn in den Rettungsgleiter übernehmen kann. Beide Raumschiffe können abdrehen, ihre Aufgabe ist beendet. Das Team im NASA-Hauptquartier bricht ob dieser gelungenen Rettung in Jubelgeschrei aus. Die große Leistung ist trotz großer Opfer vollbracht. – »Ein spannender und informativer Film aus der Welt von morgen, in dem menschlicher Wagemut über die Technik triumphiert. Ein durchdachtes Drehbuch, gute Regie und überzeugende schauspielerische Leistungen ebenso wie eine hervorragende Tricktechnik und ausgezeichnete Farbkameraarbeit empfehlen den Film für alle Zuschauer«, so der FILMBEOBACHTER im Jahre 1970. Zugegeben, die Aufnahmen haben fast dokumentarische Qualität und sind äußerst realistisch. Nichts wurde versäumt, um den Film zum bis dahin authentischsten Raumfahrt-Film zu machen. Fast zwei Jahre verbrachte das Produktionsteam in engstem Kontakt zur NASA und ihren Technikern, so daß alle technischen Details stimmen. Originalaufnahmen vom Start des Apollo-X-Unternehmens wurden eingearbeitet. Für seine bis dahin einmaligen Spezialeffekte erhielt Robie Robinson den Oscar. In Deutschland wurde dem Film immerhin das Prädikat ›Wertvoll‹ verliehen. Alles Superlative. Doch aus heutiger Sicht bleibt ein bitterer Beigeschmack. Die Zeiten der Verherrlichung von Weltraumunternehmungen sind vorbei. Bei kritischer Betrachtung muß man den Film als das bezeichnen, was er ist: ein typischer amerikani-

scher Propagandastreifen, der die alten Tugenden hochhält. Der Held besteigt seine Rakete wie der Westernheld sein Pferd. Der Fortschritt braucht Märtyrer. Der Kommandant ist ja nicht jämmerlich umgekommen. Er hat sich für seine Kameraden, für seine Nation geopfert. Das Übel ist vergessen, die Welt ist bunt und schön.»Das erinnert an diverse US-Informationsstreifen über die Armee, und denen ist aber auf fatale Weise eine ähnliche Ideologie zu eigen.« (Erwin Schaar, FILMDIENST)
Ⓥ RCA/Columbia
Ⓑ Martin Caidin: *Wagnis ohne Beispiel*, München 1965

Versunkene Welt
(THE LOST WORLD). USA 1960.
R Irwin Allen. *B* Charles Bennett/Irwin Allen. *LV* Arthur Conan Doyle.
K Winton Hoch. *SpE* L. B. Abbott/Emil Kosa/James B. Gordon/Willis O'Brien. *M* Paul Sawtell/Bert Shefter. *D* Claude Rains (Prof. Challenger), Michael Rennie (Lord Roxton), Jill St. John (Jennifer Holmes), David Hedison (Ed Malone), Fernando Lamas (Gomez), Richard Hayden (Prof. Summerlee), Ray Stricklyn, Jay Novello, Vitina Marcus, Ian Wolfe, John Graham, Colin Campbell. *F* 97 Min.
Zoologieprofessor Challenger hat auf seiner Reise durch den südamerikanischen Kontinent eine ›Verlorene Welt‹ entdeckt. Am heimischen Institut in London bezweifelt man seine Behauptung. Um sich zu rechtfertigen, stellt Prof. Challenger kurzentschlossen eine Expedition zusammen, eine bunt zusammengewürfelte Truppe aus Abenteurern, Wissenschaftlern und der Tochter des Finanziers. Auf einem Hochplateau im Quellgebiet des Amazonas stößt die Expedition zum ersten Mal auf mächtige Saurier, die man bislang für ausgestorben hielt. Als eine der Riesenechsen den Hubschrauber zerschmettert, scheint das Schicksal der Expeditionsteilnehmer besiegelt: Noch nie hat ein Mensch, der in die Welt der Sau-

rier eindrang, den Weg zurückgefunden. Jetzt hilft nur die Flucht nach vorne. Bis sie in Sicherheit sind, müssen sie gewaltige Gefahren bestehen: ekelerregen-de Riesenspinnen, fleischfressende Pflanzen, aber auch ungemütliche Indios (Kannibalen) und zuletzt brodelnde Lavaströme stellen sich ihnen in den Weg. Kaum sind sie in Sicherheit, da zerreißen heftige Vulkanausbrüche und Erdbeben alles, was sich über Jahrmillionen bis in unsere Tage erhalten hat. Zurück bleibt nur ein Saurierbaby, das gerade aus einem geretteten Riesenei gekrochen ist, und eine Eingeborene, diesich einem Expeditionsteilnehmer zwecks späterer Heirat angeschlossen hat. Beide sollen als Beweisstücke für die Glaubwürdigkeit des fantastischen Berichts dienen. – »Wir versichern Ihnen, daß Sie nach diesem Film zweimal unter Ihr Bett schauen«, protzt die Kinowerbung zu diesem Film. Es muß sich dabei um eine Verwechslung handeln. Selbst Hollywoods renommierte Trickspezialisten versagten bei dem Versuch kläglich, die Story einigermaßen wirkungsvoll in Szene zu setzen. Gerade Stop-Motion-Spezialist Willis O'Brien, der schon 1925 die unvergessenen Tricks zum Vorbild und Stummfilmklassiker *Die verlorene Welt* schuf, hätte eine bessere letzte Filmarbeit verdient gehabt. Doch er durfte nur das Saurierbaby in bewährter Stop-Motion-Technik kreieren. Bei den anderen Monstern beschränkte man sich auf vergrößerte Echsenaufnahmen, was den Reiz des Films nicht gerade erhöht. Selbst der Einsatz von Ton, Farbe und Breitwand rettet den Film nicht. »Ein dünnes,... unbeholfenes Remake...« (NEW YORK TIMES) – Das Vorbild von 1925 ist unerreicht.
Ⓥ Interpathé *(Der verlorene Kontinent)*
Ⓑ A. Conan Doyle: *Die verlorene Welt*, Berlin 1926

Videodrome
(VIDEODROME). Kanada 1982.
R David Cronenberg. *B* David Cronenberg. *K* Mark Irwin. *SpE* Rick

Baker. *M* Howard Shore. *D* James Woods (Max Renn), Sonja Smits (Bianca O'Blivion), Deborah Harry (Nicki Brand), Peter Dvorsky (Harlan), Les Carlson (Barry Convex), Jack Creley (Brian O'Blivion), Lynne Gorman (Masha), Julie Khoner (Bridey), Reiner Schwartz (Moses), David Bolt (Raphael). *F* 85 Min.

Max Renn, Chef einer privaten kanadischen Kabel-TV-Station, wird von einem Elektronik-Ingenieur auf ein angeblich aus Asien stammendes Satellitenprogramm aufmerksam gemacht, das in stupider Abfolge stets das gleiche sendet: kapuzentragende Folterknechte peitschen in schalldichten Räumen gefesselte nackte Mädchen zu Tode. Während seine masochistisch veranlagte Freundin Nicki sich aufmacht, um in dieser ›Show‹ mitzuwirken, bemüht sich Renn, Kontakt mit den Leuten aufzunehmen, die sie produzieren – angeblich, um sie seinem stets nach neuen Sensationen gierenden Abonnenten zu verkaufen, insgeheim jedoch, weil ihn der Dreck in seiner unterschwelligen Geilheit doch fasziniert. »Zu spät merkt er, daß das Videodrome-Signal einen inoperablen Tumor im Gehirn verursacht, die subjektive Realität komplett auf den Kopf stellt. Am Ende des Kaleidoskops freudianischer Leitmotive erschießt sich Max mit der aus seinem Arm hervorgequollenen Fleischpistole, um in dem von der Medienprophetin Bianca O'Blivion verkündeten ›Neuen Fleisch‹ aufzugehen, bei dem die Zweiheit Körper–Geist, Quelle des Horrors in allen Cronenberg-Filmen, in einer (vermutlich androgynen) Einheit vereint wird.« (Norbert Stresau, SCIENCE FICTION TIMES) – »Hochaktuell und erschreckend zugleich, ist *Videodrome* eine grimmige, schwarze Komödie und Prophezeiung, wohin die zügellose Verbreitung und ungehinderte Produktion von Medientechnologie führen kann. Im Gewand eines Horror-Films und als B-Picture führt Cronenberg in seiner Variation vom Zauberlehrling mögliche Folgen des Dauerkonsums von Video-Software

vor; die... Videodrome-Programme erzeugen jene Bewußtseinsstörungen, die dem Konsumenten nicht nur die Grenze zwischen Wirklichkeit und Fantasie verwischen, sondern ihn auch zu einem Objekt totaler Manipulation werden lassen.« (Hans Gerhold, FILMDIENST) – »Als Warnung vor Video-Dauerkonsum... interessant und diskutabel, wegen seiner spekulativen Ekel- und Schock-Sequenzen aber beileibe nicht jedermanns/fraus Sache.« (TIP) – In der BRD nur auf Video. Ⓥ CIC

Der 4-D-Mann
(THE 4-D MAN). USA 1959. *R* Irvin S. Yeaworth. *B* Theodore Simonson/Cy Chermak. *K* Theodore J. Pahle. *SpE* Bart Sloane. *Ma* Dean Newman. *M* Ralph Carmichael. *D* Robert Lansing (Scott Nelson), Lee Meriwether (Linda Davis), James Congdon (Tony Nelson), Robert Strauss (Roy Parker), Edgar Stehli (Carson). *F* 85 Min.

Den Physikern Scott und Tony Nelson gelingt eine bahnbrechende wissenschaftliche Leistung: mit Hilfe ihres Verfahrens können sie jeden beliebigen festen Gegenstand durch einen anderen stoßen, ohne daß der eine oder der andere Gegenstand sich in seiner Form verändert. Der böse Bruder Scott nutzt die Erfindung aus. Er räumt eine Bank aus (Prinzip: Ein Mann geht durch die Wand). Scott muß jedoch bald erfahren, daß als Nebenwirkung bei ihm ein starker Alterungsprozeß einsetzt. Dieser läßt sich nur durch die Aufnahme fremder Lebenskräfte aufhalten. Um sich ständig zu verjüngen, muß er andere Menschen berühren, die dann zu ausgetrockneten Mumien werden. Aus Selbsterhaltungstrieb und Unsterblichkeitswahn wird Scott zum skrupellosen Mörder. Nur seine Ex-Freundin kann ihn überreden, seine Macht für kurze (Liebes-)Zeit abzulegen. Diesen Augenblick nutzt sie. Sie knallt ihn ab. – »Der Film ist trotz seines wissenschaftlichen Gequassels nicht ernst zu nehmen, bietet nicht einmal gute utopische Unterhaltung und weist auch sonst keine auffallenden Leistungen auf.« (FILMBEOBACHTER)

Village of the Giants
(VILLAGE OF THE GIANTS). USA 1965. *R* Bert I. Gordon. *B* Alan Caillou. Paul C. Vogel. *M* Jack Nitzsche. *D* Tommy Kirk (Mike), Tisha Sterling (Jean), Beau Bridges (Fred), Johnny Crawford (Horsey), Ronny Howard (Genius), Charla Doherty (Nancy), Joy Harmon (Merrie), Tim Rooney (Pete), Kevin O'Neal (Harry), Bob Random (Rick). *F* 82 Min.
»Teen-Agers Zoom to Supersize and Terrorize a Town! See the Wildest, Weirdest Party-Rumble of 'em All!« – Ein wissenschaftliches Genie entdeckt eine schwammige Substanz, die jeden, der sie ißt, in einen Riesen verwandelt. Nachdem das Zeugs einigen rebellischen Halbstarken in die Hände gefallen ist, die sich ein Späßchen daraus machen, es zu fressen, nehmen sie 30-Meter-Format an und terrorisieren die Stadt. Zwei clevere Jungs legen ihnen mit einem Gegenmittel das Handwerk. – Sie werden sich naßmachen! – »Eine epische Idee – mit einem Drehbuch im Pygmäen-Format.« (Ed Naha, THE SCIENCE FICTIONARY) – In Originalfassung.
Ⓥ Import

Der Vindicator
Anderer Titel für **Der Mikro-Cip-Mann**

VIP – Mein Bruder, der Supermann
(VIP – MIO FRATELLO SUPERUOMO). Italien 1968. *R* Bruno Bozzetto. *B* Bruno Bozzetto/ Attilio Giovannini/Guido Marnuli/Stearn Robinson. *K* Franco Martelli/Giuseppe Lagana. *SpE* Luciano Marzetti. *M* Franco Godi/John Gregory. *F* 90 Min. (Zeichentrickfilm).
Supervip, kraftstrotzender Nachkomme einer legendären Rasse athletischer Muskelmänner, macht sich Sorgen um seinen Bruder Minivip, der im Gegensatz zu seinen Anverwandten ziemlich klein und häßlich ausgefallen ist. Deshalb soll eine Seereise das Kerlchen aufmöbeln. Doch Minivip gerät in Seenot und strandet an einer einsamen Insel. Herrscherin dieser Insel ist Happy Betty, die steinreiche Kaufhauschefin, die hier ein Heer von elektronisch ferngesteuerten Sklaven für sich arbeiten läßt. Ihr Ziel ist, daß die ganze Welt nur in ihrem Kaufhaus einkaufen soll. Gerade will sie eine neue Superinspirationswaffe ausprobieren lassen, um damit die Kaufkraft der ganzen Welt unter ihre Kontrolle zu bringen. Minivip soll das Versuchskaninchen sein. Zum Glück erfährt Supervip rechtzeitig, daß sein kleiner Bruder verschollen ist. Auf der Suche nach ihm kommt er auch zu der Insel. Im allerletzten Augenblick gelingt es ihm, den teuflischen Plan von Happy Betty, alle Menschen der Erde in kaufwütige Kunden ihrer Supermärkte zu verwandeln, zu durchkreuzen und sie mitsamt ihrem Imperium zu vernichten. – Gelungene Zeichentrick-Persiflage, originell, bissig, oft poetisch-humorvoll. Parodistisch werden Comics, SF- und Agentenfilme, aber auch die Werbemethoden großer Konzerne auf den Arm genommen.
Ⓥ Atlas

Die Vögel
(THE BIRDS). USA 1963. *R* Alfred Hitchcock. *B* Evan Hunter. *LV* Daphne Du Maurier. *K* Robert Burks/Ub Iwerks. *SpE* Lawrence A.Hampton, ›Vögel‹-Dressur Ray Berwick. *M* Remi Gassmann/Oskar Sala. *D* Rod Taylor (Mitch Brenner), Tippi Hedren (Melanie Daniels), Jessica Tandy (Mrs. Brenner), Suzanne Pleshette (Annie Hayworth), Veronica Cartwright (Cathy Brenner), Ethel Griffies (Mrs. Bundy), Charles McGraw (Sebastian Sholes), Ruth McDevitt (Mrs. MacGruder), Malcolm Atterbury (Al Malone), Elizabeth Wilson (Helen Carter), Lonny Chapman (Deke Carter),

Karl Svenson, Joe Mantell, John McGovern, Doodles Weaver, Richard Deacon. *F* 120 Min.

In einer Vogelhandlung in San Francisco begegnet Melanie Daniels, die Tochter eines Zeitungsmagnaten, nicht nur Alfred Hitchcock persönlich (sein üblicher Kurzauftritt, diesmal mit den Hunden Stanley und Geoffrey an der Leine), sondern sie lernt auch den jungen Anwalt Mitch Brenner kennen, den sie trotz seiner abweisenden Haltung von Stund' an nicht aus den Augen lassen will. Sie folgt ihm nach Bodega Bay, offiziell, um seiner kleinen Schwester Cathy zwei ›Liebesvögel‹ zum Geburtstag zu schenken. Gleich bei ihrer Ankunft wird sie von einer Möwe an der Stirn verletzt. Niemand vermutet mehr als einen Zufall. Melanie entschließt sich zu bleiben. Sie übernachtet bei Annie Hayworth, der Lehrerin des Ortes. Am nächsten Tag stürzen sich während der Geburtstags-Gartenparty ganze Vogelschwärme auf die spielenden Kinder und verletzen sie. Am Abend dringen Spatzen in den Kamin des Hauses Brenner ein. Sie werden abgewehrt. Das Entsetzen steigert sich, als Brenners Mutter am nächsten Morgen ihren Nachbarn aufsuchen will und ihn tot mit ausgehackten Augen findet. Nur wenig später geraten die Kinder der Ortsschule in Gefahr. Eine bedrohliche Anzahl von Krähen hat sich im Schulhof niedergelassen. Melanie warnt die Lehrerin. Bei dem Versuch, die Kinder in Sicherheit zu bringen, greifen die Vögel an. Ihr erster Angriff verläuft glimpflich. Doch dann stürzen sie sich auf die Lehrerin und zerfleischen sie. Jetzt geht es erst richtig los. Die Vogelwelt ist in Aufruhr geraten. Angriff auf das Geschäftsviertel des Ortes; wegen einer defekten Benzinleitung breitet sich ein Brand rasch aus. Durch Fenster und Dachöffnungen dringen die Vögel in die Wohnungen ein. Schonungslos wiederholen sie ständig ihre Angriffe. Besonders heftig wird das

Tippi Hedren und Rod Taylor in Alfred Hitchcocks *Die Vögel*

Haus der Brenners attakiert. Ganze Heerscharen von Vögeln besetzen die unmittelbare Umgebung und versuchen immer wieder, in das Haus einzudringen. Die Hausbewohner führen eine wahre Abwehrschlacht; zum Schluß müssen sie kapitulieren. In einem ruhigen Augenblick gelingt es Brenner, seiner Mutter, seiner Schwester und Melanie, das Haus zu verlassen und sich ins Auto zu retten. Überall sitzen spähend, unbeweglich, drohend die Vögel. Behutsam rollt das Auto aus dem Farmgehöft zur nahen Straße hin.

Die Vögel war der dritte Film Alfred Hitchcocks, den er nach einer Vorlage von Daphne Du Maurier drehte (nach *Riff-Piraten*, im Original JAMAICA INN, 1939, und *Rebecca*, 1940). Obwohl er die Kurzgeschichte 1952 in einer seiner eigenen Anthologien veröffentlichen ließ, hielt er nicht allzuviel von ihr und bezichtigte Daphne Du Maurier indirekt des Plagiats:»Alle ihre Romane seien ein zweiter Aufguß... selbst ›The Birds‹ sei schon von Arthur Machen in seiner Erzählung ›The Terror‹ vorweggenommen worden.« (J. R. Taylor, HITCHCOCK) – Als Hitchcock dann an die Realisation des Stoffes ging, benutzte er nur den Grundgedanken der Kurzgeschichte. Während Daphne Du Maurier den Angriff der Vögel mit einer Tollwutepidemie begründet, verfolgt Hitchcock in seinem Film die Idee eines plötzlichen, unerklärlichen, vor allem unmotivierten Angriffs auf die Menschenwelt.»Der Film ist (dadurch) eindeutig eine Spekulation, eine Fantasie.« (Truffaut, MR. HITCKCOCK, WIE HABEN SIE DAS GEMACHT?) – Diese Auslegung der Kurzgeschichte paßte dann wieder genau zu Hitchcocks Generalthema von der Bedrohung, die am hellichten Tag aus heiterem Himmel in die Welt des Normalen einbricht.»Wir mögen gefaßt sein auf den Angriff eines Riesenkraken oder einer Armee gigantischer Ameisen – aber wer käme darauf, daß die lieben kleinen gefiederten Wesen, die uns ständig umgeben, eine ernste Gefahr für unsere Zivilisation

darstellen könnten?« (J. R. Taylor, HITCHCOCK)
Daß Hitchcock damit seiner Zeit um wenige, aber entscheidende Schritte voraus war, zeigt sich an der seinem Film nacheifernden Flut von Ausflügen in das Reich der Horrorwesen, wo alles, was da kreucht und fleucht (z.B. Ratten, Frösche, Kaninchen usw.) über die Menschheit herfällt. Doch wie so oft, erreichen nur wenige Filme die Klasse des Vorbilds. *Die Vögel* war Alfred Hitchcocks teuerster und aufwendigster Spielfilm:»Der Film hat mehr als 1400 Einstellungen, rund das Doppelte eines durchschnittlichen Hitchcock-Films, davon 371 Trickaufnahmen verschiedener Art, hauptsächlich in der zweiten Hälfte, wenn die Vögel zum Angriff übergehen. Viele Einstellungen mußten immer wieder durch Mehrfachbelichtungen und optische Kombinationen überarbeitet werden, bis der gewünschte Effekt eintrat; die allerletzte Einstellung des Films, in welcher die Menschen sich offenbar geschlagen geben und die Welt den Vögeln überlassen, besteht aus nicht weniger als 32 verschiedenen Filmstücken.« (J. R. Taylor, HITCHCOCK) – Die elektronische Hintergrundmusik wurde nach den genauen Angaben Hitchcocks von den Spezialisten Remi Gassmann und Oskar Sala in Deutschland gemixt, elektronisch simuliertes Vogelgeschrei und Flügelschlagen, urwüchsiger als in Wirklichkeit.

Einen ›Gag‹ machte die Produktionsfirma Universal allerdings nicht mit: Hitchcock wollte am Schluß des Filmes den ›Ende‹-Schriftzug aussparen, um auf diese Weise den völlig offenen Ausgang zu unterstreichen. Damit das Publikum nicht völlig die Orientierung verlor, bestand die Universal darauf, den Schriftzug einzublenden. Im Gegensatz zu sonstigen Hitchcock-Filmen hielten sich die Filmkritiker diesmal mit Lobeshymnen sehr zurück: Phantastik war noch nicht angesagt. Allenfalls die Vögel selbst und die Spezialeffekte wurden gefeiert. Trotzdem wurde der Film einer der größten Publikumserfolge.

Ⓑ Daphne Du Maurier: THE APPLE TREE, London 1952; auch unter dem Titel THE BIRDS, Harmondsworth/Middlesex 1963

Vom Teufel gezeichnet
(THE SNAKE WOMAN). GB 1960. *R* Sidney J. Furie. *B* Orville B. Hampton. *K* Stephen Dade. *M* Buxton Orr. *D* John McCarthy (Charles Prentice), Susan Travers (Atheris), Geoffrey Danton (Colonel Wynborn), Arnold Marle, John Cazabon, Elsie Wagstaff, Frances Bennett. 68 Min.
Nach Experimenten mit Schlangen bringt die Frau eines *mad scientist* ein sonderbares Baby zur Welt: Es hat kaltes Blut, vermag seine Augen nicht zu schließen, zischt wie eine Schlange und sondert Gift ab. Erst nach 20 Jahren kann das Mädchen – inzwischen zu einer Art weiblicher Tarzan herangereift und mit der Fähigkeit versehen, sich jederzeit in eine Kobra zu verwandeln – zur Strecke gebracht werden. – Kommentar überflüssig.

Von Haut zu Haut
BRD 1969. *R* John Scott (Hans Schott-Schöbinger). *B* M. W. Garden/Arnulf Mann. *K* Hans Matula. *M* Hans Hammerschmidt. *D* Dagmar Lassander (Karen), Sophia Kammara (Nicki), Barbara Zimmermann (Bonnie), Rudolf Forster (Trödler), Christian Ghera (Jerry), Andreas Fricsay (Polawski), Richard Bohne (Leeb), Wolf Parr (Unbekannter). *F* 73 Min.
Zwei Schwestern, die offenbar miteinander in telepathischer Verbindung stehen, begegnen mysteriösen, undurchsichtigen Gestalten, bis eine von beiden ermordet in einem Steinbruch aufgefunden wird. – Konfuser Psi-Quatsch. Ist es ein SF-, Horror- oder Sex-Film.

W

Wächter der Zukunft
Anderer Titel für **Time Guardian** –
Wächter der Zukunft

Waffe des Teufels
(LE TOUBIB). Frankreich 1979.
R Pierre Granier-Deferre. *B* Pascal
Jardin/Pierre Granier-Deferre. *LV* Jean
Freustié. *K* Claude Renoir. *M* Philippe
Sarde. *D* Alain Delon (Jean-Marie
Duprés), Véronique Jeannot
(Harmonie), Bernard Girardeau
(François), Francine Berge (Marcia),
Michel Auclair (Chef), Catherine
Lachens (Zoa), Bernard Le Coq
(Jérôme), Henri Attal (Soldat), Peter
Bonke (Kapitän), Sophie Deschamps,
Sylvia Herbert, Dominique Lablanche,
Sylvie Meyer, Philippe Lamendin, Jean-
Pierre Bacri. *F* 95 Min.
Groschenheftromanze zwischen Arzt und
Krankenschwester vor dem Hintergrund
eines mit allen technischen Raffinessen
perfekt geführten Krieges, der sich im
Jahre 1993 völlig weltfremd auf den
Schauplatz Europa beschränkt. »Ein for-
mal reizloser Film..., bleibt... romanti-
sierend harmlos an der Oberfläche.«
(Roswitha Schnabel, FILMDIENST) –
»Selbst verkohlte Leichen (machen sich)
nett und adrett in einer Landschaft aus, in
der nicht das Blut der Soldaten, sondern
das Rot des Klatschmohns den Ton an-
gibt.« (J.-M. Thie, FILMBEOBACHTER) –
Anderer Auffassung ist Rein A. Zonder-
geld in seiner umstrittenen Alain-Delon-
Biographie:»Eindringlich-poetischer Antikriegsfilm..., (der) Delon zu einer der
intensivsten Darstellungen der enttäuschenden Spätphase an(regt).« (ALAIN
DELON, SEINE FILME – SEIN LEBEN).
Ⓥ Taurus

Wahnsinns-Trip
(CLASS OF NUKE 'EM HIGH 2).
USA 1990.
R Eric Louzil. *B* Lloyd Kaufman/Carl
Morano/Matt Unger/Eric Louzil/Marcus
Roling/Jeffrey W. Sass. *K* Ron
Chapman. *SpE* Brett Piper/Alex Pirnie.
M Bob Mithoff. *D* Brick Bronski
(Roger Smith), Lisa Gaye (Prof. Holt),
Leesa Rowland (Victoria), Scott
Resnick (Deonaro), Shelby Shepard
(Prof. Jones). *F* 92 Min.
In einem AKW in New Jersey züchten
›Professoren‹ weibliche Subhumanoide
(= Untermenschen), die einen zweiten
Mund im Nabel haben, nicht lieben, aber
vögeln können sich hin und wieder in
Schleim verwandeln. Ein Journalist rettet
seine subhumanoide Braut aus den Fängen der Wissenschaftler und dem Chaos,
das ein Riesen-Eichhörnchenmutant anrichtet – oder so ähnlich. – »Michael Herz
und Lloyd Kaufman [die Produzenten...]
verdienen sich goldene Zähne an
Schwachsinnigen, die sich durch ihre faule Tour vernebeln lassen... *Wahnsinns-
Trip* stellt die Spitze des Unvorstellbaren
dar. Amerikanische Beach-Girls und Piz-
za-Boys setzen sich in Szene, finden es
ganz toll, sich völlig dem Beknacktentum
hinzugeben. Sind wir nicht wieder toll
aufgedreht heute!« (Thomas Schweer,
SPLATTING IMAGES). – Nur auf Video.
Ⓥ VPS

Wahre Männer
(REAL MEN). USA 1987.
R Dennis Feldman. *B* Dennis Feldman.
K John A. Alonzo. *M* Miles Goodman.
D James Belushi (Nick Pirandello),
John Ritter (Bob Wilson), Barbara
Barrie (Mom), Bill Morey (Cunard), Iva
Andersen (Dolly), Gail Berle (Sherry),
Mark Harrier (Bradshaw), Matthew
Brooks (Bob jr.). *F* (96) 82 Min.
Nick Pirandello, der beste Mann des Se-
cret Service, erhält den Auftrag, Außerir-
dischen ein Glas Wasser zu übergeben.
Im Gegenzug bewahren sie die Erde vor
einer globalen Umweltkatastrophe. In
fünf Tagen muß Nick zusammen mit dem

ihm zur Seite gestellten Spießer Bob Wilson Washington erreichen. KGB und CIA sind ihnen auf den Fersen, und damit die Reise auch Pep hat, werden sie in wilde Schießereien verwickelt, lernen Nicks transsexuellen Vater kennen und treffen auf CIA-Spezialisten, die – um nicht erkannt zu werden – als Clowns agieren. Der coole Nick verliert sein Herz an eine Provinzschönheit, die sich als Domina entpuppt, und Bob entwickelt ungeahnte Kräfte. Sie treffen die Außerirdischen und wickeln den Handel ab. – In der ersten Hälfte sieht man amüsiert zwei guten Komikern beim trockenen Schlagabtausch zu. Der Rest ist überdreht und versponnen. Ⓥ Warner

The War Game
(THE WAR GAME). GB 1966.
R Peter Watkins. *B* Peter Watkins.
K Peter Bartlett. *Ma* Lilias Munro.
D Michael Aspel, Dick Graham (Berichterstatter), Laien.
48 Min. (fiktiver Dokumentarfilm).
Nach der Verschlechterung der internationalen Beziehungen ist die Krise da! Die UdSSR sperrt gemeinsam mit der DDR den Zugang nach West-Berlin. Damit will sie die USA zwingen, auf den Einsatz von Atomwaffen gegen chinesische Invasionstruppen in Südvietnam zu verzichten. Die USA geben ihre taktischen Atomwaffen für die NATO frei. Eine große Anzahl von Mittelstreckenraketen mit Atomsprengköpfen wird in ganz Westeuropa abschußbereit in Position gebracht. Die Russen kommen einem Atomschlag zuvor, indem sie ihre Raketen auf militärische Ziele in Westeuropa und auf Flugplätze in Großbritannien abfeuern. Der Film setzt zwei Tage vor der Stunde X ein; er spielt in der Grafschaft Kent, die als Evakuierungsgebiet für den Fall einer nuklearen Attacke auf Großbritannien gilt. Hier sollen die einschlägigen Vorbereitungen organisiert, die Evakuierten aufgenommen und betreut werden. Der Zuschauer erlebt die Explosionen dreier Atombomben am Rande einer englischen

Stadt mit, die im Zivilschutzgebiet von Kent Menschen und Häuser durch Hitze- und Druckwellen, Feuerstürme und radioaktiven ›Fallout‹ vernichten. Es folgen die ersten 48 Stunden nach der Katastrophe. Man bemüht sich, geeignete Maßnahmen zu ergreifen, mit den schrecklichen Gegebenheiten fertig zu werden. Die Toten müssen identifiziert, die Strahlenwirkung in den umliegenden Gebieten festgestellt werden. Die Straßen sind von Leichen verdeckt. Rußgeschwärzte und verbrannte Schwerverletzte schreien um Hilfe, doch ärztliche Hilfe kommt in der Regel zu spät, ist machtlos. Verbrannte dritten Grades erhalten von der Polizei den Gnadenschuß. Leichen werden mit Flammenwerfern verbrannt. Feuerwehrleute werden in die entstehenden Feuerstürme gerissen. Nahrungsmittel werden knapp, weil sie verseucht sind. Panik entsteht. Einen Monat nach dem Angriff hat sich die Lage noch nicht gebessert, im Gegenteil: Ein Großteil der Bevölkerung ist durch den Schock völlig apathisch. Von Nahrungs- und Wasserknappheit ausgezehrt, greifen die Menschen die wenigen Lebensmitteldepots an, schrecken selbst vor Mord am Wachpersonal und an Polizisten nicht zurück. Die Regierung ordnet daraufhin an, die Plünderer standrechtlich erschießen zu lassen. Wichtige Dienstleistungsbetriebe brechen zusammen, Krankheit und Seuchen machen sich breit, durch Radioaktivität gehen immer mehr Menschen elendig zugrunde. Die Überlebenden beneiden die Toten. Am Ende des Films versuchen übriggebliebene Menschen, in einer radioaktiv verseuchten Welt Weihnachten zu feiern. – Dieser Film wurde im Auftrag der BBC hergestellt, die dann auf eine Ausstrahlung verzichtete, weil das Resultat ihre Erwartungen *übertraf*. Deshalb gelangte *The War Game* zum Kinoeinsatz. Seine Auszeichnungen sprechen für sich: Oscar 1966 für den besten Dokumentarfilm; Großer Preis der Vereinten Nationen. Kinoeinsatz in der BRD erst 1971 (Prädikat: Besonders wertvoll). – »Man könnte es frivol und anmaßend nennen, wenn ein Regisseur glaubt, die Schrecken eines Atomkrieges in Szene setzen zu können. Auf Peter Watkins trifft dieser Vorwurf nicht zu, weil er nicht irgendein utopisches Spiel inszeniert, sondern nur das nachgebildet hat, was aufgrund der Bombardierungen von Dresden, Hamburg, Hiroshima und Nagasaki und den Atomtests in Nevada sowie aus Angaben kompetenter Wissenschaftler bekannt ist. Obwohl der ganze Film Fiktion ist, kann man sich diesen Bildern nicht entziehen, sie gehen einem unter die Haut und auf die Nerven. Daß der Film nicht nur eine Horrorstunde bedeutet, sondern zu einem quälenden Erlebnis wird, liegt an der intelligenten Methode, mit der Watkins seinen Stoff gestaltete, indem er dem Film die Form einer Fernsehreportage gab, in die Dokumentation und Interviews eingeblendet sind. Eine nüchterne Stimme informiert und kommentiert das Geschehen wie ein Nachrichtensprecher des Fernsehens. Auf diese Weise gelingt es, den Zuschauer in die Ereignisse einzubeziehen, ihn zu einem Augenzeugen zu machen, der den Dingen fast unerträglich nahe ist. Verstärkt wird dieser würgende Griff durch die Art der Kameraführung, die Bildfetzen und -fragmente einer unspielbaren Wirklichkeit auf die Leinwand wirft. Gegen Ende des Films heißt es: ›Der A-Waffen-Vorrat der Welt hat sich in den letzten fünf Jahren verdoppelt, und er entspricht einer Menge von 20 Tonnen Sprengstoff auf jeden Mann, jede Frau und jedes Kind! Und dieser Vorrat wächst ständig. – Über die A-Waffen... herrscht fast totales Schweigen... Es besteht immer Hoffnung, jeder Situation Meister zu werden. Aber kann man wirklich Hoffnung im Schweigen finden?‹ Watkins will mit seinem Film das Schweigen brechen, will aufrütteln und zu einer politischen und moralischen Stellungnahme auffordern... Watkins Film zeigt, daß der Mensch weder praktisch noch geistig auf die Realität des Atomkrieges vorbereitet ist... Er wollte mit seinem Film dazu bei-

tragen, daß sich alle Menschen der ungeheuren Gefährdung durch die Bombe bewußt werden und daß sie deshalb versuchen, eine atomare Apokalypse zu verhindern.« (FILMDIENST) Nach zwanzig Jahren hat der Film nichts von seiner Aktualität eingebüßt. »Wer diesen Film gesehen hat, wird wohl kaum umhinkönnen, jede weitere Aufrüstung als den totalen Wahnsinn zu erkennen.« (THE WHOLE BLACK HOLE) – »Wenn unser Leben von einem System abhängt, das eine solche Kritik nicht ertragen kann, helfe Gott uns allen.« (Peter Watkins) Ⓑ Peter Watkins: THE WAR GAME, London 1967

War Games – Kriegsspiele
(WAR GAMES). USA 1982. *R* John Badham. *B* Lawrence Lasker/ Walter F. Parkes. *K* William A. Fraker. *SpE* Joe Digaetano. *M* Arthur B. Rubinstein. *D* Matthew Broderick (David Lightman), Dabney Coleman (McKittrick), John Wood (Stephen Falken), Ally Sheedy (Jennifer), Barry Corbin (Gen. Beringer), Juanin Clay (Healy), Kent Williams (Cabot), Dennis Lipscomb (Watson). *F* 113 Min.
David, 17 Jahre, Computerfreak, übt sich als Hacker. Er hat es auf den Rechner einer Spielzeugfirma und deren neue Videospiele abgesehen, gerät aber durch Zufall in den Speicher des Militärcomputers WOPR (War Operation Plan Response) des amerikanischen Verteidigungszentrums NORAD. WOPR wird ständig mit Informationen über die militärischen Gegner versorgt, kalkuliert alle möglichen Eventualitäten durch und ›entscheidet‹ über Gegenmaßnahmen: Ein auf Vergeltungsschläge – auch präventive – getrimmtes Superhirn, das nicht verlieren kann und menschliches Versagen im Ernstfall ausschließen soll. Im Glauben, den Code der Spielzeugfirma geknackt zu haben, worauf das ›Angebot‹ Schach, Dame und einige strategische Kriegsspiele hindeutet, entscheidet sich David für das Spiel ›thermonuklearer Vergeltungs-

The only winning move is not to play:
Dabney Coleman (l.) in *War Games – Kriegsspiele* von John Badham

schlag‹. Er simuliert einen Angriff der
Sowjets, was im Verteidigungszentrum
sofort Alarm auslöst. Die Fangschaltung
überführt den ›Programmierer‹, und David wird verhaftet. Als einziger erkennt er
jedoch, daß der Computer sein Spiel fortsetzt und folgerichtig bald die Raketen abfeuern wird, so daß ein Atomkrieg unausweichlich erscheint. Bis die Militärs die
wahre Sachlage erkennen, ist es (fast) zu
spät. Die Sicherheitsvorkehrungen des
Rechners lassen keinen menschlichen
Eingriff zu. Die rettende Idee ist die Ein-
speisung eines einfachen Kinderspiels,
das sich mit Logik nicht gewinnen läßt.
WOPR spielt seine Chancen durch, verwendet das soeben Gelernte auf seine anderen Programme und kommt dann zum
rettenden Ergebnis: ›Der einzig gewinn-
bringende Zug ist, nicht zu spielen!‹
Nicht Menschen-Verstand, sondern Ma-

schinen-Kalkül verhindert das Schlimm-
ste. – Es rauschte im Blätterwald, als *War
Games* das Licht der Leinwand erblickte.
Jede Zeitung, die etwas auf sich hielt –
also jede –, berichtete spaltenweise über
Inhalt und Denkansatz der Produktion,
die Verquickung von Computer- und
Atomkriegsängsten. »*War Games* erregte
in Amerika die Gemüter, provozierte
Stellungnahmen von Politikern und Militärs«, wußte DIE ZEIT zu vermelden.
»Während der Kommandant der nord-
amerikanischen Verteidigung (NORAD),
Brigadegeneral Thomas C. Brandt, seine
Überzeugung kundtat, nie könne in Wirklichkeit geschehen, was im Film gezeigt
wird, äußerte sich der ehemalige amerikanische Verteidigungsminister Alexander
Haig vom Gegenteil überzeugt. Er sprach
allerdings nicht nur als Militärexperte,
sondern auch als Vorstandsmitglied von

Metro-Goldwyn-Mayer/United Artists. *War Games* ist ein Produkt dieses Studios.« Wie dem auch sei, Hollywood verstand es schon immer, seine Nase im Trend zu halten. Mit *War Games* bringt es die Traumfirma tatsächlich fertig, die Angst rund um die Bombe in einen sauberen Familienspaß einzubauen, in dem bis auf die Militärs alle Beteiligten so klinisch rein sind, daß alles andere als ein gutes Ende schon eine Sensation bedeuten würde. Eine Geschichte aber, die zum Nachdenken anregt, wenn eine technologiehörige Gesellschaft ihre Zukunft einem Rechensystem überantwortet, das sämtliche Probleme, ob Schachspiel oder Atomkrieg, für rechnerisch lösbar hält.»Regisseur John Badham... verpackt seine bittere Botschaft in eine tempo- und trickreiche Handlung und springt geschickt zwischen Davids Bastelkammer und der unterirdischen NORAD-Zentrale hin und her, damit das blinde Vertrauen in die ›Weisheit‹ der Elektronik karikierend. Mit der rigorosen Parallel-Montage dämmert einem die Erkenntnis, daß sich alle – ob Jugendliche oder Erwachsene, ob Schüler oder Militärs – von der Magie des ›Spielzeugs‹ verführen lassen – weil es die Natur überlistet hat. Denn so einfach das Grundprinzip des Computers sein mag, die Tatsache, daß er 100 000mal schneller als das Gehirn arbeitet und imstande ist, im Zeitraum einer Minute Kalkulationen vorzunehmen, die das Gehirn zehn Wochen lang beschäftigen würden, übersteigt letztlich die Glaubwürdigkeit; nur das Ergebnis zählt, und das ist nicht nur stichhaltig, sondern auch wie von Zauberhand blitzartig präsent... Die Problematik des Computers und seine zweifelsfreie magische Aura verwebt Badham geschickt zu einem furiosen Reißer. Da gleitet die Kamera immer wieder um die Computer-Bank oder fährt durch die riesigen Speicherhallen – als befände man sich in einem futuristischen Amphitheater, in dem eine Art Bandwurm höherer Gattung lautlos die Lebenskräfte menschlicher Intelligenz in sich hineinfrißt... Nicht zufällig wirkt die NORAD-Zentrale zuweilen wie eine riesige Computerspielhölle, in der nur noch Elektronik-Freaks an Hebeln, Schaltern und Knöpfen herumfuhrwerken. Da mag am Film manches ungereimt sein..., doch beunruhigend irritierend bleibt der ›Computer-Thriller‹. Ein publikumswirksamer Film gewiß, aber ohne die ernsthafte Problematik an allzu billige Effekthascherei zu verraten.« (Wolfram Knorr, DIE WELTWOCHE) Ⓥ Warner Home Ⓑ David Bischoff: *War Games,* München 1983

War Lords – Die Zerstörer der Zukunft

(WAR LORDS). USA 1988. *R* Fred Olen Ray. *B* Scott Ressler. *K* Laszlo Regos. *Ma* John Nolan. *M* William Belote. *D* David Carradine (Dow), Sid Haig (Warlord), Ross Hagen (Beaumont), Fox Harris (Col. Cox), Robert Quarry (Dr. Mathers), Brinke Stevens (Mrs. Dow), Victoria Sellers (Mädchen), Dawn Wildsmith (Danny). *F* 82 Min.
Amerika putt (Atomkrieg). Der Klon-Krieger sucht seine Frau, die der ›Warlord‹ entführt hat. Der Zufall stellt ihm die freche Schlägerin Danny zur Seite. Mit ihr prügelt er an jeder Ecke lauernde Mutanten und vernichtet den Warlord. Dann sinken sie einander in die Arme und lebten glücklich und zufrieden, bis an ihr Lebensende. – »Der Film ist gnadenlos billig gedreht, die Kampfszenen sind so grausam dilettantisch, daß man Carradines todernste Schauspielerei bewundern muß, mit der er hartnäckig am mächtigen Busen von Danny vorbeischaut und Dialoge der Dummklasse 6 zu absolvieren hat... Zwischen all den geklauten Versatzstücken, den Finstermännern mit Hang zur Folter, den kreischenden Mädchen und den dummen Mutanten... breitet sich der Corman-Charme eines Trash-Pictures aus, das nur gedreht wurde, um Geld zu verdienen und dabei so fröhlich hingeschludert wurde, daß garantiert kein Geld

damit zu verdienen war.« (Alex Coutts, ULTIMO). – Nur auf Video. Ⓥ VPS

Warnzeichen Gen-Killer
(WARNING SIGN). USA 1985.
R Hal Barwood. *B* Hal Barwood/ Matthew Robbins. *K* Dean Cundey. *SpE* K. Kevin Pyke. *M* Craig Safan. *D* Sam Waterston (Cal Morse), Kathleen Quinlan (Joanie Morse), Yaphet Kotto (Connolly), Jeffrey De Munn (Dan Fairchild), Richard Dysart (Dr. Nielsen), G.W. Bailey, Jerry Hardin, Cynthia Carlé, Scott Paulin, Kavi Raz, Keith Szarabajka. *F* 99 Min.
Ein Chemieforschungszentrum sucht nach todbringenden Bakterien. Fündig geworden, zertritt ein Schussel ein Reagenzglas. Die unsichtbaren Killer breiten sich aus und machen aus Infizierten blutrünstige Monster. Das Labor wird abgeriegelt, doch der Polizist Cal dringt ein, um seine Frau zu holen. Ein ehemals dort tätiger Professor, der ihn begleitet, infiziert sich und bastelt ein Gegenmittel, womit er die anderen rettet. Doch Cals Frau war von den Bakterien gar nicht bedroht: eine schwangerschaftsbedingte Überproduktion von Östrogen hat sie immun gemacht. – »Auch in diesem Katastrophenreißer bestimmen die Primitivmuster des Laborkintopps die simple Spannung, obwohl die teuflisch aktuell ist... Die anfallende Quarantäne-Panik wird mit Heldenliebe aufgesülzt und der Realitätsansatz im Horrorgemetzel verwurstet. So ist's halt nur ein kleiner Bakterienschocker für den schnellen Action-Konsum.« (AZ). – »Fürchterlich schlechter Reißer über die Gefahren biologischer Kampfmittel, die die USA in das Land der lebenden Toten verwandelt. Das Ziel ist Hochspannung, das Ergebnis tödliche Langeweile.« (VARIETY).
Ⓥ CBS/Fox

Warum bellt Herr Bobikow?
(CUORE DI CANE).
Italien/BRD 1975.
R Alberto Lattuada. *B* Alberto Lattuada/ Viveca Melander. *LV* Michail Bulgakow. *K* Lamberto Caimi. *M* Piero Piccioni. *D* Max von Sydow (Prof. Preobrazenski), Eleonora Giorgi (Zina), Mario Adorf (Bormental), Cochi Ponzoni (Bobikow), Gina Rovere (Daria), Vadim Glowna (Schwonder), Rena Niehaus (Zoja), Enzo Robutti (Mutander), Adolfo Lastretti (Richter), Violetta Chiarini (Wiazemskaja), Amerigo Tot (General), Pietro Tordi (Kommissar). *F* 113 Min.
1925 in Moskau: Ein Straßenköter namens Bobi, dem es ziemlich dreckig geht, wird von dem Wissenschaftler Preobrazenski aufgelesen und gepflegt. Als Bobi wieder gut im Futter steht und den Forscher, dessen Assistenten Bormental und das Hauspersonal liebgewonnen hat, benutzt man ihn zu einem wissenschaftlichen Experiment. Preobrazenski pflanzt ihm menschliche Drüsen und Organe ein. Bobi fängt an, sich in einen richtigen Menschen zu verwandeln. Er redet, kleidet sich ein und trägt von nun an den Namen Bobikow. Dennoch kann er sein hündisches Erbe nicht ganz verleugnen: Er haßt Katzen und benimmt sich wie ein Straßenköter, denn er flucht und bedient sich alsbald der Moskauer Bürokratie, um Preobrazenski, der eh schon Schwierigkeiten mit ihr hat, hereinzulegen. Als Bobikow schließlich sogar Chef aller Moskauer Hundefänger wird und den Professor konterrevolutionärer Umtriebe beschuldigt, platzt dem Gelehrten der Kragen: Bobikow muß wieder zu Bobi werden – nur eine Rückoperation kann ihn von dem gemeinen Quälgeist befreien. Aber das ist nicht so einfach, wie man es sich vorstellt...
Ⓑ Michail Bulgakow: *Hundeherz*, Neuwied 1968

Warum die UFOs unseren Salat klauen
BRD 1979.
R Hans Jürgen Pohland. *B* Hans Jürgen Pohland. *K* Atze Glanert. *M* ›Kraan‹. *D* Tommy Piper (Peter MacDonald),

Hildegard Knef (seine Mutter), Ursula Monn (Monika), Günter Pfitzmann, Raimund Harmstorf, Gerd Duwner, Curd Jürgens, Pavla Ustinov, Henning Venske, Kurt Raab, Alexander Kerst, Ilse Pagé, Jan George, Beate Hasenau, Herbert Weissbach. *F* 91 Min.

Peter, der Sohn einer Nobel-Nutte, aufgewachsen auf dem Lande in Bayern, kann an der Züchtung seines Supersalats keine rechte Freude finden, weil alle Supermächte »von Jimmy Maus bis zu den grünen Männchen vom anderen Stern – hier ist Curd Jürgens in einer antennentragenden Rolle zu sehen –, Wirtschaftsbosse und Geheimagenten« (FILMBEOBACHTER) das energiegeladene Grün für sich haben wollen. Das alles spielt in Berlin, um sich bloß nicht die Förderung durch den Berliner Senat entgehen zu lassen. Ⓑ Mike Hunter *(Checkpoint Charlie oder Das Chaos schlägt zurück)*

Was für ein Genie
(REAL GENIUS). USA 1985. *R* Martha Coolidge. *B* Neal Israel/Pat Proft/Peter Torovkei. *K* Vilmos Zsigmont. *SpE* Philip C. Corey/Ron Cobb. *M* Thomas Newman. *D* Val Kilmer (Chris Knight), Gabe Jarrett (Mitch Taylor), Michelle Meyrink (Jordan Cochran), William Atherton (Prof. Jerome Hathaway), Patti D'Arbanville (Sherry Nugil), Jonathan Gries (Kent), Robert Prescott, Louis Giambalvo, Ed Lauter, Stacy Peralta, Daniel Addes, Andres Aybar. *F* 106 Min.

An einer Schule für geniale Fachidioten werden sogenannte Einsteins vom korrupten Professor Hathaway beauftragt, einen starken Laser zu entwickeln. Hathaway ist im Auftrag des Pentagons tätig, das mit dem Laser unbequeme Personen vernichten will. Die Erbauer Chris und Mitch erkennen im letzten Moment den Zweck des Projekts. Ihrer Verantwortung der Welt gegenüber bewußt geworden, manipulieren sie den Testversuch. Der Laserstrahl verfehlt die Testobjekte und zielt auf

Hathaways Haus. Hier haben Chris und Mitch unter einer Aluminiumfolie Unmengen von Mais gelagert. Durch die Hitze entsteht so viel Popcorn, daß das Haus zusammenbricht. Danach hat das Pentagon genug von Hathaways Erfindungen. – »Einen Tick besser als der übliche Mist. Die Regisseurin umschifft augenzwinkernd die Klippen des oberdoofen Plots.« (VARIETY). Ⓥ RCA/Columbia

Was kommen wird
(THINGS TO COME). GB 1936. *R* William Cameron Menzies. *B* William Cameron Menzies/H.G. Wells. *LV* H. G. Wells. *K* George Perenal. *SpE* Ned Mann/Lawrence Butler/Edward Cohen/Harry Zech/Wally Veevers/Russ Jacklin. *M* Arthur Bliss. *D* Raymond Massey (John Cabal/Oswald Cabal), Edward Chapman (Pippa Passworthy/Raymond Passworthy), Ralph Richardson (Rudolph), Margaretta Scott (Roxana/Rowena), Cedric Hardwicke (Theotocopulos), Marice Braddell (Dr. Harding), Sophie Stewart (Mrs. John Cabal), Derrick de Marney (Richard Gordon), Ann Todd (Mary Gordon), Pearl Argyle (Catherine Cabal), Kenneth Villiers (Maurice Passworthy), Ivan Brandt (Morden Mitani), Anne McLaren (Kind), John Clements (Pilot), Abraham Sofaer (Jude), Patricia Hillard (Janet Gordon), Charles Carson (Urgroßvater), Patrick Barr (Beamter), Anthony Holles (Simon Burton), Allan Jeayes (Großvater Cabal), Pickles Livingston (Horrie Passworthy), George Sanders (Pilot), Paul O'Brien. 113 Min.

Im Jahr 1940 bricht der Zweite Weltkrieg aus, der nicht weniger als 26 Jahre dauert. Der Einsatz von Giftgasbomben hat dazu geführt, daß die menschliche Zivilisation nahezu vernichtet ist: In der fiktiven Stadt Everytown leben die Menschen wie Ratten in den Ruinen, während der Diktator Rudolph von seinen Leuten jeden umbringen läßt, der an der ›schleichenden

Wider das deutsche Kuddelmuddel:
Plakat zu *Was kommen wird*

Krankheit‹ leidet, die das Giftgas hervorgerufen hat. Als Rudolph glaubt, die
Krankheit ausgerottet zu haben, will er
die alten Verhältnisse erneut aufleben lassen, seinen Machtbereich ausdehnen und
die Bergvölker unterwerfen. Der Flug-
zeugkonstrukteur John Cabal, der schon
in den späten dreißiger Jahren vor einem
kommenden Weltkrieg gewarnt hat,
nimmt ihm jedoch mit Hilfe einiger Piloten, die den Krieg auf einem Fliegerhorst
in Basra überstanden haben, das Zepter
aus der Hand und verkündet, daß die
Menschheit einen friedlichen Weg der
Entwicklung einschlagen wird. – Im Jahre
2036 ist aus der Ruinenlandschaft von
Everytown ein blühendes, technologisch
ausgereiftes Gemeinwesen geworden.
Geleitet wird es von Oswald Cabal, einem
Nachfahren Johns. Als der Bildhauer
Theotocopulos eine Revolte anzettelt,
weil er glaubt, es sei des technischen Fortschritts nun genug, kann Owald Cabal ihn
stoppen und sein letztes Großprojekt in

Angriff nehmen: den Start einer Rakete
zum Mond. An Bord befinden sich sein
Sohn und Theotocopuls' Tochter, die eine
neue Ära der irdischen Entwicklung einleiten sollen. – H. G. Wells hatte 1927 in
der FRANKFURTER ZEITUNG den eben ur-
aufgeführten Film *Metropolis* in Bausch
und Bogen verrissen und ihn als töricht-
sten Film überhaupt bezeichnet, als unge-
wöhnlichste Konzentration von »Dummheit, Klischee, Plattheit und Kuddelmuddel über technischen Fortschritt«. Einige
Jahre später gab ihm Produzent Alexander
Korda Gelegenheit, seine eigenen Zu-
kunftsvorstellungen filmisch aufzuberei-
ten. In der englischen SF-Literatur hatte
sich die Idee durchgesetzt, Science Fiction als ein Genre zu betrachten, in dem
man über die Erhaltung des Friedens und
die Möglichkeiten neuer Technologien
und neuer gesellschaftlicher Organisa-
tionsformen reflektieren sollte. H. G.
Wells gehörte zu den Vertretern einer
»positivistischen, technokratisch-soziali-

stischen Utopie, die heute wohl längst zu den Akten der Geschichtsphilosophie gelegt ist, damals aber doch eine Reihe von engagierten Anhängern hatte«. (Georg Seeßlen, KINO DES UTOPISCHEN) – Die Menschen der Zukunft würden sich nach Wells nicht als Telegraphenmasten verkleiden, sie würden nicht aussehen, als träten sie gerade aus einem Schaltraum. Sie würden auch nicht in glänzende Zellophankleider gestopft, in Kristallglocken oder Aluminiumkesseln herumspazieren. Kraftstrotzende Gladiatoren seien fehl am Platze. In der technisch ganz durchorganisierten Zukunftswelt sollte jeder mehr Zeit und mehr Würde haben. Alles sollte weitläufiger sein, technischer, größer, aber niemals monströser, menschenfeindlicher. Mit allen Mitteln versuchte Wells, seine Ideen in dem Film durchzusetzen. Mehrmals mußte das Drehbuch umgeschrieben werden. Doch am Ende merkt man es dem Film an, wie wenig Wells' abstrakte Prognosen in eine filmgerechte Erzählstruktur und Handlungsführung übertragen werden konnten:»So ist der Schnitt nicht der Handlung gemäß gestaltet, sondern dem Ideenpotential nach, was zu mehreren Brüchen nicht nur innerhalb der gesamten Handlungsführung, sondern auch in einzelnen Szenen führt.« (FILM-DIENST) – Das lag sicher zum einen an der geringen Filmerfahrung, die Wells mitbrachte, zum anderen aber auch, weil er, im Gegensatz zu seinen früheren handlungsorientierten Romanen, Literatur und Film jetzt als Forum politischer Aussagen ansah. So hält sich aus heutiger Sicht, was die Aussage des Films betrifft, Richtiges und Falsches verwegen die Waage.»Verwegen in ironisierendem Sinne deshalb, weil die falschen Tips bisweilen nicht nur falsch, sondern auch treuherzig sind. Etwa wenn nach dem Ende des großen Krieges die Menschen nicht heruntergekommen, sondern eher wie kostümiert (!) wirken – wie Filmkomparsen, die nun einmal tüchtig Weltniedergang spielen und dabei, angetan mit abenteuerlichen Tierfellen, nicht wie Kriegs-Überleben-

de, sondern wie Neandertaler wirken.« (FILMBEOBACHTER) – In vielen Prognosen ist der Film von der Realität überholt worden. Die Warnung vor Kapitalismus, Militarismus, vor allem die Darstellung des Krieges sind vom realen Schrecken des Zweiten Weltkriegs um ein Vielfaches übertroffen worden; der Mondflug hat bereits stattgefunden. Wells wollte einen optimistischen Ausblick auf die Zukunft geben. Unbewußt ist ihm das Gegenteil gelungen: Seine Vision, in der die Wissenschaftler zum Segen der Menschheit herrschen, führt »zu einer letztlich menschenfeindlichen Superzivilisation, die George Orwells *1984* und Aldous Huxleys *Schöne neue Welt* ahnen läßt. Die Glorifizierung dieses technokratischen Staats- und Herrschaftssystems weist in gefährlicher Weise faschistische Elemente auf. Genauso wenig verschwendet der Film Gedanken an die Konsequenzen seiner ideal vorgestellten Freizeitgesellschaft, in der das Leben des Menschen verlängert wird und Künstler eine Art Hofnarren darstellen, die ansonsten nur das Volk aufwiegeln gegen einen befohlenen und zwiespältigen Fortschritt um seiner selbst willen.« (FILMDIENST) – Daß der Film trotz seiner inszenatorischen Fehler eine solche Reputation innerhalb des SF-Genres erlangt hat, liegt an seiner Ausstattung und seinen Tricks, die in den 30er Jahren nur noch von *King Kong* übertroffen wurden. »Eine beeindruckende Raumarchitektur mit ungewöhnlichen Perspektiven und gigantischen futuristischen Dekorationen, die von Georges Perinals Kamera wirkungsvoll abgefahren werden, lassen die Bauten als Vorbilder vieler heutiger... Science Fiction-Filme erscheinen. Andererseits verweisen einige der Konstruktionen ihrerseits auf Vorbilder und Parallelen, so die expressionistische Ruinenwelt auf Paul Wegeners *Golem*, die Massenszenen auf die Filme Leni Riefenstahls und die Zukunftsstadt auf Fritz Langs *Metropolis* (!), dessen halluzinatorische Kraft dieser Film nie erreicht.« (FILMDIENST)

Ⓑ H. G. Wells: ›Von Tagen, die da kommen‹, in H. G. Wells, *Stern der Vernichtung*, München 1964

Was morgen geschah
Anderer Titel für **Es geschah morgen**

Watchers
(WATCHERS). USA 1988.
R Jon Hess. *B* Bill Freed/Damian Lee.
K Richard Leiterman. *SpE* Dean
Lockwood. *M* Joel Goldsmith. *D* Corey
Haim (Travis), Barbara Williams
(Nora), Michael Ironside (Lemuel
Johnson), Duncan Fraser (Sheriff
Gaines), Blu Mankuma (Cliff), Dale
Wilson (Bill) Colleen Winton (Deputy
Winton), Graeme Campbell,
Christopher Carey, Dan O'Lowd.
F 90 Min.
Nach einer Explosion in einem Forschungslabor gelingen einem intelligenten Hund und einem genmanipulierten Killermonster die Flucht. Der sogenannte Oxcom steht mit dem Hund, den er jagt, in telepathischem Kontakt. Wohin der Hund auch flieht, Oxcom folgt ihm und tötet instinktiv alle Menschen, die mit ihm Kontakt hatten. Boy Travis findet den Hund und nimmt ihn mit nach Hause. Daraufhin hat er nicht nur den Oxcom, sondern auch den eiskalten Sicherheitsagenten Johnson am Hals. Johnson ist zwar gegen die Genexperimente, will aber alle Spuren beseitigen, wobei er auf der Suche nach Oxcom recht hilflos dasteht. Travis ahnt die Umstände und flieht mit dem Hund in die Berge. In einer Berghütte tötet Travis mit Hilfe des Hundes Johnson und den Oxcom. – »*Watchers* ist ein recht typischer amerikanischer Monsterfilm mit einer effekt-bösartigen Kreatur, hysterischen Frauen und einem jugendlichen Helden. Trotzdem ist der Film sauber und solide inszeniert, mit äußerst überzeugenden Darstellern und gelungenen Effekten. Die Story hinkt hier und da ein wenig und verläßt sich oft auf eingängige Klischees, wird ihrem Anspruch auf Unterhaltung jedoch gerecht.« (Kai Meyer; MOVIESTAR). – Als Bestsellerautor Dean R. Koontz sah, was die Produzenten und Drehbuchautoren aus seinem auf allen Ebenen funktionierenden Thriller gemacht hatten, weinte er bitterlich. That's Hollywood.
Ⓑ Dean R. Koontz: *Brandzeichen*, Wien/Darmstadt 1988
Ⓥ UFA

Watchers 2 – Augen des Terrors
(WATCHERS 2). USA 1990.
R Thierry Notz. *B* Henry Dominc.
K Edward Pei. *M* Rick Conrad. *D* Marc
Singer (Paul Ferguson), Tracy Scoggins
(Barbara White), Jonathan Farewell
(Steve Maleno), Mary Woronov
(Dr. Glatman), Irene Miracle (Sarah
Ferguson), Tom Poster (Außenseiter),
Donald Pugsley (Smith), Joseph Harkin
(Wessen). *F* 87 Min.
Vorgeschichte siehe *Watchers*. – Alles
wie gehabt: Aufgrund eines vom Genforscher Maleno verursachten Unglücks gelingt dem intelligenten Hund Einstein und dem ihm genetisch verwandten Monster Outsider die Flucht aus dem Labor. Einstein schließt sich dem unter Mordverdacht stehenden Paul an. Outsider, telepathisch gelenkt, folgt ihm und hinterläßt eine Menge Leichen. Maleno will seine genetische Schöpfung retten, wird aber selbst zum Opfer. Paul und Einsteins Frauchen Barbara erledigen Outsider auf dem Dach eines Hochhauses. – Der Film, der schon nach einer halben Stunde nichts mehr zu erzählen hat, wird zunehmend unsäglicher und endet, wie er enden muß. – Nur auf Video. Ⓥ RCA/Columbia

Wedlock
(WEDLOCK). USA 1991.
R Lewis Teague. *B* Broderick Miller.
K Dietrich Lohmann. *M* Richard Gibbs.
D Rutger Hauer (Frank Warren), Mimi
Rogers (Tracy), Joan Chen (Noelle),
James Remar (Sam), Stephen
Tobolowsky (Holliday), Basil Wallace,
Grand L. Bush, Denis Forest, Glenn
Plummer. *F* 101 Min.

Nach einem erfolgreichen Diamantenraub wird Frank Warren von seinen Komplizen Sam und Noelle niedergeschossen, kann aber die Beute vorher noch verstecken. Man liefert ihn in das nach seinem sadistischen Direktor benannte Gefängnis Camp Holliday ein, das weder Mauern noch Wächterscharen bedarf, denn die Insassen tragen elektronische Halsbänder, die jeden an einen unbekannten Mitgefangenen ketten. Wer sich über hundert Meter von seinem ›Partner‹ entfernt, dem fliegt der Kopf weg. Holliday, der von Warrens Coup weiß, will das Beuteversteck erfoltern, doch unser Held widersteht. Im Zweikampf mit einem Knastbruder wird Warren krankenhausreif geschlagen. Die unschuldig Einsitzende Tracy flieht mit ihm im Krankenwagen – sie sind ein Paar. Den Fluchtplan hat jedoch Holliday ausgetüftelt, der mit Sam und Noelle an die Beute gelangen will. Tracy, anfangs Teil des Plans, dann auf der ›richtigen‹ Seite, flieht mit Warren durch die Staaten. Noelle erschießt Sam in einer Brauerei, bevor sie und Holliday durch einen Trick Warrens mit den Sprengkapseln der Halsbänder und einem Teil der Beute in die Luft fliegen. Für Warren und Tracy sieht die Zukunft rosig aus. – Der Wedlock-Effekt (das gleiche System war bereits in *Running Man* zu bewundern) wird nur wenig dazu genutzt, um Spannung zu erzeugen. Hauer liefert einen behäbigen Routineakt mit dämlichen Dialogen. – »Genießt die Aussicht, jetzt gibt's nur noch gesiebte Luft« – bei Einfahrt ins Gefängnis. Ⓥ Highlight

Week-End
(WEEK-END).
Frankreich/Italien 1967.
R Jean-Luc Godard. *B* Jean-Luc Godard. *K* Raoul Coutard. *M* Antoine Duhamel; Wolfgang Amadeus Mozart/ Guy Béart. *D* Mireille Darc (Corinne), Jean Yanne (Roland), Jean-Pierre Kalfon (Chef der Befreiungsfront), Jean-Pierre Léaud (Saint Just), Valérie Lagrange (Frau des Chefs), Yves Alfonso (Der Kleine Däumling), Daniel Pommereule (Joseph Balsamo), Blandine Jeanson (Emily Brontë; eine Melomanin), Ernest Menzer (Metzger und Koch der Befreiungsfront), Yves Beneyton (Mitglied der Befreiungsfront), Paul Gégauff (Pianist), Juliet Berto (Mädchen aus dem verunglückten Sportwagen; Mitglied der Befreiungsfront), Virginie Mignon (Marie-Madeleine), Laszlo Szabo (Araber), J. C. Guilbert (Clochard), Anne Wiazemsky (Mädchen auf dem Bauernhof; Mitglied der Befreiungsfront), Michel Cournot (Passant). *F* 103 Min.

Godards Film, laut Untertitel ein ›Film, verirrt im Kosmos‹ und ein ›Film, auf dem Schrotthaufen gefunden‹, liegt zwischen der Schreckensvision und dem Lehrstück, ist Schreckensvision und Lehrstück. Solange der Mensch unfähig ist zu trauern, nachzudenken, solange ihm sein Mitmensch nichts anderes als ein Greuel ist, treibt die Welt ins Chaos. *Week-End* ist das Chaos; *Week-End* ist wie das Zeugnis eines fremden, fernen Sterns (des unseren?). Wir sind das Chaos – ein Trümmerfeld abendländischer Kultur. *Der Anfang:* Der Fahrer eines blau-weißen Mini wird vom Fahrer eines roten Matra wegen einer verbeulten Stoßstange halb totgeschlagen; das alles in extremer Aufsicht und in den Nationalfarben blau-weiß-rot.

Das Vorspiel: Corinne, die Ehefrau, schildert ihrem Liebhaber ausführlich den Hergang einer Orgie zu dritt, an der sie vor kurzem teilgenommen hat. Corinnes Stimme ist zärtlich, das Paar in sanftem Gegenlicht aufgenommen. Die weiche Kameraführung schafft ein erotisierendes Fluidum, doch eben nur ein Fluidum. »Es erfüllt keinen anderen Zweck, als den Appetit auf eine Sache an die Stelle der Sache selbst zu setzen: so wie Reklame selbst schon den Genuß bereitet, den das Produkt in der Regel schuldig bleibt. Der Mann, der sich von seiner Geliebten lieber erzählen läßt, wie es mit den anderen war, als mit ihr zu schlafen, verhält sich nicht anders als der gehorsame Konsument der Reklame- und Kulturindustrie.« (Enno Patalas, FILMKRITIK) – Und Godard verhöhnt den gehorsamen Konsumenten, den Zuschauer. So sehr sich dieser auch bemühen mag, Corinnes Bericht zu hören, er bekommt nur Bruchstücke davon mit, denn immer wieder unterdrückt die einschmeichelnde Begleitmusik die Stimme der Erzählerin.

Das Fundament: Ehemann Roland plant mit seiner Geliebten dasselbe wie seine Frau Corinne mit ihrem Geliebten; beide wollen den angetrauten Ehepartner umbringen, um an das Geld zu kommen, das einstweilen noch dem Vater der Ehefrau gehört. Das gemeinsame Ziel einigt; um die erhoffte Erbschaft zu beschleunigen, wird ein Waffenstillstand beschlossen. Man setzt die Eltern auf die Abschußliste und beginnt mit regelmäßigen kleinen Gifteinheiten. Das Ehepaar Corinne/Roland wird nur noch zusammengehalten durch die Gier nach Corinnes Erbteil, und so machen sie sich an einem Samstag um 10 Uhr vormittags (möglicherweise zum letzten Mal, denn der Vater scheint gestorben) auf den Weg zum elterlichen Wohnsitz nach Oinville. Sie brechen auf zu ihrer Filmreise, einer Odyssee ohne Wiederkehr.

Erster Akt der Schreckensvision:
Wochenendausflugsautomobilismus! »Die Kamera fährt sadistisch langsam eine kilometerlange wartende Autoschlange ab. Man ahnt die Ursache der Stauung, den Unfall, bekommt aber vorerst nur öde und alberne Zeitvertreibe der wartenden Automenschen zu sehen. Die aus der Zivilisation in ein längst illusionär gewordenes Wochenendparadies auszubrechen suchen, sind, wie der Film sogleich demonstriert, Nomaden der Landstraße und vergnügen sich mit nichtigem Zeittotschlagen und in meterweisem Nachrücken, um dem Ausbrecher die Einschleusung in eine zufällige Fahrlücke zu verwehren. Jeder ist jedes Feind, aber alle sind solidarisch gegen den Ausbrecher.«

(Karl Korn, FRANKFURTER ALLGEMEINE ZEITUNG) – Mit abenteuerlicher Rücksichtslosigkeit mogeln sich die Ausbrecher Roland und Corinne mit ihrem Sportwagen schimpfend und auch handgreiflich an der schubweise vorrückenden Autoschlange vorbei, begleitet von wütend gestikulierenden Konkurrenten und mit einem mißtönenden Hupkonzert. »Die Demonstration, wie man erfolgreich vorwärtskommt, ist zweifellos eine der glänzendsten Szenen der modernen Filmgeschichte.« (FILMDIENST) – Am Ende wartet der Tod, ein Unfall als Ursache des Staus: blutige Leichen in Popmanier am Straßenrand, ausgebrannte Autowracks, die üblichen Blinkleuchten der Rettungsfahrzeuge, der technische Rettungsdienst, wo nichts mehr zu retten ist. Dann der Ausbruch der Wagen, sobald sie die Unfallstelle passiert haben. »Fühllos, hemmungslos geht man aufs Gas und rast der Illusion Wochenende nach. Die Zivilisation tabuisiert den Unfalltod – der anderen.« (Karl Korn, FRANKFURTER ALLGEMEINE ZEITUNG) – Noch befinden wir uns in der Ordnung der Uhr-Zeit.

Zweiter Akt der Schreckensvision:
Das Paar geht, um auszuweichen und schneller voranzukommen, auf die Nebenstraßen. Auch hier ein Crash! In einem Dorf Karambolage zwischen einem teuren Triumph und einem Traktor. Ein mit Blutfarbe überschüttetes Mädchen beschimpft den Traktoristen. Ihr kostbarer Sportwagen ist zerstört; ihr reicher Freund fand den Tod. Ihre Logik: Er war jung und reich, folglich hatte er Vorfahrt! Das Ende der Jetzt-Zeit?

Dritter Akt der Schreckensvision:
Unter den schiefen Klängen einer schaurig-schön intonierten Internationale und nach den Schriftinserts ›Fauxtographie‹ (zu deutsch vielleicht ›Beschreibung der Falsch- oder Gegenwelten‹?) und ›Klassenkampf‹ gruppieren sich Bauern und Städter, Fußgänger und Automobilisten, Opfer und Täter zu einem grotesken Familienbild. Das Ausbrecherpaar, das für alle steht, weil alle in der Illusion, ausbre-

chen zu können, weitermachen, geht seinem Untergang entgegen. Spätestens als Corinne und Roland ihren eigenen Wagen zu Schrott gefahren haben, beginnt eine andere Zeitrechnung. »Der Wagen ist hin, Flammen, Leichen am Weg. Explosionen, noch einmal davongekommen. Die beiden, äußerlich bereits kräftig demontiert, des zivilisatorischen Firnis entkleidet, werden, was sie geistig längst waren, Clochards, zu deutsch Gesindel. Sie stampfen los, um wieder flott zu werden.« (Karl Korn, FRANKFURTER ALLGEMEINE ZEITUNG) – Sie kommen in eine andere Welt. Figuren aus der Vergangenheit und der Fiktion begegnen ihnen: Saint Just, der Kleine Däumling, und Emily Brontë im Kostüm der Alice im Wunderland. Das Paar, das immer noch mit allen Mitteln nach Oinville kommen will, räumt die Figuren kaltblütig aus dem Weg; diese tauchen aber nichtsdestoweniger in anderer Gestalt wieder auf: Saint Just als Sportwagenbesitzer, der seiner Freundin mit einem Chanson seine Liebe erklärt und sofort danach zum Wilden wird, wenn Corinne und Roland an seinen Wagen gehen; Emily Brontë-Alice als Assistentin eines Pianisten. Dieser spielt auf einem Bauerngehöft Mozart. Ein doppelter 360°-Rundschwenk, untermalt von stümperhaften Klavierergüssen, zeigt Landwirtschaft und Langeweile in allen Himmelsrichtungen.

Später: Das Paar hockt am Wegesrand. Ein Strauchdieb zerrt die Frau in den Straßengraben und mißbraucht sie. Den Mann rührt das nicht, keine Reaktion. (Die Entsprechung gegen Ende des Films: sein Tod läßt sie kalt!) Danach schleppen sie sich gegenseitig schrittweise weiter. Jeder mißbraucht so jeden zur eigenen Rettung. Verdutzt reagieren beide, als sie mit Vertretern der sogenannten Dritten Welt konfrontiert werden. Müllwagenfahrer erteilen ihnen Aufklärungsunterricht über Antikolonialismus, Antikapitalismus und andere Ismen. Umkehrung der Situation: »Die Weißen schleppen Tonnen Kehricht herbei, tun die Drecksarbeit und kriegen

keinen Bissen ab. Indes die brutalisierten Negermäuler mampfen, dröhnen aus Lautsprechern antikolonialistische Parolen... Zu der Ironie der Umkehrung der Herrschaftsverhältnisse hat Godard die bittere Pointe hinzugetan, daß die dritte Welt nicht durch den Mund ihrer Repräsentanten spricht, sondern aus unsichtbaren Apparaten.« (Karl Korn, FRANKFURTER ALLGEMEINE ZEITUNG)

Vierter Akt der Schreckensvision: oder Rückkehr in die Wirklichkeit? Corinne und Roland sind am Reiseziel Oinville angekommen. Der Alte ist tatsächlich bereits gestorben, doch die Witwe nicht bereit, das Erbe mit den beiden Jungen zu teilen. Darauf bringen sie sie um und verbrennen die Leiche in einem inszenierten Autounfall. Das macht sie wieder zu Fußgängern.

Fünfter Akt der Schreckensvision: oder die ›Neue Gesellschaft‹? »Der eigentliche Höhepunkt des Films wird erst in den surrealistischen Schlußsequenzen erreicht: Revolutionäre, Gangster, Anarchisten oder kannibalische Hippies feiern im Wald ihre grausame, barbarische Orgie, die den Titel trägt: Touristenfang und -fraß. Das Ehepaar wird von den blutgierigen Gesellen gefangengenommen. Roland, der zu fliehen versucht, wird mit einer Schleuder erlegt und anschließend zusammen mit Schweinefleisch im Kochtopf der Revolution gebraten. Corinne beteiligt sich nicht nur an den Riten, sondern auch am Festmahl.« (FILMBEOBACHTER) – »Die Zivilisation endet grausam in wollüstigen Ritualen der Folterung und des Kannibalismus.« (Karl Korn)

Das Resümee: Der hier ausführlich (genug?) wiedergegebene Inhalt macht das Ausmaß der schockierenden Vision, mit der Godard den Zuschauer konfrontiert, deutlich. »Dabei erweist sich Godard... nicht nur als kompromißloser Provokateur und Moralist, sondern auch als Spieler und rhetorisch begabter Agitator, der zwar einerseits von imaginären Vorstellungen ausgeht, aber zugleich alle gängigen künstlerischen und revolutionä-

ren Theorien beherrscht. Dieses Beherrschen wird dadurch demonstriert, daß im
Film alles, was einstmals oder heute spektakulär und aufsehenerregend wirkte, was
die Hoffnung zur Veränderung der Welt
in sich barg oder noch birgt, zitiert wird:
direkt oder indirekt das Christentum, die
Französische Revolution, die Romantik,
Marx und Lenin, Mao und die heute in
Asien, Afrika, Südamerika und Europa
populären Revolutionstheorien. So wirkt
dieser Film, der sich vorgenommen hat,
die Scheußlichkeiten der Bourgeoisie
durch noch größere Scheußlichkeiten zu
überbieten, wie eine Aneinanderreihung
von Leitartikeln, von Zitaten, epigonalen
Elementen und geschwätzigen bzw. rhe-
torischen Haßtiraden. Nach Godard ist die
hochindustrialisierte,   spätbürgerliche
Konsum- oder Wohlstandsgesellschaft in
einem permanenten Kriegszustand; sofern
sie sich nicht durch ihre eigenen, imperialistischen Kriege selbst vernichtet, wird
sie das Opfer ihrer durch nichts mehr zu
überbietenden Aggressivität und Brutalität, ihrer Gewissenlosigkeit werden. Indem der Film das Chaos, das die Eskala-
tion der Brutalität hervorruft, zeigt, beschreibt er die Perversionen der angeblich
zivilisierten Welt, den Grad ihrer Dekadenz, ihres Verfalls.« (FILMBEOBACH-
TER)

Das Nachspiel oder die Verfälschung? Im
Zusammenhang mit der Diskussion um
den Film stellte sich heraus, daß die Dialoge der deutschen Fernsehfassung im
Verhältnis zur deutschen Kinofassung
entschärft worden waren. So teilte der
Frankfurter Klaus Hisgen in einem Leser-
brief an die Zeitschrift FILM folgendes
mit: »Die Synchronisation der Fernseh-
und der Kinofassung ist die gleiche – gleiche Sprecher, gleiche Redewendungen –
doch unterscheiden sich beide Fassungen
immer wieder in Details. Und zwar dann,
wenn es sich um Vulgärausdrücke und
Ausdrücke aus dem Geschlechtsleben
handelt. Worte aus der Gossensprache . . .
werden ersetzt durch ›miteinandertrei-
ben‹, ›schlafen‹ oder ›vernaschen‹. Heißt

es im Kino: ›Gott war ein alter Schwuler‹,
dann im Fernsehen: ›Gott war ein alter
Homo‹. Wohl, weil das nicht ganz so
deutlich und verständlich ist . . . Die gröb-
ste bewußte Verfälschung in der TV-Fas-
sung tritt im Szenenkomplex bei den Aufständischen von der Befreiungsfront auf,
als der alte Ernest von einem sexuellen
Erlebnis berichtet . . . Im Kino ist der derbe Bericht des Alten völlig normal zu vernehmen. In der Fernsehfassung wird diese
Szene mit der bohrenden Musik von Corinnes Erzählung am Anfang des Filmes
überlagert, so daß die Worte nicht mehr
zu verstehen sind!« *Week-End* de Luxe,
eine andere Art von Zensur?

Der Weg nach Hongkong
(THE ROAD TO HONG KONG).
USA 1961.
R Norman Panama. *B* Norman Panama/
Melvin Frank. *K* Jack Hildyard.
SpE Wally Veevers/Ted Samuels.
M Robert Farnon. *D* Bing Crosby
(Harry Turner), Bob Hope (Chester
Babcock), Joan Collins (Diane),
Dorothy Lamour (D. L.), Robert
Morley (Der Führer), Walter Gotell (Dr.
Zorbb), Roger Delgado (Jhinnah), Felix
Aylmer (Lama), Peter Madden (Lama),
Julian Sherrier (Arzt), Bill Nagy
(Agent), Alan Gifford, Robert Ayres
(US-Beamte), Guy Standeven
(Fotograf), John McCarthy (Kurier),
Simon Levy (Diener), Jacqueline Jones,
Victor Brooks, Roy Patrick, Rohn
Dearth, David Randall, Michael
Wynne, Mei Ling, Katya Douglas,
Harry Baird, Irving Allen, Frank
Sinatra, Peter Sellers, Dean Martin,
David Niven, Jerry Colonna. 90 Min.
Hollywoods Starkomödianten Bob Hope
und Bing Crosby drehten zwischen 1940
und 1952 sechs absurde Komödien, die
als ›Road to . . .‹-Filme berühmt und kas-
senträchtig wurden. Dorothy Lamour
spielte dabei regelmäßig den weiblichen
Hauptpart. In ROAD TO SINGAPORE (USA
1940), einer eher seicht kitschigen Komö-
dienschnulze, entwickeln die beiden Play-

boys Hope/Crosby zunächst frauenfeindliche Gefühle, bis sie sich wegen einer ›Jungfrau‹ in die Haare geraten. In ROAD TO ZANZIBAR (USA 1941, *Der Weg nach Sansibar*) gerät das Trio bei einer Safari in Afrika in die Hände von Menschenfressern (»with HELLZAPOPPIN gags, breaking in and anything-goes atmosphere« HALLIWELL'S FILMGUIDE). ROAD TO MAROKKO (USA 1943, *Der Weg nach Marokko*) läßt Hope/Crosby als Schiffbrüchige in Marokko landen und 1001 Nacht durch den Kakao ziehen, was den FILMDIENST zu dem Superlativ »strotzt von witzigen Einfällen, blühendem Unsinn und grotesker Situationskomik« veranlaßte. ROAD TO UTOPIA (USA 1945, *Der Weg nach Utopia*) war dann nur noch »muntere Unterhaltung« mit Crosby/Hope auf der Suche nach einem geraubten Goldminenplan (»In amourösen Dingen etwas leichtfertig«, FILMDIENST), gefolgt von ROAD TO RIO (USA 1947, *Der Weg nach Rio*), in dem das Gespann als blinde Passagiere eine hypnotisierende Gaunerin zur Strecke bringen, was trotz einiger Gastauftritte u.a. der Andrews Sisters fade wie aufgewärmter Rum mit Coca Cola wirkt. Fünf Jahre später dann ein weiterer Versuch, ROAD TO BALI (USA 1952, *Der Weg nach Bali*), der einzige Farbfilm der Serie, ganz auf den exotischen Rahmen ›Südsee‹ zugeschnitten mit viel Bild und wenig Witz. Das Team schien endgültig die Lust verloren zu haben. Da gehört es schon zu den Kuriosa der Filmgeschichte, daß neun Jahre nach ihrem letzten gemeinsamen ›Weg‹ Hope, Crosby und Lamour zu neuen Zielen starteten, wobei die Reise über Abstecher in ein unterseeisches Reich und zum Mond auch nach Hongkong führt. Das hört sich alles sehr aufwendig an (auch hochkarätige Gaststars wie Peter Sellers, David Niven, Frank Sinatra und Dean Martin sind mit von der Partie), ist aber in Wirklichkeit eine britische Schwarzweißproduktion mit niedrigstem Budget und Niveau. Harry Turner und Chester Babcock tingeln als Song-and-Dance-Gespann durch die Varietés des Fernen Ostens. Als Chester durch widrige Umstände das Gedächtnis verliert, verfrachtet ihn Harry kurzerhand zur Kur in ein tibetanisches Kloster. Dort wird ihm jedoch durch Drogenbehandlung eine wichtige Treibstoff-Formel, die kurze Zeit zuvor in Moskau abhanden gekommen ist, ins Gedächtnis gespeichert, was die wildesten Verfolgungsjagden auslöst. Immer dabei: die Spionin Diane, Repräsentantin einer Welteroberungsorganisation (Joan Collins!). Der Rest ist wirres Zeug: Harry und Chester fliegen unfreiwillig zum Mond, freiwillig wieder zurück, wollen den Abschuß einer Weltvernichtungsrakete verhindern, fliegen mit dieser aus Versehen noch einmal in den Weltenraum und landen auf dem Planeten Plutonius, wo sie sich allerdings Diane teilen können. Wären sie zurückgekehrt, hätte es sicher noch eine Fortsetzung gegeben. Nach dem Naturgesetz der Road-Film-Serie, nach dem die Bärte der Gags von Folge zu Folge länger werden, wäre dies dann die absolute Katastrophe gewesen.

Welt am Draht
(TV-ARD). BRD 1973.
R Rainer Werner Fassbinder. *B* Fritz Müller-Scherz/Rainer Werner Fassbinder. *LV* Daniel F. Galouye. *K* Michael Ballhaus. *M* Gottfried Hüngsberg. *D* Klaus Löwitsch (Fred Stiller), Barbara Valentin (Gloria), Mascha Rabben (Eva), Karl Heinz Vosgerau (Siskins), Wolfgang Schenk (Hahn), Günter Lamprecht (Walfang), Ulli Lommel (Rupp), Adrian Hoven (Vollmer), Ivan Desny (Lause), Joachim Hansen (Edelkern), Kurt Raab (Holm), Margit Carstensen (Schmidt-Gentner), Peter Chatel (Hirse), Ingrid Caven, Gottfried John, Elma Karlowa, Christine Kaufmann, Rainer Langhans, Bruce Low, Eddie Constantine, Katrin Schaake, Walter Sedlmayr, Peter Kern, Werner Schroeter, Magdalena Montezuma. *F* 105/105 Min. (2 Teile). Das wichtigste Projekt, an dem man im

Institut für Kybernetik und Zukunftsforschung arbeitet, ist das elektronische Monstrum Simulacron – ein Riesencomputer, der die herkömmliche Technologie zu neuen Höhen führen soll: Politische, gesellschaftliche und ökonomische Vorgänge der Zukunft werden in ihm so simuliert, als fänden sie bereits heute statt. Simulacrons ›Innenleben‹ enthält eine künstliche ›Welt‹, die von künstlichen ›Menschen‹, die in Wahrheit nichts anderes als gewöhnliche Schaltkreise sind, bewohnt wird. Diese ›Menschen‹ sind sich ihres Schattendaseins nicht bewußt, sie halten sich und ihre Umgebung für real und haben keine Ahnung, daß man sie mit einem einfachen Knopfdruck auslöschen kann. Kommt ein solcher Fall vor, werden die anderen ›Menschen‹ re-programmiert: Dann haben sie keine Erinnerung mehr daran, daß ihr ›ausgeschalteter‹ Nachbar jemals existiert hat. – Vollmer, der Leiter dieses aufwendigen Forschungsprojekts, stirbt plötzlich unter mysteriösen Umständen. Selbstmord scheidet nicht aus, da Vollmer kurz vor seinem Tod Zeichen geistiger Verwirrung gezeigt hat. Stiller, sein engster Mitarbeiter, wird zu Vollmers Nachfolger bestimmt; er begnügt sich allerdings nicht mit den dürftigen Erkenntnissen über Vollmers Tod, sondern versucht auf eigene Faust, Klarheit zu gewinnen. Zunächst muß er sich aber noch gegen die Pressionen des Stahlkonzerns Hartmann zur Wehr setzen, der Informationen und Daten über die Stahlproduktion der nächsten zwanzig Jahre haben will. Bei seinen Nachforschungen macht Stiller seltsame Erfahrungen: Als vor seinen Augen der Sicherheitsbeauftragte des Instituts verschwindet, behauptet plötzlich jedermann, er habe niemals existiert. Stiller kommt diese Verhaltensweise nicht unbekannt vor; sie erinnert ihn an das Verhalten jener ›Menschen‹, die in der Welt Simulacrons leben. Als einer seiner Mitarbeiter die Simulacron-Welt ›betritt‹, um diverse Probleme aus der Welt zu schaffen, kehrt ein anderer zurück: Eine Pseu-

dogestalt namens Einstein ist sich ihrer ›Schaltkreis‹-Existenz bewußt geworden und hat den Körper des *Institutsmitarbeiters* ›übernommen‹, um in der – wie er es ausdrückt – ›realen Welt‹ vor dem Knopfdruck-Tod gefeit zu sein. Stiller erfährt aber noch etwas Schrecklicheres: Die Welt, in der er lebt, ist ebenfalls nur Illusion – das Simulacron-Projekt einer höheren Dimension. Einstein kommt um; Stiller, der nun als einziger weiß, daß seine Welt ebenfalls nur aus Schaltkreisen besteht, wird für die übergeordnete Dimension zu einem Gefahrenfaktor ohnegleichen. Man versucht ihn auszuschalten, und als er mit dem Auto flüchtet, endet vor ihm eine Landstraße plötzlich im Nichts. Als er auf Eva, die Tochter seines toten Chefs, stößt, bestätigt diese ihm die Richtigkeit seiner Annahmen: Vollmer war der erste, der das Geheimnis erfuhr, deshalb mußte er ›sterben‹. Eva selbst ist die Projektion einer Eva, die in der wirklichen Welt lebt, ihr Geliebter, dem Stiller äußerlich ›nachempfunden‹ ist, ist der Mann, der an den Fäden zieht: eine kalte, von rein mathematischem Denken beherrschte Figur. Als der Boden für Stiller zu heiß wird, rettet sie ihn, stellt einen Kontakt mit der wahren Welt her und bringt Stiller indie nächsthöhere Dimension. Sein Ebenbild wird mit einem cleveren Schachzug dorthin gebracht, wo Stiller herkommt. Der Mann an den Fäden stirbt in einem Kugelregen der Polizei an Stillers Stelle. – Daniel F. Galouyes Romanvorlage gehört zu den wichtigsten Klassikern der SF: Obwohl Fassbinders Verfilmung ziemlich werkgetreu ist (lediglich der Ort der Handlung wurde in die Bundesrepublik verlegt, was produktionstechnische und/oder finanzielle Gründe gehabt haben mag), hat der Film doch einen gravierenden Fehler: Im Film gelangt Stiller am Ende in eine Welt, die unsere sein soll; im Roman ist unsere Welt die, aus der er kommt. Trefflich gelungen hingegen ist Fassbinder das Environment, in dem sich seine Figuren bewegen: Obwohl er auf jedes ›utopische‹

Brimborium verzichtet hat, schafft er es dennoch, dem Zuschauer eine Welt zu präsentieren, die durch ihre Glas- und Betonbauwerke den Eindruck hinterläßt, ›künstlichen‹ Ursprungs zu sein.
Ⓑ Daniel F. Galouye: *Welt am Draht*, München 1965; auch unter dem Titel *Simulacron 3*, München 1982

Die Welt, das Fleisch und der Teufel
(THE WORLD THE FLESH AND THE DEVIL). USA 1959.
R Ranald MacDougall. *B* Ranald MacDougall. *LV* Matthew Phipps Shiel. *K* Harold J. Marzorati. *SpE* Lee Le Blanc. *M* Miklos Rozsa. *D* Harry Belafonte (Ralph Burton), Inger Stevens (Sarah Crandall), Mel Ferrer (Benson Thacker). 95 Min.
Der schwarze Bergbauingenieur Ralph Burton ist infolge eines Grubenunglücks von der Außenwelt abgeschnitten worden. In der Dunkelheit zusammengekauert, wartet er auf die Rettungsmannschaft. Doch plötzlich verstummen die nahen Rettungsgeräusche. Burton ist geschockt, kann sich aber fast fünf Tagen aus eigener Kraft befreien. Er findet keine Menschen mehr vor. Aus Zeitungsfragmenten kombiniert er, was vorgefallen ist: Ein Atomkrieg hat die Menschheit ausradiert. Auf der verzweifelten Suche nach Überlebenden erreicht er im Auto New York, dessen Häusermeer völlig ohne Leben ist. Er sucht sich ein leerstehendes, altmodisch eingerichtetes Apartment aus. Von hier aus durchstreift er die leere, tote Stadt. Eines Tages fühlt er sich plötzlich beobachtet. Sein Verfolger ist eine junge Frau, die wie er den Holocaust durch puren Zufall überlebt hat. Eine Zweckfreundschaft bahnt sich an, geprägt von Rassenvorurteilen seitens der weißen Frau. Als dann nach weiteren Wochen ein weißer Abenteurer und glühender Rassist, der völlig entkräftet mit einem Motorboot aus Südamerika kommt, zu ihnen stößt, ist der alte Konflikt da: Zwei Männer kämpfen um eine Frau. Sie erkennen rechtzeitig die Sinnlosigkeit ihres Tuns.

»In der letzten Szene sieht man die drei Arm in Arm, und zwei Ideale der westlichen Welt, Monogamie und Reinhaltung der Rassen, verschwinden mit dem Schlußtitel: Der Beginn.« (Giesen, DER PHANTASTISCHE FILM)
Die Stärke des Films liegt in seinen Bildern, nicht in seiner Handlung. Die verödeten Straßenschluchten zwischen den Hochhäusern strömen eine grausam bedrückende Einsamkeit aus. Die Filmkritik des Jahres 1959 warf dem Film Unglaubwürdigkeit vor: »Es gibt keine plausible Erklärung für die Katastrophe; nirgendwo finden sich Spuren der Vernichtung; die drei leben wie je zuvor, obwohl die Stadt radioaktiv verseucht sein müßte.« (FILMDIENST) – Dem ist heute entgegenzuhalten, daß durch die rasanten Waffeninnovationen (die Neutronenbombe und ihre technischen, noch unbekannten Entwicklungsmöglichkeiten) auch ein solcher Nach-Atomkriegs-Zustand denkbar ist. Regisseur Ranald MacDougall wollte vermutlich keinen SF-Film im eigentlichen Sinne drehen; ihm kam es offensichtlich mehr darauf an, die Folgen von Rassenvorurteil und -diskriminierung aufzuzeigen.
Ⓑ M. P. Shiel: *Die purpurne Wolke*, München 1982

Die Welt des Frauenplaneten
(WOMEN OF THE PREHISTORIC PLANET). USA 1966.
R Arthur C. Pierce. *B* Arthur C. Pierce. *K* Archie Dalzell. *SpE* Howard A. Anderson. *M* N.N. *D* Wendell Corey (Adm. King), Keith Larsen (Comm. Scott), John Agar (Dr. Farrell), Irene Tsu (Linda), Merry Anders (Karen), Paul Gilbert (Lt. Bradley), Stuart Margolin (Chief), Robert Ito (Tang), Gavin McLeod (Funker), Stewart Lasswell (Charles), Adam Roarke (Centaurier), Suzie Kaye. *F* 88 Min.
Ein centaurianisches Raumschiff notlandet auf einem unerforschten Planeten. Als Admiral King drei Monate später zur Rettung anrückt, sind dortselbst aufgrund ei-

ner mysteriösen Zeitverdrehung achtzehn Jahre vergangen. Der einzige Überlebende ist erwachsen geworden. Fräulein Linda, die zu den Rettern gehört, zieht den jungen Mann besonders an, deswegen nimmt er sie gefangen. Als er endlich bereit ist, sie freizugeben, ist King aufgrund eines Vulkanausbruchs gestartet und beschließt, den Planeten (festhalten!) *Erde* zu nennen. – Pfundig, diese Idee. Aber noch besser sind die englischen Namen der Centaurianer.

Die Welt in 10 Millionen Jahren
(WIZARDS). USA 1976.
R Ralph Bakshi. *B* Ralph Bakshi.
K Ted C. Bemiller. *M* Andrew Belling.
Anim. Ralph Bakshi/John Sparey/Irvin Spence/Ian Miller/Tasia Williams.
F 81 Min. (Zeichentrickfilm).
Dieser Film von Ralph Bakshi, dem Schöpfer von gesellschaftskritischen Zeichentrickfilmen wie *Fritz the Cat* und *Starker Verkehr*, ist wohl eher dem Fantasy-Genre zuzuordnen, trotz seiner düsteren Zukunftsvisionen. Die Erde wurde vor 10 Millionen Jahren durch eine Atomkatastrophe vernichtet. Die Erdverseuchung hat aus den Nachfahren der Menschen abstoßende Mutationen gemacht, die sich gemeinsam mit Robotern willenlos von dem Diktator Blackwolf beherrschen lassen. Dieser hat es auf seinen Zwillingsbruder Avatar und sein Reich der Feen, Elfen und Zwerge abgesehen. Doch seinen Mutationen und Robotern fehlt die Motivation für den Kampf. Zur geistigen Aufrüstung seiner Truppen setzt Blackwolf Ausgrabungen aus prä-atomarer Zeit ein: alte Nazi-Wochenschauen und Propagandafilme verfehlen ihre Wirkung nicht. Mit seiner derartig aufgeputschten Armee überfällt der Diktator das Nachbarland. Doch die Wende zum Guten kommt, als es den Verteidigern gelingt, den vorsintflutlichen Filmprojektor zu zerstören. – »Ralph Bakshi überschwemmt sein Publikum mit einer Sintflut farbiger, wildbewegter Bilder, die das Auge kaum zu fassen, das Hirn kaum zu

registrieren vermag. Er beschränkt sich längst nicht mehr auf die simplen Techniken des Zeichentrickfilms: Die furchteinflößenden Angreifer-Scharen wirken manchmal, als hätte er sie aus Filmen wie Eisensteins *Alexander Newski . . .* gestohlen und, im Negativ, in seine Story eingebaut. Auf diese Weise erhalten seine Bilder in der Tat etwas Visionäres.« (Otto Kuhn, FILMBEOBACHTER)
Ⓥ CBS/Fox

Weltkatastrophe 1999
(CATASTROPHE 1999 – PROPHECIES OF NOSTRADAMUS). Japan 1974.
R Shiro Moritani. *B* Toshiro Yazumi.
LV Ben Goto. *K* Rokuro Mishigaki.
SpE Teruyoshi Nakano. *M* Isao Tomita.
D Keiju Kobayashi, Tetsuro Tanba, Toshio Kurosawa, So Yamamura, Kaoru Yumi, Hioshi Fujioka, Ayumi Ishida. *F* 78 Min.
Sammelsurium von Katastrophen, hervorgerufen durch die Umweltfeindlichkeit der Großkonzerne, und deren mögliche Folgen werden von Professor Kamoto angeprangert. Seine Prognose, daß die Erde zum unbewohnten Planeten wird, stützt sich auf die Centurien des Nostradamus (1503–1566), dessen düstere Ahnungen durch eingeblendete Dokumentaraufnahmen nachträglich ›bewiesen‹ werden. – Naive Mischung aus Horror- und Katastrophenfilm. Interessant ist, daß der Film lange vor der Nostradamus-Welle Anfang der 80er Jahre hergestellt wurde.
Ⓥ VPS

Weltkrieg III
(WORLD WAR III). USA 1981.
R Davis Greene. *B* R. L. Joseph. *K* N. N. *M* Gil Mellé. *D* Brian Keith (Gordy), Rock Hudson (Präsident McKenna), David Soul (Col. Jake Caffrey), Cathy Lee Crosby (Kate), Jeroen Drabbe (Col. Woraschin), Robert Prosky (Gen. Rudenski), Lee Wallace (Farber), Katherine Helmond (Dorothy), James Hampton (Dick), Jerry Kardin (Gen. Olafson), Bruce Vikant (Leff),

Bob Minor (Trimble), Thomas Kill (Budner), Michael Fairman (Tenant), Meeno Peluce (Andrej Gorkij), Donegan Smith (Gen. Schiff), Liz Sheridan (Naomi Glass), Art Evans (Buford), Anne Gerety (Kortner), Lesley Woods (Martha Jones), Joe Medalis (David), Susan Kivan (Megan Hardy), Brad Blaisdell (Kimball), Joe Sagal (Fest), Robert O'Reilly (Veich). *F* 90 Min.
Die USA stellen ohne Angabe von Gründen ihre Weizenlieferungen an die UdSSR ein. Die Sowjets befürchten eine Hungersnot. Um die USA unter Druck zu setzen, soll eine russische Eliteeinheit eine Ölpipeline in Alaska sabotieren. Während die Rote Armee sich mit amerikanischen GIs in der Schneewüste ein Feuergefecht liefert, bemüht man sich auf höchster diplomatischer Ebene, miteinander ins reine zu kommen. Als der sowjetische Generalsekretär von innerparteilichen Gegnern umgebracht und der US-Präsident über das rote Telefon hingehalten wird, starten auf beiden Seiten die Atombomber. – Ein Film, der mit dem Entsetzen spielt und sicher kaum dazu beiträgt, gegenseitiges Vertrauen zu erwecken. In der BRD nur auf Video.
Ⓥ Polygram
Ⓑ Brian Harris: *Der nächste Weltkrieg*, München 1983

Die Welt ohne Maske
Deutschland 1934.
R Harry Piel. *B* Hans Rameau. *K* Ewald Daub. *M* Fritz Wenneis. *D* Harry Piel (Harry Palmer), Kurt Vespermann (Dr. Tobias Bern), Annie Markart (Erika Hansen), Olga Tschechowa (Betty Bandelow), Hubert von Meyerinck (E. W. Costa), Rudolf Klein-Rogge (Merker), Philip Manning (Dr. Niemann), Hermann Picha, Paul Rehkopf, Ernst Brehmer, Gerhard Dammann, Karl Platen, Wolfgang von Schwind, Charly Berger. 112 Min.
Harry Palmer, arbeitslos, »vier Semester Physik glänzend... durchgefallen«, be-

teiligt sich mit seinem Nachbarn, dem erfindungsreichen Improvisations-Bastler Dr. Tobias Bern, an einem internationalen Wettbewerb um die beste drahtlose Bildübertragung. Als sie durch einen Zufall – Harry hat die Leitungen durcheinandergebracht – einen richtiggehenden Fernsehapparat erfinden, mit dem man nebenbei sogar durch alle Wände gucken kann, versuchen sofort mächtige Konzerne und andere Kriminelle sich des Wunderwerkes zu bemächtigen. Die beiden Freunde werden spielend mit ihren Verfolgern fertig, und ganz nebenbei entwickeln sie einen idealen ›Volksradiofernsehempfänger‹, der ihnen endgültig den 1. Preis des Wettbewerbs sichert. – »Nie wurde das Thema so köstlich abgehandelt wie in diesem Harry-Piel-Film.« (Bandmann/Hembus, KLASSIKER DES DEUTSCHEN TONFILMS) – »Gerade in den ›schlechteren‹ Harry-Piel-Filmen, zu denen dieser gehört, läßt sich noch spüren, was Kino war, bevor das Kulturbürgertum sich seiner bemächtigte: derb gestrickter, volkstümlicher Klamauk jenseits von Wahrscheinlichkeit, gutem Geschmack und tieferem Sinn. – Harry meistert noch den dümmsten Schlenker des holprigen Plots mit souveräner Gelassenheit, kommt anstrengungslos durch mit dem Mutterwitz eines Lausbuben: Mit einer ganzen Wagenladung von Ganoven wird er fertig, indem er ihnen Nasen, Arme und Finger verdreht. Das geht freilich nur deshalb gut, weil sich Piel seine Kino-Welt als so durchsichtig-stümperhaft erfindet, daß er selbst noch bei minimaler Leistung eine gute Figur macht. Unter den vielen Dei ex machina, von denen er sich dabei Hilfestellung geben läßt, ist die im engeren Sinne fantastische Fernseh-Maschine selbst noch die plausibelste.« (Wetzel/Hagemann, LIEBE, TOD UND TECHNIK)

Die Weltraum-Akademie
(SPACE ACADEMY).
USA 1977–1980.
R Jeffrey Hayden. *B* Samuel A. Peeples.

K Alric Edens. *SpE* John Frazier.
M Yvette Blais/Jeff Michael.
D Jonathan Harris (Gampu), Pamelyn
Ferdin (Laura Gentry), Ric Carrott
(Chris Gentry), Brian Tochi (Tee
Garsoom), Ty Henderson (Paul
Jerome), Maggie Cooper (Adrienne
Pryce-Jones), Eric Greene (Loki).
F 82 Min.
Im All schwebt eine riesige Raumstation:
die Weltraum-Akademie, eine Basis irdischer Weltraumforscher. Als ein Scout-
schiff der Akademie von einem schwarzen Loch verschlungen wird, will ein
Raumpilot seine verschwundene Schwester retten und »fliegt in das Zentrum der
bösartigen Finsternis. Zwei riesige Me-
teore schweben auf die Weltraum-Akademie zu. Groß genug, um die gesamte Station zu zerstören. Eine Kursänderung
kann nur gelingen, wenn die Besatzung
der Akademie die beiden Riesenmeteore
auf eine andere Bahn bringt. Die Zeit ist
knapp. Eine winzige Stunde bleibt der
Truppe, die auf einem dieser Riesenmeteore landet. Aber was sie dort erwartet,
verschlägt ihnen den Atem: der Stern ist
ein Lebewesen!« (Verleihtext) – Dieser
Film ist in der BRD nur als Video zu sehen. Zusammenschnitt diverser Episoden
einer amerikanischen Fernsehserie für
Kinder.
Ⓥ Starbox

Weltraumbestien
(CHIKYU BOEIGUN). Japan 1957.
R Inoshiro Honda. *B* Shigeru Kayama.
St Jojiro Okami. *K* Hajime Koizumi/
Hidesaburo Araki/Sadamasa Arikawa.
SpE Eiji Tsubaraya. *M* Akaira Ifukube.
D Kenij Sahara (Joji Atsumi), Yumi
Shirakawa (Etsuko Shiraishi), Momoko
Kochi (Hiroko), Akihiko Hirata
(Ryoichi Shiraishi), Takashi Shimura,
Susumu Fujita, Hisaya Ito, Yoshio
Kosugi, Fuyuki Murakami, Minosuke
Yamada. *F* 87 Min.
Sie kommen aus dem Weltraum, genauer
gesagt vom Planeten Mysteriot, bauen am
Fudschijama eine unterirdische Zentrale,

verursachen Waldbrand und Erdrutsch
und lassen einen riesenhaften Roboter,
dessen ›Augen‹ tödliche Strahlen aussenden, die Umgebung kurz und klein tram-
peln. Die Außerirdischen sind gutge-
wachsene, meist männliche Wesen mit insektenhaften Helmen, die auf der Erde ihr
›Problem‹ lösen wollen. Da die Superin-
telligenzen ihren eigenen Planeten schon
mit H-Bomben verseuchten, als man auf
der Erde waffentechnisch gerade bei
Steinbeilen angelangt war, beanspruchen
sie auf der sauberen Erde nur eine Lebens-
station und zwecks Auffrischung ihrer
strahlenverseuchten Rasse entsprechend
viele japanische Schönheiten. Angesichts
derartiger amouröser Begierden welt-
räumlicher Eindringlinge schließen sich
die Staaten der Erde zusammen, und es
gelingt, in Windeseile ein überdimensionales Elektronengeschütz zu konstruieren
und den Weltraumbestien den Garaus zu
machen. – Tricktechnisch im bewährten
Honda-Stil, und sicher auch heute noch
interessant. Beim Buch hat wohl die alte
Sage vom Raub der Sabinerinnen Pate gestanden.

**Weltraumschiff MR-1 gibt
keine Antwort**
(THE ANGRY RED PLANET).
USA 1959.
R Ib Melchior. *B* Ib Melchior/Sid Pink.
K Stanley Cortez. *SpE* Herman
Townsley. *M* Paul Dunlap. *D* Gerald
Mohr (Col. Tom O'Banion), Nora
Hayden (Dr. Iris Ryan), Les Tremayne
(Prof. Getell), Jack Kruschen (Sam
Jacobs), Paul Hahn (General Treegar),
J. Edward McKinley (Prof. Weiner),
Tom Daly, Edward Innes, Jack
Haddock, Gordon Barnes. *F* 83 Min.
Seit einigen Tagen fehlt vom Raumschiff
MR-1, das zum Mars geflogen ist, jedes
Lebenszeichen‹. Mittels Fernsteuerung
wird es zur Erde zurückgeholt, wo es si-
cher landet. Geborgen werden der
schwerverletzte Kommandant des Raum-
schiffs und die unter Schockeinwirkung
stehende Co-Astronautin. Zwei weitere

Besatzungsmitglieder fehlen. Erst als man den Schockzustand lösen kann, erfährt man die wahren Hintergründe. Die Expedition stand auf dem fremden Planeten nämlich unter der Kontrolle merkwürdiger, hochintelligenter Lebewesen, die zuletzt die Rückkehr der Rakete nur deshalb erlaubten, um den Erdbewohnern eine Warnung zukommen zu lassen: ›Kommt nie wieder auf unseren Planeten!‹ Doch bis zu der Rückkehr müssen die Marsfahrer gräßliche Abenteuer durchstehen, vornehmlich aufgrund der eigenartigen Flora und Fauna des Planeten: da gibt es riesige fleischfressende Pflanzen; dürre Bäume, die sich später als Spinnenbeine eines enormen Raubwesens herausstellen; zuletzt erscheint ein berghohes Quallengebilde, das schließlich die Rakete umwuchert. Kein Wunder, daß zwei der Marsforscher die Reise nicht überleben.

Einzig bemerkenswert an diesem Streifen ist eigentlich nur die Erst- und Letztanwendung des sogenannten Cinemagic-Verfahrens, das auf der Einfärbung des Negativs beruht. Der Erfolg: schmerzende Augen beim Zuschauen. »Die Farbgebung ist so unmöglich, daß man sich fragt, wie so etwas überhaupt aus der Kopieranstalt herauskommen konnte.« (FILMBEOBACHTER) Ⓥ Interpathé *(Raumschiff MR-1 antwortet nicht)*

Wenn der Wind weht
(WHEN THE WIND BLOWS). GB 1986. *R* Jimmy T. Murakami. *B* Raymond Briggs. *LV* Raymond Briggs. Anim. Joanna Fryer/Bill Spears/Malcolm Draper/Hillary Angus/Joe Ekers. *K* Mike Haywood. *SpE* Steve Weston. *M* Roger Waters/David Bowie/Paul Hardcastle/Squeeze/Genesis. *Spr* Brigitte Mira (Hilda), Peter Schliff (Jil). *F* 84 Min.
Dieser Zeichentrickfilm zeigt minutiös, wie sich das Ehepaar Jim und Hilda in einem Atomkrieg an die Anweisungen der Regierung hält und dennoch am Strahlentod stirbt. – Autor Briggs schrieb die Sto-

ry 1981, nachdem er einen TV-Film über die Folgen des atomaren Untergangs gesehen hatte. – »Jim und Hilda... sind wie wir alle: Untertanen, jenen Polit-Managern ausgeliefert, die man sich selbst gewählt hat. Sie sind längst Resignierte zwischen den Blöcken. Egozentrik gegen die Umwelt, Phantasie ist nicht gestattet.« (AZ). Aber: »Ob man die atomare Katastrophe als rührendes Animationsspiel vorführen darf, ist eine der Fragen, die sich beim Ansehen des aufwendig gemachten Films aufdrängen... Der technische Aufwand soll dem Unternehmen Tiefe und Emotionen verleihen; Montage und Handlungsaufbau entsprechen fast Spielfilmstandard...: Die ›Einfühlsamkeit‹ wird dem Film zum Verhängnis: Sie läßt ihn in reinen Kitsch umschlagen. Allzu naiv sind die beiden properen Alten, politisch allzu unbedarft (Hilda muß immerzu daran erinnert werden, daß man es jetzt mit den Russen und nicht mehr mit den Deutschen zu tun habe), allzu süß und gutgezeichnet sind ihre Erinnerungen an die bessere Vergangenheit.« (STADTBLATT MÜNSTER).
Ⓥ VCL

Wenn die Gondeln Trauer tragen
(DON'T LOOK NOW). GB 1973. *R* Nicholas Roeg. *B* Allan Scott/Chris Bryant/Akos Tolnay. *LV* Daphne Du Maurier. *K* Anthony Richmond. *M* Pino Donaggio. *D* Julie Christie (Laura Baxter), Donald Sutherland (John Baxter), Hilary Mason, Clelia Matania, Massimo Serato, Adelina Poerio, Leopoldo Trieste, Renato Scarpa, Giorgio Trestini, David Tree, Ann Reye, Nicolas Salter, Sharon Williams, Bruno Catteano. *F* 109 Min.
Der Restaurator John Baxter besitzt – ohne es freilich zu wissen – die Gabe des ›Zweiten Gesichts‹: er kann in die Zukunft schauen. Als er sich auf seinem Landsitz auf die Restauration einer venezianischen Kapelle vorbereitet und Dias betrachtet, sieht er auf einem Bild gleich mehrere Dinge: die in rötliches Licht ge-

tauchte Innenansicht einer Kirche, die Rückansicht seiner kleinen Tochter, die einen roten Mantel trägt, und eine blutrote Flüssigkeit. Erfüllt von einer düsteren Vorahnung läuft er aus dem Haus. Zu spät allerdings, denn seine Tochter ist Sekunden zuvor beim Spiel in einem Teich ertrunken. Später reist Baxter mit seiner Frau Laura nach Venedig. Hier lernen sie zwei ältliche Schwestern aus Schottland kennen. Eine der Damen ist zwar blind, aber sie behauptet, ›Dinge‹ zu sehen und mit der toten Tochter der Baxters in telepathischem Kontakt zu stehen. Während John das Gerede der alten Dame als Firlefanz abtut und sich in seiner Arbeit vergräbt (wobei er sich einmal fast zu Tode stürzt), freundet Laura sich mit den Schwestern an und gerät auf geheimnisvolle Weise in ihren Bann. Als die Baxters erfahren, daß ihr Sohn erkrankt ist, kehrt Laura nach London zurück. Kurz darauf hat John auf dem Canale Grande eine schicksalhafte ›Begegnung‹: Er sieht eine Gondel mit drei schwarzgekleideten Frauen – die beiden alten Damen und seine Frau Laura. Verwirrt ruft er in London an. Laura ist dort. Sie verspricht, am Abend wieder zurück zu sein. John, am Ende seiner geistigen Kraft, sieht vor ihrer Rückkehr eine kleine, in einen roten Mantel gekleidete Gestalt, in der er seine tote Tochter zu erkennen glaubt. Als die Gestalt flieht, folgt er ihr in ein altes, leerstehendes Gebäude. Die Gestalt entpuppt sich als ein in ganz Venedig gesuchter – und offenbar irrer – Mörder: Es ist ein häßlicher, faltiger Zwerg, der ein überdimensionales Messer zückt und John mit einem gnadenlosen Hieb die Halsschlagader zerfetzt. Als er sterbend zu Boden sinkt, wird ihm alles klar: Seine Beobachtung auf dem Canale Grande war eine Vision seines nahenden Todes. Die Gestalt im roten Mantel, die er kurz vor dem Tod seiner Tochter auf dem Dia gesehen hat, war ebenfalls dieser geisteskranke Zwerg. – »Seinen Schrecken, seine Suggestion bezieht der Film ausschließlich aus der nahtlosen Verklammerung von Wahn und

Wirklichkeit, Verstand und Halluzination, Schönheit und Tod, Innenwelt und Außenwelt... Er soll verunsichern – die natürlichen und übernatürlichen Szenen werden nicht voneinander abgehoben. So verheißt er Antworten, die er dann doch nicht gibt... Ein raffinierter Film, der in einem spätherbstlichen Venedig spielt, das mehr als Kulisse ist. Der morbide Reiz dieser Stadt verstärkt den Eindruck des Mysteriösen, Labyrinthhaften, Trostlosen, den Roegs Film hinterläßt.« (Michael Schwarze, FRANKFURTER ALLGEMEINE ZEITUNG)
Ⓥ Taurus
Ⓑ Daphne Du Maurier: *Spätestens in Venedig*, Reinbek 1975

Wenn Killer auf der Lauer liegen
(THE AMBUSHERS). USA 1967.
R Henry Levin. *B* Herbert Baker.
LV Donald Hamilton. *K* Burnett Guffey/ Edward Colman. *SpE* Danny Lee.
M Hugo Montenegro. *D* Dean Martin (Matt Helm), Senta Berger (Francesca Madeiros), Janice Rule (Sheila Sommers), James Gregory (MacDonald), Albert Salmi (José Ortega), Kurt Kasznar (Quintana), Beverly Adams (Louey Kravezit), David Mauro (Nassim), Roy Jenson (Karl), John Brascia (Rocco), Linda Foster (Linda). *F* 102 Min.
»Ein sadistischer Weltverbesserer aus der untersten Lade des Anarchisten-Arsenals hat den Amerikanern ihre erste Fliegende Untertasse abgejagt und statt auf den Mond in den mexikanischen Urwald dirigiert, wo er sie meistbietend an diverse Geheimorganisationen verhökern will. Doch Matt Helm, dieser Supermann wider Willen, der sich in Gesellschaft von Sexy-Girls weitaus wohler fühlt als zwischen Schlägern und Killern, spürt den Möchtegern-Weltherrscher auf und legt ihm mit Hilfe einer reizenden Kollegin vom Agentenfach das schmutzige Handwerk.« (FILMDIENST) – Mißlungene Parodie auf den James-Bond-Rummel. Nach *Leise flüstern die Pistolen* und *Die Mör-*

der stehen Schlange Matt Helms dritter Streich.
Ⓑ Donald Hamilton: *Wenn alle Stricke reißen,* München 1972

Wer lacht, fliegt raus
(THE BOWERY BOYS MEET THE MONSTERS). USA 1954.
R Edward L. Bernds. *B* Edward L. Bernds/Edward Ullman. *K* Harry Neumann. *SpE* Augie Lohman. *M* Marlin Skiles. *D* Huntz Hall (Zach Debussy Jones), Leo Gorcey (Slip Mahoney), Ellen Corby (Amelia), John Dehner (Derek), Bernard Gorcey (Louie Dumbrowsky), Lloyd Corrigan (Anton), Paul Wexler (Grissom), Laura Mason (Francine), Bennie Bartlett (Butch), David Condon (Chuck). 65 Min.
Die ›Bowery Boys‹, eine tölpelhafte Komödiantentruppe, geraten in die Fänge eines wahnsinnigen Wissenschaftlers, der einen der Akteure in ein Monster verwandelt. Parodie auf einschlägige SF- und Horror-Heuler.

Die Wespenfrau
(THE WASP WOMAN). USA 1959.
R Roger Corman. *B* Leo Gordon. *St* Kinta Zertuche. *K* Harry C. Newman. *M* Fred Katz. *D* Susan Cabot (Janice Starlin), Fred Eisley (Bill), Barboura Morris (Mary), Michael Marks (Dr. Zinthrop), William Roerick (Cooper), Frank Gerstle (Hellman). 75 Min.
Dr. Zinthrop entwickelt aus dem Gelee royale der Königswespe ein Jugendelixier. Er findet in der Kosmetikherstellerin Janice Starlin eine Mäzenatin, die aber, besessen von der Hoffnung auf Verjüngung, das Experiment selbst in die Hand nimmt. Das führt dazu, daß sie sich in ein Ungeheuer verwandelt. – »Typischer Roger-Corman-Schnellschuß der 50er Jahre; hergestellt mit niedrigem Budget (50 000 Dollar); bedeutend besser als das Budget vermuten läßt; mit einer guten schauspielerischen Leistung von Susan Cabot.« (Frank, THE HORROR FILM HANDBOOK)

West World
(WESTWORLD). USA 1972.
R Michael Crichton. *B* Michael Crichton. *K* Gene Polito/Joseph August. *SpE* Charles Schulthies. *M* Fred Karlin. *D* Yul Brynner (Revolvermann), Richard Benjamin (Peter Martin), James Brolin (John Blane), Alan Oppenheimer (Chefingenieur), Dick Van Patten (Bankier), Linda Scott (Arlette), Steven Franken (Techniker), Norman Bartold (Ritter), Victoria Shaw (Königin), Michael Mikler (Der schwarze Ritter), Terry Wilson (Sheriff), Majel Barrett (Miß Carie), Anna Randell, Julie Marcus, Sharryn Winters, Anne Bellamy, Chris Holter, Charles Seel, Wade Crosby, Lin Henson, Nora Marlowe. *F* 89 Min.
›Der Urlaub Ihres Lebens!‹ verkündet der Sprecher im Werbefernsehen. Er wirbt für Delos, einen gigantischen Komplex von Ferienparks in der Wüste. Eine Art Disneyland von morgen – nur für Erwachsene. Und nur für Reiche: Der Preis ist tausend Dollar pro Tag. Drei Vergnügungszentren stehen den Touristen in Delos zur Auswahl: die Abteilung Mittelalter, die Römische Welt und *Westworld*. Eine ausgefeilte Technik schafft die fast perfekte Illusion. Die Zivilisationsgeschädigten können ihren verdrängten Gelüsten frönen, ihre sexuellen Bedürfnisse befriedigen, ihre angestaute Aggressivität abreagieren, vor allem mit Schwert oder Colt nach Herzenslust töten, ohne Gewissensbisse zu bekommen. Denn ihre Gegner sind den menschlichen Vorbildern täuschend nachgemachte Roboter, die so programmiert sind, daß sie in jedem Duell unterliegen. Über Nacht werden sie wieder instandgesetzt. Die beiden Chicagoer Geschäftsleute Peter Martin und John Blane entscheiden sich für *Westworld*. In einer stilechten Westernkneipe legt Martin einen schwarz gekleideten Roboter-Revolverhelden um. Trotzdem fragt Martin verstört: »Wer garantiert mir, daß ich mit dem Ding nicht aus Versehen einen anderen Gast abknalle?« Des Rätsels Lö-

Yul Brynner in Michael Crichtons *West World*

sung ist eine in die Waffe eingebaute Sensorensicherung, die verhindert, daß Zielobjekte mit menschlicher Körpertemperatur getroffen werden. Nach dieser Aufregung erholen sich die Freunde in einem Western-Puff (mit echt aussehenden Robot-Damen, versteht sich). Am nächsten Morgen klopft es an ihrem Hotelzimmer. Draußen steht der schwarz gekleidete Revolverheld, der sich wohl doch an den gestrigen Vorfall erinnern kann, denn er bedroht Martin mit dem Revolver. Nur mit Müh' und Not gelingt es abermals,

ihn außer Gefecht zu setzen. Der Roboter stürzt aus dem Fenster. Mysteriös wird die Angelegenheit, als der Robot-Sheriff auftaucht und Martin verhaftet. Eine Explosion sorgt noch einmal für klare Verhältnisse. Doch kurze Zeit später wird Blane von einer mechanischen Schlange gebissen, obwohl er sie vorher ›erschossen‹ hat. Die Techniker im Kontrollraum finden keine Erklärung dafür, weil die Robot-Schlangen nicht auf ein solches Verhalten programmiert sind. Zum dritten Mal fordert der schwarzgekleidete Robo-

ter die Touristen heraus. Diesmal zieht Blane und muß sein Handeln mit dem Leben bezahlen. Martin flieht in panischer Angst, verfolgt von dem Revolverhelden. Durch ganz Delos geht die Jagd. Zu seinem Entsetzen stellt Martin fest, daß auch die anderen Roboter Amok gelaufen sind und ein furchtbares Blutbad unter den Besuchern angerichtet haben. Durch technische Defekte ist ganz Delos aus den Fugen geraten. Martin kann zunächst das Gesicht seines Verfolgers mit Salpetersäure zerstören, was nur geringe Wirkung zeigt. Dann gelingt es ihm endlich, die fehlgesteuerte Maschine in Brand zu setzen. Der Spuk hat ein Ende, zurück bleibt Martin als einziger Überlebender inmitten eines Meeres von Toten. – Pervertierung der Unterhaltungsindustrie: der erste Kinofilm Michael Crichtons (der vor allem durch seinen Roman *Andromeda* bekannt geworden ist) prangert die Vergnügungssucht der amerikanischen High Society an. Die Krone der Unterhaltung kann nur die Lust am legitimierten Töten sein, ausgeschlachtet von einem Großunternehmen typisch amerikanischen Zuschnitts, das eine Marktlücke für sich ausbeutet. Das hätte ein absoluter Knüller werden können. Doch der Film geht nicht in die Tiefe. Vieles bleibt unverständlich. Wer steckt beispielsweise hinter der Organisation, die den Freizeitpark betreibt; welche Absichten? Muß man nur Angst haben vor fehlgeleiteten Robotern oder auch vor denen, die sie beherrschen? Der Film liefert nur (zuweilen etwas langatmiges) Action-Kino. Großartig allerdings Yul Brynner in seiner Rolle als schwarzgewandeter Robot-Revolvermann (sein Dreß ist ein Requisit aus John Sturges' Western *Die glorreichen Sieben* aus dem Jahre 1960; überhaupt ähnelt die Westernstadt denen des typischen alten Hollywood-Kinos).
Die Fortsetzung des Filmes entstand 1976 unter dem Titel *Futureworld – Das Land von übermorgen*. Dort werden wenigstens der Hintermann von Delos und seine Motive vorgestellt.
Ⓥ IMV

Wettlauf mit der Zeit
(RUNNING AGAINST TIME).
USA 1990.
R Bruce Seth Green. *B* Stanley Shapiro/ Robert Glass. *LV* Stanley Shapiro. *K* Brian R.R. Hebb. *M* Don Davis. *D* Robert Hayes (David Rhodes), Catherine Hicks (Laura), Sam Wanamaker (Dr. Koopman), Brian Smiar (Präsident Johnson), Wayne Tippit, James DiStefano, Tracy Frain, Juanita Junning, Mark Phelan, Paul Scherrer. *F* 89 Min.
Der Geschichtsprofessor David Rhodes lernt über seine Verlobte Laura den Nobelpreisträger Dr. Koopman kennen und stellt fest, das dessen transdimensionale Theorie zur Überwindung von Raum und Zeit längst Praxis ist. Er überredet Koopman, ihn am 22. November 1963 nach Dallas zu schicken, damit er das Attentat auf John F. Kennedy verhindern kann, um den Vietnamkrieg zu beenden, in dem sein Bruder sterben mußte. Er kann das Attentat nicht verhindern; er wird sogar als Mörder verdächtigt. Laura folgt ihm nach Dallas. Sie kann zwar verhindern, daß David anstelle von Lee Harvey Oswald von Jack Ruby erschossen wird, doch nun ist das FBI beiden auf der Spur. Sie nehmen zu Dr. Koopman Kontakt auf. Er soll durch einen Dokumentarfilm über Vietnam Präsident Johnson aus der Zukunft warnen. Doch Johnson will nach dem Film noch mehr Truppen nach Vietnam schicken, um zu siegen. Koopman reist in die Vergangenheit und rückt die Gesichte wieder in ihre Bahn. David und Laura kehren in die Gegenwart zurück. Plötzlich steht Davids Bruder vor der Tür. Durch ein Gespräch in der Vergangenheit hat David ihn davon abgehalten, in den Krieg zu ziehen. – Die routinierte Inszenierung legt mehr Gewicht auf Unterhaltung durch Zeitspielereien statt auf irgendwelche historischen Wahrheiten oder in letzter Zeit aktuell gewordene Spekulationen zum Mordfall Kennedy. – Nur auf Video.
Ⓥ CIC

Where Have All the People Gone

(WHERE HAVE ALL THE PEOPLE GONE).
USA 1974.
R John L. Moxey. *B* Lewis John
Carlino/Sandor Stern. *St* Lewis John
Carlino. *K* M. Margulies. *SpE* Roger
Bellowes. *M* Robert Prince. *D* Peter
Graves (Steven Anders), Verna Bloom
(Jenny), Kathleen Quinlan (Deborah
Anders), George O'Hanlon jr. (David
Anders), Michael James Wixted
(Michael), Noble Willingham (Führer),
Doug Chapin (Tom Clancy), Jay W.
MacIntosh (Mutter), Dan Barrows, Ken
Sansom. *F* 74 Min.
Steven Anders und seine Kinder treiben
sich gerade in einer Höhle herum, als die
Sonne verrückt spielt und sämtliche im
Freien befindliche Menschen in Sand-
häufchen verwandelt. Auch Autos sprin-
gen nicht mehr an. Auf dem Heimweg zu
Muttern stoßen die drei auf weitere Über-
lebende der Katastrophe, aber auch auf
verwilderte Hunde und verlassene Ort-
schaften. Mutter, so stellt sich heraus, hat
nicht überlebt. Zusammen mit einigen anderen begibt man sich in die Berge (?),
um eine neue Zivilisation aufzubauen. –
Pilotfilm einer (nicht realisierten) US-
Fernsehserie. Nicht ganz so übel. In Originalfassung.
Ⓥ Import

Wie der Vater, so der Sohn

(LIKE FATHER, LIKE SON). USA 1987.
R Rod Daniel. *B* Lorne Cameron/Steven
L. Bloom. *K* Jack N. Green. *SpE* John
Frazier. *M* Miles Goodman. *D* Dudley
Moore (Dr. Jack Hammond), Kirk
Cameron (Chris Hammond), Sean Astin
(Trigger), Patrick O'Neal (Dr. Arm-
bruster), Margaret Colin (Ginnie
Armbruster), Catherine Hicks (Dr. Amy
Larkin), Cami Cooper, Micah Grant.
Bill Morrison. *F* 98 Min.
Jack Hammond, ein erfolgreicher Chir-
urg, lebt mit seinem in der Schule erfolg-
losen Sohn Kirk in der Vorstadt. Der Zu-
fall will, daß beide eine chemische Sub-
stanz einnehmen und ihre Seelen tau-

schen. Probleme, Probleme! Vater Jack
versagt im Körper seines Sohnes beim
Staffellauf in der Schülerriege, während
Sohn Chris verdattert vor einer schwierigen Operation steht. Der Rollentausch hat
aber auch Vorteile: Papa und Sohnemann
lernenen sich besser kennen und verstehen. Sie kehren in ihre gewohnten Leiber
zurück. – »An den Haaren herbeigezogene Rollentausch-Komödie, die zeitweise
recht witzig ist. Wir beobachten zwei
erstklassige Schauspieler beim Schlagabtausch und sind amüsiert, doch unge-
rührt.« (THE HOLLYWOOD REPORTER)

Wie stehle ich die Welt?

(HOW TO STEAL THE WORLD).
USA 1967.
R Sutton Roley. *B* Norman Hudis.
K Robert Hauser. *M* Jerry Goldsmith.
D Robert Vaughn (Napoleon Solo),
David McCallum (Illya Kuryakin),
Barry Sullivan (Robert Kingsley),
Eleanor Parker (Margitta), Leslie
Nielsen (Gen. Maximilian Harmon),
Tony Bill (Steven Garrow), Mark
Richman (Webb), Dan O'Herlihy (Prof.
David Garrow), Leo G. Carroll
(Alexander Waverly), Albert Paulsen
(Dr. Kurt Erikson), Hugh Marlowe
(Grant), Ruth Warrick (Mrs. Garrow),
Inger Stratton (Anna Erikson), Richard
Bull (Hauptm. Gelser), Edgar Stehli
(Veeth), Amy Thomson (Carla), David
Hurst (Jan Vanovech), Anella Bassett
(Dr. Naomi Fisher), Arthur Hanson
(Paul Mackie), Barbara Moore (Lisa
Rogers). *F* 89 Min.
Ein angeblich gekidnappter Forscher will
im Verein mit diversen anderen naturwis-
senschaftlichen Größen von einer im Hi-
malaya gelegenen unterirdischen Stadt
aus mit Hilfe von Nervengas eine neue
Weltordnung einführen, ohne zu ahnen,
daß er von finsteren Mächten finanziert
und gesteuert wird. Napoleon Solo und Illya Kuryakin, zweiAgenten des US-Geheimdienstes U.N.C.L.E., nehmen in
Hongkong seine Spur auf und gelangen
nach allerlei Intrigen, Abenteuern und ei-

nem Flugzeugabsturz in die Zentrale des politischen Naivlings und stellen den ihn manipulierenden Kräften erfolgreich ein Bein. – Zwei zusammengeschnittene Episoden der TV-Serie THE MAN FROM U.N.C.L.E., deren Originaltitel *The Seven Wonders of the World Affair* war. Unterhaltsam.

Wild Beasts
(THE WILD BEASTS).
Italien/BRD/Südafrika 1983.
R Franco Prosperi. *B* Franco Prosperi.
K N. N. *M* Daniele Patucchi.
D Lorraine de Selle, John Aldrich, Ugo Bologna, Louisa Lloyd. *F* 80 Min.
Drogenverseuchtes Trinkwasser einer Großstadt läßt Zootiere durchdrehen, ausbrechen und Amok laufen. Schließlich machen auch noch die Ratten mit. Halali, auf zur fröhlichen Menschenjagd! Kaum zu glauben, daß Arthur Brauner sein Geld in derartige Scheiß-Produktionen steckt. – »Der Film ist wegen seiner eindringlichen Bilder und Schockszenen nur für Erwachsene mit starken Nerven geeignet.« (VIDEO-VIS) – Wir meinen: Er ist höchstens für die Müllkippe geeignet. In der BRD nur auf Video.
Ⓥ VPS

Der wilde Planet
Anderer Titel für **Der phantastische Planet**

Wild in den Straßen
(WILD IN THE STREETS). USA 1968.
R Barry Shear. *B* Robert Thom.
LV Robert Thom. *K* Richard Moore.
M Les Baxter. *D* Shelley Winters (Mrs. Flatow), Christopher Jones (Max Frost), Diane Varsi (Sally Le Roy), Hal Holbrook (Sen. Fergus), Millie Perkins (Mrs. Fergus), Richard Pryor (Stanley X), Bert Freed (Mr. Flatow), Larry Bishop (Abraham), Kevin Coughlin (Billy Cage), Ed Begley (Sen. Allbright), Don Wyndham (Joseph Fergus), Kellie Flanagan (Mary Fergus).
F 91 Min.

In einem futuristischen Amerika entdeckt ein Pop-Sänger namens Max Frost seine Macht über die Massen seiner jugendlichen Fans und nutzt diese weidlich für sich aus: Wann immer er zu einer Demonstration aufruft, flutet das Fanvolk heran und erzeugt das pure Chaos. Er fordert das Wahlrecht für die Achtzehnjährigen; als er dies durchgesetzt hat, sorgen seine Jünger dafür, daß auch die Vierzehnjährigen wählen dürfen. Die ›Jugend‹ übernimmt die Macht; wer über 35 ist, wandert in KZ-ähnliche Lager und wird dortselbst von kuttentragenden Wächtern, die für ihre abscheulichen Ziele auch noch das Zeichen der Ostermarschbewegung mißbrauchen, bis zum Wahnsinn mit LSD vollgepumpt. Der Terror, mit dem die Jugendlichen gegen die Generation ihrer Väter vorgehen, ist unbeschreiblich und verselbständigt sich schließlich so weit, daß die ›Revolutionäre‹ alsbald zu Opfern ihrer eigenen Politik werden: Bald verlangen auch die Achtjährigen politisches Mitspracherecht: die ›Errungenschaften‹ ihrer Vorgänger-Generation haben für sie überhaupt keinen Stellenwert mehr. – Shears Film ist nur vordergründig ein utopischer: Sein Hauptanliegen besteht darin, der etablierten Generation zu zeigen, wohin die Reise geht, wenn man der Generation, die sich gegen Kriege engagiert, ein Mitspracherecht in politischen Dingen einräumt. Bewegungen, die sich nicht der herrschenden Meinung anpassen und sich die Frechheit herausnehmen, gegen bestimmte Auswüchse des Systems zu demonstrieren, sind für Shear (und Robert Thom, der die Romanvorlage lieferte) allenfalls ›modische‹ Erscheinungen, die bei nichtsnutzigen, LSD-schluckenden, geilen, arbeitsscheuen Elementen hoch im Kurs stehen, die aus purem Trotz gegen die Segnungen der modernen Welt/Technik (inklusive der Atombombe) eingestellt sind. *Wild in den Straßen* wurde von der bundesdeutschen Kritik ausnahmslos verrissen: »Faschistisch« (DER SPIEGEL). »Faschistisch« (SCIENCE FICTION TIMES). »Es gibt gutmütige Dummheiten, man

nimmt sie lächelnd hin. Und es gibt bösartige, zynische Dummheiten, denen gegenüber jegliche Toleranz ein sich Anbiedern bedeutet. Dazu gehört dieser Film, der wie kaum ein zweiter eine totale Diskriminierung der Jugend, ihrer politischen Aktionen und Ausdrucksweisen zum Inhalt hat... Es läßt sich durchaus über die Formen streiten, in denen heute Proteste erhoben werden. Solche Filme aber stärken nur die Position derer, die mit ›Recht und Ordnung‹, für ›Sicherheit‹ zu sorgen versprechen.« (FILMDIENST)
Ⓑ Robert Thom: *Wild in den Straßen*, München 1969

Willard

(WILLARD). USA 1970.
R Daniel Mann. *B* Gilbert A. Ralston.
LV Stephen Gilbert. *K* Robert B.
Hauser. *SpE* Bud Davis. Dressuren Moe
DiSesso. *M* Alex North. *D* Bruce
Davison (Willard Stiles), Ernest
Borgnine (Al Martin), Elsa Lanchester
(Henrietta Stiles), Sandra Locke (Joan),
Michael Dante (Brandt), Jody Gilbert
(Charlotte Stassen), Joan Shawlee
(Alice), William Hansen (Mr. Barskin),
J. Pat O'Malley (Jonathan Farley), John
Myhers (Mr. Carlson), Helen Spring
(Mrs. Becker), Pauline Drake (Ida
Stassen), Almira Sessions, Alan Baxter,
Sherry Presnell, Lola Kendrick, Robert
Golden, Minta Durfeee Arbuckle,
Arthur Tovey, Shirley Lawrence,
Louise De Carlo. *F* 95 Min.
Der 27jährige, sehr kontaktscheue Willard Stiles wird sowohl von seiner kränkelnden, herrschsüchtigen Mutter als auch von seinem Chef Al Martin und seinen Kollegen unterdrückt und gedemütigt. Al Martin hatte vor Jahren Willards inzwischen verstorbenen Vater um seine Firma geprellt. Seine Mutter ermahnt Willard immer wieder, endlich die Ratten totzuschlagen, die sich auf ihrem Grundstück einquartiert haben. Doch Willard hat Mitleid mit den Tieren; statt sie zu ertränken, lockt er sie in seinen Keller, füttert sie, spielt mit ihnen, bringt ihnen

Kunststückchen bei. Die Nager erweisen sich als gelehrige Schüler; Willard findet in ihnen Kreaturen, denen er sich mitteilen kann. Über sein Lieblingstier, eine weiße Ratte namens Sokrates, kann er den sich ständig vermehrenden Ratten Befehle erteilen, die diese exakt ausführen. Nur die Ratte Ben verweigert hin und wieder den Gehorsam. Willard testet seine Anhänger bei der Dinnerparty seines Chefs. Nach getaner Dienstleistung befiehlt Willard den Rückzug. Die Ratten folgen willig seinem Befehl. Nach dem Tod seiner Mutter muß Willard erkennen, daß Al Martin ihm auch das hochverschuldete elterliche Haus abspenstig machen will. Mit Hilfe der Ratten entwendet Willard einem Kunden seines Chefs die dringend benötigten Barmittel, um das Haus für sich zu behalten. Von nun an nimmt Willard die Ratten Sokrates und Ben täglich mit ins Büro und versteckt die beiden in einem Lagerraum. Eines Tages werden die Ratten entdeckt und Martin erschlägt Sokrates; Ben kann sich verstecken. Am späten Abend kehrt Willard mit seiner Rattenarmee ins Büro zurück und hetzt sie auf seinen Boß. Der stürzt sich in seiner Angst aus dem Fenster zu Tode. Willard schließt Ben in das Büro ein und kehrt nach Hause zurück. Der zornige Ben kann sich befreien und führt nun die Rattenmeute gegen Willard. Der versucht noch, die Ratten in seine Gewalt zurückzubekommen. Diese versagen ihm jedoch endgültig den Gehorsam; sie verfolgen ihn unbarmherzig und fallen über ihn her. In dieser ausweglosen Situation endet Willard wie sein Chef: Er stürzt sich aus dem Fenster. Die Ratte Ben ist noch für eine Fortsetzung gut. – Der Film ist nicht nur ein Nervenkitzler, sondern eine schwarze Parabel, »in der ähnlich wie in Alfred Hitchcocks *Die Vögel* – die menschliche Existenzbedrohung von seiten der Tiere kommt. Während aber bei Hitchcock die Vögel den Einbruch unberechenbarer Gewalten in die Zivilisation verkörpern, wird bei Daniel Mann die Gefährdung des Menschen durch Ratten vom Menschen selbst

bewirkt.« (Gunther Bastian, FILMDIENST) – Themen wie Autoritäts- und Abhängigkeitsverhältnis, Matriarchatskritik und Bloßstellung primitiver Bewußtseinsschichten werden geschickt zu einem schlüssigen Sozio- und Psychogramm komponiert: aus Unterdrückung folgt Frustration, innerliche Wut eingeschlossen, dann Gewalt und schließlich Gegengewalt. Dieses Verhaltensmuster spielt der Film zunächst auf der menschlichen Seite (Willard) durch, dann auf der tierischen (Ben), wobei hier das Ende noch offen und einer Fortsetzung überlassen bleibt. Das Filmskript hält sich streng an die literarische Vorlage. »*Willard* ist... eine ausgezeichnete Verfilmung der Vorlage.« (Uwe Anton, ANDROMEDA) – In diesem Film wirkten mehr als 500 Ratten mit. Moe DiSesso, der von Eulen und Waschbären bis zu Truthähnen so ziemlich alles schon dressiert hat, erprobte an den Ratten verschiedene Lehrmethoden, bis er erkannte, daß man die Tiere im Alter von drei Wochen schulen muß – zu einem Zeitpunkt, wo die Rattenbabys ihre Augen noch nicht öffnen können. Die Fütterung der ›Babys‹ begleitete er mit verschiedenen Tönen. Mit Hilfe dieser Töne konnte er bei den Filmaufnahmen ein einheitliches Verhalten der Ratten erzielen.
Ⓥ Atlas
Ⓑ Stephen Gilbert: *Aufstand der Ratten*, Hamburg/Düsseldorf 1970

Willi Tobler und der Untergang der 6. Flotte
BRD 1969.
R Alexander Kluge. *B* Alexander Kluge. *K* Dietrich Lohmann/Alfred Tichawsky/Thomas Mauch. *D* Alfred Edel (Willi Tobler), Helga Skalla (Dorle), Nathalie Bowakowa (Paula Stihi), Hannelore Hoger (Schröder-Mahnke), Agneta Löfving (Korvettenkapitän), Hark Bohm (Chefadmiral der 6. Flotte), Kurt Jürgens (Konteradmiral v. Carlowitz), Joachim Hirsch (Propagandamann der Rebellen), Horst Sachtleben (Oberst v. Schaake), Bernd

Hoeltz (Oberst Baade), Sabine, Steffi und Angela Skalla (Toblers Töchter). Teilw. *F* 96 Min.
Im Jahr 2040: In der Galaxis herrscht Bürgerkrieg. Der opportunistische Intellektuelle Willi Tobler, der der Meinung ist, für einen Geistesriesen seiner Klasse gebe es Sicherheit lediglich im Zentrum der Macht, gibt nach einem Bombenangriff seine beruflichen und familiären Bindungen auf, wird 3. Pressesprecher im Flottenhauptquartier, pflegt das Image des Admirals, läßt sich bestechen, wird geschaßt, darf sich an der Front bewähren, macht sich einen Namen und wird wieder eingestellt. Als die Rebellen den Krieg gewinnen, will ihn niemand haben, aber dank der Hilfe eines Freundes darf Tobler dann doch für das neue Regime arbeiten. Die Konterrevolution, die nicht lange auf sich warten läßt, macht ihn nicht nur erneut arbeitslos, sondern will ihn wegen seiner Rückgratlosigkeit und seines Mitläufertums verurteilen. – Kluges clevere und teilweise zum Brüllen komische Geschichten um Opportunisten im Wandel der Zeiten (der Regisseur selbst bezeichnet sie als »Perry-Rhodan-Stories für Eierköpfe«) erhielten durchaus gemischte Kritiken: Kam sein Epos vor allem bei SF-Szenen-Outsidern gut an (Walter Jens besprach *Willi Tobler* sehr wohlwollend in der ZEIT und brachte das Thema mit dem Satz »›Immer auf der Seite der Macht‹, heißt die Devise«, voll auf den Punkt), stieß der Streifen bei denen, die's eigentlich besser wissen müßten, eher auf Unverständnis: »Da ist der Oberbefehlshaber der 6. Flotte..., dem die Geheimagentin Paula Stihi mit ihren weiblichen Waffen eine dritte Jugend schenkt. Er wird dargestellt von einem langhaarigen jungen Hippie. Ob diese Verfremdung heute noch aufregend ist? Oder die Raumschiffe: Zusammengebastelte Teile aus Staubsaugern, Radioröhren und Abfall, wie Kluge stolz verlauten ließ. Bewußt dilettantisch gefilmt, und damit ein ›Genuß für die Gebildeten aller Stände.‹« (SCIENCE FICTION TIMES) – Alexander

Willi Tobler und der Untergang der 6. Flotte von Alexander Kluge

Kluge brachte den Film – neu geschnitten und auf 81 Minuten gekürzt – 1977 noch einmal heraus. Aber auch unter dem neuen Titel – *Zu böser Schlacht schleich ich heut nacht so bang* – blieb er, kommerziell gesehen, ein Flop.

Willkommen in dieser blutigen Stadt
(WELCOME TO BLOOD CITY).
GB/Kanada 1976.
R Peter Sasdy. *B* Stephen Schneck/ Michael Winder. *K* Reginald H. Morris. *M* Roy Budd. *D* Keir Dullea (Lewis), Jack Palance (Frendlander), Samantha Eggar (Katherine), Barry Morse (Supervisor), Hollis McLaren (Martine), Chris Wiggins (Gellor), Allan Royale (Peter), Ken James (Flint), Henry Ramer (Chumley), John Evans (Lyle). *F* 96 Min.

Wie macht man aus einem Western einen SF-Film? Ganz einfach: Man sieht sich *Westworld* (USA 1972; Regie: Michael Crichton) und *Das zehnte Opfer* (Italien/ Frankreich 1965; Regie: Elio Petri) an, sucht sich ein paar dekorative Hütten, die irgendeine TV-Produktionsmannschaft zurückgelassen hat, und ›versetzt‹ ein paar Menschen ohne Erinnerung in diese Umgebung, auf daß sie sich (von geheimnisvollen Mächten beobachtet, versteht sich) ›bewähren‹. Wer die soziale Leiter hinauf will, so stellt sich heraus, muß im ›fairen‹ Kampf zwanzig Mann umlegen – doch nur, um am Ende festzustellen, daß er jetzt zur ›militärischen Elite‹ eines zukünftigen Krieges zählt. (Die Frage ist nur, wer dann noch das Kanonenfutter abgeben soll, wenn die Elite den ›gewöhnlichen Pöbel‹ schon vorher massakriert). –

Sasdys Western-SF-Spektakel läßt zwar verhaltene Kritik an der Manipulation des Menschen durchscheinen, doch sein Filmchen ist leider zu verworren, um dem Durchschnitts-Videoglotzer bewußt zu machen, daß auch er – und zwar von höchst sichtbaren – Mächten gesteuert wird. In der BRD nur auf Video.
Ⓥ Thorn EMI

The Wingates

(KAMILLONS). USA/Niederlande 1989. *R* Mikel B. Anderson. *B* Mikel B. Anderson. *K* Kathleen Beeler. *M* Kent H. Randolph. *D* Christopher Gasti (Desmond), Dan Evans (Sam Wingate), Dru-Anne Cakmis (Jasmine), Laura O'Malley (Nancy Wingate), Kate Alexander (Angelica Wingate). *F* 100 Min.
An seinem 50. Geburtstag experimentiert Nathan Wingate in seinem Forschungskeller und findet das Tor zu einem Paralleluniversum, aus dem zwei krebsartige Kamillons zur Geburtstagsparty kommen. Sie können jede Form annehmen, aber einer der beiden ist böse! Der zweite, sein Aufpasser, versucht den Schaden gering zu halten. Nathan wird das erste Opfer. Der Bösling schlüpft in Vetter Desmonds Haut und treibt derbe Späße mit den Gästen – eine Frau verwandelt sich in eine Spinne, ein Penis wird zu einem Schlangenmonster. Mit Hilfe von Nathans Sohn Sam kann der Guti dem Bösling Einhalt gebieten. Nathan kehrt ins Leben zurück und feiert seinen Fünfzigsten. – »Jedem Ansatz zur Parodie geht ganz schnell die Luft aus, die Späße sind von der ganz plumpen Sorte, und damit keinen Deut besser als die schwerfälligen und durch die Bank äußerst billigen Effekte.« (Pst., FILMDIENST). – Nur auf Video.
Ⓥ Empire

Wir

(TV-ZDF). BRD 1982. *R* Vojtech Jasny. *B* Claus Hubalek. *LV* Jewgenij Samjatin. *K* Norbert Zinkand/Martin Strauß. *M* Jan Nowak.
D Dieter Laser (D-503), Sabine von Maydell (I-330), Susanne Altschul (O-90), Giovanni Früh (R-13), Gert Haucke (S-4710), Wolfgang Kaven (D-504), Kurt Lambrigger (Delinquent), Heinz Moog (Wohltäter), Marga Maasberg, Joachim Dietmar Mues, Dieter G. Knichel, Hanna Ruess.
F 90 Min.
»Ich kann nur das wiedergeben, was ich sehe, was ich denke, genauer gesagt, was *wir* denken. *Wir*, das ist das richtige Wort...«, so beginnen die Tagebuchaufzeichnungen des Chefmathematikers und Ingenieurs D-503. Er berichtet vom Leben im Einzigen Staat, später vom Versuch und Ergebnis seines Aufstands. Der Einzige Staat, der im x-ten Jahrhundert schon 1000 Jahre besteht, als Sieger aus dem Chaos des letzten hundertjährigen Krieges hervorgegangen, wird vom ›Großen Wohltäter‹ beherrscht. Unter seinem »*segensreichen Joch der Vernunft*« ist jedermann nur eine abgeleitete Größe der mathematisch vollkommenen, totalitären, hochtechnisierten Barbarei. Glück und Unglück sind gleichermaßen unbekannt, jegliche Freiheit, vorab die individuelle, ist abgeschafft: »Ist die Freiheit des Menschen gleich Null, so begeht er keine Verbrechen. Das einzige Mittel, den Menschen vor dem Verbrechen zu bewahren, ist, ihn vor der Freiheit zu bewahren.« Die Menschen haben jede Eigenständigkeit verloren, sie sind namenlos, nur durch Buchstaben und Nummern gekennzeichnet (man trägt sie sichtbar über der Brust auf der Einheitskleidung aufgestickt), wobei die Konsonanten männliche, die Vokale weibliche Untertanen bezeichnen. Man wohnt in Glas, jenem politischen neuen Rohstoff, der nichts verbirgt und die Gemeinsamkeit weithin sichtbar macht – schlafen, lesen, essen, arbeiten nach Minutenplan, selbst die Liebe wird überwacht: Durch Ausgabe von Berechtigungszetteln für bestimmte Stunden ist hier die einzige, geringe Auswahlmöglichkeit (von Zeit und Partner) zugelassen. Das Ideal des Einzigen Staates ist

der absolute Stillstand, alles ist erreicht, nichts kann geschehen außerhalb staatlicher Aufsicht.

Der Ingenieur D-503 ist zu Anfang der ergebene Diener seines Staates, der typische Exponent der neuen Klasse Mensch, wie ihn sich sein ›Wohltäter‹ nicht besser wünschen kann. Als außergewöhnlich kluger Kopf ist er damit beauftragt, das erste riesige, interplanetarische Raumschiff zu konstruieren, das später einmal die ›Kultur‹ des Einzigen Staates in ferne Welten bringen soll. Eines Tages, bei den Taylor-Exerzitien auf dem Platz des Gläsernen Würfels (einer Art Massengymnastik mit Teilnahmepflicht), zieht den Helden gegen alle Vernunft eine gewisse I-330 in den Bann. Er ist so fasziniert, daß ihm anschließend sogar die vorgeschriebene Partnerin für den wöchentlichen Geschlechtstag mißfällt. Er fühlt eine ›Krankheit‹ in sich, die der konsultierte Arzt schnell erkennt:»Bei Ihnen hat sich das gebildet, was man früher Seele genannt hat.« D-503 wird fast zur Marionette an ihren Fäden; sie verführt den Intelligenzler zu Liebe und Empfindung. Ort dieser für den Staat geradezu perversen Handlung ist das ›Alte Haus‹, eine Villa aus dem 19. Jahrhundert, die man als abschreckendes Beispiel für individualistischen Bau- und Lebensstil vergangener Jahrhunderte unter einer Glaskuppel konserviert hat. Die Villa hat einen geheimen, direkten Ausgang zu einer anderen Welt, vor der die Menschen des Einzigen Staates durch eine hohe Mauer ›geschützt‹ werden. Dahinter leben die Waldmenschen; Menschen, die sich frei bewegen können, die essen und trinken können, was sie wollen, ohne das mathematische Maß; hier lebt die Natur, die Vögel zwitschern... D-503 folgt I-330 durch die geheime Tür. Irritiert muß er feststellen, daß sie sich ohne Zeichen von Abscheu unter das ›barbarische Gesindel‹ mischt. Das ist offene Rebellion. Muß er sie nicht anzeigen, ihrer gerechten Strafe zuführen? Doch seine Persönlichkeit ist schon geformt:»Ich bin über alle erho-

ben. Ich bin ein Einzelwesen, eine Welt. Ich habe aufgehört, eine Nummer zu sein.« Er folgt ihr in die Opposition. Sie werden verraten. I-330 wird nach schweren Folterungen in der Glasglocke, d.h. für jedermann sichtbar, vom ›Wohltäter‹ persönlich auf dem gläsernen Schafott hingerichtet. D-503 wird noch gebraucht, er wird nur (!) chirurgisch behandelt: Er wird mittels Gehirnoperation von seiner im Hirnstamm lokalisierten Fantasie befreit. Seine letzten Tagebuchaufzeichnungen lauten dann auch:»Die Vernunft muß siegen. Keine Fantasien mehr, keine Gefühle: nur noch Fakten. Denn ich bin gesund, völlig absolut gesund. Ich lächle, und ich kann nicht anders als lächeln: aus meinem Kopf hat man irgendeinen Splitter herausgezogen. Im Kopf ist es leicht, leer.«

Den Traum vom besten aller Staaten nannte man seit Thomas Morus ›Utopie‹. Das Gegenteil, der Alptraum vom schlechtesten aller Staaten, von der schlechtesten denkbaren gesellschaftlichen Ordnung – die Antiutopie – ist als Gedankenexperiment logische Folge. Der Russe Jewgenij Iwanowitsch Samjatin (1884–1937) war der erste anerkannte Literat, der mit seinem Roman *Wir* eine moderne Gegenutopie entwarf. Der Roman entstand 1920, erschien erst 1924 in tschechischer, englischer und französischer Übersetzung. Der vollständige Text in russischer Sprache wurde 1952 in New York veröffentlicht; in der UdSSR durfte der Roman nie erscheinen. *Wir* hat in der Literatur-geschichte nie den Rang erhalten,der ihm eigentlich zustehen müßte.Er hat die beiden berühmtesten Sozialutopien der Moderne, Aldous Huxelys *Schöne neue Welt* und George Orwells *1984* vorweggenommen; der Handlungsverlauf in *Schöne neue Welt* deckt sich bis in Einzelheiten mit dem des russischen Vorbilds. Aufgrund dieser Unterbewertung verwundert es nicht, daß erst das Fernsehen den Stoff filmisch ausgewertet hat. Das Fernsehen scheint allerdings auch das geeignetere Medium dafür zu sein. Von

ihm verlangt man nicht die Realität der Schauplätze; es kann mit für den Zuschauer erkennbaren Kulissen arbeiten, Spezialeffekte brauchen nicht um ihrer selbst willen eingesetzt zu werden. Die Qualität der Inszenierung hängt im besonderen oft von der Qualität der Schauspieler ab. Gerade der Fernsehfilm *Wir* ist das beste Beispiel dafür, daß es auch heute noch möglich ist, mit relativ bescheidener, aber um so wirksamerer Studioausstattung, mit wenigen, aber klug gesetzten Effekten, mit hervorragenden schauspielerischen Leistungen (allen voran die Idealbesetzung des D-503: Dieter Laser) dem Zuschauer ein fesselndes Zukunftstrauma zu bieten, das dem literarischen Vorbild voll und ganz gerecht wird.
Ⓑ Jewgenij Samjantin: *Wir*, Köln 1958

Wolfen
(WOLFEN). USA 1981.
R Michael Wadleigh. *B* David Eyre/ Michael Wadleigh. *LV* Whitley Strieber. *K* Gerry Fisher/Garrett Brown (Steadycam). *SpE* Robert Blalack. *M* James Horner. *D* Albert Finney (Dewey Wilson), Diane Venora (Rebecca Neff), Edward James Olmos (Eddie Holt), Gregory Hines (Whittington), Tom Noonan (Ferguson), Dick O'Neill (Warren), Dehl Berti (Alter Indianer), Peter Michael Goetz (Ross), Sam Gray (Bürgermeister), Ralph Bell (Kommissar), Max M. Brown (Christopher Vanderweer), Anne Marie Photamo (Pauline Vanderweer), John McCurry (Sayad Alve).
F 115 Min.
New York im ausgehenden 20. Jahrhundert: Der Bauspekulant Vanderweer, der die total verwahrloste South Bronx sanieren will, wird zusammen mit Ehefrau und Bodyguard auf bestialische Weise ermordet aufgefunden. Man hat ihnen das Hirn herausgerissen. Die Polizei vermutet einen Terroristenanschlag. Eine Spezialistin wird mit den Ermittlungen betraut und muß fortan mit dem mürrischen Kriminalbeamten Wilson zusammenarbei-

ten. Der Polizeiarzt findet eine merkwürdige Spur: In den Wunden der Opfer entdeckt er Tierhaare, die offenbar von einem Wolf stammen. Das unbekannte Monster treibt weiter sein Unwesen. Mehrere Leichen werden gefunden, am Tatort bleiben stets Wolfshaare zurück. Bei seinen Nachforschungen in der South Bronx kommt Wilson hinter das Geheimnis: In einer verfallenen Kirche beobachtet er die ›Wolfen‹, eine Art von Super-Wölfen, die sich in der neuen Wildnis der Großstadt eingenistet haben und ihr Territorium um jeden Preis verteidigen. Wilson und seine Kollegin müssen flüchten, werden aber im Hause Vanderweers von den Wolfen gestellt. Erst als Wilson das Modell des Sanierungsgebiets demonstrativ in Stücke haut, kann er die seltsamen Wesen von seinen lauteren Absichten überzeugen: Sie verschwinden, ohne eine Spur zu hinterlassen. Die Polizei schiebt die Morde auf eine Terrorbande.
»Entfremdung, Verlust des natürlichen Lebensraumes, Entmenschlichung, unüberbrückbare Kälte: Dies sind die Themen, mit denen sich Wadleighs technokratischer Thriller beschäftigt... Wadleighs Film ist ein Film über ein... kolossales Ungeheuer: Das Monster namens New York. In dieser Eiswüste des winterlichen Manhattan siedeln (die Autoren) ihre blutige Mordserie an, und es dauert nicht lange, bis sich herauskristallisiert, daß diese zur Festung erstarrte Metropolis Grund und Ursache für die Ungeheuerlichkeiten ist, die hier von einer verzweifelt sich wehrenden Kreatur begangen werden.« (GUCKLOCH) – »*Wolfen* unterscheidet sich wohltuend von den... üblichen Produkten des Horrorgenres. Es geht nur selten um vordergründigen Horror, und mit dem optisch verfremdeten ›Alienvision‹-Verfahren, das die Welt der Menschen aus der Wahrnehmung der Wölfe zeigt, ist eine eindrucksvolle Bereicherung subjektiver Kameraführung erreicht worden. Überhaupt kann man die Kameraführung in diesem Film uneingeschränkt loben.« (FILMDIENST)

Ⓥ CIC
Ⓑ Whitley Strieber: THE WOLFEN, New York 1978

Das Wunder der 8. Straße
(BATTERIES NOT INCLUDED). USA 1987.
R Matthew Robbins. *B* Brad Bird/M.
Robbins/Brent Maddock/S.S. Wilson.
K John McPherson. *SpE* Industrial Light
& Magic. *M* James Horner. *D* Hume
Cronyn (FRank Riley), Jessica Tandy
(Faye Riley), Frank McRae (Harry
Noble), Elizabeth Pena (Marisa),
Michael Carmine (Carlos), Dennis
Boutsikaris (Mason), Tom Aldredge
(Sid), Jane Hoffman (Muriel).
F 106 Min.

New York today: Grundstücksspekulanten wollen die Bewohner eines Altstadtteilviertels vertreiben, um ein modernes Wohnzentrum zu errichten. Die Mieter eines Hauses – ein altes Ehepaar, eine alte Dame, eine Mexikanerin, ein freundlicher Schwarzer und ein Maler – wehren sich gegen ihr Schicksal, doch die Bulldozer und Schläger der Spekulanten rücken näher. Ein Wunder muß her! Und schon greifen sie ein, Heinzelmännchen aus der Zukunft, in Form zweier kleiner, piepsender Raumschiffe, und heitern die Hausbewohner mit allerlei Firlefanz auf. Die Lage spitzt sich zu: Die Handlanger der Profitgeier rücken den Mietern auf den Pelz und brennen das Haus bis auf die Grundmauern nieder. Wer jetzt noch nicht genug Wunder gehabt hat, kann sich das ultimate Wunder ansehen, denn Rums! – schon steht das Haus wieder, und zwar auf ewig. – Auch wenn sich das Wunder in der 8. Straße abspielt, heißt dies noch lange nicht, daß man Zeuge des achten Weltwunders wird. – »(Produzent) Spielberg und sein Regisseur Matthew Robbins starten in ihrem Film einen Frontalangriff auf die Tränendrüse des Zuschauers… Ständig sehen wir verklärte Gesichter, Tränen der Freude, melancholische Gesten und andere Rührseligkeiten. Die hervorragenden Spezialeffekte und eine Reihe gelungener Gags retten *Das*

Wunder der 8. Straße allerdings vor dem Absturz ins Trivial-Melodram und machen den Film letztendlich zu einem amüsanten kleinen Märchen für Kinder, die gern staunen und lachen.« (CINEMA).
Ⓥ CIC

Der Würger von Sing-Sing
(THE INDESTRUCTIBLE MAN).
USA 1955.
R Jack Pollexfen. *B* Sue Bradford/
V. Russel. *K* John Russel jr. *M* Albert
Glasser. *D* Lon Chaney jr. (Der
Würger), Marian Carr (Eva Martin),
Casey Adams (Chasen), Ross Elliott
(Paul Lowe), Stuart Randall, Ken
Terrell, Robert Shayne, Marvin Ellis.
71 Min.

Ein Gewaltverbrecher wird auf dem elektrischen Stuhl hingerichtet. Flugs wird seine Leiche von zwei experimentierfreudigen Ärzten geklaut. Frankensteins Möchtegern-Nachfahren jagen dem Toten 300 000 Volt durch den Körper. Das war zu viel des Guten. Infolge übermäßiger ›Zellenvermehrung‹ nicht nur zum Leben erweckt, sondern auch gleich unverwundbar gemacht, nimmt die leider stimmlos gebliebene Bestie Rache an ihren Ex-Komplizen und allen, die sich ihr in den Weg stellen. Maschinenpistolen und Flammenwerfer können dem Supermörder nichts anhaben. Erst die Berührung mit einer Hochspannungsleitung befördert den Würger endgültig ins Jenseits. Langatmige Gruselstümperei: »Etwas für Theaterbesitzer, die ihr Publikum vorzeitig loswerden wollen.« (FILMDIENST)

Der Wüstenplanet
(DUNE). USA 1984.
R David Lynch. *B* David Lynch.
LV Frank Herbert. *K* Freddie Francis.
SpE Kit West/Carlo Rambaldi/Barry
Nolan/Albert Whitlock. *M* David Paich/
Jeff Porcaro/Steve Lukather/Steve
Porcaro/Mike Porcaro. *D* Kyle
McLachlan (Paul Atreides), Francesca
Annis (Jessica), Piter de Vries (Brad
Dourif), José Ferrer (Shaddam IV.),

Jürgen Prochnow (Leto Atreides), Linda Hunt (Shadout Mapes), Freddie Jones (Thufir Hawat), Richard Jordan (Duncan Idaho), Virginia Madsen (Irulan), Silvana Mangano (E. M. Ramallo), Everett McGill (Stilgar), Kenneth McMillan (Wladimir Harkonnen), Jack Nace (Nefud), Sian Phillips (Gaius Helen Mohiam), Paul Smith (Rabban), Patrick Stewart (Gurney Halleck), Sting (Feyd-Rautha), Dean Stockwell (Dr. Wellington Yueh), Max von Sydow (Dr. Kynes), Alicia Roanne Witt (Alia), Sean Young (Chani), Leonard Cimino (Arzt Harkonnens). *F* 141 Min.

Im 11. Jahrtausend wird das Galaktische Imperium der Menschheit – ein Zusammenschluß mehrerer tausend besiedelter Planeten – von einem Feudalsystem beherrscht: Shaddam IV. Corrino ist der 370. und letzte einer langen Reihe kosmischer Imperatoren. Daß seine Tage gezählt sind, ahnt er freilich nicht, denn er hat guten Grund, sich auf die Schlagkraft seiner Sardaukar-Truppen zu verlassen, einer quasi-religiösen, fanatischen Soldateska, die auf dem öden Planeten Salusa Secundus unter unmenschlichen Bedingungen ausgebildet wurde und als unbesiegbar gilt. Dennoch rückt Shaddams Untergang unaufhaltsam näher, als er sich von dem habgierigen, tückischen Baron Wladimir Harkonnen überreden läßt, die Familie des Herzogs Leto Atreides auszulöschen. Man setzt eine gewaltige Intrige in Gang: Atreides, den man ›den Roten Herzog‹ nennt, weil er einen ausgeprägten Sinn für soziale Gerechtigkeit hat (weswegen ihm seine Untertanen und Söldner größte Loyalität entgegenbringen), ist beiden ein Dorn im Auge: Harkonnen haßt ihn, weil er ihm aus geschäftlichen Gründen im Wege steht, Shaddam sieht in ihm – völlig zu Unrecht, denn Leto Atreides hat keinerlei machtpolitische Ambitionen – einen potentiellen Konkurrenten. Damit man sich des Gegners entledigen kann, ohne die Aufmerksamkeit der Öffentlichkeit zu erregen, er-

hält Herzog Leto den Befehl, seinen Stammplaneten Caladan mit seinem gesamten Haushalt zu verlassen, um ein anderes Lehen zu übernehmen: die abgelegene Welt Arrakis, eine trockene, lebensfeindliche, sturmumtoste Wüste, auf der das Wasser so kostbar ist, daß die einheimischen Fremen – Nachfahren einer neoislamischen Volksgruppe von der längst der Vergessenheit anheimgefallenen Erde – sogar noch ihren Toten und im Kampf Gefallenen sämtliche Flüssigkeit entnehmen. Arrakis ist nur in der nördlichen Polarzone bewohnbar, und aufgrund der unberechenbaren Sandstürme ist der Einsatz von Flugmaschinen auf dieser Welt fast unmöglich – zumindest jedoch mit einem großen Risiko verbunden. In den endlosen, von überdimensionalen Wanderdünen durchsetzten Wüsten dieses Planeten lebt zudem der gefährliche, bis zu 400 Meter lange ›Shai-Hulud‹, der Sandwurm, den die Fremen als gottähnliches Geschöpf verehren und gelegentlich auch als Reittier benutzen, eine Kreatur, die der wahre Herrscher Arrakis' ist und dem Imperium das kostbare ›Gewürz‹ liefert. Eine suchterzeugende Droge, die den Menschen ein hohes Alter sichert und den mutierten Navigatoren der Weltraumgilde beschränkte hellseherische Fähigkeiten verleiht. Das Imperium ist dem Gewürz auf Gedeih und Verderb ausgeliefert, denn ohne das Gewürz, das die überlichtschnelle Raumfahrt ermöglicht und die ökonomische Existenzgrundlage des Reiches garantiert, geht nichts. Kaum hat sich die Familie Atreides auf Arrakis eingerichtet und die ersten zaghaften Kontakte zu den hier lebenden Fremen geknüpft, schnappt die Falle auch schon zu: Mit Hilfe eines gedungenen Verräters starten die kaiserlichen Sardaukar in Harkonnen-Uniformen eine Invasion. Die Söldner der Familie Atreides werden niedergemetzelt bzw. in alle Winde zerstreut. Herzog Leto kommt um, aber seiner Konkubine Jessica und ihrem gemeinsamen Sohn Paul gelingt die Flucht in die unwirtliche Wüste, wo sie von einem Fre-

Plakatmotiv zu *Der Wüstenplanet* von David Lynch

menkommando gefunden und gerettet werden. Jessica, eine Angehörige der Bene Gesserit – eines uralten Frauenordens, den man für eine religiöse Sekte hält, obwohl er in Wahrheit machtpolitische Ziele verfolgt –, profitiert in dieser Situation von den geschickt und subtil verbreiteten Mythen ihrer Zunft: die Fremen erkennen in ihr eine ›Ehrwürdige Mutter‹, eine Frau, deren Erscheinen ihnen prophezeit wurde, eine weise Seherin, deren Hellsichtigkeit ihnen den Weg in die Freiheit bahnen wird.

Der Knabe Paul, Endprodukt eines seit unzähligen Jahrtausenden heimlich durchgeführten genetischen Zuchtprogramms, von dem er selbst nichts ahnt, wird von den Fremen als ›Mahdi‹, als eine Erlösergestalt angesehen. Was jedoch keiner der Beteiligten weiß und die Bene Gesserit und Jessica lediglich vermuten:

Paul ist der sogenannte ›Kwisatz Haderach‹, ›der Abkürzer des Weges‹, der, der an mehreren Orten zugleich sein kann, ein männlicher Bene Gesserit, eine Art Halbgott, der die Zukunft des Universums nicht nur vorhersehen, sondern auch manipulieren kann. Die Bene Gesserit haben nicht nur schon vor Jahrtausenden die Fähigkeit entwickelt, das gesamte Wissen ihrer Vorfahren geistig zu speichern, sie arbeiten auch seit langem auf ein Ziel hin, das sich nur verwirklichen läßt, wenn sie im Hintergrund die Fäden ziehen und bestimmte genetisch programmierte Menschen ohne deren Wissen einander zuführen und ›kreuzen‹. Mit Hilfe dieses seit undenklichen Zeiten geführten Meisterzuchtplans hoffen sie, irgendwann einen ›Kwisatz Haderach‹ hervorzubringen, um durch ihn an politischem Einfluß zu gewinnen, damit sie das Geschick des Imperiums nach ihrem Gusto lenken können. Ihr Hauptziel, die Hervorbringung des ›Kwisatz Haderach‹, ist erreicht worden – aber aufgrund gewisser Umstände, an denen Jessica nicht unschuldig ist, eine Generation zu früh, und auf eine Weise, die ›das Produkt‹ den manipulativen Fäden des Ordens entzieht. Obwohl Paul Atreides erkennt, wer er ist und was die Fremen aufgrund ihrer Mythologie von ihm erwarten – daß er sich an ihre Spitze stellt und sie von den Übeln der Welt ›erlöst‹ –, kann er sich nicht mit seiner Führungsrolle abfinden: Seine seherischen Kräfte zeigen ihm nicht nur seinen Sieg über die Heerscharen der Unterdrücker, sondern er erfährt auch, daß man in seinem Namen einen fanatischen ›Djihad‹ (Kreuzzug) starten wird, daß unzählige Millionen werden sterben müssen, weil die, die an ihn glauben, seine vermeintlichen Ansichten mit Feuer und Schwert verbreiten werden. Trotzdem ergibt er sich – nicht zuletzt aus politischen Gründen – seinem Schicksal.

Er stellt die für das Imperium notwendige Gewürz-Produktion ein und zwingt mit guerillaähnlichen Kampftechniken Shaddams Truppen in die Defensive. Der Imperator wird von der mächtigen Raumfahrergilde aufgefordert, die Gewürz-Produktion zu sichern und auf Arrakis nach dem Rechten zu sehen. Dort angekommen, wird seine Armee von Paul und den Fremen endgültig geschlagen. Shaddam geht ins Exil, und Paul steht, wie in der Prophezeiung der Fremen vorausgesagt, an der Spitze des Imperiums.

Was sich vordergründig wie eine simple Abenteuerstory nach dem Muster ›mutiger und rechtmäßiger Thronerbe rächt sich an bösem Usurpator‹ anhört, ist in Wirklichkeit eine komplexe Geschichte. Die geplante und beinahe erfolgreiche Ausrottung der Familie Atreides bildet lediglich den farbenprächtigen Vordergrund dessen, was sich auf dem Wüstenplaneten Arrakis tatsächlich tut: In Wirklichkeit handelt die Geschichte in erster Linie von der geplanten ökologischen Umwandlung einer harten und unerbittlichen Wüstenwelt in ein wasserreiches, pflanzenbewachsenes Utopia, einen Garten Eden, deren Endresultat jedoch darin bestehen muß, daß der Lebensraum der gewaltigen, gewürzproduzierenden Wüsten-Leviathans, der Sandwürmer, nicht nur beschnitten wird, sondern schließlich zu ihrem Aussterben führen muß, denn Wasser wirkt auf sie tödlich. Und dies hat nicht zu unterschätzende Auswirkungen auf die Leistungsfähigkeit des Imperiums. Frank Herbert, der Verfasser des Romans DER WÜSTENPLANET, läßt eine seiner Romanfiguren Ökologie »als jene Wissenschaft« definieren, »die darin besteht, daß man die Konsequenzen seines Handelns erkennt«, und so bedeutet die geplante Umwandlung des Planeten für die Fremen das Paradies, doch für jene, die wirtschaftlich von dem Gewürz profitieren, das Heraufziehen eines neuen Mittelalters, ein Zeitalter der Isolation, in dem die großen Entfernungen zwischen den Planeten unüberbrückbar werden und die privilegierten Klassen (der Adel) ihre Langlebigkeit gegen das relativ kurze Dasein gewöhnlicher Sterblicher eintauschen müssen.

Der brutale Überfall auf Arrakis ist einerseits vergleichbar mit einem imperialistischen Raubkrieg zur Sicherung und Bewahrung einer Rohstoffquelle von eminenter Wichtigkeit, andererseits aber auch die Folge eines um seine Machtposition besorgten Monarchen, der mitansehen muß, wie sich ein potentieller Konkurrent mit Kräften (den Fremen) verbündet, die aufgrund ihrer Zähigkeit, Kampfbereitschaft und Gnadenlosigkeit die Existenz des Imperiums gefährden könnten. Daß ein junger Mann wie Paul Atreides schließlich mit ihrer Hilfe über eine als unbesiegbar geltende militärische Macht siegt, hat seine Ursache in den geschickt ausgestreuten Mythen einer Sekte, die in Wahrheit kosmopolitische Ziele verfolgt: Die Bene Gesserit – die, wenn es um die Durchsetzung ihrer Pläne geht, völlig skrupellos vorgehen – streben jedoch auch nach ›echter Menschlichkeit‹, und daß man sie nicht durchschaut, liegt daran, daß sie dem gewöhnlichen Menschen haushoch überlegen sind: sie haben sich nicht nur unter völliger geistiger und körperlicher Kontrolle, sondern erfahren aus einem Blick, einer unbedacht ausgeführten Bewegung oder dem Zucken eines Gesichtsmuskels mehr als aus dem gesprochenen Wort. Während die Bene Gesserit nichts preisgeben, was ihre Position schwächen könnte, lesen sie in jedem Normalmenschen aufgrund seiner Körpersprache wie in einem offenen Buch. Allein aus dem menschlichen Normalverhalten erfahren sie, was man wirklich meint bzw. vor ihnen geheimzuhalten versucht. Daß der lange von ihnen herbeigesehnte ›Kwisatz Haderach‹ seine wahre Identität und Bestimmung erkennt, als er sich außerhalb ihres Einflußbereichs befindet und außerdem nicht daran denkt, als Werkzeug derer zu fungieren, die ihn hervorgebracht haben, ist ein Schlag, mit dem sie nicht fertig werden. Daß ihre seit Jahrtausenden währenden Bemühungen von einem derartigen Mißerfolg gekrönt werden, treibt sie folgerichtig in die Arme der Usurpatoren, denn sie wissen, Paul Atreides ist ein Gegner, dem sie ohne fremde Hilfe nichts entgegenzusetzen haben: Er ist ein Wesen, das jeden manipulativen Schritt des Ordens vorausberechnen und auf diese Weise unterlaufen kann.

Die Fremen – Nachkommen jener Wüstenvölker, die einst die nordafrikanische Kalahari-Wüste bewohnt haben – sind Stoikern nicht unähnlich: Seit Generationen herumgestoßen, auf diversen kargen Welten zur Sklavenarbeit gezwungen, haben sie sich zwar der Ökologie des Wüstenplaneten angepaßt, auf den man sie zwangsumgesiedelt hat, aber das heißt nicht, daß sie keine Träume hätten. In ihren Stammesgemeinschaften leben sie nach dem Motto ›Einer für alle, alle für einen‹, obwohl sie dies nie aussprechen. Sie sind die einzigen, die das Überleben in der Wüste gemeistert haben und den gewaltigen Sandwurm reiten können. Sie sind zäh, ausdauernd und religiös. Sie ahnen freilich nicht, daß der von ihnen befolgte Glaube (laut dem der Wüstenplanet nur eine Zwischenstation auf dem Weg ins Paradies ist und eines Tages ein Erlöser kommen wird, um sie aus der Knechtschaft zu befreien) ein von den Bene Gesserit ›erfundener‹ Mythos ist, den man nur zu dem Zweck verbreitet hat, um den Angehörigen ihres Ordens, wo immer sie in Schwierigkeiten geraten sollten, Hilfe angedeihen zu lassen. Dieser ›erfundene‹ Glaube hat auf dem Wüstenplaneten Konsequenzen, die niemand hat voraussehen können, denn als Jessica und Paul den Fremen in die Hände fallen und gezwungen sind, aus ihrer prekären Lage das Beste zu machen, sehen sie sich unversehens in eine Rolle hineingedrängt, die Paul nicht akzeptieren kann. Eine ›Ehrwürdige Mutter‹ ist den Fremen prophezeit worden, ebenso ein ›Erlöser‹; daß Jessica und Paul die Fremen tatsächlich von der Terrorherrschaft der Harkonnens befreien, indem sie die Stämme einigen und gegen die Unterdrücker führen, ist die Erfüllung einer Voraussage, die nicht im Sinne ihrer Erfinder lag: Der daraufhin folgende Weltenbrand ist von niemandem gewollt, am allerwenigsten von Paul Atreides, der feststellen muß, daß sich der ihn umgebende Mythos verselbständigt hat und er ihm nun gezwungenermaßen gerecht werden muß. Daß es überhaupt zu einer Art ›Freundschaft‹ zwischen den mißtrauischen Fremen-Nomaden und der adeligen Außenweltler-Familie kommt, hat seinen Grund nicht nur darin, daß ›der Rote Herzog‹ ein völlig untypischer Angehöriger des kalten, unnahbaren und unnachgiebigen Hochadels ist (der Imperator, Shaddam IV., hat für seine Menschlichkeit und Aufrichtigkeit nur Hohn und Spott übrig), sondern leitet sich auch davon ab, daß sein Plan, weite Gebiete des Planeten zu bewässern, mit dem Vorhaben der Fremen korrespondiert. Wie wir sehen, handelt DER WÜSTENPLANET von vielen Dingen: von der Loyalität, die auch unter Menschen unterschiedlichster Herkunft existiert; von religiöser Manipulation; von den Problemen, die sich ergeben, wenn man in eine Rolle hineingezwängt wird, die man sich nicht ausgesucht hat. Die Geschichte handelt von längst verdrängten Ritualen, die in der Zukunft wieder aufleben werden, von fernen Mythologien und dem nie versiegenden Wunsch nach Macht. Und sie handelt von der tragischen Bestimmung eines Menschen, der stets die gleichen grauenvollen Ereignisse auslösen wird, denn er ist nur ein Rad im Lauf der Geschichte. Wenn die Science Fiction je ein echtes Epos hervorgebracht hat, ist dies unzweifelhaft DER WÜSTENPLANET, das Porträt der Existenz, des Charakters und der Kultur einer ganzen Welt – bis ins kleinste Detail. – Was Kenneth Lynch aus dem kompliziert-verschachtelten Roman Frank Herberts gemacht hat, ist dagegen purer und unverständlicher Krampf, den niemand, der das Buch nicht kennt, verstehen wird und ein Musterbeispiel dafür,

wie man Millionen verpulvert, ohne daß man sieht, wo sie geblieben sind: »Er verzichtete darauf, alle Zusammenhänge zu erklären..., ließ vieles offen..., scherte sich nicht um Logik und Folgerichtigkeit.« (Claudius Seidl, DIE ZEIT) – Und genau das versetzt dem Film dann auch den Todesstoß, zumal Lynch auch noch Elemente einführt, die das Roman-Original nicht kennt: »Die Grenze des Stumpfsinns überschreitet (er) bei der Darstellung der Bösewichte, deren Ekligkeit durch Suhlen in Blut, Schweiß und Eiter zweifellos unterstrichen wird. Die Guten sind ebenso fade: immer flauschig toupiert, adrette Weltraumpopper, gegen die bösen Zukunftspunks natürlich gewaltig abstinken. Darum weiß man leider in der Mitte, was kommt: Die Guten besiegen die Bösen in einer viel zu langen, stumpfsinnigen Knallerei.« (Michael Kobald, UNSERE ZEIT) – Ratschlag für frustrierte Kinogänger: Die Romanversion lesen!
Ⓥ AVU

X 3000 – Fantome gegen Gangster
(UCHU DAIKAIJU DOGORA).
Japan 1964.
R Inoshiro Honda. *B* Shinichi Sekizawa/
Jojiro Okami. *K* Hajime Koizumi.
SpE Eiji Tsuburaya. *M* Akira Ifukube.
D Yosuke Natsuki (Prof. Munikato),
Elisabeth Keyt (Masayo, seine
Assistentin), Yoko Fujiyama (Inspektor
Komai), Wolf Hunter (Wolf Hunter),
Seizaburo Kawatsu (Gangsterboß),
Noburo Nakamura, Dan Yumo, Jun
Tazaki, Susumu Fujita. *F* 83 Min.
Eine gallertartige Wolke außerirdischen
Ursprungs schwebt über der Erde und be-
mächtigt sich aller greifbaren Kohle- und
Diamantenvorräte. Wirbelsturmartig
saugt sie die Kohle in sich auf und macht
auch nicht vor dicken Tresoren halt, in denen sich Diamanten befinden. Die Treso-
re werden einfach kurzerhand mit ungeheuerer Energie geschmolzen. Konventionelle Waffen und Raketen können der
außerirdischen Wolke jedoch nichts anhaben. Endlich kommt einem Wissenschaftler die rettende Idee. Ein Insektengift(?!)
muß her. Damit kann dann auch das Phantom kristallisiert werden, Kristallbrocken
fallen zur Erde. Ach ja: eine Diamanten-
gangsterbande (ein zweiter Handlungs-
strang) kommt in dem Kristallhagel um. –
Ein ziemlich schwacher Honda!

**Xaver und sein außerirdischer
Freund**
BRD 1986.
R Werner Possardt. *B* Werner Possardt.
K Jakob Eger. *M* Hans Jürgen Büchner.
D Rupert Seidl (Xaver), Carlos Pavlidis
(Alois), Gabi Fischer (Anni), Marinus
Brand (Hubert), Heinz Josef Braun
(Eberhard), Ayse Ercyn, Josef
Thalmeier, Erich Meister, Roland Kern,
Willi Lex, Franz Gäßler, Hans
Gschlößl. *F* 90 Min.
Ein Isetta-ähnliches Raumschiff landet im
tiefsten Bayern. Sein kleinwüchsiger Pilot
lernt den Dorfdeppen Xaver kennen und
erhält von ihm einen zünftigen Namen:
Alois. Alois freundet sich schnell mit den
bayrischen Riten und dem Bier an. Damit
es im Bierhaus ordentlich kracht, gibt es
noch Eberhard und seine militante Gang,
die Xaver kräftig auf den Pelz rücken wollen. Ärger, nichts als Ärger! So ist es besser, wenn Alois, Xaver und seine Freundin Anni in Richtung Weltall abzischen. –
»›Die erste deutsche Science Fiction-Fan-
tasy-Heimatfilm-Komödie‹, wie das
Filmplakat verrät, fällt dürftig aus. Alles
in allem: So lustig wie ein Kropf.«
(FISCHER FILM ALMANACH).

Die X-15 startklar
(X-15). USA 1961.
R Richard D. Donner. *B* Tony
Lazzarino/James Warner Bellah.
St Tony Lazzarino. *K* Carl Guthrie.
SpE Paul Pollard. *M* Nathan Scott.
D David McLean (Matt Powell),
Charles Bronson (Lee Brandon), Ralph
Taeger (Ernest Wilde), Brad Dexter
(Anthony Rinaldi), Kenneth Tobey
(Craig Brewster), James Gregory (Torn
Deparma), Mary Tyler Moore (Pamela
Stewart), Patricia Owens (Margaret
Brandon), Lisbeth Hush (Diane Wilde),
Stanley Livingston (Mike Brandon),
Lauren Gilbert (Jessup), Phil Dean
(McCully), Chuck Stanford (Joe
Lacrosse), Patty McDonald (Susan
Brandon), Mike McKane, Robert
Dornam, Frank Watkins, Barbara
Kelley, Darlene Hendricks, Ed Fleming,
Lee Giroux, Grant Holcomb, Lew
Irwin, Ric Applewhite, Jerry Lawrence,
Richard Norris. *F* 106 Min.
Drei Testpiloten bemühen sich, ein X-15
benanntes neues Raketenflugzeug einzu-
fliegen und mit ihm bis an den Rand der
Erdatmosphäre vorzustoßen, was ihnen
nach vielen beruflichen und familiären
Rückschlägen auch gelingt. – Ein Krypto-
SF-Film, der 1961 Dinge zeigte, die da-

mals noch nicht möglich waren. – »Allerdings geriet... die Handlung derart trocken, daß der Film ausschließlich flugtechnisch Interessierte anziehen dürfte.« (FILMDIENST) – Beinharte Science Fiction-Fans kommen bei diesem Streifen jedoch kaum auf ihre Kosten.

X-Tro – Nicht alle Außerirdischen sind freundlich
(X-TRO). GB 1982. *R* Harry B. Davenport. *B* Iain Cassie/ Robert Smith. *K* John Metcalfe. *SpE* Tom Harris/Francis Coates. *M* Harry B. Davenport. *D* Bernice Stegers (Rachel Phillips), Philip Sayer (Sam Phillips), Danny Brainin (Joe Daniels), Simon Nash (Tony Phillips), Maryan D'Abo (Analise), David Cardy (Michael), Anna Wing (Miß Goodman). *F* 86 Min.

Aliens entführen einen britischen Familienvater und schicken ihn nach drei Jahren als kotzübles Ungeheuer zur Erde zurück, wo er seinen Sohn nach seinem Ebenbild formt, wüste Kill-Aktionen durchführt und mit rüder Gewalt zwei Frauen zwingt, seine Brut auszutragen, deren Anblick und Gemeinheit wohl nicht weniger eklig ist als er. – Der gute Geschmack gebietet, über den Inhalt dieses gemeinen Zelluloid-Geflimmers keine weiteren Worte zu verlieren.

»Latent sexuell waren die hier übernommenen und übersteigerten Horror-Motive von jeher, aber kaum ein Film zuvor dürfte wohl Vergewaltigungsängste so obszön und höhnisch auf die Spitze getrieben haben.« (Hubert Haslberger, FILMDIENST) – »Ein Film, der für den durchschnittlich empfindenden Zeitgenossen nicht unbedingt einen Augenschmaus darstellt – höchstens für ambitionierte Maskenbildner.« (CINEMA)
Ⓥ Polygram

X-Tro 2
(X-TRO 2: THE SECOND ENCOUNTER). Kanada 1991. *R* Harry B. *B* John A. Curtis/Steven Lister/Robert Smith/Edward Kovach. *K* Nathaniel Massey. *SpE* Cyberflex. *M* Braun Farnon/Robert Smart. *D* Jan Michael Vincent, Paul Koslo, Tara Buckman, Jano Frandsen. *F* 86 Min.

In den Rocky Mountains liegt ein Forschungszentrum, in dem die Wissenschaft drei Personen in ein Paralleluniversum transferieren. Nur eine Frau kehrt zurück, doch in ihr steckt ein böses Vieh. Söldner treffen ein, um die im Paralleluniversum vermeintlich Überlebenden zu retten. Das Vieh bricht aus und infiziert einen Arzt. Alarm! Das Labor wird hermetisch abgeriegelt. Die Katastrophe geht ihren Gang in Gängen. Der Infizient kann getötet werden, bevor die böse Brut ausschlüpft. Dem großen Bruder können tiefe Schächte und Kugelhagel so lange nicht schaden, bis ein Granatwerfer ihn zerfetzt. – Der Tod des Monsters ist eher von der Spielfilmlänge als von seiner Natur abhängig. Der Rest ist xte Kopie. – Nur auf Video.
Ⓥ VPS

XX unbekannt
(X THE UNKNOWN). GB 1956. *R* Leslie Norman. *B* Jimmy Sangster. *K* Gerald Gibbs. *SpE* Jack Curtis/Bowie Margutti Ltd. *M* James Bernard. *D* Dean Jagger (Dr. Adam Royston), William Lucas (Peter Elliot), Edward Chapman (Elliot), Leo McKern (McGill), John Harvey (Cartwright), Peter Hammond, Michael Ripper, Anthony Newley, Michael Brook, Marianne Brauns. 78 Min.

Während einer Militärübung im Norden Schottlands reißt plötzlich unter ohrenbetäubendem Lärm die Erde auf. Durch einen radioaktiven Gegenstand wurde eine Naturgewalt aus dem Erdinnern hervorgelockt, die grauenhafte Verbrennungen verursacht, Menschen einschmilzt und Kernstoffe aus dem benachbarten Atomreaktor stiehlt. Augenzeugen sind nicht in der Lage, das ungewöhnliche Aussehen des Ungetüms zu beschreiben. Was dann der Zuschauer später zu Gesicht bekommt, ist ein lavastromähnlicher Schmutzbrei, der träge aus dem Erdspaltenversteck schwabbert. Mit Hilfe einer rechtzeitig geglückten Erfindung macht ein findiger Wissenschaftler das Lavamonster schließlich im wahrsten Sinne des Wortes kalt. Hier und da zuckt aus der blasigen, schwärzlichen Masse noch einmal ein kleines Flämmchen gleichsam wie ein letztes Atemholen auf. »...Mit Erfindungsreichtum wird hier eine durchaus fesselnde Geschichte erzählt, die aber völlig unglaubwürdig ist.« (VARIETY)

Yeti – Der Schneemensch
(YETI). Italien 1977.
R Frank Kramer. *B* Mario di Nardo/ Claudio Desantis. *K* Sandro Mancori. *M* Sante Maria Romitelli. *D* Mimmo Crao (Yeti), Phoenix Grant (Jane), Jim Sullivan (Herbie), Tony Kendall (Cliff), Eddy Faye (Hunnicut), John Stacy (Prof. Wassermann). *F* 84 Min.
Wie ausgerechnet ein Yeti, der legendäre Schneemensch aus dem Himalayagebiet, im Eisblock konserviert in der Nähe von Grönland gefunden werden kann, bleibt wohl das Geheimnis der italienischen Filmemacher. Daß man mit solch einem Fabel-Wesen Geld machen kann, wissen neben der Filmfirma auch die handelnden Personen des Films, allen voran der alte Morgan Hunnicut, der allmächtige Vorsitzende eines riesigen Wirtschaftsunternehmens. Dieser läßt das Monster bergen und auftauen. Nachdem Yeti zu neuem Leben erwacht ist, soll er vor den Werbekarren des Konzerns gespannt werden. Jedenfalls läßt die Sensation die Aktienkurse in die Höhe schnellen, was der Konkurrenz mißfällt. Da aber Yeti von dem hektischen Trubel gereizt wird und Amok läuft, sind sowohl die Killer der Konkurrenz als auch Polizei- und Armee-Einheiten hinter ihm her. Zum Schluß gelingt es dem Team des Professors, der Yeti wiederbelebt hat, doch noch, das Monstrum

vor der Vernichtung durch die Zivilisation zu bewahren. Es wird in die arktische Wildnis abgeschoben. – In einer Nebenhandlung wird wieder der Mythos vom häßlichen Ungeheuer und seiner heimlichen Sehnsucht nach helfender Liebe strapaziert. Das hatten wir doch alles schon viel besser.
Ⓥ Atlas

Yeti, der Schneemensch –
Das Geheimnis des Himalaya
(THE ABOMINABLE SNOWMAN).
GB 1957.
R Val Guest. *B* Nigel Kneale. *K* Arthur Grant. *Ma* Phil Leakey. *M* John Hollingsworth/Humphrey Searle. *D* Forrest Tucker (Tom Friend), Peter Cushing (Dr. Rollason), Maureen Connel (Helen Rollason), Richard Wattis, Robert Brown, Michael Brill, Wolfe Morris, Arnold Marle, Anthony Chin. 85 Min.
Am Himalaya sind Fußabdrücke gefunden worden, die auf das Dasein geheimnisvoller Bergbewohner schließen lassen. Von seinem Stammquartier aus, einem buddhistischen Kloster, schließt sich ein redlicher Botaniker einer zweifelhaften Expedition an, die solch ein sagenhaftes Wesen, Yeti genannt, einfangen will, um auf Ausstellungen Geschäfte damit machen zu können. Versehentlich wird ein Schneemensch, eine Zwischenstufe vom Affen zum Menschen, erschossen, was seine Artgenossen, an sich friedliebende Geschöpfe, gar nicht gerne sehen. Sie treiben die Schurken in den Wahnsinn und damit in den Tod. Nur der brave Botaniker darf zurückkehren. »Es ist ihm allerdings aufgegeben, das Erlebte sofort wieder zu vergessen. Insofern gleicht sein Schicksal dem des Films.« (FILMDIENST)

Yeti – Der Schneemensch kommt
Anderer Titel für **Yeti – Der Schneemensch**
(Italien 1977)

Zardoz

(ZARDOZ). USA 1973.
R John Boorman. *B* John Boorman.
K Geoffrey Unsworth/Peter McDonald.
SpE Gerry Johnston. *M* David Munrow.
D Sean Connery (Zed), Charlotte
Rampling (Consuella), Sara Kestelman
(May), John Alderton (Freund), Sally
Ann Newton (Avalow), Niall Buggy
(Arthur Frayn), Bosco Hogan (George
Saden), Christopher Casson (Alter
Wissenschaftler), Reginald Jarman
(Tod), Bairbre Dowling (Star), Jessica
Swift (Frau). *F* 106 Min.

2293, irgendwo auf der Erde. Die wenigen Menschen, die unseren Planeten noch
bevölkern, leben in zwei getrennten
Gruppen: Da gibt es die unsterbliche Elite, die in einem von der Außenwelt abge-
schnittenen Utopia namens Vortex existiert, und die Barbaren, Jägerstämme in
einer lebensfeindlichen Umwelt, die den
Unsterblichen Nahrung beschaffen und
von diesen mit Waffen versorgt werden.
Der Kontakt zwischen den beiden Gruppen wird durch die Gottheit Zardoz, einem fliegenden, steinernen Kopf, auf-
rechterhalten. In diesen Kopf steigt eines
Tages der Barbar Zed ein und entdeckt
den Piloten, den er in einem Kampf tötet.
Der fliegende Kopf bringt Zed nach Vortex, wo er eine Gesellschaft vorfindet, in
der die Männer impotent und die Frauen
lesbisch geworden sind. Die Unsterblichen verfügen zwar über gewisse Kräfte,
sind aber degeneriert und zeugungsunfähig. Die Frauen haben die Macht übernommen und kämpfen gegen eine Gruppe
von Renegaten – Menschen, die mit der
Unsterblichkeit nicht fertig werden. Ein
Großteil der Bevölkerung vegetiert zudem
in einem Zustand der Katatonie dahin und
ist kaum ansprechbar. Die Genetikerin
May nimmt sich Zeds an, untersucht ihn
eingehend und stellt fest, daß er den Bewohnern von Vortex sowohl körperlich
als auch geistig überlegen ist. Consuella,

die Chef-Ideologin von Vortex, begegnet
dem Barbaren zunächst mit Haß, aber wie
das Mädchen Avalow, das Zed unterstützt, verfällt auch sie bald seinem rauh-
beinigen Charme. May, die in dem Eindringling in erster Linie ein Testobjekt
sieht, kann sich seiner Männlichkeit nicht
widersetzen. Zed, der weiß, daß er Vortex nicht lebend verlassen wird (seine
Entdeckung, daß der Gott Zardoz eine Errungenschaft der Unsterblichen ist, würde
die Machtposition der Vortex-Bewohner
schwächen), faßt den Plan, die Barbaren
von ihrem Sklavendasein zu befreien. Mit
der Hilfe Mays zerstört er den Energieschirm, der Vortex von der Außenwelt
abschneidet, und läßt seine Barbaren-
freunde herein, die die Unsterblichen in
einem Massaker vernichten. Consuella ist
die einzige, die überlebt. Sie gründet zusammen mit Zed eine Familie. – *Zardoz*
nimmt sich nicht nur des Themas der Unsterblichkeit (und der Frage, wie man mit
ihren Konsequenzen fertig wird) an, sondern behandelt am Rande auch den Komplex zunehmender Umweltverschmutzung und einer daran sterbenden Welt:
Die Vortex-Bewohner, die über das fünf-
undzwanzigste Lebensjahr hinaus nicht
altern, sind Menschen, deren Intelligenz,
wissenschaftliche Ausbildung und Wohl-
habenheit es ihnen erlaubt haben, inmitten einer immer unbewohnbarer werdenden Welt zu überleben: Vortex ist eine
künstliche Insel – ein paradiesisches Utopia –, und die, die sich hierher zurückgezogen haben, haben bewußt in Kauf genommen, daß jene, die es ihnen nicht
gleichtun können, elendig vor der Ener-
giebarriere verrecken. Die, die draußen
umgekommen sind, mußten sterben, damit jene, die für das Unbewohnbarwerden
der Erde verantwortlich sind, überleben
können. Was die Unsterblichen nicht bedacht haben, ist (laut Regisseur und Drehbuchautor Boorman), daß die selbstge-
wählte Isolation in Apathie und Deka-

Zardoz von John Boorman

denz, Impotenz und lesbischer Liebe enden muß: Die Vortex-Renegaten sind demzufolge großbürgerliche Anarchisten, die, von starker Todessehnsucht befallen, in dem Barbaren Zed die strafende Hand und den Befreier erblicken, der mit Tatkraft das System, das sie selbst erbaut haben, hinwegfegen wird. Boormans Aussage, daß das Leben ohne Leiden, Bruta-

lität, Kampf und Tod nicht mehr lebenswert ist, nahm die Kritik allerdings nicht unwidersprochen hin: Kam er in den eher fannisch orientierten Blättern wie MUNICH ROUND UP noch vergleichsweise gut weg (»*Zardoz* gehört sicherlich zu jenen erfreulicherweise häufiger werdenden SF-Filmen, die ihr Thema ernst nehmen und nicht nur auf eine möglichst billig ab-

zudrehende Monsterstory aus sind«), sah der FILMDIENST in diesem Streifen ein »Sammelsurium halbgarer Ideen, widersprüchlicher Andeutungen und an den Haaren herbeigezogener Erklärungen« und konstatierte:»Gewiß, ein Science Fiction-Film ist kein philosophischer Diskurs; seine Qualität bemißt sich nicht an der Wahrscheinlichkeit seiner Fabel, sondern daran, inwieweit diese Fabel die visuelle Fantasie des Regisseurs freisetzt. Aber auch in dieser Hinsicht zählt der Film *Zardoz* zu den plumpsten und armseligsten Exemplaren der Gattung.«
Ⓥ CBS/Fox

Zärtliche Chaoten II
BRD 1988.
R Holm Dressler. *B* Thomas Gottschalk. *K* Atze Glanert. *M* Holm Dressler. *D* Michael Winslow (Ronny), Thomas Gottschalk (Frank), Helmut Fischer (Xaver), Deborah Shelton (Sandy), David Hasselhoff (Michael Trutz), Harald Leipnitz (Hoteldirektor), Jango Edwards (Geiger), Georg Marischka (Dr. Kneitz). *F* 91 Min.
Frank, Xaver und Ronny arbeiten im Münchener Patentamt. Ihr ekliger Vorgesetzter Dr. Kneitz macht das Leben schwer. Die Wende scheint gekommen, als sie eine Zeitmaschine testen sollen. Jetzt können sie ihr Schicksal zum Positiven wenden. Sie reisen aus dem Jahr 2038 fünfzig Jahre zurück und suchen auf Gran Canaria für Dr. Kneitz eine attraktivere und nettere Mutter, was ihn zu einem guten Menschen macht. – »Nichts dagegen, daß Gottschalk aus seinem Marktwert Gewinn zieht, so lange er kann – nur für Kino sollte er das nicht halten, höchstens für Gran-Canaria-Werbefilmerei. Deren Zusammenstellung beweist, daß Gottschalks einzige Begabung die des Discjockeys ist.« (FISCHER FILM ALMANACH).
Ⓥ Starlight

Zebo der dritte aus der Sternenmitte
(EARTH GIRLS ARE EASY). GB 1988.
R Julien Temple. *B* Julie Brown/Charles Coffey/Terence E. McNally. *K* Oliver Stapleton. *SpE* Tim McHugh/Eric Brevig/Michael Bigelow. *M* Niles Rogers. *D* Geena Davis (Valerie Dale), Jeff Goldblum (Mac), Julie Brown (Candy), Jim Carry (Wiploc), Damon Wayans (Zebo), Charles Rokket (Ted), Michael McKean (Pool-Aufseher), Larry Linville (Dr. Bob), Rick Overton (Dr. Rick), Diane Stilwell (Robin), June C. Ellis (Mrs. Merkin), Felix Montano (Ramon), Richard Hurst (Joe). *F* 100 Min.
Nach einem Streit mit ihrem Freund sonnt sich die schöne, aber doofe Maniküre Valerie am Pool in San Fernando, als ein pastellfarbenes Raumschiff landet. An Bord: drei behaarte Außerirdische in den schönsten Bonbonfarben. Die schönen California-Girls haben die liebeshungrigen Machos vom Kurs abgebracht. Nach erster Skepsis will Valerie den Fremden helfen. Ihre Freundin Candy rasiert Mac, Wibok und Zebo den Pelz und pellt drei *süße* Typen hervor. Auf'm Trip durchs Schickimicki-Nachtleben der Stadt verlieben Mac und Valerie sich, während Wibok und Zebo sich der restlichen Damenwelt vorstellen. Als ihr Raumer wieder startklar ist, muß sich Valerie zwischen ihrem Freund und der Erde oder dem romantischen Mac und dem Planeten Jhazzalla entscheiden. Sie bevorzugt das Bunte. – Julien Temple, einer der bekanntesten britischen Videoregisseure, hat sich neben seinen Video-Clip-Arbeiten auch als Flop-Regisseur der Mick Jagger-Videostory *Running out of Luck* und des Yuppie-Opus *Absolute Beginners* hervorgetan.

Das zehnte Opfer
(LA DECIMA VITTIMA/LA DIXIEME VICTIME). Italien/Frankreich 1965.
R Elio Petri. *B* Tonio Guerra/Giorgio Salvoni/Ennio Flaiano/ElioPetri. *LV* Robert Sheckley. *K* Gianni di Venanzo. *M* Piero Piccioni. *D* Marcello Mastroianni (Marcello Polletti), Ursula Andress (Caroline Meredith), Elsa

Martinelli (Olga), Luce Bonnifassy (Lidia), Salvo Randone (Professor), Massimo Serato (Anwalt), Mickey Knox (Chet), Richard Armstrong (Cole), Walter Williams (Martin), Evi Rigano (Opfer), Milo Queseda (Rudi), Anita Sanders (Mädchen), George Wang (Attentäter). *F* 92 Min.

Das 21. Jahrhundert kennt zwar keine Kriege mehr, aber da die Menschen (angeblich) einen natürlichen Drang zur Aggression haben, ist das Töten legalisiert – vorausgesetzt, man hält sich an gewisse ›Spielregeln‹: Wer eine Mordlizenz haben will, läßt sich von einem Computer erfassen und bekommt seine Opfer zugeteilt. Während der ›Jäger‹ genannte Mörder alles über sein Opfer in spe erfährt, weiß dieses nur, daß ihm jemand auf den Fersen ist. Wer die Lizenz erwirbt, verpflichtet sich, zehn Menschenjagden über sich ergehen zu lassen: Fünfmal als Opfer und fünfmal als Jäger. Letzterer muß seine Untaten makellos und möglichst originell begehen. Wer zehn Jagden unbeschädigt durchsteht, erhält eine Million Dollar und darf sich mit dem Titel ›Champion‹ schmücken. Der Mordcomputer wählt die attraktive Caroline Meredith, die gerade in New York einen Mann mit zwei Büstenhalterpistolen getötet hat, dazu aus, den Italiener Marcello Polletti zu erledigen. Dieser hat gerade auf originelle Weise einen deutschen Offizier mit winzigkleinen Stiefelbömbchen ins Jenseits befördert. Caroline hat den neunten Erfolg verbucht; wenn sie Marcello schafft, sind ihr Geld und Titel sicher. Marcello hingegen sieht sich am Rande des Ruins: Seine Ex-Gattin Lidia ist mit seiner Siegesprämie auf und davon. Auch seine Geliebte Olga kann ihn nicht trösten. Dann taucht Caroline in Rom auf. Sie hat einen lukrativen Werbevertrag mit einer Firma abgeschlossen, die ihren zehnten Mord in einem Werbespot bringen und gleichzeitig ihr Produkt anpreisen will. Da man dazu eine möglichst dekorative Umgebung braucht, setzt Caroline auf Anraten der Werbebonzen alles daran, Marcello ins Colosseum zu locken, wo er vor surrenden Kameras und leichtgeschürzten Go-Go-Girls abgeknallt werden soll. Marcello riecht den Braten jedoch, und je länger sich die beiden bei ihrem Katz-und-Maus-Spiel durch Rom treiben lassen, desto mehr empfinden sie Sympathie für einander. Die Werbefritzen drängeln: Caroline und Marcello legen sie schließlich herein, veranstalten ein Scheinduell, bei dem Caroline siegt. In der Schlußsequenz sieht man sie per Flugzeug auf der Flucht. Ein Priester, der den Luftikus Marcello mit einem Revolver in Schach hält, verheiratet ihn mit Caroline. – Robert Sheckleys Satire, die weltweit als Kurzgeschichte Beachtung fand und erst seit der Uraufführung des Films in Romanform vorliegt, parodiert gewisse amerikanische Fernsehsendungen, in denen die Kandidaten unvorbereitet bestimmte Aufgaben erledigen müssen, um einen Preis zu gewinnen. Sheckley hat mehrere Geschichten dieser Art geschrieben, und daß die in ihnen agierenden Personen entweder scheitern oder einen Kraftaufwand erbracht haben, der in keinem Verhältnis zur ›Belohnung‹ steht, zeigt wohl, daß der Zynismus, den er verbreitet, weniger auf die Opfer derartiger ›Spiele‹ abzielt als auf deren Erfinder. *Das zehnte Opfer* ist trotz seines finsteren Themas kein Film in der antiutopischen Tradition von George Orwells *1984*; er ist als Komödie angelegt und entbehrt nicht gewisser komischer Momente. Und daß es Kandidaten für derartige Spiele geben würde, kann man wohl nach den Bewerbungen im Anschluß an die Ausstrahlung des ebenfalls auf einer Sheckley-Kurzgeschichte basierenden TV-Films *Das Millionenspiel* kaum noch bezweifeln.
Ⓥ Embassy
Ⓑ Robert Sheckley: *Das zehnte Opfer*, München 1966 (Buch zum Film)

Die Zeitfalle

(TIMESTALKERS). USA 1986.
R Michael Schultz. *B* Brian Clemens.
K Harry Mathias. *M* Craig Safan.

D William Devane (Scott McKenzie), Lauren Hutton (Georgia Crawford), Klaus Kinski (Dr. Joseph Cole), John Ratzenberger (Joe Brodsky), Forrest Tucker (Texas-John Cody). *F* 91 Min. Scott McKenzie, seines Zeichens Geschichtsprofessor, entdeckt auf einem hundert Jahre alten Foto einen weißhaarigen Mann, der eine Magnum 375 aus den Achtzigern des 20. Jahrhunderts trägt. Das Foto ist echt. Scotts Verwirrung legt sich, als ihn eine Frau namens Georgia aufsucht: Sie kommt aus dem 26. Jahrhundert und jagt den Magnum-Mann – einen gewissen Dr. Joseph Cole – quer durch die Zeit. Mit seinem Zeitreisekristall kann der Mörder Cole ihr immer wieder entkommen. Georgia bittet Scott, ihr zu helfen: Cole will im Wilden Westen den Urahn seines Widersachers töten, um dessen Existenz auszulöschen. Zu zweit jagen sie ihn durch Vergangenheit, Gegenwart und Zukunft, bis Cole den Kristall verliert. – »Science Fiction-Film, der private Schicksale mit Ereignissen aus der amerikanischen Geschichte verbindet; weitgehend anspruchslos-unterhaltsam, aber durch verwirrende Zusammenhänge nicht immer ganz durchschaubar.« (LEXIKON DES INTERNATIONALEN FILMS). Ⓥ CBS/Fox

Die Zeitmaschine
(THE TIME MACHINE). USA 1959. *R* George Pal. *B* David Duncan. *LV* H. G. Wells. *K* Paul C. Vogel. *SpE* Gene Warren/Wah Chang. *M* Russel Garcia. *D* Rod Taylor (George), Alan Young (David Filby/James Filby), Yvette Mimieux (Weena), Sebastian Cabot (Dr. Hillyer), Tom Helmore (Anthony Bridewell), Whit Bissell (Walter Kemp), Doris Lloyd (Mrs. Watchell). *F* 95 Min.
Silvester 1899, London: Als der Erfinder George einigen Freunden beweisen will, daß es ihm gelungen ist, die vierte Dimension zu überwinden und durch die Zeit zu reisen, hält man ihn für einen trickreichen Exzentriker. Später, als George die von

ihm entwickelte Zeitmaschine testet, trägt sie ihn in die Zukunft. Wenn er anhält, sieht er in der Auslage eines seinem Hause gegenüberliegenden Geschäfts, wie sich die Mode ändert. Er erlebt während kurzer Sprünge den Ersten und den Zweiten Weltkrieg mit und stößt, als er 1966 auf die Straße hinausgeht, auf den mittlerweile zum Greis gewordenen Sohn seines Freundes Filby. London wird mit Atomraketen beschossen, der Dritte Weltkrieg ist entbrannt. George flieht weiter in die Zukunft, wo er sich im Jahre 802701 in einer fantastischen, paradiesisch anmutenden Naturlandschaft wiederfindet, deren Bewohner – kleinwüchsige, zerbrechlich wirkende und friedliche Menschen – sich über sein plötzliches Auftauchen und Anderssein nicht einmal wundern. Die Eloi, so nennen sie sich, leben in einer geborstenen Kuppel das Leben naiv-unschuldiger Kinder und existieren in einer Umwelt natürlicher Harmonie. George nimmt näheren Kontakt zu den Eloi auf, nachdem er das Mädchen Weena vor dem Ertrinken gerettet hat. Nach und nach erfährt er, daß nach dem Dritten Weltkrieg die ganze Erde radioaktiv verseucht war und ein Teil der Menschen unter der Erdoberfläche Schutz gesucht hat. Die Morlocks, wie diese Wesen genannt werden, leben in unterirdischen Höhlen und sind im Gegensatz zu den Eloi nicht nur geistig, sondern auch körperlich mutiert (oder degeneriert). Als die Morlocks Georges Zeitmaschine entführen, ist er zwar entsetzt, paßt sich der Lage aber an. Erst als ihm auffällt, daß die kindlichen Oberflächenbewohner von den sinister wirkenden Morlocks in deren Höhlen getrieben werden, engagiert er sich: Er wiegelt die sanften Eloi gegen die Morlocks aufund vernichtet deren unterirdisches Reich. Mit seiner Zeitmaschine reist er an das Ende der Zeit, sieht die Sonne als erkalteten Stern und die Erde von riesigen Krustentieren bevölkert. Dann kehrt er ins Jahr 1899 zurück, um den dort versammelten Freunden von seinen Erlebnissen zu berichten. Diesmal sind sie nicht mehr

Rod Taylor in George Pals *Die Zeitmaschine*

so sicher, ob George nur ein exzentrischer Mensch ist: Er verabschiedet sich, denn er will in die Zeit der Eloi zurück, um mit ihnen eine neue Menschenzivilisation aufzubauen. – H. G. Wells' SF-Roman THE TIME MACHINE (1895) gehört zu den bekanntesten utopischen Romanen überhaupt und wurde in alle Kultursprachen übersetzt. Wells versorgte nicht nur Generationen nachfolgender SF-Autoren mit Ideen, sondern hat auch mit Fug und Recht als Vater der modernen Science Fiction zu gelten. Er gehörte dem Kreis der Fabianer an, einer Gruppe idealistisch eingestellter Quasi-Sozialisten. Obwohl seine utopischen Romane den Triumph der Technik preisen, warnt er vor deren Mißbrauch durch die Herrschenden in der Klassengesellschaft, die im England seiner Zeit noch in vollster Blüte stand. Die amerikanischen Verfilmer seiner Romanvorlage sahen in diesem Stoff jedoch lediglich eine Möglichkeit, Wells' durchaus nicht unkritische Geschichte zu verwässern und fälschten sein Original in kaum glaublicher Weise: Während die Morlocks bei Wells die Nachkommen der Arbeiterklasse und die Eloi Abkömmlinge parasitärer, wohlhabender Nichtstuer sind, deren Verblödung so weit fortgeschritten ist, daß sie sich achselzuckend ihrem Schicksal hingeben und schlußendlich den eigenen Untergang provozieren, siegt in George Pals buntem Abenteuerfilm die Bourgeoisie über eine als vertierte Schicht von Untermenschen dargestellte Gruppe von monströsen, menschenfressenden Bewohnern der Unterwelt. Der Film erhielt den Oscar 1960 für die Spezialeffekte.
Ⓑ H. G. Wells: *Die Zeitmaschine*, Minden 1902

Die Zeitreise

(VOYAGE FROM THE UNKNOWN).
USA 1982/1983.
R Winrich Kolbe/James D. Parriott.
B James D. Parriott/Jill Sherman.
K Edward Rio Rotunna/John
McPherson. *M* Ellio Kaplan/Jerrold
Immel. *D* Jon-Erik Hexum (Phineas),
Sondra Currie, Suzanne Barnes, Ed
Begley jr., Sam Chew, Lee de Broux,
Peter Frechtte, Will Kuluva, John
McLiam, Donald Petrie, Hugh Reilly,
Tracie Brooks Swope, Faye Grant,
Fionula Flanagan. *F* 90 Min.

Jung-Phineas hat das ›Zeitreise-Examen‹
in der Tasche und beginnt mit der Arbeit,
historische Ereignisse vor äußeren Ein-
flüssen zu bewahren. Bei seinem ersten
Trip rettet er einen Elfjährigen, der ihn
auf weiteren Reisen u.a. zu den Brüdern
Pasteur und auf die *Titanic* begleitet. –
»Uninspirierter und unlogischer Science
Fiction-Film, der weder auf spannende
noch unterhaltsame Weise die diversen
Epochen als Tummelplatz für denkbar
schlechte Schauspieler aussschlachtet.«
(LEXIKON DES INTERNATIONALEN FILMS).
Die Zeitreise ist der Pilotfilm einer kurzlebigen Fernsehserie, die selbst im Kin-
derprogramm schmählich versagte. – Nur
auf Video.
Ⓥ CIC

Der Zeitsprung

(QUANTUM LEAP). USA 1989.
R David Hemmings. *B* Donald P.
Bellisario. *K* Roy H. Wagner. *M* Mike
Post. *D* Scott Bakuda (Sam Beckett),
Dean Stockwell (Albert), Jennifer
Runyon (Peggy), Bruce McGill (Weird
Ernie), John Nelson, K.W. Stratton,
Newell Alexander, Lee DeBroux, Larry
Poindexter, David Trent. *F* 89 Min.

TV-Pilotfilm: Der Wissenschaftler Bek-
kett kann durch die Zeit reisen. Leider
geht etwas schief. Aus unerfindlichen
Gründen übernimmt er jedesmal den Körper einer Person, die im Begriff ist, etwas
zu tun, was negative Auswirkungen auf
ihr Leben hat. Sam lebt solange in der
Identität anderer, bis er die Sache zum gewünschten Abschluß gebracht hat. Die
Umwelt bemerkt von dem Tausch nichts.
Erst dann wird er wieder durch die Zeit
zum nächsten Auftrag geschleudert. Hilfreich zur Seite steht ihm sein Spezi Albert, der ihn mit Informationen versorgt.
Albert erscheint als Hologramm, das nur
Sam wahrnimmt. So jagt Sam als eine Art
Schutzengel durch die Epochen. Hier
muß er den Tod eines Air Force-Piloten
verhindern. – Die Zeitreisethematik ist
nur der Aufhänger für mehr oder weniger
gelungene Human interest-Stories. Sam
schlüpft in alle Körper: Sei es der einer
minderjährigen Schwangeren oder in einen in der Bürgerrechtsbewegung aktiven
Schwarzen. – »Die amerikanische Fan-
Presse stufte die Serie als gelungenen
Nachfolger von ›Time Tunnel‹ ein.«
(FILM-JAHRBUCH). – Nur auf Video.
Ⓥ CIC

Der Zombie aus dem Weltall

Anderer Titel für **Der Planet Saturn
läßt schön grüßen**

Zombie III

(ZOMBI 3). Italien 1988.
R Lucio Fulci. *B* Claudio Fragasso.
K Riccardo Grasetti. *SpE* Franco di
Girolamo. *M* Stefano Mainetti. *D* Deran
Sarafian, Beatrice Ring, Richard
Raymond, Alex McBride, Ulli
Reinthaler, Marina Lori, Deborah
Bergamini. *F* 85 Min.

Auf einer Karibikinsel kommt es zu einer
weltweiten Umweltkatastrophe. Einheimische mutieren zu Zombies. Eine Gruppe Unverseuchter flüchtet vor ihnen und
der Armee, die wahllos alles nieder-
macht. – »Für Cineasten ist der Film wohl
schwerlich mehr als ein niveauloses Desaster ... Besonders eine Szene, in der den
Protagonisten ein zähnefletschender
Zombieschädel aus einem Kühlschrank
entgegenfliegt, reizt zu Lachstürmen.«
(Kai Meyer; MOVIESTAR). – »Wo die
Köpfe rollen und die Därme spritzen,
fühlt sich Lucio Fulci, der Altmeister des

Spaghetti-Splatter, in seinem Element.«
(KINO & VIDEO). – Nur auf Video.
ⓋIMV

Zombies unter Kannibalen
(LA REGINA DEI CANIBALE).
Italien 1979.
R Frank Martin (Franco Martinelli).
B Walter Patriarca. *K* Fausto Zuccoli.
M Nico Medenco. *D* Ian McCulloch,
Sherry Buchmann, Peter O'Neill.
F 85 Min.
Auf einer Molukkeninsel bastelt mal wie-
der ein irrer Wissenschaftler daran, die
Welt nach seinem Gusto zu ›verbessern‹.
Dazu stellt er aus Leichenteilen monströse
menschliche Lebewesen her. Auf der In-
sel wimmelt es aber auch von Kannibalen;
eine Expedition gerät in allerlei Gerangel
hinein. – Wir sind trotzdem gegen das
Verbrennen von Filmen.
ⓋEuroVideo

**Zone Troopers – Kriegsmission aus
dem All**
(ZONE TROOPERS). USA 1985.
R Danny Bilson. *B* Danny Bilson/Paul
De Meo. *K* Mac Ahlberg. *SpE* Tony
Alderson/Carl Buechler. *M* Richard
Band. *D* Tim Thomerson (Sgt. Patrick
Stone), Timothy Van Patten (Joey
Verona), Art La Fleur (Corp.
Mittinsky), Biff Manard (Charley
Dolan), William Paulson (Alien), Peter
Boom, Max Turilli, Eugene Brell, John
Leamer, Bruce McGuire. *F* 83 Min.
Im Kampf gegen die deutsche Wehrmacht
ringt Sergeant Stones Truppe 1944 in Ita-
lien um ihr Dasein. Mit seinen letzten vier
Recken stößt er auf ein abgestürztes
Raumschiff, doch den einzigen überle-
benden Außerirdischen halten die Deut-
schen gefangen. Stone und seine Haudegen befreien ihn, und er erweist sich als
dufter Kumpel, der seine Leute zur Erde
holt, die die Wehrmachtler mit Strahlenwaffen aufreiben. – Ein Film für Neandertaler oder Brüder ihres Geistes. –
»Allenfalls für die Nominierung zum
schlechtesten Film des Jahres von Bedeu-

tung.« (Hans Messias, FILMDIENST). –
Nur auf Video.
ⓋLightning

Z.P.G. – Die Erde stirbt
Anderer Titel für **Geburten verboten**

**Zu böser Schlacht schleich ich heut
nacht so bang**
Anderer Titel für **Willi Tobler und der
Untergang der 6. Flotte**

Zu spät: Die Bombe fliegt
(WHOOPS, APOCALYPSE). GB 1986.
R Tom Bussman. *B* Andrew Marshall/
David Renwick. *K* Ron Robson.
M Patrick Gowers. *D* Loretta Swit
(Präsidentin Barbara Adams), Peter
Cook (Sir Mortimer), Michael Richards
(Lacrobat), Rik Mayall (Adm.
Bandish), Herbert Lom (Gen.
Mosquera), John Vernon. *F* 88 Min.
In der Karibik putschen maquardonische
Söldner gegen die britische Vorherr-
schaft. Doch das Imperium schlägt erfolg-
reich zurück. Als die Söldner Prinzessin
Wendy entführen, droht der paranoide
Premierminister mit atomarer Vergeltung. Der US-Präsident, ein Ex-Zirkus-
clown, ist gestorben. Seine Vertreterin
Barbara Adams muß das Amt übernehmen, um zwischen den Parteien zu vermitteln. Unterdessen läßt der GB-Premier
seine politischen Gegner im Wembley-
Stadion kreuzigen, verteilt Schirme gegen
radioaktiven Niederschlag und läßt das
klassenbewußte Proletariat zur Schaffung
von Arbeitsplätzen von den weißen Klippen von Dover springen. Die US-Präsi-
dentin will den GB-Premier telefonisch
beschwichtigen, doch dieser läßt die Verbindung durch einen Geräuschimitator
stören. Der verantwortliche Admiral
ignoriert den letzten Anruf und läßt die
Bombe fliegen: Huch, die Welt geht unter! – »Die völlig überdrehte Komödie
bietet jede Menge bösen, bissigen,
schwarzen Humor« (TIP). – Nur auf Video.
ⓋConcorde

Zum Überleben verdammt
(THE RAVAGERS). USA 1978.
R Richard Compton. *B* Donald S.
Sanford. *K* Vincent Saizis. *M* Fred
Karlin. *D* Richard Harris (Falk), Art
Carney (Sergeant), Ann Turkel (Faina),
Alana Hamilton (Miriam), Anthony
James (Anführer der Bande), Ernest
Borgnine (Rann), Woody Strode.
F 93 Min.
1991 nach einer globalen Atomkatastro-
phe! Keine Industrie, keine Landwirtschaft, keine Arbeit, keine Strom- und
Wasserversorgung. Nur wenige Überlebende, die mit den Lebensmitteln aus-
kommen müssen, die die Regierung vor
vielen Jahren für den Fall einer Atomka-
strophe in entsprechend widerstandsfähi-
ge Depots eingelagert hat. Wo unge-
schützte Lagerhallen sind, da sind die
Plünderer nicht weit. Es herrscht das
Recht des Stärkeren. Auf der Flucht vor
einer plündernden Bande, die alles nie-
dermetzelt, was sich ihr in den Weg stellt,
gelangt der Einzelgänger Falk, dessen
Frau Opfer dieser Bande geworden ist,
nach mehreren Zwischenstationen auf ein
ehemaliges US-Kriegsschiff. Dieses ist
zwar äußerlich ziemlich lädiert, doch gibt
es hier immerhin Nahrung im Überfluß,
zivilisierte Kleidung, sogar elektrisches
Licht und obendrein noch einen herrschsüchtigen Despoten. Als das Schiff dann
doch von den Plünderern entdeckt wird,
kommt es zu einem Massaker und einer
Explosion, die nur wenige (der Guten)
überleben, darunter auch Falk. Ihnen
steht die Aufgabe bevor, sich der neuen
Lage anzupassen. – »... nicht mehr als
naives futuristisches Kolportagespekta-
kel..., das immerhin in einigen Sequenzen hinreichend spannend und auch
schauspielerisch annehmbar ist.« (FILM-
DIENST)
Ⓥ RCA/Columbia

Zurück aus dem Weltall
BRD/Finnland 1958.
R George Freedland. *B* George
Freedland/Johannes Hendrich. *K* Esko

Töyri/Herbert Körner. *M* Peter Thomas.
D Ann Savo, Carl Möhner, Paul
Dahlke, Helmut Schmid, Richard
Häussler. 93 Min.
Germanischer Zoologe, der in den finni-
schen Wäldern die Herzen eines Mädchens und eines Wolfshundes gewinnt,
muß aufgrund widriger Umstände wieder
in die Bundesrepublik zurückkehren, wo
er in der Raumforschung tätig wird. Als
Wölfchen zu Testzwecken ins All geschossen wird, landet er in Finnland – auf
dem Besitz der einstigen Geliebten seines
Herrchens. Und bald sind zwei liebende
Herzen auf ewig vereint! – Diese
Schmonzette ist weniger ein Beitrag zum
deutschen SF-Film als zum Kitsch; die
Produzenten überlegten es sich dann auch
anders und starteten ihn neu unter dem
passenderen Titel ...*und ewig ruft das
Herz.*

Zurück in die Zukunft
(BACK TO THE FUTURE). USA 1985.
R Robert Zemeckis. *B* Robert Zemeckis/
Bob Gale. *K* Dean Cundey.
SpE Industrial Light Magic. *M* Alan
Silvestri. *D* Michael J. Fox (Marty
McFly), Christopher Lloyd (Dr. Emmett
Brown), Lea Thompson (Lorraine
Blaines), Crispin Glover (George
McFly), Thomas F. Wilson (Biff
Tannen), Claudia Wells (Jennifer
Parker), Marc McClure (Dave McFly),
Wendie Jo Sperber (Linda McFly),
George DiCenzo (Sam Baines), James
Tolkan (Strickland), Jeffrey Jay Cohen
(Skinhead), Casey Siemaszko (3-D),
Billy Zane (Match), Harry Waters
(Marvin Berry). *F* 116 Min.
Auslöser der ganzen Chose ist ein liby-
sches Terror-Kommando, das nächtens
unverhofft aufkreuzt, um den verschro-
benen Erfinder Dr. Brown Mores zu leh-
ren, der seinem jugendlichen Anhänger
Marty McFly gerade sein frisch entwik-
keltes Zeitreise-Auto demonstriert: mit
dem Plutonium, das dieses Fahrzeug antreibt, sollte er nämlich eine Atombombe
basteln. Vor der geballten Macht der Fin-

Michael J. Fox, Christopher Lloyd in *Zurück in die Zukunft* von Robert Zemeckis

sterlinge – und den Ballermännern, denen der gute Onkel Doktor zum Opfer fällt – hilft dann auch nur noch die rasche Flucht in die goldenen fünfziger Jahre, wo Marty überrascht feststellt, daß die holde Lorraine Blaines, die einst seine Mutter sein wird, mehr Spaß an ihrem Sohn in spe hat als an dem schüchternen George, den sie heiraten *muß*, um Martys Existenz nicht zu gefährden. Auch die Umwelt, in der Marty sich wiederfindet, hat es in sich: Die Musikszene steckt noch in den Kinderschuhen und ist noch Lichtjahre vom Gitarrengeschrappe der New Waver entfernt. Im Kino läuft statt des üblichen PAM-Films ein Western mit Ronald Rea-

gan. Nachdem es Marty erfolgreich gelungen ist, den Rock 'n' Roll zu ›erfinden‹ (er spielt einer Gruppe von Schülern einen Chuck-Berry-Fetzer vor), stößt er auch auf eine dreißig Jahre jüngere Ausgabe von Dr. Brown, der ihm gern behilflich ist, sein Zeitreise-Auto wieder mit der nötigen Energie für die Rückreise ›aufzutanken‹. Doch zuvor muß Marty noch Lorraine und George verkuppeln, auf daß die Zukunft (seine Gegenwart) auch wirklich zustande kommt. In seine Zeit zurückgekehrt, hat sich jedoch allerhand verändert: Dr. Brown lebt wieder (bzw. noch), aus Martys Eltern ist ein Pärchen geworden, das ganz anders ist, als zuvor... – Daß das US-Filmwunderkind Stephen Spielberg hier seine Hand im Spiel hatte, dürfte niemanden verwundern:»Schenkt man der Theorie Glauben, wonach Filme immer auch die Gesellschaft widerspiegeln, in der sie entstehen, leben wir in der Tat in einer schnellebigen Zeit. Erzählte Hollywood noch vor einem Jahrzehnt seine Geschichten ruhig und gemessen, lassen heutige Filme dem Zuschauer keine Atempause mehr. Solche Kinospektakel leben von ihrer Dichte, den mit Informationen, Anspielungen und Querverweisen vollgepackten Bildern und Dialogen, die man auf den ersten Blick gar nicht vollständig aufnehmen kann. Und nicht von ungefähr kalkuliert Hollywood heute mehr denn je auf Wiederholungstäter, jene Kinogänger, die sich ein zweites, drittes oder viertes Mal an der Kasse anstellen.« (Norbert Stresau, SCIENCE FICTION TIMES) – »Hat man die Hektik der ersten 20 Minuten erst einmal überstanden, so wird der Film zu einem unbeschwerten Spaß. In einer Zeit, wo Tricks und Effekte normalerweise fast schon den ganzen Film ausmachen, nimmt sich das Drehbuch von *Zurück in die Zukunft* geradezu altmodisch aus: es beschreibt nicht nur eine hübsch ausgedachte Handlung, sondern es weiß sie auch mit einer Vielzahl origineller Einfälle zu garnieren.« (Franz Everschor, FILMDIENST) – »Besonders die Szenen in der Vergangenheit strotzen von komödiantischen Einfällen, die Lachkaskaden garantieren.« (Stefan Michalzik, AZ – DIE ANDERE ZEITUNG).

Zurück in die Zukunft II

(BACK TO THE FUTURE 2). USA 1989.
R Robert Zemeckis. *B* Bob Gale.
K Dean Cundey. *SpE* Industrial Light & Magic. *M* Alan Silvestri. *D* Michael J. Fox (Marty McFly), Christopher Lloyd (Doc Emmett Brown), Lea Thompson (Lorraine McFly), Thomas F. Wilson (Biff Tannen), Harry Waters (Marvin Berry), Joe Flaherty (Western Union-Mann), Elizabeth Shue (Jennifer), James Tolkan (Strickland), Jeffrey Weissman/Crispin Glover (George McFly), Casey Siemaszko (3-D), Billy Zane (Match). *F* 107 Min.

Vorgeschichte: *Zurück in die Zukunft*. – Im Jahr 2015 geraten unser wackerer Held Marty und sein alter Kumpan Doc Brown in ein Verkehrschaos fliegender Autos. Überall lauern technische Neuerungen. Düsen-Skateboards, Hologramm-Kinowerbung, Space Punks – das alte Städtchen erinnert nur vage an die Idylle von 1985. Nur die Menschen haben sich nicht verändert, auch wenn der Stand der Technik sie hoffnungslos degeneriert hat. (Aber waren sie das nicht schon immer?) Bücher? Kann mich kaum dran erinnern. Walk-TVs sorgen dafür, daß beim Futtern keine Langeweile aufkommt. Marty stellt fest, daß sein Sohnemann ein echter Asi ist! Durch einen Trick bringt er ihn davon ab, ein folgenschweres Verbrechen zu begehen. So landen Biff Tannen und seine Gang im Knast. Doch damit ist Marty nicht fehlerfrei – die Konsequenzen dessen, was er tut, werden sich noch zeigen. Die Stadt ist ein Moloch aus Spielhöllen, marodierenden Motorradgangs, Korruption und Gewalt – und wird regiert von Martys Erzfeind Biff. Durch Marty ist Biff ein Almanach mit allen Sport- und Spielergebnissen bis zum Jahr 2000 in die Hände gefallen. Wettgewinne haben ihn reicher gemacht als Dagobert Duck! Und er ist der Mann von Martys Mutter! Marty und Doc eilen nach 1955 zurück, dort liegt der Ursprung allen Übels. Die Jagd nach dem Almanach führt Marty wieder zum großen Tanzfest, wo gerade sein anderes Ich gerade aktiv ist. Vorsicht ist geboten! Zwar kann Marty Biff den Almanach abnehmen, aber Marty verbrennt. Ein Blitz schleudert Doc Brown und sein Wunderfahrzeug in das Jahr 1885. Im darauffolgenden Moment erhält Marty einen Brief von ihm – aus dem Jahr 1885. – »Dafür, daß diesem zweiten Teil die innere Ruhe abgeht, für seine Atemlosigkeit und Hektik, gibt es befriedigenden Ersatz: Hinreißende Details und Ideen, von denen

man viele nicht einmal beim zweiten Sehen entdeckt... Der Film wirft schließlich einen abschließenden Blick auf die Ära Reagan, düster und alptraumhaft, nach dem Motto: Was wäre aus Amerika geworden, wenn einer mit dem verdorbenen Geist der achtziger schon in den fünfzigern Macht gehabt hätte. Es ist eine Konsequenz, die so komisch wie abgründig ist.« (M. Pavlovic, KÖLNER STADTANZEIGER).
Ⓥ CIC

Zurück in die Zukunft III

(BACK TO THE FUTURE 3). USA 1989.
R Robert Zemeckis. *B* Robert Zemeckis/ Bob Gale. *K* Dean Cundey. *SpE* Ken Ralston. *M* Alan Silvestri.
D Michael J. Fox (Marty McFly), Christopher Lloyd (Doc Emmett Brown), Mary Steenburgen (Clara Clayton), Thomas F. Wilson (Biff Tannen), Lea Thompson (Maggie), Matt Clark (Barkeeper), James Tolkan (Strickland), Elizabeth Shue (Jennifer), Pat Buttram, Harry Carey jr., Christopher Wynne. *F* 95 Min.
Vorgeschichte: *Zurück in die Zukunft 2.* – Marty sucht Doc Brown auf. Der erleidet einen Schock, hat er Marty (den aus dem ersten Teil) doch erst einen Moment zuvor in die Zukunft geschickt. Der Brief enthält Informationen über den Standort des Zeitreise-Fahrzeugs, das Doc nach der Ankunft im Jahr 1885 in einer Mine versteckt hat. Der 55er-Doc soll Marty erneut nach 1985 schicken. Doc hat beschlossen, als Schmied und Erfinder im Wilden Westen zu leben. Doch Marty entdeckt einen Grabstein, der beweist, daß Doc wenige Tage nach dem Abfassen des Briefes von Biff Tannens Urgroßvater ›Mad Dog‹ hinterrücks erschossen wird. In einem Karnevals-Cowboykostüm reist er ins Jahr 1885, um Doc zu retten. Nach der Ankunft verfolgt eine Indianerhorde ihn und das Fahrzeug durch die Wüste (denen wiederum die Kavallerie folgt). Ein Bär treibt ihn in die Arme seines Großvaters. In der Stadt muß Marty nach Mad Dogs Pfeife tanzen, vor dem Strick rettet ihn Doc, der nicht daran denkt, in die Zukunft zu flüchten, denn er ist auf seine große Liebe gestoßen, die Lehrerin und Astrologin Clara. Um Marty zurückzuschicken, muß er das Fahrzeug, das Antriebsprobleme hat, wieder auf Vordermann bringen. In seinem Eifer, Doc vor seiner Zukunft zu bewahren, droht Martys Name bzw. sein Pseudonym (Clint Eastwood) in einen Grabstein gemeißelt zu werden. Im Duell mit Mad Dog siegt Marty und verliert seinen Komplex, sich provozieren zu lassen, was ihn 1985 vor einer fatalen Zukunft bewahrt. Mit Hilfe einer Lokomotive wird Martys Fahrzeug startklar und rast hundert Jahre durch die Zeit. Er vernichtet die Zeitmaschine. – »Western haben keine große Zukunft und Zuschauer ein schlechtes Gedächtnis, dachten sich die Autoren Gale und Zemeckis und beschränkten sich auf allseits bekannte Standardsituationen. Da haben zwei Verehrer des Genres vor den Verächtern des Genres die Waffen gestreckt... Zur einen Hälfte besteht der Film aus Western-Zitaten, zur anderen aus Selbstzitaten.« (Lars Olav Beier, TIP) Den Déjà-vu-Effekt machte sich schon Teil 2 zunutze. Teil 3 tritt ihn breit, läßt den Film verkrampft erscheinen und drängt dem Zuschauer geradezu auf, wann er lachen soll. Witzige Details, wie z. B. das Auftreten von ZZ Top als Countryband, sind selten. Sprüche wie »Mach hier mal keinen Rambo« muten peinlich an. Die bilderbuchartige Austattung, die Kamera und die Regiearbeit des Routiniers Zemeckis sorgen zwar insgesamt für einen unterhaltsamen Film, können aber die Hoffnung auf mehr nicht erfüllen.
Ⓑ Craig Shaw Gardner: *Zurück in die Zukunft 3*, Bergisch-Gladbach 1990.
Ⓥ CIC

Zwanzigtausend Meilen unter dem Meer

(TWENTY THOUSAND LEAGUES UNDER THE SEA). USA 1954.
R Richard Fleischer. *B* Earl Fenton.

Zwanzigtausend Meilen unter dem Meer von Richard Fleischer

LV Jules Verne. *K* Franz Planer/Till Gabbani. *SpE* Ralph Hammeras/Ub Iwerks/John Hench/Josh Meador. *M* Paul J. Smith. *D* Kirk Douglas (Ned Land), James Mason (Capt. Nemo), Paul Lukas (Prof. Pierre Aronnax), Peter Lorre (Conseil), Robert J. Wilkie (1. Offizier), Carleton Young (John Howard), Ted de Corsia (Capt. Farragut), Percy Helton (Taucher), Ted Cooper (Offizier a.d. *Lincoln*), Edward Marr, Fred Graham, Harry Harvey, J. M. Kerrigan, Herb Vigran. *F* 127 Min. Im Jahre 1868: Ein mysteriöses Seeungeheuer macht die pazifischen Seefahrtswege unsicher. Professor Aronnax, sein Faktotum Conseil und der kanadische Harpunier Ned Land werden von der US-Regierung gebeten, an einer Expedition teilzunehmen, die dem Untier den Garaus machen soll. Nach einer mehrmonatigen, erfolglosen Suche taucht das walgroße Monster auf, greift das Suchschiff *Lincoln* an und versenkt es. Aronnax und

Conseil klammern sich an einen Balken. Am nächsten Morgen taucht die vermeintliche Bestie wieder auf. Auf ihrem Rükken sitzt Ned Land, der inzwischen herausgefunden hat, daß das gefürchtete Untier nichts anderes als ein Unterseeboot ist. Befehligt wird es von einem undurchsichtigen Captain Nemo, der die Schiffbrüchigen zwar an Bord nimmt, sie aber keine Sekunde darüber im Zweifel läßt, daß er sie als Gefangene betrachtet. Das U-Boot *Nautilus* startet auf eine Reise um die Welt, und als die Gefangenen zusehen müssen, wie Nemo gnadenlos Schiffe versenkt, halten sie ihn für einen Irren. Nemos Gründe sind jedoch anderer Natur: Er hat mit den Menschen der Oberwelt gebrochen, weil sie ihm und den Seinen unendliches Leid zugefügt haben. Nur deswegen führt er eine Art Privatkrieg gegen alles Militärische. Als die *Nautilus* von einem Kriegsschiff angegriffen wird, rettet Ned Land Nemo das Leben. Zögernd erklärt Nemo sich zu Verhandlungen mit

der Oberwelt bereit, aber als das U-Boot zu seinem geheimen Unterwasserstützpunkt zurückkehrt, wird es dort von einer Kriegsflotte erwartet: Ned Land und Conseil ist es gelungen, eine Flaschenpost abzuschicken und der Oberwelt so die Position des Verstecks zu verraten. Zwar gelingt es Nemo in letzter Sekunde, seinen Stützpunkt in die Luft zu jagen, aber er wird dabei schwer verletzt. Als er die *Nautilus* sterbend auf den Meeresgrund sinken läßt, gelingt Aronnax, Ned Land und Conseil die Flucht. Die geheimnisvolle Kraftquelle Captain Nemos ist ebenso vernichtet wie sein Unterseeboot. Den Entkommenen wird klar, daß die Menschheit noch nicht reif genug ist, die Erfindungen Captain Nemos nutzbringend anzuwenden. – »Jules Vernes utopischer Roman (der die Vorlage zu diesem Film lieferte; Anm. d. Verf.) war hauptsächlich technisch interessiert, Disney überlagerte ihn mit Antikriegsgedanken: Nemo befürchtet mit Recht, die Welt werde sein Geheimnis nur zum Zwecke der Weltzerstörung und nicht des Weltaufbaus gebrauchen.« (FILMBEOBACHTER) – *20000 Meilen unter dem Meer* besticht vor allem wegen seiner klaren Fotografie und der Leistungen, die die Kulissenbauer vollbracht haben: Nemos *Nautilus* ist von der Ausstattung her ein Gefährt, das die Atmosphäre des 19. Jahrhunderts charmant wiederzugeben weiß. James Mason als Nemo und Kirk Douglas in der Rolle des singenden Walfängers Ned Land schienen manchen Kritikern jedoch eine Fehlbesetzung zu sein. Überzeugend war allerdings Peter Lorre in seinem Part als Conseil, dem Diener des Professor Arronax. John Meehan und Emile Kuri wurden für ihre Bauten mit einem Oscar ausgezeichnet.
Ⓥ Euro
Ⓑ Jules Verne: *Zwanzigtausend Meilen unter den Meeren*, Frankfurt/Main 1966

2001: Odyssee im Weltraum
(2001: A SPACE ODYSSEY).
USA 1968.
R Stanley Kubrick. *B* Stanley Kubrick/ Arthur C. Clarke. *St* Arthur C. Clarke. *K* Geoffrey Unsworth/John Alcott. *SpE* Wally Veevers/Douglas Trumbull/ Con Pederson/Tom Howard. *M* Richard Strauss/Johann Strauß/György Ligeti/ Aram Khachaturian. *D* Keir Dullea (David Bowman), Gary Lockwood (Frank Poole), Douglas Rain (im Original die Stimme HALs), William Sylvester (Dr. Heywood Floyd), Leonard Rossiter (Smyslov), Robert Beatty (Halvorsen), Frank Miller (Chef der Expedition), Penny Brahms, Edwina Carroll (Stewardessen), Daniel Richter (Mondbeobachter), Margaret Tyzack (Elena), Jean Sullivan (Michaels), Alan Gifford (Pooles Vater), Edward Bishop, Mike Lovell, Peter Delman, Danny Grover, Brian Hawley, Glenn Beck. *F* 149 Min.

Irgendwann in ferner Vergangenheit: Ein Stamm von vegetarisch lebenden Halbaffen/Frühmenschen nähert sich im Morgengrauen vor Angst zitternd einem geheimnisvollen, glänzend schwarzen Monolithen, der von unbekannten Mächten über Nacht vor seiner Wohnhöhle aufgestellt (?) wurde. Ob der Monolith Strahlen aussendet, wissen wir nicht, aber von nun an verändert sich das Leben der Primitiven radikal: Sie lernen Waffen zu gebrauchen und setzen sich gegenüber ihren Konkurrenten durch. Die ›Menschheit‹ beginnt sich zu entwickeln. – Viel später, im Jahr 2001: Der amerikanische Wissenschaftler Dr. Floyd reist mit dem Pendlerschiff *Orion* zu einer Raumstation, die den Erdmond umkreist. Dort trifft er auf den sowjetischen Forscher Smyslov, der ihn fragt, warum man ihm und seinen Leuten den Zutritt zum Krater Clavius verwehrt. Floyd gibt vor, die Gründe nicht zu kennen. Er weiß aber, daß die Amerikaner auf dem Mond eine Entdeckung gemacht haben, deren Wert noch nicht abzuschätzen ist: Bei Ausgrabungsarbeiten im Krater Clavius ist man auf einen glänzenden, schwarzen Monolithen gestoßen, dessen ›Bedeutung‹ sich niemand so recht erklären kann. Obwohl man insgeheim davon ausgeht, daß er von einer intelligenten außerirdischen Rasse angefertigt und zurückgelassen wurde, herrscht völlige Nachrichtensperre. Man fürchtet einen ›Kulturschock‹, wenn die Bewohner der Erde erfahren, daß sie nicht die Krone der Schöpfung im Universum sind. Die Expeditionsteilnehmer, die zum Krater Clavius entsandt werden, stellen fest, daß der schwarze Monolith, der allem Anschein nach seit Jahrmillionen auf dem Mond ist, ein Signal aussendet – und zwar in Richtung auf den Planeten Jupiter... Eineinhalb Jahre später befindet sich das gigantische Expeditionsraumschiff *Discovery* auf dem Weg zum Jupiter. An Bord befinden sich die Astronauten Bowman und Poole sowie drei Wissenschaftler, die im Tiefschlaf liegen. Bowman und Poole sind über die Hintergründe ihrer Mission nicht informiert. Geführt wird die *Discovery* von einem Super-Computer mit der Bezeichnung HAL 9000, der eine menschliche Stimme hat und als einziger das Ziel der Expedition kennt. Als Bowman und Poole von HAL den Hinweis erhalten, daß bald eine bestimmte Außenantenne ausfallen wird, wollen sie sich um das anstehende Problem kümmern, aber als sie von der Erde erfahren, ein solcher Antennenausfall sei *absolut* unmöglich, fragen sie sich, ob HAL möglicherweise Ziele verfolgt, die mit seiner Programmierung nicht in Einklang stehen. Poole geht hinaus, HAL kappt seine Sauerstoffversorgung. Bowman birgt seinen Kameraden (der schon tot ist) mit den Greifern eines Rettungsbootes, aber als er in die *Discovery* zurückkehren will, blockiert HAL die Schleuse. In einem tollkühnen Unternehmen gelingt es Bowman, sich durch eine kleine Notschleuse Eintritt in das Schiff zu verschaffen. Er schlägt sich in die Abteilung durch, die den Computer beherbergt, und schließt HAL kurz. HAL gibt seinen Geist auf, nicht jedoch, ohne um sein ›Leben‹ zu bitten: »Dave. Tu's nicht. Laß es sein. Bitte. Dave, hör auf. Ich bitte dich. Hör auf, Dave. Bitte, laß es sein.

Ich habe Angst. Ich habe Angst, Dave. Dave, mein Gedächtnis. Mein Gedächtnis schwindet. Mein Gedächtnis läßt nach. Daran besteht kein Zweifel. Ich spüre es. Ich spüre es. Ich spüre es. Ich habe... Angst.« Bowman läßt sich nicht beirren. Kurz darauf nähert sich die *Discovery* dem Jupiter-Raum. Ein schwarzer Monolith treibt an ihr vorbei. Das Schiff jagt durch fantastische Farbwirbel auf den Planeten zu. Bowman befindet sich auf einer Reise, die scheinbar kein Ende mehr nehmen will – bis er sich in einem seltsamen barocken Schlafzimmer wiederfindet. An einem Tisch sitzt ein Mann in den mittleren Jahren und ißt. Als er sich umdreht, ist er David Bowman – nur viel älter. Der Ur-Bowman verschwindet. Der ältere Bowman dreht sich erneut um und sieht einen steinalten Bowman auf einem Bett im Sterben liegen. Am Ende des Bettes steht ein glänzender, schwarzer Monolith, der fremdartige Töne erzeugt. Der Bowman auf dem Bett richtet sich auf und streckt eine Hand nach dem Monolithen aus. Inmitten einer durchsichtigen Fruchtblase schwebt ein ungeborener Mensch durch das All auf die Erde zu. Er hat die Züge David Bowmans. – Nach all dem Kinoschwachsinn, den Heerscharen unbedarfter SF-Filmer dem Publikum bis 1969 vorgesetzt hatten, ging *2001: Odyssee im Weltraum* den SF-Fans herunter wie die reinste Götterspeise – und das war auch kein Wunder: Die Tricks waren so perfekt, daß Arthur C. Clarke, nach dessen Kurzgeschichte ›The Sentinel‹ der Film gedreht worden war, sich nach Ansicht der ersten Kopien zu dem Ausspruch bemüßigt fühlte, daß jeder, der es in Zukunft besser machen wolle, wohl »on location« (an Ort und Stelle – also *im Weltraum*) drehen müsse. Und dabei hatte der Spaß – verglichen mit heutigen SF-Film-Budgets – man denke etwa an George Lucas' *Krieg der Sterne* oder Ridley Scotts *Der Blade Runner* – nur einen Pappenstiel (10,5 Millionen Dollar) gekostet. Womit Fans und Kritiker schon weniger einverstanden waren, war das mehr als mysti-

Das Zwischenprodukt der Evolution in seinem elektronischen Mutterleib:
Gary Lockwood in Stanley Kubricks *2001: Odyssee im Weltraum*

sche Ende des Films: daß die geheimnisvollen schwarzen Monolithen so etwas wie ›Intelligenzbeschleuniger‹ außerirdischer Wesen (oder gar diese Wesen selbst) darstellen sollten, war ihnen klar. Aber was, bei allen Göttern der Galaxis, hatte das verrückte, unverständliche (aber nichtsdestoweniger *schöne*) Ende zu bedeuten? Wieso findet sich Bowman mitsamt seiner Raumkapsel in diesem Zimmer wieder? Wieso sieht er sich dort seinem älteren Ego gegenüber? Wieso hört er nach dieser Begegnung auf zu existieren? Warum gibt der ältere Bowman zugunsten eines *noch* älteren seine Existenz auf? Warum streckt der alte Bowman, der im Sterben liegt, seine Hand nach dem Monolithen aus? Was soll der Embryo, der durch die kosmische Finsternis erdwärts treibt? So war es denn auch kein Wunder, daß die Deuter, die in Scharen herbeiströmten, vorwiegend im dunkeln herumtappten – denn etwas Verwirrendes bedarf der Interpretation (und handele es sich dabei um einen simplen Gag, den jemand sich ausgedacht hat, um einen ›Effekt‹ zu erzielen). Die Interpretationen

der Schlußsequenz von *2001* sind Legion, und eine von ihnen lautet (auszugsweise) so: »Dave findet sich mit ergrautem Haar... in einem Raum wieder, der aussieht, als sei er in einem Stil erschaffen und möbliert worden, der zu den Zeiten Ludwigs XV. üblich war, obwohl er so richtig in kein bestimmtes Zeitalter passen will. Vielleicht verdankt er sein Aussehen Daves verschütteten Erinnerungen. Der Raum wirkt wie ein Terrarium, und Dave – dieser Schluß liegt nahe – lebt unter der Aufsicht der Außerirdischen. Wir können sie nicht sehen, denn sie haben keine Gestalt, weil sie sich zu einer viel wirkungsvolleren, energetischen Lebensform entwickelt haben, aber wir können ihr Lachen beinahe auf der Tonpiste wahrnehmen. Die grünlich-weißen Wände erzeugen in uns das Gefühl, daß Dave sich zwar in einem außerirdischen Zoo aufhält, aber gleichzeitig die Position eines Geehrten innehat. Die Zeit vergeht in dieser Umgebung nur langsam, und Dave kann sich sogar altern sehen. Mit jeder neuen Form, die er annimmt, löst sich sein vorheriger Körper auf. Am meisten offenbart uns die Gestalt des etwa siebzigjährigen Dave, der allein diniert. Er ist die erste Gestalt, die wir an einem Tisch essen sehen, und der erste, der etwas ißt, das tatsächlich lecker aussieht – und dann auch noch von einem Teller. Dies ist der zivilisierte Mensch, der Kubricks Ansicht wiedergibt, daß ›das *missing link* zwischen dem Affen und dem zivilisierten Menschen das menschliche Wesen ist‹. Während er ißt, kippt Dave ein Glas um. Es zerbricht und zeigt an, daß der Mensch noch immer unvollkommen ist. Er dreht sich um und sieht sich selbst in einem Bett liegen – aussehend wie ›Little Big Man‹. Während er stirbt, richtet er sich auf und deutet auf den schwarzen Monolithen, der am Fußende seines Bettes erscheint. Hat da ein alter Mann auf seinem Totenbett zur Religion gefunden? Oder hat Dave im Inneren des Monolithen seine nächste Inkarnation erblickt? Haben die außerirdischen Superwesen Dave dafür, daß er sie gefunden hat, belohnt? Die Kamera bewegt sich in den Monolithen hinein, und plötzlich sind wir im Weltraum. Ein Sternenkind, das Dave sehr ähnlich sieht, ein Kind, das keine Frau geboren hat und zu keiner Familie gehört, treibt durch den Weltraum auf die Erde zu... Die Entwicklung des Menschen vom Affen zum Engel ist beendet. Der Mensch hat seine Ursprünge erkannt und kehrt – nach beendeter Odyssee – zurück, um auf einer höheren Daseinsstufe das zweite Jahrtausend anzufangen. (Nur heißt dieser Christus David statt Jesus. – In diesem Zusammenhang ist es interessant, daß Jesus manchmal David genannt wurde, z.B. in Matthäus 1,1.) Was immer sich dort draußen für uns interessiert – sei es Gott oder eine Superintelligenz –: Es hat erneut unser Schicksal bestimmt.« (Danny Peary, CULT MOVIES) – Pearys Argumentation ist nicht ohne. Sie hat etwas, das einem gefällt. Aber was meint Mr. Kubrick dazu, der *2001* als ›mythologische Dokumentation‹ und eine ›sinnliche Erfahrung‹ bezeichnet, die man entweder ablehnt oder akzeptiert und deren offenes Ende jeder

so interpretieren kann, wie es ihm beliebt? – Tatsache ist, daß Filme mit einem offenen Ende dem Zuschauer mehr zu denken, mehr zu spekulieren geben. Je offener das Ende, desto mehr blüht die Spekulation – ob der Dichter sich nun etwas dabei gedacht hat oder nicht. Kubrick und die Seinen wollten *2001* ein interessantes Ende geben. Man probierte herum. Verwarf, probierte erneut. Kubrick:»Das Ende wurde noch kurz vor der Aufnahme umgeworfen. Ursprünglich hatten wir nicht vor, Bowmans Alterungsprozeß zu zeigen. Er sollte einfach in diesem Zimmer herumgehen und sich den Monolithen ansehen. Aber das erschien uns nicht befriedigend und interessant genug, deswegen suchten wir nach einer anderen Idee, bis uns schließlich das Ende einfiel, das man im Film sieht.« So einfach war das. Man sieht, nicht hinter jedem poetisch aufgeblasenen Mysterium steckt eine verschlüsselte Botschaft. Dennoch gehört *2001: Odyssee im Weltraum* unbestreitbar auf einen der vordersten Plätze der Top Ten des Science Fiction Films.»An seinem Schluß steht die bekannte Hypothese, die menschliche Intelligenz sei von jener anderen nur ein Ableger und werde dermaleinst wieder in ihr aufgehen. Menschliche Anstrengung, wie blind und fehlerhaft sie auch sei, erscheint als der heroische Durchgang in einen besseren Endzustand, in den der Mensch, erst einmal ins All vorgedrungen, durch eine außerirdische Kraft unweigerlich erhoben wird. Von der Menschheitsgeschichte erscheint berichtenswert nur der Anfangs- und Endpunkt. Von der Erfindung des ersten Werkzeugs, das als Waffe im Kampf der Urhorden vorgestellt wird, bis zum Raumschiff ist ein direkter Weg.« (FILMKRITIK) – *2001: Odyssee im Weltraum* wurde 1968 für seine noch nie dagewesenen Spezialeffekte mit einem Oscar ausgezeichnet. Arthur C. Clarke hat ein Buch zum Film geschrieben, das dem Drehbuch inhaltlich in einigen Teilen nicht folgt: So etwa geht die Reise der *Discovery* nicht zum Jupiter, sondern zum Saturn; das

›Versagen‹ des Supercomputers HAL wird mit einer ›elektronischen Neurose‹ erklärt, und Bowman kehrt am Ende des Romans – von außerirdischen Wesen mit Superkräften ausgestattet – zur Erde zurück, um die ›kreisenden Megatonnen‹ zur Explosion zu bringen, weil er einen ›klaren Himmel bevorzugt‹.
Ⓥ MGM/UA
Ⓑ Arthur C. Clarke: *2001 – Odyssee im Weltraum*, Düsseldorf 1969

2071 – Mutan-Bestien gegen Roboter
(THE TIME TRAVELLERS). USA 1964.
R Ib Melchior. *B* Ib Melchior.
K William Zsigmond. *SpE* David Hewitt. *M* Richard Lasalle. *D* Preston Foster (Dr. Erik von Steiner), Philip Carey (Steve Connors), Merry Anders (Carol White), John Hoyt (Varno), Dennis Patrick (Willard), Joan Woodbury (Gadra), Dolores Wells (Reena), Steve Franken (Danny McKee), Gloria Leslie (Stadträtin), Peter Strudwick (Deviant), Margaret Seldeen (Technikerin), F. J. Ackerman (Techniker). *F* 80 Min.
1964: Eine Forschergruppe arbeitet an einem Zeittor, gelangt zufällig ins Jahr 2071 und stellt fest, daß die menschliche Zivilisation zusammengebrochen ist. Die Erde wird von Mutantenmonstern beherrscht, die die letzten, in unterirdischen Kavernen hausenden Wissenschaftler beschuldigen, für die Atomkatastrophe verantwortlich zu sein, die die Umwelt vernichtet hat. Obwohl die Wissenschaftler Roboter gegen die Mutanten einsetzen, können sie sich nicht behaupten. Heimlich arbeiten sie deshalb an einem Raumschiff, mit dem sie von der Erde fliehen wollen. Die interessierten Forscher aus der Vergangenheit werden auch angegriffen und können in letzter Sekunde vor dem Ansturm der Mutanten fliehen. Das Raumschiff der Wissenschaftler wird während des Starts gesprengt. Wieder im Jahr 1964 angekommen, stellen die Zeitreisenden fest, daß ihre Eigenzeit nicht mehr stimmt. Jahre vergehen für sie

plötzlich wie im Fluge. Als sie sich zum drittenmal durch das Zeittor stürzen, materialisieren sie auf einer Erde, die 100000 Jahre in der Zukunft liegt, und finden sich in einem urwüchsigen Paradies wieder.
Ⓥ VCL (*Reise durch die Zeit*)

2019 – Die gnadenlosen Knechte Gottes
(THE KNIGHTS OF GOD). GB 1986.
R A. Morgan/M. Kerran. *B* N.N.
K N.N. *M* N.N. *D* George Winter, Claire Parker. *F* 120 Min.
Das futuristische Großbritannien unter dem Banner einer knallharten Diktatur. – Auch wenn wir die ›Knights‹ lieber als Ritter übersetzt gesehen hätten . . .
Ⓥ Highlight

2099 – Nach dem Fall von New York
Anderer Titel für **Fireflash – Der Tag nach dem Ende**

2010 – Das Jahr, in dem wir Kontakt aufnehmen
(2010). USA 1984.
R Peter Hyams. *B* Peter Hyams.
LV Arthur C. Clarke. *K* Peter Hyams.
SpE Richard Edlund. *M* David Shire.
D Roy Scheider (Heywood Floyd), John Lithgow (Walter Curnow), Helen Mirren (Tanya Kirbuk), Bob Balaban (Chandra), Keir Dullea (Dave Bowman), Madolyn Smith (Caroline Floyd), Dana Elcar (Dimitri Moisevich), James McEachin (Victor Milson), Elya Baskin (Maxim Barilovsky), Savely Kramarov (Vladimir Rudenko), Herta Ware (Jessie Bowman), Mary Jo Deschanel (Betty Fernandez), Oleg Rudnik (Vasili Orlov), Natasha Schneider (Irina Yakunina).
F 116 Min.
Vorgeschichte siehe *2001: Odyssee im Weltraum*. – Im Jahr 2010 soll eine amerikanisch-sowjetische Expedition nach dem Verbleib des neun Jahre zuvor verschwundenen Raumschiffes *Discovery* forschen und bricht in die Region des Pla-

Naiver Glaube an die Technik: Helen Mirren und Roy Scheider in
2010 – Das Jahr, in dem wir Kontakt aufnehmen von Peter Hyams

neten Jupiter auf. Man stößt auf das vermißte Schiff und reaktiviert den abge-
schalteten Bordcomputer HAL, der die
seinerzeitige *Discovery*-Mission sabotiert
hat. Und während auf der Erde allmählich
der Dritte Weltkrieg Gestalt anzunehmen
droht, erscheint dem Expeditionsleiter
Dr. Floyd der ›Geist‹ des *Discovery*-
Astronauten Bowman, der ihm mit bedeu-
tungsschwangerem Gehabe klarmacht, es
sei besser, das Weite zu suchen: Der Jupitermond Europa, so sieht's aus, ist nämlich der Olymp, und die Götter haben vor,
den Erdlingen noch einmal eine Chance
zu geben. Ein schwarzer Monolith macht
aus dem Gasriesen Jupiter eine zweite
Sonne, was auf seinem Satelliten Europa
zu einschneidenden evolutionären Veränderungen führt. Der Weltfrieden ist dadurch gesichert, denn nun kann die

Menschheit ein neues Ziel in Angriff nehmen.
»Daß Hyams pazifistischer Weltentwurf
die technische Trickkiste optimal beherrscht... sei am Rande vermerkt und
ist sozusagen selbstverständlich. Darüber
hinaus hat er sich stark an Kubrick orientiert, ohne ihn billig zu kopieren, auch
wenn Zitate unverkennbar sind, von der
Musik (Strauß und Ligeti) über Geräusche
(das Atmen von John Lithgow unterm
Astronautenhelm) bis zu atmosphärischen
Nebeln und langsamen Bewegungen des
Raumschiffes im Orbit.« (Andreas Wi-
link, ÜBERBLICK) – »Zwar kann man aus
2010 die gutgemeinte Absicht herausle-
sen, den Weltraum nicht zum Schlacht-
feld werden zu lassen. US-Amerikaner
wie Sowjetmenschen haben Angst vor einem irdischen Konflikt und sehen nicht

ein, warum die Zusammenarbeit auf der Erde nicht ebenso gut klappen könnte wie bei der gemeinsamen Weltraumrakete. Doch der Friede wird bei *2010* nicht durch Aktivitäten der Menschen erhalten, sondern durch den Eingriff außerirdischer Mächte. Dadurch bekommt der Film eine religiöse Wendung, die nicht zum Handeln . . . ermuntert, sondern zu hoffnungsvollem Abwarten auf eine Rettung von ›oben‹.« (Michael Kobald, UNSERE ZEIT) Ⓥ MGM/UA Ⓑ Arthur C. Clarke: *2010 – Das Jahr, in dem wir Kontakt aufnehmen*, Bern/München 1985

2020 – Texas Gladiators
(2020: TEXAS GLADIATORS).
Italien 1983.
R Kevin Mancuso. *B* Alex Carver. *St* Alex Carver. *K* John Larson. *M* Francis Taylor. *D* Harrison Muller (Jab), Al Cliver (Nisus), Sabrina Siani (Maida), Daniel Stephen (Catch Dog), Peter Hooten (Halakron), Al Yamanouchi (Red Wolfe), Donal O'Brien (Der Schwarze). *F* 91 Min.
Ein Atomkrieg hat mal wieder die menschliche Zivilisation vernichtet; marodierende Banden streifen durch das Land und nehmen sich, was ihnen gefällt. Die Guten bekämpfen die Bösen und setzen sich mit der gleichen Brutalität in Szene wie ihre Widersacher. – Die zahlreichen *Mad Max*-Plagiate, die die Welt seit Anfang der achtziger Jahre überschwemmen, sind eine Fortsetzung der Italo-Western mit futuristischen Mitteln. Wie alle anderen krankt auch dieser Nachzieher an mangelhafter Originalität, einem unfähigen Drehbuchautor und inkompetenten Darstellern. – »Der Film ergibt überhaupt keinen Sinn.« (VARIETY). Ⓥ GFV

Die zweite Arche
(ARK II). USA 1976.
R Ted Post. *B* Martin Roth. *K* Robert F. Sparks. *M* Yvette Blais/Jeff Michael. *D* Terry Lester (Jonah), Jean Marie Hon (Ruth), José Flores (Samuel), Jonathan Harris, Tierre Turner, Richard Balin. *F* 82 Min.
Im 25. Jahrhundert: Nach der Großen Katastrophe leben auf der Erde nur noch wenige Menschen, die auf Steinzeitniveau dahinvegetieren. Drei junge Leute mit zwei Spezialfahrzeugen versuchen, die Zivilisation wieder in Gang zu bringen, scheitern aber jedesmal an der Habgier und Gemeinheit derjenigen, die zu Opfern ihrer Lebensumstände geworden sind. – Ein Zusammenschnitt mehrerer Episoden einer amerikanischen TV-Serie. In der BRD nur auf Videokassette. Ⓥ Starbox

Das zweite Leben des Dr. X
(THE RETURN OF DOCTOR X).
USA 1939.
R Vincent Sherman. *B* Lee Katz. *LV* William J. Makin. *K* Sid Hickox. *Ma* Percy Westmore. *M* Bernhard Kaun. *D* Humphrey Bogart (Marshall Quesne), Rosemary Lane (Joan Vance), Wayne Morris (Walter Barnett), Dennis Morgan (Michael Rhodes), John Litel (Dr. Francis Flegg), Lya Lys (Angela Merrova), Huntz Hall, Charles Wilson, Vera Lewis, Olin Howland, Glen Langan, DeWolf Hopper. 62 Min.
Dr. Flegg experimentiert mit einer seltenen Blutgruppe, von der er hofft, daß sie bei richtiger Dosierung selbst Tote zum Leben erwecken kann. Das Experiment gelingt bei dem kurz zuvor rechtmäßig hingerichteten Quesne. Dieser braucht, um sein zweites Leben fortführen zu können, ständig frisches Blut. Die Folge ist eine Mordserie, der auch Dr. Flegg selbst zum Opfer fällt. – Dieser Film ist keine direkte Fortsetzung zu Michael Curtiz' *Doctor X*, bedient sich aber ähnlicher Grundkonstellationen. Sehenswert an diesem Film ist jedenfalls Humphrey Bogart in seiner einzigen Gruselrolle als Zombie; sein bleiches Make-up, seine kurzen, mit weißen Strähnen durchzogenen Haare sind für den Film sehr wirkungsvoll. – ». . . ein gefälliges Filmchen.« (NEW YORK TIMES)

Zwei Trottel gegen Goldfinger

(DUE MAFIOSI CONTRO GOLDFINGER).
Italien/Spanien 1965.
R Giorgio Simonelli. *B* Sandro
Continenza/Dino Verde/Leonardo
Marin. *K* Isidoro Goldberger. *M* Angelo
Francesco Lavagnino. *D* Franco
Franchi, Ciccio Ingrassia, Fernando
Rey, Andrea Bosic, Elisa Montes,
Gloria Paul. *F* 93 Min.
Der nach der Weltherrschaft strebende
Überverbrecher Goldfinger beeinflußt mit
einem Fernhypnosegerät einen amerikanischen UN-Delegierten, damit dieser seinem sowjetischen Kollegen den Krieg erklärt. Zwei Dörfler, die wider Willen in
eine Geheimdienstaffäre verwickelt werden, sehen sich daraufhin gezwungen,
den tückischen Anschlag zu verhindern.
Das Tohuwabohu, das sie erzeugen, zeigt
allerdings Wirkung: Bevor der US-Dele-
gierte seinen Spruch anbringen kann, landet er in einer Zwangsjacke. Die Verschwörer reichen den Abschied ein – bis
zum nächstenmal! – »Die parodistische
Absicht geht in grobschlächtigem Klamauk unter.« (FILMDIENST).
Ⓥ Pront

Zwischenfall im Atlantik

(THE BEDFORD INCIDENT).
GB/USA 1965.
R James B. Harris. *B* James Poe.
LV Mark Rascovich. *K* Derek Browne/
Gil Taylor. *M* Gerard Schurmann.
D Richard Widmark (Capt. Eric
Finlander), Sidney Poitier (Ben
Munsford), Eric Portman (Russischer
U-Boot-Kommandant), James McArthur
(Fähnrich Ralston), Martin Balsam,
Wally Cox, Donald Sutherland.
102 Min.
Der amerikanische Zerstörer *Bedford*
kreuzt vor Grönland. Sein Kommandant
Finlander ist ein fanatischer U-Boot-Jä-
ger, der seine Mannschaft in ständiger
Hochspannung und Alarmbereitschaft
hält, der Zivilisten und Reserveoffiziere
ablehnt, sein Vaterland über alles liebt

und zu jener Gruppe von Militärs gehört,
die jedem mutmaßlichen Angriff von
kommunistischer Seite zuvorkommen
wollen. Auf einer Routinefahrt im Auftrag der NATO stöbert er ein russisches
U-Boot auf. Da Finlander keinen Befehl
zum Angriff bekommt, verfolgt er es
ständig, um den Triumph des Auftauchens zu erleben. Es kommt zur Katastrophe, als ein Teil der durch ständige
Alarm- und Gefechtsbereitschaft überner-
vösen Mannschaft eine flüchtig hingewor-
fene Äußerung Finlanders als Befehl miß-
versteht. Die *Bedford* feuert eine Rakete
ohne Atomsprengkopf ab. Eine nachträg-
liche Entschärfung mißlingt, das U-Boot
wird getroffen. Es hat jedoch bereits seine
eigenen Atom-Torpedos abgeschossen.
Finlander unterläßt den Befehl zum oftmals eingeübten Ausweichmanöver. Sein
Motiv bleibt unklar: Hat ihn die Einsicht
in die eigene Schuld gelähmt, oder wollte
er durch dieses ›Opfer‹ einer Vergeltungs-
maßnahme der Russen gegen die USA zuvorkommen? Keine Antwort. Auf der
Leinwand deckt ein Atompilz alle näheren Hinweise zu. – »Ausgezeichnet ist
(die) ... präzise Arbeit (des Films), was
das Drehbuch, die dramaturgische Entwicklung der Handlung wie die Steigerung der Spannung, die scharfe Profilie-
rung der Rollen und die Besetzung betrifft.« (FILMDIENST) – »Richard Widmark, einer der intelligentesten Stars der
USA, verkörpert den Kapitän so überra-
gend auch in seinen echten Führertugen-
den, daß von ihm eine beinahe unheimliche Faszination ausgeht.« (FILMBE-
OBACHTER).
Der Film ist als eindringliche Mahnung zu
verstehen, daß ein Knopfdruck genügt,
uns endgültig zu vernichten. Insofern
nimmt der Film Stanley Kubricks *Dr.
Seltsam ... und* Sidney Lumets *Angriffsziel Moskau* vorweg; diesmal allerdings
auf einer anderen, einer ›unteren‹ Ebene:
nicht der technische Schaltfehler löst die
Katastrophe aus, sondern die menschliche
Unzulänglichkeit.

Die primären Motivkreise des Science Fiction-Films

Die klassischen Versatzstücke des Science Fiction-Films sind Raumschiffe, Roboter, Mutanten, Cyborgs, künstliche Lebewesen, verrückte Wissenschaftler, Zeitmaschinen – und natürlich *die Bombe,* die das Interesse der (meist italienischen) Filmemacher spätestens seit dem großen Erfolg von George Millers *Mad Max II – Der Vollstrecker* beflügelt hat.

Im folgenden unternehmen wir den Versuch einer nach Themen chronologisch geordneten Filmographie der primären Motivkreise des SF-Films, wobei wir bewußt darauf verzichtet haben, eine eigene Rubrik für den ›verrückten Wissenschaftler‹ einzurichten; und zwar nicht nur deswegen, weil dergleichen den Umfang dieses Buches sprengen würde, sondern aus dem Grund, weil die Produkte seines ›Wahnsinns‹ allemal eine wichtigere Rolle spielen als er selbst. Daß es dabei zu Überschneidungen kommt, ist unvermeidbar: Gelangen z.B. Zeitreisende in eine Zukunft, in der ein Atomkrieg stattgefunden hat, ist der betreffende Film sowohl in der Rubrik *Die Reise durch die Zeit* als auch unter *Die Apokalypse und ihre Folgen* zu finden. Das gleiche gilt für Streifen, die sowohl ›robotisches Leben‹ präsentieren als auch heftigst von Raumfahrzeugen Gebrauch machen. Solche Filme findet man sowohl unter *Roboter, Computer, Androiden* als auch in der Rubrik *Weltraumfahrt.*
Die Filmographie erhebt keinen Anspruch auf Vollständigkeit. Sie soll lediglich dazu dienen, dem Interessierten einen Überblick über einen bestimmten Themenkreis zu verschaffen.

Positive und negative (Zukunfts-)Welten, Utopien/Anti-Utopien

Metropolis (1926)
Things to Come (1936)
In den Fesseln von Shangri-La (1937)
1. April 200 (1952)
1984 (1955)
Planet des Grauens (1956)
Die Zeitmaschine (1959)
Jenseits der Zeitschranke (1960)
It Happened Here (1963)
2071 – Mutan-Bestien gegen Roboter (1964)
Lemmy Caution gegen Alpha 60 (1965)
Das zehnte Opfer (1965)
Niemandsland (1965)
Raumschiff Alpha (1965)
Fahrenheit 451 (1966)
Privileg (1966)
Week-End (1967)
Goto, Insel der Liebe (1968)
Wild in den Straßen (1968)
Die Konvention Belzebir (1968)
In den Schuhen des Fischers (1968)
Planet der Affen (1968)
THX 1138 (1969)
Pornographische Aufnahmen (1969)
Ice (1969)
Rückkehr zum Planet der Affen (1970)
Im Visier des Falken (1970)
Das Millionenspiel (1970)

G.A.S.S. oder: Es war notwendig, die Welt zu vernichten, um sie zu retten (1970)
Dreht euch nicht um, der Golem geht rum, oder das Zeitalter der Muße (1971)
Strafpark (1971)
Ich liebe dich, ich töte dich (1971)
Geburten verboten (1971)
Der verlorene Horizont (1972)
Lautlos im Weltraum (1972)
Eroberung vom Planet der Affen (1972)
Westworld (1972)
Jahr 2022... die überleben wollen (1973)
Die Schlacht um den Planet der Affen (1973)
Zardoz (1973)
Smog (1973)
Traumstadt (1973)
Einladung zur Enthauptung (1973)
Expedition in die Zukunft (1973)
Der Schläfer (1973)
Die Chinesen in Paris (1974)
Die letzten Tage von Gomorrha (1974)
Frankensteins Todesrennen (1974)
Rollerball (1974)
Black Moon (1975)
New York antwortet nicht mehr (1975)
Der Junge mit dem Hund (1975)
Futureworld – Das Land von Übermorgen (1976)
Network (1976)
Flucht ins 23. Jahrhundert (1976)
1993 – Welt im Chaos (1976)
Long Weekend (1977)

Straße der Verdammnis (1977)
Aktion Abendsonne (1988)
Zum Überleben verdammt (1978)
Todesrallye in Helix City (1978)
Mad Max (1978)
Fleisch (1979)
Quintett (1979)
Death Watch – Der gekaufte Tod (1979)
Die Klapperschlange (1980)
The Tomorrow Man (1980)
Star Rock (1980)
Malevil (1980)
Aftermath (1980)
The Last Chase (1980)
Memoiren einer Überlebenden (1981)
Mad Max II – Der Vollstrecker (1981)
Insel der Verdammten (1981)
Der Kampfkoloß (1981)
Der Blade Runner (1982)
Metropolis 2000 (1982)
Kopfjagd – Der Preis der Angst (1982)
Kamikaze 1989 (1982)
Wir (1982)
Parasite (1982)
Null-Zeit (1982)
End Game (1983)
Human Animals (1983)
Der Preis (1983)
The Last Warrior – Der Kämpfer einer verlorenen Welt (1983)
Das letzte Testament (1983)
1994 – Nur die Starken werden überleben (1983)
Rockit – Final Executor (1983)
SHE… Eine verrückte Reise in die Zukunft (1983)
Stryker (1983)
The Day After – Der Tag danach (1983)
The Executor – Der Vollstrecker (1983)
2020 – Texas-Gladiators (1983)
1984 (1984)
Operation Overkill (1984)
Brazil (1984)
Riffs III – Die Ratten von Manhattan (1984)
Firestorm – Die letzte Schlacht (1984)
Future Kill – Die Herausforderung (1985)
Mad Max – Jenseits der Donnerkuppel (1985)

Weltraumfahrt

Die Reise zum Mond (1902)
Das Himmelsschiff (1918)
Aelita (1924)
(Die) Frau im Mond (1929)
Was kommen wird (1936)
Rocket Ship (1936)
Mars Attacks the World (1938)
Flash Gordon Conquers the Universe (1940)
Rakete Mond startet (1950)
Endstation Mond (1950)

Der jüngste Tag (1951)
Flight to Mars (1951)
Cat Women of the Moon (1953)
R3 überfällig (1954)
Testpiloten (1955)
Schock (1955)
Die Eroberung des Weltalls (1955)
Alarm im Weltall (1956)
Planet des Grauens (1956)
Weltraumbestien (1957)
Planet der toten Seelen (1957)
Rakete 510 (1957)
Der unfreiwillige Raketenflieger (1958)
In den Krallen der Venus (1958)
Der schweigende Stern (1959)
Weltraumschiff MR-1 gibt keine Antwort (1959)
Der Himmel ruft (1960)
Die Rakete zur flotten Puppe (1960)
Die X-15 startklar (1961)
Mondgeflüster (1961)
Der Weg nach Hongkong (1961)
Planet der Stürme (1962)
Ikarie XB 1 (1963)
Notlandung im Weltraum (1964)
SS-X7 – Panik im All (1964)
Die erste Fahrt zum Mond (1964)
Raumschiff Alpha (1965)
Tödliche Nebel (1965)
Orion 3000 – Raumfahrt des Grauens (1965)
Planet der Vampire (1965)
Derek Flint schickt seine Leiche (1965)
Feuervögel startbereit (1966)
Countdown. Start zum Mond (1966)
Das Mondkalb (1966)
Tolldreiste Kerle in rasselnden Raketen (1966)
Perry Rhodan – SOS aus dem Weltall (1966)
Man lebt nur zweimal (1967)
Barbarella (1967)
Endstation Mars (1968)
2001: Odyssee im Weltraum (1968)
Monster aus dem All (1969)
Unfall im Weltraum (1969)
Banditen auf dem Mond (1969)
Verschollen im Weltraum (1969)
Diamantenfieber (1971)
Earth II (1971)
Lautlos im Weltraum (1972)
Solaris (1972)
Finsterer Stern (1973)
Flash Gordon (1974)
Alien Attack (1975)
Der Planet Saturn läßt schön grüßen (1977)
Krieg der Sterne (1977)
Unheimliche Begegnung der dritten Art (1977)
Die Katze aus dem Weltraum (1977)
Invasion der Raumschiffe (1978)
Kampfstern Galactica (1978)
König Arthur und der Astronaut (1978)
Mission Galactica: Angriff der Zylonen (1978)

Unternehmen Capricorn (1978)
Star Crash – Sterne im Duell (1978)
Moonraker – streng geheim (1978)
Buck Rogers (1978)
Star Trek – der Film (1978)
Alien – Das unheimliche Wesen aus einer fernen Welt (1979)
Das Imperium schlägt zurück (1979)
Das schwarze Loch (1980)
Die Mars-Chroniken (1980)
Sador, Herrscher im Weltraum (1980)
Saturn City (1980)
Outland – Planet der Verdammten (1980)
Die fliegende Windmühle (1981)
Star Trek II – Der Zorn des Khan (1982)
Die Rückkehr der Jedi-Ritter (1983)
Space Raiders – Weltraumpiraten (1983)
Krieg der Eispiraten (1984)
Starfight (1984)
Star Trek III: Auf der Suche nach Mr. Spock (1984)
2010 – Das Jahr, in dem wir Kontakt aufnehmen (1984)
Enemy Mine – Geliebter Feind (1985)

Die Begegnung mit außerirdischem Leben

Die Reise zum Mond (1902)
Das Himmelsschiff (1918)
Algol (1920)
Aelita (1924)
Rocket Ship (1936)
Mars Attacks the World (1938)
Flash Gordon Conquers the Universe (1940)
Flight to Mars (1951)
Das Ding aus einer anderen Welt (1951)
Der Tag, an dem die Erde stillstand (1951)
Kampf der Welten (1953)
Des Satans Satellit (1958)
Cat Women of the Moon (1953)
Robot Monster (1953)
Invasion vom Mars (1953)
Gefahr aus dem Weltall (1953)
Metaluna IV antwortet nicht (1955)
Ausgeburt der Hölle (1955)
Schock (1955)
Fliegende Untertassen greifen an (1956)
Plan 9 aus dem Weltall (1956)
Die Dämonischen (1956)
Gesandter des Grauens (1956)
Der 27. Tag (1957)
Das Geheimnis des steinernen Monsters (1957)
Die Bestie aus dem Weltenraum (1957)
Planet der toten Seelen (1957)
Feinde aus dem Nichts (1957)
Kronos (1957)
Weltraumbestien (1957)
Kinder des Weltraums (1958)
In den Krallen der Venus (1958)
Bestie des Grauens (1958)

Das Grauen kommt um Mitternacht (1958)
Blob – Schrecken ohne Namen (1958)
Raumrakete X-7 (1958)
Die Augen des Satans (1958)
Auf U-17 ist die Hölle los (1959)
Weltraumschiff MR-1 antwortet nicht (1959)
Raumschiff Venus antwortet nicht (1959)
Das Dorf der Verdammten (1959)
Besuch auf einem kleinen Planeten (1960)
Krieg im Weltenraum (1960)
Mondgeflüster (1962)
Blumen des Schreckens (1962)
Begegnung im All (1963)
Herr Doktor, die Leiche lebt (1963)
Der Chef wünscht keine Zeugen (1963)
Notlandung im Weltraum (1964)
Der Himmel brennt (1964)
SS X-7 – Panik im All (1964)
Orion 3000 – Raumfahrt des Grauens (1965)
FBI jagt Phantom (1965)
Raumschiff Alpha (1965)
Blood Beast From Outer Space (1965)
Planet der Vampire (1965)
Raumkreuzer Hydra – Duell im All (1965)
Befehl aus dem Dunkel (1966)
Perry Rhodan – SOS aus dem Weltall (1966)
Destination Inner Space (1966)
Brennender Tod (1967)
Sie kamen von jenseits des Weltraums (1967)
Guila, Frankensteins Teufelsei (1967)
Das grüne Blut der Dämonen (1967)
Barbarella (1967)
Endstation Mars (1968)
Frankenstein und die Monster aus dem All (1968)
Monster aus dem All (1969)
Das Loch im Himmel (1969)
Dracula jagt Frankenstein (1970)
Die Delegation (1970)
Monster des Grauens greifen an (1970)
Besuch auf einem kleinen Planeten (1971)
Andromeda – Tödlicher Staub aus dem All (1970)
Octaman – Die Bestie aus der Tiefe (1971)
Frankensteins Höllenbrut (1971)
Solaris (1972)
Eolomea (1972)
Aktion Bororo (1973)
Das Schweigen des Dr. Evans (1973)
Der phantastische Planet (1973)
Flash Gordon (1974)
The Rocky Horror Picture Show (1975)
Invasion der Riesenspinnen (1975)
Der Mann, der vom Himmel fiel (1975)
Demon (1976)
Im Staub der Sterne (1976)
Krieg der Sterne (1976)
Unheimliche Begegnung der dritten Art (1977)
Die Katze aus dem Weltraum (1977)
Die Körperfresser kommen (1977)
Invasion der Raumschiffe (1978)

Superman (1978)
The Alien Factor (1978)
Der Angriff kommt aus dem All, und auf der Erde herrscht Terror (1978)
Kampfstern Galactica (1978)
Unheimliche Begegnung in der Tiefe (1978)
Starcrash – Sterne im Duell (1978)
Mission Galactica: Angriff der Zylonen (1978)
Laserkill – Todesstrahlen aus dem All (1979)
Sonicman (1979)
Die Außerirdischen (1979)
Kampf um die 5. Galaxis (1979)
Hatschi! (1979)
Alien – Das unheimliche Wesen aus einer fernen Welt (1979)
Der Große mit seinem außerirdischen Kleinen (1979)
Das Imperium schlägt zurück (1979)
Hangar 18 (1980)
Sador, Herrscher im Weltraum (1980)
Samen des Bösen (1980)
Superman II – Der stählerne Blitz (1980)
Buddy haut den Lukas (1980)
Alien – Without Warning (1980)
Galaxina (1980)
Earthbound (1981)
Das Ding aus einer anderen Welt (1981)
Die Frau aus dem All (1981)
Herzliche Grüße vom Erdball (1982)
X-Tro – Nicht alle Außerirdischen sind freundlich (1982)
Kosmokiller – Sie fressen alles (1982)
Liquid Sky (1982)
Die unheimlichen Zwei (1982)
E.T. – Der Außerirdische (1982)
Das Geheimnis von Centreville (1983)
Die außerirdischen Besucher (1983)
Starman (1984)
Der Typ vom anderen Stern (1984)
Die Ewoks – Karawane der Tapferen (1984)
Cocoon (1985)
Lifeforce – Die tödliche Bedrohung (1985)
Enemy Mine – Geliebter Feind (1985)

Künstliche Menschen, Klone, Cyborgs

Frankenstein (1910)
Leben ohne Seele (1915)
Homunculus (1916)
Alraune (1918)
Orlacs Hände (1924)
Alraune (1928)
Alraune (1930)
Frankenstein (1931)
Frankensteins Braut (1933)
Frankensteins Sohn (1939)
Abbott und Costello treffen Frankenstein (1948)
Alraune (1952)
Der Mann ohne Körper (1957)

Frankensteins Fluch (1957)
Frankensteins Rache (1958)
Die Hexenküche des Dr. Rambow (1958)
Frankensteins Tochter (1958)
Der Kopf, der nicht sterben durfte (1959)
Die unheimlichen Hände des Dr. Orlak (1960)
Ein Toter sucht seinen Mörder (1962)
Frankensteins Ungeheuer (1964)
Frankenstein – Der Schrecken mit dem Affengesicht (1965)
Das verräterische Auge (1965)
Raumschiff Alpha (1965)
Cyborg 2087 (1966)
Frankenstein schuf ein Weib (1966)
Das Blutbiest (1967)
Die lebenden Leichen des Dr. Mabuse (1969)
Beast of Blood – Drakapa, das Monster mit der Krallenhand (1970)
Lady Frankenstein (1971)
Frankenstein (1973)
Frankenstein, wie er wirklich war (1973)
Andy Warhols Frankenstein (1973)
Casanova Frankenstein (1975)
Embryo (1976)
Die Insel des Dr. Moreau (1976)
Superboy – Der Blitz aus dem All (1978)
Superboy – Stärker als 1000 Sonnen (1978)
Insel der neuen Monster (1978)
Warum bellt Herr Bobikow? (1979)
The Darker Side of Terror (1979)
Saat des Wahnsinns (1979)
Death Watch – Der gekaufte Tod (1979)

Roboter, Computer, Androiden

Hoffmanns Erzählungen (1916)
Metropolis (1926)
Roboter des Grauens (1945)
Geliebte nach Maß (1949)
Der Tag, an dem die Erde stillstand (1949)
Robot Monster (1953)
Wer lacht, fliegt raus (1954)
Alarm im Weltall (1956)
Der ideale Untermieter (1956)
Fliegende Untertassen greifen an (1956)
SOS Raumschiff (1956)
Weltraumbestien (1957)
Kronos (1957)
Der Koloß von New York (1958)
Herkules erobert Atlantis (1961)
Clown Ferdinand und die Rakete (1962)
Planet der Stürme (1962)
2071 – Mutan-Bestien gegen Roboter (1964)
FBI jagt Phantom (1964)
Lemmy Caution gegen Alpha 60 (1965)
Dr. Goldfoot und seine Bikini-Maschine (1965)
Castle of Evil (1966)
Küß mich, Monster (1967)
2001: Odyssee im Weltraum (1968)

Ich auf Bestellung (1968)
Astro-Zombies, Roboter des Grauens (1969)
THX 1138 (1970)
Colossus (1970)
Horror-Monster schlagen zu (1970)
Geburten verboten (1971)
Lautlos im Weltraum (1972)
Westworld (1972)
Der Schläfer (1973)
Welt am Draht (1973)
Verrückt und gefährlich (1973)
Flesh Gordon (1974)
Die letzten Tage von Gomorrha (1974)
Der Mann aus Metall (1974)
Die Frauen von Stepford (1974)
Des Teufels Saat (1976)
Futureworld – Das Land von Übermorgen (1976)
Flucht ins 23. Jahrhundert (1976)
Shock Waves – Die aus der Tiefe kamen (1976)
Krieg der Sterne (1976)
Mein Freund, der Roboter (1976)
Liebe im Raumschiff Venus (1977)
Invasion der Raumschiffe (1978)
Abenteuer in Atlantis (1978)
Kampfstern Galactica (1978)
König Artus und der Astronaut (1978)
1982: Gutenbach (1978)
Der Test des Piloten Pirx (1978)
Mission Galactica: Angriff der Zylonen (1978
Buck Rogers (1978)
Star Crash – Sterne im Duell (1978)
Kampf um die 5. Galaxis (1979)
Das Imperium schlägt zurück (1979)
Buddy haut den Lukas (1980)
Das schwarze Loch (1980)
Sador, Herrscher im Weltraum (1980)
Saturn City (1980)
Die Reise zur Insel des Grauens (1980)
The Tomorrow Man (1980)
Galaxina (1980)
Gäste aus der Galaxis (1981)
Heartbeeps (1981)
Das fliegende Auge (1982)
War Games – Kriegsspiele (1982)
Der Android (1982)
Der Blade Runner (1982)
Fahrstuhl des Grauens (1983)
Die Rückkehr der Jedi-Ritter (1983)
L.I.S.A. – Der helle Wahnsinn (1984)
Datenpanne – Das kann uns nie passieren (1984)
Runaway – Spinnen des Todes (1984)
Terminator (1984)
Das Vermächtnis des Professors Dowell (1984)
D.A.R.Y.L. – Der Außergewöhnliche (1985)

Die Reise durch die Zeit

Ein Radiotraum (1931)
Reise in die Urzeit (1955)

Sieben Sekunden zu spät (1955)
Die Zeitmaschine (1959)
Jenseits der Zeitschranke (1960)
Der Mann aus dem 1. Jahrhundert (1961)
Haut den Herkules (1961)
Am Rande des Rollfelds (1962)
2071 – Mutan-Bestien gegen Roboter (1964)
Dimension Five (1966)
Cyborg 2087 (1966)
Ich liebe dich, ich liebe dich (1967)
Planet der Affen (1968)
Reise ins Zentrum der Zeit (1968)
Ich habe Einstein umgebracht (1970)
Rückkehr zum Planet der Affen (1970)
Time Machine 001 (1982)
Flucht vom Planet der Affen (1971)
Schlachthof 5 (1971)
Expedition in die Zukunft (1973)
König Arthur und der Astronaut (1978)
Der Gast aus der Zukunft (1978)
Buck Rogers (1978)
Invasion aus dem Weltall (1979)
Flucht in die Zukunft (1979)
Der letzte Countdown (1979)
Das Rätsel der leeren Urne (1980)
Time Slip – Der Tag der Apokalypse (1981)
Time Rider (1982)
Herrscher der Zeit (1982)
Sexmission (1983)
Terminator (1984)
Trancers (1984)
Das Philadelphia-Experiment (1984)
Die Rückkehr der Zeitmaschine (1984)
Besuch bei van Gogh (1985)
Zurück in die Zukunft (1985)

Die Apokalypse und ihre Folgen

Das Ende der Welt (1930)
Die letzten Fünf (1951)
Der jüngste Tag (1951)
Die letzten Sieben (1955)
Planet des Grauens (1956)
Die Welt, das Fleisch, und der Teufel (1959)
Das letzte Ufer (1959)
Die Zeitmaschine (1959)
Todesstrahlen aus dem Weltall (1961)
Der Tag, an dem die Erde Feuer fing (1961)
Am Rande des Rollfelds (1962)
Blumen des Schreckens (1962)
Angriffsziel Moskau (1963)
Dr. Seltsam, oder wie ich lernte, die Bombe zu
   lieben (1963)
Ein Riß in der Welt (1964)
2071 – Mutan-Bestien gegen Roboter (1964)
Niemandsland (1965)
The War Game (1966)
Planet der Affen (1968)

Danach (1968)

G.A.S.S. oder: Es war nötig, die Welt zu vernichten, um sie zu retten (1970)

Rückkehr zum Planet der Affen (1970)

Glen und Rand (1971)

Der Omega-Mann (1971)

Gefangene der Tiefe (1973)

Jahr 2022... die überleben wollen (1973)

Die Schlacht um den Planet der Affen (1973)

Zardoz (1973)

Where Have all the People Gone (1974)

New York antwortet nicht mehr (1975)

Black Moon (1975)

Der Junge und sein Hund (1975)

1993 – Welt im Chaos (1976)

Flucht ins 23. Jahrhundert (1976)

Das Ende der Welt (1977)

Die letzte Flut (1977)

Straße der Verdammnis (1977)

Zum Überleben verdammt (1978)

Todesrallye in Helix City (1978)

Die Hamburger Krankheit (1978)

Mad Max (1978)

Quintett (1979)

Overkill – Durch die Hölle zur Ewigkeit (1980)

Malevil (1980)

Aftermath (1980)

The Last Chase (1980)

Der Kampfkoloß (1981)

Memoiren einer Überlebenden (1981)

Mad Max II – Der Vollstrecker (1981)

Parasite (1982)

Fireflash – Der Tag nach dem Ende (1982)

Der letzte Kampf (1982)

Metropolis 2000 (1982)

Null-Zeit (1982)

End Game (1983)

Human Animals (1983)

The Last Warrior – Kämpfer einer verlorenen Welt (1983)

Das letzte Testament (1983)

1994 – Nur die Starken werden überleben (1983)

Rockit – Final Executor (1983)

SHE... Eine verrückte Reise in die Zukunft (1983)

Stryker (1983)

The Day After – Der Tag danach (1983)

The Executor – Der Vollstrecker (1983)

2020 – Texas-Gladiators (1983)

Operation Overkill (1984)

Riffs III – Die Ratten von Manhattan (1984)

Firestorm – Die letzte Schlacht (1985)

Future Kill – Die Herausforderung (1985)

Mad Max – Jenseits der Donnerkuppel (1985)

Die Regisseure und ihre Filme

(* = Ko-Regie)

Abrahams, Jim	*Top Secret!
Adamson, Al	*Draculas Bluthochzeit mit Frankenstein*
	Der Einzelkämpfer
	Liebe im Raumschiff Venus
Adreon, Franklin	*Cyborg 2087*
	Dimension Five
Agrama, Frank	*Queen Gorilla*
Aguirre, Javier	*Die Stunde der grausamen Leichen*
Albertini, Adalberto	*Drei tolle Kerle*
(s. a. Stanley Mitchell)	*Goldface – der phantastische Superman*
Albin, Hans	*Der Chef wünscht keine Zeugen*
Aldrich, Robert	*Rattennest*
	Das Ultimatum
Allen, Corey	*I-Mann – Die Kampfmaschine aus dem All*
Allen, Irwin	*Der tödliche Schwarm*
	Um 9 Uhr geht die Erde unter
	Unternehmen Feuergürtel
	Versunkene Welt
Allen, Woody	*Der Schläfer*
Altman, Robert	*Countdown: Start zum Mond*
	Quintett
Altorjay, Gabor	*Pankow '95*
Amir, Gideon	*Accidents*
Anderson, Andy	*Interface*
Anderson, Michael	*Doc Savage – der Mann aus Bronze*
	Flucht ins 23. Jahrhundert
	In den Schuhen des Fischers
	1984 (1955)
	Millenium
Anderson, Mikel B.	*The Wingates*
Archer, Ted	*Topline*
(= Nello Rossati)	
Arkush, Allan	*Herzquietschen*
	Todesrallye in Helix City
Arthur, Karen	*Die totale Gefahr*
Arnold, Jack	*Gefahr aus dem Weltall*
	Kinder des Weltraums
	Die Maus, die brüllte
	Metaluna IV antwortet nicht
	Die Rache des Ungeheuers
	Der Schrecken schleicht durch die Nacht
	Der Schrecken vom Amazonas
	Tarantula
	Die unglaubliche Geschichte des Mr. C
Asher, Robert	*Emma Peel: Meine tollsten Abenteuer mit John Steed*
	Die Rakete zur flotten Puppe
Assonitis, Ovidio	siehe Hellman, Oliver/Paradise, Michael J.
Austin, Ray	*Black Sun – Der Todesplanet greift an*
	Die Rückkehr der Roboter
	Thunderball
Avildsen, John G.	*Die Formel*
Azzopardi, Mario	*Captain Powers and the Soldiers of the Future*

Badham, John	*Das fliegende Auge*
	Nummer 5 lebt!
	War Games – Kriegsspiele
Baggot, King	*Dr. Jekyll and Mr. Hyde*
	(siehe *Dr. Jekyll und Mr. Hyde*/Stummfilme Auswahl)
Bail, Chuck	*Der einsame Kämpfer*
Baker, Graham	*Alien Nation – Space Cop L.A. 1991*
	Impulse
Baker, Roy Ward	*Banditen auf dem Mond*
	Dr. Jekyll und Sister Hyde
	Das grüne Blut der Dämonen
Bakshi, Ralph	*Die Welt in 10 Millionen Jahren*
Balch, Anthony	*Frankensteins Horror-Klinik*
Band, Charles	*Kampf der Roboter*
	Parasite
	Metalstorm. Die Vernichtung des Jared-Syn
	Trancers
Band, Timothy	*1993 – Welt im Chaos*
Banno, Yoshimitu	*Frankensteins Kampf gegen die Teufelsmonster*
Bannon, Fred C.	*Der König der Raketenmänner*
	Des Satans Satellit
Barbera, Joseph	**Die Jetsons – Der Film*
Bardem, Juan Antonio	*Herrscher einer versunkenen Welt*
Barker, Don	*Future Kill – Die Herausforderung*
Barkett, Steve	*Aftermath*
Barron, Steve	*Electric Dreams*
	Turtles
Bartel, Paul	*Frankensteins Todesrennen*
Barton, Charles D.	*Abbott und Costello treffen Frankenstein*
Barwood, Hal	*Warnzeichen Gen-Killer*
Barwood, Nick	*Stahlharte Rache – The Avenger*
Bass, Saul	*Phase IV*
Batchelor, Joy	*Animal Farm*
Bava, Mario	*Gefahr: Diabolik*
	Planet der Vampire
Baxley, Craig	*Dark Angel*
Beauvais, Peter	*Dreht euch nicht um, der Golem geht rum – oder das Zeitalter der Muße*
Beebe, Ford	*Der Unsichtbare nimmt Rache*
	Flash Gordon Conquers the Universe
	Mars Attacks the World
Behrens, Gloria	*Bodo – Eine ganz normale Familie*
Bellisario, Donald P.	*Airwolf*
Benjamin, Richard	*Meine Stiefmutter ist ein Alien*
Bennett, Spencer G.	*Auf U-17 ist die Hölle los*
	Im Netz der schwarzen Spinne/Tod der schwarzen Spinne
Benson, Steven	*EndGame*
Benveniste, Michael	*Flash Gordon*
Berke, Lester William	*Das rote Telefon… Alarm!*
Bernds, Edward	*Haut den Herkules*
	In den Krallen der Venus
	Planet des Grauens
	Raumrakete X-7
	Wer lacht, fliegt raus
Berneis, Peter	*Der Chef wünscht keine Zeugen*
Bernhard, Jack	*Insel des Grauens*
Bernhardt, Kurt	*Der Tunnel*
Berry, Ian	*Die Kettenreaktion*
Besson, Luc	*Der letzte Kampf*
Bethuel, Jonathan R.	*Future Project – Die 4. Dimension*

Bettman, Gil	*Lance – Stirb niemals jung*
Bieber, Karlheinz	*Niemandsland*
Bilson, Danny	*Zone Troopers – Kriegsmission aus dem All*
Binder, John	*Uforia*
Blaine, Cullen	*R.O.T.O.R. – Der Killerroboter*
Bloom, Jeffrey	*Starcross – Das Girl vom anderen Stern*
Blyth, David	*Robot Maniac*
Boisset, Yves	*Kopfjagd – Preis der Gefahr*
	Der Teufelsgarten
Boldt, Rainer	*Im Zeichen des Kreuzes*
Bolson, Jerry	*Jekyll Hyde – Die schärfste Verwandlung aller Zeiten*
Boorman, John	*Zardoz*
Borowczyk, Walerian	*Goto, Insel der Liebe*
Borzage, Frank	*Die Herrin von Atlantis* (1960)
Boulting, John und Roy	*Eine Stadt hält den Atem an*
Bozzetto, Bruno	*VIP – Mein Bruder, der Supermann*
Brabin, Charles	*The Mask of Fu Man Chu*
Bradford, Michael	*1984* (1984)
Bradley, Al	*Krieg der Roboter*
(= Alfonso Brescia)	
Brandner, Uwe	*Ich liebe dich, ich töte dich*
Brescia, Alfonso	*Star Odyssey*
Bresnard, Jacques	*Der Verrückte von Labor 4*
Bretherton, Howard	*Roboter des Grauens*
Brickman, Marshall	*Simon, der Außerirdische*
Bridges, James	*Das China-Syndrom*
Brinckerhoff, Burt	*Killerhunde*
Bringmann, Peter F.	*Gambit*
Bromberg, Konstantin	*Der elektronische Doppelgänger*
Brook, Peter	*Der Herr der Fliegen*
Brooks, Mel	*Frankenstein Junior*
	Spaceballs – Mel Brooks' verrückte Raumfahrt
Brooks, Richard	*Flammen am Horizont*
Brower, Otto	*Phantom-Reiter*
Browning, Tod	*Die Teufelspuppe*
Brownlow, Kevin	*It Happened Here*
Brynych, Zbynek	*Als Hitler den Krieg überlebte*
Burke, Martyn	*The Last Chase*
Burton, Tim	*Batman*
	Edward mit den Scherenhänden
Bussman, Tom	*Zu spät: Die Bombe fliegt*
Butler, David	*Ein Radiotraum*
Butler, Robert	*L.A. 2088 – Die Zukunft ist jetzt*
Cacoyannis, Michael	*Der Tag, an dem die Fische kamen*
Cameron, James	*Abyss – Der Abgrund*
	Aliens – Die Rückkehr
	Terminator
	Terminator 2 – Tag der Abrechnung
Cammell, Donald	*Des Teufels Saat*
Campbell, Doug	*Der Typ mit dem irren Blick II*
Campus, Michael	*Geburten verboten*
Capra, Frank	*In den Fesseln von Shangri-La*
Cardiff, Jack	*The Freakmaker – Labor des Grauens*
Cardona, René	*Draculas Tochter und Professor Satanas*
	Horror-Monster schlagen zu
Cardona, René jr.	*SOS SOS SOS – Bermuda-Dreieck*
Cardone, J.S.	*Shadowzone*

Cardos, John Bud	*Der Geächtete von Gor*
	Invasion aus dem Weltall
	Mörderspinnen
	Mutant II
Carlson, Richard	*R3 überfällig*
Carpenter, John	*Das Ding aus einer anderen Welt* (1981)
	Finsterer Stern
	Die Klapperschlange
	Sie leben
	Starman
Carr, Thomas	*Im Netz der schwarzen Spinne/Tod der schwarzen Spinne*
Carreras, Michael	*Bestien lauern vor Caracas*
	Der Sklave der Amazonen
Carroll, Frank G.	*Mike Morris jagt Agenten in die Hölle*
(= Gianfranco Baldanello)	
Carter, Peter	*Targoor – Das Ding aus dem Inneren der Erde*
Carver, Steve	*River of Death – Fluß des Grauens*
Cass, Henry	*Der Dämon mit den blutigen Händen*
Castellari, Enzo G.	*Metropolis 2000*
	Neonkiller
	The Riffs – Die Gewalt sind wir
	Die Riffs II – Flucht aus der Bronx
Castle, Nick	*Starfight*
Chabrol, Claude	*Dr. M*
	M. C. contra Dr. Kha
Chaffey, Don	*Eine Million Jahre vor unserer Zeit*
	Robodog
	Sex vor sechs Millionen Jahren
Chaplin, Charles	*Moderne Zeiten*
Chapman, Michael	*Die Androiden*
Cheek, Douglas	*C.H.U.D. – Panik in Manhattan*
Chevalier, Pierre	*In den Krallen des Unsichtbaren*
Chiesa, Aurelio	*Distant Lights – Unheimliche Begegnung mit dem Jenseits*
Chiodo, Stephen	*Space Invaders*
Chilvers, Colin	**Krieg der Welten – Die Invasion*
	*Krieg der Welten – Die Apokalypse
	*Krieg der Welten – Die Offensive
	*Moonwalker – Ein Film wie kein anderer
Christian, Roger	*Redwing – Flucht vor den schwarzen Droiden*
Chung, David	*RoboForce*
Ciampi, Yves	*Der Himmel brennt*
Clair, Rene	*Es geschah morgen*
	Es lebe die Freiheit
Clark, Bruce	*Planet des Schreckens*
Clark, Greydon	*Alien – Without Warning*
	Tödliche Bedrohung
Clarke, Robert	*Hideous Sun Demon*
Claxton, William F.	*Rabbits*
Clegg, Tom	*Inside Man – Der Mann aus der Kälte*
Cloche, Maurice	*Baraka, Agent X 13*
Clouse, Robert	*James jr. schlägt zu*
	New York antwortet nicht mehr
	Night Eyes
Coates, Lewis	*Astaron – Brut des Schreckens*
(= Lugi Cozzi)	*Star Crash – Sterne im Duell*
Cohen, Howard R.	*Space Raiders – Weltraumpiraten*
	Time Trackers
Cohen, Larry	*American Monster; Ambulance; Demon*
	Stuff – Ein tödlicher Leckerbissen

Cokliss, Harley	*Black Moon* (1985)
	Der Kampfkoloß
Colla, Richard A.	*Begegnung aus dem Nichts*
	Ein Computer wird gejagt
	Kampfstern Galactica
Collector, Robert	*Nightflyer – Tödliche Mission im All*
Colombo, Fernando	*Star Knigth – Der Herr der Sterne*
Compton, Richard	*The Plogger*
	Zum Überleben verdammt
Connell, W. Merle	*Insel der unberührten Frauen*
Connor, Kevin	*Caprona – das vergessene Land*
	Caprona, 2. Teil
	Der sechste Kontinent
	Eine Pfeife in Amerika
	Goliath – Sensation nach 40 Jahren
	Tauchfahrt des Schreckens
Conway, James L.	*Endstation Planet Erde*
	Hangar 18
Cook, Philip	*Galaxy der Zeitlosen*
Coolidge, Martha	*Was für ein Genie*
Corbucci, Bruno	*James Tont – Operation UNO*
Corbucci, Sergio	*Der Supercop*
Corman, Roger	*G.A.S.S. oder: Es war notwendig, die Welt zu vernichten,*
	um sie zu retten
	Gesandter des Grauens
	Die letzten Sieben
	Der Mann mit den Röntgenaugen
	Planet der toten Seelen
	Roger Cormans Frankenstein
	Die Wespenfrau
Coscarelli, Don	*Das Böse*
Cosmatos, George Pan	*Leviathan*
Coteau, David De	*Creepzone*
	Dr. Alien
Cottafavi, Vittorio	*Herkules erobert Atlantis*
Cox, Alex	*Repo Man*
Crabtree, Arthur	*Ungeheuer ohne Gesicht*
Crain, William	*Dr. Black/Mr. Hyde*
Crane, Barry	*Das Ende einer Odyssee*
	Six Million Dollar Dog
Craven, Wes	*Chiller – Kalt wie Eis*
	Das Ding aus dem Sumpf
	Hügel der blutigen Augen
	Der tödliche Freund
Crichton, Charles	*Alien Attack*
Crichton, Michael	*Coma*
	Runaway – Spinnen des Todes
	West World
Crispino, Armando	*Casanova Frankenstein*
Christoff, Daniel	*Datenpanne – Das kann uns nie passieren*
Cronenberg, David	*Die Brut*
	Dead Zone
	Die Fliege
	Parasiten-Mörder
	Rabid – der brüllende Tod
	Scanners – Ihre Gedanken können töten
	Videodrome
Cunha, Richard E.	*Bestie des Grauens*
	Frankensteins Tochter

	In den Klauen des Giganten
Cunningham, Sean S.	*Deep Star Six*
Currie, Anthony	*The Pink Chiquitas*
Curtis, Ian	*Frankenstein 70 – Das Ungeheuer mit der Feuerklaue*
Curtiz, Michael	*Dr. X*
	Die Rache des Toten

Damiano, Gerard	*Alpha Blue – Liebe im 21. Jahrhundert*
Damski, Mel	*Auf der Suche nach dem geheimnisvollen Kristall*
Daniel, Rod	*Wie der Vater, so der Sohn*
Danquart, Pepe	*Daedalus*
Dante, Joe	*Explorers – Ein phantastisches Abenteuer*
	Die Reise ins Ich
Davenport, Harry B.	*X-Tro – Nicht alle Außerirdischen sind freundlich*
	X-Tro 2
Dawley, J. Searle	*Frankenstein 1910*
	(siehe *Frankenstein. Die Stummfilme*)
Dawn, Vincent	*Die Hölle der lebenden Toten*
(= Bruno Mattei)	*Riffs III – Die Ratten von Manhattan*
	Roboman
Dawson, Anthony M.	*Das Alien aus der Tiefe*
(= Antonio Margheriti)	*Asphalt-Kannibalen*
	Bob Fleming: Mission Casablanca
	Gemini 13 – Todesstrahlen auf Cap Canaveral
	Orion 3000 – Raumfahrt des Grauens
	Raumschiff Alpha
	Space Pirates
	Tödliche Nebel
Day, Robert	*Emma Peel: Meine tollsten Abenteuer mit John Steed*
	Herrscherin der Wüste
	Rakete 510
	Todesgrüße von Gamma 03
Dear, William	*Time Rider*
De Bello, John	*Angriff der Killertomaten*
	Die Rückkehr der Killertomaten
De Chalonge, Christian	*Malevil*
De Guere, Philip	*Dr. Strange*
De Heer, Rolf	*Blue Fever*
De Jarnatt, Steve	*Cherry 2000*
	Die Nacht der Entscheidung
De Martino, Alberto	*Inferno 2000*
	Puma-Man
Dekker, Fred	*Die Nacht der Creeps*
Demicheli, Tulio	*Agentenfalle Lissabon*
	Dracula jagt Frankenstein
Deodato, Ruggero	*Atlantis-Inferno*
	Flashfighter
De Palma, Brian	*Carrie – des Satans jüngste Tochter*
	Phantom im Paradies
	Teufelskreis Alpha
De Rossi, Giannetto	**Cy-Warrior*
	Killer-Krokodil II – Die Mörderbestie
Diefenderfer, Dan	*Time Sweep – Reise ins Grauen*
Dieterle, William	*Herrin der Welt (1. Teil)*
	Herrin der Welt (2. Teil)
Dixon, Ken	*Jäger der verschollenen Galaxie*
Dobb, Tony B.	*Time Flash*
Dohler, Donald M.	*Metamorphosis – The Alien Factor*

Dolman, Martin	*Fireflash – Der Tag nach dem Ende*
(= Sergio Martino)	*Paco – Kampfmaschine des Todes*
Donan, J. Lee	*Flashman der Unsichtbare*
(= Mino Loy)	
Donan, Martin	*Bob Fleming hetzt Professor G*
Donen, Stanley	*Saturn City*
Doniol-Valcroze, Jacques	*Der Mann mit dem zweiten Gehirn*
Donner, Clive	*Die nackte Bombe*
Donner, Richard	*Superman*
	Die X-15 startklar
Donovan, Paul	*Def-Con 4 – Das letzte Kommando*
Douglas, Gordon	*Bob auf Safari*
	Derek Flint – Hart wie Feuerstein
	Formicula
	Das Mondkalb
Doyle, Julian	*Schock-Therapie*
Dressler, Holm	*Zärtliche Chaoten II*
Dreville, Jean	*Der unfreiwillige Raketenflieger*
Dugay, Christian	*Scanners II*
Duigan, John	*Die letzte Nacht*
Duke, Kim	*Godzillas Todespranke*
Durham, Todd	*Gremlords*
Dyke, Robert	*Moontrap – Gefangen in Raum und Zeit*
Eason, B. Reeves	*Phantom-Reiter*
	Unga Khan, der Herr von Atlantis
Eastman, G. L.	*Lizard*
Eastwood, Clint	*Firefox*
Eberhardt, Thom	*Der Komet*
Edwards, Vince	*Mission Galactica: Angriff der Zylonen*
Eggleston, Colin	*Dakota Harris*
	Long Weekend
Ehmck, Gustav	*High Score*
Emmerich, Roland	*Das Arche Noah-Prinzip*
	Joey
	Moon 44
Endfield, Cyril	*Die geheimnisvolle Insel* (1960)
Engelbach, David	*America 3000*
English, John	*Doktor Fu Man Chu*
	Der gelbe Kreis
	Die Rache der kupfernen Schlange
Enrico, Robert	*Death Town*
Erler, Rainer	*Die Delegation*
	Fleisch
	Das Genie
	Der Gigant
	Das Medium
	Operation Ganymed
	Plutonium
	Das schöne Ende dieser Welt
	Unsterblichkeit
	Der Verräter
Essex, Harry	*Octaman – Die Bestie aus der Tiefe*
Fant, Kenne	*Der Angeklagte steht nicht mehr allein*
Fargo, James	*Rock Aliens – Let's Dance Tonight*
Fassbinder, Rainer Werner	*Welt am Draht*
Fearnley, Neil	**Krieg der Welten: Die Invasion; Die Apokalypse; Die Offensive*
Fejos, Paul	*Fantômas* (1931/1932)

Feldman, Dennis	*Wahre Männer*
Feraldo, Claude	*Themroc*
Festa-Campanile, Pasquale	*Als die Frauen noch Schwänze hatten*
	Die Sexmaschine
Feuillade, Louis	*Fantômas (1913/1914)*
	Judex (1916/1917)
Feyder, Jacques	*Die Herrin von Atlantis (1920/1921)*
Finkleman, Ken	*Die unglaubliche Reise in einem verrückten Raumschiff*
Finley, George	*Mike Murphy 077 gegen Ypotron*
(= Giorgio Stegani)	
Firstenberg, Sam	*Der Auftrag*
Fisher, Mary Ann	*Lords of the Deep*
Fisher, Terence	*Brennender Tod*
	Den Tod überlistet
	Frankenstein muß sterben
	Frankenstein schuf ein Weib
	Frankensteins Fluch
	Frankensteins Rache
	Insel des Schreckens
	Schlag 12 in London
Fiveson, Robert S.	*Saat des Wahnsinns*
Flanjian, George	*Synegor*
Fleischer, Dave	*Gullivers Reisen (1939)*
Fleischer, Richard	*Jahr 2022 ... die überleben wollen*
	Die phantastische Reise
	Zwanzigtausend Meilen unter dem Meer
Fleischmann, Peter	*Die Hamburger Krankheit*
	Es ist nicht leicht, ein Gott zu sein
Fleming, Victor	*Arzt und Dämon*
Flender, Rodman	*Unborn – Kind des Satans*
Flick, Horst	*Einladung zur Enthauptung*
Flicker, Theodore J.	*...jagt Dr. Sheefer*
Fonda, Peter	*Expedition in die Zukunft*
Forbes, Bryan	*Die Frauen von Stepford*
Ford, Terence	*UX Bluthund – Tauchfahrt des Schreckens*
(= Hajime Sato)	
Foster, Norman	*Das Geheimnis der grünen Hornisse*
Francis, Freddie	*Ein Toter sucht seinen Mörder*
	Frankensteins Ungeheuer
	Sie kamen von jenseits des Weltraums
	Die tödlichen Bienen
	Das Ungeheuer
Francisi, Pietro	*Raumkreuzer Hydra – Duell im All*
Franco, Jess (= Jesus	*Die Folterkammer des Dr. Fu Man Chu*
Franco Manera)	*Das Geheimnis des Dr. Z*
	Karten auf den Tisch
	Küß mich, Monster
	Die sieben Männer der Sumuru
	Der Todeskuß des Dr. Fu Man Chu
Franju, Georges	*Judex (1963)*
	Der Mann ohne Gesicht
Frankenheimer, John	*Botschafter der Angst*
	Der Mann, der zweimal lebte
	Die Prophezeiung
	Sieben Tage im Mai
Franklin, Richard	*Patrick*
Frawley, James	*Die haarsträubende Reise in einem verrückten Bus*
Freda, Riccardo	*Frank Collins 999: Mit Chloroform geht's besser*
(s. a. Robert Hampton)	*Geheimauftrag CIA Istanbul 777*

Freedland, George	*Zurück aus dem Weltall*
Freedman, Jerrold	*Der eiskalte Tod*
Freemount, Roy	*Tom Collins jagt die schwarze Natter*
(= Romano Ferrara)	
Fregonese, Hugo	*Die Todesstrahlen des Dr. Mabuse*
Frost, Lee	*Das Ding mit den zwei Köpfen*
Früh, Kurt	*Die Konvention Belzebir*
Fuest, Robert	*Terror in New York*
	Verrückt und gefährlich
Fuka, Otakar	*Aktion Bororo*
Fukasaki, Kinji	*Monster aus dem All*
(s. a. Taylor, Edward)	*Sternenkrieg im Weltall*
Fukazawa, Kiyomi	**3000 – Die Zeit der Affen*
Fukuda, Jun	*Frankenstein und die Ungeheuer aus dem Meer*
	Frankensteins Höllenbrut
	Frankensteins Monster jagen Godzillas Sohn
	King Kong – Dämonen aus dem Weltall
	King Kong gegen Godzilla
Fulci, Lucio	*Die Schlacht der Centurions*
	Zombie III
Fuller, Tex	*Stranded – Gestrandet*
Furie, Sidney J.	*Superman 4 – Die Welt am Abgrund*
	Vom Teufel gezeichnet

Galeen, Henrik	*Alraune (1927/1928)*
Gance, Abel	*Das Ende der Welt (1930)*
Garrett, Roy	*Der Angriff kommt aus dem All, und auf der Erde herrscht Terror*
(= Mario Gariazzo)	*Brother From Space*
Garris, Mick	*Critters II – Sie kehren zurück*
Geller, Bruce	*Mörderbienen greifen an*
Gibbins, Duncan	*Eve 8 außer Kontrolle*
Gilbert, Lewis	*Man lebt nur zweimal*
	Moonraker – streng geheim
	Der Spion, der mich liebte
Gilliam, Terry	*Brazil*
Gilling, John	*Blood Beast From Outer Space*
Girault, Jean	*Louis und seine außerirdischen Kohlköpfe*
	Louis' unheimliche Begegnung mit den Außerirdischen
Girdler, William	*Panik in der Sierra Nova*
Gladwell, David	*Memoiren einer Überlebenden*
Glaser, Paul Michael	*The Running Man*
Glen, John	*Im Angesicht des Todes*
Glenn, Pierre-William	*Terminus*
Gmöhling, Rolf	*Eine Firma für die Ewigkeit*
Godard, Jean-Luc	*Lemmy Caution gegen Alpha 60*
	Week-End
Goddard, Gary	*Masters of the Universe*
Godwin, Frank	*Der elektrische Eskimo*
Golan, Menahem	*Star Rock*
Gold, Jack	*Der Mann aus Metall*
	Der Schrecken der Medusa
Goldblatt, Mark	*Dead Heat*
Goldman, Jim	*Desert Warrior*
Goldstone, James	*Die Galaxis der Gesetzlosen*
Goodell, J. Gregory	*Gehirnwäsche*
Goodwin, Fred	*The Bite*
Gordon, Bert I.	*Gigant des Grauens*
	In der Gewalt der Riesenameisen

	Die Insel der Ungeheuer
	Der Koloß
	Die Rache der schwarzen Spinne
	Village of the Giants
Gordon, Stuart	*Re-Animator – Der Tod ist erst der Anfang*
	Robot Jox
Götz, Siggi	*Die Einsteiger*
Gottlieb, Carl	*Caveman – Der aus der Höhle kam*
Granier-DeFerre, Pierre	*Waffe des Teufels*
Grasshoff, Alex	*Der letzte Dinosaurier*
Grassmann, Werner	*Evarella*
Gray, Mike	*Das Ende der Angst*
Grayson, Godfrey	*Geheimwelle 505*
Green, Alfred E.	*Invasion gegen USA*
Green, Bruce Seth	*Wettlauf mit der Zeit*
Green, David	*Sein Freund, der Roboter*
	In den Fängen der Madame Sin
Greene, Davis	*Weltkrieg III*
Green, Joseph	*Der Kopf, der nicht sterben durfte*
Greens, Gregory	*Hydra – Ausgeburt der Hölle*
Gregoretti, Ugo	*Herr Doktor, die Leiche lebt*
Gremm, Wolf	*Kamikaze 1989*
Greville, Edmond T.	*Die unheimlichen Hände des Dr. Orlak*
Gries, Tom	*Killersatelliten*
Griffith, Charles B.	*Dr. Heckyl und Mr. Hype*
Grimaldi, Hugo	*FBI jagt Phantom*
	SS-X-7 – Panik im All
Grousset, Didier	*TV-Tod – Kamikaze live*
Guerrieri, Romolo	*Rockit – Final Executor*
Guerrini, Mino	*Sicario 77 – Tot oder lebendig*
Guest, Val	*Als Dinosaurier die Erde beherrschten*
	Die Atomente
	Feinde aus dem Nichts
	Schock
	Der Tag, an dem die Erde Feuer fing
	Yeti, der Schneemensch – Das Geheimnis des Himalaya
Guillermin, John	*King Kong*
	King Kong lebt
Guthke, Frank	*Alpha und Asphalt*
Haggard, Piers	*Das boshafte Spiel des Dr. Fu Man Chu*
Haines, Richard W.	*Alien Terror*
	*Class of Nuke 'em High
Halas, John	*Animal Farm*
Hale, Billy	*Großalarm*
Hall, Ivan	*Fighter Gang – Sie kämpfen bis zum Ende*
Hallenbeck, E. Darrell	*Krieg der Spione*
Haller, Daniel	*Buck Rogers*
	Das Grauen auf Schloß Witley
Hamilton, Guy	*Diamantenfieber*
	Goldfinger
Hampton, Robert	*Caltiki, Rätsel des Grauens*
(= Riccardo Freda)	
Hanna, William	**Die Jetsons – Der Film*
Hannant, Brian	*Time Guardian – Wächter der Zukunft*
Hansen, Ed	**Thundertronic*
Harada, Masato	*Robot War*
Hard, Jay	*Invasion der Liebesdrohnen*
(= Jerome Hamlin)	

Harris, Frank	*Aftershock*
Harris, James B.	*Zwischenfall im Atlantik*
Harrison, Jules	*The Executor – Der Vollstrecker*
Hart, Harvey	*The Aliens Are Coming*
Hartl, Karl	*F.P.1 antwortet nicht*
	Gold
Hashimoto, Koji	*Godzilla – Die Rückkehr des Monsters*
	Operation Jupiter
Haskin, Byron	*Die Eroberung des Weltalls*
	Kampf der Welten
	Notlandung im Weltraum
	Die sechs Verdächtigen
Hathaway, Terence	*Argoman – Der phantastische Superman*
(= Sergio Grieco)	*Jack Clifton: Mission Bloody Mary*
Hawks, Howard	*Das Ding aus einer anderen Welt* (1951)
	Liebling, ich werde jünger
Hayden, Jeffrey	*Die Weltraum-Akademie*
Hayers, Sidney	*Das Ende einer Odyssee*
Hayes, John	*Das Ende der Welt* (1977)
Heering, Lutz	*Der Preis*
Heffron, Richard T.	*Futureworld – Das Land von Übermorgen*
Hellman, Oliver	*Der Polyp – Die Bestie mit den Todesarmen*
(= Ovidio Assonitis)	
Hemmings, David	*Der Zeitsprung*
Henderson, Lucius	*Dr. Jekyll und Mr. Hyde* (1912)
	(s. *Dr. Jekyll und Mr. Hyde*. Stummfilme [Auswahl])
Henelotter, Frank	*Frankenhooker*
Henschel, Wolfgang F.	*Frankies Braut*
Herbert, Martin	*Miami Golem*
(= Alberto de Martino)	
Herbst, Helmut	*Die phantastische Welt des Matthew Madson*
Herek, Stephen	*Bill & Teds verrückte Reise durch die Zeit*
	Critters – Sie sind da!
Herrero, E.	*Human Animals*
Herrmann, Edward	*Die elektrische Großmutter*
Hertz, Nathan	*Die Augen des Satans*
(= Nathan Juran)	
Herz, Juraj	*Der Autovampir*
Herz, Michael	**Atomic Hero*
	*Atomic Hero II
	*Atomic Hero III
Hess, Jon	*Alligator II: Die Mutation*
	Space Killer
	Tödliche Flucht
	Watchers
Hessler, Gordon	*Die lebenden Leichen des Dr. Mabuse*
	Kiss in the Attack of the Phantoms
Heusch, Paolo	*Frauen als Köder für CD 7*
Hewitt, David L.	*Reise ins Zentrum der Zeit*
Hickox, Douglas	*Das Ungeheuer von Loch Ness*
	Der Phoenix
Hill, James	*Kapitän Nemo*
Hill, Robert F.	*Mars Attacks the World*
Hillyer, Lambert	*Batman und Robin*
	Tödliche Strahlen
Hilpert, Heinz	*Der Herr vom anderen Stern*
Hilton, Arthur	*Cat Women of the Moon*
Hirsch, Bettina	*Munchies*
Hitchcock, Alfred	*Die Vögel*

Hodges, Michael	*Flash Gordon*
Hodges, Mike	*Star Cracks – Die irre Bruchlandung der Außerirdischen*
Hoey, Michael A.	*Navy vs. Night Monsters*
Hoffman, Herman	*SOS Raumschiff*
Holcomb, Rod	*Captain America*
Holden, Lansing C.	*Das Land des Grauens*
Holzman, Allan	*Mutant – Das Grauen im All*
	Retaliator
Honda, Inoshiro	*Befehl aus dem Dunkel*
(s. a. G. Welles)	*Die Brut des Teufels: Konga, Godzilla, King Kong*
	Frankenstein – der Schrecken mit dem Affengesicht
	Frankenstein und die Monster aus dem All
	Frankenstein – Zweikampf der Giganten
	Godzilla
	Godzilla und die Urweltraupen
	Human Vapor
	King Kong – Frankensteins Sohn
	Krieg im Weltenraum
	Monster des Grauens greifen an
	Rodan
	Die Rückkehr des King Kong
	U 4000 – Panik unter dem Ozean
	U 2000 – Tauchfahrt des Grauens
	Weltraumbestien
	X 3000 – Fantome gegen Gangster
Hool, Lance	*Steel Dawn – Die Fährte des Siegers*
Hooper, Tobe	*Fire Syndrome*
	Invasion vom Mars
	Lifeforce – Die tödliche Bedrohung
Hopkins, Stephen	*Predator II*
Houck, Joy N.	*Der Manipulator*
Hough, John	*Der Biggels-Effekt*
Howard, Ron	*Cocoon*
Hoyt, Harry	*Die verlorene Welt*
Hua, Ho Meng	*Der Koloß von Konga*
Hughes, John	*L.I.S.A. – Der helle Wahnsinn*
Hughes, Ken	*Sieben Sekunden zu spät*
Hunebelle, André	*Fantômas (1964)*
	Fantômas gegen Interpol
Hunt, Ed	*Invasion der Raumschiffe*
	Unter strengster Geheimhaltung
Hunt, Edward	*Das Gehirn*
	King of the Streets
Hunt, Peter	*Gullivers Reisen (1976)*
	Im Geheimdienst Ihrer Majestät
Huyck, Willard	*Howard – Ein tierischer Held*
Hyams, Peter	*Outland – Planet der Verdammten*
	Unternehmen Capricorn
	2010: Das Jahr, in dem wir Kontakt aufnehmen
Ibanez, Juan	*Alien Terror*
	The Torture Zone
Ippolito, Ciro	*Alien – Die Saat des Grauens kehrt zurück*
Irving, David	*C.H.U.D. 2 – Bud the Chud*
Irving, Richard	*Der Sechs-Millionen-Dollar-Mann*
Iscove, Robert	*Flash*
Ishii, Teruo	*Der unbesiegbare Supermann*
Israel, Neil	*1998 – Die Vier-Milliarden-Dollar-Show*
Iwtschenko, Boris	*Der Gast aus der Zukunft*

Jaeckin, Just	*Gwendoline*
James, Bob	*Alien Seed*
Jameson, Jerry	*Feuer aus dem All*
	Hebt die Titanic!
	Starflight One – Irrflug ins Weltall
Jarrot, Charles	*Der verlorene Horizont*
Jasny, Vojtech	*Wir*
Jessua, Alain	*Frankenstein 2000*
Jewison, Norman	*Rollerball*
Johnson, Alan	*Solarfighters*
Johnson, Kenneth	*Der unglaubliche Hulk*
	Nummer 5 gibt nicht auf!
Johnson, Lamont	*Der Agent, der seinen Leichnam sah*
	Space Hunter – Jäger im All
Johnson, Patrick Read	*Martians – Ein Außerirdischer kommt selten allein*
Johnston, Joe	*Liebling, ich habe die Kinder geschrumpft*
	Rocketeer
Jones, Brian Thomas	**Inferno in Safehaven*
Jones, L.Q.	*Der Junge und sein Hund*
Jordan, Glenn	*Frankenstein (1973)*
Juran, Nathan	*Die Bestie aus dem Weltenraum*
(s. a. Nathan Hertz)	*Die erste Fahrt zum Mond*

Kalmanowicz, Max	*Kinder des Todes*
Kamen, Jay	*Alien Transformation*
Kane, Joseph	*Unga Khan, der Herr von Atlantis*
Karjukow, M.	*Begegnung im All*
	Der Himmel ruft
Karlson, Phil	*Ben*
Kasanski, Gennadi	*Der Amphibienmensch*
Kast, Pierre	*Alchimie der Liebe*
Katsumata, Tomoharu	*Null-Zeit*
Katzin, Lee H.	*Alien Attack*
	Black Sun – Der Todesplanet greift an
	Killer-Bienen II – Terror aus den Wolken
	Lost World – Die letzte Kolonie
	Mister Kill
Kaufman, Lloyd	**Atomic Hero II*
	*Atomic Hero III
Kaufman, Philip	*Die Körperfresser kommen*
Keady, Gary	*Sons of Steel*
Keeslar, Don	*Bog*
Keeter, Worth	*Black Eagle*
Keil, H. G.	*Stoßtrupp Venus bläst zum Angriff*
Keller, Frederick King	*Die unsterblichen Tucks*
Kellogg, Ray	*Batman hält die Welt in Atem*
	Die Nacht der unheimlichen Bestien
Kennedy, Burt	*Der Ritter aus dem All*
Kennedy, Tom	*Time Walker*
Kenton, Erle C.	*Insel der verlorenen Seelen*
Kerran, M.	**2019 – Die gnadenlosen Knechte Gottes*
Kerremans, Charles Chuck	*Die seltsamen Begegnungen des Professor Tarantoga*
Kershner, Irvin	*Die Augen der Laura Mars*
	Das Imperium schlägt zurück
	Sag niemals nie
	Robocop II
Kerwin, Harry	*Barracuda*
Kiersch, Fritz	*Gor*

Kincaid, Tim	*Killer-Alien*
	Mutant Hunt
King, Rick	*Rollerboys*
King, Stephen	*Rhea M – Es begann ohne Warnung*
Kirberg, Rainer	*Die letzte Rache*
Klante, Diethard	*Aktion Abendsonne*
Klauss, Jürgen	*Die Rückkehr der Zeitmaschine*
Klein, William	*Mr. Freedom*
Kleiser, Randal	*Der Flug des Navigators*
Klingler, Werner	*Das Testament des Dr. Mabuse*
Kluge, Alexander	*Der große Verhau*
	Willi Tobler und der Untergang der 6. Flotte
Klushantzew, Pawel	*Planet der Stürme*
Knowles, Bernhard	*Der Fall X 701*
	Geliebte nach Maß
Koberidse, O.	*Begegnung im All*
Koch, Howard W.	*Die Hexenküche des Dr. Rambow*
Kohler, Donald M.	*The Alien Factor*
Köhler, Manfred R.	*Agent 505 – Todesfalle Beirut*
Kolbe, Winrich	**Krieg der Welten – Die Invasion*
	*Krieg der Welten – Die Apokalypse
	*Krieg der Welten – Die Offensive
	*Die Zeitreise
Kolditz, Gottfried	*Im Staub der Sterne*
	Signale – Ein Weltraumabenteuer
Kong, Jackie	*The Being*
Korty, John	*Die Ewoks – Karawane der Tapferen*
Kosyr, A.	*Der Himmel ruft*
Kotani, Tom	*Der letzte Dinosaurier*
Kovacs, Gedeon	*Ich auf Bestellung*
Kowalski, Bernard L.	*Das Grauen kommt um Mitternacht*
	Ssssnake Kobra
Kramarsky, David	*Ausgeburt der Hölle*
Kramer, Frank	*Die drei Supermänner räumen auf*
(= Gianfranco Parolini)	*Kommissar X: Jagd auf Unbekannt*
	Yeti – Der Schneemensch
Kramer, Jerry	**Moonwalker – Ein Film wie kein anderer*
Kramer, Robert	*Ice*
Kramer, Stanley	*Das letzte Ufer*
Kromanow, Grigori	*Hotel Zum verunglückten Alpinisten*
Krueger, Michael	*Mind Killer – Halb Alien, halb Mensch*
Kuang, Lin Chong	*Krieg der Infras*
Kubrick, Stanley	*Dr. Seltsam oder wie ich lernte, die Bombe zu lieben*
	Uhrwerk Orange
	2001: Odyssee im Weltraum
Kurata, Junji	*Giganten der Vorzeit*
Laloux, René	*Herrscher der Zeit*
	Der phantastische Planet
Lam, Lingo	*Man stirbt nicht zweimal*
Lamont Charles	*Abbott und Costello auf Sherlock Holmes' Spuren*
	Abbott und Costello gegen Dr. Jekyll und Mr. Hyde
Lamont, John	*Konga*
Landers, Lew	*Der Mann im Dunkel*
(= Louis Friedländer)	
Landis, John	*Schlock – Das Bananenmonster*
	Spione wie wir
Lane, David	*Feuervögel startbereit*
Lang, Fritz	*Dr. Mabuse, der Spieler*

	(Die) Frau im Mond
	Metropolis
	Die 1000 Augen des Dr. Mabuse
	Das Testament des Dr. Mabuse
Lansac, Frédéric	*Shocking*
(= Claude Mulot)	
Lattuada, Alberto	*Matchless*
	Warum bellt Herr Bobikow?
Laughlin, Michael	*Das Geheimnis von Centreville*
Laven, Arnold	*Alarm für Sperrzone 7*
Lawrence, Quentin	*Die Teufelswolke von Monteville*
Lean, David	*Der unbekannte Feind*
Le Borg, Reginald	*Die Schreckenskammer des Dr. Thosti*
Leder, Paul	*A.P.E.*
Lee, Damian	*Abraxas*
	Die Stunde der Ratte
Lee, Rowland V.	*Frankensteins Sohn*
Leger, Herbert J.	*Die Eingefrorenen*
Lehman, Michael	*Applejuice*
Le Hung, Eric	*Das Geheimnis des Wilhelm Storitz*
Lenzi, Umberto	*Großangriff der Zombies*
	Heiße Grüße vom CIA
Le Roy, Mervyn	*Einst kommt die Stunde*
Lester, Mark L.	*Class of 1999*
	Der Feuerteufel
Lester, Richard	*Auch die Kleinen wollen nach oben*
	Danach
	Superman II – Allein gegen alle
	Superman III – Der stählerne Blitz
Levi, Alan J.	**Gemini Man*
	Genesis – Stadt der lebenden Toten
	Die Superhelden
Levin, Henry	*Die Reise zum Mittelpunkt der Erde*
	Unser Mann in Rio
	Wenn Killer auf der Lauer liegen
Levy, Gerry	*Das Loch im Himmel*
Lewin, Wassili	*Phaeton an Erde*
Lewis, George B.	*Kampf um die 5. Galaxis*
(= Aldo Lado)	
Lewis, Jerry	*Der verrückte Professor*
Lewis, Louis	*Trashi*
Lewis, Robert Michael	** S*H*E – Super Harter Engel*
	Der Unsichtbare (1975)
Liebeneiner, Wolfgang	*Besuch auf einem kleinen Planeten (1971)*
	1. April 2000
Lieberman, Jeff	*Squirm – Invasion der Bestien*
Lindsay, Lance	*Star Crystal*
Lindsay-Hogg, Michael	*Tödliche Galaxie*
Ling, Cheong-Kwong	*Frankensteins Kung Fu-Monster*
Lippstadt, Aaron	*Der Android*
	City Limits
Lipský, Oldřich	*Herzliche Grüße vom Erdball*
	Ich habe Einstein umgebracht
	Der Mann aus dem 1. Jahrhundert
	Orfanik – Das Geheimnis der Burg in den Karpathen
Lisberger, Steven	*Slipstream*
	Tron
Little, Dwight H.	*Inferno USA*
Littman, Lynne	*Das letzte Testament*

Llosa, Luis	*Crime Zone*
Logan, Tom	**Dreamtrap*
Lommel, Ulli	*Brain Check – Das andere Ich*
	I.F.O. Air Racing
Lopuschanskij, Konstantin	*Briefe eines Toten*
Lord, Jean-Claude	*Mikro-Chip-Man*
Losey, Joseph	*Im Visier des Falken*
	Sie sind verdammt
Lourie, Eugene	*Gorgo*
	Der Koloß von New York
	Panik in New York
	Das Ungeheuer von Loch Ness
Louzil, Eric	*Wahnsinns-Trip*
Lovy, Steven	*Cyberspace*
Lubin, Arthur	*Schwarzer Freitag*
Lucas, George	*Krieg der Sterne*
	THX 1138
Ludman, Larry	*Der Mörder-Alligator*
Lumet, Sidney	*Angriffsziel Moskau*
	Network
Lupo, Michele	*Buddy haut den Lukas*
	Der Große mit dem außerirdischen Kleinen
Lynch, David	*Der Wüstenplanet*
Lyon, Francis D.	*Castle of Evil*
	Destination Inner Space
	Steig aus bei 43000
Maas, Dick	*Fahrstuhl des Grauens*
MacDougall, Ranald	*Die Welt, das Fleisch, und der Teufel*
Machulski, Juliusz	*Sexmission*
Mack, Max	*Der Andere*
Mackendrick, Alexander	*Der Mann im weißen Anzug*
Madsen, Holger	*Das Himmelsschiff*
Maetzig, Kurt	*Raumschiff Venus antwortet nicht*
Majano, Anton Giulio	*Seddok, der Würger mit den Teufelskrallen*
Malle, Louis	*Black Moon (1975)*
Malone, William	*Creature – Die dunkle Macht der Finsternis*
Mamoulian, Rouben	*Dr. Jekyll und Mr. Hyde (1932)*
Mancuso, Kevin	*2020 – Texas-Gladiators*
Mandel, Jeff	**Thundertronic*
Mann, Daniel	*Derek Flint schickt seine Leiche*
Manners, Kim	*Projekt 9000 – Die coolste Schnauze von L.A.*
Manoogian, Peter	*Arena – Todesmatch der Giganten*
	Destroyers
Manzini, Mario	*Frankenstein '80*
Marcel, Terry	*Gefangene des Universums*
March, Alex	*Abenteuer in Atlantis*
Marin, Edward L.	*Der unsichtbare Agent*
Maris, Peter	*Bad Raiders*
Marker, Chris	*Am Rande des Rollfelds*
Markham, Monte	*Defense Play – Mörderische Spiele*
Marquand, Richard	*Die Rückkehr der Jedi-Ritter*
Martin, Eugenio	*Horror-Express*
Martin, Frank	*Zombies unter Kannibalen*
(= Franco Martinelli)	
Martinez, Chuck	*Hübsche Mädchen explodieren nicht*
Martino, Sergio	*Insel der neuen Monster*
(s. a. Martin Dolman)	
Martinson, Leslie H.	*Batman hält die Welt in Atem*

	Missile X
Marton, Andrew	*Ein Riß in der Welt*
	Unter Wasser rund um die Welt
Mastorakis, Nicos	*Time Traveller*
Masuda, Toshio	*Null-Zeit*
Maté, Rudolph	*Der jüngste Tag*
Matsubayashi, Shue	*Todesstrahlen aus dem Weltall*
Matthau, Charles	*Hilfe, ich bin ein Außerirdischer*
Maxwell, Paul	*Frankensteins Teufelsmaske*
(= Paolo Bianchini)	
May, Joe	*Die Herrin der Welt (1919/1920)*
	Die Rückkehr des Unsichtbaren
May, Paul	*Scotland Yard jagt Dr. Mabuse*
Mayberry, Russ	*König Arthur und der Astronaut*
Mayersberg, Paul	*Black Nightfall*
Mazo, Michael	**The Bronx 2001*
	*Empire of Ash – Die Zeit nach dem Ende
McBride, Jim	*Glen and Randa*
McCalmont, James	**Inferno in Safehaven*
McCowan, George	*Delta III*
	Frogs
	The Love War
McCrann, Charles	*Crying Fields*
McCullough, Jim	*Aurora Encounter*
McDougall, Don	*Gefahr aus der Tiefe*
	*Gemini Man
	Spider-Man gegen den gelben Drachen
McEveety, Joseph L.	*Der Retorten-Goliath*
McGrath, Joseph	*Digby, der größte Hund der Welt*
McKeown, Douglas	*Kosmokiller – Sie fressen alles*
McLaglen, Andrew V.	*Abenteuer im Weltraum*
McTiernan, John	*Predator*
Medford, Don	*Clone Master*
Melchior, Ib	*Weltraumschiff MR-1 gibt keine Antwort*
	2071 – Mutan-Bestien gegen Roboter
Méliès, Georges	*Die Eroberung des Pols*
Menaker, Leonid	*Das Vermächtnis des Professors Dowell*
Mendes, Lothar	*Der Mann, der die Welt verändern wollte*
Mendez, Fernando	*Schach dem Satan*
Menzies, William Cameron	*Invasion vom Mars*
	Was kommen wird
Metalnikow, Budimir	*Das Schweigen des Dr. Evans*
Meyer, Nicholas	*The Day After – Der Tag danach*
	Flucht in die Zukunft
	Star Trek II – Der Zorn des Khan
Michalakis, John Elias	*Atomic Thrill*
Mikels, Ted V.	*Astro-Zombies, Roboter des Grauens*
	Das Kommando der Frauen
Milan, Wilfried	*Killer-Kid*
Milan, William	*Firestorm – Die letzte Schlacht*
Milius, John	*Die rote Flut*
Miller, George	*Mad Max*
	Mad Max II – Der Vollstrecker
	Mad Max – Jenseits der Donnerkuppel
Miller, Michael	*Das stumme Ungeheuer*
Miller, Ron	*Es kracht und zischt – zu sehn ist nischt*
Miner, Michael	*Mad Warrior*
Mitchell, Stanley	*Goldface – der phantastische Superman*
(= Adalberto Albertini)	

Mittermayer, Berthold	*Eis*
Mkrtschjan, Alter	*Sannikow-Land*
Moder, Dick	*Das Sechs-Millionen-Dollar-Girl*
Molinaro, Edouard	*Onkel Paul, die große Pflaume*
Montaldo, Giuliano	*Control*
Montgomery, Thomas	*Die Rückkehr des King Kong*
Mora, Philippe	*Die Besucher*
	Captain Invincible oder Wer fürchtet sich vor Amerika?
Morgan, A.	**2019 – Die gnadenlosen Knechte Gottes*
Moritani, Shiro	*Der Untergang Japans*
	Weltkatastrophe 1999
Morris, Robert	*Nackt unter Affen*
(= Roberto Mauri)	
Morrison, Bruce	*Shaker Run*
Morrissey, Paul	*Andy Warhols Frankenstein*
Morse, Terrell O.	*Godzilla*
	Unknown World
Mostow, Jon	*Beverly Hills Body Snatchers*
Moxey, John L.	*The Last Child*
	Where Have All the People Gone
Mulcahy, Russell	*Highlander II – Die Rückkehr*
Müllerschön, Nikki	*Operation Dead End*
Münster, Reinhard	*Der achte Tag*
Murakami, Jimmy	*Sador, Herrscher im Weltraum*
Murakami, Jimmy T.	*Wenn der Wind weht*
Murnau, Friedrich Wilhelm	*Der Januskopf: Eine Tragödie am Rande der Wirklichkeit*
Murphy, Geoff	*Free-Jack*
	Quiet Earth – Das letzte Experiment
Murray, William	*Hellfire*
Muscha	*Decoder*
Nassour, Edward	*Der Fluch vom Monte Bravo*
Neame, Ronald	*Meteor*
Needham, Hal	*Megaforce*
Nelson, Gary	*Die nackte Bombe II*
	Das schwarze Loch
Nelson, Ralph	*Charly*
	Embryo
Nesher, Avi	*SHE… Eine verrückte Reise in die Zukunft*
Neufeld, Max	*Hoffmanns Erzählungen (1923)*
Neufeld, Sigmund jr.	*Das Ende einer Odyssee*
	Der unglaubliche Hulk
Neumann, Kurt	*Die Fliege*
	Kronos
	Rakete Mond startet
Newfield, Sam	*Radar-Geheimpolizei*
Newland, John	*Spion mit meinem Gesicht*
Newman, Joseph	*Metaluna IV antwortet nicht*
Nichols, Mike	*Der Tag des Delphins*
Nicolaou, Ted	*Terror Vision*
Nielson, James	*Mondgeflüster*
Nihonmatsu, James	*Genocide – Die Killerbienen greifen an*
Nihonmatsu, Kazui	*Guila – Frankensteins Teufelsei*
Nimoy, Leonard	*Star Trek III – Auf der Suche nach Mr. Spock*
	Star Trek IV – Zurück in die Gegenwart
Noguchi, Haruyasu	*Gappa – Frankensteins fliegende Monster*
Norman, Ben	*Flucht von Galaxy 3*
Norman, Leslie	*XX unbekannt*
Norton, B. W. L.	*Baby – Das Geheimnis einer verlorenen Legende*

Nostro, Nick	*Agent Pik As – Zeitbombe Orient*
	Das rote Phantom schlägt zu
Notz, Thierry	*Good Night Hell*
	Watchers 2 – Augen des Terrors
Nuasa, Nuriaki	*Gamera gegen Gaos – Frankensteins Kampf der Ungeheuer*
Nuchtern, Simon	*Die Hyänen*
Nussbaum, Raphael	*Der Unsichtbare* (1963)
Nyby, Christian	*Das Ding aus einer anderen Welt* (1951)
Nyby, Christian jr.	*Mission Galactica: Angriff der Zylonen*

O'Bannon, Dan	*Verdammt, die Zombies kommen*
Oboler, Arch	*Die letzten Fünf*
Oda, Motoyoshi	*Godzilla kehrt zurück*
Odell, David	*Martians Go Home*
Ogilvie, George	*Mad Max – Jenseits der Donnerkuppel*
Ohmori, Kenjiro	*Earthquake – Flammendes Inferno in Tokio*
Okunaka, Atsuo	**3001 – Die Zeit der Affen*
Oliver, Robert	*Die Leichenfabrik des Dr. Frankenstein*
Omori, Kazuki	*Godzilla, der Urgigant*
Ormerod, James	*Seelenlos – Ein Mann spielt Gott*
Oswald, Gerd	*Im Auftrag von H.A.R.M.*
Oswald, Richard	*Alraune* (1930)
	Hoffmanns Erzählungen (1916)
Otomo, Katsuhiro	*Akira*
Oz, Frank	*Der kleine Horrorladen*

Pabst, Georg Wilhelm	*Die Herrin von Atlantis* (1932)
Padget, Calvin Jackson	*Höllenjagd auf heiße Ware*
(= Giorgio Ferroni)	
Pal, George	*Atlantis, der verlorene Kontinent*
	Die Zeitmaschine
Panama, Norman	*Der Weg nach Hongkong*
Paradise, Michael J.	*Die Außerirdischen*
(= Ovidio Assonitis)	
Parker jr., David	**Cy-Warrior*
Parks, Hugh	**Dreamtrap*
Parriott, James D.	**Die Zeitreise*
Parrish, Robert	*Unfall im Weltraum*
Passer, Ivan	*Geliebtes Monster*
Paul, Steven	*Slapstick*
Pavlou, George	*Underworld*
Peerce, Larry	*Top Missile*
Penzlin, E. A.	*Die geheimnisvolle Insel* (1941)
Peoples, David Webb	*Die Jugger – Kampf der Besten*
Peters, Barbara	*Das Grauen aus der Tiefe*
Petersen, Wolfgang	*Smog*
	Enemy Mine – Geliebter Feind
Petri, Elio	*Das zehnte Opfer*
Petrie, Daniel	*Cocoon II – Die Rückkehr*
	Die Odyssee der Neptun
Phillips, Lee	*Die Saat des Alien*
Picha	*Der große Knall*
Pichel, Irving	*Endstation Mond*
	Das Land des Grauens
Piel, Harry	*Ein Unsichtbarer geht durch die Stadt*
	Der Herr der Welt
	Die Welt ohne Maske
Pierce, Arthur C.	*Die Welt des Frauenplaneten*

Piestrak, Marek	*Der Test des Piloten Pirx*
Pils, Heide	*Der grüne Stern*
Piper, Brett	*Galaxy Destroyer*
	Mysterious Planet
Pipinaschwili, Konstantin	*Geheimnis zweier Ozeane*
Pohland, Hans Jürgen	*Warum die UFOs unseren Salat klauen*
Polak, Jindrich	*Clown Ferdinand und die Rakete*
	Ikarie XB 1
Pollexfen, Jack	*Der Würger von Sing-Sing*
Popow, Leonid	*Sannikow-Land*
Possardt, Werner	*Xaver und sein außerirdischer Freund*
Post, Ted	*Rückkehr zum Planet der Affen*
	Die zweite Arche
Pressman, Michael	*Turtles II – Das Geheimnis des Ooze*
Prior, David A.	*Future Force*
	Future Zone
Pröttel, Dieter	*Seitenstechen*
Prosperi, Franco	*Wild Beasts*
Protasanow, Jakow	*Aelita – Der Flug zum Mars*
Pryce, Craig	*Atomic Reporter*
Ptuschko, Alexander	*Der neue Gulliver*
Pyun, Albert	*Das Alien vom Highway*
	Captain America
	Cyborg – Die ultimative Antwort des Kämpfers
	Radioactive Dreams
Rabenalt, Arthur Maria	*Alraune (1952)*
Rae, Michael	*Laserkill – Todesstrahlen aus dem All*
Raffill, Stewart	*Krieg der Eispiraten*
	Mick, mein Freund vom anderen Stern
	Das Philadelphia-Experiment
Raimi, Sam	*Darkman*
Rakoff, Alvin	*König Salomons Schatz*
Rapp, Paul	*Pornographische Aufnahmen*
Rateuke, Christian	*Die Senkrechtstarter*
Rätz, Günter	*Die fliegende Windmühle*
Ray, Fred Olen	*Alienator – Der Vollstrecker aus dem All*
	Biohazard
	Cyclone
	Deep Space
	Gefangene im Weltraum
	War Lords – Die Zerstörer der Zukunft
Raža, Ludvik	*Das Geheimnis der stählernen Stadt*
	Das Rätsel der leeren Urne
Rebane, Bill	*The Alpha Incident*
	Angriff der Riesenspinne
Reed, Morton	*Proxima Centauri 3 – Revolte im All*
(= Conrad E. Palmisano)	
Reeves, Michael	*Im Banne des Dr. Monserrat*
Reiner, Carl	*Der Mann mit zwei Gehirnen*
Reinl, Harald	*Im Stahlnetz des Dr. Mabuse*
	Die unsichtbaren Krallen des Dr. Mabuse
Renoir, Jean	*Das Testament des Dr. Cordelier*
Resnais, Alain	*Ich liebe dich, ich liebe dich*
	Letztes Jahr in Marienbad
Rich, David Lowell	*Todesflug*
Richmond, Anthony	*Rush*
(= Tonino Ricci)	*Rush II – Final Game*
	Unheimliche Begegnung in der Tiefe

Richter, Jochen	*Eurydike – Die Braut aus dem Jenseits*
Richter, W. D.	*Buckaroo Banzai – Die 8. Dimension*
Rilla, Wolf	*Das Dorf der Verdammten*
Rippert, Otto	*Homunculus*
Roach, Hal	*Tumak, der Herr des Urwalds*
Roach, Hal jr.	*Tumak, der Herr des Urwalds*
Robbins, Matthew	*Das Wunder der 8. Straße*
Robertson, David	*Firebird 2015 AD*
Robertson, John S.	*Dr. Jekyll and Mr. Hyde* (1920)
	Siehe *Dr. Jekyll und Mr. Hyde*. Stummfilme (Auswahl)
Robson, Mark	*Erdbeben*
Rochat, Eric	*Roboter mit Herz*
Roddam, Franc	*Die Braut*
Roeg, Nicholas	*Der Mann, der vom Himmel fiel*
	Wenn die Gondeln Trauer tragen
Roley, Sutton	*Wie stehle ich die Welt*
Romero, Eddie	*Beast of Blood – Drakapa, das Monster mit der Krallenhand*
Romero, George A.	*Crazies*
	Die Nacht der lebenden Toten
Romitelli, Giancarlo	*Rembrandt 7 antwortet nicht*
Rosenthal, Robert J.	*Der Typ mit dem irren Blick*
Roth, Robert J.	*Der Mann, der auf die Erde fiel*
Ruben, Joe	*Dreamscape*
Rubenfeld, Vic	*Space Detective*
Rubens, Percival	*1994 – Nur die Starken überleben*
Rush, Richard	*Ein gewisser Dick Dagger*
Russell, Chuck	*Der Blob*
Russell, Ken	*Der Höllentrip*
	Das Milliarden-Dollar-Gehirn
Sacha, Jean	*Fantômas* (1947)
Sachs, William	*Galaxina*
	Der Planet Saturn läßt schön grüßen
Sagal, Boris	*Der Omega-Mann*
	Ständig in Angst
	Die unverbesserlichen Drei
Saito, Koseo	*Time Slip – Der Tag der Apokalypse*
Sala, Henry	*Programmiert zum Töten*
Sala, Vittorio	*Das verräterische Auge*
Sanders, Helma	*Die letzten Tage von Gomorrha*
Sangster, Jimmy	*Frankensteins Schrecken*
Santiago, Cirio H.	*Defender 2000*
	Die Solo-Kampfmaschine
	Stryker
Sapirstein, David	*Moon Trek*
Sarafian, Deran	*Alien Predators*
	Interzone – Die unheimliche Begegnung mit der Zeit
Sargent, Joseph	*Colossus*
	Ein Spion zuviel
	Der Mann im grünen Hut
Sarno, Jonathan	*Nur die Pflanze war Zeuge*
Sasdy, Peter	*Doomwatch*
	Willkommen in dieser blutigen Stadt
Satlof, Ron	*Das Omega-Projekt*
	Spider-Man schlägt zurück
Sato, Hajime	*Goké, Vampir aus dem Weltall*
(s. a. Terence Ford)	
Saunders, Charles	*Der Frauenfresser*
	Der Mann ohne Körper

Sayles, John	*Der Typ vom anderen Stern*
Scarpelli, Umberto	*Der Untergang von Metropolis*
Schaaf, Johannes	*Traumstadt*
Schaeffer, Frank	*M.R.C.V. – Der Killerrobot*
	Rebel Waves
Schaffner, Franklin J.	*The Boys From Brazil*
	Planet der Affen
Schamoni, Thomas	*Ein großer, graublauer Vogel*
Schepisi, Fred	*Rückkehr aus einer anderen Welt*
Schlegel, Egon	*Abenteuer mit Blasius*
Schlöndorff, Volker	*Die Geschichte der Dienerin*
Schmidt, Gerhard	*Die Insel der Krebse*
Schmidt, Wolf	*Der ideale Untermieter*
Schneider, Paul	*Eine verhängnisvolle Erfindung*
Schoedsack, Ernest B.	*Dr. Zyklop*
	King Kong und die weiße Frau
	Panik um King Kong
	The Son of Kong
Schultz, Michael	*Die Zeitfalle*
Schumacher, Joel	*Flatliners – Heute ist ein guter Tag zum Sterben*
	Die unglaubliche Geschichte der Mrs. K.
Scott, John (= Hans Schott-Schöbinger)	*Von Haut zu Haut*
Scott, Ridley	*Alien – Das unheimliche Wesen aus einer fremden Welt*
	Der Blade Runner
Sears, Fred F.	*Fliegende Untertassen greifen an*
Seaton, George	*Hochzeitsnacht vor Zeugen*
Sedgwick, Edward	*Fantômas (1920/1921)*
Seeman, John	*Blondinen sind doch schärfer*
Seemann, Horst	*Besuch bei van Gogh*
Seidelman, Arthur Allan	*The Caller*
Seidelman, Susan	*Making Mr. Right – Ein Mann a la Carte*
Sekely, Steve	*Blumen des Schreckens*
Selander, Leslie	*Flight to Mars*
Serrador, Narciso Ibanez	*Tödliche Befehle aus dem All*
Sewell, Vernon	*Das Blutbiest*
Sgarra, Nicholas	*Der Mann, der Berge versetzt*
Shackleton, Michael	*Survivor – Zum Überleben verdammt*
Shan, Hua	*Invasion aus dem Inneren der Erde*
Sharman, Jim	*The Rocky Horror Picture Show*
Sharp, Don	*Die 13 Sklavinnen des Dr. Fu Man Chu*
	Das Geheimnis der Phantomhöhlen
	Ich, Dr. Fu Man Chu
	Tolldreiste Kerle in rasselnden Raketen
Shatner, William	*Star Trek V – Am Rande des Universums*
Shaw, Chris	*Split*
Shaw, Larry	*Genetic Killers*
Shayne, Linda	*Purple People Eater – Der kleine lila Menschenfresser*
Shea, James K.	*Planet der Monster*
Shear, Barry	*Karate-Killer*
	Wild in den Straßen
Sheerer, Robert	*Ameisen. Die Rache der schwarzen Königin*
Sheldon, Larry	*Todespoker*
Sher, Jack	*Herr der drei Welten*
Sherman, Gary	*Die unheimlichen Zwei*
Sherman, Vincent	*Das zweite Leben des Dr. X*
Sherwood, John	*Das Geheimnis des steinernen Monsters*
	Das Ungeheuer ist unter uns
Shields, Frank	*Fatal Sky*

Sholder, Jack	*Condition Red*
	The Hidden – Das unsagbar Böse
Sholem, Lee	*Hydra – Verschollen in Galaxis 4*
Shonteff, Lindsay	*Sumuru, die Tochter des Satans*
	Super Gau Terminator
	Unser Mann vom Secret Service
Siegel, Don	*Die Dämonischen*
	Telefon
Simandl, Lloyd	**The Bronx 2001*
	*Empire of Ash – Die Zeit nach dem Ende
Simon, J. P.	*Die außerirdischen Besucher*
(= Juan Piquer)	*Phantastische Reise zum Mittelpunkt der Erde*
	Die Reise zur Insel des Grauens
	Sirene 1
	Sonicman
Simonelli, Giorgio	*Zwei Trottel gegen Goldfinger*
Slater, Robert F.	*Big Foot*
Sloan, Rick	*Die Nacht der Außerirdischen*
Smight, Jack	*Frankenstein, wie er wirklich war*
	Straße der Verdammnis
	Der Tätowierte
Smiley, Joseph W.	*Leben ohne Seele*
	(siehe *Frankenstein. Die Stummfilme*)
Smith, Brian Trenchard	*Crabs – Die Zukunft sind wir*
Smoot, Phil	*Alien Outlaw*
Sobel, Mark	**Krieg der Welten – Die Invasion*
	*Krieg der Welten – Die Apokalypse
	*Krieg der Welten – Die Offensive
Sordi, Alberto	*Ich und Katharina*
Spielberg, Steven	*E. T. – Der Außerirdische*
	Unheimliche Begegnung der dritten Art
Spinelli, Anthony	*Sex World*
Stader, Paul	*Abenteuer in Atlantis*
Stanley, Paul	*Der Mann der 1000 Eigenschaften*
Stanley, Richard	*M.A.R.K. 13*
Steno	*Dr. Jekylls unheimlicher Horrortrip*
Stephani, Frederick	*Rocket Ship*
Sterling, Simon	*Agent 3S3 kennt kein Erbarmen*
(= Sergio Sollima)	*Agent 3S3 pokert mit Moskau*
Stern, Sandor	*Special Terminator – Die Killermaschine*
Stern, Steven Hilliard	*Mörder im All*
	Roboto – Die Menschmaschine
Stevenson, Robert	*Der fliegende Pauker*
	Insel am Ende der Welt
	Der Pauker kann's nicht lassen
Strock, Herbert L.	*Monster aus der Tiefe*
Sturges, John	*Geheimagent Barrett greift ein*
	Verschollen im Weltraum
Suarez, Bobby A.	*Operation Overkill*
	Superboy – Der Blitz aus dem All
Sugiyama, Taku	*Space Firebird*
Summers, Jeremy	*Die Rache des Dr. Fu Man Chu*
Sundstorm, Cedric	*American Fighter III*
Suso, Henry	*Todesrallye in Helix City*
Sutherland, E. Edward	*Die unsichtbare Frau*
Swackhamer, E. W.	*Spider-Man, der Spinnenmensch*
Szwarc, Jeannot	*Feuerkäfer*
	Supergirl

Tabet, Sylvio	*Beastmaster II – Der Zeitspringer*
Takacs, Tibor	*The Tomorrow Man*
Tallas, Greg	*Agent 077 – Heißes Pflaster Tanger*
	Amazonen des Urwalds
	Die Herrin von Atlantis (1949)
Tanaka, Shigeo	*Godzilla, der Drache aus dem Dschungel*
Targownik, Liliane	*Verbotene Hilfe*
Tarkowskij, Andrej	*Opfer*
	Solaris
	Stalker
Taurog, Norman	*Besuch auf einem kleinen Planeten* (1960)
	Dr. Goldfoot und seine Bikini-Maschine
Tavernier, Bertrand	*Death Watch – Der gekaufte Tod*
Taylor, Edward	*Overkill – Durch die Hölle zur Ewigkeit*
(= Kinji Fukasaku)	
Taylor, Don	*Flucht vom Planet der Affen*
	Die Insel des Dr. Moreau
	Der letzte Countdown
Taylor, Judd	*Mein Freund, der Roboter*
Taylor, Ray	*Flash Gordon Conquers the Universe*
Teague, Lewis	*Der Horror-Alligator*
	Wedlock
Temple, Julien	*Zebo der dritte aus der Sternenmitte*
Tenney, Kevin S.	*Peacemaker*
Thomas, Ralph	*Quest for Love*
Thomé, Rudolf	*Rote Sonne*
	Supergirl – das Mädchen von den Sternen
Thompson, J. Lee	*Eroberung vom Planet der Affen*
	Der gefährlichste Mann der Welt
	Die Schlacht um den Planet der Affen
Toelle, Tom	*Das Millionenspiel*
Tokar, Norman	*Die Katze aus dem Weltraum*
Tomblin, Summers	*Achtzigtausend Meilen durch den Weltraum*
Tomita, Yoshiharo	*Ultraman*
Tourneur, Jacques	*Stadt im Meer*
Traxler, Stephen	*Slithis*
Trenchard-Smith, Brian	*Insel der Verdammten*
Trikonis, Gus	*The Darker Side of Terror*
	Easy Flyer
Trivas, Victor	*Die Nackte und der Satan*
Truffaut, François	*Fahrenheit 451*
Trumbull, Douglas	*Lautlos im Weltraum*
	Projekt Brainstorm
Tschebotarjow, Wladimir	*Der Amphibienmensch*
Tsukerman, Slava	*Liquid Sky*
Tucker, Phil	*Robot Monster*
Tully, Montgomery	*Mit 1000 Volt in den Tod*
Ulloa, José	*Gefangene der Tiefe*
Ulmer, Edgar G.	*Jenseits der Zeitschranke*
	Die Totengruft des Dr. Jekyll
Underwood, Ron	*Im Land der Raketenwürmer*
Vadim, Roger	*Barbarella*
Vajda, Ladislao	*Ein Mann geht durch die Wand*
Varda, Agnés	*Die Geschöpfe*
Vavra, Otakar	*Dunkle Sonne*
Verhoeven, Michael	*1982: Gutenbach*
	Killing Cars

Verhoeven, Paul	*Robocop – Das Gesetz in der Zukunft*
	Total Recall – Die totale Erinnerung
Vidor, Charles	*The Mask of Fu Man Chu*
Viktorow, Richard	*Die Frau aus dem All*
Vogel, Frank	*Der Mann mit dem Objektiv*
Vogel, Virgil	*Condor*
	Der Flug zur Hölle
Vuskotić, Dusan	*Gäste aus der Galaxis*
Wadleigh, Michael	*Wolfen*
Walas, Chris	*Die Fliege II – Die Geburt einer neuen Generation*
Ware, Clyde	*Das MI-8-Projekt*
Warren, Norman J.	*Samen des Bösen*
Wasnessinski, Igor	*Aquanauten*
Wassiljew, D.	*Geheimnis der ewigen Nacht*
Watkins, Peter	*Privileg*
	Strafpark
	The War Game
Webb, Robert D.	*Testpiloten*
Webster, D. J.	*The Dark Side of the Moon*
Webster, Nick	*Endstation Mars*
Wehling, Bob	*Die Sexbrille*
Weil, Samuel	**Atomic Hero*
	*Class of Nuke 'em High
Weiland, Paul	*Leonard 6*
Weir, Peter	*Die letzte Flut*
Welles, G.	*UFOs zerstören die Erde*
(= Inoshiro Honda)	
Welles, Mel	*Das Geheimnis der Todesinsel*
(= Ernst von Theumer)	*Lady Frankenstein*
Wenders, Wim	*Bis ans Ende der Welt*
Werckmeister, Hans	*Algol*
Whale, James	*Frankenstein (1931)*
	Frankensteins Braut
	Der Unsichtbare (1933)
Wheat, Jim	**Kampf um Endor*
Wheat, Ken	**Kampf um Endor*
Whitelaw, Alexander	*Das Geheimnis des Lebens*
Wiederhorn, Ken	*Shock Waves – Die aus der Tiefe kamen*
Wiene, Robert	*Orlacs Hände*
Wiktorow, Richard	*Roboter im Sternbild Kassiopeia*
	Start zur Kassiopeia
Wilcox, Fred McLeod	*Alarm im Weltall*
Wilder, W. Lee	*Der Mann ohne Körper*
Wilkenson, Charles	*Escape 2001*
Wincer, Simon	*D.A.R.Y.L. – Der Außergewöhnliche*
Winer, Harry	*Space Camp*
Winkelmann, Adolf	*Peng! Du bist tot!*
	Super
Winters, David	*Dr. Jekyll und Mr. Hyde (1973)*
	Space Mutiny
Wise, Robert	*Andromeda – Tödlicher Staub aus dem All*
	Stark Trek – Der Film
	Der Tag, an dem die Erde stillstand
Witney, William	*Doktor Fu Man Chu*
	Der gelbe Kreis
	Haruschi, Sohn des Dr. Fu Man Chu
	Die Rache der kupfernen Schlange
	Robur, Herr der 7 Kontinente

Wood, Edward D.	*Plan 9 aus dem Weltall*
	Die Rache des Würgers
Worth, David	*The Last Warrior – Der Kämpfer einer verlorenen Welt*
Wynorski, Jim	*Der Vampir aus dem All*
Yamaguchi, Yashuhiro	*Gefährlicher Countdown für Cyborg 009*
	Raumstation Cyborg 009
Yanne, Jean	*Die Chinesen in Paris*
Yates, Peter	*Krull*
Yeaworth, Irving S.	*Blob – Schrecken ohne Namen*
	Dinosaurus
	Der 4-D-Mann
York, Eugen	*Hatschi!*
Young, Kang Han	*Raumpatrouille*
	Time Machine 001
Young, Terence	*Feuerball*
	James Bond 007 jagt Dr. No
Yuasa, Noriaki	*Gamera gegen Gaos – Frankensteins Kampf der Ungeheuer*
Yuzna, Brian	*Bride of Re-Animator*
Zacharias, Alfredo	*Operation Todesstachel*
Zeglio, Primo	*Perry Rhodan – SOS aus dem Weltall*
Zehetgruber, Rudolf	*Kommissar X: Drei gelbe Katzen*
	Kommissar X: In den Klauen des Goldenen Drachen
Zeman, Karel	*Auf dem Kometen*
	Baron Münchhausen
	Die Erfindung des Verderbens
	Reise in die Urzeit
Zemeckis, Robert	*Zurück in die Zukunft*
	Zurück in die Zukunft II
	Zurück in die Zukunft III
Ziehm, Howard	*Flesh Gordon*
	Flesh Gordon – Schande der Galaxis
Zito, Joseph	*Invasion U.S.A.*
Zschoche, Hermann	*Eolomea*
Zucker, Jerry	**Top Secret!*
Zucker, Jim	**Top Secret!*
Zwick, Edward	*Achtung, Sondersendung!*

945

Verzeichnis der Originaltitel
und der deutschen Verleih-, Video- und TV-Titel

Bibliographie

Ackermann, Forrest J.: Mr. Monster's Movie Gold! Virginia Beach/Norfolk 1981.
Ackermann, Forrest J. (Hrsg.): Lon of 1000 Faces. Beverly Hills, CA/Paybourne,Berkshire 1983.
Agel, Jerome: The Making of Kubrick's 2001. New York 1970.
Allan, Angela & Elkan: The Sunday Times' Guide to Movies on TV. Feltham, Middlesex 1980.
Alpers, Hans-Joachim/Fuchs, Werner/Hahn, Ronald M./Jeschke, Wolfgang: Lexikon der Science Fiction-Literatur. 2 Bde. München 1980.
Alpers, Hans-Joachim/Fuchs, Werner/Hahn, Ronald M. (Hrsg.): Reclams Science Fiction-Führer. Stuttgart 1982.
Anobile, Richard J. (Hrsg.): The Film Classics Library – James Whale's Frankenstein; Rouben Mamoulian's Dr. Jekyll and Mr. Hyde. 2 Bde. New York 1974f.
Arnheim, Rudolf: Kritiken und Aufsätze zum Film. München 1977.
Asimov, Isaac: In Joy Still Felt. New York 1980.
Asimov, Isaac: In Memory Yet Green. New York 1979.
Atkins, Thomas R. (Hrsg.): Science Fiction Films. New York 1976.
Atlas-Film Gesamtkatalog: Kino für uns. Duisburg o. J.
Atlas Filmszene-Katalog 1984/85. Duisburg 1984.
Aylesworth, Thomas G.: Monsters From the Movies. Philadelphia/London 1972.

Baier, Robert/Heer, Burghardt: Der Horrorfilm. Aachen 1976.
Balazs, Bela: Schriften zum Film. München 1982.
Ball, Gregor: Curd Jürgens – seine Filme – sein Leben. München 1982.
Ball, Gregor: Gert Fröbe – seine Filme – sein Leben. München 1982.
Bandmann, Christa/Hembus, Joe: Klassiker des deutschen Tonfilms 1930–1960. München 1980.
Bär, Willi/Weber, Hans Jürgen: Fischer Film Almanach 1981. Frankfurt a.M. 1981.
Baraket, Mark: Screams Gems. New York/London 1977.
Barlow, John D.: German Expressionist Film. Boston 1982.
Barsacq, Léon: Caligari's Cabinet and Other Grand Illusions. Boston 1976.
Bawden, Liz-Anne/Tichy, Wolfram (Hrsg.): Buchers Enzyklopädie des Films. Deutschsprachige, überarbeitete Ausgabe des Oxford Companion to Film. Luzern/Frankfurt a.M. 1977.
Bayer, William: The Great Movies. New York 1973.
Baxter, John: Science Fiction in the Cinema. New York/London 1970.
Beck, Calvin Thomas: Heroes of the Horrors. New York/London 1975.
Beck, Calvin Thomas: Scream Queens: Heroines of the Horror. New York/London 1979.
Bergan, Ronald: A–Z of Movie Directors. London/New York 1982.
Bock, Hans-Michael (Hrsg.): Cinegraph – Lexikon des deutschsprachigen Films. München 1984ff.
Bogdanovich, Peter: Fritz Lang in Amerika. London 1967.
Bojarksi, Richard: The Films of Bela Lugosi. Secaucus, N.J. 1980.
Bojarksi, Richard/Beals, Kenneth: The Films of Boris Karloff. Secaucus, N.J. 1974.
Brennicke, Ilona/Hembus, Joe: Klassiker des deutschen Stummfilms 1910–1930. München 1983.
Brode, Douglas: The Films of the Fifties. Secaucus, N.J. 1976.
Brosnan, John: Future Tense. The Cinema of Science Fiction. New York 1978.
Brüne, Klaus (Hrsg.): Lexikon des internationalen Films. Reinbek 1987.
Butler, Ivan: Horror in the Cinema. 3. überarbeitete Aufl. Cranbury, N.J. 1979.

Chazal, Robert: Louis de Funès – seine Filme – sein Leben. München 1980.
Ciment, Michel: Kubrick. München 1982.
Clarens, Carlos: An Illustrated History of the Horror Films. New York 1967.
Clarke, Arthur C./Hyams, Peter: The Odyssey File. Making of 2010. New York 1985.
Cocks, Joy/Denby, David (Hrsg.): Film 1973/74. Indianapolis/New York 1974.
Cook, David A.: A History of Narrative Film. New York/London 1981.
Coursodon, Jean-Pierre/Sauvage, Pierre: American Directors. 2 Bde. New York 1983.
Cowie, Peter (Hrsg.): Hollywood 1920–1970. South Brunswick/New York/London 1977.
Cremer, Robert: Lugosi, the Man behind the Cape. Chicago 1976.
Cross, Robin: The Big Book of B-Movies or How Low Was My Budget. New York 1981.

Culhane, John: Special Effects in the Movies. New York 1981.
Curtis, James: James Whale. Metuchen, N.J./London 1982.

Derry, Charles: Dark Dreams. A Psychological History of the Modern Horror Film: South Brunswick, N.Y./London 1977.
Dettmann, Bruce/Bedford, Michael: The Horror Factory. The Horror Films of Universal 1931–1955. New York 1976.
Durgnat, Raymond: Sexus Eros Kino. München 1967.

Eames, John Douglas: The MGM Story. London 1979
Eckhardt, Bernd: Rainer Werner Fassbinder. München 1982.
Edmonds, I. G./Mimura, Reiko: The Oscar Directors. London 1980.
Eisner, Lotte H.: Dämonische Leinwand. Die Blütezeit des deutschen Films. Wiesbaden 1955.
Eisner, Lotte H.: Fritz Lang. London 1976.
Eisner, Lotte H.: Ich hatte einst ein schönes Vaterland. 2. Aufl. Heidelberg 1984.
Eisner, Lotte H.: Murnau – der Klassiker des deutschen Films. Velber/Hannover 1967.
Encyclopedie Alpha du Cinema. 12 Bde. Lausanne (Schweiz) 1976.
Everson, William K.: Classics of the Horror Films. Secaucus, N.J. 1974. Deutsche Ausgabe München 1980.
Eyles, Allen/Adkinson, Robert/Fry, Nicholas (Hrsg.): The House of Horror. The Story of Hammer Films. 4. Aufl. London 1981.

Ferris, Paul: Richard Burton – seine Filme – sein Leben. München 1983
Fischer, Hanns/Gregor, Ulrich/Ladiges, Peter-Michael/Prinzler, Hans Helmut: François Truffaut. München 1974.
Fischer, Robert/Hembus, Joe: Der Neue Deutsche Film 1960–1980. München 1981.
Fraenkel, Heinrich/Manvell, Roger: Joseph Goebbels. Köln 1960.
Frank, Allan: Horror Films. 3. Aufl. Feltham, Middlesex, England 1983.
Frank, Allan: The Horror Film Handbook. London 1982.
Frank, Allan: The Science Fiction and Fantasy Handbook. London 1982.
Franklin, Joe: Classics of the Silent Screen. Secaucus. N.J., 1959.
Fritze, Christoph/Seeßlen, Georg/Weil, Claudius: Der Abenteurer. Geschichte und Mythologie des Abenteuer-Films. Reinbek 1983.

Gerani/Gary/Schulman, Paul H.: Fantastic Television. New York 1977.
Giesen, Rolf: Kino, wie es keiner mag. Die schlechtesten Filme der Welt. Frankfurt a.M./Berlin/Wien 1984.
Giesen, Rolf: Lexikon des Phantastischen Films. 2 Bde. Frankfurt a.M./Berlin/Wien 1984.
Giesen, Rolf: Der Phantastische Film. Zur Soziologie von Horror, Science-Fiction und Fantasy im Kino. 2 Bde. Schondorf (Ammersee) 1980.
Giesen, Rolf: Science-Fiction. 50 Klassiker des SF-Kinos. Schondorf (Ammersee) 1981.
Giesen, Rolf: Special Effects. Ebersberg 1985.
Gifford, Denis: A Pictorial History of Horror Movies. Feltham, Middlesex, England 1973.
Gifford, Denis: Movie Monsters. London/New York 1969.
Gifford, Denis: Science Fiction Film. London/New York 1971.
Goldau, Antje/Prinzler, Hans Helmut: Spielberg – Filme als Spielzeug. München 1985.
Goldner, Orville/Turner, George E.: The Making of King Kong. New York 1975.
Glut, Donald F.: Classic Movie Monsters. London 1978.
Grafe, Frieda/Patalas, Enno: Im Off. Filmartikel, München 1974.
Gregor, Ulrich/Patalas, Enno: Geschichte des Films. 2 Bde. Reinbek 1976.
Gregor, Ulrich: Geschichte des Films – ab 1960. München 1978.

Hahn, Ronald M./Jansen, Volker: Kultfilme. München 1985.
Hahn, Ronald M./Jansen, Volker: Lexikon des Horror-Films. Bergisch Gladbach 1985.
Hahn, Ronald M./Jansen, Volker/Stresau, Norbert: Lexikon des Fantasy Films. München 1986.
Hahn, Ronald M./Jansen, Volker: Lexikon des Science Fiction Films. München 1983.
Haining, Peter (Hrsg.): The Frankenstein File. London 1977.
Halliwell, Leslie: The Filmgoers Companion. London 1970.
Halliwell, Leslie: Halliwell's Film Guide. 3. Aufl. London 1982/4. Aufl. London 1985.

Halliwell, Leslie: Halliwell's Television Companion. London 1979.
Handbuch der Katholischen Filmkritik:
  6000 Filme – Kritische Notizen aus den Kinojahren 1945 bis 1958. 4. Aufl. Düsseldorf 1981.
  Filme 1959–1961. Düsseldorf 1962.
  Filme 1962–1964. Düsseldorf 1965.
  Filme 1965–1970. 2 Bde. Köln 1971.
  Filme 1971–1976. Köln 1977.
  Filme 1977–1980. Köln 1981.
  Filme 1981–1984. Köln/Bonn 1985.
Harbou, Thea von: Metropolis. Frankfurt a.M./Berlin/Wien 1984.
Hardy, Phil (Hrsg.): The Aurum Film Encyclopedia: Science Fiction. London 1984.
Harry, Bill: Helden der Galaxis. München 1981.
Harryhausen, Ray: Film Fantasy Scapbook. London/New York 1972.
Haver, Ronald: David O. Selznick's Hollywood. München 1982.
Heinzlmeier, Adolf/Menningen, Jürgen/Schulz, Berndt: Kultfilme. Hamburg 1983.
Heller, Heinz-B.: Literarische Intelligenz und Film. Tübingen 1985.
Hellmann, Christian: Der Science Fiction Film. München 1983.
Hembus, Joe (Hrsg.): Illustrierte Filmbühne. 50 Horror-, Monster-, Science Fiction-Filme. München 1978.
Herzberg, Georg: Verleihkatalog 1984/85. Wiesbaden 1985.
Hochman, Stanlay (Hrsg.): A Library of Film Criticism – American Film Directors. New York 1974.
Holba, Herbert/Knorr, Günter/Spiegel, Peter: Reclams Deutsches Filmlexikon. Stuttgart 1984.
Holba, Hubert: Filmprogramme in der DDR 1945–1975. Wien 1976.
Holdstock, Robert (Hrsg.): Encyclopedia of Science Fiction. London 1978.
Huss, Roy/Ross, T. J. (Hrsg.): Focus on the Horror Film. Englewood Cliffs, New York 1972.

Jacobs, Norman/O'Quinn, Kerry (Hrsg.): TV Episode Guides Vol. 1: Science Fiction, Adventure and
  Superheroes. New York 1981.
Jansen, Peter W./Schütte, Wolfram (Hrsg.): Reihe Film Bd. 7 (Lang); Bd. 11 (Losey); Bd. 18 (Kubrik);
  Bd. 19 (Godard). München/Wien 1976ff.
Jeier, Thomas: Jane Fonda – ihre Filme – ihr Leben. München 1981.
Jensen, Paul M.: Boris Karloff and his Films. Cranbury, N.J./London 1974.
Jensen, Paul M.: The Cinema of Fritz Lang. New York/London 1969.
Jeschke, Wolfgang (Hrsg.): Heyne Science Fiction Magazin. 12 Bde. München 1981ff.
Jeschke, Wolfgang (Hrsg.): Das Science Fiction Jahr 1986. München 1986.
Jewell, Richard B./Harbin, Vernon: The RKO Story. London 1982.
Johnson, William (Hrsg.): Focus on the Science Fiction Film. Englewood Cliffs, N.J. 1972.
Jung, Fernand/Weil, Claudius/Seeßlen, Georg: Der Horror-Film. 2 Bde. München 1977.
Jurgau, Hans Wolfgang: Filmbibliographisches Jahrbuch der BRD 1970/1971/1972. 3 Bde. Taunusstein-
  Neuhof/Wiesbaden. 1971/1973/1975.
Just, Lothar R. (Hrsg.): Filmjahr 1979–1991. München 1987–1991.

Kael, Pauline: When the Lights go Down. New York 1980.
Kael, Pauline: Kiss Kiss Bang Bang. Boston/Toronto 1968.
Kael, Pauline: 5001 Nights at the Movies. London 1982.
Kael, Pauline: Deeper into Movies. Boston/Toronto 1973.
Kalbus, Oskar: Vom Werden deutscher Filmkunst. 2. Teil: Der Tonfilm. Altona-Bahrenfeld 1935.
Kath. Filmbüro München – 160 Filmbesprechungen. München 1948.
Katz, Ephraim: The International Film Encyclopedia. New York 1979/London 1980.
Keiner, Reinhold: Thea von Harbou und der Deutsche Film bis 1933. Hildesheim 1984.
Kerbel, Michael: Henry Fonda – seine Filme – sein Leben. München 1982.
Kindlers Literatur Lexikon (im Deutschen Taschenbuch Verlag). 25 Bde. München 1974.
Kino für Kinder. Hrsg. vom Kinder- und Jugendfilmzentrum i.d. BRD. 1979.
Kocian, Erich: Die James Bond Filme. München 1982.
Koll, Horst Peter: Lexikon des internationalen Films 1987/1988. Reinbeck 1989.
Koll, Horst Peter: Lexikon des internationalen Films 1989/1990. Reinbek 1991.
Kracauer, Siegfried: Kino heute. Frankfurt a.M. 1974.
Kracauer, Siegfried: Theorie des Films. Frankfurt a.M. 1974.
Kracauer, Siegfried: Von Caligari zu Hitler. Frankfurt a.M. 1984.
Krusche, Dieter: Reclams Film-Führer. 5. Aufl. Stuttgart 1982.

Lang, Fritz: Metropolis. Classic Film Scripts. London 1973.
Langlois, Henri: Images du Cinema Allemand (1956) in: Vingt ans de Cinéma allemand 1913–1933. Hrsg. von Jean-Loup Passek. Paris 1978.
Lebrun, Michael: Woody Allen. Seine Filme – sein Leben. München 1984.
Lee, Walt: Reference Guide to Fantastic Films – Science Fiction, Fantasy and Horror. Vol. 1 (A–F) Los Angeles 1972; Vol. 2 (G–O) Los Angeles 1973; Vol. 3 (P–Z) Los Angeles 1974.
Lentz, Harris M.: Science Fiction, Horror Fantasy Film and Televison Credits. 2 Bde. Jefferson, N.C./London 1983.
Lewandowski, Reiner: Die Filme von Alexander Kluge. Hildesheim 1980.
Lloyd, Bryan/Robinson, David (Hrsg.): Movies of the . . . Silent Years; The Thirties; The Fourties; The Fifties; The Sixties; The Seventies. 6 Bde. London 1983/1984.
Lyan, Christopher/Doll, Susan (Hrsg.): The Macmillan Dictionary of Films and Filmmakers. 2 Bde. London 1984.

Magill, Frank N. (Hrsg.): Magill's Survey of Cinema. Englewood Cliffs 1981.
Maibohm, Ludwig: Fritz Lang – seine Filme – sein Leben. München 1981.
Maltin, Leonard (Hrsg.): Leonard Matlin's TV Movies 1985–86. New York 1984.
Mangruel, Alberto/Guadalupi, Gianni: Von Atlantis bis Utopia. Hamburg 1981.
Manthey, Dirk (Hrsg.): Hinter den Kulissen von 007 James Bond. Hamburg 1981.
Manthey, Dirk (Hrsg.): Die Science Fiction Filme. Hamburg 1983.
Manthey, Dirk (Hrsg.): Die Tricks. Hamburg 1981.
McCarthy, Todd/Lynn, Charter (Hrsg.): Kings of the B's. New York 1975.
McKenzie, Alan: The Harrison Ford Story. 2. Aufl. London 1984.
Medved, Harry/Dreyfuss, Randy: The Fifty Worst Films of all Time (and How They Got that Way). New York 1978.
Medved, Harry/Medved, Michael: The Golden Turkey Awards. New York 1980.
Menningen, Jürgen: Filmbuch Science Fiction. Köln 1975.
Menville, Douglas A./Reginald, Robert: Things to Come. An Illustrated History of the Science Fiction Film. New York 1978.
Meyers, Richard: For One Week Only. Piscataway, New Jersey 1983.
Monaco, James: American Film Now. München/Wien 1985.
Monaco, James: Film verstehen. Reinbek 1980.
Moss, Robert: Der klassische Horror-Film. München 1982.

Naha, Ed: Horrors. From Screen to Scream. New York 1975.
Naha, Ed: The Science Fictionary. New York 1980.
Nelson, Thomas A.: Stanley Kubrick. München 1984.
Nicholls, Peter: Fantastic Cinema. London 1984.
Nicholls, Peter (Hrsg.): The Encyclopedia of Science Fiction. London/Toronto/Sydney/New York 1979.

Oertel, Rudolf: Macht und Magie des Films. Wien 1959.

Parish, James Robert/Pitts, Michael R.: The Great Science Fiction Pictures. Metuchen, New York 1977.
Parish, James Robert: The Tough Guys. Carlstadt, N.J. 1976.
Patalas, Enno: Sozialgeschichte der Stars. Hamburg 1963.
Peary, Danny: Cult Movies. New York 1981.
Peary, Danny: Cult Movies 2. New York 1983.
Phelix, Leo/Thissen, Rolf: Pioniere und Prominente des modernen Sexfilms. München 1983.
Pickard, Roy: The Oscar Movies from A–Z. Feltham, Middlesex 1977.
Pickard, Roy: Science Fiction in the Movies. London 1978.
Pirie, David: A Heritage of Horror. The English Gothic Cinema 1946–1972. London 1973.
Pirie, David (Hrsg.): Anatomy of the Movies. London 1981.
Platt, Charles: Gestalter der Zukunft. Science Fiction und wer sie macht. Köln 1982.
Pohl, Frederik/Pohl IV, Frederik: Science Fiction Studies in Film. New York 1981.
Pollock, Dale: Sternenimperium. Das Leben und die Filme von George Lucas. München 1983.
Prawer, S. S.: Caligari's Children. The Film as Tale of Terror. Oxford 1980.
Prinzler, H. H. u.a. (Hrsg.): Aufruhr der Gefühle. Die Kinowelt des Curtis Bernhardt. Luzern/München 1982.

Rauhut, Franz/Stock, Walter/Forster, Georg: Filme gegen Krieg. Gerolzhofen 1981.
Reginald, Robert: Science Fiction and Fantasy Literature. A Checklist 1700–1974. Detroit 1979.
Rhode, Eric: A History of the Cinema. Harmondsworth, Middlesex 1978.
Riess, Curt: Das gab's nur einmal. 5 Bde. Wien/München 1977.
Robertson, Patrick: The Guinness Book of Film, Facts Feats. Enfield, Middlesex1980.
Rovin, Jeff: The Films of Charlton Heston. Secaucus, N.J. 1980.
Rovin, Jeff: From the Land and Beyond Beyond. New York 1977.
Rovin, Jeff: A Pictorial History of Science Fiction Films. Secaucus, N.J. 1975.

Sadoul, Georges: Dictionnaire des Films. Paris 1965.
Sadoul, Georges: Geschichte der Filmkunst. Wien 1957.
Saleh, Dennis: Science Fiction Gold. Film Classics of the 50s. New York 1979.
Sarris, Andrew: Confessions of a Cultist: On Cinema 1955–1969. New York 1970.
Schlechter, Harold/Everitt, David: Filmtricks. Special Effects in the Movies. New York 1980.
Scheuer, Steven H. (Hrsg.): Movies on TV. New York 1980.
Scheugl, Hans: Sexualität und Neurose im Film. München 1974.
Scheugl, Hans/Schmidt jr., Ernst: Eine Subgeschichte des Films. 2 Bde. Frankfurt a.M. 1974.
Schobert, Walter u.a. (Hrsg.): Fischer Film Almanach 1982–1991. Frankfurt am Main 1982–1991.
Seeßlen, Georg: Kino der Angst. Reinbek 1980.
Seeßlen, Georg/Weil, Claudius: Kino des Phantastischen. Reinbek 1980.
Seeßlen, Georg: Kino des Utopischen. Reinbek 1980.
Seeßlen, Georg: Klassiker der Filmkomik. Reinbek 1982.
Seeßlen, Georg: Mord im Kino. Reinbek 1981.
Seeßlen, Georg/Kling, Bernt: Unterhaltung. Lexikon zur populären Kultur. 2 Bde. Reinbek 1977.
Setbon, Philippe: Klaus Kinski – seine Filme – sein Leben. München 1983.
Shipman, David: A Pictorial History of Science Fiction Films. Twickenham, Middlesex 1985.
Shipman, David: The Story of Cinema. 2 Bde. London/Sydney/Auckland/Toronto 1982/1984.
Smith, Kent/Moore, Darrell W./Reagle, Merl: Adult Movies. New York 1982.
Sontag, Susan: Kunst und Antikunst. Frankfurt a.M. 1982.
Stacy, Jan/Syvertsen, Ryder: The Great Book of Movie Monsters. Bromley, Kent 1983.
Steiger, Brad: Monsters, Maiden and Mayhem. A Pictorial History of Horror Film Monsters. New York 1965.
Steinbrunner, C./Goldblatt, B.: Cinema of the Fantastic. New York 1972.
Stief, Michael (Hrsg.): The Whole Black Hole. Karlsruhe 1982.
Stresau, Norbert: Der Fantasy-Film. München 1984.
Stresau, Norbert: Der Oscar. München 1985.
Strick, Philip: Science Fiction Movies. London 1976.
Summers, Montague: A Gothic Bibliography. New York 1964.

Taylor, John Russel: Hitchcock. München/Wien 1980.
Thomas, Tony: The Great Adventure Films. Secaucus, N.J. 1976.
Thomas, Tony: Burt Lancaster – seine Filme – sein Leben. München 1981.
tip Filmjahrbuch Eins. Frankfurt a.M. 1985.
Toeplitz, Jerzy: Geschichte des Films. 4 Bde. Berlin 1979 ff.
Töteberg, Michael: Fritz Lang. Reinbek 1985.
Truffaut, François: Die Filme meines Lebens. München/Wien 1976.
Truffaut, François: Mr. Hitchcock, wie haben Sie das gemacht? München 1973.
Tuck, Donald H.: The Encyclopedia of Science Fiction and Fantasy. 3 Bde. Chicago 1974/1978/1982.
Turner, George E./Price, Michael H.: Forgotten Horrors. Early Talkie Chillers From Poverty Row. Cranbury, N.J./London 1979.
Turowskaja, Maja/Allardt-Nostiz, Felicitas: Andrej Tarkowskij: Film als Poesie – Poesie als Film. Bonn 1981.

Völker, Klaus (Hrsg.): Künstliche Menschen. München 1971.
Vogel, Amos: Kino wider die Tabus. Luzern/Frankfurt a.M. 1981.

Waldekrenz, Rune/Arpe, Verner: Das Buch vom Film. Berlin/Darmstadt 1956.
Warren, Bill: Keep Watching the Skies! (Vol. 1, 1950.–1957), Jefferson, N.C./London 1982.
Weldon, Michael: The Psychotronic Encyclopedia of Film. New York 1983.

Wetzel, Kraft/Hagemann, Peter: Liebe, Tod und Technik – Kino des Phantastischen 1933–1945. Berlin 1977.

Willis, Donald C.: Horror and Science Fiction Films. A Checklist. 3 Bde. Metuchen, New York/London 1972/1982/1985.

Youngkin, Stephen D./Bigwood, James/Cabana jr., Raymond: The Films of Peter Lorre. Secaucus, N.J. 1982.

Zeller, Bernhard (Hrsg.): Hätte ich das Kino! Die Schriftsteller und der Stummfilm. München/Stuttgart 1976.

Zglinicki, Friedrich v.: Der Weg des Films. Textband (Nachdruck). Hildesheim/New York 1979.

HEYNE FILMBIBLIOTHEK

WICHTIGE NACHSCHLAGE-WERKE FÜR JEDEN FILMFAN

Lothar R. Just
FILM-JAHRBUCH 1991
Über 1000 Filme
Alle Erstaufführungen im Kino, Fernsehen, Video
Deutschland, Schweiz, Österreich

32/153

JASPER
VIDEO-JAHRBUCH 1991/92

32/200

Gebhard Hölzl / Matthias Peipp
FAHR ZUR HÖLLE, CHARLIE!
Der Vietnamkrieg im amerikanischen Film

32/152

Alain Charlot
DIE 100 BESTEN KRIMINAL-FILME

32/155

DIE 100 BESTEN WESTERN-FILME
Jean-Marc Bouineau · Alain Charlot
Jean-Pierre Frimbois

32/159

WILHELM HEYNE VERLAG MÜNCHEN

HEYNE
TASCHENBÜCHER

*Schlag nach
bei Heyne*
*Unentbehrliche
und in ihrer
Art einmalige
Lexika*

ERIKA CASPAREK-TÜRKKAN
KÜCHEN-LEXIKON FÜR FEIN-SCHMECKER
KULINARISCHE FACHAUSDRÜCKE VON A–Z
Das Basiswissen der modernen Kochkunst

07/4574

UWE SCHREIBER
Hand-Lexikon Wirtschaft
Über 5000 Stichwörter
Aktuelles Wissen für Praxis und Ausbildung
Kompaktwissen

22/190

Das große Heyne
OPERN LEXIKON
Kurt Pahlen
3. aktualisierte und erweiterte Auflage

19/39

Johannes Irmscher
LEXIKON DER ANTIKE

19/101

Ronald M. Hahn · Volker Jansen
LEXIKON DES SCIENCE FICTION FILMS
1000 Filme von 1902 bis heute

19/93

RATGEBER ESOTERIK
HANDBUCH ESOTERIK
A–Z der alternativen Ideen, Lebensweisen und Heilkünste

08/9510

Das große Lexikon der Synonyme
Heyne-Lexika

08/4451